2026 마더텅 전국연합 학력평가 기출 모의고사 3개년 13회
고1 국어 영역

2026 마더텅 10기
성적 우수·성적 향상 학습수기 공모전

수능 및 전국연합 학력평가 기출문제집 ▣까만책, 🟥빨간책, 🟨노란책, 🟦파란책 등

2026년에도 마더텅 고등 교재와 함께 우수한 성적을 거두신 학습자님들께 장학금을 드립니다.

마더텅 고등 교재로 공부한 해당 과목 ※1인 1개 과목 이상 지원 가능하며, 여러 과목 지원 시 가산점이 부여됩니다.

아래 조건에 해당한다면 마더텅 고등 교재로 공부하면서 #느낀 점과 #공부 방법, #학업 성취, #성적 변화 등에 관한 자신만의 수기를 작성해서 마더텅으로 보내 주세요. 우수한 글을 보내 주신 학습자님을 선발해 학습수기 공모 장학금을 드립니다! 성적 우수·성적 향상 분야 동시 지원 가능합니다.(단, 선발은 하나의 분야에서 이뤄집니다.)

성적 우수 분야
고3/N수생 수능 1등급
고1/고2 전국연합 학력평가 1등급 또는 내신 95점 이상

성적 향상 분야
고3/N수생 수능 1등급 이상 향상
고1/고2 전국연합 학력평가 1등급 이상 향상 또는 내신 성적 10점 이상 향상
*전체 과목 중 과목별 향상 등급(혹은 점수)의 합계로 응모해 주시면 감사하겠습니다.

마더텅 역대 수상자님들

제1기 2018년 2월 24일 총 55명	제2기 2019년 1월 18일 총 51명	제3기 2020년 1월 10일 총 150명
제4기 2021년 1월 29일 총 383명	제5기 2022년 1월 25일 총 210명	제6기 2023년 1월 20일 총 168명
제7기 2024년 1월 31일 총 270명	제8기 2025년 2월 6일 총 149명	제9기 2026년 2월 12일 총 000명

응모 대상　마더텅 고등 교재로 공부한 고1, 고2, 고3, N수생

마더텅 수능기출문제집, 마더텅 수능기출 모의고사, 마더텅 전국연합 학력평가 기출문제집, 예비 고1 마더텅 3월 전국연합 학력평가 기출 모의고사 4개년 24회, 마더텅 전국연합 학력평가 기출 모의고사 3개년, 마더텅 수능기출 전국연합 학력평가 20분 미니모의고사 24회, 마더텅 수능기출 20분 미니모의고사 24회, 마더텅 수능기출 고난도 미니모의고사, 마더텅 수능기출 유형별 20분 미니모의고사 24회 등 마더텅 고등 교재 중 1권 이상 신청 가능

선발 일정　접수기한 2026년 12월 28일 월요일　수상자 발표일 2027년 1월 11일 월요일　장학금 수여일 2027년 2월 18일 목요일

응모 방법

① 마더텅 홈페이지 www.toptutor.co.kr [커뮤니티 - 이벤트] 게시판에 접속
② [2026 마더텅 10기 학습수기 공모전 안내] 클릭 후 [2026 마더텅 10기 학습수기 공모전 지원서 양식]을 다운로드
③ [2026 마더텅 10기 학습수기 공모전 지원서 양식] 작성 후 mothert.marketing@gmail.com 메일 발송

중요 문제 분석표

88 회차

| 📅 학습 날짜 | / / | ⏰ 소요 시간 | ✖️ 점수 |

문항 번호		문제 유형	
선정 이유		기억해야 할 핵심	

88 회차

| 📅 학습 날짜 | / / | ⏰ 소요 시간 | ✖️ 점수 |

문항 번호		문제 유형	
선정 이유		기억해야 할 핵심	

88 회차

| 📅 학습 날짜 | / / | ⏰ 소요 시간 | ✖️ 점수 |

문항 번호		문제 유형	
선정 이유		기억해야 할 핵심	

88 회차

| 📅 학습 날짜 | / / | ⏰ 소요 시간 | ✖️ 점수 |

문항 번호		문제 유형	
선정 이유		기억해야 할 핵심	

88 회차

| 📅 학습 날짜 | / / | ⏰ 소요 시간 | ✖️ 점수 |

문항 번호		문제 유형	
선정 이유		기억해야 할 핵심	

1회 2023년 3월 고1 전국연합 학력평가
문제편 p.007 해설편 p.001

01 ②	02 ②	03 ①	04 ⑤	05 ③	06 ③	07 ⑤	08 ③	09 ④	10 ①
11 ⑤	12 ④	13 ③	14 ⑤	15 ③	16 ②	17 ④	18 ③	19 ⑤	20 ①
21 ①	22 ②	23 ④	24 ④	25 ④	26 ①	27 ④	28 ②	29 ⑤	30 ④
31 ⑤	32 ②	33 ②	34 ①	35 ②	36 ⑤	37 ⑤	38 ①	39 ②	40 ③
41 ③	42 ③	43 ①	44 ④	45 ⑤					

2회 2024년 3월 고1 전국연합 학력평가
문제편 p.027 해설편 p.027

01 ②	02 ⑤	03 ②	04 ④	05 ①	06 ②	07 ①	08 ③	09 ⑤	10 ④
11 ④	12 ①	13 ②	14 ①	15 ⑤	16 ①	17 ③	18 ②	19 ④	20 ④
21 ③	22 ①	23 ④	24 ②	25 ①	26 ⑤	27 ③	28 ⑤	29 ④	30 ④
31 ①	32 ⑤	33 ②	34 ②	35 ⑤	36 ③	37 ⑤	38 ③	39 ④	40 ⑤
41 ③	42 ③	43 ③	44 ⑤	45 ③					

3회 2025년 3월 고1 전국연합 학력평가
문제편 p.047 해설편 p.053

01 ③	02 ①	03 ②	04 ④	05 ④	06 ②	07 ①	08 ③	09 ⑤	10 ③
11 ⑤	12 ①	13 ⑤	14 ①	15 ②	16 ④	17 ②	18 ⑤	19 ③	20 ②
21 ⑤	22 ②	23 ①	24 ①	25 ⑤	26 ④	27 ⑤	28 ②	29 ②	30 ③
31 ③	32 ⑤	33 ④	34 ⑤	35 ③	36 ⑤	37 ④	38 ③	39 ①	40 ③
41 ①	42 ④	43 ②	44 ②	45 ④					

4회 2023년 6월 고1 전국연합 학력평가
문제편 p.067 해설편 p.081

01 ⑤	02 ②	03 ②	04 ④	05 ③	06 ④	07 ⑤	08 ②	09 ⑤	10 ③
11 ①	12 ①	13 ⑤	14 ⑤	15 ③	16 ①	17 ①	18 ②	19 ③	20 ②
21 ①	22 ④	23 ③	24 ⑤	25 ③	26 ④	27 ①	28 ①	29 ④	30 ④
31 ⑤	32 ⑤	33 ③	34 ③	35 ④	36 ②	37 ⑤	38 ②	39 ②	40 ④
41 ⑤	42 ③	43 ④	44 ①	45 ③					

5회 2024년 6월 고1 전국연합 학력평가
문제편 p.087 해설편 p.105

01 ③	02 ③	03 ⑤	04 ③	05 ②	06 ⑤	07 ④	08 ③	09 ⑤	10 ②
11 ①	12 ④	13 ⑤	14 ①	15 ⑤	16 ④	17 ④	18 ①	19 ⑤	20 ①
21 ④	22 ⑤	23 ⑤	24 ①	25 ③	26 ①	27 ④	28 ②	29 ⑤	30 ③
31 ①	32 ①	33 ②	34 ④	35 ③	36 ②	37 ⑤	38 ③	39 ④	40 ①
41 ②	42 ②	43 ④	44 ④	45 ③					

6회 2025년 6월 고1 전국연합 학력평가
문제편 p.107 해설편 p.129

01 ①	02 ④	03 ⑤	04 ②	05 ②	06 ④	07 ①	08 ④	09 ⑤	10 ②
11 ①	12 ②	13 ①	14 ②	15 ⑤	16 ③	17 ④	18 ⑤	19 ②	20 ①
21 ③	22 ③	23 ①	24 ⑤	25 ①	26 ④	27 ⑤	28 ⑤	29 ③	30 ②
31 ⑤	32 ⑤	33 ③	34 ②	35 ③	36 ③	37 ③	38 ④	39 ⑤	40 ③
41 ④	42 ③	43 ②	44 ⑤	45 ③					

7회 2023년 9월 고1 전국연합 학력평가
문제편 p.127 해설편 p.155

01 ⑤	02 ④	03 ⑤	04 ②	05 ④	06 ③	07 ①	08 ②	09 ④	10 ④
11 ⑤	12 ③	13 ①	14 ②	15 ⑤	16 ①	17 ④	18 ②	19 ③	20 ⑤
21 ③	22 ④	23 ⑤	24 ④	25 ②	26 ④	27 ①	28 ⑤	29 ⑤	30 ①
31 ⑤	32 ②	33 ③	34 ③	35 ①	36 ③	37 ②	38 ①	39 ③	40 ②
41 ⑤	42 ①	43 ④	44 ③	45 ②					

8회 2024년 9월 고1 전국연합 학력평가
문제편 p.149 해설편 p.181

01 ④	02 ④	03 ⑤	04 ②	05 ②	06 ①	07 ③	08 ④	09 ②	10 ⑤
11 ④	12 ③	13 ②	14 ④	15 ①	16 ⑤	17 ②	18 ②	19 ②	20 ⑤
21 ①	22 ⑤	23 ③	24 ③	25 ④	26 ①	27 ④	28 ①	29 ③	30 ④
31 ③	32 ④	33 ①	34 ⑤	35 ①	36 ②	37 ①	38 ⑤	39 ④	40 ①
41 ④	42 ③	43 ①	44 ⑤	45 ③					

9회 2025년 9월 고1 전국연합 학력평가
문제편 p.171 해설편 p.207

01 ①	02 ④	03 ⑤	04 ⑤	05 ②	06 ③	07 ④	08 ③	09 ①	10 ④
11 ②	12 ①	13 ④	14 ④	15 ③	16 ⑤	17 ②	18 ②	19 ②	20 ⑤
21 ③	22 ④	23 ③	24 ①	25 ①	26 ①	27 ②	28 ⑤	29 ①	30 ②
31 ②	32 ③	33 ④	34 ⑤	35 ①	36 ④	37 ⑤	38 ③	39 ⑤	40 ③
41 ③	42 ⑤	43 ②	44 ④	45 ③					

10회 2022년 11월 고1 전국연합 학력평가
문제편 p.193 해설편 p.235

01 ③	02 ④	03 ③	04 ④	05 ②	06 ⑤	07 ③	08 ①	09 ⑤	10 ①
11 ①	12 ④	13 ⑤	14 ③	15 ④	16 ②	17 ④	18 ④	19 ⑤	20 ④
21 ③	22 ④	23 ④	24 ③	25 ⑤	26 ①	27 ④	28 ④	29 ④	30 ⑤
31 ⑤	32 ②	33 ③	34 ①	35 ②	36 ④	37 ③	38 ②	39 ①	40 ②
41 ⑤	42 ⑤	43 ⑤	44 ④	45 ②					

11회 2023년 11월 고1 전국연합 학력평가
문제편 p.215 해설편 p.261

01 ②	02 ③	03 ①	04 ④	05 ②	06 ③	07 ④	08 ③	09 ⑤	10 ④
11 ①	12 ②	13 ④	14 ②	15 ①	16 ④	17 ③	18 ①	19 ③	20 ④
21 ②	22 ③	23 ②	24 ④	25 ②	26 ③	27 ②	28 ③	29 ②	30 ④
31 ①	32 ④	33 ⑤	34 ⑤	35 ⑤	36 ⑤	37 ④	38 ④	39 ③	40 ④
41 ④	42 ⑤	43 ④	44 ⑤	45 ④					

12회 2024년 10월 고1 전국연합 학력평가
문제편 p.237 해설편 p.288

01 ②	02 ②	03 ⑤	04 ①	05 ④	06 ②	07 ④	08 ④	09 ⑤	10 ③
11 ①	12 ③	13 ⑤	14 ⑤	15 ①	16 ⑤	17 ②	18 ③	19 ④	20 ③
21 ②	22 ③	23 ①	24 ④	25 ②	26 ④	27 ②	28 ④	29 ⑤	30 ②
31 ②	32 ④	33 ②	34 ③	35 ⑤	36 ⑤	37 ⑤	38 ④	39 ②	40 ②
41 ⑤	42 ②	43 ②	44 ④	45 ⑤					

13회 2028학년도 대학수학능력시험 예시문항
문제편 p.259 해설편 p.313

01 ①	02 ③	03 ①	04 ③	05 ④	06 ⑤	07 ③	08 ①	09 ④	10 ④
11 ⑤	12 ②	13 ③	14 ⑤	15 ②	16 ③	17 ②	18 ②	19 ②	20 ①
21 ⑤	22 ③	23 ②	24 ⑤	25 ②	26 ②	27 ②	28 ⑤	29 ④	30 ①
31 ③	32 ⑤	33 ④	34 ④	35 ③	36 ④	37 ④	38 ②	39 ③	40 ①
41 ①	42 ③	43 ②	44 ④	45 ④					

빠른 정답표 QR
QR코드를 스캔하시면
정답표 PDF를 다운로드하실 수 있습니다.

목차 & 학습계획표

회차	출처		문제편	해설편	학습일	내 점수	등급컷							
							1등급	2등급	3등급	4등급	5등급	6등급	7등급	8등급
1	3월 학력 평가	2023년 3월 전국연합 학력평가	7p	1p		/100점	95	89	81	70	58	47	36	25
2		2024년 3월 전국연합 학력평가	27p	27p		/100점	91	85	77	67	55	44	34	24
3		2025년 3월 전국연합 학력평가	47p	53p		/100점	84	76	67	58	48	39	30	21
4	6월 학력 평가	2023년 6월 전국연합 학력평가	67p	81p		/100점	87	78	68	57	46	36	27	21
5		2024년 6월 전국연합 학력평가	87p	105p		/100점	87	79	69	58	45	33	23	18
6		2025년 6월 전국연합 학력평가	107p	129p		/100점	86	76	65	54	42	31	23	16
7	9월 학력 평가	2023년 9월 전국연합 학력평가	127p	155p		/100점	84	76	65	54	41	30	22	18
8		2024년 9월 전국연합 학력평가	149p	181p		/100점	87	78	67	55	42	31	23	18
9		2025년 9월 전국연합 학력평가	171p	207p		/100점	81	72	62	52	41	31	23	18
10	10월 · 11월 학력 평가	2022년 11월 전국연합 학력평가	193p	235p		/100점	88	80	70	59	45	33	23	17
11		2023년 11월 전국연합 학력평가	215p	261p		/100점	88	80	69	56	41	29	20	17
12		2024년 10월 전국연합 학력평가	237p	287p		/100점	89	80	68	55	40	29	22	15
13		2028학년도 대학수학능력시험 예시문항	259p	313p		/100점	-							

유형별 문항 분류표	문제편 p.002~003
등급컷	문제편 p.004~006
OMR 카드	정답과 해설편 뒤

등급컷 활용법

등급컷은 자신의 수준을 객관적으로 확인할 수 있는 여러 지표 중 하나입니다. 등급컷을 토대로 본인의 등급을 예측해 보고, 앞으로의 공부 전략을 세우는 데에 참고하시기 바랍니다. 표에서 제시한 원점수 등급컷은 공식 자료가 아니라 여러 교육 업체에서 제공하는 자료들의 평균 수치이므로 약간의 오차가 있을 수 있습니다.

유형별 문항 분류표

유형명	1회	2회	3회	4회	5회
Ⅰ. 화법과 작문					
01. 화법	p. 007 01~03번	p. 027 01~03번	p. 047 01~03번	p. 067 01~03번	p. 087 01~03번
02. 작문	p. 010 08~10번	p. 029 08~10번	p. 050 08~10번	p. 070 08~10번	p. 090 08~10번
03. 복합	p. 008 04~07번	p. 028 04~07번	p. 048 04~07번	p. 068 04~07번	p. 088 04~07번
Ⅱ. 언어					
01. 음운	p. 012 13번	p. 032 13번	-	p. 072 13번	p. 093 14번
02. 단어	-	-	p. 052 14번	-	p. 092 13번
03. 문장	p. 012 14번	p. 033 15번	-	p. 073 14번	-
04. 의미와 담화	p. 012 15번	p. 032 14번	p. 052 13번	p. 073 15번	p. 093 15번
05. 어문 규정	-	-	p. 053 15번	-	-
06. 국어사	-	-	-	-	-
07. 개념 복합	p. 011 11~12번	p. 031 11~12번	p. 051 11~12번	p. 072 11~12번	p. 092 11~12번
Ⅲ. 독서					
01. 인문	p. 018 28~33번	p. 040 33~38번	p. 053 16~21번	p. 074 16~20번	-
02. 사회	p. 014 19~22번	-	p. 061 34~38번	p. 083 38~42번	p. 097 26~30번
03. 과학, 기술	p. 023 38~42번	p. 043 39~43번	p. 059 30~33번	p. 075 21~25번	p. 096 21~25번
04. 예술	-	p. 035 21~24번	-	-	p. 094 16~20번
Ⅳ. 문학					
01. 현대시	p. 013 16~18번	-	p. 058 26~29번	p. 085 43~45번	p. 105 43~45번
02. 고전시가 및 시 복합	-	p. 033 16~20번	-	-	-
03. 갈래 복합	p. 016 23~27번	-	p. 063 39~42번	p. 081 33~37번	p. 101 35~39번
04. 현대소설	p. 020 34~37번	p. 036 25~28번	p. 056 22~25번	p. 077 26~28번	p. 103 40~42번
05. 고전소설	p. 024 43~45번	p. 038 29~32번	p. 065 43~45번	p. 079 29~32번	p. 099 31~34번
06. 극	-	p. 045 44~45번	-	-	-

6회	7회	8회	9회	10회	11회	12회
p. 107 01~03번	p. 127 01~03번	p. 149 01~03번	p. 171 01~03번	p. 193 01~03회	p. 215 01~03번	p. 237 01~03번
p. 110 08~10번	p. 130 08~10번	p. 152 08~10번	p. 174 08~10번	p. 196 08~10번	p. 218 08~10번	p. 240 08~10번
p. 108 04~07번	p. 128 04~07번	p. 150 04~07번	p. 172 04~07번	p. 194 04~07번	p. 216 04~07번	p. 238 04~07번
p. 113 14번	p. 133 13번	p. 155 13번	-	p. 199 14번	p. 221 13번	-
p. 113 13번	-	-	p. 176 13번	-	-	-
p. 113 15번	p. 133 14번	p. 155 14번	p. 177 14번	p. 200 15번	p. 221 14번	p. 243 13, 14번
-	p. 134 15번	-	-	p. 198 11번	-	-
-	-	-	-	-	-	-
-	-	p. 155 15번	p. 177 15번	-	p. 221 15번	p. 244 15번
p. 112 11~12번	p. 132 11~12번	p. 154 11~12번	p. 176 11~12번	p. 198 12~13번	p. 220 11~12번	p. 242 11~12번
p. 114 16~20번	p. 137 21~26번	p. 156 16~20번	-	p. 200 16~21번	p. 222 16~21번	p. 247 22~26번
p. 116 21~25번	p. 141 30~33번	p. 164 33~37번	p. 180 22~26번	p. 210 38~41번	p. 226 26~30번	p. 244 16~21번
p. 119 29~33번	p. 142 34~38번	p. 158 21~25번	p. 182 27~30번	p. 204 25~29번	p. 224 22~25번	p. 249 27~30번
-	-	-	p. 178 16~21번	-	-	-
p. 125 43~45번	p. 139 27~29번	p. 160 26~28번	p. 184 31~33번	p. 202 22~24번	p. 232 39~41번	p. 251 31~33번
-	-	-	-	-	-	-
p. 123 38~42번	p. 134 16~20번	p. 166 38~42번	p. 188 38~41번	p. 208 34~37번	p. 230 35~38번	p. 252 34~37번
p. 121 34~37번	p. 147 43~45번	p. 162 29~32번	p. 186 34~37번	p. 206 30~33번	p. 228 31~34번	p. 254 38~41번
p. 117 26~28번	p. 144 39~42번	p. 168 43~45번	p. 190 42~45번	p. 212 42~45번	p. 234 42~45번	p. 256 42~45번
-	-	-	-	-	-	-

등급컷 활용법 등급컷은 자신의 수준을 객관적으로 확인할 수 있는 여러 지표 중 하나입니다. 등급컷을 토대로 본인의 등급을 예측해 보고, 앞으로의 공부 전략을 세우는 데에 참고하시기 바랍니다. 표에서 제시한 원점수 등급컷은 평가원의 공식 자료가 아니라 여러 교육 업체에서 제공하는 자료들의 평균 수치이므로 약간의 오차가 있을 수 있습니다.

각 회별 모의고사 특징			1 등급	2 등급	3 등급	4 등급	5 등급	6 등급	7 등급	8 등급
1 회	2023년 3월 학평	[서울특별시 교육청 주관] • 전형적인 유형의 평이한 난이도로 출제되었음. • 화법과 작문은 기존에 출제된 유형의 문제들로 구성되어 있어 쉬운 편이었음. • 언어는 평이한 수준이었음. 어미에 대한 이해를 바탕으로 한 12번 문제가 어렵게 느껴졌을 수 있음. • 독서는 다른 영역에 비해 까다로운 편이었음. 경제 지문에서는 지문 내용을 <보기>에 적용하는 22번이 까다롭게 출제되었음. 프로이트와 융의 이론을 다룬 인문 지문에서는 두 글의 공통점을 묻는 28번의 오답률이 높은 편이었음. 스마트폰의 OLED와 관련된 기술 지문의 경우 원리와 과정을 이해하는 데 어려움을 겪은 학생들이 많았을 것으로 예상됨. 특히 사실적 이해와 추론적 사고를 요구한 38번 문제와 지문 내용과 그림을 관련짓는 41번 문제의 난도가 높았음. • 문학은 대체로 낯선 작품들이 출제되었음. 갈래 복합에서는 고전시가와 수필의 표현상 특징을 비교하는 24번 문제의 변별력이 높았음. 현대소설의 경우 37번은 등장인물에 대한 명확한 이해를 요구하는 문제로 오답률이 높은 편이었음. 현대시와 고전소설은 어렵지 않게 풀 수 있었을 것임.	95	89	81	70	58	47	36	25
2 회	2024년 3월 학평	[서울특별시 교육청 주관] • 전형적인 유형의 적절한 난이도로 출제되었음. • 화법과 작문은 기존의 유형을 벗어나지 않았으나 8번과 10번의 경우 표현 방법에 대한 이해가 선행되어야 풀 수 있는 문제였음. • 언어는 평이한 수준이었음. 단어의 직접 구성 성분에 대해 묻는 문제인 12번은 낯설게 느껴졌을 수 있으나 선지는 어렵지 않게 구성되었음. • 독서의 경우 나이테와 관련된 기술 지문이 까다로워 독해에 어려움을 겪었을 것으로 예상됨. 사실적 이해를 요구한 40번 문제의 오답률이 높았으며, 글의 내용을 <보기>에 제시된 자료에 적용하는 42번 문제의 난도가 가장 높았음. 순자와 홉스의 사상을 다룬 인문 지문은 두 지문으로 구성되어 독해에 시간이 꽤 소요되었을 것임. 35번의 경우 추론적 사고가 요구되어 까다로운 편이었음. 입체주의와 관련된 예술 지문은 어렵지 않게 출제되었음. • 문학은 낯선 작품들이 많이 출제되었음. 현대시와 고전시가가 결합된 갈래 복합 17번은 작품의 주제를 확실히 파악하지 못했으면 답을 찾기 어려웠을 것임. 화자의 정서와 태도를 묻는 19번 문제의 오답률도 높았음. 현대소설은 내용 자체는 어렵지 않았으나 학생들이 많이 어려워하는 서술상 특징을 묻는 문제의 변별력이 높았음. 고전소설과 극은 평이한 수준으로 출제되었음.	91	85	77	67	55	44	34	24
3 회	2025년 3월 학평	[서울특별시 교육청 주관] • 적절한 난이도로 출제되었음. • 화법과 작문은 전형적인 유형의 문항으로 평이하게 출제되었음. 작문에서 글쓰기 방식을 묻는 8번 문제의 오답률이 높은 편이었음. • 언어의 경우 평이한 난이도로 출제되었음. 보조 용언, 의미 자질, 사이시옷 표기 등 기본적인 문법 개념에 대한 정확한 이해와 이를 구체적인 예문에 적용하는 능력이 요구되었음. • 독서는 난도가 높은 편이었음. 특히 인문과 경제가 결합된 주제 통합 지문은 독해에 어려움을 겪었을 것으로 예상됨. 두 관점을 비교하는 20번 문제의 오답률이 압도적으로 높았음. 광합성을 다룬 과학 지문도 정보량이 많은 편이었음. 문제로는 <보기>의 그림과 관련지어 지문의 내용을 파악해야 하는 33번 문제의 변별력이 높았음. 법 관련 사회 지문에서는 사례에 적용하는 37번의 오답률이 가장 높았음. • 문학의 경우에도 난도가 꽤 높았음. 고전소설은 <보기>를 바탕으로 작품을 감상하는 45번 문제의 경우 지문과 선지를 꼼꼼히 읽어야 해서 난도가 높았음. 또한 내용의 정확한 이해를 요구하는 43번, 인물의 말하기 방식을 비교하는 44번 모두 오답률이 높아 문제 풀이에 시간이 꽤 소요되었을 것임. 갈래 복합에서는 고전수필의 내용을 이해하기가 까다로웠을 것임. 특히 구절의 의미를 파악하는 40번의 오답률이 높았음. 현대소설은 지문 자체는 어렵지 않았으나, 등장인물을 비교하는 24번 문제, 내용 이해 문제인 23번 문제가 변별력이 있었음. 현대시는 평이한 수준으로 출제되었음.	84	76	67	58	48	39	30	21
4 회	2023년 6월 학평	[부산광역시 교육청 주관] • 3월에 비해 어렵게 출제되었음. • 화법과 작문은 평이하였으나 자료 활용 방식을 묻는 2번 문제의 오답률이 높은 편이었음. • 언어는 조사에 대한 이해를 요구하는 11번 문제가 가장 변별력이 높았음. • 독서는 다소 까다롭게 출제되었음. 투표제와 관련된 사회 지문의 경우 제시된 표를 이해하는 39번 문제에서 시간이 꽤 걸렸을 것으로 예상되고, 실제로 오답률도 높았음. 추론 문제와 그래프 문제, 사례 적용 문제도 까다로운 편이었음. 소용돌이에 관한 과학 지문은 그림과 관련지어 문제를 해결하는 25번의 난도가 높았음. • 문학은 생소한 지문들이 출제되었고 문제도 어려운 편이었음. 현대소설의 경우 28번은 지문과 <보기>를 꼼꼼히 읽지 않으면 틀리기 쉬운 문제였음. 고전소설「장국진전」은 등장인물이 많아 내용을 이해하기 어려웠을 수 있음. 서술상의 특징과 관련된 29번은 학생들이 어려워하는 유형이라 체감 난도가 높았을 것임. 현대시는 표현상 특징을 묻는 43번과 <보기>를 읽고 감상하는 문제인 45번이 다소 까다롭게 출제되었음.	87	78	68	57	46	36	27	21

1회 오답률 TOP5

오답률 TOP5	문항 번호	41	38	24	37	36
	분류	독서 (기술)	독서 (기술)	문학 (갈래 복합)	문학 (현대소설)	문학 (현대소설)
	난도	중상	중상	중상	중	중

2회 오답률 TOP5

오답률 TOP5	문항 번호	17	42	35	40	25
	분류	문학 (갈래 복합)	독서 (기술)	독서 (인문)	독서 (기술)	문학 (현대소설)
	난도	상	상	중상	중상	중상

3회 오답률 TOP5

오답률 TOP5	문항 번호	20	33	40	45	44
	분류	독서 (인문)	독서 (과학)	문학 (갈래 복합)	문학 (고전소설)	문학 (고전소설)
	난도	최상	상	상	상	상

4회 오답률 TOP5

오답률 TOP5	문항 번호	11	43	28	39	25
	분류	언어 (개념 복합)	문학 (현대시)	문학 (현대소설)	독서 (사회)	독서 (과학)
	난도	상	상	상	중상	중상

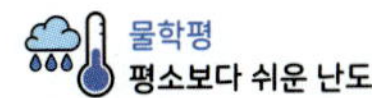

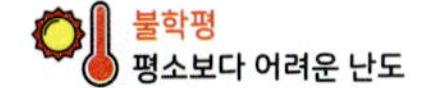

각 회별 모의고사 특징			1등급	2등급	3등급	4등급	5등급	6등급	7등급	8등급
5회	2024년 6월 학평	[부산광역시 교육청 주관] • 적절한 난이도로 출제되었음. • 화법과 작문의 경우 전형적인 유형으로 출제되었음. 화법과 작문이 결합된 지문에서 말하기 방식을 묻는 5번의 경우 선지를 꼼꼼히 읽지 않으면 함정에 빠질 수 있었음. • 언어는 피동 표현에 관한 지문형 문제에서 12번 문제의 오답률이 꽤 높았음. 지문에 제시된 정보를 확실히 파악하는 능력이 요구되었음. 3월과 마찬가지로 현대 문법만 출제되었음. • 독서는 해수 담수화와 관련된 기술 지문에서 <보기>의 그림과 관련지어 기술 과정을 파악해야 하는 22번 문제의 난도가 가장 높았음. 해당 기술의 과정과 원리를 제대로 이해했어야 하는 문제였음. 아방가르드와 비디오 아트에 대한 두 개의 글이 결합된 주제 통합형 지문에서 20번 문제의 오답률이 높았음. 사례로 제시된 작품들이 비디오 아트 중 어떤 유형에 속하는지 파악하는 것이 관건이었음. 법의 효력에 관한 사회 지문에서는 사례에 적용하는 29번이 변별력이 있는 문제였음. • 문학은 난도가 꽤 높았음. 고전소설의 경우 <보기>를 바탕으로 감상하는 문제인 34번은 인물의 행동에 내재된 심리를 파악하는 것이 중요했음. 또한 선지를 꼼꼼히 보지 않아 틀린 학생들이 많았을 것으로 보임. 가사와 시조, 수필이 결합된 갈래 복합 지문은 고전 시가가 낯선 작품들이 아니라 접근하기 쉬웠을 것임. 현대소설의 42번은 <보기>와 지문을 제대로 연결하지 않으면 틀릴 수 있는 문제였음. 현대시는 낯선 작품이었으며, 표현상의 공통점을 묻는 43번의 오답률이 꽤 높았음.	87	79	69	58	45	33	23	18
		오답률 TOP5								

오답률 TOP5	문항 번호	22	20	43	12	5
	분류	독서 (기술)	독서 (예술)	문학 (현대시)	언어 (개념 복합)	화작 (화법)
	난도	최상	상	상	중상	중상

각 회별 모의고사 특징			1등급	2등급	3등급	4등급	5등급	6등급	7등급	8등급
6회	2025년 6월 학평	[부산광역시 교육청 주관] • 3월 학평에 비해 까다롭게 출제되었음. • 화법과 작문은 대체로 평이한 수준이었음. 기존의 문제 유형을 벗어나지 않아 문제 해결에 큰 어려움은 없었을 것으로 보임. 다만, 6번은 (가)의 내용을 바탕으로 작성된 메모가 (나)에 반영된 양상을 파악하는 문제로, 세부 내용을 꼼꼼히 확인해야 해서 오답률이 높은 편이었음. • 언어는 중간 정도의 난이도로 출제되었음. 여러 음운 변동 현상을 종합적으로 분석해야 하는 14번 문제의 오답률이 높았음. 안은문장에서 문장 성분이 생략된 사례를 찾는 12번 문제 또한 오답률이 높은 편이었음. • 독서는 전반적으로 난도가 높았음. 특히 미성년자의 계약을 다룬 사회 지문이 까다롭게 출제되었는데, <보기>의 구체적 사례에 법 조항을 적용하여 판단해야 하는 24번 문제와 지문의 세부 내용을 정확히 이해해야 풀 수 있는 21번 문제의 변별력이 높았음. 지진파와 내진 설계를 다룬 과학 지문에서도 <보기>의 그림을 보고 지진파의 특징을 이해해야 하는 30번, 지진 피해를 줄일 수 있는 이유를 추론하는 31번 문제의 오답률이 높았음. 자유주의와 공화주의 사상을 비교하는 인문 지문에서는 <보기>의 입장에서 특정 사상가에게 제기할 비판을 추론하는 18번 문제가 변별력 있는 문항으로 출제되었음. • 문학은 독서에 비해 평이했으나 일부 문항의 변별력이 매우 높았음. 고전소설 「홍계월전」을 <보기>와 관련지어 감상하는 28번 문제의 난도가 높았음. 선지의 내용을 지문 내용과 면밀히 대조해야만 함정을 피할 수 있는 문제였음. 고전시가 두 편과 현대 수필이 결합한 갈래 복합 지문의 40번 문제가 까다로웠음. <보기>를 바탕으로 (가)와 (나)에 나타난 화자의 정서와 태도를 정확히 파악하는 능력이 요구되었음. 현대소설 「코끼리」에서는 작품에 사용된 소재의 기능을 파악하는 36번 문제의 오답률이 높은 편이었음. 현대시의 경우 「장미와 가시」라는 낯선 작품이 출제되었으나 문제 자체는 까다롭지 않았음.	86	76	65	54	42	31	23	16

오답률 TOP5	문항 번호	28	40	24	21	31
	분류	문학 (고전소설)	문학 (갈래 복합)	독서 (사회)	독서 (사회)	독서 (과학)
	난도	최상	상	상	중상	중상

각 회별 모의고사 특징			1등급	2등급	3등급	4등급	5등급	6등급	7등급	8등급
7회	2023년 9월 학평	[인천광역시 교육청 주관] • 전반적으로 까다롭게 출제되었음. • 화법과 작문의 경우는 기존의 유형대로 출제되어 어려움이 없었을 것으로 예상됨. • 언어의 경우 시제와 관련된 14번 문제는 해당 문법 지식을 갖추지 않았다면 어려움을 느꼈을 것임. 한글 맞춤법과 관련된 11번 문제는 지문을 잘 읽었으면 해결할 수 있었을 것임. 음운의 변동과 사전 활용 문제는 무난한 편이었음. • 독서는 전반적으로 쉽지 않았음. 철학과 예술을 융합한 인문 복합 지문은 추상적인 내용이라 독해에 어려움을 겪었을 것으로 예상됨. 두 글의 공통점을 묻는 문제인 21번의 오답률이 가장 높았으며 지문 내용과 <보기>를 관련짓는 24번 문제 역시 난도가 높았음. 법 지문은 정보량이 많아 어려웠으며, 사례에 적용하는 32번과 추론적 사고를 요구하는 33번의 변별력이 높았음. 기술 지문의 경우 내용 이해를 바탕으로 구체적 사례에 적용하는 36번과 37번 문제의 난도가 높았음. • 문학도 쉽지 않은 편이었음. 갈래 복합의 「십육영」과 「출새곡」은 고전가이면서도 생소한 작품이라 내용 이해에 어려움을 겪은 학생들이 많았을 것으로 예상됨. <보기>를 토대로 감상하는 19번 문제의 오답률이 높았음. 현대시, 현대소설, 고전소설 모두 낯선 작품이었으며 <보기>를 읽고 해결하는 3점 문제들의 오답률이 고루 높았음.	84	76	65	54	41	30	22	18

오답률 TOP5	문항 번호	21	33	37	36	19
	분류	독서 (인문)	독서 (사회)	독서 (기술)	독서 (기술)	문학 (갈래 복합)
	난도	상	상	상	상	중상

각 회별 모의고사 특징			1등급	2등급	3등급	4등급	5등급	6등급	7등급	8등급
8회	2024년 9월 학평	[인천광역시 교육청 주관] • 6월과 비슷한 난이도로 출제되었음. • 화법과 작문은 기존의 유형을 벗어나지 않았으나 화법과 작문이 결합된 지문에서 6번의 오답률이 매우 높았는데, (가)와 (나)를 종합한 유형이기에 정답을 찾는 데 시간이 소요되었을 것으로 예상됨. • 언어는 음운의 변동 문제인 13번의 경우, 제시된 단어에서 일어나지 않는 음운 변동을 찾는 새로운 유형이 출제되었음. 14번은 문법 요소에 대한 세부적 지식을 요구하는 문제였음. 지문형 문제인 11번과 12번은 사전의 표제어라는 낯선 제재가 제시되었으나 문제 수준은 평이했음. • 독서는 난도가 다소 높은 편이었음. 형법상 범죄 행위에 관한 사회 지문의 경우 낯선 영역이라 독해가 어려웠을 것으로 보임. 내용 이해 문제, 추론 문제, 사례에 적용하는 문제 모두 오답률이 매우 높았음. 동형암호에 관한 기술 지문은 정보량이 많아 독해에 어려움을 겪었을 것이라 예상됨. 지문의 내용을 실제 연산에 적용한 24번 문제의 난도가 높았음. 하이데거와 사르트르의 철학을 다룬 통합형 지문에서는 두 학자의 견해를 비교하는 20번 문제가 변별력이 있었음. • 문학의 경우 크게 어렵지 않았음. 현대시는 낯선 작품이 출제되었고, <보기>를 바탕으로 작품을 제대로 이해해야 했던 28번 문제의 오답률이 높았음. 갈래 복합은 가사, 시조, 수필이 결합되어 출제되었는데, 표현상 공통점을 묻는 문제인 38번에서 시간이 꽤 소요되었을 것으로 예상됨. 현대소설과 고전소설은 내용과 문제 모두 평이한 수준이었음.	87	78	67	55	42	31	23	18

오답률 TOP5	문항 번호	6	33	34	36	24
	분류	화작 (작문)	독서 (사회)	독서 (사회)	독서 (사회)	독서 (기술)
	난도	최상	상	상	상	중상

각 회별 모의고사 특징		1 등급	2 등급	3 등급	4 등급	5 등급	6 등급	7 등급	8 등급
9 회 2025년 9월 학평	[인천광역시 교육청 주관] • 다소 까다롭게 출제되었음. 특히 독서 영역의 변별력이 높았음. • 화법과 작문은 대체로 평이한 수준으로 출제되었음. 기존의 유형을 벗어나지 않아 문제 해결에 큰 어려움은 없었을 것으로 보임. 다만 자료를 활용하여 초고를 보완하는 9번 문항은 세부 내용을 꼼꼼히 확인해야 해서 다소 어려웠을 것임. • 언어는 변별력 높은 문제로 구성되어 까다로운 편이었음. 특히 중세 국어의 특징을 탐구하는 15번 문제의 오답률이 높았으며, 음운의 탈락 과정을 분석해야 했던 12번과 주체 높임의 양상을 탐구 과정에 따라 파악해야 했던 14번 문제 또한 오답률이 높은 편이었음. • 독서는 전반적으로 어려운 편이었음. 특히 '눈의 진화 과정'을 다룬 과학 지문은 정보량이 많고 과학적 원리에 대한 깊이 있는 이해를 요구하여 학생들의 체감 난도가 높았을 것임. 이 지문과 관련된 모든 문항의 오답률이 높았는데, 특히 <보기>에 제시된 '연립상 겹눈'의 원리를 본문의 내용과 연결해야 했던 30번 문제가 가장 까다로웠음. '건축의 다섯 가지 유형'을 다룬 사회 지문 역시 난도가 높았는데, 25번은 <보기>의 구체적인 사례에 지문의 내용을 적용하여 판단해야 하는 문제로 변별력이 높았음. '샤프츠베리와 듀이의 미학'을 다룬 인문 지문은 상대적으로 평이한 편이었음. • 문학은 독서에 비해 평이했으나 낯선 작품들이 출제되었고 일부 문항의 변별력이 높았음. 현대시에서는 장만영의 「향수」, 조지훈의 「마음의 태양」이 출제되었는데 시상의 흐름을 제대로 파악해야 했던 33번의 오답률이 높았음. 고전소설 「쌍주기연」은 3월에 출제된 작품이지만, 제시된 장면이 달라 새롭게 느껴졌을 것임. 핵심 소재의 기능을 정확히 파악해야 했던 44번의 난도가 높았음. 현대소설에서는 이동하의 「파편」, 갈래 복합에서는 가사 「채미가」, 고전수필 「기황전설」이 출제되었는데 모두 생소한 작품이라 독해에 어려움을 겪을 수 있으나, 문제 자체는 비교적 쉽게 해결할 수 있었을 것임.	81	72	62	52	41	31	23	18
10 회 2022년 11월 학평	[경기도 교육청 주관] • 적절한 난이도로 출제되었음. • 화법과 작문은 기존의 유형을 벗어나지 않았으나 2번의 경우 선지를 꼼꼼히 읽지 않으면 함정에 빠질 수 있었으며, 오답률이 높았음. • 언어는 평이한 수준이었음. 중세 국어의 문장 성분과 관련된 문제인 12번 문제가 다소 어렵게 느껴졌을 것임. • 독서는 다소 까다롭게 출제되었음. 과학 지문과 경제 지문 모두 <보기> 아래 두 문제가 엮여 나온 것이 특징적이었음. 먼저 튜링 기계와 관련된 과학 지문은 독해와 문제 풀이 모두 어려움을 겪었을 것으로 생각됨. 그리고 양면시장의 플랫폼에 관한 경제 지문의 경우 40번과 41번과 관련된 <보기>의 길이가 길어 문제 해결에 시간이 꽤 소요되었을 것임. 특히 41번의 난도가 높았음. 인문 복합 지문은 각 사상가들의 견해를 비교하는 20번 문제의 오답률이 높았음. • 문학은 전반적으로 낯선 작품들이 출제되었으나 문제는 적절한 난이도로 출제되었음. 갈래 복합의 고전시가와 수필에 한자어가 많아 독해에 시간이 소요되었을 것이며, 표현상 공통점을 묻는 34번의 오답률이 높았음. 고전소설의 경우 서술상의 특징을 묻는 문제인 43번과 내용 이해에 관한 문제인 42번의 오답률이 높았음.	88	80	70	59	45	33	23	17
11 회 2023년 11월 학평	[경기도 교육청 주관] • 보통의 난이도로 출제되었음. • 화법과 작문은 전형적인 유형의 문항으로 구성되었으나 다소 변별력이 있었음. 선지를 꼼꼼히 읽지 않으면 함정에 빠질 수 있는 2번, 6번, 9번 문제의 오답률이 높았음. • 언어의 경우 적절한 난이도로 출제되었음. 출제 빈도가 높은 음운의 변동, 높임 표현의 오답률이 높았음. • 독서는 무난한 편이었음. 원가회계와 관련된 경제 지문이 어려운 편이었음. 특히 지문의 내용을 구체적인 상황에 적용하는 28번 문제의 변별력이 가장 높았음. 해양에너지와 관련된 기술 지문과 모더니즘과 포스트 모더니즘을 다룬 인문 지문은 평이한 난이도로 출제되었음. • 문학 영역의 오답률이 높은 편이었음. 고전소설은 독해에 시간이 소요되었을 것 같고 특히 43번 문제는 정확한 독해를 요구하여 오답률이 높았음. 현대소설은 지문 자체는 어렵지 않았으나 인물에 대해 묻는 문제인 32번, 34번이 변별력이 있었음. 갈래 복합의 경우 제한된 시간 내에 가사의 내용을 파악하는 데 어려움을 느꼈을 것이라 예상됨. 현대시는 평이하게 출제되었음.	88	80	69	56	41	29	20	17
12 회 2024년 10월 학평	[경기도 교육청 주관] • 적절한 난이도로 출제되었음. • 화법과 작문은 전반적으로 평이한 수준으로 출제되었음. 기존 학력평가에서 선보였던 익숙한 유형이 출제되어 학생들이 어렵지 않게 해결했을 것으로 보임. • 언어는 변별력이 높은 문제들로 구성되었음. 특히 주체 높임과 객체 높임에 대한 종합적인 이해를 요구한 13번의 오답률이 가장 높았음. 음운 변동과 표준 발음법을 연계한 12번 문제 또한 오답률이 높은 편이었음. • 독서는 지문 독해와 문제 풀이 모두 까다로운 편이었음. 구조물의 하중과 관련된 기술 지문은 생소한 용어가 많고 과정에 대한 이해가 필요해 독해가 어려웠을 것으로 보임. 특히 구체적인 상황에 지문의 내용을 적용하여 계산해야 했던 30번 문제의 변별력이 높았음. 블라지의 '도덕적 자아 모델'을 다룬 인문 지문에서는 도덕적 자아 모델의 핵심 요소를 구체적인 사례에 적용하는 25번 문제가 까다로운 편이었음. 민법상 불법행위를 다룬 사회 지문은 다른 지문에 비해 평이한 수준이었음. • 문학은 일부 지문과 문항이 변별력 있게 출제되었음. 고전소설은 마지막 지문이어서 내용을 정확히 파악하는 데 시간이 부족했을 것으로 예상됨. 고전시가와 고전수필이 결합된 갈래 복합 지문은 낯선 작품인데다 내용도 쉽지 않은 편이라 독해에 어려움을 겪을 것으로 예상됨. <보기>를 바탕으로 작품을 감상하는 37번 문제의 오답률이 높았음. 현대시와 현대소설도 낯선 작품이 출제었으나 문제가 비교적 평이하게 출제되었음. 현대시의 <보기> 문제인 33번은 오답률이 높은 편이었음.	89	80	68	55	40	29	22	15

9회 오답률 TOP5

문항 번호	30	27	25	29	33
분류	독서 (과학)	독서 (과학)	독서 (사회)	독서 (과학)	문학 (현대시)
난도	최상	최상	최상	상	상

10회 오답률 TOP5

문항 번호	2	34	26	41	20
분류	화작 (화법)	문학 (갈래 복합)	독서 (기술)	독서 (사회)	독서 (인문)
난도	최상	상	중상	중상	중상

11회 오답률 TOP5

문항 번호	9	28	43	2	32
분류	화작 (작문)	독서 (사회)	문학 (고전소설)	화작 (화법)	문학 (현대소설)
난도	상	상	중상	중상	중상

12회 오답률 TOP5

문항 번호	13	30	43	37	42
분류	언어 (문장)	독서 (기술)	문학 (고전소설)	문학 (갈래 복합)	문학 (고전소설)
난도	최상	상	중상	중상	중상

[1~3] 다음은 학생의 발표이다. 물음에 답하시오.

안녕하세요? 여러분, 병풍이 무엇인지 알고 계신가요? (청중의 반응을 살피며) 네, 고개를 끄덕이는 분들이 많으시네요. 최근 한 휴대폰 제조사에서 여러 번 접을 수 있는 병풍의 특징을 적용한 '병풍폰'을 개발한다는 기사를 보았습니다. 저는 이 기사를 보고 호기심이 생겨 전통 공예품 중 병풍에 대해 조사하여 발표하게 되었습니다.

'병풍'은 바람을 막는다는 의미를 지니는데, 바람을 막는 기능 외에 무엇을 가리는 용도로도 사용되는 소품입니다. (㉠ 자료를 제시하며) 병풍은 이렇게 펼치고 접을 수 있는 구조적 특징이 있어 공간을 효율적으로 사용할 수 있도록 하는 장점이 있습니다. 병풍을 펼쳐 공간을 분리하거나, 접어서 공간을 확장하여 사용할 수 있기 때문입니다. 이러한 구조적 특징으로 인해 야외나 다른 공간으로 병풍을 옮겨 사용하기 편리하고, 접었을 때 보관하기에도 용이합니다.

병풍은 공간을 꾸며 상황에 맞는 분위기를 조성하는 장식적 특징도 있습니다. 이러한 특징은 병풍에 그림을 넣는 데서 두드러지게 나타나는데, 병풍에는 상징적인 의미를 지닌 그림들을 사용하는 경우가 많습니다. 장수를 기원할 때는 십장생을, 선비의 지조를 강조하고자 할 때는 사군자를 그린 그림을 사용하기도 하였습니다. (㉡ 자료를 제시하며) 지금 보시는 이 병풍에는 꽃과 새가 그려져 있는데, 결혼식 때 신랑 신부의 행복과 부귀영화를 기원하는 상징적 의미를 담은 것입니다. 꽃과 새를 화려하게 그려 넣어 장식함으로써 결혼식의 경사스러운 분위기를 조성하는 데 사용합니다.

(㉢ 자료를 제시하며) 여러분, 이 병풍에는 어떤 특징이 있을까요? (청중의 대답을 듣고) 네, 맞습니다. 이 병풍은 글자와 그림이 어우러져 있는 '문자도 병풍'입니다. 문자도 병풍은 유교의 주요 덕목을 나타내는 글자를 그린 병풍입니다. 보시는 것처럼 '효'라는 한자와 다양한 소재들이 어우러져 있는데요, 각 소재들은 효자와 관련된 이야기에 등장하는 것들입니다. 이 중에서 가장 크게 보이는 잉어를 예로 들자면, 추운 겨울에 물고기를 드시고 싶어 하는 부모님을 위해 얼음을 깨고 물고기를 잡은 효자의 설화와 관련이 있습니다. 이러한 문자도 병풍은 집안을 장식하고 유교적 덕목을 되새기기 위한 용도로 사용되었습니다.

병풍은 우리 선조들의 생활 속에서 꾸준하게 사랑받아 온, 실용성과 예술성을 겸비한 생활용품입니다. 앞으로 여러분께서도 어디선가 병풍을 접했을 때 관심 있게 살펴봐 주시기 바랍니다. 그리고 발표 내용을 떠올리면서 병풍에 담긴 의미를 생각해 보고, 그 아름다움도 느껴 보시면 좋을 것 같습니다. 이상으로 발표를 마치겠습니다.

---

1. 위 발표에 대한 설명으로 적절하지 <u>않은</u> 것은?

① 발표 소재를 선정한 계기를 언급하며 발표를 시작하고 있다.
② 다른 대상과 대비하여 발표 소재의 장점을 강조하고 있다.
③ 구체적인 예를 들어 발표 내용에 대한 이해를 돕고 있다.
④ 질문을 던지는 방식을 활용하여 청중과 상호작용하고 있다.
⑤ 발표 소재에 대한 관심을 당부하며 발표를 마무리하고 있다.

2. 다음은 발표자가 제시한 자료이다. 발표자의 자료 활용에 대한 이해로 적절하지 <u>않은</u> 것은?

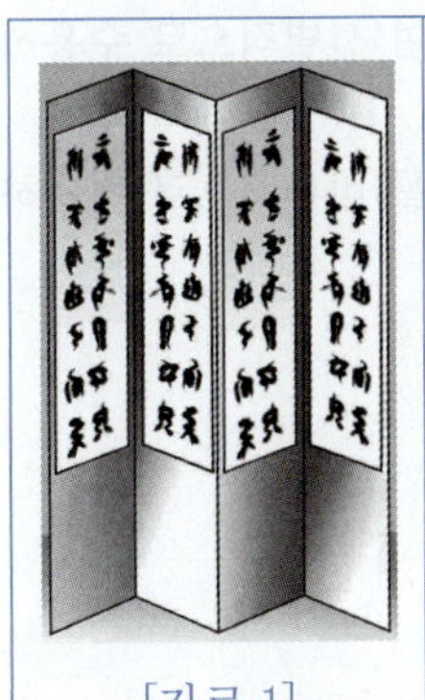  

[자료 1]   [자료 2]   [자료 3]

① ㉠에서 [자료 1]을 활용하여, 펼치고 접을 수 있어 공간 활용의 효율성을 높이는 병풍의 구조적 특징을 설명하였다.
② ㉠에서 [자료 1]을 활용하여, 실내외 공간에 따라 그림이나 글자를 선택할 수 있는 병풍의 다양성을 설명하였다.
③ ㉡에서 [자료 2]를 활용하여, 기원하는 바를 그림에 담아 표현하는 병풍의 상징성을 설명하였다.
④ ㉡에서 [자료 2]를 활용하여, 공간을 꾸며 상황에 맞는 분위기를 조성하는 병풍의 장식적 특징을 설명하였다.
⑤ ㉢에서 [자료 3]을 활용하여, 글자와 그림을 통해 유교적 덕목을 되새길 수 있는 병풍의 용도를 설명하였다.

3. 다음은 발표를 듣고 학생이 보인 반응이다. 이를 이해한 내용으로 가장 적절한 것은?

> 얼마 전 카페에서 전체를 접고 펼 수 있는 구조로 된 창문을 보았어. 날씨가 나쁠 때는 펼쳐서 외부와 차단하고, 날씨가 좋을 때는 접어서 공간을 확장하여 사용하고 있었어. 발표 내용을 듣고 그 창문이 공간을 분리하고 확장하는 병풍의 구조적 특징과 유사하다고 생각하게 되었어. 박물관에서나 볼 수 있는 옛날 물건이라고만 생각했던 병풍이 가지는 현대적 가치를 생각해 보는 기회가 되었어.

① 자신의 경험과 관련지어 발표 소재에 대해 새롭게 인식하고 있다.
② 발표 내용이 발표 주제에 부합하는지 객관적으로 분석하고 있다.
③ 발표를 듣기 전에 지녔던 의문을 발표 내용을 통해 해소하고 있다.
④ 발표 내용 중 사실과 의견을 구분하여 선별적으로 수용하고 있다.
⑤ 배경지식을 활용하여 발표자의 견해를 비판적으로 평가하고 있다.

[4~7] (가)는 생태 환경 동아리의 회의이고, (나)는 이를 바탕으로 작성한 안내문의 초고이다. 물음에 답하시오.

(가)

동아리 회장 지난 회의에서 우리 학교 학생들을 대상으로 반려 식물 키우기 캠페인을 하기로 결정했는데요, 오늘은 캠페인을 어떻게, 어떤 내용으로 진행할지에 대해 협의해 보겠습니다. 좋은 의견이 있으면 말씀해 주시기 바랍니다.

부원 1 이번 캠페인을 통해 많은 학생들이 반려 식물을 키워 보는 경험을 하는 것이 가장 중요하다고 생각합니다. 그렇게 하려면 학생들에게 반려 식물 모종을 나누어 주고 직접 키워 보도록 해야 할 것 같습니다.

부원 2 저도 같은 생각입니다. 다만 우리 학교 학생들에게 나누어 줄 모종을 충분히 준비할 수 있을까요?

부원 1 예전에 동아리 담당 선생님께서 학교에 생태 교육 예산이 있다고 말씀하신 것을 들은 적이 있는데, 혹시 그 예산으로 반려 식물 모종을 준비할 수 있지 않을까요?

동아리 회장 저도 그 이야기를 들어서 여쭈어보았더니 선생님께서 그 예산으로 300개 정도의 모종을 준비해 주실 수 있다고 말씀하셨고, 학생들이 키우기 좋은 반려 식물 세 가지도 추천해 주셨습니다.

부원 1 반가운 소식이네요. 그런데 모종의 수가 우리 학교 학생 수의 절반밖에 되지 않아 걱정입니다.

┌ **부원 2** 그래도 300명이나 되는 학생들이 반려 식물을 키우는 경험을 할 수 있고 반려 식물 키우기를 원치 않는 학생들도 있을 테니, 모종 300개로도 캠페인을 진행하는 데 무리가 없을 것 같습니다.
[A] └

부원 1 말씀을 들어 보니 모종 수는 문제가 되지 않겠네요.

동아리 회장 그런데 캠페인이 모종 나누어 주기만으로 끝나면 안 될 것 같습니다. 나누어 줄 식물의 이름, 특징, 키우는 방법에 대한 정보도 함께 제공해야 하지 않을까요?

부원 1 좋은 의견이네요.

부원 2 저도 같은 생각입니다. 정보를 제공하면 반려 식물을 더 잘 키우는 데 도움이 될 수 있을 것입니다.

동아리 회장 반려 식물 모종 나누기와 함께 반려 식물과 관련한 정보를 제공해 주자는 의견에 모두 공감하는 것 같은데요, 반려 식물에 대한 정보를 담은 안내문을 만들어 모종과 함께 나누어 주면 어떨까요?

부원 2 좋은 생각입니다. 모종 나누기 행사 전에 안내문을 학교 게시판에 게시하면 캠페인의 홍보 효과도 얻을 수 있을 것 같아요.

동아리 회장 그렇네요. 그럼 안내문에는 어떤 내용을 어떤 순서로 제시할지 한 분씩 의견을 말씀해 주시기 바랍니다.

부원 1 먼저 반려 식물은 무엇인지, 반려 식물을 키우면 어떤 효과가 있는지 밝히면 좋겠어요. 그러면 학생들이 캠페인에 더 많은 관심을 가질 것 같습니다.

부원 2 그다음에 모종 나누기 행사를 안내하고, 반려 식물의 이름, 특징, 키우는 방법 등을 제시했으면 합니다.

┌ **부원 1** 하지만 안내문의 제한된 공간에 반려 식물을 키우는 방법까지 제시하는 것은 어렵지 않을까요? 나누어 주려는 반려 식물이 세 가지나 되는데, 이 세 가지 식물을 키우는 방법을 모두 안내하는 것은 무리일 것 같습니다.
[B] └

동아리 회장 음, 각각의 반려 식물을 키우는 방법을 안내하는 홈페이지를 QR 코드로 연결해 두면 어떨까요?

부원 1 그러면 학생들이 스마트 기기를 이용해 반려 식물을 키우는 방법을 확인할 수 있어 매우 유용하겠네요.

부원 2 그리고 반려 식물을 키우며 수시로 생기는 궁금증을 해결할 수 있게 우리 동아리 블로그를 안내해도 좋겠어요.

→ 해설편 **1쪽**

부원 1 좋은 의견입니다. 고양이를 애지중지 키우는 사람을 뜻하는 '냥집사'처럼, 식물을 키우며 기쁨을 찾는 사람들이라는 의미로 '식집사'라는 용어를 쓰면 학생들이 더 흥미를 느낄 수 있지 않을까요?

동아리 회장 재미있겠는데요. 그럼 지금까지의 회의 내용을 바탕으로 안내문을 작성해 보도록 합시다.

(나)

반려 식물을 키우는 '식집사'가 되어 보세요!

▶ **반려 식물이란?**
생활공간에서 정서적으로 교감하는 식물을 일컫는 말이에요.

▶ **반려 식물을 키우면?**
생명을 키우는 성취감, 정서 안정, 공기 정화의 효과가 있어요.

▶ **반려 식물 모종 나누기 행사를 한다고요?**
☞ <3월 23일 하교 시간, 본관 앞>에서,
원하는 모종을 하나씩 나누어 드려요. (300개 한정)

<유칼립투스>	<아이비>	<칼라데아>
은은한 향기가 주는 마음의 평화	물만 주면 잘 자라는 공기 청정기	풍성한 잎이 전하는 싱그러운 생명감

▶ **반려 식물은 어떻게 키우나요?**
반려 식물을 키우는 방법을 QR 코드로 확인하세요.

<유칼립투스>	<아이비>	<칼라데아>

▶ **반려 식물을 키우면서 궁금증이 생기면?**
우리 동아리 블로그(blog.com/eco△△△)를 찾아 주세요.

생태 환경 동아리 '푸른누리'

---

4. (가)의 '동아리 회장'의 말하기 방식으로 적절하지 <u>않은</u> 것은?

① 지난 회의 내용을 환기하며 협의할 내용을 밝히고 있다.
② 의문의 형식을 활용하여 자신의 견해를 제안하고 있다.
③ 서로 공감한 내용을 바탕으로 새로운 의견을 제시하고 있다.
④ 논의된 내용을 구체화할 수 있는 발언을 유도하고 있다.
⑤ 회의 내용을 전체적으로 요약하며 회의를 마무리하고 있다.

5. [A], [B]에 대한 설명으로 가장 적절한 것은?

① [A]는 미래의 상황을 예측하는, [B]는 과거의 상황을 환기하는 발화이다.
② [A]는 상대의 의견을 보완하는, [B]는 상대의 의견을 뒷받침하는 발화이다.
③ [A]는 상대의 우려를 해소하는, [B]는 상대의 견해에 우려를 드러내는 발화이다.
④ [A]는 문제 해결의 방법을 요구하는, [B]는 문제 해결의 결과에 주목하는 발화이다.
⑤ [A]는 상대와 자신의 견해 차이를 확인하는, [B]는 상대와 자신의 공통된 견해를 확인하는 발화이다.

6. (가)의 내용이 (나)에 반영된 양상으로 적절하지 <u>않은</u> 것은?

① (가)에서 반려 식물 모종 나누기 행사를 안내하자는 의견에 따라, (나)에서 행사의 일시와 장소를 밝히고 있다.
② (가)에서 반려 식물과 관련한 정보를 제공하자는 의견에 따라, (나)에서 반려 식물의 이름, 특징 등을 제시하고 있다.
③ (가)에서 학생들이 캠페인에 적극적으로 동참하도록 촉구하자는 의견에 따라, (나)에서 캠페인의 취지를 설명하고 있다.
④ (가)에서 반려 식물을 키우며 생기는 궁금증을 해결하게 돕자는 의견에 따라, (나)에서 동아리 블로그를 소개하고 있다.
⑤ (가)에서 학생들이 흥미를 느낄 수 있도록 '식집사'라는 용어를 쓰자는 의견에 따라, (나)의 제목에서 해당 용어를 사용하고 있다.

7. (나)의 성격을 고려할 때, 〈보기〉의 자료를 활용하여 (나)를 보완하는 방안으로 가장 적절한 것은? [3점]

<보 기>

[신문 자료]

　최근 반려 동물과 식물에 대한 관심이 커지면서 이와 관련한 문제점이 나타나고 있다. 반려 동물의 경우 이미 동물 학대, 동물 유기 등이 사회적 문제로 부각되고 있으며, 최근에는 반려 식물과 관련한 문제도 증가하고 있다. 반려 식물은 반려 동물에 비해 존재감이 미약해 관리를 소홀히 하여 생명을 잃는 경우가 많고, 버려지는 사례도 점점 늘고 있다.

① 반려 식물을 키우기 쉬운 이유를 밝히며 지속적인 관심과 노력이 필요하다는 점을 강조해야겠어.
② 반려 식물에 대한 관심이 부족한 점을 지적하며 반려 식물을 구입할 수 있는 방법에 대한 내용을 추가해야겠어.
③ 반려 식물의 유기를 금지하는 규정이 마련되어 있지 않은 점을 강조하며 이를 제정해야 한다는 내용을 추가해야겠어.
④ 반려 동물과 구별되는 반려 식물의 장점을 언급하며 반려 식물을 키우는 사람이 많아지고 있다는 점을 강조해야겠어.
⑤ 반려 식물이 생명을 지닌 존재임을 언급하며 정성을 기울여 반려 식물을 키워 줄 것을 권유하는 문구를 추가해야겠어.

[8~10] 다음은 작문 상황에 따라 쓴 학생의 초고이다. 물음에 답하시오.

[작문 상황]
　일상의 체험을 바탕으로 수필을 써 학급 문집에 싣고자 함.

[초고]
　우리 집 마당 구석에 있는 창고에는 낡고 작은 배달용 오토바이가 한 대 서 있다. 아버지는 이 오토바이를 오랜 친구처럼 여기신다. 틈틈이 먼지를 털고, 경적을 빠방 울리기도 하고, 시동도 부르릉 걸어 보시고, 해진 안장을 툭툭 치며 환하게 웃으신다.
　야트막한 언덕에 자리한 우리 학교는 인자한 미소를 띤 고목들이 오랜 전통을 말해 준다. 운동장을 발밑에 두고 중고등학교 건물이 다정히 서 있는데, 교실 유리창으로 내려다보이는 옛 시가지의 한적한 플라타너스 길은 운치가 있고 아름답다.

　중학교에 갓 입학했을 때 늦잠을 자는 바람에 아버지의 등 뒤에 꼭 붙어서 오토바이로 급히 등교한 적이 있었다. 아버지는 교문에서 조금 떨어진 골목 모퉁이에서 나를 내려 주셨다. 식당 일로 분주한 아침이지만, 내가 교문에 들어설 때까지 플라타너스 가로수 옆에 서 계시다가 어서 들어가라는 손짓을 보내시고 "부릉부릉 부루룽" 소리를 내며 돌아서셨다. 그 소리가 여느 오토바이의 것과는 조금 달라서였을까, 옆을 지나치던 학생들은 재미있다는 표정으로 돌아보았다. 하지만 지금까지도 나는 아버지의 오토바이 소리를, 고요와 평안을 할퀴지 않는 따뜻하고 부드러운 소리로 기억하고 있다.
　중학교 때 점심시간이 끝나 갈 무렵 운동장 옆 산책길을 걷다가 아버지의 오토바이 소리를 들은 적이 있었다. 우리 오토바이만의 음색이 내 마음속에 반가운 파문을 일으켰다. 저쪽 관공서 근처에 배달을 다녀오시나 보다. 매일 한두 번은 학교 교문 앞도 지나시나 보다. 아버지는 이 길을 지나실 때마다 과연 무슨 생각을 하실까 상상해 보았다. 그날 이후 아버지의 오토바이가 교문을 지나 플라타너스 가로수 길로 향하는 오르막을 오를 때 들려왔던 그 소리는 왠지 내 어깨를 다독다독하는 인사말처럼 느껴졌다. '오후도 즐겁게!', '아빠, 지나간다.', '오늘 화창하구나!'……
　아버지의 모습에서, 아버지의 오토바이 소리에서 든든한 힘을 얻어서 그런지 내겐 누군가의 마음을 더 깊이 헤아려 보는 상상력이 생긴 것 같다. 친구들과 놀다가 늦게 귀가할 때 아버지께서 내게 보내시는 "으흠" 헛기침 소리에서 '너무 늦었구나. 씻고 일찍 자렴.' 하는 깊은 사랑의 마음을 헤아릴 수도 있게 되었다.
　내가 고등학생이 된 새봄. 아버지께서는 이제 오토바이 배달을 그만두셨다. 조금은 아쉽기도 하다.

8. 윗글에서 활용한 글쓰기 방법으로 적절하지 <u>않은</u> 것은?

① 중심 소재를 대하는 인물의 행동을 나열하며 시작한다.
② 의성어를 사용하여 중심 소재에 대한 인상을 부각한다.
③ 색채어를 사용하여 다양한 공간을 사실적으로 묘사한다.
④ 의인법을 사용하여 자연물에서 느끼는 친밀감을 나타낸다.
⑤ 구체적 일화를 제시하여 중심 소재에 대한 정서를 드러낸다.

→ 해설편 2쪽

9. 다음은 글을 쓰기 전에 학생이 떠올린 생각을 메모한 것이다. ㄱ~ㅁ 중 초고에 반영되지 <u>않은</u> 것은? [3점]

> ○ 처음
> • 낡고 작은 오토바이를 친구처럼 여기시는 아버지 ···································· ㄱ
>
> ○ 중간
> • 아름다운 플라타너스 길이 내려다보이는 우리 학교 ···································· ㄴ
> • 오토바이에 나를 태워 학교에 데려다주셨던 아버지 ···································· ㄷ
> • 학교 산책길에서 들었던 아버지의 오토바이 소리
> • 힘든 오토바이 배달로 늘 고단해하시던 아버지 ···································· ㄹ
> • 오토바이 소리에 담긴 아버지의 마음에 대한 나의 상상
>
> ○ 끝
> • 누군가의 마음을 더 깊이 헤아려 볼 수 있게 된 나 ···································· ㅁ

① ㄱ   ② ㄴ   ③ ㄷ   ④ ㄹ   ⑤ ㅁ

10. 〈보기〉는 초고를 읽은 선생님의 조언이다. 이를 반영하여 초고에 추가할 내용으로 가장 적절한 것은?

───────────< 보 기 >───────────

선생님 : 글의 마지막 문장 뒤에, 아버지께서 오토바이 배달을 그만두셨을 때 네가 아쉬움을 느낀 이유를 추가하고, 비유를 활용한 표현도 있으면 좋겠어.

① 다정한 인사처럼 들렸던 아버지의 오토바이 소리를 더 이상 들을 수 없게 되어서.
② 이제 고등학교 신입생이 되어 학교생활을 새롭게 시작해야 한다는 부담감이 생겨서.
③ 아버지의 오토바이를 타고 함께 등교하는 소소한 즐거움을 더 이상 느낄 수 없어서.
④ 교문 앞을 지나 플라타너스 가로수 길을 오가시던 아버지의 모습을 더 이상 볼 수 없어서.
⑤ 중학교를 졸업하여 친구들과 함께했던 추억의 서랍장을 이제는 열어 볼 수 없을 것 같아서.

[11~12] 다음 글을 읽고 물음에 답하시오.

1회

2023 3월 학력평가

용언은 문장에서 다양한 형태로 활용하면서 주로 서술어의 역할을 하는 단어로, 동사와 형용사가 있다. 용언이 활용할 때 형태가 변하지 않는 부분을 어간이라고 하고, 형태가 변하는 부분을 어미라고 한다.

어간이나 어미는 문장에서 홀로 쓰일 수 없고, 어간 뒤에 어미가 결합하여 용언을 이룬다. 가령 '먹다'는 어간 '먹-'의 뒤에 어미 '-고', '-어'가 각각 결합하여 '먹고', '먹어'와 같이 활용한다. 그런데 일부 용언에서는 활용할 때 어간의 일부가 탈락하기도 한다. '노는'은 어간 '놀-'과 어미 '-는'이 결합하면서 'ㄹ'이 탈락한 경우이고, '커'는 어간 '크-'와 어미 '-어'가 결합하면서 'ㅡ'가 탈락한 경우이다.

어미는 크게 어말 어미와 선어말 어미로 구분된다. 어말 어미는 단어의 끝에 오는 어미이며, 선어말 어미는 어말 어미 앞에 오는 어미이다. '가다'의 활용형인 '가신다', '가겠고', '가셨던'을 어간, 선어말 어미, 어말 어미로 분석하면 아래와 같다.

활용형	어간	어미		어말 어미
		선어말 어미		어말 어미
가신다		-시-	-ㄴ-	-다
가겠고	가-		-겠-	-고
가셨던		-시-	-었-	-던

어말 어미는 기능에 따라 종결 어미, 연결 어미, 전성 어미로 구분된다. 종결 어미는 '가신다'의 '-다'와 같이 문장을 종결하는 어미이고, 연결 어미는 '가겠고'의 '-고'와 같이 앞뒤의 말을 연결하는 어미이다. 그리고 전성 어미는 '가셨던'의 '-던'과 같이 용언이 다른 품사처럼 쓰이게 하는 어미이다. '-던'이나 '-(으)ㄴ', '-는', '-(으)ㄹ' 등은 용언이 관형사처럼, '-게', '-도록' 등은 용언이 부사처럼, '-(으)ㅁ', '-기' 등은 용언이 명사처럼 쓰이게 한다.

선어말 어미는 높임이나 시제 등을 나타낼 때 쓰인다. 활용할 때 어말 어미처럼 반드시 나타나지는 않지만, 한 용언에서 서로 다른 선어말 어미가 동시에 쓰이기도 한다. 위에서 '가신다', '가셨던'의 '-시-'는 높임을 나타내는 선어말 어미로, 문장의 주체를 높이는 기능을 한다. 그리고 '가신다', '가겠고', '가셨던'의 '-ㄴ-', '-겠-', '-었-'은 시제를 나타내는 선어말 어미로, 각각 현재, 미래, 과거 시제를 나타내는 기능을 한다.

11. 윗글을 통해 알 수 있는 내용으로 적절한 것은?

① 용언은 어간의 앞뒤에 어미가 결합한 단어이다.
② 어간은 단독으로 쓰여 하나의 용언을 이룰 수 있다.
③ 어미는 용언이 활용할 때 형태가 유지되는 부분이다.
④ 어말 어미는 용언이 활용할 때 나타나지 않을 수 있다.
⑤ 선어말 어미는 한 용언에 두 개가 동시에 쓰일 수 있다.

12. 윗글을 바탕으로 〈보기〉의 ㄱ~ㅁ의 밑줄 친 부분을 탐구한 내용으로 적절하지 <u>않은</u> 것은?

< 보 기 >

ㄱ. 너도 그를 <u>아니</u>?
ㄴ. 사과가 <u>맛있구나</u>!
ㄷ. 산은 <u>높고</u> 강은 깊다.
ㄹ. 아침에 <u>뜨는</u> 해를 봐.
ㅁ. 그녀는 과자를 <u>먹었다</u>.

---

① ㄱ : 어간 '알-'에 어미 '-니'가 결합하면서 'ㄹ'이 탈락하였다.
② ㄴ : 어간 '맛있-'에 종결 어미 '-구나'가 결합하여 문장을 종결하고 있다.
③ ㄷ : 어간 '높-'에 연결 어미 '-고'가 결합하여 앞뒤의 말을 연결하고 있다.
④ ㄹ : 어간 '뜨-'에 전성 어미 '-는'이 결합하면서 용언이 부사처럼 쓰이고 있다.
⑤ ㅁ : 어간 '먹-'과 어말 어미 '-다' 사이에 선어말 어미 '-었-'이 결합하여 과거 시제를 나타내고 있다.

13. 〈보기〉의 '학습 과제'를 바르게 수행하였다고 할 때, ㉠에 들어갈 단어로 적절한 것은? [3점]

< 보 기 >

[학습 자료]

　음운은 단어의 뜻을 구별해 주는 소리의 가장 작은 단위이다. 특정 언어에서 어떤 소리가 음운인지 아닌지는 최소 대립쌍을 통해 확인할 수 있다. 최소 대립쌍이란, 다른 모든 소리는 같고 단 하나의 소리 차이로 의미가 구별되는 단어의 쌍을 말한다. 예를 들어, 최소 대립쌍 '감'과 '잠'은 [ㄱ]과 [ㅈ]의 차이로 인해 의미가 구별되므로 'ㄱ'과 'ㅈ'은 서로 다른 음운이다.

[학습 과제]

앞사람이 말한 단어와 최소 대립쌍인 단어를 말해 보자.

---

① 꿀　　② 답　　③ 둘　　④ 말　　⑤ 풀

14. 다음 '탐구 학습지' 활동의 결과로 적절하지 <u>않은</u> 것은?

[탐구 학습지]

1. 문장의 중의성
　○ 하나의 문장이 둘 이상의 의미로 해석되는 것

2. 중의성 해소 방법
　○ 어순 변경, 쉼표나 조사 추가, 상황 설명 추가 등

3. 중의성 해소하기
－ 과제 : 빈칸에 적절한 말 넣기
ㄱ. (조사 추가) ··· a
　○ 중의적 문장 : 관객들이 다 도착하지 않았다.
　○ 전달 의도 : (관객 중 일부가 도착하지 않음.) ········· b
　○ 수정 문장 : 관객들이 다는 도착하지 않았다.

ㄴ. (어순 변경) ··· c
　○ 중의적 문장 : 우리는 어제 전학 온 친구와 만났다.
　○ 전달 의도 : (전학 온 친구와 만난 때가 어제임.) ······· d
　○ 수정 문장 : 우리는 전학 온 친구와 어제 만났다.

ㄷ. 상황 설명 추가
　○ 중의적 문장 : 민우는 나와 윤서를 불렀다.
　○ 전달 의도 : '나와 윤서'를 부른 사람이 '민우'임.
　○ 수정 문장 : (민우는 나와 둘이서 윤서를 불렀다.) ······· e
　　　　　　　　　：

---

① a　　② b　　③ c　　④ d　　⑤ e

15. 밑줄 친 부분이 〈보기〉의 ㉠, ㉡에 해당하는 예로 적절하지 <u>않은</u> 것은?

< 보 기 >

　'위 － 아래'나 '앞 － 뒤'는 방향상 대립하는 반의어이다. '위 － 아래'나 '앞 － 뒤'가 단독으로 쓰이거나 다른 단어와 결합해서 쓰일 때, 문맥에 따라서 ㉠ '위'나 '앞'이 '우월함'의 의미를, ㉡ '아래'나 '뒤'가 '열등함'의 의미를 갖거나 강화하기도 한다.

---

① ㉠ : 그가 머리 쓰는 게 너보다 한 수 <u>위</u>다.
② ㉠ : 이 회사의 기술 수준은 다른 곳에 <u>앞선다</u>.
③ ㉡ : 이번 행사는 치밀한 계획 <u>아래</u> 진행되었다.
④ ㉡ : 그녀는 남에게 <u>뒤떨어지지</u> 않고자 노력했다.
⑤ ㉡ : 우리 팀의 승률이 조금씩 <u>뒷걸음질</u> 치고 있다.

[16~18] 다음 글을 읽고 물음에 답하시오.

(가)

㉠ 밭둑에서 나는 바람과 놀고
할머니는 메밀밭에서
메밀을 꺾고 계셨습니다.

늦여름의 하늘빛이 메밀꽃 위에 빛나고
메밀꽃 사이사이로 할머니는 가끔
나와 바람의 장난을 살피시었습니다.

해마다 밭둑에서 자라고
아주 **커서도 덜 자란** 나는
늘 그러했습니다만

할머니는 저승으로 가버리시고
나도 벌써 몇 년인가
그 일은 까맣게 잊어버린 후

오늘 저녁 멍석을 펴고
마당에 누우니

온 **하늘 가득**
별로 피어 있는 어릴 적 **메밀꽃**

할머니는 나를 두고 메밀밭만 저승까지 가져가시어
날마다 저녁이면 메밀밭을 매시며
메밀꽃 사이사이로 **나를 살피**고 계셨습니다.

— 이성선, 「고향의 천정(天井) 1」 —

(나)

밥물 눈금을 찾지 못해 질거나 된 밥을 먹는 날들이 있더니
이제는 그도 좀 익숙해져서 손마디나 손등,
손가락 주름을 눈금으로 쓸 줄도 알게 되었다
촘촘한 손등 주름 따라 **밥맛을 조금씩 달리**해본다
손등 중앙까지 올라온 수위를 중지의 마디를 따라 오르내리다
보면
물꼬를 트기도 하고 막기도 하면서
논에 물을 보러 가던 할아버지 생각도 나고,
저녁때가 되면 한 끼라도 아껴보자
친구 집에 마실을 가던 소년의 저녁도 떠오른다
한 그릇으로 두 그릇 세 그릇이 되어라 밥국을 끓이던 ㉡ **문현
동**
가난한 지붕들이 내 손가락 마디에는 있다
일찍 철이 들어서 슬픈 귓속으로
봉지쌀 탈탈 터는 소리라도 들려올 듯,
얼굴보다 먼저 **늙은 손**이긴 해도

16. (가)와 (나)에 대한 설명으로 가장 적절한 것은?

① (가)는 (나)와 달리 설의법을 통해 화자의 의지를 표현하고
  있다.
② (나)는 (가)와 달리 청각적 심상을 통해 화자의 정서를 부각
  하고 있다.
③ (가)는 격정적 어조를, (나)는 단정적 어조를 통해 화자의 기
  대감을 드러내고 있다.
④ (가)는 상승의 이미지를, (나)는 하강의 이미지를 통해 대상
  의 역동성을 강조하고 있다.
⑤ (가)와 (나)는 모두 계절감을 드러내는 시어를 통해 대상의
  변화 양상을 나타내고 있다.

17. ㉠과 ㉡을 비교한 내용으로 가장 적절한 것은?

① ㉠은 화자가 벗어나려는, ㉡은 화자가 지향하는 공간이다.
② ㉠은 화자가 이질감을, ㉡은 화자가 동질감을 느끼는 공간이
  다.
③ ㉠은 화자의 슬픔이, ㉡은 화자의 그리움이 해소되는 공간이
  다.
④ ㉠은 화자의 동심이 허용되는, ㉡은 화자의 성숙함이 요구되
  는 공간이다.
⑤ ㉠은 화자가 경험한 적 없는 가상의, ㉡은 화자의 경험이 축
  적된 현실의 공간이다.

18. 〈보기〉를 바탕으로 (가), (나)를 감상한 내용으로 적절하지 않은 것은? [3점]

<보 기>

과거의 경험에 대한 기억은 어떤 계기를 통해 되살아나 현재의 삶에 영향을 미칠 수 있다. (가)의 화자는 할머니와의 기억을 통해 과거와 현재를 연결하며 깨달음과 정서적 충만감을 얻고 있다. 한편 (나)의 화자는 일상적 행위의 반복 속에서 유년의 기억을 되살리고, 그 기억을 현재와 연결하며 자신의 현재 모습을 긍정하게 된다.

---

① (가)의 화자는 별이 가득한 '하늘'을 보며, 자신이 여전히 '나를 살피'시는 할머니의 사랑 속에 있음을 깨닫고 있군.

② (나)의 화자는 유년의 기억을 통해 '전기밥솥에는 없는 눈금'을 지닌 '늙은 손'을 긍정하며 자기 위안을 얻고 있군.

③ (가)의 '커서도 덜 자'랐다는 것과 (나)의 '밥맛을 조금씩 달리'하는 것은 현재의 화자에게 정서적 충만감을 주는군.

④ (가)에서 '마당에 누워' 하늘을 보는 행위와 (나)에서 '손가락 주름'으로 '밥물'을 맞추는 행위는 회상의 계기가 되는군.

⑤ (가)의 화자가 '별'에서 '메밀꽃'을 떠올리는 것과 (나)의 화자가 '가난한 지붕들이 내 손가락 마디에는 있다'고 생각하는 것은 기억이 현재의 삶에 영향을 미치고 있음을 보여 주는군.

[19~22] 다음 글을 읽고 물음에 답하시오.

경기가 침체되어 가계의 소비가 줄어들면 시중의 제품이 팔리지 않아 기업은 생산 규모를 축소하게 된다. 그 결과 실업률이 증가하고 가계의 수입이 감소하면서 소비는 더욱 위축된다. 이와 같은 악순환으로 경기 침체가 심화되면 국가는 이에서 벗어나기 위해 유동성을 늘리는 통화 정책을 시행한다.

유동성이란 자산 또는 채권을 손실 없이 현금화할 수 있는 정도로, 현금과 같은 화폐는 유동성이 높은 자산인 반면 토지나 건물과 같은 부동산은 유동성이 낮은 자산이다. 이처럼 유동성은 자산의 성격을 나타내는 용어이지만, 흔히 시중에 유통되는 화폐의 양, 즉 통화량을 나타내는 말로도 사용된다. 가령 시중에 통화량이 지나치게 많을 때 '유동성이 넘쳐 난다'고 표현하고, 반대로 통화량이 줄어들 때 '유동성이 감소한다'고 표현한다. 유동성이 넘쳐 날 경우 시중에 화폐가 흔해지는 상황이므로 화폐의 가치는 떨어지게 된다.

유동성은 금리와 밀접한 관련이 있기 때문에 국가는 정책적으로 금리를 올리고 내림으로써 유동성을 조절할 수 있다. 이때 금리는 예금이나 빌려준 돈에 붙는 이자율로, 이는 기준 금리와 시중 금리 등으로 구분된다. 기준 금리는 국가가 정책적인 차원에서 결정하는 금리로, 한 나라의 금융 및 통화 정책의 주체인 중앙은행에 의해 결정된다. 반면 시중 금리는 기준 금리의 영향을 받아 중앙은행 이외의 시중 은행이 세우는 표준적인 금리로, 가계나 기업의 금융 거래에 영향을 미친다. 가령 시중 금리가 내려가면 예금을 통한 이자 수익과 대출에 따른 이자 부담이 줄어 가계나 기업에서는 예금을 인출하거나 대출을 받으려는 경향성이 늘어난다. 그 결과 시중의 유동성이 증가하게 된다. 반대로 시중 금리가 올라가면 이자 수익과 대출 이자 부담이 모두 늘어나기 때문에 유동성이 감소하게 된다.

이와 같은 금리와 유동성의 관계를 고려하여, 중앙은행은 기준 금리를 조절하는 통화 정책을 통해 경기를 안정시키려고 한다. 만일 경기가 침체되면 중앙은행은 기준 금리를 인하하는 정책을 도입하여 시중 금리를 낮추도록 유도한다. 그 결과 유동성이 증가하여 가계의 소비가 늘고 주식이나 부동산에 대한 투자가 확대된다. 또한 기업의 생산과 고용이 늘고 다양한 분야에 대한 투자가 확대되어 물가가 상승하고 경기가 전반적으로 활성화된다. 반대로 경기가 과열되어 자산 가격이나 물가가 지나치게 오르면 중앙은행은 기준 금리를 인상하는 정책을 통해 유동성을 감소시킨다. 그 결과 기준 금리를 인하할 때와 반대의 현상이 나타나 자산 가격이 하락하고 물가가 안정되어 과열된 경기가 진정된다.

그러나 중앙은행이 경기 활성화를 위해 통화 정책을 시행했음에도 불구하고 애초에 의도한 결과가 나타나지 않기도 한다. 즉, 기준 금리를 인하하여 시중에 유동성을 충분히 공급하더라도, 증가한 유동성이 기대만큼 소비나 투자로 이어지지 않으면 경기가 활성화되지 않는다. 특히 심각한 경기 침체로 인해 경기 회복에 대한 전망이 불투명할 경우, 경제 주체들은 쉽게 소비를 늘리

→ 해설편 7쪽

지 못하거나 투자를 결정하지 못해 돈을 손에 쥐고만 있게 된다. 이 경우 충분한 유동성이 경기 회복으로 이어지지 못해 경기 침체가 지속되는데, 마치 유동성이 함정에 빠진 것 같다고 하여 케인스는 이를 유동성 함정 이라 불렀다. 그는 이러한 유동성 함정을 통해 통화 정책의 한계를 설명하면서, 정부가 재정 지출을 확대하여 소비와 투자를 유도하는 정책을 시행하는 것이 중요하다고 역설하였다.

19. 윗글을 통해 알 수 있는 내용이 <u>아닌</u> 것은?

① 중앙은행이 하는 역할
② 유동성이 높은 자산의 예
③ 기준 금리와 시중 금리의 관계
④ 경기 침체로 인해 나타나는 현상
⑤ 유동성에 대한 케인스 주장의 한계

20. 윗글을 바탕으로 할 때, 〈보기〉의 ㄱ~ㄷ에 들어갈 말로 적절한 것은?

─〈보 기〉─

국가의 통화 정책이 정상적으로 작동될 때, 중앙은행이 기준 금리를 (ㄱ) 시중의 유동성이 (ㄴ)하며, 화폐의 가치가 (ㄷ)한다.

	ㄱ	ㄴ	ㄷ
①	내리면	증가	하락
②	내리면	증가	상승
③	내리면	감소	상승
④	올리면	증가	상승
⑤	올리면	감소	하락

21. 유동성 함정 에 대해 이해한 내용으로 가장 적절한 것은?

① 시중에 유동성이 충분히 공급되더라도 경기 침체가 지속되는 상황을 의미한다.
② 시중 금리의 상승으로 유동성이 감소하여 물가가 하락하는 상황을 의미한다.
③ 기업의 생산과 가계의 소비가 줄어들어 유동성이 넘쳐 나는 상황을 의미한다.
④ 경기 과열로 인해 유동성이 높은 자산에 대한 선호가 늘어나는 상황을 의미한다.
⑤ 유동성이 감소하여 경기 회복에 대한 전망이 긍정적으로 바뀌는 상황을 의미한다.

22. 윗글을 바탕으로 경제 주체들이 〈보기〉의 신문 기사를 읽고 보일 수 있는 반응으로 적절하지 <u>않은</u> 것은? [3점]

─〈보 기〉─

금융 당국 '빅스텝' 단행

금융 당국은 오늘 '빅스텝'을 단행하였다. 빅스텝이란 기준 금리를 한 번에 0.5 %p 인상하는 것을 의미한다. 이처럼 금리를 큰 폭으로 인상한 것은 과도하게 증가한 유동성으로 인해 물가가 지나치게 상승하고 부동산, 주식 등의 자산 가격이 폭등했기 때문이다.

① 투자자 : 부동산의 가격이 하락할 수 있으니, 당분간 부동산 투자를 미루고 시장 상황을 지켜봐야겠군.
② 소비자 : 위축된 소비 심리가 회복되어 지금보다 물가가 오를 수 있으니, 자동차 구매 시기를 앞당겨야겠군.
③ 기업인 : 대출을 통해 자금을 확보하는 것이 부담스러워질 수 있으니, 공장을 확장하려던 계획을 보류해야겠군.
④ 공장장 : 당분간 우리 공장에서 생산한 부품에 대한 수요가 줄 수 있으니, 재고가 늘어날 것에 대비해야겠군.
⑤ 은행원 : 시중 은행에 저축하려는 사람들이 늘어날 수 있으니, 다양한 상품을 개발하여 고객을 유치해야겠군.

[23~27] 다음 글을 읽고 물음에 답하시오.

(가)

나는 이럴망정 외방의 늙은 종이
공물 바치고 돌아갈 때 하는 일 다 보았네
㉠ 우리 댁(宅) 살림이 예부터 이렇던가
전민(田民)*이 많단 말이 일국에 소문이 났는데
먹고 입으며 드나드는 종이 백여 명이 넘는데도
무슨 일 하느라 텃밭을 묵혔는가
농장이 없다던가 호미 연장 못 가졌나
날마다 무엇하려 밥 먹고 다니면서
열 나무 정자 아래 **낮잠만 자**는가
아이들 탓이던가
㉡ 우리 댁 종의 버릇 보노라면 이상하다
소 먹이는 아이들이 상마름을 능욕하고
오고 가는 어리석은 손님이 큰 양반을 기롱*한다
㉢ 그릇된 재산 모아 다른 꾀로 제 일하니
큰 집의 많은 일을 뉘라서 힘써 할까
곡식 창고 비었거든 창고지기인들 어찌하며
세간이 흩어지니 질그릇인들 어찌할까
내 잘못된 줄 내 몰라도 남 잘못된 줄 모르겠는가
㉣ 풀어헤치거니 맺히거니, 헐뜯거니 돕거니
하루 열두 때 어수선을 핀 것인가

(중략)

크게 기운 집에 상전님 혼자 앉아
명령을 뉘 들으며 논의를 뉘와 할까
낮 시름 밤 근심 혼자 맡아 계시거니
옥 같은 얼굴이 편하실 적 몇 날인가
이 집 이리 되기 뉘 탓이라 할 것인가
㉤ 생각 없는 종의 일은 묻지도 아니하려니와
돌이켜 생각하니 상전님 탓이로다
내 상전 그르다 하기에는 종의 죄 많건마는
그렇다 세상 보며 민망하여 여쭙니다
새끼 꼬는 일 멈추시고 내 말씀 들으소서
　┌ 집일을 고치려거든 종들을 휘어잡고
[A] 종들을 휘어잡으려거든 상벌을 밝히시고
　└ 상벌을 밝히시려거든 어른 종을 믿으소서
진실로 이리 하시면 **가도(家道)*** 절로 일 겁니다
　　　　　　　　　　　 – 이원익, 「고공답주인가」 –

* 전민 : 농사짓는 일을 생업으로 삼는 사람.
* 기롱 : 남을 속이거나 비웃으며 놀림.
* 가도 : 집안에서 마땅히 지켜야 할 도덕적 규범.

(나)

"사람답게 살아라."라는 말은 소설가 김정한이 평생을 두고 자주 한 말이다. 나는 그의 문장 가운데 다음의 구절을 좋아한다.

"어딜 가도 산이 있고 들이 있고 그리고 인간이 살았다. 인간이 사는 곳에는 으레 나뭇가리가 있고 그 곁에는 코흘리개들이 놀곤 하였다. 조국이란 것이 점점 가슴에 느껴졌다." 이 명료한 문장을 읽고 있으면 사람이 떼를 이루어 사는 세상의 풍경이 한눈에 들어오는 것만 같다. 그것도 느리고 큰 자연과 더불어. 사람의 생활이라는 것도 눈에 들어오는 문장이다.

[B]
　　이래저래 만나게 되는 사람들과 이런저런 사연으로 이별을 경험하게 된 사람들, 그리고 그들의 눈물과 사랑을 하고 있는 저 뜨거운 가슴도 짐작을 하게 된다. 조각돌처럼 까다롭고 별난 사람도 있고, 몽돌처럼 둥글둥글한 사람도 있고, 조각을 한 듯 잘생긴 사람도 있고, 마음에 태풍이 지나가는 사람도 있고, 마음에 4월의 봄볕이 내리는 사람도 있다. 그들 모두 하나의 무리를 이루고 사는 것이 이 세상 아닌가 싶은 생각이 드는 것이다.

(중략)

나는 가끔 생각하기를 마당이 있는 집이 내게 있다면 주변의 돌들을 모아서 돌탑을 쌓고 싶다고 소망한다. 그리고 나의 아이들과 아내에게도 돌탑을 하나씩 쌓을 것을 부탁하고 싶다. 산사에 올라가다 보면 길가나 바위 위에 누군가 쌓아 올린 돌탑들처럼 나의 작은 마당 한쪽 한쪽에 돌탑을 쌓아 놓고 싶은 것이다. 아래에는 큰 돌이 필요하고 위를 향해 쌓아 갈수록 보다 작은 돌들이 필요할 것이다. 그리고 각각의 장소에서 구해 온 돌들은 각각의 크기와 모양과 빛깔을 지니고 있을 것이다. 반듯한 것도 있고 움푹 팬 것도 있을 것이다. 마치 여러 종류의 꽃과 풀들이 자라나서 하나의 화단을 이루듯이 그 돌들은 **서로 업고 업혀서** 하나의 탑을 이룰 것이다.

그런데 돌탑을 쌓아 본 사람은 돌탑을 쌓는 데에는 **잔돌**이 필요하다는 것을 알 것이다. 불안하게 **기우뚱하는 돌탑**의 층을 바로잡아 주려면 이 잔돌을 괴는 일이 무엇보다 필요하다. 잔돌을 굄으로써 **탑**은 한 층 한 층 **수평을 이루게** 된다. 못생긴 나무도 숲을 이루는 한 나무요, 쓸모없는 나무는 없다는 말이 있듯이 보잘것없고 작은 잔돌이라도 탑을 올리는 데에는 꼭 필요하다. 돌탑을 쌓아 올리면서 배우는 것 가운데 하나는 이 잔돌의 소중함을 아는 일이다.

사람 사는 세상도 다를 바 없다. 잔돌 같은 사람이 필요하다. 의견이 맞지 않아 다툴 때 그 대화의 매정한 분위기를 무너뜨려 주는 사람이 우리 주변에는 더러 있다. 잔돌처럼 작용해 의견이 다른 사람들의 의견과 의견의 대립을 풀어 주는 사람이 있다. 이런 부드러운 개입의 고마움을 우리는 간혹 잊고 사는 것이 아닐까 싶다.

봄 산이 봄 산인 이유는 새잎이 돋고 꽃이 거기에 있기 때문이다. 수많은 꽃은 자기의 존재감을 주장하지 않는다. 그냥 **스스로**의 생명력으로 피어나 봄 산의 아름다움을 이룬다. 이 세세하고 능동적인 존재의 움직임을 보살폈으면 한다. 돌탑에 다시 비유하자면 잔돌과 같은 그 무엇이기 때문이다.

　　　　　　　　　　　 – 문태준, 「돌탑과 잔돌」 –

23. (가)와 (나)의 공통점으로 가장 적절한 것은?

① 부재하는 대상에 대한 그리움을 표현하고 있다.
② 순수한 자연 세계에 대한 동경을 나타내고 있다.
③ 부정적 현실에 대한 냉소적 태도를 드러내고 있다.
④ 현실이나 세상에 대해 통찰한 내용을 전달하고 있다.
⑤ 자신이 처한 상황에 순응하는 태도를 보여 주고 있다.

24. [A]와 [B]에 대한 설명으로 가장 적절한 것은?

① [A]는 [B]와 달리 대조적 의미를 지닌 구절을 활용하여 대상의 속성을 드러내고 있다.
② [B]는 [A]와 달리 자연물에 글쓴이의 감정을 이입하여 표현의 효과를 높이고 있다.
③ [A]는 반어법을 활용하여, [B]는 역설법을 활용하여 주제 의식을 강조하고 있다.
④ [A]와 [B]는 모두 유사한 문장 구조를 반복하여 전달 의도를 강조하고 있다.
⑤ [A]와 [B]는 모두 말을 건네는 어투를 사용하여 청자의 행동 변화를 호소하고 있다.

25. (나)의 글쓴이에 대한 이해로 적절한 것만을 고른 것은?

> ㄱ. 자연과 대비되는 인간의 유한성을 자각한다.
> ㄴ. 사람들이 서로 더불어 사는 세상을 긍정한다.
> ㄷ. 주장을 굽히지 않는 삶을 살았던 자신을 반성한다.
> ㄹ. 세상에는 갈등을 중재할 사람이 필요하다고 생각한다.

① ㄱ, ㄴ
② ㄱ, ㄷ
③ ㄴ, ㄷ
④ ㄴ, ㄹ
⑤ ㄷ, ㄹ

26. <보기>를 참고할 때 (가)의 ㉠~㉤에 대한 이해로 적절하지 않은 것은?

> ── <보 기> ──
>
> 「고공답주인가」는 고공(종)이 상전에게 답을 하는 형식을 통해 국가 경영을 집안 다스리는 일에 빗대어 표현하고 있다. 이 작품에서 상전은 왕, 종은 신하를 가리키는데, 화자는 임진왜란으로 인해 나라가 황폐해지고 위계질서가 무너진 상황에서 당파 싸움만 일삼으며 재물을 탐하는 신하들을 비판하고 있다. 그리고 국가를 경영하는 왕으로서의 책임을 강조하고 있다.

① ㉠ : 나라가 황폐해진 상황이 예전부터 지금까지 이어지고 있다는 것을 드러내고 있다.
② ㉡ : 상하의 위계질서가 무너져 신하들의 기강이 해이해진 상황을 나타내고 있다.
③ ㉢ : 나라를 돌보는 일을 외면한 채 부정한 방법으로 재물을 탐하는 신하들의 모습을 드러내고 있다.
④ ㉣ : 시도 때도 없는 당파 싸움으로 인해 혼란스러운 조정의 모습을 나타내고 있다.
⑤ ㉤ : 나라가 어지러워진 책임이 신하뿐만 아니라 왕에게도 있다는 인식을 드러내고 있다.

27. <보기>를 바탕으로 (가), (나)를 감상한 내용으로 적절하지 않은 것은? [3점]

> ── <보 기> ──
>
> 전체는 구성 요소들의 집합체이다. 그러므로 전체를 이루는 구성 요소들은 그 자체로는 두드러지지 않을지라도 전체를 위해 없어서는 안 되는 존재이다. 그리고 다양성을 지닌 구성 요소들은 각각의 역할을 능동적으로 수행할 때 존재의 의미를 획득하게 되고 전체는 조화로운 모습을 이루게 된다.

① (가)의 '가도'가 바로 선 집안은 구성 요소들이 어우러져 조화로운 모습을 갖춘 전체를 의미한다고 볼 수 있겠군.
② (나)의 '탑'이 '수평을 이루게' 하는 '잔돌'은 두드러지지 않지만 전체를 위해 없어서는 안 될 구성 요소로 볼 수 있겠군.
③ (가)의 '낮잠만 자'는 종과 달리 (나)의 '스스로' 핀 꽃은 능동적으로 존재의 의미를 획득한 구성 요소로 볼 수 있겠군.
④ (가)의 '먹고 입으며 드나드는'과 (나)의 '서로 업고 업혀서'는 다양성을 지닌 존재들의 필요성을 강조한 것으로 볼 수 있겠군.
⑤ (가)의 '크게 기운 집'은 구성 요소들이 역할을 제대로 수행하지 않은 결과로, (나)의 '기우뚱하는 돌탑'은 필요한 구성 요소들이 제대로 갖추어지지 않은 결과로 볼 수 있겠군.

[28~33] 다음 글을 읽고 물음에 답하시오.

(가)

　19 세기에 분트는 인간의 정신세계가 의식으로 이루어져 있다고 보고, 실험을 통해 인간의 정신 현상과 행동을 설명하는 실험 심리학을 주창하였다. 이때 의식이란 깨어 있는 상태에서 자신이나 세계를 인식하는 모든 정신 작용을 의미한다. 그러나 프로이트는 정신 질환을 겪는 환자들을 치료하면서 인간에게 의식과는 다른 무의식 세계가 있다는 것을 발견하였다. 이에 그는 인간을 무의식의 지배를 받는 비합리적 존재로 간주하고, 정신분석 이론을 통해 인간의 정신세계를 ⓐ규명하려 하였다.

　프로이트에 의하면 인간의 정신세계 중 의식이 차지하는 영역은 빙산의 일각일 뿐, 무의식이 정신세계의 대부분을 차지한다. 그는 무의식의 심연에는 '원

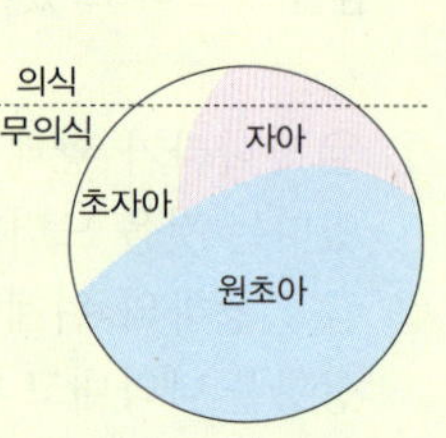

초아'가, 무의식에서 의식에 걸쳐 '자아'와 '초자아'가 존재한다고 보았다. 원초아는 성적 에너지를 바탕으로 본능적인 욕구를 충족하려는 선천적 정신 요소이다. 반면 자아는 외적 상황으로 인해 충족되지 못하고 지연되거나 좌절된 원초아의 욕구를 사회적으로 용인될 수 있는 방법으로 충족하려는 정신 요소이다. 마지막으로 초자아는 도덕률에 따라 원초아의 욕구를 억제하고 양심에 따라 행동하도록 하는 정신 요소로, 어린 시절 부모의 종교나 가치관 등을 내재화하는 과정에서 후천적으로 발달한다.

　이러한 원초아, 자아, 초자아는 역동적으로 상호작용하면서 개인의 성격을 형성한다. 가령, 원초아가 강할 때는 본능적인 욕구에 집착하는 충동적인 성격이, 초자아가 강할 때는 엄격하게 도덕을 지키려는 원칙주의적 성격이 나타난다. 자아는 원초아와 초자아의 요구 사이에서 이를 조정하는 역할을 하기 때문에, 정신적 균형을 이루기 위해서는 자아의 발달이 중요하다. 만일 자아가 제 역할을 하지 못하면 정신 요소의 균형이 깨져 불안감이 생기는데, 자아는 이를 해소하기 위해 무의식적으로 방어기제를 사용하게 된다. 대표적인 방어기제로는 억압이나 승화 등이 있다. 억압은 자아가 수용하기 힘든 욕구를 무의식 속으로 억누르는 것을, 승화는 그러한 욕구를 예술과 같이 가치 있는 활동으로 ⓑ전환하는 것을 의미한다. 개인마다 습관적으로 사용하는 방어기제가 다르기 때문에 어떤 방어기제를 사용하느냐 또한 개인의 성격 형성에 영향을 미친다.

　프로이트는 어린 시절에 해소되지 않은 원초아의 욕구나 정신 요소 간의 갈등은 성인이 된 후에도 지속적으로 영향을 주기 때문에, 이 시기에 부모와의 상호작용 경험이 성격 형성에 큰 영향을 준다고 설명하였다. 특히 그는 성인의 정신 질환을 어린 시절의 심리적 갈등이 재현된 것으로 보고, 이를 치유하기 위해서는 무의식에 내재되어 있는 과거의 상처를 의식의 세계로 끌어내는 과정이 필요하다고 주장하였다. 이러한 프로이트의 이론은 기존의 이론에서 ⓒ간과한 무의식에 대한 탐구를 통해 인간 이해에 대한 지평을 넓혔다는 평을 받고 있다.

(나)

　융은 프로이트의 정신분석이론에 반기를 들고, 분석심리학을 주창하였다. 무의식을 단지 의식에서 수용할 수 없는 원초적 욕구나 해결되지 못한 갈등의 창고로만 본 프로이트와 달리, 융은 무의식을 인간이 잠재적 가능성을 실현할 때 필요한 창조적인 에너지의 샘으로 보았다는 점에서, 그의 분석심리학은 프로이트의 이론과 구별된다.

　융은 정신세계의 가장 바깥쪽에는 의식이, 그 안쪽에는 개인 무의식이, 그리고 맨 안쪽에는 집단 무의식이 순서대로 자리잡고 있다고 보았다. 의식은 생각이나 감정, 기억과 같이 인간이 직접 인식할 수 있는 영

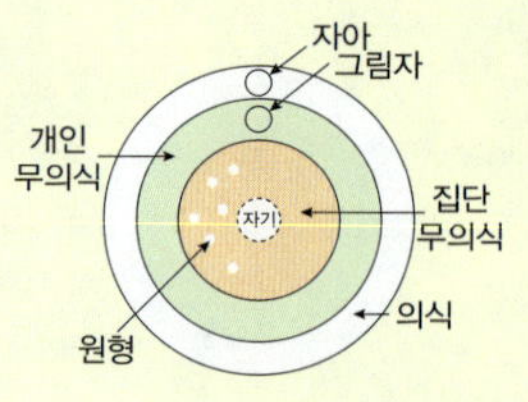

역으로, 여기에는 '자아'가 존재한다. 자아는 의식을 지배하는 동시에 무의식과 교류하며 이를 조정하는 역할을 한다. 개인 무의식은 의식에 의해 ⓓ배제된 생각이나 감정, 기억 등이 존재하는 영역이다. 이곳에 존재하는 '그림자'는 자아에 의해 억압된 '또 하나의 나'라고 할 수 있다. 마지막으로 집단 무의식은 태어날 때부터 누구나 가지고 있는 원초적이며 보편적인 무의식이다. 거기에는 진화를 통해 축적되어 온 인류의 경험이 '원형'의 형태로 존재한다. 가령 어두운 상황에서 누구나 공포심을 느끼는 것이 원형에 해당한다.

　융에 따르면 집단 무의식의 가장 안쪽에는 '자기'가 존재한다. 이는 정신세계에 내재하는 개인의 근원적인 모습이라고 할 수 있다. 융은 자아가 성찰을 통해 무의식의 심연에 존재하는 자기를 발견하면, 인간은 비로소 타인과 구별되는 고유한 존재가 된다고 보고 이를 개별화라고 불렀다. 이는 의식에 존재하는 자아가 무의식과 끊임없이 상호작용하며 무의식의 영역을 의식으로 통합하는 과정, 즉 ㉠무의식을 의식화하는 과정을 통해 이루어진다. 이 과정에서 자아는 자신의 또 다른 모습인 그림자와 ⓔ대면하게 되고, 집단 무의식에 존재하는 여러 원형들을 발견하게 된다. 결국 자아가 무의식의 심연에 존재하는 자기를 찾아가는 과정은 정신세계를 구성하는 자아와 그림자, 그리고 여러 원형들이 대립에서 벗어나 하나의 정신으로 통합되면서 정신적 균형을 이루는 과정이라 할 수 있다. 이러한 과정에서 개인은 내면의 성숙을 이루며 자신의 정체성을 찾게 된다.

28. (가), (나)의 공통점으로 가장 적절한 것은?

① 인간의 무의식을 주장한 이론에 대한 상반된 평가를 제시하고 있다.

② 기존과 다른 관점에서 인간의 정신세계를 설명한 이론을 소개하고 있다.

③ 인간의 무의식을 설명한 이론이 등장하게 된 역사적 사건을 소개하고 있다.

④ 인간의 정신 질환을 분류하고 각각의 특징을 설명한 이론을 제시하고 있다.

⑤ 인간의 정신세계를 설명한 이론이 다른 학문 영역에 미친 영향을 분석하고 있다.

29. (가)의 내용과 일치하지 <u>않는</u> 것은?

① 분트는 인간의 정신세계가 의식으로만 구성되어 있다고 보았다.

② 프로이트는 인간을 무의식의 지배를 받는 비합리적 존재로 여겼다.

③ 프로이트는 원초아가 강할 때 본능적인 욕구에 집착하는 성격이 나타난다고 생각했다.

④ 프로이트는 세 가지 정신 요소들이 상호작용하면서 개인의 성격이 형성된다고 보았다.

⑤ 프로이트는 의식적으로 사용하는 방어기제와 무의식적으로 사용하는 방어기제를 구분하였다.

30. (가)의 '프로이트'와 (나)의 '융'의 관점에서 〈보기〉를 이해한 내용으로 적절하지 <u>않은</u> 것은? [3점]

<보 기>

[헤르만 헤세의 연보]

○ 1877 : 기독교인다운 엄격한 생활을 중시하는 경건주의 집안에서 태어남. ······ ㉮

○ 1881~1886 : 자유분방한 기질로 인해 엄한 아버지의 교육 방식에 반항하며 불안감을 느낌. ······ ㉯

○ 1904~1913 : 잠재된 문학적 재능을 발휘하여 왕성하게 작품 창작을 하며 불안에서 벗어남. ······ ㉰

○ 1916~1919 : 아버지의 죽음을 접하고 심한 우울증을 경험함. ······ ㉱

○ 1945~1962 : 성찰적 글쓰기 활동 속에서 심리적 안정감을 느끼며 여생을 보냄. ······ ㉲

○ 1962 : 몬타뇰라에서 죽음.

① ㉮ : 프로이트는 엄격한 집안 분위기가 헤세의 초자아가 발달하는 데 영향을 주었다고 보겠군.

② ㉯ : 프로이트는 헤세의 불안감을 원초아와 초자아의 요구를 자아가 제대로 조정하지 못한 결과라고 보겠군.

③ ㉰ : 프로이트는 헤세의 왕성한 창작 활동을 승화로, 융은 이를 무의식의 창조적 에너지가 발현된 것으로 보겠군.

④ ㉱ : 프로이트는 헤세의 우울증을 유년기의 불안이 재현된 것으로, 융은 이를 자아와 그림자가 통합된 것으로 보겠군.

⑤ ㉲ : 융은 헤세가 성찰하는 글쓰기 활동을 통해 자기를 발견하는 과정에서 심리적 안정감을 느낀 것으로 보겠군.

31. (가)의 정신분석이론과 (나)의 분석심리학에서 모두 동의하는 진술로 가장 적절한 것은?

① 자아는 의식과 무의식의 세계에 걸쳐서 존재한다.
② 무의식은 성적 에너지로만 이루어진 정신 요소이다.
③ 무의식은 개인의 경험을 초월해 원형의 형태로 유전된다.
④ 무의식에는 자아에 의해 억압된 열등한 자아가 존재한다.
⑤ 정신적 균형을 이루기 위해서는 자아의 역할이 중요하다.

32. ㉠을 이해한 내용으로 가장 적절한 것은?

① 의식의 확장을 통해 타인과의 경계를 허무는 과정이다.
② 자신의 근원적인 모습을 찾아 나가는 개별화의 과정이다.
③ 의식에 의해 발견된 무의식의 욕구가 억눌리는 과정이다.
④ 무의식이 의식에서 분화되어 정체성이 실현되는 과정이다.
⑤ 과거의 경험들을 반복함으로써 성격이 형성되는 과정이다.

33. ⓐ~ⓔ의 사전적 의미로 적절하지 <u>않은</u> 것은?

① ⓐ : 어떤 사실을 자세히 따져서 바로 밝힘.
② ⓑ : 주기적으로 자꾸 되풀이하여 돎.
③ ⓒ : 큰 관심 없이 대강 보아 넘김.
④ ⓓ : 받아들이지 아니하고 물리쳐 제외함.
⑤ ⓔ : 서로 얼굴을 마주 보고 대함.

[34~37] 다음 글을 읽고 물음에 답하시오.

[앞부분의 줄거리] 국민학교 2학년생인 '나'는 걸구대(궐기대회)가 열릴 때마다 멧돼지를 서너 마리씩 미국 대통령이나 유엔 사무총장과 같은 외국 귀인들에게 보낸다는 것을 알고 의아해한다.

어린 소견에 도무지 알다가도 모를 노릇이었다. 그런 식으로 마구 보내 주다가는 오래지 않아 나라 안의 멧돼지는 깡그리 씨가 마를 판이었다. 그렇잖아도 가뜩이나 육고기가 부족한 가난뱅이 나라에서 서양 부자 나라의 지체 높은 양반들한테 뭣 때문에 툭하면 그 귀한 멧돼지들을 보낸단 말인가. 또 보낸다면 그 멀고 먼 나라까지 무슨 수로, 그리고 어떤 모양으로 그 짐승들을 보낸단 말인가.

멧돼지 보내기가 몇 번이나 되풀이된 다음, 마지막 순서로 혈서 쓰기가 시작되었다. 검정색 학생복 차림의 피 끓는 청년 학도들이 차례차례 연단에 올라 손가락을 깨물어 하얀 천 위에다 붉게 혈서를 쓰고 있었다. 그쯤에서 진력이 날 대로 나버린 급우 녀석들이 나를 향해 자꾸만 눈짓을 보내왔다. 엎어지면 코 닿을 자리에 집이 있는 내가 몇몇 친한 녀석들을 데리고 몰래 광장을 빠져나와 걸구대가 끝날 때까지 우리 식당에서 즐거운 시간을 함께 보낸 적이 종종 있었던 까닭이었다. 녀석들과 함께 걸구대에서 막 도망쳐 나오려는 순간이었다. 바로 그때 새롭게 연단에 오른 청년의 모습이 내 발목을 꽉 붙잡았다. 그보다 앞서 혈서를 쓴 학생들과 달리 그는 학생복 차림이 아니었다. 검정물로 염색한 군복을 걸친 그 험수룩한 모습이 먼빛으로 봐도 어쩐지 많이 눈에 익어 보였다. 잠시 후에 열 손가락을 모조리 깨물어 혈서를 쓴, 참으로 보기 드문 열혈 애국 청년이 등장했음을 걸구대 사회자가 확성기를 통해 널리 알렸다. 곧이어 '북진통일'이라고 대문짝만하게 적힌 혈서가 청중에게 공개되었다. 치솟는 박수갈채로 역전 광장이 갑자기 떠나갈 듯 요란해졌다. 설마 그럴 리가 있겠냐고, 혹시 내가 잘못 봤을지도 모른다고 생각하면서 나는 고개를 저었다. 나는 몇몇 급우들과 함께 슬며시 광장을 벗어나고 말았다.

내가 결코 잘못 본 게 아니라는 사실이 이윽고 밝혀졌다. 창권이 형은 열 손가락에 빨갛게 핏물이 밴 붕대를 친친 감은 채 식당에 돌아옴으로써 어머니와 나를 기절초풍케 만들었다. 너무도 어처구니가 없는 나머지 어머니는 형이 돌아오면 퍼부으려고 잔뜩 별러서 장만했던 욕바가지를 꺼내들 엄두조차 못 낼 정도였다. 아프지 않더냐는 내 걱정에 형은 마치 남의 살점 얘기하듯 심상하게 대꾸했다.

"괭기찮어. 어째피 남어도는 피니꺼."

그 혈서 사건 이후부터 창권이 형은 자기 몸 안에 들끓는 더운 피를 덜어내기 위해 이따금 주먹으로 자신의 코쭝배기를 후려쳐 일부러 코피를 쏟아 내야 하는 수고를 더 이상 할 필요가 없게 되었다. 그리고 어머니 말마따나 형은 정말 우리 식당에서 아무짝에도 쓸모없는 인간으로 완전히 바뀌어 버렸다. 역전 광장에서는 사흘이 멀다 하고 크고 작은 걸구대가 잇달아 벌어졌다. 덕분

→ 해설편 17쪽

에 형의 상처 난 **손가락들은 좀체 아물 새가 없었다.** 걸구대 때마다 단골로 혈서를 쓰는 열혈 애국 청년 노릇에 워낙 바쁘다 보니 식당 안에 진드근히 붙어 있을 겨를도 없었다. 어머니는 결국 역마살이 뻗쳐 하고많은 날들을 밖으로만 나대는 형의 발을 묶어 식당 안에 주저앉히려는 노력을 포기할 지경에 이르렀다. 형은 어느덧 장국밥을 전문으로 하는 식당의 허드재비 심부름꾼에서 당당한 손님으로 격이 달라져 있었다.

중요한 일로 높은 사람들을 만나러 간다며 아침 일찍 집을 나선 창권이 형이 해 질 녘에 다따가* 고등학생으로 변해 돌아왔다. 그동안 형의 변모는 너무나 급격해서 그러잖아도 눈알이 팽팽 돌 지경이었는데, 방금 새로 사 입은 빳빳한 학생복에 어엿이 어느 학교의 교표까지 붙인 학생모 차림은 상상을 뛰어넘는 것이라서 어머니와 나는 다시 한번 할 말을 잃고 말았다.

"일트레면은 가짜배기 나이롱 고등과 학생인 심이지."

언제 학교에 들어갔었느냐는 내 물음에 형은 천연덕스레 대꾸하고 나서 한바탕 히히거렸다. 가짜 대학생 이야기는 더러 들어 봤어도 가짜 고등학생은 형이 처음이었다.

"핵교도 안 댕기는 반거충이 청년이 단골 혈서가란 속내가 알려지는 날이면 넘들 보기에도 모냥이 숭칙허다고, 날더러 당분간 **고등과 학생 숭내를 내고 댕기**란다."

형은 모자에 붙은 교표에 호호 입김을 불어 소맷부리로 정성스레 광을 내기 시작했다. 안 그래도 새것임을 만천하에 광고하듯 ㉠ 너무 번뜩여서 오히려 탈인 그 금빛의 교표를 형은 내친김에 아예 순금제로 바꿔 놓을 작정인 듯 시간 가는 줄 모르고 일삼아 닦고 또 닦아 댔다. 나는 국민학교 졸업이 학력의 전부인 형을 한동안 물끄러미 바라보았다. 가정 형편이 어려워 어릴 때부터 남의집살로 잔뼈를 굵혀 나온 형은 자신을 진짜배기 고등학생으로 착각하고 있는 기색이었다.

"요담번 궐기대회 때부텀 나가 맥아더 원수에게 보내는 멧세지 낭독까장 맡어서 허기로 결정이 나뿌렀다."

형은 교표 닦기를 끝마친 후 호주머니에서 피난민 시체로부터 선사 받은 금장의 회중시계를 꺼내어 더욱더 공력을 들여 뻬까번쩍 광을 내기 시작했다. 정말 갈수록 태산이었다. 형은 걸구대에서 자신이 맡은 역할이 단골 혈서가 노릇 말고 다른 중요한 것이 더 있음을 자랑스레 밝히는 중이었다. 나는 멧돼지를 멧세지라 잘못 발음한 형의 실수를 부득이 지적하지 않을 수 없었다. 하지만 무식한 가짜 고등학생은, 멧돼지가 아니라고, 꼬부랑말로 **멧세지가 맞다고 턱도 없는 우김질을 끝까지 계속했다.**

(중략)

창권이 형의 마지막 활약상은 그리 오래 지속되지 못했다. 그날도 형은 군산으로 원정을 떠나 적성중립국 감시위원들의 추방을 요구하는 **시위대의 선두에 섰다.** 시위 분위기가 무르익자 형은 그만 흥분을 가누지 못하고 미군 부대 철조망을 타 넘는 만용을 부렸다. 바로 그때 경비병들이 송아지만 한 셰퍼드들을 풀어 놓았다. 형은 셰퍼드들의 집중 공격을 받아 엉덩이 살점이 뭉텅 뜯겨 나가고 왼쪽 발뒤꿈치의 인대가 끊어지는 **중상을 입**었다.

형이 병원에서 퇴원할 때는 이미 한쪽 다리를 저는 불구의 몸으로 변해 있었다.

퇴원한 뒤에도 창권이 형은 한동안 우리 집에 계속 머물렀다. 형의 그 가짜배기 애국 학도 행각을 애초부터 꼴같잖게 여기던 어머니는 쩔쑥쩔쑥 기우뚱거리는 걸음걸이로 하릴없이 식당 안팎을 서성이는 먼촌붙이 조카를 눈엣가시로 알고 노골적으로 박대했다. 우리 식당에 빌붙어 눈칫밥이나 축내며 지내던 어느 날, 형은 마침내 시골집으로 돌아갈 결심을 굳혔다.

떠나기 전날 밤, 창권이 형은 보퉁이를 다 꾸린 다음 크게 선심이라도 쓰는 척하면서 내게 금장 회중시계를 만져 볼 기회를 딱 한 차례 허락했다. 행여 닳기라도 할까 봐 오래 구경시키는 것마저도 꺼려 하던 그 귀물 단지를 형이 내 손에 통째로 맡긴 것은 그때가 처음이자 마지막이었다. 피난민 시체로부터 받은 선물이라고 주장하던 그 **회중시계**가 내 작은 손바닥 위에 제법 묵직한 중량감으로 올라앉아 있었다. 등잔불 그늘 안에서도 말갛고 은은한 광휘를 발산하는 금시계를 일삼아 들여다보고 있자니 마치 형의 금빛 찬란하던 한때를 그것이 째깍째깍 증언하는 듯한 느낌이 언뜻 들었다. 전쟁 기간을 통틀어 형의 수중에 남겨진 **유일한 전리품**이었다.

"형이 옳았어."

회중시계를 되돌려 주면서 형의 호의에 대한 답례 삼아 뭔가 형에게 위로가 될 적당한 말을 찾느라 나는 복잡한 머릿속을 한참이나 뒤장질하지 않으면 안 되었다.

"멧돼지가 아니었어. 멧세지가 맞는 말이여."

내 말에 아무런 대꾸 없이 형은 그저 보일락말락 미소만 시부저기 흘리고 있을 따름이었다.

– 윤흥길, 「아이젠하워에게 보내는 멧돼지」 –

* 다따가 : 난데없이 갑자기.

34. 윗글에 대한 설명으로 가장 적절한 것은?

① 이야기 내부 인물이 중심인물의 행동과 그에 대한 자신의 생각을 서술하고 있다.

② 이야기 내부 인물이 인물과 인물 사이의 갈등을 해소하는 과정을 보여 주고 있다.

③ 이야기 내부 인물이 과거와 현재를 반복적으로 교차하며 자신의 경험을 전달하고 있다.

④ 이야기 외부 서술자가 특정 소재와 관련된 인물의 내면 심리를 묘사하고 있다.

⑤ 이야기 외부 서술자가 서로 다른 공간에서 동시에 일어나는 사건들을 나열하고 있다.

1
회

2023 3월 학력평가

35. 윗글을 읽고 알 수 있는 내용이 <u>아닌</u> 것은?

① '나'는 궐기대회가 끝나기 전 친구들과 도중에 나온 적이 있었다.

② '나'는 창권이 형이 궐기대회에서 혈서를 쓴 사실을 어머니를 통해 전해 들었다.

③ 창권이 형은 열혈 애국 청년 노릇으로 바빠지게 되자 식당 심부름꾼으로 일할 겨를이 없었다.

④ 창권이 형은 퇴원 후 어머니에게 노골적인 박대를 받던 끝에 고향으로 돌아갈 결심을 했다.

⑤ 어머니는 창권이 형이 궐기대회에서 박수갈채를 받으며 애국 학도로 행세하는 것을 못마땅하게 여겼다.

36. ㉠에 대한 이해로 가장 적절한 것은?

① 빛나는 교표로는 오히려 창권이 형의 능청스러운 성격을 은폐하기 어려움을 의미한다.

② 교표가 빛이 날수록 오히려 창권이 형이 자신의 행동을 부끄럽게 생각할 수 있음을 의미한다.

③ 번뜩이는 교표로 인해 궐기대회에서 창권이 형이 맡는 역할이 오히려 축소될 수 있음을 의미한다.

④ 교표를 정성스럽게 닦는 행위 때문에 오히려 창권이 형이 불안감을 더 크게 느끼게 됨을 의미한다.

⑤ 지나치게 새것으로 보이는 교표 때문에 오히려 창권이 형의 학력 위조가 쉽게 탄로 날 수 있음을 의미한다.

37. 〈보기〉를 바탕으로 윗글을 감상한 내용으로 적절하지 <u>않은</u> 것은? [3점]

<보 기>

이 작품은 6·25 전쟁으로 인해 혼란해진 사회를 배경으로 한다. 창권이 형은 궐기대회에서 애국 학도로 활약하게 되는 과정에서 권력층에 편승하는 모습을 보인다. 정치적 목적을 위해 대중을 기만하는 권력층에 이용당하다 결국 몰락하게 되는 창권이 형을 통해 어리석은 인물이 가진 욕망의 허망함을 풍자하고 있다. 그리고 궐기대회에서 벌어지는 일을 제대로 이해하지 못하는 어린 '나'를 통해 궐기대회가 희화화된다.

① '멧세지'를 보내는 것을 '멧돼지 보내기'로 오해한 '나'를 통해 궐기대회가 희화화되는군.

② '좀체 아물 새가 없'는 '손가락들'은 표면적으로는 애국심의 증거이지만 이면적으로는 창권이 형이 권력층에 이용당하는 인물임을 엿볼 수 있게 하는군.

③ '고등과 학생 숭내를 내고 댕기'라고 지시하는 것에서 자신들의 목적을 위해 대중을 속이는 권력층의 부정적 면모가 드러나는군.

④ '시위대의 선두에 섰'다가 '중상을 입'은 비극을 통해 권력층에 편승하려는 창권이 형의 부질없는 욕망이 풍자되고 있군.

⑤ '유일한 전리품'이었던 '회중시계'는 전쟁 시기에 애국 학도로서의 신념을 지키지 못한 창권이 형의 고뇌를 상징하는군.

→ 해설편 19쪽

[38~42] 다음 글을 읽고 물음에 답하시오.

맑고 화창한 날 밖에서 스마트폰 화면이 잘 보이지 않았던 경험이 한 번쯤은 있을 것이다. 이는 화면에 반사된 햇빛이 화면에서 나오는 빛과 많이 ⓐ 혼재될수록 야외 시인성이 저하되기 때문이다. 야외 시인성이란, 빛이 밝은 야외에서 대상을 명확하게 인식할 수 있는 성질을 의미한다. 그렇다면 스마트폰에는 야외 시인성 개선을 위해 어떠한 기술이 적용되어 있을까?

㉠ 스마트폰 화면의 명암비가 높으면 우리는 화면에 표현된 이미지를 선명하다고 인식한다. 명암비는 가장 밝은 색과 가장 어두운 색을 화면이 얼마나 잘 표현하는지를 나타내는 수치로, 흰색을 표현할 때의 휘도를 검은색을 표현할 때의 휘도로 나눈 값이다. 여기서 휘도는 화면에서 나오는 빛이 사람의 눈에 얼마나 들어오는지를 나타내는 양이다. 가령, 흰색을 표현할 때의 휘도가 $2,000 \ cd/m^2$이고 검은색을 표현할 때의 휘도가 $2 \ cd/m^2$인 스마트폰의 명암비는 1,000이다.

명암비는 휘도를 측정하는 환경에 따라 암실 명암비와 명실 명암비로 구분된다. 암실 명암비는 햇빛과 같은 외부광 없이 오로지 화면에서 나오는 빛만을 인식할 수 있는 조건에서의 명암비를, 명실 명암비는 외부광이 ⓑ 존재하는 조건에서의 명암비를 의미한다. 스마트폰의 야외 시인성을 높이기 위해서는 명실 명암비를 높여야 한다. 이를 위해 화면에서 흰색을 표현할 때의 휘도를 높이는 방법과 검은색을 표현할 때의 휘도를 낮추는 방법을 사용할 수 있다.

그런데 스마트폰에 흔히 사용되는 OLED는 흰색을 표현할 때의 휘도를 높이는 데 한계가 있다. OLED는 화면의 내부에 있는 기판*에서 빛을 내는 소자로, 빨간색, 초록색, 파란색 빛을 조합하여 다양한 색을 ⓒ 구현한다. 이렇게 OLED가 색을 표현할 때, 출력되는 빛의 세기를 높이면 해당 색의 휘도가 높아진다. 그러나 강한 세기의 빛을 출력할수록 OLED의 수명이 ⓓ 단축되는 문제가 있다. 이러한 이유로 OLED 스마트폰에는 편광판과 위상지연필름을 활용하여, 외부광의 반사로 높아진, 검은색을 표현할 때의 휘도를 낮추는 기술이 적용되고 있다.

〈그림〉은 OLED 스마트폰에 적용된 편광판의 원리를 나타낸 것이다. 일반적으로 빛은 진행하는 방향에 수직인 모든 방향으로 진동하며 나아간다. 빛이 편광판

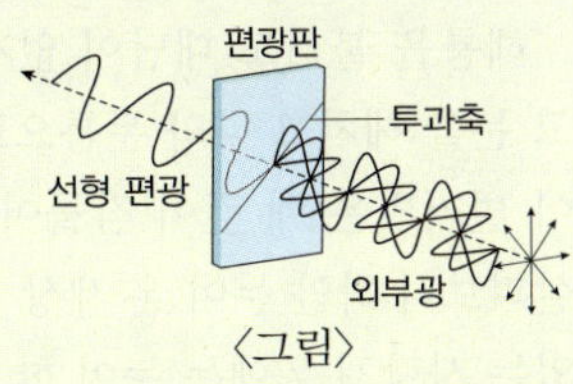

을 통과하면 그중 편광판의 투과축과 평행한 방향으로 진동하며 나아가는 선형 편광만 남고, 투과축의 수직 방향으로 진동하는 빛은 차단된다. 이러한 과정에서 편광판을 통과한 빛의 세기는 감소하게 된다.

[A] 이러한 원리를 이용해 OLED 스마트폰에서 야외 시인성을 높이는 기술을 설명하면 다음과 같다. 먼저 스마트폰 화면 안으로 들어오는 외부광은 편광판을 거치면서 일부가 차단되고 투과축과 평행한 방향으로 진동하는 선형 편광만 남게 된다. 그런 다음 이 선형 편광은 위상지연필름을 지나면서 회전하며

나아가는 빛인 원형 편광으로 편광의 형태가 바뀐다. 이 원형 편광은 스마트폰 화면의 내부 기판에 반사된 뒤, 다시 위상지연필름을 통과하며 선형 편광으로 바뀐다. 그런데 이 선형 편광의 진동 방향은 외부광이 처음 편광판을 통과했을 때 남은 선형 편광의 진동 방향과 수직을 이루게 되어 편광판에 가로막히게 된다. 그 결과 기판에 반사된 외부광은 화면 밖으로 빠져나가지 못하게 된다.

이와 같은 기술은 OLED 스마트폰의 야외 시인성을 높이는 데에는 매우 효과적이지만, 편광판을 사용할 수밖에 없기 때문에 스마트폰 화면이 일정 수준의 명암비를 유지하기 위해서는 ㉡ OLED가 내는 빛의 세기를 높게 유지해야 한다는 단점이 존재한다. 그리고 외부광이 화면의 외부 표면에 반사되어 나타나는 야외 시인성의 저하도 ⓔ 방지하지 못한다. 최근에는 이러한 문제점들을 개선하기 위한 연구가 다양한 분야에서 이루어지고 있다.

* 기판 : 전기 회로가 편성되어 있는 판.

---

38. 윗글에서 알 수 있는 내용으로 가장 적절한 것은?

① 햇빛은 진행하는 방향에 수직인 모든 방향으로 진동한다.
② OLED는 네 가지의 색을 조합하여 다양한 색을 구현한다.
③ 사람의 눈에 들어오는 빛의 양이 많으면 휘도는 낮아진다.
④ 야외 시인성은 사물 간의 크기 차이를 비교하는 기준이다.
⑤ OLED는 화면의 외부 표면에 반사되는 외부광을 차단한다.

39. ㉠에 대한 설명으로 적절하지 **않은** 것은?

① 명실 명암비를 높이면 야외 시인성이 높아지게 된다.
② 흰색을 표현할 때의 휘도가 낮아질수록 암실 명암비가 높아진다.
③ 휘도를 측정하는 환경에 따라 명실 명암비와 암실 명암비로 나뉜다.
④ 흰색을 표현할 때의 휘도를 검은색을 표현할 때의 휘도로 나눈 값이다.
⑤ 화면에 반사된 외부광이 눈에 많이 들어올수록 명실 명암비가 낮아진다.

40. ㉡의 이유를 추론한 것으로 가장 적절한 것은?

① OLED가 내는 빛의 휘도를 조절할 수 없기 때문이다.
② OLED가 내는 빛이 강할수록 수명이 길어지기 때문이다.
③ OLED가 내는 빛 중 일부가 편광판에서 차단되기 때문이다.
④ OLED가 내는 빛이 약하면 명암비 계산이 어렵기 때문이다.
⑤ OLED가 내는 빛의 세기를 높이는 데 한계가 있기 때문이다.

41. 〈보기〉는 [A]의 과정을 나타낸 그림이다. 윗글을 바탕으로 〈보기〉를 이해한 내용으로 적절하지 <u>않은</u> 것은? [3점]

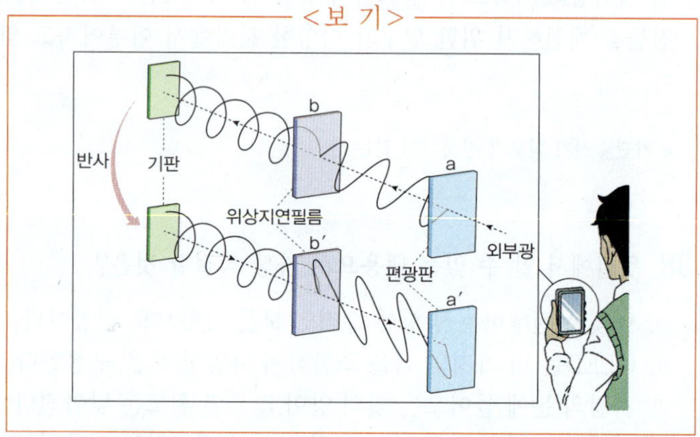

① 외부광은 a를 거치면서 투과축과 평행한 방향으로 진동하는 빛만 남게 된다.
② a를 거쳐 b로 나아가는 빛은 진행 방향에 수직인 방향으로 진동한다.
③ b를 거친 빛은 기판에 의해 a를 거쳐 b로 나아가는 빛과 같은 형태의 편광으로 바뀌게 된다.
④ b′를 거친 빛의 진동 방향은 a를 거쳐 b로 나아가는 빛의 진동 방향과 수직을 이룬다.
⑤ b′를 거친 빛은 진동 방향이 a′의 투과축과 수직을 이루므로 화면 밖으로 빠져나가지 못하게 된다.

42. 문맥상 ⓐ~ⓔ와 바꾸어 쓰기에 적절하지 <u>않은</u> 것은?

① ⓐ : 뒤섞일수록
② ⓑ : 있는
③ ⓒ : 고른다
④ ⓓ : 줄어드는
⑤ ⓔ : 막지

[43~45] 다음 글을 읽고 물음에 답하시오.

[앞부분의 줄거리] 전생에 부부였던 남해 용왕의 딸과 동해 용왕의 아들은 각각 금방울과 해룡으로 환생한다. 해룡은 피란 도중에 부모와 헤어져 장삼과 변 씨의 집에서 자라게 된다.

어느 추운 겨울날, 눈보라가 내리치는 밤에 변 씨는 소룡과 함께 따뜻한 방에서 자고 해룡에게는 방아질을 시켰다. 해룡은 어쩔 수 없이 밤새도록 방아를 찧었는데, 얇은 홑옷만 입은 아이가 어찌 추위를 견딜 수 있겠는가? 추위를 이기지 못해 잠깐 쉬려고 제 방에 들어가니, 눈보라가 방 안에까지 들이치고 덮을 것이 하나도 없었다. 해룡이 몸을 잔뜩 웅크리고 엎드려 있는데, 갑자기 방 안이 대낮처럼 밝아지고 여름처럼 더워져 온몸에 땀이 났다. 놀랍고 또 이상해 바로 일어나 밖을 자세히 살펴보니, 아직 날이 밝지 않았는데 하얀 눈이 뜰에 가득했다. 방앗간에 나가 보니 밤에 못다 찧은 것이 다 찧어져 그릇에 담겨 있었다. 해룡이 더욱 놀라고 괴이하게 여겨 방으로 돌아오니 방 안은 여전히 밝고 더웠다.

아무리 생각해도 이상해 방 안을 두루 살펴보니, 침상 위에 예전에 없었던 북만 한 방울 같은 것이 놓여 있었다. 해룡이 잡으려 했으나, 방울이 이리 미끈 달아나고 저리 미끈 달아나며 요리 구르고 저리 굴러 잡히지 않았다. 더욱 놀랍고 신통해서 자세히 보니, 금빛이 방 안에 가득하고, 방울이 움직일 때마다 향취가 가득히 퍼져 코를 찔렀다. 이에 해룡은 생각했다.

'이것은 반드시 무슨 까닭이 있어서 일어난 일일 테니, 좀 더 두고 지켜봐야겠다.'

해룡은 마음속으로 기뻐하며 자리에 누웠다. 그동안 굶주림과 추위에 시달린 몸이 따뜻해지니, 마음이 절로 놓여 아침 늦도록 곤히 잠을 잤다. 이때 변 씨 모자는 추워 잠을 자지 못하고 떨며 앉아 있다가 날이 밝자마자 밖으로 나와보니, 눈이 쌓여 온 집 안을 뒤덮었고 찬바람이 얼굴을 깎듯이 세차게 불어 몸을 움직이는 것마저 어려웠다. 이에 변 씨는 생각했다.

'해룡이 틀림없이 얼어 죽었겠구나.'

해룡을 불러도 대답이 없자, 해룡이 얼어 죽었으리라 생각하고 눈을 헤치고 나와 문틈으로 방 안을 엿보았다. 그랬더니 해룡이 벌거벗은 채 깊이 잠들어 있는데 놀라서 깨우려다가 자세히 살펴보니 하얀 눈이 온 세상 가득 쌓여 있는데, 오직 해룡이 자고 있는 사랑채 위에는 눈이 한 점도 없고 더운 기운이 연기처럼 일어나고 있었다. 이것이 어찌 된 일인지 알 수가 없었다.

변 씨가 놀라 소룡에게 이런 상황을 이야기했다.

"매우 이상한 일이니, 해룡의 거동을 두고 보자꾸나."

문득 해룡이 놀라 잠에서 깨어 내당으로 들어가 변 씨에게 문안을 올린 뒤 비를 잡고 눈을 쓸려 하는데, 갑자기 한 줄기 광풍이 일어나며 반 시간도 채 안 되어 눈을 다 쓸어버리고는 그쳤다. 해룡은 이미 짐작하고 있었으나, 변 씨는 그 까닭을 전혀 알지 못해 더욱 신통히 여기며 마음속으로 생각했다.

'분명 해룡이 요술을 부려 사람을 속인 것이로다. 만약 해룡을

집에 오래 두었다가는 큰 화를 당하리라.'

변 씨는 어떻게든 해룡을 죽여 없앨 생각으로 이리저리 궁리하다가, 한 가지 계교를 생각해 내고는 해룡을 불러 말했다.

[A]
"가군*이 돌아가신 뒤 우리 가산이 점점 줄어들게 된 것은 너 또한 잘 알 것이다. 구호동에 우리 집 논밭이 있는데, 근래에는 호환이 자주 일어나 사람을 다치게 해 농사를 짓지 못하고 묵혀둔 지 벌써 수십여 년이 되었구나. 이제 그 땅을 다 일구어 너를 장가보내고 우리도 네 덕에 잘살게 된다면, 어찌 기쁘지 않겠느냐? 다만 너를 그 위험한 곳에 보내면, 혹시 후회할 일이 생길까 걱정이구나."

해룡이 기꺼이 허락하고 농기구를 챙겨 구호동으로 가려 하니, 변 씨가 짐짓 말리는 체했다. 이에 해룡이 웃으며 말했다.

"사람의 목숨은 하늘에 달려 있으니, 어찌 짐승에게 해를 당하겠나이까?"

해룡이 가벼운 발걸음으로 집을 나서자, 변 씨가 문밖에까지 나와 당부하며 말했다.

"쉬이 잘 다녀오너라."

해룡이 공손하게 대답하고 구호동으로 들어가 보니, 사면이 절벽으로 둘러싸여 있고 그 사이에 작은 들판이 하나 있는데, 초목이 아주 무성했다. 해룡이 등나무 넝쿨을 붙들고 들어가니, 오직 호랑이와 표범, 승냥이와 이리의 자취뿐이요, 인적은 아예 없었다. 해룡은 조금도 두려워하지 않고 옷을 벗은 뒤 잠깐 쉬었다. 해가 서산으로 넘어가려 할 무렵 자리에서 일어나 밭을 두어 이랑 갈고 있는데, 갑자기 바람이 거세게 불고 모래가 날리면서 산꼭대기에서 이마가 흰 칡범이 주홍색 입을 벌리고 달려들었다. 해룡이 정신을 바짝 차리고 손으로 호랑이를 내리치려 할 때, 또 서쪽에서 큰 호랑이가 벽력같은 소리를 지르며 달려들어 해룡이 매우 위급한 상황에 처하게 되었다. 그 순간 갑자기 등 뒤에서 금방울이 달려와 두 호랑이를 한 번씩 들이받았다. 호랑이들이 소리를 지르며 달려들었으나, 금방울이 나는 듯이 뛰어서 연달아 호랑이를 들이받으니 두 호랑이가 동시에 거꾸러졌다.

해룡이 달려들어 호랑이 두 마리를 다 죽이고 돌아보니, 금방울이 번개같이 굴러다니며 한 시간도 채 안 되어 그 넓은 밭을 다 갈아 버렸다. 해룡은 기특하게 여기며 금방울에게 거듭거듭 사례했다. 해룡이 죽은 호랑이를 끌고 산을 내려오면서 돌아보니, 금방울은 어디로 갔는지 사라지고 없었다.

한편, 변 씨는 해룡을 구호동 사지에 보내고 생각했다.

'해룡은 반드시 호랑이에게 물려 죽었을 것이다.'

변 씨가 집 안팎을 들락날락하며 매우 기뻐하고 있는데, 문득 밖에서 사람들이 요란하게 떠드는 소리가 들려와 급히 나아가 보니, 해룡이 큰 호랑이 두 마리를 끌고 왔다. 변 씨는 크게 놀랐지만 무사히 잘 다녀온 것을 칭찬했다. 또한 큰 호랑이를 잡은 것을 기뻐하는 체하며 해룡에게 말했다.

"일찍 들어가 쉬어라."

해룡이 변 씨의 칭찬에 감사드리고 제 방으로 들어가 보니, 방울이 먼저 와 있었다.

- 작자 미상, 「금방울전」 -

43. 윗글의 내용에 대한 이해로 적절하지 <u>않은</u> 것은?

① 변 씨는 소룡에게 잠자는 해룡을 깨우라고 지시했다.
② 변 씨는 해룡을 도운 것이 금방울이라는 것을 몰랐다.
③ 해룡은 밤에 방아질을 하다가 추워 방 안으로 들어갔다.
④ 해룡은 방 안에서 움직이는 금방울을 보고 신통해했다.
⑤ 금방울은 구호동에서 사라진 후 해룡보다 먼저 방에 도착했다.

44. [A]에 대한 설명으로 가장 적절한 것은?

① 지난 일의 책임을 상대방에게 전가하며 태도 변화를 촉구하고 있다.
② 상대방으로 인한 자신의 손해를 언급하며 요청 사항을 전달하고 있다.
③ 상대방의 역할에 대해 의문을 제기하며 자신의 입장을 수정하고 있다.
④ 자신이 제안한 바가 서로에게 이익이 됨을 근거로 상대방을 설득하고 있다.
⑤ 상대방이 취하려는 행위를 만류하기 위해 상대방과 자신의 관계를 언급하고 있다.

45. 〈보기〉는 윗글의 서사 구조를 도식화한 것이다. ㄱ~ㄹ에 대한 설명으로 적절하지 <u>않은</u> 것은? [3점]

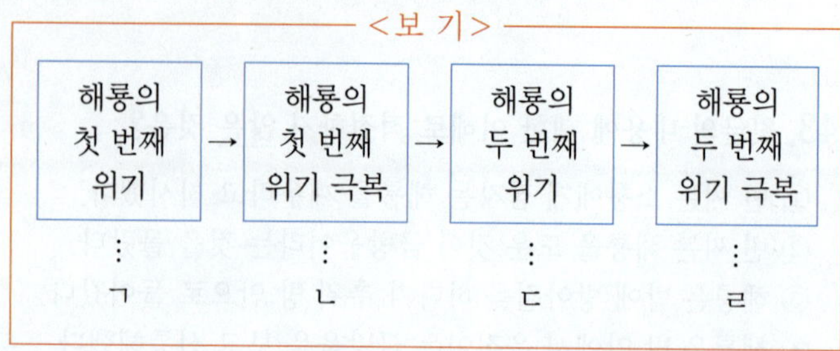

① ㄱ은 집에서 얼어 죽게 될, ㄷ은 구호동에서 짐승에게 해를 입게 될 상황이다.

② ㄱ과 ㄷ은 모두 해룡에게 수행하기 어려운 과제가 주어지는 상황이다.

③ ㄴ은 장차 해룡에게 화를 입을 것을 염려한 변 씨가 ㄷ을 계획하는 계기가 된다.

④ ㄴ과 ㄹ은 신이한 능력을 지닌 금방울에 의해 주도적으로 진행된다.

⑤ ㄱ~ㄹ의 과정에서 해룡은 겉과 속이 다르게 자신을 대하는 변 씨의 이중성을 눈치채고 반발하게 된다.

[1~3] 다음은 학생의 발표이다. 물음에 답하시오.

안녕하세요. 여러분, 체험 활동 때 방문했던 트릭 아트 체험관 기억나시나요? (고개를 끄덕이며) 네, 많이 기억하시는군요. 저는 특히 외나무다리 트릭 아트가 인상 깊었습니다. 바닥에 그려진 그림 위에 섰을 때 실제로 절벽 아래로 떨어질 것처럼 아슬아슬한 느낌이 들었던 기억이 아직도 생생합니다. 그래서 트릭 아트에 대해 관심이 생겨 오늘 발표를 하게 되었습니다.

트릭 아트란 주로 착시 현상을 활용하여 관람자에게 재미나 색다른 시각적 경험을 제공하는 예술 장르입니다. (㉠ 자료를 제시하며) 여기를 보시겠습니다. 여러분, 이 그림은 무엇을 그린 것일까요? (대답을 듣고) 네, 토끼라는 대답도, 오리라는 대답도 있네요. 이 그림에는 두 동물의 이미지가 중첩되어 있기 때문에 토끼로도, 오리로도 보입니다. (그림의 오른쪽 부분을 가리키며) 이쪽 둥근 부분에 시선을 두면 토끼로 보이고, (왼쪽 부분을 가리키며) 이쪽 길쭉한 부분에 시선을 두면 오리로 보입니다. 이 그림은 보는 사람의 시선에 따라 이미지가 다르게 보이는 착시 현상을 활용하여 관람자에게 일상에서 접해 보지 못했던 색다른 시각적 경험을 제공하고 있습니다.

아, 질문이 있군요. (ⓐ 질문을 듣고) 네, 눈은 외부의 시각 정보를 뇌에 전달하고, 뇌는 개인의 경험이나 지식에 비추어 이를 해석하고 판단합니다. 그런데 이 과정에서 시각 정보가 불분명하거나 해석에 혼선이 생길 때 착시 현상이 일어나게 됩니다. 방금 보셨던 그림은 이미지를 중첩시켜 불분명한 시각 정보를 제공함으로써 착시 현상이 발생한 것이라고 할 수 있습니다.

자, 이해되셨나요? (대답을 듣고) 네, 그러면 이번에는 착시 현상을 활용하여 바닥에 그린 그림이 입체적으로 보이는 트릭 아트를 보여 드리겠습니다. (㉡ 자료를 가리키며) 이 횡단보도는 표지선 아래에 음영을 넣어 입체적으로 보입니다. 바닥에 그려진 것이지만 공중에 떠 있는 듯한 착시 현상을 일으키고 있는 것입니다. 그래서 운전자의 시각에서 볼 때 실제로 장애물이 있는 것 같은 느낌이 들도록 함으로써 자연스럽게 감속을 유도하여 교통사고를 예방하는 데 유용합니다.

이외에도 트릭 아트는 건물 외벽, 광고판, 관광지의 포토존 등에서 다양하게 활용되고 있습니다. 제가 말씀드린 내용 이외에 트릭 아트에 대해 더 알고 싶으신 분은 도서관에 있는 관련 책들을 찾아보거나 제가 보여 드리는 트릭 아트 누리집에 들어가 보시기 바랍니다. 이상, 발표를 마치겠습니다.

1. 위 발표에 대한 설명으로 적절하지 <u>않은</u> 것은?

① 청중과 공유하고 있는 경험을 언급하여 주의를 환기하고 있다.
② 화제와 관련된 역사적 일화를 소개하여 청중의 호기심을 자극하고 있다.
③ 청중의 반응을 확인하면서 발표 내용에 대한 이해 여부를 점검하고 있다.
④ 비언어적 표현을 사용하여 청중이 설명 대상에 집중하도록 유도하고 있다.
⑤ 청중에게 정보를 추가로 탐색할 수 있는 방법을 안내하며 발표를 마무리하고 있다.

2. 다음은 발표자가 제시한 자료이다. 발표자의 자료 활용에 대한 이해로 가장 적절한 것은?

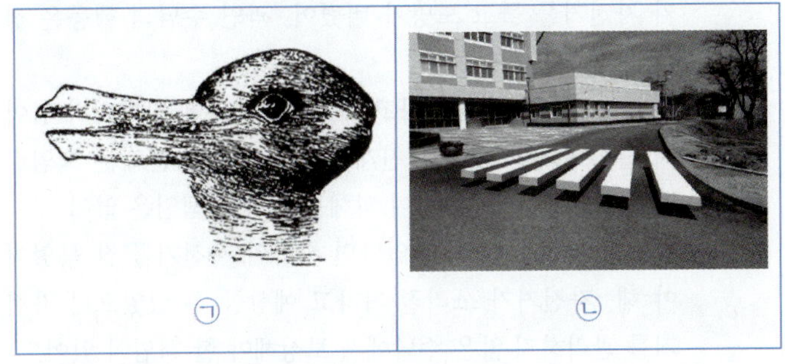

① ㉠을 통해 착시 현상의 방해 요인을, ㉡을 통해 착시 현상의 발생 과정을 설명하고 있다.
② ㉠을 통해 트릭 아트의 전시 환경을, ㉡을 통해 착시 현상의 이해 방법을 설명하고 있다.
③ ㉠을 통해 트릭 아트의 긍정적 효과를, ㉡을 통해 트릭 아트의 부정적 효과를 설명하고 있다.
④ ㉠을 통해 트릭 아트의 사회적 의의를, ㉡을 통해 트릭 아트의 예술적 의의를 설명하고 있다.
⑤ ㉠을 통해 착시 현상의 시각적 효과를, ㉡을 통해 트릭 아트의 실용적 기능을 설명하고 있다.

3. 위 발표의 흐름을 고려할 때, ⓐ의 내용으로 가장 적절한 것은?

① 트릭 아트의 종류에는 어떤 것이 있나요?
② 착시 현상이 발생하는 이유는 무엇인가요?
③ 트릭 아트의 대표 작품에는 어떤 것이 있나요?
④ 트릭 아트를 만들 때는 착시 현상만 활용하나요?
⑤ 착시에 영향을 주는 또 다른 요인은 무엇이 있나요?

[4~7] (가)는 '활동 1'에 따라 실시한 독서 토론이고, (나)는 '활동 2'에 따라 '하연'이 작성한 초고이다. 물음에 답하시오.

[활동지]

○ **활동 1** : 1970년대 소설인 「자전거 도둑」을 읽고, 아래의 주제로 독서 토론을 해 보자.

  [주제] 자전거를 들고 간 수남의 행동은 정당한가?

○ **활동 2** : 토론 내용을 바탕으로 주장하는 글을 써 보자.

(가)

지현 먼저 소설의 상황에 대해 말해 볼게. 바람이 세게 부는 어느 날, 수남은 배달을 갔어. 배달을 끝내고 돌아가려는데 한 신사가 수남에게 너의 자전거가 바람에 넘어져 자신의 자동차에 흠집을 냈다고 말했지. 신사는 잘 보이지도 않는 흠집을 찾아 보상금을 요구해. 신사는 보상할 때까지 자전거를 묶어 두겠다고 하고 떠나버리는데 수남은 고민하다가 자전거를 들고 도망가 버렸어. 과연 수남의 행동은 정당할까?

민준 수남의 행동은 정당하다고 봐. 바람 때문에 자전거가 넘어져 흠집이 난 거잖아? 천재지변으로 인한 손해는 책임질 의무가 없으니까, 수남이 피해를 보상할 책임은 없어.

하연 하지만 바람이 세게 불었다면 수남이 자전거를 잘 묶었어야 해. 자전거가 쓰러질 거라고 예상할 수 있었으니 자전거를 관리하지 않은 수남에게 보상해야 할 책임이 있어.

지현 둘의 입장이 다르구나. 왜 그렇게 생각하는지 소설 내용을 근거로 이야기해 보는 게 어때?

민준 '바람이 유난해서'라는 구절이 나오니 예상치 못한 천재지변에 해당한다고 생각했어. 그런데 자전거가 쓰러질 걸 예상할 수 있었다고? 소설에는 그걸 알 수 있는 단서가 없어.

하연 바람이 유난해서 수남이 배달할 물건을 꼼꼼하게 묶는 장면이 있어. 상황이 심상치 않다고 느낀 거지. 그런데도 자전거는 잘 안 묶어 두었잖아.

지현 정리하면, 민준은 예상치 못한 천재지변으로 생긴 손해니까 수남에게 보상할 책임이 없고, 하연은 수남이 피해를 예측할 수 있었음에도 대처가 없었기에 보상할 책임이 있다고 보는 거구나.

하연 그래, 맞아.

지현 그러면 수남의 책임 여부 말고 다른 쟁점은 없을까?

하연 보상에 대한 합의 여부로도 행동이 정당한지 판단해 볼 수 있어. 합의가 이뤄졌는데 수남이 보상금을 주지 않고 자전거를 들고 도망간 건 정당하지 않아.

민준 합의가 이뤄진 건 아니야. 신사는 보상금을 요구하고 수남이 동의하기 전에 가 버렸잖아. 일방적으로 제안

하고 갔는데 합의라고 볼 수 없지. 그렇기 때문에 수남이 자전거를 가져간 건 문제가 없어.

하연 일방적 제안은 아닌 거 같아. 신사는 수남이 울어서 보상금을 반으로 줄여 주잖아. 그리고 수남이 잘못했다는 대답도 해. 신사는 수남의 처지를 고려해 줬고, 수남도 잘못을 인정했으니 합의가 이뤄진 거야.

[A]

민준 신사가 수남의 처지를 고려한 것이라고 보기는 어려워. 부유한 어른이 잘 보이지도 않는 흠집을 일부러 찾아서 배달원 소년에게 5천 원이라는 당시로서는 엄청 큰돈을 요구했어. 이것은 일반적인 상식에 비추어 볼 때 지나치게 매정한 행동이야.

지현 같은 소설을 읽고도 상황을 보는 시각이 이렇게 다를 수 있다는 것이 흥미롭다. 독서 토론의 주제로 '활동 2'를 진행해 보면 어떨까?

(나)

수남의 행동은 정당하지 않다. 수남은 신사의 자동차에 난 흠집을 보상해야 할 책임이 있기 때문이다. 바람으로 인한 예상치 못한 천재지변이라서 책임이 없다는 주장도 있지만 이는 옳지 않다. 수남은 배달 물건은 꼼꼼하게 묶었지만, 자전거에는 아무런 조치를 취하지 않았다. 피해를 예상할 수 있었음에도 불구하고 적절하게 대처하지 않았기 때문에 책임이 있다. 실제로 태풍에 의해 주택 유리창이 떨어져 주차된 차가 파손되었을 때 예보를 듣고도 시설물 관리에 소홀한 주택 소유자가 그 파손에 대해 책임을 진 사례가 있다.

다음으로 신사와 수남은 보상에 합의했다고 볼 수 있기 때문에 수남의 행동은 정당하지 않다. 신사가 일방적으로 제안하고 떠났다면 합의가 이뤄지지 않았겠지만, 신사는 수남의 상황을 고려하여 보상금을 줄여 주었다. 또한 수남이 자신의 잘못을 인정하는 말을 했기 때문에 합의는 이루어진 것으로 보아야 한다. 물론 1970년대 배달원 소년의 입장에서 5천 원이 큰돈으로 느껴질 수 있지만 신사와 합의가 이루어졌으므로 금액에 상관없이 수남은 신사에게 보상금을 지급해야 한다.

수남은 도둑이 되어 버렸다. 자신의 잘못에 대한 책임을 지지 않고 합의된 것도 수행하지 않았다. 제목에서 말하는 '자전거 도둑'은 아이러니하게도 자신의 자전거를 자신이 훔친 수남인 것이다.

4. (가)의 독서 토론에서 '지현'의 역할에 대한 설명으로 적절하지 <u>않은</u> 것은?

① 소설 내용을 제시한 후 토론 주제를 언급하고 있다.
② 소설의 내용을 근거로 발언하도록 요청하고 있다.
③ 토론자들이 언급한 주장과 근거를 정리하고 있다.
④ 토론자들의 발언이 사실에 부합하는지 판단하고 있다.
⑤ 토론자들이 다른 쟁점에 대해 논의해 보도록 유도하고 있다.

5. [A]의 발화에 대한 설명으로 가장 적절한 것은?

① 민준은 하연의 주장에 일반적인 상식을 들어 반박하고 있다.
② 민준은 하연의 말에서 이해되지 않는 부분을 질문하고 있다.
③ 민준은 하연이 고려해야 하는 시대적 정보를 나열하고 있다.
④ 하연은 민준이 사용한 단어의 중의성에 대해 지적하고 있다.
⑤ 하연은 민준이 이해하지 못한 자신의 발언을 부연하고 있다.

6. (가)를 바탕으로 '하연'이 세운 '활동 2'의 글쓰기 계획 중 (나)에 반영되지 <u>않은</u> 것은? [3점]

① 토론 쟁점에 대한 나의 주장을 토론에서 다룬 순서대로 서술해야겠어.
② 토론 주제와 관련된 수남의 고민을 소설 속 구절에서 찾아 언급해야겠어.
③ 토론에서 언급된 상대방의 주장을 반박하면서 나의 주장을 강화해야겠어.
④ 토론에서 언급하지 않았던 새로운 사례를 찾아 나의 주장을 뒷받침해야겠어.
⑤ 토론에서 내세운 나의 주장을 바탕으로 제목에 담겨 있는 의미를 밝혀야겠어.

7. 〈보기〉의 자료를 활용하여 (나)의 초고를 보완하고자 할 때 그 내용으로 가장 적절한 것은?

───〈보 기〉───

[법률 전문가의 뉴스 인터뷰]
"보상의 의무를 다하지 않았을 때, 상대방에게 물건이 담보로 잡히는 경우가 있습니다. 형법 제323조에 따르면, 타인에게 담보로 제공된 물건은 타인이 물건을 점유하게 되거나 타인이 물건에 대한 권리를 갖게 됩니다. 이때 해당 물건을 가져가거나 숨겨 타인이 보상받을 수 있는 권리 등을 행사할 수 없게 한다면 권리행사 방해로 처벌받을 수 있습니다."

① 수남이 자전거를 가져간 행위는 신사의 권리행사를 방해하는 것이므로 법적인 처벌을 받을 수 있다는 내용을 추가한다.
② 수남이 잘못을 인정한 행위는 신사의 권리행사를 방해하는 것이므로 법적인 처벌을 받을 수 있다는 내용을 추가한다.
③ 수남의 자전거가 담보로 잡힌 것은 신사의 권리행사를 방해하는 것이므로 법적인 처벌을 받을 수 있다는 내용을 추가한다.
④ 수남이 자신의 자전거를 묶어둔 행위는 신사의 권리행사를 방해하는 것이므로 법적인 처벌을 받을 수 있다는 내용을 추가한다.
⑤ 신사가 수남에게 보상금을 요구한 행위는 수남의 권리행사를 방해하는 것이므로 법적인 처벌을 받을 수 있다는 내용을 추가한다.

[8~10] 다음은 작문 상황에 따라 쓴 학생의 초고이다. 물음에 답하시오.

[작문 상황]
　자신의 경험을 바탕으로 정서를 표현하는 글을 쓴다.

[초고]
　우리 할머니 댁은 남쪽 바다의 작은 섬에 있다. 내가 어렸을 때 우리 가족은 연휴나 방학이 되면 매번 할머니 댁을 방문했다. 나는 할머니 댁이 있는 섬에 가면 바다에서 헤엄을 치거나 바위틈에서 고둥과 게를 잡기도 했고 산에서 신나게 쌀 포대로 눈썰매를 타기도 했다. 그렇지만 무엇보다 가장 기억에 남는 것은 할머니와 함께 보냈던 시간이다.
　할머니 댁은 섬 서쪽 바닷가의 큰 등대 근처에 있었다. 검정 바위로 만들어진 거북이 조각상이 새하얀 등대를 이고 있어서 동생과 나는 그 등대를 '거북이 등대'라고 불렀다. 아버지 차를 타고 가다가 거북이 등대가 환하게 웃으며 나를 반기면 할머니 댁에 가까워진 것이라서 할머니를 곧 뵙는다는 생각에 마음이 설레곤 했다. 할머니는 늘 우리를 마중 나오셨고, 나는 반가운 마음에 한달음에 뛰어가서 할머니 품에 안겼었다.
　할머니는 마당 텃밭에서 옥수수를 기르셨다. 늦봄에 할머니 댁에 가면 할머니와 같이 옥수수 씨를 뿌렸고, 여름 방학에는 점점 자라는 옥수수에 물 주는 일을 도와드렸다. 그러다 참지 못하고 옥수수 껍질을 살짝 열어서 얼마나 익었는지 들여다보다가 할머니께 꾸중을 듣기도 했다. 꾸중을 듣고 시무룩해 있는 나에게 할머니는, "뭐든지 다 때가 있고 시간이 필요한 법이란다. 기다릴 줄 알아야 해."라며 토닥여 주셨다. 나는 익어 가는 옥수수를 보며 기다림의 소중함을 깨달았다. 늦여름에는 연두색 옥수수수염이 점점 갈색빛으로 물들며 옥수수가 여물었다. 가을에는 기다림의 결실인 샛노란 옥수수를 수확하며 나는 한 뼘 더 성장했다.
　할머니께서 끓여 주신 갈칫국을 먹었던 기억도 있다. 서울에서 갈치로 만든 음식을 먹다 보면 갈칫국을 끓여 주시던 할머니 생각이 나서 할머니가 그리워진다. 갈칫국은 양념장을 넣어 칼칼하게 졸인 갈치조림과 달리 갈치, 늙은 호박, 배추를 넣어서 맵지 않도록 맑게 끓인 요리이다. 내가 갈칫국이 먹고 싶다고 하면 할머니는 이른 새벽부터 어시장에서 싱싱한 갈치를 사 오셔서 갈칫국을 해 주셨다. 할머니의 갈칫국에서는 시원하면서도 구수한 맛이 났다. 지금도 그 맛이 혀끝에 맴돈다. 갈칫국을 맛있게 먹는 나를 흐뭇하게 바라보시던 할머니를 떠올리면 마음이 포근하고 따뜻해진다.
　지금은 어렸을 때만큼 할머니를 자주 뵈러 가지 못해 할머니와의 추억이 더욱 소중하게 다가온다.

8. 초고에서 활용한 글쓰기 방식으로 적절하지 <u>않은</u> 것은?

① 의인법을 통해 대상과의 친밀감을 표현하고 있다.
② 계절의 흐름에 따른 대상의 변화를 나타내고 있다.
③ 의성어를 사용하여 대상을 생생하게 나타내고 있다.
④ 다른 대상과의 대비를 통해 차이점을 강조하고 있다.
⑤ 색채어를 활용하여 대상을 감각적으로 표현하고 있다.

9. 다음은 글을 쓰기 전 학생이 구상한 내용이다. 초고에 반영되지 <u>않은</u> 것은?

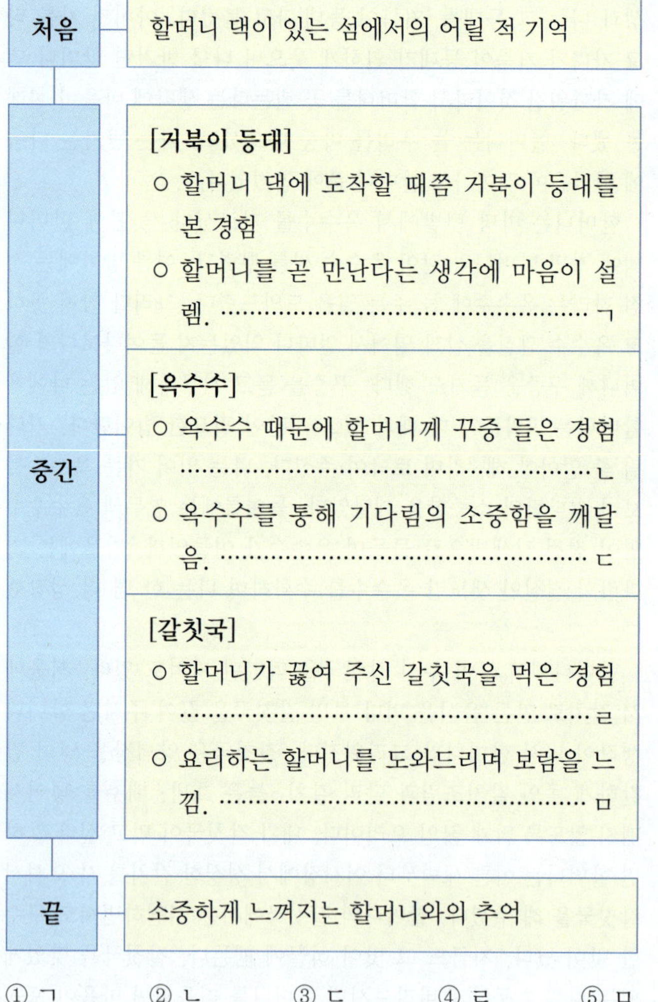

① ㄱ   ② ㄴ   ③ ㄷ   ④ ㄹ   ⑤ ㅁ

10. 〈보기〉는 초고를 읽은 선생님의 조언이다. 이를 반영하여 초고에 추가할 내용으로 가장 적절한 것은? [3점]

< 보 기 >

선생님 : 글이 마무리되지 않은 느낌이 들어. 글의 마지막에 할머니와의 추억이 너에게 주는 의미를 직유법을 사용하여 표현한 문장을 추가하면 더 좋겠어.

---

① 할머니 댁이 있는 섬의 풍경은 그림같이 아름다웠다. 그 풍경을 언제쯤 다시 볼 수 있을까.
② 섬에서 자란 나는 푸른 바다를 늘 그리워한다. 윤슬이 넘실거리는 바다는 내 마음의 고향이다.
③ 할머니와 함께한 시간이 그리워진다. 이번 방학에는 아버지께 말씀드려 할머니를 뵈러 가야겠다.
④ 할머니 손길로 익어 가는 옥수수처럼 나는 할머니의 사랑으로 물들었다. 할머니의 따뜻한 보살핌은 나를 채운 온기였다.
⑤ 할머니의 넘치는 사랑 덕분에 나의 어린 시절이 찬란하게 빛난다. 소중한 시간을 내게 선물해 주신 할머니께 감사드린다.

→ 해설편 **29쪽**

[11~12] 다음 글을 읽고 물음에 답하시오.

단어를 구성하는 요소에는 어근과 접사가 있다. 어근은 단어를 구성하는 요소 중 실질적인 의미를 나타내는 부분이며, 접사는 어근과 결합하여 어근에 특정한 의미를 더하거나 어근의 의미를 제한하는 부분이다. 접사는 어근의 앞에 위치하는 접두사와 어근 뒤에 위치하는 접미사로 나뉘는데, 항상 다른 말과 결합하여 쓰이기에 홀로 쓰이지 못함을 나타내는 붙임표(−)를 붙인다. 예를 들어 '햇−, 덧−, 들−'과 같은 말은 접두사이고, '−지기, −음, −게'와 같은 말은 접미사이다.

단어는 그 짜임에 따라 단일어와 복합어로 구분된다. 단일어는 하나의 어근으로만 이루어진 단어를 이르는 말이다. 그리고 복합어는 어근과 어근의 결합으로 이루어진 합성어와, 어근과 접사의 결합으로 이루어진 파생어를 아울러 이르는 말이다. 가령 '밤'이나 '문'과 같이 하나의 어근으로만 이루어진 단어는 단일어이며, 어근 '밤', '문'이 각각 또 다른 어근과 결합한 '밤나무', '자동문'은 합성어이다. 또한 어근 '밤'과 접두사 '햇−'이 결합한 '햇밤', 어근 '문'과 접미사 '−지기'가 결합한 '문지기'는 파생어이다.

[A]
복합어는 어근과 어근으로 이루어진 합성어나 어근과 접사로 이루어진 파생어에 어근이나 접사가 다시 결합하여 형성되기도 한다. 이와 같은 복잡한 짜임의 단어를 이해할 때 활용되는 방법으로 직접 구성 성분 분석이 있다. 직접 구성 성분 분석은 단어를 둘로 나누는 방법으로, 나뉜 두 부분 중 하나가 접사일 경우 그 단어를 파생어로 보고, 두 부분 모두 접사가 아닐 경우 합성어로 본다.
가령 단어 '코웃음'은 직접 구성 성분을 '코'와 '웃음'으로 보기에 합성어로 분류한다. 이는 '코'가 어근이며, '웃음'이 어근 '웃−'과 접미사 '−음'으로 이루어진 파생어임을 고려한 것이다. 물론 '코웃음'의 직접 구성 성분을 '코웃−'과 '−음'으로 분석할 수도 있다. 그러나 '코웃−'은 존재하지 않고 '코'와 '웃음'만 존재하며, 의미상으로도 '코 + 웃음'의 분석이 자연스럽기에 직접 구성 성분을 '코'와 '웃음'으로 분석한다. 이처럼 직접 구성 성분 분석은 단어의 짜임을 체계적으로 이해하는 데에 도움이 된다.

11. 윗글에 대한 이해로 적절하지 <u>않은</u> 것은?

① 단일어는 하나의 어근으로만 이루어진다.
② 합성어나 파생어는 모두 복합어에 포함된다.
③ 접사는 홀로 쓰이지 못하기에 붙임표(−)를 붙인다.
④ 복합어는 접사가 어근과 결합하는 위치에 따라 둘로 나뉜다.
⑤ 접사는 어근과 결합하여 어근에 특정한 의미를 더하거나 어근의 의미를 제한한다.

12. [A]를 참고할 때, 〈보기〉의 ㉠에 해당하는 짜임을 가진 단어로 가장 적절한 것은? [3점]

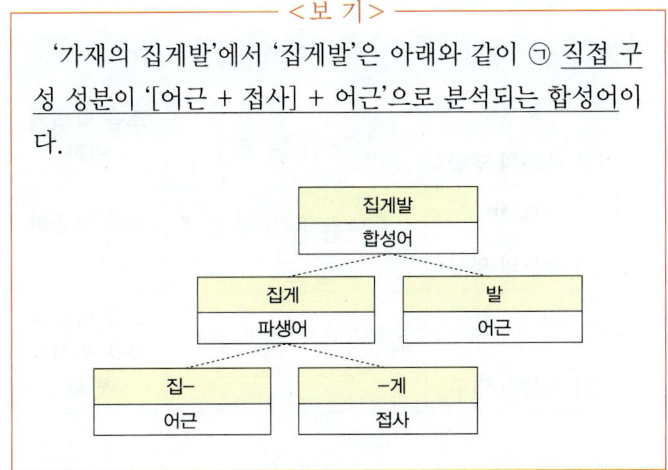

<보 기>

'가재의 집게발'에서 '집게발'은 아래와 같이 ㉠ <u>직접 구성 성분이 '[어근 + 접사] + 어근'으로 분석되는 합성어</u>이다.

① 볶음밥　　　② 덧버선　　　③ 문단속
④ 들고양이　　⑤ 창고지기

13. 〈보기〉는 수업의 일부이다. '학습 활동'의 결과로 가장 적절한 것은?

<보 기>

선생님 : 단어를 발음할 때, 어떤 음운이 앞이나 뒤의 음운의 영향으로 바뀌어 달라지는 경우가 있습니다. 그 결과, 조음 방법만 바뀌거나 조음 방법과 조음 위치가 모두 바뀝니다. 아래 자료를 참고해 '학습 활동'을 수행해 봅시다.

조음 위치 / 조음 방법	입술소리	잇몸소리	센입천장소리	여린입천장소리
파열음	ㅂ	ㄷ		ㄱ
파찰음			ㅈ	
비음	ㅁ	ㄴ		ㅇ
유음		ㄹ		

영향의 방향	음운이 바뀌는 양상	
달님 (앞 음운의 영향)	달님[달림]	조음 방법의 변화
작문 (뒤 음운의 영향)	작문[장문]	조음 방법의 변화
해돋이 (뒤 음운의 영향)	해돋이[해도지]	조음 방법과 조음 위치의 변화

[학습 활동]

뒤 음운의 영향을 받아서 앞 음운이 조음 방법만 바뀌는 단어를 ㄱ~ㄹ에서 골라 보자.

ㄱ. 난로[날로]	ㄴ. 맏이[마지]
ㄷ. 실내[실래]	ㄹ. 톱날[톰날]

① ㄱ, ㄴ   ② ㄱ, ㄹ   ③ ㄴ, ㄷ
④ ㄴ, ㄹ   ⑤ ㄷ, ㄹ

---

14. 〈보기〉의 '탐구 과제'를 수행한 결과로 적절하지 <u>않은</u> 것은?

<보 기>

[탐구 과제]

'작다 / 적다' 중 적절한 말이 무엇인지 온라인 사전에서 '작다'를 검색한 결과를 근거로 하여 말해 보자.

ㄱ. 민수는 진서에 비해 말수가 (작다 / 적다).
ㄴ. 키가 커서 작년에 구매한 옷이 (작다 / 적다).
ㄷ. 오늘 일은 지난번에 비해 규모가 (작다 / 적다).
ㄹ. 그는 큰일을 하기에는 그릇이 아직 (작다 / 적다).
ㅁ. 백일장 대회의 신청 인원이 여전히 (작다 / 적다).

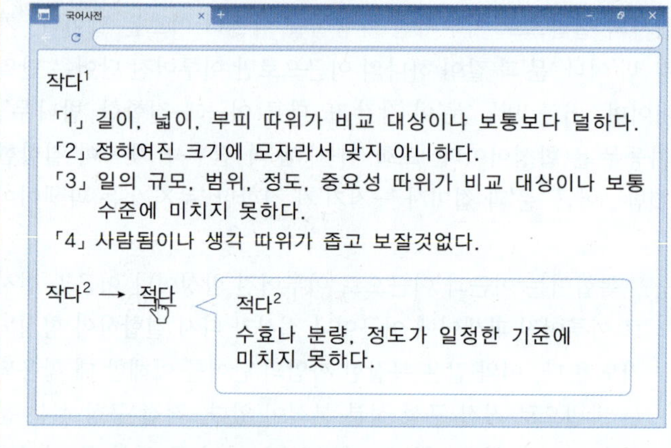

* → : 'a → b'는 a를 b로 바꿔 써야 함을 나타냄.

① ㄱ : '작다¹'의 「1」을 고려할 때 '작다'가 맞겠군.
② ㄴ : '작다¹'의 「2」를 고려할 때 '작다'가 맞겠군.
③ ㄷ : '작다¹'의 「3」을 고려할 때 '작다'가 맞겠군.
④ ㄹ : '작다¹'의 「4」를 고려할 때 '작다'가 맞겠군.
⑤ ㅁ : '작다¹', '작다²'와 '적다²'를 고려할 때 '적다'가 맞겠군.

15. 〈보기〉의 '학습 자료'를 바탕으로 '학습 과제'를 수행한 결과로 적절하지 <u>않은</u> 것은?

---〈보 기〉---

[학습 자료]
ㅇ 직접 인용 : 원래의 말이나 글을 그대로 큰따옴표(" ")에 넣어 인용하는 것. 조사 '라고'를 사용함.
ㅇ 간접 인용 : 인용된 말이나 글을 자신의 관점에서 다시 서술하여 표현하는 것. 조사 '고'를 사용함.

[학습 과제]
　밑줄 친 부분에 주목하여 직접 인용을 간접 인용으로 바꾸어 보자.

ㄱ. 지아가 "꽃이 벌써 <u>폈구나!</u>"라고 했다.
　→ 지아가 꽃이 벌써 <u>폈다</u>고 했다.
ㄴ. 지아가 "버스가 벌써 <u>갔어요.</u>"라고 했다.
　→ 지아가 버스가 벌써 <u>갔다</u>고 했다.
ㄷ. 나는 어제 지아에게 "<u>내일</u> 보자."라고 했다.
　→ 나는 어제 지아에게 <u>오늘</u> 보자고 했다.
ㄹ. 전학을 간 지아는 "<u>이</u> 학교가 좋다."라고 했다.
　→ 전학을 간 지아는 그 학교가 좋다고 했다.
ㅁ. 지아는 나에게 "민지가 <u>너</u>를 불렀다."라고 했다.
　→ 지아는 나에게 민지가 <u>자기</u>를 불렀다고 했다.

① ㄱ　　② ㄴ　　③ ㄷ　　④ ㄹ　　⑤ ㅁ

[16~20] 다음 글을 읽고 물음에 답하시오.

(가)

잠깐 초록을 본 마음이 돌아가지 않는다.
초록에 붙잡힌 마음이
초록에 붙어 바람에 세차게 흔들리는 마음이
종일 떨어지지 않는다
여리고 연하지만 불길처럼 이글이글 휘어지는 초록
땅에 박힌 심지에서 끝없이 솟구치는 초록
나무들이 온몸의 진액을 다 쏟아내는 초록
㉠ 지금 저 초록 아래에서는
<u>얼마나 많은 잔뿌리들이 발끝에 힘주고 있을까</u>
초록은 수많은 수직선 사이에 있다
수직선들을 조금씩 지우며 번져가고 있다
직선과 사각에 **밀려 꺼졌다가는 다시 살아나고 있다**
흙이란 흙은 도로와 건물로 모조리 딱딱하게 덮인 줄 알았는데
이렇게 많은 초록이 **갑자기 일어날 줄은 몰랐다**
아무렇게나 버려지고 잘리고 갇힌 것들이
자투리땅에서 이렇게 크게 세상을 덮을 줄은 몰랐다
［A］┌ 콘크리트 갈라진 틈에서도 솟아나고 있는
　　│ 저 저돌적인 고요
　　│ 단단하고 건조한 것들에게 옮겨 붙고 있는
　　└ 저 촉촉한 불길

　　　　　　　　　　　　　　－ 김기택, 「초록이 세상을 덮는다」 －

(나)

어져 내 일이야 무슨 일 하다 하고
굳은 이 다 빠지고 **검턴 털**이 희었네
어우와 소장불노력하고 노대에 도상비로다*
　　　　　　　　　　　　　　　〈제1수〉

셋 넷 다섯 어제인 듯 열 스물 얼핏 지나
서른 마흔 한 일 없이 쉰 예순 넘는단 말인가
장부의 허다 사업을 못 다 하고 늙었느냐
　　　　　　　　　　　　　　　〈제2수〉

생원이 무엇인가 **급제도 헛일**이니
밭 갈고 논 매더면 설마한들 배고프리
이제야 아무리 애달픈들 몸이 늙어 못하올쇠
　　　　　　　　　　　　　　　〈제3수〉

너희는 젊었느냐 나는 **이미 늙었구나**
젊다 하고 믿지 마라 나도 일찍 젊었더니
젊어서 흐느적흐느적하다가 늙어지면 거짓 것이*
　　　　　　　　　　　　　　　〈제4수〉

㉡ 재산인들 부디 말며 과갑인들 마다 할까
재산이 유수하고 과갑은 재천하니*
하오면 못할 이 없기는 착한 일인가 하노라
　　　　　　　　　　　　　　　〈제5수〉

내 몸이 못하고서 너희더러 하라기는
내 못하여 애달프니 너희나 하여라
청년의 아니하면 **늙은 후 또 내 되리**

〈제6수〉
– 김약련, 「두암육가」 –

* 소장불노력하고 노대에 도상비로다 : 젊어서 노력하지 않고, 늙어서 상심 과 슬픔뿐이로다.
* 거짓 것이 : 거짓말처럼 허망한 것이.
* 재산이 유수하고 과갑은 재천하니 : 재산은 운수가 있어야 하고 과거 급제 는 하늘에 달렸으니.

16. (가)와 (나)의 표현상 공통점으로 가장 적절한 것은?

① 대조적 표현을 활용하여 주제 의식을 부각하고 있다.
② 일부 시행을 명사로 마무리하여 여운을 남기고 있다.
③ 수미상관의 기법을 활용하여 리듬감을 조성하고 있다.
④ 명령적 어조를 사용하여 화자의 의지를 표출하고 있다.
⑤ 감탄사를 사용하여 대상에 대한 예찬을 드러내고 있다.

17. 〈보기〉를 바탕으로 (가)와 (나)를 감상한 내용으로 적절하지 않은 것은? [3점]

─── < 보 기 > ───

　사물을 바라보거나 삶을 되돌아보며 사색하는 경험을 통 해 깨달음을 얻을 수 있다. (가)의 화자는 도시 공간에서 마주한 '초록'에 사로잡혀 초록을 들여다보며 그것이 지닌 생명력을 깨닫고, 이에 대한 감탄과 놀라움을 드러낸다. (나)의 화자는 자신의 백발을 바라보며 현재의 처지를 한 탄하는 데 그치지 않고 지난 삶을 돌아보며 깨달은 바를 젊 은이에게 전달하고 있다.

① (가)의 '잠깐 초록을 본' 것과 (나)의 '검던 털'이 하얘진 모습 을 본 것은 사색을 시작하는 계기가 되는군.
② (가)의 '초록에 붙잡힌 마음'은 '초록'에 매료된 심리를, (나) 의 '밭 갈고 논 매더면 설마한들 배고프리'는 넉넉지 않은 현 실을 초래한 지난 삶에 대한 아쉬움을 나타내고 있군.
③ (가)의 '수직선들을 조금씩 지우며'를 통해 '초록'이 도시 공 간과 균형을 이루기를, (나)의 '늙은 후 또 내 되리'를 통해 젊은이가 과오를 저지르지 않기를 바라고 있군.
④ (가)의 '밀려 꺼졌다가는 다시 살아나고 있'는 것에서 '초록' 의 끈질긴 생명력을, (나)의 '급제도 헛일'에서 출세를 위한 삶이 전부가 아님을 깨닫고 있군.
⑤ (가)의 '갑자기 일어날 줄은 몰랐다'는 '초록'의 새로운 모습 을 발견한 놀라움을, (나)의 '이미 늙었구나'는 현재의 처지 에 대한 탄식을 드러내고 있군.

18. [A]에 대한 설명으로 가장 적절한 것은?

① 지시 표현을 사용하여 대상에 대한 화자의 심리적 거부감을 나타내고 있다.
② 유사한 문장 구조를 반복하여 대상이 갖는 역동적 이미지를 나타내고 있다.
③ 점층적인 표현을 사용하여 대상에 대한 화자의 태도 변화를 드러내고 있다.
④ 하나의 문장을 두 개의 시행으로 나누어 대상의 순환 과정을 제시하고 있다.
⑤ 모순된 표현을 활용하여 대상과 자신을 동일시하는 화자의 모습을 드러내고 있다.

19. (나)에 대한 이해로 적절하지 않은 것은?

① 〈제1수〉의 '어져 내 일이야'에 담긴 한탄은, 〈제2수〉의 '장부 의 허다 사업'을 못다 한 데서 비롯되는군.
② 〈제1수〉의 '노대에 도상비로다'에 담긴 애상감은, 〈제4수〉 의 '늙어지면 거짓 것이'로 이어지는군.
③ 〈제2수〉의 '서른 마흔 한 일 없이'에 담긴 반성은, 〈제4수〉 의 '젊어서 흐느적흐느적'하지 말라는 당부로 나타나는군.
④ 〈제3수〉의 '이제야 아무리 애달픈들'과 〈제6수〉의 '내 못하 여 애달프니'에는 세월의 무상감에서 벗어나고자 하는 심리 가 드러나는군.
⑤ 〈제5수〉의 '하오면 못할 이 없기는 착한 일'은, 〈제6수〉의 '너희더러 하라'에서 권유하는 내용이겠군.

20. 시상의 흐름을 고려하여 ㉠과 ㉡을 비교한 내용으로 가장 적 절한 것은?

① ㉠에는 대상을 향한 화자의 애정이, ㉡에는 청자를 향한 화 자의 원망이 나타나 있다.
② ㉠에는 대상과 화자 사이의 이질감이, ㉡에는 대상에 대한 화자의 거부감이 드러나 있다.
③ ㉠에는 감춰진 진실에 대한 화자의 회의가, ㉡에는 화자의 현재 상황에 대한 의문이 나타나 있다.
④ ㉠에는 힘의 근원에 대한 화자의 상상이, ㉡에는 뜻대로 되 지 않는 삶에 대한 화자의 인식이 드러나 있다.
⑤ ㉠에는 문제의 원인에 대한 화자의 성찰이, ㉡에는 예상치 못한 결과를 수용하는 화자의 모습이 나타나 있다.

[21~24] 다음 글을 읽고 물음에 답하시오.

20 세기 초 유럽에서 일어난 과학 문명의 발전은 현실을 이루는 법칙을 하나씩 부정하였다. 절대적이라고 믿어 왔던 시공간마저 상대적인 것으로 밝혀지면서, 사람들은 기존에 당연시되어 온 인식에 의문을 품었다. 이는 서양의 회화에도 영향을 미쳐 큐비즘이라는 새로운 미술 양식을 탄생시켰다.

큐비즘은 대상의 사실적 재현에 집중했던 전통 회화와 달리, 대상의 본질을 구현하기 위해 그 근원적 형태를 그려 내는 것을 목표로 삼았다. 이를 위해 대상의 본질과 관련 없는 세부적 묘사를 배제하고 구와 원기둥 등의 기하학적 형태로 대상을 단순화하여 질감과 부피감을 부각하였다. 색채 또한 본질 구현에 있어 부차적인 것으로 판단하여 몇 가지 색으로 제한하였다.

또한 큐비즘은 하나의 시점으로는 대상의 한쪽 형태밖에 표현할 수 없다고 생각하여, 하나의 시점에서 대상을 보고 표현하는 원근법을 거부하였다. 그리고 대상의 전체 형태를 표현하기 위해 다중 시점을 적용하였는데, 이는 여러 시점에서 관찰한 대상을 한 화면에 그려 내고자 한 기법이다. 예를 들어, 한 인물을 그릴 때 얼굴의 정면과 측면을 동시에 표현함으로써 대상의 전체 형태를 관람자들에게 보여 주는 것이다. 이렇게 큐비즘은 사실적 재현에서 벗어나 대상의 근원적 형태를 표현하려 하였으며, 관람자들에게 새로운 미적 인식을 환기하였다.

대상의 형태를 더 다양한 시점으로 보여 주려는 시도는 다중시점의 극단화로 치달았는데, 이 시기의 큐비즘을 ⓐ 분석적 큐비즘이라고 일컫는다. 분석적 큐비즘은 대상을 여러 시점으로 해체하여 작은 격자 형태로 쪼개어 표현했고, 색채 또한 대상의 고유색이 아닌 무채색으로 한정하였다. 해체 정도가 심해짐에 따라 대상은 부피감이 사라질 정도로 완전히 분해되었다. 이로 인해 관람자는 대상이 무엇인지조차 알아볼 수 없게 되었고, 제목이나 삽입된 문자를 통해서만 대상이 무엇인지 추측할 수 있게 되었다.

㉠ 대상이 극단적으로 해체되어 형태를 파악하지 못하게 된 문제를 해결하기 위해, 큐비즘은 화면 안으로 실제 대상 혹은 대상의 특성을 잘 드러내는 화면 밖의 재료들을 끌어들였다. 이것을 ⓑ 종합적 큐비즘이라고 일컫는다. 종합적 큐비즘의 특징을 보여 주는 대표적 기법으로는 '파피에 콜레'가 있다. 이는 화면에 신문이나 벽지 등의 실제 종이를 오려 붙여 대상의 특성을 표현하는 기법이다. 예를 들어, 나무 탁자의 질감을 표현하기 위해 화면에 나뭇결무늬의 종이를 직접 붙였다. 화면에 붙인 종이의 색으로 인해 색채도 다시 살아났다.

큐비즘은 대상의 근원적 형태를 화면에 구현하기 위해 대상을 표현하는 새로운 방법을 모색하였다. 큐비즘이 대상의 형태를 실제에서 해방한 것은 회화 예술에 무한한 표현의 가능성을 가져다주었다. 이는 표현 대상을 보이는 세계에 한정하지 않는 현대 추상 회화의 탄생에 직접적인 영향을 미쳤다.

21. 윗글에서 알 수 있는 내용으로 적절하지 <u>않은</u> 것은?

① 큐비즘이 사용한 표현 기법
② 큐비즘이 등장한 시대적 배경
③ 큐비즘에 대한 다른 화가들의 논쟁
④ 큐비즘의 작품 경향이 변화된 양상
⑤ 큐비즘이 현대 추상 회화에 미친 영향

22. ㉠을 이해한 내용으로 가장 적절한 것은?

① 대상의 본질을 화면에 구현하기 위해 다중 시점에 집착한 결과이겠군.
② 인식의 절대적 기준을 제시하기 위해 대상의 변화를 무시한 결과이겠군.
③ 화면의 공간을 사실적으로 표현하기 위해 대상의 형태를 희생한 결과이겠군.
④ 기하학적 형태에서 탈피하기 위해 대상의 정면과 측면을 동시에 표현한 결과이겠군.
⑤ 관람자들에게 새로운 미적 인식을 환기하기 위해 대상을 있는 그대로 재현한 결과이겠군.

23. ⓐ와 ⓑ에 대한 설명으로 가장 적절한 것은?

① ⓐ는 ⓑ와 달리 고유색을 통해 대상을 그려 낸다.
② ⓐ는 ⓑ와 달리 삽입된 문자로만 대상을 드러낸다.
③ ⓑ는 ⓐ와 달리 작은 격자 형태로 대상을 해체한다.
④ ⓑ는 ⓐ와 달리 화면 밖의 재료를 활용해 대상을 표현한다.
⑤ ⓐ와 ⓑ는 모두 질감과 부피감을 살려서 대상을 형상화한다.

24. 윗글을 바탕으로 〈보기〉의 작품을 감상한 내용으로 적절하지 <u>않은</u> 것은? [3점]

<hr>
〈보 기〉

　　　　　　　　브라크의 「에스타크의 집들」은 집과 나무를 그린 풍경화이다. 그런데 회화 속 풍경은 실제와 다르다. 집에 당연히 있어야 할 문이 생략되어 있으며, 집들은 부피감이 두드러지는 입방체 형태로 단순화되어 있다. 그림자의 방향은 일관성 없이 다양하게 표현되어 광원이 하나가 아님을 알 수 있다. 그리고 집과 나무는 모두 황토색과 초록색, 회색으로 칠해져 있다. 큐비즘의 시작을 알린 이 풍경화는 처음 공개되었을 때 평론가로부터 "작은 입방체(cube)를 그렸다."라는 비판을 받았는데, 이는 '큐비즘(Cubism)'이라는 명칭의 기원이 되었다.
<hr>

① 집이 입방체 형태로 단순화된 것은 대상의 근원적 형태를 드러내기 위한 것이겠군.

② 풍경의 모습이 실제와 다른 것은 관찰한 대상이 무엇인지 추측할 수 없도록 하기 위한 것이겠군.

③ 그림자의 방향이 일관성 없이 다양하게 표현된 것은 하나의 시점을 강제하는 원근법을 거부한 것이겠군.

④ 집에 당연히 있어야 할 문이 없는 것은 세부적 묘사는 대상의 본질과 관련이 없다는 생각을 반영한 것이겠군.

⑤ 색이 황토색, 초록색, 회색으로 제한된 것은 색채는 본질을 구현하는 데 부차적인 요소라는 생각에 근거한 것이겠군.

[25~28] 다음 글을 읽고 물음에 답하시오.

[앞부분의 줄거리] 설렁탕집 주인 '달평 씨'는 선행은 아무도 모르게 해야 한다는 신념을 가진 인물이다. 그러나 우연히 신문 기자들에 의해 선행이 과장되어 세상에 알려지면서 달평 씨는 대중들의 시선을 의식하게 되고, 본래 자신의 모습을 잃어버리는 첫 번째 죽음을 맞게 된다.

　그러나 어쩐 일인지 세상 사람들의 관심은 달평 씨에게서 자꾸 멀어져가고 있었다. 그것을 눈치 못 챌 매스컴들이 아니었다. 달평 씨의 미담이 **세상 사람들에게 알려지는 기회가 부쩍 줄어들었**다.

　그러나 달평 씨는 거기서 물러설 위인이 아니었다. 그가 **입을 더 크게 벌렸다.**

　"나는 전과잡니다. 용서 못 받을 죄를 수없이 지고도 뻔뻔스럽게 살아온 흉악무도한 죄인입니다."

　달평 씨는 듣기에 **끔찍한 지난날 자기의 악행**을 요목요목 들추어 만천하에 공개하기 시작했다. 치한, 사기, 모리배, 폭력······ 등등, 그는 초빙되어 간 그 강단에 서서 꾸벅꾸벅 조는 사람들의 머리를 들게 하고 그 처든 얼굴에 공포를 끼었었다. 그다음에 그가 보여 주는 연기는 참회하는 자의 흐느낌과 손수건을 적시는 눈물이었다. 그리고 그는 결론짓곤 했다.

　"여러분은 이제 내가 어째서 내 식구의 배를 굶겨 가면서 나보다 못사는 사람, 나보다 불우한 이웃을 위하는 일에 몸을 던졌는가를 아시게 되었을 겁니다."

　청중들이 떠나갈 듯 박수를 치며 고개를 크게 주억거렸다.

　"어머니, 그게 사실입니까? 아버지가 신문에 난 것처럼 그렇게 나쁜 죄를 많이 진 분입니까?"

　달평 씨의 아들딸이 숨 가쁘게 달려와 어머니의 얼굴을 쳐다보았다. 그들은 그제야 어머니의 얼굴에 전에는 전혀 볼 수 없었던 그늘이 깔려 있음을 발견했다. 그네의 입에서 나온 대답 역시 전과는 달리 남편이 밖에서 한 말을 부정하는 것이었다.

　"아니다, 느 아버진 결코 그렇게 나쁜 짓을 할 어른이 아니다."

　"그럼, 뭡니까? 아버진 왜 당신의 입으로 그런 말을 하시는 겁니까?"

　그러나 달평 씨의 부인은 더 대답하지 않고, 신문을 보고 부쩍 늘어난, 얼굴이 험악한 사람들의 식당 방문을 맞기 위해 일어서고 있었을 뿐이다. 어떻든 달평 씨의 그러한 ㉠ 폭탄선언으로 인해 세상 사람들은 **다시 달평 씨를 입에 올리기 시작했던 것이다.** 얼굴이 험악하게 생긴 사람들이 찾아와 손을 벌리기 시작했고 그들이 만든 무슨 **친선 단체의 회장직 감투**가 여지없이 **달평 씨에게 씌워**지기도 했다.

　그러나 날 샌 원수 없고 밤 지난 은혜 없다고 세상 사람들은 모든 걸 너무나 쉽게 잊었다. 세상 사람들은 달평 씨를 다시 그들의 관심 밖으로 내동댕이쳤다. 보은식당의 종업원들은 식당 안에서 나폴레옹처럼 초조하게 서성거리는 달평 씨의 모습을 더욱 자주 보게 되었다.

　"오늘 A 주간 신문 기자가 왔다 갔지?"

→ 해설편 **38쪽**

어느 날 밖에 나갔다 들어온 달평 씨가 그의 부인한테 물었다.

"예, 왔었어요."

"와서 뭘 물읍데까?"

"당신이 정말 옛날에 그런 나쁜 짓을 한 사실이 있느냐고 묻더 군요?"

"그래서?"

"모른다고 했지요, 제가 잘 모르는 일이기 때문에……."

후우 가슴이라도 쓸어내릴 듯 숨을 내쉬던 달평 씨가 손가락을 동그랗게 해 보이며 물었다.

"그래, 얼마나 쥐여 보냈소?"

"아무것도요, 마침 돈이 집에 하나도 없어서."

"뭐라구? 그래, 그 사람을 빈손으로 보냈단 말이야?"

"아무래도 식당 문을 닫아야 할까 봐요. 지난 기 세금도 아 직……."

"뭐야? 도대체 여편네가 장살 어떻게 하길래 그따위 소릴 하는 거야?"

그러나 달평 씨의 부인은 사자처럼 포효하는 남편한테 맞서 대들지 않았다. 언제나처럼 조용한 얼굴로 식당에 찾아온 손님을 맞았을 뿐이다.

이때 식당에 와 있던 달평 씨의 **아들딸들**이 어머니 대신 우, 하고 일어섰던 것이다.

"아버지, 도대체 왜 이러시는 거예요?"

"아버지, 지금 우리 집 형편이 어떻게 돌아가고 있는지 아시고 나 계신 겁니까?"

"아빠, 아빠보다 열 배, 아니 백 배, 천 배, 만 배도 더 잘사는 사람들도 못하는 일을 아빠가 어떻게 하신다고 그러시는 거예 요? 아빠, **오른손이 하는 일을 왼손이 모르게 하라는 말 생각 안 나세요?**"

"아버지, 제발 정신 좀 차리세요!"

자식들이 내쏟는 그 공박에 속수무책으로 멍청히 듣고만 있던 달평 씨가 벌떡 일어나 종업원들도 다 있는 그 자리에서 ⓛ <u>폭탄 선언</u>을 한 것이 바로 그때였다.

그것은 정말 대형 폭탄이었다. 어쩌면 달평 씨가 가진 마지막 카드였을 것이다.

"내 이 말은 더 있다가 하려 했었지만…… 기왕 아무 때고 알 아야 할 일…… 올 것은 빨리 오는 게 피차…….'

여느 때와 달리 말까지 더듬어 대는 달평 씨의 목소리는 사뭇 비장한 느낌까지 드는 것이었다. 종업원들까지 숨을 죽였다.

"너희 셋은 모두 내 핏줄이 아냐. 기철이 넌 호남선 기차간에 서 주웠고, 기수 넌 서울역 광장에 버려진 걸 주워온 거고, 애 숙이 넌 파주 양갈보촌이 네 고향이지. 물론 남들한테야 저기 있는 느덜 어머니 배 속으로 난 것처럼 연극을 해왔다만…….'

얼굴이 하얗게 질린 달평 씨의 세 남매가 서로 얼굴을 마주 본 다음 황황히 눈길을 피하며, 구원이라도 청하듯 카운터에 앉은 그들 어머니 쪽으로 고개를 돌렸다.

그때 달평 씨의 부인이 이제까지 그 누구도 보지 못했던 분연 한 얼굴 표정으로 일어섰던 것이다. 그네가 소리쳤다.

"여보, 이젠 당신 자식들까지 팔아먹을 작정이에요?"

가속으로 무너져 내려 더 어찌할 길 없는 남편의 그 두 번째 죽 음의 순간에 이처럼 거연히 부르짖고 일어선 **그네의 외침은** 우리 **의 달평 씨를 다시 한번 살려 낼 오직 한 가닥의 빛이었던 것이** 다.

- 전상국, 「달평 씨의 두 번째 죽음」 -

25. 윗글에 대한 설명으로 적절하지 <u>않은</u> 것은?

① 공간적 배경을 통해 인물의 심리를 암시하고 있다.

② 비유적 표현을 통해 인물의 행동을 묘사하고 있다.

③ 대화를 통해 인물들 간의 갈등 상황을 드러내고 있다.

④ 시간의 흐름에 따라 사건을 순차적으로 전개하고 있다.

⑤ 서술자가 작중 상황에 대해 자신의 생각을 드러내고 있다.

26. 윗글을 이해한 내용으로 가장 적절한 것은?

① 청중들은 달평 씨의 강연을 듣고 나서 심드렁해했다.

② 달평 씨의 아들딸은 어머니의 발언으로 인해 아버지를 이해 하게 되었다.

③ 종업원들은 달평 씨에게 경제적 어려움을 호소하며 도움을 요청했다.

④ 달평 씨는 A 주간 신문 기자를 만나 새로운 선행을 알릴 수 있었다.

⑤ 달평 씨의 부인은 어려워진 식당 운영에 대해 화를 내는 남 편에게 맞서 대들지 않았다.

27. 〈보기〉를 참고하여 윗글을 감상한 내용으로 적절하지 <u>않은</u> 것은? [3점]

―――――――― 〈 보 기 〉 ――――――――

이 작품은 주인공인 '달평 씨'가 대중의 시선을 지나치게 의식하게 되면서 몰락해 가는 과정을 그리고 있다. 순수한 의도로 선행을 베풀어 오던 달평 씨는 언론에 의해 유명세를 치르게 된 후 그것에 중독되어, 자극적인 정보에만 반응하는 대중과 언론의 관심을 끌기 위해 보여 주기식 선행을 베풀고 거짓을 지어낸다. 그러한 허위의식으로 인해 그는 점점 자신의 정체성을 잃어가고, 끝내 가족까지 파탄에 이르게 한다.

① '세상 사람들에게 알려지는 기회가 부쩍 줄어들'자 '입을 더 크게 벌'리는 달평 씨의 모습에서 대중의 관심을 얻고자 하는 인물의 욕심이 드러나는군.
② '끔찍한 지난날 자기의 악행'을 공개하자 '다시 달평 씨를 입에 올리기 시작'하는 사람들을 통해 자극적인 정보에만 반응하는 대중들의 모습을 보여 주는군.
③ '달평 씨에게 씌워'진 '친선 단체의 회장직 감투'를 거부하지 않은 것은 불우한 사람들까지도 철저하게 속이려는 달평 씨의 허위의식을 보여 주는군.
④ '오른손이 하는 일을 왼손이 모르게 하라는 말 생각 안 나'느냐고 묻는 '아들딸들'의 말을 통해 달평 씨가 보여 주기식 선행을 베풀고 있음이 드러나는군.
⑤ '달평 씨를 다시 한번 살려 낼 오직 한 가닥의 빛'인 '그네의 외침'은 달평 씨가 더 이상 파탄의 길로 가지 않도록 하는 아내의 저항이겠군.

28. ㉠, ㉡을 이해한 내용으로 가장 적절한 것은?

① ㉠은 사건의 초점을 다른 인물로 전환시키려는 행위이다.
② ㉡은 다른 인물들이 과거에 벌인 일들을 폭로하는 행위이다.
③ ㉠은 상대의 입장을 이해하기 위한, ㉡은 상대의 의심을 피하기 위한 행위이다.
④ ㉡은 ㉠으로 인해 발생한 사건의 전말을 드러내려는 행위이다.
⑤ ㉠과 ㉡은 모두 반항을 일으켜 자신이 처한 상황을 바꾸어 보려는 행위이다.

[29~32] 다음 글을 읽고 물음에 답하시오.

춘풍 아내 곁에 앉아 하는 말이

[A]
"마오 마오 그리 마오. 청루미색* 좋아 마오. 자고로 이런 사람이 어찌 망하지 않을까? 내 말을 자세히 들어보소. 미나리골 박화진이라는 이는 청루미색 즐기다가 나중에는 굶어 죽고, 남산 밑에 이 패두는 소년 시절 부자였으나 주색에 빠져 다니다가 늙어서는 상거지 되고, 모시전골 김 부자는 술 잘 먹기 유명하여 누룩 장수가 도망을 다니기로 장안에 유명터니 수만금을 다 없애고 끝내 똥 장수가 되었다니, 이것으로 두고 볼지라도 청루잡기 잡된 마음 부디부디 좋아 마소."

춘풍이 대답하되,

[B]
"자네 내 말 들어보게. 그 말이 다 옳다 하되, 이 앞집 매갈쇠는 한잔 술도 못 먹어도 돈 한 푼 못 모으고, 비우고개 이도명은 오십이 다 되도록 주색을 몰랐으되 남의 집만 평생 살고, 탁골 사는 먹돌이는 투전 잡기 몰랐으되 수천 금 다 없애고 나중에는 굶어 죽었으니, 이런 일을 두고 볼지라도 주색잡기* 안 한다고 잘 사는 바 없느니라. 내 말 자네 들어보게. 술 잘 먹던 이태백은 호사스런 술잔으로 매일 장취 놀았으되 한림학사 다 지내고 투전에 으뜸인 원두표는 잡기를 방탕히 하여 소년부터 유명했으나 나중에 잘되어서 정승 벼슬 하였으니, 이로 두고 볼진대 주색잡기 좋아하기는 장부의 할 바라. 나도 이리 노닐다가 나중에 일품 정승 되어 후세에 전하리라."

아내의 말을 아니 듣고 수틀리면 때리기와 전곡 남용 일삼으니 이런 변이 또 있을까? 이리저리 놀고 나니 집안 형용 볼 것 없다. ㉠<u>"다 내 몸에 정해진 일이요, 내 이제야 허물을 뉘우치고 책망하는 마음이 절로 난다."</u>

아내에게 지성으로 비는 말이

"노여워 말고 슬퍼 마소. 내 마음에 자책하여 가끔 말하기를, '오늘의 옳음과 어제의 잘못을 깨달았노라'고 한다오. 지난 일은 고사하고 가난하여 못 살겠네. 어이 하여 살잔 말인고? 오늘부터 집안의 모든 일을 자네에게 맡기나니 마음대로 치산하여 의식이 염려 없게 하여 주오."

춘풍 아내 이른 말이,

㉡<u>부모 유산 수만금을 청루 중에 다 들이밀고 이 지경이 되었는데 이후에는 더욱 근심이 많을 것이니, 약간 돈냥이나 있다 한들 그 무엇이 남겠소?"</u>

춘풍이 대답하되,

"자네 하는 말이 나를 별로 못 믿겠거든 이후로는 주색잡기 아니하기로 결단하는 각서를 써서 줌세."

[중략 줄거리] 춘풍 아내가 열심히 품을 팔아 집안을 일으키자 춘풍은 다시 교만해지고, 아내의 만류에도 호조에서 이천 냥을 빌려 평양으로 장사를 떠나게 된다. 춘풍이 평양에서 기생 추월의 유혹에 넘어가 장사는 하지 않고 재물을 모두 탕진한 채 추월의 하인이 되었다는 소식을 듣고 춘풍의 아내가 통곡한다.

이리 한참 울다가 도로 풀고 생각하되,

'우리 가장 경성으로 데려다가 호조 돈 이천 냥을 한 푼 없이 다 갚은 후에 의식 염려 아니하고 부부 둘이 화락하여 백 년 동락하여 보자. 평생의 한이로다.'

마침 그때 김 승지 댁이 있으되 승지는 이미 죽고, 맏자제가 문장을 잘해 소년 급제하여 한림 옥당 다 지내고 도승지를 지낸 고로, 작년에 평양 감사 두 번째 물망에 있다가 올해 평양 감사 하려고 도모한단 말을 사환 편에 들었것다. 승지 댁이 가난하여 아침저녁으로 국록을 타서 많은 식구들이 사는 중에 그 댁에 노부인 있다는 말을 듣고, 바느질품을 얻으려고 그 댁에 들어가니, 후원 별당 깊은 곳에 도승지의 모부인이 누웠는데 형편이 가난키로 식사도 부족하고 의복도 초췌하다. 춘풍 아내 생각하되,

'이 댁에 붙어서 우리 가장 살려내고 추월에게 복수도 할까.'

하고 바느질, 길쌈 힘써 일해 얻은 돈냥 다 들여서 승지 댁 노부인에게 아침저녁으로 진지를 올리고, 노부인께 맛난 차담상을 특별히 간간히 차려드리거늘, 부인이 감지덕지 치사하며 하는 말이,

"이 은혜를 어찌할꼬?"

주야로 유념하니, 하루는 춘풍의 처더러 이르는 말이,

ⓒ "내 들으니 네가 집안이 기울어서 바느질품으로 산다 하던데, 날마다 차담상을 차려 때때로 들여오니 먹기는 좋으나 불안하도다."

춘풍 아내 여쭈되,

"소녀가 혼자 먹기 어렵기로 마누라님 전에 드렸는데 칭찬을 받사오니 오히려 감사하여이다."

대부인이 이 말을 듣고 춘풍의 처를 못내 기특히 생각하더라.

하루는 도승지가 대부인 전에 문안하고 여쭈되,

"요사이는 어머님 기후가 좋으신지 화기가 얼굴에 가득하옵니다."

대부인 하는 말씀이,

"기특한 일 보았도다. 앞집 춘풍의 지어미가 좋은 차담상을 매일 차려오니 내 기운이 절로 나고 정성에 감격하는구나."

승지가 이 말을 듣고 춘풍의 처를 귀하게 보아 매일 사랑하시더니, 천만 의외로 김 승지가 평양 감사가 되었구나. 춘풍 아내, 부인 전에 문안하고 여쭈되,

"승지 대감, 평양 감사 하였사오니 이런 경사 어디 있사오리까?"

부인이 이른 말이,

ⓔ "나도 평양으로 내려 갈 제, 너도 함께 따라가서 춘풍이나 찾아보아라."

하니 춘풍 아내 여쭈되,

"소녀는 고사하옵고 오라비가 있사오니 비장*으로 데려가 주시길 바라나이다."

대부인이 이른 말이,

ⓜ "네 청이야 아니 들겠느냐? 그리하라."

허락하고 감사에게 그 말을 하니 감사도 허락하고,

"회계 비장 하라."

하니 좋을시고, 좋을시고. 춘풍의 아내 없던 오라비를 보낼 쏜가? 제가 손수 가려고 여자 의복 벗어놓고 남자 의복 치장한다.

— 작자 미상, 「이춘풍전」 —

* 청루미색 : 기생집의 아름다운 기녀.
* 주색잡기 : 술과 여자와 노름을 아울러 이르는 말.
* 비장 : 감사를 따라다니며 일을 돕는 무관 벼슬.

29. 윗글을 이해한 내용으로 적절하지 <u>않은</u> 것은?

① 춘풍은 호조 돈 이천 냥을 빌려 평양으로 떠났다.
② 춘풍 아내는 바느질품을 팔며 생계를 이었다.
③ 춘풍 아내는 춘풍의 잘못에도 가정의 화목을 바라고 있다.
④ 도승지는 평양 감사직을 연이어 두 번 맡게 되었다.
⑤ 대부인은 도승지에게 춘풍 아내의 정성을 칭찬하였다.

30. [A], [B]에 대한 설명으로 가장 적절한 것은?

① [A]는 권위를 내세워 행위의 당위성을 강조하고 있다.
② [B]는 상대의 주장을 수용하여 태도에 변화를 보이고 있다.
③ [A]는 [B]의 내용을 예측하여 반박의 여지를 차단하고 있다.
④ [B]는 [A]의 반례를 들어서 자신의 행동을 합리화하고 있다.
⑤ [A]와 [B]는 모두 영웅의 행적을 주장의 근거로 삼고 있다.

31. ㉠~㉤을 이해한 내용으로 적절하지 <u>않은</u> 것은?

① ㉠ : 다른 사람의 잘못을 자신의 탓으로 여기고 있다.
② ㉡ : 앞으로의 상황이 악화될 것을 염려하고 있다.
③ ㉢ : 상대방의 호의를 부담스럽게 생각하고 있다.
④ ㉣ : 상대의 처지를 고려해 동행을 권유하고 있다.
⑤ ㉤ : 신의를 바탕으로 요청을 흔쾌히 수락하고 있다.

32. <보기>를 바탕으로 윗글을 감상한 내용으로 적절하지 <u>않은</u> 것은? [3점]

<보 기>

이 작품은 남편이 저지른 일을 아내가 수습하는 서사가 중심이 된다. 춘풍은 가장이지만 경제관념 없이 현실적 쾌락만을 추구하며 자신이 초래한 문제를 해결하려 하지 않는다. 반면, 춘풍 아내는 적극적으로 현실의 문제를 해결하려는 의지를 갖고 주도면밀하게 목적을 달성한다. 이러한 두 인물의 대비되는 특징으로 인해 무능한 가장의 모습과 주체적인 아내의 역할 및 능력이 부각된다.

① 춘풍이 가난을 불평하며 아내에게 집안일에 대한 모든 권리를 넘기는 것에서 무책임한 가장의 모습을 엿볼 수 있군.
② 춘풍이 전곡을 남용하고 주색잡기에 빠져 있는 것에서 경제관념 없이 현실적 쾌락을 추구하는 모습을 엿볼 수 있군.
③ 춘풍 아내가 사환에게 정보를 얻고 김 승지 댁 대부인에게 의도적으로 접근한 것에서 주도면밀한 모습을 엿볼 수 있군.
④ 춘풍 아내가 춘풍을 구하기 위해 비장의 지위를 획득하고 남장을 하는 것에서 적극적인 문제 해결 의지를 엿볼 수 있군.
⑤ 춘풍이 각서를 쓰고, 춘풍 아내가 차담상을 차리는 것에서 신분 상승을 통해 목적을 달성하려는 의도를 엿볼 수 있군.

[33~38] 다음 글을 읽고 물음에 답하시오.

(가)

기원전 3 세기경 중국의 전국시대 말기는 침략과 정벌의 전쟁이 빈번하게 벌어지는 혼란의 시대였다. 이와 동시에 국가의 혼란을 해결하기 위한 길을 ⓐ <u>모색</u>한 여러 사상들이 융성한 시대이기도 했다.

이 시대에 활동했던 순자는 사회의 혼란과 무질서를 악(惡)이라고 규정하고 악은 온전히 인간의 성(性)에게서 비롯된 것으로 파악한다. 성이란 인간이 태어나면서부터 지니고 있는 동물적인 경향성을 일컫는 말로 욕망과 감정의 형태로 드러난다. 이 중에서 이익을 좋아하고 그것을 얻으려고 하는 인간의 성이 악을 초래한다고 보았다. 사회적 자원과 재화는 한정적인데 사람들이 모두 이기적인 욕망을 그대로 좇게 되면 그들 사이에 다툼과 쟁탈이 일어나게 된다는 것이다.

하지만 그는 인간이 성뿐만이 아니라 심(心)도 타고났기에 인간다워질 수 있고, 성에서 비롯한 사회 문제의 해결도 가능하다고 보았다. 심은 인간의 인지 능력을 뜻하는데, 인간의 감각 기관이 가져온 정보를 종합해서 인식하고 판단한다. 즉, 심은 성이 합리적인지 판단하여 성을 통제한다. 이러한 심의 작용을 통해 인간은 배우며 실천할 수 있는데, 이와 같은 인간의 의식적이고 후천적인 노력 또는 그것의 산물을 위(僞)라고 한다.

순자는 성을 변화시키는 위의 역할을 강조했는데, 특히 위의 핵심으로서 예(禮)를 언급하고 그것을 실천할 것을 주문한다. 예란 위를 ⓑ <u>축적</u>하여 완전한 인격체가 된 성인(聖人)이 일찍이 사회의 혼란을 우려해 만든 일체의 사회적 규범을 말한다. 이는 개인의 도덕 규범이자 나라를 다스리는 규범으로, 개인의 모든 행위의 기준이자 사회의 위계 질서를 나누는 기준이 된다. 예의 가장 중요한 기능은 ㉠ <u>신분적 차이를 구분해서 직분을 정하는 것</u>인데 이는 인간의 욕망 추구를 긍정하되 그 적절한 기준과 한계를 설정함을 의미한다. 사회 구성원이 자신의 위치에 맞게끔 욕망을 추구하게 함으로써 다툼과 쟁탈이 없는 안정된 사회를 만들 수 있다고 생각했기 때문이다.

이때 순자는 군주 를 예의 근본으로 규정하고 그의 역할을 중시한다. 군주는 계승되어 온 예의 공통된 원칙을 지키고, 당대의 요구에 맞춰 예를 제정해야 한다. 구체적으로 군주는 백성들의 직분을 정해 주고 그들을 가르쳐 예의 길로 인도하는 역할을 수행한다. 이를 통해 백성들의 성은 교화되고 질서와 조화를 이룬 선(善)한 사회에 다다를 수 있다.

순자는 당대의 사상가들과 달리 사회 문제의 원인을 외적 상황에서 찾지 않고 인간의 타고난 성향에서 찾음으로써 인간 사회를 바라보는 새로운 관점을 제시하였다. 그러한 점에서 순자는 인간의 후천적 노력을 바탕으로 한 인간과 사회의 변화 가능성을 ⓒ <u>신뢰</u>한 사상가라 할 수 있다.

(나)

홉스가 살던 17 세기는 종교 전쟁과 내전을 겪으며 혼란스러웠다. 이에 왕의 권력은 신으로부터 부여받은 것이라는 왕권신수설에 많은 사람들은 의문을 품게 되었다. 이러한 상황에서 홉스는 사회적 혼란을 해결하고자 신이 아닌 인간에 대한 탐구를 시작한다.

홉스는 국가 성립 과정을 설명하기 위해 국가가 성립하기 이전의 집단적 삶인 자연 상태를 가정한다. 그는 인간을 자기 보존을 추구하는 존재로 규정한다. 또한 인간은 자연 상태에서 누구나 절대적인 자유를 행사할 수 있는 권리를 지니는데, 이를 자연권이라고 말한다. 자연 상태에서 인간은 자기 보존을 위해 자신의 이익만을 추구하면서 끊임없이 싸우게 되는데 그는 전쟁과도 같은 이 상황을 '만인에 대한 만인의 투쟁'이라 ⓓ 명명한다. 하지만 이 상황에서 인간이 느끼는 죽음에 대한 공포는 평화와 안전을 바라게 하는 감정을 유발하기도 한다.

이때 인간의 이성은 평화로운 상태로 나아가기 위한 최선의 법칙을 발견하는데 홉스는 이를 자연법이라 일컫는다. 자연법의 가장 근본적인 원칙은 평화를 추구하고 따르라는 것이다. 그리고 이를 위해 인간의 이성은 자연 상태에서 가졌던 권리의 상당 부분을 포기하고 그것을 양도하는 ⓒ 사회 계약이 필요함을 깨닫는다.

개인이 자기 보존을 위해 자발적으로 동의한 사회 계약은 두 단계에 걸쳐 이루어진다. 첫 번째 단계에서 개인과 개인은 상호 적대적인 행위를 중지하고자 자연권의 대부분을 포기하는 계약을 맺는다. 그런데 이 계약은 누군가가 이를 위반할 경우에 그것을 제재할 수단이 없다는 한계가 있어 쉽게 파기될 수 있다. 이 계약의 불안정성을 해소하고 실효성을 보장하기 위해서는 계약 위반을 제재할 강제력과 그것을 집행할 수 있는 힘의 소유자를 세우는 일이 필요하다. 이에 개인은 계약 위반을 제재할 공동의 힘을 지닌 통치자 와 두 번째 단계의 계약을 맺고 자신들의 권리를 그에게 양도한다.

이러한 계약의 과정을 거치며 '리바이어던'이라 불리는 국가가 탄생한다. 리바이어던은 본래 성서에 등장하는 무적의 힘을 가진 바다 괴물의 이름으로, 홉스는 이를 통해 계약으로 탄생한 국가의 강력한 공적 권력을 강조한 것이다. 통치자는 국가 권력의 실질적인 행사 주체로서 국가에 대한 복종을 요구하는 대신에 개인을 위험으로부터 보호하는 책무를 갖는다. 그는 강력한 처벌에 대한 규정을 만들고 개인들이 이에 따르게 함으로써 그들의 안전을 보장한다. 통치자가 개인들로부터 위임받은 권리를 정당하게 행사하여 개인들 간의 투쟁을 해소함으로써 비로소 평화로운 사회가 ⓔ 구현된다.

홉스의 사회 계약론은 인간의 본성에 대한 통찰을 바탕으로 국가가 성립하게 되는 과정을 제시하고 있다. 특히 국가가 지닌 힘의 원천을 신이 아닌 자유로운 개인들에게서 찾고 있다는 점에서 근대 주권 국가의 토대를 마련했다고 할 수 있다.

33. (가)와 (나)의 공통점으로 가장 적절한 것은?

① 인간 중심적인 시각에서 벗어나 사회 현상을 분석하고 있다.
② 현실을 개선하려는 사상가의 견해와 그 의의를 제시하고 있다.
③ 종교적인 믿음을 바탕으로 성립된 권력의 개념을 밝히고 있다.
④ 국가와 국가 간의 전쟁이 야기한 사상의 탄압 양상을 설명하고 있다.
⑤ 시대적 상황의 변화에 따라 달라진 지도자의 위상을 통시적으로 설명하고 있다.

34. (가)의 군주 와 (나)의 통치자 에 대한 이해로 적절하지 <u>않은</u> 것은?

① 군주는 사회 구성원의 내면의 변화를 전제로 질서와 조화를 이룬 선한 사회를 만든다.
② 통치자는 신으로부터 부여받은 권리를 정당하게 행사함으로써 평화로운 사회를 만든다.
③ 군주는 백성을 사회적 위치에 맞게 행동하도록 인도하고, 통치자는 개인들의 상호 적대적인 행위의 중지를 요구한다.
④ 군주는 예를 바탕으로 한 교화를 통해, 통치자는 강력한 공적 권력을 바탕으로 한 처벌을 통해 사회의 질서를 도모한다.
⑤ 군주와 통치자는 모두 나라를 다스리는 지도자로서 사회적 역할을 이행해야 할 책무를 갖는다.

35. ㉠에 대한 설명으로 가장 적절한 것은?

① 개인의 욕망보다 사회의 요구를 강조하여 심의 부작용을 막기 위한 것이다.
② 인간의 성과 심의 차이를 구분하여 새로운 도덕적 기준을 세우기 위한 것이다.
③ 사회 구성원이 심을 체득하게 하여 혼란한 사회적 상황을 해결하기 위한 것이다.
④ 개인의 도덕 규범과 나라의 통치 규범을 구분하여 사회 문제의 원인을 찾기 위한 것이다.
⑤ 한정적인 사회적 자원과 재화를 적절하게 분배하여 사회의 안정성을 추구하기 위한 것이다.

36. ㉡을 이해한 내용으로 적절하지 <u>않은</u> 것은?

① 만인에 대한 만인의 투쟁 상황에서 벗어나기 위해 맺은 것이다.
② 자유를 향유할 수 있는 권리의 포기는 자발적인 동의하에 이루어진다.
③ 개인은 첫 번째 단계의 계약을 맺음으로써 공동의 힘을 제재할 수 있다.
④ 첫 번째 단계의 계약은 두 번째 단계의 계약과 달리 위반할 경우 제재 수단이 없다.
⑤ 두 번째 단계의 계약은 첫 번째 단계의 계약과 달리 개인의 권리 양도가 이루어진다.

37. (가)의 '순자'와 (나)의 '홉스'의 입장에서 〈보기〉의 상황을 이해한 내용으로 적절하지 <u>않은</u> 것은? [3점]

<보 기>

생물학자인 개릿 하딘은 공유지에서의 자유가 초래하는 혼란한 상황을 '공유지의 비극'이라 일컬었다. 그는 한 목초지에서 벌어지는 상황을 예로 들어 이를 설명하였다.

모두가 사용할 수 있는 목초지가 있다. 한 목동은 자신의 이익을 극대화하는 방법으로 가능한 한 많은 소 떼들을 목초지에 풀어 놓는다. 다른 목동들도 같은 방법을 취하게 되고 결국 목초지는 황폐화된다.

① 순자는 목동들이 '위'를 행하였다면 목초지의 황폐화를 막을 수 있었을 것이라고 생각하겠군.
② 홉스는 목동들이 처한 상황을 자기 보존을 추구하는 욕망이 발현된 '자연 상태'라고 생각하겠군.
③ 순자는 완전한 인격체가 만든 규범이, 홉스는 강력한 국가의 개입이 필요한 상황이라고 생각하겠군.
④ 순자는 '성'을 그대로 좇는 모습으로, 홉스는 '자연권'을 행사하는 모습으로 목동들의 이기적 행동을 이해하겠군.
⑤ 순자와 홉스는 모두 목동들이 공포를 느끼게 되면 문제 상황에 대한 합리적 판단 능력을 갖게 될 것이라고 생각하겠군.

38. ⓐ~ⓔ의 사전적 의미로 적절하지 <u>않은</u> 것은?

① ⓐ : 일이나 사건 따위를 해결할 수 있는 방법이나 실마리를 더듬어 찾음.
② ⓑ : 지식, 경험, 자금 따위를 모아서 쌓음.
③ ⓒ : 자기의 주장을 굽혀 남의 의견을 좇음.
④ ⓓ : 사람, 사물, 사건 등의 대상에 이름을 지어 붙임.
⑤ ⓔ : 어떤 내용이 구체적인 사실로 나타나게 함.

[39~43] 다음 글을 읽고 물음에 답하시오.

　사계절이 뚜렷한 곳에서 자라는 나무는 매해 하나씩 나이테를 만들기 때문에 나이테를 세면 나무의 나이를 알 수 있다. 그렇다면 나이테는 단순히 나무의 나이를 알기 위해서만 활용되는 것일까? 그렇지 않다. 나이테는 현재 남아 있는 다양한 목제 유물들이 언제 만들어졌는지 그 제작 연도를 ⓐ 규명하는 데도 활용되고 있다.

　나무의 나이테는 위치에 따라 크게 심재, 변재로 구분된다. 심재는 나무의 성장 초기에 형성된 안쪽 부분으로 생장이 거의 멈추면서 진액이 내부에 갇혀 색깔이 어둡게 변한 부분이다. 변재는 심재의 끝부터 껍질인 수피 전까지의 바깥 부분으로 물과 영양분을 공급하는 생장 세포가 활성화되어 있어 밝은 색상을 띠는 부분이다. 나무의 나이는 이 심재와 변재의 나이테 수를 합한 것이 된다.

　그런데 나무의 나이테 너비를 살펴보면 매해 그 너비가 동일하지 않다. 그 이유는 '제한 요소의 법칙'에 의해서 나무의 생장량이 결정되기 때문이다. 나무가 생장하기 위해서는 물, 빛, 온도, 이산화 탄소 등의 다양한 환경 요소가 필요한데 환경 요소들은 해마다 다르기 때문에 나이테의 너비도 변하게 된다. 그렇다고 모든 환경 요소가 나이테의 너비 변화에 영향을 주는 것은 아니다. 여러 환경 요소 중에서 가장 부족한 요소가 나이테의 너비 변화에 가장 큰 영향을 주게 되는데 이것이 바로 제한 요소의 법칙이다.

　나무가 가장 부족한 요소에 모든 생물학적 활동을 맞추는 것은 안전하게 생장하기 위한 전략이다. 만일 나무의 생장이 가장 풍족한 요소를 기준으로 이뤄진다면 생장에 필요한 생물학적 활동을 제한하는 요소가 많아져 ⓑ 고사할 위험이 높아지게 될 것이기 때문이다. 제한 요소의 법칙은 모든 나무의 생장에 예외 없이 적용되며, 그 결과로 동일한 수종이 유사한 생장 환경에서 자라면 나이테의 너비 변화 패턴이 유사하다. 하지만 수종이 같더라도 지역이 다르면 생장 환경이 다르기 때문에 나이테의 너비 변화 패턴은 달라지게 된다.

　나이테를 활용하여 목제 유물에 사용된 나무의 벌채* 연도나 환경 조건을 추정하는 것을 연륜 연대 측정이라 하는데 이를 위해서는 나이테의 너비 변화 패턴을 그래프로 나타낸 ㉠ 연륜 연대기가 있어야 한다. 수천 년 살 수 있는 나무는 많지 않으나 아래 〈그림〉과 같은 방법으로 수천 년에 달하는 연륜 연대기 작성은 가능하다.

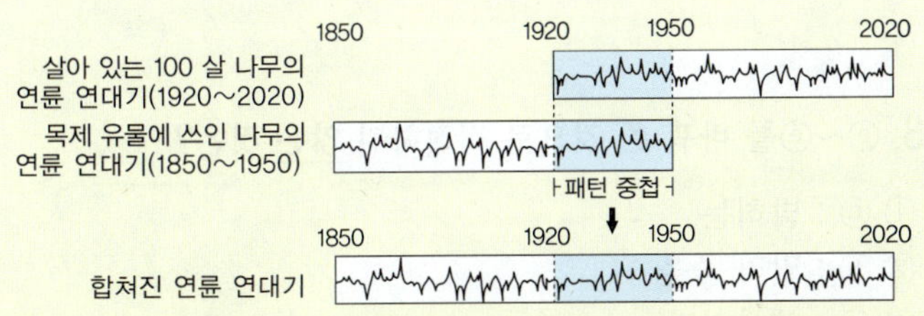

　살아 있는 나무에서 나이테 너비를 ⓒ 측정하면 정확한 연도가 부여된 연륜 연대기를 작성할 수 있다. 다음으로 오래지 않은 과거에 제작된 목제 유물의 나이테로 연륜 연대기를 작성하여 이미 작성된 연륜 연대기와 비교하면 패턴이 겹치는 기간을 확인할 수 있다. 그 기간은 지금 살아 있는 나무와 과거 유물에 사용된 나무가 함께 생장하던 기간이 된다. 이러한 방법으로 보다 과거의 목제 유물로 작성된 연륜 연대기와 패턴 비교를 반복하면 수백, 수천 년에 달하는 나무의 연륜 연대기 작성이 가능해진다. 이렇게 작성된 장기간의 연륜 연대기를 표준 연대기라 하는데 우리나라는 현재 소나무, 참나무, 느티나무의 표준 연대기를 ⓓ 보유하고 있다. 연륜 연대 측정은 이 표준 연대기와 목제 유물의 나이테로 작성한 유물 연대기의 패턴을 비교함으로써 진행되고 그 방법은 다음과 같다.

　먼저 목제 유물의 나이테에 변재가 있는지 확인해야 한다. 나무를 가공할 때는 벌레가 먹거나 쉽게 썩는 변재의 일부 또는 전체가 잘려 나가기도 하는데 만일 유물의 나이테에 변재가 없는 경우에는 벌채 연도를 추정할 수 없게 된다.

　변재의 존재 여부를 확인한 후에는 목제 유물의 각 부분에서 나이테를 채취해 패턴이 중첩되는 부분을 비교하여 유물 연대기를 만든 다음, 비교 대상으로 사용할 표준 연대기를 정해야 한다. 이때 유물 연대기와 표준 연대기의 상관도를 나타내는 t값과 일치도를 나타내는 G값을 고려해야 하는데 100 년 이상의 기간을 상호 비교할 때 t값은 3.5 이상, G값은 65 % 이상의 값을 가져야 통계적으로 유의성이 있는 것으로 ⓔ 간주된다.

[A]

　표준 연대기를 정한 후에는 유물 연대기와 표준 연대기의 패턴을 비교하여 중첩되는 부분의 시작 나이테의 연도부터 마지막 나이테의 연도를 확정하여 절대 연도를 부여한다. 유물의 나이테가 변재를 완전하게 갖고 있을 경우에는 마지막 나이테의 절대 연도가 벌채 연도가 된다. 하지만 변재의 바깥쪽 나이테 일부가 잘려 나갔다면 마지막 나이테의 절대 연도에 잘려 나간 변재 나이테 수를 더한 값이 벌채 연도가 되는데 이때는 수령별 평균 변재 나이테 수를 참고한다. 비슷한 수령의 나무가 갖는 평균 변재 나이테 수에서 유물에 남아 있는 변재 나이테 수를 빼, 나무를 가공할 때 잘라 낸 변재 나이테 수를 구한다. 그리고 이를 마지막 나이테의 절대 연도에 더해 벌채 연도를 확정한다. 그다음, 벌채한 후 가공할 때까지 나무를 건조하는 일반적인 기간인 1~2 년을 더해 목제 유물의 제작 연도를 추정한다.

* 벌채 : 나무를 베어 냄.

39. 윗글에서 사용된 전개 방식으로 적절하지 <u>않은</u> 것은?

① 자문자답의 방식으로 화제를 제시하고 있다.
② 대상의 특성을 관련 개념을 통해 설명하고 있다.
③ 일정한 기준에 따라 대상을 나누어 설명하고 있다.
④ 어려운 개념을 친숙한 대상에 빗대어 설명하고 있다.
⑤ 반대 상황을 가정하여 현상에 대한 이해를 돕고 있다.

40. 윗글에서 알 수 있는 내용으로 가장 적절한 것은?

① 심재는 생장이 거의 멈춘 나이테로 수피에 인접하여 있다.
② 변재는 생장 세포에 있는 진액으로 인해 밝은 색상을 띤다.
③ 나무의 수령은 변재 나이테의 개수로 파악할 수 있다.
④ 나이테의 너비는 가장 풍족한 환경 요소로 결정된다.
⑤ 심재 나이테만 남아 있다면 연륜 연대 측정은 불가하다.

41. ㉠에 대한 설명으로 적절하지 <u>않은</u> 것은?

① 동일한 수종이라도 환경이 다르면 패턴이 달라진다.
② 패턴 비교를 반복하면 장기간의 연대기 작성이 가능하다.
③ 나이테의 너비가 일정하면 패턴 분석의 대상이 될 수 없다.
④ 제한 요소의 법칙에 따라 나무가 생장한 결과를 보여 준다.
⑤ 현재 국내에는 3종의 나무에 대한 표준 연대기가 존재한다.

42. [A]를 바탕으로 〈보기〉의 '연륜 연대 측정 자료'를 이해한 내용으로 적절하지 <u>않은</u> 것은? [3점]

<보 기>

[소나무 서랍장에 대한 연륜 연대 측정]

Ⅰ. 측정 참고 자료
　○ 두 곳의 서랍에서 같은 나무의 나이테를 채취하였고, 이 중 서랍 2에서는 좁은 나이테 모양으로 보아 바깥쪽 나이테가 거의 수피에 근접한 것을 확인하였음.
　○ 서랍 1, 2 연대기의 패턴을 비교하여 유물 연대기를 작성한 후 표준 연대기와 비교하여 절대 연도를 부여함.

Ⅱ. 유의성 및 수령별 평균 변재 나이테 수 자료

표준 연대기	t값	G값	평균 변재 나이테 수	
			수령 100 년	수령 150 년
a산 소나무	3.7	69 %	60 개	77 개
b산 소나무	3.2	60 %	58 개	65 개

Ⅲ. 소나무 서랍장 유물 연대기 및 절대 연도 부여 자료

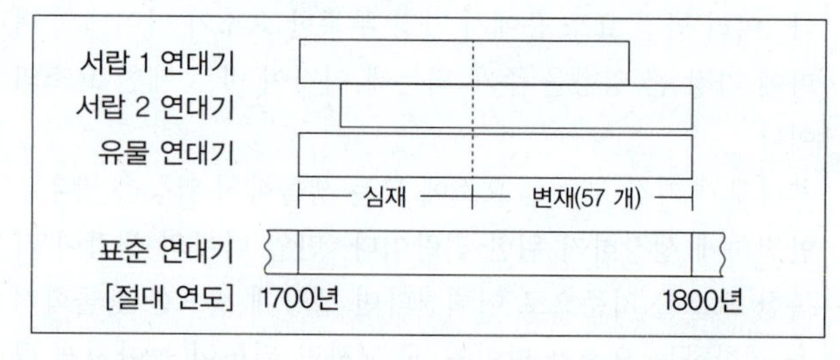

---

① t값과 G값을 고려할 때 표준 연대기는 a산 소나무의 연대기가 사용되었을 것이다.
② 유물 연대기와 표준 연대기의 패턴이 중첩되는 기간은 1700년부터 1800년까지일 것이다.
③ 마지막 나이테의 절대 연도를 고려할 때 서랍장에 사용된 나무의 벌채 연도는 1802년일 것이다.
④ 비슷한 수령의 소나무가 갖는 평균 변재 나이테 수를 참고하면 가공할 때 잘려 나간 변재 나이테 수는 3 개일 것이다.
⑤ 벌채한 나무의 건조 기간을 고려하면 서랍장의 제작 연도는 1804년에서 1805년 사이일 것이다.

43. ⓐ~ⓔ를 바꿔 쓴 것으로 적절하지 <u>않은</u> 것은?

① ⓐ : 밝히는
② ⓑ : 말라 죽을
③ ⓒ : 헤아리면
④ ⓓ : 가지고
⑤ ⓔ : 여겨진다

[44~45] 다음 글을 읽고 물음에 답하시오.

[앞부분의 줄거리] 동물원의 코끼리들이 도심으로 탈출했다. 근처 선거 유세장에서는 정치인이 부상을 당하였고, 일대는 쑥대밭이 되었다. 조련사는 유세를 방해하기 위해 일부러 코끼리를 풀어 준 혐의로 경찰서에 붙잡혀 와 조사를 받는다. 참고인 자격의 의사와 아들의 면회를 온 어머니도 함께 있다.

조련사 정말인데. 코끼리들은 공연하면서 많이 우는데. 답답하다고 우는데. 슬퍼서 우는데. 난 다 알고 있었는데. 코끼리들이 며칠 전서부터 도망갈 조짐을 보인 것도 알았는데. 도망가려고 의논하는 소릴 들었는데. 그리고 그날은 공원에 갈 때 다른 날과 다르게 빨리 걸었는데. 난 눈치를 챘는데. 오늘이구나. 다른 조련사들이 나한테 다 맡기고 매점에 갔을 때, 코끼리들이 주위를 살피기 시작했는데. 거위들이 꽥꽥댈 때 서로 눈을 마주쳤는데. 나도 코끼리랑 눈이 마주쳤지만 휘파람을 불었는데. 못 본 척 휘파람만 불었는데. 도망가라고. 가서 가족들 애인들 만나라고 일부러 못 본 척했는데.

어머니 겁을 많이 먹었어요. 두려우면 말이 많아져요.

어머니가 손수건을 꺼내 조련사를 닦아 주려 하나 조련사가 피한다.

의사 (조련사에게) 도망치지 마세요. 선생님은 지금 또 다른 거짓말을 만들고 그리로 도망가는 겁니다. 용기를 내서 직면하세요. 직면이 무슨 뜻인 줄 아시죠? 정정당당하게 직접 부딪치는 거예요. 지금이 가장 중요한 순간입니다.

조련사가 외면한다.

형사 (담배를 비벼 *끄고*) 야, 인마! 나 똑바로 쳐다봐. 너 아까 시인했지? 시켜서 했다고. 그들이 널 1년 전부터 코끼리 조련에 투입했잖아.

조련사가 외면한다.

어머니 있는 그대로 말씀드려. 넌 그저 착한 마음에 코끼리들을 풀어 주고 싶었잖아. 네가 그랬잖니? 동물들이 밧줄에 묶여 있는 것 보면 마음이 아프다고. 꼭 네가 묶인 것처럼 마음이 아프다고. 왜 말을 못 해? 왜 그렇게 말을 못 해?

조련사는 자신의 말이 받아들여지지 않는 것에 대해 너무 답답하다. 그는 발을 구르고 팔을 휘두르고 고개를 흔들며 몸으로 그 답답함을 호소한다.

조련사 진짜 그랬는데. 왜 내 말을 안 믿는데.
형사 (소리를 지른다) 가만히 앉아!
의사 직면하기 힘들어서 그런 겁니다.

어머니 얘야, 정신 차려.

　　　　　　　(중략)

조련사 (꽤 지쳐 있다) 내가 했는데. 다 내가 했는데.
형사 (조련사의 어깨를 두드리며) 그만, 그만. 진정해. 거기까지. 잘했어. 오후에 기자단이 오면 나한테 했던 말을 그대로 하면 돼. 그러면 모든 일이 마무리되는 거야. 어마어마한 음모가 드러나는 거지. 걱정 마. 넌 가벼운 문책을 받는 데 그치도록 손써 줄게.

이때, 친절한 노크 소리. 느닷없이 코끼리가 들어온다. 코끼리는 오로지 조련사에게만 보인다. 따라서 조련사와 코끼리의 대화는 아무도 들을 수 없다.

조련사 삼코!

코끼리가 조련사에게 다가와 그를 일으켜 세운 후 가슴에 번호표를 달아 준다.

코끼리 57621번째 코끼리가 된 걸 축하해.

코끼리가 조련사의 목에 화환을 걸어 준다. 코끼리가 조련사를 형사가 있는 쪽으로 보낸다. 이때부터 말하는 사람에게만 차례로 조명이 비춰진다. 조련사에게 조명이 비춰질 때마다 그는 조금씩 코끼리로 변해 있다.

형사 (조련사에게) 넌 톱기사로 다뤄질 거야. 다른 얘긴 집어치우고 유세장 얘기만 해. 어떻게 유세장으로 코끼리를 유인했는지. 고생했다. 배고프지? 좀 이따 따뜻한 국밥이라도 먹자. 기자 회견 때는 김창건 의원 이름을 분명히 말해. 그래야 네 혐의가 쉽게 풀릴 테니까.

조련사가 편안한 미소를 지으며 오른손을 올려 이마에 경례를 붙인다. 조련사가 어둠으로 사라지면 어둠 속에 있던 코끼리가 그에게 조끼를 입힌다. 코끼리가 그를 의사에게 보낸다.

의사 고백한 내용, 모두 녹음했어요. 코끼리를 사랑할 순 있지만 그건 병이에요. 병을 고치는 건 문제점을 인정하는 데서 출발하죠. 선생님의 인정은 정말 용감한 일입니다. 고비를 넘기셨어요. 선생님께도 곧 진짜 애인이 생길 수 있습니다. 코끼리가 아닌 진짜 여자.

조련사가 행복한 미소를 지으며 감사의 인사를 정중하게 한다. 조련사가 어둠으로 사라지면 코끼리가 그에게 화려한 벨벳 모자를 씌운다. 코끼리가 그를 어머니에게 보낸다.

어머니 어쩌겠니. 순진하기만 한 걸. 그렇게 생겨 먹은 걸. 인생 뭐 있니? 생긴 대로 사는 거지. 그래도 넌 여전히 착하고 멋지다. 그럼, 누구 아들인데. 누가 너처럼 용감할 수 있니? 그래, 다 풀어 줘. 다 초원으로 데리고 가. 개구리도

44. 윗글을 이해한 내용으로 적절하지 <u>않은</u> 것은?

① 조련사는 코끼리들이 동물원에서 탈출하려는 모습을 보고도 방관했다고 말했다.
② 형사는 조련사에게 배후 세력의 지시를 받았다는 것을 인정하라고 다그쳤다.
③ 어머니는 조련사가 한 행동의 원인을 조련사의 심리나 성품에서 찾았다.
④ 의사는 조련사의 말과 행동을 병과 연관 지어 해석했다.
⑤ 형사, 의사, 어머니는 서로 의견을 교환하며 조련사를 설득할 방법을 모색했다.

45. 〈보기〉를 바탕으로 윗글을 감상한 내용으로 적절하지 <u>않은</u> 것은? [3점]

<보 기>
　이 작품은 사람들 사이의 소통 단절의 문제를 조련사가 코끼리로 변해 가는 과정을 통해 상징적으로 나타낸다. 조련사는 상대가 자신만의 논리를 일방적으로 강요하는 것에 답답함과 무력감을 느낀다. 결국 조련사는 자기 생각을 버리고 타인의 의지에 맞추어 순응하는 수동적인 처지가 된다. 조련사가 코끼리가 되는 결말은 그가 회복 불가능한 단절 상황에 놓이게 되었음을 의미한다.

① 조련사가 어머니의 손길을 피하고, 의사와 형사의 말을 외면하는 것에서 소통이 단절된 상황을 엿볼 수 있군.
② 조련사가 꽤 지쳐 있는 상태에서 자신이 했다는 말을 반복하는 것에서 소통이 어려운 상황에 대한 자포자기의 심정을 엿볼 수 있군.
③ 조련사가 코끼리로 조금씩 변하면서 형사, 의사의 말에 미소를 짓는 것에서 소통이 단절된 상황에서 벗어났음을 엿볼 수 있군.
④ 조련사가 코끼리의 형상을 갖춘 뒤 형사, 의사, 어머니가 결의에 찬 박수를 치는 것에서 자신들의 의지가 관철된 만족감을 엿볼 수 있군.
⑤ 조련사가 코끼리가 되어 형사, 의사, 어머니 사이를 돌며 쇼를 하는 것에서 동물원의 코끼리와 다를 바 없는 수동적인 처지로 전락했음을 엿볼 수 있군.

※　확인 사항
○　답안지의 해당란에 필요한 내용을 정확히 기입(표기)했는지 확인하시오.

국어 영역

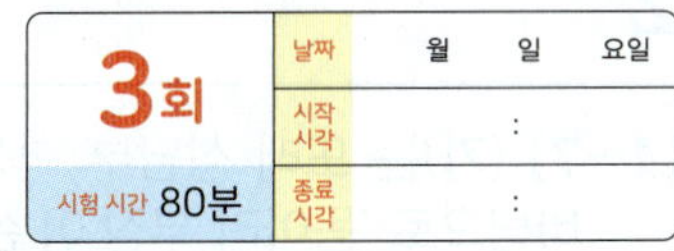

제 1 교시

[1~3] 다음은 학생의 발표이다. 물음에 답하시오.

여러분, 안녕하세요. 어릴 적 종이비행기를 접어 하늘 높이 신나게 날렸던 경험, 다들 있으시죠? 그런데 이 종이비행기 날리기가 단순한 놀이를 넘어 세계 대회까지 열린다고 합니다. (자료 1을 제시하며) 바로 이 비행기가 세계 종이비행기 대회 오래 날리기 종목에서 29.2초의 신기록을 세운 주인공인데요. 오늘은 이 세계 1등 종이비행기의 비밀을 파헤쳐 어떻게 접어야 비행기를 더 오래 날릴 수 있는지 알아보겠습니다.

첫 번째 비밀은, (자료 1을 가리키며) 이렇게 날개 면적을 넓히는 것입니다. 그 이유는 날개 면적이 넓을수록 양력이 커지기 때문인데요. 양력은 종이비행기가 공중에 뜰 수 있게 하는 힘으로, 비행기의 날개 윗면과 아랫면을 지나는 공기 흐름의 압력 차 때문에 만들어집니다. 날개 면적이 넓으면 날개와 접촉하는 공기량이 많아져 더 큰 양력이 생기는데, 이로 인해 종이비행기가 공중에 더 오래 떠 있을 수 있습니다.

두 번째 비밀은, 날개의 모양과 각도에 있습니다. 종이비행기가 오래 날려면 공기 소용돌이 현상을 줄여야 하는데, (자료 1을 가리키며) 이렇게 날개 끝부분을 위로 접으면 소용돌이가 줄어들어 좌우 균형을 더 잘 유지할 수 있습니다. 그리고 (양팔을 벌려 Y자 모양을 취하며) 날개를 이렇게 살짝 들어 올려 접는 게 좋습니다. (자료 2를 가리키며) 날개가 수평선에서 위로 들린 각을 상반각이라 하는데, 종이비행기의 상반각은 이렇게 약 16°가 적합합니다. 그래야 비행 중 기울거나 흔들리는 현상이 줄어 더 오래 날 수 있거든요.

종이비행기를 오래 날리고 싶다면 꼭 기억해 주세요. 날개 면적을 넓혀 양력을 크게 하고, 날개 끝을 위로 접고 상반각을 적절하게 만들어 비행기의 균형을 유지하는 게 중요합니다. 아, 질문이 있군요. (청중의 질문을 듣고) 종이비행기 날리기 대회에 다른 종목은 없느냐고요? 멀리 날리기 종목과 곡예 비행 종목 등이 있습니다. 멀리 날리기용 비행기는 날개를 길고 좁게 접어 앞부분이 뾰족한 형태가 많은데, 이는 비행을 방해하는 힘인 항력을 줄여 비행 거리를 늘립니다. 그리고 곡예용 비행기를 접을 때는 좌우 날개의 모양에 다양한 변화를 주어서 공중에서 방향 전환이나 회전을 쉽게 하도록 합니다.

오늘 발표 내용을 참고해서 나만의 종이비행기를 만들어 끝없는 상상력과 도전 정신을 펼쳐 보세요. 다음 세계 종이비행기 대회에서 1등을 차지하는 주인공이 여러분이 될지도 모르니까요. 그럼 발표 마치겠습니다. 감사합니다!

---

1. 위 발표에 대한 설명으로 적절하지 <u>않은</u> 것은?

① 청중의 경험을 환기하여 관심을 유도하고 있다.
② 비언어적 표현을 활용하여 전달 효과를 높이고 있다.
③ 질문을 던져 청중의 내용 이해 정도를 점검하고 있다.
④ 청중이 궁금해하는 점에 대해 추가 정보를 제시하고 있다.
⑤ 청중에게 발표에서 얻은 정보를 활용할 것을 권유하고 있다.

2. 다음은 발표자가 제시한 자료이다. 발표자의 자료 활용에 대한 설명으로 가장 적절한 것은?

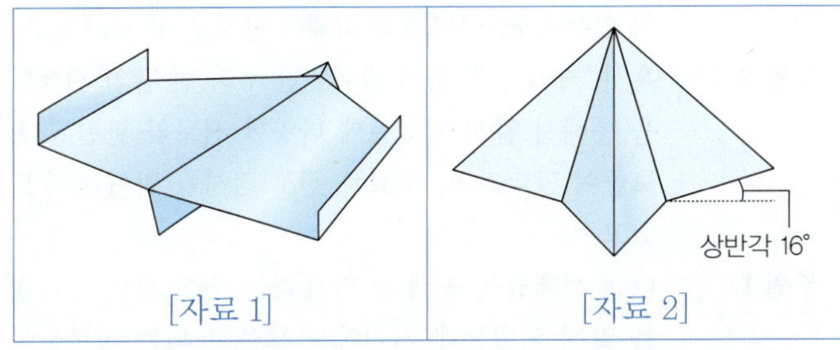

① [자료 1]을 활용하여 비행시간을 늘릴 수 있는 방법을 제시하고 있다.
② [자료 1]을 활용하여 비행 안정성을 높일 수 있는 종이의 두께를 보여 주고 있다.
③ [자료 2]를 활용하여 날개의 방향에 따른 공기 흐름의 압력 차이를 설명하고 있다.
④ [자료 2]를 활용하여 비행 속도에 영향을 미치는 날개 각도의 중요성을 강조하고 있다.
⑤ [자료 1]과 [자료 2]를 활용하여 날개의 길이와 비행 거리의 관계를 언급하고 있다.

3. 다음은 발표를 들으며 학생이 정리한 내용의 일부이다. ㄱ~ㅁ 중 적절하지 <u>않은</u> 것은?

○ 오래 날리기용 종이비행기
 – 날개를 넓게 만들기 → 양력 증가 ······················ ㄱ
 – 날개 끝을 위로 접기 → 양력 감소 ····················· ㄴ
 – 날개의 상반각을 적절히 설정 → 균형 유지 ········· ㄷ

○ 멀리 날리기용 종이비행기
 – 날개를 길고 좁게 접기 → 항력 감소 ··················· ㄹ

○ 곡예용 종이비행기
 – 날개 모양을 다양하게 접기 → 방향 전환, 회전 용이 ···
 ·· ㅁ

① ㄱ   ② ㄴ   ③ ㄷ   ④ ㄹ   ⑤ ㅁ

[4~7] (가)는 또래 상담부 학생들의 회의이고, (나)는 (가)를 바탕으로 '동아리 부장'이 쓴 초고이다. 물음에 답하시오.

(가)

동아리 부장 오늘은 학생들의 고민에 대해 조언하는 글을 동아리 소식지에 싣기 위해 회의하기로 했잖아. 누리집에 올라온 사연 중 학생들이 공감할 내용에는 무엇이 있을까?

부원 1 나는 '진로를 찾는 과정이 어렵고 막막해요.'라는 고민에 공감이 되더라고. 진로를 어떻게 찾아야 할지 소개해 주면 어떨까.

부원 2 좋은 생각인 것 같아. 나도 '내 희망 진로가 뭘까?'라고 생각하면 막연하게 느껴지더라. 어떤 직업들이 있는지도, 어떻게 준비해야 할지도 잘 모르겠고.

부원 3 혹시 '커리어넷' 들어 봤어? 난 우리 반 담임 선생님을 통해서 알게 되었는데 다양한 진로와 관련된 정보들이 많더라고. 무료로 진로 검사를 받아볼 수도 있고.

부원 1 나는 선배들을 통해 '어디가'라는 진학 관련 누리집을 알게 되었는데 거기에도 도움이 되는 정보들이 꽤 많아.

동아리 부장 정리하면, 진로나 진학과 관련된 정보는 '커리어넷'과 '어디가'를 참고하면 된다는 거구나. 친구들이 두 누리집을 활용할 수 있도록 소개해 주면 좋겠다.

부원 2 나는 '공부해도 제자리걸음인 것 같아 불안해요.'라는 고민이 눈에 띄더라. 뭔가를 성취하기 전에는 정체기가 와 힘들다던데, 나도 1학년 때 그런 시기를 겪었어.

부원 1 그래? 조금 더 자세하게 말해 줄래?

부원 2 목표를 크게 세워 노력해 보았지만 잘 안 되어서 지치더라고. 그래서 하루에 할 수 있는 만큼으로 목표를 작게 쪼개 보았어. 매일 작은 성취감을 느끼며 꾸준히 노력하다 보니 어느 순간 내 실력도 목표한 만큼 늘어 있더라.

부원 3 네 경험을 다른 친구들에게도 소개해 주면 좋겠다.

동아리 부장 진로, 학업 이외에 다룰 만한 사연이 또 있을까? 친구 관계와 관련된 고민도 많던데, 이에 대해 다뤄 보는 것은 어떻게 생각해?

부원 3 그럼 '친했던 친구와 사이가 멀어져서 속상해요.'라는 고민을 다루면 좋겠어. 어떤 조언을 해 줄까?

부원 1 왜 친구와 사이가 멀어졌는지 상황을 먼저 되짚어 본 다음에 진솔한 대화를 나눠 봐야 할 것 같아.

[A] **부원 2** 내 생각에 이미 멀어진 친구와 진솔한 대화를 하는 건 어려운 일인 것 같은데.

부원 3 친구를 비난하지 않고 자신의 감정을 표현하면 가능할 것 같아. 친구와 관계가 멀어져서 속상하고, 친구의 생각도 듣고 싶다고 대화를 시작하는 거지.

부원 2 그렇구나. 멀어진 친구와 대화하는 것이 어렵겠다고 생각했는데 네 말대로 하면 어렵지 않게 서로의 마음을 열고 대화를 시작할 수 있겠다. 대화할 때 참고할 만한 좋은 방법은 없을까?

부원 1 대화할 때는 공감하며 듣는 태도가 중요해. 친구의 말을 주의 깊게 듣고, 친구의 말에 공감하고 있다는 걸 표현해 주면 좋을 것 같아.

동아리 부장 논의해 보니 학생들이 정말 다양한 고민을 하고 있다는 걸 느꼈어. 그럼 내가 학생들이 이해하기 편하게 오늘 논의한 고민의 순서대로 소제목을 달아 글을 구성해 볼게. 혹시 추가로 넣을 만한 내용이 있을까?

부원 3 우리 동아리에 상담을 신청하는 방법도 알려 주면 좋겠어. 아직 어떻게 신청하는지 모르는 친구들도 많더라고.

동아리 부장 좋아. 다음 회의 때는 내가 쓴 글을 읽고 같이 고쳐 보자.

(나)

답답한 고민, 시원하게 풀어 드려요!

설렘으로 가득 찼던 3월도 거의 지나고 4월이 다가오고 있습니다. 또래 상담부 부원들이 이번 달에 선정된 사연 세 가지를 소개하고 그에 대해 조언해 드리고자 합니다.

1. 진로를 찾는 과정이 어렵고 막막해요.

자신의 적성이나 흥미가 무엇인지 잘 몰라서 어떤 진로를 선택해야 할지 막연한 경우가 많습니다. 그럴 때는 〈커리어넷〉에 접속하여 진로 심리 검사를 받아 보고, 검사 결과를 참고하여 직업 관련 정보를 추가로 탐색해 보면 좋아요. 그리고 해당 진로를 준비하기 위해 필요한 진학 정보는 〈어디가〉에 있으니 접속해 보면 도움이 될 거예요.

2. 공부해도 제자리걸음인 것 같아 불안해요.

'동트기 전 새벽이 제일 어둡다.'라는 말을 들어 본 적 있나요? 무엇인가를 성취하기 전에는 때때로 마음처럼 되지 않는 정체기가 찾아온다고 합니다. 사연의 주인공 또한 동트기 직전의, 가장 어둡고 추운 정체기 상황일 수 있어요. 당장 변화가 느껴지지 않아 답답하다면 목표를 작게 쪼개서 매일 작은 성취감을 느껴 보는 것은 어떨까요? 꾸준히 노력하다 보면 자신도 모르는 사이에 성장해 있을 거예요.

3. 친했던 친구와 사이가 멀어져서 속상해요.

관계를 회복하려면 왜 친구와 사이가 멀어졌는지 상황을 차분히 되짚어 본 후에 친구와 진솔한 대화를 나누어 보는 게 좋습니다. 친구에게 먼저 다가가서 "너와 관계가 멀어져서 속상해. 네 생각은 어떤지 말해 주면 좋겠어."라며 대화를 시작해 보세요.
이야기를 들을 때는 친구의 말을 경청하고 그 말에 공감하고 있
음을 표현해 주세요. 내가 먼저 손을 내밀면 친구도 그 손을 마주
잡아 줄 거예요.

  학교생활을 하다 보면 '왜 나만 이렇게 힘들지?' 싶은 순간들
이 있죠. 그렇지만 우리는 모두 '흔들리며 피어나는 꽃'이랍니다.
언제든지 도움이 필요하면 3층 또래 상담부 동아리실이나 또래
상담부 누리집에 상담을 신청해 주세요.

4. '동아리 부장'의 말하기에 대한 설명으로 적절하지 <u>않은</u> 것은?

① 회의 참여자에게 회의의 목적을 상기시키고 있다.
② 회의 참여자의 발언 내용을 요약해 정리하고 있다.
③ 회의 참여자에게 이어서 논의할 내용을 제안하고 있다.
④ 회의의 결과에 대한 회의 참여자의 소감을 묻고 있다.
⑤ 다음 회의의 화제를 예고하며 회의를 마무리하고 있다.

5. [A]에 나타난 회의 참여자의 말하기에 대한 설명으로 가장 적
절한 것은?

① '부원 1'은 '부원 3'의 질문에 답변하며 상대방이 잘못 알고
있는 사실을 정정하고 있다.
② '부원 2'는 '부원 1'이 언급한 해결책이 다른 상황에 더 적절
하게 적용된다고 지적하고 있다.
③ '부원 3'은 '부원 2'의 의견에 수긍하며 자신의 의견이 지닌
한계를 극복할 방법을 제안하고 있다.
④ '부원 2'는 '부원 3'의 설명을 듣고 자신의 기존 생각이 바뀌
게 되었음을 언급하고 있다.
⑤ '부원 1'은 '부원 2'의 질문에 대해 객관적인 자료를 바탕으로
답변하고 있다.

6. (가)에서 언급된 회의 내용을 바탕으로 '동아리 부장'이 세운
글쓰기 계획 중 (나)에 반영되지 <u>않은</u> 것은?

① 회의 내용 순서에 따라 글을 구성하고 고민 내용을 소제목으
로 제시해야겠어.
② 동아리 부원의 진로 탐색 경험과 유사한 또 다른 사연을 추
가로 수집해 제시해야겠어.
③ 학습의 어려움을 극복한 동아리 부원의 발언을 관용 표현을
활용하여 제시해야겠어.
④ 멀어진 친구와의 관계를 회복하기 위해 대화를 시작하는 방
법을 예를 들어 제시해야겠어.
⑤ 고민이 있는 학생들이 또래 상담부의 도움을 받을 수 있는
방법을 제시해야겠어.

7. 다음은 (나)를 보완하기 위해 추가로 수집한 자료이다. 자료의
활용 방안으로 가장 적절한 것은? [3점]

> **[신문 칼럼]**
>
>   새로운 사람, 사건, 지식 등이 우연히 삶의 방향을 설정
> 하는 데 도움을 주는 경우가 있다. 익숙한 것들에서 벗어나
> 새로운 것에 관심을 가지면 여러 가지 시도를 할 수 있게
> 되고 그 과정에서 자신의 삶의 방향을 선택하는 기회가 찾
> 아올 수 있다.

① 호기심을 가지고 다양한 경험을 하다 보면 자신과 맞는 진로
를 선택할 기회를 우연히 얻을 수 있다는 내용을 추가한다.
② 진로를 선택할 때 다양한 매체를 통해 새로운 정보를 얻는
것보다 실제 경험을 쌓는 것이 중요하다는 내용을 추가한
다.
③ 자신의 공부 방법에 대한 믿음을 갖고 끈기 있게 노력하다
보면 좋은 기회를 얻을 수 있을 것이라는 내용을 추가한다.
④ 학습 과정에서 우연히 겪는 정체기를 극복하려면 수립한 계
획을 철저히 실행하는 것이 효과적이라는 내용을 추가한다.
⑤ 친구와의 관계 회복을 위해서는 진솔한 대화를 시도하고 친
구의 입장에 공감하는 태도가 중요하다는 내용을 추가한다.

[8~10] 다음은 작문 상황과 이를 바탕으로 학생이 작성한 초고이다. 물음에 답하시오.

[작문 상황]

자신의 경험을 바탕으로 정서를 표현하는 글을 쓴다.

[학생의 초고]

어린 시절의 추억이 가득한 동네를 떠나 이사 준비를 하며 거실 한구석에 있던 '은재의 성장 일지'를 발견했다. 끄트머리가 누렇게 변한 책자를 펼쳐 보니 나의 어렸을 적 사진과 함께, 엄마의 메모가 눈에 띄었다. '유치원 등원 첫날, 씩씩하게 손 흔드는 은재, 언제 저렇게 컸나…….' 한 글자씩 눌러 적은 메모에서 엄마가 하루하루 커 가는 나를 얼마나 아끼고 사랑하는지가 느껴져 눈물이 핑 돌았다.

그때 내 수첩이 떠올랐다. 방에 가서 '2022년'이라고 적힌, 중학생 때 쓴 수첩을 집어 들었다. 펼쳐 본 수첩 속 달력에는 매일의 주요한 일정이 빼곡히 적혀 있었다. 학년이 올라갈수록 스스로 챙겨야 할 일정이 많아지다 보니 처음에는 쏟아지는 일정에 압도되는 듯한 느낌을 받을 때도 있었다. '오늘, 도서관 책 반납' 같은 간단한 일정부터 여행 같은 긴 일정까지 하나하나 메모로 써 놓고 보면 앞으로의 일정들을 모두 잘 해낼 수 있을 것 같은 자신감이 샘솟고는 했다.

일상 속 소중한 추억도 짤막한 메모로 남아 있었다. 3월의 어느 날에 적힌 '우쿨렐레 연습, 손가락이 아파, 힘들어.'라는 메모를 보고는 음악 수행평가를 위해 잠 못 이루고 손가락이 통통 부르틀 때까지 우쿨렐레 연주를 연습했던 기억이 떠올랐다. 그리고 5월의 어느 날에 적힌 '우쿨렐레 완벽, 기분 최고!'라는 메모를 보고는 수많은 연습 끝에 곡을 완벽히 연주했을 때의 뿌듯함이 되살아났다. 이렇게 내 삶을 차곡차곡 쌓아 둔 추억의 서랍장을 열어, 발전해 온 나의 모습을 되돌아보니 나 자신이 기특하게 여겨졌다.

수첩 속 페이지를 넘기다 보니 '민재랑 싸웠다, 민재는 왜 그랬지? 속상해…, 내 잘못도 있지…'라는 메모가 눈에 띄었다. 동생과 다툰 후 동생이 나의 입장을 전혀 이해하지 않는 것 같아 실망스러운 마음으로 썼던 메모였다. 그때 메모를 적으면서, 나는 동생의 입장을 헤아려 볼 수 있었고, 내 감정에만 매몰되지는 않았는지 되돌아 보며 마음이 차분해지는 기분을 느꼈다. 파도처럼 요동치던 나의 마음은, 메모를 하며 햇살에 반짝이는 푸른 물결같이 잔잔해질 수 있었던 것이다.

책장 한 칸을 차지한 수첩들에 적힌 메모에는 하루하루 나아지는 나의 모습들이 가득 차 있다. 지금도 메모들은 계속해서 쌓이고 있다.

8. '학생의 초고'에 활용된 글쓰기 방식으로 적절하지 <u>않은</u> 것은?

① 일화를 제시하여 독자의 흥미를 유발하고 있다.
② 직유법을 사용하여 내면 심리를 묘사하고 있다.
③ 감정을 이입하여 자연과의 일체감을 드러내고 있다.
④ 의태어를 사용하여 경험을 생생하게 드러내고 있다.
⑤ 색채어를 사용하여 소재를 감각적으로 표현하고 있다.

9. 다음은 학생이 초고를 쓰기 전에 구상한 내용을 정리한 것이다. ㄱ~ㅁ 중 '학생의 초고'에 반영되지 <u>않은</u> 것은?

1) 처음
ㅇ 엄마의 메모를 발견함. ………………………… ㄱ

2) 중간
ㅇ 메모를 통해 일정을 계획했던 일.
→ 일정을 잘 다룰 수 있을 것 같은 자신감이 생김.
………………………………………………………… ㄴ

ㅇ 메모를 통해 추억을 되돌아 본 일. ……………… ㄷ
→ 연습으로 발전해 온 나에게 기특함을 느낌. …… ㄹ

ㅇ 메모를 통해 감정을 추슬렀던 일.
→ 내 감정을 헤아려 준 동생에게 고마움을 느낌. ‥ ㅁ

3) 끝
ㅇ 나의 모습을 간직한 메모가 쌓이고 있음.

① ㄱ ② ㄴ ③ ㄷ ④ ㄹ ⑤ ㅁ

10. 〈보기〉는 '학생의 초고'를 읽은 선생님의 조언이다. 이를 반영하여 초고에 추가할 내용으로 가장 적절한 것은? [3점]

〈 보 기 〉

선생님 : 글이 마무리되지 않은 느낌이 들어. 마지막 문단의 맥락을 고려해서 메모가 나에게 주는 의미가 잘 드러나도록 의인법을 사용한 문장을 추가하면 좋겠어.

① 메모는 나를 과거로 데려다주는 타임머신이다.
② 메모하는 습관을 유지해서 더 좋은 사람이 되어야겠다.
③ 메모는 도란도란 이야기하며 함께 커 가는 내 삶의 소중한 짝꿍이다.
④ 메모는 언제나 내가 나아가야 할 방향을 환하게 밝혀 주는 등대이다.
⑤ 메모는 밝게 웃으며 상상의 세계로 나를 이끌어 주는 친절한 안내원이다.

[11~12] 다음 글을 읽고 물음에 답하시오.

본용언은 문장의 주어를 주되게 서술하는 용언이고, 보조 용언은 본용언의 의미를 보충하는 용언이다. 보조 용언은 홀로 서술어로 쓰일 수 없으며, 본용언의 뒤에 위치하여 본용언만으로는 나타내기 어려운 의미를 덧붙인다.

ㄱ. 나는 그녀의 그림을 보고 싶다.
ㄴ. 그녀가 사과를 한번 먹어 보다.

위에서 ㄱ의 '보다'와 ㄴ의 '먹다'는 주어의 특정한 행위를 주되게 서술하는 본용언이고, ㄱ의 '싶다'는 희망의 의미를 덧붙이는, ㄴ의 '보다'는 시도의 의미를 덧붙이는 보조 용언이다. '보다'는 본용언과 보조 용언으로 모두 쓰일 수 있는 용언으로, 문장에서 그 쓰임을 잘 구별해서 이해해야 전달하고자 하는 의미를 정확하게 파악할 수 있다.

본용언과 보조 용언은 위의 예에서 알 수 있듯이 의미를 기준으로 구별할 수 있으며, 다음과 같은 방법으로도 구별할 수 있다. 본용언과 보조 용언 사이에는 다른 문장 성분을 넣거나, 행위나 작용의 선후 관계를 나타내는 연결 어미인 '–아서/어서', '–고서'를 붙이면 문장의 흐름이 자연스럽지 않다. 예를 들어 ㄴ의 '먹어 보다'에 '먹어 아주 보다'와 같이 부사어를 넣거나 '먹어서 보다'나 '먹고서 보다'와 같이 연결 어미를 붙이면 보조 용언을 통하여 전달하고자 하는 의미가 제대로 파악되지 않는다.

11. 윗글을 통해 알 수 있는 내용으로 적절한 것은?

① 보조 용언만으로 서술어를 구성할 수 있다.
② 보조 용언의 바로 앞에 부사어가 올 수 있다.
③ 보조 용언은 본용언의 의미를 대체할 수 있다.
④ 보조 용언은 본용언 앞에 위치하여 의미를 덧붙인다.
⑤ 본용언과 보조 용언으로 모두 쓰이는 용언이 존재한다.

12. 윗글을 참고하여 ㉠~㉤을 이해한 것으로 적절하지 <u>않은</u> 것은?

○ 거리에 많은 사람들이 ㉠ 오고 가다.
○ 이번 생일에는 선물을 ㉡ 받고 싶다.
○ 새로운 가수의 노래를 ㉢ 들어 보다.
○ 친구가 아프니까 곁에 ㉣ 남아 주다.
○ 날씨가 더워서 창문을 ㉤ 열어 놓다.

① ㉠의 '가다'는 본용언에 진행의 의미를 덧붙이므로 보조 용언으로 볼 수 있군.
② ㉡의 '싶다'는 본용언에 희망의 의미를 덧붙이므로 보조 용언으로 볼 수 있군.
③ ㉢의 '보다'는 본용언에 시도의 의미를 덧붙이므로 보조 용언으로 볼 수 있군.
④ ㉣에서 '남아'를 '남아서'로 바꾸어 쓰면 자연스럽지 않으므로 ㉣의 '주다'는 보조 용언으로 볼 수 있군.
⑤ ㉤에서 '열어'와 '놓다' 사이에 '아주'를 넣으면 자연스럽지 않으므로 ㉤의 '놓다'는 보조 용언으로 볼 수 있군.

13. 〈보기〉에서 제시된 단어의 의미 자질을 분석한 결과로 적절하지 <u>않은</u> 것은?

―――― 〈보 기〉 ――――

　의미 자질이란 하나의 단어를 이루는 의미 구성 요소를 말한다. 대립되는 의미 자질은 [+], [−]의 형식으로 표현할 수 있다. 의미 자질을 분석하면 의미 관계 파악이 가능하다.

　상하 관계에서 하의어는 상의어보다 구체적인 의미를 가지므로, 상의어의 의미 자질을 모두 가지며 상의어보다 의미 자질이 하나 이상 많다. 반의 관계에 있는 단어들은 하나의 의미 자질만 대립되고 나머지 의미 자질은 동일하다.

단어	의미 자질
사람	[+인간]
여자	[+인간], [+여성]
숙녀	[+인간], [+여성], [+성숙]
신사	[+인간], [−여성], [+성숙]
소녀	[+인간], [+여성], [−성인]

① '사람'의 의미 자질이 '숙녀'의 의미 자질에 포함되므로 '사람'은 '숙녀'의 상의어이다.

② '여자'의 의미 자질은 '사람'의 의미 자질에 [+여성]을 더 갖고 있으므로 '여자'는 '사람'의 하의어이다.

③ '소녀'는 '여자'보다 구체적인 의미를 가지므로 의미 자질의 개수가 '여자'보다 많다.

④ '신사'는 '숙녀'와 하나의 의미 자질만 대립을 이루고, 나머지 의미 자질은 같으므로 '숙녀'와 반의 관계에 있다.

⑤ '소녀'는 '사람'과 두 개의 의미 자질이 대립을 이루므로 '사람'과 상하 관계에 있다.

14. 〈보기〉의 밑줄 친 단어에 대한 설명으로 적절하지 <u>않은</u> 것은?

―――― 〈보 기〉 ――――

　재귀 대명사는 문장 내에서 앞에 나온 체언을 다시 나타내는 3인칭 대명사로, '저', '저희', '자기', '당신' 등이 있다. 한편 명사 '스스로', '서로'는 재귀 대명사처럼 쓰이기도 한다.

ㄱ. 정우는 동생에게 <u>자기</u> 사탕을 주었다.
ㄴ. 막내는 엄마에게 <u>저</u>도 모르게 달려갔다.
ㄷ. 아이들은 선생님 몰래 <u>저희</u>끼리 속삭였다.
ㄹ. 할머니께서는 손님을 <u>당신</u>께서 직접 맞이하셨다.
ㅁ. 신입생에게 선배들 <u>스스로</u>가 모범을 보여야 한다.

① ㄱ : '자기'는 '동생'을 나타내는 재귀 대명사이다.

② ㄴ : '저'는 '막내'를 나타내는 재귀 대명사이다.

③ ㄷ : '저희'는 '아이들'을 나타내는 재귀 대명사이다.

④ ㄹ : '당신'은 '할머니'를 나타내는 재귀 대명사이다.

⑤ ㅁ : '스스로'는 '선배들'을 나타내는 재귀 대명사처럼 쓰인다.

15. 〈보기〉의 선생님이 제시한 '학습 과제'를 탐구한 내용으로 적절하지 **않은** 것은? [3점]

<보 기>

선생님 : 고유어 A, B가 합쳐져 새로운 단어가 만들어질 때, A의 받침으로 사이시옷을 표기하는 경우가 있습니다. 아래의 탐구 과정을 참고하여 학습 과제를 탐구해 봅시다.

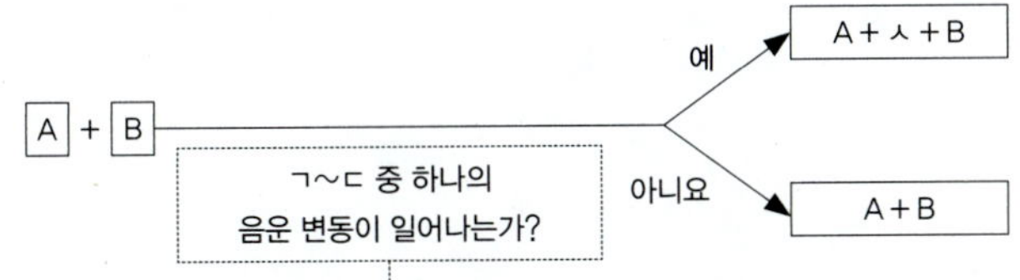

〈사이시옷을 표기하는 조건〉

ㄱ. B의 초성이 예사소리에서 된소리로 바뀌는 경우
ㄴ. A의 종성에 'ㄴ' 소리가 생기는 경우
ㄷ. A의 종성과 B의 초성에 각각 'ㄴ' 소리가 생기는 경우

■ **학습 과제** : a~e에 들어갈 올바른 표기를 탐구해 보자.

○ 비 + 길 → ___a___ [비낄]
○ 위 + 쪽 → ___b___ [위쪽]
○ 코 + 날 → ___c___ [콘날]
○ 이 + 몸 → ___d___ [인몸]
○ 배 + 일 → ___e___ [밴닐]

① a : ㄱ에 해당하므로 '빗길'로 표기해야겠군.
② b : ㄱ에 해당하므로 '윗쪽'으로 표기해야겠군.
③ c : ㄴ에 해당하므로 '콧날'로 표기해야겠군.
④ d : ㄴ에 해당하므로 '잇몸'으로 표기해야겠군.
⑤ e : ㄷ에 해당하므로 '뱃일'로 표기해야겠군.

→ 해설편 **56쪽**

[16~21] 다음 글을 읽고 물음에 답하시오.

(가)

공리주의는 공리의 실천을 통한 ㉮ 최대 행복의 원리를 중시한다. 공리란 이익과 효용을 뜻하는 것으로 공리주의에서 행복이란 공리를 극대화하는 것, 즉 고통을 피하고 쾌락을 추구하는 것이다. 여기서 행복은 개인의 쾌락만이 아니라 개인의 행위와 관련된 사회 구성원의 쾌락도 고려하는 것을 의미한다.

밀 이전의 공리주의는 모든 쾌락이 측정 가능하고 그 원천에 상관없이 동질적이므로 단지 양에서만 차이가 난다는 양적 쾌락주의의 입장을 가졌다. 동물적 욕망에서 비롯하는 감각적이고 육체적인 쾌락과 인간의 고등 정신 능력인 지성, 도덕 감정, 상상력 등에서 비롯하는 정신적 쾌락이 본질적으로 동일하다고 본 것이다. 그런데 이에 따르면 상대적으로 쉽게 쾌락을 향유할 수 있는 동물이 가장 행복한 존재가 될 수 있기에 천박한 돼지의 철학이라는 비판을 받았다. 또한 최대 행복의 추구가 인간의 이기심이라는 본성과 ⓐ 상충할 수 있어 실현 가능성이 떨어진다는 비판도 있었다. 이에 ㉠ 밀은 공리주의에 대해 제기되는 문제점을 해결하면서 공리주의 이론을 발전시켰다.

밀은 쾌락은 본래부터 질적 차이가 있다고 보는 질적 쾌락주의를 주장하였다. 그에 의하면 감각적이고 육체적인 쾌락은 저급 쾌락이고, 정신적 쾌락은 고급 쾌락이다. 고급 쾌락은 저급 쾌락보다 더 바람직하고 가치 있는 우월성을 지닌다. 동물과 달리 인간은 고급 쾌락의 추구를 통해 인간의 품위를 높일 수 있고 이에 어긋나는 것은 본질적으로 인간 행복의 구성 요소가 될 수 없다.

밀 이전의 공리주의는 최대 행복 추구와 이기심이 상충할 때 법률, 여론 등과 같은 외적 제재가 개인의 이기적 본성을 ⓑ 제어할 수 있다는 입장을 드러냈다. 하지만 밀은 이것이 근본적인 해결책이 아니라고 생각했다. 밀에 따르면 외적 제재가 최대 행복의 원리에 부합하는 행동을 하게 할 수는 있지만, 자발적으로 그러한 행동을 하도록 이끄는 힘은 아니라고 생각했다. 그는 내적 제재인 양심을 강조했는데, 양심은 우리의 마음 안에서 형성되는 일종의 도덕적 의무감으로 이를 어기면 내면에 고통을 준다. 양심은 구성원들과 일체감을 이루고자 하는 타고난 사회적 감정에 토대를 두고, 교육과 외적 제재 등의 후천적인 경험을 통해 ⓒ 함양된다. 이를 통해 비로소 인간은 자기 이익 지향성을 극복하고 최대 행복의 원리에 따르는 삶을 실현할 수 있다고 보았다.

밀은 외적 제재와 내적 제재를 통해 최대 행복의 원리를 실현하여 사회 구성원의 후생을 높일 수 있다고 보았고, 그러한 점에서 공리주의가 인간 윤리의 타당한 기준이 될 수 있음을 강조하였다.

(나)

인간의 이기적 욕망을 ⓓ 충족하기에 한 사회가 갖고 있는 자원은 유한하다. 경제학자들은 인간이 합리적인 선택을 통해 개인의 이익을 극대화하는 존재로 보고, 합리적 소비 과정을 이해하기 위하여 효용 이론을 제시하였다.

효용이란 의사 결정자가 어떤 행동의 결과로 얻는 주관적인 기쁨이나 만족감으로, 경제학자들은 효용을 극대화하는 것이 합리적인 소비라고 보았다. 그리고 합리적인 소비 과정을 한계 효용 체감의 법칙과 한계 효용 균등의 법칙을 활용하여 설명하였다. 한계 효용이란 재화에 대한 소비를 한 단위씩 늘릴 때 추가되는 효용을 말한다. 그런데 한계 효용은 소비하는 재화의 수량이 증가함에 따라 점차 감소하는 양상을 보이는데 이를 한계 효용 체감의 법칙이라 한다.

일반적으로 소비자는 재화를 선택하여 소비할 때 총효용을 극대화하려는 경향을 보인다. 예를 들어 은우가 1 개에 각각 1,000 원인 튀김과 초밥을 한 개씩 추가로 소비하는 상황을 가정해 보자. 은우의 튀김과 초밥에 대한 한계 효용은 아래의 표와 같다.

⟨튀김과 초밥의 한계 효용⟩

번째	1	2	3	4	5
튀김	16	8	4	2	1
초밥	5	4	3	2	1

[A] 만약 은우가 5,000 원의 예산을 지출할 때, 모든 선택 가능한 대안에 대해 각각의 총효용을 계산해 보면 은우는 튀김 3 개와 초밥 2 개를 선택할 것이다. 이러한 선택을 할 때 은우가 얻을 수 있는 총효용이 37로 가장 크기 때문이다. 이때 5,000 원으로 효용을 극대화하는 지점인 튀김 3 개와 초밥 2 개의 한계 효용이 4로 일치한다. 위의 상황과 같이 경제학자들은 각 상품의 화폐 단위당 한계 효용이 동일한 지점에서 소비하는 것이 한정된 예산에서 효용을 극대화할 수 있는 선택 방법이라고 보았고, 이를 ㉴ 한계 효용 균등의 법칙이라고 정의하였다. 한계 효용 균등의 법칙은 한정된 재화로 최대의 만족을 얻기 위한 선택의 문제를 설명하는 방법으로, 여러 상품의 한계 효용이 균등해지는 지점은 개인이 효용의 수치를 어떻게 매기느냐에 따라 달라진다.

재화를 합리적으로 소비하는 경향을 설명하는 효용 이론은 정부의 정책 결정에 합리적 근거를 제공하기도 한다. 한계 효용 체감의 법칙에 따르면 저소득층이 추가적으로 얻는 소득 10,000 원의 효용은 고소득층이 추가적으로 얻는 소득 10,000 원의 효용보다 더 큰 효용을 ㉳ 창출한다. 이때 고소득층의 소득 10,000 원을 세금으로 걷어 저소득층에게 배분하면 고소득층의 효용 감소분보다 저소득층의 효용 증가분이 더 커져 사회 전체의 효용이 증가한다. 대부분의 국가는 이러한 경제학적 원리에 의거하여 소득이 증가함에 따라 높은 세율을 적용하는 누진적 소득세를 부과하고 있다. 이는 누진적 소득세로 얻은 재정 수입을 통해 사회 전체의 효용을 높이려는 의도라고 할 수 있다.

16. (가)와 (나)의 공통점으로 가장 적절한 것은?

① 효율적으로 재화를 선택하는 방법을 서술하고 있다.
② 정부가 정책을 시행하는 일반적인 과정을 설명하고 있다.
③ 도덕적 판단 기준으로서 쾌락의 유효성을 강조하고 있다.
④ 인간의 자기 이익 지향성을 고찰한 이론을 소개하고 있다.
⑤ 개인의 선택을 방해하는 여론 형성 조건을 제시하고 있다.

17. ㉠과 같이 평가할 수 있는 이유로 가장 적절한 것은?

① 쾌락의 개념을 수정하고 그것의 효용을 계량화하여 이론을 체계화하였기 때문이다.
② 쾌락의 질적 차이와 내적 제재를 연구하여 최대 행복의 실현 가능성을 높였기 때문이다.
③ 쾌락의 원천들을 밝히고 그것의 동일성을 규명하여 쾌락의 개념을 정교화하였기 때문이다.
④ 쾌락의 경험이 인간의 동물적 욕망 추구에 미치는 영향을 분석하여 제도화하였기 때문이다.
⑤ 저급 쾌락의 개념을 거부하고 고급 쾌락의 개념을 도입하면서 새로운 학문을 개척하였기 때문이다.

→ 해설편 58쪽

18. [A]를 바탕으로 〈보기〉를 이해한 내용으로 적절하지 <u>않은</u> 것은? [3점]

> ─── 〈보 기〉 ───
>
> 아래의 그래프에서 a, b, c, d, e는 은우의 소비 선택 지점을 표시한 것이고, 예산 제약선은 5,000 원으로 구입할 수 있는 소비 선택 지점을 이은 선이다.
>
> 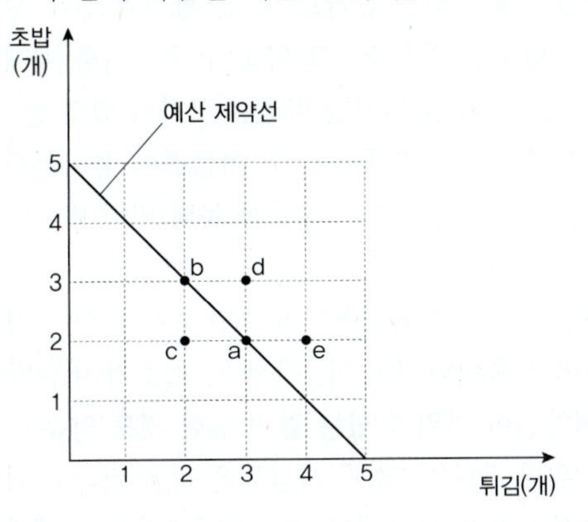
>

① a는 5,000 원의 예산으로 총효용을 극대화할 수 있는 소비 선택 지점이다.

② 소비 선택 지점이 a에서 b로 달라지면 동일한 예산에서 총효용이 작아진다.

③ 소비 선택 지점이 b에서 c로 달라지면 1,000 원을 덜 소비하고 총효용이 작아진다.

④ 소비 선택 지점이 c에서 a로 달라지면 1,000 원을 더 소비하고 총효용이 커진다.

⑤ d, e 모두 6,000 원의 예산으로 가능한 소비 선택 지점으로서 e는 d보다 총효용이 크다.

19. ㉮와 ㉯에 대한 설명으로 적절하지 <u>않은</u> 것은?

① ㉮는 교육적 경험을 쌓아 실행될 수 있다.

② ㉯는 개인에 따라 한계 효용이 균등해지는 지점이 달라진다.

③ ㉮는 의사 결정의 판단 근거가 개인의 이익이고, ㉯는 의사 결정의 판단 근거가 사회의 이익이다.

④ ㉮는 윤리적 판단의 기준으로, ㉯는 소비 선택의 기준으로 쓰일 수 있다.

⑤ ㉮와 ㉯는 모두 이익의 극대화를 목표로 하고 있다.

20. (가)의 '밀[Ⓐ]'과 (나)의 '경제학자[Ⓑ]'의 입장에서 〈보기〉를 이해한 반응으로 적절하지 <u>않은</u> 것은?

> ─── 〈보 기〉 ───
>
> **기부의 경제학 실험**
>
> [실험 내용]
> ○ 실험에 참여한 5 명에게 10만 원씩 나눠 주고 참가자는 이 돈을 갖거나 기부할 금액을 결정함.
> ○ 기부한 금액은 공공재 생산에 쓰여 2 배의 효용을 창출하고 그 혜택이 모든 사람에게 1 / 5만큼씩 돌아간다는 것을 참가자들에게 알려 줌.
>
> [실험 참가자의 예상 행동에 따른 효용 비교]
> ○ 아무도 기부하지 않으면 한 사람이 누리는 효용은 10만 원
> ○ 모두가 기부하면 한 사람이 누리는 효용은 20만 원
> ○ 4 명이 10만 원을 기부하고 1 명이 기부를 하지 않으면 기부한 사람의 효용은 16만 원, 기부하지 않은 1 명의 효용은 26만 원
>
> [실험 결과]
> ○ 실험 참가자 대부분은 40~60 % 정도 기부하였고, 일부는 기부하지 않았음.
> ○ 기부한 실험 참가자들은 이타적인 마음, 기부 행위에서 얻는 자부심 등이 기부의 이유였음을 밝힘.

① Ⓐ는 기부 행위를 고등 정신 능력을 발휘해 인간의 품위를 높일 수 있는 행위로 보겠군.

② Ⓑ는 한계 효용 체감의 법칙에 따라 기부자와 기부하지 않은 자가 같은 금액으로 얻을 수 있는 효용이 다르다고 보겠군.

③ Ⓐ는 기부하지 않은 자의 행동을 양심을 위반한 행동으로, Ⓑ는 기부하지 않은 자가 참가자들의 예상 행동에 따른 효용을 비교해 보고 합리적인 선택을 했을 것으로 이해하겠군.

④ Ⓐ는 이타적인 마음을 동료를 자신과 같이 여기는 사회적 감정으로, Ⓑ는 자부심을 기부의 결과로 얻는 주관적인 만족감으로 이해하겠군.

⑤ Ⓐ는 최대 행복을 추구하는 것이, Ⓑ는 누진적 소득세를 도입하는 것이 구성원 전체의 효용을 높인다는 점에서 개인이 기부하는 행위와 공통점이 있다고 보겠군.

21. ⓐ~ⓔ의 사전적 의미로 적절하지 <u>않은</u> 것은?

① ⓐ : 맞지 아니하고 서로 어긋남.

② ⓑ : 감정, 충동, 생각 따위를 막거나 누름.

③ ⓒ : 능력이나 품성 따위를 길러 쌓거나 갖춤.

④ ⓓ : 일정한 분량을 채워 모자람이 없게 함.

⑤ ⓔ : 안에서 밖으로 밀어 내보냄.

[22~25] 다음 글을 읽고 물음에 답하시오.

황씨는 바빴다. 필목* 잇맺음이 나는 대로 손수 둘러메고 장돌뱅이로 나섰다. 대전, 광천, 홍성, 화성, 청라, 남포, 웅천…… 인근에 장이 서는 대로 매장치기를 했다. 그 무렵 한철은 그럭저럭 나가고도 남은 돈이 있게 되기도 했었다.

"그 조시*로만 나갔더래면 시방은 흰목 젖혀 가메 살어 볼 텐디…… 그 방정맞은 놈으 까시미롱!" 방금 한 소리지만 소창직* 직조 공장은 잘돼 나갔었다. 봉당에 들인 공장이 초협해 헛간마저 털어 늘여 가며 쏠락쏠락 재미가 들랑거렸다. 오래잖아 선출이한테 빚으로 쓴 돈도 이자부터 본전까지 깨끗이 밑 닦을 수 있으리라 싶은 판세로 돼 있던 거였다. 그리 돼 가는 판에다 대고 누가 그 사업이 기울어지리라고 생각이나 해봤겠느냐 말이다. 가만히 앉아 있는데 인근 읍내에 공업 단지라는 것이 생긴다더란 소문이 왔다. 측량을 끝냈다더라더니 벌써 탱크같이 생긴 것들이 내를 메워 가고 있었다. 공장이 두어 채 서고 이어 사람이 달린다는 기별이 잇달았다. ㉠직공으로 부리던 열다섯 명의 계집애들이 들고일어났다. 공임을 배로 올려 주든가 새로 선 공장으로 가게 놓아주든가 하라는 것이었다. 노임을 배로 인상해 가며까지 버틸 만한 사업은 아니었다. 또 노임을 배로 올린대도 직공들은 '장래성' '희망성' 따위가 전혀 없다면서 무슨 핑계로든 빠져나갈 눈치를 보이고 있었다. 이틀 동안 쟁의도 벌어졌었으나 속수무책이었다. 그 계집애들 입에서 그만두겠다는 말이 나왔을 때는 이미 들어갈 자리를 미리 마련해 놓은 뒤였던 것이다. 새로 생긴 제과 공장과 전기 기구 조립 공장은 첫 달 임금부터가 황씨네 소창직 공장의 두 달치 품삯에 맞먹고 있었다. 인건비의 앙등으로 치명상을 입을 줄은 더구나 예측할 수도 없던 일이었다. 직공들이 장래의 희망성이 없다는 말에만,

"흐이망성? 칫 미쳐두 곱게들 못 미치구…… 지집년덜이 알 실을 때가 돼야서 시집이나 갓버리면 구만인디. 시집가서두 불어다 서방 공대 혈라간디? 그러구 무에던지 배워 두면 지술이지 지술이 워디 따루 있을깨미……" 해 가며 그렇게 무심했던 것이 탈이라면 탈이랄 것이었다.

그런데 그런 치명적인 상처가 미처 아물기도 전이었다. 황씨로서 정말 뜻하지 않은 팔매가 또 한 번 날아와 그의 뒤통수를 갈겨 버린 것이다. 결정타였다. 그건 자기네가 앉아서 손으로 일하고 있던 사이 세상은 기계로 기계를 만들며 일하고 있는 걸 모른 체한 결과였다.

카시미론*의 물결이 쥐구멍 같은 벽촌에도 회오리쳐 대기 시작했던 것이다. 무엇이든 새로운 물건이 나왔을 때 그 물자의 효용에 현혹되는 촌사람들의 안목은 무서운 것이었다. 카시미론의 위력도 날로 그랬다. 어느덧 황씨네 기계들도 거미줄을 쓰는 날이 잦아졌다. 젖먹이 어린애의 기저귀감으로밖엔 쓰임새가 없는 백소창이나 한 장 토막에 두서너 필 내는 정도의 어처구니없는 사태로 급전된 것이었다. 황씨는 문을 닫지 않으려고 발버둥 쳐 보기도 했지만 도리 없었다.

"쬐끔 늦었던 겨, 다 시절 돌아가는 걸 보아 가메 눈치로 혀야

는 것을." 황씨는 비로소 유행이란 것에 관심을 갖게 된 것이다. 크게 밑진 것도 없고 번 것도 없이, 그러나 들인 시설비는 한 푼 못 건진 채 세상 물정에 어두웠음이나 한탄하며 조용히 문을 닫게 되었다.

[중략 줄거리] 소창직 직조 사업을 실패하게 된 황씨는, 암소를 키워 선출이에게 빚을 갚기로 한다. 황씨와 선출이는 함께 지극정성으로 암소를 키우고, 그 암소가 송아지를 배게 된다. 황씨 집에서 모든 일이 잘 되기를 바라는 고사가 있던 날, 황씨의 아내 고랏댁은 무심코 술지게미를 소 여물통에 놓아둔다. 이것을 맛본 암소는 광으로 들어가서 술독을 몽땅 비워 버린다.

고랏댁이 두 눈을 뒤집어쓰며 소란 떠는 바람에 황씨가 뛰어나왔고 이어 선출이와 수송이, 곽서방, 철호가 머슴방에서 뛰쳐나왔다. 외양간이 비워져 있는 걸 발견한 것도 양순이였다. "얼라, 엄니 소 워디 갔댜?" "소?" 사람들은 광을 버리고 외양간 앞으로 몰려 법석거리기 시작했다. "소가?" "소여……" "큰일 났네." "소 쥑이겠는디." 그들은 같은 순간에 각기 한마디씩 내뱉으며 대문 밖으로 내달았다. 그들은 한결같이 도둑이 들었다기보다 술지게미로 목을 축인 소가 거나해지자 계속 술내가 풍기는 광을 곁에 두고 더 참질 못해 고삐 줄을 끊었는지 풀었는지 하고 나와 대가리와 뿔로 비벼 광으로 들어가곤 술 한 독을 다 먹어 치운 것으로 추측한 것이다. 고랏댁 가늠으론 쌀 한 말을 담아 거르면 보통 막걸리 엿 말이 났다. 그러니까 소는 줄잡아 막걸리 너 말 가웃치를 단숨에 먹어 치운 셈이었다.

선출이와 황씨는 눈이 뒤집혀 있었다. 아니 간이 뒤집혔는지도 모를 일이었다. 소는 황씨네 밭마당 가 우물 도랑 건너 타작마당에서 주정하는 중이었다. 주정이 아니라 속에서 난 불을 끄는 꼴이었다. 펄펄 뛰다 나뒹굴고 비칠거려 일어났다 대가리를 처박고 엉덩춤이 한창인가 하면 무릎을 꿇다 모로 나자빠져 버둥대곤 했는데 사람들은 그저 한갓 장승이 달리 없었다. 선출이와 황씨가 뛰어들며 고삐를 잡으려 했을 때 사람들은 하나같이 그 두 사람을 붙잡고 늘어졌다. 위험한 일이기 때문이었다. 얼마나 그랬나 소가 탈진해 버리자 황씨는 내 소 살리라고 울부짖기에도 지쳐 두 다리를 뻗고 주저앉았고, 선출이는 푸닥거리 끝난 뒤 떡 못 얻어먹은 사람마냥 싱거운 얼굴에 허수아비 옷 벗겨 입힌 등신이 돼 있었다. 속으로 황씨가 생시 아니 몽유 중이기를 바랄 즈음 선출은 차라리 사람 죽는 꼴을 봄이 낫겠단 생각을 하고 난 뒤의 일이지만. 모두들 넋 나가 하는 사이 누군가가 소리 질렀다.

"짚토매 점 가져와. 소 얼어 죽겠다."

누군가가 짚누리를 헐고 짚 몇 단을 가져왔다. 이윽고 마당 한복판엔 때 아닌 모닥불이 화롱화롱 타올랐다. 또 누군가는 먹은 걸 토악질시켜 게워 내도록 해야 산다고 양순이에게 맷돌에 녹두를 타 오도록 재촉했다. 부랴부랴 맷돌에 녹쌀 낸 녹두가루를 밍근한 물에 타서 소 주둥이에 한 대야나 들어갔지만 워낙 의식 불명인 판이라 시간이 가도 별 효과가 없었다. 이런 경우엔 수의가 박사래도 소용없겠단 소리만이 잦아질 무렵 소는 잠이 들어 버렸

다. 깊은 잠이었다. 아주 실신한 게라고 사람들은 말했다.

날씨는 섣달 날씨였고 얼어 달아나는 바람은 삼경을 넘었는데 소가 어른인 마당 한가운데선 불티만이 하늘 높이로 치솟고 치솟곤 했다.

그리고 거기서 그만이었다. 아무런 보람이 없었다. 암소는 제 한 몸만 믿고 걸었던 기대와 희망을 헌 명에 벗어던지듯 하고 결국 가죽만 남기게 된 것이었다.

"배신을 해도 유만부동이다. 이 괘씸한 놈아, 이 괘씸한 놈……"

황씨가 소에게 달려들어 덜미를 꼬집어 뜯으며 혀를 깨무는 뒤에서, 고랏댁은 어서 날이 새어 소 배를 가르고 태중의 새끼를 꺼내면 푹신 고아 남편 몸보신이나 시키리란 생각과 함께 모닥불에 짚단을 더 얹었다.

밤이 깊어 가면서 ⓒ 마을 사람들은 모두 속으로 죽은 고기는 반값이니 몇 근 사두면 그믐 대목까지 곰국을 내먹겠다고 치부하면서도 겉으론 하늘 아래 이 동네 서고 소가 술 취해 죽었다는 건 듣고 보기 처음이라고 탄식이 거듭이었다.

– 이문구, 「암소」 –

* 필목 : 필로 된 무명천.
* 조시 : 무엇이 처음 시작됨.
* 소창직 : 무명실로 만든 면직물.
* 카시미론 : 캐시미어의 감촉을 재현한 저가 합성 섬유.

22. 윗글에 대한 설명으로 가장 적절한 것은?

① 서술자가 전해 들은 사건을 객관적으로 전달하고 있다.
② 서술자가 사건뿐만 아니라 인물의 심리를 서술하고 있다.
③ 주인공이 회상을 통해 자신의 경험을 직접 전달하고 있다.
④ 이야기 안의 서술자가 인물에 대한 생각을 드러내고 있다.
⑤ 장면마다 서술자를 바꿔 사건을 입체적으로 보여 주고 있다.

23. 윗글을 읽고 알 수 있는 내용으로 적절하지 <u>않은</u> 것은?

① 황씨는 소창직 직조 사업이 어려워지자 매장치기를 했다.
② 촌사람들은 카시미론이라는 새로운 물건에 마음을 빼앗겼다.
③ 고랏댁은 암소가 송아지를 배고 있다는 사실을 알고 있었다.
④ 양순이는 외양간에서 암소가 사라진 것을 처음 발견했다.
⑤ 선출이는 암소가 술에 취해 날뛰는 것을 제지하지 못했다.

24. ㉠과 ㉡에 대한 이해로 가장 적절한 것은?

① ㉠은 ㉡과 달리 자신의 이익을 관철하기 위해 의도적으로 갈등을 조성하고 있다.
② ㉡은 ㉠과 달리 자신들의 경제적 이익을 목적으로 서로 협력하는 모습을 보이고 있다.
③ ㉠은 인정에 호소하는 방법을 통해, ㉡은 알고 있는 지식을 활용하는 방법을 통해 상황의 반전을 꾀하고 있다.
④ ㉠은 현재의 상황에 대한 기대감이, ㉡은 당면한 상황에 대한 죄책감이 동기가 되어 특정 행위를 행하고 있다.
⑤ ㉠과 ㉡은 모두 자신들의 노력이 수포로 돌아가자 겉과 속이 다른 모습을 보이고 있다.

25. 윗글의 서사 전개 과정을 〈보기〉와 같이 도식화할 때, [A], [B]를 비교한 내용으로 적절하지 <u>않은</u> 것은? [3점]

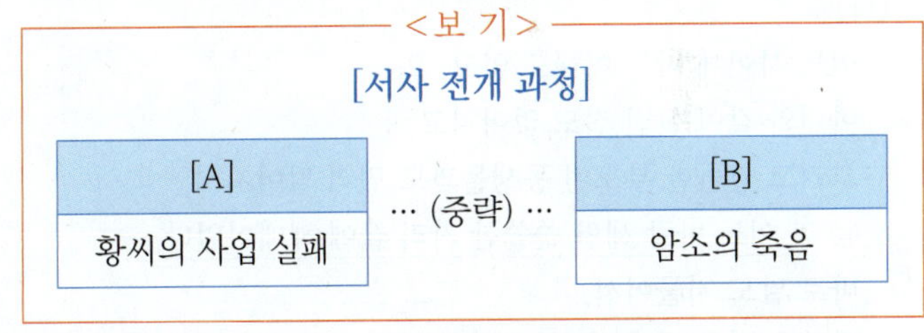

① [A]는 사회의 변화로 말미암아 일어난 사건이고, [B]는 개인의 실수로 일어난 사건이다.
② [A]는 사건에 대한 중심인물의 회한이, [B]는 사건에 대한 중심인물의 원망이 나타나 있다.
③ [A]는 장기적으로 일어난 사건의 과정이, [B]는 단기적으로 일어난 사건의 과정이 나타나 있다.
④ [A]는 문제 상황에 대한 중심인물의, [B]는 문제를 해결하려는 주변 인물의 행동이 나타나 있다.
⑤ [A]는 세태에 대한 중심인물의 관심을, [B]는 공동체에 대한 중심인물의 반감을 불러일으키고 있다.

[26~29] 다음 글을 읽고 물음에 답하시오.

(가)

떨리는 손으로 풀죽은 김밥을
입에 쑤셔넣고 있는 동안에도
기차는 여름 들판을 내 눈에 밀어넣었다.
㉠ 연둣빛 벼들이 눈동자를 찔렀다.
들판은 왜 저리도 푸른가.
아니다. 푸르다는 말은 적당치 않다.
초록은 동색이라지만
연두는 내게 좀 다른 종족으로 여겨진다.
거기엔 아직 고개 숙이지 않은
출렁거림, 또는 수런거림 같은 게 남아 있다.
저 순연한* 벼포기들.
그런데 **내 안은 왜 이리 어두운가.**
㉡ 나를 빛바래게 하려고 쏟아지는 저 햇빛도
결국 어두워지면 빛바랠 거라고 중얼거리며
김밥을 네 개째 삼키는 순간
갑자기 **울음**이 터져나왔다. 그것이 마치
감정이 몸에 돌기 위한 최소조건이라도 되는 듯.
눈에 즙처럼 괴는 연두.
그래. 저 빛에 나도 두고 온 게 있지.
기차는 여름 들판 사이로 오후를 달린다.

– 나희덕, 「연두에 울다」 –

* 순연한 : 다른 것이 조금도 섞이지 않은, 온전한.

(나)

어느 사이에 나는 아내도 없고, 또,
아내와 같이 살던 집도 없어지고,
그리고 살뜰한 부모며 동생들과도 멀리 떨어져서,
㉢ 그 어느 바람 세인 쓸쓸한 거리 끝에 헤매이었다.
바로 날도 저물어서,
바람은 더욱 세게 불고, 추위는 점점 더해 오는데,
나는 어느 목수네 집 헌 샅을 깐,
한 방에 들어서 쥔을 붙이었다*.
이리하여 나는 이 습내 나는 춥고, 누긋한 방에서,
㉣ 낮이나 밤이나 나는 나 혼자도 너무 많은 것같이 생각하며,
딜옹배기에 북덕불*이라도 담겨 오면,
이것을 안고 손을 쬐며 재 우에 뜻없이 글자를 쓰기도 하며,
또 문밖에 나가지두 않고 자리에 누워서,
머리에 손깍지벼개를 하고 굴기도 하면서,
㉤ 나는 내 슬픔이며 어리석음이며를 소처럼 연하여 쩨김질하
는 것이었다.
내 가슴이 꽉 메어 올 적이며,
내 눈에 뜨거운 것이 핑 괴일 적이며,
또 내 스스로 화끈 낯이 붉도록 부끄러울 적이며,

나는 내 슬픔과 어리석음에 눌리어 죽을 수밖에 없는 것을 느
끼는 것이었다.
그러나 잠시 뒤에 나는 고개를 들어,
허연 문창을 바라보든가 또 눈을 떠서 높은 천장을 쳐다보는
것인데,
이때 나는 내 뜻이며 힘으로, **나를 이끌어 가는** 것이 힘든 일인
것을 생각하고,
이것들보다 **더 크고, 높은 것**이 있어서, 나를 마음대로 굴려
가는 것을 생각하는 것인데,
이렇게 하여 여러 날이 지나는 동안에,
내 어지러운 마음에는 슬픔이며, 한탄이며, 가라앉을 것은 차
츰 앙금이 되어 가라앉고,
외로운 생각만이 드는 때쯤 해서는,
더러 나줏손에 쌀랑쌀랑 싸락눈이 와서 문창을 치기도 하는 때
도 있는데,
나는 이런 저녁에는 화로를 더욱 다가 끼며, 무릎을 꿇어 보
며,
어느 먼 산 뒷옆에 바우섶에 따로 외로이 서서,
어두워 오는데 하이야니 눈을 맞을, 그 마른 잎새에는,
쌀랑쌀랑 소리도 나며 눈을 맞을,
그 드물다는 **굳고 정한 갈매나무**라는 나무를 생각하는 것이었
다.

– 백석, 「남신의주 유동 박시봉방」 –

* 쥔을 붙이었다 : 주인집에 세 들었다.
* 북덕불 : 짚이나 풀 따위가 뒤섞여 엉클어진 뭉텅이에 피운 불.

26. (가)와 (나)의 표현상 공통점으로 가장 적절한 것은?

① 수미상관을 사용하여 주제 의식을 강조하고 있다.
② 시행을 명사로 마무리하여 시적 여운을 남기고 있다.
③ 소재의 나열을 통해 역동적 분위기를 강화하고 있다.
④ 계절적 이미지를 활용하여 시적 상황을 부각하고 있다.
⑤ 말을 건네는 방식을 사용하여 친밀감을 나타내고 있다.

27. (가)의 '기차[A]'와 (나)의 '방[B]'에 대한 설명으로 가장 적절
한 것은?

① A는 B와 달리 화자가 과거의 아픔을 떠올리는 공간이다.
② B는 A와 달리 화자가 이상적으로 생각하는 공간이다.
③ A는 화자가 애상감을, B는 자족감을 느끼는 공간이다.
④ A는 화자가 즐거움을, B는 고독감을 느끼는 공간이다.
⑤ A와 B는 모두 화자가 내적 갈등을 경험하는 공간이다.

→ 해설편 **64**쪽

28. 시상의 흐름을 고려하여 ㉠~㉤을 이해한 내용으로 적절하지 않은 것은?

① ㉠ : 연둣빛 벼들이 눈에 들어온 상황을 표현하고 있다.
② ㉡ : 햇빛이 자신을 성숙하게 만드는 상황을 표현하고 있다.
③ ㉢ : 가족들과 떨어진 채 방황하는 상황을 표현하고 있다.
④ ㉣ : 자기 한 몸도 감당하기 어려운 상황을 표현하고 있다.
⑤ ㉤ : 자신의 지난 삶을 성찰하고 있는 상황을 표현하고 있다.

29. 〈보기〉를 바탕으로 (가), (나)를 감상한 내용으로 적절하지 않은 것은? [3점]

> ─── 〈보 기〉 ───
>
> (가)의 화자는 투병으로 생기를 잃은, (나)의 화자는 객지에서 홀로 힘겨워하는 처지에 놓여 있다. (가)와 (나)의 화자는 유사한 정서적 변화를 경험하게 된다. 무기력한 화자가 자신의 현실을 절망적으로 인식하다가, 특정 계기로 정서적 변화를 경험하고 긍정적인 심리 상태에 이른다. 이 과정에서 특정 대상의 속성에 주목하는 모습을 보이기도 한다.

① (가)의 '떨리는 손으로 풀죽은 김밥'을 먹는 것에서, (나)의 '문밖에 나가지두 않고 자리에 누워' 있는 것에서 화자의 무기력한 모습을 엿볼 수 있군.
② (가)의 '들판은 왜 저리도 푸른가'에서, (나)의 '바람은 더욱 세게' 분다는 것에서 자신과 대비되는 특정 대상의 속성에 주목하는 화자의 모습을 확인할 수 있군.
③ (가)의 '내 안은 왜 이리 어두운가'에서, (나)의 '내 슬픔과 어리석음에 눌리어 죽을 수밖에 없는 것'에서 화자가 자신이 처한 현실을 절망적으로 인식하고 있음을 알 수 있군.
④ (가)의 '감정이 몸에 돌기 위한 최소조건'으로서 '울음'이 터진 것에서, (나)의 '나를 이끌어 가는' 운명으로서 '더 크고, 높은 것'을 인식한 것에서 정서적 변화의 계기를 알 수 있군.
⑤ (가)의 '그래. 저 빛에 나도 두고 온 게 있지'에서 생명력 회복에 대한 화자의 바람을, (나)의 '굳고 정한 갈매나무'를 생각하는 것에서 화자의 현실 극복 의지를 엿볼 수 있군.

[30~33] 다음 글을 읽고 물음에 답하시오.

식물은 광합성을 통하여 생장에 필요한 포도당을 생산한다. 광합성의 과정은 대부분의 식물이 동일한데, 식물이 서식하는 환경에 따라 그 효율은 크게 달라질 수 있다. 그래서 어떤 식물들은 일반적인 식물과 다른 방식으로 광합성을 하도록 진화하였다. 그렇다면 이들의 광합성 방식은 일반적인 식물과 어떤 차이가 있을까?

일반적인 식물의 광합성은 잎에 있는 엽육 세포에서 주로 일어난다. 광합성의 과정은 ㉠ 명반응과 ㉡ 암반응이라는 두 단계로 이루어져 있다. 명반응은 빛 에너지로 물을 분해하여 암반응에 필요한 화학 에너지를 생성하는 단계로, 이 과정에서 부산물로 산소가 발생한다. 명반응으로 발생하는 화학 에너지는 빛의 세기가 강할수록 많이 생성되는데, 일정 수준 이상으로 빛의 세기가 강해져도 생산량이 더 증가하지는 않는다. 명반응 과정에서 발생하는 산소는 포도당을 생성하는 데 불필요한 요소이기 때문에, 식물은 잎 뒤에 주로 분포되어 있는 기공을 열어 산소를 배출한다. 기공은 산소를 배출할 때뿐만 아니라 암반응에 필요한 이산화 탄소를 흡수하거나 체내의 수분을 배출해야 할 때에도 열린다.

암반응은 명반응에서 생성된 화학 에너지와 기공을 통해 흡수한 이산화 탄소를 이용하여 포도당을 생성하고, 부산물로 물이 생기는 단계이다. 암반응 과정은 캘빈 회로를 통하여 진행되는데 대기로부터 흡수된 이산화 탄소는 RuBP와 결합하며, 이 결합은 루비스코라는 촉매를 통하여 촉진된다. 이 결합으로 3개의 탄소가 결합한 3탄당이 형성되고, 3탄당은 화학적 변환 과정을 거쳐 포도당을 생성하며, 포도당 생성에 쓰이고 남은 화합물은 RuBP로 재생되어 이산화 탄소와 결합되는 과정이 다시 진행된다. 이러한 순환 과정을 캘빈 회로라고 하는데, 캘빈 회로로 포도당이 생성되려면 일정 수준 이상의 이산화 탄소 농도, 적정한 온도 등의 환경이 갖추어져야 한다. 그렇지 않으면 RuBP가 이산화 탄소와 결합하는 비율이 낮아져 포도당 생산의 효율이 떨어진다. 지구상 대부분의 식물은 이와 같은 과정으로 광합성을 하며, 이산화 탄소와 RuBP가 결합하여 생성되는 첫 화합물이 3탄당임을 고려하여 C3 식물이라고 부른다.

그런데 ㉢ C3 식물은 기온이 높거나 건조할 때 광합성의 효율이 저하되는 한계가 있다. 기온이 높거나 날씨가 건조할 때 기공을 열면 체내의 수분이 지나치게 배출되므로 식물은 기공을 열지 않는다. 이로 인해 포도당의 생산이 어려워지면 식물은 잘 생장하지 못한다. 가령 이상 기후 현상으로 인하여 고온의 기후가 지속되는 상황이 발생하면 위와 같은 문제가 심화될 수 있으며, C3 식물이자 대표적인 식량 작물인 쌀과 밀 등의 생산량이 감소하는 문제로 이어질 수 있다. 이에 따라 C3 식물과 다른 방식으로 광합성을 하여 고온에서도 잘 자랄 수 있는 C4 식물에 대한 연구가 활발히 진행되고 있다.

옥수수, 조, 수수 등 고온의 열대 지방에서도 잘 자라도록 진화한 C4 식물은 두 개의 공간에서 광합성이 진행된다는 특징이 있다. 첫 번째 공간인 엽육 세포는 C3 식물과 같은 방식으로 명반응이 일어나는 곳이자, 암반응의 첫 번째 단계로 탄소를 저장하는 역할을 하는 곳이다. 이 식물의 엽육 세포에는 이산화 탄소와 결합하는 역할을 하는 PEP가 존재한다. PEP와 이산화 탄소가 결합되면 4 개의 탄소가 포함된 화합물인 4탄당이 형성되는데, C4 식물은 이를 고려하여 붙여진 이름이다. 4탄당은 엽육 세포에 저장되어 있다가 유관속초 세포라는 두 번째 공간으로 이동한 후 분해되어 포도당 생성에 필요한 이산화 탄소를 배출한다. 그리고 배출된 이산화 탄소는 유관속초 세포 속에 농축되었다가 캘빈 회로를 통하여 포도당을 형성하는 데 쓰이는데, C3 식물과 C4 식물의 캘빈 회로의 작동 방식은 동일하다. 이러한 방식으로 C4 식물은 유관속초 세포 속의 이산화 탄소 농도를 높게 유지함으로써 C3 식물에 비해 높은 광합성 효율을 보인다.

　C4 식물의 비율은 전체 생물량의 5 %에 불과하다. 그러나 이들의 광합성량은 전체 광합성량의 23 %에 달한다. 이러한 C4 식물에 대한 연구는 미래에 발생할 수 있는 기후 위기에 대응하는 중요한 열쇠가 될 수 있을 것으로 기대된다.

30. 윗글을 읽고 답할 수 있는 질문으로 적절하지 <u>않은</u> 것은?

① 식물이 광합성을 하는 목적은?
② C3 식물과 C4 식물의 이름에 담긴 의미는?
③ C4 식물의 광합성 방식이 진화되는 과정은?
④ C4 식물에 대한 연구가 필요한 까닭은?
⑤ C4 식물이 C3 식물보다 광합성 효율이 높은 이유는?

31. ㉠과 ㉡에 대한 설명으로 가장 적절한 것은?

① ㉠은 ㉡과 달리 이산화 탄소를 필요로 한다.
② ㉡은 ㉠과 달리 산소를 활용한 물의 분해가 진행된다.
③ ㉠은 산소가, ㉡은 물이 반응의 부산물로 생성된다.
④ ㉠은 물을, ㉡은 RuBP를 재생하는 반응이 일어난다.
⑤ ㉠과 ㉡은 모두 빛의 세기가 강해질수록 반응이 활성화된다.

32. ㉢의 원인을 추론한 내용으로 가장 적절한 것은?

① 광합성에 필요한 빛 에너지가 적어지기 때문이다.
② 대기 중 이산화 탄소의 농도가 옅어지기 때문이다.
③ 기공을 통하여 배출되는 산소의 양이 늘어나기 때문이다.
④ 광합성에 사용되는 탄소보다 저장되는 탄소가 더 많아지기 때문이다.
⑤ 캘빈 회로에 사용될 수 있는 이산화 탄소의 양이 줄어들기 때문이다.

33. 〈보기〉는 ‘C3 식물’과 ‘C4 식물’의 광합성 과정을 나타낸 것이다. a~c에 대한 설명으로 적절하지 <u>않은</u> 것은? [3점]

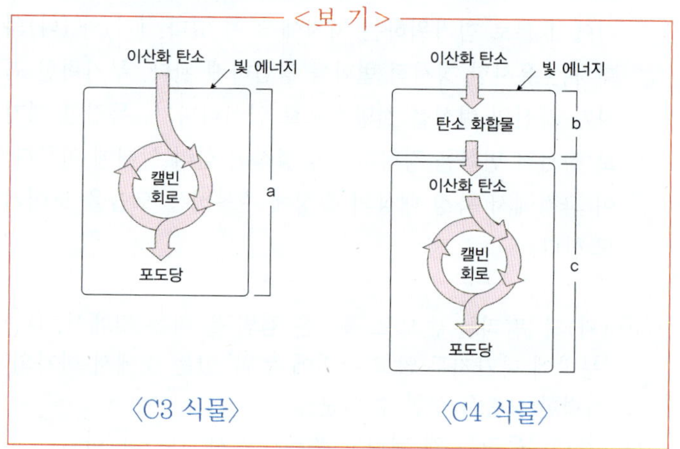

① a와 b는 엽육 세포에서, c는 유관속초 세포에서 일어나는 반응이다.
② a에서는 3탄당이, c에서는 b에서 이동한 4탄당이 포도당 생성에 기여한다.
③ a와 b에서는 빛 에너지를 활용하여 화학 에너지를 생성하는 반응이 진행된다.
④ a의 캘빈 회로에서는 RuBP가, c의 캘빈 회로에서는 PEP가 이산화 탄소와 결합한다.
⑤ a와 c에서는 포도당을 생성하는 데 필요한 화합물을 만들 때 루비스코라는 촉매가 필요하다.

[34~38] 다음 글을 읽고 물음에 답하시오.

법질서 아래에서는 관계의 종류에 따라 적용해야 할 법의 분야가 달라지는데, 법의 대표적인 두 분야는 형사법과 민사법이다. 형사법은 국가와 범죄자 간의 법률관계를 규율하며 민사법은 개인과 개인 혹은 개인으로 인정되는 법인*과의 관계에 적용된다.

형사법의 목적은 사회 질서 유지 및 범죄 처벌로, 공익을 위해 국가가 범죄자에게 형벌을 가한다. 여기서 형벌은 생명, 자유, 명예, 재산 등에 관한 기본권을 박탈하는 것을 내용으로 한다. 민사법은 개인 간 분쟁 해결 및 개인의 권리 보호를 목적으로 한다. 사건 당사자들이 평등한 관계임을 전제하고 손해와 이익을 조정하여 당사자 사이의 수평적 균형 관계를 회복시키고자 하는 것이다. 그러므로 소송이 진행될 때, 형사법과 민사법의 소송 당사자와 소송 내용은 ⓐ <u>상이할</u> 수밖에 없다.

형사 소송의 당사자는 검사와 피고인으로, 공익의 대표자인 검사가 범죄 혐의가 있는 자를 피고인으로 기소하며 소송이 시작된다. 이때 기소란 검사가 특정 형사 사건에 대하여 법원에 심판을 요구하는 일이다. 피고인의 유죄 입증은 검사가 담당하고, 피고인은 변호인을 통하여 반박할 수 있다. 법원은 검사의 입증과 피고인의 반박을 토대로 피고인의 범죄 성립 여부 및 잘못의 정도를 따진 후 그에 합당한 벌을 내린다. 이때 어떤 두 사람이 같은 종류의 범죄로 기소되었더라도 범죄 동기와 정황, 피고인과 피해자의 합의 여부 등을 ⓑ <u>고려하여</u> 형량이 결정되므로 두 사람의 최종 선고형은 달라질 수 있다. 그리고 검사가 피고인을 기소하면 소송이 시작되는 것이 원칙이다. 하지만 예외적으로 피해자가 처벌을 원하지 않으면 국가가 나서 규율하지 않기로 정한 폭행죄, 모욕죄 등의 경우에는 소송이 진행되지 않을 수 있다.

민사 소송의 당사자는 원고와 피고로, 피해자라고 주장하며 소송을 제기한 개인이 원고가 되고, 가해자로 지목된 상대방은 피고가 된다. 이때 각 당사자는 모두 소송 대리인인 변호인을 쓸 수 있다. 민사 소송의 당사자들은 자신에게 유리한 법규를 근거로 하여 자신에게 책임이 없다는 사실을 입증해야 한다. 만약 입증해야 하는 사실을 입증하지 못하는 경우 법원은 해당 당사자에게 불리하게 판단할 수밖에 없다. 민사 소송은 형사 소송과 달리 두 당사자가 손해와 이익을 ⓒ <u>적절하게</u> 타협하면 바로 소송이 종결된다.

형사법과 민사법은 서로 다른 분야인 만큼 하나의 사건이더라도 그중 한 분야에서만, 또는 두 분야 모두에서 문제가 될 수도 있다. 만약 갑이 을에게 맞아 갑이 다쳤다는 하나의 사건이 있다고 가정해 보자. 이때 검사가 법원에 을을 상해죄라는 법규로 처벌해 달라는 형사 소송을 제기할 수도 있고, 갑이 을에게 치료비와 위자료를 청구하는 민사 소송을 제기할 수도 있다. 하지만 하나의 사건이라 하더라도 똑같은 결론이 ⓓ <u>도출되지</u> 않을 수 있다. 소송마다 입증해야 하는 사실 관계가 다를 수 있을 뿐만 아니라 입증의 정도도 다르기 때문이다.

형사 소송은 '법관으로 하여금 합리적인 의심을 할 여지가 없을 정도'의 강한 입증을 요구한다. 즉, 증거가 기소 내용이 진실

하다고 확신하게 하는 증명력이 부족하다면 피고인에게 유죄의 의심이 간다고 하더라도 피고인의 이익으로 판단한다. 이는 무죄추정의 원칙, 즉 형사 소송법 제275조의2에서 '피고인은 유죄의 판결이 확정될 때까지는 무죄로 추정된다.'라는 법규를 근거로 하기 때문이다. 따라서 형사 소송에서는 100을 기준으로 검사의 유죄 입증 정도가 51이라면 유죄가 될 수 없다. ㉠ '<u>열 사람의 범인을 놓치는 한이 있더라도 한 사람의 죄 없는 자를 벌해서는 안 된다.</u>'라는 법언은 이를 뒷받침한다. 그래서 흉악한 범죄를 범한 혐의로 중형을 선고받은 피고인이 상급심에서 무죄를 선고받기도 하는데, 여기서 무죄는 반드시 피고인의 결백을 의미하지는 않는다. 반면, 민사 소송에서는 '통상인이라면 의심을 품지 않을 정도'의 입증을 요구한다. 이는 '어떤 사실이 있었다는 점을 인정할 수 있는 개연성을 증명하는 정도'로 해석된다. 결국 법원은 원고와 피고의 증거를 바탕으로 ⓔ <u>신뢰할</u> 만한 증거를 누가 더 많이 제시하는가를 기준으로 판단한다. 만일 원고와 피고의 입증 정도가 51 대 49라면 원고의 손을 들어 주게 된다.

* 법인 : 법률상 권리와 의무의 주체가 될 수 있는 사단과 재단.

34. 윗글에서 사용된 설명 방식으로 적절하지 <u>않은</u> 것은?

① 용어의 개념을 설명하여 내용에 대한 이해를 돕고 있다.
② 규범 내용을 인용하여 특정 원칙에 대해 설명하고 있다.
③ 문제 상황을 가정하여 서로 다른 분야에 적용하고 있다.
④ 예외적 조건을 제시하여 원칙과 다른 경우를 소개하고 있다.
⑤ 서로 다른 견해를 절충하여 현실적인 대책을 제시하고 있다.

35. 윗글을 이해한 내용으로 적절하지 <u>않은</u> 것은?

① 형사법에서는 형벌을 가함으로써 사회 질서가 유지되도록 하고자 한다.

② 민사법에서는 당사자들이 타협을 하면 수평적 균형 관계가 회복된 것으로 간주한다.

③ 형사 소송은 검사의 기소로 시작하며 피해자가 변호인을 통하여 소송의 당사자로 참여한다.

④ 형사 소송에서의 최종 선고형에는 범죄의 종류 외에도 피고인의 상황이 영향을 미칠 수 있다.

⑤ 민사 소송에서는 특정 사실이 있었을 개연성을 증명하는 증거를 많이 제출하는 당사자가 유리할 수 있다.

36. ㉠의 의미를 추론한 것으로 가장 적절한 것은?

① 피고인과 피해자의 타협이 이루어지기 전까지는 피고인을 무죄로 간주해야 한다는 것이겠군.

② 재판 과정에서 개인의 재산상 피해가 발생하더라도 국가는 사회 질서 유지를 우선시해야 한다는 것이겠군.

③ 잘못된 행위를 하더라도 그 행위와 관련된 법규가 없다면 검사가 해당 내용으로 기소할 수 없다는 것이겠군.

④ 재판에서 피고인은 자신에게 불리한 사실과 관련한 질문에 답하지 않을 수 있는 권리를 지니고 있다는 것이겠군.

⑤ 범죄 사실이 확실하게 입증되지 않았음에도 처벌을 받아 개인의 기본권이 침해되는 경우를 방지하기 위한 것이겠군.

37. 〈보기〉의 ㄱ과 ㄴ은 동일한 사건을 바탕으로 제기된 소송이다. 윗글을 바탕으로 〈보기〉를 이해할 때, 적절하지 <u>않은</u> 것은?　[3점]

> <보 기>
>
> ㄱ. 운전 중이던 A는 도로에 쓰러져 있던 B를 밟고 지나갔으나, 이를 인지하지 못하였다. 검사는 A가 주의 의무를 위반하는 과실을 범해 B를 밟았다고 판단하고 A를 기소했다. 하지만 구조가 복잡하여 도로 환경이 열악했던 점 등을 고려하면, 주의 의무 위반으로 인해 사고가 났음을 인정하기 어렵다며 무죄가 선고되어 확정되었다.
>
> ㄴ. 이후 B는 A가 가입한 보험사에 손해 배상 민사 소송을 제기했다. 보험사는 A의 형사 소송 판결을 증거로 제출하며 이 사건은 손해 배상 면책 사유에 해당한다고 맞섰다. 하지만 법원은 A가 도로에 사람이 다닐 가능성을 염두에 두어 안전하게 운행할 의무가 있었고, 제출한 증거로는 해당 사실을 입증하기에 부족하여 B에게 보험금을 지급하라고 판결하였다.

① ㄱ은 피고인의 범죄 사실을 규명하여 처벌하기 위한 소송에, ㄴ은 피고와 원고 간의 분쟁을 해결하기 위한 소송에 해당되겠군.

② ㄱ에서 A의 주의 의무 위반 여부와 ㄴ에서 A의 안전하게 운행할 의무 위반 여부를 판단할 때 입증해야 하는 사실 관계가 동일하지 않을 수 있었겠군.

③ ㄱ에서는 A의 유죄를 입증할 만한 증거의 증명력이 부족했을 것으로, ㄴ에서는 B가 통상인이 의심을 품지 않을 정도의 입증을 한 것으로 볼 수 있겠군.

④ ㄱ에서는 도로에 쓰러져 있던 B의 과실이 크다는 것이 피고인에게 유리하게 작용했고, ㄴ에서는 A가 도로의 보행자를 인지하지 못했다는 것이 원고에게 유리하게 작용했겠군.

⑤ ㄱ에서는 법관이 열악한 도로 환경을 근거로 A의 유죄에 대해 합리적인 의심을 품었지만, ㄴ에서는 도로에 사람이 다닐 가능성을 근거로 피고의 법적 책임을 인정한 것이겠군.

38. 문맥상 ⓐ~ⓔ와 바꿔 쓰기에 적절하지 <u>않은</u> 것은?

① ⓐ : 서로 다를

② ⓑ : 따져

③ ⓒ : 견주어

④ ⓓ : 나오지

⑤ ⓔ : 믿을

[39~42] 다음 글을 읽고 물음에 답하시오.

(가)

산수간(山水間) 바위 아래 **띠집***을 짓노라 하니
그 모른 남들은 ㉠ <u>웃는다</u> 한다마는
어리고 향암*의 뜻에는 내 분(分)인가 하노라

〈제1수〉

보리밥 풋나물을 알맞게 먹은 후에
바위 끝 물가에 슬카지 노니노라
그 남은 여남은 일이야 부럴 줄이 있으랴

〈제2수〉

내 **성이 게**으르더니 **하늘**이 알으실사
인간 만사(人間萬事)를 한 일도 아니 맡겨
다만당 다툴 이 없는 **강산을 지키라 하시도다**

〈제5수〉

— 윤선도, 「만흥(漫興)」 —

* 띠집 : 풀의 일종인 띠로 지붕을 이은 집.
* 향암 : 시골에 사는 견문이 좁고 어리석은 사람.

(나)

모계위가 한여름에 들에 나가 김을 매다가 틈이 나자 우뚝 서 있었다. 밭두둑 사이에 큰 나무가 있었다. 아침에 그늘이 서쪽으로 지자, 사람들이 다투어 그 아래로 가고, 얼마 뒤에 해가 옮겨 가자 모두들 떠들썩하게 동편으로 몰려갔다. 뒤처져 온 이들 중에는 신발을 잃거나 발꿈치를 상한 자도 계속 이어졌다.

계위를 돌아보고는 꾸짖는 자가 있었다.

"저번에 그대는 동편에 있더니 이제 그대는 서편에 있군요. 군자라는 이가 진정 이다지도 지조가 없는지요?"

계위는 기가 막혀 ㉡ <u>웃으며</u>, 세 번의 질문에도 대꾸하지 않았고, 말하던 자가 비로소 움찔하더니 얼마 있다 말하였다.

"내가 지나쳤군요. 그대의 자리는 종일토록 변하지 않았습니다. 내가 내 자리를 정하지 못한 것을 도리어 그대의 정해진 자리를 의심하였으니, 내가 참으로 망령된 사람입니다. 그렇지만 여름에 베옷 입고 겨울에 털옷 입으며, 비 오면 도롱이 입고 볕 나면 가리는 천성은 성인도 고치려고 하지 않았습니다. 공자님께서도 사람은 새, 짐승과는 함께 살 수 없고 사람과 함께 해야 한다고 말하지 않으셨습니까? 우리는 이런 사람이 아닌가요? 그대는 이제 항상 사람들과 떨어져서 혼자 있고, 또 그것을 지켜 꼼짝 않는데, 도리를 알고 때를 안다는 사람도 진정 그러합니까?"

계위가 말했다.

"그렇군요. 저는 농부인데 어찌 도를 알겠습니까? 그래도 저는 일찍이 서유자에게 농사에 대해 들은 적이 있습니다. 봄에 밭 갈고 여름에 김매다 가을에 이르면 수확을 한다고 하니, 나는 이것으로 때를 따라가는 것이라 생각합니다. 무

[A]
릇 비 오고 가물고 바람 불고 볕이 내리쬐는 것은 하늘에 달린 것이고, **밭 갈고 씨 뿌리고 김매고 뿌리를 북돋는 것은** 나에게 달린 것입니다. 나는 내가 할 수 있는 것을 다하고 하늘에서 이루어 주는 것을 받아들입니다. 내 힘을 다 쓰고 내 일이 이미 갖추어지면, 나는 안으로 마음속에 거리끼는 것이 없고, 밖으로 외물에 휘둘리는 것이 없습니다. 해하지도 않고 탐하지도 않아 이해관계에도 불꽃이 튀지 않으니, 물에 파도가 일지 않는 것처럼 담담하고 물이 사방으로 통하여 막히지 않는 것처럼 트입니다. 이렇게 되면 시원한 바람을 맞으며 사탕수수 즙을 마시는 것 같으니 높은 평상에 얼음을 쌓아 놓는다고 해도 내 상쾌함을 알기에는 부족할 것입니다. 홀로 나무 그늘에 구구히 얽매이겠습니까?

저는 하늘의 때를 기다리는데, 사람들은 혹 서로 다른 사람과 시간을 다툽니다. 저는 마음속에 그늘이 있는데, 사람들은 모두 나무 그늘로 들어갑니다. 사람들이 나와 달리한 것이지, 내가 어찌 사람들을 떠나기를 좋아했겠습니까? 그렇다 해도 **눈과 얼음 속에서 솜옷을 입고 있는 자도 여우 담비 털옷을 덮어 주면 사양하지 않는** 법입니다. 내가 그늘을 싫어하여 도망쳤다고 하면 그것도 인정(人情)이 아닐 것입니다.

그대는 어찌 생각해 보지 않으십니까? 그대가 이 그늘로 들어갔을 적에 과연 조용하고 넉넉하게 노닐며 태연하게 스스로 얻은 것이었습니까? 아니면 **다른 사람과 다툰** 다음에야 그늘에 들 수 있었습니까? 그렇지 않았다면 그 누가 무릎을 부딪치면서 발을 뻗지 못하게 하였습니까? 그 누가 그대의 팔을 움츠려서 펴지 못하게 하였습니까? 그 누가 그대에게 한 발자국 남짓한 자리를 마음대로 차지하지 못하게 하여, 마치 철창 속에 갇힌 원숭이처럼 답답하게 하였습니까? 그 누가 그대와 사람이 서로 꺼리게 하여 도적을 보듯 흘겨보며 행여 한 사람이라도 나가서 내 자리를 너르게 하여 주기를 바라게 하였습니까? 이렇게 하여 **그늘에 들어가는 것**은 차라리 뜨거운 **햇볕 아래 홀로 서 있는 것만도 못합니다.** 그대는 말하지 마십시오. 저는 다시 김을 매야겠습니다."

물어봤던 사람이 머리를 숙였고 부끄러운 낯빛이었다.

— 홍석주, 「전간대(田間對)」 —

39. **(가)**와 **(나)**의 공통점으로 가장 적절한 것은?

① 설의적 표현을 활용하여 삶의 태도를 강조하고 있다.
② 반어적 표현을 활용하여 인식의 변화를 드러내고 있다.
③ 점층적 표현을 활용하여 부정적인 상황을 부각하고 있다.
④ 과장적 표현을 활용하여 상황의 해학성을 보여 주고 있다.
⑤ 대조적 표현을 활용하여 자연 친화적 태도를 나타내고 있다.

40. ㉠, ㉡에 대한 이해로 가장 적절한 것은?

① ㉠에는 줏대 없는 행위에 대한, ㉡에는 염치없는 말에 대한 비판적 태도가 담겨 있다

② ㉠에는 일반적이지 않은 행위에 대한, ㉡에는 원망하는 말에 대한 비하의 의도가 담겨 있다.

③ ㉠에는 공감할 수 없는 행위에 대한, ㉡에는 이치에 맞지 않는 말에 대한 부정적 태도가 담겨 있다.

④ ㉠에는 자신을 평가하는 행위에 대한, ㉡에는 자신을 조롱하는 말에 대한 냉소적 태도가 담겨 있다.

⑤ ㉠에는 열등감을 숨기려는 행위에 대한, ㉡에는 선입견을 지니고 있는 말에 대한 질책의 의도가 담겨 있다.

41. (나)의 [A]에 나타난 '모계위'의 생각을 이해한 내용으로 가장 적절한 것은?

① 순리에 따라 자신의 일을 다하여 외부 상황에 연연할 필요가 없다고 여기고 있군.

② 자신에게 유리한 상황을 조성하려면 다른 사람들과 함께해야 한다고 여기고 있군.

③ 하늘의 도움을 받으려면 절기에 맞추어 남들보다 더 농사일에 힘써야 한다고 여기고 있군.

④ 적절한 때를 알고 행동하면 자신의 의지에 따라 주변 환경을 변화시킬 수 있다고 여기고 있군.

⑤ 다른 사람들과 관계를 원만하게 이어가 마음속에 거리끼는 것이 없도록 해야 한다고 여기고 있군.

42. 〈보기〉를 바탕으로 (가)와 (나)를 이해한 내용으로 적절하지 않은 것은? [3점]

> ─────〈 보 기 〉─────
>
> (가)와 (나)에서는 분수에 맞는 삶의 태도를 지향하는 모습이 나타나 있다. (가)의 화자는 자연에서 삶을 영위하는 것이 떳떳한 일이라 여기며 소박한 생활에 만족감을 느끼고 있다. 그리고 (나)의 모계위는 자신의 삶의 방식을 지키는 것이 중요한 일이라 여기며 자신의 이익을 위해 다른 사람을 해하는 상황을 비판적으로 인식하고 있다.

① (가)의 화자가 자연에서 '띠집'을 짓고 사는 것과 (나)의 모계위가 때에 따라 '밭 갈고 씨 뿌리'는 것에서 분수에 맞는 삶의 태도를 엿볼 수 있군.

② (가)의 화자가 '보리밥 풋나물을 알맞게 먹'으며 '그 남은 여남은 일'을 부러워하지 않는 것에서 자연에서의 소박한 삶에 대해 만족하고 있음을 알 수 있군.

③ (가)의 화자가 '하늘'이 자신의 '성이 게으'름을 알고 '강산을 지키라 하'였다는 것에서 자연 속에서 지내는 삶을 떳떳한 일로 생각하고 있음을 알 수 있군.

④ (나)의 모계위가 '눈과 얼음 속에서'는 '여우 담비 털옷을 덮어 주면 사양하지 않'을 것이라고 이야기한 것에서 타인과 다른 삶의 방식을 지향하고 있음을 알 수 있군.

⑤ (나)의 모계위가 '다른 사람과 다'투며 '그늘에 들어가는 것'은 '햇볕 아래 홀로 서 있는 것만도 못'하다고 말한 것에서 타인을 해하는 삶의 태도를 경계하고 있음을 알 수 있군.

[43~45] 다음 글을 읽고 물음에 답하시오.

[앞부분의 줄거리] 제후국인 남만국이 명나라 변방을 침범하자, 천자는 이를 해결하기 위해 서경을 남만국에 안무사로 파견한다. 서경이 사신으로 떠난 후 남만국에 잡혀 돌아오지 않자 그의 아들 서천흥은 아버지를 구하고 국난을 해결하기 위해 대원수로 출정한다. 이때 남만 태자는 섬으로 유배된 서경을 극진히 대접한다.

어느 날 태자가 근심하는 빛이 얼굴에 가득하여 말했다.

"그사이에 부왕께서 명나라와 전쟁하셨는데, 우리의 장수와 군사들이 죽은 것이 이루 셀 수가 없다 하나이다. 듣자니 명나라 장수 가운데 대원수는 공의 아드님이란 말이 있나이다. 부왕께서 이를 아시고 대인을 군중에 데려다 볼모로 삼아 아드님으로 하여금 귀순케 하고자 하시나이다. 그래서 소자에게 대인을 군중으로 데려오라고 명하셨지만, 아무리 **부왕의 명**이라도 소자가 이를 차마 행하지 못하오리다. 소자가 심복으로 하여금 천리마 두 필을 준비하게 하였사오니, 산골짜기의 좁은 길로 남모르게 **명나라 진영으로 가옵소서.** 그 후에 부왕의 목숨을 구하여 만국이 아주 망하게 하지 마소서."

서 안무사가 위로하여 말했다.

"내 어찌 그대의 인정 어린 마음을 잊으랴."

그러고는 작별하였다. 곧바로 천리마를 타고 종자와 함께 명나라 진영을 향하였다.

이때 서 원수가 길협을 놓아 보낸 뒤로 또 싸우러 나아가 **적장 수십 명을 죽이며 승승장구**하여 **잃었던 고을들을 회복**하고 남만국의 수만 병사들을 죽이니, 위엄이 만국에서 크게 떨쳤다. 만왕은 군영의 문을 닫고 서 안무사 잡아 오기를 기다렸다.

서 원수가 여러 날 싸움을 돋우었지만 만왕이 끝내 안전한 곳에 들어앉아서 나오지 않으니, 달리 어떻게 할 도리가 없어 승전한 표문(表文)*을 천자에게 보낸 뒤 여러 장수들과 묘책을 의논하고 있었다. 갑자기 비밀스레 한 병사가 들어와 고했다.

"군영 바깥문 밖에 우리나라 사람 한 명과 만국 사람 한 명이 와 서찰 한 통을 전해 달라고 하기에 바치옵니다."

서 원수가 그 서찰을 떼어 보니, 서찰은 이러하다.

'나는 다른 사람이 아니라 만왕의 명으로 십여 년 동안 만국에서 치욕을 감내하던 안무사 서경이라. 도움을 준 사람이 있어서 목숨을 보전하여 달아나 왔나니, 오신 대원수는 뉘신지 몰라도 바삐 만나 보기를 바라오.'

서 원수가 서찰을 다 읽고 나서 마음이 떨리고 정신이 아득하였지만 바삐 군영의 문밖까지 나아가 맞으니, 서 안무사의 머리가 백발이었고 모습이 수척하였으나 뚜렷한 부친이었다. 서 원수가 부친을 한 번 부르고는 몹시 슬프고 가슴 아파 정신이 혼미하여 까무러쳤다. 서 안무사가 서 원수를 보니 사신으로 떠날 때에는 6세 어린아이였거늘 지금은 엄연한 대장이니 어찌 알아보리오. 서 안무사는 서 원수가 아버지라고 부르는 소리를 따라 역시 통곡하였다. 그리고 서 원수를 안아 보니 호흡이 멎었는지라 크게 놀라 주물렀다. 이윽고 서 원수가 눈을 뜨니, 서 안무사가

어루만져 위로하며 말했다.

"살아서 서로 만났으니 기쁘기 그지없다만, 이롭지 못한 시름과 슬픔을 드러내지 말거라."

모든 장수들이 또한 위로하며 축하하는 소리가 떠들썩하였다. 서 원수가 조용히 부친을 모시고서 서로 그간의 고난과 재앙을 슬퍼하며 근심스럽게 말했다.

(중략)

이때 남만의 태자가 서 안무사를 보낸 뒤 곡 승상과 의논하였다.

[A] "아무 때라도 아군이 반드시 패할 것이오. 서 원수는 장수로서의 지략이 손무, 오기와 제갈량에 버금가오. 까마귀가 모인 것 같은 병졸로서 어찌 당할 수 있으리오. 이 때문에 서 안무사를 살려 보내어 은혜를 끼친 것이라오. 대왕께서 만일 봉변을 당하실지라도 서 안무사는 인자하고 후덕한 어른이요, 서 원수는 충성하고 효성스러운 군자이니, 필시 구하여 줄 것이오. 경(卿)과 함께 나아가 부왕께 귀순하시도록 간하여 보사이다."

그러고서 명나라의 군영을 향해 떠났는데, 도중에 패잔군을 만나 만왕이 사로잡혔다는 소식을 듣고 태자가 목 놓아 슬프게 울며 말했다.

"부왕께서 내 말을 듣지 않으시더니, 이 봉변을 당하신 것은 국운이 불행함이로다."

급히 길을 재촉해 명나라 군영에 다다르자, 태자가 윗옷 한쪽을 벗고 등에 형장을 진 채로 손가락을 깨물어 항복 문서를 쓰고서 통곡하였다. 명나라의 선봉 군대가 태자를 잡아 중군(中軍)에 아뢰니, 서 원수가 명을 내려 '태자를 진중으로 들이라.' 하였다. 태자가 코를 땅에 대고 엉금엉금 무릎으로 기어가 항복 문서를 올렸다. 서 원수가 항복 문서를 받고는 태자가 부친 서 안무사를 후하게 대접한 은혜를 생각하니 어찌 감격하지 않으리오. 군사에게 명하여 큰 칼과 옥새를 빼앗고 장막 안으로 불러올리니, 태자가 두 번 절하며 말했다.

"부왕의 죄는 마땅히 면치 못하려니와 **부왕의 본심**이 아니라 간신의 충동질에 말미암은 것이니, 원수는 다시 살려 주는 은혜를 내리고자 천자께 아뢰어 부왕의 목숨을 살려 주시면, 대대로 황제의 은혜에 감사하고 원수의 덕을 잊지 않으리다."

이렇게 말하며 눈물이 얼굴에 가득하였다. 서 원수가 태자를 보니, 언사가 부드럽고 온화한 데다 기상이 활달하여 아닌 게 아니라 정말로 천승(千乘)*의 국왕다움이 외모에 나타나는지라 아무렇지 아니한 듯이 말했다.

[B] "만왕의 죄악은 천벌을 면하기 어렵고, 내가 또한 남만의 씨 하나라도 남기지 않아 후세 사람의 근심이 없도록 하려 했었는데, 그대를 보니 하늘이 오히려 남만에게 복을 주심이로다. 내 어찌 하늘의 뜻을 거역할 것이며, 가친(家親)*께서 십여 년 동안 그대의 은혜를 많이 입었으니, 당연히 천자께 아뢰어 만왕의 목숨을 구할 것이로다. 그리고 즉시 군대를 돌이킬 것이니, 그대는 어진 사람을 얻어 남만의 백성을 살피고 어루만져 다른 근심이 없게 할지어다."

태자가 거듭거듭 절하며 고마워하고 마음속으로 칭송하였다. '내 서 안무사가 오늘날에 제일로 알았더니, 그 아들은 젊었는데도 풍채가 갑절이나 더 낫도다.'

서 원수가 표문을 올렸으니, 만왕을 사로잡고 남만의 태자가 귀순해 왔는데 태자는 인자한 데다 효성스러워 가히 남만의 왕이 됨 직하나 만왕은 용렬한 데다 어리석어 비록 죄를 용서할지언정 다시 나랏일을 맡게 할 수 없으리니, 태자를 봉하여 대대로 **천자의 은혜를 감사하도록 하게 하자**고 아뢴 것으로 황제의 명을 기다렸다.

– 작자 미상, 「쌍주기연」 –

* 표문 : 마음에 품은 생각을 적어서 임금에게 올리는 글.
* 천승 : 제후(諸侯)가 다스리는 나라를 이르는 말.
* 가친 : 남에게 자기 아버지를 높여 이르는 말.

43. 윗글을 이해한 내용으로 적절하지 <u>않은</u> 것은?

① 서 안무사는 재회 전에 서 원수에게 서찰을 먼저 보냈다.
② 서 안무사는 서 원수를 보자마자 자신의 아들임을 알아차렸다.
③ 서 원수는 만왕을 잡기 전에 승전한 표문을 천자께 보냈다.
④ 태자는 패잔군으로부터 부왕이 사로잡혔다는 소식을 들었다.
⑤ 태자는 항복 문서를 직접 작성하여 서 원수에게 올렸다.

44. [A]와 [B]에 대한 설명으로 가장 적절한 것은?

① [A]는 [B]와 달리 객관적 근거를 들어 현실에 대한 기존의 판단이 바뀐 과정을 언급하고 있다.
② [B]는 [A]와 달리 초월적 권위를 명분으로 삼아 자신의 생각이 바뀌게 된 이유를 언급하고 있다.
③ [A]는 신의에 어긋난 행동을, [B]는 사회적 지위에 어울리는 행동을 할 것을 상대에게 요구하고 있다.
④ [A]는 타인의 힘을 빌려, [B]는 자신의 역량으로 자신이 처한 문제 상황을 해결하려는 의지를 밝히고 있다.
⑤ [A]와 [B]는 모두 자신의 신분을 내세우는 방법을 활용하여 상대의 행동 변화를 촉구하고 있다.

45. <보기>를 바탕으로 윗글을 감상한 내용으로 적절하지 <u>않은</u> 것은? [3점]

> ─── <보 기> ───
>
> 「쌍주기연」은 서천홍이 천자 중심의 위계질서를 회복하고 충효의 가치를 구현하는 내용의 영웅 소설이다. 이 작품의 인물들은 전형적인 영웅 소설과는 다른 행동 양상을 보이기도 한다. 이를테면, 영웅과 적대국 인물이 충효의 가치를 각자의 방식으로 구현하는 것, 적대국 인물이 영웅의 효 실천에 일조하는 것, 위기 상황에서 적대국 인물 간의 현실 대응 태도가 다른 것 등이다.

① 태자가 서 안무사를 볼모로 삼으라는 '부왕의 명'을 거역한 것에서 적대국 인물 간의 현실 대응이 다름을 알 수 있군.
② 태자가 서 안무사를 '명나라 진영으로 가'도록 풀어 준 것에서 적대국 인물이 영웅의 효 실천에 일조함을 확인할 수 있군.
③ 서 원수가 '적장 수십 명을 죽이며 승승장구'하고 '잃었던 고을들을 회복'하는 것에서 영웅적 활약상을 알 수 있군.
④ 태자가 '부왕의 본심'을 서 원수에게 전한 것이 결정적 원인이 되어 부왕의 목숨을 구하고 나라가 망하지 않게 한 것에서 충효를 실천하려는 모습을 알 수 있군.
⑤ 서 원수가 태자를 만왕으로 봉하여 '천자의 은혜를 감사하도록 하게 하자'고 아뢴 것에서 천자와 제후 간의 위계질서를 회복하려는 의도를 알 수 있군.

※ 확인 사항
○ 답안지의 해당란에 필요한 내용을 정확히 기입(표기)했는지 확인하시오.

[1~3] 다음은 학생의 발표이다. 물음에 답하시오.

(화면 1) 역사 동아리 친구들과 고분 답사를 갔다가 화면에서 보시는 도자기 조각 같은 것을 발견했습니다. 알고 보니 화단 장식물 파편이었는데, 만약 진짜 문화재라면 어떻게 행동해야 하는지 궁금했습니다. 혹시 여러분 중에 이런 경우에 어떻게 해야 하는지 아시는 분 있나요? (반응을 확인하고) 대부분 잘 모르시는 것 같군요. 자료 조사를 하면서 '매장 문화재 발견 신고 제도'가 마련되어 있음을 알게 되었는데, 저는 오늘 이에 대해 발표해 볼까 합니다.

땅속이나 수중, 건조물 등에 묻혀 있던 유형의 문화재를 매장 문화재라고 합니다. (화면 2) 일반적으로 이런 문화재는 화면과 같이 문화재청이나 학술 단체 등 전문 기관의 발굴 조사를 통해 세상에 나옵니다. 그런데 최근에는 매장 문화재의 발견 양상이 다양해졌고, 특히 일상생활이나 여가 활동 중에 문화재를 발견하는 경우가 늘고 있다고 합니다. (화면 3) 왼쪽에 보시는 것은 텃밭에서 농사를 짓다가 발견한 청동기 시대의 돌도끼, 오른쪽에 보시는 것은 등산 중에 발견한 백제의 기와입니다.

(화면 4) 이런 현실을 반영해 만들어진 매장 문화재 발견 신고 제도의 절차를 화면으로 보고 계시는데요, 어떤 단계들이 있는지 함께 살펴봅시다. 우선 매장 문화재를 발견하게 되면 7일 이내에 관할 지방 자치 단체나 경찰서로 신고를 해야 합니다. 신고를 받은 기관은 발견 신고서를 문화재청으로 제출하고, 해당 물건의 소유자를 찾기 위해 90일간 공고를 해야 합니다. 다음으로 문화재청은 해당 물건이 문화재인지 확인하기 위해 예비 감정 평가를 실시하고, 필요에 따라 발견 지역에 대한 현장 조사도 진행합니다.

문화재로 판명되었는데도 정당한 소유자가 나타나지 않으면 국가에 귀속시켜 보관·관리하게 됩니다. 국가는 귀속된 문화재의 가치를 최종 감정하여 신고자에게 보상금을 지급하며, 이 신고로 인근에 발굴 조사가 이루어졌다면 포상금도 지급할 수 있습니다.

(화면 5) 주의할 점도 정리해 보았는데요, 화면에 붉게 표시한 부분들에 특히 유의해야 합니다. 발견이란 우연한 기회에 드러난 문화재를 찾은 것을 말합니다. 따라서 땅속에 묻혀 있는 것을 일부러 파내어 신고하는 것은 범죄 행위인 도굴에 해당됩니다. 또한 발견하고도 신고하지 않는 경우에는 은닉죄 등이 적용되어 처벌을 받게 된다는 것도 기억해야 합니다.

매장 문화재 발견 신고는 소중한 문화재를 보호하는 데 힘이 됩니다. 그리고 무엇보다 일반 국민의 신고로 우리 문화재를 지키고 남길 수 있다는 데도 큰 의미가 있습니다. 여러분도 주변 사물들과 문화재에 더 많은 주의를 기울였으면 합니다. 끝까지 들어주셔서 감사합니다.

1. 위 발표에 활용된 말하기 방식으로 적절하지 <u>않은</u> 것은?

① 발표 주제를 선정하게 된 동기를 밝히며 발표를 시작하고 있다.

② 발표 내용과 관련된 질문을 하여 청중의 관심을 유도하고 있다.

③ 구체적인 예를 활용하여 발표 내용을 효과적으로 전달하고 있다.

④ 발표 주제와 관련된 용어의 개념을 설명하여 청중의 이해를 돕고 있다.

⑤ 발표 내용을 친숙한 소재에 빗대어 표현하여 청중의 흥미를 유발하고 있다.

2. 위 발표에서 자료를 활용한 방식에 대한 설명으로 가장 적절한 것은?

① 자신이 발굴한 문화재를 소개하기 위해 '화면 1'에 발견한 것의 실물 사진을 제시하였다.

② 일반적으로 매장 문화재가 세상에 나오는 상황을 보여 주기 위해 '화면 2'에 문화재청의 발굴 조사 장면을 제시하였다.

③ 발견된 문화재의 시대적 층위를 부각하기 위해 '화면 3'에 고대와 근대의 문화재를 대비하여 제시하였다.

④ 제도를 세부적으로 파악할 수 있도록 하기 위해 '화면 4'에 감정 평가의 세부 단계들을 정리하여 제시하였다.

⑤ 주의할 점을 부각하여 전하기 위해 '화면 5'에 제도 운영의 핵심 취지 부분에 강조 표시를 해서 제시하였다.

3. 위 발표를 들은 학생이 〈보기〉와 같이 반응했다고 할 때, 이에 대한 설명으로 가장 적절한 것은?

<보 기>

할아버지 친구분께서 집을 새로 짓다가 비석을 발견해서 신고하셨는데 신라 시대 문화재로 밝혀졌다는 이야기를 들었던 게 떠올랐어. 이 비석이 어떤 절차를 밟아 문화재로 인정을 받게 되었는지 이전부터 궁금했는데, 알게 되어 유익했어. 수중에도 매장 문화재가 있다고 했는데, 구체적인 사례를 발표에서 다루지 않은 점은 아쉬웠어.

① 자신이 직접 당사자가 되었던 경험과 관련지어 발표 내용에 공감하고 있군.
② 발표를 듣기 전에 지니고 있었던 의문을 발표 내용을 통해 해소하고 있군.
③ 발표의 내용을 구조적으로 파악하여 전체 내용을 간략하게 정리하고 있군.
④ 발표의 내용이 발표 목적에 부합하고 있는지를 객관적으로 분석하고 있군.
⑤ 발표 내용 중에서 사실과 다른 부분을 판단하며 비판적으로 평가하고 있군.

[4~7] (가)는 학교 홈페이지에 게시된 글이고, (나)는 (가)를 게시한 후에 열린 회의이다. 물음에 답하시오.

(가)

○○고등학교 학생 여러분, 안녕하세요. ○○고등학교 학생회입니다. 학교 공간을 사용자 중심의 공간으로 만들자는 취지에서 학교 공간 개선에 대한 논의를 진행하고 있습니다. 그 일환으로 실시된 우리 학교 공간 중 개선이 필요한 장소에 대한 온라인 투표가 여러분들의 협조 덕분에 잘 마무리되었습니다. 그 결과를 공유하고, 구체적인 개선 방안에 대한 설문 조사를 안내하기 위해 글을 쓰게 되었습니다.

투표 실시 전에 안내가 된 것처럼, 학생들이 가장 개선이 필요하다고 생각하는 학교 공간을 학생들의 의견을 적극적으로 반영하여 정비하겠다고 학교 측과 사전에 협의가 되었습니다. 전교생 중 90%가 투표에 참여했고, 그중 83%가 화장실 공간 개선을 요구하였습니다. 이에 화장실 공간 개선에 대한 구체적인 의견을 수렴하기 위해 설문 조사를 실시하고자 합니다.

오늘부터 일주일간 진행되는 설문 조사는 크게 두 가지 항목으로 이루어져 있습니다. 첫 번째로 여러분들이 생각하는 우리 학교 화장실의 문제점과 여기에 대한 해결 방안을 제안해 주십시오. 두 번째로 첨부 파일에 있는 우리 학교 각 층 화장실 도면을 참고하여 화장실의 구체적인 공간 구성에 대한 의견도 제시해 주시기 바랍니다.

학교 공간 디자인 전문가의 힘도 빌려야 하겠지만, 더 중요한 것은 학생 여러분의 의견입니다. '손이 많으면 일도 쉽다.'라는 말이 있습니다. 무슨 일이나 여러 사람이 힘을 합하면 쉽게 잘 이룰 수 있다는 이 말처럼 우리가 원하는 학교 화장실을 만들기 위해서 학생 여러분의 많은 관심과 적극적인 참여가 필요합니다.

㉠

(나)

선생님 많은 학생들이 요구했던 화장실 공간 개선에 대한 회의를 시작하겠습니다. 설문 조사 기간이 일주일이었지요? 회의를 통해 화장실 개선에 대한 설문 조사 결과를 살피고, 학교 공간 디자인 전문가에게 전달할 내용들을 정리해 봅시다. 학생들은 개선이 필요한 점이 무엇이라고 이야기했는지 말해 볼까요?

학생 1 네, 설문 조사 결과 여러 학생이 가장 불편함을 느꼈던 부분은 화장실 환기가 잘 되지 않는다는 점이었습니다. 습기가 빠지지 않아 눅눅하다는 의견, 공기 정화가 잘 되지 않는다는 의견 등이 나왔습니다.

학생 2 맞습니다. 또 세면대 이용이 불편하다는 의견도 많았습니다. 세면대 개수가 부족하고 높이가 모두 같기에 본인의 키에 맞지 않아 불편함을 느낀다고 하였습니다.

선생님 그렇군요. 정리하자면 학생들이 생각하는 우리 학교 화장실의 문제점은 화장실의 환기가 제대로 되지 않는다는 것과 세면대 개수와 높이에 문제가 있다는 것이네요. 그렇다면 학생들은 이러한 문제점에 대해 어떤 해결 방안을 제시하였나요?

학생 1 화장실 환기 문제를 해결하기 위한 방안으로는, 낡고 오래되어 여닫기 힘든 창문을 교체해 달라는 의견이 있었습니다. 또한 환풍기를 추가로 설치하고 공기 정화 장치를 새롭게 설치했으면 좋겠다는 의견도 있었습니다.

[A] **학생 2** 공기 정화 장치를 설치하자는 것은 좋은 의견이네요. 세면대에 대한 해결 방안으로, 먼저 학생들은 세면대가 지금보다 더 많았으면 좋겠다고 답했습니다. 또한 두세 가지 정도의 다양한 높이로 되어 있다면 자신의 키에 맞게 사용할 수 있어서 좋을 것 같다고 하였습니다.

선생님 그렇군요. 학생들이 생각하는 해결 방안을 잘 들었습니다. 참, 학생들에게 우리 학교 각 층 화장실의 도면도 제시했다고 알고 있는데, 이와 관련된 의견이 있었나요?

┌─학생 2 네, 우리 학교 1층 화장실의 도면을 참고하여 의견을
│   낸 학생들이 있었습니다. 다른 층에 비해 1층 화장실
│   의 내부 공간이 여유로우니 여기에 탈의 공간을 만들
│   어 체육복을 갈아입을 수 있도록 하면 좋겠다는 의견
│   이 있었습니다. 저도 이 의견에 동의합니다.
[B]──학생 1 이미 체육관 앞에 탈의 공간이 따로 있으니 탈의 공간
│   보다는 그곳에 세면대를 더 두면 어떨까요? 저도 1층
│   화장실을 이용할 때 불편을 겪은 적이 있었기 때문에,
│   세면대를 두는 것이 넓은 공간을 잘 활용하는 방안이
└   될 것 같습니다.

선생님 학교 도면이 복잡해서 잘 파악했을지 걱정이 좀 되었는
       데, 잘 이해하고 좋은 의견을 내어 주었네요. 그 외에 다
       른 의견들은 없었나요?

학생 1 화장실 벽면에 학생들의 추천을 받아 그림이나 글귀를
       부착하자는 의견도 있었습니다.

선생님 여러 의견이 나왔네요. 이 의견들이 충분히 고려되어야
       하므로 회의 내용을 학교 측과 학교 공간 디자인 전문가
       에게 전달하겠습니다. 그럼 다음 회의에는 학교 공간 디
       자인 전문가도 함께 모셔서 구체적인 시안을 바탕으로
       화장실 공간 디자인을 검토하도록 합시다.

---

4. (가)를 이해한 내용으로 적절하지 <u>않은</u> 것은?

① 예상 독자를 명시한 후 글을 쓴 이유를 드러내고 있다.
② 사전 협의 내용을 밝히며 이후 진행될 과정을 제시하고 있
   다.
③ 온라인 투표 결과를 수치로 나타내어 독자와 결과를 공유하
   고 있다.
④ 설문 항목을 안내하고 설문 참여 시에 주의할 점을 덧붙이고
   있다.
⑤ 관용 표현의 의미를 풀어 설명하여 독자의 참여를 유도하고
   있다.

---

5. 〈조건〉에 따라 ㉠에 마지막 문장을 추가한다고 할 때 가장 적
절한 것은?

> ─── 〈조 건〉 ───
> ○ 서두에 제시된 학교 공간 개선의 취지를 다시 강조할
>   것.
> ○ 비유적 표현을 활용하여 맥락에 맞게 마무리할 것.

① 전문가도 인정하는 새로운 공간이 가득한 우리 학교는 사랑
   입니다.
② 편안하고 쾌적한 공원 같은 우리 학교 공간을 여러분에게 소
   개합니다.
③ 사용자인 우리의 편의를 두루 고려한 내 집 같은 학교 공간
   을 함께 만듭시다.
④ 공간을 바라보는 틀에 박힌 생각에서 벗어나 우리 학교를 새
   롭게 바꾸어 봅시다.
⑤ 학생도 선생님도 만족하며 사용하는 학교 공간을 우리의 노
   력으로 만들어 봅시다.

---

6. (나)의 '선생님'에 대한 설명으로 적절하지 <u>않은</u> 것은? [3점]

① (가)에서 언급한 설문 조사 기간을 확인하고, 회의에서 논의
   해야 할 사항을 안내하고 있다.
② (가)에서 제시한 첫 번째 설문 항목과 관련하여 설문 조사의
   결과를 모아 온 학생들의 발화를 정리하고 있다.
③ (가)에서 두 번째로 제시한 설문 항목과 관련하여 조사 결과
   에 대해 질문하고 있다.
④ (가)에서 언급한 설문 참고 자료를 잘 파악했는지 점검한 후
   학생의 설명에 대한 자신의 이해가 적절한지 확인하고 있
   다.
⑤ (가)에서 언급한 관련 분야 전문가가 다음 회의 참여자임을
   밝히며 다음 회의를 예고하고 있다.

---

7. [A], [B]에 대한 설명으로 가장 적절한 것은?

① [A] : '학생 1'은 '학생 2'의 발언과 달리 전달할 내용을 제시
   한 후 자신의 의견을 덧붙이고 있다.
② [A] : '학생 2'는 '학생 1'의 발언을 구체화하며 자신의 견해
   를 수정하고 있다.
③ [A] : '학생 2'는 '학생 1'의 발언의 일부를 긍정하며 추가적
   인 정보 제공을 요청하고 있다.
④ [B] : '학생 1'은 '학생 2'의 발언과 달리 조사한 내용을 말하
   고 그에 동의하고 있다.
⑤ [B] : '학생 1'은 '학생 2'의 발언 내용과는 다른 의견을 자신
   의 경험을 바탕으로 제안하고 있다.

[8~10] 다음을 읽고 물음에 답하시오.

[작문 상황]

○ 작문 목적 : 새롭게 주목받는 직업에 대한 정보를 전달하는 글을 씀.

○ 예상 독자 : 우리 학교 학생들

[학생의 초고]

　최근 도시 경관을 아름답게 해 주고 소음과 미세 먼지를 줄이는 데에 효과가 있는 생활권 도시림이 주목받으면서, 이를 구성하는 가로수와 조경수 등을 체계적으로 관리하는 '나무의사'라는 직업이 관심을 끌고 있습니다.

　나무의사는 나무의 병해충을 예방하거나 진료하는 전문가를 일컫습니다. 몇몇 나라는 우리보다 먼저 나무의사와 유사한 제도를 시행하고 있었고, 우리나라는 2018년부터 '나무의사 자격 제도'를 두어 아파트 단지나 공원, 학교 등에 있는 생활권 수목의 치료를 나무의사가 맡도록 하고 있습니다.

　이전에는 '생활권 수목 병해충 방제 사업' 대부분을 비전문가가 실행하여 여러 가지 부작용이 발생했습니다. 이런 부작용을 해소하고 관리의 전문성을 더욱 강화할 필요성이 제기되면서 이 제도를 도입했다고 합니다. 특히 생활권 도시림이 해마다 증가하고 있는 것도 중요한 이유 중 하나입니다.

　나무의사가 되려면 자격시험에 응시해야 하는데, 응시를 위해서는 일정한 자격 조건을 갖추어야 합니다. 수목 진료 관련 석박사 학위를 소지하고 있거나, 산림 및 농업 분야 특성화고를 졸업한 후 3년 이상의 경력이 필요합니다. 자격시험에서 1차 시험은 필기시험이고, 2차 시험은 수목 및 병해충의 분류와 약제 처리, 외과 수술로 이루어져 있습니다. 여러 단계에 거쳐 정교하게 생명을 다루어야 하기에 실제 합격률은 저조한 편이라고 합니다.

　이 제도가 전면 시행되는 2023년부터는 나무의사가 없이는 나무병원을 운영할 수 없기 때문에 나무의사에 대한 수요는 계속 늘 것으로 보입니다. 자격증의 공신력도 높은 편이라서 자격증을 취득하면 관련 분야에 진출하기가 쉬워집니다. ㉠ 나무가 내뿜는 피톤치드가 우리 몸을 건강하게 하기에 나무를 잘 가꾸고 지켜야 우리의 삶이 윤택해집니다. 새로운 시대 상황에서 나무의사가 주목받는 것처럼 여러분도 사회의 변화에 관심을 갖고 다양하게 직업을 탐색했으면 좋겠습니다.

8. 학생이 글을 쓰기 전에 떠올린 생각 중 글에 반영된 것은?

> ㄱ. 나무의사 제도 도입의 이유를 언급해야겠어.
> ㄴ. 나무의사 총인원의 연간 증가율을 객관적 수치로 제시해야겠어.
> ㄷ. 나무의사 자격증의 공신력이 과거에 비해 높아진 이유를 제시해야겠어.
> ㄹ. 나무의사 자격 제도에 응시할 수 있는 요건을 구체적으로 언급해야겠어.

① ㄱ, ㄴ　　② ㄱ, ㄹ　　③ ㄴ, ㄷ　　④ ㄴ, ㄹ　　⑤ ㄷ, ㄹ

9. 〈보기〉는 초고를 보완하기 위해 수집한 자료들이다. 자료의 활용 방안으로 적절하지 <u>않은</u> 것은? [3점]

— <보 기> —

(가) 통계 자료

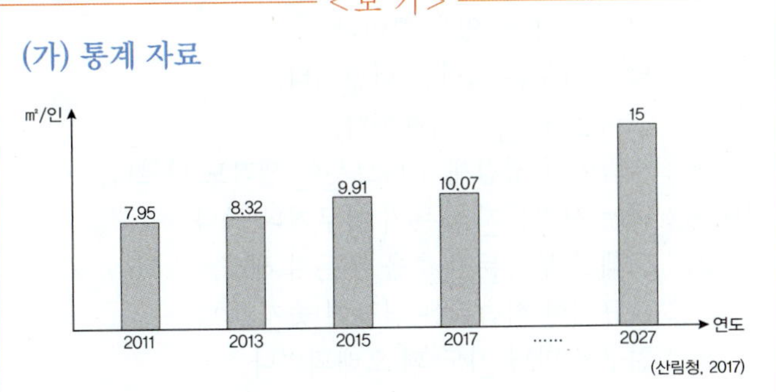

〈생활권 도시림 증감 추이〉

(나) 나무의사 김○○ 씨 인터뷰

　예전부터 '나무의사'와 유사한 제도를 운영하고 있는 나라들이 있습니다. 중국의 '수예사(樹藝師)', 일본의 '수목의(樹木醫)'라는 제도가 대표적입니다. 나무는 여러 오염 물질의 정화, 온실가스 저감, 홍수나 산사태 방비 등의 기능을 합니다. 그래서 이를 관리할 나무의사의 역할이 중요해졌습니다. 나무의사의 필요성이 커지는 만큼 자격시험 응시생도 꾸준히 늘고 있으나 4회의 시험 동안 최종 합격률 평균은 응시생 대비 8% 수준에 불과합니다.

(다) 신문 기사

　산림청이 실시한 '생활권 수목 병해충 관리 실태 조사' 결과에 따르면 비전문가에 의한 수목 방제 사례가 90% 이상이었다. 그로 인해 살포된 농약 중 69%는 부적절하게 사용됐고, 독한 농약과 해당 수목에 알맞지 않은 약제를 살포한 것은 78%에 달하는 것으로 나타나 시민들의 건강과 산림 자원에 위협이 되고 있다. 특히 가로수 방제용 약제 중 발암 물질을 함유하고 있는 것도 있어 전문가의 손길이 필요하다.

① (가)를 3문단에서 활용하여, 생활권 수목이 증가하고 있음을 뒷받침하는 근거로 제시한다

② (나)를 2문단에서 활용하여, 나무의사와 유사한 제도를 이미 운영하고 있는 나라들이 있다는 내용을 뒷받침하는 근거로 제시한다.

③ (나)를 4문단에서 활용하여, 나무의사 자격시험 합격률이 저조하다는 내용을 뒷받침하기 위해 구체적인 수치를 제시한다.

④ (다)를 3문단에서 활용하여, 비전문가가 수목을 치료하는 현황과 그 부작용의 사례를 제시한다.

⑤ (다)를 5문단에서 활용하여, 나무의사가 없이는 나무병원을 운영할 수 없기 때문에 나무의사에 대한 수요가 증가한다는 근거로 제시한다.

10. 〈보기〉는 선생님의 조언에 따라 ㉠을 수정한 것이다. 선생님이 조언했음 직한 내용으로 가장 적절한 것은?

— <보 기> —

　자연환경 보호와 삶의 질 향상이 중시되는 시대이므로, 생활권 수목에 대한 관리 대책도 과거와는 달라져야 합니다. 거대한 산소 공장인 나무와 숲을 살리는 나무의사라는 전문 인력이 그 무엇보다 필요한 때입니다.

① 오늘날 나무의사의 역할이 과거와는 어떻게 달라졌는지를 알려 주면 좋겠구나.

② 국가적 차원에서 나무의사를 관리해야 전문성이 향상된다는 것을 강조하면 좋겠구나.

③ 나무의사가 등장하게 된 사회적 배경을 바탕으로 하여 나무의사의 역할을 강조하면 좋겠구나.

④ 나무의사라는 직업에 대한 소개이니, 나무의사가 되어서 하는 구체적인 업무들을 소개하면 좋겠구나.

⑤ 나무의사가 가로수와 조경수를 잘 관리해서 인간이 자연으로부터 얻을 수 있는 혜택을 구체화하면 좋겠구나.

[11~12] 다음 글을 읽고 물음에 답하시오.

보조사는 앞말에 붙어 특별한 뜻을 더해 주는 기능을 한다. 격 조사가 문법적 관계를 나타내 주는 것과 달리, 보조사는 앞말에 결합되어 의미를 첨가하는 기능을 한다.

ㄱ. 소설만 읽지 말고 시도 읽어라.
ㄴ. 소설만을 읽지 말고 시도 읽어라.

위의 ㄱ에서 '만'은 앞 체언에 '한정'의 의미를 더해 주고 있으며, '도'는 앞 체언에 '역시, 또한'의 의미를 더해 주고 있다. 한편 ㄴ의 '만을'에서 확인할 수 있듯이, 보조사와 격 조사가 함께 나타날 수 있다. 이때 문법적 관계는 격 조사가 담당하고 보조사는 앞말에 특정한 의미를 더해 주는 기능을 한다.

보조사의 다른 특징은 결합할 수 있는 앞말이 체언에 국한되지 않고, 부사, 어미 등의 뒤에도 결합할 수 있다는 것이다. 또한 '격 조사 + 보조사' 혹은 '보조사 + 보조사'의 형태로도 결합할 수 있고, 격 조사 자리에 보조사가 나타날 수도 있다.

한편 ⓐ 보조사 중에서 ⓑ 의존 명사 또는 어미와 그 형태가 동일한 경우가 있어 헷갈릴 수 있다.

[A]
ㄱ. 나는 나대로 계획이 있다.
ㄴ. 네가 아는 대로 말해라.

위 ㄱ에서 '대로'는 대명사 '나'에 결합되었기 때문에 보조사로, ㄴ에서 '대로'는 관형어의 수식을 받기 때문에 의존 명사로 본다.

11. 윗글을 참고하여 〈보기〉의 ㉠~㉢을 이해한 것으로 적절하지 않은 것은? [3점]

─── <보 기> ───

㉠ 라면마저도 품절됐네.
㉡ 형도 동생만을 믿었다.
㉢ 그는 아침에만 운동했다.

① ㉠ : 격 조사 뒤에 '역시, 또한'의 의미를 더해 주는 보조사가 덧붙고 있다.
② ㉡ : 주격 조사 자리에 '도'라는 보조사가 나타나고 있다.
③ ㉡ : 보조사 '만'과 격 조사 '을'이 함께 나타나고 있다.
④ ㉢ : '에'는 체언에 결합하여 문법적 관계를 나타낸다.
⑤ ㉢ : '만'은 보조사가 결합할 수 있는 앞말이 체언에 국한되지 않음을 보여 준다.

12. [A]에서 설명하는 ⓐ, ⓑ의 예에 해당하는 것은?

① ⓐ : 모임에 그 사람만 참석했다.
　ⓑ : 그가 그러는 것도 이해할 만은 하다.
② ⓐ : 그는 그냥 서 있을 뿐이다.
　ⓑ : 날 알아주는 사람은 너뿐이다.
③ ⓐ : 그녀는 뛸 듯이 기뻐했다.
　ⓑ : 사람마다 생김새가 다르듯이 생각도 다르다.
④ ⓐ : 나는 사과든지 배든지 아무거나 좋다.
　ⓑ : 노래를 부르든지 춤을 추든지 해라.
⑤ ⓐ : 불규칙한 식습관은 건강에 좋지 않다.
　ⓑ : 친구를 만난 지도 꽤 오래되었다.

※ 12번 문제는 부산 광역시 교육청의 출제 문항 오류로 일부 변형하였습니다. 참고 바랍니다.

13. 〈보기〉의 [활동]을 수행한 결과로 적절하지 않은 것은?

─── <보 기> ───

[활동] 제시된 단어의 발음을 [자료]와 연결해 보자.

신라, 칼날, 생산량, 물난리, 불놀이

[자료]

㉠ 'ㄹ'의 앞에서 'ㄴ'이 [ㄹ]로 발음되는 경우
㉡ 'ㄹ'의 뒤에서 'ㄴ'이 [ㄹ]로 발음되는 경우
㉢ 'ㄴ'의 뒤에서 'ㄹ'이 [ㄴ]으로 발음되는 경우

① '신라'는 ㉠에 따라 [실라]로 발음하는군.
② '칼날'은 ㉡에 따라 [칼랄]로 발음하는군.
③ '생산량'은 ㉢에 따라 [생산냥]으로 발음하는군.
④ '물난리'는 ㉠, ㉡에 따라 [물랄리]로 발음하는군.
⑤ '불놀이'는 ㉡, ㉢에 따라 [불로리]로 발음하는군.

14. 밑줄 친 ㉠의 예로 적절한 것은?

> 우리말의 문장 유형은 평서문, 의문문, 명령문, 청유문, 감탄문으로 나뉘는데, 대개 특정한 종결 어미를 통해 실현된다. 그런데 경우에 따라 ㉠ <u>동일한 형태의 종결 어미가 서로 다른 문장 유형을 실현하기도 한다.</u>

① -니 　　너는 무엇을 먹었니?
　　　　　아버님은 어디 갔다 오시니?

② -ㄹ게 　오늘은 내가 먼저 나갈게.
　　　　　내가 나중에 다시 전화할게.

③ -구나 　그것 참 그럴듯한 생각이구나.
　　　　　올해도 과일이 많이 열리겠구나.

④ -ㅂ시다 지금부터 함께 청소를 합시다.
　　　　　밥을 먹고 공원에 놀러 갑시다.

⑤ -어라 　늦을 것 같으니까 어서 씻어라.
　　　　　그 사람을 몹시도 만나고 싶어라.

15. 〈보기〉는 '사전 활용하기 학습 자료'의 일부이다. 이에 대해 탐구한 내용으로 적절하지 <u>않은</u> 것은?

> **― <보 기> ―**
>
> **갈다¹** 〔동〕 갈아[가라] 가니[가니]
> 【…을, …을 …으로】이미 있는 사물을 다른 것으로 바꾸다.
> ¶ 컴퓨터의 부속품을 좋은 것으로 갈았다.
>
> **갈다²** 〔동〕 갈아[가라] 가니[가니]
> ①【…을】날카롭게 날을 세우거나 표면을 매끄럽게 하기 위하여 다른 물건에 대고 문지르다.
> ¶ 옥돌을 갈아 구슬을 만든다.
> ②【…을】잘게 부수기 위하여 단단한 물건에 대고 문지르거나 단단한 물건 사이에 넣어 으깨다.
> ¶ 무를 강판에 갈아 즙을 낸다.
>
> **갈다³** 〔동〕 갈아[가라] 가니[가니]
> ①【…을】쟁기나 트랙터 따위의 농기구나 농기계로 땅을 파서 뒤집다.
> ¶ 논을 갈다.
> ②【…을】주로 밭작물의 씨앗을 심어 가꾸다.
> ¶ 밭에 보리를 갈다.

① '갈다¹', '갈다²', '갈다³'은 동음이의어이군.
② '갈다³'은 여러 가지 뜻을 가지므로 다의어이군.
③ '갈다²-②'의 용례로 '무딘 칼을 날카롭게 갈다.'를 추가할 수 있겠군.
④ '갈다¹'은 '갈다²', '갈다³'과 달리 부사어를 요구할 수도 있는 동사로군.
⑤ '갈다¹', '갈다²', '갈다³'은 '갈-'에 '-니'가 결합할 때 표기와 발음이 같군.

[16~20] 다음 글을 읽고 물음에 답하시오.

상담 이론이자 상담 기법인 '현실요법'에서는 인간의 다섯 가지 기본 욕구를 제시하고 있다. 이 이론에서는 개인의 모든 행동은 기본 욕구를 충족시키기 위해서 그 자신이 선택하는 것이라 보았다. 만약 이러한 선택으로 문제가 발생한다면 다섯 가지 기본 욕구를 실현 가능한 수준으로 타협하고 조절해 새로운 선택을 할 필요가 있다고 ⓐ 제안했다.

다섯 가지 기본 욕구 중 첫째는 '생존의 욕구'로, 자신의 삶을 유지하려는 생물학적인 속성이다. 사회적 규칙이나 상식을 지키려는 욕구이며, 생존에 필요한 것을 아끼고 모으려는 욕구이기도 하다. 이 욕구가 강한 사람은 건강과 안전을 중시하는 편이다. 둘째는 '사랑의 욕구'로, 사랑하고 나누며 함께하고자 하는 욕구이다. 이 욕구가 강한 사람은 타인을 잘 돕고, 사랑을 주는 만큼 받는 것도 중요하게 여기기에 인간관계에서 힘들어하기도 한다. 셋째는 '힘의 욕구'로, 경쟁하여 성취하고 인정받고 싶어 하는 욕구이다. 이 욕구가 강한 사람은 직장에서의 성공과 명예를 중시하고 높은 사회적 지위에 ⓑ 도달하기 위해 노력한다. 또한 자기가 옳게 여기는 것에 대한 의지가 있어 자기주장이 강하며 타인에게 지시하는 일에 능하다. 넷째는 '자유의 욕구'로, 무언가에 얽매이지 않고 벗어나고 싶어 하는 욕구이다. 이 욕구가 강한 사람은 상대방을 구속하는 것, 자신을 구속시키는 것을 싫어한다. 그래서 상대방에게 대체로 관대하고, 혼자 하는 것을 좋아하며, 사람들과 적정한 거리를 유지하는 것을 편하게 여긴다. 다섯째는 '즐거움의 욕구'로, 새로운 것을 배우고 놀이를 통해 즐기고 싶어 하는 욕구이다. 이 욕구가 강한 사람은 취미 생활을 즐기며, 잘 웃고 긍정적 태도를 취한다. 또한 호기심이 많기에 배우는 것을 좋아한다.

현실요법에서는 이 다섯 가지 욕구들의 강도가 개인마다 달라 행동 양상이 다양하게 나타나고, 여러 가지 갈등을 겪을 수도 있다고 보았다. 현실요법은 우선 내담자*가 자신의 욕구를 들여다볼 수 있도록 한 다음, 약한 욕구를 북돋아 주거나 강한 욕구들 사이에서 타협과 조절을 하여 새로운 선택을 하도록 이끄는 단계를 밟는다. 예를 들어 사랑의 욕구가 강하고 힘의 욕구가 약한 사람이 타인의 부탁에 불편함을 느끼면서도 거절하지 못해 괴로워한다고 가정해 보자. 이 경우 현실요법에서는 ㉠힘의 욕구를 북돋아 자기주장을 표현할 수 있도록 도울 수 있다. 또 자유의 욕구와 힘의 욕구 모두가 강한 사람은 자신이 ⓒ 선호하는 것을 우선시하고 이것이 방해받으면 불편해하며 주변 사람들과 갈등을 일으킬 수 있다. 이 경우 힘의 욕구를 조절하도록 이끌 수 있는데, 타인과의 사소한 의견 충돌 상황에서 자기주장을 강조하기보다는 타인의 마음을 헤아리고 그 의견을 ⓓ 겸허하게 수용하는 연습을 하게 할 수 있다.

현실요법은 타인의 욕구 충족을 방해하지 않으면서 효과적인 선택을 통해 자신의 욕구를 충족시키려 한다. 이는 내담자가 외부 요인에 의해 통제되는 존재가 아니라 스스로 자신의 욕구를 조절할 수 있는 주체라고 보는 관점을 기반으로 한다. 현재 현실요법은 상담 분야에서 호응을 얻어 심리 상담에 널리 ⓔ 활용되고 있다.

16. 윗글에 대한 설명으로 가장 적절한 것은?

① 이론의 주요 개념을 밝히고 그 이론의 구체적 적용 사례를 들고 있다.
② 이론을 소개하고 장점을 밝힌 후 그 이론이 지닌 한계를 덧붙이고 있다.
③ 이론이 등장하게 된 사회적 배경과 이론이 발전하는 과정을 드러내고 있다.
④ 하나의 이론과 다른 관점의 이론을 대조하여 둘의 차이점을 부각하고 있다.
⑤ 이론의 주요 개념을 여러 유형으로 나눈 다음 추가할 새로운 유형을 소개하고 있다.

17. 윗글의 내용과 일치하지 <u>않는</u> 것은?

① 약한 욕구를 강한 욕구로 대체해야 갈등에서 벗어날 수 있다.
② 개인이 지닌 욕구들의 강도에 따라 다양한 행동 양상이 나타난다.
③ 현실요법에서는 내담자는 외부 요인에 의해 통제되는 존재가 아니라고 본다.
④ 현실요법에 따르면 인간은 기본 욕구를 충족시키기 위해 스스로 행동을 선택한다.
⑤ 현실요법은 기본 욕구들을 실현 가능한 수준으로 타협하는 것이 가능하다고 본다.

18. ㉠의 구체적인 방법으로 가장 적절한 것은?

① 자신과 다른 의견을 경청하는 연습을 하도록 이끈다.
② 부탁을 거절하거나 자신의 불편함을 표출하도록 이끈다.
③ 혼자 어디론가 떠나거나 혼자만의 시간을 갖도록 권한다.
④ 타인과 약속을 잘 지킬 수 있는 원칙을 만들도록 권한다.
⑤ 사람들과 어울려 새로운 취미 생활을 즐길 수 있도록 권한다.

19. 윗글을 바탕으로 〈보기〉를 이해한 내용으로 적절하지 <u>않은</u> 것은? [3점]

<보 기>

A, B 학생의 욕구 강도 프로파일
(5점: 매우 강하다, 4점 : 강하다, 3점 : 보통이다,
2점 : 약하다, 1점 : 매우 약하다)

다섯 가지 기본 욕구 측정 항목		욕구 강도	
		A	B
(가)	• 남의 지시와 잔소리를 싫어한다. • 자신의 방식대로 살고 싶다. ⋮	5	5
(나)	• 다른 사람의 잘못을 잘 짚어 준다. • 내 분야에서 최고가 되고 싶다. ⋮	4	1
(다)	• 친구를 위한 일에 기꺼이 시간을 낸다. • 친절을 베푸는 것을 좋아한다. ⋮	5	1
(라)	• 큰 소리로 웃는 것을 좋아한다. • 여가 활동으로 알찬 휴일을 보낸다. ⋮	1	3
(마)	• 균형 잡힌 식생활을 하려고 노력한다. • 저축을 중요하게 생각한다. ⋮	2	5

① A는 '즐거움의 욕구'보다 '힘의 욕구'가 더 강하다고 할 수 있 겠군.
② B는 '힘의 욕구'가 '생존의 욕구'보다 더 약하다고 할 수 있겠 군.
③ A는 B보다 '힘의 욕구'가 더 약하다고 할 수 있겠군.
④ A와 B는 모두 '자유의 욕구'가 매우 강하다고 할 수 있겠군.
⑤ A는 '사랑의 욕구'가 '즐거움의 욕구'보다 강하지만, B는 '즐 거움의 욕구'가 '사랑의 욕구'보다 강하다고 할 수 있겠군.

20. ⓐ~ⓔ의 사전적 의미로 적절하지 <u>않은</u> 것은?

① ⓐ : 안이나 의견으로 내놓음.
② ⓑ : 사람이나 동식물 따위가 자라서 점점 커짐.
③ ⓒ : 여럿 가운데서 특별히 가려서 좋아함.
④ ⓓ : 스스로 자신을 낮추고 비우는 태도가 있음.
⑤ ⓔ : 충분히 잘 이용함.

[21~25] 다음 글을 읽고 물음에 답하시오.

물이 담긴 욕조의 마개를 빼면 물이 배수구 주변에서 회전하며 소용돌이를 일으킨다. 배수구에서 멀리 떨어져 있으면 빨려 들어가는 속도의 크기가 0에 가깝고, 배수구 중앙에 가까울수록 속도가 빨라진다. 원운동을 하는 물체의 이동 거리, 즉 호의 길이가 시간에 따라 변하는 비율을 원주속도라고 한다. 욕조의 소용돌이 중심과 가장 가까운 부분에서 최대 원주속도가 나오고, 소용돌이 중심에서 멀어져 반지름이 커짐에 따라 원주속도가 감소한다. 이 소용돌이를 '자유 소용돌이'라 하는데, 배수구로 들어간 물은 물체의 자유낙하처럼 중력의 영향 아래 물 자체의 에너지로 운동을 유지한다.

이와 달리 컵 속의 물을 숟가락으로 강하게 휘젓거나 컵의 중심선을 회전축으로 하여 컵과 물을 함께 회전시키는 상황을 생각해 보자. 이때 원심력 등이 작용해 중심의 물 입자들이 컵 가장자리로 쏠려 컵 중앙에 있는 물의 압력이 낮아지면서 ⊙ 가운데가 오목한 소용돌이가 만들어진다. 회전이 충분히 안정되면 물 전체의 회전 속도, 즉 회전하는 물체의 단위 시간당 각도 변화 비율인 ⓛ 각속도가 똑같아져 마치 팽이가 돌듯이 물 전체가 고체처럼 회전한다. 이때 물은 팽이의 회전과 같이 회전 중심은 원주속도가 0이 되고 중심에서 멀어질수록 반지름에 비례하여 원주속도가 증가하는 분포를 보인다. 이 소용돌이를 '강제 소용돌이'라 하는데, 용기 안의 물이 회전 운동을 유지하려면 에너지를 외부에서 인위적으로 제공해야 한다.

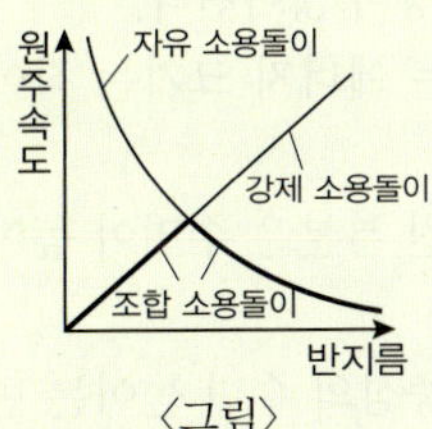

숟가락으로 컵 안에 강제 소용돌이를 만든 후 숟가락을 빼고 일정한 시간 동안 관찰하면 가운데에는 강제 소용돌이, 주변에는 자유 소용돌이가 발생한다. 〈그림〉에서 보는 것처럼 이를 '랭킨의 조합 소용돌이'라고 한다. 이는 전체를 강제로 회전시킨 힘을 제거했을 때 바깥쪽에서는 원주속도가 서서히 떨어지고, 중심에서는 원주속도가 유지되는 상태의 소용돌이다. 조합 소용돌이에서는 소용돌이 중심에서 원주속도가 최소가 되고, 강제 소용돌이에서 자유 소용돌이로 전환되는 점에서 원주속도가 최대가 된다. 조합 소용돌이의 예로 ⓒ 태풍의 소용돌이를 들 수 있다.

이러한 원리를 적용한 분체 분리기는 기체나 액체의 흐름으로 분진 등 혼합물을 분리하는 장치이다. 혼합물에 작용하는 원심력도 이용하기 때문에 원심 분리기, 공기의 흐름이 기상 현상의 사이클론과 비슷해서 사이클론 분리기라고도 한다. 그 예로 쓰레기용 필터가 없는 가정용, 산업용 ⓔ 사이클론식 청소기를 들 수 있다. 원통 아래에 원추 모양의 통을 붙이고 원추 아래에 혼합물 상자를 두는데, 내부 중앙에는 별도의 작은 원통인 내통이 있다. 혼합물을 함유한 공기를 원통부 가장자리를 따라 소용돌이를 만들어 시계 방향으로 흘려보내면, 혼합물은 원통부와 원추부 벽면에 충돌하여 떨어져 바닥에 쌓인다. 유입된 공기는 아래쪽 원추부로 향할수록 원주속도를 증가시키는 자유 소용돌이를

만들고, 원추부 아래쪽에서는 강해진 자유 소용돌이가 돌면서 강제 소용돌이를 만들어 낸다. 강제 소용돌이는 용기 중앙의 내통에서 혼합물이 없는 공기로 흐르게 되어 반시계 방향으로 돌며 배기된다.

21. 윗글의 내용과 일치하지 <u>않는</u> 것은?

① 자연에서 발생하는 소용돌이는 모두 자유 소용돌이이다.
② 배수구에서 멀어지면 원운동을 하는 물의 속도는 느려진다.
③ 강제 소용돌이는 고체처럼 회전하고 회전 중심의 속도는 0 이다.
④ 분체 분리기는 자유 소용돌이로 강제 소용돌이를 만들어 낼 수 있는 기계 장치이다.
⑤ 용기 안의 강제 소용돌이는 외부에서 가해지는 힘이 있어야 운동을 유지할 수 있다.

22. ㉠에 대한 설명으로 적절한 것은?

① 물이 회전할 때 원심력과 압력은 서로 관련이 없다.
② 컵 중앙 부분으로 갈수록 물 입자의 양이 많아진다.
③ 컵 반지름이 클수록 물을 회전시키는 에너지 크기는 작아진다.
④ 컵 속에서 회전하는 물의 압력이 커진 부분은 수면이 높아진다.
⑤ 외부 에너지를 더 가하더라도 회전 중심의 수면 높이는 변화가 없다.

23. ㉡을 통해 알 수 있는 것은?

① 각속도가 시간이 지남에 따라 점점 빨라지겠군.
② 단위 시간당 각도가 변하는 비율이 수시로 달라지겠군.
③ 각속도는 회전 중심에서 가깝든 멀든 상관없이 일정하겠군.
④ 강제 소용돌이의 수면 어느 지점에서나 원주속도는 항상 같겠군.
⑤ 강제 소용돌이는 자유 소용돌이와 같은 원주속도 분포를 보이겠군.

24. 윗글을 바탕으로 ㉢을 이해할 때, 〈보기〉의 ⓐ~ⓒ에 들어갈 말로 적절한 것은?

> ─── 〈 보 기 〉 ───
>
> 태풍 중심 부분은 '태풍의 눈'이라 하고 (ⓐ)의 중심에 해당한다. 강제 소용돌이와 자유 소용돌이의 경계층에 해당하는 부분은 '태풍의 벽'이라고 하여 바람이 (ⓑ). 이는 윗글 〈그림〉의 (ⓒ)에 해당한다.

	ⓐ	ⓑ	ⓒ
①	자유 소용돌이	강하다	자유 소용돌이와 강제 소용돌이의 교차점
②	자유 소용돌이	약하다	반지름이 가장 큰 자유 소용돌이의 지점
③	강제 소용돌이	강하다	반지름이 가장 작은 자유 소용돌이의 지점
④	강제 소용돌이	약하다	반지름이 가장 큰 강제 소용돌이의 지점
⑤	강제 소용돌이	강하다	자유 소용돌이와 강제 소용돌이의 교차점

25. 〈보기〉는 ㉣의 구조를 그림으로 나타낸 것이다. 윗글을 읽은 학생의 반응으로 적절하지 <u>않은</u> 것은? [3점]

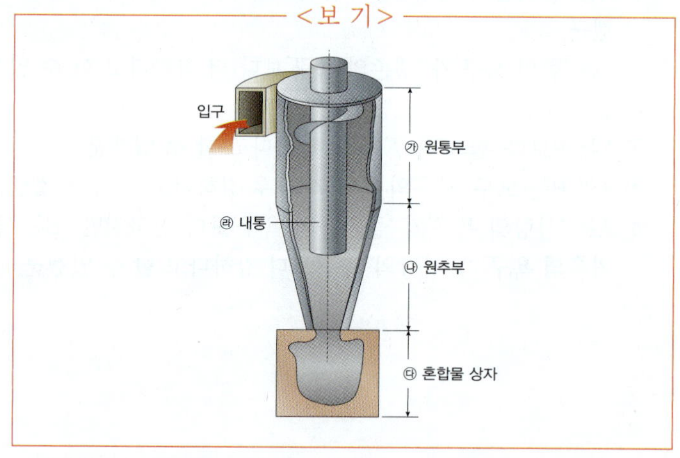

① ㉮에서는 소용돌이가 시계 방향으로 돌아 혼합물에 원심력이 작용하겠군.
② ㉮보다 ㉰에서 소용돌이의 원주속도가 상대적으로 빠르겠군.
③ ㉰에 모인 쓰레기나 혼합물이 ㉱ 내부에서 도는 소용돌이를 통해 외부로 배출되겠군.
④ ㉯의 반지름이 커지면 ㉯에서 반시계 방향으로 도는 소용돌이의 원주속도는 빨라지겠군.
⑤ 산업용으로 돌조각을 분리한다면 ㉮와 ㉰에 충격이나 마모에 강한 소재를 써야겠군.

[26~28] 다음 글을 읽고 물음에 답하시오.

[앞부분의 줄거리] '나'는 취재 차 중앙아시아로 향하면서 강제 이주된 고려인 동포들의 삶을 목격한다. 또한 한국을 그리며 '말 배우는 아이'라는 글을 쓴 고려인 '류다'를 만나길 희망한다. 알마아타에 도착한 '나'는 인근 우슈토베 지역을 여행하며 고려인 '미하일'로부터 류다가 이식쿨 호수 근처에 살고 있음을 듣게 된다.

"여기 사람들이 말하는데, 그 **호수 밑에 옛날 도시가 가라앉아** 있다고 그렇게 말합니다."

내가 그 호수에 관심을 보이자 미하일이 말했다. 그는 드물게도 서울 동숭동에 있는 해외동포교육원의 초청을 받아 어느새 한국에도 갔다 왔다고 했는데, **우리말을 꽤 정확하게 구사하고 있**었다. 그의 말에 나는 더욱 흥미를 갖지 않을 수 없었다.

"호수 밑에……"

나는 음료수와 함께 나온 깡통 맥주를 한 모금 마시며 그 먼 호수를 머릿속에 그렸다. 미하일의 말에 의하면 키르기스말로 이식쿨의 이식은 뜨겁다는 뜻이며, 쿨은 호수라고 했다. 또, 이식쿨의 물은 위는 민물, 아래는 짠물이며, 이에 비교되어 발하슈 호수는 한쪽이 민물, 다른 쪽이 짠물로서, 서로 차이를 보인다는 것이었다. 그리고 키르기스스탄의 소설가 아이트마토프가 쓴 《하얀 배》라는 소설까지 들먹거렸다. 부모가 이혼하는 바람에 그 호숫가의 할아버지 집으로 와 살고 있는 한 소년이 호수를 떠가는 **하얀 배**를 보면서, 커다란 물고기가 되어 **배를 따라가기를 꿈꾸는** 이야기라는 것이었다. 그의 말을 들으면서 나는 나대로 학교 시절에 읽은 독일 소설가 슈토름의 소설 《이멘 호수》를 떠올리고도 있었다.

㉠ "하얀 배라……"

신비하고 아름다운 광경이 내 머리를 자극했다.

그러던 나는 한글 선생이나 미하일 누구에게랄 것 없이 그곳까지 가볼 수는 없느냐고 조심스럽게 물었다. 미하일이 들려주는 이야기는 모두 그 호수를 향한 내 마음을 한층 북돋기에 부족함이 없는 것이었다.

그러나 미하일에 의하면, 알마아타에서 호수까지는 직선거리는 그리 멀지 않지만 천산 산맥이 가로막혀 있어서 서남쪽 고갯길이 뚫린 곳으로 빙 돌아가야 하기 때문에 상당히 멀다는 것이었다.

㉡ "꼭 거길 가봤으면 하는데……무슨 방법이 없었을까요?"

나는 한글 선생과 미하일을 번갈아 쳐다보며 간청하다시피 했다. 내 말에 미하일은 한참 동안 생각을 하는 듯하다가 마침내 자기도 이 기회에 비탈리를 찾아가서 한번 만날 겸 같이 가보자고 말했다. 알마아타로 가서 차편을 알아보자는 것이었다. 이렇게 되어 나는 정말 뜻하지 않게 그 호수를 향하여 떠나게 된 것이었다.

우슈토베에의 여행에서 얻은 것은 적지 않은 셈이었다. 다른 것은 그렇다 치더라도 무엇보다 우리 동포들의 무덤을 보았고, 그들이 저 1937년에 내동댕이쳐 버려졌던 처절한 삶의 뿌리를 내리기 위해 **광야에 파놓은 갈대 움막집의 흔적**을 보았다. 오늘

날 그곳에 문을 연 한글학교도 보았다. ㉢ 그러나 무엇보다도 내 가슴을 뛰게 한 것은 새로운 세계, 산속의 호수를 향해 가게 된 것이었다.

(중략)

그 호수를 보겠다고 해서, 카라가지나무와 주다나무와 미루나무와 버드나무를 이정표로 달려왔고, 드디어 보았다. 그러나……

나는 머리에 '그러나'가 꼬리표처럼 따라붙는 것을 어쩌지 못했다. 서울에서의 문제들은 서울에 가서의 일이다. ㉣ 나는 그 꼬리표를 떼어내려고 머리를 흔들었다. 그러나……

그때였다. 유원지의 돌 축대를 바라보던 나는 거기 웬 나무가 한 그루 우뚝 서 있는 것을 보았다. 들어올 때는 눈에 띄지 않은 까닭을 알 수 없었다. 아니다. 그 나무만 서 있었다면 그냥 스쳐 지나갔을지도 모른다. 그러니까 나는 그 나무만을 본 것이 아니라 그 옆에 서 있는 한 여자를 함께 본 것이었다. 젊고 환한 얼굴이 나무 그늘에 묻혀 있었다.

"류다!"

미하일이 소리쳤다. 우리는 돌 축대를 올라가 그 나무 아래로 걸음을 옮겼다. 서로 몇 마디의 러시아말이 오가고 난 뒤 내가 소개되었다.

"안녕하십니까."

맑은 눈동자가 나를 바라보았다. 순간, 나는 **너무나 또렷한 우리말**에 놀라지 않을 수 없었다. 중앙아시아에서 처음 들어 보는 또렷한 우리말이었다. 그리고 그 말 뒤에 '이 말은 우리 민족 말입니다' 하는 말이 소리 없이 뒤따르고 있음도 또렷이 느낄 수 있었다.

"아, 안녕하십니까."

㉤ 나는 엉겁결에 똑같이 따라하고 말았다. 그와 함께 나는 그 단순한 인사말이 왜 그렇게 깊은 울림으로 온몸을 떨리게 하는지 형언할 수 없는 감동에 휩싸였다. ⓐ 개양귀비 꽃밭이 수런거리고, 숲 속의 들고양이들이 귀를 쫑긋거리고, 커다란 까마귀들이 전나무 가지를 치고 날았으며, 사막쥐들이 이리 뛰고 저리 뛰고, 돌소금이 하얗게 깔린 사막으로 큰바람이 이는 광경이 눈에 어른거렸다. 천산에서 빙하가 우르르르 무너지는 소리가 들린다고도 생각되었다.

나는 호수 건너 눈 덮인 천산을 바라보았다. '그러나'라고 미진했던 마음이 그녀의 "안녕하십니까"에 눈 녹듯 스러지는 듯 싶었다. 건너편의 천산이 내게 "안녕하십니까"의 새로운 의미를 배워 주고 있다고 받아들여졌다. **멀리 동방의 조상 나라**를 동경하며 하얀 배를 그리는 모습이 거기 있음을 알 수 있었다.

그녀가 그 그늘에 서 있던 나무가 바로 러시아말로 '키파리스'인 사이프러스였다. 스타니슬라브는 그 나무가 본래 중앙아시아에는 없는 나무로서 그루지야에나 가야 많다고 설명해 주었다. 아마도 유원지가 북적거리던 시절, 무슨 기념으로 심은 나무일 것이라고도 했다.

그날 그녀를 만나서 이야기를 나눈 시간은 매우 짧을 수밖에

없었다. 우리는 곧 알마아타로 돌아가야 했고, 또 내가 그녀와 오랫동안 함께 있어야 할 이유도 특별히 없는 것이었다. 그러나 나는 그 어느 때보다도 많은 느낌을 받았다.

　ⓑ 키르기스스탄의 사이프러스나무 아래 우리 민족의 말인 "안녕하십니까"의 의미를 전혀 새롭게 말하는 처녀가 있었다. 나는 돌아오는 차 안에서도 내내 그 모습이 머리에서 떠나지를 않았다. 그리고 그 나무 아래서 호수를 바라보았을 때 물에 비치던 하얀 만년설의 산봉우리를 눈에 그렸다. 그리고 그것이 바로 하얀 배의 또 다른 모습이라고 깨달은 나는 입속으로 가만히 "안녕하십니까"를 되뇌었다.

– 윤후명, 「하얀 배」 –

26. ㉠~㉤에 대한 이해로 적절하지 **않은** 것은?

① ㉠ : 이식쿨 호수와 관련된 이야기를 듣고 흥미를 느끼고 있음이 드러난다.
② ㉡ : 이식쿨 호수에 가고 싶어 하는 간절한 마음을 확인할 수 있다.
③ ㉢ : 계획에 없었던 새로운 여정에 대한 기대감과 설렘이 나타난다.
④ ㉣ : 이식쿨 호수만을 생각하며 달려왔던 것을 반성하는 마음이 드러난다.
⑤ ㉤ : 놀라움에 자신도 생각지 못한 반응이 나타났음을 확인할 수 있다.

27. ⓐ와 ⓑ에 대한 설명으로 가장 적절한 것은?

① ⓐ는 상상 속 장면을 활용하여, ⓑ는 과거 회상을 활용하여 인물의 내면 상황을 드러내고 있다.
② ⓐ는 내적 독백을 사용하여, ⓑ는 구어체를 사용하여 인물 사이의 대립 양상을 제시하고 있다.
③ ⓐ는 전해 들은 이야기를 통해, ⓑ는 직접 경험한 사건을 통해 인물의 성격을 구체적으로 보여 주고 있다.
④ ⓐ는 외부 세계를 묘사하여, ⓑ는 인물 간의 대화를 서술하여 인물이 처한 상황을 객관적으로 전달하고 있다.
⑤ ⓐ는 앞으로 일어날 일들을 제시하여, ⓑ는 이전에 일어난 일들을 제시하여 인물의 심리 변화 과정을 나타내고 있다.

28. 〈보기〉를 바탕으로 윗글을 감상한 내용으로 적절하지 **않은** 것은? [3점]

<보 기>

　이 작품에서 '하얀 배'는 외부 세계에 대한 동경을 상징하는 것으로, 중앙아시아 동포들의 고국에 대한 그리움을 서정적으로 드러내는 기능을 한다. '나'는 하얀 배를 그리는 소년과 류다를 연결지어 이해하면서, 류다를 포함한 중앙아시아 동포들이 시련이 연속되는 삶 속에서도 언어를 통해 민족의 정체성을 잃지 않으려는 모습에 주목한다.

① '호수 밑에 옛날 도시'는 소년이 '하얀 배'를 타고 가고자 하는 동경의 공간으로 '나'가 지향하는 곳이군.
② 미하일이 '우리말을 꽤 정확하게 구사하'는 것은 민족의 정체성을 잃지 않으려는 동포들의 모습으로 볼 수 있군.
③ '광야에 파놓은 갈대 움막집의 흔적'은 중앙아시아 동포들이 겪었던 시련을 증명하는 것이겠군.
④ '나'는 류다의 '너무나 또렷한 우리말'에서 동포들의 고국에 대한 그리움을 읽어 내고 있군.
⑤ '나'는 '멀리 동방의 조상 나라'를 꿈꾸는 류다와 '배를 따라가기를 꿈꾸는' 소년을 연관지었군.

[29~32] 다음 글을 읽고 물음에 답하시오.

　㉠ 황성에 병란(兵亂)이 일어났고, 살기(殺氣)가 등등하며, 천자는 피신한 모양이라. 국진은 재빨리 방으로 들어와 무장을 갖추고, 머리에 황금 투구를 쓰고, 몸에 풍운갑을 입고, 좌수에 절륜도와 우수에 청학선, 이런 식으로 무장을 갖추자 잠시도 지체 없이 말에 뛰어오르리라.

　그리하여 국진은 필마단기(匹馬單騎)*로 나는 듯이 달렸고, 달리면서도 자기의 중대한 임무를 잊지 않은 터라. 그의 빛나는 준마는 순식간에 그를 황성으로 옮겨 주니, 그의 마음과 몸과 말은 실로 혼연일체가 된 듯하더라.

　아니나 다르랴, 그가 읽은 천기는 정확하였으니, 달마국의 수십만 대군은 명나라 군을 무찔러 없애고, 이때 황성으로 쳐들어와 황성의 운명은 경각에 달하였으니, 국진은 즉시 궐내로 들어가 어전에 꿇어 엎드려 가로되,

[A]
　“소신이 중임을 맡아 원방(遠方)에 갔사와 폐하께 근심을 끼쳤사오니 이것은 모두가 신의 죄인 줄로 아뢰오. 적병을 파한 후에 죄를 당하여지이다.”

하고 아뢰더라.

　절망한 천자는 그것이 누군가 처음에는 잘 모르시는 듯하다가 장국진이라는 것을 아시자 놀라시며, 계하로 뛰어내려가 그의 손을 잡고 반가워서 어쩔 줄을 몰라 하시며,

[B]
　“경이 있었으면 무슨 근심을 하리오. 경은 힘을 다하여 사직(社稷)을 안보(安保)하고 짐의 근심을 덜라.”

하고는 눈물을 뿌리며 애걸하듯이 하교하시더라.

　적은 어느새 도성에 다다르고 도성의 백성들은 아우성치니, 이는 지옥을 상상하게 하더라. 그것은 도무지 구할 도리가 없는 완전한 파멸을 보는 듯하더라. 이것을 어느 누구의 힘으로 구원하여 밝은 빛을 뿌려 터인가.

　국진은 다시 말에 오르자, **한 손에 절륜도, 또 한 손에 청학선을 흔들며** 성문을 빠져나가 물밀 듯 밀려드는 수십만 ㉡ 적군의 진영으로 비호처럼 달리더라. 그의 절륜도가 닿는 곳마다 번갯불이 번쩍 일더니 적장과 적 군사는 **추풍낙엽같이 쓰러지니**, 적군에게는 전혀 예상하지 못한 일대 혼란이 일더라. 그들의 시체는 산을 이루고 피가 바다를 이루면서 물러가니라.

[중략 줄거리] 국진은 달마국을 정벌하기로 결심하고 이를 위해 전장으로 떠난다. 달마국은 천원국과 합력하여 국진을 대적한다.

　결국 국진이 병을 얻어 누운 것도 당연한 이치일 터라. 이것은 전투 중에 치명적인 일로, 국진은 군중에 엄명을 내려 진문을 굳게 닫게 하고 이 어려운 지경을 어찌 구할 것인지 궁리에 궁리를 더하더라. 적은 몇 번이고 도전하니, 이쪽의 진 앞에서 호통을 지르곤 하더라. 그러나 국진의 진에서 아무런 답이 없자 백운도사와 오금도사는 장국진에게 중대한 곡절이 있음을 의심하기 시작하더라.

　며칠이 지나도 국진의 **신병은 조금도 차도가 없**으니, 이 위급

함을 무엇으로 해결하여야 한단 말인가.

　이때 어려서부터 닦아 온 천문지리가 누구보다 능통한 이 부인이 천기를 보고 있던 터라, 남편의 이런 사실을 깨닫고는 놀라움을 금치 못하더라. 더욱이 옆에 있던 유 부인 역시 남편의 위험에 애통해 하니, 장 승상이나 왕씨도 이 소식을 듣고 달려와 울 따름이더라. 육도삼략과 손오병법에도 능통한 이 부인은 생각 끝에 결연히 일어서더니, ㉢ 달마국 전장으로 달려가 병을 앓는 남편을 구하고 이 싸움을 결단 지으리라 결심하더라.

　이 부인은 즉시 남장을 하고 머리에 용인 투구를 쓰고, 몸에 청사 전포를 입고, 왼손에 비린도, 오른손에 홀기를 들고는, 시부모와 유 부인과 주위 사람들에게 이별을 고하고 필마단기로 달마국을 향하여 ㉣ 집을 떠나리라. 유 부인은 멀리 전송을 나와 이 부인의 전도를 근심하며, 봉서 한 통과 바늘 한 쌍을 유 부인의 품속에서 내어 주더라.

　그리고 이 부인에게 말하되,

　“이것을 가지고 동정호 물 건널 제 물에 던지면 용왕 부인이 청할 것이니, 들어가 보옵소서. 동정호 용왕은 첩의 전생 부모이니 부모가 보오면 반가워할 터요, 이제 **가장 좋은 선약(仙藥)을 얻어** 가야 승상의 목숨을 구할 것이오. 다음은 선녀 한 쌍을 얻어 가야 천원 왕과 달마 왕을 잡으리라.”

하니, 이 부인은 그것을 받아 가지고 질풍처럼 달리더라.

　동정호에 왔을 때 이 부인은 유 부인이 시킨 대로 하여 ㉤ 용궁에 인도되어 들어가자, 용왕 내외가 반가워하며 만년주(萬年酒)를 권하더라. 그리고는 유 부인의 말대로 선약과 선녀 한 쌍을 이 부인에게 내리시며,

　“천원 왕과 달마 왕은 욕이나 뵈옵되 죽이지는 마옵소서. 두 사람은 천상 선관으로 인간에 적거(謫居)*하였으니, 만일 죽이면 일후에 원(怨)이 되리라.”

하고 교시하더라.

　또한 용왕 부인은 선녀들에게 분부하여 **이 부인을 잘 모시고 가서 공을 이루라고 특별히 당부하더라.**

　이렇게 하여 이 부인은 용궁에서 나와 전장으로 질풍같이 달려가니, 마음이 든든하기만 하더라.

　이때 명나라 진영은 **적병들에 의해 완전히 포위**되고 있었으며, 진문은 열지 않고 굳게 닫혀 있었으니, 적병은 이것을 깨칠 속셈으로 그 준비에 분주하더라. 명나라 군의 운명은 경각에 있음이더라.

　이를 본 이 부인은 잠시도 지체할 여유가 없으니, 투구를 고쳐 쓰고, 비린도를 높이 들어 만리청총의 고삐를 바싹 쥐어 잡고, 좌우에 따라온 선녀들은 앞에 서서 길을 인도하라고 분부하고 즉시 급하게 채찍질을 하니, 만리 청총마는 화살처럼 적의 포위를 일직선으로 밟아 넘어서며 명나라 진문으로 향하여 달리더라.

　적병들은 이 돌발적인 사태를 만나 몹시 어리둥절할 뿐이더라. 난데없이 천지에 소나기가 퍼붓고 **번갯불과 천둥이 무섭게 진동**하니 어느 누구든 **공포 속에서 정신을 잃는** 것은 당연한 일이라, 적병들이라고 해서 무섭지 않으랴. 그들은 이 사태를 운명에 맡길 뿐이더라.

              – 작자 미상, 「장국진전(張國振傳)」 –

* 필마단기 : 혼자 한 필의 말을 탐. 또는 그렇게 하는 사람.

* 적거 : 귀양살이를 하고 있음.

29. 윗글의 서술상 특징으로 적절한 것은?

① 연속되는 대화를 활용해 인물 간의 갈등을 고조시키고 있다.

② 과거와 현재의 빈번한 교체로 인물의 내력을 소개하고 있다.

③ 한 인물의 동일한 행위를 반복함으로써 사건의 전환을 예고하고 있다.

④ 서술자의 개입을 통해 작중 상황에 대한 주관적 판단을 제시하고 있다.

⑤ 특정 인물의 외양이나 행동을 과장되게 표현하여 인물을 희화화하고 있다.

30. ㉠~㉤을 중심으로 윗글을 이해한 내용으로 적절하지 <u>않은</u> 것은?

① ㉠에서의 병란은 국진이 자신의 중대한 임무를 수행하기 위해 이동하는 계기가 된다.

② ㉡에서 국진은 고통에 시달리는 도성의 백성들을 구원하기 위해 적병과 맞서 싸운다.

③ ㉢에서 국진에게 일어나는 일은 이 부인이 남장을 결심하는 원인이 된다.

④ ㉣에서 이 부인은 미래를 예측하여 위기에 대비할 수 있는 방법을 국진에게 알려 주고 있다.

⑤ ㉤에서 용왕 내외는 적장의 전생 신분을 밝힘으로써 앞날을 경계하고 있다.

31. [A], [B]에 대한 설명으로 가장 적절한 것은?

① [A]는 자신의 실망감을 우회적으로 표현하고 있고, [B]는 상대에 대한 원망을 직설적으로 표현하고 있다.

② [A]는 자신의 목적을 달성하기 위해 거짓으로 말하고 있고, [B]는 상대의 질문에 답하기 위해 사건 내용을 밝히고 있다.

③ [A]는 자신의 손해를 줄이기 위해 상대의 요청을 거절하고 있고, [B]는 상대의 손해를 줄이기 위해 상대를 설득하고 있다.

④ [A]는 상대에 대한 호감을 바탕으로 상대를 격려하고 있고, [B]는 사건 해결을 위해 상대에게 용기를 북돋워 주고 있다.

⑤ [A]는 상대의 근심을 덜기 위해 그 원인을 자신의 탓으로 돌리고 있고, [B]는 상대에 대한 믿음을 바탕으로 명령하고 있다.

32. 〈보기〉를 바탕으로 윗글을 감상한 내용으로 적절하지 <u>않은</u> 것은? [3점]

──────── < 보 기 > ────────

  이 작품은 장국진이라는 영웅의 일생을 다룬 영웅소설이다. 주인공의 영웅적 활약과 더불어 여성 영웅의 활약도 중요하게 나타나고, 이들은 위기 상황에서 주변 인물이나 초월적 존재의 도움으로 위기를 극복해 간다. 이 과정에서 초월적 세계와 현실 세계의 상호 작용, 남성과 여성의 상호 작용을 통해 영웅성이 강화되고 있다.

① 국진이 말에 올라 '한 손에 절륜도, 또 한 손에 청학선을 흔들며' 수십만 적군을 '추풍낙엽같이 쓰러'뜨리는 데에서, 주인공의 영웅적 활약상을 확인할 수 있다.

② 전투 중 '신병은 조금도 차도가 없'는 국진이 '적병들에 의해 완전히 포위'된 장면에서, 영웅이 처한 위기 상황을 확인할 수 있다.

③ '가장 좋은 선약(仙藥)을 얻어' 국진의 병을 구하려는 데에서, 초월적 존재의 도움으로 위기를 극복해 나간다는 점을 확인할 수 있다.

④ 용왕 부인이 선녀들에게 '이 부인을 잘 모시고 가서 공을 이루라고 특별히 당부하'는 장면에서, 초월적 세계와 현실 세계의 상호 작용을 확인할 수 있다.

⑤ 이 부인이 국진을 구하기 위해 '번갯불과 천둥이 무섭게 진동'하여 '공포 속에서 정신을 잃는' 상황을 이겨 내는 데에서, 남성과 여성의 상호 작용을 확인할 수 있다.

[33~37] 다음 글을 읽고 물음에 답하시오.

(가)

옥설이 차갑게 대나무를 누르고	玉屑寒堆壓
얼음같이 둥근 달 휘영청 밝도다	氷輪廻映徹
여기서 알겠노라 **굳건한** 그 절개를	從知苦節堅
더욱이 깨닫노라 **깨끗한** 그 빈 마음	轉覺虛心潔

                                               – 이황, 「설월죽(雪月竹)」 –

(나)

㉠ 모첨(茅簷)*의 달이 진 제 첫 잠을 얼핏 깨여
반벽 잔등(半壁殘燈)을 의지 삼아 누웠으니
일야(一夜) 매화가 발하니 **님**이신가 하노라

                            〈제1수〉

아마도 이 벗님이 풍운(風韻)*이 그지없다
옥골 빙혼(玉骨氷魂)*이 냉담도 하는구나
풍편(風便)*의 **그윽한 향기**는 세한 불개(歲寒不改)* 하구나

                            〈제2수〉

천기(天機)도 묘할시고 네 먼저 **춘휘(春暉)***로다
한 가지 꺾어 내어 이 소식 전(傳)차 하니
님께서 너를 보시고 반기실까 하노라

                            〈제3수〉

㉡ 님이 너를 보고 반기실까 아니실까
기년(幾年)* 화류(花柳)의 ⓐ 취한 잠 못 깨었는가
두어라 다 각각 정이니 나와 늙자 하노라

                            〈제4수〉
                         – 권섭, 「매화(梅花)」 –

* 모첨 : 초가지붕의 처마.
* 풍운 : 풍류와 운치를 아울러 이르는 말.
* 옥골 빙혼 : 매화의 별칭. '옥골'은 고결한 풍채를, '빙혼'은 얼음과 같이 맑
   고 깨끗한 넋을 의미함.
* 풍편 : 바람결.
* 세한 불개 : 매우 심한 한겨울의 추위에도 바뀌지 않음.
* 춘휘 : 봄의 따뜻한 햇빛.
* 기년 : 몇 해.

(다)

  휴전이 되던 해 음력 정월 초순께, 해가 설핏한 강 나루터에 아버지와 나는 서 있었다. 작은증조부께 세배를 드리러 가는 길이었다. 강만 건너면 바로 작은댁인데, 배가 강 건너편에 있었다. 아버지가 입에 두 손을 나팔처럼 모아 대고 강 건너에다 소리를 지르셨다.

  "사공—, 강 건너 주시오."

  건너편 강 언덕 위에 뱃사공의 오두막집이 납작하게 엎드려 있었다. **노랗게 식은 햇살**에 동그마니 드러난 외딴집, 지붕 위로 하얀 연기가 저녁 강바람에 산란하게 흩어지고 있었다. 그 오두막집 삽짝 앞에 능수버들나무가 맨 몸뚱이로 비스듬히 서 있었다. 둥치에 비해서 가지가 부실한 것으로 보아 고목인 듯싶었다. 나루터의 세월이 느껴졌다.

  강심만 남기고 강은 얼어붙어 있었고, 해가 넘어가는 쪽 컴컴한 산기슭에는 **적설**이 쌓여서 **하얗게 번쩍거렸다**. 나루터의 마른 갈대는 '서걱서걱' 아픈 소리를 내면서 언 몸을 회리바람에 부대끼고 있었다. 마침내 해는 서산으로 떨어지고 **갈대는 더 아픈 소리를 신음처럼** 질렀다.

  나룻배는 건너오지 않았다. 나는 ㉢ 뱃사공이 나오나 하고 추워서 발을 동동거리며 사공네 오두막집 삽짝을 바라보고 있었다. 아버지는 팔짱을 끼고 부동의 자세로 사공 집 삽짝 앞의 **버드나무 둥치처럼 꿈쩍도 않**으셨다. '사공—, 강 건너 주시오.' 나는 아버지가 그 소리를 한 번 더 질러 주시기를 바랐다. 그러나 아버지는 **두 번 다시 그 소리를 지르지 않**으셨다. 그걸 아버지는 치사(恥事)*로 여기신 것일까. 사공은 분명히 ⓑ 따뜻한 방 안에서 방문의 쪽유리를 통해서 건너편 나루터에 우리 부자가 하얗게 서 있는 것을 보았을 것이다. 그러나 도선의 효율성과 사공의 존재가치를 높이기 위해서 나루터에 ㉣ 선객이 더 모일 때를 기다렸기 쉽다. 그게 사공의 도선 방침일지는 모르지만 엄동설한에 서 있는 사람에 대한 옳은 처사는 아니다. 이 점이 아버지는 못마땅하셨으리라. 힘겨운 시대를 견뎌 내신 아버지의 완강함과 사공의 존재가치 간의 이념적 대치였다.

  아버지는 주루막을 지고 계셨다. 주루막 안에는 정성 들여 ㉤ 한지에 싼 육적(肉炙)과 술 항아리에 용수를 질러서 뜬, 제주(祭酒)로 쓸 술이 한 병 들어 있었다. 작은증조부께 올릴 세의(歲儀)다. **엄동설한 저문 강변에 세의를 지고 꼿꼿하게 서** 계시던 분의 모습이 보인다.

                         – 목성균, 「세한도(歲寒圖)」 –

* 치사 : 행동이나 말 따위가 쩨쩨하고 남부끄러움.

33. (가)~(다)의 공통점으로 가장 적절한 것은?

① 설의적 표현으로 대상이 지닌 속성을 강조하고 있다.
② 명암의 대비를 통해 작품의 주제를 형상화하고 있다.
③ 구체적 사물이나 상황을 통해 내면적 가치를 발견하고 있다.
④ 직유법을 활용하여 대상의 외양을 구체적으로 묘사하고 있다.
⑤ 풍자적 기법으로 사회 현실에 대한 비판 의식을 보여 주고 있다.

34. 〈보기〉를 참고하여 (가)와 (나)를 감상한 내용으로 적절하지 않은 것은? [3점]

> ───〈보 기〉───
>
> 　(가)와 (나)는 추운 계절을 이겨 내는 강인한 속성이 있어 예로부터 예찬의 대상이었던 대나무와 매화를 각각 시적 대상으로 삼고 있다. (가)의 화자는 사철 푸르고 속이 빈 대나무를 고매한 인품에 빗대고 있고, (나)의 화자는 이른 봄 피어난 매화를 통해 임을 떠올리고 매화에 대한 긍정적 인식과 임에 대한 정서를 함께 드러내고 있다.

① (가)의 화자는 '옥설'에 눌려도 푸름을 유지하는 대나무를 통해 '굳건한' 지조를 떠올리고 있군.

② (가)의 화자는 대나무의 속이 빈 속성을 긍정적으로 인식하여 대나무를 내면이 '깨끗한' 인품에 비유하고 있군.

③ (나)의 화자는 '옥골 빙혼(玉骨氷魂)'의 자태를 가진 매화를 '님'으로 착각한 것을 깨닫고 서러워하고 있군.

④ (나)의 화자는 추운 계절에도 굴하지 않고 '그윽한 향기'를 풍기는 매화의 강인함을 예찬하고 있군.

⑤ (나)의 화자는 '춘휘(春暉)'를 먼저 느끼게 해 준 매화의 소식을 '님'에게 전달하고 싶은 소망을 드러내고 있군.

35. ㉠~㉤에 대한 설명으로 적절하지 않은 것은?

① ㉠ : 매화를 발견할 당시 화자의 상황과 시간적 배경이 드러나 있다.

② ㉡ : 매화를 대할 임의 반응이 어떠할지를 궁금해하는 마음이 드러나 있다.

③ ㉢ : 아버지와 대비되는 글쓴이의 행동에서 추위에서 벗어나고 싶어 하는 마음이 드러나 있다.

④ ㉣ : 선객들의 모습을 비판적으로 바라보는 아버지의 생각이 드러나 있다.

⑤ ㉤ : 작은댁에 세배하러 가면서 준비한 음식으로 아버지의 정성이 드러나 있다.

36. 〈보기〉를 바탕으로 (다)를 감상한 내용으로 적절하지 않은 것은?

> ───〈보 기〉───
>
> 　(다)의 제목이기도 한 '세한도'는, 한겨울 풍경을 통해 선비의 지조를 드러낸 추사 김정희의 그림이다. (다)의 글쓴이는 혹독하게 추운 겨울에 뜻을 굽히지 않던 아버지의 모습에서 선비적 면모를 발견하고 이날의 경험을 회화적으로 형상화하고 있다. 글쓴이는 아버지가 사공의 처사를 부당하게 여겼고 이에 맞서는 의미로 추위를 견디며 꿋꿋이 서 있었다고 본 것이다.

① '노랗게 식은 햇살'과 '하얗게 번쩍거'리는 '적설'을 통해 매섭게 추운 겨울 강가를 회화적으로 형상화하고 있군.

② '아픈 소리를 신음처럼' 지르는 '갈대'는 사공의 부당한 처사에 맞서려는 글쓴이의 내면을 표상하고 있군.

③ 글쓴이는 '버드나무 둥치처럼 꿈쩍도 않'는 아버지의 모습에서 지조를 지키려는 선비적 면모를 발견하고 있군.

④ '두 번 다시 그 소리를 지르지 않'는 모습을 통해 자신의 뜻을 꺾지 않으려는 아버지의 태도를 드러내고 있군.

⑤ '엄동설한 저문 강변'에서 '꿋꿋하게 서' 있던 아버지의 모습은 추사의 그림 '세한도'의 이미지와 연결되는군.

37. ⓐ와 ⓑ를 이해한 내용으로 가장 적절한 것은?

① ⓐ에는 임이 처한 상황에 대한 연민이, ⓑ에는 사공이 처한 상황에 대한 추측이 담겨 있다.

② ⓐ에는 화자가 지향하는 행동이, ⓑ에는 글쓴이가 지향하는 공간의 속성이 구체화되고 있다.

③ ⓐ에는 돌아오지 않는 임에 대한 원망이, ⓑ에는 곧 돌아올 사공에 대한 기대감이 내포되어 있다.

④ ⓐ에는 자신의 처지에 대해 자조하는 태도가, ⓑ에는 사공의 몰인정함에 대해 비판하는 태도가 드러나 있다.

⑤ ⓐ에는 화자의 처지와 대비되는 임의 모습이, ⓑ에는 글쓴이가 있는 공간과 대비되는 공간이 제시되어 있다.

[38~42] 다음 글을 읽고 물음에 답하시오.

어떤 안건을 대하는 집단 구성원들의 생각은 각기 다르므로, 상이한 생각들을 집단적 합의에 이르게 하는 의사 결정 과정이 필요하다. 공공 선택 이론은 이처럼 집단을 구성하는 개인의 의사가 집단의 의사로 통합되는 과정을 다룬다. 직접 민주주의하에서의 의사 결정 방법으로 단순 과반수제, 최적 다수결제, 점수 투표제, 보르다(Borda) 투표제 등이 있다.

㉠ 단순 과반수제는 투표자의 과반수가 지지하는 안건이 채택되는 다수결 제도이다. 효율적으로 의사 결정이 이루어져 많이 사용되고 있으나, 각 투표자는 찬반 여부를 표시할 뿐 투표 결과에는 선호 강도가 드러나지 않아 안건 채택 시 사회 전체의 후생*이 감소할 가능성이 있다. 이는 다수의 횡포에 의해 소수의 이익이 침해되는 상황이 발생할 수 있음을 의미한다. 또한 어떤 대안들을 먼저 비교하는가에 따라 그 결과가 달라지는 ⓐ '투표의 역설' 현상이 나타날 수 있다. 예를 들어, 갑, 을, 병 세 사람이 사는 마을에 정부에서 병원, 학교, 경찰서 중 하나를 지어 줄 테니 투표를 통해 선택하라고 제안하였고, 이때 세 사람의 선호 순위가 다음 〈표〉와 같다고 하자. 세 가지 대안을 동시에 투표에 부치면 하나의 대안으로 결정되지 않는다. 그래서 먼저 병원, 학교, 경찰서 중 두 대안을 선정하여 다수결로 결정한 후 남은 한 가지 대안과 다수결로 승자를 결정하면 최종적으로 하나의 대안이 결정된다. 즉, 비교하는 대안의 순

선호 순위 투표자	1순위	2순위	3순위
갑	병원	학교	경찰서
을	학교	경찰서	병원
병	경찰서	병원	학교

〈표〉

서에 따라 〈표〉의 투표 결과는 달라지게 된다.

최적 다수결제는 투표에 따르는 총비용이 최소화되는 지점을 산정한 후, 안건의 찬성자 수가 그 이상이 될 때 안건이 통과되는 제도이다. 이때의 총비용은 의사 결정 비용과 외부 비용의 합으로 결정된다. 의사 결정 비용은 투표자들의 동의를 구하는 데 드는 시간과 노력에 따른 비용을 의미하며, 찬성표의 비율이 높을수록 증가한다. 외부 비용은 어떤 안건이 통과됨에 따라 그 안건에 반대하였던 사람들이 느끼는 부담을 의미하며, 찬성표의 비율이 높아질수록 낮아지며 모든 사람이 [A] 찬성할 경우에는 0이 된다. 안건 통과에 필요한 투표자 수가 증가할수록 의사 결정 비용이 증가하므로 의사 결정 비용 곡선은 우상향한다. 이와 달리 외부 비용은 감소하므로 외부 비용 곡선은 우하향하며, 두 곡선을 합한 총비용 곡선은 U자 형태로 나타난다. 이때 총비용이 최소화되는 곳이 최적 다수결제에서의 안건 통과의 기준이 되는 최적 다수 지점이 된다. 이 제도는 의사 결정 과정을 이론적으로 명쾌하게 설명할 수 있지만, 최적 다수결의 기준을 정하는 데 시간을 지나치게 소비하게 된다는 단점이 있다.

㉡ 점수 투표제는 각 투표자에게 일정한 점수를 주고 각 투표자가 자신의 선호에 따라 각 대안에 대하여 주어진 점수를 배분

하여 투표하는 제도로, 합산하여 가장 많은 점수를 얻은 대안이 선택된다. 투표자의 선호 강도에 따라 점수를 배분하므로 투표자의 선호 강도가 잘 반영된다. 소수의 의견도 투표 결과에 잘 반영되며, 투표의 역설이 나타나지 않는다는 장점이 있다. 하지만 전략적 행동에 취약하여 투표 결과가 불규칙하게 바뀔 수 있다는 단점이 있다. 전략적 행위란 어떤 투표자가 다른 투표자의 투표 성향을 예측하고 자신의 행동을 이에 맞춰 변화시킴으로써 자기가 원하는 것을 얻으려 하는 태도를 뜻한다. 이 행위는 어떤 투표 제도에서든 나타날 수 있으나, 점수 투표제에서 나타날 가능성이 높다.

㉢ 보르다 투표제는 n 개의 대안이 있을 때 가장 선호하는 대안부터 순서대로 n, (n–1), …, 1 점을 주고, 합산하여 가장 높은 점수를 받은 대안을 선택하는 투표 방식으로, 점수 투표제와 달리 오로지 순서에 의해서만 선호 강도를 표시한다. 이 제도하에서는 일부에게 선호도가 아주 높은 대안보다는 투표자 모두에게 어느 정도 차선이 될 수 있는 ⓑ 중도의 대안이 채택될 가능성이 높으며, 점수 투표제와 마찬가지로 투표의 역설이 발생하지 않는다.

*후생 : 사회 구성원들의 복지 수준.

38. 윗글에 대한 이해로 적절하지 않은 것은?

① 어떤 투표제에서든 투표자의 전략적 행위가 나타날 수 있다.
② 보르다 투표제에서는 가장 선호하지 않는 대안에 0 점을 부여한다.
③ 단순 과반수제에서는 채택된 대안으로 인해 사회의 후생이 감소되기도 한다.
④ 점수 투표제는 최적 다수결제와 달리 대안에 대한 선호 강도를 표시할 수 있다.
⑤ 최적 다수결제는 단순 과반수제와 달리 안건 통과의 기준이 안건에 따라 달라질 수 있다.

39. ⓐ와 관련하여 〈표〉를 이해한 것으로 적절하지 <u>않은</u> 것은?

① '병원'과 '학교'를 먼저 비교할 경우, '병원'과 '경찰서'의 다수 결 승자가 최종의 대안으로 결정된다.

② '학교'와 '경찰서'를 먼저 비교할 경우, '갑'과 '을'이 '학교'에 투표하여 최종적으로 '학교'가 결정된다.

③ '병원'과 '학교'를 먼저 비교하는지, '학교'와 '경찰서'를 먼저 비교하는지에 따라 투표의 결과가 달라진다.

④ '병원', '학교', '경찰서'를 동시에 투표에 부치면, 모두 한 표 씩 얻어 어떤 대안도 과반수가 되지 않는다.

⑤ 대안에 대한 '갑', '을', '병' 세 사람의 선호 순위는 바뀌지 않 아도, 투표의 결과가 바뀌는 현상이 나타난다.

40. ⓑ의 이유로 가장 적절한 것은?

① 주어진 점수를 투표자가 임의대로 배분할 수 있기 때문이다.

② 투표자는 중도의 대안에 관해서만 자신의 의사를 표현할 수 있기 때문이다.

③ 점수 투표제와 달리 투표자의 전략적 행동을 유발하여 투표 결과를 조작할 수 있기 때문이다.

④ 일부에게만 선호도가 높은 대안이 다수에게 선호도가 매우 낮으면 점수 합산 면에서 불리하기 때문이다.

⑤ 순서로만 선호 강도를 표시할 경우, 모든 투표자에게 선호도 가 가장 높은 대안이라도 최종 승자가 아닐 수 있기 때문이 다.

41. 〈보기〉가 [A]의 각 비용들에 대한 그래프라고 할 때, 이에 대한 이해로 적절하지 <u>않은</u> 것은?

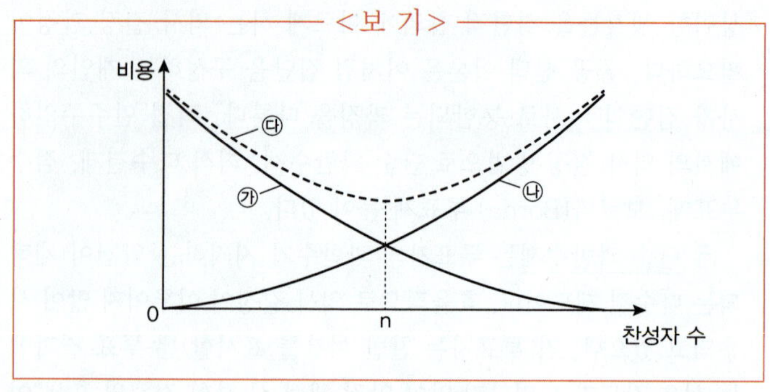

① ㉮는 외부 비용으로, 반대하는 투표자 수가 많아질수록 그 값이 커진다.

② ㉯는 의사 결정 비용으로, 투표 참가자들을 설득하는 데 드 는 시간과 노력이 적을수록 그 값이 작아진다.

③ ㉰는 총비용으로, ㉮와 ㉯를 합한 값이 최소가 되는 지점 n 이 최적 다수 지점이 된다.

④ 투표에 참가하는 모든 사람이 찬성하면 ㉮의 값이 0이 된다.

⑤ 안건 통과에 필요한 투표자가 많아지게 되면 ㉯는 이동하지 만 ㉮는 이동하지 않는다.

42. 대안 Ⅰ~Ⅲ에 대한 투표자 A~E의 선호 강도가 〈보기〉와 같 다고 할 때, ㉠~㉢을 통해 채택될 대안으로 적절한 것은? [3점]

＜보 기＞

투표자 대안	A	B	C	D	E
Ⅰ	3	1	1	3	1
Ⅱ	1	7	6	2	5
Ⅲ	6	2	3	5	4

(단, 표 안의 수치가 높을수록 더 많이 선호함을 나타내며, 투표에 미치는 외부적인 요인과 투표자들의 전략적 행동은 없다고 가정한다.)

	㉠	㉡	㉢
①	Ⅰ	Ⅲ	Ⅱ
②	Ⅱ	Ⅲ	Ⅱ
③	Ⅱ	Ⅲ	Ⅲ
④	Ⅲ	Ⅰ	Ⅲ
⑤	Ⅲ	Ⅱ	Ⅱ

[43~45] 다음 글을 읽고 물음에 답하시오.

(가)

　여기저기서 단풍잎 같은 슬픈 가을이 뚝뚝 떨어진다. 단풍잎 떨어져 나온 자리마다 봄을 마련해 놓고 나뭇가지 위에 하늘이 펼쳐 있다. 가만히 ㉠ 하늘을 들여다보려면 **눈썹에 파란 물감이 든다.** 두 손으로 따뜻한 볼을 쓸어보면 손바닥에도 파란 물감이 묻어난다. 다시 손바닥을 들여다본다. 손금에는 **맑은 강물**이 흐르고, 맑은 강물이 흐르고, 강물 속에는 사랑처럼 슬픈 얼굴—아름다운 **순이(順伊)**의 얼굴이 어린다. **소년(少年)**은 황홀히 눈을 감아 본다. 그래도 맑은 강물은 흘러 사랑처럼 슬픈 얼굴—아름다운 순이(順伊)의 얼굴은 어린다.

– 윤동주, 「소년(少年)」 –

(나)

　자라면 뭐가 되고 싶니
　의자가 되고 싶니
　누군가의 **책상**이 되고 싶니
　밟으면 삐걱 소리가 나는 계단도 있겠지
　그 계단을 따라 올라가는 다락방
　별빛이 들고 나는 창문들도 있구나
　누군가 그 창문을 통해 바다를
　생각할지도 몰라
　수평선을 넘어가는 목선을 그리워할지도 몰라
　㉡ 바다를 보는 게 꿈이라면
　배가 되고 싶겠구나
　어쩌면 그 무엇도 되지 못하고
　아궁이 속 **장작**으로 눈을 감을지도 모르지
　잊힐 마렴 **한 줌 재**가 되었지만
　넌 그때도 하늘을 날고 있는 거야
　누군가의 **몸을 데워**주고 난 뒤
　춤을 추듯 피어오르는 거야
　하지만, 지금은
　다만 네 잎사귀를 스치고 가는
　저 **바람 소리**를 들어보렴
　너는 지금 바람을 만나고 있구나
　바람의 춤을 따라 흔들리고 있구나
　지금이 바로 너로구나

– 손택수, 「나무의 꿈」 –

43. (가), (나)의 표현상 특징으로 가장 적절한 것은?

① (가)는 (나)와 달리 반어적 표현을 통해 시적 긴장을 고조시키고 있다.
② (나)는 (가)와 달리 동일한 종결 어미의 반복으로 운율감을 형성하고 있다.
③ (가)와 (나) 모두 대상을 의인화하여 화자의 연민을 드러내고 있다.
④ (가)와 (나) 모두 시어의 연쇄적 활용을 통해 시상을 발전시켜 나가고 있다.
⑤ (가)와 (나) 모두 시선의 이동을 통해 장소가 지닌 의미를 다양하게 제시하고 있다.

44. ㉠, ㉡에 대한 이해로 가장 적절한 것은?

① ㉠은 '소년(少年)'의 정서를 환기하는 기능을 하고 있다.
② ㉠은 '소년(少年)'이 거부하고자 하는 세계를 상징하고 있다.
③ ㉠은 '소년(少年)'이 자신의 한계를 인식하는 계기가 되고 있다.
④ ㉡은 '너'가 처한 긍정적 상황을 드러내는 역할을 한다.
⑤ ㉡은 '너'의 성찰이 이루어진 이후의 모습을 표상하고 있다.

45. 〈보기〉를 참고하여 (가)와 (나)를 감상한 내용으로 적절하지 <u>않은</u> 것은? [3점]

> ―――――――〈보 기〉―――――――
>
> 　(가), (나)는 시간의 흐름 속에서 성장하는 존재의 순수한 정서와 인식에 대해 표현하고 있다. (가)는 소년이 자연물에 동화되는 과정을 감각적으로 드러내면서 과거의 사랑을 그리워하는 소년의 정서를 보여 준다. (나)는 대상이 품을 수 있는 다양한 꿈을 제시하고, 꿈을 이루지 못한 상황에서도 대상이 존재 가치가 있다는 것을 역설적으로 보여 주고 있다. 또 미래보다 현재 상황과 모습에 주목하는 자세를 강조하며 마무리한다.

① (가)의 '파란 물감이 든' '눈썹'은 '소년(少年)'이 자연물에 동화되는 것을 감각적으로 표현하는군.

② (가)의 '맑은 강물'에 어린 얼굴에는 '순이(順伊)'에 대한 '소년(少年)'의 그리움이 투영되어 있군.

③ (나)의 '의자', '책상', '한 줌 재' 등은 대상이 품을 수 있는 다양한 꿈을 보여 주는군.

④ (나)의 '장작'은 꿈을 이루지 못한 상황에서도 '몸을 데워' 줄 수 있다는 존재 가치에 대한 역설적 인식을 보여 주는군.

⑤ (나)의 '바람 소리'는 대상에게 '지금'의 상황과 모습을 주목하게 하는 계기가 될 수 있겠군.

> ※　확인 사항
> ○　답안지의 해당란에 필요한 내용을 정확히 기입(표기)했는지 확인하시오.

→ 해설편 **104쪽**

[1~3] 다음은 학생의 발표이다. 물음에 답하시오.

지난주 화재 대피 훈련 때 비상구를 찾는 방법에 대해 배웠습니다. 잘 기억하고 있나요? (청중의 반응을 확인하며) 잘 기억하고 있네요. 그런데 치솟는 불길과 짙은 연기 등으로 인해 비상구를 찾을 수 없을 때는 어떻게 해야 할까요? 이런 의문이 생겨 조사한 '피난 기구'에 대해 발표하겠습니다. 피난 기구는 피난 시설 중 하나로 화재 시 사람들을 안전한 장소로 피난시킬 수 있는 기구를 말합니다.

먼저 설명할 피난 기구는 '완강기'입니다. ([자료 1]을 제시하며) 이것은 완강기를 설치한 모습입니다. 완강기는 화재 시 높은 층에서 땅으로 내려올 수 있게 만든 비상용 기구입니다. 화재가 발생하면 먼저 화면과 같이 연결 고리를 지지대에 걸어 고정하고 로프릴을 밖으로 던집니다. 그다음 여기 보이는 가슴벨트를 겨드랑이 밑에 걸고 단단히 조인 후 건물 밖으로 몸을 내밀어 내려갑니다. 연결 고리 바로 아래에 속도 조절기가 보이죠? 이것이 일정한 속도로 내려가게 해 주니 무서워하지 않아도 됩니다. 한 사람이 탈출한 후 올라온 로프릴을 다시 던지면 가슴벨트가 올라와 다음 사람이 이용할 수 있습니다. 그런데 구조나 사용 방법은 완강기와 동일하지만 반복해서 사용할 수 없는 '간이 완강기'도 있습니다. 보관함에 완강기의 종류가 적혀 있으니 잘 보고 사용해야 합니다.

다음 피난 기구는 '구조대'입니다. 구조대는 특수한 섬유로 만든 긴 터널로, 화재 발생 시 지상까지 이어져 피난할 수 있는 기구입니다. ([자료 2]를 제시하며) 화면에 보이는 그림은 경사식 구조대로, 평소에는 접어서 함에 보관하다가 설치를 하면 이런 형태가 됩니다. 구조대는 다른 피난 기구와 달리 건물 밖에 있는 사람이 설치를 도와줘야 한다는 특징이 있습니다. 화재가 발생하면 보관함을 열어 구조대를 밖으로 던지고 건물 밖에 있는 사람이 구조대를 땅에 고정시켜 화면과 같이 터널 모양이 되도록 만듭니다. 그다음 양팔과 다리로 속도를 조절하며 안전하게 탈출하면 됩니다.

이러한 피난 기구들은 건물의 목적이나 높이에 따라 설치할 수 있는 종류가 법으로 정해져 있는데, 그중 건물 구조에 적합한 것을 일정 수량 이상으로 설치해야 합니다. 화재 상황에서 안전하게 대피할 수 있도록 평소에 피난 기구 위치에 관심을 가지고, 사용 방법을 숙지하기 바랍니다.

1. 위 발표에 반영된 학생의 말하기 계획으로 적절한 것은?

① 발표 대상과 관련된 법률을 인용하여 청중에게 정보의 중요성을 강조해야겠어.
② 발표에 활용한 자료의 출처를 밝혀 발표 내용에 대한 청중의 신뢰를 얻어야겠어.
③ 청중과 공유하고 있는 내용을 언급하며 발표 제재를 선정하게 된 계기를 밝혀야겠어.
④ 질문에 대한 반응을 확인하며 청중이 발표의 중심 내용에 대해 이해한 정도를 점검해야겠어.
⑤ 도입부에서 발표 내용의 순서를 제시하여 청중이 발표 내용을 예측하며 들을 수 있게 해야겠어.

2. 다음은 위 발표에서 제시한 자료이다. 자료 활용에 대한 설명으로 적절하지 <u>않은</u> 것은?

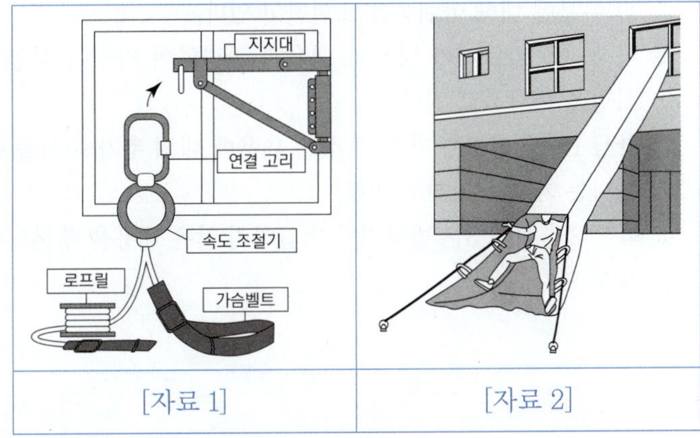

① [자료 1]을 활용하여 화재가 발생했을 때 완강기를 사용하는 과정을 설명하고 있다.
② [자료 1]을 활용하여 사용자가 내려올 때 일정한 속도를 유지해 주는 장치를 설명하고 있다.
③ [자료 1]을 활용하여 간이 완강기와 완강기의 구조적 차이를 설명하고 있다.
④ [자료 2]를 활용하여 구조대를 이용해 건물에서 탈출하는 방법을 설명하고 있다.
⑤ [자료 2]를 활용하여 건물 외부에 구조대를 설치했을 때의 모양을 설명하고 있다.

3. 발표 내용을 바탕으로 할 때, 〈보기〉에 나타난 학생들의 반응에 대한 이해로 적절하지 <u>않은</u> 것은?

<보 기>

학생 1 : 유치원생들이 천으로 된 터널을 타고 내려오는 것을 보고 그게 무엇인지 궁금했는데, 발표를 듣고 구조대라는 것을 알게 되어 의미가 있었어. 그런데 구조대 종류도 다양할 것 같으니 찾아봐야겠어.

학생 2 : 간이 완강기에도 속도 조절기가 있어 천천히 내려올 수 있겠네. 그런데 몸을 밖으로 내밀어 내려오는 부분에 대한 내용은 너무 간략해서 아쉬웠어.

학생 3 : 평소 피난 기구를 볼 때 불이 나면 사용할 것이라는 추측만 했는데 이번 발표를 계기로 사용법을 알아두어야겠어. 그리고 피난 기구 외에 다른 피난 시설들을 더 알아보고 자주 가는 건물에서 그 위치를 확인해 두어야겠어.

① 학생 1은 자신의 경험을 떠올려 발표 내용에 대해 긍정적인 반응을 보이고 있다.

② 학생 2는 발표자가 설명한 내용 중 구체적인 정보가 부족했던 부분에 대해 아쉬움을 표현하고 있다.

③ 학생 3은 발표자가 당부한 내용과 관련하여 자신이 실천할 사항을 생각하고 있다.

④ 학생 1과 학생 3은 더 알고 싶은 내용에 대해 추가 조사를 하겠다는 계획을 밝히고 있다.

⑤ 학생 2와 학생 3은 발표자가 언급하지 않은 내용을 추론하며 듣고 있다.

[4~7] (가)는 학생들의 대화이고, (나)는 대화를 바탕으로 작성한 연설문의 초고이다. 물음에 답하시오.

(가)

학생 1 내가 이번 학생회 선거에 부회장 후보로 출마하게 되었는데, 공약을 세우는 데 도움이 필요해 모여달라고 했어. 혹시 학교 생활을 하면서 불편을 느껴 개선했으면 좋겠다고 생각한 것 있니?

학생 2 평소에 친구들 사이에서 제일 많이 나온 이야기는 자판기 설치야.

학생 1 조금 더 자세히 이야기해 줄래?

┌ **학생 2** 우리 학교에는 매점이 있지만, 매점이 문을 닫는 시간에는 이용을 할 수 없어. 늦게까지 남아서 공부를 하는 친구들은 매점 운영 시간이 아니더라도 언제나 이용할 수 있는 자판기가 있으면 좋겠다고 했어.

[A] **학생 3** 자판기 설치를 공약으로 세우려면 선생님과 사전에 논의가 필요하지 않아? 자판기 구입이나 설치 장소 등 여러 문제가 해결되어야 한다고 생각해. 학생회가 자체적으로 할 수 있는 범위를 벗어난 것 같아.

학생 1 실현할 수 있다면 좋은 공약이 될 것 같아. 내가 알기에도 자판기 설치에 관심을 갖는 학생들이 많거든. 이건 설치 가능 여부를 알아보고 선생님과도 이야기를 해 볼게.

┌ **학생 2** 학생들이 특별실을 쉽게 빌릴 수 있게 하는 방법이 필요한 것 같아. 다른 반 친구들과 탐구 활동을 할 때 사용할 수 있는 곳을 찾기 위해 여러 선생님께 여쭤보러 다닌 적이 있는데, 그때 정말 불편했어. 친구들도 사용할 수 있는 곳을 찾기 위해 여러 선생님을 찾아가야 하

[B] 는 게 불편하다고 했어.

└ **학생 3** 맞아. 특히 행사 직전에는 특별실 담당 선생님께 가서 여쭤봐도 이미 다른 학생들이 특별실을 빌린 경우가 많았어. 온라인을 활용해 해결하면 좋지 않을까?

학생 1 괜찮은 생각이야. 선생님들과 상의해 볼게. 그런데 그것과 관련해서 나도 의견이 있어. 지금 우리 학교의 온라인 소통망이 학교 누리집 외에도 여러 종류가 있는데, 그것을 하나로 모으면 좋지 않을까?

학생 3 맞아. 어떤 온라인 소통망은 가입을 해야만 보이는 것도 있어서 불편하다는 이야기가 학생들 사이에서 조금씩 나오고 있었어. 그런데 소통망들을 하나로 모은다는 건 어떻게 하겠다는 거야? 구체적으로 설명해 줘.

학생 1 학교 누리집에 온라인 학생회를 만들면 어떨까 해. 운영 중인 여러 소통망을 일원화하는 거지. 그리고 조금 전에 이야기한 특별실 사용 예약도 온라인 학생회에서 받으려고 해. 그러면 학생 활동과 관련된 내용을 한 곳에 정리할 수 있을 것 같아.

학생 2 좋은 생각이야.

학생 1 긍정적으로 이야기해줘서 고마워. 그럼 이것도 공약에 넣어 볼게.

→ 해설편 **105쪽**

학생 3 그리고 나는 점심 시간이 너무 짧다고 생각해. 차례를 기다려 급식을 먹은 뒤 휴식을 취하거나 다른 활동을 하기에는 시간이 너무 부족해.

학생 2 나도 공감해. 하지만 점심 시간을 늘리면 다른 시간이 줄어들거나 하교 시간이 더 늦춰져야 해. 일과 시간을 조정하는 것은 쉽지 않을 거야.

학생 3 교지편집부에서 실시한 설문 조사에서 63%의 학생들이 점심 시간을 늘리면 좋겠다고 했어. 많은 학생들이 원하니 우선 공약으로 제시해보는 게 어때?

학생 1 좋은 의견 고마워. 하지만 일과 조정은 쉽지 않으니 내가 지킬 수 있는 공약만 제시하는 걸로 할게. 그럼 지금까지 나온 의견을 정리하고, 실현 가능 여부를 선생님들께 여쭤본 뒤 연설문을 써 볼게.

학생 2, 3 그래.

(나)

⎡　　　　　　　　　　⑦　　　　　　　　　　⎤ 안녕하십니까. 학생회 부회장 후보, 기호 '가' ○○○입니다. 이번 선거에 출마하며 학생 여러분들에게 세 가지를 약속하겠습니다.

첫째, 온라인 소통망을 일원화하겠습니다. 필요한 정보를 확인하기 위해 학생회에서 운영 중인 여러 소통망을 찾아보아야 했던 것을 온라인 학생회로 일원화하겠습니다. 한 곳에서 학생회 활동과 학교 생활의 정보를 찾아볼 수 있게 하여 여러분의 시간을 아낄 수 있도록 돕겠습니다.

둘째, 특별실 사용 예약제를 실시하겠습니다. 모둠 및 동아리 활동 장소를 찾기 위해 여러 선생님을 찾아다녀야 했던 것을 사용 가능한 특별실을 온라인에서 확인하고 사용 신청 및 승인을 받을 수 있게 하겠습니다. 개설 방법과 관리 문제 등에 큰 어려움이 없음을 이미 선생님께 확인받았습니다.

셋째, 간식 자판기를 설치하겠습니다. 우리 학교는 현재 매점 운영 시간에만 간식을 구매할 수 있어 늦게까지 공부하는 학생들은 많은 불편을 느낍니다. 그런데 우리 지역 학교의 50% 이상은 이미 간식 자판기를 설치하여 운영하고 있습니다. 제가 부회장이 되면 간식 자판기를 설치하여 많은 학생들이 느끼는 불편을 해결하도록 하겠습니다.

여러분의 한 표 한 표가 모여 더 나은 △△고를 만들 수 있습니다. 그 한 표를 저에게 주신다면 먼저 다가가고 △△고 학생을 위해 발로 뛰는 부회장이 되겠습니다. 기호 '가' ○○○이었습니다. 감사합니다.

4. (가)의 '학생 1'에 대한 이해로 적절하지 <u>않은</u> 것은?

① 상대의 요청에 대한 구체적인 방법을 설명하고 있다.

② 대화의 목적을 제시하며 상대의 발언을 이끌어 내고 있다.

③ 상대의 발언을 재진술하며 추가적인 정보를 요청하고 있다.

④ 자신이 알고 있는 정보를 제시하며 상대의 의견에 대해 동의하고 있다.

⑤ 상대의 의견에 긍정적인 반응을 보이며 자신의 생각을 덧붙이고 있다.

5. [A], [B]에 대한 설명으로 적절하지 <u>않은</u> 것은?

① [A]에서 '학생 2'는 제안과 관련된 현재의 상황을 들어 제안의 필요성을 드러내고 있다.

② [A]에서 '학생 3'은 제안이 실현되었을 때 발생할 수 있는 문제 상황을 제시하고 있다.

③ [B]에서 '학생 2'는 자신의 경험을 근거로 들어 제안의 필요성을 드러내고 있다.

④ [B]에서 '학생 3'은 상대가 제시한 문제를 해결하기 위한 방안을 제시하고 있다.

⑤ [A], [B]에서 '학생 2'는 모두 타인의 의견을 들어 자신의 주장을 뒷받침하는 근거로 활용하고 있다.

6. (가)를 바탕으로 세운 아래의 작문 계획 중 (나)에 반영되지 <u>않은</u> 것은? [3점]

⎡
○ 첫째 공약을 제시할 때, 대화에서 논의하지 않았던 기대 효과를 제시해야겠어. ……………………………………… ①

○ 둘째 공약을 제시할 때, 대화에서 언급된 방법에 대한 구체적인 이용 방법을 제시해야겠어. ………………… ②

○ 둘째 공약을 제시할 때, 대화 후 선생님과 논의한 내용을 활용하여 실현 가능한 공약임을 제시해야겠어. … ③

○ 셋째 공약을 제시할 때, 대화에서 제시된 자판기와 관련하여 그 종류를 명확하게 제시해야겠어. ……………… ④

○ 셋째 공약을 제시할 때, 대화에서 언급된 친구들의 관심에 관한 설문 결과를 활용해 친구들의 요구가 반영된 공약임을 제시해야겠어. ………………………………… ⑤
⎤

7. 다음 조언에 따라 ㉠에 들어갈 내용을 작성한다고 할 때, 가장 적절한 것은?

> 먼저 제시할 공약의 특징을 활용하여 어떤 특징을 가진 후보인지를 대구의 형식을 사용하여 유권자에게 깊은 인상을 심어주는 것이 좋을 것 같아. 또 공약을 반드시 지킨다는 내용을 언급한다면 신뢰를 줄 수 있을 거야.

① 경청하는 후보, 실천하는 후보. 투명한 학생회 활동을 하겠습니다.
② 행복한 학교 생활을 돕는 후보. 우리가 겪은 불편함은 제 손으로 해결하겠습니다.
③ 오프라인에서 온라인까지, 새로움을 보여 줄 후보. 열린 소통을 보여드리겠습니다.
④ 불편을 개선하는 후보, 학교를 바꾸는 후보. 확실히 지킬 수 있는 공약만 말씀드립니다.
⑤ 학생을 위한 학생회, 학생과 함께하는 학생회. 항상 학생들의 이야기를 귀담아 듣겠습니다.

[8~10] 다음은 작문 상황과 이를 바탕으로 학생이 작성한 초고이다. 물음에 답하시오.

[작문 상황]
학생들에게 급식 도우미의 날 행사를 제안하고 의견을 수렴하려고 한다.

[학생의 초고]
□□고 학생 여러분, 학생회장 ○○○입니다. 요즘 급식실 이용 규칙을 지키지 않는 학생들이 많아 급식실 이용이 불편하다는 의견들이 학생자치회에 여러 차례 들어왔습니다.

그래서 학생자치회에서는 학생들이 급식실에서 어떤 규칙을 지키지 않는지 일주일 동안 관찰해 본 결과 크게 네 가지 문제점을 확인할 수 있었습니다. 첫째, 급식실에서 새치기를 하는 학생들이 있었습니다. 둘째, 배식을 받을 때 주의를 기울이지 않는 학생들이 많았습니다. 이 때문에 배식이 제때 이뤄지지 않아 배식 시간이 지연되기도 했습니다. 셋째, 잔반을 국그릇에 모아서 깔끔하게 처리하기로 약속했는데 그것을 지키지 않는 학생들이 많았습니다. 그래서 잔반을 버리는 시간이 오래 걸려 친구들에게 불편을 주기도 했습니다. 넷째, 잔반을 버린 후 식판을 차곡차곡 쌓지 않았습니다. 그래서 어지럽게 쌓인 식판들이 쓰러져 바닥이 엉망이 되기도 했습니다.

학생자치회에서도 이런 상황이 문제라고 판단하여, 이 문제들을 해결하기 위한 방안을 의논해 보았습니다. 그래서 협의한 것이 '급식 도우미의 날' 행사를 진행해 보자는 것입니다. 급식 도우미의 날이란 반마다 돌아가면서 줄서기 지도, 배식, 잔반 처리 돕기, 식판 정리하기 등의 활동을 해 보는 날을 말합니다. '백 번 듣는 것보다 한 번 보는 것이 더 낫다.'라는 말이 있습니다. 우리 학생들이 급식 도우미 역할을 직접 해 본다면, 급식실 이용 규칙을 지키는 것의 중요성을 깨닫게 되어 여러 가지 문제점이 자연스럽게 개선될 것이라고 생각합니다.

[가] 급식 도우미의 날 행사는 학생자치회에서 의결하여 2학기부터 실시하고자 합니다. 이에 대해 궁금한 점이 있다면 학생자치회로 연락해 주시기 바랍니다. 학생 여러분의 적극적인 관심을 부탁드립니다.

8. 윗글에서 활용한 글쓰기 전략으로 적절하지 <u>않은</u> 것은?

① 행사의 세부 활동을 나열한다.
② 관용 표현으로 행사의 의도를 강조한다.
③ 관찰한 결과를 중요도 순으로 제시한다.
④ 문제 상황을 인지하게 된 계기를 제시한다.
⑤ 규칙을 어기는 행동이 문제가 되는 이유를 설명한다.

9. 〈보기〉는 초고를 보완하기 위해 추가로 수집한 자료들이다. 자료의 활용 방안으로 적절하지 <u>않은</u> 것은? [3점]

────── 〈보 기〉 ──────

ㄱ. **학생 대상 설문 조사 결과**

○ 급식실 이용 시 가장 불편했던 점은 무엇인가요?

내 용	비율(%)
새치기하는 친구들	42.5
잔반을 버릴 때 시간이 오래 걸림	15.5
장난치는 친구들 때문에 배식 시간이 지연됨	14.5
식판을 아무렇게나 쌓고 가는 친구들	13
기타	14.5

ㄴ. **○○ 선생님 인터뷰**

"식판을 쌓을 때 모양대로 겹치지 않으니 식판이 쓰러져 큰 소리가 나거나 식판이 찌그러지기도 합니다. 그러면 친구들도 매우 놀라고, 세척도 불편해집니다. 게다가 달마다 구부러진 식판을 파악해서 새것을 사야 합니다. 식판 수거와 확인, 구입 같은 일에 힘과 시간을 많이 뺏기게 되면 급식 준비에 쏟을 힘과 시간이 모자랄 수 있습니다. 그러면 학생들에게 피해가 간다는 것을 알아주면 좋겠습니다."

ㄷ. **다른 지역의 학교 신문 기사**

우리 학교는 다른 학교와 급식 시간 모습이 다르다. 학생들이 돌아가며 배식과 잔반 처리에 참여하고 있기 때문이다. 이렇게 배식과 잔반 처리 봉사활동에 학생들이 참여한 지 6개월이 지났다. 2 ~ 3일이라는 짧은 기간 동안 참여하여 부담이 적고, 봉사 시간으로 인정도 받아 학생들도 좋은 반응을 보였다. 조리사님들은 학생들이 이 활동을 하면서 배식을 받는 모습이나 잔반을 처리하는 모습이 눈에 띄게 좋아졌다고 칭찬했다.

① ㄱ을 2문단에 활용하여, 새치기 문제 때문에 불편함을 느끼는 학생들이 가장 많음을 수치로 제시한다.

② ㄱ을 2문단에 활용하여, 배식받을 때 주의를 기울이지 않는 사례로 장난치는 친구들이 있다는 내용을 추가한다.

③ ㄷ을 3문단에 활용하여, 학생자치회에서 기대한 효과가 충분히 나타날 수 있음을 다른 학교의 사례를 들어 뒷받침한다.

④ ㄱ과 ㄴ을 2문단에 활용하여, 가지런하지 못한 식판 수거 상태 문제를 제기한 부분에, 학생들에게 불편을 끼치고 급식 운영에 어려움을 준다는 내용을 추가하여 보완한다.

⑤ ㄴ과 ㄷ을 3문단에 활용하여, 급식 도우미의 날 행사를 처음 도입할 때 도우미 학생들이 겪을 어려움과 이를 해결할 수 있는 방안을 추가한다.

10. 〈보기〉는 선생님의 조언에 따라 [가]를 고쳐 쓴 것이다. 선생님이 했을 조언으로 가장 적절한 것은?

────── 〈보 기〉 ──────

급식 도우미의 날 행사는 학생자치회에서 의결하여 2학기부터 실시하고자 합니다. 학생자치회에서는 행사를 의결하기 전에 먼저 실시 여부에 대한 찬반과 운영 방식에 대해 학생들의 의견을 수렴하려 합니다. 학생들은 학생자치회 게시판에 있는 건의함을 통해 제시된 양식에 맞게 의견을 제출해 주시면 좋겠습니다. 여러분들의 적극적인 참여를 부탁드립니다.

① 어떤 일을 의결할 때는 시행 이후 예상되는 성과를 제시해 주는 것이 좋아. 그러니 급식 도우미의 날 시행으로 예상되는 성과로 내용을 고치면 좋겠구나.

② 어떤 일을 의결할 때는 먼저 학생들의 의견을 모아보는 것이 좋아. 그러니 의견을 수렴할 내용과 수렴 방법에 관해 설명하면서 참여를 부탁하는 내용으로 고치면 좋겠구나.

③ 전달 효과를 높이기 위해서는 비유적인 표현을 쓰는 것이 좋아. 그러니 행사의 취지를 잘 전달할 수 있는 문구로 대체하면서 참여를 독려하는 비유적 표현을 추가하면 좋겠구나.

④ 전달 효과를 높이려면 필요한 정보를 분류해서 정리하는 것이 좋아. 그러니 학생들이 궁금해할 행사의 시기, 급식 도우미 역할과 순서, 활동 기간 등에 대해 자세히 제시하면 좋겠구나.

⑤ 학생들의 적극적인 참여를 이끌려면 문제 해결을 위한 정보를 다양하게 제공하는 것이 좋아. 그러니 학생자치회에서 논의했던 다양한 방법들을 공유하는 것으로 고치면 좋겠구나.

[11~12] 다음 글을 읽고 물음에 답하시오.

문장에서 주어가 자기 힘으로 동작이나 행위를 하는 것을 능동, 주어가 다른 주체에 의해 동작이나 행위를 당하는 것을 피동이라 한다. 그리고 능동이 표현된 문장은 능동문, 피동이 표현된 문장은 피동문이라고 한다.

피동문을 형성하는 방법에는 여러 가지가 있다. 우선 용언 어간에 피동 접미사 '-이-', '-히-', '-리-', '-기-'를 결합하여 새로운 피동사를 파생하는 방법이 있다. 다음으로 연결 어미를 이용하여 구성된 '-아/어지다', '-게 되다'를 어간에 결합하는 방법이나 일부 명사 뒤에 '-되다'를 붙이는 방법도 있다. 이러한 문법 요소를 활용하여 피동의 의미를 나타내는 것을 피동 표현이라고 한다.

피동 표현을 사용하여 능동문을 피동문으로 만들면, 일반적으로 능동문의 목적어는 피동문의 주어가 되고 능동문의 주어는 피동문의 부사어가 된다. 그런데 피동문에 대응하는 능동문을 상정하기 어려운 경우도 있다. 가령 '날씨가 풀렸다.'라는 문장은 피동문의 서술어가 동작이나 행위가 아니라 자연적인 상태 변화를 나타낸다. 따라서 '(누가) 날씨를 풀었다.'처럼 행위의 주체를 설정하기 어렵기 때문에 능동문으로 만들면 어색하게 느껴지는 것이다.

피동 표현은 행위의 대상에 초점을 맞추어 표현하기에 행위의 주체가 강조되지 않는다. 따라서 행위의 주체를 모르거나 설정하기 어려울 때, 행위의 주체를 의도적으로 숨기고자 할 때, 객관적인 느낌을 주고자 할 때 등에 사용한다. 한편, 피동의 문법 요소를 두 번 결합한 이중 피동을 사용하는 경우도 있다. 이는 어색한 표현인 경우가 많으므로 주의해야 한다.

11. 윗글을 통해 알 수 있는 내용으로 적절하지 <u>않은</u> 것은?

① 피동 표현을 사용하면 행위의 대상보다 행위의 주체가 강조된다.
② 객관적인 느낌을 전달하려는 의도로 피동 표현을 사용할 수 있다.
③ 주어가 다른 주체에 의해 어떤 행위를 당하는 것을 피동이라 한다.
④ 행위의 주체를 모르거나 설정하기 어려울 때 피동 표현을 사용할 수 있다.
⑤ 피동 접미사 이외의 문법 요소를 활용하여 피동의 의미를 나타낼 수 있다.

12. 윗글을 바탕으로 〈보기〉를 탐구한 결과로 적절하지 <u>않은</u> 것은? [3점]

< 보 기 >

ㄱ. 아버지가 아들을 안았다. → 아들이 아버지에게 안겼다.
ㄴ. 조사 결과 화재의 원인은 누전으로 파악됩니다.
ㄷ. 더위가 꺾였다. → (누가) 더위를 꺾었다.
ㄹ. 이번 패배는 그의 실책으로 보여진다.

① ㄱ에서는 능동문을 피동문으로 바꿀 때 능동문의 주어가 피동문의 부사어가 되었군.
② ㄴ에서는 명사 뒤에 '-되다'를 결합하여 피동의 의미를 표현했군.
③ ㄷ에서는 서술어가 자연적인 상태의 변화를 나타내어 피동문에 대응하는 능동문을 상정하기 힘들군.
④ ㄹ에서는 피동 접미사가 두 번 결합한 이중 피동이 쓰였군.
⑤ ㄱ과 ㄷ에서는 모두 피동 접미사로 피동의 의미를 표현했군.

13. 〈보기〉를 바탕으로 탐구한 내용으로 적절하지 <u>않은</u> 것은?

< 보 기 >

○ 동사와 형용사의 특징
▶ 동사는 선어말 어미 '-는-/-ㄴ-'의 결합으로, 형용사는 기본형으로 현재 시제를 나타냄.
▶ 관형사형 어미 '-(으)ㄴ'이 결합했을 때, 동사는 과거 시제를 나타내지만, 형용사는 현재 시제를 나타냄.

① '감이 떫다.'에서는 기본형으로 현재 시제를 나타내고 있기 때문에 '떫다'는 형용사이군.
② '책을 읽는다.'에서는 선어말 어미 '-는-'이 결합하여 현재 시제를 나타내고 있기 때문에 '읽다'는 동사이군.
③ '친구와 논다.'에서는 선어말 어미 '-ㄴ-'이 결합하여 현재 시제를 나타내고 있기 때문에 '놀다'는 동사이군.
④ '집에 간 사람'에서는 관형사형 어미 '-(으)ㄴ'이 결합하여 과거 시제를 나타내고 있기 때문에 '가다'는 동사이군.
⑤ '우리가 이긴 시합'에서는 관형사형 어미 '-(으)ㄴ'이 결합하여 현재 시제를 나타내고 있기 때문에 '이기다'는 형용사이군.

14. 〈보기〉의 학습 활동을 수행한 결과로 적절한 것은?

─────〈보 기〉─────

[학습 활동] ㉠과 ㉡에 들어갈 알맞은 사례를 찾아 보자.

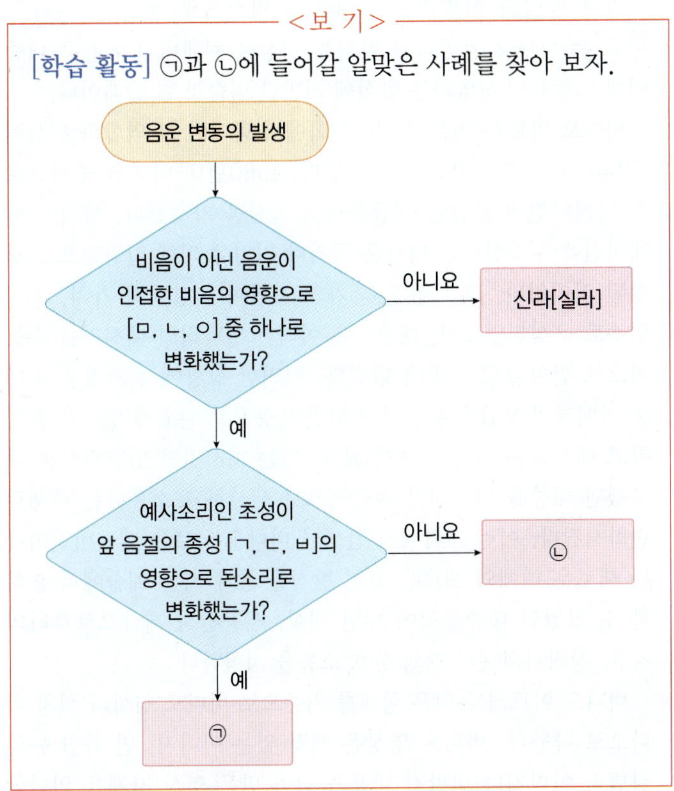

	㉠	㉡
①	옷맵시[온맵씨]	꽃말[꼰말]
②	덮개[덥깨]	묵념[뭉념]
③	부엌문[부엉문]	앞날[암날]
④	광안리[광알리]	권력가[궐력까]
⑤	귓속말[귇쏭말]	습득물[습뜽물]

15. 〈보기〉의 ㉠~㉆에 대한 설명으로 적절하지 <u>않은</u> 것은?

─────〈보 기〉─────

(두 친구가 이전의 약속을 떠올리며 일정을 잡는 상황)

학생 1 : ㉠ <u>우리</u> 저번에 놀자고 했던 거 있잖아. ㉡ <u>그거</u> 내일이지?

학생 2 : 벌써 그렇게 됐네. ㉢ <u>어디서</u> 보자고 했지?

학생 1 : 학교 앞 정류장에서 보자고 했잖아. ㉣ <u>거기</u> 근처 식당에서 밥 먹고, 영화 보고, 문구점 가서 구경 하기로 했잖아.

학생 2 : 맞아, 그랬지. 가서 둘러보다가 살 거 있으면 각 자 사도 되고…… 사고 싶은 거 있어?

학생 1 : 아직은 ㉤ <u>무엇</u>을 살지 모르겠어. ㉥ <u>그때</u> 문구점 가서 봐야 알 것 같아. 아무튼, 그럼 내일 몇 시에 만날까?

학생 2 : 12시 어때? 그러면 딱 점심 먹기 좋을 시간인데.

학생 1 : 좋아. 그럼 ㉆ <u>그때</u> 보자. 잘 자.

① ㉠은 화자와 청자를 모두 포함한다.
② ㉡은 이전에 화자와 청자가 한 약속을 가리킨다.
③ ㉣은 ㉢에 대한 답인 학교 앞 정류장을 가리킨다.
④ ㉤은 아직 정해지지 않은 대상을 가리킨다.
⑤ ㉥은 약속 시간인 내일 12시를 의미하며, ㉆과 같은 대상을 가리킨다.

[16~20] 다음 글을 읽고 물음에 답하시오.

(가)

흔히 예술이라고 하면 고상한 소재를 활용하여 아름다움이나 만족감을 주는 특별한 작품이나 행위를 떠올린다. 하지만 현대 예술에서는 고상함을 찾기 힘든 일상적 소재를 활용하기도 하고 추함이나 불쾌감을 전달하기도 한다. 이러한 경향에 큰 영향을 준 것이 바로 아방가르드이다. 아방가르드는 주력 부대가 전진할 수 있도록 새로운 길을 개척하는 병사를 일컫는 말에서 유래한 예술 용어로, 예술에 대한 기존의 통념에 저항하고 새로운 예술의 모습을 제시하는 혁신적인 예술 운동이다.

아방가르드의 탄생은 '예술이란 무엇인가'라는 물음과 관련이 있다. 근대 이전까지의 예술은 독립적인 영역으로 인정받지 못했으며 집단의 종교적 목적이나, 왕이나 귀족 개인의 세속적 목적을 충족시키기 위한 종속적인 수단이었다. 예술가 또한 종교나 궁정에 소속된 일개 기술자에 불과하다고 인식되었다. 반면 근대의 예술은 그 자체로 아름다움이나 만족감 등 고유한 미적 체험을 줄 수 있는 독립적인 영역으로 인식되었고, 예술가도 특별한 재능을 바탕으로 작품을 창작하는 주체로 인정받게 되었다. 하지만 권위 있는 비평가들에게 작품의 아름다움을 인정받기 위해, 예술가들은 예술적 전통과 관습이라는 당대의 미학적 기준을 철저히 따를 수밖에 없었다. 당대의 미학적 기준은 예술을 고유의 영역으로 독립시켰지만, 오히려 전통과 관습에 종속되게 한 채 새로움을 잃게 만들었다. 아방가르드는 이러한 미학적 기준에 저항하고, 새로운 예술의 기준을 제시하면서 예술의 자율성을 확립하기 위해 탄생하였다.

아방가르드의 관점에서 예술가는 전통이나 관습에 적극적으로 저항하면서 새로운 미래나 방향성을 제시하는 주체라고 볼 수 있다. 새로운 예술의 모습을 제시하기 위해, 아방가르드 예술가들은 추하고 난해한 그림을 그리거나 알아들을 수 없는 말로 된 시를 낭송하는 등 의도적으로 당대의 미학적 기준에 저항하였다. 또한 변기, 자전거 바퀴 등 일상적인 소재들을 창작에 활용하거나, 예술 활동이 특별하고 독창적인 일이라는 통념을 깨기 위해 일상적 활동을 활용하여 예술과 일상의 구분을 무너뜨렸다. 아울러 새로운 기술이나 매체를 적극적으로 예술 활동에 적용하였으며, 특별한 재능을 가진 사람만이 예술을 완성한다는 통념에서 벗어나 관객이 작품에 참여하거나 작품을 수정할 수 있게 하여 예술가와 관객의 경계를 파괴하였다.

예술계는 아방가르드가 제시한 예술을 처음에는 거부했지만 이후 새로운 경향으로 인정하였고, 이를 바탕으로 한 수많은 사조와 작품들이 주류 예술로 편입되었다. 그런데 ㉠ <u>이러한 변화가 역설적이게도 아방가르드의 본질을 상실하게 만들어</u> 아방가르드 운동은 쇠퇴하였다. 하지만 새로움과 저항이라는 가치로 예술의 새로운 모습을 제시한다는 아방가르드의 본질은 후대의 다양한 예술 분야에 큰 영향을 미쳤다.

(나)

기술 발달과 아방가르드 예술의 영향으로 등장한 비디오 아트는 비디오 카메라로 촬영한 영상을 텔레비전과 같은 대중 매체를 활용해 상영하는 방식에 기반한 미술의 한 갈래이다.

비디오 아트는 미술이 대중문화에 위축되어 그 역할과 위상이 흔들리자 그 대안으로 제시되었다. 1960년대 미국을 중심으로 한 텔레비전의 보급은 대중문화의 확산을 가져왔다. 하지만 텔레비전에서 방영되는 영상은 국가나 기업에 의해 일방적으로 편성된 것이었다. 그 내용은 국가의 이념이나 상업적 가치, 흥미 위주로 구성되었으며, 대중들은 이러한 일방적인 메시지를 수동적으로 받아들일 수밖에 없었다. 이러한 상황에서 가정용 비디오 카메라의 보급은 누구나 저렴한 비용으로 손쉽게 영상을 촬영하고 배포하는 것을 가능케 했다. 이는 메시지를 일방적으로 수용했던 대중을 메시지를 적극적으로 생산하고 소통하는 주체로 변화시켰다. 이런 맥락에서 탄생한 비디오 아트는 텔레비전이라는 새로운 매체와 새로운 표현 방식을 통해 기존 예술에서 흔히 볼 수 없었던 대중문화에 대한 저항, 시공간적 제약으로부터의 자유, 창작자와 관람객의 상호 소통을 지향한다.

비디오 아트의 유형은 형태를 기준으로 비디오 영상과 설치 비디오로 나뉜다. 비디오 영상은 맥락 없는 이미지, 빈 화면 등의 실험적 이미지나 비판적 내용을 담아 만든 영상 자체를 의미한다. 설치 비디오는 영상을 텔레비전 등 다양한 사물이나 장치와 결합하여 제작한 설치물이다. 설치 비디오에는 예술가가 텔레비전의 일방 소통적 특성을 비판하기 위해 기계 장치로 텔레비전의 기능을 자의적으로 왜곡하여 변형된 화면을 보여주는 것이 있다. 또 예술가가 다양한 장비를 활용하여 작품이 관람객의 행동이나 주위의 환경에 따라 반응하여 변하도록 만든 것도 있다.

이처럼 비디오 아트는 대중문화에 대한 저항과, 작품이 이미 완결된 것이라는 고정관념에서 벗어나 언제든지 우연한 사건의 개입으로 변화될 수 있다는 것을 보여주었다. 이는 관람객의 역할을 단순한 감상자에서 예술 작품 완성의 주체로 변화시켰다는 점에서 예술의 새로운 모습을 보여주었다는 의의가 있다.

16. (가), (나)에 대한 설명으로 가장 적절한 것은?

① (가)는 중심 개념을 바라보는 여러 학자들의 견해를 제시하고 있다.
② (나)는 중심 개념의 의의와 한계를 분석하고 있다.
③ (가)와 (나)는 모두 중심 개념의 변화 과정을 제시하고 있다.
④ (가)와 (나)는 모두 중심 개념을 정의하고 그 등장 배경을 밝히고 있다.
⑤ (가)와 (나)는 모두 중심 개념의 하위 유형 구분 기준을 명시하고 관련 사례를 제시하고 있다.

17. (가)를 이해한 내용으로 적절하지 <u>않은</u> 것은?

① 근대 이전의 예술가는 기술자에 불과하다고 인식되었다.

② 근대에는 예술과 예술가에 대한 인식의 변화가 일어났다.

③ 아방가르드라는 용어는 예술이 아닌 다른 분야에서 유래하였다.

④ 근대 이전의 예술은 예술가의 세속적 목적을 충족시키기 위해 이루어졌다.

⑤ 근대의 예술가들이 전통을 따랐던 이유는 작품의 아름다움을 비평가들에게 인정받기 위해서였다.

18. ㉠의 이유를 추론한 것으로 가장 적절한 것은?

① 아방가르드가 주류 예술에 편입되어 더 이상 새로운 예술이 아니게 되었기 때문이다.

② 아방가르드 운동의 쇠퇴로 인해 이를 뛰어넘는 새로운 예술이 등장하였기 때문이다.

③ 아방가르드를 바탕으로 한 작품들이 등장하면서 기존의 주류 예술을 보완한 사조들을 형성하게 되었기 때문이다.

④ 아방가르드가 추구하는 예술가의 모습이 기존의 주류 예술계에서 인식하는 예술가의 모습과 같지 않기 때문이다.

⑤ 아방가르드가 제시하고 있는 예술의 방향성이 기존의 주류 예술계가 요구하는 미학적 기준에 부합하지 않기 때문이다.

19. 비디오 아트 를 이해한 내용으로 적절하지 <u>않은</u> 것은?

① 대중문화로 인해 미술의 역할과 위상이 흔들리자 그 대안으로 제시된 장르이다.

② 손쉽게 촬영할 수 있는 기기를 통해 창작자와 관람객의 상호 소통을 지향하는 예술이다.

③ 대중문화의 확산을 일으킨 매체를 활용하여 대중문화에 대한 저항을 표현하는 예술이다.

④ 기술의 발달로 인한 변화를 활용하여 시공간적 제약으로부터의 자유를 추구하는 예술이다.

⑤ 메시지의 생산과 수용 과정에서 이루어졌던 국가와 대중의 기존 역할이 서로 전환되는 예술이다.

20. 윗글을 바탕으로 〈보기〉의 ⓐ, ⓑ를 이해한 내용으로 가장 적절한 것은? [3점]

< 보 기 >

○ 무대 공연을 위해 만들어진 백남준의 ⓐ 〈TV 첼로〉는 1971년에 제작된, 첼로에 텔레비전 세 대를 결합한 형태의 작품이다. 이 작품에서 출력되는 영상은 첼리스트의 즉흥 연주나 행동에 반응하여 변형된다.

○ 백남준의 ⓑ 〈닉슨〉은 텔레비전 두 대에 변조 장치를 결합한 작품으로, 화면에 계속 등장하는 닉슨 대통령의 얼굴을 여러 형태로 일그러뜨려 희화화한 이미지를 관객에게 보여준다.

① 설치 비디오 유형에 해당하는 ⓐ는, 새로운 매체를 예술 활동에 적용했다는 점에서 새로운 예술의 모습을 제시하였다고 볼 수 있겠군.

② 텔레비전 기능의 자의적 조정을 보여주는 ⓐ는, 기존 예술에서 보였던 예술가와 관객 사이의 경계를 파괴하려 하였다고 볼 수 있겠군.

③ 비디오 영상 유형에 해당하는 ⓑ는, 예술에 대한 기존 통념에 저항함으로써 새로운 예술의 모습을 제시하였다고 볼 수 있겠군.

④ 작품에 언제든 우연한 사건이 개입되어 변할 수 있다는 것을 보여주는 ⓑ는, 일상적인 소재를 활용하여 예술의 소재에 대한 기존 관점의 문제점을 드러냈다고 볼 수 있겠군.

⑤ 실험적 이미지를 활용한 ⓐ와 ⓑ는, 일상적 활동을 예술에 적용하여 기존의 예술적 전통을 발전시킴으로써 새로운 예술의 모습을 제시하였다고 볼 수 있겠군.

[21~25] 다음 글을 읽고 물음에 답하시오.

　최근 인구 증가와 기후변화로 전 세계적인 물 부족 현상이 발생하고 있다. 지구상에 존재하는 물의 대부분은 해수이며 염분이 없는 물인 담수는 전체의 약 2.5 %이다. 담수 중에서도 빙하, 지하수 등을 제외하면 인간이 손쉽게 활용할 수 있는 것은 물의 총량 중 극히 일부에 지나지 않는다. 따라서 해수를 담수로 ⓐ 만드는 여러 가지 기술이 연구되어 왔다.

　1세대 해수 담수화 기술로는 다단 증발법 이 있다. 이는 물의 상변화* 원리를 활용한 것으로, 가열된 해수를 수증기로 변화시켜 응축함으로써 담수를 얻는 방법이다. 일반적으로 다단 증발법을 적용한 해수 담수화 설비는 해수 가열기, 진공 유지 장치, 직렬로 연결된 여러 개의 증발기 등으로 구성된다. 해수는 증발기 내부의 냉각관을 통과하여 해수 가열기 내부로 이동한다. 해수 가열기는 고온의 증기로 해수의 온도를 해수의 끓는점인 110 ℃ 이상까지 높이는 역할을 하며, 가열된 해수는 앞서 통과한 증발기들의 하부를 역순으로 통과한다. 이때 증발기들의 내부는 진공 유지 장치에 의해 대기압보다 훨씬 낮은 압력을 유지하고 있다. 해수의 끓는점은 대기압이 낮을수록 낮아지기 때문에 증발기로 진입한 해수는 순간적으로 끓어올라 수증기로 바뀌게 된다. 생성된 수증기에 포함된 미량의 해수는 필터를 통과하며 제거되어 순수한 수증기가 되고 설비 밖으로 빠져나간다. 순수한 수증기는 증발기 상부의 냉각관과 만나서 응축되어 담수가 된다. 해수는 증발기들을 거칠수록 염분 농도는 높아지고 온도는 계속 낮아진다. 하지만 증발기들의 내부 압력 또한 설비 끝으로 갈수록 더 낮아지기 때문에 마지막 증발기까지 담수가 계속 생성된다. 다단 증발법은 해수를 끓여 수증기만 얻는 방식이므로 해수의 수질 조건에 큰 영향을 받지 않으며 담수를 대량으로 생산할 수 있다는 장점이 있지만, 에너지 소비량이 매우 많다는 단점이 있다.

　2세대 해수 담수화 기술인 역삼투법 은 다단 증발법의 대안으로 제시된 기술로, 반투막을 이용하여 해수에서 담수를 얻는 방법이다. 같은 양의 담수와 해수 사이에 물 분자만 통과할 수 있는 반투막을 설치하면 염도가 낮은 담수에서 염도가 높은 해수 방향으로 물 분자가 옮겨 가는 삼투 현상이 일어나며, 이때 담수에 작용하는 힘을 삼투압이라고 한다. 위와 같은 조건에서 압력 펌프를 사용하여 삼투압보다 더 큰 압력을 해수에 가하면 오히려 반대로 해수에 있는 물 분자가 반투막을 거쳐 담수 방향으로 이동하며 담수가 생성되는데, 이를 역삼투법이라고 한다. 역삼투법은 반투막의 오염 정도가 심해짐에 따라 담수 생성 효율이 저하되므로 반투막과 맞닿는 해수의 수질 조건이 매우 중요하다. 따라서 해수에 섞인 이물질을 제거하는 전처리 과정이 필수적이라고 할 수 있다. 역삼투법은 다단 증발법에 비해 담수 생성 효율은 높고 에너지 소비량은 적지만, 삼투압보다 높은 압력을 얻기 위해 여전히 에너지를 많이 소비한다는 문제가 있다.

　해수 담수화 기술은 에너지 소모량이 적은 방식으로 발전해 왔으며, 에너지원 확보가 어려운 지역을 위한 해수 담수화 설비에 대한 요구도 점차 커지고 있다. 이를 위해 세계 각국에서도 많은 연구 비용을 투자하여 신재생 에너지를 활용한 차세대 해수 담수화 기술을 상용화하기 위해 노력하고 있다.

* 상변화 : 물질이 온도와 압력에 따라 기체, 액체, 고체로 변하는 현상.

21. 윗글을 통해 답을 찾을 수 <u>없는</u> 질문은?

① 다단 증발법의 장점은 무엇인가?
② 물 부족 현상의 원인은 무엇인가?
③ 해수 담수화 기술은 어떤 방식으로 발전해 왔는가?
④ 해수 속 이물질을 제거하는 과정은 어떻게 이루어지는가?
⑤ 인간이 쉽게 활용할 수 없는 물은 어떤 상태로 존재하는가?

22. 〈보기〉는 다단 증발법 을 적용한 설비의 구조이다. 윗글을 바탕으로 〈보기〉를 이해한 내용으로 적절하지 <u>않은</u> 것은?

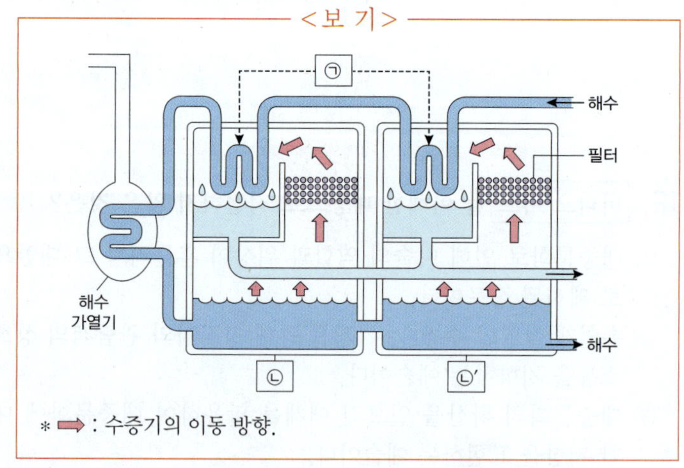

① 해수의 염분 농도는 ㄴ보다 ㄴ′에서 더 높다.
② ㄴ과 ㄴ′에서 생성된 담수는 설비 밖으로 빠져나온다.
③ 해수 가열기에서 온도가 끓는점보다 더 높아진 해수는 ㄴ으로 이동한다.
④ ㄴ과 ㄴ′에서 생성된 수증기는 필터에 의해 해수가 제거된 상태로 ㄱ과 만나 응축된다.
⑤ 내부 압력이 같은 ㄴ과 ㄴ′은 대기압보다 낮은 내부 압력을 유지하고 있으므로 해수를 순간적으로 끓어오르게 한다.

→ 해설편 112쪽

23. 역삼투법 에 대한 설명으로 적절하지 않은 것은?

① 다단 증발법보다 담수 생성 효율이 높은 기술이다.
② 에너지 소비 측면에서 다단 증발법보다 더 발전된 기술이다.
③ 다단 증발법보다 전처리 과정이 더 중요한 역할을 하는 기술이다.
④ 삼투압보다 더 큰 압력을 해수에 가하여 담수를 생성하는 기술이다.
⑤ 염분만 통과할 수 있는 반투막의 성질을 이용하여 해수에서 담수를 분리하는 기술이다.

24. 윗글을 참고하여 〈보기〉의 ㉮를 이해한 내용으로 적절하지 않은 것은? [3점]

<보 기>

㉮ '막 증류법'의 대표적인 방식은 고온의 해수와 저온의 담수 사이에 소수성*을 띤 다공성* 막을 설치하여 온도 차이에 의해 해수에서 증발된 수증기만 막을 통과하도록 해 담수를 얻는 것이다. 이 방식은 해수의 온도를 50~70 ℃로 높이는 것을 제외하면 압력 등 다른 요소를 변화시키지 않아도 되기에 1, 2세대 해수 담수화 기술에 비해 에너지 소비량이 적어 소규모의 신재생 에너지 설비로도 담수를 생산할 수 있다. 하지만 막이 물과 맞닿기 때문에 막이 오염되지 않도록 관리하는 것이 중요하다.

* 소수성 : 물과 친화력이 적은 성질.
* 다공성 : 물질의 내부나 표면에 작은 구멍이 많이 있는 성질.

① 압력을 변화시키지 않아도 된다는 점에서 다단 증발법과 유사하군.
② 역삼투법과 달리 물의 상변화를 이용하여 담수를 생성하고 있군.
③ 막의 오염을 관리하는 것이 매우 중요하다는 점에서 역삼투법과 유사하군.
④ 다단 증발법과 달리 해수의 온도를 끓는점 이상까지 높이지 않아도 되겠군.
⑤ 다단 증발법과 역삼투법에 비해 에너지원 확보가 어려운 지역에 설치하기 유리하겠군.

25. 문맥상 의미가 ⓐ와 가장 가까운 것은?

① 새 학년을 맞아 동아리를 <u>만들었다.</u>
② 경기 규칙을 새롭게 <u>만드는</u> 일은 어렵다.
③ 시를 소설로 <u>만드는</u> 과정은 매우 흥미롭다.
④ 생일 선물로 친구에게 줄 케이크를 <u>만드는</u> 중이다.
⑤ 송진을 채취하기 위해 소나무에 칼로 흠집을 <u>만들었다.</u>

[26~30] 다음 글을 읽고 물음에 답하시오.

법의 효력이란 사회 규범으로서의 법이 타당성과 실효성을 바탕으로 그 목적과 내용대로 실현되는 힘을 의미한다. 이때 타당성이란 법이 구속력을 가질 수 있는 정당한 자격을 말한다. 국민과 법이 추구하는 정의가 서로 같고, ⓐ 적법한 절차에 의해서 법이 제정된 경우에는 타당성이 있다고 할 수 있다. 실효성이란 법이 현실로 지켜져 실현되게 하는 강제력을 의미한다. 실효성이 없는 법은 법을 이행하도록 하는 실제적인 힘이 없기 때문에 공동체의 법으로서 효력이 없다. ㉠ 법은 이러한 타당성과 실효성을 모두 갖추어야 효력을 발휘하며, 효력을 갖춘 법이 미치는 범위는 시간, 사람, 장소로 구분할 수 있다.

법의 시간적 효력은 법의 부칙에 별도로 규정된 시행일로부터 발생한다. 만약 시행일을 규정하지 않은 경우에는 법을 공포*한 날로부터 20 일이 ⓑ 경과되면 법의 효력이 자동적으로 발생한다. 규정된 폐지일이 지나거나, 폐지일 이전에 법 자체가 폐지되면 법의 효력은 소멸한다. 폐지일이 규정되지 않은 경우에는 구법의 내용과 상충되는 신법이 시행되었을 때 구법의 효력이 소멸된다. 법의 효력은 시행 후에 발생한 사항에만 적용되며 ⓒ 시행 이전에 발생한 사항에 대해서는 적용되지 않는다. 왜냐하면 법을 ⓓ 소급해서 적용할 경우 이미 신법 시행 이전에 적법하게 취득한 권리를 침해하여 사회적 혼란을 일으킬 수 있기 때문이다. 그러나 신법이 시행될 때 이전에 발생한 사건에 대한 구법의 시간적 효력이 남아 있는 경우 예외적으로 신법을 소급하여 적용할 수 있다.

법의 인적 효력은 한 사람에게 어느 나라의 법을 적용하느냐에 관한 문제로, 속인주의와 속지주의 중 어떤 원칙을 선택하느냐에 따라 효력이 미치는 범위가 달라진다. 속인주의란 그 나라의 국적을 가진 사람이 어느 장소에 있든지 관계 없이 국적국의 법을 적용하는 원칙이다. 예를 들어 우리나라 사람이 외국에서 죄를 지은 경우 속인주의에 따르면 우리나라 법의 적용을 받게 된다. 그런데 외국에 있는 우리나라 사람이 불법적인 행위를 한 상황에서 속인주의를 적용한다면 다른 나라의 영토 주권을 침범하여 문제가 발생할 수 있다. 이러한 한계는 속지주의로 보완할 수 있다. 속지주의란 자국의 영역 내에 있는 모든 사람에 대하여 내·외국인을 불문하고 자국법을 적용한다는 원칙이다. 가령 외국인이 우리나라에서 범죄를 저질렀을 때, 속지주의에 따르면 우리나라 법의 적용을 받게 된다. 그런데 주한 외교 사절은 기본적으로 우리나라의 법을 준수해야 하지만, ⓔ 면책 특권 때문에 예외적으로 법의 효력이 발생하지 않는다.

법의 장소적 효력은 법이 어떤 공간에 적용되느냐에 관한 문제이다. 국가의 법은 원칙적으로 그 국가의 주권이 미치는 전체 영역인 영토, 영해, 영공에 걸쳐 적용되는데, 예외적으로 도시계획법 중 일부 조항처럼 특정 지역에만 적용되는 법도 있다.

* 공포 : 이미 확정된 법률, 조약, 명령 따위를 일반 국민에게 널리 알리는 일.

26. 윗글의 내용과 일치하는 것은?

① 법의 효력은 국가 영역의 일부에만 적용될 수도 있다.
② 법의 폐지일이 경과하지 않으면 법을 폐지할 수 없다.
③ 법의 효력은 부칙에 시행일을 반드시 규정해야 발생한다.
④ 주한 외교 사절은 우리나라의 법을 준수하지 않아도 된다.
⑤ 외국에 있는 우리나라 사람에게 우리나라 법을 적용하더라도 타국의 영토 주권을 침범하지 않는다.

27. ㉠의 이유로 가장 적절한 것은?

① 법이 타당성만 있고 실효성이 없으면, 법의 제정 과정에서 절차적 정당성을 가질 수 없기 때문에
② 법이 타당성만 있고 실효성이 없으면, 법 위반 행위를 금지하는 정당한 자격을 갖출 수 없기 때문에
③ 법이 실효성만 있고 타당성이 없으면, 해당 법의 실현을 위한 강제력을 가질 수 없기 때문에
④ 법이 실효성만 있고 타당성이 없으면, 법이 추구하는 정의를 국민으로부터 인정받을 수 없기 때문에
⑤ 법이 타당성과 실효성을 모두 갖추더라도, 법을 실제적으로 이행하도록 하는 힘을 국민들에게 인정받지 못하기 때문에

28. 윗글을 참고할 때, 〈보기〉의 ㉮~㉰에 들어갈 수 있는 말을 바르게 짝지은 것은?

> ─── <보 기> ───
>
> 음주가 허용된 나라인 A국 국민 ○○씨가 음주가 금지된 B국에서 음주를 한 경우, [㉮]에 따르면 [㉯]의 법을 적용해야 하고, 이에 따르면 ○○씨는 [㉰].
>
> ※ 단, ○○씨는 A국에서 B국으로 파견된 외교 사절은 아님.

	㉮	㉯	㉰
①	속지주의	A국	처벌받을 것이다
②	속지주의	B국	처벌받을 것이다
③	속지주의	B국	처벌받지 않을 것이다
④	속인주의	A국	처벌받을 것이다
⑤	속인주의	B국	처벌받지 않을 것이다

29. 윗글을 바탕으로 〈보기〉를 이해한 내용으로 적절하지 <u>않은</u> 것은? [3점]

> ─── <보 기> ───
>
> △△기업은 2010년 1월부터 2월까지 가격 담합을 했다는 혐의로 2016년 6월에 조사를 받기 시작했다. 1990년 1월에 제정된 관련법은 별도의 폐지 시기를 규정하지 않았는데, 이에 따르면 과징금은 '위법 행위 종료일부터 5년'까지 부과할 수 있다. 그런데 이 법이 개정되어 2012년 2월 1일에 공포된 후 2월 10일부터 시행되었다. 과징금을 부과할 수 있는 기간은 '위법 행위에 대한 조사 개시일로부터 5년'으로 변경되었고, 효력을 현재까지 계속 유지하고 있다.

① 구법의 효력은 개정된 법의 시행일로부터 소멸했겠군.
② 개정된 법에 따르면 △△기업에 대한 과징금은 2021년 7월에는 부과할 수 없겠군.
③ △△기업에 과징금이 부과되었다면 개정된 법을 소급하여 적용한 것으로 볼 수 있겠군.
④ 개정된 법이 공포된 시점에는 △△기업의 담합 행위에 대한 구법의 효력이 존재했겠군.
⑤ 법이 개정되지 않았더라도 2016년 6월에 △△기업에 대해 과징금 처분을 내릴 수 있었겠군.

30. ⓐ~ⓔ의 사전적 의미로 적절하지 <u>않은</u> 것은?

① ⓐ : 법규에 맞음.
② ⓑ : 시간이 지나감.
③ ⓒ : 어려운 점을 무릅쓰고 행함.
④ ⓓ : 과거에까지 거슬러 올라가서 미치게 함.
⑤ ⓔ : 책임이나 책망을 면함.

→ 해설편 116쪽

[31~34] 다음 글을 읽고 물음에 답하시오.

[앞부분의 줄거리] 왕언의 딸 왕시는 홍관 땅의 김유령을 만나 혼인을 했지만 나라의 늙은 신하에 의해 이별하게 되었다.

김유령이 무릎을 꿇고 대답하였다.

"제 나이 스무 살 되었을 때 아내를 얻었는데, **나라의 노신하가 궁녀로 들이니** 늘 서러워하며 지내고 있습니다. 세상일도 잊은 채, 다만 아내의 소식이나 한번 듣고 싶어 그것만을 희망하고 살고 있었습니다. 그런데 어느날 꿈에 선할아버님께서 이르시기를, '어찌 화산도사를 찾아가 보지 않는가? 그 도사가 못할 일이 없으니 네가 가보면 소원을 이룰 수 있으리라. 갈때 돈 일만 관을 가져가라.'라고 하셨습니다. 그래서 꿈에서 깨어나자마자 돈을 장만하여 가지고 이렇게 온 것입니다."

그러자 도사가 말했다.

"네 아내를 도로 밖으로 내어다 살고자 하느냐? 네 뜻을 자세히 말해라."

김유령이 말했다.

"도로 내어다 살기야 바랄 수 있겠습니까? 그저 나와 하루만이라도 만나보아 서로 말이나 나누었으면 합니다."

도사가 그 말을 듣고 말했다.

"네 뜻을 바로 말하지 않는구나. 하루만 보고 헤어지면 더욱 슬플 것이다. 그러니 어떻게 해 주었으면 좋겠다고 사실대로 다 말해라."

그러자 김유령이 다시 대답하였다.

"함께 살기야 어찌 바라지 않을까마는 불가능할 일이라 차마 말씀드리지 못할 뿐입니다. 만약 함께 살게만 해 주신다면 제가 두엄을 지고 다니는 사람이 되라 한다 해도 원망하지 않겠습니다."

(중략)

"접때 이 땅에 오라고 하시던 사람인데 다시 왔습니다."

그러자 도사가 대답하였다.

[A]
"네가 인간 세계에 태어나서도 착실한 사람이므로 월궁도사가 너에게 알려준 것이다. 그래서 그대의 일이 이루어지도록 정으로 가르침으로써 **그대가 선간(仙間)에서 저지른 일이 잘못되었다** 하고 인간 세상에서 일 년만 좋은 일을 하면 선간에서 전에 지은 죄를 없애주려고 그대의 말을 들으려 했더니, 그대 무엇 때문에 짐승을 살게 하였단 말인가? 비록 하늘이 생겨나게 했으나 뱀이란 모질어 죄 없는 사람이며 불쌍한 짐승을 다 잡아먹느니라. 또 남의 것을 빼앗고 죄 없는 사람을 죽이는 도적을 어째서 살려 주었느냐? 불쌍한 것을 구제하라 하였지 그런 것들을 살려내라 하더냐? 이 두 가지 일을 또 저질렀으니 삼 년간 조심하고 사 년 만에 오너라. 그때 보자."

이러고는 간데없이 사라졌다. 김유령이 애닯고 민망해 집에 와서 문을 닫고는 들어앉아 조심하여 **그릇된 일을 전혀 하지 않**

았다. 그렇게 행실을 삼가고 있다가 사 년 만에 화산으로 들어갔다. 그제서야 도사는 김유령이를 보고 이렇게 말했다.

[B]
"네 뜻이 보통이 아니로다. 돌이 굳지만 모래 될 때가 있고 쇠가 굳다 하나 녹을 때가 있으되 너는 돌이나 쇠보다도 더욱 굳은 사람이로다. 네게 이루어질 게 있으리라. 네 돈을 내라."

김유령이 돈을 내어 바치니 그 도사가 동쪽으로 그중의 일백을 던지니 이윽고 푸른 옷 입은 사람이 오는 것이었다. 다시 서쪽으로 일백을 던지자 이윽고 흰 옷 입은 사람이 오고 또 일백을 북쪽으로 던지니 검은 옷 입은 사람이 오고 나머지를 공중에다 던지자 이윽고 쇠머리 쓴 사람과 용의 몸을 지닌 사람과 귀밑머리가 단정한 사람 등이 오는 것이었다. 도사가 그중 검은 옷 입은 사람더러 말했다.

"유령이를 죽여 대령하고, 궁궐에 가 왕시도 죽이고 오라."

그러자 그 검은 옷 입은 사람이 즉시 유령이를 죽여 대령하고 왕시도 죽이고 와서는 보고하였다.

"왕시를 죽이고 왔습니다."

그러자 이번에는 푸른 옷 입은 사람더러 말했다.

"유령이를 살려내라."

그러자 살려내는 것이었다. 도사가 김유령더러 말했다.

"네 집에 가서 들어보아라. 왕시가 죽었다며 장례를 치를 것이다. 담당 관리를 내어 석 달 만에 묻으면 네 소원이 이루어질 것이지만, 석 달 안에 묻지 못하면 네 소원이 이루어지지 못할 것이니라. 그러니 빨리 가라."

유령이 청원하였다.

"집이 두 달 걸리니 어찌하면 좋겠습니까?"

그러자 그 도사가 사람을 불러 이렇게 일렀다.

"김유령이로 하여금 그 집에 들어가도록 하여라."

이윽고 서쪽으로부터 구름이 일고 천둥치며 하늘과 땅이 자욱하게 어두워졌다가 밝아지는 것이었다. 살펴보니 **어느 결에 자기 집에 도착해 있었다.** 들어보니 왕시가 죽었다며 장례 담당 관원을 내어 묻으려고 하였다.

김유령이 장례 담당 관원에게 소청하여 스무 날 내에 묻었다. 김유령이 생각하니, 도사 말이 자신의 소원을 이룰 수 있다고 해서 기쁘기는 하나 그 시신을 묻고 보니 슬픈 심사가 더욱 그지없었다. 다시 화산으로 즉시 가서 도사에게 왕시를 묻었다고 아뢰려고 하였다.

화산에 가니 마침 그 도사가 월궁도사를 만나러 간 지 열흘이 넘도록 오지 않고 있었다. 매우 민망하여 음식을 먹지 않은 지 이레가 되어 기운과 정신이 아주 없었다. 도사를 모시고 다니는 아이더러 그 서러운 사정을 말하니, 그 아이도 도무지 어디에 들어가 있는지 몰라 더욱 민망해하고 있었다.

이윽고 천지가 자욱하고 천둥치고 바람불고 비내리고 어두워져 심사가 더욱 아득하여 어쩔 줄을 몰랐다. 그러더니 문득 날도 밝아지고 바람도 그치고 비도 개면서 도사가 내려오는 것이었다.

김유령이 나아가 뵙고, 왕시 묻은 일을 말하였다. 그러자 도사

5
회

2
0
2
4
6
월
학
력
평
가

가 조그만 종이에 주사(朱砂)를 갈아서 부적을 써서 공중으로 치올리니 이윽고 도끼 가진 것과 괭이 가진 귀신이 모두 오는 것이었다. 또 동방에서 내치니 이윽고 푸른 옷 입은 사람이 왔다.

도사가 그 푸른 옷 입은 사람에게 말했다.

"저 귀신을 데리고 왕시의 무덤을 파내 화산 밑에다가 두고 와라."

그러자 푸른 옷 입은 놈이 그 귀신을 데리고 갔다. 이윽고 북방의 검은 옷 입은 사람더러 말했다.

"옛집에 가서 무빙 등 왕시를 알던 종들을 다 잡아다가 유희국에다가 두어라."

그러자 하직하고 가는 것이었다. 도사가 김유령더러 말했다.

"이제야 **그대의 소원이 이루어질 것이다.** 내려가라. 다만 왕시의 종들을 다 잡아온 것은 행여 일이 생기면 네가 잘못될 것이므로 죽여온 것이니 서러워 말라."

– 작자 미상, 「왕시전」 –

31. 윗글의 서술상 특징으로 가장 적절한 것은?

① 인물 간의 대화를 중심으로 사건을 전개하고 있다.
② 현재와 과거의 교차 서술로 주제를 부각하고 있다.
③ 인물의 외양 묘사로 성격의 변화를 드러내고 있다.
④ 서술자가 개입하여 인물의 행동에 대해 평가하고 있다.
⑤ 인물의 심리를 서술하여 인물 간의 갈등을 표출하고 있다.

32. 윗글에 대한 이해로 적절하지 <u>않은</u> 것은?

① 김유령은 도사에게 처음부터 숨김없이 소원을 말하였다.
② 도사는 김유령에게 소원을 이루기 위한 과업을 제시하였다.
③ 김유령은 담당 관원에게 소청하여 왕시의 시신을 스무 날 안에 묻었다.
④ 김유령은 왕시의 시신을 묻고 난 이후 도사에게 이를 알리기 위해 화산으로 갔다.
⑤ 도사는 검은 옷 입은 사람에게 무빙 등 왕시를 알던 종들을 유희국으로 데려가게 했다.

33. [A]와 [B]에 대한 이해로 가장 적절한 것은?

① [A]에는 상대를 회유하려는 의도가, [B]에는 상대를 조롱하려는 의도가 드러난다.
② [A]에는 상대의 행동을 질책하는 태도가, [B]에는 상대의 성품을 칭찬하는 태도가 드러난다.
③ [A]에서는 다른 이의 조언을 바탕으로, [B]에서는 자신의 경험을 바탕으로 의사 결정을 하고 있다.
④ [A]와 [B]에는 모두 상대의 미래에 대한 불안한 마음이 드러난다.
⑤ [A]와 [B]에서는 모두 과거의 사건을 근거로 들어 문제 해결을 유보하고 있다.

34. 〈보기〉를 바탕으로 윗글을 감상한 내용으로 적절하지 <u>않은</u> 것은? [3점]

> ─〈보 기〉─
>
> 「왕시전」은 여인을 향한 남성의 애틋한 사랑을 그린 작품이다. 혼인한 남녀 주인공이 외부의 힘에 의해 헤어질 수밖에 없었지만, 이를 극복하고 재회하는 행복한 결말을 맞이한다. 그 과정에서 초월적 존재의 힘을 빌려 문제를 해결하거나 남자 주인공이 원래 신선계의 존재였다고 설정하는 등의 전기적(傳奇的) 요소가 나타난다.

① '나라의 노신하가 궁녀로 들이니'라고 김유령이 말하는 장면에서, 외부의 힘에 의해 남녀 주인공이 헤어지게 되었음을 알 수 있겠군.
② '그대가 선간에서 저지른 일이 잘못되었다'라고 도사가 말하는 장면에서, 주인공이 전생에 신선계의 인물이었음을 알 수 있겠군.
③ '그릇된 일을 전혀 하지 않았다'라는 장면에서, 왕시에 대한 김유령의 애틋한 사랑을 알 수 있겠군.
④ '어느 결에 자기 집에 도착해 있었다'라는 장면에서, 김유령이 부리는 도술이 초월적 존재의 힘을 빌린 것임을 알 수 있겠군.
⑤ '그대의 소원이 이루어질 것'이라고 도사가 말하는 장면에서, 남녀 주인공이 다시 만나는 행복한 결말을 암시하고 있음을 알 수 있겠군.

[35~39] 다음 글을 읽고 물음에 답하시오.

(가)

강호에 봄이 드니 **미친 흥이 절로** 난다
시냇가 막걸리에 쏘가리 안주로다
이 몸이 한가한 것도 역시 임금의 은혜로다

㉠ 강호에 여름이 드니 초당에 일이 없다
미더운 강 물결이 보내는 것은 바람이로다
이 몸이 서늘한 것도 역시 임금의 은혜로다

강호에 가을이 드니 고기마다 살져 있다
조그마한 배에 그물 실어 흐르게 던져두고
이 몸이 **소일하는 것**도 역시 임금의 은혜로다

강호에 겨울이 드니 눈 깊이 자가 넘다
삿갓 비껴쓰고 **도롱이로 옷을 삼아**
이 몸이 춥지 않은 것도 역시 임금의 은혜로다

              – 맹사성, 「강호사시가」 –

(나)

이보게 이웃 사람들아 **산수구경 가자꾸나**
산책은 오늘하고 목욕은 내일하세
아침에 나물캐고 저녁에 낚시하세
㉡ 이제 막 익은 술을 갈건으로 걸러놓고
꽃나무 가지 꺾어 잔을 세면서 먹으리라
화풍(和風)이 문득 불어 시내를 건너오니
청향(淸香)은 잔에 지고 낙홍(落紅)은 옷에 진다
술독이 비었으면 나에게 아뢰어라
아이를 시켜서 주가(酒家)에서 술을 사서
어른은 막대 짚고 아이는 술을 메고
미음완보(微吟緩步)*하여 시냇가에 혼자 앉아
모래밭 맑은 물에 잔 씻어 술을 부어
맑은 물 굽어보니 떠오르는 것이 도화(桃花)로다
무릉(武陵)이 가깝구나 저 산이 그곳인가
소나무 사이 좁은 길에 진달래 꽃을 붙들고
산봉우리에 급히 올라 구름에 앉아보니
수많은 마을이 곳곳에 벌여있네
노을빛은 비단을 펼쳐 놓은 듯
㉢ 엊그제 검은 들판에 봄빛이 넘치는구나
공명도 날 꺼리고 **부귀**도 날 꺼리니
청풍명월(淸風明月) 외에 어떤 **벗**이 있사올고
단표누항(簞瓢陋巷)*에 허튼 생각 아니하니
아모타 백년행락(百年行樂)*이 ⓐ 이만하면 어떠한가

              – 정극인, 「상춘곡」 –

---

* 미음완보(微吟緩步) : 나직이 시를 읊조리며 천천히 걸음.

---

* 단표누항(簞瓢陋巷) : 소박하고 청빈한 생활.
* 백년행락(百年行樂) : 한평생 즐겁게 지냄.

(다)

  이번 겨울은 소대한 추위를 모두 천안 삼거리 마른 능수버들 아래 맞았다. ㉣ 일이 있어 충청도 진천(鎭川)으로 가던 날에 모두 소대한이 들었던 것이다. 나는 공교로이 타관 길에서 이런 이름 있는 날의 추위를 떨어가며 절기라는 것의 신묘한 것을 두고 두고 생각하였다. 며칠내 마치 봄날같이 땅이 슬슬 녹고 바람이 푹석하니 불다가도 저녁결에나 밤사이 날새가 갑자기 차지는가 하면 으레이 다음날은 대한이 **으등등**해서 왔다. 그동안만 해도 제법 **봄비가 풋나물 내음새를 피우며** 내리고 땅이 눅눅하니 밈* 이 들고 해서 ㉤ 이제는 분명히 봄인가고 했는데 간밤 또 갑자기 바람결이 차지고 눈발이 날리고 하더니 아침은 또 종종하니 날새가 매찬데 아니나 다를까 입춘이 온 것이었다. 나는 실상 해보다 달이 좋고 아침보다 저녁이 좋은 것같이 양력보다는 음력이 좋은데 생각하면 오고가는 절기며 들고 나는 밀물이 우리 생활과 얼마나 신비롭게 얼키었는가.

  절기가 뜰 적마다 나는 고향의 하늘과 땅과 사람과 눈과 비와 바람과 꽃 들을 생각하는데 자연이 시골이 아름답듯이 세월도 시골이 아름답고 사람의 생활도 절대로 시골이 아름다울 것 같다.

             (중략)

  이런 고향에서는 이번 입춘에도 몇 번이나 '보리 연자 갔다가 얼어 죽었다'는 말을 하며 입춘이 지나도 추위는 가지 않는다고 할 것인가. 해도 입춘만 넘으면 양지바른 둔덕에는 머리칼풀의 속움이 트는 것이다. 그러기에 입춘만 들면 한겨울내 친했던 창애와 설매*와 발구며 꿩, 노루, 토끼에 멧돼지며 매, 멧새, 출출이 들과 떠나는 것이 섭섭해서 소년의 마음은 흐리었던 것이다. 높고 무섭고 쓸쓸하고 슬픈 겨울이나 그래도 가깝고 정답고 즐겁고 흥성흥성해서 좋은 겨울이 그만 입춘이 와서 가버리는 것이라고 **소년은 슬펐던 것이다.**

  그런 소년도 이제는 어느덧 가고 외투와 장갑과 마스크를 벗기가 가까워서 서글픈 마음이 없듯이 겨울이 가서 **슬퍼하는 슬픔도 가버렸다.** 입춘이 오기 전에 벌써 내 설매도 노루도 멧새도 다 가버린 것이다.

  입춘이 드는 날 나는 공일무휴(空日無休)의 오피스에 지각을 하는 길에서 겨울이 가는 것을 섭섭히 여기지 못했으나 봄이 오는 것을 즐거이 여기지는 않았다. 봄의 그 현란한 낭만과 미(美) 앞에 내 육체와 정신이 얼마나 약하고 가난할 것인가. 입춘이 와서 봄이 오면 나는 어쩐지 까닭 모를 패부(敗負)*의 그 읍울(悒鬱)을 느끼어야 할 것을 생각하면 나는 차라리 ⓑ 입춘이 없는 세월 속에 있고 싶다.

              – 백석, 「입춘」 –

---

* 밈 : 미음. 봄철이나 가을철에 생나무의 껍질과 나무속 사이에 생기는 물기가 많고 진득진득한 물질.

* 설매 : 썰매의 평북, 함경 방언.
* 패부(敗負) : 패배.
* 읍울(悒鬱) : 걱정스러워 마음이 답답함.

35. (가)~(다)에 대한 설명으로 가장 적절한 것은?

① (가)는 상승과 하강의 이미지를 활용하여 주제를 강조하고 있다.

② (나)는 청유형 어미를 반복하여 청자가 경계해야 할 삶의 모습을 제시하고 있다.

③ (다)는 소재의 나열을 통해 글쓴이가 과거에 느꼈던 계절 변화에 대한 인식을 드러내고 있다.

④ (가)와 (나)는 모두 대상에 감정을 이입하여 화자의 심리적 변화를 간접적으로 드러내고 있다.

⑤ (나)와 (다)는 모두 공간의 대비를 통해 화자가 지향하는 삶의 태도를 부각하고 있다.

36. ㉠~㉤에 대한 설명으로 적절하지 <u>않은</u> 것은?

① ㉠ : 여름날 한가한 초당의 모습이 드러나 있다.

② ㉡ : 자연과 동화되고 싶은 화자의 바람이 드러나 있다.

③ ㉢ : 변화된 들판을 보며 감탄하는 화자의 모습이 드러나 있다.

④ ㉣ : 타지에서 소대한을 맞이한 글쓴이의 상황이 드러나 있다.

⑤ ㉤ : 절기가 신묘하다고 생각하게 된 글쓴이의 경험이 드러나 있다.

37. ＜보기＞를 참고하여 (가), (나)를 감상한 내용으로 적절하지 <u>않은</u> 것은? [3점]

＜보 기＞

시조나 가사 중에는 자연을 이상적인 공간으로 표현하는 작품들이 있다. 이런 작품에서 화자는 자연을 즐기며 자연과의 친밀감을 표현한다. 또한 자연 속 소박한 삶의 모습을 보여 주는데, 이러한 삶이 임금의 은혜임을 표현하기도 한다.

① (가)에는 가을의 풍요로움 속에서 '소일하는 것'이 임금의 은혜 덕분이라는 생각이 드러나 있군.

② (나)에는 '청풍명월'을 '벗'이라고 말하는 것에서 자연과의 친밀감이 드러나 있군.

③ (가)에는 봄에 '미친 흥이 절로' 난다는 것에서, (나)에는 '산수구경 가자'라고 제안하는 것에서 자연을 즐기려는 모습이 드러나 있군.

④ (가)에는 추운 겨울에 '도롱이로 옷을 삼아' 입는 모습에서, (나)에는 '아침에 나물 캐고 저녁에 낚시하'는 모습에서 소박한 삶이 드러나 있군.

⑤ (가)에는 여름의 '미더운 강 물결'을 바라보는 모습에서, (나)에는 '공명'과 '부귀'도 자신을 꺼린다는 것에서 이상적인 공간으로 가고 싶어 하는 마음이 드러나 있군.

38. ＜보기＞를 바탕으로 (다)를 이해한 내용으로 적절하지 <u>않은</u> 것은?

＜보 기＞

「입춘」은 절기의 변화에 따른 다양한 생각들을 형식에 구애받지 않고 자유롭게 쓴 작품이다. 글쓴이는 감각적 표현을 통해 절기의 모습을 드러내고 있으며, 음성 상징어를 활용하여 절기의 변화를 생생하게 나타내고 있다. 또한 자신을 객관화하여 어린 시절에 느꼈던 감정을 표현하기도 하고, 어른이 되어 어린 시절에 느꼈던 감정을 느끼지 못하는 것에 대한 안타까움을 드러내기도 한다.

① '슬슬', '으등등'과 같이 음성 상징어를 활용하여 절기의 변화를 생생하게 표현하고 있다.

② '봄비가 풋나물 내음새를 피우며'를 통해 봄의 모습을 감각적으로 표현하고 있다.

③ '절기가 뜰 적마다' 고향을 생각하는 모습을 통해 절기의 변화에 따라 고향에 대한 생각이 바뀌는 것을 표현하고 있다.

④ '소년은 슬펐던 것이다'와 같이 자신을 객관화하여 어린 시절에 느꼈던 감정을 표현하고 있다.

⑤ '슬퍼하는 슬픔도 가버렸다'를 통해 어린 시절의 감정을 느낄 수 없게 된 안타까움을 표현하고 있다.

39. ⓐ와 ⓑ에 대한 이해로 가장 적절한 것은?

① ⓐ에는 과거에 대한 화자의 동경이, ⓑ에는 미래에 대한 글쓴이의 소망이 드러나 있다.

② ⓐ에는 화자 자신의 행위에 대한 아쉬움이, ⓑ에는 대상에 대한 글쓴이의 거부감이 드러나 있다.

③ ⓐ에는 대상의 부재로 인한 화자의 외로움이, ⓑ에는 대상을 맞이하는 글쓴이의 즐거움이 드러나 있다.

④ ⓐ에는 현재 상황에 대한 화자의 만족감이, ⓑ에는 현재 상황에 대한 글쓴이의 답답함이 드러나 있다.

⑤ ⓐ에는 자신이 결정할 수 없는 것에 대한 화자의 절망이, ⓑ에는 자신이 결정한 것에 대한 글쓴이의 후회가 드러나 있다.

[40~42] 다음 글을 읽고 물음에 답하시오.

여기 동남향으로 후미진 골짜기에 억새와 솔가지로 덮은 움막이 하나 보인다. 양동욱 내외가 들어있다.

동욱 내외는 이 지리산 공비 소탕이 완료되던 다음해 봄에 여기를 찾아들어 막을 매고 밭을 일구기 시작했다.

피난살이를 부산에서 했다. **아무리 버둥거려봐도 살 수가 없었다.** 살아갈 재간이 없었다. 무슨 짓이든 못할 게 없겠으나 할 짓이, 할 일이 없었다.

약만 쓰면 살릴 줄 뻔히 알면서도 그렇지 못해 아이까지 죽였다.

영선고개 판잣집마저 헐리게 되자 별 작정도 없이 그만 떠 버렸다.

진주에서 몇 달 동안 살았다.

목수나 미장이 뒷일꾼으로도 다녀봤다. 한 달에도 며칠, 그나마도 작자가 달아 품삯은 고사하고라도 제 몫에 돌아오지도 않았다.

그의 아내가 양은그릇을 받아 이고 장사로도 나서봤다. 주로 촌마을을 찾아다녔다. 본전도 더 깎지 않고는 팔리지 않았다.

할 일이 없었다. 살아갈 수가 없었다.

산청으로 들어갔다.

여기서는 더 할 일이 없었다.

"여보, ㉠ 두더지가 땅 밖에 나오면 죽게 마련이라오. 우리 그만 깊숙히 산골로 들어가서 밭농사나 짓자요……."

이래서 돈푼 될 것은 모조리 팔았다.

밀가루 두 포대와 감자씨 반 말을 사고 우거지 한 꾸러미를 바꿨다.

괭이, 호미, 톱, 낫 이런 연모와 함께 된장 몇 사발, 소금 두 됫박 그밖에 석유 한 병, 사기 호롱 한 개를 꾸려서 산청을 뒤로하고 산골로 접어들었다.

십 리도 넘게 들어갔다. 동욱의 걸음이 뜬다.

누구나 그래도 다 살아가는데 누구나 다 사는 세상에서 나만 살지 못하고 이렇게 무인 산골로 쫓겨가다니—하니 동욱은 어떤 패배감 같은 설움이 치밀어 목이 메인다. 그럴수록 뒤따라오는 그의 아내가 측은하기도 하고 미덥기도 했다.

㉡ "어쩔까, 산골은 어디 없이 매 한가지가 아니겠나?"
하고 동욱이 골짜기를 두리번거리자

"매 한가질 바야 더 들어가요. 길이 막히는 데까지 가 보자요!"

해는 벌써 한나절이 가까왔다. 어느 산구비로 희부옇게 강물이 보였다. 먼발치로 강만 바라보고 무작정 걸었다. 벼랑을 끼고 얼마를 돌아나가자 강은 발밑으로 흐르고 있었다. 물이 밭은 강이었다. 강을 건넜다. 있는 듯 없는 듯한 오솔길을 따라 산기슭을 돌고 몇 등을 넘어 골짜구니로 들어섰다. 들어갈수록 질편한 골짜기였다. 길 옆에 오지그릇 조각들이 보였다.

"동네였나부지?"

"그런가 봐요!"

하잘것 없는 이 **오지그릇 조각들이** 이 날 이 두 내외에게는 먼 조상의 무덤이나 찾은 것처럼 **가슴이 설레고 반가왔다.**

[중략 줄거리] 산골 생활에 적응해 나가던 부부는 자신들에게 집을 지어 준 박 노인과 함께 살아가기를 바란다. 박 노인은, 과거에 자신을 배신했지만 가엾은 처지가 된 윤 생원을 거두어 부부를 찾아와 함께 생활해 나간다.

　한 이틀 쉬더니 윤 생원은 괭이를 들고 나선다. 놀자니 온 전신이 근질거린다고 한다.
　그런가 하면, 눈이 덮이기 전에 거름을 한 번 먹여야 한다고, 아직 차지도 않은 뒷간에다 물을 타서 보리밭에 퍼내기도 한다. 박 노인도 놀기 심심하다면서 산으로 올라가 나무를 베곤 한다.
　정월달도 그럭저럭 넘어가고 이월 초순 어느날 밤이었다. 저녁을 먹고 나서 그대로 담배를 피우면서 박 노인이
　"벌써 진달래가 폈데!"
　그러자 동욱 아내가
　"곧 나물이 돋겠네, 좋아라."
　"나물은 역시 야산이 빨라. 여기는 산이 깊어서……."
　동욱이
　ⓒ "그럼 감자씨도 넣을까?"
하자 박 노인이
　"씨는 넉넉한지?"
　동욱 아내가
　"잔 것만 가려서 두어 말 돼요!"
　그러자 윤 생원이 불쑥
　"돼지는 언제 살끼요?"
하자, 박 노인은 비로소 생각이 난 듯
　"세 전에 누가 구시(구유*) 두 개 파달라 카는데, **구시 두 개 파면 돼지새끼 한 자우 사질까?**"
　그러자 윤 생원이 또
　"안되면 도끼자루하고 도리깨 살도 다 내지."
　"나도 산나물 나면 여 내다 보탤래."
　이러고 난 한 열흘 뒤에 동욱과 윤 생원은 새로 일군 밭부터 골을 치기 시작한다. 삽에다 칡새끼를 걸어 동욱이가 당기고 윤 생원이 삽질을 했다. 서 마지기 턱이나 씨를 넣었다. 꼬박 사흘이 걸렸다. 감자갈이를 마치고 동욱과 윤 생원은 박 노인을 따라 **산에서 구유감을 굴려 내렸다.** 며칠째 꽃바람이 불기 시작하자 산은 날로 물기가 어리기 시작한다.
　닭이 품자리를 찾는다. 알은 딱 열 일곱 개밖에 낳지 않았다.
　동욱 내외는 뜰 옆 양지쪽에서 닭을 품기면서 그의 아내가
　"여보, 아무래도 방을 한 간 더 달아야 해요!"
　"뭐하게 방은 또……."
　"윤 생원 말요……."
　ⓔ 동욱은 그의 아내의 입을 바라본다.
　"명숙이 엄마를 데리고 올까고―."
　동욱은 비로소 말뜻을 알아차리고 **씨익 웃으**면서
　"올까?"
　"오다뿐이겠오. 인제 나이 서른 일곱인데, 아이를 달고 그게 어데 사는 게라고!"

"그렇게 됐으면 좋긴 하겠는데……."
　"윤 생원도 알고 보니 당신보다도 세 살 위인 마흔 둘입디다. ⓜ 마흔 둘이면 한창인데 이 산속에서 어떻게 홀애비로 늙겠오."

　* 구유 : 마소의 먹이를 담아 주는 그릇.

－ 오영수, 「메아리」 －

40. 윗글에 대한 설명으로 적절한 것은?

① 동욱의 아내는 장사를 나서 봤지만 손해를 보았다.
② 동욱은 도시에서 느낀 패배감을 아내의 탓으로 돌렸다.
③ 동욱 내외는 아무런 준비도 없이 산골 생활을 시작했다.
④ 동욱은 박 노인과 함께 진주에서 뒷일꾼으로 일을 다녔다.
⑤ 동욱은 명숙이 엄마가 올 것을 확신하고 미리 방을 마련해 놓았다.

41. ㉠~㉤에 대한 이해로 적절하지 않은 것은?

① ㉠ : 절망적인 상황을 벗어나고자 하는 심정이 드러나 있다.
② ㉡ : 정착할 곳을 찾아가는 상황을 조금 더 견뎌 주기를 바라는 심정이 드러나 있다.
③ ㉢ : 봄철 농사일에 대한 기대감이 드러나 있다.
④ ㉣ : 상대가 말하려 하는 내용에 대한 궁금함이 드러나 있다.
⑤ ㉤ : 윤 생원의 처지를 걱정하는 모습이 드러나 있다.

→ 해설편 126쪽

42. 〈보기〉를 바탕으로 윗글을 감상한 내용으로 적절하지 <u>않은</u> 것은? [3점]

――― 〈보 기〉 ―――

「메아리」에서는 삶의 의욕을 잃어가던 인물들이 '산속'에서 서로 협력하는 과정이 나타난다. 이를 통해 작가는 인물들이 공동체를 형성해 나가며 인간다운 삶을 회복하는 모습을 보여 준다. 산속은 정신적 위안과 안정을 주는 공간으로, 삶의 애환을 지닌 인물들이 과거에 겪은 상처를 딛고 살아가게 해 준다. 아울러 산속은 혼란한 도시와 대비되어 인물들에게 물질적 안정을 주고 일상적인 삶을 가능하게 하는 동시에 새로운 구성원을 품을 수 있는 열린 공간으로 제시된다.

① '아무리 버둥거려봐도 살 수가 없었'던 피난살이와 '할 일이 없'어 살 수 없던 도시는 동욱 부부가 삶의 의욕을 잃었던 원인이라고 할 수 있겠군.

② 동욱 내외가 '오지그릇 조각들'을 보면서 '가슴이 설레고 반가'워하는 장면에서 산속이 정신적 위안과 물질적 안정을 주는 공간임을 알 수 있겠군.

③ 돼지를 기르고 싶다는 윤 생원의 말에 '구시 두 개 파'겠다거나 '산나물 나면 여 내다 보'태겠다고 대답하는 장면에서 서로를 도우며 살아가는 인물들의 모습을 확인할 수 있겠군.

④ 박 노인이 윤 생원과 함께 '산에서 구유감을 굴려 내'리는 장면에서 과거의 상처를 딛고 살아가는 공동체의 모습을 확인할 수 있겠군.

⑤ 윤 생원을 생각하며 '명숙이 엄마를 데리고' 오겠다는 아내와 '씨익 웃으'며 기대하는 동욱의 모습에서 산속이 새로운 인물을 품을 수 있는 열린 공간으로 제시되어 있다고 할 수 있겠군.

[43~45] 다음 글을 읽고 물음에 답하시오.

(가)

모밀묵이 먹고 싶다.
그 싱겁고 구수하고
못나고도 소박하게 점잖은
촌 잔칫날 팔모상에 올라
새사돈을 대접하는 것.
그것은 저문 봄날 해질 무렵에
허전한 마음이
마음을 달래는
쓸쓸한 식욕이 꿈꾸는 음식.
또한 인생의 참뜻을 짐작한 자의
너그럽고 넉넉한
눈물이 갈구하는 쓸쓸한 식성.
아버지와 아들이 겸상을 하고
손과 주인이 겸상을 하고
산나물을
곁들여 놓고
어수룩한 산기슭의 허술한 물방아처럼
슬금슬금 세상 얘기를 하며
먹는 음식.
그리고 마디가 굵은 사투리로
은은하게 서로 사랑하며 어여삐 여기며
그렇게 이웃끼리
이 세상을 건느고
저승을 갈 때,
보이소 아는 양반 앙인기요
보이소 웃마을 이생원 앙인기요
서로 불러 길을 가며 쉬며 그 **마지막 주막에서**
걸걸한 막걸리 잔을 나눌 때
절로 젓가락이 가는
쓸쓸한 식욕.

― 박목월, 「적막한 식욕」 ―

(나)

아픈 몸 일으켜 혼자 찬밥을 먹는다
찬밥 속에 서릿발이 목을 쑤신다
부엌에는 각종 전기 제품이 있어
일 분만 단추를 눌러도 ㉠ <u>따끈한 밥</u>이 되는 세상
찬밥을 먹기도 쉽지 않지만
오늘 혼자 찬밥을 먹는다
가족에겐 ㉡ <u>따스한 밥</u> 지어 먹이고
찬밥을 먹던 사람
이 빠진 그릇에 찬밥 훑어
누가 남긴 무 조각에 생선 가시를 핥고
몸에서는 제일 따스한 사랑을 뿜던 그녀

깊은 밤에도
혼자 달그락거리던 그 손이 그리워
나 오늘 **아픈 몸 일으켜 찬밥을 먹는**다
집집마다 신을 보낼 수 없어
신 대신 보냈다는 설도 있지만
홀로 먹는 찬밥 속에서 그녀를 만난다
나 오늘
세상의 찬밥이 되어

- 문정희, 「찬밥」 -

43. (가)와 (나)의 공통점으로 가장 적절한 것은?

① 수미상관의 형태로 구조적 안정감을 부여하고 있다.
② 청자를 겉으로 드러내어 화자의 상황을 구체화하고 있다.
③ 촉각적 심상의 대비를 통해 화자의 정서를 드러내고 있다.
④ 명사로 시행을 종결하여 시적 대상의 의미를 부각하고 있다.
⑤ 향토적 분위기가 드러나는 표현을 활용하여 주제를 강조하고 있다.

44. ㉠, ㉡에 대한 설명으로 가장 적절한 것은?

① ㉠은 어려운 상황 속 화자의 이상을 실현해 주는 것이다.
② ㉡은 시적 대상의 희생 없이 편리하게 지을 수 있는 것이다.
③ ㉠은 ㉡과 달리 화자의 아픈 마음을 치유해 주는 것이다.
④ ㉡은 ㉠과 달리 시적 대상의 가치 있는 사랑을 느끼게 하는 것이다.
⑤ ㉠은 과거의 기억 속에, ㉡은 현재의 생활 속에 존재하는 것이다.

45. 〈보기〉를 바탕으로 윗글을 감상한 내용으로 적절하지 <u>않은</u> 것은? [3점]

> ───────＜ 보 기 ＞───────
>
> 　문학에서 음식은 일상적 삶의 모습을 보여 주거나 정서를 환기하는 소재로 활용된다. (가)에는 모밀묵을 매개로 형상화된 삶의 모습을 떠올리며 인생의 허전함과 쓸쓸함을 달래고 싶은 화자의 정서가 드러난다. (나)에는 화자가 아플 때 혼자 찬밥을 먹었던 경험에서 어머니의 희생적 삶을 깨닫고 어머니를 그리워하는 정서가 드러난다.

① (가)에서 모밀묵은 '촌 잔칫날' '새사돈'을 대접하는 음식으로 소박한 속성을 지닌 것이지만 귀한 사람에게도 내놓을 수 있는 음식이겠군.
② (가)에서 '슬금슬금 세상 얘기를 하며' 모밀묵을 함께 먹는 모습을 통해 타인과의 관계 속에서 허전함을 달래고 싶은 화자의 정서를 드러낸 것으로 볼 수 있겠군.
③ (가)에서 '이웃끼리' '저승'에 갈 때 '마지막 주막에서' 모밀묵을 먹는 것을 통해 현실에서 느낀 쓸쓸함을 화자가 극복하였음을 보여 주고 있군.
④ (나)에서 '누가 남긴 무 조각에 생선 가시를 핥'는 모습을 회상하며 어머니가 보여 줬던 희생적 삶을 깨닫고 있군.
⑤ (나)에서 '아픈 몸 일으켜 찬밥을 먹는' 모습을 통해 어머니를 그리워하는 화자의 정서를 드러내고 있군.

※　확인 사항
○　답안지의 해당란에 필요한 내용을 정확히 기입(표기) 했는지 확인하시오.

국어 영역

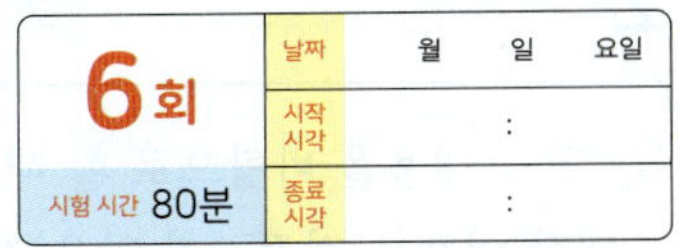

제 1 교시

[1~3] 다음은 수업 중 학생의 발표이다. 물음에 답하시오.

안녕하세요, ○○○입니다. 여름철은 물놀이나 캠핑 같은 야외 활동이 활발한 시기입니다. 이 시기에는 자외선 강도가 높아지므로 피부 보호에 특히 신경 써야 하는데요. 그래서 오늘은 자외선이 피부에 미치는 영향과 피부를 보호하는 자외선 차단제에 대해 알아보겠습니다.

(㉠ 자료를 가리키며) 자외선은 파장의 길이에 따라 UVC, UVB, UVA 세 가지로 나뉘는데요, UVC는 파장이 가장 짧고 오존층에 의해 차단되기 때문에 지표면에는 거의 도달하지 않습니다. UVB는 오존층에 의해 대부분 차단되어 지표면에는 적은 양이 도달하고, 유리를 통과하지 못해서 실내에서는 영향이 작습니다. 피부 진피층까지 침투하지는 않지만 에너지가 강해 화상이나, 심하면 피부암을 일으킬 수 있습니다. 다음으로 UVA는 UVB와 달리 대부분 오존층을 통과해 지표면에 도달하는 양이 가장 많습니다. 유리를 통과할 수 있고 사계절 내내 피부에 영향을 미치기 때문에 생활 자외선이라고 불리기도 합니다. 파장이 가장 길어 피부 진피층까지 깊게 침투하고, 오랜 기간 노출 시에는 피부 노화를 촉진할 수 있습니다. 이러한 자외선으로부터 피부를 보호하는 데 도움이 되는 것이 자외선 차단제입니다.

그런데 여러분, 혹시 자외선 차단제에서 SPF와 PA 표시를 본 적 있나요? (청중의 반응을 살피며) 네, 이 표시들은 각각 UVB와 UVA 차단 정도를 나타내는 지표인데요, SPF는 UVB 차단 정도를 SPF15, SPF30처럼 숫자로 표기한 것이고, PA는 UVA 차단 정도를 PA+, PA++, PA+++와 같은 형식으로 표시한 것입니다.

자외선 차단제는 차단 원리에 따라 화학적 차단제와 물리적 차단제로 나눌 수 있습니다. 화학적 차단제는 (㉡ 자료를 가리키며) 피부에 도달하는 자외선을 제품에 포함된 유기 성분이 흡수하여 열에너지로 변환해 피부를 보호하는 원리인데요, 투명하게 발리고 물리적 차단제보다 차단력이 좋은 편이지만, 바르자마자 효과가 나타나지는 않습니다. 또한 변환된 열에너지가 피부로 전달되므로 민감한 피부에는 자극적일 수 있습니다.

물리적 차단제는 (㉢ 자료를 가리키며) 제품에 포함된 무기 성분이 피부 표면에서 자외선을 물리적으로 반사해 피부를 보호하는 원리입니다. 화학적 차단제보다 피부에 오래 남아 유지력이 좋고, 바르는 즉시 효과가 나타납니다. 하지만 불투명한 성분이 있어서 많이 바르면 피부가 하얗게 들떠 보이는 단점이 있습니다.

여러분, 오늘 제 발표가 실생활에 도움이 되었으면 좋겠습니다. 자신의 피부 특성과 활동 환경에 맞는 자외선 차단제를 꾸준히 사용하여 자외선으로부터 피부 건강을 지키기 바랍니다.

---

1. 위 발표자의 말하기 방식으로 가장 적절한 것은?

① 청중의 이해를 돕기 위해 설명 대상의 장단점을 말하고 있다.
② 청중과 소통하기 위해 청중이 질문한 내용에 답변하고 있다.
③ 청중의 요청에 따라 발표 중간에 내용을 요약하며 말하고 있다.
④ 청중의 실천을 유도하기 위해 전문가의 견해를 인용하고 있다.
⑤ 청중에게 질문을 던져 발표 내용의 이해 여부를 점검하고 있다.

2. 다음은 발표자가 제시한 자료이다. 발표자의 시각 자료 활용에 대한 설명으로 적절하지 **않은** 것은?

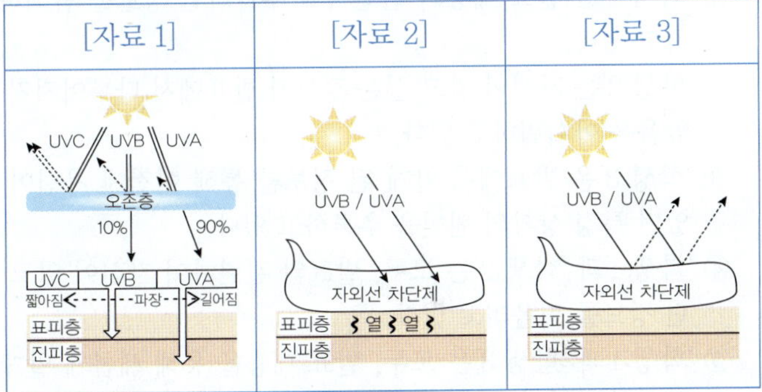

① 자외선의 파장 길이에 따라 피부 침투 정도가 달라진다는 것을 설명하기 위해 [자료 1]을 ㉠에 제시하였다.
② 자외선 종류별로 오존층 투과 정도가 다르다는 것을 보여 주기 위해 [자료 1]을 ㉠에 제시하였다.
③ 유기 성분이 피부 표면에서 자외선을 흡수하여 차단하는 원리를 보여 주기 위해 [자료 2]를 ㉡에 제시하였다.
④ 자외선 차단제를 바르면 민감한 피부에 자극적일 수 있다는 것을 설명하기 위해 [자료 2]를 ㉡에 제시하였다.
⑤ 무기 성분이 피부 표면에서 자외선을 반사하여 차단하는 원리를 보여 주기 위해 [자료 3]을 ㉢에 제시하였다.

→ 해설편 **129쪽**

3. 발표 내용을 바탕으로 할 때, 〈보기〉에 나타난 학생의 반응에 대한 이해로 적절하지 <u>않은</u> 것은?

〈보 기〉

학생 1 : 자외선 차단 제품의 SPF와 PA가 차단 정도를 나타내는 지표라는 건 알고 있었지만, 각각 다른 자외선을 차단하는 표시라는 것을 오늘 처음 알았어. 그런데 SPF 수치와 PA 등급에 따라 자외선 차단 효과가 얼마나 차이가 나는지 궁금해. 한번 알아봐야겠어.

학생 2 : 자외선 차단제는 한 번만 발라서는 안 된다는 말을 들은 적이 있어. 차단제의 유형에 따라 몇 시간 주기로 발라야 하는지도 발표 내용에 포함되었으면 좋았을 텐데.

학생 3 : 자외선 차단제를 바른 후 얼굴이 하얗게 떠 보였던 적이 있었는데, 물리적 차단제를 사용했었나 봐. 물리적 차단제는 피부에 오래 남아 있다고 하니까, 야외 활동 후나 잠자리에 들기 전에 꼼꼼히 씻어내야겠어.

① '학생 1'은 발표 내용과 관련하여 추가적인 정보를 탐색하려 하고 있다.
② '학생 2'는 자신이 알고 싶은 정보가 발표에서 다루어지지 않았음을 아쉬워하고 있다.
③ '학생 3'은 발표에서 알게 된 정보를 통해 이전에 자신이 겪었던 특정 상황의 원인을 추론하고 있다.
④ '학생 1'과 '학생 2'는 모두, 발표와 관련하여 자신이 알고 있던 정보를 떠올리고 있다.
⑤ '학생 1'과 '학생 3'은 모두, 발표 내용을 통해 새롭게 알게 된 정보의 신뢰성을 평가하고 있다.

[4~7] (가)는 교지 편집부 학생들의 대화이고, (나)는 이를 바탕으로 '학생 1'이 작성한 초고이다. 물음에 답하시오.

(가)

[A]
학생 1 애들아, 지난 회의 때 이번 교지 기획 기사로 우리가 자주 먹는 식품을 다루기로 했잖아. 구체적으로 어떤 식품에 대해 알아보는 것이 좋을까?

학생 2 생각해 봤는데, 제로 칼로리 식품에 대해 글을 써 보면 어떨까 해. 요즘 유행하는 제로 칼로리 식품은 설탕 대신 인공감미료를 넣어서 열량을 낮춘 거야.

학생 3 그렇구나. 친구들이 관심을 가질 만하면서 실생활에도 유용할 것 같아. 기획 기사 소재로 알맞겠다.

학생 1 그럼 어떤 내용으로 구성하면 좋을까?

학생 2 ㉠ 제로 칼로리 식품이라고 해서 모두 열량이 0kcal인 것은 아니라는 걸 알려주면 좋겠어. 나도 제로 칼로리 식품에 대해 알아보기 전까지는 열량이 아예 없어서 제로 칼로리 식품이라고 하는 줄 알았거든.

학생 3 ㉡ 그리고 설탕 대신 인공감미료를 넣은 식품이 열량이 낮은 이유도 함께 알려주면 좋을 것 같아.

학생 1 그러려면 먼저 제로 칼로리 식품에 쓰이는 인공감미료가 무엇인지 알려줘야 하지 않을까? 친구들이 인공감미료는 생소해할 것 같아.

학생 3 그래. 제로 칼로리 식품의 열량이 낮은 이유를 설명할 때 인공감미료에 대한 정보도 함께 제시하는 것이 좋겠어.

학생 2 ㉢ 그리고 열량 정보 외에 제로 칼로리 식품에 대해 사람들이 잘못 생각하고 있는 다른 내용도 포함하자.

학생 1 그게 뭔데?

[B]
학생 2 많은 사람이 제로 칼로리 식품은 설탕이 안 들어 있어서 마음 놓고 먹어도 문제가 되지 않는 식품이라고 생각하는 것 말이야.

학생 3 맞아. 내 동생도 다이어트 한다며 제로 칼로리 음료와 과자를 너무 즐겨 먹어. 그러더니 요즘은 과일이 맛이 없다며 단 음식이 생각날 땐 제로 칼로리 식품을 찾더라.

학생 2 인공감미료에 익숙해지면 자연의 단맛에 무감각해진다더라. ㉣ 인공감미료가 첨가된 제로 칼로리 식품을 자주 섭취하다 보면 더 강한 단맛을 찾게 될 수 있다는 얘기도 하면 좋겠어.

학생 1 인공감미료의 단맛에 익숙해져 웬만해선 단맛을 잘 느끼지 못하는 단맛 중독 상태 말이지?

학생 3 맞아. 이런 내용도 알려주면 좋겠어. 그리고 ㉤ 제로 칼로리 식품을 소비하면서 고려할 점도 함께 언급하자.

학생 1 그럼 내가 먼저 초고를 작성해 볼게.

(나)

　열량에 대한 부담 없이 맛있는 음식을 즐기며 건강을 관리하려는 사람들이 늘면서 최근 제로 칼로리 식품이 인기를 끌고 있다. 제로 칼로리 식품은 설탕 대신 인공감미료를 사용함

→ 해설편 **129쪽**

[C] 으로써 단맛을 내면서도 열량은 낮춘 제품을 가리킨다. 제로 칼로리라는 명칭 때문에 실제 열량 또한 '0'이라고 생각할 수 있지만, 우리나라 식품의약품안전처의 열량 표시 기준상 식품 100㎖당 열량이 4㎉ 미만이면 0㎉로 표기할 수 있어 제로 칼로리 식품의 실제 열량은 0㎉라기보다 매우 낮은 편이라고 보는 것이 적절하다.

제로 칼로리 식품에 사용되는 인공감미료는 음식에 단맛을 내기 위해 화학적으로 합성한 감미료로, 설탕보다 훨씬 강한 단맛을 지니고 있다. 인공감미료 중, 제로 칼로리 음료에 쓰이는 수크랄로스의 단맛 강도는 설탕보다 600배나 높다. 이처럼 강한 단맛인데도, 인공감미료를 사용한 제품의 열량이 낮은 이유는 무엇일까? 에너지를 만들기 위해 포도당으로 분해되어 체내에 흡수되는 설탕과 달리, 인공감미료는 체내에서 에너지로 변환되지 않거나 다른 구조로 변형되지 않은 상태로 배설된다. 수크랄로스의 경우, 우리 몸이 당 분자로 인식하지 못해 85%는 위장관에 흡수되지 않은 채 배설되고 일부 흡수된 양도 소변을 통해 빠르게 배출된다. 이와 같은 인공감미료의 특성으로 인해 제로 칼로리 식품의 생산이 가능한 것이다.

그렇다면 인공감미료로 단맛을 낸 제로 칼로리 식품은 마음 놓고 섭취해도 좋은 것일까? 전문가들은 열량 부담 없이 단맛을 즐길 수 있는 인공감미료의 장점이 인체에 부정적 영향을 미칠 수도 있다고 경고한다. 우리 몸은 단맛을 에너지가 들어오는 것으로 여겨 왔기 때문에 단맛과 열량의 불일치는 신체 대사 활동에 혼란을 줄 수 있다. 또, 인공감미료가 첨가된 제로 칼로리 식품의 잦은 섭취는 단맛에 대한 감각을 둔화시켜 더 강한 단맛을 찾는 단맛 중독 상태를 유발할 수 있다.

제로 칼로리 식품은 열량 섭취를 줄이고 싶거나 혈당을 관리해야 하는 사람들에게 하나의 대안이 될 수도 있다. 하지만 인공감미료가 첨가된 제로 칼로리 식품을 지나치게 섭취할 경우 인체에 부정적 영향이 있을 수 있으므로 주의를 기울여야 한다. 인공감미료가 건강에 미치는 영향은 개인의 건강 상태 및 섭취 정도에 따라 다르므로 이 점을 고려하여 제로 칼로리 식품을 이용하는 지혜가 필요하다.

---

4. [A], [B]에 대한 설명으로 적절하지 <u>않은</u> 것은?

① [A]의 '학생 1'은 지난 시간의 논의 내용을 환기하며 대화 참여자의 의견을 묻고 있다.

② [A]의 '학생 2'는 예상 독자의 배경지식을 언급하며 자신의 제안을 뒷받침하고 있다.

③ [A]의 '학생 3'은 제안의 적절성을 평가하며 대화 참여자의 제안에 동의하고 있다.

④ [B]의 '학생 2'는 일반적 인식을 언급하며 대화 참여자의 질문에 답변하고 있다.

⑤ [B]의 '학생 3'은 주변 사례를 이야기하며 직전 발화에 호응하고 있다.

---

5. (나)에 활용된 글쓰기 방식으로 가장 적절한 것은?

① 대표적인 인공감미료의 성분 구조를 분석하여 서술하였다.

② 설탕과 대조되는 인공감미료의 특성을 예를 들어 서술하였다.

③ 제로 칼로리 식품 섭취로 인한 문제의 해결 과정을 단계별로 서술하였다.

④ 제로 칼로리 식품 섭취가 인체에 미치는 영향을 유추의 방식으로 서술하였다.

⑤ 단맛에 대한 감각의 민감도 변화를 설탕과 인공감미료 섭취 상황을 비교하여 서술하였다.

---

6. 다음은 (가)의 ㉠ ~ ㉤을 바탕으로 '학생 1'이 작성한 메모이다. 메모의 내용이 (나)에 반영된 양상으로 적절하지 <u>않은</u> 것은? [3점]

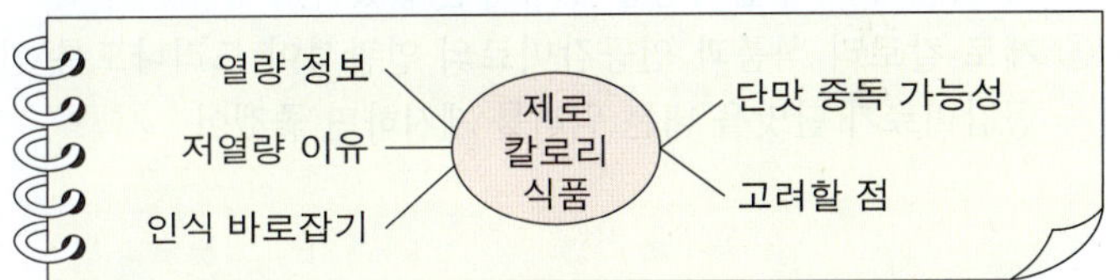

① ㉠을 바탕으로 작성된 메모의 '열량 정보'는, 식품의약품안전처의 열량 표시 기준과 함께 (나)에 반영되었다.

② ㉡을 바탕으로 작성된 메모의 '저열량 이유'는, 인공감미료가 에너지로 변환되지 않거나 구조 변형 없이 배설된다는 내용으로 (나)에 반영되었다.

③ ㉢을 바탕으로 작성된 메모의 '인식 바로잡기'는, 인공감미료를 마음 놓고 섭취했을 때 인체에 미칠 수 있는 문제점을 설명하는 것으로 (나)에 반영되었다.

④ ㉣을 바탕으로 작성된 메모의 '단맛 중독 가능성'은, 단맛과 열량의 불일치가 단맛에 대한 감각을 둔화시키는 원인이라는 내용으로 (나)에 반영되었다.

⑤ ㉤을 바탕으로 작성된 메모의 '고려할 점'은, 개인의 건강 상태를 감안하여 제로 칼로리 식품을 적절하게 이용해야 한다는 내용으로 (나)에 반영되었다.

---

7. [C]가 〈보기〉를 고쳐 쓴 것이라고 할 때, 그 과정에서 반영된 의견으로 가장 적절한 것은?

> ─────〈 보 기 〉─────
>
> 최근 인기를 끌고 있는 제로 칼로리 식품은 설탕 대신 인공감미료를 사용해 단맛을 내면서도 열량은 낮춘 제품을 가리킨다. 제로 칼로리라는 명칭 때문에 실제 열량 또한 '0'이라고 생각할 수 있지만, 우리나라의 식품 열량 표시 기준상 식품 100㎖당 열량이 4㎉ 미만이면 0㎉로 표기할 수 있어 열량을 '0'에 가깝게 낮춘 제품들을 제로 칼로리 식품으로 표시한다.

① 독자가 제로 칼로리 식품의 유행 현상을 이해할 수 있도록 유행의 배경을 추가하면 좋겠어.

② 독자가 제재에 관심을 가질 수 있도록 제로 칼로리 식품으로 불리는 이유를 제시하면 좋겠어.

③ 독자가 실제 식품을 소비할 때 참고할 수 있도록 제로 칼로리 식품의 종류를 제시하면 좋겠어.

④ 제로 칼로리 식품이 주목받고 있다는 점을 뒷받침할 수 있도록 식품의 소비 증가량을 추가하면 좋겠어.

⑤ 제로 칼로리 식품과 인공감미료의 연관성이 드러나도록 인공감미료가 단맛을 내는 원리를 제시하면 좋겠어.

[8~10] 다음은 작문 상황과 이를 바탕으로 작성한 학생의 초고이다. 물음에 답하시오.

[작문 상황]

신문 독자란에 청소년 미디어 리터러시 교육의 중요성을 주장하는 글을 쓰려 함.

[초고]

우리는 수많은 정보의 홍수 속에 살고 있다. 다양한 매체를 통해 쏟아지는 정보들 속에서 진실을 찾고, 허위 정보를 걸러 내며, 책임감 있게 정보를 생산하는 능력이 중요해진 시점이다. 특히 10대 청소년들의 미디어 이용이 모바일 기기를 중심으로 급증하고 있고, 1인 미디어 시대가 열려 청소년들도 쉽게 정보를 생산하고 공유할 수 있게 되었다. 이로 인해 거짓 정보, 폭력·음란물 등 유해 콘텐츠에 노출될 가능성이 있을 뿐만 아니라 청소년에 의한 유해 콘텐츠 생산 사례도 발생하고 있다.

이에 따라 디지털 시대의 청소년이 갖춰야 할 역량으로 미디어 리터러시가 부각되고 있다. 미디어 리터러시는 단순히 미디어를 이용하는 기술적 능력을 넘어서 미디어 메시지를 비판적으로 해석하는 능력, 미디어가 개인과 사회에 미치는 영향력을 평가하는 능력, 책임감 있게 미디어 콘텐츠를 생산하는 능력을 포함하는 개념이다.

그런데 청소년미디어센터의 조사 결과, 학교에서 미디어 리터러시 교육을 받았다고 응답한 청소년은 74.8%였지만 미디어 리터러시에 대해 잘 알고 있다고 응답한 청소년은 20.1%에 불과했다. 또한 한국언론진흥재단의 조사에 따르면, 청소년 대상 미디어 리터러시 교육에 대해 알고 있다고 응답한 학부모가 10% 미만이었다고 한다. 이는 실효성 있는 청소년 미디어 리터러시 교육이 필요하다는 것과, 청소년 미디어 리터러시 교육에 대한 학부모의 인식 제고가 시급하다는 것을 보여 준다.

그렇다면 어떻게 해야 미디어 리터러시 교육을 효과적으로 실행할 수 있을까? 우선 정부는 체계적인 교육 정책을 마련해야 하며, 학교는 체험 및 실습 위주의 프로그램을 통해 학생들에게 실질적인 경험을 제공해야 한다. 그리고 지역 사회는 지역 방송국, 도서관, 비영리 단체 등 지역 자원과 연계한 프로그램 운영을 통해 다양한 미디어 리터러시 교육을 시행해야 한다.

청소년 미디어 리터러시 교육은 미디어를 통해 전달되는 정보를 비판적으로 분석하고 평가할 수 있는 능력과 미디어를 활용하여 자신의 의견을 효과적으로 표현할 수 있는 능력을 향상시킬 수 있다. 나아가 민주 사회의 건강한 시민으로 성장하는 데에도 기여할 수 있다. ([A]   )

→ 해설편 **130**쪽

8. '학생의 초고'에 반영된 글쓰기 계획으로 적절하지 <u>않은</u> 것은?

① 미디어 리터러시의 개념을 세분화하여 제시해야겠어.
② 미디어 리터러시 교육이 중요하게 된 사회적 상황을 언급해야겠어.
③ 미디어 리터러시 교육에 대한 인식 수준을 드러내는 설문 결과를 인용해야겠어.
④ 미디어 리터러시 교육의 성공적인 실행 방안을 기존의 정책과 비교하여 제시해야겠어.
⑤ 미디어 리터러시 교육을 통해 청소년이 얻을 수 있는 긍정적인 효과를 언급해야겠어.

9. 〈보기〉는 초고를 보완하기 위해 추가로 수집한 자료이다. 자료의 활용 방안으로 적절하지 <u>않은</u> 것은? [3점]

<보 기>

ㄱ. 통계 자료

ㄱ-1. OECD 회원국 청소년 조사

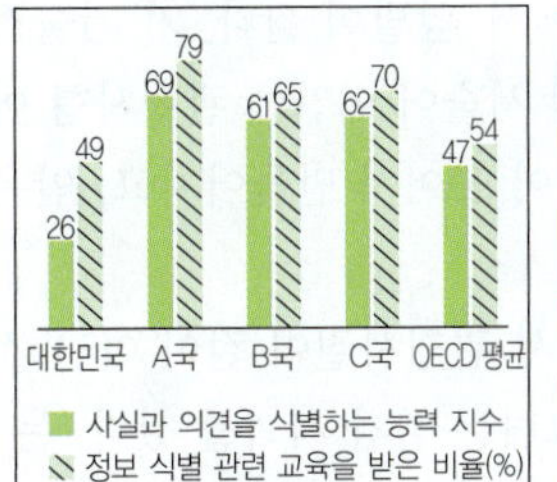

ㄱ-2. 국내 청소년 대상 설문 조사

항목	있다	없다
온라인 동영상 플랫폼 이용 시, 의도치 않게 폭력적 영상을 접한 경험	43.3%	56.7%
온라인 동영상 플랫폼 이용 시, 의도치 않게 선정적 영상을 접한 경험	38.7%	61.3%

ㄴ. 전문가 인터뷰

"○○국 미디어 리터러시 교육의 특별한 점은 정부의 정책적 지원 속에 학교 밖에서도 다양한 교육 활동이 이루어진다는 것입니다. 방과 후 프로그램이나 지역 미디어 센터, 도서관을 포함한 다양한 기관에서 미디어 리터러시 역량 강화 프로그램을 제공합니다. 정부는 교육이 원활히 진행될 수 있도록 필요한 재정과 인력을 아낌없이 지원하고 있습니다. 학교 밖에서 활발하게 진행되고 있는 미디어 리터러시 교육과 인식 제고 프로그램은 ○○국 청소년의 미디어 리터러시 역량에 긍정적 영향을 미치고 있습니다."

ㄷ. 신문 기사

△△교육청은 학부모를 대상으로 미디어 리터러시 교육을 실시했다. 교육 후, 청소년 미디어 리터러시 교육의 필요성에 대한 설문 조사에서 전체 응답자의 85%는 필요하다고 응답했다. 그동안 자녀의 온라인 동영상 플랫폼 이용을 막연하게 걱정했다는 학부모들은, 미디어 과의존·과몰입을 피하고 위험한 콘텐츠 이용을 자제할 수 있는 자율적이고 안전한 미디어 이용 능력을 기르는 교육이 필요하다는 의견을 제시했다.

---

① ㄱ-1을 활용하여, 사실과 의견을 식별하는 한국 청소년들의 능력 지수가 교육을 받은 비율에 비해 낮다는 내용을 마련하고, 이를 3문단에 추가해 실효성 있는 미디어 리터러시 교육의 필요성을 뒷받침한다.
② ㄱ-2를 활용하여, 청소년이 미디어 이용 시 유해 콘텐츠에 의도치 않게 노출될 수 있다는 내용의 근거를 마련하고, 이를 1문단에 추가해 미디어 리터러시의 중요성을 부각한다.
③ ㄷ을 활용하여, 학부모 대상 미디어 리터러시 교육 후 청소년에게 필요한 교육 내용에 대한 학부모들의 요구가 구체화되었다는 내용을 마련하고, 이를 3문단에 추가해 청소년 미디어 리터러시 교육에 대한 학부모 인식 제고의 중요성을 부각한다.
④ ㄱ-1과 ㄴ을 활용하여, 정보 식별 관련 교육을 받은 비율의 정도와 정부의 적극적 지원이 미디어 리터러시 역량에 긍정적 영향을 미친다는 내용을 마련하고, 이를 4문단에 추가해 미디어 리터러시 교육을 위한 정부의 체계적 정책 수립의 필요성을 뒷받침한다.
⑤ ㄴ과 ㄷ을 활용하여, 외국의 다양한 미디어 리터러시 교육 프로그램을 적용한 우리나라의 미디어 리터러시 교육이 학부모에게 효과적이었다는 내용을 마련하고, 이를 4문단에 추가해 학교 밖 미디어 리터러시 교육의 중요성을 강조한다.

10. 〈보기〉를 반영하여 [A]를 작성한다고 할 때, 가장 적절한 것은?

<보 기>

　청소년 미디어 리터러시 교육의 필요성을 한 번 더 강조한 후, 이를 위해 여러 교육 주체들이 함께 힘써야 한다는 내용으로 글을 마무리한다.

---

① 청소년 대상 미디어 리터러시 교육이 성공적으로 이루어지기 위해서는 교육기관이 힘을 써야 한다. 지금부터 실천한다면, 내일은 더 나은 미래가 될 것이다.

② 청소년들이 디지털 시대의 책임감 있는 시민으로 성장하는 데 미디어 리터러시 교육은 필수적이다. 미디어 리터러시 교육이 성공적으로 이루어지도록 정부, 교육기관, 지역 사회가 힘을 모아야 할 때이다.

③ 미디어 리터러시 교육은 단순히 청소년만을 위한 교육이 아니라, 우리 사회 전체를 건강하게 만들기 위한 투자이다. 따라서 청소년들의 건강한 미디어 활용을 위한 미디어 리터러시 교육 방안을 모색해야 한다.

④ 미디어 리터러시는 오늘날 청소년들이 정보의 홍수 속에서 길을 잃지 않도록 돕는 나침반과도 같다. 청소년들은 비판적으로 사고하고 책임감 있게 정보를 생산하며, 사회에 긍정적인 영향을 미치는 건강한 시민으로 성장해야 한다.

⑤ 청소년들이 디지털 시대의 인재로 성장할 수 있도록 사회의 관심과 노력이 필요하다. 넘쳐나는 미디어 콘텐츠 속에서 정보를 비판적으로 해석하고 창의적으로 활용할 수 있는 능력은 사회의 건강한 발전을 위해 매우 중요하기 때문이다.

[11~12] 다음 글을 읽고 물음에 답하시오.

　문장은 주어와 서술어 관계가 한 번만 나타나는 홑문장과 주어와 서술어 관계가 두 번 이상 나타나는 겹문장으로 나뉜다. 겹문장은 다시 문장의 짜임새에 따라 안은문장과 이어진문장으로 나뉜다. 안은문장은 안긴문장을 하나의 문장 성분으로 안고 있는 문장을 말하고, 이어진문장은 둘 이상의 문장이 연결 어미에 의하여 결합된 문장을 말한다.

　안은문장에서 안긴문장은 명사절, 부사절, 인용절, 서술절, 관형사절이 있다. 명사절은 안긴문장의 서술어 어간에 명사형 어미 '-(으)ㅁ', '-기'가 붙어서 만들어지고, 조사와 결합하여 안은문장에서 주어, 목적어, 부사어 등의 기능을 한다. 부사절은 안긴문장의 서술어 어간에 부사형 어미 '-게', '-도록' 등이 붙어서 만들어지고, 안은문장에서 부사어 기능을 한다. 인용절은 서술어에 인용의 부사격 조사 '고', '라고'가 붙어서 만들어지고, 말이나 생각을 인용하는 기능을 한다. 서술절은 다른 절과 달리 조사나 어미 등 문법적 표지 없이 안은문장에서 서술어 기능을 하는데, 서술절을 안은문장은 '주어 + (주어 + 서술어)'로 구성된다. 예를 들어 '토끼는 앞발이 짧다.'에서 '앞발이 짧다.'가 서술절에 해당한다. 관형사절은 안긴문장의 서술어 어간에 관형사형 어미 '-(으)ㄴ', '-는', '-(으)ㄹ', '-던'이 붙어서 만들어지고, 안은문장에서 관형어 기능을 한다.

　그런데 관형사절을 안은문장에서 관형사절이 절이 아닌 것처럼 보일 때가 있다. 예를 들어, '그녀는 빨간 사과를 샀다.'는 '사과가 빨갛다.'라는 문장이 관형사절로 안긴 것으로, ㉮ 관형사절의 주어가 생략된 문장이다. 안긴문장에서 '빨간'의 주어가 되는 대상은 '사과'인데 그것이 안은문장에서 꾸밈을 받는 대상인 '사과'와 동일하기 때문에 안긴문장의 주어인 '사과가'가 생략된 것이다. 그러다 보니 '빨간'만 남게 되어서 관형사절인 안긴문장이 절이 아닌 것처럼 보이는 것이다.

11. 윗글을 바탕으로 〈보기〉를 이해한 내용으로 적절하지 <u>않은</u> 것은?

<보 기>

㉠ 영수는 학교에 빨리 가기를 원하고 있다.
㉡ 우리 집 정원에 드디어 라일락이 피었다.
㉢ 하늘이 눈이 부시게 푸르다.
㉣ 그녀가 좋아하는 식당은 인기가 많다.
㉤ 영희가 바닷가에 놀러 가자고 했다.

---

① ㉠에는 조사 '에'와 결합해 부사어 기능을 하는 명사절이 있다.

② ㉡에는 주어와 서술어의 관계가 한 번만 나타나 있다.

③ ㉢에는 어미 '-게'가 붙어서 만들어진 부사절이 있다.

④ ㉣에는 관형사절과 서술절이 모두 나타나 있다.

⑤ ㉤에는 조사 '고'를 사용해 다른 사람의 말을 인용하는 인용절이 있다.

12. ㉮에 해당하는 예로 적절한 것은?

① 내가 살던 마을에 함박눈이 펑펑 내렸다.
② 아버지는 손짓으로 운동하는 딸을 불렀다.
③ 내일 날씨가 화창하면 공원에 산책하러 가자.
④ 그는 하굣길에 학교 앞 서점에서 새 책을 샀다.
⑤ 우리 회사가 새로 개발한 제품이 소비자의 호응을 얻었다.

13. 〈보기〉의 ㉠에 해당하는 단어로 적절한 것은?

> ─── < 보 기 > ───
>
> 복합어 중에는 어근과 접사로 이루어진 파생어에 어근이
> 나 접사가 다시 결합하여 형성된 것이 있다. 예컨대, 복합
> 어 '놀이터'는 어근 '놀–'과 접사 '–이'가 결합한 파생어 '놀
> 이'에 어근 '터'가 다시 결합하여 형성되었다. 따라서 '놀이
> 터'는 ㉠ '(어근 + 접사) + 어근'의 구조로 된 단어이다.

① 맺음말   ② 눈물샘   ③ 옷걸이
④ 가위질   ⑤ 헛걸음

14. 〈보기〉를 바탕으로 음운 변동 사례에 대해 이해한 내용으로
적절하지 않은 것은?

> ─── < 보 기 > ───
>
> 국어의 음운 변동은 한 음운이 다른 음운으로 바뀌는 교
> 체, 한 음운이 없어지는 탈락, 새로운 음운이 생기는 첨가,
> 두 음운이 합쳐져 다른 음운으로 바뀌는 축약으로 분류할
> 수 있다. 그런데 음운 변동은 음운 환경에 따라 두 가지 이
> 상이 함께 나타나기도 한다. '색연필[생년필]'은 첨가와 교
> 체가 일어났고, '넓죽하다[넙쭈카다]'는 탈락, 교체, 축약
> 이 일어났다.

① '밥값[밥깝]'은 교체와 탈락이 일어났군.
② '닳고[달코]'는 탈락과 축약이 일어났군.
③ '물약[물략]'은 첨가와 교체가 일어났군.
④ '닫힌[다친]'은 축약과 교체가 일어났군.
⑤ '삯일[상닐]'은 탈락, 첨가, 교체가 일어났군.

15. 〈보기〉를 바탕으로 ㉠~㉤을 탐구한 내용으로 적절하지 않은
것은? [3점]

> ─── < 보 기 > ───
>
> 문장은 주어가 동작을 제힘으로 하는 능동문과 다른 주
> 체에 의해 동작이 이루어지거나 영향을 받는 피동문으로
> 나눌 수 있다. 피동문은 피동 접미사 '–이–, –히–,
> –리–, –기–'가 결합된 피동사를 쓰거나 피동의 뜻을 나타
> 내는 '–아지다/–어지다'를 써서 실현되는데, 이러한 문법
> 요소가 중복으로 나타난 이중 피동은 바람직한 표현이 아
> 니므로 주의가 필요하다. 한편 능동문이 피동문으로, 피동
> 문이 능동문으로 바뀔 때는 문장 성분이 달라지기도 한다.
>
> > ㉠ 그는 미술 시간에 그림을 그렸다.
> > ㉡ 온 세상이 눈에 덮였다.
> > ㉢ 음식이 사람들에 의해 버려졌다.
> > ㉣ 토끼가 사냥꾼에게 잡혔다.
> > ㉤ 그날의 교훈이 모두의 가슴에 깊이 새겨졌다.

① ㉠은 주어가 동작을 제힘으로 하는 것을 표현한 문장이다.
② ㉡은 피동 접미사 '–이–'를 사용하여 주어가 영향을 받는 것
을 표현한 피동문이다.
③ ㉢을 능동문으로 바꾸면 문장의 주어가 목적어로 바뀐다.
④ ㉣을 능동문으로 바꾸면 문장의 부사어가 주어로 바뀐다.
⑤ ㉤은 피동 접미사 '–기–'가 붙은 피동사에 '–어지다'가 결합
한 이중 피동 표현이다.

→ 해설편 **132**쪽

[16~20] 다음 글을 읽고 물음에 답하시오.

(가)

시민이란 법에 보장된 일정한 권리와 의무를 지닌 자유롭고 평등한 사람으로서, 정치에 참여할 수 있는 권한과 자격을 가진 사회 구성원이다. 시민에 관한 논의는 고대 그리스에서 시작하여, 로마를 거쳐 근대에 이르기까지 다양한 사상을 바탕으로 이루어져 왔다. 그중 자유주의와 공화주의는 시민의 자유와 권리, 의무의 근거를 설명하는 대표적인 사상이다.

자유주의는 무엇보다 개인의 자유와 권리를 중시하는 사상으로, 자연권 사상을 바탕으로 발전하였다. 자연권이란 인간이 태어나면서부터 가지는 선천적인 권리로서 천부인권이라고도 한다. 자유주의에서는 이러한 자연권이 시대나 장소에 상관없이 모든 인간에게 보편적으로 내재해 있으며, 개인의 자유와 권리를 보장하는 근거라고 보았다.

자유주의는 국가보다 개인을 우선한다는 개인주의를 바탕으로 한다. 자유주의자들은 개인들이 모여 국가를 형성한다고 보았기 때문이다. 개인을 중시하는 자유주의 관점은 시민의 의무에 관한 견해에서도 잘 드러난다. 자유주의에서는 개인의 권리와 의무가 충돌할 때, 권리를 우선시한다. 또 불가피하게 개인의 권리를 제약하거나 개인에게 어떤 의무를 부과하려면, 반드시 시민들의 자발적 동의를 얻어야 한다고 본다.

자유주의자들은 '소극적 자유'를 중시했는데, 이는 외부의 부당한 압력이나 강제에서 벗어난 상태를 의미한다. 이러한 소극적 자유는 국가와 타인에게 구속당하지 않고 행동할 수 있는 사적 영역을 보장함으로써 실현될 수 있으며, 간섭이 없는 상태인 방임으로서의 자유를 의미하기도 한다.

한편, 일부 자유주의 사상가들은 소극적 자유와 함께 '적극적 자유'를 주장하였다. 적극적 자유란 자신의 의지에 따라 스스로가 원하는 삶을 능동적으로 실현할 수 있는 자유를 의미한다. 외부 간섭의 부재에 만족하지 않고, 가치 있는 삶과 자기실현을 위한 자율적 삶을 중시하는 것이다. 적극적 자유를 지지한 사상가들은 대체로 개인의 지적, 신체적, 사회적 능력의 신장을 위한 국가의 개입이 정당하다고 보았다.

자유주의는 현대 사회에서 모든 개인이 자유와 권리를 바탕으로 자신의 삶을 선택하고, 각자의 양심과 이성에 따라 자유롭게 살아가는 주체적 시민이 되도록 하는 데 기여하였다.

(나)

공화주의는 자유주의와 달리 시민의 권리는 자연적으로 주어진 것이 아니라 시민들의 능동적이고 자발적인 참여로써 성취해야 하는 정치적 결과물이며, 공동체의 의무와 결합되어 있다고 본다. 또한 자유를 중요한 가치로 삼지만, 개인의 우선성을 강조했던 자유주의에 비해 공익을 위해 개인의 자유가 제한될 수도 있다고 했다. 즉, 자신이 속한 공동체에서 맡은 역할을 책임 있게 수행하며, 공동선에 관심을 가지는 사람을 이상적인 시민으로 여긴다.

이러한 공화주의는 크게 두 가지 관점으로 분류할 수 있다. 아리스토텔레스의 영향을 받은 아테네 전통의 시민적 공화주의와 마키아벨리의 영향을 받은 로마 전통의 신로마 공화주의이다. ㉠ 시민적 공화주의자들은 인간의 타고난 사회성을 강조하면서, 인간이 국가 안에서만 도덕적 존재로 살아갈 수 있다고 보았다. 그리고 정치 참여란 시민의 의무이자 자유를 행사하는 것으로서, 그 자체가 목적이라고 주장하였다. 정치 참여가 덕성을 함양하는 일이자 윤리적 자기실현이라고 보았기 때문이다. 따라서 그들은 개인의 권리나 이익보다 시민의 정치적 의무를 더 우선시하였고, 이런 의무는 개인이 선택하거나 거부할 수 없다고 보았다.

㉡ 신로마 공화주의자들 또한 시민적 공화주의자와 마찬가지로 정치 참여와 같은 시민의 의무를 강조하였다. 그러나 그들은 정치 참여의 근거를 인간의 자연적 사회성이나 윤리적 자기실현에서 찾지 않았다. 그들에 따르면, 정치 참여는 그 자체로 목적이 아니라 외세와 폭정으로부터 시민의 자유를 지키기 위한 수단이기 때문이다. 그들은 이를 실현하기 위해 비지배로서의 자유를 제시하였다.

비지배 자유의 핵심은 타인의 자의적인 지배에서 벗어나는 것이다. 즉 자유주의에서 말하는 간섭의 부재에서 그치는 것이 아니라, 타인에게 사적으로 종속되지 않는 상태를 지향한다. 그들은 공공의 법으로써 이러한 자유가 가능하다고 보았다. 이에 따르면, 공화국의 법은 시민의 참여 속에서 공동의 결정으로 만들어진다. 그리고 공화국의 시민은 자신이 만든 법에 따라 자신의 의지에 복종함으로써 정치적 자유를 누릴 수 있다. 이러한 이유로 그들은 자유의 근거를 자연권에서 찾는 자유주의자들과 달리, 시민들 스스로가 심의하고 제정한 헌법에서 찾는다.

한편, 공화주의에서 말하는 시민의 자유와 권리는 자치와 자율적 시민이라는 민주주의의 이상과 부합하여 오늘날 개인과 사회, 개인과 국가의 관계 형성에 영향을 끼치고 있다.

16. (가)와 (나)에 대한 설명으로 가장 적절한 것은?

① (가)는 자유주의의, (나)는 공화주의의 시대에 따른 변천 과정을 설명하고 있다.
② (가)는 자유주의가, (나)는 공화주의가 등장하게 된 사회적 배경에 관해 설명하고 있다.
③ (가)는 자유주의가, (나)는 공화주의가 현대 사회에서 지니는 의의에 대해 설명하고 있다.
④ (가)는 자유주의가, (나)는 공화주의가 지니고 있는 한계를 구체적 사례를 통해 설명하고 있다.
⑤ (가)는 자유주의의, (나)는 공화주의의 사상적 토대를 마련한 특정 철학자들에 관해 설명하고 있다.

→ 해설편 134쪽

17. (가)와 (나)를 이해한 내용으로 적절하지 <u>않은</u> 것은?

① 자유주의에서는 개인주의 사상을 토대로 의무보다 권리를 우선시한다.

② 자유주의에서 시민의 권리인 자유는 외부의 부당한 압력이 배제되어야 누릴 수 있다.

③ 공화주의에서 권리는 시민의 의무를 책임 있게 수행함으로써 얻을 수 있다.

④ 자유주의와 공화주의에서 의무는 모두 개인의 자유 의지에 따라 선택할 수 있다.

⑤ 자유주의와 공화주의에서 시민이 누려야 할 자유의 바탕이 되는 근거는 서로 다르다.

18. 〈보기〉의 입장에서, (가)의 '적극적 자유를 지지한 사상가'에게 제기할 수 있는 비판으로 가장 적절한 것은?

───〈보 기〉───

자유롭다는 것은 자신의 활동에 누구도 간섭하지 않는 상태를 일컫는다. 자유란 그저 한 사람이 타인에게 방해받지 않고 행동할 수 있는 영역을 의미한다.

① 자유는 개인이 공동선을 추구함으로써 실현될 수 있다는 것을 모르고 있다.

② 자유는 공익에 해를 끼치지 않는 한도 내에서만 허용된다는 점을 모르고 있다.

③ 자유는 시민이 만들어 가는 것이 아니라 천부의 자연권에서 나오는 것임을 모르고 있다.

④ 좋은 의도의 합리적인 국가 간섭이 소극적 자유를 실현시킬 수 있다는 것을 모르고 있다.

⑤ 국가의 개입을 정당화하여 개인의 자유와 권리를 침해할 여지가 있다는 것을 모르고 있다.

19. ㉠, ㉡에 대한 이해로 가장 적절한 것은?

① ㉠은 인간이 도덕적 존재로 살아가기 위해서는 공공의 법이 필요하다고 보았다.

② ㉠은 시민의 정치 참여는 개인의 자유를 제한하는 것이 아니라 자유를 행사하는 것으로 보았다.

③ ㉡은 인간의 본질적 특성인 사회성을 정치 참여의 근거로 보았다.

④ ㉡은 자유를 보장하기 위해서는 법으로 인간의 행위를 제한할 필요가 없다고 보았다.

⑤ ㉠과 ㉡은 모두, 윤리와 정치를 구분하지 않고 정치 참여의 목적을 윤리적 덕목을 함양하는 데 있다고 보았다.

20. 윗글을 바탕으로 〈보기〉의 상황에 대해 반응한 것으로 적절하지 <u>않은</u> 것은? [3점]

───〈보 기〉───

A가 자기 소유의 기존 건물을 철거하고 그 자리에 새로운 건물을 지으려고 구청에 건축 허가를 신청했다. 그런데 건물이 들어설 토지의 일부가 인근 주민들이 이용하는 중요한 생활도로로 오랫동안 쓰이고 있었다. 구청은 도로가 막히면 주민들이 다른 길을 찾기 위해 우회해야 하며, 이에 따른 사회적 비용이 발생하고 주민들의 생활에 막대한 지장을 줄 수 있다는 점을 들어 A의 건축 허가 신청을 반려했다. 이에 A는 자신의 사유지에 건물을 세울 권리가 있다는 점을 들어 구청의 결정에 불복하여 소송을 제기했다. 법원은 이 도로가 법정 도로는 아니지만, 주민들의 중요한 생활도로로 이용되어 왔기 때문에 이를 보호하는 것이 공익적 차원에서 매우 중요하다고 보고, 구청의 주장이 옳다고 판단했다.

① 공화주의자들은 구청 측의 주장이 개인의 적극적 자유를 침해했다고 판단하겠군.

② 공화주의자들은 구청 측의 주장을 받아들인 법원의 결정을 합리적 판단이라 생각하겠군.

③ 공화주의자들은 A를 공동선에 관심을 가지는 이상적 시민상과는 거리가 먼 사람으로 판단하겠군.

④ 자유주의자들은 A가 사유 재산에 대한 권리를 침해받고 있으므로 A의 소송 제기를 정당한 요구라고 생각하겠군.

⑤ 자유주의자들은 A 소유의 토지 일부를 생활도로로 사용하려면 A의 자발적 동의를 반드시 얻어야 한다고 주장하겠군.

6회 2025 6월 학력평가

[21~25] 다음 글을 읽고 물음에 답하시오.

17 세의 고등학생이 부모의 동의 없이 60만 원의 다이어트 식품을 할부로 구매하여 절반 정도 복용을 했지만, 효과가 없자 결국 계약을 취소하기로 했다. 하지만 판매업자는 미성년자에 의한 계약이라도 사용한 만큼의 대금은 지불해야 하므로 이미 지급한 20만 원에 추가로 10만 원을 더 지불하라고 요구했다. ㉠ 만약 계약이 취소되었고 학생이 복용하고 남은 다이어트 식품을 반환했다면, 판매업자와 학생의 법적 책임은 어떻게 될까?

최근 10대들의 상품 구매력이 갈수록 높아지고 있는 현상과 맞물려 부모 동의 없이 행한 미성년자의 계약 취소에 대한 분쟁이 끊이지 않고 있다. 민법 제5조에 의하면 19 세 미만의 미성년자는 원칙적으로 부모와 같은 법정 대리인의 동의가 없으면 계약 등의 법률행위를 할 수 없으며, 만약 동의 없이 계약했다면 체결한 계약은 일단 유효하지만, 법적으로 정해진 해약 기간이 지났더라도 법정 대리인은 상품을 계약한 미성년자의 동의 없이 계약을 취소할 수 있다. 이는 미성년자가 성인과 달리 사회적인 경험과 지식, 판단 능력 등이 부족하기 때문에 자신의 미성숙한 행위로 스스로에게 불리한 법률행위를 하는 것을 방지함으로써 미성년자를 보호하기 위한 제도이다.

[A]
문제는 앞서 든 사례와 같이 구매한 물건을 사용하다가 중도에 취소를 요구하는 경우인데, 이때는 어떻게 되는 것일까? 일반적으로 계약을 취소한다는 것은 계약 이전의 상태로 원상회복함을 의미한다. 즉, 처음부터 계약을 맺지 않았던 것이 되기 때문에, 판매업자는 이미 받은 대금을 반환하고 상품 구매자는 그 상품을 반환해야 한다. 이때 상품을 이미 사용한 경우라면, 구매자는 사용한 만큼의 이익에 상당하는 금액을 반환하면 된다.

그런데 민법 제141조는, 미성년자가 법정 대리인의 동의 없이 구매한 상품의 계약을 취소하는 경우 '대금의 반환 의무 범위는 받은 이익이 현존하는 한도에서만 책임이 있는' 것으로 명시하고 있다. 이를 구체적으로 설명하자면, 생활필수품에 해당하는 상품을 구매 계약한 경우에는 실질적으로 미성년자가 그것을 소비함으로써 현존 이익이 발생했으므로 사용한 만큼의 대금을 반환할 의무가 있다. 하지만 다이어트 식품과 같이 생활필수품이 아닌 상품을 구매한 경우는 사용한 만큼에 상당하는 대금을 반환할 필요가 없다. 오히려 계약 취소에 따라 계약 이전의 상태로 되돌아가므로, 미성년 소비자는 구매한 상품을 반환하고 이미 지급한 대금에 대해서는 반환을 요구할 수 있다.

그런데 미성년자라는 이유로 임의로 계약을 취소하면 미성년자와 거래한 판매업자가 손해를 입을 수도 있으므로 이를 보호하기 위한 제도도 마련되어 있다. 먼저 미성년자가 판매업자를 속여 자신이 미성년자가 아니라고 믿게 했거나, 법정 대리인이 동의한 것처럼 믿게 했을 때는 취소권을 행사할 수 없는 '취소권 행사의 배제'가 있다. 또한 미성년자와 거래한 판매업자는 1 개월 이상의 기간을 정하여 미성년자의 법정 대리인에게 계약을 취소

할 것인지에 대한 확답을 촉구할 수 있는 '확답을 촉구할 권리'가 있다. 이때 그 기간 내에 미성년자의 법정 대리인이 확답을 발송하지 아니하면 그 행위를 추인*한 것으로 ⓐ 본다. 다음으로 판매업자는 미성년자의 법정 대리인의 추인이 있기 전까지 먼저 계약 의사를 철회할 수 있는 '철회권'이 있다. 다만, 판매업자가 계약 당시에 상품 구매자의 신분이 미성년자임을 알았다면 철회권을 행사할 수 없다.

한편, ㉡ 민법 제5조에서는 미성년자가 법정 대리인의 동의 없이 단독으로 할 수 있는 계약도 명시하고 있다. 예를 들어 철도나 버스와 같은 대중교통 이용, 김밥과 과자 같은 간단한 식음료의 구입 등 일상적인 거래는 법정 대리인의 동의 없이 자유롭게 행할 수 있다.

* 추인 : 민법상 불완전한 법률행위를 사후에 보충하여 유효하게 만드는 일방적 의사표시.

21. 윗글을 이해한 내용으로 적절하지 <u>않은</u> 것은?

① 계약의 취소는 거래 자체가 무효화됨을 의미한다.
② 미성년자와 거래한 판매업자는 일정한 조건이 충족되면 먼저 계약 취소를 요구할 수 있다.
③ 미성년자가 맺은 계약을 유지하려는 법정 대리인은 판매업자의 확답 촉구에 대해 응답해야만 한다.
④ 미성년자가 부모 동의 없이 거래한 상품 계약의 취소는 법적으로 정해진 해약 기간에 영향을 받지 않는다.
⑤ 미성년자가 부모 동의 없이 계약한 상품을 사용 도중 취소하면 상품의 성격에 따라 대금 반환 의무의 여부가 달라질 수 있다.

22. [A]를 바탕으로 ㉠에 대한 법적 판단으로 가장 적절한 것은?

① 학생은 판매업자에게 지불한 20만 원은 돌려받을 수 있지만, 판매업자가 추가로 요구한 10만 원은 지불해야 한다.
② 학생은 판매업자에게 지불한 20만 원은 돌려받을 수 없지만, 판매업자가 추가로 요구한 10만 원은 지불하지 않아도 된다.
③ 학생은 판매업자에게 지불한 20만 원을 돌려받을 수 있고, 판매업자가 추가로 요구한 10만 원은 지불하지 않아도 된다.
④ 판매업자는 학생에게 이미 받은 20만 원 외에 추가로 10만 원을 더 받을 수 있다.
⑤ 판매업자는 학생에게 계약 당시 체결한 다이어트 식품 대금 60만 원을 모두 받을 수 있다.

23. ⓒ의 이유를 추론한 내용으로 가장 적절한 것은?

① 미성년자가 특별히 보호받을 필요가 없는 계약이기 때문이다.
② 미성년자가 경제적 이익을 취할 수 있는 계약이기 때문이다.
③ 미성년자가 상대방과 암묵적으로 합의한 계약이기 때문이다.
④ 미성년자와 거래한 상대방이 경제적 손해를 보지 않는 계약이기 때문이다.
⑤ 미성년자와 거래한 상대방이 법률적 불이익을 당하지 않는 계약이기 때문이다.

24. 윗글을 바탕으로 〈보기〉를 이해한 내용으로 적절하지 <u>않은</u> 것은? [3점]

< 보 기 >

갑(17 세)은 부모의 동의를 얻지 않고, 을(17 세)은 부모의 동의서를 위조하여 판매자 병으로부터 고가의 노트북을 구매하였다. 거래 당시 병은 갑과 을이 모두 미성년자임을 알고 있었고, 을의 동의서가 위조된 사실은 알지 못했다. 며칠 후 갑과 을의 부모는 갑과 을이 자신들의 동의 없이 노트북을 구매한 사실을 알게 되었다.

---

① 갑의 부모는 갑의 의사와 무관하게 노트북 구매 계약을 취소할 수 있겠군.
② 을과 을의 부모는 노트북 구매 계약을 취소할 수 없겠군.
③ 갑과 을이 병과 체결한 노트북 구매 계약은 일단 유효하겠군.
④ 병은 갑과 체결한 계약에 대해 철회권을 행사할 수 없겠군.
⑤ 병은 갑과 을에게 노트북 구매 계약의 취소 여부에 대한 확답을 촉구할 수 있겠군.

25. ⓐ와 문맥상 의미가 가장 가까운 것은?

① 그는 매사를 부정적으로 <u>보는</u> 경향이 있다.
② 그녀는 여전히 부모님의 눈치를 <u>보고</u> 있다.
③ 나는 친구가 추천한 책을 감명 깊게 <u>보았다</u>.
④ 선생님은 지금 병원에서 환자를 <u>보고</u> 계십니다.
⑤ 노부모는 하루빨리 손자를 <u>보고</u> 싶으신 모양이다.

[26~28] 다음 글을 읽고 물음에 답하시오.

[앞부분의 줄거리] 명나라 시절 홍 시랑과 부인 양 씨 사이에서 태어난 계월은 남장을 한 채 길러진다. 이후 장사랑의 난으로 부모와 헤어진 계월은 여공에게 구출된 뒤, 이름을 평국이라 고치고, 여공의 아들 보국과 함께 수학하여 과거에 장원급제를 한다. 이후 오랑캐가 침략하자, 평국(계월)은 원수, 보국은 중군장이 되어 이를 평정한다. 이후 평국이 여자임이 밝혀지지만, 천자는 그녀를 벌하지 않고 보국과의 결혼을 중매한다.

이때 남관장이 장계를 올리거늘, 천자가 급히 뜯어 보았다.

'오왕과 초왕이 반역하여 지금 황성을 침범하려고 합니다. 오왕은 구덕지로 대원수를 삼고 초왕은 장맹길로 선봉을 삼아, 장수 천여 명과 군사 십만을 거느리고 쳐들어왔습니다. 호주 북쪽 지방의 십여 성으로부터 항복을 받고, 형주자사 이왕태를 베고, 마구 쳐들어오고 있습니다. 소장의 힘으로는 방비할 길이 없어서 소식을 올립니다. 원컨대 황상은 어진 명장을 보내셔서 적을 막아 주십시오.'

천자가 깜짝 놀라 조정의 모든 신하들과 의논했다. 우승상 정영태가 말했다.

ⓒ <u>"이 도적은 좌승상 평국을 보내 막아야 합니다. 급히 평국을 부르십시오."</u>

천자가 듣고 지긋이 생각하다가 말했다.

ⓒ <u>"평국이 전일에는 세상에 나왔기에 불렀지만, 지금은 규중에 머물러 있는 여자인지라 차마 불러낼 수 없도다. 어찌 전쟁터로 보내리오?"</u>

신하들이 말했다.

"평국이 지금 규중에 있으나, 이름이 조야(朝野)*에 있고 또한 작록(爵祿)*을 거두지 않았으니, 어찌 규중에 있다 하여 거리끼겠습니까?"

천자가 마지못해 급히 평국을 불러냈다. 이때 평국이 규중에서 홀로 지내면서 날마다 시녀들과 함께 장기와 바둑으로 세월을 보내고 있었다. 사관(辭官)이 와서 천자가 부르는 명령을 전하자, 평국이 깜짝 놀라, 급히 여자 옷을 벗고 조복*으로 갈아입은 후에 사관을 따라 들어가 천자 앞에 엎드렸다. 천자가 매우 기뻐하며 말했다.

"네가 규중에 머문 후로는 오래 보지 못하여 밤낮으로 보고 싶더니, 이제 경을 보니 매우 기쁘도다. 내가 덕이 없어 지금 오나라와 초나라 양국이 반역하여, 호주 북쪽 지방을 쳐서 항복을 받고 남관을 헤치고 황성을 침범한다고 하니, 경은 나아와 나라와 조정을 편안하게 지키도록 하라."

평국이 엎드려 아뢰었다.

"신첩이 외람되게 폐하를 속이고 높은 공후(公侯) 작록을 영화롭게 지내기가 황공합니다. 신첩의 죄를 용서하시고 이처럼 사랑하시니, ⓒ <u>신첩이 비록 어리석으나 힘을 다해 성은을 만분의 일이나 갚고자 합니다. 폐하는 근심치 마소서.</u>"

천자가 매우 기뻐하며 즉시 천병만마(千兵萬馬)를 뽑아 모으도록 했다. 삼남원에 진을 치고 원수가 친히 붓을 잡아 보국에게 전령하기를, '적병이 급하니 중군은 급히 대령하여 군령을 어기지 말라' 했거늘, 보국이 전령을 보고 분함을 이기지 못하여 부모께 여쭈었다.

"계월이 또 소자를 중군으로 부리려 하니, 이런 일이 어디 있습니까?"

여공이 말했다.

"전일에 너에게 무엇이라 이르더냐? 계월을 괄시하다가 이런 일을 당하니, 어찌 그르다 하리요? 국사가 매우 중하니, 어떻게 해 볼 수가 없다."

여공이 보국에게 바삐 가라고 재촉했다.

보국이 할 수 없어 갑주를 갖추고 진중에 나아가 원수 앞에 엎드리니, 홍 원수가 분부했다.

"만일 명령을 거역하는 자가 있으면, 군법을 시행할 것이다."

보국이 두려워하며 중군 처소로 돌아와 명령 내리기를 기다렸다.

홍 원수가 장수들에게 각각의 임무를 정하고 추구월 갑자일에 행군했다. 십일 월 초일 일에 남관에 당도하여 삼일 동안 군사를 머물게 하고, 즉시 떠나 오일에 천촉산을 지나 영경루에 다다랐다. 적병이 평원광야에 진을 쳤는데, 군세기가 철통같았다.

원수가 적진을 대하여 진을 치고 명령했다.

"장령을 어기는 자가 있으면, 세워 두고 벨 것이다."

호령이 서릿발 같았다. 모든 장수들과 군졸들이 두려워하며 어찌할 줄을 몰라 했다. 보국 또한 매우 조심했다.

이튿날 원수가 중군에게 분부했다.

"오늘은 중군이 나가 싸우라."

중군이 명령에 순종하여 말에 올라 삼 척 장검을 들고, 적진을 가리키며 외쳤다.

"나는 명나라 중군대장 보국이다. 대원수의 명을 받아 너희 머리를 베려 하니, 너희는 바삐 나와 칼을 받으라."

적장 운평이 이 소리 듣고 대로하여 말을 몰고 나와 싸웠다. 세 번을 채 겨루지도 못해서 보국의 칼이 빛나더니, 그 순간 운평의 머리가 말 아래로 떨어졌다. 적장 운경이 운평의 죽음을 보고, 분을 내며 말을 몰아 달려들었다. 보국이 승리의 기세가 등등하여 창검을 높이 들고 싸웠다. 두어 차례 겨루기도 전에 보국이 칼을 날려 칼을 들고 있는 운경의 팔을 치니, 운경이 미처 손을 놀리지 못하고 칼을 든 채 말 아래로 떨어졌다. 보국이 운경의 머리를 베어 들고 본진으로 돌아오고 있었다. 그때 적장 구덕지가 크게 노하여 장검을 높이 들고 말을 몰아 고함치며 달려들었고, 또 난데없는 적병들이 사방에서 달려들었다.

보국이 매우 다급하여 피하고자 했으나, 한순간에 적들이 함성을 지르며 보국을 천여 겹 에워쌌다. 사세가 위급하매 보국이 하늘을 우러러 탄식했다. 이때 원수가 장대에서 북을 치다가 보국의 위급함을 보고, 급히 말을 몰아 장검을 높이 들고 좌충우돌하여 적진을 헤치고 들어가 구덕지의 머리를 베어 들고 보국을 구해 낸 후, 몸을 날려 적진 속을 헤집고 다녔다. ㉣ <u>동에 번쩍하더니 어느 새 서쪽에 있는 적장을 베고, 남쪽으로 가는 듯하더니</u>

<u>어느 새 북쪽에 있는 장수를 베고, 좌충우돌하여 적장 오십여 명과 군사 천여 명을 한 칼로 쓸어버리고 본진으로 돌아왔다.</u>

보국이 원수 보기를 부끄러워하니, 원수가 보국을 꾸짖으며 조롱했다.

㉤ <u>"저러하고 평일에 남자라 칭하리요? 나를 업신여기더니 이제도 그러할까?"</u>

원수가 장대에 앉아 구덕지의 머리를 함에 넣어 황성으로 보냈다.

– 작자 미상, 「홍계월전」 –

* 조야 : 조정과 민간을 통틀어 이르는 말.
* 작록 : 관직과 직위, 그에 따라 받는 녹봉을 아울러 이르는 말.
* 조복 : 관원이 조정에 나아가 하례할 때에 입던 예복.

26. 윗글에 대한 설명으로 가장 적절한 것은?

① 고사를 활용하여 인물 간 갈등 양상을 제시하고 있다.

② 시간의 역전적 구성을 통해 사건의 인과 관계를 드러내고 있다.

③ 서술자가 직접 개입하여 상황에 대한 독자의 판단을 유도하고 있다.

④ 인물의 활약상을 구체적으로 묘사하여 상황의 긴박함을 고조하고 있다.

⑤ 현실적 공간과 비현실적 공간의 교차를 통해 환상적 분위기를 조성하고 있다.

27. 윗글의 인물에 대한 이해로 적절하지 <u>않은</u> 것은?

① '남관장'은 반란군의 규모와 위세를 구체적으로 언급하면서 조정에 다급하게 도움을 요청하고 있다.

② '천자'는 반란이 일어난 원인을 자신의 부덕함으로 돌리면서 평국에게 반란을 진압하도록 명을 내리고 있다.

③ '평국'은 자신의 죄를 용서한 천자에게 감사해 하며 은혜를 갚으려 하고 있다.

④ '여공'은 사적인 일보다 공적인 일을 중시하면서 보국이 계월의 명령을 따라야 한다고 판단하고 있다.

⑤ '보국'은 계월의 지시를 두둔하는 여공의 말에 불만을 표출하고 있다.

→ 해설편 141쪽

28. 〈보기〉를 바탕으로 ㉠~㉤을 감상한 내용으로 적절하지 않은 것은? [3점]

<보 기>

「홍계월전」에서 주인공 계월은 자신이 지닌 우월한 능력을 사회적으로 인정받아 여러 문제를 해결하는데, 이는 기존 여성 영웅 소설의 주인공이 남성의 권위에서 벗어나지 못했던 한계를 탈피한 것이다. 특히 계월이 국가에 충성하는 신하이자 국난을 극복하는 영웅으로 그려지는 것은 여성도 삶의 주체로 사회적 자아를 실현할 수 있는 존재임을 보여 주고 있다. 또한 여성의 사회 진출이 제한되었던 당대 남성 중심의 사회적 현실과 제도에 대한 비판도 담고 있다. 한편 이 작품에 등장하는 남성들은 조선시대의 통념적인 남성상과는 달리 권위적이지 않으며 나약한 모습으로도 그려지고 있다.

---

① ㉠은 계월이 여성임을 알고 있으면서도 정영태가 장수로서의 그녀의 능력을 인정하는 장면으로, 남성의 권위를 내세우는 조선시대의 통념적인 남성상과는 다른 모습으로 볼 수 있군.

② ㉡은 전쟁터에 계월이 출정해야 한다는 제안에 천자가 망설이는 장면으로, 여성의 사회 진출에 대한 당대 사회의 인식이 드러난 것으로 볼 수 있군.

③ ㉢은 계월이 나라를 구하기 위해 천자의 명령을 따르는 장면으로, 국가에 충성하는 신하이자 국난을 극복하는 주체로서 사회적 자아를 실현하고자 하는 여성의 모습으로 볼 수 있군.

④ ㉣은 원수 계월이 위기에 처한 중군장 보국을 구한 후 적진을 평정하는 장면으로, 여성 영웅이 우월한 능력으로 당면한 문제를 해결하는 모습으로 볼 수 있군.

⑤ ㉤은 여자라는 이유로 전쟁터에서 자신을 무시한 보국을 계월이 조롱하는 장면으로, 남성 중심의 사회 제도에 대한 비판 의식을 담고 있다고 볼 수 있군.

→ 해설편 **142쪽**

[29~33] 다음 글을 읽고 물음에 답하시오.

지진은 지구 내부에서 일어나는 지각 변동으로 인해 땅이 ⓐ <u>흔들리는</u> 현상이다. 이때 지각 부분에서 방출된 에너지는 파동의 형태로 전달되는데, 이를 지진파라고 한다. 대표적인 지진파로는 P파와 S파가 있다.

[A]
P파는 에너지가 전달되는 파동의 진행 방향이 매질*의 진동 방향과 같은 지진파로, 매질이 압축과 팽창을 반복하면서 전달되며 관측소에 가장 먼저 도착한다. P파의 전파 속도는 초속 약 6~8 km이지만, 진폭은 작아 지진 피해는 비교적 작은 편이다. 반면에 S파는 파동의 진행 방향이 매질의 진동 방향과 수직인 지진파로, 전파 속도는 초속 약 3~4 km로 P파보다 느리지만 진폭이 비교적 커서 지진 피해 정도는 훨씬 크게 나타난다. 두 지진파가 관측소에 도착하는 시간의 차이를 PS시라고 하는데 진원에서 멀어질수록 PS시는 커진다. ㉠ PS시를 활용하면 지진 발생 시 다른 지역의 지진 피해를 조금이나마 줄일 수 있다.

P파와 S파가 통과할 수 있는 매질에는 차이가 있다. P파는 고체, 액체, 기체를 모두 통과하는 반면, S파는 고체만 통과할 수 있다. 따라서 액체 상태인 외핵을 통과할 수 없으므로, S파가 도착하지 못하는 S파 암영대가 생긴다. P파는 맨틀과 외핵, 외핵과 내핵과 같이 상태가 ⓑ <u>다르거나</u> 같은 상태라도 밀도가 다른 매질의 경계면을 지날 때 굴절이 일어나는데, 이로 인해 P파 역시 암영대가 생긴다. 또 지진파의 전달 속도는 매질의 밀도가 높아지면 빨라지고 밀도가 낮아지면 느려진다.

한편 지진 발생 시 건물 붕괴로 인한 피해를 줄이기 위해 지진에 저항할 수 있도록 건물을 설계하는 것을 내진설계라고 하는데, 내진구조, 제진구조, 면진구조의 세 유형이 있다. 내진구조는 강한 지진파에도 건축물이 붕괴되지 않게 철근 콘크리트 등을 보강하여 기둥과 벽 자체를 튼튼하게 짓는 것이다. 내진벽과 같은 부자재를 설치하여 강한 흔들림에도 무너지지 않고 버티는 내구성이 높아지도록 건물을 짓는 것이다. 이는 단순히 건물의 내구력만을 높인 것이라 지진 발생 시 건물이 무너지지 않더라도 건물 구조에 심각한 손상이 생길 수 있다.

이에 비해 제진구조는 제진 장치가 땅으로부터 건물에 전달되는 진동을 감지하고, 건물의 흔들림 방향과 반대 방향으로 건물을 지지하여 건물의 붕괴를 ⓒ <u>막는</u> 구조이다. 철제 빔과 같은 장치로 건물에 X자 등의 제진 장치를 보강하여 건물 전체를 보호하는 것이다. 현재 대부분의 고층 건물은 이러한 방식을 사용하여, 내진구조에 비해 상대적으로 더 안전하다고 볼 수 있다.

앞선 두 구조가 건물이 지진력을 버티는 데 초점을 두었다면, 면진구조는 건물에 전달되는 지진력 자체를 줄이는 데 중점을 둔다. 파동의 에너지는 주기가 짧을수록 크기 때문에 면진구조는 지진파의 파장을 길게 바꾸어 충격을 감소시킨다. 보통 지면 위에 바로 건물을 세우는 것과 달리 면진구조는 건물과 땅 사이에 고무 스프링과 댐퍼, 베어링 등을 설치해 흔들림이 건물로 전해지는 것을 막는 방식이다. 건물 자체와 지면을 떨어뜨리면 진동이 ⓓ <u>줄어들어</u> 전달되기 때문에 아주 강한 지진이 ⓔ <u>일어나더라도</u> 건물 내부에 있는 구조물이 쓰러지지 않기 때문에 지진에 대비할 수 있는 효과적인 공법으로 평가받고 있다.

* 매질 : 어떤 물리적 작용을 한 곳에서 다른 곳으로 전하여 주는 매개물로, 고체, 액체, 기체 등이 있음.

29. 윗글에 대한 이해로 적절하지 <u>않은</u> 것은?

① P파는 진폭이 작아 S파보다 지진 피해가 작은 편이다.
② 지진파는 매질의 밀도에 따라 전달 속도가 달라진다.
③ P파 암영대는 지진파가 외핵을 통과하지 못해 생긴다.
④ P파는 통과할 수 있지만, S파는 통과할 수 없는 매질이 있다.
⑤ P파와 달리 S파는 파동의 진행 방향과 매질의 진동 방향이 서로 다르다.

30. [A]를 참고하여 〈보기〉를 이해한 것으로 적절하지 <u>않은</u> 것은? [3점]

> ───── < 보 기 > ─────
>
> 진원에서 발생한 지진이 세 관측소에서 관측되었다. 관측소 1에는 P파만 도착하였고, 관측소 2와 관측소 3에는 P파와 S파가 모두 도착하였다. 그런데 관측소 2에는 P파와 S파가 한 번씩 도착한 반면, 관측소 3에는 P파와 S파가 두 번씩 도착하였다. 이 중, C를 지난 P파와 S파가 B만 지난 P파와 S파보다 먼저 도착하였다.
>
> (단, 그림은 가상의 땅속을 나타낸 것이다.)

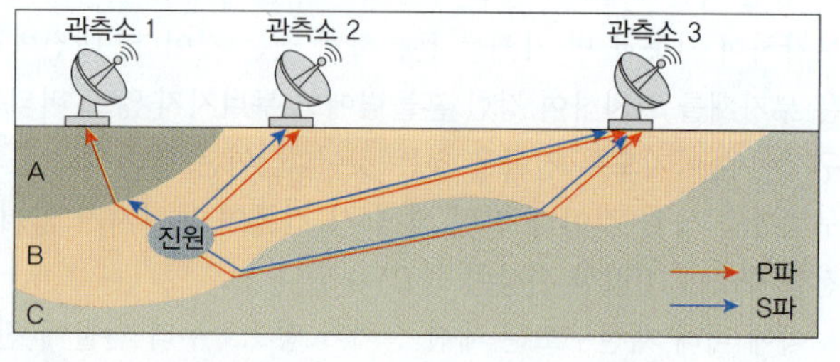

① 관측소 2에는 P파가 S파보다 먼저 도착했겠군.
② 관측소 1에 도착한 지진파는 관측소 2에 도착한 지진파와 달리 상태는 동일하지만 밀도가 다른 두 매질을 지나왔겠군.
③ 관측소 2에 도착한 지진파의 PS시보다 관측소 3에 도착한 지진파 중 B만 지난 지진파의 PS시가 더 크게 나타났겠군.
④ 관측소 3과 달리 관측소 1에 S파가 도착하지 않은 것은 관측소 1과 관측소 3으로 가는 경로의 매질의 상태가 다르기 때문이겠군.
⑤ 관측소 3에 도착한 지진파 중 C를 지난 지진파가 B만 지난 지진파보다 먼저 도착한 것은 C의 매질 밀도가 B보다 높기 때문이겠군.

31. ㉠의 이유를 추론한 내용으로 가장 적절한 것은?

① P파와 S파의 진폭을 추정할 수 있어 지진의 강도를 예상할 수 있기 때문에
② 지진파가 통과하는 매질의 밀도를 확인하여 매질의 진동 방향을 예상할 수 있기 때문에
③ 지진파가 도착하지 않는 암영대를 예측하여 피해가 적을 장소를 예측할 수 있기 때문에
④ P파와 S파가 도착한 시간을 통해 추후 지진 발생 시점과 진원의 위치를 예측할 수 있기 때문에
⑤ PS시를 측정한 지역보다 진원으로부터 먼 지역에서는 P파 탐지 후 S파 도착 전에 지진에 대비할 수 있기 때문에

32. 〈보기〉의 (가)~(다)는 내진설계의 각 구조를 도식화한 것이다. 윗글을 바탕으로 〈보기〉를 이해한 내용으로 가장 적절한 것은?

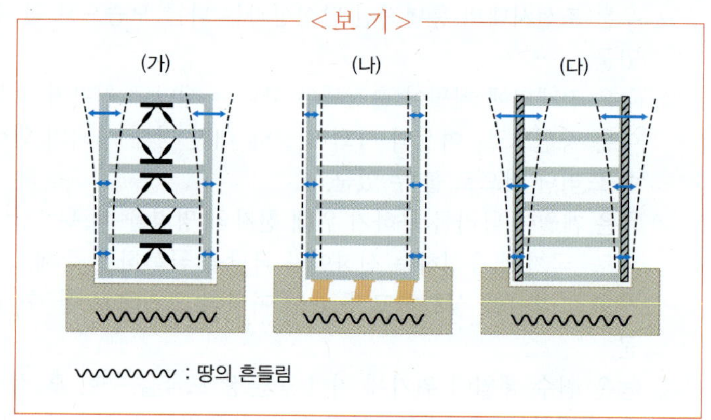

① (가)는 (나)보다 건물에 전달되는 지진력을 더 줄일 수 있다.
② (나)는 (다)와 달리 지진파의 파장을 짧게 바꾸어 지진력을 줄인다.
③ (다)는 (나)보다 지진 발생 시 건물 구조가 받는 손상이 상대적으로 적다.
④ (가)는 건물의 진동 방향과 같은 방향으로, (나)는 건물의 진동 방향과 반대 방향으로 건물을 지지한다.
⑤ (나)는 건물 아래에 설치된 구조물에 의해, (다)는 건물 자체의 내구력에 의해 건물이 보호된다.

33. 문맥상 ⓐ~ⓔ와 바꿔 쓰기에 적절하지 <u>않은</u> 것은?

① ⓐ : 진동(震動)하는
② ⓑ : 상이(相異)하거나
③ ⓒ : 보완(補完)하는
④ ⓓ : 완화(緩和)되어
⑤ ⓔ : 발생(發生)하더라도

[34~37] 다음 글을 읽고 물음에 답하시오.

　아버지와 나는 십여 년 전까지 **돼지축사**로 쓰였다는, **낡은 베니어판 문 다섯 개가 나란히 붙어 있는 건물**에서 살고 있다. 쪽마루도 없는데다 처마마저 참새 꼬리처럼 짧아 아침이면 이슬에 젖은 신발을 신고 학교에 가야 한다. 며칠 전 주인아주머니는 누런 갱지에 '빈 방 있음'이라고 써 3호실 문짝에 붙여 놓았다. 그 방 앞을 지나던 나는 열린 문틈으로 안을 들여다보았다. 벽에는 얼룩과 곰팡이와 낙서가 가득했고, 들뜬 황갈색 비닐 장판 위로는 뽀얀 먼지가 살얼음처럼 깔려 있었다. 비스듬하게 세워진 낡은 캐비닛 뒤쪽 벽에는 쥐가 들락거릴 정도의 작고 새까만 구멍이 뚫려 있는데, 구멍 주위로 자잘한 시멘트 가루와 흙덩이가 흩어져 있어 마치 상처 부위에 엉겨붙은 피딱지처럼 보였다. 총알에 맞아 쿨럭쿨럭 피를 쏟아내는 심장을 본 것 같은 섬뜩함이 가슴을 오그라뜨렸다.

[A] {
　그 방에 살던 파키스탄 청년 알리는 도둑질을 하고 마을을 떠났다. 강풍이 불던 날 밤의 어둠과 소란을 틈타 한방을 쓰던 비재 아저씨의 ㉠ <u>돈</u>을 훔쳐 달아난 것이다. 비재 아저씨는 송금비용을 아끼려고 벽에 구멍을 파서 돈을 숨겨놓았다고 한다. 그날 밤 알리가 돈을 꺼낼 때 나던 조심스런 부스럭거림을 아저씨는 왜 듣지 못했을까. 하긴, 이틀 연속 철야근무에 특근까지 했으니 그럴 만도 하다. 게다가 그날따라 2호실 방글라데시 아주머니의 갓난아기는 밤새 잠을 자지 않고 보챘고, 저녁 내내 텔레비전 앞에서 시끄럽게 떠들던 1호실 미얀마 아저씨들은 나중엔 취한 목소리로 노래를 불러대기까지 했다. 밤에 일하는 5호실의 러시아 아가씨 마리나는 아예 집에 들어오지도 않았다. 4호실에서 사는 아버지와 나만이 일찌감치 불을 끄고 어둠 속에 누워 있었다. 하지만 우리들 역시 머릿속으로는 매우 혼란스러운 생각, 집 나간 어머니 생각에 빠져 있어서 누군가 돈을 훔치느라 바스락대는 소리를 들을 수 없었다.
　사실 알리는 비재 아저씨 아들의 생명을 훔쳐 도망간 거나 다름없다. 아저씨는 막내아들의 심장수술 비용을 마련하려고 여기 왔으니까. 이 마을에선 불행이 너무나 흔해 발에 차일 지경이다. 그래서 웬만한 일에는 누구도 신경 쓰지 않는다. 하지만 비재 아저씨가 그날 새벽에 내지른 절망과 분노에 찬 비명 소리는 한동안 잊히지 않을 것 같다.
}

(중략)

　"안녕?" 창문에 매달린 코끼리는 여전히 말이 없다. 무심한 눈길로 먼 곳을 쳐다볼 뿐. 일곱 개의 코를 가진, 퍼체우라*에 은사로 화려하게 수놓인 그 코끼리는 원래 인도 신들의 왕 인드라를 태우는 구름이었다고 한다. "그래서요?" 창문에 퍼체우라를 달다가 그 이야기를 들은 나는 흥분해서 아버지를 재촉했다. "어느 날 창조주 브라마가 '세계의 알'을 깨뜨리면서 코끼리의 격이 낮아져 그만 우주를 떠받치는 기둥이 되었단다." 나는 눈을 질끈 감았다. 아버지는 슬쩍 내 안색을 살폈다. "어차피 그건 힌두교 신화일 뿐이야. 신이 깨뜨린 알이란 없어." 순간 못대가리에서 미끄러져 엇나간 망치가 아버지의 손톱을 찧었다. 손톱 끝에 침

을 바르고 통증을 참던 아버지는 떨어진 못을 찾으려고 두 손을 뻗어 바닥을 더듬었다. 문득 아버지가 ㉡ <u>코끼리</u>처럼 여겨졌다. 구름보다 높은 히말라야에서 태어나 이곳, 후미진 공장지대에서 살아가고 있으니……

　어디선가 ㉢ <u>노랫소리</u>가 들려온다. 가늘게 떨리는 그 목소리 주인은 2호실 토야 엄마다. 모레니에 절로 세이데세, 모레니에 절로 세이데세, 날 그곳으로 데려다 주세요, 날 그곳으로 데려다 주세요…… 지난봄에 단속반을 피해 뒷산으로 도망치다가 발목을 삐어 결국 잡히고 만 토야 아빠는 스리랑카로 추방된 뒤 돌아오지 못하고 있다. **혼자 남은 토야 엄마는 집에서 기계부품에 나사를 꿰어 버는 푼돈으로** 연명하는 눈치다. 훌둘리아 푸자토레게노 펠레라코 헬라거리, 탈 모르넷 아게 슈두 바레크 피레아쇼크, 기도꽃을 꺾어 왜 그냥 버렸을까, 사랑하는 사람이 죽기 전에 다시 돌아오세요…… 갑자기 어머니 생각이 난다. ㉣ <u>신 김치</u>와 미역국 냄새, 연한 레몬로션 냄새, 그리고 뭐라고 이름 붙일 수 없지만 스르르 잠이 오게 하는 신비한 살내까지. 지난봄에 어머니가 남기고 간 냄새는 한동안 방 안 어딘가에 남아 미풍이 불 때마다 언뜻언뜻 맡아졌다. 하지만 이제 방 안에선 그 냄새가 나지 않는다. 퀴퀴한 홀아비 냄새와 지독한 곰팡내가 진동할 뿐이다.

　환기를 시키려고 퍼체우라를 젖힌다. 노란 햇빛이 반대편 벽에 있는 히말라야 ㉤ <u>달력 사진</u>에 내려앉아 너울댄다. 투명하고 생생한 햇빛, 푸른 티크나무 숲, 눈 덮인 안나푸르나, 잔잔하게 물결치는 페와호, 그리고 사탕수수를 빨아 먹으며 환하게 웃는 아이들…… 아버지는 해마다 똑같은 달력을 사 온다. 아버지가 그 사진을 보면서 기쁨을 얻듯이 나도 그렇게 되기를 바라는 걸까? 하지만 내 눈엔 오후 빛을 받은 히말라야가 금으로 씌운 어금니처럼 보일 뿐이다. 햇빛에 녹아내리기 직전의 노란 바닐라 아이스크림이거나. 달력에서는 여전히 검고 굵은 동그라미가 소용돌이치고 있다. 마음이 편치 않다. 요즘엔 이상하게도 입에서 아무 말이나 튀어나온다. 학교에서 내내 긴장하다가 집에 돌아오면 모든 게 귀찮고, 무엇보다 화가 난다. 오늘은 소영이 오빠가 친구들을 데리고 쉬는 시간마다 우리 교실로 내려왔다. 나는 화장실에 숨어 있다가 수업이 시작된 뒤에야 교실로 들어갈 수 있었다. 겁이 나서가 아니었다. 일대일이라면 자신 있었다. 하지만 한꺼번에 덤벼들어 쥐 잡듯 나를 짓밟는다면, 앞으로 나를 볼 때마다 누구든 그 장면을 떠올릴 것이다. 그것만은 정말 견디기 힘들 것 같았다.

　아기 손바닥만큼 작아진 빛은 퍼체우라가 흔들릴 때마다 놀란 듯 부르르 떤다. 갑자기 잠이 몰려온다. 아버지처럼 고향 가는 꿈이라도 꿀 수 있다면 좋겠다. 밤마다 아버지는 낡은 춤바를 입고 고향 마을로 찾아가는 **꿈**을 꾼다. 노란 유채꽃 언덕 너머 보이는 눈부신 설산과 낯익은 황토 집, 정다운 마을 사람들이 있는 곳으로. 꿈에서 아버지는 가녀린 퉁게꽃과 붉은 비저꽃이 흐드러진 고향집 마당으로 들어서서는 가족과 친지에 둘러싸여 달과 바트, 더르가리(야채 반찬), 물소고기에 토마토 양념을 발라 구운 첼라를 실컷 먹는다고 했다. 하지만 다음날 공항에서 비행기에 오르려고 하면 누군가 아버지 앞을 가로막으며 거칠게 끌어낸다

고 했다. "난 **한국으로 돌아가야 돼**. 거기 내 **가족이 있어**. 제발, 보내줘. 일자리도, 이웃도, 내 청춘도 거기 두고 왔단 말이야. 제발……!" 잠꼬대 끝에 몸을 벌떡 일으키는 아버지는 매번 황급히 사방을 둘러본다. 그러고는 땀으로 흥건해진 속옷을 벗으며 어둠 속에서 긴 안도의 숨을 내쉰다.

그렇지만 나보다는 낫겠지. 난…… **태어난 곳은 있지만 고향이 없다**. 한국에 네팔 대사관이 없어 아버지는 혼인신고를 못했다. 그래서 내겐 호적도 없고 국적도 없다. **학교에서조차 청강생일 뿐이다**. 살아 있지만 태어난 적이 없다고 되어 있는 아이……

– 김재영, 「코끼리」 –

* 퍼체우라 : 네팔 남자들이 몸에 걸치는 직사각형의 천.

34. 윗글을 이해한 내용으로 가장 적절한 것은?

① '비재 아저씨'는 자신의 돈을 훔쳐 달아난 '알리'의 처지를 이해하고 있다.
② '나'는 마을에 불행이 잦아 사람들이 웬만한 일에는 무신경하다고 여기고 있다.
③ '아버지'는 힌두교 신화에 대한 '나'의 반응을 못마땅해하고 있다.
④ '토야 엄마'는 스리랑카로 추방된 '남편'을 무책임하다고 생각하고 있다.
⑤ '아버지'는 고향에 돌아가지 못하고 한국에서 살아야만 하는 현실에 절망하고 있다.

35. [A]에 대한 설명으로 적절하지 않은 것은?

① 특정 사건이 지닌 의미를 서술자가 제시하고 있다.
② 특정 사건의 전말을 서술자가 요약적으로 설명하고 있다.
③ 특정 사건을 일으킨 인물의 내적 동기를 서술자가 분석하여 제시하고 있다.
④ 특정 사건이 발생한 시점에 주변에서 벌어진 여러 정황을 나열하고 있다.
⑤ 특정 사건의 피해자가 보인 행동에 대한 서술자의 심리적 반응을 보여 주고 있다.

36. ㉠~㉤에 대한 이해로 가장 적절한 것은?

① ㉠ : 경제적으로 풍족해지고 싶은 비재 아저씨의 물질적 욕망이 담긴 소재이다.
② ㉡ : 아버지의 현재 삶과 대조되는 것으로 아버지에 대한 '나'의 안타까운 심정을 대변하는 소재이다.
③ ㉢ : 부재하는 가족에 대한 '나'의 그리움의 정서를 유발하는 소재이다.
④ ㉣ : 어머니가 떠난 이후 방치된 가정의 모습을 표상하는 것으로 아버지에게 쓸쓸함을 느끼게 하는 소재이다.
⑤ ㉤ : 아버지가 고향에 대해 느끼는 감정에 '나'가 공감하게 되는 소재이다.

37. ＜보기＞를 바탕으로 윗글을 감상한 내용으로 적절하지 않은 것은? [3점]

「코끼리」는 더 나은 삶을 꿈꾸며 고향을 떠나 한국으로 온 이주 노동자들이 차별 속에서 힘겹게 살아가는 모습을 이주 노동자 2세인 '나'의 시각을 통해 사실적으로 묘사하고 있는 작품이다. 이들은 열악한 주거 환경과 궁핍한 경제적 상황 속에서 사회적, 정서적으로 고립된 삶을 살아간다. 특히 네팔인 아버지와 조선족 어머니 사이에서 태어나 편견과 정체성의 혼란 속에서 소외감을 느끼는 '나'의 모습은 이주 노동자 2세가 마주하는 현실을 드러내고 있다. 또한, 이주 노동자가 겪는 문제가 다음 세대에 이어질 수도 있음을 보여 준다.

① '아버지'와 '나'가 '돼지축사'를 개조한, '낡은 베니어판 문 다섯 개가 나란히 붙어 있는 건물에서 살고 있'는 것은 이주 노동자들의 열악한 삶을 사실적으로 보여 주는 것이군.
② '혼자 남은 토야 엄마'가 '집에서 기계부품에 나사를 꿰어 버는 푼돈으로' 생계를 이어가는 모습은 궁핍한 경제적 상황 속에서 살아가는 이주 노동자의 현실을 보여 주는 것이군.
③ 아버지가 '꿈'에서 '가족이 있어' '한국으로 돌아가야' 한다는 것은 이주 노동자들이 받는 차별과 그 아픔이 다음 세대에게 이어진 현실을 보여 주는 것이군.
④ '나'가 '태어난 곳은 있지만 고향이 없다'라고 생각하는 것은 이주 노동자 2세가 이방인으로서 느끼는 정체성의 혼란을 보여 주는 것이군.
⑤ '나'가 '학교에서조차' 자신의 존재를 인정받을 수 없는 '청강생일 뿐'이라고 인식하는 것은 이주 노동자 2세가 느끼는 소외감과 정서적 고립을 보여 주는 것이군.

→ 해설편 146쪽

[38~42] 다음 글을 읽고 물음에 답하시오.

(가)

천지인간 만물 중에 무상(無常)할 손 이내 사정
못 할러라 못 할러라 빈집 살림 못 할러라
얽었으나 검었으나 부부밖에 또 있는가
견우직녀성도 둘이 서로 마주 섰고
용천검 태아검도 둘이 서로 짝이 되고
날짐승 길버러지 다 각각 짝이 있건만
전생(前生) 차생(此生) 무슨 죄로 우리 둘이 부부되어
검은 머리 백발 되고 희던 몸이 황금 되고
자손이 많고 영화를 누리며 백년해로 살자 했더니
하느님도 무정하고 가운(家運)이 불행하여
조물(造物)이 시기하고 귀신조차 사정(私情) 없다
말 잘하고 인물 좋고 활 잘 쏘고 키 훨씬 큰
다정한 우리 낭군 사랑하던 우리 낭군
무슨 나이 그리 많아 청산의 외로운 혼이 된단 말인가
삼생 연분 아니런가 **사주팔자 그러한가**
이미 부부 되었으면 죽지 말고 살았거나
그리 죽자 할 작시면 만나지나 말았거나
부질없는 이 내 심사 어느 누가 위로하리
심회(心懷)로다 심회로다 바다같이 깊은 수심(愁心)
태산같이 높은 심회 상사(相思)로다 상사로다
상사하던 우리 낭군 어이 그리 못 오는가
병들어 누워 인간사 끊어졌으니 못 오는가
약수(弱水) ⓐ삼천 리가 둘러져 있어 못 오는가
만리장성이 가려서 못 오는가

(중략)

동쪽 창에 돋은 달이 서쪽 창으로 지거든 오시려나
병풍에 그린 황계(黃鷄) 새벽 즈음에 **날 새라고 꼬꼬** 울거든
오시려나
금강산 상상봉(上上峰)이 평지 되어 물 밀어 배 둥둥 뜨거든
오시려나
어이 그리 못 오는가 무슨 일로 못 오는가
가슴 속에 불이 나서 풀과 나무 다 타 간다
눈물이 비가 되어 붙은 불을 끄련마는
한숨이 바람 되어 점점 붙어
구곡간장(九曲肝腸) 썩은 물이 눈으로 **솟아날** 제
구년지수(九年之水) 되었구나 **한강**지수(漢江之水) 되었구나
　　　　　　　　　　　　　 – 작자 미상, 「청춘과부가(靑春寡婦歌)」 –

(나)

갈까 보다 말까 보다 임을 따라 아니 갈 수 없네
오늘 가고 내일 가고 모레 가고 글피 가고 하루 이틀 사흘 나흘
곱잡아 여드레 ⓑ **팔십 리**를 다 못 갈지라도 임을 따라서 아니 갈
수 없네 천가지 만가지 **창과 칼, 도끼까지 닥친다 할지라도** 임을

따라 아니 갈 수 없네 나무라도 은행나무는 음양을 분하여 마주
섰고 돌이라도 망부석은 암수를 따라서 마주 섰는데
　　이 내 팔자는 왜 그리 주책없어 간 곳마다 있어야 할 임 없어
나 못 살겠네
　　　　　　　　　　　　　　　　　 – 작자 미상, 사설시조 –

(다)

　오늘은 당신이 가르쳐 준 태백산맥 속의 소광리 소나무 숲에서
이 엽서를 띄웁니다. 아침 햇살에 빛나는 소나무 숲에 들어서니
당신이 사람보다 나무를 더 사랑하는 까닭을 알 것 같습니다.
200년, 300년, 더러는 500년의 풍상(風霜)을 겪은 **소나무들**이
골짜기에 가득합니다. 그 긴 세월을 온전히 바위 위에서 버티어
온 것에 이르러서는 차라리 경이였습니다. 바쁘게 뛰어다니는
우리들과는 달리 오직 '**신발 한 켤레의 토지**'에 서서 이처럼 **우람**
할 수 있다는 것이 충격이고 경이였습니다. 생각하면 소나무보
다 훨씬 더 많은 것을 소비하면서도 무엇 하나 변변히 이루어 내
지 못하고 있는 나에게 소광리의 솔숲은 마치 회초리를 들고 기
다리는 엄한 스승 같았습니다.
　어젯밤 별 한 개 쳐다볼 때마다 100원씩 내리던 당신의 말이
생각납니다. 오늘은 소나무 한 그루 만져볼 때마다 돈을 내야겠
지요. 사실 서울에서는 그보다 못한 것을 그보다 비싼 값을 치르
며 살아가고 있다는 생각이 듭니다. 언젠가 경복궁 복원 공사 현
장에 가 본 적이 있습니다. 일제가 파괴하고 변형시킨 조선 정궁
의 기본 궁제(宮制)를 되찾는 일이 당연하다고 생각하였습니다.
그러나 막상 오늘 이곳 소광리 소나무 숲에 와서는 그러한 생각
을 반성하게 됩니다. 경복궁의 복원에 소요되는 나무가 원목으
로 200만 재, 11톤 트럭으로 500대라는 엄청난 양이라고 합니
다. 소나무가 없어져 가고 있는 지금에 와서도 기어이 소나무로
복원한다는 것이 무리한 고집이라고 생각됩니다. 수많은 소나무
들이 베어져 눕혀진 광경이라니 감히 상상할 수가 없습니다. 그
것은 이를테면 고난에 찬 몇 백만 년의 세월을 잘라 내는 것이나
마찬가지입니다.

(중략)

　나는 문득 당신이 진정 사랑하는 것이 소나무가 아니라 소나무
같은 '사람'이라는 생각이 들었습니다. 메마른 땅을 지키고 있는
수많은 사람들이란 생각이 들었습니다. 문득 지금쯤 서울 거리의
자동차 속에 앉아 있을 당신을 생각했습니다. 그리고 외딴섬에
갇혀 목말라 하는 남산의 소나무들을 생각했습니다. 남산의 소나
무가 이제는 더 이상 살아남기를 포기하고 자손들이나 기르겠다
는 체념으로 무수한 솔방울을 달고 있다는 당신의 이야기는 우리
를 슬프게 합니다. 더구나 그 솔방울들이 싹을 키울 땅마저 황폐
해 버렸다는 사실이 우리를 더욱 암담하게 합니다. 그러나 그보
다 더 무서운 것이 아카시아와 활엽수의 침습(侵襲)이라니 놀라
지 않을 수 없습니다. 척박한 땅을 겨우겨우 가꾸어 놓으면 이내
다른 경쟁수들이 쳐들어와 소나무를 몰아내고 만다는 것입니다.
무한 경쟁의 비정한 논리가 뻗어 오지 않는 곳이 없습니다.

　나는 마치 꾸중 듣고 집 나오는 아이처럼 산을 나왔습니다. **솔방울 한 개**를 주워 들고 내려오면서 생각하였습니다. 거인에게 잡아먹힌 소년이 솔방울을 손에 쥐고 있었기 때문에 다시 소생했다는 신화를 생각하였습니다. 당신이 나무를 사랑한다면 솔방울도 사랑해야 합니다. 무수한 솔방울들의 끈질긴 저력을 신뢰해야 합니다.

– 신영복, 「당신이 나무를 더 사랑하는 까닭」 –

38. (가)~(다)에 대한 설명으로 가장 적절한 것은?

① (가)는 계절 변화를 통해 과거와 현재의 대비되는 상황을 드러내고 있다.
② (나)는 점층적 표현을 통해 대상에 대한 예찬의 태도를 드러내고 있다.
③ (다)는 묻고 답하는 방식으로 글을 전개하여 독자의 깨달음을 유도하고 있다.
④ (가)와 (나)는 모두, 열거의 방식을 활용하여 화자의 정서를 강조하고 있다.
⑤ (나)와 (다)는 모두, 시간의 흐름에 따른 공간의 변화를 통해 역동적 분위기를 드러내고 있다.

39. ⓐ, ⓑ에 대한 이해로 가장 적절한 것은?

① ⓐ는 임의 마음을 확인하고 싶은 화자의 바람을 의미한다.
② ⓑ는 임과의 물리적 거리로 인한 화자의 절망감을 의미한다.
③ ⓐ는 화자가 가야 할 험난한 여정을, ⓑ는 임이 가야 할 시련의 길을 의미한다.
④ ⓐ는 임에 대한 화자의 심리적 거리감을, ⓑ는 화자에 대한 임의 심리적 거리감을 강조한다.
⑤ ⓐ는 화자와 임 사이의 단절된 정도를, ⓑ는 화자가 감내해야 할 고난의 정도를 강조한다.

40. <보기>를 참고하여 (가)와 (나)를 감상한 내용으로 적절하지 않은 것은?

― <보 기> ―

　사랑하는 대상과의 이별 상황을 노래하고 있는 시에서, 시적 화자가 이에 대처하는 양상은 다양하게 나타난다. 시적 화자는 이별이라는 현실을 부정하거나, 이를 극복하기 위해 적극적이고 능동적인 태도를 보이기도 한다. 또한 이별의 현실에 체념, 원망, 자책과 같이 소극적이고 수동적인 태도를 보이기도 한다. 그리고 이별에 대처하는 이러한 양상은 복합적으로도 나타난다.

① (가)의 '조물이 시기하고 귀신조차 사정 없다'에는 임과 사별한 이유를 외부 요인으로 돌리는 화자의 원망이 나타나 있군.
② (가)의 '어이 그리 못 오는가 무슨 일로 못 오는가'에는 임과 사별했다는 상황을 받아들이기 힘들어하는 화자의 애절한 정서가 담겨 있군.
③ (가)의 '사주팔자 그러한가'와 (나)의 '이 내 팔자는 왜 그리 주책없어'에는 모두, 이별의 원인을 자신에게서 찾는 화자의 자책이 나타나 있군.
④ (나)의 '갈까 보다 말까 보다'에는 이별에 대처하는 화자의 복합적인 태도가 드러나 있군.
⑤ (나)의 '창과 칼, 도끼까지 닥친다 할지라도 임을 따라 아니 갈 수 없네'에는 임과의 이별을 거부하겠다는 화자의 적극적 의지가 드러나 있군.

41. (다)의 '나'와 '당신'에 대한 이해로 적절하지 않은 것은?

① '나'는 인간이 이기적인 태도로 자연을 대한다고 여기고 있다.
② '나'는 인간 세상만이 아니라 자연에도 무한 경쟁의 논리가 적용되고 있다고 생각하고 있다.
③ '당신'은 '나'가 소광리 소나무 숲에서 바람직한 삶의 태도를 깨닫는 계기를 마련해 주었다.
④ '나'와 '당신'은 모두, 살아남기를 포기한 남산의 소나무에 대한 인식의 변화를 드러내고 있다.
⑤ '나'와 '당신'은 모두, 대가를 치르며 감상하고 싶을 정도로 자연이 지닌 가치가 높다고 평가하고 있다.

42. 〈보기〉를 참고하여 (가)~(다)를 감상한 내용으로 적절하지 않은 것은? [3점]

―――― < 보 기 > ――――

　문학 작품에서 작가는 정서나 사상을 직접적으로 드러내기보다는 특정 사물이나 상황을 통해 간접적으로 돌려 말하는 경우가 많다. 이때 특정 사물이나 상황은 화자나 글쓴이의 처지와 동일시되거나 대조되어 정서를 심화시키는 대상으로 쓰인다. 또한 화자나 글쓴이가 어떤 감정이나 생각을 떠올리도록 매개하기도 한다.

① (가)에서 '병풍에 그린 황계'가 '날 새라고 꼬꼬' 운다는 실현 불가능한 상황을 설정한 것은 임이 다시는 돌아올 수 없다는 화자의 비극적인 인식을 드러내려는 의도로 볼 수 있군.

② (가)에서 '구곡간장 썩은 물'이 '눈으로 솟아' '구년'이나 흐르고 '한강'이 되었다는 과장된 상황을 설정한 것은 오지 않는 임에 대한 화자의 슬픔을 부각하려는 의도로 볼 수 있군.

③ (가)의 '견우직녀성'은 화자의 처지와 동일한, (나)의 '은행나무'는 화자의 처지와 대조되는 대상으로, 임의 부재로 인한 화자의 상실감을 심화하려는 의도로 설정한 사물로 볼 수 있군.

④ (다)의 '신발 한 켤레의 토지'만을 차지한 채 '우람'하게 서 있는 '소나무들'은 필요 이상의 많은 소비를 하며 살아온 글쓴이 자신의 삶을 반성하게 하는 사물로 볼 수 있군.

⑤ (다)의 '솔방울 한 개'는 글쓴이에게 황폐해지고 척박해진 환경에서도 희망을 품고 살아야 함을 환기하는 사물로 볼 수 있군.

[43~45] 다음 글을 읽고 물음에 답하시오.

(가)

상한 갈대라도 하늘 아래선
한 계절 넉넉히 흔들리거니
뿌리 깊으면야
밑동 잘리어도 새순은 돋거니
충분히 흔들리자 상한 영혼이여
충분히 흔들리며 고통에게로 가자

뿌리 없이 흔들리는 부평초 잎이라도
물 고이면 꽃은 피거니
이 세상 어디서나 개울은 흐르고
이 세상 어디서나 등불은 켜지듯
가자 **고통이여 살 맞대고 가자**
외롭기로 작정하면 어딘들 못 가랴
가기로 목숨 걸면 지는 해가 문제랴

고통과 설움의 땅 훨훨 지나서
뿌리 깊은 벌판에 서자
두 팔로 막아도 바람은 불듯
영원한 눈물이란 없느니라
영원한 비탄이란 없느니라
캄캄한 밤이라도 하늘 아래선
마주 잡을 ㉠ 손 하나 오고 있거니

　　　　　　　　　– 고정희, 「상한 영혼을 위하여」 –

(나)

눈먼 ㉡ 손으로
나는 삶을 만져 보았네.
그건 가시투성이였어.

가시투성이 삶의 온몸을 만지며
나는 미소지었지.
이토록 가시가 많으니
곧 장미꽃이 피겠구나 하고.

장미꽃이 피어난다 해도
어찌 가시의 고통을 잊을 수 있을까
해도
장미꽃이 피기만 한다면
어찌 가시의 고통을 버리지 못하리오

눈먼 손으로
삶을 어루만지며
나는 가시투성이를 지나
장미꽃을 기다렸네.

그의 몸에는 많은 가시가
돋아 있었지만, 그러나,
나는 한 송이의 장미꽃도 보지 못하였네.

그러니, 그대, 이제 말해주오.
삶은 가시장미인가 장미가시인가
아니면 장미의 가시인가, 또는
장미와 가시인가를.

— 김승희, 「장미와 가시」 —

43. (가)와 (나)에 대한 설명으로 가장 적절한 것은?

① (가)와 (나)는 모두, 공간의 이동에 따라 시상을 입체적으로
전개하고 있다.

② (가)와 (나)는 모두, 설의적 표현을 사용하여 작품의 주제 의
식을 강조하고 있다.

③ (가)와 (나)는 모두, 음성 상징어를 활용하여 시적 상황을 생
동감 있게 드러내고 있다.

④ (가)는 명령형 문장을, (나)는 청유형 문장을 통해 시적 분위
기를 고조시키고 있다.

⑤ (가)는 시각적 이미지를, (나)는 후각적 이미지를 통해 대상
의 속성을 구체화하고 있다.

44. ㉠과 ㉡에 대한 이해로 가장 적절한 것은?

① ㉠과 ㉡은 모두, 화자에게 동정심을 유발하는 대상이다.

② ㉠과 ㉡은 모두, 화자가 부정적 현실을 극복하게 한 계기이
다.

③ ㉠은 화자를 발전적으로 변화시키려는 존재이고, ㉡은 화자
를 현실에 만족하게 하는 매개체이다.

④ ㉠은 화자가 친밀감을 느끼는 대상이고, ㉡은 화자가 경외감
을 느끼는 대상이다.

⑤ ㉠은 화자에게 도움이 될 연대의 대상이고, ㉡은 화자가 삶
의 본질을 생각하게 하는 매개체이다.

45. 〈보기〉를 바탕으로 (가)와 (나)를 감상한 내용으로 적절하지
않은 것은? [3점]

―〈보 기〉―

(가)와 (나)는 모두, 자연물을 통해 삶의 고통과 희망을
형상화하고 있는 작품이다. (가)는 연약하지만 강한 생명
력을 지닌 '갈대'와 '부평초'를 통해, 삶의 시련에 굴하지 않
고 고통을 직접적으로 대면해 극복하고자 하는 굳센 의지
와 희망을 노래하고 있다. (나)는 아름답지만 가시가 있는
'장미'를 통해 인고의 세월을 견디며 기대했던 희망이 실현
되지 않을 때의 상실감과, 고통과 희망이 공존하는 삶을 살
아가는 인간의 내면적 갈등을 노래하고 있다.

① (가)의 '밑둥 잘리어도 새순은 돋'는 모습은 연약하지만 강한
생명력을 지닌 존재를 구체적으로 형상화한 것이군.

② (가)의 '고통이여 살 맞대고 가자'는 고통을 피하지 않고 직
접적으로 대면하여 극복하고자 하는 의지를 드러낸 것이군.

③ (나)의 '장미꽃이 피기만 한다면 / 어찌 가시의 고통을 버리
지 못하리오'는 기대했던 희망이 실현되지 않을 때의 상실감
을 노래한 것이군.

④ (나)의 '삶은 가시장미인가 장미가시인가'는 고통과 희망이
공존하는 삶을 살아가는 인간의 내면적 갈등을 드러낸 것이
군.

⑤ (가)의 '뿌리 없이 흔들리는'과 (나)의 '가시가 많으니'는 모
두, 삶의 고통을 겪고 있는 존재의 모습을 상징하는군.

※ 확인 사항

○ 답안지의 해당란에 필요한 내용을 정확히 기입(표기)
했는지 확인하시오.

[1~3] 다음은 학생의 발표이다. 물음에 답하시오.

안녕하세요? '생활 속 전통문화'에 대한 발표를 맡은 ○○○입니다. 저는 지난주에 매듭 팔찌를 만들며 우리 전통 매듭이 참 아름답다고 생각하여 전통 매듭에 대해 조사해 보았습니다. 그래서 오늘은 제가 △△전통문화 연구소 누리집의 자료를 통해 알게 된 내용을 여러분과 나누고 싶어서 발표를 준비했습니다.

우리나라에서는 옛날부터 매듭을 생활 속에서 장식의 용도로 많이 사용했습니다. 고구려 벽화의 초상화 속 실내 장식에서도, 조선 시대 여성들이 사용하던 노리개의 장식에서도 매듭을 발견할 수 있습니다.

그렇다면 우리나라의 전통 매듭에는 어떤 것들이 있을까요? (자료 1을 제시하며) 먼저 이 자료를 보시죠. 옷을 여미는 부분에 매듭이 보이시나요? 이것이 연봉매듭입니다. 연봉은 연꽃 봉오리라는 뜻으로, 자료의 아래에 있는 그림처럼 매듭의 생김새가 연봉을 닮았다고 해서 붙은 이름이에요. 연꽃은 번영의 상징으로 여겨져 온 만큼, 연봉매듭에는 자손의 번창과 풍년을 기원하는 의미가 담겨 있습니다. 매듭은 보통 장식을 위해 사용되었는데 이 매듭은 단추와 같은 역할을 하여 실용적인 목적으로 사용되었기에 단추매듭이라 부르기도 합니다.

다음으로는 가지방석매듭을 소개하겠습니다. 이 매듭은 주머니나 선추를 장식하기 위한 목적으로 많이 사용되었는데요, (자료 2를 제시하며) 선추는 이렇게 부채의 고리나 자루에 매다는 장식품을 이르는 말입니다. 잠시 자료의 왼쪽 아래에 있는 매듭을 보시죠. 이 매듭의 이름은 생쪽매듭이에요. 작은 원이 세 개 있는 모양이 생강과 비슷해서 붙은 이름입니다. 생쪽매듭은 많은 매듭법의 기본이 되는데요, 가지방석매듭도 이 생쪽매듭을 중심으로 하여 원 모양으로 줄줄이 이어 나가 방석 모양처럼 크게 엮어 만든 매듭입니다. 그래서 이 매듭에는 좋은 일을 줄줄이 이어 간다는 의미가 있고, 그것이 열매가 잘 맺히는 가지를 연상시킨다고 해서 가지방석매듭이라는 이름이 붙게 되었습니다.

지금까지 우리나라의 전통 매듭에 대해 알아보았습니다. 조사를 하며 주변을 살펴보니 팔찌뿐 아니라 다양한 장신구에도 전통 매듭이 활용된 것을 발견할 수 있었습니다. 여러분도 전통 매듭의 의미를 떠올리며, 우리 주변의 전통 매듭에 관심을 가져 보면 어떨까요? 이상으로 발표를 마치겠습니다.

1. 위 발표자의 말하기 방식으로 적절하지 <u>않은</u> 것은?

① 자신의 경험을 언급하며 화제를 선정한 이유를 밝히고 있다.
② 청중에게 질문을 하여 발표 내용에 대한 관심을 유도하고 있다.
③ 참고한 자료의 출처를 밝혀 발표 내용의 신뢰성을 높이고 있다.
④ 발표 중간중간에 단어의 뜻을 설명하여 청중의 이해를 돕고 있다.
⑤ 발표 내용에 대한 청중의 이해도를 점검하며 발표를 마무리하고 있다.

2. 다음은 발표자가 제시한 자료이다. 발표자의 자료 활용에 대한 설명으로 적절하지 <u>않은</u> 것은?

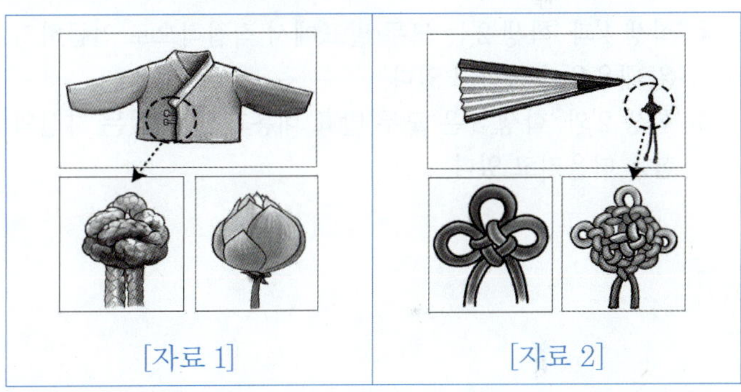

① 연봉매듭이라는 명칭이 붙은 이유를 설명하기 위해 [자료 1]을 활용하였다.
② 연봉매듭이 단추의 용도로 사용되었다는 것을 설명하기 위해 [자료 1]을 활용하였다.
③ 가지방석매듭이 생쪽매듭을 기본으로 한다는 것을 설명하기 위해 [자료 2]를 활용하였다.
④ 가지방석매듭이 실용적인 목적으로 사용되었다는 것을 보여 주기 위해 [자료 2]를 활용하였다.
⑤ 좋은 일을 줄줄이 이어 간다는 의미가 담긴 가지방석매듭의 모양을 보여 주기 위해 [자료 2]를 활용하였다.

3. 〈보기〉는 위 발표를 들은 학생들의 반응이다. 학생들의 반응을 이해한 내용으로 가장 적절한 것은?

<보 기>

학생 1 : 매듭을 단추의 용도로 사용한 것에서 조상들의 지혜를 느꼈어. 나도 매듭이 일상생활에서 응용된 다른 사례를 찾아봐야겠어.

학생 2 : 나는 그동안 무언가를 묶거나 고정하는 데에만 매듭을 사용했는데, 다양한 물건을 아름답게 장식하는 용도로도 쓸 수 있다는 것을 알게 되었어.

학생 3 : 얼마 전 전통 매듭 전시회를 다녀왔었어. 그때 본 노리개에 둥근 모양의 매듭이 달려 있었는데, 가지방석매듭과는 다른 모양이었어. 무슨 매듭이었는지 궁금해.

---

① '학생 1'은 발표 내용에 제시된 정보를 사실과 의견으로 구분하고 있다.

② '학생 2'는 자료의 정확성을 판단하며 발표 내용을 비판적으로 수용하고 있다.

③ '학생 3'은 발표에서 누락된 부분이 있다는 점을 지적하고 있다.

④ '학생 1'과 '학생 2'는 모두 발표에서 직접적으로 언급하지 않은 내용을 추론하고 있다.

⑤ '학생 2'와 '학생 3'은 모두 발표 내용과 관련 있는 자신의 경험을 떠올리고 있다.

[4~7] (가)는 동아리 학생들이 나눈 대화의 일부이고, (나)는 이를 참고하여 '학생 2'가 구청 누리집에 올린 글이다. 물음에 답하시오.

(가)

학생 1 지난번 논의에서 올해도 학교 축제 때 동아리 행사로 우리가 창작한 동화를 각색하여 소강당에서 공연하기로 했잖아. 오늘은 우리 동아리 행사에 마을 주민의 참여를 높일 수 있는 방법을 이야기해 보자.

[A]
학생 2 지난해 축제 만족도 조사에서 마을 주민의 참여도와 만족도가 높았던 프로그램을 보면 주로 어린이가 직접 체험할 수 있는 활동이었어. 우리도 이번 동아리 행사에 그런 체험 활동을 추가하면 어떨까?

학생 3 좋은 생각이야. 그런데 무엇을 하면 좋을까?

학생 2 이번 공연인 '아기 나무의 꿈'은 나무가 자라면서 바라본 우리 마을에 대한 이야기잖아. 공연을 관람한 어린이들이 나무를 소재로 그림을 그리는 건 어때?

학생 3 그러자. 그런데 소강당에는 책상이 없잖아. 어린이들이 그림을 그리기가 불편할 것 같으니 장소를 바꿨으면 좋겠어.

학생 2 공연 장소를 공용 교실로 옮기는 것은 어떨까? 거기는 공간이 넓어서 무대 설치가 가능하고, 책상과 의자가 있어서 그림을 그리기에 편할 것 같아.

학생 3 그거 괜찮겠다.

학생 1 그러면 이번 우리 동아리 행사에서는 연극 공연과 그림 그리기 체험 활동을 하기로 하고, 장소는 공용 교실로 변경하는 것으로 하자. 그런데 홍보는 어떻게 하지?

[B]
학생 3 작년에 우리 학교 누리집에만 홍보했더니 우리가 예상했던 것보다 주민들의 참여가 저조했어. 그래서 이번에는 구청 누리집의 '△△구 알리미'에도 우리 행사를 홍보했으면 좋겠어.

학생 1 맞아. 요즘에는 마을 주민이 참여하는 학교 행사가 많아서 그런지 구청 누리집에 학교 행사를 많이 홍보하더라고.

학생 2 좋은 생각이야. 홍보 글은 내가 써 볼게. 글에 작품명, 공연 일시, 장소와 같은 공연 정보가 포함되어야겠지? 그리고 마을 주민의 관심을 끌 수 있는 내용도 넣으면 좋겠어.

학생 3 그러면 우리 동아리가 했던 활동 중 우리 마을과 관련된 활동을 소개하자.

학생 1 그래. 그리고 마을과 관련된 활동을 소개하면서 이번 공연 내용도 함께 소개해 줬으면 좋겠어.

학생 3 동아리 행사 신청 방법도 안내해야겠지?

학생 2 응, 알았어. 신청 방법도 함께 정리해 볼게.

학생 3 그래. 그리고 이번에 추가된 체험 활동과 어린이들에게 줄 책 선물에 대한 안내도 부탁해.

학생 2 그렇게 할게. 다음 모임까지 초고를 작성해 볼게.

→ 해설편 **155쪽**

학생 1 다음에는 함께 글을 검토하기로 하고, 오늘은 여기까지 하자.

(나)

안녕하세요? □□고등학교 동화 창작 동아리 '꿈그리기'에서 연극 '아기 나무의 꿈'을 무대에 올립니다. 공연 일시는 10월 12일(목) 오전 11시이고, 장소는 학교 공용 교실입니다.

저희 동아리는 마을에 대한 관심을 높이기 위해 우리 마을을 소재로 동화를 창작하고, 마을 어린이들을 대상으로 매년 공연을 해 왔습니다. 이번 공연은 저희 동아리 학생들이 창작한 동화 '아기 나무의 꿈'을 각색한 것으로, 우리 마을의 보호수인 느티나무가 400년 전 처음 뿌리를 내리고 지금까지 살면서 바라본 우리 마을의 이야기입니다.

공연이 끝난 후에는 어린이들이 그림을 그리면서 자유롭게 상상의 나래를 펼칠 수 있도록 '나무'를 소재로 그림을 그리는 시간을 마련했습니다. 또한 공연을 관람한 모든 어린이에게 저희 동아리에서 발간한 동화책 '아기 나무의 꿈'을 선물로 드립니다.

참가 신청 기간은 9월 11일(월)부터 9월 30일(토)까지이며, 신청은 온라인(http://○○.hs.kr/)으로만 가능합니다. 신청서 작성 시 관람을 희망하는 어린이와 보호자의 정보를 기입해 주시기 바랍니다.

저희 동아리에서는 우리 마을에 대한 애정을 듬뿍 담아 이번 행사를 준비했습니다. 이 행사는 어린이들이 자신이 살고 있는 마을에 대한 관심을 가지게 되는 계기가 될 것입니다. 주민 여러분의 많은 참여를 부탁드립니다. 감사합니다.

---

4. '학생 1'에 대한 설명으로 적절하지 <u>않은</u> 것은?

① 지난 논의에서 결정된 사항을 환기하며 화제를 제시하고 있다.

② 대화의 내용을 정리하며 자신의 이해가 맞는지 질문하고 있다.

③ 자신이 아는 내용을 바탕으로 대화 참가자의 의견에 동의하고 있다.

④ 대화 참가자의 의견을 듣고 그 의견에 덧붙일 내용을 언급하고 있다.

⑤ 다음 모임에서 논의할 내용을 제시하며 대화를 마무리하고 있다.

5. [A], [B]에 대한 이해로 적절하지 <u>않은</u> 것은? [3점]

① [A]에서 '학생 2'는 만족도 조사 결과를 언급하며 어린이 대상 체험 활동을 진행할 것을 제안하고 있다.

② [A]에서 '학생 3'은 체험 활동을 하기에 불편하다는 점을 언급하며 공연 장소의 변경을 제안하고 있다.

③ [A]에서 '학생 2'는 공간적 특성을 근거로 들어 공용 교실 활용을 문제 해결 방안으로 제시하고 있다.

④ [B]에서 '학생 3'은 기존 홍보 방식의 문제를 지적하며 학교 누리집 대신 '△△구 알리미'를 활용하는 방안을 제시하고 있다.

⑤ [B]에서 '학생 2'는 홍보하는 글에 들어갈 공연 정보를 나열하고, 마을 주민의 관심을 높일 수 있는 내용을 추가할 것을 제안하고 있다.

6. '학생 2'가 (가)를 바탕으로 (나)를 작성했다고 할 때, (나)에 반영된 내용으로 적절하지 <u>않은</u> 것은?

① 어린이들에게 줄 선물에 대해 안내하기로 한 논의 내용을 반영하여 우리 동아리에서 발간한 창작 동화 '아기 나무의 꿈'을 선물한다는 점을 알려 준다.

② 이번 공연 내용을 소개하기로 한 논의 내용을 반영하여 공연 내용이 마을의 보호수인 느티나무와 그 나무가 바라본 우리 마을의 이야기임을 설명한다.

③ 이번에 추가된 체험 활동에 대해 안내하기로 한 논의 내용을 반영하여 그림 그리기 체험 활동으로 인해 공연 대상이 마을 어린이들로 정해졌다는 점을 알려 준다.

④ 동아리 행사 신청 방법을 안내하기로 한 논의 내용을 반영하여 신청 기간과 온라인 주소를 알려 주고, 어린이와 보호자의 정보를 신청서에 기입해야 함을 알려 준다.

⑤ 우리 동아리가 했던 활동 중 마을과 관련된 활동을 알려 주기로 한 논의 내용을 반영하여 그동안 마을을 소재로 동화를 창작하고, 매년 공연을 해 왔다는 점을 소개한다.

7. 〈보기〉는 (나)의 마지막 문단의 초고이다. 〈보기〉를 고쳐 쓰기 위해 친구들이 조언한 내용으로 가장 적절한 것은?

─────── < 보 기 > ───────

저희 동아리에서는 우리 마을에 대한 애정을 듬뿍 담아 이번 행사를 준비했습니다. 다른 동아리에서도 마을 주민이 참여할 수 있는 다양한 행사를 준비했다고 합니다. 주민 여러분의 많은 참여를 부탁드립니다. 감사합니다.

① 다른 동아리 관련 내용은 삭제하고, 행사의 의의를 추가하는 건 어때?

② 다른 동아리 관련 내용은 삭제하고, 행사의 일정을 추가하는 건 어때?

③ 다른 동아리 관련 내용은 삭제하고, 행사 참여에 대한 당부의 말을 추가하는 건 어때?

④ 우리 동아리의 행사 준비 내용은 삭제하고, 행사의 의의를 추가하는 건 어때?

⑤ 우리 동아리의 행사 준비 내용은 삭제하고, 행사 참여에 대한 당부의 말을 추가하는 건 어때?

[8~10] 다음은 교지에 싣기 위해 학생이 작성한 초고이다. 물음에 답하시오.

우리가 사 먹는 과일과 채소는 품목별로 등급 규격의 항목 기준에 따라 특, 상, 보통으로 분류된다. 이러한 농산물 등급 규격은 농산물의 상품성 향상과 유통 효율을 위하여 도입되었다. 그런데 등급 규격의 항목이 주로 크기, 모양 등 농산물의 외관과 관련되어 있어, 맛이나 영양에는 별다른 문제가 없는 농산물이 등급 외로 분류되는 경우가 생겨난다. 이러한 '등급 외 농산물'은 우리에게 '못난이 농산물'이라는 이름으로 잘 알려져 있다.

등급 외로 분류된 농산물은 일반적인 유통 과정에 따라 거래되지 못한다. 잼, 주스 등으로 가공이 가능한 품목의 경우에는 헐값에라도 거래되지만, 가공이 어려운 품목들은 끝내 거래되지 못하고 폐기되고 만다. 등급 외 농산물은 맛과 영양, 가격 면에서 볼 때 소비 시장에서 충분히 경쟁력이 있음에도 유통 과정에서 소외되어 버려지고 있는 것이다.

등급 외 농산물이 판매되지 못할 경우 농산물 생산에 사용된 물, 비료, 노동력 등의 자원은 낭비가 되고, 폐기 과정에서도 비용이 들어 농가에 경제적 손해가 발생한다. 또한 등급 외 농산물은 환경 문제도 야기한다. 매립된 폐기 농산물은 썩는 과정에서 지구 온난화를 일으키는 메탄을 발생시키는데, 소비가 가능한 등급 외 농산물까지 불필요하게 폐기되어 이러한 환경 문제를 더욱 악화시키고 있다.

등급 외 농산물로 인한 문제를 해결하기 위해서는 등급 외 농산물 구매 활성화 방안을 마련하여 적극적인 소비가 이루어질 수 있도록 해야 한다. 등급 외 농산물을 소비하는 것은 환경에도 긍정적 영향을 끼치고, 농가와 소비자 모두에게 도움을 줄 수 있다.
[A]

8. 다음은 초고를 작성하기 전에 학생이 떠올린 생각이다. ㉠~㉤ 중, 학생의 초고에 반영되지 <u>않은</u> 것은?

○ 등급 외 농산물의 가공 가능 여부에 따른 처리 방식의 차이를 제시해야겠어. ·············· ㉠

○ 등급 외 농산물의 구매 활성화 방안을 실천하는 데 따르는 문제점을 제시해야겠어. ·············· ㉡

○ 농산물 등급 규격 항목과 관련지어 등급 외 농산물이 발생하는 이유를 제시해야겠어. ·············· ㉢

○ 등급 외 농산물 폐기로 인한 문제를 경제적 손해와 환경 문제의 측면에서 제시해야겠어. ·············· ㉣

○ 예상 독자의 이해를 도울 수 있도록 등급 외 농산물을 일컫는 다른 명칭을 제시해야겠어. ·············· ㉤

① ㉠   ② ㉡   ③ ㉢   ④ ㉣   ⑤ ㉤

→ 해설편 **156**쪽

9. 〈보기〉는 초고를 보완하기 위해 추가로 수집한 자료이다. 자료 활용 방안으로 적절하지 <u>않은</u> 것은? [3점]

---〈 보 기 〉---

ㄱ. '등급 외 농산물' 구매 관련 소비자 설문 조사

ㄱ-1. 구매 의사

구매 경험이 있는 사람		구매 경험이 없는 사람	
재구매 의사 있음	95.5%	구매 의사 있음	65.3%
재구매 의사 없음	0.9%	구매 의사 없음	32.6%
기타	3.6%	기타	2.1%

ㄱ-2. 구매 활성화 방안

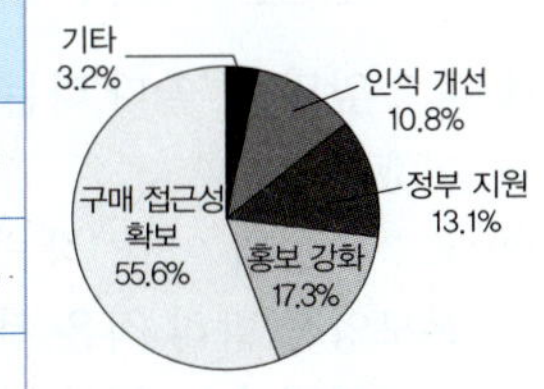

ㄴ. 신문 기사

　애호박이 등급 규격의 항목 기준에 따라 특 등급을 받으려면 처음과 끝의 굵기가 비슷하고 구부러진 것이 없어야 한다. 그래서 어린 애호박에 비닐을 씌워 상품성을 높인다. 맛과 무관하게 모양을 위해 매년 수억 개가 사용되는 이 비닐은 대부분 복합 플라스틱으로, 사실상 재활용이 불가능하여 환경 면에서 문제가 되고 있다.

ㄷ. 전문가 인터뷰

　"한 해 동안 등급 외로 판정되어 버려지는 농산물의 생산액은 약 3조 2천억 원이나 되는데, 그 과정에서 발생하는 손해를 고스란히 농민들이 부담합니다. 소비자들이 등급 외 농산물을 주변에서 쉽게 구매할 수 있다면 아깝게 버려지는 농산물이 줄어들 것입니다."

① ㄱ-1을 활용하여, 등급 외 농산물 구매에 대해 소비자들이 긍정적으로 인식하고 있다는 내용을 등급 외 농산물이 경쟁력이 있다는 내용의 근거 자료로 2문단에 제시한다.

② ㄴ을 활용하여, 등급 외 농산물과 관련하여 발생하는 환경 문제가 폐기 과정뿐만 아니라 생산 과정에서도 일어날 수 있다는 내용을 3문단에 추가한다.

③ ㄷ을 활용하여, 한 해 동안 버려지는 등급 외 농산물의 생산액을 등급 외 농산물로 인한 농가의 경제적 손해가 크다는 내용을 뒷받침하는 구체적인 수치 자료로 3문단에 제시한다.

④ ㄱ-1과 ㄴ을 활용하여, 등급 외 농산물로 인한 농가의 손해를 줄이기 위한 노력이 등급 외 농산물에 대한 소비자들의 구매 의사로 이어지고 있다는 내용을 4문단에 추가한다.

⑤ ㄱ-2와 ㄷ을 활용하여, 등급 외 농산물 구매 접근성을 확보하는 것이 필요하다는 내용을 등급 외 농산물 구매 활성화 방안의 구체적 내용으로 4문단에 제시한다.

10. 다음은 초고를 읽은 교지 편집부 학생의 조언이다. 이를 반영하여 [A]를 작성한다고 할 때, 가장 적절한 것은?

> "등급 외 농산물 소비가 농가와 소비자에게 도움이 되는 이유를 각각의 측면에서 밝히고, 등급 외 농산물 소비를 권유하는 내용으로 마무리하는 것이 좋겠어."

① 등급 외 농산물은 가격이 저렴하면서도 맛과 영양 면에서 인정받고 있기 때문이다. 이제 등급 외 농산물이 갖는 가치를 인정하고 소비하려는 태도를 갖자.

② 등급 외 농산물 폐기로 인해 발생하는 손해가 농민들에게 돌아가기 때문이다. 이제 농가 소득 증대에 기여할 수 있도록 등급 외 농산물의 가공 활용 방법에 대해 고민해야 할 때이다.

③ 등급 외 농산물 소비를 통해 환경 문제를 해결하는 데 소비자가 기여할 수 있기 때문이다. 이제 등급 외 농산물 소비를 통해 환경 문제를 개선하는 데 동참하는 자세를 가져 보자.

④ 농가는 등급 외 농산물로 인한 경제적 손해를 줄일 수 있고 소비자는 농산물을 저렴하게 구입할 수 있기 때문이다. 이제 농가와 소비자 모두를 위해 등급 외 농산물 소비에 동참해 보자.

⑤ 소비자는 맛과 영양을 갖춘 등급 외 농산물을 쉽게 구할 수 있고, 농가는 등급 외 농산물의 생산을 줄일 수 있기 때문이다. 이제 등급 외 농산물의 판매 경로를 다양화할 필요가 있다.

[11~12] 다음 글을 읽고 물음에 답하시오.

말을 글자로 적을 때 사람마다 다르게 적는다면 그 뜻을 제대로 파악하지 못할 수 있다. 이런 혼란을 피하고 효율적으로 의사소통하기 위해 제정한 것이 '한글 맞춤법'이다. 한글 맞춤법 총칙 제1항은 '한글 맞춤법은 표준어를 소리대로 적되, 어법에 맞도록 함을 원칙으로 한다.'이다. 소리대로 적는다는 것은 발음 그대로 적는다는 것이다. 그런데 소리대로 적는다는 원칙이 적용되기 어려운 경우가 있어 어법에 맞도록 한다는 또 하나의 원칙이 붙었다. 예를 들어 체언과 조사가 결합한 '잎이', '잎만'을 발음대로 적으면 '이피', '임만'인데, 사람들이 다르게 적힌 형태를 보고 그 의미를 파악하기 위해 '잎'이라는 본래 형태를 떠올려야 하는 어려움이 생긴다. 따라서 형태를 '잎'으로 고정하여 적을 필요가 있는 것이다. 그리고 '먹어', '먹는'처럼 용언의 어간과 어미도 구별하여 적는다. 즉 어법에 맞도록 적는다는 것은 형태소의 본모양을 밝혀 적는 것을 말한다. 그런데 어근과 접미사, 용언과 용언이 결합하여 하나의 단어로 쓰일 때는 형태소의 본모양을 밝혀 적기도 하고 소리대로 적기도 한다.

(ㄱ) 그는 <u>웃음</u>을 지으며 <u>마감</u> 시간을 확인했다.
(ㄴ) 방에 <u>들어간</u> 그는 <u>사라진</u> 의자를 발견했다.

(ㄱ)에서 '웃음(웃- + -음)'은 접미사 '-음/-ㅁ'이 비교적 여러 어근에 결합하고 결합한 후에도 어근의 본래 뜻이 유지되므로 형태소의 본모양을 밝혀 적었다. 이와 달리 '마감(막- + -암)'은 접미사 '-암'이 일부 어근에만 결합하기 때문에 소리대로 적었다. (ㄴ)에서 '들어간'은 앞말인 '들어'에 '들다'의 뜻이 유지되고 있어 형태소의 본모양을 밝혀 적었지만, '사라진'은 앞말이 본뜻에서 멀어져 그 의미가 유지되지 않아 소리대로 적었다.

[A] 한편, 의미를 정확하게 전달하기 위해서는 띄어쓰기를 바르게 하는 것도 중요하다. 예를 들어 '지'는 어미 '-(으)ㄴ지, -(으)ㄹ지'의 일부일 때는 띄어 쓰지 않지만, 시간의 경과를 나타낼 때는 앞말과 띄어 쓴다. 또한 어떤 일을 시험 삼아 시도함을 나타내거나 어떤 행동이나 상태를 강조하는 뜻을 나타낼 때는 '한번'이라고 쓰지만, '번'이 일의 횟수를 나타낼 때는 '한 번', '두 번'처럼 띄어 쓴다.

11. 〈보기〉의 ⓐ~ⓔ를 이해한 내용으로 적절하지 <u>않은</u> 것은?

< 보 기 >

○ 풀이 ⓐ <u>쓰러진</u> 사이로 ⓑ <u>작은</u> 꽃이 ⓒ <u>마중</u>을 나왔다.
○ ⓓ <u>끝이</u> 보이지 않았지만 나는 그 ⓔ <u>믿음</u>을 잃지 않았다.

① ⓐ : 앞말이 '쓸다'라는 본뜻에서 멀어져서 소리대로 적은 것이겠군.
② ⓑ : 용언의 어간 '작-'과 어미 '-은'이 구별되도록 형태소의 본모양을 밝혀 적은 것이겠군.
③ ⓒ : 접미사 '-웅'이 여러 어근에 널리 결합하지 못하고 일부 어근에만 결합해서 소리대로 적은 것이겠군.
④ ⓓ : '끝'이라는 체언의 의미가 쉽게 파악되도록 형태소의 본모양을 밝혀 적은 것이겠군.
⑤ ⓔ : 어근에 접미사 '-음'이 결합한 후에 어근의 본래 뜻이 유지되지 않아서 형태소의 본모양을 밝혀 적은 것이겠군.

12. [A]를 참고할 때, 밑줄 친 부분의 띄어쓰기가 적절하지 <u>않은</u> 것은?

① 동네 인심 <u>한번</u> 고약하구나.
② 그를 <u>만난 지</u>도 꽤 오래되었다.
③ 무엇부터 해야 <u>할 지</u>를 모르겠다.
④ 견우와 직녀는 일 년에 <u>한 번</u> 만난다.
⑤ 얼마나 <u>부지런한지</u> 세 명 몫의 일을 해낸다.

→ 해설편 157쪽

13. 다음은 수업 장면의 일부이다. ⓐ와 ⓑ에 들어갈 말로 적절한 것은? [3점]

선생님 음운의 변동에는 어떤 음운이 다른 음운으로 바 뀌는 교체, 두 음운이 합쳐져 하나가 되는 축약, 원래 있던 한 음운이 없어지는 탈락, 없던 음운이 추가되는 첨가의 유형이 있습니다. 이러한 음운 의 변동은 한 단어에서 두 가지 이상이 함께 나타 나기도 합니다. 또한 음운의 변동 결과가 표기에 반영되기도 하고, 음운의 변동 후에 음운의 개수 가 달라지기도 합니다. 그러면 다음 자료에 나타 난 음운의 변동을 탐구해 봅시다.

> 국밥[국빱],
> 굳히다[구치다], 급행열차[그팽녈차]

위 자료를 '국밥', 그리고 '굳히다, 급행열차'로 나눈다면, 그 기준은 무엇일까요?

학생 (ⓐ   )를 기준으로 나누었습니다.

선생님 맞습니다. 그럼, '굳히다'와 '급행열차'에 공통으 로 나타나는 음운의 변동은 무엇일까요?

학생 (ⓑ   )입니다.

선생님 네, 맞습니다.

	ⓐ	ⓑ
①	음운의 변동이 두 가지 이상 일어났는지	축약
②	음운의 변동이 두 가지 이상 일어났는지	교체
③	음운의 변동 결과 음운의 개수가 줄었는지	탈락
④	음운의 변동 결과 음운의 개수가 줄었는지	교체
⑤	음운의 변동 결과가 표기에 반영되었는지	축약

14. 〈학습 활동〉을 수행한 결과로 적절하지 <u>않은</u> 것은?

> ── 〈학습 활동〉 ──
>
> 시제는 말하는 때인 발화시를 기준으로 동작이나 상태가 일어난 때인 사건시와의 선후 관계를 따져 과거 시제, 현재 시제, 미래 시제로 나뉘며, 선어말 어미나 관형사형 어미, 부사어 등을 통해 실현된다. 다음 자료를 분석해 보자.
>
> ㄱ. 창밖에는 눈이 내린다.
> ㄴ. 곧 강연을 시작하겠습니다.
> ㄷ. 이것은 그가 내일 입을 옷이다.
> ㄹ. 내가 만든 빵을 형이 맛있게 먹더라.

① ㄱ은 사건시와 발화시가 일치한다.
② ㄴ은 사건시가 발화시보다 앞선다.
③ ㄴ과 ㄷ 모두 부사어를 활용한 시간 표현이 나타난다.
④ ㄷ과 ㄹ 모두 관형사형 어미를 활용한 시간 표현이 나타난 다.
⑤ ㄱ, ㄴ, ㄹ 모두 선어말 어미를 활용한 시간 표현이 나타난 다.

15. 다음은 '사전 활용하기' 학습 활동을 위한 자료이다. 이에 대한 이해로 적절하지 <u>않은</u> 것은?

바르다¹ 동

【…을 …에】【…을 …으로】

① 풀칠한 종이나 헝겊 따위를 다른 물건의 표면에 고루 붙이다.

　¶ 아이들 방을 예쁜 벽지로 발랐다.

② 차지게 이긴 흙 따위를 다른 물체의 표면에 고르게 덧붙이다.

　¶ 흙을 벽에 바르다.

바르다² 형

① 겉으로 보기에 비뚤어지거나 굽은 데가 없다.

　¶ 길이 바르다.

② 말이나 행동 따위가 사회적인 규범이나 사리에 어긋나지 아니하고 들어맞다.

　¶ 그는 인사성이 바른 사람이다.

---

① '바르다¹'과 '바르다²'는 사전에 각각 다른 표제어로 등재되는 동음이의어이다.

② '바르다¹'과 '바르다²'는 모두 여러 가지 의미가 있는 다의어이다.

③ '바르다¹'은 '바르다²'와 달리 주어 이외의 다른 문장 성분을 필요로 한다.

④ '바르다¹'은 동작이나 작용을 나타내는 말이고, '바르다²'는 성질이나 상태를 나타내는 말이다.

⑤ '바르다² ①'의 예로 '마음가짐이 바르다.'를 추가할 수 있다.

[16~20] 다음 글을 읽고 물음에 답하시오.

(가)

구렁에 서 있는 나무 우뚝하기도 하구나
풍상(風霜)을 실컷 겪고 **독야청청(獨也靑靑)**하구나
저근덧 베지 말고 두면 **동량재(棟梁材)*** 되겠구나
〈제1수(소나무[松])〉

꼬리치고 휘파람 불며 기염(氣焰)*도 황홀하구나
이 뫼에 들어온 지 몇 해나 되었나니
진실로 네 잠깐 떠나면 **호리종횡(狐狸縱橫)***하겠구나
〈제11수(호랑이[虎])〉

㉠ 오리마 적표마*들이 관단 노태*와 같겠느냐
바람에 슬피 울며 네 굽을 허위치니
아무리 **천리지(千里志)*** 있은들 알 이 없어 서러워라
〈제15수(말[馬])〉

– 권섭, 「십육영(十六詠)」 –

---

* 동량재 : 기둥과 들보로 쓸 만한 재목. 한 집안이나 나라를 떠받치는 중대한 일을 맡을 만한 인재를 이르기도 함.

* 기염 : 불꽃처럼 대단한 기세.

* 호리종횡 : 여우와 살쾡이가 이리저리 날뜀. 여우와 살쾡이는 도량이 좁고 간사한 사람을 비유적으로 이르는 말이기도 함.

* 오리마, 적표마 : 오리마는 온몸의 털이 검은 말, 적표마는 붉은색을 가진 명마.

* 관단 노태 : 관단과 노태로 모두 걸음이 느린 말을 의미함.

* 천리지 : 천리를 달리고자 하는 뜻.

(나)

북방 이십여 주에 경성이 문호인데
군사 백성 다스리기를 나에게 맡기시니
망극한 임금의 은혜 갚을 길이 어렵구나
㉡ <u>서생의 일은 글쓰기인가 여겼더니</u>
<u>늙은이의 변방 부임 진실로 뜻밖이로다</u>
임금께 절하고 칼을 짚고 돌아서니
만 리 밖 국경에 내 한 몸 다 잊었다
홍인문 내달아 녹양평에 말 갈아타고
은하수 옛길을 다시 지나간단 말이냐

[A]
┌　회양 옛 사실* 소문만 들었더니
│　대궐을 홀로 떠나는 적객*은 무슨 죄인가
│　높고 험한 철령을 험하단 말 전혀 마오
└　세상살이에 비하면 평지인가 여기노라

눈물을 거두고 두어 걸음 돌아서니
서울이 어디요 대궐이 가렸도다
안변 북쪽은 저쯤에 오랑캐 땅인데
오랑캐를 정벌하여 천 리 밖 몰아내니
윤관 김종서의 큰 공적 초목이 다 알도다
용흥강 건너와 정평부 잠깐 지나
만세교 앞에 두고 낙민루에 올라앉아

옥저*의 산하 하나하나 돌아보니
천년의 풍패*에 상서로운 기운 어제인 듯하구나
함관령 저문 날에 말은 어찌 병들었는가
ⓒ 모래바람 자욱한데 갈 길이 멀었구나
홍원 옛 고을의 천관도를 바라보고
대문령 넘어서 청해진에 들어오니
함경도의 요해지요 남북의 요충지라
충신과 정예 병사 무기를 늘어놓고
강한 활과 쇠뇌로 요충지를 지키는 듯
태평세월 백 년 동안 전쟁을 잊으니
철통같은 방어를 일러 무엇하리오

                    – 조우인, 「출새곡(出塞曲)」 –

* 회양 옛 사실 : 중국 한나라 무제(武帝) 때 급장유(汲長孺)가 회양 태수로
  선정을 베풀었던 일.
* 적객 : 귀양살이를 하는 사람. 여기서는 임금 곁을 떠나 경성 판관으로 부
  임하는 자신의 신세를 말함.
* 옥저 : 함경도 함흥 일대에 위치했던 고대 국가.
* 풍패 : 천 년 전 한나라를 건국한 유방의 고향에 빗대어 조선을 건국한 이
  성계의 고향인 함흥을 가리킴.

(다)

  태안사 가는 길에 물이, 보성강 물이 있습니다. 그 물길이 끝
나는 지점이 태안사 들어가는 입구지요. 아닙니다, 물길은 끝나
지 않고 다만 태안사 들어가는 입구가 그 물길의 중간에나 있을
따름이지요. ⓓ 물길이 끝났다고 슬퍼할 필요는 없습니다, 곧이
어 숲이, 숲길이 시작될 테니까요.

      여름 숲도 좋지만 겨울 숲은 또 나름대로 외로워서 좋습니
      다. 높아서 좋습니다. 야위어서 좋습니다. 여름 숲의 무성함,
      풍성함, 윤택함에 한동안 외로움을 잊고 살았습니다. 외롭지
[B] 않을 때는 외롭지 않아서 좋았고 외로울 때는 또 외로워서 좋
      았습니다. 올해는 유난히 눈이 안 내리는 겨울입니다. 높고
      푸른 하늘이 외로운 나무 끝에 펼쳐져 있습니다.

                  (중략)

  거기에서 그 노인을 보았습니다. 노인은 절 부엌에서 나오는
음식을 고양이에게 먹이고 있었습니다. 내가 빙긋 웃자 노인의
얼굴이 한순간 붉어졌습니다. 노인은 소년의 얼굴을 가졌더군
요. 아닙니다. 아기의 얼굴이었습니다. 절 사람들이 다 싫어하는
도둑고양이를 아기 얼굴을 가진 태안사 불목하니* 그 노인이 혼
자 숨어서 돌보고 있었습니다. 사람들이 많이 모여 있으면 다람
쥐처럼 어딘가로 숨어 버리는 그를 보러 나는 태안사에 가곤 합
니다. 고양이, 해탈이는 잘 크고 있는지도 궁금하고요. 절 사람
들은 노인을 이 처사라고 불렀습니다. 내가 그를 보면 바짝 반가
워하는데도 그는 반가운 내색을 할 줄 모릅니다. 내가 그와 헤어
지는 게 못내 섭섭해 작별 인사가 길어지는데도 그는 그저 가라
고 손짓 한번 해 주고 그만입니다. 그것이 처음에는 굉장히 서운
했는데 이제 그조차 익숙해졌습니다.

  태안사 가는 길은 참 좋습니다. 물이 있고 곧이어 숲이 있고
해탈이가 있고 다람쥐보다 더 빠르게 달릴 줄 아는 그가 있기 때
문입니다. 나는 그와 어떤 특별한 말을 주고받은 적도 없습니다.
그래도 그는 나에게 커다란 위로가 됩니다. 그는 내 속의 부처가
되었습니다. 그는 아마 그것도 모를 테지요. 자신이 누군가의 마
음속에 들어가 커다란 위로가 되고 부처가 되었다는 사실을. 나
는 또한 누군가의 가슴속에 들어가 위로가 되고 부처가 될 수는
없을까요. 좀 더 가난해지고 좀 더 외로워지면 그럴 수 있을는지
요. 하기사 태안사의 그는 가난과 외로움조차도 스스로 느끼지
않는 그저 '그'일 따름이었습니다. ⓔ 가난과 외로움조차도 때로
는 거추장스런 장신구일 수도 있겠습니다.

                – 공선옥, 「태안사 가는 길에서」 –

* 불목하니 : 절에서 밥을 짓고 물을 긷는 일을 맡아서 하는 사람.

16. (가)~(다)에 대한 설명으로 가장 적절한 것은?

① (가)와 (나)는 모두 영탄적 어조를 통해 화자의 정서를 강조
  하고 있다.
② (가)와 (다)는 모두 시간적 표현을 활용하여 대상에 대한 인
  식 변화를 제시하고 있다.
③ (나)와 (다)는 모두 계절적 배경을 제시하여 분위기를 환기하
  고 있다.
④ (가)~(다)는 모두 불가능한 상황을 설정하여 주제 의식을 드
  러내고 있다.
⑤ (가)~(다)는 모두 반어적 표현을 사용하여 대상이 지닌 의미
  를 부각하고 있다.

17. [A]와 [B]에 대한 설명으로 가장 적절한 것은?

① [A]와 [B]에는 모두 자연의 섭리에 담긴 가치가 나타난다.
② [A]와 [B]에는 모두 변화하는 자연에서 얻는 즐거움이 나타
  난다.
③ [A]에는 이상적 세계를 동경하는 삶이, [B]에는 자연에 동화
  되는 삶이 나타난다.
④ [A]에는 자연을 보며 떠올린 삶의 고단함이, [B]에는 자연에
  서 느끼는 만족감이 나타난다.
⑤ [A]에는 자연물에서 연상된 대상에 대한 경외감이, [B]에는
  자연을 거닐며 느끼는 쓸쓸함이 나타난다.

18. 〈보기〉를 참고하여 (가)를 감상한 내용으로 적절하지 <u>않은</u> 것은?

<보 기>

　권섭의 「십육영(十六詠)」은 열여섯 개의 중심 소재를 통해 현실에 대한 인식을 드러낸 작품이다. (가)의 각 수의 초장과 중장에는 소재로 쓰인 대상의 특성이나 상징적 의미가 강조되어 있고, 종장에는 부조리한 현실에 대한 부정적인 시각이 표출되어 있다.

① 〈제1수〉에서 '풍상'을 이겨 낸 소나무를 '독야청청'한 모습으로 그리며 소나무의 지조 있는 모습을 드러내고 있군.
② 〈제1수〉에서 '베지' 않으면 '동량재'가 될 수 있다고 한 것은 인재가 되기 위해서 시련을 겪어야만 하는 현실에 대한 한탄을 드러낸 것이군.
③ 〈제11수〉에서 호랑이의 기세를 '황홀'하다고 표현하며 호랑이의 위엄 있는 모습을 그리고 있군.
④ 〈제11수〉에서 호랑이가 사라지면 '호리종횡'할 것이라고 한 것은 소인배들이 힘을 얻게 될 수도 있는 현실에 대한 우려를 표현한 것이군.
⑤ 〈제15수〉에서 '천리지'를 알아주는 이가 없다고 한 것은 인재가 뜻을 펼칠 수 없는 안타까운 현실을 드러낸 것이군.

19. 〈보기〉를 바탕으로 (나), (다)를 이해한 내용으로 적절하지 <u>않은</u> 것은? [3점]

<보 기>

　문학 작품에는 여정 가운데 만나게 되는 상황과 그에 따른 감회, 그 여정이 자신의 삶에 끼친 영향 등이 드러나기도 한다. (나)에는 화자가 부임지인 경성으로 가는 도중에 보게 된 변방의 경치와 회포 등이 드러나며, (다)에는 글쓴이가 태안사를 다녀온 경험과 이를 통해 얻은 깨달음이 드러난다.

① (나) : 화자는 경성으로 떠나면서 관원의 임무를 맡게 된 것을 임금의 은혜로 여기고 있군.
② (나) : 화자는 낙민루에 올라 산하를 둘러보며 자연에서 느껴지는 기운에 감탄하고 있군.
③ (나) : 화자는 청해진에서 전쟁이 없어 오랑캐를 방어하는 일을 잊고 있는 병사들의 모습을 비판하고 있군.
④ (다) : 글쓴이는 태안사에서 고양이에게 먹이를 주는 노인의 모습을 따뜻한 시선으로 바라보고 있군.
⑤ (다) : 글쓴이는 태안사에서 만난 노인처럼 자신도 다른 사람들에게 위로가 되는 존재가 되고 싶어 하고 있군.

20. ㉠~㉤에 대한 설명으로 적절하지 <u>않은</u> 것은?

① ㉠ : 오리마와 적표마가 뛰어난 능력을 지닌 존재라는 화자의 인식을 드러내고 있다.
② ㉡ : 화자가 자신이 변방의 임무를 맡을 것이라고 예상하지 못했음을 드러내고 있다.
③ ㉢ : 모래바람으로 인해 부임지로 가는 길이 험난할 것이라는 걱정을 드러내고 있다.
④ ㉣ : 물길이 끝나더라도 숲길이 시작된다는 것을 긍정적으로 여기고 있음을 드러내고 있다.
⑤ ㉤ : 가난과 외로움을 느끼며 살아가야 했던 노인의 삶에 대한 연민을 드러내고 있다.

→ 해설편 **162쪽**

[21~26] 다음 글을 읽고 물음에 답하시오.

(가)

‘세계’는 그것을 대면한 각 인식 주체들에 의해 다양하게 드러난다. 가장 일차적이고 일반적인 세계는 우리가 경험하는 현실 세계이며, 인식 주체들은 각자가 지닌 조건에 따라 현실 세계를 다양하게 인식한다. 한 예로, 각 인식 주체는 서로 다른 가시 및 가청 범위를 가지며, 이러한 신체적 지각의 차이에 따라 그들이 경험하는 세계에 대한 인식도 각기 달라진다. 또한 인식 주체는 일상 언어를 바탕으로 현실 세계를 인식한다. 예를 들어 연속된 시간을 시, 분으로 표현하는 것처럼 일상 언어는 연속된 세계를 분절하여 인식하게 만든다.

그런데 신체적 지각이나 일상 언어는 고정적이지 않다. 운동선수처럼 반복적 수련을 하거나 안경 등의 도구를 이용하면 인식 주체들이 지닌 조건은 ⓐ <u>달라질</u> 수 있으며, 새로 도입된 낯선 언어가 시간이 흐르면서 일상 언어로 자리 잡기도 한다.

인식 주체들에 의해 드러나는 각각의 세계는 세계 전체를 이루는 여러 얼굴이라 할 수 있다. 인식 주체들의 인식 조건은 다양하므로 각각의 인식틀에 따라 저마다의 얼굴, 즉 각각의 <u>존재면</u> 이 드러나게 된다. 그런 의미에서 회화 예술은 세계의 다양한 존재면을 드러내는 작업이다.

의식 수준이 성장함에 따라 인간은 점차 현실 세계의 현상 너머에 있는 형이상학적인 것을 갈망하게 되었다. 이런 경향은 현대회화에도 영향을 ⓑ <u>끼쳤으며</u>, 회화에서 현실 세계를 다루는 양상에도 변화가 나타났다. 현대회화의 존재적 특징은 과학과의 비교를 통해 분명해진다. 과학은 존재면이 비교적 일의적이며, 한 존재면을 수직으로 파고들어 그 면을 심층적으로 드러낸다. 예를 들어 생물학은 종, 개체, 기관, 세포, 유전자 등 무수한 면들을 드러내나, 이 면들은 넓게 보면 같은 면의 객관적 심층이다. 그러나 현대회화는 여러 존재면을 수평적으로 드러낸다. 예를 들어 입체주의나 표현주의 현대회화를 보면, 하나의 그림 위에 일상의 현실 세계와 상상에 의한 가능 세계가 혼재해 있음을 알 수 있다. 현실 세계의 실재를 있는 그대로 재현하고자 했던 ㉠ <u>전통회화</u>와 달리 ㉡ <u>현대회화</u>는 변형과 과장을 통해 실재와는 다른 방식으로 세계들을 조합해 나간 것이다. 이러한 현대회화의 추상성은 처음에는 혁신적이었으나 점차 보편적인 것이 되었다.

추상의 강도가 더해질수록 현대회화는 실재의 재현에서 더욱 ⓒ <u>멀어져</u>, 실재가 아닌 화가의 내면을 표현하는 것으로 인식되었다. 내면은 상상의 영역이기에, 전통회화와 달리 현대회화로는 현실 세계의 존재면을 드러내기 어렵다는 인식도 생겨났다. 그러나 현대회화의 추상성에 대해 실재는 배제한 채 내면만 표현한 것이라고 이분법적으로 이해하는 것은 적절하지 않다. 상상의 대부분은 현실의 경험에서 ⓓ <u>비롯되며</u>, 내면의 추상적 영역 또한 객관적 실재의 외면을 이질적으로 변형시켜 존재를 다양하게 드러내는, 세계의 무수한 존재면 중 하나이기 때문이다. 회화를 통해 접하는 다양한 가능 세계와의 만남은 우리를 현실 세계에 더 가까이 다가가게 해 준다.

(나)

회화는 캔버스 위에 물감으로 색과 형태를 드러낸 가시적 존재지만, 회화의 의미가 창작자의 주관이나 감상자의 주관에 따라 다양하게 형성된다는 점에서 비가시적 존재이기도 하다. 이렇듯 회화는 가시적이면서 동시에 비가시적인 독특한 존재 방식을 갖는다.

전통회화는 회화의 가시적 속성을 통해 객관적 세계의 외면을 사실적으로 재현하는 데 주목했다. 이에 반해 현대회화는 회화의 가시적 속성을 통해 화가의 비가시적 내면을 드러내는 데 치중한다. 현대회화는 화가들이 자신만의 관념적 세계를 가시화한 결과물로서, 회화 속에서 객관적 실재는 주관화된다. 현대회화의 화가들은 현실에서 목격하는 일상의 모습이 비대칭적이고 혼란스럽더라도 임의로 대칭을 만들거나 현실을 조작하는 등의 방법으로 비현실적 허구를 표현해 내고자 했다. 이렇게 예술을 통해 현실이 추상화되는 과정에서 예술은 객관적 현실로부터 점차 멀어져 가는 경향을 보였다.

이러한 ㉢ <u>예술과 현실의 분리</u>는 회화뿐 아니라 음악에서도 나타난다. 음악에 사용되는 음은 현실의 무한한 소리 중 극히 일부이며, 일상에서 들을 수 있는 일반적 소리와 달리 균질적이고 세련되며 인위적인 배열을 ⓔ <u>따른다</u>. 이렇게 음악도 일상 현실과 거리를 두며 그 정체성을 확보해 왔다.

그런데 이러한 예술의 흐름에 대항하여 새로운 시도를 하는 예술가들도 있었다. 화가이자 음악가였던 루솔로는 일상 현실의 기계 소리를 소음이 아닌 음악적 표현 대상으로 삼아, 소음 기계를 악기로 만들었다. 작곡가 바레즈는 분절된 몇 개의 음만을 표현할 수 있는 일반적 악기와 달리, 사이렌이 음과 음 사이의 분절되지 않은 무한한 음을 낼 수 있는 일상적 사물이라는 점에 주목하여 사이렌으로 음악을 표현했다. 또한 작곡가 셰페르는 사람의 소리, 기계 소리, 자연음 등을 ‘음향 오브제’로 활용하는 ‘구체 음악’을 창시하기도 하였다.

게르노트 뵈메는 예술의 영역을 일상적 삶으로 확장하려는 이러한 노력을 ‘확장된 미학’이라 일컬었다. 뵈메는 예술의 미적 경험이 일상적인 맥락에서 분리되어 예술가라는 특별한 존재에 의해 창조되는 특정한 미적 대상에만 국한된다고 보는 기존의 미학을 비판하며, 예술이 창작되고 수용되는 미적 경험이 일상적 현실로까지 확장되어야 한다고 보았다.

21. (가)와 (나)에 대한 설명으로 가장 적절한 것은?

① (가)는 인식 주체가 인식의 한계를 극복하는 과정을, (나)는 인식의 한계가 예술 이해에 미친 영향을 설명하고 있다.

② (가)는 현대회화의 추상성을 이분법적으로 이해해야 하는 이유를, (나)는 회화가 비가시적 내면을 드러내는 원리를 분석하고 있다.

③ (가)는 세계에 대한 인식을 바탕으로 회화 예술을 이해하는 관점을, (나)는 예술과 현실의 관계에 대한 상반된 인식을 제시하고 있다.

④ (가)는 인간의 의식 수준의 성장에 따른 현실 세계의 변화 양상을, (나)는 일상으로부터 분리되어 가는 예술의 흐름을 언급하고 있다.

⑤ (가)는 현대회화가 세계를 추상적으로 드러내는 방식을, (나)는 현실 세계에 의해 회화와 음악이 변화하게 되는 계기를 밝히고 있다.

22. (가)를 바탕으로 존재면 과 관련하여 추론한 내용으로 적절하지 <u>않은</u> 것은?

① 하나의 회화 작품을 함께 감상하더라도 각 감상자가 지닌 인식틀에 따라 서로 다른 존재면을 인식하게 될 수 있겠구나.

② 새로 개발된 기술을 지칭하는 용어가 일상 언어로서의 지위를 갖게 되면 그 언어로 지각되는 존재면도 달라질 수 있겠구나.

③ 형이상학적인 것에 대한 갈망으로 인해 회화에 나타난 현실 세계의 존재면이 추상적 방향으로 변하는 경향을 띠게 되었겠구나.

④ 개개의 과학 학문은 하나의 존재면이 서로 관련이 없는 여러 존재면들로 구성되어 있을 때 그 학문의 심층이 드러나게 되겠구나.

⑤ 입체주의 화가의 회화에서는 현실 세계의 존재면과 가능 세계의 존재면이 수평적으로 혼재해 있는 모습을 발견할 수 있겠구나.

23. (가)와 (나)를 바탕으로 ㉠과 ㉡을 비교하여 이해한 내용으로 가장 적절한 것은?

① ㉠과 ㉡은 모두 현실 세계의 존재면을 드러내기 어렵다는 한계를 갖는다.

② ㉠과 ㉡은 모두 현실 세계의 사실적 재현을 통해 화가의 내면 세계를 드러내는 데 치중했다.

③ ㉠은 ㉡과 달리 다양한 가능 세계와의 만남을 통해 현실 세계에 더 가까이 다가가게 해 준다.

④ ㉡은 ㉠과 달리 가시적 속성과 비가시적 속성을 동시에 가지는 독특한 존재 방식을 취한다.

⑤ ㉡은 ㉠과 달리 현실 세계의 객관적 외면을 의도적으로 변형시킴으로써 현실 세계의 얼굴을 다양하게 드러낸다.

24. (가), (나)와 관련지어 〈보기〉에 대해 보인 반응으로 적절하지 <u>않은</u> 것은? [3점]

─── 〈 보 기 〉 ───

최근 한 의과 대학에서 구스타프 클림트의 대표적 표현주의 작품인 『키스』에 대한 연구 결과를 발표했다. 연구진은 이 회화 속 남녀의 의상에 한 사람의 생명체가 완성되기까지의 순차적 세포분열 과정이 과장된 크기와 다양한 색으로 변형되어 그려져 있음에 주목했다. 그리고 이를 통해 클림트가 당시 현미경 기술의 비약적 발전에 따른 생물학적 탐구에 대한 성과를 토대로 삶과 죽음, 생명에 대한 자신의 깊은 관심을 드러냈다고 밝혔다.

① (가) : 생명체가 완성되기까지의 세포분열 과정을 밝혀낸 생물학적 지식이 드러내는 현실 세계는 클림트의 회화에 비해 일의적인 성격을 갖는다고 볼 수 있겠군.

② (가) : 현미경 기술의 발전으로 세포분열 과정을 직접 관찰할 수 있게 된 것은 인식 주체가 지닌 조건이 달라져 현실 세계가 새롭게 지각된 사례에 해당한다고 볼 수 있겠군.

③ (가) : 클림트의 회화에서 세포분열 과정이 현실과 다르게 변형되어 그려진 것에서 실재와는 다른 방식으로 세계를 조합하는 현대회화의 추상성이 드러난다고 볼 수 있겠군.

④ (나) : 클림트의 회화는 색과 형태를 가진다는 점에서는 가시적이지만 세포분열 과정이라는 생물학적 탐구를 다루고 있다는 점에서는 비가시적 속성을 가진다고 볼 수 있겠군.

⑤ (나) : 클림트의 회화에서 삶과 죽음, 생명에 대한 화가의 관심이 드러난다고 본 연구 결과는 회화가 화가의 관념적 세계를 표현한 결과라는 인식이 반영된 것이라 볼 수 있겠군.

→ 해설편 165쪽

25. ㉮와 관련하여 (나)에 언급된 인물들에 대해 파악한 내용으로 적절하지 **않은** 것은?

① 현대회화 화가들은 일상의 비대칭성과 혼란스러움을 조작하여 그린 예술 작품을 통해 현실을 비현실적으로 추상화하고자 했다.

② 루솔로는 일상의 기계 소음에서 음악에 사용되는 음의 인위적인 배열을 추구함으로써 예술과 현실의 대립을 극복하고자 했다.

③ 바레즈는 일반 악기와 달리 두 음 사이의 무한한 음을 표현할 수 있는 도구를 이용해 일상 현실을 예술로 표현하고자 했다.

④ 셰페르는 기존 음악의 정체성과는 거리가 먼 일상의 소리를 음향 오브제로 활용하는 새로운 예술 장르를 창시하였다.

⑤ 게르노트 뵈메는 미적 대상의 창작과 수용에 따르는 미적 경험이 일상 현실로까지 확장되어야 한다고 여겼다.

26. 문맥상 ⓐ~ⓔ와 바꾸어 쓰기에 가장 적절한 것은?

① ⓐ : 치환(置換)될
② ⓑ : 부과(賦課)했으며
③ ⓒ : 심화(深化)되어
④ ⓓ : 시작(始作)되며
⑤ ⓔ : 추종(追從)한다

[27~29] 다음 글을 읽고 물음에 답하시오.

(가)

어메야,
복(福)이 따로 있나.
뚝심 세고
부지런하면 사는거지,
하늘이 물을 대는 **천수답(天水畓)**[*]
그 논의 벼이삭.

니 말이 정말이데,
엄첩구나[*]
내 새끼야,
팔자가 따로 있나
본심 가지고
부지런하면 사는거지.

어메야,
누군 한 평생
만년을 사나.
허둥거리지 않고
제 길로 가면 그만이지.

오냐,
내 새끼야,
니 말이 엄첩구나.
잘 살고 못 살고가 어딨노.
제 길 가면 그만이지.
수런거리는 감잎 사이로
별떨기 빛나는 밤하늘.
그 하늘의 깊이.

— 박목월, 「천수답(天水畓)」 —

[*] 천수답 : 빗물에 의하여서만 벼를 심어 재배할 수 있는 논.
[*] 엄첩구나 : '대견하구나'의 경상도 방언.

(나)

　　쬐그만 것이
[A]　노랗게 노랗게
　　전력을 다해 샛노랗게 피어 있다

　　아무 곳도 넘보지 않는다
　　다만 혼자
[B]　주어진 한계 그 안에서 아슬아슬
　　한치의 틈도 없이 끝까지

7
회

2023 9월 학력평가

```
    ┌   바위 새를 비집거나 잡초 속이거나
[C]     씨 뿌려진 그 자리가 바로 내 자리
    └   터를 잡고
```

```
    ┌   물을 길어 올리는 실뿌리
        어둠을 힘껏 밀어내는 떡잎
[D]     그리고 그것들이 한데 어울려
    └   열심히 열심히 한 댓새
```

```
    ┌   세상에 그밖에는 할 일이 없어서
[E]     아주 노랗게 노랗게만 피는 꽃
    └   피어선 질 수밖에 없는 꽃
```

쬐그만 것이지만 그 크기는
어떤 자로서도 잴 수 없다
아 민들레!
그래봤자
혼자 가는 자의 **헛된 꿈**
하지만 헛되어도 좋은 꿈 아니냐
한 댓새를 짐짓 영원인 양하고
보라 저기 민들레는 피어 있다

– 이형기, 「민들레꽃」 –

27. (가)와 (나)의 공통점으로 가장 적절한 것은?

① 동일한 시어를 반복하여 시적 의미를 강조하고 있다.
② 공감각적 이미지를 통해 대상의 속성을 나타내고 있다.
③ 명령형 어조를 활용하여 화자의 정서를 부각하고 있다.
④ 음성 상징어를 활용하여 대상의 상황을 드러내고 있다.
⑤ 수미상관의 방식을 통해 구조적 안정감을 부여하고 있다.

28. [A]~[E]에 대한 이해로 적절하지 <u>않은</u> 것은?

① [A]에는 작지만 온 힘을 다해 선명한 빛깔로 피어 있는 민들
레의 모습이 나타나 있다.
② [B]에는 다른 공간은 욕심내지 않고 주어진 한계 안에서 홀
로 애쓰는 민들레의 모습이 나타나 있다.
③ [C]에는 씨가 뿌려진 비좁은 곳을 자신의 자리로 받아들이고
터를 잡는 민들레의 모습이 나타나 있다.
④ [D]에는 강한 의지와 생명력으로 꽃을 피우기 위해 노력하는
민들레의 모습이 나타나 있다.
⑤ [E]에는 꽃을 피웠지만 세상에서 자신이 할 일을 찾기 위해
결국 질 수밖에 없는 민들레의 모습이 나타나 있다.

29. 〈보기〉를 바탕으로 (가), (나)를 감상한 내용으로 적절하지
<u>않은</u> 것은? [3점]

───────────< 보 기 >───────────

시에는 삶을 대하는 가치 있는 태도가 담겨 있다. (가)에
는 인간의 유한성에 대한 인식을 바탕으로, 열악한 농토를
하늘이 내린 축복의 땅이라 여기며 달관의 자세로 살아가려
는 소신과 그에 대한 지지가 드러나 있다. (나)에는 민들레
를 소멸될 수밖에 없는 운명에 좌절하지 않고 허무에 맞서
는 존재로 바라보는 시선과 민들레의 내적 가치에 대한 긍
정적 인식이 드러나 있다.

① (가)에서 '천수답'을 일구는 삶을 '제 길'이라고 여기는 것은
달관의 자세로 살아가려는 소신을 드러낸 것이겠군.
② (가)에서 '니 말이 정말이데', '니 말이 엄첩구나'라고 하는 것
은 '어메'가 '내 새끼'에게 보내는 지지를 드러낸 것이겠군.
③ (가)에서 '누군 한 평생 / 만년을 사'냐고 말하는 것은 인간이
유한한 존재라는 인식을 드러낸 것이겠군.
④ (나)에서 '그 크기는 / 어떤 자로서도 잴 수 없다'고 하는 것
은 민들레의 내적 가치에 대한 긍정적 인식을 드러낸 것이겠
군.
⑤ (나)에서 '댓새를 짐짓 영원인 양하'는 모습을 '헛된 꿈'이라
고 하는 것은 민들레를 소멸될 수밖에 없는 운명에 맞서는
존재로 바라보는 시선을 드러낸 것이겠군.

→ 해설편 168쪽

[30~33] 다음 글을 읽고 물음에 답하시오.

매매 계약, 유언 등과 같은 법률행위가 법률효과를 발생시키려면 성립요건과 효력요건을 갖추어야 한다. 성립요건은 법률행위가 성립되기 위한 요건으로, 성립요건을 갖추지 못한 경우 법률행위가 불성립했다고 한다. 효력요건은 이미 성립한 법률행위가 효력을 발생하는 데 필요한 요건으로, 이를 갖추어 효력을 발생시켰을 때 법률행위가 유효하다고 한다.

그런데 법률행위는 성립하였지만, 효력요건이 불충분하여 그 법률행위가 성립한 당시부터 법률상 당연히 그 효력이 발생하지 않는 경우 그 법률행위는 무효가 된다. ㉠ 법률행위의 무효는 무효 사유가 존재한다면 특정인의 무효 주장이 없어도 그 법률행위가 처음부터 효력이 없는 것이 되며, 기간이 경과해도 무효라는 사실은 변하지 않는다.

한편 ㉡ 법률행위의 취소는 법률행위로서 일단 효력이 발생하였다가 어떤 사유가 있어 그 법률행위가 성립한 당시로 소급하여 효력을 잃게 되는 경우를 말한다. 법률행위의 취소가 확정되면 법률상의 효력이 무효와 같아지지만, 취소 사유가 존재하더라도 취소권을 가진 특정인이 취소를 주장할 때만 그 법률행위의 효력이 없어질 수 있다는 점에서 무효와 차이가 있다. 또한 취소권은 일정한 기간이 경과하면 소멸되고, 취소권이 소멸된 법률행위는 결국 유효한 것으로 확정된다.

무효인 법률행위에서는 아무런 효력도 생기지 않으며, 법적으로는 아무것도 없는 것이라 보기 때문에 소급하여 유효로 할 수 있는 대상이 없는 상태라 할 수 있다. 그래서 무효인 법률행위, 즉 무효행위는 다른 법률행위로 전환을 하기도 하고, 추인함으로써 그때부터 새로운 법률행위가 되게 만들기도 한다. 무효는 이미 성립된 법률행위를 전제로 하기 때문에 이러한 전환이나 추인이 가능한 것이며, 만약 법률행위가 불성립했다면 전환이나 추인은 할 수 없다. 무효행위를 전환한다는 것은 무효인 법률행위가 다른 법률행위로서의 효력요건은 갖추고 있을 때, 그 법률행위로서의 효력을 인정하는 것을 말한다. 이때 전환을 위해서는 당사자가 무효임을 알았더라면, 그 법률행위가 아니라 처음부터 다른 법률행위를 했을 것이라고 인정되어야 한다. 무효행위의 전환의 예로는, 징계해고로서 효력요건을 갖추지 못해 무효가 된 법률행위가 징계휴직으로서의 효력요건은 갖추고 있을 때 징계휴직으로 전환하여 법률행위가 유효가 되는 경우를 들 수 있다.

무효행위를 추인한다는 것은 무효가 된 법률행위가 갖추지 못했던 효력요건을 추후에 보충하여 새로운 법률행위로서의 효력을 인정하는 것을 말한다. ㉰ 무효행위를 추인하면 그 무효행위가 처음 성립한 때로 소급하여 유효한 것이 되는 것이 아니라 추인한 때부터 새로운 법률행위를 한 것으로 본다. 민법은 원칙적으로 무효행위의 추인을 인정하지 않지만, 무효 원인이 소멸한 상태이고 당사자가 기존 법률행위가 무효임을 알고 추인한 경우에 한해서는 추인을 인정하고 있다.

법률행위가 무효가 되면 그 법률행위에 따른 법률효과도 생기

지 않으므로 무효행위를 근거로 하는 청구권도 부인된다. 따라서 해당 법률행위에 따라 채무가 있는 경우 상대방이 청구권을 행사할 수 없으므로 채무를 이행할 필요가 없다. 만약 이미 채무가 이행된 경우라면 수령자는 해당 이득을 반환해야 하는 부당이득 반환의무를 진다. 무효는 시간이 흘러도 그대로 유지되지만, 부당이득의 반환청구권은 소멸시효가 있으므로 영구적으로 주장할 수 있는 것은 아니다.

30. 윗글의 내용과 일치하지 **않는** 것은?

① 법률행위가 불성립한 경우에도 법률행위의 전환이나 추인을 할 수 있다.

② 성립요건과 효력요건을 모두 갖추어야 법률행위는 법률효과를 발생시킬 수 있다.

③ 법률행위가 효력을 발생시켰더라도 어떤 사유가 있어 그 효력을 잃게 되기도 한다.

④ 법률행위가 무효가 되면 해당 법률행위에 따른 채무가 발생한 경우라도 그 채무를 이행할 필요가 없다.

⑤ 법률행위가 무효라는 사실이 그대로 유지되더라도 부당이득의 반환청구권을 영구적으로 주장할 수 있는 것은 아니다.

31. ㉠, ㉡에 대한 이해로 적절하지 **않은** 것은?

① ㉠은 효력요건이 불충분하여 법률상 당연히 효력이 발생하지 않는 경우이다.

② ㉡은 취소 사유가 존재하더라도 법률행위의 효력이 발생하는 경우가 있다.

③ ㉠과 ㉡은 모두 법률행위가 성립한 것을 전제로 한다.

④ ㉡은 ㉠과 달리 법률행위의 효력 유무에 변화를 줄 수 있는 기한이 존재한다.

⑤ ㉡은 ㉠과 달리 특정인의 주장이 없어도 법률행위의 효력이 없어질 수 있다.

32. 윗글을 바탕으로 〈보기〉의 ⓐ와 ⓑ에 대해 이해한 내용으로 가장 적절한 것은? [3점]

<보 기>

갑은 자신의 유언을 법적으로 인정받고자 ⓐ '비밀증서에 의한 유언'의 형태로 유언증서를 남겼다. 하지만 갑의 사망 후 이 유언증서는 봉인상의 확정일자를 받아야 한다는 조건을 충족하지 않아 무효임이 밝혀졌다. 이에 대해 법원에서는 해당 유언증서가 다른 형태의 유언증서인 ⓑ '자필서명에 의한 유언'의 조건은 모두 충족하고 있으며 갑이 자신의 유언증서가 무효임을 알았다면 이러한 형태의 유언증서를 남겼을 것이라 보아, '자필서명에 의한 유언'으로서는 유효하다고 판단했다.

① ⓐ가 무효가 되면서 ⓑ의 성립요건도 불충분하게 된 것이군.
② ⓐ는 효력요건을 갖추지 못했지만 ⓑ는 효력요건을 갖추고 있군.
③ ⓐ의 부족한 효력요건이 추후에 보충되어 ⓑ가 유효하게 된 것이군.
④ ⓐ는 ⓑ로 바뀌면서 무효 원인이 소멸되어 다시 효력을 가지게 되는군.
⑤ ⓐ의 효력이 발생하려면 ⓑ가 무효임을 당사자가 알았다는 조건이 충족되어야 하는군.

33. ㉠의 이유를 추론한 내용으로 가장 적절한 것은?

① 법률행위를 추인할 때 추인의 조건을 갖춘 상태라면 이를 소급하여 유효한 것으로 만들 수도 있기 때문이다.
② 추인으로 인해 무효행위의 유효요건이 보충되면서 새로운 법률행위로서 효력을 발생시킬 필요가 없어졌기 때문이다.
③ 무효인 법률행위는 법적으로 아무것도 없는 것이어서 소급해서 추인할 수 있는 대상 자체가 없는 상태이기 때문이다.
④ 무효인 법률행위가 성립한 때를 정확하게 증명할 수 없다면 추인을 통해 유효하게 된 시점도 특정할 수 없기 때문이다.
⑤ 무효인 법률행위는 원칙적으로 추인할 수 없도록 법률상으로 정해 놓은 것이어서 추인을 통해 유효한 것이 될 수는 없기 때문이다.

[34~38] 다음 글을 읽고 물음에 답하시오.

디지털 이미지 워터마킹은 디지털 이미지에 저작권자나 배급자의 서명, 마크 등의 특정 정보를 다른 사람들이 인식하지 못하도록 삽입하는 것을 말한다. 이때 삽입된 정보를 디지털 워터마크라고 하며, 이것은 디지털 이미지의 무단 배포, 무단 복사 등이 발생했을 때 저작권을 주장하거나 원본 이미지의 훼손 여부를 검증하기 위한 수단으로 활용된다.

[A]
디지털 이미지 워터마킹은 이미지의 공간 영역 활용 방식과 주파수 영역 활용 방식으로 나눌 수 있는데, 공간 영역 활용 방식으로는 LSB(Least Significant Bit) 치환 방법이 있다. 흑백 원본 이미지에 흑백 워터마크 이미지를 삽입하는 과정을 통해 그 원리를 살펴보자. 흑백 이미지를 구성하는 한 픽셀*의 색상은 밝기에 따라 0 ~ 255까지의 정숫값을 가지는데 0은 검은색, 255는 흰색을 나타낸다. 이를 컴퓨터가 처리하는 데이터의 기본 단위인 8 비트*로 나타내면 각각의 픽셀은 검은색인 00000000 부터 흰색인 11111111 까지 총 256가지의 값 중 하나를 갖게 되며, 그 숫자가 클수록 흰색에 가깝다. 이때 각 픽셀은 8 비트의 데이터 중 왼쪽에 위치하는 상위 비트가 바뀔수록 그에 해당하는 정숫값의 변화가 크기 때문에 색상의 변화를 육안으로 인식하기 쉽고, 오른쪽 하위 비트가 바뀔수록 색상의 변화를 육안으로 인식하기 어렵다. LSB는 색상 변화에 가장 영향을 적게 주는 오른쪽 마지막 최하위 비트를 ㉠말한다. LSB 치환 과정에서는 원본 이미지에 시각적인 변화를 주지 않기 위해 워터마크 이미지의 픽셀 데이터를 원본 이미지의 각 픽셀의 LSB에 하나씩 나누어 숨긴다.

이때 원본 이미지 각 픽셀의 8 개의 비트 중 LSB에만 데이터를 삽입하기 때문에 워터마크 이미지의 한 픽셀 데이터를 삽입하기 위해서는 원본 이미지의 픽셀 8 개가 필요하다. 결국 원본 이미지의 픽셀 수는 최대로 삽입 가능한 비트 수와 같기 때문에 원본 이미지의 픽셀 수가 워터마크 이미지의 전체 비트 수보다 적다면 워터마크 이미지의 데이터 일부는 삽입할 수 없게 된다. 그리고 원본 이미지의 픽셀 수가 워터마크 이미지의 전체 비트 수보다 많을수록 원본 이미지에 시각적 변화가 적게 나타난다. 이 방법은 많은 양의 데이터를 빠르고 간단하게 삽입할 수 있으며, 원본 이미지의 각 픽셀에서 LSB만 변경하기 때문에 시각적으로 색상이나 감도의 변화를 감지하기 어렵다. 그러나 워터마크가 삽입된 이미지의 LSB를 인위적으로 조작하는 경우 워터마크가 쉽게 제거될 수 있다는 단점이 있다.

주파수 영역을 활용하는 방식으로는 DCT(Discrete Cosine Transform)를 이용하는 방법 이 주로 쓰인다. DCT는 이미지 데이터를 공간값에서 주파숫값으로 바꾸는 과정이다. 이미지에 DCT를 적용하면 주변 픽셀과 색상이나 밝기 차이가 적은 픽셀은 낮은 주파숫값으로, 경계선 등 주변 픽셀과 색상이나 밝기 차이가 큰 픽셀은 높은 주파숫값으로 나타난다. 원본 이미지를 일

→ 해설편 171쪽

정한 크기의 여러 블록으로 나누고 블록별로 각 픽셀의 색상값을 DCT 수식에 따라 변환하면 주파숫값 분포표를 얻을 수 있다. 주파숫값 분포표에는 좌측 상단으로 갈수록 낮은 주파숫값, 우측 하단으로 갈수록 높은 주파숫값이 분포하게 되는데 이미지의 색상이나 밝기에 따라 각 주파숫값이 분포하는 영역의 비율은 다르게 나타난다. 이때 워터마크 이미지의 픽셀의 색상값을 주파숫값 형태로 삽입한 후 다시 역변환 수식에 따라 변환하면, 어느 주파숫값에 삽입하든 워터마크가 원본 이미지의 전 영역에 걸쳐 고르게 분산된 형태로 삽입된다.

인간의 시각은 낮은 주파수 성분의 변화에는 민감하나 높은 주파수 성분의 변화에는 둔감하기 때문에 높은 주파숫값이 분포하는 영역에 워터마크를 삽입하면 원본 이미지의 시각적인 변화를 최소화할 수 있다. 그러나 JPEG와 같은 방식의 압축 이미지 알고리즘은 높은 주파수 성분의 요소를 제거하여 이미지를 압축하기 때문에 높은 주파숫값이 분포하는 영역에 워터마크를 삽입하면 이미지 압축과 같은 과정에서 워터마크가 삭제될 수 있다. 그래서 워터마크를 삽입할 때는 낮은 주파숫값이 분포하는 영역과 높은 주파숫값이 분포하는 영역의 경계면에 해당하는 특정 주파숫값 영역을 중심으로 워터마크 정보를 삽입한다.

이 방법은 이미지의 왜곡이 적어 시각적으로 원본 이미지와의 차이를 식별하기 어렵다. 또한 삽입할 데이터를 이미지 영역에 골고루 분산시키기 때문에 변형의 과정을 거쳐도 LSB 치환 방법에 비해 워터마크가 상대적으로 쉽게 제거되지 않는다. 그러나 데이터 삽입이 가능한 주파숫값의 개수가 원본 이미지의 픽셀 수보다는 훨씬 적기 때문에, 삽입할 수 있는 데이터의 양이 LSB 치환 방법보다 상대적으로 적다. 그리고 픽셀의 개수가 같은 이미지라 하더라도 이미지의 색상이나 밝기에 따라 각 주파숫값이 분포하는 영역의 비율이 달라지기 때문에 이미지에 따라 삽입할 수 있는 데이터의 양이 달라질 수 있다.

* 픽셀 : 작은 점의 행과 열로 이루어져 있는 화면의 작은 점 각각을 이르는 말.
* 비트 : 2진 기수법 표기의 기본 단위. 2진 기수법에서는 모든 수를 0과 1로만 표기하는데 이 0 또는 1이 각각 하나의 비트가 된다.

34. 윗글을 통해 답을 찾을 수 <u>없는</u> 질문은?

① 디지털 워터마크의 용도는 무엇인가?
② 디지털 이미지 워터마킹의 개념은 무엇인가?
③ 디지털 이미지 워터마킹 기술의 전망은 어떠한가?
④ 디지털 이미지 워터마크를 삽입하는 원리는 무엇인가?
⑤ 디지털 이미지 워터마킹의 방식에는 어떤 것들이 있는가?

35. 윗글에 대해 이해한 내용으로 적절하지 <u>않은</u> 것은?

① LSB 치환 방법은 DCT를 이용하는 방법에 비해 상대적으로 쉽게 워터마크가 제거되지 않는다.
② LSB 치환 방법은 DCT를 이용하는 방법에 비해 동일한 원본 이미지에 삽입할 수 있는 데이터의 양이 많다.
③ DCT를 적용하기 위해서는 원본 이미지를 여러 개의 블록으로 분할하고 블록 단위로 변환을 수행해야 한다.
④ JPEG 압축 방식은 이미지에서 주변 픽셀과 색상이나 밝기 차이가 큰 픽셀을 제거하는 방식으로 이루어진다.
⑤ DCT를 이용하는 방법은 원본 이미지의 색상이나 밝기에 따라 삽입할 수 있는 데이터의 양이 달라질 수 있다.

36. [A]를 바탕으로 〈보기〉를 이해한 내용으로 적절하지 <u>않은</u> 것은? [3점]

〈 보 기 〉

다음은 LSB 치환 방법을 통해 흑백 이미지에 또 다른 흑백 이미지를 워터마크로 삽입하는 과정을 도식화하여 나타낸 것이다.

① A에 최대로 삽입 가능한 비트 수는 180이다.
② B의 전체 데이터 중 일부 비트는 A에 삽입할 수 없다.
③ B의 픽셀 수가 더 많아지면 A의 시각적인 변화는 줄어든다.
④ ⓐ 픽셀의 색상이 ⓑ 픽셀의 색상에 비해 더 흰색에 가깝다.
⑤ ⓐ 픽셀과 ⓑ 픽셀에 데이터가 삽입되면 LSB가 모두 1에서 0으로 바뀌게 된다.

37. DCT(Discrete Cosine Transform)를 이용하는 방법 에 대한 이해를 바탕으로 〈보기〉의 ㉮~㉱에 대해 보인 반응으로 가장 적절한 것은?

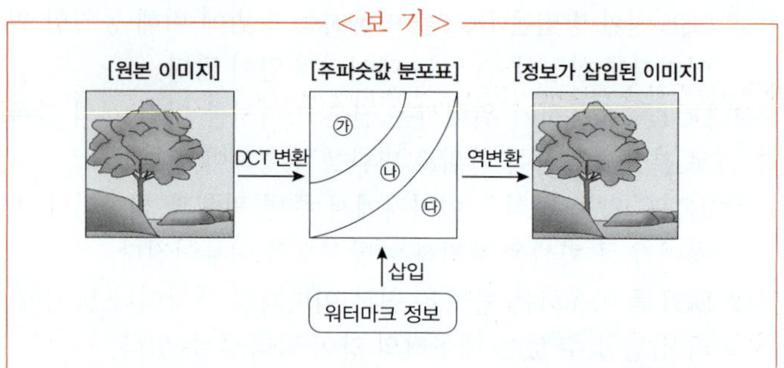

① ㉮는 ㉰보다 원본 이미지에서 주변 픽셀과 색상이나 밝기 차이가 더 큰 부분이겠군.
② ㉮에 워터마크를 삽입하면 ㉰에 삽입하는 것보다 역변환 후 원본 이미지의 시각적 변화가 더 크겠군.
③ ㉯에 삽입된 워터마크가 ㉰에 삽입된 워터마크보다 JPEG와 같은 방식의 압축에 의해 더 쉽게 제거되겠군.
④ ㉰에 삽입된 워터마크가 ㉮에 삽입된 워터마크보다 역변환 후 전체 이미지에 더 고르게 분산되겠군.
⑤ ㉮, ㉯, ㉰ 영역은 원본 이미지와 상관없이 항상 일정한 비율로 나타나겠군.

38. 문맥상 ㉠과 가장 가까운 의미로 쓰인 것은?

① 북극은 지구 자전축의 북쪽 끝을 <u>말한다</u>.
② 선생님은 그 작가에 대해 항상 좋게 <u>말했다</u>.
③ 난 내 생각을 다른 사람에게 솔직하게 <u>말한다</u>.
④ 친구에게 동생이 오면 문을 열어 달라고 <u>말했다</u>.
⑤ 그녀에게 약속 장소를 <u>말하지</u> 않은 것이 생각난다.

[39~42] 다음 글을 읽고 물음에 답하시오.

선봉장 원이정이 내달아 양주 자사 양운을 맞아 싸우다가 사로잡힌 바 되니, 또 도원수 양경이 내달아 적을 상대하더니 물러나며 두어 번 싸우는 척하다가 실수하여 사로잡히는 체하고 적진으로 들어갔다. 황제는 그 연유를 알지 못하고 경황실색하며 이렇게 물었다.

"하신(下臣) 중 누가 대적하리요?"

좌우의 모두가 일제히 아뢰었다.

"이제 형세가 곤궁하오니 마땅히 항복하기만 같지 못하옵니다."

천자가 크게 분하여 대답하지 않고 좌우를 돌아보며 말하기를,

"누가 능히 흉적을 소멸하고 짐의 분을 덜겠는가?"

그러나 하신의 모든 무리가 거의 다 양경의 세력에 들었는지라 누가 대적하겠는가? 급함이 경각에 달리게 되었다.

태자비가 이 시랑 댁에서 조정에서 모시러 오기를 기다리며 밤낮으로 국가 소식을 탐지하였는데 하루는 피난하는 백성이 길을 막고 울었다. 태자비가 소애를 시켜 위로하며 백성에게 물으니 백성이 말하기를,

"양경의 동족(同族)인 황주, 익주, 서주, 강주, 성주, 형주 도읍이 다 반역하여 **조정을 침노**하였는데, 천자께서 몸소 공격하시다가 도적에게 패하여 거의 죽게 되셨으니 백성이 당하지 못하여 피난하나이다."

태자비가 듣고 하늘을 우러러 탄식하며 말하기를,

"전쟁터에는 나라를 일으켜 세울 신하가 없고 양경 같은 소인이 있어 백성을 다 없어지게 하고 임금을 해치니 어찌 통한치 아니하리오. 황상이 이제 친행(親行)하신다 하니 그 흉적의 세력을 어찌 당하리오. **내 비록 여자이나** 한번 소리쳐 역적을 깨뜨리고 백성을 건지며 **임금을 구원하리라**."

(중략)

태자비가 분기충천하여 천조검을 높이 들고 말하기를,

"너희는 어떤 도적이기에 성질이 억세게 고집스럽고 사납기가 그지없어 우리 황상을 이리도 핍박하는가? 나는 성제(聖帝)의 명을 받아 주 씨 강산을 구하러 왔으니 나를 대적할 이 있거든 모두 나와 승부를 겨루자."

하는 소리 진동하니 양주 자사 양운이 소리에 응답하여 크게 소리쳐 말하기를,

[A]
"이제 주 씨의 부조(父祖)가 덕망을 잃어 천하 백성이 도탄에 들어 눈을 뜨지 못함을 차마 보지 못하여 주 씨를 들어내쳐서 만민을 건지고자 하나니, 너는 어떠한 사람이기에 시절 돌아감을 알지 못하고 우리로 하여금 대공을 세우지 못하게 하는가?"

태자비가 대답하여 말하기를,

[B]
"자고로 신하는 그 위를 범하지 못하나니, 너희가 주 씨의 녹을 먹었으나 임금의 은혜를 갚기는커녕 도리어 이리 하느냐. 옥체를 빌린 임금의 마음은 하해와 같으니 어찌 하늘의 벌이 없겠는가? 급히 항복하면 죄를 용서하려니와, 끝내 하늘 뜻에 순종하지 않으면 아득히 살아날 길이 없는 곳

    ㄴ   으로 나아가게 하리니 급히 결단하라.”

양운이 노하여 달려들거늘, 태자비가 맞아 싸워 두 합에 태자비의 칼이 번뜩하더니 양주 자사 양운의 머리를 베어 칼끝에 꿰어 들고 재주를 자랑하며 쳐들어갔다. 적진에서 양운의 죽음을 보고 또 한 장수가 내닫거늘,

태자비가 바라보니 신장이 구 척이고 얼굴은 수묵을 갈아 뿌린 듯하고 눈은 커서 세 치 닷 푼이나 되었다. 창검이 엄숙하여 청천(靑天)의 번개 같으니 이는 황주 자사였다.

태자비가 크게 꾸짖어 말하기를,

“이런 도적이 시정에 있으나 무엇에 쓸 수 있겠는가? 너와 더불어 대적함이 욕되나 위국충신이 있는 고로 마지못해 다투니 급히 결단하라.”

황주 자사가 크게 노하여 달려들어 태자비와 싸우기를 20여 합이나 승부를 가리지 못했다.

이때에 천자가 대상(臺上)에서 바라보니 난데없는 장군이 필마(匹馬)로 들어와 적장을 모두 죽이는 것이었다. 이를 보고 의아한 중에 안심되어 말씀하시기를,

“밝으신 하늘이 주 씨 강산을 보전케 하시도다.”

이어 기뻐하며 일월기(日月旗)를 둘러 접응하였다.

태자비가 황주 자사와 싸우기를 30여 합에 결단하지 못하였는데, 문득 태자비가 입은 전포(戰袍)의 용두(龍頭)에서 청황룡이 엎드려 있다가 붉은 기운을 토하니, 삼태호총마가 귀를 세우는 가운데 안개가 자욱하여 양진을 분별하지 못하였다. 그런데 문득 태자비의 몸이 공중에 솟구치더니 칼을 들어 황주 자사의 목을 베어 말 아래로 내리치니 누가 감히 당하리오. 태자비가 드디어 **모든 역적을 함몰시키고** 군사는 놓아 보내니, 적진에 잡혀갔던 양경과 원이정의 몸이 살아와서 태자비를 보고 칭송하며 말하기를,

“우리들은 대국 도원수와 선봉장이나 재주가 없어 적진에 잡혀 죽게 되었더니 장군의 은혜를 입어 **목숨을 보전**하고 흉적을 격파하였으니 은혜 난망(難忘)이로소이다.”

태자비가 한 꾀를 생각하고 이렇게 말하였다.

“정말 몰랐습니다.”

그러고는 양경을 데리고 천자 계신 곳에 가서 육도 자사의 머리를 올리니 천자가 크게 기뻐하시며 자리에서 내려와 태자비의 손을 잡으시고 말씀하시었다.

“장군의 충성은 무엇보다도 크니 금수강산으로도 갚지 못하리라.”

태자비가 엎드려 아뢰었다.

“폐하의 홍복(洪福)이라, 신이 무슨 공이 있겠습니까?”

천자가 매우 칭찬하자, 태자비가 다시 여쭈어 아뢰었다.

“이제 육도 자사가 죽고 자리가 비었으니 엎드려 바라옵건대 폐하께서는 여섯 자사를 정하여 각각 모든 병사를 다스리게 하옵소서.”

이에 천자가 이를 따랐다.

이어 태자비가 천자를 모시고 황성에 올라왔는데, 남쪽 성문 위에 천자가 전좌한 뒤, 태자비가 황상에게 이렇게 아뢰었다.

“또한 성 안에 육도 자사의 남은 무리가 무수하오니 다시 성에 들어가 반적(叛賊)을 다 없앤 후 환궁하겠습니다.”

천자가 크게 놀라 그대로 윤허하시니, 태자비가 즉시 차환 등을 호령하여, 양경과 원이정을 잡아들이라는 소리가 천지를 진동하였다.

    – 작자 미상, 「정각록」 –

39. 윗글에 대한 설명으로 가장 적절한 것은?

① 서술자가 직접 개입하여 인물을 희화화하고 있다.
② 역순행적 구성을 통해 사건의 인과 관계를 밝히고 있다.
③ 전기적 요소를 활용하여 비현실적인 장면을 부각하고 있다.
④ 공간을 환상적으로 묘사하여 인물의 내적 갈등을 보여 주고 있다.
⑤ 장면에 따라 서술자를 달리하여 사건을 입체적으로 드러내고 있다.

40. 윗글에 대한 이해로 적절하지 않은 것은?

① 도원수 양경은 적과 싸우는 척하다 일부러 적진에 잡혀갔다.
② 하신의 무리들은 전장의 형세를 이유로 천자의 항복을 만류했다.
③ 태자비는 이 시랑 댁에서 지내며 나라의 상황을 알기 위해 노력하였다.
④ 천자는 전장에 말을 타고 나타난 장군이 태자비임을 알아보지 못했다.
⑤ 태자비는 천자에게 반적을 없앤 후 환궁하겠다는 의사를 밝혔다.

41. [A]와 [B]에 대한 설명으로 가장 적절한 것은?

① [A]와 [B]는 모두 자신의 처지를 하소연하며 상대의 동정심을 불러일으키고 있다.

② [A]는 [B]와 달리 실행을 위한 방안을 요구하며 상대의 제안을 수용하지 않고 있다.

③ [B]는 [A]와 달리 상대의 의도를 추측하며 자신이 해야 할 일을 계획하고 있다.

④ [A]는 성인의 말을 인용하여, [B]는 역사적 사실에 빗대어 자신이 처한 상황을 드러내고 있다.

⑤ [A]는 자신의 행동이 정당함을 말하며, [B]는 상대가 지켜야 할 태도의 당위성을 내세우며 상대의 행동을 비판하고 있다.

42. 〈보기〉를 바탕으로 윗글을 감상한 내용으로 적절하지 <u>않은</u> 것은? [3점]

<보 기>

「정각록」은 여성 영웅 소설로, 주인공 정 소저는 백성들에게 인정을 베풀어야 한다는 신념을 지니고, 유교 이념을 구현하기 위해 신하로서의 도리를 다하는 인물로 그려진다. 태자비가 된 정 소저는 국가 위기를 초래하는 반역 세력을 숙청함으로써 현 체제를 유지하고 국가 질서를 수호하려고 한다. 이처럼 이 작품은 여성을 영웅적 인물로 설정하여 국가적 위기를 해결하는 주체적인 인물로 그려 내고 있다.

① 태자비가 양경과 원이정의 '목숨을 보전'해 주는 것에서, 정 소저는 백성들에게 인정을 베풀어야 한다는 신념을 지니고 있는 인물로 볼 수 있겠군.

② 태자비가 '조정을 침노'한 반역 무리를 응징하려고 하는 것에서, 정 소저는 현 체제를 유지하고 국가 질서를 수호하고자 한다고 볼 수 있겠군.

③ 태자비가 전장에 나가 '모든 역적을 함몰시'킨 것에서, 정 소저는 국가적 위기를 해결할 수 있는 영웅적 능력을 지니고 있는 인물로 볼 수 있겠군.

④ 태자비가 '내 비록 여자이'지만 적진에 나서 싸우겠다고 말하는 것에서, 정 소저는 주체적으로 판단하고 행동하는 여성으로 볼 수 있겠군.

⑤ 태자비가 '임금을 구원하'기 위해 전장에 직접 나가 싸우는 것에서, 정 소저는 유교 이념을 구현하기 위해 신하로서의 도리를 다하려 한다고 볼 수 있겠군.

[43~45] 다음 글을 읽고 물음에 답하시오.

　녀석에게 고향을 배워 주겠노라 약속해 놓고도 막상 그것을 생각해 보려 하니 막연하기만 했다. 생각의 실마리가 쉽게 잡히지 않았다. 어머니가 돌아가신 후로 20년 가까운 세월 동안 한 번도 발걸음을 한 일이 없는 동백골이었다. 하나같이 기억이 희미했다. 제법 감동 같은 걸 싣고 떠오르는 일이 없었다. 생각난 것은 내 배앓이의 시초가 됐던 학교 잡부금과 꾀배에 관한 것뿐이었다. 그러나 그것은 다시 기억을 더듬어 낼 필요가 없는 것이었다. 그것은 간밤에 이미 확인이 끝난 일이었다. 다른 것을 찾아내야 했다. 훈이 녀석을 위해서도 좀 더 행복스런 고향을 찾아내야 했다. 나는 바다를 내려다보며 그 바다와 상관하여 기억을 더듬기 시작했다.

　동백골에서도 바다는 멀지 않았다. 바닷가 산비탈에 밭농사를 짓고 있어 그곳 사람들도 바다에는 무척들 익숙했다. 그러나 나는 아직도 그 바다가 어떤 식으로 내 어린 시절과 상관되고 있었는지, 또 그것에 대해 무슨 말을 할 수 있을지 마땅한 생각이 떠오르지 않았다. 모든 게 뿌옇게 멀기만 했다. 아름아름 어떤 기억이 떠오를 듯하다가도 ㉠ 화산 마을 앞 넓은 바다가 눈앞으로 다가오면 그것에 가려 기억 속의 것은 금세 희미하게 멀어져 버리곤 했다.

　그럭저럭하다가 나는 결국 방으로 들어가 몸을 기대고 누워 버렸다. 하지만 누워서도 다시 생각을 계속했다. 다행히 눈앞에서 나를 간섭해 오는 바다가 없으니 이젠 생각이 훨씬 쉬운 것 같았다. ㉡ 동백골 앞바다가 좀 더 선명하게 떠올랐다. 이윽고 한 가지 행복스런 정경이 멀리서부터 천천히 뇌리 속으로 비춰 들어왔다. 그것은 참으로 **행복스런 추억**이었다.

　바다가 있었다. 여름의 바다는 유난히 넓고 푸르게 반짝거렸다. 바다에 발뿌리를 내려 뻗은 산줄기는 어디라 할 것 없이 울창한 녹음으로 푸르게 뒤덮여 있었다. 산비탈은 대부분 밭갈이가 되어 있고, 고구마나 수수나 콩이나 목화 같은 것을 심은 여름 밭가리 가운데는 다섯 마지기 남짓한 우리 집 밭뙈기도 끼여 있었다. 어머니는 여름 한철을 대개 그 다섯 마지기 여름 밭갈이로 보냈다. 아침만 되면 어머니는 김매기를 나가면서 밭머리로 나를 데려다 놓았다. 밭머리에는 푸나무꾼들이 산을 오르내리며 쉬어 가는 지게터가 있었다. 그리고 그곳엔 옛날부터 주인 없는 무덤이 하나 누워 있었다. 나는 언제나 그 인적에 씻겨 윤이 돋을 만큼 반들거리는 무덤가의 잔디밭 지게터에서 어머니를 기다리며 지냈다. 나중에 마을 사람들의 이야기를 들어 안 일이지만, 나는 내 기억의 한참 전부터도 여름이면 늘상 그 밭머리의 지게터에서 하루 해를 지내곤 했댔다. 그리고 그 시기엔 어머니가 나를 업어다 쇠고삐처럼 허리에 띠를 감아 매어 놓곤 했댔다. 걸핏하면 아무 데나 기어가 흙덩이를 집어 먹고 나무 가시 같은 데에 얼굴을 자주 할퀴여 댔기 때문이라고. 어떤 때 사람들이 지게터를 지나가다 보면 나는 온몸에 오줌과 똥을 짓이겨 바른 채 배가 고파 울고 있거나, 울음을 울다울다 제풀에 지쳐 더운 뙤약볕 아래 잠이 들어 있는 것을 볼 때가 많았다고.

[중략 줄거리] '나'의 고향 이야기를 들은 훈이는 '나'에게 고향을 찾아가지 않는 이유를 묻는다. 당황한 '나'는 그날 밤 심한 배앓이를 한다. 다음날 '나'는 차분하게 가라앉은 기분을 느끼며 기태에게 이제 화산 마을에서 떠나 서울로 가겠다고 말한다.

　"악마구리 속이라도 할 수 없지. **나를 그토록 폐허로 만든 곳**이 서울이라면 내 병도 아마 그 서울 쪽에 뿌리가 있을 테니까. 뿌리를 뽑고 싶으면 싫더라도 그 뿌리가 내려진 곳으로 돌아가는 게 정직한 태돌 테구."

　"아서…… 자네 생각이 어떤 건지 모르지만, 난 아무래도 자넬 다시 서울로는 돌아가게 하고 싶지 않아. 내 집이 혹 불편해져서 그런다면 더 할 말이 없지만, 그렇더라도 서울보단 차라리 동백골이나 한번 들어가 지내보는 게 어떨까도 싶고……"

　"동백골 쪽도 생각해 보지 않은 건 아니었어. 그것도 뭐 새삼스런 기대가 생겨서 그랬던 건 아니구. 기대 같은 걸로 말한다면 그건 오히려 정반대의 생각에서였다고 할까. 난 사실 지금도 그 동백골이 어떤 곳이었던가를 깡그리 잊고 있던 건 아니거든. 그런데 거기 너무 오래 발을 끊고 지내다 보니 어릴 적 일들이 **터무니없는 요술을 부리려 들더**구만. 그럴듯한 요술로 나를 마구 속이려 든단 말일세. 내 눈으로 다시 가서 사실을 확인해 두고 싶기도 했어. 더 이상 내게 요술을 부릴 수 없도록. 하지만 아직도 내게는 용기가 훨씬 모자란 것 같아. 고향이 어떻게 **나를 두렵게 하**더라도 그 현실을 현실대로 **정직하게 맞부딪쳐** 들어갈 수 있는 내 용기가 말일세. 당분간은 그 동백골 한 곳이라도 나를 속이게 놔두는 것이 나을 듯싶더구만. 그래야 또 자네 말대로 그 악마구리 속 같은 서울 살이를 버텨 나가기가 나을 듯싶기도 하고……"

　"서울이란 할 수가 없군. 자넨 이제 진짜 서울 사람이 다 되어 버린 것 같다니까……"

　기태는 아직도 곧이들리지 않는 듯 허허 웃었다.

　그러나 나는 이제 아무 새로운 느낌도 없었다. 어이없어하는 기태를 향해 담담하게 대답했다.

　"하지만 뭐 서울에 무슨 새삼스런 기대가 있어선 물론 아니야. 그게 이를테면 유일하게 정직한 나의 삶이라는 것이겠고, 서울은 실상 그런 내 하나밖에 없는 **소중한 삶의 터전**인 셈이니까……"

　"병은 고칠 작정이 아니군."

　기태는 그제서야 겨우 기가 꺾이기 시작했다. 그가 비로소 정색을 하며 혼잣말처럼 중얼거렸다. 그러자 나는 마지막으로 좀 더 지껄였다.

　"할 수 없는 일이지. 이제 와서 알게 된 일이지만, 그건 맘대로 되는 일이 아닌 것 같거든. 살아오느라고 이 몰골로 폐허가 다 되었는데 좀 어려운 일이 아니지 않아. 이런 식으로는 어림도 없는 일이야. 난 단념했어. 그리고 이제부턴 그런 걸 불편스럽게 여기거나 **부끄러워하지도 않을 것 같애**. 나에겐 그 밖에 남은 게 없거든. 어떻게 보면 나는 그 많은 증세들 때문에, 그것

7
회

2
0
2
3

9
월

학
력
평
가

을 건강 삼아 지금까지 살아왔던 것 같기도 하구. 고칠 수도 없고 굳이 고치려고 하지도 않겠어. 마음에 들진 않지만 이게 살아 있는 **내 진짜 얼굴**이거든. 그렇다면 난 다시 서울을 찾아 들어가는 것이 새삼스럽게 두려워질 일도 아니겠고, 자 그럼……"

– 이청준, 「귀향 연습」 –

43. 윗글에 대한 이해로 적절하지 <u>않은</u> 것은?

① '나'는 어머니가 돌아가신 후에는 동백골에 가지 않았다.
② '나'는 훈이에게 행복스러운 고향 이야기를 들려주기 위해 고민했다.
③ 어머니는 여름 한철을 대개 산비탈에 있는 밭을 가는 일로 보냈다.
④ 기태는 서울 살이를 버텨 보겠다는 '나'의 선택을 지지했다.
⑤ 기태는 '나'의 병을 고치기 위해 서울보다는 동백골에서 지내 보는 것을 권했다.

44. ㉠과 ㉡에 대한 설명으로 가장 적절한 것은?

① '나'는 ㉠과 ㉡에서의 경험을 동일시하고 있다.
② ㉠을 바라보면서 ㉡에서의 '나'의 행동을 후회한다.
③ ㉠에서 벗어난 뒤 ㉡에 관한 '나'의 기억이 선명해진다.
④ ㉠을 떠나면서 ㉡에서 '나'가 생각했던 의문이 해소된다.
⑤ '나'는 ㉠에서의 일을 잊기 위해 ㉡에서의 일을 떠올린다.

45. 〈보기〉를 바탕으로 윗글을 감상한 내용으로 적절하지 <u>않은</u> 것은? [3점]

—————— < 보 기 > ——————

「귀향 연습」에서 '나'는 도시 질서에 적응하지 못한다. '나'는 고향을 도시와 대립된 공간으로 인식하고 고향을 행복했던 곳으로 이상화하며 고향에 관한 기억을 왜곡한다. 그런데 훈이와의 대화가 계기가 되어 '나'는 고향에 관한 생각이 환상에 불과했음을 인식하고 서울행을 결정하면서 현실에 대한 긍정성을 회복하려는 모습을 보인다.

① 서울에서의 생활을 '악마구리 속'이라고 표현하는 것으로 보아, '나'가 도시 생활에 적응하는 데 어려움을 느꼈을 것이라고 볼 수 있군.
② 고향이 '나를 두렵게 하'여 '정직하게 맞부딪'칠 용기가 모자란다고 말하는 것으로 보아, '나'는 고향에 대한 환상을 깨려 한다고 볼 수 있군.
③ 동백골에서의 어린 시절 일들이 '터무니없는 요술을 부리려 들더'라고 표현하는 것으로 보아, '나'는 고향의 이미지를 왜곡하고 있었음을 깨달았다고 볼 수 있군.
④ 동백골은 '행복스런 추억'이 있는 공간으로, 서울은 '나를 그토록 폐허로 만든 곳'으로 여겼던 것으로 보아, '나'는 고향을 서울과 대립된 공간으로 인식했다고 볼 수 있군.
⑤ 서울을 '소중한 삶의 터전'으로 여기고 마음에 들지 않더라도 '내 진짜 얼굴'을 받아들이겠다고 말하는 것으로 보아, '나'는 현실에 대한 긍정성을 회복하려 한다고 볼 수 있군.

※ 확인 사항
○ 답안지의 해당란에 필요한 내용을 정확히 기입(표기)했는지 확인하시오.

[1~3] 다음은 학생의 발표이다. 물음에 답하시오.

안녕하세요? 이번 수행 과제는 '민속 문화재 소개하기'인데요, 저는 장승에 대해 발표하려고 합니다. 여러분, 장승을 보신 적 있나요? (청중의 반응을 살피고) 대부분 보셨군요. 장승은 지역이나 제작 이유에 따라 여러 이름으로 불리지만 이번 발표에서는 장승으로 통칭하겠습니다.

장승은 마을 입구에 세운 사람 머리 모양의 기둥을 이르는 말로, 주로 나무로 만듭니다. (자료 1을 제시하며) 보시는 것처럼 일반적으로 장승은 이렇게 남녀 쌍으로 세우는데요, 남자 장승에는 관모를 씌우지만 여자 장승에는 씌우지 않기 때문에 보통 관모의 유무로 남녀 장승을 구별할 수 있습니다.

그렇다면 우리 조상들은 왜 장승을 만들었을까요? 장승이 질병이나 재앙을 막는 마을의 수호신 역할을 한다고 믿었기 때문입니다. 자료를 보시면 큰 장승과 작은 장승이 함께 모여 있지요? 이는 장승을 신성하게 여겨 오래되어 낡고 키가 줄어든 장승들도 함부로 버리지 않고 새로 깎은 것과 함께 남겨 두었기 때문입니다. 또한 장승에는 마을 간의 경계를 표시하거나, 다른 지역까지의 거리나 방향을 알려 주는 실용적인 기능도 있었습니다. 가장 오른쪽 장승을 보시면 아래쪽에 '서울 칠십 리'라고 적혀 있는데, 이를 통해 장승의 이정표 기능을 확인할 수 있습니다.

장승은 나무뿐만 아니라 돌로도 만드는데요, 나무 장승은 북쪽인 경기나 충청 지방에, 돌 장승은 남쪽 지방에 주로 분포합니다. (자료 2를 제시하며) 얼굴을 연구하는 ○○○ 교수는 장승의 얼굴이 지역에 따라 북방형 얼굴과 남방형 얼굴로 나뉜다고 해석했는데요, 북쪽 지방에 분포하는 나무 장승에는 자료의 위쪽에서 보시는 것처럼 긴 얼굴과 뾰족한 눈매의 북방형 얼굴의 특징이, 남쪽 지방에 분포하는 돌 장승에는 자료의 아래쪽에서 보시는 것처럼 동글동글한 인상의 남방형 얼굴의 특징이 드러난다는 것입니다. 제주도의 명물인 동글동글한 인상의 돌하르방은 대표적인 남방형 얼굴의 돌 장승이라고 할 수 있겠습니다.

지금까지 장승의 역할과 특징에 대해 말씀드렸습니다. 제 발표가 여러분이 장승에 관심을 두는 계기가 되기를 바랍니다. 이상으로 발표를 마치겠습니다.

1. 위 발표자의 말하기 방식으로 가장 적절한 것은?

① 청중의 질문에 답을 하며 화제 선정의 이유를 밝히고 있다.
② 청중의 이해도를 점검하며 발표 내용을 추가로 제시하고 있다.
③ 발표 순서를 안내하여 청중이 발표 내용을 예측하도록 하고 있다.
④ 전문가의 견해를 제시하여 발표 내용의 신뢰성을 확보하고 있다.
⑤ 발표에 소개한 자료의 출처를 안내하며 발표를 마무리하고 있다.

2. 다음은 발표자가 제시한 자료이다. 발표자의 자료 활용에 대한 설명으로 적절하지 <u>않은</u> 것은?

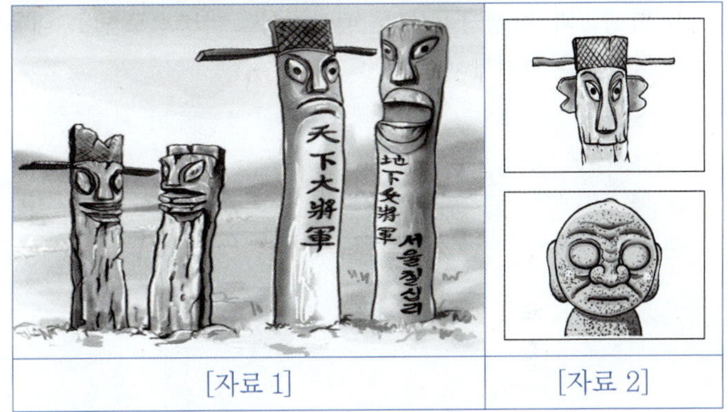

① 관모의 유무로 남자 장승과 여자 장승을 구별할 수 있음을 보여 주기 위해 [자료 1]을 제시하였다.
② 장승을 신성하게 여겨 오래된 장승도 버리지 않았음을 설명하기 위해 [자료 1]을 제시하였다.
③ 장승이 다른 지역까지의 거리를 알려 주는 이정표의 기능을 했음을 보여 주기 위해 [자료 1]을 제시하였다.
④ 장승의 얼굴 유형으로 인해 장승을 만드는 재료가 달라졌음을 보여 주기 위해 [자료 2]를 제시하였다.
⑤ 나무 장승에는 북방형 얼굴, 돌 장승에는 남방형 얼굴의 특징이 드러남을 설명하기 위해 [자료 2]를 제시하였다.

3. 발표 내용을 바탕으로 할 때, 〈보기〉에 나타난 학생들의 반응에 대한 이해로 적절하지 <u>않은</u> 것은?

> ─── 〈보 기〉 ───
>
> **학생 1** : 장승은 사찰 입구에도 세워진 것으로 알고 있는데 어떤 이유로 세워졌는지 궁금해. 장승에 관한 책을 찾아 읽어 봐야지.
> **학생 2** : 장승이 여러 이름으로 불린다는 내용에 대한 설명이 부족해서 아쉬웠어. 이와 관련된 내용을 국립 민속박물관 누리집에서 찾아봐야겠어.
> **학생 3** : 장승에는 나무 장승만 있는 줄 알았는데 돌 장승도 있다는 것을 알게 되어 유익했어. 특히 제주도의 돌하르방이 돌 장승의 예라니 신기해.

① '학생 1'은 발표에서 언급되지 않은 내용을 궁금해하고 있다.
② '학생 2'는 발표에서 설명이 충분하지 못했던 점을 아쉬워하고 있다.
③ '학생 3'은 발표를 통해 새로운 정보를 알게 된 것을 긍정적으로 여기고 있다.
④ '학생 1'과 '학생 2'는 모두 발표 내용과 관련하여 추가적인 정보 탐색을 계획하고 있다.
⑤ '학생 1'과 '학생 3'은 모두 배경지식을 바탕으로 발표 내용의 정확성을 점검하고 있다.

[4~7] (가)는 반대 신문식 토론의 일부이고, (나)는 청중으로 참여한 학생이 '토론 후 과제'에 따라 쓴 초고이다. 물음에 답하시오.

(가)

사회자 오늘 토론의 논제는 '드론 실명제 적용 대상 드론의 범위를 확대해야 한다.'입니다. 먼저 찬성 측 입론해 주십시오.

찬성 1 저희는 드론 실명제 적용 대상 드론의 범위를 확대해야 한다고 생각합니다. 한국소비자보호원에서 드론 사용 경험이 있는 소비자 463명을 대상으로 조사한 자료에 따르면 사용자의 20.5%가 안전사고를 일으킨 적이 있다고 합니다. 현재 시행 중인 드론 실명제에서는 비사업용 드론의 경우 최대이륙중량 2kg을 초과하는 드론에 대해서만 기체 신고를 의무화하고 있습니다. 그렇기 때문에 2kg 이하의 소형 드론이 사생활을 침해하거나 소음 공해, 안전사고 등을 일으켜도 소유주를 알 수 없다는 문제가 있습니다. 이와 비슷한 이유로 미국과 중국, 독일, 호주 등의 국가에서는 250g을 초과하는 드론을 신고하도록 규정하여 문제가 발생하였을 경우 책임 소재를 분명히 하고 있습니다. 따라서 우리나라도 드론 실명제 적용 대상을 최대이륙중량이 250g을 초과하는 소형 드론까지로 확대한다면 사고 처리나 피해 보상을 비교적 원활히 할 수 있을 것입니다.

사회자 이어서 반대 측에서 반대 신문해 주십시오.

반대 2 최대이륙중량이 250g을 초과하는 소형 드론까지 드론 실명제 적용 대상을 확대해야 한다고 말씀하셨는데, 이 경우 학교 내에서 사용하는 드론이나 일부 완구용 드론도 신고 대상에 포함될 수 있을 것입니다. 이 방안이 실현 가능하다고 생각하시나요? [A]

찬성 1 다른 사람에게 피해를 줄 가능성이 있는 드론을 신고해야 한다는 것이지, 교내에서만 사용하는 드론이나 위험도가 낮은 완구용 드론까지 신고해야 한다는 것은 아닙니다.

반대 2 조사 대상 드론 사용자의 20.5%가 안전사고를 일으켰다고 하셨는데, 언급하신 자료는 2kg 이하 소형 드론 사용자만을 대상으로 조사한 자료가 아니지 않나요?

찬성 1 네, 맞습니다. 하지만 드론 실명제의 조종 자격 차등화 규정에 따르면 2kg 이하의 드론은 자격을 취득하지 않아도 조종할 수 있어, 2kg 이하 소형 드론 사용자만을 대상으로 조사할 경우 오히려 안전사고 발생 비율이 올라갈 가능성이 높습니다. [B]

사회자 이어서 반대 측 입론해 주십시오.

> 토론 후 과제 : 토론 내용을 참고하여 드론 실명제에 대한 자신의 생각을 글로 써보기

→ 해설편 **181쪽**

    소유주를 알 수 없는 소형 드론으로 인해 많은 사회적 문제가 발생하고 있다. 그래서 관련 규정을 강화한 드론 실명제가 최근 도입되어 시행되고 있다. 현행 드론 실명제에서는 비사업용의 경우 최대이륙중량 2kg이 넘는 드론에 대해서 기체 신고를 의무화하고, 드론 중량에 따라 조종 자격을 차등화하고 있다. 자체중량이 12kg을 초과하는 드론에만 신고 의무가 부과되었던 이전과 비교하면 기체 신고 기준이 대폭 강화된 것이다. 그럼에도 불구하고 여전히 미등록 소형 드론으로 인한 사생활 침해 및 안전사고가 끊이지 않아 사고 처리나 피해 보상 과정에서 많은 문제가 발생하고 있다.

    이러한 문제를 해결하기 위해 다른 나라의 사례처럼 최대이륙중량의 기준을 250g까지 낮춰 드론 실명제 적용 대상 드론의 범위를 확대하자는 의견이 제기되고 있다. 하지만 관련 법이 바뀐 지 얼마 되지 않아서 다시 법을 개정한다면 소요되는 행정적 비용도 크고, 새로운 기준에 따라 수많은 소형 드론의 등록 여부를 다시 확인해야 한다는 점에서 실효성이 떨어진다.

    따라서 신고 대상 드론의 범위를 확대하기보다는 정부나 지방 자치 단체에서 성숙한 드론 문화 정착을 위한 계획을 수립하고 캠페인 등 홍보 활동을 시행하여 현재의 제도가 잘 자리 잡을 수 있도록 해야 한다. 또한 사용자들이 사전 교육 이수와 자격증 취득을 철저히 하고, 타인을 배려하며 안전하게 드론을 사용하기 위해 노력하는 것이 더 효과적이라고 생각한다.

    우리나라에서도 드론 산업의 시장 규모가 점차 확대될 것이다. 그러면 우리는 배달이나 응급 구조 등의 다양한 분야에서 드론을 널리 사용하게 될 것이다. 드론의 일상화로 우리의 삶이 더욱 편리하고 윤택해지기를 기대해 본다.

4. (가)의 '찬성 1'의 입론에 대한 설명으로 가장 적절한 것은?

① 구체적 사례를 제시하여 현 제도의 목적을 언급하고 있다.
② 통계 자료를 제시하여 제도 개선의 필요성을 드러내고 있다.
③ 문제의 원인을 분류하여 문제 상황의 다양성을 강조하고 있다.
④ 새로운 쟁점을 추가하여 제도 개선 과정의 정당성을 주장하고 있다.
⑤ 두 제도의 장단점을 비교하여 현 제도의 문제점을 설명하고 있다.

5. [A], [B]에 대한 이해로 적절하지 <u>않은</u> 것은? [3점]

① [A]의 반대 2는 상대측의 의견을 통해 추론한 내용을 제시하며 상대측 의견의 실현 가능성에 의문을 제기하고 있다.
② [A]의 찬성 1은 상대측이 잘못 이해한 내용을 바로잡으며 상대측의 질문 내용이 논제에서 벗어났음을 지적하고 있다.
③ [B]의 반대 2는 상대측이 제시한 자료의 적절성을 평가하며 문제를 제기하고 있다.
④ [B]의 찬성 1은 상대측의 문제 제기를 인정하면서도 자신이 제시한 근거가 타당성이 있음을 강조하고 있다.
⑤ [A]와 [B]의 반대 2는 모두 상대측의 발언 일부를 재진술한 후 자신의 질문에 응답하기를 바라고 있다.

6. (가)를 바탕으로 (나)를 쓰기 위한 작문 계획으로 가장 적절한 것은?

[1문단]
○ 토론에서 언급된, 기체 신고 기준과 조종 자격 차등화에 대한 내용을 바탕으로 현행 드론 실명제 규정을 소개해야겠어. ······①

[2문단]
○ 토론에서 언급되지 않은, 다른 나라의 기체 신고 기준을 제시하며 우리나라의 기체 신고 기준과 비교해야겠어. ······②

○ 토론에서 언급된, 드론 실명제 개정 시 얻을 수 있는 긍정적 효과를 제시한 후 제도 개정 시 발생하는 행정적 비용에 대한 내용을 추가해야겠어. ······③

[3문단]
○ 토론에서 언급되지 않은, 성숙한 드론 문화를 정착시킬 수 있는 방안을 제도의 개정과 개인의 실천 의지로 구분하여 제시해야겠어. ······④

[4문단]
○ 토론에서 언급된, 드론 산업의 발전 가능성과 전망을 제시하며 드론 활용 분야에 대한 구체적인 예시를 추가해야겠어. ······⑤

7. 〈보기〉는 선생님의 조언을 듣고 (나)의 마지막 문단을 고쳐 쓴 것이다. 선생님이 조언한 내용으로 가장 적절한 것은?

<보 기>

　적절한 규정과 함께 성숙한 드론 문화가 우리 사회에 안정적으로 자리 잡으면 관련 산업이 더욱 발전할 것이다. 그러면 우리는 배달이나 응급 구조 등의 다양한 분야에서 드론을 널리 사용하게 될 것이다. 드론의 일상화로 우리의 삶이 더욱 편리하고 윤택해지기를 기대해 본다.

---

① 드론 산업의 시장 규모에 대한 내용을 삭제하고, 드론 관련 산업이 발전해 온 과정을 추가하면 어떨까?
② 드론이 창출할 수 있는 경제적 효과에 대한 내용을 삭제하고, 드론 관련 산업이 발전해 온 과정을 추가하면 어떨까?
③ 드론 산업의 시장 규모에 대한 내용을 삭제하고, 드론 관련 산업이 더욱 발전하기 위한 전제 조건을 추가하면 어떨까?
④ 드론이 창출할 수 있는 경제적 효과에 대한 내용을 삭제하고, 성숙한 드론 문화 정착을 위한 조건을 추가하면 어떨까?
⑤ 드론 산업의 시장 규모에 대한 내용을 삭제하고, 성숙한 드론 문화의 정착을 위해 보완해야 하는 상세 규정을 추가하면 어떨까?

[8~10] 다음은 작문 상황과 이를 바탕으로 학생이 작성한 초고이다. 물음에 답하시오.

[작문 상황]
　학교 신문의 기고란에 청소년의 눈 건강과 관련된 글을 쓰려고 함.

[초고]
제목 : [A]

　우리는 눈을 통해 외부에서 들어오는 대부분의 정보를 받아들인다. 이렇게 눈은 일상생활의 많은 활동에 영향을 미치는 주요 감각기관이기 때문에 건강한 눈 상태를 유지하는 것은 매우 중요하다.

　그런데 성장기에 이미 시력 이상 상태에 놓인 청소년의 비율은 매우 높은 편이다. 실제로 전국의 학생들을 대상으로 이루어지는 학생 건강검사의 2022년 표본 통계에 따르면, 우리나라 전체 고등학교 1학년 학생 중 시력 이상 상태에 해당하는 학생이 약 73%에 달할 만큼 심각한 것으로 나타났다.

　시력 이상 상태인 청소년의 대부분은 일반적으로 굴절 이상으로 인해 먼 곳이 잘 보이지 않는 특징을 지닌다. 이러한 시력 이상 상태를 근시라고 하는데 근시 정도가 심해진 것을 고도 근시라고 한다. 고도 근시의 경우 원래 동그란 모양인 안구의 길이가 앞뒤로 점점 길어지면서 망막과 시신경이 약해지고, 이로 인해 다양한 안질환이 발생할 확률이 높아진다. 특히 근시는 신체 성장이 멈출 때까지 진행되는데, 일찍 시작된 근시일수록 고도 근시에 도달할 가능성이 높다.

　그렇다면 청소년기에 눈 건강을 지키기 위해 우리는 평소 어떤 노력을 기울여야 할까? 안과 전문의들의 권고에 따르면, 눈 건강을 위해 청소년은 하루 6시간 이상의 숙면을 취해야 하고, 디지털 기기를 장시간 집중적으로 볼 때는 중간중간에 적절히 눈의 피로를 풀어 주어야 한다. 그리고 정기적인 안과 검진을 통해 시력을 점검하여 적절히 교정하는 등 세심하게 눈 건강을 살피는 노력이 필요하다.

---

8. '작문 상황'을 고려하여 구상한 글쓰기 내용으로, 초고에 반영되지 <u>않은</u> 것은?

① 눈 건강이 중요한 이유
② 청소년기 시력 이상 현황의 심각성
③ 청소년기 시력 이상의 일반적 특징
④ 청소년기 시력 이상의 종류별 발생 원인
⑤ 고도 근시와 안질환 발생 확률 간의 관계

9. 다음은 초고를 읽은 편집부장의 조언이다. 이를 반영하여 [A]를 작성한다고 할 때, 가장 적절한 것은?

> 요즘 청소년들의 눈 건강 문제가 심각하다는 것과 독자에게 당부하는 바가 잘 드러나는 제목으로 쓰는 게 좋겠어.

① 근시의 잠재적 위험성, 어떻게 눈을 지켜야 할까
② 청소년 시력 이상 적신호, 일상 속 실천으로 눈 건강을 지키자
③ 우리의 일상을 책임지는 감각기관, 소중한 내 눈을 보호하자
④ 청소년 근시 그대로 방치하면, 안질환 발생 위험성 높아진다
⑤ 우리의 눈 건강을 지키는 방법, 일찍 자고 눈의 피로를 풀어 주자

10. 〈보기〉는 학생이 초고를 보완하기 위해 추가로 수집한 자료이다. 자료의 활용 방안으로 적절하지 <u>않은</u> 것은? [3점]

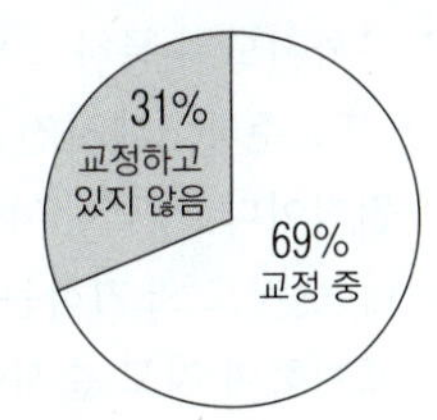

< 보 기 >

ㄱ. 통계 자료

ㄱ-1. 연도별 시력 이상 학생 비율

단위(%)

연도 학년	2016	2019	2022
초4	47.62	46.62	54.46
중1	67.67	65.56	65.24
고1	74.1	74.48	72.92

ㄱ-2. 시력 이상 고1 학생 중 교정 비율 (2022년)

31% 교정하고 있지 않음 / 69% 교정 중

ㄴ. 전문가 인터뷰 자료

"청소년기는 안구 성장이 일어나는 시기로, 시력 교정이 필요한데도 시력 교정을 하지 않으면 시력이 더 저하될 수 있습니다. 그리고 근시가 고도 근시로 진행되면 녹내장, 근시성 황반변성 등 실명을 유발할 수 있는 안질환 발생 위험도 증가할 수 있습니다."

ㄷ. 신문 기사

최근 디지털 기기 사용이 증가하면서 현대인들의 눈 건강이 위기에 처해 있다. 스마트폰이나 모니터를 근거리에서 오랜 시간 집중적으로 볼 경우, 눈의 초점을 정확하게 맺는 기능이 떨어져 순간적으로 시력이 저하되고 눈이 피로해지며 시야가 흐려진다. 청소년의 근시 비율이 급증한 것 역시 디지털 기기를 오랜 시간 사용한 것에 따른 부작용을 주요 요인으로 볼 수 있다.

① ㄱ-1을 활용하여, 학년이 높아질수록 시력 이상 상태인 학생 비율이 높아진다는 내용을, 청소년 눈 건강 문제의 심각성을 뒷받침하는 근거로 2문단에 추가한다.
② ㄴ을 활용하여, 고도 근시가 유발할 수 있는 안질환의 종류를, 고도 근시의 위험성을 구체화하는 내용으로 3문단에 추가한다.
③ ㄷ을 활용하여, 디지털 기기를 근거리에서 오래 보는 것이 눈 건강에 악영향을 끼친다는 내용을, 디지털 기기를 장시간 집중적으로 볼 때는 적절히 눈의 피로를 풀어 주어야 한다는 내용을 뒷받침하는 근거로 4문단에 제시한다.
④ ㄱ-2와 ㄴ을 활용하여, 시력이 더 저하될 수 있음에도 시력 교정을 하지 않는 학생들이 30%가 넘는다는 내용을, 정기적인 안과 검진을 통한 시력의 점검 및 교정 노력의 필요성을 부각하는 자료로 4문단에 제시한다.
⑤ ㄴ과 ㄷ을 활용하여, 안구 성장이 진행되고 있는 청소년의 근시 비율이 급증하고 있다는 내용을, 일찍 시작된 근시일수록 고도 근시에 도달할 가능성이 높다는 내용을 뒷받침하는 근거로 3문단에 제시한다.

[11~12] 다음 글을 읽고 물음에 답하시오.

　　우리가 활용하는 사전은 수록 대상과 제시 방법을 미리 규정하여 표제어를 선정한다. 『표준국어대사전』의 경우 표준어뿐만 아니라 흔히 쓰는 비표준어도 수록 대상으로 하고 있으며 일반어와 전문어, 고유 명사까지도 수록하고 있다. 또한 사전에는 단어 이하의 단위만 수록하는 것이 원칙이지만 전문어와 고유 명사의 경우 구까지도 수록하고 있다.

[A]
　　『표준국어대사전』의 표제어 표기는 한글만 사용하는 것이 원칙이다. 'TV'나 '4계절'처럼 일상 속에서 관용적으로 로마자나 숫자로 표기하는 것도 '티브이'나 '사계절'과 같이 한글로 표기하여 자모 순서에 따라 제시한다. '큰아버지'와 같은 합성어나 '(머리를) 빗기다'와 같은 파생어는 붙임표(-)로 분석하여 '큰-아버지'나 '빗-기다'와 같이 제시한다. 또한 '짓밟히다'처럼 접두사 '짓-'과 피동 접사 '-히-'가 동시에 결합했을 때는 피동 접사 '-히-' 앞에 붙임표를 한 번만 제시한다. 하지만 '삶'처럼 파생어여도 '살- + -ㅁ'과 같이 분석되어 구성 성분이 음절로 나누어지지 않을 때는 붙임표를 따로 제시하지 않는다.

　　한글 맞춤법에 띄어 쓰는 것이 원칙이나 붙여 쓰는 것도 허용한 전문어나 고유 명사는 '^' 기호를 사용하여 표시하고 있다. 또 접사와 어미처럼 자립적으로 쓰이지 않고 반드시 다른 말과 결합해야 하는 표제어는 결합하는 부분에 '-'를 붙여 표시하고 있다. 비표준어 표제어의 경우 '→' 기호를 활용하여 표준어의 뜻풀이를 참고하도록 안내하고 있다.

　　표제어는 가나다순으로 배열하고 있으며, 자모의 순서는 초성의 경우 'ㄱ, ㄲ, ㄴ, ㄷ, ㄸ, ㄹ, ㅁ, ㅂ, ㅃ, ㅅ, ㅆ, ㅇ, ㅈ, ㅉ, ㅊ, ㅋ, ㅌ, ㅍ, ㅎ', 중성의 경우 'ㅏ, ㅐ, ㅑ, ㅒ, ㅓ, ㅔ, ㅕ, ㅖ, ㅗ, ㅘ, ㅙ, ㅚ, ㅛ, ㅜ, ㅝ, ㅞ, ㅟ, ㅠ, ㅡ, ㅢ, ㅣ'의 순서로 배열하고 있고, 종성은 초성의 배열 순서를 따른다. 동음이의어의 경우는 어휘 형태, 문법 형태 순서로 배열한다. 이때, 어휘 형태는 명사, 대명사, 수사, 동사, 형용사, 관형사, 부사, 감탄사, 어근의 순서로, 문법 형태는 어미, 접사의 순서로 배열한다.

11. [A]를 바탕으로 추론한 내용으로 적절하지 <u>않은</u> 것은?

① '1월'과 '9월'은 사전에 한글로 표기되므로 '1월'보다 '9월'이 먼저 제시된다.

② '새해'는 '새'와 '해'가 합쳐진 단어이므로 '새-해'로 표기한다.

③ '비웃음'은 '비웃다'에 접사 '-음'이 결합한 단어이므로 '비웃-음'으로 표기한다.

④ '뒤집히다'는 접두사 '뒤-'와 피동 접사 '-히-'가 동시에 결합하고 있으므로 '뒤-집히다'로 표기한다.

⑤ '기쁨'은 '기쁘- + -ㅁ'과 같이 분석되어 구성 성분이 음절로 나누어지지 않으므로 '기쁨'으로 표기한다.

12. 〈보기〉는 표제어를 순서 없이 나열한 자료이다. 윗글을 참고했을 때, 이에 대한 이해로 적절하지 <u>않은</u> 것은?

<hr>

　　　　　　　　　　─ 〈보 기〉 ─

윗어른　　「명사」　　→웃어른.
왠지　　　「부사」　　왜 그런지 모르게. 또는 뚜렷한 이유도 없이.
이　　　　「명사」　　『언어』 한글 자모 'ㅣ'의 이름.
-이　　　「어미」　　하게할 자리에 쓰여, 상태의 서술이나 느낌을 나타내는 종결 어미.
-이-　　 「접사」　　'사동'의 뜻을 더하는 접미사.
이상^결정 『화학』　결정면이 모두 같은 크기와 모양으로 된 배열을 가진 가상적 결정.

<hr>

① '윗어른'은 비표준어이지만 사람들이 흔히 쓰고 있어서 표제어로 선정되었겠군.

② '왠지', '윗어른', '이상^결정'의 순서로 사전에 배열되어 있겠군.

③ 접사 '-이-'는 명사 '이'와 어미 '-이' 사이에 수록되어 있겠군.

④ 어미 '-이'와 접사 '-이-'는 반드시 다른 말과 결합해야만 쓰일 수 있겠군.

⑤ '이상^결정'을 보니 전문어의 경우 둘 이상의 단어가 모인 말도 표제어로 실려 있겠군.

13. 〈보기〉의 활동을 모든 학생이 바르게 수행했을 때, '학생 2'가 쓴 단어로 적절한 것은?

— <보 기> —

음운 변동에는 어떤 음운이 다른 음운으로 바뀌는 교체, 있던 음운이 없어지는 탈락, 두 음운이 합쳐져 새로운 하나의 음운으로 줄어드는 축약, 없던 음운이 새로 생기는 첨가가 있다.

[활동]

앞 학생이 제시한 단어에서 일어나지 않는 음운 변동이 일어나는 단어를 쓰시오.

---

① 삯일[상닐] 　　② 옷맵시[온맵씨]
③ 겉핥기[거탈끼] 　④ 색연필[생년필]
⑤ 넓죽하다[넙쭈카다]

14. 〈학습 활동〉을 수행한 결과로 적절하지 <u>않은</u> 것은? [3점]

— <학습 활동> —

직접 인용을 간접 인용으로 바꿀 때는 인용 조사, 인용절의 종결 어미, 대명사, 시간 표현, 높임 표현 등에서 변화가 생길 수 있다. 다음 직접 인용 문장을 간접 인용 문장으로 바꿀 때 어떤 변화가 생길지 분석해 보자.

ㄱ. 그는 나에게 "당신은 제 책을 보셨습니까?"라고 물었다.

ㄴ. 나는 어제 그에게 "그녀는 내일 도착합니다."라고 말했다.

---

① ㄱ은 인용절의 높임 표현이 바뀐다.
② ㄴ은 인용절의 시간 표현이 바뀐다.
③ ㄱ은 ㄴ과 달리 인용절의 대명사가 바뀐다.
④ ㄴ은 ㄱ과 달리 인용절의 종결 어미가 바뀐다.
⑤ ㄱ과 ㄴ은 모두 인용절에 연결된 인용 조사가 바뀐다.

15. 〈보기〉의 ㉠, ㉡에 들어갈 내용으로 적절한 것은?

— <보 기> —

선생님 : 중세 국어에서 조사와 결합하면 'ㅎ'이 나타나는 체언이 있는데 이를 'ㅎ' 종성 체언이라고 해요. 'ㅎ' 종성 체언 뒤에 어떤 조사가 결합하는지에 따라 'ㅎ'의 실현 양상이 달라지는데, [자료 1]을 참고하여 [자료 2]의 빈칸을 채워 볼까요?

[자료 1]

결합하는 조사	'ㅎ'의 실현 양상
관형격 조사 'ㅅ'	'ㅎ'은 나타나지 않는다.
모음으로 시작하는 조사	'ㅎ'은 뒤따르는 모음에 이어 적는다.
'ㄱ' 또는 'ㄷ'으로 시작하는 조사	'ㅎ'은 뒤따르는 'ㄱ', 'ㄷ'과 어울려 'ㅋ', 'ㅌ'으로 나타난다.

[자료 2]

예1 [내ㅎ + 이] 이러 → [　　] 이러 (냇물이 이루어져)
예2 부텻 [우ㅎ + 과] → 부텻 [　　] (부처의 위와)

학　생 : [자료 1]을 보면 [자료 2]의 예1 은 (㉠)라고 써야 하고, 예2 는 (㉡)라고 써야 합니다.
선생님 : 네, 맞아요.

	㉠	㉡
①	내히	우콰
②	내히	우과
③	내이	우콰
④	내이	우과
⑤	내히	울과

[16~20] 다음 글을 읽고 물음에 답하시오.

(가)

하이데거는 인간을 자신의 존재 의미에 대한 물음을 제기할 수 있는 ‘ 현존재 ’라고 정의하고 삶의 실존적 의미를 탐구했다. 하이데거에 따르면 현존재는 정해진 운명에 따라 살아가는 것이 아니라 살아가는 동안 계속해서 무언가가 될 수 있는 가능성을 바탕으로 자신의 존재 이유를 스스로 만들어 나갈 수 있다.

그런데 현존재는 자신이 속한 사회가 요구하는 체제에 따라 살아가기 때문에, 자기 자신의 고유성을 드러내는 본래적 삶을 살지 않고 세상이 시키는 대로 살게 되곤 한다. 하이데거는 이를 현존재가 익명의 타인들인 ㉠‘세인(世人)’으로서 존재하며 비본래적인 삶을 살아가는 것이라고 보았다. 세인은 특정한 누군가가 아닌 익명성을 지닌 모든 타인이기에, 세인의 일원이 된 현존재는 자신의 고유성을 잃고 살아가게 되는 것이다.

그렇다면 비본래적 삶에서 해방되어 본래적 삶으로 나아가려면 어떻게 해야 할까? 이에 대해 하이데거는 삶이 유한하다는 인식, 즉 죽음에 대한 인식이 필요하다고 강조하였다. 하이데거에게 죽음은 현존재가 반드시 맞이하게 된다는 점에서 확실성을 가지며, 삶의 일부분으로서 ‘아직 오지 않음’의 상태로 존재한다. 다시 말해, 죽음은 현존재 외부에 있는 사건이 아니라 현존재 자체에 내재해 있는 것이다. 또한 죽음은 다른 누군가가 대신해 줄 수 없는, 나 스스로만이 경험할 수 있는 고유한 것이기에 대체불가능성을 지닌다. 따라서 죽음이야말로 다른 사람과 구별되는 나의 가장 고유한 가능성이며, 나의 죽음을 적극적으로 대면할 때 자신의 진정한 개인적 삶을 인식하고 본래적 삶을 살아가는 계기를 마련할 수 있는 것이다.

하지만 죽음을 적극적으로 대면하지 않고 단순히 내가 죽는다는 사실을 아는 것으로 그칠 때는 본래적 삶을 살아갈 수 없다. 자신이 죽는다는 사실을 인식하면 현존재는 불안을 느끼게 되고, 그로부터 벗어나기 위해 스스로를 세인으로 전락시켜 자신의 죽음을 은폐하기 때문이다. 그리하여 타인의 죽음을 보면서도 자신의 고유한 죽음에 대해서는 잘 실감하지 못하고, 오히려 죽음이 자신과는 무관한 사건이라고 외면하며 죽음의 확실성을 부정하게 된다. 하이데거는 죽음에 대한 이러한 회피와 무관심이 현존재를 자신의 가장 고유한 가능성으로부터 멀어지게 한다고 보았다.

따라서 하이데거는 삶의 변화를 위해, 죽음이 주는 불안으로부터 달아나지 않고 죽음을 대면하여 선취할 것을 요구하였다. 죽음은 아직 오지 않았지만, 죽음이라는 가능성 앞에 미리 자신을 세워봄으로써 과거의 비본래적 삶을 반성해야 한다는 것이다. 이러한 하이데거의 관점은 자신의 존재 의미를 스스로 결정하며 살아가겠다는 새로운 결단을 통한 실존적 삶을 제시했다는 점에서 의미를 지닌다.

(나)

사르트르는 인생을 하나의 긴 기대라고 정의하였다. 인간은 존재하는 한 무엇인가를 기대하고, 그런 기대를 넘어 다시 기대를 갖게 되는 실존적 존재 방식을 취한다는 것이다. 그리고 인간은 그러한 기대를 실현하기 위해 현재의 자신을 부정하고 미래를 향해 새로운 자신을 만들어 나갈 수 있는 자유를 가진 존재라고 보았다.

하지만 삶을 의미 있게 형성해 나가는 기대와 자유는 예기치 않은 순간에 필연적으로 다가오는 죽음과 동시에 중지되므로 죽음은 나의 존재 방식인 기대를 차단하는 것이며, 이는 곧 나의 사라짐을 뜻한다. 이와 관련하여 사르트르는 죽음을 나와 관련 없이, 외부에서 우연히 나에게 찾아오는 하나의 사실일 뿐이라고 보고, 이를 ‘죽음의 우연성’이라고 하였다. 이 같은 단순한 사실로서의 죽음은 삶의 일부분으로 존재하는 것이 아니며, 모든 기대와 가능성을 무의미하게 만드는 것이다.

무언가에 의미를 부여하는 주체인 ‘나’가 사라지면 자신의 죽음에 의미를 부여하는 것도 불가능해진다. 따라서 죽은 나의 삶이나 죽음에 의미를 부여할 수 있는 자는 나 자신이 아니라, 나와 마찬가지로 자유를 가지고 살아가는 또 다른 주체인 ㉡타자이다. 가령 어떤 청년이 한 권의 책을 쓰고 갑자기 죽었다고 하자. 이때 그의 죽음이나 그가 남긴 책에 대해서는 철저히 타자에 의해서만 그 의미가 부여된다. 이렇듯 사르트르는 자신의 죽음의 의미를 스스로 결정할 수 없다는 점에서 죽음이 나라는 존재에 속한 것이 아니라고 보았다. 그리고 죽음은 그 자체로서는 삶에서 의미를 지닐 수 없기 때문에 삶과 단절된 상태라고 주장하는 등 죽음은 삶에서 실감될 수 없는 것임을 강조하였다.

이러한 사르트르의 견해는 죽음을 지나치게 타자 중심적인 관점에서 바라보았다는 점에서 비판을 받기도 하지만 다른 사람의 죽음을 받아들이는 ‘나’에게는 좋은 위로가 될 수 있다. 고인의 삶은 타자인 나의 시선에서 재구성되므로, 이를 통해 고인과의 기억을 긍정적으로 승화시켜 상실의 아픔을 극복할 수 있기 때문이다. 결국 사르트르에게 실존적 삶을 논하는 데 있어 중요한 것은 죽음에 대한 인식이 아니라 현재의 삶을 주체적으로 살아가는 태도이다. 여기서 주체적 태도란 내게 주어진 자유를 발휘하여 스스로 선택을 내리며 그에 대해 후회나 변명 없이 책임을 지는 것을 말한다. 이처럼 사르트르의 관점은 인간이 죽음에 연연하지 않고 자기 자신의 실존적 의미를 스스로 정립해 나갈 수 있게 하는 것이라고 볼 수 있다.

16. (가), (나)에 대한 설명으로 가장 적절한 것은?

① (가)는 시간의 흐름에 따른 구성을 통해 특정 개념의 의미 변화를 설명하고 있다.

② (나)는 질문에 답하는 형식으로 특정 개념에 대한 철학자의 견해를 제시하고 있다.

③ (가)는 (나)와 달리 특정 철학자의 이론을 언급하며 이론이 지닌 한계를 드러내고 있다.

④ (나)는 (가)와 달리 역사적 인물의 삶을 분석하며 철학자의 주장을 입증하고 있다.

⑤ (가)와 (나)는 모두, 특정 개념에 대한 설명을 바탕으로 철학자의 관점에 대해 의미를 부여하고 있다.

17. (가)의 현존재 에 대한 이해로 적절하지 **않은** 것은?

① 현존재는 자신이 죽는다는 사실을 인식하면 불안을 느끼게 된다.

② 현존재는 삶이 유한하다는 것을 인식하기 위해 죽음을 은폐하지 않고 본래적 삶을 살아간다.

③ 현존재는 세상이 원하는 기준에 맞추어 살아갈 때 고유성을 상실하고 비본래적 삶을 살게 된다.

④ 현존재는 죽음의 대체불가능성을 적극적으로 대면할 때 자신의 진정한 개인적 삶을 인식할 수 있다.

⑤ 현존재는 정해진 운명에 따라 살아가는 것이 아니라 자신의 존재 이유를 스스로 만들어 갈 수 있다.

18. (가)와 (나)를 바탕으로 ㉠과 ㉡을 비교하여 이해한 내용으로 가장 적절한 것은?

① ㉠은 죽음의 확실성을 부정하는 존재이고, ㉡은 죽음의 우연성을 부정하는 존재이다.

② ㉠은 자신의 죽음을 외면하는 존재이고, ㉡은 타인의 죽음에 의미를 부여할 수 있는 존재이다.

③ ㉠은 다른 사람과 구별되어 살아가는 존재이고, ㉡은 다른 사람과 단절되어 살아가는 존재이다.

④ ㉠은 익명성으로부터 벗어나 살아가는 존재이고, ㉡은 주체성으로부터 벗어나 살아가는 존재이다.

⑤ ㉠은 자신의 삶에서 새로운 결단을 실현하는 존재이고, ㉡은 자신의 삶에서 기대를 실현하는 존재이다.

19. (나)의 사르트르의 관점에서 〈보기〉의 야스퍼스를 비판한다고 가정했을 때, 그 내용으로 가장 적절한 것은?

<보 기>

야스퍼스는 '죽음은 나와 함께 변한다.'라고 말하며 죽음에 대한 태도가 고정적이지 않다고 주장했다. 자신의 죽음을 어떻게 받아들이느냐에 따라 죽음은 보편적이고 객관적인 사실일 수도 있고, 주관적인 의미를 지닌 것일 수도 있다는 것이다. 이때 전자의 경우는 죽음을 모든 것을 무의미하게 만들어 버리는 허망한 종말로서 인식하는 데 그치지만, 후자의 경우는 자신의 태도에 따라 죽음의 의미를 판단하며 참다운 자기 자신으로서 실존할 수 있게 된다.

① 죽음은 삶의 일부분이 아니므로 인간은 자신의 죽음을 맞이해야만 실존적 의미를 지닐 수 있다.

② 죽음은 나와 상관없이 찾아오는 우연한 사실이므로 인간은 자신의 죽음의 의미를 판단할 수 없다.

③ 인간은 자유를 발휘하며 살아갈 수 있으므로 자신의 관점에서 자신의 죽음을 해석하여 실존할 수 있다.

④ 죽음은 나의 사라짐을 의미하므로 인간은 자신의 죽음의 의미를 찾지 못해 실존적 삶을 살아갈 수 없다.

⑤ 인간은 각자의 기대에 따라 무언가에 의미를 부여하며 살아가므로 자신의 죽음을 주관적인 의미로만 인식할 수 있다.

20. 다음은 학생이 작성한 일기이다. (가)의 하이데거와 (나)의 사르트르의 입장에서 이를 분석한 내용으로 적절하지 <u>않은</u> 것은? [3점]

2024. 09. ○○. 날씨 맑음 ☀

오늘은 오랜만에 영화를 보고 왔는데, 주인공이 인생의 유한성을 깨달은 이후부터 삶에 최선을 다하는 모습이 무척 인상 깊었다. 사실 인생의 유한성에 대해 생각해 본 적이 없었는데, 내 삶에 끝이 있다고 생각하니 별 고민 없이 다른 사람들을 따라 무심코 선택했던 일들을 돌아보게 된다. 이제는 내가 진정으로 원하는 내 삶의 모습을 생각해 봐야지. 내가 좋아하면서 가치도 있는 일이 뭐가 있을까……. 그래, 좋은 소설을 쓰면 내가 세상을 떠난 후에도 사람들이 내 삶을 가치 있게 기억해 줄 테니 훌륭한 작가가 되어야겠다! 그리고 이 다짐을 지키기 위해 내 삶의 마지막 순간을 항상 떠올리며 최선을 다해 살아가야겠다.

---

① 하이데거는 '인생의 유한성에 대해 생각해 본 적이 없었'던 것을 현존재가 비본래적 삶에서 해방되지 않은 상태라고 보겠군.

② 하이데거는 '별 고민 없이 다른 사람들을 따라 무심코 선택했던 일들을 돌아보'는 것을 현존재가 세인으로 존재했던 삶을 반성하는 자세라고 여기겠군.

③ 사르트르는 '내가 세상을 떠난 후에도 사람들이 내 삶을 가치 있게 기억해' 주는 것에 대해 나의 삶이 타자에 의해 재구성되는 것으로 해석하겠군.

④ 하이데거와 사르트르는 모두, '내가 진정으로 원하는 내 삶의 모습'에 대해 고민하는 것을 삶의 실존적 의미를 찾아가는 과정으로 판단하겠군.

⑤ 하이데거와 사르트르는 모두, '내 삶의 마지막 순간을 항상 떠올리며 최선을 다'하겠다는 태도가 주체적인 삶을 살아가는 데 필요하다는 점에 대해 동의하겠군.

[21~25] 다음 글을 읽고 물음에 답하시오.

인터넷의 발달로 데이터 저장 및 분석 과정이 인터넷상에서 ⓐ <u>이루어지고</u> 있으며 그에 따라 개인정보와 같은 민감한 데이터는 암호화되어 인터넷 서버에 저장된다. 그런데 현재 널리 사용되는 공개키 암호화 방식으로 암호화된 데이터는 통계 처리를 위한 연산을 수행하기 위해서 원래 데이터로 복원하는 복호화 과정을 거친 후 연산을 수행하고 그 결과를 다시 암호화해야 한다. 하지만 이 과정에서 비밀키나 민감한 개인정보가 유출되는 일이 생길 수 있다. 그래서 암호화된 데이터를 복호화하지 않고 암호화된 상태로 안전하게 연산을 수행할 수 있는 동형암호가 등장하였다.

동형암호는 동형성을 기반으로 하는데, 동형성이란 데이터를 암호화한 상태에서 특정 연산을 수행했을 때 나오는 결과가 암호화하지 않은 상태에서 같은 연산을 수행하고 암호화를 한 결과와 같은 것을 ⓑ <u>말한다</u>. 이때 연산의 횟수에 제한 없이 특정한 한 종류의 연산에만 동형성을 갖는 암호를 부분 동형암호, 연산의 종류와 관계없이 특정 횟수까지만 동형성을 갖는 암호를 제한적 동형암호라고 하며, 횟수에 제한 없이 컴퓨터의 주된 연산인 덧셈, 곱셈에 동형성을 갖는 암호를 완전 동형암호라고 한다.

완전 동형암호는 암호화에 사용하는 원리에 따라 격자 기반, CRT(Chinese Remainder Theorem) 기반 등으로 ⓒ <u>나뉜다</u>. 그중 ㉠ <u>격자 기반 완전 동형암호</u>는 수학계에서 답을 찾기 어렵다고 알려진 격자 문제를 응용하여 만들어졌다. 이 방식은 원문 데이터를 비트* 단위로 변환하고 각각의 비트를 개별적으로 암호화한다. 암호키 p와 임의의 정수를 곱한 수를 원문에 더하면 암호문이 만들어지는데, 이 과정에서 무작위로 오룻값을 추가하여 안전성을 높인다. 그래서 암호문의 연산을 반복할수록 오룻값이 커지게 되며, 특히 곱셈 연산을 수행할수록 오룻값이 급격하게 커지기 때문에 일정 횟수 이상 수행하면 원문 복호화가 불가능하다.

따라서 연산을 지속적으로 수행하기 위해서는 오룻값이 한계치에 ⓓ <u>이른</u> 암호문은 부트스트래핑 과정을 반드시 거쳐야 한다. 일정 횟수의 덧셈과 곱셈 연산을 수행하여 암호문에 오룻값이 누적되면, 다른 암호키로 해당 암호문과 암호키 p를 암호화한다. 그리고 복호화 회로를 통해 기존의 암호키 p에 의한 이전 암호문을 복호화하면 그동안의 연산 과정에서 누적된 오룻값이 제거된 새로운 암호문이 ⓔ <u>만들어진다</u>. 이때 새로운 암호문이 만들어지면서 오룻값이 추가되지만 그 크기가 기존의 누적된 것보다 작아서 적절하게 부트스트래핑 과정을 수행한다면 지속적인 연산이 가능하다.

이 방식은 원문을 비트 단위로 변환하여 각 비트별로 암호화하기 때문에 원문에 비해 암호문의 값이 10~100 배가량 커져서 데이터의 저장 공간이 많이 필요하다. 그리고 개별 비트 단위로 암호문의 연산과 부트스트래핑 과정을 거쳐야 하기 때문에 연산 속도가 느리다.

그래서 최근에는 효율성을 개선한 ㉡ <u>CRT 기반 완전 동형암호</u>가 등장하였다. 이 방식은 하나의 원문을 특정한 정수인

→ 해설편 188쪽

[A]
암호키로 나눈 나머지 값을 암호문으로 이용하고, 이 나머지 값에서 원문을 복호화하는 방법이다. 이때 암호키의 개수는 임의로 설정할 수 있으며 각각의 원문마다 암호키의 개수만큼 암호문이 만들어진다. 암호키가 두 개일 때 정수로 된 원문 A와 B를 덧셈 연산한 결과가 동형성을 갖는 원리를 간단히 알아보자. 우선 서로소*인 임의의 정수 p와 q를 암호키로 정하고 정수로 된 원문 A와 B를 각각의 암호키로 나눈 나머지 값을 구하면 A_p, A_q와 B_p, B_q가 되는데 이 나머지 값이 원문 A와 B의 암호문이 된다. 그리고 〈그림〉처럼 각 원문을 동일한 암호키로 나눈 나머지 값인 A_p와 B_p, A_q와 B_q끼리 서로 덧셈 연산을 수행한다. 만약 연산 수행의 결괏값이 암호키와 같거나 암호키보다 크면 한 번 더 암호키로 나누어 나머지 값을 구한다. 그러면 연산 수행의 결괏값인 A_p+B_p, A_q+B_q가 원문 A와 B를 직접 덧셈 연산한 결괏값을 암호키 p와 q로 나눈 나머지 값인 $(A+B)_p$, $(A+B)_q$와 같다. 그리고 원문을 각 암호키로 나누었을 때의 나머지 값과 각 암호키를 알면 원문을 복호화할 수 있다.

$$A + B = A+B \quad \leftarrow 원문\ 연산$$

$$A_p + B_p = (A+B)_p$$
$$(p로\ 나눈\ 나머지) \quad (p로\ 나눈\ 나머지) \quad (p로\ 나눈\ 나머지)$$

$$A_q + B_q = (A+B)_q \quad \leftarrow 암호문\ 연산$$
$$(q로\ 나눈\ 나머지) \quad (q로\ 나눈\ 나머지) \quad (q로\ 나눈\ 나머지)$$

〈그림〉

이 방식 또한 안전성을 위해서 암호키의 개수를 늘려 계산이 복잡하고 무작위로 오룻값을 추가하기 때문에 부트스트래핑 과정이 필요하다. 하지만 데이터를 정수 단위로 암호화하기 때문에 비트 단위로 암호화하는 격자 기반의 방식보다 더 많은 데이터를 저장할 수 있다. 또한 CRT 방식은 원문보다 작은 나머지 값으로 연산을 수행하기 때문에 격자 기반의 방식에 비해 연산 값이 상대적으로 작아 연산 속도가 빠르고, 격자 기반의 방식과 달리 병렬적으로 연산을 수행할 수 있다.

* 비트 : 정보량의 최소 기본 단위. 1비트는 이진수 체계(0, 1)의 한 자리.
* 서로소 : 여러 개의 수 사이에 1 이외의 공약수가 없음을 이르는 말.

21. 윗글의 내용과 일치하지 <u>않는</u> 것은?

① 제한적 동형암호는 컴퓨터의 특정한 한 종류의 연산에만 동형성을 갖는 암호이다.
② 격자 기반 완전 동형암호는 수학적으로 답을 찾기 어려운 문제를 응용하여 만들어졌다.
③ 공개키 방식으로 암호화된 데이터를 연산하기 위해서는 원래의 데이터로 복호화해야 한다.
④ CRT 기반 완전 동형암호는 원문을 특정한 정수로 나눈 나머지 값을 암호문으로 사용한다.
⑤ 격자 기반 완전 동형암호는 암호키와 임의의 정수를 곱한 수를 원문에 더해서 암호문을 만든다.

22. 부트스트래핑 에 대해 이해한 내용으로 적절하지 <u>않은</u> 것은?

① 부트스트래핑은 동일한 암호문을 연산할 때 덧셈 연산보다 곱셈 연산을 많이 수행할수록 더 빨리 시작된다.
② 부트스트래핑은 암호문의 연산 과정에서 오룻값이 한계치에 이르렀을 때 진행된다.
③ 부트스트래핑에 사용되는 암호키는 이전 암호화에 사용된 암호키와 다르다.
④ 부트스트래핑의 과정을 거치면 이전 암호화된 암호문이 복호화된다.
⑤ 부트스트래핑의 결과로 생성된 새로운 암호문에는 오룻값이 없다.

23. ㉠과 ㉡을 비교하여 이해한 내용으로 적절하지 <u>않은</u> 것은?

① ㉠은 ㉡과 달리 비트 단위로 암호문 연산을 수행한다.
② ㉠은 ㉡과 달리 원문을 암호화했을 때 암호문의 값이 원문보다 커진다.
③ ㉡은 ㉠과 달리 암호문에 오룻값을 추가하여 안전성을 높인다.
④ ㉡은 ㉠과 달리 데이터를 병렬적으로 연산하는 것이 가능하다.
⑤ ㉠과 ㉡은 모두 암호문을 연산하는 횟수에 제한이 없다.

→ 해설편 190쪽

8회 2024 9월 학력평가

24. [A]를 바탕으로 〈보기〉를 이해한 내용으로 가장 적절한 것은? [3점]

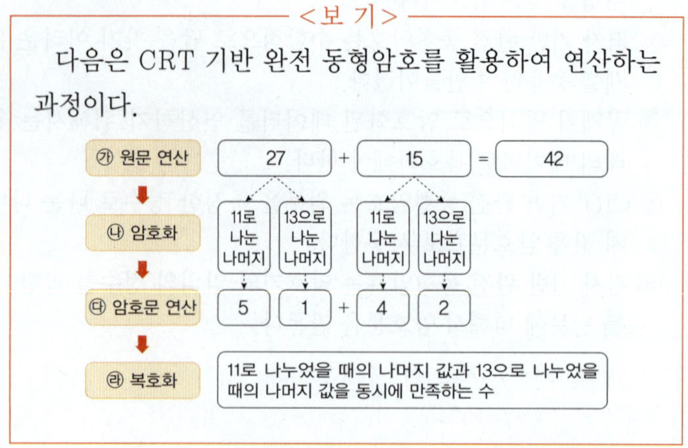

① ㉮에서 원문 연산의 결괏값을 암호키로 암호화하면 5, 4가 된다.
② ㉯에서 각 원문을 암호화한 암호키의 개수는 총 4개이다.
③ ㉰에서 만들어진 암호문을 연산한 결괏값은 암호키로 다시 나눌 필요가 없다.
④ ㉱에서 암호키를 알면 나머지 값을 몰라도 원문 27과 15를 복호화할 수 있다.
⑤ ㉮~㉰의 과정을 통해 만들어진 연산 결괏값은 암호문과 달리 정수이다.

25. 문맥상 ⓐ~ⓔ와 바꾸어 쓰기에 가장 적절한 것은?

① ⓐ : 달성(達成)되고
② ⓑ : 제시(提示)한다
③ ⓒ : 분리(分離)된다
④ ⓓ : 도달(到達)한
⑤ ⓔ : 결성(結成)된다

[26~28] 다음 글을 읽고 물음에 답하시오.

(가)

거미란 놈이 흉한 심보로 병원 뒤뜰 난간과 꽃밭 사이 사람 발이 잘 닿지 않는 곳에 그물을 쳐 놓았다. 옥외 요양을 받는 젊은 사나이가 누워서 치어다보기 바르게—

나비가 한 마리 꽃밭에 날아들다 그물에 걸리었다. 노오란 날개를 파득거려도 파득거려도 나비는 자꾸 감기우기만 한다. 거미가 쏜살같이 가더니 끝없는 끝없는 실을 뽑아 나비의 온몸을 감아 버린다. 사나이는 긴 한숨을 쉬었다.

나이보담 무수한 고생 끝에 때를 잃고 병을 얻은 이 사나이를 위로할 말이—거미줄을 헝클어 버리는 것밖에 위로의 말이 없었다.

– 윤동주, 「위로」 –

(나)

누가 와서 나를 부른다면
내 보여 주리라
저 얼은 들판 위에 내리는 달빛을.
얼은 들판을 걸어가는 한 그림자를
지금까지 내 생각해 온 것은 모두 무엇인가.
친구 몇몇 친구 몇몇 그들에게는
이제 내 것 가운데 그중 외로움이 아닌 길을
보여 주게 되리.
오랫동안 네 여며온 고의춤*에 남은 것은 무엇인가.
두 팔 들고 얼음을 밟으며
갑자기 구름 개인 들판을 걸어갈 때
헐벗은 옷 가득히 받는 달빛 달빛.

– 황동규, 「달밤」 –

* 고의춤 : 고의나 바지의 허리를 접어서 여민 사이.

26. (가)와 (나)의 공통점으로 가장 적절한 것은?

① 동일한 시어를 반복하여 시적 의미를 강조하고 있다.
② 명사로 시상을 마무리하여 시적 여운을 드러내고 있다.
③ 반어적 표현을 활용하여 화자의 태도를 부각하고 있다.
④ 영탄적 어조를 통해 시적 대상의 속성을 예찬하고 있다.
⑤ 공감각적 심상을 이용하여 애상적 분위기를 조성하고 있다.

27. (가), (나)의 시어에 대한 이해로 적절하지 <u>않은</u> 것은?

① (가)에서 '바르게'를 활용하여 사나이가 누워 있는 곳이 거미가 쳐 놓은 그물을 쳐다보기에 좋은 위치임을 나타내고 있군.

② (가)에서 '자꾸'를 활용하여 거미가 쳐 놓은 그물에 걸려 계속해서 감기기만 하는 나비의 힘든 상황을 그려 내고 있군.

③ (가)에서 '쏜살같이'를 활용하여 나비를 감기 위해 매우 빠르게 움직이는 거미의 행동을 강조하고 있군.

④ (나)에서 '이제'를 활용하여 친구 몇몇과의 만남으로 인해 외로움이 아닌 길이 시작되었음을 드러내고 있군.

⑤ (나)에서 '가득히'를 활용하여 달빛이 화자의 헐벗은 옷을 환히 비추는 상황을 드러내고 있군.

28. 〈보기〉를 바탕으로 (가), (나)를 감상한 내용으로 적절하지 <u>않은</u> 것은? [3점]

< 보 기 >

　(가)와 (나)는 각각 일제 강점기와 1950년대의 부정적 현실을 배경으로 한다. 모두 자연물을 활용하고 있다는 공통점이 있지만, 화자가 현실에 대응하는 태도는 다르다. (가)는 암울한 현실에서 무기력한 우리 민족의 상황을 표현하며 이를 위로하는 화자의 행동을, (나)는 질문을 통해 자신을 성찰하고 자연물의 속성을 내면화하여 순수한 삶을 살고자 하는 화자의 자세를 드러내고 있다.

① (가)에서 '나비'가 '꽃밭'으로 '날아'드는 것은 일제 강점기의 암울한 현실에 대응하려는 화자의 의지를 드러낸 것이겠군.

② (가)에서 '한숨을 쉬'는 '사나이'를 위해 '거미줄을 헝클어 버리는' 것은 무기력한 우리 민족의 상황을 위로하는 화자의 행동을 드러낸 것이겠군.

③ (나)에서 '달빛'을 '받'으며 '구름 개인 들판을 걸어'가는 것은 달의 밝은 이미지를 내면화하여 순수한 삶을 살겠다는 화자의 자세를 드러낸 것이겠군.

④ (나)에서 '내 생각해 온 것'이 '무엇'인지를 물으며 자기 내면을 들여다보는 것은 질문을 통해 자신의 삶을 성찰하는 화자의 모습을 드러낸 것이겠군.

⑤ (가)에서 '거미란 놈'의 '그물'에 걸려 '나비'가 '날개를 파득거'리는 것과 (나)에서 화자가 '얼은 들판을 걸어가'며 '얼음을 밟'는 것은 모두 자연물을 활용하여 부정적 현실을 드러낸 것이겠군.

[29~32] 다음 글을 읽고 물음에 답하시오.

　지금 그 자식들은 저희들이 나고 자란, 저희들의 탯자리인 집이 수몰이 되건 말건 관심이 없다. **수몰 보상금을 나눠 가진 뒤에는 제 어미가 어찌 살든 내려와 보지도 않는다.** 이제 물이 들어차면 덕님은 순천의 막내딸년 집으로 가기로 되어 있긴 하지만, 시부모와 영감 산소를 지적에 두고 떠나야 하는 심정은 천 갈래 만 갈래로 찢어지는 것만 같았다. 그러나 그 심정 누가 알아주랴. 평생을 살면서 영감 죽을 때 빼고는 이렇게 애통해 본 적이 없다. 설이 가까워 오건만 어느 자식이 내려온다는 기별도 없다. 혼자서 설을 쇠어야 하나, 아니면 오라는 소리는 없어도 어느 자식 집으로 쇠러 가야 하나, 팔십 노구가 그저 거추장스러울 뿐이다.

[A] ┌　생전에 사람 기척도 없던 집에 오늘은 무슨 방송국에서 촬영을 왔었다. 수몰민들이 마지막 설 준비하는 것을 촬영한다고 했다. 사진 박히는 건 질색이지만 그쪽에서 하도 마지막 설 준비하는 기분이 어떠냐고 물어대싸서, 그만 울음을 터뜨리고 말았다. 그랬더니 방송국에서 나온 젊은 처자가 하는 말이, 왜 눈물을 흘리지 않고 우시냐고 물었다.
　　“눈물이 보타부러서 그러는개비.”
　　“할머니 이제 금방 하신 말씀 한 번만 더 해보세요.”
　　그래서 또 쑥스럽지만,
　　“눈물이 보타부렀어.”
　　처자가 깔깔대며 웃었다. 설 준비하는 흉내를 내라는데 솥에 넣고 끓일 것이 없어서 물이라도 붓고 불을 땠더니, 불 때는 것이 무슨 구경거리라고 또 사진을 박았다.

[중략 줄거리] 만수는 남도의 한 수몰 예정지에 살면서 월남전에 함께 참전했던 대석을 부른다. 뚝방 동네에 살던 대석은 수몰 예정지에 사업거리가 있다는 만수의 말을 듣고 어린 아들 명호를 데리고 만수를 찾아가고 세 사람은 동네를 돌아다닌다.

　명호의 노랫가락 덕분인지 그날 밤새 달빛조차 그득했다. 그득한 달빛 아래 그들이 모은 고물들은 내일 새벽 광주의 고물상으로 반출이 될 거였다. 문짝을 떼어 내느라 힘을 쓸 때 처음에는 용기가 나지 않다가 나중에는 우지끈 소리에도 흥이 났다. 땀이 비 오듯 쏟아졌다. 두 사나이가 그렇게 고물을 주워 담는 동안 반지 남편 칠환이는 짐승 수집에 나서고 있는 참이었다. 칠환이는 작년까지 경기도 광주의 가구 공장에 다녔다. 그곳에서 아내인 반지를 만났다. 두 사람은 열심히 살아 보려고 했으나 칠환이 사고를 당했다. 술을 먹고 오토바이를 타고 퇴근을 하다 오토바이와 함께 전봇대에 부딪혀 칠환은 장애인이 되고 말았다. 행복과 불행은 늘 칠환에게 교대로 왔다. 아내를 만나자 사고를 당했고, 사고를 당하자 고향 집이 수몰 지구가 되었으니 보상금을 타 가라는 연락이 온 것이다. 집이라고 해 봤자 이미 폐가가 된 지 오래인 집으로 내려와 보상금을 타서 제 병원비로 다 써 버린 칠환은, 이제 **남이 버리고 간 집에 제가 들어가 살고 있다.** 그러나 그

집은 기름 보일러로 개조한 집이라 칠환네는 기름 살 돈이 없어 고생을 하고 있는 중이었다. 요즘 마을 주변에는 떠난 사람들이 버리고 간 짐승들이 심심찮게 돌아다니고 있었다. 그 짐승들을 물막이 공사하는 인부들이 더러는 키우기도 하고 더러는 잡아먹기도 하는 모양이었다. 오늘 칠환은 그 **짐승들을 잡아다가 팔아서 돈을 마련해 볼 생각인 것이다.** 그러나 낮에는 용기가 없어 밤에 도둑고양이처럼 살금살금 동네를 돌아다니고 있는 중이었다. 값나가는 **소나 개는** 이미 처분을 하고 떠난 뒤여서 동네는 값 안 나가는 **고양이나 염소와 닭들의 세상이 되어** 있었다. 이왕이면 염소를 잡으려고 칠환이 막 동네 고샅길을 거슬러 올라가고 있는데 어디선가 우지끈, 하고 집 무너지는 소리가 났다. 집에 대한 철거 공사는 이주가 완전히 이루어진 후에 한다고 했는데 벌써부터 철거 공사가 시작되었는가 싶어 가슴이 철렁 내려앉았다. 그러나 소리가 났으므로 본능적으로 몸을 숨겼다. 몸을 숨기고 고개만 내밀어 바라본즉 저쪽에서도 뭔가 불길했던지, 두 명의 사나이가 담 너머로 고개를 내밀어 사방을 살피고 있는 중이다. 작은 머리통이 하나 더 나오는 것을 보니 사람 수는 세 명인 것이 분명했다.

　“누구시오?”
　㉠“집쥔이오.”
　칠환이 목소리를 가다듬어 점잖게 말했다. 왜 제 입에서 집주인이란 말이 나왔는지는 알 수 없었다. 그러나 생각건대 임기응변, 그것은 막다른 길에 접어든 인생에 있어서는 항상 최대의 무기가 아닐 수 없었다. 칠환의 대답이 끝나기도 전에 저쪽에서 고개를 쑥 집어넣어 버렸다. 아마 대책을 모의하는 모양이다. 대책을 모의해야 할 만한 상황인 것이 저자들이 필시 그리 떳떳한 일을 도모하는 자들은 아닐 거라는 확신이 들면서 칠환의 머릿속에 재미있는 생각 하나가 획 지나갔다.

　㉡**누가 이 야심한 밤에 남의 빈집을 털고 있는 거요?”**
　그때 다시 고개들이 연달아 쑥쑥 나왔다. 작은 머리통은 나오지 않는 걸 보니 그놈은 겁이 좀 많은 모양이다.
　㉢**“우리는 수자원공사에서 나온 직원이오.”**
　칠환은 찔끔했다. 그러나 다시 목소리를 가다듬어,
　㉣**“아직 집을 완전히 비우지도 않았는데 철거를 하다니요. 그것은 사유재산에 대한 침해가 된다는 것을 아시오, 모르시오.”**
　최대한 머리를 짜내 구사한 말이긴 하지만 여간 떨리는 게 아니다. 그러나 절대로 떨고 있는 표시를 내면 안 된다. 저쪽에서 응답이 돌아왔다.
　“여보시오, 집주인이란 자가 어째 몸을 숨기는 거요. 당신의 재산에 손을 대고 있는 자 앞에 떳떳하게 나와 보시오.”
　“그럼 나도 묻겠소. 당신들이야말로 고개만 내밀고 있는 이유가 뭐요?”
　“우리야 집주인인 당신이 무서워서 이러는 것 아니오.”
　“그렇다면 협상을 하십시다. 집주인 허락도 없이 남의 재산에 손을 댔으니 **손댄 물건값을** 나에게 쳐주면 없던 일로 하리다.”
　다시 머리 둘이 쏙 들어갔다. 머리가 언제 다시 나오려나, 칠환은 침을 꼴깍 삼키며 기다렸는데, 느닷없이 건장한 두 사나이

→ 해설편 **193쪽**

가 제 앞에 쑥 나타났다. 칠환은 그만 생포된 짐승같이 바들바들 떨며 그 자리에서 꼼짝도 할 수가 없었다.

　ⓜ "겁내지 마시오. 우리는 고물 장수들이오. 당신은 뭐 하는 사람이오?"

"주민이오. 아내와 아이가 기름이 없어 냉골에서 떨고 있어요. 짐승들을 본 적 있소?"

"사람은 없고 사방에 고양이 새끼들이던데 고양이 잡으러 나왔소?"

"그래라우."

난데없이 본토박이 말이 불쑥 튀어나왔다.

"우리도 일은 대충 끝냈으니 **어디 한번 고양이나 잡아 봅시다.**"

"이왕이면 염소를 잡아 주시오."

그렇게 해서 오밤중에 버려진 짐승들에 대한 사냥이 시작되었다. 겨울 달밤에 벌이는 짐승 쫓기는 명호한테도 신나는 놀이가 아닐 수 없었다.

－ 공선옥, 「먼 바다」－

29. 윗글에 대한 이해로 적절하지 <u>않은</u> 것은?

① '덕님'은 살던 집을 떠나야 하는 상황을 슬퍼하고 있다.
② '두 사나이'가 동네에서 뜯은 문짝은 고물상으로 옮겨질 것이다.
③ '칠환'은 가구 공장에서 작업 중 사고를 당해 장애를 입었다.
④ '칠환'은 고향 집에 대한 보상금을 자신의 병원비로 모두 사용하였다.
⑤ '명호'는 버려진 짐승들을 쫓는 달밤의 사냥에 동참하였다.

30. ㉠~㉤에 대해 이해한 내용으로 적절하지 <u>않은</u> 것은?

① ㉠ : 예상치 못한 상황에 임기응변으로 대처하고 있다.
② ㉡ : 상대방이 떳떳한 일을 하는 사람들이 아닐 것이라는 확신이 담겨 있다.
③ ㉢ : 위기를 모면하기 위해 자신들의 정체를 속이고 있다.
④ ㉣ : 자신에게 유리하게 진행되는 상황에 자신감을 얻어 상대방의 행동을 지적하고 있다.
⑤ ㉤ : 떨고 있는 상대방을 안심시키기 위한 의도가 담겨 있다.

31. [A]에 대한 이해로 가장 적절한 것은?

① 덕님과 논쟁하는 방송국 사람의 모습을 통해 언론의 비인간적인 속성을 부각한다.
② 덕님의 생활을 관찰하는 방송국 사람의 모습을 통해 수몰민의 실상을 폭로하려는 언론의 의도를 드러낸다.
③ 덕님의 상황에 공감하지 못하고 촬영하는 방송국 사람의 모습을 통해 타인의 고통에 무관심한 언론의 면모를 드러낸다.
④ 방송국 사람을 이용하여 자신의 처지를 알리려는 덕님의 모습을 통해 어려운 상황을 극복하려는 수몰민의 의지를 부각한다.
⑤ 방송국 사람의 요구를 순순히 들어주는 덕님의 모습을 통해 보상금을 받기 위해 애쓰는 수몰민의 이중적인 태도를 드러낸다.

32. 〈보기〉를 바탕으로 윗글을 감상한 내용으로 적절하지 <u>않은</u> 것은? [3점]

> ＜ 보 기 ＞
>
> 　이 작품은 수몰 예정지에 사는 수몰민들의 모습을 통해 개발 난민이 겪는 현실을 보여 준다. 수몰 예정지인 마을에서는 생계 유지 문제로 주민들 사이에 갈등이 일어나기도 하고 보상금으로 인해 가족 공동체의 붕괴가 가속화되기도 한다. 또한 빈집이 늘어난 마을에 주민들의 눈을 피해 들어온 외지인과 아직 떠나지 못한 주민이 문제를 일으키기도 한다. 한편 수몰 예정지에서 유랑하는 이들끼리의 연대를 통해 어려운 이들이 서로 돕는 따뜻한 모습을 보여 주기도 한다.

① 덕님의 자식들이 '수몰 보상금을 나눠 가진' 후 '제 어미가 어찌 살든 내려와 보지도 않'는 모습을 통해 개발 과정에서 가족 공동체가 붕괴되는 모습을 보여 주고 있군.
② 칠환이 '남이 버리고 간 집'에 살면서 '짐승들을 잡아다가 팔아서 돈을 마련'하려는 모습을 통해 삶의 기반을 잃고 유랑하는 이의 비참한 현실을 보여 주고 있군.
③ 사람들이 '소나 개'를 처분하고 떠나 '고양이나 염소와 닭들의 세상이 되어 있'는 마을의 모습을 통해 주민들이 떠나 빈집이 늘어난 수몰 예정지의 상황을 보여 주고 있군.
④ 칠환이 두 사나이에게 '손댄 물건값'을 치르라고 말하는 모습을 통해 보상금을 노린 외지인과 생계 유지를 위해 자신의 재산을 지키려는 주민 사이의 갈등을 보여 주고 있군.
⑤ 두 사나이가 칠환의 이야기를 듣고 나서 경계를 풀고 그를 도와 '어디 한번 고양이나 잡아' 보자고 제안하는 모습을 통해 유랑하는 이들끼리 연대하는 모습을 보여 주고 있군.

[33~37] 다음 글을 읽고 물음에 답하시오.

형법은 범죄와 형벌을 규정한 법률로 어떤 행위가 형법상 범죄 행위로 성립하려면 '구성 요건 해당성', '위법성', '책임'이라는 세 가지 요건을 순차적으로 모두 충족해야 한다.

첫 번째 성립 요건인 구성 요건 해당성은 어떤 행위에 대한 구체적인 사실이 형법상 규정된 범죄의 유형에 해당하는 것을 말한다. 이때 구성 요건으로 행위와 결과를 요구하는 경우에는 구성 요건상 행위와 결과 간에 인과관계가 인정되어야 한다. 두 번째 성립 요건인 위법성은 전체 법질서에 위배된다는 가치 판단으로, 어떤 행위가 구성 요건에 해당하는 행위이면 일반적으로 위법성이 추정된다. 하지만 구성 요건에 해당하는 행위이더라도 예외적으로 위법성을 소멸시키는 사유인 위법성 조각 사유에 해당한다면 범죄가 성립하지 않는다. 예를 들어 범죄의 구성 요건에 해당하는 타인에 대한 폭력이 형법에 규정된 위법성 조각 사유 중 하나인 정당방위에 해당한다면 위법성이 조각되어 범죄라고 볼 수 없다는 것이다. 세 번째 성립 요건인 책임은 행위자에 대해 사회적 비난이 가능하다는 성질을 의미한다. 어떤 행위가 구성 요건에 해당하는 위법한 행위라도 행위자에 대한 사회적 비난이 가능하지 않다면 범죄가 되지 않는다. 이때 행위자에 대한 책임을 물을 수 없는 사유인 책임 조각 사유 역시 형법에 규정되어 있는데 그 예로 강요된 행위가 있다.

형법에서 다루는 범죄는 '고의범'과 '과실범'으로 나눌 수 있다. 고의범은 행위자가 죄를 범할 의사를 가지고 저지르는 범죄로, 범죄 사실의 발생 가능성에 대한 인식이 있음은 물론 나아가 범죄 사실이 발생할 위험을 용인하는 마음속의 의사를 가지고 행동하는 '미필적 고의'에 의한 범죄 역시 고의범에 포함하고 있다. 형법에서 다루는 범죄는 고의범이 대부분이지만, 실수로 타인의 생명과 신체를 침해하는 사례가 많아지면서 죄를 범할 의사는 없지만 부주의로 타인에게 상처를 입히는 등의 과실로 인한 범죄인 과실범에 대해서도 특별한 규정을 두어 처벌하고 있다.

과실은 결과 발생의 위험성에 대한 인식의 유무와 형법상의 과실범 규정에 따라 그 유형을 나눌 수 있다. 먼저 인식의 유무에 따라 과실의 유형을 나누면 '인식 없는 과실'과 '인식 있는 과실'로 나눌 수 있다. 자동차 운전을 하면서 통화를 하다가 정지신호를 보지 못하고 통과하던 중 교통사고를 ⓐ 일으킨 경우, 운전 중 통화 행위가 사고를 발생시킬 수 있는 위험한 행동이라고 인식하지 못하였다면 운전자의 행위는 인식 없는 과실에 해당한다. 그러나 운전 중 통화 행위가 사고를 발생시킬 수 있는 위험한 행동이라고 인식했지만 주의해서 운전하면 교통사고는 발생하지 않을 것이라고 생각하면서 계속 통화를 하던 중 교통사고를 일으켰다면 운전자의 행위는 인식 있는 과실에 해당한다고 볼 수 있다. 두 과실은 형법상 취급에는 차이가 없고 과실범의 성립 여부에 영향을 주지 않는다. 하지만 ㉠ 두 과실을 구분함으로써 인식 있는 과실을 미필적 고의와 구별할 수 있다.

다음으로 과실은 형법상의 과실범 규정에 따라 ㉠ '통상의 과실', ㉡ '업무상 과실', ㉢ '중과실'로 나눌 수 있는데, 이들은 법정

형에 차이가 있다. 업무상 과실은 업무가 계속적·반복적인 수행을 요건으로 하기 때문에 결과 발생에 대한 예견가능성이 높다고 할 수 있으므로 일반인에게 통상적으로 요구되는 주의의무를 위반하는 통상의 과실에 비해 상대적으로 무겁게 처벌한다. 이 경우 업무는 결과 발생 야기 행위의 내용이어야 하며 이와 무관한 업무를 수행하던 중 발생한 결과에 대해서는 업무상 과실을 인정할 수 없다. 중과실은 통상의 과실에 비해 주의의무를 현저히 태만히 한 경우, 즉 극히 근소한 주의만 기울였더라도 결과의 발생을 예견할 수 있었다는 점에서 통상의 과실에 비해 상대적으로 무겁게 처벌한다.

33. 윗글의 내용에 대한 이해로 적절하지 **않은** 것은?

① 협박에 의해 강요된 행위였다면 위법성이 조각되어 범죄로 볼 수 없다.

② 어떤 행위에 대한 결과가 없더라도 그 행위만으로도 구성 요건에 해당할 수 있다.

③ 어떤 행위가 형법에 규정된 범죄 행위의 유형에 속하지 않는다면 범죄로 볼 수 없다.

④ 어떤 행위가 형법상 범죄로 성립하기 위해서는 범죄 성립의 세 가지 요건을 순차적으로 모두 충족해야 한다.

⑤ 범죄의 구성 요건으로 행위와 결과를 요구하는 경우, 구성 요건상 행위와 결과는 인과관계가 인정되어야 한다.

34. ㉠의 이유를 추론한 내용으로 가장 적절한 것은?

① 고의는 과실보다 부주의로 인해 죄를 범할 가능성이 상대적으로 낮기 때문이다.

② 과실은 행위의 위험성에 대한 인식 유무에 따라 서로 다른 유형으로 나뉘기 때문이다.

③ 결과 발생의 위험성에 대한 인식 유무가 고의와 과실을 나누는 중요한 기준이기 때문이다.

④ 고의와 과실은 범죄 사실의 발생 가능성에 대한 인식 유무와 그 결과를 용인하는 의사 유무 모두에 차이가 있기 때문이다.

⑤ 행위자가 자기 행위로 인하여 발생할 위험을 용인하는 의사의 유무에 따라 그 행위가 고의와 과실로 구별되기 때문이다.

→ 해설편 196쪽

35. ㉠~㉢에 대한 설명으로 적절하지 <u>않은</u> 것은?

① ㉠과 ㉡은 업무로 인한 결과 발생 가능성을 얼마만큼 예견했
는가에 따라 법정형이 달라진다.

② ㉠과 ㉢은 주의의무에 대한 태만의 정도 차이를 기준으로 나
뉜다.

③ ㉡은 계속적이고 반복적인 수행으로 인해 결과 발생에 대한
예견가능성이 ㉠에 비해 상대적으로 높다.

④ ㉢은 조금만 주의를 기울여도 결과의 발생을 피할 수 있다는
점에서 ㉠에 비해 상대적으로 무겁게 처벌한다.

⑤ ㉠~㉢은 형법상 과실 행위를 세분화한 것으로 법정형에 차
이가 있다.

36. 윗글을 참고했을 때, 〈보기〉의 판결문에 대한 반응으로 적절
하지 <u>않은</u> 것은? [3점]

— < 보 기 > —

A 씨(견주)는 자신의 의류 매장에서 반려견을 키우고 있
었다. A 씨는 ○월 ○일 11시에 자신의 매장에서 환불을 요
구하는 손님과 다툼을 벌였고, 그 과정에서 A 씨의 반려견
이 밖으로 나갔다. 이때 지나가던 B 씨에게 A 씨의 반려견
이 달려들었고, B 씨는 A 씨의 반려견에게 물려 상해를 입
게 되었다. A 씨의 과실 여부를 판단하는 재판 과정에서,
A 씨는 자신의 반려견이 매장 밖으로 나가 타인에게 해를
끼칠 수도 있겠다고 생각했지만 손님과의 다툼으로 어쩔
수 없었던 상황이었다고 호소했다. 이에 대한 판결은 다음
과 같다.

[판결문]
　피고인(A 씨)은 피고인이 운영하는 의류 매장에서 견주
로서 반려견에게 목줄을 채우지 않은 채 풀어놓고 출입문
의 잠금 상태를 소홀히 한 과실로 피해자(B 씨)에게 상세
불명의 신체 부위에 상처를 입게 하였으므로 피고인을 벌
금 150만 원에 처한다.

① A 씨가 반려견에 대한 관리를 소홀히 한 사실에 대해 A 씨에
대한 사회적 비난이 가능하다고 판단한 것이겠군.

② A 씨가 반려견에 대한 관리를 소홀히 하면 타인에게 해를 끼
칠 수 있다고 인식한 점은 과실범의 성립 여부에 영향을 미
쳤겠군.

③ A 씨가 손님과의 다툼으로 반려견에 대한 관리를 소홀히 할
수밖에 없었다고 주장하는 부분에 대해 책임 조각 사유로 인
정하지 않았겠군.

④ A 씨가 반려견에 대한 관리를 소홀히 하였고 그로 인해 B 씨
가 상해를 입게 된 점을 형법상 규정된 범죄 유형에 해당한
다고 판단한 것이겠군.

⑤ A 씨가 반려견에 대한 관리 소홀로 타인을 다치게 하여 벌금
형을 받은 점은 구성 요건에 해당하는 행위에 위법성이 있다
고 판단한 것이겠군.

37. ⓐ와 문맥상 의미가 가장 가까운 것은?

① 동생이 학교에서 말썽을 <u>일으켰다</u>.

② 말이 먼지를 <u>일으키며</u> 달려가고 있다.

③ 그는 넘어지자마자 재빨리 몸을 <u>일으켰다</u>.

④ 선풍기는 전기를 동력으로 삼아 바람을 <u>일으킨다</u>.

⑤ 우리는 무너진 집안을 <u>일으키기</u> 위해 열심히 노력했다.

8
회

2
0
2
4
9
월
학
력
평
가

[38~42] 다음 글을 읽고 물음에 답하시오.

(가)

장마 가뭄에 피해 입은 백성이 관찰사 가을 순행 기다림은
가을걷이 부족함을 채워줄까 해서인데 지나는 곳마다 죄를 묻
는 폐단 있네
무논 재해도 감췄는데 목화밭이야 거론할까
백 묘(畝)나 되는 벌건 땅에 백지징세 하는구나
인자한 우리 임금 곡식 한 묶음도 모래 덮일까 염려하는데
불쌍한 백성 논밭 에다 좁은 길 넓히란다
각읍 관리 독촉하니 채찍 몽둥이 낭자하다
허다한 관인들이 대호(大戶) 소호(小戶)에 분담시켜
사방(四方) 부근 십 리 안에 닭과 개가 멸종하네
부자는 괜찮지만 가련한 이 가난한 자로다
해는 기울고 이정*은 저녁밥 재촉할 때
텅 빈 부엌 에서 우는 아낙 발 구르며 하는 말이
방아품에 얻은 양식 한두 되 있건마는
채소도 있건마는 그릇은 누구에게 빌릴꼬
앞뒷집 돌아보니 섣달그믐에 시루 빌리는 격이로다
한 마을 닭과 개 다 먹어 치우고 집집마다 또 거둔단 말인가
대호(大戶)에는 한 냥 넘고 소호(小戶)에도 육칠 전이라
이 놀이 다시 하면 이 백성 **못 살겠**네
낙토(樂土)에서 태어난 사람 태평성대 좋다 하여
편안히 지내더니 하릴없이 떠도네
한 사람의 호사(豪奢)가 몇 사람의 난리 되고
집과 논밭 다 팔고서 어디로 가잔 말인고
비나이다 비나이다 하느님께 비나이다
우리 임금님 어진 마음 밝은 촛불 되게 하시어 비추소서 비추
소서
소문에 들리기를 아전 향원(鄕員) 벌한다기에
간악한 이 벌하는가 여겼더니 음식과 도로(道路) 탓하는구나
노예 차출 무슨 일인고 순령수의 권세로다
음식은 넘쳐나고 **뇌물**은 공공연히 오고 가니
좋을시고 좋을시고 상평통보 좋을시고
많이 주면 무사하고 적게 주면 트집 잡네
춘당대(春塘臺)*에 치는 장막 오목대(梧木臺)에 무슨 일인고
참람(僭濫)한* **과거장**서 **재주 겨루는 유생(儒生)**들아
오십삼 주* 시예향(詩禮鄕)에 의로운 선비 하나 없단 말인가
먹을 복 좋은 우리 순상* 출세운 좋은 우리 순상
들어오시면 육조판서 나가시면 팔도 관찰사
공명도 거룩하고 부귀도 그지없다
망극하도다 나라 은혜여 감격스럽도다 임금님 은혜여
한 토막 절개라도 있다면 온 힘을 다해 은혜에 보답하리라
배은망덕하게 되면 **자손에게 화가 미치리라**

　　　　　　　　　　　　　　　　　　　　　　　　－ 작자 미상, 「합강정가(合江亭歌)」 －

* 이정 : 조선 시대에 지방 행정 조직의 최말단인 이(里)의 책임자.

* 춘당대 : 서울 창경궁 안에 있는 대(臺)로 옛날에 과거를 실시하던 곳.
* 참람한 : 분수에 넘쳐 너무 지나친.
* 오십삼 주 : 조선 시대에 전라도가 53주였음.
* 순상 : 조선 시대에 지방의 군무(軍務)를 순찰하던 일을 맡아보던 벼슬. 각
　도의 관찰사가 겸임하였음.

(나)

돌아가리 돌아가리 말뿐이오 갈 이 없어
전원이 거칠어지니 아니 가고 어찌할까
초당 에 청풍명월(淸風明月)이 나명들명 기다리나니

　　　　　　　　　　　　　　　　　　　　　　〈효빈가〉

농암*에 올라 보니 노안(老眼)이 오히려 밝구나
인사(人事) 변한다고 산천 이야 변할 것인가
바위 앞 물과 언덕이 어제 본 듯하구나

　　　　　　　　　　　　　　　　　　　　　　〈농암가〉

공명(功名)이 끝이 있을까 수명도 하늘이 정한 것이라
금서 띠*에 굽은 허리에 팔십 넘어 만난 ㉠ 봄이 그 몇 해오
해마다 오늘 같은 날이 역시 임금님 은혜로다

　　　　　　　　　　　　　　　　　　　　　　〈생일가〉

　　　　　　　　　　　　　　　－ 이현보, 「귀전록(歸田錄)」 －

* 농암 : 경북 안동 예안의 분강(汾江) 가에 있는 바위 이름.
* 금서 띠 : 1품 또는 2품 관원의 조복에 두르던 금이나 물소 뿔로 만든 띠.

(다)

　나는 긴 ㉡ 여름 동안 별로 할 일이 없어서 늘 연못가 에 나가
고기들이 입을 뻐끔거리며 노는 모양을 구경하곤 했다. 그러던
어느 날 이웃에 사는 사람이 나에게 대나무를 베어다가 낚싯대를
만들어 주고 또 바늘을 굽혀 낚시를 실에 달아 주었다. 그동안
서울 생활에 바빠 일찍이 낚시 놓는 법도 알지 못했던 나는, 이
웃 사람이 나를 위하여 낚싯대를 만들어 준 것만으로도 감사할
뿐이었다. 그래서 그 낚싯대를 물에 던져 넣은 뒤에 온종일을 기
다려 보았다. 그러나 고기가 한 마리도 물리지 않았다.

　　　　　　　　　　　　　　　　(중략)

　나는 그 사람이 가르쳐 주는 방법대로 낚싯대를 드리워 한참
만에 서너 마리의 고기를 낚아 올릴 수가 있었다. 그 사람은 또
말하기를,
　"ⓐ 고기 잡는 방법은 그렇게 하면 잘 되었네만 ⓑ 고기 잡는
묘리는 아직 깨닫지 못하였네."
하였다.
　그는 나의 낚싯대를 빼앗아 가지고 물속에 던져 넣었다. 그는
내가 낚던 낚싯대와 내가 쓰던 미끼와 내가 앉았던 자리를 그대
로 이용하였으나 그가 잡아 올리는 물고기는 마치 기다리기라도
한 듯이 낚싯대를 던져 넣기가 바쁘게 딸려 올라왔다. 광주리에
서 건져 내는 것 같았고, 소반에 올려놓은 것을 세는 것 같았다.
나는 감탄하면서 말하였다.
　"참으로 솜씨가 좋기도 하네. 자네, 그 묘한 솜씨를 좀 가르쳐

→ 해설편 **199쪽**

주겠나.”

“잡는 방법이야 가르쳐 줄 수 있지만 묘한 솜씨야 가르쳐 줄 수 있겠나. 만일 가르쳐 줄 수 있다면 그것은 묘수라고 할 수 없지. 그러나 내가 자네에게 말할 수 있는 것은, 곧 자네가 내가 가르쳐 준 대로 아침이나 저녁이나 이 낚싯대를 물속에 드리워 놓고 정신을 집중하여 열흘이고 한 달이고 그 방법을 익힌다면 그 묘법을 터득할 수 있다는 것일세. 그렇게 되면 손은 알맞게 움직일 수 있고, 마음은 스스로 묘법을 이해하게 될 것일세. 그럼으로써 지금까지 얻을 수 없는 것과, 또 지금까지 깨닫지 못하던 오묘한 이치와, 한 가지는 깨달았지만 그 나머지 두세 가지 깨닫지 못한 것과, 아무것도 모르고 오히려 의혹만 많아지는 것과, 또 환하게 깨달았지만 그 깨달은 까닭은 모르는 것들을 모두 얻을 수 있을 것일세. 그러나 이런 것을 다 얻게 되면 내가 어떻게 거기에 간여할 수 있겠는가? 내가 자네에게 할 수 있는 말은 오직 이것뿐일세.”

나는 낚싯대를 받아 물속에 던져 넣으면서 스스로 한탄하였다.

“참으로 그대의 말이 훌륭하다. 이러한 방법을 가지고 미루어 이용한다면 그것이 어찌 낚시 놓는 데만 응용되겠는가? 옛사람이 말하기를 ‘작은 것을 가지고 큰 것을 깨우칠 수 있다’고 하였는데 바로 이를 두고 한 말 아닌가?”

– 남구만, 「조설(釣設)」 –

38. (가)~(다)에 대한 설명으로 가장 적절한 것은?

① (가)와 (나)는 자연물에 인격을 부여하여 화자의 정서를 강조하고 있다.

② (가)와 (다)는 색채 대비를 활용하여 대상의 특징을 드러내고 있다.

③ (나)와 (다)는 대상을 다양한 관점에서 묘사하여 장면을 구체화하고 있다.

④ (가)~(다)는 모두 대화의 형식을 사용하여 주제를 부각하고 있다.

⑤ (가)~(다)는 모두 의문의 방식을 활용하여 상황에 대한 인식을 드러내고 있다.

39. <보기>를 바탕으로 (가)~(다)를 감상한 내용으로 적절하지 않은 것은?

> <보 기>
>
> 문학 작품에서 공간은 작품 안에 표현된 다양한 경험의 배경이자 상황적·역사적 맥락으로서의 의미를 지닐 수 있다. 작품 안에서의 공간은 인물들의 말과 행동, 대상의 이미지나 상징 등과의 관련성 속에서 다양한 의미로 실현된다.

① (가)의 논밭 은 지배층을 위해 길로 넓혀진다는 점에서 백성들이 빼앗긴 삶의 터전을 의미하는 공간이라고 할 수 있다.

② (가)의 텅 빈 부엌 은 방아품으로 얻은 양식을 담을 그릇조차 없는 곳이라는 점에서 아낙이 자신의 처지에 슬픔을 느끼는 공간이라고 할 수 있다.

③ (나)의 초당 은 화자가 청풍명월과 어울릴 수 있는 곳으로 여긴다는 점에서 화자가 지향하는 공간이라고 할 수 있다.

④ (나)의 산천 은 인사로 인해 변해 버린다는 점에서 변함없는 자연에 대한 화자의 소망을 투영한 공간이라고 할 수 있다.

⑤ (다)의 연못가 는 ‘나’가 낚시의 경험을 통해 깨달음을 얻는다는 점에서 글쓴이의 배움이 확장되는 공간이라고 할 수 있다.

40. ㉠과 ㉡에 대한 이해로 가장 적절한 것은?

① ㉠은 화자가 임금님의 은혜에 감사를 느끼는 시간이고, ㉡은 글쓴이가 새로운 것을 시도하는 시간이다.

② ㉠은 화자가 인생의 덧없음을 느끼는 시간이고, ㉡은 글쓴이가 이웃의 친절에 고마움을 느끼는 시간이다.

③ ㉠은 화자가 내적 갈등을 해결하는 시간이고, ㉡은 글쓴이가 자신의 삶의 가치를 새롭게 인식하게 되는 시간이다.

④ ㉠은 화자가 한 해를 또 맞이하는 슬픔을 나타내는 시간이고, ㉡은 글쓴이가 자신의 지나온 삶을 반성하는 시간이다.

⑤ ㉠은 화자가 공명을 추구하던 시절을 의미하는 시간이고, ㉡은 글쓴이가 대상과의 교감을 통해 과거의 상황을 추억하는 시간이다.

41. 〈보기〉를 참고하여 (가)를 감상한 내용으로 적절하지 <u>않은</u> 것은? [3점]

> ──── <보 기> ────
>
> 「합강정가」는 순시를 온 관찰사를 위한 뱃놀이와 관련한 현실을 비판한 작품이다. 이 작품은 관리들이 백성에게 잔치에 드는 비용을 부담시키는 일, 뇌물이 오고 가며 부정이 횡행한 일, 백성들이 가렴주구로 인해 유랑민이 되는 일 등 지배 계층의 유흥을 위해 강제로 노역에 동원되고 수탈을 당하는 백성들의 현실을 생생하게 그려 내고 있다. 특히 마지막 부분은 의로운 선비에 대한 기대와 관찰사를 향한 경고를 드러내고 있다.

① '이 놀이'를 '다시' 하게 되면 백성들이 '못 살겠'다고 한 것은 지배 계층의 유흥을 위해 수탈을 당하는 백성들의 현실을 드러낸다고 볼 수 있겠군.

② 백성들이 '집과 논밭'을 '다 팔고서' 떠나는 것은 가렴주구로 인해 유랑의 길을 떠나야 하는 백성들의 고통스러운 현실을 드러낸다고 볼 수 있겠군.

③ '뇌물'을 '많이 주면 무사하고 적게 주면 트집'이 잡히는 것은 관리들이 뇌물을 받으며 부정을 저지르는 것에 대한 비판을 드러낸다고 볼 수 있겠군.

④ '유생'들이 '과거장'에서 '재주'를 '겨루는' 것은 의로운 선비가 되기 위해 과거에 통과하기를 바라는 유생들의 기대를 드러낸다고 볼 수 있겠군.

⑤ '배은망덕'하면 '자손에게 화가 미치리라'라는 것은 임금에 대한 은혜를 잊지 말라는, 관찰사를 향한 경고를 드러낸다고 볼 수 있겠군.

42. (다)의 ⓐ, ⓑ에 대한 설명으로 적절하지 <u>않은</u> 것은?

① ⓐ는 누군가의 가르침을 통해 습득할 수 있다.

② ⓑ를 터득하면 다른 사람이 간여하지 않아도 된다.

③ ⓐ에 집중하기 위해서는 ⓑ에 대한 의혹에서 벗어나야 한다.

④ ⓐ를 꾸준히 반복하여 익힌다면 마음은 스스로 ⓑ를 이해하게 된다.

⑤ ⓑ를 알게 된 후에는 ⓐ만 알고 있을 때보다 더 많은 수확을 거둘 수 있다.

[43~45] 다음 글을 읽고 물음에 답하시오.

"도련님은 어디서 온 누구십니까? 지금 어디를 가시는 길인지 물어봐도 될까요?"

"네, 저는 하늘 옥황 문왕성 문 도령입니다. 지금 아랫마을 거무 선생님께 글공부 가는 길이오."

자청비가 문 도령을 찬찬히 살펴보는데 인물이 단정하고 눈빛이 깊은 것이 마음에 들었다. 게다가 거무 선생께 글공부를 간다 하니 같이 글공부하러 가고 싶은 생각이 불쑥 솟아났다.

"도련님, 우리 집에도 나와 닮은 남동생이 있는데 마침 거무 선생께 글공부하러 가고 싶어 합니다. 이름은 **자청 도령**이라 하니 같이 벗하여 가는 것이 어떻겠습니까?"

조금이라도 자청비와 더 있고 싶은 문 도령은 선선히 그러겠다고 대답하고는 자청비를 따라갔다. 자청비는 문 도령을 집 앞 골목에 세워 놓고, 부모님 방으로 달려갔다.

"아버님, 어머님, 저도 다른 선비들처럼 글공부하러 가고 싶습니다."

대감이 펄쩍 뛰었다.

"계집아이가 글을 배워 무엇에 쓴단 말인고?"

어머니도 자청비의 손을 잡으며 달랬다.

"시집갈 나이가 다 되었는데 밖으로 나돌아다니면 안 좋은 소문만 난다. 그러니 그냥 집에서 살림이나 배우는 게 좋을 것 같다."

자청비가 차분하게 부모님을 설득했다.

"아버님, 어머님, 늘그막에 딸자식 하나 얻었는데 내일이라도 아버님 어머님이 세상을 떠나면 기일 제사 때 축지방*은 누가 쓸 겁니까?"

그 말끝에 부모님이 뭐라 대답을 못 하고 있는데 자청비는 계속해서 말을 이었다.

"나에게 오라비가 있습니까? 형제가 있습니까? 그저 집안에 자식이라곤 나 하나밖에 없는데, 여자라도 배워 놓으면 다 써먹을 데가 있습니다. 저라도 공부를 해서 축지방이나 쓰게 해 주세요."

자청비의 말을 들은 대감은 마음이 움직였다.

"듣고 보니 그럴듯한 말이구나. 늘그막에 귀한 딸자식 하나 얻었더니 부모 기일 제사까지 벌써부터 챙기려고 마음을 쓰니 기특하구나. 그렇다면 거무 선생께 가서 글공부하도록 하거라."

부모님께 허락을 받은 자청비는 방으로 들어가 입고 있던 옷을 벗어 두고 남자 옷으로 갈아입었다. 그러고는 책을 한 아름 안고, 붓도 몇 자루 감아쥐고는 부모님께 이별 인사를 드리는 둥 마는 둥 하고 밖으로 뛰쳐나갔다.

골목에 나가 보니 문 도령이 서성이며 기다리고 있었다. 자청비는 시침을 뚝 떼고 다가가 인사를 했다.

"처음 뵙겠습니다. 저는 자청 도령인데 누님한테 말씀 잘 들었습니다."

"예, 저는 하늘 옥황 문왕성 문 도령이오."

문 도령은 자청 도령을 위아래로 훑어보며 고개를 갸웃했다.

→ 해설편 **202쪽**

‘아무리 남매지간이라고 하여도 이렇게 닮을 수가 있는가? 자청 도령도 곱상하니 아가씨라고 해도 믿겠구나.’

문 도령과 자청 도령은 나란히 아랫마을 거무 선생에게 갔다.

[중략 줄거리] 자청 도령이 자청비임을 알게 된 문 도령은 자청비와 결혼을 한다. 한편, 이들을 시기한 하늘 무리들이 문 도령을 죽이고, 군졸들을 보내 자청비를 강제로 데려가려고 하자 자청비는 매미, 등에, 봉황새를 죽은 문 도령이 있는 방에 걸어 둔다.

"저 위에 보면 **우리 낭군이 깔고 앉았던 방석**이 있습니다. 그걸 내려서 깔고 앉아 보십시오. 그것이 조금 무겁긴 하지만 사나이라면 그 정도는 거뜬히 들 수 있어야 하지 않겠습니까? 그리하면 제가 스스로 가겠습니다."

선반 위에 놓인 무쇠 방석을 가리키며 말하자 군졸들이 달려들어 방석을 내리려 하였다. 그러나 어찌나 무거운지 꼼짝도 하지 않았다.

"문 도령이 이렇게 힘센 장수였구나. 아무래도 소문대로 보통 인물이 아니로군. 잘못하다가는 무슨 변이라도 당하는 게 아닌지 모르겠어."

군졸들은 겁이 나서 누구도 선뜻 나서려고 하지 않았다. 그러자 군졸들을 이끌고 온 우두머리가 문 도령이 누워 있는 방을 쳐다보며 한마디 했다.

"이놈들아, 걱정들 하지 마라. 그래봐야 죽은 목숨 아니냐? 죽은 목숨 아무 소용 없다."

"맞는 말이로구나. 제아무리 잘난 문 도령이라도 이미 죽은 목숨인데 어떻게 할 수 있겠는가."

그런데 죽은 줄 알았던 문 도령이 코를 골며 자는 소리가 들렸다. 주얼재열 **매미, 등에**가 나는 소리, **봉황새** 꺽꺽 부리 벌리는 소리가 코 고는 소리로 들렸던 것이었다.

"어이? 이거 무슨 소리인가?"

"문 도령이 코 골며 자는 소리 같은데. 문 도령은 죽은 것이 아닌가?"

그때 방 밖에 서 있던 머슴이 자청비가 시킨 대로 손을 한 번 탁 쳤다. 그러자 화들짝 놀란 군졸들이 겁을 집어먹고 앞다투어 도망쳐 버렸다. 위기를 모면한 자청비는 죽은 남편을 살려 내기 위해 서천꽃밭으로 들어가 갖가지 꽃을 얻어 왔다. 자청비가 가져온 살살이꽃, 피살이꽃, 도환생꽃을 남편의 시체 위에 뿌리자 문 도령이 기지개를 켜며 일어나 앉았다.

"아, 잘 잤다! 그런데 무슨 일인가? 주변이 왜 이처럼 어지럽소?"

자청비는 그 사이에 있었던 일을 소상히 일러 주었다.

"아, 그러니까 부인 덕에 내가 이리 살아났구려."

문 도령은 또 한 번 자청비의 기지에 감탄하며 부인의 손을 꼭 잡았다.

하늘 옥황 천자국에 큰 사변이 일어났다. 검은 무리가 난을 일으켜 천자국이 큰 혼란에 빠지게 된 것이다. 옥황상제 천지왕은 여기저기 방을 붙이도록 했다.

"이 난을 평정하는 자에게 하늘 옥황의 땅 한 조각 물 한 조각을 갈라 주겠노라."

자청비는 문 도령과 함께 서천꽃밭에서 가져온 수레멸망악심꽃을 들고 천자국으로 갔다. 수레멸망악심꽃은 뿌리면 뿌리는 대로 많은 사람이 죽는 꽃이었다. 천지왕은 난을 평정하기 위해 왔다는 문 도령과 자청비에게 임무를 맡겼다. 전장으로 가 보니 삼만 명의 군사들이 칼을 치고 활을 받으며 치열하게 싸우고 있었다. 자청비는 천자국 병사들을 철수시키고는 수레멸망악심꽃을 동서로 뿌려댔다. 그러자 난을 일으킨 군사들이 건삼밭의 늙은 삼 쓰러지듯 동서로 즐비하게 쓰러지며 숨이 끊어져 버렸다. 곧 난은 평정되고 천자국이 평온해졌다. 천지왕은 크게 기뻐하며 둘의 공을 치하했다.

"내 너희들에게 하늘나라에 있는 기름진 땅을 갈라 주겠으니 잘 맡아 다스리도록 하여라."

그러나 자청비는 이를 사양하고 인간 세상에 내려가 살고자 하니 대신 씨앗을 달라고 청을 드렸다.

"하늘님아, 하늘나라 기름진 땅 대신 **제주 땅에 내려가서 심을 오곡의 씨앗을 내려** 주십시오. 제주 백성들 농사짓고 살게 해 주겠습니다."

천지왕은 자청비를 기특하게 여기고 인간을 널리 이롭게 하라며 **여러 곡식을 내려** 주었다.

– 작자 미상, 「세경본풀이」 –

* 축지방 : 제사 때 읽어 천지의 신령께 고하는 글을 적은 종이 조각.

43. 윗글에 대한 설명으로 가장 적절한 것은?

① 비현실적 요소를 통해 인물의 비범한 능력을 드러내고 있다.
② 꿈과 현실을 교차하여 앞으로 일어날 사건을 암시하고 있다.
③ 비유적 표현을 사용하여 인물의 심리적 갈등을 드러내고 있다.
④ 공간적 배경에 대한 묘사를 통해 낭만적 분위기를 형성하고 있다.
⑤ 서술자가 직접적으로 개입하여 인물을 주관적으로 평가하고 있다.

44. 윗글에 대한 이해로 적절하지 <u>않은</u> 것은?

① 자청비는 문 도령에게 자청 도령을 만날 것을 제안했다.
② 대감은 부모의 제사를 걱정하는 자청비를 기특하게 여겼다.
③ 군졸들은 문 도령이 살아 있다고 생각해 겁을 먹고 도망쳤다.
④ 난을 일으킨 군사들은 자청비가 뿌린 꽃에 의해 숨이 끊어졌다.
⑤ 천지왕은 천자국의 난을 평정하기 위해 자청비를 찾아가 도움을 구했다.

45. 〈보기〉를 참고하여 윗글을 감상한 내용으로 적절하지 <u>않은</u> 것은? [3점]

< 보 기 >

「세경본풀이」는 자청비가 농사를 관장하는 '세경신'이 되기까지의 과정을 담은 제주도 서사무가이다. 이 과정에서 자청비는 여성이라는 이유로 사회적 제약을 받거나, 여러 난관에 봉착한다. 그때마다 자청비는 거짓말이나 속임수를 사용하여 상대와 동질성을 이뤄 상대방의 수용을 얻기도 하고, 상황을 미리 조작하여 자신의 불리한 상황을 반전시키기도 한다. 또한, 유인책을 사용해 상대를 함정에 빠뜨려 목적을 달성하기도 한다.

① 자청비가 '자청 도령' 행세를 한 것은 문 도령과의 동질성을 획득하기 위한 속임수로 볼 수 있겠군.
② 자청비가 '계집아이가 글을 배워 무엇에' 쓰냐며 부모로부터 글공부를 제지당하는 것은 자청비가 받는 사회적 제약으로 볼 수 있겠군.
③ 자청비가 무쇠 방석을 '우리 낭군이 깔고 앉았던 방석'이라고 말한 것은 상대방을 함정에 빠뜨려 자신의 편으로 만들기 위한 유인책으로 볼 수 있겠군.
④ 자청비가 '매미', '등에', '봉황새', 박수 소리를 이용한 것은 문 도령이 살아 있는 것처럼 상황을 미리 조작하여 자신의 불리한 상황을 반전시키기 위한 것으로 볼 수 있겠군.
⑤ 자청비가 천지왕에게 '제주 땅에 내려가서 심을 오곡의 씨앗을 내려' 달라고 요청하여 '여러 곡식'을 받는 것은 자청비가 지닌 세경신으로서의 면모로 볼 수 있겠군.

※ **확인 사항**

○ 답안지의 해당란에 필요한 내용을 정확히 기입(표기)했는지 확인하시오.

[1~3] 다음은 수업 중 학생의 발표이다. 물음에 답하시오.

여러분은 얼마 전 체험 학습을 갔던 전통 마을에서 본 담장이 기억나시나요? 저는 그때 보았던 담장의 문양이 인상 깊어 담장에 관심이 생겼습니다. 그래서 담장의 종류에 대해 조사해 보았어요.

담장의 종류에는 여러 가지가 있는데요, 담장을 만들 때 사용되는 재료에 따라 담장의 종류가 구분되기도 합니다. 먼저 돌로 만든 담장에는 사고석 담장이 있습니다. (㉠ 자료 제시) 보시는 것처럼 사고석 담장은 맨 아래에 길게 다듬어 만든 돌인 장대석을 2~3단 놓고, 그 위에 사고석을 규칙적으로 쌓아 올립니다. 사고석은 한 변이 15~18cm가량 되는 정육면체 모양으로 가공한 돌을 말하는데요, 이렇게 돌을 가공하는 것은 비용이 많이 들기 때문에 사고석 담장은 주로 궁궐이나 부유한 집에 사용되었습니다. 그리고 기와로 지붕을 얹어 격식을 높이기도 했어요. 또한 단조로움을 피하기 위해 사고석 담장에 꽃이나 십장생 등의 문양을 넣어 꽃담으로 만들기도 했는데요, 꽃담은 여성들이 생활하는 공간에서 주로 볼 수 있었습니다.

돌로 만든 또 다른 담장으로는 가공하지 않은 자연 그대로의 막돌을 쌓아 올린 자연석 담장이 있습니다. (㉡ 자료 제시) 보시는 것처럼 자연석 담장은 크기가 다른 비정형의 돌을 하나씩 쌓아 올리는 방식으로 만들었는데요, 이때 쉽게 무너지는 것을 방지하기 위해 이렇게 직선보다는 곡선으로 이어 나가는 방식을 택했어요. 자연석 담장은 주변에서 쉽게 구할 수 있는 돌을 쌓아 만들었기 때문에 서민들의 살림집에서 흔히 볼 수 있었습니다. 담장을 쌓은 후에는 짚이나 갈대로 담장 위에 지붕을 올리기도 했어요.

담장의 재료로는 돌뿐만 아니라 흙도 사용되었는데요, 흙으로만 쌓은 담장은 습기에 약하기 때문에 기와를 섞어 담장의 강도를 높이기도 했어요. (㉢ 자료 제시) 이 담장이 바로 기와와 흙을 섞어 쌓은 와편 담장인데요, 반원통형 모양의 수키와나 평평하고 넓적한 암키와를 흙과 번갈아 층을 이루면서 반복하여 쌓으면 다양한 문양을 자유롭게 만들어 낼 수 있었습니다. 이러한 와편 담장은 상대적으로 기와를 구하기 쉬웠던 사찰이나 양반의 살림집 등에서 많이 사용되었어요.

그렇다면 (자료 제시) 전통 마을 체험 학습 때 봤던 이 담장은 무슨 담장일까요? (대답을 듣고) 네, 맞습니다. 방금 설명한 와편 담장이지요. 학교 도서관에도 담장에 관한 책이 있으니 관심이 있으신 분들은 한번 읽어 보시기 바랍니다. 이상으로 발표를 마치겠습니다.

1. 위 발표자의 말하기 방식으로 가장 적절한 것은?

① 도입부에서 발표 소재를 선정한 계기를 언급하고 있다.
② 발표에 활용한 자료의 출처를 밝혀 신뢰성을 확보하고 있다.
③ 발표 순서를 안내하여 청중이 내용을 예측하도록 하고 있다.
④ 대상을 일상적 소재에 빗대어 표현하여 청중의 이해를 돕고 있다.
⑤ 발표 내용을 통해 얻을 수 있는 효용을 제시하며 발표를 마무리하고 있다.

2. 다음은 발표자가 제시한 자료이다. 발표자의 자료 활용에 대한 설명으로 적절하지 <u>않은</u> 것은?

[자료 1]   [자료 2]   [자료 3]

① 가공된 돌을 규칙적으로 쌓은 담장의 형태를 보여 주기 위해 ㉠에 [자료 1]을 활용하였다.
② 기와로 지붕을 얹어 격식을 높인 담장의 형태를 보여 주기 위해 ㉠에 [자료 1]을 활용하였다.
③ 정형화되지 않은 자연석을 이용하여 만든 담장의 모습을 보여 주기 위해 ㉡에 [자료 2]를 활용하였다.
④ 담장을 만들 때 곡선 형태로 이어 나가는 것이 어려운 이유를 설명하기 위해 ㉡에 [자료 2]를 활용하였다.
⑤ 담장의 재료로 돌 이외에 흙과 기와도 쓰였다는 것을 설명하기 위해 ㉢에 [자료 3]을 활용하였다.

3. 발표 내용을 바탕으로 할 때, 〈보기〉에 나타난 학생의 반응에 대한 이해로 적절하지 <u>않은</u> 것은?

> ─────〈보 기〉─────
>
> **학생 1**: 담장에 대해 알게 되어 유익했어. 할머니 댁에서 본 담장을 떠올리며 들었더니 이해가 잘되더라. 어떤 종류의 담장이 더 있는지 알아보러 도서관에 가 봐야지.
>
> **학생 2**: 같이 가자. 난 꽃담에 대한 자료를 더 찾아봐야겠어. 꽃담에 어떻게 문양을 넣었는지 궁금하거든. 발표에서 그 방법을 알려 주면 좋았을 텐데 말이야.
>
> **학생 1**: 나는 이번 발표를 듣고 와편 담장도 기와를 활용해서 꽃담의 꽃 문양과 같이 특정한 문양을 만들어 낼 수 있겠다고 생각했어.
>
> **학생 2**: 맞아. 그런데 나는 기와가 장식용으로만 쓰인다고 알고 있었는데 그렇지 않네. 기와가 담장의 강도를 높이는 실용적인 역할도 한다는 점이 흥미로웠어.

① '학생 1'은 자신의 경험이 발표 내용을 이해하는 데 도움이 되었음을 언급하고 있다.

② '학생 2'는 발표에서 알게 된 내용을 통해 자신의 배경지식을 수정하고 있다.

③ '학생 1'과 '학생 2'는 모두, 발표 내용과 관련된 추가 정보를 탐색하려 하고 있다.

④ '학생 1'과 달리, '학생 2'는 제시된 정보가 부족한 것에 대해 아쉬워하고 있다.

⑤ '학생 1'은 발표 내용을 활용하여 '학생 2'의 궁금증을 해소해 주고 있다.

[4~7] (가)는 학생회 학생들의 대화이고, (나)는 이를 바탕으로 '학생 1'이 작성한 건의문이다. 물음에 답하시오.

(가)

학생 1 얘들아, 학생회 누리집 게시판에 올라온 │게시글│ 봤어? 건강 행복 행사 운영에 관한 글 말이야. 조회 수도 높고 공감하는 댓글도 많이 달렸던데.

학생 2 ㉠ 응, 작년 건강 행복 행사에서 아쉬웠던 점과 올해 행사에 대해 바라는 점을 쓴 글 말하는 거지?

학생 1 맞아. 그 글에 나온 인근 학교 사례처럼 우리 학교 행사에서도 올해는 다양한 프로그램을 운영하면 좋겠더라.

학생 3 그러려면 작년처럼 하루만 행사를 해서는 안 될 것 같지 않아?

학생 1 그럼 올해에는 행사 기간을 늘려 달라고 학교에 건의를 해 보자. 행사 기간은 한 주 정도면 괜찮지 않을까?

학생 2 좋은 생각이야. 그럼 언제쯤 하는 게 좋을까?

학생 3 체육 대회가 포함된 주에 하는 건 어때? 시기적으로 학생들이 자신의 체력이나 건강 상태에 관심을 가지기 좋을 것 같아서.

학생 2 그게 좋겠다. ㉡ 그런데 기간이 늘어나는 만큼 추가할 프로그램도 함께 제안해야 설득력이 높아지지 않을까?

학생 1 그러자. 프로그램은 어떤 게 좋을까?

학생 3 직접 체험할 수 있는 프로그램을 원하는 학생들이 많으니, 자신의 건강 상태를 확인할 수 있는 체험 부스 운영을 제안해 보는 건 어때?

학생 2 그거 괜찮다. ㉢ 체험 부스를 운영하면 더 많은 학생이 건강에 관심을 갖게 되는 효과도 있을 것 같아.

학생 1 그래. 그리고 요즘 학생들은 온라인 소통이 활발하니 자신만의 운동 방법이나 추천할 만한 걷기 코스 등을 학교 SNS에 소개하는 활동도 제안해 볼까?

학생 2 ㉣ 아, 네 말을 듣고 생각이 났는데, 소개하는 글에 댓글로 운동 인증 사진을 공유하게 하는 것도 좋을 것 같아.

학생 3 그러자. 행사 기간에는 학교 급식에도 변화가 있었으면 좋겠어. 건강에 좋은 식재료와 조리법을 활용한 급식을 제공하는 '건강 급식의 날' 운영을 제안하는 건 어때?

학생 2 좋은 생각이야. 그런데 전교생을 대상으로 하는 프로그램인 만큼 더 많은 학생이 행사에 공감할 수 있도록 건강 급식의 취지에 대한 안내가 잘 이루어져야 할 것 같아.

학생 1 응, 좋아. 건의문에 더 추가하고 싶은 내용 있어?

학생 3 신체 건강뿐만 아니라 심리 건강에 대한 프로그램도 제안하는 것은 어떨까? 내 주변에 학업이나 친구 관계로 힘들어하는 친구들이 있거든.

학생 2 ㉤ 예전에 '마음 해우소'라는 강연을 들은 적이 있는데, 불안한 마음을 안정시키는 데에 도움이 되었어. 그런 강연도 제안하면 좋을 것 같아.

학생 1 흥미롭겠다. 강연 외에도 추가할 만한 프로그램이나 자료가 있는지 찾아보고 글에 반영할게.

(나)

교장 선생님, 안녕하세요. 저는 학생회장 이□□입니다. 학생들을 위해 늘 애써 주시는 교장 선생님께 감사의 말씀을 드립니다.

최근 학생회 누리집 게시판에 작년 우리 학교의 건강 행복 행사가 학생들이 참여할 만한 프로그램이 적어 아쉬웠다는 글이 올라왔습니다. 이 글에 많은 학생들이 댓글을 달며 높은 관심을 보였습니다.

이에 학생회에서는 다양한 프로그램이 진행될 수 있도록 건강 행복 행사의 기간을 늘려 주간으로 운영해 주시기를 건의드립니다. 시기적으로는 학생들이 건강에 관심을 갖기 좋은 체육 대회가 포함된 주가 적합하다고 생각합니다. 그리고 행사 기간이 늘어난 만큼 다양한 프로그램이 운영되기를 희망합니다. 구체적으로는 신체 건강과 관련하여 '체성분 분석', '폐활량 측정' 등을 주제로 하는 건강 체험 부스 설치, SNS를 활용한 건강 활동 소개 및 공유, 건강에 좋은 식재료와 조리법을 활용한 '건강 급식의 날' 운영 등이 좋겠습니다. 그리고 심리 건강을 위해 청소년 심리 전문가 강연, 명상 프로그램이나 마음 치유 캠프 등도 운영해 주시면 좋겠습니다.

건강 행복 행사가 주간으로 운영되면 더 많은 학생이 프로그램에 참여할 수 있을 것입니다. 또한 학생들이 올바른 식습관도 갖추어 나갈 수 있고, 자신의 몸 상태에 관심을 가지며 활기차게 학교생활을 할 수 있을 것입니다. 그리고 심리 건강 프로그램을 통해 불안감과 우울감 등으로 힘들어하는 학생들이 심리적 안정과 치유의 효과도 얻을 수 있을 것입니다.

학생들은 바쁜 학교생활 속에서 몸과 마음을 돌볼 수 있는 기회가 필요합니다. 건강 행복 행사는 학생들에게 이러한 기회를 제공하는 오아시스가 될 것입니다. 저희의 건의 사항을 행사 운영에 반영해 주시길 부탁드립니다. 감사합니다.

4. 다음은 학생회 누리집 게시판에 올라온 [게시글]이다. (가)의 대화에서, 게시글의 내용을 바탕으로 이루어진 논의에 대한 설명으로 가장 적절한 것은?

제목: 건강 행복 행사, 이렇게 바꿔 주세요.

올해는 건강 행복 행사가 어떻게 진행되나요? 작년에는 홍보도 부족하고 방과 후 강연 프로그램밖에 없어서 많은 학생이 참여하지 못했습니다. 올해는 학생이 직접 체험할 수 있는 프로그램이 있었으면 좋겠고, 이에 대한 홍보도 충분히 이루어졌으면 좋겠습니다. 인근 학교에서는 유연성 측정 대회를 열어 학생들로부터 많은 호응을 받았다고 하는데, 우리도 그런 대회를 여는 것은 어떨까요? 학생들의 관심을 끌기에도 좋을 것 같습니다.

① 행사의 일정을 학생들에게 안내하기 위해 SNS를 활용하는 방안에 대하여 논의하였다.

② 다양한 프로그램을 제안하기 위해 작년 행사 프로그램으로 운영되었던 강연에 대하여 논의하였다.

③ 인근 학교의 건강 행사 프로그램 사례를 알아보기 위해 관련 정보를 수집하는 방법에 대하여 논의하였다.

④ 행사에 대한 학생들의 관심을 유도하기 위해 전교생이 참여하는 프로그램의 장단점에 대하여 논의하였다.

⑤ 학생들이 건강 관련 프로그램을 직접 체험할 수 있도록 하기 위해 체험 부스를 운영하는 것에 대하여 논의하였다.

5. (가)의 ㉠~㉤에 대한 설명으로 적절하지 <u>않은</u> 것은?

① ㉠ : 상대가 언급한 것과 자신이 떠올린 것이 일치하는지 확인하고 있다.

② ㉡ : 상대가 제시한 방안의 실현 가능성에 의문을 제기하고 있다.

③ ㉢ : 상대가 제시한 방안에 따른 긍정적 효과를 언급하고 있다.

④ ㉣ : 상대가 제시한 방안에 대해 추가적인 제안을 덧붙이고 있다.

⑤ ㉤ : 상대의 발언과 관련하여 자신의 경험을 사례로 제시하고 있다.

6. 다음은 (가)의 대화 상황에서 '학생 1'이 작성한 메모의 일부이다. ⓐ~ⓔ가 (나)에 반영된 양상을 이해한 것으로 적절하지 <u>않</u>은 것은? [3점]

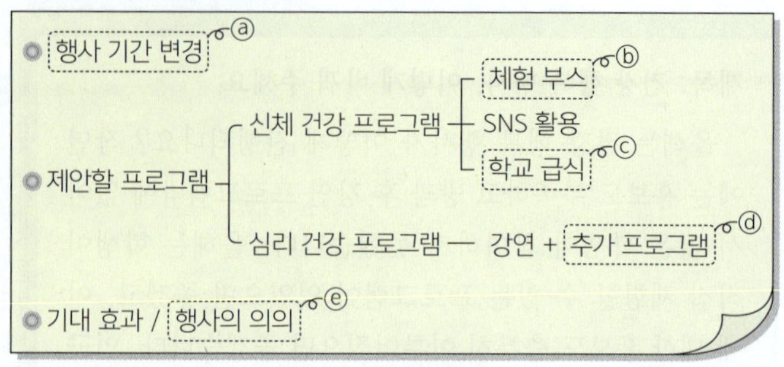

① ⓐ는 체육 대회가 있는 주에 행사를 주간으로 운영해 달라고 건의하는 것으로 (나)에 반영되었다.
② ⓑ는 건강 체험 부스의 구체적 체험 주제를 제시하는 것으로 (나)에 반영되었다.
③ ⓒ는 건강에 좋은 식재료와 조리법에 대한 학생들의 요구를 고려한 '건강 급식의 날'을 제안하는 것으로 (나)에 반영되었다.
④ ⓓ는 명상 프로그램이나 마음 치유 캠프의 운영을 제안하는 것으로 (나)에 반영되었다.
⑤ ⓔ는 행사가 학생들에게 몸과 마음을 돌볼 기회를 제공할 수 있음을 비유적 표현을 통해 제시하는 것으로 (나)에 반영되었다.

7. 〈보기〉는 (나)의 4문단의 초고이다. 4문단에 반영된 수정 사항으로 적절하지 <u>않</u>은 것은?

< 보 기 >

　건강 행복 행사의 기간이 늘어나면 더 많은 학생이 프로그램에 참여할 수 있을 것입니다. 그래서 저도 건강 행복 행사가 정말 기대됩니다. 또한 학생들이 자신의 몸 상태에 관심을 가지며 활기차게 학교생활을 할 수 있을 것입니다. 심리 건강 프로그램을 통해 심리적 안정과 치유의 효과도 얻을 수 있을 것입니다.

---

① 변경되기를 희망하는 행사 기간을 더 구체적으로 드러낸다.
② 행사에 대한 개인적 기대감이 드러난 부분을 삭제한다.
③ 행사의 프로그램을 통해 얻을 수 있는 효과를 추가한다.
④ 심리 건강 프로그램의 효과를 보여 주는 근거 자료를 함께 제시한다.
⑤ 마지막 문장과 그 앞 문장의 연결이 자연스러워지도록 적절한 연결 표현을 추가한다.

[8~10] 다음은 작문 상황과 이를 바탕으로 학생이 작성한 초고의 일부이다. 물음에 답하시오.

[작문 상황]

　새로운 산업으로 주목받는 '푸드테크'에 대한 정보를 전달하는 글을 교지에 싣고자 함.

[학생의 초고]

　푸드테크(FoodTech)란 식품과 기술의 합성어로, 식품의 생산, 유통, 소비에 이르는 전 과정에 첨단 기술을 활용하는 것을 의미한다. 최근 푸드테크 산업이 활성화되고 있는데, 푸드테크는 우리의 삶에 어떤 영향을 끼칠까?

　먼저, 환경적 측면에서 푸드테크는 온실가스 배출량 감소에 기여할 수 있다. 동물들이 내뿜는 온실가스로 인해 축산업이 지구 온난화의 주요 원인 중 하나로 지적받고 있는 상황에서, 콩이나 밀 등을 원료로 육류의 맛과 질감을 비슷하게 구현해 낸 '식물성 대체육' 기술은 주목할 만한 대안이 되고 있다. 또한 식품 제조 과정에서 발생하는 부산물이 그냥 버려질 때 많은 양의 온실가스가 배출되는데, 이러한 부산물을 가공하여 다른 식품이나 원료 등을 새롭게 만들어 내는 '푸드 업사이클링' 기술을 통해 온실가스 배출을 줄일 수 있다.

　다음으로 식량 문제 측면에서 푸드테크는 식량 공급의 안정화를 통해 식량 부족 문제 해결의 대안이 될 수 있다. '스마트팜'은 농작물에 최적화된 온도, 습도, 토양 등을 자동으로 유지하고 원격으로 관리할 수 있는 기술을 바탕으로, 계절이나 장소에 상관없이 농작물을 안정적으로 생산할 수 있게 해 준다. 특히 기상 이변으로 농작물 생산이 위협받고 있는 요즘, 스마트팜 관련 기술이 더욱 주목받고 있다. 또한 정보 통신 기술을 활용하여 식품의 생산부터 유통, 소비의 모든 단계에서 수요와 공급을 예측하는 '스마트 푸드체인'은 생산된 식품이 소비자에게 도달할 때까지 불필요하게 버려지는 식품의 양을 줄임으로써 결과적으로 식량 공급을 안정화하는 효과를 낼 수 있다.

　마지막으로 삶의 질 측면에서 푸드테크는 첨단 공학 기술을 바탕으로 삶의 편리성을 향상시켜 준다. 로봇 산업이 발전함에 따라 '서빙 로봇'이나 '조리 로봇' 등 식품 관련 로봇도 다양하게 개발되었는데, 이러한 로봇의 도입은 특히 학교 급식실과 같은 대량 조리 현장에서 노동의 효율성과 안정성을 높이는 역할을 하고 있다. 한편 AI와 빅데이터에 기반하여 개발된 '식이 설계 알고리즘'은 소비자의 연령, 건강 상태, 음식 선호도 등을 분석하여 맞춤형 식단 추천이 가능하다.

[A]

→ 해설편 **208**쪽

8. '학생의 초고'에 활용된 글쓰기 방식으로 적절하지 <u>않은</u> 것은?

① 푸드테크의 개념을 정의하여 용어의 의미를 밝혔다.
② 푸드테크가 활용되고 있는 사례를 제시하며 설명하였다.
③ 푸드테크가 발전해 온 과정을 단계별로 분석하여 서술하였다.
④ 푸드테크에 따른 기대 효과를 여러 측면으로 나누어 설명하였다.
⑤ 푸드테크가 우리 삶에 끼치는 영향을 묻고 답하는 방식으로 서술하였다.

9. 〈보기〉는 학생이 초고를 보완하기 위해 추가로 수집한 자료이다. 자료 활용 방안으로 적절하지 <u>않은</u> 것은? [3점]

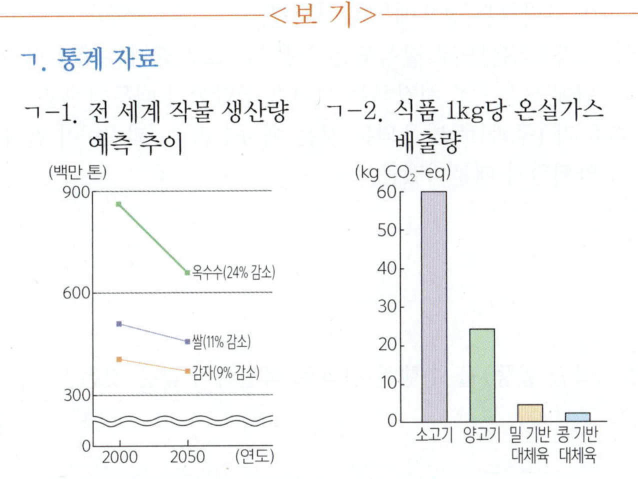

ㄴ. 전문가 인터뷰

"대체육에는 식물성 대체육 외에 배양육도 있습니다. 배양육은 동물이나 생선 등의 근육으로부터 소량의 세포를 추출한 뒤 체외에서 조직을 배양해 만드는 새로운 형태의 육류로, 기존의 일반적 육류와 유사한 맛을 낼 수 있습니다. 또한 온실가스 배출량이 소고기를 생산할 때 배출되는 온실가스 양의 약 3분의 1 정도로 알려져 있어 친환경 미래 식품으로 주목받고 있습니다."

ㄷ. 신문 기사

2023년 80억 명을 넘긴 전 세계 인구가 2050년에 약 97억 명에 이를 것으로 전망되면서 2050년에는 지금보다 두 배 이상의 식량이 필요할 것으로 예측된다. 한편 평균 수명이 늘어남에 따라 고령 인구에 대한 대책이 요구되는 상황에서 '식이 설계 알고리즘'이 주목받고 있다. 고령자나 환자 등 특별한 영양 공급이 필요한 소비자들은 질병, 식습관, 영양 상태를 체계적으로 분석하는 알고리즘을 통해 최적의 식단을 제공받을 수 있다.

① ㄱ-1을 활용하여, 전 세계 작물 생산량의 감소 추이를, 버려지는 식품의 양을 줄이기 위해 스마트 푸드체인 기술을 활용하려면 식량 공급 안정화가 선행되어야 함을 보여 주는 근거로, 3문단에 제시한다.
② ㄴ을 활용하여, 배양육에 대한 내용을, 식물성 대체육 이외에 기존의 일반적 육류를 대체할 새로운 육류 생산 방법의 사례로, 2문단에 추가한다.
③ ㄷ을 활용하여, 특정 소비자들의 특성을 분석하여 최적의 식단을 제공할 수 있다는 내용을, 식이 설계 알고리즘이 활용되는 구체적 예시로, 4문단에 추가한다.
④ ㄱ-1과 ㄷ을 활용하여, 인구 증가에 따라 필요한 식량의 양은 증가하고 있지만 작물 생산량은 감소하고 있다는 내용을, 식량 부족 문제 해결의 대안으로서 푸드테크가 주목받는 이유로, 3문단에 제시한다.
⑤ ㄱ-2와 ㄴ을 활용하여, 기존의 일반적 육류와 대체육을 생산할 때 발생하는 온실가스 배출량의 차이를, 대체육이 온실가스 배출 감축에 효과적이라는 내용의 근거로, 2문단에 제시한다.

10. 다음은 학생이 초고를 작성하며 떠올린 생각이다. 이를 고려할 때 [A]에 들어갈 내용으로 가장 적절한 것은?

> 마지막 문단에는 푸드테크의 발전 전망을 밝히고, 독자들의 관심을 촉구하는 내용을 써야겠어.

① 푸드테크는 식품에 대한 기존의 인식을 바꾸며 친환경적 식품에 대한 관심을 높였다. 우리도 푸드테크에 관심을 가지고 친환경적 식습관을 실천해 보면 어떨까?
② 미래 식품 산업의 핵심 분야로 푸드테크가 급속하게 성장하고 있다. 관련 기술 개발을 위한 제도적 지원을 강화하여 이러한 변화에 발맞추어 나가야 하지 않을까?
③ 식품에 기술을 적용한 푸드테크는 식품 안전성 측면에서 우려가 된다. 푸드테크의 발전 과정에서 초래될 수 있는 문제를 고려하여 이를 개선하려는 노력이 필요하지 않을까?
④ 푸드테크는 첨단 기술이 발전함에 따라 더욱 성장할 것으로 보인다. 푸드테크가 우리 삶에 가져올 긍정적 영향에 주목하여 우리도 푸드테크에 더 관심을 가져야 하지 않을까?
⑤ 푸드테크에 대한 소비자의 기대가 커지면서 푸드테크를 활용한 개인 맞춤형 서비스가 더욱 발전하고 있다. 식품 업체도 소비자의 요구에 맞는 식품 생산에 집중해야 하지 않을까?

[11~12] 다음 글을 읽고 물음에 답하시오.

음운 변동은 음운 변동의 결과가 표기에 반영되는 경우와 반영되지 않는 경우가 있다. 음운 변동의 결과가 표기에 반영되는 경우에는 유음 탈락이 있다. 유음 탈락은 특정 음운 환경에서 유음 'ㄹ'이 탈락하는 음운 현상으로, 다른 탈락 현상에 비하여 적용되는 환경이 더 다양하다는 특징을 갖는다.

먼저, 'ㄹ'로 끝나는 용언의 어간 뒤에 'ㄴ, ㅂ, ㅅ'으로 시작하는 어미가 결합하거나 어미 '–오'가 결합할 때 유음이 규칙적으로 탈락한다. 예를 들면, '알다'의 어간 '알–'에 'ㄴ, ㅂ, ㅅ'으로 시작하는 어미가 결합할 때 '아는', '압시다', '아신다'와 같이 'ㄹ'이 탈락한 형태로 나타나고 '팔다'의 어간 '팔–'에 어미 '–오'가 결합할 때 '파오'와 같이 'ㄹ'이 규칙적으로 탈락하는 현상이 일어난다.

단어의 형성 과정에서 어근과 어근이 결합한 합성어나 어근과 접사가 결합한 파생어가 형성될 때 'ㄴ, ㄷ, ㅅ, ㅈ' 앞에서 유음이 탈락하는 예도 있다. 이 경우, '버드나무'나 '바느질'과 같은 사례에서 확인할 수 있는 것처럼 'ㄹ'이 탈락한다. 그러나 '발등', '철새'와 같은 단어에서는 'ㄹ'이 탈락하지 않는 것처럼 단어의 형성 과정에서의 유음 탈락은 동일한 음운 환경에 놓여 있다 하더라도 항상 일어나는 것은 아니다.

음운 변동의 결과가 표기에 반영되지 않는 경우로는 'ㅎ' 탈락과 거센소리되기 현상을 들 수 있다. 먼저, 'ㅎ' 탈락은 'ㅎ'으로 끝나는 용언의 어간 뒤에 모음으로 시작하는 형식 형태소가 결합할 때 받침 'ㅎ'이 탈락하는 현상으로, '낳아[나아]', '쌓이다[싸이다]'와 같이 'ㅎ'의 탈락이 일어난다. 'ㅎ' 탈락은 '많아[마나]'와 같이 'ㅎ'이 겹받침의 일부에 있을 때 뒤 음절과 연음되는 환경에서도 일어난다. 또한, 거센소리되기 현상은 'ㅎ'과 예사소리 'ㄱ, ㄷ, ㅂ, ㅈ'이 만나 거센소리인 'ㅋ, ㅌ, ㅍ, ㅊ'으로 축약되는 현상으로, '법학[버팍]', '좋지[조치]'와 같은 예에서 확인할 수 있다.

11. 윗글을 이해한 내용으로 적절한 것은?

① 유음 탈락은 동일한 음운 환경에서 필수적으로 일어나는 현상이다.
② 유음 탈락은 용언의 활용 과정이나 단어의 형성 과정에서 일어날 수 있다.
③ 'ㄹ'로 끝나는 용언의 어간이 모음으로 시작하는 어미와 결합하는 경우에는 'ㄹ'이 탈락하지 않는다.
④ 'ㅎ'의 탈락은 'ㅎ'으로 끝나는 용언의 어간 뒤에 자음으로 시작하는 어미가 결합하는 경우에 일어난다.
⑤ 'ㅎ'이 탈락하는지, 'ㅎ'과 다른 자음이 만나 축약되는지에 따라 음운 변동 결과의 표기 반영 여부가 달라진다.

12. 윗글을 바탕으로 〈자료〉를 탐구한 내용으로 적절하지 <u>않은</u> 것은?

<자 료>

○ 저는 이 집에 ⓐ <u>삽니다</u>.
○ 나의 모습을 잊지 ⓑ <u>마오</u>.
○ 과녁에 ⓒ <u>화살</u>을 쏘았다.
○ ⓓ <u>좋은</u>[조은] 물건을 고르자.
○ ⓔ <u>국화</u>[구콰]가 많이 피었다.

① ⓐ는 '살다'의 어간 '살–'에 'ㄴ'으로 시작하는 어미가 결합하여 'ㄹ'이 탈락하는 경우에 해당하는군.
② ⓑ는 '말다'의 어간 '말–'에 어미 '–오'가 결합하여 'ㄹ'이 탈락하는 경우에 해당하는군.
③ ⓒ는 두 개의 어근인 '활'과 '살'이 결합할 때 'ㅅ' 앞에서 'ㄹ'이 탈락하는 경우에 해당하는군.
④ ⓓ가 [조은]으로 발음되는 것은 'ㅎ'으로 끝나는 용언의 어간 뒤에 모음으로 시작하는 어미가 결합했기 때문이겠군.
⑤ ⓔ가 [구콰]로 발음되는 것은 예사소리 'ㄱ'과 'ㅎ'이 만나 축약되었기 때문이겠군.

13. 〈학습 활동〉을 수행한 결과로 적절하지 않은 것은?

<학 습 활 동>

품사 / 시제	동사	형용사
과거	–(으)ㄴ, –던	–던
현재	–는	–(으)ㄴ
미래	–(으)ㄹ	–(으)ㄹ

위 표는 시제별로 다르게 나타나는 동사와 형용사의 관형사형 어미를 보여 준다. 이를 바탕으로 다음 [자료]의 용언을 활용하여 시제에 맞게 문장을 만들어 보자.

[자료]

자다, 푸르다, 깨끗하다, 읽다, 떠나다

	시제	문장
①	과거	내가 <u>잔</u> 곳은 그 방이 아니다.
②	과거	<u>푸르던</u> 하늘이 지금은 뿌옇다.
③	현재	우리 교실은 <u>깨끗한</u> 상태이다.
④	현재	오늘 <u>읽은</u> 책은 참 흥미롭네.
⑤	미래	아홉 시에 <u>떠날</u> 기차를 타자.

→ 해설편 **209**쪽

14. 〈보기〉의 '탐구 과정'에 따라 ㉮~㉱에 들어갈 예로 적절하지 <u>않은</u> 것은? [3점]

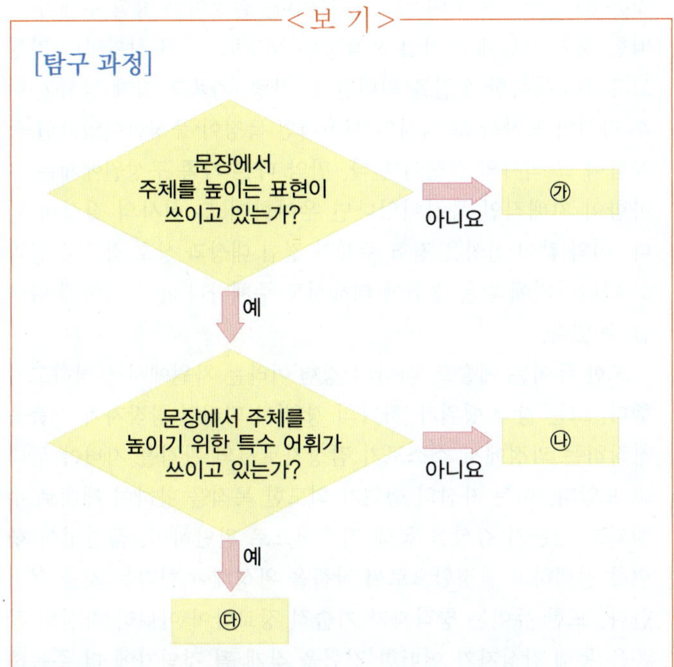

① ㉮ : 형은 고모를 뵙고 많은 이야기를 나누었다.
② ㉮ : 그는 산책을 하기 위해서 공원에 갔습니다.
③ ㉯ : 아버지, 옷을 따뜻하게 갖춰 입으셔야 해요.
④ ㉯ : 동생은 그때 선생님께 편지를 쓰고 있었어요.
⑤ ㉱ : 할머니께서는 어느 방에서 주무시니?

15. 〈보기〉를 통해 중세 국어의 특징을 탐구한 내용으로 적절하지 <u>않은</u> 것은?

─〈보 기〉─

○ **부톄** **안ᄌ시니**
  [부처가 앉으시니]
  　　　　　　　　　　　　　　　　－『월인천강지곡』

○ **보미** 왯ᄂᆫ 萬里옛 나그내ᄂᆫ
  [봄에 와 있는 만 리 밖의 나그네는]
  　　　　　　　　　　　　　　　　－『두시언해』

○ 고기 **뛰노니** 히 **뫼헤** 비취옛도다
  [물고기 뛰노니 해가 산에 비치어 있도다]
  　　　　　　　　　　　　　　　　－『두시언해』

① '부톄'를 보니 현대 국어와 달리 주격 조사 'ㅣ'가 쓰였음을 알 수 있군.
② '안ᄌ시니'를 보니 현대 국어와 달리 이어 적기를 하였음을 알 수 있군.
③ '보미'를 보니 현대 국어와 달리 관형격 조사 '이'가 쓰였음을 알 수 있군.
④ '뛰노니'를 보니 현대 국어와 달리 어두 자음군이 존재하였음을 알 수 있군.
⑤ '뫼헤'를 보니 현대 국어와 달리 'ㅎ' 종성 체언이 사용되었음을 알 수 있군.

[16~21] 다음 글을 읽고 물음에 답하시오.

(가)

샤프츠베리는 근대 미학의 기초를 마련한 인물로 ⓐ 간주된다. 그의 미학은 초월적 신의 존재가 모든 것에 우선한다는 형이상학적 전제를 바탕으로 한다. 온 우주가 신의 피조물이라고 보았던 샤프츠베리는 우주의 속성인 질서, 균형, 조화를 지닌 대상을 아름답다고 여겼으며 그가 생각하는 미는 대상 속에 실재하는 형식적 성질로부터 기인하는 것이었다.

샤프츠베리가 가지고 있는 또 다른 형이상학적 전제는 미의 위계성이다. 그는 대상이 지닌 형성력을 기준으로 미를 3등급으로 나누었다. 모든 것을 만들 수 있는 형성력을 지닌 존재인 신을 가장 높은 등급으로 보았고, 신에 의해서 형성되어 예술품과 같은 아름다운 것도 형성할 수 있는 인간을 그다음 등급으로, 예술품과 같이 형성된 결과물에 해당하는 물질적 대상은 가장 낮은 등급으로 보았다. 그는 하위 등급은 언제나 상위 등급으로부터 기인한다고 강조하면서, 물질적 대상보다는 인간이, 인간보다는 신이 더 아름답다고 말했다.

그렇다면 샤프츠베리는 미적 경험에 있어서 인간이 어떻게 미를 감지한다고 보았을까? 샤프츠베리는 이를 설명하기 위해 인간이 신으로부터 받은 자연적 본능인 '취미'를 제시한다. ㉠ 취미는 미를 감각하는 하나의 독립적인 내감이자 미를 판단하는 능력으로서, 감각 기관이 대상의 맛, 색깔 등을 즉각적으로 감지하는 것처럼 취미도 대상을 접하는 순간 즉각적으로 미를 판단해 낸다는 것이다. 그런데 취미는 자연적 본능임에도 문화권이나 사람에 따라 미적 판단이 달라질 수 있다. 샤프츠베리는 그 이유를 본능이 왜곡되기 때문이라고 보았다. 취미는 본능이므로 인간의 노력으로 새롭게 얻을 수는 없지만, 사회적 영향에 따라 ⓑ 발현되는 양상이 달라질 수 있다는 것이다. 따라서 취미가 제대로 발현되기 위해서는 교육이나 계발이 필요하다고 보았다.

한편 취미의 반응이 즉각적이라는 점은 미적 판단이 우리의 이익과 무관한 것임을 시사하는데 이와 관련하여 샤프츠베리는 무관심성 이라는 개념을 제시했다. 무관심성이란 대상에 대해 무신경한 태도를 취하는 것이 아니라 사적 욕망으로부터 벗어나는 것을 의미한다. 이는 미적 경험의 주체인 인간이 대상의 도구적 가치에 주목하거나 대상에 대한 소유욕을 갖는 것에서 벗어나 대상 그 자체가 지닌 미적 성질, 즉 내재적 가치에 주목해야 대상의 아름다움을 관조할 수 있다는 점을 강조한 것이다.

(나)

존 듀이는 인간을 자연의 일부이자 환경과 긴밀하게 연결되는 유기체로 보았다. 그래서 경험의 주체인 인간은 환경과 같은 경험 대상에 적응할 뿐만 아니라 그 대상을 자신에게 적응시키는 과정을 반복하며 경험을 생성한다고 보았다.

듀이는 어떤 경험의 시작부터 의도된 목적이 ⓒ 달성되는 완결에 이르기까지, 경험을 이루는 행위들이 온전하게 이어지는 경험을 '하나의 경험'이라고 하였다. 듀이는 이렇게 경험을 이루는

각 행위가 서로 긴밀히 연결되어 경험이 완결되면 하나로 통합된 단일체가 된다고 말했다. '하나의 경험'이 단일체가 될 수 있는 것은 ㉡ 질성으로 묶여 있기 때문이다. 질성이란 경험 주체가 어떠한 경험 상황에서 직접 포착하는 것으로, 경험 상황만이 가진 고유하며 독특한 성질을 의미한다. 가령, 가족과 함께 식사를 한 후 자신이 포착한 그 식사의 지배적인 특징이 풍성함이었다면 풍성함이 그 식사의 질성이 된다. 만약 다른 가족 구성원에게는 우아함이 지배적인 특징이었다면 우아함이 그 식사의 질성이 된다. 이와 같이 질성은 경험 주체가 경험 대상과 상호 작용한 결과로 나타나기에 같은 경험에 대해서도 주체마다 ⓓ 상이하게 나타날 수 있다.

또한 듀이는 예술도 '하나의 경험'이라는 차원에서 설명하고자 했다. 그는 창작 행위가 '하나의 경험'이 되려면 창작자가 작품을 창작하는 과정에서 스스로가 감상자로서의 관점을 지녀야 한다고 보았다. 이는 자신의 행위가 의도한 목적을 향하여 제대로 수행되고 있는지 감상을 통해 지속적으로 판단하며, 끊임없이 행위를 선택하고 결정함으로써 작품을 완성해야 한다는 것을 의미한다. 또한 듀이는 창작자가 기술적 정교함이 아니라 자신의 작품을 통해 감상자가 어떠한 경험을 갖게 될 것인가에 더 주목해야 한다고 보았다.

한편 듀이는 감상자의 미적 경험에서 감상 행위가 '하나의 경험'이 되려면 감상자도 창작자가 작품을 실제로 만드는 행위에 견줄 만한 자기만의 경험을 창조해야 한다고 보았다. 창작자가 자신의 의도대로 작품을 완성하기 위해 노력한 것처럼, 감상자도 연습이나 수련을 통해 길러진 자신의 관점과 관심에 따라 작품을 감상해야 한다는 것이다. 따라서 듀이의 관점에서 예술 작품의 의미와 가치는 고정되어 있지 않고 그것을 ⓔ 대면하는 감상자의 문화적, 시대적 배경 등에 따라 달라질 수 있다.

16. (가), (나)에 대한 설명으로 가장 적절한 것은?

① (가)는 미적 경험에 대한 특정 철학자의 견해가 변화해 온 과정을 시간의 흐름에 따라 설명하고 있다.

② (나)는 특정 철학자의 견해가 비판을 받는 이유를 미적 경험에 대한 구체적 사례를 들어 설명하고 있다.

③ (가)는 (나)와 달리, 미적 경험에 대한 특정 철학자의 견해를 긍정적 측면과 부정적 측면으로 구분하여 설명하고 있다.

④ (나)는 (가)와 달리, 특정 철학자가 제시한 미적 경험에 관한 개념이 어떤 역사적 배경을 지니고 있는지 설명하고 있다.

⑤ (가)와 (나)는 모두, 미적 경험의 과정에 특정 철학자의 견해가 어떻게 적용되는지 설명하고 있다.

→ 해설편 211쪽

17. 윗글에 대한 이해로 적절하지 <u>않은</u> 것은?

① (가) : 샤프츠베리는 인간을 신의 피조물이자, 예술품을 만들 수 있는 존재로 본다.

② (가) : 샤프츠베리는 취미가 지속적인 교육과 계발을 통해 얻을 수 있는 것이라고 본다.

③ (나) : 듀이는 경험의 주체인 인간을 환경과 긴밀하게 연결되는 유기체로 본다.

④ (나) : 듀이는 의도한 목적이 달성되는 완결에 이르지 못한 경험은 '하나의 경험'이 아니라고 본다.

⑤ (나) : 듀이는 기술적 정교함만으로는 '하나의 경험'으로서의 창작 행위가 성립될 수 없다고 본다.

18. 무관심성 을 바탕으로 대상의 가치를 판단한 사례로 가장 적절한 것은?

① 별을 보고, 별의 탄생 원리를 밝혀 학문적 성취를 이루고자 하는 것

② 바다를 보고, 물결이 끝없이 이어져 있는 바다의 광활함에 감탄하는 것

③ 은행나무를 보고, 은행잎이 노랗게 물든 것도 모른 채 그 옆을 무심히 지나가는 것

④ 조각상을 보고, 좋아하는 작가의 작품이라는 것을 알게 되어 이를 소장하고자 하는 것

⑤ 꽃을 보고, 그 꽃이 연인에게 사랑을 전달하기에 적합한 아름다움을 가지고 있다고 여기는 것

19. ㉠과 ㉡을 이해한 내용으로 가장 적절한 것은?

① ㉠은 미를 객관적으로 감지하는 수단이고, ㉡은 객관적으로 파악된 미적 대상의 특성이다.

② ㉠은 미를 감지하는 독립적인 능력이고, ㉡은 경험 대상과의 상호 작용을 통해 나타나는 성질이다.

③ ㉠은 주체가 대상의 특성을 판단한 결과이고, ㉡은 경험 대상이 주체의 특성을 만들어 낸 결과이다.

④ ㉠은 초월적인 존재가 부여하는 특성이고, ㉡은 경험 주체의 경험이 의도한 목적에서 벗어나지 않게 해 주는 수단이다.

⑤ ㉠은 미적 대상을 감각할 때 즉각적으로 발현되는 능력이고, ㉡은 미적 대상을 창작하는 과정에서 습득하게 되는 능력이다.

20. (가), (나)를 이해한 학생이 〈보기〉의 Ⓐ에 대해 보인 반응으로 적절하지 <u>않은</u> 것은? [3점]

<보 기>

라파엘로는 토론을 바탕으로 한 지식 탐구의 중요성을 드러내기 위해 Ⓐ '아테네 학당'이라는 그림을 창작하였다. 그는 책을 들고 탐구하는 모습, 토론에 열중하는 모습 등 실존했던 철학자들을 다양한 모습으로 묘사하였는데, 한 사람 한 사람을 그릴 때마다 이 묘사가 지식 탐구의 중요성을 드러내기에 적합한지를 고려하면서 창작하였다. 또한 건축물과 인물들을 완벽한 대칭과 비례에 따라 균형 있게 구성하였고, 감상자가 공간의 깊이감과 현실감을 느끼도록 원근법을 사용하였다. 이 작품을 감상한 사람들은 원근법을 통해 실제 그 공간 속에 있는 듯한 현실감을 느낀다고 평가하였다. 한편, 그림 속 일부 인물들은 분명하게 식별이 안 되어 인물들의 정체에 대해 다양한 해석과 논쟁이 발생하기도 하였다.

① 샤프츠베리는 대칭과 비례에 따라 건축물과 인물을 균형 있게 배치한 Ⓐ의 형식적 구성이 우주의 속성을 드러낸다고 보아 아름답다고 판단하겠군.

② 듀이는 라파엘로가 Ⓐ에 원근법을 사용하여 감상자에게 현실감이 느껴지도록 의도했다는 점에서, 창작자가 감상자를 고려한 '하나의 경험'으로서의 창작 행위를 한 것으로 보겠군.

③ 듀이는 라파엘로가 지식 탐구의 중요성을 드러내기에 적합한지 고려하며 Ⓐ의 각 인물을 그려 나간 것을, 창작자 스스로가 감상자로서의 관점에서 행위를 선택하고 결정해 나간 과정으로 보겠군.

④ 샤프츠베리는 Ⓐ를 자신이 생각하는 미의 위계 중 가장 낮은 등급에 해당하는 대상으로 보고, 듀이는 Ⓐ를 감상자에 의해 그 작품의 의미가 재창조될 수 있는 대상으로 보겠군.

⑤ Ⓐ의 인물에 대한 다양한 해석과 논쟁에 대해 샤프츠베리는 취미가 왜곡되어 나타난 결과로 보고, 듀이는 감상자만의 관점에 따라 작품을 감상하는 연습이 부족해서 나타난 결과로 보겠군.

21. 문맥상 ⓐ~ⓔ와 바꿔 쓰기에 적절하지 <u>않은</u> 것은?

① ⓐ : 여겨진다

② ⓑ : 나타나는

③ ⓒ : 세워지는

④ ⓓ : 서로 다르게

⑤ ⓔ : 마주하는

[22~26] 다음 글을 읽고 물음에 답하시오.

건축법에서 건축물의 건축은 공공복리를 저해할 수 있는 위험한 행위로 간주된다. 그래서 허가 요건에 맞춘 설계로 최소한의 안전이 보장되었다고 판단되는 경우에 한해 건축 금지가 해제되어 건축이 가능해진다.

건축 행위는 건축물을 건축할 수 있는 땅인 대지 위에서 이루어진다. 원칙적으로 하나의 대지는 하나의 지번을 가지며, 이것이 건축 허가의 단위가 된다. 일반적으로 건축은 신축, 증축, 개축, 재축, 이전의 다섯 가지 유형으로 나뉜다.

신축이란 건축물이 없는 대지에 새로 건축물을 축조하는 것을 말한다. 신축에서 건축물을 축조하려는 대지는 처음부터 건축물이 존재하지 않는 나대지일 수도 있고, 기존 건축물이 건축주의 자발적 의지에 의해 인위적으로 부서지는 해체나 천재지변으로 인해 부서지는 멸실로 인해 전부 소실된 대지일 수도 있다. 전부 소실된 경우 새로 축조한 건축물의 규모가 개축이나 재축에 해당하면 신축으로 보지 않는다. 한편, 주된 용도의 건축물을 이용 및 관리하는 데 필요한 부속 용도의 건축물만 존재하는 대지 내에서 이 부속건축물과는 별도로 주된 건축물을 새로 짓는 경우도 신축에 해당한다.

[증축]은 기존 건축물이 있는 대지에서 건축물의 규모를 늘려 짓는 것을 말하며, 건축물의 규모에는 건축면적, 연면적, 층수, 높이가 포함된다. 건축면적은 일반적으로 지상층 중 가장 넓은 층의 면적을, 연면적은 각 층 바닥면적의 총합을 의미한다. 증축에는 지하층의 바닥면적을 증가시키는 경우, 바닥면적의 증감 없이 높이만 증가시키는 경우, 주된 건축물이 있는 대지에 부속건축물이나 다른 주된 건축물을 축조하는 경우 등이 있다. 기존 지하층을 둘러싼 지표면을 깎아서 그 층이 지상에 노출되게 하는 것도 건축물의 높이가 증가한 경우이므로 증축에 속한다. 또한 한 층의 층고가 상당히 높아 중간층을 만들어 사용하는 경우도 증축에 해당한다. 한편 냉난방, 급수 등 건축물의 기능을 안정적으로 유지하기 위해 설치하는 건축물의 설비는 건축물로 보지 않으므로 설비 설치는 증축에 해당하지 않는다.

㉠ 개축은 기존 건축물의 전부 또는 일부를 해체하고 그 대지에 건축물의 규모가 종전 규모 범위 이하인 건축물을 다시 축조하는 것이다. 이때 일부를 해체한다는 것은 내력벽*, 기둥, 보*, 지붕틀 중 셋 이상을 해체하는 것을 말한다. 같은 대지 안에서 건축물의 위치를 이동하거나 구조를 변경하는 것은 개축에 해당하나, 한 대지에 여러 동이 있는 경우 개별 건축물 단위로 개축 해당 여부를 판단하므로 동수를 늘려서 축조하는 경우는 개축에 해당하지 않는다.

㉡ 재축이란 기존 건축물의 전부 또는 일부가 멸실된 경우 그 대지에 건축물을 다시 축조하는 것이다. 이때 연면적의 합계, 즉 그 대지에 존재하는 모든 건축물의 연면적의 합이 종전 규모 이하이어야 하며, 동수, 층수, 높이 중 어느 하나는 종전 규모를 초과하는 것이 가능하다.

이전이란 도시 개발 계획, 주변 환경의 변화, 안전 문제, 설계와 다른 배치 등의 사유로 건축물의 주요구조부를 해체하지 않고 같은 대지의 다른 위치로 ⓐ <u>옮기는</u> 것이다. 주요구조부는 철거 시 건축물의 안전성에 결정적 위해가 되는 구조 부분인 내력벽, 기둥, 보, 바닥, 지붕틀, 주계단을 말하며, 최하층 바닥, 옥외 계단 등은 주요구조부에서 제외된다. 일체식 구조인 철근콘크리트조 건축물과 달리 조립식 구조인 목조 건축물은 최하층 바닥 등을 제외한 상층부의 구조체를 들어 올려서 이전할 수 있다.

* 내력벽 : 구조물의 하중을 견디어 내기 위하여 만든 벽.
* 보 : 기둥 위에서 지붕의 무게를 전달해 주는 건축 재료.

22. 윗글을 통해 알 수 있는 내용으로 적절하지 <u>않은</u> 것은?

① 건축물의 건축은 설계상 최소한의 안전이 보장되도록 허가 요건을 준수한 경우에 한해 허가된다.

② 나대지에 신축하는 것은 기존에 건축물이 존재하지 않던 대지에 새로운 건축물을 축조하는 행위이다.

③ 건축물의 내력벽을 해체하는 것이 옥외 계단을 해체하는 것보다 건축물의 안전에 더 중대한 영향을 미친다.

④ 철근콘크리트조 건축물이 설계와 다르게 배치되었을 경우에 상층부의 구조체를 들어 이전하는 것이 가능하다.

⑤ 자연재해로 인해 기존 건축물이 전부 소실된 대지에 층수와 높이를 증가시킨 새로운 건축물을 축조하는 것은 신축에 해당한다.

23. [증축]에 대해 이해한 내용으로 적절하지 <u>않은</u> 것은?

① 중간층을 만들어 건축물의 연면적을 늘린 것은 증축에 해당하겠군.

② 건축물의 옥상에 물 공급을 위한 물탱크를 설치하는 것은 증축에 해당하지 않겠군.

③ 건축면적은 그대로 유지하면서 지하층의 바닥면적만 증가시킨 것은 증축에 해당하지 않겠군.

④ 부속건축물만 있는 대지에 주된 용도의 건축물을 별도로 축조하는 것은 증축에 해당하지 않겠군.

⑤ 지하층이 존재하는 건축물 주변의 지표면을 깎아 지하층을 지상에 드러나게 한 것은 증축에 해당하겠군.

→ 해설편 215쪽

24. ㉠과 ㉡을 비교하여 이해한 내용으로 가장 적절한 것은?

① ㉠은 ㉡과 달리, 건축주의 자발적 의지로 기존 건축물이 소실된 상황에서 건축물을 다시 축조하는 것이다.

② ㉠은 ㉡과 달리, 한 대지에 있는 여러 동의 건축물이 모두 소실되었을 때 일부 동만 다시 축조하는 것이 가능하다.

③ ㉡은 ㉠과 달리, 기존 건축물이 존재하던 대지와 동일한 대지 내에서 이루어진다.

④ ㉡은 ㉠과 달리, 한 건축물의 일부만 소실된 경우 건축물의 연면적을 종전과 같게 다시 축조하는 것이 가능하다.

⑤ ㉠과 ㉡은 모두, 건축물의 높이를 기존 건축물보다 낮게 바꾸는 것이 불가능하다.

25. 윗글을 바탕으로 〈보기〉를 이해한 내용으로 적절하지 <u>않은</u> 것은? [3점]

<보 기>

○ A는 건축물을 새로 짓기로 결심하고 자신이 오래전부터 소유하던, 각 층의 바닥면적이 500 m²인 3층짜리 건축물을 모두 부수었다. 그리고 기존 건축물이 있던 대지에 건축물의 높이와 층별 바닥면적이 기존과 동일하면서 각 층의 층고만 높인 2 층짜리 건축물을 새로 축조하였다.

○ B는 한 대지 내에 연면적이 각 400 m²이면서 형태가 동일한 2 개 동의 상가 건축물을 소유하고 있었다. B는 이를 모두 부수고 그 대지에 새로운 상가 건축물을 짓는 방안을 검토하고 있었으나 지진이 발생해 기존 건축물이 모두 붕괴되었다.

① A가 층고를 기존 건축물보다 높여 지은 것은 건축물의 규모를 늘려 지은 것이므로 증축에 해당한다.

② A가 새로 지은 건축물을 관리하기 위해 같은 대지 안에 경비실을 추가로 짓는 것은 증축에 해당한다.

③ B가 지진 발생 전에 기존 건축물을 전부 부수고 각 층 바닥면적의 총합이 900 m²인 1 개 동의 건축물을 축조했다면, 이는 신축에 해당한다.

④ B가 붕괴된 기존의 건축물을 연면적의 합계가 700 m²인 건축물로 재축한다면, 층수와 높이가 종전 규모 범위 이하인 3 개 동으로 축조할 수 있다.

⑤ B가 지진 발생 전에 기존 건축물을 모두 해체하고 개축했다면, 같은 대지 내에서 기존 건축물과 다른 위치에 새로운 건축물을 축조하는 것이 가능했을 것이다.

26. ⓐ와 문맥상 의미가 가장 가까운 것은?

① 우리는 행사를 위해 물건을 강당으로 <u>옮겼다</u>.

② 나는 남의 말을 다른 이에게 <u>옮기는</u> 것을 경계하였다.

③ 그는 역사적 사건을 그림으로 <u>옮겨서</u> 후대에 전하였다.

④ 그녀는 준비해 온 계획을 실행에 <u>옮기고자</u> 결심하였다.

⑤ 동생은 방향을 바꾸어 반대편으로 발걸음을 <u>옮겨</u> 갔다.

[27~30] 다음 글을 읽고 물음에 답하시오.

　진화론자들은 생존에 유리한 방향으로 우연히 돌연변이가 발생한 유전자가 후대에 전해지는 자연선택 과정의 누적으로, 오늘날 생태계의 생명체들이 현재와 같은 모습을 띠게 되었다고 본다. 그런데 우리의 눈과 같이 고차원적인 생체 기관도 우연의 산물이라고 보기는 어렵다며 의문을 제기하는 이들도 있다. 이에 대해 진화생물학자 리처드 도킨스는 생명체의 진화 과정을 '불가능 산'에 오르는 것에 비유하면서, 불가능 산의 최정점에 있다고 여겨지는 우리의 눈은 깎아지른 절벽을 단숨에 뛰어오르는 우연으로 그곳에 이른 게 아니라, 완만한 비탈을 천천히 오르는 우연의 누적으로 그곳에 이른 것이라 말한다.

　눈의 진화 과정에서 시작 단계에 해당하는 불가능 산의 밑자락에는 빛의 존재 여부만 희미하게 감지하는 세포를 지닌, 일부 단세포 생물의 피부나 거머리의 피부가 자리한다. 그 뒤에 이어지는 오르막에서는 빛의 광자를 포획하고 그 충격을 신경 자극으로 변환하는 일을 담당하는 광세포가 점차 늘어나는 경향이 나타난다. 그러나 광세포 그 자체는 동물에게 빛의 유무만을 알려 주므로 빛의 방향과 주변 대상의 형태까지 감지하려면 한쪽 면에는 암막이 있는 광세포가 필요하다. 광세포가 투명하면 모든 방향에서 빛이 들어와 어느 쪽에서 빛이 오는지 알 수 없기 때문이다. 그래서 광세포로 이루어진 평면을 활처럼 구부려서 그 곡면의 뒤쪽에는 암막이 있게 만든 오목한 눈이 등장하게 되는데, 대합이나 갯지렁이 등의 눈이 이 유형에 속한다. 그러나 오목한 눈의 망막에도 대상을 분별할 수 있는 하나의 상이 형성되지는 못한다.

　오목한 눈에 돌고래의 상이 맺히는 상황을 생각해 보자. 셀 수 없이 다양한 방향에서 무수히 많은 빛이 동시에 들어오면 오목한 망막은 〈그림 1〉과 같이 무수히 많은 돌고래 상으로 뒤덮여 결국 하나의 상을 파악해 내지 못하게 된다. 그래서 〈그림 2〉와 같이 상하가 뒤바뀐 도립상이긴 하지만 단 하나의 온전한 돌고래 상만 망막에 맺힐 수 있을 때까지 빛의 유입구를 계속 좁혀 나가며 불가능 산을 오르는 긴 여정이 시작되었다. 그 결과 전복이나 고동의 눈처럼 빛의 유입구가 매우 좁아진 눈과 앵무조개의 눈처럼 완전한 바늘구멍 눈이 나타나게 된다.

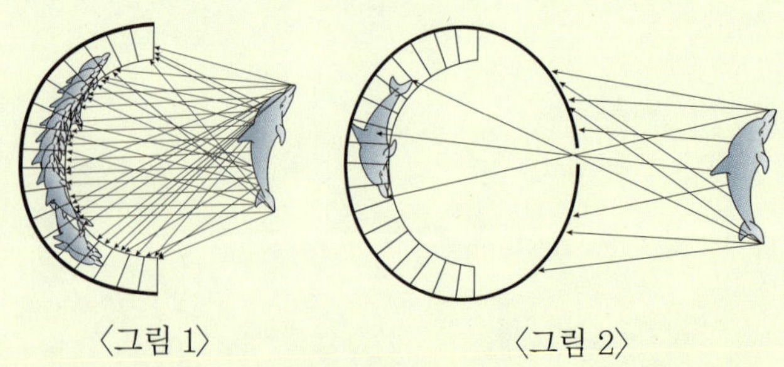

〈그림 1〉　　　　　〈그림 2〉

　그러나 하나의 상만 맺힐 만큼 빛 유입구가 좁아지면 빛의 유입량이 부족해 아주 밝을 때만 대상을 볼 수 있다. 또한 빛은 파동처럼 움직이며 서로 간섭을 일으켜 상이 흐릿해지는 회절 현상을 보이는데, 빛의 유입구가 좁을수록 그 정도가 심화된다. 그래서 유입구를 더 넓게 하는 것도, 좁게 하는 것도 선택하기 어려운 진퇴양난의 상황이 발생한다. 바늘구멍 눈의 이러한 상황을, 두

장점을 동시에 취할 수 없는 상황이 흔히 다뤄지는 경제학의 특성을 본떠 광자 경제학 이라 일컫는다.

　빛은 하나의 투명 물질에서 다른 투명 물질로 들어갈 때 굴절되는데, 볼록 렌즈 모양의 투명 물질은 빛의 굴절을 통해 물체의 상을 더 선명하게 만들어 준다. 그래서 광자 경제학의 난제를 해결하기 위한 대안으로, 빛의 유입구를 더 넓힌 뒤에 투명한 볼록 렌즈인 수정체를 그 뒤에 끼워 넣은 수정체 눈이 나타났다. 수정체를 거친 빛도 도립상을 이루는 것은 여전하지만, 빛의 유입량이 늘어 아주 밝지 않아도 망막에 선명한 상이 맺힐 수 있게 되었다. 일반적으로 척추동물은 불가능 산의 아주 높은 곳에 자리하고 있는 수정체 눈을 가지는데, 어류나 파충류 등은 수정체의 위치를 이동하는 방법으로, 조류나 포유류는 수정체의 두께를 조절하는 방법으로 빛의 굴절률을 조절하여 대상과의 거리에 맞게 초점을 맞춘다.

27. 윗글을 읽은 방법으로 가장 적절한 것은?

① 오늘날의 생태계에서 발견이 되는 눈의 유형과 발견이 되지 않는 눈의 유형을 비교하며 읽었다.
② 여러 가지 눈의 유형별 차이점에 주목하여 각 유형의 눈이 나타나게 된 원인을 파악하며 읽었다.
③ 광세포와 빛의 관계를 중심으로 생명체의 눈이 불가능 산의 최정점에 오를 수 없는 이유를 추측하며 읽었다.
④ 고차원적 생체 기관은 우연의 산물이 아니라고 보는 사람들이 제시한 눈의 진화 과정에서 논리적 모순을 찾아내며 읽었다.
⑤ 다양한 생물 종의 눈이 고차원적 눈의 유형으로 수렴해 가는 원리를 시간의 흐름에 따라 순차적으로 이해하며 읽었다.

28. 윗글에 대한 이해로 적절하지 **않은** 것은?

① 진화론자들은 생존에 유리한 돌연변이의 발생이 누적되어 생명체가 현재의 모습에 이르게 되었다고 본다.
② 리처드 도킨스는 새로운 유형의 눈이 나타나는 진화의 과정을 완만한 비탈을 천천히 오르는 것에 비유했다.
③ 눈의 진화의 시작 단계에 있는 생물은 빛의 존재를 감지할 수 있는 피부를 통해 빛의 유무만 파악할 수 있다.
④ 앵무조개의 눈은 갯지렁이의 눈과 달리 바라보고 있는 대상의 모습이 망막에 하나의 상으로 맺힌다.
⑤ 포유류의 눈은 어류의 눈과 달리 빛의 유입량을 늘리기 위해 수정체의 두께를 변화시켜 빛의 굴절률을 조절한다.

29. 광자 경제학 을 중심으로 윗글에 대해 이해한 내용으로 적절하지 않은 것은?

① 파동처럼 움직이면서 서로 간섭을 일으키는 빛의 속성은 바늘구멍 눈의 빛 유입구를 더 넓히지 못하게 만드는 원인이 된다.

② 빛이 투명한 물질을 통과할 때 굴절되는 성질은 바늘구멍 눈의 빛 유입구를 더 넓히기도, 좁히기도 곤란한 문제 상황을 해결할 수 있게 한다.

③ 바늘구멍 눈으로, 아주 밝지 않은 곳에서 대상을 볼 수 있는 것과 대상을 단 하나의 상으로 파악할 수 있는 것을 동시에 충족시키기는 어렵다.

④ 수정체는 바늘구멍 눈의 빛 유입구를 넓혔을 때 얻게 되는 이점과 바늘구멍 눈의 빛 유입구를 좁혔을 때 얻게 되는 이점을 동시에 취할 수 있게 해 준다.

⑤ 여러 방향에서 동시에 많은 빛이 유입될 때 일시에 많은 상이 맺히는 현상은 아주 밝지 않아도 대상을 볼 수 있도록 바늘구멍 눈의 빛 유입구를 조절하는 데 제약이 된다.

30. 윗글을 바탕으로 〈보기〉에 대해 보인 반응으로 적절하지 않은 것은? [3점]

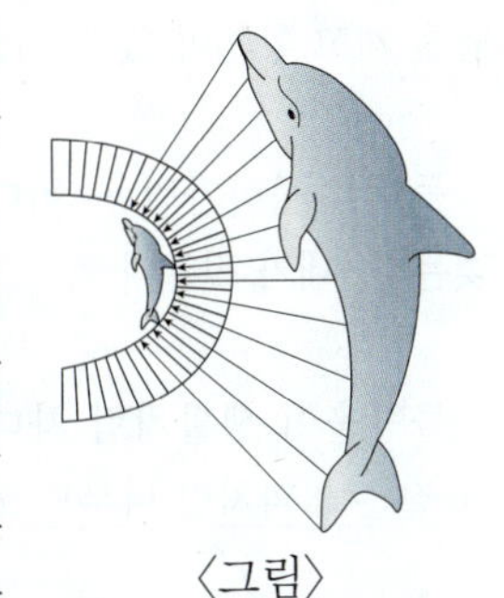

<보 기>

곤충이나 갑각류에게서 흔히 나타나는 연립상 겹눈은 오목한 눈의 원리를 변형하여 적용하고, 바늘구멍 눈의 원리도 적용하여 상하가 뒤바뀌지 않은 정립상을 만든다. 이 눈은 〈그림〉처럼 오목한 그릇 모양의 뒷면, 즉 볼록한 표면에 광세포가 바깥쪽을 향하도록 배치되어 있고, 길쭉한 관들이 방사형으로 빽빽하게 모여 있다. 각각의 관은 아주 좁은 빛 유입구를 가진 낱눈으로, 일직선상에 있는 관측 대상의 작은 일부분에 해당하는 빛만 망막에 맺힌다. 각 낱눈에는 투명한 볼록 렌즈가 달려 있고 광세포로 이루어진 망막도 있으나 각 망막에 맺힌 상은 무시되고 낱눈을 통해 들어온 빛의 양만 기록된다. 이렇게 빛의 분리 공급을 통해 각 낱눈에 들어온 빛이 모두 합쳐지면 최종적으로는 하나의 온전한 전체 상을 인식할 수 있게 된다.

〈그림〉

① 연립상 겹눈이 빛의 유무를 넘어 관측 대상의 형태까지 파악할 수 있는 것으로 보아 연립상 겹눈의 광세포는 투명하지 않겠군.

② 연립상 겹눈은 그릇 모양의 볼록한 표면에 광세포가 배치되어 있어서 오목한 눈에 비해 더 많은 양의 빛이 망막에 닿게 되겠군.

③ 연립상 겹눈으로 분리 공급된 빛을 통해 최종적으로 인식되는 관측 대상의 전체 상은 실제 관측 대상의 모습과 상하 방향이 일치하겠군.

④ 연립상 겹눈의 각 낱눈은 관측 대상의 작은 일부분만 감지한다는 점에서 관측 대상의 전체 형상을 감지할 수 있는 바늘구멍 눈과는 차이가 있겠군.

⑤ 연립상 겹눈을 구성하는 각 낱눈의 망막에 맺힌 관측 대상의 각 상은 수정체 눈의 망막에 맺힌 관측 대상의 상과 마찬가지로 모두 상하가 전복되어 있겠군.

[31~33] 다음 글을 읽고 물음에 답하시오.

(가)

나는 바다로 가는 길로 걸어간다. 노오란 호박꽃이 많이 핀 돌담을 끼고 황혼이 있다.

돌담을 돌아가면 — 바다가 소리쳐 부른다. 바다 소리에 내가 젖는다. 내가 젖는다.

물방울이 **생활**처럼 **차다.** 몸에 스며든다. 요새는 모든 것이 ㉠ <u>짙은 커피처럼 너무도 쓰다.</u>

나는 **고향**에 가고 싶다. 고향의 숲이, 언덕이, 들이, 시내가 그립다. 어릴 적 기억이 ㉡ <u>파도처럼 달려든다.</u>

바다가 **어머니**라면 — 하고 나는 생각해 본다. 바다의 **품**에 안기고 싶다. 안기어 ㉢ <u>날개같이 보드러운 물결을 쓰고</u> 맘 편히 쉬고 싶다.

수평선 아득히 아물거리는 은색의 향수. 나는 **찢어진 추억의 천막을 깁**는다, 여기 **모래벌**에 주저앉아 —.

– 장만영, 「향수」 –

(나)

꽃 사이 타오르는 햇살을 향하여
㉣ <u>고요히 돌아가는 해바라기처럼</u>
높고 아름다운 하늘을 받들어
그 속에 맑은 넋을 살게 하라.

가시밭길을 넘어 그윽히 **웃**는 한 송이 꽃은
눈물의 이슬을 받아 핀다 하노니
깊고 거룩한 세상을 우러르기에
삼가 육신의 괴로움도 달게 받으라.

괴로움에 짐짓 웃을 양이면
슬픔도 오히려 아름다운 것이
고난을 **사랑**하는 이에게만이
마음 나라의 **원광**은 떠오르노라.

푸른 하늘로 푸른 하늘로
㉤ <u>항시 날아오르는 노고지리같이</u>
맑고 아름다운 하늘을 받들어
그 속에 높은 넋을 살게 하라.

– 조지훈, 「마음의 태양」 –

---

31. (가)와 (나)의 공통점으로 가장 적절한 것은?

① 명령형 어조를 사용하여 시적 의미를 강조하고 있다.
② 동일한 시구를 반복하여 시적 분위기를 고조하고 있다.
③ 일부 시행을 명사형으로 종결하여 여운을 남기고 있다.
④ 색채어의 대비를 통해 대상을 선명하게 제시하고 있다.
⑤ 수미상관 기법을 활용하여 구조적 안정감을 부여하고 있다.

→ 해설편 **222쪽**

32. ㉠~㉤에 대한 이해로 적절하지 <u>않은</u> 것은?

① ㉠ : 일상의 삶에서 받는 느낌을 미각적 이미지로 표현하여 화자가 삶에서 느끼는 고단함을 나타내고 있다.

② ㉡ : 기억이 걷잡을 수 없이 떠오르는 상황을 역동적 이미지로 표현하여 고향에 대한 화자의 그리움을 나타내고 있다.

③ ㉢ : 물결에서 연상되는 느낌을 촉각적 이미지로 표현하여 고향으로 돌아갈 수 있으리라는 화자의 기대를 나타내고 있다.

④ ㉣ : 햇살을 향하는 대상의 모습을 시각적 이미지로 표현하여 하늘에 대한 화자의 동경을 나타내고 있다.

⑤ ㉤ : 하늘로 나아가는 대상의 모습을 상승적 이미지로 표현하여 화자가 지향하는 가치를 추구해 나가는 마음을 나타내고 있다.

33. <보기>를 참고하여 (가), (나)를 감상한 내용으로 적절하지 <u>않은</u> 것은? [3점]

<보 기>

시에는 상황에 대한 화자의 인식이 반영되어 있다. 화자가 자신이 처한 상황이 부정적이라고 인식하는 것은 그러한 상황을 극복하고 싶은 화자의 의지를 드러내는 방법이 되기도 한다. (가)의 화자는 바닷가에서 과거의 긍정적 기억을 떠올리면서 삶의 상처를 치유하고자 한다. 한편 (나)의 화자는 자연물의 모습을 제시하고, 그들처럼 삶의 고통을 받아들이면서 숭고한 태도로 살겠다고 스스로 다짐하는 모습을 보여 준다.

---

① (가)에서 '생활'이 '차'다고 느끼는 것과 (나)에서 '괴로움'과 '슬픔'을 언급하는 것은 화자가 자신이 처한 상황이 부정적이라고 인식하고 있음을 나타낸 것이라고 할 수 있겠군.

② (가)에서 바다를 보며 '고향'의 모습과 '어머니'의 '품'을 떠올리는 것은 현재 화자가 있는 공간을 통해 과거의 긍정적 기억이 환기된 것이라고 할 수 있겠군.

③ (가)에서 '모래벌'에 앉아서 '찢어진 추억의 천막을 깁'는 것은 화자가 추억을 되새기면서 현재의 상처를 치유하는 과정을 의미하는 것이라고 할 수 있겠군.

④ (나)에서 '웃'으며 '가시밭길을 넘'은 후에야 '눈물의 이슬'을 받을 수 있다고 인식하는 것은 숭고한 태도로 살고자 하는 화자의 의지가 반영된 것이라고 할 수 있겠군.

⑤ (나)에서 '고난'을 '사랑'해야 '원광'이 떠오를 수 있다는 것은 고통을 수용해야 부정적인 상황을 극복할 수 있다는 화자의 인식을 나타낸 것이라고 할 수 있겠군.

→ 해설편 **223쪽**

[34~37] 다음 글을 읽고 물음에 답하시오.

[A] 아내와 동행할 수는 없다고 나는 생각을 굳혔다. 그녀의 지적처럼 설사 어떤 비난을 당하는 한이 있더라도 말이다. 숙부의 갑작스런 죽음이 무엇을 뜻하는가를 비로소 깨달았던 것이다. 적어도 나에게 있어서 그 죽음은 일찍이 내가 속해 있었던 한 세계 의 완전한 종언(終焉)을 의미하는 것이었다. 이제 내가 장사 치를 것은 한 사내의 시신이 아니라 그것과 연루된 나의 어둡고 치욕스러운 과거였다. 그러므로 지금까지 한사코 담을 쌓고 은폐해 왔던 그 세계를 마지막 순간에 내 아내에게 열어 보일 수는 없다고 나는 생각했다.

"뭘 챙긴다구 그래? 내 양말이나 몇 켤레 내주구려. 돈 좀 하구…….."

불쑥 나는 말했다.

예상했던 일이다. 가방을 챙기던 아내의 동작이 딱 멎었다. 아무 말 없이 그녀는 한동안 내 얼굴을 똑바로 쳐다보았다. 당신이란 사람은 정말 이해할 수가 없노라는 그런 눈빛이었다. 처가는 월남 가족이었다. 고향도 친지도 다 버리고 온 **실향민**이란 의식이 언제나 강한 사람들이었고, 그래서 그런 것에 대한 **관심과 집착도 별난** 데가 있었다. 하지만 ㉠ 나는 그렇지 못했다. 고향이나 친지, 심지어는 나의 가계(家系)에 이르기까지 거의 한 번도 속을 털어놓고 **이야기한 적이 없는** 사람이었다. 그 세계는 이를테면 내 아내에게 있어서는 철저하게 닫혀 있는 세계였는데, 그 앞에서 ㉡ 그녀는 종종 그런 눈빛으로 나를 바라보곤 했던 것이다.

숙부는 그 세계에 속해 있는 마지막 한 사람인 셈이었다. 아내로서는 지금까지 단 한 번도 상면해 본 적이 없는 그런 인물이었다. 그녀가 간직하고 있는 결혼 사진첩에도 그의 얼굴은 없다. 어머니의 당부에도 불구하고 우리의 결혼을 알리지 않았었다. 이번에는 그쪽에서 사정이 있었던 것이다. 그러므로 이제 와서 새삼스레, 그것도 사자(死者)의 얼굴을 내 아내에게 보여 줄 수는 없다고 나는 거듭 생각을 다졌다.

"나 혼자 다녀오는 것이 좋겠소. 당신까지 무리할 건 없어. 내가 그쪽에 **발길을 들여놓는** 일도 어차피 이번으로 **마지막**이 될 테니깐……."

[중략 줄거리] 고향과 연을 끊은 채 살아가던 '나'는 삼촌의 장례를 치르기 위해 고향으로 향하면서 과거를 떠올린다. 어린 시절 '나'의 가족은, 사상운동을 하다 전쟁 직전 종적을 감춘 아버지로 인해 마을 사람들로부터 수모를 당한다. 가슴에 부상을 입고 전쟁에서 돌아온 삼촌은 파편 제거 수술에 실패하여 상처를 안은 채 살아간다.

살아생전에 내가 고인을 마지막 본 것은 7~8년 전의 일이 된다. 내 어머니의 장례 때 참석지 못했던 그는 어느 날 불쑥, 그것도 내 직장으로 찾아왔던 것이다. 첫 모습에서 나는 그가 이제 막 출감(出監)하는 길임을 알아볼 수 있었다. 내가 들은 바로는 그때가 네 번째의 출감에 해당했다. 철 지난 옷을 후줄근하게 걸친 그는 꼭 그 차림에 어울리는 표정을 하고 내게 말했다.

"형수님께서 운명하셨단 소식은 저 안에서 들었네. 지금이라도 무덤이나마 찾아봤으마 하는데, 자네 그럴 만한 짬을 낼 수 있겠는가?"

[B] 두말없이 나는 앞장섰다. 서둘면 퇴근 시간 전에 돌아올 수 있겠다고 어림했지만 물론 그렇게는 되지 않았다. 근교라고는 해도 우리가 묘소에 닿은 것은 해가 설핏한 때였다. 내 어머니의 봉분에는 잔디가 제법 깊고 넓게 뿌리를 내리고 있었다. 그는 지석 앞에다 2홉들이 소주 한 병과 쥐치포 몇 쪽을 호주머니에서 꺼내 놓았다. 그러고는 허리를 꺾고 무릎을 꿇은 채 오래도록 일어나지 않았다. 혼신의 힘을 다해 오열을 참고 있음이 분명했다. 그러나 끝내는 땅바닥에 얼굴을 박은 채 그는 신음 같은 울음소리를 냈다.

"자네 아버님 제살랑 5월 중 적당한 날을 택해 모시도록 하소. 가급적이면 중순 이전이 좋겠네."

돌아오는 차 중에서 그는 불쑥 말했다. 나는 멍하니 얼굴을 쳐다보았다. 그때까지도 나는 아버지의 제사를 모시고 있지 않았기 때문이다. 그것은 내 어머니의 줄기찬 희망 때문이었다. 6·25 한 해 전에 영영 행방을 감추어 버린 아버지가 세상 어딘가에 아직도 살아 계시리란 희망을 내 어머니는 마지막 순간까지도 포기하지 않고 있었던 것이다.

㉢ 해마다 주인 없는 생일상만을 차려 왔던 일을 생각하고 나는 다음 말을 기다렸다. 그러나 그는 어둠이 얇게 깔리기 시작한 창밖 거리만을 내다볼 뿐 더 이상 말이 없었다. 버스에서 내리는 길로 그는 곧장 서울역으로 가 버렸다. 내 집으로 모시마고 나는 물론 말했지만 그는 단지 이렇게 대꾸했을 따름이었다.

"도리가 아닌 줄은 알지마는 어쩌겠노. 나야 워낙 그런 사람 아닝가? 빈 껍데기만 남아서 넝마로 굴러댕긴다 뿐이지, **진짜 모습은 진작에 끝난 거네.** 인제사 생각하마, 기왕 **한 구덩이 묻히지 못한 것만 원통**할 따름이제…… 자네 집사람한테는 날 만났단 얘기도 하지 마소."

나는 더 이상 그를 잡지 않았고, 그런다고 돌아설 사람도 아니었다. 그날 밤 내내 잠을 설치면서 나는 그가 남긴 말을 곰곰 되씹었었다. 적어도 한 가지 사실만은 분명했다. 그는, ㉣ 삼촌은 내 아버지의 죽음을 목격했던 것이다. ……어쩌면 그의 **가슴에 남아 있는 상흔**과도 관계가 있는 건지 모른다고까지 나는 생각했다. 비로소 나는 그를 좀 이해할 수 있을 것 같았다. 제대를 하고 돌아온 삼촌의 모습, 눅눅한 골방에 드러누워 누에처럼 보내던 생활, 재수술을 거부하며 그가 내뱉었던 말들, 궂은 날이면 육신의 어딘가가 아프다면서 오밤중에도 곧잘 끙끙 앓던 일, 그리고 또 갈수록 말수가 줄어든 대신 뿌리가 점점 더 깊이 느껴지던 기침 소리 등등…… 그랬다. 옛날과는 생판 모습이 달라져 버린 그 삼촌에게서 나는 문득문득 어딘가로 종적을 감추어 버린 ㉤ 내 아버지의 모습을 발견하곤 했던 것이다.

– 이동하, 「파편」 –

34. [A]와 [B]의 서술상 특징에 대한 설명으로 가장 적절한 것은?

① [A]는 이야기를 전달하는 방식으로, [B]는 이야기를 전해 듣는 방식으로 인물이 처한 상황을 나타내고 있다.

② [A]는 과거를 회상하는 진술을 통해, [B]는 상황을 가정하는 진술을 통해 사건 해결의 실마리를 제시하고 있다.

③ [A]는 요약적 서술을 통해, [B]는 의식의 흐름에 따른 서술을 통해 서술자의 내적 갈등이 해소되는 양상을 보여 주고 있다.

④ [A]는 시간의 흐름에 따라 사건이 변화하는 추이를, [B]는 공간의 이동에 따라 변화하는 인물 간의 관계를 보여 주고 있다.

⑤ [A]는 내면의 서술을 통해 서술자가 특정 판단을 내린 이유를, [B]는 행동의 묘사를 통해 관찰 대상의 심리를 드러내고 있다.

35. ㉠~㉤에 대한 이해로 적절하지 <u>않은</u> 것은?

① ㉠ : '나'가 처가의 상황을 이해하지 못했던 자신의 행동을 성찰하고 있음을 드러낸다.

② ㉡ : 아내가 '나'의 행동을 이해하지 못하는 일이 반복되어 왔음을 나타낸다.

③ ㉢ : '나'의 어머니가 남편이 살아 있다는 희망을 가지고 살아왔음을 알려 준다.

④ ㉣ : 삼촌이 '나'에게 아버지의 제사 시기를 알려 줄 수 있었던 이유를 짐작하게 한다.

⑤ ㉤ : '나'가 변해 버린 삼촌의 모습을 통해 종적을 감춘 아버지를 떠올렸음을 보여 준다.

36. 한 세계 에 대해 이해한 내용으로 적절하지 <u>않은</u> 것은?

① '나'가 삼촌과 함께 속해 있다고 생각하는 세계이다.

② '나'가 아내에게 털어놓지 못하고 은폐해 왔던 과거이다.

③ '나'가 아버지의 행적으로 인해 겪었던 치욕스러운 시간이다.

④ '나'가 어머니의 죽음을 계기로 벗어나고 싶어 하는 과거이다.

⑤ '나'가 삼촌의 장례에 아내와 동행하지 않으려는 이유가 되는 시간이다.

37. 〈보기〉를 참고하여 윗글을 감상한 내용으로 적절하지 <u>않은</u> 것은? [3점]

> ─────〈 보 기 〉─────
>
> 「파편」은 전쟁의 상처와 아픔을 다양한 인물을 통해 다각도로 제시하고 있다. 작품에는 전쟁의 폭력성으로 인해 신체적, 정신적 상처를 입고 무기력하게 사는 인물, 정신적 상처를 입고 자기 안에 갇혀 부정적 기억을 외면하려는 인물, 고향과 가족을 잃고 살아가는 인물이 등장한다. 이를 통해 전쟁은 종전 후에도 인물의 삶에 지속적으로 영향을 미치는 비극적인 사건임을 보여 주고 있다.

① 가슴에 파편이 박힌 채 전쟁에서 돌아온 삼촌의 '가슴에 남아 있는 상흔'은 전쟁의 폭력성을 보여 주는 것이겠군.

② '실향민'인 처가가 고향과 친지에 대해 '관심과 집착'이 '별난' 것은 전쟁으로 고향과 가족을 잃은 아픔을 보여 주는 것이겠군.

③ '나'가 아내에게 자신의 가계에 대해 '이야기한 적이 없'이 살아온 것은 '나'가 정신적 상처로 인해 자기 안에 갇혀 살아가는 모습을 보여 주는 것이겠군.

④ '나'가 삼촌의 장례를 치르는 것을 '마지막'으로 더 이상 고향에 '발길을 들여놓'지 않으려는 것은 전쟁의 상처가 '나'의 삶에 지속적으로 영향을 미치고 있음을 보여 주는 것이겠군.

⑤ 삼촌이 '진짜 모습은 진작에 끝'났다며 '한 구덩이 묻히지 못한 것만 원통'하다고 말하는 것은 무기력한 삶에서 벗어나기 위해 전쟁의 기억을 외면하는 모습을 보여 주는 것이겠군.

9회 2025 9월 학력평가

[38~41] 다음 글을 읽고 물음에 답하시오.

(가)

방초 우거진 시냇가에 **몇 간 초가** 지어 두고
아침저녁 듣는 소리 새 울음뿐이로다
시경(詩經) 서경(書經) 기대어 누워 사립문을 닫았으니
산과 시내 새로운데 구름 안개만 잠겨 있다
늘어진 푸른 솔은 늙을 줄을 모르거든
가늘게 시냇물은 주야를 흘러간다
담쟁이 풀 깊은 곳에 찾을 이 뉘 있으며
비바람 부는 ㉠ 세상에 명성은 내 몰라라
화창한 바람 건듯 불어 산중에 봄이 드니
온갖 꽃이 가득 피고 나비들이 넘놀 적에
경치가 무궁하여 눈앞에 벌어지니
허다히 듣는 소리 반가이 보는 빛을
이른들 다 이르며 뉘라서 그려 내리
ⓐ 길고 긴 골짜기에 굴레 벗은 몸이 되어
꽃 핀 아침 달 뜬 저녁 **마음껏 노닐**다가
붉은 벼랑 구름 속에 이슬 맞고 자란 꽃을
일없이 노닐면서 아침저녁 사랑하다가
붉은 채소를 익게 삶아 아침저녁 요기하니
노순(鱸蓴)* 같은 맛이구나 팔진미를 아랑곳 하겠는가

(중략)

부귀를 다 잊으니 평생에 할 일 없어
청려장을 손에 들고 돌길에서 서성이니
버들에 바람 불고 솔 잣나무 달 비칠 때
마음속이 담담하니 해마(害馬)도 간 데 없다
연비어약(鳶飛魚躍)*을 때때로 살펴보니
가을 달 봄바람이 갈수록 흥이로다
단사표음(簞食瓢飲)*을 먹으나 못 먹으나
겨울 **갖옷** 여름 **갈옷** 입으나 못 입으나
ⓑ 빚 없는 청풍명월과 백년해로 하리라

– 김기홍, 「채미가」 –

* 노순(鱸蓴) : 농어회와 순채나물국.
* 연비어약(鳶飛魚躍) : 솔개가 날아가고 물고기가 뛰어놂.
* 단사표음(簞食瓢飲) : 대나무로 만든 밥그릇에 담은 밥과 표주박에 든 물이라는 뜻으로, 소박한 생활을 이르는 말.

(나)

을미년(1595) 봄, 내가 처음으로 농사를 짓기 위해 **두어 이랑의 밭**을 마련했다. 밭은 신벌리에 있었다. 이웃의 농부에게 밭이 어떠냐고 물었더니 이렇게 대답했다.

"참 좋은 밭입니다. 어떤 곡식을 심어도 잘 자랄 땅이지요. 습하지도 않고 메마르지도 않아 수해나 가뭄이 들어도 별 영향이 없을걸요. 전에 이곳에 농사를 지은 사람은 수확이 많았지요. 요즘은 농사를 짓지 않는 사람이 많아 버려둔 지 5~6년 됐지만 말입니다."

나는 비옥했지만 오랫동안 버려졌다는 그 땅이 아까워 개간해 보기로 마음을 먹고 아주 단단한 농기구와 노련한 농사꾼 몇을 구해 황소 두어 마리를 끌고 밭으로 갔다.

3월 17일 무렵이었는데, 밭에는 잡초와 가시덤불이 우거져 한 치의 빈틈도 없었다. **뿌리가 서로 뒤엉켜** 아무리 날카로운 농기구라고 해도 쉽게 끊어낼 수 없을 정도였다. 괜히 힘만 쓰고 밭은 개간하지 못하는 것이 아닌가 하는 후회와 걱정이 슬며시 들었다. 하지만 이미 시작한 일이라 중간에 그만둘 수도 없었다. 쟁기 하나에, 황소 두 마리를 부려 한 사람은 쟁기질을 하고, 두 사람이 양쪽에서 고삐를 끌면서 밭을 개간하기 시작했다.

처음에는 무딘 도구로 단단한 돌을 깎는 것처럼 매우 어려웠다. 그러나 시간이 지날수록 밭을 일구면서 조금씩 앞으로 나아갈 수 있었다. 보습이 닿는 곳마다, 물살이 거셀 때 물속의 돌이 서로 부대끼며 내는 소리처럼, 우르릉 쾅쾅 하는 소리가 났다.

잡초의 **뿌리를 끊**고 난 뒤 일군 밭을 보니 굳은 흙덩이가 겹겹이 쌓여 있어 마치 전쟁에서 패배한 군세고 사나운 군사들이 분을 참지 못하고 머리를 풀어 헤친 채 화를 내는 것 같았다. 그러나 밭을 점점 더 개간해 가자, **얽혔던 것**이 풀어지고 **단단한 흙**도 부서져 예전의 밭 모양을 갖추게 되었고, 힘도 조금씩 덜 들게 되었다. 일하던 사람들도 피곤을 덜 느끼고 개간한 밭을 보며 기뻐했다. 이렇게 계속 개간을 하면 수레 가득 조를 수확해 담을 수도 있고, 망태기에 곡식을 채울 수도 있을 것이라는 생각이 들었다. 그런 생각을 하자 마음이 점점 기쁨으로 차오르기 시작했다.

이 일을 하다가 문득 깨달은 것이 있다. 사람의 **마음속에도 좋은 밭**이 하나씩 있다. 그 밭이 바로 측은지심, 수오지심, 사양지심, 시비지심이다. 그리고 거기에 심는 ㉡ 씨앗이 인(仁), 의(義), 예(禮), 지(智)이다. 그 밭은 평평하여 험하지 않고 비옥해서 작물이 잘 자란다. 그래서 처음에는 아무도 그 땅을 버리지 않는다.

그러나 ㉢ 살면서 사심이 생겨 이랑이 올라오고, 욕심이 생겨 좋은 곡식을 해치면, 밭이 황폐해지고, 나고 자라는 자연의 이치도 멈춘다.

하지만 그 본질은 사라지는 게 아니다. 진실로 밭을 일구려는 사람이 ㉣ 안회의 사물(四勿)*을 황소로 삼고, 증자의 삼성(三省)*을 쟁기로 삼아 개간하기 어려운 땅을 일구기 시작하여, 한 번 이겨 낸 뒤에는 느긋한 여유가 생긴다. 그 결과 예전과 같은 밭을 일구어 낼 수 있을 것이다. 좋은 곡식이 왜 자라지 않을까 걱정만 하고 있을 필요는 없다. 내 밭이 황폐해져 개간할 수 없다고 생각한다면 이것은 스스로를 포기한 것일 뿐이다. ㉤ 밭을 황폐하게 하는 것도 자신이요, 개간해 내는 것도 자신이다. 나는 여태껏 개간하지 않는다면 몰라도 개간하는 일 자체가 불가능한 경우를 본 적이 없다.

– 정온, 「기황전설」 –

* 사물(四勿) : '예의에 맞지 않는 것이면 보지 말며, 듣지 말며, 말하지 말며, 행동하지 말라.'라는 안회의 말.
* 삼성(三省) : '나는 날마다 세 가지를 반성한다. 남에게 최선을 다했는가, 친구와 신의 있게 지냈는가, 배운 것을 익혔는가.'라는 증자의 말.

38. (가), (나)에 대한 설명으로 가장 적절한 것은?

① (가)는 자연물에 감정을 이입하여 대상에 대한 정서를 드러내고 있다.

② (나)는 불가능한 상황을 가정하여 주제 의식을 드러내고 있다.

③ (가)는 (나)와 달리, 설의적 표현을 사용하여 삶에 대한 긍정적 인식을 드러내고 있다.

④ (나)는 (가)와 달리, 영탄적 표현을 사용하여 대상에 대한 경외감을 드러내고 있다.

⑤ (가)와 (나)는 모두, 음성 상징어를 활용하여 공간에서 느껴지는 현장감을 드러내고 있다.

39. ㉠과 ㉡에 대한 이해로 가장 적절한 것은?

① ㉠은 화자의 기대에 부합하는 대상이고, ㉡은 글쓴이가 그 속성을 예찬하는 대상이다.

② ㉠은 화자의 시련을 부각하는 대상이고, ㉡은 글쓴이가 소망하는 바가 달라지게 만든 대상이다.

③ ㉠은 화자가 이해하고자 하는 대상이고, ㉡은 글쓴이가 사람이라면 누구나 갖고 있다고 여기는 대상이다.

④ ㉠은 화자가 마음으로부터 경계하는 대상이고, ㉡은 글쓴이가 물질적 여유를 위한 수단으로 삼는 대상이다.

⑤ ㉠은 화자가 거리를 두려는 대상이고, ㉡은 글쓴이가 각각의 사람들이 자신의 내면에서 키워 나가기를 바라는 대상이다.

40. ⓐ~ⓔ에 대해 이해한 내용으로 적절하지 <u>않은</u> 것은?

① ⓐ : 자연 속에 지내며 무언가에 얽매이지 않고 자유로운 상황에 놓이게 되었다는 의미가 담겨 있다.

② ⓑ : 돈이 없어도 누릴 수 있는 자연의 아름다움을 평생토록 누리겠다는 의미가 담겨 있다.

③ ⓒ : 마음이 황폐해지면 사심과 욕심으로 인해 결국 마음의 밭이 사라지게 된다는 의미가 담겨 있다.

④ ⓓ : 안회와 증자의 말을 교훈 삼아 마음의 밭을 일굴 때 처음의 어려움을 이겨 내면 할 수 있다는 마음이 생긴다는 의미가 담겨 있다.

⑤ ⓔ : 자신의 내면이 어떻게 가꾸어질지는 스스로의 마음가짐에 달려 있다는 의미가 담겨 있다.

41. 〈보기〉를 참고하여 (가), (나)를 감상한 내용으로 적절하지 <u>않은</u> 것은? [3점]

<보 기>

문학 작품에는 삶에 대한 태도가 담겨 있다. (가)의 화자는 자연의 아름다움을 구체적으로 드러내며 가난함 속에서도 세속적 욕망에 초탈하여 유유자적하는 삶의 모습을 노래하고 있다. (나)의 글쓴이는 밭을 일구게 된 과정과 힘써 노력한 경험을 제시하며 이를 통해 깨우친 삶의 이치를 전달하고 있다.

① (가)에서는 아침과 저녁으로 '마음껏 노닐'면서 '부귀를 다 잊'었다고 말하는 것을 통해 유유자적하며 세속적 욕망에 초탈한 삶을 살아가는 모습을 나타내고 있군.

② (가)에서는 '온갖 꽃이 가득 피'어 '나비들이 넘놀'고 있는 경치를 바라보며 다 이를 수 없고 누구도 그려 낼 수 없다고 말하는 것을 통해 자연의 아름다움을 표현하고 있군.

③ (가)에서는 '몇 간 초가'에서 '붉은 채소'를 먹고 지내면서도 겨울의 '갖옷'과 여름의 '갈옷'을 마련하고자 힘쓰는 모습을 통해 가난한 환경을 이겨 내려는 삶의 태도를 드러내고 있군.

④ (나)에서는 '뿌리가 서로 뒤엉켜' 있는 밭을 '뿌리를 끊'은 뒤 '얽혔던 것'을 풀고 '단단한 흙'도 부수어 개간하는 과정을 통해 밭을 일구어나가는 노력을 보여 주고 있군.

⑤ (나)에서는 '두어 이랑의 밭'을 일구며 깨달은 경험을 통해 우리가 각자 갖고 있는 '마음속'의 '좋은 밭' 또한 황폐해지지 않도록 잘 일구어야 한다는 삶의 이치를 전달하고 있군.

[42~45] 다음 글을 읽고 물음에 답하시오.

서 공자는 부모 생각이 더욱 간절해졌다. 모친의 행적을 찾고 부친의 소식을 남방에 가 자세히 듣고자 하여 산을 넘고 물을 건너 길을 가려 하였다. 왕 공자가 말리며 말했다.

"형은 다만 공부에 힘써 과거에 급제하면 자연 알 것이니, 어찌 작정한 방향도 없이 세월을 헛되이 보낼 수 있으리오."

왕 공자가 권유하여 떠나지 못하게 하니, 서 공자가 그대로 머물러 있었다.

이때, 서 공자가 구슬을 넣은 비단 주머니가 해어진 것을 보고 서 석파에게 그 비단 주머니를 보여 주며 똑같이 하나를 새로 지어 달라고 하니, 석파가 말했다.

"이것을 지어 무엇 하시려 하느뇨?"

서 공자가 눈물을 흘리며 구슬에 관한 내력을 말하니, 석파 또한 왕 소저의 구슬에 관한 이야기를 알고 있어서 놀라며 말했다.

"그 구슬을 조금 구경하사이다."

서 공자가 구슬을 내어 보이니, 고운 빛이 눈부시게 밝았고 웅(雄) 글자가 뚜렷하였다. 인하여 구슬을 가지고 안채로 들어가 부인 유 씨에게 이 **곡절을 고**하였다. 이때 부인 유 씨는 혜란 소저가 점점 나이 들어가며 장성하는데 구슬이 있는 곳을 알지 못해 밤낮으로 걱정하였다. 그러던 차에 석파의 말을 듣고 몹시 놀라며 기뻐하여 구슬을 받아 보니, 웅 글자도 뚜렷이 있고 혜란 소저의 구슬과도 신통히 같았다. 부인 유 씨가 왕 공자를 불러 그 까닭을 이르니, 왕 공자도 구슬을 보고 손뼉을 치며 크게 웃으며 말했다.

"어찌 이와 같은 신통한 일이 고금에 또 있으리까?"

부인 유 씨가 마음 가득히 아주 기뻐하며 말했다.

"이 구슬의 자웅(雌雄)을 가지고 가서 서 공자에게 그 내력을 일러주고 혼인하기로 정하여 멀지 아니한 가까운 장래에 혼례를 행하도록 하라."

왕 공자가 자웅의 구슬 을 가지고 사랑채에 나아가 서 공자를 향해 말했다.

"형은 만일 자(雌) 글자가 쓰인 구슬이 있으면 그곳에 정혼하려 하느냐?"

서 공자가 어떠한 곡절인지도 모르고 웃으며 말했다.

"형은 지나치게 조롱하지 말라. 소제(小弟)도 미덥지 아니한 일인 줄 알지만, 부모님께서 주신 물건이니 버리지 못할 것이라서 몸에 지니고 있었도다. 마침 구슬을 넣은 비단 주머니가 해졌기 때문에 석파에게 고쳐 달라고 하였더니, 실없는 석파가 널리 퍼뜨려 형에게 조롱을 받음이로다."

왕 공자가 구슬 자웅을 내어 놓고 말했다.

"다름 아니라 나에게 누이동생이 있는데 나이가 열다섯 살이로다. 누이동생이 태어날 때 꿈꾼 이야기가 이상하였지만 자 글자가 쓰인 구슬을 얻었도다. 그래서 지금까지 웅 글자가 쓰인 구슬을 가지고 있는 이를 찾느라 정혼하지 못하였도다. 그랬는데 누가 형에게 이 구슬이 있을 줄 생각했으랴. 누이동생은 비록 배운 것이 없으나 사람됨이 영민하고 지혜로워 군자의

아내는 감당할 것이니, 형은 쾌히 허락하라."

서 공자도 또한 신기하게 여기며 고마워하여 말했다.

[A]
"형의 은혜를 여러 해 입었고 또 아름다운 숙녀를 용렬하고 어리석은 사람의 배우자로 정해 진(秦)나라와 진(晉)나라의 왕실이 혼인을 맺고 지낸 것처럼 아주 가까운 정의(情誼)를 맺고자 하시니 어찌 사양하리오만, 소제(小弟)는 이 세상의 죄인이오이다. 부모의 생사를 모르는데, 다만 혼인하려는 마음을 생각할 수 있으리오. 구슬은 소제 또한 부모님으로부터 받은 것이라 신기하오나, **부모님의 소식을 듣기 전에는 혼인하려는 마음을 두지 않으리이다.** 형은 다시 말을 하지 마소서."

왕 공자가 말했다.

"형의 말은 사리에 맞지 않도다. 자친(慈親)의 소식을 모르니 실로 사람의 자식으로서 뼈에 사무치게 고통스러운 일이나, 형이 장가를 들지 않으면 조상 대대의 제사는 어찌하려는 것이오. 마땅히 **서둘러 장가**를 든 후라도 부모 소식을 알아봄이 옳은 데다 또 **조상에게 죄인되는 것**도 면할지니 거듭거듭 생각해 보라."

[중략 줄거리] 서 공자와 왕 공자는 과거에 합격하고 천자의 허락으로 서 공자와 왕혜란이 혼인한다. 이후 서 공자는 남만으로 출정하는 한편, 제왕이 왕혜란을 흠모해 납치하려 한다.

차설. 제왕은 **무뢰배를 보내어 왕 씨를 데려**다가 후원의 깊은 별당에 들이고서 매우 기뻐하고 즐거워하여 들어가 소저를 보았다. 지난번 여자의 옷으로 갈아입고 유명 승상의 집에 가서 보았던 왕 소저가 아니니, 크게 놀라 물었다.

"그대는 누구이뇨?"

월향이 도적에게 잡혀서 이곳에 도착해 제왕을 보니 분한 마음이 격렬히 일어나는지라 바로 칼을 들어 두 조각을 내고 싶었으나 억지로 참으면서 큰 소리로 말했다.

[B]
"나는 서 원수의 부인의 시비 월향이오. 우리 부인이 비록 여자이시나, 모든 일을 헤아리시는 것이 귀신같다오. 환관이 친히 와 사내종들에게 술 먹이는 것을 보고 그날 밤에 변고가 있을 줄 짐작하시고, 나를 대신 있게 한 뒤에 부인은 몸을 피하셨나이다. 제왕은 당당한 만승천자(萬乘天子)의 금지옥엽(金枝玉葉)이요 천승군왕(千乘君王)이거늘, 어찌 차마 이같이 어질지 못하고 의롭지 못한 일을 자행하시나이까? 일반 백성의 범상한 여자라도 그렇게 하지 못하려든, 군부(君父)의 명을 꾸며 만들고 불측한 마음을 품어서 감히 조정의 경상가(卿相家) 부인을 밝은 대낮에 도적하고자 했으니 어찌 처벌이 없으리오. 죄는 개인의 사사로운 사정으로 봐주는 것이 없나니, 옛날 진(秦)나라 상앙(商鞅)은 태자가 법을 범하자 그 스승까지 형벌하였나니, 제왕은 어찌 몸을 보전하려 하오."

말을 다 마쳤는데, 아름다운 목소리가 비분강개하여 기운이

추상같았다. 제왕이 한편으로는 왕 소저를 잃은 것을 분하게 여기고 다른 한편으로는 월향의 꾸짖음에 크게 화를 내었다. 그래서 궁노(宮奴)에게 명하여 월향을 잡아매어 죽이고자 하였지만, 월향이 **조금도 겁내지** 아니하고 말했다.

"나는 주인을 위하여 **죽으려** 하나니 빨리 죽이소서."

– 작자 미상, 「쌍주기연」 –

42. 윗글을 이해한 내용으로 적절하지 <u>않은</u> 것은?

① 서 공자는 부친의 소식을 알기 위해 남방으로 가고자 하였다.

② 왕 공자는 떠나려는 서 공자를 말리며 공부에 힘쓸 것을 권유했다.

③ 제왕은 납치해 온 대상이 왕혜란이 아니라는 사실에 분함을 느꼈다.

④ 왕혜란은 자신에게 변고가 일어날 것을 짐작하여 미리 몸을 피하였다.

⑤ 부인 유 씨는 서 공자에게 과거에 합격하는 대로 혼인할 것을 제안했다.

43. [A], [B]에 대한 이해로 가장 적절한 것은?

① [A]에서는 상대에게 받은 은혜를 고마워하며 상대의 제안을 흔쾌히 받아들이고 있다.

② [B]에서는 상대의 신분을 언급하며 상대의 지위에 맞지 않는 비도덕적인 행동을 질책하고 있다.

③ [B]에서는 상대에게 행동의 이유를 물으며 상대의 행동으로 인해 자신이 입게 될 피해를 염려하고 있다.

④ [A]와 [B]에서는 모두 자신이 처한 문제 상황을 언급하며 문제 해결을 위해 상대에게 도움을 요청하고 있다.

⑤ [A]와 [B] 모두 고사를 인용하여, [A]에서는 상대를 설득하고 있고, [B]에서는 상대에 대한 두려움을 나타내고 있다.

44. 자웅의 구슬 과 관련한 설명으로 적절하지 <u>않은</u> 것은?

① 부인 유 씨가 딸의 혼사를 추진하지 않고 기다려 온 계기가 되는 소재이다.

② 왕 공자가 서 공자에게 왕혜란에 대한 과거 내력을 알리는 계기가 되는 소재이다.

③ 서 공자와 왕혜란이 태어날 때부터 서로의 배필로 정해져 있음을 보여 주는 소재이다.

④ 서 공자가 자신의 정혼 상대로 왕혜란을 만나게 될 것이라고 확신하게 만드는 소재이다.

⑤ 왕 공자가 자신의 누이와 서 공자가 서로 인연임을 우연히 알아차리도록 만드는 소재이다.

→ 해설편 **231**쪽

45. 〈보기〉를 참고하여 윗글을 감상한 내용으로 적절하지 <u>않은</u> 것은? [3점]

> ───────── < 보 기 > ─────────
>
> 「쌍주기연」은 중심인물의 애정 서사를 바탕으로 임금이나 주인에 대한 충성, 부모에 대한 효, 여성의 절개라는 당대의 보편적 가치를 수호하는 모습을 담아내고 있다. 이 과정에서 보조 인물이 사건 전개에 능동적으로 개입하여 중심인물의 애정 서사에 도움을 주거나, 보편적 가치를 훼손하는 악인형 인물과 대립하여 작품의 주제 의식을 형상화하는 데 기여하는 모습을 보인다.

① 석파가 부인 유 씨에게 '곡절을 고하'여 왕혜란의 혼례를 추진하는 데 영향을 주는 것으로 보아 보조 인물이 중심인물의 애정 서사에 도움을 주고 있음을 알 수 있군.
② 서 공자가 '부모님의 소식을 듣기 전에는 혼인하'지 않으려는 것으로 보아 중심인물이 부모에 대한 효라는 당대의 보편적 가치를 수호하고 있음을 알 수 있군.
③ 왕 공자가 '서둘러 장가'를 들어 '조상에게 죄인되는 것'을 면하라고 하는 것으로 보아 보조 인물이 보편적 가치에 얽매이지 않고 사건 전개에 능동적으로 개입하고 있음을 알 수 있군.
④ 제왕이 '무뢰배를 보내어 왕 씨를 데려'가려 하는 것으로 보아 악인형 인물이 여성의 절개라는 당대의 보편적 가치를 훼손하려 하고 있음을 알 수 있군.
⑤ 월향이 '조금도 겁내지' 않고 '죽으려 하'는 것으로 보아 보조 인물이 악인형 인물과의 대립 상황에서도 주인에 대한 충성을 다하여 주제 의식을 형상화하는 데 기여하고 있음을 알 수 있군.

※ 확인 사항
○ 답안지의 해당란에 필요한 내용을 정확히 기입(표기) 했는지 확인하시오.

[1~3] 다음은 강연이다. 물음에 답하시오.

안녕하세요? 식품 안전 연구소의 ○○○입니다. 여러분은 식품을 구매할 때 식품 포장지에서 어떤 정보를 주로 보시나요? (청중의 대답을 듣고) 네, 주로 영양 성분을 보시는군요. 하지만 식품 포장지에는 영양 성분 외에도 유익한 정보가 많이 있습니다. 오늘은 식품 포장지의 표시사항에 대해 알려드리겠습니다.

(㉠ 자료 제시) 지금 보시는 화면은 식품을 구매할 때 통상적으로 보게 되는 주표시면입니다. 이렇게 주표시면에는 제품명과 내용량 및 열량, 그리고 상표 등이 표시돼 있습니다. 특히 여기에서 눈여겨볼 부분이 있는데요. 제품명에 '향' 자가 보이시나요? 제품명에 특정 맛이나 향이 표시되어 있고 그 맛이나 향을 내기 위한 원재료로 합성 향료만을 사용했기 때문에 보시는 것처럼 '복숭아향'이라고 적혀 있습니다. 그리고 합성 향료가 첨가되었다는 문구도 제품명 주위에서 확인할 수 있습니다.

그럼 다음 화면을 보시죠. (㉡ 자료 제시) 이 화면은 다른 식품의 주표시면인데, 여기에서는 어떤 정보를 알 수 있을까요? 제품명을 보고 소고기만으로 만든 식품이라고 생각하시는 분들이 많을 텐데요. 아래쪽을 보시면, 소고기와 함께 돼지고기도 일부 포함되어 있음을 알 수 있습니다. 이 식품과 같이 식육가공품은 가장 많이 사용한 식육의 종류를 제품명으로 사용할 수 있는데요. 이런 경우에는 식품에 포함된 모든 식육의 종류와 함량이 주표시면에 표시되어 있으니 꼭 확인해 보세요.

(㉢ 자료 제시) 이 화면은 앞서 보신 식품 포장지의 다른 면을 확대한 것입니다. 여기에는 식품유형, 원재료명, 유통기한, 주의사항 등 다양한 정보가 있는데요. 이렇게 표시사항을 한데 모아 표시한 면을 정보표시면이라고 합니다. 이 중 일부만 살펴보겠습니다. 여기 바탕색과 다르게 표시된 부분이 보이시죠? 이곳은 알레르기 표시란인데요. 알레르기 유발물질의 양과 관계없이 원재료로 사용된 모든 알레르기 유발물질이 표시됩니다. 또한 식품에 사용된 원재료가 아니어도 알레르기 유발물질이 식품을 제조하는 과정에서 불가피하게 섞여 들어갈 우려가 있을 수 있습니다. 이 경우에는 화면에서 보시는 것처럼 알레르기 유발물질이 혼입될 수 있다는 의미의 주의사항 문구가 쓰여 있으니 특정 알레르기가 있는 분들은 유의해서 살펴보시기 바랍니다.

마지막으로 날짜 표시에 대해 알려드리겠습니다. 여기 원재료명 아래 유통기한이 표시되어 있는데요. 관련 법률이 개정되어 앞으로는 식품을 유통할 수 있는 기한인 유통기한 대신 소비기한이 표시됩니다. 소비기한은 식품에 표시된 보관 방법을 준수했을 때 식품을 섭취해도 안전에 이상이 없는 기한을 말합니다. 그러니 식품에 표시된 보관 방법에 신경 쓰시면 도움이 될 것입니다.

여러분, 건강하고 안전한 식생활을 위해 식품 포장지의 정보를 꼼꼼히 확인하여 자신에게 적합한 식품을 잘 구매하시기 바랍니다. 이상으로 강연을 마치겠습니다.

1. 위 강연자의 말하기 방식으로 가장 적절한 것은?

① 강연을 하게 된 소감을 밝히며 강연을 시작하고 있다.
② 강연 내용을 요약하여 마무리하며 주제를 강조하고 있다.
③ 강연 내용과 관련된 질문을 하여 청중의 주의를 환기하고 있다.
④ 강연에 사용한 자료의 출처를 언급하여 신뢰성을 확보하고 있다.
⑤ 강연 순서를 처음에 안내하여 청중이 내용을 예측하게 하고 있다.

2. 다음은 위 강연자가 제시한 자료이다. 강연자의 자료 활용에 대한 설명으로 적절하지 <u>않은</u> 것은?

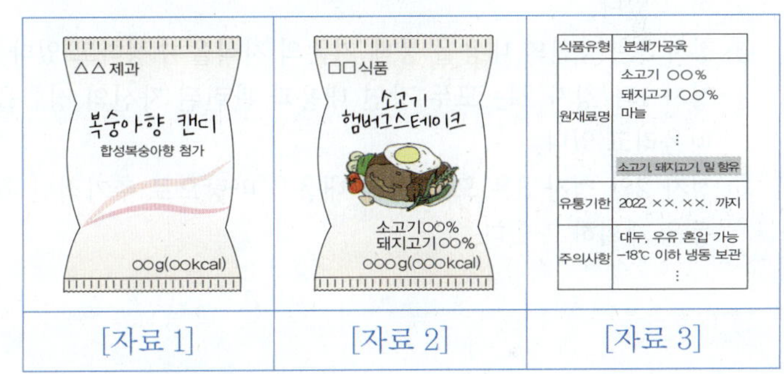

① 주표시면을 구성하고 있는 요소를 보여 주기 위해 ㉠에 [자료 1]을 활용하였다.
② 제품명에 특정 글자가 사용된 이유를 설명하기 위해 ㉠에 [자료 1]을 활용하였다.
③ 식육가공품에서 제품명에 원재료명이 포함된 경우 주표시면에 추가로 표시되는 요소를 보여 주기 위해 ㉡에 [자료 2]를 활용하였다.
④ 식품 제조 과정에서 불가피하게 혼입될 수 있는 알레르기 유발물질이 알레르기 표시란을 통해 표시되는 방식을 설명하기 위해 ㉢에 [자료 3]을 활용하였다.
⑤ 식품 포장지에 표기되는 날짜 표시와 관련된 정보를 제공하기 위해 ㉢에 [자료 3]을 활용하였다.

3. 다음은 위 강연을 들은 청중의 반응이다. 강연의 내용을 고려하여 청중의 반응을 이해한 내용으로 적절하지 <u>않은</u> 것은?

> ○ 청자 1 : 지난번에 어떤 식품을 샀는데 보관 방법 표시가 눈에 잘 띄지 않았어. 식품에 따라 보관 방법이 어떻게 표시되는지 자세히 설명해 주지 않아서 아쉬웠어.
> ○ 청자 2 : 그동안 열량만 보고 식품을 구매했었는데, 다른 중요한 정보들도 많이 있다는 것을 알게 되어 유익했어. 동생에게 알려 주기 위해 오늘 배운 내용을 잘 정리해 봐야겠어.
> ○ 청자 3 : 수업 시간에 식품 표시사항을 점자로 표시하는 경우도 있다는 것을 배웠어. 오늘 알게 된 내용이 점자로 어떻게 표시되어 있는지 사례를 조사해 봐야겠어.

① 청자 1은 강연에서 구체적으로 설명하지 않은 정보가 있는 것에 대해 부정적으로 평가하고 있다.

② 청자 2는 강연에서 새롭게 알게 된 정보를 긍정적으로 수용하고 있다.

③ 청자 3은 강연의 내용을 통해 기존의 지식을 수정하고 있다.

④ 청자 1과 청자 2는 모두 강연 내용과 관련된 자신의 경험을 떠올리고 있다.

⑤ 청자 2와 청자 3은 모두 강연 내용을 바탕으로 추가적인 활동을 계획하고 있다.

[4~7] (가)는 동아리원들 간의 토의이고, (나)는 토의에 참여한 학생이 작성한 안내문이다. 물음에 답하시오.

(가)

학생 1 우리 동아리가 학교 축제 마지막 날 오후에 행사를 진행하게 됐잖아. 그래서 오늘은 그 행사를 어떻게 진행할지 토의하려고 해. 자유롭게 의견을 말해 줘.

학생 2 지난번에 우리 동아리원끼리 피구 시합했었잖아. 그때 친하지 않았던 동아리 친구들이랑 친해져서 좋았어. 그거랑 비슷하게 이번 축제에서는 학급 대항 축구 대회를 열면 학급 단합도 되고 좋지 않을까?

학생 3 그래도 그건 학급 간에 경쟁을 유발하기도 하고, 참여할 수 있는 인원이 제한적이잖아. 이번에는 많은 친구들이 제한 없이 참여할 수 있는 활동이 좋을 것 같아. 예전에 우리 동아리에서 운영했었던 마라톤 행사는 어때?

[A]

학생 2 나도 많은 학생들이 참여할 수 있는 활동이면 좋겠는데, 마라톤은 체력적으로 너무 부담스러워. 나 같은 생각을 하는 학생들은 참여를 꺼리지 않을까? 게다가 기록에 따라 순위가 결정되니까 그것도 경쟁을 유발할 것 같아.

학생 3 음…… . 그럼, 플로깅 행사는 어때? 얼마 전에 기사에서 봤는데 운동 효과가 있으면서도 많은 친구들이 참여할 수 있을 것 같아.

학생 1 플로깅이 뭐야? 처음 들어 보는 말이라 낯설어.

학생 3 쉽게 말하자면 달리면서 쓰레기를 줍는 활동이야. 정해진 코스를 달리면서 쓰레기도 줍다 보니 운동 효과가 크다고 하더라고.

학생 2 그거 좋겠다. 플로깅 행사를 통해 마을 쓰레기가 줄어들면 우리 지역 사회에도 도움이 될 거야. 그리고 운동뿐만 아니라 환경 문제에 관심 있는 친구들도 많이 참여하지 않을까?

학생 1 그럼 다들 플로깅 행사를 진행하는 데 동의하니까 이제 코스에 대해 이야기해 보자.

학생 3 학교 근처에 ○○천 둘레길이 있으니까 거기를 코스로 하면 좋겠어.

학생 2 그런데 참여 인원이 많아지면 코스가 하나로는 부족해. 많은 인원이 달리다 보면 안전 관리가 어려울 거야.

학생 1 네 말이 맞겠다. 주민들도 불편함을 겪을 거야.

학생 3 그럼 학교 근처에서 지저분해지기 쉬운 장소를 중심으로 코스를 짜 보자.

학생 2 좋은 생각이야. 친구들이 자기 체력에 맞게 코스를 선택할 수 있도록 다양한 코스를 짜서 홍보하면 학생들이 더 많이 참여할 것 같아.

학생 1 네 말은 친구들이 각자 체력에 맞게 코스를 선택할 수 있도록 다양한 코스를 짜면 학생들의 참여도가 더 높아질 거라는 거지? 내가 우선 코스를 짜 볼게.

→ 해설편 **236쪽**

학생 2 응, 고마워. 참가 신청은 학생들이 쉽게 할 수 있도록 인 터넷 사이트를 이용해서 받자. 신청 기간은 일주일이면 넉넉하겠지?

학생 1 좋아. 그럼 내가 오늘 토의한 내용을 바탕으로 안내문을 써서 공유할게.

(나)

플로깅 행사 개최 안내

안녕하세요. ○○고등학교 학생 여러분. 운동 동아리 '건강 더 하기'에서 여러분을 위해 축제 마지막 날에 우리 학교 학생 누구 나 참여할 수 있는 플로깅 행사를 개최하고자 합니다.

'플로깅'은 이삭줍기를 의미하는 스웨덴어 '플로카 업(plocka upp)'과 영어 '조깅(jogging)'이 합쳐진 말로 환경을 지키자는 움직임에서 시작되었습니다. 달리면서 쓰레기를 줍는 활동으로 건강과 환경을 모두 지키는 일석이조의 효과가 있습니다.

플로깅 행사는 자신의 체력에 맞게 선택할 수 있도록 난이도에 따라 학교 주변을 중심으로 세 가지 코스로 운영될 예정입니다. 이번 행사에 참여하면 건강을 지키면서 지역 사회의 환경도 깨끗 하게 만들 수 있습니다.

(⊙)

○ 일시 : 2022년 12월 ××일(금) 15:00 ~ 17:00
○ 대상 : 우리 학교 학생 누구나
○ 코스

코스명	코스	거리	난이도
1코스	학교 운동장-○○천-영화관(반환 지점)	약 2km	하
2코스	학교 운동장-슈퍼마켓-공원(반환 지점)	약 3km	중
3코스	학교 운동장-도서관-전망대(반환 지점)	약 3.5km	상

○ 신청 기간 : 2022년 11월 ××일 ~ 11월 ××일 / 7일간
○ 신청 방법 : 참여 링크 https://www.□□.com에서 신청

---

4. '학생 1'의 말하기 방식에 대한 설명으로 적절하지 <u>않은</u> 것은?

① 토의의 배경을 언급하며 토의 주제를 제시하고 있다.
② 토의 참여자의 반응을 확인하고 논의를 이어가고 있다.
③ 토의 참여자의 발언에 동의하며 자신의 의견을 덧붙이고 있다.
④ 토의 흐름에 따라 다음에 발언할 토의 참여자를 지정하고 있다.
⑤ 토의 참여자의 발언을 재진술하며 상대의 의견을 확인하고 있다.

5. [A]에 대한 설명으로 가장 적절한 것은?

① '학생 2'는 상대방의 의견을 일부 인정하며 자신의 의견을 수정하고 있다.
② '학생 2'는 상대방과 공유하는 경험을 활용하여 자신의 의견을 제시하고 있다.
③ '학생 2'는 자신의 의견을 여러 개 제시한 후 상대방에게 선택을 요구하고 있다.
④ '학생 3'은 상대방이 제시한 방안의 장점을 언급하고 있다.
⑤ '학생 3'은 자신의 의문을 해소하기 위해서 상대방에게 보충 설명을 요청하고 있다.

6. '학생 1'이 (가)의 토의 내용을 바탕으로 (나)를 작성할 때, (나)에 반영된 내용으로 적절하지 <u>않은</u> 것은? [3점]

① (가)에서 용어가 낯설다는 의견에 따라 학생들이 이해하기 쉽도록 용어를 풀어서 설명해야겠어.
② (가)에서 학생들이 쉽게 신청할 수 있도록 인터넷 사이트를 이용하자는 의견에 따라 참여 링크를 제시해야겠어.
③ (가)에서 체력에 맞게 코스를 선택할 수 있도록 하자는 의견에 따라 행사 코스의 거리와 난이도를 제시해야겠어.
④ (가)에서 참여에 제한이 없는 활동이면 좋겠다는 의견에 따라 우리 학교 학생 누구나 참여할 수 있음을 밝혀야겠어.
⑤ (가)에서 이번 행사가 지역 사회에 도움이 될 수 있다는 의견에 따라 지역 사회 주민과 연계하여 진행됨을 밝혀야겠어.

7. 〈조건〉에 따라 (나)의 ⊙에 추가할 내용으로 가장 적절한 것은?

> ── < 조 건 > ──
> ○ 건강과 환경 측면에서의 기대 효과를 고려하여 작성할 것.
> ○ 비유적 표현을 활용할 것.

① 열심히 공부하느라 몸을 돌볼 시간이 없으셨나요? 바쁜 일상 속에서 플로깅에 참여하여 건강을 지켜 보세요.
② 달리며 쓰레기를 줍는 단순한 행동을 통해 지구가 깨끗해질 수 있어요. 플로깅 행사에 적극적인 참여 기대합니다.
③ 플로깅 행사 참여, 아직도 망설이시나요? 여러분의 건강도 지키고 지역 환경도 살리는 보석 같은 시간을 만들어 보세요.
④ 기후 위기를 막는 도전, 함께 시작해 봅시다. 오늘 우리가 투자한 하루가 유리같이 깨끗한 지역 사회를 만들 수 있습니다.
⑤ 플로깅은 지구력 향상에 도움이 된다고 합니다. 원하는 코스를 선택하여 플로깅 행사에 참여하면 여러분의 건강을 지킬 수 있습니다.

[8~10] 다음은 작문 상황과 이를 바탕으로 학생이 작성한 초고이다. 물음에 답하시오.

○ **작문 상황** : 지역 신문의 독자 기고란에 그린워싱과 관련해 주장하는 글을 쓰려고 함.

○ **초고**

최근 친환경 제품에 대한 소비자의 관심이 높아지면서 친환경 제품 소비가 활성화되고 있는데 이 과정에서 그린워싱이 증가하고 있다. '그린워싱(greenwashing)'이란 기업이 소비자로 하여금 제품이나 제품 생산 과정 등을 친환경적인 것으로 오해하도록 하는 경우를 말한다. 이는 소비자가 정확한 정보를 제공받을 권리를 침해하고, 친환경 제품 생산 업체에 피해를 주어 친환경 제품 시장의 공정한 경쟁 질서를 저해할 수 있다.

그린워싱이 증가하는 원인은 무엇일까? 우선 기업이 환경 문제에 대한 소비자의 관심을 단순히 마케팅의 수단으로 이용하기 때문이다. 더불어 제도적 측면에서 친환경을 평가할 수 있는 법률적 기준이 빠르게 변화하는 시장 상황에 대처할 수 있을 정도로 구체화되어 마련되지 않았기 때문이다. 또한 소비자는 친환경적인 소비에 관심은 있으나 상대적으로 환경마크를 비롯한 친환경 제품과 관련된 정보에 대해 잘 알지 못해 친환경 제품을 제대로 선별하여 구매하지 못하는 경우가 많기 때문이다.

그린워싱을 해결하기 위해서는 무엇보다 기업은 기업 윤리를 재정립하고 소비자가 환경과 관련된 제품 정보를 오해하지 않도록 정보를 투명하게 공개해야 한다. 정부는 시장 상황을 고려해 친환경과 관련된 법률적 기준을 보완함으로써 소비자들이 그린워싱을 명확히 인식할 수 있도록 지원해야 한다. 소비자는 그린워싱 여부를 판단할 수 있도록 친환경 제품에 대한 정확한 정보를 찾아보는 태도를 지녀야 한다.

[A] ┌ 기업 성장과 발전은 국가 경제를 이끌어 가는 원동력이다. 그린워싱은 소비자를 기만하는 행위이다. 그러므로 사회 구성원 모두가 협력하여 그린워싱을 해결해야 한다. └

8. 다음은 초고를 작성하기 전에 학생이 떠올린 생각이다. ⓐ~ⓔ 중 학생의 초고에 반영되지 <u>않은</u> 것은?

○ 공정한 경쟁 질서에 대한 소비자와 기업의 입장을 대조하여 제시해야겠어. ································· ⓐ
○ 문답의 방식을 활용해 그린워싱의 증가 원인을 제시해야겠어. ··· ⓑ
○ 예상 독자의 이해를 돕기 위해 그린워싱의 개념을 제시해야겠어. ··· ⓒ
○ 그린워싱이 미치는 부정적인 영향을 소비자와 생산 업체의 측면에서 제시해야겠어. ························· ⓓ
○ 그린워싱의 해결 방안을 기업, 정부, 소비자의 측면으로 나누어 체계적으로 제시해야겠어. ················· ⓔ

① ⓐ   ② ⓑ   ③ ⓒ   ④ ⓓ   ⑤ ⓔ

9. 〈보기〉는 학생이 초고를 보완하기 위해 추가로 수집한 자료이다. 자료의 활용 방안으로 적절하지 <u>않은</u> 것은? [3점]

<보 기>

[자료 1] 통계 자료

㉮ 친환경 제품에 대한 관심도 및 구매 경험

㉯ 환경 관련 법정 인증마크 인지도

[자료 2] 신문 기사

　○○기업은 재생 플라스틱으로 제품 용기를 제작했다는 표시로 자체 제작한 스티커를 붙이고 친환경적 특성을 홍보하여 소비자에게 큰 호응을 얻었다. 그런데 해당 스티커가 환경 관련 법정 인증마크와 유사해 소비자가 해당 스티커를 법정 인증마크로 혼동하여 제품을 구매하는 사례가 많았고, 한 시민 단체가 조사한 결과 제품 용기의 소재도 재생 플라스틱이 아님이 밝혀졌다. 이를 계기로 환경마크 등에 대한 정확한 정보를 알고자 하는 소비자들이 늘고 있으나, 관련 정보들이 통합적으로 제공되지 않아 소비자들이 불편을 겪고 있다.

[자료 3] 전문가 인터뷰

　외국에서는 친환경이라는 용어를 쓸 때 체크리스트와 같은 객관적 지표를 바탕으로 적합성 평가 기관을 통해 인증을 받는 제도가 시행되고 있습니다. 우리나라도 객관적인 지표를 좀 더 구체적으로 제시하여 법률을 보완해 나간다면 소비자 보호에 도움이 될 것입니다. 한편 친환경 제품의 인증과 관련된 정보를 여러 기관에서 다루고 있는데, 이러한 정보가 통합적으로 제공되면 소비자가 그린워싱에 쉽게 대처할 수 있을 것입니다.

① [자료 1-㉮]를 활용하여 친환경 제품에 대한 소비자의 관심이 높아지고 있다는 내용을 뒷받침하는 자료로 제시한다.
② [자료 2]를 활용하여 기업이 환경 문제에 대한 소비자의 관심을 마케팅의 수단으로 이용하고 있다는 내용에 대한 구체적 사례로 제시한다.
③ [자료 3]을 활용하여 객관적 지표를 마련한 해외 사례를 친환경과 관련된 법률적 기준을 보완하자는 주장에 대한 근거로 제시한다.
④ [자료 1-㉯]와 [자료 2]를 활용하여 소비자가 친환경 관련 제품 정보를 잘 알지 못해 제품을 제대로 선별하여 구매하지 못한다는 내용을 구체화하기 위한 자료로 제시한다.
⑤ [자료 2]와 [자료 3]을 활용하여 기업이 자체적으로 환경마크를 평가할 수 있는 제도를 마련하는 것을 기업 윤리를 재정립하기 위한 구체적 방안으로 제시한다.

10. 〈보기〉는 [A]를 쓴 학생이 친구에게 보낸 이메일이다. ㉠에 들어갈 내용으로 가장 적절한 것은?

<보 기>

　네가 준 의견 중 (　㉠　)해 보라는 말을 고려해 초고의 마지막 문단을 아래와 같이 수정해 봤어. 확인해 줄래?

> 　그린워싱은 소비자를 기만하는 행위이다. 그러므로 사회 구성원 모두가 협력하여 그린워싱을 해결해야 한다. 그린워싱을 해결하면 사회가 지향하는 친환경적 가치를 실현할 수 있을 것이다.

① 기업 성장과 발전의 의의는 삭제하고, 그린워싱 해결의 의의는 추가
② 기업 성장과 발전의 의의는 삭제하고, 환경 문제가 인간에게 미치는 영향은 추가
③ 기업 성장과 발전의 의의는 삭제하고, 그린워싱 해결을 위한 경제적 지원 방안은 추가
④ 친환경 기업이 지켜야 할 윤리적 가치는 삭제하고, 그린워싱 해결의 의의는 추가
⑤ 친환경 기업이 지켜야 할 윤리적 가치는 삭제하고, 그린워싱 해결을 위한 경제적 지원 방안은 추가

11. 〈보기〉는 '사전 활용하기' 학습 활동을 위한 자료이다. 이에 대해 탐구한 내용으로 적절하지 <u>않은</u> 것은?

─────── 〈보 기〉 ───────

쓰다³ 〔동〕

① 【…에 …을】 어떤 일을 하는 데에 재료나 도구, 수단을 이용하다.
  ¶ 수염을 깎는 데 전기면도기를 쓴다.

② 【…에/에게 …을】
  「1」 다른 사람에게 베풀거나 내다.
  ¶ 그는 취직 기념으로 친구들에게 한턱을 썼다.
  「2」 어떤 일에 마음이나 관심을 기울이다.
  ¶ 선생님, 일부러 제게 마음을 쓰지 않으셔도 됩니다.

쓰다⁶ 〔형〕

① 혀로 느끼는 맛이 한약이나 소태, 씀바귀의 맛과 같다.
  ¶ 나물이 쓰다.

② 【…이】 몸이 좋지 않아서 입맛이 없다.
  ¶ 며칠을 앓았더니 입맛이 써서 맛있는 게 없다.

① '쓰다³ ② 「1」'의 용례로 '그는 들려오는 소문에 신경을 썼다.'를 추가할 수 있군.
② '쓰다³ ①'과 '쓰다³ ②'는 모두 문형 정보와 용례로 보아 목적어와 어울려 써야 함을 알 수 있군.
③ '쓰다³'과 '쓰다⁶'은 별개의 표제어로 기술되어 있으므로 동음이의 관계임을 알 수 있군.
④ '쓰다³'과 '쓰다⁶'은 각각 하나의 표제어 아래 여러 뜻을 지니고 있으므로 다의어라고 볼 수 있군.
⑤ '쓰다⁶'은 '쓰다³'과 달리 성질이나 상태를 나타내는 말임을 알 수 있군.

[12~13] 다음 글을 읽고 물음에 답하시오.

관형어와 부사어는 다른 말을 수식하는 문장 성분이다. 관형어는 체언을 수식하고 부사어는 주로 용언을 수식한다. 관형어나 부사어가 실현되는 방법은 주로 다음과 같다.

(가) 저 바다로 <u>어서</u> 떠나자.
(나) <u>찬</u> 공기가 <u>따뜻하게</u> 변했다.
(다) <u>민지의</u> 동생이 <u>학교에</u> 갔다.

(가)의 '저'와 '어서'처럼 관형사와 부사가 그 자체로 각각 관형어와 부사어로 쓰일 수 있다. 또한 (나)의 '찬'과 '따뜻하게'처럼 용언의 어간에 전성 어미가 결합하거나, (다)의 '민지의'와 '학교에'처럼 체언에 격 조사가 결합하여 쓰일 수도 있다.

관형어와 부사어는 문장에서 필수적인 성분이 아니므로 일반적으로 생략이 가능하다. 다만, ㉠ 의존 명사를 수식하는 관형어나 ㉡ 서술어가 필수적으로 요구하는 부사어는 생략할 수 없다. 또한 관형어와 부사어는 각각 여러 개를 겹쳐서 사용할 수 있다.

중세 국어의 관형어와 부사어도 현대 국어와 전반적으로 유사한 양상을 보였으나 격 조사가 쓰일 때 차이를 보였다. 관형격 조사의 경우, 사람이나 동물과 같은 유정 체언 중 높임의 대상이 아닌 것과 결합할 때는 '이/의'가 쓰였다. 그리고 무정 체언이나 높임의 대상이 되는 유정 체언과 결합할 때는 'ㅅ'이 쓰였다. 부사격 조사의 경우, 결합하는 체언의 끝음절 모음이 양성 모음이면 '애', 음성 모음이면 '에', 'ㅣ'나 반모음 'ㅣ'이면 '예'가 쓰였는데 특정 체언 뒤에서는 '이/의'가 쓰이기도 했다.

→ 해설편 237쪽

12. 윗글을 바탕으로 〈보기〉의 중세 국어 자료를 이해한 내용으로 적절하지 <u>않은</u> 것은? [3점]

> ──── 〈보 기〉 ────
>
> ○ 불휘 **기픈** 남군 **브르매 아니** 뮐씨
>   (뿌리가 깊은 나무는 바람에 아니 흔들리므로)
>   ─「용비어천가」─
>
> ○ **員(원)의 지븨** 가샤 避仇(피구)홇 소니 마리
>   (원의 집에 가셔서 피구할 손의 말이)
>   ─「용비어천가」─
>
> ○ 뎌 **부텻** 行(행)과 願(원)과 工巧(공교)ᄒ신 方便(방편)
>   은
>   (저 부처의 행과 원과 공교하신 방편은)
>   ─「석보상절」─

① '기픈'을 보니 현대 국어와 마찬가지로 용언 어간에 전성 어미가 결합한 형태의 관형어가 사용되었음을 알 수 있군.
② '브르매'를 보니 현대 국어와 달리 끝음절 모음이 양성 모음인 체언과 결합할 때는 부사격 조사 '애'가 사용되었음을 알 수 있군.
③ '아니'를 보니 현대 국어와 마찬가지로 부사 자체가 부사어로 사용되었음을 알 수 있군.
④ '員(원)의 지븨'를 보니 현대 국어와 마찬가지로 관형어가 여러 개 겹쳐서 사용되었음을 알 수 있군.
⑤ '부텻'을 보니 현대 국어와 달리 높임의 대상이 되는 유정 체언과 결합할 때는 관형격 조사 'ㅅ'이 사용되었음을 알 수 있군.

13. 밑줄 친 부분이 ㉠, ㉡에 해당하는 예로 적절한 것은?

① ┌ ㉠ : <u>작은</u> 것이 아름답다.
  └ ㉡ : 내가 <u>회장으로</u> 그 회의를 주재하였다.

② ┌ ㉠ : <u>그</u> 집은 주변 풍경과 잘 어울린다.
  └ ㉡ : 이 그림은 가짜인데도 <u>진짜와</u> 똑같다.

③ ┌ ㉠ : 친구에게 책을 <u>한</u> 권 선물 받았다.
  └ ㉡ : 강아지들이 <u>마당에서</u> 뛰논다.

④ ┌ ㉠ : 자라나는 어린이들은 <u>나라의</u> 보배이다.
  └ ㉡ : 이삿짐을 <u>바닥에</u> 가지런히 놓았다.

⑤ ┌ ㉠ : 그는 <u>노력한</u> 만큼 좋은 결과를 얻었다.
  └ ㉡ : 나는 꽃꽂이를 <u>취미로</u> 삼았다.

14. 다음은 문법 학습지의 일부이다. ⓐ~ⓒ에 들어갈 내용으로 적절한 것은?

> ○ **구개음화** : 받침의 'ㄷ', 'ㅌ'이 'ㅣ'나 반모음 'ㅣ'로 시작하는 형식 형태소와 만나 [ㅈ], [ㅊ]으로 발음되는 현상
>
> 1. '끝인사'의 표준 발음이 [끄딘사]인 이유를 알아보자.
>   '끝인사'에서 '끝'의 받침 'ㅌ' 뒤에 'ㅣ'로 시작하는
>   (ⓐ)가 오기 때문에 [끄딘사]로 발음된다.
>
> 2. '곧이'와 '곧이어'의 표준 발음은 무엇인지 알아보자.
>   '곧이'의 '-이'는 부사를 만들어 주는 접사이다. 따라서 '곧이'의 표준 발음은 (ⓑ)이다. '곧이어'의 '이어'는 '앞의 말이나 행동 따위에 잇대어'라는 뜻을 지닌 부사이다. 따라서 '곧이어'의 표준 발음은 (ⓒ)이다.

	ⓐ	ⓑ	ⓒ
①	실질 형태소	[고지]	[고지어]
②	실질 형태소	[고디]	[고지어]
③	실질 형태소	[고지]	[고디어]
④	형식 형태소	[고디]	[고지어]
⑤	형식 형태소	[고지]	[고디어]

15. 다음은 문법 수업의 내용을 정리한 학생의 노트이다. 이를 바탕으로 〈보기〉의 ㉠~㉤을 이해한 내용으로 적절하지 **않은** 것은?

> 1. 피동의 개념
>   주어가 다른 주체에 의해 어떤 동작을 당하거나 영향을 받는 것
>
> 2. 피동 표현의 실현
>   ○ '-이-, -히-, -리-, -기-'와 같은 피동 접사에 의해 단형 피동으로 실현되거나 '-아/-어지다' 등에 의해 장형 피동으로 실현됨.
>   ○ 피동 접사와 '-아/-어지다'를 같이 쓰는 이중 피동 표현은 잘못된 표현임.

─────────── 〈 보 기 〉 ───────────
○ 그녀의 손등이 고양이에게 ㉠ <u>긁혔다</u>.
○ 형이 동생에게 아끼던 인형을 ㉡ <u>빼앗겼다</u>.
○ 비가 내려서 운동장에 천막이 ㉢ <u>세워졌다</u>.
○ 도화지의 질이 좋아서 그림이 잘 ㉣ <u>그려졌다</u>.
○ 커다란 빵이 순식간에 여러 조각으로 ㉤ <u>나뉘었다</u>.

① ㉠은 '긁-'에 접사 '-히-'가 결합하여 피동의 의미를 나타내는군.
② ㉡은 주어인 '형'이 '동생'에 의해 행위를 당하는 것을 표현하고 있군.
③ ㉢은 '세우-'에 '-어지다'가 결합하여 장형 피동으로 실현되었군.
④ ㉣은 접사 '-리-'와 함께 '-어지다'가 결합한 이중 피동 표현이군.
⑤ ㉤은 '나누-'에 접사 '-이-'가 결합하여 줄어든 형태가 나타난 피동 표현이군.

[16~21] 다음 글을 읽고 물음에 답하시오.

(가)

관중은 춘추 시대 제(齊)나라의 재상으로 군주인 환공을 도와 약소국이던 제나라를 부강한 국가로 성장시켰다. 관중이 생각한 이상적인 국가의 모습과 국가를 통치하는 방법은 『관자』를 통해 살펴볼 수 있다. 그는 자신이 살던 현실의 문제에 실리적으로 ⓐ <u>대처</u>하고 정치적인 분열을 적극적으로 막아 나라의 부강과 백성의 평안을 이루고자 하였다.

관중은 백성이 국가 경제의 근본이라는 경제적 관점을 바탕으로 법의 필요성을 강조하였다. 그에 따르면, 군주는 법을 만들 수 있는 자격을 천부적으로 지닌 사람이다. 하지만 군주가 마음대로 법을 만들면 백성의 삶이 ⓑ <u>피폐</u>해질 수 있으므로 군주는 이익을 추구하는 백성의 본성을 고려해 백성의 삶이 윤택해질 수 있는 법을 만들어야 한다고 보았다. 이때 관중이 강조한 백성의 윤택한 삶은 도덕적 교화와 같은 목적을 위한 것이 아닌, 부강한 나라의 실현을 위한 것이라는 실리적 관점에서 이해할 수 있다.

또한 관중은 군주가 자신에 대해서는 존귀하게 여기지 않는 것을 '패(覇)'라고 ⓒ <u>규정</u>하였는데, 이를 바탕으로 군주도 법의 적용에서 예외가 되지 않아야 한다고 주장하였다. 그에 따르면 군주는 '권세'를 지녀야 국가를 다스릴 수 있는데, 이때 군주가 패를 실천해야 백성이 권세를 인정하게 된다. ㉠ <u>결국 군주가 법을 존중하는 것은 백성이 군주를 존중하는 것으로 이어지게 되는 것이다.</u>

관중은 권세를 가진 군주는 부강한 나라를 이루는 통치, 즉 '패업(覇業)'을 위한 통치를 펼쳐야 한다고 주장하고, 법을 통한 통치의 중요성을 강조하였다. 이때 군주는 능력 있는 신하를 공정하게 등용하되 신하들이 군주의 권세를 넘보거나 법질서를 혼란스럽게 하지 못하도록 자신의 권세를 신하에게 위임하지 말아야 하며 백성의 경제적 안정을 위한 정책들을 시행해야 한다고 보았다. 이러한 관중의 사상은 백성들의 경제적 안정을 기반으로 부강한 나라를 이루기 위해 법을 통한 통치를 도모한 것으로 평가할 수 있다.

(나)

율곡은 유학적 사상을 기반으로, 자신이 생각하는 군주상을 제시하였다. 그는 『성학집요』에서 개인의 수양을 통해 앎을 늘리고 인격을 완성하는 것을 군주의 자격으로 보았다. 율곡은 군주가 인격을 완성하고 아는 것을 실천하면 백성의 선한 본성을 회복하는 도덕적 교화가 가능해진다고 본 것이다. 율곡은 자신이 이상적으로 생각하는 왕도정치가 실현되기 위해서는 군주가 신하를 통해 백성을 다스려야 한다고 생각했는데, 만약 군주가 포악한 정치를 펼쳐 신하들의 지지를 얻지 못하거나 민심을 잃으면 교체될 수 있다고 여겼다.

　율곡은 군주의 통치에 따라 태평한 시대인 치세와 혼란스러운 시대인 난세가 구분된다고 보고, 이를 중심으로 군주의 유형과 통치 방법을 나누어 설명했다. 치세를 만드는 군주는 재

→ 해설편 **239쪽**

[A]
능과 지식이 출중해 신하를 능력에 맞게 발탁하여 일을 분배할 줄 알거나, 재능과 지식은 ⓓ 부족하지만 현명한 신하를 분별하여 그에게 나라의 일을 맡길 줄 안다. 이들의 통치 방법은 '왕도(王道)'와 '패도(覇道)'로 나뉜다. 왕도는 군주의 인격 완성을 통해 백성의 도덕적 교화까지 이루어 내는 것이고, 패도는 군주의 인격이 완성되지 않아 백성의 도덕적 교화까지는 이루어지지 않았지만 백성의 경제적 안정은 이루어 내는 것이다.
　난세를 만드는 군주는 자신의 총명만을 믿고 신하를 불신하거나, 간신의 말을 믿고 의지하여 눈과 귀가 가려진 군주이다. 이들은 백성을 괴롭히고 충언을 받아들이지 않아 스스로 멸망에 이르는 폭군, 간사한 자를 분별하지 못하고 총명함이 없으며 무능력한 혼군, 나약하여 자신의 뜻을 세우지 못하고 우유부단한 용군으로 분류된다. 이들의 통치 방법은 포악한 정치를 의미하는 '무도(無道)'이므로 율곡의 관점에서 무도를 행하는 군주는 교체되어야 할 존재이다.

　율곡은 백성의 도덕적 교화를 이루는 왕도정치를 위해서는 백성들의 삶이 경제적으로 편안한 것이 전제되어야 한다고 보았다. 이는 군주의 존재 근거가 백성이라고 보는 민본관에 의한 것으로, 조세 부담을 줄이는 등 백성의 경제적 기반을 유지할 수 있는 정책을 펼쳐야 함을 ⓔ 역설한 것이다. 이처럼 율곡의 사상은 왕도정치를 실현하는 과정에서 백성의 현실적 삶에 주목하려는 시도로 볼 수 있다.

16. (가), (나)에 대한 설명으로 가장 적절한 것은?

① (가)와 (나)는 모두 특정한 사상가가 주장하는 군주의 통치술의 변화 과정을 소개하고 있다.

② (가)와 (나)는 모두 특정한 사상가가 주장하는 군주의 통치술에 담긴 내용을 중심으로 그 의의를 밝히고 있다.

③ (가)와 달리 (나)는 특정한 사상가가 주장하는 군주의 통치술이 갖는 한계를 드러내고 새로운 통치술을 제안하고 있다.

④ (나)와 달리 (가)는 특정한 사상가가 주장하는 군주의 통치술을 군주의 유형에 따라 범주화하여 제시하고 있다.

⑤ (나)와 달리 (가)는 특정한 사상가가 주장하는 군주의 통치술에 대한 상반된 입장을 제시하고 장단점을 비교하고 있다.

17. ㉠의 이유로 가장 적절한 것은?

① 군주가 마음대로 법을 만들 수 있는 패를 실천할 수 있기 때문이다.

② 군주가 법을 존중하면 법을 제정할 수 있는 기회를 얻을 수 있기 때문이다.

③ 군주가 법의 필요성을 인식해야 백성을 국가의 근본으로 여기게 되기 때문이다.

④ 군주가 자신에게도 법 적용에 예외를 두지 않음으로써 권세를 인정받게 되기 때문이다.

⑤ 군주가 백성의 본성을 고려하지 않고 나라의 부강을 우선시하는 법을 만들어야 하기 때문이다.

18. (나)에서 알 수 있는 '율곡'의 견해로 적절하지 <u>않은</u> 것은?

① 군주는 앎을 늘리는 것뿐 아니라 앎을 실천하는 것도 중요하다.

② 군주는 포악한 정치를 펼쳐 신하들에게 지지를 얻지 못하면 교체될 수 있다.

③ 군주는 왕도정치를 실현하기 위해 자신의 존재 근거를 백성으로 보아야 한다.

④ 백성의 도덕적 교화가 이루어져야 백성의 삶이 경제적으로 편안해질 수 있다.

⑤ 백성의 조세 부담을 줄이는 것은 백성의 경제적 기반을 유지할 수 있는 방법 중 하나이다.

19. (가)의 관점에서 [A]를 판단한 것으로 가장 적절한 것은?

① [A]에서 눈과 귀가 가려진 군주는, 정치적 분열을 막아 백성을 평안하게 하므로 패업을 이룰 수 있는 존재로 볼 수 있다.

② [A]에서 군주가 충언을 받아들이지 않는 것은, 법을 만들 수 있는 자격을 천부적으로 지닌 것이므로 패업으로 볼 수 있다.

③ [A]에서 군주가 자신의 총명을 믿고 신하를 불신하는 것은, 백성의 삶을 윤택하게 하려는 것이므로 패업으로 볼 수 있다.

④ [A]에서 군주가 자신의 뜻을 세우지 못하는 것은, 자신을 존귀하게 여기지 않은 것이므로 패업을 위한 통치의 방법으로 볼 수 있다.

⑤ [A]에서 군주가 신하를 능력에 맞게 발탁하여 일을 분배한 것은, 능력에 따라 신하를 공정하게 등용한 것이므로 패업을 위한 통치의 방법으로 볼 수 있다.

→ 해설편 **241쪽**

20. 〈보기〉는 동서양 사상가들의 견해이다. 〈보기〉와 (가), (나)를 읽은 학생이 보인 반응으로 적절하지 <u>않은</u> 것은? [3점]

<보 기>

㉮ 군주는 권력을 얻기 전까지는 수단과 방법을 가리지 않는 것이 오히려 백성을 위한 것입니다. 하지만 권력을 얻은 후에는 법을 통해 통치함으로써 자신의 권력을 유지할 수 있습니다.

㉯ 군주에 따라 치세와 난세가 되는 것을 지양하기 위해 법을 제정하고 기준을 세우는 것이 필요합니다. 그리고 법을 통해 통치할 수 있는 권한은 군주만이 갖고 있어야 권력을 유지할 수 있습니다.

㉰ 군주는 타락한 현실에 의해 잃어버린 인간의 선한 본성인 도덕성을 회복시켜야 합니다. 이때 군주는 도덕성의 회복을 목적으로 백성의 기본적인 경제적 욕구를 충족시키고 인간다운 교육을 실시해야 합니다.

---

① 관중과 ㉮는 모두 법을 통한 통치의 중요성을 인식했다고 볼 수 있겠군.
② 관중과 ㉯는 모두 국가를 다스릴 수 있는 권한이 오로지 군주에게 있어야 함을 강조했다고 볼 수 있겠군.
③ 관중은 ㉰와 달리 백성의 경제적 안정의 목적이 도덕성 회복이 아니라고 보았군.
④ 율곡은 ㉯와 달리 군주의 인격 완성 여부에 따라 치세와 난세가 구분된다고 보았군.
⑤ 율곡과 ㉰는 모두 백성의 본성을 선한 것으로 인식했다고 볼 수 있군.

21. ⓐ~ⓔ의 사전적 의미로 적절하지 <u>않은</u> 것은?

① ⓐ : 어떤 정세나 사건에 대하여 알맞은 조치를 취함.
② ⓑ : 지치고 쇠약해짐.
③ ⓒ : 바로잡아 고침.
④ ⓓ : 필요한 양이나 기준에 미치지 못해 충분하지 아니함.
⑤ ⓔ : 자신의 뜻을 힘주어 말함.

[22~24] 다음 글을 읽고 물음에 답하시오.

(가)

얼음을 등에 지고 가는 듯
봄은 멀다
먼저 든 햇빛에
㉠ 개나리 보실보실 피어서
처음 노란 빛에 정이 들었다.

차츰 지붕이 겨울 짐을 부릴 때도 되고
집 사이에 쌓은 울타리를 헐 때도 된다.
사람들이 그 이야기를
가장 먼 데서부터 시작할 때도 온다.
그래서 봄은 사랑의 계절
모든 거리(距離)가 풀리면서
멀리 간 것이 다 돌아온다.
서운하게 갈라진 것까지도 돌아온다.
모든 처음이 그 근원에서 돌아선다.

나무는 나무로
꽃은 꽃으로
버들강아지는 버들가지로
사람은 사람에게로
산은 산으로
죽은 것과 산 것이 서로 돌아서서
그 근원에서 **상견례(相見禮)를 이룬다.**

꽃은 짧은 **가을 해에**
어디쯤 갔다가
노루 꼬리만큼
길어지는 **봄 해를 따라**

몇 천리나 와서
오늘의 어느 주변에서
찬란한 꽃밭을 이루는가

다락에서 **묵은 빨래뭉치도 풀려서**
봄빛을 따라나와
산골짜기에서 겨울 산 뼈를 씻으며
졸졸 흐르는 시냇가로 간다.

— 김광섭, 「봄」—

(나)

가까이 다가서기 전에는
아무것도 가진 것 없어 보이는
아무것도 피울 수 없을 것처럼 보이는
겨울 들판을 거닐며

→ 해설편 242쪽

매운 바람 끝자락도 맞을 만치 맞으면
오히려 더욱 따사로움을 알았다
듬성듬성 아직은 덜 녹은 눈발이
땅의 품안으로 녹아들기를 꿈꾸며 뒤척이고
논두렁 밭두렁 사이사이
초록빛 싱싱한 키 작은 ⓛ 들풀 또한 고만고만 모여 앉아
저만치 밀려오는 햇살을 기다리고 있었다
신발 아래 질척거리며 달라붙는
흙의 무게가 삶의 무게만큼 힘겨웠지만
여기서만은 우리가 알고 있는
아픔이란 아픔은 모두 편히 쉬고 있음도 알았다
겨울 들판을 거닐며
겨울 들판이나 사람이나
가까이 다가서지도 않으면서
아무것도 가진 것 없을 거라고
아무것도 키울 수 없을 거라고
함부로 말하지 않기로 했다

– 허형만, 「겨울 들판을 거닐며」 –

22. (가), (나)의 표현상 특징으로 가장 적절한 것은?

① (가)는 명사로 시상을 마무리하여 시적 여운을 드러내고 있다.

② (가)는 수미상관의 방식을 활용하여 구조적 안정감을 얻고 있다.

③ (나)는 청유형 어미를 활용하여 화자의 태도 변화를 드러내고 있다.

④ (가)와 (나)는 모두 유사한 문장 구조를 반복하여 시적 의미를 강조하고 있다.

⑤ (가)와 (나)는 모두 청자를 명시적으로 설정하여 화자의 상황을 구체화하고 있다.

23. ㉠과 ㉡에 대한 이해로 가장 적절한 것은?

① ㉠은 '햇빛'과, ㉡은 '햇살'과 대비되어 평화로운 분위기를 조성한다.

② ㉠은 '처음'과, ㉡은 '저만치'와 어울려 근원적 외로움을 상징한다.

③ ㉠은 '보실보실'과, ㉡은 '고만고만'과 어울려 숭고한 희생을 드러낸다.

④ ㉠은 '노란 빛'과, ㉡은 '초록빛'과 조응하여 생명성을 환기한다.

⑤ ㉠은 '피어서'와, ㉡은 '모여 앉아'와 조응하여 상실감을 부각한다.

24. <보기>를 바탕으로 (가)와 (나)를 감상한 내용으로 적절하지 않은 것은? [3점]

<보 기>

시에서 계절은 중요한 요소로 작용하는 경우가 많은데, 화자는 계절적 특성에 대한 인식을 바탕으로 다양한 의미를 이끌어 낸다. 화자는 계절의 변화에 내포된 자연의 순환적 질서를 인식하고, 소멸했던 것이 소생하는 모습에서 희망의 이미지를 발견하기도 한다. 또 계절의 변화로 인한 자연현상을 인간의 삶과 관련지어 인식함으로써 화자가 지향하는 가치나 태도를 드러내기도 한다.

① (가)에서는 '멀리 간 것이 다 돌아온다'는 것에서 화자가 봄을 소생의 계절로 인식했음을, (나)에서는 '매운 바람'도 '맞을 만치 맞으면' '오히려 더욱 따사로움을 알'게 되었다는 것에서 화자가 겨울을 소생의 가능성이 내재된 계절로 인식했음을 엿볼 수 있군.

② (가)에서는 '가을 해에 어디쯤 갔'던 꽃이 '봄 해를 따라'와 '꽃밭을 이루'는 것에서, (나)에서는 '덜 녹은 눈발'이 봄이 되어 '땅의 품안으로 녹아들기를 꿈'꾼다는 것에서 순환하는 자연의 질서에 대한 화자의 인식을 엿볼 수 있군.

③ (가)에서는 '묵은 빨래뭉치'가 '봄빛을 따라'온다는 것에서, (나)에서는 '흙의 무게'가 '삶의 무게'처럼 느껴진다는 것에서 화자가 계절의 변화에서 발견한 희망의 이미지를 엿볼 수 있군.

④ (가)에서는 '버들강아지는 버들가지로'와 '사람은 사람에게로'를 연결한 것에서, (나)에서는 '겨울 들판'과 '사람'을 연결한 것에서 자연현상을 인간의 삶과 관련짓고 있는 화자의 인식을 엿볼 수 있군.

⑤ (가)에서는 '죽은 것과 산 것이' '상견례를 이룬다'는 것에서 화자가 지향하는 화합의 가치를, (나)에서는 '가까이 다가서지도 않으면서' '함부로 말하지 않'겠다는 것에서 화자가 지향하는 태도를 엿볼 수 있군.

10회
2022
11월
학력
평가

[25~29] 다음 글을 읽고 물음에 답하시오.

수학자 힐베르트는 어떤 1차 논리의 논리식이 주어졌을 경우 이 논리식이 타당한지 여부를 결정하는 알고리즘이 존재하느냐 하는 문제를 제기했다. 튜링은 이 문제에 대한 답을 얻는 과정에서 가상의 기계 장치인 '튜링 기계'를 ⓐ <u>고안하게</u> 된다.

튜링 기계는 사람이 계산할 때 일어나는 사고 과정을 응용한 가상의 기계로 ㉠ <u>테이프</u>, ㉡ <u>헤드</u>, ㉢ <u>상태 기록기</u> 등의 부품으로 ⓑ <u>구성된다</u>. 테이프는 좌우 양방향으로 무한히 많은 칸을 갖고 있다고 가정하며, 각 칸은 비어 있거나 한 개의 기호가 기록되어 있다. 헤드는 테이프에 기록된 기호를 읽거나 기호를 기록하는 장치인데, 테이프 위를 좌우로 한 칸씩 움직일 수 있다. 상태 기록기는 튜링 기계의 상태를 나타낸다.

튜링 기계는 작동규칙이 주어지면 튜링 기계의 상태와 헤드로 판독한 기호에 따라 작동되는데, 작동규칙은 예를 들면 (A, 1, P0, R, B)와 같이 표시할 수 있으며 이와 같은 형식을 '5순서열'이라고 한다. 5순서열의 첫 번째 자리와 다섯 번째 자리에는 A, B, C 등의 임의의 기호가 사용되어 튜링 기계의 상태를 나타낸다. (A, 1, P0, R, B)에서 'A'는 튜링 기계의 현재 상태를, 'B'는 튜링 기계의 다음 상태를 나타낸다. 이렇게 현재 상태를 나타내는 기호와 다음 상태를 나타내는 기호가 다르면 기계는 다음 상태로 바뀌고, 이와 달리 두 기호가 같으면 현재 상태가 유지된다. 5순서열의 두 번째 자리와 세 번째 자리에는 0, 1, □ 등의 기호가 사용되는데, □는 빈칸을 의미한다. (A, 1, P0, R, B)에서 '1'은 헤드가 읽는 기호를 나타내며, 'P0'은 기호를 읽은 칸에 0을 기록하라는 것을 나타낸다. 만약 P□가 사용되면 이는 □를 기록하라는 뜻으로 테이프에 기록된 기호가 있을 경우에는 이를 지우게 된다. 튜링 기계는 헤드가 읽는 기호와 테이프에 기록된 기호가 서로 같으면 주어진 5순서열을 수행하게 되지만, 다르면 주어진 5순서열을 수행하지 않게 된다. 5순서열의 네 번째 자리에는 헤드의 위치 변경을 지시하는 기호로 L, R, N이 사용되는데, L은 헤드를 왼쪽으로 한 칸, R은 헤드를 오른쪽으로 한 칸 이동하는 것을 나타내며, N은 헤드의 위치를 이동하지 않는 것을 나타낸다.

튜링 기계를 결정하는 5순서열은 여러 개가 모여 5순서열의 모임을 이룰 수도 있는데 이때는 세미콜론(;)을 사용해 나타낼 수 있다. 튜링 기계는 테이프의 시작 모습, 기계의 시작 상태, 그리고 테이프에서 헤드의 시작 위치가 정해지면 주어진 5순서열의 모임 중 수행 가능한 5순서열이 있을 경우, 이에 따라 작동하게 된다. 그러나 수행 가능한 5순서열이 없을 경우에는 작동을 멈추게 된다. 〈그림〉은 테이프의 시작 모습이 모두 빈칸이고, 기계의 시작 상태는 A이며, 헤드의 시작 위치는 화살표

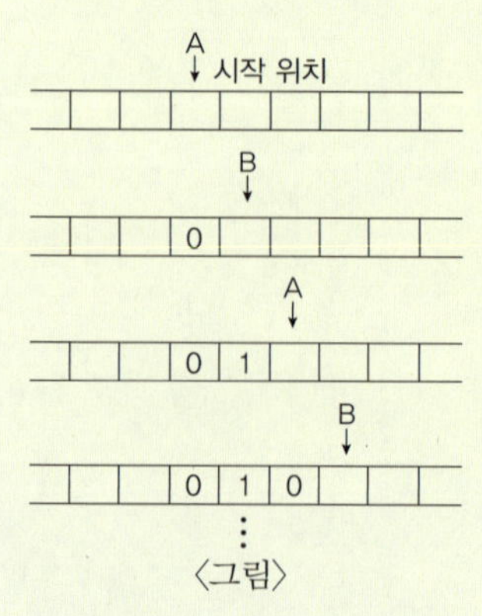

의 위치일 때, 5순서열의 모임 (A, □, P0, R, B) ; (B, □, P1, R, A)가 하나의 테이프에서 작동하는 상황을 단계별로 도식화한 것이다. 먼저 튜링 기계의 현재 상태가 A이고 테이프가 빈칸이므로, (A, □, P0, R, B)에 따라 그 칸에 0을 기록하고 오른쪽으로 헤드를 한 칸 이동한 후 상태를 B로 변경한다. 다음으로 튜링 기계의 현재 상태가 B이고 테이프가 빈칸이므로, (B, □, P1, R, A)에 따라 그 칸에 1을 기록하고 오른쪽으로 헤드를 한 칸 이동한 후 상태를 A로 변경한다. 그러면 다시 (A, □, P0, R, B)에 따라 작동하게 되어 결국 튜링 기계는 테이프에 0과 1을 무한히 반복하며 기록하게 된다.

튜링은 위와 같이 무한히 반복되는 5순서열의 모임뿐만 아니라 사칙연산과 같은 유한한 계산을 수행하는 5순서열의 모임을 제시하며 5순서열을 어떻게 ⓒ <u>조합하느냐에</u> 따라 다양한 튜링 기계의 알고리즘을 만들 수 있다고 말한다. 나아가 테이프 한 칸에 튜링 기계의 알고리즘 하나하나가 들어가는 '보편 튜링 기계'라는 것을 제시하며, 아무리 복잡한 알고리즘도 간단한 단위로 ⓓ <u>분해해서</u> 처리할 수 있다고 주장한다. 현대의 컴퓨터 역시, 용량이 크고 속도가 빠를 뿐 결국 복잡한 알고리즘을 아주 간단한 단위로 분해해서 수행하는 것이다. 이런 면에서 튜링 기계는 현대 컴퓨터 발명의 기본적인 착상을 제공하는 데 크게 ⓔ <u>공헌</u>한 것으로 평가받고 있다.

25. 윗글에서 답을 찾을 수 있는 질문에 해당하지 <u>않는</u> 것은?

① 튜링 기계가 등장하게 된 배경은 무엇인가?
② 튜링 기계의 작동규칙을 표시하는 형식은 무엇인가?
③ 보편 튜링 기계와 현대 컴퓨터의 공통점은 무엇인가?
④ 튜링 기계가 작동되기 위해 필요한 조건들은 무엇인가?
⑤ 보편 튜링 기계가 처리하지 못하는 알고리즘의 종류는 무엇인가?

26. ㉠~㉢을 이해한 내용으로 가장 적절한 것은?

① ㉠의 길이를 무한으로 가정한 것은 튜링 기계가 가상의 장치라는 것을 보여 주는 것이겠군.
② ㉡이 한 번에 판독할 수 있는 기호의 개수는 항상 동일하게 유지되겠군.
③ ㉠의 시작 모습은 ㉡의 위치 변경을 지시하는 기호에 따라 결정되겠군.
④ ㉡의 시작 위치가 정해지는 것은 ㉢이 나타내는 튜링 기계의 상태와 관련이 있겠군.
⑤ ㉢에 임의의 기호가 사용된다는 것은 ㉠에 기록된 기호의 종류가 항상 달라진다는 것을 의미하는 것이겠군.

→ 해설편 245쪽

※ 윗글과 다음을 참고하여 27번과 28번 두 물음에 답하시오.

[1진법의 덧셈을 하는 튜링 기계의 알고리즘]

㉠ (X, 1, P1, R, X) ; ㉡ (X, □, P1, R, Y) ; ㉢ (Y, 1, P1, R, Y) ;

㉣ (Y, □, P□, L, Z) ; ㉤ (Z, 1, P□, N, Z)

[1진법의 덧셈을 하는 튜링 기계의 시작 모습]

아래는 1진법의 덧셈을 하는 튜링 기계의 시작 모습을 도식화한 것이다. 튜링 기계의 시작 상태는 X이며, 헤드의 시작 위치는 화살표의 위치이다. 테이프에는 1진법에서 2를 의미하는 '11'과 3을 의미하는 '111'이 기록되어 있으며, '11'과 '111'을 구분하기 위해 사이에 빈칸이 하나 삽입되어 있다.

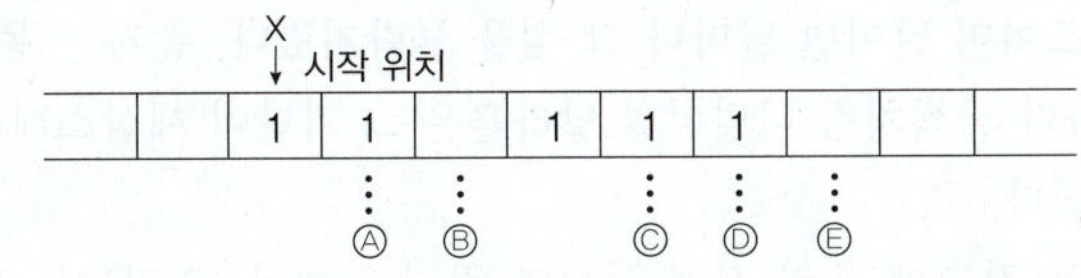

27. 윗글을 바탕으로 ㉠~㉤에 대해 이해한 내용으로 적절한 것은?

① ㉠는 튜링 기계의 현재 상태와 다음 상태가 다르게 지정되어 있다.

② ㉤는 튜링 기계의 헤드가 읽는 기호와 기록할 기호가 동일하게 지정되어 있다.

③ ㉠와 ㉡는 튜링 기계의 헤드가 읽는 기호가 동일하게 지정되어 있다.

④ ㉡와 ㉢는 튜링 기계의 헤드가 기록할 기호가 다르게 지정되어 있다.

⑤ ㉢와 ㉣는 튜링 기계의 헤드가 이동할 방향이 동일하게 지정되어 있다.

28. 윗글과 [1진법의 덧셈을 하는 튜링 기계의 시작 모습]을 바탕으로 Ⓐ~Ⓔ에 대해 이해한 내용으로 적절하지 <u>않은</u> 것은? [3점]

① Ⓐ에서 튜링 기계의 상태가 X일 때, ㉠에 따라 헤드는 오른쪽으로 한 칸 이동하고 기계는 상태를 유지하게 되겠군.

② Ⓑ에서 튜링 기계의 상태가 X일 때, ㉡에 따라 헤드는 빈칸에 1을 기록하고 기계는 상태를 바꾸게 되겠군.

③ Ⓒ에서 튜링 기계의 상태가 Y일 때, ㉢에 따라 헤드는 오른쪽으로 한 칸 이동하고 기계는 상태를 유지하게 되겠군.

④ Ⓓ에서 튜링 기계의 상태가 Z일 때, ㉤에 따라 헤드는 테이프에 기록된 1을 지우고 기계는 상태를 바꾸게 되겠군.

⑤ Ⓔ에서 튜링 기계의 상태가 Y일 때, ㉣에 따라 헤드는 왼쪽으로 한 칸 이동하고 기계는 상태를 바꾸게 되겠군.

29. 문맥상 ⓐ~ⓔ와 바꾸어 쓰기에 적절하지 <u>않은</u> 것은?

① ⓐ : 생각해 내게

② ⓑ : 이루어진다

③ ⓒ : 짜느냐에

④ ⓓ : 퍼뜨려서

⑤ ⓔ : 이바지한

[30~33] 다음 글을 읽고 물음에 답하시오.

 멀리서 안타깝게 손만 흔들던 그 연락선이 드디어 몽기미에 닿았다. 몽기미 생기고 처음이었다. ⓐ 연락선에 올라간 아이들은 모두 이층으로 우르르 올라가 난간을 붙잡고 먼 데 바다를 건너다보고 있었다. 멀리 까맣게만 보이던 섬들이 차츰 가까워지며 동네가 나타나고, 더 멀리 회색으로만 보이던 섬들도 차츰 가까워지며 포구 모습이 드러났다.

 "와, 기와집이다."

 연락선을 대는 포구에 말로만 듣던 까만 기와집도 있었고, 크고 작은 배들이 스무 남은 척이나 몰려 있었다.

[A] 목포에 닿자 아이들은 멍청하게 입만 벌렸다. 크고 작은 배들이 수백 척 부두를 가득 메우고 있었고, 크고 작은 건물들이 빼곡히 차 있었으며, 큰길에는 사람들이 엄청나게 북적거리고 자동차가 빵빵 경적을 울리며 내달았다. 색색으로 예쁘게 꾸며놓은 간판 아래 수많은 상점과, 거기 빼곡히 쌓여 있는 갖가지 상품들이며, 모두가 꿈에도 보지 못했던 광경이었다. 몽기미 아이들은 밤에 꾸는 꿈도 기껏 연락선을 탄다거나 벼랑에서 바다로 곤두박이는 따위였지, 이런 엄청난 세상은 꿈속에도 나타난 적이 없었다.

 "야, 저 비단 좀 봐."

 순자의 손을 잡고 가던 두 학년 아래 남분이가 걸음을 멈추며 손가락질을 했다. 길가 포목전에서 주인이 손님 앞에다 비단을 활짝 펼친 것이다. 가게 벽에는 그런 비단이 천장이 닿게 차곡차곡 쌓여 있었다. 남분이는 그 비단에서 눈을 떼지 못했다.

 도시의 모든 것이 꿈만 같았고, 더구나 서울의 며칠 동안은 무슨 동화 속의 세상을 헤매는 것만 같았다. 돌아오는 ⓑ 기차에서 남분이는 어째서 우리는 이런 세상을 놔두고 그 작은 섬에서 살아야 하는지 내내 그 생각뿐이었다.

 순자는 바로 그 서울에 다시 와서 지금까지 오 년을 살았다. 그 오 년이라는 세월은 그 동화 같던 서울에 대한 소녀의 꿈이 **뼈마디가 저미는 고통**으로 조각조각 조각이 나는 기간이었고, 그 조각난 꿈을 딛고 **살벌한 현실**에 뼈마디를 부딪치며 자신을 추슬러 온 기간이었다. 어려서 왔을 때는 따뜻하게만 웃어주는 것 같던 그 서울이 제 발로 들어오자 너무도 싸늘하고 매정스럽게 돌아앉아 있었다.

 그때마다 순자는 자기 집에서 기르던 돼지 새끼 무녀리가 떠올랐다. 다른 새끼들은 어미 젖꼭지를 두 개 세 개씩 차지하고 걸퍼지게 빨아대지만, 그 무녀리는 힘센 녀석들이 거세게 내두르는 주둥이에 깩깩 베돌기만 할 뿐 젖은 한 모금도 빨지 못했다. 그렇지만 그런 새끼들은 거들떠보지도 않고 널퍼덕 퍼질러 누워 젖꼭지만 내맡기고 있는 어미가 얼마나 미웠던지 모른다. 저러니까 잡아먹는 짐승이겠지 싶었다. 서울에 온 자기는 바로 그 **무녀리**가 되어 있었고, 그 어미 돼지처럼 **누구 하나 돌봐주는 사람**이 없었다.

 순자는 그 무녀리처럼 이 공장 저 공장 떠돌다가 지금 다니는 장난감 공장에 자리를 잡았고, 이제는 숙련공으로 월급도 사만

원이나 받고 있다. 그사이 그럭저럭 오 년이 흘러갔다. 그동안 순자는 하루도 고향을 떠올리지 않는 날이 없었다. 모두가 가난하게는 살지만 깔보는 사람도 없고 쳐다볼 사람도 없으며, 무엇에 쫓기는 절박감도 없었다. 무엇보다 몽기미의 그 포근한 인정이 그리웠다.

[중략 줄거리] 순자는 상경한 이후 처음으로 고향으로 가는 중에, 기차 안에서 우연히 남분이를 만나 몽기미 소식을 듣는다.

 섬을 산다는 것은 근처 무인도의 일 년간 해초 채취권을 사는 것을 말한다. 그 해에 갯것이 잘 자라면 상당히 재미를 보는 수도 있지만, 흉작일 때는 **본전도 못 건지기** 일쑤였다. 들보기장사 애말라 죽는다고, 그런 투기를 한 사람들은 이른 봄부터 미역은 포자가 제대로 붙나 톳은 제대로 자라나, 부등가리 안 옆 조이듯 **가슴을 조이며 날이면 날마다 그 섬을 들락거렸다. 순자는 몽기미 집집마다 굴쩍처럼 너덜너덜 달라붙은 그 가난**이 새삼스레 **가슴을 후볐다.**

 "나는 작년에 우리 집에 삼십만 원 송금했어. 그러고도 또 그만치 저축은 저축대로 따로 했거든. ㉠ 언니, 우리 동네 한 집 일 년 수입이 통틀어 얼만 줄 알아? 어촌계에서 갯것을 똑같이 나누니까 뻔한데, 미역·톳·우뭇가사리·돌김, 이런 것들을 상회에 넘긴 값을 촘촘히 계산해 보니까, 일 년 수입이 꼭 십이만 원이야. 내 한 달 벌이도 못 되더라고. 깔깔."

 남분이는 은근히 자기 자랑을 하며 큰소리로 깔깔거렸다. 시골뜨기 계집아이가 한 달 수입이 십이만 원이 넘는다면 이것은 자랑할 정도가 아니었다.

 "지금 뭘 하고 있는데 벌이가 그렇게 좋아?"

 ㉡ "히히. 언니 실망하지 않을래?"

 남분이는 야살스럽게* 히들거렸다.

 "실망하긴?"

 "운전하고 있어. 히히."

 "운전? 아니, 계집애가 어떻게 운전을 다 배웠어?"

 "히히. 기술이 별로 필요 없는 운전이야?"

 "기술이 필요 없는 운전?"

 "주전자 운전 있잖아?"

 "주전자 운전이라니?"

 순자는 눈을 더 크게 뜨고 도무지 어리둥절하기만 한 표정이었다.

 "어이구, 칵 막혔구먼. 서울 헛살았어. 깔깔."

 ㉢ "아니, 무슨 소리를 하고 있는 거야?"

 "손에다 쥐어 모셔야 알겠구먼. 술 주전자 운전이란 말이야. 술 주전자! 깔깔."

 ㉣ "그러니까……."

 순자는 그제야 웃물이 도는 듯* 눈을 거슴츠레하게 떴다.

 "어때? 서울서야 돈만 벌면 그만이잖아. 지금 서울에 주전자 운전사가 몇 만 명인 줄 알아? ㉤ 그것도 당당한 직업이야. 그 사이에 **식순이 공순이** 다 해봤지만, 그건 남의 **종살이**밖에 안

되더라고. 몸뚱이 도사리고 더런 새끼들한테 구박받으며 붙박
여 하루 종일 뼛골 빼봐야 하루 벌이가 그게 얼마야? 서울서
사람값은 하나도 돈이고 둘도 돈이야. 국장이 과장보다 월급
이 많고 서기가 급사보다 월급이 많은 건, 그만치 층하 가려 사
람대접을 달리 하는 게 아니고 뭐야?"
　남분이는 조금도 스스럼이 없었다. 그러니까 십만 원 넘게 번
다는 자기가 과장이라면 공순이들은 급사 턱이나 된다는 본새였
다.

– 송기숙, 「몽기미 풍경」 –

* 야살스럽게 : 얄밉고 되바라지게.
* 옷물이 도는 듯: 알 것 같은 실마리가 잡히는 듯.

---

30. [A]의 서술상 특징으로 가장 적절한 것은?

① 이야기 내부의 서술자가 인물의 내력을 제시하고 있다.
② 인물의 행위를 제시하여 긴박한 분위기를 조성하고 있다.
③ 요약적 서술을 통해 갈등이 해소되는 과정을 제시하고 있다.
④ 추측하는 표현을 통해 일어날 사건에 대한 예상을 드러내고
　있다.
⑤ 감각적인 묘사를 사용하여 관찰 대상을 실감 나게 드러내고
　있다.

---

31. ⓐ와 ⓑ에 대한 이해로 가장 적절한 것은?

① ⓐ는 인물이 기대했던 바를 실제로 확인하게 하는 소재이고,
　ⓑ는 인물의 욕망이 충족되는 공간이다.
② ⓐ는 인물이 사회의 문제를 해결하게 하는 소재이고, ⓑ는
　인물이 자신을 타인과 비교하는 공간이다.
③ ⓐ는 인물이 타인과의 단절을 유발하는 소재이고, ⓑ는 인물
　이 타인과 소통하는 원인이 되는 공간이다.
④ ⓐ는 인물이 거부해 오던 운명을 적극적으로 수용하게 하는
　소재이고, ⓑ는 인물이 자신의 운명을 개척하는 공간이다.
⑤ ⓐ는 인물이 경험해 보지 못한 세상을 체험하게 하는 소재이
　고, ⓑ는 인물이 경험을 바탕으로 자신의 현실을 인식하는 공
　간이다.

---

32. ㉠~㉤에 대한 설명으로 적절하지 <u>않은</u> 것은?

① ㉠ : 고향의 상황과 비교하여 자신의 상황을 자랑하고 싶어
　하는 남분이의 심정이 드러나 있다.
② ㉡ : 순자의 마음이 상할 것을 걱정하여 조심스러워하는 남
　분이의 태도가 드러나 있다.
③ ㉢ : 남분이가 하는 말의 의미를 제대로 이해하지 못해 어리
　둥절해하는 순자의 모습이 드러나 있다.
④ ㉣ : 남분이가 하고 있는 일이 무엇인지 어렴풋이 짐작하고
　있는 순자의 모습이 드러나 있다.
⑤ ㉤ : 자신의 직업에 대해 부끄럼 없이 떳떳하게 여기는 남분
　이의 태도가 드러나 있다.

---

33. ⟨보기⟩를 바탕으로 윗글을 감상한 내용으로 적절하지 <u>않은</u>
　것은? [3점]

――――――＜ 보 기 ＞――――――

　이 작품은 급속한 산업 발전이 이루어지던 1970년대를
배경으로 하고 있다. 어촌 마을에서 도시로 상경한 인물들
을 중심으로, 물질적 가치를 중시하는 모습과 고된 노동의
현실을 통해 당시의 세태를 사실적으로 드러낸다. 이러한
상황 속에서 어촌 마을은 경제적 발전에서 낙후된 공간이
자, 도시의 삶에서 소외감을 느끼는 이들에게 그리움의 공
간으로 나타나 있다.

① '뼈마디가 저미는 고통'을 느끼며 '살벌한 현실'을 살고 있는
　순자의 모습에서, 고된 삶을 살고 있는 노동자의 현실을 짐
　작할 수 있군.
② '누구 하나 돌봐주는 사람' 없이 생활하는 자신을 '무녀리'와
　동일시하는 순자의 모습에서, 도시 생활에서 느끼는 소외감
　을 짐작할 수 있군.
③ '본전도 못 건지'며 '가슴을 조이'는 사람들이 '날이면 날마다
　그 섬을 들락거렸다'는 것에서, 도시로 상경한 인물들에게
　어촌 마을은 그리움의 공간임을 짐작할 수 있군.
④ '몽기미 집집마다' '달라붙은 그 가난'이 '가슴을 후볐다'는 것
　에서, 경제적 발전에서 낙후된 어촌 마을의 현실을 짐작할 수
　있군.
⑤ '식순이 공순이'는 '종살이' 취급밖에 받지 못한다며 돈을 쉽
　게 버는 일을 선택한 남분이의 모습에서, 물질적 가치를 우
　선시하는 세태를 짐작할 수 있군.

10
회
2022
11
월
학
력
평
가

[34~37] 다음 글을 읽고 물음에 답하시오.

(가)

이몸이 늦게 나서 세상에 할 일 없어
강호의 임자 되야 풍월로 늙어가니
물외청복(物外淸福)이 없다야 하랴마는
돌이켜 생각하니 애달픈 일 하고 많다
만물의 귀한 것이 사람이 으뜸인데
그중의 남자 되야 이목총명(耳目聰明) 갖춰 삼겨
평생의 먹은 뜻이 일신부귀 아니러니
세월이 훌쩍 가고 지업(志業)에 때를 놓쳐
백수공명(白首功名)을 겨우 굴어 이뤄내니
종적이 저어하고 세로(世路)도 기구하야
수년(數年) 낮은 벼슬로 남 따라 다니다가
삼춘휘(三春暉) 쉬이 가니 촌초심*이 그지없어
동장(銅章)을 빌어 차고 **오마(五馬)**를 바삐 몰아
남주(南州) 백리지(百里地)에 여민휴식(與民休息)* 하랴터니
이마 흰 모진 범이 어디서 나타났는고
가뜩이나 엷은 환정(宦情)* 하루아침에 재 되거다
젖은 **옷** 벗어놓고 황관(黃冠)*으로 갈아 쓰고
채 하나 떨쳐 쥐고 호연히 돌아오니
산천이 의구하고 **송죽**이 반기는 듯
시비(柴扉)를 찾아들어 삼경(三逕)을 다스리니
금서일실(琴書一室)*이 이 아니 **내 분**인가
앞내에 고기 낚고 뒷뫼에 약을 캐야
수업(手業)을 일로 삼아 여년(餘年)을 보내노니
인생지락(人生至樂)이 이밖에 또 없도다

        (중략)

박잔에 술을 부어 알맞게 먹은 후에
수조가(水調歌)를 길이 읊고 혼자 서서 흔들대니
호탕한 미친 흥을 행여 아니 남이 알겠는가
하마 저물었느냐 먼 뫼에 **달** 오른다
그만하야 쉬어보자 바위에 배 매어라
패랭이 빗기쓰고 오죽장(烏竹杖) 흩어 짚어
모래 둑을 돌아들어 석경(石逕)으로 올라가니
오류댁(五柳宅)* 소쇄한데 경물이 새로워라
솔 그늘에 훗걸으며 원근을 바라보니
수월(水月)이 영롱하야 건곤이 제각기인 듯
희희호호(凞凞皞皞)하야 신세를 다 잊겠구나
이 중에 맺힌 마음 북궐(北闕)에 달렸으니
사안(謝安)의 사죽도사(絲竹陶瀉)* 옛일이 오늘일세
내 근심 무익(無益)한 줄 모르지 아니하되
천성(天性)을 못 **변**하니 진실로 **가소롭다**
두어라 **강호(江湖)**의 일민(逸民)*이 되야 축성수(祝聖壽)*나
하리라

            – 윤이후, 「일민가(逸民歌)」 –

* 촌초심 : 부모의 은혜와 사랑에 보답하려는 마음.
* 여민휴식 : 백성과 함께 지내는 마음으로 다스림.
* 환정 : 벼슬을 하고 싶어 하는 마음.
* 황관 : 풀로 만든 관으로 평민이 씀.
* 금서일실 : 거문고와 책이 있는 방.
* 오류댁 : 진나라 시인 도연명의 집으로 은거하는 집을 일컬음.
* 사안의 사죽도사 : 진나라 사람 사안이 음악으로 시름을 달래며 지냈다고 함.
* 일민 : 학식과 덕행이 있으면서도 세상에 나서지 않고 묻혀 지내는 사람.
* 축성수 : 임금의 장수를 빎.

(나)

  붉은 **튤립**의 열(列) 옆으로 나무장미의 만발한 이랑이 늘어서고 달리아가 장성하며 한편에는 우방의 활엽(闊葉)이 온통 빈틈없는 푸른 보료*를 편다. ㉠ <u>가구(街區)*에서는 좀체 얻어 볼 수 없는 귀한 경물이니 아침저녁으로 손쉽게 그것을 바라볼 수 있는 나는 자신을 행복스럽게 여긴다.</u> 그 한 조각의 밭을 다스려 아름다운 **꽃**을 보이는 사람은 놀라운 재인(才人)도 장정도 아니라 별사람 아닌 한 사람의 육십을 넘은 노인인 것이다. 봄에 씨를 뿌려 꽃을 피우고 가을에 뒷거둠을 마치고 다시 갈아엎을 때까지 그 밭을 만지는 사람은 참으로 그 육십 옹 단 한 사람인 것이다. 씨를 뿌리기 시작한 날부터는 하루도 번기는 날이 없이 **아침**만 되면 육십 옹은 보에 쟁기를 싸가지고 어디선지 나타난다. 살수(撒水) 중경시비(中耕施肥) 제초 배토 — 그때그때를 따라 일과에는 조금의 소홀도 없으며, 일정한 필요의 과정이 오십 평의 구석구석까지 알뜰히 미쳐 이윽고 제때에 아름다운 성과를 맺게 한다. ㉡ <u>옹은 허리가 휘고 기력이 부실하나 서두르는 법 없이 지치는 법 없이 말하는 법 없이 날이 맞도록 묵묵히 일하며 그의 장기(匠器)가 미치는 뒷자취는 나날이 면목이 새롭고 아름다워진다.</u> 침착하게 움직이는 그의 양을 바라볼 때 거기에는 고로(苦勞)의 의식의 표정은 조금도 눈에 띄지 않으며 도리어 한 이랑 한 이랑의 흙을 아끼고 사랑하는 그 거동에는 만신(滿身)의 희열이 드러나 보인다. ㉢ <u>때때로 얼굴이 마주칠 때의 아이같이 방긋 웃어 보이는 동심의 표정을 읽으면 그는 괴롭게 노동하고 있는 것이 아니라 그 오십 평 속에서 천진하게 장난하고 예술하고 있는 것이라고 번역된다.</u> 참으로 오십 평 속에서의 그의 생활은 싫은 노역이 아니라 즐거운 예술이라고 보여진다. **근로와 예술을 동시에 가진 생활** — 생활의 미화, 노동의 예술화 — 진부한 어투인지는 모르나 **노동의 참된 경지**를 그 구체적 실례를 나는 그 육십 옹에게 보는 것이다.

  생산만이 아니라 미를 겸했으며 미만이 있는 것이 아니라 생산의 열매가 아울러 온다. 반드시 **꽃밭**을 가꾸게 됨으로써의 미를 일컬음이 아니라 만족스런 노동의 표정의 미를 말함이다.

        (중략)

  한편 그의 착실한 자태를 바라볼 때 나는 그 허리 굽은 **육십 옹**의 여일한 **생활의식에 비겨** 자신의 그것이 때때로 월등 저하되고 **소침(消沈)**됨을 **깨닫고 부끄러운** 생각을 마지 못한다. 주기적으

→ 해설편 250쪽

로 생활의욕이 급거히 저락되고 침체된 일종의 플래토*의 지대에 다다르게 될 때 주위가 어둡고 진퇴가 귀치않고 우울, 저미(低迷)되어 결과는 생활력조차 감퇴하여 버린다. 욕심이 없고 희망이 없는 탓이라면 육십 옹의 앞에 너무도 보람 없고 비굴하여 얼굴이 붉어질 지경이나, ㉢ 솔직하게 말하여 그 대체 희망이라는 것이 어떤 내용 어느 정도 어느 거리의 것인가를 생각할 때 역시 답답해지는 것이 당연하며 뜻 없는 명랑은 도리어 천치의 소위로밖에는 생각되지 않는다. 같은 세대의 젊은이들에게 그대는 생활의 신조를 어떻게 세웠느냐고 묻고 싶은 때조차 있다. 빈틈 없는 이론으로 든든히 무장을 해본다 하더라도 행동이 없는 이상 갑을흑백을 어떻게 가린단 말인가. 참으로 웃을 수 있는 사람은 웃어 보라고 다시 청해 보고 싶다. 우울을 말할 때가 아닐는지는 모르나 때때의 생활의식의 저조에는 너무도 절실함이 있다.

  ㉣ 할 바를 모르는 것이 아니라 길이 없는 것이다. 여기에 좀체 구하기 어려운 저미의 근인(根因)*이 있기는 있는 것이나 그러나 그렇다고 허구한 날 **상을 찌푸리고만 지낼 수도** 없는 노릇이니 가까운 **손잡이**를 잡고 억지로라도 플래토를 정복하고 식물 이하의 무기력에서 식물 이상의 **행(行)의 생활**로 애써 솟아올라야 할 것이다.

– 이효석, 「화춘의장(花春意匠)」 –

* 보료 : 바닥에 까는 두툼한 요.
* 가구 : 거리의 구역.
* 플래토 : 정체기.
* 근인 : 근본이 되는 원인.

34. (가)와 (나)의 공통점으로 가장 적절한 것은?

① 설의적 표현을 활용하여 의미를 강조하고 있다.
② 구체적 지명을 활용하여 현장감을 드러내고 있다.
③ 청각적 이미지를 통해 대상의 특성을 강조하고 있다.
④ 연쇄의 방식을 사용하여 상황의 심각성을 표현하고 있다.
⑤ 언어유희를 통해 현실에 대한 태도를 간접적으로 드러내고 있다.

35. ㉠~㉤에 대한 설명으로 적절하지 <u>않은</u> 것은?

① ㉠ : 풍경의 가치를 인식하며 이를 수시로 감상할 수 있는 데 따른 글쓴이의 심정이 드러나 있다.
② ㉡ : 대상에 대한 의혹이 해소되어 가는 데 대한 글쓴이의 인식이 드러나 있다.
③ ㉢ : 주의 깊게 살펴본 대상의 면모를 주관적으로 해석하는 글쓴이의 인식이 드러나 있다.
④ ㉣ : 희망의 의미를 구체화하지 못하는 것에 대한 글쓴이의 심정이 드러나 있다.
⑤ ㉤ : 자신이 현재 상태에 이르게 된 근본적 원인에 대한 글쓴이의 판단이 드러나 있다.

36. (가)와 (나)를 비교하여 이해한 내용으로 가장 적절한 것은?

① (가)의 '오마'는 화자를 과거에 억압하던 대상이고, (나)의 '꽃'은 글쓴이가 관찰한 대상이 자신의 이상을 펼치도록 돕는 소재이다.
② (가)의 '옷'은 화자가 자연 풍경에 대한 감탄을 자아내게 하는 소재이고, (나)의 '손잡이'는 글쓴이가 이를 사용하는 인물의 능력에 대해 감탄을 자아내는 소재이다.
③ (가)의 '송죽'은 화자가 새로운 공간으로 돌아와서 만난 소재이고, (나)의 '튤립'은 글쓴이가 벗어나고자 하는 공간의 특징을 나타내는 소재이다.
④ (가)의 '달'은 화자의 행동 변화가 일어나는 시간적 배경을 나타내는 소재이고, (나)의 '아침'은 글쓴이가 관찰한 대상의 일관된 행동이 나타나는 시간적 배경이다.
⑤ (가)의 '오류댁'은 화자가 동경하는 행위가 드러나는 공간이고, (나)의 '꽃밭'은 글쓴이가 경계하는 행위가 드러나는 공간이다.

10회
2022 11월 학력평가

37. 〈보기〉를 바탕으로 (가), (나)를 감상한 내용으로 적절하지 않은 것은? [3점]

> ────〈보 기〉────
> (가)와 (나)는 자기 성찰과 현실에 대한 고민이 드러나 있는 작품이다. (가)의 화자는 속세에서 갈등을 겪고 은거하는 삶을 살고 있다. 이때 화자는 자연을 통해 위안을 얻기도 하지만 번민을 떨치지 못하는 자신을 인식하며 자연에서의 삶에서도 세상을 향한 마음을 드러낸다. (나)의 글쓴이는 자신과 대조적인 삶을 살고 있는 대상을 통해 자신의 삶을 돌아보게 된다. 이러한 과정에서 글쓴이는 가치 있는 삶의 모습을 깨닫고 무기력한 삶을 극복하고자 하는 의지를 드러낸다.

① (가)의 '앞내에 고기 낚고 뒷뫼에 약을 캐'며 '인생지락'을 느끼는 것에서 화자가 자연에서의 삶 속에서 위안을 얻고 있음을 알 수 있군.

② (나)의 '근로와 예술을 동시에 가진 생활'이 '노동의 참된 경지'라는 것에서 글쓴이가 깨달은 가치 있는 삶의 모습이 드러나고 있음을 알 수 있군.

③ (가)의 '금서일실'을 '내 분'으로 여긴다는 것에서 화자가 속세로 돌아가고 싶어 하는 고민이 드러나 있음을, (나)의 '소침됨을 깨닫고' '생활의욕이 급거히 저락되'었다는 것에서 글쓴이가 해결하고 싶어 하는 고민이 드러나 있음을 알 수 있군.

④ (가)의 '내 근심 무익한 줄 모르지' 않지만 '천성을 못 변'해 '가소롭다'는 것에서 화자가 번민을 떨치지 못하는 자신을 성찰하고 있음을, (나)의 '육십 옹'의 '생활의식에 비겨' 보며 '부끄러'워한 것에서 글쓴이가 타인과 대조하며 자신을 성찰하고 있음을 알 수 있군.

⑤ (가)의 '강호의 일민이 되야 축성수나 하리라'에서 화자가 은거하면서도 세상을 향한 마음을 드러내고 있음을, (나)의 '상을 찌푸리고만 지낼 수' 없다며 '행의 생활'을 다짐하는 것에서 글쓴이가 무기력한 삶을 극복하고자 하는 의지를 드러내고 있음을 알 수 있군.

[38~41] 다음 글을 읽고 물음에 답하시오.

양면시장은 플랫폼 사업자가 서로 구분되는 두 개의 이용자 집단에 플랫폼을 제공하고 이용자들은 플랫폼을 통해 상대 집단과 거래하면서 경제적 가치나 편익을 창출하는 시장을 의미한다. 이때 플랫폼이란 양쪽 이용자 집단의 연결 고리 역할을 하는 물리적, 가상적, 제도적 환경을 일컫는다. 이용자 집단은 플랫폼을 통해 거래가 이루어지기까지의 시간이나 노력 등과 같은 거래비용을 절감하여 상대 집단과 거래하게 된다. 대표적인 플랫폼으로 신용 카드 회사가 제공하는 카드 결제 시스템을 들 수 있다. 플랫폼의 한쪽에는 카드로 결제하는 회원들이 있고, 플랫폼의 반대쪽에는 그것을 지불 수단으로 받는 가맹점들이 있다. 플랫폼 사업자인 신용 카드 회사 입장에서는 양쪽 이용자 집단인 카드 회원들과 가맹점들 모두가 고객이 된다.

플랫폼을 통해 연결되는 양쪽 이용자 집단의 관계는 '네트워크 외부성'을 통해 설명할 수 있다. 네트워크 외부성은 어떤 제품이나 서비스를 사용하는 이용자의 규모가 이용자의 효용에 영향을 미치는 것으로 직접 네트워크 외부성과 간접 네트워크 외부성으로 구분된다. 직접 네트워크 외부성이란 동일 집단 내에서 발생하는 것으로, 동일 집단에 속한 이용자의 규모가 커지면 집단 내 개별 이용자의 효용이 증가하는 특성이다. 이와 달리 간접 네트워크 외부성이란 서로 다른 집단 간에 발생하는 것으로, 한쪽 이용자 집단의 규모가 커지면 반대쪽 이용자 집단의 효용이 증가하고, 한쪽 이용자 집단의 규모가 작아지면 반대쪽 이용자 집단의 효용이 감소하게 된다. 양면시장에서는 간접 네트워크 외부성이 필수적으로 작용하므로 양쪽 이용자 집단이 서로 긴밀하게 영향을 주고받는다.

이를 바탕으로 플랫폼 사업자는 플랫폼 이용료를 통해 수익을 창출하기 때문에 양쪽 이용자 집단 모두를 플랫폼에 참여하도록 유도할 수 있는 ⃞가격구조⃞ 를 결정하게 된다. 이때 가격구조란 플랫폼 이용료를 각각의 이용자 집단에 어떻게 부과하느냐를 의미한다. 플랫폼 사업자는 수익을 극대화할 수 있는 전략으로 양쪽 이용자 집단에 차별적인 가격을 부과하는 것이 일반적인데, 한쪽 이용자 집단의 플랫폼 이용료를 아주 낮게 책정하거나 한쪽 이용자 집단에 보조금을 지급하는 경우도 있다.

위에서 언급된 카드 결제 시스템을 바탕으로 간접 네트워크 외부성이 가격구조에 미치는 영향을 살펴보면 다음과 같다. 카드 회원들이 가맹점에 미치는 간접 네트워크 외부성이 클수록, 카드 회사는 카드 회원 수를 늘리기 위해 낮은 연회비를 부과할 수 있다. 이에 따라 카드 회원 수가 늘어나면 가맹점들의 효용이 증가하기 때문에 가맹점은 높은 결제 건당 수수료를 지불하더라도 카드 결제 시스템을 이용하게 된다. 이는 가맹점이 카드 회원들에게 미치는 간접 네트워크 외부성이 큰 경우에도 마찬가지로 적용된다.

한편 가격구조는 수요의 가격탄력성에도 영향을 받는다. 수요의 가격탄력성이란 가격이 오르거나 내릴 때 수요량이 얼마나 변동하느냐를 의미하는 것으로, 양면시장에서 양쪽 이용자 집단

→ 해설편 254쪽

각각은 플랫폼 이용료의 변동에 따라 이용자 수나 서비스 이용량과 같은 수요량에 영향을 받게 된다. 카드 회원의 수요의 가격탄력성이 높은 경우에는 연회비가 오를 때 카드 회원 수가 크게 감소하고, 수요의 가격탄력성이 낮은 경우에는 변동이 크지 않다. 따라서 플랫폼 사업자는 자신의 수익을 극대화하기 위해 양쪽 이용자 집단의 특성을 파악하여 각 집단에 최적의 이용료를 부과하게 된다. 일반적으로 플랫폼 사업자는 수요의 가격탄력성이 높은 집단에 낮은 이용료를 부과하여 해당 집단의 이용자 수를 늘리려고 한다.

플랫폼 사업자가 수익을 창출하기 위해 사용하는 대표적인 전략으로 공짜 미끼와 프리미엄(free-mium) 등이 있다. 공짜 미끼 전략은 무료 서비스를 통해 한쪽 집단의 이용자 수를 늘리면서 반대쪽 집단 이용자의 플랫폼 참여를 유인하는 것이다. 프리미엄 전략은 기본적 기능은 무료로 제공하지만 추가적인 기능은 유료로 제공하는 것으로, 무료에서 유료로 전환한 이용자의 긍정적 경험이 무료 이용자에게 전파되어 그중 일부가 유료 이용자로 전환되도록 하는 것이다.

38. 윗글을 이해한 내용으로 적절하지 <u>않은</u> 것은?

① 카드 결제 시스템은 카드 회원들과 카드 가맹점을 연결하는 플랫폼이다.
② 양면시장에서는 신용 카드 회사와 카드 회원 모두가 가맹점의 고객이 된다.
③ 플랫폼 사업자는 이용자 집단이 플랫폼에 참여하도록 보조금을 지급할 수 있다.
④ 플랫폼 사업자는 플랫폼 이용자들에게 경제적 가치를 창출하는 환경을 제공한다.
⑤ 프리미엄 전략은 유료로 전환한 이용자들이 무료 이용자들의 유료화에 영향을 미치는 것이다.

39. 가격구조 에 대한 설명으로 가장 적절한 것은?

① 플랫폼 사업자가 수익을 극대화하기 위해 고려하는 것이다.
② 양쪽 이용자 집단의 이용료 지불 수단을 결정하는 방법이다.
③ 양쪽 이용자 집단에 동일한 이용료를 부과하기 위한 원칙이다.
④ 양쪽 이용자 집단의 규모가 항상 고정되어 있음을 전제로 하는 것이다.
⑤ 플랫폼 사업자가 규모가 큰 이용자 집단에는 이용료를 부과하지 못한다.

※ 윗글과 〈보기〉를 바탕으로 40번과 41번 두 물음에 답하시오.

<보 기>

P사가 개발한 메신저 프로그램은 이용자끼리 무료로 메시지를 주고받을 수 있어서 ㉠ 메신저 이용자들이 빠르게 증가했고, 메신저 이용자들끼리 서로 편하게 연락을 주고받을 수 있게 되었다. 그러자 광고 효과를 기대하고 P사와 계약한 ㉡ 광고주들이 크게 늘어났고, P사는 모든 광고주들에게 원래보다 높은 광고 비용을 부과했다. 이후 P사는 더 많은 메신저 이용자들을 확보하기 위해 메신저에서 사용할 수 있는 무료 이모티콘을 배포하였고, 이를 통해 ㉢ 이모티콘 사용에 익숙해진 이용자를 많이 확보할 수 있었다. 이모티콘을 사용하는 이용자들이 점점 많아지자 P사는 메신저를 통해 ㉣ 이모티콘 공급 업체들이 유료 이모티콘을 판매할 수 있도록 하였다. P사가 높은 판매 수수료를 부과했음에도 불구하고 이용자들에게 이모티콘을 판매하고자 하는 업체들이 모여들게 되었다.

40. 윗글을 바탕으로 〈보기〉를 이해한 내용으로 적절하지 <u>않은</u> 것은? [3점]

① P사가 메신저 이용자들에게 무료 이모티콘을 배포한 것은 무료 서비스를 통해 더 많은 메신저 이용자들을 플랫폼으로 유도하기 위한 공짜 미끼 전략이겠군.
② P사가 이모티콘 사용에 익숙해진 메신저 이용자들을 확보한 것은 메신저를 통해 적은 거래비용으로 이용자에게 이모티콘을 직접 판매하고자 하는 목적이겠군.
③ P사가 광고주들에게 부과한 광고 비용과 이모티콘 공급 업체에게 부과한 판매 수수료는 P사의 수익 창출을 위한 플랫폼 이용료에 해당하겠군.
④ P사가 모든 광고주들에게 원래보다 높은 광고 비용을 부과한 것은 메신저 이용자들의 수가 늘어남에 따라 광고주들이 얻는 편익이 증가했다고 판단했기 때문이겠군.
⑤ P사가 개발한 메신저의 이용자 수가 많아져 이용자들끼리 더 편하게 연락을 주고받을 수 있게 된 것은 메신저 이용자들 사이에 직접 네트워크 외부성이 존재하는 것이겠군.

41. 다음은 윗글과 〈보기〉를 읽은 학생이 보인 반응이다. A~C에 들어갈 내용으로 적절한 것은?

> ㉠의 수요의 가격탄력성이 높고, ㉠이 ㉡에 미치는 간접 네트워크 외부성이 클 때, P사가 무료이던 메신저 이용료를 유료로 전환한다고 가정하면, ㉠의 수는 (A)하고 ㉡의 효용은 크게 (B)할 것이다. 한편 ㉢이 ㉣에 미치는 간접 네트워크 외부성이 크다고 가정하면, P사가 ㉣에 부과하는 판매 수수료는 (C)할 것이다.

	A	B	C
①	감소	증가	하락
②	증가	증가	하락
③	감소	증가	상승
④	증가	감소	상승
⑤	감소	감소	하락

[42~45] 다음 글을 읽고 물음에 답하시오.

　계모 장씨는 이성이 왕실의 한 사람이 되어 그 권세가 가볍지 않음을 알고 늘상 혜랑과 신광 법사에게 의논하였다. 그러던 차에 이성과 화양 공주가 화목하지 않음을 알아챈 혜랑이 말하였다.

　"이러한 기회는 두 번 다시 오지 않습니다. 부인께서 뜻을 이루실 때입니다."

　"무슨 말이냐?"

　혜랑이 헤헤헤 웃으며 말하였다.

　"이렇게 저렇게 하면 묘하지 않겠습니까?"

　장씨가 잠시 동안 생각하더니 말하였다.

　"이는 정말 중요한 일이니 다른 꾀를 생각해 보아라."

　혜랑이 신광 법사를 돌아보며 말하였다.

　"부인께서 이처럼 약하시니 어떻게 소원을 이루겠습니까?"

　신광 법사가 말하였다.

　"이때가 정말 좋으니 부인은 의심하거나 걱정하지 마십시오."

　그러고는 비밀스럽게 계교를 행하였다.

　한편 보모 정 상궁은 이성이 화양 공주를 박대하자 통한히 여기고 말하였다.

　"공주께서는 임금님의 아주 귀한 딸입니다. 더욱이 임금님께서 특별히 부탁하신 혼인인데 부마께서 이렇게 매몰차시니 어찌 분하지 않겠습니까?"

　화양이 그 말을 듣고는 볼을 붉히며 말하였다.

　"이 무슨 말인가? 서방님이 드러나게 나를 박대함이 없고 도리어 나의 불초함을 예로 대한다. 이로 인해 내가 항시 조심하고 있거늘 네가 주인을 원망하며 권세를 운운하니 어찌 한심하지 않겠는가?"

　말의 기운이 엄숙하니 정 상궁이 두려워하며 물러났다. 그때 갑자기 신발 소리가 나며 이성이 ㉠방으로 들어왔다. 화양이 물러 내려서며 이성을 맞은 후 자리를 잡고 앉았다. 이성이 화양의 기색을 살펴보니 조금도 방자함이 보이지 않았고, 잘난 척하는 마음이 조금도 얼굴에 드러나지 않았다. 이에 화양을 지극히 후대하며 정이 점점 솟아났다. 한밤중 동안 그곳에 있다가 부모가 있는 곳으로 가 문안 인사를 정성껏 올렸다.

　혜랑은 장씨와 매일 화양을 해칠 계교를 짜는 한편, 신광 법사에게는 이렇게 저렇게 하되 비밀이 탄로나지 않게 하라고 당부하고 보냈다. 혜랑의 가르침을 들은 신광 법사는 개용단*으로 이성의 모습을 한 채 ㉡명월루에 숨었다. 밤이 깊어 인적이 고요해지자, 바로 ㉢화양 공주의 방으로 뛰어 들어가 칼을 빼어 즉시 화양을 찌르려고 하였다. 때마침 방 밖에 시비들의 소리가 시끄럽게 들리자 마음이 급해진 신광 법사는 엉겁결에 비껴 찌르고 도망갔다. 비명소리를 들은 시비들이 놀라 들어와 시신이 침상 위에 놓여 있는 것을 보고, 목놓아 울며 말하였다.

　"이 무슨 일이란 말인가?"

　발을 구르고 ㉣외당에 사실을 알리며 우왕좌왕하였다. 이성이 미처 나오지 못한 사이에 이영준이 이성을 급히 불렀다. 이성이

→ 해설편 **256쪽**

나와 보니 명월루에 울음소리가 진동하였다. 시비들은 급히 뜻하지 않은 재앙이 화양의 몸에 미쳤다고 전하였다. 이성은 크게 놀라면서도 얼굴빛을 태연히 하였다. 이성이 화양을 찔렀다는 소식을 들은 이영준은 보자마자 어디에 있었는지 물었다. 이성이 정당에 있었다고 답하자, 이영준은 장씨를 의심하면서도 여러 시녀들이 이성이 찔렀다고 하는 말을 듣고는 정신없이 이성과 함께 명월루로 갔다. 시비들이 울부짖으며 어찌할 바를 모르다가 이영준과 이성을 보고 놀랐다. 이영준이 휘장 밖에 서서는 이성에게 들어가 보라고 하였다. 화양은 침상 아래 거꾸러진 채로 유혈이 낭자하니 그 모습이 매우 잔혹하였다. 왕실의 금지옥엽으로 이런 일을 당하였고, 그 누명이 이성에게 미칠 수 있으니 어찌 멸문지화*를 면할 수 있겠는가? 그럼에도 얼굴빛이 전혀 흔들리지 않고 천천히 나아가 공주를 살폈다. 두 눈이 감긴 채 두 뺨에는 혈기가 없고 손과 발은 얼음처럼 차가웠다. 살 방도가 전혀 없어 보였으나 비단 저고리를 걷고 자세히 보니 눈같이 흰 피부에 붉은 피가 가득하되 약간의 생기가 있었다. 주머니에서 침을 내어 기를 통하게 할 곳을 짚어 찔렀다. 이성의 침법이 원래 신이하였기에 얼마 지나지 않아 얼굴에 붉은빛이 통하고 생기가 돌았다. 약을 주자 잠시 후 화양이 숨을 쉬더니 소스라치게 놀라며 깨어났다.

[중략 줄거리] 누명을 쓰고 유배되었던 이성은 외적이 쳐들어오자 풀려나 전장에서 활약하고, 반역의 무리를 제압하는 과정에서 누명을 벗는다.

그때 사신이 이르렀다는 전갈이 오자 이영준이 이상하게 여겨 즉시 당에서 내려가 임금의 교지를 받았다. 보니 장씨의 허물이 적지 않게 들어 있었다. 궁궐에서 자기 집의 허물이 드러나 모든 관리에게 파다하게 알려진 사실이 부끄러운 한편 장씨의 심술에 통분하였다. 이에 노비를 호령하여 장씨를 모시던 시녀와 유모 혜랑을 잡아들이게 한 후 실상을 파헤쳤다. 혜랑이 비록 크게 간악하지만 일이 이 지경에 이르렀으니 어찌 속일 수 있겠는가? 처음에 자객을 보내어 이성을 해치려고 한 일부터 화양을 해쳐 그 죄를 이성에게 뒤집어씌운 일까지 바로 자백하였다.

'장씨가 마음이 좁은 여자여서 이미 짐작은 하고 있었지만 간교함이 이 정도일 줄은 생각도 하지 못하였다.'
생각이 이에 미치자 소리를 높여 꾸짖었다.
"너의 간악한 꾀로 명공의 집안에 화란을 짓고, 요악한 도사와 결탁하여 그 화가 국가에까지 미쳤다. 또한 너의 주인을 아주 못된 아녀자로 만들었으니 어찌 죽음을 면하겠느냐?"
말을 마치고는 노비를 명하여 지져 죽이는 형벌을 더해 죽였다. 장씨는 아들의 얼굴을 보아 ㉠후원 냉옥에 가두었다가 개과천선하기를 기다린 후 다시 처치하고자 하였다. 이때 장씨는 자기 허물이 온 나라에 시끄럽게 드러나자 크게 부끄러워하며 사람을 멀리하였다.

한편 열한 살인 이무는 모든 일에 어른처럼 노련하였다. 이 일

을 당하니 마치 벼락에 온몸이 부서지는 듯하였다. 어머니 장씨의 허물이 이처럼 심한 것에 새롭게 놀라며 부끄러워 죽고 싶은 마음이 들었다. 그러나 죄를 받은 어머니를 보살필 사람이 없음을 알고 목숨을 유지하다가 아버지 이영준의 분노가 조금 가라앉자 이성과 함께 나아가 울며 말하였다.

"소자들은 천륜의 죄인입니다. 엎드려 바라오니 아버님께서는 어머니의 망극한 죄를 더하지 마시어 불초한 저희들로 하여금 만고의 죄인이 되지 않게 해 주십시오."
말을 하며 눈물을 비처럼 흘리니 그 효성스러운 거동이 사람의 분한 마음을 봄눈 녹듯이 사라지게 할 정도였다.

– 작자 미상, 「화산기봉(華山奇逢)」 –

* 개용단 : 마음먹은 대로 모습을 바꿔 주는 묘약.
* 멸문지화 : 한집안이 다 죽임을 당하는 끔찍한 재앙.

42. 윗글에 대한 이해로 가장 적절한 것은?

① 이영준은 직접 화양의 상태를 확인하고 이성을 의심했다.
② 장씨는 자신의 잘못이 드러났음에도 끝까지 결백을 주장했다.
③ 이영준은 혜랑이 자백하는 척하며 장씨를 모함한 것을 꾸짖었다.
④ 이성은 화양이 습격을 당할 것을 예상하고 미리 그녀에게 주의를 주었다.
⑤ 혜랑은 이성과 화양의 불화가 자신의 계획에 유리하게 작용한다고 판단했다.

43. 윗글의 서술상 특징으로 가장 적절한 것은?

① 외양을 세밀하게 묘사하여 인물을 희화화하고 있다.
② 꿈과 현실의 교차를 통해 사건의 진상을 밝히고 있다.
③ 대화와 삽입된 노래를 통해 인물들의 심회를 드러내고 있다.
④ 비현실적인 소재를 활용하여 낭만적 분위기를 형성하고 있다.
⑤ 서술자가 개입하여 사건에 대한 주관적 판단을 드러내고 있다.

44. ㉠~㉤에 대한 설명으로 적절하지 <u>않은</u> 것은?

① ㉠은 이성이 화양의 태도를 확인하고 화양에게 긍정적 감정을 느끼는 곳이다.

② ㉡은 신광 법사가 혜랑의 지시를 이행하기 위해 이동한 곳이다.

③ ㉢은 신광 법사가 외부적인 요인으로 인해 조급히 행동하는 곳이다.

④ ㉣은 이영준과 이성이 문제 해결에 대한 의견 차이를 드러내는 곳이다.

⑤ ㉤은 장씨가 자신의 행위를 반성하도록 이영준에 의해 보내진 곳이다.

45. 〈보기〉를 참고하여 윗글을 감상한 내용으로 적절하지 <u>않은</u> 것은? [3점]

<보 기>

「화산기봉」에서 주인공의 혼인은 계모와의 갈등이 심화되는 계기가 된다. 이로 인해 가문 전체에 위협이 되는 사건이 초래되지만, 주인공은 비범한 능력을 발휘하여 위기에 대응한다. 한편 이러한 갈등의 해결 과정에서 가족 외 인물은 갈등 유발의 책임이 전가되어 처벌되는 반면, 가족 내 인물은 유교적 윤리를 바탕으로 포용의 대상이 된다. 이를 통해 가문의 안정을 지향하는 사대부의 면모를 보여 주고 있다.

---

① 장씨가 왕실의 사람이 된 이성을 경계하여 계교를 꾸미는 것을 보니, 주인공의 혼인으로 인해 계모와 주인공 사이의 갈등이 심화되고 있음을 엿볼 수 있군.

② 화양이 이성을 원망하는 정 상궁을 질책하는 것을 보니, 가족 내 갈등이 유발된 책임을 가족 외 인물에게 돌리고 있는 상황을 확인할 수 있군.

③ 장씨와 혜랑에 의해 이성이 누명을 쓰는 일이 멸문지화로 이어질 수 있다는 것을 보니, 계모가 일으킨 사건이 가문의 존속을 위협할 수 있음을 짐작할 수 있군.

④ 이성이 신이한 침술로 목숨이 위태로운 화양을 소생시키는 것을 보니, 주인공이 비범한 능력을 통해 급박한 상황에 대응하고 있음을 확인할 수 있군.

⑤ 이무와 이성이 장씨를 용서해 달라고 간청하는 것을 보니, 효라는 유교적 윤리를 바탕으로 악행을 저지른 가족 내 인물을 포용하려는 모습을 엿볼 수 있군.

※ 확인 사항
○ 답안지의 해당란에 필요한 내용을 정확히 기입(표기)했는지 확인하시오.

[1~3] 다음은 학생의 발표이다. 물음에 답하시오.

안녕하세요? 생활 속 과학 원리에 대한 발표를 맡은 ○○○입니다. (사진 제시) 이 사진 기억나시나요? 지난 체험 학습 단체 사진인데요, 혹시 뒤에 보이는 곳이 경사제 방파제라는 것을 알고 계셨나요? 저는 오늘 이 경사제 방파제에 대해 소개하고자 합니다.

얼마 전 과학 시간에 파도에 대해 배웠던 것 기억나시나요? 파도는 바람이나 조석 간만의 차 등의 원인으로 발생합니다. (영상 제시) 보시는 것처럼 바람이 많이 불어 바닷물에 계속 에너지가 전달되어 만들어진 큰 파도는 수심이 얕은 해안에 가까워질수록 더 높아집니다. 그래서 방파제를 설치하여 파도로부터 내항을 보호합니다. (그림 제시) 이 그림은 경사제 방파제의 단면을 도식화한 것인데요, 지반 위에 사다리꼴로 사석을 놓고 그 위에 콘크리트 둑을 올려 외항과 내항을 분리한 것이 보이시죠? 아까 보신 영상에서처럼 파도가 밀려오면 경사제 방파제가 내항을 보호할 수 있습니다.

(그림의 왼쪽 부분을 가리키며) 주목할 만한 점은 내항과 달리 여기 외항 쪽 경사면에는 여러 개의 블록들이 쌓여 있다는 것입니다. 이 블록은 테트라포드로, 이 테트라포드들을 방파제 경사면에 쌓으면 방파제만 있을 때보다 방파제로 들이치는 파도 에너지를 분산시킬 수 있습니다. (표 제시) 테트라포드가 있으면 없을 때보다 파도의 높이가 반으로 줄어드는 것을 표에서 확인할 수 있는데요, 그렇다면 이렇게 테트라포드가 파도 에너지를 분산시킬 수 있는 이유는 무엇일까요?

그 답은 바로 테트라포드의 구조에 있습니다. 아까 보여 드렸던 그림을 다시 보며 설명드리겠습니다. (그림 제시) 테트라포드는 네 개의 다리라는 의미인데요, 그림의 오른쪽 아래에 있는 테트라포드를 보시면 다리가 4개인 것을 확인하실 수 있습니다. 뒤에 있는 분들도 잘 보이시나요? (청중의 대답을 듣고) 네, 그러면 확대해 드리겠습니다. (그림을 확대하며) 이제는 잘 보이시죠? 이 테트라포드의 다리 사이의 각은 어디를 재더라도 약 109.5도로 동일합니다. 그래서 테트라포드의 다리를 맞물려 경사면에 쉽게 쌓을 수 있는데요, 이렇게 테트라포드를 맞물려 쌓으면 경사면에 굴곡이 생기는데 여기에 부딪힌 파도는 부서지고, 부서진 파도는 맞물린 테트라포드 사이의 틈새로 흐르게 되면서 방파제를 치는 파도의 에너지가 분산됩니다.

파도 에너지를 분산시키는 방파제의 종류는 많지만, 경사제 방파제는 약한 지반에도 설치가 용이하다는 장점이 있어 가장 흔히 사용되고 있습니다. 하지만 경사제 방파제에 쌓인 테트라포드 사이의 틈새는 꽤 크고 깊어 매우 위험합니다. 그래서 테트라포드 위에 올라가는 것은 금지되어 있으니 이 점에 유의하시기 바랍니다. 이상으로 발표를 마치겠습니다.

1. 위 발표자의 말하기 방식에 대한 설명으로 가장 적절한 것은?

① 발표를 하게 된 소감을 밝히며 발표를 시작하고 있다.
② 청중에게 바라는 바를 언급하며 발표를 마무리하고 있다.
③ 자료의 출처를 언급하여 발표 내용의 신뢰성을 높이고 있다.
④ 발표 중간에 청중의 질문을 받으며 청중과 상호 작용하고 있다.
⑤ 청중의 이해 정도를 확인한 후 이어질 발표 순서를 안내하고 있다.

2. 다음은 발표자가 발표를 준비하며 참고한 '그림' 자료이다. 발표자의 자료 활용에 대한 계획 중 발표에 반영된 것으로 적절하지 <u>않은</u> 것은?

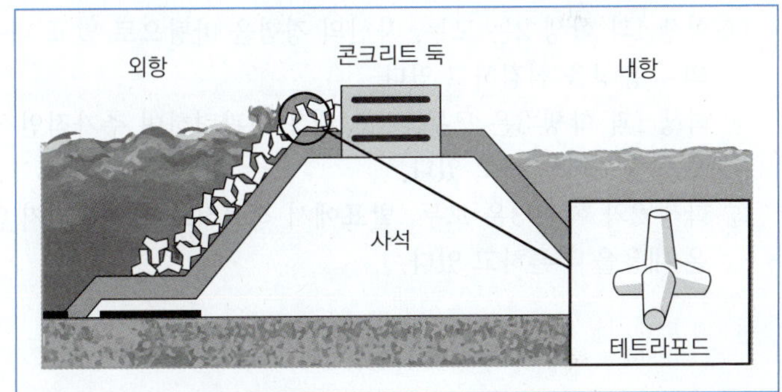

① 경사제 방파제에 대한 관심을 유발하기 위해 청중이 경사제 방파제의 실제 모습을 환기할 수 있는 사진을 추가로 제시해야겠어.
② 경사제 방파제의 필요성을 강조하기 위해 해안으로 가까워질수록 높아지는 파도의 움직임이 담긴 영상을 추가로 제시해야겠어.
③ 경사제 방파제의 설치 용이성을 설명하기 위해 경사제 방파제의 단면을 도식화한 그림의 특정 부분을 가리키며 제시해야겠어.
④ 테트라포드의 기능을 효과적으로 보여 주기 위해 테트라포드의 유무에 따른 파도 높이 차를 비교한 표를 추가로 제시해야겠어.
⑤ 테트라포드의 구조가 잘 보이지 않을 수 있는 청중을 위해 그림의 크기를 조절하여 제시해야겠어.

3. 〈보기〉는 위 발표를 들은 학생들의 반응이다. 학생의 반응을 이해한 내용으로 가장 적절한 것은?

<보 기>

학생 1 : 지난 주말에 가족들과 간 바닷가에서 봤던 테트라 포드는 조금 다른 모습이었는데, 테트라포드에도 여러 종류가 있는지 궁금해졌어. 더 조사해 봐야 겠어.

학생 2 : 테트라포드 위에서 낚시하는 사람들이 많다고 들 었는데, 테트라포드에 올라가면 안 된다는 정보는 생활에 유익한 정보라서 좋았어.

학생 3 : 테트라포드 이름의 의미를 알려 줘서 좋았는데, 다리 사이의 각도가 약 109.5도인 이유에 대해서 는 알려 주지 않아 아쉬웠어. 숨겨진 과학적 원리 가 있는지 알아봐야겠어.

---

① 학생 1은 평소에 가지고 있던 궁금증이 해소되었다는 점에서 발표 내용을 긍정적으로 평가하고 있다.

② 학생 2는 자신이 알고 있던 사실과 발표 내용을 비교하며 발 표에서 다룬 정보의 문제점을 제시하고 있다.

③ 학생 1과 학생 2는 모두, 자신의 경험을 바탕으로 발표 내용 의 유용성을 점검하고 있다.

④ 학생 1과 학생 3은 모두, 발표 내용과 관련하여 추가적인 정 보를 탐색하려 하고 있다.

⑤ 학생 2와 학생 3은 모두, 발표에서 직접적으로 언급되지 않 은 내용을 추론하고 있다.

[4~7] (가)는 시사 동아리 학생들이 나눈 대화이고, (나)는 이 를 바탕으로 작성한 글의 초고이다. 물음에 답하시오.

(가)

학생 1 ㉠ 지난 시간에 교지에 실을 글의 주제에 대해 찾아보기 로 했잖아. 의견을 공유해 볼까?

학생 2 우리 학교 학생들이 관심을 가질 만한 사회 문제를 다 루기로 했지?

[A] 학생 3 이분법적 사고에 대해 다루어 보는 건 어때? 얼마 전 에 이분법적 사고가 사회 갈등을 부추긴다는 기사를 읽었는데 인상적이었어.

학생 1 ㉡ 이분법적 사고? 좀 더 자세히 이야기해 줄래?

학생 3 이분법적 사고는 어떤 대상이나 현상을 둘로만 나누어 한 정하여 사고한다는 뜻이래. 이러한 사고방식이 누군가를 배제하거나 차별하게 만들 수도 있다고 하더라고.

학생 2 그래? 이분법적 사고가 차별을 만드는 구체적인 상황을 이야기해 주면 좋겠어.

학생 3 요즘 성격 유형 검사가 유행이잖아. 특정 성격 유형에 대한 편견 때문에 차별받는다고 느끼는 사람들이 많 아졌대.

[B] 학생 1 혹시 성격을 내향형이나 외향형같이 둘로 나누는 것 이 문제가 되는 거야? 그게 꼭 나쁜 점만 있는 건 아니 잖아.

학생 3 성격 유형을 나누는 것 자체는 문제가 아니야. 서로를 더 잘 이해하기 위한 하나의 방법이니까. 하지만 사람의 성 격을 둘 중의 하나로만 보고 특정 유형에 대해 가치판단 을 내리거나 차별하는 것은 문제인 거지.

학생 2 상황에 따라 외향성과 내향성이 드러나는 정도가 다를 수 있는데, 둘 중 하나의 성격만 가진 것으로 판단하고 차별 하는 것이 문제라는 거지? 이런 현상을 보여 주는 예가 더 있을까? ㉢ 우리에게 익숙한 것 위주로 이야기해 보 자.

학생 1 성공 아니면 실패, 두 가지 극단적인 방향으로만 삶을 평 가하는 것이 대표적인 예라고 생각해.

학생 3 그것뿐 아니라 세대나 이념 등 우리 사회의 많은 부분에 서 이런 현상을 찾아볼 수 있어.

학생 2 맞아. 단순히 나이만을 기준으로 세대를 나누고, 한 세대 의 특징을 일반화해서 개인을 판단하고 희화화하는 모습 이 많이 보이더라. ㉣ 그럼 오늘 이야기한 내용을 바탕으 로 글을 한번 써 볼까?

학생 3 좋아. ㉤ 다음 시간에는 개요를 작성해야 하니 필요한 자 료를 각자 수집해 오자. 그러면 내가 개요를 바탕으로 초 고를 써 볼게. 검토 부탁해.

학생 1, 2 알았어.

(나)

요즘 성격 유형 검사에 대한 사람들의 관심이 높아지면서 성격

유형 검사에 과몰입하는 사람이 늘고 있다. 이들은 성격 유형의 지표에 따라 성격을 양분하여 일반화하기도 하는데, 이러한 이분법적 사고 방식은 바람직하지 않다. 이분법적 사고란, 어떤 대상이나 현상을 둘로만 나누어 한정하여 사고하는 것을 말한다. 이러한 이분법적 사고에 매몰되면 다양한 사회 문제가 나타날 수 있다.

이분법적 사고에 매몰되면 첫째, 자기가 속한 집단에 대한 인식이 자신의 자아상에 부정적인 영향을 미칠 수 있다. 사회 심리학자 헨리 타이펠은 인간의 사회적 정체성은 자기 인식에 지대한 영향을 미친다고 보았다. 이는 이분법적 사고에 의해 형성된, 특정 집단에 대한 고정관념이 자기 자신에게로 향하여 본인의 역량에 영향을 미칠 수 있다는 말이다. 예를 들어, '저는 내향형이라 발표를 못해요.', '저는 외향형이라 집중하는 게 힘들어요.'와 같이 자신의 성격 유형을 일종의 행동 양식으로 받아들이고 스스로 한계를 정하여 성장하고 발전할 수 있는 기회를 놓칠 수도 있는 것이다.

둘째, 다른 집단에 대한 편견과 고정관념이 사회적 갈등으로 이어질 수 있다. 즉, 자신이 속하지 않은 다른 집단을 자신과 경계 짓고 '틀린' 것으로 판단하는 편협한 생각이 그 집단에 대한 차별과 혐오로 이어질 수 있다는 것이다. 예를 들어 특정 세대를, 조직에 잘 융화되지 못하고 본인의 주관만 내세우며 사회성이 결여된 주체로 묘사하여 희화화하는 경우가 있다. 이는 개인의 특성을 집단 전체의 특성으로 단순화하고 특정 세대에 대한 부정적인 감정을 부추기는 것이다.

인간은 누구나 대상을 양분해서 사고하는 경향을 어느 정도 가지고 있다. 하지만 선이 아니면 악, 아름다움이 아니면 추함 등 두 가지 극단적인 방향으로만 세상을 판단하는 것은 다양성을 추구하는 사회가 지향할 방식으로 바람직하지 않다. 따라서 우리는 이러한 이분법적 사고를 경계하고, 다름을 인정하는 자세를 가져야 한다.

4. 대화의 흐름을 고려할 때, ㉠~㉤에 대한 이해로 적절하지 <u>않</u>은 것은?

① ㉠ : 대화 참여자에게 지난 활동의 대화 내용을 환기하고 있다.

② ㉡ : 대화 참여자에게 발언 내용에 대해 추가 설명을 요청하고 있다.

③ ㉢ : 대화 참여자에게 앞으로 진행될 대화 내용의 범위를 한정하고 있다.

④ ㉣ : 대화 참여자에게 자신이 제안한 내용에 대한 동의 여부를 재차 확인하고 있다.

⑤ ㉤ : 대화 참여자에게 다음 활동을 예고하며 준비 사항을 안내하고 있다.

5. [A], [B]에 대한 설명으로 가장 적절한 것은?

① [A]의 학생 2는 대화 상대에게 자신의 의견을 여러 개 제시한 후 선택을 요구하고 있다.

② [A]의 학생 3은 대화 상대가 발언한 내용과 관련하여 자신의 경험을 제시하고 있다.

③ [B]의 학생 3은 대화 상대에게 사회적 통념을 제시하며 공감을 유도하고 있다.

④ [B]의 학생 1은 대화 상대가 제기한 의문을 해소하기 위한 방안을 제안하고 있다.

⑤ [A]의 학생 3과 [B]의 학생 1은 모두, 대화 상대의 의견을 수용하여 자신의 견해를 수정하고 있다.

6. 다음은 '학생 3'이 (가)를 바탕으로 세운 글쓰기 계획이다. (나)에 반영된 내용으로 적절하지 <u>않은</u> 것은? [3점]

1문단
○ (가)에서 언급한, 성격 유형 검사와 관련된 사회 현상을 보여 준 후 우리의 입장을 제시해야겠어. ············· ①
○ (가)에서 언급한, 이분법적 사고의 개념을 제시하고 이분법적 사고로 인해 다양한 사회 문제가 발생할 수 있음을 밝혀야겠어. ················ ②

2문단
○ (가)에서 언급하지 않은, 전문가의 견해를 추가하여 이분법적 사고가 개인에게 미치는 영향을 부각해야겠어. ···································· ③

3문단
○ (가)에서 언급한, 세대를 나누는 기준을 제시하여 이분법적 사고의 문제점을 부각해야겠어. ············· ④

4문단
○ (가)에서 언급하지 않은, 이분법적 사고에 대한 새로운 예를 제시한 후 우리의 입장을 한 번 더 강조하여 마무리해야겠어. ·············· ⑤

7. 〈보기〉에 제시된 학생들의 조언에 따라 (나)의 제목을 작성한 것으로 가장 적절한 것은?

<보 기>

학생 1 : 제재의 특성을 드러내는 표제와 부제를 붙여보자.
학생 2 : 부제에는 친구들의 관심을 끌 수 있도록 비유적인 표현을 사용하는 게 좋겠어.

---

① 두 개의 틀 안에 갇힌 사람들
 – 이분법적 사고로 인한 부정적인 자아상
② 성격 유형 검사의 장점과 단점
 – 색안경을 벗으면 사람이 보입니다
③ 세대 차이로 빚어진 사회적 갈등
 – ‘우리’와 ‘그들’, 서로에게 붙이는 또 다른 이름표
④ 이분법적 사고, 무엇이 문제인가
 – ‘내가 평가하는 나’와 ‘남이 평가하는 나’
⑤ 편견과 차별을 만드는 이분법적 사고
 – 흑 아니면 백으로만 칠해지는 세상

[8~10] 다음은 작문 상황과 이를 바탕으로 작성한 학생의 초고이다. 물음에 답하시오.

[작문 상황]

○ 지역 신문에 우리 지역의 생활체육 활성화를 주장하는 글을 쓰고자 함.

[학생의 초고]

생활체육이란 개인이 자발적으로 여가를 이용해 건강 증진 등의 목적으로 참여하는 체육 활동을 말한다. 최근 통계에 따르면 우리나라 국민들의 생활체육 참여율은 꾸준히 증가하고 있다. 우리 지역의 생활체육 참여율도 꾸준히 증가하고 있지만, 우리나라 국민의 생활체육 참여율에 비해서는 여전히 생활체육 참여가 활성화되지 못하고 있다.

우리 지역에서 주민들의 생활체육 참여가 활성화되지 못한 원인으로는 먼저, 주민들 대다수가 쉽게 이용할 수 있는 공공 체육 시설이 부족하다는 것이다. 우리 지역에는 공공 체육 시설이 있지만 생활 근거지와 멀리 떨어진 외곽에 위치하여 대다수의 주민들에게 접근성이 떨어진다. 다음으로 주민들의 참여를 유도할 수 있는 프로그램 수가 부족하다는 것이다. 우리 지역 공공 체육 시설에서 운영하는 프로그램은 탁구와 축구 강좌 외에는 없으며, 운영 시간도 낮 시간대에 한정되어 있다. 마지막으로, 우리 지역은 생활체육을 활성화하기 위한 실질적인 홍보가 이루어지지 못하고 있다는 것이다. 생활체육 시설 이용 방법이나 프로그램 정보는 주로 공공 체육 시설 누리집으로만 홍보되고 있고, 그마저도 관리가 잘 안 되고 있다.

그렇다면 우리 지역 주민들의 생활체육 참여를 활성화하기 위해서는 어떻게 해야 할까? 첫째, 주민들의 접근성을 높일 수 있는 체육 시설을 확충해야 한다. 생활 근거지 주변에 공공 체육 시설을 증설하거나 주민들이 이전에 이용하지 못했던 시설을 생활체육 시설로 개방하면 기존 시설 이용에 제한받던 주민들의 생활체육 참여를 확대할 수 있다. 둘째, 주민들의 수요를 조사하여 그에 맞는 다양한 프로그램을 개설하여 주민들에게 생활체육 참여 기회를 제공해야 한다. 마지막으로, 주민들의 생활체육 참여를 끌어낼 수 있도록 효과적인 홍보 활동을 실시해야 한다. 주민들의 연령층을 고려해 지역 신문이나 누리 소통망 등 여러 매체를 활용하여 생활체육 관련 정보를 다양하게 접할 수 있도록 해야 한다.

[A]

→ 해설편 **262쪽**

8. 학생의 초고에 활용된 글쓰기 전략으로 적절하지 <u>않은</u> 것은?

① 주요 개념에 대한 정의를 제시한다.
② 문제의 원인을 다양한 측면에서 제시한다.
③ 예상되는 독자의 반론에 대한 답변을 미리 제시한다.
④ 자문자답의 방식을 통해 문제의 해결 방안을 제시한다.
⑤ 순서를 나타내는 표지를 사용하여 문제의 해결 방안을 제시한다.

9. 〈보기〉는 초고를 보완하기 위해 추가로 수집한 자료이다. 자료의 활용 방안으로 적절하지 <u>않은</u> 것은? [3점]

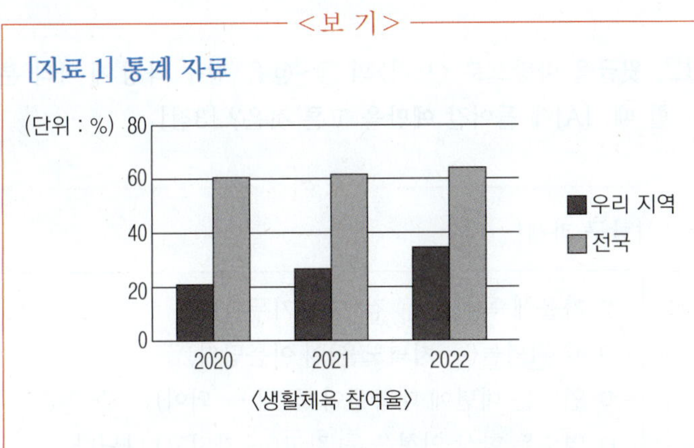

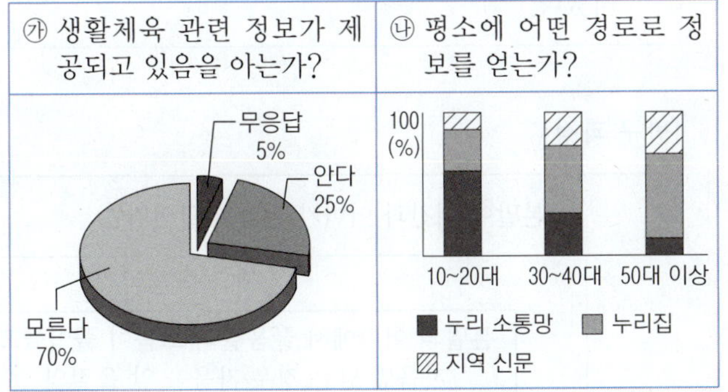

[자료 3] 다른 지역 신문 기사

　○○시는 최근 선수 훈련용 경기장을 지역 주민에게 개방하면서 주민들의 큰 호응을 얻고 있다. 특히 ○○시는 누리 소통망을 통해 경기장 이용 인증 사진 올리기 이벤트를 함께 진행하여 누리 소통망 사용에 익숙한 청소년층의 생활체육 참여율을 높였다. △△△교수는 "시민들의 생활체육 참여율이 증가하는 추세를 유지하기 위해서는 다양한 종목을 개설하는 동시에 프로그램의 운영 시간대도 확대해야 한다."라고 말했다.

① [자료 1]을 활용하여 우리나라 국민의 생활체육 참여율에 비해 지역 주민들의 생활체육 참여가 활성화되지 못하고 있다는 사실에 대한 구체적 근거로 제시한다.
② [자료 2-㉮]를 활용하여 생활체육을 활성화하기 위한 실질적인 홍보가 이루어지지 못하고 있다는 내용을 뒷받침하는 근거로 제시한다.
③ [자료 3]을 활용하여 선수 훈련용 경기장을 주민에게 개방한 다른 지역의 사례를 주민들이 이전에 이용하지 못했던 시설을 생활체육 시설로 개방한 사례로 제시한다.
④ [자료 1]과 [자료 3]을 활용하여 주민들의 생활체육 참여율의 증가 추세를 유지하기 위해서는 다양한 프로그램을 개설하는 것뿐만 아니라 프로그램 운영 시간대도 확대해야 한다는 내용을 추가로 제시한다.
⑤ [자료 2-㉯]와 [자료 3]을 활용하여 누리 소통망을 활용한 경기장 이용 인증 이벤트를 주민 수요에 맞는 다양한 프로그램을 개설한 사례로 제시한다.

10. 〈보기〉는 선생님의 조언에 따라 [A]를 작성한 것이다. [A]를 작성할 때 반영한 선생님의 조언으로 가장 적절한 것은?

> ─ 〈보 기〉 ─
> 　생활체육의 활성화는 지역 주민과 지역 사회 모두에게 가치가 있다. 지역 주민 개개인은 삶의 질을 높일 수 있고, 지역 사회는 스포츠 산업의 발달로 지역 경제 활성화가 가능하다는 점에서 가치가 있다.

① 생활체육 활성화를 위해 해야 할 일을 주체별로 제시하며 글을 마무리하자.
② 생활체육에 참여할 때 유의할 점과 올바른 생활체육 참여 방법을 언급하며 글을 마무리하자.
③ 생활체육의 유래를 제시하고 앞으로 변화하게 될 생활체육의 미래를 언급하며 글을 마무리하자.
④ 생활체육의 참여를 통해 얻을 수 있는 기대 효과를 개인과 사회 차원으로 나눠 제시하며 글을 마무리하자.
⑤ 생활체육의 활성화가 갖는 사회적 의의를 나타내고 생활체육 참여의 장애 요인을 언급하며 글을 마무리하자.

[11~12] 다음 글을 읽고 물음에 답하시오.

한글 맞춤법 총칙 제1항은 '한글 맞춤법은 표준어를 소리대로 적되, 어법에 맞도록 함을 원칙으로 한다.'이다. 이는 한글 맞춤법의 대원칙을 밝히는 조항으로, 한글 맞춤법은 이 조항에 따라 표준어를 표음 문자인 한글로 올바르게 적는 방법이다.

먼저 '표준어를 소리대로 적는다'는 원칙은 한글 맞춤법이 표준어를 대상으로 한다는 뜻이 담겨 있다. 그리고 '소리대로' 적는다는 것은 표준어를 적을 때 발음에 따라 적는다는 뜻이다. 이는 자음이나 모음과 같은 음소를 조합하여 다양한 말소리를 그대로 기호로 나타낼 수 있는 표음 문자인 한글의 기본 기능에 충실한 원칙이다. 이를테면 [나무]라고 소리 나는 표준어는 'ㄴ'과 'ㅏ'로 조합된 한 음절과 'ㅁ'과 'ㅜ'로 조합된 한 음절을 그대로 '나무'로 적는 것이다.

그런데 '표준어를 소리대로 적는다'는 원칙만으로 충분하지 않은 경우가 있다. 그래서 '어법에 맞도록 한다'는 원칙을 제시한다. 예를 들어 체언 '빛'에 다양한 조사가 결합한 형태를 소리 나는 대로 적으면, '비치', '빋또', '빈만' 등이 된다. 하지만 이렇게 적으면 '빛'이라는 하나의 말이 여러 가지로 표기되어 실질 형태소의 본 모양과 형식 형태소의 본 모양이 무엇인지, 둘의 경계가 어디인지를 알아보기가 어렵다. 이와 달리 실질 형태소와 형식 형태소를 구분해서 어법에 맞도록 '빛이', '빛도', '빛만' 등으로 적으면 의미와 기능을 나타내는 각각의 형태소의 모양이 일관되게 고정되어서 뜻을 파악하기가 쉽고 독서의 능률도 향상된다. 이렇게 체언과 조사를 구분해서 표준어를 표기하는 원칙은 한글 맞춤법 제14항에서 자세히 밝히고 있는데, 이는 용언의 어간 뒤에 어미가 결합할 때도 동일하게 적용되는 경우가 있다. 한글 맞춤법 제15항에 따르면, '먹어서'는 [머거서]로 발음되지만 실질 형태소인 어간 '먹-'과 형식 형태소인 어미 '-어서'를 구별하여 적는다.

한편 한글 맞춤법에서는 단어의 일부분이 줄어든 준말의 표기 방법을 따로 규정하고 있다. 한글 맞춤법 제32항에서는 어근이나 어간에서 끝음절의 모음이 줄어들고 자음만 남는 경우 자음을 앞 음절의 받침으로 적는다는 것을 다루고 있다. 그 예로 '어제저녁'이 줄어들어 '엊저녁'으로도 적는 경우를 들 수 있다. '어제저녁'의 준말의 발음인 [얻쩌녁]을 소리 나는 대로 적으면 그 원래 뜻을 파악하기 어렵다. 그래서 '어제저녁'과의 형태적 연관성이 드러나도록 '엊저녁'으로 표기하는 것이다. 이는 표준어를 소리대로 적는다는 원칙만으로 충분하지 않은 경우, 어법에 맞도록 표기한 것이라 할 수 있다.

11. 윗글을 이해한 내용으로 적절하지 <u>않은</u> 것은?

① '부엌'은 각 음절을 소리 나는 대로 표기한 경우이다.
② 한글은 음소를 조합하여 다양한 말소리를 기호로 나타낼 수 있다.
③ '모이'는 'ㅁ'과 'ㅗ'로 조합된 한 음절과 'ㅣ'로 된 한 음절을 소리 나는 대로 적은 것이다.
④ '웃으면'은 실질 형태소와 형식 형태소의 경계가 드러나도록 어법에 맞게 표기한 경우이다.
⑤ '갈비탕을 시켜 먹었다'와 '갈비탕을 식혀 먹었다'를 소리 나는 대로 적으면 의미의 구별이 어려운 경우가 생길 수 있다.

12. 윗글을 바탕으로 〈보기〉의 ㉠~㉤을 '탐구 과정'에 따라 분류할 때, [A]에 들어갈 예만을 고른 것은? [3점]

〈보 기〉

[탐구 과제]

○ 가을에 곡식을 ㉠ 걷다(← 거두다).
○ ㉡ 저녁놀(← 저녁노을)이 아름답다.
○ 언니는 내년에 대학생이 ㉢ 돼(← 되어).
○ 영수는 항상 인형을 ㉣ 갖고(← 가지고) 다닌다.
○ 우리는 ㉤ 엊그저께(← 어제그저께)까지도 친하게 지냈다.

[탐구 과정]

본말이 어간과 어미가 결합한 말인가?

→ 예

본말의 어간에서 끝음절의 모음이 줄어들고 자음만 남는 경우 자음을 앞 음절의 받침으로 적은 준말인가?

아니요 · 아니요 · 예

[A]

① ㉠, ㉡   ② ㉠, ㉣   ③ ㉡, ㉢
④ ㉢, ㉣   ⑤ ㉣, ㉤

13. 〈보기〉를 바탕으로 음운 변동을 바르게 분석한 것은?

〈보 기〉

음운의 변동은 어떤 음운이 다른 음운으로 바뀌는 교체, 어떤 음운이 없어지는 탈락, 새로운 음운이 생기는 첨가, 두 음운이 하나의 음운으로 합쳐지는 축약이 있다. 또한 음운 변동에 따라 음운의 개수가 변하기도 한다.

	단어	음운 변동 종류	음운 개수 변화
①	샅샅이[삳싸치]	교체, 탈락	늘어남
②	넓히다[널피다]	탈락, 첨가	늘어남
③	교육열[교:융녈]	교체, 첨가	줄어듦
④	해맑다[해막따]	교체, 탈락	줄어듦
⑤	국화꽃[구콰꼳]	탈락, 축약	줄어듦

14. 〈보기〉의 ㄱ~ㄷ에 대한 설명으로 옳지 <u>않은</u> 것은?

〈보 기〉

주체 높임은 문장의 주체를 높이는 것으로, 선어말 어미나 조사, 특수 어휘 등을 통해 실현된다. 또한 주체의 신체 부분, 소유물, 생각 등을 높여 주체를 간접적으로 높이기도 한다. 그리고 객체 높임은 목적어나 부사어가 지시하는 대상, 즉 문장의 객체를 높이는 것으로, 조사나 특수 어휘를 통해 실현된다. 또한 상대 높임은 청자를 높이거나 낮추는 것으로, 주로 종결 어미를 통해 실현된다.

ㄱ. (어머니가 아들에게) 범서야, 할아버지께 과일 좀 갖다 드려라.
ㄴ. (아들이 아버지에게) 아버지, 할머니는 제가 모시러 가겠습니다.
ㄷ. (동생이 언니에게) 언니, 어머니가 우리에 대한 걱정이 많으셔.

---

① ㄱ은 종결 어미 '-어라'를 사용하여 청자인 '범서'를 낮추고 있다.
② ㄱ은 격 조사 '께'를 사용하여 문장의 주체인 '할아버지'를 높이고 있다.
③ ㄴ은 종결 어미 '-습니다'를 사용하여 청자인 '아버지'를 높이고 있다.
④ ㄴ은 특수 어휘 '모시다'를 사용하여 문장의 객체인 '할머니'를 높이고 있다.
⑤ ㄷ은 선어말 어미 '-으시-'를 사용하여 '어머니'의 생각인 '걱정'을 높여 주체를 간접적으로 높이고 있다.

15. 〈보기〉를 바탕으로 중세 국어의 특징을 탐구한 내용으로 적절하지 <u>않은</u> 것은?

〈보 기〉

녜 小學(소학)애 사름을 ᄀᆞᄅᆞ츄디 믈 ᄲᅳ리고 ᄡᅳᆯ며 應(응)ᄒᆞ며 對(디)ᄒᆞ며【應(응)은 블러든 디답홈이오 對(디)ᄂᆞᆫ 무러든 디답홈이라】나ᅀᆞ며 므르는 졀ᄎᆞ와 **어버이를 ᄉᆞ랑ᄒᆞ며** 얼운을 공경ᄒᆞ며 스승을 존디ᄒᆞ며 벋을 親(친)히 홀 道(도)로써 ᄒᆞ니 다 ᄡᅥ 몸을 닷ᄀᆞ며 집을 ᄀᆞ즈기 ᄒᆞ며 **나라흘** 다스리며 天下(텬하)를 平(평)히 홀 근본을 ᄒᆞ논 배니

[현대어 풀이]

옛날 소학에 사람을 가르치되, 물을 뿌리고 쓸며, 응하며 대하며【응은 부르거든 대답하는 것이요, 대는 묻거든 대답하는 것이다.】나아가며 물러나는 절차와, 어버이를 사랑하며 어른을 공경하며 스승을 존대하며 벗을 친히 할 도로써 하니, 다 그로써 몸을 닦으며 집을 가지런히 하며 나라를 다스리며 천하를 평히 할 근본을 하는 바이니

---

① '녜'를 보니 현대 국어와 달리 두음법칙이 적용되었음을 알 수 있군.
② 'ᄲᅳ리고'와 'ᄡᅳᆯ며'를 보니 현대 국어와 달리 초성에 서로 다른 두 개의 자음이 함께 쓰였음을 알 수 있군.
③ '어버이를'을 보니 현대 국어와 달리 목적격 조사 '를'이 쓰였음을 알 수 있군.
④ 'ᄉᆞ랑ᄒᆞ며'를 보니 현대 국어와 달리 'ㆍ'가 표기에 사용되었음을 알 수 있군.
⑤ '나라흘'을 보니 현대 국어와 달리 'ㅎ'을 끝소리로 가진 체언이 있었음을 알 수 있군.

→ 해설편 **264**쪽

[16~21] 다음 글을 읽고 물음에 답하시오.

(가)

18 세기 말 산업 혁명 이후 과학과 기술의 진보로 똑같은 물건을 대량으로 생산하는 것이 가능해졌다. 이에 따라 건축에서도 철근과 콘크리트를 활용하여 기둥과 벽을 최소화하면서 건축물을 대량 생산할 수 있다는 인식이 생기게 되었다. 이 시기의 건축가들은 이전 시대와 달리 장식적인 요소가 제거된 합리적이고 기능적인 건축물에 가치를 부여하게 되었다. 이러한 변화는 건축의 활동 영역을 도시 계획 디자인, 산업 디자인 등으로 확대시키며, 모더니즘 건축의 형성에 영향을 미쳤다.

모더니즘 건축가 미스 반데어로에는 건축이 본연의 모습을 잃고 현 시대에 어울리지 않는 형태를 ⓐ 답습하는 것에 대해 비판하며 ㉠ "간결한 것이 풍부하다."라고 주장했다. 그는 기능적으로 필요한 공간 이외에는 불필요하다고 생각했기 때문에 장식과 기능을 철저하게 분리하고 장식을 공간 구성에서 원칙적으로 배제해야 한다고 말한다. 또한 그는 폐쇄적인 구조를 지양하고 공간을 기능적으로 활용할 수 있도록 칸막이를 자유롭게 이동할 수 있게 하여 유연성 있는 공간을 구축하였다.

또 다른 건축가 르코르뷔지에는 기능적인 것은 그 자체로 미적인 것이라고 주장하며, 주택을 거주를 위한 기계라고 정의하였다. 그는 항공 기능의 최적화를 실현한 비행기 디자인처럼 건축물도 그 목적에 ⓑ 부합하도록 기능적으로 최적화되어야 하며 현란한 장식이나 예술적 감상을 위한 건축물을 지양해야 한다고 말한다. 또한 도시를 계획하는 일에도 관심이 많았던 그는 사람보다는 자동차를 중심으로 도시 공간을 구획해야 한다고 주장했다. 이는 격자 구조의 도로망으로 도시 공간을 구획하면 치안과 위생이라는 도시의 기능을 이상적으로 ⓒ 구현하면서 동시에 미적으로 이상적인 도시가 된다고 생각했기 때문이다. 그에게 있어 근대화란 효율적인 교통 체계를 위해 도시를 인위적으로 정돈하는 것을 의미한다.

(나)

20 세기 초에는 이성적 존재인 인간이 모든 문제를 합리적으로 해결할 수 있다는 모더니즘이 지배적이었다. 그러나 합리성에는 한계가 있음이 곧 밝혀졌고, 이로부터 벗어나야 한다는 생각이 포스트모더니즘으로 발전하게 되었다. 이에 영향을 받은 푸코, 벤투리, 추미 등은 합리성과 효율성을 우선시하는 기존의 시스템을 비판하고, 기계적이고 무미건조한 양식 대신에 개별성과 자율성을 중시하는 모습을 보였다.

철학자 푸코는 근대화로 인한 도시의 구획을 권력과 관련지어 비판했다. 그는 18 세기부터 형성되기 시작한 격자 구조의 도시 공간은 위생학적 측면에서 전염병에 대처하기 위한 기능을 하기도 하지만 권력이 작동하는 그물망으로도 ⓓ 작용한다고 주장했다. 전염병 환자에 대한 감시는 결국 발병 요소를 근원적으로 통제해야 한다는 의식으로 이어져, 발병 가능성이 있는 모든 존재에 대한 감시로 확대된다는 것이다.

포스트모더니즘 건축가 벤투리는 ㉡ "간결한 것은 지루하다."라며 모더니즘 건축의 흐름에 저항했다. 모더니즘 건축이 명료성을 내세웠다면 그는 모호성을 새로운 기준으로 제시하며 형태를 기능에 가두는 것을 거부했다. 그는 건축물의 모든 부분이 단일한 기능으로 명료하게 설명될 수 없으며, 오히려 다양한 측면에서 설명될 수도 있어 그 기능이 매우 모호할 수 있다고 주장했다. 벤투리에게 모더니즘 건축은 미적인 것을 기능적인 것에 제약하는 것에 불과했다. 그래서 그는 모더니즘의 공간에서는 공간의 미적 차원이 소멸되어 획일적인 공간만이 남게 된다고 주장했다.

건축가 추미는 기존의 모더니즘 건축이 지나치게 금욕적이라고 비판했다. 모더니즘 건축에서 장식적인 요소는 낭비로 취급받으며 무의미한 부분으로 간주된다. 하지만 추미는 이렇게 무의미하다고 생각되는 낭비야말로 모더니즘 건축의 획일화로부터 ⓔ 해방될 수 있는 탈출구라고 주장했다. 추미는 모더니즘 건축의 금욕주의에서 벗어나는 방법을, 시각적 화려함을 추구하는 낭비의 부활에서 찾았다. 그에게 있어 포스트모더니즘의 건축은 낭비의 미덕을 실현하는 유희의 건축이다.

16. (가)와 (나)에 대한 설명으로 가장 적절한 것은?

① (가)와 달리 (나)는 특정 시기의 건축에 대한 상반된 관점을 제시하여 절충 방안을 모색하고 있다.

② (나)와 달리 (가)는 특정 시기의 건축에 대한 관점이 기술의 발전에 미친 영향을 인과적으로 밝히고 있다.

③ (가)와 (나)는 모두, 특정 시기의 건축에 대한 관점을 시대순으로 나열하여 한계를 도출하고 있다.

④ (가)와 (나)는 모두, 특정 시기의 건축에 대한 관점을 소개하며 각 관점이 지닌 특성을 설명하고 있다.

⑤ (가)와 (나)는 모두, 특정 시기의 건축에 대한 관점을 유형별로 나누면서 그 분류 기준의 문제점을 설명하고 있다.

17. 윗글에 대한 이해로 가장 적절한 것은?

① 포스트모더니즘 건축과 달리 모더니즘 건축은 개별성을 중시한다.

② 포스트모더니즘 건축은 효율성의 중시를 통해 합리성의 문제를 해결하려 한다.

③ 모더니즘 건축은 명료성을 추구하는 반면 포스트모더니즘 건축은 모호성을 추구한다.

④ 모더니즘 건축은 건축의 영역에서 도시 계획 디자인과 산업 디자인의 영역을 제외한다.

⑤ 모더니즘 건축과 달리 포스트모더니즘 건축은 철근과 콘크리트 등의 재료를 주로 사용한다.

→ 해설편 265쪽

※ 윗글과 〈보기〉를 바탕으로 18번과 19번의 물음에 답하시오.

―――〈보 기〉―――

[자료 1]

　　○○시는 인구 밀도가 높아 거리가 혼잡하고 비위생적이었다. 건축가 A는 ○○시의 위생 환경을 개선하기 위하여 교통 체계 중심의 ㉮ 격자 구조의 도로망을 연결하고 주거 지역과 업무 지역을 멀리 떨어뜨려 구분하는 도시 설계안을 구안했다.

[자료 2]

　　건축가 B는 기능과 상관없는 구조물이나 장식적인 것들을 배제하고 실내에는 이동 가능한 칸막이가 설치된 주택을 설계했다. 하지만 건축가 C는 이러한 주택을 주거 기능과 경제적 효율성만 추구한 ㉯ 단순한 형태의 건물이라고 비판했다. 이에 그는 벽 장식이나 화려한 마감재와 같이 건축가의 미적 가치가 반영된 주택을 설계했다.

18. 다음은 윗글을 읽은 학생이 〈보기〉를 이해한 내용을 정리한 것이다. 적절하지 <u>않은</u> 것은?

[자료 1]	푸코는 격자 구조의 도시 공간에는 위생학적 기능이 없다고 생각하므로, 건축가 A의 도시 설계안을 부정적으로 바라보겠군. ……………………… ①
	르코르뷔지에는 사람보다는 차를 중심으로 도시를 공간화해야 한다고 생각하므로, 건축가 A의 도시 설계안을 긍정적으로 바라보겠군. …………… ②
[자료 2]	벤투리는 모더니즘 건축의 흐름에 저항하므로, 건축가 B가 설계한 주택을 부정적으로 바라보겠군. ……………………………………… ③
	미스 반데어로에는 폐쇄적인 구조를 지양하고 공간을 기능적으로 활용해야 한다고 생각하므로, 건축가 B가 설계한 주택을 긍정적으로 바라보겠군. ……………………………………… ④
	추미는 시각적 화려함을 추구하는 낭비의 미덕을 중시하므로, 건축가 C가 설계한 주택을 긍정적으로 바라보겠군. ……………………………… ⑤

19. 윗글을 바탕으로 〈보기〉에 대해 보인 반응으로 적절하지 <u>않</u>은 것은? [3점]

① 미스 반데어로에는 [자료 2]의 ㉯가 장식과 기능을 분리하여 불필요한 부분을 배제한 건물이라고 생각하겠군.
② 르코르뷔지에는 [자료 1]의 ㉮가 도시의 기능적 측면과 미적인 측면을 모두 이상적으로 구현할 수 있다고 판단하겠군.
③ 푸코는 [자료 1]의 ㉮가 권력이 작동하는 그물망으로 작용할 수 있다고 주장하겠군.
④ 벤투리는 [자료 2]의 ㉯가 미적 차원이 소멸되어 획일적인 공간만 남았다고 판단하겠군.
⑤ 추미는 [자료 2]의 ㉯가 금욕주의에서 벗어나 유희의 건축이 실현되었다고 판단하겠군.

20. ㉠과 ㉡에 담긴 의미를 추론한 내용으로 가장 적절한 것은?

① ㉠에는 본연의 모습에서 벗어난 공간에 대한 긍정이, ㉡에는 공간의 본질이 변화하는 것에 대한 부정이 담겨 있다.
② ㉠에는 공간의 독립성을 강조하고자 하는 건축가의 판단이, ㉡에는 공간의 보편성을 강조하고자 하는 건축가의 판단이 담겨 있다.
③ ㉠에는 합리적이고 기능적인 건축물에 가치를 부여하는 태도가, ㉡에는 기계적이고 무미건조한 건축물을 거부하는 태도가 담겨 있다.
④ ㉠에는 시대와 상관없는 절대적 공간을 추구해야 한다는 의미가, ㉡에는 시대의 요구를 충족하는 공간을 추구해야 한다는 의미가 담겨 있다.
⑤ ㉠에는 공간이 공간 그 자체로서 심미적 가치를 보존할 수 있다는 인식이, ㉡에는 공간이 그 자체로서 효율적 가치를 보존할 수 있다는 인식이 담겨 있다.

21. ⓐ~ⓔ의 사전적 의미로 적절하지 <u>않은</u> 것은?

① ⓐ : 예로부터 해 오던 방식이나 수법을 좇아 그대로 행함.
② ⓑ : 둘 이상의 조직이나 기구 따위를 하나로 합침.
③ ⓒ : 어떤 내용을 구체적인 사실로 나타나게 함.
④ ⓓ : 어떠한 현상을 일으키거나 영향을 미침.
⑤ ⓔ : 구속이나 억압, 부담 따위에서 벗어나게 함.

→ 해설편 **267**쪽

[22~25] 다음 글을 읽고 물음에 답하시오.

최근 해양에서 얻을 수 있는 재생 에너지원에 대한 관심이 커지면서 해양 온도차 발전이 주목받고 있다. 해양에서는 태양열을 흡수한 정도에 따라, 수심이 얕은 표층수와 수심이 깊은 심층수 사이에 온도 차이가 발생한다. 일반적으로 해양 온도차 발전은 약 20 ℃를 유지하는 표층수로 냉매를 가열하고, 약 4 ℃를 유지하는 심층수로 냉매를 냉각하는 과정을 반복하여 전력을 생산한다. 이 과정에서 냉매는 발전 설비를 순환하면서 열전달을 통해 기화와 액화를 반복한다. 이때 열전달이란 고온부의 열에너지가 저온부로 전달되는 현상으로, 열전달량은 열을 전달하는 면적과 온도 차이에 비례한다.

발전 설비는 냉매 펌프, 기화기, 터빈, 응축기 등의 기기로 구성된다. 이 기기들은 냉매가 이동할 수 있는 배관으로 연결되어 있고, 냉매는 이 배관을 따라 기기들을 순차적으로 지나며 순환한다. 냉매 펌프는 배관에 일정한 압력을 가하여 액체 상태의 냉매를 기화기 입구 쪽으로 이동시킨다. 기화기의 내부에는 냉매가 이동하는 다수의 배관이 있으며, 기화기 양옆에는 표층수가 이동하는 취수관과 배수관이 있다. 기화기 입구로 들어온 냉매가 다수의 배관을 따라 기화기 내부를 이동할 때, 취수관을 통해 기화기 내부로 유입된 고온의 표층수와 열전달이 일어난다. 이때 열전달을 마친 표층수는 배수관을 통해 바깥으로 배출되며, 냉매는 가열되어 액체와 기체가 혼합된 상태로 기화기 출구 쪽에 설치된 노즐로 이동한다. 노즐은 좁은 구멍을 통해, 기화기 출구에서 터빈으로 이어진 배관으로 냉매를 내뿜는 역할을 한다. 냉매는 노즐을 통과할 때 속도가 증가하여 냉매의 내부 압력은 감소한다. 내부 압력이 감소한 냉매는 끓는점이 낮아져 모두 기체 상태가 되어 배관을 따라 터빈으로 이동한다.

터빈은 회전식 기계 장치로, 회전하는 날개가 회전축에 부착되어 있다. 배관을 이동한 냉매가 터빈의 내부 공간으로 유입될 때 냉매는 열에너지가 운동 에너지로 전환되면서 부피가 급격히 팽창하며 회전 날개를 움직인다. 이때 냉매가 회전 날개를 움직이며 발생한 회전 날개의 운동 에너지는 회전축과 연결된 발전기를 구동시키면서 전기 에너지를 생산한다. 이 과정에서 회전 날개를 움직이며 기체 상태를 유지할 에너지를 상실한 냉매는 온도가 떨어져 액체와 기체가 혼합된 상태가 되어 배관을 통해 응축기로 이동한다.

응축기의 내부에는 기화기와 마찬가지로 냉매가 이동하는 다수의 배관이 있으며, 응축기 양옆에는 심층수가 이동하는 취수관과 배수관이 있다. 응축기 입구로 들어온 냉매가 다수의 배관을 따라 응축기 내부를 이동할 때, 취수관을 통해 응축기 내부로 유입된 저온의 심층수와 열전달이 일어난다. 이때 열전달을 마친 심층수는 배수관을 통해 바깥으로 배출되며, 냉매는 냉각되어 액체 상태로 노즐이 없는 응축기 출구를 지나, 냉매 펌프를 거쳐 다시 기화기로 이동한다.

해양 온도차 발전은 바닷물의 온도 차이를 이용하므로 환경 오염을 일으키지 않으며, 재생 에너지원 중 경제적 가치가 높은 것으로 평가받고 있다. 특히, 우리나라 동해는 수심이 깊고 난류가 흘러들어서 해양 온도차 발전에 유리하다고 평가받기 때문에 앞으로 우리나라 전력 수급의 한 축을 담당할 수 있을 것으로 기대된다.

22. 윗글의 내용과 일치하지 <u>않는</u> 것은?

① 해양 온도차 발전은 재생 에너지원의 하나로 최근 주목받고 있다.

② 노즐은 냉매가 좁은 공간으로 지나가게 하여 속도를 감소시키는 역할을 한다.

③ 기화기와 응축기 양옆에는 바닷물이 드나드는 취수관과 배수관이 연결되어 있다.

④ 해양에서는 태양열을 흡수한 정도에 따라 표층수와 심층수 사이에 온도 차이가 발생한다.

⑤ 우리나라 동해는 수심이 깊고 난류가 흘러들어서 해양 온도차 발전에 유리하다고 평가받는다.

※ 〈보기〉는 윗글의 내용을 냉매의 이동을 중심으로 도식화한 것이다. 윗글을 참고하여 23번과 24번의 물음에 답하시오.

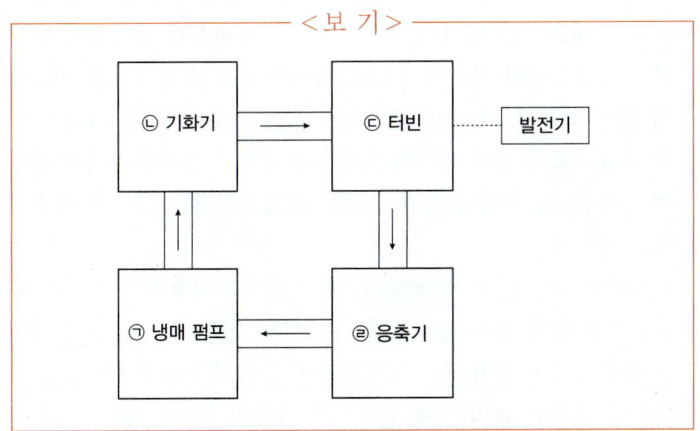

23. 윗글을 참고하여 〈보기〉의 ㉠~㉣에 대해 이해한 내용으로 적절하지 않은 것은? [3점]

① ㉠은 배관에 일정한 압력을 가하여 냉매를 ㉡으로 이동시킨다.
② ㉡의 취수관을 통해 들어오는 해수의 온도는 ㉣의 취수관을 통해 들어오는 해수의 온도보다 낮다.
③ ㉢의 내부 공간으로 유입될 때 냉매는 부피가 급격히 팽창한다.
④ ㉢의 회전 날개에서 발생한 운동 에너지는 발전기를 구동시켜 전기 에너지를 생산한다.
⑤ ㉣과 달리 ㉡은 냉매가 이동하는 출구 쪽에 노즐이 설치되어 있다.

24. 윗글을 바탕으로 〈보기〉에 대해 보인 반응으로 적절하지 않은 것은?

① ㉠을 지나는 냉매는 액체 상태이겠군.
② ㉡을 나와 ㉢으로 이동하는 냉매는 기체 상태이겠군.
③ ㉡으로 유입되는 냉매의 온도는 ㉢으로 유입되는 냉매의 온도보다 더 높겠군.
④ ㉢에서 나갈 때 냉매는 액체와 기체가 혼합된 상태이겠군.
⑤ ㉣로 들어올 때보다 나갈 때의 냉매의 온도가 더 낮겠군.

25. 윗글을 읽은 학생이 〈보기〉와 같이 메모했을 때, ㉮~㉰에 들어갈 말로 적절한 것은?

> < 보 기 >
>
> 해양 온도차 발전 설비에서는 해수와 냉매 사이의 온도 차이가 (㉮) 해수와 냉매 사이의 열을 전달하는 면적이 (㉯) 열전달량이 (㉰), 발전 효율은 높아진다.

	㉮	㉯	㉰
①	클수록	넓을수록	많아지고
②	클수록	넓을수록	적어지고
③	클수록	좁을수록	적어지고
④	작을수록	좁을수록	적어지고
⑤	작을수록	넓을수록	많아지고

[26~30] 다음 글을 읽고 물음에 답하시오.

원가회계 란 정확한 원가나 수익을 측정하고 분석하는 경영 관리 활동 중 하나이다. 여기서 원가란 기업이 제품을 만들기 위해 재료를 구입하거나 서비스를 얻기 위해 소비된 경제적 가치를 화폐액으로 측정한 것으로, 기업의 입장에서는 원가가 항목별로 얼마나 소비되었는지를 알아야 기업을 경영하는 데 필요한 의사 결정을 할 수 있다. 그래서 기업은 원가를 항목별로 분류하여 집계하고 분석하기 위해 원가회계를 활용한다.

먼저 원가회계에서는 원가를 크게 제조원가와 비제조원가로 나눈다. 제조원가는 재료비, 인건비, 기계 설비 대여비, 공장 임차료 등과 같이, 기업이 재료를 구입하고 제품을 만드는 활동에서 소요된 모든 비용이다. 비제조원가는 광고비나 운반비 등과 같이, 생산된 제품을 판매하고 관리하는 활동에서 소요된 모든 비용으로, 제조원가를 제외한 모든 원가이다. 일반적으로 제조원가와 비제조원가의 합에 예상 수익을 더한 것이 판매가격이 된다. 원가회계에서는 제조원가를 계산할 때 단위당 제조원가를 기준으로 한다. 여기서 단위당 제조원가는 특정 기간에 생산된 제품 한 개의 제조원가를 의미하는 것으로, 발생한 제조원가의 총액을 총생산량으로 ⓐ 나누어 구한다.

한편 원가회계에서는 원가행태에 따라 원가를 분류하기도 한다. 원가행태란 조업도의 변화에 따라, 발생한 원가의 총액이 일정한 방식으로 변화하는 움직임을 의미한다. 이때 조업도란 기업이 자원을 최대한 투입하여 생산할 수 있는 규모에서, 현재 어느 정도를 생산하고 있는가를 의미하는 것이다. 조업도는 주로 생산량으로 나타낼 수 있는데, 예를 들어 조업도가 80 %라면, 기업이 최대로 생산할 수 있는 총생산량의 80 %를 생산하고 있다는 뜻이다. 일반적으로 조업도와 기업의 수익은 비례할 것이라 예측하기 쉽지만, 경우에 따라서는 비용이 추가로 지출될 수 있어 오히려 단위당 제조원가의 변화를 예측하기 어려울 수 있다. 그래서 원가회계에서는 조업도의 변화에 따른 원가의 움직임을 유효하게 적용할 수 있는 조업도의 범위를 임의로 정하고, 그 범위 안의 원가행태를 분석한다.

이러한 원가행태에 따라 원가를 분류하면 고정원가, 변동원가, 혼합원가로 나눌 수 있다. 먼저 고정원가는 조업도의 변화와 상관없이 원가의 총액이 일정하게 발생하는 것으로, 기계 설비 대여비, 공장 임차료 등을 들 수 있다. 예를 들어 제과점이 빵을 만들기 위해 일정 금액을 지불하고 공장을 1 년간 빌렸다면, 임차료로 발생한 원가의 총액은 빵을 생산하지 않아도 일정하다. 또한 빵 생산량이 늘거나 줄어도 임차료로 발생한 원가의 총액은 항상 일정하다. 따라서 빵 하나를 생산하는 데 필요한 단위당 임차료는 조업도가 증가할수록 오히려 감소한다.

다음으로 변동원가는 조업도의 변화에 따라 원가의 총액이 비례적으로 증가하거나 감소하는 것으로, 대표적인 예로 제품의 재료비를 들 수 있다. 가령 제과점에서 빵 생산량을 늘리면 그만큼 밀가루 구입비도 늘어나므로, 밀가루 구입비로 발생한 원가의 총액은 조업도의 증가에 따라 비례하여 증가한다. 따라서 빵 하

나를 생산하는 데 필요한 단위당 밀가루 구입비는 조업도의 증감과 상관없이 동일하다.

마지막으로 혼합원가는 고정원가와 변동원가의 합으로, 전기 요금이 대표적인 예이다. 전기 요금은 사용량과 관계없이 발생하는 기본요금과 사용량에 따라 발생하는 추가 요금으로 이루어져 있어 고정원가와 변동원가의 특성을 모두 가진다. 그래서 전기 요금으로 발생한 원가의 총액은 조업도의 증가에 따라 비례하여 증가하고, 단위당 전기 요금은 조업도가 증가할수록 감소한다.

이러한 고정원가, 변동원가, 혼합원가를 활용하여 기업은 효율적으로 경영 관리 활동을 할 수 있다. 가령 ⊙ 기계 설비 대여비에 투자한 비용이 커서 고정원가 비중이 변동원가보다 높은 기업은 조업도를 높이는 데 집중하면 기업의 수익을 높이는 데 효과적이다.

---

26. 윗글을 읽고, 답을 찾을 수 <u>없는</u> 질문은?

① 원가의 개념은 무엇인가?
② 변동원가의 예로 들 수 있는 것은 무엇인가?
③ 비제조원가를 줄일 수 있는 구체적인 방법은 무엇인가?
④ 기업이 원가 정보를 파악하여 얻을 수 있는 효과는 무엇인가?
⑤ 기업이 판매가격을 책정하는 데 고려할 수 있는 요소는 무엇인가?

27. 원가회계 에 대한 설명으로 적절하지 <u>않은</u> 것은?

① 원가회계에서는 단위당 제조원가를 기준으로 제조원가를 계산한다.
② 원가회계에서는 원가를 원가행태에 따라 제조원가와 비제조원가로 나눈다.
③ 기업은 원가를 항목별로 분류하여 집계하고 분석하기 위해 원가회계를 활용한다.
④ 원가회계는 정확한 원가나 수익을 측정하고 분석하는 경영 관리 활동 중 하나이다.
⑤ 원가회계는 조업도의 변화에 따른 원가의 움직임을 유효하게 적용할 수 있는 조업도의 범위를 임의로 정한다.

→ 해설편 **271쪽**

28. 〈보기〉는 윗글을 이해하기 위한 학습지의 일부이다. 윗글을 바탕으로 〈보기〉에 대해 보인 반응으로 적절하지 <u>않은</u> 것은? [3점]

<보 기>

A 회사는 나무 의자 제조를 위해 무인 자동화 기계 설비를 대여하고 2023년 1월부터 1년간 공장을 임차하여 근로자 없이 공장을 가동하였다. 이 회사는 2023년 1월부터 3월까지 의자를 1200 개 생산하였고, 지역 신문에 광고를 실어 매달 생산한 의자를 모두 해당 월에 판매하였다. 다음은 이 회사의 2023년 1월부터 3월까지의 원가 분석 자료이다.

항목 \ 월	1월	2월	3월
의자 생산량	200 개	400 개	600 개
목재 구입비(개당)	5만 원	5만 원	5만 원
공장 임차료	100만 원	100만 원	100만 원
기계 설비 대여비	10만 원	10만 원	10만 원
공장 전기 요금	15만 원	25만 원	35만 원
광고비	1만 원	1만 원	1만 원

(단, 제시된 항목 외에 다른 비용은 발생하지 않았고, 조업도는 생산량으로 나타냄.)

---

① 1월부터 3월까지 비제조원가는 매달 동일하군.
② 목재 구입비로 발생한 원가의 총액은 3월이 가장 높군.
③ 단위당 공장 전기 요금은 2월에 비하여 3월에 증가하는군.
④ 1월부터 3월까지 발생한 변동원가의 비중은 고정원가의 비중보다 높군.
⑤ 4월에 생산량이 없더라도 공장 임차료로 발생한 원가의 총액은 변하지 않겠군.

29. ㉠의 이유를 추론한 내용으로 가장 적절한 것은?

① 기계 설비 대여비 원가의 총액이 제품의 생산량이 늘어날수록 줄어들기 때문이겠군.
② 기계 설비 대여비 원가의 총액이 단계별로 증가해야 기업의 수익을 높일 수 있기 때문이겠군.
③ 조업도를 높이면 단위당 기계 설비 대여비가 감소하여 기업의 수익을 높이는 데 효과적이기 때문이겠군.
④ 단위당 기계 설비 대여비가 증가함에 따라 조업도가 증가하여 판매가격을 올리는 데 효과적이기 때문이겠군.
⑤ 조업도를 높이면 기계 설비 대여비 원가의 총액이 비례적으로 증가해서 제품의 판매가격이 오르기 때문이겠군.

30. 밑줄 친 부분의 문맥적 의미가 ⓐ와 가장 유사한 것은?

① 20을 5로 <u>나누면</u> 4가 된다.
② 나와 내 동생은 피를 <u>나눈</u> 형제이다.
③ 나는 고향 친구와 이야기를 <u>나누었다</u>.
④ 나는 아내와 모든 즐거움을 <u>나누며</u> 살았다.
⑤ 그들은 물건을 불량품과 정품으로 <u>나누는</u> 작업을 한다.

[31~34] 다음 글을 읽고 물음에 답하시오.

까막개[黑浦]의 밤은 추위도 모르고 깊어만 갔다.

북술이는 동무들과 맞잡고 둥당의 노래를 부를 때는 아무 시름도 없이 즐겁기만 했다. 그러나 혼자서 이 노래를 읊조리면 얼굴 모습조차 기억 속에 더듬기 어려운 어머니의 옛이야기처럼 서러움이 꿀컥 치밀었다. 둘레를 돌면서도 북술이의 눈은 이따금 ㉠ 갯가로 옮겨졌고, 그럴 때마다 용바우의 믿음직한 목소리가 귓전을 어루만져 슬픔을 가라앉히곤 했다.

갯가에서는 막걸리를 나누는 참이었는지 한참 잦았던 징소리가 이번에는 더 세차게 마을을 스쳐서는 뒷주봉에 메아리를 울렸다.

'한아부지가 기다릴라.'

아쉬운 생각도 없지 않았지만 노래 중간에서 뺑소니를 쳐 나온 북술이의 걸음은 집에 가까울수록 무거워만졌다.

당산 밑 낭떠러지에 등을 대고 다가붙은 갯집 큰방에는 불빛도 보이지 않았다. 정지와 큰방과 마루를 둘러싼 앞마당은 그대로 행길이자 갯가였다.

"인자사 와……."

굴뚝 뒤로 우거진 동백(冬柏)나무 그림자에서 불쑥 튀어나오는 소리였다.

"아이고 놀랐재라우, 누고……."

"나야, 나."

용바우의 크고 벌어진 어깨가 북술이 앞으로 다가왔다.

"난 또 누구라고, 갯가에서 벌써 왔는지라우."

"안 갔재라, 내일이 유왕님[龍王] 고사 모시는 날이랑께."

"응, 그랴."

북술이는 깜빡 잊었던 용왕제(龍王祭)가 생각났다.

"그렁께로 술도 고기도 못 먹고 정히 한다이께."

까막개 사람들은 바다와 싸우면서 바다를 의지하고 살아왔다. 폭풍우를 만나면 바다가 적이었고, 고요하게 잠자는 날이면 바다보다 다사로운 벗은 없었다.

이 섬에서는 일 년의 넉 달은 농사가 살려 주고 나머지 여덟 달은 바다가 키워 주어 미역과 자반과 생선으로 목숨을 이었다.

그들은 바다에서 나서 바다에서 죽었다. 용바우 아버지도 그랬고, 북술이 아버지도 그러했다. 원수인 바다에 끝없는 저주를 보내면서 바다에 대한 지성은 그들의 신앙이었다.

그러기에 가장 허물없고 깨끗한 젊은이들이 해마다 정초에는 용왕제 집사(執事)로 뽑혔다. 용바우도 금년에는 이 정성스러운 일에 한몫 들었다.

용바우는 열다섯에 첫 배를 탔다. 털보영감으로 통하는 안선달과 두 살 맏이이지만 알이 작기에 대추씨라는 별명을 가진 두칠이 틈에 끼여 북술이 할아버지 박영감과 함께 칠산(七山) 바다에서 연평(延坪) 앞개까지 올리훑는 조기잡이로 시작된 뱃길이 어느새 십 년이 흘렀다.

세월은 박영감의 등에서 살점을 앗아 가고, 머리빛을 갈아 내고, 이마에 밭이랑 같은 주름을 박아 가는 사이에 용바우는 제법

소금섬 두 가마씩을 단숨에 지고 발판을 나는 듯이 뱃전으로 오르내리게 되었다. 간물에 절은 검붉은 얼굴은 윤기를 띠었고 이글이글 타는 화경 같은 눈동자는 박영감의 가슴속 빈 구석을 채워 주었다.

용바우에게 북술이는 거리낌도 수줍음도 없었다. 나이야 먹어 가든 말든 그대로 장난이요 반말이었다. 그러던 북술이가 어느덧 용바우 앞에서 옷고름을 물지 않으면 앞섶을 만지작거리는 버릇이 생겼다.

박영감은 박영감대로 용바우에 대한 속셈을 했고 용바우는 어느새 북술이가 제 물건처럼 소중해졌다. 북술이도 노상 용바우가 싫지는 않았다.

[중략 줄거리] 출어를 나간 용바우는 돌아오지 않고, 북술은 곱슬머리 청년의 구애를 받는다.

새벽에 진통이 시작하였다는 인실이 어머니가 해 질 무렵에 어린애가 걸린 대로 죽었다는 소문이 온 마을에 퍼졌다. 다물도(多物島)에 배를 가지고 갔던 인실이 아버지가 의사를 모시고 돌아온 것은 이미 운명한 뒤였다.

북술이는 송기 벗기러 갔을 때의 손가락 자리가 종시 솟아나지 않던 인실이 어머니의 다리가 자꾸만 눈앞에 어른거렸다. 나도 시집을 가면 저러랴 싶으니 등골이 오싹했다.

'의사가 있는 육지에 가 살아야지.'

북술이의 마음은 자꾸만 육지로 줄달음쳤다.

곱슬머리가 사흘째 찾아왔다.

"긴차쿠가 내일 저녁 목포로 떠나, 꼭 같이 가지?"

"그라재라우!"

북술이의 눈망울은 안개보다 깊었다.

"내일 저녁 해 떨어지문 곧……."

"야."

"까막바위로 와."

"가지라우."

곱슬머리에게 승낙을 하고 난 북술이의 마음은 한곳으로 정해졌다. 육지에 가서 자리만 잡으면 할아버지도 모시자는 곱슬머리의 눈동자에는 진정이 고였다고 생각되었다.

자기를 아껴 주는 사람이면 다 고마웠다. 북술이의 머리에는 언제인가 한 번 보았던 육지의 화려한 모습이 그물코처럼 연달아 떠올랐다. 기차를 타고 자꾸자꾸 가고만 싶었다. 곱게 생겼다는 어머니의 얼굴도 그려 보았다. 그럴수록 북술이의 머릿속은 엉클어져 뜬눈으로 밤을 새웠다.

집을 나선 북술이는 끝내 까막바위로 나갔다.

해는 수평선에 가라앉았다. 어둠이 밀물처럼 스며들었다.

뗌마*가 까막바위에 와 닿았다. 그러나 북술이는 보이지 않았다. 곱슬머리는 북술이가 자기를 놀라게 하려고 숨었나 싶었다. 몇 차례나 바위를 돌았다. 아무리 돌아도 북술이의 모습은 찾을 길 없었다.

→ 해설편 **274쪽**

곱슬머리는 뎀마를 나루터로 돌렸다. 그러나 마을 어느 구석에도 북술이의 그림자는 찾아볼 수 없었다. 건착선에서는 연달아 고동이 울려 왔다. 뎀마가 갯가에서 사라진 후 얼마 안 되어 건착선은 앞개를 떠났다.

ⓛ 까막바위에 선 북술이의 눈앞에는 고래등 같은 용바우가 가로막고 섰다. 할아버지의 꿀대를 파고 솟구치는 가래침 소리가 목덜미를 잡았다. 다음 용왕당과 나루터와 갯벌이 머릿속이 비좁게 감돌았다.

'그랴문 씨집도 안 가구 큰애기로 늙으라제.'

용바우의 황소 같은 목소리가 어깻죽지를 붙잡았다.

뎀마의 물 가르는 소리가 점점 까막바위로 가까워 왔다.

북술이는 갑자기 마을 쪽으로 쏜살같이 달아났다. 용바우가 내일 틀림없이 연락선으로 돌아올 것만 같았다.

까막개의 아낙네들은 그리다가 목마르고, 기다리다 지쳐서 쓰러지면서도 바다와 더불어 살았다.

– 전광용, 「흑산도」 –

* 뎀마 : 돛이 없는 작은 배.

31. 윗글의 서술상 특징으로 가장 적절한 것은?

① 서술자가 인물의 내면을 드러내어 독자의 이해를 돕고 있다.
② 서술자가 관찰자의 입장에서 사건을 전달함으로써 객관성을 높이고 있다.
③ 서술자가 사건을 이야기 속에서 전달하다가 이야기 밖에서 전달하고 있다.
④ 시간의 흐름에 따라 서술자를 달리하여 사건에 대한 다양한 관점을 제시하고 있다.
⑤ 등장인물로 설정된 서술자가 자신의 관점에서 다른 인물들에 대한 견해를 제시하고 있다.

32. 윗글에 대한 이해로 적절하지 않은 것은?

① 용바우는 열다섯 살에 첫 배를 탔다.
② 북술이는 인실이 어머니와 송기를 벗기러 갔었다.
③ 박영감은 용바우와 함께 바다로 나가 조기잡이를 했다.
④ 용바우는 북술이를 보기 위해 고사도 가지 않고 그녀를 기다렸다.
⑤ 북술이는 할아버지가 자신을 기다릴 것이라는 생각에 아쉬움을 뒤로하고 집으로 향했다.

33. ㉠과 ㉡에 대한 이해로 가장 적절한 것은?

① ㉠은 인물이 기억을 잃는, ㉡은 인물이 기억을 되찾는 공간이다.
② ㉠은 ㉡과 달리, 인물이 대상의 부재 이유를 깨닫는 공간이다.
③ ㉡은 ㉠과 달리, 인물이 예상치 못한 타인과 마주치는 공간이다.
④ ㉠과 ㉡은 모두, 인물이 타인을 관찰하기 위해 몸을 숨긴 공간이다.
⑤ ㉠과 ㉡은 모두, 인물이 자신을 소중하게 생각하는 대상을 떠올리는 공간이다.

34. 〈보기〉를 참고하여 윗글을 감상한 내용으로 적절하지 않은 것은? [3점]

<보 기>

이 작품에서 바다와 섬은 섬사람들의 삶에 절대적 영향을 미친다. 섬사람들은 바다와 섬에 대해 양면적인 태도를 보이는데, 그들은 삶의 터전이자 시련을 주는 바다와 대립하면서도 바다를 숭배한다. 또한 열악한 환경인 섬에서 벗어나고 싶어 하면서도, 그 안에서 서로를 의지하며 섬사람의 운명에 순응하는 삶을 이어 가고자 한다.

① 까막개 사람들이 바다에서 나는 것들로 목숨을 이어 가면서도 바다로 인하여 목숨을 잃게 되는 것에서, 삶의 터전이자 시련의 공간인 바다의 모습을 확인할 수 있군.
② 까막개 사람들이 바다를 저주하면서도 허물없고 깨끗한 젊은이들을 뽑아 용왕제를 준비하는 것에서, 바다와 대립하면서도 바다를 숭배하는 섬사람들의 모습을 확인할 수 있군.
③ 북술이가 인실이 어머니의 죽음에 대한 소문을 듣고 의사가 있는 육지에서 살고 싶어 하는 것에서, 열악한 환경인 섬에서 벗어나고 싶어 하는 섬사람의 모습을 확인할 수 있군.
④ 북술이가 곱슬머리가 할아버지를 모시자고 한 제안에 진정성을 느끼는 것에서, 섬 안에서 서로 의지하며 살아가는 섬사람들의 모습을 확인할 수 있군.
⑤ 북술이가 용바우가 돌아올 것만 같다고 느끼며 마을로 향하는 것에서, 섬사람의 운명에 순응하는 삶을 선택한 섬사람의 모습을 확인할 수 있군.

→ 해설편 274쪽

[35~38] 다음 글을 읽고 물음에 답하시오.

(가)

산 너머 저 부자님 곡식 두고 자랑마오
입고 벗고 먹고 굶기 그 무엇이 관계(關係)한가
부세(浮世)에 좋은 영광 과거(科擧)밖에 또 있는가
하물며 모인 사람 한결같이 하는 말이
일 년에 대소과(大小科)는 평생 끽착(喫着)* 못 다 하리
**규중(閨中)에 어리석은 부녀(婦女) 그 말을 믿었더니
벼슬길에 못 올라서 귀향은 무슨 일인가**
지은 죄 없건마는 노하시니 천은(天恩)일세
머나먼 변방 길에 가네 오네 빚이로다
팔고 남은 적은 밭을 또 한 자리 판단 말인가
이제는 **남은 전지(田地) 역농(力農)이나 하자 하니**
어릴 때 엇나간 임을 내 어이 길들이리

(중략)

아무 마을 아무 댁은 자기 가장(家長) 자랑 말이
아기 때 스승 따라 천자문과 유합(類合)을 배우더니
가난에 놀랐는지 책을 묶어 시렁에 얹고
괭이 메고 호미 쥐어 논 매고 밭을 가꿔
여름에 수고하여 가을에 타작하니
집안 식구 배 불리고 환곡 세금 걱정없네
이 아니 신선인가 과거(科擧)하여 무엇하리
나도 ㉠ 그 말 들어 갑자기 깨달으니
글공부 하던 허비(虛費) 과거 보던 이 비용을
다 두어 전지(田地)사고 부경부엽(夫耕婦饁)*하였다면
저 부인 저 남편을 설마한들 못 미치겠는가
부질없는 이 말씀을 시원히 하자한들
있느니 없는 말씀 들으시기 싫으신지
마루 위 문 안으로 들이시지 않으시니
초당의 손님 가고 고요히 계실 때에
손자딸 옆에 끼고 부엌 웃문(門)을 여니
천황씨(天皇氏) 벗님 가장(家長) 찬 장판 위에 앉아
무슨 사업(事業) 또 하시려 책장을 펴 씨름 하네
문 밖에 권농차사(勸農差使)* 문관이라 두려웠는지
차지(次知)*는 두고 가오 내일 부디 바치소서
그는 좋게 마감하나 저 아이 소리 듣소
어제 아침 먹은 후에 다시 입을 못 데우니
분별없는 제 마음에 두고 아니 주는 듯이
저런 일 생각하니 그 누구 탓이 된다 하리
책 덮고 돌아앉아 나에게 하는 말씀
인황씨(人皇氏) 몇 대 손자 수인씨(燧人氏)*되었던지
절로 맺은 나무 열매 먹고 좋게 살던 것을
수인씨(燧人氏) 다사(多事)하여 교인화식(敎人火食)*하였구나
우리 부부 굶는 일은 그 탓이 수인씨(燧人氏)요
구만리 높은 위에 옥황상제 앉아 계셔
천하 사람 부귀 빈천 마련하여 주었으니

굶는 탓 물으련들 어이하여 올라가리
탓 물어 무엇하리 하늘만 기다리오
구태여 저 상제님이 무록인(無祿人)*을 내었을까
나도 ㉡ 이 말 듣고 말하여 무익하오
문 닫고 돌이켜 생각하니 오냐 어이하리
세상에 굶고 벗고 글 하다가
과거(科擧)도 못한 사람 많으니라

－ 순천 김 씨, 「노부탄(老婦歎)」 －

* 끽착 : 의복과 음식을 아울러 이르는 말.
* 부경부엽 : 남편은 밭 갈고, 아내는 점심을 내감.
* 권농차사 : 조선 시대에 농사를 장려하던 직책.
* 차지 : 세금 통지서.
* 수인씨 : 중국 전설상의 황제.
* 교인화식 : 불로 음식을 조리하는 방법을 가르침.
* 무록인 : 녹봉이 없던 벼슬아치.

(나)

　지리산은 혹 두류산이라고도 부른다. 지리산의 발단이 북쪽의 백두산에서부터 시작되는데 꽃봉오리 같은 산봉우리와 꽃받침같이 아름다운 계곡이 끊이지 않고 이어져 내려와 대방군에까지 이르게 된다. ⓐ 그 산이 수천 리에 이었고 십여 고을에 걸쳐 있으므로 한 달 정도를 돌아다녀야 그 끝간 데를 알 수 있다. 옛 노인들 사이에 서로 전해오는 얘기에 “지리산 안에 청학동이 있는데 그곳으로 가는 길이 매우 좁아서 겨우 한 사람이 다닐 만하다. 머리를 숙이고 엎드려서 몇 리쯤 가다 보면 이내 확 트인 넓은 땅을 만나게 되는데 사방의 땅이 모두 기름져서 곡식을 뿌리고 심어서 기르기에 알맞다. 그러나 ⓑ 그곳에는 오직 청학(靑鶴)만이 살고 있기 때문에 청학동이라 부르게 된 것이다. 그곳은 옛날에 속세를 등진 사람이 살았던 곳이라서 아직도 가시덤불로 덮인 빈터에 허물어진 담장과 구덩이가 남아있다.”라는 말이 있다.
　옛날에 내가 당형(堂兄)인 최 상국(相國)과 함께 옷을 걷어 부치고 속세를 떠나 평생 은둔하려는 데 뜻을 두고 있었다. 그래서 둘이서 이 골짜기를 찾아가기로 약속하고는 대통발에 송아지 두세 마리를 싣고 **청학동으로 들어가** 살며 속세와 절연하고자 했다. 드디어 **화엄사에서 출발**하여 화개현에 이르러 신흥사에서 묵었는데, 지나는 곳마다 선경이 아닌 곳이 없었다. 바위들이 아름다움을 자랑하고 골짜기마다 물이 다투어 흐르며 대나무 울타리와 띠로 이은 집들이 복숭아꽃과 살구꽃 사이로 어른거리니 ⓒ 마치 인간 세상이 아닌 듯했다. 그러나 사람들이 말하는 청학동은 끝내 찾을 수가 없어서 다음과 같은 **시를 바위에 남겨두었다.**

(중략)

　어제 서재에서 우연히 오류선생(五柳先生)의 문집을 보게 되었는데 그 안에 「도원기(桃源記)」가 있기에 그것을 반복해서 읽었다. 그 글의 내용은 대략 이러했다. ⓓ 진(秦)나라 사람들이 전란을 싫어해서 처자식을 이끌고 지세가 깊고 험준한 곳을 찾아들었다가 산이 겹겹이 쌓여 있고, 시내가 어지럽게 흘러내려 나무꾼들조차도 찾을 수 없는 산골을 발견하여 거기에서 살았다. 진

→ 해설편 **276쪽**

(晋)나라 태원 연간에 한 어부가 요행히 그곳에 찾아들었다가 갑자기 돌아가는 길을 잊어버리고 다시는 되돌아가지 못하였다.

훗날에 그곳의 경치를 채색으로 그리고 노래를 지어 그곳의 아름다움을 전하여 도원을 신선 세계라 여기게 되었다. 그러므로 그곳은 신선의 마차를 타고 다니며 장수하는 사람들이 영원히 살아갈 만한 곳이었다. 아마도 내가 도원기를 미숙하게 읽었기 때문일 것이니 ⓔ 실제로는 청학동과 다름이 없는 곳이리라.

어떻게 하면 유자기(劉子驥)*와 같은 고상한 선비를 만나 나도 **한번 그곳을 찾을 수 있을까?**

– 이인로, 「청학동기(靑鶴洞記)」 –

* 유자기 : 진나라 남양의 선비. 도원을 찾으려 했지만 결국 찾지 못했다고 함.

35. (가)와 (나)의 공통점으로 가장 적절한 것은?

① 명암의 대비를 통해 대상에 대한 인식을 드러내고 있다.
② 반어적 표현을 통해 대상에 대한 감정을 드러내고 있다.
③ 연쇄의 방식을 통해 공간의 변화 과정을 드러내고 있다.
④ 명령형 어미를 통해 상황에 대한 정서를 드러내고 있다.
⑤ 물음의 방식을 통해 대상에 대한 태도를 드러내고 있다.

36. ㉠과 ㉡에 대한 이해로 가장 적절한 것은?

① ㉠과 ㉡은 모두, 시적 화자가 자신감을 얻는 계기로 작용하고 있다.
② ㉠과 ㉡은 모두, 시적 화자가 상대의 행동을 오해하는 계기로 작용하고 있다.
③ ㉠과 ㉡은 모두, 시적 화자가 상대에 대한 신뢰를 회복하는 계기로 작용하고 있다.
④ ㉠은 시적 화자가 상대를 부러워하는 계기로, ㉡은 시적 화자가 상대를 위로하는 계기로 작용하고 있다.
⑤ ㉠은 시적 화자가 자신의 지난날을 되돌아보는 계기로, ㉡은 시적 화자가 상대와의 대화를 단념하는 계기로 작용하고 있다.

37. ⓐ~ⓔ에 대한 설명으로 적절하지 <u>않은</u> 것은?

① ⓐ : 북쪽 백두산에서부터 시작되어 이어진 지리산의 광대한 범위를 확인할 수 있다.
② ⓑ : 청학동이라는 이름으로 불리게 된 유래를 알 수 있다.
③ ⓒ : 청학동을 찾아가는 중에 마주한 자연 풍경에 대한 감상을 확인할 수 있다.
④ ⓓ : 진나라 사람들이 청학동에 살게 된 이유를 확인할 수 있다.
⑤ ⓔ : 도원과 청학동을 동일한 성격의 공간으로 인식하고 있음을 알 수 있다.

38. 〈보기〉를 바탕으로 (가)와 (나)를 감상한 내용으로 적절하지 <u>않은</u> 것은? [3점]

── < 보 기 > ──

(가)와 (나)는 부정적 상황에 대응하는 과정에서 기대가 좌절되었던 작가의 경험이 서로 다른 모습으로 형상화되고 있다. (가)에는 남편의 출세로 영화를 얻으려던 기대가 좌절되자 무능한 남편을 설득하다 실패한 작가가 현실을 수용했던 경험이, (나)에는 속세와 단절된 이상적 공간을 찾는 데 실패한 작가가 좌절된 기대를 포기하지 않았던 경험이 나타난다.

① (가)의 '벼슬길에 못 올라서 귀향은 무슨 일인가'에서 남편의 출세로 영화를 얻으려던 기대가 좌절된 작가의 경험을 엿볼 수 있군.
② (가)의 '머나먼 변방 길에 가네 오네 빚'이라며 '남은 전지 역농이나 하자 하'는 것에서 부정적 상황에 대응하는 작가의 경험을 엿볼 수 있군.
③ (나)의 '청학동으로 들어가 살'고자 '화엄사에서 출발'한 것에서 속세와 단절된 이상적 공간을 찾으려 했던 작가의 경험을 엿볼 수 있군.
④ (가)의 '규중에 어리석은 부녀 그 말을 믿었더니'에서 남편을 설득하는 데 실패한 작가의 모습을, (나)의 '시를 바위에 남'기는 모습에서 이상적 공간을 찾는 데 실패한 작가의 모습을 엿볼 수 있군.
⑤ (가)의 '문 닫고 돌이켜 생각하니 오냐 어이하리'에서 기대가 좌절된 현실을 수용하는 작가의 모습을, (나)의 '어떻게 하면' '그곳을 찾을 수 있을'지 생각하는 것에서 기대를 포기하지 않는 작가의 모습을 엿볼 수 있군.

[39~41] 다음 글을 읽고 물음에 답하시오.

(가)

㉠ 이 투박한 대지에 발은 붙였어도
흰 구름 이는 머리는 항상 하늘을 향하고 사는 산

언제나 숭고할 수 있는 푸른 산이
그 푸른 산이 오늘은 무척 **부러워**

㉡ 하늘과 땅이 비롯하던 날 그 아득한 날 밤부터
저 산맥 위로는 푸른 별이 넘나들었고

골짝에는 양 떼처럼 **흰 구름**이 몰려오고 가고
때로는 **늙은 산 수려한 이마**를 쓰다듬거니

고산식물들을 품에 안고 길러낸다는 너그러운 산
정초한 꽃그늘에 자고 또 이는 구름과 구름

내 몸이 가벼이 흰 구름이 되는 날은
강 너머 저 **푸른 산 이마를 어루만지리**……

– 신석정, 「청산백운도」 –

(나)

새로 핀 꽃에서 어머니를 만나네
나에게는 어린아이가 많다네
꽃들이 옷 입는 법을
새로 가르쳐 주면
새 옷 입고 사운사운 시를 쓰겠네

이 도시가 악어들의 이빨로 가득해도
이만하면 살 만하다네
㉢ 우리는 모두 고향을 버리고 온 새
그래도 혼자가 아니라네
㉣ 아침이 또 찾아왔잖아
새 길이 내 앞에 누워 있잖아
고통과 쓸쓸함이 따라다니지만
부드러운 비가 어깨를 감싸 주는 날도 있지
새로 또 꽃은 피어
눈부시게 옷 입는 법을 가르쳐 주고
새들은 풀잎 같은 혀로 시 짓는 법을 들려주네
나무들은 몸으로 춤을 보여 주네

아무래도 나는 사랑을 앓고 있는 것 같네
㉤ 악어들이 검은 입을 벌린 이 도시
왜 자꾸 새 옷을 차려입고 싶은지
왜 자꾸 사운사운 시를 짓고 싶은지

– 문정희, 「새 옷 입는 법」 –

39. (가)와 (나)에 대한 설명으로 가장 적절한 것은?

① (가)는 (나)와 달리, 음성 상징어를 통해 시적 의미를 강조하고 있다.
② (나)는 (가)와 달리, 역설적인 표현을 통해 주제 의식을 부각하고 있다.
③ (나)는 (가)와 달리, 유사한 문장 구조의 반복을 통해 시상을 마무리하고 있다.
④ (가)와 (나)는 모두, 청각적 심상을 통해 대상의 특성을 드러내고 있다.
⑤ (가)와 (나)는 모두, 말을 건네는 방식을 통해 청자에 대한 친근감을 표현하고 있다.

→ 해설편 280쪽

40. ㉠~㉤의 의미로 적절하지 <u>않은</u> 것은?

① ㉠ : '머리'와 '발'의 대비를 통해 '산'이 지향하는 공간을 보여 준다.
② ㉡ : '아득한'을 통해 '푸른 별'이 넘나드는 움직임이 오래전부터 지속되었음을 보여 준다.
③ ㉢ : '모두'를 통해 '우리'의 상황이 동일함을 드러낸다.
④ ㉣ : '또'를 통해 '아침'이 와도 변하지 않는 일상의 한계를 보여 준다.
⑤ ㉤ : '검은'을 통해 '도시'에 대한 부정적 인식을 드러낸다.

41. <보기>를 바탕으로 (가)와 (나)를 감상한 내용으로 적절하지 <u>않은</u> 것은? [3점]

> ─── <보 기> ───
>
> 시에서는 화자가 자연을 긍정적으로 인식하고 지향하는 모습이 다양하게 형상화된다. (가)에서 화자는 자연을 불변성과 포용력을 지닌 존재로 인식하며, 동경하는 자연과 어우러지는 날을 희망한다. (나)에서 화자는 자연을 모성을 지닌 존재로 인식하며, 이러한 자연으로부터 배운 삶의 방식을 험난한 현실에서 실현하기를 희망한다.

① (가)에서는 '언제나 숭고할 수 있는 푸른 산'이 '고산식물들을 품에 안고 길러낸다'는 것에서 자연을 불변성과 포용력을 지닌 존재로 여기는 화자의 인식을 확인할 수 있군.
② (가)에서는 '푸른 산'을 '부러워'하는 '내'가 '흰 구름이 되는 날'에 '푸른 산'의 '이마를 어루만지'겠다는 것에서 동경하는 자연과 어우러지고 싶은 화자의 희망을 확인할 수 있군.
③ (나)에서는 '새로 핀 꽃에서 어머니를 만'난다는 것에서 자연을 모성을 지닌 존재로 여기는 화자의 인식을 확인할 수 있군.
④ (나)에서는 '새들'이 '시 짓는 법을 들려주'는 것과 '나무들'이 '몸으로 춤을 보여 주'는 것에서 자연으로부터 배운 삶의 방식을 험난한 현실에서 실현하고 있는 화자의 모습을 확인할 수 있군.
⑤ (가)에서는 '흰 구름'이 '쓰다듬'는 '늙은 산'의 '이마'를 '수려'하다고 한 것에서, (나)에서는 '어깨를 감싸 주는' '비'를 '부드'럽다고 한 것에서 자연을 긍정적으로 인식하는 화자의 모습을 확인할 수 있군.

[42~45] 다음 글을 읽고 물음에 답하시오.

이날 부마가 장신부적을 써서 부모와 승상 부부와 육개 처첩과 비복 등을 각각 한 장씩 맡겨 옷깃 속에 감추어 어려운 일을 면하게 하고 외당에 거하여 천명을 기다리더라.

이튿날 양처상과 사일보 등이 위조 서간을 만들어 천자께 드려 왈,

"신 등이 임호은의 간정을 잡았사오니 폐하는 바삐 호은의 부자를 잡게 하소서."

상이 그 서간을 보시니, 임호은의 글씨와 박지근의 필적이라. 글의 사연이 나라를 비방하여 찬역코자 하는 글이어늘, 상이 남필에 익노하사 왈,

"바삐 준일 부자를 잡아들여라."

하시니, 양처상 등이 수명하고 우림장군(羽林將軍) 호연수(胡連洙)를 불러 왈,

"그대는 우림군 삼백을 거느려 임호은의 집을 둘러싸고 호은의 머리를 베어 오라."

호연수가 청령하고 갑옷을 갖추고 군사를 거느려 임부를 둘러싸고 연수가 큰 칼을 들고 바로 각로 부자에게 달려들어 베고자 하였더니, 홀연 공중에서 철갑 입은 신장이 내려와 방천극을 들어 칼을 막으며 꾸짖어 왈,

"군명이 아무리 엄혹한들 네 어찌 이렇듯 방자하리오. 각로 부자는 송국 출신이어늘 네 감히 충신을 해치려 하는다."

언파에 연수를 잡아 문밖에 내치고 문득 간 데 없는지라. 연수가 황급하여 칼을 던지고 땅에 엎드려 애걸 왈,

"황명이 급하오니 바라건대 각로 부자는 어명을 순종하소서."

각로 부자가 왈,

[A] "신자가 되어 어찌 군명을 거역하리오. 그대는 우리 부자의 몸을 결박하라."

연수가 바야흐로 각로 부자를 결박하여 돌아와 황상께 임준일 잡아 온 사연을 주달하온데, 천자가 승정전(承政殿)에 어좌하시고 형구를 갖춘 후 각로 부자를 잡아들여 계하에 꿇리고 수죄 왈,

"짐이 너의 부자를 박대함이 없거늘 무엇이 부족하여 찬역을 도모하느뇨. 이실직고(以實直告)하라."

임 부마가 고두 주 왈,

"신의 부자가 다만 군상만 아옵고 충성을 다하여 성은을 만분지일이나 갚고자 하였더니, 이렇듯 죄상이 나타났사오니 무슨 말씀을 주달하오리까."

상이 크게 꾸짖어 가라사대,

"가난한 도적이 무엇을 발명코자 하느뇨."

하시고, 좌우를 호령하여 각로 부자를 올려 매고 치라 하신데, 집장무사(執杖武士)가 힘을 다하여 칠새, 삼백여 장을 치되 각로 부자는 조금도 상하는 곳이 없고 형장 소리만 산천이 뒤덮는 듯하니, 상이 더욱 대로하사 집장을 갈아 엄히 칠새, 팔백여 장에 이르도록 집장 소리만 날 뿐이요, 각로 부자는 조금도 상하는 데 없는지라.

[중략 줄거리] 절도에 유배된 임호은은 천기를 살펴 천자에게 향하던 중 금화산 유수 선생에게 갑옷과 보검 등을 얻는다.

임 부마가 정신을 차려 동정을 살펴보니, 호진 장졸이 모두 연석에 향하였으니, 부마가 들어오는 줄 알지 못하고 풍류소리와 살벌지성(殺伐之聲)*이 낭자하더라.

부마가 몸을 솟아 연석에 들어가니, 천자가 호왕과 빈주 분좌하시고 호왕의 등 뒤에 여덟 장수가 창검을 들고 섰으니, 살기가 등등하고 천자를 모신 세 장수는 얼굴이 백지장 같아 병기를 잡지 못하였으며, 황상의 용안이 사상이 되어 일신을 안정치 못하시거늘, 부마가 바로 짓치고자 하다가 적의 동정을 보려 하고 몸을 날려 천자 뒤에 은신하고 살피니, 이윽고 달세통, 장운간이 여복을 장속하고 각각 비수를 들고 들어와 호왕께 검무를 청하거늘, 호왕이 쾌히 허하니 양장이 연석에서 검무하는지라.

임 부마가 벽력도를 들고 급히 내달아 달세통, 장운간을 각각 발길로 차서 던지니, 양인이 비수를 던지고 거꾸러져 피를 토하거늘, 부마가 전포로 천자를 가리우며 봉안을 높이 떠 호왕을 보며 꾸짖어 왈,

"무도한 오랑캐 감히 만승천자를 해코자 하니 어찌 살려 하느뇨."

하고, 벽력도를 한 번 들어 치니, 한 줄 화광이 일어나며 호왕의 시위(侍衛) 팔장(八將)의 머리 일시에 내려지는지라.

호왕이 천자를 해하려 하더니 불의에 신장이 내려와 양장을 차서 거꾸러뜨리고, 팔장의 머리 베임을 보고 혼비백산(魂飛魄散)하여 면색(面色)이 여토(如土)하여 동인 듯이 앉았거늘, 부마가 호왕을 베고자 하나 행여 천자의 옥체 상할까 하여 천자를 옆에 끼고 몸을 날려 나올새, 벽력도를 들고 좌우충돌하니 칼이 이는 곳에 호진 장졸의 머리 추풍낙엽 같으니, 감히 막을 자가 없는지라.

부마가 천자를 옆에 끼고 성을 넘어와 마상에 뫼시고 복지 통곡 왈,

"폐하는 용체를 진중하소서. 소신 임호은이 이에 왔나이다."

천자가 호왕의 간계에 빠져 사지에 들었으매 죽기만 바라시더니, 뜻밖에 신장이 내려와 호장 벰을 보시매 아무런 줄 모르시더니, 임호은 삼자를 들으시고 경희하여 반향이나 어린 듯하시다가 정신을 진정하사 왈,

"짐이 지금 호진에 있느냐. 아까 짐을 옆에 끼고 나온 장수 진실로 경이렷다."

언흘에 통곡하시거늘, 부마가 돈수 통곡 왈,

"소신 임호은이 불충하와 폐하 이렇듯 욕을 당하심이로소이다."

천자가 부마의 손을 잡으시고 낙루 왈,

"짐이 불명하여 경의 충성을 알지 못하고 간신의 꾀에 빠져 경으로 하여금 해외에 고초하게 하니, 이제 백번 뉘우치나 미치지 못하는지라. 어찌 용히 짐의 위태함을 알아 이렇듯 짐의 목숨을 구하뇨."

부마가 천자를 위로 왈,

→ 해설편 **282쪽**

"폐하는 옥체를 진중하옵소서. 신이 적소에서 천기를 보온즉 폐하의 주성이 운무에 싸였기로 주야 배도하여* 이르렀삽더니, 폐하의 이렇듯 하심은 신의 불충이로소이다. 그러나 신이 죄인으로 폐하의 부르시는 명이 없사오니, 신의 죄가 더욱 중하여이다."

상이 위유하사 왈,

[B]
"짐이 불명하여* 간신의 참언을 살피지 못하니, 어찌 하늘이 벌하지 아니시리오. 용담호구에 들었거늘 경의 충성으로 독행만리(獨行萬里)하여 사지에 있던 임금을 구하니, 경의 충성은 고금에 쌍이 없으리로다."

하시며 추회(追悔)하시거늘*, 부마가 다시 주 왈,

"이는 간신의 무리 폐하의 성총을 가리움이요, 또한 신의 운명이오니 어찌 폐하의 과실이리까. 신하가 되어 군부의 위급함을 구함은 상사이옵거늘, 어찌 과도히 응대하시나이까."

인하여 황상을 모셔 대진으로 돌아올새, 일진 장졸이 부마의 용맹함을 보고 희열 왈,

"임 부마가 와 계시니, 아 등의 성명은 보전하리라."

하고 만세를 부르니, 그 소리 원근에 진동하더라.

— 작자 미상, 「임호은전」 —

*살벌지성 : 음악의 곡조가 거칠고 급하여 무시무시한 느낌을 주는 소리.
*배도하다 : 이틀에 갈 길을 하루에 걷다.
*불명하다 : 사리에 어둡다.
*추회하다 : 지나간 일을 후회하다.

42. 윗글에 대한 설명으로 가장 적절한 것은?

① 언어유희를 통해 인물의 성격을 비판하고 있다.
② 인물의 희화화를 통해 해학성을 드러내고 있다.
③ 꿈과 현실을 교차 서술하여 사건의 실마리를 밝히고 있다.
④ 시간의 역전을 통해 사건을 새로운 국면으로 전환하고 있다.
⑤ 비유적 표현을 사용하여 인물이 처한 상황을 드러내고 있다.

43. 윗글에 대한 이해로 적절하지 않은 것은?

① 임호은은 천기를 읽어 천자의 위험을 예측했다.
② 양처상은 호연수에게 임호은을 죽이라고 명령했다.
③ 임호은은 천자의 몸이 상할까 걱정하며 호왕을 베었다.
④ 호연수는 공중에서 내려온 신장에 의해 문밖으로 내쳐졌다.
⑤ 호진의 장졸들은 임호은이 성에 침입한 것을 눈치채지 못했다.

44. [A]와 [B]에 대한 설명으로 가장 적절한 것은?

① [A]는 자신의 신념을 밝히며 상대에게 조언하고 있고, [B]는 자신의 잘못을 변명하며 상대를 탓하고 있다.
② [A]는 미래를 예측하여 상대의 배려를 기대하고 있고, [B]는 과거를 회상하며 상대의 용서를 바라고 있다.
③ [A]는 상대의 능력을 무시하며 상대를 비난하고 있고, [B]는 자신의 능력을 과시하며 상대의 문제를 해결하고 있다.
④ [A]는 자신이 입을 피해를 언급하며 상대를 설득하고 있고, [B]는 자신이 얻을 이익을 설명하며 상대의 이해를 구하고 있다.
⑤ [A]는 복종의 당위성을 인정하며 상대의 요구를 수용하고 있고, [B]는 자신의 행동을 후회하며 상대의 능력을 인정하고 있다.

11회
2023 11월 학력평가

45. 〈보기〉를 바탕으로 윗글을 감상한 내용으로 적절하지 <u>않은</u> 것은? [3점]

이 작품은 천상계에서 하강한 주인공이 고난과 행운을 반복적으로 경험하며 유교적 가치를 실현하는 영웅 소설이다. 주인공은 윤리적으로 타락한 신하들의 모함으로 겪는 고난을 비범한 능력으로 견디며 충신의 소임을 다한다. 이후 주인공은 국가적 위기 상황을 절대적인 힘을 사용하여 해결하며, 천자로부터 신하로서의 명예를 회복하고 사람들에게 영웅으로 인정받는다.

① 양처상과 사일보가 천자께 드리는 서간을 위조한 점에서, 윤리적으로 타락한 인물의 모습을 확인할 수 있겠군.

② 임 부마가 집장무사가 힘을 다해 치는 장을 맞고도 조금도 상하는 곳이 없다는 점에서, 비범한 능력으로 고난을 견디는 인물의 모습을 확인할 수 있겠군.

③ 임 부마가 한 번 들어 치면 화광이 일어나는 벽력도로 적들을 물리치며 천자를 구하는 것에서, 국가적 위기 상황에서 절대적인 힘을 발휘하는 인물의 모습을 확인할 수 있겠군.

④ 임 부마가 달세통과 장운간을 물리치고 전포로 천자를 가리며 호왕을 꾸짖는 것에서, 천자로부터 신하로서의 명예를 회복한 인물의 모습을 확인할 수 있겠군.

⑤ 일진 장졸이 부마의 용맹함을 보고 희열하며 만세를 부르는 것에서, 사람들에게 영웅으로 인정받는 인물의 모습을 확인할 수 있겠군.

※ 확인 사항
○ 답안지의 해당란에 필요한 내용을 정확히 기입(표기)했는지 확인하시오.

→ 해설편 285쪽

[1~3] 다음은 학생들을 대상으로 한 강연이다. 물음에 답하시오.

안녕하세요? 문화 해설사 ○○○입니다. 조선 시대의 궁궐에서 간판의 역할을 하던 것은 무엇일까요? 조선의 궁궐에서는 건물이나 문의 이름을 나무에 새겨 처마 등에 걸어 간판처럼 활용했는데, 이를 현판이라고 합니다. 그 밖에 시문, 왕의 명령, 건물을 세운 과정 등도 현판에 기록하여 걸기도 했습니다.

현판은 건물의 위상과 성격에 따라 테두리와 봉의 유무를 달리하여 제작했기에, 궁궐 안 여러 건물의 위상과 가치를 유추할 수 있는 단서가 됩니다. (㉠ 자료 제시) 이 현판은 테두리가 없는 널판 형태의 '편현판'이라고 합니다. 수라간같이 위계가 낮은 곳에는 주로 이렇게 간소한 현판을 걸었습니다. (㉡ 자료 제시) 지금 보시는 현판은 편현판과 달리 테두리가 있죠? 테두리는 글씨가 쓰인 바탕판 목재를 뒤틀리지 않게 해 주는 역할을 합니다. 이러한 현판은 대체로 편현판이 걸린 건물보다 조금 더 위계가 높은 건물에 걸었습니다. (㉢ 자료 제시) 이번에 보시는 현판은 테두리에 봉이 더해진 형태입니다. 장식적 요소인 봉 덕분에 화려함이 돋보이죠? 용이나 봉황, 구름 등을 봉에 조각하여 현판에 상징적 의미를 담기도 했습니다. 봉이 있는 현판은 주로 궁궐의 정문, 임금의 집무실인 편전과 같은 중요한 곳에 걸어 그 위상을 더욱 높여 주었습니다.

현판에 글씨를 쓰는 방법은 가로로 쓰는 '횡서'와 세로로 쓰는 '종서'로 나뉩니다. 조선시대에는 당시의 보편적인 방식에 따라 오른쪽에서 왼쪽으로 글씨를 적는 '우횡서' 현판이 많았습니다. 처음에 보셨던 현판의 글자가 비교적 읽기 쉬우니, 다시 한번 보여 드리겠습니다. (㉣ 자료 제시) 이 현판의 가장 오른쪽 글자인 '사(四)'부터 왼쪽 방향으로 읽으면 '사성문'입니다. 그럼 이러한 글씨는 누가 썼을까요? 현판의 글씨는 서사관에 임명된 신하나 당대의 명필가 등이 주로 썼으나, 임금이나 세자가 직접 쓴 경우도 있었습니다. (㉤ 자료 제시) 아까 보여 드린 봉이 있는 현판을 다시 보시죠. 이것은 창덕궁 양화당의 현판입니다. 『창덕궁영건도감의궤』에 따르면 이 현판의 글씨는 조선의 제23대 왕 순조가 쓴 것입니다.

우리나라 궁궐 현판은 유네스코 세계 기록 유산에 등재될 정도로 세계적으로도 그 가치를 인정받았습니다. 오늘 강연을 통해 여러분도 현판에 대해 알게 되었으니 다음에 궁궐을 방문하게 되면 현판을 살펴보는 기회도 가져 보시기 바랍니다. 이상으로 강연을 마치겠습니다.

---

1. 위 강연자의 말하기 방식으로 가장 적절한 것은?

① 청중의 요청에 따라 강연 내용에 변화를 주고 있다.
② 도입부에서 질문을 하여 청중의 관심을 유발하고 있다.
③ 화제와 관련된 전망을 제시하며 강연을 마무리하고 있다.
④ 강연의 순서를 안내하여 청중이 내용을 예측하게 하고 있다.
⑤ 청중과 공유하는 경험을 들어 화제의 중요성을 환기하고 있다.

2. 다음은 강연자가 보여 준 자료이다. 강연자의 자료 활용에 대한 설명으로 적절하지 <u>않은</u> 것은?

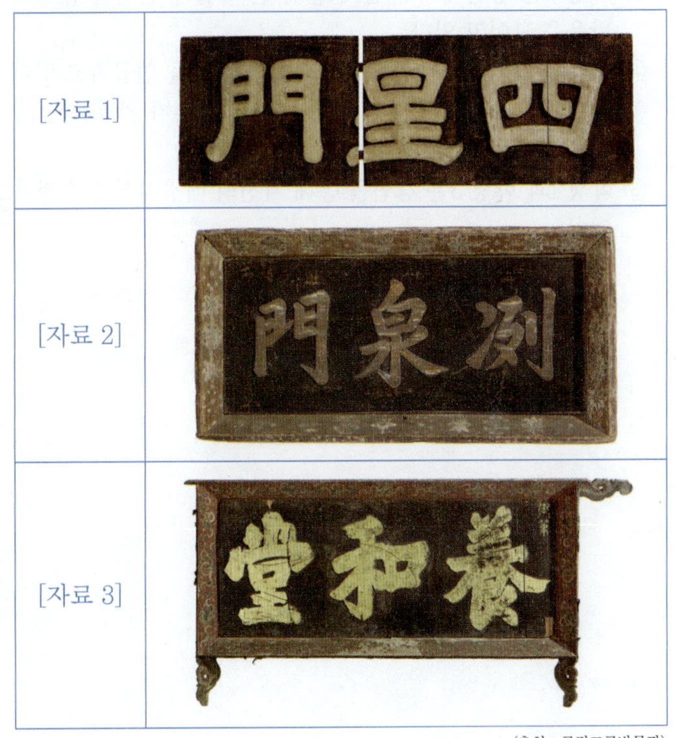

[자료 1]	四星門
[자료 2]	洌泉門
[자료 3]	養和堂

〈출처 : 국립고궁박물관〉

① 궁궐에서 주로 위계가 낮은 곳에 걸리는 간소한 현판을 보여 주기 위해 ㉠에 [자료 1]을 활용하였다.
② 현판의 바탕판 목재를 뒤틀리지 않게 해 주는 부분을 보여 주기 위해 ㉡에 [자료 2]를 활용하였다.
③ 현판의 테두리에 더해진 장식적 요소를 설명하기 위해 ㉢에 [자료 3]을 활용하였다.
④ 우횡서 방식으로 쓰인 현판을 설명하기 위해 ㉣에 [자료 1]을 활용하였다.
⑤ 임금의 임명을 받은 신하가 쓴 현판을 보여 주기 위해 ㉤에 [자료 3]을 활용하였다.

3. 강연 내용을 참고할 때, 〈보기〉에 제시된 학생의 반응을 이해한 내용으로 적절하지 <u>않은</u> 것은?

<보 기>

학생 1 : 강연에서 현판에 세로로 글씨를 쓰는 방법도 있다고 했는데, 그러한 현판은 어떻게 읽는지 궁금해. 박물관 자료집을 찾아봐야겠어.

학생 2 : 우리 현판이 유네스코 세계 기록 유산에 등재된 사실을 알게 되어 뿌듯해. 봉이 있는 현판에 상징적 의미가 있다고 했는데 구체적인 의미를 검색해 봐야겠어.

학생 3 : 건물의 이름만 현판으로 새긴다고 알고 있었는데 시문과 왕의 명령도 현판에 적었다는 걸 알게 되었어. 하지만 그런 내용에 대해 자세한 설명은 없어서 아쉬웠어.

---

① 학생 1은 강연 내용과 관련한 궁금증을 제시하고 있다.
② 학생 2는 강연에서 새롭게 알게 된 사실과 관련한 긍정적인 반응을 보이고 있다.
③ 학생 3은 강연에서 만족스럽지 않은 부분을 언급하고 있다.
④ 학생 1과 학생 2는 강연 내용과 관련한 추가 자료를 탐색할 것을 계획하고 있다.
⑤ 학생 1과 학생 3은 강연을 통해 자신의 배경지식을 수정하고 있다.

[4~7] (가)는 심리 탐구 동아리 학생들의 대화이고, (나)는 이를 바탕으로 '학생 1'이 작성한 초고이다. 물음에 답하시오.

(가)

학생 1 지난 시간에 우리가 청소년기 심리적 특성 중에 또래 압력에 대해 교지에 글을 쓰기로 한 것 기억나지? 어떤 내용으로 글을 쓸지 이야기해 보자.

학생 2 또래 압력이 무엇인지 모르는 학생이 많을 테니, 개념을 밝히면서 글을 시작하는 게 좋겠어.

학생 3 그래. 그 다음에는 또래 압력이 청소년기에 두드러지게 나타난다는 특징을 언급하면 좋을 것 같아.

학생 1 좋아. 또래 압력의 개념과 특징을 소개하자는 거네. 또래 압력의 기능도 다루면 좋겠는데 어떤 것이 있을까?

  ┌ **학생 3** 내가 조사해 보니, 또래 압력이 긍정적인 생각과 행동을 하게 하는 방향으로 형성되면 청소년의 문제 행동을 개선할 수 있대.

  학생 2 맞아. 나도 봤는데, 긍정적인 또래 압력이 효과적으로 작용할 경우 문제 행동을 개선할 뿐만 아니라, 바람직한 행동을 하게 할 수도 있다고 해.

[A]

  └ **학생 3** 그리고 내가 읽은 책에서는, 또래 압력이 학교 안은 물론 학교 밖에서의 청소년 문화에도 바람직한 영향을 줄 수 있다고 설명하고 있었어.

학생 1 또래 압력이 청소년의 문화에 영향을 준다는 것이지?

학생 3 응, 맞아. 그런데 또래 압력의 기능을 학생들이 이해하기 쉽게 하려면 구체적인 사례를 들어야 할 것 같아.

  ┌ **학생 2** 해외에서 청소년들이 주도한 건강 캠페인이, 같은 청소년들 사이에서 큰 반응을 얻었던 사례가 있어.

  학생 3 누리 소통망에서 진행되는 다회용 포장 용기 사용 캠페인에 청소년들이 많이 참여하잖아. 그걸 보고 청소년들 사이에서 다회용 포장 용기를 사용하는 분위기가 확산되고 있다는 기사를 봤어.

[B]

  └ **학생 2** 나도 비슷한 기사를 봤어. 그리고 학교에서 찾을 수 있는 사례도 추가하면 어때?

학생 3 학생 주도 프로젝트 봉사 활동을 할 때면 친구들 사이에서도 봉사에 적극적으로 참여하는 분위기가 형성되곤 하잖아. 이것도 긍정적인 또래 압력이라고 생각해.

학생 1 그래. 너희들 의견 반영해서 초고를 써 볼게. 너희는 내일까지 참고 자료를 정리해서 보내 줘. 다음 시간에는 초고를 함께 검토해 보자.

학생 2, 3 알았어.

(나)

　또래 압력이란 또래 친구들 사이의 사회적 압력을 말한다. 이는 또래 친구들 사이에 형성된 분위기나 보이지 않는 규칙으로, 개인으로 하여금 어떤 생각이나 행동을 하게 하는 힘이다. 청소년기는 어른이 아닌 또래 친구들에게서 생각과 행동의 기준을 찾으려는 경향이 강하므로 다른 연령에 비해 또래 압력이 두드러지

→ 해설편 **287**쪽

게 나타난다.

　연구에 따르면, 청소년은 어른들의 지도보다 또래 친구들의 판단에 민감하게 반응하므로 학생 자치 법정과 같이 또래 압력이 작용하는 방식이 행동 개선을 보다 효과적으로 이끌어 낼 수 있다고 한다. 또한, 또래 압력은 청소년 문화에 긍정적 영향을 줄 수 있다. 예를 들어, 최근 누리 소통망에서 다회용 포장 용기 사용 캠페인에 참여하는 또래들의 모습에 영향을 받아, 음식을 포장해 갈 때 다회용 용기를 사용하는 모습을 자신의 누리 소통망에 게시물로 올리는 청소년들이 늘어났다.

　학교 안에서도 이러한 사례를 찾을 수 있다. 교내의 학생 주도 프로젝트 봉사 활동과 멘토 멘티 학습 활동은 학생들의 긍정적 학교생활을 이끄는 또래 압력의 대표적인 예이다.

　⊙ 또래 압력은 건강한 청소년 문화를 만들어 가는 데 중요한 역할을 할 수 있다는 점에서 의의가 있다.

4. (가)의 '학생 1'에 대한 설명으로 가장 적절한 것은?

① 대화 참여자에게 다음 시간의 활동을 예고하고 있다.
② 대화 참여자의 발언에 대해 반대 의견을 제시하고 있다.
③ 대화 참여자의 발언에 대한 자세한 설명을 요청하고 있다.
④ 대화 참여자의 의견을 절충해 새로운 대안을 제시하고 있다.
⑤ 대화 참여자에게 대화에 적극적으로 참여할 것을 요구하고 있다.

5. [A], [B]에 대한 설명으로 가장 적절한 것은?

① [A]에서 '학생 2'는 '학생 3'이 발언한 내용에 추가적인 내용을 덧붙이고 있다.
② [A]에서 '학생 3'은 '학생 2'가 발언한 내용의 한계점을 지적하고 있다.
③ [B]에서 '학생 2'는 '학생 3'이 발언한 내용을 수용하여 자신의 견해를 수정하고 있다.
④ [B]에서 '학생 3'은 '학생 2'가 발언한 내용을 재진술한 후 상대의 의견에 공감을 드러내고 있다.
⑤ [A], [B] 모두에서 '학생 2'는 '학생 3'이 발언한 내용을 요약하면서 대화를 이어가고 있다.

6. 다음은 '학생 1'이 (가)의 대화 내용과 자신이 글을 쓰기 위해 떠올린 생각을 작성한 메모이다. ⓐ~ⓔ가 (나)에 반영된 양상으로 적절하지 <u>않은</u> 것은? [3점]

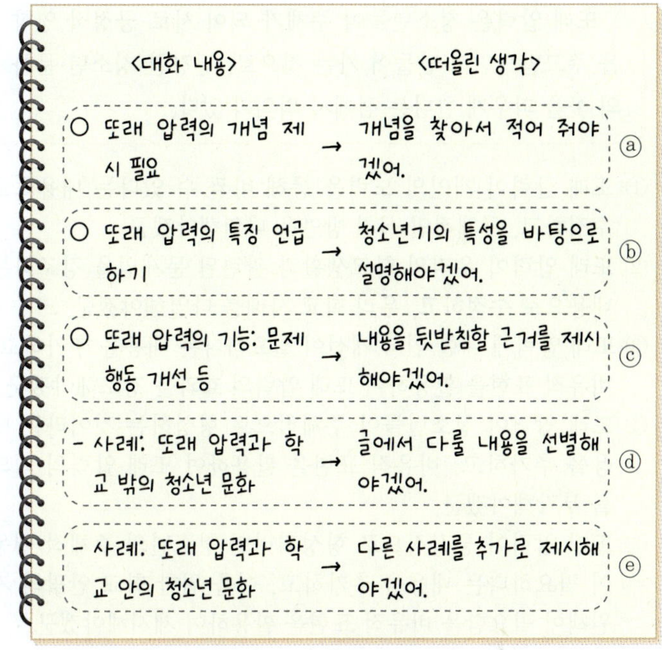

① '학생 2'의 발화를 토대로 작성된 ⓐ는, 또래 친구들 사이의 사회적 압력이라는 내용으로 (나)에 반영되었다.
② '학생 3'의 발화를 토대로 작성된 ⓑ는, 청소년기의 특성을 연령별로 유형화하는 내용으로 (나)에 반영되었다.
③ '학생 2', '학생 3'의 발화를 토대로 작성된 ⓒ는, 학생 자치 법정과 같은 방식이 청소년의 행동 개선을 효과적으로 이끈다는 연구 내용으로 제시되어 (나)에 반영되었다.
④ '학생 2', '학생 3'의 발화를 토대로 작성된 ⓓ는, 해외에서의 건강 캠페인에 대한 내용을 제외하는 방식으로 (나)에 반영되었다.
⑤ '학생 2', '학생 3'의 발화를 토대로 작성된 ⓔ는, 멘토 멘티 학습 활동의 사례를 내용에 추가하여 (나)에 반영되었다.

12
회

2024 10월 학력평가

7. 〈보기〉는 (나)의 ㉠을 고쳐 쓴 것이다. 〈보기〉에 반영된 수정 계획으로 가장 적절한 것은?

> ─────〈보 기〉─────
>
> 또래 압력은 청소년들이 주체가 되어 서로 긍정적 영향을 주고받으면서 만들어 가는 것으로, 건강한 청소년 문화의 꽃을 피우게 한다는 점에서 의의가 있다.

① 또래 압력이 개인의 노력을 통해 바뀔 수 있다는 내용으로 수정하고, 구체적인 실천 방안을 나열해야겠군.

② 또래 압력이 우리의 학교생활과 관련된 문제임을 강조하는 내용으로 수정하고, 우리 학교 사례를 나열해야겠군.

③ 또래 압력에 대한 인식 개선이 필요하다는 내용을 추가하고, 비유적 표현을 활용하여 또래 압력의 효과를 강조해야겠군.

④ 또래 압력이 청소년들이 주체적으로 형성하는 것이라는 내용을 추가하고, 비유적 표현을 활용하여 또래 압력의 의의를 부각해야겠군.

⑤ 또래 압력이 긍정적으로 형성되려면 청소년의 주체적 행동이 필요하다는 내용을 추가하고, 이를 위한 학교 안팎의 지원책이 필요함을 비유적 표현을 활용하여 제시해야겠군.

[8~10] 다음은 작문 상황과 이를 바탕으로 학생이 작성한 초고이다. 물음에 답하시오.

[작문 상황]

　염화물계 제설제 사용 문제와 관련된 글을 작성하여 지역 신문에 기고하려고 함.

[초고]

　겨울이 되면 도로에 쌓인 눈과 얼음을 녹이기 위해 제설제가 뿌려지는데, 이때 염화 나트륨이나 염화 칼슘 등의 염화물계 제설제가 주로 사용된다. 그런데 이와 같은 염화물계 제설제의 성분이 토양에 축적되면 가로수가 말라 죽는 등의 문제가 발생할 수 있고, 하천으로 유입되면 수중 생태계에도 악영향을 미칠 수 있다. 최근 이상 기후로 폭설이 내리는 날이 늘어나면서 제설제 사용량이 점점 증가하고, 이로 인한 문제도 날로 심각해지고 있다.

　제설제를 많이 사용하게 되는 이유는 다양하다. 첫째, 빗자루나 삽으로 눈을 치우는 방식의 제설이 잘 실행되지 않기 때문이다. 골목길이나 건물 앞 등 눈을 직접 치우는 방식의 제설이 가능한 경우에도 빠르고 편리하다는 이유로 제설제를 사용하는 경우가 많다. 둘째, 제설제의 적정한 사용량에 대한 인식이 부족하기 때문이다. 제설제를 많이 뿌릴수록 더 효과가 좋을 것이라는 생각 때문에 필요 이상으로 많은 제설제를 사용하기도 한다. 셋째, 기존 도로가 제설제를 사용하지 않으면 제설이 어렵게 만들어진 경우가 많기 때문이다. 도로의 여유 폭이 충분치 않아 중장비에 의한 제설 작업이 어렵고, 다른 제설 방식을 고려한 설비도 부족하여 제설제에 의존할 수밖에 없는 것이다.

　그렇다면 제설제 사용을 줄이기 위한 방법에는 무엇이 있을까? 우선, 골목길이나 건물 앞처럼 빗자루나 삽으로 눈을 치울 수 있는 곳은 조금 번거롭더라도 지역 주민들이 직접 눈을 치우려고 노력할 필요가 있다. 또한 지자체에서는 적설량이나 기온 등의 상황을 고려한 제설제의 적정 사용량을 적극적으로 안내함으로써 지역 주민들의 인식을 개선해야 한다. 마지막으로, 정부에서는 제설제를 사용하지 않는 방식의 제설 작업이 가능하도록 장기적인 대책을 세워 도로를 만들어야 한다.

　　　　　　　　　　　　[A]

8. 학생의 초고에 활용된 글쓰기 전략으로 가장 적절한 것은?

① 문제 상황에 대한 상반된 견해를 비교하고 있다.

② 인용한 자료의 출처를 밝혀 신뢰성을 높이고 있다.

③ 생소한 용어의 어원을 밝혀 독자의 이해를 돕고 있다.

④ 묻고 답하는 방식을 통해 문제의 해결 방안을 제시하고 있다.

⑤ 예상되는 반론을 언급하여 글 내용에 공정성을 부여하고 있다.

9. 〈보기〉는 선생님의 조언에 따라 [A]를 작성한 것이다. 선생님의 조언으로 가장 적절한 것은?

─────〈보 기〉─────

　폭설이 내리면 제설 효과가 좋은 제설제 사용이 필요한 것도 사실이다. 그러나 제설제는 부작용이 있으므로 제설제를 꼭 필요한 경우에 적정한 양만큼 사용하도록 모두가 노력해야 한다.

① 제설제 사용이 불가피함을 언급한 뒤, 신속한 제설 작업의 중요성을 제시하며 글을 마무리하자.
② 기후 변화를 막기 위한 실천이 중요함을 언급한 뒤, 제설제 사용을 줄여야 함을 강조하며 글을 마무리하자.
③ 폭설로 인한 피해의 심각성을 제시한 뒤, 폭설이 내리는 원인에 대한 연구가 필요함을 강조하며 글을 마무리하자.
④ 제설제 사용에 따른 문제점을 제시한 뒤, 염화물계 제설제를 다른 제설제로 대체할 필요성을 강조하며 글을 마무리하자.
⑤ 제설제 사용을 피할 수 없는 현실을 언급한 뒤, 제설제의 적절한 사용을 위한 노력이 필요함을 제시하며 글을 마무리하자.

10. 〈보기〉는 초고를 보완하기 위해 추가로 수집한 자료이다. 자료의 활용 방안으로 적절하지 <u>않은</u> 것은? [3점]

─────〈보 기〉─────

[자료 1] ○○시 제설제 사용 관련 통계 자료

㉮ 제설제 사용량　　　　㉯ 사용된 제설제의 종류

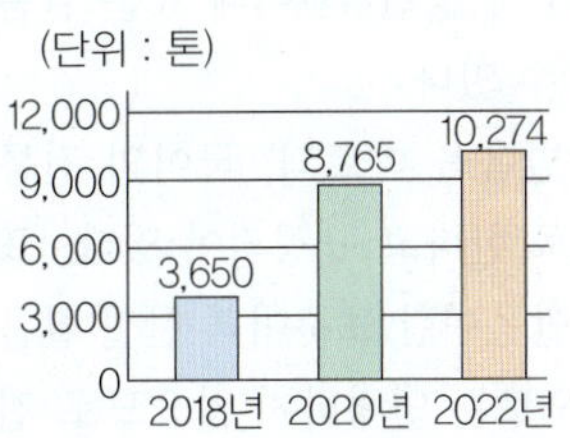

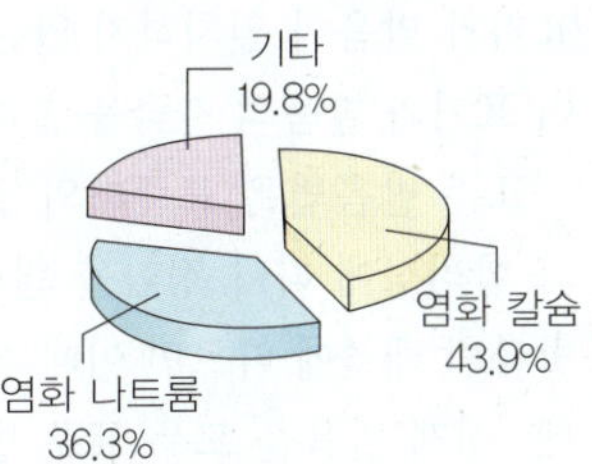

[자료 2] 신문 기사

　□□시가 동절기 제설 종합 대책의 시행에 들어갔다. □□시는 최근 제설 취약 구간 열세 곳에 센서로 작동하는 도로 열선을 설치했다. 제설제 사용을 최소화하면서 신속한 제설을 하는 효과가 기대된다. 또한 □□시는 지역 주민들로 자율 방재단을 구성해 골목길 눈 쓸기 활동을 실시했다.

[자료 3] 전문가 인터뷰

　"염화물계 제설제를 과도하게 사용하면 도로가 손상되고 자동차나 철제 구조물이 부식될 수 있습니다. 제설제가 뿌려진 후에는 도로뿐 아니라 차량 하부 등도 살수 장비로 세척해야 합니다. 제설 기계 장비 사용이 가능하도록 중앙 분리대 주변과 갓길 등을 넓혀 도로의 여유 폭을 확보하는 설계를 하는 것도 중요합니다."

① [자료 1-㉮]를 활용하여, ○○시 제설제 사용량 변화 추이를, 최근 들어 제설제의 사용량이 증가하고 있다는 내용의 근거로 제시해야겠어.
② [자료 2]를 활용하여, 지역 자율 방재단의 제설 활동을, 지역 주민들이 빗자루나 삽을 활용해 눈을 치우는 노력의 구체적 사례로 제시해야겠어.
③ [자료 3]을 활용하여, 제설제 사용 이후 대처에 대한 전문가 의견을, 제설제의 적정한 사용량에 대한 시민들의 인식 부족 문제를 보여 주는 자료로 제시해야겠어.
④ [자료 1-㉯]와 [자료 3]을 활용하여, 주로 사용되는 제설제의 성분이 도로 등에 미치는 영향을, 염화물계 제설제가 유발하는 문제로 추가해야겠어.
⑤ [자료 2]와 [자료 3]을 활용하여, 도로 열선 설치와 도로 여유 폭 확보에 대한 내용을, 제설제 사용이 아닌 다른 방식의 제설이 가능하도록 도로를 만드는 방안을 구체화하는 자료로 제시해야겠어.

[11~12] 다음 글을 읽고 물음에 답하시오.

표준 발음법은 한글의 표기와 발음이 일치하지 않는 경우에 올바른 발음을 알려 주는 역할을 한다. 한글은 말소리를 기호로 나타낸 표음 문자이므로 '마음', '하늘'처럼 소리대로 적는 것이 원칙이지만 어법에 맞도록 한다는 원칙도 더하여 두고 있기 때문에 표기와 발음이 일치하지 않는 경우가 생긴다. 이때 표준 발음법이 표기와 발음의 간극을 좁혀 줄 수 있다.

표준 발음법은 표준어의 실제 발음을 따르되, 국어의 전통성과 합리성에 따라 정함을 원칙으로 한다고 규정되어 있다. 표준 발음법 해설에 따르면 이때 실제 발음이란 표준어의 현실 발음인데, 실제 발음을 모두 표준 발음으로는 인정하지 않으므로 전통성과 합리성이라는 기준이 제시된 것이다. 먼저 전통성을 고려한다는 것은 발음상의 관습을 감안한다는 의미이다. 예컨대 '눈[雪]'과 '눈[眼]' 같은 모음의 장단의 경우, 과거의 언중은 모음의 장단을 통해 두 단어의 의미를 변별할 수 있었으나 오늘날의 언중은 모음의 장단으로 의미를 구분하지 못하는 경우가 많다. 그럼에도 불구하고 모음의 장단이 이전부터 오랜 기간 구별되어 왔으며 단어의 의미 변별에도 중요한 역할을 해 왔다는 관습을 고려하여 표준 발음법에 모음의 장단에 대해 세부적으로 규정을 해 두었다. 또한 오늘날에는 실제 발음에서 'ㅔ'와 'ㅐ'를 명확하게 구별하지 못하는 경우가 대부분이지만, 두 모음이 오랜 기간 별개의 단모음으로서 그 지위가 확고했고 여전히 구별하는 사람들이 남아 있기 때문에 이러한 전통을 감안하여 두 모음을 다르게 발음하도록 규정하고 있다.

다음으로 합리성을 고려한다는 것은 국어의 발음 규칙과 관련된다. 가령 '닭이'의 경우 겹받침을 가진 체언은 뒤에 모음으로 시작하는 조사가 결합할 때 겹받침 중 하나를 연음해야 하므로 [달기]로 발음하는 것이 합리적이다. 그런데 실제 발음에서는 [다기]로 발음하는 경우가 많다. 그러나 [다기]로 발음하는 것은 합리성이 떨어지기 때문에 표준 발음으로 인정하지 않는 것이다.

표준 발음법에서는 자음과 모음, 음의 길이, 발음 원칙 등을 다루고 있지만 모든 표준 발음에 대해 다루지는 않는다. 소리대로 적는 단어들은 발음과 표기가 일치하므로 그 발음을 다루지 않아도 되기 때문이다. 음운 변동의 경우도, 발음이 표기에 반영되지 않는 음운 변동에 대해서만 표준 발음법에서 다루고 있다. 예를 들어 '서라(서- + -어라)[서라]'와 '국물[궁물]'의 경우 모두 음운 변동이 일어났지만, '서라[서라]'와 같이 두 모음이 이어질 때 하나의 모음이 탈락하는 '모음 탈락'에 대해서는 표준 발음법에서 다루지 않는 반면에 '국물[궁물]'과 같이 파열음이 비음의 영향을 받아 비음으로 교체되는 '비음화'에 대해서는 표준 발음법에서 다루고 있다. '모음 탈락'의 결과는 표기에 반영되는 반면, '비음화'의 결과는 표기에 반영되지 않기 때문이다.

11. 윗글의 내용에 대한 이해로 적절하지 <u>않은</u> 것은?

① 표준 발음법은 한글의 표기와 발음이 일치하지 않는 경우 올바른 발음을 알려 준다.

② 표준 발음법에서 표준어의 실제 발음 중 일부는 표준 발음으로 인정하지 않는다.

③ 표준 발음법에서는 국어의 전통성을 고려하여 모음의 장단에 대해 세부적으로 규정하고 있다.

④ 표준 발음법에서는 오늘날 실제 발음에서 'ㅔ'와 'ㅐ'가 명확히 구별됨을 고려하여 두 모음을 다르게 발음하도록 규정하고 있다.

⑤ 표준 발음법에서는 국어의 합리성을 고려할 때 '닭이'를 [다기]로 발음하는 것이 합리성이 떨어지므로 표준 발음으로 인정하지 않는다.

12. 윗글을 읽고 〈보기〉의 탐구 활동을 수행한 결과로 적절한 것은? [3점]

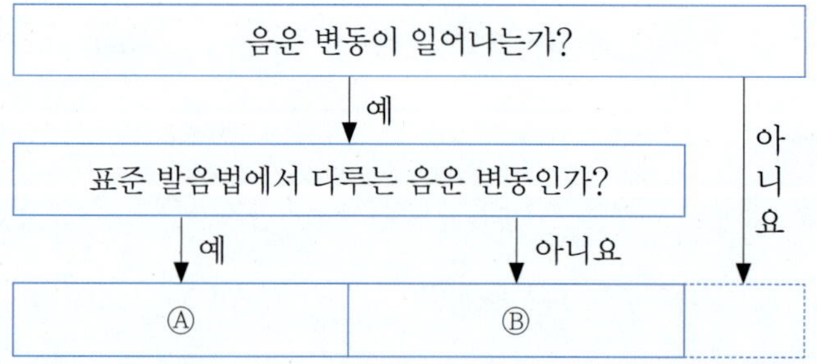

→ 해설편 **288쪽**

① ㉠의 '나가서'와 ㉡의 '펴서'에 나타난 음운 변동의 결과는 표기에 반영되었으니 ⒜에 해당하겠군.

② ㉠의 '높푸른'과 ㉡의 '바빠'에 나타난 음운 변동의 결과는 표기에 반영되었으니 ⒝에 해당하겠군.

③ ㉠의 '같이'와 ㉢의 '얹기'에 나타난 음운 변동의 결과는 표기에 반영되지 않으니 ⒜에 해당하겠군.

④ ㉡의 '원래'와 ㉢의 '반드시'에 나타난 음운 변동의 결과는 표기에 반영되지 않으니 ⒜에 해당하겠군.

⑤ ㉡의 '답한'과 ㉢의 '삶'에 나타난 음운 변동의 결과는 표기에 반영되지 않으니 ⒝에 해당하겠군.

13. 〈보기〉의 ㉠ ～ ㉤에 사용된 문법 요소를 분석한 내용으로 적절한 것은?

> ─── < 보 기 > ───
>
> ㉠ 삼촌께서 내가 드린 신문을 읽고 계시다.
> ㉡ 어머니께서 동생에게 멋진 생일 선물을 사 주셨다.
> ㉢ 언니가 할머니를 모시러 가던 길에 나와 마주쳤다.
> ㉣ 나는 친구에게 선생님께 여쭤본 내용을 공유하였다.
> ㉤ 동생이 할아버지께서 편히 주무시도록 이부자리를 살폈다.

문장	주체 높임			객체 높임	
	격 조사	특수 어휘	선어말 어미	격 조사	특수 어휘
① ㉠	○	×	○	×	○
② ㉡	×	×	○	○	×
③ ㉢	×	×	×	○	○
④ ㉣	×	×	×	×	○
⑤ ㉤	○	○	×	×	×

14. 〈보기〉의 선생님의 설명을 바탕으로 ㉠～㉤에 대해 학생이 발표한 내용으로 적절하지 <u>않은</u> 것은?

> ─── < 보 기 > ───
>
> 선생님 : 시제란 문장이 나타내는 사건의 시간적 위치를 나타내는 문법 요소로, 발화시와 사건시의 선후 관계에 따라 과거 시제, 현재 시제, 미래 시제로 나뉩니다. 시간 표현은 선어말 어미, 관형사형 어미, 시간 부사어 등으로 실현되는데 문장에 따라 여러 요소를 동시에 쓰기도 합니다.
>
> ○ 이곳이 우리가 함께 ㉠ <u>살</u> 집이다.
> ○ 교정이 ㉡ <u>곧</u> 코스모스로 가득 차겠다.
> ○ 아이들이 모여서 모래 장난을 ㉢ <u>한다</u>.
> ○ 나를 본 친구의 입가에 미소가 ㉣ <u>번졌다</u>.
> ○ 우리가 함께 ㉤ <u>간</u> 바다는 노을이 무척 아름다웠다.

① ㉠은 관형사형 어미 '-ㄹ'을 통해 발화시를 기준으로 사건시가 나중인 시제를 나타냅니다.

② ㉡은 시간 부사어로, 발화시를 기준으로 사건시가 나중인 시제를 나타냅니다.

③ ㉢은 선어말 어미 '-ㄴ-'을 통해 발화시와 사건시가 일치하는 시제를 나타냅니다.

④ ㉣은 선어말 어미 '-었-'을 통해 발화시를 기준으로 사건시가 앞선 시제를 나타냅니다.

⑤ ㉤은 관형사형 어미 '-ㄴ'을 통해 발화시와 사건시가 일치하는 시제를 나타냅니다.

→ 해설편 **290**쪽

15. 〈보기〉를 바탕으로 중세 국어의 특징을 탐구한 내용으로 적절하지 <u>않은</u> 것은?

<보 기>

解叔謙(해숙겸)의 어미 病(병)ᄒ얫거늘 **바미** 뜰 가온ᄃ 머리 **조ᅀᅡ** 비더니 虛空(허공)애셔 닐오ᄃ 丁公藤(정공등)ᄋ로 수을 **비저** 머그면 됴ᄒ리라 ᄒ야ᄂᆞᆯ 醫員(의원)**ᄃ려** 무르니 다 모ᄅᆞ거늘 두루 가 얻더니 ᄒᆞᆫ 한아비 나모 버히거늘 므스게 **ᄡᆯ다** 무른대 對答(대답)호ᄃ 丁公藤(정공등)이라 ᄒ야ᄂᆞᆯ 절ᄒ고 울며 얻니논 **ᄠᅳ들** 니ᄅᆞᆫ대

[현대어 풀이]

해 숙겸의 어미 병들었기에 밤에 뜰 가운데 머리 조아려 빌더니, 허공에서 이르되, "정공등으로 술 빚어 먹으면 나으리라." 하기에, 의사한테 물으니 다 모르므로 두루 가서 얻으러 다니는데, 한 할아비가 나무 베기에 "무엇에 쓸 것인가?" 물으니, 대답하되, "정공등이다." 하기에 절하고 울며 얻으러 다니는 뜻을 말하니까

---

① '바미'를 보니 현대 국어와 달리 체언과 조사가 결합할 때 모음 조화를 따르지 않았음을 알 수 있군.
② '조ᅀᅡ'를 보니 현대 국어와 달리 'ㅿ'이 표기에 사용되었음을 알 수 있군.
③ '비저'를 보니 현대 국어와 달리 이어 적기를 하였음을 알 수 있군.
④ '醫員(의원)ᄃ려'를 보니 현대 국어와 다른 형태의 부사격 조사가 쓰였음을 알 수 있군.
⑤ 'ᄠᅳ들'을 보니 현대 국어와 달리 어두 자음군이 쓰였음을 알 수 있군.

[16~21] 다음 글을 읽고 물음에 답하시오.

(가)

민법에서 불법행위는 가해자의 고의 또는 과실로 인한 위법행위로 피해자에게 손해를 가하는 행위로 규정된다. 이때 고의는 자신의 행위가 타인에게 손해를 가할 것임을 알고도 의도적으로 실행한 것을, 과실은 자신의 행위가 타인에게 손해를 가할 것이라고 예상하지 못한 상태에서 실행한 것을 말한다. 여기서 과실은 정상적으로 요구되는 의무인 주의 의무를 다하지 못한 것을 의미하며, 정상적으로 요구된다는 것은 사회적인 통념상 보편적인 사람인 '사회 평균인'을 기준으로 한다는 것을 뜻한다. 즉, 일반적인 개인의 능력이나 사정 등은 고려하지 않는다는 것이다. 그리고 손해는 불법행위 전후에 따른 피해자의 이익 상태의 차이를 의미한다.

우리나라는 민법에서 피해자가 입은 손해는 가해자가 배상하도록 규정하고 있다. 이는 그 손해가 가해자의 불법행위에 의한 것이므로 원래 상태에 가장 가까운 상태로 회복시켜야 한다고 본 것이다. 이러한 점에서 일반적으로 법적 정의가 구현된 것으로 받아들여진다. 피해자가 손해를 배상받으려면 가해자의 고의나 과실은 피해자가 입증해야 하고, 이를 법원에서 인정했을 때 가해자는 피해자가 입은 손해에 대해 금전적으로 배상해야 한다.

그런데 피해자의 손해에 피해자의 과실이 관련된 것으로 인정된 경우도 있다. 이때 고의에 의한 불법행위라면 손해배상에서 피해자의 과실은 고려하지 않는다. 하지만 가해자의 과실에 의한 불법행위라면, 가해자는 피해자에게 손해를 가할 의도가 없었고, 피해자 본인의 과실도 일정 부분 있으므로 피해자의 과실을 고려하지 않는 것은 부당하다고 할 수 있다. 가해자가 자신의 과실이 아닌 부분에 대한 책임을 지게 되기 때문이다. 이러한 시각에서는 피해자의 손해를 원래 상태에 가장 가까운 상태로 회복하는 것만이 아니라 가해자와 피해자 각각의 과실에 따른 책임을 고려해 손해에 대한 부담을 배분하는 것까지를 법적 정의를 구현한 것으로 본다. 이를 법적 정의의 관점에서는 배분적 정의 라고 일컫는다.

우리나라는 피해자가 입은 손해에 피해자의 과실도 관련된 것으로 인정된 경우에는 '과실상계'를 적용한다. 과실상계는 가해자가 지급해야 할 손해배상액 중에서 피해자의 과실에 해당하는 만큼을 감액하는 것을 의미한다. 이때 피해자의 과실에 대해 판단할 때도 '사회 평균인'을 기준으로 한다. ㉠<u>이는 과실상계를 공정하게 적용하기 위한 것으로 볼 수 있다.</u>

(나)

불법행위가 여러 명의 가해자에 의해 발생한 경우는 공동불법행위라고 규정한다. 공동불법행위가 가해자들의 고의 없이 과실만에 의해 발생했고 그 손해에 피해자의 과실도 있다고 인정될 때는, 가해자들이 부담해야 할 손해배상액에서 피해자의 과실에 해당하는 만큼을 감액할 수 있다. 그런데 공동불법행위는 가해자 각각의 과실이 피해자가 입은 손해에 미친 영향이 서로 다를

수 있다. 이때 피해자의 손해를 가해자가 부담하는 방식이 다양하게 적용될 수 있다.

　우리나라는 원칙적으로 공동불법행위로 인해 피해자가 입은 손해는 가해자들이 연대하여 배상해야 한다는 민법 규정을 적용한다. 여기서 연대하여 배상한다는 것은, 손해배상액 전체를 가해자들이 함께 책임지는 방식을 의미한다. 이는 과실이 경미한 가해자라도 본인 외의 다른 가해자에게 경제적 능력이 전혀 없다면 단독으로 손해배상액 전체를 책임져야 할 수 있다는 의미이다. 대신 피해자의 입장에서는 자신이 입은 손해를 원래의 상태에 가장 가까운 상태로 회복할 가능성이 크다는 장점이 있다. Ⓐ 이 방식에 따르면, 손해배상액은 가해자 각각이 피해자가 입은 손해에 영향을 미친 정도에 관계없이 가해자들이 공동으로 책임진다. 예를 들어, 피해자 갑이 가해자 을과 병의 공동불법행위로 100만 원의 손해를 입었을 때 갑, 을, 병의 과실이 각각 10 %, 30 %, 60 % 인정되면, 을과 병은 갑의 전체 손해액 중에서 10 % 만큼 감액된 금액을 공동으로 배상해야 한다. 이때 법원에서는 과실의 비율만 판단하고 각자가 실제 배상할 금액을 지정해 주지는 않기 때문에, 을과 병은 법원이 판단한 과실의 비율을 기준으로 ⓐ삼아 각자가 배상할 금액을 합의하여 정하게 된다. 만약 병이 파산 등의 이유로 경제적 능력이 전혀 없다면, 을이 연대책임자라는 이유로 90만 원을 모두 배상하게 될 수 있다.

　하지만 손해배상액에 대한 책임을 연대하는 방식을 적용하는 것이 적절하지 않은 경우도 있을 수 있다. 독립적으로 일어난 여러 불법행위가 우연한 이유로 하나의 손해를 일으켜 공동불법행위가 되는 때도 있는데, 과실이 가장 적은 사람인데도 손해배상액 전액을 배상하게 된다면 특히 부당하다고 여겨질 수 있기 때문이다. 우리나라는 자신이 부담해야 할 손해배상액보다 더 많은 금액을 실제로 배상한 경우, 초과 부담한 만큼의 금액을 다른 가해자들에게 청구할 수 있는 권리를 인정하고 있다. 하지만 청구를 받은 가해자가 경제적 능력이 전혀 없으면 청구한 금액을 돌려받기 어려울 수 있다.

　이를 고려해 판례에서는 예외적으로 연대 배상 방식이 아닌, 가해자가 자신의 과실만큼만 개별적으로 배상하게 하는 방식을 취하기도 한다. Ⓑ 이 방식은 가해자들 사이에 공모 행위가 없다는 것을 전제로, 손해배상액이 거액이고, 가해자 각각의 과실이 손해에 끼친 영향의 차이를 비교적 명확하게 비교할 수 있는 경우에 법원의 판단으로 적용될 수 있다. 이 방식에 따르면, 법원이 피해자의 과실과 가해자 각각의 과실을 개별적으로 비교해 가해자가 실제 배상할 금액을 지정한다. 예를 들어 법원이 피해자와 가해자 1의 과실 비율을 1 : 1, 피해자와 가해자 2의 과실 비율을 1 : 3이라고 판단해 가해자 1, 2 각각의 실제 배상 금액을 지정할 수 있는 것이다. 이 방식에 따를 경우 피해자 입장에서는 가해자 각각에게 손해배상을 청구해야 한다는 어려움이 존재한다. 하지만 자신의 과실에 대한 책임만 부담하면 된다는 점에서 이것이 가해자에게는 정당한 방식이라고 여겨질 수 있다.

16. (가), (나)에 대한 설명으로 가장 적절한 것은?

① (가)는 우리나라의 불법행위와 관련된 법률 규정이 등장하게 된 배경을 밝히고 발전해 온 과정을 소개하고 있다.
② (가)는 우리나라의 불법행위와 관련된 법률 규정이 적용되는 사례를 열거하고 각각에 적용된 구체적인 조항을 제시하고 있다.
③ (나)는 불법행위에 영향을 끼치는 원인을 분류하고 각 원인에 대한 해결 방안을 모색하고 있다.
④ (나)는 불법행위의 개념과 법률의 이론적 배경을 제시하고 이에 대한 다양한 학자들의 법률적 이론을 분석하고 있다.
⑤ (가)와 (나)는 모두 불법행위와 관련된 법률 규정을 밝히고 그 규정이 적용되는 양상을 다루고 있다.

17. 윗글의 내용과 일치하지 <u>않는</u> 것은?

① 민법에서는 불법행위 전후에 따른 피해자의 이익 상태의 차이를 손해라고 한다.
② 민법에서는 피해자가 손해를 배상받으려면 가해자의 고의나 과실은 법원이 입증하도록 규정하고 있다.
③ 민법에 따르면 가해자는 피해자가 입은 손해를 금전적으로 배상해야 한다.
④ 공동불법행위 중에는 독립적으로 일어난 여러 불법행위가 우연한 이유로 하나의 손해를 일으켜 발생하는 경우가 있다.
⑤ 공동불법행위에서 가해자가 부담해야 할 금액을 초과해 배상했을 때 초과한 금액을 다른 가해자에게 청구할 수 있는 경우가 있다.

18. <u>배분적 정의</u> 의 관점에서, Ⓐ와 Ⓑ를 평가한 내용으로 가장 적절한 것은?

① 과실 여부를 판단할 때 사회 평균인을 기준으로 한다는 점에서, Ⓐ를 Ⓑ보다 정당한 것으로 평가하겠군.
② 피해자의 과실이 있는 경우 가해자가 피해자의 손해를 예상했다면 피해자와 책임을 나눈다는 점에서, Ⓐ를 Ⓑ보다 정당한 것으로 평가하겠군.
③ 가해자의 입장에서는 자신의 과실에 대한 책임만 부담하면 된다는 점에서, Ⓑ를 Ⓐ보다 정당한 것으로 평가하겠군.
④ 피해자가 여럿이고 가해자가 단독일 경우 가해자가 손해배상액을 각각의 피해자에게 배분한다는 점에서, Ⓑ를 Ⓐ보다 정당한 것으로 평가하겠군.
⑤ 피해자의 입장에서는 가해자가 적을수록 자신이 받을 손해배상액이 늘어난다는 점에서, Ⓐ와 Ⓑ를 모두 정당한 것으로 평가하겠군.

19. ㉠의 이유로 가장 적절한 것은?

① 가해자와 피해자가 서로에게 동일한 금액을 배상하는 것이 공평하기 때문이다.

② 과실상계 여부를 판단할 때 가해자와 피해자의 과실 비율이 동일해야 하기 때문이다.

③ 과실상계는 피해자가 이미 지급 받은 손해배상액의 액수를 고려하여 적용되기 때문이다.

④ 과실상계를 적용할 때 동일한 기준으로 가해자와 피해자의 과실에 대해 판단하기 때문이다.

⑤ 피해자의 과실에 적용된 과실상계가 피해자가 받을 전체 손해배상액을 증액시키기 때문이다.

20. 〈보기〉는 (가), (나)의 내용을 학습하기 위한 자료의 일부이다. (가), (나)를 읽은 학생의 〈보기〉에 대한 반응으로 적절하지 **않은** 것은? [3점]

< 보 기 >

[가상의 상황]

○ 사건 당사자 : A 법인, B 사, C 씨

○ 사건 내용

– A 법인은 부주의로 인해 오류가 있는 경제 보고서를 작성했다. B 사는 이 보고서를 근거로 한 투자 상품을 C 씨에게 판매했는데, 이 과정에서 B 사는 투자 유의 사항을 제대로 설명하지 않았다. 그리고 C 씨는 잘못된 판단으로 성급하게 투자를 결정하여 10만 원의 손해를 입었다. C 씨는 자신의 손해가 A 법인과 B 사 때문임을 주장했다.

[판결 결과]

법원은 이 사건이 A 법인과 B 사의 과실만에 의해 발생한 공동불법행위라고 판단하며 C 씨의 과실도 인정함. 법원은 A 법인, B 사, C 씨의 과실 비율만 각각 30 %, 60 %, 10 %로 판단하고 A 법인, B 사 각자가 실제 배상할 금액은 지정해 주지 않음.

(단, 다른 상황은 고려하지 않음.)

---

① A 법인에 고의가 없다고 판결한 것은, A 법인의 부주의는 C 씨에게 손해를 가할 것임을 의도한 것은 아니라고 본 것이겠군.

② A 법인과 B 사의 과실에 대해 법원이 지정한 비율은, A 법인과 B 사 각자가 배상할 금액을 합의하여 정하는 기준이 될 수 있겠군.

③ A 법인의 과실이 B 사보다 작다고 판결한 것은, B 사가 파산하여 경제적 능력이 없더라도 A 법인이 단독으로 책임질 필요가 없다고 본 것이겠군.

④ A 법인과 B 사가 실제 배상할 금액을 법원이 지정해 주지 않은 것은, C 씨가 입은 손해를 A 법인과 B 사가 연대하여 배상해야 한다고 본 것이겠군.

⑤ C 씨의 과실을 인정한다고 판결한 것은, C 씨가 투자를 할 때 투자자에게 정상적으로 요구되는 의무를 제대로 지키지 않은 것이라고 본 것이겠군.

21. 밑줄 친 부분의 문맥적 의미가 ⓐ와 가장 유사한 것은?

① 나는 그를 제자로 <u>삼을</u> 것이다.

② 비단은 명주실을 <u>삼아서</u> 만든다.

③ 나는 요즘 취미 <u>삼아</u> 그림을 배우고 있다.

④ 그는 시골에서 자연을 벗 <u>삼아</u> 살고 있다.

⑤ 그는 근면을 신조로 <u>삼아</u> 최선을 다해 살았다.

[22~26] 다음 글을 읽고 물음에 답하시오.

도덕 심리학의 중심축을 형성해 온 콜버그의 인지 발달 이론에서는 도덕적 이해를 지식 구조, 즉 인지의 발달에 의한 것으로 보고, 도덕적 이해가 자동적으로 도덕적 행동을 이끌 것이라고 생각했다. 그런데 과연 도덕적 이해가 도덕적 행동을 보장할 수 있을까? 그렇지 않다고 생각할 수 있다. 도덕적으로 옳은 행동인 줄 알면서도 행하지 않는 경우가 많기 때문이다. 블라지는 콜버그의 이론에 의문을 제기하며, 왜 어떤 사람은 도덕적 이해가 행동으로 나타나고 어떤 사람은 그렇지 않은지에 관심을 기울였다. 블라지는 콜버그와 마찬가지로 도덕적 이해가 중요하다고 보았지만, 콜버그와 달리 도덕적 이해가 자아와 통합되는 과정을 거쳐야 도덕적 행동으로 이어진다고 보았다. 그는 이 과정에서 나타나는 자아의 능동적 역할을 강조하며, 도덕적 행동을 이끌기 위한 '도덕적 자아 모델'을 제시하였다.

도덕적 자아 모델 은 ㉠ 도덕적 이해로부터 ㉡ 도덕적 행동으로 이어지는 과정에 초점을 맞춘 모델이다. 이 모델에서는 도덕적 행동을 이끄는 데 있어 자아가 핵심적 역할을 한다고 보았다. 기존의 학자들이 자아가 무엇인지에 대한 개념적 정의에 관심을 두었다면, 블라지는 전체로서의 자아를 능동적으로 구성하는 방식으로 자아를 설명하는 것이 보다 적절하다고 보았다. 자아는 고정불변의 상태가 아니라 구성 방식에 따라 달리 나타날 수 있는데, 개인마다 다른 자아 구성의 방식에 따라 자아의 여러 특징들은 중심적인 것, 주변적인 것 등으로 위계가 정해진다. 예를 들어 어떤 사람은 자아를 구성하는 데 '친절'이나 '우정'을 '경쟁'보다 중심적 위치에, 어떤 사람은 주변적 위치에 놓을 수 있다. 블라지는 자아에 대한 이러한 견해를 통해, 인간은 선천적인 기질에 따라 살아가는 수동적인 존재가 아니라는 점을 강조한다.

도덕적 자아 모델에서는, 도덕적 이해가 도덕적 행동으로 나타날 수 있게 하는 심리적 요소로 '도덕적 정체성', '도덕적 책임감', '자아 일관성'을 강조하고 있는데, 이들은 자아 모델의 세 가지 핵심 구성 요소라고 할 수 있다. 도덕적 정체성은 도덕적 이해에 바탕을 두고 있어, 해야 할 행동의 방향을 일러 준다. 도덕적 책임감과 자아 일관성은 그 방향으로 나아갈 수 있는 추동력을 제공하여 도덕적 행동을 이끈다.

도덕적 자아 모델의 첫 번째 구성 요소인 도덕적 정체성은 도덕성을 자아의 중심에 두는 것, 즉 도덕성과 자아를 통합하는 것을 통해 정체성이 형성된 것이다. '도덕성'은 선악에 대한 보편적인 인식을, '정체성'은 본질적인 자아를 의미한다. 이때 도덕성이 자아의 중심이 되는 정도, 즉 도덕적 통합의 정도는 사람마다 다를 수 있다. 도덕적 통합은 '끊임없이 주의를 요하는, 부서지기 쉬운 것'이기에 본능적인 충동을 ⓐ 억제하려는, 의도적이고 지속적인 노력이 필요하다. 블라지는 도덕성을 자아의 중심에 두는 사람일수록, 자신의 도덕적 이상에 부합하는 삶을 ⓑ 추구하며 도덕적 이해를 행동으로 옮길 가능성이 높다고 보았다. 이러한 주장은 도덕적 이해가 도덕적 행동으로 나타나기 위해서는 도덕성을 자아의 중심에 둘 수 있도록 해야 한다는 것인데, 이때 도덕성을 자아의 중심에 두려면 도덕적 이해뿐만 아니라 도덕적인 사람이 되는 것에 대한 관심도 필요하다.

두 번째 구성 요소인 도덕적 책임감은, 어떤 행동이 도덕적으로 옳은지에 대한 판단과 더불어 그런 행동을 할 도덕적 의무가 있다는 것을 깨닫는 것이다. 도덕적 책임감은 도덕성이 자아와 통합된 결과로 나타나는데, 도덕적 책임감은 반드시 도덕적 행동으로 나타내야 하는 스스로에 대한 욕구이며, 외부의 기대나 요구에 의해 ⓒ 부여되는 것이 아니라 자아가 스스로에게 요구하는 엄중한 의무에 의해 생기게 되는 것이다.

세 번째 구성 요소인 자아 일관성은, 자신의 자아의식과 일치해서 살아가고자 하는 인간의 경향성을 의미한다. 블라지에 의하면, 자아 일관성은 단지 본능적인 경향성이나 자기 충족 욕구에 ⓓ 의한 것이 아니다. 자신의 도덕적 이상과 일치된 행동을 하려는 자아 일관성은 도덕적 정체성에서 나오며, 도덕적 책임감으로부터 도덕적 행동으로의 전환은 자아 일관성에 의해 뒷받침된다. 자신의 판단에 따라 행동하지 않는 것이 자아의 균열을 ⓔ 의미하기 때문이다. 자아의 여러 특징들 중 선(善), 정의, 공평 등과 같은 도덕적 범주를 자아의 중심에 둘 때, 자신의 도덕적 정체성과 일치된 행동을 하고자 하는 자아 일관성은 도덕적 행동을 이끄는 추동력이 된다.

22. 윗글의 내용과 일치하지 **않는** 것은?

① 콜버그는, 도덕적 행동을 이끌어 내는 데 지식 구조의 발달이 필요하다고 보았다.

② 콜버그는, 도덕적으로 옳은 줄 알면서도 행동하지 않는 이유를 인지 발달 이론을 통해 설명하였다.

③ 블라지는, 도덕성과 자아의 통합으로 형성된 정체성은 도덕적 이해에 바탕을 두고 있다고 보았다.

④ 블라지는, 자아는 고정된 것이 아니며 자아의 특징들은 서로 다른 위계를 가질 수 있다고 간주하였다.

⑤ 콜버그와 블라지는 모두, 도덕적으로 옳은 행동이 무엇인지를 아는 것이 도덕적 행동을 이끌어 내는 데 중요하다고 보았다.

23. 〈보기〉는 학자들이 나눈 가상 대화의 일부이다. [A]에 들어갈 내용으로 가장 적절한 것은?

---〈보 기〉---

갑 : ‘인지 부조화 이론’에 따르면, 개인의 사고와 행동 간의 불일치는 심리적으로 불쾌감을 주기 때문에 사람들은 불일치를 해소하려고 합니다. 건강에 나쁜 줄 알면서도 습관적으로 야식을 먹는 사람은, 야식을 참는 것이 스트레스를 유발해 정신 건강에 오히려 안 좋을 수 있다고 자신을 합리화함으로써 사고와 행동 간의 불일치를 해소하려고 하죠. 이런 사례도 ‘자아 일관성’으로 볼 수 있을까요?

을 : 블라지가 말하는 ‘자아 일관성’은 자기 합리화를 통한 불일치의 해소와는 달라요. 자아 일관성은 [A]

---

① 도덕적 책임감에서 비롯된 것으로, 자신의 행동이 도덕적으로 옳은지 판단하려는 욕구입니다.

② 도덕적 정체성에서 비롯된 것으로, 자신의 선천적 기질에 따라 살아가려는 욕구입니다.

③ 도덕적 정체성에서 비롯된 것으로, 자신의 도덕적 이상과 자신의 행위를 일치시키려는 욕구입니다.

④ 본능적인 경향성에서 비롯된 것으로, 자신의 사고와 일치된 행동으로 자아의 균열을 막으려는 욕구입니다.

⑤ 본능적인 경향성에서 비롯된 것으로, 자신의 판단에 따른 행동으로 심리적 불쾌감을 줄이려는 욕구입니다.

24. ‘블라지’의 견해를 바탕으로 ㉠과 ㉡에 대해 보인 반응으로 가장 적절한 것은?

① ㉠에 기반을 두지 않아도 ㉡이라고 평가할 만한 행위가 있겠군.

② ㉠이 ㉡으로 이어지기 위해서는 자아에서 선악에 대한 보편적 인식을 분리시켜야 하겠군.

③ ㉡이 ㉠으로 돌아가기 위해서는 자신의 자아의식에 따라 판단하려는 노력이 필요하겠군.

④ 다른 사람과의 경쟁이 중요한 것임을 아는 ㉠만 있으면, 경쟁에서 이기겠다는 ㉡으로 나아갈 추동력이 생기겠군.

⑤ 불우 이웃을 돕는 것이 옳은 행동임을 아는 ㉠이, 불우 이웃을 돕는 ㉡으로 이어지려면 자아의 능동성이 중요하겠군.

25. 〈보기〉는 윗글의 이해를 위한 학습지의 일부이다. 활동 과제를 수행한 내용으로 적절하지 않은 것은? [3점]

---〈보 기〉---

[활동 과제]

다음 사례를 바탕으로 도덕적 자아 모델 을 탐구해 보자.

○ A : 성실성은 없지만 평소 주변 사람들의 어려움을 살피고 배려함.

○ B : 정직하게 살겠다는 자신과의 약속을 반드시 지켜야 할 의무로 생각하고 실천함.

○ C : 정직하게 살겠다는 다짐을 지키려는 노력을 지속하지 못하고 본능적으로 거짓말을 반복함.

○ D : 교사가 제시한 실천 과제에 따라 도덕적으로 바람직한 행동을 일상에서 생활화함.

---

① A는, 자아를 구성하는 데 있어 ‘배려’를 ‘성실’보다 더 중심적 위치에 놓았겠군.

② B는, 자아가 스스로에게 요구하는 엄중한 의무에 의해 자신과의 약속을 반드시 지킬 의무가 있다고 생각했겠군.

③ C는, 도덕적 통합을 위해 필요한, 본능적인 충동을 억제하려는 지속적인 노력을 하지 않아 거짓말을 반복한 것이겠군.

④ D는, 외부의 요구에 의해 도덕적 책임감이 부여되어 바람직한 행동을 생활화했겠군.

⑤ B는 C보다, ‘정직’이라는 도덕적 범주를 자아와 통합한 정도가 더 높을 수 있겠군.

26. 문맥상 ⓐ~ⓔ와 바꾸어 쓰기에 적절하지 않은 것은?

① ⓐ : 억누르려는

② ⓑ : 넘보며

③ ⓒ : 주어지는

④ ⓓ : 말미암은

⑤ ⓔ : 뜻하기

[27~30] 다음 글을 읽고 물음에 답하시오.

구조물은 부재를 바탕으로 구성되는데, 외부에서 작용하는 힘인 하중을 받는다. 구조물은 하중에 의해 파손되어 영구적으로 변형될 수 있으므로, 구조물을 설계할 때는 부재에 가해질 하중과 부재의 허용하중을 계산해야 한다. 허용하중은 구조물의 안전을 위해 부재에 허용되는 하중의 최댓값인데, 구조물의 안전을 위해서는 부재에 가해질 하중보다 부재의 허용하중을 더 크게 설계해야 한다.

하중에는 부재의 단면에 수직 방향으로 작용하는 수직하중이 있다. 수직하중은 부재를 수축시키는 방향으로 작용하는 힘과 부재를 늘리는 방향으로 작용하는 힘을 말하며, 이를 각각 압축하중과 인장하중이라고 한다. 일반적으로 부재는 압축하중보다 인장하중에 더 취약한 경우가 많다. 따라서 구조물을 설계할 때 인장하중에 대한 허용하중은 중요한 요소로 다뤄진다. 인장하중에 대한 허용하중을 계산하기 위해서는 부재의 단면에 작용하는 허용응력을 먼저 계산해야 한다. 응력은 하중에 의해 부재의 단면에 나타나는 힘으로, 하중을 단면의 면적으로 나누어 구한다. 허용응력은 부재의 안전을 위해 부재에 허용되는 응력의 최댓값으로, 인장하중에 대한 허용응력을 구할 때는 부재를 구성하는 재료의 다양한 물리적 성질을 파악해야 한다. 이를 위해 인장 시험을 시행한다. 인장 시험은 시편*에 가하는 인장하중을 일정 크기만큼 점진적으로 늘리는 방식으로 진행하는데, 인장하중의 변화에 따라 시편의 늘어난 길이를 측정한다.

구조물에 널리 사용되는 금속인 연강을 대상으로 인장 시험을 한다고 해 보자. 시편에 인장하중이 점진적으로 가해지면 시편의 단면에는 인장하중에 의한 응력이 나타나고, 시편의 최초 길이에 대해 늘어난 길이의 비율인 변형률을 구할 수 있다. 연강의 응력과 변형률의 관계에서는 크게 탄성 구간, 소성변형 구간, 변형경화 구간, 네킹 구간이 나타나는 것이 일반적이다. 먼저 탄성 구간에서는 인장하중을 점진적으로 증가시킬 때 응력이 증가함에 따라 시편의 변형률이 증가하며, 응력과 시편의 변형률은 비례 관계이다. 이 구간은 재료의 탄성이 작용하는 구간이므로, 만약 이 구간에서 시편에 가해진 인장하중을 제거한다고 가정하면, 시편은 탄성에 의해 원래의 길이로 되돌아가게 된다. 탄성의 정도는 탄성계수로 나타낸다. 탄성계수는 재료마다 다른 고유한 값으로 탄성계수가 작은 재료일수록 탄성이 크다. 이후 탄성 구간을 넘어서는 인장하중이 가해지면 소성변형 구간이 시작된다. 소성변형 구간이 시작되는 지점에서 시편은 탄성을 잃는다. 이는 소성변형 구간에서 시편의 결정 구조 및 원자의 결합 상태에 변형이 일어나, 시편에 영구적인 변형이 생겼음을 의미한다. 소성변형 구간이 시작되는 지점의 응력을 항복응력이라고 하며, 소성변형 구간에서는 시편의 변형률이 급격하게 증가한다. 소성변형 구간이 끝나면 변형경화 구간이 나타난다. 이 구간에서는 응력이 증가함에 따라 시편의 변형률이 증가하고, 응력이 계속 증가하여 극한응력을 넘으면 네킹 구간에 진입한다. 네킹 구간에서는 시편의 변형률이 계속 증가하다가 시편이 완전히 끊어지

는 파단 현상이 발생한다.

이처럼 연강의 인장 시험에서는 네 개의 구간과 항복응력 및 극한응력이 뚜렷하게 나타난다. 이는 인장하중이 가해졌을 때, 연강이 가늘고 길게 늘어나는 성질을 가진 재료인 연성 재료이기 때문이다. 반면에, 취성 재료는 가늘고 길게 늘어나는 성질이 거의 없어, 탄성 구간을 넘어서는 인장하중이 가해졌을 때 거의 늘어나지 않고 끊어지는 재료이다. 취성 재료는 항복응력과 소성변형 구간이 뚜렷하지 않고 대체로 극한응력이 뚜렷하다. 유리는 대표적인 취성 재료로, 연성이 거의 없어서 탄성 구간을 넘어서는 인장하중이 가해졌을 때 거의 늘어나지 않고 파단되어 영구적 변형이 일어난다.

부재가 하중에 의해 파손되어 영구적으로 변형되는 것을 예방하기 위해, 재료의 특성에 따라 먼저 허용응력을 산출해야 한다. 일반적으로 연성 재료는 항복응력을, 취성 재료는 극한응력을 각각 안전계수로 나누어 허용응력을 구한다. 이때 안전계수는 부재가 하중에 의해 파손되어 영구적으로 변형되지 않도록 하는 역할을 한다. 안전계수는 허용응력을 항복응력이나 극한응력보다 낮추기 위해 1을 초과하는 값으로 결정되며 ㉠ 안전계수가 클수록 허용응력은 낮아진다. 허용응력을 구한 후에는 허용응력에 부재의 단면의 면적을 곱하여 허용하중을 산출할 수 있다. 이는 부재의 단면의 면적에 따라 허용하중이 달라질 수 있음을 의미한다.

* 시편 : 역학적 시험을 하기 위하여 만든 일정한 형상과 치수의 재료

27. 윗글을 이해한 내용으로 적절하지 <u>않은</u> 것은?

① 유리는 탄성 구간을 넘어서는 인장하중이 가해졌을 때 거의 늘어나지 않는다.
② 구조물을 설계할 때는 부재에 가해질 하중과 허용하중을 계산할 필요가 있다.
③ 탄성계수는 재료마다 다른 고유한 값이며, 탄성계수가 작은 재료일수록 탄성이 크다.
④ 수직하중은 부재의 단면에 수직 방향으로 작용하는 힘으로, 압축하중과 인장하중으로 구분된다.
⑤ 부재는 인장하중보다 압축하중에 취약한 경우가 많으므로 인장하중은 구조물 설계 시 중요하게 고려되는 요소이다.

28. 〈보기〉는 인장 시험 에 대해 학생이 정리한 내용이다. ⓐ~ⓔ에 들어갈 내용으로 적절하지 <u>않은</u> 것은?

<보 기>

○ 시험 대상 : 구조물에 널리 사용되는 금속인 연강
○ 시험 목적 : [ⓐ]
○ 시험 내용 정리 : 인장하중의 변화에 따른 연강의 응력과 변형률의 관계를 바탕으로 네 개의 구간을 나눌 수 있으며, 구간별 특징을 정리하면 다음과 같다.

탄성 구간	소성변형 구간	변형경화 구간	네킹 구간
ⓑ	ⓒ	ⓓ	ⓔ

ⓑ → ⓒ → ⓓ → ⓔ

---

① ⓐ : 연강의 다양한 물리적 성질을 파악한다.
② ⓑ : 연강 시편에 가해진 인장하중을 제거한다면 시편의 길이가 원래의 길이로 되돌아가게 된다.
③ ⓒ : 연강 시편이 탄성을 잃으며 시편의 변형률은 급격하게 증가한다.
④ ⓓ : 응력이 증가하여 연강 시편에 파단 현상이 발생한다.
⑤ ⓔ : 연강 시편의 변형률이 계속 증가하다가 시편이 완전히 끊어진다.

29. ㉠의 이유로 가장 적절한 것은?

① 안전계수가 항복응력이나 극한응력보다 커야 하기 때문이다.
② 항복응력이나 극한응력이 커질수록 안전계수는 작아지기 때문이다.
③ 허용응력은 항복응력이나 극한응력을 안전계수로 나눈 값이기 때문이다.
④ 항복응력이나 극한응력에 따라 안전계수를 다르게 계산할 수 있기 때문이다.
⑤ 허용응력과 항복응력을 안전계수로 나눈 값이 극한응력과 비례하기 때문이다.

30. 〈보기〉는 윗글의 내용을 이해하기 위한 학습 자료의 일부이다. 학생의 반응으로 적절하지 <u>않은</u> 것은? [3점]

<보 기>

항복응력이 140 MPa*, 극한응력이 150 MPa인 연성 재료 A와 항복응력이 뚜렷하지 않고 극한응력이 100 MPa인 취성 재료 B가 있다. 갑은 부재 ㄱ의 제작에 재료 A를, 부재 ㄴ의 제작에 재료 B를 사용하는 설계 시안을 다음과 같이 구성하였다. 이때 현재 시점에서 ㄱ, ㄴ에 가해질 것으로 예상되는 인장하중은 300 N이며, ㄱ, ㄴ의 허용응력 계산에는 안전계수 2를 사용한다.
(단, A, B는 ㄱ, ㄴ의 제작에 모두 사용 가능하며, ㄱ, ㄴ은 각각 단일 재료로 제작한다. 다른 상황은 고려하지 않는다.)

부재	허용응력 (MPa)	단면의 면적 (mm²)	허용하중 (N)
ㄱ	70	10	700
ㄴ	50	5	250

* MPa : 응력의 단위.

---

① ㄱ은 ㄴ보다 부재에 허용되는 하중의 최댓값이 크게 설계되어 있군.
② ㄱ과 ㄴ의 허용응력을 구하기 위해 A는 항복응력을, B는 극한응력을 안전계수로 나누었군.
③ ㄱ은 예상되는 인장하중에 의한 응력이 A의 항복응력보다 작으므로, ㄱ의 결정 구조 및 원자의 결합 상태에 변형이 생기지 않겠군.
④ ㄴ은 단면의 면적을 변경하지 않고 재료를 A로 교체하면, 허용하중이 인장하중보다 작아지므로 안전을 담보할 수 없겠군.
⑤ ㄱ과 ㄴ에 가해질 인장하중이 예상보다 2배로 커질 경우, ㄱ은 ㄴ과 달리 단면의 면적을 늘리지 않더라도 영구적 변형이 일어나지 않겠군.

[31~33] 다음 글을 읽고 물음에 답하시오.

(가)

가지마다 파아란 하늘을
바뜰었다.
파릇한 새순이 꽃보다 고웁다.

청송(靑松)이래도 가을 되면
홀 홀 낙엽(落葉) 진다 하느니,

봄마다 새로 젊은
자랑이 사랑웁다.

낮에 **햇볕** 입고
밤에 별이 소올솔 내리는
이슬 마시고,

파릇한 새 순이
여름으로 자란다.

– 박두진, 「낙엽송(落葉松)」 –

(나)

1

　　나는 불을 끈다.
　　꿈꾸는 시간을 위해 나는 불을 끈다.
[A]　메마른 껍질로 둘러진 현실의 울타리 안에는
　　한 포기 풀도 자라지 못하는 가뭄의 뜰이 있고,

　　불모(不毛)의 뜰에서는 뿌리도 타는 목마름과
　　비틀어진 가지에 마른 나뭇잎들이 보스라지고 있다.
[B]　나는 불을 끈다.
　　꿈꾸는 시간을 위하여 나는 불을 끈다.

2

　　불을 끈 시간의 끝에서
　　가뭄에 마른 현실의 시체에 꽃이 달리는
[C]　찬란한 화재(火災)를 위해 지피는 **불길**은
　　거인(巨人)처럼 치솟아 꿈 속을 밝힌다.

　　요원(遼遠)의 그슬린 **검은 잿더미 위**에서
　　푸른 바다가 번져가고
[D]　**싱그러운 냄새가 뿜어 삼월(三月)의 뜰**을 만드는
　　삼월의 사상(思想)을 위하여.

3

[E]　나는 불을 끈다.
　　꿈꾸는 시간을 위해 나는 **지하층계**를 딛고 내려간다.

　　가는 물줄기는 **어느 샘**에 뿌리를 박고
　　질적질적 땅을 적시고 있다.

　　마른 뿌리는 가는 물줄기에 주둥이를 박고
　　지금 목을 축이고 있다.
[F]　나는 불을 끈다.
　　불을 켜는 시간을 위해 나는 불을 끈다.

– 박남수, 「소등(消燈)」 –

31. (가)와 (나)의 공통점으로 가장 적절한 것은?

① 감탄사를 사용하여 애상적 정서를 표현하고 있다.
② 동일한 연을 반복하여 주제 의식을 강조하고 있다.
③ 명령형 어조를 사용하여 시적 분위기를 고조시키고 있다.
④ 색채 이미지를 활용하여 대상을 감각적으로 나타내고 있다.
⑤ 경어체를 사용하여 대상에 대한 예찬적 태도를 드러내고 있다.

32. [A]~[F]에 대한 이해로 적절하지 <u>않은</u> 것은?

① [A]에서 '울타리 안'의 상황은, [B]에서 '나뭇잎들이 보스라지'는 모습으로 구체화된다.
② [B]에서 '불을 끈다'는 화자의 행위에는, [C]에서 '불을 끈 시간의 끝'에서의 상황을 마주하려는 의도가 담겨 있다.
③ [D]에서 '그슬린' 대상은, [C]의 불을 '지피는' 행위와 관련된다.
④ [E]에서 다른 대상과 상생하는 '물줄기'는, [F]에서 다른 대상에게 의지하는 '물줄기'로 전환된다.
⑤ [F]에 나타난 '뿌리'의 모습은, [B]에서 '뿌리'가 처한 상황과 대비된다.

→ 해설편 **301쪽**

33. 〈보기〉를 바탕으로 (가), (나)를 감상한 내용으로 적절하지 <u>않은</u> 것은? [3점]

<보 기>

(가)와 (나)에는 모두 소멸이 생성으로 이어진다는 인식이 드러난다. (가)의 화자는 계절의 변화라는 자연의 질서에 따라 죽음, 탄생, 성장을 반복하는 생명의 모습을 드러낸다. (나)의 화자는 척박한 현실이 생명력 있는 세계로 전환되기를 소망하며, 생명력 회복에 대한 지향을 드러낸다.

---

① (가)의 '파릇한 새 순'이 '여름으로 자란다'는 것에 계절의 변화에 따라 달라지는 생명의 모습이 드러나 있군.

② (나)의 '가뭄에 마른 현실'에 '불길'이 '거인처럼 치솟'는다는 것에 화자가 현실의 척박함을 인식하게 된 계기가 나타나 있군.

③ (나)의 '싱그러운 냄새가 뿜어' 만드는 '삼월의 뜰'에 화자가 지향하는 생명력 있는 세계가 형상화되어 있군.

④ (가)의 '홀 홀 낙엽'지는 청송이 '봄마다 새로 젊'다는 것에, (나)의 '검은 잿더미 위'에 '푸른 바다가 번져'간다는 것에 모두 소멸 이후 생성이 이어진다는 인식이 드러나 있군.

⑤ (가)의 '햇볕'을 입고 '이슬'을 마시는 것에 생명의 성장을 위한 과정이, (나)의 '지하층계'를 내려가 '어느 샘'을 인식하는 것에 화자의 의식에 내재된 생명력 회복에 대한 바람이 드러나 있군.

[34~37] 다음 글을 읽고 물음에 답하시오.

(가)

㉠ 저기 가는 저 노농(老農)아 이내 농가(農歌) 살펴 들소
나라의 믿는 근본 우리 백성 그 아니며
우리 백성 믿는 근본 이내 **농사** 아니겠나
크고도 저 큰 사업 **천하 대본** 이뿐이라
밭이랑에 좋은 씨앗 일궈 묵힐 자리 살펴
농사 준비 이 **모춘(暮春)에 때 지키기** 급선무라

(중략)

묻노라 나라 조세 하은주(夏殷周)*와 어떠한고
공법(貢法) 조법(助法) 조세제는 하은(夏殷) 때에 끼친 법이라
주 나라 철법(徹法)은 십일지세(什一之稅) 그 아닌가
이렇듯 끼친 제도 역대 성조 본을 받아
가볍게 부과함은 이웃까지 좋을시고
어찌하여 권세부려 세금 고하 못 정하니
더할 세금 무슨 일인고 가렴(苛斂)은 어이 할꼬
여러 나라 어디인고 길쌈 허탕 오늘이라
봄엔 새 실 먼저 팔고 여름 곡식 다시 내니
중엄하다 저 조세를 어찌 아니 두려울까
아아 농부들아 농사 때를 놓치게 되면
이내 중세(重稅) 어이 할꼬 번거롭다 사양 마오
이 사이 저 사이에 섞어 핀 저 악초(惡草)를
어찌하여 용서할까 모든 뿌리 제거하세
제거 못 하면 어이 하리 송인 알묘(宋人揠苗) 이 때문이라
상한 새싹 물론이요 뿌린 씨와 자라는 씨에 가정(苛政)이라
금년에 못 다 하면 명년 제초 누가 할꼬
새싹 나와도 안 여무니 악초의 탓 그 아닌가
묘(苗) 논에 있는 가라지 간신과 어떠하며
조 밭에 있는 쭉정이 오랑캐와 어떠한고
㉡ 풍우 뒤에 저 황충(蝗虫)* 도적떼처럼 생기는구나
빼어난 저 큰 벼는 군자처럼 곤고(困苦)하다*
이내 농부 아니라면 우리 군자 기를손가
하자꾸나 이내 농사 더욱 바삐 하자꾸나
세금도 내려니와 현인 보필 않을 손가
소인 쫓고 군자 등용 왕실의 큰 정치라
악초 제거 좋은 벼 재배 전가(田家)의 급무로다
아아 저 농부야 다시 힘써 하자꾸나

– 정해정, 「민농가」 –

* 하은주 : 고대 중국의 세 국가인 하, 은, 주를 일컫는 말.
* 황충 : 메뚜기.
* 곤고하다 : 형편이나 처지 따위가 딱하고 어렵다.

(나)

비옹(否翁)이 정원을 거닐고 있는데, 패랭이를 쓰고 동달이를 입은 어떤 사람이 지나가고 있었다. 걸음을 멈추고 그와 이야기

→ 해설편 **302쪽**

를 나누었는데, 갑자기 어떤 ⓐ 객이 이르러 깜짝 놀라 말했다.

"이 사람은 광주(廣州)의 무두장이 거복(巨福)입니다. 그대는 어찌하여 이 사람과 마주 앉아 있습니까?"

그러자 거복이 발끈 노하여 말했다.

"무두장이도 사람일 뿐입니다. ⓒ <u>어찌하여 마주 앉지 못한단 말입니까?</u>"

비옹이 말했다.

"**무두장이는 살생을 업으로 삼으니, 군자가 무두장이를 어질게 여기지 않는다.**"

거복이 말했다.

"사냥하여 사슴 잡는 것을 호방하게 여기는 것, 낚시질하여 물고기 잡는 것을 고아(高雅)하게 여기는 것, 벼슬하여 사람을 죽여 영예로워지는 것, 도축하여 소를 죽여 배불리 먹는 것, **이 모두 살생한다는 점은 똑같습니다.**"

비옹이 또한 발끈 노하여 말했다.

"**네가 감히 벼슬아치가 되고자 하느냐?** 사냥하고 낚시하고 벼슬하면서 죽이는 것은 모두 자기의 뜻으로 살생하는 것이다. 너는 남의 지시를 받아 도축하여 가축을 괴롭혀서 돈을 구하면서도 오히려 비루하지 않다고 여기느냐?"

거복이 피식 웃으며 말했다.

"소인은 어리석고 우둔하니, 벼슬하는 일을 어디에서 들었겠습니까? 소인이 일찍이 재상과 이웃이 되어 재상을 뵈었습니다. 어떤 ⓑ 객이 왔는데, 재상의 키가 작은데도 그 객은 키가 크다고 말했으며, 재상의 허리가 굽었는데도 그 객은 곧다고 말했습니다. 이 객이 가고 나서 얼마 지나지 않아 다시 왔는데, 객의 이름이 이미 황지(黃紙)*에 적혀 있었습니다. 한편, 재상의 키가 작은데 다른 ⓒ 객은 키가 작다고 말했고, 재상의 허리가 굽었는데 그 객은 굽었다고 말했습니다. 그 객이 가고 난 뒤, 재상은 이전에 왔던 객을 급히 불러와 귀에 대고 속삭였습니다. 얼마 지나지 않아 '키가 작다', '허리가 굽었다'라고 말했던 객은 이미 형벌을 받아 죽었다는 말이 들렸고, 귓속말을 들었던 객이 다시 왔는데 이미 관복을 입고 있었습니다. 그러니 다른 이의 지시를 받는 것도 똑같고, 다른 이를 죽여서 무언가를 구하는 것도 똑같습니다. 다만 작은 것을 작다 하고 굽은 것을 굽었다고 말한 사람을 가축을 괴롭히는 것에 비견할 수는 없겠으나, 높은 벼슬과 많은 재물이 서로 얼마만큼 거리가 있는지는 잘 모르겠습니다."

비옹이 멍해져 억지로 응답했다.

"네가 비교한 것에는 여전히 차이점이 있다. ⓓ <u>너는 손으로 흉기를 잡아 똥이 신발을 더럽히고 피가 옷소매를 적신다.</u> 벼슬하는 자의 경우엔 이런 것이 있느냐?"

거복이 또 피식 웃으며 말했다.

"옹께서 분간하시는 것이 과연 이처럼 보잘것없군요. 남의 작은 키를 크다고 하고 남의 굽은 허리를 곧다고 하여 이름이 적힌 종이를 누렇게 물들이는 것이 똥에 더럽혀진 신발에 가깝지 않습니까. 또 작은 키를 작다 하고 굽은 허리를 굽었다고 한 사람을 죽여, 입은 옷을 붉게 물들이는 것이 어찌 피에 젖은 옷소

매와 다르겠습니까. **법을 교묘히 엮고 형벌을 멋대로 사용하는 것은 또 어떻습니까.** 저는 저의 도끼를 휘두르는 자이니, 소인의 어리석음과 우둔함은 단지 고향 이웃들에게만 알려질 뿐입니다. 옹께서는 선비이신데, 사실의 정밀함을 궁구하지 않은 채 단지 대략적인 것만 논하고, 마음보의 세밀함은 살피지 않은 채 단지 드러난 현상만 갖고 말씀하시어, ⓔ <u>낡은 풍속에 부화뇌동해서 세상 사람이 두려워하는 자를 두려워하고 세상 사람이 업신여기는 자를 업신여기시는군요.</u> 아, 개탄스럽지 않겠습니까."

비옹이 이에 말문이 막혀 조용히 인사하고, 읍하고 문에서 전송해주었다.

– 유희, 「박장대(剝匠對)」 –

* 황지 : 과거 급제자의 성명을 기록하는 데 사용된 누런색 종이.

34. (가)와 (나)에 대한 설명으로 가장 적절한 것은?

① (가)와 달리 (나)는 사물에 인격을 부여하여 대상을 생동감 있게 표현하고 있다.

② (나)와 달리 (가)는 음성 상징어를 활용하여 대상의 속성을 드러내고 있다.

③ (나)와 달리 (가)는 열거와 연쇄의 방식을 통해 자신의 주장을 뒷받침하고 있다.

④ (가)와 (나)는 모두 물음의 형식을 통해 상황에 대한 판단을 드러내고 있다.

⑤ (가)와 (나)는 모두 원경에서 근경으로 시선을 옮기며 심리 변화를 드러내고 있다.

35. ⓐ~ⓔ에 대한 이해로 적절하지 <u>않은</u> 것은?

① ⓐ : 청자를 부르며 말을 건네는 모습이 드러난다.

② ⓑ : 부정적 상황을 유발하는 자연물이 드러난다.

③ ⓒ : 자신을 무시하는 상대의 발언에 대한 분한 감정이 드러난다.

④ ⓓ : 상대의 처지가 자신처럼 열악하다는 인식이 드러난다.

⑤ ⓔ : 남에게 동조하는 상대의 태도를 지적하는 모습이 드러난다.

36. ⓐ~ⓒ에 대한 이해로 가장 적절한 것은?

① ⓐ는 ⓒ로 인하여 예상하지 못한 상황에 처하게 된다.
② ⓑ는 ⓒ의 기대에 부합하는 행동을 하려고 노력한다.
③ ⓒ는 ⓑ를 이용하여 자신의 목적을 달성하려고 한다.
④ ⓐ와 ⓑ는 자신이 처한 상황을 모면하기 위해 다른 인물의 행동을 지지한다.
⑤ ⓑ와 ⓒ는 동일한 대상에 대한 상반된 평가를 함으로써 서로 다른 상황에 처한다.

37. 〈보기〉를 바탕으로 (가), (나)를 감상한 내용으로 적절하지 않은 것은? [3점]

> ─────〈 보 기 〉─────
>
> (가)와 (나)는 비판의 주체 또는 대상으로 등장하는 사대부를 통해, 조선 후기 사회의 문제 상황을 바라보는 사대부 작가의 의식 세계를 형상화하고 있다. (가)의 화자인 사대부는 농부의 삶을 가치 있게 바라보며 농부가 해야 할 일을 강조함과 동시에 정치 현실을 농사의 상황에 빗대어 비판하는 주체로 나타난다. (나)의 등장인물인 사대부는 무두장이의 삶을 낮추어 보는 위선적 태도를 보여 주는 인물로 그려져 비판의 대상이 된다.

① (가)의 '밭이랑에 좋은 씨앗 일궈 묵힐 자리 살'피고 '모춘'에 '때'를 '지키'라는 것에서 시기에 맞게 농부가 해야 할 일을 강조하는 화자인 사대부의 모습을 확인할 수 있군.

② (가)의 농부에게 '악초'를 '제거'하는 것과 '소인'을 '쫓'는 '정치'의 필요성을 함께 말하는 것에서 농사의 상황에 빗대어 정치 현실을 비판하는 화자인 사대부의 태도를 확인할 수 있군.

③ (나)의 '무두장이는 살생을 업으로 삼'는다는 비웃음의 말에 대해 '모두 살생한다는 점'에서 '똑같'다고 거복이 반론하는 것에서 등장인물인 사대부의 위선적 태도를 비판하는 사대부 작가의 의식을 확인할 수 있군.

④ (가)의 화자인 사대부가 '더할 세금 무슨 일'이냐고 하는 것과, (나)에서 거복이 '법을 교묘히 엮고 형벌을 멋대로 사용하는 것'에 대해 등장인물인 사대부에게 말하는 것에서 당대 백성들의 어려움에 대한 사대부 작가의 인식을 확인할 수 있군.

⑤ (가)의 화자인 사대부가 '농사'를 '천하 대본'이라고 하는 것에서 농부의 삶을 가치 있게 보는 모습을, (나)의 등장인물인 사대부가 '네가 감히 벼슬아치가 되고자 하느냐'고 하는 것에서 신분 상승을 꾀하는 무두장이의 삶을 낮추어 보는 모습을 확인할 수 있군.

[38~41] 다음 글을 읽고 물음에 답하시오.

"아니, 작은 것 한 장도 못 되는 돈 갖고 이 바닥에서 독채 전세를 얻겠다고?"

그러더니 다시 한바탕 해소라도 발작한 것같이 급하게 웃었다. 거금 구십만원을 작은 것 한 장도 안 된다니, 이 노인이 귀가 좀 어두운가 해서 나는 다시 목청을 돋우어 구십만원을 강조했다.

그래도 노인은 탁하고 급한 웃음을 멎을 척도 안 했다. 사무실 앞에 **승용차가 나란히 두 대가 멎**더니 부인들과 신사들이 섞인 한 떼가 안으로 들이닥쳤다. 이곳도 결코 파리 날리는 한가한 곳이 아니었던 것이다.

"사모님, 지금 보신 **그 땅** 눈 꽉 감고 잡아놓으십시다. 글쎄 문제없다니까요. 중도금 치르기 전에 평당 오천원 띄기는 누워서 떡 먹기라니까요."

젊은 신사들이 부인들을 꾀고 노인도 합세했다.

"우리하고 손잡고 이 바닥에서 큰돈 잡은 사모님네들 숱합니다, 숱해."

나는 그들에게 완전히 잊혀졌다. 영아 기저귀를 갈아주고 다시 업고 나올 때까지 아무도 거들떠보지 않았다. 나는 다시 버스를 타고 이 아름다운 신흥 주택가에 앙심을 품고 떠났다.

그 다음날은 수유리 쪽으로, 그 다음날은 망우리 쪽으로, 그 다음날은 갈현동 쪽으로 다녀봤지만 어디서고 구십만원짜리 독채 전세는 구경도 못 하고 다만 구십만원의 가치를 좀더 분명히 알아온 데 불과했다.

결국 우린 의논을 다시 해서 독채는 아니더라도 안집으로부터 뚝 떨어진 부엌도 따로 있고 출입문도 따로 있어 독립된 오붓한 생활을 할 수 있는 전세방을 구하기로 합의했다. 어차피 전셋집도 못 되는 전세방을 구할 바에야 구태여 교통이 불편한 변두리로 갈 게 뭐냐고 도심에 가까운 주택가를 돌기 시작했다. 구십만원짜리 전세방을 구한단 소리에 복덕방 영감의 반응은 괜찮았다. 사뭇 굽실대기까지 했다. 그 바람에 나도 좀 배짱을 부렸다. 방이 깨끗하고 널찍해야 된다느니, 부엌에 상하수도 시설이 갖춰져야 한다느니, 그리고 남편이 하던 소리도 했다. 정원이 있는 양옥집이어야 하고 주인집에 전화가 있어야 한다고 말이다. 나는 남편이 나한테 그런 소리를 했을 때 그 철딱서니 없음이 딱하고 한심해 대꾸도 안 했었는데 거드름을 부리고 싶은 나머지 ㉠그 소리까지 했다.

그런데 재수 나쁘게도 **첫번째 본 집**에서 등에 업힌 영아를 트집잡았다. 아무리 뚝 떨어진 방이지만 갓난애가 딸린 집은 싫다는 거였다. 주인여자는 외눈 하나 까딱 안 하고 ㉡그런 소리를 하며 우리 영아를 냉랭하게 쏘아보았다. 세상에 이럴 수가— 나는 그 여자의 시선에 못된 주술이라도 걸려 있어 우리 영아가 곧 어떻게 되는 것 같아 허둥지둥 그 집을 뛰쳐나왔다. 세상에, 겨우 생후 일 년밖에 안 된 천사 같은 것을 그런 독사 같은 눈으로 노려보다니, 정말 재수 옴 붙은 날이었다.

애는 무조건 싫다니, 그럼 **셋방살이 신세**가 무슨 **대역죄**라고 단종수술이라도 하란 말인가.

→ 해설편 305쪽

그러나 그 다음에 본 집도, 또 그 다음에 본 집도 아이를 꺼리기는 마찬가지였다. 마당에 기저귀 널어놓는 것 보기 싫다는 둥, 걸음마 타면 잔디를 망쳐놓을 거라는 둥, 꽃을 딸 거라는 둥, 멋대로 트집들을 잡았다. 어떤 점잖은 중년 부인은

"쯧쯧, 미련도 하지. 아이는 집 장만부터 하고 낳아야지 어쩌자고 아이부터 낳았수?"

ⓒ 그 여자 말을 들으니 집 장만하기 전에 아기를 낳는다는 일이 사생아를 낳는 일보다 훨씬 더 부끄러운 일로 여겨졌다. 나는 수치심으로 온몸이 불화로처럼 달아올랐다.

[중략 줄거리] 복덕방 영감은 애를 데리고 다니면 집을 얻기 힘들 것이라고 하고, 남편은 친정에 영아를 맡기고 둘이서 집을 알아보자고 한다.

"잔디 밟지 마세요." 주인여자가 맑고 차가운 목소리로 주의를 주고 먼저 현관으로 들어가더니 뒤란으로 난 **셋방**의 부엌문을 안에서 열어주었다. 부엌도 방도 넓고 정결하고 밝았다. 방의 벽지도 고급이었고 부엌의 상하수도 시설도 갖추어져 있었다. 여자가 다시 식구를 물었다. 남편이 **냉큼 두 내외뿐**이라고 하자 여자는,

"젊은 두 내외 믿을 수 있나요. 언제 애가 생길지. 그렇지만 어린애가 생기면 방은 당장 옮기실 각오하셔야 돼요."

하고 못을 박았다. 나는 가슴이 마구 두방망이질하는 걸 느꼈다. 영아도 영아였지만 나는 지금 몸에 이상을 느끼고 있는 중이었다. 어머니의 해몽에 의하면 아들이 틀림없다는 용꿈까지 꾼 뒤였고, 나도 낳는 김에 아주 아들 하나 더 낳고 그만둘 셈이었다. 그런데 이 여자는 남의 **배까지 흘끔흘끔** 보며 이런 **야박한 소리**를 거침없이 하는 것이었다. 나는 집에 대한 정나미까지 뚝 떨어지고 말았다. 그래도 남편은 이 집을 얻기를 고집했고, 언제나 그렇듯이 일은 남편 고집대로 되고 말았다.

"영아는 이사 가는 날 내가 당당히 안고 들어갈 테니 당신은 조금도 걱정 말라구. 제년이 어쩔 거야, 내 새끼 내가 끼고 들어 가는데."

이렇게 ⓔ 큰소리를 탕탕 치고는 정작 이사 가는 날은 딴소리를 했다.

"여보, 장모님 기력도 예전 같으시잖은데 이삿짐 거들어주십사기도 뭣하니, 여보, 집에서 편히 영아나 좀 봐주십사고 합시다."

이삿짐을 대충 정리하고 밤에 영아를 데리러 나서려는데 남편은 또 ⓜ 딴소리를 했다.

"여보, 이 다음 공일까지만 영아를 외할머니한테 두어둡시다. 이 기회에 아주 젖을 떼게. 돌이 넘도록 젖을 빨린다는 건 무식하고 야만적이야. 더군다나 임신 초기에 젖을 그대로 빨린다는 건 애에게도 해롭고 모체에게도 해롭고 태아에게도 해롭고 그야말로 백해무익이라는 거야."

고대하던 다음 일요일, 나는 일찍부터 **친정 나들이**를 서둘렀

다. 남편도 순순히 따라나섰다. 집을 비우려면 뒤란으로 난 부엌문을 안에서 잠그고 주인집 마루를 지나 현관으로 나가야 한다. 주인여자가 괜히 샐쭉하며 동부인해서 정답게 어디를 가느냐고 했다.

"네, 이 사람 외식도 좀 시키고 쇼핑도 좀 하려구요."

"어머머, 재미가 깨가 쏟아지셔."

"그럼요, 아이 없을 때 실컷 재미 봐야지 언제 봅니까."

오늘은 꼭 영아를 데려오고야 말겠다던 남편의 수작이 이랬다. 나는 가슴이 막히는 듯한 **절망감을 느꼈다.**

일 주일 동안에 영아는 많이 여위었다.

목이 상큼하고 눈은 더 크고 슬퍼 보였다. 어머니도 많이 수척해지신 것 같았다. 올케의 기색도 안 좋았다.

– 박완서, 「서글픈 순방(巡房)」 –

38. 윗글에 대한 설명으로 가장 적절한 것은?

① 여러 인물의 내적 독백을 나열하여 주제를 드러내고 있다.

② 과거와 현재를 반복적으로 교차하여 갈등 해소의 실마리를 제시하고 있다.

③ 외부 이야기 속에 내부 이야기를 삽입하여 이야기의 신뢰도를 높이고 있다.

④ 작품 내부의 서술자가 자신이 겪은 사건을 진술하며 주관적 판단을 드러내고 있다.

⑤ 인물의 표정 변화와 내면 변화를 반대로 서술하여 그 인물의 특성을 부각하고 있다.

39. ⓐ～ⓜ에 대한 이해로 적절하지 **않은** 것은?

① ⓐ은 '나'의 태도가 과거와 달라졌음을 보여 준다.

② ⓑ은 '나'의 상황에 '주인여자'가 공감한다는 내용을 담고 있다.

③ ⓒ은 '나'가 자신의 상황을 돌아보며 수치심을 느끼게 한다.

④ ⓔ은 '나'의 걱정과 관련해 '남편'이 앞으로 무엇을 하겠다는 것인지를 언급한다.

⑤ ⓜ은 '나'의 바람과 '남편'의 생각이 다름을 보여 준다.

40. 〈보기〉에 따라 윗글을 이해한 내용으로 가장 적절한 것은?

〈 보 기 〉

선생님 : 이 작품에는 '구십만원'을 둘러싼 인물들의 다양
한 행동이 드러나 있습니다. 행동의 이유에 주목
하여 작품을 읽어 봅시다.

---

① '복덕방 영감'이 '나'에게 굽실거리는 이유는 '복덕방 영감'이 '구십만원'의 가치에 대해 오해를 하고 있었기 때문이에요.
② '나'가 '남편'과 의논하여 구하는 집의 조건을 변경한 이유는 '구십만원'의 가치에 대한 인식이 바뀌었기 때문이에요.
③ '노인'이 웃음을 터뜨린 이유는 '구십만원'의 가치에 대한 '나'의 인식을 이용하여 이득을 볼 수 있으리라 생각했기 때문이에요.
④ '나'가 '노인'에게 '목청을 돋우어' '구십만원'을 강조한 이유는 '구십만원'의 가치에 대한 생각이 서로 일치함을 확인했기 때문이에요.
⑤ '나'가 '신흥 주택가'를 떠나 사흘 동안 세 지역을 다닌 이유는 '복덕방 영감'으로부터 '구십만원'의 가치라면 전세방을 구할 수 있다는 말을 들었기 때문이에요.

41. 〈보기〉를 참고하여 윗글을 감상한 내용으로 적절하지 <u>않은</u> 것은? [3점]

〈 보 기 〉

이 작품에서는 주거 공간이 정착의 수단이자 물질주의적 욕망의 대상으로 그려지고 있다. 부동산으로 부(富)를 축적하던 1970년대의 세태 속에서 가족의 터전을 찾는 인물들은 경제적 여유를 지닌 이들에 의해 삶의 방식을 간섭받는다. 이 과정에서 경제적 격차를 실감하며 현실의 부당함을 인식하게 되는 인물들은 부에 가치를 두는 정도에 따라 각기 다른 현실 대응 방식을 보여 준다.

---

① '승용차가 나란히 두 대가 멎'은 후 거기서 내린 '젊은 신사들'이 '그 땅'에 대해 말하는 부분에서, 부동산을 부의 축적 수단으로 인식하던 세태를 짐작할 수 있군.
② '나'가 '첫번째 본 집'을 나와서 '셋방살이 신세가 무슨 대역 죄'냐고 생각하는 부분에서, 주거 공간을 얻는 과정에서 마주한 현실이 부당하다고 느끼는 것을 짐작할 수 있군.
③ 주인여자가 '배까지 흘끔흘끔' 보면서 하는 말을 '나'가 '야박한 소리'라고 생각하는 부분에서, 경제적 여유를 지닌 이들에 의해 삶의 방식을 간섭받는 모습을 확인할 수 있군.
④ 남편이 '셋방'의 상태와 시설을 보고 주인여자의 말에 '냉큼 두 내외뿐'이라고 하는 부분에서, 대상의 물질적 조건을 고려하여 살 곳을 선택하는 현실 대응 방식을 확인할 수 있군.
⑤ '나'가 '친정 나들이'를 갈 때 주인여자에게 남편이 하는 말을 듣고 '절망감을 느'끼는 부분에서, 경제적 격차를 인지하지 못하고 가족의 정착만을 중시했던 태도를 후회하는 것을 확인할 수 있군.

[42~45] 다음 글을 읽고 물음에 답하시오.

[앞부분의 줄거리] 정 소저는 계모 박 씨의 모함을 의심 없이 받아들인 아버지 정공 때문에 위기에 처하고, 집에서 나와 숨어 다니던 중 도적을 만나 강물에 몸을 던진다. 이때, 정혼자 조무(용홍)와 동생 조성이 정 소저를 우연히 발견하여 구출한다.

소저가 매우 놀라며 말하였다.

"내가 외가로 가지 않고 구차하게 길가에서 분주하게 다닌 것은 조숙모에게 부끄럽고, 아버지의 허물을 드러내고 싶지 않아서였다. 뜻밖에 저 공자들을 만나니 내가 차마 사실을 말하여 부끄러움을 더하겠는가? 은인의 덕이 산과 바다 같으나 차마 근본을 아뢰게 되어 저 집에서 우리 집의 허물을 알게 되면 매우 부끄럽게 될 것이다. 모름지기 너는 다만 대답하기를 내가 타향에서 떠돌아다니다가 서울의 친척을 찾으러 왔다가 도적을 만나 물에 빠져 죽을 뻔했다고 말하여라. 조 공자가 이미 우리가 여자인 줄을 알았으니 남녀는 구별이 있는 것이다. 생명을 구해준 은혜에 몸소 사례하지 못함을 아뢰어라."

벽난과 춘앵이 굳이 근본을 이르지 말라는 소저의 말을 듣고 나와서 상의하여 말하였다.

"이제 하늘이 도와주셔서 조 공자를 만났으나 어찌 차마 좋은 기회를 놓치게 되면 우리 주인과 노비는 어디에 의지하며 소저의 백년가약을 어느 날 이루겠는가? 우리들이 가만히 사실을 아뢰어 조 공자가 일을 처리하는 것을 보아야겠구나."

이에 조 공자의 안전에 나가 말하였다.

[A]
"우리 소저께서는 타향에서 떠돌아다니시다 친척을 찾으러 왔다가 도적을 만나 물에 빠져 죽게 되었습니다. 은인께서 생명을 구해준 은혜를 입어 남은 목숨을 회생하게 되었습니다. 우리 소저께서 은혜는 태산 같사오나 몸소 사례치 못함을 아뢰라 하셨습니다."

조 공자들이 크게 아쉬워하고 섭섭해하며 어떻게 일을 처리할까를 마음속 깊이 생각하고 주저하고 있었다. 두 명의 시비가 다시 머리를 조아리며 말하였다.

"소저께서 차마 상공께 근본을 바로 고하지 못하여 이리 하였습니다만, 저희들이야 상공을 만나 사실대로 고하지 아니하겠습니까? 더욱 대공자는 저희들의 주군(主君)이시고 은인이시니 어찌 숨기는 죄를 더하며 주인의 평생을 매몰되게 하겠습니까? 저희의 주인은 정참정의 딸로 외가에서 조 공자와 정혼하였습니다. 그러나 소저가 본댁으로 돌아오신 후에 가내에 어질지 못한 사람이 있어서 수많은 방법으로 정참정을 보채고 소저를 재해에 빠지게 하였습니다. 마침내는 소저를 정참정 부인의 사촌인 박수관의 후실로 위협하고 명령하여 시집보내려 하였습니다. 그래서 소저가 외가로 가시고자 하나 석공 어르신께서 성품이 엄숙하셔서 반드시 정공과 더불어 큰 사단을 일으키실 것이라 생각하였습니다. 일의 형세가 매우 난처하여 남장으로 바꿔 입고 강가의 이평장 부인은 소저의 고모이신데, 그 분을 찾아가 의지하고자 하셨습니다. 그러나 이평장 부

→ 해설편 308쪽

인이 이사를 가신 지 수일이 지났고 가신 곳을 모르기 때문에 강변에서 방황하시다가 따르는 도적을 만나서 소저께서 억울하고 원통하게도 강물에 몸을 던졌습니다. 상공께서 저희의 목숨을 살려주신 은혜를 만나 주인과 노비 세 사람이 살아나니 이 은덕은 분골쇄신하더라도 다 갚지 못할 것입니다.”

두 공자가 이 말을 들으니 참혹함은 말할 것도 없고 정 소저의 굳은 절개와 아름다운 행동은 깊이 사람을 감동시킬 만하였다. 또한 그 계모 박 씨가 자애롭지 못해 이 변을 일으킴을 짐작하고 사람의 마음이 자연스럽게 측은하였다. 정 소저의 절행이 빼어나 자기를 위하여 온갖 고생이 이 지경에 미쳤음에 감복하고 하물며 평생의 아름다운 배필과 하늘이 정한 연분이 심상치 않다는 것을 알았다. 용흥 공자의 두 눈에는 가을 물처럼 고운 광채가 어리었다. 용흥이 말하였다.

“소저의 수많은 고초와 슬픈 한이 이 조생을 위함이니 어찌 감사하지 않겠는가? 너희들은 우리가 집에 들어가 일을 처리할 사이에 소저를 보호하라.”

(중략)

석공이 소저의 얼굴을 쓰다듬으며 길게 탄식하며 말하였다.

[B]
“일이 이미 여기에 이르렀으니 설마 어찌하겠느냐? 손녀가 어린 나이에 효성과 절개와 지혜가 모두 갖추어졌으니 완고한 아비와 어리석은 어미의 흉계에서 벗어나 목숨을 보전하여 명철보신(明哲保身)한 것이다. 부모가 낳아준 몸을 보전하고 죽은 어미의 남긴 가르침을 이으니 네 아비가 흙과 나무 같은 마음을 지니고 있다고 하더라도 성혼한 후에 서로 만나서 부녀가 상봉하는 즐거움을 얻는다면 어찌 너를 책망하며 혼인을 한 것을 그르다고 하겠느냐? 모든 일에는 원래의 계획을 변경할 때와 임기응변의 방법이 있다. 이제 조 상국이 밖에 와서는 너와의 혼인을 완전하게 정하고 너의 뜻을 알려고 하니 어찌 고상하지 못한 모습으로 사양하느냐? 내가 네 부모를 대신하여 혼인을 관장할 것이다. 너에게 혼인을 묻는 말이 아니니 너는 다시 이상한 말을 내지 마라.”

소저가 조 상국이 왔다는 말을 듣고 더욱 불안하고 놀라며 부끄러워 옥 같은 얼굴이 발그스레해졌다. 눈썹을 나직하게 낮추고 또 아뢰었다.

“소녀의 도리로 차마 아버지를 속이고 혼인을 못 하겠습니다. 조 상국은 당세(當世)의 군자이십니다. 원컨대 조부께서는 손녀의 보잘 것 없는 마음을 살피시어 뜻을 이루게 해 주십시오.”

그런 후에 조모와 삼촌의 안부와 동생의 무사함을 묻고는 슬프고 참혹하여 눈물을 흘릴 뿐이었다. 석공이 밖으로 나와 조공을 보고 손녀와 묻고 대답한 말을 일일이 전하고는 탄식하며 말하였다.

“손녀의 마음이 금석(金石)같아서 저의 용렬하고 어리석은 말로 알아듣도록 타이를 방법이 없으니 어찌하겠습니까?”

조공이 무릎을 치며 몹시 탄복하고 칭찬하며 말하였다.

“정 소저의 일과 행동은 여자 중에 군자입니다. 이것은 다 현형(賢兄)의 높은 교훈에 힘입은 것입니다. 제가 이와 같은 며느리를 얻으니 어찌 아버지의 어질지 못함을 한탄하겠습니까? 이것은 신부와 의논할 말이 아니니 현형이 혼인을 관장하십시오.”

석공이 이 말을 옳게 여겨 다시 소저에게 묻지 않고 혼례를 준비하였다. 석 학사 부인이 나오고 석공 부인이 정 공자와 함께 나와 소저를 보았는데 서로 붙들고 매우 오열함을 이기지 못하였다. 소저는 그리워하던 아우를 만나니 반갑고 기쁜 뜻이 서로 뒤섞여 일어났다.

– 작자 미상, 「현몽쌍룡기」 –

42. 윗글에 대한 설명으로 가장 적절한 것은?

① 과장된 상황을 설정하여 해학성을 유발하고 있다.
② 비유법을 사용하여 인물의 외양을 표현하고 있다.
③ 배경 묘사를 통해 인물의 성격 변화를 암시하고 있다.
④ 꿈과 현실을 교차하여 사건을 입체적으로 구성하고 있다.
⑤ 전기적 요소를 활용하여 비현실적인 장면을 부각하고 있다.

43. 윗글의 내용에 대한 이해로 적절하지 <u>않은</u> 것은?

① 벽난과 춘앵은 정 소저가 조 공자와 정혼한 인물임을 밝혔다.
② 정 소저는 이평장 부인이 이사해 살고 있는 곳으로 찾아갔다.
③ 조 공자는 정 소저를 보호할 것을 명령했다.
④ 석공은 조 상국이 정 소저의 뜻을 알려고 한다고 말했다.
⑤ 석공 부인이 정 공자와 함께 나와 정 소저를 보았다.

44. [A]와 [B]에 대한 이해로 가장 적절한 것은?

① [A]는 [B]와 달리 상대의 행동에 변화를 촉구하고 있다.
② [B]는 [A]와 달리 상대에게 다른 인물의 말을 전하고 있다.
③ [A]와 [B]는 모두 상대의 의도에 의문을 제기하고 있다.
④ [A]와 [B]는 모두 상대가 처한 어려움에 대해 공감하고 있다.
⑤ [A]와 [B]는 모두 과거에 일어난 일을 상대에게 언급하고 있다.

45. 〈보기〉를 참고하여 윗글을 감상한 내용으로 적절하지 <u>않은</u> 것은? [3점]

> ─── 〈보 기〉 ───
>
> 「현몽쌍룡기」는 가부장적 사회를 살아가는 여성의 삶을 담고 있다. 이 작품 속 여성 인물은 친정 식구들로 인해 혼사가 지연되는 등의 고난을 겪음에도 당대 여성에게 요구되던 덕목을 지킬 뿐 아니라 자식으로서의 도리를 지키고, 친정 가문의 일원으로서의 소속감을 유지하기 위해 애쓴다. 이러한 점에서 이 작품은 당시 여성 독자층의 큰 공감을 얻을 수 있었다는 의의를 지닌다.

① 정 소저가 친정 가문의 허물을 조 공자가 알게 되면 부끄러울 것이라고 생각하는 것에서 친정 가문의 일원으로서 소속감을 지니고 있음을 알 수 있군.

② 가내의 어질지 못한 인물로 인해 정 소저가 죽을 위기를 겪었다는 것에서 고난이 친정 식구로부터 비롯되었음을 알 수 있군.

③ 두 공자가 정 소저의 사연을 듣고 굳은 절개에 감동받았다는 것에서 정 소저가 당대에 요구되던 여성의 덕목을 갖춘 인물임을 알 수 있군.

④ 정 소저가 아버지를 속인 채로는 혼인하지 못하겠다는 것에서 자식으로서의 도리를 따르고자 함을 알 수 있군.

⑤ 조공이 정 소저를 군자라고 칭하며 혼인을 진행하려는 것에서 정 소저가 가부장적 사회에서도 혼사를 주관할 수 있는 권리를 인정받았음을 알 수 있군.

※ 확인 사항
○ 답안지의 해당란에 필요한 내용을 정확히 기입(표기)했는지 확인하시오.

→ 해설편 312쪽

[1~3] 다음은 학생이 과제 수행 후 실시한 발표이다. 물음에 답하시오.

안녕하세요? 지난 시간에 언어의 공공성에 대해 배운 것 기억하시나요? 발표나 토론 같은 공식적인 담화에 참여하거나 매체를 통해 불특정 다수와 소통하는 상황에서는 언어의 공공성에 유의해야 한다는 것을 배웠습니다. 상황에 적절한 어휘나 문장 표현 등을 사용하는 것은 언어의 공공성을 갖추는 데 도움을 주는데요, 이는 화자가 의미를 제대로 전달하고 청자가 화자를 믿을 만한 사람으로 인식하는 데 영향을 주기 때문입니다. 저는 이러한 표현의 적절성에 대해 조사한 내용을 발표하겠습니다.

지금부터 어휘와 문장 차원으로 나누어 설명하겠습니다. (목소리를 가다듬고) 어휘는 베리 시그니피컨트합니다. (반응을 살피며) 조금 의아해하시네요. 그럼 이렇게 말씀드려 볼게요. (느린 속도로) 어휘는 매우 중요합니다. 어떤 표현이 더 잘 이해되세요? (고개를 끄덕이며) 네, 다들 후자라고 하시네요. 외국어를 불필요하게 사용하면 의사소통 상황에서 청자에게 의미를 제대로 전달하기 어렵습니다. 한편, 제가 이 자리에서 '뻥치다' 같은 비속어나 '레알' 같은 유행어를 사용하는 것도 적절하지 않을 것입니다. 왜냐하면 다수를 대상으로 하는 발표에서 격식에 맞지 않는 가벼운 표현을 사용하면 여러분이 저를 신뢰하기 어려운 사람으로 여길 수 있기 때문입니다.

어휘뿐 아니라 문장에서도 상황에 적절한 표현이 중요합니다. 저는 토론 수업에서 '안전이 편의보다 중요할 것 같아 보입니다.'라고 말했다가, 입장이 명확하지 않고 자신감이 없어 보여 설득력이 떨어진다는 동료 평가를 받은 적이 있습니다. 그래서 ㉠ 말하는 내용에 대한 확신의 정도를 드러내는 표현들을 찾아보니, 제가 사용한 '-ㄹ 것 같다'와 '-아 보이다'가 모두 확신의 정도가 낮은 표현들이었습니다. 그러다 보니 주장을 밝히는 데에 다소 적합하지 않았던 것입니다. 사실 저는 지나치게 단정적인 표현을 피함으로써 상대를 존중하는 태도를 나타내고 싶었지만, 토론에서는 이런 표현이 적절하지 않을 수도 있음을 알게 되었습니다. 여러분도 일상에서 다수와 소통하는 담화에 참여하고 있으니, 상황에 적절한 문장을 사용할 필요가 있습니다.

지금까지 표현의 적절성을 어휘 차원과 문장 차원으로 나누어 살펴보았습니다. (목소리를 높여) 상황에 적절한 표현은 의미를 명확하게 전달하고, 화자에 대한 신뢰도를 높인다는 점에서 중요합니다. 발표를 들은 여러분이 표현의 적절성에 관심을 갖고 원활하게 소통하는 화자가 되기를 바랍니다. 감사합니다.

1. 위 발표자의 말하기 방식으로 가장 적절한 것은?

① 대비되는 발화를 실연하여 청중의 관심을 유도하고 있다.
② 비언어적 표현을 사용하여 발표의 절차를 안내하고 있다.
③ 정보의 출처를 언급하여 청중의 궁금증을 해소하고 있다.
④ 같은 내용을 거듭 질문하여 청중의 답변을 끌어내고 있다.
⑤ 구체적인 통계를 제시하여 발표의 필요성을 부각하고 있다.

2. 다음은 위 발표를 하기 위해 학생이 세운 계획이다. 발표에 반영되지 <u>않은</u> 것은?

[도입]
○ 지난 시간에 배운 내용을 환기하고, 발표의 화제가 '표현의 적절성'임을 소개해야겠어. ························· ①

[전개]
○ '표현의 적절성'을 두 가지 차원으로 나누어 예를 중심으로 설명해야겠어. ····························· ②
○ '표현의 적절성'의 개념이 변하는 양상을 그와 관련된 예를 들어 분석해야겠어. ····················· ③
○ 실제 경험을 예로 들며 '표현의 적절성'이 발표를 듣는 학생들과 관련이 있음을 제시해야겠어. ········ ④

[정리]
○ 발표의 내용을 요약하고, 발표를 듣는 학생들에게 '표현의 적절성'과 관련하여 바라는 바를 언급해야겠어. ······································ ⑤

3. <보기>는 위 발표 후 이어진 수업 내용의 일부이다. ㉠과 관련해 [A]에 들어갈 학생의 말로 적절하지 <u>않은</u> 것은?

─────────< 보 기 >─────────

선생님 : 발표 잘 들었어요. 발표 내용 중, 말하는 내용에 대한 확신의 정도를 드러내는 표현에 대해 궁금해할 것 같네요. 확신의 정도를 드러내기 위해 동사, 부사, 의존 명사, 보조 용언, 인용절 등을 사용할 수 있는데, 상황에 따라 어휘나 문법 요소를 적절하게 선택할 수 있습니다. 화면은 '안전이 편의보다 중요하다'라는 내용에, 앞서 언급된 표현을 더해 확신의 정도에 변화를 준 문장들입니다. 확신의 정도와 관련된 표현을 찾아 설명해 볼까요?

ⓐ 저에게는 안전이 편의보다 중요한 듯 이해되고 있습니다.
ⓑ 저는 안전이 편의보다 중요하다고 믿게 됐습니다.
ⓒ 저는 대체로 안전이 편의보다 중요하다고 봅니다.
ⓓ 분명히 안전이 편의보다 중요한 법입니다.

학 생 : ___________________[A]___________________

① ⓐ는 ⓑ와 달리 보조 용언을 써서 확신의 정도를 드러냈어요.
② ⓐ는 ⓒ와 달리 피동 접사가 있는 동사를 써서 확신의 정도를 드러냈어요.
③ ⓐ와 ⓓ는 모두 의존 명사를 썼는데, 의존 명사가 나타내는 확신의 정도는 ⓓ가 더 높아요.
④ ⓑ와 ⓒ는 인용절을 썼다는 점은 같지만, 인용절 바로 뒤의 동사가 나타내는 확신의 정도는 ⓑ가 더 높아요.
⑤ ⓒ와 ⓓ는 모두 부사를 썼는데, 부사가 나타내는 확신의 정도는 ⓓ가 더 높아요.

[4~6] 다음은 학생회 토의 중 일부이다. 물음에 답하시오.

사회자 아시다시피, 지난달 후문 계단에서 학생들이 미끄러지거나 넘어지는 사고가 4건이 일어나 이 문제를 해결하기 위해 학교에서 대책 회의를 연다고 합니다. 우리 학생회에서도 해결책을 마련하여 학교에 건의하려고 합니다. 그래서 오늘은 지난번에 예고한 것처럼 '후문 계단에서 발생하는 안전사고를 줄이기 위한 방법은 무엇인가?'라는 주제로 토의하겠습니다. 적극적으로 의견을 말씀해 주십시오.

학생 1 후문을 나서서 내려가는 계단은 경사가 가파르고 폭과 단너비가 좁아 보행이 불편합니다. 학생들에게 조사해 보니, 학생들 역시 단너비가 좁은 계단의 구조를 사고의 원인으로 꼽았습니다. 따라서 경사가 완만하고 단너비가 넓게 계단을 다시 만들 것을 제안합니다.

사회자 단너비가 무엇인가요?

학생 1 계단을 측면에서 볼 때 각 디딤판의 너비입니다.

학생 2 계단을 다시 만드는 것이 본질적인 해결책이지만, 가능할지 의문입니다. 후문 계단을 내려오면 바로 주택가입니다. 경사를 완만히 하려면 계단의 전체 길이가 지금보다 길어져야 하는데 그럴 만한 공간이 없습니다. 더구나 계단을 다시 만들려면 시간이 오래 걸리고, 그 기간에는 정문만 이용해야 하므로 후문으로 등하교하는 학생들이 불편해질 것입니다. 그래서 저는 [A] 지금 있는 계단에 미끄럼 방지 패드를 부착할 것을 제안합니다.

학생 3 이왕이면 미끄럼 방지 패드가 눈에 잘 띄면 좋겠습니다. 토의를 준비하며 자료를 찾던 중, 눈에 잘 띄는 색깔의 미끄럼 방지 패드가 있다는 것을 알았습니다. 이런 미끄럼 방지 패드를 활용한다면 계단 끝이 식별되지 않아 넘어지는 문제도 함께 해결할 수 있을 것입니다.

학생 2 오, 그러면 패드 부착 효과가 더 커지겠네요.

학생 4 저는 아까 나왔던, 계단을 다시 만들자는 말씀의 취지에 동의합니다. 다만 공간상 문제로 계단 재시공이 어려우니, 현재의 난간을 보수하는 것은 어떨까요? 현장을 살펴보니, 난간이 낡아서 안전 장치로서의 기능을 제대로 못하고 있었습니다.

학생 1 좋은 의견입니다. 노력과 비용이 적게 들면서도 문제를 개선할 수 있는 방법이네요.

사회자 네, 지금까지 계단 재시공, 미끄럼 방지 패드 부착, 난간 보수 이렇게 세 가지 의견이 제시되었습니다. 이어서 각자 준비한 의견을 계속 말씀해 주시겠습니까?

학생 3 _______________[가]_______________

학생 4 조명과 관련하여, 예상되는 문제점까지 생각하셨네요.

→ 해설편 314쪽

4. 위 토의에 나타난 '사회자'의 역할로 적절하지 <u>않은</u> 것은?

① 토의의 배경과 주제를 제시하며 토의를 시작한다.
② 토의자들의 발언 내용을 정리하며 토의를 이어 간다.
③ 토의자들의 발언 순서를 조정하여 발언 기회를 분배한다.
④ 토의 결과를 활용할 계획을 밝히고 토의 참여를 독려한다.
⑤ 토의자에게 질문하여 발언에 사용된 용어의 개념을 확인한다.

5. [A]를 이해한 내용으로 적절하지 <u>않은</u> 것은?

① '학생 1'은 대안을 제시할 때 조사 내용을 근거로 삼아 자신의 의견을 피력하고 있다.
② '학생 2'는 '학생 1'이 제시한 대안이 지닌 현실적 어려움을 지적하고 있다.
③ '학생 3'은 토의 준비 과정에서 알게 된 정보를 바탕으로 '학생 2'의 대안을 보강하고 있다.
④ '학생 4'는 '학생 1'이 제시한 대안의 실행 가능성이 높다는 점에 공감하며 자신의 대안을 제시하고 있다.
⑤ '학생 1'은 '학생 4'가 제시한 대안에 대해 효율성의 측면에서 긍정적으로 평가하고 있다.

6. 〈보기〉는 '학생 3'이 토의를 준비하며 수집한 자료이다. 자료를 모두 활용하여 [가]에 제시할 의견으로 가장 적절한 것은? [3점]

<보 기>

[자료 1] 후문 계단 안전사고 실태 파악을 위해 정리한 표

사고 발생 일시			해당 일 일출	해당 일 일몰
연번	날짜	시간		
1	12.03	20:40	07:30	17:19
2	12.11	21:10	07:38	17:18
3	12.23	18:30	07:47	17:14
4	12.27	07:25	07:44	17:21

[자료 2] 인터넷에서 '조명'을 검색하여 정리한 메모

- 가로등 : 통행 및 보행 안전을 위해 길가를 따라 설치.
- 센서등 : 움직임을 감지하여 자동으로 켜짐. 상시 조명이 필요 없는 곳에 설치.
- 잔디등 : 상가 거리, 광장 주변 녹지에 설치. 야간 보행 안전 및 미관을 위해 설치.

[자료 3] 조명과 관련된 정보를 검색하다가 읽게 된 신문 기사

　　○○시에 따르면, 지난해에 빛 공해 관련 민원이 모두 227건 접수됐다. 특히 A 아파트에 대한 민원이 지속적으로 제기되고 있다. 인근 주민 B 씨는 "A 아파트의 외부 조명으로 인해 저녁부터 새벽까지 내내 집 안이 환해서 너무 힘듭니다."라며 "A 아파트가 준공되고 나서 지금까지 조명이 꺼진 적이 단 한 번도 없습니다."라고 말했다.

① 후문 주택가 주민들이 빛 공해 문제를 겪지 않도록 학교 주변에 설치된 가로등의 조도를 낮추어 주는 것이 좋겠습니다.
② 후문 계단이 낡아서 주변이 낙후된 느낌이니 잔디등을 설치하여 미관을 개선하면 후문으로 등하교하는 학생이 늘어날 것입니다.
③ 등교 시간에 안전사고가 주로 발생하므로 센서등을 설치하면 안전사고를 줄이면서 이른 아침에 인근 주민에게 피해도 주지 않을 것입니다.
④ 후문 계단에 가로등을 설치하고 일몰부터 일출까지 켜 두면 학생들도 안전하게 등하교할 수 있고 인근 주민들의 안전에도 도움이 될 것입니다.
⑤ 겨울철 어두울 때 후문 계단에서 안전사고가 발생하니 조명을 설치하되 후문 주택가 주민들의 빛 공해 문제를 고려해 센서등을 설치하면 좋겠습니다.

→ 해설편 **314**쪽

7. 〈보기〉를 바탕으로 〈자료〉를 이해한 내용으로 적절한 것은?
[3점]

< 보 기 >

　두 단어가 보이는 의미 관계에는 ㉠ <u>유의 관계</u>(예 : 샛별 – 금성), ㉡ <u>반의 관계</u>(예 : 앞 – 뒤), ㉢ <u>상하 관계</u>(예 : 학교 – 중학교)가 있다. 한편, '과일 – 채소'처럼 ㉣ <u>유의 관계, 반의 관계, 상하 관계 중 어떤 관계도 맺지 않는 단어 쌍</u>도 있다.

　일반적으로는 반의 관계를 맺지 않는 단어 쌍이 담화 맥락에서는 마치 반의 관계처럼 대립하는 경우도 있다. 예컨대, '문 – 벽'은 어떤 의미 관계에도 해당하지 않는 단어 쌍이지만 "스마트폰, 누군가에게는 소통의 문이지만 누군가에게는 소통의 벽입니다."와 같은 담화 맥락에서는 반의 관계처럼 대립하고 있다. 또한 일반적으로는 반의 관계를 맺는 단어 쌍들이, 담화 맥락에서 함께 쓰일 때 그 대립이 사라지는 경우도 있다. 예컨대, '소년 – 소녀'는 일반적으로는 반의 관계를 맺는 단어 쌍이지만, "우리 모두는 소년, 소녀이던 시절이 있었다."와 같은 담화 맥락에서는 '나이 어린 사람'이라는 의미를 나타낼 뿐 대립하지 않는다.

< 자 료 >

(하교 후 함께 밥을 먹기로 한 친구 사이의 대화)

승균 : 오늘 엄마 생신이어서 **엄마**가 좋아하시는 **반찬** 위주로 아침밥을 차려 드렸어.

현서 : **어머니**께서 좋아하셨겠네. 근데, 우리 이제 **밥** 먹을까?

승균 : 나는 저녁은 **고기** 먹고 싶어. 엄마가 채소 좋아하셔서 **풀**만 먹었거든. **아침**, **저녁**을 두 끼나 풀만 먹고 싶진 않아.

현서 : 알겠어. 그럼, 저기 앞에 있는 치킨 가게 어때? 오래 서 있어서 무릎이 아프니까 우리 가까운 데로 가자.

승균 : 넌 **무릎**이 아프니? 난 **발**이 아픈데.

현서 : 그래, 그러니까 빨리 밥 먹으러 가자.

---

① '엄마 – 어머니'는 ㉠에 해당하고, 담화 맥락에서 같은 인물을 지시함으로써 대립이 사라진 경우로 볼 수 있다.

② '반찬 – 밥'은 ㉡에 해당하고, 담화 맥락에서 두 단어가 모두 '주식'이라는 의미로 쓰여 '부식'과 '주식'의 대립이 사라진 경우로 볼 수 있다.

③ '고기 – 풀'은 ㉣에 해당하고, 담화 맥락에서 '육류로 만든 음식'과 '육류 없이 채소로 만든 음식'의 의미로 쓰여 마치 반의 관계처럼 대립하는 경우로 볼 수 있다.

④ '아침 – 저녁'은 ㉡에 해당하고, 담화 맥락에서 '시간'의 의미로 쓰여 '식사'의 의미가 사라짐으로써 마치 반의 관계처럼 대립하는 경우로 볼 수 있다.

⑤ '무릎 – 발'은 ㉢에 해당하고, 담화 맥락에서 '종아리'를 기준으로 '위'와 '아래'의 의미로 쓰여 마치 반의 관계처럼 대립하는 경우로 볼 수 있다.

8. 〈보기〉의 ㉠ ~ ㉢에 대한 이해로 적절한 것은?

< 보 기 >

　현대 국어와 마찬가지로, 중세 국어에서도 체언이나 체언 구실을 하는 구에 조사가 붙은 문장 성분과, 체언이나 체언 구실을 하는 구에 조사가 붙지 않은 문장 성분이 모두 있었고, 서술어에 따라 부사어를 필수 성분으로 요구하는 경우도 있었다.

> ㉠ 우리는(우리 + 는) 다 부텻(부텨 + ㅅ) 아들 ᄀᆞᆮᄒᆞ니
> 　　[우리는 다 부처의 아들과 같으니]
> ㉡ 그듸(그듸 + ㅅ) 아바니미(아바님 + 이) 잇ᄂᆞ닛가
> 　　[당신의 아버님이 있습니까?]
> ㉢ 나랏(나라 + ㅅ) 말ᄊᆞ미(말ᄊᆞᆷ + 이) 中國에(中國 + 에) 달아
> 　　[나라의 말이 중국(中國)과 달라]

---

① ㉠의 '부텻 아들'은 서술어가 요구하는 필수 성분이군.

② ㉡의 '그듸 아바니미'는 체언 구실을 하는 구에 조사가 붙은 것으로, 서술어가 요구하는 필수 성분이 아니군.

③ ㉢의 '中國에'는 서술어가 요구하는 필수 성분이 아니군.

④ ㉠의 '우리는'과 ㉡의 '그듸'는 체언에 조사가 붙은 것으로, 문장 성분이 서로 같군.

⑤ ㉠의 '부텻'과 ㉢의 '나랏'은 체언에 조사가 붙은 것으로, 문장 성분이 서로 다르군.

9. 〈보기〉의 ㉠에 들어갈 말로 적절한 것은?

<보 기>

　새말을 만들 때는 어근, 접사, 어미 등을 사용하는데, 이들은 다양한 방식으로 결합된다. 가령 '에어컨의 차가운 바람이 사람에게 바로 오는 것을 막는 도구'를 가리키기 위한 새말로 '추운바람막개'를 만들었고, 이 새말의 직접 구성 성분이 '추운바람'과 '막개'로 분석된다고 하자. 이때 '추운바람'과 '막개'는 각각 어미 '-ㄴ'과 접사 '-개'를 포함하고 있다. 이를 고려하면 아래의 [　㉠　]는 점이 '추운바람막개'와 같다.

대상	용도	새말
	종이컵을 보관하면서 하나씩 뽑아 쓸 수 있게 하는 통	ⓐ 긴종이컵통(긴-종이컵통) ⓑ 새컵뽑이통(새컵뽑이-통) ⓒ 컵뽑는긴통(컵뽑는-긴통)

(ⓐ~ⓒ 옆의 괄호 안의 붙임표(-)는 직접 구성 성분의 경계임.)

---

① ⓐ는 접사를 사용하여 만들었다
② ⓑ는 더 이상 분석되지 않는 직접 구성 성분이 있다
③ ⓒ는 직접 구성 성분이 모두 어미를 포함한다
④ ⓐ와 ⓑ는 모두, 어미를 포함하지 않는 직접 구성 성분이 있다
⑤ ⓑ와 ⓒ는 모두, 접사를 사용하여 만들었다

10. 〈학습 활동〉을 수행한 결과로 적절하지 <u>않은</u> 것은?

<학습 활동>

　표준 발음법에는 교체, 탈락, 축약 등과 같은 음운 변동과 관련된 현상이 포함되어 있다. 예컨대 제9항, 제23항에서는 교체가, 제11항에서는 탈락이, 제12항에서는 축약이 일어나는 환경과 변동 결과를 확인할 수 있다. [자료]의 ㉠, ㉡에 나타난 음운 변동의 유형을 [표준 발음법]에서 확인해 보자.

[자료]

　내일부터 이곳의 ㉠겉흙하고[거트카고] 모래층을 파낼 거야. 그 일에는 네가 해야 할 ㉡몫도[목또] 있어.

[표준 발음법]

○ **제9항** 받침 'ㄲ, ㅋ', 'ㅅ, ㅆ, ㅈ, ㅊ, ㅌ', 'ㅍ'은 어말 또는 자음 앞에서 각각 대표음 [ㄱ, ㄷ, ㅂ]으로 발음한다. ……………………………………… ⓐ

○ **제11항** 겹받침 'ㄹㄱ, ㄹㅁ, ㄹㅍ'은 어말 또는 자음 앞에서 각각 [ㄱ, ㅁ, ㅂ]으로 발음한다. ……………… ⓑ

○ **제12항** 받침 'ㅎ'의 발음은 다음과 같다.
　　1. 'ㅎ(ㄶ, ㅀ)' 뒤에 'ㄱ, ㄷ, ㅈ'이 결합되는 경우에는, 뒤 음절 첫소리와 합쳐서 [ㅋ, ㅌ, ㅊ]으로 발음한다.
　　[붙임 1] 받침 'ㄱ(ㄹㄱ), ㄷ, ㅂ(ㄹㅂ), ㅈ(ㄴㅈ)'이 뒤 음절 첫소리 'ㅎ'과 결합되는 경우에도, 역시 두 음을 합쳐서 [ㅋ, ㅌ, ㅍ, ㅊ]으로 발음한다. ………… ⓒ
　　[붙임 2] 규정에 따라 'ㄷ'으로 발음되는 'ㅅ, ㅈ, ㅊ, ㅌ'의 경우에도 이에 준한다. …………………… ⓓ

○ **제23항** 받침 'ㄱ(ㄲ, ㅋ, ㄳ, ㄹㄱ), ㄷ(ㅅ, ㅆ, ㅈ, ㅊ, ㅌ), ㅂ(ㅍ, ㄹㅂ, ㄹㅍ, ㅄ)' 뒤에 연결되는 'ㄱ, ㄷ, ㅂ, ㅅ, ㅈ'은 된소리로 발음한다. ………………… ⓔ

---

① ㉠에는 ⓐ에서 확인되는 환경에서의 교체가 일어났군.
② ㉠에는 ⓒ에서 확인되는 환경에서의 축약이 일어났군.
③ ㉠에는 ⓓ에서 확인되는 환경에서의 축약이 일어났군.
④ ㉡에는 ⓑ에서 확인되는 환경에서의 탈락이 일어났군.
⑤ ㉡에는 ⓔ에서 확인되는 환경에서의 교체가 일어났군.

→ 해설편 316쪽

[11~13] 다음 글을 읽고 물음에 답하시오.

21 세기 들어 보편화된 디지털 영상 기술은 영화 미학, 영화 창작 방식, 관객의 영화 체험 등 영화 전반에 걸쳐 큰 변화를 초래했다. 특히 컴퓨터를 이용해 이미지를 가공하는 '디지털 후반 작업'이 통상적 제작 과정으로 자리 잡으면서 영화는 현실을 사실적으로 재현하는 리얼리즘적 매체라는 오랜 믿음이 흔들리기 시작했다.

영화는 처음 발명되었을 때부터 놀라운 현실 재현 능력으로 주목받았다. 카메라의 셔터가 작동하면 피사체의 이미지가 필름에 새겨진다. 필름 표면에 각인된 이미지는 영화가 촬영되는 순간에 영화 속 인물, 사물, 공간이 실제로 카메라 앞에 존재했음을 확인해 준다. 따라서 영화는 하나의 기록이자 증언으로 인식되었다. ㉠지가 베르토프는 역동적인 현실 세계를 회화나 사진보다 더 사실적으로 재현하는 영화의 리얼리즘적 역량을 '영화 – 눈'이라고 명명했다. 그는 '영화 – 눈'이 인간의 지각을 확장하여 현실에 대한 정확하고 총체적인 인식을 제공한다고 생각했다.

필름 영화와 달리 디지털 영화에서는 현실과 영화 이미지 사이의 연관성이 매우 느슨하거나, 아예 존재하지 않는다. 디지털 영화에서 이미지는 0과 1의 이산적인 전자 정보로 저장되며, 이 정보들은 디지털 후반작업 과정에서 변형되기 때문이다. 더 나아가 여러 개의 이미지를 합성하거나, 카메라를 사용하지 않고 컴퓨터 그래픽만으로 가상의 인물과 공간을 만들어 내는 것도 가능해졌다. ㉡레프 마노비치는 디지털 기술의 도입으로 인해 '영화 – 눈'의 시대가 지나가고 '영화 – 붓'의 시대가 열렸다고 주장한다. 그는 현실의 사실적 재현을 넘어 상상의 세계를 그려 내는, 이른바 '합성 리얼리즘'의 시대로 진입하면서, 영화는 사진보다 회화나 애니메이션에 더 가까워졌다고 말한다.

그런데 변형되고 가공된 디지털 이미지가 오히려 영화의 사실적인 느낌을 강화하는 역설적인 현상이 발생하기도 한다. ㉢스티븐 프린스는 컴퓨터 그래픽으로 가공된 이미지를 관객이 사실적이라고 인식하는 '트루 라이즈', 즉 '진짜 거짓말' 현상을 '지각적 리얼리즘'이라고 정의한다. 그는 영화가 보여 주는 대상이 현실에 존재한다는 믿음에 기반한 '사진적 리얼리즘'은 더 이상 유효하지 않으며, 컴퓨터 그래픽을 통해 인위적으로 변형된 이미지에서 더 강한 사실감을 느끼는 관객의 심리에 대해 주목해야 한다고 주장한다. 디지털 영화에서 관객이 보는 것은 0과 1로 이루어진 정보가 아니라, 지각 가능한 형태로 전환되어 스크린에 투사된 이미지이다. 따라서 필름 영화의 이미지와는 다른 관점에서 디지털 이미지의 실재성 문제를 고찰할 필요가 있다.

11. 윗글을 읽고 이해한 내용으로 적절하지 <u>않은</u> 것은?

① 필름 영화와 디지털 영화는 이미지의 실재성 측면에서 차이가 있다.

② 디지털 영화는 영화의 리얼리즘적 속성에 대한 인식의 전환을 초래했다.

③ '트루 라이즈'는 인위적으로 가공된 디지털 이미지에서 관객이 사실적인 느낌을 받는 현상을 말한다.

④ 영화가 기록이자 증언이라는 주장은 영화의 이미지와 현실 사이에 실제적인 연관성이 존재한다는 의미이다.

⑤ 디지털 영화에서 이미지는 0과 1의 정보로 투사되며 관객은 이 정보를 인지 가능한 형태로 전환하여 받아들인다.

12. ㉠~㉢의 관점에 대해 파악한 내용으로 가장 적절한 것은?

① ㉠은 회화에 대한 영화의 우위를, ㉡은 영화에 대한 회화의 우위를 주장하고 있군.

② ㉠은 영화의 현실 재현 능력을, ㉢은 영화를 보는 관객의 인식을 중요하게 생각하겠군.

③ ㉡은 카메라가 대상을 포착하는 역량을, ㉢은 영화 이미지가 가상의 세계를 구현하는 역량을 중요하게 생각하겠군.

④ ㉠과 ㉢은 모두 영화에서 '지각적 리얼리즘'을 중요하게 생각하겠군.

⑤ ㉡과 ㉢은 모두 ㉠의 리얼리즘 개념이 디지털 영화의 시대에도 여전히 유효하다고 생각하겠군.

→ 해설편 318쪽

13. 다음은 영화감독 A의 인터뷰이다. 윗글과 인터뷰를 바탕으로 ㉠, ㉡에 대한 비평문을 작성한다고 할 때, 떠올린 내용으로 적절하지 <u>않은</u> 것은? [3점]

2020○년 ○월 ○○일　　　　　　　　□□일보

기자 : 감독님께서는 ㉮ <u>이전 영화들</u>에서 필름 작업만을 고집하다가 ㉯ <u>이번 작품</u>에는 디지털 기술도 사용하셨는데, 특별한 의도가 있나요?

A : 제가 디지털 영화에 대해 부정적으로 생각했던 것은 사실입니다. 컴퓨터 그래픽으로 가상 세계를 표현한 영화가 유행하고 있지만, 시각적 쾌감을 제공하는 데 그치고 있다고 생각해요. 저는 제 영화가 언제나 현실과 밀접한 관계를 맺고 있기를 원했고, 삶의 다양한 양상들이 제 영화에 드러나기를 원했습니다. 지금도 같은 생각이에요. 그렇지만 이번에는 역사적 사건의 현실성을 높이는 목적으로만 컴퓨터 그래픽을 최소한도로 사용해 보았습니다. 다행히 많은 관객이 실제 현장에 있는 듯한 느낌을 받았다고 해서 기뻤습니다.

---

① A가 필름 작업을 고집했던 것을 통해 ㉮에 대한 비평에서 A가 영화에서 현실의 역동적 양상을 포착하려고 노력했다는 것을 이야기할 수 있겠군.

② A가 삶의 다양한 양상들이 자신의 영화에 드러나기를 원했다는 것을 통해 ㉮에 대한 비평에서 A가 현실의 총체적 인식을 중요하게 생각하고 있다는 것을 이야기할 수 있겠군.

③ A가 자신의 영화가 현실과 밀접한 관련을 맺고 있기를 바란다는 것을 통해 ㉯에 대한 비평에서 A가 '영화 – 붓'과 '합성 리얼리즘'을 중시한다는 점을 이야기할 수 있겠군.

④ A가 컴퓨터 그래픽을 사용하면서도 최소화하려는 것을 통해 ㉯에 대한 비평에서 A가 '영화 – 눈'의 가치를 여전히 중요하게 생각하고 있다는 것을 이야기할 수 있겠군.

⑤ A가 컴퓨터 그래픽에 대한 관객들의 반응을 긍정적으로 평가하는 것을 통해 ㉯에 대한 비평에서 A가 '지각적 리얼리즘'을 의도하고 연출했다는 것을 이야기할 수 있겠군.

[14~17] 다음 글을 읽고 물음에 답하시오.

정보 시스템에 대한 '접근'이란 시스템 자원을 사용하기 위해 시스템과 상호 작용하는 작업을 의미한다. 이때 정보의 '객체'는 접근의 대상이 되는 시스템 또는 시스템 자원을, 정보의 '주체'는 접근을 통해 특정 목적을 달성하고자 하는 사람 또는 프로그램 등을 의미한다. '접근제어'는 적절한 권한을 가진 정보 주체만이 정보 객체에 접근할 수 있도록 통제하는 기술이다.

접근제어에서는 보안등급에 따라 접근 권한이 관리되는데, 이때 '보안등급'은 정보 주체와 객체에 부여된 중요도 또는 신뢰도를 나타낸다. 인터넷 카페에서 등급에 따라 읽기 또는 쓰기 권한을 주는 것은 이러한 예에 해당한다. 접근제어에서 관리하는 권한은 접근제어행렬, 접근제어목록 등으로 표현될 수 있다. '접근제어행렬'은 정보 주체를 행으로, 정보 객체를 열로 구성한 테이블로서, 객체에 대한 주체의 접근 권한은 해당 주체의 행과 해당 객체의 열이 만나는 셀에 기록된다. '접근제어목록'은 특정 객체에 대한 접근 권한을 갖는 주체가 나열된 목록이다.

접근제어에는 임의적 접근제어, 강제적 접근제어 등이 있다. ㉠ '임의적 접근제어'에서는 정보 객체의 소유자가 해당 객체에 대한 보안등급을 부여한다. 또한 객체에 대한 주체의 접근 권한 역시 해당 정보 객체의 소유자가 결정한다. 따라서 임의적 접근제어에서 접근 권한을 표현할 때는 접근제어목록이 주로 사용된다. 임의적 접근제어는 구현이 쉽고 권한 관리가 유연한 방식이지만, 정보 객체의 소유자가 접근 권한을 임의로 변경할 수 있어서 접근 권한의 일률적 통제가 어렵다는 문제가 있다. ㉡ '강제적 접근제어'에서는 보안등급 부여와 접근 권한의 관리가 중앙화된 방식으로 수행된다. 따라서 접근 권한을 일률적으로 통제할 수 있다는 장점이 있다. 강제적 접근제어에는 벨라파둘라 모델과 비바 모델 등이 있는데, ㉮ 벨라파둘라 모델은 기밀 정보의 유출 방지에 적합하고, 비바 모델은 정보의 신뢰도 유지에 적합하다.

정보 객체가 문서이고 정보 주체가 객체에 대한 읽기와 쓰기 권한을 갖는다고 가정했을 때, 벨라파둘라 모델에서 정보 주체는 자신보다 높은 등급의 문서를 읽는 것이 금지되지만, 등급이 같거나 낮은 문서에 대해서는 읽는 것이 가능하다. 또한 정보 주체는 자신보다 낮은 등급의 문서에 쓰는 것은 금지되지만, 등급이 같거나 높은 문서에 쓰는 것은 허용된다. 비바 모델에서 정보 주체는 자신보다 높은 등급의 문서에 대해서는 쓰기 권한이 없지만, 등급이 같거나 낮은 문서에 대해서는 쓰기가 가능하다. 또한 정보 주체는 자신보다 낮은 등급의 문서에 대해서는 읽기 권한이 없지만, 등급이 같거나 높은 문서를 읽는 것이 허용된다. 정보 주체는 자신보다 낮은 등급의 문서에 포함된 신뢰도가 낮은 정보를 참조함으로써 자신이 보유한 정보의 신뢰도를 떨어뜨릴 수 있는데, 비바 모델에서는 이를 방지할 수 있다.

14. 윗글의 내용과 일치하지 <u>않는</u> 것은?

① 접근제어행렬은 접근 권한을 나타내는 테이블이다.

② 임의적 접근제어의 접근 권한 표현에는 접근제어목록이 주로 사용된다.

③ 접근은 시스템과의 상호 작용을 통해 시스템 자원을 사용하는 것을 목적으로 한다.

④ 접근제어에서는 정보 주체와 정보 객체에 부여된 중요도나 신뢰도에 따라 접근 권한이 관리된다.

⑤ 접근제어목록은 특정 정보 주체가 접근할 수 있는 정보 객체를 목록화하여 관리하기 위해 사용된다.

15. ㉠과 ㉡에 대한 이해로 적절하지 <u>않은</u> 것은?

① ㉠과 달리 ㉡은 중앙화된 방식으로 접근 권한을 통제하기 때문에 일률적인 권한 관리가 가능하다는 특징이 있다.

② ㉠과 달리 ㉡은 정보 객체의 소유자 외의 정보 주체가 해당 객체를 변경하는 것을 방지하기 위해 사용되는 방식이다.

③ ㉡과 달리 ㉠은 정보 객체의 소유자가 접근 권한을 관리하기 때문에 권한 관리가 유연한 방식이다.

④ ㉠과 ㉡은 모두 권한을 부여하고 관리하기 위해 사용된다.

⑤ ㉠과 ㉡은 모두 접근제어행렬을 이용한 접근 권한 표현이 가능한 방식이다.

16. ㉮의 이유로 가장 적절한 것은?

① 정보 객체의 정보가, 같은 등급의 정보 주체로 전달되지 않기 때문이다.

② 정보 주체와 정보 객체의 보안등급이 중앙화된 방식으로 관리되기 때문이다.

③ 정보 주체가 자신보다 낮은 등급의 정보 객체에 쓰는 것이 금지되기 때문이다.

④ 정보 주체가 자신보다 높은 등급의 정보 객체에 쓰는 것이 가능하기 때문이다.

⑤ 정보 주체와 정보 객체를 중요도에 따라 분류하고 이를 테이블을 이용해서 관리하기 때문이다.

17. 윗글을 바탕으로 〈보기〉를 이해한 내용으로 적절하지 <u>않은</u> 것은? [3점]

<보 기>

다음은 비바 모델 접근제어를 사용하는 ○○ 회사의 접근제어행렬이다. 이 회사에는 갑, 을, 병이라는 정보 주체와 A, B, C라는 정보 객체가 있다. 이 회사는 모든 정보 주체 및 객체를 1등급, 2등급, 3등급의 보안등급으로 분류하고 있다. 테이블에서 r은 읽기 권한을, w는 쓰기 권한을 의미한다.

주체 \ 객체	A	B	C
갑	[ ]	rw	r
을	rw	w	r
병	w	w	rw

① 모든 주체가 B에 대한 쓰기 권한을, C에 대한 읽기 권한을 가지고 있음을 고려할 때, 갑은 A에 대한 읽기 권한을 가지고 있겠군.

② 을은 병에 비해 읽기 권한이 많다는 점을 고려할 때, 보안등급은 을이 병보다 높겠군.

③ 을은 A에 대한 읽기 권한과 쓰기 권한을 모두 가지고 있음을 고려할 때, 을과 A의 보안등급은 같겠군.

④ 을은 C에 대한 읽기 권한이 있으므로 C보다 보안등급이 낮은 을에게 C의 중요 정보가 유출될 수 있겠군.

⑤ 병이 A와 B에 대한 읽기 권한이 없는 것은 병이 보유한 정보의 신뢰도 하락을 막기 위한 것이겠군.

[18~23] 다음 글을 읽고 물음에 답하시오.

(가)

표현의 자유는 개인의 인격 발현과 민주주의의 유지 발전을 위해 필수적이다. 표현의 자유가 보장되지 않으면 다양한 사상과 의견이 공론의 장에 진입하지 못한다. 표현의 자유가 보장되기 위해서는 ⓐ '사전억제의 금지원칙'과 '과잉금지원칙'의 적용이 필요하다. 사전억제의 금지원칙은 표현하려는 내용을 사전에 심사하여 억제해서는 안 된다는 것이다. 과잉금지원칙이란, 기본권을 제한하는 법률은 '목적의 정당성', '수단의 적절성', '침해의 최소성' 그리고 '법익의 균형성'을 모두 충족해야 한다는 것이다. 이들 원칙은 표현의 자유의 본질을 침해하는 것을 막는 데 기여한다.

이러한 원칙을 반영하여 표현의 자유를 제한하는 방식, 범위, 대상에 의미 있는 변화가 있었다. 우선 표현을 규제하는 방식이 변했다. 헌법재판소는 방송 광고 등 상업적 표현물과 일반 영상물에 대한 사전심의제도가 행정 기관이 주체가 되어 운영된다는 점에서, 우리 헌법이 금지하는 검열에 해당한다고 결정했다. 이들 영역의 심의는 법적인 사후심의나 자율적인 사전심의로 대체되었다.

또한 익명 표현의 범위가 확대되었다. 인터넷 게시판에 글을 쓰려는 사람들이 사전에 요구 받았던 본인확인제를 헌법재판소는 위헌으로 결정했다. 헌법재판소는 인터넷에서 건전한 정보의 유통을 추구하려는 이 제도가 가진 목적의 정당성을 인정하였다. 또 본인 확인이 목적 달성에 기여한다는 점에서 수단의 적절성도 인정하였다. 그러나 본인확인제는 익명 표현의 장점까지 포괄적으로 제한하므로 침해의 최소성은 인정하지 않았다. 또한 표현의 자유를 제한하여 얻는 이익에 비해 달성되는 공익이 크지 않다는 점에서 법익의 균형성도 인정하지 않았다.

또 일부 대상에 대한 명예훼손 책임이 완화되었다. 2002년 대법원은 '공적 인물 · 공적 사안의 법리'를 도입했다. 공적 인물이나 공적 사안에 대한 언론 보도와 사적 인물이나 사적 사안에 대한 언론 보도의 명예훼손 책임을 달리 취급해야 한다는 것이다. 후자의 경우 인격권의 보호가 우선할 수 있으나, 전자의 경우 언론 보도의 법적 책임이 완화되어야 한다는 이 법리는 법원의 명예훼손 재판 기준으로 유지되고 있다. 법원은 공직자나 정치인 등의 도덕성이나 업무 처리에 대한 비판적 보도로 인해 생길 수 있는 언론의 법적 책임을 완화하고 있다. 공론의 장에 나선 공적 인물의 명예나 초상권 등의 인격권은 표현의 자유를 위해 한발 물러서야 한다는 것이다.

(나)

디지털 공간에서는 개인의 인격권을 침해하는 정보가 쉽게 확산된다. 자신의 인격권을 침해하는 정보가 인터넷에서 공유되고, 그 내용이 언론을 통해 공론화되고 있는 상황을 가정해 보자. 어떻게 대응할 수 있을까?

개인의 사생활을 침해하거나 명예를 훼손하는 정보는 법적 절

차를 통해 삭제가 가능하다. 일반 이용자가 작성한 게시물이나 댓글의 경우, '정보통신망법'에 의거 정보통신서비스 제공자에게 피해 사실을 ⓐ 소명하고, 삭제를 요청할 수 있다. 삭제 요청을 받은 서비스 제공자는 해당 게시물을 ⓑ 지체 없이 삭제해야 한다. 만약 언론의 보도 기사에 의해 인격권이 침해되고 있다면, 법원 혹은 언론중재위원회를 통한 기사삭제청구권의 행사를 고려해 볼 수 있다. 기사삭제청구권은 법률에 규정은 없지만, 법원은 그 기사가 허위이며 중대하고 ⓒ 현저한 침해가 계속되는 경우 기사 삭제의 청구를 판례를 통해 인정하고 있다. 이때 기사의 허위성은 피해자가 입증해야 한다.

언론의 보도 기사에 대해서는 언론사, 언론중재위원회 또는 법원에 정정보도나 반론보도, 추후보도를 청구할 수도 있다. '언론중재법'은 언론 보도가 진실하지 않을 때 진실에 부합하게 고쳐 달라고 요구할 수 있는 정정보도청구권, 언론 보도의 진실 여부와 관계없이 그에 대립되는 반박적 주장을 보도해 달라고 요구하는 반론보도청구권을 규정하고 있다. 또 범죄 혐의가 있다거나 형사상의 조치를 받았다고 언론이 보도했으나 무죄확정판결 또는 혐의없음으로 사건이 종결되었을 때 이를 보도해 달라고 요구할 수 있는 추후보도청구권을 규정하고 있다.

자신에 대한 허위 정보가 시사 보도 프로그램을 통해 방송될 예정이라면, 법원에 방영금지가처분을 신청해 그 내용이 방송되지 않도록 할 수도 있다. 방송될 내용이 진실이 아니고 피해자에게 회복하기 어려운 중대하고 현저한 손해를 입힐 수 있는 경우 법원의 판단하에 방영금지가처분 신청이 ⓓ 인용될 수 있다. ⓛ 방영금지가처분제도가 위헌이라는 주장이 있지만 헌법재판소는 방영금지가처분이 과잉금지원칙에 위배되지 않는다고 판단했다. 또한 검열에 해당한다는 점도 ⓔ 부인했다.

18. (가), (나)에 대한 설명으로 가장 적절한 것은?

① (가)는 표현의 자유를 보호하는 절차를, (나)는 인격권의 필요성을 설명하고 있다.

② (가)는 표현의 자유가 확장된 양상을, (나)는 인격권 침해에 대한 구제 방법을 소개하고 있다.

③ (가)는 표현의 자유가 강조된 배경을, (나)는 인격권의 정의에 대한 다양한 시각을 제시하고 있다.

④ (가)는 표현의 자유에 관한 상반되는 의견을, (나)는 인격권에 관한 절충적인 의견을 제시하고 있다.

⑤ (가)와 (나)는 모두 표현의 자유와 관련하여 대립되는 학자들의 이론을 비교하여 설명하고 있다.

19. (가)에 대한 이해로 가장 적절한 것은?

① 상업적 광고에 대한 심의는 사후에만 허용된다.
② 표현의 자유를 보장하는 이유는 개인의 명예 보호와 민주주의 발전을 위해서이다.
③ 공적 인물에 대한 인격권과 표현의 자유가 대립할 때는 표현의 자유를 우위에 둔다.
④ 공적 사안에 대한 언론의 무분별한 보도를 방지하기 위해 '공적 인물·공적 사안의 법리'가 채택되었다.
⑤ 영상물에 대한 심의가 검열이라고 판단된 것은 심의 시기와 관련 없이 행정 기관이 주체가 되어 진행되었기 때문이다.

20. 다음은 학생이 작성한 학습 활동지이다. (나)를 바탕으로 할 때, 적절하지 않은 것은?

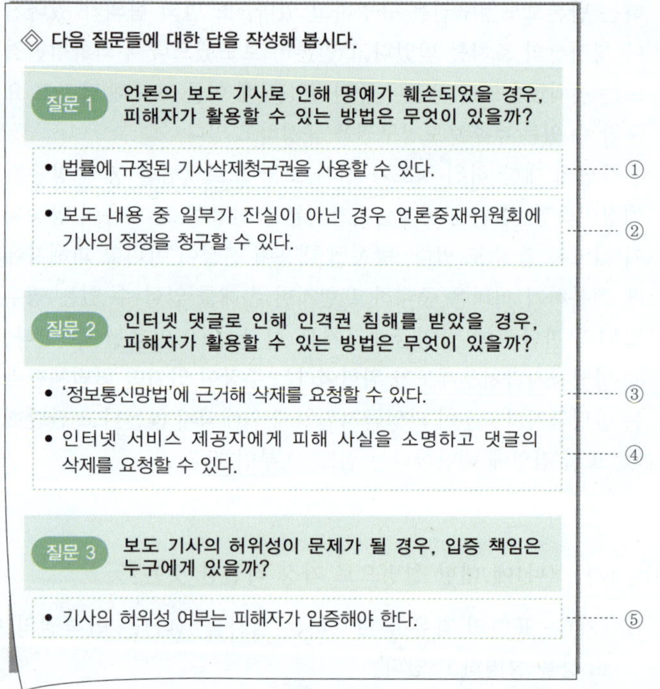

21. ㉠을 바탕으로 ㉡을 비판한 내용으로 적절하지 않은 것은?

① 행정 기관이 주체가 되어 심사하는 것이 아니므로 '사전억제의 금지원칙'에 위반되지 않는다.
② 방송으로 인해 훼손된 인격은 다시 회복되기 어려우므로 이를 예방한다는 '목적의 정당성'이 인정된다.
③ 인격권을 손상할 것이 명백한 방송이라면, 이를 사전에 금지하는 것이 불가피하므로 '수단의 적절성'이 인정된다.
④ 현저하게 피해가 예상되는 경우에만 제한적으로 허용한다는 점에서 '침해의 최소성'이 인정된다.
⑤ 허위 사실의 방송을 금지함으로써 얻는 이익보다, 표현의 자유를 제한함으로써 발생하는 불이익이 크다는 면에서 '법익의 균형성'을 충족한다.

22. ⓐ~ⓔ의 문맥상 의미를 파악한 것으로 적절하지 않은 것은?

① ⓐ : 근거를 갖추어 피해 사실을 '밝혀 설명하고'라는 의미이다.
② ⓑ : 게시물을 충분히 검토하여 '착오가 없이'라는 의미이다.
③ ⓒ : 피해 사실이 '분명하게 드러나 있는'이라는 의미이다.
④ ⓓ : 신청이 '인정되고 받아들여질'이라는 의미이다.
⑤ ⓔ : 검열이라는 주장을 '받아들이지 않았다'라는 의미이다.

23. (가)와 (나)를 참고하여 〈보기〉를 이해한 내용으로 적절하지 않은 것은? [3점]

<보 기>

'갑' 신문사는 공적 인물인 A가 불법 거래로 부당한 이익을 얻은 의혹이 있다는 기사를 내보냈다. 일반인 B는 포털 게시판에, 보도된 의혹 외에 A가 추가로 부당 이익을 얻은 적이 있다는 글을 익명으로 올렸다. 사건이 커지자 '을' 방송사는 A의 부당 이익 수취에 대한 의혹을 다룬 시사 보도 프로그램을 1주일 후 방영하겠다고 방송에서 예고했다. A는 방영금지가처분을 신청했다.

① A에 대한 의혹이 진실이라면, A는 '갑' 신문사의 기사를 반박하는 내용을 보도해 달라고 청구할 수 없겠군.
② A의 혐의가 무죄로 종결되고 A의 청구가 있다면, 법원은 '을' 방송사에 해당 사실을 보도하라고 판결하겠군.
③ B가 게시한 A에 대한 의혹이 진실이 아니며 A의 삭제 요청이 있었다면, 포털의 서비스 제공자는 게시물을 삭제해야겠군.
④ A가 명예훼손 책임을 '갑' 신문사에게 묻는다면, 법원은 A가 사적 인물이 아니라는 점을 고려하여 언론의 책임을 완화하겠군.
⑤ 법원이 방영금지가처분 신청을 기각했다면, '을' 방송사가 방송하려는 내용이 진실이거나 A의 인격권을 중대하고 현저하게 침해하지 않는다고 판단했겠군.

[24~27] (가)와 (나)는 학생이 읽은 글이고, (다)는 이를 바탕으로 쓴 논증하는 글의 초고이다. 물음에 답하시오.

(가)

　주어진 자원이 한정적인 상황에서는 합리적 선택이 중요하다. 합리적 선택을 위해서는 선택으로 얻게 되는 만족과 기회비용을 함께 판단해야 한다. 기회비용은 어떤 선택을 함으로써 포기하는 것의 가치가 무엇인지를 따지는 개념이다. 기회비용은 대안을 선택함으로써 실제 지출하는 비용과 다른 대안을 선택했다면 얻을 수 있었던 가치를 함께 고려하여 구한다.

　일요일에 도서관에서 책을 읽으려고 했는데, 친구가 공연 관람을 가자고 한다. 만약 공연 관람을 선택한다면 공연 관람료가 실제 지출하는 비용이고, 도서관에서 책을 읽는다면 얻을 수 있는 만족이 공연 관람으로 포기한 것의 가치에 해당한다. 기회비용을 구할 때, 공연 관람료처럼 대안을 선택함으로써 실제 지출하는 비용을 고려하지 못하는 경우가 종종 있다. 하지만 그 비용은 다른 곳에 사용했다면 얻을 수 있는 만족을 포기한 것이기 때문에 기회비용에 포함되어야 한다.

　합리적 선택을 할 때 고려할 필요가 없는 비용도 있다. 바로 매몰 비용이다. 매몰 비용이란 이미 투입되어 다시 회수할 수 없는 비용으로, 의사 결정 시 고려해서는 안 된다. 가령 공연이 시시하여 관람을 계속할지 말지를 선택하는 경우 관람료가 아까워 계속 관람하는 것은 비합리적 선택이다. 그러므로 되돌릴 수 없는 매몰 비용이 아니라 앞으로의 선택이 가져올 기회비용을 산출하는 것이 합리적 선택을 위한 효과적인 전략이다.

(나)

　정책 영역에서는 정보가 충분한 경우 대안이 가져올 결과를 서로 비교 가능하다고 본다. 그런데 가치가 충돌하는 공공사업의 경우 가치의 우선순위를 정하기 어려운 상황에서 의사 결정이 이루어지는 때가 많다. 이러한 현실 정책 상황으로 인해 딜레마에서의 의사 결정이 주목받고 있다. 이때 딜레마란 '두 개의 배타적 대안이 존재하고, 두 대안이 가져올 결과가 상충적이며, 각 대안을 지지하는 행위자들이 서로 대립하고 있지만, 주어진 시간 내에 결정을 내려야 하는 문제 상황'으로 정의할 수 있다.

　한편, 딜레마와 유사해 보이지만 딜레마와는 구별되는 상황이 있다. 정보의 불확실성으로 인해 결정이 곤란한 상황이나 정책의 모호성으로 인해 결정이 곤란한 상황 등이다. 불확실성은 정보를 추가적으로 탐색하여 해소할 수 있고 모호성은 정책의 의미를 보다 분명하게 제시하여 해소할 수 있기 때문에 이러한 상황들은 딜레마로 보기 어렵다.

　딜레마에서의 의사 결정에 관한 논의의 함의는 대안을 평가할 정보를 충분히 갖고 있다고 할지라도 대안을 비교하기가 어렵다는 것이다. 딜레마에서의 의사 결정에는 가치가 개입되고 그 가치들이 서로 충돌하는 상황에서 의사 결정이 이루어질 수밖에 없다.

(다)

　우리 지역의 ○○ 부지에 하수 처리 시설 유치 여부를 연말까지 결정해야 하는 상황에서 사람들의 찬반 논쟁이 첨예하게 벌어지고 있다. 나는 하수 처리 시설을 유치해야 한다고 생각한다. 우리에게 주어진 자원이 한정적인 상황에서 하수 처리 시설을 유치하는 것이 합리적 선택이기 때문이다.

　그 근거로 우선 지역 주민 소득 증가 효과를 들 수 있다. 시설을 유치할 경우 시설 구축 비용뿐만 아니라 보조금이 정부에서 지급될 예정이다. 이를 활용하여 지역 경제 활성화 프로그램을 시행할 수 있다. △△ 기관 연구 보고서에 따르면 지방 자치 단체의 경제 활성화 프로그램이 지역 주민의 소득 증가에 유의미한 영향을 미치는 것으로 조사되었다.

　또한, 지역민의 정서적 만족도를 높일 수 있다. 지하에 구축될 하수 처리 시설의 지상에는 공원이 들어설 예정이다. 도시 계획 전문가 이□□에 따르면 여가와 휴식 공간이 있는 곳에 거주하는 지역민은 그렇지 않은 지역민보다 정서적 만족도가 1.5배가량 높다고 한다.

[A] 　물론, 이에 대해 해당 부지의 환경적 가치가 중요하다며 하수 처리 시설 유치를 반대할 수도 있다. 하지만 현재 산출한 기회비용은 해당 부지의 환경적 가치는 물론, 부지의 다른 가치도 모두 포함한 것이다.

　그러므로 현재 우리에게 주어진 조건 속에서는 하수 처리 시설을 유치하는 것이 가장 합리적 선택이다.

24. 다음은 학생이 글을 읽는 과정에서 작성한 질문이다. (가), (나)에서 답을 확인할 수 <u>없는</u> 것은?

> **(가)와 관련하여,**
>
> ○ 의사 결정 상황에서 기회비용이란 무엇일까? ······ ①
> ○ 대안을 선택함으로써 실제 지출하는 비용이 기회비용에 포함되는 이유는 무엇일까? ······················· ②
>
> **(나)와 관련하여,**
>
> ○ 정책 의사 결정 과정에서의 딜레마란 무엇일까? ··③
> ○ 딜레마와 유사하지만 딜레마가 아닌 상황과 딜레마의 차이는 무엇일까? ····································· ④
> ○ 대안을 선택하기 어려운 상황에서 대안을 평가하는 방법은 무엇일까? ··· ⑤

→ 해설편 **326쪽**

25. (다)를 작성하기 위해 (가), (나)를 읽은 방법으로 가장 적절한 것은?

① (가)에서 매몰 비용의 개념에 주목하고, 의사 결정 시 매몰 비용 산출이 선행되어야 한다는 것을 확인하며 읽었다.

② (가)에서 기회비용의 중요성에 주목하고, 선택하지 않은 대안의 가치도 고려해야 합리적 선택이 가능하다는 것을 확인하며 읽었다.

③ (가)에서 기회비용의 효용성에 주목하고, 기회비용이 대안을 선택함으로써 얻게 되는 만족과 실제 지출하는 비용으로 구성된다는 것을 확인하며 읽었다.

④ (나)에서 딜레마에서의 선택에 가치가 개입된다는 점에 주목하고, 가치의 우선순위를 확정하는 것이 필요하다는 점을 확인하며 읽었다.

⑤ (나)에서 딜레마에서의 선택에 정보가 영향을 미친다는 점에 주목하고, 정보가 충분할수록 의사 결정이 수월할 수 있다는 점을 확인하며 읽었다.

26. 〈보기〉를 참고할 때, (다)를 작성하기 위해 세운 글쓰기 계획으로 적절하지 <u>않은</u> 것은?

<보 기>

논증은 자신의 주장이 옳음을 입증하는 과정이다. 논증 요소는 주장과 왜 그러한 주장을 하는지에 관한 주관적 생각인 이유, 주장이나 이유를 뒷받침하는 객관적 자료인 근거, 예상되는 반론과 이에 대한 반박 등이 있다.

---

① 하수 처리 시설 유치 쟁점에서 찬성 입장을 주장으로 제시한다.

② 자원이 한정적인 상황에서 발생한 논쟁이 첨예하여 갈등 해결이 시급하다는 내용을 이유로 제시한다.

③ 지역 경제 활성화 프로그램 시행으로 주민 소득이 증가한다는 연구 보고서 내용을 근거로 제시한다.

④ 해당 부지의 환경적 가치가 중요하다는 내용을 예상 반론으로 제시한다.

⑤ 고려할 수 있는 해당 부지의 모든 가치를 기회비용에 포함하였다는 내용을 반박으로 제시한다.

27. 〈보기〉는 (다)를 작성한 후 추가로 수집한 자료이다. 〈보기〉를 (가), (나)와 연결 지어 (다)의 [A]를 구체화하는 방안으로 가장 적절한 것은? [3점]

<보 기>

합리적 선택을 할 때, 정보나 지식이 충분하더라도 대안을 비교하기 어려운 경우가 있다. 이런 상황에 대한 적극적인 대응으로 절차적 합리성이 제안될 수 있다. 이는 내용적으로 어느 것이 더 합리적인지 판단하기 어려울 때, 일정한 형식적 절차를 거쳐서 나온 결과는 내용적으로도 합리적인 것으로 간주할 수 있다는 의미이다.

— ◇◇ 학회 논문 자료 —

---

① 〈보기〉를 (가)와 연결 지어, 대안의 가치를 비교하여 합리적 선택이 가능함을 제시하고 절차적 합리성을 확보하면 대안의 대립이 해소될 수 있다는 내용으로 예상 반론을 구체화해야겠어.

② 〈보기〉를 (가)와 연결 지어, 정보가 충분하면 대안의 가치를 정확히 측정할 수 있음을 제시하고 형식적 절차를 위해 추가 정보가 필요하다는 내용으로 반박을 구체화해야겠어.

③ 〈보기〉를 (나)와 연결 지어, 배타적 대안이 상충된 결과를 초래할 수 있음을 제시하고 형식적 절차를 거치더라도 기회비용 산출이 어렵다는 내용으로 예상 반론을 구체화해야겠어.

④ 〈보기〉를 (나)와 연결 지어, 딜레마에서 가치를 정확히 산출하는 것이 필수적임을 제시하고 형식적 절차에 따라 만족의 크기를 비교해야 한다는 내용으로 예상 반론을 구체화해야겠어.

⑤ 〈보기〉를 (나)와 연결 지어, 가치 충돌 상황에서 의사 결정이 요구됨을 제시하고 현재 산출한 기회비용이 절차적 합리성을 확보하고 있다는 내용으로 반박을 구체화해야겠어.

[28~30] 다음은 작문 상황과 학생이 작성한 초고이다. 물음에 답하시오.

[작문 상황]

소리 요법 체험 프로그램에 참여하고 기록한 체험 일지를 바탕으로 소감문을 작성하여 교지에 실으려 함.

[초고]

바쁜 일상에 몸도 마음도 지쳐 쉬고 싶다는 생각을 하던 중, 소리 요법 체험 프로그램이 방학에 열린다는 것을 알게 되었다. 소리 요법이 마음에 휴식을 준다는 학교 게시판의 소개 내용에 이끌려 프로그램에 참여하였다.

체험 프로그램은 소리 요법에 대한 선생님의 설명으로 시작되었다. 소리 요법은 특정 주파수 대역의 소리 혹은 일정한 주파수들로 구성된 소리를 이용해 정신적 안정, 집중력 향상을 돕는다고 한다. 소리만으로 그러한 효과를 얻을 수 있다는 사실이 퍽 흥미로웠다.

다양한 종류의 소리 요법을 체험할 수 있었는데, 그중 소리 그릇 요법이 가장 기억에 남는다. 소리 그릇 요법 체험은 나무 막대를 사용하여 금속 재질의 소리 그릇을 두드리거나 문질러서 낸 소리를 듣는 것으로 진행되었다. 편히 누워서 눈을 감고 소리 그릇에서 나는 소리를 들으니 마음이 평온해졌다. 그 소리에 익숙해질 때쯤 선생님의 안내에 따라 소리 그릇을 몸 위에 올려 보았다. 소리 그릇의 울림이 온몸으로 전해져 몸과 마음이 천천히 이완되었다. 몸과 마음을 부드럽게 안아 주는 것 같은 편안한 느낌이 참 좋았다.

기억에 남는 또 다른 체험은 백색 소음 요법이다. 백색 소음은 폭포, 파도 등과 같은 자연이나 선풍기, 공기 청정기 등과 같은 가전제품에서 들을 수 있는 소리이다. 여러 색의 빛이 합쳐져 투명한 빛, 백색광이 되듯 여러 주파수 범위의 소리가 합쳐져 귀에 거슬리지 않고 자연스럽게 들리는 소리이기 때문에 백색 소음이라고 한다. 백색 소음 요법을 체험하기 위해 공기 청정기를 켜 놓고 독서를 했는데 집중이 더 잘되는 느낌이었다. 이런 이유에 대해 과학적 원리를 찾아보고 싶다는 생각이 들었다. 백색 소음 요법은 주변에서 쉽게 접할 수 있는 소리를 활용하고, 소리 그릇 요법과는 달리 별도의 도구를 준비하지 않아도 된다는 점도 매력적이었다.

일상에서 소리는 늘 우리와 함께하는데, 지나친 소음은 하는 일에 대한 집중력을 떨어뜨리고 사람을 지치게 만든다. 소리 요법 체험 프로그램은 다음 방학에도 학교에서 운영된다고 하니, 친구들에게 추천하고 싶다.

28. 다음은 체험 일지의 일부이다. ㉠~㉤이 '초고'에 반영되었다고 할 때, 이에 대한 설명으로 적절하지 않은 것은?

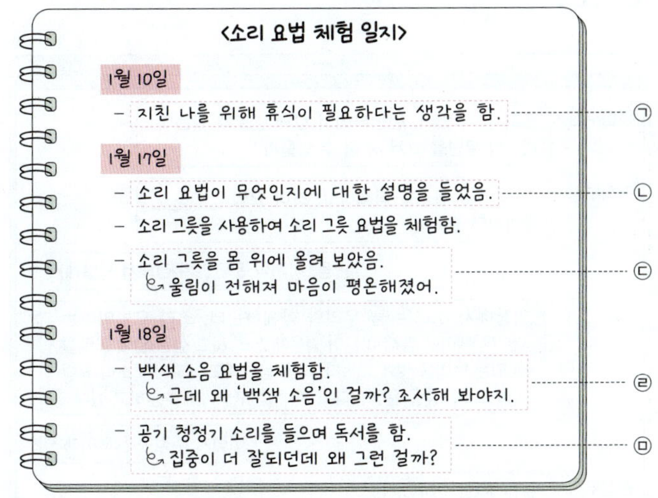

① ㉠을 반영하여, 소리 요법 체험에 참여하게 된 계기를 제시하였다.

② ㉡을 반영하여, 소리 요법에 대한 설명을 정리하고 그에 대한 자신의 생각을 덧붙였다.

③ ㉢을 반영하여, 소리 그릇의 울림이 몸에 전해졌을 때의 느낌을 구체화하였다.

④ ㉣을 반영하여, 백색 소음이라는 용어에 대해 조사한 정보를 추가하였다.

⑤ ㉤을 반영하여, 백색 소음과 집중력 간의 상관관계를 확인하여 언급하였다.

29. '초고'의 글쓰기 방식으로 가장 적절한 것은?

① 2문단에서는 소리 요법 체험의 유의점을 인과 관계에 따라 서술하였다.

② 3문단에서는 소리를 내는 방법을 중심으로 소리 그릇 요법의 유래를 서술하였다.

③ 3문단에서는 다양한 종류의 소리 요법을 일정한 기준에 따라 분류하여 서술하였다.

④ 4문단에서는 다른 요법과 견주어 백색 소음 요법의 장점을 서술하였다.

⑤ 4문단에서는 백색 소음 요법의 체험 과정을 시간의 순서에 따라 서술하였다.

30. 다음은 '초고'를 쓴 학생이 교지 편집부장과 사회 관계망 서비스에서 나눈 대화이다. ⓐ, ⓑ에 들어갈 내용으로 가장 적절한 것은?

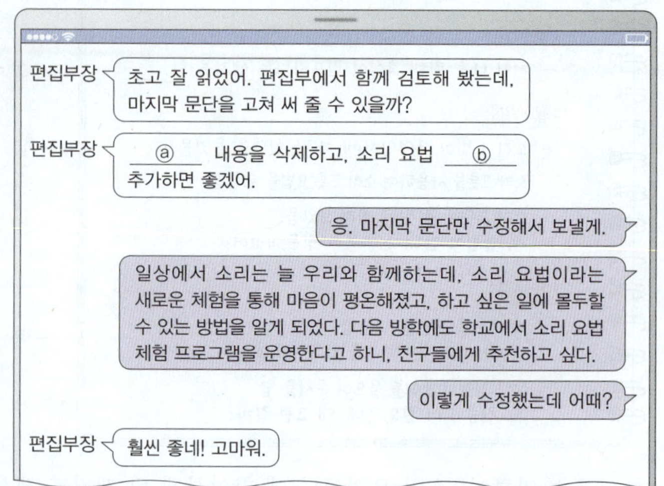

	ⓐ	ⓑ
①	글의 흐름에서 벗어난	체험의 효과를
②	글의 흐름에서 벗어난	체험을 위한 정보를
③	다른 문단과 중복되는	체험의 전망을
④	다른 문단과 중복되는	체험의 효과를
⑤	다른 문단과 중복되는	체험을 위한 정보를

[31~33] 다음 글을 읽고 물음에 답하시오.

홍 낭자가 양창곡의 뜻을 보고자 하여 **선비로 남장해** 묻길,

"나는 저 사람의 마음을 아나 저 사람은 내 마음을 모른다면, 이 또한 '지기'라 할 수 있으리오?"

양 공자가 웃으며,

"백아가 거문고를 연주하여야 종자기가 있거늘, 사람이 지조를 닦아 마음속에 간직했다가 밖으로 드러내면, 구름이 용을 따르고 바람이 호랑이를 따르듯, **같은 소리로 서로 응하며 같은 기운으로 서로 구하리니**, 어찌 모를 리가 있으리오?"

선비가 말하길,

"세간에 신의 없은 지 오래되어 곤궁한 처지였을 때 사귄 정을 부귀한 후 잊는 자들이 흔히 있더이다. 부귀와 궁달에 있어서 **처음과 끝이 한결같은 자**를 볼 수 있으리오?"

양 공자가 웃으며,

"옛말에 이르되 '가난하고 천할 때의 친구는 잊어서는 안 되고, 지게미와 쌀겨를 먹으며 고생한 아내는 집에서 내보내서는 안 된다.' 하니, 부귀와 궁달에 따라 친소를 달리하면 이는 경박한 일이라. 어찌 이 때문에 세상을 의심하리오?"

선비가 웃으며,

"형은 충직한 사람이로다. 저는 본디 지조가 없는 사람이라. 신하가 임금을 섬기고 선비가 친구를 사귐에, 그 명망을 닦고 예절을 지켜 도리에 부합해 사귐을 하는 사람도 있으며, 그 재주를 드러내면서 형편에 따른 방도로써 사귐을 하는 사람도 있소. 형은 어떻게 생각하시오?"

양 공자가 답하길,

"사람의 나아가고 물러남을 어찌 가벼이 논하리오? 성인에게도 공명정대한 원칙과 형편에 따른 방도가 있나니, 군신과 붕우 사이에 마음 한구석을 비춰 볼 따름이라. 나 역시 과거에 응시하려는 선비로, 덕을 닦아 이름을 드날리지 못하고 문장 찌꺼기로 망령되이 **임금의 은혜**를 얻고자 하니, 이 어찌 규중 처녀가 얼굴을 가리고 스스로 짝을 구함과 다르리오? 이로써 보건대 나아가고 물러남이 정대하고 깨끗하여 옛사람에게 부끄럽지 않은 자가 몇이나 있는고?"

선비가 미소하고 몸을 일으키며,

"밤이 깊었고 여행 중에 잠을 못 자는 것이 몸을 보살피는 도리가 아니니, 무궁무진한 정담은 내일을 기약할지라."

양 공자가 차마 떠나지 못해 하더라.

[중략 줄거리] 홍 낭자는 양창곡과 이별한 후 오랑캐 장수가 되었다가, 명나라 원수가 된 양창곡과 다시 만나 그의 군영에서 사마라는 직책을 받고 축융 왕의 항복을 받아 낸다.

일지련이 부친 축융 왕을 모시고 막사로 돌아가 가만히 생각하길,

'내가 아무리 사람 보는 안목이 없다 해도 홍 장군은 분명 남자가 아닐지라. 만약 여자라면 누구를 위해 만 리 밖에서 종군했

→ 해설편 329쪽

으리오? 양 원수의 용모와 풍채를 보건대 비범한 장수요, 또 홍 장군의 기색과 언사를 살피건대 자못 조심해 무례한 뜻을 드러내지 않으나 은근한 정을 띤 듯하니, 이 어찌 지기를 따르려고 남자로 변복해 종군한 것이 아니리오?'

또 의심하길,

'여자의 질투는 세상 부녀자의 일반적인 정이라. 남자가 아니라면 홍 장군은 **어째서 이처럼** 나를 사랑하는고?'

끝내 깨닫지 못하고, 총명하고 지혜로운 마음에 조급한 심정을 참지 못해 홍 사마의 본색을 알고자 조용히 그의 막사로 가거늘, 마침 홍 사마가 고요히 홀로 앉아 있더라. 일지련이 앞으로 나아가 아뢰길,

"제가 장군께서 살려 주신 은덕을 입어 휘하에서 모시며 정성을 다하고자 하였으나, 다시 생각건대 제 처지가 남자와 다르고 군중에 여자가 있는 것은 예로부터 꺼리는 바라, 저의 부친이 이미 군중에 계시니 저는 마땅히 본국으로 돌아가 행동이 어그러짐을 면할까 하나이다."

홍 사마가 웃으며,

[A] "낭자의 말이 지나치도다. 옛날 목란은 그의 아버지를 대신해 만 리 밖에서 종군했으나 일찍이 그녀를 비판하는 사람이 없었거늘, 낭자만 어찌 이에 구애되리오?"

일지련이 눈길을 흘려 홍 사마를 보고 웃으며,

"제가 오랑캐 땅에서 자라 예법을 배우지 못했으나, 남자와 여자가 같은 자리에 앉으면 안 된다는 것은 성인의 밝은 가르침이라, 만약 군중에 처한즉 어찌 남자와 어깨를 나란히 하고 자리를 함께하지 않을 수 있으리이까? 그러므로 목란이 충효는 극진하나 규방의 아녀자가 지켜야 하는 단정한 행실은 부족했던 것으로 생각하나이다."

홍 사마가 이 말을 듣고 눈을 들어 일지련을 보며 양 볼에 홍조 만발하여 오랫동안 말이 없더니 자신의 본색을 알고자 함인 줄 짐작하고 자기 행장을 수습하여 길게 탄식해,

[B] "세상에 한결같이 단정해 규방 예절을 어기지 않은 여자가 몇이나 되리오? 혹은 환난을 당해 어쩔 수 없이 어기는 자도 있고, 혹은 지기를 좇아 예절을 돌아보지 못하는 자도 있으니, 어찌 한 가지로 논할 수 있으리오?"

일지련이 사례하고 돌아와 마음속으로 웃으며,

'나의 안목이 과연 틀리지 않았도다. 홍 사마가 어떠한 여자로서 종군한 것인지 모르나, 그의 말과 **의로운 기상**을 보건대 분명히 내 평생을 저버리지 않으리라. 내가 맹세코 변화한 **명나라**를 구경하리라.' 하더라.

– 남영로, 「옥루몽」 –

---

31. 윗글의 내용에 대한 이해로 가장 적절한 것은?

① 홍 낭자는 양 공자가 자신의 속마음을 알아주지 않는 점에 서운함을 느꼈다.

② 양 공자는 선비와의 이별을 아쉬워하며 선비로부터 다시 만날 약속을 받아 냈다.

③ 일지련은 홍 장군이 양 원수를 대하는 태도를 보고 두 사람의 관계에 대한 호기심을 가졌다.

④ 일지련은 양 원수의 비범함을 눈치채고 그의 휘하에 장수로 들어가고자 하였다.

⑤ 홍 사마는 일지련의 말을 듣고 조급한 성정을 꾸짖기 위해 오랫동안 침묵하였다.

32. [A], [B]를 이해한 내용으로 가장 적절한 것은?

① [A]에서는 목란의 고사에 나타난 옛날의 일과 일지련의 상황은 서로 다르다고 설명하고 있다.

② [B]에서는 사례를 들어 여인이 군중에 머무를 때 발생할 수 있는 문제를 일지련에게 알려 주고 있다.

③ [A]에서는 군중에 머무는 것은 잘못된 행동이라는 일지련의 걱정을 위로하고, [B]에서는 군중에 머무를 수 있는 현실적인 방안을 제시하고 있다.

④ [A]에서는 본국으로 돌아가려는 일지련의 계획을 실현 불가능성을 이유로 들어 만류하고, [B]에서는 그 계획을 시기의 문제를 이유로 들어 만류하고 있다.

⑤ [A]에서는 여인이 지켜야 할 행동에 대한 일지련의 의견이 과도하다고 평하고, [B]에서는 당위적 윤리 규범을 내세우는 일지련의 생각을 바꾸도록 설득하고 있다.

33. 〈보기〉를 참고하여 윗글을 감상한 내용으로 적절하지 <u>않은</u> 것은? [3점]

───〈보 기〉───

「옥루몽」에서는 다양한 지기 관계 형성을 중심으로 서사가 진행된다. 지기란 서로 마음을 알아주고 뜻을 함께하는 사람으로, 인물들은 이상적인 인물과의 지기 관계를 추구한다. 인물들은 자신의 의도를 우회적으로 드러내면서, 상대의 의중을 탐색하는 대화를 통해 성별과 신분, 처지에서 비롯된 사회적 제약을 뛰어넘는 관계를 모색한다. 이러한 지기 관계의 양상을 통해 유교적 질서를 존중하면서도 개인적 욕망을 인정하는 작가의 인식을 엿볼 수 있다.

① 홍 낭자가 '선비로 남장해' 양 공자의 뜻을 확인하는 데서, 지기 관계 형성에서 성별이 사회적 제약이 될 수 있음을 알 수 있군.

② 양 공자가 지기는 '같은 소리로 서로 응하며 같은 기운으로 서로 구하리'라고 하는 데서, 지기 관계는 일방적인 것이 아니라 쌍방적인 것이라고 여김을 알 수 있군.

③ 일지련이 홍 사마가 '어째서 이처럼' 자신을 아끼는지 알고자 하면서도 예법에 대해 문답하는 데서, 지기 관계 형성을 위한 탐색 과정에서 인물이 의도를 우회적으로 드러냄을 알 수 있군.

④ 홍 낭자가 양 공자에게 '처음과 끝이 한결같은 자'에 대해 묻는 것과 일지련이 홍 사마의 '의로운 기상'을 믿는 데서, 인물들이 지기 관계에서 상대방의 도덕성을 중시함을 알 수 있군.

⑤ 양 공자가 덕이 모자란데도 '임금의 은혜'를 얻겠다는 것과 일지련이 '명나라' 구경을 결심하는 데서, 지기 관계에서 유교적 질서와 개인적 욕망의 추구가 동시에 인정됨을 알 수 있군.

[34~38] 다음 글을 읽고 물음에 답하시오.

(가)

그대는 속객(俗客)이라 내 이름 어이 알까
오늘날 내 이름을 그대에게 이르려니
비늘 가진 동물 중에 머리 있는 용이로세
조선이 천명을 받아 성현이 나셨도다
삼한을 어루만져 한양에 도읍하니
인물이 번성하고 인가(人家)가 가득하다
아, 옥황상제 건천문을 여시고
중국 땅을 바라보고 하토를 굽어보시어
한 폭 조서(詔書)를 ㉠ 수국(水國)에 전하시되
　　　동문 밖 십 리 땅은 청룡이 네가 지키고
　　　남문 밖 십 리 땅은 적룡이 네가 지키고
[A]　서문 밖 십 리 땅은 백룡이 네가 지키고
　　　북문 밖 십 리 땅은 흑룡이 네가 지키고
　　　왕성 안 십 리 땅은 황룡이 네가 지키어
　　　우물의 물을 뿜어 백성을 이롭게 하라
우리는 백룡이라 서쪽을 주관하여
반송방 노첨정계* ㉡ 팔각정 내린 맥에
자리를 점지하여 삼백 년 걸쳐 있어
꼬리를 한 번 치면 감천이 솟아나니
이러하여 세상 사람 이르기를 ㉢ 초리우물
그러나 수근(水根)은 유한하고 먹을 이도 많구나
　　　아침이야 저녁이야 새벽이야 밤중이야
　　　재상의 집 선비의 집 무반의 집 한량의 집
[B]　국숫집 팥죽집 떡집이며 엿집이라
　　　통이로세 물동이로세 장군이야 항아리야
　　　긴거니 푸거니 이 우물에 모여드니
두레박도 빠지고 쪽박도 깨지고
아이구야 사람 죽네 싸움으로 시끌하고
워그적워그적 휩쓸려 붐비는 게 더욱 심해
　　　쌀을 씻고 팥을 간들 물 없이 밥이 되며
　　　미역과 찐 다시마는 바리바리 쌓여 있고
[C]　채소와 대하 꾸러미 아무리 쌓였던들
　　　이 물이 없게 되면 국이 어이 되겠는가
서문 밖 천만 집에 ㉣ 물싸움 심하더니
　　　그대는 슬기로워 여인 중에 호걸이라
　　　가만히 생각하니 새 물 어이 못 파리오
[D]　오른손에 자를 들고 뒤뜰로 들어가서
　　　지맥을 헤아리고 사방을 둘러보아
　　　여종에게 분부하되 이곳을 깊이 파라
[E]　정성이 극진하니 내 마음 감동하여
　　　넓은 바다에 쌓인 물을 머금어 뿜어내니
그대네 북창 아래 ㉤ 감로수가 절로 난다

― 이운영, 「착정가」 ―

* 반송방 노첨정계 : 한양 서대문 밖에 있던 지명.

(나)

　'풍속 중에 청명일에 우물을 쳐낸다[俗以淸明日淘井]'라는 글이 있어, 운서(韻書)에서 '도(淘)' 자의 의미를 찾아봤지만 없었다. '씻어서 깨끗이 한다'라는 뜻인 듯했지만, 사실 정확하지는 않았다. 그래서 의문이 남았지만 그냥 내버려두었다.

　바닷가에 와서 거처를 세 번 옮겼다. … (중략) … 그곳 땅이 본래 낮아 습한데 내가 거처한 마지막 집은 더욱 심했다. 다른 집보다 좋은 점은 우물이 있는 것이었다. 우물은 울안 동남쪽에 있었는데, 지세가 낮은 중에도 낮았다. 우물 곁 연못에 부들과 피가 자랐고, 그 옆 마구간에서 소와 말을 길렀다. **실로 모두가 꺼리는 것이 모여** 있었다. 집을 옮기자마자 종들에게 그릇을 도르래에 묶어 물을 긷게 하여 우물을 쳐냈다. 마침 겨울이라 힘을 적게 쓰고도 효과는 컸다. 봄이 지나고 또 우물을 쳐냈는데, 그릇이 우물 안 물에 닿으니 그 깊이가 거의 두 길이었다. 그러나 **깨끗이 쳐내도 물은 맑아지지 않고 쳐내기 전과 같았다.** 이것이 어찌 **물의 성질** 때문이랴? 물의 맑고 탁함과 많고 적음은 땅의 높낮이와 춥고 더움에 관계가 있을 뿐이다. 그래도 소동파가 새집을 지으며 사십 척이나 파고서야 물을 얻은 일보다는 나았다.

　사람에게도 어찌 **본성**이 없겠는가? 기질에 얽매이고 욕망에 빠질 뿐이니, 또한 이 우물이 낮은 곳에 있는 것과 같다. 맑고 쾌활한 본성은 비록 하늘로부터 받은 것이나, 맑게 다스리는 노력 또한 현명한 스승과 어진 벗이 이끌어 주고 도와주는 것에 달려 있지 않겠는가? 성현이 이르지 않았는가? "생각하는 것은 슬기로운 것이고, 슬기로운 이가 성인이 된다."라고 했듯이 생각하기를 우물 쳐내듯 하면, 처음에는 흐린 물이 있겠지만 **오래도록 끌어 올리면** 차츰 맑은 물이 나오는 법이다. 사람의 생각도 처음에는 혼탁하지만 오래 할수록 명쾌해진다. 이 우물도 비록 처음에는 흐린 물이 나오더라도 오래도록 쳐내면 맑은 물이 어찌 나오지 않겠는가? 또한 이는 사람이 학문을 하는 것과 같으니, 생각하고 생각하면 귀신이라도 통하게 해 주는 것이다.

　내가 오늘 우물 쳐낸 일을 보고, 생각을 지극히 해서 **성인이 되는 노력**을 깨달았다. 이에 노비에게 물이 맑아지기를 기다려 마시게 하고, 항상 노력하고 경계하는 뜻을 마음에 새겨 응당 청명일을 기다려 다시 우물을 쳐내고자 한다.

– 박장원, 「치정설」 –

34. (가)와 (나)의 공통점으로 가장 적절한 것은?

① 음성 상징어를 활용하여 어수선한 분위기를 표출하고 있다.
② 구체적 수치를 활용하여 대상의 정도 차이를 제시하고 있다.
③ 대구 표현을 활용하여 긴장감이 강해지는 양상을 형상화하고 있다.
④ 의문형 어미를 활용하여 전달하고자 하는 의미가 당연한 것임을 강조하고 있다.
⑤ 계절적 배경이 드러나는 표현을 활용하여 대상의 변화에 대한 기대감을 나타내고 있다.

35. [A]~[E]에 대한 이해로 적절하지 <u>않은</u> 것은?

① [A] : 옥황상제의 조서라는 형식을 빌려 우물에도 백성에 대한 하늘의 뜻이 담겨 있음을 암시하고 있다.
② [B] : 우물을 사용하려는 사람들의 모습을 열거하여 우물을 독점하려는 욕망을 비판하고 있다.
③ [C] : 식생활에 관련된 소재를 활용하여 살아가는 데 있어서 우물의 중요성을 강조하고 있다.
④ [D] : 여성의 주체적인 행위를 묘사하여 새로운 우물을 찾는 과정을 드러내고 있다.
⑤ [E] : 신이한 힘이라는 환상적 요소를 도입하여 우물에서 물이 솟아나게 된 상황을 극적으로 표현하고 있다.

36. ㉠~㉤을 중심으로 (가)를 이해한 내용으로 가장 적절한 것은?

① ㉡의 근원이 ㉠에 있는 것으로 제시하여 우물이 소망을 기원하는 장소임을 보여 주고 있다.
② ㉢의 작명 유래를 설명하여 우물에 대해 세상 사람들이 느끼는 위압감을 해소하고 있다.
③ ㉢에 마을 사람들이 북적이는 현상으로 인해 ㉣이 발생했다고 판단하고 있다.
④ ㉢과 ㉤의 자리를 찾는 데에 마을 사람들의 역할이 중요함을 밝히고 있다.
⑤ ㉣로 인한 불편을 해소하기 위해 외부의 도움을 받은 결과물인 ㉤을 부정적으로 바라보고 있다.

→ 해설편 **334쪽**

13
회
2028 예시 문항

37. 다음은 학생이 (나)를 읽고 작성한 감상문의 일부이다. ⓐ~ⓔ 중 적절하지 <u>않은</u> 것은?

> 오늘은 수업 시간에 「치정설」을 읽었는데, 시간의 흐름에 따라 '의문, 경험, 사유, 의지'가 이어지는 구조로 되어 있음을 알 수 있었다. 글쓴이는 과거에 ⓐ <u>한자 '도(淘)'의 의미에 대한 의문을 가졌다.</u> 시간이 지나고 글쓴이는 표층적 의미의 '도(淘)'를 경험하게 되는데, 그것은 ⓑ <u>맑은 물을 얻기 위해 우물을 쳐낸 일</u>이었다. 그리고 이런 노력에도 불구하고 우물물이 깨끗해지지 않았던 경험을 한 글쓴이는 ⓒ <u>인간의 심성을 맑게 다스리기 위해 필요한 노력이 '도(淘)'의 또 다른 의미라고 사유한다.</u> 우물물을 쳐내는 일처럼 ⓓ <u>주변 사람의 영향에서 벗어나서 혼자 끊임없이 생각해야 슬기로워질 수 있음을 깨달은 것이다.</u> 이렇게 우물물과 인간이 다르지 않다는 인식을 통해 '도(淘)'의 또 다른 의미를 도출한 글쓴이는 ⓔ <u>앞으로 '도(淘)'를 실천하겠다는 의지를 드러냈다.</u>

① ⓐ   ② ⓑ   ③ ⓒ   ④ ⓓ   ⑤ ⓔ

38. 〈보기〉를 참고하여 (가), (나)를 감상한 내용으로 적절하지 <u>않은</u> 것은? [3점]

> ────〈보 기〉────
>
> (가)와 (나)는 모두 조선 후기 사대부가 겪은 결핍의 상황에 대한 관찰을 바탕으로 창작한 작품이다. 작품에서 재구성된 일상은 대상을 재현하고 작가의 의식을 투영한다. (가)는 공동체에 대한 작가의 관심을 바탕으로, 초현실적 존재를 화자로 설정하여 일상을 묘사함으로써 대상에 대한 작가의 참신한 발상을 보여 준다. (나)는 개인의 수양에 대한 작가의 관심을 바탕으로, 유배 생활의 경험을 통해 사고를 확장함으로써 인간의 본성에 대한 작가의 성찰적 태도를 보여 준다.

① (가)에서 '그대'에게 '내 이름'을 '용이로세'라고 하면서 말을 이어 가는 설정에서 초현실적 존재의 입장으로 일상의 문제에 접근하려는 작가의 참신한 발상을 엿볼 수 있군.

② (나)에서 우물에 '실로 모두가 꺼리는 것이 모여 있'다고 주목한 데서 공간적 여건으로 인해 개인의 수양이 가로막힐 수 있음을 드러내려는 작가의 의도를 알 수 있군.

③ (나)에서 우물을 '깨끗이 쳐'내면서 '오래도록 끌어 올리'는 행위를 '성인이 되는 노력'에 빗댄 데서 작가가 유배 중의 경험을 통해 사고를 확장하고 있음을 알 수 있군.

④ (가)에서 '수근은 유한하고 먹을 이도 많'다는 것과 (나)에서 우물이 '쳐내기 전과 같았다'는 것에서 작가가 관찰을 통해 확인한 결핍의 양상을 알 수 있군.

⑤ (가)에서 '인물이 번성하고 인가가 가득하다'라고 한 데서 공동체의 번영에 대한, (나)에서 '물의 성질'과 '사람'의 '본성'을 연결한 데서 개인의 성찰에 대한 작가의 관심을 엿볼 수 있군.

→ 해설편 **336**쪽

[39~42] 다음 글을 읽고 물음에 답하시오.

작년, 더위가 찔 무렵이었다. B 공단 성창비료 석교공장의 노무과장이 장정 셋을 거느리고 집에 들이닥친 일이 있었다. 그날은 종옥이가 시장에 나가 홀로 집을 지키던 참이었다.

㉠ "김병국이란 작자가 누구요? 어떤 위인인가 상판 좀 봅시다." 힘깨나 써 보이는 한 장정이 기세등등하게 말했다.

㉡ "내 아들놈인데 다, 당신네는 누, 누구요?" 기세에 눌려 내 목소리가 더 더듬거렸다.

㉢ "그렇담 마빡 새파란 놈이겠군. 그 새끼 좀 봅시다!" 다른 장정이 윽박질렀다. "아들은 집에 없소. 무, 무슨 일인데 이러오?"

"그 자식 당장 작살낼 테야. 암모니아 가스가 아니라 진짜 똥물을 아가리에 퍼 넣어야 정신 차릴 개새끼!" 또 다른 장정이 방문 열린 큰방과 건넌방을 기웃거렸다.

㉣ "소란 피워 죄송합니다만, 병국이란 자제분을 만날 수 없겠습니까?" 마흔쯤 된 노무과장이란 자가 내게 정중하게 말했다.

"마루에라도 앉아요." 노무과장을 상대로 내가 말했다. "병국이를 차, 찾자면 힘들겠네요. 늘 자정쯤 돌아오니, 난들 그놈 행선지를 모르오."

"사실을 말씀드리자면……" 노무과장이 병국이를 찾아온 이유를 설명했다. ㉤ "선생 자제분이 우리 회사를 상대로 관계 요로에 진정설 냈습니다. 여기 시 보건과에서 접수한 진정서 사본을 보십시오."

마루에 걸터앉은 노무과장이 복사판 서류를 꺼냈다. 방으로 들어가 돋보기안경을 찾아 낄 틈도 없이 어릿어릿한 글자를 대충 훑어보았다.

……성창비료 석교공장은 연간 40억 규모의 흑자를 내면서도 폐기 처리 과정에 근본적 개선책이 전무함이 입증되었다. 8월 4일 새벽 2시 20분, 당 공장은 야음을 틈타 암모니아 가스를 다량으로 배출해, 가스가 폐수천(석교천)을 따라 안개처럼 덮쳐 동진강 하류로 확산된 바 있다. 이로 인해 새벽 4시 10분 동진강 하류에서 오징어잡이 나가던 어민 18명이 심한 두통과 구토증으로 실신한 사건이 있었다. 당사는 기계의 밸브가 고장 나서 가스가 샜다고 변명하지만 이런 일이 일주일을 주기로 수십 차례 반복되었음을 입증하며(관계 자료 별첨), 이로 미루어 당사는 고의로 밸브를 틀어 야밤에 가스를 배출함이 객관적으로 입증됨으로써……

"정신병자 놈이 쓴 낙서는 더 읽을 필요가 없소." 장정이 진정서를 낚아챘다.

"아, 아들놈이 낸 진정서가 틀림없습니까?" 노무과장에게 물었다.

"분명합니다. 뒷조사해 보니 자제분은 이 방면에 **상습범**이더군요. 6월에는 풍천화학을 상대로 진정서를 낸 바 있었습니다.

풍천화학도 야음에 카드뮴과 수은 등 중금속 물질을 배출시켜 동진강 하류 삼각주 지대에 서식하는 각종 새 3백여 마리와 물고기가 떼죽음을 당했다나요. 사람이 아닌, 한갓 새나 물고기가 말입니다." 노무과장이 '새나 물고기'란 말을 강조했다. 그는 이어, **"국민 소득 1천 달러 달성**에, 오늘날 **조국 근대화**가 무엇으로 이루어졌는지는 선생도 잘 알지요?" 했다.

"사람이 아닌, 한갓 **새와 물고기**가 죽었다구 진정을 내? ⓐ 빈대 잡겠다고 초가삼간 태우겠다는 미친놈 짓거리를 이번에는 아예 뿌릴 뽑아야 해!" 한 장정이 주먹을 내두르며 소리쳤다.

(중략)

"요즘 제 딴에는 조류와 **공해 문제**를 여, 연구한답시고…… 모르긴 하지만 그 일 때문에 시, 심려를 끼치지 않았나……."

"자제분은 군 통제 구역 출입이 어떤 처벌을 받는지 알 만한 식견이 있음에도 무모한 행동을 했어요. 설령 그 일이 정당해도 사전에 부대의 양해를 구해야지요."

"야영하다 자신도 모르는 사이에 워, 월경했겠죠. 부대장님의 선처를 바랍니다. 내보내 주시면 **아비 된 제가 단단히 주의를 주겠습니다.**"

윤 소령이 당번병을 불러 차를 내오라고 일렀다. 그리고 1968년 11월 울진·삼척 지구의 무장 공비 출현과 그들이 저지른 만행을 예로 들었다.

"……야음을 틈타 쾌속정을 이용해서 동해안 따라 남하했던 겁니다." 아울러 국내 유수의 공업 단지 보안과 경비의 중요성을 강조했다. "우리는 실전이 없달 뿐 지금도 전쟁 중입니다. 국민이 평안을 원한다면, 그 평안을 확보하기 위해 한시도 경각심을 늦출 수 없어요. 국민 복지의 향상과 제반 산업의 발전도 **안보의 확립** 위에서만 가능합니다."

[A]
차를 마시고 나자 소령은 당번병에게, 김병국 군을 데려오라고 말했다. 한참 뒤, 아들이 중위와 함께 파견 대장실로 왔다. 쑥대머리에 땟국 앉은 꾀죄죄한 아들놈 몰골이 중병 든 환자 꼴이었다. 점퍼와 검정 바지도 뻘투성이여서 하수도 공사라도 하다 나온 듯했다. 꺼진 눈자위에 번들거리는 눈만이 살아, 나를 보았다.

"넌 도대체 어, 어떻게 돼먹은 놈인가! 통금 시간에 허가증 없이는 해안 일대에 모, 못 다니는 줄 알면서." 내가 노기를 띠며 말했다.

"본의는 아니었어요. 사나흘 사이에 동진강 하구 삼각주에서 갑자기 새들이 집단으로 죽기에, 이유를 좀 캐내 보려던 게……." 병국이는 머리를 떨구었다.

– 김원일, 「도요새에 관한 명상」 –

39. [A]의 서술상 특징으로 가장 적절한 것은?

① 공간적 배경을 비유적으로 표현하여 갈등의 원인을 암시하고 있다.

② 사건에 대한 인물의 판단을 그 판단에 대한 논평과 함께 제시하고 있다.

③ 인물의 외양을 묘사하여 그 인물의 심리를 간접적으로 제시하고 있다.

④ 시간 표지를 통해 시간의 순서를 뒤바꾸며 인물의 사연을 전하고 있다.

⑤ 여러 인물의 시선에 의존하며 사건에 대한 상반된 입장을 드러내고 있다.

40. ㉠~㉤에 대한 이해로 적절하지 **않은** 것은?

① ㉠은 ㉡의 말투에서 나타나는 증상이 더 심해지게 한 말이다.

② ㉢은 ㉡에 담긴 정보를 추측의 단서로 활용하면서도 '나'의 질문은 무시하는 말이다.

③ ㉣은 ㉢으로 인해 고조되는 상황의 긴장감을 일시적으로 완화하는 계기가 되는 말이다.

④ ㉣은 ㉤에서 드러나는 인물의 행적에 대해 존중의 태도를 드러내는 말이다.

⑤ ㉤은 ㉠에서 드러나는 분위기의 이유를 짐작할 수 있는 말이다.

41. '한 장정'이 @를 인용하여 전하려는 의도로 가장 적절한 것은?

① 작은 목표에 집착하다가 큰 손해를 끼치는 어리석음을 탓하고자 한다.

② 의로운 목표를 정당하지 못한 방법으로 이루려는 위선을 탓하고자 한다.

③ 목표는 설정하지 않으면서 섣부르게 행동만 앞서는 무모함을 탓하고자 한다.

④ 목표는 거창하면서도 성취할 방법은 잘 알지 못하는 미숙함을 탓하고자 한다.

⑤ 당면한 목표를 달성하는 데 있어 꼭 해야 할 일을 미루는 나태함을 탓하고자 한다.

42. 다음은 윗글을 읽고 진행한 교과 융합 수업의 〈학습 활동〉이다. 〈학습 활동〉의 결과로 적절하지 **않은** 것은? [3점]

<학습 활동>

다음은 '인간과 자연의 관계'에 관한 글이다. 이를 바탕으로 작품에서 확인할 수 있는 작가의 인식을 정리해 보자.

> 사회 생태주의는 환경 오염에 대한 생태주의의 인식을 사회적 차원으로 확장한다. 생태주의는 자연의 가치를 인정하고 공존을 모색하는 등 인간과 자연의 관계를 재정립하는 데 초점이 있다. 사회 생태주의는 환경 오염이 자연의 훼손이면서 사회적 문제라는 점에서, 이러한 재정립이 사회적 담론에 대한 비판에 기반해야 한다고 본다. 한 사회의 지배 담론은 특정 가치나 필요에 따라 자연의 훼손을 당연시하고 이를 해결하기 위한 노력을 무가치한 것으로 왜곡할 수 있기 때문이다. 사회 생태주의는 근대화, 경제 개발, 권위주의, 안보 위기 등 생태주의와 충돌할 수 있는 우리 사회의 지배 담론에 주목하면서 이에 대한 비판과 대응을 촉구한다.

---

① 공장의 오염 물질이 '새와 물고기'뿐 아니라 어민의 삶도 위태롭게 한다는 설정에서, 환경 오염을 자연에 대한 훼손으로 보는 관점을 넘어 사회적 문제로 확장하는 인식을 확인할 수 있다.

② 공장 관계자가 병국을 '상습범'으로 폄훼하며 '국민 소득 1천 달러 달성'을 언급하는 설정에서, 환경 오염의 해결 노력이 경제 개발 담론에 의해 왜곡될 수 있다는 인식을 확인할 수 있다.

③ 공장 관계자가 환경 오염의 피해를 무시하며 '조국 근대화'를 강조하는 설정에서, 환경 오염의 해결을 위해 우리 사회의 지배 담론에 비판적으로 접근해야 한다는 인식을 확인할 수 있다.

④ 병국이 '공해 문제'를 연구하지 못하도록 '아비 된 제가 단단히 주의를 주겠'다고 '나'가 말하는 설정에서, 권위주의 담론이 자연의 훼손을 당연시한다는 인식을 확인할 수 있다.

⑤ 새 떼를 조사하다 통제 구역을 넘은 병국을 두고 윤 소령이 '안보의 확립'을 강조하는 설정에서, 환경 오염의 해결 노력이 안보 위기 담론과 부딪칠 수 있다는 인식을 확인할 수 있다.

[43~45] 다음 글을 읽고 물음에 답하시오.

(가)

　시에서 시간과 공간은 화자의 경험이나 기억이 감각적 이미지를 통해 형상화되는 배경으로 기능한다. 이때 시간과 공간은 화자의 과거 경험과 현재 상황을 잇는 회상 형식이나, 상징적 공간과 화자가 처한 현실의 동일시 등을 통해 현재 시점으로 표현되기도 한다. 화자의 경험이나 기억은 실제로 존재하는 것이든 내면에서 떠올린 것이든, ㉠시간과 공간의 감각적 이미지화를 통해 화자가 직면한 현실로 받아들여져 독자의 공감을 유도하는 시적 장치로 구조화된다.

(나)

　나의 소년 시절은 은빛 바다가 엿보이는 그 긴 언덕길을 어머니의 상여와 함께 꼬부라져 돌아갔다.

　내 첫사랑도 그 길 위에서 조약돌처럼 집었다가 조약돌처럼 잃어버렸다.

　그래서 나는 푸른 하늘빛에 호져 때 없이 그 길을 넘어 강가로 내려갔다가도 노을에 함북 자줏빛으로 젖어서 돌아오곤 했다.

　그 강가에는 봄이, 여름이, 가을이, 겨울이 나의 나이와 함께 여러 번 뎅겨갔다. 까마귀도 날아가고 두루미도 떠나간 다음에는 누런 모래둔과 그리고 어두운 내 마음이 남아서 몸서리쳤다. ⓐ그런 날은 항용 감기를 만나서 돌아와 앓았다.

　할아버지도 언제 난지를 모른다는 동구 밖 그 늙은 버드나무 밑에서 나는 지금도 돌아오지 않는 어머니, 돌아오지 않는 계집애, 돌아오지 않는 이야기가 돌아올 것만 같애 멍하니 기다려 본다. 그러면 어느새 어둠이 기어와서 내 뺨의 얼룩을 씻어준다.

– 김기림, 「길」 –

(다)

한밤중에 혼자
깨어 있으면
세상의
온도가 내려간다

ⓑ<u>간간이</u>
<u>늑골 사이로</u>
<u>추위가 몰려온다</u>

등산도 하지 않고
땀 한번 안 흘리고
내 속에서 마주치는
한계령 바람 소리

다 불어버려
갈 곳이 없다
머물지도 떠나지도 못한다
언 몸 그대로
눈보라 속에 놓인다

– 천양희, 「한계」 –

43. ㉠을 중심으로 (나), (다)를 이해한 내용으로 가장 적절한 것은?

① (나)는 색채 이미지를 활용하여 자연물에 대한 화자의 심리적 거리감을 표현하고 있다.
② (나)는 공감각적 이미지를 활용하여 자연물이 형성하는 시적 분위기로 화자의 내면을 드러내고 있다.
③ (다)는 하강의 이미지를 통해 주변 상황의 변화를 아쉬워하는 화자의 마음을 드러내고 있다.
④ (다)는 청각적 이미지를 활용하여 동적 대상을 정적 대상으로 수용하려는 화자의 인식을 드러내고 있다.
⑤ (나)와 (다)는 모두 밝음과 어둠의 이미지를 대비하여 화자가 지향하는 세계를 제시하고 있다.

44. ⓐ, ⓑ에 대한 이해로 가장 적절한 것은?

① ⓐ는 화자가 내면의 괴로움에 맞서려 하는 태도를 드러낸다.
② ⓑ는 화자가 자신이 느낀 고통을 회피하려는 것을 드러낸다.
③ ⓐ와 ⓑ는 화자에게 고통을 더할 새로운 갈등 상황이 발생했음을 드러낸다.
④ ⓐ와 ⓑ는 화자가 심리적 고통을 신체적 반응과 연결하여 인지하고 있음을 드러낸다.
⑤ ⓐ는 화자의 아픔이 반복적으로 찾아오는 것임을, ⓑ는 화자의 아픔이 끊임이 없이 이어지는 것임을 드러낸다.

→ 해설편 **340**쪽

45. (가)를 참고하여 (나), (다)를 감상한 내용으로 적절하지 <u>않은</u> 것은? [3점]

① (나)는 '어머니의 상여'에 대한 경험을 '늙은 버드나무 밑'에서 떠올리는 것으로 표현하여, 회상 형식을 통해 화자의 현재 상황과 이어지는 과거의 상실감을 그려내는군.

② (나)는 '조약돌처럼' 잃어버린 대상을 '동구 밖'에서 여전히 '기다려 본다'라고 하는 것을 통해, 과거에 함께했던 대상에 대한 그리움을 현재 시점으로 표현하는군.

③ (다)는 '머물지도 떠나지도 못'하는 상황을 '눈보라 속에 놓인' 모습으로 표현하여, 현재 화자가 처한 한계 상황을 형상화하는군.

④ (나)는 '까마귀'와 '두루미'가 떠난 '강가'에서 계절이 바뀜을 통해, (다)는 '세상'에서 '바람 소리'와 마주침을 통해 상징적 공간이 현재 화자가 처한 현실과 동일시됨을 보여 주는군.

⑤ (나)는 떠나간 대상을 기다리는 상황이 '지금도' 계속됨을 통해, (다)는 '한밤중' 깨어 있는 상황이 '내 속'에서 떠올린 '한계령'으로 연결됨을 통해 화자가 직면한 현재를 보여 주는군.

※ 확인 사항

○ 답안지의 해당란에 필요한 내용을 정확히 기입(표기)했는지 확인하시오.

 2028 대학 입시 제도 개편안

2025년 고1 학생부터 고교 내신 체제와 수학능력시험 체제가 변하게 됩니다.
고등학교 입학 전부터 이에 대비할 수 있도록 2028 대학 입시 제도 개편안을 간략하게 안내합니다.

입시 제도 개편의 취지

25년부터 **고교 학점제**로 공부하는 학생들을 위해 수능 및 내신 평가 방식 개선

> **고교 학점제란?** 학생들이 기초 소양과 기본 학력을 바탕으로 과목을 선택하여 학습하는 제도. 목표한 성취 수준에 충분히 도달했다고 판단하는 경우에 과목 이수를 인정하며, 출석 일수가 아닌 누적된 과목 이수 학점이 졸업 기준에 이르렀을 때 졸업이 가능하게 됨.

고교 내신 체제 주요 개편 내용

1. 내신 5등급제
- 기존 내신 9등급제를 내신 5등급제로 개편
- 1등급(10%) - 2등급(24%) - 3등급(32%) - 4등급(24%) - 5등급(10%)

2. 절대 평가와 상대 평가 병기
- 전 학년, 전 과목에 5등급 절대 평가(A ~ E)와 상대 평가(1 ~ 5등급)를 나란히 적음
- 예체능·사회·과학 교과는 상대 평가를 병기하지 않고 절대 평가만 실시

수학능력시험 주요 개편 내용

1. 선택 과목제 폐지
- 국어, 수학, 사회·과학탐구, 직업탐구 영역에서 선택 과목제 폐지
- 사회·과학탐구 영역은 2022 개정 교육과정 교과목인 '통합사회', '통합과학'을 출제하고, 응시자는 동일하게 2개 모두 응시

2. '심화 수학' 제외
'대수, 미적분Ⅰ, 확률과 통계'만 출제되고 심화 수학인 '미적분Ⅱ'와 '기하' 출제 제외

영역		현행	개편안
국어		**공통 + 2과목 중 택 1** **공통** : 독서, 문학 / **선택** : 화법과 작문, 언어와 매체	**공통** 화법과 언어, 독서와 작문, 문학
수학		**공통 + 3과목 중 택 1** **공통** : 수학Ⅰ, 수학Ⅱ / **선택** : 확률과 통계, 미적분, 기하	**공통** 대수, 미적분Ⅰ, 확률과 통계
영어		**공통** 영어Ⅰ, 영어Ⅱ	**공통** 영어Ⅰ, 영어Ⅱ
한국사		**공통** 한국사	**공통** 한국사
탐구	사회·과학	**17과목 중 최대 택 2** **사회** : 한국지리, 세계지리, 세계사, 동아시아사, 경제, 정치와 법, 사회·문화, 생활과 윤리, 윤리와 사상 **과학** : 물리학Ⅰ, 화학Ⅰ, 생명과학Ⅰ, 지구과학Ⅰ, 물리학Ⅱ, 화학Ⅱ, 생명과학Ⅱ, 지구과학Ⅱ	**공통** 통합사회, 통합과학
	직업	**1과목 : 5과목 중 택 1 / 2과목 : 공통 + 1과목** **공통** : 성공적인 직업생활 **선택** : 농업 기초 기술, 공업 일반, 상업 경제, 수산·해운 사업 기초, 인간 발달	**공통** 성공적인 직업생활
제2외국어 / 한문		**9과목 중 택 1** 독일어Ⅰ, 프랑스어Ⅰ, 스페인어Ⅰ, 중국어Ⅰ, 일본어Ⅰ, 러시아어Ⅰ, 아랍어Ⅰ, 베트남어Ⅰ, 한문Ⅰ	**9과목 중 택 1** 독일어, 프랑스어, 스페인어, 중국어, 일본어, 러시아어, 아랍어, 베트남어, 한문

2026 마더텅 전국연합 학력평가 기출 모의고사 시리즈

고1 국어 영역 | 수학 영역 | 영어 영역 | 통합사회 | 통합과학 **고2** 국어 영역 | 수학 영역 | 영어 영역

9차 개정판 2쇄 2026년 1월 2일 (**초판 1쇄 발행일** 2016년 2월 15일) **발행처** (주)마더텅 **발행인** 문숙영

책임 편집 임정희

해설 집필 김혜영, 도순미, 이범영, 정지영

교정 김선아, 김혜영, 나예영, 박지애, 이범영, 임정희, 정지영

컷 곽원영, 김서영 **디자인** 김연실, 양은선 **인디자인 편집** 김재민

제작 이주영 **홍보** 정반석 **주소** 서울시 금천구 가마산로 96, 708호 **등록번호** 제1-2423호(1999년 1월 8일)

마더텅은 1999년 창업 이래 2025년까지 3,642만 부의 교재를 판매했습니다. 2025년 판매량은 322만 부로 자사 교재의 품질은 학원 강의와 온/오프라인 서점 판매량으로 검증받았습니다. [마더텅 수능기출문제집 시리즈]는 친절하고 자세한 해설로 수험생님들의 전폭적인 지지를 받으며 누적 판매 950만 부, 2025년 한 해에만 95만 부가 판매된 베스트셀러입니다. 또한 [중학영문법 3800제]는 2007년부터 2025년까지 19년 동안 중학 영문법 부문 판매 1위를 지키며 명실공히 대한민국 최고의 영문법 교재로 자리매김했습니다. 그리고 2018년 출간된 [뿌리깊은 초등국어 독해력 시리즈]는 2025년까지 323만 부가 판매되면서 초등 국어 부문 판매 1위를 차지하였습니다.(교보문고/YES24 판매량 기준, EBS 제외) 이처럼 마더텅은 초·중·고 학습 참고서를 대표하는 대한민국 제일의 교육 브랜드로 자리잡게 되었습니다. 이와 같은 성원에 감사드리며, 앞으로도 효율적인 학습에 보탬이 되는 교재로 보답하겠습니다.

마더텅 교재를 풀면서 궁금한 점이 생기셨나요? 교재 관련 내용 문의나 오류신고 사항이 있으면 아래 문의처로 보내 주세요! 문의하신 내용에 대해 성심성의껏 답변해 드리겠습니다. 또한 **교재의 내용 오류** 또는 **오·탈자, 그 외 수정이 필요한 사항**에 대해 가장 먼저 신고해 주신 분께는 감사의 마음을 담아 **네이버페이 포인트 1천 원** 을 보내 드립니다!

*기한: 2026년 12월 31일 *오류신고 이벤트는 당사 사정에 따라 조기 종료될 수 있습니다.
*홈페이지에 게시된 정오표 기준으로 최초 신고된 오류에 한하여 상품권을 보내 드립니다.

● 카카오톡 mothertongue ◉ 이메일 mothert1004@toptutor.co.kr ☎ 고객센터 전화 1661-1064(07:00~22:00)
✉ 문자 010-6640-1064(문자수신전용) ▢ 교재 Q&A 게시판 ⌂ 홈페이지 www.toptutor.co.kr

book.toptutor.co.kr
구하기 어려운 교재는 마더텅
모바일(인터넷)을 이용하세요.
즉시 배송해 드립니다.

마더텅 학습 교재 이벤트에 참여해 주세요. 참여해 주신 분께 선물을 드립니다.

이벤트 1 1분 간단 교재 사용 후기 이벤트

마더텅은 고객님의 소중한 의견을 반영하여 보다 좋은 책을 만들고자 합니다. 교재 구매 후, <교재 사용 후기 이벤트>에 **참여해 주신 모든 분께** 감사의 마음을 담아 **네이버페이 포인트 1천 원** 을 보내 드립니다. **지금 바로 QR 코드를 스캔해 소중한 의견을 보내 주세요!**

이벤트 2 마더텅 기출문제집 인증샷 이벤트

SNS에 <마더텅 기출문제집> 인증샷을 올려 주시면 **참여해 주신 모든 분께** 감사의 마음을 담아 **네이버페이 포인트 2천 원** 을 보내 드립니다. 지금 바로 QR 코드를 스캔해 작성한 게시물의 URL을 입력해 주세요!

필수 태그 #마더텅 #마더텅기출

이벤트 3 마더텅 우편 이벤트

본 교재의 모의고사 1회 문제편 페이지를 오려서 마더텅으로 보내 주세요! **추첨을 통해 소정의 상품을 보내 드립니다.**

참여 방법 모의고사 1회(p.7~26) **풀이 및 채점 완료** → 해당 페이지를 모두 오려서 마더텅에 발송(우편, 택배 등)
→ QR 코드를 스캔하고 발송 인증

주소 (08501) 서울특별시 금천구 가마산로 96, 대륭테크노타운 8차 708호, 마더텅 이벤트 담당자 앞 / 010-6640-1064

※ 이벤트 기간: 2026년 12월 31일까지 (*해당 이벤트는 당사 사정에 따라 조기 종료될 수 있습니다.)
※ 자세한 사항은 해당 QR 코드를 스캔하거나 홈페이지 이벤트 공지 글을 참고해 주세요.   ※ 당사 사정에 따라 이벤트의 내용이나 상품이 변경될 수 있으며 변경 시 홈페이지에 공지합니다.
※ 상품은 이벤트 참여일로부터 4~5일(영업일 기준) 내에 발송됩니다. (단, 이벤트 3은 예외)   ※ 동일 교재로 세 가지 이벤트 모두 참여 가능합니다. (단, 같은 이벤트 중복 참여는 불가합니다.)

2026 마더텅 전국연합 학력평가
기출 모의고사 3개년 13회

고1 국어 영역

정답과 해설편

MOTHERTONGUE
마더텅출판사
since 1999.4.1.

정답표

1회 2023년 3월 고1 전국연합 학력평가
문제편 p.007 해설편 p.001

01 ②	02 ②	03 ①	04 ⑤	05 ③	06 ③	07 ⑤	08 ③	09 ④	10 ①
11 ⑤	12 ④	13 ③	14 ⑤	15 ③	16 ④	17 ④	18 ③	19 ⑤	20 ①
21 ①	22 ②	23 ④	24 ④	25 ④	26 ②	27 ④	28 ②	29 ⑤	30 ④
31 ④	32 ②	33 ②	34 ①	35 ②	36 ⑤	37 ⑤	38 ①	39 ②	40 ③
41 ③	42 ③	43 ①	44 ④	45 ⑤					

2회 2024년 3월 고1 전국연합 학력평가
문제편 p.027 해설편 p.027

01 ②	02 ⑤	03 ②	04 ④	05 ①	06 ②	07 ①	08 ③	09 ⑤	10 ④
11 ④	12 ④	13 ②	14 ①	15 ⑤	16 ①	17 ③	18 ②	19 ④	20 ④
21 ①	22 ②	23 ④	24 ③	25 ①	26 ⑤	27 ③	28 ②	29 ③	30 ③
31 ①	32 ②	33 ②	34 ③	35 ①	36 ⑤	37 ⑤	38 ③	39 ④	40 ⑤
41 ③	42 ②	43 ④	44 ⑤	45 ①					

3회 2025년 3월 고1 전국연합 학력평가
문제편 p.047 해설편 p.053

01 ③	02 ①	03 ②	04 ①	05 ④	06 ②	07 ①	08 ③	09 ⑤	10 ③
11 ⑤	12 ①	13 ⑤	14 ①	15 ⑤	16 ①	17 ②	18 ⑤	19 ②	20 ②
21 ⑤	22 ②	23 ①	24 ①	25 ⑤	26 ②	27 ⑤	28 ②	29 ②	30 ③
31 ④	32 ⑤	33 ③	34 ③	35 ②	36 ⑤	37 ④	38 ⑤	39 ①	40 ④
41 ①	42 ④	43 ②	44 ②	45 ④					

4회 2023년 6월 고1 전국연합 학력평가
문제편 p.067 해설편 p.081

01 ⑤	02 ②	03 ②	04 ④	05 ②	06 ④	07 ⑤	08 ②	09 ⑤	10 ③
11 ⑤	12 ①	13 ⑤	14 ⑤	15 ②	16 ①	17 ①	18 ④	19 ③	20 ②
21 ①	22 ②	23 ③	24 ⑤	25 ②	26 ④	27 ①	28 ①	29 ④	30 ④
31 ④	32 ④	33 ②	34 ④	35 ③	36 ②	37 ③	38 ②	39 ④	40 ②
41 ⑤	42 ②	43 ④	44 ①	45 ③					

5회 2024년 6월 고1 전국연합 학력평가
문제편 p.087 해설편 p.105

01 ③	02 ①	03 ②	04 ③	05 ②	06 ⑤	07 ④	08 ③	09 ⑤	10 ②
11 ①	12 ④	13 ③	14 ①	15 ⑤	16 ④	17 ④	18 ①	19 ⑤	20 ②
21 ④	22 ⑤	23 ⑤	24 ③	25 ②	26 ②	27 ④	28 ②	29 ③	30 ⑤
31 ②	32 ①	33 ②	34 ④	35 ⑤	36 ②	37 ⑤	38 ③	39 ④	40 ①
41 ②	42 ④	43 ④	44 ④	45 ③					

6회 2025년 6월 고1 전국연합 학력평가
문제편 p.107 해설편 p.129

01 ①	02 ④	03 ⑤	04 ②	05 ②	06 ②	07 ①	08 ④	09 ⑤	10 ⑤
11 ①	12 ②	13 ②	14 ④	15 ⑤	16 ③	17 ⑤	18 ③	19 ①	20 ①
21 ①	22 ④	23 ②	24 ⑤	25 ③	26 ②	27 ⑤	28 ②	29 ③	30 ②
31 ④	32 ④	33 ③	34 ②	35 ⑤	36 ③	37 ②	38 ②	39 ③	40 ③
41 ④	42 ②	43 ⑤	44 ⑤	45 ③					

7회 2023년 9월 고1 전국연합 학력평가
문제편 p.127 해설편 p.155

01 ⑤	02 ④	03 ⑤	04 ④	05 ④	06 ③	07 ①	08 ②	09 ⑤	10 ④
11 ①	12 ③	13 ①	14 ④	15 ⑤	16 ①	17 ④	18 ②	19 ③	20 ⑤
21 ④	22 ④	23 ⑤	24 ②	25 ⑤	26 ③	27 ①	28 ⑤	29 ⑤	30 ①
31 ⑤	32 ⑤	33 ②	34 ④	35 ①	36 ⑤	37 ②	38 ①	39 ②	40 ②
41 ⑤	42 ①	43 ④	44 ④	45 ②					

8회 2024년 9월 고1 전국연합 학력평가
문제편 p.149 해설편 p.181

01 ④	02 ④	03 ⑤	04 ②	05 ④	06 ①	07 ①	08 ④	09 ②	10 ⑤
11 ④	12 ④	13 ①	14 ④	15 ④	16 ②	17 ③	18 ②	19 ⑤	20 ⑤
21 ④	22 ④	23 ④	24 ③	25 ④	26 ①	27 ⑤	28 ①	29 ③	30 ④
31 ③	32 ④	33 ④	34 ③	35 ④	36 ②	37 ④	38 ②	39 ①	40 ①
41 ④	42 ②	43 ①	44 ④	45 ③					

9회 2025년 9월 고1 전국연합 학력평가
문제편 p.171 해설편 p.207

01 ①	02 ④	03 ⑤	04 ⑤	05 ②	06 ③	07 ④	08 ②	09 ①	10 ④
11 ②	12 ①	13 ④	14 ④	15 ①	16 ⑤	17 ②	18 ②	19 ①	20 ③
21 ③	22 ④	23 ③	24 ①	25 ①	26 ②	27 ②	28 ⑤	29 ②	30 ②
31 ②	32 ④	33 ②	34 ④	35 ④	36 ④	37 ⑤	38 ②	39 ⑤	40 ③
41 ③	42 ④	43 ④	44 ④	45 ③					

10회 2022년 11월 고1 전국연합 학력평가
문제편 p.193 해설편 p.235

01 ③	02 ④	03 ④	04 ④	05 ⑤	06 ⑤	07 ④	08 ①	09 ⑤	10 ①
11 ①	12 ④	13 ②	14 ②	15 ①	16 ②	17 ④	18 ④	19 ⑤	20 ④
21 ③	22 ④	23 ②	24 ③	25 ①	26 ①	27 ②	28 ④	29 ②	30 ⑤
31 ⑤	32 ②	33 ③	34 ①	35 ②	36 ④	37 ⑤	38 ②	39 ④	40 ②
41 ④	42 ⑤	43 ⑤	44 ④	45 ③					

11회 2023년 11월 고1 전국연합 학력평가
문제편 p.215 해설편 p.261

01 ②	02 ④	03 ④	04 ④	05 ②	06 ④	07 ⑤	08 ④	09 ⑤	10 ④
11 ①	12 ②	13 ④	14 ②	15 ①	16 ④	17 ③	18 ①	19 ⑤	20 ③
21 ②	22 ②	23 ④	24 ②	25 ①	26 ③	27 ②	28 ②	29 ⑤	30 ①
31 ①	32 ④	33 ⑤	34 ④	35 ②	36 ⑤	37 ④	38 ④	39 ⑤	40 ④
41 ④	42 ⑤	43 ③	44 ⑤	45 ④					

12회 2024년 10월 고1 전국연합 학력평가
문제편 p.237 해설편 p.288

01 ②	02 ⑤	03 ④	04 ②	05 ④	06 ②	07 ④	08 ④	09 ④	10 ④
11 ④	12 ②	13 ⑤	14 ④	15 ①	16 ⑤	17 ②	18 ③	19 ④	20 ③
21 ②	22 ③	23 ④	24 ②	25 ④	26 ②	27 ⑤	28 ④	29 ③	30 ⑤
31 ④	32 ①	33 ④	34 ④	35 ②	36 ⑤	37 ④	38 ④	39 ②	40 ②
41 ⑤	42 ②	43 ②	44 ④	45 ⑤					

13회 2028학년도 대학수학능력시험 예시문항
문제편 p.259 해설편 p.313

01 ①	02 ③	03 ①	04 ③	05 ④	06 ⑤	07 ③	08 ②	09 ④	10 ④
11 ⑤	12 ②	13 ①	14 ⑤	15 ②	16 ①	17 ②	18 ①	19 ②	20 ①
21 ⑤	22 ②	23 ④	24 ③	25 ②	26 ②	27 ③	28 ⑤	29 ③	30 ①
31 ②	32 ④	33 ③	34 ②	35 ④	36 ③	37 ①	38 ②	39 ③	40 ④
41 ①	42 ④	43 ②	44 ④	45 ④					

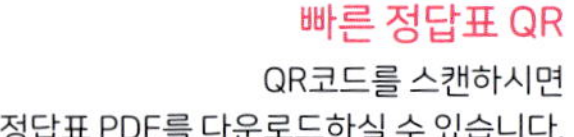

빠른 정답표 QR
QR코드를 스캔하시면
정답표 PDF를 다운로드하실 수 있습니다.

1회 2023년 3월 학평 정답과 해설

문제편 p.007

★ 1회 모의고사 특징

✓ 전형적인 유형의 평이한 난이도로 출제되었음.

✓ 화법과 작문은 기존에 출제된 유형의 문제들로 구성되어 있어 쉬운 편이었음.

✓ 언어는 평이한 수준이었음. 어미에 대한 이해를 바탕으로 한 12번 문제가 어렵게 느껴졌을 수 있음.

✓ 독서는 다른 영역에 비해 까다로운 편이었음. 경제 지문에서는 지문 내용을 <보기>에 적용하는 22번이 까다롭게 출제되었음. 프로이트와 융의 이론을 다룬 인문 지문에서는 두 글의 공통점을 묻는 28번의 오답률이 높은 편이었음. 스마트폰의 OLED와 관련된 기술 지문의 경우 원리와 과정을 이해하는 데 어려움을 겪은 학생들이 많았을 것으로 예상됨. 특히 사실적 이해와 추론적 사고를 요구한 38번 문제와 지문 내용과 그림을 관련짓는 41번 문제의 난도가 높았음.

✓ 문학은 대체로 낯선 작품들이 출제되었음. 갈래 복합에서는 고전시가와 수필의 표현상 특징을 비교하는 24번 문제의 변별력이 높았음. 현대소설의 경우 37번은 등장인물에 대한 명확한 이해를 요구하는 문제로 오답률이 높은 편이었음. 현대시와 고전소설은 어렵지 않게 풀 수 있었을 것임.

오답률 TOP ❺

문항 번호	41	38	24	37	36
분류	독서 기술	독서 기술	문학 갈래 복합	문학 현대소설	문학 현대소설
난도	중상	중상	중상	중	중

✔ 정답표

01	②	02	②	03	①	04	⑤	05	③
06	③	07	⑤	08	③	09	④	10	①
11	⑤	12	④	13	③	14	⑤	15	③
16	②	17	④	18	③	19	⑤	20	①
21	④	22	②	23	④	24	①	25	④
26	①	27	④	28	②	29	⑤	30	④
31	④	32	②	33	②	34	①	35	②
36	⑤	37	⑤	38	③	39	④	40	⑤
41	③	42	⑤	43	①	44	④	45	⑤

[01 ~ 03] 발표

01 말하기 방식 - 적절하지 않은 것 고르기
정답률 90%
정답 ②

위 발표에 대한 설명으로 적절하지 않은 것은?

① 발표 소재를 선정한 계기를 언급하며 발표를 시작하고 있다.

근거 ❶문단 최근 한 휴대폰 제조사에서 여러 번 접을 수 있는 병풍의 특징을 적용한 '병풍폰'을 개발한다는 기사를 보았습니다. 저는 이 기사를 보고 호기심이 생겨 전통 공예품(실용적이면서 예술적 가치가 있게 만든 물품) 중 병풍에 대해 조사하여 발표하게 되었습니다.

→ 적절함!

✓② 다른 대상과 *대비하여 발표 소재의 장점을 강조하고 있다. *맞대어 비교하여

근거 ❷문단 병풍은 이렇게 펼치고 접을 수 있는 구조적 특징이 있어 공간을 효율적으로 사용할 수 있도록 하는 장점이 있습니다.

풀이 발표 소재인 병풍의 장점을 소개하고 있으나, 다른 대상과 대비하고 있지는 않다.

→ 적절하지 않음!

③ 구체적인 예를 들어 발표 내용에 대한 이해를 돕고 있다.

근거 ❸문단 장수(오래도록 삶)를 기원할 때는 십장생(오래도록 살고 죽지 않는다는 열 가지. 해, 산, 물, 돌, 구름, 소나무, 불로초, 거북, 학, 사슴)을, 선비의 지조(원칙과 신념을 굽히지 아니하고 끝까지 지켜 나가는 꿋꿋한 의지)를 강조하고자 할 때는 사군자(고결함을 상징하는 매화·난초·국화·대나무)를 그린 그림을 사용 … 이 병풍에는 꽃과 새가 그려져 있는데, 결혼식 때 신랑 신부의 행복과 부귀영화(재산이 많고 지위가 높으며 귀하게 되어서 세

상에 드러나 온갖 영광을 누림)를 기원하는 상징적 의미를 담은 것입니다.

❹문단 이 중에서 가장 크게 보이는 잉어를 예로 들자면, 추운 겨울에 물고기를 드시고 싶어 하는 부모님을 위해 얼음을 깨고 물고기를 잡은 효자의 설화와 관련이 있습니다.

→ 적절함!

④ 질문을 던지는 방식을 활용하여 청중과 상호작용하고 있다.

근거 ❶문단 여러분, 병풍이 무엇인지 알고 계신가요?

❹문단 여러분, 이 병풍에는 어떤 특징이 있을까요?

→ 적절함!

⑤ 발표 소재에 대한 관심을 당부하며 발표를 마무리하고 있다.

근거 ❺문단 앞으로 여러분께서도 어디선가 병풍을 접했을 때 관심 있게 살펴봐 주시기 바랍니다.

→ 적절함!

02 자료 활용 방식 - 적절하지 않은 것 고르기
정답률 90%
정답 ②

다음은 발표자가 제시한 자료이다. 발표자의 자료 활용에 대한 이해로 적절하지 않은 것은?

② ㉠에서 [자료 1]을 활용하여, 실내외 공간에 따라 그림이나 글자를 선택할 수 있는 병풍의 다양성을 설명하였다.

근거 ❷문단 (㉠ 자료를 제시하며) 병풍은 이렇게 펼치고 접을 수 있는 구조적 특징이 있어 공간을 효율적으로 사용할 수 있도록 하는 장점이 있습니다. 병풍을 펼쳐 공간을 분리하거나, 접어서 공간을 확장하여 사용할 수 있기 때문입니다. 이러한 구조적 특징으로 인해 야외나 다른 공간으로 병풍을 옮겨 사용하기 편리하고, 접었을 때 보관하기에도 용이합니다.

풀이 발표자는 공간을 분리하거나, 접어서 공간을 확장하여 사용할 수 있다는 병풍의 구조적 특징을 설명하기 위해 [자료 1]을 활용하고 있다.

03 듣기 전략 - 적절한 것 고르기
정답률 90%
정답 ①

다음은 발표를 듣고 학생이 보인 반응이다. 이를 이해한 내용으로 가장 적절한 것은?

① 자신의 경험과 관련지어 발표 소재에 대해 새롭게 인식하고 있다.

풀이 학생은 카페에서 전체를 접고 펼 수 있는 구조로 된 창문을 본 경험과 병풍의 구조적 특징을 관련지어, 병풍의 현대적 가치에 대해 새롭게 인식하고 있다.

■ 실용성과 예술성을 겸비한 병풍

▲ 병풍은 펼치고 접을 수 있는 구조적 특징이 있어 공간을 효율적으로 사용할 수 있는 장점이 있다. 이러한 특징으로 인해 다른 공간으로 병풍을 옮겨 사용하기 편리하고, 접었을 때 보관이 용이하다. (❷문단)

◀ 꽃과 새가 그려져 있는 병풍으로, 결혼식 때 신랑 신부의 행복과 부귀영화를 기원하는 상징적 의미를 담고 있다. 병풍의 화려한 장식은 결혼식의 경사스러운 분위기를 조성한다. (❸문단)

◀ 글자와 그림이 어우러져 있는 '문자도 병풍'은 집안을 장식하고 유교적 덕목을 되새기기 위한 용도로 사용된다. (❹문단)

〈출처 : 국립중앙박물관〉

[04 ~ 07] (가) 회의 (나) 안내문

<table><tr><td>**04**</td><td>사회자의 역할 - 적절하지 않은 것 고르기
정답률 90%</td><td>정답 ⑤</td></tr></table>

(가)의 '동아리 회장'의 말하기 방식으로 적절하지 **않은** 것은?

① 지난 회의 내용을 환기하며 협의할 내용을 밝히고 있다.
  근거 (가) 동아리 회장 지난 회의에서 우리 학교 학생들을 대상으로 반려(짝이 되는 동무) 식물 키우기 캠페인을 하기로 결정했는데요, 오늘은 캠페인을 어떻게, 어떤 내용으로 진행할지에 대해 협의해 보겠습니다.
  → 적절함!

② 의문의 형식을 활용하여 자신의 견해를 제안하고 있다.
  근거 (가) 동아리 회장 나누어 줄 식물의 이름, 특징, 키우는 방법에 대한 정보도 함께 제공해야 하지 않을까요?
  (가) 동아리 회장 반려 식물에 대한 정보를 담은 안내문을 만들어 모종(옮겨 심으려고 가꾼, 벼 이외의 온갖 어린 식물)과 함께 나누어 주면 어떨까요?
  (가) 동아리 회장 음, 각각의 반려 식물을 키우는 방법을 안내하는 홈페이지를 QR 코드로 연결해 두면 어떨까요?
  → 적절함!

③ 서로 공감한 내용을 바탕으로 새로운 의견을 제시하고 있다.
  근거 (가) 동아리 회장 반려 식물 모종 나누기와 함께 반려 식물과 관련한 정보를 제공해 주자는 의견에 모두 공감하는 것 같은데요, 반려 식물에 대한 정보를 담은 안내문을 만들어 모종과 함께 나누어 주면 어떨까요?
  → 적절함!

④ 논의된 내용을 구체화할 수 있는 발언을 유도하고 있다.
  근거 (가) 동아리 회장 그럼 안내문에는 어떤 내용을 어떤 순서로 제시할지 한 분씩 의견을 말씀해 주시기 바랍니다.
  → 적절함!

⑤ 회의 내용을 전체적으로 요약하며 회의를 마무리하고 있다.
  근거 (가) 동아리 회장 그럼 지금까지의 회의 내용을 바탕으로 안내문을 작성해 보도록 합시다.
  풀이 동아리 회장은 회의 내용을 바탕으로 안내문을 작성해 보자고 제안하면서 회의를 마무리하고 있다. 회의 내용을 전체적으로 요약하는 모습은 보이지 않는다.
  → 적절하지 않음!

<table><tr><td>**05**</td><td>의사소통 방식 - 적절한 것 고르기
정답률 90%</td><td>정답 ③</td></tr></table>

[A], [B]에 대한 설명으로 가장 적절한 것은?

[A] (가) 부원 2 그래도 300명이나 되는 학생들이 반려 식물을 키우는 경험을 할 수 있고 반려 식물 키우기를 원치 않는 학생들도 있을 테니, 모종 300개로도 캠페인을 진행하는 데 무리가 없을 것 같습니다.
[B] (가) 부원 1 하지만 안내문의 제한된 공간에 반려 식물 키우는 방법까지 제시하는 것은 어렵지 않을까요? 나누어 주려는 반려 식물이 세 가지나 되는데, 이 세 가지 식물을 키우는 방법을 모두 안내하는 것은 무리일 것 같습니다.

③ [A]는 상대의 *우려를 해소하는, [B]는 상대의 견해에 우려를 드러내는 발화이다. *근심과 걱정
  풀이 [A]는 학생 수에 비해 나누어 줄 모종의 수가 적은 점을 우려하는 부원 1의 우려를 해소하는 발화이고, [B]는 안내문에 행사 안내와 더불어 반려 식물의 이름, 특징, 키우는 방법을 제시하자는 부원 2의 견해에 우려를 드러내는 발화이다.

<table><tr><td>**06**</td><td>작문 계획의 반영 - 적절하지 않은 것 고르기
정답률 85%</td><td>정답 ③</td></tr></table>

(가)의 내용이 (나)에 반영된 양상으로 적절하지 **않은** 것은?

① (가)에서 반려 식물 모종 나누기 행사를 안내하자는 의견에 따라, (나)에서 행사의 일시와 장소를 밝히고 있다.
  근거 (가) 부원 2 그다음에 모종 나누기 행사를 안내하고,
  (나) 〈3월 23일 학교 시간, 본관 앞〉에서, 원하는 모종을 하나씩 나누어 드려요.
  → 적절함!

② (가)에서 반려 식물과 관련한 정보를 제공하자는 의견에 따라, (나)에서 반려 식물의 이름, 특징 등을 제시하고 있다.
  근거 (가) 동아리 회장 나누어 줄 식물의 이름, 특징, 키우는 방법에 대한 정보도 함께 제공해야 하지 않을까요?
  (나) 〈유칼립투스〉 은은한 향기가 주는 마음의 평화
  〈아이비〉 물만 주면 잘 자라는 공기 청정기
  〈칼라데아〉 풍성한 잎이 전하는 싱그러운 생명감
  → 적절함!

③ (가)에서 학생들이 캠페인에 적극적으로 동참하도록 촉구하자는 의견에 따라, (나)에서 캠페인의 *취지를 설명하고 있다. *근본이 되는 목적이나 긴요한 뜻
  풀이 (가)에는 학생들이 캠페인에 적극적으로 동참하도록 촉구하자는 의견이 제시되어 있지 않다. 또한 (나)에 캠페인의 취지를 설명하는 부분도 나타나지 않는다.
  → 적절하지 않음!

④ (가)에서 반려 식물을 키우며 생기는 궁금증을 해결하게 돕자는 의견에 따라, (나)에서 동아리 블로그를 소개하고 있다.
  근거 (가) 부원 2 그리고 반려 식물을 키우며 수시로 생기는 궁금증을 해결할 수 있게 우리 동아리 블로그를 안내해도 좋겠어요.
  (나) 반려 식물을 키우면서 궁금증이 생기면? 우리 동아리 블로그(blog.com/eco△△△)를 찾아 주세요.
  → 적절함!

⑤ (가)에서 학생들이 흥미를 느낄 수 있도록 '식집사'라는 용어를 쓰자는 의견에 따라, (나)의 제목에서 해당 용어를 사용하고 있다.
  근거 (가) 부원 1 고양이를 애지중지 키우는 사람을 뜻하는 '냥집사'처럼, 식물을 키우며 기쁨을 찾는 사람들이라는 의미로 '식집사'라는 용어를 쓰면 학생들이 더 흥미를 느낄 수 있지 않을까요?
  (나) 반려 식물을 키우는 '식집사'가 되어 보세요!
  → 적절함!

<table><tr><td>**07**</td><td>자료 활용 방안 - 적절한 것 고르기
정답률 90%</td><td>정답 ⑤</td></tr></table>

(나)의 성격을 고려할 때, 〈보기〉의 자료를 활용하여 (나)를 보완하는 방안으로 가장 적절한 것은? 3점

⑤ 반려 식물이 생명을 지닌 존재임을 언급하며 정성을 기울여 반려 식물을 키워 줄 것을 권유하는 문구를 추가해야겠어.
  풀이 〈보기〉는 최근 반려 동물과 식물에 대한 관심이 커지면서 다양한 문제가 발생하고 있으며, 특히 반려 식물이 생명을 잃거나 버려지는 사례가 점점 늘고 있다는 내용의 신문 자료이다. 따라서 이를 활용하여 (나)에 정성을 기울여 반려 식물을 키워 줄 것을 권유하는 문구를 추가할 수 있다.

[08 ~ 10] 수필

<table><tr><td>**08**</td><td>작문 전략 - 적절하지 않은 것 고르기
정답률 75%, 매력적 오답 ④ 15%</td><td>정답 ③</td></tr></table>

윗글에서 활용한 글쓰기 방법으로 적절하지 **않은** 것은?

① *중심 소재를 대하는 인물의 행동을 나열하며 시작한다. *여기서는 '아버지'
  근거 ❶문단 (아버지께서는) 틈틈이 먼지를 털고, 경적을 빠방 울리기도 하고, 시동도 부르릉 걸어 보시고, 해진 안장을 툭툭 치며 환하게 웃으신다.
  → 적절함!

② *의성어를 사용하여 중심 소재에 대한 인상을 부각한다. *소리를 흉내 낸 말
  근거 ❶문단 경적을 빠방 울리기도 하고, 시동도 부르릉 걸어 보시고,
  ❸문단 "부룽부룽 부루룽" 소리를 내며 돌아서셨다.
  → 적절함!

③ *색채어를 사용하여 다양한 공간을 사실적으로 묘사한다. *색깔을 나타내는 말
  근거 ❷문단 야트막한 언덕에 자리한 우리 학교는 인자한 미소를 띤 고목들이 오랜 전통을 말해 준다. 운동장을 발밑에 두고 중고등학교 건물이 다정히 서 있는데, 교실 유리창으로 내려다보이는 옛 시가지의 한적한 플라타너스 길은 운치가 있고 아름답다.
  풀이 우리 학교의 모습과 교실 유리창으로 내려다보이는 옛 시가지의 모습을 사실적으로 묘사하고 있으나, 색채어를 사용하고 있지는 않다.
  → 적절하지 않음!

→ 문제편 **008쪽**

④ 의인법을 사용하여 자연물에서 느끼는 친밀감을 나타낸다.
근거 **2**문단 인자한 미소를 띤 고목들
근거 **2**문단 중고등학교 건물이 다정히 서 있는데,
→ 적절함!

⑤ 구체적 *일화를 제시하여 중심 소재에 대한 정서를 드러낸다. *세상에 널리 알려지지 아니한 흥미 있는 이야기
근거 **3**문단 중학교에 갓 입학했을 때 늦잠을 자는 바람에 아버지의 등 뒤에 꼭 붙어서 오토바이로 급히 등교한 적이 있었다. … 하지만 지금까지도 나는 아버지의 오토바이 소리를, 고요와 평안을 할퀴지 않는 따뜻하고 부드러운 소리로 기억하고 있다.
근거 **4**문단 중학교 때 점심시간이 끝나 갈 무렵 운동장 옆 산책길을 걷다가 아버지의 오토바이 소리를 들은 적이 있었다. 우리 오토바이만의 음색이 내 마음속에 반가운 파문을 일으켰다. … 아버지는 이 길을 지나실 때마다 과연 무슨 생각을 하실까 상상해 보았다. 그날 이후 … 그 소리는 왠지 내 어깨를 다독다독하는 인사말처럼 느껴졌다. '오후도 즐겁게!', '아빠, 지나간다.', '오늘 화창하구나!'……
→ 적절함!

---

09 | 작문 계획의 반영 - 적절하지 않은 것 고르기 | 정답 ④
정답률 95%

다음은 글을 쓰기 전에 학생이 떠올린 생각을 메모한 것이다. ㄱ~ㅁ 중 초고에 반영되지 않은 것은?
[3점]

① ㄱ: 낡고 작은 오토바이를 친구처럼 여기시는 아버지
근거 **1**문단 우리 집 마당 구석에 있는 창고에는 낡고 작은 배달용 오토바이가 한 대 서 있다. 아버지는 이 오토바이를 오랜 친구처럼 여기신다.
→ 적절함!

② ㄴ: 아름다운 플라타너스 길이 내려다보이는 우리 학교
근거 **2**문단 교실 유리창으로 내려다보이는 옛 시가지의 한적한 플라타너스 길은 운치가 있고 아름답다.
→ 적절함!

③ ㄷ: 오토바이에 나를 태워 학교에 데려다주셨던 아버지
근거 **3**문단 중학교에 갓 입학했을 때 늦잠을 자는 바람에 아버지의 등 뒤에 꼭 붙어서 오토바이로 급히 등교한 적이 있었다.
→ 적절함!

④ ㄹ: 힘든 오토바이 배달로 늘 고단해 하시던 아버지
풀이 학생의 초고에 힘든 오토바이 배달로 늘 고단해 하시던 아버지와 관련된 내용은 반영되어 있지 않다.
→ 적절하지 않음!

⑤ ㅁ: 누군가의 마음을 더 깊이 헤아려 볼 수 있게 된 나
근거 **5**문단 아버지의 모습에서, 아버지의 오토바이 소리에서 든든한 힘을 얻어서 그런지 내겐 누군가의 마음을 더 깊이 헤아려 보는 상상력이 생긴 것 같다.
→ 적절함!

---

10 | 조건에 따른 표현 - 적절한 것 고르기 | 정답 ①
정답률 95%

〈보기〉는 초고를 읽은 선생님의 조언이다. 이를 반영하여 초고에 추가할 내용으로 가장 적절한 것은?

| 보 기 |
선생님 : 글의 마지막 문장 뒤에, 아버지께서 오토바이 배달을 그만두셨을 때 네가 아쉬움을 느낀 이유를 추가하고, 비유를 활용한 표현도 있으면 좋겠어.

① 다정한 인사처럼 들렸던 아버지의 오토바이 소리를 더 이상 들을 수 없게 되어서.
풀이 '아버지의 오토바이 소리를 더 이상 들을 수 없게 되어서'에서 아버지께서 오토바이 배달을 그만두셨을 때 아쉬움을 느낀 이유가 드러나 있다. 또한 '아버지의 오토바이 소리'를 '다정한 인사'로 표현한 데서 비유적 표현의 하나인 **직유법**('~같이, ~처럼, ~듯이' 등을 사용하여 어떤 대상을 다른 대상에 직접 빗대어 표현)을 확인할 수 있다.

[11 ~ 12] 언어 - 용언의 어간과 어미

1 [1]용언은 문장에서 다양한 형태로 활용하면서 주로 서술어의 역할을 하는 단어로, 동사와 형용사가 있다. [2]용언이 활용할 때 형태가 변하지 않는 부분을 어간이라고 하고, 형태가 변하는 부분을 어미라고 한다.

2 [1]어간이나 어미는 문장에서 홀로 쓰일 수 없고, 어간 뒤에 어미가 결합하여 용언을 이룬다. [2]가령 '먹다'는 어간 '먹-'의 뒤에 어미 '-고', '-어'가 각각 결합하여 '먹고', '먹어'와 같이 활용한다. [3]그런데 일부 용언에서는 활용할 때 어간의 일부가 탈락하기도 한다. [4]'노는'은 어간 '놀-'과 어미 '-는'이 결합하면서 'ㄹ'이 탈락한 경우이고, '커'는 어간 '크-'와 어미 '-어'가 결합하면서 'ㅡ'가 탈락한 경우이다.

3 [1]어미는 크게 어말 어미와 선(先 먼저 선)어말 어미로 구분된다. [2]어말 어미는 단어의 끝에 오는 어미이며, 선어말 어미는 어말 어미 앞에 오는 어미이다. [3]'가다'의 활용형인 '가신다', '가겠고', '가셨던'을 어간, 선어말 어미, 어말 어미로 분석하면 아래와 같다.

활용형	어간	어미		
			선어말 어미	어말 어미
가신다		-시- 주체 높임	-ㄴ- 현재 시제	-다 종결 어미
가겠고	가		-겠- 미래 시제	-고 연결 어미
가셨던		-시- 주체 높임	-었- 과거 시제	-던 전성 어미

4 [1]어말 어미는 기능에 따라 종결 어미, 연결 어미, 전성 어미로 구분된다. [2]종결 어미는 '가신다'의 '-다'와 같이 문장을 종결하는 어미이고, 연결 어미는 '가겠고'의 '-고'와 같이 앞뒤의 말을 연결하는 어미이다. [3]그리고 전성 어미는 '가셨던'의 '-던'과 같이 용언이 다른 품사처럼 쓰이게 하는 어미이다. [4]'-던'이나 '-(으)ㄴ', '-는', '-(으)ㄹ' 등은 용언이 관형사처럼, '-게', '-도록' 등은 용언이 부사처럼, '-(으)ㅁ', '-기' 등은 용언이 명사처럼 쓰이게 한다.

5 [1]선어말 어미는 높임이나 시제 등을 나타낼 때 쓰인다. [2]활용할 때 어말 어미처럼 반드시 나타나지는 않지만, 한 용언에서 서로 다른 선어말 어미가 동시에 쓰이기도 한다. [3]위에서 '가신다', '가셨던'의 '-시-'는 높임을 나타내는 선어말 어미로, 문장의 주체를 높이는 기능을 한다. [4]그리고 '가신다', '가겠고', '가셨던'의 '-ㄴ-', '-겠-', '-었-'은 시제를 나타내는 선어말 어미로, 각각 현재, 미래, 과거 시제를 나타내는 기능을 한다.

---

11 | 용언의 활용 - 적절한 것 고르기 | 정답 ⑤
정답률 80%

윗글을 통해 알 수 있는 내용으로 적절한 것은?

① 용언은 어간의 앞뒤에 어미가 결합한 단어이다.
근거 **2**-1 어간 뒤에 어미가 결합하여 용언을 이룬다.
→ 적절하지 않음!

② 어간은 단독으로 쓰여 하나의 용언을 이룰 수 있다. (없다)
근거 **2**-1 어간이나 어미는 문장에서 홀로 쓰일 수 없고, 어간 뒤에 어미가 결합하여 용언을 이룬다.
→ 적절하지 않음!

③ 어미는(어간은) 용언이 활용할 때 형태가 유지되는 부분이다.
근거 **1**-2 용언이 활용할 때 형태가 변하지 않는 부분을 어간이라고 하고, 형태가 변하는 부분을 어미라고 한다.
→ 적절하지 않음!

④ 어말 어미는(선어말 어미) 용언이 활용할 때 나타나지 않을 수 있다.
근거 **5**-2 (선어말 어미는) 활용할 때 어말 어미처럼 반드시 나타나지는 않지만,
→ 적절하지 않음!

⑤ 선어말 어미는 한 용언에 두 개가 동시에 쓰일 수 있다.
근거 **5**-2 한 용언에서 서로 다른 선어말 어미가 동시에 쓰이기도 한다.
→ 적절함!

윗글을 바탕으로 〈보기〉의 ㄱ ~ ㅁ의 밑줄 친 부분을 탐구한 내용으로 적절하지 않은 것은?

| 보기 |
ㄱ. 너도 그를 <u>아니</u>?
ㄴ. 사과가 <u>맛있구나</u>!
ㄷ. 산은 <u>높고</u> 강은 깊다.
ㄹ. 아침에 <u>뜨는</u> 해를 봐.
ㅁ. 그녀는 과자를 <u>먹었다</u>.

① ㄱ : 어간 '알-'에 어미 '-니'가 결합하면서 'ㄹ'이 탈락하였다.
> 근거 ❷-3~4 일부 용언에서는 활용할 때 어간의 일부가 탈락하기도 한다. '노는'은 어간 '놀-'과 어미 '-는'이 결합하면서 'ㄹ'이 탈락한 경우이고,
> 풀이 '아니'는 어간 '알-'과 어미 '-니'가 결합하면서 어간 받침 'ㄹ'이 탈락한 경우이다.
> → 적절함!

② ㄴ : 어간 '맛있-'에 종결 어미 '-구나'가 결합하여 문장을 종결하고 있다.
> 근거 ❹-2 종결 어미는 '가신다'의 '-다'와 같이 문장을 종결하는 어미이고,
> 풀이 '맛있구나'는 어간 '맛있-'에 화자가 새롭게 알게 된 사실에 주목함을 나타내는 종결 어미 '-구나'가 결합하여 문장을 종결하고 있다.
> → 적절함!

③ ㄷ : 어간 '높-'에 연결 어미 '-고'가 결합하여 앞뒤의 말을 연결하고 있다.
> 근거 ❹-2 연결 어미는 '가겠고'의 '-고'와 같이 앞뒤의 말을 연결하는 어미이다.
> 풀이 '높고'는 어간 '높-'에 두 가지 이상의 사실을 대등하게 벌여 놓는 연결 어미 '-고'가 결합하여 앞뒤의 말을 연결하고 있다.
> → 적절함!

④ ㄹ : 어간 '뜨-'에 전성 어미 '-는'이 결합하면서 용언이 부사처럼 쓰이고 있다. *(관형사)*
> 근거 ❹-3~4 전성 어미는 '가셨던'의 '-던'과 같이 용언이 다른 품사처럼 쓰이게 하는 어미이다. '-던'이나 '-(으)ㄴ', '-는', '-(으)ㄹ' 등은 용언이 관형사처럼, … 쓰이게 한다.
> 풀이 '뜨는'은 어간 '뜨-'에 앞말이 관형어 구실을 하게 하고 이야기하는 시점에서 볼 때 사건이나 행위가 현재 일어남을 나타내는 전성 어미 '-는'이 결합하여 명사 '해'를 꾸며 주는 관형사처럼 쓰이고 있다.
> → 적절하지 않음!

⑤ ㅁ : 어간 '먹-'과 어말 어미 '-다' 사이에 선어말 어미 '-었-'이 결합하여 과거 시제를 나타내고 있다.
> 근거 ❺-4 '가신다', '가겠고', '가셨던'의 '-ㄴ-', '-겠-', '-었-'은 시제를 나타내는 선어말 어미로, 각각 현재, 미래, 과거 시제를 나타내는 기능을 한다.
> 풀이 '먹었다'는 어간 '먹-'에 이야기하는 시점에서 볼 때 사건이나 행위가 이미 일어났음을 나타내는 선어말 어미 '-었-'이 결합하여 과거 시제를 나타내고 있다.
> → 적절함!

〈보기〉의 '학습 과제'를 바르게 수행하였다고 할 때, ㉠에 들어갈 단어로 적절한 것은? [3점]

| 보기 |
[학습 자료]
　음운은 단어의 뜻을 구별해 주는 소리의 가장 작은 단위이다. 특정 언어에서 어떤 소리가 음운인지 아닌지는 최소 대립쌍을 통해 확인할 수 있다. 최소 대립쌍이란, 다른 모든 소리는 같고 단 하나의 소리 차이로 의미가 구별되는 단어의 쌍을 말한다. 예를 들어, 최소 대립쌍 '감'과 '잠'은 [ㄱ]과 [ㅈ]의 차이로 인해 의미가 구별되므로 'ㄱ'과 'ㅈ'은 서로 다른 음운이다.

[학습 과제]
　앞사람이 말한 단어와 최소 대립쌍인 단어를 말해 보자.

① 꿀
> 풀이 '꿀'은 [ㄲ]과 [ㄱ]의 차이로 인해 '굴'과 의미가 구별되지만 '달'과는 최소 대립쌍이 아니다.
> → 적절하지 않음!

② 답
> 풀이 '답'은 [ㅂ]과 [ㄹ]의 차이로 인해 '달'과 의미가 구별되지만 '굴'과는 최소 대립쌍이 아니다.
> → 적절하지 않음!

③ 둘
> 풀이 ㉠에는 앞사람이 말한 '달', 뒷사람이 말한 '굴' 모두와 최소 대립쌍인 단어가 들어가야 한다. '둘'은 [ㅏ]와 [ㅜ]의 차이로 인해 '달'과 의미가 구별되고, [ㄷ]과 [ㄱ]의 차이로 인해 '굴'과 의미가 구별되므로 ㉠에 들어갈 단어로 적절하다.
> → 적절함!

④ 말
> 풀이 '말'은 [ㅁ]과 [ㄷ]의 차이로 인해 '달'과 의미가 구별되지만 '굴'과는 최소 대립쌍이 아니다.
> → 적절하지 않음!

⑤ 풀
> 풀이 '풀'은 [ㅍ]과 [ㄱ]의 차이로 인해 '굴'과 의미가 구별되지만 '달'과는 최소 대립쌍이 아니다.
> → 적절하지 않음!

다음 '탐구 학습지' 활동의 결과로 적절하지 않은 것은?

[탐구 학습지]

1. 문장의 중의성
　○ 하나의 문장이 둘 이상의 의미로 해석되는 것

2. 중의성 해소 방법
　○ 어순 변경, 쉼표나 조사 추가, 상황 설명 추가 등

3. 중의성 해소하기
- 과제 : 빈칸에 적절한 말 넣기
ㄱ. (조사 추가) ·· a
　○ 중의적 문장 : 관객들이 다 도착하지 않았다.
　○ 전달 의도 : (관객 중 일부가 도착하지 않음.) ············ b
　○ 수정 문장 : 관객들이 다는 도착하지 않았다.
> 풀이 '관객들이 다 도착하지 않았다'는 '관객들이 한 명도 오지 않았다'는 의미와 '관객들이 일부만 왔다'는 의미 두 가지로 해석된다. 수정 문장 '관객들이 다는 도착하지 않았다'는 중의적 문장에 조사 '는'을 추가하여 두 가지 의미 중 관객들이 일부만 왔다는 의미로 한정하였다.

ㄴ. (어순 변경) ·· c
　○ 중의적 문장 : 우리는 어제 전학 온 친구와 만났다.
　○ 전달 의도 : (전학 온 친구와 만난 때가 어제임.) ········· d
　○ 수정 문장 : 우리는 전학 온 친구와 어제 만났다.
> 풀이 '우리는 어제 전학 온 친구와 만났다'는 '친구가 전학을 온 때가 어제'라는 의미와 '전학 온 친구와 만난 때가 어제'라는 의미 두 가지로 해석된다. 수정 문장 '우리는 전학 온 친구와 어제 만났다'는 부사어 '어제'의 위치를 '만났다' 앞으로 옮김으로써 두 가지 의미 중 전학 온 친구와 만난 때가 어제라는 의미로 한정하였다.

→ 문제편 012쪽

ㄷ. 상황 설명 추가
  ○ 중의적 문장 : 민우는 나와 윤서를 불렀다.
  ○ 전달 의도 : '나와 윤서'를 부른 사람이 '민우'임.
  ○ 수정 문장 : (민우는 나와 둘이서 윤서를 불렀다.) ·················· e

> **풀이** '민우는 나와 윤서를 불렀다'는 "윤서를 부른 사람이 '민우와 나'라는 의미
> 와 "나와 윤서를 부른 사람이 '민우'라는 의미 두 가지로 해석된다. 수정 문
> 장 '민우는 나와 둘이서 윤서를 불렀다'는 '둘이서'라는 상황 설명을 추가함
> 으로써 두 가지 의미 중 '윤서를 부른 사람이 '민우와 나'라는 의미로 한정
> 하였다. '나와 윤서'를 부른 사람이 '민우'라는 전달 의도를 반영하지 못하였
> 으므로 e는 적절하지 않다. 전달 의도를 반영하기 위해서는 '민우는 혼자서
> 나와 윤서를 불렀다'처럼 '혼자서'라는 상황 설명을 추가해야 한다.

⋮

① a   ② b   ③ c
④ d   ⑤ e → 적절하지 않음!

---

15 방향 반의어 – 적절하지 않은 것 고르기   정답 ③
정답률 90%

밑줄 친 부분이 <보기>의 ㉠, ㉡에 해당하는 예로 적절하지 <u>않은</u> 것은?

| 보기 |
'위 - 아래'나 '앞 - 뒤'는 방향상 대립하는 반의어이다. '위 - 아래'나 '앞 - 뒤'가 단독
으로 쓰이거나 다른 단어와 결합해서 쓰일 때, 문맥에 따라서 ㉠ '위'나 '앞'이 '우월
함'의 의미를, ㉡ '아래'나 '뒤'가 '열등함'의 의미를 갖거나 강화하기도 한다.

① ㉠ : 그가 머리 쓰는 게 너보다 한 수 <u>위</u>다.
> **풀이** '위'가 '신분, 지위, 등급, 정도 따위에서 어떠한 것보다 더 높거나 나은 쪽'이라는 의미
> 로 쓰여 '우월함'의 의미를 나타낸다.
→ 적절함!

② ㉠ : 이 회사의 기술 수준은 다른 곳에 <u>앞선</u>다.
> **풀이** '앞서다'가 '발전이나 진급, 중요성 따위의 정도가 남보다 높은 수준에 있거나 빠르다'
> 라는 의미로 쓰여 '우월함'의 의미를 나타낸다.
→ 적절함!

③ ㉡ : 이번 행사는 치밀한 계획 <u>아래</u> 진행되었다.
> **풀이** '아래'가 '조건, 영향 따위가 미치는 범위'라는 의미로 쓰였다. '열등함'의 의미를 갖지
> 않으므로 ㉡에 해당하는 예로 적절하지 않다.

→ 적절하지 않음!

> ■ '아래'가 '열등함'의 의미를 갖는 경우
> '아래'가 '신분, 지위, 정도 따위에서 어떠한 것보다 낮은 쪽'이라는 의미로 쓰일 때
> '열등함'의 의미를 갖는 경우가 있다.
> (예) 그는 바둑 실력이 나보다 한 수 아래이다.
> 　　 그는 업무 능력은 뛰어나지만 사람을 다루는 능력은 나보다 아래이다.

④ ㉡ : 그녀는 남에게 <u>뒤떨어지지</u> 않고자 노력했다.
> **풀이** '뒤떨어지다'가 '발전 속도가 느려 도달하여야 할 수준이나 기준에 이르지 못하다'라
> 는 의미로 쓰여 '열등함'의 의미를 나타낸다.
→ 적절함!

⑤ ㉡ : 우리 팀의 승률이 조금씩 <u>뒷걸음질</u> 치고 있다.
> **풀이** '뒷걸음질'이 '본디보다 뒤지거나 뒤떨어짐'이라는 의미로 쓰여 '열등함'의 의미를 나
> 타낸다.
→ 적절함!

→ 문제편 012쪽

---

tip · 반의어(반대 反 의미 意 단어 語)

1. 반의어의 개념
한 쌍의 단어가 서로 공통되는 의미 요소를 공유하면서 동시에 한 개의 의미
요소만 반대되는 경우 '반의 관계에 있다' 또는 '반의어'라고 부른다.
(예) '아버지'와 '어머니' → '어른', '나를 낳아 준 사람'이라는 공통점이 있으면서 '성별'이라는
　　 한 개의 의미 요소만 반대된다.

2. 복합적 반의어
의미가 여럿인 다의어의 경우 하나의 단어에 여러 개의 단어들이 대립하여 반
의 관계를 이루는 경우가 있다.

(예)			
벗다	모자를 벗다	↔	모자를 쓰다
	안경을 벗다	↔	안경을 끼다
	옷을 벗다	↔	옷을 입다
	신발을 벗다	↔	신발을 신다
	고통을 벗다	↔	고통을 지다

3. 반의어의 종류
① 상보 반의어 : 의미가 철저하게 두 부분으로 나뉘는 단어 쌍
　(예) 남↔여, 참↔거짓, 합격↔불합격
② 정도 반의어 : 정도, 등급에 있어 대립되는 단어 쌍
　(예) 길다↔짧다, 쉽다↔어렵다, 춥다↔덥다
③ 방향 반의어 : 관계(상하)나 이동 측면에서 대립되는 단어 쌍
　(예) 부모↔자식, 스승↔제자, 위↔아래, 앞↔뒤

[16~18] 현대시

(가) 이성선, 「고향의 천정(天井) 1」

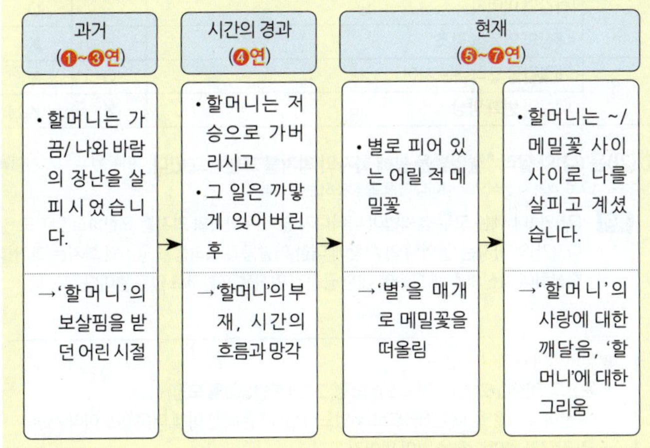

· **주제**
'나'는 과거를 회상하며 할머니를 그리워한다.

· **지문 이해**

과거 (❶~❸연)	시간의 경과 (❹연)	현재 (❺~❼연)	
· 할머니는 가끔/ 나와 바람의 장난을 살피시었습니다. → '할머니'의 보살핌을 받던 어린 시절	· 할머니는 저승으로 가버리시고 · 그 일은 까맣게 잊어버린 후 → '할머니'의 부재, 시간의 흐름과 망각	· 별로 피어 있는 어릴 적 메밀꽃 → '별'을 매개로 메밀꽃을 떠올림	· 할머니는 ~/ 메밀꽃 사이사이로 나를 살피고 계셨습니다. → '할머니'의 사랑에 대한 깨달음, '할머니'에 대한 그리움

· **어휘 풀이**
* 밭둑 : 밭의 경계가 되고 사람이 걸어 다닐 수 있도록 한 둑.
* 아주 커서도 덜 자란 : 나이로는 자랐지만 충분히 성숙하지는 않은.

(나) 손택수, 「밥물 눈금」

· **주제**
가난했던 과거를 떠올리며, '나'의 현재 모습을 긍정적으로 인식한다.

화자의 체험	과거 회상	화자의 인식
• 손가락 주름을 눈금으로 쏠 줄도 알게 되었다 • 손등 중앙까지 올라온 수위	• 논에 물을 보러 가던 할아버지 • 친구 집에 마실을 가던 소년 • 밥국을 끓이던 문현동/ 가난한 지붕	• 얼굴보다 먼저 늙은 손이긴 해도/ 전기 밥솥에는 없는 눈금을 내 손은 가졌다
→ 손으로 밥물을 맞추는 일상적 행위의 반복 → 과거 회상의 매개체	→ 그리운 할아버지 → 가난했던 어린 시절과 동네의 모습	→ '나'의 현재 모습에 대한 긍정적 인식

• 어휘 풀이

* 밥물 눈금 : 밥을 지을 때 쌀의 양에 맞는 적절한 물의 양을 알려 주는 눈금.
* 수위 : 물의 높이.
* 물꼬 : 논에 물이 넘어 들어오거나 나가게 하기 위하여 만든 좁은 통로.
* 마실 : 이웃에 놀러 다니는 일.
* 밥국 : 식은 밥에 김치나 나물을 넣어서 죽처럼 끓인 국.
* 봉지쌀 : 봉지에 담아서 파는 적은 분량의 쌀.

---

16 | 표현상 특징 - 적절한 것 고르기
정답률 70%, 매력적 오답 ③ 10% | 정답 ②

(가)와 (나)에 대한 설명으로 가장 적절한 것은?

선지	핵심 체크 내용	(가)	(나)
①	설의법 → 화자의 의지를 표현함	X	X
②	청각적 심상 → 화자의 정서 부각	X	O
③	격정적 어조 → 화자의 기대감	X	-
	단정적 어조 → 화자의 기대감	-	X
④	상승의 이미지	O	-
	대상의 역동성 강조	X	-
	하강의 이미지	-	O
	대상의 역동성 강조	-	X
⑤	계절감을 드러내는 시어	O	X
	대상의 변화 양상	X	X

① **(가)는 (나)와 달리 *설의법을 통해 화자의 의지를 표현하고 있다.** *이미 알고 있는 사실을 의도적으로 의문의 형식으로 나타내어 뜻을 강조하는 표현법

풀이 (가)와 (나)에는 모두 설의법이 나타나지 않으며 화자의 의지를 표현하고 있지도 않다. (가)의 화자는 '할머니'의 사랑에 대한 깨달음과 그리움을, (나)의 화자는 과거를 회상하며 자신의 현재 모습에 대한 긍정적 인식을 표현하고 있을 뿐이다.

→ 적절하지 않음!

■ **설의법이 나타나는 작품**
• 윤선도, 「만흥」 (2007학년도 9월 모평, 2021학년도 9월 모평)
강산이 좋다 한들 내 분(分)으로 누었느냐/ 임금 은혜를 이제 더욱 아노이다./ 아무리 갚고자 하여도 하올 일이 없어라
(자연이 좋다고 한들 나의 분수로 (이렇게 편안히) 누웠겠는가/ 임금의 은혜를 이제야 더욱 알겠도다./ (그러나) 아무리 (이 은혜를) 갚고자 하여도 갚을 길이 없구나)
→ '강산이 좋다 한들 내 분(分)으로 누었느냐'는 자연이 아무리 좋다고 한들 (임금의 은혜가 아니면) 나의 분수로 이렇게 편안히 지낼 수가 없다는 뜻으로, 설의적 표현을 활용하여 임금의 은혜에 감사하는 화자의 정서를 강조하고 있다.
• 정극인, 「상춘곡」 (2011학년도 수능, 2020학년도 9월 모평)
수풀에 우는 새는 춘기(春氣)를 뭇내 계워/ 소리마다 교태(嬌態)로다/ 물아일체(物我一體)어니 흥(興)이이 다룰소냐
(수풀에서 우는 새는 봄의 기운을 끝내 이기지 못하여/ 소리마다 아양을 떠는 모습이로다/ 사물과 내가 하나가 되니 흥겨움이야 다르겠느냐)
→ '물아일체(物我一體)어니 흥(興)이이 다룰소냐'에서는 사물(봄의 기운을 이기지 못하여 소리마다 아양을 떠는 새)과 내가 하나가 되니 흥겨움이 다르지 않다는 것을 설의적으로 표현하여 봄날에 느끼는 화자의 흥겨움을 강조하고 있다.

② **(나)는 (가)와 달리 *청각적 심상을 통해 화자의 정서를 부각하고 있다.** *소리와 같이 귀로 느낄 수 있는 이미지

근거 **(나)-12~13행** 일찍 철이 들어서 슬픈 귓속으로/ 봉지쌀 탈탈 터는 소리라도 들려올 듯,

풀이 (나)는 '봉지쌀 탈탈 터는 소리'라는 청각적 심상을 통해 가난했던 어린 시절을 떠올리며 슬픔을 느끼는 화자의 정서를 부각하고 있다. 한편, (가)에는 할머니를 그리워하는 화자의 정서는 드러나나 청각적 심상이 나타나지 않는다.

→ 적절함!

③ **(가)는 *격정적 어조를, (나)는 **단정적 어조를 통해 화자의 기대감을 드러내고 있다.** *감정을 강렬하게 드러내는 말투 **딱 잘라서 판단하고 결정하는 말투

풀이 (가)에서 화자는 어린 시절의 추억과 '할머니'의 사랑에 대한 깨달음을 차분한 어조로 전달하고 있으므로 격정적 어조와는 거리가 멀며, 화자의 기대감을 드러내고 있지도 않다. (나)에서 화자는 '밥물 눈금'을 통해 떠올린 가난했던 어린 시절에 대한 기억과 현재 자신의 모습에 대한 긍정적 인식을 담담한 어조로 전달하고 있으므로 단정적 어조가 드러난다고 보기 어려우며 화자의 기대감을 드러내고 있지도 않다.

→ 적절하지 않음!

상승의 이미지와

④ **(가)는 *상승의 이미지를, (나)는 **하강의 이미지를 통해 대상의 ***역동성을 강조하고 있다.** *위 上 오를 乘 : 위로 올라가는 이미지 **아래 下 내릴 降 : 아래로 내려가는 이미지 ***힘 力 움직일 動 성질 性 : 힘차고 활발하게 움직이는 성질이나 특성

근거 **(가)-⑤~⑥연** 오늘 저녁 멍석을 펴고/ 마당에 누우니// ~ 별로 피어 있는 어릴 적 메밀꽃
(나)-5행 손등 중앙까지 올라온 수위를 중지의 마디를 따라 오르내리다보면

풀이 (가)에서는 '멍석을 펴고 마당에 누'워 밤하늘의 '별'을 올려다보는 화자의 행위에서 상승의 이미지가 나타난다. 그러나 이를 통해 대상의 역동성을 강조하고 있지는 않다. (나)에서는 '수위를 중지의 마디를 따라 오르내리다보면'에서 상승의 이미지와 하강의 이미지가 함께 나타난다. 그러나 이를 통해 대상의 역동성을 강조하고 있지는 않다.

→ 적절하지 않음!

■ **상승 이미지**
위로 올라가는 느낌의 이미지로 흔히 이상과 희망의 추구, 초월적 세계에의 지향, 기쁨과 즐거움 같은 시적 화자의 긍정적 정서와 어울린다.

■ **상승 이미지가 드러나는 작품**
• 조지훈, 「마음의 태양」 (2005학년도 9월 모평)
마음 나라의 원광은 떠오른다.
항시 날아오르는 노고지리('종달새'의 옛말)같이
→ 상승 이미지를 통해 아름답고 높은 넋으로 살고 싶은 화자의 마음을 드러낸다.

■ **하강 이미지**
아래로 떨어지는 느낌의 이미지로 흔히 좌절, 슬픔, 비애의 정서와 어울린다.

■ **하강 이미지가 드러나는 작품**
• 김광균, 「외인촌」 (2000학년도 수능)
잠기어 가고// 창을 내리고// 별빛이 내리고
→ '잠기어', '내리고'에서 하강 이미지가 드러난다.

(가)는

⑤ **(가)와 (나)는 모두 *계절감을 드러내는 시어를 통해 대상의 변화 **양상을 나타내고 있다.** *계절 季 철 節 느낄 感 : 계절의 느낌 **모양 樣 모양 相 : 모습

근거 **(가) ❷연-1행** 늦여름의 하늘빛이 메밀꽃 위에 빛나고

풀이 (가)의 '늦여름'은 여름의 계절감을 드러내는 시어이다. 그러나 이를 통해 대상의 변화 양상을 나타내고 있지는 않다. (나)에서는 계절감을 드러내는 시어를 찾아볼 수 없으며, 대상의 변화 양상을 나타내고 있지도 않다.

→ 적절하지 않음!

■ **계절감을 드러내는 시어를 통해 대상의 변화 양상을 나타내는 작품**
• 황지우, 「겨울-나무로부터 봄-나무에로」 (2010학년도 9월 모평, 2015학년도 9월 모평A)
자기의 뜨거운 혀로 싹을 내밀고/ 천천히, 서서히, 문득, 푸른 잎이 되고/ 푸르른 사월 하늘 들이받으면서/ 나무는 자기의 온몸으로 나무가 된다
→ '싹', '푸른 잎', '푸르른 사월 하늘' 등의 계절감을 드러내는 시어를 통해 봄을 맞이한 나무의 변화 양상을 나타내고 있다.

→ 문제편 013쪽

17 시어의 의미 - 적절한 것 고르기
정답률 80%, 매력적 오답 ③ 15%　　　정답 ④

㉠과 ㉡을 비교한 내용으로 가장 적절한 것은?

> (가) **❶연-1행** ㉠ 밭둑에서 나는 바람과 놀고
> (나)-10행 한 그릇으로 두 그릇 세 그릇이 되어라 밥국을 끓이던 ㉡ 문현동

① ㉠은 화자가 벗어나려는, ㉡은 화자가 지향하는 공간이다.
- **근거** (가) **❷연-2~3행** 할머니는 가끔/ 나와 바람의 장난을 살피셨습니다.
　(나)-12행 일찍 철이 들어서 슬픈 귓속으로
- **풀이** ㉠(밭둑)은 화자가 할머니의 보살핌을 받으며 바람과 놀던 추억의 공간이므로 화자가 벗어나려는 공간으로 볼 수 없다. ㉡(문현동)은 가난으로 인해 화자를 일찍 철이 들게 했던 슬픈 공간이므로 화자가 지향하는 공간으로 볼 수 없다.
- → 적절하지 않음!

② ㉠은 화자가 *이질감을, ㉡은 화자가 **동질감을 느끼는 공간이다. *다를 異 성질 質 느낄 感 : 성질이 서로 달라 낯설거나 잘 맞지 않는 느낌 **같을 同 성질 質 느낄 感 : 성질이 서로 비슷해서 익숙하거나 잘 맞는 느낌
- **풀이** ㉠(밭둑)은 화자가 할머니와 함께했던 추억의 공간이므로 화자가 이질감을 느끼는 공간으로 볼 수 없다. 반면에 ㉡(문현동)은 어린 시절 가난했던 화자와 마찬가지로 사람들이 가난하게 살아가던 공간이므로 화자가 동질감을 느끼는 공간으로 볼 수 있다.
- → 적절하지 않음!

③ ㉠은 화자의 슬픔이, ㉡은 화자의 그리움이 해소되는 공간이다.
- **풀이** ㉠(밭둑)은 화자가 할머니의 보살핌을 받으면서 천진난만하게 보낼 수 있었던 유년의 공간이므로 화자의 슬픔이 해소되는 공간으로 보기는 어렵다. ㉡(문현동)은 유년의 화자가 가난한 삶을 살았던 공간이므로 화자의 그리움이 해소되는 공간으로 보기는 어렵다.
- → 적절하지 않음!

④ ㉠은 화자의 *동심이 허용되는, ㉡은 화자의 성숙함이 요구되는 공간이다. *아이 童 마음 心 : 어린아이의 마음 혹은 어린아이처럼 순수하고 맑은 마음
- **근거** (가) **❷연-3행** 나와 바람의 장난
　(나)-12행 일찍 철이 들어서 슬픈 귓속으로
- **풀이** ㉠(밭둑)에서 화자는 바람과 놀고 바람과 장난을 친다. 따라서 ㉠(밭둑)은 화자의 동심이 허용되는 공간으로 볼 수 있다. ㉡(문현동)은 가난으로 인해 화자를 일찍 철들게 했던 곳이므로 화자의 성숙함이 요구되는 공간으로 볼 수 있다.
- → 적절함!

⑤ ㉠은 화자가 경험한 적 없는 *가상의, ㉡은 화자의 경험이 **축적된 현실의 공간이다. *거짓 假 생각 想 : 사실이 아니거나 사실 여부가 분명하지 않은 것을 사실이라고 가정하여 생각하는 **모을 蓄 쌓을 積 : 모여서 쌓인
- **풀이** ㉠(밭둑)은 할머니와 함께한 화자의 유년의 추억의 공간이므로 화자가 경험한 적 없는 가상의 공간으로 볼 수 없다. ㉡(문현동)은 화자가 유년기에 경험한 공간이므로 화자의 경험이 축적된 현실의 공간으로 볼 수 있다.
- → 적절하지 않음!

18 감상의 적절성 - 적절하지 않은 것 고르기
정답률 75%　　　정답 ③

〈보기〉를 바탕으로 (가), (나)를 감상한 내용으로 적절하지 않은 것은? [3점]

> | 보기 |
> [1] 과거의 경험에 대한 기억은 어떤 계기(맺을 契 기회 機 : 결정적인 원인이나 기회)를 통해 되살아나 현재의 삶에 영향을 미칠 수 있다. [2] (가)의 화자는 할머니와의 기억을 통해 과거와 현재를 연결하며 깨달음과 정서적 충만감(가득할 充 가득 찰 滿 느낄 感 : 한껏 가득하게 찬 느낌이나 감정)을 얻고 있다. [3] 한편 (나)의 화자는 일상적 행위의 반복 속에서 유년(어릴 幼 나이 年 : 어린 나이나 때)의 기억을 되살리고, 그 기억을 현재와 연결하며 자신의 현재 모습을 긍정하게 된다.

① (가)의 화자는 별이 가득한 '하늘'을 보며, 자신이 여전히 '나를 살피'시는 할머니의 사랑 속에 있음을 깨닫고 있군.
- **근거** 〈보기〉-2 (가)의 화자는 할머니와의 기억을 통해 과거와 현재를 연결하며 깨달음과 정서적 충만감을 얻고 있다.
　(가) **❻~❼연** 온 하늘 가득/ 별로 피어 있는 어릴 적 메밀꽃// 할머니는 나를 두고 메밀밭만 저승까지 가져가시어/ 날마다 저녁이면 메밀밭을 매시며/ 메밀꽃 사이사이로 나를 살피고 계셨습니다.

- **풀이** (가)의 화자는 별이 가득한 '하늘'을 보며, 저승에 가신 할머니가 여전히 '나를 살피'고 계신다고 생각하며, 자신이 여전히 할머니의 사랑 속에 있음을 깨닫고 있다.
- → 적절함!

② (나)의 화자는 유년의 기억을 통해 '전기밥솥에는 없는 눈금'을 지닌 '늙은 손'을 긍정하며 자기 *위안을 얻고 있군. *위로할 慰 편안할 安 : 위로하여 마음을 편하게 함
- **근거** 〈보기〉-3 (나)의 화자는 일상적 행위의 반복 속에서 유년의 기억을 되살리고, 그 기억을 현재와 연결하며 자신의 현재 모습을 긍정하게 된다.
　(나)-2~3행 이제는 그도 좀 익숙해져서 손마디나 손등/ 손가락 주름을 눈금으로 쓸 줄도 알게 되었다/ 14~15행 얼굴보다 먼저 늙은 손이긴 해도/ 전기밥솥에는 없는 눈금을 내 손은 가졌다
- **풀이** (나)의 화자는 '손가락 주름', '손등 주름' 등을 통해서 밥물을 맞추는 일상적 행위의 반복 속에서 유년의 기억을 떠올리고, '전기밥솥에는 없는 눈금'을 지닌 자신의 '늙은 손'을 긍정하며 위안을 얻고 있다.
- → 적절함!

③ (가)의 '커서도 덜 자랐다는 것과 (나)의 '밥맛을 조금씩 달리'하는 것은 현재의 화자에게 정서적 충만감을 주는군.
- **근거** (가) **❸연-2행** 아주 커서도 덜 자란 나는
　(나)-4행 촘촘한 손등 주름 따라 밥맛을 조금씩 달리해본다
- **풀이** (가)의 '커서도 덜 자랐다는 것은 화자가 나이로는 자랐지만 충분히 성숙하지는 않았다는 의미이므로 이것이 현재의 화자에게 정서적 충만감을 준다고 보기는 어렵다. (나)의 '밥맛을 조금씩 달리'하는 것은 밥물을 맞추는 일에 어려움을 겪었던 화자가 이제는 익숙하게 밥물을 맞추게 되었음을 의미할 뿐, 이것이 현재의 화자에게 정서적 충만감을 준다고 볼 수는 없다.
- → 적절하지 않음!

④ (가)에서 '마당에 누워' 하늘을 보는 행위와 (나)에서 '손가락 주름'으로 '밥물'을 맞추는 행위는 회상의 계기가 되는군.
- **근거** 〈보기〉-1 과거의 경험에 대한 기억은 어떤 계기를 통해 되살아나
　(가) **❺연-2행~❻연** 마당에 누우니// 온 하늘 가득/ 별로 피어 있는 어릴 적 메밀꽃
　(나)-1행 밥물 눈금을 찾지 못해 질거나 된 밥을 먹는 날들이 있더니/ 3행 손가락 주름을 눈금으로 쓸 줄도 알게 되었다
- **풀이** (가)의 화자는 '마당에 누워' 밤하늘의 별을 보다가 할머니와 함께했던 과거의 추억을 떠올리게 된다. (나)의 화자는 '손가락 주름'으로 '밥물'을 맞추다가 가난했던 유년 시절을 떠올리게 된다. 따라서 (가)에서 '마당에 누워' 하늘을 보는 행위와 (나)에서 '손가락 주름'으로 '밥물'을 맞추는 행위는 모두 회상의 계기가 된다고 볼 수 있다.
- → 적절함!

⑤ (가)의 화자가 '별'에서 '메밀꽃'을 떠올리는 것과 (나)의 화자가 '가난한 지붕들이 내 손가락 마디에는 있다'고 생각하는 것은 기억이 현재의 삶에 영향을 미치고 있음을 보여 주는군.
- **근거** 〈보기〉-1 과거의 경험에 대한 기억은 ~ 현재의 삶에 영향을 미칠 수 있다.
　(가) **❻연-2행** 별로 피어 있는 어릴 적 메밀꽃
　(나)-11행 가난한 지붕들이 내 손가락 마디에는 있다
- **풀이** (가)의 화자가 현재 올려다보고 있는 밤하늘의 '별'에서 할머니와 함께했던 과거의 '메밀꽃'을 떠올리는 것은 과거의 경험에 대한 기억이 현재의 삶에 영향을 미치고 있음을 보여 주는 것이라 할 수 있다. 또한 (나)의 화자가 현재 자신의 늙고 주름진 '손가락 마디'에 과거의 '가난한 지붕들'이 있다고 생각하는 것은 과거의 경험에 대한 기억이 현재의 삶에 영향을 미치고 있음을 보여 주는 것이라 할 수 있다.
- → 적절함!

[19 ~ 22] 사회 - 〈경기 안정을 위한 중앙은행의 통화 정책〉

① [1]경기(景氣, 경제 활동 상태)가 침체되어(沈滯–, 활발하게 이루어지지 못하고 제자리에 머무르게 되어) 가계(家計, 경제 주체로서의 가정)의 소비(消費, 욕망을 충족하기 위해 재화나 용역을 쓰는 일)가 줄어들면 시중(市中, 사람들이 오가며 일상적으로 생활하고 활동하는 곳)의 제품이 팔리지 않아 기업은 생산(生産, 생활에 필요한 각종 물건을 만들어 냄) 규모(規模, 크기나 범위)를 축소하게(縮小–, 줄이게) 된다. [2]그 결과 실업률(失業率, 노동하고자 하는 생각과 능력을 가진 인구 중 일자리를 잃거나 일할 기회를 얻지 못한 사람이 차지하는 비율)이 증가하고(增加–, 늘고) 가계의 수입(收入, 경제 활동을 통해 벌어들이는 돈이나 물품)이 감소하면서(減少–, 줄면서) 소비는 더욱 위축된다(萎縮–, 줄어들게 된다). [3]이와 같은 악순환(惡循環, 나쁜 현상이 끊임없이 되풀이됨)으로 경기 침체가 심화되면(深化–, 점점 깊어지면) 국가는 이(경기 침체)에서 벗어나기 위해 유동성(流 흐르다 유 動 움직이다 동 性 성질 성)을 늘리는 통화 정책(通貨政策, 화폐의 수량을 늘리거나 줄여서 국내 경제의 흐름을 통제하고 조절하려는 정책)을 시행한다(施行–, 실제로 행한다.)
- → 경기 침체의 악순환에서 벗어나기 위한 국가의 통화 정책

2 ¹유동성이란 자산(資産, 개인이나 법인이 가진 경제적 가치가 있는 유형·무형의 재산) 또는 채권(債券, 국가, 지방 자치 단체, 은행, 회사 등이 사업에 필요한 돈을 빌리기 위해 발행하는 유가 증권)을 손실(損失, 손해를 봄) 없이 현금화할(現金化-, 현금으로 바꿀) 수 있는 정도로, 현금과 같은 화폐는 유동성이 높은 자산인 반면(反面, 반대로) 토지나 건물과 같은 부동산은 유동성이 낮은 자산이다. ²이처럼 유동성은 자산의 성격을 나타내는 용어이지만, 흔히 시중에 유통되는(流通-, 널리 쓰이는) 화폐의 양, 즉 통화량을 나타내는 말로도 사용된다. ³가령(假令, 예를 들어) 시중에 통화량이 지나치게 많을 때 '유동성이 넘쳐 난다'고 표현하고, 반대로 통화량이 줄어들 때 '유동성이 감소한다'고 표현한다. ⁴유동성이 넘쳐 날 경우 시중에 화폐가 흔해지는 상황이므로 화폐의 가치는 떨어지게 된다.

→ 유동성의 개념

3 ¹유동성은 금리(金 돈 금 利 이자 리)와 밀접한(密接-, 아주 가까운) 관련이 있기 때문에 국가는 정책적으로 금리를 올리고 내림으로써 유동성을 조절할 수 있다. ²이때 금리는 예금이나 빌려준 돈에 붙는 이자율로, 이는 기준 금리와 시중 금리 등으로 구분된다. ³기준 금리는 국가가 정책적인 차원에서 결정하는 금리로, 한 나라의 금융 및 통화 정책의 주체인 중앙은행(우리나라는 '한국은행'이 여기에 해당함)에 의해 결정된다. ⁴반면 시중 금리는 기준 금리의 영향을 받아 중앙은행 이외(以外, 밖)의 시중 은행이 세우는 표준적인 금리로, 가계나 기업의 금융 거래에 영향을 미친다. ⁵가령 시중 금리가 내려가면 예금을 통한 이자 수익(收益, 이익을 거두어들임)과 대출(貸出, 돈을 빌림)에 따른 이자 부담(負擔, 의무나 책임을 짐)이 줄어 가계나 기업에서는 예금을 인출하거나(引出-, 찾거나) 대출을 받으려는 경향성(傾向性, 어떤 방향으로 기울어지는 성향)이 늘어난다. ⁶그 결과 시중의 유동성이 증가하게 된다. ⁷반대로 시중 금리가 올라가면 이자 수익과 대출 이자 부담이 모두 늘어나기 때문에 유동성이 감소하게 된다.

→ 금리와 유동성의 관계

4 ¹이와 같은 금리와 유동성의 관계를 고려하여(考慮-, 생각하고 헤아려), 중앙은행은 기준 금리를 조절하는 통화 정책을 통해 경기를 안정시키려고(安定-, 일정한 상태를 유지시키려고) 한다. ²만일 경기가 침체되면 중앙은행은 기준 금리를 인하하는(引下-, 낮추는) 정책을 도입하여 시중 금리를 낮추도록 유도한다(誘導-, 이끈다). ³그 결과 유동성이 증가하여 가계의 소비가 늘고 주식이나 부동산에 대한 투자(投資, 이익을 얻기 위해 자금을 댐)가 확대된다. ⁴또한 기업의 생산과 고용(雇用, 일한 데 대한 값을 주고 사람을 부림)이 늘고 다양한 분야에 대한 투자가 확대되어 물가(物價, 물건의 값)가 상승하고 경기가 전반적으로 활성화된다(活性化-, 활발해진다). ⁵반대로 경기가 과열되어(過熱-, 지나치게 상승되어) 자산 가격이나 물가가 지나치게 오르면 중앙은행은 기준 금리를 인상하는(引上-, 올리는) 정책을 통해 유동성을 감소시킨다. ⁶그 결과 기준 금리를 인하할 때와 반대의 현상이 나타나(시중 금리↑, 가계 소비↓, 투자↓, 기업 생산과 고용↓, 물가↓) 자산 가격이 하락하고 물가가 안정되어 과열된 경기가 진정된다(鎭靜-, 가라앉는다).

→ 경기에 따라 기준 금리를 조절하는 중앙은행의 통화 정책

5 ¹그러나 중앙은행이 경기 활성화를 위해 통화 정책을 시행했음에도 불구하고 애초에(-初-, 본래) 의도한 결과가 나타나지 않기도 한다. ²즉, 기준 금리를 인하하여 시중에 유동성을 충분히 공급하더라도, 증가한 유동성이 기대만큼 소비나 투자로 이어지지 않으면 경기가 활성화되지 않는다. ³특히 심각한 경기 침체로 인해 경기 회복에 대한 전망(展望, 내다보이는 장래의 상황)이 불투명할(不透明-, 분명하지 않을) 경우, 경제 주체들은 쉽게 소비를 늘리지 못하거나 투자를 결정하지 못해 돈을 손에 쥐고만 있게 된다.(소비하거나 투자하지 않고 가지고만 있게 된다.) ⁴이 경우 충분한 유동성이 경기 회복으로 이어지지 못해 경기 침체가 지속되는데(持續-, 오래 계속되는데), 마치 유동성이 함정(陷穽, 빠져나올 수 없는 상황이나 남을 해치기 위한 계략)에 빠진 것 같다고 하여 케인스는 이를 유동성 함정이라 불렀다. ⁵그(케인스)는 이러한 유동성 함정을 통해 통화 정책의 한계를 설명하면서, 정부가 재정 지출을 확대하여 소비와 투자를 유도하는 정책을 시행하는 것이 중요하다고 역설하였다.(力說-, 힘주어 말하였다.)

→ 통화 정책의 한계를 설명한 케인스의 '유동성 함정'

---

19 | 세부 정보 이해 - 적절하지 않은 것 고르기 | 정답률 80% | **정답 ⑤**

윗글을 통해 알 수 있는 내용이 아닌 것은?

① 중앙은행이 하는 역할

근거 ❸-3 기준 금리는 국가가 정책적인 차원에서 결정하는 금리로, 한 나라의 금융 및 통화 정책의 주체인 중앙은행에 의해 결정된다. ❹-1~2 중앙은행은 기준 금리를 조절하는 통화 정책을 통해 경기를 안정시키려고 한다. 만일 경기가 침체되면 중앙은행은 기준 금리를 인하하는 정책을 도입하여 시중 금리를 낮추도록 유도한다. ❹-5 반대로 경기가 과열되어 자산 가격이나 물가가 지나치게 오르면 중앙은행은 기준 금리를 인상하는 정책을 통해 유동성을 감소시킨다.

→ 적절함!

② 유동성이 높은 자산의 예

근거 ❷-1 현금과 같은 화폐는 유동성이 높은 자산

→ 적절함!

③ 기준 금리와 시중 금리의 관계

근거 ❸-2~4 이(금리)는 기준 금리와 시중 금리 등으로 구분된다. 기준 금리는 국가가 정책적인 차원에서 결정하는 금리로, 한 나라의 금융 및 통화 정책의 주체인 중앙은행에 의해 결정된다. 반면 시중 금리는 기준 금리의 영향을 받아 중앙은행 이외의 시중 은행이 세우는 표준적인 금리로, 가계나 기업의 금융 거래에 영향을 미친다. ❹-2 만일 경기가 침체되면 중앙은행은 기준 금리를 인하하는 정책을 도입하여 시중 금리를 낮추도록 유도한다.

→ 적절함!

④ 경기 침체로 인해 나타나는 현상

근거 ❶-1~2 경기가 침체되어 가계의 소비가 줄어들면 시중의 제품이 팔리지 않아 기업은 생산 규모를 축소하게 된다. 그 결과 실업률이 증가하고 가계의 수입이 감소하면서 소비는 더욱 위축된다.

→ 적절함!

✓**⑤ 유동성에 대한 케인스 주장의 한계**

근거 ❺-5 그(케인스)는 이러한 유동성 함정을 통해 통화 정책의 한계를 설명하면서, 정부가 재정 지출을 확대하여 소비와 투자를 유도하는 정책을 시행하는 것이 중요하다고 역설하였다.

풀이 윗글을 통해 케인스가 '유동성 함정'을 통해 통화 정책의 한계를 설명하였음을 알 수

있으나, 유동성에 대한 케인스 주장의 한계는 찾아볼 수 없다.

→ 적절하지 않음!

---

20 핵심 개념 파악 - 적절한 것 고르기
정답률 70%, 매력적 오답 ② 15% | 정답 ①

윗글을 바탕으로 할 때, <보기>의 ㄱ ~ ㄷ에 들어갈 말로 적절한 것은?

> | 보기 |
> 국가의 통화 정책이 정상적으로 작동될 때, 중앙은행이 기준 금리를 (ㄱ) 시중의 유동성이 (ㄴ)하며, 화폐의 가치가 (ㄷ)한다.

근거 ❷-3~4 시중에 통화량이 지나치게 많을 때 '유동성이 넘쳐 난다'고 표현하고, 반대로 통화량이 줄어들 때 '유동성이 감소한다'고 표현한다. 유동성이 넘쳐 날 경우 시중에 화폐가 흔해지는 상황이므로 화폐의 가치는 떨어지게 된다. ❹-1~3 중앙은행은 기준 금리를 조절하는 통화 정책을 통해 경기를 안정시키려고 한다. 만일 경기가 침체되면 중앙은행은 기준 금리를 인하하는 정책을 도입하여 시중 금리를 낮추도록 유도한다. 그 결과 유동성이 증가하여, ❹-5 반대로 경기가 과열되어 자산 가격이나 물가가 지나치게 오르면 중앙은행은 기준 금리를 인상하는 정책을 통해 유동성을 감소시킨다.

풀이 경기가 침체되면 중앙은행이 기준 금리를 인하하는(ㄱ) 정책을 도입하고, 그 결과 유동성이 증가(ㄴ)한다. 유동성이 증가한다는 것은 시중에 화폐가 많아져 화폐의 가치가 떨어진다(ㄷ)는 것을 의미한다. 반대로 경기가 과열되면 중앙은행은 기준 금리를 인상하는 정책을 도입하여, 유동성을 감소시킨다. 유동성이 감소한다는 것은 시중에 유통되는 화폐의 양이 줄어든다는 것을 의미하므로, 화폐의 가치는 상승한다. 따라서 정답은 ①번이다.

	ㄱ	ㄴ	ㄷ	
①	내리면	증가	하락	→ 적절함!
②	내리면	증가	상승	
③	내리면	감소	상승	
④	올리면	증가	상승	
⑤	올리면	감소	하락	

---

21 세부 정보 이해 - 적절한 것 고르기
정답률 90% | 정답 ①

유동성 함정 에 대해 이해한 내용으로 가장 적절한 것은?

① 시중에 유동성이 충분히 공급되더라도 경기 침체가 지속되는 상황을 의미한다.

근거 ❺-2~4 기준 금리를 인하하여 시중에 유동성을 충분히 공급하더라도, 증가한 유동성이 기대만큼 소비나 투자로 이어지지 않으면 경기가 활성화되지 않는다. 특히 심각한 경기 침체로 인해 경기 회복에 대한 전망이 불투명할 경우, 경제 주체들은 쉽게 소비를 늘리지 못하거나 투자를 결정하지 못해 돈을 손에 쥐고만 있게 된다. 이 경우 충분한 유동성이 경기 회복으로 이어지지 못해 경기 침체가 지속되는데, 마치 유동성이 함정에 빠진 것 같다고 하여 케인스는 이를 유동성 함정이라 불렀다.

→ 적절함!

② 시중 금리의 상승으로 유동성이 감소하여 물가가 하락하는 상황을 의미한다.

근거 ❹-5~6 경기가 과열되어 자산 가격이나 물가가 지나치게 오르면 중앙은행은 기준 금리를 인상하는 정책을 통해 유동성을 감소시킨다. 그 결과 기준 금리를 인하할 때와 반대의 현상이 나타나 자산 가격이 하락하고 물가가 안정되어 과열된 경기가 진정된다.

풀이 중앙은행이 기준 금리를 인상할 때 나타날 수 있는 상황으로, 유동성 함정과는 무관하다.

→ 적절하지 않음!

③ 기업의 생산과 가계의 소비가 줄어들어 유동성이 넘쳐 나는 상황을 의미한다.

풀이 케인스가 말하는 '유동성 함정'은 심각한 경기 침체 상황에서 시중에 유동성이 충분히 공급되더라도 경기 회복이 이루어지지 못해 경기 침체가 지속되는 상황을 의미하므로, 시중의 유동성이 충분한 상황인 것은 맞다. 그러나 이때 시중의 충분한 유동성은 기준 금리 인하 정책을 통해 유동성을 공급한 결과이지, 기업의 생산과 가계의 소비가 줄어든 결과라고 볼 수 없다.

→ 적절하지 않음!

---

④ 경기 과열로 인해 유동성이 높은 자산에 대한 *선호가 늘어나는 상황을 의미한다. *選好, 여럿 가운데서 특별히 가려서 좋아함

풀이 유동성 함정은 심각한 '경기 침체' 상황에서 시중에 유동성이 충분히 공급되더라도 경기 회복으로 이어지지 못해 경기 침체가 지속되는 것을 의미한다. 또한 윗글에서 경기가 과열되면 유동성이 높은 자산에 대한 선호가 늘어난다는 언급은 찾아볼 수 없다.

→ 적절하지 않음!

⑤ 유동성이 감소하여 경기 회복에 대한 전망이 긍정적으로 바뀌는 상황을 의미한다.

풀이 유동성 함정은 심각한 경기 침체로 인해 '경기 회복에 대한 전망이 불투명'할 경우, 시중에 '유동성이 충분히 공급'되더라도 경기 회복이 이루어지지 못해 경기 침체가 지속되는 상황을 의미한다.

→ 적절하지 않음!

---

22 구체적인 사례에 적용 - 적절하지 않은 것 고르기
정답률 65%, 매력적 오답 ① 15% | 정답 ②

윗글을 바탕으로 경제 주체들이 <보기>의 신문 기사를 읽고 보일 수 있는 반응으로 적절하지 않은 것은? 3점

> | 보기 |
> 금융 **당국**(當局, 직접 맡아 하는 기관) '빅스텝' **단행**(斷行, 결단하여 실행함)
> → 기준 금리 인상 정책
> 금융 당국은 오늘 '빅스텝'을 단행하였다. 빅스텝이란 기준 금리를 한 번에 0.5 %p 인상하는 것을 의미한다. 이처럼 금리를 큰 폭으로 인상한 것은 **과도하게**(過度-, 정도에 지나치게) 증가한 유동성으로 인해 물가가 지나치게 상승하고 부동산, 주식 등의 자산 가격이 **폭등했기**(暴騰-, 갑자기 큰 폭으로 올랐기) 때문이다.

▶ 지문 핵심 개념 정리

중앙은행의 통화 정책과 그 결과	
경기가 침체되었을 경우	경기가 과열되었을 경우
가계 소비↓, 기업 생산↓, 실업률↑, 가계 수입↓(❶-1~2)	자산 가격↑, 물가↑(❹-5)
⇓	⇓
기준 금리 인하 정책을 도입하여 시중 금리를 낮추도록 유도(❹-2)	기준 금리 인상 정책을 도입하여 시중 금리를 높이도록 유도(❹-5)
⇓	⇓
유동성↑, 소비↑, 투자↑, 생산↑, 고용↑, 물가↑, 경기 활성화(❹-3~4)	유동성↓, 자산 가격↓, 물가↓, 경기 진정(❹-5~6)

① 투자자 : 부동산의 가격이 하락할 수 있으니, 당분간 부동산 투자를 미루고 시장 상황을 지켜봐야겠군.

풀이 경기가 과열되면 중앙은행은 기준 금리를 인상하는 정책을 통해 유동성을 감소시키고, 그 결과 자산 가격이 하락한다. <보기>에서 금융 당국은 빅스텝을 단행하여 기준 금리를 인상하였다. 따라서 투자자는 기준 금리 인상의 결과로 유동성이 감소하고 부동산과 같은 자산 가격이 하락할 것으로 보고, 당분간 투자를 미루고 시장 상황을 지켜볼 것이다.

→ 적절함!

② 소비자 : 위축된 소비 심리가 회복되어 지금보다 물가가 오를 수 있으니, 자동차 구매 시기를 앞당겨야겠군.

풀이 위축된 소비 심리가 회복된다거나 물가가 오르고 가계 소비가 는다는 것은 경기가 침체되어 중앙은행이 '기준 금리를 인하하는 정책'을 도입한 결과에 해당하는 내용이므로, <보기>와 같이 기준 금리를 인상한다는 신문 기사를 읽고 보일 수 있는 반응으로 적절하지 않다.

→ 적절하지 않음!

③ 기업인 : 대출을 통해 자금을 확보하는 것이 부담스러워질 수 있으니, 공장을 확장하려던 계획을 *보류해야겠군. *保留-, 나중으로 미루어 두어야겠군.

근거 ❸-7 시중 금리가 올라가면 이자 수익과 대출 이자 부담이 모두 늘어나기 때문에 유동성이 감소하게 된다.

풀이 기준 금리를 인상하는 정책을 시행하여 시중 금리가 올라가면 대출 이자 부담이 늘어나게 된다. 따라서 기업인이 대출을 통해 자금을 확보하는 것이 부담스러워질 수 있음을 예상하여 공장 확장 계획을 보류하겠다고 반응한 것은 적절하다.

→ 적절함!

④ 공장장 : 당분간 우리 공장에서 생산한 부품에 대한 *수요가 줄 수 있으니, **재고가 늘어날 것에 대비해야겠군. *需要, 일정한 가격으로 사려고 하는 욕구 **在庫, 창고에 있는 물건

풀이 기준 금리를 인상하는 정책을 통해 유동성을 감소시킬 경우, 가계의 소비가 줄고 기

→ 문제편 015쪽

업의 생산이 주는 등 기준 금리를 인하할 때와 반대의 현상이 나타난다. 따라서 공장장이 해당 공장에서 생산한 부품에 대한 수요가 줄 것을 예상하고 재고가 늘어날 것에 대비해야겠다고 반응한 것은 적절하다.

→ 적절함!

⑤ 은행원 : 시중 은행에 저축하려는 사람들이 늘어날 수 있으니, 다양한 상품을 개발하여 고객을 *유치해야겠군. *誘致−, 이끌어 들여오겠군.

근거 ❸-7 시중 금리가 올라가면 이자 수익과 대출 이자 부담이 모두 늘어나기 때문에 유동성이 감소하게 된다.

풀이 기준 금리를 인상하는 정책을 시행하여 시중 금리가 올라가면 이자 수익이 늘어난다. 따라서 해당 신문 기사를 읽은 은행원이, 늘어난 이자 수익을 얻기 위해 저축하려는 사람들이 늘어날 수 있음을 예상하고 다양한 상품을 개발해 이들을 고객으로 유치해야겠다고 반응한 것은 적절하다.

→ 적절함!

[23 ~ 27] 갈래 복합

(가) 고전시가 - 이원익, 「고공답주인가(雇工答主人歌)」

雇 품 팔 雇 · 工 장인 工 · 答 대답할 答 · 主 주인 主 · 人 사람 人 · 歌 노래 歌 : 고공(종)이 주인에게 답하는 노래

작품 이해 단계 ① 화자 ② 상황 및 대상 ③ 정서 및 태도 ④ 주제

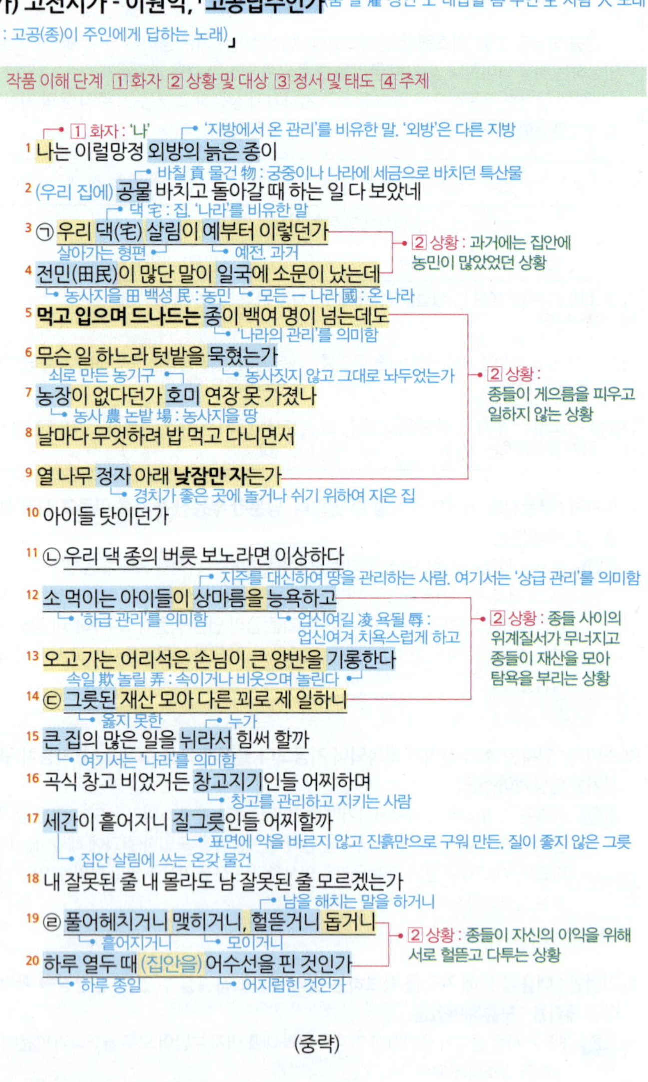

25 이 집 이리 되기 뉘 탓이라 할 것인가

③ 태도 : 집이 이렇게 된 것은 종의 탓도 크지만 상전님의 탓도 있다고 생각한다.

26 ㉤ 생각 없는 종의 일은 묻지도 아니하려니와

27 돌이켜 생각하니 상전님 탓이로다

28 내 상전 그르다 하기에는 종의 죄 많건마는
(잘못했다고 · 말씀을 올립니다)

29 그렇다 세상 보며 민망하여 여쭙니다
민망할 憫 멍할 惘 : 보기에 답답하고 안타까워

30 새끼 꼬는 일 멈추시고 내 말씀 들으소서
짚을 꼬아 줄을 만드는 일. 여기서는 '사소한 일'을 의미함

[A]
31 집일을 고치거든 종들을 휘어잡고
'나랏일'을 의미함 · 손아귀에 넣고 부리고

32 종들을 휘어잡으려거든 상별을 밝히시고
고위 관리인 '화자'를 비유한 말 · 상줄 賞 벌할 罰 : 잘한 것에 상을 주고 잘못한 것에 벌을 주는 일

33 상별을 밝히시려거든 어른 종을 믿으소서
이렇게 · 일어날

③ 태도 : 어른 종을 믿어 상별을 밝히고 종들을 휘어잡으면 가도가 일어날 것이라고 생각한다.

34 진실로 이리 하시면 가도(家道) 절로 일 겁니다
집 家 도리 道 : 집안에서 마땅히 지켜야 할 도덕적 규범. 여기서는 '나라의 규범'을 의미함

④ 주제 : '종'을 비판하고, '상전'에게 집안을 일으킬 방법에 대해 이야기한다.

• 현대어 풀이

1 나는 이럴망정 다른 지방에서 온 늙은 종이

2 (집에) 공물 바치고 돌아갈 때 하는 일을 다 보았네

3 우리 집 살림이 예전부터 이렇던가

4 농민이 많단 말이 온 나라에 소문이 났는데

5 먹고 입으며 (집에) 드나드는 종이 백여 명이 넘는데도

6 무슨 일 하느라 텃밭을 농사짓지 않고 놔두었는가

7 농장이 없다던가 호미 연장을 못 가졌나

8 날마다 무엇을 하려고 밥 먹고 다니면서

9 열 나무 정자 아래에서 낮잠만 자는가

10 아이들 탓이던가

11 우리 집 종의 버릇을 보노라면 이상하다

12 소 먹이는 아이들이 상마름을 욕보이고

13 오고 가는 어리석은 손님이 큰 양반을 속이고 놀린다

14 옳지 못한 방법으로 재산 모아 다른 꾀로 자기의 일을 하니

15 큰 집의 많은 일을 누가 힘써 할까

16 곡식 창고가 비었거든 창고지기인들 어찌하며 (할 일이 있겠으며)

17 살림살이가 흩어지니 질그릇인들 어찌할까 (질그릇에 담을 것이 있겠는가)

18 내가 잘못된 줄 내가 몰라도 남이 잘못된 줄을 모르겠는가

19 흩어지거니 모이거니 (당파를 결성하거니), 헐뜯거니 돕거니 (당파 싸움을 하거니)

20 하루 종일 (집안을) 어지럽힌 것인가

(중략)

21 크게 기울어진 집에 상전님 혼자 앉아

22 (상전의) 명령을 누가 들으며 논의를 누구와 할까

23 낮 시름 밤 근심 혼자 맡아 계시거니

24 (상전의) 옥 같은 얼굴이 편하실 적 몇 날일까

25 이 집이 이렇게 된 것이 누구의 탓이라 할 것인가

26 생각 없는 종의 탓임은 말할 것도 없지만

27 돌이켜 생각하니 상전님의 탓이로다

28 내가 상전이 잘못했다고 하기에는 종의 죄가 많지만

29 그렇다 해도 세상 보려니 민망하여 말씀드립니다

30 새끼 꼬는 일을 멈추시고 내 말씀을 들으소서

31 집일을 고치려거든 종들을 휘어잡고

32 종들을 휘어잡으려거든 상벌을 밝히시고

33 상벌을 밝히시려거든 어른 종을 믿으소서

34 진실로 이렇게 하시면 가도가 절로 일어날 겁니다

• 지문 이해

크게 기운 집	종	상전님	어른 종('나')
형편이 기울어진 나라	탐욕스럽고 게으른 관리	임금	임금에게 조언하는 고위 관리

(나) 수필 - 문태준, 「돌탑과 잔돌」

• 중심 내용

| 김정한의 문장을 읽으면 다양한 사람들이 모여 세상을 이루고 있음을 생각하게 된다. |

↓

| 돌탑을 쌓을 때 잔돌이 필요하다는 것에서 잔돌의 소중함을 알게 되었다. |

↓

| 세상에는 세세하고 능동적인 잔돌 같은 사람이 필요하다. |

• 어휘 풀이

* 나뭇가리 : 땔나무를 쌓은 더미.
* 명료한 : 뚜렷하고 분명한.
* 몽돌 : 모가 나지 않고 둥근 돌.
* 산사 : 산속에 있는 절.
* 잔돌 : 조그마한 돌.
* 괴는 : 아래를 받쳐 안정시키는.

◀ 돌탑
돌탑을 쌓을 때 한 층 한 층의 수평을 이루게 해 주는 잔돌이 필요하듯 사람 사는 세상에도 사람 사이의 의견 대립을 풀어 줄 수 있는 잔돌 같은 사람이 필요하다.

| **23** | 작품 간 공통점 – 적절한 것 고르기
정답률 85% | 정답 ④ |

(가)와 (나)의 공통점으로 가장 적절한 것은?

① *부재하는 대상에 대한 그리움을 표현하고 있다. *존재하지 않는
  풀이 (가)와 (나) 모두 대상의 부재를 언급하고 있지 않으며, 그리움을 표현하고 있지도 않다.
→ 적절하지 않음!

■ 부재하는 대상에 대한 그리움을 표현하는 작품
• 이수익, 「결빙의 아버지」(2018학년도 6월 모평)
밤마다 나는 벌벌 떨면서/ 아버지 가랭이 사이로 시린 발을 밀어 넣고/ 그 가슴팍에 벌레처럼 파고들어 얼굴을 묻은 채/ 겨우 잠이 들곤 했었지요.// ~// 나를 품어 주던 그 가슴이 이제는 한 줌 뼛가루로 삭아/ 붉은 흙에 자취 없이 뒤섞여 있음을 생각하면/ 옛날처럼 나는 다시 아버지 곁에 눕고 싶습니다.
→ 화자는 자신을 품에 안고 추위를 막아 주던 아버지에 대한 그리움을 표현하고 있다.

② 순수한 자연 세계에 대한 *동경을 나타내고 있다. *간절히 그리워함
  풀이 (가)에는 순수한 자연 세계에 대한 동경이 드러나 있지 않다. (나)에서는 인간과 자연이 더불어 사는 세상에 대한 긍정적인 시선이 드러나 있지만, 순수한 자연 세계에 대한 동경이 나타난다고 보기 어렵다.
→ 적절하지 않음!

■ 순수한 자연 세계에 대한 동경을 나타내는 작품
• 권문해, 「한거십팔곡」(2019학년도 9월 모평, 2024학년도 6월 모평)
비록 못 이뤄도 임천(수풀 林 샘 泉 : 자연)이 좋으니라/ 무심어조(없을 無 마음 心 물고기 魚 새 鳥 : 욕심 없는 물고기와 새)는 절로 한가하나니/ 조만간 세사(세상 世 일 事 : 세속의 일)를 잊고 너(무심어조)를 좇으려 하노라
→ '세사'를 잊고 '임천'에서 '무심어조'를 따르겠다는 것에서 순수한 자연 세계에 대한 화자의 동경이 드러난다.

(가)만 해당
③ 부정적 현실에 대한 *냉소적 태도를 드러내고 있다. *쌀쌀한 태도로 업신여기어 비웃는
  풀이 (가)는 나라의 상황을 집안의 상황에 빗대어 임금과 신하의 잘못으로 나라가 기울어

져 가는 부정적 현실을 비판하고 있으나, 이에 대해 비웃는 냉소적 태도는 드러나 있지 않다. (나)에는 부정적 현실이나 냉소적 태도가 드러나 있지 않다.
→ 적절하지 않음!

■ 부정적 현실에 대한 냉소적 태도를 드러내는 작품
• 황지우, 「새들도 세상을 뜨는구나」
흰 새 떼들이/ 자기들끼리 끼룩거리면서/ 자기들끼리 낄낄대면서/ 일렬 이열 삼렬 횡대로 자기들의 세상을/ 이 세상[자유를 억압하는 현실]에서 떠나 메고/ 이 세상 밖[이상 세계] 어디론가 날아간다
→ '끼룩거리면서', '낄낄대면서'를 통해 자유가 허용되지 않는 억압적 현실에 대한 냉소적 태도를 드러내고 있다.

④ 현실이나 세상에 대해 *통찰한 내용을 전달하고 있다. *예리하게 꿰뚫어 본
  근거 (가)-5~6 먹고 입으며 드나드는 종이 백여 명이 넘는데도/ 무슨 일 하느라 텃밭을 묵혔는가/ 14~15 그릇된 재산 모아 다른 꾀로 제 일하니/ 큰 집의 많은 일을 뉘라서 힘써 할까/ 19~20 풀어헤치거나 맺히거나, 헐뜯거니 돕거니/ 하루 열두 때 어수선을 핀 것인가/ 27 돌이켜 생각하니 상전님 탓이로다
  (나) 이래저래 만나게 되는 사람들 ~ 그들 모두 하나의 무리를 이루고 사는 것이 이 세상 아닌가 싶은 생각이 드는 것이다./ 사람 사는 세상도 다를 바 없다. ~ 부드러운 개입의 고마움을 우리는 간혹 잊고 사는 것이 아닐까 싶다.
  풀이 (가)의 화자는 자신이 처한 현실을 통찰하여 종과 상전의 탓으로 집안의 살림이 무너지게 된 현실과 이를 바로잡을 수 있는 방법을 전달하고 있다. 한편 (나)의 글쓴이는 자신이 살아가는 세상을 통찰하여 다양한 사람들이 살아가는 세상에 잔돌 같은 사람이 필요함을 전달하고 있다.
→ 적절함!

⑤ 자신이 처한 상황에 *순응하는 태도를 보여 주고 있다. *적응하여 따르는
  풀이 (가)의 화자는 자신이 처한 상황에 순응하는 것이 아니라, 잘못된 상황을 바로잡으려는 태도를 보이고 있다. 또한 (나)에서 글쓴이가 자신이 처한 상황에 순응하는 태도를 보이는 부분은 찾을 수 없다.
→ 적절하지 않음!

■ 자신이 처한 상황에 순응하는 태도를 보여 주는 작품
• 정희성, 「저문 강에 삽을 씻고」(2014년 고3 4월 학평B, 2018년 고2 6월 학평)
일이 끝나 저물어/ 스스로 깊어 가는 강을 보며/ 쭈그려 앉아 담배나 피우고/ 나는 돌아갈 뿐이다./ ~/ 흐르는 물에 삽을 씻고/ 먹을 것 없는 사람들의 마을로/ 다시 어두워 돌아가야 한다.
→ 노동자인 화자는 매일 반복되는 힘겨운 현실에 순응하는 태도를 보이고 있다.

오답률 TOP 3 1등급 문제

| **24** | 표현상 특징 – 적절한 것 고르기
정답률 60%, 매력적 오답 ② 25% | 정답 ④ |

[A]와 [B]에 대한 설명으로 가장 적절한 것은?

선지	핵심 체크 내용	[A]	[B]
①	대조적 의미의 구절 → 대상의 속성 드러냄	X	O
②	자연물에 감정 이입 → 표현의 효과 높임	X	X
③	반어법 → 주제 의식 강조	X	-
	역설법 → 주제 의식 강조	-	X
④	유사한 문장 구조 반복 → 전달 의도 강조	O	O
⑤	말을 건네는 어투 → 청자의 행동 변화 호소	O	X

[A] (가)-31~33 집일을 고치려거든 종들을 휘어잡고/ 종들을 휘어잡으려거든 상벌을 밝히시고/ 상벌을 밝히시려거든 어른 종을 믿으소서
[B] (나) 이래저래 만나게 되는 사람들과 이런저런 사연으로 이별을 경험하게 된 사람들, 그리고 그들의 눈물과 사랑을 하고 있는 저 뜨거운 가슴도 짐작을 하게 된다. 조각돌처럼 까다롭고 별난 사람도 있고, 몽돌처럼 둥글둥글한 사람도 있고, 조각을 한 듯 잘생긴 사람도 있고, 마음에 태풍이 지나가는 사람도 있고, 마음에 4월의 봄볕이 내리는 사람도 있다. 그들 모두 하나의 무리를 이루고 사는 것이 이 세상 아닌가 싶은 생각이 드는 것이다.

[B] [A]
① [A]는 [B]와 달리 *대조적 의미를 지닌 구절을 활용하여 대상의 속성을 드러내고 있다. *반대되는
  풀이 [B]는 '조각돌처럼 까다롭고 별난 사람'과 '몽돌처럼 둥글둥글한 사람', '마음에 태풍이 지나가는 사람'과 '마음에 4월의 봄볕이 내리는 사람'을 대조적으로 제시하여 다

→ 문제편 017쪽

양한 사람들의 속성을 드러내고 있다. 반면에 [A]는 대조적 의미를 지닌 구절을 활용하여 대상의 속성을 드러내고 있지 않다.

→ 적절하지 않음!

② [B]는 [A]와 달리 *자연물에 글쓴이의 감정을 이입하여 표현의 효과를 높이고 있다.
*글쓴이의 감정을 자연물에 불어넣어 자연물과 글쓴이가 동일한 감정을 가진 것으로 표현하여

풀이 [B]에 자연물인 '돌'이 나타나 있지만 글쓴이의 감정을 이입하고 있지는 않다. [A]에는 자연물도, 감정 이입의 표현 방식도 나타나지 않는다.

→ 적절하지 않음!

■ **자연물에 화자의 감정을 이입하여 표현의 효과를 높이고 있는 작품**
• 조우인, 「자도사」 (2023학년도 6월 모평)
차라리 죽어서 자규(두견새)의 넋이 되어/ 밤마다 이화(배꽃)에 피눈물 울어 내어/ 오경(새벽 3시에서 5시 사이)에 잔월(새벽까지 지지 않고 희미하게 남아 있는 달)을 섞어 임의 잠을 깨우리라
→ '자규'가 밤마다 피눈물을 흘린다고 '자규'에 감정 이입을 하여, 화자의 마음을 알아주지 않는 임에 대한 원망의 감정을 효과적으로 보여 준다.

③ [A]는 *반어법을 활용하여, [B]는 **역설법을 활용하여 주제 의식을 강조하고 있다.
*실제 의미와는 반대로 표현하는 방법 **표면적으로 말이 안 되지만 중요한 진리를 담고 있는 표현 방법

풀이 [A]에 반어법은 사용되지 않았고, [B]에도 역설법은 사용되지 않았다.

→ 적절하지 않음!

■ **반어적 표현**
속마음과 반대로 말하는 것을 말한다. 예를 들어, 할머니가 자신의 손녀에게 "참 밉게도 생겼다."라고 말한다든지, 접시를 깬 아이에게 "잘~한다."라고 말하는 것 등은 속마음과 반대로 표현한 반어적 표현이다. 반어적 표현이 사용되면 시적 화자가 말할 법한 내용과 반대되기 때문에 독자의 주목이나 호기심을 끌게 된다.

■ **반어적 표현이 드러난 작품**
• 김소월, 「진달래꽃」 (2017년 고1 9월 학평)
죽어도 아니 눈물 흘리오리다
→ 임이 나를 떠나게 된다면 몹시 슬프겠지만, 속마음과는 반대로 '죽어도 눈물을 흘리지 않겠다'라고 말하고 있다.
• 김소월, 「먼 후일」 (2012년 고1 9월 학평)
먼 후일 당신이 찾으시면/ 그 때에 내 말이 '잊었노라'// 당신이 속으로 나무라면/ '무척 그리다가 잊었노라'// 그래도 당신이 나무라면/ '믿기지 않아서 잊었노라'// 오늘도 어제도 아니 잊고/ 먼 후일 그 때에 '잊었노라'
→ '당신을 잊지 못하는 '내' 마음을 '잊었노라'라고 반대로 표현하고 있다. '잊었노라'라는 반어적 표현에 약간의 변화를 주어 매 연마다 반복적으로 제시함으로써 '당신'을 잊지 못하는 화자의 애절한 마음을 효과적으로 표현하고 있다.

■ **역설적 표현**
어떤 말이 겉으로 볼 때는 논리적으로 맞지 않지만 그 속에 더욱 깊은 뜻이 담겨 있는 표현 방식이다.

■ **역설적 표현이 드러난 작품**
• 이형기, 「낙화」 (2014학년도 수능A)
결별이 이룩하는 축복에 싸여
→ '결별'은 일반적으로 슬프고 부정적인 상황이기에 '축복'할 일이 아니다. 그러나 화자를 '성숙'하게 만드는 계기가 되는 것이므로 이 시에서는 '결별'을 '축복'이라 표현하고 있다.
• 한용운, 「님의 침묵」 (2009학년도 수능)
아아 님은 갔지마는 나는 님을 보내지 아니하였습니다.
→ '님이 갔다'와 '님을 보내지 않았다'는 서로 모순되는 표현이다. 그러나 이를 통해 '님'이 곁에 없지만, 나는 여전히 '님'을 생각하고 있음을 나타낸다.
• 조지훈, 「*승무」 (2010학년도 수능) *장삼과 고깔을 걸치고 북채를 쥐고 추는 민속춤. 끝내 수행을 이루지 못한 고뇌를 법고(절에서 의식을 거행할 때에 치는 큰북)를 두드려서 잊으려는 파계승의 심정을 나타냄
정작으로 고와서 서러워라.
→ '고운 것'은 일반적으로 '서러움'의 정서를 일으키지 않는다. 그런데 이 작품에서 시적 화자가 서러움을 느끼는 것은 '정작으로 고운' 젊은 여인의 승무를 보니 그 여인에게서 어떤 사연으로 인한 한(恨)이 느껴졌기 때문이다.

■ **반어와 역설의 구별**
반어와 역설은 둘 다 그 이면에 다른 의미가 담겨 있다는 공통점이 있다. 반어인지 역설인지 헷갈릴 때에는 그 이면의 의미는 생각하지 말고 그 문장 자체에 모순(앞뒤가 서로 맞지 않음)이 있는지 없는지 살펴보고, 모순이 있으면 역설이라고 생각하면 된다.

④ [A]와 [B]는 모두 *유사한 문장 구조를 반복하여 전달 의도를 강조하고 있다. *비슷한

풀이 [A]는 '~을 ~거든 ~을 ~고(소서)'의 문장 구조를 반복하여 나라를 바로잡기 위한 방법을 전달하려는 의도를 강조하고 있다. [B]는 '~ㄴ/는 사람도 있고(있다)'의 문장 구조를 반복하여 세상에 다양한 사람이 있음을 전달하려는 의도를 강조하고 있다.

→ 적절함!

[A]는
⑤ [A]와 [B]는 모두 말을 건네는 어투를 사용하여 *청자의 행동 변화를 **호소하고 있다. *듣는 이 **불러일으키고

풀이 [A]는 청자인 '상전'에게 말을 건네는 어투(~소서)를 사용하여 청자가 화자의 말을 듣고 종들을 잘 관리하기를 호소하고 있다. 그러나 [B]는 독백 형식으로 화자의 생각을 드러낼 뿐, 말을 건네는 어투를 사용하여 청자의 행동 변화를 호소하고 있지 않다.

→ 적절하지 않음!

■ **대화와 대화체 구분 (대화 ⊂ 대화체)**
화자가 혼잣말하는 것이 아니라 청자에게 말을 건네고 이에 대해 청자가 답을 해야 '대화'이다. 대화체는 상대에게 말을 건네는 말투로 '대화'를 포괄하는 표현이다.
• **대화와 독백, 대화체와 독백체 구별하기**
〈대화와 독백은 시적 상황(내용)과 관련 / 대화체, 독백체는 문체(표현 형식)를 의미〉

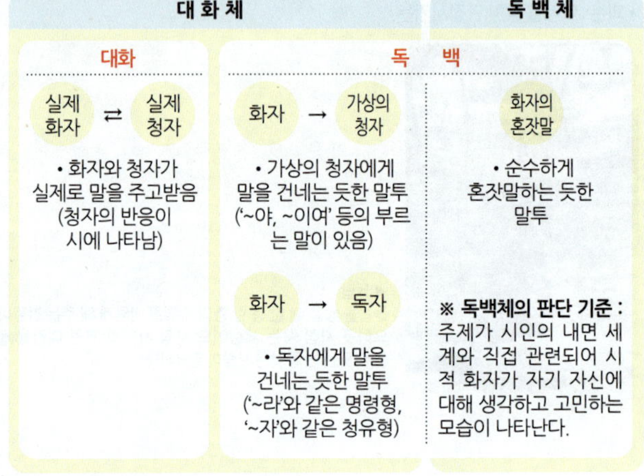

■ **대화가 나타나는 작품**
• 백석, 「고향」 (2004학년도 수능)
고향이 어데냐 (의원)
평안도 정주라는 곳이라 (화자)
→ 의원의 물음과 화자의 대답이 오고 가는 대화가 나타난다.
• 작자 미상, 「댁들에 동난지이 사오」
댁들에 동난지이 사오. (게젓 장수) 져 쟝스야, 네 황후 긔 무서시라 웨난다. (고객) (여러분, 동난젓 사십시오. 저 장수(게젓 장수)야, 네 물건 그 무엇이라 외치는 것이냐?)
→ 게젓 장수와 고객들의 대화가 나타난다.
• 작자 미상, 「시집살이 노래」 (2014학년도 6월 모평AB)
형님 형님 사촌 형님 시집살이 어떱뎁까 (사촌 동생)
이애 이애 그말 마라. 시집살이 개집살이 (사촌 형님)
→ 사촌 동생의 물음과 사촌 형님의 대답이 오고 가는 대화가 나타난다.

■ **청자의 반응은 나타나지 않지만 대화체가 나타나는 작품**
• 김기림, 「연륜」 (2022학년도 6월 모평)
무너지는 꽃 이파리처럼/ 휘날려 발 아래 깔리는 서른 나문 해야// ~ 산호 필 바다 바다에 나려앉은 섬으로 가자
→ 청자의 반응은 나타나지 않지만, '서른 나문 해야'라는 부르는 말이 있고 '가자'라는 청유형이 나타나므로 대화체이다.
• 이성복, 「꽃피는 시절」 (2024년 고2 6월 학평)
멀리 있어도 나는 당신을 압니다./ 귀먹고 눈먼 당신은 추운 땅속을 헤매다/ 누군가의 입가에서 잔잔한 웃음이 되려 하셨지요.
→ 청자의 반응은 나타나지 않지만, 청자인 '당신'에게 '-ㅂ니다', '-요'라는 말하는 듯한 대화체가 나타난다.

■ **독백체가 나타나는 작품**
• 윤동주, 「자화상」 (2011학년도 수능)
산모퉁이를 돌아 논가 외딴 우물을 홀로/ 찾아가선 가만히 들여다봅니다.
→ 부정적 현실에서 자신의 모습을 성찰하는 독백체이다.
• 김영랑, 「내 마음을 아실 이」 (2003학년도 수능)
내 마음을 아실 이 ~ 사랑도 모르리, 내 혼자 마음은.
→ 자신의 마음을 알아줄 임에 대한 간절한 그리움을 표현한 독백체이다.

→ 문제편 **017쪽**

25 글쓴이의 태도 - 적절한 것 고르기
정답률 80%

정답 ④

(나)의 글쓴이에 대한 이해로 적절한 것만을 고른 것은?

> ㄱ. 자연과 *대비되는 인간의 **유한성을 ***자각한다. *반대되는 **인간의 삶에 한계
> 가 있음 ***스스로 깨닫는다
>
> **근거** (나) "어딜 가도 산이 있고 들이 있고 그리고 인간이 살았다. ~ 그것도 느리고
> 큰 자연과 더불어.
>
> **풀이** (나)에 자연과 인간이 더불어 살아가는 모습은 제시되어 있으나, 글쓴이가 자
> 연의 영원성과 대비되는 인간의 유한성을 자각하는 모습은 드러나지 않는다.
>
> → 적절하지 않음!
>
> ✔ ㄴ. 사람들이 서로 더불어 사는 세상을 *긍정한다. *옳다고 인정한다
>
> **근거** (나) 이(김정한의) 명료한 문장을 읽고 있으면 사람이 떼를 이루어 사는 세상의
> 풍경이 한눈에 들어오는 것만 같다./ 그들 모두 하나의 무리를 이루고 사는 것
> 이 이 세상 아닌가 싶은 생각이 드는 것이다.
>
> **풀이** (나)의 글쓴이는 김정한의 문장을 읽고 사람들이 떼를 이루어 사는 풍경을 생
> 각하며, 그들이 무리를 이루고 사는 것이 이 세상이라고 생각한다. 이를 통해
> 사람들이 더불어 사는 세상을 긍정하고 있음을 알 수 있다.
>
> → 적절함!
>
> ㄷ. 주장을 굽히지 않는 삶을 살았던 자신을 *반성한다. *잘못을 뉘우친다
>
> **풀이** (나)에서 글쓴이가 주장을 굽히지 않았던 삶을 살았던 자신을 반성하는 내용
> 은 나타나지 않는다.
>
> → 적절하지 않음!
>
> ✔ ㄹ. 세상에는 갈등을 *중재할 사람이 필요하다고 생각한다. *다툼에 끼어들어 화해시킬
>
> **근거** (나) 잔돌 같은 사람이 필요하다. 의견이 맞지 않아 다툴 때 그 대화의 매정한
> 분위기를 무너뜨려 주는 사람이 우리 주변에는 더러 있다. 잔돌처럼 작용해
> 의견이 다른 사람들의 의견과 의견의 대립을 풀어 주는 사람이 있다.
>
> **풀이** (나)의 글쓴이는 의견이 맞지 않아 다툴 때 대화의 매정한 분위기를 무너뜨려
> 주고 의견의 대립을 풀어 주는 잔돌 같은 사람이 필요하다고 생각하므로 적절
> 한 설명이다.
>
> → 적절함!

① ㄱ, ㄴ

② ㄱ, ㄷ

③ ㄴ, ㄷ

✔④ ㄴ, ㄹ → 적절함!

⑤ ㄷ, ㄹ

26 내용 이해 - 적절하지 않은 것 고르기
정답률 75%, 매력적 오답 ② 10%

정답 ①

〈보기〉를 참고할 때 (가)의 ㉠ ~ ㉤에 대한 이해로 적절하지 않은 것은?

> | 보기 |
> [1]「고공답주인가」는 고공(종)이 상전에게 답을 하는 형식을 통해 국가 경영을 집안 다
> 스리는 일에 빗대어 표현하고 있다. [2] 이 작품에서 상전은 왕, 좋은 신하를 가리키는데,
> 화자는 임진왜란으로 인해 나라가 황폐해지고(거칠 荒 무너질 廢 : 망가지고) 위계질서(지
> 위 位 차례 階 차례 秩 차례 序 : 상하 관계에서 마땅히 있어야 하는 차례와 순서)가 무너진 상황에
> 서 당파(무리 黨 갈래 派 : 조선 시대에, 정치 세력 결집 단체였던 붕당 안에서 정치적인 입장에 따라
> 다시 나뉜 파벌) 싸움만 일삼으며 재물을 탐하는 신하들을 비판하고 있다. [3] 그리고 국가
> 를 경영하는 왕으로서의 책임을 강조하고 있다.

이어진 것이 아님을

> ✘① ㉠ : 나라가 황폐해진 상황이 예전부터 지금까지 이어지고 있다는 것을 드러내고 있
> 다.
>
> **근거** 〈보기〉-2 화자는 임진왜란으로 인해 나라가 황폐해지고
>
> (가)-3~4 ㉠우리 댁 살림이 예부터 이렇던가/ 전민이 많단 말이 일국에 소문이 났
> 는데
>
> **풀이** 〈보기〉에 따르면 이 작품은 국가를 집안에 비유하고 있다. ㉠에서 화자는 '우리 댁 살
> 림이 예부터 이렇던가'라고 하면서 과거에는 농사짓는 백성들이 많았음을 언급하고
> 있다. 따라서 ㉠은 예전에는 지금과 달리 나라의 살림이 풍족했음을 드러내고 있다.
>
> → 적절하지 않음!

> ② ㉡ : 상하의 위계질서가 무너져 신하들의 *기강이 **해이해진 상황을 나타내고 있다.
> *규율과 법도 **(긴장이나 규율이) 풀려 느슨해진
>
> **근거** 〈보기〉-2 이 작품에서 상전은 왕, 종은 신하를 가리키는데, 화자는 임진왜란으로 인
> 해 나라가 황폐해지고 위계질서가 무너진 상황
>
> (가)-11~12 ㉡우리 댁 종의 버릇 보노라면 이상하다/ 소 먹이는 아이들이 상마름
> 을 능욕하고
>
> **풀이** 〈보기〉에 따르면 이 작품에서 좋은 신하를 가리킨다. ㉡에서 '소 먹이는 아이들'이 자
> 신보다 지위가 높은 '상마름'을 능욕하는 것은 상하의 위계질서가 무너져 신하들의
> 기강이 해이해진 상황을 나타내고 있다.
>
> → 적절함!

> ③ ㉢ : 나라를 돌보는 일을 외면한 채 부정한 방법으로 재물을 탐하는 신하들의 모습을
> 드러내고 있다.
>
> **근거** 〈보기〉-2 좋은 신하를 가리키는데, ~ 재물을 탐하는 신하들을 비판하고 있다.
>
> (가)-14~15 ㉢그릇된 재산 모아 다른 꾀로 제 일하니/ 큰 집의 많은 일을 뉘라서 힘
> 써 할까
>
> **풀이** 〈보기〉에 따르면 이 작품에서 좋은 신하를 가리킨다. ㉢에서 종들이 '그릇된 재산'
> 을 모으고 '다른 꾀'로 '제 일'을 하느라 '큰 집'의 일을 하지 않는 것은 나라를 돌보는 일을
> 외면한 채 부정한 방법으로 재물을 탐하는 신하들의 모습을 드러낸 것이다.
>
> → 적절함!

> ④ ㉣ : 시도 때도 없는 당파 싸움으로 인해 혼란스러운 *조정의 모습을 나타내고 있다.
> *임금이 나라의 정치를 신하들과 의논하거나 집행하는 곳
>
> **근거** 〈보기〉-2 좋은 신하를 가리키는데, ~ 당파 싸움만 일삼으며 재물을 탐하는 신하들
> 을 비판하고 있다.
>
> (가)-19~20 ㉣풀어헤치거니 맺히거니, 헐뜯거니 돕거니/ 하루 열두 때 어수선을
> 핀 것이니
>
> **풀이** 〈보기〉에 따르면 이 작품은 당파 싸움을 일삼는 신하들을 비판하고 있다고 하였다.
> ㉣은 서로 흩어지고 모이면서 당파를 결성하고 헐뜯고 도우면서 어수선하게 당파 싸
> 움을 일삼는 신하들을 비판하고 있다.
>
> → 적절함!

> ⑤ ㉤ : 나라가 어지러워진 책임이 신하뿐만 아니라 왕에게도 있다는 인식을 드러내고 있
> 다.
>
> **근거** 〈보기〉-2~3 이 작품에서 상전은 왕, ~ 국가를 경영하는 왕으로서의 책임을 강조하
> 고 있다.
>
> (가)-25~27 이 집 이리 되기 뉘 탓이라 할 것인가/ ㉤생각 없는 종의 일은 묻지도 아
> 니하려니와/ 돌이켜 생각하니 상전님 탓이로다
>
> **풀이** 〈보기〉에 따르면 이 작품에서 상전은 왕을 가리키며, 국가를 경영하는 왕으로서의
> 책임을 강조하고 있다. ㉤은 집안이 이렇게 된 것이 상전의 탓이라는 것으로, 나라가
> 어지러워진 책임이 신하뿐만 아니라 왕에게도 있다는 인식을 드러내고 있다.
>
> → 적절함!

27 감상의 적절성 - 적절하지 않은 것 고르기
정답률 75%, 매력적 오답 ③ 10%

정답 ④

〈보기〉를 바탕으로 (가), (나)를 감상한 내용으로 적절하지 않은 것은? 3점

> | 보기 |
> [1] 전체는 구성 요소들의 집합체(모일 集 합할 合 물질 體 : 모여 이루어진 덩어리)이다. [2] 그
> 러므로 전체를 이루는 구성 요소들은 그 자체로는 두드러지지 않을지라도 전체를 위해
> 없어서는 안 되는 존재이다. [3] 그리고 다양성을 지닌 구성 요소들은 각각의 역할을 능동
> 적으로(능할 能 움직일 動 ~의 的 : 스스로) 수행할 때 존재의 의미를 획득하게 되고 전체는
> 조화로운 모습을 이루게 된다.

> ① (가)의 '가도'가 바로 선 집안은 구성 요소들이 어우러져 조화로운 모습을 갖춘 전체를
> 의미한다고 볼 수 있겠군.
>
> **근거** 〈보기〉-3 다양성을 지닌 구성 요소들은 각각의 역할을 능동적으로 수행할 때 존재
> 의 의미를 획득하게 되고 전체는 조화로운 모습을 이루게 된다.
>
> (가)-31~34 집일을 고치려거든 종들을 휘어잡고/ 종들을 휘어잡으려거든 상벌을
> 밝히시고/ 상벌을 밝히시려거든 어른 종을 믿으소서/ 진실로 이리 하시면 가도 절로
> 일 겁니다
>
> **풀이** 어른 종을 믿어 상벌을 밝히고 종들을 휘어잡으면 '가도'가 일어날 것이라고 한 것으
> 로 보아, '가도'가 바로 선 집안은 구성원들이 어우러져 조화로운 모습을 갖춘 전체를
> 의미한다고 볼 수 있다.
>
> → 적절함!

> ② (나)의 '탑'이 '수평을 이루게' 하는 '잔돌'은 두드러지지 않지만 전체를 위해 없어서는
> 안 될 구성 요소로 볼 수 있겠군.

근거 <보기>-2 전체를 이루는 구성 요소들은 그 자체로는 두드러지지 않을지라도 전체를 위해 없어서는 안 되는 존재이다.

(나) 돌탑을 쌓아 본 사람은 돌탑을 쌓는 데에는 **잔돌**이 필요하다는 것을 알 것이다. 불안하게 기우뚱하는 돌탑의 층을 바로잡아 주려면 이 잔돌을 괴는 일이 무엇보다 필요하다. 잔돌을 굄으로써 **탑**은 한 층 한 층 **수평을 이루게** 된다.

풀이 돌탑을 쌓을 때 괴는 '잔돌'은 '탑'이 수평을 이루려면 없어서는 안 되는 존재이다. 따라서 '잔돌'은 그 자체로는 두드러지지 않지만 전체를 위해 없어서는 안 되는 구성 요소로 볼 수 있다.

→ 적절함!

③ (가)의 '**낮잠만 자**'는 종과 달리 (나)의 '**스스로**' 핀 꽃은 능동적으로 존재의 의미를 획득한 구성 요소로 볼 수 있겠군.

근거 <보기>-3 다양성을 지닌 구성 요소들은 각각의 역할을 능동적으로 수행할 때 존재의 의미를 획득하게 되고

(가)-5~9 종이 백여 명이 넘는데도/ 무슨 일 하느라 텃밭을 묵혔는가/ 농장이 없다던가 호미 연장 못 가졌나/ 날마다 무엇하려 밥 먹고 다니면서/ 열 나무 정자 아래 **낮잠만 자**는가

(나) 수많은 꽃은 자기의 존재감을 주장하지 않는다. 그냥 **스스로**의 생명력으로 피어나 봄 산의 아름다움을 이룬다. 이 세세하고 능동적인 존재의 움직임을 보살폈으면 한다.

풀이 (가)의 종은 자신의 역할인 농사일을 하지 않고 '낮잠만 자'고 있으므로 능동적으로 존재의 의미를 획득한 요소로 볼 수 없다. 이와 달리 (나)의 '스스로' 핀 꽃은 봄 산의 아름다움을 이루므로 능동적으로 존재의 의미를 획득한 구성 요소로 볼 수 있다.

→ 적절함!

④ (가)의 '**먹고 입으며 드나드는**'과 (나)의 '**서로 업고 업혀서**'는 다양성을 지닌 존재들의 필요성을 강조한 것으로 볼 수 있겠군.

근거 <보기>-3 다양성을 지닌 구성 요소들은 각각의 역할을 능동적으로 수행할 때 존재의 의미를 획득하게 되고 전체는 조화로운 모습을 이루게 된다.

(가)-5~6 **먹고 입으며 드나드는** 종이 백여 명이 넘는데도/ 무슨 일 하느라 텃밭을 묵혔는가

(나) 아래에는 큰 돌이 필요하고 위를 향해 쌓아 갈수록 보다 작은 돌들이 필요할 것이다. 그리고 각각의 장소에서 구해 온 돌들은 각각의 크기와 모양과 빛깔을 지니고 있을 것이다. 반듯한 것도 있고 움푹 팬 것도 있을 것이다. ~ 그 돌들은 **서로 업고 업혀서** 하나의 탑을 이룰 것이다.

풀이 (나)의 '서로 업고 업혀서'는 다양한 크기와 모양의 돌들이 모여 하나의 '탑'을 이루는 모습을 나타낸 것이므로, 다양성을 지닌 존재들의 필요성을 강조한 것으로 볼 수 있다. 반면에 (가)의 '먹고 입으며 드나드는' 종은 자신의 역할을 다하지 않는 모습으로, 다양성을 지닌 존재들의 필요성을 강조한 것으로 볼 수 없다.

→ 적절하지 않음!

⑤ (가)의 '**크게 기운 집**'은 구성 요소들이 역할을 제대로 수행하지 않은 결과로, (나)의 '**기우뚱하는 돌탑**'은 필요한 구성 요소들이 제대로 갖추어지지 않은 결과로 볼 수 있겠군.

근거 <보기>-2~3 전체를 이루는 구성 요소들은 그 자체로는 두드러지지 않을지라도 전체를 위해 없어서는 안 되는 존재이다. 그리고 다양성을 지닌 구성 요소들은 각각의 역할을 능동적으로 수행할 때 존재의 의미를 획득하게 되고 전체는 조화로운 모습을 이루게 된다.

(가)-21 **크게 기운 집**에 상전님 혼자 앉아

(나) 불안하게 **기우뚱하는 돌탑**의 층을 바로잡아 주려면 이 잔돌을 괴는 일이 무엇보다 필요하다.

풀이 (가)의 '크게 기운 집'은 '형편이 기울어진 나라'를 빗댄 것으로, 나라를 구성하는 신하와 임금이 자신의 역할을 제대로 수행하지 않은 결과로 볼 수 있다. (나)의 '기우뚱하는 돌탑'은 돌탑을 쌓는 데 필요한 큰 돌이나 잔돌이 없을 때 일어날 수 있는 결과이므로, 필요한 구성 요소들이 제대로 갖추어지지 않은 결과로 볼 수 있다.

→ 적절함!

(가)

1 ¹19세기에 분트는 인간의 정신세계가 의식으로 이루어져 있다고 보고, 실험을 통해 인간의 정신 현상과 행동을 설명하는 실험심리학을 주장하였다.(主唱-, 앞장서서 주장하였다.) ²이때 의식이란 깨어 있는 상태에서 자신이나 세계를 인식하는(認識-, 분별하고 판단하여 아는) 모든 정신 작용을 의미한다. ³그러나 프로이트는 정신 질환을 겪는 환자들을 치료하면서 인간에게 의식과는 다른 무의식 세계가 있다는 것을 발견하였다. ⁴이에 그(프로이트)는 인간을 무의식의 지배(支配, 생각이나 행동에 적극적으로 영향을 미침)를 받는 비합리적(非合理的, 정당한 이치나 도리에 맞지 않는) 존재로 간주하고(看做-, 여기고), 정신분석이론을 통해 인간의 정신세계를 ⓐ 규명하려 하였다.

→ 정신분석이론을 통해 인간의 정신세계를 규명하려 한 프로이트

2 ¹프로이트에 의하면 인간의 정신세계 중 의식이 차지하는 영역은 빙산의 일각(一角, 한 부분)일 뿐, 무의식이 정신세계의 대부분을 차지한다. ²그(프로이트)는 무의식의 심연(深淵, 깊은 곳)에는 '원초아'가, 무의식에서 의식에 걸쳐 '자아'와 '초자아'가 존재한다고 보았다. ³원초아는 성적 에너지를 바탕으로 본능적인(本能的-, 본능에 따라 움직이려 하는) 욕구(欲求, 무엇을 얻거나 무슨 일을 하고자 바라는 일)를 충족하려는(充足-, 채우려는) 선천적(先天的, 태어날 때부터 지니고 있는) 정신 요소이다.

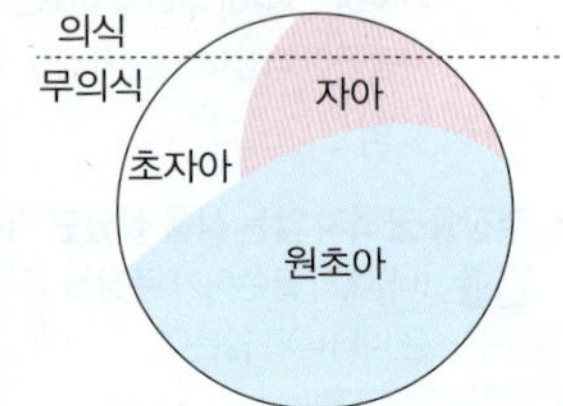

⁴반면 자아는 외적 상황으로 인해 충족되지 못하고 지연되거나(遲延-, 늦추어지거나) 좌절된(挫折-, 꺾이거나 된) 원초아의 욕구를 사회적으로 용인될(容認-, 받아들여져 인정될) 수 있는 방법으로 충족하려는 정신 요소이다. ⁵마지막으로 초자아는 도덕률(道德律, 도덕적 행위의 기준이 되는 보편타당한 법칙)에 따라 원초아의 욕구를 억제하고(抑制-, 억눌러 그치게 하고) 양심에 따라 행동하도록 하는 정신 요소로, 어린 시절 부모의 종교나 가치관(價値觀, 인간이 자기를 포함한 세계나 그 속의 사상에 대해 가지는 평가의 근본적 태도) 등을 내재화하는(內在化-, 받아들여 자기 것으로 하는) 과정에서 후천적으로(後天的-, 태어난 후에 얻어져) 발달한다.

→ 무의식과 의식의 구성 및 '원초아', '자아', '초자아'의 개념

3 ¹이러한 원초아, 자아, 초자아는 역동적으로(力動的-, 힘차고 활발하게) 상호작용하면서 개인의 성격을 형성한다.(形成-, 이룬다.) ²가령, 원초아가 강할 때는 본능적인 욕구에 집착하는(執着-, 늘 마음이 쏠려 잊지 못하고 매달리는) 충동적인(衝動的-, 마음속에서 어떤 욕구 같은 것이 갑작스럽게 일어나는) 성격이, 초자아가 강할 때는 엄격하게(嚴格-, 매우 엄하고 철저하게) 도덕을 지키려는 원칙주의적(原則主義的, 규칙이나 법칙대로 하려는) 성격이 나타난다. ³자아는 원초아와 초자아의 요구 사이에서 이를 조정하는(調停-, 중간에서 서로 타협점을 찾아 합의하도록 하는) 역할을 하기 때문에, 정신적 균형을 이루기 위해서는 자아의 발달이 중요하다. ⁴만일 자아가 제 역할을 하지 못하면 정신 요소의 균형이 깨져 불안감이 생기는데, 자아는 이(불안감)를 해소하기(解消-, 해결하여 없애기) 위해 무의식적으로 방어기제(防禦機制, 자아가 불안으로부터 자신을 보호하기 위해 사용하는 심리 의식이나 행위)를 사용하게 된다. ⁵대표적인 방어기제로는 억압이나 승화 등이 있다. ⁶억압은 자아가 수용하기 힘든 욕구를 무의식 속으로 억누르는 것을, 승화는 그러한 욕구를 예술과 같이 가치 있는 활동으로 ⓑ 전환하는 것을 의미한다. ⁷개인마다 습관적으로 사용하는 방어기제가 다르기 때문에 어떤 방어기제를 사용하느냐 또한 개인의 성격 형성에 영향을 미친다.

→ '원초아', '자아', '초자아'의 상호작용을 통해 형성되는 개인의 성격

4 ¹프로이트는 어린 시절에 해소되지 않은 원초아의 욕구나 정신 요소 간의 갈등은 성인이 된 후에도 지속적으로(持續的-, 오래 계속되어) 영향을 주기 때문에, 이 시기에 부모와의 상호작용 경험이 성격 형성에 큰 영향을 준다고 설명하였다. ²특히 그(프로이트)는 성인의 정신 질환을 어린 시절의 심리적 갈등이 재현된(再現-, 다시 나타난) 것으로 보고, 이를 치유하기(治癒-, 치료하여 낫게 하기) 위해서는 무의식에 내재되어 있는 과거의 상처를 의식의 세계로 끌어내는 과정이 필요하다고 주장하였다. ³이러한 프로이트의 이론은 기존의 이론(분트의 실험심리학)에서 ⓒ 간과한 무의식에 대한 탐구를 통해 인간 이해에 대한 지평(地平, 전망, 가능성)을 넓혔다는 평(評, 평가)을 받고 있다.

→ 프로이트의 정신분석이론이 지닌 의의

(나)

1 ¹융은 프로이트의 정신분석이론에 반기를 들고(반대의 뜻을 나타내고), 분석심리학을 주창하였다. ²무의식을 단지 의식에서 수용할 수 없는 원초적(原初的, 일이나 현상이 비롯하는 맨 처음이 되는) 욕구나 해결되지 못한 갈등의 창고로만 본 프로이트와 달리, 융은 무의식을 인간이 잠재적(潛在的, 겉으로 드러나지 않고 숨은 상태로 존재하는) 가능성을 실현할 때 필요한 창조적인 에너지의 샘(기운이 솟아나게 하는 근원)으로 보았다는 점에서, 그(융)의 분석심리학은 프로이트의 이론과 구별된다.

→ **'무의식'에 대한 관점을 달리한 융의 분석심리학**

2 ¹융은 정신세계의 가장 바깥쪽에는 의식이, 그 안쪽에는 개인 무의식이, 그리고 맨 안쪽에는 집단 무의식이 순서대로 자리잡고 있다고 보았다. ²의식은 생각이나 감정, 기억과 같이 인간이 직접 인식할 수 있는 영역으로, 여기(의식)에는 '자아'가 존재한다. ³자아는 의식을 지배하는 동시에 무의식과 교류하며(交流-, 서로 통하게 하며) 이(무의식)를 조정하는 역할을 한다. ⁴개인 무의식은 의식에 의해 ⓐ 배제된 생각이나 감정, 기억 등이 존재하는 영역이다. ⁵이곳에 존재하는 '그림자'는 자아에 의해 억압된 '또 하나의 나'라고 할 수 있다. ⁶마지막으로 집단 무의식은 태어날 때부터 누구나 가지고 있는(= 선천적인) 원초적이며 보편적인(普遍的-. 모든 것에 두루 미치거나 통하는) 무의식이다. ⁷거기에는 진화를 통해 축적되어(蓄積-. 모여서 쌓여) 온 인류의 경험이 '원형'의 형태로 존재한다. ⁸가령 어두운 상황에서 누구나 공포심을 느끼는 것이 원형에 해당한다.

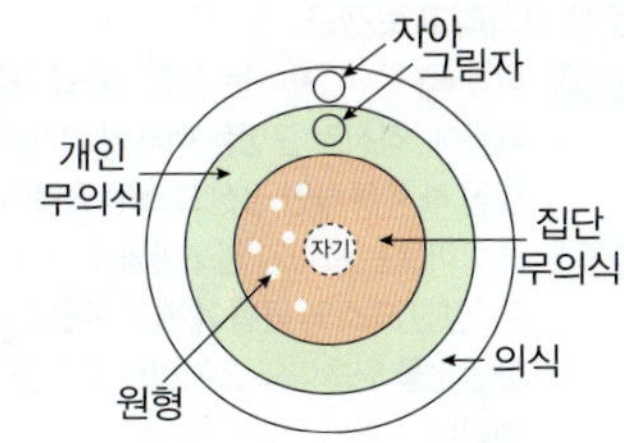

→ **'의식', '개인 무의식', '집단 무의식'의 개념**

3 ¹융에 따르면 집단 무의식의 가장 안쪽에는 '자기'가 존재한다. ²이('자기')는 정신세계에 내재하는 개인의 근원적인(根源的-, 처음으로 시작되는 근본이나 원인이 되는) 모습이라고 할 수 있다. ³융은 자아가 성찰(省察, 자기의 마음을 반성하고 살핌)을 통해 무의식의 심연에 존재하는 자기를 발견하면, 인간은 비로소 타인(他人, 다른 사람)과 구별되는 고유한(固有-, 본래부터 가지고 있어 특유한) 존재가 된다고 보고 이를 개별화라고 불렀다. ⁴이(개별화)는 의식에 존재하는 자아가 무의식과 끊임없이 상호작용하며 무의식의 영역을 의식으로 통합하는(統合-, 하나의 전체를 이루는) 과정, 즉 ⊙ 무의식을 의식화하는 과정을 통해 이루어진다. ⁵이 과정에서 자아는 자신의 또 다른 모습인 그림자와 ⓑ 대면하게 되고, 집단 무의식에 존재하는 여러 원형들을 발견하게 된다. ⁶결국 자아가 무의식의 심연에 존재하는 자기를 찾아가는 과정은 정신세계를 구성하는 자아와 그림자, 그리고 여러 원형들이 대립(對立, 서로 반대되거나 모순된 관계)에서 벗어나 하나의 정신으로 통합되면서 정신적 균형을 이루는 과정이라 할 수 있다. ⁷이러한 과정에서 개인은 내면의 성숙(成熟, 자라서 어른스럽게 됨)을 이루며 자신의 정체성(正體性, 변하지 않는 존재의 본질을 깨닫는 성질)을 찾게 된다.

→ **'개별화'의 개념 및 개별화가 이루어지는 과정**

■ **지문 이해**

(가)

〈프로이트의 정신분석이론〉

❶ 정신분석이론을 통해 인간의 정신세계를 규명하려 한 프로이트

- 분트의 '실험심리학' : 인간의 정신세계는 의식으로 이루어져 있다고 봄
  ↕
- 프로이트의 '정신분석이론' : 인간은 무의식의 지배를 받는 비합리적 존재

❷ 무의식과 의식의 구성 및 '원초아', '자아', '초자아'의 개념

- 원초아 ← 무의식의 심연에 존재함
  - 성적 에너지를 바탕으로 본능적 욕구를 충족하려는 선천적 정신 요소
- 자아 ← 무의식에서 의식에 걸쳐 존재
  - 외적 상황으로 지연되거나 좌절된 원초아의 욕구를 사회적으로 용인될 수 있는 방법으로 충족하려는 정신 요소
- 초자아 ← 무의식에서 의식에 걸쳐 존재
  - 도덕률에 따라 원초아의 욕구를 억제하고 양심에 따라 행동하도록 하는 정신 요소
  - 부모의 종교, 가치관 등을 내재화하는 과정에서 후천적으로 발달함

---

❸ '원초아', '자아', '초자아'의 상호작용을 통해 형성되는 개인의 성격

- 원초아, 자아, 초자아는 역동적으로 상호작용하면서 개인의 성격을 형성함
- 자아 : 원초아와 초자아의 요구를 조정하는 역할
  - 정신적 균형을 위해서는 자아의 발달이 중요함
  - 자아가 제 역할을 하지 못하면 정신 요소의 균형이 깨져 불안감이 생김 → 무의식적으로 방어기제를 사용함
- 방어기제 : 어떤 방어기제를 사용하는지가 개인의 성격 형성에 영향을 미침
  - 억압 : 자아가 수용하기 힘든 욕구를 무의식 속으로 억누르는 것
  - 승화 : 자아가 수용하기 힘든 욕구를 예술 등 가치 있는 활동으로 전환하는 것

❹ 프로이트의 정신분석이론이 지닌 의의

- 성인의 정신 질환을 어린 시절의 심리적 갈등이 재현된 것으로 봄 → 치유를 위해 무의식에 내재된 과거의 상처를 의식 세계로 끌어내는 과정이 필요하다고 주장함
- 기존 이론에서 간과한 무의식에 대한 탐구를 통해 인간 이해의 지평을 넓힘

(나)

〈융의 분석심리학〉

❶ '무의식'에 대한 관점을 달리한 융의 분석심리학

- 프로이트의 '무의식' : 의식에서 수용할 수 없는 원초적 욕구나 해결되지 못한 갈등의 창고
- 융의 '무의식' : 인간의 잠재적 가능성 실현에 필요한 창조적인 에너지의 샘

❷ '의식', '개인 무의식', '집단 무의식'의 개념

- 의식 ← 정신세계의 가장 바깥쪽
  - 인간이 직접 인식할 수 있는 영역
  - 의식을 지배하고, 무의식과 교류하며 이를 조정하는 '자아'가 존재함
- 개인 무의식 ← 의식의 안쪽
  - 의식에 의해 배제된 생각, 감정, 기억 등이 존재하는 영역
  - 자아에 의해 억압된 또 하나의 나인 '그림자'가 존재함
- 집단 무의식 ← 정신세계의 맨 안쪽
  - 태어날 때부터 누구나 갖고 있는 원초적이며 보편적인 무의식
  - 인류의 경험이 '원형'의 형태로 존재함

❸ '개별화'의 개념 및 개별화가 이루어지는 과정

- 집단 무의식 가장 안쪽에는 정신세계에 내재하는 개인의 근원적인 모습인 '자기'가 존재함
- 개별화
  - 자아가 무의식에서 '자기'를 발견하여 타인과 구별되는 고유한 존재가 되는 것
  - 무의식을 의식화하는 과정을 통해 이루어짐
- 개별화가 이루어지는 과정
  - 자아, 그림자, 원형들이 대립에서 벗어나 하나의 정신으로 통합되면서 정신적 균형을 이루는 과정
  - → 이 과정에서 개인은 내면의 성숙을 이루고, 정체성을 찾게 됨

---

28 | 글의 서술 방식 파악 – 적절한 것 고르기
정답률 65%, 매력적 오답 ① 25% | 정답 ②

(가), (나)의 공통점으로 가장 적절한 것은?

근거 (가)-❶-1 19세기에 분트는 인간의 정신세계가 의식으로 이루어져 있다고 보고, 실험을 통해 인간의 정신 현상과 행동을 설명하는 실험심리학을 주창하였다. (가)-❶-3~4 그러나 프로이트는 … 인간에게 의식과는 다른 무의식 세계가 있다는 것을 발견하였다. 이에 그는 … 정신분석이론을 통해 인간의 정신세계를 규명, (가)-❹-3 이러한 프로이트의 이론은 기존의 이론에서 간과한 무의식에 대한 탐구를 통해 인간 이해에 대한 지평을 넓혔다는 평을 받고 있다. (나)-❶-1~2 융은 프로이트의 정신분석이론에 반기를 들고, 분석심리학을 주창하였다. … 그의 분석심리학은 프로이트의 이론과 구별된다.

풀이 (가)에서는 인간의 정신세계가 의식으로 이루어져 있다고 본 분트의 실험심리학과 다른 관점에서, 무의식을 바탕으로 인간의 정신세계를 규명하려 한 프로이트의 정신분석이론을 소개하였다. 또한 (나)에서는 프로이트가 무의식을 의식에서 수용할 수 없는 원초적 욕구나 해결되지 못한 갈등의 창고로만 본 것과 달리, 무의식을 창조적 에너지의 샘으로 본 융의 분석심리학을 소개하고 있다. 따라서 정답은 ②번이다.

---

① 인간의 무의식을 주장한 이론에 대한 *상반된 평가를 제시하고 있다. *相反−. 서로 반대된

> 풀이 (가)와 (나)는 공통적으로 인간의 무의식을 주장한 프로이트와 융의 이론을 다루고 있으나, 이에 대한 상반된 평가를 제시하고 있지는 않다.

② 기존과 다른 관점에서 인간의 정신세계를 설명한 이론을 소개하고 있다.

→ 적절함!

③ 인간의 무의식을 설명한 이론이 등장하게 된 역사적 사건을 소개하고 있다.

④ 인간의 정신 질환을 분류하고 각각의 특징을 설명한 이론을 제시하고 있다.

⑤ 인간의 정신세계를 설명한 이론이 다른 학문 영역에 미친 영향을 분석하고 있다.

---

29 세부 정보 이해 - 적절하지 않은 것 고르기
정답률 75% 정답 ⑤

(가)의 내용과 일치하지 않는 것은?

① 분트는 인간의 정신세계가 의식으로만 구성되어 있다고 보았다.
> 근거 (가)-❶-1 19세기에 분트는 인간의 정신세계가 의식으로 이루어져 있다고 보고
→ 적절함!

② 프로이트는 인간을 무의식의 지배를 받는 비합리적 존재로 여겼다.
> 근거 (가)-❶-4 그(프로이트)는 인간을 무의식의 지배를 받는 비합리적 존재로 간주하고
→ 적절함!

③ 프로이트는 원초아가 강할 때 본능적인 욕구에 집착하는 성격이 나타난다고 생각했다.
> 근거 (가)-❸-2 원초아가 강할 때는 본능적인 욕구에 집착하는 충동적인 성격이, 초자아가 강할 때는 엄격하게 도덕을 지키려는 원칙주의적 성격이 나타난다.
→ 적절함!

원초아, 자아, 초자아

④ 프로이트는 세 가지 정신 요소들이 상호작용하면서 개인의 성격이 형성된다고 보았다.
> 근거 (가)-❸-1 원초아, 자아, 초자아는 역동적으로 상호작용하면서 개인의 성격을 형성한다.
→ 적절함!

⑤ 프로이트는 의식적으로 사용하는 방어기제와 무의식적으로 사용하는 방어기제를 구분하였다.
> 근거 (가)-❸-4 자아가 제 역할을 하지 못하면 정신 요소의 균형이 깨져 불안감이 생기는데, 자아는 이를 해소하기 위해 무의식적으로 방어기제를 사용하게 된다.
> 풀이 프로이트에 따르면, 자아는 방어기제를 '무의식적으로' 사용한다. 따라서 프로이트가 의식적으로 사용하는 방어기제와 무의식적으로 사용하는 방어기제를 구분하였다는 설명은 적절하지 않다.

→ 적절하지 않음!

---

30 구체적인 사례에 적용 - 적절하지 않은 것 고르기
정답률 65%, 매력적 오답 ③ 10% 정답 ④

(가)의 '프로이트'와 (나)의 '융'의 관점에서 <보기>를 이해한 내용으로 적절하지 않은 것은? [3점]

| 보기 |

[헤르만 헤세의 연보]

○ 1877 : 기독교인다운 엄격한 생활을 중시하는(重視−. 매우 크고 중요하게 여기는) 경건주의 집안에서 태어남. ……………………………………………… ㉮

○ 1881~1886 : 자유분방한(自由奔放−. 격식이나 관습에 얽매이지 않고 행동이 자유로운) 기질(氣質, 개인의 성격적 소질)로 인해 엄한 아버지의 교육 방식에 반항하며 불안감을 느낌. …………………… ㉯

○ 1904~1913 : 잠재된 문학적 재능을 발휘하여(發揮−. 떨쳐 나타내어) 왕성하게(旺盛−. 매우 활발하게) 작품 창작을 하며 불안에서 벗어남. ………… ㉰

○ 1916~1919 : 아버지의 죽음을 접하고(接−. 겪고) 심한 우울증을 경험함. ……… ㉱

○ 1945~1962 : 성찰적(省察的, 지나간 일을 되돌아보며 반성하고 살피는) 글쓰기 활동 속에서 심리적 안정감을 느끼며 여생(餘生, 남은 인생)을 보냄. ………………… ㉲

○ 1962 : 몬타뇰라에서 죽음.

---

① ㉮ : 프로이트는 엄격한 집안 분위기가 헤세의 초자아가 발달하는 데 영향을 주었다고 보겠군.
> 근거 (가)-❷-5 초자아는 도덕률에 따라 원초아의 욕구를 억제하고 양심에 따라 행동하도록 하는 정신 요소로, 어린 시절 부모의 종교나 가치관 등을 내재화하는 과정에서 후천적으로 발달한다.
> 풀이 프로이트는 초자아가 어린 시절 부모의 종교나 가치관 등을 내재화하는 과정에서 후천적으로 발달한다고 보았다. 따라서 프로이트는 엄격한 집안 분위기가 헤세의 초자아 발달에 영향을 주었다고 보았을 것이다.
→ 적절함!

② ㉯ : 프로이트는 헤세의 불안감을 원초아와 초자아의 요구를 자아가 제대로 조정하지 못한 결과라고 보겠군.
> 근거 (가)-❸-3~4 자아는 원초아와 초자아의 요구 사이에서 이를 조정하는 역할을 하기 때문에, 정신적 균형을 이루기 위해서는 자아의 발달이 중요하다. 만일 자아가 제 역할을 하지 못하면 정신 요소의 균형이 깨져 불안감이 생기는데
> 풀이 프로이트는 자아가 원초아와 초자아의 요구를 조정하는 역할을 제대로 하지 못할 경우, 정신 요소의 균형이 깨져 불안감이 생긴다고 보았다. 따라서 프로이트는 헤세의 불안감을 원초아와 초자아의 요구를 자아가 제대로 조정하지 못한 결과라고 보았을 것이다.
→ 적절함!

③ ㉰ : 프로이트는 헤세의 왕성한 창작 활동을 승화로, 융은 이를 무의식의 창조적 에너지가 발현된 것으로 보겠군.
> 근거 (가)-❸-6 승화는 그러한 욕구(자아가 수용하기 힘든 욕구, 불안감)를 예술과 같이 가치 있는 활동으로 전환하는 것을 의미한다. (나)-❶-2 융은 무의식을 인간이 잠재적 가능성을 실현할 때 필요한 창조적인 에너지의 샘으로 보았다는 점
→ 적절함!

④ ㉱ : 프로이트는 헤세의 우울증을 *유년기의 불안이 재현된 것으로, 융은 이를 자아와 그림자가 통합된 것으로 보겠군. *幼年期. 어린이가 성장·발달하는 단계의 하나로, 유아기와 소년기의 중간 시기
> 근거 (가)-❹-2 그(프로이트)는 성인의 정신 질환을 어린 시절의 심리적 갈등이 재현된 것으로 보고, (나)-❸-6~7 자아가 무의식의 심연에 존재하는 자기를 찾아가는 과정은 정신세계를 구성하는 자아와 그림자, 그리고 여러 원형들이 대립에서 벗어나 하나의 정신으로 통합되면서 정신적 균형을 이루는 과정이라 할 수 있다. 이러한 과정에서 개인은 내면의 성숙을 이루며 자신의 정체성을 찾게 된다.
> 풀이 <보기>에서 헤세가 아버지의 죽음을 접하고 심한 우울증을 겪은 것에 대해 프로이트는 이를 어린 시절의 불안감이 재현된 것으로 보았을 것이라는 설명은 적절하다. 한편 융은 개인이 자신의 근원적인 모습인 '자기'를 발견하는 '개별화'는, 정신세계를 구성하는 자아와 그림자, 여러 원형들이 대립에서 벗어나 하나의 정신으로 통합되면서 정신적으로 균형을 이루는 과정을 통해 이루어진다고 보고, 이러한 과정에서 개인은 내면의 성숙을 이루고 자신의 정체성을 찾게 된다고 하였다. <보기>에서 헤세가 아버지의 죽음을 접하고 심한 우울증을 경험하는 것은 정신적 균형이 이루어지고, 내면의 성숙을 이루고, 정체성을 찾은 모습이라고 볼 수 없다. 따라서 융이 헤세의 우울증을 자아와 그림자가 통합된 것으로 보았을 것이라는 설명은 적절하지 않다.

→ 적절하지 않음!

⑤ ㉲ : 융은 헤세가 성찰하는 글쓰기 활동을 통해 자기를 발견하는 과정에서 심리적 안정감을 느낀 것으로 보겠군.
> 근거 (나)-❸-3 융은 자아가 성찰을 통해 무의식의 심연에 존재하는 자기를 발견하면, 인간은 비로소 타인과 구별되는 고유한 존재가 된다고 보고 이를 개별화라고 불렀다. (나)-❸-6~7 자아가 무의식의 심연에 존재하는 자기를 찾아가는 과정은 정신세계를 구성하는 자아와 그림자, 그리고 여러 원형들이 대립에서 벗어나 하나의 정신으로 통합되면서 정신적 균형을 이루는 과정이라 할 수 있다. 이러한 과정에서 개인은 내면의 성숙을 이루며 자신의 정체성을 찾게 된다.
> 풀이 융은 헤세가 성찰하는 글쓰기 활동을 통해 자기를 발견하는 과정을 정신세계를 구성하는 자아, 그림자, 원형들이 대립에서 벗어나 통합되면서 정신적 균형을 이루는 과정인 '개별화'라고 보았을 것이다. 또한 그 과정에서 헤세가 내면의 성숙을 이루고 정체성을 찾게 되어 심리적 안정감을 느꼈다고 보았을 것이다.
→ 적절함!

31 세부 정보 이해 - 적절한 것 고르기
정답률 70%, 매력적 오답 ① 15% 　　　　정답 ⑤

(가)의 정신분석이론과 (나)의 분석심리학에서 모두 동의하는 진술로 가장 적절한 것은?

↳ (가)
① 자아는 의식과 무의식의 세계에 걸쳐서 존재한다.
- **근거** (가)-❷-2 그(프로이트)는 … 무의식에서 의식에 걸쳐 '자아'와 '초자아'가 존재한다고 보았다, (나)-❷-2 의식은 … 여기에는 '자아'가 존재한다, (나)-❸-4 의식에 존재하는 자아
- **풀이** (가)의 정신분석이론에서는 자아가 의식과 무의식에 걸쳐 존재한다고 보았지만, (나)의 분석심리학에서는 자아가 의식에 존재한다고 보았다.
→ 적절하지 않음!

② 무의식은 성적 에너지로만 이루어진 정신 요소이다.
- **근거** (가)-❷-2~3 그는 무의식의 심연에는 '원초아가, 무의식에서 의식에 걸쳐 '자아'와 '초자아'가 존재한다고 보았다. 원초아는 성적 에너지를 바탕으로 본능적인 욕구를 충족하려는 선천적 정신 요소, (나)-❶-2 융은 무의식을 인간이 잠재적 가능성을 실현할 때 필요한 창조적인 에너지의 샘으로 보았다는 점에서, 그의 분석심리학은 프로이트의 이론과 구별된다.
- **풀이** (가)의 정신분석이론에서는 무의식에 '자아'와 '초자아', 그리고 성적 에너지를 바탕으로 하는 '원초아'가 존재한다고 보았으므로, 무의식을 '성적 에너지로만' 이루어진 정신 요소라고 보지는 않았다. 한편 (나)의 분석심리학에서는 무의식을 잠재적 가능성 실현에 필요한 창조적 에너지의 샘으로 보았다. 따라서 무의식은 성적 에너지로만 이루어진 정신 요소라는 진술은 (가)와 (나) 어디에도 해당되지 않는다.
→ 적절하지 않음!

↳ (나)
③ 무의식은 개인의 경험을 *초월해 원형의 형태로 유전된다. *超越-, 뛰어넘어
- **근거** (나)-❷-6~7 집단 무의식은 태어날 때부터 누구나 가지고 있는 원초적이며 보편적인 무의식이다. 거기에는 진화를 통해 축적되어 온 인류의 경험이 '원형'의 형태로 존재
- **풀이** (나)의 분석심리학에만 해당되는 진술이다.
→ 적절하지 않음!

④ 무의식에는 자아에 의해 억압된 *열등한 자아가 존재한다. *劣等-, 수준이 낮은
- **근거** (나)-❷-4~5 개인 무의식은 의식에 의해 배제된 생각이나 감정, 기억 등이 존재하는 영역이다. 이곳에 존재하는 '그림자'는 자아에 의해 억압된 '또 하나의 나'라고 할 수 있다.
- **풀이** (나)의 분석심리학에서는 개인 무의식의 영역에 존재하는 '그림자'가 자아에 의해 억압된 '또 하나의 나'라고 보았지만, 이것을 '열등한' 자아라고 설명하지는 않았다. 또한 (가)의 정신분석이론에서 무의식 속에 자아에 의해 억압된 열등한 자아가 존재한다고 보지 않았다. 따라서 무의식에 자아에 의해 억압된 열등한 자아가 존재한다는 진술은 (가)와 (나) 어디에도 해당되지 않는다.
→ 적절하지 않음!

⑤ 정신적 균형을 이루기 위해서는 자아의 역할이 중요하다.
- **근거** (가)-❸-3 자아는 원초아와 초자아의 요구 사이에서 이를 조정하는 역할을 하기 때문에, 정신적 균형을 이루기 위해서는 자아의 발달이 중요하다, (나)-❸-6 자아가 무의식의 심연에 존재하는 자기를 찾아가는 과정은 … 정신적 균형을 이루는 과정
→ 적절함!

---

32 핵심 개념 이해 - 적절한 것 고르기
정답률 75%, 매력적 오답 ④ 15% 　　　　정답 ②

㉠을 이해한 내용으로 가장 적절한 것은?

> ㉠ 무의식을 의식화하는 과정

① 의식의 확장을 통해 타인과의 *경계를 **허무는 과정이다. *境界, 구분되는 한계 **헐어 무너지게 하는
- **근거** (나)-❸-3~4 융은 자아가 성찰을 통해 무의식의 심연에 존재하는 자기를 발견하면, 인간은 비로소 타인과 구별되는 고유한 존재가 된다고 보고 이를 개별화라고 불렀다. 이는 의식에 존재하는 자아가 무의식과 끊임없이 상호작용하며 무의식의 영역을 의식으로 통합하는 과정, 즉 무의식을 의식화하는 과정을 통해 이루어진다.
- **풀이** 융에 따르면 무의식을 의식화하는 과정을 통해 이루어지는 '개별화'는 자아가 무의식의 심연에 존재하는 자기를 발견하여 '타인과 구별되는' 고유한 존재가 되는 것을 말한다.
→ 적절하지 않음!

✓ =자기
② 자신의 근원적인 모습을 찾아 나가는 개별화의 과정이다.
- **근거** (나)-❸-2~4 이(자기)는 정신세계에 내재하는 개인의 근원적인 모습이라고 할 수 있다. 융은 자아가 성찰을 통해 무의식의 심연에 존재하는 자기를 발견하면, 인간은 비로소 타인과 구별되는 고유한 존재가 된다고 보고 이를 개별화라고 불렀다. 이는 의식에 존재하는 자아가 무의식과 끊임없이 상호작용하며 무의식의 영역을 의식으로 통합하는 과정, 즉 무의식을 의식화하는 과정을 통해 이루어진다.
- **풀이** 융은 집단 무의식의 가장 안쪽에 존재하는 '자기'를 개인의 근원적인 모습이라고 보고, 자아가 '자기'를 발견하여 타인과 구별되는 고유한 존재가 되는 것을 '개별화'라고 하였다. 또 그는 이러한 개별화가 '무의식을 의식화하는 과정(㉠)'을 통해 이루어진다고 설명하였다. 따라서 '자신의 근원적인 모습을 찾아 나가는 개별화의 과정'이라는 것은 ㉠을 설명한 내용으로 적절하다.
→ 적절함!

③ 의식에 의해 발견된 무의식의 욕구가 억눌리는 과정이다.
- **근거** (나)-❸-6 자아가 무의식의 심연에 존재하는 자기를 찾아가는 과정은 정신세계를 구성하는 자아와 그림자, 그리고 여러 원형들이 대립에서 벗어나 하나의 정신으로 통합되면서 정신적 균형을 이루는 과정
- **풀이** 무의식을 의식화하는 과정은 의식에 의해 발견된 무의식의 욕구가 '억눌리는' 과정이 아니라 자아, 무의식에 존재하는 그림자, 여러 원형들이 하나의 정신으로 통합되면서 정신적 균형을 이루는 과정이다.
→ 적절하지 않음!

④ 무의식이 의식에서 *분화되어 정체성이 실현되는 과정이다. *分化-, 나뉘어
- **근거** (나)-❸-4 무의식의 영역을 의식으로 통합하는 과정, 즉 무의식을 의식화하는 과정, (나)-❸-6~7 자아가 무의식의 심연에 존재하는 자기를 찾아가는 과정은 정신세계를 구성하는 자아와 그림자, 그리고 여러 원형들이 대립에서 벗어나 하나의 정신으로 통합되면서 정신적 균형을 이루는 과정이라 할 수 있다. 이러한 과정에서 개인은 내면의 성숙을 이루며 자신의 정체성을 찾게 된다.
- **풀이** 개인이 자신의 정체성을 찾는 것은 무의식이 의식에서 분화되는 과정이 아니라, 무의식의 영역을 의식으로 통합하는 과정을 통해 이루어진다.
→ 적절하지 않음!

⑤ 과거의 경험들을 반복함으로써 성격이 형성되는 과정이다.
- **풀이** 윗글에서 ㉠과 관련하여 근거를 찾을 수 없는 내용이다.
→ 적절하지 않음!

---

33 단어의 사전적 의미 - 적절하지 않은 것 고르기
정답률 85% 　　　　정답 ②

ⓐ~ⓔ의 사전적 의미로 적절하지 않은 것은?

> ⓐ 규명　ⓑ 전환　ⓒ 간과　ⓓ 배제　ⓔ 대면

① ⓐ : 어떤 사실을 자세히 따져서 바로 밝힘.
- **풀이** '규명(糾 규명하다 규 明 밝히다 명)'의 사전적 의미는 '어떤 사실을 자세히 따져서 바로 밝힘'이다.
- **예문** 원인 규명에 최선을 다하고 있다.
→ 적절함!

② ⓑ : 주기적으로 자꾸 되풀이하여 돎.
- **풀이** '전환(轉 바꾸다 전 換 바꾸다 환)'의 사전적 의미는 '다른 방향이나 상태로 바뀌거나 바꿈'이다. '주기적으로 자꾸 되풀이하여 돎'의 뜻을 가진 단어는 '전환'이 아니라 '순환(循 돌다 순 環 고리 환)'이다.
- **예문** 지금은 발상의 전환이 필요할 때이다.
→ 적절하지 않음!

③ ⓒ : 큰 관심 없이 대강 보아 넘김.
- **풀이** '간과(看 보다 간 過 지나다 과)'의 사전적 의미는 '큰 관심 없이 대강 보아 넘김'이다.
- **예문** 한 측면에 대한 일방적 강조는 다른 측면에 대한 간과로 이어질 수 있다.
→ 적절함!

④ ⓓ : 받아들이지 아니하고 물리쳐 제외함.
- **풀이** '배제(排 물리치다 배 除 덜다 제)'의 사전적 의미는 '받아들이지 아니하고 물리쳐 제외함'이다.
- **예문** 특정 업체의 독점 배제를 위한 조치가 필요하다.
→ 적절함!

⑤ ⓔ : 서로 얼굴을 마주 보고 대함.
- **풀이** '대면(對 대하다 대 面 얼굴 면)'의 사전적 의미는 '서로 얼굴을 마주 보고 대함'이다.
- **예문** 그들은 뜻밖의 대면에 할 말을 잃었다.
→ 적절함!

→ 문제편 020쪽

• 윤흥길 〈중요 작가〉

「날개 또는 수갑」(2025학년도 9월 모평), 「아홉 켤레의 구두로 남은 사내」(2016학년도 수능B), 「매우 잘생긴 우산 하나」(2022학년도 수능) 기출. 고3 평가원 시험에 3번 이상 출제된 작가이다. 왜곡된 역사 현실과 삶의 부조리를 드러내며, 그것을 극복하려는 인간의 노력을 묘사하는 작품을 썼다. 윤흥길의 대표 작품들은 기본 줄거리와 특징을 정리해 두는 것이 좋다.

• 중심 내용

어린 '나'는 궐기대회 때마다 외국 귀인들에게 멧돼지를 보낸다는 사실을 의아해한다.

↓

'나'는 외국에 멧돼지를 보내는 것을 도무지 이해할 수가 없다.

↓

'나'는 궐기대회에서 열 손가락을 깨물어 혈서를 쓰는 청년의 모습이 눈에 익어 보였다.

↓

열 손가락에 붕대를 감은 채 돌아온 창권이 형을 본 어머니와 '나'는 기절초풍한다.

↓

창권이 형은 궐기대회 때마다 단골로 혈서를 쓰는 열혈 애국 청년 노릇에 빠졌다.

↓

고등학생 차림으로 귀가한 창권이 형은 궐기대회에서 메시지 낭독까지 맡아 하게 되었음을 자랑스럽게 밝힌다.

↓

시위대의 선두에 섰던 창권이 형은 만용을 부리다가 불구의 몸이 된다.

↓

어머니의 박대를 받던 창권이 형은 시골집으로 돌아갈 결심을 한다.

↓

떠나기 전날 밤, 창권이 형은 내게 회중시계를 만져 보게 해 주고, '나'는 멧돼지가 아니라 멧세지가 맞다며 형이 옳았음을 인정한다.

• 전체 줄거리 ([ ] : 지문 내용)

오랫동안 동창회와 담을 쌓은 채 소식이 없던 하인철이 갑자기 동창회에 참석한다. 무역업을 한다고 밝힌 인철에 대해 아는 사람은 아무도 없었다. 김 교장이 인철을 다음 이야기 당번으로 지목하자, 그가 이야기를 들려준다. (외화)
'나'(인철)가 겪은 6·25 전쟁은 이리역을 수원역으로 잘못 안 미군의 폭격으로부터 시작되었다. 국민학교 2학년이었던 '나'는 친구들과 폭격을 피해 학교 방공호(적의 항공기 공습이나 대포, 미사일 따위의 공격을 피하기 위하여 땅속에 파 놓은 굴이나 구덩이)에 숨었다가 비행기 폭격에 직접적인 피해를 입었다는 철도역을 구경하러 달려간다. 역전 광장 입구에서 '나'는 우리 식당 허드레꾼으로 일하는 먼촌(먼 친척)인 창권이 형을 만난다. 형은 피난민 시체 옆에서 주운 것이라는 금장 회중시계를 자랑스럽게 꺼내 보인다.
전쟁이 터진 지 한 달 만에 인민군(북한 군대)이 시내를 점령하자 우리 식당은 문을 닫게 되었고, 그 바람에 창권이 형은 고향집으로 돌아갔다가 두 달 후 유엔군이 시내에 주둔하자(임무 수행을 위해 머무르자) 다시 돌아온다. 수복(잃었던 땅을 되찾음)이 되자 역전 광장에서는 궐기대회가 종종 열렸고, 우리 학교는 전교생이 궐기대회에 동원되곤 하였다. [그날도 역전 광장에서는 북진통일을 부르짖는 궐기대회가 열렸고, '나'는 그곳에서 열 손가락을 깨물어 혈서를 쓰는 창권이 형을 보게 된다. 이후 궐기대회에서 단골 혈서가 노릇을 하던 창권이 형은 어느 날 고등학생 차림으로 귀가하여 앞으로는 궐기대회에서 자기가 메시지 낭독까지 맡아 하게 되었음을 자랑스럽게 밝힌다. 그러자 '나'는 멧돼지를 멧세지라 잘못 발음하였다며 형의 실수를 지적한다.] 형은 단골 혈서가에서 소문난 반공(공산주의에 반대함)웅변가로 확실하게 자리를 잡아간다. 각종 궐기대회에서 영웅적인 활약을 하는 형이 자랑스러웠던 '나'는 그만 급우들 앞에서 형의 정체가 우리 식당 심부름꾼으로 일하는 가짜배기 나이롱 학생이라는 것을 밝히고 만다. 형의 실체를 놓고 '나'와 급우들 사이에 시비가 벌어지자 담임 선생님은 내게 그런 소리를 함부로 떠들면 안 된다고 엄중한 경고를 한다.

한편, 휴전 반대 시위의 실패로 기세가 꺾이기 시작한 [형은 군산으로 원정을 떠나 적성 중립국 감시위원들의 추방을 요구하는 시위대의 선두에 서서 만용을 부리다가 불구의 몸이 되고 만다. 시골집으로 떠나기 전날 밤, 형은 내게 자신의 유일한 전리품인 금장 회중시계를 만져 볼 기회를 주고, '나'는 멧돼지가 아니라 멧세지가 맞다며 형이 옳았음을 인정한다.] 시골집으로 돌아간 형은 이후 두 번 다시 돌아오지 않았다. (내화)
창권이 형을 두고 '영웅이다, 전시 상황에서 흔히 있을 수 있는 이용물에 불과하다, 자기가 이용당하는 줄도 모르고 허수아비 노릇에 고꾸라진 불쌍한 종자다' 등의 설왕설래(말씀 說 갈 往 말씀 說 갈 來 : 무슨 일의 옳고 그름을 따지느라고 말로 옥신각신함)가 이어지자 김지겸은 하인철에게 결론을 내려보라고 한다. 그러나 하인철은 수수께끼 같은 웃음만 보일 뿐이다. (외화)

• 인물 관계도

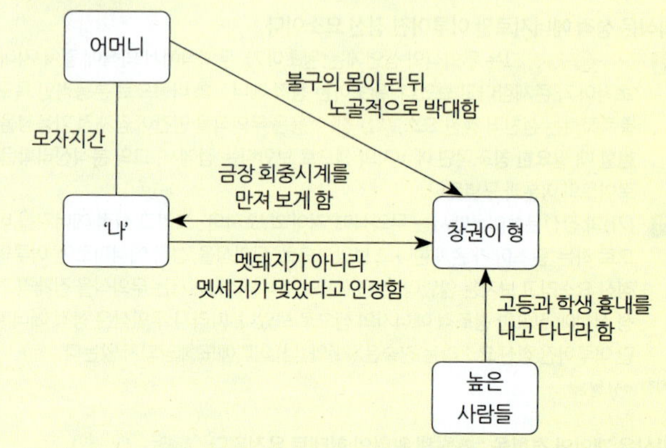

• 어휘 풀이

* 궐기대회 : 어떤 문제에 대하여 해결책을 촉구하기 위해 뜻있는 사람들이 일어나 행동하는 모임.
* 귀인 : 사회적 지위가 높고 귀한 사람.
* 소견 : 어떤 일이나 사물을 살펴보고 가지게 되는 생각이나 의견.
* 지체 : 사회에서 차지하고 있는 신분이나 지위.
* 연단 : 연설이나 연을 하는 사람이 올라서는 단.
* 진력 : 있는 힘을 다함.
* 협수룩한 : 옷차림이 어지럽고 허름한.
* 먼빛 : 멀리서 언뜻 보이는 모양.
* 별러서 : 준비를 단단히 해서.
* 심상하게 : 별일 아니라는 듯이.
* 진드근히 : 참을성 있고 의젓하게.
* 역마살 : 늘 분주하게 이리저리 떠돌아다니게 된 운수.
* 허드재비 : 그다지 중요하지 않은 일(을 하는).
* 다따가 : 난데없이 갑자기.
* 교표 : 학교를 상징하는 무늬를 새긴 리본이나 배지.
* 천연덕스레 : 아무렇지 않은 척.
* 반거충이 : 무엇을 배우다가 중도에 그만두어 다 이루지 못한 사람.
* 잔뼈를(가) 굵혀 : 오랜 기간 일정한 곳이나 직장에서 일을 하여 그 일에 익숙해.
* 공력 : 정성과 힘.
* 우김질 : 우기는 짓.
* 적성중립국 감시위원들의 추방을 요구 : 1953년 6·25 전쟁이 휴전으로 일단락되면서, 유엔군 측과 공산군 측은 휴전 협정의 준수 여부를 감시하기 위해 유엔군 측이 추천한 스웨덴과 스위스, 공산군 측이 추천한 폴란드, 체코슬로바키아 등 네 나라로 구성된 중립국 감시위원단이 구성되었음. 그런데 1955년 여름, 폴란드와 체코슬로바키아가 중립국 감시 위원회 활동을 하면서 북측을 위해 스파이 활동을 했다는 사실이 발표되자 전국에서 적성 감시 위원단을 몰아내기 위한 대규모 규탄 대회와 시위가 벌어졌음.
* 만용 : 분별없이 함부로 날뛰는 객기나 허세.
* 먼촌붙이 : 먼 촌수의 피붙이.
* 보퉁이 : 물건을 싸서 꾸려 놓은 보따리.
* 전리품 : 전쟁 때에 적에게서 빼앗은 물품.

34 서술상 특징 – 적절한 것 고르기
정답률 80%

정답 ①

윗글에 대한 설명으로 가장 적절한 것은?

① 이야기 내부 인물이 중심인물의 행동과 그에 대한 자신의 생각을 서술하고 있다.

> **근거** 형은 모자에 붙은 교표에 호호 입김을 불어 소맷부리로 정성스레 광을 내기 시작했다. ~ 나는 국민학교 졸업이 학력의 전부인 형을 한동안 물끄러미 바라보았다. 가정 형편이 어려워 어릴 때부터 남의집살이로 잔뼈를 굵혀 나온 형은 자신을 진짜배기 고등학생으로 착각하고 있는 기색이었다. / 형은 교표 닦기를 끝마친 후 호주머니에서 피난민 시체로부터 선사 받은 금장의 회중시계를 꺼내어 더욱더 공력을 들여 삐까번쩍 광을 내기 시작했다. 정말 갈수록 태산이었다.

> **풀이** 윗글은 이야기 내부 인물인 '나'가 중심인물인 창권이 형의 행동과 그에 대한 자신의 생각을 서술하고 있는 1인칭 관찰자 시점의 작품이다.

→ 적절함!

② 이야기 내부 인물이 인물과 인물 사이의 갈등을 해소하는 과정을 보여 주고 있다.

> **근거** 형의 그 가짜배기 애국 학도 행각을 애초부터 꼴같잖게 여기던 어머니는 쩔쑥쩔쑥 기우뚱거리는 걸음걸이로 하릴없이 식당 안팎을 서성이는 먼촌붙이 조카를 눈엣가시로 알고 노골적으로 박대했다.

> **풀이** 윗글에서는 창권이 형을 못마땅하게 여기는 어머니가 형을 노골적으로 박대하는 부분 등에서 인물과 인물 사이의 갈등이 나타난다고 볼 수 있다. 그러나 이야기 내부 인물이 인물과 인물 사이의 갈등을 해소하는 과정을 보여 주고 있지는 않다.

→ 적절하지 않음!

③ 이야기 내부 인물이 과거와 현재를 반복적으로 *교차하며 자신의 경험을 전달하고 있다. *번갈아 보여 주며

> **풀이** 윗글에서는 이야기 내부 인물인 '나'가 창권이 형과 얽힌 경험들을 시간의 흐름에 따라 전달하고 있을 뿐 과거와 현재를 반복적으로 교차하고 있지는 않다.

→ 적절하지 않음!

이야기 내부 인물이

④ 이야기 외부 서술자가 특정 소재와 관련된 인물의 내면 심리를 묘사하고 있다.

> **근거** 등잔불 그늘 안에서도 말갛고 은은한 광휘를 발산하는 금시계를 일삼아 들여다보고 있자니 마치 형의 금빛 찬란하던 한때를 그것이 째깍째깍 증언하는 듯한 느낌이 언뜻 들었다. 전쟁 기간을 통틀어 형의 수중에 남겨진 유일한 전리품이었다.

> **풀이** 창권이 형의 금장 회중시계와 관련된 '나'의 내면 심리가 묘사된 부분은 있으나, 이를 묘사한 주체는 이야기 외부 서술자가 아닌 이야기 내부 인물인 '나'이다.

→ 적절하지 않음!

> ■ **이야기 외부 서술자가 특정 소재와 관련된 인물의 내면 심리를 서술하고 있는 작품**
> • 윤영수, 「착한 사람 문성현」(2019년 고1 6월 학평)
> 조용해지고부터, 체머리를 흔들지(머리가 저절로 계속 흔들리지) 않고부터, 입을 다물고부터 그는 텔레비전을 보기 시작했다. 그 속에 산과 들, 밀림이 있었다. ~ 먼 나라에는 이상한 풍습을 가진 이상한 사람들이 있었다. 세상은 볼수록 흥미진진한 것들로 가득 차 있었다. 다른 이처럼 앉지도 서지도 걸어다닐 수도 없는 그에게는 텔레비전을 통해 보는 다른 이들의 삶이 한편으로는 가슴 떨리는 열망이었으나 또 한편으로는 부서뜨리고 싶은 안타까움이기도 했다.
> → 이야기 외부 서술자가 '텔레비전'과 관련된 '그'의 내면 심리를 서술하고 있다.

⑤ 이야기 외부 서술자가 서로 다른 공간에서 동시에 일어나는 사건들을 *나열하고 있다. *죽 늘어놓고

> **풀이** 윗글은 이야기 내부 인물인 '나'가 궐기대회가 열린 장소와 '나'의 집에서 창권이 형을 관찰한 내용이 시간의 흐름에 따라 서술되고 있다.

→ 적절하지 않음!

> ■ **소설의 시점**
> • 서술자는 소설에서 이야기를 이끌어 가는 사람(서술 주체)을 가리킨다. (≠ 작가)
> • 서술자는 실제 작가와 동일하지 않으며, 이야기(사건)와 독자 사이에서 서로를 소개하는 역할을 한다.
> • 현대소설에서는 한 작품에 여러 시점이 혼합되어 사용되기도 한다.
> 예) 전영택, 「화수분」: 작품 전체는 1인칭 관찰자 시점이나 부분적으로 전지적 작가 시점이 나타난다.
> 1) 1인칭 시점 : 작품 속 등장인물에 '나' 또는 '우리'가 나온다.
> ① 1인칭 주인공 시점 ('나' = 서술자 = 주인공)
> • '나'가 주인공이며 자신의 이야기를 한다. 따라서 가장 주관적인 시점이다.
> • '나'가 자신의 감정과 생각을 직접적으로 말한다.
> • '나'가 자신의 속마음을 말하고, 그 이야기를 독자가 듣는 것이므로, '나'와 독자가 심리적으로 친밀하게 느낀다. 따라서 둘의 심리적 거리는 매우 가깝다.
> ② 1인칭 관찰자 시점 ('나' = 서술자 ≠ 주인공)
> • '나'가 다른 사람의 이야기를 하므로 '나'는 주인공이 아니다.
> • 주인공의 감정과 생각은 '나'의 추측을 통해 간접적으로 제시된다.
> • '나'가 주인공을 관찰하여 말하기 때문에, 1인칭 주인공 시점과 비교할 때 좀 더 객관적인 시점이다.
> • 주인공의 생각과 심리를 직접적으로 알 수 없으므로 긴장감과 신비감을 준다.
> 2) 3인칭 시점 : 주인공이 '그, 그녀' 또는 제3자의 이름(예) 철수, 영희 등)이며 이야기를 이끌어 가는 서술자는 작품 속 등장인물이 아니다.
> ① 전지(온전할 全 알 知 : 모든 것을 안다는 뜻, 서술자를 신과 같은 입장에 둠)적 작가 시점
> • 작품 밖 서술자가 모든 등장인물들의 감정과 생각, 행동 등을 말해 준다.
> • 작품 밖 서술자가 인물과 사건에 대한 모든 상황을 말해 주므로, 다른 시점에 비해 독자의 상상력이 제한된다.
> • 고전소설에는 작품 밖 서술자가 작품 안에 등장하여 인물과 사건에 대해 자신의 생각을 나타내는 경우가 많다. (= 서술자의 개입, 편집자적 논평)
> 예) 작자 미상, 「유충렬전」(2006학년도 수능, 2015학년도 9월 모평AB)
> "태후가 ~ 하시는 말씀이야 어찌 말로 다 표현할 수 있으리오."
> • 현대소설에서 서술자가 여러 등장인물들 중 어느 한 인물을 주인공으로 내세워 그 인물의 시각에서 이야기를 진행하는 경우도 있다. 이런 경우, 서술자는 독자로 하여금 초점이 되는 인물의 내면에 공감하도록 유도하는 경우가 많다. (= 제한적 전지적 시점, 초점화)
> 예) 채만식, 「미스터 방」(2023학년도 6월 모평)
> • 제약이 가장 적은 시점이기에 작품 수가 가장 많다. 고전소설은 대부분 전지적 작가 시점이다.
> ② 작가 관찰자 시점 (= 3인칭 관찰자 시점)
> • 서술자가 작품 밖에서 등장인물들의 행동과 대화를 관찰하여 전달하므로, 인물들의 감정이나 생각은 나오지 않는다.
> • 다른 시점들에 비해 가장 객관적인 시점이다.
> • 독자는 행동과 대화만으로 등장인물들의 심리를 추측해야 하므로, 독자의 상상력과 추리력이 가장 많이 필요한 시점이다.

35 내용 이해 – 적절하지 않은 것 고르기
정답률 80%

정답 ②

윗글을 읽고 알 수 있는 내용이 아닌 것은?

① '나'는 궐기대회가 끝나기 전 친구들과 도중에 나온 적이 있었다.

> **근거** 엎어지면 코 닿을 자리에 집이 있는 내가 몇몇 친한 녀석들을 데리고 몰래 광장을 빠져나와 걸구대가 끝날 때까지 우리 식당에서 즐거운 시간을 함께 보낸 적이 종종 있었던 까닭이었다.

> **풀이** '나'는 몇몇 친한 녀석들과 몰래 광장을 빠져나와 궐기대회가 끝날 때까지 우리 식당에서 즐거운 시간을 함께 보낸 적이 종종 있었다고 하였다. 따라서 '나'가 궐기대회가 끝나기 전 친구들과 도중에 나온 적이 있었음을 알 수 있다.

→ 적절함!

직접 목격했고, 차후에 확실히 알게 되었다

② '나'는 창권이 형이 궐기대회에서 혈서를 쓴 사실을 어머니를 통해 전해 들었다.

> **근거** 검정물로 염색한 군복을 걸친 그 협수룩한 모습이 먼빛으로 봐도 어쩐지 많이 눈에 익어 보였다. / 설마 그럴 리가 있겠느냐고, 혹시 내가 잘못 봤을지도 모른다고 생각하면서 나는 고개를 저었다. / 내가 결코 잘못 본 게 아니라는 사실이 이윽고 밝혀졌다. 창권이 형은 열 손가락에 빨갛게 핏물이 밴 붕대를 친친 감은 채 식당에 돌아옴으로써 어머니와 나를 기절초풍케 만들었다.

> **풀이** '나'는 창권이 형이 궐기대회에서 혈서를 쓴 사실을 어머니를 통해 전해 들은 것이 아니다. '나'는 궐기대회에서 혈서를 쓰는 청년을 먼빛으로 보고 많이 눈에 익다고 생각했고, 열 손가락에 빨갛게 핏물이 밴 붕대를 친친 감은 채 식당에 돌아온 형을 봄으로써 궐기대회에서 군복 차림으로 혈서를 쓴 인물이 창권이 형임을 확실하게 알게 된 것이다.

→ 적절하지 않음!

③ 창권이 형은 열혈 애국 청년 노릇으로 바빠지게 되자 식당 심부름꾼으로 일할 겨를이 없었다.

> **근거** 걸구대 때마다 단골로 혈서를 쓰는 열혈 애국 청년 노릇에 워낙 바쁘다 보니 식당 안에 진드근히 붙어 있을 겨를도 없었다. / 형은 어느덧 장국밥을 전문으로 하는 식당의 허드재비 심부름꾼에서 당당한 손님으로 격이 달라져 있었다.

> **풀이** 식당의 허드재비 심부름꾼이던 창권이 형은 궐기대회 때마다 단골로 혈서를 쓰는 열혈 애국 청년 노릇으로 바빠져서 식당에 붙어 있을 겨를조차 없게 되었다고 하였으므로 적절하다.

→ 적절함!

④ 창권이 형은 퇴원 후 어머니에게 노골적인 박대를 받던 끝에 고향으로 돌아갈 결심을 했다.

근거 어머니는 쩔쑥쩔쑥 기우뚱거리는 걸음걸이로 하릴없이 식당 안팎을 서성이는 먼촌붙이 조카를 눈엣가시로 알고 노골적으로 박대했다. 우리 식당에 빌붙어 눈칫밥이나 축내며 지내던 어느 날, 형은 마침내 시골집으로 돌아갈 결심을 굳혔다.

풀이 창권이 형이 퇴원한 후 어머니는 먼촌붙이 조카인 창권이 형을 노골적으로 박대했고, 이로 인해 형은 마침내 시골집으로 돌아갈 결심을 굳히게 되었으므로 적절하다.

→ 적절함!

⑤ **어머니는 창권이 형이 궐기대회에서 박수갈채를 받으며 애국 학도로 행세하는 것을 못마땅하게 여겼다.**

근거 형의 그 가짜배기 애국 학도 행각을 애초부터 꼴같잖게 여기던 어머니

풀이 어머니는 창권이 형의 가짜배기 애국 학도 행각을 애초부터 꼴같잖게 여겼으므로 적절하다.

→ 적절함!

36 소재의 의미 – 적절한 것 고르기
정답률 65%, 매력적 오답 ① 15% ④ 10%　　정답 ⑤

⊙에 대한 이해로 가장 적절한 것은?

> 안 그래도 새것임을 만천하에 광고하듯 ⊙ 너무 번뜩여서 오히려 탈인 그 금빛의 교표를 형은 내친김에 아예 순금제로 바꿔 놓을 작정인 듯 시간 가는 줄 모르고 일삼아 닦고 또 닦아 댔다.

신분을 위장하기

① 빛나는 교표로는 오히려 창권이 형의 *능청스러운 성격을 **은폐하기 어려움을 의미한다. *엉큼한 마음을 숨기고 겉으로는 아무렇지 않게 행동하는 **숨기기

풀이 '교표'는 창권이 형을 고등학생으로 위장하는 역할을 하는 것으로, 창권이 형의 능청스러운 성격을 은폐하기 위한 소재로 볼 수 없다.

→ 적절하지 않음!

② 교표가 빛이 날수록 오히려 창권이 형이 자신의 행동을 부끄럽게 생각할 수 있음을 의미한다.

근거 "일트레면은 가짜배기 나이롱 고등과 학생인 심이지." 언제 학교에 들어갔느냐는 내 물음에 형은 천연덕스레 대꾸하고 나서 한바탕 히히거렸다. / 가정 형편이 어려워 어릴 때부터 남의집살이로 잔뼈를 굵혀 나온 형은 자신을 진짜배기 고등학생으로 착각하고 있는 기색이었다.

풀이 창권이 형은 자신을 가짜배기 나이롱 고등과 학생이라고 하며 한바탕 히히거리고, 자신을 진짜배기 고등학생으로 착각하고 있는 기색이었으므로 자신의 행동을 부끄럽게 생각한다고 보기 어렵다.

→ 적절하지 않음!

③ 번뜩이는 교표로 인해 궐기대회에서 창권이 형이 맡는 역할이 오히려 축소될 수 있음을 의미한다.

근거 "요담번 궐기대회 때부텀 나가 맥아더 원수에게 보내는 멧세지 낭독까장 맡어서 허기로 결정이 나뿌렀다."/ 형은 걸구대에서 자신이 맡은 역할이 단골 혈서가 노릇 말고 다른 중요한 것이 더 있음을 자랑스레 밝히는 중이었다.

풀이 '교표'는 궐기대회에서 단골 혈서가 노릇을 하고 있는 창권이 형의 신분을 고등학생으로 위장하기 위한 것이었고, 다음번 궐기대회 때부터는 형이 맥아더 원수에게 보내는 메세지 낭독까지 하는 것으로 역할이 확대되었으므로, 번뜩이는 교표로 인해 궐기대회에서 창권이 형이 맡는 역할이 오히려 축소되었다고 이해하는 것은 적절하지 않다.

→ 적절하지 않음!

④ 교표를 정성스럽게 닦는 행위 때문에 오히려 창권이 형이 불안감을 더 크게 느끼게 됨을 의미한다.

근거 형은 내친김에 아예 순금제로 바꿔 놓을 작정인 듯 시간 가는 줄 모르고 일삼아 닦고 또 닦아 댔다. / 가정 형편이 어려워 어릴 때부터 남의집살이로 잔뼈를 굵혀 나온 형은 자신을 진짜배기 고등학생으로 착각하고 있는 기색이었다.

풀이 창권이 형은 시간 가는 줄 모르고 교표를 정성스럽게 닦았고, 자신을 진짜배기 고등학생으로 착각하고 있는 기색이었으므로 창권이 형이 불안감을 더 크게 느끼게 되는 것과는 거리가 멀다.

→ 적절하지 않음!

✓ ⑤ 지나치게 새것으로 보이는 교표 때문에 오히려 창권이 형의 학력 위조가 쉽게 탄로 날 수 있음을 의미한다.

풀이 '교표'는 창권이 형을 고등학생으로 위장하는 역할을 하지만 너무 번뜩여서 오히려 창권이 형이 가짜 고등학생임을 탄로 나게 할 위험이 있다. 따라서 지나치게 새것으로 보이는 교표 때문에 오히려 창권이 형의 학력 위조가 쉽게 탄로 날 수 있을 것이라는 설명은 적절하다.

→ 적절함!

---

37 감상의 적절성 – 적절하지 않은 것 고르기
정답률 60%, 매력적 오답 ① 10% ④ 20%　　정답 ⑤

<보기>를 바탕으로 윗글을 감상한 내용으로 적절하지 않은 것은?　[3점]

> | 보기 |
> [1] 이 작품은 6·25 전쟁으로 인해 혼란해진 사회를 배경으로 한다. [2] 창권이 형은 궐기대회에서 애국 학도로 활약하게 되는 과정에서 권력층에 편승하는(편승 便 乘 : 남의 세력을 이용하여 자신의 이익을 거두는) 모습을 보인다. [3] 정치적 목적을 위해 대중(클 大 무리 衆 : 많은 사람의 무리)을 기만하는(속일 欺 속일 瞞 : 속이는) 권력층에 이용당하다 결국 몰락하게(가라앉을 沒 떨어질 落 : 약해져서 보잘것없어지게) 되는 창권이 형을 통해 어리석은 인물이 가진 욕망의 허망함(공허할 虛 헛될 妄 : 어이없고 허무함)을 풍자하고(풍자할 諷 꾸짖을 刺 : 경계하거나 비판하고) 있다. [4] 그리고 궐기대회에서 벌어지는 일을 제대로 이해하지 못하는 어린 '나'를 통해 궐기대회가 희화화된다(희롱할 戱 그릴 畵 될 化 : 우스꽝스럽게 묘사되거나 풍자된다).

① '멧세지'를 보내는 것을 '멧돼지 보내기'로 오해한 '나'를 통해 궐기대회가 희화화되는군.

근거 <보기>-4 궐기대회에서 벌어지는 일을 제대로 이해하지 못하는 어린 '나'를 통해 궐기대회가 희화화된다.

멧돼지 보내기가 몇 번이나 되풀이된 다음, 마지막 순서로 혈서 쓰기가 시작되었다. 하지만 무식한 가짜 고등학생은, 멧돼지가 아니라고, 꼬부랑말로 멧세지가 맞다고 턱도 없는 우김질을 끝까지 계속했다.

풀이 국민학교 2학년생인 '나'는 궐기대회에서 벌어지는 일을 제대로 이해하지 못해 '멧세지'를 보내는 것을 '멧돼지 보내기'로 오해하는데, 이러한 '나'를 통해 궐기대회가 우스꽝스럽게 희화화되고 있다.

→ 적절함!

② '좀체 아물 새가 없'는 '손가락들'은 표면적으로는 애국심의 증거이지만 *이면적으로는 창권이 형이 권력층에 이용당하는 인물임을 엿볼 수 있게 하는군. *속 裏 겉 面 ~의 的 : 겉으로 나타나거나 눈에 보이지 않는 부분의 측면에서는

근거 <보기>-3 정치적 목적을 위해 대중을 기만하는 권력층에 이용당하다

덕분에 형의 상처 난 손가락들은 좀체 아물 새가 없었다.

풀이 궐기대회 때마다 단골로 혈서를 쓰는 열혈 애국 청년 노릇에 바쁜 창권이 형의 '좀체 아물 새가 없'는 '손가락들'은 표면적으로는 애국심의 증거로 볼 수 있지만 이면적으로는 그가 정치적 목적을 위해 대중을 기만하는 권력층에 이용당하는 인물임을 엿볼 수 있게 한다.

→ 적절함!

③ '고등과 학생 숭내를 내고 댕기'라고 지시하는 것에서 자신들의 목적을 위해 대중을 속이는 권력층의 부정적 면모가 드러나는군.

근거 <보기>-3 정치적 목적을 위해 대중을 기만하는 권력층

중요한 일로 높은 사람들을 만나러 간다며 아침 일찍 집을 나선 창권이 형이 해 질 녘에 다따가 고등학생으로 변해 돌아왔다./ "핵교도 안 댕기는 반거충이 청년이 단골 혈서가란 속내가 알려지는 날이면 넘들 보기에도 모냥이 숭칙허다고, 날더러 당분간 고등과 학생 숭내를 내고 댕기란다."

풀이 높은 사람들이 단골 혈서가인 창권이 형의 실체가 탄로 날 것을 우려하여 그에게 '고등과 학생 숭내를 내고 댕기'라고 지시한 것에서 정치적 목적을 위해 대중을 기만하는 권력층의 부정적 면모가 드러난다.

→ 적절함!

④ '시위대의 선두에 섰'다가 '중상을 입'은 비극을 통해 권력층에 편승하려는 창권이 형의 *부질없는 욕망이 풍자되고 있군. *쓸모없는

근거 <보기>-2~3 창권이 형은 궐기대회에서 애국 학도로 활약하게 되는 과정에서 권력층에 편승하는 모습을 보인다. ~ 결국 몰락하게 되는 창권이 형을 통해 어리석은 인물이 가진 욕망의 허망함을 풍자하고 있다.

그날도 형은 군산으로 원정을 떠나 적성중립국 감시위원들의 추방을 요구하는 시위대의 선두에 섰다./ 형은 세퍼드들의 집중 공격을 받아 엉덩이 살점이 뭉텅 뜯겨 나가고 왼쪽 발뒤꿈치의 인대가 끊어지는 중상을 입었다.

풀이 궐기대회에서 애국 학도로 활약하게 되는 과정에서 권력층에 편승하는 모습을 보인 창권이 형은 '시위대의 선두에 섰'다가 '중상을 입'은 비극을 겪는데, 이를 통해 어리석은 인물이 가진 욕망의 허망함이 풍자되고 있다.

→ 적절함!

✓ ⑤ '유일한 전리품'이었던 '회중시계'는 전쟁 시기에 애국 학도로서의 신념을 지키지 못한 창권이 형의 고뇌를 상징하는군.

근거 <보기>-2~3 창권이 형은 궐기대회에서 애국 학도로 활약하게 되는 과정에서 권력층에 편승하는 모습을 보인다. ~ 창권이 형을 통해 어리석은 인물이 가진 욕망의 허망함을 풍자하고 있다.

피난민 시체로부터 받은 선물이라고 주장하던 그 회중시계가 내 작은 손바닥 위에

→ 문제편 022쪽

제법 묵직한 중량감으로 올라앉아 있었다./ 전쟁 기간을 통틀어 형의 수중에 남겨진 **유일한 전리품**이었다.

풀이 '나'는 창권이 형의 '유일한 전리품'이었던 '회중시계'를 들여다보며 시계가 형의 금빛 찬란하던 한때를 증언하는 듯한 느낌을 받는다. 그러나 '회중시계'가 전쟁 시기에 애국 학도로서의 신념을 지키지 못한 창권이 형의 고뇌를 상징한다고 볼 수는 없다. 애초에 창권이 형에게는 애국 학도로서의 신념이 존재하지 않았고, 다만 자신의 욕망을 위해서 열혈 애국 청년 노릇에 몰두했다고 이해하는 것이 적절하기 때문이다.

→ 적절하지 않음!

[38 ~ 42] 기술 - 〈편광판의 원리를 이용해 OLED 스마트폰에서 야외 시인성을 높이는 기술〉

1 [1]맑고 화창한 날 밖에서 스마트폰 화면이 잘 보이지 않았던 경험이 한 번쯤은 있을 것이다. [2]이는 화면에 반사된(反射ㅡ, 부딪혀서 나아가던 방향이 반대로 바뀐) 햇빛이 화면에서 나오는 빛과 많이 ⓐ 혼재될수록 야외(野外, 건물의 밖) 시인성(視認性, 분별하여 알아보기 쉬운 성질)이 저하되기(低下ㅡ, 떨어져 낮아지기) 때문이다. [3]야외 시인성이란, 빛이 밝은 야외에서 대상을 명확하게(明確ㅡ, 아주 뚜렷하고 확실하게) 인식할(認識ㅡ, 분별하고 판단하여 알) 수 있는 성질을 의미한다. [4]그렇다면 스마트폰에는 야외 시인성 개선(改善, 고쳐 더 좋게 만듦)을 위해 어떠한 기술이 적용되어 있을까?

→ 맑은 날 밖에서 스마트폰 화면이 잘 보이지 않는 이유 및 야외 시인성의 개념

2 [1]㉠스마트폰 화면의 명암비가 높으면 우리는 화면에 표현된 이미지를 선명하다고(鮮明ㅡ, 뚜렷하다고) 인식한다. [2]명암비는 가장 밝은 색과 가장 어두운 색을 화면이 얼마나 잘 표현하는지를 나타내는 수치(數値, 계산하여 얻은 값)로, 흰색을 표현할 때의 휘도(輝 빛 휘 度 정도 도)를 검은색을 표현할 때의 휘도로 나눈 값이다. [3]여기서 휘도는 화면에서 나오는 빛이 사람의 눈에 얼마나 들어오는지를 나타내는 양이다. [4]가령, 흰색을 표현할 때의 휘도가 2,000 cd/m²이고 검은색을 표현할 때의 휘도가 2 cd/m²인 스마트폰의 명암비는 1,000(흰색을 표현할 때의 휘도 ÷ 검은색을 표현할 때의 휘도 = 2,000 ÷ 2 = 1,000)이다.

→ 명암비의 개념과 계산 방법

3 [1]명암비는 휘도를 측정하는(測定ㅡ, 재는) 환경에 따라 암실(暗 어둡다 암 室 방 실, 밖으로부터 빛이 들어오지 못하게 만든 방) 명암비와 명실(明 밝다 명 室 방 실) 명암비로 구분된다. [2]암실 명암비는 햇빛과 같은 외부(外部, 바깥)광(光, 빛) 없이 오로지 화면에서 나오는 빛만을 인식할 수 있는 조건에서의 명암비를, 명실 명암비는 외부광이 ⓑ 존재하는 조건에서의 명암비를 의미한다. [3]스마트폰의 야외 시인성을 높이기 위해서는 명실 명암비를 높여야 한다. [4]이를 위해 화면에서 흰색을 표현할 때의 휘도를 높이는 방법과 검은색을 표현할 때의 휘도를 낮추는 방법을 사용할 수 있다.

→ 명암비의 종류와 야외 시인성을 높이기 위한 방법

4 [1]그런데 스마트폰에 흔히 사용되는 OLED는 흰색을 표현할 때의 휘도를 높이는 데 한계(限界, 실제 작용할 수 있는 범위)가 있다. [2]OLED는 화면의 내부에 있는 기판*에서 빛을 내는 소자(素子, 장치의 구성 요소가 되는 낱낱의 부품)로, 빨간색, 초록색, 파란색 빛을 조합하여(組合ㅡ, 한데 모아 한 덩어리로 짜서) 다양한 색을 ⓒ 구현한다. [3]이렇게 OLED가 색을 표현할 때, 출력되는(出力ㅡ, 나오는) 빛의 세기를 높이면 해당(該當, 바로 그) 색의 휘도가 높아진다. [4]그러나 강한 세기의 빛을 출력할수록 OLED의 수명(壽命, 사용에 견디는 기간)이 ⓓ 단축되는 문제가 있다. [5]이러한 이유로 OLED 스마트폰에는 편광판(偏光板, 자연광을 투과하면 직선 편광으로 변화하는 얇은 판. 여기서 편광은 일정한 방법으로 진동하는 빛을 말함)과 위상지연(位相遲延, 단일 주파수의 파동이 어떤 점에서 계통이 다른 점으로 퍼져 갈 때 짧은 시간에 생기는 늦추어짐)필름을 활용하여, 외부광의 반사로 높아진, 검은색을 표현할 때의 휘도를 낮추는 기술이 적용되고(適用ㅡ, 맞추어져 쓰이고) 있다.

→ OLED 스마트폰의 야외 시인성을 높이기 위해 적용되는 기술

5 [1]〈그림〉은 OLED 스마트폰에 적용된 편광판의 원리를 나타낸 것이다. [2]일반적으로 빛은 진행하는 방향에 수직인 모든 방향으로 진동하며 나아간다. [3]빛이 편광판을 통과하면 ㄱ(진행 방향에 수직으로 진동하며 나아가는 빛)중 편광판의 투과축(透過軸, 편광판에서 전자기파의 전기장이 투과할 수 있는 축)과 평행한 방향으로 진동하며 나아가는 선형(線形, 선처럼 가늘고 긴 모양) 편광만 남고, 투과축의 수직 방향으로 진동하는 빛은 차단된다(遮斷ㅡ, 막혀져 통하지 못하게 된다). [4]이러한 과정에서 편광판을 통과한 빛의 세기는 감소하게(減少ㅡ, 줄게) 된다.

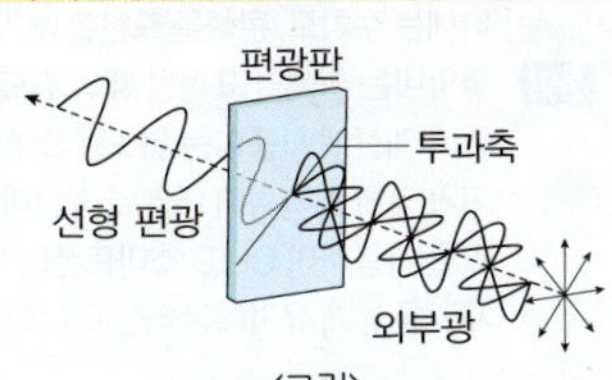

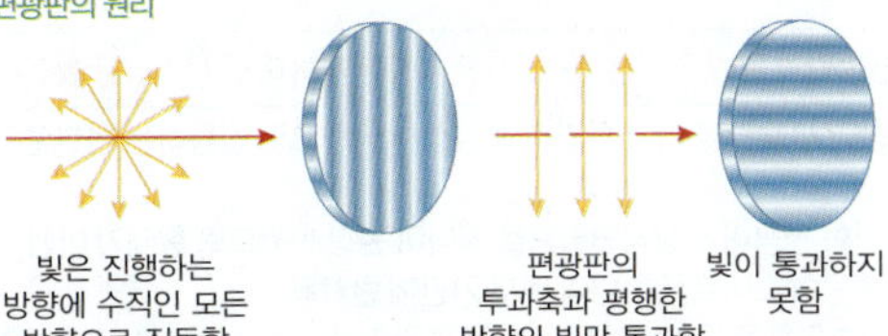
〈참고 그림〉 편광판의 원리

→ OLED 스마트폰에 적용된 편광판의 원리

6 [1]이러한 원리를 이용해 OLED 스마트폰에서 야외 시인성을 높이는 기술을 설명하면 다음과 같다. [2]먼저 스마트폰 화면 안으로 들어오는 외부광은 편광판을 거치면서 일부(一部, 한 부분. 여기서는 투과축의 수직 방향으로 진동하는 빛을 뜻함)가 차단되고 투과축과 평행한 방향으로 진동하는 선형 편광만 남게 된다. [3]그런 다음 이 선형 편광은 위상지연필름을 지나면서 회전하며 나아가는 빛인 원형(圓形, 둥근 모양) 편광으로 편광의 형태가 바뀐다. [4]이 원형 편광은 스마트폰 화면의 내부 기판에 반사된 뒤, 다시 위상지연필름을 통과하며 선형 편광으로 바뀐다. [5]그런데 이 선형 편광의 진동 방향은 외부광이 처음 편광판을 통과했을 때 남은 선형 편광의 진동 방향(= 편광판의 투과축과 평행한 방향)과 수직을 이루게 되어(= 투과축의 수직 방향) 편광판에 가로막히게 된다.(= 편광판의 투과축의 수직 방향으로 진동하는 빛이므로 차단된다) [6]그 결과 기판에 반사된 외부광은 화면 밖으로 빠져나가지 못하게 된다.

[A]

→ 편광판의 원리를 이용해 OLED 스마트폰에서 야외 시인성을 높이는 기술

7 [1]이와 같은 기술은 OLED 스마트폰의 야외 시인성을 높이는 데에는 매우 효과적이지만, 편광판을 사용할 수밖에 없기 때문에 스마트폰 화면이 일정 수준의 명암비를 유지하기(維持ㅡ, 그대로 이어 가기) 위해서는 ㉡OLED가 내는 빛의 세기를 높게 유지해야 한다는 단점이 존재한다. [2]그리고 외부광이 화면의 외부 표면에 반사되어 나타나는 야외 시인성의 저하도 ⓔ 방지하지 못한다. [3]최근에는 이러한 문제점들을 개선하기 위한 연구가 다양한 분야에서 이루어지고 있다.

→ 편광판의 원리를 이용해 OLED 스마트폰에서 야외 시인성을 높이는 기술의 장단점

* 기판 : 전기 회로가 편성되어(編成ㅡ, 짜여 만들어져) 있는 판

■ 지문 이해

① 맑은 날 밖에서 스마트폰 화면이 잘 보이지 않는 이유 및 야외 시인성의 개념

- 맑은 날 밖에서 스마트폰 화면이 잘 보이지 않는 이유 : 화면에 반사된 햇빛이 화면에서 나오는 빛과 많이 혼재될수록 야외 시인성이 저하되기 때문
- 야외 시인성 : 빛이 밝은 야외에서 대상을 명확하게 인식할 수 있는 성질

② 명암비의 개념과 계산 방법

- 스마트폰 화면의 명암비가 높으면 화면에 표현된 이미지를 선명하다고 인식함
- 명암비
  - 가장 밝은 색과 가장 어두운 색을 화면이 얼마나 잘 표현하는지 나타내는 수치
  - 흰색을 표현할 때의 휘도 ÷ 검은색을 표현할 때의 휘도

③ 명암비의 종류와 야외 시인성을 높이기 위한 방법

- 암실 명암비 : 외부광 없이 화면에서 나오는 빛만 인식할 수 있는 조건에서의 명암비
- 명실 명암비 : 외부광이 존재하는 조건에서의 명암비
  → 스마트폰의 야외 시인성을 높이려면 명실 명암비를 높여야 함

④ OLED 스마트폰의 야외 시인성을 높이기 위해 적용되는 기술

- 흰색을 표현할 때의 휘도를 높이는 방법 : OLED에서 출력되는 빛의 세기를 높이면 색의 휘도가 높아지지만, 강한 세기의 빛을 출력할수록 OLED의 수명이 단축됨 → 한계가 있음
- 검은색을 표현할 때의 휘도를 낮추는 방법 : 편광판과 위상지연필름을 활용해, 외부광의 반사로 높아진, 검은색을 표현할 때의 휘도를 낮추는 기술이 적용됨

⑤ OLED 스마트폰에 적용된 편광판의 원리

- 빛이 편광판을 통과하면 편광판의 투과축과 평행한 방향으로 진동하며 나아가는 선형 편광만 남고, 수직 방향으로 진동하는 빛은 차단됨 → 빛의 세기 감소

→ 문제편 023쪽

❻ 편광판의 원리를 이용해 OLED 스마트폰에서 야외 시인성을 높이는 기술

① 외부광이 편광판을 거쳐 투과축과 평행한 방향으로 진동하는 선형 편광만 남게 됨

② ①의 선형 편광이 위상지연필름을 지나며 원형 편광으로 형태가 바뀜

③ 원형 편광이 스마트폰 화면의 내부 기판에 반사됨

④ 위상지연필름을 통과하며 ①의 선형 편광과 수직을 이루는 진동 방향의 선형 편광으로 바뀜

⑤ 편광판에 가로막혀 화면 밖으로 빠져나가지 못하게 됨

❼ 편광판의 원리를 이용해 OLED 스마트폰에서 야외 시인성을 높이는 기술의 장단점

• 장점 : OLED 스마트폰의 야외 시인성을 높이는 데에는 매우 효과적임

• 단점
- 빛의 세기가 감소하는 편광판을 사용하기 때문에 명암비 유지를 위해 OLED가 내는 빛의 세기를 높게 유지해야 함
- 외부광이 화면 외부 표면에 반사되어 나타나는 야외 시인성 저하를 방지하지 못함

오답률 TOP ❷ | 1등급 문제

38 | 세부 정보 이해 - 적절한 것 고르기
정답률 60%, 매력적 오답 ③ ⑤ 15% | **정답 ①**

윗글에서 알 수 있는 내용으로 가장 적절한 것은?

① 햇빛은 진행하는 방향에 수직인 모든 방향으로 진동한다.
> **근거** ❺-2 일반적으로 빛은 진행하는 방향에 수직인 모든 방향으로 진동하며 나아간다.

→ 적절함!

세
② OLED는 네 가지의 색을 조합하여 다양한 색을 구현한다.
> **근거** ❹-2 OLED는 화면의 내부에 있는 기판에서 빛을 내는 소자로, 빨간색, 초록색, 파란색 빛을 조합하여 다양한 색을 구현한다.

→ 적절하지 않음!

높아진다
③ 사람의 눈에 들어오는 빛의 양이 많으면 휘도는 낮아진다.
> **근거** ❷-3 휘도는 화면에서 나오는 빛이 사람의 눈에 얼마나 들어오는지를 나타내는 양
> **풀이** 휘도는 화면에서 나오는 빛이 사람의 눈에 얼마나 들어오는가를 나타내는 양이므로, 사람의 눈에 들어오는 빛의 양이 많으면 휘도는 높아진다.

→ 적절하지 않음!

④ 야외 시인성은 사물 간의 크기 차이를 비교하는 기준이다.
> **근거** ❶-3 야외 시인성이란, 빛이 밝은 야외에서 대상을 명확하게 인식할 수 있는 성질을 의미한다.

→ 적절하지 않음!

⑤ OLED는 화면의 외부 표면에 반사되는 외부광을 차단한다.
> **근거** ❹-2 OLED는 화면의 내부에 있는 기판에서 빛을 내는 소자로, 빨간색, 초록색, 파란색 빛을 조합하여 다양한 색을 구현한다, ❼-2 (OLED는) 외부광이 화면의 외부 표면에 반사되어 나타나는 야외 시인성의 저하도 방지하지 못한다.
> **풀이** OLED는 화면의 내부에 있는 기판에서 빛을 내는 소자이므로, 화면의 외부 표면에 반사되는 외부광을 차단하는 역할을 하지는 않는다. 또한 OLED는 화면의 외부 표면에 반사되는 외부광을 차단하지 못하여 야외 시인성의 저하도 방지하지 못한다.

→ 적절하지 않음!

---

39 | 세부 정보 이해 - 적절하지 않은 것 고르기
정답률 65%, 매력적 오답 ⑤ 15% | **정답 ②**

㉠에 대한 설명으로 적절하지 않은 것은?

> ㉠ 스마트폰 화면의 명암비

① 명실 명암비를 높이면 야외 시인성이 높아지게 된다.
> **근거** ❸-3 스마트폰의 야외 시인성을 높이기 위해서는 명실 명암비를 높여야 한다.

→ 적절함!

낮아진다
② 흰색을 표현할 때의 휘도가 낮아질수록 암실 명암비가 높아진다.
> **근거** ❷-2 명암비는 … 흰색을 표현할 때의 휘도를 검은색을 표현할 때의 휘도로 나눈

값, ❷-4 가령, 흰색을 표현할 때의 휘도가 2,000 cd/m²이고 검은색을 표현할 때의 휘도가 2 cd/m²인 스마트폰의 명암비는 1,000이다.
> **풀이** 명암비는 흰색을 표현할 때의 휘도를 검은색을 표현할 때의 휘도로 나눈 값이므로, 암실 명암비와 명실 명암비 모두 흰색을 표현할 때의 휘도가 낮아질수록 명암비가 낮아진다.

→ 적절하지 않음!

③ 휘도를 측정하는 환경에 따라 명실 명암비와 암실 명암비로 나뉜다.
> **근거** ❸-1 명암비는 휘도를 측정하는 환경에 따라 암실 명암비와 명실 명암비로 구분된다.

→ 적절함!

④ 흰색을 표현할 때의 휘도를 검은색을 표현할 때의 휘도로 나눈 값이다.
> **근거** ❷-2 명암비는 … 흰색을 표현할 때의 휘도를 검은색을 표현할 때의 휘도로 나눈 값이다.

→ 적절함!

⑤ 화면에 반사된 외부광이 눈에 많이 들어올수록 명실 명암비가 낮아진다.
> **근거** ❶-2 화면에 반사된 햇빛이 화면에서 나오는 빛과 많이 혼재될수록 야외 시인성이 저하, ❸-2~3 명실 명암비는 외부광이 존재하는 조건에서의 명암비를 의미한다. 스마트폰의 야외 시인성을 높이기 위해서는 명실 명암비를 높여야 한다.
> **풀이** 윗글에서 야외 시인성을 높이기 위해서는 명실 명암비를 높여야 한다고 하였으므로, 이를 통해 명실 명암비가 낮을 때는 야외 시인성이 낮을 것임을 알 수 있다. 또 윗글에서는 화면에 반사된 햇빛(외부광)이 화면에서 나오는 빛과 뒤섞여 눈에 많이 들어올수록 야외 시인성이 낮아진다고 하였다. 따라서 화면에 반사된 외부광이 눈에 많이 들어올수록 명실 명암비가 낮아진다는 설명은 적절하다.

→ 적절함!

---

40 | 추론의 적절성 판단 - 적절한 것 고르기
정답률 70%, 매력적 오답 ④ ⑤ 10% | **정답 ③**

㉡의 이유를 추론한 것으로 가장 적절한 것은?

> ㉡ OLED가 내는 빛의 세기를 높게 유지해야 한다

> **근거** ❺-3~4 빛이 편광판을 통과하면 그중 편광판의 투과축과 평행한 방향으로 진동하며 나아가는 선형 편광만 남고, 투과축의 수직 방향으로 진동하는 빛은 차단된다. 이러한 과정에서 편광판을 통과한 빛의 세기는 감소하게 된다.
> **풀이** 빛이 편광판을 통과하면 투과축의 수직 방향으로 진동하는 빛은 차단되고, 이 과정에서 편광판을 통과한 빛의 세기는 감소한다. 윗글에서 소개한 OLED 스마트폰의 야외 시인성을 높이는 기술에서는 편광판을 사용하므로, 외부광의 경우와 마찬가지로 OLED가 내는 빛 중 투과축의 수직 방향으로 진동하는 빛이 차단되면서 화면에서 나오는 빛의 세기가 감소할 것이다. 따라서 OLED가 내는 빛의 세기를 높게 유지해야 하는 이유는 편광판 사용으로 인해 OLED가 내는 빛 중 일부가 편광판에서 차단되어, 화면에서 나오는 빛의 세기가 감소되기 때문이라고 추론할 수 있다. 따라서 정답은 ③번이다.

① OLED가 내는 빛의 휘도를 조절할 수 없기 때문이다.
> **근거** ❹-3 OLED가 색을 표현할 때, 출력되는 빛의 세기를 높이면 해당 색의 휘도가 높아진다.

② OLED가 내는 빛이 강할수록 수명이 길어지기 때문이다.
> **근거** ❹-4 강한 세기의 빛을 출력할수록 OLED의 수명이 단축되는 문제가 있다.

③ OLED가 내는 빛 중 일부가 편광판에서 차단되기 때문이다.

→ 적절함!

④ OLED가 내는 빛이 약하면 명암비 계산이 어렵기 때문이다.
> **근거** ❷-2 명암비는 가장 밝은 색과 가장 어두운 색을 화면이 얼마나 잘 표현하는지를 나타내는 수치로, 흰색을 표현할 때의 휘도를 검은색을 표현할 때의 휘도로 나눈 값
> **풀이** 명암비는 흰색을 표현할 때의 휘도를 검은색을 표현할 때의 휘도로 나눈 값이다. 명암비 계산에 사용되는 휘도는 OLED에서 나오는 빛의 세기와 관련이 있으므로 그 세기가 약하면 측정이 어려워 계산이 어려울 것이라 추론할 수 있다. 그러나 이는 편광판을 사용하여 OLED 스마트폰의 야외 시인성을 높이고자 할 때 OLED가 내는 빛의 세기를 높게 유지해야 하는 이유와 관련이 없다.

⑤ OLED가 내는 빛의 세기를 높이는 데 한계가 있기 때문이다.
> **근거** ❹-4 강한 세기의 빛을 출력할수록 OLED의 수명이 단축되는 문제가 있다.
> **풀이** 윗글에서는 강한 세기의 빛을 출력할수록 OLED의 수명이 단축되는 문제가 있다고 설명하면서 OLED가 내는 빛의 세기를 높이는 데 한계가 있음을 밝히고 있다. 그러

나 OLED가 내는 빛의 세기를 높이는 데 한계가 있기 때문에 OLED가 내는 빛의 세기를 높게 유지해야 하는 것은 아니다.

오답률 TOP ❶ **1등급 문제**

41 세부 정보 이해 - 적절하지 않은 것 고르기
정답률 50%, 매력적 오답 ② 20% ④ 15%   **정답 ③**

〈보기〉는 [A]의 과정을 나타낸 그림이다. 윗글을 바탕으로 〈보기〉를 이해한 내용으로 적절하지 **않은** 것은?   `3점`

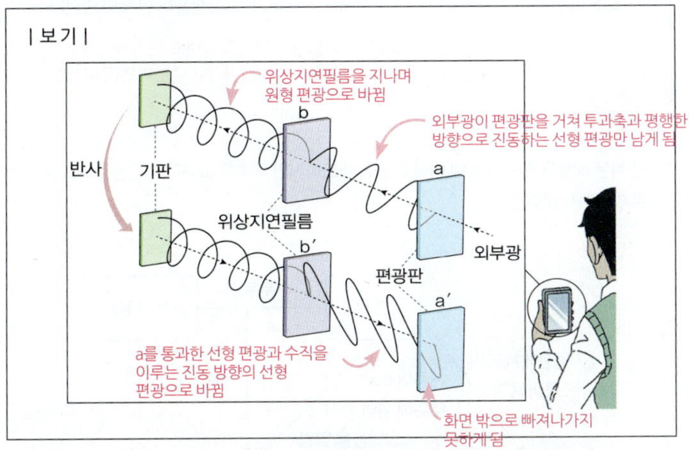

① 외부광은 a를 거치면서 투과축과 평행한 방향으로 진동하는 빛만 남게 된다.

근거 **❻-2** 스마트폰 화면 안으로 들어오는 외부광은 편광판(ⓐ)을 거치면서 일부가 차단되고 투과축과 평행한 방향으로 진동하는 선형 편광만 남게 된다.

→ 적절함!

② a를 거쳐 b로 나아가는 빛은 진행 방향에 수직인 방향으로 진동한다.

근거 **❺-2** 일반적으로 빛은 진행하는 방향에 수직인 모든 방향으로 진동하며 나아간다.
풀이 모든 빛은 진행하는 방향에 수직인 방향으로 진동하며 나아간다. 따라서 a를 거쳐 b로 나아가는 빛, 즉 편광판의 투과축과 평행한 방향으로 진동하며 나아가는 빛 역시 진행 방향에 수직인 방향으로 진동한다.

→ 적절함!

원형 편광   선형 편광   다른

③ b를 거친 빛은 기판에 의해 a를 거쳐 b로 나아가는 빛과 같은 형태의 편광으로 바뀌게 된다.

근거 **❻-2~3** 먼저 스마트폰 화면 안으로 들어오는 외부광은 편광판(ⓐ)을 거치면서 일부가 차단되고 투과축과 평행한 방향으로 진동하는 선형 편광만 남게 된다. 그런 다음 이 선형 편광은 위상지연필름(b)을 지나면서 회전하며 나아가는 빛인 원형 편광으로 편광의 형태가 바뀐다.

→ 적절하지 않음!

④ b′를 거친 빛의 진동 방향은 a를 거쳐 b로 나아가는 빛의 진동 방향과 수직을 이룬다.

근거 **❻-4~5** 이 원형 편광은 스마트폰 화면의 내부 기판에 반사된 뒤, 다시 위상지연필름(b′)을 통과하며 선형 편광으로 바뀐다. 그런데 이 선형 편광의 진동 방향은 외부광이 처음 편광판(ⓐ)을 통과했을 때 남은 선형 편광의 진동 방향과 수직을 이루게 되어

→ 적절함!

⑤ b′를 거친 빛은 진동 방향이 a′의 투과축과 수직을 이루므로 화면 밖으로 빠져나가지 못하게 된다.

근거 **❻-4~6** 이 원형 편광은 스마트폰 화면의 내부 기판에 반사된 뒤, 다시 위상지연필름(b′)을 통과하며 선형 편광으로 바뀐다. 그런데 이 선형 편광의 진동 방향은 외부광이 처음 편광판을 통과했을 때 남은 선형 편광의 진동 방향과 수직을 이루게 되어 편광판(a′)에 가로막히게 된다. 그 결과 기판에 반사된 외부광은 화면 밖으로 빠져나가지 못하게 된다.

→ 적절함!

---

42 문맥적 의미 파악 - 적절하지 않은 것 고르기
정답률 90%   **정답 ③**

문맥상 ⓐ~ⓔ와 바꾸어 쓰기에 적절하지 **않은** 것은?

ⓐ 혼재될수록   ⓑ 존재하는   ⓒ 구현한다   ⓓ 단축되는   ⓔ 방지하지

① ⓐ : 뒤섞일수록

풀이 ⓐ에서 쓰인 '혼재(混 섞이다 혼 在 있다 재)되다'는 '뒤섞여 있다'의 뜻으로, '뒤섞이다'와 바꿔 써도 문맥상 의미가 달라지지 않는다. 따라서 ⓐ의 '혼재될수록'을 '뒤섞일수록'으로 바꿔 쓰는 것은 문맥상 적절하다.

→ 적절함!

② ⓑ : 있는

풀이 ⓑ에서 쓰인 '존재(存 있다 존 在 있다 재)하다'는 '현실에 실재하다(실제로 존재하다)'의 뜻으로, '실제로 존재하는 상태이다'를 뜻하는 '있다'와 바꿔 써도 문맥상 의미가 달라지지 않는다. 따라서 ⓑ의 '존재하는'을 '있는'으로 바꿔 쓰는 것은 문맥상 적절하다.

→ 적절함!

③ ⓒ : 고른다

풀이 ⓒ에서 쓰인 '구현(具 갖추다 구 現 나타나다 현)하다'는 '어떤 내용을 구체적인 사실로 나타나게 하다'의 의미이다. 한편 '고르다'는 '여럿 중에서 가려내거나 뽑다'의 의미로, ⓒ와 바꿔 쓸 경우 해당 문장의 의미가 달라진다. 따라서 ⓒ를 '고른다'로 바꿔 쓰는 것은 적절하지 않다. ⓒ는 '보이지 아니하던 어떤 대상이 모습을 드러내다'의 뜻을 지닌 '나타낸다'로 바꿔 쓰는 것이 더 적절하다.

→ 적절하지 않음!

④ ⓓ : 줄어드는

풀이 ⓓ에서 쓰인 '단축(短 짧다 단 縮 줄이다 축)되다'는 '시간이나 거리 따위가 짧게 줄어들다'의 뜻으로, '줄어들다'와 바꿔 써도 문맥상 의미가 달라지지 않는다. 따라서 ⓓ의 '단축되는'을 '줄어드는'으로 바꿔 쓰는 것은 문맥상 적절하다.

→ 적절함!

⑤ ⓔ : 막지

풀이 ⓔ에서 쓰인 '방지(防 막다 방 止 그치다 지)하다'는 '어떤 일이나 현상이 일어나지 못하게 막다'의 뜻으로, '막다'와 바꿔 써도 문맥상 의미가 달라지지 않는다. 따라서 ⓔ의 '방지하지'를 '막지'로 바꿔 쓰는 것은 문맥상 적절하다.

→ 적절함!

[43 ~ 45] 고전소설 - 작자 미상, 「금방울전」

❶ **[앞부분의 줄거리]** ¹ 전생(前 앞 살 生 : 이 세상에 태어나기 이전의 생애)에 부부였던 남해 용왕의 딸과 동해 용왕의 아들은 각각 금방울과 해룡으로 환생한다(다시 날 還 살 生 : 죽은 후 다시 태어난다). ² 해룡은 피란(避 피할 避 난리 亂 : 전쟁을 피해 옮겨 감) 도중에 부모와 헤어져 장삼과 변 씨의 집에서 자라게 된다.

→ 금방울과 해룡은 전생에 부부였고, 해룡은 전쟁 중에 부모와 헤어지고 장삼과 변 씨와 함께 살게 된다.

❷ ¹ 어느 추운 겨울날, 눈보라가 내리치는 밤에 변 씨는 소룡과 함께 따뜻한 방에서 자고 해룡에게는 방아질(방아로 곡식을 찧는 일)을 시켰다. ² 해룡은 어쩔 수 없이 밤새도록 방아를 찧었는데, 얇은 홑옷(한 겹으로 지은 옷)만 입은 아이(여기서는 해룡)가 어찌 추위를 견딜 수 있겠는가(추위를 견딜 수 없었다)? ³ 추위를 이기지 못해 잠깐 쉬려고 제(해룡의) 방에 들어가니, 눈보라가 방 안에까지 들이치고 덮을 것이 하나도 없었다. ⁴ 해룡이 몸을 잔뜩 웅크리고 엎드려 있는데, 갑자기 방 안이 대낮처럼 밝아지고 여름처럼 더워져 온몸에 땀이 났다. ⁵ 놀라고 또 이상해 바로 일어나 밖을 자세히 살펴보니, 아직 날이 밝지 않았는데 하얀 눈이 뜰에 가득했다. ⁶ 방앗간(방아로 곡식을 찧거나 빻는 곳)에 나가 보니 밤에 못다 찧은 것이 다 찧어져 그릇에 담겨 있었다. ⁷ 해룡이 더욱 놀라고 괴이하게(기이할 怪 괴이할 異 : 이상하게) 여겨 방으로 돌아오니 방 안은 여전히 밝고 더웠다.

⁸ 아무리 생각해도 이상해 방 안을 두루(빠짐없이 골고루) 살펴보니, 침상(잘 寢 평상 牀 : 침대) 위에 예전에 없었던 북만 한(북 정도 크기의) 방울 같은 것이 놓여 있었다. ⁹ 해룡이 잡으려 했으나, 방울이 이리 미끈 달아나고 저리 미끈 달아나며 요리(이리) 구르고 저리 굴러 잡히지 않았다. ¹⁰ 더욱 놀라고 신통해서(신령 神 통할 通 : 신기해서) 자세히 보니, 금빛이 방 안에 가득하고, 방울이 움직일 때마다 향취(향기 香 냄새 臭 : 향기로운 냄새)가 가득히 퍼져 코를 찔렀다(향기가 강하게 느껴졌다). ¹¹ 이에 해룡은 생각했다.

¹² '이것은 반드시 무슨 까닭이 있어서 일어난 일일 테니, 좀 더 두고 지켜봐야겠다.'

¹³ 해룡은 마음속으로 기뻐하며 자리에 누웠다. ¹⁴ 그동안 굶주림과 추위에 시달린 몸이 따뜻해지니, 마음이 절로 놓여 아침 늦도록 곤히(곤할 困 : 몹시 지쳐 깊이 잠든 상태로) 잠을 잤다.

→ 겨울밤에 변 씨는 해룡에게 방아질을 시키는데 해룡은 금방울의 도움으로 일을 끝내고 따뜻하게 잠을 잔다.

---

3 ¹이때 변 씨 모자(어머니 母 아들 子 : 어머니와 아들. 여기서는 변 씨와 소룡)는 추워 잠을 자지 못하고 떨며 앉아 있다가 날이 밝자마자 밖으로 나와보니, 눈이 쌓여 온 집 안을 뒤덮었고 찬바람이 얼굴을 깎듯이 세차게 불어 몸을 움직이는 것마저 어려웠다. ²이에 변 씨는 생각했다.

³'해룡이 틀림없이 얼어 죽겠구나.'

⁴해룡을 불러도 대답이 없자, 해룡이 얼어 죽었으리라 생각하고 눈을 헤치고 나와 문틈으로 방 안을 엿보았다. ⁵그랬더니 해룡이 벌거벗은 채 깊이 잠들어 있는데 놀라서 깨우려다가 자세히 살펴보니 하얀 눈이 온 세상 가득 쌓여 있는데, 오직 해룡이 자고 있는 사랑채(바깥주인이 머물며 손님을 대접하는 집채) 위에는 눈이 한 점도(조금도) 없고 더운 기운이 연기처럼 일어나고 있었다. ⁶이것이 어찌 된 일인지 알 수가 없었다.

⁷변 씨가 놀라 소룡에게 이런 상황을 이야기했다.

⁸"매우 이상한 일이니, 해룡의 거동(행할 擧 움직일 動 : 행동)을 두고 보자꾸나."

→ 변 씨는 해룡이 밤새 추위에 얼어 죽지 않은 것을 보고 놀라고 이상하게 생각한다.

4 ¹문득 해룡이 놀라 잠에서 깨어 내당(안 內 집 堂 : 안방. 안주인이 머무는 방)으로 들어가 변 씨에게 문안(물을 問 편안 安 : 안부 인사)을 올린 뒤 비(빗자루)를 잡고 눈을 쓸려 하는데, 갑자기 한 줄기 광풍(사나울 狂 바람 風 : 거센 바람)이 일어나며 반 시간도 채 안 되어 눈을 다 쓸어버리고는 (바람이) 그쳤다. ²해룡은 이미 (금방울의 도움으로 일어난 일임을) 짐작하고 있었으나, 변 씨는 그 까닭을 전혀 알지 못해 더욱 신통히(신기할 神 통할 通 : 신기하게) 여기며 마음속으로 생각했다.

³'분명 해룡이 요술을 부려 사람을 속인 것이로다. ⁴만약 해룡을 집에 오래 두었다가는 큰 화(재앙 禍 : 불행한 일)를 당하리라.'

→ 변 씨는 해룡이 바람을 일으켜 눈을 다 쓸어버리는 것을 보고 해룡이 요술을 부린다고 생각한다.

5 ¹변 씨는 어떻게든 해룡을 죽여 없앨 생각으로 이리저리 궁리하다가, 한 가지 계교(꾀 할 計 책략 巧 : 나쁜 꾀)를 생각해 내고는 해룡을 불러 말했다.

[A]
²"가군(집 家 남편 君 : 남에게 자기 남편을 이르는 말. 여기서는 장삼)이 돌아가신 뒤 우리 가산(집 家 재산 産 : 한집안의 재산)이 점점 줄어들게 된 것은 너(여기서는 해룡) 또한 잘 알 것이다. ³구호동에 우리 집 논밭이 있는데, 근래(가까울 近 올 來 : 요즈음, 최근)에는 호환(범 虎 근심 患 : 호랑이에게 당하는 화)이 자주 일어나 사람을 다치게 해 농사를 짓지 못하고 묵혀둔(사용하지 않고 그대로 둔) 지 벌써 수십여 년이 되었구나. ⁴이제 그 땅을 다 일구어(가꾸어) 너를 장가보내고 우리(여기서는 변 씨와 소룡)도 네 덕에 잘살게 된다면, 어찌 기쁘지 않겠느냐(매우 기쁠 것이다)? ⁵다만 너를 그 위험한 곳에 보내면, 혹시 후회할 일이 생길까 걱정이구나."

⁶해룡이 기꺼이(기쁘게) 허락하고 농기구를 챙겨 구호동으로 가려 하니, 변 씨가 짐짓(마음으로는 그렇지 않으나 일부러 그렇게) 말리는 체했다. ⁷이에 해룡이 웃으며 말했다.

⁸"사람의 목숨은 하늘에 달려 있으니, 어찌 짐승에게 해를 당하겠나이까?"

⁹해룡이 가벼운 발걸음으로 집을 나서자, 변 씨가 문밖에까지 나와 당부(마땅 當 부탁할 付 : 부탁)하며 말했다.

¹⁰"쉬이 잘 다녀오너라."

→ 변 씨는 해룡을 죽일 생각으로 호랑이가 자주 나타나는 구호동으로 보내 농사짓게 한다.

6 ¹해룡이 공손하게 대답하고 구호동으로 들어가 보니, 사면(넉 四 낯 面 : 동서남북의 모든 방향)이 절벽으로 둘러싸여 있고 그(절벽) 사이에 작은 들판이 하나 있는데, 초목(풀 草 나무 木 : 풀과 나무)이 아주 무성했다. ²해룡이 등나무 넝쿨(길게 뻗어 나가면서 다른 것을 감거나 땅바닥에 퍼지기도 하는 식물의 줄기)을 붙들고 들어가니, 오직 호랑이와 표범, 승냥이와 이리의 자취(흔적)뿐이요, 인적(사람 人 발자취 跡 : 사람의 발자취)은 아예 없었다. ³해룡은 조금도 두려워하지 않고 옷을 벗은 뒤 잠깐 쉬었다. ⁴해가 서산으로 넘어가려 할(저물) 무렵 자리에서 일어나 밭을 두어(둘쯤 되는) 이랑(불룩하게 흙을 쌓아 만든 곳) 갈고 있는데, 갑자기 바람이 거세게 불고 모래가 날리면서 산꼭대기에서 이마가 흰 칡범(몸에 줄무늬가 있는 호랑이)이 주홍색 입을 벌리고 달려들었다. ⁵해룡이 정신을 바싹 차리고 손으로 호랑이를 내리치려 할 때, 또 서쪽에서 큰 호랑이가 벽력같은(벼락 霹 벼락 靂 : 벼락같은. 크고 요란한) 소리를 지르며 달려들어 해룡이 매우 위급한 상황에 처하게 되었다. ⁶그 순간 갑자기 등 뒤에서 금방울이 달려와 두 호랑이를 한 번씩 들이받았다. ⁷호랑이들이 소리를 지르며 달려들었으나, 금방울이 나는 듯이 뛰어서 연달아 호랑이를 들이받으니 두 호랑이가 동시에 거꾸러졌다(엎어졌다).

⁸해룡이 달려들어 호랑이 두 마리를 다 죽이고 돌아보니, 금방울이 번개같이 굴러다니며 한 시간도 채 안 되어 그 넓은 밭을 다 갈아 버렸다. ⁹해룡은 기특하게 여기며 금방울에게 거듭거듭(여러 번) 사례했다(사례할 謝 인사 禮 : 고마운 뜻을 나타냈다). ¹⁰해룡이 죽은 호랑이를 끌고 산을 내려오면서 돌아보니, 금방울은 어디로 갔는지 사라지고 없었다.

→ 구호동에서 금방울이 나타나 호랑이로부터 해룡을 구한 후 밭을 다 갈고 사라진다.

7 ¹한편, 변 씨는 해룡을 구호동 사지(죽을 死 땅 地 : 죽을 지경의 매우 위험한 곳)에 보내고 생각했다.

²'해룡은 반드시 호랑이에게 물려 죽었을 것이다.'

³변 씨가 집 안팎을 들락날락하며 매우 기뻐하고 있는데, 문득 밖에서 사람들이 요란하게 떠드는 소리가 들려와 급히 나아가 보니, 해룡이 큰 호랑이 두 마리를 끌고 왔다. ⁴변 씨는 크게 놀랐지만 무사히 잘 다녀온 것을 칭찬했다. ⁵또한 큰 호랑이를 잡은 것을 기뻐하는 체하며 해룡에게 말했다.

⁶"일찍 들어가 쉬어라."

⁷해룡이 변 씨의 칭찬에 감사드리고 제 방으로 들어가 보니, 방울이 먼저 와 있었다.

→ 변 씨는 해룡이 호랑이를 잡아 무사히 돌아오자 기뻐하는 척하고, 해룡이 방에 들어가니 방울이 먼저 와 있었다.

· 중심 내용

변 씨는 해룡을 죽이기 위해 여러 위험에 빠뜨리지만 해룡은 그때마다 금방울의 도움으로 위기에서 벗어난다.

· 인물 관계도

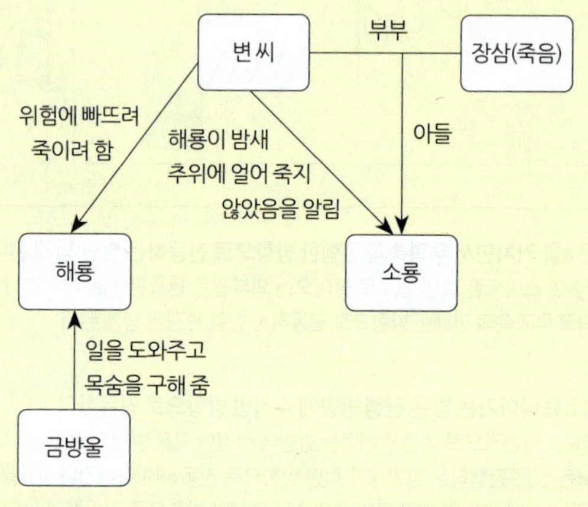

· 전체 줄거리 ([ ] : 지문 내용)

원래 해룡은 동해 용왕의 아들이고 금방울은 남해 용왕의 딸이었다. 이 둘은 결혼을 하고 신부의 집으로 가는 길에 요괴의 공격을 받아 남해 용왕의 딸은 죽고 동해 용왕의 아들은 장원 부인의 몸속으로 피한다. 그 후 동해 용왕의 아들은 장원의 아들 해룡으로, 남해 용왕의 딸은 막 씨에게서 금방울로 태어난다. 금방울은 여러 재주로 막 씨를 도와 온갖 어려움을 극복한다. 금방울은 장원의 부인이 병을 얻었을 때 목숨을 구해 주게 되는데, 이를 계기로 장원 부부는 막 씨와 친해지고 금방울은 장원 부부의 사랑을 받는다. 한편 해룡은 세 살 때 전쟁 중에 부모인 장원 부부와 헤어지고 장삼과 함께 살게 된다. 장삼이 죽자 그의 아내 [변 씨는 해룡에게 한겨울 추위에 밤새 방아를 찧게 하거나 호랑이가 자주 나타나는 곳에서 농사를 짓게 해 해룡을 죽이려 하지만 그때마다 해룡은 금방울의 도움으로 위기에서 벗어난다.] 결국 해룡은 변 씨의 구박을 견디지 못해 변 씨 집을 나와 산으로 들어가는데 금색 털을 가진 머리 아홉 개의 요괴를 만나 위태롭게 된다. 이때 갑자기 나타난 금방울이 해룡을 구하고 요괴에게 대신 먹힌다. 그 후 해룡은 지하국을 찾아가 요괴를 죽여 금방울을 구하고, 요괴에게 납치되었던 금선 공주를 구해 금선 공주와 결혼하여 황제의 사위가 된다. 이후 해룡은 전쟁에 나가 금방울의 도움으로 적을 물리치고, 금방울은 막 씨와 장원 부부에게 돌아가 방울의 껍질을 벗고 아름다운 여인으로 변신한다. 전쟁에서 돌아온 해룡이 나랏일을 하러 지방에 갔다가 장원 부부를 만나게 되고, 금방울이 여인이 된 사실을 알게 된다. 한편 황제는 금방울의 도움으로 전쟁에서 이겼다는 해룡의 말을 듣고 금방울을 양녀로 삼아 금령 공주라고 칭하고 해룡과 결혼시킨다. 해룡은 금선 공주, 금령 공주와 함께 행복하게 살다가 하늘로 올라가 신이 된다.

---

43 | 내용 이해 – 적절하지 않은 것 고르기
정답률 80% | 정답 ①

윗글의 내용에 대한 이해로 적절하지 않은 것은?

해룡이 밤새 얼어 죽지 않은 사실을 전한다
① 변 씨는 소룡에게 잠자는 해룡을 깨우라고 지시했다.

근거 **3**-4~7 (변 씨는) 해룡을 불러도 대답이 없자, ~ 깨우려다가 자세히 살펴보니 하얀 눈이 온 세상 가득 쌓여 있는데, 오직 해룡이 자고 있는 사랑채 위에는 눈이 한 점도 없고 더운 기운이 연기처럼 일어나고 있었다. ~ 변 씨가 놀라 소룡에게 이런 상황을 이야기했다.

→ 문제편 025쪽

풀이 변 씨는 잠자는 해룡을 깨우려다가 해룡이 밤새 추위에 얼어 죽지 않은 것을 확인하고 이를 소룡에게 알려 주고 있을 뿐 소룡에게 잠자는 해룡을 깨우라고 지시하고 있지 않다.

→ 적절하지 않음!

② 변 씨는 해룡을 도운 것이 금방울이라는 것을 몰랐다.

근거 ❸-5~6 해룡이 벌거벗은 채 깊이 잠들어 있는데 놀라서 깨우려다가 자세히 살펴보니 하얀 눈이 온 세상 가득 쌓여 있는데, 오직 해룡이 자고 있는 사랑채 위에는 눈이 한 점도 없고 더운 기운이 연기처럼 일어나고 있었다. 이것이 어찌 된 일인지 알 수가 없었다.

❹ 해룡이 ~ 비를 잡고 눈을 쓸려 하는데, 갑자기 한 줄기 광풍이 일어나며 반 시간도 채 안 되어 눈을 다 쓸어버리고는 그쳤다. ~ 변 씨는 그 까닭을 전혀 알지 못해 더욱 신통히 여기며 마음속으로 생각했다. '분명 해룡이 요술을 부려 사람을 속인 것이로다. 만약 해룡을 집에 오래 두었다가는 큰 화를 당하리라.'

풀이 변 씨는 해룡이 밤새 추위 속에 얼어 죽지 않고 방아를 모두 찧고 광풍으로 순식간에 눈을 쓸어버리는 것을 보고 해룡이 요술을 부린다고 생각할 뿐 금방울이 해룡을 도운 것임을 알지 못한다.

→ 적절함!

③ 해룡은 밤에 방아질을 하다가 추워 방 안으로 들어갔다.

근거 ❷-1~3 어느 추운 겨울날, 눈보라가 내리치는 밤에 변 씨는 ~ 해룡에게는 방아질을 시켰다. 해룡은 어쩔 수 없이 밤새도록 방아를 찧었는데, 얇은 홑옷만 입은 아이가 어찌 추위를 견딜 수 있겠는가? 추위를 이기지 못해 잠깐 쉬려고 제 방에 들어가니,

풀이 해룡은 한겨울 밤에 얇은 홑옷만 입고 방아질을 하다가 추위를 견디지 못해 방 안으로 들어간다.

→ 적절함!

④ 해룡은 방 안에서 움직이는 금방울을 보고 *신통해했다. *신기해

근거 ❷-8~10 방 안을 두루 살펴보니, ~ 방울 같은 것이 놓여 있었다. 해룡이 잡으려 했으나, 방울이 이리 미끈 달아나고 저리 미끈 달아나며 요리 구르고 저리 굴러 잡히지 않았다. 더욱 놀라고 신통해서 자세히 보니,

풀이 해룡은 방 안에서 이리저리 움직이면서 잡히지 않는 금방울을 보고 신통하게 여겼다.

→ 적절함!

⑤ 금방울은 구호동에서 사라진 후 해룡보다 먼저 방에 도착했다.

근거 ❻-1 해룡이 ~ 구호동으로 들어가 보니,/ 7~10 호랑이들이 소리를 지르며 달려들었으나, 금방울이 나는 듯이 뛰어서 연달아 호랑이를 들이받으니 두 호랑이가 동시에 거꾸러졌다. 해룡이 달려들어 호랑이 두 마리를 다 죽이고 돌아보니, 금방울이 번개같이 굴러다니며 한 시간도 채 안 되어 그 넓은 밭을 다 갈아 버렸다. ~ 해룡이 죽은 호랑이를 끌고 산을 내려오면서 돌아보니, 금방울은 어디로 갔는지 사라지고 없었다.

❼-7 해룡이 ~ 제 방으로 들어가 보니, 방울이 먼저 와 있었다.

풀이 구호동에서 해룡이 호랑이의 공격으로 위기에 처하자 금방울은 갑자기 나타나 해룡이 호랑이를 잡도록 도와주고 밭을 모두 갈아 버리고는 사라진다. 그 후 집에 도착한 해룡이 방에 들어가 보니, 금방울은 해룡보다 먼저 방에 와 있었다.

→ 적절함!

---

44 말하기 방식 – 적절한 것 고르기
정답률 70%, 매력적 오답 ② 15%   정답 ④

[A]에 대한 설명으로 가장 적절한 것은?

> [A] ❺-2~5 "가군이 돌아가신 뒤 우리 가산이 점점 줄어들게 된 것은 너 또한 잘 알 것이다. 구호동에 우리 집 논밭이 있는데, 근래에는 호환이 자주 일어나 사람을 다치게 해 농사를 짓지 못하고 묵혀둔 지 벌써 수십여 년이 되었구나. 이제 그 땅을 다 일구어 너를 장가보내고 우리도 네 덕에 잘살게 된다면, 어찌 기쁘지 않겠느냐? 다만 너를 그 위험한 곳에 보내면, 혹시 후회할 일이 생길까 걱정이구나."

① 지난 일의 책임을 상대방에게 *전가하며 태도 변화를 **촉구하고 있다. *떠넘기며 **재촉하여 요구하고

풀이 변 씨가 남편이 죽은 후 집안 사정이 어려워진 지난 일을 말하고는 있지만 그 책임을 해룡에게 전가하고 있지는 않다.

→ 적절하지 않음!

이익을
② 상대방으로 인한 자신의 손해를 언급하며 요청 사항을 전달하고 있다.

풀이 변 씨는 구호동의 묵혀 둔 땅을 일구면 자신이 부유하게 살 수 있을 것이라고 말하며 해룡에게 구호동으로 가서 농사지을 것을 요구하고 있다. 따라서 변 씨는 상대방으로 인한 자신의 손해가 아닌 이익을 언급하며 요청 사항을 전달하고 있음을 알 수 있

→ 문제편 025쪽

다.

→ 적절하지 않음!

③ 상대방의 역할에 대해 의문을 제기하며 자신의 입장을 수정하고 있다.

풀이 [A]에서 변 씨가 해룡의 역할에 의문을 제기하거나 자신의 입장을 수정하는 부분은 찾을 수 없다.

→ 적절하지 않음!

✔ 자신이 제안한 바가 서로에게 이익이 됨을 근거로 상대방을 설득하고 있다.

풀이 변 씨는 자신의 제안대로 해룡이 구호동의 묵혀 둔 땅을 일구어 집안 사정이 나아지면 해룡이 결혼하는 데에도 도움이 되고 자신도 부유하게 살 수 있을 것이라고 말한다. 따라서 변 씨는 자신의 제안이 서로에게 이익이 됨을 근거로 해룡을 설득하고 있음을 알 수 있다.

→ 적절함!

⑤ 상대방이 취하려는 행위를 *만류하기 위해 상대방과 자신의 관계를 언급하고 있다. *못 하도록 말리기

풀이 [A]에서 변 씨가 해룡이 취하려는 행위를 만류하거나 해룡과 자신의 관계를 언급하는 부분은 찾을 수 없다.

→ 적절하지 않음!

---

45 서사 구조 – 적절하지 않은 것 고르기
정답률 75%   정답 ⑤

〈보기〉는 윗글의 서사 구조를 *도식화한 것이다. ㄱ ~ ㄹ에 대한 설명으로 적절하지 않은 것은? *그림으로 나타낸   [3점]

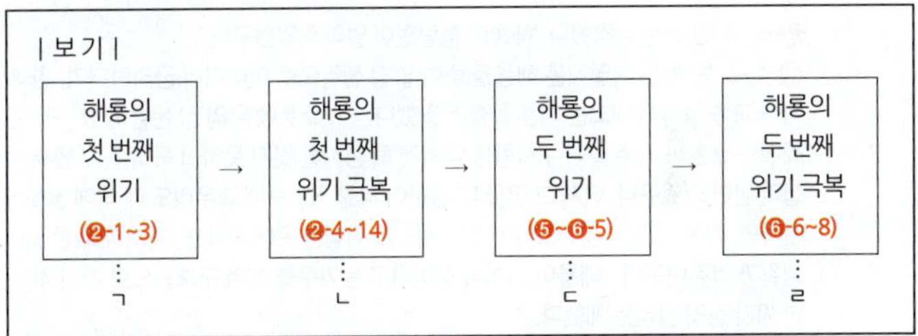

① ㄱ은 집에서 얼어 죽게 될, ㄷ은 구호동에서 짐승에게 *해를 입게 될 상황이다. *피해

근거 ❷-1~3 어느 추운 겨울날, 눈보라가 내리치는 밤에 ~ 해룡은 어쩔 수 없이 밤새도록 방아를 찧었는데, 얇은 홑옷만 입은 아이가 ~ 추위를 이기지 못해 잠깐 쉬려고 제 방에 들어가니, 눈보라가 방 안에까지 들이치고 덮을 것이 하나도 없었다.

❻-1 해룡이 ~ 구호동으로 들어가 보니,/ 4~5 칡범이 주홍색 입을 벌리고 달려들었다. ~ 또 서쪽에서 큰 호랑이가 벽력같은 소리를 지르며 달려들어 해룡이 매우 위급한 상황에 처하게 되었다.

풀이 ㄱ은 해룡이 한겨울 추위에 얇은 홑옷만 입고 덮을 것이 전혀 없는 방에서 얼어 죽게 될 상황이고, ㄷ은 구호동에서 호랑이들이 달려들어 해룡이 해를 입게 될 위험한 상황이다.

→ 적절함!

② ㄱ과 ㄷ은 모두 해룡에게 수행하기 어려운 *과제가 주어지는 상황이다. *처리하거나 해결해야 할 문제

근거 ❷-1 어느 추운 겨울날, 눈보라가 내리치는 밤에 변 씨는 ~ 해룡에게는 방아질을 시켰다.

❺-3~4 구호동에 우리 집 논밭이 있는데, 근래에는 호환이 자주 일어나 사람을 다치게 해 농사를 짓지 못하고 묵혀둔 지 벌써 수십여 년이 되었구나. 이제 그 땅을 다 일구어 너를 장가보내고 우리도 네 덕에 잘살게 된다면, 어찌 기쁘지 않겠느냐?/ ❻-4~5 밭을 두어 이랑 갈고 있는데, ~ 칡범이 주홍색 입을 벌리고 달려들었다. ~ 또 서쪽에서 큰 호랑이가 벽력같은 소리를 지르며 달려들어 해룡이 매우 위급한 상황에 처하게 되었다.

풀이 ㄱ은 한겨울 추위 속에서 방아를 찧어야 하는 상황이고 ㄷ은 호랑이가 나타나는 위험한 곳에서 농사를 지어야 하는 상황이므로 ㄱ과 ㄷ은 모두 해룡에게 수행하기 어려운 과제가 주어지는 상황임을 알 수 있다.

→ 적절함!

③ ㄴ은 *장차 해룡에게 화를 입을 것을 **염려한 변 씨가 ㄷ을 계획하는 ***계기가 된다. *앞으로 **걱정한 ***결정적인 원인

근거 ❸-2~6 변 씨는 생각했다. '해룡이 틀림없이 얼어 죽었겠구나.' ~ 해룡이 자고 있는 사랑채 위에는 눈이 한 점도 없고 더운 기운이 연기처럼 일어나고 있었다. 이것이 어찌 된 일인지 알 수가 없었다.

❹-2~❺-4 변 씨는 ~ '분명 해룡이 요술을 부려 사람을 속인 것이로다. 만약 해룡을 집에 오래 두었다가는 큰 화를 당하리라.' 변 씨는 어떻게든 해룡을 죽여 없앨 생각으

로 이리저리 궁리하다가, 한 가지 계교를 생각해 내고는 해룡을 불러 말했다. ~ 구호동에 우리 집 논밭이 있는데, ~ 그 땅을 다 일구어 너를 장가보내고 우리도 네 덕에 잘 살게 된다면, 어찌 기쁘지 않겠느냐?

풀이 ㄴ에서 해룡이 밤새 추위에 얼어 죽지 않는 것을 본 변 씨는 해룡이 요술을 부렸다고 생각하고 해룡을 집에 오래 두면 화를 입을 것을 염려해 해룡을 구호동으로 보내 죽이려는 ㄷ을 계획하게 된다.

→ 적절함!

④ ㄴ과 ㄹ은 *신이한 능력을 지닌 **금방울에 의해 주도적으로 진행된다. *신기하고 이상한 **금방울이 주체가 되어

근거 ❷-3~4 추위를 이기지 못해 잠깐 쉬려고 제 방에 들어가니, 눈보라가 방 안에까지 들이치고 덮을 것이 하나도 없었다. 해룡이 몸을 잔뜩 웅크리고 엎드려 있는데, 갑자기 방 안이 대낮처럼 밝아지고 여름처럼 더워져 온몸에 땀이 났다. / 8~10 방 안을 두루 살펴보니, ~ 방울 같은 것이 놓여 있었다. ~ 자세히 보니, 금빛이 방 안에 가득하고, 방울이 움직일 때마다 향취가 가득히 퍼져 코를 찔렀다.

❻-4~7 칡범이 주홍색 입을 벌리고 달려들었다. ~ 또 서쪽에서 큰 호랑이가 벽력같은 소리를 지르며 달려들어 해룡이 매우 위급한 상황에 처하게 되었다. ~ 금방울이 나는 듯이 뛰어서 연달아 호랑이를 들이받으니 두 호랑이가 동시에 거꾸러졌다.

풀이 금방울은 ㄴ에서 방 안을 따뜻하게 해 해룡이 추위에 얼어 죽지 않게 하고 ㄹ에서 해룡을 공격하는 호랑이를 들이받아 해룡의 목숨을 구한다. 따라서 ㄴ과 ㄹ은 신이한 능력을 지닌 금방울에 의해 주도적으로 진행되고 있음을 알 수 있다.

→ 적절함!

✓⑤ ㄱ ~ ㄹ의 과정에서 해룡은 겉과 속이 다르게 자신을 대하는 변 씨의 *이중성을 눈치채고 **반발하게 된다. *서로 다른 두 가지의 성질 **거스르고 반항하게
눈치채지 못하고 변 씨를 따르게 된다

근거 ❷-1 어느 추운 겨울날, 눈보라가 내리치는 밤에 변 씨는 ~ 해룡에게는 방아질을 시켰다.

❸-2~3 변 씨는 생각했다. '해룡이 틀림없이 얼어 죽었겠구나.'

❺-1~6 변 씨는 어떻게든 해룡을 죽여 없앨 생각으로 이리저리 궁리하다가, 한 가지 계교를 생각해 내고는 해룡을 불러 말했다. ~ 구호동에 우리 집 논밭이 있는데, 근래에는 호환이 자주 일어나 사람을 다치게 해 농사를 짓지 못하고 묵혀둔 지 벌써 수십여 년이 되었구나. 이제 그 땅을 다 일구어 너를 장가보내고 우리도 네 덕에 잘살게 된다면, 어찌 기쁘지 않겠느냐? 다만 너를 그 위험한 곳에 보내면, 혹시 후회할 일이 생길까 걱정이구나." 해룡이 기꺼이 허락하고 농기구를 챙겨 구호동으로 가려 하니, 변 씨가 짐짓 말리는 체했다.

❼ 한편, 변 씨는 해룡을 구호동 사지에 보내고 생각했다. '해룡은 반드시 호랑이에게 물려 죽었을 것이다.' 변 씨가 집 안팎을 들락날락하며 매우 기뻐하고 있는데, ~ 해룡이 큰 호랑이 두 마리를 끌고 왔다. 변 씨는 크게 놀랐지만 무사히 잘 다녀온 것을 칭찬했다. 또한 큰 호랑이를 잡은 것을 기뻐하는 체하며 해룡에게 말했다. ~ 해룡이 변 씨의 칭찬에 감사드리고

풀이 변 씨는 해룡이 죽기를 바라고 해룡을 추위 속에 방아를 찧게 하거나 호랑이가 자주 나타나 위험한 구호동으로 보내면서 겉으로는 해룡을 걱정하는 척하고 해룡이 구호동에서 무사히 살아 돌아오자 기뻐하는 척하는데 해룡은 이를 알지 못하고 변 씨의 요구를 따르고 있다. 따라서 ㄱ ~ ㄹ의 과정에서 해룡은 겉과 속이 다르게 자신을 대하는 변 씨의 이중성을 눈치채지도 못하고 반발하고 있지도 않다.

→ 적절하지 않음!

2회 정답과 해설

2024년 3월 학평 | 문제편 p.027

✪ 2회 모의고사 특징

✔ 전형적인 유형의 적절한 난이도로 출제되었음.

✔ 화법과 작문은 기존의 유형을 벗어나지 않았으나 8번과 10번의 경우 표현 방법에 대한 이해가 선행되어야 풀 수 있는 문제였음.

✔ 언어는 평이한 수준이었음. 단어의 직접 구성 성분에 대해 묻는 문제인 12번은 낯설게 느껴졌을 수 있으나 선지는 어렵지 않게 구성되었음.

✔ 독서의 경우 나이테와 관련된 기술 지문이 까다로워 독해에 어려움을 겪었을 것으로 예상됨. 사실적 이해를 요구한 40번 문제의 오답률이 높았으며, 글의 내용을 <보기>에 제시된 자료에 적용하는 42번 문제의 난도가 높았음. 순자와 홉스의 사상을 다룬 인문 지문은 두 지문으로 구성되어 독해에 시간이 꽤 소요되었을 것임. 35번의 경우 추론적 사고가 요구되어 까다로운 편이었음. 입체주의와 관련된 예술 지문은 어렵지 않게 출제되었음.

✔ 문학은 낯선 작품들이 많이 출제되었음. 현대시와 고전시가가 결합된 갈래 복합 17번은 작품의 주제를 확실히 파악하지 못했으면 답을 찾기 어려웠을 것임. 화자의 정서와 태도를 묻는 19번 문제의 오답률도 높았음. 현대소설은 내용 자체는 어렵지 않았으나 학생들이 많이 어려워하는 서술상 특징을 묻는 25번 문제의 변별력이 높았음. 고전소설과 극은 평이한 수준으로 출제되었음.

오답률 TOP ❺

문항 번호	17	42	35	40	25
분류	문학 갈래 복합	독서 기술	독서 인문	독서 기술	문학 현대소설
난도	상	상	중상	중상	중상

✔ 정답표

01	②	02	⑤	03	②	04	④	05	①
06	②	07	①	08	⑤	09	⑤	10	④
11	④	12	①	13	②	14	①	15	⑤
16	②	17	③	18	②	19	④	20	④
21	③	22	①	23	④	24	②	25	①
26	⑤	27	③	28	⑤	29	④	30	④
31	③	32	⑤	33	②	34	②	35	⑤
36	⑤	37	⑤	38	②	39	④	40	⑤
41	③	42	③	43	②	44	⑤	45	③

[01 ~ 03] 발표

---

01 말하기 방식 - 적절하지 않은 것 고르기
정답률 95% | 정답 ②

위 발표에 대한 설명으로 적절하지 않은 것은?

① 청중과 공유하고 있는 경험을 언급하여 주의를 *환기하고 있다. *불러일으키고

> **근거** ❶문단 여러분, 체험 활동 때 방문했던 트릭 아트(빛의 반사와 굴절, 음영과 원근 따위를 이용하여 그림을 입체적이고 실감 나게 표현하는 미술 기법. 또는 그런 작품) 체험관 기억나시나요?
> → 적절함!

② ✔ 화제와 관련된 역사적 *일화를 소개하여 청중의 호기심을 자극하고 있다. *세상에 널리 알려지지 아니한 흥미 있는 이야기

> **풀이** 발표자가 화제인 '트릭 아트'와 관련된 역사적 일화를 소개하여 청중의 호기심을 자극하는 부분은 나타나지 않는다.
> → 적절하지 않음!

③ 청중의 반응을 확인하면서 발표 내용에 대한 이해 여부를 점검하고 있다.

> **근거** ❹문단 자, 이해되셨나요?
> → 적절함!

④ *비언어적 표현을 사용하여 청중이 설명 대상에 집중하도록 유도하고 있다. *몸짓, 표정, 시선, 침묵 등으로 자신의 생각과 느낌을 나타내는 것

> **근거** ❷문단 (그림의 오른쪽 부분을 가리키며) 이쪽 둥근 부분에 시선을 두면 토끼로 보이고, (왼쪽 부분을 가리키며) 이쪽 길쭉한 부분에 시선을 두면 오리로 보입니다.
> **근거** ❹문단 (자료를 가리키며) 이 횡단보도는 표지선 아래에 음영을 넣어 입체적으로 보입니다.
> → 적절함!

⑤ 청중에게 정보를 추가로 탐색할 수 있는 방법을 안내하며 발표를 마무리하고 있다.

> **근거** ❺문단 제가 말씀드린 내용 이외에 트릭 아트에 대해 더 알고 싶으신 분은 도서관에 있는 관련 책들을 찾아보거나 제가 보여 드리는 트릭 아트 누리집에 들어가 보시기 바랍니다.
> → 적절함!

---

02 자료 활용 방식 - 적절한 것 고르기
정답률 95% | 정답 ⑤

다음은 발표자가 제시한 자료이다. 발표자의 자료 활용에 대한 이해로 가장 적절한 것은?

⑤ ㉠을 통해 착시 현상의 시각적 효과를, ㉡을 통해 트릭 아트의 실용적 기능을 설명하고 있다.

> **근거** ❷문단 이 그림은 보는 사람의 시선에 따라 이미지가 다르게 보이는 착시 현상을 활용하여 관람자에게 일상에서 접해 보지 못했던 색다른 시각적 경험을 제공하고 있습니다.
> **근거** ❹문단 운전자의 시각에서 볼 때 실제로 장애물이 있는 것 같은 느낌이 들도록 함으로써 자연스럽게 감속(속도를 줄임)을 유도하여(이끌어) 교통사고를 예방하는 데 유용합니다.
> **풀이** 발표자는 색다른 시각적 경험을 제공하는 착시 현상을 설명하기 위해 ㉠을, 교통사고 예방이라는 실용적 기능을 가지는 착시 현상을 설명하기 위해 ㉡을 활용하고 있다.

---

03 말하기 내용 추론 - 적절한 것 고르기
정답률 95% | 정답 ②

위 발표의 흐름을 고려할 때, ⓐ의 내용으로 가장 적절한 것은?

② 착시 현상이 발생하는 이유는 무엇인가요?

> **근거** ❸문단 네, 눈은 외부의 시각 정보를 뇌에 전달하고, 뇌는 개인의 경험이나 지식에 비추어 이를 해석하고 판단합니다. 그런데 이 과정에서 시각 정보가 불분명하거나 해석에 혼선(서로 다르게 파악하여 혼란이 생김)이 생길 때 착시 현상이 일어나게 됩니다. 방금 보셨던 그림은 이미지를 중첩시켜(거듭 겹치거나 포개어) 불분명한 시각 정보를 제공함으로써 착시 현상이 발생한 것이라고 할 수 있습니다.
> **풀이** ⓐ에 대해 발표자는 시각 정보를 처리하는 눈과 뇌의 역할과 그 과정에서 착시 현상이 일어나는 이유 및 발표자가 제시한 자료에서 착시 현상이 일어나는 이유를 설명하고 있다. 따라서 발표의 흐름을 고려할 때 청중이 착시 현상이 발생하는 이유에 대해 질문하였음을 추론할 수 있다.

[04 ~ 07] (가) 토론 (나) 주장하는 글

---

04 사회자의 역할 - 적절하지 않은 것 고르기
정답률 90% | 정답 ④

(가)의 독서 토론에서 '지현'의 역할에 대한 설명으로 적절하지 않은 것은?

① 소설 내용을 제시한 후 토론 주제를 언급하고 있다.

> **근거** (가) 지현 먼저 소설의 상황에 대해 말해 볼게. 바람이 세게 부는 어느 날, 수남은 배달을 갔어. 배달을 끝내고 돌아가려는데 한 신사가 수남에게 너의 자전거가 바람에 넘어져 자신의 자동차에 흠집을 냈다고 말했지. 신사는 잘 보이지도 않는 흠집을 찾아 보상금을 요구해. 신사는 보상할 때까지 자전거를 묶어 두겠다고 하고 떠나버리는데 수남은 고민하다가 자전거를 들고 도망가 버렸어. 과연 수남의 행동은 정당할까?
> → 적절함!

② 소설의 내용을 근거로 발언하도록 요청하고 있다.

> **근거** (가) 지현 왜 그렇게 생각하는지 소설 내용을 근거로 이야기해 보는 게 어때?
> → 적절함!

③ 토론자들이 언급한 주장과 근거를 정리하고 있다.

　근거　(가) 지현 정리하면, 민준은 예상치 못한 천재지변(자연 현상으로 인한 재앙)으로 생긴 손해니까 수남에게 보상할(흠집에 대한 대가를 갚을) 책임이 없고, 하연은 수남이 피해를 예측할 수 있었음에도 대처가 없었기에 보상할 책임이 있다고 보는 거구나.

→ 적절함!

✔④ 토론자들의 발언이 사실에 *부합하는지 판단하고 있다. *들어맞는지

　풀이　(가)에서 '지현'이 토론자들의 발언이 사실인지 아닌지를 판단하는 부분은 나타나지 않는다.

→ 적절하지 않음!

⑤ 토론자들이 다른 *쟁점에 대해 논의해 보도록 유도하고 있다. *서로 다투는 중심이 되는 점

　근거　(가) 지현 그러면 수남의 책임 여부 말고 다른 쟁점은 없을까?

→ 적절함!

---

05 의사소통 방식 - 적절한 것 고르기
정답률 80%, 매력적 오답 ③ 10%　　　정답 ①

[A]의 발화에 대한 설명으로 가장 적절한 것은?

① 민준은 하연의 주장에 일반적인 상식을 들어 *반박하고 있다. *반대하여 말하고

　근거　[A] (가) 하연 신사는 수남의 처지를 고려해 줬고,
　　　　[A] (가) 민준 신사가 수남의 처지를 고려한 것이라고 보기는 어려워. 부유한 어른이 잘 보이지도 않는 흠집을 일부러 찾아서 배달원 소년에게 5천 원이라는 당시로서는 엄청 큰돈을 요구했어. 이것은 일반적인 상식에 비추어 볼 때 지나치게 매정한(얄미울 정도로 쌀쌀맞고 인정이 없는) 행동이야.
　풀이　'민준'은 어른이 어린아이에게 큰돈을 요구하는 것은 매정한 행동이라는 일반적인 상식을 근거로 들어, 신사가 수남의 처지를 고려해 줬다는 '하연'의 주장에 반박하고 있다.

매력적 오답

③ 민준은 하연이 고려해야 하는 시대적 정보를 *나열하고 있다. *죽 벌여 놓고
　근거　[A] (가) 민준 5천 원이라는 당시로서는 엄청 큰돈
　풀이　'민준'이 '하연'에게 당시 시대 기준으로 돈의 액수를 이해해야 한다고 말하는 모습은 보이나, 소설의 시대적 배경인 1970년대 시대적 상황과 관련된 정보를 나열하고 있지는 않다.

---

06 작문 계획의 반영 - 적절하지 않은 것 고르기
정답률 85%　　　정답 ②

(가)를 바탕으로 '하연'이 세운 '활동 2'의 글쓰기 계획 중 (나)에 반영되지 않은 것은?
[3점]

① 토론 *쟁점에 대한 나의 주장을 토론에서 다룬 순서대로 서술해야겠어. *서로 다투는 점
　근거　(가) 지현 그러면 수남의 책임 여부 말고 다른 쟁점은 없을까?
　　　　(가) 하연 보상에 대한 합의(둘 이상의 당사자의 의사가 일치함) 여부(그러함과 그러하지 아니함)로도 행동이 정당한지 판단해 볼 수 있어.
　　　　(나) ❶문단 수남의 행동은 정당하지 않다. 수남은 신사의 자동차에 난 흠집을 보상해야 할 책임이 있기 때문이다. (책임 여부와 관련된 주장)
　　　　(나) ❷문단 신사와 수남은 보상에 합의했다고 볼 수 있기 때문에 수남의 행동은 정당하지 않다. (합의 여부와 관련된 주장)

→ 적절함!

✔② 토론 주제와 관련된 수남의 고민을 소설 속 *구절에서 찾아 언급해야겠어. *한 토막의 말이나 글
　풀이　(나)에 토론 주제인 '자전거를 들고 간 수남의 행동은 정당한가?'와 관련된 수남의 고민을 소설 속 구절에서 찾아 언급하는 부분은 나타나지 않는다.

→ 적절하지 않음!

③ 토론에서 언급된 상대방의 주장을 반박하면서 나의 주장을 강화해야겠어.
　근거　(가) 민준 천재지변으로 인한 손해는 책임질 의무(규범에 의하여 부과되는 부담이나 구속)가 없으니까, 수남이 피해를 보상할 책임은 없어. (상대방의 주장)
　　　　(나) ❶문단 바람으로 인한 예상치 못한 천재지변이라서 책임이 없다는 주장도 있지만 이는 옳지 않다. 수남은 … 자전거에는 아무런 조치를 취하지 않았다. … 적절하게 대처하지 않았기 때문에 책임이 있다. 실제로 태풍에 의해 주택 유리창이 떨어져 주

차된 차가 파손되었을 때 예보(앞으로 일어날 일을 미리 알리는 보도)를 듣고도 시설물 관리에 소홀한 주택 소유자가 그 파손에 대해 책임을 진 사례가 있다. (주장에 대한 반박)
　　　　(가) 민준 일반적으로 제안하고 갔는데 합의라고 볼 수 없지. (상대방의 주장)
　　　　(나) ❷문단 신사가 일방적으로 제안하고 떠났다면 합의가 이뤄지지 않았겠지만, 신사는 수남의 상황을 고려하여 보상금을 줄여 주었다. 또한 수남이 자신의 잘못을 인정하는 말을 했기 때문에 합의는 이루어진 것으로 보아야 한다. (주장에 대한 반박)

→ 적절함!

④ 토론에서 언급하지 않았던 새로운 사례를 찾아 나의 주장을 뒷받침해야겠어.
　근거　(나) ❶문단 실제로 태풍에 의해 주택 유리창이 떨어져 주차된 차가 파손되었을 때 예보를 듣고도 시설물 관리에 소홀한 주택 소유자가 그 파손에 대해 책임을 진 사례가 있다.

→ 적절함!

⑤ 토론에서 내세운 나의 주장을 바탕으로 제목에 담겨 있는 의미를 밝혀야겠어.
　근거　(나) ❸문단 수남은 도둑이 되어 버렸다. 자신의 잘못에 대한 책임을 지지 않고 합의된 것도 수행하지(해내지) 않았다. 제목에서 말하는 '자전거 도둑'은 아이러니하게도(모순되게도) 자신의 자전거를 자신이 훔친 수남인 것이다.

→ 적절함!

---

07 자료 활용 방안 - 적절한 것 고르기
정답률 90%　　　정답 ①

〈보기〉의 자료를 활용하여 (나)의 초고를 보완하고자 할 때 그 내용으로 가장 적절한 것은?

| 보기 |
[법률 전문가의 뉴스 인터뷰]
"보상의 의무를 다하지 않았을 때, 상대방에게 물건이 담보(채무 불이행 때 채무의 변제(빚을 갚음)를 확보하는 수단으로 채권자(빚을 받아낼 권리를 가진 사람)에게 제공하는 것. 여기서는 '수남'이 보상을 하지 않았을 때 '신사'가 빚을 확보하는 수단으로 제공받은 '자전거'를 뜻함)로 잡히는(맡겨지는) 경우가 있습니다. 형법 제323조에 따르면, 타인(다른 사람)에게 담보로 제공된 물건은 타인이 물건을 점유하게(차지하게) 되거나 타인이 물건에 대한 권리를 갖게 됩니다. 이때 해당 물건을 가져가거나 숨겨 타인이 보상받을 수 있는 권리 등을 행사할 수 없게 한다면 권리행사(권리의 내용을 실현하는 행위) 방해로 처벌받을 수 있습니다."

① 수남이 자전거를 가져간 행위는 신사의 권리행사를 방해하는 것이므로 법적인 처벌을 받을 수 있다는 내용을 추가한다.
　풀이　〈보기〉의 내용에 의하면 '수남'이 보상의 의무를 다하지 않았을 때 '신사'에게 자전거를 담보로 잡힐 수 있다. 그리고 '신사'는 자전거를 점유하게 되거나 자전거에 대한 권리를 갖게 된다. 따라서 '수남'이 자전거를 가져가거나 숨긴다면 '신사'가 보상받을 수 있는 권리 등을 행사할 수 없게 되어 '수남'은 권리행사 방해로 처벌받을 수 있게 된다. 따라서 이를 활용하여 자건거를 가져간 '수남'의 행위는 법적인 처벌을 받을 수 있다는 내용을 추가할 수 있다.

■ 「자전거 도둑」 줄거리
시골에서 상경한 소년 수남은 뒷길의 전기 용품점에서 일을 하고 있다. 전기 용품점 주인 영감은 항상 수남을 아껴 준다. 바람이 몹시 심하게 불던 어느 날, 배달을 나갔던 수남은 세워 둔 그의 자전거가 넘어지는 바람에 한 신사의 자동차에 흠집을 내고 말았다. 신사는 수남에게 수리비를 요구하고, 수남이 이를 내지 않으려 하자 신사는 그의 자전거에 자물쇠를 채우고 수리비를 내면 자전거를 돌려 주겠다고 한다. 곤란한 상황에 처한 수남은 구경꾼들의 속삭임에 넘어가 본인의 자전거를 훔쳐 달아난다. 이를 본 전기 용품점 주인 영감은 잘했다며 오히려 수남을 칭찬하고, 주인 영감이 자신의 이익만을 생각하는 부도덕한 어른이라는 사실에 수남은 실망을 하게 된다. 수남은 도둑질만은 하지 말라던 아버지의 말씀과 도둑질로 순경에게 잡혀간 형의 모습이 떠오르며 죄책감을 느끼고, 결국 자신을 도덕적으로 견제해 줄 아버지가 그리워져 고향으로 가기 위해 서울을 떠난다.

1등급 문제

08 | 작문 전략 - 적절하지 않은 것 고르기
정답률 60%, 매력적 오답 ④ 25%

정답 ③

초고에서 활용한 글쓰기 방식으로 적절하지 않은 것은?

① *의인법을 통해 대상과의 친밀감을 표현하고 있다. *사람이 아닌 대상을 사람처럼 표현하는 수사법

근거 [초고] ❷문단 거북이 등대가 환하게 웃으며 나를 반기면
→ 적절함!

② 계절의 흐름에 따른 대상의 변화를 나타내고 있다.

근거 [초고] ❸문단 늦봄에 … 옥수수 씨를 뿌렸고, 여름 방학에는 점점 자라는 옥수수
[초고] ❸문단 늦여름에는 연두색 옥수수수염이 점점 갈색빛으로 물들며 … 가을에는 … 샛노란 옥수수
→ 적절함!

✓③ *의성어를 사용하여 대상을 생생하게 나타내고 있다. *사람이나 사물의 소리를 흉내 낸 말. '쌕쌕', '멍멍', '땡땡', '우당탕', '퍼덕퍼덕' 등

풀이 초고에서 의성어를 사용하여 대상을 생생하게 나타내는 부분은 나타나지 않는다.

→ 적절하지 않음!

■ 의성어를 사용하여 대상을 생생하게 나타내는 작품
• 함민복, 「길의 열매 집을 매단 골목길이여」(2019년 고1 9월 학평)
얼어붙은 길 위에 던진 연탄재가 부지직 소리를 낸다.
→ '부지직(물기 있는 물건이 뜨거운 열에 닿아서 급히 타는 소리)'과 같은 의성어를 사용하여 연탄재가 타는 모습을 생생하게 나타내고 있다.

④ 다른 대상과의 *대비를 통해 차이점을 강조하고 있다. *두 가지의 차이를 밝히기 위하여 서로 맞대어 비교함

근거 [초고] ❹문단 갈칫국은 양념장을 넣어 칼칼하게 졸인 갈치조림과 달리 갈치, 늙은 호박, 배추를 넣어서 맵지 않도록 맑게 끓인 요리이다. (갈칫국과 갈치조림 대비)
→ 적절함!

⑤ *색채어를 활용하여 대상을 감각적으로 표현하고 있다. *빛깔을 나타내는 말

근거 [초고] ❷문단 검정 바위로 만들어진 거북이 조각상이 새하얀 등대를 이고 있어서
[초고] ❸문단 연두색 옥수수수염이 점점 갈색빛으로 물들며 … 샛노란 옥수수
→ 적절함!

---

09 | 작문 계획의 반영 - 적절하지 않은 것 고르기
정답률 95%

정답 ⑤

다음은 글을 쓰기 전 학생이 구상한 내용이다. 초고에 반영되지 않은 것은?

① ㄱ : 할머니를 곧 만난다는 생각에 마음이 설렘.

근거 [초고] ❷문단 할머니 댁에 가까워진 것이라서 할머니를 곧 뵙는다는 생각에 마음이 설레곤 했다.
→ 적절함!

② ㄴ : 옥수수 때문에 할머니께 꾸중 들은 경험

근거 [초고] ❸문단 그러다 참지 못하고 옥수수 껍질을 살짝 열어서 얼마나 익었는지 들여다보다가 할머니께 꾸중을 듣기도 했다.
→ 적절함!

③ ㄷ : 옥수수를 통해 기다림의 소중함을 깨달음.

근거 [초고] ❸문단 나는 익어 가는 옥수수를 보며 기다림의 소중함을 깨달았다.
→ 적절함!

④ ㄹ : 할머니가 끓여 주신 갈칫국을 먹은 경험

근거 [초고] ❹문단 할머니께서 끓여 주신 갈칫국을 먹었던 기억도 있다.
[초고] ❹문단 갈칫국을 맛있게 먹는 나를 흐뭇하게 바라보시던 할머니
→ 적절함!

✓⑤ ㅁ : 요리하는 할머니를 도와드리며 보람을 느낌.

풀이 초고에서 '나'가 요리하는 할머니를 도와드리며 보람을 느끼는 모습은 보이지 않는다.

→ 적절하지 않음!

---

10 | 조건에 따른 표현 - 적절한 것 고르기
정답률 75%, 매력적 오답 ① 10%

정답 ④

2
회
2024 3월 학력평가

〈보기〉는 초고를 읽은 선생님의 조언이다. 이를 반영하여 초고에 추가할 내용으로 가장 적절한 것은? 3점

| 보기 |
선생님 : 글이 마무리되지 않은 느낌이 들어. 글의 마지막에 할머니와의 추억이 너에게 주는 의미를 직유법(비슷한 성질이나 모양을 가진 두 사물을 '같이', '처럼', '듯이'와 같은 연결어로 결합하여 직접 비유하는 수사법)을 사용하여 표현한 문장을 추가하면 더 좋겠어.

④ 할머니 손길로 익어 가는 옥수수처럼 나는 할머니의 사랑으로 물들었다. 할머니의 따뜻한 보살핌은 나를 채운 온기였다.

풀이 연결어 '처럼'을 이용하여 '할머니의 사랑으로 물드는 나'를 '할머니 손길로 익어 가는 옥수수'로 비유하여 표현하였다. 또한 '할머니의 따뜻한 보살핌은 나를 채운 온기였다'는 내용을 통해 할머니와의 추억이 주는 의미를 표현하였다.

매력적 오답

① 할머니 댁이 있는 섬의 풍경은 그림같이 아름다웠다. 그 풍경을 언제쯤 다시 볼 수 있을까.

풀이 연결어 '같이'를 이용하여 '아름다운 섬의 풍경'을 '그림'으로 비유하여 표현하였다. 직유법은 나타나 있지만 할머니와의 추억이 '나'에게 주는 의미를 표현한 것은 아니므로 적절하지 않다.

---

1 [1]단어를 구성하는 요소에는 어근과 접사가 있다. [2]어근은 단어를 구성하는 요소 중 실질적인 의미를 나타내는 부분이며, 접사는 어근과 결합하여 어근에 특정한 의미를 더하거나 어근의 의미를 제한하는 부분이다. [3]접사는 어근의 앞에 위치하는 접두사와 어근 뒤에 위치하는 접미사로 나뉘는데, 항상 다른 말과 결합하여 쓰이기에 홀로 쓰이지 못함을 나타내는 붙임표(-)를 붙인다. [4]예를 들어 '햇-, 덧-, 들-'과 같은 말은 접두사이고, '-지기, -음, -게'와 같은 말은 접미사이다.

2 [1]단어는 그 짜임에 따라 단일어와 복합어로 구분된다. [2]단일어는 하나의 어근으로만 이루어진 단어를 이르는 말이다. [3]그리고 복합어는 어근과 어근의 결합으로 이루어진 합성어와, 어근과 접사의 결합으로 이루어진 파생어를 아울러 이르는 말이다. [4]가령 '밤'이나 '문'과 같이 하나의 어근으로만 이루어진 단어는 단일어이며, 어근 '밤', '문'이 각각 또 다른 어근과 결합한 '밤나무', '자동문'은 합성어이다. [5]또한 어근 '밤'과 접두사 '햇-'이 결합한 '햇밤', 어근 '문'과 접미사 '-지기'가 결합한 '문지기'는 파생어이다.

3 [1]복합어는 어근과 어근으로 이루어진 합성어나 어근과 접사로 이루어진 파생어에 어근이나 접사가 다시 결합하여 형성되기도 한다. [2]이와 같은 복잡한 짜임의 단어를 이해할 때 활용되는 방법으로 직접 구성 성분 분석이 있다. [3]직접 구성 성분 분석은 단어를 둘로 나누는 방법으로, 나뉜 두 부분 중 하나가 접사일 경우 그 단어를 파생어로 보고, 두 부분 모두 접사가 아닐 경우 합성어로 본다.

4 [A] [1]가령 단어 '코웃음'은 직접 구성 성분을 '코'와 '웃음'으로 보기에 합성어로 분류한다. [2]이는 '코'가 어근이며, '웃음'이 어근 '웃-'과 접미사 '-음'으로 이루어진 파생어임을 고려한 것이다. [3]물론 '코웃음'의 직접 구성 성분을 '코웃-'과 '-음'으로 분석할 수도 있다. [4]그러나 '코웃-'은 존재하지 않고 '코'와 '웃음'만 존재하며, 의미상으로도 '코 + 웃음'의 분석이 자연스럽기에 직접 구성 성분을 '코'와 '웃음'으로 분석한다. [5]이처럼 직접 구성 성분 분석은 단어의 짜임을 체계적으로 이해하는 데에 도움이 된다.

---

11 | 단어의 짜임에 대한 이해 - 적절하지 않은 것 고르기
정답률 90%

정답 ④

윗글에 대한 이해로 적절하지 않은 것은?

① 단일어는 하나의 어근으로만 이루어진다.

근거 ❷-2 단일어는 하나의 어근으로만 이루어진 단어를 이르는 말
→ 적절함!

② 합성어나 파생어는 모두 복합어에 포함된다.
> **근거** ❷-3 복합어는 어근과 어근의 결합으로 이루어진 합성어와, 어근과 접사의 결합으로 이루어진 파생어를 아울러 이르는 말
→ 적절함!

③ 접사는 홀로 쓰이지 못하기에 붙임표(-)를 붙인다.
> **근거** ❶-3 접사는 어근의 앞에 위치하는 접두사와 어근 뒤에 위치하는 접미사로 나뉘는데, 항상 다른 말과 결합하여 쓰이기에 홀로 쓰이지 못함을 나타내는 붙임표(-)를 붙인다.
→ 적절함!

✓④ **복합어**는 접사가 어근과 결합하는 위치에 따라 둘로 나뉜다. (접사)
> **근거** ❶-3 접사는 어근의 앞에 위치하는 접두사와 어근 뒤에 위치하는 접미사로 나뉘는데,
> ❷-3 복합어는 어근과 어근의 결합으로 이루어진 합성어와, 어근과 접사의 결합으로 이루어진 파생어를 아울러 이르는 말
→ 적절하지 않음!

⑤ 접사는 어근과 결합하여 어근에 특정한 의미를 더하거나 어근의 의미를 제한한다.
> **근거** ❶-2 접사는 어근과 결합하여 어근에 특정한 의미를 더하거나 어근의 의미를 제한하는 부분
→ 적절함!

---

12 직접 구성 성분 - 적절한 것 고르기
정답률 80% | **정답 ①**

[A]를 참고할 때, <보기>의 ㉠에 해당하는 짜임을 가진 단어로 가장 적절한 것은? [3점]

| 보기 |
'가재의 집게발'에서 '집게발'은 아래와 같이 ㉠ 직접 구성 성분이 '[어근 + 접사] + 어근'으로 분석되는 합성어이다.

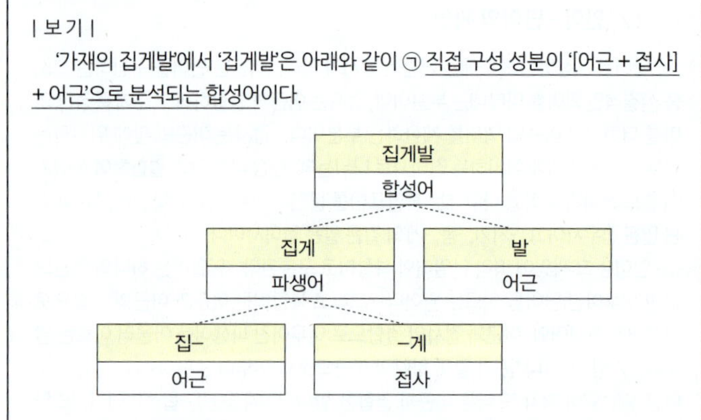

> **근거** ❸-3 직접 구성 성분 분석은 단어를 둘로 나누는 방법으로, 나뉜 두 부분 중 하나가 접사일 경우 그 단어를 파생어로 보고, 두 부분 모두 접사가 아닐 경우 합성어로 본다.

✓① 볶음밥
풀이

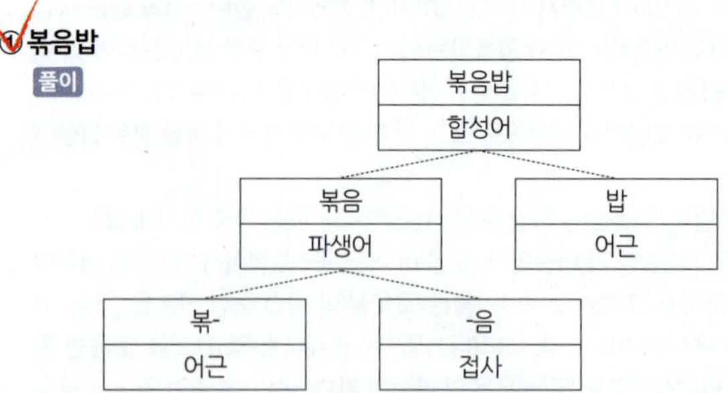

'볶음밥'은 의미상 '볶음'과 '밥'으로 먼저 나뉜다. '볶음'은 다시 '볶-'과 '-음'으로 나뉜다. 따라서 '볶음밥'은 직접 구성 성분이 '[어근 + 접사] + 어근'으로 분석되는 합성어로 적절하다.
→ 적절함!

② 덧버선
풀이

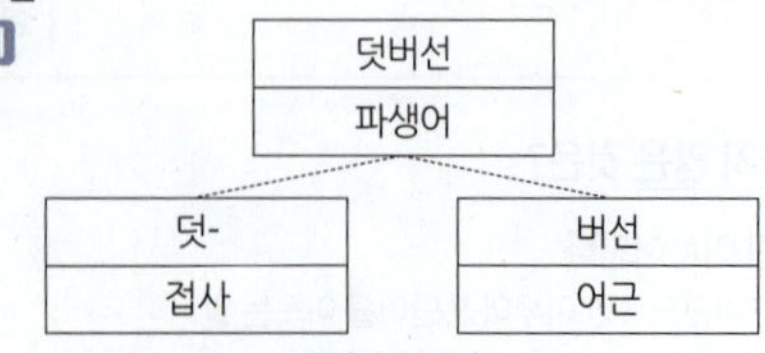

'덧버선'은 의미상 '덧-(겹쳐 신는)'과 '버선'으로 나뉜다. 직접 구성 성분이 '접사 + 어근'

으로 분석되므로 ㉠에 해당하는 짜임을 가진 단어로 적절하지 않다.
→ 적절하지 않음!

③ 문단속
풀이

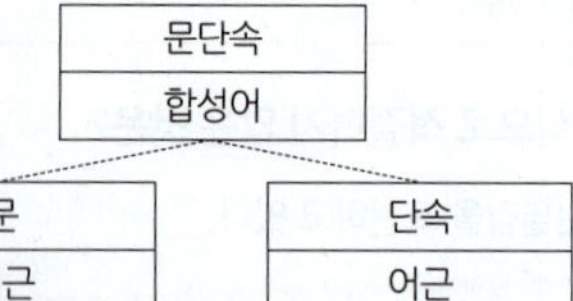

'문단속'은 의미상 '문'과 '단속'으로 나뉜다. 직접 구성 성분이 '어근 + 어근'으로 분석되므로 ㉠에 해당하는 짜임을 가진 단어로 적절하지 않다.
→ 적절하지 않음!

④ 들고양이
풀이

'들고양이'는 의미상 '들-(야생으로 자라는)'과 '고양이'로 나뉜다. 직접 구성 성분이 '접사 + 어근'으로 분석되므로 ㉠에 해당하는 짜임을 가진 단어로 적절하지 않다.
→ 적절하지 않음!

⑤ 창고지기
풀이

'창고지기'는 의미상 '창고'와 '-지기(그것을 지키는 사람)'로 나뉜다. 직접 구성 성분이 '어근 + 접사'로 분석되므로 ㉠에 해당하는 짜임을 가진 단어로 적절하지 않다.
→ 적절하지 않음!

---

13 음운의 동화 - 적절한 것 고르기
정답률 75%, 매력적 오답 ③ 10% | **정답 ②**

<보기>는 수업의 일부이다. '학습 활동'의 결과로 가장 적절한 것은?

| 보기 |
선생님 : 단어를 발음할 때, 어떤 음운이 앞이나 뒤의 음운의 영향으로 바뀌어 달라지는 경우가 있습니다. 그 결과, **조음 방법**(특정 음운을 발음하는 방법)만 바뀌거나 조음 방법과 **조음 위치**(특정 음운이 발음되는 입안의 위치)가 모두 바뀝니다. 아래 자료를 참고해 '학습 활동'을 수행해 봅시다.

조음 위치 \ 조음 방법	입술소리	잇몸소리	센입천장소리	여린입천장소리
파열음	ㅂ	ㄷ		ㄱ
파찰음			ㅈ	
비음	ㅁ	ㄴ		ㅇ
유음		ㄹ		

영향의 방향	음운이 바뀌는 양상	
달님 (앞 음운의 영향)	달님[달림]	조음 방법의 변화 — 유음화: 'ㄴ'이 앞 음운인 'ㄹ'의 영향을 받아 조음 방법이 비음에서 유음으로 변화함
작문 (뒤 음운의 영향)	작문[장문]	조음 방법의 변화 — 비음화: 'ㄱ'이 뒤 음운인 'ㅁ'의 영향을 받아 조음 방법이 파열음에서 비음으로 변화함
해돋이 (뒤 음운의 영향)	해돋이[해도지]	조음 방법과 조음 위치의 변화 — 구개음화: 'ㄷ'이 뒤 음운인 'ㅣ'의 영향을 받아 조음 방법이 파열음에서 파찰음으로, 조음 위치가 잇몸소리에서 센입천장소리로 변화함

→ 문제편 031쪽

[학습 활동]

뒤 음운의 영향을 받아서 앞 음운이 조음 방법만 바뀌는 단어를 ㄱ~ㄹ에서 골라 보자.

ㄱ. 난로[날로]	ㄴ. 맏이[마지]
ㄷ. 실내[실래]	ㄹ. 톱날[톰날]

ㄱ. 난로[날로]
- **풀이** '난로'는 'ㄴ'이 뒤 음운인 'ㄹ'의 영향을 받아 조음 방법이 비음에서 유음으로 변화하는 유음화가 일어난다.

ㄴ. 맏이[마지]
- **풀이** '맏이'는 'ㄷ'이 뒤 음운인 'ㅣ'의 영향을 받아 조음 방법이 파열음에서 파찰음으로, 조음 위치가 잇몸소리에서 센입천장소리로 변화하는 구개음화가 일어난다. 뒤 음운의 영향을 받기는 하였으나 조음 방법과 조음 위치가 모두 바뀌므로 '학습 활동'의 결과로 적절하지 않다.

ㄷ. 실내[실래]
- **풀이** '실내'는 'ㄴ'이 앞 음운인 'ㄹ'의 영향을 받아 조음 방법이 비음에서 유음으로 변화하는 유음화가 일어난다. 조음 방법만 바뀌기는 하였으나 뒤 음운이 아닌 앞 음운의 영향을 받았으므로 '학습 활동'의 결과로 적절하지 않다.

ㄹ. 톱날[톰날]
- **풀이** '톱날'은 'ㅂ'이 뒤 음운인 'ㄴ'의 영향을 받아 조음 방법이 파열음에서 비음으로 변화하는 비음화가 일어난다.

① ㄱ, ㄴ　　　　② ㄱ, ㄹ ✔ → 적절함!
③ ㄴ, ㄷ　　　　④ ㄴ, ㄹ　　　　⑤ ㄷ, ㄹ

---

14 유의어 - 적절하지 않은 것 고르기
정답률 85%　　　정답 ①

〈보기〉의 '탐구 과제'를 수행한 결과로 적절하지 않은 것은?

| 보기 |

[탐구 과제]

'작다 / 적다' 중 적절한 말이 무엇인지 온라인 사전에서 '작다'를 검색한 결과를 근거로 하여 말해 보자.

ㄱ. 민수는 진서에 비해 말수가 (작다 / 적다).
ㄴ. 키가 커서 작년에 구매한 옷이 (작다 / 적다).
ㄷ. 오늘 일은 지난번에 비해 규모가 (작다 / 적다).
ㄹ. 그는 큰일을 하기에는 그릇이 아직 (작다 / 적다).
ㅁ. 백일장 대회의 신청 인원이 여전히 (작다 / 적다).

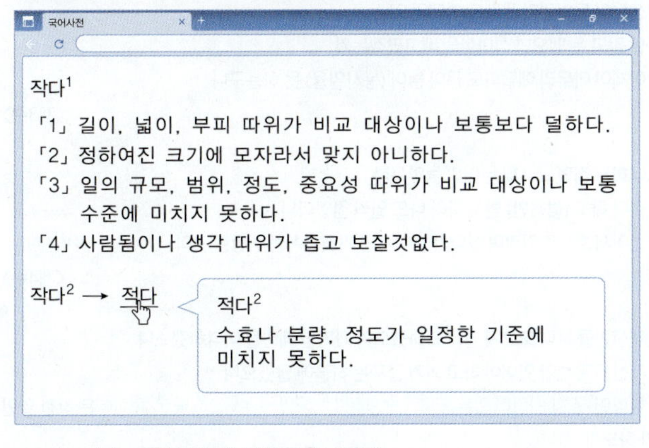

* → : 'a → b'는 a를 b로 바꿔 써야 함을 나타냄

✔ ① ㄱ : '작다'의 「1」을 고려할 때 '작다'가 맞겠군.
- **근거** 적다² 수효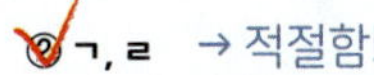(낱낱의 수)나 분량, 정도가 일정한 기준에 미치지 못하다.
- **풀이** '말수'는 '사람이 입으로 하는 말의 수효'의 의미이다. ㄱ은 '민수는 진서에 비해 말의 수효가 일정한 기준에 미치지 못하다'의 의미이므로 '작다¹', '작다²'와 '적다²'를 고려할 때 '적다²'가 적절하다.

→ 적절하지 않음!

② ㄴ : '작다'의 「2」를 고려할 때 '작다'가 맞겠군.
- **근거** 작다¹ 「2」 정하여진 크기에 모자라서 맞지 아니하다.
- **풀이** ㄴ은 '키가 커서 작년에 구매한 옷이 정하여진 크기에 모자라서 맞지 아니하다'의 의미이므로 '작다'의 「2」를 고려할 때 '작다'가 적절하다.

→ 적절함!

③ ㄷ : '작다¹'의 「3」을 고려할 때 '작다'가 맞겠군.
- **근거** 작다¹ 「3」 일의 규모, 범위, 정도, 중요성 따위가 비교 대상이나 보통 수준에 미치지 못하다.
- **풀이** ㄷ은 '오늘 일은 규모가 비교 대상인 지난번에 미치지 못하다'의 의미이므로 '작다'의 「3」을 고려할 때 '작다'가 적절하다.

→ 적절함!

④ ㄹ : '작다'의 「4」를 고려할 때 '작다'가 맞겠군.
- **근거** 작다¹ 「4」 사람됨이나 생각 따위가 좁고 보잘것없다.
- **풀이** '그릇'은 '어떤 일을 해 나갈 만한 능력이나 도량을 비유적으로 이르는 말이다. ㄹ은 '그는 큰일을 하기에는 능력이나 도량이 좁고 보잘것없다'의 의미이므로 '작다'의 「4」를 고려할 때 '작다'가 적절하다.

→ 적절함!

⑤ ㅁ : '작다¹', '작다²'와 '적다'를 고려할 때 '적다'가 맞겠군.
- **근거** 적다² 수효나 분량, 정도가 일정한 기준에 미치지 못하다.
- **풀이** ㅁ은 '백일장 대회의 신청 인원이 여전히 일정한 기준에 미치지 못하다'의 의미이므로 '작다¹', '작다²'와 '적다'를 고려할 때 '적다'가 적절하다.

→ 적절함!

---

15 직접 인용과 간접 인용 - 적절하지 않은 것 고르기
정답률 75%, 매력적 오답 ③ 15%　　　정답 ⑤

〈보기〉의 '학습 자료'를 바탕으로 '학습 과제'를 수행한 결과로 적절하지 않은 것은?

| 보기 |

[학습 자료]

○ 직접 인용 : 원래의 말이나 글을 그대로 큰따옴표(" ")에 넣어 인용하는 것. 조사 '라고'를 사용함.

○ 간접 인용 : 인용된 말이나 글을 자신의 관점에서 다시 서술하여 표현하는 것. 조사 '고'를 사용함.

[학습 과제]

밑줄 친 부분에 주목하여 직접 인용을 간접 인용으로 바꾸어 보자.

ㄱ. 지아가 "꽃이 벌써 폈구나!"라고 했다.
→ 지아가 꽃이 벌써 폈다고 했다.
ㄴ. 지아가 "버스가 벌써 갔어요."라고 했다.
→ 지아가 버스가 벌써 갔다고 했다.
ㄷ. 나는 어제 지아에게 "내일 보자."라고 했다.
→ 나는 어제 지아에게 오늘 보자고 했다.
ㄹ. 전학을 간 지아는 "이 학교가 좋다."라고 했다.
→ 전학을 간 지아는 그 학교가 좋다고 했다.
ㅁ. 지아는 나에게 "민지가 너를 불렀다."라고 했다.
→ 지아는 나에게 민지가 자기를 불렀다고 했다.

① ㄱ
- **풀이** 직접 인용에서의 '폈구나'는 감탄의 의미를 나타내기 위해 감탄형 종결 어미 '-구나'를 사용한 것이다. 따라서 간접 인용에서는 평서형 종결 어미 '-다'를 결합하여 '폈다'로 바꾸는 것이 적절하다.

→ 적절함!

② ㄴ
- **풀이** 직접 인용에서의 '갔어요'는 '지아가 청자를 높이기 위해 종결 어미 '-어요'를 사용한 것이다. 따라서 간접 인용에서는 높임의 의미가 없는 종결 어미 '-다'를 결합하여 '갔다'로 바꾸는 것이 적절하다.

→ 적절함!

③ ㄷ

풀이 직접 인용에서의 '내일'은 어제 시점을 기준으로 표현한 것이므로, 간접 인용에서는 '오늘'로 수정하는 것이 적절하다.

→ 적절함!

④ ㄹ

풀이 직접 인용에서의 '이'는 화자인 '지아'에게 가까운 장소를 나타내는 지시 표현이다. 따라서 간접 인용에서는 '나'를 기준으로 하여, '나'에게 먼 장소를 나타내는 지시 표현인 '그'로 바꾸는 것이 적절하다.

→ 적절함!

⑤ ㅁ

풀이 직접 인용에서의 대명사 '너'는 청자인 '나'를 지칭하는 것이다. 그러나 앞에서 이미 말하였거나 나온 바 있는 사람을 도로 가리키는 삼인칭 대명사인 '자기'는 '지아'를 지칭하는 표현이다. 따라서 간접 인용에서는 '너'를 '나'로 바꾸어 '지아는 나에게 민지가 나를 불렀다고 했다'로 바꾸는 것이 적절하다.

→ 적절하지 않음!

[16 ~ 20] 갈래 복합

(가) 현대시 - 김기택, 「초록이 세상을 덮는다」

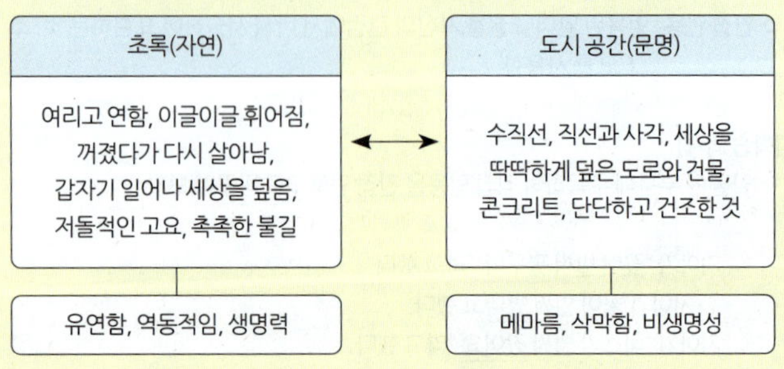

• **김기택** 〔중요 작가〕

「새」(2020학년도 수능), 「풀벌레들의 작은 귀를 생각함」(2016학년도 수능AB), 「멸치」(2013학년도 9월 모평) 기출. 고3 평가원 문제에 3번 이상 출제된 시인이다. 일상의 풍경 속에 은폐되어 있는 비일상적인 요소들에 주목하는 작품들을 주로 썼다. 김기택의 대표적인 시는 주제와 특징을 정리해 두는 것이 좋다.

• **주제**

도시를 생명력 넘치게 변화시키는 초록의 힘에 감탄한다.

• **지문 이해**

1~4행	5~9행	10~20행
초록을 본 화자가 초록에 매료됨	땅과 나무에서 초록이 솟구치고 쏟아져 나옴	초록이 도시를 뒤덮으며 생명력 넘치게 변화시킴

초록(자연)		도시 공간(문명)
여리고 연함, 이글이글 휘어짐, 꺼졌다가 다시 살아남, 갑자기 일어나 세상을 덮음, 저돌적인 고요, 촉촉한 불길	↔	수직선, 직선과 사각, 세상을 딱딱하게 덮은 도로와 건물, 콘크리트, 단단하고 건조한 것
유연함, 역동적임, 생명력		메마름, 삭막함, 비생명성

• **어휘 풀이**

* 심지 : 초 따위에 불을 붙이기 위하여 꼬아서 꽂은 실오라기나 헝겊.

* 진액 : 생물의 몸 안에서 생겨나는 액체.

* 저돌적 : 거침없이 나아가는 것.

* 저돌적인 고요 : 조용히 그러나 거침없이 나아가는 초록의 생명력.

(나) 고전시가 - 김약련, 「두암육가(두암이 쓴 여섯 수의 노래. 두암은 김약련의 호)」

작품 이해 단계 ① 화자 ② 상황 및 대상 ③ 정서 및 태도 ④ 주제

1
① 화자 : '나'
¹ 어져 내 일이야 무슨 일 하다 하고
└ 감탄사
² 굳은 이 다 빠지고 **검던 털**이 희었네 — ② 상황 : 늙어서 굳은 이가 빠지고 검던 털이 희어진 상황
┌ 젊어서 노력하지 않고, 늙어서 상심과 슬픔뿐이로다
³ 어우와 소장불노력하고 노대에 도상비로다
└ 감탄사 — ③ 정서 및 태도 : 늙음을 한탄하고 젊어서 노력하지 않은 것을 후회한다.
〈제1수〉

2
┌ 잠깐 사이에
¹ 셋 넷 다섯 어제인 듯 열 스물 얼핏 지나
 — ② 상황 : 예순이 넘은 상황
² 서른 마흔 한 일 없이 쉰 예순 넘는단 말인가
┌ 어른 丈 사내 夫 : 남자
³ 장부의 허다 사업을 못 다 하고 늙었느냐 — ③ 정서 : 장부의 사업을 못다 한 것을 한탄한다.
└ 매우 許 많을 多 : 매우 많은
〈제2수〉

3
┌ 조선 시대에, 과거 시험 중 생원과에 합격한 사람
¹ 생원이 무엇인가 **급제도 헛일**이니
└ 급제 及 시험 第 : 시험에 합격함
² **밭 갈고 논 매더면 설마한들 배고프리** — ② 상황 : 젊은 시절 농사를 짓지 않아 가난하게 사는 상황
┌ 마음 아파한들
³ 이제야 아무리 애달픈들 몸이 늙어 못하올쇠 — ③ 정서 : 몸이 늙어 농사를 짓지 못하는 것을 한탄한다.
〈제3수〉

4
¹ 너희는 젊었느냐 나는 **이미 늙었구나** — ③ 태도 : 젊은이들에게 젊음을 믿지 말라고 당부한다.
² 젊다 하고 믿지 마라 나도 일찍 젊었더니
┌ 거짓말처럼 허망한 것
³ 젊어서 흐느적흐느적하다가 늙어지면 거짓 것이 — ③ 정서 : 젊어서 흐느적거리며 살다가 늙은 것이 허망하다.
└ 생활이나 마음을 다잡지 못하고 살다가
〈제4수〉

5
┌ 과거 급제 ┌ 거절할까
¹ ⓒ재산인들 부디 말며 과갑인들 마다 할까 — ③ 태도 : 재산 축적과 과거 급제는 하늘에 달린 일이라 생각한다.
┌ 있을 有 운수 數 : 정해진 운수가 있고
² 재산이 유수하고 과갑은 재천하니
└ 있을 在 하늘 天 : 하늘에 달렸으니
³ 하오면 못할 이 없기는 착한 일인가 하노라 — ③ 태도 : 젊은이들에게 착한 일을 하며 살라고 당부한다.
〈제5수〉

6
¹ 내 몸이 못하고서 너희더러 하라기는
 — ③ 정서 : 젊었을 때 근면하고 착하게 살지 못한 것을 애달파한다.
² 내 못하여 애달프니 너희나 하여라 — ③ 태도 : 젊은이들에게 경각심을 심어 주며 올바른 삶을 당부한다.
³ **청년의 아니하면 늙은 후 또 내 되리**
④ 주제 : 늙어 버린 현재와 지난날의 잘못을 한탄하며 젊은이들에게 올바른 삶을 당부한다.
〈제6수〉

• **현대어 풀이**

1
¹ 아아, 내가 한 일이야 무슨 일을 했다 하고
² 굳은 이가 다 빠지고 검던 털이 희었네
³ 아아, 젊어서 노력하지 않으니 늙어서 상심과 슬픔뿐이로구나
〈제1수〉

2
¹ 셋 넷 다섯 살이 어제인 듯 열 스물이 얼핏 지나
² 서른 마흔에 한 일 없이 쉰 예순이 넘는단 말인가
³ 장부의 수많은 일을 못다 하고 늙었느냐
〈제2수〉

3
¹ 생원이 무엇인가 급제도 쓸데없으니
² 밭 갈고 논 맸으면 설마한들 배고팠겠는가
³ 이제야 아무리 애달파도 몸이 늙어 (농사일을) 못 하는구나
〈제3수〉

4
¹ 너희는 젊었느냐 나는 이미 늙었구나
² 젊다 하고 (젊음만) 믿지 마라 나도 일찍 젊었더니
³ 젊어서 흐느적거리며 살다가 늙어지면 거짓말처럼 허망한 것이
〈제4수〉

5
¹ 재산인들 부디 모으지 말라고 하겠으며 과거 급제인들 마다하겠느냐
² 재산은 운수가 있어야 하고 과거 급제는 하늘에 달렸으니
³ 한다면 못 할 사람이 없는 것(운수와 하늘의 뜻 없이 내 노력으로 할 수 있는 일)은 착한 일인가 하노라
〈제5수〉

6
¹ 내가 (착한 일을) 못 하고서 너희에게 하라는 것은
² 내가 못 하여 애달프니 너희나 하라는 것이다
³ 청년 시절에 (착한 일을) 아니하면 늙은 후에 또 나처럼 되리
〈제6수〉

→ 문제편 033쪽

• 지문 이해

늙음에 대한 한탄	과거의 삶에 대한 후회
• 굳은 이 다 빠지고 검던 털이 희었네 • 이제야 아무리 애달픈들 몸이 늙어 못하올쇠	• 소장불노력하고 노대에 도상비로다 • 장부의 허다 사업을 못 다 하고 늙었느냐 • 생원이 무엇인가 ~ 설마한들 배고프리

젊은이들을 향한 당부

• 젊다 하고 믿지 마라 ~ 늙어지면 거짓 것이
• 하오면 못할 이 없기는 착한 일인가 하노라
• 청년의 아니하면 늙은 후 또 내 되리

---

16 | 표현상 공통점 – 적절한 것 고르기
정답률 75%, 매력적 오답 ② 10% **정답 ①**

(가)와 (나)의 표현상 공통점으로 가장 적절한 것은?

선지	핵심 체크 내용	(가)	(나)
①	대조적 표현 → 주제 의식 부각	O	O
②	일부 시행 명사로 마무리 → 여운을 남김	O	X
③	수미상관 기법 → 리듬감 조성	X	X
④	명령적 어조	X	O
④	화자의 의지 표출	X	X
⑤	감탄사 사용	X	O
⑤	대상에 대한 예찬	O	X

① *대조적 표현을 활용하여 주제 의식을 **부각하고 있다. *대상 간의 차이점을 밝히는 표현 **강조하고

근거 **(가)-5행** 여리고 연하지만 불길처럼 이글이글 휘어지는 초록/ **10행** 초록은 수많은 수직선 사이에 있다/ **12~13행** 직선과 사각에 밀려 꺼졌다가는 다시 살아나고 있다/ 흙이란 흙은 도로와 건물로 모조리 딱딱하게 덮인 줄 알았는데/ **19~20행** 단단하고 건조한 것들에게 옮겨 붙고 있는/ 저 촉촉한 불길
(나) ❶-2 굳은 이 다 빠지고 검던 털이 희었네// **❹-1** 너희는 젊었느냐 나는 이미 늙었구나

풀이 (가)는 여림, 연함, 휘어짐, 촉촉함의 속성을 가지고 있는 '초록'과 직선, 사각, 딱딱함, 단단함, 건조함의 속성을 가지고 있는 '도로와 건물'을 대조함으로써 메마르고 삭막한 세상을 덮는 역동적이고 유연한 자연의 생명력을 부각하고 있다. (나)는 '굳은 이'와 '빠진 이', '검던 털'과 '하얗게 센 털'을 각각 대조하여 늙음에 대한 화자의 탄식을, '젊은 너희'와 '늙은 화자'를 대조하여 젊은 시절에 대한 화자의 후회와 젊은이들에 대한 당부를 강조하고 있다.

→ 적절함!

② 일부 시행을 명사로 마무리하여 *여운을 남기고 있다. (가)만 해당 *시가 끝난 후에도 감동이 여전히 남아 있는 느낌

근거 **(가)-5행** 휘어지는 초록/ **6행** 솟구치는 초록 / **7행** 쏟아내는 초록/ **18행** 저돌적인 고요/ **20행** 촉촉한 불길

풀이 (가)에서는 일부 시행을 '초록, 고요, 불길'과 같은 명사로 마무리하여 여운을 남기고 있으나 (나)에서는 명사로 마무리한 시행이 나타나지 않는다.

→ 적절하지 않음!

■ 여운
여운은 시가 끝난 후에도 진한 감동이 여전히 남아 있는 느낌을 말한다. 명사로 끝맺기, 상징적 의미를 지닌 결말, 감각적 이미지로 마무리, 서술어 생략을 통한 불완전한 문장 종결, 의문형 종결 등의 방식으로 여운을 줄 수 있다.

■ 시행을 명사로 마무리하여 여운을 주는 작품
• 이성복, 「꽃피는 시절」(2024년 고2 6월 학평)
지금 당신은 내 안에 있지만/ 나는 당신을 어떻게 보내드려야 할지 모르겠습니다/ 조막만 한 손으로 뻣센 내 가슴 쥐어뜯으며 발 구르는 당신
→ '당신'이라는 명사로 시상을 마무리하여 '나'를 벗어나려고 발버둥치는 '당신'의 상

황을 드러내며 여운을 형성하고 있다.

③ *수미상관의 기법을 활용하여 리듬감을 조성하고 있다. *시의 처음과 끝에 동일하거나 유사한 구절을 반복하여 배치하는 방식

풀이 (가)와 (나) 모두 수미상관을 사용하여 리듬감을 조성하고 있지 않다.
→ 적절하지 않음!

■ 수미상관의 방식
수미상관의 방식을 통해 운율을 형성하고 주제를 강조하며, 구조적 균형감과 안정감을 부여한다.
• 김소월, 「진달래꽃」(2017년 고1 9월 학평)
　나 보기가 역겨워/ 가실 때에는/ 말없이 고이 보내 드리우리다 (1연)
　나 보기가 역겨워/ 가실 때에는/ 죽어도 아니 눈물 흘리우리다 (4연)

■ 수미상관의 방식을 통해 리듬감을 조성하는 작품
• 이용악, 「그리움」(2021학년도 수능)
　눈이 오는가 북쪽엔/ 함박눈 쏟아져 내리는가 (1연)
　눈이 오는가 북쪽엔/ 함박눈 쏟아져 내리는가 (5연)
→ 첫 연과 마지막 연에 동일한 구절을 반복하여 배치하는 수미상관의 방식을 통해 리듬감을 주고 있다.

④ *명령적 어조를 사용하여 화자의 의지를 표출하고 있다. (나)만 해당 *'–아라/–어라' 등의 종결 어미를 사용하여 명령이나 요구의 뜻을 나타내는 말투

근거 **(나) ❹-2** 젊다 하고 믿지 마라// **❻-2** 내 못하여 애달프니 너희나 하여라

풀이 (나)의 '믿지 마라', '너희나 하여라'에서 명령적 어조를 사용하고 있으나 이는 화자의 의지를 표출하려는 의도가 아니라 젊은이들에게 자신의 깨달음을 전달하기 위한 것이다. (가)에서는 명령적 어조도, 화자의 의지가 표출된 부분도 드러나지 않는다.

→ 적절하지 않음!

■ 명령적 어조를 사용하여 화자의 의지를 표출하는 작품
• 정훈, 「용추유영가」(2018년 고3 4월 학평, 2020년 고2 9월 학평)
아이야 사립문 닫아라 세상 알까 하노라
→ '–아라'라는 명령적 어조를 사용하여 바깥세상으로 통하는 문('사립문')을 닫고 세상과 단절하려는 화자의 의지를 표출하고 있다.

⑤ 감탄사를 사용하여 대상에 대한 *예찬을 드러내고 있다. (나)만 해당 (가)만 해당 *훌륭하거나 좋거나 아름답다고 찬양함

근거 **(가)-17~20행** 콘크리트 갈라진 틈에서도 솟아나고 있는/ 저 저돌적인 고요/ 단단하고 건조한 것들에게 옮겨 붙고 있는/ 저 촉촉한 불길
(나) ❶-1 어져 내 일이야/ **3** 어우와 소장불노력하고 노대에 도상비로다

풀이 (가)는 세상을 뒤덮는 초록에 대한 예찬이 드러나 있으나 감탄사를 사용하고 있지는 않다. (나)는 '어져', '어우와'에서 감탄사를 사용하여 늙음에 대한 탄식을 드러내고 있을 뿐, 대상을 예찬하고 있지는 않다.

→ 적절하지 않음!

■ 감탄사를 사용하여 대상에 대한 예찬을 드러내고 있는 작품
• 이신의, 「사우가」(2015년 고2 11월 학평, 2018년 고3 10월 학평)
춘광을 번폐하고 엄상에 혼자 피니/ 어즈버 청고한 내 벗이 다만 넨[국화]가 하노라
(봄볕을 마다하고 된서리에 혼자 피니/ 아아 맑고 고결한 내 친구가 다만 너인가 하노라)
→ 감탄사를 사용하여 국화의 맑고 고결한 모습을 예찬하고 있다.

---

17 | 감상의 적절성 – 적절하지 않은 것 고르기
정답률 35%, 매력적 오답 ② 40% ④ 15% **오답률 TOP ❶ 1등급 문제** **정답 ③**

<보기>를 바탕으로 (가)와 (나)를 감상한 내용으로 적절하지 않은 것은? [3점]

| 보기 |
[1] 사물을 바라보거나 삶을 되돌아보며 사색하는(생각할 思 탐구할 索 : 깊이 생각하는) 경험을 통해 깨달음을 얻을 수 있다. [2] (가)의 화자는 도시 공간에서 마주한 '초록'에 사로잡혀 초록을 들여다보며 그것(여기서는 초록)이 지닌 생명력을 깨닫고, 이에 대한 감탄과 놀라움을 드러낸다. [3] (나)의 화자는 자신의 백발을 바라보며 현재의 처지를 한탄하는(쉬우칠 恨 한숨 歎 : 한숨을 쉬며 탄식하는) 데 그치지 않고 지난 삶을 돌아보며 깨달은 바를 젊은이에게 전달하고 있다.

---

① **(가)의 '잠깐 초록을 본' 것과 (나)의 '검던 털'이 하얘진 모습을 본 것은 사색을 시작하는 계기가 되는군.**
> 근거 **<보기>-1** 사물을 바라보거나 삶을 되돌아보며 사색하는 경험을 통해 깨달음을 얻을 수 있다.
> **(가)-1행** **잠깐 초록을 본** 마음이 돌아가지 않는다./ **5행** 여리고 연하지만 불길처럼 이글이글 휘어지는 초록/ **14~16행** 이렇게 많은 초록이 갑자기 일어날 줄은 몰랐다/ ~ 이렇게 크게 세상을 덮을 줄은 몰랐다/ **18행** 저 저돌적인 고요/ **20행** 저 촉촉한 불길
> **(나) ❶-2~3** 굳은 이 다 빠지고 **검던 털**이 희었네/ ~ 소장불노력하고 노대에 도상비로다// **❷-3** 장부의 허다 사업을 못 다 하고 늙었느냐// **❹-3** 젊어서 흐느적흐느적하다가 늙어지면 거짓 것이
> 풀이 (가)의 화자는 '잠깐 초록을 본' 것을 계기로 초록의 유연함과 역동성, 생명력에 대해 사색하고 있다. (나)의 화자는 '검던 털'이 하얘진 자신의 모습을 본 것을 계기로 자신의 늙음과 지난날에 대해 사색하고 있다.

→ 적절함!

② **(가)의 '초록에 붙잡힌 마음'은 '초록'에 *매료된 심리를, (나)의 '밭 갈고 논 매더면 설마한들 배고프리'는 넉넉지 않은 현실을 **초래한 지난 삶에 대한 아쉬움을 나타내고 있군.** **마음이 사로잡힌 **생겨나게 한*
> 근거 **<보기>-2** (가)의 화자는 도시 공간에서 마주한 '초록'에 사로잡혀/ **3** 현재의 처지를 한탄하는 데 그치지 않고 지난 삶을 돌아보며 깨달은 바
> **(가)-2~4행** **초록에 붙잡힌 마음**이/ 초록에 붙어 바람에 세차게 흔들리는 마음이/ 종일 떨어지지 않는다
> **(나) ❸-1~2** 생원이 무엇인가 급제도 헛일이니/ **밭 갈고 논 매더면 설마한들 배고프리**
> 풀이 (가)의 '초록에 붙잡힌 마음'은 마음이 초록에 붙어 종일 떨어지지 않을 정도로 '초록'에 매료된 화자의 심리를 나타내고 있다. (나)의 '밭 갈고 논 매더면 설마한들 배고프리'는 과거에 급제했으나 농사를 짓지 않아 넉넉지 않은 상황에 처한 것에 대한 아쉬움이 드러난 표현이다.

→ 적절함!

도시 공간을 변화시키는 모습을 발견하고 있고
③ **(가)의 '수직선들을 조금씩 지우며'를 통해 '초록'이 ~~도시 공간과 균형을 이루기를~~, (나)의 '늙은 후 또 내 되리'를 통해 젊은이가 *과오를 저지르지 않기를 바라고 있군.** **잘못*
> 근거 **<보기>-2~3** (가)의 화자는 도시 공간에서 마주한 '초록'에 사로잡혀 초록을 들여다보며 그것이 지닌 생명력을 깨닫고, 이에 대한 감탄과 놀라움을 드러낸다. (나)의 화자는 ~ 지난 삶을 돌아보며 깨달은 바를 젊은이에게 전달하고 있다.
> **(가)-10~11행** 초록은 수많은 수직선 사이에 있다/ **수직선들을 조금씩 지우며** 번져 가고 있다
> **(나) ❹-3** 젊어서 흐느적흐느적하다가 늙어지면 거짓 것이// **❺-2~3** 내 못하여 애달프니 너희나 하여라/ 청년의 아니하면 **늙은 후 또 내 되리**
> 풀이 (나)의 '늙은 후 또 내 되리'는 젊은이들이 화자의 젊은 시절처럼 흐느적흐느적 살아가는 자신과 같은 신세가 될 것이라는 의미로, 젊은이들이 과오를 저지르지 않기를 바라는 화자의 마음이 담겨 있다. (가)의 '수직선들을 조금씩 지우며'는 '초록'이 '수직선'의 도시 공간을 뒤덮어 생명력 넘치는 공간으로 변화시키는 모습을 나타낸 것이다. 따라서 '초록'이 도시 공간과 균형을 이루기를 바란다는 설명은 적절하지 않다.

→ 적절하지 않음!

④ **(가)의 '밀려 꺼졌다가는 다시 살아나고 있'는 것에서 '초록'의 끈질긴 생명력을, (나)의 '급제도 헛일'에서 출세를 위한 삶이 전부가 아님을 깨닫고 있군.**
> 근거 **<보기>-2~3** (가)의 화자는 ~ 초록을 들여다보며 그것이 지닌 생명력을 깨닫고, ~ (나)의 화자는 ~ 지난 삶을 돌아보며 깨달은 바
> **(가)-10~12행** 초록은 ~/ 직선과 사각에 **밀려 꺼졌다가는 다시 살아나고 있다**
> **(나) ❸-1~2** 생원이 무엇인가 **급제도 헛일**이니/ 밭 갈고 논 매더면 설마한들 배고프리
> 풀이 (가)의 화자는 '초록'이 직선과 사각에 '밀려 꺼졌다가는 다시 살아나고 있'는 것에서 '초록'의 끈질긴 생명력을 깨닫고 있다. (나)의 화자는 '급제도 헛일'에서 과거에 급제했으나 가난하게 살아가는 자신의 모습을 통해 출세를 위한 삶이 전부가 아님을 깨닫고 있다.

→ 적절함!

⑤ **(가)의 '갑자기 일어날 줄 몰랐다'는 '초록'의 새로운 모습을 발견한 놀라움을, (나)의 '이미 늙었구나'는 현재의 처지에 대한 탄식을 드러내고 있군.**
> 근거 **<보기>-2~3** (가)의 화자는 ~ 초록을 들여다보며 그것이 지닌 생명력을 깨닫고, 이에 대한 감탄과 놀라움을 드러낸다. (나)의 화자는 자신의 백발을 바라보며 현재의 처지를 한탄
> **(가)-13~14행** 흙이란 흙은 도로와 건물로 모조리 딱딱하게 덮인 줄 알았는데/ 이렇게 많은 초록이 갑자기 일어날 줄은 몰랐다
> **(나) ❹-1** 너희는 젊었느냐 나는 **이미 늙었구나**/ **3** 젊어서 흐느적흐느적하다가 늙어지면 거짓 것이
> 풀이 (가)의 '갑자기 일어날 줄 몰랐다'는 도로와 건물로 딱딱하게 덮인 줄 알았던 흙에

서 많은 초록이 일어난 것을 본 화자가 그 역동적 생명력에 대한 놀라움을 드러낸 것이다. (나)의 '이미 늙었구나'는 이룬 것 없이 허망하게 늙어 버린 현재 자신의 처지에 대한 탄식을 드러낸 것이다.

→ 적절함!

---

18 | 시구의 의미 - 적절한 것 고르기
정답률 85% **정답 ②**

[A]에 대한 설명으로 가장 적절한 것은?

> **[A] (가)-17~20행** 콘크리트 갈라진 틈에서도 솟아나고 있는/ 저 저돌적인 고요/ 단단하고 건조한 것들에게 옮겨 붙고 있는/ 저 촉촉한 불길

감탄을
① ***지시 표현을 사용하여 대상에 대한 화자의 심리적 거부감을 나타내고 있다.** **이, 그, 저와 같이 어떤 대상을 가리킬 때 사용되는 표현*
> 풀이 [A]에서 '저'라는 지시 표현을 사용하였으나 이를 통해 '초록'에 대한 심리적 거부감을 나타내고 있지는 않다. 화자는 대상인 '초록'의 생명력에 감탄하고 있다.

→ 적절하지 않음!

②✓ **유사한 문장 구조를 반복하여 대상이 갖는 *역동적 이미지를 나타내고 있다.** **힘차고 활발하게 움직이는 이미지*
> 풀이 [A]의 '솟아나고 있는/ 저 저돌적인 고요'와 '옮겨 붙고 있는/ 저 촉촉한 불길'에서 유사한 문장 구조를 반복하여 콘크리트 바닥에서 저돌적으로 솟아나며 단단하고 건조한 것들에게 옮겨 붙는 '초록'의 역동적 이미지를 나타내고 있다.

→ 적절함!

③ ***점층적인 표현을 사용하여 대상에 대한 화자의 태도 변화를 드러내고 있다.** **그 정도를 점점 크게 하거나 강하게 하거나 높게 하는 등의 표현*
> 풀이 [A]에서 콘크리트 바닥에서 저돌적으로 솟아나는 것과 단단하고 건조한 것들에게 옮겨 붙는 것은 '초록'의 역동성을 대등하게 보여 주는 표현이므로 점층적인 표현이 사용되었다고 보기는 어렵다. 또한 화자는 '초록'에 대해 긍정적인 태도로 일관하고 있으므로 대상에 대한 태도 변화를 드러내고 있지도 않다.

→ 적절하지 않음!

> **■점층적 표현이 드러나는 작품**
> • **정몽주, 「단심가」**
> 이 몸이 주거주거 일백 번 고쳐 주거,/ 백골이 진토(티끌과 흙)되어 넉시라도 잇고 업고,/ 님 향훈 일편단심이야 가실 줄이 이시랴.
> → '이 몸이 주거주거 〈 일백 번 고쳐 주거 〈 백골이 진토되어'와 같이 죽음에 대한 강도를 점점 높이고 있으므로 점층적 표현이다.
> • **김광욱, 「율리유곡」** (2011학년도 수능, 2022학년도 6월 모평)
> 공명도 잊었노라 부귀도 잊었노라/ 세상 번우한(괴롭고 조심스러운) 일 다 주어 잊었노라/ 내 몸을 내마져 잊으니 남이 아니 잊으랴
> → 세속적 욕심을 버리는 화자의 태도가 점점 강하게 표현되고 있다.(공명 〈 부귀 〈 세상 번우한 일)

④ **하나의 문장을 두 개의 시행으로 나누어 대상의 *순환 과정을 제시하고 있다.** **주기적으로 자꾸 되풀이하여 도는 과정*
> 풀이 [A]는 하나의 문장인 '콘크리트 갈라진 틈에서도 솟아나고 있는/ 저 저돌적인 고요'와 '단단하고 건조한 것들에게 옮겨 붙고 있는/ 저 촉촉한 불길'을 각각 두 개의 시행으로 나누고 있으나 '초록'의 순환 과정을 제시하고 있지는 않다.

→ 적절하지 않음!

⑤ ***모순된 표현을 활용하여 대상과 자신을 **동일시하는 화자의 모습을 드러내고 있다.** **논리적으로 앞뒤가 맞지 않는 표현 **똑같은 것으로 보는*
> 풀이 '저돌적인 고요'와 '촉촉한 불길'에서 모순된 표현을 사용하고 있으나 화자가 '초록'과 자신을 동일시하는 모습은 나타나지 않는다.

→ 적절하지 않음!

---

19 | 내용 이해 - 적절하지 않은 것 고르기
정답률 70%, 매력적 오답 ⑤ 10% **정답 ④**

(나)에 대한 이해로 적절하지 않은 것은?

① **<제1수>의 '어져 내 일이야'에 담긴 한탄은, <제2수>의 '장부의 허다 사업'을 못 다 한 데서 비롯되는군.**
> 근거 **(나) ❶-1** 어져 내 일이야 무슨 일 하다 하고/ **3** 소장불노력하고 노대에 도상비로

다// ❷-3 장부의 허다 사업을 못 다 하고 늙었느냐
[풀이] 〈제1수〉의 '어져 내 일이야'에는 젊어서 노력하지 않아 '장부의 허다 사업'을 다 못 하고 늙어 버린 데에서 비롯된 한탄과 슬픔이 나타나 있다.

→ 적절함!

② 〈제1수〉의 '노대에 도상비로다'에 담긴 *애상감은, 〈제4수〉의 '늙어지면 거짓 것이'로 이어지는군. *슬퍼하거나 가슴 아파하는 감정

[근거] (나) ❶-3 소장불노력하고 노대에 도상비로다// ❹-3 젊어서 흐느적흐느적하다가 늙어지면 거짓 것이

[풀이] 〈제1수〉의 '노대에 도상비로다'는 '늙어서 슬픔과 상심뿐이로다'라는 의미로 현재 처지에 대한 화자의 애상감이 나타난다. 이는 〈제4수〉의 '늙어지면 거짓 것이'에서 허망감으로 이어지고 있다.

→ 적절함!

③ 〈제2수〉의 '서른 마흔 한 일 없이'에 담긴 반성은, 〈제4수〉의 '젊어서 흐느적흐느적하'지 말라는 당부로 나타나는군.

[근거] (나) ❷-2~3 서른 마흔 한 일 없이 쉰 예순 넘는단 말인가/ 장부의 허다 사업을 못 다 하고 늙었느냐// ❹-2~3 젊다 하고 믿지 마라 나도 일찍 젊었더니/ 젊어서 흐느적흐느적하다가 늙어지면 거짓 것이

[풀이] 〈제2수〉에서 남자로 태어나 '서른 마흔 한 일 없이' 살아온 것에 대한 화자의 반성은 〈제4수〉에서 젊은이들에게 '젊어서 흐느적흐느적' 살아가지 말라는 당부로 나타나 있다.

→ 적절함!

④ 〈제3수〉의 '이제야 아무리 애달픈들'과 〈제6수〉의 '내 못하여 애달프니'에는 세월의 *무상감에서 벗어나고자 하는 심리가 드러나는군. *덧없고 허무하다는 느낌
자신의 삶에 대한 안타까운

[근거] (나) ❸-2~3 밭 갈고 논 매더면 설마한들 배고프리/ 이제야 아무리 애달픈들 몸이 늙어 못하올쇠// ❻-2 내 못하여 애달프니 너희나 하여라

[풀이] 〈제3수〉의 '이제야 아무리 애달픈들'에는 넉넉지 못한 처지에 농사를 짓고 싶어도 몸이 늙어서 할 수 없는 화자의 안타까움이 드러난다. 〈제6수〉의 '내 못하여 애달프니'에는 화자가 젊어서 착한 일을 하지 못한 것에 대해 안타까워하며 젊은이들에게 착한 일을 권유하는 심리가 드러나 있다.

→ 적절하지 않음!

⑤ 〈제5수〉의 '하오면 못할 이 없는 착한 일'은, 〈제6수〉의 '너희더러 하라'에서 권유하는 내용이겠군.

[근거] (나) ❺-3 하오면 못할 이 없기는 착한 일인가 하노라// ❻-1 내 몸이 못하고서 너희더러 하라기는

[풀이] 〈제5수〉의 '하오면 못할 이 없는 착한 일'은 화자가 젊은 시절에 하지 못한 일로, 〈제6수〉의 '너희더러 하라'에서 권유하는 내용에 해당한다.

→ 적절함!

---

20 | 화자의 정서 - 적절한 것 고르기
정답률 90% | 정답 ④

*시상의 흐름을 고려하여 ㉠과 ㉡을 비교한 내용으로 가장 적절한 것은? *시에 드러난 시인의 생각이나 감정

(가)-8~9행 ㉠ 지금 저 초록 아래에서는/ 얼마나 많은 잔뿌리들이 발끝에 힘주고 있을까
(나) ❺-1~2 ㉡ 재산인들 부디 말며 과갑인들 마다 할까/ 재산이 유수하고 과갑은 재천하니

① ㉠에는 대상을 향한 화자의 애정이, ㉡에는 청자를 향한 화자의 원망이 나타나 있다. 당부가

[풀이] ㉠에는 대상인 초록을 향한 화자의 애정이 나타난다고 볼 수 있으나, ㉡에는 청자인 젊은이들에 대한 화자의 당부가 드러날 뿐, 원망이 드러나 있지 않다.

→ 적절하지 않음!

② ㉠에는 대상과 화자 사이의 *이질감이, ㉡에는 대상에 대한 화자의 거부감이 드러나 있다. *성질이 서로 달라 낯설거나 잘 맞지 않는 느낌

[풀이] ㉠에는 대상인 초록과 화자 사이의 이질감이 드러나 있지 않다. ㉡에서 화자는 대상인 재산과 과갑을 마다하지 않는다고 하였으므로 대상에 대한 화자의 거부감이 드러나 있다고 볼 수 없다.

→ 적절하지 않음!

③ ㉠에는 감춰진 진실에 대한 화자의 *회의가, ㉡에는 화자의 현재 상황에 대한 의문이 나타나 있다. *의심을 품음

[풀이] ㉠에는 초록 아래의 상황을 상상하는 화자의 태도가 드러날 뿐, 감춰진 진실에 대한 회의는 드러나지 않는다. ㉡은 재산이나 과갑을 마다하지 않는다는 것을 의문의 형식으로 표현한 것이지 화자의 현재 상황에 대한 의문을 표현한 것이 아니다.

→ 적절하지 않음!

④ ㉠에는 힘의 *근원에 대한 화자의 상상이, ㉡에는 뜻대로 되지 않는 삶에 대한 화자의 인식이 드러나 있다. *시작되는 근본

[근거] (가)-6~7행 땅에 박힌 심지에서 끝없이 솟구치는 초록/ 나무들이 온몸의 진액을 다 쏟아내는 초록
(나) ❸-1~2 생원이 무엇인가 급제도 헛일이니/ 밭 갈고 논 매더면 설마한들 배고프리

[풀이] ㉠에는 땅과 나무들이 초록을 만들어 내는 힘의 근원이 잔뿌리에서 오는 것이라는 화자의 상상이 드러나 있다. ㉡은 재산 축적이나 과거 급제를 마다하지 않은 화자가 궁핍하게 살아가는 것에서 재산이나 과갑은 노력으로 얻을 수 있는 것이 아닌 운수와 하늘의 뜻에 달렸다는 화자의 운명론적 인식을 드러낸 것이다.

→ 적절함!

⑤ ㉠에는 문제의 원인에 대한 화자의 *성찰이, ㉡에는 예상치 못한 결과를 **수용하는 화자의 모습이 나타나 있다. *반성 **받아들이는

[풀이] (가)의 화자는 땅과 나무에서 나오는 초록을 문제로 인식하지 않으므로 ㉠에 문제의 원인에 대한 화자의 성찰이 드러난다는 것은 적절하지 않다. ㉡에는 재산을 모으는 일이나 과거에 급제하는 것이 뜻대로 되지 않는다는 화자의 생각이 나타나 있을 뿐, 예상치 못한 결과를 수용하는 화자의 모습이 드러난다고 보기 어렵다.

→ 적절하지 않음!

[21 ~ 24] 예술 - 〈큐비즘의 특징과 의의〉

1 [1]20 세기 초 유럽에서 일어난 과학 문명의 발전은 현실을 이루는 법칙을 하나씩 부정하였다. [2]절대적이라고(絶對的-, 비교하거나 상대될 만한 것이 없다고) 믿어 왔던 시공간(時空間, 시간과 공간)마저 상대적인(相對的-, 서로 맞서거나 비교되는 관계에 있는) 것으로 밝혀지면서, 사람들은 기존에 당연시되어(當然視-, 당연한 것으로 여겨져) 온 인식(認識, 사물을 구별하여 가르고, 판단하여 앎)에 의문을 품었다. [3]이(기존 인식에 대한 의문)는 서양의 회화(繪畫, 여러 가지 선이나 색채로 평면상에 형상을 그려 내는 조형 미술)에도 영향을 미쳐 큐비즘(cubism, 입체파)이라는 새로운 미술 양식(樣式, 시대나 부류에 따라 각기 독특하게 지니는 문학, 예술의 형식)을 탄생시켰다.

→ 큐비즘의 등장 배경

2 [1]큐비즘은 대상의 사실적 재현(再現, 다시 나타냄)에 집중했던 전통 회화와 달리, 대상의 본질(本質, 처음부터 가지고 있는 사물 그 자체의 성질이나 모습)을 구현하기(具現-, 구체적인 모습으로 뚜렷이 나타나게 하기) 위해 그 근원적(根源的, 비롯되는 근본) 형태를 그려 내는 것을 목표로 삼았다. [2]이를 위해 대상의 본질과 관련 없는 세부적(細部的, 아주 작은 부분까지 세세한) 묘사를 배제하고(排除-, 받아들이지 않고 제외하고) 구(球, 공처럼 둥글게 생긴 모양)와 원기둥(圓-, 위와 아래에 있는 면이 서로 평행이고, 합동인 원으로 되어 있는 입체 도형) 등의 기하학적(幾何學的, 직선, 원, 다각형 등 기하학에 바탕을 둔) 형태로 대상을 단순화하여 질감(質感, 재질의 차이에서 받는 느낌)과 부피감(-感, 물건이 공간에서 차지하는 크기의 느낌)을 부각하였다.(浮刻-, 특징지어 두드러지게 하였다.) [3]색채 또한 본질 구현에 있어 부차적인(副次的-, 주된 것이 아니라 그것에 덧붙어서 따르게 된) 것으로 판단하여 몇 가지 색으로 제한하였다.(制限-, 일정한 한도를 정하였다.)

→ 큐비즘의 목표와 표현 방식 ①

3 [1]또한 큐비즘은 하나의 시점(視點, 어떤 대상을 볼 때에 시력의 중심이 가 닿는 점)으로는 대상의 한쪽 형태밖에 표현할 수 없다고 생각하여, 하나의 시점에서 대상을 보고 표현하는 원근법(遠近法, 물체나 공간을 멀고 가까움을 느낄 수 있도록 표현하는 기법)을 거부하였다.(拒否-, 받아들이지 않았다.) [2]그리고 대상의 전체 형태를 표현하기 위해 다중(多重, 여러 겹) 시점을 적용하였는데, 이(다중 시점)는 여러 시점에서 관찰한 대상을 한 화면에 그려 내고자 한 기법이다. [3]예를 들어, 한 인물을 그릴 때 얼굴의 정면(正面, 앞쪽으로 향한 면)과 측면(側面, 왼쪽이나 오른쪽의 면)을 동시에 표현함으로써 대상의 전체 형태를 관람자(觀覽者, 구경하는 사람)들에게 보여 주는 것이다. [4]이렇게 큐비즘은 사실적 재현에서 벗어나 대상의 근원적 형태를 표현하려 하였으며, 관람자들에게 새로운 미적(美的, 사물의 아름다움에 관한) 인식을 환기하였다.(喚起-, 불러일으켰다.)

▲ 조르주 브라크(Georges Braque), '라 로슈 귀용의 성(La Roche-Guyon, le château)'(1909), © Georges Braque / ADAGP, Paris – SACK, Seoul, 2025
: 절벽에 위치하여 폐허가 된 저택을 그림. 실제와 다른 색채를 사용하였고 납작한 평면이 겹쳐진 형태를 보임

▲ 파블로 피카소(Pablo Picasso), '아비뇽의 아가씨들(Les Demoiselles d'Avignon)'(1907), © 2025 – Succession Pablo Picasso – SACK (Korea)
: 각지고 분리된 신체, 왜곡된 얼굴 등 기하학적 형태로 대상이 단순화됨

→ 큐비즘의 표현 방식 ②

4 ¹대상의 형태를 더 다양한 시점으로 보여 주려는 시도(試圖, 이루려고 계획하거나 행동함)는 다중 시점의 극단화(極端化, 한쪽으로 크게 치우침)로 치달았는데(힘차고 빠르게 나아갔는데), 이 시기의 큐비즘을 ⓐ 분석적 큐비즘이라고 일컫는다. ²분석적 큐비즘은 대상을 여러 시점으로 해체하여(解體-, 나누거나 분리하여) 작은 격자(格子, 바둑판처럼 가로세로를 일정한 간격으로 직각이 되게 짠 구조나 물건, 형식) 형태로 쪼개어 표현했고, 색채 또한 대상의 고유색(固有色, 갖고 있는 본래의 색깔)이 아닌 무채색(無彩色, 검정, 하양, 회색 등 색상이나 채도는 없고 명도의 차이만 가지는 색)으로 한정하였다.(限定-, 제한하여 정하였다.) ³해체 정도가 심해짐에 따라 대상은 부피감이 사라질 정도로 완전히 분해되었다. ⁴이로 인해 관람자는 대상이 무엇인지조차 알아볼 수 없게 되었고, 제목이나 삽입된(挿入-, 넣어진) 문자를 통해서만 대상이 무엇인지 추측할 수 있게 되었다.

〈참고 작품〉

▲ 조르주 브라크(Georges Braque), '기타를 든 사람(L'homme à la Guitare)'(1911~12), © Georges Braque / ADAGP, Paris – SACK, Seoul, 2025
: 제목을 통해서만 대상 추측

▲ 파블로 피카소(Pablo Picasso), '투우 경기 애호가(투우사)(L'aficionado(Le Torero))'(1912), © 2025 – Succession Pablo Picasso – SACK (Korea)
: 왼쪽 하단에 있는 'Le Torero'라는 글자를 통해 대상 추측

→ 큐비즘의 변화 양상 ① : 분석적 큐비즘

5 ¹㉠ 대상이 극단적으로 해체되어 형태를 파악하지 못하게 된 문제를 해결하기 위해, 큐비즘은 화면 안으로 실제 대상 혹은 대상의 특성(特性, 일정한 사물에만 있는 특수한 성질)을 잘 드러내는 화면 밖의 재료들을 끌어들였다. ²이것을 ⓑ 종합적 큐비즘이라고 일컫는다.(가리켜 말한다.) ³종합적 큐비즘의 특징을 보여 주는 대표적 기법(技法, 기교와 방법)으로는 '파피에 콜레'가 있다. ⁴이(파피에 콜레)는 화면에 신문이나 벽지 등의 실제 종이를 오려 붙여 대상의 특성을 표현하는 기법이다. ⁵예를 들어, 나무 탁자의 질감을 표현하기 위해 화면에 나뭇결무늬의 종이를 직접 붙였다. ⁶화면에 붙인 종이의 색으로 인해 색채도 다시 살아났다.

〈참고 작품〉

▲ 조르주 브라크(Georges Braque), '과일 접시와 유리컵(Fruit Dish and Glass)'(1912), © Georges Braque / ADAGP, Paris – SACK, Seoul, 2025
: 벽지와 종이를 오려 붙여 접시, 유리컵, 배, 포도를 표현

▲ 파블로 피카소(Pablo Picasso), '유리잔과 수즈의 병(Verre et Bouteille de Suze)'(1912), © 2025 – Succession Pablo Picasso – SACK (Korea)
: 판지를 오려 붙여 유리잔과 '수즈'라는 술의 병을 표현

→ 큐비즘의 변화 양상 ② : 종합적 큐비즘

6 ¹큐비즘은 대상의 근원적 형태를 화면에 구현하기 위해 대상을 표현하는 새로운 방법을 모색하였다.(摸索-, 더듬어 찾았다.) ²큐비즘이 대상의 형태를 실제에서 해방한(解放-, 벗어나게 한) 것은 회화 예술에 무한한(無限-, 제한이나 한계가 없는) 표현의 가능성을 가져다주었다. ³이는 표현 대상을 보이는 세계에 한정하지 않는 현대 추상 회화(抽象繪畫, 비구상적(일정한 형태와 성질을 갖추고 있지 않은 것)이고 반사실주의적 경향의 미술)의 탄생에 직접적인 영향을 미쳤다.

→ 큐비즘의 의의

■ 지문 이해

❶ 큐비즘의 등장 배경

• 20세기 초 과학 문명의 발전으로 사람들은 기존의 인식에 의문을 품었고, 서양 회화에도 영향을 미쳐 큐비즘을 탄생시킴

❷~❸ 큐비즘의 목표와 표현 방식

• 목표 : 대상의 본질을 구현하기 위해 근원적 형태를 그려 내는 것
• 표현 방식
  - 대상의 본질과 관련 없는 세부적 묘사 배제
  - 기하학적 형태로 대상을 단순화하여 질감과 부피감 부각
  - 색채를 본질 구현에 있어 부차적인 것으로 판단하여 몇 가지 색으로 제한
  - 여러 시점에서 관찰한 대상을 한 화면에 그려 내는 기법인 다중 시점을 적용
  → 사실적 재현에서 벗어나 대상의 근원적 형태를 표현하려 함
  → 관람자들에게 새로운 미적 인식을 환기함

❹ 큐비즘의 변화 양상 ① : 분석적 큐비즘

• 대상의 형태를 더 다양한 시점으로 보여 주려는 시도 → 다중 시점의 극단화
• 분석적 큐비즘
  - 대상을 여러 시점으로 해체하여 작은 격자 형태로 쪼개어 표현
  - 색채를 대상의 고유색이 아닌 무채색으로 한정
  - 해체 정도가 심해져 대상의 부피감이 사라질 정도로 완전히 분해됨
  - 관람자는 대상을 알아볼 수 없고, 제목이나 삽입된 문자를 통해 대상을 추측

❺ 큐비즘의 변화 양상 ② : 종합적 큐비즘

• 종합적 큐비즘
  - 대상이 극단적으로 해체되어 형태를 파악하지 못하게 된 문제를 해결하기 위해 화면 안에 실제 대상이나 대상의 특성을 잘 드러내는 화면 밖 재료를 활용
  - 파피에 콜레 : 화면에 신문, 벽지 등을 오려 붙여 대상의 특성을 표현하는 기법
  - 화면에 붙인 종이의 색으로 인해 색채도 다시 살아남

❻ 큐비즘의 의의

• 대상의 근원적 형태 구현을 위해 대상을 표현하는 새로운 방법을 모색함
• 대상의 형태를 실제에서 해방하여 회화 예술에 무한한 표현의 가능성을 가져다 줌
• 현대 추상 회화의 탄생에 직접적 영향을 미침

→ 문제편 035쪽

21 세부 정보 이해 - 적절하지 않은 것 고르기
정답률 95% 정답 ③

윗글에서 알 수 있는 내용으로 적절하지 않은 것은?

① 큐비즘이 사용한 표현 기법
- 근거 **3**-2 대상의 전체 형태를 표현하기 위해 다중 시점을 적용하였는데, 이는 여러 시점에서 관찰한 대상을 한 화면에 그려 내고자 한 기법, **5**-3~4 종합적 큐비즘의 특징을 보여 주는 대표적 기법으로는 '파피에 콜레'가 있다. 이는 화면에 신문이나 벽지 등의 실제 종이를 오려 붙여 대상의 특성을 표현하는 기법
- → 적절함!

② 큐비즘이 등장한 시대적 배경
- 근거 **1**-1 20 세기 초 유럽에서 일어난 과학 문명의 발전은 … , **1**-3 서양의 회화에도 영향을 미쳐 큐비즘이라는 새로운 미술 양식을 탄생시켰다.
- → 적절함!

③ 큐비즘에 대한 다른 화가들의 *논쟁 *論爭, 서로 다른 의견을 가진 사람들이 각각 자기의 주장을 말이나 글로 논하여 다툼
- 풀이 윗글에서 큐비즘에 대한 다른 화가들의 논쟁은 다루지 않았다.
- → 적절하지 않음!

④ 큐비즘의 작품 *경향이 변화된 **양상 *傾向, 현상, 사상, 행동 등에서 나타나는 일정한 방향성 **樣相, 모양·상태
- 근거 **4**-1 대상의 형태를 더 다양한 시점으로 보여 주려는 시도는 다중 시점의 극단화로 치달았는데, 이 시기의 큐비즘을 분석적 큐비즘이라고 일컫는다, **5**-1~2 대상이 극단적으로 해체되어 형태를 파악하지 못하게 된 문제를 해결하기 위해, 큐비즘은 화면 안으로 실제 대상 혹은 대상의 특성을 잘 드러내는 화면 밖의 재료들을 끌어들였다. 이것을 종합적 큐비즘이라고 일컫는다.
- → 적절함!

⑤ 큐비즘이 현대 추상 회화에 미친 영향
- 근거 **6**-3 표현 대상을 보이는 세계에 한정하지 않는 현대 추상 회화의 탄생에 직접적인 영향을 미쳤다.
- → 적절함!

22 세부 정보 이해 - 적절한 것 고르기
정답률 85% 정답 ①

㉠을 이해한 내용으로 가장 적절한 것은?

> ㉠ 대상이 극단적으로 해체되어 형태를 파악하지 못하게 된 문제

① 대상의 본질을 화면에 구현하기 위해 다중 시점에 *집착한 결과이겠군. *執着-, 마음이 쏠려 잊지 못하고 매달린
- 근거 **2**-1 큐비즘은 … 대상의 본질을 구현하기 위해 그 근원적 형태를 그려 내는 것을 목표로 삼았다, **3**-2 (큐비즘은) 다중 시점을 적용하였는데, 이는 여러 시점에서 관찰한 대상을 한 화면에 그려 내고자 한 기법, **3**-4 큐비즘은 사실적 재현에서 벗어나 대상의 근원적 형태를 표현하려 하였으며, **4**-1 대상의 형태를 더 다양한 시점으로 보여 주려는 시도는 다중 시점의 극단화로 치달았는데
- 풀이 큐비즘은 여러 시점에서 관찰한 대상을 한 화면에 그려 내는 다중 시점 기법을 적용하여 대상의 근원적 형태를 표현하려 하였다. 대상의 형태를 더 다양한 시점으로 보여 주려 한 큐비즘의 시도는 다중 시점의 극단화로 치달아, 대상의 해체 정도가 심해져 그 형태를 파악하지 못하게 되었다. 즉 분석적 큐비즘에서 대상이 극단적으로 해체되어 형태를 파악하지 못하게 된 문제는 다중 시점의 극단화로 인한 것이라고 볼 수 있다. 따라서 ㉠이 대상의 본질을 화면에 구현하기 위해 다중 시점에 집착한 결과라고 보는 것은 ㉠을 이해한 내용으로 적절하다.
- → 적절함!

② 인식의 절대적 기준을 제시하기 위해 대상의 변화를 무시한 결과이겠군.
- 풀이 큐비즘이 인식의 절대적 기준을 제시하려고 했다거나 대상의 변화를 무시하였다는 내용은 윗글에서 찾아볼 수 없다.
- → 적절하지 않음!

③ 화면의 공간을 사실적으로 표현하기 위해 대상의 형태를 희생한 결과이겠군.
- 근거 **2**-1 큐비즘은 대상의 사실적 재현에 집중했던 전통 회화와 달리, 대상의 본질을 구현하기 위해 그 근원적 형태를 그려 내는 것을 목표로 삼았다.
- 풀이 큐비즘은 대상의 사실적 재현에서 벗어나 대상의 본질을 구현하기 위해 그 근원적 형태를 그려 내고자 하였으며, 하나의 시점으로는 대상의 한쪽 형태밖에 표현할 수

없다고 보고 대상의 전체 형태를 표현하기 위해 여러 시점에서 관찰한 대상을 한 화면에 그려 내는 다중 시점을 적용하였다. 따라서 ㉠을 '화면의 공간을 사실적으로 표현하기 위해' 대상의 형태를 희생한 결과라고 보는 것은 적절하지 않다.
- → 적절하지 않음!

④ *기하학적 형태에서 *탈피하기 위해 대상의 정면과 측면을 동시에 표현한 결과이겠군. *脫皮-, 완전히 벗어나기
- 근거 **2**-2 (큐비즘은) 대상의 본질과 관련 없는 세부적 묘사를 배제하고 구와 원기둥 등의 기하학적 형태로 대상을 단순화하여 질감과 부피감을 부각
- 풀이 큐비즘은 대상의 사실적 재현에서 벗어나 기하학적 형태로 대상을 단순화하여 질감과 부피감을 부각하였다. 따라서 ㉠을 '기하학적 형태에서 탈피하기 위해' 대상의 정면과 측면을 동시에 표현한 결과라고 보는 것은 적절하지 않다.
- → 적절하지 않음!

⑤ 관람자들에게 새로운 미적 인식을 환기하기 위해 대상을 있는 그대로 재현한 결과이겠군.
- 근거 **2**-1 큐비즘은 대상의 사실적 재현에 집중했던 전통 회화와 달리, 대상의 본질을 구현하기 위해 그 근원적 형태를 그려 내는 것을 목표로 삼았다, **3**-4 큐비즘은 사실적 재현에서 벗어나 대상의 근원적 형태를 표현하려 하였으며, 관람자들에게 새로운 미적 인식을 환기
- 풀이 큐비즘은 대상을 있는 그대로 재현한 것이 아니라, 대상의 사실적 재현에서 벗어나 대상의 본질을 구현하기 위해 그 근원적 형태를 표현하려 하였다. 따라서 ㉠을 '대상을 있는 그대로 재현한 결과'라고 보는 것은 적절하지 않다.
- → 적절하지 않음!

23 핵심 개념 파악 - 적절한 것 고르기
정답률 85% 정답 ④

ⓐ와 ⓑ에 대한 설명으로 가장 적절한 것은?

> ⓐ 분석적 큐비즘   ⓑ 종합적 큐비즘

① ⓐ는 ⓑ와 달리 ~~고유색~~을 통해 대상을 그려 낸다. 무채색
- 근거 **4**-2 분석적 큐비즘(ⓐ)은 … 색채 또한 대상의 고유색이 아닌 무채색으로 한정, **5**-6 (종합적 큐비즘(ⓑ)은) 화면에 붙인 종이의 색으로 인해 색채도 다시 살아났다.
- → 적절하지 않음!

② ⓐ는 ⓑ와 달리 ~~삽입된 문자로만~~ 대상을 드러낸다.
- 근거 **4**-4 (분석적 큐비즘(ⓐ) 작품에서) 관람자는 대상이 무엇인지조차 알아볼 수 없게 되었고, 제목이나 삽입된 문자를 통해서만 대상이 무엇인지 추측할 수 있게 되었다.
- 풀이 분석적 큐비즘은 대상의 해체 정도가 심해져 관람자가 제목이나 삽입된 문자를 통해 대상이 무엇인지 추측할 수 있게 되었다. 따라서 분석적 큐비즘이 '삽입된 문자로만' 대상을 드러낸다는 설명은 적절하지 않다.
- → 적절하지 않음!

③ ⓑ는 ⓐ와 달리 ~~작은 격자 형태로 대상을 해체~~한다.
- 근거 **4**-2 분석적 큐비즘(ⓐ)은 대상을 여러 시점으로 해체하여 작은 격자 형태로 쪼개어 표현
- → 적절하지 않음!

④ ⓑ는 ⓐ와 달리 화면 밖의 재료를 활용해 대상을 표현한다.
- 근거 **5**-1~4 화면 안으로 실제 대상 혹은 대상의 특성을 잘 드러내는 화면 밖의 재료들을 끌어들였다. 이것을 종합적 큐비즘(ⓑ)이라고 일컫는다. 종합적 큐비즘의 특징을 보여 주는 대표적 기법으로는 '파피에 콜레'가 있다. 이는 화면에 신문이나 벽지 등의 실제 종이를 오려 붙여 대상의 특성을 표현하는 기법
- → 적절함!

⑤ ⓐ와 ⓑ는 모두 ~~질감과 부피감을 살려서 대상을 형상화~~한다.
- 근거 **4**-3 (분석적 큐비즘(ⓐ) 작품에서) 해체 정도가 심해짐에 따라 대상은 부피감이 사라질 정도로 완전히 분해, **5**-3~5 종합적 큐비즘(ⓑ)의 특징을 보여 주는 대표적 기법으로는 파피에 콜레가 있다. 이는 화면에 신문이나 벽지 등의 실제 종이를 오려 붙여 대상의 특성을 표현하는 기법이다. 예를 들어, 나무 탁자의 질감을 표현하기 위해 화면에 나뭇결무늬의 종이를 직접 붙였다.
- 풀이 분석적 큐비즘은 대상의 부피감이 사라질 정도로 대상을 완전히 분해하여 표현하였다고 하였으므로, 분석적 큐비즘이 질감과 부피감을 살려 대상을 형상화한다는 설명은 적절하지 않다. 한편 종합적 큐비즘은 화면 밖 재료를 활용하여 대상의 질감을 표현하는 파피에 콜레 기법을 사용하였으나 부피감을 살려 대상을 형상화하였는지는 윗글에서 확인할 수 없다.
- → 적절하지 않음!

윗글을 바탕으로 〈보기〉의 작품을 감상한 내용으로 적절하지 않은 것은? 3점

| 보기 |

조르주 브라크(Georges Braque), '에스타크의 집들(Houses at L'Estaque)' (1908), ⓒ Georges Braque / ADAGP, Paris – SACK, Seoul, 2025

[1]브라크의 「에스타크의 집들」은 집과 나무를 그린 풍경화이다. [2]그런데 회화 속 풍경은 실제와 다르다. [3]집에 당연히 있어야 할 문이 생략되어 있으며, 집들은 부피감이 두드러지는(겉으로 뚜렷하게 드러나는) 입방체(立方體, 정육면체, cube) 형태로 단순화되어 있다. [4]그림자의 방향은 일관성(一貫性, 한결같은 성질) 없이 다양하게 표현되어 광원(光源, 빛을 내는 물체)이 하나가 아님을 알 수 있다. [5]그리고 집과 나무는 모두 황토색과 초록색, 회색으로 칠해져 있다. [6]큐비즘의 시작을 알린 이 풍경화는 처음 공개되었을 때 평론가로부터 "작은 입방체(cube)를 그렸다."라는 비판을 받았는데, 이는 '큐비즘(Cubism)'이라는 명칭(名稱, 사람이나 사물 등을 일컫는 이름)의 기원(起源, 처음으로 생긴 근원)이 되었다.

① 집이 입방체 형태로 단순화된 것은 대상의 근원적 형태를 드러내기 위한 것이겠군.
> 근거 ❷-1~2 큐비즘은 … 대상의 본질을 구현하기 위해 그 근원적 형태를 그려 내는 것을 목표로 삼았다. 이를 위해 … 구와 원기둥 등의 기하학적 형태로 대상을 단순화하여 질감과 부피감을 부각
> → 적절함!

② 풍경의 모습이 실제와 다른 것은 관찰한 대상이 무엇인지 추측할 수 없도록 하기 위한 것이겠군.
> 근거 〈보기〉-3~5 집에 당연히 있어야 할 문이 생략되어 있으며, 집들은 부피감이 두드러지는 입방체 형태로 단순화되어 있다. 그림자의 방향은 일관성 없이 다양하게 표현 … 집과 나무는 모두 황토색과 초록색, 회색으로 칠해져 있다. ❷-1~3 큐비즘은 … 대상의 본질을 구현하기 위해 그 근원적 형태를 그려 내는 것을 목표로 삼았다. 이를 위해 대상의 본질과 관련 없는 세부적 묘사를 배제하고 구와 원기둥 등의 기하학적 형태로 대상을 단순화하여 질감과 부피감을 부각하였다. 색채 또한 … 몇 가지 색으로 제한, ❸-2 대상의 전체 형태를 표현하기 위해 다중 시점을 적용하였는데, 이는 여러 시점에서 관찰한 대상을 한 화면에 그려 내고자 한 기법
> 풀이 〈보기〉에서 소개된 브라크의 작품 속 풍경은 문이 생략되고, 집들이 입방체 형태로 단순화되어 있으며, 집과 나무가 모두 황토색과 초록색, 회색으로 칠해져 있다. 또한 그림자의 방향이 다양하게 표현되어 있다. 이처럼 작품에서 대상의 본질과 관련 없는 세부적 묘사 배제, 기하학적 형태로 대상을 단순화, 색채의 제한, 다중 시점 적용 등의 방식을 사용한 것은 대상의 본질을 구현하기 위해 그 근원적 형태를 그려 내는 것을 목표로 삼았기 때문이다. 큐비즘의 이러한 기법이 관찰한 대상이 무엇인지 추측할 수 없도록 하기 위한 것인지는 윗글을 통해 알 수 없다.
> → 적절하지 않음!

③ 그림자의 방향이 일관성 없이 다양하게 표현된 것은 하나의 시점을 강제하는 원근법을 거부한 것이겠군.
> 근거 ❸-1~2 큐비즘은 하나의 시점으로는 대상의 한쪽 형태밖에 표현할 수 없다고 생각하여, 하나의 시점에서 대상을 보고 표현하는 원근법을 거부하였다. 그리고 대상의 전체 형태를 표현하기 위해 다중 시점을 적용
> → 적절함!

④ 집에 당연히 있어야 할 문이 없는 것은 세부적 묘사는 대상의 본질과 관련이 없다는 생각을 *반영한 것이겠군. *反映~, 나타낸
> 근거 ❷-2 대상의 본질과 관련 없는 세부적 묘사를 배제
> → 적절함!

⑤ 색이 황토색, 초록색, 회색으로 제한된 것은 색채는 본질을 구현하는 데 부차적인 요소라는 생각에 근거한 것이겠군.
> 근거 ❷-3 색채 또한 본질 구현에 있어 부차적인 것으로 판단하여 몇 가지 색으로 제한
> → 적절함!

[25 ~ 28] 현대소설 - 전상국, 「달평 씨의 두 번째 죽음」

· 중심 내용

> 달평 씨는 대중들의 관심을 받게 되면서 본래의 모습을 잃어버리게 된다.
>
> ↓
>
> 달평 씨는 사람들의 관심이 멀어지자 자신의 죄를 참회하며 살고 있다는 폭탄선언을 하게 된다.
>
> ↓
>
> 또다시 달평 씨가 사람들에게서 잊힌 후 달평 씨는 기자에게 돈을 주지 않았다는 이유로 아내에게 화를 낸다.
>
> ↓
>
> 달평 씨는 자신을 공박하는 자식들에게 자신의 친자식이 아니라는 폭탄선언을 하고 달평 씨의 부인은 그런 달평 씨에게 화를 내며 소리친다.

· 인물 관계도

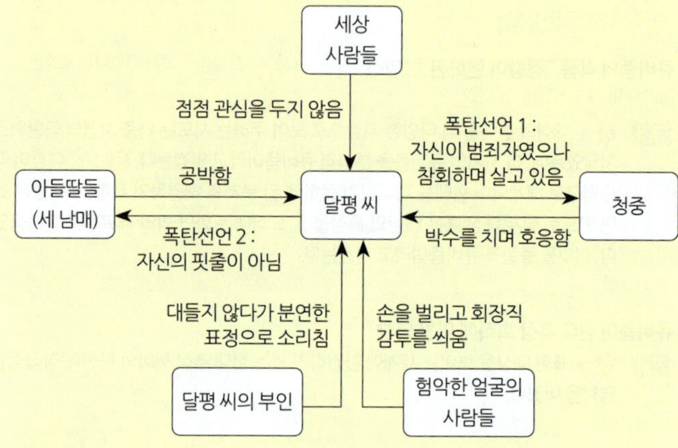

· 전체 줄거리 ([ ] : 지문 내용)

'왼손이 하는 일을 오른손이 모르게 하라.' 이것이 달평 씨의 신조(믿을 信 가지 條 : 굳게 믿어 지키고 있는 생각)이다. 참된 선행은 내세우면 안 되며 자신조차도 그 일을 잊어버릴 수 있어야 한다는 것이다. 달평 씨는 아내와 함께 곰국을 파는 보은식당을 운영하고 있다. 자수성가한 달평 씨는 근검한 사람으로 자식들의 존경을 받고 있으며 주변의 평판도 좋다. 달평 씨의 아내는 조용한 성격으로 달평 씨의 일에 간섭하지 않으며 실질적으로 식당을 운영해 나간다. 그런데 달평 씨는 일 년에 대여섯 번씩 훌쩍 집을 나갔다가 돈을 쓰고 돌아온다. 남몰래 불우한 사람들을 돕는 것이다. 어느 날 달평 씨는 수해를 당한 남쪽 지방에서 가족을 잃은 아이를 도와주러 갔다가 그를 오해한 청년이 던진 돌에 머리를 다치는 사고를 입는다. 이 과정에서 그동안 달평 씨가 베푼 선행이 과장되고 미화되어(아름다울 美 될 化 : 아름답게 꾸며져) 언론에 공개된다. 이후 사람들의 관심이 달평 씨에게 집중되자 달평 씨는 다른 사람의 눈치를 보며 자신의 모습을 잃어버리는 첫 번째 죽음을 맞이한다. 달평 씨의 도움을 받았다며 감사 인사를 전하러 식당에 찾아온 사람이 69명이 된 날, 달평 씨는 갑자기 활기를 되찾는다. 달평 씨는 연설을 다니며 자신이 불우한 어린 시절을 보냈다는 등의 거짓말을 하면서 사람들의 관심을 받고자 한다. [시간이 흘러 사람들의 관심이 점점 사라지게 되자 달평 씨는 강연에서 자신이 전과자였으며 자신의 죄를 참회하기 위해 선행을 베풀고 있다는 거짓말로 사람들의 박수를 받는다. 또다시 사람들의 관심이 사그라들자 달평 씨는 초조한 나날을 보내고, 급기야는 자신을 찾아온 기자에게 돈을 쥐여 보내지 않고 식당 문을 닫아야겠다고 말하는 아내에게 화를 낸다. 이를 본 자식들이 달평 씨를 공박하자 달평 씨는 자식들이 자신의 핏줄이 아니라는 거짓말을 하기에 이른다. 달평 씨의 아내는 달평 씨를 두 번째 죽음에서 살려내기 위해 화를 내며 소리친다.]

· 어휘 풀이

* 미담 : 사람을 감동시킬 만큼 아름다운 내용을 가진 이야기.

* 흉악무도한 : 성질이 거칠고 도덕적 의리를 소중히 여기는 마음이 없는.

* 요목요목 : 하나하나 빠짐없이.

* 모리배 : 온갖 수단과 방법으로 자신의 이익만을 꾀하는 사람.

* 주억거렸다 : 끄덕였다.

* 감투 : '직위'를 속되게 이르는 말.

* 날 샌 원수 없고 밤 지난 은혜 없다 : 날을 새우고 나면 원수같이 여기던 감정은 풀리고 밤을 자고 나면 은혜에 대한 고마운 감정이 식어진다는 뜻으로, 원한이나 은혜는 시간이 지나면 곧 잊게 됨을 비유적으로 이르는 말.

→ 문제편 **036쪽**

오답률 TOP ⑤ | 1등급 문제

25 | 서술상 특징 – 적절하지 않은 것 고르기
정답률 60%, 매력적 오답 ⑤ 35% | 정답 ①

윗글에 대한 설명으로 적절하지 <u>않은</u> 것은?

✓ 인물의 말과 행동을
① **공간적 배경을 통해 인물의 심리를 *암시하고 있다.** *간접적으로 드러내고

> [풀이] '강연장'과 '식당'이라는 공간적 배경이 나타나 있으나 이를 통해 인물의 심리를 암시하고 있지는 않다. 윗글에서 인물의 심리는 인물의 말이나 행동을 통해 암시되고 있다.

→ 적절하지 않음!

> ■ **공간적 배경을 통해 인물의 심리를 암시하는 작품**
> • **김동리, 「역마」**(2013학년도 9월 모평)
> 뻐꾸기는 또다시 산울림처럼 건드러지게 울고, 늘어진 버들가지엔 햇빛이 젖어 흐르는 아침이었다. 새벽녘에 잠깐 가는 비가 지나가고, 날은 다시 유달리 맑게 갠 화개 장터 삼거리 길 위에서, 성기는 그 어머니와 하직을 하고 있었다. ~ 한 걸음, 한 걸음, 발을 옮겨 놓을수록 그의 마음은 한결 가벼워져, 멀리 버드나무 사이에서 그의 뒷모양을 바라보고 서 있을 어머니의 주막이 그의 시야에서 완전히 사라져 갈 무렵해서는, 육자배기 가락(남도 지방에서 부르는 잡가의 하나)으로 제법 콧노래까지 흥얼거리며 가고 있는 것이었다.
> → 화창한 화개 장터 삼거리 길이라는 공간적 배경을 통해 '성기'의 홀가분하고 흥겨운 심리를 암시하고 있다.

② **비유적 표현을 통해 인물의 행동을 *묘사하고 있다.** *그림 그리듯이 서술하고

> [근거] 보은식당의 종업원들은 식당 안에서 나폴레옹처럼 초조하게 서성거리는 달평 씨의 모습을 더욱 자주 보게 되었다. / 달평 씨의 부인은 사자처럼 포효하는 남편한테 맞서 대들지 않았다.

> [풀이] 달평 씨를 '나폴레옹'에 비유하여 식당 안에서 초조하게 서성거리는 행동을, '사자'에 비유하여 아내에게 포효하는 행동을 묘사하고 있다.

→ 적절함!

③ **대화를 통해 인물들 간의 갈등 상황을 드러내고 있다.**

> [근거] 달평 씨의 아들딸들이 어머니 대신 우, 하고 일어섰던 것이다. "아버지, 도대체 왜 이러시는 거예요?" ~ "아버지, 제발 정신 좀 차리세요!" 자식들이 내쏟는 그 공박에 속수무책으로 멍청히 듣고만 있던 달평 씨가 ~ "너희 셋은 모두 내 핏줄이 아냐. ~ 물론 남들한테야 저기 있는 느덜 어머니 배 속으로 난 것처럼 연극을 해왔다만……." / 달평 씨의 부인이 이제까지 그 누구도 보지 못했던 분연한 얼굴 표정으로 일어섰던 것이다. ~ "여보, 이젠 당신 자식들까지 팔아먹을 작정이에요?"

> [풀이] 대화를 통해 달평 씨와 그의 아들딸 간의 갈등 상황, 달평 씨와 아내와의 갈등 상황을 드러내고 있다.

→ 적절함!

④ **시간의 흐름에 따라 사건을 *순차적으로 전개하고 있다.** *순서대로

> [풀이] 달평 씨가 강연장에서 거짓말을 하고, 사람들에게 또다시 잊힌 후에 돈 문제로 아내에게 화를 내고, 자식들에게 거짓말을 하자 아내가 소리를 지르는 사건이 시간의 흐름에 따라 전개되고 있다.

→ 적절함!

⑤ ***서술자가 **작중 상황에 대해 자신의 생각을 드러내고 있다.** *소설에서 이야기를 이끌어 가는 사람 **작품 속

> [근거] 그러나 날 샌 원수 없고 밤 지난 은혜 없다고 세상 사람들은 모든 걸 너무나 쉽게 잊었다. / 가속으로 무너져 내려 더 어찌할 길 없는 남편의 그 두 번째 죽음의 순간에 이처럼 거연히 부르짖고 일어선 그네의 외침은 우리의 달평 씨를 다시 한번 살려 낼 오직 한 가닥의 빛이었던 것이다.

> [풀이] 서술자는 세상 사람들의 관심이 달평 씨에게 멀어진 것은 사람들이 모든 걸 너무 쉽게 잊기 때문이라는 생각과 달평 씨의 부인이 달평 씨에게 소리친 것이 달평 씨를 두

번째 죽음의 순간에서 살려 낼 빛이었다는 생각을 드러내고 있다.

→ 적절함!

> ■ **서술자의 개입(= 편집자적 논평)**
> 작품 속 등장인물이 아닌 작품 밖의 서술자가 작품 속 상황이나 인물에 대한 감상, 느낌, 논평을 드러내는 것으로, 대개는 고전소설에 많이 등장한다.
> • **작자 미상, 「유충렬전」**(2006학년도 수능, 2015학년도 9월 모평AB)
> 태후가 유 원수를 치사한(칭찬한) 후에 조카 강 승상을 부르시니, ~ 태후가 강 승상을 보고 하시는 말씀이야 어찌 말로 다 표현할 수 있으리오.
> → '태후'가 '강 승상'에게 말로 표현할 수 없을 만큼 미안해하고 있음을 서술자가 직접적으로 서술하고 있다.
> • **작자 미상, 「흥부전」**(2015학년도 6월 모평A)
> 흥부 마음 인후하여 청산유수와 곤륜옥결이라(어질고 덕이 후하여 푸른 산과 맑게 흐르는 물과 같고, 중국에 있는 곤륜산의 옥처럼 깨끗하다). 성덕을 본받고 악인을 저어하며 물욕에 탐이 없고 주색에 무심하니(훌륭한 덕을 본받으려 하고 나쁜 사람을 멀리하며 재물을 탐하지 않고 술과 여자에 마음을 두지 않으니) 마음이 이러하매 부귀를 바랄쏘냐(돈과 명예를 바라겠는가)?
> → 어질고 도덕적인 '흥부'의 성품을 서술자가 직접적으로 서술하고 있다.

26 | 내용 이해 – 적절한 것 고르기
정답률 85% | 정답 ⑤

윗글을 이해한 내용으로 가장 적절한 것은?

감명받은 모습을 보였다
① **청중들은 달평 씨의 강연을 듣고 나서 *심드렁해했다.** *거의 관심을 보이지 않았다

> [근거] 청중들이 떠나갈 듯 박수를 치며 고개를 크게 주억거렸다.

> [풀이] 청중들은 달평 씨의 강연을 듣고 떠나갈 듯 박수를 치며 고개를 크게 주억거렸으므로 적절하지 않다.

→ 적절하지 않음!

② **달평 씨의 아들딸은 어머니의 발언으로 인해 아버지를 이해하게 되었다.**

> [근거] "어머니, 그게 사실입니까? 아버지가 신문에 난 것처럼 그렇게 나쁜 죄를 많이 진 분입니까?" / "아니다, 느 아버진 결코 그렇게 나쁜 짓을 할 어른이 아니다." "그럼, 뭡니까? 아버진 왜 당신의 입으로 그런 말을 하시는 겁니까?" 그러나 달평 씨의 부인은 더 대답하지 않고, 신문을 보고 부쩍 늘어난, 얼굴이 험악한 사람들의 식당 방문을 맞기 위해 일어서고 있었을 뿐이다.

> [풀이] 달평 씨의 아들딸은 어머니에게 아버지가 사람들에게 거짓말을 하는 이유를 물었으나 어머니는 이에 대해 대답하지 않았으므로 적절하지 않은 설명이다.

→ 적절하지 않음!

③ **종업원들은 달평 씨에게 경제적 어려움을 호소하며 도움을 요청했다.**

> [풀이] 식당의 종업원들이 달평 씨에게 경제적 어려움을 호소하며 도움을 요청한 부분은 나타나지 않는다.

→ 적절하지 않음!

④ **달평 씨는 A 주간 신문 기자를 만나 새로운 선행을 알릴 수 있었다.**

> [근거] "오늘 A 주간 신문 기자가 왔다 갔지?" 어느 날 밖에 나갔다 들어온 달평 씨가 그의 부인한테 물었다. ~ "당신이 정말 옛날에 그런 나쁜 짓을 한 사실이 있느냐고 묻더군요?" ~ "모른다고 했지요, 제가 잘 모르는 일이기 때문에……."

> [풀이] A 주간 신문 기자는 달평 씨가 없을 때 찾아와 달평 씨의 아내만 만났으므로 적절하지 않은 설명이다.

→ 적절하지 않음!

✓ ⑤ **달평 씨의 부인은 어려워진 식당 운영에 대해 화를 내는 남편에게 맞서 대들지 않았다.**

> [근거] "아무래도 식당 문을 닫아야 할까 봐요. 지난 기 세금도 아직……." "뭐야? 도대체 여편네가 장살 어떻게 하길래 그따위 소릴 하는 거야?" 그러나 달평 씨의 부인은 사자처럼 포효하는 남편한테 맞서 대들지 않았다. 언제나처럼 조용한 얼굴로 식당에 찾아온 손님을 맞았을 뿐이다.

> [풀이] 달평 씨의 부인은 어려워진 식당 운영을 아내 탓으로 돌리며 사자처럼 포효하는 남편에게 맞서 대들지 않고 조용한 얼굴로 손님을 맞았다고 하였으므로 적절한 설명이다.

→ 적절함!

---

27 감상의 적절성 – 적절하지 않은 것 고르기
정답률 75%, 매력적 오답 ④ 15%　　　　　　정답 ③

<보기>를 참고하여 윗글을 감상한 내용으로 적절하지 <u>않은</u> 것은? [3점]

| 보기 |
[1] 이 작품은 주인공인 '달평 씨'가 대중의 시선을 지나치게 의식하게 되면서 **몰락**(가라앉을 沒 떨어질 落 : 무찔것없어져)해 가는 과정을 그리고 있다. [2] 순수한 의도로 선행을 베풀어 오던 달평 씨는 언론에 의해 **유명세를 치르게**(유명해지게) 된 후 그것에 중독되어, 자극적인 정보에만 반응하는 대중과 언론의 관심을 끌기 위해 보여 주기식 선행을 베풀고 거짓을 지어낸다. [3] 그러한 **허위의식**(헛될 虛 거짓 僞 뜻 意 알 識 : 진실이 아닌 것을 진실인 것처럼 꾸미는 태도)으로 인해 그는 점점 자신의 **정체성**(순수할 正 근본 體 성질 性 : 어떤 존재가 본질적으로 가지고 있는 특성)을 잃어 가고, 끝내 가족까지 **파탄**(깨뜨릴 破 터질 綻 : 파괴)에 이르게 한다.

① '세상 사람들에게 알려지는 기회가 부쩍 줄어들'자 '입을 더 크게 벌'리는 달평 씨의 모습에서 대중의 관심을 얻고자 하는 인물의 욕심이 드러나는군.
　근거　<보기>-2 달평 씨는 언론에 의해 유명세를 치르게 된 후 그것에 중독되어, ~ 대중과 언론의 관심을 끌기 위해 보여 주기식 선행을 베풀고 거짓을 지어낸다.
　달평 씨의 미담이 **세상 사람들에게 알려지는 기회가 부쩍 줄어들**었다. 그러나 달평 씨는 거기서 물러설 위인이 아니었다. 그가 **입을 더 크게 벌**렸다. "나는 전과잡니다. ~ "여러분은 이제 내가 어째서 내 식구의 배를 굶겨 가면서 나보다 못사는 사람, 나보다 불우한 이웃을 위하는 일에 몸을 던졌는가를 아시게 되었을 겁니다."
　풀이　달평 씨는 자신의 미담이 '세상 사람들에게 알려지는 기회가 부쩍 줄어들'자 '입을 더 크게 벌'려 자신이 전과자였다는 더욱 심한 거짓말을 통해 대중의 관심을 얻고자 하는 욕심을 드러내고 있다.
→ 적절함!

② '끔찍한 지난날 자기의 악행'을 공개하자 '다시 달평 씨를 입에 올리기 시작하는 사람들'을 통해 자극적인 정보에만 반응하는 대중들의 모습을 보여 주는군.
　근거　<보기>-2 자극적인 정보에만 반응하는 대중
　달평 씨는 듣기에 **끔찍한 지난날 자기의 악행**을 요목요목 추어 만천하에 공개하기 시작했다./ 어떻든 달평 씨의 그러한 폭탄선언으로 인해 세상 사람들은 **다시 달평 씨를 입에 올리기 시작**했던 것이다.
　풀이　달평 씨가 강연에서 '끔찍한 지난날 자기의 악행'을 공개하자 '다시 달평 씨를 입에 올리기 시작'하는 사람들을 통해 부정적인 정보일지라도 자극적인 것에만 반응하는 대중들의 모습을 엿볼 수 있다.
→ 적절함!

③ '달평 씨에게 씌워'진 '친선 단체의 회장직 감투'를 거부하지 않은 것은 **불우한 사람들까지도 철저하게 속이려는 달평 씨의 허위의식**을 보여 주는군.
　명예와 유명세를 향한 달평 씨의 욕망을
　근거　<보기>-2~3 달평 씨는 ~ 유명세를 치르게 된 후 그것에 중독되어, ~ 보여 주기식 선행을 베풀고 거짓을 지어낸다. 그러한 허위의식
　얼굴이 험악하게 생긴 사람들이 찾아와 손을 벌리기 시작했고 그들이 만든 무슨 **친선 단체의 회장직 감투**가 여지없이 **달평 씨에게 씌워**지기도 했다.
　풀이　달평 씨가 자신에게 씌워진 '친선 단체의 회장직 감투'를 거부하지 않은 것은 명예와 유명세를 얻고 싶어 하는 달평 씨의 욕망을 보여 준다. 불우한 사람들까지도 철저하게 속이려는 허위의식을 보여 준다고 보기는 어렵다.
→ 적절하지 않음!

④ '오른손이 하는 일을 왼손이 모르게 하라는 말 생각 안 나'느냐고 묻는 '아들딸들'의 말을 통해 달평 씨가 보여 주기식 선행을 베풀고 있음이 드러나는군.
　근거　<보기>-2 달평 씨는 ~ 보여 주기식 선행을 베풀고 거짓을 지어낸다.
　이때 식당에 와 있던 달평 씨의 **아들딸들**이 어머니 대신 우, 하고 일어섰던 것이다./ 아빠, **오른손이 하는 일을 왼손이 모르게 하라는 말 생각 안 나**세요?"
　풀이　'아들딸들'이 달평 씨에게 '오른손이 하는 일을 왼손이 모르게 하라는 말 생각 안 나'느냐고 묻는 것을 통해 달평 씨가 순수한 의도로 선행을 베풀었던 예전과 달리 현재는 보여 주기식 선행을 베풀고 있음이 드러난다.
→ 적절함!

⑤ '달평 씨를 다시 한번 살려 낼 오직 한 가닥의 빛'인 '그네의 외침'은 달평 씨가 더 이상 파탄의 길로 가지 않도록 하는 아내의 저항이겠군.
　근거　<보기>-3 그는 점점 자신의 정체성을 잃어 가고, 끝내 가족까지 파탄에 이르게 한다.
　"여보, 이젠 당신 자식들까지 팔아먹을 작정이에요?" 가속으로 무너져 내려 더 어찌할 길 없는 남편의 그 두 번째 죽음의 순간에 이처럼 거연히 부르짖고 일어선 **그네의 외침**은 우리의 **달평 씨를 다시 한번 살려 낼 오직 한 가닥의 빛**이었던 것이다.
　풀이　달평 씨의 부인이 달평 씨에게 자식들까지 팔아먹을 작정이냐고 소리친다. 이 '그네의 외침'은 정체성을 잃어버린 달평 씨가 끝내 가족까지 파탄에 이르게 하지 않도록

---

28 내용 이해 – 적절한 것 고르기
정답률 85%　　　　　　정답 ⑤

㉠, ㉡을 이해한 내용으로 가장 적절한 것은?

어떻든 달평 씨의 그러한 ㉠<u>폭탄선언</u>으로 인해 세상 사람들은 다시 달평 씨를 입에 올리기 시작했던 것이다.
자식들이 내쏟는 그 공박에 속수무책으로 멍청히 듣고만 있던 달평 씨가 벌떡 일어나 종업원들도 다 있는 그 자리에서 ㉡<u>폭탄선언</u>을 한 것이 바로 그때였다.

　자신에게 집중시키려는
① ㉠은 사건의 초점을 ~~다른 인물로 전환시키려는~~ 행위이다.
　풀이　㉠은 달평 씨가 사건의 초점을 자신에게 집중시켜 사람들의 관심을 받고자 하는 행위이지, 다른 인물로 전환시키려는 행위로 볼 수 없다.
→ 적절하지 않음!

② ㉡은 **다른 인물들이 과거에 벌인 일들을** *~~폭로하는~~ 행위이다. *감춰져 있던 사실을 드러내는
　풀이　㉡은 자식들이 자신의 친자가 아니라는 달평 씨의 거짓말로, 다른 인물들이 과거에 벌인 일들을 폭로하는 행위는 아니다.
→ 적절하지 않음!

　　　　　　　　　　　공박
③ ㉠은 **상대의 입장을 이해하기 위한**, ㉡은 **상대의 ~~의심~~을 피하기 위한** 행위이다.
　풀이　㉠은 달평 씨가 청중들의 입장을 이해하기 위한 행위로 볼 수 없으며, ㉡은 달평 씨가 아들딸의 공박을 피하기 위한 행위이다.
→ 적절하지 않음!

④ ㉡은 ㉠으로 인해 발생한 사건의 *~~전말을 드러내려는~~ 행위이다. *처음부터 끝까지 일이 진행되어 온 경과
　풀이　㉡은 자식들이 자신의 친자가 아니라는 달평 씨의 거짓말로, 달평 씨가 과거에 범죄자였다고 한 ㉠으로 인해 발생한 사건이 아니다.
→ 적절하지 않음!

⑤ ㉠과 ㉡은 모두 *반향을 일으켜 자신이 처한 상황을 바꾸어 보려는 행위이다. *어떤 사건이나 발표 따위가 세상에 영향을 미치어 일어나는 반응
　풀이　㉠은 자신이 범죄자였다는 달평 씨의 거짓말로, 반향을 일으켜 점점 대중들에게 잊혀 가는 상황을 바꾸어 보려는 행위이다. ㉡은 자식들이 자신의 친자가 아니라는 달평 씨의 거짓말로, 반향을 일으켜 자식들에게 공박을 받는 상황을 바꾸어 보려는 행위이다.
→ 적절함!

[29 ~ 32] 고전소설 – 작자 미상, 「이춘풍전」

1
[1] 춘풍 아내 (춘풍의) 곁에 앉아 하는 말이
[A]
"마오 마오 그리 마오. [2] **청루미색**(푸를 靑 다락 樓 아름다울 美 낯 色 : 기생집의 아름다운 기녀) 좋아 마오. [3] 자고로 **이런 사람**(청루미색을 즐기는 사람)이 어찌 망하지 않을까? [4] **내**(춘풍 아내) 말을 자세히 들어보소. [5] 미나리골 **박화진**(청루미색을 즐기다가 망한 사례 ①)이라는 이는 청루미색 즐기다가 나중에는 굶어 죽고, 남산 밑에 **이 패두**(청루미색을 즐기다가 망한 사례 ②. '패두'는 형조에 속하여 죄인의 볼기 치는 일을 맡아 하던 사령)는 소년 시절 부자였으나 **주색**(술 酒 여색 色 : 술과 여자)에 빠져 다니다가 늙어서는 **상거지**(아주 비참할 정도로 형편없는 불쌍한 거지) 되고, 모시전골 **김 부자**(청루미색을 즐기다가 망한 사례 ③)는 술 잘 먹기 유명하여 **누룩**(밀이나 콩으로 만든, 술을 빚는 데 쓰는 발효제) 장수가 도망을 다니기로 장안에 유명터니 수만금을 다 없애고 끝내 똥 장수가 되었다니, 이것으로 두고 볼지라도 **청루잡기**(푸를 靑 다락 樓 섞일 雜 기술 技 : 기생집에서 하는 잡스러운 여러 가지 노름)잡된 마음 부디부디 좋아 마소."
[6] 춘풍이 대답하되,

→ 문제편 **038쪽**

[B]
"자네(춘풍의 아내) 내(춘풍) 말 들어보게. 7그 말이 다 옳다 하되, 이 앞집 매갈쇠(주색잡기를 안 해도 못산 사례 ①)는 한잔 술도 못 먹어도 돈 한 푼 못 모으고, 비우고개 이도명(주색잡기를 안 해도 못산 사례 ②)은 오십이 다 되도록 주색을 몰랐으되 남의 집만 평생 살고, 탁골 사는 먹돌이(주색잡기를 안 해도 못산 사례 ③)는 투전(싸울 鬪 종이 牋 : 노름의 일종) 잡기(섞일 雜 기술 技 : 잡스러운 여러 가지 노름) 몰랐으되 수천 금 다 없애고 나중에는 굶어 죽었으니, 이런 일을 두고 볼지라도 주색잡기(술 酒 여색 色 섞일 雜 재주 技 : 술과 여자와 노름) 안 한다고 잘 사는 바 없느니라. 8내 말 자네 들어보게. 9술 잘 먹던 이태백(중국 당나라의 시인. 주색잡기를 좋아했으나 성공한 사례 ①)은 호사스런(사치 豪 사치 奢 : 화려한) 술잔으로 매일 장취(오래도록 長 취할 醉 : 술에 늘 취해) 놀았으되 한림학사(중국 당나라 때에, 한림원에 속한 벼슬) 다 지내고 투전에 으뜸인 원두표(조선 인조 때의 무신. 주색잡기를 좋아했으나 성공한 사례 ②)는 잡기를 방탕히 하여 소년부터 유명했으나 나중에 잘되어서 정승 벼슬 하였으니, 이로 두고 볼진대 주색잡기 좋아하기는 장부(어른 丈 남자 夫 : 성인 남자)의 할 바라. 10나도 이리 노닐다가 나중에 일품(첫째 一 품계 品 : 뛰어난) 정승 되어 후세(뒤 後 세대 世 : 다음 세대)에 (이름을) 전하리라."

→ 청루미색을 경계하라는 아내의 말에도 불구하고 춘풍은 자신의 주색잡기를 합리화한다.

2 1(춘풍이) 아내의 말을 아니 듣고 수틀리면(마음에 들지 않으면) 때리기와 전곡(돈 錢 곡식 穀 : 돈과 곡식) 남용(함부로 할 濫 쓸 用 : 함부로 씀) 일삼으니 이런 변(재앙 變 : 불행한 일)이 또 있을까? 2이리저리 놀고 나니 집안 형용(모양 形 모양 容 : 모습) 볼 것 없다.
3㉠"다 내 몸에 정해진 일이요, 내 이제야 허물(잘못)을 뉘우치고 (나를) 책망하는(꾸짖을 責 책망할 望 : 잘못을 꾸짖는) 마음이 절로 난다."
4아내에게 지성으로(지극할 至 정성 誠 : 지극한 정성으로) 비는 말이
"노여워 말고 슬퍼 마소. 5내 마음에 자책하여(자기 自 꾸짖을 責 : 잘못을 뉘우쳐) 가끔 말하기를, '오늘의 옳음과 어제의 잘못을 깨달았노라'고 한다. 6지난 일은 고사하고(잠깐 姑 내버려 둘 捨 : 말할 것도 없고) 가난하여 못 살겠네. 7어이 하여 살단 말인고? 8오늘부터 집안의 모든 일을 자네(춘풍의 아내)에게 맡기나니 마음대로 치산하여(다스릴 治 재산 産 : 집안 살림살이를 잘 돌보고 다스려) 의식(옷 衣 밥 食 : 의복과 음식)이 염려(생각 念 걱정 慮 : 걱정) 없게 하여 주오."
9춘풍 아내 이른 말이,
㉡"부모 유산 수만금을 청루(푸를 靑 다락 樓 : 기생들이 있는 집) 중에 다 들이밀고 이 지경이 되었는데 이후에는 더욱 근심이 많을 것이니, 약간 돈냥(많지 않은 돈)이나 있다 한들 그 무엇이 남겠소?"
10춘풍이 대답하되,
"자네 하는 말이 나를 별로 못 믿겠거든 이후로는 주색잡기 아니하기로 결단하는(결심 決 결단 斷 : 결심하는) 각서(깨달을 覺 글 書 : 약속을 지키겠다는 내용을 적은 문서)를 써서 줌세."

→ 주색잡기로 가산을 탕진한 춘풍은 집안의 모든 일을 아내에게 맡기고, 주색잡기를 금하겠다는 각서를 쓰고자 한다.

3 [중략 줄거리] 춘풍 아내가 열심히 품을 팔아(일해) 집안을 일으키자 춘풍은 다시 교만해지고(교만할 驕 거만할 慢 : 잘난 체하며 남을 업신여기고), 아내의 만류(당길 挽 붙잡을 留 : 붙들고 못 하게 말림)에도 호조(호적상 집의 수호와 식구 수, 나라에 바치던 물건과 세금, 돈과 곡식에 관한 일을 맡아보던 관아)에서 이천 냥을 빌려 평양으로 장사를 떠나게 된다. 2춘풍이 평양에서 기생 추월의 유혹에 넘어가 장사는 하지 않고 재물을 모두 탕진한(방탕할 蕩 없어질 盡 : 다 써서 없앤) 채 추월의 하인이 되었다는 소식을 듣고 춘풍의 아내가 통곡한다.

→ 아내의 만류에도 불구하고 평양으로 장사를 떠난 춘풍은 재물을 탕진하고 추월의 하인이 된다.

4 1(춘풍의 아내가) 이리 한참 울다가 도로 풀고 생각하되,
2'우리 가장(춘풍) 경성(서울 京 도시 城 : 한양)으로 데려다가 호조 돈 이천 냥을 한 푼 없이 다 갚은 후에 의식 염려 아니하고 부부 둘이 화락하여(화목할 和 즐거워할 樂 : 화평하게 즐기며) 백 년 동락하여(함께 同 즐거워할 樂 : 같이 즐겨) 보자. 3평생의 한이로다.'
4마침 그때 김 승지(조선 시대에, 승정원에 속한 벼슬) 댁이 있으되 승지는 이미 죽고, 맏자제(맏아들가) 문장을 잘해(글을 뛰어나게 잘 지어) 소년 급제하여(어려서 과거에 급제하여) 한림옥당(조선 시대 벼슬 이름) 다 지내고 도승지(승정원의 으뜸 벼슬)를 지낸 고로, 작년에 평양 감사(조선 시대에 둔, 각 도의 으뜸 벼슬) 두 번째 물망에 있다가(유력한 인물이었다가) 올해 평양 감사 하려고 도모한단(계획할 圖 꾀할 謀 : 계획한단) 말을 사환(심부름꾼 使 부를 喚 : 관청 등에서 잔심부름을 시키기 위하여 고용한 사람) 편에 들었것다. 5승지 댁이 가난하여 아침저녁으로 국록(나라 國 녹봉 祿 : 나라에서 벼슬아치에게 주던 곡식, 명주, 베, 돈 따위)을 타서 많은 식구들이 사는 중에 그 댁에 노부인 있다는 말을 듣고, 바느질품(바느질을 해 주고 돈을 받아 생계를 잇는 일)을 얻으려고 그 댁에 들어가니, 후원(뒤 後 동산 園 : 집 뒤에 있는 정원) 별당(따로 別 집 堂 : 몸채의 곁이나 뒤에 따로 지은 집이나 방) 깊은 곳에 도승지의 모부인(어머니)이 누웠는

데 형편이 가난키로 식사도 부족하고 의복도 초췌하다(파리할 憔 시들 悴 : 낡고 해졌다). 6춘풍 아내 생각하되,
'이 댁에 붙어서 우리 가장 살려내고 추월에게 복수도 할까.'
7하고 바느질, 길쌈(실을 내어 옷감을 짜는 일) 힘써 일해 얻은 돈냥 다 들여서 승지 댁 노부인에게 아침저녁으로 진지를 올리고, 노부인께 맛난 차담상(손님을 대접하기 위해 내놓은, 차와 과자 따위를 차린 상)을 특별히 간간히(기쁘고 즐거운 마음으로) 차려드리거늘, 부인이 감지덕지(감동할 感 어조사 之 은혜 德 어조사 之 : 매우 고맙게 여겨) 치사하며(이를 致 사례할 謝 : 고맙다는 뜻을 표시하며) 하는 말이,
8"이 은혜를 어찌할꼬?"
9주야로(낮 晝 밤 夜 : 계속) 유념하니(머무를 留 생각 念 : 마음속에 깊이 간직하여 생각하니), 하루는 춘풍의 처더러 이르는 말이,
㉢"내 들으니 네가 집안이 기울어서 바느질품으로 산다 하던데, 날마다 차담상을 차려 때때로 들여오니 먹기는 좋으나 불안하도다."
10춘풍 아내 여쭈되,
"소녀(춘풍의 아내)가 혼자 먹기 어렵기로 마누라님(도승지의 모부인. 대부인) 전(어른이 계신 자리의 앞을 높여 이르는 말)에 드렸는데 칭찬을 받사오니 오히려 감사하여이다."
11대부인이 이 말을 듣고 춘풍의 처를 못내(매우) 기특히 생각하더라.
12하루는 도승지가 대부인 전에 문안하고(물을 問 편안 安 : 안부 인사를 드리고) 여쭈되,
"요사이는 어머님(도승지의 모부인. 대부인) 기후(기운 氣 상황 候 : 몸과 마음의 형편)가 좋으신지 화기(화할 和 기운 氣 : 생기 있는 기색)가 얼굴에 가득하옵니다."
13대부인 하는 말씀이,
"기특한 일 보았도다. 14앞집 춘풍의 지어미(아내)가 좋은 차담상을 매일 차려오니 내 기운이 절로 나고 정성에 감격하는구나."
15승지가 이 말을 듣고 춘풍의 처를 귀하게 보아 매일 사랑하시더니, 천만 의외로(일천 千 일 만 萬 뜻 意 밖 外 : 뜻밖에) 김 승지가 평양 감사가 되었구나. 16춘풍 아내, 부인 전에 문안하고 여쭈되,
"승지 대감, 평양 감사 하였사오니 이런 경사(경사 慶 일 事 : 축하할 만한 기쁜 일) 어디 있사오리까?"
17부인이 이른 말이,
㉣"나도 평양으로 내려 갈 제, 너도 함께 따라가서 춘풍이나 찾아보아라."
18하니 춘풍 아내 여쭈되,
"소녀는 고사하옵고 오라비가 있사오니 비장(도울 裨 장수 將 : 감사를 따라다니며 일을 돕는 무관 벼슬)으로 데려가 주시길 바라나이다."
19대부인이 이른 말이,
㉤"네 청(청할 請 : 부탁)이야 아니 듣겠느냐? 20그리하라."
21허락하고 감사에게 그 말을 하니 감사도 허락하고,
"회계 비장 하라."
22하니 좋을시고, 좋을시고. 23춘풍의 아내 없던(있지도 않은) 오라비를 보낼 쏜가? 24제가 손수(직접) 가려고 여자 의복 벗어놓고 남자 의복 치장한다(다스릴 治 꾸밀 粧 : 갖추어 입는다).

→ 도승지와 대부인의 마음을 얻은 춘풍의 아내는 평양 감사가 된 승지와 동행하고자 비장 차림으로 남장을 한다.

• 중심 내용
춘풍이 주색잡기로 가산을 탕진하자 아내가 집안을 다시 일으키지만, 춘풍은 평양으로 장사를 떠나 재물을 탕진하고 기생 추월의 하인이 된다. 춘풍을 구하고 추월에게 복수하기 위해 춘풍의 아내는 비장 차림으로 남장을 하여 평양 감사와 동행하고자 한다.

• 전체 줄거리 ([ ] : 지문 내용)
숙종 때 한양 다락골에 살던 이춘풍은 본래 큰 부자의 아들이었으나, 부모가 세상을 떠나자 [가정은 돌보지 않고 주색잡기에 빠져 가산을 모두 탕진한다. 그러자 그의 아내 김 씨가 5년간 쉴 새 없이 바느질품을 팔아 돈을 모아서 의식 걱정 없이 지내게 된다. 하지만 춘풍은 다시 방탕한 마음이 일어 아내의 만류에도 불구하고 호조에서 돈 이천 냥을 빌려 평양으로 장사를 떠난다. 평양에서 춘풍은 기생 추월의 계획적 유혹에 빠져 일 년 만에 재물을 모두 탕진하고는 오갈 데가 없어 급기야는 추월의 집 하인이 된다. 한양에서 춘풍의 소식을 듣고 분노하던 김 씨는 평양 감사의 물망에 오른 도승지 댁을 찾아가 대부인의 마음을 얻는다. 마침내 평양 감사가 된 도승지로부터 비장 자리를 얻은 김 씨는 남장을 한 채 감사의 평양길에 동행한다.] 평양에서 김 씨는 회계 비장을 맡아 유능한 일솜씨로 감사의 신임을 얻는다. 어느 날, 비장 차림으로 추월의 집을 찾은 김 씨는 남루한 행색의 춘풍을 보고는 추월에 대한 복수를 재차 다짐한다. 추월은 유능하다고 소문난 회계 비장을 유혹해 보지만, 비장은 며칠 뒤 춘풍과 추월을 잡아들여 호조에서 빌려 간 돈을 갚으라며 형벌로 다스린다. 곤장을 맞은 추월은 열흘 안에 춘풍에게 오천 냥을 갚기로 약속한

→ 문제편 038쪽

다. 추월에 대한 복수를 마친 김 씨는 상경하여 춘풍의 귀향을 기다린다. 돈을 되찾은 춘풍은 장사로 큰돈을 번 것처럼 의기양양하게 집으로 돌아와 아내 앞에서 거드름을 피운다. 춘풍의 철없는 행동에 김 씨는 회계 비장의 차림으로 춘풍 앞에 나타나 평양에서의 춘풍의 행적을 폭로하며 꾸짖는다. 비장이 자신의 아내임을 알게 된 춘풍은 부끄러워하면서 지난 일을 뉘우친다.

· 인물 관계도

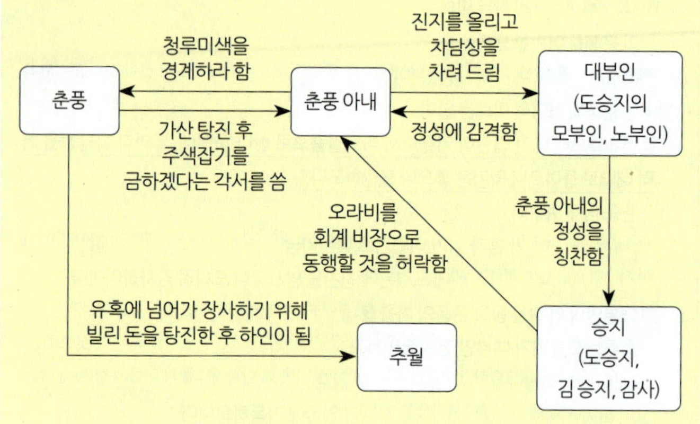

윗글을 이해한 내용으로 적절하지 <u>않은</u> 것은?

① 춘풍은 호조 돈 이천 냥을 빌려 평양으로 떠났다.

  근거 ❸-1 춘풍은 아내의 만류에도 호조에서 이천 냥을 빌려 평양으로 장사를 떠나게 된다.

  풀이 춘풍은 아내의 만류에도 불구하고 호조에서 돈 이천 냥을 빌려 평양으로 장사를 떠났다.

  → 적절함!

② 춘풍 아내는 바느질품을 팔며 생계를 이었다.

  근거 ❹-7 바느질, 길쌈 힘써 일해 얻은 돈냥 다 들여서 승지 댁 노부인에게 아침저녁으로 진지를 올리고,/ 9 "내 들으니 네가 집안이 기울어서 바느질품으로 산다 하던데,

  풀이 춘풍 아내는 춘풍이 가산을 탕진하자 바느질품을 팔고, 길쌈을 해서 생계를 이어 나갔다.

  → 적절함!

③ 춘풍 아내는 춘풍의 잘못에도 가정의 화목을 바라고 있다.

  근거 ❸ 아내의 만류에도 호조에서 이천 냥을 빌려 평양으로 장사를 떠나게 된다. 춘풍이 평양에서 기생 추월의 유혹에 넘어가 장사는 하지 않고 재물을 모두 탕진한 채 추월의 하인이 되었다는 소식을 듣고 춘풍의 아내가 통곡한다./ ❹-2 '우리 가장 경성으로 데려다가 호조 돈 이천 냥을 한 푼 없이 다 갚은 후에 의식 염려 아니하고 부부 둘이 화락하여 백 년 동락하여 보자.

  풀이 춘풍이 평양에서 기생 추월의 유혹에 넘어가 재물을 모두 탕진하고 급기야는 추월의 하인이 되었다는 소식을 들은 춘풍 아내는 한참을 통곡하다가 호조에서 빌린 돈을 모두 갚고 부부 둘이 화목하게 백 년을 함께 즐기며 살아보자는 다짐을 한다. 따라서 춘풍의 아내는 춘풍의 잘못에도 불구하고 가정의 화목을 소망하고 있음을 알 수 있다.

  → 적절함!

④ 도승지는 평양 감사직을 연이어 두 번 맡게 되었다. 올해 처음으로

  근거 ❹-4 작년에 평양 감사 두 번째 물망에 있다가/ 15 천만 의외로 김 승지가 평양 감사가 되었구나.

  풀이 작년에 평양 감사 두 번째 물망에 있던 도승지는 처음으로 평양 감사가 되었다. 따라서 도승지가 평양 감사직을 두 번 연임하게 되었다는 설명은 적절하지 않다.

  → 적절하지 않음!

⑤ 대부인은 도승지에게 춘풍 아내의 정성을 칭찬하였다.

  근거 ❹-12~14 하루는 도승지가 대부인 전에 문안하고 여쭈되, "요사이는 어머님 기후가 좋으신지 화기가 얼굴에 가득하옵니다." 대부인 하는 말씀이, "기특한 일 보았도다. 앞집 춘풍의 지어미가 좋은 차담상을 매일 차려오니 내 기운이 절로 나고 정성에 감격하는구나."

  풀이 대부인은 '화기가 얼굴에 가득하'다는 아들 도승지의 말에 춘풍의 아내가 매일 좋은 차담상을 차려오는 덕분에 기운이 난다며 춘풍 아내의 정성을 칭찬했다.

  → 적절함!

[A], [B]에 대한 설명으로 가장 적절한 것은?

> [A] ❶-1~5 "마오 마오 그리 마오. 청루미색 좋아 마오. 자고로 이런 사람이 어찌 망하지 않을까? 내 말을 자세히 들어보소. 미나리골 박화진이라는 이는 청루미색 즐기다가 나중에는 굶어 죽고, 남산 밑에 이 패두는 소년 시절 부자였으나 주색에 빠져 다니다가 늙어서는 상거지 되고, 모시전골 김 부자는 술 잘 먹기 유명하여 누룩 장수가 도망을 다니기로 장안에 유명터니 수만금을 다 없애고 끝내 똥 장수가 되었다니, 이것으로 두고 볼지라도 청루잡기 잡힌 마음 부디부디 좋아 마소."
>
> [B] ❶-6~10 "자네 내 말 들어보게. 그 말이 다 옳다 하되, 이 앞집 매갈쇠는 한잔 술도 못 먹어도 돈 한 푼 못 모으고, 비우고개 이도명은 오십이 다 되도록 주색을 몰랐으되 남의 집만 평생 살고, 탁골 사는 먹돌이는 투전 잡기 몰랐으되 수천 금 다 없애고 나중에는 굶어 죽었으니, 이런 일을 두고 볼지라도 주색잡기 안 한다고 잘 사는 바 없느니라. 내 말 자네 들어보게. 술 잘 먹던 이태백은 호사스런 술잔으로 매일 장취 놀았으되 한림학사 다 지내고 투전에 으뜸인 원두표는 잡기를 방탕히 하여 소년부터 유명했으나 나중에 잘되어서 정승 벼슬 하였으니, 이로 두고 볼진대 주색잡기 좋아하기는 장부의 할 바라. 나도 이리 노닐다가 나중에 일품 정승 되어 후세에 전하리라."

다른 사람의 사례를 근거로

① [A]는 *권위를 내세워 행위의 **당위성을 강조하고 있다. *힘. 영향력 **마땅히 그렇게 해야 할 성질

  근거 [A] ❶-1~3 "마오 마오 그리 마오. 청루미색 좋아 마오. 자고로 이런 사람이 어찌 망하지 않을까?/ 5 이것으로 두고 볼지라도 청루잡기 잡힌 마음 부디부디 좋아 마소."

  풀이 [A]는 청루미색을 경계하라는 춘풍 아내의 말로, 청루미색을 즐기다가 망한 사람들(박화진, 이 패두, 김 부자)의 사례를 주장의 근거로 삼고 있다. [A]에서는 춘풍 아내가 청루미색을 경계해야 할 당위성을 강조하고는 있으나 그 과정에서 자신의 권위를 내세우고 있지는 않다.

  → 적절하지 않음!

반박하며 자신의 입장을 고수하고 있다

② [B]는 상대의 주장을 <u>수용하여 태도에 변화를 보이고 있다</u>.

  근거 [B] ❶-9~10 이로 두고 볼진대 주색잡기 좋아하기는 장부의 할 바라. 나도 이리 노닐다가 나중에 일품 정승 되어 후세에 전하리라."

  풀이 [B]에서 춘풍은 주색잡기를 안 해도 못산 사람들(매갈쇠, 이도명, 먹돌이)과 주색잡기를 좋아했으나 성공한 사람들(이태백, 원두표)을 근거로 들어 청루미색을 좋아하면 망한다는 아내의 논리에 반박하며 자신의 주색잡기를 합리화하고 있다. 따라서 [B]에서 춘풍은 상대인 아내의 주장을 수용하지 않았고, 자신의 태도를 변함없이 고수하고 있다.

  → 적절하지 않음!

③ [A]는 [B]의 내용을 예측하여 *반박의 **여지를 차단하고 있다. *반대하여 말함 **가능성

  풀이 [A]는 청루미색에 빠져 망한 사람들의 사례를 근거로 청루미색에 대한 경계를 주장하고 있다. [B]의 내용을 예측하는 부분도, 이를 통해 반박의 여지를 차단하는 부분도 나타나지 않는다.

  → 적절하지 않음!

④ [B]는 [A]의 *반례를 들어서 자신의 행동을 **합리화하고 있다. *반대되는 사례 **올바르고 마땅하다고 하고

  근거 [B] ❶-7~10 이 앞집 매갈쇠는 ~ 나도 이리 노닐다가 나중에 일품 정승 되어 후세에 전하리라."

  풀이 [B]는 [A]에서 말한 청루미색에 빠져 망한 사람들과는 반대되는 사례들, 즉 주색잡기에 빠지지 않았으나 가난하게 산 사람들과 주색잡기에 빠졌더라도 높은 벼슬에 오른 사람들의 사례를 들어 주색잡기를 좋아하는 자신의 행동을 합리화하는 근거로 삼고 있다.

  → 적절함!

대체로 주변 인물들의

⑤ [A]와 [B]는 모두 *영웅의 **행적을 주장의 근거로 삼고 있다. *지혜와 재능이 뛰어나고 용맹하여 보통 사람이 하기 어려운 일을 해내는 사람. 위인 **평생 한 일

  근거 [A] ❶-5 미나리골 박화진이라는 이는 ~ 남산 밑에 이 패두는 ~ 모시전골 김 부자는 [B] ❶-7~9 이 앞집 매갈쇠는 ~ 비우고개 이도명은 ~ 탁골 사는 먹돌이는 ~ 술 잘 먹던 이태백은 ~ 투전에 으뜸인 원두표는

  풀이 [B]에서 춘풍이 언급한 '이태백'이나 '원두표'는 위인으로 볼 수 있지만, 그 외 [A]와 [B]에서 아내와 춘풍이 언급한 인물들은 그들의 주변 인물들로 이해하는 것이 적절하다.

  → 적절하지 않음!

→ 문제편 039쪽

31 인물의 심리 및 태도 – 적절하지 않은 것 고르기   정답 ①
정답률 60%, 매력적 오답 ③ 25%   [1등급 문제]

㉠ ~ ㉤을 이해한 내용으로 적절하지 않은 것은?

✓① : 다른 사람의(자신의) 잘못을 자신의 탓으로 여기고 있다.

근거 ❷-3 ㉠ "다 내 몸에 정해진 일이요, 내 이제야 허물을 뉘우치고 책망하는 마음이 절로 난다."

풀이 아내의 만류에도 불구하고 주색잡기로 가산을 탕진한 춘풍은 ㉠에서 자신의 허물을 뉘우치고 책망하고 있으므로, 다른 사람의 잘못을 자신의 탓으로 여기고 있다는 이해는 적절하지 않다.

→ 적절하지 않음!

② ㉡ : 앞으로의 상황이 악화될 것을 *염려하고 있다. *걱정하고

근거 ❷-9 ㉡ "부모 유산 수만금을 청루 중에 다 들이밀고 이 지경이 되었는데 이후에는 더욱 근심이 많을 것이니, 약간 돈냥이나 있다 한들 그 무엇이 남겠소?"

풀이 춘풍 아내는 춘풍이 부모로부터 물려받은 많은 유산을 기생집에 다 들이밀고 가산을 탕진한 상황에서 '이후에는 더욱 근심이 많을 것'이라며 앞으로의 상황이 현재보다 더 나빠질 것을 걱정하고 있다.

→ 적절!

③ ㉢ : 상대방의 *호의를 부담스럽게 생각하고 있다. *친절한 마음씨

근거 ❹-9 ㉢ "내 들으니 네가 집안이 기울어서 바느질품으로 산다 하던데, 날마다 차담상을 차려 때때로 들여오니 먹기는 좋으나 불안하도다."

풀이 ㉢에서 대부인은 바느질품으로 생계를 잇는다는 춘풍 아내가 차담상을 매일같이 차려오는 것이 마음이 편하지 않다(불안하도다)고 말하고 있다. 여기에는 춘풍 아내의 호의에 부담감을 느끼고 있는 대부인의 심정이 담겨 있다.

→ 적절함!

④ ㉣ : 상대의 처지를 고려해 *동행을 권유하고 있다. *같이 길을 감

근거 ❹-17 ㉣ "나도 평양으로 내려 갈 제, 너도 함께 따라가서 춘풍이나 찾아보아라."

풀이 춘풍 아내의 상황을 알고 있던 대부인은 춘풍 아내에게 자신과 평양에 함께 가서 남편을 찾아볼 것을 권유하는데, 이는 상대의 입장과 처지를 배려한 것으로 볼 수 있다.

→ 적절함!

⑤ ㉤ : *신의를 바탕으로 요청을 **흔쾌히 수락하고 있다. *믿음과 의리 **기쁘고 즐겁게

근거 ❹-19~20 ㉤ "네 청이야 아니 듣겠느냐? 그리하라."

풀이 어려운 형편에도 날마다 차담상을 차려오는 춘풍 아내의 정성에 감격해 그에 대한 신의가 두터웠던 대부인은 자신의 오라비를 비장으로 평양에 데려가 달라는 춘풍 아내의 요청을 흔쾌히 수락하고 있다.

→ 적절함!

32 감상의 적절성 – 적절하지 않은 것 고르기   정답 ⑤
정답률 80%

〈보기〉를 바탕으로 윗글을 감상한 내용으로 적절하지 않은 것은? [3점]

| 보기 |

1 이 작품은 남편이 저지른 일을 아내가 수습하는(거두어 바로잡는) 서사(이야기)가 중심이 된다. 2 춘풍은 가장이지만 경제관념(재물을 유용하게 쓰려고 하는 생각) 없이 현실적 쾌락(즐거움)만을 추구하며 자신이 초래한(일으킨) 문제를 해결하려 하지 않는다. 3 반면, 춘풍 아내는 적극적으로 현실의 문제를 해결하려는 의지를 갖고 주도면밀하게(빈틈없이) 목적을 달성한다. 4 이러한 두 인물의 대비되는(비교되어 차이가 드러나는) 특징으로 인해 무능한(일을 해결할 능력이 없는) 가장의 모습과 주체적인(일을 스스로 처리하는) 아내의 역할 및 능력이 부각된다.

① 춘풍이 가난을 불평하며 아내에게 집안일에 대한 모든 권리를 넘기는 것에서 무책임한 가장의 모습을 엿볼 수 있군.

근거 〈보기〉-2 춘풍은 가장이지만 경제관념 없이 현실적 쾌락만을 추구하며 자신이 초래한 문제를 해결하려 하지 않는다.

❷-6~8 지난 일은 고사하고 가난하여 못 살겠네. 어이 하여 살잔 말인고? 오늘부터 집안의 모든 일을 자네에게 맡기나니 마음대로 치산하여 의식이 염려 없게 하여 주오."

풀이 춘풍은 가장이지만 현실적 쾌락만을 추구하다 가산을 탕진하고는 가난하여 못 살겠다며 아내에게 집안의 모든 일을 맡기고 걱정 없게 해 달라고 한다. 이처럼 자신이 초래한 문제를 해결하려 들지 않고 아내에게 책임을 미루는 춘풍의 모습에서 무책임한 가장의 면모를 엿볼 수 있다.

→ 적절함!

② 춘풍이 전곡을 남용하고 주색잡기에 빠져 있는 것에서 경제관념 없이 현실적 쾌락을 추구하는 모습을 엿볼 수 있군.

근거 〈보기〉-2 춘풍은 가장이지만 경제관념 없이 현실적 쾌락만을 추구하며

❷-1 아내의 말을 아니 듣고 수틀리면 때리기와 전곡 남용 일삼으니/ 9 춘풍 아내 이른 말이, "부모 유산 수만금을 청루 중에 다 들이밀고 이 지경이 되었는데

풀이 집안의 전곡을 남용하고 주색잡기에 빠진 춘풍의 모습에서 가장이지만 생활인으로서의 경제관념이 전혀 없고 현실적 쾌락만을 추구하는 면모를 엿볼 수 있다.

→ 적절함!

③ 춘풍 아내가 사환에게 정보를 얻고 김 승지 댁 대부인에게 의도적으로 접근한 것에서 주도면밀한 모습을 엿볼 수 있군.

근거 〈보기〉-3 춘풍 아내는 적극적으로 현실의 문제를 해결하려는 의지를 갖고 주도면밀하게 목적을 달성한다.

❹-4 마침 그때 김 승지 댁이 있으되 ~ 맏자제가 ~ 작년에 평양 감사 두 번째 물망에 있다가 올해 평양 감사 하려고 도모한단 말을 사환 편에 들었것다./ 6~7 '이 댁에 붙어서 우리 가장 살려내고 추월에게 복수도 할까.' 하고 바느질, 길쌈 힘써 일해 얻은 돈냥 다 들여서 승지 댁 노부인에게 아침저녁으로 진지를 올리고, 노부인께 맛난 차담상을 특별히 간간히 차려드리거늘,

풀이 춘풍 아내는 작년에 평양 감사 두 번째 물망에 있던 김 승지 댁 맏자제가 올해 평양 감사를 도모한단 말을 사환을 통해 듣고 그 댁 대부인에게 의도적으로 접근한다. 이를 통해 춘풍 아내의 주도면밀한 면모를 엿볼 수 있다.

→ 적절함!

④ 춘풍 아내가 춘풍을 구하기 위해 비장의 지위를 획득하고 남장을 하는 것에서 적극적인 문제 해결 의지를 엿볼 수 있군.

근거 〈보기〉-3 춘풍 아내는 적극적으로 현실의 문제를 해결하려는 의지를 갖고 주도면밀하게 목적을 달성한다.

❹-18 "소녀는 고사하옵고 오라비가 있사오니 비장으로 데려가 주시길 바라나이다."/ 23~24 춘풍의 아내 없던 오라비를 보낼 쏜가? 제가 손수 가려고 여자 의복 벗어놓고 남자 의복 치장한다.

풀이 춘풍 아내는 춘풍이 평양에서 재물을 모두 탕진하고 추월의 하인이 되자 그를 구하기 위해 대부인에게 접근해 비장의 지위를 얻고 남장을 한다. 이 모습에서 현실의 문제에 대한 적극적인 해결 의지를 갖고 주도면밀하게 목적을 하나씩 달성해 나가는 춘풍 아내의 면모를 확인할 수 있다.

→ 적절함!

> ■ 남장을 하여 적극적인 문제 해결 의지를 보이는 작품
>
> • 작자 미상, 「홍계월전」 (2016학년도 6월 모평A)
> 어의 땅에 엎드려 아뢰기를, "평국(홍계월)의 맥을 보오니 남자의 맥이 아니오매 이상하여이다." 천자 그 말을 들으시고 이르기를, "평국이 여자면 어찌 적진에 나가 적진 십만 대병을 소멸하고 왔으리오. ~ '어의가 나의 맥을 보았으니 필시 본색이 탄로 날지라 이제는 할 일 없이 되었으니, 여복을 갈아입고 규중에 몸을 숨어 세월을 보냄이 옳다.'
> → 서달이 전쟁을 일으키자 남장을 한 평국은 원수가 되어 전쟁터에 나가 서달을 잡고, 적군을 소멸한다.
>
> • 작자 미상, 「장국진전」 (2023년 고1 6월 학평)
> 이 부인은 즉시 남장을 하고 머리에 용인 투구를 쓰고, 몸에 청사 전포를 입고, 왼손에 비린도, 오른손에 홀기를 들고는, 시부모와 유 부인과 주위 사람들에게 이별을 고하고 필마단기로 달마국을 향하여 집을 떠나리라.
> → 달마국을 정벌하기 위해 전장으로 떠난 남편 장국진이 병으로 앓아눕자 그의 아내 이 부인은 남편을 구하고 싸움을 결단 짓기 위해 남장을 한 채 전장으로 향한다.

✓⑤ 춘풍이 각서를 쓰고, 춘풍 아내가 차담상을 차리는 것에서 신분 상승을 통해 목적을 달성하려는 의도를 엿볼 수 있군.

근거 ❷-10 "자네 하는 말이 나를 별로 못 믿겠거든 이후로는 주색잡기 아니하기로 결단하는 각서를 써서 줌세."

❹-6~7 '이 댁에 붙어서 우리 가장 살려내고 추월에게 복수도 할까.' 하고 바느질, 길쌈 힘써 일해 얻은 돈냥 다 들여서 승지 댁 노부인에게 아침저녁으로 진지를 올리고, 노부인께 맛난 차담상을 특별히 간간히 차려드리거늘,

풀이 주색잡기로 가산을 탕진한 춘풍은 아내의 신뢰를 얻고자 주색잡기를 하지 않겠다는 각서를 썼다. 따라서 춘풍이 각서를 쓴 것은 '신분 상승을 통해 목적을 달성하려는 의도'와는 무관함을 알 수 있다. 또한 춘풍 아내는 춘풍을 살려내고 추월에게 복수를 하기 위해 대부인에게 차담상을 차려 주었다. 이는 대부인의 신뢰를 얻어 자신의 목적을 달성하려는 의도일 뿐, 신분 상승을 통해 목적을 달성하려는 의도로는 볼 수 없다.

→ 적절하지 않음!

(가)

1 ¹기원전 3 세기경 중국의 전국시대(戰國時代, 춘추 시대 다음부터 진나라가 중국을 통일할 때까지의 약 200 년간) 말기(末期, 끝이 되는 때나 시기)는 침략(侵略, 정당한 이유 없이 남의 나라에 쳐들어감)과 정벌(征伐, 적이나 죄 있는 무리를 무력으로 침)의 전쟁이 빈번하게(頻繁−, 거듭하는 횟수가 번거로울 정도로 잦게) 벌어지는 혼란(混亂, 뒤죽박죽이 되어 어지럽고 질서가 없음)의 시대였다. ²이와 동시에 국가의 혼란을 해결하기 위한 길을 ⓐ모색한 여러 사상(思想, 사회, 정치, 인생 등에 대한 일정한 견해나 생각)들이 융성한(隆盛−, 기운차게 일어나거나 대단히 번성한) 시대이기도 했다.

→ **중국 전국시대 말기의 시대적 상황**

2 ¹이 시대(전국시대 말기)에 활동했던 순자는 사회의 혼란과 무질서(無秩序, 질서가 없음)를 악(惡)(악하다 악)이라고 규정하고(規定−, 내용, 성격, 의미 등을 밝혀 정하고) 악은 온전히(穩全−, 본바탕 그대로 고스란히) 인간의 성(性)(성품 성)에게서 비롯된(처음으로 시작된) 것으로 파악한다.(把握−, 확실하게 이해하여 안다.) ²성이란 인간이 태어나면서부터 지니고 있는 동물적인 경향성(傾向性, 어떤 방향으로 기울어지거나 쏠리는 현상)을 일컫는(가리켜 말하는) 말로 욕망과 감정의 형태로 드러난다. ³이(욕망과 감정의 형태로 드러나는 인간의 '성') 중에서 이익을 좋아하고 그것(이익)을 얻으려고 하는 인간의 성이 악을 초래한다고(招來−, 결과로서 생겨나게 한다고) 보았다. ⁴사회적 자원(資源, 인간 생활 및 경제 생산에 이용되는 원료를 통틀어 이르는 말)과 재화(財貨, 사람이 바라는 것을 충족해 주는 모든 물건)는 한정적인데(限定的−, 수량이나 범위에 일정한 한도가 정해져 있는데) 사람들이 모두 이기적인(利己的−, 자기 자신의 이익만을 꾀하는) 욕망을 그대로 좇게 되면 그들 사이에 다툼과 쟁탈(爭奪, 서로 다투어 빼앗음)이 일어나게 된다는 것이다.

→ **순자의 사상 ① : '악(惡)'과 '성(性)'의 개념**

3 ¹하지만 그(순자)는 인간이 성뿐만이 아니라 심(心)(마음 심)도 타고났기에 인간다워질 수 있고, 성에서 비롯한 사회 문제의 해결도 가능하다고 보았다. ²심은 인간의 인지(認知, 어떤 사실을 인정하여 앎) 능력을 뜻하는데, 인간의 감각 기관이 가져온 정보를 종합해서 인식하고(認識−, 사물을 분별하고 판단하여 앎) 판단한다. ³즉, 심은 성이 합리적인지(合理的−, 이치에 합당한 것인지) 판단하여 성을 통제한다.(統制−, 일정한 방향, 계획, 목적에 따라 제한한다.) ⁴이러한 심의 작용을 통해 인간은 배우며 실천할 수 있는데, 이와 같은 인간의 의식적이고(意識的−, 인식하거나 자각하면서 일부러 하는 것이고) 후천적인(後天的−, 태어날 때부터 가지고 난 것이 아니라, 태어난 후에 얻어진) 노력 또는 그것의 산물(産物, 그것에 의해 생겨나는 사물이나 현상)을 위(僞)(거짓 위)라고 한다.

→ **순자의 사상 ② : '심(心)'과 '위(僞)'의 개념**

4 ¹순자는 성을 변화시키는 위의 역할을 강조했는데, 특히 위의 핵심으로서 예(禮)(예절 예)를 언급하고 그것('예')을 실천할 것을 주문한다.(注文−, 요구하거나 부탁한다.) ²예란 위를 ⓑ축적하여 완전한 인격체(人格體, 인격이 있는 주체)가 된 성인(聖人)(지혜와 덕이 매우 뛰어나 우러러 본받을 만한 사람)이 일찍이 사회의 혼란을 우려해(憂慮−, 근심하거나 걱정하여) 만든 일체(一切, 모든 것)의 사회적 규범(規範, 인간이 행동하고 판단할 때 따르고 지켜야 할 가치 판단 기준)을 말한다. ³이('예')는 개인의 도덕 규범이자 나라를 다스리는 규범으로, 개인의 모든 행위의 기준이자 사회의 위계 질서(位階秩序, 지위, 계층, 직책 등 상하 관계에서의 차례와 순서)를 나누는 기준이 된다. ⁴예의 가장 중요한 기능은 ⊙신분(身分, 개인의 사회적 위치나 계급)적 차이를 구분해서 직분(職分, 마땅히 하여야 할 본분)을 정하는 것인데 이는 인간의 욕망 추구(追求, 목적을 이룰 때까지 뒤좇아 구함)를 긍정하되(肯定−, 옳다고 인정하되) 그(욕망 추구의) 적절한 기준과 한계를 설정함을 의미한다. ⁵사회 구성원이 자신의 위치에 맞게끔 욕망을 추구하게 함으로써 다툼과 쟁탈이 없는 안정된(安定−, 바뀌어 달라지지 않고 일정한 상태가 유지되는) 사회를 만들 수 있다고 생각했기 때문이다.

→ **순자의 사상 ③ : '예(禮)'의 개념과 기능**

5 ¹이때 순자는 군주를 예의 근본(根本, 본바탕)으로 규정하고 그(군주)의 역할을 중시한다. ²군주는 계승되어(繼承−, 이어져) 온 예의 공통된 원칙을 지키고, 당대(當代, 그 시대)의 요구에 맞춰 예를 제정해야(制定−, 만들어 정해야) 한다. ³구체적으로 군주는 백성들의 직분을 정해 주고 그들(백성들)을 가르쳐 예의 길로 인도하는(引導−, 이끌어 지도하는) 역할을 수행한다.(遂行−, 해낸다.) ⁴이를 통해 백성들의 성은 교화되고(敎化−, 가르침을 받고 이끌려 좋은 방향으로 나아가게 되고) 질서와 조화를 이룬 선(善)(착하다 선)한 사회에 다다를(목적한 곳에 이를) 수 있다.

→ **순자의 사상 ④ : 예의 근본인 군주의 역할**

6 ¹순자는 당대의 사상가들과 달리 사회 문제의 원인을 외적(外的, 외부적인) 상황

(나)

에서 찾지 않고 인간의 타고난 성향(性向, 성질에 따른 경향)에서 찾음으로써 인간 사회를 바라보는 새로운 관점(觀點, 보고 생각하는 태도, 방향)을 제시하였다.(提示−, 나타내어 보였다.) ²그러한 점에서 순자는 인간의 후천적 노력을 바탕으로 한 인간과 사회의 변화 가능성을 ⓒ신뢰한 사상가라 할 수 있다.

→ **순자 사상의 의의**

1 ¹홉스가 살던 17 세기는 종교 전쟁(宗敎戰爭, 십자군 전쟁, 30 년 전쟁 등 서로 다른 종교나 종파 간 대립과 충돌로 일어난 전쟁)과 내전(內戰, 한 나라 안에서 일어나는 싸움)을 겪으며 혼란스러웠다. ²이에 왕의 권력(權力, 남을 자신의 뜻에 따르게 하거나 지배할 수 있는 권리와 힘)은 신으로부터 부여받은(附與−, 권리, 명예, 임무 등이 주어진) 것이라는 왕권신수설에 많은 사람들은 의문을 품게 되었다. ³이러한 상황에서 홉스는 사회적 혼란을 해결하고자 신이 아닌 인간에 대한 탐구를 시작한다.

→ **17 세기 혼란스러운 시대적 상황**

2 ¹홉스는 국가 성립(成立, 제대로 이루어짐) 과정을 설명하기 위해 국가가 성립하기 이전의 집단적 삶인 자연 상태(自然狀態, 사람의 손을 더하지 않은 본래 그대로의 상태)를 가정한다.(假定−, 임시로 사실인 것처럼 정한다.) ²그(홉스)는 인간을 자기 보존(自己保存, 자기의 생명을 잘 보살펴 남기고 발전시키려는 본능)을 추구하는 존재로 규정한다. ³또한 인간은 자연 상태에서 누구나 절대적인(絶對的−, 아무런 조건이나 제약이 붙지 않는) 자유를 행사할(行使−, 실현할) 수 있는 권리를 지니는데, 이를 자연권이라고 말한다. ⁴자연 상태에서 인간은 자기 보존을 위해 자신의 이익만을 추구하면서 끊임없이 싸우게 되는데 그(홉스)는 전쟁과도 같은 이 상황을 '만인(萬人, 모든 사람)에 대한 만인의 투쟁(鬪爭, 이기거나 극복하기 위한 싸움)'이라 ⓓ명명한다. ⁵하지만 이 상황에서 인간이 느끼는 죽음에 대한 공포는 평화와 안전을 바라게 하는 감정을 유발하기도(誘發−, 일어나게 하기도) 한다.

→ **홉스의 사상 ① : 자연권의 개념과 자연 상태에서의 인간**

3 ¹이때 인간의 이성은 평화로운 상태로 나아가기 위한 최선의 법칙을 발견하는데 홉스는 이를 자연법이라 일컫는다. ²자연법의 가장 근본적인 원칙은 평화를 추구하고 따르라는 것이다. ³그리고 이를 위해 인간의 이성은 자연 상태에서 가졌던 권리의 상당(相當, 일정한 정도) 부분을 포기하고 그것을 양도하는(讓渡−, 넘겨주는) ⓒ사회 계약이 필요함을 깨닫는다.

→ **홉스의 사상 ② : 자연법의 개념과 사회 계약의 필요성**

4 ¹개인이 자기 보존을 위해 자발적으로(自發的−, 남이 시키거나 요청하지 않아도 자기 스스로 나서서) 동의한(同意−, 의견을 같이한) 사회 계약은 두 단계에 걸쳐 이루어진다. ²첫 번째 단계에서 개인과 개인은 상호(相互, 상대가 되는 이쪽과 저쪽이 함께) 적대적인(敵對的−, 적으로 대하는) 행위를 중지하고자(中止−, 그만두고자) 자연권의 대부분을 포기하는 계약을 맺는다. ³그런데 이 계약은 누군가가 이를 위반할(違反−, 지키지 않고 어길) 경우에 그것(계약 위반)을 제재할(制裁−, 제한하거나 금지할) 수단이 없다는 한계가 있어 쉽게 파기될(破棄−, 깨져 버릴) 수 있다. ⁴이 계약의 불안정성을 해소하고(解消−, 해결하여 없애 버리고) 실효성(實效性, 실제로 효과를 나타내는 성질)을 보장하기(保障−, 어려움 없이 이루어지도록 보호하기) 위해서는 계약 위반을 제재할 강제력(強制力, 강제하는 힘이나 권력)과 그것을 집행할(執行−, 실제로 시행할) 수 있는 힘의 소유자(所有者, 가지고 있는 사람)를 세우는 일이 필요하다. ⁵이에 개인은 계약 위반을 제재할 공동(共同, 둘 이상의 사람이나 단체가 같은 자격으로 관계를 가짐)의 힘을 지닌 통치자와 두 번째 단계의 계약을 맺고 자신들(개인들)의 권리를 그(통치자)에게 양도한다.

→ **홉스의 사상 ③ : 사회 계약의 두 단계**

5 ¹이러한 계약의 과정을 거치며 '리바이어던'이라 불리는 국가가 탄생한다. ²리바이어던은 본래(本來, 생겨난 그 처음) 성서(聖書, 기독교의 경전)에 등장하는 무적(無敵, 매우 강하여 겨룰 만한 맞수가 없음)의 힘을 가진 바다 괴물의 이름으로, 홉스는 이(리바이어던)를 통해 계약으로 탄생한 국가의 강력한 공적(公的, 국가나 사회에 관계되는) 권력을 강조한 것이다. ³통치자는 국가 권력의 실질적인(實質的−, 실제를 이루는 바탕이 되는) 행사(行事, 시행함) 주체(主體, 어떤 행동의 주가 되는 것)로서 국가에 대한 복종(服從, 남의 명령이나 의사를 그대로 따라서 좇음)을 요구하는(要求−, 할 것을 청하는) 대신에 개인을 위험으로부터 보호하는 책무(責務, 책임이나 임무)를 갖는다. ⁴그(통치자)는 강력한 처벌에 대한 규정을 만들고 개인들이 이(처벌 규정)에 따르게 함으로써 그들(개인들)의 안전을 보장한다. ⁵통치자가 개인들로부터 위임받은(委任−, 책임 지워 맡겨진) 권리를 정당하게(正當−, 이치에 맞아 올바르고 마땅하게) 행사하여 개인들 간의 투쟁을 해소함으로써 비로소 평화로운 사회가 ⓕ구현된다.

→ **홉스의 사상 ④ : '리바이어던' 국가의 역할**

6 [1]홉스의 사회 계약론은 인간의 본성에 대한 통찰(洞察, 예리한 관찰력으로 사물을 꿰뚫어 봄)을 바탕으로 국가가 성립하게 되는 과정을 제시하고 있다. [2]특히 국가가 지닌 힘의 원천(源泉, 비롯되는 근본. 원인)을 신이 아닌 자유로운 개인들에게서 찾고 있다는 점에서 근대 주권 국가(主權國家, 다른 나라의 간섭을 받지 않고, 주권을 완전히 행사할 수 있는 독립된 나라)의 토대(土臺, 밑바탕)를 마련했다고 할 수 있다.

→ 홉스 사상의 의의

■ 지문 이해

(가)

⟨순자의 사상과 의의⟩

❶ 중국 전국시대 말기의 시대적 상황
• 전쟁이 빈번한 혼란의 시대이자 혼란 해결의 길을 모색한 사상들이 융성한 시대

순자의 사상

❷ '악(惡)'과 '성(性)'의 개념
• 악 : 사회의 혼란과 무질서로, 인간의 '성'에게서 비롯된 것 • 성 : 인간이 선천적으로 지닌 동물적 경향성으로, 욕망과 감정의 형태로 드러남   → 이익을 좋아하고 얻으려는 인간의 성이 악을 초래하여 인간 사이에 다툼과 쟁탈이 일어남

❸ '심(心)'과 '위(僞)'의 개념
• 심 : 인간의 인지 능력으로, 성이 합리적인지 판단하여 성을 통제함. 성에서 비롯한 사회 문제 해결 • 위 : 심의 작용을 통한 인간의 의식적·후천적 노력 또는 그것의 산물

❹ '예(禮)'의 개념과 기능
• 예 : '위'의 핵심. 위를 축적하여 완전한 인격체가 된 성인이 사회의 혼란을 우려해 만든 일체의 사회적 규범 • 예의 가장 중요한 기능은 신분적 차이를 구분해 직분을 정하는 것   - 인간의 욕망 추구를 긍정하되 기준과 한계를 설정함 → 직분에 맞는 욕망을 추구 → 다툼과 쟁탈 없는 안정된 사회

❺ 예의 근본인 군주의 역할
• 계승되어 온 예의 공통된 원칙을 지키고 당대의 요구에 맞춰 예를 제정함 • 백성들의 직분을 정해 주고 그들을 가르쳐 예의 길로 인도함   → 백성들의 성이 교화되고 질서와 조화를 이룬 선한 사회에 다다를 수 있음

❻ 순자 사상의 의의
• 사회 문제의 원인을 인간의 타고난 성향에서 찾음으로써 인간 사회를 바라보는 새로운 관점을 제시함   → 순자는 인간의 후천적 노력을 바탕으로 한 인간과 사회의 변화 가능성을 신뢰한 사상가

(나)

⟨홉스의 사상과 의의⟩

❶ 17 세기 혼란스러운 시대적 상황
• 종교 전쟁과 내전으로 인한 혼란, 왕권신수설에 대한 의문   → 홉스는 사회적 혼란을 해결하고자 신이 아닌 인간에 대한 탐구를 시작함

홉스의 사상

❷ 자연권의 개념과 자연 상태에서의 인간
• 자연권 : 인간이 자연 상태에서 지니는, 절대적인 자유를 행사할 수 있는 권리 • 만인에 대한 만인의 투쟁 : 자연 상태에서 인간이 자기 보존을 위해 자신의 이익만을 추구하며 끊임없이 싸우게 되는 상황 → 죽음에 대한 공포가 평화와 안전을 바라게 하는 감정을 유발하기도 함

❸ 자연법의 개념과 사회 계약의 필요성
• 자연법 : 인간의 이성이 발견한, 평화로운 상태로 나아가기 위한 최선의 법칙 • 평화를 추구하고 따르라는 자연법의 근본 원칙을 지키기 위해 인간의 이성은 사회 계약이 필요함을 깨달음

❹ 사회 계약의 두 단계

• 사회 계약 : 개인이 자기 보존을 위해 자발적으로 동의한 것
  - 첫 번째 단계의 계약 : 개인 간 상호 적대적 행위를 중지하고자 자연권의 대부분을 포기하는 계약. 제재 수단이 없어 쉽게 파기될 수 있음
  - 두 번째 단계의 계약 : 첫 번째 단계의 계약의 불안정성을 해소하고 실효성을 보장하기 위해 계약 위반을 제재할 공동의 힘을 지닌 통치자를 세워 그에게 자신들의 권리를 양도함

❺ '리바이어던' 국가의 역할

• 두 단계의 계약 과정을 거치며 '리바이어던' 국가가 탄생함
  - 계약으로 탄생한 국가의 강력한 공적 권력을 강조함
  - 통치자는 개인들의 복종을 요구하는 대신, 강력한 처벌 규정을 만들어 그들의 안전을 보장함
  - 통치자가 개인들로부터 위임받은 권리를 정당하게 행사하여 개인 간 투쟁을 해소 → 평화로운 사회 구현

❻ 홉스 사상의 의의
• 개인의 본성에 대한 통찰을 바탕으로 국가 성립 과정을 제시함 • 국가의 힘의 원천을 신이 아닌 개인들에게서 찾음 → 근대 주권 국가의 토대를 마련함

---

33 글의 서술 방식 파악 - 적절한 것 고르기
정답률 80%　　　　　　정답 ②

(가)와 (나)의 공통점으로 가장 적절한 것은?

근거 (가)-❶-1 기원전 3 세기경 중국의 전국시대 말기는 침략과 정벌의 전쟁이 빈번하게 벌어지는 혼란의 시대, (가)-❷-1 이 시대에 활동했던 순자는 … , (가)-❻-1 순자는 … 인간 사회를 바라보는 새로운 관점을 제시, (나)-❶-1 홉스가 살던 17 세기는 종교 전쟁과 내전을 겪으며 혼란스러웠다, (나)-❶-3 이러한 상황에서 홉스는 사회적 혼란을 해결하고자 신이 아닌 인간에 대한 탐구를 시작, (나)-❻-1~2 홉스의 사회 계약론은 … 근대 주권 국가의 토대를 마련했다고 할 수 있다.

풀이 (가)는 전국시대 말기 혼란의 시대에서 사회 문제의 원인을 제시하고 안정된 사회를 만들기 위해 예의 실천이 필요하다고 주장한 순자의 견해를 소개하고, 그 의의를 밝히고 있다. 또 (나)는 17 세기 당시 혼란스러운 시대적 상황에서 사회적 혼란을 해결하고자 한 홉스의 사회 계약론을 설명하고, 그 의의를 제시하였다. 따라서 정답은 ② 번이다.

① ~~인간 중심적인 시각에서 벗어나 사회 현상을 분석하고 있다.~~

근거 (가)-❻-1 순자는 당대의 사상가들과 달리 사회 문제의 원인을 외적 상황에서 찾지 않고 인간의 타고난 성향에서 찾음으로써 인간 사회를 바라보는 새로운 관점을 제시, (나)-❻-1 홉스의 사회 계약론은 인간의 본성에 대한 통찰을 바탕으로 국가가 성립하게 되는 과정을 제시

풀이 (가)와 (나) 모두 당대 사회 문제의 원인을 인간 외적 상황이 아니라 인간의 본성에서 찾고 있으므로, 인간 중심적인 시각에서 벗어나 사회 현상을 분석하였다는 설명은 적절하지 않다.

✓ ② 현실을 *개선하려는 사상가의 **견해와 그 ***의의를 제시하고 있다. *改善–, 잘못된 것이나 부족한 것, 나쁜 것 등을 고쳐 더 좋게 만들려는 **見解, 의견이나 생각 ***意義, 중요성, 가치

　　→ 적절함!

③ 종교적인 믿음을 바탕으로 성립된 권력의 *개념을 밝히고 있다. (나) *槪念, 여러 견해나 생각 속에서 공통된 요소를 뽑아내어 종합하여서 얻은 하나의 보편적인 견해나 생각

근거 (나)-❶-2 왕의 권력은 신으로부터 부여받은 것이라는 왕권신수설

풀이 (나)에서 '왕권신수설'의 개념을 밝히고 있다. 그러나 (가)에서는 종교적인 믿음을 바탕으로 성립된 권력의 개념을 밝히고 있지 않다.

④ ~~국가와 국가 간의 전쟁이 *야기한 사상의 **탄압 ***양상을 설명하고 있다.~~ *惹起–, 일으킨 **彈壓, 권력이나 무력 등으로 억지로 눌러 꼼짝 못 하게 함 ***樣相, 모양, 상태

풀이 (가)와 (나)에서 각 사상가가 활동한 시기가 전쟁으로 혼란했던 것은 맞지만, 해당 글에서 전쟁이 야기한 사상의 탄압 양상을 설명하지는 않았다.

⑤ ~~시대적 상황의 변화에 따라 달라진 지도자의 *위상을 **통시적으로 설명하고 있다.~~ *位相, 다른 것과의 관계 속에서 가지는 위치나 상태 **通時的–, 시간의 흐름에 따라 나타나는 변화와 관련하여

→ 문제편 041쪽

(가)의 군주와 (나)의 통치자에 대한 이해로 적절하지 않은 것은?

= 백성들의 성의 교화

① 군주는 사회 구성원의 *내면의 변화를 **전제로 질서와 조화를 이룬 선한 사회를 만든다. *内面, 겉으로 드러나지 않는 사람의 정신적·심리적 측면 **前提-, 먼저 내세워

> 근거 (가)-5-3~4 군주는 백성들의 직분을 정해 주고 그들을 가르쳐 예의 길로 인도하는 역할을 수행한다. 이를 통해 백성들의 성은 교화되고 질서와 조화를 이룬 선(善)한 사회에 다다를 수 있다.

→ 적절함!

개인들로부터 위임받은

✓② 통치자는 신으로부터 부여받은 권리를 정당하게 행사함으로써 평화로운 사회를 만든다.

> 근거 (나)-4-5 개인은 계약 위반을 제재할 공동의 힘을 지닌 통치자와 두 번째 단계의 계약을 맺고 자신들의 권리를 그에게 양도, (나)-5-5 통치자가 개인들로부터 위임받은 권리를 정당하게 행사하여 개인들 간의 투쟁을 해소함으로써 비로소 평화로운 사회가 구현된다.

> 풀이 홉스의 견해에 따르면 통치자의 권리는 신으로부터 부여받은 것이 아니라, 개인들로부터 위임받은 것이다.

→ 적절하지 않음!

③ 군주는 백성을 사회적 위치에 맞게 행동하도록 인도하고, 통치자는 개인들의 상호 적대적인 행위의 중지를 요구한다.

> 근거 (가)-5-3 군주는 백성들의 직분을 정해 주고 그들을 가르쳐 예의 길로 인도하는 역할을 수행, (나)-4-2~3 첫 번째 단계에서 개인과 개인은 상호 적대적인 행위를 중지하고자 자연권의 대부분을 포기하는 계약을 맺는다. 그런데 이 계약은 누군가가 이를 위반할 경우에 그것을 제재할 수단이 없다는 한계가 있어 쉽게 파기될 수 있다. (나)-4-5 이에 개인은 계약 위반을 제재할 공동의 힘을 지닌 통치자와 두 번째 단계의 계약을 맺고 자신들의 권리를 그에게 양도

> 풀이 순자의 견해에 따르면 군주는 백성들의 직분을 정해 주고 그들이 자신의 위치에 맞게 행동하도록 인도하는 역할을 한다. 한편 홉스의 견해에 따르면 개인과 개인이 상호 적대적 행위를 중지하고자 맺은 첫 번째 단계의 사회 계약에서는 계약 위반을 제재할 수단이 없으므로, 개인은 계약 위반을 제재할 힘을 지닌 통치자와 두 번째 단계의 계약을 맺고 자신의 권리를 통치자에게 양도한다. 개인들로부터 권리를 위임받은 통치자는 개인들의 상호 적대적 행위 중지를 요구할 수 있는 강력한 처벌 규정을 만들어 이에 따르게 할 수 있다.

→ 적절함!

④ 군주는 예를 바탕으로 한 교화를 통해, 통치자는 강력한 공적 권력을 바탕으로 한 처벌을 통해 사회의 질서를 도모한다.

> 근거 (가)-5-2~4 군주는 계승되어 온 예의 공통된 원칙을 지키고, 당대의 요구에 맞춰 예를 제정해야 한다. 구체적으로 군주는 백성들의 직분을 정해 주고 그들을 가르쳐 예의 길로 인도하는 역할을 수행한다. 이를 통해 백성들의 성은 교화되고 질서와 조화를 이룬 선(善)한 사회에 다다를 수 있다. (나)-5-2~4 홉스는 이를 통해 계약으로 탄생한 국가의 강력한 공적 권력을 강조한 것이다. 통치자는 국가 권력의 실질적인 행사 주체로서 국가에 대한 복종을 요구하는 대신에 개인을 위험으로부터 보호하는 책무를 갖는다. 그는 강력한 처벌에 대한 규정을 만들고 개인들이 이에 따르게 함으로써 그들의 안전을 보장

> → 적절함!

⑤ 군주와 통치자는 모두 나라를 다스리는 지도자로서 사회적 역할을 *이행해야 할 책무를 갖는다. *履行-, 실제로 행해야

> 근거 (가)-5-2~3 군주는 계승되어 온 예의 공통된 원칙을 지키고, 당대의 요구에 맞춰 예를 제정해야 한다. 구체적으로 군주는 백성들의 직분을 정해 주고 그들을 가르쳐 예의 길로 인도하는 역할을 수행, (나)-5-3 통치자는 국가 권력의 실질적인 행사 주체로서 국가에 대한 복종을 요구하는 대신에 개인을 위험으로부터 보호하는 책무를 갖는다.

→ 적절함!

⊙에 대한 설명으로 가장 적절한 것은?

> ⊙ 신분적 차이를 구분해서 직분을 정하는 것

성

① 개인의 욕망보다 사회의 요구를 강조하여 심의 부작용을 막기 위한 것이다.

> 근거 (가)-2-2~3 성이란 인간이 태어나면서부터 지니고 있는 동물적인 경향성을 일컫는 말로 욕망과 감정의 형태로 드러난다. 이 중에서 이익을 좋아하고 그것을 얻으려고 하는 인간의 성이 악을 초래한다고 보았다. (가)-4-1~5 순자는 성을 변화시키는 위의 역할을 강조했는데, 특히 위의 핵심으로서 예를 언급하고 그것을 실천할 것을 주문한다. 예란 … 일체의 사회적 규범을 말한다. 이는 개인의 도덕 규범이자 나라를 다스리는 규범으로, 개인의 모든 행위의 기준이자 사회의 위계 질서를 나누는 기준이 된다. 예의 가장 중요한 기능은 신분적 차이를 구분해서 직분을 정하는 것인데 이는 인간의 욕망 추구를 긍정하되 그 적절한 기준과 한계를 설정함을 의미한다. 사회 구성원이 자신의 위치에 맞게끔 욕망을 추구하게 함으로써 다툼과 쟁탈이 없는 안정된 사회를 만들 수 있다고 생각했기 때문이다.

> 풀이 순자는 이익을 좋아하고 그것을 얻으려고 하는 인간의 성, 즉 개인의 이기적인 욕망으로부터 사회 문제가 발생한다고 보았다. 그리고 이러한 성의 부작용을 막기 위해 사회적 규범으로서 예의 실천을 주문하였다. ⊙은 예의 가장 중요한 기능으로서 개인의 욕망에 사회적으로 요구되는 적절한 기준과 한계를 적용하는 것이므로, 개인의 욕망보다 사회적 요구를 강조하여 성의 부작용을 막기 위한 것이라 볼 수 있다.

→ 적절하지 않음!

② 인간의 성과 심의 차이를 구분하여 새로운 도덕적 기준을 세우기 위한 것이다.

> 근거 (가)-2-2 성이란 인간이 태어나면서부터 지니고 있는 동물적인 경향성, (가)-3-2 심은 인간의 인지 능력, (가)-4-1~3 순자는 성을 변화시키는 위의 역할을 강조했는데, 특히 위의 핵심으로서 예를 언급하고 그것을 실천할 것을 주문한다. 예란 위를 축적하여 완전한 인격체가 된 성인이 일찍이 사회의 혼란을 우려해 만든 일체의 사회적 규범을 말한다. 이는 개인의 도덕 규범이자 나라를 다스리는 규범으로, 개인의 모든 행위의 기준이자 사회의 위계 질서를 나누는 기준이 된다, (가)-5-2 군주는 계승되어 온 예의 공통된 원칙을 지키고, 당대의 요구에 맞춰 예를 제정해야 한다.

> 풀이 순자가 성과 심의 차이를 구분하고 개인의 도덕 규범으로서 예의 실천을 주문한 것은 맞으나, 예는 성인이 일찍이 만든 사회적 규범이며 계승되어 오는 것이라는 점에서 예의 중요한 기능인 ⊙이 '새로운' 도덕적 기준을 세우기 위한 것이라는 설명은 적절하지 않다. 또한 ⊙은 사회의 위계 질서를 나누는 기준으로서 예의 기능으로, 인간의 본성인 성과 심의 구분과는 관련이 없다.

→ 적절하지 않음!

③ 사회 구성원이 심을 *체득하게 하여 혼란한 사회적 상황을 해결하기 위한 것이다. *體得-, 몸소 체험하여 알게

> 근거 (가)-3-1 그는 인간이 성뿐만이 아니라 심(心)도 타고났기에 인간다워질 수 있고,
> 풀이 순자는 인간이 '심'을 타고났다고 보았으므로, 심을 체득하게 한다는 설명은 적절하지 않다.

→ 적절하지 않음!

④ 개인의 도덕 규범과 나라의 통치 규범을 구분하여 사회 문제의 원인을 찾기 위한 것이다.

> 근거 (가)-4-2~3 예란 위를 축적하여 완전한 인격체가 된 성인(聖人)이 일찍이 사회의 혼란을 우려해 만든 일체의 사회적 규범을 말한다. 이는 개인의 도덕 규범이자 나라를 다스리는 규범으로, 개인의 모든 행위의 기준이자 사회의 위계 질서를 나누는 기준이 된다, (가)-2-1 순자는 사회의 혼란과 무질서를 악(惡)이라고 규정하고 악은 온전히 인간의 성(性)에게서 비롯된 것으로 파악

> 풀이 순자의 견해에 따르면 예는 개인의 도덕 규범이자 나라를 다스리는 규범이다. 따라서 개인의 도덕 규범과 나라의 통치 규범을 구분한다는 것은 ⊙에 대한 설명으로 적절하지 않다. 또한 ⊙은 다툼과 쟁탈이 없는 안정된 사회를 만들기 위한 것이지 사회 문제의 원인을 찾기 위한 것은 아니다. 순자에 따르면 혼란스러운 사회 문제의 원인은 '성'이다.

→ 적절하지 않음!

✓⑤ 한정적인 사회적 자원과 재화를 적절하게 분배하여 사회의 안정성을 추구하기 위한 것이다.

> 근거 (가)-2-3~4 이익을 좋아하고 그것을 얻으려고 하는 인간의 성이 악을 초래한다고 보았다. 사회적 자원과 재화는 한정적인데 사람들이 모두 이기적인 욕망을 그대로 좇게 되면 그들 사이에 다툼과 쟁탈이 일어나게 된다는 것, (가)-4-4~5 예의 가장 중요한 기능은 신분적 차이를 구분해서 직분을 정하는 것인데 이는 인간의 욕망 추구를 긍정하되 그 적절한 기준과 한계를 설정함을 의미한다. 사회 구성원이 자신의 위치에 맞게끔 욕망을 추구하게 함으로써 다툼과 쟁탈이 없는 안정된 사회를 만들 수 있다고 생각했기 때문

> 풀이 순자의 견해에 따르면 예는 신분적 차이를 구분하여 직분을 정함으로써 욕망 추구의 적절한 기준과 한계를 설정하는 기능을 한다. 이를 통해 사회 구성원은 자신의 위치에 맞게끔 욕망을 추구하게 되고, 한정적 사회적 자원과 재화가 적절히 분배되어 다툼과 쟁탈 없는 안정된 사회를 만들 수 있다.

→ 적절함!

→ 문제편 041쪽

<table>
<tr><td>**36**
정답률 75%</td><td>핵심 개념 파악 -적절하지 않은 것 고르기</td><td>정답 ③</td></tr>
</table>

㉡을 이해한 내용으로 적절하지 <u>않은</u> 것은?

㉡ 사회 계약

① 만인에 대한 만인의 투쟁 상황에서 벗어나기 위해 맺은 것이다.

근거 (나)-❷-4~5 자연 상태에서 인간은 자기 보존을 위해 자신의 이익만을 추구하면서 끊임없이 싸우게 되는데 그는 전쟁과도 같은 이 상황을 '만인에 대한 만인의 투쟁'이라 명명한다. 하지만 이 상황에서 인간이 느끼는 죽음에 대한 공포는 평화와 안전을 바라게 하는 감정을 유발하기도 한다, (나)-❸-1 이때 인간의 이성은 평화로운 상태로 나아가기 위한 최선의 법칙을 발견하는데 홉스는 이를 자연법이라 일컫는다, (나)-❸-3 인간의 이성은 자연 상태에서 가졌던 권리의 상당 부분을 포기하고 그것을 양도하는 사회 계약이 필요함을 깨닫는다.

풀이 홉스에 따르면 인간은 만인에 대한 만인의 투쟁과 같은 상황에서 벗어나 평화로운 상태로 나아가기 위해 사회 계약을 맺는다.

→ 적절함!

② 자유를 *향유할 수 있는 권리의 포기는 자발적인 동의하에 이루어진다. *享有-, 누려 가질

근거 (나)-❷-3 인간은 자연 상태에서 누구나 절대적인 자유를 행사할 수 있는 권리를 지니는데, (나)-❸-2~3 자연법의 가장 근본적인 원칙은 평화를 추구하고 따르라는 것이다. 그리고 이를 위해 인간의 이성은 자연 상태에서 가졌던 권리의 상당 부분을 포기하고 그것을 양도하는 사회 계약이 필요함을 깨닫는다, (나)-❹-1 개인이 자기 보존을 위해 자발적으로 동의한 사회 계약

→ 적절함!

두 번째 단계

③ 개인은 첫 번째 단계의 계약을 맺음으로써 공동의 힘을 제재할 수 있다.

근거 (나)-❹-5 개인은 계약 위반을 제재할 공동의 힘을 지닌 통치자와 두 번째 단계의 계약을 맺고 자신들의 권리를 그에게 양도한다.

→ 적절하지 않음!

④ 첫 번째 단계의 계약은 두 번째 단계의 계약과 달리 위반할 경우 제재 수단이 없다.

근거 (나)-❹-3 이(첫 번째 단계의) 계약은 누군가가 이를 위반할 경우에 그것을 제재할 수단이 없다는 한계가 있어 쉽게 파기될 수 있다.

→ 적절함!

⑤ 두 번째 단계의 계약은 첫 번째 단계의 계약과 달리 개인의 권리 양도가 이루어진다.

근거 (나)-❹-5 개인은 계약 위반을 제재할 공동의 힘을 지닌 통치자와 두 번째 단계의 계약을 맺고 자신들의 권리를 그에게 양도한다.

→ 적절함!

<table>
<tr><td>**37**
정답률 75%</td><td>구체적인 상황에 적용 - 적절하지 않은 것 고르기</td><td>정답 ⑤</td></tr>
</table>

(가)의 '순자'와 (나)의 '홉스'의 입장에서 <보기>의 상황을 이해한 내용으로 적절하지 <u>않은</u> 것은? [3점]

> | 보기 |
>
> 생물학자인 개릿 하딘은 공유지(公有地, 소유권이 특정 개인에게 있지 않고 사회 구성원 모두에게 있는 땅)에서의 자유가 초래하는 혼란한 상황을 '공유지의 비극'이라 일컬었다. 그(개릿 하딘)는 한 목초지(牧草地, 가축의 사료가 되는 풀이 자라고 있는 곳)에서 벌어지는 상황을 예로 들어 이('공유지의 비극')를 설명하였다.
>
> > 모두가 사용할 수 있는 목초지가 있다. 한 목동(牧童, 풀을 뜯기며 가축을 치는 아이)은 자신의 이익을 극대화하는(極大化-, 아주 크게 하는) 방법으로 가능한 한 많은 소 떼들을 목초지에 풀어 놓는다. 다른 목동들도 같은 방법을 취하게 되고 결국 목초지는 황폐화된다.(荒廢化-, 돌보아 살피지 않아 거칠고 못 쓰게 된다.)

① 순자는 목동들이 '위'를 행하였다면 목초지의 황폐화를 막을 수 있었을 것이라고 생각하겠군.

근거 (가)-❷-3~4 이익을 좋아하고 그것을 얻으려고 하는 인간의 성이 악을 초래한다고 보았다. 사회적 자원과 재화는 한정적인데 사람들이 모두 이기적인 욕망을 그대로 좇게 되면 그들 사이에 다툼과 쟁탈이 일어나게 된다는 것, (가)-❸-3~4 심은 성이 합리적인지 판단하여 성을 통제한다. 이러한 심의 작용을 통해 인간은 배우며 실천할 수 있는데, 이와 같은 인간의 의식적이고 후천적인 노력 또는 그것의 산물을 위(僞)라고 한다.

→ 문제편 042쪽

풀이 순자는 목동들이 심의 작용을 통해 이기적인 욕망을 좇는 성을 통제하는 의식적이고 후천적인 노력, 즉 '위'를 행하였다면 목초지의 황폐화를 막을 수 있었을 것이라고 보았을 것이다.

→ 적절함!

② 홉스는 목동들이 처한 상황을 자기 보존을 추구하는 욕망이 발현된 '자연 상태'라고 생각하겠군.

근거 (나)-❷-4 자연 상태에서 인간은 자기 보존을 위해 자신의 이익만을 추구

풀이 홉스의 견해에 따르면 목동들이 자신의 이익을 극대화하기 위해 가능한 한 많은 소 떼를 목초지에 풀어 놓아 목초지가 황폐화된 것은 목동들이 자기 보존을 위해 자신의 이익만을 추구하였기 때문이라고 볼 수 있다. 따라서 홉스는 목동들이 처한 상황을 자기 보존을 추구하는 욕망이 발현된 '자연 상태'라고 생각했을 것이다.

→ 적절함!

③ 순자는 완전한 인격체가 만든 규범이, 홉스는 강력한 국가의 개입이 필요한 상황이라고 생각하겠군.

근거 (가)-❷-3~4 이익을 좋아하고 그것을 얻으려고 하는 인간의 성이 악을 초래한다고 보았다. 사회적 자원과 재화는 한정적인데 사람들이 모두 이기적인 욕망을 그대로 좇게 되면 그들 사이에 다툼과 쟁탈이 일어나게 된다는 것, (가)-❹-1~2 순자는 성을 변화시키는 위의 역할을 강조했는데, 특히 위의 핵심으로서 예(禮)를 언급하고 그것을 실천할 것을 주문한다. 예란 위를 축적하여 완전한 인격체가 된 성인(聖人)이 일찍이 사회의 혼란을 우려해 만든 일체의 사회적 규범, (나)-❷-4 자연 상태에서 인간은 자기 보존을 위해 자신의 이익만을 추구, (나)-❺-2 홉스는 이를 통해 계약으로 탄생한 국가의 강력한 공적 권력을 강조, (나)-❺-5 통치자가 개인들로부터 위임받은 권리를 정당하게 행사하여 개인들 간의 투쟁을 해소함으로써 비로소 평화로운 사회가 구현

풀이 목동들이 이기적인 욕망을 그대로 좇아 일어나게 된 목초지의 상황에 대해, 순자는 완전한 인격체인 성인이 만든 사회적 규범인 예를 통해 다툼과 쟁탈이 없는 안정된 상황을 만들 수 있다고 보았을 것이다. 또한 홉스는 목동들이 자기 보존을 위해 자신의 이익만을 추구하여 벌어진 목초지의 상황에 대해, 국가의 강력한 공적 권력과 그것의 실질적 행사 주체인 통치자의 역할을 통해 혼란을 해소할 수 있다고 보았을 것이다.

→ 적절함!

④ 순자는 '성'을 그대로 좇는 모습으로, 홉스는 '자연권'을 행사하는 모습으로 목동들의 이기적 행동을 이해하겠군.

근거 (가)-❷-3~4 이익을 좋아하고 그것을 얻으려고 하는 인간의 성이 악을 초래한다고 보았다. 사회적 자원과 재화는 한정적인데 사람들이 모두 이기적인 욕망을 그대로 좇게 되면 그들 사이에 다툼과 쟁탈이 일어나게 된다는 것, (나)-❷-3~4 인간은 자연 상태에서 누구나 절대적인 자유를 행사할 수 있는 권리를 지니는데, 이를 자연권이라고 말한다. 자연 상태에서 인간은 자기 보존을 위해 자신의 이익만을 추구하면서 끊임없이 싸우게 되는데

풀이 순자는 자신의 이익을 극대화하고자 가능한 한 많은 소 떼를 목초지에 풀어 놓는 목동들의 이기적 행동에 대해 이익을 좋아하고 그것을 얻으려 하는 '성'을 그대로 좇는 모습이라고 보았을 것이다. 한편 홉스는 목동들의 행동에 대해, 자연 상태에서 자기 보존을 위해 자신의 이익만을 추구할 수 있는 '자연권'을 행사한 것이라고 보았을 것이다.

→ 적절함!

홉스는

⑤ 순자와 홉스는 모두 목동들이 공포를 느끼게 되면 문제 상황에 대한 합리적 판단 능력을 갖게 될 것이라고 생각하겠군.

근거 (가)-❸-1~3 그(순자)는 인간이 성뿐만이 아니라 심(心)도 타고났기에 인간다워질 수 있고, 성에서 비롯한 사회 문제의 해결도 가능하다고 보았다. 심은 인간의 인지 능력을 뜻하는데, 인간의 감각 기관이 가져온 정보를 종합해서 인식하고 판단한다. 즉, 심은 성이 합리적인지 판단하여 성을 통제, (나)-❷-4~5 자연 상태에서 인간은 자기 보존을 위해 자신의 이익만을 추구하면서 끊임없이 싸우게 되는데 그(홉스)는 전쟁과도 같은 이 상황을 '만인에 대한 만인의 투쟁'이라 명명한다. 하지만 이 상황에서 인간이 느끼는 죽음에 대한 공포는 평화와 안전을 바라게 하는 감정을 유발하기도 한다, (나)-❸-1 이때 인간의 이성은 평화로운 상태로 나아가기 위한 최선의 법칙을 발견하는데, (나)-❸-3 인간의 이성은 자연 상태에서 가졌던 권리의 상당 부분을 포기하고 그것을 양도하는 사회 계약이 필요함을 깨닫는다.

풀이 홉스의 견해에 따르면 인간은 자연 상태에서 자신의 이익만을 추구하면서 끊임없이 싸우게 되고, 그러한 상황에서 느끼는 공포로 인해 인간의 이성은 평화로운 상태로 나아가기 위해 자연 상태에서 가졌던 권리의 상당 부분을 포기하고 그것을 양도하는 사회 계약이 필요함을 깨닫게 된다. 따라서 홉스는 <보기>의 목동들이 처한 혼란스러운 상황에서 목동들이 공포를 느끼게 되면 이성을 통해 평화로운 상태로 나아가기 위해 사회 계약이 필요함을 깨닫게 될 것이라고 보았을 것이다. 한편 순자는 인간이 타고난 '심'을 통해 성에서 비롯된 사회 문제를 해결할 수 있다고 보았다. 이때 심은 인간의 인지 능력으로, 성이 합리적인지 판단하고 통제한다. 이러한 순자의 견해에 따르면 인간의 합리적 판단 능력은 타고난 것이므로, <보기>의 상황에서 목동들이

'공포를 느끼게 되면' 문제 상황에 대한 합리적 판단 능력을 갖게 될 것이라고 생각하지는 않았을 것이다.

→ 적절하지 않음!

---

38 | 단어의 사전적 의미 - 적절하지 않은 것 고르기
정답률 90% | 정답 ③

ⓐ~ⓔ의 사전적 의미로 적절하지 <u>않은</u> 것은?

ⓐ 모색	ⓑ 축적	ⓒ 신뢰	ⓓ 명명	ⓔ 구현

① ⓐ : 일이나 사건 따위를 해결할 수 있는 방법이나 실마리를 더듬어 찾음.
> **풀이** '모색(摸 찾다 모 索 찾다 색)'의 사전적 의미는 '일이나 사건 따위를 해결할 수 있는 방법이나 실마리를 더듬어 찾음'이다.
> **예문** 학문 연구를 위해 이론적 모색에 충실하여야 한다.
→ 적절함!

② ⓑ : 지식, 경험, 자금 따위를 모아서 쌓음.
> **풀이** '축적(蓄 모으다 축 積 쌓다 적)'의 사전적 의미는 '지식, 경험, 자금 따위를 모아서 쌓음. 또는 모아서 쌓은 것'이다.
> **예문** 우리 회사는 오랜 연구와 투자로 기술 축적을 이루어 냈다.
→ 적절함!

③ ⓒ : 자기의 주장을 굽혀 남의 의견을 좇음.
> **풀이** '신뢰(信 믿다 신 賴 의지하다 뢰)'의 사전적 의미는 '굳게 믿고 의지함'이다. '자기의 주장을 굽혀 남의 의견을 좇음'의 뜻을 가진 단어는 '신뢰'가 아니라 '양보(讓 양보하다 양 步 걸음 보)'이다.
> **예문** 우리는 그에게 절대적인 지지와 신뢰를 보내고 있다.
→ 적절하지 않음!

④ ⓓ : 사람, 사물, 사건 등의 대상에 이름을 지어 붙임.
> **풀이** '명명(命 이름짓다 명 名 이름 명)'의 사전적 의미는 '사람, 사물, 사건 등의 대상에 이름을 지어 붙임'이다.
> **예문** 해군은 이번에 새로 만든 배의 이름을 '이순신'이라고 명명하였다.
→ 적절함!

⑤ ⓔ : 어떤 내용이 구체적인 사실로 나타나게 함.
> **풀이** '구현(具 갖추다 구 現 나타나다 현)'의 사전적 의미는 '어떤 내용이 구체적인 사실로 나타나게 함'이다.
> **예문** 인간다운 삶은 생명 유지에서 그치지 않고 인간 존엄성의 구현으로 나아가는 것이어야 한다.
→ 적절함!

[39 ~ 43] 기술 - 〈연륜 연대 측정의 개념과 방법〉

1 ¹사계절이 뚜렷한 곳에서 자라는 나무는 매해(每–, 해마다) 하나씩 나이테를 만들기 때문에 나이테를 세면 나무의 나이를 알 수 있다. ²그렇다면 나이테는 단순히 나무의 나이를 알기 위해서만 활용되는 것일까? ³그렇지 않다. ⁴나이테는 현재 남아 있는 다양한 목제(木製, 나무로 만든 물건) 유물(遺物, 앞선 세대의 인류가 뒤에 오는 세대에 남긴 물건)들이 언제 만들어졌는지 그 제작(製作, 만듦) 연도를 ⓐ규명하는데도 활용되고 있다.

→ 나무 나이테의 활용

2 ¹나무의 나이테는 위치에 따라 크게 심재(心 중심 심 材 재목 재), 변재(邊 가장자리 변 材 재목 재)로 구분된다. ²심재는 나무의 성장 초기에 형성된(形成–, 이루어진) 안쪽 부분으로 생장(生長, 나서 자람)이 거의 멈추면서 진액(津液, 생물의 몸 안에서 생겨나는 액체)이 내부(內部, 안쪽의 부분)에 갇혀 색깔이 어둡게 변한 부분이다. ³변재는 심재의 끝부터 껍질인 수피(樹 나무 수 皮 껍질 피) 전까지의 바깥 부분으로 물과 영양분을 공급하는(供給–, 내주는) 생장 세포가 활성화되어(活性化–, 그 기능을 하고) 있어 밝은 색상을 띠는 부분이다. ⁴나무의 나이는 이 심재와 변재의 나이테 수를 합한 것이 된다.

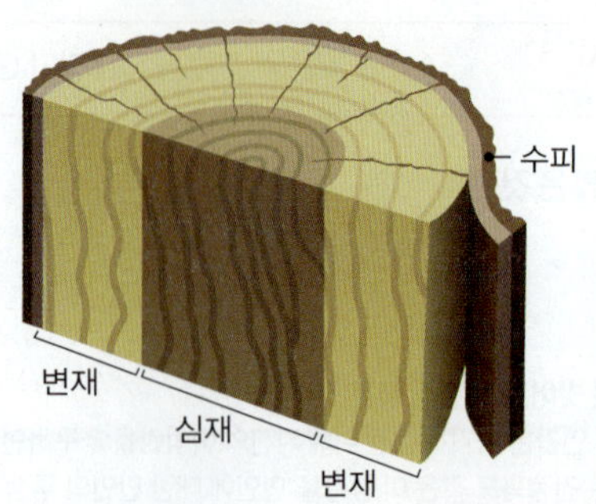

〈참고 그림〉
❷–2~3 심재는 나무의 성장 초기에 형성된 안쪽 부분으로 색깔이 어둡게 변한 부분이다. 변재는 심재의 끝부터 껍질인 수피 전까지의 바깥 부분으로 밝은 색상을 띠는 부분이다.

→ 위치에 따른 나이테의 종류와 나무 나이 계산 방법

3 ¹그런데 나무의 나이테 너비(가로로 건너지른 거리)를 살펴보면 매해 그 너비가 동일하지 않다. ²그(나무의 나이테 너비가 해마다 변화하는) 이유는 '제한 요소의 법칙'에 의해서 나무의 생장량이 결정되기 때문이다. ³나무가 생장하기 위해서는 물, 빛, 온도, 이산화 탄소 등의 다양한 환경 요소(環境要素, 생물을 둘러싸고 있으면서 그 생사나 생육 상태에 영향을 주는 요인)가 필요한데 환경 요소들은 해마다 다르기 때문에 나이테의 너비도 변하게 된다. ⁴그렇다고 모든 환경 요소가 나이테의 너비 변화에 영향을 주는 것은 아니다. ⁵여러 환경 요소 중에서 가장 부족한 요소가 나이테의 너비 변화에 가장 큰 영향을 주게 되는데 이것이 바로 제한 요소의 법칙이다.

→ 나무의 나이테 너비가 변화하는 이유 : 제한 요소의 법칙

4 ¹나무가 가장 부족한 요소에 모든 생물학적 활동을 맞추는 것은 안전하게 생장하기 위한 전략(戰略, 방법이나 책략)이다. ²만일 나무의 생장이 가장 풍족한(豊足–, 매우 넉넉하여 부족함이 없는) 요소를 기준으로 이뤄진다면 생장에 필요한 생물학적 활동을 제한하는 요소가 많아져(그보다 부족한 환경 요소들의 경우 기준을 충족하지 못하여 나무의 생물학적 활동을 제한하게 되므로) ⓑ고사할 위험이 높아지게 될 것이기 때문이다. ³제한 요소의 법칙은 모든 나무의 생장에 예외(例外, 일반적 규칙이나 관례에서 벗어나는 일) 없이 적용되며, 그 결과로 동일한 수종(樹種, 나무의 종류)이 유사한(類似–, 서로 비슷한) 생장 환경에서 자라면 나이테의 너비 변화 패턴(pattern, 일정한 형태, 양식, 유형)이 유사하다. ⁴하지만 수종이 같더라도 지역이 다르면 생장 환경이 다르기 때문에 나이테의 너비 변화 패턴은 달라지게 된다.

→ 제한 요소의 법칙이 적용되는 이유

5 ¹나이테를 활용하여 목제 유물에 사용된 나무의 벌채* 연도나 환경 조건을 추정하는(推定–, 미루어 생각하여 판정하는) 것을 연륜(年 해 연 輪 바퀴 륜, 나이테) 연대 측정이라 하는데 이(연륜 연대 측정)를 위해서는 나이테의 너비 변화 패턴을 그래프로 나타낸 ㉠ 연륜 연대기가 있어야 한다. ²수천 년 살 수 있는 나무는 많지 않으나 아래 〈그림〉과 같은 방법으로 수천 년에 달하는(達–, 이르는) 연륜 연대기 작성은 가능하다.

→ 연륜 연대 측정의 개념

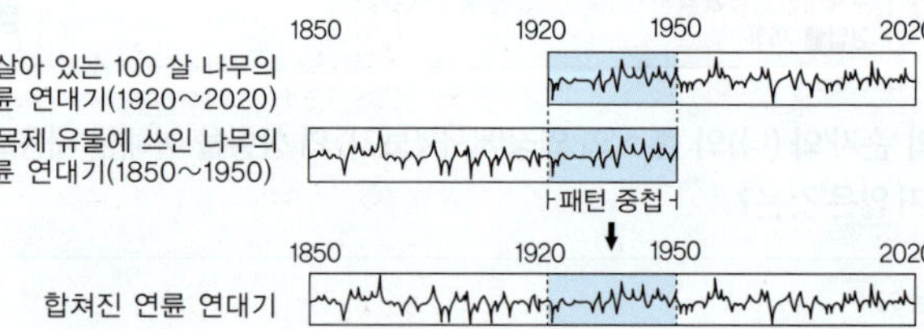

6 ¹살아 있는 나무에서 나이테 너비를 ⓒ측정하면 정확한 연도가 부여된(附與–, 붙여진) 연륜 연대기를 작성할 수 있다. ²다음으로 오래지 않은 과거에 제작된 목제 유물의 나이테로 연륜 연대기를 작성하여 이미 작성된 연륜 연대기와 비교하면 패턴이 겹치는 기간을 확인할 수 있다. ³그(패턴이 겹치는) 기간은 지금 살아 있는 나무와 과거 유물에 사용된 나무가 함께 생장하던 기간이 된다. ⁴이러한 방법으로 보다 과거의 목제 유물로 작성된 연륜 연대기와 패턴 비교를 반복하면 수백, 수천 년에 달하는 나무의 연륜 연대기 작성이 가능해진다. ⁵이렇게 작성된 장기간(長期間, 긴 기간)의 연륜 연대기를 표준 연대기라 하는데 우리나라는 현재 소나무, 참나무, 느티나무의 표준 연대기를 ⓓ보유하고 있다. ⁶연륜 연대 측정은 이 표준 연대기와 목제 유물의 나이테로 작성한 유물 연대기의 패턴을 비교함으로써 진행되고 그 방법은 다음과 같다.

→ 연륜 연대기와 표준 연대기의 작성 방법

7 ¹먼저 목제 유물의 나이테에 변재가 있는지 확인해야 한다. ²나무를 가공할(加工–, 자재를 처리하여 새로운 제품을 만듦) 때는 벌레가 먹거나 쉽게 썩는 변재의 일부(一部, 한 부분) 또는 전체가 잘려 나가기도 하는데 만일 유물의 나이

→ 문제편 042쪽

테에 변재가 없는 경우에는 벌채 연도를 추정할 수 없게 된다.

→ 연륜 연대 측정 방법 ①

8 [1]변재의 존재 여부(있는지 없는지)를 확인한 후에는 목제 유물의 각 부분에서 나이테를 채취해(採取−, 얻어 내어) 패턴이 중첩되는(重疊−, 겹치는) 부분을 비교하여 유물 연대기를 만든 다음, 비교 대상으로 사용할 표준 연대기를 정해야 한다. [2]이때 유물 연대기와 표준 연대기의 상관도(相關度, 서로 관련을 가지는 정도)를 나타내는 t값과 일치도(一致度, 서로 어긋나지 아니하고 같거나 들어맞는 정도)를 나타내는 G값을 고려해야(考慮−, 따져 봐야) 하는데 100 년 이상의 기간을 상호(相互, 서로) 비교할 때 t값은 3.5 이상, G값은 65 % 이상의 값을 가져야 통계적으로 유의성(有意性, 의미를 갖는 성질)이 있는 것으로 ⓔ 간주된다.

→ 연륜 연대 측정 방법 ②

[A]

9 [1]표준 연대기를 정한 후에는 유물 연대기와 표준 연대기의 패턴을 비교하여 중첩되는 부분의 시작 나이테의 연도부터 마지막 나이테의 연도를 확정하여(確定−, 확실하게 정하여) 절대 연도를 부여한다. [2]유물의 나이테가 변재를 완전하게 갖고 있을 경우에는 마지막 나이테의 절대 연도가 벌채 연도가 된다. [3]하지만 변재의 바깥쪽 나이테 일부가 잘려 나갔다면 마지막 나이테의 절대 연도에 잘려 나간 변재 나이테 수를 더한 값이 벌채 연도가 되는데 이때는 수령별(樹齡別, 나무의 나이에 따른) 평균 변재 나이테 수를 참고한다. [4]비슷한 수령의 나무가 갖는 평균 변재 나이테 수에서 유물에 남아 있는 변재 나이테 수를 빼, 나무를 가공할 때 잘라 낸 변재 나이테 수를 구한다. [5]그리고 이를 마지막 나이테의 절대 연도에 더해 벌채 연도를 확정한다. [6]그 다음, 벌채한 후 가공할 때까지 나무를 건조하는 일반적인 기간인 1~2 년을 더해 목제 유물의 제작 연도를 추정한다.

→ 연륜 연대 측정 방법 ③

* 벌채 : 나무를 베어 냄

■ 지문 이해

❶ 나무 나이테의 활용
- 나이테는 나무의 나이뿐 아니라 목제 유물의 제작 연도 규명에도 활용됨

❷ 위치에 따른 나이테의 종류와 나무 나이 계산 방법
- 심재 : 나무 성장 초기에 형성된 안쪽 부분, 진액이 갇혀 어두운 색깔
- 변재 : 심재 끝부터 수피 전까지의 바깥 부분, 생장 세포가 활성화되어 있어 밝은 색깔
- 나무의 나이 = 심재 나이테 수 + 변재 나이테 수

❸ 나무의 나이테 너비가 변화하는 이유
- '제한 요소의 법칙'에 의해 나무의 생장량이 결정되기 때문에, 나무의 나이테는 매해 그 너비가 변함 → 여러 환경 요소 중 가장 부족한 요소가 나이테 너비 변화에 가장 큰 영향을 주는 것

❹ 제한 요소의 법칙이 적용되는 이유
- 나무의 생장이 가장 풍족한 요소를 기준으로 이루어질 경우 고사할 위험이 높아짐 → 안전한 생장을 위해 가장 부족한 요소에 생물학적 활동을 맞춤
- 제한 요소의 법칙은 모든 나무의 생장에 적용되며 동일 수종, 유사한 생장 환경에서는 나이테 너비 변화 패턴이 유사하게 나타남

❺ 연륜 연대 측정의 개념
- 연륜 연대 측정
  - 나이테를 활용해 목제 유물에 사용된 나무의 벌채 연도, 환경 조건을 추정하는 것
  - 나이테 너비 변화 패턴을 그래프로 나타낸 연륜 연대기가 필요함
  - 표준 연대기와 목제 유물의 유물 연대기의 패턴을 비교하여 진행됨(❻)

❻ 연륜 연대기와 표준 연대기의 작성 방법
① 살아 있는 나무에서 나이테 너비를 측정하여 정확한 연도가 부여된 연륜 연대기 작성
② 오래지 않은 과거에 제작한 목제 유물의 나이테로 연륜 연대기를 작성하여 ①과 패턴 비교 후 패턴이 겹치는 기간 확인
③ 보다 과거의 목제 유물로 작성된 연륜 연대기와 ②의 패턴 비교
↓(반복)
④ 수백, 수천 년에 달하는 나무의 연륜 연대기(표준 연대기) 작성이 가능해짐

→ 문제편 044쪽

2
회

2024 3월 학력평가

❼~❾ 연륜 연대 측정 방법
① 목제 유물 나이테에 변재가 있는지 확인 : 변재가 없는 경우 벌채 연도 추정 불가능
② 목제 유물 각 부분에서 나이테를 채취하여 패턴이 중첩되는 부분을 비교해 유물 연대기를 만듦
③ 비교 대상으로 사용할 표준 연대기를 정함 : t값, G값을 고려해 통계적으로 유의성이 있어야 함
④ 유물 연대기와 표준 연대기의 패턴을 비교 : 중첩 부분의 나이테 연도를 확정하여 절대 연도 부여
- 벌채 연도
  - 유물의 나이테가 변재를 완전히 갖고 있을 경우 : 마지막 나이테의 절대 연도
  - 변재 나이테 일부가 잘려 나갔을 경우 : 마지막 나이테의 절대 연도 + 잘려 나간 변재 나이테 수(수령별 평균 변재 나이테 수 − 유물에 남아 있는 변재 나이테 수)
- 목제 유물의 제작 추정 연도 = 벌채 연도 + 나무 건조 기간(1~2 년)

---

39 | 글의 서술 방식 파악 − 적절하지 않은 것 고르기
정답률 65%, 매력적 오답 ⑤ 15% | 정답 ④

윗글에서 사용된 전개 방식으로 적절하지 않은 것은?

① *자문자답의 방식으로 **화제를 제시하고 있다. *自問自答, 스스로 묻고 스스로 대답함 **話題, 이야깃거리

근거 ❶-2~3 나이테는 단순히 나무의 나이를 알기 위해서만 활용되는 것일까? 그렇지 않다.

→ 적절함!

② 대상의 특성을 관련 개념을 통해 설명하고 있다.

근거 ❸-1~5 나무의 나이테 너비를 살펴보면 매해 그 너비가 동일하지 않다. 그 이유는 '제한 요소의 법칙'에 의해서 나무의 생장량이 결정되기 때문이다. … 이것이 바로 제한 요소의 법칙이다.

풀이 윗글에서는 나무의 나이테 너비가 매해 동일하지 않은 이유를 '제한 요소의 법칙'이라는 개념을 통해 설명하고 있다.

→ 적절함!

③ 일정한 기준에 따라 대상을 나누어 설명하고 있다.

근거 ❷-1 나무의 나이테는 위치에 따라 크게 심재, 변재로 구분된다, ❾-2~3 유물의 나이테가 변재를 완전하게 갖고 있을 경우에는 마지막 나이테의 절대 연도가 벌채 연도가 된다. 하지만 변재의 바깥쪽 나이테 일부가 잘려 나갔다면 마지막 나이테의 절대 연도에 잘려 나간 변재 나이테 수를 더한 값이 벌채 연도가 되는데

→ 적절함!

④ 어려운 개념을 *친숙한 대상에 **빗대어 설명하고 있다. *親熟−, 친하여 익숙한 **바로 말하지 않고 빙 둘러서

풀이 윗글에서 '제한 요소의 법칙', '연륜 연대 측정', '연륜 연대기와 표준 연대기' 등의 개념을 친숙한 대상에 빗대어서 설명하는 부분은 나타나지 않는다.

→ 적절하지 않음!

⑤ 반대 상황을 *가정하여 현상에 대한 이해를 돕고 있다. *假定−, 사실인 것처럼 정하여

근거 ❹-1~2 나무가 가장 부족한 요소에 모든 생물학적 활동을 맞추는 것은 안전하게 생장하기 위한 전략이다. 만일 나무의 생장이 가장 풍족한 요소를 기준으로 이뤄진다면 생장에 필요한 생물학적 활동을 제한하는 요소가 많아져 고사할 위험이 높아지게 될 것이기 때문

풀이 나무가 가장 부족한 요소에 모든 생물학적 활동을 맞추는 이유를 설명하기 위하여 나무의 생장이 가장 풍족한 요소를 기준으로 이뤄지는 상황을 가정하고 있다.

→ 적절함!

오답률 TOP ④ 1등급 문제

40 | 세부 정보 이해 − 적절한 것 고르기
정답률 55%, 매력적 오답 ② ③ 15% | 정답 ⑤

윗글에서 알 수 있는 내용으로 가장 적절한 것은?

① 심재는 생장이 거의 멈춘 나이테로 수피에 *인접하여 있다. (변재) *鄰接−, 옆에 닿아

근거 ❷-2~3 심재는 나무의 성장 초기에 형성된 안쪽 부분으로 생장이 거의 멈추면서 진액이 내부에 갇혀 색깔이 어둡게 변한 부분이다. 변재는 심재의 끝부터 껍질인 수피 전까지의 바깥 부분

생장 세포가 활성화되어 있어

② 변재는 생장 세포에 있는 진액으로 인해 밝은 색상을 띤다.

근거 ❷-2~3 심재는 … 진액이 내부에 갇혀 색깔이 어둡게 변한 부분이다. 변재는 … 물과 영양분을 공급하는 생장 세포가 활성화되어 있어 밝은 색상을 띠는 부분

풀이 변재가 밝은 색상을 띠는 이유는 생장 세포가 활성화되어 있기 때문이다. 진액이 있는 부분은 변재가 아니라 심재이다.

→ 적절하지 않음!

심재와 변재

③ 나무의 수령은 변재 나이테의 개수로 파악할 수 있다.

근거 ❷-4 나무의 나이는 이 심재와 변재의 나이테 수를 합한 것

→ 적절하지 않음!

부족한

④ 나이테의 너비는 가장 풍족한 환경 요소로 결정된다.

근거 ❸-5 여러 환경 요소 중에서 가장 부족한 요소가 나이테의 너비 변화에 가장 큰 영향을 주게 되는데

→ 적절하지 않음!

✓⑤ 심재 나이테만 남아 있다면 연륜 연대 측정은 *불가하다. *不可-, 가능하지 않다.

근거 ❼-2 만일 유물의 나이테에 변재가 없는 경우에는 벌채 연도를 추정할 수 없게 된다.

풀이 유물의 나이테에 변재 나이테는 남아 있지 않고 심재 나이테만 남아 있다면, 벌채 연도를 추정할 수 없어 연륜 연대 측정이 불가능하다.

→ 적절함!

---

41 세부 정보 이해 - 적절하지 않은 것 고르기
정답률 75%, 매력적 오답 ④ 10%   정답 ③

㉠에 대한 설명으로 적절하지 않은 것은?

㉠ 연륜 연대기

① 동일한 수종이라도 환경이 다르면 패턴이 달라진다.

근거 ❹-4 수종이 같더라도 지역이 다르면 생장 환경이 다르기 때문에 나이테의 너비 변화 패턴은 달라지게 된다. ❺-1 나이테의 너비 변화 패턴을 그래프로 나타낸 연륜 연대기

풀이 연륜 연대기는 나이테의 너비 변화 패턴을 그래프로 나타낸 것이다. 이때 수종이 같더라도 생장 환경이 다르면 나이테의 너비 변화 패턴이 달라진다고 하였으므로, 동일한 수종이라도 환경이 다르면 패턴이 달라진다는 설명은 적절하다.

→ 적절함!

② 패턴 비교를 반복하면 장기간의 연대기 작성이 가능하다.

근거 ❻-4 이러한 방법으로 보다 과거의 목제 유물로 작성된 연륜 연대기와 패턴 비교를 반복하면 수백, 수천 년에 달하는 나무의 연륜 연대기 작성이 가능해진다.

→ 적절함!

✓③ 나이테의 너비가 *일정하면 패턴 분석의 대상이 될 수 없다. *一定-, 달라지지 않고 같으면

근거 ❺-1 나이테의 너비 변화 패턴을 그래프로 나타낸 연륜 연대기

풀이 연륜 연대기는 나이테의 너비 변화 패턴을 그래프로 나타낸 것이다. 어떤 나무의 나이테의 너비가 일정하다면, 해당 나무의 나이테는 '너비가 일정한' 패턴을 가지는 것이다. 따라서 나이테의 너비가 일정한 경우에도 패턴 분석의 대상이 될 수 있다.

→ 적절하지 않음!

④ 제한 요소의 법칙에 따라 나무가 생장한 결과를 보여 준다.

근거 ❸-5 여러 환경 요소 중에서 가장 부족한 요소가 나이테의 너비 변화에 가장 큰 영향을 주게 되는데 이것이 바로 제한 요소의 법칙, ❹-3 제한 요소의 법칙은 모든 나무의 생장에 예외 없이 적용, ❺-1 나이테의 너비 변화 패턴을 그래프로 나타낸 연륜 연대기

풀이 연륜 연대기는 나이테의 너비 변화 패턴을 그래프로 나타낸 것이다. 모든 나무는 제한 요소의 법칙에 따라 나이테의 너비 변화가 나타나므로, 연륜 연대기가 제한 요소의 법칙에 따라 나무가 생장한 결과를 보여 준다는 설명은 적절하다.

→ 적절함!

⑤ 현재 국내에는 3종의 나무에 대한 표준 연대기가 존재한다.

근거 ❻-5 우리나라는 현재 소나무, 참나무, 느티나무의 표준 연대기를 보유하고 있다.

→ 적절함!

오답률 TOP ❷ 1등급 문제

42 구체적인 사례에 적용 - 적절하지 않은 것 고르기
정답률 40%, 매력적 오답 ② 10% ④ 25% ⑤ 20%   정답 ③

[A]를 바탕으로 〈보기〉의 '연륜 연대 측정 자료'를 이해한 내용으로 적절하지 않은 것은?   3점

| 보기 |

[소나무 서랍장에 대한 연륜 연대 측정]

Ⅰ. 측정 참고 자료

ㅇ 두 곳의 서랍에서 같은 나무의 나이테를 채취하였고, 이 중 서랍 2에서는 좁은 나이테 모양으로 보아 바깥쪽 나이테가 거의 수피에 근접한(近接-. 가까운) 것을 확인하였음.

나이테에 변재가 있음 : 벌채 연도 추정이 가능함

ㅇ 서랍 1, 2 연대기의 패턴을 비교하여 유물 연대기를 작성한 후 표준 연대기와 비교하여 절대 연도를 부여함.

Ⅱ. 유의성 및 수령별 평균 변재 나이테 수 자료

표준 연대기	t값	G값	평균 변재 나이테 수	
			수령 100년	수령 150년
a산 소나무	3.7	69 %	60 개	77 개
b산 소나무	3.2	60 %	58 개	65 개

통계적으로 유의성 있음

Ⅲ. 소나무 서랍장 유물 연대기 및 절대 연도 부여 자료

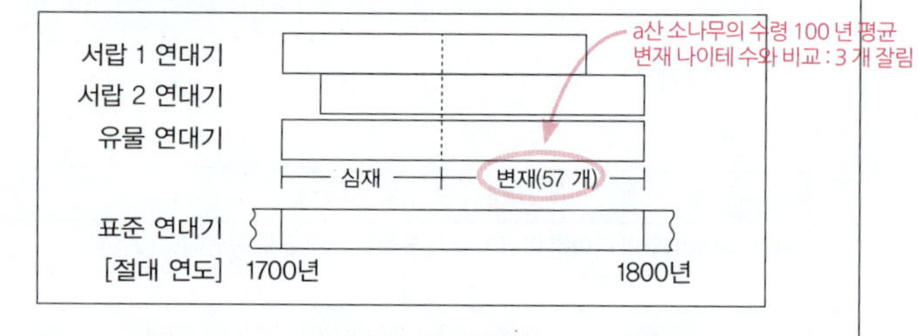

t값 3.7, G값 69 %

① t값과 G값을 고려할 때 표준 연대기는 a산 소나무의 연대기가 사용되었을 것이다.

근거 ❽-2 유물 연대기와 표준 연대기의 상관도를 나타내는 t값과 일치도를 나타내는 G값을 고려해야 하는데 100년 이상의 기간을 상호 비교할 때 t값은 3.5 이상, G값은 65 % 이상의 값을 가져야 통계적으로 유의성이 있는 것으로 간주된다.

풀이 서랍장의 유물 연대기와 비교 대상으로 사용할 표준 연대기를 정하기 위해서는 t값과 G값을 고려해야 하는데, t값은 3.5 이상, G값은 65 % 이상의 값을 가져야 통계적으로 유의성이 있다고 볼 수 있다. 〈보기〉에서 a산 소나무는 t값 3.7, G값 69 %로 통계적으로 유의성이 있다고 볼 수 있는 반면, b산 소나무는 t값 3.2, G값 60 %로 통계적 유의성이 있다고 볼 수 없다. 따라서 t값과 G값을 고려할 때 표준 연대기는 a산 소나무의 연대기가 사용되었을 것이다.

→ 적절함!

② 유물 연대기와 표준 연대기의 패턴이 중첩되는 기간은 1700년부터 1800년까지일 것이다.

근거 〈보기-Ⅲ〉

풀이 〈보기〉의 소나무 서랍장 유물 연대기 및 절대 연도 부여 자료를 살펴보면, 소나무 서랍장의 유물 연대기와 표준 연대기의 패턴이 중첩되는 기간은 1700년부터 1800년까지임을 알 수 있다.

→ 적절함!

1800년   1803년

✓③ 마지막 나이테의 절대 연도를 고려할 때 서랍장에 사용된 나무의 벌채 연도는 1802년일 것이다.

근거 ❾-2~5 유물의 나이테가 변재를 완전하게 갖고 있을 경우에는 마지막 나이테의 절대 연도가 벌채 연도가 된다. 하지만 변재의 바깥쪽 나이테 일부가 잘려 나갔다면 마지막 나이테의 절대 연도(1800년)에 잘려 나간 변재 나이테 수를 더한 값이 벌채 연도가 되는데 이때는 수령별 평균 변재 나이테 수(60 개)를 참고한다. 비슷한 수령의

나무가 갖는 평균 변재 나이테 수에서 유물에 남아 있는 변재 나이테 수(57 개)를 빼, 나무를 가공할 때 잘라 낸 변재 나이테 수를 구한다. 그리고 이를 마지막 나이테의 절대 연도에 더해 벌채 연도(1800 + 3)를 확정한다.

풀이 먼저 t값과 G값을 고려하였을 때, 소나무 서랍장의 유물 연대기와 비교할 표준 연대기는 a산 소나무의 표준 연대기가 사용되었을 것이다. a산 소나무의 표준 연대기와 소나무 서랍장 유물 연대기의 패턴을 비교하였을 때, 소나무 서랍장에 사용된 소나무의 절대 연도는 1700년부터 1800년까지이다. 이때 유물의 나이테가 변재를 완전하게 갖고 있을 경우에는 마지막 나이테의 절대 연도가 벌채 연도가 되지만, 변재의 나이테 일부가 잘려 나갔다면 마지막 나이테의 절대 연도에 잘려 나간 변재 나이테 수를 더한 값이 벌채 연도가 된다. 〈보기〉에서 소나무 서랍장의 변재 나이테 수는 57 개로, 비교 대상인 a산 소나무의 비슷한 수령(수령 100 년)의 나무가 갖는 평균 변재 나이테 수 즉 60 개와 비교해 보면 소나무 서랍장을 가공할 때 변재 나이테를 3 개 잘라낸 것을 확인할 수 있다. 따라서 소나무 서랍장 유물의 마지막 나이테의 절대 연도인 1800년에 잘라 낸 변재 나이테 수인 3을 더하여 서랍장에 사용된 나무의 벌채 연도가 1803년임을 알 수 있다.

→ 적절하지 않음!

60 개

④ **비슷한 수령의 소나무가 갖는 평균 변재 나이테 수를 참고하면 가공할 때 잘려 나간 변재 나이테 수는 3 개일 것이다.**

근거 ⑨-4~5 비슷한 수령의 나무가 갖는 평균 변재 나이테 수에서 유물에 남아 있는 변재 나이테 수를 빼, 나무를 가공할 때 잘라 낸 변재 나이테 수를 구한다. 그리고 이를 마지막 나이테의 절대 연도에 더해 벌채 연도를 확정한다.

풀이 〈보기〉에서 소나무 서랍장의 변재 나이테 수는 57 개로, 비교군인 a산 소나무의 비슷한 수령(수령 100 년)의 나무가 갖는 평균 변재 나이테 수, 즉 60 개와 비교해 보면 소나무 서랍장을 가공할 때 변재 나이테를 3 개 잘라낸 것을 확인할 수 있다. 참고로 〈보기〉에서 서랍 2의 바깥쪽 나이테가 거의 수피에 근접한 것을 확인했다고 하였으므로, 서랍 2는 1800년 이후 오래 살지 않았음을 알 수 있다. 따라서 수령 150 년이 아닌 수령 100 년의 나무가 비교군이 된다.

→ 적절함!

1~2 년

⑤ **벌채한 나무의 건조 기간을 고려하면 서랍장의 제작 연도는 1804년에서 1805년 사이일 것이다.**

근거 ⑨-6 벌채한 후 가공할 때까지 나무를 건조하는 일반적인 기간인 1~2 년을 더해 목제 유물의 제작 연도를 추정한다.

풀이 ③번 정답 풀이를 참조하여 소나무 서랍장에 사용된 나무의 벌채 연도가 1803년임을 알 수 있다. 목제 유물의 제작 연도는 벌채 후 가공까지 나무를 건조하는 일반적인 기간인 1~2 년을 더해 추정하므로, 벌채한 나무의 건조 기간을 고려하면 서랍장의 제작 연도는 1804년에서 1805년 사이일 것이다.

→ 적절함!

---

43 | 문맥적 의미 파악 - 적절하지 않은 것 고르기
정답률 70%, 매력적 오답 ② 20% | 정답 ③

ⓐ~ⓔ를 바꿔 쓴 것으로 적절하지 <u>않은</u> 것은?

ⓐ 규명하는   ⓑ 고사할   ⓒ 측정하면   ⓓ 보유하고   ⓔ 간주된다

① ⓐ : 밝히는
풀이 ⓐ에서 쓰인 '규명(糾 규명하다 규 明 밝히다 명)하다'는 '어떤 사실을 자세히 따져서 바로 밝히다'의 뜻이므로, ⓐ의 '규명하는'을 '밝히는'으로 바꿔 쓰는 것은 문맥상 적절하다.

→ 적절함!

② ⓑ : 말라 죽을
풀이 ⓑ에서 쓰인 '고사(枯 마르다 고 死 죽다 사)하다'는 '나무나 풀 따위가 말라 죽다'의 뜻이므로, ⓑ의 '고사할'을 '말라 죽을'로 바꿔 쓰는 것은 문맥상 적절하다.

→ 적절함!

③ ⓒ : 헤아리면
풀이 ⓒ에서 쓰인 '측정(測 재다 측 定 정하다 정)하다'는 '일정한 양을 기준으로 하여 같은 종류의 다른 양의 크기를 재다'의 의미이다. 한편 '헤아리다'는 '수량을 세다'의 의미로, ⓒ와 바꿔 쓸 경우 해당 문장의 의미가 달라진다. ⓒ는 '자, 저울 따위의 계기를 이용하여 길이, 너비, 높이, 깊이, 무게, 온도, 속도 따위의 정도를 알아보다'의 뜻을 지닌 '재다'로 바꿔 쓰는 것이 더 적절하다.

→ 적절하지 않음!

④ ⓓ : 가지고
풀이 ⓓ에서 쓰인 '보유(保 지키다 보 有 가지다 유)하다'는 '가지고 있거나 간직하고 있다'

의 뜻으로, '가지다'와 바꿔 써도 문맥상 의미가 달라지지 않는다. 따라서 ⓓ의 '보유하고'를 '가지고'로 바꿔 쓰는 것은 문맥상 적절하다.

→ 적절함!

⑤ ⓔ : 여겨진다
풀이 ⓔ에서 쓰인 '간주(看 보다 간 做 짓다 주)되다'는 '상태, 모양, 성질 따위가 그와 같다고 여겨지다'의 뜻으로, ⓔ의 '간주된다'를 '여겨진다'로 바꿔 쓰는 것은 문맥상 적절하다.

→ 적절함!

[44 ~ 45] 극 - 이미경, 「그게 아닌데」

• **중심 내용**

동물원을 탈출한 코끼리들이 선거 유세장을 엉망으로 만들자 조련사는 경찰서에 붙잡혀 와 조사를 받는다.

↓

코끼리들이 도망가려고 의논하는 소리를 들었다는 조련사의 말을 아무도 믿어 주지 않고, 각자의 생각대로 조련사가 말해 주기를 종용한다.

↓

형사, 의사, 어머니는 각자 자신의 의지가 관철되었다고 믿고, 진실을 인정받지 못한 조련사는 코끼리의 형상으로 변해 쇼를 시작한다.

• **전체 줄거리 ([ ] : 지문 내용)**

[어느 날 동물원에서 코끼리 다섯 마리가 탈출하여 도시를 엉망으로 만들고, 유력한 대선 후보의 선거 유세장을 아수라장으로 만든다. 선거 유세를 방해하기 위해 일부러 코끼리들을 풀어 줬다는 혐의로 경찰서에 붙잡혀 온 조련사는 코끼리들이 며칠 전부터 도망갈 조짐을 보였으며, 도망가려고 코끼리들이 의논하는 소리를 들었다는 말을 한다. 그러나 수사를 맡은 형사는 이 사건을 단순한 코끼리의 난동이 아닌, 상대 정당의 사주(남을 부추겨 좋지 않은 일을 시킴)를 받은 조련사가 대선 후보의 유세를 계획적으로 방해한 '정치적인 사건'으로 몰아간다.] 또한, 피의자 인권 보호 임무를 맡은 [의사는 조련사가 동물과의 성적 접촉을 통해 쾌감을 느끼는 성도착증 환자일 뿐 범죄 행위와는 무관하다는 주장을 편다. 한편, 조련사를 면회 온 그의 어머니 역시] 조련사가 어렸을 적부터 억압당하고 있는 동물이나 사람을 풀어 주는 것을 좋아했고, [이번 일도 묶여 있는 코끼리들이 안타까워 착한 마음에 풀어 준 것이며] 급기야는 아들이 일을 저지른 것은 감옥으로 가서 죄수들을 풀어 주기 위한 것이라는 주장까지 편다. 결국 조련사는 사실은 코끼리가 진짜 코끼리가 아니라 원래 사람이었고 예전의 가족과 애인을 만나려고 도망친 것이라고 하지만, 이마저도 아무도 귀담아듣지 않은 채 각자의 주장만을 막무가내로 관철시키려는 상황이 계속된다. 조련사는 결국 의사, 형사, 어머니가 각각 원하는 대답을 해 준다. [그러던 중 느닷없이 코끼리가 들어와 조련사에게 57621번째 코끼리가 된 걸 축하한다고 말한다. 조련사는 점차 코끼리의 형상으로 변해 가고, 마침내 코끼리가 된 조련사는 형사, 의사, 어머니 사이를 돌며 쇼를 시작한다.]

• **인물 관계도**

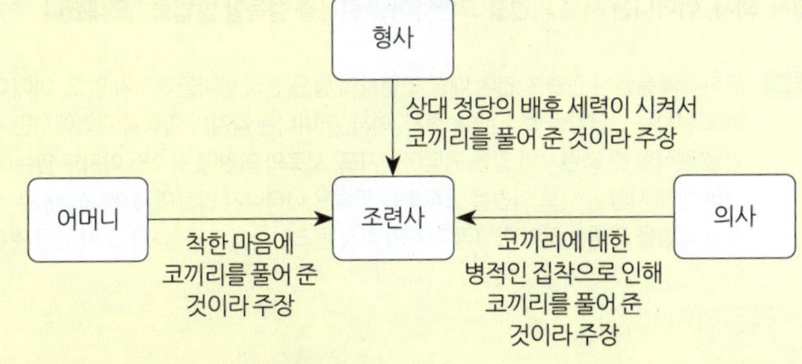

• **인물 간의 소통 양상과 코끼리의 상징성**

사건의 당사자인 '조련사'를 둘러싼 주변 인물인 '형사', '의사', '어머니'는 모두 당사자의 말은 전혀 듣지 않고 오로지 자신의 입장과 관점에서만 사안을 바라보고 해석한다. 이들과의 소통에 장벽을 느낀 '조련사'는 "그게 아닌데……."라는 말을 반복하며 정상적으로 소통이 되지 않는 상황에 대한 문제의식을 드러낸다. '코끼리'가 사실은 동물이 아니라 말이 통하지 않는 사회에 지쳐버린 사람들이란 점, '조련사' 역시 소통의 벽에 부딪혀 결국은 '코끼리'로 변해버렸다는 점에서 비현실적인 설정을 통해 진정한 소통이 이루어지지 않는 사회적 문제를 우화적 기법으로 지적한 작품으로 볼 수 있다.

→ 문제편 044쪽

---

44 | 내용 이해 – 적절하지 않은 것 고르기
정답률 70%
정답 ⑤

윗글을 이해한 내용으로 적절하지 않은 것은?

① 조련사는 코끼리들이 동물원에서 탈출하려는 모습을 보고도 *방관했다고 말했다.
*직접 나서지 않고 곁에서 보기만 했다고

근거 **조련사** 못 본 척 휘파람만 불었는데. 도망가라고. 가서 가족들 애인들 만나라고 일부러 못 본 척했는데.

풀이 조련사는 코끼리들이 동물원에서 탈출하려고 할 때 이를 알아차렸으나 일부러 못 본 척하며 이를 방관했다고 말했다.

→ 적절함!

② 형사는 조련사에게 *배후 세력의 지시를 받았다는 것을 인정하라고 **다그쳤다. *뒤에서 어떤 일이나 행동을 조종하는 세력 **몰아붙였다

근거 **형사** (담배를 비벼 끄고) 야, 인마! 나 똑바로 쳐다봐. 너 아까 시인했지? 시켜서 했다고. 그들(상대 정당의 배후 세력)이 널 1년 전부터 코끼리 조련에 투입했잖아.

풀이 형사는 조련사에게 배후 세력이 시켜서 코끼리들을 탈출시켰고 그들이 1년 전부터 계획적으로 조련사를 코끼리 조련에 투입시켰다는 점을 인정하라고 다그쳤다.

→ 적절함!

③ 어머니는 조련사가 한 행동의 원인을 조련사의 심리나 성품에서 찾았다.

근거 **어머니** 넌 그저 착한 마음에 코끼리들을 풀어 주고 싶었잖아. 네가 그랬잖니? 동물들이 밧줄에 묶여 있는 것 보면 마음이 아프다고. 꼭 네가 묶인 것처럼 마음이 아프다고.

풀이 어머니는 아들인 조련사가 밧줄에 묶여 있는 동물들의 모습에 마음이 아파 착한 마음에 코끼리들을 풀어 준 것이라며 조련사의 착한 성품에서 그의 행동의 원인을 찾고 있다.

→ 적절함!

④ 의사는 조련사의 말과 행동을 병과 연관 지어 해석했다.

근거 **의사** 코끼리를 사랑할 순 있지만 그건 병이에요.

풀이 의사는 조련사의 말과 행동을 코끼리를 사랑하는 병에서 비롯된 것으로 바라보고 있다.

→ 적절함!

서로 의견 교환 없이, 그저 각자의 주장을 조련사에게 관철시키려고만 했다
⑤ 형사, 의사, 어머니는 서로 의견을 교환하며 조련사를 설득할 방법을 *모색했다. *찾았다

풀이 코끼리의 동물원 탈출 사건에 대한 조련사의 말은 전혀 받아들여지지 않고, 이에 대해 조련사는 답답함을 호소한다. 형사, 의사, 어머니는 각자의 입장과 관점에서만 사안을 해석할 뿐 조련사의 말을 귀담아듣지도, 서로의 의견에 귀 기울이지도 않는다. 따라서 세 사람이 서로 의견을 교환하는 모습은 나타나지 않으며, 함께 조련사를 설득할 방법을 모색한 것이 아니라 각자의 주장을 조련사에게 관철시키고자 했을 뿐이다.

→ 적절하지 않음!

---

45 | 감상의 적절성 – 적절하지 않은 것 고르기
정답률 75%, 매력적 오답 ④ 10%
정답 ③

〈보기〉를 바탕으로 윗글을 감상한 내용으로 적절하지 않은 것은? [3점]

| 보기 |
[1] 이 작품은 사람들 사이의 소통 단절(흐름이 연속되지 아니함)의 문제를 조련사가 코끼리로 변해 가는 과정을 통해 상징적으로 나타낸다. [2] 조련사는 상대가 자신만의 논리(생

각)를 일방적으로 강요하는 것에 답답함과 무력감(스스로 힘이 없음을 알았을 때 드는 허탈하고 맥 빠진 듯한 느낌)을 느낀다. [3] 결국 조련사는 자기 생각을 버리고 타인의 의지에 맞추어 순응하는(따르는) 수동적인(스스로 움직이지 않고 다른 것의 작용을 받아 움직이는) 처지가 된다. [4] 조련사가 코끼리가 되는 결말은 그가 회복 불가능한 단절 상황에 놓이게 되었음을 의미한다.

① 조련사가 어머니의 손길을 피하고, 의사와 형사의 말을 외면하는 것에서 소통이 단절된 상황을 엿볼 수 있군.

근거 〈보기〉-1 이 작품은 사람들 사이의 소통 단절의 문제

지시문 어머니가 손수건을 꺼내 조련사를 닦아 주려 하나 조련사가 피한다. ~ 조련사가 외면한다.

풀이 조련사의 정황 설명을 어머니, 의사, 형사가 귀담아듣지 않고 자신들의 말만 하자 조련사는 손수건으로 자신을 닦아 주려는 어머니를 피하고, 의사와 형사의 말을 외면한다. 이를 통해 사람들 사이에 소통이 단절된 상황을 엿볼 수 있다.

→ 적절함!

② 조련사가 꽤 지쳐 있는 상태에서 자신이 했다는 말을 반복하는 것에서 소통이 어려운 상황에 대한 *자포자기의 심정을 엿볼 수 있군. *절망에 빠져 자신을 스스로 포기하고 돌아보지 아니함

근거 〈보기〉-2 조련사는 상대가 자신만의 논리를 일방적으로 강요하는 것에 답답함과 무력감을 느낀다.

조련사 (꽤 지쳐 있다) 내가 했는데. 다 내가 했는데.

풀이 상대가 자신만의 논리를 일방적으로 강요하는 것에 꽤 지쳐 있는 상태에서 조련사가 자신이 했다는 말을 반복하는 것은 소통이 되지 않는 상황에 대한 무력감, 자포자기의 심정이 반영된 것으로 이해할 수 있다.

→ 적절함!

✓**③ 조련사가 코끼리로 조금씩 변하면서 형사, 의사의 말에 미소를 짓는 것에서 소통이 단절된 상황에서 벗어났음을 엿볼 수 있군.**
그가 회복 불가능한 단절 상황에 놓이게 되었음을 알 수 있군

근거 〈보기〉-3~4 결국 조련사는 자기 생각을 버리고 타인의 의지에 맞추어 순응하는 수동적인 처지가 된다. 조련사가 코끼리가 되는 결말은 그가 회복 불가능한 단절 상황에 놓이게 되었음을 의미한다.

지시문 조련사가 편안한 미소를 지으며 오른손을 올려 이마에 경례를 붙인다./ 지시문 조련사가 행복한 미소를 지으며 감사의 인사를 정중하게 한다.

풀이 점차 코끼리로 변해 가던 조련사는 여전히 각자의 생각과 주장만을 말하고 있는 형사, 의사 앞에서 미소를 지으며 경례를 붙인다거나 정중히 감사 인사를 한다. 〈보기〉를 바탕으로 볼 때 이러한 조련사의 모습은 그가 회복 불가능한 단절 상황에 놓이게 되었음을 의미하는 것이다.

→ 적절하지 않음!

④ 조련사가 코끼리의 형상을 갖춘 뒤 형사, 의사, 어머니가 결의에 찬 박수를 치는 것에서 자신들의 의지가 관철된 만족감을 엿볼 수 있군.

근거 〈보기〉-3 결국 조련사는 자기 생각을 버리고 타인의 의지에 맞추어 순응하는 수동적인 처지가 된다.

지시문 조련사는 코끼리와 똑같은 형상을 갖췄다./ 지시문 형사, 의사, 어머니는 자신의 의지가 관철된 듯, 결의에 찬 박수를 친다.

풀이 〈보기〉를 바탕으로 볼 때 조련사가 코끼리가 되는 것은 자기 생각을 버리고 타인의 의지에 맞추어 순응하는 수동적인 처지가 되는 것을 의미한다. 따라서 코끼리와 똑같은 형상을 갖춘 조련사 앞에서 자신의 의지가 관철된 듯, 결의에 찬 박수를 치는 형사, 의사, 어머니의 모습에서는 자신들의 생각대로 목적을 이룬 만족감을 엿볼 수 있다.

→ 적절함!

⑤ 조련사가 코끼리가 되어 형사, 의사, 어머니 사이를 돌며 쇼를 하는 것에서 동물원의 코끼리와 다를 바 없는 수동적인 처지로 *전락했음을 엿볼 수 있군. *나쁜 상태에 빠졌음

근거 〈보기〉-3~4 결국 조련사는 자기 생각을 버리고 타인의 의지에 맞추어 순응하는 수동적인 처지가 된다. 조련사가 코끼리가 되는 결말은 그가 회복 불가능한 단절 상황에 놓이게 되었음을 의미한다.

지시문 조련사는 코끼리와 똑같은 형상을 갖췄다./ 지시문 조련사와 코끼리는 형사, 의사, 어머니 사이를 돌며 쇼를 시작한다.

풀이 〈보기〉에 따르면 조련사가 코끼리로 변한 것은 자기 생각을 버리고 타인의 의지에 맞추어 순응하는 수동적인 처지가 된 것을 의미한다. 따라서 코끼리가 된 조련사가 형사, 의사, 어머니 사이를 돌며 쇼를 시작하는 것은 그가 동물원의 코끼리들과 다를 바 없는 수동적인 처지로 전락해 버렸음을 의미한다고 볼 수 있다.

→ 적절함!

3회 정답과 해설

2025년 3월 학평

문제편 p.047

★ 3회 모의고사 특징

✓ 적절한 난이도로 출제되었음.

✓ 화법과 작문은 전형적인 유형의 문항으로 평이하게 출제되었음. 작문에서 글쓰기 방식을 묻는 8번 문제의 오답률이 높은 편이었음.

✓ 언어의 경우 평이한 난이도로 출제되었음. 보조 용언, 의미 자질, 사이시옷 표기 등 기본적인 문법 개념에 대한 정확한 이해와 이를 구체적인 예문에 적용하는 능력이 요구되었음.

✓ 독서는 난도가 높은 편이었음. 특히 인문과 경제가 결합된 주제 통합 지문은 독해에 어려움을 겪었을 것으로 예상됨. 두 관점을 비교하는 20번 문제의 오답률이 압도적으로 높았음. 광합성을 다룬 과학 지문도 정보량이 많은 편이었음. 문제로는 <보기>의 그림과 관련지어 지문의 내용을 파악해야 하는 33번 문제의 변별력이 높았음. 법 관련 사회 지문에서는 사례에 적용하는 37번의 오답률이 가장 높았음.

✓ 문학의 경우에도 난도가 꽤 높았음. 고전소설은 <보기>를 바탕으로 작품을 감상하는 45번 문제의 경우 지문과 선지를 꼼꼼히 읽어야 해서 난도가 높았음. 또한 내용의 정확한 이해를 요구하는 43번, 인물의 말하기 방식을 비교하는 44번 모두 오답률이 높아 문제 풀이에 시간이 꽤 소요되었을 것임. 갈래 복합에서는 고전수필의 내용을 이해하기가 까다로웠을 것임. 특히 구절의 의미를 파악하는 40번의 오답률이 높았음. 현대소설은 지문 자체는 어렵지 않았으나, 등장인물을 비교하는 24번 문제, 내용 이해 문제인 23번 문제가 변별력이 있었음. 현대시는 평이한 수준으로 출제되었음.

오답률 TOP ❺

문항 번호	20	33	40	45	44
분류	독서 인문	독서 과학	문학 갈래 복합	문학 고전소설	문학 고전소설
난도	최상	상	상	상	상

✓ 정답표

01	③	02	①	03	②	04	④	05	④
06	②	07	①	08	③	09	⑤	10	③
11	⑤	12	①	13	⑤	14	①	15	②
16	④	17	②	18	⑤	19	②	20	②
21	⑤	22	②	23	①	24	②	25	⑤
26	④	27	②	28	②	29	③	30	③
31	②	32	⑤	33	④	34	⑤	35	③
36	⑤	37	②	38	③	39	①	40	③
41	①	42	⑤	43	②	44	④	45	④

[01~03] 발표

01 말하기 방식 - 적절하지 않은 것 고르기
정답률 85%   정답 ③

위 발표에 대한 설명으로 적절하지 않은 것은?

① 청중의 경험을 환기하여 관심을 유도하고 있다.
> **근거** ❶문단 어릴 적 종이비행기를 접어 하늘 높이 신나게 날렸던 경험, 다들 있으시죠?
> → 적절함!

② *비언어적 표현을 활용하여 전달 효과를 높이고 있다. *몸짓, 표정, 시선, 침묵 등으로 자신의 생각과 느낌을 나타내는 것
> **근거** ❷문단 (자료 1을 가리키며)
> ❸문단 (자료 1을 가리키며)
> ❸문단 (양팔을 벌려 Y자 모양을 취하며)
> ❸문단 (자료 2를 가리키며)
> → 적절함!

(우측 단)

③ 질문을 던져 청중의 내용 이해 정도를 점검하고 있다.
> **풀이** 발표자가 청중이 발표 내용을 어느 정도 이해했는지 점검하기 위해 질문을 던지는 부분은 나타나지 않는다.
> → 적절하지 않음!

④ 청중이 궁금해하는 점에 대해 추가 정보를 제시하고 있다.
> **근거** ❹문단 (청중의 질문을 듣고) 종이비행기 날리기 대회에 다른 종목은 없느냐고요? 멀리 날리기 종목과 곡예 비행 종목 등이 있습니다.
> → 적절함!

⑤ 청중에게 발표에서 얻은 정보를 활용할 것을 권유하고 있다.
> **근거** ❺문단 오늘 발표 내용을 참고해서 나만의 종이비행기를 만들어 끝없는 상상력과 도전 정신을 펼쳐 보세요.
> → 적절함!

02 자료 활용 방식 - 적절한 것 고르기
정답률 85%   정답 ①

다음은 발표자가 제시한 자료이다. 발표자의 자료 활용에 대한 설명으로 가장 적절한 것은?

① [자료 1]을 활용하여 비행시간을 늘릴 수 있는 방법을 제시하고 있다.
> **근거** ❶문단 오늘은 … 어떻게 접어야 비행기를 더 오래 날릴 수 있는지 알아보겠습니다.
> ❷문단 첫 번째 비밀은, (자료 1을 가리키며) 이렇게 날개 면적을 넓히는 것입니다.
> ❷문단 날개 면적이 넓으면 날개와 접촉하는 공기량이 많아져 더 큰 양력이 생기는데, 이로 인해 종이비행기가 공중에 더 오래 떠 있을 수 있습니다.
> **풀이** 발표자는 종이비행기의 비행시간을 늘릴 수 있는 방법 중 날개 면적과 관련된 내용을 제시하기 위해 [자료 1]을 활용하고 있다.

03 듣기 전략 - 적절하지 않은 것 고르기
정답률 90%   정답 ②

다음은 발표를 들으며 학생이 정리한 내용의 일부이다. ㄱ ~ ㅁ 중 적절하지 않은 것은?

② ㄴ: 날개 끝을 위로 접기 → 양력 감소   (소용돌이)
> **근거** ❸문단 종이비행기가 오래 날려면 … 날개 끝부분을 위로 접으면 소용돌이가 줄어들어 좌우 균형을 더 잘 유지할 수 있습니다.
> **풀이** 발표자의 설명에 따르면 날개 끝을 위로 접으면 소용돌이가 줄어들어 좌우 균형을 더 잘 유지할 수 있다. 날개 끝을 위로 접으면 양력이 감소한다는 내용은 나타나지 않는다.

[04~07] (가) 회의 (나) 조언하는 글

04 사회자의 역할 - 적절하지 않은 것 고르기
정답률 90%   정답 ④

'동아리 부장'의 말하기에 대한 설명으로 적절하지 않은 것은?

① 회의 참여자에게 회의의 목적을 *상기시키고 있다. *돌이켜 생각나게 하고
> **근거** (가) 동아리 부장 오늘은 학생들의 고민에 대해 조언하는 글을 동아리 소식지에 싣기 위해 회의하기로 했잖아.
> → 적절함!

② 회의 참여자의 발언 내용을 요약해 정리하고 있다.
> **근거** (가) 동아리 부장 정리하면, 진로나 진학과 관련된 정보는 '커리어넷'과 '어디가'를 참고하면 된다는 거구나.
> → 적절함!

③ 회의 참여자에게 이어서 논의할 내용을 제안하고 있다.
> **근거** (가) 동아리 부장 진로, 학업 이외에 다룰 만한 사연이 또 있을까? 친구 관계와 관련된 고민도 많던데, 이에 대해 다뤄 보는 것은 어떻게 생각해?
> → 적절함!

④ 회의의 결과에 대한 회의 참여자의 소감을 묻고 있다.
> **풀이** 동아리 부장이 회의의 결과에 대한 회의 참여자의 소감을 묻는 부분은 나타나지 않는다.
> → 적절하지 않음!

⑤ 다음 회의의 화제를 예고하며 회의를 마무리하고 있다.
> 근거 **(가) 동아리 부장** 다음 회의 때는 내가 쓴 글을 읽고 같이 고쳐 보자.
> → 적절함!

> ■ 진로나 진학 관련 정보를 얻을 수 있는 누리집
> 1. 커리어넷 : https://www.career.go.kr/cloud/w/main/home
> '커리어넷'은 진로 탐색과 취업 준비를 도와주는 누리집으로, 적성 검사부터 진도 상담까지 스스로 진단할 수 있는 다양한 도구를 제공하고 있다.
> 2. 어디가 : https://www.adiga.kr/man/inf/mainView.do?menuId=PCMANINF1000
> '어디가'는 한국대학교육협의회에서 만든 누리집으로, 각 대학교의 입학 전형, 경쟁률, 각 학년도 입시 결과를 제공하고 있다.

---

05 의사소통 방식 - 적절한 것 고르기
정답률 90% 정답 ④

[A]에 나타난 회의 참여자의 말하기에 대한 설명으로 가장 적절한 것은?

④ '부원 2'는 '부원 3'의 설명을 듣고 자신의 기존 생각이 바뀌게 되었음을 언급하고 있다.
> 근거 **[A] (가) 부원 2** 내 생각에 이미 멀어진 친구와 진솔한 대화를 하는 건 어려운 일인 것 같은데.
> **[A] (가) 부원 3** 친구를 비난하지 않고 자신의 감정을 표현하면 가능할 것 같아. 친구와 관계가 멀어져서 속상하고, 친구의 생각도 듣고 싶다고 대화를 시작하는 거지.
> **[A] (가) 부원 2** 그렇구나. 멀어진 친구와 대화하는 것이 어렵겠다고 생각했는데 (부원 2'의 기존 생각) 네 말대로 하면 어렵지 않게 서로의 마음을 열고 대화를 시작할 수 있겠다. (기존 생각이 바뀌게 되었음을 언급)

---

06 작문 계획의 반영 - 적절하지 않은 것 고르기
정답률 85%, 매력적 오답 ③ 10% 정답 ②

(가)에서 언급된 회의 내용을 바탕으로 '동아리 부장'이 세운 글쓰기 계획 중 (나)에 반영되지 않은 것은?

② 동아리 부원의 진로 탐색 경험과 유사한 또 다른 사연을 추가로 수집해 제시해야겠어.
> 근거 **(가) 부원 3** 혹시 '커리어넷' 들어 봤어? 난 우리 반 담임 선생님을 통해서 알게 되었는데 다양한 진로와 관련된 정보들이 많더라고.
> **(가) 부원 1** 나는 선배들을 통해 '어디가'라는 진학 관련 누리집을 알게 되었는데 거기에도 도움이 되는 정보들이 꽤 많아.
> **(나) ❷문단** 어떤 진로를 선택해야 할지 막연한 경우가 많습니다. 그럴 때는 〈커리어넷〉에 접속하여 진로 심리 검사를 받아 보고, … 진학 정보는 〈어디가〉에 있으니 접속해 보면 도움이 될 거예요.
> **(가) 부원 2** 하루에 할 수 있는 만큼으로 목표를 작게 쪼개 보았어. 매일 작은 **성취감**(목적한 바를 이루었다는 느낌)을 느끼며 꾸준히 노력하다 보니 어느 순간 내 실력도 목표한 만큼 늘어 있더라.
> 풀이 (나)에는 진로를 찾는 과정이 어렵고 막막한 학생들을 위해 '커리어넷'과 '어디가'를 이용한 진로 탐색 방법을 소개하고 있다. (나)에서 동아리 부원의 진로 탐색 경험과 유사한 또 다른 사연을 추가로 수집해 제시하고 있지는 않다. 참고로 (가)에서 '부원 2'의 이야기는 진로 탐색 경험이 아니라 학업 정체기를 극복한 경험이다.

> 매력적 오답
> ③ 학습의 어려움을 극복한 동아리 부원의 발언을 *관용 표현을 활용하여 제시해야겠어. *둘 이상의 낱말이 합쳐져서 원래의 뜻과는 다른 새로운 뜻으로 쓰이는 표현, 속담, 격언, 한자 성어 등
> > 근거 **(가) 부원 2** 하루에 할 수 있는 만큼으로 목표를 작게 쪼개 보았어. 매일 작은 성취감을 느끼며 꾸준히 노력하다 보니 어느 순간 내 실력도 목표한 만큼 늘어 있더라.
> > **(가) 부원 2** 뭔가를 성취하기 전에는 정체기가 와 힘들다면데.
> > **(나) ❸문단** '동트기 전 새벽이 제일 어둡다.'라는 말을 들어 본 적 있나요?
> > 풀이 (가)에서는 학습의 어려움을 극복한 동아리 부원인 '부원 2'가 '뭔가를 성취하기 전에는 정체기가 와 힘들다'는 발언을 하고 있다. (나)에서는 이 발언이 '동트기 전 새벽이 제일 어둡다'는 관용 표현을 활용하여 제시되고 있다.

> ■ '동트기 전 새벽이 제일 어둡다'
> "It's Always Darkest Before the Dawn"
> 이 표현은 19세기 영국 문헌에 처음 기록된 것으로, 도서나 음악에 관용구처럼 많이 쓰이고 있다. 힘든 상황을 겪고 있는 사람들에게 위로와 희망을 주는 메시지 역

(우측 단)

할을 한다. 이와 비슷한 우리말 관용 표현으로는 '비 온 뒤에 땅이 굳어진다'와 '고진감래(苦盡甘來 : 고생 끝에 즐거움이 온다)' 등이 있다.

---

07 자료 활용 방안 - 적절한 것 고르기
정답률 95% 정답 ①

다음은 (나)를 보완하기 위해 추가로 수집한 자료이다. 자료의 활용 방안으로 가장 적절한 것은? [3점]

① 호기심을 가지고 다양한 경험을 하다 보면 자신과 맞는 진로를 선택할 기회를 우연히 얻을 수 있다는 내용을 추가한다.
> 근거 **(나) ❷문단** 자신의 적성이나 흥미가 무엇인지 잘 몰라서 어떤 진로를 선택해야 할지 막연한 경우가 많습니다.
> 풀이 추가로 수집된 자료는 새로운 것에 관심을 가지면 여러 가지 시도를 하는 과정에서 우연히 삶의 방향을 선택하는 기회가 찾아올 수 있다는 신문 칼럼이다. 이를 활용하여, (나)의 진로 탐색과 관련된 조언에서 호기심을 가지고 다양한 경험을 하다 보면 자신과 맞는 진로를 선택할 기회를 우연히 얻을 수 있다는 내용을 추가할 수 있다.

[08~10] 정서를 표현하는 글

1등급 문제

08 작문 전략 - 적절하지 않은 것 고르기
정답률 55%, 매력적 오답 ④ 25% 정답 ③

'학생의 초고'에 활용된 글쓰기 방식으로 적절하지 않은 것은?

① *일화를 제시하여 독자의 흥미를 유발하고 있다. *세상에 널리 알려지지 아니한 흥미 있는 이야기
> 풀이 엄마가 남기신 메모, 중학생 때 쓴 수첩이나 메모 등에 남은 일화를 제시하여 독자의 흥미를 유발하고 있다.
> → 적절함!

② *직유법을 사용하여 내면 심리를 묘사하고 있다. *비슷한 성질이나 모양을 가진 두 사물을 '같이', '처럼', '듯이'와 같은 연결어로 결합하여 직접 비유하는 수사법
> 근거 **[학생의 초고] ❹문단** 파도처럼 요동치던 나의 마음은, 메모를 하며 햇살에 반짝이는 푸른 물결같이 잔잔해질 수 있었던 것이다.
> → 적절함!

③ *감정을 이입하여 자연과의 **일체감을 드러내고 있다. *자신이 느끼는 감정을 다른 대상도 느끼는 것처럼 표현하여 **어우러져 하나로 되는 감정
> 풀이 학생의 초고에 감정을 이입하여 자연과의 일체감을 드러내는 부분은 찾아볼 수 없다.
> → 적절하지 않음!

> ■ 감정 이입
> 추성 진호루 밖에 울어 예는 저 시내야(추성의 진호루 밖에서 울며 흐르는 저 시내야)
> → '임'을 향한 화자의 충성스러운 마음을 알아주지 않아 슬퍼하는 감정을 '시내'에 이입하고 있다.

④ *의태어를 사용하여 경험을 생생하게 드러내고 있다. *사람이나 사물의 모양이나 움직임을 흉내 낸 말
> 근거 **[학생의 초고] ❶문단** 눈물이 핑 돌았다.
> **[학생의 초고] ❸문단** 손가락이 퉁퉁 부르틀 때까지 우쿨렐레 연주를 연습했던 기억이 떠올랐다.
> 풀이 학생은 '갑자기 눈물이 글썽해지는 모양'을 나타내는 '핑'과 '물체의 한 부분이 붓거나 부풀어서 두드러져 있는 모양'을 나타내는 '퉁퉁'을 활용하여 자신의 경험을 생생하게 드러내고 있다.
> → 적절함!

⑤ *색채어를 사용하여 소재를 감각적으로 표현하고 있다. *빛깔을 나타내는 말
> 근거 **[학생의 초고] ❶문단** 끄트머리가 누렇게 변한 책자
> **[학생의 초고] ❹문단** 햇살에 반짝이는 푸른 물결
> → 적절함!

09 | 작문 계획의 반영 - 적절하지 않은 것 고르기
정답률 90% | 정답 ⑤

다음은 학생이 초고를 쓰기 전에 구상한 내용을 정리한 것이 다. ㄱ~ㅁ 중 '학생의 초고'에 반영되지 않은 것은?

① ㄱ : 엄마의 메모를 발견함.
근거 [학생의 초고] **❶**문단 엄마의 메모가 눈에 띄었다.
→ 적절함!

② ㄴ : 일정을 잘 다룰 수 있을 것 같은 자신감이 생김.
근거 [학생의 초고] **❷**문단 '오늘, 도서관 책 반납(도로 돌려줌)' 같은 간단한 일정부터 여행 같은 긴 일정까지 하나하나 메모로 써 놓고 보면 앞으로의 일정들을 모두 잘 해낼 수 있을 것 같은 자신감이 샘솟고는 했다.
→ 적절함!

③ ㄷ : 메모를 통해 추억을 되돌아 본 일.
근거 [학생의 초고] **❸**문단 일상 속 소중한 추억도 짤막한 메모로 남아 있었다.
→ 적절함!

④ ㄹ : 연습으로 발전해 온 나에게 기특함을 느낌.
근거 [학생의 초고] **❸**문단 수많은 연습 끝에 곡을 완벽히 연주했을 때의 뿌듯함이 되살아났다. 이렇게 … 발전해 온 나의 모습을 되돌아보니 나 자신이 기특하게 여겨졌다.
→ 적절함!

⑤ ㅁ : 내 감정을 헤아려 준 동생에게 고마움을 느낌.
근거 [학생의 초고] **❹**문단 그때 메모를 적으면서, 나는 동생의 입장을 헤아려 볼 수 있었고, 내 감정에만 매몰되지는(파묻히지는) 않았는지 되돌아 보며 마음이 차분해지는 기분을 느꼈다.
풀이 학생의 초고에는 동생이 내 감정을 헤아려 주었다는 내용이나 동생에게 고마움을 느꼈다는 내용은 나타나지 않는다.

→ 적절하지 않음!

10 | 조건에 따른 표현 - 적절한 것 고르기
정답률 80% | 정답 ③

〈보기〉는 '학생의 초고'를 읽은 선생님의 조언이다. 이를 반영하여 초고에 추가할 내용으로 가장 적절한 것은? [3점]

③ 메모는 *도란도란 이야기하며 함께 커 가는 내 삶의 소중한 짝꿍이다. *여럿이 나직한 목소리로 서로 정답게 이야기하는 소리
근거 [학생의 초고] **❺**문단 책장 한 칸을 차지한 수첩들에 적힌 메모에는 하루하루 나아지는 나의 모습들이 가득 차 있다. 지금도 메모들은 계속해서 쌓이고 있다.
풀이 '메모'를 '내 삶의 소중한 짝꿍'으로 표현한 데서 의인법이 사용되었다. 또한 메모에 하루하루 나아지는 나의 모습들이 가득 차 있다는 마지막 문단의 맥락을 고려하여, 메모를 나와 함께 커 가는 대상으로 메모가 나에게 주는 의미를 표현하고 있다.

[11~12] 언어 - 본용언과 보조 용언

¹본용언은 문장의 주어를 주되게(중심이 되게) 서술하는 용언이고, 보조 용언은 본용언의 의미를 보충하는 용언이다. ²보조 용언은 홀로 서술어로 쓰일 수 없으며, 본용언의 뒤에 위치하여 본용언만으로는 나타내기 어려운 의미를 덧붙인다.

ㄱ. 나는 그녀의 그림을 보고 싶다.
ㄴ. 그녀가 사과를 한번 먹어 보다.

³위에서 ㄱ의 '보다'와 ㄴ의 '먹다'는 주어의 특정한 행위를 주되게 서술하는 본용언이고, ㄱ의 '싶다'는 희망의 의미를 덧붙이는, ㄴ의 '보다'는 시도의 의미를 덧붙이는 보조 용언이다. ⁴'보다'는 본용언과 보조 용언으로 모두 쓰일 수 있는 용언으로, 문장에서 그 쓰임을 잘 구별해서 이해해야 전달하고자 하는 의미를 정확하게 파악할 수 있다. ⁵본용언과 보조 용언은 위의 예에서 알 수 있듯이 의미를 기준으로 구별할 수 있으며, 다음과 같은 방법으로도 구별할 수 있다. ⁶본용언과 보조 용언 사이에는 다른 문장 성분을 넣거나, 행위나 작용의 선후(먼저와 나중) 관계를 나타내는 연결 어미인

'-아서/어서', '-고서'를 붙이면 문장의 흐름이 자연스럽지 않다. ⁷예를 들어 ㄴ의 '먹어 보다'에 '먹어 아주 보다'와 같이 부사어를 넣거나 '먹어서 보다'나 '먹고서 보다'와 같이 연결 어미를 붙이면 보조 용언을 통하여 전달하고자 하는 의미가 제대로 파악되지 않는다.

11 | 보조 용언의 이해 - 적절한 것 고르기
정답률 90% | 정답 ⑤

윗글을 통해 알 수 있는 내용으로 적절한 것은?

① 보조 용언만으로 서술어를 구성할 수 있다. (없다)
근거 **2** 보조 용언은 홀로 서술어로 쓰일 수 없으며,
→ 적절하지 않음!

② 보조 용언의 바로 앞에 부사어가 올 수 있다. (없다)
근거 **7** (보조 용언 앞에) 부사어를 넣거나 … 보조 용언을 통하여 전달하고자 하는 의미가 제대로 파악되지 않는다.
→ 적절하지 않음!

③ 보조 용언은 본용언의 의미를 *대체할 수 있다. (없다) (*대신할)
근거 **1** 보조 용언은 본용언의 의미를 보충하는 용언이다.
→ 적절하지 않음!

④ 보조 용언은 본용언 앞에 위치하여 의미를 덧붙인다. (뒤에)
근거 **2** 보조 용언은 … 본용언의 뒤에 위치하여 본용언만으로는 나타내기 어려운 의미를 덧붙인다.
→ 적절하지 않음!

⑤ 본용언과 보조 용언으로 모두 쓰이는 용언이 존재한다.
근거 **4** '보다'는 본용언과 보조 용언으로 모두 쓰일 수 있는 용언
→ 적절함!

12 | 본용언과 보조 용언의 구별 - 적절하지 않은 것 고르기
정답률 75% | 정답 ①

윗글을 참고하여 ㉠ ~ ㉤을 이해한 것으로 적절하지 않은 것은?

○ 거리에 많은 사람들이 ㉠오고 가다.
○ 이번 생일에는 선물을 ㉡받고 싶다.
○ 새로운 가수의 노래를 ㉢들어 보다.
○ 친구가 아프니까 곁에 ㉣남아 주다.
○ 날씨가 더워서 창문을 ㉤열어 놓다.

① ㉠의 '가다'는 본용언에 진행의 의미를 덧붙이므로 보조 용언으로 볼 수 있군.
근거 **3** 주어의 특정한 행위를 주되게 서술하는 본용언
풀이 ㉠이 포함된 문장은 '거리에 많은 사람들이 가고자 하는 곳에 이르고 다른 곳으로 장소를 이동하다'의 의미이다. ㉠의 '가다'는 '한곳에서 다른 곳으로 장소를 이동하다'라는 의미를 나타내어 주어의 행위를 주되게 서술하므로, 보조 용언이 아닌 본용언이다.
→ 적절하지 않음!

② ㉡의 '싶다'는 본용언에 희망의 의미를 덧붙이므로 보조 용언으로 볼 수 있군.
근거 **3** '싶다'는 희망의 의미를 덧붙이는, … 보조 용언이다.
풀이 ㉡의 '싶다'는 본용언 '받다'가 뜻하는 행동을 하고자 하는 마음이나 욕구를 갖고 있음을 나타내는 보조 용언이다.
→ 적절함!

③ ㉢의 '보다'는 본용언에 시도의 의미를 덧붙이므로 보조 용언으로 볼 수 있군.
근거 **3** '보다'는 시도의 의미를 덧붙이는 보조 용언이다.
풀이 ㉢의 '보다'는 본용언 '듣다'가 뜻하는 행동을 시험 삼아 함을 나타내는 보조 용언이다.
→ 적절함!

④ ㉣에서 '남아'를 '남아서'로 바꾸어 쓰면 자연스럽지 않으므로 ㉣의 '주다'는 보조 용언으로 볼 수 있군.

→ 문제편 **050쪽**

근거 **6** 본용언과 보조 용언 사이에는 … 행위나 작용의 선후 관계를 나타내는 연결 어미인 '-아서/어서', '-고서'를 붙이면 문장의 흐름이 자연스럽지 않다.

풀이 ⓓ이 포함된 문장을 '친구가 아프니까 곁에 남아서 주다'로 바꾸면 문장의 흐름이 자연스럽지 않으므로 ⓓ의 '주다'는 보조 용언이다. 참고로 ⓓ의 '주다'는 '남다'가 뜻하는 행동이 다른 사람을 위한 행동이라는 의미를 덧붙인다.

→ 적절함!

⑤ ⓔ에서 '열어'와 '놓다' 사이에 '아주'를 넣으면 자연스럽지 않으므로 ⓔ의 '놓다'는 보조 용언으로 볼 수 있군.

근거 **6** 본용언과 보조 용언 사이에는 다른 문장 성분을 넣거나, … 문장의 흐름이 자연스럽지 않다.

풀이 ⓔ이 포함된 문장을 '날씨가 더워서 창문을 열어 아주 놓다'로 바꾸면 문장의 흐름이 자연스럽지 않으므로 ⓔ의 '놓다'는 보조 용언이다. 참고로 ⓔ의 '놓다'는 '열다'가 뜻하는 행동을 끝내고 그 결과를 유지한다는 의미를 덧붙인다.

→ 적절함!

---

13 단어의 의미 자질 - 적절하지 않은 것 고르기
정답률 75% | 정답 ⑤

〈보기〉에서 제시된 단어의 의미 자질을 분석한 결과로 적절하지 <u>않은</u> 것은?

| 보기 |

의미 자질이란 하나의 단어를 이루는 의미 구성 요소를 말한다. 대립되는 의미 자질은 [+], [-]의 형식으로 표현할 수 있다. 의미 자질을 분석하면 의미 관계 파악이 가능하다.
상하 관계에서 하의어는 상의어보다 구체적인 의미를 가지므로, 상의어의 의미 자질을 모두 가지며 상의어보다 의미 자질이 하나 이상 많다. 반의 관계에 있는 단어들은 하나의 의미 자질만 대립되고 나머지 의미 자질은 동일하다.

단어	의미 자질
사람	[+ 인간]
여자	[+ 인간], [+ 여성]
숙녀	[+ 인간], [+ 여성], [+ 성숙]
신사	[+ 인간], [- 여성], [+ 성숙]
소녀	[+ 인간], [+ 여성], [- 성인]

① '사람'의 의미 자질이 '숙녀'의 의미 자질에 포함되므로 '사람'은 '숙녀'의 상의어이다.
풀이 '사람'의 의미 자질이 '숙녀'의 의미 자질에 포함되고, '숙녀'의 의미 자질보다 하나 이상 적으므로 '사람'은 '숙녀'의 상의어이다.
→ 적절함!

② '여자'의 의미 자질은 '사람'의 의미 자질에 [+ 여성]을 더 갖고 있으므로 '여자'는 '사람'의 하의어이다.
풀이 '여자'의 의미 자질이 '사람'의 의미 자질을 포함하고, '사람'의 의미 자질에 [+ 여성]이라는 하나의 의미 자질을 더 갖고 있으므로 '여자'는 '사람'의 하의어이다.
→ 적절함!

③ '소녀'는 '여자'보다 구체적인 의미를 가지므로 의미 자질의 개수가 '여자'보다 많다.
풀이 '소녀'의 의미 자질이 '여자'의 의미 자질을 포함하고, '여자'의 의미 자질에 [- 성인]이라는 하나의 의미 자질을 더 갖고 있으므로 '소녀'는 '여자'의 하의어이다. 이때 하의어인 '소녀'는 상의어인 '여자'보다 구체적인 의미를 가지면서 의미 자질의 개수가 더 많다.
→ 적절함!

④ '신사'는 '숙녀'와 하나의 의미 자질만 대립을 이루고, 나머지 의미 자질은 같으므로 '숙녀'와 반의 관계에 있다.
풀이 '신사'와 '숙녀'는 각각 [- 여성], [+ 여성]이라는 하나의 의미 자질만 대립되고 나머지 의미 자질은 동일하므로 반의 관계에 있는 단어이다.
→ 적절함!

'사람'의 의미 자질을 모두 가지며 '사람'보다 의미 자질이 하나 이상 많으므로
⑤ '소녀'는 '사람'과 두 개의 의미 자질이 대립을 이루므로 '사람'과 상하 관계에 있다.
풀이 '소녀'의 의미 자질이 '사람'의 의미 자질을 포함하고, '사람'의 의미 자질에 [+ 여성]과 [- 성인]이라는 두 개의 의미 자질을 더 갖고 있다. 따라서 '소녀'는 '사람'의 하의어이고 '사람'은 '소녀'의 상의어이다.
→ 적절하지 않음!

---

14 재귀 대명사 - 적절하지 않은 것 고르기
정답률 85% | 정답 ①

〈보기〉의 밑줄 친 단어에 대한 설명으로 적절하지 <u>않은</u> 것은?

| 보기 |

재귀 대명사는 문장 내에서 앞에 나온 체언을 다시 나타내는 3인칭 대명사로, '저', '저희', '자기', '당신' 등이 있다. 한편 명사 '스스로', '서로'는 재귀 대명사처럼 쓰이기도 한다.

ㄱ. 정우는 동생에게 자기 사탕을 주었다.
ㄴ. 막내는 엄마에게 저도 모르게 달려갔다.
ㄷ. 아이들은 선생님 몰래 저희끼리 속삭였다.
ㄹ. 할머니께서는 손님을 당신께서 직접 맞이하셨다.
ㅁ. 신입생에게 선배들 스스로가 모범을 보여야 한다.

'정우'를
① ㄱ : '자기'는 '동생'을 나타내는 재귀 대명사이다.
풀이 문맥상 '사탕'의 주인은 '정우'이다. ㄱ의 '자기'는 앞에 나온 체언 '정우'를 다시 나타내기 위해 쓰인 재귀 대명사이다.
→ 적절하지 않음!

② ㄴ : '저'는 '막내'를 나타내는 재귀 대명사이다.
풀이 문맥상 '달려갔다'의 주체는 '막내'이다. ㄴ의 '저'는 앞서 나온 체언 '막내'를 다시 나타내기 위해 쓰인 재귀 대명사이다.
→ 적절함!

③ ㄷ : '저희'는 '아이들'을 나타내는 재귀 대명사이다.
풀이 문맥상 '속삭였다'의 주체는 '아이들'이다. ㄷ의 '저희'는 앞서 나온 체언 '아이들'을 다시 나타내기 위해 쓰인 재귀 대명사이다.
→ 적절함!

④ ㄹ : '당신'은 '할머니'를 나타내는 재귀 대명사이다.
풀이 문맥상 '맞이하셨다'의 주체는 '할머니'이다. ㄹ의 '당신'은 앞서 나온 체언 '할머니'를 다시 나타내기 위해 쓰인 재귀 대명사이다.
→ 적절함!

⑤ ㅁ : '스스로'는 '선배들'을 나타내는 재귀 대명사처럼 쓰인다.
풀이 문맥상 모범을 보여야 하는 주체는 '선배들'이다. ㅁ의 '스스로'는 앞서 나온 체언 '선배들'을 다시 나타내기 위해 재귀 대명사처럼 쓰인 명사이다.
→ 적절함!

---

15 사이시옷 - 적절하지 않은 것 고르기
정답률 85% | 정답 ②

〈보기〉의 선생님이 제시한 '학습 과제'를 탐구한 내용으로 적절하지 <u>않은</u> 것은?
[3점]

| 보기 |

선생님 : 고유어 A, B가 합쳐져 새로운 단어가 만들어질 때, A의 받침으로 사이시옷을 표기하는 경우가 있습니다. 아래의 탐구 과정을 참고하여 학습 과제를 탐구해 봅시다.

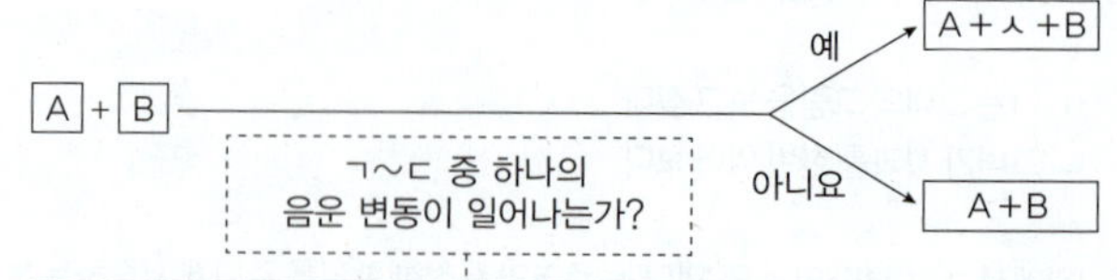

〈사이시옷을 표기하는 조건〉

ㄱ. B의 초성이 예사소리에서 된소리로 바뀌는 경우
ㄴ. A의 종성에 'ㄴ' 소리가 생기는 경우
ㄷ. A의 종성과 B의 초성에 각각 'ㄴ' 소리가 생기는 경우

→ 문제편 052쪽

■ 학습 과제 : a~e에 들어갈 올바른 표기를 탐구해 보자.

o 비 + 길 → __a__	[비낄]
o 위 + 쪽 → __b__	[위쪽]
o 코 + 날 → __c__	[콘날]
o 이 + 몸 → __d__	[인몸]
o 배 + 일 → __e__	[밴닐]

① a : ㄱ에 해당하므로 '빗길'로 표기해야겠군.

> **풀이** [조건 ㄱ] '길'의 초성이 예사소리 'ㄱ'에서 된소리 'ㄲ'으로 변한다.
> 따라서 '비 + 길'은 '비'의 받침에 사이시옷을 적어 '빗길'로 표기해야 한다.

→ 적절함!

② b : ㄱ에 해당하므로 '윗쪽'으로 표기해야겠군.

ㄱ~ㄷ에 해당하지 않으므로 '위쪽'으로

> **풀이** [조건 ㄱ] '쪽'의 초성이 변하지 않는다. → 조건 충족×
> [조건 ㄴ] '위'의 종성에 'ㄴ' 소리가 생기지 않는다. → 조건 충족×
> [조건 ㄷ] '위'의 종성과 '쪽'의 초성에 각각 'ㄴ' 소리가 생기지 않는다. → 조건 충족×
> 따라서 '위쪽'을 '윗쪽'으로 표기하는 것은 적절하지 않다.

→ 적절하지 않음!

③ c : ㄴ에 해당하므로 '콧날'로 표기해야겠군.

> **풀이** [조건 ㄴ] '코'의 종성에 'ㄴ' 소리가 생겨 [콘]으로 발음된다.
> 따라서 '코 + 날'은 '코'의 받침에 사이시옷을 적어 '콧날'로 표기해야 한다.

→ 적절함!

④ d : ㄴ에 해당하므로 '잇몸'으로 표기해야겠군.

> **풀이** [조건 ㄴ] '이'의 종성에 'ㄴ' 소리가 생겨 [인]으로 발음된다.
> 따라서 '이 + 몸'은 '이'의 받침에 사이시옷을 적어 '잇몸'으로 표기해야 한다.

→ 적절함!

⑤ e : ㄷ에 해당하므로 '뱃일'로 표기해야겠군.

> **풀이** [조건 ㄷ] '배'의 종성과 '일'의 초성에 각각 'ㄴ' 소리가 생겨 [밴]과 [닐]로 발음된다.
> 따라서 '배 + 일'은 '배'의 받침에 사이시옷을 적어 '뱃일'로 표기해야 한다.

→ 적절함!

[16~21] 인문

(가)

1 [1]공리주의는 공리(功 공로 공 利 이롭다 리)의 실천을 통한 ㉮ 최대 행복의 원리를 중시한다.(重視-. 매우 크고 중요하게 여긴다.) [2]공리란 이익과 효용(效用, 보람 있게 쓰거나 쓰임, 또는 그런 보람이나 쓸모)을 뜻하는 것으로 공리주의에서 행복이란 공리를 극대화하는(極大化-, 아주 크게 하는) 것, 즉 고통을 피하고 쾌락(快樂, 유쾌하고 즐거운 느낌)을 추구하는(追求-, 좇아 구하는) 것이다. [3]여기서 행복은 개인의 쾌락만이 아니라 개인의 행위와 관련된 사회 구성원의 쾌락도 고려하는(考慮-, 생각하고 헤아려 보는) 것을 의미한다.

→ **공리주의에서 말하는 공리와 행복의 의미**

2 [1]밀 이전(以前, 그보다 앞)의 공리주의는 모든 쾌락이 측정 가능하고(양의 크기를 잴 수 있고) 그(쾌락의) 원천(源泉, 비롯되는 근본)에 상관없이 동질적이므로(同質的-, 성질이 같은 것이므로) 단지 양에서만 차이가 난다는 양적(量的, 세거나 잴 수 있는 분량이나 수량과 관련된) 쾌락주의의 입장을 가졌다. [2]동물적 욕망에서 비롯하는(생겨나는) 감각적이고 육체적인 쾌락과 인간의 고등(高等, 등급, 수준, 정도가 높음) 정신 능력인 지성(知性, 지각된 것을 정리하고 통일하여, 이것을 바탕으로 새로운 인식을 낳게 하는 정신 작용), 도덕 감정, 상상력 등에서 비롯하는 정신적 쾌락이 본질적으로(本質的-, 본디부터 가지고 있는 그 자체의 성질에 관해) 동일하다고 본 것이다. [3]그런데 이(양적 쾌락주의)에 따르면 상대적으로(相對的-, 인간과 비교하여) 쉽게 쾌락을 향유할(享有-, 누리어 가질) 수 있는 동물이 가장 행복한 존재가 될 수 있기에 천박한(淺薄-, 학문이나 생각이 얕거나, 말이나 행동 따위가 천하고 교양이 없는) 돼지의 철학이라는 비판을 받았다. [4]또한 최대 행복의 추구가 인간의 이기심(利己心, 자기 자신의 이익만을 꾀하는 마음)이라는 본성(本性, 사람이 처음부터 가진 성질)과 ⓐ 상충할 수 있어 실현(實現, 실제로 이룸) 가능성이 떨어진다는 비판도 있었다. [5]이에 ㉠ 밀은 공리주의에 대해 제기되는 문제점을 해결하면서 공리주의 이론을 발전시켰다.

→ **밀 이전의 공리주의의 입장과 이에 대한 비판**

3 [1]밀은 쾌락은 본래(本來, 그 처음)부터 질적(質的, 사물의 속성, 가치, 유용성, 등급 따위의 총체와 관련된) 차이가 있다고 보는 질적 쾌락주의를 주장하였다. [2]그(밀)에 의하면 감각적이고 육체적인 쾌락은 저급(低級, 내용, 성질, 품질 등의 정도가 낮은) 쾌락이고, 정신적 쾌락은 고급(高級, 수준이 높은) 쾌락이다. [3]고급 쾌락은 저급 쾌락보다 더 바람직하고 가치 있는 우월성(優越性, 다른 것보다 나은 성질이나 특성)을 지닌다. [4]동물과 달리 인간은 고급 쾌락의 추구를 통해 인간의 품위(品位, 사람이 갖추어야 할 위엄이나 기품)를 높일 수 있고 이에 어긋나는 것은 본질적으로 인간 행복의 구성 요소가 될 수 없다.

→ **밀의 공리주의 : 질적 쾌락주의를 주장**

4 [1]밀 이전의 공리주의는 최대 행복 추구와 이기심이 상충할 때 법률, 여론(輿論, 사회 대중의 공통된 의견) 등과 같은 외적(外的, 외부적인) 제재(制裁, 일정한 규칙이나 관습의 위반에 대해 제한하거나 금지하는 조치)가 개인의 이기적 본성을 ⓑ 제어할 수 있다는 입장을 드러냈다. [2]하지만 밀은 이것(외적 제재)이 근본적인 해결책이 아니라고 생각했다. [3]밀에 따르면 외적 제재가 최대 행복의 원리에 부합하는(符合-, 꼭 들어맞는) 행동을 하게 할 수는 있지만, 자발적으로(自發的-, 남이 시키거나 요청하지 않아도 자기 스스로) 그러한 행동을 하도록 이끄는 힘은 아니라고 생각했다. [4]그(밀)는 내적(內的, 정신이나 마음의 작용에 관한) 제재인 양심을 강조했는데, 양심은 우리의 마음 안에서 형성되는 일종의(一種의, 어떤 종류의) 도덕적 의무감으로 이(양심)를 어기면 내면(內面, 속마음)에 고통을 준다. [5]양심은 구성원들과 일체감(一體感, 남과 어우러져 하나로 되는 감정)을 이루고자 하는 타고난 사회적 감정에 토대(土臺, 밑바탕)를 두고, 교육과 외적 제재 등의 후천적인(後天的-, 태어난 후에 얻어진) 경험을 통해 ⓒ 함양된다. [6]이(양심의 함양)를 통해 비로소 인간은 자기 이익 지향성(志向性, 어떤 목표에 뜻이 쏠려 향하는 성질)을 극복하고(克服-, 이겨 내고) 최대 행복의 원리에 따르는 삶을 실현할 수 있다고 보았다.

→ **밀의 공리주의 : 내적 제재를 강조**

5 [1]밀은 외적 제재(법률, 여론)와 내적 제재(양심)를 통해 최대 행복의 원리를 실현하여 사회 구성원의 후생(厚生, 사람들의 생활을 넉넉하고 윤택하게 하는 일)을 높일 수 있다고 보았고, 그러한 점에서 공리주의가 인간 윤리(倫理, 사람으로서 마땅히 행하거나 지켜야 할 도리)의 타당한(妥當-, 일의 이치로 보아 옳은, 마땅한) 기준이 될 수 있음을 강조하였다.

→ **밀의 공리주의의 강조점**

(나)

1 [1]인간의 이기적 욕망을 ⓓ 충족하기에 한 사회가 갖고 있는 자원(資源, 인간 생활 및 경제 생산에 이용되는 인적 · 물적 요소)은 유한하다.(有限-, 수, 양, 공간, 시간 등에 일정한 한도나 한계가 있다.) [2]경제학자들은 인간이 합리적인(合理的-, 이론이나 이치에 합당한) 선택을 통해 개인의 이익을 극대화하는 존재로 보고, 합리적 소비 과정을 이해하기 위하여 효용 이론을 제시하였다.

→ **효용 이론의 제시 배경**

2 [1]효용이란 의사 결정자(意思決定者, 어떤 문제를 해결하기 위해 여러 대안 중 가장 적합한 대안을 선택하는 의사 결정을 하는 사람)가 어떤 행동의 결과로 얻는 주관적인 기쁨이나 만족감으로, 경제학자들은 효용을 극대화하는 것이 합리적인 소비라고 보았다. [2]그리고 합리적인 소비 과정을 한계 효용 체감(體感, 몸으로 어떤 감각을 느낌)의 법칙과 한계 효용 균등(均等, 고르고 가지런하여 차별이 없음)의 법칙을 활용하여 설명하였다. [3]한계 효용이란 재화(財貨, 사람이 바라는 바를 충족시켜 주는 모든 물건)에 대한 소비를 한 단위씩 늘릴 때 추가되는 효용을 말한다. [4]그런데 한계 효용은 소비하는 재화의 수량이 증가함(增加-, 늘어남)에 따라 점차 감소하는(減少-, 줄어드는) 양상(樣相, 모양이나 상태)을 보이는데 이를 한계 효용 체감의 법칙이라 한다.

→ **효용, 한계 효용 및 '한계 효용 체감의 법칙'의 개념**

3 [1]일반적으로 소비자는 재화를 선택하여 소비할 때 총효용을 극대화하려는 경향(傾向, 일정한 방향성)을 보인다. [2]예를 들어 은우가 1 개에 각각 1,000원인 튀김과 초밥을 한 개씩 추가로 소비하는 상황을 가정해(假定-, 사실이 아닌 것을 임시로 사실인 것처럼 인정하여) 보자. [3]은우의 튀김과 초밥에 대한 한계 효용은 아래의 표와 같다.

[A]

〈튀김과 초밥의 한계 효용〉

번째	1	2	3	4	5
튀김	16	8	4	2	1
초밥	5	4	3	2	1

→ **'한계 효용 균등의 법칙'의 예**

4

¹만약 은우가 5,000 원의 예산(豫算, 필요한 비용을 미리 헤아려 계산한 비용)을 지출할 때, 모든 선택 가능한 대안에 대해 각각의 총효용을 계산해 보면 은우는 튀김 3 개와 초밥 2 개를 선택할 것이다. ²이러한 선택을 할 때 은우가 얻을 수 있는 총효용이 37(튀김 3 개와 초밥 2 개의 한계 효용의 합 = (16 + 8 + 4) + (5 + 4) = 37)로 가장 크기 때문이다. ³이때 5,000 원으로 효용을 극대화하는 지점인 튀김 3 개와 초밥 2 개의 한계 효용이 4로 일치한다. ⁴위의 상황과 같이 경제학자들은 각 상품의 화폐 단위당 한계 효용이 동일한 지점에서 소비하는 것이 한정된(限定-, 제한되어 정해진) 예산에서 효용을 극대화할 수 있는 선택 방법이라고 보았고, 이를 ⓓ 한계 효용 균등의 법칙이라고 정의하였다.(定義 -. 뜻을 명백히 밝혀 규정하였다.) ⁵한계 효용 균등의 법칙은 한정된 재화로 최대의 만족을 얻기 위한 선택의 문제를 설명하는 방법으로, 여러 상품의 한계 효용이 균등해지는 지점은 개인이 효용의 수치를 어떻게 매기느냐에 따라 달라진다.

→ 예를 통해 설명한 '한계 효용 균등의 법칙'의 정의

5

¹재화를 합리적으로 소비하는 경향을 설명하는 효용 이론은 정부의 정책 결정에 합리적 근거를 제공하기도(提供-, 내주기도) 한다. ²한계 효용 체감의 법칙에 따르면 저소득층(低所得層, 소득과 소비의 수준이 낮은 계층)이 추가적으로 얻는 소득 10,000 원의 효용은 고소득층이 추가적으로 얻는 소득 10,000 원의 효용보다 더 큰 효용을 ⓔ 창출한다. ³이때 고소득층의 소득 10,000 원을 세금으로 걷어 저소득층에게 배분하면(配分-, 몫몫이 별러 나누면) 고소득층의 효용 감소분(-分, 분량)보다 저소득층의 효용 증가분이 더 커져 사회 전체의 효용이 증가한다. ⁴대부분의 국가는 이러한 경제학적 원리에 의거하여(依據-, 근거하여) 소득이 증가함에 따라 높은 세율(稅率, 과세 표준에 의해 세금을 계산하여 매기는 법정률)을 적용하는 누진적 소득세(累進的所得稅, 개인이 한 해 동안 벌어들인 돈에 대하여 소득이 높을수록 비율이 점점 높아지게끔 매기는 세금)를 부과하고(賦課-, 매기어 부담하게 하고) 있다. ⁵이(대부분의 국가가 누진적 소득세를 부과하는 것)는 누진적 소득세로 얻은 재정(財政, 국가 또는 공공 단체가 행정 활동이나 공공 정책의 시행을 위해 자금을 만들어 관리하고 이용하는 경제 활동) 수입을 통해 사회 전체의 효용을 높이려는 의도라고 할 수 있다.

→ 누진적 소득세 정책의 합리적 근거를 제공하는 효용 이론

■지문 이해

(가)

〈밀의 질적 공리주의〉

❶ 공리주의에서 말하는 공리와 행복의 의미

- 공리주의 : 공리의 실천을 통한 최대 행복의 원리를 중시함
  - 공리 : 이익과 효용
  - 행복 : 공리를 극대화하는 것, 개인의 쾌락 + 사회 구성원의 쾌락

❷ 밀 이전의 공리주의의 입장과 이에 대한 비판	❸~❹ 밀의 공리주의
• 양적 쾌락주의 - 모든 쾌락은 측정 가능함 - 감각적이고 육체적인 쾌락과 정신적 쾌락이 본질적으로 동일하다고 봄 - 최대 행복 추구와 이기심이 상충할 때 외적 제재가 제어 가능함 (❹) ↑ 비판 • 상대적으로 쉽게 쾌락을 향유할 수 있는 동물이 가장 행복한 존재가 될 수 있음 • 최대 행복의 추구가 인간의 이기심과 상충할 수 있어 실현 가능성이 떨어짐	• 질적 쾌락주의 - 감각적·육체적 쾌락은 저급 쾌락, 정신적 쾌락은 고급 쾌락 - 고급 쾌락은 저급 쾌락보다 더 바람직하고 가치 있는 우월성을 지님 - 내적 제재인 양심(도덕적 의무감)을 강조함 • 인간은 동물과 달리 고급 쾌락의 추구를 통해 인간의 품위를 높일 수 있음 • 양심을 함양함으로써 자기 이익 지향성을 극복하고 최대 행복의 원리에 따르는 삶을 실현할 수 있음

해결

❺ 밀의 공리주의의 강조점

- 외적 제재와 내적 제재를 통해 최대 행복의 원리를 실현하여 사회 구성원의 후생을 높일 수 있다고 봄 → 공리주의는 인간 윤리의 타당한 기준이 될 수 있음을 강조함

(나)

〈효용 이론〉

❶ 효용 이론의 제시 배경

- 인간을 합리적 선택을 통해 개인의 이익을 극대화하는 존재로 봄
- 합리적 소비 과정을 이해하기 위한 효용 이론을 제시함

❷ 효용, 한계 효용 및 '한계 효용 체감의 법칙'의 개념

- 효용 : 의사 결정자가 어떤 행동의 결과로 얻는 주관적 기쁨이나 만족감
  - → 효용을 극대화하는 것이 합리적인 소비
- 한계 효용 : 재화에 대한 소비를 한 단위씩 늘릴 때 추가되는 효용
- 한계 효용 체감의 법칙 : 소비하는 재화의 수량이 증가함에 따라 한계 효용이 점차 감소하는 양상

❸~❹ '한계 효용 균등의 법칙'의 정의와 그 예

- 일반적으로 소비자는 재화를 선택하여 소비할 때 총효용을 극대화하려는 경향을 보임
- 한계 효용 균등의 법칙 : 소비자가 재화를 선택하여 소비할 때 각 상품의 화폐 단위당 한계 효용이 동일한 지점에서 소비하는 것이 한정된 예산에서 효용을 극대화할 수 있는 선택 방법이라는 것
  - 한정된 재화로 최대의 만족을 얻기 위한 선택의 문제를 설명하는 방법
  - 여러 상품의 한계 효용 균등 지점은 개인에 따라 달라짐

❺ 누진적 소득세 정책의 합리적 근거를 제공하는 효용 이론

- 대부분의 국가는 효용 이론에 근거하여 누진적 소득세를 부과함
  - → 누진적 소득세로 얻은 재정 수입을 통해 사회 전체의 효용을 높이려는 의도

---

16 | 글의 서술 방식 파악 - 적절한 것 고르기
정답률 75%, 매력적 오답 ③ 10% | 정답 ④

(가)와 (나)의 공통점으로 가장 적절한 것은?

① 효율적으로 재화를 선택하는 방법을 서술하고 있다. (나)

> **근거** (나)-❹-5 한계 효용 균등의 법칙은 한정된 재화로 최대의 만족을 얻기 위한 선택의 문제를 설명하는 방법, (나)-❺-1 재화를 합리적으로 소비하는 경향을 설명하는 효용 이론
>
> **풀이** (나)에 해당하는 설명이다.
>
> → 적절하지 않음!

② 정부가 정책을 *시행하는 일반적인 과정을 설명하고 있다. *施行-. 실지로 행하는

> **근거** (나)-❺-1 재화를 합리적으로 소비하는 경향을 설명하는 효용 이론은 정부의 정책 결정에 합리적 근거를 제공하기도 한다, (나)-❺-4 대부분의 국가는 이러한 경제학적 원리에 의거하여 소득이 증가함에 따라 높은 세율을 적용하는 누진적 소득세를 부과
>
> **풀이** (나)에서 정부가 효용 이론을 근거로 누진적 소득세를 부과한다는 점을 설명하고 있지만, 정부 정책 시행의 '일반적인 과정'을 설명한 것은 아니다. 또한 (가)에서는 정부 정책 시행의 일반적 과정을 설명하지 않았다.
>
> → 적절하지 않음!

③ 도덕적 판단 기준으로서 쾌락의 *유효성을 강조하고 있다. *有效性, 효력이나 효과가 있는 특성이나 성질 (가)

> **근거** (가)-❶-2 공리주의에서 행복이란 공리를 극대화하는 것, 즉 고통을 피하고 쾌락을 추구하는 것, (가)-❺-1 공리주의가 인간 윤리의 타당한 기준이 될 수 있음을 강조
>
> **풀이** (가)에서는 쾌락을 추구하여 최대 행복을 얻는 것을 중시하는 공리주의가 인간 윤리의 타당한 기준이 될 수 있음을 강조한 밀의 견해를 설명하였다. 따라서 (가)에서 도덕적 판단 기준으로서 쾌락의 유효성을 강조하였다는 설명은 적절하다. 그러나 (나)에서는 도덕적 판단 기준으로서 쾌락의 유효성에 대해 언급하지 않았다.
>
> → 적절하지 않음!

④ 인간의 자기 이익 지향성을 *고찰한 이론을 소개하고 있다. *考察-, 깊이 생각하고 연구한

> **근거** (가)-❹-4 그(밀)는 내적 제재인 양심을 강조했는데, (가)-❹-6 이를 통해 비로소 인간은 자기 이익 지향성을 극복하고 최대 행복의 원리에 따르는 삶을 실현할 수 있다고 보았다. (나)-❶-2 경제학자들은 인간이 합리적인 선택을 통해 개인의 이익을 극대화하는 존재로 보고, 합리적 소비 과정을 이해하기 위하여 효용 이론을 제시
>
> **풀이** (가)에서는 내적 제재인 양심을 함양함으로써 인간이 자기 이익 지향성을 극복하고 최대 행복의 원리에 따른 삶을 실현할 수 있다고 주장한 밀의 공리주의 이론을 소개하고 있다. 한편 (나)에서는 합리적 선택을 통해 개인의 이익을 극대화하려는 인간의

→ 문제편 **054쪽**

합리적 소비 과정을 설명하는 효용 이론을 소개하고 있다. 따라서 (가)와 (나)는 모두 인간의 자기 이익 지향성을 고찰한 이론을 소개하고 있다는 설명은 적절하다.

→ 적절함!

⑤ 개인의 선택을 방해하는 여론 형성 조건을 제시하고 있다.

근거 (가)-❹-1 밀 이전의 공리주의는 최대 행복 추구와 이기심이 상충할 때 법률, 여론 등과 같은 외적 제재가 개인의 이기적 본성을 제어할 수 있다는 입장을 드러냈다.

풀이 (가)에서 법률이나 여론 등의 외적 제재가 개인의 이기적 본성을 제어할 수 있다는 밀 이전의 공리주의의 입장에 대해 언급하고 있지만, '개인의 선택을 방해하는 여론 형성 조건'을 제시하지는 않았다. 또한 (나)에서도 개인의 선택을 방해하는 여론 형성 조건을 제시하지 않았다.

→ 적절하지 않음!

---

17 추론의 적절성 판단 - 적절한 것 고르기 정답률 70%	정답 ②

㉠과 같이 평가할 수 있는 이유로 가장 적절한 것은?

> ㉠ 밀은 공리주의에 대해 제기되는 문제점을 해결하면서 공리주의 이론을 발전시켰다.

① 쾌락의 개념을 수정하고 그것의 효용을 *계량화하여 이론을 **체계화하였기 때문이다. *計量化-. 수량으로써 표시하여 **體系化-. 일정한 원리에 따라 낱낱의 부분이 짜임새 있게 조직되어 통일된 전체로 되게 하였기

근거 (가)-❷-1 밀 이전의 공리주의는 모든 쾌락이 측정 가능하고 그 원천에 상관없이 동질적이므로 단지 양에서만 차이가 난다는 양적 쾌락주의의 입장, (가)-❸-1~2 밀은 쾌락은 본래부터 질적 차이가 있다고 보는 질적 쾌락주의를 주장하였다. 그에 의하면 감각적이고 육체적인 쾌락은 저급 쾌락이고, 정신적 쾌락은 고급 쾌락

풀이 밀은 쾌락의 개념을 저급 쾌락과 고급 쾌락으로 구분하고, 질적 쾌락주의를 주장하였으므로, 쾌락의 개념을 수정하였다는 설명은 적절하다고 볼 수 있다. 그러나 쾌락의 효용을 '계량화'한 것은 밀이 아니라 밀 이전의 공리주의의 '양적 쾌락주의'에 관련된 설명이다.

→ 적절하지 않음!

② 쾌락의 질적 차이와 내적 제재를 연구하여 최대 행복의 실현 가능성을 높였기 때문이다.

근거 (가)-❷-3~5 이(양적 쾌락주의의 입장을 가진 밀 이전의 공리주의)에 따르면 상대적으로 쉽게 쾌락을 향유할 수 있는 동물이 가장 행복한 존재가 될 수 있기에 천박한 돼지의 철학이라는 비판을 받았다. 또한 최대 행복의 추구가 인간의 이기심이라는 본성과 상충할 수 있어 실현 가능성이 떨어진다는 비판도 있었다. 이에 밀은 공리주의에 대해 제기되는 문제점을 해결, (가)-❸-4 동물과 달리 인간은 고급 쾌락의 추구를 통해 인간의 품위를 높일 수 있고, (가)-❹-4 □(밀)는 내적 제재인 양심을 강조했는데, (가)-❹-6 이(양심의 함양)를 통해 비로소 인간은 자기 이익 지향성을 극복하고 최대 행복의 원리에 따르는 삶을 실현할 수 있다고 보았다.

풀이 윗글에서 언급된, 밀 이전의 공리주의에 대해 제기되는 문제점은 크게 두 가지이다. 감각적이고 육체적인 쾌락과 정신적 쾌락 등 모든 쾌락을 동질적으로 본 양적 쾌락주의에 대해, 상대적으로 쉽게 쾌락을 향유할 수 있는 동물이 가장 행복한 존재가 될 수 있는 것 아닌가 하는 비판과, 최대 행복의 추구가 인간의 이기심과 상충하여 실현 가능성이 떨어진다는 비판이 그것이다. 이러한 비판에 대해 밀은 질적 쾌락주의를 주장하여 저급 쾌락과 고급 쾌락을 구분하고, 동물과 달리 인간은 고급 쾌락의 추구를 통해 인간의 품위를 높일 수 있다고 주장하였다. 또한 밀은 내적 제재인 '양심'을 강조하면서, 최대 행복 추구와 이기심이 상충할 때 내적 제재인 양심의 함양을 통해 인간이 자기 이익 지향성을 극복하고 최대 행복의 원리에 따르는 삶을 실현할 수 있다고 주장하였다. 따라서 밀이 쾌락의 질적 차이와 내적 제재를 연구하여 최대 행복의 실현 가능성을 높였다는 점은, ㉠과 같이 평가할 수 있는 이유로 적절하다.

→ 적절함!

③ 쾌락의 원천들을 밝히고 그것의 동일성을 *규명하여 쾌락의 개념을 **정교화하였기 때문이다. *糾明-. 자세히 따져 바로 밝혀 **精巧化-. 자세하고 꼼꼼하게 하였기

근거 (가)-❸-1~3 밀은 쾌락은 본래부터 질적 차이가 있다고 보는 질적 쾌락주의를 주장하였다. 그에 의하면 감각적이고 육체적인 쾌락은 저급 쾌락이고, 정신적 쾌락은 고급 쾌락이다. 고급 쾌락은 저급 쾌락보다 더 바람직하고 가치 있는 우월성을 지닌다.

풀이 밀은 쾌락이 본래부터 질적 차이가 있다고 보고, 감각적이고 육체적인 저급 쾌락과 정신적 쾌락인 고급 쾌락을 구분하였다. 또한 그는 고급 쾌락이 저급 쾌락보다 더 바람직하고 가치 있는 우월성을 지닌다고 보았다. 따라서 밀은 쾌락의 원천을 밝히고 질적 차이를 구분한 것이지, 그것의 '동일성'을 규명'하였다고 볼 수 없다.

→ 적절하지 않음!

④ 쾌락의 경험이 인간의 동물적 욕망 추구에 미치는 영향을 *분석하여 **제도화하였기 때문이다. *分析-. 복잡한 것을 풀어서 개별적 요소나 성질로 나누어 **制度化-. 제도로 되게 만

들었기

근거 (가)-❸-4 동물과 달리 인간은 고급 쾌락의 추구를 통해 인간의 품위를 높일 수 있고 이에 어긋나는 것은 본질적으로 인간 행복의 구성 요소가 될 수 없다.

풀이 밀은 쾌락을 감각적이고 육체적인 저급 쾌락과 정신적 쾌락인 고급 쾌락으로 구분하고, 동물과 달리 인간은 고급 쾌락의 추구를 통해 인간의 품위를 높일 수 있고 이에 어긋나는 것은 인간 행복의 구성 요소가 될 수 없다고 보았다. 이러한 점에서 밀이 쾌락의 경험이 인간의 동물적 욕망 추구에 미치는 영향을 분석하였다고 볼 수는 있겠으나, 밀이 이러한 분석을 바탕으로 공리주의를 '제도화하였다'는 설명은 적절하지 않다.

→ 적절하지 않음!

⑤ 저급 쾌락의 개념을 거부하고 고급 쾌락의 개념을 *도입하면서 새로운 학문을 **개척하였기 때문이다. *導入-. 끌어 들이면서 **開拓-. 처음으로 열어 나갔기

근거 (가)-❸-1~3 밀은 쾌락은 본래부터 질적 차이가 있다고 보는 질적 쾌락주의를 주장하였다. 그에 의하면 감각적이고 육체적인 쾌락은 저급 쾌락이고, 정신적 쾌락은 고급 쾌락이다. 고급 쾌락은 저급 쾌락보다 더 바람직하고 가치 있는 우월성을 지닌다.

풀이 밀은 질적 쾌락주의를 주장하면서, 저급 쾌락과 고급 쾌락을 구분하고 고급 쾌락이 저급 쾌락보다 더 바람직하고 가치 있는 우월성을 지닌다고 보았다. 그러나 밀이 이를 통해 저급 쾌락의 개념을 '거부'한 것은 아니다.

→ 적절하지 않음!

---

18 세부 정보 이해 - 적절하지 않은 것 고르기 정답률 65%, 매력적 오답 ② 15%	정답 ⑤

[A]를 바탕으로 〈보기〉를 이해한 내용으로 적절하지 않은 것은? `3점`

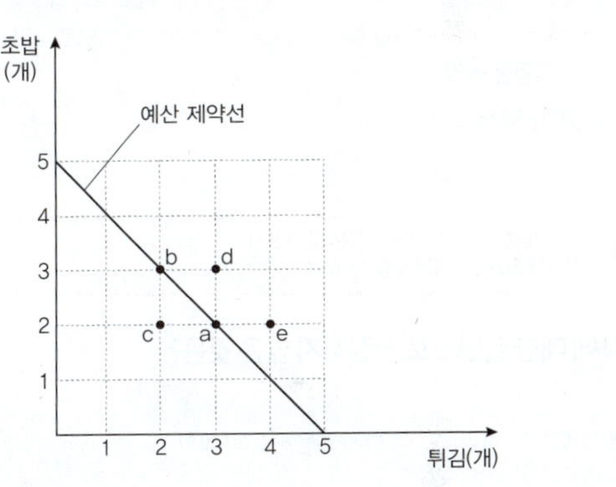

| 보기 |

아래의 그래프에서 a, b, c, d, e는 은우의 소비 선택 지점을 표시한 것이고, 예산 제약(制約, 조건을 붙여 내용을 제한함)선은 5,000 원으로 구입할 수 있는 소비 선택 지점을 이은 선이다.

▶ 지문 핵심 개념 정리

'한계 효용 균등의 법칙'의 예

- 1 개에 각각 1,000 원인 튀김과 초밥을 한 개씩 추가로 소비하는 상황을 가정((나)-❸-2)
- 5,000 원의 예산을 지출할 때, 튀김 3 개와 초밥 2 개를 선택할 것 → 총효용이 37로 가장 크기 때문((나)-❹-1~2)
- 5,000 원으로 효용을 극대화하는 지점인 튀김 3 개와 초밥 2 개의 한계 효용이 4로 일치((나)-❹-3)
  ⇒ 각 상품의 화폐 단위당 한계 효용이 동일한 지점에서 소비하는 것이 한정된 예산에서 효용을 극대화할 수 있는 선택 방법((나)-❹-4)

① a는 5,000 원의 예산으로 총효용을 극대화할 수 있는 소비 선택 지점이다.

풀이 윗글의 [A]에서 은우가 5,000 원의 예산을 지출할 때, '5,000 원으로 효용을 극대화하는 지점'은 튀김 3 개와 초밥 2 개를 선택하였을 때라고 하였다. 따라서 튀김 3 개와 초밥 2 개를 선택한 a가 5,000 원의 예산으로 총효용을 극대화할 수 있는 소비 선택 지점이라는 설명은 적절하다.

→ 적절함!

② 소비 선택 지점이 a에서 b로 달라지면 동일한 예산에서 총효용이 작아진다.

풀이 〈보기〉의 그래프를 살펴보면 우선 a와 b는 모두 5,000 원의 예산으로 구입할 수 있는 예산 제약선 위에 있으므로, a와 b는 동일한 예산을 지출한 것임을 알 수 있다. 소비 선택 지점이 a에서 b로 달라지면 은우는 튀김 2 개와 초밥 3 개를 선택한 것이 되므로, 이때의 총효용은 36(튀김 2 개와 초밥 3 개의 한계 효용의 합 = (16+8) + (5+4+3) = 36)이다. 소비 선택 지점이 a일 때의 총효용은 37(튀김 3 개와 초밥 2 개의 한계 효용의 합 = (16 + 8 + 4) + (5 + 4) = 37)이라고 하였으므로, 소비 선택 지점이 a에서 b로 달라지면 동일한 예산 5,000 원에서 총효용이 작아진다는 설명은 적절하다.

→ 적절함!

③ 소비 선택 지점이 b에서 c로 달라지면 1,000 원을 덜 소비하고 총효용이 작아진다.
[풀이] 윗글의 예에서, 튀김과 초밥은 1 개에 각각 1,000 원이라고 하였다. <보기>의 그래프에서 소비 선택 지점이 b에서 c로 달라지면, 구입한 튀김의 개수는 그대로이고 초밥의 개수는 3 개에서 2 개로 1 개가 줄어든다. 따라서 소비 선택 지점이 b에서 c로 달라지면 1,000 원을 덜 소비한다는 설명은 적절하다. 또한 소비 선택 지점이 b에서 c로 달라진다면 구입한 초밥의 개수가 3 개에서 2 개로 줄어든 것이므로, c의 총효용(튀김 2 개와 초밥 2 개의 한계 효용의 합 = (16 + 8) + (5 + 4) = 33)은 b의 총효용(튀김 2 개와 초밥 3 개의 한계 효용의 합 = (16 + 8) + (5 + 4 + 3) = 36)에 비해 3 번째 초밥의 한계 효용인 3 만큼 작아질 것이다. 따라서 소비 선택 지점이 b에서 c로 달라진다면 총효용이 작아진다는 설명 또한 적절하다.
→ 적절함!

④ 소비 선택 지점이 c에서 a로 달라지면 1,000 원을 더 소비하고 총효용이 커진다.
[풀이] <보기>의 그래프에서 소비 선택 지점이 c에서 a로 달라지면, 구입한 초밥의 개수는 그대로이고 튀김의 개수는 1 개가 늘어난다. 윗글의 예에서 튀김과 초밥은 1 개에 각각 1,000 원이라고 하였으므로, 소비 선택 지점이 c에서 a로 달라지면 1,000 원을 더 소비한다는 설명은 적절하다. 또한 소비 선택 지점이 c에서 a로 달라진다면 구입한 튀김의 개수가 2 개에서 3 개로 늘어난 것이므로, a의 총효용(튀김 3 개와 초밥 2 개의 한계 효용의 합 = (16 + 8 + 4) + (5 + 4) = 37)은 c의 총효용(튀김 2 개와 초밥 2 개의 한계 효용의 합 = (16 + 8) + (5 + 4) = 33)에 비해 3 번째 튀김의 한계 효용인 4 만큼 커질 것이다. 따라서 소비 선택 지점이 c에서 a로 달라지면 총효용이 커진다는 설명 또한 적절하다.
→ 적절함!

⑤ d, e 모두 6,000 원의 예산으로 가능한 소비 선택 지점으로서 e는 d보다 총효용이 크다. *(크 → 작다)*
[풀이] <보기>의 그래프에서 d는 튀김 3 개와 초밥 3 개를 구입한 소비 선택 지점이고, e는 튀김 4 개와 초밥 2 개를 구입한 소비 선택 지점이다. 윗글의 예에서 튀김과 초밥은 1 개에 각각 1,000 원이라고 하였으므로, d와 e는 모두 6,000 원의 예산으로 가능한 소비 선택 지점이라는 설명은 적절하다. 그러나 d의 총효용은 40(튀김 3 개와 초밥 3 개의 한계 효용의 합 = (16 + 8 + 4) + (5 + 4 + 3) = 40)이고, e의 총효용은 39(튀김 4 개와 초밥 2 개의 한계 효용의 합 = (16 + 8 + 4 + 2) + (5 + 4) = 39)이므로, e가 d보다 총효용이 크다는 설명은 적절하지 않다.
→ 적절하지 않음!

---

19 | 핵심 개념 파악 - 적절하지 않은 것 고르기
정답률 80%, 매력적 오답 ① 10% | **정답 ③**

㉮와 ㉯에 대한 설명으로 적절하지 <u>않은</u> 것은?

> ㉮ 최대 행복의 원리   ㉯ 한계 효용 균등의 법칙

① ㉮는 교육적 경험을 쌓아 실행될 수 있다.
[근거] (가)-❹-5~6 양심은 구성원들과 일체감을 이루고자 하는 타고난 사회적 감정에 토대를 두고, 교육과 외적 제재 등의 후천적인 경험을 통해 함양된다. 이를 통해 비로소 인간은 자기 이익 지향성을 극복하고 최대 행복의 원리에 따르는 삶을 실현할 수 있다고 보았다.
→ 적절함!

② ㉯는 개인에 따라 한계 효용이 균등해지는 지점이 달라진다.
[근거] (나)-❹-5 한계 효용 균등의 법칙은 … 여러 상품의 한계 효용이 균등해지는 지점은 개인이 효용의 수치를 어떻게 매기느냐에 따라 달라진다.
→ 적절함!

③ ㉮는 의사 결정의 판단 근거가 개인의 이익이고, ㉯는 의사 결정의 판단 근거가 사회의 이익이다.
[근거] (가)-❶-3 여기서 행복은 개인의 쾌락만이 아니라 개인의 행위와 관련된 사회 구성원의 쾌락도 고려하는 것을 의미한다, (가)-❹-6 이(양심)를 통해 비로소 인간은 자기 이익 지향성을 극복하고 최대 행복의 원리에 따르는 삶을 실현할 수 있다고 보았다, (가)-❺-1 밀은 외적 제재와 내적 제재를 통해 최대 행복의 원리를 실현하여 사회 구성원의 후생을 높일 수 있다고 보았고, (나)-❷-1 효용이란 의사 결정자가 어떤 행동의 결과로 얻는 주관적인 기쁨이나 만족감, (나)-❹-5 한계 효용 균등의 법칙은 한정된 재화로 최대의 만족을 얻기 위한 선택의 문제를 설명하는 방법으로, 여러 상품의 한계 효용이 균등해지는 지점은 개인이 효용의 수치를 어떻게 매기느냐에 따라 달라진다.
[풀이] ㉮에서 말하는 행복이란 개인의 쾌락만이 아니라, 개인의 행위와 관련된 사회 구성원의 쾌락도 고려하는 것을 의미한다. 또한 밀은 인간이 양심을 함양함으로써 최대 행복 추구와 개인의 이기심이 상충할 때 자기 이익 지향성을 극복하고 최대 행복의 원리에 따르는 삶을 실현할 수 있다고 보았다. 따라서 ㉮의 의사 결정의 판단 근거가 개인의 이익이라고 보기 어렵다. 한편 (나)에서 효용이란 의사 결정자가 행동의 결과로 얻는 '주관적인' 기쁨이나 만족감이라고 하였고, 한계 효용 균등의 법칙에서 한계 효용이 균등해지는 지점은 '개인에 따라' 달라진다고 하였다. 따라서 ㉯의 의사 결정의 판단 근거는 사회의 이익이 아니라 개인의 이익이다.
→ 적절하지 않음!

④ ㉮는 윤리적 판단의 기준으로, ㉯는 소비 선택의 기준으로 쓰일 수 있다.
[근거] (가)-❺-1 밀은 외적 제재와 내적 제재를 통해 최대 행복의 원리를 실현하여 사회 구성원의 후생을 높일 수 있다고 보았고, 그러한 점에서 공리주의가 인간 윤리의 타당한 기준이 될 수 있음을 강조, (나)-❹-4~5 경제학자들은 각 상품의 화폐 단위당 한계 효용이 동일한 지점에서 소비하는 것이 한정된 예산에서 효용을 극대화할 수 있는 선택 방법이라고 보았고, 이를 한계 효용 균등의 법칙이라고 정의하였다. 한계 효용 균등의 법칙은 한정된 재화로 최대의 만족을 얻기 위한 선택의 문제를 설명하는 방법
[풀이] 밀은 질적 쾌락주의를 주장하면서, 공리의 실천을 통한 최대 행복의 원리를 중시하는 공리주의가 인간 윤리의 타당한 기준이 될 수 있음을 강조하였다. 따라서 ㉮가 윤리적 판단의 기준으로 쓰일 수 있다는 설명은 적절하다. 한편 (나)에서 경제학자들은 '한계 효용 균등의 법칙'을 통해 개인이 한정된 예산에서 효용을 극대화할 수 있는 선택 방법을 설명하였다. 따라서 ㉯가 소비 선택의 기준으로 쓰일 수 있다는 설명 또한 적절하다.
→ 적절함!

⑤ ㉮와 ㉯는 모두 이익의 극대화를 목표로 하고 있다.
[근거] (가)-❶-1~2 공리주의는 공리의 실천을 통한 최대 행복의 원리를 중시한다. 공리란 이익과 효용을 뜻하는 것으로 공리주의에서 행복이란 공리를 극대화하는 것, (나)-❶-2 경제학자들은 인간이 합리적인 선택을 통해 개인의 이익을 극대화하는 존재로 보고, 합리적 소비 과정을 이해하기 위하여 효용 이론을 제시, (나)-❹-5 한계 효용 균등의 법칙은 한정된 재화로 최대의 만족을 얻기 위한 선택의 문제를 설명하는 방법
[풀이] (가)에서 공리주의는 공리의 실천을 통한 최대 행복의 원리를 중시한다고 하였다. 이때 공리는 이익과 효용을 뜻하고, 공리주의에서 행복이란 공리를 극대화하는 것을 뜻한다고 하였으므로, ㉮가 이익의 극대화를 목표로 한다는 설명은 적절하다. 한편 (나)에서 경제학자들은 인간을 '합리적 선택을 통해 개인의 이익을 극대화하는 존재'로 보고, 합리적 소비 과정을 이해하기 위해 효용 이론을 제시하였다고 하였다. 이때 합리적 소비 과정은 한계 효용 체감의 법칙과 한계 효용 균등의 법칙을 통해 설명하였는데, 이 중 한계 효용 균등의 법칙은 한정된 재화로 최대의 만족을 얻기 위한 선택의 문제를 설명하는 방법이다. 따라서 ㉯가 이익의 극대화를 목표로 한다는 설명 또한 적절하다.
→ 적절함!

오답률 TOP 1 | 1등급 문제
20 | 구체적인 사례에 적용 - 적절하지 않은 것 고르기
정답률 20%, 매력적 오답 ③ 15% ④ 35% ⑤ 25% | **정답 ②**

(가)의 '밀[Ⓐ]'과 (나)의 '경제학자[Ⓑ]'의 입장에서 <보기>를 이해한 반응으로 적절하지 <u>않은</u> 것은?

> | 보기 |
>
> 기부(寄附, 자선 사업이나 공공사업을 돕기 위해 돈이나 물건을 대가 없이 내놓음)의 경제학 실험
>
> **[실험 내용]**
> ○ 실험에 참여한 5 명에게 10만 원씩 나눠 주고 참가자는 이 돈을 갖거나 기부할 금액을 결정함.
> ○ [2]기부한 금액은 공공재(公共財, 도로, 항만, 교량, 공원 등 사회의 대부분의 사람들이 공동으로 사용하는 물건이나 시설) 생산에 쓰여 2 배의 효용을 창출하고(創出-, 만들어 내고) 그 혜택(惠澤, 은혜와 덕택)이 모든 사람에게 1/5만큼씩 돌아간다는 것을 참가자들에게 알려 줌.
>
> **[실험 참가자의 예상 행동에 따른 효용 비교]**
> ○ [3]아무도 기부하지 않으면 한 사람이 누리는 효용은 10만 원 *(나눠 준 금액 그대로 10)*
> ○ [4]모두가 기부하면 한 사람이 누리는 효용은 20만 원
>   *(① 5 명의 기부, 2 배의 효용 창출 ② 그 혜택을 모든 사람에게 1/5 → $\frac{50 \times 2}{5} = 20$)*
>   *(① 4 명의 기부, 2 배의 효용 창출 ② 그 혜택을 모든 사람에게 1/5 → $\frac{40 \times 2}{5} = 16$)*
> ○ 4 명이 10만 원을 기부하고 1 명이 기부를 하지 않으면 기부한 사람의 효용은 16만 원, 기부하지 않은 1 명의 효용은 26만 원
>   *(나눠 받은 금액 그대로 10 + 다른 4 명이 기부한 금액의 혜택 16 = 26)*
>
> **[실험 결과]**
> ○ 실험 참가자 대부분은 40~60 % 정도 기부하였고, 일부는 기부하지 않았음.
> ○ [7]기부한 실험 참가자들은 이타적인(利他的-, 자기의 이익보다는 다른 이의 이익을 더 꾀하는) 마음, 기부 행위에서 얻는 자부심(自負心, 자기 자신 또는 자기와 관련되어 있는 것에 대해 스스로 그 가치나 능력을 믿고 당당히 여기는 마음) 등이 기부의 이유였음을 밝힘.

→ 문제편 055쪽

① ⓐ는 기부 행위를 고등 정신 능력을 *발휘해 인간의 품위를 높일 수 있는 행위로 보겠군. *發揮−. 떨치어 나타내

> **근거** 〈보기〉-7 기부한 실험 참가자들은 이타적인 마음, 기부 행위에서 얻는 자부심 등이 기부의 이유였음을 밝힘, (가)-❸-2~4 정신적 쾌락은 고급 쾌락이다. 고급 쾌락은 저급 쾌락보다 더 바람직하고 가치 있는 우월성을 지닌다. 동물과 달리 인간은 고급 쾌락의 추구를 통해 인간의 품위를 높일 수 있고

> **풀이** 〈보기〉에서 기부한 실험 참가자들은 이타적인 마음, 기부 행위에서 얻는 자부심 등을 기부의 이유로 밝혔다. 밀은 정신적 쾌락을 고급 쾌락으로 구분하고, 고급 쾌락은 저급 쾌락보다 더 바람직하고 가치 있는 우월성을 가지며, 인간은 고급 쾌락의 추구를 통해 인간의 품위를 높일 수 있다고 주장하였다. 따라서 밀(ⓐ)은 기부 행위를 고등 정신 능력을 발휘해 인간의 품위를 높일 수 있는 행위로 보았을 것이라는 반응은 적절하다.

→ 적절함!

✔② ⓑ는 한계 효용 체감의 법칙에 따라 기부자와 기부하지 않은 자가 같은 금액으로 얻을 수 있는 효용이 다르다고 보겠군.

> **근거** 〈보기〉-5 4명이 10만 원을 기부하고 1명이 기부를 하지 않으면 기부한 사람의 효용은 16만 원, 기부하지 않은 1명의 효용은 26만 원, (나)-❷-3~4 한계 효용이란 재화에 대한 소비를 한 단위씩 늘릴 때 추가되는 효용을 말한다. 그런데 한계 효용은 소비하는 재화의 수량이 증가함에 따라 점차 감소하는 양상을 보이는데 이를 한계 효용 체감의 법칙이라 한다.

> **풀이** 〈보기〉의 실험에서 기부자와 기부하지 않은 자가 같은 금액 10만 원으로 얻을 수 있는 효용이 각각 16만 원과 26만 원으로 다른 것은 실험 참가자 각 개인이 기부를 선택한 것과 기부를 선택하지 않은 것의 차이에 따른 결과인 것이지, 한 개인이 재화에 대한 소비에 있어 재화의 수량이 증가함에 따라 한계 효용이 점차 감소하는 양상을 뜻하는 '한계 효용 체감의 법칙'과는 관련이 없다. 따라서 (나)의 경제학자(ⓑ)가 한계 효용 체감의 법칙에 따라 기부자와 기부하지 않은 자가 같은 금액으로 얻을 수 있는 효용이 다르다고 보았을 것이라는 반응은 적절하지 않다.

→ 적절하지 않음!

③ ⓐ는 기부하지 않은 자의 행동을 양심을 *위반한 행동으로, ⓑ는 기부하지 않은 자가 참가자들의 예상 행동에 따른 효용을 비교해 보고 합리적인 선택을 했을 것으로 이해하겠군. *違反−. 지키지 않고 어긴

> **근거** (가)-❹-4~5 그는 내적 제재인 양심을 강조했는데, 양심은 우리의 마음 안에서 형성되는 일종의 도덕적 의무감으로 이를 어기면 내면에 고통을 준다. 양심은 구성원들과 일체감을 이루고자 하는 타고난 사회적 감정에 토대를 두고, (나)-❷-1 경제학자들은 효용을 극대화하는 것이 합리적인 소비라고 보았다.

> **풀이** 밀은 우리 마음 안에서 형성되는 일종의 도덕적 의무감인 양심을 강조하였는데, 이때 양심은 구성원들과의 일체감을 이루고자 하는 타고난 사회적 감정에 토대를 둔 것이라고 하였다. 따라서 밀(ⓐ)은 기부하지 않은 자의 행동을 양심을 위반한 행동으로 보았을 것이다. 한편 (나)의 경제학자(ⓑ)들은 효용을 극대화하는 것이 합리적인 소비라고 보았으므로, 기부하지 않은 자의 선택은 참가자들의 예상 행동에 따른 효용을 비교해 보고 자신의 효용을 극대화한 합리적 선택을 한 것으로 이해하였을 것이다.

→ 적절함!

④ ⓐ는 이타적인 마음을 동료를 자신과 같이 여기는 사회적 감정으로, ⓑ는 자부심을 기부의 결과로 얻는 주관적인 만족감으로 이해하겠군.

> **근거** 〈보기〉-7 기부한 실험 참가자들은 이타적인 마음, 기부 행위에서 얻는 자부심 등이 기부의 이유였음을 밝힘, (가)-❹-5 양심은 구성원들과 일체감을 이루고자 하는 타고난 사회적 감정에 토대를 두고, (나)-❷-1 효용이란 의사 결정자가 어떤 행동의 결과로 얻는 주관적인 기쁨이나 만족감으로, 경제학자들은 효용을 극대화하는 것이 합리적인 소비라고 보았다.

> **풀이** 밀은 우리 마음 안에서 형성되는 일종의 도덕적 의무감인 양심을 강조하였는데, 이때 양심은 구성원들과의 일체감을 이루고자 하는 타고난 사회적 감정에 토대를 둔 것이라고 하였다. 따라서 밀(ⓐ)은 〈보기〉에서 기부한 실험 참가자들이 이타적인 마음을 기부의 이유로 밝힌 것에 대해, 이러한 이타적인 마음을 구성원들과의 일체감을 이루고자 하는 사회적 감정으로 이해했을 것이다. 한편 (나)의 경제학자들은 효용을 극대화하는 것이 합리적인 소비라고 보았는데, 이때 효용은 의사 결정자가 어떤 행동의 결과로 얻는 주관적인 기쁨이나 만족감을 뜻한다. 따라서 (나)의 경제학자(ⓑ)들은 〈보기〉에서 기부한 실험 참가자들이 기부 행위에서 얻는 자부심을 기부의 이유로 밝힌 것에 대해, 이러한 자부심을 기부라는 행동의 결과로 얻는 주관적인 만족감으로 이해했을 것이다.

→ 적절함!

⑤ ⓐ는 최대 행복을 추구하는 것이, ⓑ는 누진적 소득세를 도입하는 것이 구성원 전체의 효용을 높인다는 점에서 개인이 기부하는 행위와 공통점이 있다고 보겠군.

> **근거** 〈보기〉-2 기부한 금액은 공공재 생산에 쓰여 2배의 효용을 창출하고 그 혜택이 모든 사람에게 1/5만큼씩 돌아간다는 것, (가)-❶-1 공리주의는 공리의 실천을 통한 최대 행복의 원리를 중시, (가)-❶-3 여기서 행복은 개인의 쾌락만이 아니라 개인의

행위와 관련된 사회 구성원의 쾌락도 고려하는 것을 의미, (나)-❺-5 누진적 소득세로 얻은 재정 수입을 통해 사회 전체의 효용을 높이려는 의도

> **풀이** (가)에 따르면 공리주의는 최대 행복의 원리를 중시하는데, 이때의 행복은 개인의 쾌락만이 아니라 개인의 행위와 관련된 사회 구성원의 쾌락도 고려하는 것을 의미한다. 또 (나)에서는 누진적 소득세를 도입하는 것은, 이것으로 얻은 재정 수입을 통해 사회 전체의 효용을 높이려는 의도라고 설명하였다. 한편 〈보기〉에서 기부한 금액은 공공재 생산에 쓰여 2배의 효용을 창출하고, 그 혜택이 모든 사람에게 골고루 돌아가 실험 참가자 전체의 효용을 높일 수 있다. 따라서 최대 행복 추구, 누진적 소득세의 도입, 개인의 기부 행위는 모두 구성원 전체의 효용을 높인다는 점에서 공통점을 찾을 수 있다.

→ 적절함!

---

21 단어의 사전적 의미 - 적절하지 않은 것 고르기 정답률 80%, 매력적 오답 ① 10%	정답 ⑤

ⓐ~ⓔ의 사전적 의미로 적절하지 않은 것은?

> ⓐ 상충 ⓑ 제어 ⓒ 함양 ⓓ 충족 ⓔ 창출

① ⓐ : 맞지 아니하고 서로 어긋남.

> **풀이** '상충(相 서로 상 衝 부딪치다 충)'의 사전적 의미는 '맞지 아니하고 서로 어긋남'이다.

> **예문** 두 나라 간 이해관계의 상충으로 전쟁이 일어났다.

→ 적절함!

② ⓑ : 감정, 충동, 생각 따위를 막거나 누름.

> **풀이** '제어(制 절제하다 제 御 다스리다 어)'의 사전적 의미는 '감정, 충동, 생각 따위를 막거나 누름'이다.

> **예문** 그는 감정 제어를 하지 못하고 울음을 터트렸다.

→ 적절함!

③ ⓒ : 능력이나 품성 따위를 길러 쌓거나 갖춤.

> **풀이** '함양(涵 담그다 함 養 기르다 양)'의 사전적 의미는 '능력이나 품성 따위를 길러 쌓거나 갖춤'이다.

> **예문** 독서는 학생들의 지식과 정서 함양에 도움이 된다.

→ 적절함!

④ ⓓ : 일정한 분량을 채워 모자람이 없게 함.

> **풀이** '충족(充 채우다 충 足 충족하다 족)'의 사전적 의미는 '일정한 분량을 채워 모자람이 없게 함'이다.

> **예문** 욕구의 충족이 없으니 일에 흥미가 없다.

→ 적절함!

✔⑤ ⓔ : 안에서 밖으로 밀어 내보냄.

> **풀이** '창출(創 비롯하다 창 出 내놓다 출)'의 사전적 의미는 '전에 없던 것을 처음으로 생각하여 지어내거나 만들어 냄'이다. '안에서 밖으로 밀어 내보냄'의 뜻을 가진 단어는 '창출'이 아니라 '배출(排 밀어내다 배 出 내놓다 출)'이다.

> **예문** 소설은 어떤 태도나 신념의 창출 과정이다.

→ 적절하지 않음!

[22~25] 현대소설 - 이문구, 「암소」

• 중심 내용

> 직조 공장을 운영하는 황씨는 공업 단지가 들어서면서 인건비가 급등하자 타격을 입는다.

↓

> 황씨는 카시미론 열풍과 기술 발전에 뒤처져 공장을 폐업하게 된다.

↓

> 황씨가 빚을 갚기 위해 정성껏 키운 암소가 술독을 비우고 외양간을 뛰쳐나간다.

↓

> 술에 취한 암소가 날뛰다 쓰러져 죽자 황씨는 절망에 빠진다.

• 인물 관계도

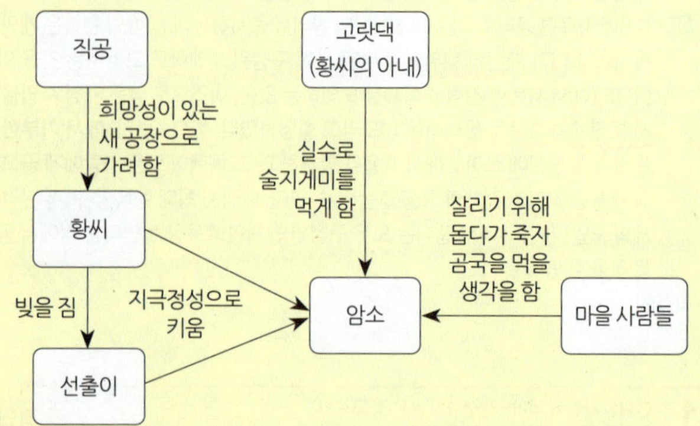

• 전체 줄거리 ([ ] : 지문 내용)

올해 52살이 된 황구만은 성실한 농부로, 자신의 분수를 지키고 가족과 이웃을 아껴 마을 사람들로부터 좋은 평판을 받는 인물이다. 그런 황씨가 요즘 잠을 이루지 못하는 것은 박선출과의 금전 문제 때문이다. 선출은 황씨네 머슴으로 4년간 모은 돈 8만 원을 황씨에게 맡기고 군에 입대했다. 황씨는 그 돈으로 소창직 직조틀을 들여오고 동네의 계집애들을 끌어들여 가내 수공업 공장을 시작한 것이다. [처음에는 공장이 제법 잘 돌아가, 곧 선출의 빚을 이자까지 깨끗이 갚을 수 있을 것처럼 보였다. 하지만 인근 읍내에 공업 단지가 들어서면서 상황이 급변하게 되었다. 새 공장의 높은 임금을 찾아 직공들이 모두 떠나 버렸고, 값싸고 질 좋은 카시미론이 유행하면서 소창이 팔리지 않게 된 것이다. 결국 황씨의 공장은 문을 닫게 되었고,] 제대하고 돌아온 선출에게 황씨는 이자는커녕 원금조차 갚지 못하는 처지가 되고 만다.
그러던 중 5·16 군사 정변 이후 시행된 농가 부채(빚) 탕감(없애 줌) 정책(5·16 군사 정변 이후 사회 안정을 꾀하고 민심을 얻기 위해 농촌의 빚을 정부가 없애 준 정책)에 따라 황씨는 선출의 빚을 정부에 신고하여 탕감 혜택을 받는다. 두 사람은 결국 선출이 작성해 두었던 계약서를 바탕으로, 황씨가 송아지 한 마리를 사서 잘 키운 뒤 팔아 그 돈으로 선출의 원금을 갚기로 합의한다. 선출은 다시 황씨네 머슴으로 일하면서 황씨와 함께 송아지를 정성껏 키운다. [황씨는 타고난 농부의 애정으로, 선출은 신실이(선출의 애인)와 서울에서 새살림을 차릴 희망으로 송아지를 지극정성으로 돌본다. 이렇게 키운 암소가 송아지를 배게 되자, 암소를 팔고 싶어 하는 선출과 팔기를 거부하는 황씨 사이에 갈등이 생긴다. 그러던 어느 날, 황씨 집에서 고사 음식을 준비하던 고랏댁(황씨의 아내)이 무심코 술지게미를 소 여물 통에 놓아둔다. 이를 맛본 암소는 술 냄새를 따라 광으로 들어가 술독에 있던 막걸리를 전부 마셔 버린다. 술에 취한 암소는 집을 뛰쳐나가 타작마당에서 주정을 부리며 격렬하게 날뛴다. 이윽고 소가 탈진해 쓰러지자 마을 사람들의 도움으로 모닥불을 피우고 녹두 물을 소에게 먹이지만 소는 결국 죽게 된다. 마지막 희망이었던 암소의 죽음에 황씨와 선출은 절망하고 선출은 곁에서 신실이마저 목 놓아 운다. 마을 사람들은 속으로 곰국 생각을 하면서도 겉으로는 술 취해 죽은 소를 탄식한다.]

• 어휘 풀이

* 필목 : 필(일정한 길이로 말아 놓은 천을 세는 단위)로 된 무명천.
* 손수 : 남의 힘을 빌리지 아니하고 제 손으로 직접.
* 장돌뱅이 : 여러 장으로 돌아다니면서 물건을 파는 장수를 낮잡아 이르는 말.
* 매장치기 : 장날마다 장을 보러 다니는 일.
* 조시 : 처음 상태.
* 소창직 : 무명실로 만든 면직물.
* 직조 : 기계나 베틀로 천을 짜는 일.
* 봉당 : 집 안에 있는 평평한 빈터.
* 초협하다 : 매우 좁고 작아.
* 판세 : 일이 되어 가는 상황.
* 기별 : 소식.
* 직공 : 공장에서 일하는 사람.
* 공임 : 일한 데 대한 품삯.
* 노임 : 노동 임금. 노동에 대한 보수.
* 쟁의 : 고용주와 근로자 사이에서 일어나는 분쟁.
* 속수무책 : 손을 묶은 것처럼 어찌할 도리가 없어 꼼짝 못함.
* 앙등 : 뛰어오름.
* 팔매 : 작고 단단한 돌. '갑작스럽고 위협적인 타격'을 비유.
* 결정타 : 일의 결과에 결정적인 영향을 미치는 행동이나 사건을 비유하는 말.
* 카시미론 : cashmilon. 캐시미어의 감촉을 재현한 저가 합성 섬유. 양모처럼 보온성이 좋으면서도 가볍고 부드러워 옷감이나 담요 등을 만드는 데 쓰임.

* 벽촌 : 외따로 떨어져 있는 구석진 마을.
* 현혹되는 : 정신을 빼앗겨 해야 할 바를 잊어버리는.
* 안목 : 사물을 보고 가치를 분별하는 능력.
* 백소창 : 이불의 안감이나 기저귓감 따위로 쓰는 흰색 천.
* 급전된 : 갑자기 바뀌게 된.
* 밑진 : 들인 밑천이나 기울인 노력에 비하여 얻은 것이 적어 손해를 본.
* 고사 : 불운은 없어지고 풍요와 행운이 오도록 집안에서 섬기는 신에게 음식을 차려 놓고 비는 제사.
* 술지게미 : 술을 거르고 남은 찌꺼기.
* 줄잡아 : 대강 짐작으로 헤아려.
* 화룽화룽 : 불길이 흔들리며 타오르는 모양.
* 밍근한 : 약간 미지근한.
* 유만부동 : 정도에 넘침.
* 덜미 : 목의 뒤쪽 부분과 그 아래 근처.
* 치부하면서도 : 여기면서도.

---

22 서술상 특징 – 적절한 것 고르기
정답률 70%, 매력적 오답 ① 15% ④ 10%　　　정답 ②

윗글에 대한 설명으로 가장 적절한 것은?

① *서술자가 전해 들은 사건을 **객관적으로 전달하고 있다.　*이야기를 이끌어 가는 사람
**감정이나 생각을 담지 않고 사실 그대로

근거　그리 돼 가는 판에다 대고 누가 그 사업이 기울어지리라고 생각이나 해봤겠느냐 말이다.
아니 간이 뒤집혔는지도 모를 일이었다./사람들은 그저 한갓 장승이 달리 없었다./선출이는 푸닥거리 끝난 뒤 떡 못 얻어먹은 사람마냥 싱거운 얼굴에 허수아비 옷 벗겨 입힌 등신이 돼 있었다./ 아무런 보람이 없었다. ~ 결국 가죽만 남기게 된 것이었다.
풀이　윗글은 서술자가 작품 밖에서 사건을 전달하며 자신의 주관적 생각을 덧붙이고 있다.
→ 적절하지 않음!

✓ ② 서술자가 사건뿐만 아니라 인물의 심리를 서술하고 있다.
근거　세상 물정에 어두웠음이나 한탄하며 조용히 문을 닫게 되었다.
술 한 독을 다 먹어 치운 것으로 추측한 것이다.
속으로 황씨가 생시 아니 몽유 중이기를 바랄 즈음 선출은 차라리 사람 죽는 꼴을 봄이 낫겠단 생각을 하고 난 뒤의 일이지만./ 고랏댁은 ~ 태중의 새끼를 꺼내면 푹신 고아 남편 몸보신이나 시키리란 생각/ 마을 사람들은 모두 속으로 ~ 소가 술 취해 죽었다는 건 듣고 보기 처음이라고 탄식이 거듭이었다.
풀이　윗글의 서술자는 작품 밖에서 사건을 전달하며 황씨를 비롯한 인물들의 심리를 서술하고 있다.
→ 적절함!

③ 주인공이 *회상을 통해 자신의 경험을 직접 전달하고 있다.　*돌이켜 떠올림
풀이　윗글의 서술자는 작품 밖에서 주인공이 경험한 사건을 전달하고 있다.
→ 적절하지 않음!

> ■ 주인공이 회상을 통해 자신의 경험을 직접 전달하는 작품
> • 김주영, 「고기잡이는 갈대를 꺾지 않는다」 (2022년 고2 3월 학평)
> 아우와 나 사이에 은연중에 지켜진 관행(오래전부터 해 오던 일)에 따른다면, 내가 학교에서 생활하는 시간을 제외한 모든 시간을 아우와 짝이 되어 보낸다는 점이었다. 심지어 측간(화장실)을 가는 일조차 행동 통일이 되어야(함께해야) 직성이 풀렸다.
> → 주인공인 '나'가 회상을 통해 어린 시절에 아우와 함께 대부분의 시간을 보냈던 경험을 직접 드러내고 있다.

밖
④ 이야기 안의 서술자가 인물에 대한 생각을 드러내고 있다.
근거　사람들은 그저 한갓 장승이 달리 없었다./ 선출이는 푸닥거리 끝난 뒤 떡 못 얻어먹은 사람마냥 싱거운 얼굴에 허수아비 옷 벗겨 입힌 등신이 돼 있었다.
풀이　윗글의 서술자는 작품 밖에서 인물에 대한 생각을 드러내고 있다.
→ 적절하지 않음!

> ■ 이야기 안의 서술자가 인물에 대한 생각을 드러내는 작품
> • 양귀자, 「원미동 사람들」 (2024학년도 9월 모평)
> 믿지 않겠지만 내게는 스물일곱짜리 남자 친구가 또 하나 있다. 우리 집 옆, 형제슈

퍼의 김 반장(조직 班 우두머리 長 : 행정 구역의 단위인 '반'을 대표하여 일을 맡아보는 사람)
이 바로 또 하나의 내 친구인데 그는 원미동 23통 5반의 반장으로 누구보다도 씩씩
하고 재미있는 사람이었다.
→ 이야기 안의 서술자 '나'가 김 반장에 대해 씩씩하고 재미있는 사람이라고 평가하
고 있다.

⑤ 장면마다 서술자를 바꿔 사건을 *입체적으로 보여 주고 있다. *다양한 방향에서
풀이 윗글은 하나의 서술자가 사건을 서술하고 있다.
→ 적절하지 않음!

■ 장면마다 서술자를 바꿔 사건을 입체적으로 보여 주는 작품
• 성석제, 「투명 인간」(2022년 고1 9월 학평)
— 미안합니다. ~ 제 여동생이 결혼하고 나서 제 사는 동네 중학교 앞에서 분식집을
합니다. 거기를 좀 도와주세요. 월급은 지금보다 많이 드리라 할게요. 부탁합니다.
만수 씨는 그렇게 말했다. 오래도록 생각했지만 다른 도리가 없었다. 사실 나(진주)
는 만수 씨를 좋아했다. 만수 씨를 처음 봤을 때부터 좋아하고 있었다.(서술자 '나' : 진
주) 오빠(만수)가 그 여자(진주)를 데리고 와서 주방을 맡기라고 했을 때는 억장이 무
너지는 것 같았다. ~ 내(만수의 여동생)가 거기까지 얘기했을 때 오빠가 점퍼 안주머
니에서 적금 통장을 꺼내 놓았다.(서술자 '나' : 만수의 여동생)
→ 장면에 따라 1인칭 서술자 '나'를 '진주'에서 '만수의 여동생'으로 바꾸어 사건을 입
체적으로 보여 주고 있다.

1등급 문제

23 내용 이해 – 적절하지 않은 것 고르기
정답률 40%, 매력적 오답 ③ 30% ④ 10% ⑤ 15%
정답 ①

윗글을 읽고 알 수 있는 내용으로 적절하지 <u>않은</u> 것은?

공장을 폐업했다
① 황씨는 소창직 직조 사업이 어려워지자 매장치기를 했다.
근거 필목 잇맵음이 나는 대로 손수 둘러메고 장돌뱅이로 나섰다. ~ 인근에 장이 서는 대
로 매장치기를 했다. 그 무렵 한철은 그럭저럭 나가고도 남은 돈이 있게 되기도 했었
다.
백소창이나 한 장 토막에 두서너 필 내는 정도의 어처구니없는 사태로 급전된 것이
었다. 황씨는 문을 닫지 않으려고 발버둥 쳐 보기도 했지만 도리 없었다./ 조용히 문
을 닫게 되었다.
풀이 황씨는 소창직 직조 사업이 어려워지자 결국 공장을 폐업하게 된다. 황씨가 매장치
기를 한 것은 소창직 직조 사업이 잘되어 가던 때였으므로 적절하지 않은 설명이다.
→ 적절하지 않음!

② 촌사람들은 카시미론이라는 새로운 물건에 마음을 빼앗겼다.
근거 카시미론의 물결이 쥐구멍 같은 벽촌에도 회오리쳐 대기 시작했던 것이다. 무엇이
든 새로운 물건이 나왔을 때 그 물자의 효용에 현혹되는 촌사람들의 안목은 무서운
것이었다.
풀이 카시미론이라는 새로운 물건이 나오자 촌사람들은 그 효용에 현혹되었다고 하였다.
→ 적절함!

③ 고랏댁은 암소가 송아지를 배고 있다는 사실을 알고 있었다.
근거 고랏댁은 어서 날이 새어 소 배를 가르고 태중의 새끼를 꺼내면 푹신 고아 남편 몸보
신이나 시키리란 생각과 함께 모닥불에 짚단을 더 얹었다.
풀이 고랏댁은 암소가 죽자, 날이 밝으면 뱃속의 새끼를 꺼내어 남편의 몸보신을 시키려
는 생각을 하였으므로 적절하다.
→ 적절함!

④ 양순이는 외양간에서 암소가 사라진 것을 처음 발견했다.
근거 외양간이 비워져 있는 걸 발견한 것도 양순이였다. "얼라, 엄니 소 워디 갔댜?"
풀이 양순이는 소가 있어야 할 외양간이 비워져 있는 것을 처음으로 발견하고 엄마를 불
렀다.
→ 적절함!

⑤ 선출이는 암소가 술에 취해 날뛰는 것을 *제지하지 못했다. *막지
근거 선출이와 황씨가 뛰어들며 고삐를 잡으려 했을 때 사람들은 하나같이 그 두 사람을
붙잡고 늘어졌다.
풀이 황씨와 선출이가 날뛰는 소의 고삐를 잡으려 했을 때 사람들이 그들을 붙들고 늘어
졌다고 하였으므로 적절하다.
→ 적절함!

1등급 문제

24 인물 이해 – 적절한 것 고르기
정답률 50%, 매력적 오답 ② 10% ③ 15% ⑤ 20%
정답 ①

⊙과 ⓒ에 대한 이해로 가장 적절한 것은?

⊙ 직공으로 부리던 열다섯 명의 계집애들이 들고일어났다.
밤이 깊어 가면서 ⓒ 마을 사람들은 모두 속으로 죽은 고기는 반값이니 몇 근 사두면
그믐 대목까지 공국을 내먹겠다고 치부하면서도 겉으론 하늘 아래 이 동네 서고 소가
술 취해 죽었다는 건 듣고 보기 처음이라고 탄식이 거듭이었다.

✔① ⊙은 ⓒ과 달리 자신의 이익을 *관철하기 위해 의도적으로 갈등을 조성하고 있다. *어
려움을 뚫고 나아가 이루기
근거 공임을 배로 올려 주든가 새로 선 공장으로 가게 놓아주든가 하라는 것이었다./ 이틀
동안 쟁의도 벌어졌으나 속수무책이었다.
누군가가 소리 질렀다. "짚토매 점 가져와. 소 얼어 죽겠다." 누군가가 짚누리를 헐고
짚 몇 단을 가져왔다. ~ 또 누군가는 먹은 걸 토악질시켜 게워 내도록 해야 산다고 양
순이에게 맷돌에 녹두를 타 오도록 재촉했다.
풀이 ⊙(직공)은 자신의 이익을 위해 공임을 배로 올려 주든지 새로 들어선 공장으로 가게
해 달라고 쟁의를 벌이며 의도적으로 갈등을 조성하였다. 그러나 ⓒ(마을 사람들)은
술에 취한 소를 구하기 위해 불을 피우고 양순이에게 녹두를 타 오도록 재촉했으므
로 자신의 이익을 위해 의도적으로 갈등을 조성했다고 볼 수 없다.
→ 적절함!

⊙은 ⓒ과 달리
② ⓒ은 ⊙과 달리 자신들의 경제적 이익을 목적으로 서로 협력하는 모습을 보이고 있다.
근거 이틀 동안 쟁의도 벌어졌으나 속수무책이었다.
누군가가 소리 질렀다. "짚토매 점 가져와. 소 얼어 죽겠다." 누군가가 짚누리를 헐고
짚 몇 단을 가져왔다. ~ 또 누군가는 먹은 걸 토악질시켜 게워 내도록 해야 산다고 양
순이에게 맷돌에 녹두를 타 오도록 재촉했다.
풀이 ⊙(직공)은 자신들의 경제적 이익을 목적으로 협력하여 쟁의를 벌였지만, ⓒ(마을 사
람들)의 협력은 소를 구하기 위한 것이었으며, 경제적 이익을 위한 행동으로 보기 어
렵다.
→ 적절하지 않음!

③ ⊙은 *인정에 호소하는 방법을 통해, ⓒ은 알고 있는 지식을 활용하는 방법을 통해 **
상황의 반전을 ***꾀하고 있다. *사람이 본래 가진 감정 **상황이 뒤바뀌어 변함 ***이루려고
힘쓰고
근거 공임을 배로 올려 주든가 새로 선 공장으로 가게 놓아주든가 하라는 것이었다.
누군가가 소리 질렀다. "짚토매 점 가져와. 소 얼어 죽겠다." 누군가가 짚누리를 헐고
짚 몇 단을 가져왔다. ~ 또 누군가는 먹은 걸 토악질시켜 게워 내도록 해야 산다고 양
순이에게 맷돌에 녹두를 타 오도록 재촉했다.
풀이 ⊙(직공)은 자신들의 노동 조건 개선을 황씨에게 적극적으로 요구했을 뿐, 인정에 호
소하는 방법을 통해 상황의 반전을 꾀했다고 볼 수 없다. ⓒ(마을 사람들)은 소가 날뛰
다 탈진하자 짚단을 모아 불을 피우고, 술을 게워 내도록 녹두를 타 오라고 하였으므
로 자신이 알고 있는 지식을 활용하여 상황의 반전을 꾀하고 있다고 볼 수 있다.
→ 적절하지 않음!

④ ⊙은 현재의 상황에 대한 기대감이, ⓒ은 *당면한 상황에 대한 죄책감이 동기가 되어
특정 행위를 행하고 있다. *눈앞에 당한
근거 또 노임을 배로 올린대도 직공들은 '장래성' '희망성' 따위가 전혀 없다면서 무슨 핑계
로든 빠져나갈 눈치를 보이고 있었다.
풀이 ⊙(직공)은 황씨의 공장에 '장래성', '희망성'이 보이지 않는다며 새 공장으로 옮겨 가
려고 하였으므로 현재의 상황에 대한 기대감이 특정 행위를 하는 동기가 되었다고
볼 수 없다. ⓒ(마을 사람들)은 소가 술에 취해 날뛰는 위기 상황을 해결하기 위해 협력
하였으므로 행위의 동기가 죄책감이라고 볼 여지는 없다.
→ 적절하지 않음!

ⓒ은
⑤ ⊙과 ⓒ은 모두 자신들의 노력이 *수포로 돌아가자 겉과 속이 다른 모습을 보이고 있
다. *헛수고
근거 그 계집애들 입에서 그만두겠다는 말이 나왔을 때는 이미 들어갈 자리를 미리 마련
해 놓은 뒤였던 것이다.
마을 사람들은 모두 속으로 죽은 고기는 반값이니 몇 근 사두면 그믐 대목까지 공국
을 내먹겠다고 치부하면서도 겉으론 하늘 아래 이 동네 서고 소가 술 취해 죽었다는
건 듣고 보기 처음이라고 탄식이 거듭이었다.
풀이 ⓒ(마을 사람들)은 소를 살리려던 노력이 수포로 돌아가자 겉으로는 탄식하면서도 속
으로는 공국을 먹을 생각을 하고 있으므로 겉과 속이 다른 모습을 보이고 있다고 할
수 있다. 그러나 ⊙(직공)은 새 공장으로 이직하게 되었으므로 노력이 수포로 돌아갔
다고 볼 수 없으며, 겉과 속이 다른 모습을 보이고 있지도 않다.
→ 적절하지 않음!

→ 문제편 057쪽

윗글의 서사 전개 과정을 〈보기〉와 같이 *도식화할 때, [A], [B]를 비교한 내용으로 적절하지 않은 것은? *그림으로 나타낼   3점

| 보기 |

[서사 전개 과정]

[A]	… (중략) …	[B]
황씨의 사업 실패		암소의 죽음

① [A]는 사회의 변화로 *말미암아 일어난 사건이고, [B]는 개인의 실수로 일어난 사건이다. *인해

근거 가만히 앉아 있는데 인근 읍내에 공업 단지라는 것이 생긴다더란 소문이 왔다./ 새로 생긴 제과 공장과 전기 기구 조립 공장은 첫 달 임금부터가 황씨네 소창직 공장의 두 달치 품삯에 맞먹고 있었다. 인건비의 앙등으로 치명상을 입을 줄은 더구나 예측할 수도 없던 일이었다./ 카시미론의 물결이 쥐구멍 같은 벽촌에도 회오리쳐 대기 시작했던 것이었다./ 백소창이나 한 장 토막에 두서너 필 내는 정도의 어처구니없는 사태로 급전된 것이었다. 황씨는 문을 닫지 않으려고 발버둥 쳐 보기도 했지만 도리 없었다. 황씨의 아내 고랏댁은 무심코 술지게미를 소 여물통에 놓아둔다. 이것을 맛본 암소는 광으로 들어가서 술독을 몽땅 비워 버린다.

풀이 [A]는 공업 단지 조성과 카시미론의 등장과 같은 사회의 변화로 인해 일어난 사건이다. [B]는 고랏댁이 무심코 술지게미를 소 여물통에 놓아두었기 때문에 개인의 실수로 일어난 사건이다.

→ 적절함!

② [A]는 사건에 대한 중심인물의 *회한이, [B]는 사건에 대한 중심인물의 원망이 나타나 있다. *후회

근거 "쬐끔 늦었던 겨, 다 시절 돌아가는 걸 보아 가메 눈치로 허야는 것을."/ 그러나 들인 시설비는 한 푼 못 건진 채 세상 물정에 어두움이나 한탄하며 조용히 문을 닫게 되었다.
"배신을 해도 유만부동이다. 이 괘씸한 놈아, 이 괘씸한 놈……" 황씨가 소에게 달려들어 덜미를 꼬집어 뜯으며

풀이 [A]는 세상 물정에 어두웠음을 한탄하는 중심인물인 황씨의 회한이 나타나 있다. [B]는 술에 취해 날뛰다 죽은 소에 대한 중심인물인 황씨의 원망이 나타나 있다.

→ 적절함!

③ [A]는 장기적으로 일어난 사건의 과정이, [B]는 단기적으로 일어난 사건의 과정이 나타나 있다.

근거 가만히 앉아 있는데 인근 읍내에 공업 단지라는 것이 생긴다더란 소문이 왔다./ 새로 생긴 제과 공장과 전기 기구 조립 공장은 첫 달 임금부터가 황씨네 소창직 공장의 두 달치 품삯에 맞먹고 있었다. 인건비의 앙등으로 치명상을 입을 줄은 더구나 예측할 수도 없던 일이었다./ 카시미론의 물결이 쥐구멍 같은 벽촌에도 회오리쳐 대기 시작했던 것이었다./ 백소창이나 한 장 토막에 두서너 필 내는 정도의 어처구니없는 사태로 급전된 것이었다. 황씨는 문을 닫지 않으려고 발버둥 쳐 보기도 했지만 도리 없었다. 황씨 집에서 모든 일이 잘 되기를 바라는 고사가 있던 날, ~ 암소는 광으로 들어가서 술독을 몽땅 비워 버린다./ 날씨는 섣달 날씨였고 ~ 암소는 제 한 몸만 믿고 걸었던 기대와 희망을 헌 멍에 벗어던지듯 하고 가죽만 남기게 된 것이었다.

풀이 [A]는 산업화로 인한 공업 단지 조성, 카시미론 유행 등 장기간에 걸쳐 일어난 사건의 과정이 나타나 있다. [B]는 술을 잔뜩 마신 암소가 하룻밤 사이에 죽게 된 사건이 나타나 있다.

→ 적절함!

④ [A]는 문제 상황에 대한 중심인물의, [B]는 문제를 해결하려는 주변 인물의 행동이 나타나 있다.

근거 황씨는 문을 닫지 않으려고 발버둥 쳐 보기도 했지만 도리 없었다./ 조용히 문을 닫게 되었다.
누군가가 소리 질렀다. "짚토매 점 가져와. 소 얼어 죽겠다." 누군가가 짚누리를 헐고 짚 몇 단을 가져왔다. ~ 또 누군가는 먹은 걸 토악질시켜 게워 내도록 해야 산다고 양순이에게 맷돌에 녹두를 타 오도록 재촉했다.

풀이 [A]는 소창직 직조 사업의 실패로 인해 공장을 폐업하는 중심인물인 황씨의 행동이 나타나 있다. [B]는 암소가 죽어 가는 문제를 해결하려는 주변 인물인 마을 사람들의 행동이 나타나 있다.

→ 적절함!

✓⑤ [A]는 *세태에 대한 중심인물의 관심을, [B]는 공동체에 대한 중심인물의 **반감을 불러일으키고 있다. *세상의 상태나 모습 **반대하거나 반항하는 감정

근거 황씨는 비로소 유행이란 것에 관심을 갖게 된 것이다.

풀이 [A]로 인해 중심인물인 황씨는 유행에 관심을 가지게 되었으므로 적절하다. 그러나

[B]로 인해 중심인물인 황씨가 마을 공동체에 대해 반감을 가지게 된 것은 아니다.

→ 적절하지 않음!

[26 ~ 29] 현대시

(가) 나희덕, 「연두에 울다」

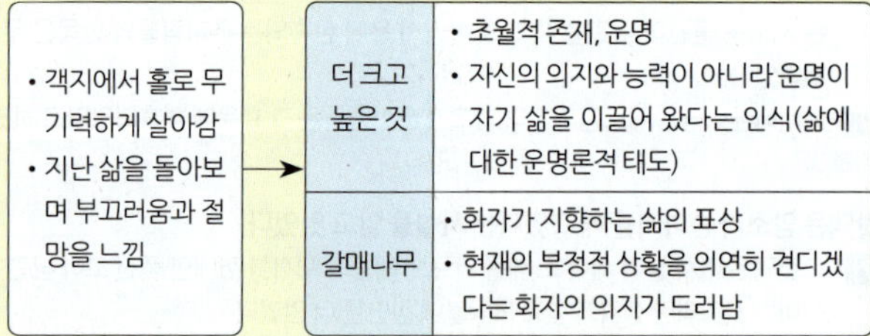

• **주제**

젊음에 대한 그리움과 생명에 대한 의지

• **지문 이해**

	연둣빛 들판(생명력, 순수함)을 봄 →	
• 떨리는 손으로 풀죽은 김밥을 입에 쑤셔넣고 → 무기력함 • 내 안은 왜 이리 어두운가. → 절망감 • 나를 빛바래게 하려고 쏟아지는 저 햇빛 → 체념		• 갑자기 울음이 터져나왔다, ~ 감정이 몸에 돌기 위한 최소조건이라도 되는 듯. → 억눌렸던 감정이 터짐. 정서적 변화의 계기 • 눈에 즙처럼 괴는 연두. → 연두를 내면화함 • 그래. 저 빛에 나도 두고 온 게 있지. → 젊음, 생명력을 그리워하며 회복을 염원함

• **어휘 풀이**

* 풀죽은 : 눅눅하고 흐물흐물한.
* 초록은 동색 : 풀색(초(草))과 녹색(록(綠))은 같은 색이라는 뜻. 이름은 다르나 따져 보면 같다는 의미.
* 수런거림 : 여럿이 한데 모여 수선스럽게 자꾸 지껄임.
* 빛바래게 : 여기서는 '늙고 쇠약하게'를 의미.
* 최소조건 : 어떤 일이나 상황이 일어나기 위해 필요한 최소한의 조건.

(나) 백석, 「남신의주 유동(평안북도 서북부에 있는 지역) 박시봉방(편지에서 세대주나 집주인의 이름 아래 붙여 그 집에 거처하고 있음을 나타내는 말)」

• **주제**

절망적 상황에서의 자기 성찰과 새로운 삶을 향한 의지

• **지문 이해**

• 객지에서 홀로 무기력하게 살아감 • 지난 삶을 돌아보며 부끄러움과 절망을 느낌 →	더 크고 높은 것	• 초월적 존재, 운명 • 자신의 의지와 능력이 아니라 운명이 자기 삶을 이끌어 왔다는 인식(삶에 대한 운명론적 태도)
	갈매나무	• 화자가 지향하는 삶의 표상 • 현재의 부정적 상황을 의연히 견디겠다는 화자의 의지가 드러남

• **어휘 풀이**

* 살뜰한 : 자상한.
* 바람, 추위 : 여기서는 '시련, 고난'을 비유.
* 삿 : 갈대를 엮어서 만든 자리.
* 쥔을 붙이었다 : 주인집에 세 들어 살게 되었다.
* 누긋한 : 눅눅한.
* 딜옹배기 : 아주 작은 질그릇.
* 북덕불 : 짚이나 풀 따위가 뒤섞여 엉클어진 뭉텅이에 피운 불.
* 연하여 : 계속하여.
* 쌔김질하는 : 한번 삼킨 먹이를 다시 게워 내어 씹는. 여기서는 '반추하는(되풀이하여 음미하거나 생각하는)'의 의미.
* 문창 : 주로 문을 바르는 데 쓰는 얇은 종이.
* 더 크고, 높은 것 : '초월적 존재, 운명'을 의미.
* 앙금 : 가루가 물에 가라앉아 생긴 층. 여기서는 '마음속에 가라앉은 감정'을 비유.
* 나줏손 : 저녁 무렵.

→ 문제편 057쪽

---

26 표현상 공통점 – 적절한 것 고르기
정답률 80% **정답 ④**

(가)와 (나)의 표현상 공통점으로 가장 적절한 것은?

선지	핵심 체크 내용	(가)	(나)
①	수미상관 → 주제 의식 강조	X	X
②	시행을 명사로 마무리 → 시적 여운	O	X
③	소재의 나열	X	O
	역동적 분위기 강화	X	X
④	계절적 이미지 → 시적 상황 부각	O	O
⑤	말을 건네는 방식 → 친밀감 나타냄	X	X

① ***수미상관을 사용하여 주제 의식을 강조하고 있다.** *시의 처음과 끝에 동일하거나 유사한 구절을 반복하여 배치하는 방식

풀이 (가)와 (나)는 모두 수미상관 방식이 사용되지 않았다.

→ 적절하지 않음!

② 시행을 **명사로 마무리하여** ****시적 여운을 남기고 있다.** *사물의 이름을 나타내는 품사
(가)만 해당
**시가 끝난 후에도 감동이 여전히 남아 있는 느낌

근거 (가)-11행 저 순연한 벼포기들 / 18행 눈에 즙처럼 괴는 연두.

풀이 (가)는 명사인 '벼포기들', '연두'로 시행을 마무리하여 시적 여운을 남기고 있다. 그러나 (나)는 시행을 명사로 마무리한 부분은 나타나지 않는다.

→ 적절하지 않음!
(나)만 해당

③ 소재의 나열을 통해 **역동적 분위기를 강화하고 있다.** *힘차고 활발하게 움직이는 분위기

근거 (나)-1~3행 어느 사이에 나는 아내도 없고, 또, / 아내와 같이 살던 집도 없어지고, / 그리고 살뜰한 부모며 동생들과도 멀리 떨어져서,

풀이 (가)는 소재의 나열을 통해 역동적 분위기를 강화한 부분을 찾을 수 없다. (나)는 '아내', '집', '부모', '동생들'을 나열하여 화자의 가난하고 외로운 처지를 드러내고 있을 뿐, 역동적 분위기를 강화하고 있지는 않다.

→ 적절하지 않음!

> ■ 소재의 나열을 통해 역동적 분위기를 강화하는 작품
> • 유치환, 「채전」 (2023학년도 수능)
> 한여름 채전(菜田 채소밭)으로 가 보아라 / 나비가 심방 오고(찾을 尋 찾을 訪 : 찾아오고) 풍뎅이가 찾아오고 잠자리가 왔다 가고 바람결에 스쳐 가고 그늘이 지나 가고 비가 내리고 햇볕이 다시 나고……
> → '나비', '풍뎅이', '잠자리', '바람결', '그늘', '비', '햇볕' 등을 나열하여 채전의 생명력 가득한 역동적 분위기를 강화하고 있다.

④ 계절적 이미지를 활용하여 시적 상황을 부각하고 있다.

근거 (가)-3행 기차는 여름 들판을 내 눈에 밀어넣었다. / 20행 기차는 여름 들판 사이로 오후를 달린다.

(나)-6행 추위는 점점 더해 오는데, / 30행 하이야니 눈을 맞을,

풀이 (가)는 '여름'의 이미지를 활용하여 생명력과 젊음을 그리워하고 갈망하는 상황을, (나)는 '겨울'의 이미지를 활용하여 타향에서 고독하게 살아가는 상황을 부각하고 있다.

→ 적절함!

⑤ 말을 건네는 방식을 사용하여 ***친밀감을 나타내고 있다.** *매우 친하고 가까운 느낌

풀이 (가)와 (나) 모두 말을 건네는 방식이 아닌, 독백체를 활용하여 자신의 내면을 드러내고 있다.

→ 적절하지 않음!

> ■ 말을 건네는 방식을 사용하여 친밀감을 나타내는 작품
> • 김관식, 「거산호 2」 (2022학년도 수능)
> 네 품이 내 고향인 그리운 산아 / 미역취(국화과의 여러해살이풀) 한 이파리 상긋한 산 내음새(냄새) / 산에서도 오히려 산을 그리며 / 꿈같은 산 정기(생기 있는 자연의 기운)를 그리며 산다.
> → '산'에게 말을 건네는 방식을 사용하여 산에 대한 화자의 친밀감을 나타내고 있다.

→ 문제편 058쪽

---

27 소재의 의미 – 적절한 것 고르기
정답률 60%, 매력적 오답 ③ 20% ④ 10% **정답 ⑤**

(가)의 '기차[A]'와 (나)의 '방[B]'에 대한 설명으로 가장 적절한 것은?
현재

① A는 B와 달리 화자가 **과거의** 아픔을 떠올리는 공간이다.

근거 (가)-12행 그런데 내 안은 왜 이리 어두운가.

(나)-15행 나는 내 슬픔이며 어리석음이며를 소처럼 연하여 쌔김질하는 것이었다.

풀이 A(기차)는 (가)의 화자가 현재의 아픔과 무기력을 인식하는 공간이고, B(방)는 (나)의 화자가 과거의 어리석은 삶을 되돌아보며 아픔과 슬픔을 느끼는 공간이다.

→ 적절하지 않음!

② B는 A와 달리 화자가 ***이상적으로 생각하는 공간이다.** *생각할 수 있는 범위 안에서 가장 완전하다고

풀이 A(기차)와 B(방)는 모두 (가)와 (나)의 화자가 자신을 부정적으로 인식하며 성찰하는 공간이다. 따라서 A(기차)와 B(방)는 모두 화자가 이상적으로 생각하는 공간으로 볼 수 없다.

→ 적절하지 않음!

③ A는 화자가 ***애상감을,** B는 ****자족감을 느끼는 공간이다.** *슬퍼하거나 아파하는 감정 **스스로 만족하는 느낌

풀이 A(기차)는 (가)의 화자가 자신의 무기력을 인식하고 절망을 느끼는 공간이므로 애상감을 느끼는 공간으로 볼 수 있다. 그러나 B(방)는 (나)의 화자가 자족감을 느끼는 공간으로 보기 어렵다.

→ 적절하지 않음!

④ A는 화자가 즐거움을, B는 ***고독감을 느끼는 공간이다.** *외롭고 쓸쓸한 느낌

근거 (나)-26행 외로운 생각만이 드는 때쯤 해서는,

풀이 (나)의 화자는 B(방)에서 외로움을 느끼고 있으므로 적절한 설명이다. 그러나 (가)의 화자는 A(기차)에서 즐거움을 느끼고 있지 않다.

→ 적절하지 않음!

⑤ A와 B는 모두 화자가 ***내적 갈등을 경험하는 공간이다.** *한 개인의 마음속에서 일어나는 갈등

근거 (가)-8~12행 연두는 내게 좀 다른 종족으로 여겨진다. / 거기엔 아직 고개 숙이지 않은 / 출렁거림, 또는 수런거림 같은 게 남아 있다. / 저 순연한 벼포기들 / 그런데 내 안은 왜 이리 어두운가.

(나)-15~19행 나는 내 슬픔이며 어리석음이며를 소처럼 연하여 쌔김질하는 것이었다. / 내 가슴이 꽉 메어 올 적이며, / 내 눈에 뜨거운 것이 핑 괴일 적이며, / 또 내 스스로 화끈 낯이 붉도록 부끄러울 적이며, / 나는 내 슬픔과 어리석음에 눌리어 죽을 수밖에 없는 것을 느끼는 것이었다.

풀이 (가)의 화자는 A(기차)에서 생명력 넘치는 '연두'와 대비되는 자신의 어두운 내면을 인식하고 슬픔을 느낀다. 또한 (나)의 화자는 B(방)에서 과거의 삶을 되돌아보며 부끄러움과 절망감을 느끼고 있다. 따라서 A(기차)와 B(방)는 모두 화자가 내적 갈등을 경험하는 공간이라 볼 수 있다.

→ 적절함!

---

28 화자의 상황 – 적절하지 않은 것 고르기
정답률 75% **정답 ②**

시상의 흐름을 고려해 ㉠ ~ ㉤을 이해한 내용으로 적절하지 않은 것은?

① ㉠ : 연둣빛 벼들이 눈에 들어온 상황을 표현하고 있다.

근거 (가)-4행 ㉠ 연둣빛 벼들이 눈동자를 찔렀다.

풀이 ㉠은 연둣빛 벼들이 화자의 눈에 들어온 상황으로, 화자가 연둣빛 벼들을 보고 있음을 나타낸다.

→ 적절함!
힘들게 하는

② ㉡ : 햇빛이 자신을 ***성숙하게 만드는 상황을 표현하고 있다.** *(내면이) 성장하게

근거 (가)-13~14행 ㉡ 나를 빛나게 하려고 쏟아지는 저 햇빛도 / 결국 어두워지면 빛바랠 거라고 중얼거리며

풀이 (가)의 화자는 햇빛이 자신을 빛바래게 한다고 생각하고 있으므로 ㉡은 햇빛이 자신을 힘들게 하는 상황을 표현한 것으로 이해하는 것이 적절하다.

→ 적절하지 않음!

③ ㉢ : 가족들과 떨어진 채 ***방황하는 상황을 표현하고 있다.** *이리저리 헤매어 돌아다니는

근거 (나)-1~4행 나는 아내도 없고, 또, / 아내와 같이 살던 집도 없어지고, / 그리고 살뜰한 부모며 동생들과도 멀리 떨어져서, / ㉢ 그 어느 바람 세인 쓸쓸한 거리 끝에 헤매이었다.

풀이 (나)의 화자는 아내, 부모, 동생들과 헤어져 거리를 헤매는 상황이다. 따라서 ㉢은 가족들과 떨어진 채 방황하는 화자의 상황을 표현한 것으로 이해할 수 있다.

→ 적절함!

④ ㉣ : 자기 한 몸도 *감당하기 어려운 상황을 표현하고 있다. *책임지기

근거 (나)-10행 ㉣ 낮이나 밤이나 나는 나 혼자도 너무 많은 것같이 생각하며,

풀이 ㉣은 화자가 자신의 존재를 버겁게 느낀다는 것으로, 화자가 자기 한 몸도 감당하기 어려운 상황을 표현한 것이다.

→ 적절함!

⑤ ㉤ : 자신의 지난 삶을 *성찰하고 있는 상황을 표현하고 있다. *돌아보며 반성하고

근거 (나)-15행 ㉤ 나는 내 슬픔이며 어리석음이며를 소처럼 연하여 쌔김질하는 것이었다.

풀이 ㉤의 '쌔김질'은 되풀이하여 생각한다는 '반추'의 의미로 해석할 수 있다. 따라서 ㉤은 화자가 자신의 지난 삶을 성찰하고 있는 상황을 표현한 것으로 이해할 수 있다.

→ 적절함!

1등급 문제

29 감상의 적절성 – 적절하지 않은 것 고르기
정답률 60%, 매력적 오답 ④ 25%

정답 ②

〈보기〉를 바탕으로 (가), (나)를 감상한 내용으로 적절하지 <u>않은</u> 것은? 3점

| 보기 |

[1] (가)의 화자는 투병(싸울 鬪 병 病 : 병을 이겨 내기 위해 견딤)으로 생기를 잃은, (나)의 화자는 객지(나그네 客 땅 地 : 고향이 아닌 곳)에서 홀로 힘겨워하는 처지에 놓여 있다. [2] (가)와 (나)의 화자는 유사한 정서적 변화를 경험하게 된다. [3] 무기력한 화자가 자신의 현실을 절망적으로 인식하다가, 특정한 계기로 정서적 변화를 경험하고 긍정적인 심리 상태에 이른다. [4] 이 과정에서 특정 대상의 속성에 주목하는 모습을 보이기도 한다.

① (가)의 '떨리는 손으로 풀죽은 김밥'을 먹는 것에서, (나)의 '문밖에 나가지두 않고 자리에 누워' 있는 것에서 화자의 무기력한 모습을 엿볼 수 있군.

근거 〈보기〉-1 (가)의 화자는 투병으로 생기를 잃은, (나)의 화자는 객지에서 홀로 힘겨워하는 처지/ 3 무기력한 화자

(가)-1~2행 떨리는 손으로 풀죽은 김밥을/ 입에 쑤셔넣고 있는 동안

(나)-13행 또 문밖에 나가지두 않고 자리에 누워서,

풀이 (가)의 화자가 '떨리는 손으로 풀죽은 김밥'을 '입에 쑤셔넣'는 것은 투병 중에 식욕을 잃은 무기력한 모습을 보여 준다. (나)의 화자가 '문밖에 나가지두 않고 자리에 누워' 있는 것은 객지에서 홀로 힘겨워하는 무기력한 모습을 보여 준다.

→ 적절함!

✓② (가)의 '들판은 왜 저리도 푸른가'에서, (나)의 '바람은 더욱 세게' 분다는 것에서 자신과 대비되는 특정 대상의 속성에 주목하는 화자의 모습을 확인할 수 있군.

근거 (가)-5행 들판은 왜 저리도 푸른가./ 12행 그런데 내 안은 왜 이리 어두운가.

(나)-6행 바람은 더욱 세게 불고,

풀이 (가)의 '들판은 왜 저리도 푸른가'는 무기력한 자신과 대비되는 생기 넘치는 들판의 모습에 주목하는 화자의 모습이 드러난다. 그러나 (나)의 '바람은 더욱 세게' 부는 것은 화자에게 닥친 고난과 시련을 의미하는 것이므로 적절하지 않은 설명이다.

→ 적절하지 않음!

③ (가)의 '내 안은 왜 이리 어두운가'에서, (나)의 '내 슬픔과 어리석음에 눌리어 죽을 수밖에 없는 것'에서 화자가 자신이 처한 현실을 절망적으로 인식하고 있음을 알 수 있군.

근거 〈보기〉-1 (가)의 화자는 투병으로 생기를 잃은, (나)의 화자는 객지에서 홀로 힘겨워하는 처지/ 3 무기력한 화자가 자신의 현실을 절망적으로 인식

(가)-12행 그런데 내 안은 왜 이리 어두운가.

(나)-19행 나는 내 슬픔과 어리석음에 눌리어 죽을 수밖에 없는 것을 느끼는 것이었다.

풀이 (가)의 '내 안은 왜 이리 어두운가'는 화자가 투병으로 생기를 잃은 현실을 절망적으로 인식하고 있음을 드러낸 것으로 볼 수 있다. (나)의 '내 슬픔과 어리석음에 눌리어 죽을 수밖에 없는 것'은 화자가 객지에서 홀로 힘겨워하는 현실을 절망적으로 인식하는 것으로 볼 수 있다.

→ 적절함!

④ (가)의 '감정이 몸에 돌기 위한 최소조건'으로서 '울음'이 터진 것에서, (나)의 '나를 이끌어 가는' 운명으로서 '더 크고, 높은 것'을 인식한 것에서 정서적 변화의 계기를 알 수 있군.

근거 〈보기〉-2 (가)와 (나)의 화자는 유사한 정서적 변화를 경험하게 된다.

(가)-16~17행 갑자기 울음이 터져나왔다, 그것이 마치/ 감정이 몸에 돌기 위한 최소조건이라도 되는 듯/ 19행 그래. 저 빛에 나도 두고 온 게 있지.

(나)-22~25행 이때 나는 내 뜻이며 힘으로, 나를 이끌어 가는 것이 힘든 일인 것을 생각하고,/ 이것들보다 더 크고, 높은 것이 있어서, 나를 마음대로 굴려 가는 것을 생각하는 것인데,/ 이렇게 하여 여러 날이 지나는 동안에,/ 내 어지러운 마음에는 슬픔이며, 한탄이며, 가라앉을 것은 차츰 앙금이 되어 가라앉고,

---

풀이 (가)의 화자가 터뜨린 '울음'은 '감정이 몸에 돌기 위한 최소조건'으로, 절망감을 느끼던 화자는 '울음'을 계기로 생명력 회복에 대한 의지를 보이게 된다. (나)의 화자는 내 뜻과 힘으로는 '나를 이끌어 가는' 것이 힘든 일이며, '나를 이끌어 가는' 것은 '더 크고, 높은 것'이라는 삶의 운명을 인식하게 된다. 이를 통해 화자는 절망에서 벗어나 마음의 안정을 느끼게 된다.

→ 적절함!

⑤ (가)의 '그래. 저 빛에 나도 두고 온 게 있지'에서 생명력 회복에 대한 화자의 바람을, (나)의 '굳고 정한 갈매나무'를 생각하는 것에서 화자의 현실 극복 의지를 엿볼 수 있군.

근거 〈보기〉-3 무기력한 화자가 자신의 현실을 절망적으로 인식하다가, 특정한 계기로 정서적 변화를 경험하고 긍정적인 심리 상태에 이른다.

(가)-18~19행 눈에 즙처럼 괴는 연두./ 그래. 저 빛에 나도 두고 온 게 있지.

(나)-32행 그 드물다는 굳고 정한 갈매나무라는 나무를 생각하는 것이었다.

풀이 (가)의 '그래. 저 빛에 나도 두고 온 게 있지'에는 생명력 넘치는 연둣빛 벼들을 눈에 담으며 생명력을 회복하기를 염원하는 화자의 모습이 드러난 것으로 볼 수 있다. (나)의 화자는 '굳고 정한 갈매나무'를 생각하며 외롭고 힘든 상황 속에서도 의연하게 견디는 갈매나무처럼 살고자 하는 현실 극복 의지를 드러내고 있다.

→ 적절함!

[30~33] 과학 - 〈식물의 광합성 과정〉

1 [1] 식물은 광합성을 통하여 생장(生長, 나서 자람)에 필요한 포도당을 생산한다. [2] 광합성의 과정은 대부분의 식물이 동일한데, 식물이 서식하는(棲息–, 자리를 잡고 사는) 환경에 따라 그 효율(效率, 들인 노력과 얻은 결과의 비율)은 크게 달라질 수 있다. [3] 그래서 어떤 식물들은 일반적인 식물과 다른 방식으로 광합성을 하도록 진화하였다.(進化–, 점차 변화해 왔다.) [4] 그렇다면 이들의 광합성 방식은 일반적인 식물과 어떤 차이가 있을까?

→ 광합성의 역할과 식물에 따른 광합성 방식 차이

2 [1] 일반적인 식물의 광합성은 잎에 있는 엽육 세포(葉肉細胞, 잎의 기본 조직인 표피와 잎맥 이외의 조직을 이루는 세포)에서 주로 일어난다. [2] 광합성의 과정은 ㉠ 명(明 밝다 명)반응과 ㉡ 암(暗 어둡다 암)반응이라는 두 단계로 이루어져 있다. [3] 명반응(明反應, 광합성 작용에서 빛을 받아 진행되는 화학 반응)은 빛 에너지로 물을 분해하여 암반응(暗反應, 광합성 과정 중 빛이 관계하지 않는 반응 단계)에 필요한 화학 에너지를 생성하는 단계로, 이 과정에서 부산물(副産物, 주요 생산물의 생산 과정에서 더불어 생기는 물건)로 산소가 발생한다. [4] 명반응으로 발생하는 화학 에너지는 빛의 세기가 강할수록 많이 생성되는데, 일정 수준 이상으로 빛의 세기가 강해져도 생산량이 더 증가하지는 않는다. [5] 명반응 과정에서 발생하는 산소는 포도당을 생성하는 데 불필요한(不必要–, 필요하지 않은) 요소(要素, 성분)이기 때문에, 식물은 잎 뒤에 주로(主–, 대부분) 분포되어(分布–, 흩어져 퍼져) 있는 기공(氣孔, 식물의 잎이나 줄기의 겉껍질에 있는 작은 구멍으로, 잎의 뒤쪽에 많으며 빛과 습도에 따라 여닫음)을 열어 산소를 배출한다.(排出–, 내보낸다.) [6] 기공은 산소를 배출할 뿐만 아니라 암반응에 필요한 이산화 탄소를 흡수하거나(吸收–, 안으로 끌어들이거나) 체내(體內, 몸의 내부)의 수분(水分, 물기)을 배출해야 할 때에도 열린다.

〈참고 그림〉

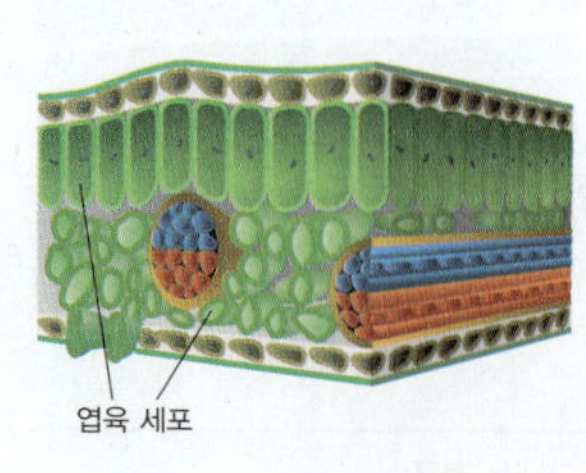
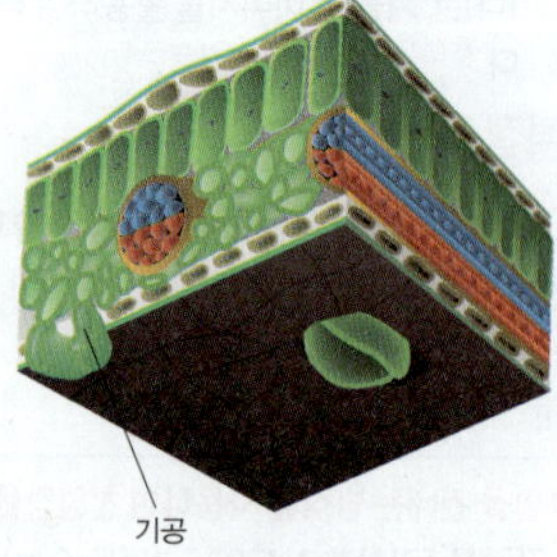

❷–1 일반적인 식물의 광합성은 잎에 있는 엽육 세포에서 주로 일어난다. ❷–5~6 명반응 과정에서 발생하는 산소는 식물의 잎 뒤에 주로 분포되어 있는 기공으로 배출된다. 기공은 암반응에 필요한 이산화 탄소를 흡수할 때에도 열린다.

→ 일반적인 식물(C3 식물)의 광합성 과정 ① : 명반응

3 ¹암반응은 명반응에서 생성된 화학 에너지와 기공을 통해 흡수한 이산화 탄소를 이용하여 포도당을 생성하고, 부산물로 물이 생기는 단계이다. ²암반응 과정은 캘빈 회로를 통하여 진행되는데 대기로부터 흡수된 이산화 탄소는 RuBP와 결합하며, 이 결합(이산화 탄소 + RuBP)은 루비스코라는 촉매(觸媒, 자신은 변화하지 않고, 화학 반응에 참여하여 반응 속도를 변화시키는 물질)를 통하여 촉진된다.(促進-, 다그쳐 빨리 나아가게 된다.) ³이 결합(이산화 탄소 + RuBP)으로 3개의 탄소가 결합한 3탄당이 형성되고, 3탄당은 화학적 변환(變換, 달라져 바뀜) 과정을 거쳐 포도당을 생성하며, 포도당 생성에 쓰이고 남은 화합물은 RuBP로 재생되어(再生-, 다시 만들어져) 이산화 탄소와 결합되는 과정이 다시 진행된다. ⁴이러한 순환(循環, 주기적으로 되풀이되는 과정) 과정을 캘빈 회로라고 하는데, 캘빈 회로로 포도당이 생성되려면 일정 수준 이상의 이산화 탄소 농도(濃度, 섞여 있는 비율), 적정한(適正-, 정도가 알맞은) 온도 등의 환경이 갖추어져야 한다. ⁵그렇지 않으면 RuBP가 이산화 탄소와 결합하는 비율이 낮아져 포도당 생산의 효율이 떨어진다. ⁶지구상 대부분의 식물은 이와 같은 과정으로 광합성을 하며, 이산화 탄소와 RuBP가 결합하여 생성되는 첫 화합물이 3탄당임을 고려하여 C3 식물이라고 부른다.

〈참고 그림〉 암반응

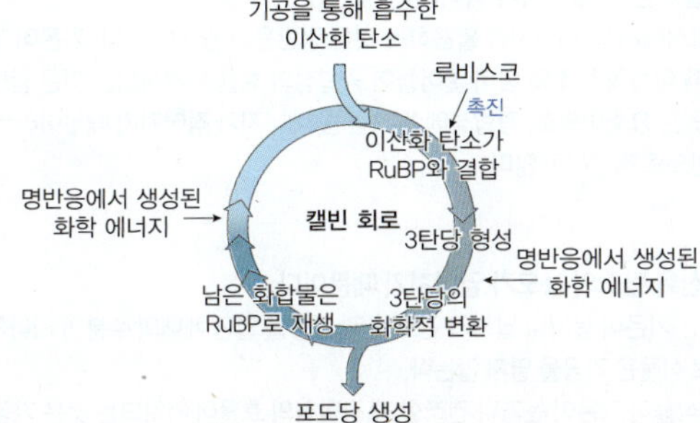

→ 일반적인 식물(C3 식물)의 광합성 과정 ② : 암반응

4 ¹그런데 ⓒ C3 식물은 기온이 높거나 건조할 때 광합성의 효율이 저하되는(低下-, 떨어져 낮아지는) 한계가 있다. ²기온이 높거나 날씨가 건조할 때 기공을 열면 체내의 수분이 지나치게 배출되므로 식물은 기공을 열지 않는다. ³이로 인해 포도당의 생산이 어려워지면 식물은 잘 생장하지 못한다. ⁴가령(假令, 예를 들어) 이상 기후(異常氣候, 기온이나 강수량 등 기후 요소가 과거 30년 이상에 걸쳐 관측되지 않을 정도로 매우 높거나 낮은 수치를 나타내는 것) 현상으로 인하여 고온(高溫, 높은 온도)의 기후(氣候, 기온, 비, 눈, 바람 등의 대기 상태)가 지속되는(持續-, 오래 계속되는) 상황이 발생하면 위와 같은 문제가 심화될(深化-, 점점 깊어질) 수 있으며, C3 식물이자 대표적인 식량 작물(作物, 논밭에 심어 가꾸는 곡식이나 채소)인 쌀과 밀 등의 생산량이 감소하는(減少-, 줄어드는) 문제로 이어질 수 있다. ⁵이에 따라 C3 식물과 다른 방식으로 광합성을 하여 고온에서도 잘 자랄 수 있는 C4 식물에 대한 연구가 활발히 진행되고 있다.

→ C3 식물의 한계 및 C4 식물 연구의 필요성

5 ¹옥수수, 조, 수수 등 고온의 열대 지방에서도 잘 자라도록 진화한 C4 식물은 두 개의 공간에서 광합성이 진행된다는 특징이 있다. ²첫 번째 공간인 엽육 세포는 C3 식물과 같은 방식으로 명반응이 일어나는 곳이자, 암반응의 첫 번째 단계로 탄소를 저장하는 역할을 하는 곳이다. ³이 식물(C4 식물)의 엽육 세포에는 이산화 탄소와 결합하는 역할을 하는 PEP가 존재한다. ⁴PEP와 이산화 탄소가 결합되면 4개의 탄소가 포함된 화합물인 4탄당이 형성되는데, C4 식물은 이를 고려하여 붙여진 이름이다. ⁵4탄당은 엽육 세포에 저장되어 있다가 유관속초 세포(維管束鞘細胞, 관다발 조직 주위를 둘러싸고 있는, 큰 엽록체를 갖추고 있는 세포)라는 두 번째 공간으로 이동한 후 분해되어 포도당 생성에 필요한 이산화 탄소를 배출한다. ⁶그리고 배출된 이산화 탄소는 유관속초 세포 속에 농축되었다가(濃縮-, 쌓였다가) 캘빈 회로를 통하여 포도당을 형성하는 데 쓰이는데, C3 식물과 C4 식물의 캘빈 회로의 작동 방식은 동일하다. ⁷이러한 방식으로 C4 식물은 유관속초 세포 속의 이산화 탄소 농도를 높게 유지함으로써(維持-, 변함없이 계속하여 이어 감으로써) C3 식물에 비해 높은 광합성 효율을 보인다.

→ C4 식물의 광합성 과정

6 ¹C4 식물의 비율은 전체 생물량의 5 %에 불과하다.(不過-, 지나지 않는다.) ²그러나 이들(C4 식물)의 광합성량은 전체 광합성량의 23 %에 달한다.(達-, 이른다.) ³이러한 C4 식물에 대한 연구는 미래에 발생할 수 있는 기후 위기에 대응하는(對應-, 맞추어 행동을 취하는) 중요한 열쇠가 될 수 있을 것으로 기대된다.

→ C4 식물 연구의 의의

■ 지문 이해

❶ 광합성의 역할과 식물에 따른 광합성 방식 차이
- 광합성의 역할 : 생장에 필요한 포도당 생산
- 식물의 서식 환경에 따른 광합성 효율 차이 → 다른 방식으로 광합성하도록 진화함

❷ 일반적인 식물(C3 식물)의 광합성 과정 ① : 명반응
- 엽육 세포에서 주로 일어남
- 명반응 : 빛 에너지로 물을 분해해 암반응에 필요한 화학 에너지 생성(부산물 : 산소)
- 기공 : 명반응의 부산물인 산소 배출, 암반응에 필요한 이산화 탄소 흡수, 체내 수분 배출 시 열림

❸ 일반적인 식물(C3 식물)의 광합성 과정 ② : 암반응
- 암반응 : 명반응에서 생성된 화학 에너지와 기공으로 흡수한 이산화 탄소를 이용해 포도당 생성(부산물 : 물)
- 암반응 과정은 캘빈 회로를 통해 진행됨
  - 이산화 탄소 + RuBP(촉매 : 루비스코) → 3탄당 형성
  - 3탄당의 화학적 변환 → 포도당 생성
  - 남은 화합물은 RuBP로 재생되어 이산화 탄소와 결합
  → 일정 수준 이상의 이산화 탄소 농도, 적정한 온도가 갖춰지지 않으면 포도당 생산 효율이 떨어짐

❹ C3 식물의 한계 및 C4 식물 연구의 필요성
- C3 식물은 기온이 높거나 건조할 때 광합성 효율이 저하됨
- 이상 기후 현상으로 고온 기후가 지속되면 식량 작물의 생산량 감소 등 문제가 심화될 수 있음
  → 다른 방식으로 광합성을 하여 고온에서도 잘 자랄 수 있는 C4 식물 연구가 활발히 진행됨

❺ C4 식물의 광합성 과정
- 두 개의 공간에서 광합성이 일어남

엽육 세포	- 명반응 + 암반응의 첫 번째 단계 - PEP가 이산화 탄소와 결합되어 4탄당 형성
유관속초 세포	- 엽육 세포에 저장되어 있던 4탄당이 이동 후 분해되어 이산화 탄소 배출 - 배출된 이산화 탄소는 농축되었다가 캘빈 회로를 통해 포도당을 형성하는 데 쓰임

- 유관속초 세포 속의 이산화 탄소 농도를 높게 유지해 C3 식물보다 높은 광합성 효율을 보임

❻ C4 식물 연구의 의의
- 미래에 발생할 수 있는 기후 위기에 대응하는 중요한 열쇠가 될 수 있을 것으로 기대됨

---

30 세부 정보 이해 - 적절하지 않은 것 고르기 / 정답률 80% 　　　　정답 ③

윗글을 읽고 답할 수 있는 질문으로 적절하지 않은 것은?

① 식물이 광합성을 하는 목적은?
　근거 ❶-1 식물은 광합성을 통하여 생장에 필요한 포도당을 생산한다.
　→ 적절함!

② C3 식물과 C4 식물의 이름에 담긴 의미는?
　근거 ❸-6 이산화 탄소와 RuBP가 결합하여 생성되는 첫 화합물이 3탄당임을 고려하여 C3 식물이라고 부른다. ❺-4 PEP와 이산화 탄소가 결합되면 4개의 탄소가 포함된 화합물인 4탄당이 형성되는데, C4 식물은 이를 고려하여 붙여진 이름
　→ 적절함!

✔③ C4 식물의 광합성 방식이 진화되는 과정은?
　근거 ❺-1 옥수수, 조, 수수 등 고온의 열대 지방에서도 잘 자라도록 진화한 C4 식물은 두 개의 공간에서 광합성이 진행된다는 특징이 있다.
　풀이 윗글에서는 C4 식물이 두 개의 공간에서 광합성이 진행되어 고온의 열대 지방에서 잘 자라도록 진화하였음을 설명하고 있지만, C4 식물의 광합성 방식이 진화되는 과

정을 설명하지는 않았다.

→ 적절하지 않음!

④ C4 식물에 대한 연구가 필요한 까닭은?

근거 ❹-4~5 이상 기후 현상으로 인하여 고온의 기후가 지속되는 상황이 발생하면 … C3 식물이자 대표적인 식량 작물인 쌀과 밀 등의 생산량이 감소하는 문제로 이어질 수 있다. 이에 따라 C3 식물과 다른 방식으로 광합성을 하여 고온에서도 잘 자랄 수 있는 C4 식물에 대한 연구가 활발히 진행되고 있다. ❻-3 C4 식물에 대한 연구는 미래에 발생할 수 있는 기후 위기에 대응하는 중요한 열쇠가 될 수 있을 것으로 기대된다.

→ 적절함!

⑤ C4 식물이 C3 식물보다 광합성 효율이 높은 이유는?

근거 ❺-1~7 옥수수, 조, 수수 등 고온의 열대 지방에서도 잘 자라도록 진화한 C4 식물은 두 개의 공간에서 광합성이 진행된다는 특징이 있다. … 이러한 방식으로 C4 식물은 유관속초 세포 속의 이산화 탄소 농도를 높게 유지함으로써 C3 식물에 비해 높은 광합성 효율을 보인다.

→ 적절함!

---

31 | 핵심 개념 파악 - 적절한 것 고르기
정답률 75%, 매력적 오답 ④ 10%　　　　　　정답 ③

㉠과 ㉡에 대한 설명으로 가장 적절한 것은?

> ㉠ 명반응　　㉡ 암반응

▶ 지문 핵심 개념 정리

명반응	• 빛 에너지로 물을 분해하여 암반응에 필요한 화학 에너지를 생성하는 단계(❷-3) • 부산물로 산소가 발생(❷-3) • 명반응으로 발생하는 화학 에너지는 빛의 세기가 강할수록 많이 생성되지만, 일정 수준 이상으로 빛의 세기가 강해져도 생산량이 증가하지는 않음(❷-4)
암반응	• 기공을 통해 흡수한 이산화 탄소를 이용하여 포도당을 생성하는 단계(❸-1) • 부산물로 물이 생김(❸-1) • 대기로부터 흡수된 이산화 탄소가 RuBP와 결합 → 3탄당 형성 → 포도당 생성 → 남은 화합물은 RuBP로 재생되어 이산화 탄소와 결합(❸-2~3)

㉡은 ㉠과 달리
① ㉠은 ㉡과 달리 이산화 탄소를 필요로 한다.

근거 ❷-6 암반응(㉡)에 필요한 이산화 탄소

풀이 명반응은 빛 에너지를 이용해 암반응에 필요한 화학 에너지를 생성하는 단계이다. 이 과정에서 식물은 기공을 열어 산소를 배출하는데, 기공은 '암반응에 필요한' 이산화 탄소를 흡수할 때에도 열린다. 한편 암반응은 명반응에서 생성된 화학 에너지와 기공을 통해 흡수한 이산화 탄소를 이용하여 포도당을 생성한다. 따라서 이산화 탄소를 필요로 하는 것은 명반응(㉠)이 아니라 암반응(㉡)이다.

→ 적절하지 않음!

㉠은　　빛 에너지
② ㉡은 ㉠과 달리 산소를 활용한 물의 분해가 진행된다.

풀이 명반응은 빛 에너지로 물을 분해하며, 그 과정에서 부산물로 산소가 발생한다. 암반응은 이산화 탄소를 이용하여 포도당을 생성하고, 부산물로 물이 생성된다. 즉 '물의 분해'가 진행되는 과정은 명반응(㉠)이며, 이때 물의 분해는 '산소'가 아니라 '빛 에너지'를 활용하여 이루어진다.

→ 적절하지 않음!

③ ㉠은 산소가, ㉡은 물이 반응의 부산물로 생성된다.

근거 ❷-3 명반응은 … 이 과정에서 부산물로 산소가 발생, ❸-1 암반응은 … 부산물로 물이 생기는 단계

→ 적절함!

④ ㉠은 물을, ㉡은 RuBP를 재생하는 반응이 일어난다.

풀이 명반응은 빛 에너지로 물을 분해하여 화학 에너지를 생성하는 단계로, 윗글의 내용을 통해 명반응에서 물을 '재생하는 반응'이 일어나는지 여부는 알 수 없다. 한편 암반응 과정은 캘빈 회로를 통해 진행되는데, 이때 캘빈 회로는 흡수된 이산화 탄소가 RuBP와 결합하여 3탄당이 형성되고, 3탄당이 화학적 변환 과정을 거쳐 포도당을 생성하며, 포도당 생성에 쓰이고 남은 화합물은 'RuBP로 재생되어' 이산화 탄소와의 결합이 다시 진행되는 일련의 순환 과정을 말한다. 따라서 암반응(㉡)에서 RuBP를 재생하는 반응이 일어난다는 설명은 적절하지만, 명반응(㉠)에서 물을 재생하는 반응이 일어난다는 설명은 적절하지 않다.

→ 적절하지 않음!

⑤ ㉠과 ㉡은 모두 빛의 세기가 강해질수록 반응이 활성화된다.

풀이 명반응으로 발생하는 화학 에너지는 빛의 세기가 강할수록 많이 생성되지만, 일정 수준 이상으로 빛의 세기가 강해질 경우 생산량이 더 이상 증가하지 않는다. 따라서 명반응(㉠)은 빛의 세기가 강해질수록 반응이 활성화된다는 설명은 적절하지 않다. 한편 암반응은 명반응에서 생성된 화학 에너지와 기공으로 흡수된 이산화 탄소를 이용해 포도당을 생성하는 과정으로, 빛의 세기와 관련이 없다. 따라서 암반응(㉡)이 빛의 세기가 강해질수록 반응이 활성화된다는 설명 또한 적절하지 않다.

→ 적절하지 않음!

1등급 문제

32 | 추론의 적절성 판단 - 적절한 것 고르기
정답률 55%, 매력적 오답 ③ ④ 15%　　　　　　정답 ⑤

ⓒ의 원인을 추론한 내용으로 가장 적절한 것은?

> ⓒ C3 식물은 기온이 높거나 건조할 때 광합성의 효율이 저하되는 한계가 있다.

명반응
① 광합성에 필요한 빛 에너지가 적어지기 때문이다.

풀이 광합성에서 빛 에너지를 활용하는 것은 명반응과 관련이 있다. 기온이 높거나 건조할 때 이산화 탄소의 양이 줄어들어 광합성의 효율이 저하되는 것은 암반응과 관련이 있는 요소이므로, 광합성에 필요한 빛 에너지가 적어지기 때문이라는 것은 ⓒ의 원인으로 적절하지 않다.

→ 적절하지 않음!

잎 내부의
② 대기 중 이산화 탄소의 농도가 옅어지기 때문이다.

근거 ❹-2 기온이 높거나 날씨가 건조할 때 기공을 열면 체내의 수분이 지나치게 배출되므로 식물은 기공을 열지 않는다.

풀이 C3 식물이 기온이 높거나 건조할 때 광합성의 효율이 저하되는 것은 기공을 열지 않아 이산화 탄소의 흡수량이 줄어들고, 이 때문에 잎 내부의 이산화 탄소 농도가 옅어지기 때문이지, 대기 중 이산화 탄소의 농도가 옅어지기 때문이 아니다.

→ 적절하지 않음!

흡수　　이산화 탄소　　줄어들기
③ 기공을 통하여 배출되는 산소의 양이 늘어나기 때문이다.

근거 ❸-1 기공을 통해 흡수한 이산화 탄소를 이용하여 포도당을 생성, ❹-2 기온이 높거나 날씨가 건조할 때 기공을 열면 체내의 수분이 지나치게 배출되므로 식물은 기공을 열지 않는다.

풀이 식물은 기공을 통해 이산화 탄소를 흡수하는데 기온이 높거나 건조하면, 지나친 수분의 배출을 막기 위해 기공을 열지 않는다고 하였다. 즉 C3 식물이 기온이 높거나 건조할 때 광합성의 효율이 저하되는 것은 기공을 통하여 배출되는 산소의 양이 늘어나기 때문이 아니라, 기공이 열리지 않아 포도당이 생성될 만큼의 이산화 탄소를 흡수하지 못하기 때문이다.

→ 적절하지 않음!

C4 식물
④ 광합성에 사용되는 탄소보다 저장되는 탄소가 더 많아지기 때문이다.

근거 ❺-1~2 C4 식물은 두 개의 공간에서 광합성이 진행된다는 특징이 있다. 첫 번째 공간인 엽육 세포는 C3 식물과 같은 방식으로 명반응이 일어나는 곳이자, 암반응의 첫 번째 단계로 탄소를 저장하는 역할을 하는 곳

풀이 C4 식물은 C3 식물과 달리 두 개의 공간에서 광합성이 진행되며, 그중 첫 번째 공간인 엽육 세포에서는 탄소를 저장한다. '저장되는 탄소'는 C4 식물과 관련된 설명이지, C3 식물과 관련된 설명이 아니므로, '광합성에 사용되는 탄소보다 저장되는 탄소가 더 많아지기 때문'이라는 것은 ⓒ의 원인으로 적절하지 않다.

→ 적절하지 않음!

⑤ 캘빈 회로에 사용될 수 있는 이산화 탄소의 양이 줄어들기 때문이다.

근거 ❷-6 기공은 산소를 배출할 때뿐만 아니라 암반응에 필요한 이산화 탄소를 흡수하거나 체내의 수분을 배출해야 할 때에도 열린다. ❸-1 암반응은 명반응에서 생성된 화학 에너지와 기공을 통해 흡수한 이산화 탄소를 이용하여 포도당을 생성, ❸-4~5 캘빈 회로로 포도당이 생성되려면 일정 수준 이상의 이산화 탄소 농도, 적정한 온도 등의 환경이 갖추어져야 한다. 그렇지 않으면 RuBP가 이산화 탄소와 결합하는 비율이 낮아져 포도당 생산의 효율이 떨어진다. ❹-2~3 기온이 높거나 날씨가 건조할 때 기공을 열면 체내의 수분이 지나치게 배출되므로 식물은 기공을 열지 않는다. 이로 인해 포도당의 생산이 어려워지면 식물은 잘 생장하지 못한다.

풀이 식물은 체내 수분 유지를 위해 기온이 높거나 날씨가 건조할 때 기공을 열지 않는다. 기공은 암반응에 필요한 이산화 탄소를 흡수하는 역할을 하는데, 식물이 기공을 열지 않으면 암반응에 필요한 이산화 탄소의 양이 줄어들게 된다. 이때 암반응은 명반응에서 생성된 화학 에너지와 기공을 통해 흡수한 이산화 탄소를 이용해 포도당을 생성하는 단계를 말하며, 암반응 과정은 캘빈 회로를 통해 진행된다. 그런데 캘빈 회로로 포도당이 생성되려면 일정 수준 이상의 이산화 탄소 농도가 필요하며, 그렇지 않으면 RuBP가 이산화 탄소와 결합하는 비율이 낮아져 포도당 생산, 즉 광합성의 효율이 떨어진다고 하였다. 따라서 C3 식물이 기온이 높거나 건조할 때, 광합성의 효

→ 문제편 060쪽

율이 저하되는 원인은 캘빈 회로에 사용될 수 있는 이산화 탄소의 양이 줄어들기 때문이라는 추론은 적절하다.

→ 적절함!

오답률 TOP 2   1등급 문제

33 추론의 적절성 판단 - 적절하지 않은 것 고르기
정답률 35%, 매력적 오답 ① 10% ③ 15% ⑤ 35%

정답 ④

〈보기〉는 'C3 식물'과 'C4 식물'의 광합성 과정을 나타낸 것이다. a ~ c에 대한 설명으로 적절하지 **않은** 것은?   [3점]

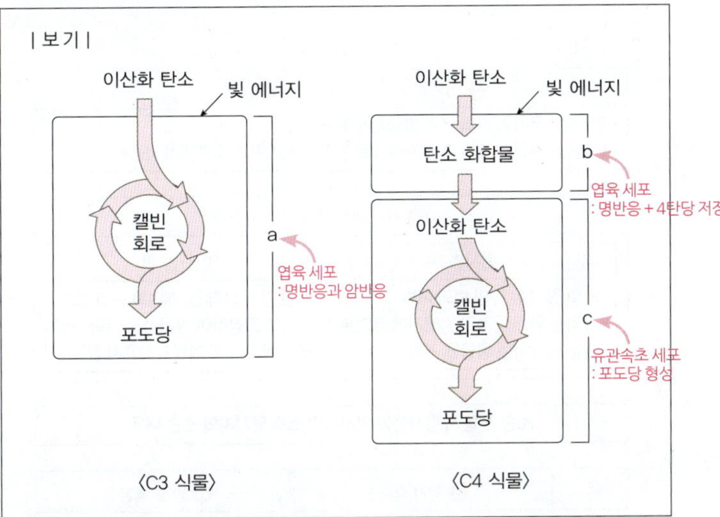

▶ 지문 핵심 개념 정리

C3 식물의 광합성 과정	C4 식물의 광합성 과정

• 엽육 세포에서 주로 일어남(❷-1)
• 명반응 : 빛 에너지로 물을 분해해 암반응에 필요한 화학 에너지 생성(❷-2)
• 암반응 : 명반응에서 생성된 화학 에너지 + 기공으로 흡수한 이산화 탄소로 포도당 생성(❸-1)
  – 캘빈 회로를 통해 진행됨(❸-2)
	• 두 개의 공간에서 광합성이 진행됨(❺-1)
	  – 엽육 세포 : 명반응(❺-2), 탄소 화합물인 4탄당 저장(❺-4)
	  – 유관속초 세포 : 4탄당을 분해해 이산화 탄소 배출, 캘빈 회로를 통해 포도당 형성(❺-5~6)

① a와 b는 엽육 세포에서, c는 유관속초 세포에서 일어나는 반응이다.

풀이 C3 식물의 광합성은 주로 엽육 세포에서 일어나며, 이때 광합성의 과정은 명반응과 암반응의 두 단계로 이루어진다. 따라서 〈보기〉의 a는 C3 식물의 엽육 세포에서 일어나는 반응에 해당한다. 한편 C4 식물은 C3 식물과 달리 두 개의 공간에서 광합성이 진행되는데, 첫 번째 공간인 엽육 세포는 명반응이 일어나고 암반응의 첫 번째 단계로 탄소 화합물인 4탄당이 저장되는 곳이다. 두 번째 공간인 유관속초 세포에서는 엽육 세포에서 이동해 온 4탄당이 분해되어 포도당 생성에 필요한 이산화 탄소를 배출하고, 이 이산화 탄소는 캘빈 회로에서 포도당을 형성하는 데 쓰인다. 따라서 〈보기〉의 b는 C4 식물의 광합성이 진행되는 첫 번째 공간인 엽육 세포, 〈보기〉의 c는 두 번째 공간인 유관속초 세포에서 일어나는 반응에 해당한다.

→ 적절함!

② a에서는 3탄당이, c에서는 b에서 이동한 4탄당이 포도당 생성에 *기여한다. *寄與-. 도움이 되게 한다.

근거 ❸-2~3 암반응 과정은 캘빈 회로를 통하여 진행되는데 대기로부터 흡수된 이산화 탄소는 RuBP와 결합하며, … 이 결합으로 3개의 탄소가 결합한 3탄당이 형성되고, 3탄당은 화학적 변환 과정을 거쳐 포도당을 생성하며, ❺-5 4탄당은 엽육 세포에 저장되어 있다가 유관속초 세포라는 두 번째 공간으로 이동한 후 분해되어 포도당 생성에 필요한 이산화 탄소를 배출

풀이 C3 식물의 암반응 과정에서 3탄당이 형성되는데, 이 3탄당은 화학적 변환 과정을 거쳐 포도당을 생성한다. 한편 C4 식물의 엽육 세포에서 형성되어 저장된 4탄당은 유관속초 세포로 이동한 후 분해되어 포도당 생성에 필요한 이산화 탄소를 배출한다. 따라서 a에서는 3탄당이, c에서는 b에서 이동한 4탄당이 포도당 생성에 기여한다는 설명은 적절하다.

→ 적절함!

③ a와 b에서는 빛 에너지를 활용하여 화학 에너지를 생성하는 반응이 진행된다. 명반응

풀이 식물의 광합성 과정 중 명반응은 빛 에너지로 물을 분해하여 암반응에 필요한 화학 에너지를 생성하는 단계로, C3 식물과 C4 식물 모두 명반응은 엽육 세포에서 일어난다. 따라서 a와 b에서는 빛 에너지를 활용하여 화학 에너지를 생성하는 반응이 진행된다는 설명은 적절하다.

→ 적절함!

④ a의 캘빈 회로에서는 RuBP가, c의 캘빈 회로에서는 PEP가 이산화 탄소와 결합한다. 도 RuBP가

근거 ❸-2 암반응 과정은 캘빈 회로를 통하여 진행되는데 대기로부터 흡수된 이산화 탄소는 RuBP와 결합하며, ❺-6 C3 식물과 C4 식물의 캘빈 회로의 작동 방식은 동일, ❺-3 이 식물(C4 식물)의 엽육 세포에는 이산화 탄소와 결합하는 역할을 하는 PEP가 존재

풀이 윗글의 설명에 따르면 C3 식물의 암반응 과정은 캘빈 회로를 통해 진행되며, 이때 대기로부터 흡수된 이산화 탄소는 RuBP와 결합한다. 따라서 a의 캘빈 회로에서 RuBP가 이산화 탄소와 결합한다는 설명은 적절하다. 한편 C4 식물의 엽육 세포에서 형성된 4탄당은 유관속초 세포로 이동한 후 분해되어 포도당 생성에 필요한 이산화 탄소를 배출하고, 배출된 이산화 탄소는 유관속초 세포 속에 농축되었다가 캘빈 회로를 통해 포도당을 형성하는 데 쓰인다. 이때 C4 식물의 캘빈 회로의 작동 방식은 C3 식물과 동일하다고 하였으므로, C4 식물 역시 c의 캘빈 회로에서 RuBP가 이산화 탄소와 결합할 것임을 알 수 있다.

또한 C4 식물의 광합성이 진행되는 첫 번째 공간인 엽육 세포에는 이산화 탄소와 결합하는 PEP가 존재한다. PEP는 유관속초 세포가 아닌 엽육 세포에서 이산화 탄소와 결합하므로 c의 캘빈 회로에서 PEP가 이산화 탄소와 결합한다는 설명은 적절하지 않다.

→ 적절하지 않음!

이산화 탄소 + RuBP (촉매 : 루비스코) → 3탄당

⑤ a와 c에서는 포도당을 생성하는 데 필요한 화합물을 만들 때 루비스코라는 촉매가 필요하다.

근거 ❸-2 암반응 과정은 캘빈 회로를 통하여 진행되는데 대기로부터 흡수된 이산화 탄소는 RuBP와 결합하며, 이 결합은 루비스코라는 촉매를 통하여 촉진된다. ❺-6 배출된 이산화 탄소는 유관속초 세포 속에 농축되었다가 캘빈 회로를 통하여 포도당을 형성하는 데 쓰이는데, C3 식물과 C4 식물의 캘빈 회로의 작동 방식은 동일하다.

풀이 엽육 세포에서 진행되는 C3 식물의 암반응 과정은 캘빈 회로를 통해 진행되는데, 이때 대기로부터 흡수된 이산화 탄소는 RuBP와 결합하며, 이 결합은 루비스코라는 촉매를 통해 촉진된다. 한편 C4 식물의 엽육 세포에서 형성된 4탄당은 유관속초 세포로 이동한 후 분해되어 포도당 생성에 필요한 이산화 탄소를 배출하고, 배출된 이산화 탄소는 유관속초 세포 속에 농축되었다가 캘빈 회로를 통해 포도당을 형성하는 데 쓰인다. 이때 C4 식물의 캘빈 회로의 작동 방식은 C3 식물과 동일하다고 하였으므로, 이산화 탄소와 RuBP의 결합이 루비스코라는 촉매를 통해 촉진되는 과정 또한 C3 식물과 동일하게 진행될 것임을 추론할 수 있다. 따라서 a와 c에서는 캘빈 회로를 통하여 포도당을 생성하는 데 필요한 화합물, 즉 3탄당을 만들 때 루비스코라는 촉매가 필요하다는 설명은 적절하다.

→ 적절함!

[34~38] 사회 - 〈형사법과 민사법〉

❶ [1]법질서(法秩序. 국가와 사회의 모든 활동이 법에 의해 질서 있게 유지되는 상태) 아래에서는 관계의 종류에 따라 적용해야(適用-. 맞추어 써야) 할 법의 분야가 달라지는데, 법의 대표적인 두 분야는 형사법과 민사법이다. [2]형사법은 국가와 범죄자 간(間. 사이. 관계)의 법률관계를 규율하며(規律-. 질서나 제도를 좇아 다스리며) 민사법은 개인과 개인 혹은 개인으로 인정되는 법인*과의 관계에 적용된다.

→ 법의 대표적인 두 분야 : 형사법과 민사법

❷ [1]형사법의 목적은 사회 질서 유지 및 범죄 처벌(處罰. 형벌에 처함)로, 공익(公益. 사회 전체의 이익)을 위해 국가가 범죄자에게 형벌(刑罰. 범죄에 대한 법률의 효과로서 범죄자에게 제재를 가함)을 가한다.(加-. 준다.) [2]여기서 형벌은 생명, 자유, 명예, 재산 등에 관한 기본권(基本權. 헌법에 의하여 보장되는 국민의 기본적 권리)을 박탈하는(剝奪-. 빼앗는) 것을 내용으로 한다. [3]민사법은 개인 간 분쟁 해결 및 개인의 권리 보호를 목적으로 한다. [4]사건 당사자(當事者. 직접 관계가 있거나 관계한 사람)들이 평등한(平等-. 권리, 의무, 자격 등이 차별 없이 고르고 한결같은) 관계임을 전제하고(前提-. 먼저 내세우고) 손해와 이익을 조정하여(調停-. 중간에서 화해하게 하거나 서로 타협점을 찾아 합의하도록 하여) 당사자 사이의 수평적 균형 관계를 회복시키고자 하는 것이다. [5]그러므로 소송(訴訟. 재판을 통해 소송 당사자 사이의 법률관계를 확정하여 줄 것을 법원에 요구하는 것)이 진행될 때, 형사법과 민사법의 소송 당사자와 소송 내용은 ⓐ 상이할 수밖에 없다.

→ 형사법과 민사법의 목적

[1]형사 소송의 당사자는 검사(檢事, 범죄 수사를 지휘하고 기소를 담당하는 등의 일을 하는 검찰청 소속 공무원)와 피고인(被告人, 형사 사건에 관하여, 검사에 의해 형사 책임을 져야 할 자로 공소 제기를 받은 사람 또는 공소 제기를 받은 것으로 취급된 사람)으로, 공익의 대표자인 검사가 범죄 혐의(嫌疑, 범죄를 저질렀을 가능성)가 있는 자를 피고인으로 기소하며 소송이 시작된다. [2]이때 기소란 검사가 특정 형사 사건에 대하여 법원에 심판(審判, 심리와 재판, 여기서 '심리'는 재판의 기초가 되는 사실 관계 및 법률관계를 명확히 하기 위해 법원이 증거나 방법 등을 심사하는 것을 뜻하고, '재판'은 구체적인 소송 사건을 해결하기 위해 법원 또는 법관이 판단을 내리는 일을 뜻함)을 요구하는 일이다. [3]피고인의 유죄(有罪, 피고 사건이 법률상 죄가 되거나 범죄로 증명됨) 입증(立證, 증거를 내세워 증명함)은 검사가 담당하고, 피고인은 변호인을 통하여 반박할(反駁-, 반대하여 말할) 수 있다. [4]법원은 검사의 입증과 피고인의 반박을 토대로(土臺-, 밑바탕으로) 피고인의 범죄 성립 여부(범죄가 이루어진 것인지 이루어지지 않은 것인지) 및 잘못의 정도(程度, 분량, 수준)를 따진 후 그에 합당한(合當-, 꼭 알맞은) 벌을 내린다. [5]이때 어떤 두 사람이 같은 종류의 범죄로 기소되었더라도 범죄 동기(動機, 행동을 일으키게 하는 계기)와 정황(情況, 일의 사정과 상황), 피고인과 피해자의 합의 여부(의사가 일치하는지 일치하지 않는지) 등을 ⓑ 고려하여 형량(刑量, 죄인에게 내리는 형벌의 정도)이 결정되므로 두 사람의 최종 선고형(宣告刑, 법원이 어떤 범죄에 대한 형량을 정하여 피고인에게 알리는 형)은 달라질 수 있다. [6]그리고 검사가 피고인을 기소하면 소송이 시작되는 것이 원칙이다. [7]하지만 예외적으로 피해자가 처벌을 원하지 않으면 국가가 나서(적극적으로 끼어들어) 규율하지 않기로 정한 폭행죄, 모욕죄 등의 경우에는 소송이 진행되지 않을 수 있다.

→ 형사 소송의 소송 당사자와 소송 내용

[1]민사 소송의 당사자는 원고와 피고로, 피해자라고 주장하며 소송을 제기한(提起-, 일으킨) 개인이 원고가 되고, 가해자로 지목된(指目-, 가리켜져 정해진) 상대방은 피고가 된다. [2]이때 각 당사자는 모두 소송 대리인(訴訟代理人, 소송 당사자를 대신하여 자신의 의사에 따라 소송 행위를 하고 소송 행위를 받는 제삼자)인 변호인을 쓸 수 있다. [3]민사 소송의 당사자들은 자신에게 유리한(有利-, 이익이 있는) 법규(法規, 법 규범)를 근거로 하여 자신에게 책임이 없다는 사실을 입증해야 한다. [4]만약 입증해야 하는 사실을 입증하지 못하는 경우 법원은 해당 당사자에게 불리하게 판단할 수밖에 없다. [5]민사 소송은 형사 소송과 달리 두 당사자가 손해와 이익을 ⓒ 적절하게 타협하면(妥協-, 서로 양보하여 협의하면) 바로 소송이 종결된다(終結-, 끝난다.)

→ 민사 소송의 소송 당사자와 소송 내용

[1]형사법과 민사법은 서로 다른 분야인 만큼 하나의 사건이더라도 그중 한 분야에서만, 또는 두 분야 모두에서 문제가 될 수도 있다. [2]만약 갑이 을에게 맞아 갑이 다쳤다는 하나의 사건이 있다고 가정해 보자. [3]이때 검사가 법원에 을을 상해죄(傷害罪, 폭행 또는 그 밖의 행위로 일부러 남의 몸에 상처를 입힘으로써 성립하는 범죄)라는 법규로 처벌해 달라는 형사 소송을 제기할 수도 있고, 갑이 을에게 치료비와 위자료(慰藉料, 불법 행위로 인해 생기는 손해 가운데 정신적 고통이나 피해에 대한 배상금. 여기서 '배상금'은 남에게 입힌 손해에 대해 물어 주는 돈을 뜻함)를 청구하는(請求-, 달라고 요구하는) 민사 소송을 제기할 수도 있다. [4]하지만 하나의 사건이라 하더라도 똑같은 결론이 ⓓ 도출되지 않을 수 있다. [5]소송마다 입증해야 하는 사실 관계가 다를 수 있을 뿐만 아니라 입증의 정도도 다르기 때문이다.

→ 하나의 사건에 대해 두 분야에서 서로 다른 결론이 도출되는 이유

[1]형사 소송은 '법관(法官, 법원에 소속되어 소송 사건을 심리하고, 분쟁이나 이해의 대립을 법률적으로 해결하고 조정하는 권한을 가진 사람)으로 하여금 합리적인 의심을 할 여지(餘地, 가능성)가 없을 정도'의 강한 입증을 요구한다. [2]즉, 증거가 기소 내용이 진실하다고 확신하게(確信-, 굳게 믿게) 하는 증명력이 부족하다면 피고인에게 유죄의 의심이 간다고 하더라도 피고인의 이익으로 판단한다. [3]이는 무죄(無罪, 피고 사건이 법률상 죄가 되지 않거나 범죄의 증명이 없음) 추정(推定, 미루어 생각하여 판정함)의 원칙, 즉 형사 소송법 제275조의2에서 '피고인은 유죄의 판결이 확정될(確定-, 확실하게 정해질) 때까지는 무죄로 추정된다.'라는 법규를 근거로 하기 때문이다. [4]따라서 형사 소송에서는 100을 기준으로 검사의 유죄 입증 정도가 51이라면 유죄가 될 수 없다. [5]㉠'열 사람의 범인을 놓치는 한(限, 어떤 일을 위해 희생하거나 무릅써야 할 극단적 상황)이 있더라도 한 사람의 죄 없는 자를 벌해서는 안 된다.'라는 법언(法諺, 법에 관한 속담이나 격언)은 이를 뒷받침한다. [6]그래서 흉악한(凶惡-, 아주 나쁘거나 심한) 범죄를 범한(犯-, 저지른) 혐의로 중형(重刑, 아주 무거운 형벌)을 선고받은(宣告-, 재판장이 판결을 알리는 '선고'를 받은) 피고인이 상급심(上級審, 상급 법원에서 하는 소송의 심리)에서 무죄를 선고받기도 하는데, 여기서 무죄는 반드시 피고인의 결백(潔白, 행동이나 마음씨가 깨끗하여 아무런 허물이 없음)을 의미하지는 않는다. [7]반면(反面, 반대로), 민사 소송에서는 '통상인(通常人, 특별하지 않고 늘 예사로 있는, 보통 사람)'이라면 의심을 품지 않을 정

도'의 입증을 요구한다. [8]이는 '어떤 사실이 있었다는 점을 인정할 수 있는 개연성(蓋然性, 절대적으로 확실하지는 않으나 아마 그럴 것이라고 생각되는 성질)을 증명하는 정도'로 해석된다. [9]결국 법원은 원고와 피고의 증거를 바탕으로 ⓔ 신뢰할 만한 증거를 누가 더 많이 제시하는가를 기준으로 판단한다. [10]만일 원고와 피고의 입증 정도가 51 대 49라면 원고의 손을 들어 주게 된다.

→ '입증 정도'에 대한 형사 소송과 민사 소송의 차이

* 법인(法人) : 법률상 권리와 의무의 주체가 될 수 있는 사단(社團, 특정 목적을 위해 두 사람 이상이 결합하여 설립한 단체)과 재단(財團, 일정한 목적에 바친 재산을 개인이 소유하지 않고 독립된 것으로 운영하기 위해 법률적으로 구성된 법인)

■ 지문 이해

❶ 법의 대표적인 두 분야 : 형사법과 민사법
• 형사법 : 국가와 범죄자 간 법률관계를 규율함 • 민사법 : 개인과 개인 혹은 개인으로 인정되는 법인과의 관계에 적용됨

❷ 형사법과 민사법의 목적

형사법	민사법
- 사회 질서 유지 및 범죄 처벌 - 공익을 위해 국가가 범죄자에게 기본권을 박탈하는 형벌을 가함	- 개인 간 분쟁 해결, 개인의 권리 보호 - 손익을 조정하여 당사자 사이의 수평적 균형 관계를 회복시키고자 함

소송 진행 시 형사법과 민사법의 소송 당사자와 소송 내용

	❸ 형사 소송	❹ 민사 소송
소송 당사자	검사, 피고인	- 원고, 피고 - 소송 대리인(변호인)을 쓸 수 있음
소송의 시작	검사가 피고인을 기소	피해자라고 주장하는 자(원고)가 소송을 제기
소송 내용	- 검사 : 피고인의 유죄 입증 - 피고인 : 변호인을 통해 반박	자신에게 유리한 법규를 근거로 책임이 없다는 사실을 입증
소송의 종결	법원은 범죄 성립 여부 및 잘못의 정도를 따진 후 범죄 동기, 정황, 합의 여부 등을 고려하여 형량을 결정함	당사자들이 손익을 적절하게 타협하면 소송이 종결됨

❺ 하나의 사건에 대해 두 분야에서 서로 다른 결론이 도출되는 이유

• 소송마다 입증해야 하는 사실 관계가 다를 수 있고, 입증의 정도도 다름

❻ '입증 정도'에 대한 형사 소송과 민사 소송의 차이

형사 소송	민사 소송
- 합리적인 의심을 할 여지가 없을 정도의 강한 입증을 요구함 - 증거의 증명력이 부족할 경우 피고인에게 유죄의 의심이 가더라도 피고인의 이익으로 판단함 → 무죄추정의 원칙	- 통상인이라면 의심을 품지 않을 정도(= 어떤 사실이 있었다는 점을 인정할 수 있는 개연성을 증명하는 정도)의 입증을 요구함 - 법원은 원고와 피고 중 신뢰할 만한 증거를 누가 더 많이 제시하는가를 기준으로 판단함

---

34 | 글의 서술 방식 파악 - 적절하지 않은 것 고르기
정답률 75%, 매력적 오답 ④ 10% | 정답 ⑤

윗글에서 사용된 설명 방식으로 적절하지 않은 것은?

① 용어의 개념을 설명하여 내용에 대한 이해를 돕고 있다.

근거 ❸-2 기소란 검사가 특정 형사 사건에 대하여 법원에 심판을 요구하는 일이다.
→ 적절함!

② 규범 내용을 *인용하여 특정 원칙에 대해 설명하고 있다. *인용-, 자신의 말이나 글 속에 끌어 써서

근거 ❻-3 무죄추정의 원칙, 즉 형사 소송법 제275조의2에서 '피고인은 유죄의 판결이

→ 문제편 061쪽

확정될 때까지는 무죄로 추정된다.'라는 법규를 근거로 하기 때문
→ 적절함!

③ 문제 상황을 가정하여 서로 다른 분야에 적용하고 있다.
- 근거 **⑤**-2~3 만약 갑이 을에게 맞아 갑이 다쳤다는 하나의 사건이 있다고 가정해 보자. 이때 검사가 법원에 을을 상해죄라는 법규로 처벌해 달라는 형사 소송을 제기할 수도 있고, 갑이 을에게 치료비와 위자료를 청구하는 민사 소송을 제기할 수도 있다.
→ 적절함!

④ 예외적 조건을 제시하여 원칙과 다른 경우를 소개하고 있다.
- 근거 **③**-6~7 검사가 피고인을 기소하면 소송이 시작되는 것이 원칙이다. 하지만 예외적으로 피해자가 처벌을 원하지 않으면 국가가 나서서 규율하지 않기로 정한 폭행죄, 모욕죄 등의 경우에는 소송이 진행되지 않을 수 있다.
→ 적절함!

⑥ 서로 다른 견해를 *절충하여 현실적인 **대책을 제시하고 있다. *折衷-, 알맞게 조절하고 서로 잘 어울리게 하여 **對策, 대처할 계획이나 수단
- 근거 **①**-1 법질서 아래에서는 관계의 종류에 따라 적용해야 할 법의 분야가 달라지는데, 법의 대표적인 두 분야는 형사법과 민사법이다.
- 풀이 윗글에서는 법의 대표적인 두 분야인 형사법과 민사법에 대해 설명하고 있지만, 서로 다른 견해를 절충하거나 대책을 제시하고 있지는 않다.

→ 적절하지 않음!

1등급 문제

35 세부 정보 이해 - 적절하지 않은 것 고르기
정답률 60%, 매력적 오답 ④ 20% ⑤ 10%
정답 ③

윗글을 이해한 내용으로 적절하지 <u>않은</u> 것은?

① 형사법에서는 형벌을 가함으로써 사회 질서가 유지되도록 하고자 한다.
- 근거 **②**-1 형사법의 목적은 사회 질서 유지 및 범죄 처벌로, 공익을 위해 국가가 범죄자에게 형벌을 가한다.
→ 적절함!

② 민사법에서는 당사자들이 타협을 하면 수평적 균형 관계가 회복된 것으로 *간주한다. *看做-, 여긴다.
- 근거 **②**-4 사건 당사자들이 평등한 관계임을 전제하고 손해와 이익을 조정하여 당사자 사이의 수평적 균형 관계를 회복시키고자 하는 것, **④**-5 민사 소송은 형사 소송과 달리 두 당사자가 손해와 이익을 적절하게 타협하면 바로 소송이 종결된다.
- 풀이 민사법은 사건 당사자 사이의 수평적 균형 관계 회복을 목적으로 한다. 한편 민사 소송에서는 두 당사자가 손해와 이익을 적절하게 타협하면 바로 소송이 종결된다고 하였으므로, 이러한 내용을 통해 민사법에서는 두 당사자가 타협한 것을 수평적 균형 관계가 회복된 것으로 본다는 점을 알 수 있다.
→ 적절함!

③ 형사 소송은 검사의 기소로 시작하며 피해자가 변호인을 통하여 소송의 당사자로 참여한다. _피고인은_
- 근거 **③**-1 형사 소송의 당사자는 검사와 피고인으로, 공익의 대표자인 검사가 범죄 혐의가 있는 자를 피고인으로 기소하며 소송이 시작된다, **③**-3 피고인은 변호인을 통하여 반박할 수 있다.
- 풀이 형사 소송이 검사의 기소로 시작되는 것은 맞지만, 피해자는 형사 소송의 당사자가 아니므로 피해자가 변호인을 통하여 소송의 당사자로 참여한다는 설명은 적절하지 않다. 소송의 당사자로서 변호인을 통해 소송에 참여하는 것은 피해자가 아니라 피고인이다.

→ 적절하지 않음!

④ 형사 소송에서의 최종 선고형에는 범죄의 종류 외에도 피고인의 상황이 영향을 미칠 수 있다.
- 근거 **③**-5 어떤 두 사람이 같은 종류의 범죄로 기소되었더라도 범죄 동기와 정황, 피고인과 피해자의 합의 여부 등을 고려하여 형량이 결정되므로 두 사람의 최종 선고형은 달라질 수 있다.
→ 적절함!

⑤ 민사 소송에서는 특정 사실이 있었을 개연성을 증명하는 증거를 많이 제출하는 당사자가 유리할 수 있다.
- 근거 **⑥**-7~9 민사 소송에서는 '통상인이라면 의심을 품지 않을 정도'의 입증을 요구한다. 이는 '어떤 사실이 있었다는 점을 인정할 수 있는 개연성을 증명하는 정도'로 해석된다. 결국 법원은 원고와 피고의 증거를 바탕으로 신뢰할 만한 증거를 누가 더 많이 제시하는가를 기준으로 판단한다.
- 풀이 민사 소송의 당사자는 원고와 피고로, 법원은 두 당사자 중 누가 '어떤 사실이 있었다는 점을 인정할 수 있는 개연성을 증명하는 정도'를 입증하는 증거를 더 많이 제시하

는가를 기준으로 판단한다. 따라서 특정 사실이 있었을 개연성을 증명하는 증거를 많이 제출하는 당사자가 유리할 수 있다는 설명은 적절하다.
→ 적절함!

36 추론의 적절성 판단 - 적절한 것 고르기
정답률 80%
정답 ⑤

㉠의 의미를 추론한 것으로 가장 적절한 것은?

> ㉠'열 사람의 범인을 놓치는 한이 있더라도 한 사람의 죄 없는 자를 벌해서는 안 된다.'라는 법언

① 피고인과 피해자의 타협이 이루어지기 전까지는 피고인을 무죄로 간주해야 한다는 것이겠군.
- 근거 **③**-5 범죄 동기와 정황, 피고인과 피해자의 합의 여부 등을 고려하여 형량이 결정되므로
- 풀이 형사 소송에서 피고인이 피해자와 합의했는지 여부는 형량 결정에 영향을 끼칠 수 있지만, 이것을 ㉠의 의미라고 볼 수 없다.
→ 적절하지 않음!

개인의 기본권 침해

② 재판 과정에서 개인의 재산상 피해가 발생하더라도 국가는 사회 질서 유지를 *우선시해야 한다는 것이겠군. *優先視-, 다른 것보다 중요하게 보아야
- 풀이 ㉠의 내용은 유죄 판결이 확정될 때까지는 피고인을 무죄로 추정한다는 무죄추정의 원칙과 관련된 법언으로, 이는 오히려 피고인 개인의 권리를 중시하는 것이지 개인의 재산상 피해보다 사회 질서 유지를 우선시하는 것이라고 볼 수 없다.
→ 적절하지 않음!

③ 잘못된 행위를 하더라도 그 행위와 관련된 법규가 없다면 검사가 해당 내용으로 기소할 수 없다는 것이겠군.
- 풀이 ㉠은 유죄 판결이 확정될 때까지는 피고인을 무죄로 추정하여, 억울하게 기본권이 침해당하는 사람이 없도록 해야 한다는 것으로, 관련 법규의 유무에 따라 검사의 기소 여부가 결정된다는 내용과는 관련이 없다.
→ 적절하지 않음!

④ 재판에서 피고인은 자신에게 불리한 사실과 관련한 질문에 답하지 않을 수 있는 권리를 지니고 있다는 것이겠군.
- 풀이 ㉠은 유죄 판결이 확정될 때까지는 피고인을 무죄로 추정하여, 억울하게 기본권이 침해당하는 사람이 없도록 해야 한다는 것으로, 재판에서 피고인이 자신에게 불리한 질문에 답하지 않을 권리를 지닌다는 내용과는 관련이 없다.
→ 적절하지 않음!

⑤ 범죄 사실이 확실하게 입증되지 않았음에도 처벌을 받아 개인의 기본권이 침해되는 경우를 *방지하기 위한 것이겠군. *防止-, 일어나지 못하게 막기
- 근거 **②**-1~2 형사법의 목적은 사회 질서 유지 및 범죄 처벌로, 공익을 위해 국가가 범죄자에게 형벌을 가한다. 여기서 형벌은 생명, 자유, 명예, 재산 등에 관한 기본권을 박탈하는 것을 내용으로 한다.
- 풀이 형사 소송에서 유죄의 판결이 확정된 피고인은 개인의 기본권을 박탈하는 형벌에 처해지게 되므로, 범죄 사실이 확실하게 입증되지 않은 피고인을 섣부르게 유죄로 판결하면 개인의 기본권이 억울하게 침해당할 가능성이 있다. 이에 형사 소송에서는 '법관으로 하여금 합리적 의심을 할 여지가 없을 정도'의 강한 입증이 요구되며, 증거의 증명력이 부족하다면 피고인에게 유죄의 의심이 간다고 하더라도 유죄의 판결이 확정될 때까지는 무죄로 추정한다. ㉠은 이처럼 범죄 사실이 확실하게 입증되지 않았음에도 처벌을 받아 개인의 기본권이 침해되는 경우가 없어야 한다는 의미를 담고 있다고 볼 수 있다.

→ 적절함!

1등급 문제

37 구체적인 사례에 적용 - 적절하지 않은 것 고르기
정답률 55%, 매력적 오답 ⑤ 15%
정답 ④

<보기>의 ㄱ과 ㄴ은 동일한 사건을 바탕으로 제기된 소송이다. 윗글을 바탕으로 <보기>를 이해할 때, 적절하지 <u>않은</u> 것은? **[3점]**

> | 보기 |
> ㄱ. ¹운전 중이던 A는 도로에 쓰러져 있던 B를 밟고 지나갔으나, 이를 인지하지(認知-, 알지) 못하였다. ²검사는 A가 주의 의무(注意義務, 어떤 행위를 함에 있어 일정한 주의를 하여야 할 법률상 의무)를 위반하는(違反-, 지키지 않고 어기는) 과실(過失, 부주의로 인해

① ㄱ은 피고인의 범죄 사실을 *규명하여 처벌하기 위한 소송에, ㄴ은 피고와 원고 간의
분쟁을 해결하기 위한 소송에 해당되겠군. *糾明-. 자세히 따져서 밝혀

근거 <보기>-2 검사는 … A를 기소했다, [2]-1 형사법의 목적은 사회 질서 유지 및 범죄
처벌, [3]-1 형사 소송의 당사자는 검사와 피고인으로, 공익의 대표자인 검사가 범죄
혐의가 있는 자를 피고인으로 기소하며 소송이 시작, <보기>-4 B는 … 손해 배상 민
사 소송을 제기, [2]-3 민사법은 개인 간 분쟁 해결 및 개인의 권리 보호를 목적으로
한다.

풀이 ㄱ에서 검사는 주의 의무 위반 혐의로 A를 기소하였다. 윗글에서 형사 소송의 당사
자는 검사와 피고인이고, 검사가 범죄 혐의가 있는 자를 피고인으로 기소하며 소송
이 시작된다고 하였으므로, ㄱ은 형사 소송에 해당함을 알 수 있다. 또한 윗글에서 형
사법의 목적은 사회 질서 유지 및 범죄 처벌이라고 하였으므로, ㄱ의 형사 소송은 피
고인 A의 범죄 사실을 규명하여 처벌하기 위한 것으로 볼 수 있다. 한편 ㄴ은 B가, A
가 가입한 보험사에 제기한 민사 소송이다. 윗글에서 민사법은 개인 간 분쟁 해결 및
개인의 권리 보호를 목적으로 한다고 하였으므로, ㄴ의 민사 소송은 피고와 원고 간
의 분쟁을 해결하기 위한 소송에 해당한다고 볼 수 있다.

→ 적절함!

② ㄱ에서 A의 주의 의무 위반 여부와 ㄴ에서 A의 안전하게 운행할 의무 위반 여부를 판
단할 때 입증해야 하는 사실 관계가 동일하지 않을 수 있었겠군.

근거 [5]-1 형사법과 민사법은 서로 다른 분야인 만큼 하나의 사건이더라도 그중 한 분야
에서만, 또는 두 분야 모두에서 문제가 될 수도 있다, [5]-4~5 하지만 하나의 사건이
라 하더라도 똑같은 결론이 도출되지 않을 수 있다. 소송마다 입증해야 하는 사실 관
계가 다를 수 있을 뿐만 아니라 입증의 정도도 다르기 때문

풀이 윗글의 설명에 따르면 하나의 사건이더라도 형사 소송과 민사 소송이 각각 제기될
수 있으며, 이때 소송마다 입증해야 하는 사실 관계와 입증의 정도가 다르기 때문에,
하나의 사건이라 하더라도 똑같은 결론이 도출되지 않을 수 있다. <보기>의 ㄱ과
ㄴ은 동일한 사건을 바탕으로 제기된 소송이지만, ㄱ은 형사 소송, ㄴ은 민사 소송으
로, 입증해야 하는 사실 관계가 다를 수 있으며, 입증의 정도도 다를 수 있다.

→ 적절함!

③ ㄱ에서는 A의 유죄를 입증할 만한 증거의 증명력이 부족했을 것으로, ㄴ에서는 B가
통상인이 의심을 품지 않을 정도의 입증을 한 것으로 볼 수 있겠군.

근거 [6]-2 (형사 소송은) 증거가 기소 내용이 진실하다고 확신하게 하는 증명력이 부족
하다면 피고인에게 유죄의 의심이 간다고 하더라도 피고인의 이익으로 판단, [6]-7
민사 소송에서는 '통상인이라면 의심을 품지 않을 정도'의 입증을 요구, [6]-9 법원은
원고와 피고의 증거를 바탕으로 신뢰할 만한 증거를 누가 더 많이 제시하는가를 기
준으로 판단

풀이 ㄱ의 형사 소송에서 법원은 A의 주의 의무 위반으로 인해 사고가 났음을 인정하기
어렵다고 보고 무죄를 선고하였다. 형사 소송에서 법원은 증거가 '기소 내용이 진실
하다고 확신하게 하는' 증명력이 부족할 경우 피고인의 이익으로 판단한다. 따라서
ㄱ에서 무죄 선고가 확정된 것은 검사가 제시한 증거가 A의 유죄를 입증할 만한 증
명력이 부족했기 때문이라고 볼 수 있을 것이다. 한편 ㄴ의 민사 소송에서 법원은 보
험사(피고)가 제출한 증거로는 사실을 입증하기에 부족하다고 보고, B(원고)에게 보
험금을 지급하라고 판결하였다. 민사 소송에서는 '통상인이라면 의심을 품지 않을
정도'의 입증을 요구하며, 법원은 원고와 피고의 증거를 바탕으로 신뢰할 만한 증거
를 누가 더 많이 제시하는가를 기준으로 판단한다. 따라서 ㄴ에서 법원이 B의 손을
들어 준 것은 B가 통상인이 의심을 품지 않을 정도의 입증을 보험사보다 더 많이 하
였기 때문이라고 볼 수 있다.

→ 적절함!

④ ㄱ에서는 도로에 쓰러져 있던 B의 과실이 크다는 것이 피고인에게 유리하게 작용했
고, ㄴ에서는 A가 도로의 보행자를 인지하지 못했다는 것이 원고에게 유리하게 작용
했겠군.

근거 <보기>-3 구조가 복잡하여 도로 환경이 열악했던 점 등을 고려하면, 주의 의무 위반
으로 인해 사고가 났음을 인정하기 어렵다며 무죄가 선고되어 확정, [6]-1 형사 소송
은 '법관으로 하여금 합리적인 의심을 할 여지가 없을 정도'의 강한 입증을 요구한다,
<보기>-6 법원은 A가 도로에 사람이 다닐 가능성을 염두에 두어 안전하게 운행할
의무가 있었고, 제출한 증거로는 해당 사실을 입증하기에 부족하여 B에게 보험금을

풀이 ㄱ에서 피고인 A가 무죄 판결을 받은 것은, 구조가 복잡하여 도로 환경이 열악했던
점 등이 고려되어 A의 주의 의무 위반으로 인해 사고가 났음이 '의심할 여지가 없을
정도'로 강하게 입증되지 못했기 때문이지, B의 과실이 크기 때문이 아니다. 따라서
ㄱ에서 도로에 쓰러져 있던 B의 과실이 크다는 것이 피고인에게 유리하게 작용했다
는 설명은 적절하지 않다. 한편 ㄴ에서 법원이 'B에게 보험금을 지급하라'고 판결한
것은, A가 도로에 사람이 다닐 가능성을 염두에 두어 안전하게 운행할 의무가 있었
다는 점과 보험사가 제출한 증거의 증명력이 부족한 점을 고려한 것이다. 따라서
ㄴ에서 A가 도로의 보행자를 인지하지 못했다는 것이 원고에게 유리하게 작용했을
것이라는 설명은 적절하다.

→ 적절하지 않음!

⑤ ㄱ에서는 법관이 열악한 도로 환경을 근거로 A의 유죄에 대해 합리적인 의심을 품었
지만, ㄴ에서는 도로에 사람이 다닐 가능성을 근거로 피고의 법적 책임을 인정한 것이
겠군.

근거 [6]-1 형사 소송은 '법관으로 하여금 합리적인 의심을 할 여지가 없을 정도'의 강한
입증을 요구한다, [4]-3~4 민사 소송의 당사자들은 자신에게 유리한 법규를 근거로
하여 자신에게 책임이 없다는 사실을 입증해야 한다. 만약 입증해야 하는 사실을 입
증하지 못하는 경우 법원은 해당 당사자에게 불리하게 판단할 수밖에 없다.

풀이 형사 소송은 법관으로 하여금 합리적인 의심을 할 여지가 없을 정도의 강한 입증을
요구한다. ㄱ에서 법원은 구조가 복잡하여 도로 환경이 열악했던 점 등을 고려하면
주의 의무 위반으로 인해 사고가 났음을 인정하기 어렵다고 보았다. 이는 법관이 열
악한 도로 환경을 근거로 A의 유죄에 대해 '합리적인 의심'을 할 여지가 있었음을 뜻
한다. 한편 민사 소송에서 원고와 피고는 각각 자신에게 책임이 없다는 사실을 입증
하여야 한다. ㄴ에서 법원은 A가 도로에 사람이 다닐 가능성을 염두에 두어 안전하
게 운행할 의무가 있었다는 점과 보험사가 제출한 증거의 증명력이 부족하다는 점을
들어 B에게 보험금을 지급하라고 판결하였다. 이는 법관이 도로에 사람이 다닐 가능
성을 근거로 들어 피고의 법적 책임을 인정한 것이라고 볼 수 있다.

→ 적절함!

<table>
<tr><td>**38**</td><td>문맥적 의미 파악 - 적절하지 않은 것 고르기
정답률 90%</td><td>정답 ③</td></tr>
</table>

문맥상 @~@와 바꿔 쓰기에 적절하지 <u>않은</u> 것은?

@ 상이할   ⓑ 고려하여   ⓒ 적절하게   ⓓ 도출되지   @ 신뢰할

① @ : 서로 다를
풀이 @에서 쓰인 '상이(相 서로 상 異 다르다 이)하다'는 '서로 다르다'의 뜻이다. 따라서 @
의 '상이할'을 '서로 다를'로 바꿔 쓰는 것은 적절하다.

→ 적절함!

② ⓑ : 따져
풀이 ⓑ에서 쓰인 '고려(考 생각하다 고 慮 생각하다 려)하다'는 '생각하고 헤아려 보다'의
뜻으로, '계산, 득실, 관계 따위를 낱낱이 헤아리다'의 의미를 가진 '따지다'와 바꿔 써
도 문맥상 의미가 달라지지 않는다. 따라서 ⓑ의 '고려하여'를 '따져'로 바꿔 쓰는 것
은 적절하다.

→ 적절함!

✓③ ⓒ : 견주어
풀이 ⓒ에서 쓰인 '적절(適 알맞다 적 切 적절하다 절)하다'는 '꼭 알맞다'의 의미이다. 한편
'견주다'는 '둘 이상의 사물을 양이나 질 등에서 어떤 차이가 있는지 알기 위해 서로
대어 보다'의 의미로, ⓒ로 바꿔 쓸 경우 해당 문장의 의미가 달라진다. 따라서 ⓒ를
'견주어'로 바꿔 쓰는 것은 적절하지 않다.

→ 적절하지 않음!

④ ⓓ : 나오지
풀이 ⓓ에서 쓰인 '도출(導 이끌다 도 出 나다 출)되다'는 '판단이나 결론 따위가 이끌려 나
오다'의 뜻으로, '나오다'와 바꿔 써도 문맥상 의미가 달라지지 않는다. 따라서 ⓓ의
'도출되지'를 '나오지'로 바꿔 쓰는 것은 적절하다.

→ 적절함!

⑤ @ : 믿을
풀이 @에서 쓰인 '신뢰(信 믿다 신 賴 의지하다 뢰)하다'는 '굳게 믿고 의지하다'의 뜻으로,
'믿다'와 바꿔 써도 문맥상 의미가 달라지지 않는다. 따라서 @의 '신뢰할'을 '믿을'로
바꿔 쓰는 것은 적절하다.

→ 적절함!

→ 문제편 062쪽

(가) 고전시가 - 윤선도, 「만흥(漫興)(넘쳐흐를 漫 흥취 興 : 넘쳐흐르는 흥취)」

작품 이해 단계 ① 화자 ② 상황 및 대상 ③ 정서 및 태도 ④ 주제

① ¹산수간(山水間) 바위 아래 띠집을 짓노라 하니
- 산과 물 사이
- 초가집, 볏과의 풀인 띠로 지붕을 올린 집
- ② 상황 : 자연 속에 띠집을 지으려는 상황

²그 모른 남들은 ㉠웃는다 한다마는
- (자연 속에서의 소박한 삶을 택한) '나'의 뜻

³어리고 향암의 뜻에는 내 분(分)인가 하노라
- 어리석고
- 시골 鄕 어두울 閽 : 시골에서 지내 온갖 사리에 어둡고 어리석은 사람
- 분수 分 : 분수. 자기 신분에 맞는 한도
- ③ 정서 : 자연 속에서의 소박한 삶에 만족한다.
- ① 화자 : '내(나)'

〈제1수〉

② ¹보리밥 풋나물을 알맞게 먹은 후에
- 소박한 음식, '풋나물'은 봄철에 새로 난 나무나 풀의 연한 싹으로 만든 나물

²바위 끝 물가에 슬카지 노니노라
- 실컷
- ②③ 상황 및 정서 : 자연 속에서 소박한 삶을 즐긴다.

³그 남은 여남은 일이야 부럴 줄이 있으랴
- 그 나머지 다른 일. 속세의 일

〈제2수〉

③ ¹내 성이 게으르더니 하늘이 알으실사
- 성품 性 : 본성. 본바탕

²인간 만사(人間萬事)를 한 일도 아니 맡겨
- 인간 세상의 수많은 일. 속세의 일

³다만당 다툴 이 없는 강산을 지키라 하시도다
- 다만
- ③ 태도 : 하늘이 내게 자연을 지키는 일을 맡겼다고 여긴다.
- ④ 주제 : 자연에 묻혀 살아가는 삶에서 즐거움과 만족감을 느낀다.

〈제5수〉

・ **현대어 풀이**

①
¹산과 물 사이 바위 아래에 초가집을 지으려 하니
²나의 뜻을 모르는 남들은 비웃는다지만
³어리석고 시골뜨기인 내 생각에는 (이것이) 내 분수인가 하노라
〈제1수〉

②
¹보리밥과 풋나물을 알맞게 먹은 후에
²바위 끝 물가에서 실컷 노니노라
³그 나머지 다른 일이야 부러워할 줄이 있으랴
〈제2수〉

③
¹내 본성이 게으른 것을 하늘이 아셔서
²인간 세상의 수많은 일을 한 가지도 아니 맡겨
³다만 (서로 가지려고) 다툴 이가 없는 강산을 지키라 하시도다
〈제5수〉

・ **지문 이해**

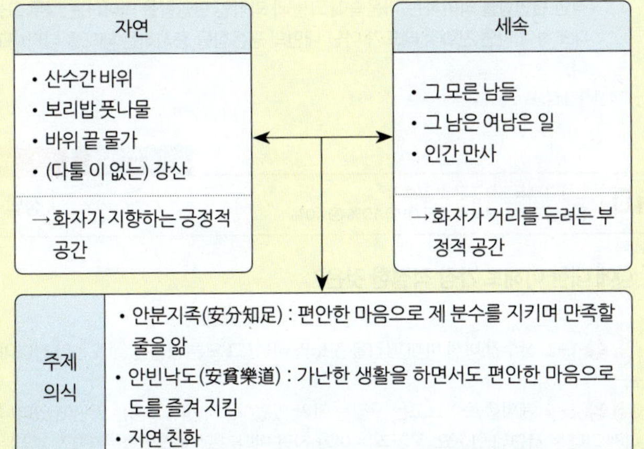

자연	세속
• 산수간 바위 • 보리밥 풋나물 • 바위 끝 물가 • (다툼 이 없는) 강산 → 화자가 지향하는 긍정적 공간	• 그 모른 남들 • 그 남은 여남은 일 • 인간 만사 → 화자가 거리를 두려는 부정적 공간

주제 의식	• 안분지족(安分知足) : 편안한 마음으로 제 분수를 지키며 만족할 줄을 앎 • 안빈낙도(安貧樂道) : 가난한 생활을 하면서도 편안한 마음으로 도를 즐겨 지킴 • 자연 친화

(나) 수필 - 홍석주, 「전간대(田間對)(밭 田 사이 間 대답할 對 : 밭 사이에서의 대화)」

① ¹모계위가 한여름에 들에 나가 김을 매다가(잡초를 뽑다가) 틈이 나자 우뚝 서 있었다. ²밭두둑(밭과 밭 사이의 경계에 있는 둑) 사이에 큰 나무가 있었다. ³아침에 그늘이 서쪽으로 지자, 사람들이 다투어 그 아래로 가고, 얼마 뒤에 해가 옮겨 가자 모두들 떠들썩하게 동편으로 몰려갔다. ⁴뒤처져 온 이들 중에는 신발을 잃거나 발꿈치를 **상한**(다칠 傷 : 다친) 자

도 계속 이어졌다.

→ 사람들이 한여름에 나무 그늘을 따라 경쟁적으로 이동한다.

② ¹계위를 돌아보고는 꾸짖는 자가 있었다. ²"저번에 그대는 동편에 있더니 이제 그대는 서편에 있군요(계위는 한곳에 일정하게 있었지만 나무 그늘을 따라 이리저리 옮겨 다닌 '꾸짖는 자'의 관점에서는 자신이 서편으로 이동하면 계위는 동편에 있고, 동편으로 이동하면 계위는 서편에 있는 것처럼 보이므로 계위가 이리저리 이동했다고 착각한 것임). ³군자라는 이가 진정 이다지도 지조(뜻 志 지조 操 : 원칙과 신념을 굽히지 아니하고 끝까지 지켜 나가는 꿋꿋한 의지)가 없는지요?"

⁴계위는 기가 막혀 ㉡웃으며, 세 번의 질문에도 대꾸하지 않았고, 말하던 자(꾸짖는 자)가 비로소 움찔하더니 얼마 있다 말하였다.

⁵"내(꾸짖는 자)가 지나쳤군요. ⁶그대(모계위)의 자리는 종일토록 변하지 않았습니다. ⁷내가 내 자리를 정하지 못한 것을(내가 한곳에 있지 않고 나무 그늘을 따라 이리저리 움직인 것을) 도리어 그대의 정해진 자리를 의심하였으니, 내가 참으로 망령된(망령될 妄 정신 靈 : 경솔하고 어리석은) 사람입니다. ⁸그렇지만 여름에 베옷 입고 겨울에 털옷 입으며, 비 오면 도롱이(짚, 띠 따위로 엮어 허리나 어깨에 걸쳐 두르는 비옷) 입고 볕 나면 가리는 천성(상황 변화에 맞추어 행동하는 본성)은 성인(성스러울 聖 사람 人 : 지혜와 덕이 매우 뛰어나 길이 우러러 받들 만한 사람)도 고치려고 하지 않았습니다. ⁹공자님께서도 사람은 새, 짐승과는 함께 살 수 없고 사람과 함께해야 한다(인간의 사회성)고 말하지 않으셨습니까? ¹⁰우리는 이런 사람이 아닌가요? ¹¹그대는 이제 항상 사람들과 떨어져서 혼자 있고, 또 그것을 지켜 꼼짝 않는데, 도리를 알고 때를 안다는 사람도 진정 그러합니까?"

→ 꾸짖는 자는 인간은 상황에 따라 변화하는 존재이며, 사회성을 지닌 존재라는 점을 들어 모계위의 삶의 방식을 비판한다.

③ ¹계위가 말했다.

[A]
²"그렇군요. ³저는 농부인데 어찌 도를 알겠습니까? ⁴그래도 저는 일찍이 서유자(후한 때의 선비. 집안이 가난해 몸소 농사를 지으며 살았다고 함)에게 농사에 대해 들은 적이 있습니다. ⁵봄에 밭 갈고 여름에 김매다 가을에 이르면 수확을 한다고 하니, 나는 이것으로 때를 따라가는 것이라 생각합니다(농부로서 자연의 순리에 순응하는 삶이 곧 진정한 도(道)라고 생각한다는 의미). ⁶무릇(대체로 헤아려 생각하건대) 비 오고 가물고(오랫동안 계속하여 비가 오지 않고) 바람 불고 볕이 내리쬐는 것은 하늘에 달린 것이고, **밭 갈고 씨 뿌리고** 김매고 뿌리를 북돋는 것은 나에게 달린 것입니다. ⁷나는 내가 할 수 있는 것을 다하고 하늘에서 이루어 주는 것을 받아들입니다. ⁸내 힘을 다 쓰고 내 일이 이미 갖추어지면, 나는 안으로 마음속에 거리끼는(걸리는) 것이 없고, 밖으로 외물(바깥 外 만물 物 : 바깥 세계의 사물)에 휘둘리는 것이 없습니다(자신의 책임을 다하고 나면 마음의 자유와 평화를 얻고 외물에 휘둘리지 않는다는 의미). ⁹해하지도 않고 탐하지도 않아 이해관계에도 불꽃이 튀지(다툼이 일어나지) 않으니, 물에 파도가 일지 않는 것처럼 담담하고 물이 사방으로 통하여 막히지 않는 것처럼 트입니다. ¹⁰이렇게 되면 시원한 바람을 맞으며 사탕수수 즙을 마시는 것 같으니 높은 평상(평평할 平 상 床 : 나무로 만든 침상. 밖에다 내어 앉거나 드러누워 쉴 수 있도록 만든 것)에 얼음을 쌓아 놓는다고 해도 내 상쾌함을 알기에는 부족할 것입니다. ¹¹홀로 나무 그늘에 구구히(구차하게) 얽매이겠습니까?(외적인 편안함에 집착하겠느냐는 의미)

→ 모계위는 자연의 질서에 따라 본분을 다하면 내면의 자유와 평화를 얻어 외부 상황에 연연하지 않게 된다고 말한다.

④ ¹저는 하늘의 때(순리, 즉 순조로운 이치나 도리)를 기다리는데, 사람들은 혹(간혹. 때로) 서로 다른 사람과 시간을 다툽니다. ²저는 마음속에 그늘(내적 편안함)이 있는데, 사람들은 모두 나무 그늘(외적 편안함)로 들어갑니다. ³사람들이 나와 달리한 것이지, 내가 어찌 사람들을 떠나기를 좋아했겠습니까?(계위에게 항상 사람들과 떨어져서 혼자 있다고 한 꾸짖는 자의 비판에 대한 반박) ⁴그렇다 해도 **눈과 얼음 속에서 솜옷을 입고 있는 자도 여우 담비 털옷**(솜옷보다 더 따뜻한 옷을 의미)을 덮어 주면 사양하지 않는 법입니다. ⁵내가 그늘을 싫어하여 도망쳤다고 하면 그것도 인정(人情)(사람 人 본성 情 : 사람이 본래 가지고 있는 감정이나 심정)이 아닐 것입니다(자신도 그늘을 싫어하는 것이 아니라는 의미).

→ 모계위는 사람들과 자신의 삶의 태도가 다를 뿐, 자신이 사람들을 떠나기를 좋아하거나 그늘을 싫어하는 것은 아니라고 말한다.

⑤ ¹그대는 어찌 생각해 보지 않으십니까? ²그대가 이 그늘로 들어갔을 적에 과연 조용하고 넉넉하게 노닐며 태연하게(편안할 泰 그럴 然 : 자연스럽게) 스스로 얻은 것이었습니까? ³아니면 **다른 사람과 다툰** 다음에야 그늘에 들 수 있었습니까? ⁴그렇지 않다면 그 누가 무릎을 부딪치면서 발을 뻗지 못하게 하였습니까? ⁵그 누가 그대의 팔을 움츠려서 펴지 못하게 하였습니까? ⁶그 누가 그대에게 한 발자국 남짓한 자리를 마음대로 차지하지 못하게 하여, 마치 철창 속에 갇힌 원숭이처럼 답답하게 하였습니까? ⁷그 누가 그대와 사람이 서로 꺼리게 하여 도적을 보듯 흘겨보며 행여 한 사람이라도 나가서

내 자리를 너르게 하여(넓혀) 주기를 바라게 하였습니까? [8] 이렇게 하여(타인과 경쟁적으로 다투어) 그늘에 들어가는 것은 차라리 뜨거운 햇볕 아래 홀로 서 있는 것만도 못합니다(타인과의 다툼과 몸부림 끝에 들어간 그늘에서 불편하게 있는 것보다 뜨거운 햇볕 아래 홀로 평화롭게 서 있는 것이 더 낫다는 의미). [9] 그대는 말하지 마십시오. [10] 저는 다시 김을 매야겠습니다."

[11] 물어봤던 사람이 머리를 숙였고 부끄러운 낯빛이었다.

→ 모계위는 편안함을 좇는 이기적인 삶보다 내면이 평온한 삶이 더 낫다고 말한다.

· 중심 내용

한여름에 나무 그늘을 따라 경쟁적으로 이동하는 사람들과 달리 종일 자신의 자리를 지키며 김을 매는 모계위를 어떤 사람이 꾸짖는다. 이에 계위는 자연의 순리에 따라 본분을 다하고 내면의 평화를 얻는 삶이 편안함을 좇아 타인과 경쟁하는 삶보다 낫다며 반박한다.

· 지문 이해

꾸짖는 자	모계위
• 인간은 상황에 따라 변화하는 존재이며, 사회성을 지닌 존재라고 생각함 • 다른 사람들과 달리 나무 그늘을 따라 이동하지 않고 홀로 한자리를 지키는 계위의 삶의 방식을 꾸짖음	• 자연의 순리를 따름 • 농부로서 자신의 분수에 맞는 삶을 실천함 • 외물에 휘둘리지 않음 • 외적인 편안함보다 내면의 평화를 중시함 • 자신의 편의를 위해 타인을 해하는 이기적인 삶의 태도를 경계함
→ 일반적인 사람들의 삶의 방식과 태도를 대변하는 인물	→ 작가 의식(주제 의식)을 대변하는 인물

---

39 표현상 공통점 – 적절한 것 고르기 · 정답률 65%, 매력적 오답 ④ ⑤ 10% · 정답 ①

(가)와 (나)의 공통점으로 가장 적절한 것은?

선지	핵심 체크 내용	(가)	(나)
①	설의적 표현 활용 → 삶의 태도 강조	O	O
②	반어적 표현 활용	X	X
	인식의 변화 드러냄	X	O
③	점층적 표현 활용 → 부정적인 상황 부각함	X	O
④	과장적 표현 활용	X	X
	상황의 해학성 보여 줌	X	O
⑤	대조적 표현 활용	O	O
	자연 친화적 태도 나타냄	O	X

① *설의적 표현을 활용하여 삶의 태도를 강조하고 있다. *쉽게 판단할 수 있는 사실을 의문의 형식으로 표현하여 의미를 강조하는 방법

근거 (가) ❷-3 그 남은 여남은 일이야 부럴 줄이 있으랴
(나) ❸-11 홀로 나무 그늘에 구구히 얽매이겠습니까?

풀이 (가)에서는 설의적 표현을 활용함으로써 자연 속에서의 소박한 삶에 만족하는 삶의 태도를 강조하고 있다. (나)에서는 설의적 표현을 활용하여 외적인 편안함에 집착하지 않는 삶의 태도를 강조하고 있다.

→ 적절함!

• (나)만 해당

② *반어적 표현을 활용하여 인식의 변화를 드러내고 있다. *말하고자 하는 원래 의미와는 반대되는 표현

근거 (나) ❺-11 물어봤던 사람이 머리를 숙였고 부끄러운 낯빛이었다.

풀이 (가)에서는 반어적 표현이 나타나지 않으며, 인식의 변화도 드러나지 않는다. (나)에 반어적 표현은 사용되지 않았으나 모계위의 삶의 방식에 비판을 제기했던 '꾸짖는 자'가 모계위의 말을 들은 후 머리를 숙이고 부끄러운 낯빛을 하였으므로 인식의 변화가 드러난다고 볼 수 있다.

→ 적절하지 않음!

• (나)만 해당

③ *점층적 표현을 활용하여 부정적인 상황을 부각하고 있다. *뒤로 갈수록 의미가 고조되거나 정도가 높아지는 표현

근거

(나) ❺-4~7	그 누가 무릎을 부딪치면서 발을 뻗지 못하게 하였습니까?
	그 누가 그대의 팔을 움츠려서 펴지 못하게 하였습니까?
	그 누가 그대에게 한 발자국 남짓한 자리를 마음대로 차지하지 못하게 하여, 마치 철창 속에 갇힌 원숭이처럼 답답하게 하였습니까?
	그 누가 그대와 사람이 서로 꺼리게 하여 도적을 보듯 흘겨보며 행여 한 사람이라도 나가서 내 자리를 너르게 하여 주기를 바라게 하였습니까?

뒤로 갈수록 사람들이 경쟁적으로 다투는 모습이 강해짐

풀이 (가)에서는 점층적 표현을 활용하고 있지 않다. 또한 (가)의 화자는 자연 속에서의 삶에 만족하고 있으므로, 부정적 상황에 처해 있다고 보기 어렵다. (나)는 '꾸짖는 자'의 비판에 대해 모계위가 반박하는 부분에서 점층적 표현을 활용하여 사람들이 경쟁적으로 다투며 그늘을 차지하려는 부정적인 상황을 부각하고 있다.

→ 적절하지 않음!

④ *과장적 표현을 활용하여 상황의 **해학성을 보여 주고 있다. *실제보다 지나치게 부풀려서 나타내는 표현 **익살스럽고 우스꽝스러운 성질

• (나)만 해당

근거 (나) ❶-3~4 아침에 그늘이 서쪽으로 지자, 사람들이 다투어 그 아래로 가고, 얼마 뒤에 해가 옮겨 가자 모두들 떠들썩하게 동편으로 몰려갔다. 뒤처져 온 이들 중에는 신발을 잃거나 발꿈치를 상한 자도 계속 이어졌다.

풀이 (가)는 과장적 표현도, 상황의 해학성도 나타나지 않는다. (나)는 사람들이 앞다투어 그늘을 찾아 이리저리 몰려다니고 이동하는 모습을 묘사한 부분에서 상황의 해학성이 나타난다고 볼 수 있으나 과장적 표현을 활용하고 있지는 않다.

→ 적절하지 않음!

■ 과장적 표현과 상황의 해학성을 보여 주고 있는 작품

• 작자 미상, 「춘향전」 (2018학년도 9월 모평)
'암행어사 출두야.' 외치는 소리에 강산이 무너지고 천지가 뒤눕는 듯 초목금순들 아니 떨랴. 남문에서 출두야, 북문에서 출두야, 동서문 출두 소리 청천에 진동하고,(과장적 표현) ~ 본관 사또가 똥을 싸고 멍석 구멍 생쥐 눈 뜨듯 하고 내아로 들어가서, '어 추워라, 문 들어온다 바람 닫어라. 물 마른다 목 들여라.(상황의 해학성)'
→ 과장적 표현을 활용하여 암행어사의 위세를 강조하고, 암행어사 출두로 인해 넋을 잃고 도망치는 본관 사또의 모습을 희화화함으로써 상황의 해학성을 보여 주고 있다.

• (가), (나) 해당   • (가)만 해당

⑤ *대조적 표현을 활용하여 자연 친화적 태도를 나타내고 있다. *대상을 맞대어 차이점을 밝히는 표현

근거 (가) ❸-2~3 인간 만사를 한 일도 아니 맡겨/ 다만당 다툴 이 없는 강산을 지키라 하시도다
(나) ❹-2 저는 마음속에 그늘이 있는데, 사람들은 모두 나무 그늘로 들어갑니다.

풀이 (가)는 '인간 만사'와 '다툴 이 없는 강산', '아니 맡겨'와 '지키라 하시도다'를 대조하여 속세와 거리를 두고 자연 속에서의 삶을 지향하는 태도를 드러내고 있다. (나)는 내적인 편안함을 의미하는 '마음속에 그늘'과 외적인 편안함을 의미하는 '나무 그늘'을 대조하여 자연 친화적 태도가 아닌 내면의 평온함을 중시하는 태도를 나타내고 있다.

→ 적절하지 않음!

오답률 TOP ❸ 1등급 문제

40 인물의 태도 – 적절한 것 고르기 · 정답률 35%, 매력적 오답 ① ② 10% ④ 40% · 정답 ③

㉠, ㉡에 대한 이해로 가장 적절한 것은?

(가) ❶-1~2 산수간 바위 아래 띠집을 짓노라 하니/ 그 모른 남들은 ㉠웃는다 한다마는
(나) ❷-1~4 계위를 돌아보고는 꾸짖는 자가 있었다. "저번에 그대는 동편에 있더니 이제 그대는 서편에 있군요. 군자라는 이가 진정 이다지도 지조가 없는지요?" 계위는 기가 막혀 ㉡웃으며,

	웃음의 주체	웃음의 대상
㉠	화자의 뜻을 모르는 남들	화자
㉡	모계위	계위를 꾸짖는 자

① ㉠에는 *줏대 없는 행위에 대한, ㉡에는 **염치없는 말에 대한 비판적 태도가 담겨 있다. *자기의 처지나 생각을 꿋꿋이 지키고 내세움 **부끄러움을 모르고 뻔뻔한

풀이 (가)에서 ㉠은 자연 속에서의 소박한 삶을 택한 '나'의 뜻을 이해하지 못하는 '남들'의

반응이므로 줏대 없는 행위에 대한 비판적 태도가 담겨 있다고 볼 수 없다. (나)에서 ㉡은 나무 그늘을 쫓아 이리저리 옮겨 다닌 '꾸짖는 자'가 한곳에 머문 계위에게 지조가 없다며 비판하자 계위가 보인 반응이므로, 상대의 염치없는 말에 대한 계위의 비판적 태도가 담겨 있다고 볼 수 있다.

→ 적절하지 않음!

② ㉠에는 일반적이지 않은 행위에 대한, ㉡에는 원망하는 말에 대한 *비하의 의도가 담겨 있다. *업신여겨 낮춤

풀이 세속을 멀리하고 자연과 벗하며 소박하게 살아가는 삶은 일반적이거나 보편적인 행위는 아니라고 볼 수 있다. 따라서 ㉠에는 일반적이지 않은 화자의 행위에 대한 남들의 비하와 조롱의 의도가 담겨 있다고 볼 수 있다. 한편, '꾸짖는 자'는 계위에게 지조가 없다며 비난했을 뿐 원망을 드러내지 않았다. 따라서 ㉡에는 원망하는 말에 대한 비하의 의도가 담겨 있다고 볼 수 없다.

→ 적절하지 않음!

③ ㉠에는 공감할 수 없는 행위에 대한, ㉡에는 이치에 맞지 않는 말에 대한 부정적 태도가 담겨 있다.

풀이 (가)에서 '남들'은 속세에서 살아가는 사람들로, 자연 속에서의 소박한 삶을 택한 화자의 행위에 공감하지 못하고 있다. 따라서 ㉠에는 공감할 수 없는 화자의 행위에 대한 '남들'의 부정적 태도가 담겨 있다고 볼 수 있다. 한편, 나무 그늘을 쫓아 이리저리 지조 없이 움직인 것은 '꾸짖는 자' 본인임에도 불구하고 한자리를 일정하게 지킨 계위에게 오히려 지조가 없다며 비판을 한 것이기에 ㉡에는 상대방('꾸짖는 자')의 이치에 맞지 않는 말에 대한 계위의 부정적 태도가 담겨 있다고 볼 수 있다.

→ 적절함!

④ ㉠에는 자신을 평가하는 행위에 대한, ㉡에는 자신을 조롱하는 말에 대한 *냉소적 태도가 담겨 있다. *쌀쌀맞게 비웃는 태도

풀이 ㉠의 주체는 '남들'이고 대상은 화자이다. 따라서 '남들'이 자신을 평가하는 행위에 대해 냉소적 태도를 보인 것이 아니라, 화자의 행위에 대한 '남들'의 냉소적 태도가 담긴 것이다. 한편, ㉡에는 자신을 비난하고 조롱하는 '꾸짖는 자'의 말에 대한 계위의 냉소적 태도가 담겨 있다고 볼 수 있다.

→ 적절하지 않음!

⑤ ㉠에는 *열등감을 숨기려는 행위에 대한, ㉡에는 **선입견을 지니고 있는 말에 대한 ***질책의 의도가 담겨 있다. *자기를 남보다 못하거나 무가치한 인간으로 낮추어 평가하는 감정 **어떤 대상에 대하여 이미 마음속에 가지고 있는 고정 관념 ***꾸짖어 나무람

풀이 ㉠은 자연 속에 은거하려는 화자의 삶의 방식을 이해하지 못한 '남들'의 냉소이므로, 열등감을 숨기려는 행위에 대한 질책의 의도가 담겨 있다는 설명과는 무관하다. 한편, ㉡은 사실과 맞지 않는 말을 하는 상대방에 대한 계위의 질책의 의도가 담겨 있다. 그러나 '꾸짖는 자'의 말은 착각에 따른 것이지, 선입견에서 비롯된 말이라고는 할 수 없다.

→ 적절하지 않음!

---

41 | 인물의 태도 – 적절한 것 고르기   정답률 70%, 매력적 오답 ④ 10%   정답 ①

(나)의 [A]에 나타난 '모계위'의 생각을 이해한 내용으로 가장 적절한 것은?

[A] (나) ❸-2~11 "그렇군요. 저는 농부인데 어찌 도를 알겠습니까? 그래도 저는 일찍이 서유자에게 농사에 대해 들은 적이 있습니다. 봄에 밭 갈고 여름에 김매다 가을에 이르면 수확을 한다고 하니, 나는 이것으로 때를 따라가는 것이라 생각합니다. 무릇 비 오고 가물고 바람 불고 볕이 내리쬐는 것은 하늘에 달린 것이고, 밭 갈고 씨 뿌리고 김매고 뿌리를 북돋는 것은 나에게 달린 것입니다. 나는 내가 할 수 있는 것을 다하고 하늘에서 이루어 주는 것을 받아들입니다. 내 힘을 다 쓰고 내 일이 이미 갖추어지면, 나는 안으로 마음속에 거리끼는 것이 없고, 밖으로 외물에 휘둘리는 것이 없습니다. 해하지도 않고 탐하지도 않아 이해관계에도 불꽃이 튀지 않으니, 물에 파도가 일지 않는 것처럼 담담하고 물이 사방으로 통하여 막히지 않는 것처럼 트입니다. 이렇게 되면 시원한 바람을 맞으며 사탕수수 즙을 마시는 것 같으니 높은 평상에 얼음을 쌓아 놓는다고 해도 내 상쾌함을 알기에는 부족할 것입니다. 홀로 나무 그늘에 구구히 얽매이겠습니까?

① *순리에 따라 자신의 일을 다하여 외부 상황에 **연연할 필요가 없다고 여기고 있군. *순조로운 이치 **집착하여 미련을 가질

풀이 '모계위'는 농부로서 자연의 순리에 따라 자신이 할 수 있는 것을 다하고 나면 외물에 휘둘리는 것이 없다고 하였다.

→ 적절함!

② 자신에게 유리한 상황을 *조성하려면 다른 사람들과 함께해야 한다고 여기고 있군. *만들려면

풀이 '모계위'는 자연의 순리에 따라 농부로서 자신의 본분을 다하고 하늘에서 이루어 주는 것을 받아들인다고 하였을 뿐 자신에게 유리한 상황을 조성한다거나 다른 사람들과 함께해야 한다고 여기고 있지는 않다.

→ 적절하지 않음!

③ 하늘의 도움을 받으려면 *철기에 맞추어 남들보다 더 농사일에 힘써야 한다고 여기고 있군. *한 해를 스물넷으로 나눈, 계절의 표준이 되는 것

풀이 '모계위'는 자신의 책임을 다하고 하늘에서 이루어 주는 것을 받아들인다는 입장일 뿐 하늘의 도움을 받아야 한다거나 그러기 위해서 남들보다 더 농사일에 힘써야 한다고 여기고 있지는 않다.

→ 적절하지 않음!

외물에 휘둘리지 않는다고
④ 적절한 때를 알고 행동하면 자신의 의지에 따라 주변 환경을 변화시킬 수 있다고 여기고 있군.

풀이 '모계위'는 때에 따라 봄에 밭 갈고 여름에 김매다 가을에 이르면 수확을 해야 한다고 생각하므로 자연의 순리에 따라 적절한 때를 알고 행동하는 것의 중요성을 인지하고 있다고 볼 수 있다. 그러나 의지에 따라 주변 환경을 변화시킬 수 있다고 여기고 있지는 않다. 적절한 때를 알고 행동하면 외물, 즉 주변 환경에 휘둘릴 것이 없다고 생각하기 때문이다.

→ 적절하지 않음!

자연의 순리에 따라 본분을 다하여
⑤ 다른 사람들과 관계를 원만하게 이어가 마음속에 거리끼는 것이 없도록 해야 한다고 여기고 있군.

풀이 '모계위'는 내 힘을 다 쓰고 내 일이 이미 갖추어지면 자신의 마음속에 거리끼는 것이 없다고 하였을 뿐, 다른 사람들과의 원만한 관계 유지를, 마음속에 거리낌이 없는 상태의 전제 조건으로 여긴 것은 아니다.

→ 적절하지 않음!

---

42 | 감상의 적절성 – 적절하지 않은 것 고르기   정답률 75%, 매력적 오답 ③ 10%   정답 ④

〈보기〉를 바탕으로 (가)와 (나)를 이해한 내용으로 적절하지 않은 것은? [3점]

| 보기 |
[1] (가)와 (나)에서는 분수에 맞는 삶의 태도를 지향하는(뜻 志 향할 向 : 향하는) 모습이 나타나 있다. [2] (가)의 화자는 자연에서 삶을 영위하는(꾀할 營 할 爲 : 꾸려 나가는) 것이 떳떳한 일이라 여기며 소박한 생활에 만족감을 느끼고 있다. [3] 그리고 (나)의 모계위는 자신의 삶의 방식을 지키는 것이 중요한 일이라 여기며 자신의 이익을 위해 다른 사람을 해하는(손해를 입히는) 상황을 비판적으로 인식하고 있다.

① (가)의 화자가 자연에서 '띠집'을 짓고 사는 것과 (나)의 모계위가 때에 따라 '밭 갈고 씨 뿌리'는 것에서 분수에 맞는 삶의 태도를 엿볼 수 있군.

근거 〈보기〉-1 (가)와 (나)에서는 분수에 맞는 삶의 태도를 지향하는 모습이 나타나 있다.
(가) ❶-1 산수간 바위 아래 띠집을 짓노라 하니
(나) ❸-6~7 밭 갈고 씨 뿌리고 김매고 뿌리를 북돋는 것은 나에게 달린 것입니다. 나는 내가 할 수 있는 것을 다하고 하늘에서 이루어 주는 것을 받아들입니다.

풀이 〈보기〉를 바탕으로 보면 (가)의 화자가 자연 속에서 소박하게 '띠집'을 짓고 사는 것은 분수에 맞는 삶의 태도를 지향하는 모습이라 할 수 있다. 또한, (나)에서 모계위가 자연의 순리에 따라 '밭 갈고 씨 뿌리'며 농부로서의 소임을 다하는 모습 역시 분수에 맞는 삶의 태도를 지향하는 모습이라 할 수 있다.

→ 적절함!

② (가)의 화자가 '보리밥 풋나물을 알맞게 먹'으며 '그 남은 여남은 일'을 부러워하지 않는 것에서 자연에서의 소박한 삶에 대해 만족하고 있음을 알 수 있군.

근거 〈보기〉-2 (가)의 화자는 자연에서 삶을 영위하는 것이 떳떳한 일이라 여기며 소박한 생활에 만족감을 느끼고 있다.
(가)-❷ 보리밥 풋나물을 알맞게 먹은 후에/ ~/ 그 남은 여남은 일이야 부럴 줄이 있으랴

풀이 (가)의 화자가 자연 속에서 '보리밥 풋나물'과 같은 소박한 음식을 먹고 한가롭게 지내며 그 나머지 다른 일, 즉 속세의 일을 부러워하지 않는 것에서 자연에서의 소박한 생활에 만족감을 느끼고 있음을 알 수 있다.

→ 적절함!

③ (가)의 화자가 '하늘'이 자신의 '성이 게으'름을 알고 '강산을 지키라 하'였다는 것에서 자연 속에서 지내는 삶을 떳떳한 일로 생각하고 있음을 알 수 있군.

근거 〈보기〉-2 (가)의 화자는 자연에서 삶을 영위하는 것이 떳떳한 일이라 여기며
(가)-❸ 내 성이 게으르더니 하늘이 알으실사/ ~/ 다만당 다툴 이 없는 강산을 지키라 하시도다

풀이 (가)에서 '하늘'이 화자의 '성이 게으'름을 알고 '강산을 지키라 하'였다는 것은 화자가

자연 속에서 삶을 영위하는 것을 천명, 즉 하늘의 뜻으로 여기고 이를 떳떳하게 생각하고 있음을 나타낸 것이다.

→ 적절함!

③ (나)의 모계위가 '눈과 얼음 속에서'는 '여우 담비 털옷을 덮어 주면 사양하지 않'을 것이라고 이야기한 것에서 타인과 다른 삶의 방식을 지향하고 있음을 알 수 있군.

모계위도 타인과 같은 인정을 지니고 있음을

근거 〈보기〉-3 (나)의 모계위는 자신의 삶의 방식을 지키는 것이 중요한 일이라 여기며 자신의 이익을 위해 다른 사람을 해하는 상황을 비판적으로 인식하고 있다.

(나) ❹-4~5 그렇다 해도 **눈과 얼음 속에서** 솜옷을 입고 있는 자도 **여우 담비 털옷을 덮어 주면 사양하지 않**는 법입니다. 내가 그늘을 싫어하여 도망쳤다고 하면 그것도 인정이 아닐 것입니다.

풀이 (나)의 모계위가 타인과 다른 삶의 방식을 지향하고 있는 것은 맞다. 그러나 (나)에서 모계위가 '눈과 얼음 속에서' '여우 담비 털옷을 덮어 주면 사양하지 않'는다고 한 것은, 자신도 사람이라면 누구나 지니는 감정인 인정을 갖고 있음을 말한 것이다. 즉, (나)의 모계위는 사람으로서 자신도 그늘을 싫어하지는 않지만, 자신의 이익을 위해 다른 사람을 해하는 상황을 비판적으로 인식하기에 그늘을 차지하기 위해 다른 사람들과 경쟁하지 않은 것이다.

→ 적절하지 않음!

⑤ (나)의 모계위가 '다른 사람과 다'투며 '그늘에 들어가는 것'은 '햇볕 아래 홀로 서 있는 것만도 못'하다고 말한 것에서 타인을 해하는 삶의 태도를 경계하고 있음을 알 수 있군.

근거 〈보기〉-3 (나)의 모계위는 자신의 삶의 방식을 지키는 것이 중요한 일이라 여기며 자신의 이익을 위해 다른 사람을 해하는 상황을 비판적으로 인식하고 있다.

(나) ❺-3 아니면 **다른 사람과 다**툰 다음에야 그늘에 들 수 있었습니까?/ 8 이렇게 하여 그늘에 들어가는 것은 차라리 뜨거운 **햇볕 아래 홀로 서 있는 것만도 못**합니다.

풀이 〈보기〉를 바탕으로 볼 때 자신의 이익을 위해 다른 사람을 해하는 상황을 비판적으로 인식하는 모계위의 입장에서는 '다른 사람과 다'투면서 '그늘에 들어가는 것'은 '뜨거운 햇볕'을 홀로 견디며 서 있는 것만도 못한 것이다. 이를 통해 자신의 편의를 위해 타인을 해하는 삶의 태도를 경계하는 모계위의 관점을 확인할 수 있다.

→ 적절함!

[43~45] 고전소설 - 작자 미상, 「쌍주기연(쌍 雙 구슬 珠 기이할 奇 인연 緣 : 두 개의 신비로운 구슬로 맺어진 인연. 남녀 주인공인 서천흥과 왕혜란의 운명적인 만남과 인연을 상징함. 전체 줄거리 참고)**」**

❶ [앞부분의 줄거리] 1 (명나라의) 제후국(모두 諸 제후 侯 나라 國 : 제후가 다스리는 나라. 제후는 봉건 시대에 일정한 영토를 가지고 그 영내의 백성을 지배하는 권력을 가지던 사람)인 남만국이 명나라(작품의 배경) 변방(가장자리 邊 장소 方 : 변두리의 땅)을 침범하자, 천자(하늘 天 아들 子 : 황제)는 이를 해결하기 위해 서경('서천흥'의 아버지)을 남만국에 안무사(일종의 사신(使臣), 외교 사절)로 파견한다. 2 서경이 사신으로 떠난 후 남만국에 잡혀 돌아오지 않자 그의 아들 서천흥은 아버지를 구하고 국난(나라 國 난리 難 : 나라의 위기. 여기서는 남만국의 명나라 침범)을 해결하기 위해 대원수(클 大 으뜸 元 장수 帥 : 국가의 군(軍) 전체를 통솔하는 최고 계급인 원수를 더 높여 이르는 말)로 출정한다(나갈 出 칠 征 : 전쟁터에 나간다). 3 이때 남만 태자(클 太 아들 子 : 임금의 자리를 이을 임금의 아들)는 섬으로 유배된 서경을 극진히 대접한다.

→ 남만국이 명나라를 침범하자 서천흥은 남만국에 붙잡혀 있는 아버지를 구하고 국난을 해결하기 위해 대원수로 출정한다.

❷ 1 어느 날 태자가 근심하는 빛이 얼굴에 가득하여 말했다.
2 "그사이에 부왕(아버지 父 임금 王 : 남만 태자의 아버지. 남만국의 왕)께서 명나라와 전쟁하셨는데, 우리의 장수와 군사들이 죽은 것이 이루 셀 수가 없다 하나이다. 3 듣자니 명나라 장수 가운데 대원수는 공의 아드님(서천흥)이란 말이 있나이다. 4 부왕께서 이를 아시고 대인(클 大 사람 人 : 말과 행실이 바르고 점잖으며 덕이 높은 사람. 여기서는 서경)을 군중(군대 軍 안 中 : 군대의 안)에 데려다 볼모(인질)로 삼아 아드님으로 하여금 귀순케(따를 歸 순할 順 : 복종하게) 하고자 하시나이다. 5 그래서 소자(작을 小 사람 子 : 자기를 낮추어 이르는 일인칭 대명사. 여기서는 태자)에게 대인을 군중으로 데려오라고 명하셨지만, 아무리 부왕의 명이라도 소자가 이(서 안무사를 군중으로 데려다 볼모로 삼는 것)를 차마 행하지 못하오리다. 6 소자가 심복(마음 心 속마음 腹 : 마음 놓고 믿을 수 있는 부하)으로 하여금 천리마(일천 千 리 里 말 馬 : 하루에 천 리를 달릴 수 있을 정도로 좋은 말) 두 필(마리)을 준비하게 하였사오니, 산골짜기의 좁은 길로 남모르게 명나라 진영(진 칠 陣 진영 營 : 군대가 진을 치고 있는 곳)으로 가옵소서. 7 그 후에 부왕의 목숨을 구하여 만국(남만국)이 아주 망하게 하지 마소서."
8 서 안무사(서경)가 위로하여 말했다.
9 "내 어찌 그대의 인정 어린 마음을 잊으랴."

---

10 그러고는 작별하였다. 11 곧바로 천리마를 타고 종자(좇을 從 사람 者 : 남에게 종속되어 따라다니는 사람)와 함께 명나라 진영을 향하였다.

→ 남만 태자가 부왕의 계략을 알려 주며 도망칠 방안을 마련해 주자 서경은 명나라 진영으로 달아난다.

❸ 1 이때 서 원수(서천흥, 명나라 대원수)가 길협(만국의 장수로, 명나라 진영에 생포되었다가 서경의 생사와 안위를 묻는 서 원수의 물음에 사실대로 고한 대가로 만국으로 살아 돌아옴. 전체 줄거리 참고)을 놓아 보낸 뒤로 또 싸우러 나아가 **적장 수십 명을 죽이며 승승장구**하여(이길 乘 이길 勝 길 長 나아갈 驅 : 싸움에 이긴 형세를 타고 계속 몰아쳐) **잃었던 고을들을 회복**하고 남만국의 수만 병사들을 죽이니, 위엄(권위 威 엄할 嚴 : 의젓하고 엄숙한 태도나 기세)이 만국에서 크게 떨쳤다. 2 만왕은 군영(군대 軍 진영 營 : 군대가 주둔하는 곳)의 문을 닫고 서 안무사 잡아 오기를 기다렸다(명나라 진영에서 살아 돌아온 길협을 통해 서경과 서 원수가 부자지간임을 알게 된 만왕은 서경을 잡아다 볼모로 삼아 서 원수로 하여금 귀순하게 하려는 계획을 세움. 전체 줄거리와 ❷에서 태자가 서경에게 했던 말 참고).
3 서 원수가 여러 날 싸움을 돋우었지만(부추겼지만) 만왕이 끝내 안전한 곳에 들어앉아서 나오지 않으니, 달리 어떻게 할 도리가 없어 승전한(이길 勝 싸움 戰 : 싸움에서 이긴) 표문(表文)(밝힐 表 글월 文 : 마음에 품은 생각을 적어서 임금에게 올리는 글)을 천자에게 보낸 뒤 여러 장수들과 묘책(묘할 妙 꾀 策 : 매우 교묘한 꾀. 여기서는 만왕을 사로잡을 방안)을 의논하고 있었다. 4 갑자기 비밀스레 한 병사가 들어와 고했다.
5 "군영 바깥문 밖에 우리나라 사람 한 명과 만국 사람 한 명이 와 서찰(글 書 편지 札 : 편지) 한 통을 전해 달라고 하기에 바치옵니다."
6 서 원수가 그 서찰을 떼어 보니, 서찰은 이러하다.
7 '나는 다른 사람이 아니라 만왕의 명으로 십여 년 동안 만국에서 치욕을 감내하던(견딜 堪 참을 耐 : 참고 견디던) 안무사 서경이라. 8 도움을 준 사람(남만 태자)이 있어서 목숨을 보전하여 달아나 왔나니, 오신 대원수는 뉘(누구)신지 몰라도 바삐 만나 보기를 바라오.'
9 서 원수가 서찰을 다 읽고 나서 마음이 떨리고 정신이 아득하였지만 바삐 군영의 문 밖까지 나아가 맞으니, 서 안무사의 머리가 백발이었고 모습이 수척하였으나(마를 瘦 야윌 瘠 : 마르고 야위었으나) 뚜렷한 부친이었다. 10 서 원수가 부친을 한 번 부르고는 몹시 슬프고 가슴 아파 정신이 혼미하여(어두울 昏 흐릿할 迷 : 의식이 흐려져) 까무러쳤다. 11 서 안무사가 서 원수를 보니 사신으로 떠날 때에는 6세 어린아이였거늘 지금은 엄연한(엄연할 儼 그럴 然 : 뚜렷한) 대장이니 어찌 알아보리오(편집자적 논평). 12 서 안무사는 서 원수가 아버지라고 부르는 소리를 따라 역시 통곡하였다. 13 그리고 서 원수를 안아 보니 호흡이 멎었는지라 크게 놀라 주물렀다. 14 이윽고 서 원수가 눈을 뜨니, 서 안무사가 어루만져 위로하며 말했다.
15 "살아서 서로 만났으니 기쁘기 그지없다만, 이롭지 못한 시름과 슬픔을 드러내지 말거라."
16 모든 장수들이 또한 위로하며 축하하는 소리가 떠들썩하였다. 17 서 원수가 조용히 부친을 모시고서 서로 그간의 고난과 재앙을 슬퍼하며 근심스럽게 말했다.

→ 만왕을 사로잡을 묘책을 강구하던 서 원수와 명나라 진영으로 도망 온 서 안무사가 상봉하여 회포를 나눈다.

(중략)

❹ 1 이때 남만의 태자가 서 안무사를 보내어 곡 승상(벼슬 이름)과 의논하였다.
2 "아무 때라도 아군(남만국의 군대. 즉 만군)이 반드시 패할 것이오. 3 서 원수는 장수로서의 지략(슬기 智 꾀 略 : 슬기와 계략)이 손무(중국 춘추 시대의 병법가), 오기(중국 전국 시대의 병법가)와 제갈량(중국 삼국 시대 촉한의 뛰어난 군사 전략가)에 버금가오(못지않소). 4 까마귀가 모인 것 같은 병졸(오합지졸(까마귀 鳥 모을 合 ~ 의 之 군사 卒) : 까마귀가 모인 것처럼 질서가 없이 모인 병졸이라는 뜻으로, 임시로 모여들어서 규율이 없고 무질서한 병졸 또는 군중을 이르는 말)로서 어찌 당할 수 있으리오. 5 이 때문에 서 안무사를 살려 보내어 은혜를 끼친 것이라오. 6 대왕(만왕. 태자의 아버지)께서 만일 봉변을 당하실지라도 서 안무사는 인자하고 후덕한(두터울 厚 덕 德 : 덕이 두터운) 어른이요, 서 원수는 충성하고 효성스러운 군자이니, 필시(반드시 必 무릇 是 : 틀림없이) 구하여 줄 것이오. 7 경(卿)(벼슬 卿 : 이품 이상의 신하를 가리키던 이인칭 대명사. 여기서는 곡 승상)과 함께 나아가 부왕께 귀순하시도록(복종하시도록) 간하여(간할 諫 : 말하여) 보사이다."

[A]

→ 아군의 패배를 예측해 서 안무사를 의도적으로 살려 보냈던 남만 태자는 부왕에게 귀순을 간하고자 한다.

❺ 1 그러고서 명나라의 군영을 향해 떠났는데, 도중에 패잔군(질 敗 남을 殘 군대 軍 : 싸움에 진 나머지 군사들을 모아 편성한 군대)을 만나 만왕이 사로잡혔다는 소식을 듣고 태자가 목 놓아 슬프게 울며 말했다.
2 "부왕께서 내 말을 듣지 않으시더니, 이 봉변을 당하신 것은 국운(나라 國 운명 運 : 나라의 운명)이 불행함이로다."

---

³급히 길을 재촉해 명나라 군영에 다다르자, 태자가 윗옷 한쪽을 벗고 등에 형장(형벌 刑 몽둥이 杖 : 예전에, 죄인을 신문할 때에 쓰던 몽둥이)을 진 채로 손가락을 깨물어 항복 문서를 쓰고서 통곡하였다. ⁴명나라의 선봉 군대(부대의 맨 앞에 나서서 작전을 수행하는 군대)가 태자를 잡아 중군(中軍)(가운데 中 군대 軍 : 전체 군대의 한가운데에 자리 잡고 있던 중심 부대)에 아뢰니, 서 원수가 명을 내려 '태자를 진중(진 칠 陣 가운데 中 : 군대의 안)으로 들이라.' 하였다. ⁵태자가 코를 땅에 대고 엉금엉금 무릎으로 기어가 항복 문서를 올렸다. ⁶서 원수가 항복 문서를 받고는 태자가 부친 서 안무사를 후하게 대접한 은혜를 생각하니 어찌 감격하지 않으리오(편집자적 논평). ⁷군사에게 명하여 큰 칼과 옥새(구슬 玉 옥새 璽 : 국권의 상징으로 국가적 문서에 사용하던 임금의 도장)를 빼앗고 장막 안으로 불러올리니, 태자가 두 번 절하며 말했다.

⁸"부왕의 죄는 마땅히 면치 못하려니와 **부왕의 본심**이 아니라 간신의 충동질(부추김)에 말미암은 것이니, 원수는 다시 살려 주는 은혜를 내리고자 천자께 아뢰어 부왕의 목숨을 살려 주시면, 대대로 황제의 은혜에 감사하고 원수의 덕을 잊지 않으리다."

⁹이렇게 말하며 눈물이 얼굴에 가득하였다. ¹⁰서 원수가 태자를 보니, 언사(말 言 말씀 辭 : 말이나 말씨)가 부드럽고 온화한 데다 기상이 활달하여(타고난 기개와 마음씨가 넓고 커) 아닌 게 아니라 정말로 천승(千乘)(일천 千 다스릴 乘 : 제후가 다스리는 나라, 여기서는 제후국인 남만국)의 국왕다움이 외모에 나타나는지라 아무렇지 아니한 듯이 말했다.

[B]
¹¹"만왕의 죄악은 천벌을 면하기 어렵고, 내(여기서는 서 원수)가 또한 남만의 씨 하나라도 남기지 않아 후세 사람의 근심이 없도록 하려 했었는데, 그대(여기서는 태자)를 보니 하늘이 오히려 남만에게 복을 주심이로다. ¹²내 어찌 하늘의 뜻을 거역할 것이며, 가친(家親)(집 家 어버이 親 : 아버지. 서 안무사)께서 십여 년 동안 그대의 은혜를 많이 입었으니, 당연히 천자께 아뢰어 만왕의 목숨을 구할 것이로다. ¹³그리고 즉시 군대를 돌이킬 것이니, 그대는 어진 사람을 얻어 남만의 백성을 살피고 어루만져 다른 근심이 없게 할지어다."

¹⁴태자가 거듭거듭 절하며 고마워하고 마음속으로 칭송하였다(칭찬할 稱 칭송할 頌 : 칭찬하였다).

¹⁵'내 서 안무사가 오늘날에 제일로 알았더니, 그 아들은 젊었는데도 풍채(겉모양)가 갑절(어떤 수나 양을 두 번 합한 만큼)이나 더 낫도다.'

¹⁶서 원수가 표문을 올렸으니, 만왕을 사로잡고 남만의 태자가 귀순해 왔는데 태자는 인자한 데다 효성스러워(효도 孝 정성 誠 : 부모를 섬기는 태도가 있어) 가히 남만의 왕이 됨 직하나 만왕은 용렬한 데다(어리석을 庸 졸렬할 劣 : 사람이 변변하지 못하고 졸렬한 데다) 어리석어 비록 죄를 용서할지언정 다시 나랏일을 맡게 할 수 없으니, 태자를 봉하여(봉할 封 : 임명하여 임금의 자격을 주어) 대대로 **천자의 은혜를 감사하도록 하게 하자**고(서 원수가 천자에게 올린 표문의 내용) 아뢴 것으로 황제의 명을 기다렸다.

> → 남만 태자는 항복 문서를 올리고, 서 원수는 천자에게 만왕의 죄를 용서하고 태자를 남만의 왕으로 봉하자는 표문을 올린다.

· 중심 내용

명나라 변방을 침범한 남만국에 안무사로 파견된 서경이 남만국에 붙잡히자 서천흥은 아버지 서경을 구하고 국난을 해결하기 위해 대원수로 출정한다. 남만 태자의 도움으로 명나라 진영으로 도망 온 서경은 아들 서 원수와 상봉하고, 만왕이 명군에 사로잡혔다는 소식을 들은 태자는 서 원수에게 항복 문서를 올린다. 이에 서 원수는 태자의 국왕다운 기상과 부친이 입은 은혜를 생각하여 천자에게 만왕의 죄를 용서하고 태자를 만국의 왕으로 봉하자는 표문을 올린다.

· 전체 줄거리 ([ ] : 지문 내용)

명나라 성화 연간(어느 왕이 왕위에 있는 동안)에 소주 화계촌에 사는 서경은 한홍사라는 절의 화주승에게 시주한(절이나 승려에게 물건을 베풀어 준) 공덕(착한 일을 하여 쌓은 업적과 어진 덕)으로 아들 서천흥을 얻는다. 서경이 벼슬에서 물러나 고향으로 돌아와 한가롭게 지내던 즈음, [남만국이 명나라 변방을 침범하자 황제는 서경을 불러 남만국에 안무사로 파견한다.] 서 안무사가 남만으로 들어가니 만왕은 도리어 서경의 항복을 받으려 한다. 이에 서경이 만왕을 크게 꾸짖자 만왕은 서경을 감옥에 가두고 중원을 침공하기 위해 군사를 크게 일으킨다. [만왕의 태자는 서경의 충절(충성스러운 절개)에 감복하여(감탄하여) 만왕이 모르게 서경을 후하게 대접하고, 만왕은 항복하지 않는 서경을 섬으로 유배 보낸다.]
한편, 서경의 부인 이씨는 아들 서천흥을 키우면서 외로이 지내다가 산적에게 납치된다. 그러나 이씨는 산적으로부터 탈출하여, 꿈속에 여승이 알려 준 대로 남경에 있는 백화암을 찾아가 그곳에서 숨어 지낸다. 서천흥은 산적들에 의해 길가에 버려졌으나, 왕 어사의 노비였던 장삼에게 발견되어 그의 집에서 길러진다. 한편, 왕 어사의 부인 유씨는 남편과 사별한 뒤 자식인 왕희령, 왕혜란과 함께 살았는데, 딸 왕혜란은 어머니가 태몽에서 선녀로부터 받은 구슬의 짝을 가진 낭군을 기다리고 있었다. 하루는 유씨가 장삼의 사랑방에서 글을 읽고 있는 서천흥을 보고는 그의 재주와 용모에 끌려 장삼을 통해 그의 신분을 알아본 뒤 서천흥을 집으로 부른다. 이때, 서천흥은 장삼에게 구슬 주머니를 하나 지

어 달라고 하면서 자기가 가지고 있는 구슬의 내력을 이야기해 준다. 장삼이 그 구슬을 유씨에게 보여 주자, 유씨는 그 구슬을 딸이 가지고 있는 구슬과 서로 맞추어 보는 딸의 천생연분을 찾았다고 기뻐하면서 서천흥의 출세를 기다려 딸과 혼인시키기로 한다. 이후 서천흥은 문무과에 모두 장원 급제하고, 왕희령(왕 어사의 아들. 왕혜란의 오빠)은 문과에 급제한다. 이때 황제의 숙부인 제왕과 부인과 사별하고 새로운 혼처(혼인할 자리)를 찾다가, 왕 어사의 딸이 어질고 정숙하며 아름답다는 말을 듣고는 황제를 움직여 왕 어사의 딸과 혼인하고자 한다. 한림편수가 된 왕희령은 황제 앞에 나아가 자신의 동생인 왕혜란이 한림학사 서천흥과 약혼했다고 말하고, 쌍주(雙珠)의 내력을 아뢴다. 황제는 그 인연을 기특히 여겨 서천흥을 불러 물어보고는 제왕과 왕혜령을 혼인시키려던 뜻을 도로 거두어들이고, 서천흥과 왕혜란이 혼례를 치를 수 있도록 한다. [이때 남만이 중원(중국(명나라) 땅)을 침공하니 서천흥이 자원하여 대원수가 되어 출정한다. 서 원수는 전장에서 적국의 장수 길협을 생포하여 서경의 생사를 확인한 뒤 놓아준다. 한편, 생환한 길협을 통해 서경과 서 원수가 부자지간임을 알게 된 만왕은 서경을 볼모로 삼아 원수를 귀순하게 하려 한다. 남만 태자는 이 사실을 서경에게 알려 명나라 진영으로 도망가게 하고, 결국 서경은 아들과 상봉하게 된다. 만군을 격파한 서 원수는 만국 태자의 활달한 기상과 부친이 태자로부터 입은 은혜를 생각하여 태자를 새로운 만왕으로 봉하자는 표문을 황제에게 올리고는] 서경과 함께 명나라로 돌아온다. 이후 서천흥은 부귀공명을 누리다가 꿈속에서 예전에 선녀로부터 받았던 구슬을 하늘에 바치고는 왕혜령과 함께 한날한시에 죽는다.

· 인물 관계도

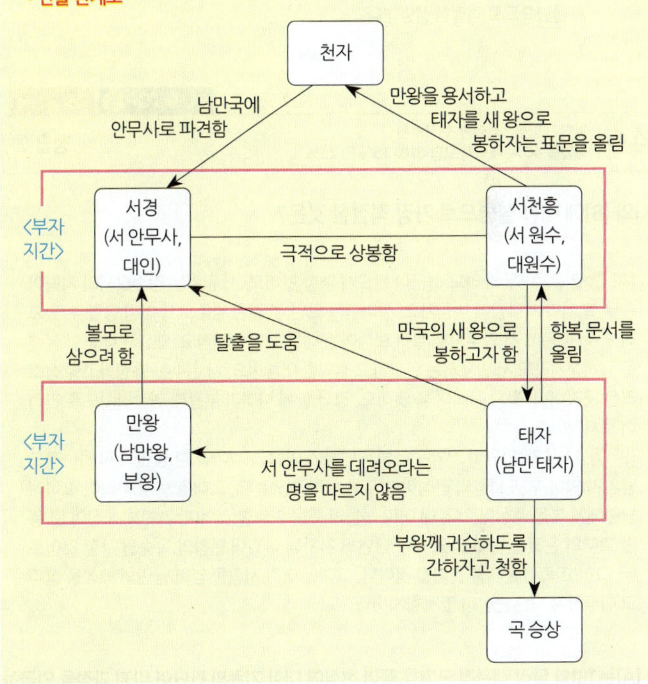

1등급 문제

43 내용 이해 – 적절하지 않은 것 고르기
정답률 50%, 매력적 오답 ③ 20% ④ 15%
정답 ②

윗글을 이해한 내용으로 적절하지 <u>않은</u> 것은?

① 서 안무사는 재회 전에 서 원수에게 서찰을 먼저 보냈다.

> **근거** ❸-5~8 "군영 바깥문 밖에 우리나라 사람 한 명과 만국 사람 한 명이 와 서찰 한 통을 전해 달라고 하기에 바치옵니다." 서 원수가 그 서찰을 떼어 보니, ~ '나는 다른 사람이 아니라 만왕의 명으로 십여 년 동안 만국에서 치욕을 감내하던 안무사 서경이라. 도움을 준 사람이 있어서 목숨을 보전하여 달아나 왔나니, 오신 대원수는 뉘신지 몰라도 바삐 만나 보기를 바라오.'

> **풀이** 태자의 도움을 받아 명나라 진영에 당도한 서 안무사는 자신이 안무사 서경이라는 사실과 대원수를 만나 보기를 바란다는 내용의 서찰을 서 원수에게 먼저 전달한 후 서 원수와 재회하게 된다.

→ 적절함!

② 서 안무사는 서 원수를 보자마자 자신의 아들임을 <s>알아차렸다</s>. 알아차리지 못했다

> **근거** ❸-11 서 안무사가 서 원수를 보니 사신으로 떠날 때에는 6세 어린아이였거늘 지금은 엄연한 대장이니 어찌 알아보리오.

> **풀이** 서 안무사가 사신으로 떠날 때 6세 어린아이였던 아들이 세월이 흘러 엄연한 대장이

된 상황이므로 서 안무사는 서 원수가 자신의 아들임을 알아차리지 못했다.

→ 적절하지 않음!

③ 서 원수는 만왕을 잡기 전에 승전한 표문을 천자께 보냈다.

근거 ❸-3 서 원수가 여러 날 싸움을 돋우었지만 만왕이 끝내 안전한 곳에 들어앉아서 나오지 않으니, 달리 어떻게 할 도리가 없어 승전한 표문을 천자에게 보낸 뒤 여러 장수들과 묘책을 의논하고 있었다.

풀이 서 원수는 여러 날 싸움을 돋우었지만 만왕이 안전한 곳에 들어앉아 끝내 나오지 않자 승전한 표문을 천자에게 먼저 보낸다. 따라서 서 원수가 만왕을 잡기 전에 승전한 표문을 천자께 보냈다는 이해는 적절하다.

→ 적절함!

④ 태자는 패잔군으로부터 부왕이 사로잡혔다는 소식을 들었다.

근거 ❺-1 그러고서 명나라의 군영을 향해 떠났는데, 도중에 패잔군을 만나 만왕이 사로잡혔다는 소식을 듣고 태자가 목 놓아 슬프게 울며 말했다.

풀이 태자는 부왕에게 귀순을 간하고자 명나라 군영으로 향하던 도중에 남만국의 패잔군을 만나 만왕이 명군에게 사로잡혔다는 소식을 듣는다.

→ 적절함!

⑤ 태자는 항복 문서를 직접 작성하여 서 원수에게 올렸다.

근거 ❺-3 태자가 윗옷 한쪽을 벗고 등에 형장을 진 채로 손가락을 깨물어 항복 문서를 쓰고서 통곡하였다. / 5~6 태자가 코를 땅에 대고 엉금엉금 무릎으로 기어가 항복 문서를 올렸다. 서 원수가 항복 문서를 받고는

풀이 태자는 손가락을 깨물어 항복 문서를 쓴 뒤 무릎으로 기어가 서 원수에게 항복 문서를 올렸으므로 적절한 설명이다.

→ 적절함!

	오답률 TOP ⑤　1등급 문제
44 말하기 방식 - 적절한 것 고르기 정답률 40%, 매력적 오답 ① ③ 15% ④ 25%	정답 ②

[A]와 [B]에 대한 설명으로 가장 적절한 것은?

> **[A]** ❹-2~7 "아무 때라도 아군이 반드시 패할 것이오. 서 원수는 장수로서의 지략이 손무, 오기와 제갈량에 버금가오. 까마귀가 모인 것 같은 병졸로서 어찌 당할 수 있으리오. 이 때문에 서 안무사를 살려 보내어 은혜를 끼친 것이라오. 대왕께서 만일 봉변을 당하실지라도 서 안무사는 인자하고 후덕한 어른이요, 서 원수는 충성하고 효성스러운 군자이니, 필시 구하여 줄 것이오. 경과 함께 나아가 부왕께 귀순하시도록 간하여 보사이다."
>
> **[B]** ❺-11~13 "만왕의 죄악은 천벌을 면하기 어렵고, 내가 또한 남만의 씨 하나라도 남기지 않아 후세 사람의 근심이 없도록 하려 했었는데, 그대를 보니 하늘이 오히려 남만에게 복을 주심이로다. 내 어찌 하늘의 뜻을 거역할 것이며, 가친께서 십여 년 동안 그대의 은혜를 많이 입었으니, 당연히 천자께 아뢰어 만왕의 목숨을 구할 것이로다. 그리고 즉시 군대를 돌이킬 것이니, 그대는 어진 사람을 얻어 남만의 백성을 살피고 어루만져 다른 근심이 없게 할지어다."

[B]는

① [A]는 [B]와 달리 객관적 근거를 들어 현실에 대한 기존의 판단이 바뀐 과정을 언급하고 있다.

근거 ❺-10 서 원수가 태자를 보니, 언사가 부드럽고 온화한 데다 기상이 활달하여 아닌 게 아니라 정말로 천승의 국왕다움이 외모에 나타나는지라 아무렇지 아니한 듯이 말했다.

풀이 [A]에서 태자는 서 원수의 지략과 아군의 병력에 대한 주관적 판단을 근거로 남만국이 명나라에 패할 것임을 예측하고 있다. 객관적 근거를 들어 현실에 대한 기존의 판단이 바뀐 과정을 언급한 것으로 볼 수 없다. [B]에서 서 원수는 남만 전체를 멸하려고 했으나 태자의 인품, 부친이 입은 은혜와 같은 주관적 요소를 근거로 만왕의 목숨을 살려 주고 태왕을 만왕에 봉하는 것으로 마음을 바꾸었다. 따라서 [B]는 현실에 대한 기존의 판단이 바뀐 과정을 언급하고 있으나 객관적 근거를 들었다고 보기는 어렵다.

→ 적절하지 않음!

✓ ② [B]는 [A]와 달리 *초월적 권위를 **명분으로 삼아 자신의 생각이 바뀌게 된 이유를 언급하고 있다. *하늘이나 신적 존재의 힘 **일을 꾀할 때 내세우는 구실이나 이유

풀이 [B]에서 서 원수는 남만을 멸하려고 했으나 태자를 보고 그가 하늘이 남만에게 내려 준 복이라 여겨 하늘의 뜻을 거역할 수 없다는 판단에 만왕의 목숨을 살려 주고 태자를 남만의 왕으로 봉하기로 마음을 바꾸었다. 따라서 '하늘'이라는 초월적 권위를 명분으로 삼아 처음의 생각을 바꾸었다고 이해하는 것은 적절하다. 그러나 [A]에서 태자는 초월적 권위를 명분으로 삼지 않았으며, 태자의 생각이 바뀌었다고 볼 근거도 없다.

→ 적절함!

전세(전쟁의 형세)에 맞는 행동을 함께할 것을

③ [A]는 *신의에 어긋난 행동을, [B]는 사회적 지위에 어울리는 행동을 할 것을 상대에게 요구하고 있다. *믿음과 의리

풀이 [A]에서 태자가 곧 승상에게 함께 나아가 부왕께 귀순하시도록 간하여 보자고 요구한 것은 신의에 어긋난 행동을 할 것을 상대에게 요구한 것이 아니라 사세(일 事 기세 勢: 일이 되어가는 형세)를 살펴 그에 적절한 행동을 함께하자고 상대에게 요청한 것으로 이해하는 것이 적절하다. 한편, [B]에서 서 원수가 태자에게 어진 사람을 얻어 남만의 백성을 살피고 어루만져 다른 근심이 없게 하라고 당부한 것은, 만국의 새로운 왕이라는 사회적 지위에 어울리는 행동을 할 것을 상대(태자)에게 요구한 것으로 이해할 수 있다.

→ 적절하지 않음!

④ [A]는 타인의 힘을 빌려, [B]는 자신의 *역량으로 자신이 처한 문제 상황을 해결하려는 의지를 밝히고 있다. *힘

풀이 [A]에서 태자는 부왕(대왕)이 붙잡혀 봉변을 당할지라도 서 안무사와 서 원수가 구하여 줄 것을 기대하고 있으므로 타인의 힘을 빌려 부왕(대왕)이 처할지도 모르는 문제 상황이 해결될 것을 기대하고 있다. 한편 [B]에 나타난 문제 상황은 발화자인 서 원수가 처한 문제 상황이 아니라 만왕과 태자가 처한 문제 상황이므로, 서 원수가 자신의 역량으로 만왕과 태자가 처한 문제 상황을 해결하려는 의지를 밝히고 있다고 설명하는 것이 적절하다.

→ 적절하지 않음!

⑤ [A]와 [B]는 모두 자신의 신분을 내세우는 방법을 활용하여 상대의 행동 변화를 촉구하고 있다.

풀이 [A]에서 남만 태자와 [B]에서 서 원수는 모두 '태자'와 '대원수'라는 자신의 신분을 내세우고 있지 않다. 한편, [A]에서 태자가 곧 승상에게 '부왕께 귀순하시도록 간하여 보'자며 특정한 행동을 함께할 것을 촉구하고는 있으나, 이것이 곧 승상의 행동 변화를 촉구하고 있다고 보기는 어렵다. 또한 [B]에서 서 원수는 태자에게 어진 사람을 얻어 남만의 백성을 살피고 어루만져 다른 근심이 없게 하라고 당부하고 있으나 이것이 태자의 행동 변화를 촉구하는 것이라고 보기는 어렵다.

→ 적절하지 않음!

	오답률 TOP ④　1등급 문제
45 감상의 적절성 - 적절하지 않은 것 고르기 정답률 40%, 매력적 오답 ① 15% ② ③ 10% ⑤ 25%	정답 ④

〈보기〉를 바탕으로 윗글을 감상한 내용으로 적절하지 않은 것은?　[3점]

> **| 보기 |**
> [1]「쌍주기연」은 서천흥이 천자(황제) 중심의 위계질서를 회복하고 충효의 가치를 구현하는 내용의 영웅 소설이다. [2]이 작품의 인물들은 전형적인(어떤 부류의 특징을 가장 잘 나타내는) 영웅 소설과는 다른 행동 양상을 보이기도 한다. [3]이를테면, 영웅과 적대국 인물이 충효의 가치를 각자의 방식으로 구현하는 것, 적대국 인물이 영웅의 효 실천에 일조하는(얼마간의 도움이 되는) 것, 위기 상황에서 적대국 인물 간의 현실 대응 태도가 다른 것 등이다.

① 태자가 서 안무사를 볼모로 삼으라는 '부왕의 명'을 거역한 것에서 적대국 인물 간의 현실 대응이 다름을 알 수 있군.

근거 〈보기〉-3 위기 상황에서 적대국 인물 간의 현실 대응 태도가 다른 것

❷-4~5 부왕께서 이를 아시고 대인을 군중에 데려다 볼모로 삼아 아드님으로 하여금 귀순케 하고자 하시나이다. 그래서 소자에게 대인을 군중으로 데려오라고 명하셨지만, 아무리 부왕의 명이라도 소자가 이를 차마 행하지 못하오리다.

풀이 서 안무사를 군중에 데려다 볼모로 삼아 서 원수로 하여금 귀순케 하고자 하는 부왕과 이러한 '부왕의 명'을 거역하는 태자의 모습에서 적대국 인물 간의 현실 대응 태도가 다른 것을 확인할 수 있다.

→ 적절함!

② 태자가 서 안무사를 '명나라 진영으로 가'도록 풀어 준 것에서 적대국 인물이 영웅의 효 실천에 일조함을 확인할 수 있군.

근거 〈보기〉-3 적대국 인물이 영웅의 효 실천에 일조하는 것,

❷-6 소자가 심복으로 하여금 천리마 두 필을 준비하게 하였사오니, 산골짜기의 좁은 길로 남모르게 명나라 진영으로 가옵소서.

풀이 태자는 부왕의 명을 어기고 서 안무사가 명나라 진영으로 가도록 돕는다. 이로 인해 원수(영웅)가 명나라 진영으로 도망 온 아버지를 만날 수 있게 되었으므로 태자가 영웅의 효 실천에 일조했다고 보는 것은 적절하다.

→ 적절함!

③ 서 원수가 '적장 수십 명을 죽이며 승승장구'하고 '잃었던 고을들을 회복'하는 것에서 영웅적 활약상을 알 수 있군.

근거 〈보기〉-1 「쌍주기연」은 서천흥이 천자 중심의 위계질서를 회복하고 충효의 가치를 구현하는 내용의 영웅 소설이다.

---

❸-1 이때 서 원수가 길협을 놓아 보낸 뒤로 또 싸우러 나아가 **적장 수십 명을 죽이며 승승장구**하여 **잃었던 고을들을 회복**하고 남만국의 수만 병사들을 죽이니, 위엄이 만국에서 크게 떨쳤다.

풀이 적장 수십 명을 죽이며 승승장구하여 잃었던 고을들을 회복하고 남만국의 수만 병사들을 죽여 만국에서 위엄을 크게 떨치는 서 원수의 모습에서 영웅 소설 속 주인공의 영웅적 활약상을 확인할 수 있다.

→ 적절함!

④ 태자가 '부왕의 본심'을 서 원수에게 전한 것이 **결정적 원인이 되어** 부왕의 목숨을 구하고 나라가 망하지 않게 한 것에서 충효를 실천하려는 모습을 알 수 있군.

근거 **❺-8** "부왕의 죄는 마땅히 면치 못하려니와 **부왕의 본심**이 아니라 간신의 충동질에 말미암은 것이니,/ **10~13** 서 원수가 태자를 보니, 언사가 부드럽고 온화한 데다 기상이 활달하여 아닌 게 아니라 정말로 천승의 국왕다움이 외모에 나타나는지라 ~ 그대를 보니 하늘이 오히려 남만에게 복을 주심이로다. ~ 가친께서 십여 년 동안 그대의 은혜를 많이 입었으니, 당연히 천자께 아뢰어 만왕의 목숨을 구할 것이로다. ~ 그대는 어진 사람을 얻어 남만의 백성을 살피고 어루만져 다른 근심이 없게 할지어다."

풀이 태자가 서 원수에게 부왕의 명나라 침범이 간신의 충동질에 따른 것이며, '부왕의 본심'이 아니었다고 전한 것은 사실이나 이것이 결정적 원인이 되어 부왕의 목숨을 구하고 나라가 망하지 않게 된 것은 아니다. 서 원수가 태자의 부드럽고 온화한 언사와 활달한 기상 등에서 천승의 국왕다움을 본 것과 서 안무사가 태자의 은혜를 입었다는 점 때문에 만왕이 목숨을 구하고 남만국이 망하지 않게 된 것이라고 보는 것이 적절하다.

→ 적절하지 않음!

⑤ 서 원수가 태자를 만왕으로 봉하여 '천자의 은혜를 감사하도록 하게 하자'고 아뢴 것에서 천자와 제후 간의 위계질서를 회복하려는 의도를 알 수 있군.

근거 〈보기〉-1 「쌍주기연」은 서천흥이 천자 중심의 위계질서를 회복하고 충효의 가치를 구현하는 내용의 영웅 소설이다.

❺-16 태자를 봉하여 대대로 **천자의 은혜를 감사하도록 하게 하자**고 아뢴 것

풀이 서 원수가 태자를 만국의 새로운 왕으로 봉하여 대대로 '천자의 은혜를 감사하도록 하게 하자'고 천자에게 표문을 올린 것은, 제후국인 남만국의 명나라 침범으로 무너졌던 천자 중심의 위계질서를 회복하고자 하는 의도가 담겨 있다고 볼 수 있다.

→ 적절함!

고3 고전시가 미리 보기

정철, 「관동별곡」 2015학년도 수능B 31~34번	현대어 풀이
1 비로봉 상상두(上上頭)의 올라 보니 긔 뉘신고	비로봉 상상두에 올라 본 사람이 그 누구이신가
2 동산(東山) 태산(泰山)이 어ᄂ야 놉돗던고	동산과 태산 중에 어느 것이 (비로봉보다) 높던가
3 노국(魯國) 조븐 줄도 우리ᄂ 모ᄅ거든	노나라가 좁은 줄도 우리는 모르는데
4 넙거나 넙은 천하 엇찌 ᄒ야 젹닷 말고	넓고 넓은 천하를 (공자는) 어찌하여 작다고 말하는가
5 어와 뎌 디위를 어이ᄒ면 알 거이고	아아, 저 (천하를 작다고 말했던 공자의 높은) 경지를 어찌하면 알 수 있겠는가
6 오ᄅ디 못ᄒ거니 ᄂ려가미 고이ᄒ가	오르지 못하겠으니 내려가는 것이 무엇이 이상하겠는가
7 원통골 ᄀᄂᄂ 길로 사자봉을 ᄎ자가니	원통골 가느다란 길로 사자봉을 찾아가니
8 그 알ᄑ 너러바회 화룡(化龍)쇠 되여셰라	그 앞에 넓고 평평한 바위가 '화룡'이라는 이름을 가진 연못이 되었구나
9 천 년 노룡(老龍)이 구비구비 서려 이셔	천년 묵은 늙은 용이 (화룡소에) 굽이굽이 서려 있는 것 같고
10 주야의 흘녀내여 창해(滄海)예 니어시니	밤낮으로 흘러내려 넓은 바다로 이어지니
11 풍운(風雲)을 언제 어더 삼일우(三日雨)를 디련ᄂ다	바람과 구름을 언제 얻어 흡족한 비를 내리겠는가
12 음애(陰崖)예 이온 풀을 다 살와 내여ᄉ라	그늘진 낭떠러지에 시든 풀을 다 살려 내고 싶구나
13 마하연(摩訶衍) 묘길상(妙吉祥) 안문(雁門)재 너머 디여	마하연, 묘길상, 안문재를 넘어 내려가서
14 외나모 뻐근 ᄃ리 불졍대(佛頂臺) 올라ᄒ니	외나무 썩은 다리 (건너) 불정대에 오르니
15 천심(千尋) 절벽을 반공(半空)애 셰여 두고	아주 높은 절벽을 공중에 세워 두고
16 은하수 한 구비를 촌촌이 버혀 내여	은하수 큰 굽이를 마디마디 베어 내어
17 실ᄀ티 플텨이셔 뵈ᄀ티 거러시니	(십이 폭포의 모습이) 실이 풀린 모습 같고 베가 걸려 있는 것 같으니
18 도경(圖經) 열두 구비 내 보매ᄂ 여러히라	산수의 모양을 그리고 설명해 놓은 책에는 열두 굽이라고 되어 있으나 내가 보기에는 더 많아 보이는구나
19 이적선(李謫仙)이 이제 이셔 고텨 의논ᄒ게 되면	이태백이 지금 살아 있어서 다시 (나와 폭포의 아름다움에 대해) 의논한다면
20 여산(廬山)이 여긔도곤 낫단 말 못ᄒ려니	(중국) 여산의 폭포가 여기보다 낫다는 말은 못할 것이다
21 산중을 미양 보랴 동해로 가쟈ᄉ라	산중을 계속 보겠는가 동해로 가자꾸나
22 남여(籃輿) 완보(緩步)ᄒ야 산영루(山映樓)의 올나ᄒ니	뚜껑 없는 가마를 타고 천천히 걸어가서 산영루에 오르니
23 영롱벽계(玲瓏碧溪)와 수성제조(數聲啼鳥)ᄂ 이별을 원(怨)ᄒᄂ 듯	맑고 푸른 시냇물과 여러 소리로 우는 새는 (나와의) 이별을 원망하는 듯하고

⭐ 4회 모의고사 특징

✓ 3월에 비해 어렵게 출제되었음.

✓ 화법과 작문은 평이하였으나 자료 활용 방식을 묻는 2번 문제의 오답률이 높은 편이었음.

✓ 언어는 조사에 대한 이해를 요구하는 11번 문제가 가장 변별력이 높았음.

✓ 독서는 다소 까다롭게 출제되었음. 투표제와 관련된 사회 지문의 경우 제시된 표를 이해하는 39번 문제에서 시간이 꽤 걸렸을 것으로 예상되고, 실제로 오답률도 높았음. 추론 문제와 그래프 문제, 사례 적용 문제도 까다로운 편이었음. 소용돌이에 관한 과학 지문은 그림과 관련지어 문제를 해결하는 25번의 난도가 높았음.

✓ 문학은 생소한 지문들이 출제되었고 문제도 어려운 편이었음. 현대소설의 경우 28번은 지문과 〈보기〉를 꼼꼼히 읽지 않으면 틀리기 쉬운 문제였음. 고전소설 「장국진전」은 등장인물이 많아 내용을 이해하기 어려웠을 수 있음. 서술상의 특징과 관련된 29번은 학생들이 어려워하는 유형이라 체감 난도가 높았을 것임. 현대시는 표현상 특징을 묻는 43번과 〈보기〉를 읽고 감상하는 문제인 45번이 다소 까다롭게 출제되었음.

오답률 TOP ❺

문항 번호	11	43	28	39	25
분류	언어 개념 복합	문학 현대시	문학 현대소설	독서 사회	독서 과학
난도	상	상	상	중상	중상

✅ 정답표

01	⑤	02	②	03	②	04	④	05	③
06	④	07	⑤	08	②	09	⑤	10	③
11	①	12	①	13	⑤	14	⑤	15	③
16	①	17	①	18	②	19	③	20	②
21	①	22	④	23	②	24	⑤	25	③
26	④	27	①	28	①	29	④	30	④
31	⑤	32	①	33	③	34	③	35	④
36	②	37	③	38	②	39	③	40	④
41	⑤	42	③	43	④	44	①	45	③

[01 ~ 03] 발표

01 | 말하기 방식 - 적절하지 않은 것 고르기
정답률 85% | 정답 ⑤

위 발표에 활용된 말하기 방식으로 적절하지 <u>않은</u> 것은?

① 발표 주제를 선정하게 된 동기를 밝히며 발표를 시작하고 있다.
근거 ❶문단 (화면 1) 역사 동아리 친구들과 고분(고대에 만들어진 무덤) 답사(현장에 가서 직접 보고 조사함)를 갔다가 화면에서 보시는 도자기 조각 같은 것을 발견했습니다. 알고 보니 화단 장식물 파편(깨어지거나 부서진 조각)이었는데, 만약 진짜 문화재라면 어떻게 행동해야 하는지 궁금했습니다.
→ 적절함!

② 발표 내용과 관련된 질문을 하여 청중의 관심을 유도하고 있다.
근거 ❶문단 혹시 여러분 중에 이런(문화재를 발견한) 경우에 어떻게 해야 하는지 아시는 분 있나요?
→ 적절함!

③ 구체적인 예를 활용하여 발표 내용을 효과적으로 전달하고 있다.
근거 ❷문단 (화면 3) 왼쪽에 보시는 것은 텃밭에서 농사를 짓다가 발견한 청동기 시대의 돌도끼, 오른쪽에 보시는 것은 등산 중에 발견한 백제의 기와입니다.
→ 적절함!

④ 발표 주제와 관련된 용어의 개념을 설명하여 청중의 이해를 돕고 있다.

근거 ❷문단 땅속이나 수중, 건조물(지어 세운 가옥, 창고, 건물 따위를 통틀어 이르는 말) 등에 묻혀 있던 유형의 문화재를 매장 문화재라고 합니다.
→ 적절함!

⑤ 발표 내용을 친숙한 소재에 빗대어 표현하여 청중의 흥미를 유발하고 있다.
풀이 학생의 발표에서 발표 내용을 친숙한 소재에 빗대어 표현하여 청중의 흥미를 유발하는 부분은 나타나지 않는다.
→ 적절하지 않음!

1등급 문제

02 | 자료 활용 방식 - 적절한 것 고르기
정답률 55%, 매력적 오답 ④ ⑤ 15% | 정답 ②

위 발표에서 자료를 활용한 방식에 대한 설명으로 가장 적절한 것은?

② 일반적으로 매장 문화재가 세상에 나오는 상황을 보여 주기 위해 '화면 2'에 문화재청의 *발굴 조사 장면을 제시하였다. *땅속이나 큰 덩치의 흙, 돌 더미 따위에 묻혀 있는 것을 찾아서 파냄
근거 ❷문단 (화면 2) 일반적으로 이런 문화재는 화면과 같이 문화재청이나 학술 단체 등 전문 기관의 발굴 조사를 통해 세상에 나옵니다.
풀이 학생은 전문 기관의 발굴 조사를 통해 매장 문화재가 세상에 나오는 상황을 보여 주기 위해, '화면 2'에 문화재청의 발굴 조사 장면을 제시하였다.

매력적 오답

매장 문화재 발견 신고
④ 제도를 세부적으로 파악할 수 있도록 하기 위해 '화면 4'에 *감정 평가의 세부 단계들을 정리하여 제시하였다. *감정업자가 재산의 경제적 가치를 판단하여 그 결과를 가격으로 표시하는 일
근거 ❸문단 (화면 4) 이런 현실을 반영해 만들어진 매장 문화재 발견 신고 제도의 절차를 화면으로 보고 계시는데요,

특히 유의해야 할 부분
⑤ 주의할 점을 부각하여 전하기 위해 '화면 5'에 제도 운영의 핵심 취지 부분에 강조 표시를 해서 제시하였다.
근거 ❺문단 (화면 5) 주의할 점도 정리해 보았는데요, 화면에 붉게 표시한 부분들에 특히 유의해야 합니다.

03 | 듣기 전략 - 적절한 것 고르기
정답률 75%, 매력적 오답 ① 20% | 정답 ②

위 발표를 들은 학생이 〈보기〉와 같이 반응했다고 할 때, 이에 대한 설명으로 가장 적절한 것은?

② 발표를 듣기 전에 지니고 있었던 의문을 발표 내용을 통해 해소하고 있군.
근거 〈보기〉 이(할아버지 친구분께서 집을 새로 짓다가 발견하신) 비석이 어떤 절차를 밟아 문화재로 인정을 받게 되었는지 이전부터 궁금했는데,(발표를 듣기 전에 지니고 있었던 의문) 알게 되어 유익했어.(의문의 해소)

매력적 오답

① 자신이 직접 당사자가 되었던 경험과 관련지어 발표 내용에 공감하고 있군.
근거 〈보기〉 할아버지 친구분께서 집을 새로 짓다가 비석을 발견해서 신고하셨는데 신라 시대 문화재로 밝혀졌다는 이야기를 들었던 게 떠올랐어.
풀이 할아버지 친구분께서 비석을 발견한 상황을 전해 들은 것이므로, 자신이 직접 당사자가 되었던 경험과 관련지어 발표 내용에 공감하고 있다고 보기는 어렵다.

[04 ~ 07] (가) 게시 글 (나) 회의

04 | 작문 전략 - 적절하지 않은 것 고르기
정답률 85% | 정답 ④

(가)를 이해한 내용으로 적절하지 않은 것은?

① 예상 독자를 *명시한 후 글을 쓴 이유를 드러내고 있다. *분명하게 드러내 보인
근거 (가) ❶문단 ○○고등학교 학생 여러분, 안녕하세요.

(가) **①문단** 그(온라인 투표) 결과를 공유하고, 구체적인 개선 방안에 대한 설문 조사를 안내하기 위해 글을 쓰게 되었습니다.

→ 적절함!

② *사전 협의 내용을 밝히며 이후 진행될 과정을 제시하고 있다. *일을 시작하기 전

근거 (가) **②문단** 학생들이 가장 개선이 필요하다고 생각하는 학교 공간을 학생들의 의견을 적극적으로 반영하여 정비하겠다고(제 기능을 하도록 정리하겠다고) 학교 측과 사전에 협의가 되었습니다.

(가) **②문단** 이에 화장실 공간 개선에 대한 구체적인 의견을 수렴하기(하나로 모아 정리하기) 위해 설문 조사를 실시하고자 합니다.

→ 적절함!

③ 온라인 투표 결과를 수치로 나타내어 독자와 결과를 공유하고 있다.

근거 (가) **②문단** 전교생 중 90%가 투표에 참여했고, 그중 83%가 화장실 공간 개선을 요구하였습니다.

→ 적절함!

④ 설문 항목을 안내하고 설문 참여 시에 주의할 점을 덧붙이고 있다.

근거 (가) **③문단** 설문 조사는 크게 두 가지 항목으로 이루어져 있습니다. 첫 번째로 여러분들이 생각하는 우리 학교 화장실의 문제점과 여기에 대한 해결 방안 … 두 번째로 … 화장실의 구체적인 공간 구성에 대한 의견도 제시해 주시기 바랍니다.

풀이 설문 조사 항목을 안내하고 있지만 설문 참여 시에 주의할 점을 덧붙이고 있지는 않다.

→ 적절하지 않음!

⑤ *관용 표현의 의미를 풀어 설명하여 독자의 참여를 유도하고 있다. *둘 이상의 낱말이 합쳐져 원래의 뜻과 다른 새로운 뜻으로 굳어져 쓰이는 말

근거 (가) **④문단** '손이 많으면 일도 쉽다.'라는 말이 있습니다. 무슨 일이나 여러 사람이 힘을 합하면 쉽게 잘 이룰 수 있다는 이 말처럼 우리가 원하는 학교 화장실을 만들기 위해서 학생 여러분의 많은 관심과 적극적인 참여가 필요합니다.

→ 적절함!

---

05 | 조건에 따른 표현 - 적절한 것 고르기
정답률 85%, 매력적 오답 ⑤ 10% | **정답 ③**

<조건>에 따라 ㉠에 마지막 문장을 추가한다고 할 때 가장 적절한 것은?

| 조건 |
○ 서두(글을 시작하는 첫머리)에 제시된 학교 공간 개선의 취지를 다시 강조할 것.
○ 비유적 표현을 활용하여 맥락에 맞게 마무리할 것.

③ 사용자인 우리의 편의를 두루 고려한 내 집 같은 학교 공간을 함께 만듭시다.

근거 (가) **①문단** 학교 공간을 사용자 중심의 공간으로 만들자는 취지

(가) **④문단** 우리가 원하는 학교 화장실을 만들기 위해서 학생 여러분의 많은 관심과 적극적인 참여가 필요합니다.

풀이 '사용자인 우리의 편의를 두루 고려한'에서 학교 공간을 사용자 중심의 공간으로 만들자는 글의 취지가 다시 강조되어 있다. 또한 '학교 공간'을 '내 집'으로 표현한 데서 비유적 표현의 하나인 직유법("~같이, ~처럼, ~듯이' 등을 사용하여 어떤 대상을 다른 대상에 직접 빗대어 표현)을 확인할 수 있다. 마지막으로 '학교 공간을 함께 만듭시다'는 학생 여러분의 많은 관심과 적극적인 참여가 필요하다는 앞 내용과 그 맥락을 같이 하므로 적절하다.

매력적 오답

⑤ 학생도 선생님도 만족하며 사용하는 학교 공간을 우리의 노력으로 만들어 봅시다.

풀이 '학교도 선생님도 만족하며 사용하는'에서 학교 공간을 사용자 중심의 공간으로 만들자는 글의 취지가 다시 강조되어 있다고 볼 수 있다. 그리고 '학교 공간을 우리의 노력으로 만들어 봅시다'는 글의 맥락에 맞게 마무리한 것으로 볼 수 있다. 그러나 비유적 표현을 활용하지는 않았다.

---

06 | 사회자의 역할 - 적절하지 않은 것 고르기
정답률 85% | **정답 ④**

(나)의 '선생님'에 대한 설명으로 적절하지 않은 것은? **3점**

① (가)에서 언급한 설문 조사 기간을 확인하고, 회의에서 논의해야 할 사항을 안내하고 있다.

근거 (나) **선생님** 설문 조사 기간이 일주일이었지요? 회의를 통해 화장실 개선에 대한 설문 조사 결과를 살피고, 학교 공간 디자인 전문가에게 전달할 내용들을 정리해 봅시다.

→ 적절함!

② (가)에서 제시한 첫 번째 설문 항목과 관련하여 설문 조사의 결과를 모아 온 학생들의 발화를 정리하고 있다.

근거 (나) **선생님** 정리하자면 학생들이 생각하는 우리 학교 화장실의 문제점은 화장실의 환기가 제대로 되지 않는다는 것과 세면대 개수와 높이에 문제가 있다는 것이네요.

→ 적절함!

③ (가)에서 두 번째로 제시한 설문 항목과 관련하여 조사 결과에 대해 질문하고 있다.

근거 (나) **선생님** 참, 학생들에게 우리 학교 각 층 화장실의 도면도 제시했다고 알고 있는데, 이와 관련된 의견이 있었나요?

→ 적절함!

④ (가)에서 언급한 설문 참고 자료를 잘 파악했는지 점검한 후 학생의 설명에 대한 자신의 이해가 적절한지 확인하고 있다.

근거 (나) **선생님** 학교 도면이 복잡해서 잘 파악했을지 걱정이 좀 되었는데, 잘 이해하고 좋은 의견을 내어 주었네요.

풀이 (가)에서 언급한 설문 참고 자료를 잘 파악했는지 점검하고 있지만, 학생의 설명에 대한 자신의 이해가 적절한지 확인하고 있지는 않다.

→ 적절하지 않음!

⑤ (가)에서 언급한 관련 분야 전문가가 다음 회의 참여자임을 밝히며 다음 회의를 예고하고 있다.

근거 (나) **선생님** 그럼 다음 회의에는 학교 공간 디자인 전문가도 함께 모셔서 구체적인 시안(시험으로 또는 임시로 만든 계획이나 의견)을 바탕으로 화장실 공간 디자인을 검토하도록 합시다.

→ 적절함!

---

07 | 의사소통 방식 - 적절한 것 고르기
정답률 75%, 매력적 오답 ③ 10% | **정답 ⑤**

[A], [B]에 대한 설명으로 가장 적절한 것은?

⑤ [B] : '학생 1'은 '학생 2'의 발언 내용과는 다른 의견을 자신의 경험을 바탕으로 제안하고 있다.

근거 [B] (나) **학생 2** 다른 층에 비해 1층 화장실의 내부 공간이 여유로우니 여기에 탈의 공간을 만들어 체육복을 갈아입을 수 있도록 하면 좋겠다는 의견이 있었습니다. 저도 이 의견에 동의합니다. ('학생 2'의 의견)

[B] (나) **학생 1** 저도 1층 화장실을 이용할 때 불편을 겪은 적이 있었기 때문에, (자신의 경험 언급) 세면대를 두는 것이 넓은 공간을 잘 활용하는 방안이 될 것 같습니다. ('학생 2'의 발언 내용과는 다른 의견 제안)

매력적 오답

③ [A] : '학생 2'는 '학생 1'의 발언의 일부를 긍정하며 추가적인 정보 제공을 요청하고 있다.

근거 [A] (나) **학생 1** 화장실 환기 문제를 해결하기 위한 방안으로는, 낡고 오래되어 여닫기 힘든 창문을 교체해 달라는 의견이 있었습니다. 또한 환풍기를 추가로 설치하고 공기 정화 장치를 새롭게 설치했으면 좋겠다는 의견도 있었습니다.

[A] (나) **학생 2** 공기 정화 장치를 설치하자는 것은 좋은 의견이네요. ('학생 1'의 발언의 일부 긍정) 세면대에 대한 해결 방안으로, 먼저 학생들은 세면대가 지금보다 더 많았으면 좋겠다 … 두세 가지 정도의 다양한 높이로 되어 있다면 … 좋을 것 같다고 하였습니다.

풀이 '학생 2'는 '학생 1'의 발언의 일부를 긍정하고 있지만, '학생 1'에게 추가적인 정보 제공을 요청하고 있지는 않다.

[08 ~ 10] 설명문

08 | 작문 계획의 반영 - 적절한 것 고르기
정답률 90% | **정답 ②**

학생이 글을 쓰기 전에 떠올린 생각 중 글에 반영된 것은?

② ㄱ, ㄹ

→ 문제편 **069쪽**

ㄱ. 나무의사 제도 도입의 이유를 언급해야겠어.

근거 ❸문단 이전에는 '생활권(행정 구역과는 관계없이 통학이나 통근, 쇼핑, 오락 따위의 일상 생활을 하느라고 활동하는 범위) 수목(살아 있는 나무) 병해충(해를 입히는 병과 해충) 방제(농작물을 병충해로부터 예방하거나 구제함) 사업' 대부분을 비전문가(전문적 지식이나 기술을 갖추지 못한 사람)가 실행하여 여러 가지 부작용이 발생했습니다. 이런 부작용을 해소하고 관리의 전문성을 더욱 강화할 필요성이 제기되면서 이 제도를 도입했다고 합니다. 특히 생활권 도시림(도시의 기능이 원활히 발휘되도록 환경을 보전하는 삼림. 공원, 고궁, 제방, 정원, 가로수 따위의 삼림 상태로 있는 것들을 통틀어 이름)이 해마다 증가하고 있는 것도 중요한 이유 중 하나입니다.

ㄹ. 나무의사 자격 제도에 응시할 수 있는 *요건을 구체적으로 언급해야겠어. *필요한 조건

근거 ❹문단 수목 진료 관련 석박사(대학원의 석사 혹은 박사 과정을 마치고 규정된 절차를 밟은 사람에게 수여하는 학위) 학위를 소지하고 있거나, 산림 및 농업 분야 특성화고(특정 분야에 대한 인재나 전문 직업인을 양성하기 위한 특성화 교육 과정을 운영하는 학교)를 졸업한 후 3년 이상의 경력이 필요합니다.

---

09 | 자료 활용 방안 - 적절하지 않은 것 고르기
정답률 75% | 정답 ⑤

〈보기〉는 초고를 보완하기 위해 수집한 자료들이다. 자료의 활용 방안으로 적절하지 않은 것은? `3점`

⑤ (다)를 5문단에서 활용하여, 나무의사가 없이는 나무병원을 운영할 수 없기 때문에 나무의사에 대한 수요가 증가한다는 근거로 제시한다.

근거 ❺문단 이 제도가 전면 시행되는 2023년부터는 나무의사가 없이는 나무병원을 운영할 수 없기 때문에 나무의사에 대한 수요는 계속 늘 것으로 보입니다.

풀이 (다)는 수목 방제 사업을 비전문가가 실행하여 여러 가지 부작용이 발생했음을 보여 주는 신문 기사이다. 한편 ❺문단은 나무의사의 수요가 향후 계속 늘 것이라는 전망이다. (다)의 기사 내용과 관련이 없으므로 (다)를 ❺문단에 활용하여, 나무의사가 없이는 나무병원을 운영할 수 없기 때문에 나무의사에 대한 수요가 증가한다는 근거로 제시한다는 설명은 적절하지 않다.

---

10 | 작문 내용의 점검 및 고쳐쓰기 - 적절한 것 고르기
정답률 70%, 매력적 오답 ⑤ 10% | 정답 ③

〈보기〉는 선생님의 조언에 따라 ㉠을 수정한 것이다. 선생님이 조언했음 직한 내용으로 가장 적절한 것은?

㉠ 나무가 내뿜는 피톤치드가 우리 몸을 건강하게 하기에 나무를 잘 가꾸고 지켜야 우리의 삶이 윤택해집니다. → 나무의 긍정적인 영향

| 보 기 | 나무의사가 등장하게 된 사회적 배경
자연환경 보호와 삶의 질 향상이 중시되는 시대이므로, 생활권 수목에 대한 관리 대책도 과거와는 달라져야 합니다. 거대한 산소 공장인 나무와 숲을 살리는 나무의사라는 전문 인력이 그 무엇보다 필요한 때입니다. → 나무의사의 역할 강조

③ 나무의사가 등장하게 된 사회적 배경을 바탕으로 하여 나무의사의 역할을 강조하면 좋겠구나.

풀이 나무의사라는 직업에 대한 정보를 전달한다는 글의 목적 및 주제와 맞지 않아 ㉠을 삭제하였다. 그리고 나무의사가 등장하게 된 사회적 배경과 나무의사의 역할을 추가하였다.

| 매력적 오답 |

⑤ 나무의사가 가로수와 조경수를 잘 관리해서 인간이 자연으로부터 얻을 수 있는 혜택을 구체화하면 좋겠구나.

풀이 ㉠을 수정한 〈보기〉에는 인간이 자연으로부터 얻을 수 있는 혜택이 구체화되어 있지 않다. 따라서 나무의사가 가로수와 조경수를 잘 관리해서 인간이 자연으로부터 얻을 수 있는 혜택을 구체화하면 좋겠다는 내용은 선생님의 조언으로 적절하지 않다.

[11 ~ 12] 언어 - 보조사

1 [1]보조사는 앞말에 붙어 특별한 뜻을 더해 주는 기능을 한다. [2]격 조사가 문법적 관계를 나타내 주는 것과 달리, 보조사는 앞말에 결합되어 의미를 첨가하는 기능을 한다.

ㄱ. 소설만 읽지 말고 시도 읽어라.
ㄴ. 소설만을 읽지 말고 시도 읽어라.

[3]위의 ㄱ에서 '만'은 앞 체언에 '한정'의 의미를 더해 주고 있으며, '도'는 앞 체언에 '역시, 또한'의 의미를 더해 주고 있다. [4]한편 ㄴ의 '만을'에서 확인할 수 있듯이, 보조사('만')와 격 조사('을')가 함께 나타날 수 있다. [5]이때 문법적 관계는 격 조사가 담당하고 보조사는 앞말에 특정한 의미를 더해 주는 기능을 한다.

2 [1]보조사의 다른 특징은 결합할 수 있는 앞말이 체언에 국한되지(제한되어 정해지지) 않고, 부사, 어미 등의 뒤에도 결합할 수 있다는 것이다. [2]또한 '격 조사 + 보조사' 혹은 '보조사 + 보조사'의 형태로도 결합할 수 있고, 격 조사 자리에 보조사가 나타날 수도 있다.

3 [1]한편 ⓐ보조사 중에서 ⓑ의존 명사 또는 어미와 그 형태가 동일한 경우가 있어 헷갈릴 수 있다.

[A]
ㄱ. 나는 나대로 계획이 있다.
ㄴ. 네가 아는 대로 말해라.

[2]위 ㄱ에서 '대로'는 대명사 '나'에 결합되었기 때문에 보조사로, ㄴ에서 '대로'는 관형어의 수식(꾸밈)을 받기 때문에 의존 명사로 본다.

| 오답률 TOP ❶ | | 1등급 문제 |

11 | 보조사 - 적절하지 않은 것 고르기
정답률 35%, 매력적 오답 ② ③ 10% ④ 25% ⑤ 20% | 정답 ①

윗글을 참고하여 〈보기〉의 ㉠ ~ ㉢을 이해한 것으로 적절하지 않은 것은? `3점`

| 보 기 |
㉠ 라면마저도 품절됐네.
㉡ 형도 동생만을 믿었다.
㉢ 그는 아침에만 운동했다.

✓ ① ㉠: 격 조사 뒤에 '역시, 또한'의 의미를 더해 주는 보조사가 덧붙고 있다.

근거 ❷-2 '격 조사 + 보조사' 혹은 '보조사 + 보조사'의 형태로도 결합할 수 있고,

풀이 ㉠의 '마저'는 '이미 어떤 것이 포함되고 그 위에 더함'의 뜻을 나타내는 보조사이고, '도' 역시 '이미 어떤 것이 포함되고 그 위에 더함'의 뜻을 나타내는 보조사이다. 따라서 ㉠은 보조사 뒤에 '역시, 또한'의 의미를 더해 주는 보조사가 덧붙는 형태이다.

→ 적절하지 않음!

② ㉡: 주격 조사 자리에 '도'라는 보조사가 나타나고 있다.

근거 ❷-2 격 조사 자리에 보조사가 나타날 수도 있다.

풀이 ㉡의 주어는 '형도'이다. ㉡에는 주격 조사 '이'가 나타나야 할 자리에 '이' 대신 '이미 어떤 것이 포함되고 그 위에 더함'의 뜻을 나타내는 보조사 '도'가 나타나고 있다.

→ 적절함!

③ ㉡: 보조사 '만'과 격 조사 '을'이 함께 나타나고 있다.

근거 ❶-4 ㄴ의 '만을'에서 확인할 수 있듯이, 보조사와 격 조사가 함께 나타날 수 있다.

풀이 ㉡의 '만'은 '다른 것으로부터 제한하여 어느 것을 한정함'을 나타내는 보조사이고, '을'은 동작이 미친 직접적 대상을 나타내는 목적격 조사이다. ㉡에는 보조사 '만'과 격 조사 '을'이 함께 나타나고 있다.

→ 적절함!

④ ㉢: '에'는 체언에 결합하여 문법적 관계를 나타낸다.

근거 ❶-2 격 조사가 문법적 관계를 나타내 주는 것
❶-4~5 보조사와 격 조사가 함께 나타날 수 있다. 이때 문법적 관계는 격 조사가 담당하고 보조사는 앞말에 특정한 의미를 더해 주는 기능을 한다.

풀이 ㉢의 '에'는 앞말이 시간의 부사어임을 나타내는 부사격 조사이다. 윗글에서 문법적 관계는 격 조사가 담당한다고 하였으므로, 부사격 조사 '에'가 체언 '아침'에 결합하여 문법적 관계를 나타낸다는 설명은 적절하다.

→ 적절함!

---

⑤ ⓒ : '만은 보조사가 결합할 수 있는 앞말이 체언에 국한되지 않음을 보여 준다.
근거 ❷-1 보조사의 다른 특징은 결합할 수 있는 앞말이 체언에 국한되지 않고, 부사, 어미 등의 뒤에도 결합할 수 있다는 것이다.
풀이 ⓒ의 '만은 '다른 것으로부터 제한하여 어느 것을 한정함'을 나타내는 보조사이다. '만'의 앞에 격 조사 '에'가 결합되고 있으므로, '만은 보조사가 결합할 수 있는 앞말이 체언에 국한되지 않음을 보여 준다는 설명은 적절하다.
→ 적절함!

12 보조사와 의존 명사의 구분 - 적절한 것 고르기 　정답 ①

[A]에서 설명하는 ⓐ, ⓑ의 예에 해당하는 것은?

> ⓐ 보조사　　　ⓑ 의존 명사

근거 ❸-2 위 ㄱ에서 '대로'는 대명사 '나'에 결합되었기 때문에 보조사로, ㄴ에서 '대로'는 관형어의 수식을 받기 때문에 의존 명사로 본다.
풀이 보조사와 의존 명사를 구분하기 위해서는 앞에 오는 말이 무엇인지 살펴보아야 한다. 보조사는 체언, 부사, 어미 등의 뒤에도 결합할 수 있지만, 의존 명사는 앞에 관형어만이 올 수 있다.

① ⓐ : 모임에 그 사람만 참석했다. (○)
　ⓑ : 그가 그러는 것도 이해할 만은 하다. (○)
풀이 '그 사람만'의 '만'은 명사 '사람'에 결합되었으므로 보조사이고, '이해할 만'의 '만'은 관형어 '이해할'의 수식을 받으므로 의존 명사이다.
→ 적절함!

② ⓐ : 그는 그냥 서 있을 뿐이다. (×)
　ⓑ : 날 알아주는 사람은 너뿐이다. (×)
풀이 '있을 뿐'의 '뿐'은 관형어 '있을'의 수식을 받으므로 의존 명사이고, '너뿐이다'의 '뿐'은 대명사 '너'에 결합되었으므로 보조사이다.
→ 적절하지 않음!

③ ⓐ : 그녀는 뛸 듯이 기뻐했다. (×)
　ⓑ : 사람마다 생김새가 다르듯이 생각도 다르다. (×)
풀이 '뛸 듯이'의 '듯이'는 관형어 '뛸'의 수식을 받으므로 의존 명사이고, '다르듯이'의 '-듯이'는 어간 '다르-'와 결합하고 있으므로 어미이다.
→ 적절하지 않음!

④ ⓐ : 나는 사과든지 배든지 아무거나 좋다. (○)
　ⓑ : 노래를 부르든지 춤을 추든지 해라. (×)
풀이 '사과든지'의 '든지'는 명사 '사과'에 결합되었으므로 보조사이고, '부르든지'의 '-든지'는 어간 '부르-'와 결합하고 있으므로 어미이다.
→ 적절하지 않음!

⑤ ⓐ : 불규칙한 식습관은 건강에 좋지 않다. (×)
　ⓑ : 친구를 만난 지도 꽤 오래되었다. (○)
풀이 '좋지'의 '-지'는 어간 '좋-'과 결합하고 있으므로 어미이고, '만난 지'의 '지'는 관형어 '만난'의 수식을 받으므로 의존 명사이다.
→ 적절하지 않음!

13 비음화와 유음화 - 적절하지 않은 것 고르기
정답률 80% 　정답 ⑤

〈보기〉의 [활동]을 수행한 결과로 적절하지 않은 것은?

> | 보 기 |
>
> [활동] 제시된 단어의 발음을 [자료]와 연결해 보자.
>
> 　　　신라, 칼날, 생산량, 물난리, 불놀이
>
> [자료]
> ㉠ 'ㄹ'의 앞에서 'ㄴ'이 [ㄹ]로 발음되는 경우
> ㉡ 'ㄹ'의 뒤에서 'ㄴ'이 [ㄹ]로 발음되는 경우
> ㉢ 'ㄴ'의 뒤에서 'ㄹ'이 [ㄴ]으로 발음되는 경우

① '신라'는 ㉠에 따라 [실라]로 발음하는군.
풀이 '신라'는 'ㄹ'의 앞에서 'ㄴ'이 [ㄹ]로 발음되는 경우에 해당하므로 [실라]로 발음된다.
→ 적절함!

② '칼날'은 ㉡에 따라 [칼랄]로 발음하는군.
풀이 '칼날'은 'ㄹ'의 뒤에서 'ㄴ'이 [ㄹ]로 발음되는 경우에 해당하므로 [칼랄]로 발음된다.
→ 적절함!

③ '생산량'은 ㉢에 따라 [생산냥]으로 발음하는군.
풀이 '생산량'은 'ㄴ'의 뒤에서 'ㄹ'이 [ㄴ]으로 발음되는 경우에 해당하므로 [생산냥]으로 발음된다.
→ 적절함!

④ '물난리'는 ㉠, ㉡에 따라 [물랄리]로 발음하는군.
풀이 '물난리'의 '난'의 초성 'ㄴ'은 'ㄹ'의 뒤에서 'ㄴ'이 [ㄹ]로 발음되는 경우에 해당하고, 종성 'ㄴ'은 'ㄹ'의 앞에서 'ㄴ'이 [ㄹ]로 발음되는 경우에 해당한다. 따라서 [물랄리]로 발음된다.
→ 적절함!

⑤ '불놀이'는 ㉡, ㉢에 따라 [불로리]로 발음하는군.
풀이 '불놀이'는 'ㄹ'의 뒤에서 'ㄴ'이 [ㄹ]로 발음되는 경우에 해당하므로 [불로리]로 발음된다. 'ㄴ'의 뒤에서 'ㄹ'이 [ㄴ]으로 발음되는 경우에는 해당하지 않는다.
→ 적절하지 않음!

14 문장 유형 - 적절한 것 고르기
정답률 90% 　정답 ⑤

밑줄 친 ㉠의 예로 적절한 것은?

> 우리말의 문장 유형은 평서문, 의문문, 명령문, 청유문, 감탄문으로 나뉘는데, 대개 특정한 종결 어미를 통해 실현된다. 그런데 경우에 따라 ㉠ 동일한 형태의 종결 어미가 서로 다른 문장 유형을 실현하기도 한다.

① -니 ┌ 너는 무엇을 먹었니?
　　　 └ 아버님은 어디 갔다 오시니?
풀이 두 문장 모두 종결 어미 '-니'를 통해 의문문이 실현된다.
→ 적절하지 않음!

② -ㄹ게 ┌ 오늘은 내가 먼저 나갈게.
　　　　└ 내가 나중에 다시 전화할게.
풀이 두 문장 모두 종결 어미 '-ㄹ게'를 통해 평서문이 실현된다.
→ 적절하지 않음!

③ -구나 ┌ 그것 참 그럴듯한 생각이구나.
　　　　└ 올해도 과일이 많이 열리겠구나.
풀이 두 문장 모두 종결 어미 '-구나'를 통해 감탄문이 실현된다.
→ 적절하지 않음!

④ -ㅂ시다 ┌ 지금부터 함께 청소를 합시다.
　　　　　└ 밥을 먹고 공원에 놀러 갑시다.
풀이 두 문장 모두 종결 어미 '-ㅂ시다'를 통해 청유문이 실현된다.
→ 적절하지 않음!

⑤ -어라 ┌ 늦을 것 같으니까 어서 씻어라.
　　　　└ 그 사람을 몹시도 만나고 싶어라.
풀이 '늦을 것 같으니까 어서 씻어라'는 종결 어미 '-어라'를 통해 명령문이 실현된다. 반면 '그 사람을 몹시도 만나고 싶어라'는 종결 어미 '-어라'를 통해 감탄문이 실현된다. 따라서 동일한 형태의 종결 어미가 서로 다른 문장 유형을 실현하는 예에 해당한다.
→ 적절함!

15 사전 활용 - 적절하지 않은 것 고르기
정답률 75%, 매력적 오답 ④ 15% 　정답 ③

〈보기〉는 '사전 활용하기 학습 자료'의 일부이다. 이에 대해 탐구한 내용으로 적절하지 않은 것은?

→ 문제편 072쪽

| 보기 |

갈다¹ 통 갈아[가라] 가니[가니]
　【…을, …을 …으로】이미 있는 사물을 다른 것으로 바꾸다.
　¶컴퓨터의 부속품을 좋은 것으로 갈았다.

갈다² 통 갈아[가라] 가니[가니]
　① 【…을】날카롭게 날을 세우거나 표면을 매끄럽게 하기 위하여 다른 물건에 대고
　　문지르다.
　　¶옥돌을 갈아 구슬을 만든다.
　② 【…을】잘게 부수기 위하여 단단한 물건에 대고 문지르거나 단단한 물건 사이에
　　넣어 으깨다.
　　¶무를 강판에 갈아 즙을 낸다.

갈다³ 통 갈아[가라] 가니[가니]
　① 【…을】쟁기나 트랙터 따위의 농기구나 농기계로 땅을 파서 뒤집다.
　　¶논을 갈다.
　② 【…을】주로 밭작물의 씨앗을 심어 가꾸다.
　　¶밭에 보리를 갈다.

① '갈다¹', '갈다²', '갈다³'은 동음이의어이군.
　풀이 '갈다¹', '갈다²', '갈다³'은 사전에 서로 다른 표제어로 등재되어 있으므로 동음이의어
　　에 해당한다.
　→ 적절함!

② '갈다³'은 여러 가지 뜻을 가지므로 다의어이군.
　풀이 '갈다³'은 단어의 뜻이 두 가지 제시되어 있으므로 다의어에 해당한다.
　→ 적절함!

✓ '갈다²-① '
③ '갈다²-②'의 용례로 '무딘 칼을 날카롭게 갈다.'를 추가할 수 있겠군.
　풀이 '무딘 칼을 날카롭게 갈다'는 '무딘 칼을 날카롭게 하기 위하여 다른 물건에 대고 문지
　　르다'의 의미이다. 따라서 '갈다²-②'가 아닌 '갈다²-①'의 용례에 해당한다.
　→ 적절하지 않음!

④ '갈다¹'은 '갈다²', '갈다³'과 달리 부사어를 요구할 수도 있는 동사로군.
　근거 갈다¹ 【…을, …을 …으로】¶컴퓨터의 부속품을 좋은 것으로 갈았다.
　풀이 '갈다¹'의 문형 정보에 【…을, …을 …으로】가 제시되어 있는 것으로 보아, '갈다¹'은
　　주어 외에 목적어를 요구하거나 주어 외에 목적어와 부사어를 요구할 수 있는 동사
　　이다. 반면 '갈다²'와 '갈다³'은 문형 정보에 【…을】만 제시되어 있으므로, 주어와 목적
　　어만을 요구하는 동사이다.
　→ 적절함!

⑤ '갈다¹', '갈다²', '갈다³'은 '갈-'에 '-니'가 결합할 때 표기와 발음이 같군.
　풀이 '갈다¹', '갈다²', '갈다³' 모두 '갈-'에 '-니'가 결합할 때 '가니'로 표기하고 [가니]로 발음
　　한다.
　→ 적절함!

[16 ~ 20] 인문 - 〈현실요법에서 제시한 인간의 다섯 가지 기본 욕구〉

1 ¹상담(相談, 상담자가 도움을 필요로 하는 사람에게 전문적 지식과 기능을 가지고 내담자와 그의 환경에 대한 이해를 늘리도록 돕고, 합리적·효율적·현실적인 행동 양식을 늘리거나 의사 결정을 내릴 수 있도록 돕는 활동) 이론이자 상담 기법(技法, 기술이나 솜씨, 방법)인 '현실 요법'에서는 인간의 다섯 가지 기본 욕구(欲求, 무엇을 얻거나 무슨 일을 하고자 바라는 일)를 제시하고 있다. ²이 이론(현실요법)에서는 개인의 모든 행동은 기본 욕구를 충족시키기(充足-, 채워 모자람이 없게 하기) 위해서 그 자신이 선택하는 것이라 보았다. ³만약 이러한(기본 욕구를 충족시키기 위한) 선택으로 문제가 발생한다면 다섯 가지 기본 욕구를 실현(實現, 실제로 이룸) 가능한 수준으로 타협하고(妥協-, 서로 맞추고) 조절해 새로운 선택을 할 필요가 있다고 ⓐ제안했다.

→ 인간의 다섯 가지 기본 욕구를 제시한 '현실요법'

2 ¹다섯 가지 기본 욕구 중 첫째는 '생존(生存, 살아남음)의 욕구'로, 자신의 삶을 유지하려는(維持-, 변함없이 계속해 내려는) 생물학적인(生物學的-, 생물의 기능, 구조, 발달, 생명 현상 등을 연구하는 학문과 관련된) 속성(屬性, 특징이나 성질)이다. ²사회적 규칙이나 상식(常識, 사람들이 보통 알고 있거나 알아야 하는 지식)을 지키려는 욕구이며, 생존에 필요한 것을 아끼고 모으려는 욕구이기도 하다. ³이 욕구(생존의 욕구)가 강한 사람은 건강과 안전을 중시하는(重視-, 매우 크고 중요하게 생각하는) 편이다. (便-, 대체로 그러한 부류에 속한다.) ⁴둘째는 '사랑의 욕구'로, 사랑하고 나누며 함께하고자 하는 욕구이다. ⁵이 욕구(사랑의 욕구)가 강한 사람은 타인(他人, 다른 사람)을 잘 돕고, 사랑을 주는 만큼 받는 것도 중요하게 여기기에 인간관계에서 힘들어하기도 한다. ⁶셋째는 '힘의 욕구'로, 경쟁하여 성취하고(成就-, 이루고) 인정받고 싶어 하는 욕구이다. ⁷이 욕구(힘의 욕구)가 강한 사람은 직장에서의 성공과 명예(名譽, 세상에서 훌륭하다고 인정되는 이름이나 자랑, 품위)를 중시하고 높은 사회적 지위에 ⓑ도달하기 위해 노력한다. ⁸또한 자기가 옳게 여기는 것에 대한 의지(意志, 이루고자 하는 마음)가 있어 자기주장이 강하며 타인에게 지시하는(指示-, 말하여 시키는) 일에 능하다.(能-, 뛰어나다.) ⁹넷째는 '자유의 욕구'로, 무언가에 얽매이지(마음대로 행동할 수 없도록 제한되지) 않고 벗어나고 싶어 하는 욕구이다. ¹⁰이 욕구(자유의 욕구)가 강한 사람은 상대방을 구속하는(拘束-, 행동이나 의사의 자유를 제한하고 막는) 것, 자신을 구속시키는 것을 싫어한다. ¹¹그래서 상대방에게 대체로 관대하고(寬大-, 마음이 너그럽고 크고), 혼자 하는 것을 좋아하며, 사람들과 적정한(適正-, 정도가 알맞고 바른) 거리를 유지하는 것을 편하게 여긴다. ¹²다섯째는 '즐거움의 욕구'로, 새로운 것을 배우고 놀이를 통해 즐기고 싶어 하는 욕구이다. ¹³이 욕구(즐거움의 욕구)가 강한 사람은 취미 생활을 즐기며, 잘 웃고 긍정적 태도를 취한다. ¹⁴또한 호기심이 많기에 배우는 것을 좋아한다.

→ 다섯 가지 기본 욕구의 개념과 특징

3 ¹현실요법에서는 이 다섯 가지 욕구들의 강도(强度, 센 정도)가 개인마다 달라 행동 양상(樣相, 모습, 상태)이 다양하게 나타나고, 여러 가지 갈등을 겪을 수도 있다고 보았다. ²현실요법은 우선 내담자*가 자신의 욕구를 들여다볼 수 있도록 한 다음, 약한 욕구를 북돋아(더욱 높여) 주거나 강한 욕구들 사이에서 타협과 조절을 하여 새로운 선택을 하도록 이끄는 단계를 밟는다. ³예를 들어 사랑의 욕구가 강하고 힘의 욕구가 약한 사람이 타인의 부탁에 불편함을 느끼면서도 거절하지 못해 괴로워한다고 가정해(假定-, 사실인 것처럼 임시로 정해) 보자. ⁴이 경우 현실요법에서는 ㉠힘의 욕구를 북돋아 자기주장을 표현할 수 있도록 도울 수 있다. ⁵또 자유의 욕구와 힘의 욕구 모두가 강한 사람은 자신이 ⓒ선호하는 것을 우선시하고(優先視-, 다른 것보다 중요하게 여기고) 이것이 방해받으면 불편해하며 주변 사람들과 갈등을 일으킬 수 있다. ⁶이 경우 힘의 욕구를 조절하도록 이끌 수 있는데, 타인과의 사소한(些少-, 보잘것없이 작은) 의견 충돌 상황에서 자기주장을 강조하기보다는 타인의 마음을 헤아리고(미루어 생각하고) ㉡(타인의) 의견을 ⓓ겸허하게 수용하는(受容-, 받아들이는) 연습을 하게 할 수 있다.

→ 현실요법의 예

4 ¹현실요법은 타인의 욕구 충족을 방해하지 않으면서 효과적인 선택을 통해 자신의 욕구를 충족시키려 한다. ²이는 내담자가 외부(外部, 바깥) 요인(要因, 까닭)에 의해 통제되는(統制-, 제한을 받는) 존재가 아니라 스스로 자신의 욕구를 조절할 수 있는 주체라고 보는 관점을 기반으로(基盤-, 기초가 되는 바탕으로) 한다. ³현재 현실요법은 상담 분야에서 호응을 얻어 심리 상담에 널리 ⓔ활용되고 있다.

→ 현실요법의 기반이 되는 관점 및 현실요법의 활용

* 내담자 : 상담실 따위에 자발적으로(自發的-, 남이 시키거나 요청한 것이 아니라 자기 스스로 행하여) 찾아와서 이야기하는 사람

■ 지문 이해

❶ 인간의 다섯 가지 기본 욕구를 제시한 '현실요법'

• 개인의 모든 행동은 기본 욕구를 충족시키기 위해 자신이 선택하는 것이라고 봄
• 문제 발생 시 다섯 가지 기본 욕구를 실현 가능 수준으로 타협·조절하여 새로운 선택을 할 필요가 있다고 제안함

❷ 다섯 가지 기본 욕구의 개념과 특징

• 생존의 욕구 : 사회적 규칙이나 상식을 지키려는 욕구, 생존에 필요한 것을 아끼고 모으려는 욕구
　- 건강과 안전을 중시함
• 사랑의 욕구 : 사랑하고 나누며 함께하고자 하는 욕구
　- 타인을 잘 도움
　- 사랑을 주고받는 것을 중요하게 여겨 인간관계에서 힘들어하기도 함

- 힘의 욕구 : 경쟁하여 성취하고 인정받고 싶어 하는 욕구
  - 성공, 명예를 중시하며, 높은 사회적 지위 도달을 위해 노력함
  - 자기주장이 강하고 타인에게 지시하는 일에 능함
- 자유의 욕구 : 얽매이지 않고 벗어나고 싶어 하는 욕구
  - 구속하는 것, 구속당하는 것을 싫어함
  - 상대방에게 관대하고 혼자 하는 것을 좋아하며, 사람들과의 적정 거리 유지를 편하게 여김
- 즐거움의 욕구 : 새로운 것을 배우고 놀이를 통해 즐기고 싶어 하는 욕구
  - 취미 생활을 즐기며 잘 웃고 긍정적임
  - 호기심이 많아 배우는 것을 좋아함

③ 현실요법의 예
- 다섯 가지 욕구들의 강도는 개인마다 달라 행동 양상이 다양하게 나타나고, 갈등도 발생함
- 현실요법의 단계 : 내담자가 자신의 욕구를 들여다볼 수 있게 함 → 약한 욕구를 북돋우거나, 강한 욕구들을 타협·조절하여 새로운 선택을 하도록 함

④ 현실요법의 기반이 되는 관점 및 현실요법의 활용
- 내담자는 스스로 자신의 욕구를 조절할 수 있는 주체임 → 효과적인 선택을 통해 자신의 욕구를 충족시키려 함
- 심리 상담에 널리 활용되고 있음

---

16 글의 서술 방식 파악 – 적절한 것 고르기
정답률 85%   정답 ①

윗글에 대한 설명으로 가장 적절한 것은?

근거 ❶-1 '현실요법'에서는 인간의 다섯 가지 기본 욕구를 제시하고 있다. ❷-1 다섯 가지 기본 욕구 중 첫째는 '생존의 욕구', ❷-4 둘째는 '사랑의 욕구', ❷-6 셋째는 '힘의 욕구', ❷-9 넷째는 '자유의 욕구', ❷-12 다섯째는 '즐거움의 욕구', ❸-2~3 현실요법은 우선 내담자가 … 이끄는 단계를 밟는다. 예를 들어

풀이 윗글에서는 현실요법에서 제시한 인간의 다섯 가지 기본 욕구의 개념을 밝혀 소개하고, 내담자의 기본 욕구들의 강도를 조절하여 내담자가 새로운 선택을 할 수 있도록 이끄는 현실요법을 예를 들어 설명하고 있다. 따라서 정답은 ①번이다.

① 이론의 *주요 **개념을 밝히고 그 이론의 구체적 적용 사례를 들고 있다. *主要, 주되고 중요함 **概念, 일반적 지식

→ 적절함!

② 이론을 소개하고 장점을 밝힌 후 그 이론이 지닌 *한계를 덧붙이고 있다. *限界, 실제 작용할 수 있는 범위

③ 이론이 등장하게 된 사회적 배경과 이론이 발전하는 과정을 드러내고 있다.

④ 하나의 이론과 다른 관점의 이론을 *대조하여 둘의 차이점을 **부각하고 있다. *對照 –, 맞대어 같고 다름을 분석하여 따져 **浮刻 –, 특징지어 두드러지게 하고

⑤ 이론의 주요 개념을 여러 유형으로 나눈 다음 추가할 새로운 유형을 소개하고 있다.

---

17 세부 정보 이해 – 적절하지 않은 것 고르기
정답률 85%   정답 ①

윗글의 내용과 일치하지 <u>않는</u> 것은?

① 약한 욕구를 강한 욕구로 *대체해야 갈등에서 벗어날 수 있다. *代替 –, 대신해야

근거 ❸-2 현실요법은 우선 내담자가 자신의 욕구를 들여다볼 수 있도록 한 다음, 약한 욕구를 북돋아 주거나 강한 욕구들 사이에서 타협과 조절을 하여 새로운 선택을 하도록 이끄는 단계를 밟는다.

풀이 현실요법에서는 약한 욕구를 강한 욕구로 대체하는 것이 아니라, 약한 욕구를 북돋아 준다고 하였다.

→ 적절하지 않음!

② 개인이 지닌 욕구들의 강도에 따라 다양한 행동 양상이 나타난다.

근거 ❸-1 현실요법에서는 이 다섯 가지 욕구들의 강도가 개인마다 달라 행동 양상이 다양하게 나타나고, 여러 가지 갈등을 겪을 수도 있다고 보았다.

→ 적절함!

③ 현실요법에서는 내담자는 외부 요인에 의해 통제되는 존재가 아니라고 본다.

근거 ❹-2 내담자가 외부 요인에 의해 통제되는 존재가 아니라 스스로 자신의 욕구를 조

절할 수 있는 주체라고 보는 관점을 기반으로 한다.

→ 적절함!

④ 현실요법에 따르면 인간은 기본 욕구를 충족시키기 위해 스스로 행동을 선택한다.

근거 ❶-2 이 이론(현실요법)에서는 개인의 모든 행동은 기본 욕구를 충족시키기 위해서 그 자신이 선택하는 것이라 보았다.

→ 적절함!

⑤ 현실요법은 기본 욕구들을 실현 가능한 수준으로 타협하는 것이 가능하다고 본다.

근거 ❶-3 만약 이러한 선택으로 문제가 발생한다면 다섯 가지 기본 욕구를 실현 가능한 수준으로 타협하고 조절해 새로운 선택을 할 필요가 있다고 제안했다.

→ 적절함!

---

18 세부 정보 이해 – 적절한 것 고르기
정답률 90%   정답 ②

㉠의 구체적인 방법으로 가장 적절한 것은?

> ㉠ 힘의 욕구를 북돋아 자기주장을 표현할 수 있도록 도울 수 있다.

근거 ❸-3~4 예를 들어 사랑의 욕구가 강하고 힘의 욕구가 약한 사람이 타인의 부탁에 불편함을 느끼면서도 거절하지 못해 괴로워한다고 가정해 보자. 이 경우 현실요법에서는 힘의 욕구를 북돋아 자기주장을 표현할 수 있도록 도울 수 있다. ❷-8 (힘의 욕구가 강한 사람은) 자기가 옳게 여기는 것에 대한 의지가 있어 자기주장이 강하며 타인에게 지시하는 일에 능하다.

풀이 사랑의 욕구가 강하고 힘의 욕구가 약한 사람이 타인의 부탁에 불편함을 느끼면서도 거절하지 못해 괴로워할 때, 힘의 욕구를 북돋아 부탁을 거절하거나 자신의 불편함을 표현하는 등 자기주장을 할 수 있도록 도울 수 있다. 따라서 정답은 ②번이다.

① 자신과 다른 의견을 *경청하는 연습을 하도록 이끈다. *傾聽 –, 귀를 기울여 듣는

근거 ❸-5~6 자유의 욕구와 힘의 욕구 모두가 강한 사람은 자신이 선호하는 것을 우선시하고 이것이 방해받으면 불편하며 주변 사람들과 갈등을 일으킬 수 있다. 이 경우 힘의 욕구를 조절하도록 이끌 수 있는데, 타인과의 사소한 의견 충돌 상황에서 자기주장을 강조하기보다는 타인의 마음을 헤아리고 그 의견을 겸허하게 수용하는 연습을 하게 할 수 있다.

풀이 자신과 다른 의견을 경청하는 연습을 하도록 이끄는 것은 힘의 욕구가 약한 사람이 아니라 힘의 욕구가 강한 사람이 이를 조절하도록 이끄는 방법에 해당한다.

② 부탁을 거절하거나 자신의 불편함을 *표출하도록 이끈다. *表出 –, 겉으로 나타내도록

→ 적절함!

③ 혼자 어디론가 떠나거나 혼자만의 시간을 갖도록 *권한다. *勸 –, 부추긴다.

근거 ❷-11 (자유의 욕구가 강한 사람은) 혼자 하는 것을 좋아하며, 사람들과 적정한 거리를 유지하는 것을 편하게 여긴다.

④ 타인과 약속을 잘 지킬 수 있는 원칙을 만들도록 권한다.

근거 ❷-2 (생존의 욕구는) 사회적 규칙이나 상식을 지키려는 욕구

⑤ 사람들과 어울려 새로운 취미 생활을 즐길 수 있도록 권한다.

근거 ❷-12~13 '즐거움의 욕구'로, 새로운 것을 배우고 놀이를 통해 즐기고 싶어 하는 욕구이다. 이 욕구가 강한 사람은 취미 생활을 즐기며, 잘 웃고 긍정적 태도를 취한다.

---

19 구체적인 사례에 적용 – 적절하지 않은 것 고르기
정답률 85%   정답 ③

윗글을 바탕으로 <보기>를 이해한 내용으로 적절하지 <u>않은</u> 것은?   [3점]

| 보 기 |

A, B 학생의 욕구 강도 프로파일
(5점 : 매우 강하다, 4점 : 강하다, 3점 : 보통이다, 2점 : 약하다, 1점 : 매우 약하다)

다섯 가지 기본 욕구 측정 항목	욕구 강도	
	A	B
(가) ・ 남의 지시와 잔소리를 싫어한다. ・ 자신의 방식대로 살고 싶다. ← 자유의 욕구	5	5
(나) ・ 다른 사람의 잘못을 잘 짚어 준다. ・ 내 분야에서 최고가 되고 싶다. ← 힘의 욕구	4	1
:		

→ 문제편 074쪽

(다)	• 친구를 위한 일에 기꺼이 시간을 낸다. • 친절을 베푸는 것을 좋아한다. ← 사랑의 욕구 ⋮	5	1
(라)	• 큰 소리로 웃는 것을 좋아한다. • 여가 활동으로 알찬 휴일을 보낸다. ← 즐거움의 욕구 ⋮	1	3
(마)	• 균형 잡힌 식생활을 하려고 노력한다. • 저축을 중요하게 생각한다. ← 생존의 욕구 ⋮	2	5

▶ 지문 핵심 개념 정리

다섯 가지 기본 욕구
• 자유의 욕구 　– 얽매이지 않고 벗어나고 싶어 함(❷–9) 　– 구속하는 것, 구속당하는 것을 싫어함(❷–10) • 힘의 욕구 　– 경쟁하여 성취하고 인정받고 싶어 함(❷–6) 　– 성공, 명예, 높은 사회적 지위를 중시함(❷–7) 　– 자기주장이 강하고 타인에게 지시함(❷–8) • 사랑의 욕구 　– 타인을 잘 돕고, 사랑을 주고받는 것을 중요하게 여김(❷–5) • 즐거움의 욕구 　– 취미 생활을 즐기며, 잘 웃고 긍정적임(❷–13) • 생존의 욕구 　– 생존에 필요한 것을 아끼고 모으려는 욕구(❷–2) 　– 건강과 안전을 중시함(❷–3)

[풀이] 〈보기〉의 (가)는 '자유의 욕구', (나)는 '힘의 욕구', (다)는 '사랑의 욕구', (라)는 '즐거움의 욕구', (마)는 '생존의 욕구'를 측정하는 항목에 해당한다.

① A는 '즐거움의 욕구'보다 '힘의 욕구'가 더 강하다고 할 수 있겠군.
[풀이] 〈보기〉에서 A는 '즐거움의 욕구'(라)에 대한 욕구 강도가 1, '힘의 욕구'(나)에 대한 욕구 강도가 4이므로, '즐거움의 욕구'보다 '힘의 욕구'가 더 강하다고 할 수 있다.
→ 적절함!

② B는 '힘의 욕구'가 '생존의 욕구'보다 더 약하다고 할 수 있겠군.
[풀이] 〈보기〉에서 B는 '힘의 욕구'(나)에 대한 욕구 강도가 1, '생존의 욕구'(마)에 대한 욕구 강도가 5이므로, '힘의 욕구'가 '생존의 욕구'보다 더 약하다고 할 수 있다.
→ 적절함!

✔ **③ A는 B보다 '힘의 욕구'가 더 약하다고(강하다고) 할 수 있겠군.**
[풀이] 〈보기〉에서 '힘의 욕구'(나)에 대한 욕구 강도는 A가 4, B가 1이므로, A는 B보다 '힘의 욕구'가 더 강하다고 할 수 있다.
→ 적절하지 않음!

④ A와 B는 모두 '자유의 욕구'가 매우 강하다고 할 수 있겠군.
[풀이] 〈보기〉에서 '자유의 욕구'(가)에 대한 욕구 강도는 A와 B 모두 5점으로 나타났으므로, A와 B는 모두 '자유의 욕구'가 매우 강하다고 할 수 있다.
→ 적절함!

⑤ A는 '사랑의 욕구'가 '즐거움의 욕구'보다 강하지만, B는 '즐거움의 욕구'가 '사랑의 욕구'보다 강하다고 할 수 있겠군.
[풀이] 〈보기〉에서 A는 '사랑의 욕구'(다)에 대한 욕구 강도가 5, '즐거움의 욕구'(라)에 대한 욕구 강도가 1이므로 '사랑의 욕구'가 '즐거움의 욕구'보다 강하다고 할 수 있다. 한편 B는 '사랑의 욕구'(다)에 대한 욕구 강도가 1, '즐거움의 욕구'(라)에 대한 욕구 강도가 3이므로 '즐거움의 욕구'가 '사랑의 욕구'보다 강하다고 할 수 있다.
→ 적절함!

---

20 단어의 사전적 의미 - 적절하지 않은 것 고르기　　정답률 95%　　정답 ②

ⓐ~ⓔ의 사전적 의미로 적절하지 않은 것은?

| ⓐ 제안 | ⓑ 도달 | ⓒ 선호 | ⓓ 겸허 | ⓔ 활용 |

① ⓐ : 안이나 의견으로 내놓음.
[풀이] '제안(提 제시하다 제 案 안건 안)'의 사전적 의미는 '안이나 의견으로 내놓음'이다.
[예문] 그는 나의 제안을 받아들였다.
→ 적절함!

✔ **② ⓑ : 사람이나 동식물 따위가 자라서 점점 커짐.**
[풀이] '도달(到 이르다 도 達 이르다 달)'의 사전적 의미는 '목적한 곳이나 수준에 다다름'이

다. '사람이나 동식물 따위가 자라서 점점 커짐'의 뜻을 가진 단어는 '도달'이 아니라 '성장(成 이루다 성 長 자라다 장)'이다.
[예문] 도달 가능한 합의점을 찾아보자.
→ 적절하지 않음!

③ ⓒ : 여럿 가운데서 특별히 가려서 좋아함.
[풀이] '선호(選 가리다 선 好 좋아하다 호)'의 사전적 의미는 '여럿 가운데서 특별히 가려서 좋아함'이다.
[예문] 생활 수준이 높아짐에 따라 무공해 식품의 선호가 두드러진다.
→ 적절함!

④ ⓓ : 스스로 자신을 낮추고 비우는 태도가 있음.
[풀이] '겸허(謙 겸손하다 겸 虛 비우다 허)'의 사전적 의미는 '스스로 자신을 낮추고 비우는 태도가 있음'이다.
[예문] 선생님은 항상 겸허의 자세로 다른 사람을 대하였다.
→ 적절함!

⑤ ⓔ : 충분히 잘 이용함.
[풀이] '활용(活 살리다 활 用 쓰다 용)'의 사전적 의미는 '충분히 잘 이용함'이다.
[예문] 국토의 효율적인 활용과 보존을 위해 노력해야 한다.
→ 적절함!

[21 ~ 25] 과학 - 〈소용돌이의 세 가지 종류와 특징〉

1 ¹물이 담긴 욕조의 마개를 빼면 물이 배수구(排水口, 물이 빠져나가는 곳) 주변에서 회전하며 소용돌이를 일으킨다. ²배수구에서 멀리 떨어져 있으면 빨려 들어가는 속도의 크기가 0에 가깝고, 배수구 중앙에 가까울수록 속도가 빨라진다. ³원운동을 하는 물체의 이동 거리, 즉 호의 길이가 시간에 따라 변하는 비율을 원주속도라고 한다. ⁴욕조의 소용돌이 중심과 가장 가까운 부분에서 최대(最大, 가장 큼) 원주속도가 나오고, 소용돌이 중심에서 멀어져 반지름이 커짐에 따라 원주속도가 감소한다.(減少–, 줄어든다.) ⁵이 소용돌이를 '자유 소용돌이'라 하는데, 배수구로 들어간 물은 물체의 자유낙하(自由落下, 일정한 높이에서 정지하고 있는 물체가 중력의 작용만으로 떨어질 때의 운동)처럼 중력의 영향 아래 물 자체의 에너지로 운동을 유지한다.

〈참고 사진〉

●–3~4 원운동을 하는 물체의 이동 거리, 즉 호의 길이가 시간에 따라 변하는 비율을 원주속도라고 한다. 욕조의 소용돌이 중심과 가장 가까운 부분에서 최대 원주속도가 나오고, 소용돌이 중심에서 멀어져 반지름이 커짐에 따라 원주속도가 감소한다.

→ 원주속도의 개념 및 '자유 소용돌이'에서 중심과의 거리에 따른 원주속도

2 ¹이와 달리 컵 속의 물을 숟가락으로 강하게 휘젓거나 컵의 중심선(中心線, 물체의 한가운데를 지나는 선)을 회전축(回轉軸, 회전 운동의 중심이 되는 직선)으로 하여 컵과 물을 함께 회전시키는 상황을 생각해 보자. ²이때 원심력(遠心力, 원운동을 하고 있는 물체가 원의 중심에서 멀어지려는 방향으로 작용하는 힘) 등이 작용해 중심의 물 입자들이 컵 가장자리로 쏠려 컵 중앙에 있는 물의 압력이 낮아지면서 ㉠ 가운데가 오목한 소용돌이가 만들어진다. ³회전이 충분히 안정되면(安定–, 일정한 상태가 유지되면) 물 전체의 회전 속도, 즉 회전하는 물체의 단위 시간당 각도 변화 비율인 ㉡ 각속도가 똑같아져 마치 팽이가 돌듯이 물 전체가 고체처럼 회전한다. ⁴이때 물은 팽이의 회전과 같이 회전 중심은 원주속도가 0이 되고 중심에서 멀어질수록 반지름에 비례하여 원주속도가 증가하는(增加–, 늘어나는) 분포(分布, 일정한 범위에 흩어져 퍼져 있음)를 보인다. ⁵이 소용돌이를 '강제 소용돌이'라 하는데, 용기(容器, 그릇) 안의 물이 회전 운동을 유지하려면 에너지를 외부에서 인위적으로(人爲的–, 자연의 힘이 아닌 사람의 힘으로 이루어지도록) 제공해야(提供–, 주어야) 한다.

②-3 회전이 충분히 안정되면 물 전체의 회전 속도, 즉 회전하는 물체의 단위 시간당 각도 변화 비율인 각속도가 똑같아져 마치 팽이가 돌듯이 물 전체가 고체처럼 회전한다.

②-4 회전 중심은 원주속도가 0이 되고 중심에서 멀어질수록 반지름에 비례하여 원주속도가 증가하는 분포를 보인다.

→ '강제 소용돌이'에서 중심과의 거리에 따른 원주속도

3

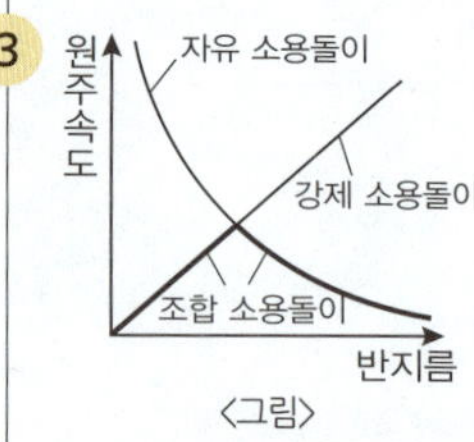

[1]숟가락으로 컵 안에 강제 소용돌이를 만든 후 숟가락을 빼고 일정한(一定-, 정해진) 시간 동안 관찰하면 가운데에는 강제 소용돌이, 주변에는 자유 소용돌이가 발생한다. [2]〈그림〉에서 보는 것처럼 이를 '랭킨의 조합(組合, 여럿을 한데 모아 한 덩어리로 짬) 소용돌이'라고 한다. [3]이는 전체를 강제로 회전시킨 힘을 제거했을(除去-, 없애 버렸을) 때 바깥쪽에서는 원주속도가 서서히 떨어지고, 중심에서는 원주속도가 유지되는 상태의 소용돌이다. [4]조합 소용돌이에서는 소용돌이 중심에서 원주속도가 최소(最小, 가장 작음)가 되고, 강제 소용돌이에서 자유 소용돌이로 전환되는(轉換-, 바뀌는) 점에서 원주속도가 최대가 된다. [5]조합 소용돌이의 예로 ⓒ태풍의 소용돌이를 들 수 있다.

→ '조합 소용돌이'에서 중심과의 거리에 따른 원주속도

4

[1]이러한 원리를 적용한 분체(粉體, 고체 입자가 많이 모여 있는 상태의 물체를 통틀어 이르는 말) 분리기는 기체나 액체의 흐름으로 분진(粉塵, 아주 작은 부스러기와 먼지를 통틀어 이르는 말) 등 혼합물(混合物, 여러 가지가 뒤섞여서 이루어진 물건)을 분리하는 장치이다. [2]혼합물에 작용하는 원심력도 이용하기 때문에 원심 분리기, 공기의 흐름이 기상 현상의 사이클론(cyclone, 인도양, 아라비아해, 벵골만 등에서 발생하는 열대 저기압으로, 발생하는 장소에 따라 태풍, 허리케인, 사이클론으로 부름)과 비슷해서 사이클론 분리기라고도 한다. [3]그 예로 쓰레기용 필터가 없는 가정용, 산업용 ⓔ 사이클론식 청소기를 들 수 있다. [4]원통 아래에 원추(圓錐, 원뿔) 모양의 통을 붙이고 원추 아래에 혼합물 상자를 두는데, 내부(内部, 안쪽 부분) 중앙에는 별도(別途, 원래의 것에 덧붙여서 추가한 것)의 작은 원통인 내통(内筒, 내부에 설치되는 통)이 있다. [5]혼합물을 함유한(含有-, 포함하고 있는) 공기를 원통부 가장자리를 따라 소용돌이를 만들어 시계 방향으로 흘려보내면, 혼합물은 원통부와 원추부 벽면에 충돌하여 떨어져 바닥에 쌓인다. [6]유입된(流入-, 흘러든) 공기는 아래쪽 원추부로 향할수록 원주속도를 증가시키는 자유 소용돌이를 만들고, 원추부 아래쪽에서는 강해진 자유 소용돌이가 돌면서 강제 소용돌이를 만들어 낸다. [7]강제 소용돌이는 용기 중앙의 내통에서 혼합물이 없는 공기로 흐르게 되어 반시계 방향으로 돌며 배기된다.(排氣-, 밖으로 뽑아내진다.)

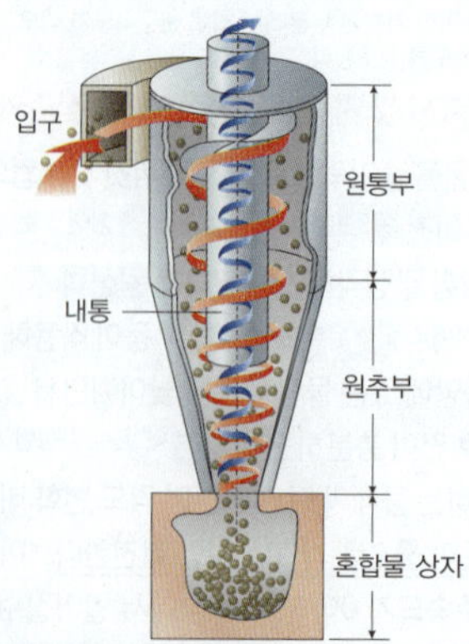

④-5~7 혼합물을 함유한 공기를 원통부 가장자리를 따라 소용돌이를 만들어 시계 방향으로 흘려보내면, 혼합물은 원통부와 원추부 벽면에 충돌하여 떨어져 바닥에 쌓인다. 유입된 공기는 아래쪽 원추부로 향할수록 원주속도를 증가시키는 자유 소용돌이를 만들고, 원추부 아래쪽에서는 강해진 자유 소용돌이가 돌면서 강제 소용돌이를 만들어 낸다. 강제 소용돌이는 용기 중앙의 내통에서 혼합물이 없는 공기로 흐르게 되어 반시계 방향으로 돌며 배기된다.

→ 분체 분리기에 적용된 소용돌이의 원리

소용돌이의 세 가지 종류

❶ 자유 소용돌이	❷ 강제 소용돌이	❸ 조합 소용돌이
• 소용돌이 중심과 가까울수록 원주속도가 커지고, 중심에서 멀어져 반지름이 커짐에 따라 원주속도가 감소함 • 중력의 영향 아래, 물 자체의 에너지로 운동을 유지함 • 예 : 마개를 뺀 욕조 속의 물	• 회전 중심은 원주속도가 0, 중심에서 멀어질수록 반지름에 비례하여 원주속도가 증가함 • 회전 운동의 유지를 위해 외부에서 에너지를 제공해야 함 • 예 : 회전시킨 컵 속의 물	• 가운데에는 강제 소용돌이, 주변에는 자유 소용돌이 • 전체를 강제로 회전시킨 힘을 제거했을 때 바깥쪽에서는 원주속도가 서서히 떨어지고 중심에서는 원주속도가 유지되는 상태의 소용돌이 • 소용돌이 중심에서 원주속도가 최소, 강제 소용돌이에서 자유 소용돌이로 전환되는 점에서 원주속도가 최대가 됨 • 예 : 태풍의 소용돌이

❹ 분체 분리기에 적용된 소용돌이의 원리

• 분체 분리기 = 원심 분리기 = 사이클론 분리기 : 소용돌이의 원리를 적용하여 기체나 액체의 흐름으로 혼합물을 분리하는 장치
• 사이클론식 청소기에서 분진을 분리하는 과정
① 혼합물을 함유한 공기를 원통부 가장자리를 따라 소용돌이를 만들어 시계 방향으로 흘려보냄
② 혼합물이 원통부와 원추부 벽면에 충돌하여 떨어져 바닥(혼합물 상자)에 쌓임
③ 유입된 공기는 아래쪽 원추부로 향할수록 원주속도를 증가시키는 자유 소용돌이를 만듦
④ 원추부 아래쪽에서는 강해진 자유 소용돌이가 돌면서 강제 소용돌이를 만들어 냄
⑤ 강제 소용돌이는 중앙의 내통에서 혼합물 없는 공기로 흘러 반시계 방향으로 돌며 배기됨

---

21 | 세부 정보 이해 - 적절하지 않은 것 고르기
정답률 70%, 매력적 오답 ④ 20% | 정답 ①

윗글의 내용과 일치하지 <u>않는</u> 것은?

①자연에서 발생하는 소용돌이는 모두 자유 소용돌이이다.

근거 ❸-4~5 조합 소용돌이에서는 소용돌이 중심에서 원주속도가 최소가 되고, 강제 소용돌이에서 자유 소용돌이로 전환되는 점에서 원주속도가 최대가 된다. 조합 소용돌이의 예로 태풍의 소용돌이를 들 수 있다.

풀이 윗글에서 조합 소용돌이의 예로 '태풍'의 소용돌이를 들어 설명하고 있다. 이를 통해 자연에서 발생하는 모든 소용돌이가 자유 소용돌이는 아니라는 것을 알 수 있다.

→ 적절하지 않음!

②배수구에서 멀어지면 원운동을 하는 물의 속도는 느려진다.

근거 ❶-2 배수구에서 멀리 떨어져 있으면 빨려 들어가는 속도의 크기가 0에 가깝고, 배수구 중앙에 가까울수록 속도가 빨라진다.

→ 적절함!

③강제 소용돌이는 고체처럼 회전하고 회전 중심의 속도는 0이다.

근거 ❷-3~5 회전이 충분히 안정되면 물 전체의 회전 속도, 즉 회전하는 물체의 단위 시간당 각도 변화 비율인 각속도가 똑같아져 마치 팽이가 돌듯이 물 전체가 고체처럼 회전한다. 이때 물은 팽이의 회전과 같이 회전 중심은 원주속도가 0이 되고 … 이 소용돌이를 '강제 소용돌이'라 하는데

→ 적절함!

④분체 분리기는 자유 소용돌이로 강제 소용돌이를 만들어 낼 수 있는 기계 장치이다.

근거 ❹-6 유입된 공기는 아래쪽 원추부로 향할수록 원주속도를 증가시키는 자유 소용돌이를 만들고, 원추부 아래쪽에서는 강해진 자유 소용돌이가 돌면서 강제 소용돌이를 만들어 낸다.

→ 적절함!

⑤용기 안의 강제 소용돌이는 외부에서 가해지는 힘이 있어야 운동을 유지할 수 있다.

→ 문제편 076쪽

근거 **②-5** 이 소용돌이를 '강제 소용돌이'라 하는데, 용기 안의 물이 회전 운동을 유지하
려면 에너지를 외부에서 인위적으로 제공해야 한다.
→ 적절함!

<table>
<tr><td colspan="2"></td><td>1등급 문제</td></tr>
<tr><td>**22**</td><td>세부 정보 이해 - 적절한 것 고르기
정답률 60%, 매력적 오답 ② 15% ③ 10%</td><td>정답 ④</td></tr>
</table>

㉠에 대한 설명으로 적절한 것은?

> ㉠ 가운데가 오목한 소용돌이 ← 강제 소용돌이

① 물이 회전할 때 원심력과 압력은 서로 관련이 없다.

근거 **②-2** 원심력 등이 작용해 중심의 물 입자들이 컵 가장자리로 쏠려 컵 중앙에 있는
물의 압력이 낮아지면서 가운데가 오목한 소용돌이가 만들어진다.

풀이 물이 회전할 때, 원심력의 작용으로 인해 중심의 물 입자들이 컵 가장자리로 쏠려서
컵 중앙에 있는 물의 압력이 낮아진다고 하였으므로, 원심력과 압력이 서로 관련이
없다는 설명은 적절하지 않다.

→ 적절하지 않음!

가장자리
② 컵 중앙 부분으로 갈수록 물 입자의 양이 많아진다.

근거 **②-2** 원심력 등이 작용해 중심의 물 입자들이 컵 가장자리로 쏠려 컵 중앙에 있는
물의 압력이 낮아지면서 가운데가 오목한 소용돌이가 만들어진다.

풀이 가운데가 오목한 소용돌이가 만들어질 때, 중심의 물 입자들이 컵 가장자리로 쏠리
므로, 컵 가장자리에 있는 물 입자의 양은 컵 중앙에 있는 물 입자의 양보다 많다. 따
라서 컵 가장자리 부분으로 갈수록 물 입자의 양이 많아진다.

→ 적절하지 않음!

커진다
③ 컵 반지름이 클수록 물을 회전시키는 에너지 크기는 ~~작아진다~~.

근거 **②-4~5** 물은 팽이의 회전과 같이 회전 중심은 원주속도가 0이 되고 중심에서 멀어
질수록 반지름에 비례하여 원주속도가 증가하는 분포를 보인다. 이 소용돌이를 '강
제 소용돌이'라 하는데, 용기 안의 물이 회전 운동을 유지하려면 에너지를 외부에서
인위적으로 제공해야 한다.

풀이 강제 소용돌이에서 물의 원주속도는 반지름에 비례하여 증가하므로, 컵 반지름이
클수록 원주속도도 클 것이다. 강제 소용돌이의 회전 운동 유지를 위해서는 외부 에
너지가 제공되어야 한다고 하였는데, 이때 더 큰 원주속도를 유지하기 위해서는 더
큰 에너지가 필요할 것이다. 따라서 컵 반지름이 클수록 물을 회전시키는 에너지 크
기는 커질 것이다.

→ 적절하지 않음!

= 물이 쏠린 컵 가장자리
✓**④ 컵 속에서 회전하는 물의 압력이 커진 부분은 수면이 높아진다.**

근거 **②-2** 원심력 등이 작용해 중심의 물 입자들이 컵 가장자리로 쏠려 컵 중앙에 있는
물의 압력이 낮아지면서 가운데가 오목한 소용돌이가 만들어진다.

풀이 컵 속에서 회전하는 물에 원심력 등이 작용하여 중심의 물 입자들은 컵 가장자리로
쏠려 컵 중앙에 있는 물의 압력은 낮아지며, 압력이 낮아진 컵 중앙의 수면은 오목하
게 낮아진다. 반대로 컵 가장자리에는 물이 쏠리면서 압력이 높아진다. 따라서 컵 속
에서 회전하는 물의 압력이 커진 부분, 즉 '물이 쏠린 컵 가장자리'는 수면이 높아진다
는 설명은 적절하다.

→ 적절함!

가하면   더 오목해진다
⑤ 외부 에너지를 더 ~~가하더라도~~ 회전 중심의 수면 높이는 ~~변화가 없다~~.

근거 **②-2** 원심력 등이 작용해 중심의 물 입자들이 컵 가장자리로 쏠려 컵 중앙에 있는
물의 압력이 낮아지면서 가운데가 오목한 소용돌이가 만들어진다. **②-5** 이 소용돌
이를 '강제 소용돌이'라 하는데, 용기 안의 물이 회전 운동을 유지하려면 에너지를 외
부에서 인위적으로 제공해야 한다.

풀이 강제 소용돌이의 회전 운동 유지를 위한 외부 에너지를 더 가할 경우, 원심력도 더 크
게 작용하게 된다. 따라서 회전 중심의 물 입자들이 컵 가장자리로 쏠리는 현상이 더
심해지게 되고, 그만큼 가운데는 더 오목해진다.

→ 적절하지 않음!

<table>
<tr><td colspan="2"></td><td>1등급 문제</td></tr>
<tr><td>**23**</td><td>추론의 적절성 판단 - 적절한 것 고르기
정답률 60%, 매력적 오답 ② 15% ④ 10%</td><td>정답 ③</td></tr>
</table>

㉡을 통해 알 수 있는 것은?

> ㉡ 각속도가 똑같아져 마치 팽이가 돌듯이 물 전체가 고체처럼 회전한다.

---

① 각속도가 시간이 지남에 따라 점점 빨라지겠군.

근거 **②-5** 이 소용돌이를 '강제 소용돌이'라 하는데, 용기 안의 물이 회전 운동을 유지하
려면 에너지를 외부에서 인위적으로 제공해야 한다.

풀이 만약 외부에서 현재보다 더 큰 에너지가 제공된다면 용기 안의 물이 가지는 각속도
는 점점 빨라질 것이다. 그러나 현재 각속도가 똑같다는 사실만으로는 시간이 지남
에 따라 각속도가 빨라질지 느려질지는 알 수 없다.

→ 적절하지 않음!

= 각속도
② 단위 시간당 각도가 변하는 비율이 수시로 달라지겠군.

근거 **②-3** 회전하는 물체의 단위 시간당 각도 변화 비율인 각속도

풀이 현재 물 전체의 단위 시간당 각도 변화 비율인 각속도가 똑같아졌다는 사실만으로는
추후 각속도가 수시로 달라질지 여부는 알 수 없다.

→ 적절하지 않음!

✓**③ 각속도는 회전 중심에서 가깝든 멀든 상관없이 일정하겠군.**

근거 **②-3** 각속도가 똑같아져 마치 팽이가 돌듯이 물 전체가 고체처럼 회전한다.

풀이 ㉡에서 물 전체의 각속도가 똑같아진다고 하였으므로, 각속도는 수면의 어느 지점
에서든 같다. 따라서 각속도가 회전 중심과의 거리와 상관없이 일정하다는 설명은
적절하다.

→ 적절함!

④ 강제 소용돌이의 수면 어느 지점에서나 원주속도는 항상 같겠군.

근거 **②-4~5** 물은 팽이의 회전과 같이 회전 중심은 원주속도가 0이 되고 중심에서 멀어
질수록 반지름에 비례하여 원주속도가 증가하는 분포를 보인다. 이 소용돌이를 '강
제 소용돌이'라 하는데

풀이 윗글에 따르면 강제 소용돌이의 회전 중심의 원주속도는 0이 되고, 중심에서 멀어질
수록 원주속도가 증가한다. 따라서 강제 소용돌이의 어느 지점에서나 원주속도가
항상 같다는 설명은 적절하지 않으며, ㉡을 통해 알 수 있는 것도 아니다.

→ 적절하지 않음!

⑤ 강제 소용돌이는 자유 소용돌이와 같은 원주속도 분포를 보이겠군.

근거 **①-4~5** 욕조의 소용돌이 중심과 가장 가까운 부분에서 최대 원주속도가 나오고,
소용돌이 중심에서 멀어져 반지름이 커짐에 따라 원주속도가 감소한다. 이 소용돌
이를 '자유 소용돌이'라 하는데, **②-4~5** 물은 팽이의 회전과 같이 회전 중심은 원주
속도가 0이 되고 중심에서 멀어질수록 반지름에 비례하여 원주속도가 증가하는 분
포를 보인다. 이 소용돌이를 '강제 소용돌이'라 하는데

풀이 자유 소용돌이는 회전 중심에서 원주속도가 최대이고, 중심에서 멀어질수록 원주속
도는 감소한다. 반면 강제 소용돌이는 회전 중심에서 원주속도가 0이 되고, 중심에
서 멀어질수록 원주속도는 증가한다. 따라서 강제 소용돌이와 자유 소용돌이의 원
주속도 분포는 같지 않으며, ㉡을 통해 알 수 있는 것도 아니다.

→ 적절하지 않음!

<table>
<tr><td>**24**</td><td>세부 정보 이해 - 적절한 것 고르기
정답률 75%, 매력적 오답 ① 10%</td><td>정답 ⑤</td></tr>
</table>

**윗글을 바탕으로 ㉢을 이해할 때, 〈보기〉의 ⓐ~ⓒ에 들어갈 말로 적절한 것
은?**

> ㉢ 태풍의 소용돌이

| 보기 |
태풍 중심 부분은 '태풍의 눈'이라 하고 (ⓐ   )의 중심에 해당한다. 강제 소용
돌이와 자유 소용돌이의 경계층에 해당하는 부분은 '태풍의 벽'이라고 하여 바람이
(ⓑ   ). 이는 윗글 〈그림〉의 (ⓒ   )에 해당한다.

근거 **③-1** 가운데에는 강제 소용돌이, 주변에는 자유 소용돌이가 발생한다. **③-4~5** 조
합 소용돌이에서는 소용돌이 중심에서 원주속도가 최소가 되고, 강제 소용돌이에서
자유 소용돌이로 전환되는 점에서 원주속도가 최대가 된다. 조합 소용돌이의 예로
태풍의 소용돌이를 들 수 있다.

풀이 조합 소용돌이는 가운데에는 강제 소용돌이, 주변에는 자유 소용돌이가 발생하며,
강제 소용돌이에서 자유 소용돌이로 전환되는 점에서 원주속도가 최대가 된다. 이러
한 조합 소용돌이의 예로 태풍의 소용돌이를 들 수 있는데, 태풍 중심 부분은 강제
소용돌이(ⓐ)의 중심에 해당하며, 강제 소용돌이와 자유 소용돌이의 경계층에 해당
하는 '태풍의 벽'에서 원주속도가 최대가 되어 바람이 강하다(ⓑ). 이때 강제 소용돌이
에서 자유 소용돌이로 전환되는 점인 '태풍의 벽'은 윗글의 〈그림〉에서 자유 소용돌
이와 강제 소용돌이의 교차점(ⓒ)에 해당한다. 따라서 정답은 ⑤번이다.

	ⓐ	ⓑ	ⓒ
①	자유 소용돌이	강하다	자유 소용돌이와 강제 소용돌이의 교차점
②	자유 소용돌이	약하다	반지름이 가장 큰 자유 소용돌이의 지점
③	강제 소용돌이	강하다	반지름이 가장 작은 자유 소용돌이의 지점
④	강제 소용돌이	약하다	반지름이 가장 큰 강제 소용돌이의 지점
⑤	강제 소용돌이	강하다	자유 소용돌이와 강제 소용돌이의 *교차점

*交叉點, 서로 엇갈리거나 마주친 곳

→ 적절함!

25 구체적인 사례에 적용 - 적절하지 않은 것 고르기
정답률 50%, 매력적 오답 ② 10% ④ 30% | 정답 ③

〈보기〉는 ⓔ의 구조를 그림으로 나타낸 것이다. 윗글을 읽은 학생의 반응으로 적절하지 <u>않은</u> 것은?   3점

ⓔ 사이클론식 청소기

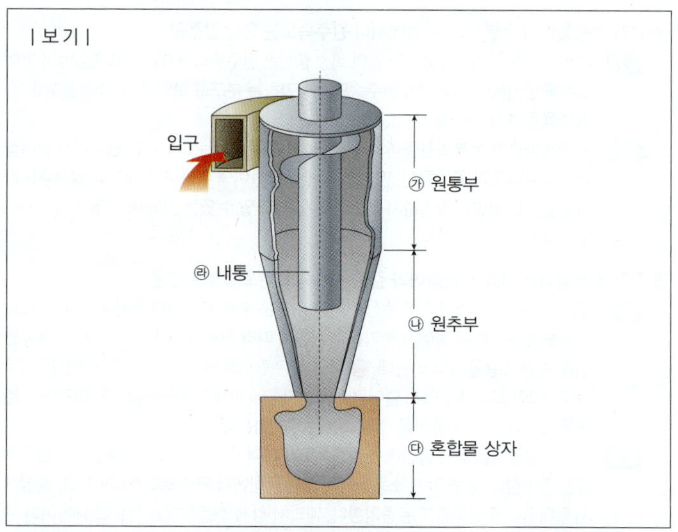

① ㉮에서는 소용돌이가 시계 방향으로 돌아 혼합물에 원심력이 작용하겠군.
근거 ❹-2 혼합물에 작용하는 원심력도 이용하기 때문에, ❹-5 혼합물을 함유한 공기를 원통부(㉮) 가장자리를 따라 소용돌이를 만들어 시계 방향으로 흘려보내면
→ 적절함!

② ㉮보다 ㉯에서 소용돌이의 원주속도가 상대적으로 빠르겠군.
근거 ❹-6 유입된 공기는 아래쪽 원추부(㉯)로 향할수록 원주속도를 증가시키는 자유 소용돌이를 만들고
→ 적절함!

③ ㉰에 모인 쓰레기나 혼합물이 ㉱ 내부에서 도는 소용돌이를 통해 외부로 배출되겠군.
근거 ❹-5 혼합물을 함유한 공기를 원통부 가장자리를 따라 소용돌이를 만들어 시계 방향으로 흘려보내면, 혼합물은 원통부와 원추부 벽면에 충돌하여 떨어져 바닥에 쌓인다. ❹-7 강제 소용돌이는 용기 중앙의 내통에서 혼합물이 없는 공기로 흐르게 되어 반시계 방향으로 돌며 배기된다.
풀이 혼합물을 함유한 공기를 원통부 가장자리를 따라 소용돌이를 만들어 시계 방향으로 흘려보내면, 혼합물은 원통부(㉮)와 원추부(㉯) 벽면에 충돌하여 떨어져 혼합물 상자(㉰)에 쌓인다. 한편 원추부 아래쪽에서 만들어 낸 강제 소용돌이는 내통(㉱)에서 '혼합물이 없는' 공기로 흘러 외부로 배출된다. 따라서 ㉰에 모인 쓰레기나 혼합물이 ㉱ 내부에서 도는 소용돌이를 통해 외부로 배출된다는 설명은 적절하지 않다.
→ 적절하지 않음!

강제 소용돌이

④ ㉱의 반지름이 커지면 ㉱에서 반시계 방향으로 도는 소용돌이의 원주속도는 빨라지겠군.
근거 ❹-7 강제 소용돌이는 용기 중앙의 내통(㉱)에서 혼합물이 없는 공기로 흐르게 되어 반시계 방향으로 돌며 배기된다, ❷-4 (강제 소용돌이에서 물은) 중심에서 멀어질수록 반지름에 비례하여 원주속도가 증가하는 분포를 보인다.
풀이 내통(㉱)에서 도는 소용돌이는 강제 소용돌이이다. 강제 소용돌이에서 원주속도는 반지름에 비례하여 증가하므로, ㉱의 반지름이 커지면 ㉱에서 반시계 방향으로 도는 소용돌이의 원주속도도 그에 비례하여 증가할 것이다.
→ 적절함!

⑤ 산업용으로 돌조각을 분리한다면 ㉮와 ㉯에 충격이나 *마모에 강한 소재를 써야겠군.
*磨耗, 마찰 부분이 닳아서 없어짐
근거 ❹-5 혼합물을 함유한 공기를 원통부 가장자리를 따라 소용돌이를 만들어 시계 방향으로 흘려보내면, 혼합물은 원통부와 원추부 벽면에 충돌하여 떨어져 바닥에 쌓인다.
풀이 사이클론식 청소기에 유입된 혼합물은 원통부(㉮)와 원추부(㉯) 벽면에 충돌하여 떨어져 혼합물 상자(㉰)에 쌓인다. 따라서 산업용으로 돌조각을 분리한다면, 벽면에 충돌하는 돌조각으로 인한 손상을 줄이기 위해 원통부(㉮)와 원추부(㉯)에 충격이나 마모에 강한 소재를 써야 할 것이다.
→ 적절함!

[26 ~ 28] 현대소설 - 윤후명, 「하얀 배」

- **중심 내용**

취재 일로 중앙아시아에 가게 된 '나'는 류다를 만나길 기대하고, 미하일로부터 류다가 이식쿨 호수 근처에 살고 있다는 말을 듣는다.

↓

'나'는 미하일로부터 소설 《하얀 배》의 배경인 이식쿨 호수에 대한 이야기를 듣고 그곳에 관심을 갖게 된다.

↓

이식쿨 호수를 직접 보고 싶어진 '나'는 미하일에게 부탁해 갑작스럽게 호수로 떠나게 된다.

↓

'나'는 이식쿨 호수를 직접 보았지만 무언가 이루지 못해 부족한 마음을 느낀다.

↓

류다를 만난 '나'는 부족했던 마음이 채워지는 것을 느끼고 그녀의 또렷한 우리말에 고국에 대한 그리움이 담겨 있음을 알게 된다.

↓

'나'는 고국을 그리워하는 류다가 《하얀 배》라는 소설에서 배를 따라가기를 꿈꾸는 소년의 모습과 닮았음을 깨닫는다.

- **전체 줄거리** ([ ] : 지문 내용)

'나'는 얼마 전에 이사한 집 앞의 사이프러스나무를 보고 중앙아시아에서 그 나무를 보았던 일을 떠올린다. 작년에 '나'는 카자흐스탄의 한국교육원으로부터 중앙아시아에 살고 있는 우리 동포들의 이야기인 '말 배우는 아이'라는 글에 대한 평을 써 달라는 부탁을 받는다. '나'는 그 글의 작가인 '문류다'에게 관심을 갖게 되고, 류다를 만나고 싶은 마음에 취재 차 러시아에 가면서 카자흐스탄을 들르게 된다. 알마아타(카자흐스탄의 옛 수도, 현재의 알마티)에 도착한 '나'는 한국교육원 직원의 안내를 받으며 여행하는데, 류다를 만나고 싶다는 말을 쉽게 꺼내지 못해 고민한다. 그러던 중 우연히 한글학교 선생과 우슈토베(카자흐스탄 남동부의 도시)를 방문하게 되고, 한글 선생의 소개로 류다의 오빠 친구인 미하일을 만난다. '나'는 미하일을 통해 류다가 여자라는 사실과 류다 가족이 몇 달 전 키르기스탄으로 이사 갔다는 소식을 알게 된다. [미하일은 키르기스스탄의 이식쿨 호수와 그 호수를 배경으로 한 《하얀 배》라는 소설에 대해 이야기하고, 그 호수를 직접 보고 싶어진 '나'는 미하일에게 부탁해 키르기스스탄으로 떠나게 된다. '나'와 미하일은 미하일의 친구 스타니슬라브의 차를 빌려 고된 여행 끝에 키르기스스탄에 도착하고, 그곳에서 류다의 오빠 비탈리를 만나 함께 이식쿨로 향한다. 이식쿨 호수에 도착한 '나'는 호수를 직접 보았지만 애써 이곳까지 온 목적을 이루지 못했다는 생각에 사로잡힌다. '나'는 미진한 마음으로 돌아가던 중 유원지의 사이프러스나무 아래 서 있는 류다를 발견하게 된다. 류다를 소개받게 된 '나'는 류다의 "안녕하십니까"라는 또렷한 우리말을 듣고 미진했던 마음이 채워지는 것을 느낀다. '나'는 류다와 짧은 만남 후 알마아타로 돌아가면서 류다의 '안녕하십니까'에 고국에 대한 그리움이 담겨 있고 그것은 하얀 배의 또 다른 모습이라고 생각한다.]

→ 문제편 076쪽

• 인물 관계도

- 스타니슬라브 — 사이프러스나무에 대해 이야기함 → '나'
- 미하일 — 친구 — 비탈리
- 미하일 — 이식쿨 호수에 대한 이야기를 들려주고 함께 이식쿨 호수로 감 → '나'
- 비탈리 — 남매 — 류다
- 한글 선생 — 우슈토베를 함께 여행함 → '나'
- '나' — 또렷한 우리말로 인사함 ↔ 류다
- 류다 — 류다의 우리말에 고국에 대한 그리움이 담겨 있음을 깨달음 → '나'

• 어휘 풀이

* 고려인 : 예전 소련 지역에 살고 있는 한국 민족. 소련은 현재의 러시아를 중심으로 유럽 동부와 아시아 북부에 형성되었던 소비에트 연방 국가.

* 우슈토베 : 카자흐스탄 남동부의 도시.

* 이식쿨 호수 : 키르기스스탄 톈산 산맥에 있는 큰 호수.

* 구사하고 : 말이나 수사법, 기교, 수단 따위를 능숙하게 마음대로 부려 쓰고.

* 천산 산맥 : 톈산 산맥. 중국, 키르기스스탄, 우즈베키스탄, 카자흐스탄의 4개국에 걸쳐 있는 산맥.

* 수런거리는 : 여러 사람이 모여 수선스럽게 자꾸 지껄이고.

* 미진했던 : 아직 다하지 못했던.

* 사이프러스 : 키가 큰 상록수 나무의 한 종류.

* 그루지아 : 조지아의 예전 이름. 조지아는 유럽 동부에 있는 나라.

* 만년설 : 아주 추운 지방이나 높은 산지에 언제나 녹지 않고 쌓여 있는 눈.

◀ 이식쿨 호수

---

26 인물의 심리 - 적절하지 않은 것 고르기
정답률 85%
정답 ④

㉠ ~ ㉤에 대한 이해로 적절하지 않은 것은?

① ㉠ : 이식쿨 호수와 관련된 이야기를 듣고 흥미를 느끼고 있음이 드러난다.
근거 미하일의 말에 의하면 키르기스말로 이식쿨의 이식은 뜨겁다는 뜻이며, 쿨은 호수라고 했다. ~ 《하얀 배》라는 소설까지 들먹거렸다. ~ 한 소년이 호수를 떠나가는 하얀 배를 보면서, 커다란 물고기가 되어 배를 따라가기를 꿈꾸는 이야기라는 것이었다. ~ ㉠ "하얀 배라……" 신비하고 아름다운 광경이 내 머리를 자극했다. ~ 미하일이 들려주는 이야기는 모두 그 호수를 향한 내 마음을 한층 북돋기에 부족함이 없는 것이었다.
풀이 '나'는 미하일로부터 이식쿨 호수에 대한 정보와 호수를 배경으로 한 《하얀 배》라는 소설의 이야기를 듣고 호수의 아름다운 풍경을 상상하며 흥미를 느낀다.
→ 적절함!

② ㉡ : 이식쿨 호수에 가고 싶어 하는 간절한 마음을 확인할 수 있다.
근거 ㉡ "꼭 거길 가봤으면 하는데……무슨 방법이 없었을까요?" 나는 한글 선생과 미하일을 번갈아 쳐다보며 간청하다시피 했다.
풀이 ㉡에서 '나'는 이식쿨 호수로 가는 방법을 물으며 그곳에 가고 싶은 간절한 마음을 드러내고 있다.
→ 적절함!

③ ㉢ : 계획에 없었던 새로운 *여정에 대한 기대감과 설렘이 나타난다. *여행 일정
근거 이렇게 되어 나는 정말 뜻하지 않게 그 호수를 향하여 떠나게 된 것이었다. / ㉢ 그러나 무엇보다도 내 가슴을 뛰게 한 것은 새로운 세계, 산속의 호수를 향해 가게 된 것이었다.

풀이 ㉢에는 계획에 없었던 이식쿨 호수를 갑자기 여행하게 된 '나'의 기대감과 설렘이 나타난다.
→ 적절함!

④ ㉣ : 이식쿨 호수만을 생각하며 달려왔던 것을 반성하는 마음이 드러난다.
근거 '나'는 취재 차 중앙아시아로 향하면서 ~ '말 배우는 아이'라는 글을 쓴 고려인 '류다'를 만나길 희망한다.
나는 정말 뜻하지 않게 그 호수를 향하여 떠나게 된 것이었다.
그 호수를 보겠다고 해서, 카라가지나무와 주다나무와 미루나무와 버드나무를 이정표로 달려왔고, 드디어 보았다. 그러나…… 나는 머리에 '그러나'가 꼬리표처럼 따라 붙는 것을 어쩌지 못했다. ~ ㉣ 나는 그 꼬리표를 떼어내려고 머리를 흔들었다. 그러나……
'그러나'라고 미진했던 마음이 그녀의 "안녕하십니까"에 눈 녹듯 스러지는 듯 싶었다.
풀이 '나'는 취재 일로 중앙아시아를 방문하면서 류다를 만나길 기대하는데 우연히 이식쿨 호수에 대한 이야기를 듣고 갑작스럽게 호수를 찾아가게 된다. 고된 여행 끝에 '나'는 이식쿨 호수의 풍경을 직접 보게 되지만 무언가 이루지 못해 부족한 마음이 들고 이후 류다를 만나면서 그러한 마음이 사라지는 것을 느낀다. 따라서 '나'는 갑자기 이식쿨 호수로 떠나게 된 것이지 이식쿨 호수만을 생각하며 달려온 것이 아니고, ㉣은 류다를 만나지 못해 미진한 마음에서 나온 행동일 뿐 반성하는 마음은 나타나지 않는다.
→ 적절하지 않음!

⑤ ㉤ : 놀라움에 자신도 생각지 못한 반응이 나타났음을 확인할 수 있다.
근거 "류다!" ~ 서로 몇 마디의 러시아말이 오가고 난 뒤 내가 소개되었다. "안녕하십니까." ~ 순간, 나는 너무나 또렷한 우리말에 놀라지 않을 수 없었다. ~ "아, 안녕하십니까." ㉤ 나는 엉겁결에 똑같이 따라하고 말았다.
풀이 '나'는 처음 만난 류다가 우리말로 인사를 건네자 놀라서 자신도 모르게 류다의 인사를 따라하였다.
→ 적절함!

---

27 장면의 의미 - 적절한 것 고르기
정답률 85%
정답 ①

ⓐ와 ⓑ에 대한 설명으로 가장 적절한 것은?

> ⓐ 개양귀비 꽃밭이 수런거리고, 숲 속의 들고양이들이 귀를 쫑긋거리고, 커다란 까마귀들이 전나무 가지를 치고 날았으며, 사막쥐들이 이리 뛰고 저리 뛰고, 돌소금이 하얗게 깔린 사막으로 큰바람이 이는 광경이 눈에 어른거렸다. 천산에서 빙하가 우르르르 무너지는 소리가 들린다고도 생각되었다.
> ⓑ 키르기스스탄의 사이프러스나무 아래 우리 민족의 말인 "안녕하십니까"의 의미를 전혀 새롭게 말하는 처녀가 있었다. 나는 돌아오는 차 안에서도 내내 그 모습이 머리에서 떠나지를 않았다. 그리고 그 나무 아래서 호수를 바라보았을 때 물에 비치던 하얀 만년설의 산봉우리를 눈에 그렸다. 그리고 그것이 바로 하얀 배의 또 다른 모습이라고 깨달은 나는 입속으로 가만히 "안녕하십니까"를 되뇌었다.

① ⓐ는 상상 속 장면을 활용하여, ⓑ는 과거 *회상을 활용하여 인물의 내면 상황을 드러내고 있다. *돌이켜 떠올림
근거 나는 그 단순한 인사말이 왜 그렇게 깊은 울림으로 온몸을 떨리게 하는지 형언할 수 없는 감동에 휩싸였다.
풀이 ⓐ는 류다의 우리말을 듣게 된 '나'의 감동을 상상 속의 아름다운 풍경을 활용해 드러냈고, ⓑ는 류다가 우리말로 인사를 건네던 순간을 떠올리며 그 의미에 대해 생각하고 깨닫는 '나'의 내면 상황을 드러내고 있다.
→ 적절함!

② ⓐ는 *내적 독백을 사용하여, ⓑ는 **구어체를 사용하여 인물 사이의 대립 양상을 제시하고 있다. *등장인물의 마음속 생각을 혼잣말로 드러내는 표현 방법 **글에서 쓰는 말투가 아닌, 일상적인 대화에서 주로 쓰는 말투
풀이 ⓐ는 '나'의 생각이 드러나 있으나 혼잣말 형식의 내적 독백은 사용하지 않았으며, 인물 사이의 대립 양상을 제시하고 있지도 않다. ⓑ는 일상적인 대화에서 사용되는 구어체를 사용하지 않았으며, 인물 사이의 대립 양상도 나타나지 않는다.
→ 적절하지 않음!

■ 내적 독백을 사용하여 인물 사이의 대립 양상을 제시하는 작품
• 김유정, 「봄·봄」(2009년 고1 6월 학평, 2016학년도 6월 모평A)
우리 장인님은 약이 오르면 이렇게 손버릇이 아주 못됐다. 또 사위에게 이 자식 저 자식 하는 이놈의 장인님은 어디 있느냐. ~ 그러나 내겐 장인님이 감히 큰소리할 계제(형편)가 못 된다. 뒷생각은 못하고 뺨 한 개를 딱 때려 놓고는 장인님은 무색해서

(무안해서) 덤덤히 쓴 침만 삼킨다. 난 그 속을 퍽 잘 안다. ~ 한창 바쁜 때인데 나 일 안 하고 우리 집으로 그냥 가면 고만이니까. 작년 이맘때도 트집을 좀 하니까 늦잠 잔다구 돌멩이를 집어 던져서 자는 놈('나')의 발목을 삐게 해 놨다. 사날(3~4일)씩이나 건숭(건성) '끙. 끙.' 앓았드니 종당(마지막)에는 거반(거의 절반) 울상이 되지 않았는가…….

→ '장인님'에 대한 '나'의 내적 독백을 제시함으로써 '나'와 장인 사이의 대립 양상을 제시하고 있다.

■ 구어체를 사용하여 인물 사이의 대립 양상을 제시하는 작품

• 채만식, 「치숙(어리석은 아저씨)」
저번에도 (내가 아저씨를) 한 번 혼을 단단히 내 주었지요. 아, 그랬더니 아주머니(아저씨의 아내)더러 한다는 소리가 그 녀석('나') 사람 버렸더라고, 아무짝에도 못 쓰게 길이 들었더라고 그러더라나요. 내 원, 그 소리를 듣고 하도 어처구니가 없어서! ~ 사람 속 차릴(철들) 여망(앞으로의 희망) 없어요. 그저 어디로 대나 손톱만치도 쓸모는 없고 남한테 사폐(해)나 끼치고, 세상에 해독만 끼칠 사람이니, 머 하루바삐 죽어야 해요. 죽어야 하고 또 죽어서 마땅해요.

→ '나'가 독자에게 말을 건네는 방식의 구어체를 사용하여 '나'와 '아저씨' 사이의 대립 양상을 제시하고 있다.

③ ⓐ는 전해 들은 이야기를 통해, ⓑ는 직접 경험한 사건을 통해 인물의 성격을 구체적으로 보여 주고 있다.

풀이 　ⓐ는 전해 들은 이야기가 나타나지도 않고 인물의 성격을 구체적으로 보여 주고 있지도 않다. ⓑ는 '나'가 '류다'를 직접 만났던 사건이 나타나지만 이를 통해 인물의 성격을 구체적으로 보여 주고 있지 않다.

→ 적절하지 않음!

④ ⓐ는 외부 세계를 *묘사하여, ⓑ는 인물 간의 대화를 서술하여 인물이 처한 상황을 객관적으로 전달하고 있다. *그림을 그리듯이 자세하게 말로 표현하여

풀이 　ⓐ는 '나'가 상상하는 세계가 묘사되고 있을 뿐 외부 세계를 묘사하고 있지 않고, '나'의 감동이 드러나므로 인물이 처한 상황을 객관적으로 전달한다고 볼 수 없다. ⓑ에 인물 간의 대화는 나타나지 않으며, '나'의 깨달음이 드러날 뿐 인물이 처한 상황을 객관적으로 전달하고 있지 않다.

→ 적절하지 않음!

⑤ ⓐ는 앞으로 일어날 일들을 제시하여, ⓑ는 이전에 일어난 일들을 제시하여 인물의 심리 변화 과정을 나타내고 있다.

풀이 　ⓐ는 '나'가 현재 느낀 감동을 표현한 것이므로 앞으로 일어날 일들을 제시하고 있지 않으며, '나'의 심리 변화 과정도 나타나지 않는다. ⓑ는 이전에 '류다'를 만났던 일을 제시하고 있으나, '나'의 심리 변화 과정은 나타나지 않는다.

→ 적절하지 않음!

오답률 TOP 3 ｜ 1등급 문제

28 ｜ 감상의 적절성 – 적절하지 않은 것 고르기
정답률 40%, 매력적 오답 ② ③ 10% ④ 25% ⑤ 15%　　정답 ①

〈보기〉를 바탕으로 윗글을 감상한 내용으로 적절하지 <u>않은</u> 것은? 　[3점]

| 보기 |
　[1] 이 작품에서 '하얀 배'는 외부 세계에 대한 동경(간절한 그리움)을 상징하는(나타내는) 것으로, 중앙아시아 동포들의 고국에 대한 그리움을 서정적으로(감정이나 분위기를 가득 담아) 드러내는 기능을 한다. [2] '나'는 하얀 배를 그리는(간절히 생각하는) 소년과 류다를 연결지어 이해하면서, 류다를 포함한 중앙아시아 동포(같은 민족)들이 시련이 연속되는 삶 속에서도 언어를 통해 민족의 정체성(원래의 참된 성질)을 잃지 않으려는 모습에 주목한다.

① ✔ '호수 밑에 옛날 도시'는 소년이 '하얀 배'를 타고 가고자 하는 동경의 공간으로 '나'가 지향하는 곳이군.

근거 　"여기 사람들이 말하는데, 그 호수 밑에 옛날 도시가 가라앉아 있다고 그렇게 말합니다."/ 한 소년이 호수를 떠가는 하얀 배를 보면서, 커다란 물고기가 되어 배를 따라가기를 꿈꾸는 이야기라는 것이었다.

풀이 　'호수 밑에 옛날 도시'는 이식쿨 호수에 대해 미하일이 들려준 이야기 속 공간일 뿐, 호수에 살던 소년이 '하얀 배'를 타고 떠나고자 하는 동경의 공간도 아니고 '나'가 지향하는 공간으로 볼 수도 없다.

→ 적절하지 않음!

② 미하일이 '우리말을 꽤 정확하게 구사하'는 것은 민족의 정체성을 잃지 않으려는 동포들의 모습으로 볼 수 있군.

근거 　〈보기〉-2 중앙아시아 동포들이 시련이 연속되는 삶 속에서도 언어를 통해 민족의 정체성을 잃지 않으려는 모습에 주목한다.
알마아타에 도착한 '나'는 ~ 고려인 '미하일'로부터
그(미하일)는 ~ 한국에도 갔다 왔다고 했는데, 우리말을 꽤 정확하게 구사하고 있었다.

풀이 　〈보기〉를 통해 윗글은 중앙아시아 동포들이 '언어를 통해 민족의 정체성을 잃지 않으려는 모습'을 나타내고 있음을 알 수 있다. 따라서 중앙아시아에 살고 있는 미하일이 '우리말을 꽤 정확하게 구사하'는 것은 민족의 정체성을 잃지 않으려는 동포들의 모습으로 볼 수 있다.

→ 적절함!

③ '광야에 파놓은 갈대 움막집의 흔적'은 중앙아시아 동포들이 겪었던 시련을 증명하는 것이겠군.

근거 　〈보기〉-2 중앙아시아 동포들이 시련이 연속되는 삶
'나'는 취재 차 중앙아시아로 향하면서 강제 이주된 고려인 동포들의 삶을 목격한다. 우슈토베에의 여행에서 ~ 우리 동포들의 무덤을 보았고, 그들이 저 1937년에 내동댕이쳐 버려졌던 처절한 삶의 뿌리를 내리기 위해 광야에 파놓은 갈대 움막집의 흔적을 보았다.

풀이 　'우슈토베에'에서 본 '광야에 파놓은 갈대 움막집의 흔적'은 중앙아시아로 강제 이주되었던 우리 동포들의 시련을 나타내는 것으로 볼 수 있다.

→ 적절함!

④ '나'는 류다의 '너무나 또렷한 우리말'에서 동포들의 고국에 대한 그리움을 읽어 내고 있군.

근거 　〈보기〉-1 이 작품에서 ~ 중앙아시아 동포들의 고국에 대한 그리움
"류다!" ~ "안녕하십니까." ~ 순간, 나는 너무나 또렷한 우리말에 놀라지 않을 수 없었다./ 그리고 그 말 뒤에 '이 말은 우리 민족 말입니다' 하는 말이 소리 없이 뒤따르고 있음도 또렷이 느낄 수 있었다./ 멀리 동방의 조상 나라를 동경하며 하얀 배를 그리는 모습이 거기 있음을 알 수 있었다.

풀이 　'나'는 류다의 '너무나 또렷한 우리말'을 듣고 그 말에 동포들의 고국에 대한 그리움이 담겨 있음을 알게 된다.

→ 적절함!

⑤ '나'는 '멀리 동방의 조상 나라'를 꿈꾸는 류다와 '배를 따라가기를 꿈꾸는' 소년을 연관 지었군.

근거 　〈보기〉 이 작품에서 '하얀 배'는 외부 세계에 대한 동경을 상징하는 것으로, ~ '나'는 하얀 배를 그리는 소년과 류다를 연결지어 이해하면서,
한 소년이 호수를 떠가는 하얀 배를 보면서, 커다란 물고기가 되어 배를 따라가기를 꿈꾸는 이야기라는 것이었다.
그녀의 "안녕하십니까"에 ~ 멀리 동방의 조상 나라를 동경하며 하얀 배를 그리는 모습이 거기 있음을 알 수 있었다.

풀이 　'나'는 류다의 인사말을 통해 고국에 대한 류다의 그리움을 느끼고, 미하일에게서 들은 소년과 하얀 배 이야기를 떠올린다. 이를 통해 '멀리 동방의 조상 나라'를 꿈꾸는 류다와 하얀 '배를 따라가기를 꿈꾸는' 소년을 연관 짓고 있음을 알 수 있다.

→ 적절함!

[29 ~ 32] 고전소설 - 작자 미상, 「장국진전(張國振傳)」

① 　[1] ⊙황성(임금 皇 도읍 城 : 황제가 있는 나라의 서울)에 병란(兵亂)(싸움 兵 어지러울 亂 : 나라 안의 싸움)이 일어났고, 살기(殺氣)(죽일 殺 기운 氣 : 남을 해치거나 죽이려는 무시무시한 기운)가 등등하며(오를 騰 오를 騰 : 높고), 천자(하늘 天 아들 子 : 황제)는 피신한(피할 避 몸 身 : 위험을 피하여 몸을 숨긴) 모양이라. [2] 국진은 재빨리 방으로 들어와 무장(전술 武 행장 裝 : 전투에 필요한 장비)을 갖추고, 머리에 황금 투구(군인이 전투할 때 머리를 보호하는 모자)를 쓰고, 몸에 풍운갑(갑옷의 이름)을 입고, 좌수(왼 左 손 手 : 왼손)에 절륜도(검의 이름)와 우수(오른 右 손 手 : 오른손)에 청학선(푸를 靑 학 鶴 부채 扇 : 손잡이가 날개를 편 푸른 학의 모양으로 생긴 부채), 이런 식으로 무장(전술 武 행장 裝 : 전투에 필요한 장비)을 갖추자 잠시도 지체없이(늦추지 않고) 말에 뛰어오르리라.

　[3] 그리하여 국진은 필마단기(匹馬單騎)로(마리 匹 말 馬 혼자 單 말 탈 騎 : 혼자 한 필의 말을 타고) 나는 듯이 달렸고, 달리면서도 자기의 중대한 임무(나라를 위기에서 구하는 일)를 잊지 않은 터라. [4] 그의 빛나는 준마(준마 駿 말 馬 : 빠르게 잘 달리는 말)는 순식간에 그(국진)를 황성으로 옮겨 주니, 그의 마음과 몸과 말은 실로 혼연일체(뒤섞일 渾 그럴 然 하나 一 몸 體 : 하나)가 된 듯하더라.

　[5] 아니나 다르랴, 그가 읽은 천기(하늘 天 기운 氣 : 하늘에 나타난 조짐)는 정확하였으니, 달마국의 수십만 대군은 명나라 군을 무찔러 없애고, 이때 황성으로 쳐들어와 황성의 운명은 경각(잠깐 頃 때 刻 : 아주 짧은 순간)에 달하였으니(달렸으니), 국진은 즉시 궐내(대궐 闕 안 內 : 대궐 안)로 들어가 어전(다스릴 御 앞 前 : 천자 앞)에 꿇어 엎드려 가로되,

92　마더텅 전국연합 학력평가 기출 모의고사 3개년 13회 ｜ 고1 국어 영역 ｜

→ 문제편 078쪽

[A]
⁶"소신(작을 小 신하 臣 : 신하가 임금을 상대하여 자기를 낮추어 이르던 말. 여기서는 국진)이 중임(무거울 重 책무 任 : 중대한 임무. 서주 어사로서의 임무(전체 줄거리 참고))을 맡아 원방(遠方)(멀 遠 곳 方 : 먼 곳)에 갔사와 폐하께 근심(걱정)을 끼쳤사오니 이것은 모두가 신의 죄인 줄로 아뢰오. ⁷적병(대적할 敵 병사 兵 : 적의 병사)을 파한(부술 破 : 무찌른) 후에 죄를 당하여지이다(죄에 대한 벌을 받겠다는 의미)."
하고 아뢰더라.

⁸절망한 천자는 그것이 누군가 처음에는 잘 모르시는 듯하다가 장국진이라는 것을 아시자 놀라시며, 계하(층계 階 아래 下 : 계단 아래)로 뛰어내려가 그의 손을 잡고 반가워서 어쩔 줄을 몰라 하시며,

[B]
⁹"경(벼슬 卿 : 임금이 신하를 가리키던 말. 여기서는 국진)이 있었으면 무슨 근심을 하리오. ¹⁰경은 힘을 다하여 사직(社稷)(모일 社 합할 稷 : 나라)을 안보(安保)하고(편안할 安 보호할 保 : 보호하고) 짐(임금이 자신을 가리키는 말)의 근심을 덜라."
하고는 눈물을 뿌리며 애걸하듯이(슬플 哀 빌 乞 : 애원하듯이) 하교하시더라(임금 下 명령할 敎 : 명령을 내리시더라).

→ 달마국이 황성을 쳐들어오자 국진은 천자께 나아가 적병을 물리치겠다고 약속한다.

2 ¹적(달마국)은 어느새 도성(도읍 都 도시 城 : 서울)에 다다르고 도성의 백성들은 아우성치니, 이는 지옥을 상상하게 하더라. ²그것은 도무지 구할 도리(방법 道 이치 理 : 방법)가 없는 완전한 파멸(파괴할 破 없어질 滅 : 파괴되어 없어짐)을 보는 듯하더라. ³이것을 어느 누구의 힘으로 구원하여(구원할 救 도울 援 : 구하여) 밝은 빛을 뿌려 터인가(뿌릴 것인가).

⁴국진은 다시 말에 오르자, **한 손에 절륜도, 또 한 손에 청학선을 흔들며** 성문을 빠져나가 물밀 듯 밀려드는 수십만 ⓒ 적군의 진영(진 칠 陣 진영 營 : 군대가 진을 치고 있는 곳)으로 비호(날 飛 범 虎 : 나는 듯이 빠르게 달리는 호랑이)처럼 달리더라. ⁵그(국진)의 절륜도가 닿는 곳마다 번갯불이 번쩍 일더니 적장(대적할 敵 장수 將 : 적의 장수)과 적 군사는 **추풍낙엽**(가을 秋 바람 風 떨어질 落 낙엽 葉 : 가을바람에 떨어지는 나뭇잎)**같이 쓰러**지니, 적군에게는 전혀 예상하지 못한 일대(하나 一 클 大 : 아주 굉장한) 혼란이 일더라. ⁶그들의 시체는 산을 이루고 피가 바다를 이루면서 (적군이) 물러가니라.

→ 국진은 도성에 다다른 달마국의 적병을 단숨에 물리친다.

3 [중략 줄거리] ¹국진은 달마국을 정벌하기로 결심하고 이를 위해 전장(전쟁 戰 장소 場 : 전쟁터)으로 떠난다. ²달마국은 천원국과 합력하여(모을 合 힘 力 : 힘을 합하여) 국진을 대적한다(대할 對 겨룰 敵 : 맞서 겨룬다).

³결국 국진이 병을 얻어 누운(일어나지 못하는) 것도 당연한 이치일 터라. ⁴이것(국진이 병을 얻어 누운 것)은 전투 중에 치명적인 일로, 국진은 군중(군대 軍 안 中 : 군대 안)에 엄명(엄할 嚴 명령 命 : 엄한 명령)을 내려 진문(진 陣 문 門 : 진영으로 드나드는 문)을 굳게 닫게 하고 이 어려운 지경을 어찌 구할 것인지 궁리(연구할 窮 이치 理 : 깊은 생각)에 궁리를 더하더라. ⁵적은 몇 번이고 (진문을 깨뜨리려고) 도전하니, 이쪽의 진(국진의 진영) 앞에서 호통(큰소리)을 지르곤 하더라. ⁶그러나 국진의 진(진영)에서 아무런 답이 없자 백운도사와 오금도사는 장국진에게 중대한 곡절(굽을 曲 꺾을 折 : 복잡한 사정)이 있음을 의심하기 시작하더라. ⁷며칠이 지나도 국진의 신병(몸 身 병 病 : 몸에 생긴 병)은 조금도 차도(나을 差 정도 度 : 병이 나아가는 정도)가 없으니, 이 위급함을 무엇으로 해결하여야 한단 말인가.

→ 국진이 병을 얻어 진문을 닫자 백운도사와 오금도사는 의심을 품는다.

4 ¹이때 어려서부터 닦아 온 천문지리(하늘 天 학문 文 땅 地 학문 理 : 천문과 지리)가 누구보다 능통한(능할 能 통할 通 : 막힘없이 훤히 아는) 이 부인(국진의 아내)이 천기(하늘 天 기운 氣 : 하늘에 나타난 조짐)를 보고 있던 터라, 남편(국진)의 이런(병이 든) 사실을 깨닫고는 놀라움을 금치 못하더라. ²더욱이 옆에 있던 유 부인(국진의 아내) 역시 남편의 위험에 애통해(슬플 哀 아플 痛 : 슬퍼하고 가슴 아파) 하니, 장 승상(국진의 아버지)이나 왕씨(국진의 어머니)도 이 소식을 듣고 달려와 울 따름이더라. ³육도삼략(중국의 병서(전쟁하는 방법에 대해 쓴 책)인 육도와 삼략)과 손오병법(중국의 손무와 오기가 쓴 병서)에도 능통한 이 부인은 생각 끝에 결연히(결단할 決 그럴 然 : 확고한 마음가짐으로) 일어서더니, ⓒ달마국 전장으로 달려가 병을 앓는 남편을 구하고 이 싸움을 결단 지으리라 결심하더라. ⁴이 부인은 즉시 남장을 하고 머리에 용인 투구(용 龍 비늘 鱗 : 용의 비늘 모양으로 만든 투구)를 쓰고, 몸에 청사(푸를 靑 실 絲 : 푸른 실) 전포(전투 戰 웃옷 袍 : 군사를 거느리는 장수가 입던 긴 웃옷)를 입고, 왼손에 비린도(검의 이름), 오른손에 홀기(붓 笏 기록할 記 : 임금에게 보고할 사항을 적은 글)를 들고는, 시부모와 유 부인과 주위 사람들에게 이별을 고하고(알리고) 필마단기로(마리 匹 말 馬 혼자 單 말 탈 騎 : 혼자 한 필의 말을 타고) 달마국을 향하여 ⓔ집을 떠나리라.

→ 국진의 위기를 알게 된 이 부인은 남장을 하고 국진을 구하기 위해 집을 떠난다.

5 ¹유 부인은 멀리 전송(보낼 餞 보낼 送 : 예를 갖추어 떠나보냄)을 나와 이 부인의 전도(앞 前 길 途 : 앞길)를 근심하며, 봉서(봉할 封 편지 書 : 편지) 한 통과 바늘 한 쌍을 유 부인의 품속에서 내어 주더라.

²그리고 이 부인에게 말하되,
"이것(봉서와 바늘)을 가지고 동정호(중국 후난성에 있는 호수) 물 건널 제 물에 던지면 용왕 부인이 (용궁에) 청할(부를 請 : 초대할) 것이니, 들어가 보옵소서. ³동정호 용왕은 첩(여기서는 유 부인)의 전생 부모니 부모가 보오면 반가워할 터요, 이제 가장 좋은 선약(仙藥)(신선 仙 약 藥 : 효험이 좋은 약)을 얻어 가야 승상(벼슬 이름. 여기서는 국진)의 목숨을 구할 것이오. ⁴다음은 선녀 한 쌍(두 명)을 얻어 가야 천원 왕과 달마 왕을 잡으리라."
하니, 이 부인은 그것(봉서와 바늘)을 받아 가지고 질풍(빠를 疾 바람 風 : 빠른 바람)처럼 달리더라.

⁵동정호에 왔을 때 이 부인은 유 부인이 시킨 대로 하여 ⓓ용궁에 인도되어(이끌 引 안내 導 : 안내되어) 들어가자, 용왕 내외(안 內 바깥 外 : 부부)가 반가워하며 만년주(萬年酒)(많을 萬 해 年 술 酒 : 오래 살 수 있는 술)를 권하더라. ⁶그리고는 유 부인의 말대로 선약과 선녀 한 쌍을 이 부인에게 내리시며,
"천원 왕과 달마 왕은 욕이나 뵈옵되(고생시키되) 죽이지는 마옵소서. ⁷두 사람(천원 왕과 달마 왕)은 천상 선관(신선 仙 벼슬 官 : 벼슬살이를 하는 신선)으로 인간(인간 세상)에 적거(귀양 갈 謫 살 居 : 귀양살이를 하고 있으니), 만일 (천원 왕과 달마 왕) 죽이면 일후(날 日 뒤 後 : 후일)에 원(원망할 怨 : 불평을 품고 미워함)이 되리라."
하고 교시하더라(가르칠 敎 보일 示 : 알려 주더라).

⁸또한 용왕 부인은 선녀들에게 분부하여(나눌 分 맡길 付 : 명령을 내려) 이 부인을 잘 모시고 가서 공(功 : 성과)을 이루라고 특별히 당부하더라.

⁹이렇게 하여 이 부인은 용궁에서 나와 전장으로 질풍같이 달려가니, 마음이 든든하기만 하더라.

→ 이 부인은 유 부인의 도움으로 용왕 내외를 만나 선약과 선녀 한 쌍을 얻는다.

6 ¹이때 명나라 진영(진 칠 陣 진영 營 : 군대가 진을 치고 있는 곳)은 적병들(달마국과 천원국의 군사들)에 의해 완전히 포위되고(감쌀 包 에워쌀 圍 : 둘러싸여) 있었으며, 진문(진 陣 문 門 : 진영으로 드나드는 문)은 열지 않고 굳게 닫혀 있었으니, 적병은 이것(진문)을 깨칠(깨뜨릴) 속셈으로 그 준비에 분주하더라(달릴 奔 달릴 走 : 바쁘더라). ²명나라 군의 운명은 경각(잠깐 頃 때 刻 : 아주 짧은 순간)에 있음이더라.

³이를 본 이 부인은 잠시도 지체할(늦을 遲 머무를 滯 : 시간을 끌) 여유가 없으니, 투구를 고쳐 쓰고, 비린도를 높이 들어 만리청총(일 만 萬 리 里 푸를 靑 청총마 驄 : 매우 빨리 달리는, 갈기와 꼬리가 푸른 흰말)의 고삐(말의 재갈에 잡아매어, 몰거나 부릴 때 손에 잡고 끄는 줄)를 바싹 쥐어 잡고, 좌우에 따라온 선녀들은 앞에 서서 길을 인도하라고 분부하고 즉시 급하게 채찍질을 하니, 만리 청총마는 화살처럼 적의 포위를 일직선으로 밟아 넘어서며 명나라 진문으로 향하여 달리더라.

⁴적병들은 이 돌발적인(갑자기 突 일어날 發 ~의 的 : 뜻밖의) 사태(일 事 모습 態 : 상황)를 만나 몹시 어리둥절할(무슨 일인지 몰라 얼떨떨할) 뿐이더라. ⁵난데없이(갑자기) 천지에 소나기가 퍼붓고 **번갯불과 천둥이 무섭게 진동**하니 어느 누구든 **공포 속에서 정신을 잃는** 것은 당연한 일이라, 적병들이라고 해서 무섭지 않으랴. ⁶그들(적병들)은 이 사태를 운명에 맡길 뿐이더라.

→ 이 부인이 적병의 포위를 뚫고 명나라 진문으로 달려가자 적병들은 두려워한다.

• 중심 내용

달마국이 명나라 황성을 쳐들어오자 국진은 적병을 단숨에 물리친다. 달마국은 천원국과 연합하여 국진을 대적하고, 그러던 중 국진이 병을 얻어 진문을 굳게 닫는다. 한편 국진의 위기를 알아차린 이 부인은 남장을 하고 집을 나선다. 이 부인은 유 부인과 용왕 내외의 도움을 받아 적병의 포위를 뚫고 국진을 구하기 위해 명나라 진문으로 향한다.

• 전체 줄거리 ([ ] : 지문 내용)

중국 명나라 때, 좌승상이었다가 간신의 모함으로 시골에서 살고 있던 장경구는 늦도록 자식이 없어 명산대찰(이름난 산과 큰 절)에 발원하여(기도하여) 아들 국진을 얻는다. 달마국의 침입으로 부모와 헤어진 국진은 백운도사에 의해 물에 빠져 죽을 위기에 처하지만 청의동자의 도움으로 목숨을 건지고 여학도사 밑에서 학문과 무예를 익힌다. 국진은 수소문 끝에 헤어졌던 부모와 만나게 되고, 이창옥의 딸 계양(이 부인)에게 구혼하지만(결혼을 청하지만) 거절당한다. 그 후 과거에 장원 급제한 국진은 천자의 주선으로 계양과 혼인하고 병부상서 유봉의 딸(유 부인)도 부인으로 맞아들인다. 국진은 서주 어사가 되어 각 지역을 돌아다니며 가난한 백성들을 구제한다. 이때 다시 달마국이 명나라를 침입하는데, [천기를 보고 나라의 위급함을 알게 된 국진은 천자에게 적을 물리칠 것을 약속한 뒤 단숨에 적병을 물리친다.] 이에 달마국의 백운도사는 국진이 어렸을 때 죽이지 못한 것을

한탄한다. 달마왕은 구미호를 명나라의 공주로 둔갑시켜 부마(천자의 사위. 공주의 남편)를 이용해 국진을 죽이고자 하지만 여학도사의 개입으로 실패한다. 천자가 나이 들어 죽고 나이 어린 세자가 즉위한(임금의 자리에 오른) 뒤 이참의 모함으로 귀양을 가게 된 국진은 달마국에 붙잡히게 된다. 그 틈을 타 달마국이 명나라를 침입하자 국진이 탈출하여 대원수로 전장에 나가 적을 무찌르고 공을 세운다. [국진은 달마국을 정벌하고자 적진으로 향하고 달마국은 천원국과 연합하여 국진을 대적한다. 전투는 사흘 동안 계속되고 이로 인해 국진은 신병이 들어 눕게 된다. 이때 천기를 보고 국진의 위기를 알아챈 이 부인이 남장을 하고 용왕의 도움을 받아 적진으로 달려가] 국진의 병을 치료한다. 이 부인과 선녀의 도움으로 국진은 마침내 달마국을 정벌한다. 천자는 국진을 초나라 왕에 봉하고, 두 부인(이 부인, 유 부인)은 왕비가 되어 부귀영화를 누린다.

· 인물 관계도

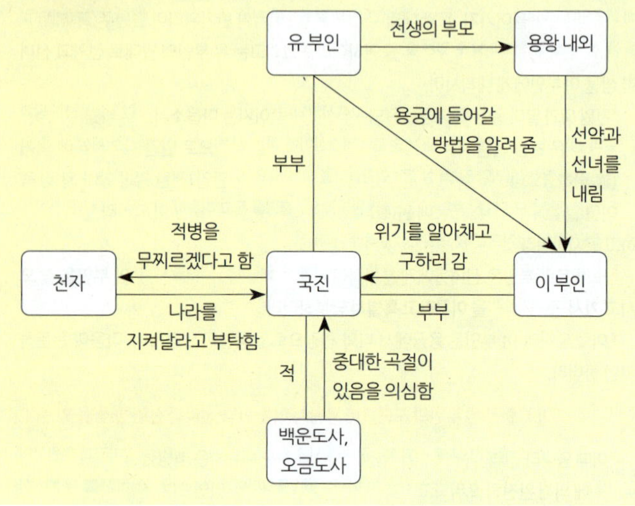

1등급 문제

29 서술상 특징 – 적절한 것 고르기
정답률 60%, 매력적 오답 ① ③ 10% ⑤ 15%
정답 ④

윗글의 서술상 특징으로 적절한 것은?

① 연속되는 대화를 활용해 인물 간의 갈등을 고조시키고 있다.
풀이 윗글에는 국진과 황제의 대화만 제시되어 있으며, 적병을 물리치겠다는 국진의 말에 황제가 반기며 나라의 안보를 부탁하고 있으므로 갈등 상황이 드러나 있는 것도 아니다.
→ 적절하지 않음!

■연속되는 대화를 활용해 인물 간의 갈등을 고조시키는 작품
• 김원일, 「도요새에 관한 명상」 (2015학년도 9월 모평)
"너(여기서는 병식) 그날 석교천 방죽(물이 밀려들어 오는 것을 막기 위해 쌓은 둑)에서 새를 독살하고 오던 길이지?" "그게 뭘 어쨌다는 거야?" 병식의 표정에서 장난기가 사라졌다. "뻔뻔스런 자식. 언제부터 그 짓 시작했어? 왜 새를 죽여. 죽인 새로 뭘 해?" 병국이 언성(목소리)을 높였다. "별 말코 같은 소릴 다 듣는군. 날아다니는 새도 임자 있나? 지구의 새를 형(여기서는 병국)이 몽땅 사들였어?" ~ "누가 그 일을 시켜? 그 사람을 대." 병국이 잔을 밀치며 소리쳤다. "형이 고발할 테야? 날아다니는 새 잡아 박제한다구(죽은 동물을 썩지 않게 처리하여 살아 있을 때와 같은 모습으로 만든다구)? 그건 죄가 되구, 허가 낸 사냥총으로 새 잡는 치('사람'을 낮잡아 이르는 말)들은 죄가 안 된단 말이지?" 병식이 코웃음 쳤다.
→ 형인 '병국'와 동생인 '병식'의 대화가 연속되며 새를 잡는 일과 관련하여 둘 사이의 갈등이 고조되고 있다.

② 과거와 현재의 *빈번한 교체로 인물의 **내력을 소개하고 있다. *잦은 **살아온 과정
근거 ❺-7 두 사람(천원 왕과 달마 왕)은 천상 선관으로 인간에 적거하였으니,
풀이 용왕 내외를 통해 천원 왕과 달마 왕이 천상 선관이었다가 인간에 적거하였다는 내력이 소개되어 있으나, 과거와 현재의 빈번한 교체가 일어나지는 않는다. 따라서 과거와 현재의 빈번한 교체로 인물의 내력을 소개하고 있다는 설명은 적절하지 않다.
→ 적절하지 않음!

행동과 내면을 제시함으로써
③ 한 인물의 동일한 행위를 반복함으로써 사건의 *전환을 **예고하고 있다.
*변화 **미리 알리고
근거 ❹-3~4 이 부인은 생각 끝에 결연히 일어서더니, ~ 병을 앓는 남편을 구하고 이 싸움을 결단 지으리라 결심하더라. 이 부인은 즉시 남장을 하고 ~ 달마국을 향하여 집

을 떠나리라.
풀이 뛰어난 능력을 지닌 이 부인이 남편을 위해 전장에 나갈 것을 결심하는 부분에서 명나라와 국진의 위기가 극복될 것임을 예고하고 있으나 한 인물의 동일한 행위를 반복하고 있지는 않다.
→ 적절하지 않음!

✓ ④ *서술자의 개입을 통해 **작중 상황에 대한 주관적 판단을 제시하고 있다.
*서술자가 이야기 중간에 끼어들어 인물이나 사건을 평가하는 것 **작품 속
근거 ❷-1 이는 지옥을 상상하게 하더라./ 3 이것을 어느 누구의 힘으로 구원하여 밝은 빛을 뿌려 터인가./ ❸-7 이 위급함을 무엇으로 해결하여야 한단 말인가./ ❻-5 난데없이 천지에 소나기가 퍼붓고 번갯불과 천둥이 무섭게 진동하니 어느 누구든 공포 속에서 정신을 잃는 것은 당연한 일이라, 적병들이라고 해서 무섭지 않으랴.
풀이 달마국이 명나라 도성을 침략한 상황과 국진의 병에 차도가 없는 상황, 이 부인이 적병의 포위를 깨뜨리는 상황에 서술자가 개입하여 주관적 판단을 제시하고 있다.
→ 적절함!

⑤ 특정 인물의 *외양이나 행동을 과장되게 표현하여 인물을 **희화화하고 있다.
*겉모습 **우스꽝스럽게 표현하고
풀이 인물의 외양이나 행동을 과장되게 표현하고 있지 않으며, 인물을 희화화하고 있지도 않다.
→ 적절하지 않음!

■특정 인물의 외양이나 행동을 과장되게 표현하여 인물을 회화화하는 작품
• 채만식, 「태평천하」
"종학이 놈이 경시청(경찰청)에 붙잽혔다구요!" "으엉?" 외치는 소리도 컸거니와 엉덩이를 꿍— 찧는 바람에, 하마(하마터면) 방구들(온돌. 방을 덥히는 장치)이 내려앉을 뻔했습니다. ~ 그러다가 이윽고 으르렁거리면서 잔뜩 쪼글트리고(쪼그리고) 앉습니다. ~ 집이 떠나게 큰 소리로 포효(사나운 짐승이 울부짖음)를 합니다. ~ "……오죽이나 좋은 세상이여? 오죽이나……." 윤 직원 영감은 팔을 부르걷은 주먹으로 방바닥을 땅— 치면서 성난 황소가 영각(소가 길게 우는 소리)을 하듯 고함을 지릅니다.
→ 윤 직원의 행동을 동물에 비유하는 등 과장되게 표현하여 일제 강점기를 태평천하로 인식하는 윤 직원을 희화화하고 있다.

30 내용 이해 – 적절하지 않은 것 고르기
정답률 65%, 매력적 오답 ⑤ 20%
정답 ④

㉠ ~ ㉤을 중심으로 윗글을 이해한 내용으로 적절하지 않은 것은?

① ㉠에서의 *병란은 국진이 자신의 중대한 임무를 수행하기 위해 이동하는 **계기가 된다. *나라 안의 싸움 **원인
근거 ❶-1 ㉠ 황성에 병란이 일어났고, 살기가 등등하며, 천자는 피신한 모양이라./ 3 그리하여 국진은 필마단기로 나는 듯이 달렸고, 달리면서도 자기의 중대한 임무를 잊지 않은 터라.
풀이 국진은 황성에 병란이 일어나자 위기에 처한 나라를 구하는 임무를 수행하기 위해 황성을 향해 필마단기로 달렸으므로 적절한 설명이다.
→ 적절함!

② ㉡에서 국진은 고통에 시달리는 *도성의 백성들을 구원하기 위해 적병과 맞서 싸운다. *서울
근거 ❷-1 적은 어느새 도성에 다다르고 도성의 백성들은 아우성치니, 이는 지옥을 상상하게 하더라./ 4~5 국진은 ~ 수십만 ㉡ 적군의 진영으로 비호처럼 달리더라. 그의 절륜도가 닿는 곳마다 번갯불이 번쩍 일더니 적장과 적 군사는 추풍낙엽같이 쓰러지니,
풀이 적이 도성에 쳐들어와 도성의 백성들은 고통에 시달리고, 국진은 이들을 구원하기 위해 적군의 진영으로 달려가 적병과 맞서 싸우므로 적절한 설명이다.
→ 적절함!

③ ㉢에서 국진에게 일어나는 일은 이 부인이 남장을 결심하는 원인이 된다.
근거 ❸-1 국진은 달마국을 정벌하기로 결심하고 이를 위해 전장으로 떠난다./ 3 결국 국진이 병을 얻어 누운 것도 당연한 이치일 터라./ 7 국진의 신병은 조금도 차도가 없으니, 이 위급함을 무엇으로 해결하여야 한단 말인가./ ❹-3~4 이 부인은 생각 끝에 결연히 일어서더니, ㉢ 달마국 전장으로 달려가 병을 앓는 남편을 구하고 이 싸움을 결단 지으리라 결심하더라. 이 부인은 즉시 남장을 하고 ~ 달마국을 향하여 집을 떠나리라.
풀이 국진은 달마국을 정벌하기 위해 달마국 전장으로 가지만 그곳에서 병을 얻게 된다. 이에 이 부인이 남편을 구하기 위해 남장을 결심하고 달마국을 향하게 되므로 적절한 설명이다.
→ 적절함!

✓ ④ ㉣에서 이 부인은 미래를 예측하여 위기에 *대비할 수 있는 방법을 국진에게 알려 주고 있다. *미리 준비할

근거 **❹-1** 이 부인이 천기를 보고 있던 터라, 남편의 이런 사실을 깨닫고는 놀라움을 금치 못하더라./ 3~4 달마국 전장으로 달려가 병을 앓는 남편을 구하고 이 싸움을 결단 지으리라 결심하더라. ~ 달마국을 향하여 ㉣ 집을 떠나리라.

풀이 이 부인은 천기를 보고 국진이 현재 달마국 전장에서 병에 걸렸다는 사실을 알게 되어 남편을 구하기 위해 집을 떠나 달마국으로 향한다. 따라서 이 부인이 집에서 미래를 예측했다고 볼 수 없으며, 위기에 대비할 수 있는 방법을 국진에게 알려 주고 있지도 않다.

→ 적절하지 않음!

⑤ ㉤에서 용왕 내외는 *적장의 전생 신분을 밝힘으로써 앞날을 **경계하고 있다.
*적의 장수 **조심하게 하고

근거 **❺-5~7** 동정호에 왔을 때 이 부인은 유 부인이 시킨 대로 하여 ㉤ 용궁에 인도되어 들어가자, 용왕 내외가 ~ "천원 왕과 달마 왕은 욕이나 뵈옵되 죽이지는 마옵소서. 두 사람은 천상 선관으로 인간에 적거하였으니, 만일 죽이면 일후에 원이 되리라." 하고 교시하더라.

풀이 용왕 내외는 용궁에 온 이 부인에게 적장인 천원 왕과 달마 왕이 전생에 천상 선관이었음을 밝히며 그들을 죽이면 앞날의 원이 될 것이라 경계하고 있으므로 적절하다.

→ 적절함!

---

31 | 말하기 방식 - 적절한 것 고르기
정답률 80% | 정답 ⑤

[A], [B]에 대한 설명으로 가장 적절한 것은?

[A] **❶-6~7** "소신이 중임을 맡아 원방에 갔사와 폐하께 근심을 끼쳤사오니 이것은 모두가 신의 죄인 줄로 아뢰오. 적병을 파한 후에 죄를 당하여지이다."
[B] **❶-9~10** "경이 있었으면 무슨 근심을 하리오. 경은 힘을 다하여 사직을 안보하고 짐의 근심을 덜라."

① [A]는 *자신의 실망감을 **우회적으로 표현하고 있고, [B]는 ***상대에 대한 원망을 ****직설적으로 표현하고 있다. *여기서는 '국진' **간접적으로 돌려서 ***여기서는 '국진' ****꾸미거나 둘러대지 않고 바른대로
풀이 [A]에서 국진은 자신의 실망감을 표현하고 있지 않으며, [B]에서 천자는 국진을 원망하고 있지 않다.
→ 적절하지 않음!

② [A]는 자신의 목적을 달성하기 위해 거짓으로 말하고 있고, [B]는 상대의 질문에 답하기 위해 사건 내용을 밝히고 있다.
풀이 [A]에서 국진은 자신의 목적을 달성하기 위해 천자에게 거짓을 말하고 있지 않으며, [B]에서 천자는 국진의 질문에 답하기 위해 사건 내용을 밝히고 있지 않다.
→ 적절하지 않음!

③ [A]는 자신의 손해를 줄이기 위해 *상대의 요청을 거절하고 있고, [B]는 상대의 손해를 줄이기 위해 상대를 설득하고 있다. *여기서는 '천자'
풀이 [A]에서 국진은 자신의 손해를 줄이기 위해 천자의 요청을 거절하고 있지 않으며, [B]에서 천자는 국진의 손해를 줄이기 위해 국진을 설득하고 있지 않다.
→ 적절하지 않음!

④ [A]는 상대에 대한 호감을 바탕으로 상대를 *격려하고 있고, [B]는 사건 해결을 위해 상대에게 용기를 **북돋아 주고 있다. *기운이나 힘을 높여 주고 **높여 주고
풀이 [B]에서 천자는 나라의 위기를 해결하기 위해 국진이 있으면 근심할 것이 없다며 국진에게 용기를 북돋워 주고 있다. 그러나 [A]에서 국진은 자신의 잘못을 밝히며 적병을 파할 것을 약속하고 있을 뿐 천자를 격려하고 있지는 않다.
→ 적절하지 않음!

⑤ [A]는 상대의 근심을 덜기 위해 그 원인을 자신의 탓으로 돌리고 있고, [B]는 상대에 대한 믿음을 바탕으로 명령하고 있다.
풀이 [A]에서 국진은 적병이 쳐들어온 원인을 자신이 변방에 가 있었던 탓으로 돌리고 있으므로 천자의 근심을 덜기 위해 그 원인을 자신의 탓으로 돌리고 있다고 할 수 있다. [B]에서 천자는 국진이 있으면 근심할 것이 없다고 하며 사직을 안보하라고 하였으므로 상대에 대한 믿음을 바탕으로 명령하고 있다고 볼 수 있다.
→ 적절함!

---

32 | 감상의 적절성 - 적절하지 않은 것 고르기 | **1등급 문제**
정답률 60%, 매력적 오답 ② 10% ③ 15% | 정답 ⑤

<보기>를 바탕으로 윗글을 감상한 내용으로 적절하지 않은 것은? 3점

| 보기 |
1 이 작품은 장국진이라는 영웅의 일생을 다룬 영웅소설이다. 2 주인공의 영웅적 활약과 더불어 여성 영웅의 활약도 중요하게 나타나고, 이들은 위기 상황에서 주변 인물이나 초월적 존재(인간의 한계를 뛰어넘는 존재)의 도움으로 위기를 극복해 간다. 3 이 과정에서 초월적(현실을 넘어서는) 세계와 현실 세계의 상호 작용, 남성과 여성의 상호 작용을 통해 영웅성이 강화되고 있다.

① 국진이 말에 올라 '한 손에 절륜도, 또 한 손에 청학선을 흔들며' 수십만 적군을 '추풍낙엽같이 쓰러'뜨리는 데에서, 주인공의 영웅적 활약상을 확인할 수 있다.
근거 <보기>-1~2 이 작품은 장국진이라는 영웅의 일생을 다룬 영웅소설이다. 주인공의 영웅적 활약
❷-4~5 국진은 다시 말에 오르자, 한 손에 절륜도, 또 한 손에 청학선을 흔들며 성문을 빠져나가 물밀 듯 밀려드는 수십만 적군의 진영으로 비호처럼 달리더라. 그의 절륜도가 닿는 곳마다 번갯불이 번쩍 일더니 적장과 적 군사는 추풍낙엽같이 쓰러지니,
풀이 <보기>에 따르면 이 작품은 장국진의 영웅적 활약이 나타나는 영웅소설이라 하였다. 따라서 국진이 말에 올라 '한 손에 절륜도, 또 한 손에 청학선을 흔들며' 수십만 명이나 되는 적군을 단숨에 '추풍낙엽같이 쓰러'뜨리는 데에서, 주인공의 영웅적 활약상을 확인할 수 있다.
→ 적절함!

② 전투 중 '신병은 조금도 차도가 없'는 국진이 '적병들에 의해 완전히 포위'된 장면에서, 영웅이 처한 위기 상황을 확인할 수 있다.
근거 <보기>-2 이들(영웅들)은 위기 상황에서 주변 인물이나 초월적 존재의 도움으로 위기를 극복해 간다.
❸-7 며칠이 지나도 국진의 신병은 조금도 차도가 없으니, 이 위급함을 무엇으로 해결하여야 한단 말인가./ **❻-1~2** 이때 명나라 진영이 적병들에 의해 완전히 포위되고 있었으며, 진문은 열지 않고 굳게 닫혀 있었으니, 적병은 이것을 깨칠 속셈으로 그 준비에 분주하더라. 명나라 군의 운명은 경각에 있음이더라.
풀이 <보기>에 따르면 윗글의 영웅은 위기 상황을 겪는다고 하였다. 따라서 국진이 전투 중에 '신병'을 얻어 '조금도 차도가 없'는 상황에서 '적병들에 의해 완전히 포위'된 것을 통해 영웅이 겪는 위기 상황을 확인할 수 있다.
→ 적절함!

③ '가장 좋은 선약(仙藥)을 얻어' 국진의 병을 구하려는 데에서, 초월적 존재의 도움으로 위기를 극복해 나간다는 점을 확인할 수 있다.
근거 <보기>-2 이들은 위기 상황에서 주변 인물이나 초월적 존재의 도움으로 위기를 극복해 간다.
❺-3 동정호 용왕은 첩의 전생 부모이니 부모가 보오면 반가워할 터요, 이제 가장 좋은 선약을 얻어 가야 승상의 목숨을 구할 것이오.
풀이 <보기>에 따르면 영웅들은 위기 상황에서 초월적 존재의 도움으로 위기를 극복해 나간다고 하였다. 따라서 이 부인이 동정호 용왕에게 '가장 좋은 선약을 얻어' 국진의 병을 구하려는 데에서 초월적 존재의 도움으로 위기를 극복해 나간다는 점을 확인할 수 있다.
→ 적절함!

④ 용왕 부인이 선녀들에게 '이 부인을 잘 모시고 가서 공을 이루라고 특별히 당부하'는 장면에서, 초월적 세계와 현실 세계의 상호 작용을 확인할 수 있다.
근거 <보기>-3 이(영웅이 주변 인물이나 초월적 존재의 도움으로 위기를 극복해 가는) 과정에서 초월적 세계와 현실 세계의 상호 작용,
❺-8 또한 용왕 부인은 선녀들에게 분부하여 이 부인을 잘 모시고 가서 공을 이루라고 특별히 당부하더라.
풀이 <보기>에 따르면 영웅이 위기를 극복해 가는 과정에서 초월적 세계와 현실 세계의 상호 작용이 일어난다고 하였다. 따라서 초월적 세계의 인물인 용왕 부인이 선녀들에게 현실 세계의 인물인 '이 부인'을 도와 '공을 이루라고 특별히 당부하'는 장면에서 초월적 세계와 현실 세계의 상호 작용을 확인할 수 있다.
→ 적절함!

⑤ 이 부인이 국진을 구하기 위해 '번갯불과 천둥이 무섭게 진동'하여 '공포 속에서 정신을 잃는' 상황을 이겨 내는 데에서, 남성과 여성의 상호 작용을 확인할 수 있다.
(만들어 / 여성 영웅의 활약을 확인할 수 있다)
근거 <보기>-3 남성과 여성의 상호 작용을 통해 영웅성이 강화되고 있다.
❻-5~6 난데없이 천지에 소나기가 퍼붓고 번갯불과 천둥이 무섭게 진동하니 어느 누구든 공포 속에서 정신을 잃는 것은 당연한 일이라, 적병들이라고 해서 무섭지 않으랴.
풀이 '번갯불과 천둥이 무섭게 진동'하여 '공포 속에서 정신을 잃는' 주체는 이 부인이 아닌 적병들이므로 적절하지 않은 감상이다. 이 부인이 국진을 구하기 위해 '번갯불과 천둥'을 만들어 내어 적병들을 두려움에 떨게 하는 장면은 여성 영웅의 활약을 보여 주는 것이다. 남성과 여성의 상호 작용은 이 부인의 도움으로 국진이 달마국을 정벌하는 내용(전체 줄거리 참조)에서 알 수 있으나 지문에는 제시되어 있지 않다.
→ 적절하지 않음!

→ 문제편 080쪽

[33 ~ 37] 갈래 복합

(가) 고전시가 - 이황, 「설월죽(雪月竹 (눈 雪 달 月 대 竹))」

작품 이해 단계 [1] 화자 [2] 상황 및 대상 [3] 정서 및 태도 [4] 주제

[1] 화자: 안 드러남

1 玉屑寒堆壓 / 옥설한퇴압
옥설이 차갑게 대나무를 누르고
→ 옥 玉 가루 屑: 백옥같이 희고 깨끗한 '눈'을 아름답게 이르는 말
→ [2] 대상 및 상황: '대나무'에 눈이 쌓이고 달이 밝은 상황

2 氷輪逈映徹 / 빙륜형영철
얼음같이 둥근 달 휘영청 밝도다
→ 뜻이나 의지가 굳세고 건실한 / 달빛 따위가 몹시 밝은 모양

3 從知苦節堅 / 종지고절견
여기서 알겠노라 굳건한 그 절개를
→ 절개 節 절조 槪: 신념, 신의 따위를 굽히지 아니하고 굳게 지키는 꿋꿋한 태도
→ [3] 태도: '대나무'의 굳건한 절개와 깨끗한 빈 마음을 깨닫는다.

4 轉覺虛心潔 / 전각허심결
더욱이 깨닫노라 깨끗한 그 빈 마음

[4] 주제: 한겨울 달밤에 '대나무'의 절개와 깨끗한 마음을 예찬한다.

• 현대어 풀이
1 흰 눈이 차갑게 대나무를 누르고(흰 눈이 대나무 위에 쌓여 있고)
2 얼음같이 둥근 달이 휘영청 밝구나
3 여기(대나무에 흰 눈이 쌓인 모습)서 알겠노라 굳세고 건실한 그(대나무의) 절개를
4 더욱이 깨닫노라 깨끗한 그 빈 마음을(속이 비어 있는 대나무의 속성에서 욕심 없이 깨끗한 빈 마음을 깨달음)

• 지문 이해
〈시상 전개 과정(선경 후정(앞에는 경치를 묘사하고 뒤에는 정서를 표현하는 방식)))〉

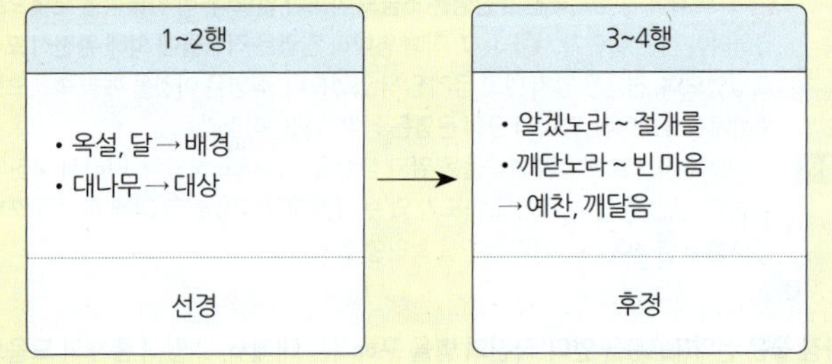

〈제목의 의미〉

설(雪)	월(月)	죽(竹)
• 계절적 배경(겨울) • '대나무'를 누르고 있는 시련	• 시간적 배경(밤) • '휘영청 밝'아서 '대나무'를 돋보이게 함	• 시적 대상 • 절개와 무욕(욕심이 없음) 상징 → 주제 의식 형상화

(나) 고전시가 - 권섭, 「매화(梅花)」

작품 이해 단계 [1] 화자 [2] 상황 및 대상 [3] 정서 및 태도 [4] 주제

1
1 ㉠모첨(茅簷)의 달이 진 제 첫잠을 얼핏 깨어
→ 띠 茅 처마 簷: 초가지붕의 처마 / 막 곤하게 든 잠
2 반벽 잔등(半壁殘燈)을 의지 삼아 누웠으니
→ 반 半 벽 壁 모자랄 殘 등 燈: 벽 중간쯤에 걸려 있는 희미한 등불
3 일야(一夜) 매화가 발하니 님이신가 하노라
→ 한 一 밤 夜: 하룻밤 / 피니
→ [2] 대상 및 상황: '매화'를 보고 '님'을 떠올리는 상황
〈제1수〉

2
• 매화 / 경치 風 운치 韻: 풍류와 운치
1 아마도 이 벗님이 풍운(風韻)이 그지없다
→ 찰 冷 맑을 淡: 차갑고 맑음
2 옥골 빙혼(玉骨氷魂)이 냉담도 하는구나
→ 옥 玉 골 骨 얼음 氷 넋 魂: 옥같이 희고 깨끗한 모습과 얼음과 같이 맑고 깨끗한 넋. 매화를 달리 이르는 말
→ [2][3] 대상 및 태도: '매화'의 풍운, 냉담, 향기를 예찬한다.
3 풍편(風便)의 그윽한 향기는 세한 불개(歲寒不改) 하구나
→ 바람 風 익을 便: 바람의 움직임 / 해 歲 찰 寒 아닐 不 고칠 改: 한겨울의 추위에도 변하지 않음
〈제2수〉

3
• 훌륭할 妙: 뛰어나구나 / 매화
1 천기(天機)도 묘할시고 네 먼저 춘휘(春暉)로다
→ 하늘 天 재치 機: 하늘의 이치 / 봄 春 빛 暉: 봄의 따뜻한 햇빛
2 한 가지 꺾어 내어 이 소식 전(傳)차 하니
→ 봄소식 / 전할 傳: 전하고자
→ [2][3] 대상 및 태도: '님'에게 '매화'를 보내 봄소식을 전하고자 한다.
3 님께서 너를 보시고 반기실까 하노라
〈제3수〉

4
1 ㉡님이 너를 보고 반기실까 아니실까
→ 몇 幾 해 年: 몇 해
2 기년(幾年) 화류(花柳)의 ⓐ취한 잠 못 깨었는가
→ 꽃 花 버들 柳: 꽃과 버들. 향락 혹은 세속적인 가치를 상징
3 두어라 다 각각 정이니 나와 늙자 하노라 → [3] 태도: '매화'와 함께 늙어가고자 소망한다.
→ [1] 화자: '나'
[4] 주제: '매화'에 대해 예찬하며 임을 그리워한다.
〈제4수〉

• 현대어 풀이

1
1 초가지붕의 처마에 달이 질 때 막 든 잠을 얼핏 깨어
2 벽에 걸려 있는 희미한 등불을 의지 삼아 누웠으니
3 하룻밤에 매화가 피어나니 임이신가 하노라
〈제1수〉

2
1 아마도 이 벗님(매화)이 풍류와 운치가 끝이 없다
2 옥같이 희고 깨끗한 모습과 얼음과 같이 맑고 깨끗한 넋은 차갑고 맑기도 하구나.
3 바람결에 풍기는 그윽한 향기는 한겨울의 추위에도 변하지 않는구나
〈제2수〉

3
1 하늘의 이치도 기이하구나 네(매화)가 먼저 봄의 햇빛을 느끼게 해 주는구나.
2 한 가지를 꺾어 내어 이 소식(봄소식)을 전하고자 하니
3 임께서 너를 보시고 반기실까 하노라
〈제3수〉

4
1 임이 너를 보고 반기실까 아니실까
2 몇 해 동안 꽃과 버들에 취해 잠을 못 깨었는가
3 두어라 다 각각의 정이니 나와 (매화가 함께) 늙고자 하노라
〈제4수〉

• 지문 이해

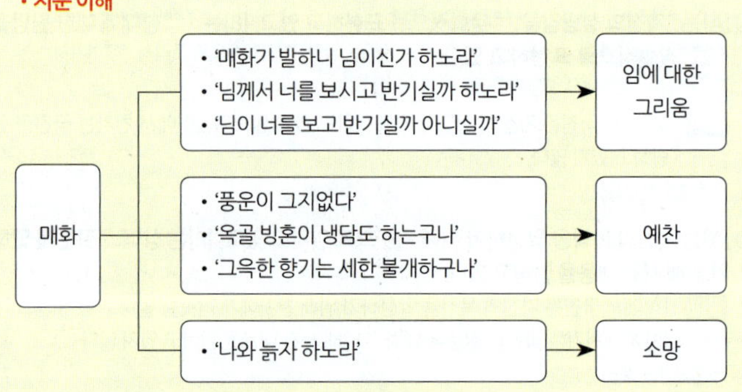

(다) 수필 - 목성균, 「세한도(歲寒圖)(해 歲 찰 寒 그림 圖: 매우 심한 한겨울의 추위를 배경으로 그린 그림)」

• 중심 내용

아버지와 '나'는 강 건너 작은댁에 가기 위해 나루터에 서 있었다.
↓
'나'는 강 건너편 뱃사공의 오두막집과 삽짝 앞 고목을 보았다.
↓
한겨울 해질녘의 나루터 풍경은 황량했다.
↓
'나'는 부동자세의 아버지와 건너오지 않는 나룻배를 보며 아버지의 완강함과 사공의 존재가치가 이념적으로 대치한다고 생각했다.
↓
저문 강변에서 세의를 지고 꿋꿋하게 서 계시던 아버지의 모습을 떠올린다.

• 어휘 풀이
* 정월: 음력으로 한 해의 첫째 달. 1월.
* 작은 증조부: 할아버지의 작은아버지.
* 산란하게: 어수선하고 뒤숭숭하게.

→ 문제편 081쪽

* 삽짝 : 나뭇가지를 엮어서 만든 문짝.
* 강심 : 강의 한복판.
* 치사 : 행동이나 말 따위가 쩨쩨하고 남부끄러움.
* 도선 : 나루와 나루 사이를 오가며 사람이나 짐 따위를 실어 나르는 작은 배.
* 선객 : 배를 탈 손님.
* 엄동설한 : 한겨울의 심한 추위.
* 처사 : 일 처리.
* 완강함 : 기질이 꿋꿋하고 곧으며 고집이 셈.
* 대치 : 서로 맞서서 버팀.
* 주루막 : 물건을 담아 나르는 데 쓰는 농기구.
* 육적 : 제사나 잔치 때에 쓰는, 쇠고기를 굽거나 지진 음식.
* 용수 : 술이나 장을 거르는 데 쓰는, 싸리나 대오리로 만든 둥글고 긴 통.
* 제주 : 제사에 쓰는 술.
* 세의 : 연말에 선사하는 물건.

▲ 주루막

▲ 용수

▲ 세한도

: 한겨울 풍경을 통해 선비의 지조를 드러낸 추사 김정희의 그림 '세한도'이다. 엄동설한에도 꿋꿋하고 완강한 태도를 유지한 '아버지의 모습과 김정희가 그린 '세한도'는 전달하고자 하는 의미가 서로 유사하다. 김정희 그림의 '세한도(歲寒圖)'라는 제목은 논어의 '자한편'에서 따왔는데, 사람은 고난을 겪을 때에 비로소 그 지조의 일관성이나 인격의 고귀함 등이 드러날 수 있다는 뜻이다.

---

33 표현상 공통점 - 적절한 것 고르기
정답률 75%　　　　　　　　　　정답 ③

(가) ~ (다)의 공통점으로 가장 적절한 것은?

선지	핵심 체크 내용	(가)	(나)	(다)
①	설의적 표현 → 대상이 지닌 속성을 강조	X	O	X
②	명암의 대비	X	X	O
	주제를 형상화	X	X	X
③	구체적 사물이나 상황 → 내면적 가치를 발견	O	O	O
④	직유법 → 대상의 외양을 구체적으로 묘사	O	X	O
⑤	풍자적 기법 → 사회 현실에 대한 비판 의식	X	X	X

(나)만 해당
① *설의적 표현으로 대상이 지닌 속성을 강조하고 있다. *이미 알고 있는 사실을 의도적으로 의문의 형식으로 표현함으로써 내용을 강조하고자 하는 표현

근거 (나) ❹-2 기년 화류의 취한 잠 못 깨었는가
풀이 (나)의 '기년 화류의 취한 잠 못 깨었는가'에서 설의적 표현을 통해 몇 해 동안 꽃과 버들에 취해 있는 '님'의 속성을 강조하고 있다. (가)와 (다)에는 설의적 표현이 나타나지 않는다.
→ 적절하지 않음!

(다)만 해당
② *명암의 대비를 통해 작품의 주제를 형상화하고 있다. *밝음과 어두움을 맞대어 비교함
근거 (다) 해가 넘어가는 쪽 컴컴한 산기슭에는 적설이 쌓여서 하얗게 번쩍거렸다.
풀이 (다)의 '컴컴한 산기슭'과 '하얗게 번쩍거리'는 '적설'에서 명암의 대비가 나타난다. 그러나 이를 통해 작품의 배경을 제시하고 있을 뿐, 주제를 형상화하고 있지는 않다. (가)와 (나)에는 명암의 대비가 나타나지 않는다.
→ 적절하지 않음!

■명암의 대비를 통해 작품의 주제를 형상화하는 작품
• 신석정, 「들길에 서서」 (2007학년도 수능)

저문 들길에 서서 푸른 별을 바라보자
→ '저문 들길'이라는 어둠의 이미지와 '푸른 별'이라는 밝음의 이미지가 대조되어 긍정적 미래가 오길 희망하는 주제를 형상화하고 있다.

❸ 구체적 사물이나 상황을 통해 내면적 가치를 발견하고 있다.
근거 (가)-3~4 굳건한 그 절개를/ 깨끗한 그 빈 마음
(나)-❷ 풍운이 그지없다/ 옥골 빙혼이 냉담도 하는구나/ ~ 세한 불개 하구나
(다) 힘겨운 시대를 견뎌 내신 아버지의 완강함/ 엄동설한 저문 강변에 세의를 지고 꿋꿋하게 서 계시던 분의 모습
풀이 (가)는 구체적 사물인 '대나무'를 통해 절개와 무욕을, (나)는 구체적 사물인 '매화'를 통해 지조와 절개를, (다)는 '아버지'와 함께 한겨울 강 나루터에서 나룻배를 기다렸던 구체적 상황을 통해 힘겨운 시대를 견뎌 내신 '아버지'의 완강함과 꿋꿋함을 발견하고 있다.
→ 적절함!

(가), (다)만 해당
④ *직유법을 활용하여 대상의 **외양을 구체적으로 묘사하고 있다. *~같이, ~처럼 등을 사용하여 표현하려는 대상을 이와 유사한 속성을 가진 다른 대상에 빗대어 표현하는 것 ** 겉모습
근거 (가)-2 얼음같이 둥근 달
(다) 아버지가 입에 두 손을 나팔처럼 모아 대고 강 건너에다 소리를 지르셨다./ 아버지는 팔짱을 끼고 부동의 자세로 사공 집 삽짝 앞의 버드나무 둥치처럼 꿈쩍도 않으셨다.
풀이 (가)는 '얼음같이'에서 직유법을 활용하여 대상인 '달'의 외양을 구체적으로 묘사하고 있다. (다)는 '나팔처럼'과 '버드나무 둥치처럼'에서 직유법을 활용하여 대상인 '아버지'의 외양을 구체적으로 묘사하고 있다. 그러나 (나)에는 직유법이 사용되지 않았다.
→ 적절하지 않음!

■비유
표현하고자 하는 대상(원관념)을 다른 대상(보조 관념)에 빗대어 표현하는 방법으로, 두 대상 사이의 유사성을 바탕으로 한다.
• 직유법 : '처럼, 같이, -듯이' 등을 사용하여 하나의 대상(원관념)을 비슷한 성질을 가진 다른 대상(보조 관념)과 직접 관련짓는 방법이다.
예) 사과 같은 내 얼굴 예쁘기도 하지요.
• 은유법 : 비슷한 두 대상을 간접적으로 관련짓는 방법으로, 주로 '~은 ~이다' 또는 '~의'의 구조를 가진다.
예) 내 마음은 호수요. 내 마음의 호수. (내 마음 = 호수)
• 의인법 : 사람이 아닌 대상을 사람인 것처럼 표현하는 방법이다. 문학에서는 감정이나 생각은 사람만 가진 것으로 보므로, 무생물이나 사물 등이 '감정, 생각'이 있는 것으로 나타나면 의인법이 쓰였다고 보면 된다.
예) 갈매기가 나에게 친근하게 말을 건넸다.
• 활유법 : 무생물을 살아 움직이는 생물처럼 표현하는 방법이다.
예) 모든 산맥들이/ 바다를 연모해 휘달릴 때도

■다양한 비유법을 통해 작품의 미적 효과를 높이는 작품
• 이효석, 「메밀꽃 필 무렵」 (2005학년도 수능)
　달은 지금 긴 산허리에 걸려 있다. 밤중을 지난 무렵인지 죽은 듯이(직유법) 고요한 속에서 짐승 같은(직유법) 달의 숨소리(활유법)가 손에 잡힐 듯이 들리며, 콩 포기와 옥수수 잎새가 한층 달에 푸르게 젖었다. 산허리는 온통 메밀밭이어서 피기 시작한 꽃이 소금을 뿌린 듯이(직유법) 흐붓한 달빛에 숨이 막힐 지경이다. 붉은 대궁이 향기같이(직유법) 애잔하고 나귀들의 걸음도 시원하다.
→ 다양한 비유적 언어 표현을 통해 작품의 미적 효과를 높이고 있다.

■직유법이 나타난 작품
• 정지용, 「유리창 1」 (2017년 고2 3월 학평)
아아, 늬는 산 새처럼 날아갔구나!
→ '-처럼'을 사용한 직유법이 나타난다.

■은유법이 나타난 작품
• 한용운, 「나룻배와 행인」 (2003학년도 수능)
나는 나룻배/ 당신은 행인
→ 나를 '나룻배'에, 당신을 '행인'에 빗대어 표현하는 은유법이 나타난다.

■의인법이 나타난 작품
• 김현승, 「플라타너스」 (2018학년도 9월 모평)
꿈을 아느냐 네게 물으면, 플라타너스, 너의 머리는 어느덧 파아란 하늘에 젖어 있다.
→ '플라타너스'를 '너'라고 지칭하고 묻고 있는 부분에서 의인법이 나타난다.

■ 활유법이 나타난 작품
• 이성복, 「서해」 (2011학년도 6월 모평)
언제나 바다는 멀리서 진펄에 몸을 뒤척이겠지요
→ 바다가 몸을 뒤척인다고 표현하여 생동감을 부여한다.
• 박남수, 「아침 이미지1」 (2016학년도 수능AB)
어둠은 새를 낳고, 돌을/ 낳고, 꽃을 낳는다.
→ 무생물인 '어둠'이 '새, 돌, 꽃'을 '낳는다'고 생물인 것처럼 표현하여 생동감을 부여한다.

⑤ **풍자적 기법**으로 사회 현실에 대한 비판 의식을 보여 주고 있다. *부정적 현실이나 상황, 인물 등을 비웃으며 비꼬고 비판하는 방식
풀이 (가), (나), (다) 모두 풍자적 기법을 사용하여 사회 현실을 비판하고 있지 않다.
→ 적절하지 않음!

■ 풍자적 기법으로 사회 현실에 대한 비판 의식을 보여 주고 있는 작품
• 김지하, 「오적」
시(詩)를 쓰되 좀스럽게 쓰지 말고 똑 이렇게 쓰랏다./ 내 어쩌다 붓끝이 험한 죄로 칠전에 끌려가/ 볼기를 맞은 지도 하도 오래라 삭신이 근질근질/ 방정맞은 조동아리 손목댕이 오물오물 수물수물/ 뭐든 자꾸 쓰고 싶어 견딜 수가 없으니, 에라 모르겠다/ ~ 예가 바로 재벌(猁猍), 국회의원, 고급 공무원, 장성, 장차관이라 이름하는,/ 간땡이 부어 남산만 하고 목 질기기가 동탁 배꼽 같은/ 천하흉포 오적의 소굴이렷다.
→ '재벌, 국회의원, 고급 공무원, 장성, 장차관'을 일제의 한국 침략 과정에 적극 가담했던 다섯 명의 친일 인사 '을사오적'에 빗대어 해학적으로 풍자함으로써 1970년대 당시 한국 사회의 비리와 부정부패한 현실에 대한 비판 의식을 보여 주고 있다.

---

34 감상의 적절성 – 적절하지 않은 것 고르기 정답률 80% | 정답 ③

〈보기〉를 참고하여 (가)와 (나)를 감상한 내용으로 적절하지 **않은** 것은? 3점

| 보 기 |
[1] (가)와 (나)는 추운 계절을 이겨 내는 강인한 속성이 있어 예로부터 **예찬**(공경할 禮 찬양할 讚 : 훌륭하거나 좋다고 찬양함)의 대상이었던 대나무와 매화를 각각 시적 대상으로 삼고 있다. [2] (가)의 화자는 사철 푸르고 속이 빈 대나무를 **고매한**(높을 高 멀리 갈 邁 : 높고 빼어난) **인품**(사람 人 품격 品 : 사람의 됨됨이)에 빗대고 있고, (나)의 화자는 이른 봄 피어난 매화를 통해 임을 떠올리고 매화에 대한 긍정적 인식과 임에 대한 정서를 함께 드러내고 있다.

① (가)의 화자는 '옥설'에 눌려도 푸름을 유지하는 대나무를 통해 '굳건한' 지조를 떠올리고 있군.
근거 〈보기〉-2 (가)의 화자는 사철 푸르고 속이 빈 대나무를 고매한 인품에 빗대고 있고,
(가)-1 옥설이 차갑게 대나무를 누르고/ 3 여기서 알겠노라 **굳건한** 그 절개를
풀이 (가)의 화자는 '옥설'에 차갑게 눌려도 사철 푸른 대나무를 통해 '굳건한' 절개와 지조를 떠올리며 대나무를 예찬하고 있다.
→ 적절함!

② (가)의 화자는 대나무의 속이 빈 속성을 긍정적으로 인식하여 대나무를 내면이 '깨끗한' 인품에 비유하고 있군.
근거 〈보기〉-2 (가)의 화자는 사철 푸르고 속이 빈 대나무를 고매한 인품에 빗대고 있고,
(가)-4 더욱이 깨닫노라 **깨끗한** 그 빈 마음
풀이 (가)의 화자는 대나무의 속이 빈 속성을 '깨끗한 그 빈 마음'이라고 긍정적으로 인식하여 사람의 깨끗하고 고매한 인품에 빗대고 있다.
→ 적절함!

예찬하고 있군
③ (나)의 화자는 '옥골 빙혼(玉骨氷魂)'의 자태를 가진 매화를 '님'으로 착각한 것을 깨닫고 서러워하고 있군.
근거 〈보기〉-2 (나)의 화자는 이른 봄 피어난 매화를 통해 임을 떠올리고 매화에 대한 긍정적 인식과 임에 대한 정서를 함께 드러내고 있다.
(나) ❶-3 일야 매화가 발하니 **님**이신가 하노라 // ❷-2 **옥골 빙혼**이 냉담도 하는구나
풀이 (나)의 화자는 〈제1수〉에서 밤에 핀 매화를 보고 '님'을 떠올리고 〈제2수〉에서 '옥골 빙혼(옥같이 희고 깨끗한 모습과 얼음과 같이 맑고 깨끗한 넋)'의 자태를 가진 매화를 예찬한다. 따라서 (나)의 화자가 '옥골 빙혼'의 자태를 가진 매화를 '님'으로 착각했다고 볼 수 없으며, 서러워하고 있다고 볼 수도 없다.
→ 적절하지 않음!

---

④ (나)의 화자는 추운 계절에도 굴하지 않고 '그윽한 향기'를 풍기는 매화의 강인함을 예찬하고 있군.
근거 〈보기〉-1 (가)와 (나)는 추운 계절을 이겨 내는 강인한 속성이 있어 예로부터 예찬의 대상이었던 대나무와 매화를 각각 시적 대상으로 삼고 있다.
(나) ❷-3 풍편의 **그윽한 향기**는 세한 불개 하구나
풀이 (나)의 화자는 '세한불개' 하고(한겨울의 추위에도 변하지 않고) '그윽한 향기'를 풍기는 매화의 강인한 속성을 예찬하고 있다.
→ 적절함!

⑤ (나)의 화자는 '춘휘(春暉)'를 먼저 느끼게 해 준 매화의 소식을 '님'에게 전달하고 싶은 소망을 드러내고 있군.
근거 〈보기〉-2 (나)의 화자는 이른 봄 피어난 매화를 통해 임을 떠올리고 매화에 대한 긍정적 인식과 임에 대한 정서를 함께 드러내고 있다.
(나) ❸-1~2 천기도 묘할시고 네 먼저 **춘휘**로다/ 한 가지 꺾어 내어 이 소식 전차 하니
풀이 (나)의 화자는 '춘휘(봄의 따뜻한 햇빛)'를 먼저 느끼게 해 준 매화의 한 가지를 꺾어 내어 '님'에게 이 소식을 전하고자 하는 소망을 드러내고 있다.
→ 적절함!

---

35 구절의 의미 – 적절하지 않은 것 고르기 정답률 80% | 정답 ④

㉠ ~ ㉤에 대한 설명으로 적절하지 **않은** 것은?

① ㉠ : 매화를 발견할 당시 화자의 상황과 시간적 배경이 드러나 있다.
근거 (나) ❶-1 ㉠모첨의 달이 진 제 첫 잠을 얼핏 깨어
풀이 ㉠에서는 화자가 매화를 발견할 당시 '첫 잠을 얼핏' 깬 화자의 상황과 '모첨의 달이 진' 시간적 배경이 드러나 있다.
→ 적절함!

② ㉡ : 매화를 대할 임의 반응이 어떠할지를 궁금해하는 마음이 드러나 있다.
근거 (나) ❸-2 한 가지 꺾어 내어 이 소식 전차 하니 // ❹-1 ㉡님이 너를 보고 반기실까 아니실까
풀이 ㉡에서는 매화 한 가지를 꺾어 임에게 보냈을 때 임의 반응이 어떠할지를 궁금해하는 화자의 마음이 드러나 있다.
→ 적절함!

③ ㉢ : 아버지와 대비되는 글쓴이의 행동에서 추위에서 벗어나고 싶어 하는 마음이 드러나 있다.
근거 (다) 나는 ㉢뱃사공이 나오나 하고 추워서 발을 동동거리며 사공네 오두막집 삽짝을 바라보고 있었다. 아버지는 팔짱을 끼고 부동의 자세로 사공 집 삽짝 앞의 버드나무 둥치처럼 꿈쩍도 않으셨다.
풀이 ㉢에서는 팔짱을 끼고 부동의 자세로 꿈쩍 않고 서 있는 아버지의 모습과는 대비되는 글쓴이의 행동이 나타난다. 글쓴이의 이러한 행동에는 추위에서 벗어나고 싶어 하는 마음이 드러나 있다고 볼 수 있다.
→ 적절함!

사공의 의도를 추측하는 글쓴이의
✓④ ㉣ : 선객들의 모습을 비판적으로 바라보는 아버지의 생각이 드러나 있다.
근거 (다) 도선의 효율성과 사공의 존재가치를 높이기 위해서 나루터에 ㉣선객이 더 모일 때를 기다렸기 쉽다.
풀이 ㉣에는 사공의 처사에 대해 그 의도를 추측하는 글쓴이의 생각이 드러나 있다. 즉, 글쓴이와 아버지를 엄동설한에 서 있게 하는 사공의 처사가 '도선의 효율성과 사공의 존재가치를 높이기 위해서 나루터에 선객이 더 모일 때를 기다렸'기 때문일 것이라는 글쓴이의 생각이 드러나 있는 것이다. 따라서 ㉣에는 아버지의 생각이 드러나 있지 않으며, 아버지는 선객들의 모습을 비판적으로 바라보고 있지도 않다.
→ 적절하지 않음!

⑤ ㉤ : 작은댁에 세배하러 가면서 준비한 음식으로 아버지의 정성이 드러나 있다.
근거 (다) 주루막 안에는 정성 들여 ㉤한지에 싼 육적과 술 항아리에 용수를 질러서 뜬, 제주로 쓸 술이 한 병 들어 있었다. 작은증조부께 올릴 세의다.
풀이 ㉤은 작은증조부께 세배를 드리러 가면서 아버지가 주루막 안에 지고 가는 음식으로 아버지의 정성이 드러나 있다.
→ 적절함!

---

36 감상의 적절성 - 적절하지 않은 것 고르기
정답률 70%, 매력적 오답 ④ 10%

정답 ②

〈보기〉를 바탕으로 (다)를 감상한 내용으로 적절하지 <u>않은</u> 것은?

| 보 기 |

[1] (다)의 제목이기도 한 '세한도'는, 한겨울 풍경을 통해 선비의 지조를 드러낸 추사 김정희의 그림이다. [2] (다)의 글쓴이는 혹독하게 추운 겨울에 뜻을 굽히지 않던 아버지의 모습에서 선비적 면모를 발견하고 이날의 경험을 회화적으로(그림의 성격을 띠는 것으로) 형상화하고 있다. [3] 글쓴이는 아버지가 사공의 처사를 부당하게 여겼고 이에 맞서는 의미로 추위를 견디며 꿋꿋이 서 있었다고 본 것이다.

① '노랗게 식은 햇살'과 '하얗게 번쩍거'리는 '적설'을 통해 매섭게 추운 겨울 강가를 회화적으로 형상화하고 있군.

> **근거** 〈보기〉-2 혹독하게 추운 겨울에 ~ 이날의 경험을 회화적으로 형상화하고 있다.
> **(다)** 노랗게 식은 햇살에 동그마니 드러난 외딴집,/ 해가 넘어가는 쪽 컴컴한 산기슭에는 **적설**이 쌓여서 **하얗게 번쩍거**렸다.
> **풀이** (다)에서는 '노랗게 식은 햇살'과 '컴컴한 산기슭에' 쌓여서 '하얗게 번쩍거'리는 '적설'을 통해 해질녘의 매섭게 추운 겨울 강가를 마치 그림을 보고 있는 것처럼 회화적으로 형상화하고 있다.

→ 적절함!

② '아픈 소리를 신음처럼' 지르는 '갈대'는 사공의 부당한 처사에 맞서려는 글쓴이의 내면을 *표상하고 있군. ＊나타낼 表 모양 象 : 드러내고

한겨울 나루터의 쓸쓸하고 스산한 분위기를 부각하는군

> **근거** 〈보기〉-3 글쓴이는 아버지가 사공의 처사를 부당하게 여겼고 이에 맞서는 의미로 추위를 견디며 꿋꿋이 서 있었다고 본 것이다.
> **(다)** 나루터의 마른 갈대는 '서걱서걱' 아픈 소리를 내면서 언 몸을 회리바람에 부대끼고 있었다. 마침내 해는 서산으로 떨어지고 **갈대는 더 아픈 소리를 신음처럼** 질렀다.
> **풀이** '아픈 소리를 신음처럼' 지르는 '갈대'는 한겨울의 강추위에 언 갈대가 회리바람에 부대끼는 모습을 표현한 것일 뿐, 이를 사공의 부당한 처사에 맞서려는 글쓴이의 내면을 표상한 것으로 볼 수는 없다. 따라서 '아픈 소리를 신음처럼' 지르는 '갈대'는 한겨울 나루터의 스산하고 을씨년스러운 분위기를 부각하는 자연물로 이해하는 것이 적절하다.

→ 적절하지 않음!

③ 글쓴이는 '버드나무 둥치처럼 꿈쩍도 않'는 아버지의 모습에서 지조를 지키려는 선비적 면모를 발견하고 있군.

> **근거** 〈보기〉-2 (다)의 글쓴이는 혹독하게 추운 겨울에 뜻을 굽히지 않던 아버지의 모습에서 선비적 면모를 발견
> **(다)** 나는 뱃사공이 나오나 하고 추워서 발을 동동거리며 사공네 오두막집 삽짝을 바라보고 있었다. 아버지는 팔짱을 끼고 부동의 자세로 사공 집 삽짝 앞의 **버드나무 둥치처럼 꿈쩍도 않**으셨다./ 힘겨운 시대를 견뎌 내신 아버지의 완강함
> **풀이** 글쓴이는 뱃사공이 나오나 하고 추워서 발을 동동거리는 자신과 달리 부동자세로 '버드나무 둥치처럼 꿈쩍도 않'고 뜻을 굽히지 않던 아버지의 모습에서 선비적 면모를 발견하고 있다.

→ 적절함!

④ '두 번 다시 그 소리를 지르지 않는 모습을 통해 자신의 뜻을 꺾지 않으려는 아버지의 태도를 드러내고 있군.

> **근거** 〈보기〉-2 (다)의 글쓴이는 혹독하게 추운 겨울에 뜻을 굽히지 않던 아버지의 모습
> **(다)** '사공—, 강 건너 주시오.' 나는 아버지가 그 소리를 한 번 더 질러 주시기를 바랐다. 그러나 아버지는 **두 번 다시 그 소리를 지르지 않**으셨다.
> **풀이** '사공—, 강 건너 주시오.'라는 소리를 아버지가 한 번 더 질러 주기를 바란 글쓴이의 바람과는 달리 아버지는 두 번 다시 그 소리를 지르지 않으셨다. 이러한 모습을 통해 자신의 뜻을 굽히지 않으려는 아버지의 태도를 드러내고 있다.

→ 적절함!

⑤ '엄동설한 저문 강변'에서 '꿋꿋하게 서' 있던 아버지의 모습은 추사의 그림 '세한도'의 이미지와 연결되는군.

> **근거** 〈보기〉-1 (다)의 제목이기도 한 '세한도'는, 한겨울 풍경을 통해 선비의 지조를 드러낸 추사 김정희의 그림이다.
> **(다)** **엄동설한 저문 강변**에 세의를 지고 **꿋꿋하게 서** 계시던 분의 모습이 보인다.
> **풀이** '엄동설한 저문 강변'에 세의를 지고 '꿋꿋하게 서' 계시던 아버지의 모습은 한겨울 풍경을 통해 선비의 지조를 드러낸 추사 김정희의 그림인 '세한도'의 이미지와 연결된다고 볼수 있다.

→ 적절함!

→ 문제편 082쪽

[1등급 문제]

37 대상의 의미 - 적절한 것 고르기
정답률 55%, 매력적 오답 ① 10% ④ 25%

정답 ⑤

ⓐ와 ⓑ를 이해한 내용으로 가장 적절한 것은?

> (나) ❹-2 기린 화류의 ⓐ 취한 잠 못 깨었는가
> (다) 사공은 분명히 ⓑ 따뜻한 방 안에서 방문의 쪽유리를 통해서 건너편 나루터에 우리 부자가 하얗게 서 있는 것을 보았을 것이다.

안타까움 혹은 원망

① ⓐ에는 임이 처한 상황에 대한 *연민이, ⓑ에는 사공이 처한 상황에 대한 추측이 담겨 있다. ＊불쌍히 여김

> **풀이** ⓐ에서 임은 몇 해 동안 꽃과 버들에 취해 있으므로 ⓐ에는 임에 대한 연민이 아닌, 임에 대한 안타까움 혹은 원망이 담겨 있다고 보는 것이 적절하다. ⓑ에는 따뜻한 방 안에서 추위에 하얗게 서 있는 우리 부자를 보고 있는 사공의 상황에 대한 글쓴이의 추측이 담겨 있다.

→ 적절하지 않음!

② ⓐ에는 화자가 지향하는 행동이, ⓑ에는 글쓴이가 지향하는 공간의 속성이 구체화되고 있다.

> **풀이** ⓐ에는 임이 처한 상황에 대한 화자의 추측이 담겨 있을 뿐 화자가 지향하는 행동이 구체화되고 있지는 않다. 한편, 추워서 발을 동동거리고 있는 글쓴이의 입장에서 ⓑ는 글쓴이가 지향하는 공간의 속성이 구체화된 것으로 이해할 수 있다.

→ 적절하지 않음!

③ ⓐ에는 돌아오지 않는 임에 대한 원망이, ⓑ에는 곧 돌아올 사공에 대한 기대감이 *내포되어 있다. ＊담겨

> **풀이** ⓐ에는 몇 해 동안 꽃과 버들에 취해 아직도 잠을 못 깬 임에 대한 화자의 안타까움과 원망이 담겨 있으므로 ⓐ에는 돌아오지 않는 임에 대한 원망이 내포되어 있다고 볼 수 있다. 그러나 ⓑ에는 사공의 상황에 대한 글쓴이의 추측이 담겨 있을 뿐 곧 돌아올 사공에 대한 기대감이 내포되어 있지는 않다.

→ 적절하지 않음!

④ ⓐ에는 자신의 처지에 대해 *자조하는 태도가, ⓑ에는 사공의 **몰인정함에 대해 비판하는 태도가 드러나 있다. ＊스스로 自 비웃을 嘲 : 스스로를 비웃는 **없을 沒 사람 人 정情 : 인정 없음

> **근거** (다) 도선의 효율성과 사공의 존재가치를 높이기 위해서 나루터에 선객이 더 모일 때를 기다렸기 쉽다. 그게 사공의 도선 방침일지는 모르지만 엄동설한에 서 있는 사람에 대한 옳은 처사는 아니다.
> **풀이** ⓐ에는 임의 상황에 대한 화자의 추측이 담겨 있을 뿐, 자신의 처지에 대해 자조하는 태도는 드러나지 않는다. ⓑ에서 글쓴이는 자신과 아버지가 추위에 떨며 나루터에 서 있는 것을 보고도 따뜻한 방 안에서 선객이 더 모일 때를 기다리고 있었을 사공의 모습을 추측하고 있으므로 사공의 몰인정함에 대한 비판적인 태도가 드러난다고 볼 수 있다.

→ 적절하지 않음!

⑤ ⓐ에는 화자의 처지와 대비되는 임의 모습이, ⓑ에는 글쓴이가 있는 공간과 대비되는 공간이 제시되어 있다.

> **근거** (나) ❶-3 일야 매화가 발하니 님이신가 하노라
> **풀이** ⓐ에서 꽃과 버들에 취해 있는 임의 모습은 매화가 핀 것을 보고 임을 떠올리며 그리워하는 화자의 처지와는 대비된다. 한편 ⓑ에는 글쓴이가 있는 추운 나루터와는 대비되는 따뜻한 공간이 제시되어 있다.

→ 적절함!

[38 ~ 42] 사회 - 〈네 가지 의사 결정 방법의 개념과 특징〉

1 [1]어떤 안건(案件, 토의하거나 조사하여야 할 사실)을 대하는 집단 구성원들의 생각은 각기 다르므로, 상이한(相異-, 서로 다른) 생각들을 집단적 합의(合意, 서로 의견이 일치함)에 이르게 하는 의사(意思, 무엇을 하고자 하는 생각) 결정 과정이 필요하다. [2]공공(公共, 국가나 사회의 구성원에게 두루 관계되는 것) 선택 이론은 이처럼 집단을 구성하는 개인의 의사가 집단의 의사로 통합되는(統合-, 하나로 합쳐지는) 과정을 다룬다. [3]직접민주주의(直接民主主義, 의사 결정과 집행에 구성원들이 직접 참여하는 민주주의)하(下, 관련된 조건이나 환경)에서의 의사 결정 방법으로 단순 과반수제, 최적 다수결제, 점수 투표제, 보르다(Borda) 투표제 등이 있다.

→ 의사 결정 과정의 개념 및 방법

---

2 [1]㉠ 단순 과반수제는 투표자의 과반수(過半數, 절반이 넘는 수)가 지지하는(支持ー, 옳거나 좋다고 판단하여 그에 뜻을 같이하는) 안건이 채택되는(採擇ー, 뽑히는) 다수결(多數 決, 많은 사람의 의견에 따라 안건의 찬성과 반대를 결정하는 일) 제도이다. [2]효율적으로(效 率的ー, 들인 노력에 비해 얻는 결과가 크도록) 의사 결정이 이루어져 많이 사용되고 있으 나, 각 투표자는 찬반(贊反, 찬성과 반대) 여부를 표시할 뿐 투표 결과에는 선호(選好, 여럿 가운데 특별히 가려서 좋아함) 강도(強度, 센 정도)가 드러나지 않아 안건 채택 시 사 회 전체의 후생*이 감소할(減少ー, 줄어들) 가능성이 있다. [3]이는 다수(多數, 수가 많음) 의 횡포(橫暴, 제멋대로 굴며 몹시 난폭함)에 의해 소수(少數, 적은 수)의 이익이 침해되는 (侵害ー, 침범되어 손해를 입는) 상황이 발생할 수 있음을 의미한다. [4]또한 어떤 대안(對 案, 대처할 방안)들을 먼저 비교하는가 에 따라 그 결과가 달라지는 ⓐ '투표 의 역설(逆說, 일반적으로 인정되는 내용과 반대되는 것)' 현상이 나타날 수 있다. [5]예를 들어, 갑, 을, 병 세 사람이 사는 마을에 정부에서 병원, 학교, 경찰서 중 하나를 지어 줄 테니 투표를 통해

선호 순위 투표자	1순위	2순위	3순위
갑	병원	학교	경찰서
을	학교	경찰서	병원
병	경찰서	병원	학교

〈표〉

선택하라고 제안하였고, 이때 세 사람의 선호 순위가 다음 〈표〉와 같다고 하자. [6]세 가지 대안을 동시에 투표에 부치면(넘겨서 맡기면) 하나의 대안으로 결정되지 않는 다. [7]그래서 먼저 병원, 학교, 경찰서 중 두 대안을 선정하여(選定ー, 여럿 가운데서 뽑아 정하여) 다수결로 결정한 후 남은 한 가지 대안과 다수결로 승자(勝者, 이긴 편)를 결정 하면 최종적으로 하나의 대안이 결정된다. [8]즉, 비교하는 대안의 순서에 따라 〈표〉 의 투표 결과는 달라지게 된다.

→ 의사 결정 방법 ① : 단순 과반수제의 개념과 장단점

3 [1]최적(最適, 가장 알맞음) 다수결제는 투표에 따르는 총비용(總費用, 들어간 모든 돈)이 최소화되는(最少化ー, 가장 적게 되는) 지점을 산정(算定ー, 셈하여 정하여) 후, 안건의 찬성자 수가 그 이상이 될 때 안건이 통과되는(通過ー, 마땅하다고 받아들여 지는) 제도이다. [2]이때의 총비용은 의사 결정 비용과 외부 비용의 합으로 결정 된다. [3]의사 결정 비용은 투표자들의 동의(同意, 다른 사람의 행위를 마땅하다고 받 아들이거나 옳다고 인정함)를 구하는 데 드는 시간과 노력에 따른 비용을 의미하 며, 찬성표의 비율이 높을수록(더 많은 사람의 동의를 구해야 할수록) 증가한다. [4]외 부 비용은 어떤 안건이 통과됨에 따라 그 안건에 반대하였던 사람들이 느끼는 부담을 의미하며, 찬성표의 비율이 높아질수록 낮아지며(찬성표의 비율이 높아질 수록 반대하는 사람이 적어지기 때문) 모든 사람이 찬성할 경우에는 0이 된다. [5]안 [A] 건 통과에 필요한 투표자 수(찬성자 수)가 증가할수록 의사 결정 비용이 증가하 므로 의사 결정 비용 곡선은 우상향한다.(右上向ー, 그래프에서 선의 방향이 왼쪽에 서 오른쪽으로 올라가는 형태가 된다.) [6]이와 달리 외부 비용은 감소하므로 외부 비 용 곡선은 우하향하며(右下向ー, 그래프에서 선의 방향이 왼쪽에서 오른쪽으로 내려가 는 형태를 보이며), 두 곡선을 합한 총비용 곡선은 U자 형태로 나타난다. [7]이때 총 비용이 최소화되는 곳이 최적 다수결제에서의 안건 통과의 기준이 되는 최적 다수 지점이 된다. [8]이 제도는 의사 결정 과정을 이론적으로 명쾌하게 설명 할 수 있지만, 최적 다수결의 기준을 정하는 데 시간을 지나치게 소비하게(消費ー, 써서 없애게) 된다는 단점이 있다.

→ 의사 결정 방법 ② : 최적 다수결제의 개념과 장단점

4 [1]㉡ 점수 투표제는 각 투표자에게 일정한 점수를 주고 각 투표자가 자신의 선호 에 따라 각 대안에 대하여 주어진 점수를 배분하여(配分ー, 나누어) 투표하는 제도로, 합산하여(合算ー, 합하여 계산하여) 가장 많은 점수를 얻은 대안이 선택된다. [2]투표자 의 선호 강도에 따라 점수를 배분하므로 투표자의 선호 강도가 잘 반영된다.(反映ー, 영향을 받아 나타난다.) [3]소수의 의견도 투표 결과에 잘 반영되며, 투표의 역설이 나타 나지 않는다는 장점이 있다. [4]하지만 전략적(戰略的, 목적을 이루기 위한 방법이나 계획 과 관련된) 행동에 취약하여(脆弱ー, 단단하지 않고 약하여) 투표 결과가 불규칙하게 바뀔 수 있다는 단점이 있다. [5]전략적 행위란 어떤 투표자가 다른 투표자의 투표 성향(性 向, 성질에 따른 방향성)을 예측하고(豫測ー, 미리 헤아려 짐작하고) 자신의 행동을 이에 맞 춰 변화시킴으로써 자기가 원하는 것을 얻으려 하는 태도를 뜻한다. [6]이 행위(전략 적 행위)는 어떤 투표 제도에서든 나타날 수 있으나, 점수 투표제에서 나타날 가능성 이 높다.

→ 의사 결정 방법 ③ : 점수 투표제의 개념과 장단점

5 [1]㉢ 보르다 투표제는 n 개의 대안이 있을 때 가장 선호하는 대안부터 순서대로 n, (n-1), …, 1 점을 주고, 합산하여 가장 높은 점수를 받은 대안을 선택하는 투표 방식으로, 점수 투표제와 달리 오로지 순서에 의해서만 선호 강도를 표시한다. [2]이 제도(보르다 투표제)하에서는 일부에게 선호도가 아주 높은 대안보다는 투표자

모두에게 어느 정도 차선(次善, 최선의 다음)이 될 수 있는 ⓑ 중도(中道, 어느 한쪽으로 치우치지 않은 입장)의 대안이 채택될 가능성이 높으며, 점수 투표제와 마찬가지로 투 표의 역설이 발생하지 않는다.

→ 의사 결정 방법 ④ : 보르다 투표제의 개념과 특징

* 후생(厚 두텁다 후 生 살다 생) : 사회 구성원들의 복지(福祉, 행복한 삶) 수준

■ 지문 이해

❶ 의사 결정 과정의 개념 및 방법
• 의사 결정 과정 : 집단 구성원들의 서로 다른 생각을 집단적 합의에 이르게 하는 것

직접 민주주의하에서의 의사 결정 방법

❷ 단순 과반수제의 개념과 장단점
• 개념 : 투표자의 과반수가 지지하는 안건이 채택되는 다수결 제도 • 장점 : 효율적으로 의사 결정이 이루어짐 • 단점 - 투표 결과에 선호 강도가 드러나지 않아 사회 후생이 감소할 가능성이 있음 - 비교하는 대안의 순서에 따라 투표 결과가 달라지는 투표의 역설 현상이 일어 날 수 있음

❸ 최적 다수결제의 개념과 장단점
• 개념 : 투표에 따르는 총비용이 최소화되는 지점(= 최적 다수 지점)을 산정하여, 안건 찬성자 수가 그 이상이 될 때 안건이 통과되는 제도 - 총비용 = 의사 결정 비용 + 외부 비용 → U자 형태의 곡선 - 의사 결정 비용 : 투표자들의 동의를 구하는 데 드는 시간과 노력에 따른 비용, 찬성표 비율이 증가할수록 증가 → 우상향 곡선 - 외부 비용 : 안건에 반대하였던 사람들이 느끼는 부담, 찬성표 비율이 증가할수 록 감소 → 우하향 곡선 • 장점 : 의사 결정 과정을 이론적으로 명쾌하게 설명할 수 있음 • 단점 : 최적 다수결의 기준을 정하는 데 시간을 지나치게 소비하게 됨

❹ 점수 투표제의 개념과 장단점
• 개념 : 각 투표자가 자신의 선호에 따라 주어진 점수를 각 대안에 배분하여 투표 하는 제도 → 합산하여 가장 많은 점수를 얻은 대안이 선택됨 • 장점 - 투표자의 선호 강도가 잘 반영됨 - 소수 의견도 투표 결과에 잘 반영되며 투표의 역설이 나타나지 않음 • 단점 : 전략적 행동에 취약하여 투표 결과가 불규칙하게 바뀔 수 있음

❺ 보르다 투표제의 개념과 특징
• 개념 : n 개의 대안을 가장 선호하는 대안부터 순서대로 n, (n-1), …, 1 점을 주 고, 합산하여 가장 높은 점수를 받은 대안을 선택하는 투표 방식으로, 순서에 의 해서만 선호 강도를 표시함 • 특징 - 중도의 대안이 채택될 가능성이 높음 - 투표의 역설이 발생하지 않음

<table><tr><td>**38**</td><td>세부 정보 이해 - 적절하지 않은 것 고르기
정답률 80%</td><td>정답 ②</td></tr></table>

윗글에 대한 이해로 적절하지 않은 것은?

① 어떤 투표제에서든 투표자의 전략적 행위가 나타날 수 있다.

　[근거] ❹-6 이 행위(전략적 행위)는 어떤 투표 제도에서든 나타날 수 있으나

　→ 적절함!

② 보르다 투표제에서는 가장 선호하지 않는 대안에 <s>0 점</s> 1 점을 부여한다.

　[근거] ❺-1 보르다 투표제는 n 개의 대안이 있을 때 가장 선호하는 대안부터 순서대로 n, (n-1), …, 1 점을 주고

　[풀이] 보르다 투표제에서는 가장 선호하지 않는 대안에 1 점을 부여한다.

　→ 적절하지 않음!

③ 단순 과반수제에서는 채택된 대안으로 인해 사회의 후생이 감소되기도 한다.

→ 문제편 083쪽

근거 ❷-2 (단순 과반수제는) 안건 채택 시 사회 전체의 후생이 감소할 가능성이 있다.
→ 적절함!

④ **점수 투표제는 최적 다수결제와 달리 대안에 대한 선호 강도를 표시할 수 있다.**

근거 ❹-2 (점수 투표제는) 투표자의 선호 강도에 따라 점수를 배분하므로 투표자의 선호 강도가 잘 반영된다.

→ 적절함!

⑤ **최적 다수결제는 단순 과반수제와 달리 안건 통과의 기준이 안건에 따라 달라질 수 있다.**

근거 ❷-1 단순 과반수제는 투표자의 과반수가 지지하는 안건이 채택되는 다수결 제도, ❸-1 최적 다수결제는 투표에 따르는 총비용이 최소화되는 지점을 산정한 후, 안건의 찬성자 수가 그 이상이 될 때 안건이 통과되는 제도, ❸-7 총비용이 최소화되는 곳이 최적 다수결제에서의 안건 통과의 기준이 되는 최적 다수 지점이 된다.

풀이 단순 과반수제는 투표자의 과반수가 지지하는 안건이 채택되므로, 안건 통과의 기준은 안건과 무관하게 투표자의 과반수가 된다. 이와 달리 최적 다수결제에서는 총비용이 최소화되는 곳이 안건 통과의 기준이 되고, 안건의 찬성자 수가 그 기준 이상이 될 때 안건이 통과되는 제도이다. 따라서 최적 다수결제에서는 안건 통과의 기준이 안건에 따라 달라질 수 있다.

→ 적절함!

오답률 TOP 4 | **1등급 문제**

39 자료 해석의 적절성 판단 - 적절하지 않은 것 고르기
정답률 45%, 매력적 오답 ① 20% ③ 15% ④ ⑤ 10%   **정답 ②**

ⓐ와 관련하여 〈표〉를 이해한 것으로 적절하지 않은 것은?

투표자 \ 선호 순위	1순위	2순위	3순위
ⓐ '투표의 역설' 갑	병원	학교	경찰서
을	학교	경찰서	병원
병	경찰서	병원	학교

① **'병원'과 '학교'를 먼저 비교할 경우, '병원'과 '경찰서'의 다수결 승자가 최종의 대안으로 결정된다.**

풀이 〈표〉에서 '병원'과 '학교'를 먼저 비교할 경우, 세 사람은 각자 병원과 학교 중 선호 순위가 더 높은 대안을 선택하여 투표할 것이다. 따라서 갑은 병원, 을은 학교, 병은 병원에 투표할 것이고, 다수결로 결정된 '병원'이 남은 대안인 '경찰서'와 다시 다수결로 승자를 결정한 후 최종의 대안이 결정될 것이다.

→ 적절함!

② **'학교'와 '경찰서'를 먼저 비교할 경우, '갑'과 '을'이 '학교'에 투표하여 최종적으로 ~~'학교'~~ '병원'이 가 결정된다.**

풀이 〈표〉를 살펴보면, '갑'의 선호 순위는 학교(2순위)가 경찰서(3순위)보다 높고, '을'의 선호 순위 또한 학교(1순위)가 경찰서(2순위)보다 높다. 따라서 '학교'와 '경찰서'를 먼저 비교할 경우 갑과 을은 '학교'에 투표할 것이다. 과반수를 넘은 '학교'를 다시 '병원'과 비교하면 갑은 '병원', 을은 '학교', 병은 '병원'을 각각 선택할 것이므로, 다수결에 따라 최종의 대안으로 결정되는 것은 '병원'이 된다.

1단계 : 학교 vs 경찰서		2단계 : 학교 vs 병원
갑 : 학교	→	갑 : 병원
을 : 학교		을 : 학교
병 : 경찰서		병 : 병원

→ 적절하지 않음!

③ **'병원'과 '학교'를 먼저 비교하는지, '학교'와 '경찰서'를 먼저 비교하는지에 따라 투표의 결과가 달라진다.**

근거 ❷-8 비교하는 대안의 순서에 따라 〈표〉의 투표 결과는 달라지게 된다.

풀이 '병원'과 '학교'를 먼저 비교하였을 경우, 세 사람은 각자의 선호 순위에 따라 갑은 병원, 을은 학교, 병은 병원에 각각 투표할 것이다. 그 후 과반수를 넘은 '병원'을 다시 '경찰서'와 비교하여 갑은 병원, 을은 경찰서, 병은 경찰서에 각각 투표할 것이고, 다수결로 결정된 최종적 대안은 '경찰서'가 된다. 반면 '학교'와 '경찰서'를 먼저 비교하였을 경우, 갑은 학교, 을은 학교, 병은 경찰서에 각각 투표할 것이고, 과반수를 넘은 '학교'를 다시 '병원'과 비교하게 된다. 그 결과 갑은 병원, 을은 학교, 병은 병원에 각각 투표하여, 다수결로 결정된 최종적 대안은 '병원'이 된다. 따라서 비교하는 대안의 순서에 따라 투표의 결과가 달라진다는 설명은 적절하다.

→ 적절함!

④ **'병원', '학교', '경찰서'를 동시에 투표에 부치면, 모두 한 표씩 얻어 어떤 대안도 과반수가 되지 않는다.**

근거 ❷-6 세 가지 대안을 동시에 투표에 부치면 하나의 대안으로 결정되지 않는다.

풀이 〈표〉에서 갑은 병원, 을은 학교, 병은 경찰서를 각각 1순위로 선호하므로, '병원', '학교', '경찰서'를 동시에 투표에 부치면 모두 한 표씩을 얻게 되어 어떤 대안도 과반수가 되지 않는다.

→ 적절함!

⑤ **대안에 대한 '갑', '을', '병' 세 사람의 선호 순위는 바뀌지 않아도, 투표의 결과가 바뀌는 현상이 나타난다.**

근거 ❷-4 어떤 대안들을 먼저 비교하는가에 따라 그 결과가 달라지는 '투표의 역설' 현상이 나타날 수 있다, ❷-8 비교하는 대안의 순서에 따라 〈표〉의 투표 결과는 달라지게 된다.

→ 적절함!

1등급 문제

40 추론의 적절성 판단 - 적절한 것 고르기
정답률 55%, 매력적 오답 ⑤ 25%   **정답 ④**

ⓑ의 이유로 가장 적절한 것은?

> ⓑ 중도의 대안이 채택될 가능성이 높으며

근거 ❺-1~2 보르다 투표제는 n 개의 대안이 있을 때 가장 선호하는 대안부터 순서대로 n, (n-1), …, 1 점을 주고, 합산하여 가장 높은 점수를 받은 대안을 선택하는 투표 방식으로, 점수 투표제와 달리 오로지 순서에 의해서만 선호 강도를 표시한다. 이 제도 하에서는 일부에게 선호도가 아주 높은 대안보다는 투표자 모두에게 어느 정도 차선이 될 수 있는 중도의 대안이 채택될 가능성이 높으며

풀이 보르다 투표제에서는 순서에 의해 선호 강도를 표시하여 점수를 주고, 합산하여 가장 높은 점수를 받은 대안을 선택하게 된다. 이때 일부에게만 선호도가 높은 대안이 다수에게 선호도가 매우 낮다면, 그 합산 점수가 다수의 투표자들이 골고루 적당한 정도의 선호도를 보이는 대안보다 낮을 수 있다. 예를 들어 5 명의 투표자들에게 각각 5, 1, 1, 1, 1의 점수를 받은 대안 A보다 같은 5 명의 투표자들에게 각각 3, 3, 3, 3, 3의 점수를 받은 대안 B의 합산 점수가 더 높다. 이와 같은 이유에서 보르다 투표제에서는 일부에게 선호도가 아주 높은 대안보다 투표자 모두에게 어느 정도 차선이 될 수 있는 중도의 대안이 채택될 가능성이 높다. 따라서 정답은 ④번이다.

① **주어진 점수를 투표자가 *임의대로 배분할 수 있기 때문이다.** *任意. 일정한 기준이나 원칙 없이 하고 싶은 대로 함

풀이 보르다 투표제에서 투표자는 주어진 점수를 임의대로 배분하는 것이 아니라, 순서에 의해서만 선호 강도를 표시하여 가장 선호하는 대안부터 순서대로 n, (n-1), …, 1 점을 준다.

② **투표자는 ~~중도의 대안에 관해서만~~ 자신의 의사를 표현할 수 있기 때문이다.**

풀이 보르다 투표제에서 투표자는 중도의 대안에 관해서만 자신의 의사를 표현하는 것이 아니라, 모든 대안에 대하여 순서에 의해 선호 강도를 표시할 수 있다.

③ **점수 투표제와 달리 투표자의 전략적 행동을 유발하여 투표 결과를 조작할 수 있기 때문이다.**

근거 ❹-4 (점수 투표제는) 전략적 행동에 취약하여 투표 결과가 불규칙하게 바뀔 수 있다는 단점이 있다, ❹-6 이 행위(전략적 행위)는 어떤 투표 제도에서든 나타날 수 있으나, 점수 투표제에서 나타날 가능성이 높다.

풀이 윗글에서 점수 투표제는 전략적 행동에 취약하며, 전략적 행위는 어떤 투표 제도에서든 나타날 수 있으나 점수 투표제에서 나타날 가능성이 높다고 설명하였다. 또한 투표자의 전략적 행동은 ⓑ의 이유와 관련이 없다.

④ **일부에게만 선호도가 높은 대안이 다수에게 선호도가 매우 낮으면 점수 합산 면에서 불리하기 때문이다.**

→ 적절함!

⑤ **순서로만 선호 강도를 표시할 경우, ~~모든 투표자에게 선호도가 가장 높은 대안이라도 최종 승자가 아닐 수 있기 때문이다.~~**

풀이 순서로만 선호 강도를 표시하는 보르다 투표제에서 '모든 투표자에게 선호도가 가장 높은 대안'의 경우 모든 투표자에게 각각 가장 높은 점수(n)를 받게 되므로, 합산하면 가장 높은 점수를 받아 항상 최종 승자가 된다. 예를 들어 보르다 투표제에서 5 명의 투표자가 5 개의 대안에 대해 투표를 할 때 어떠한 대안이 모든 투표자에게 선호도가 가장 높다면 그 대안은 5, 5, 5, 5, 5의 점수를 받아 합산했을 때 가장 높은 점수를 받게 될 것이다.

→ 문제편 084쪽

41 세부 정보 이해 - 적절하지 않은 것 고르기
정답률 60%, 매력적 오답 ①②③④ 10% | 정답 ⑤

<보기>가 [A]의 각 비용들에 대한 그래프라고 할 때, 이에 대한 이해로 적절하지 않은 것은? [3점]

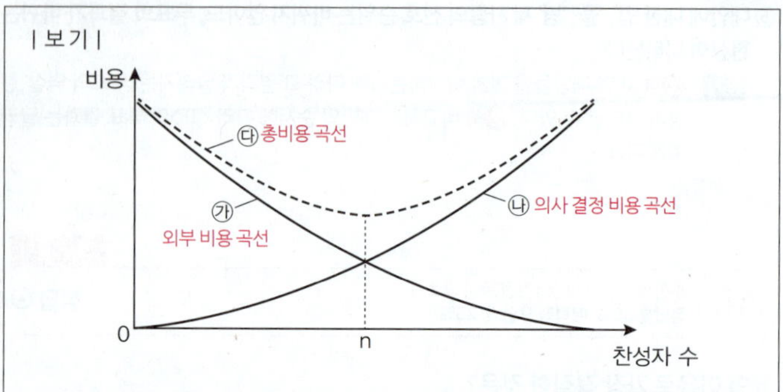

① ㉠는 외부 비용으로, 반대하는 투표자 수가 많아질수록 그 값이 커진다.

근거 ❸-4 (외부 비용은) 찬성표의 비율이 높아질수록 낮아지며, ❸-6 외부 비용 곡선은 우하향하며

풀이 <보기>의 그래프에서 ㉠ 곡선은 우하향하는 형태를 보이므로, 외부 비용 곡선에 해당한다. 외부 비용은 찬성표의 비율이 높아질수록, 즉 반대표의 비율이 낮아질수록 낮아진다고 하였으므로, 반대표의 비율이 높아질수록 그 값은 커질 것이다.

→ 적절함!

② ㉢는 의사 결정 비용으로, 투표 참가자들을 설득하는 데 드는 시간과 노력이 적을수록 그 값이 작아진다.

근거 ❸-3 의사 결정 비용은 투표자들의 동의를 구하는 데 드는 시간과 노력에 따른 비용을 의미하며, ❸-5 의사 결정 비용 곡선은 우상향한다.

풀이 <보기>의 그래프에서 ㉢ 곡선은 우상향하는 형태를 보이므로, 의사 결정 비용 곡선에 해당한다. 의사 결정 비용은 투표자들의 동의를 구하기 위한 설득 과정에서 드는 시간과 노력에 따른 비용을 의미하므로, 투표 참가자들을 설득하는 데 드는 시간과 노력이 적을수록 그 값이 작아진다.

→ 적절함!

= 총비용

③ ㉡는 총비용으로, ㉠와 ㉢를 합한 값이 최소가 되는 지점 n이 최적 다수 지점이 된다.

근거 ❸-2 총비용은 의사 결정 비용과 외부 비용의 합으로 결정된다, ❸-6~7 두 곡선을 합한 총비용 곡선은 U자 형태로 나타난다. 이때 총비용이 최소화되는 곳이 … 최적 다수 지점이 된다.

풀이 <보기>의 ㉡는 ㉠ 곡선과 ㉢ 곡선을 합한 U자 형태의 총비용 곡선에 해당하며, ㉡ 곡선에서 n 지점은 총비용, 즉 의사 결정 비용과 외부 비용을 합한 값이 최소화되는 최적 다수 지점에 해당한다.

→ 적절함!

④ 투표에 참가하는 모든 사람이 찬성하면 ㉠의 값은 0이 된다.

근거 ❸-4 외부 비용은 … 모든 사람이 찬성할 경우에는 0이 된다, ❸-6 외부 비용 곡선은 우하향하며

풀이 <보기>의 그래프에서 ㉠ 곡선은 우하향하는 형태를 보이므로, 외부 비용 곡선에 해당한다. 외부 비용은 모든 사람이 찬성할 경우 0이 되므로, 모든 사람이 찬성하면 ㉠의 값은 0이 된다.

→ 적절함!

㉠와 ㉢는 모두 이동한다

✓⑤ 안건 통과에 필요한 투표자가 많아지게 되면 ㉢는 이동하지만 ㉠는 이동하지 않는다.

근거 ❸-5~6 안건 통과에 필요한 투표자 수가 증가할수록 의사 결정 비용이 증가하므로 의사 결정 비용 곡선은 우상향한다. 이와 달리 외부 비용은 감소하므로 외부 비용 곡선은 우하향하며

풀이 <보기>의 그래프에서 ㉠ 곡선은 우하향하는 형태를 보이므로 외부 비용 곡선에 해당하고, ㉢ 곡선은 우상향하는 형태를 보이므로 의사 결정 비용 곡선에 해당한다. 윗글에 따르면 안건 통과에 필요한 투표자, 즉 찬성자 수가 많아지게 되면 의사 결정 비용은 증가하여 우상향하고, 외부 비용은 감소하여 우하향한다. 따라서 안건 통과에 필요한 투표자가 많아지게 되면 ㉠와 ㉢는 모두 이동하게 된다.

→ 적절하지 않음!

---

42 구체적인 사례에 적용 - 적절한 것 고르기
정답률 60%, 매력적 오답 ② 20% | 정답 ③

대안 Ⅰ~Ⅲ에 대한 투표자 A~E의 선호 강도가 <보기>와 같다고 할 때, ㉠~㉢을 통해 채택될 대안으로 적절한 것은? [3점]

㉠ 단순 과반수제 ㉡ 점수 투표제 ㉢ 보르다 투표제

| 보기 |

투표자 / 대안	A	B	C	D	E
Ⅰ	3	1	1	3	1
Ⅱ	1	7	6	2	5
Ⅲ	6	2	3	5	4

(단, 표 안의 수치가 높을수록 더 많이 선호함을 나타내며, 투표에 미치는 외부적인 요인과 투표자들의 전략적 행동은 없다고 가정한다.)

근거 ❷-1 단순 과반수제(㉠)는 투표자의 과반수가 지지하는 안건이 채택되는 다수결 제도, ❹-1 점수 투표제(㉡)는 각 투표자에게 일정한 점수를 주고 각 투표자가 자신의 선호에 따라 각 대안에 대하여 주어진 점수를 배분하여 투표하는 제도로, 합산하여 가장 많은 점수를 얻은 대안이 선택된다, ❺-1 보르다 투표제(㉢)는 n 개의 대안이 있을 때 가장 선호하는 대안부터 순서대로 n, (n-1), …, 1 점을 주고, 합산하여 가장 높은 점수를 받은 대안을 선택하는 투표 방식으로, 점수 투표제와 달리 오로지 순서에 의해서만 선호 강도를 표시

풀이 먼저 단순 과반수제(㉠)에서는 투표자의 과반수가 지지하는 안건이 채택된다. <보기>의 대안 Ⅰ~Ⅲ에 대하여 투표자들은 자신이 가장 선호하는 대안에 투표할 것이므로, A는 Ⅲ, B는 Ⅱ, C는 Ⅱ, D는 Ⅲ, E는 Ⅱ에 각각 투표할 것이다. 따라서 다수결에 따라 과반수가 지지한 대안 Ⅱ가 채택될 것이다.

한편 점수 투표제(㉡)에서는 각 투표자가 자신의 선호에 따라 각 대안에 대해 점수를 배분하여 투표하고, 합산하여 가장 많은 점수를 얻은 대안이 선택된다. <보기>에서 대안 Ⅰ의 합산 점수는 9 점, 대안 Ⅱ의 합산 점수는 21 점, 대안 Ⅲ의 합산 점수는 20 점이므로, 합산하여 가장 많은 점수를 얻은 대안 Ⅱ가 채택될 것이다.

마지막으로 보르다 투표제(㉢)는 가장 선호하는 대안부터 순서대로 n, (n-1), …, 1 점을 주고 합산하여 가장 높은 점수를 받은 대안을 선택하는 방식이다. <보기>의 경우 대안의 개수가 3 개이므로, n은 3이 된다. 보르다 투표제의 점수 부여 방식을 <보기>에 적용하면 아래와 같이 정리할 수 있다.

투표자 / 대안	A	B	C	D	E
Ⅰ	3 (n-1)=2	1 1	1 1	3 (n-1)=2	1 1
Ⅱ	1 1	7 n=3	6 n=3	2 1	5 n=3
Ⅲ	6 n=3	2 (n-1)=2	3 (n-1)=2	5 n=3	4 (n-1)=2

대안 Ⅰ의 합산 점수는 7 점, 대안 Ⅱ의 합산 점수는 11 점, 대안 Ⅲ의 합산 점수는 12 점이므로, 합산하여 가장 많은 점수를 얻은 대안 Ⅲ이 채택될 것이다. 따라서 정답은 ③번이다.

	㉠	㉡	㉢
①	Ⅰ	Ⅲ	Ⅱ
②	Ⅱ	Ⅱ	Ⅱ
✓③	Ⅱ	Ⅱ	Ⅲ	→ 적절함!
④	Ⅲ	Ⅰ	Ⅲ
⑤	Ⅲ	Ⅱ	Ⅱ

→ 문제편 084쪽

[43 ~ 45] 현대시

(가) 윤동주, 「소년(少年)」

· 윤동주 중요 작가

「바람이 불어」(2020학년도 수능), 「병원」(2017학년도 9월 모평), 「또 다른 고향」(2013학년도 9월 모평), 「길」(2008학년도 6월 모평) 기출. 고3 평가원 문제에 4번 이상 출제된 시인이다. 식민지 지식인의 고뇌와 자기반성과 성찰을 표현한 서정시를 많이 썼다. 윤동주의 대표적인 시는 주제와 특징을 정리해 두는 것이 좋다.

· 주제

가을 하늘에 물든 소년이 순이를 떠올리며 그리워한다.

· 지문 이해

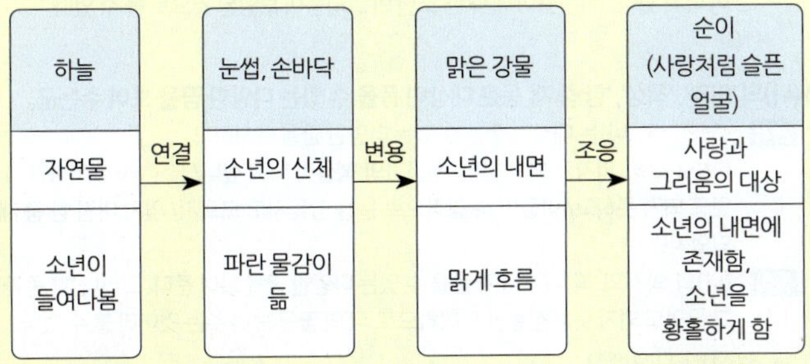

하늘		눈썹, 손바닥		맑은 강물		순이 (사랑처럼 슬픈 얼굴)
자연물	연결 →	소년의 신체	변용 →	소년의 내면	조응 →	사랑과 그리움의 대상
소년이 들여다봄		파란 물감이 듦		맑게 흐름		소년의 내면에 존재함, 소년을 황홀하게 함

· 「소년(少年)」의 시상 전개

「소년(少年)」에 제시된 자연물들은 서로 간의 유사성(무리 類 닮을 似 성질 性 : 비슷한 성질)을 바탕으로 연결되고 변용된다(변할 變 모양 容 : 형태가 바뀐다). 또한 (자연물들은) 이(유사성을 바탕으로 연결되고 변용되는) 과정을 거쳐 맞닿은 주체의 신체적 변화를 유발하고(불러낼 誘 일어날 發 : 일으키고) 내면의 정서를 표면화하는(겉 表 면 面 될 化 : 겉으로 드러내는) 것으로 제시된다. 이때 주체의 변화는 자연물의 속성에 조응하는(견줄 照 응할 應 : 대응하는, 짝이 되는) 것으로 그려진다.

→ 2023년 고2 3월 학평 44번 문제의 〈보기〉 내용이다.

· 어휘 풀이

* 맑은 강물 : '소년의 내면'을 비유한 말.
* 어린다 : 희미하게 비친다.

(나) 손택수, 「나무의 꿈」

· 주제

나무의 가능성과 현재의 존재 가치를 이야기한다.

· 지문 이해

나무의 미래	나무의 현재
· 누군가의 의자, 책상, 계단, 다락방이 됨 · 누군가 바다를 생각할 창문이 됨 · 누군가 그리워할 목선이 됨 · 누군가의 몸을 데워주는 장작이 됨	· 잎사귀를 스치는 바람을 만나 흔들리는 모습

· 어휘 풀이

* 다락방 : 주로 부엌 위에 이 층처럼 만들어서 물건을 넣어 두는 방.
* 목선 : 나무로 만든 배.
* 장작 : 통나무를 길쭉하게 잘라서 쪼갠, 땔감으로 쓰는 나무.

오답률 TOP ❷ 1등급 문제

43 표현상 특징 - 적절한 것 고르기
정답률 40%, 매력적 오답 ② 25% ③ ⑤ 15%

정답 ④

(가), (나)의 표현상 특징으로 가장 적절한 것은?

선지	핵심 체크 내용	(가)	(나)
①	반어적 표현 → 시적 긴장 고조	X	X
②	동일한 종결 어미의 반복 → 운율 형성	O	O
③	대상의 의인화	O	O
	화자의 연민	X	X
✔④	시어의 연쇄적 활용 → 시상 발전	O	O
⑤	시선의 이동 → 장소가 지닌 의미를 다양하게 제시	X	X

① (가)는 (나)와 달리 *반어적 표현을 통해 **시적 긴장을 고조시키고 있다. *겉으로 드러난 표현과 속에 담긴 의미가 반대되는 표현 **독자의 관심을 유발하고

[풀이] (가)와 (나) 모두 반어적 표현을 통해 시적 긴장을 고조시키는 부분은 나타나지 않는다.
→ 적절하지 않음!

■ 반어적 표현
1회(2023년 3월 학평) 24번 문제 ③번 선지 참고→012쪽

(가)와 (나) 모두

② (나)는 (가)와 달리 동일한 *종결 어미의 반복으로 운율감을 형성하고 있다. *문장을 끝맺게 하는 어미

[근거] (가) 떨어진다./ 물감이 든다./ 묻어난다./ 들여다본다./ 얼굴이 어린다./ 감아 본다./ 얼굴은 어린다.
(나)-1행 뭐가 되고 싶니/ 2행 의자가 되고 싶니/ 3행 책상이 되고 싶니
(나)-4행 계단도 있겠지/ 13행 감을지도 모르지
(나)-6행 창문들도 있구나/ 11행 배가 되고 싶겠구나/ 21행 만나고 있구나/ 22행 흔들리고 있구나/ 23행 너로구나

[풀이] (가)는 '-ㄴ다'의 종결 어미를 반복하여, (나)는 '-니', '-지', '-구나' 등의 종결 어미를 반복하여 운율감을 형성하고 있다.
→ 적절하지 않음!

💡 **어떻게 풀까?** 종결 어미는 한 문장을 종결되게 하는 어말 어미로, 평서형, 감탄형, 의문형, 명령형, 청유형 등이 있다. 운문에서 종결 어미를 물을 때는 문장의 단위를 생각해 보자. 문장 성분인 마침표가 있다면 파악이 쉽겠지만, 그렇지 않은 경우에는 어떻게 해야 할까?
(가)는 마침표로 문장을 구분하여 '-ㄴ다'의 종결 어미가 반복되고 있음을 쉽게 확인할 수 있다. 그러나 (나)는 문장이 구분되어 있지 않아 종결 어미를 찾는 게 어려웠을 것이다. 종결 어미는 서술어를 통해 실현된다. 따라서 서술어로 끝나는 시행을 추려낸 뒤, 반복되는 종결 어미가 있는지 확인하면 문제를 해결할 수 있다.

③ (가)와 (나) 모두 대상을 *의인화하여 화자의 **연민을 드러내고 있다. *사람이 아닌 것을 사람처럼 표현하여 **(대상을) 불쌍히 여김

[근거] (가) (하늘은) 단풍잎 떨어져 나온 자리마다 봄을 마련해 놓고 나뭇가지 위에 하늘이 펼쳐 있다.
(나)-1~3행 자라면 뭐가 되고 싶니/ ~/ 누군가의 책상이 되고 싶니/ 10~17행 바다를 보는 게 꿈이라면/ ~/ 춤을 추듯 피어오르는 거야/ 19~23행 네 잎사귀를 스치고 가는/ 저 바람 소리를 들어보렴/ ~/ 바로 너로구나

[풀이] (가)에서 봄을 마련해 놓은 주체를 '하늘'로 본다면 '하늘'을 의인화했다고 볼 수 있으나, '하늘'에 대한 화자의 연민을 드러내고 있지는 않다. (나)에서는 '나무'를 '너'라고 지칭하며 꿈을 가질 수 있는 존재로 의인화하였으나, '나무'에 대한 화자의 연민을 드러내고 있지는 않다.
→ 적절하지 않음!

■ 대상을 의인화하여 화자의 연민을 드러내는 작품
· 이용악, 「오랑캐꽃」
너는 오랑캐의 피 한 방울 받지 않았건만/ 오랑캐꽃/ 너는 돌가마도 털메투리도 모르는 오랑캐꽃/ 두 팔로 햇빛을 막아 줄게/ 울어 보렴 목 놓아 울어나 보렴 오랑캐꽃
→ '오랑캐꽃'을 '너'라고 의인화해 '울어 보렴 목 놓아 울어나 보렴'이라고 위로를 건네며 '오랑캐꽃'에 대한 화자의 연민을 드러내고 있다.

④ (가)와 (나) 모두 시어의 *연쇄적 활용을 통해 **시상을 발전시켜 나가고 있다. *앞 구절의 끝 어구를 다음 구절의 앞 부분에 이어받는 **시에 드러난 시인의 생각이나 감정

[근거] (가) 단풍잎 같은 슬픈 가을이 뚝뚝 떨어진다. 단풍잎 떨어져 나온 자리 ~ 하늘이 펼쳐 있다. ~ 하늘을 들여다보려면 ~ 눈썹에 파란 물감이 든다. ~ 손바닥에도 파란 물감이 묻어난다. 다시 손바닥을 ~ 손금에는 맑은 강물이 흐르고, ~ 강물 속에는 ~ 순이의 얼굴이 어린다.
(나)-4~10행 계단도 있겠지/ 그 계단을 따라 올라가는 다락방/ ~ 창문들도 있구나/ 누군가 그 창문을 통해 바다를/ 생각할지도 몰라/ ~/ 바다를 보는 게 꿈이라면

[풀이] (가)에서는 '단풍잎', '하늘', '파란 물감', '손바닥', '강물'의 연쇄적 활용을 통해, (나)에서는 '계단', '창문', '바다'의 연쇄적 활용을 통해 시상을 발전시켜 나가고 있다.

→ 적절함!

→ 문제편 085쪽

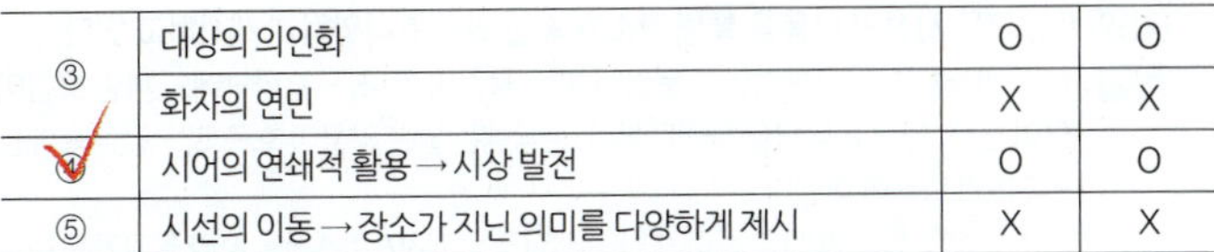

⑤ (가)와 (나) 모두 **시선의 이동을 통해 장소가 지닌 의미를 다양하게 제시**하고 있다.

근거 (가) 하늘을 들여다보려면 ~ 눈썹에 파란 물감이 든다. ~ 손바닥에도 파란 물감이 묻어 난다. 다시 손바닥을 들여다본다. 손금에는 맑은 강물이 흐르고, ~ 강물 속에는 ~ 순이의 얼굴이 어린다.

(나)-4~8행 밟으면 삐걱 소리가 나는 계단도 있겠지/ 그 계단을 따라 올라가는 다락방/ 별빛이 들고 나는 창문들도 있구나/ 누군가 그 창문을 통해 바다를/ 생각할지도 몰라

풀이 (가)에는 소년의 시선이 '하늘', '눈썹', '손바닥(손금)', '맑은 강물', '순이의 얼굴'로 이동하면서 시상이 전개되고 있다. (나)에도 '계단', 그 '계단'을 따라 올라가면 있는 '다락방', '다락방'에 있는 '창문', 그리고 '창문'을 통해 보이는 '바다'로 시선의 이동이 드러난다. 그러나 (가)와 (나) 모두 시선의 이동을 통해 장소가 지닌 의미를 다양하게 제시하고 있지는 않다.

→ 적절하지 않음!

---

44 | 시어의 의미 – 적절한 것 고르기
정답률 65%, 매력적 오답 ④ 10% | 정답 ①

⊙, ⓛ에 대한 이해로 가장 적절한 것은?

> (가) 가만히 ⊙하늘을 들여다보려면 눈썹에 파란 물감이 든다.
> (나)-10~11행 ⓛ바다를 보는 게 꿈이라면/ 배가 되고 싶겠구나

✔① ⊙은 '소년(少年)'의 정서를 *환기하는 기능을 하고 있다. *불러일으키는

근거 (가) ⊙ 하늘을 들여다보려면 눈썹에 파란 물감이 든다. ~ 손바닥에도 파란 물감이 묻어난다. 다시 손바닥을 들여다본다. 손금에는 맑은 강물이 흐르고, ~ 맑은 강물은 흘러 사랑처럼 슬픈 얼굴—아름다운 순이의 얼굴은 어린다.

풀이 '하늘'을 바라보던 '소년'의 눈썹과 손바닥에 파란 물감이 묻어나고, '소년'은 손금에 흐르는 맑은 강물 속에서 사랑처럼 슬픈 순이의 얼굴을 발견한다. 따라서 ⊙(하늘)은 순이에 대한 그리움이라는 '소년'의 정서를 환기하는 기능을 한다고 볼 수 있다.

→ 적절함!

② ⊙은 '소년(少年)'이 거부하고자 하는 세계를 상징하고 있다.

풀이 '하늘'을 보던 '소년'은 '하늘'에 동화되어 눈썹과 손바닥에 파란 물감이 들게 되므로 ⊙(하늘)이 '소년'이 거부하고자 하는 세계를 상징한다고 보기는 어렵다.

→ 적절하지 않음!

③ ⊙은 '소년(少年)'이 자신의 *한계를 인식하는 **계기가 되고 있다. *능력이 작용하는 범위 **원인

풀이 (가)에서 '소년'이 ⊙(하늘)을 계기로 자신의 한계를 인식하는 모습은 나타나지 않는다.

→ 적절하지 않음!

④ ⓛ은 '너'가 처한 긍정적 상황을 드러내는 역할을 한다.

풀이 (나)의 화자는 '너'의 꿈이 무엇일지 상상하며 '너'가 '바다'를 보는 게 꿈이면 배가 되고 싶겠다고 하고 있다. 따라서 ⓛ(바다)은 화자가 상상한, '너'의 꿈과 관련된 대상이지 '너'가 처한 긍정적 상황을 드러내는 역할을 하는 것은 아니다.

→ 적절하지 않음!

⑤ ⓛ은 '너'의 *성찰이 이루어진 이후의 모습을 **표상하고 있다. *반성 **상징하고

풀이 '바다'는 화자가 상상한, '너'가 보고 싶어 하는 대상이므로 ⓛ(바다)이 '너'의 성찰이 이루어진 이후의 모습을 드러낸 것은 아니다.

→ 적절하지 않음!

1등급 문제

45 | 감상의 적절성 – 적절하지 않은 것 고르기
정답률 50%, 매력적 오답 ① 15% ④ 20% ⑤ 10% | 정답 ③

〈보기〉를 참고하여 (가)와 (나)를 감상한 내용으로 적절하지 않은 것은? 3점

> | 보기 |
> [1] (가), (나)는 시간의 흐름 속에서 성장하는 존재의 순수한 정서와 인식에 대해 표현하고 있다. [2] (가)는 소년이 자연물에 동화되는(같을 同 될 化 : 하나가 되는) 과정을 감각적으로(느낄 感 깨달을 覺 ~의 的 : 시각, 청각, 후각, 촉각, 미각과 같은 감각이 느껴지는 이미지로) 드러내면서 과거의 사랑을 그리워하는 소년의 정서를 보여 준다. [3] (나)는 대상이 품을 수 있는 다양한 꿈을 제시하고, 꿈을 이루지 못한 상황에서도 대상이 존재 가치가 있다는 것을 역설적으로(거스를 逆 말할 說 ~의 的 : 모순을 통해 강조하여) 보여 주고 있다. [4] 또 미래보다 현재 상황과 모습에 주목하는 자세를 강조하며 마무리한다.

① (가)의 '파란 물감이 든' '눈썹'은 '소년(少年)'이 자연물에 동화되는 것을 감각적으로 표현하는군.

근거 〈보기〉-2 (가)는 소년이 자연물에 동화되는 과정을 감각적으로 드러내면서

(가) 하늘을 들여다보려면 눈썹에 파란 물감이 든다.

풀이 (가)의 '파란 물감이 든' '눈썹'은 '소년'이 자연물인 하늘에 동화되는 것을 시각적으로 표현한 것이다.

→ 적절함!

② (가)의 '맑은 강물'에 어린 얼굴에는 '순이(順伊)'에 대한 '소년(少年)'의 그리움이 *투영되어 있군. *나타나

근거 〈보기〉-2 과거의 사랑을 그리워하는 소년의 정서를 보여 준다.

(가) 손금에는 맑은 강물이 흐르고, 맑은 강물이 흐르고, 강물 속에는 사랑처럼 슬픈 얼굴—아름다운 순이의 얼굴이 어린다. 소년은 황홀히 눈을 감아 본다.

풀이 (가)에서 '소년'의 손금에 흐르는 '맑은 강물'에는 사랑처럼 슬픈 얼굴인 '순이'의 얼굴이 어려 있다. 이는 '순이'에 대한 '소년'의 그리움이 투영된 것으로 볼 수 있다.

→ 적절함!

✔③ (나)의 '의자', '책상', '한 줌 재' 등은 대상이 품을 수 있는 다양한 꿈을 보여 주는군.

근거 〈보기〉-3 (나)는 대상이 품을 수 있는 다양한 꿈을 제시하고,

(나)-2~3행 의자가 되고 싶니/ 누군가의 책상이 되고 싶니/ 12~14행 어쩌면 그 무엇도 되지 못하고/ 아궁이 속 장작으로 눈을 감을지도 모르지/ 잊지 마렴 한 줌 재가 되었지만

풀이 (나)의 '의자'와 '책상'은 '너'가 품을 수 있는 다양한 꿈을 보여 준다. 그러나 '한 줌 재'는 그 무엇도 되지 못한 상황을 의미하므로 '너'의 꿈을 보여 주는 것이라 볼 수 없다.

→ 적절하지 않음!

④ (나)의 '장작'은 꿈을 이루지 못한 상황에서도 '몸을 데워' 줄 수 있다는 존재 가치에 대한 역설적 인식을 보여 주는군.

근거 〈보기〉-3 꿈을 이루지 못한 상황에서도 대상이 존재 가치가 있다는 것을 역설적으로 보여 주고 있다.

(나)-12~17행 어쩌면 그 무엇도 되지 못하고/ 아궁이 속 장작으로 눈을 감을지도 모르지/ 잊지 마렴 한 줌 재가 되었지만/ 넌 그때도 하늘을 날고 있는 거야/ 누군가의 몸을 데워주고 난 뒤/ 춤을 추듯 피어오르는 거야

풀이 (나)의 '장작'이 한 줌 재가 된 것은 '너'가 꿈꾸는 그 무엇도 되지 못한 상황이며, 그럼에도 누군가의 '몸을 데워' 줄 수 있는 것은 새롭게 발견한 '너'의 존재 가치를 의미한다. 따라서 '장작'은 꿈을 이루지 못한 상황에서도 '몸을 데워' 줄 수 있다는 존재 가치에 대한 역설적 인식을 보여 준다.

→ 적절함!

⑤ (나)의 '바람 소리'는 대상에게 '지금'의 상황과 모습을 주목하게 하는 계기가 될 수 있겠군.

근거 〈보기〉-4 미래보다 현재 상황과 모습에 주목하는 자세를 강조하며 마무리한다.

(나)-19~23행 네 잎사귀를 스치고 가는/ 저 바람 소리를 들어보렴/ 너는 지금 바람을 만나고 있구나/ 바람의 춤을 따라 흔들리고 있구나/ 지금이 바로 너로구나

풀이 대상인 '너(나무)'에게 '바람 소리'를 들어보라 하고 있다. 이를 통해 '너'가 바람을 만나 잎사귀가 바람의 춤을 따라 흔들리는 '지금'의 상황과 모습을 주목하게 하고 있다.

→ 적절함!

✪ 5회 모의고사 특징

✔ 적절한 난이도로 출제되었음.

✔ 화법과 작문의 경우 전형적인 유형으로 출제되었음. 화법과 작문이 결합된 지문에서 말하기 방식을 묻는 5번의 경우 선지를 꼼꼼히 읽지 않으면 함정에 빠질 수 있었음.

✔ 언어는 피동 표현에 관한 지문형 문제에서 12번 문제의 오답률이 꽤 높았음. 지문에 제시된 정보를 확실히 파악하는 능력이 요구되었음. 3월과 마찬가지로 현대 문법만 출제되었음.

✔ 독서는 해수 담수화와 관련된 기술 지문에서 <보기>의 그림과 관련지어 기술 과정을 파악해야 하는 22번 문제의 난도가 가장 높았음. 해당 기술의 과정과 원리를 제대로 이해했어야 하는 문제였음. 아방가르드와 비디오 아트에 대한 두 개의 글이 결합된 주제 통합형 지문에서 20번 문제의 오답률이 높았음. 사례로 제시된 작품들이 비디오 아트 중 어떤 유형에 속하는지 파악하는 것이 관건이었음. 법의 효력에 관한 사회 지문에서는 사례에 적용하는 29번이 변별력이 있는 문제였음.

✔ 문학은 난도가 꽤 높았음. 고전소설의 경우 <보기>를 바탕으로 감상하는 문제인 34번은 인물의 행동에 내재된 심리를 파악하는 것이 중요했음. 또한 선지를 꼼꼼히 보지 않아 틀린 학생들이 많았을 것으로 보임. 가사와 시조, 수필이 결합된 갈래 복합 지문은 고전 시가가 낯선 작품들이 아니라 접근하기 쉬웠을 것임. 현대소설의 42번은 <보기>와 지문을 제대로 연결하지 않으면 틀릴 수 있는 문제였음. 현대시는 낯선 작품이었으며, 표현상의 공통점을 묻는 43번의 오답률이 꽤 높았음.

오답률 TOP ⑤

문항 번호	22	20	43	12	5
분류	독서 **기술**	독서 **예술**	문학 **현대시**	언어 **개념 복합**	화작 **화법**
난도	최상	상	상	중상	중상

✔ 정답표

01	③	02	③	03	⑤	04	③	05	②
06	⑤	07	④	08	③	09	⑤	10	②
11	①	12	④	13	②	14	①	15	⑤
16	④	17	④	18	②	19	②	20	①
21	④	22	⑤	23	⑤	24	①	25	③
26	④	27	④	28	②	29	⑤	30	③
31	①	32	①	33	②	34	④	35	③
36	②	37	⑤	38	②	39	④	40	①
41	②	42	②	43	④	44	④	45	③

[01 ~ 03] 발표

01	말하기 방식 - 적절한 것 고르기 정답률 65%, 매력적 오답 ④ 25%	정답 ③

위 발표에 반영된 학생의 말하기 계획으로 적절한 것은?

③ 청중과 공유하고 있는 내용을 언급하며 발표 제재를 *선정하게 된 **계기를 밝혀야겠어. *여럿 가운데서 어떤 것을 뽑아 정하게 **원인이나 기회

> **근거** ❶문단 지난주 화재 대피(위험이나 피해를 입지 않도록 일시적으로 피함) 훈련 때 비상구(화재나 지진 따위의 갑작스러운 사고가 일어날 때에 급히 대피할 수 있도록 특별히 마련한 출입구)를 찾는 방법에 대해 배웠습니다.
> ❶문단 그런데 치솟는 불길과 짙은 연기 등으로 인해 비상구를 찾을 수 없을 때는 어떻게 해야 할까요? 이런 의문이 생겨 조사한 피난 기구(재난을 피하여 멀리 옮겨 갈 때 필요한 도구나 기계)에 대해 발표하겠습니다.

---

④ 질문에 대한 반응을 확인하며 청중이 발표의 중심 내용에 대해 이해한 정도를 점검해야겠어.

> **근거** ❶문단 잘 기억하고 있나요? (청중의 반응을 확인하며) 잘 기억하고 있네요.
> **풀이** 청중에게 질문을 한 후 질문에 대한 청중의 반응을 확인하고 있으나, 발표의 중심 내용인 '피난 기구'에 대해 이해한 정도를 점검하고 있지는 않다.

02	자료 활용 방식 - 적절하지 않은 것 고르기 정답률 90%	정답 ③

다음은 위 발표에서 제시한 자료이다. 자료 활용에 대한 설명으로 적절하지 않은 것은?

③ [자료 1]을 활용하여 간이 완강기와 완강기의 구조적 차이를 설명하고 있다.

> **근거** ❷문단 구조나 사용 방법은 완강기와 동일하지만 반복해서 사용할 수 없는 '간이 완강기'도 있습니다.
> **풀이** 간이 완강기와 완강기는 구조나 사용 방법이 동일하다고 하였으므로, [자료 1]을 활용하여 간이 완강기와 완강기의 구조적 차이를 설명하고 있다는 설명은 적절하지 않다.

03	듣기 전략 - 적절하지 않은 것 고르기 정답률 95%	정답 ⑤

발표 내용을 바탕으로 할 때, <보기>에 나타난 학생들의 반응에 대한 이해로 적절하지 않은 것은?

⑤ 학생 2와 학생 3은 발표자가 언급하지 않은 내용을 추론하며 듣고 있다.

> **근거** 학생 2 간이 완강기에도 속도 조절기가 있어 천천히 내려올 수 있겠네.
> **풀이** 발표자가 언급하지 않은 내용을 추론하며 듣는 것은 학생 2이다.

[04 ~ 07] (가) 대화 (나) 연설문

04	의사소통 방식 - 적절하지 않은 것 고르기 정답률 70%, 매력적 오답 ① 20%	정답 ③

(가)의 '학생 1'에 대한 이해로 적절하지 않은 것은?

③ 상대의 발언을 재진술하며 추가적인 정보를 요청하고 있다.

> **근거** (가) 학생 2 평소에 친구들 사이에서 제일 많이 나온 이야기는 자판기 설치야.
> (가) 학생 1 조금 더 자세히 이야기해 줄래?
> **풀이** '학생 2'의 발언을 듣고 자판기 설치에 대해 자세히 이야기해 줄 것을 요청하고 있으나, '학생 2'의 발언을 재진술하고 있지는 않다.

① 상대의 요청에 대한 구체적인 방법을 설명하고 있다.

> **근거** (가) 학생 3 소통망들을 하나로 모은다는 건 어떻게 하겠다는 거야? 구체적으로 설명해 줘.
> (가) 학생 1 학교 누리집에 온라인 학생회를 만들면 어떨까 해. 운영 중인 여러 소통망을 일원화하는(하나로 만드는) 거지. 그리고 조금 전에 이야기한 특별실 사용 예약도 온라인 학생회에서 받으려고 해. 그러면 학생 활동과 관련된 내용을 한 곳에 정리할 수 있을 것 같아.
> **풀이** 온라인 소통망을 하나로 모으는 방법에 대한 '학생 3'의 요청을 듣고, 그에 대한 구체적인 방법을 설명하고 있다.

05	의사소통 방식 - 적절하지 않은 것 고르기 정답률 50%, 매력적 오답 ⑤ 40%	정답 ②

[A], [B]에 대한 설명으로 적절하지 않은 것은?

② [A]에서 '학생 3'은 제안이 실현되었을 때 발생할 수 있는 문제 상황을 제시하고 있다.

> **근거** (가) 학생 3 자판기 설치를 공약(어떤 일을 실행하겠다는 약속)으로 세우려면 선생님과 사전(일을 시작하기 전)에 논의가 필요하지 않아? 자판기 구입이나 설치 장소 등 여러 문제가 해결되어야 한다고 생각해. 학생회가 자체적으로(외부 영향 없이 독립적으로)

할 수 있는 범위를 벗어난 것 같아.

풀이 [A]에서 '학생 3'은 제안을 실현하기 전에 자판기 구입이나 설치 장소 등에 대해 논의가 필요하다고 지적하고 있다. 제안이 실현되었을 때 발생할 수 있는 문제 상황을 제시하고 있지는 않다.

매력적 오답

⑤ [A], [B]에서 '학생 2'는 모두 타인의 의견을 들어 자신의 주장을 뒷받침하는 근거로 활용하고 있다.

근거 (가) 학생 2 늦게까지 남아서 공부를 하는 친구들은 매점 운영 시간이 아니더라도 언제나 이용할 수 있는 자판기가 있으면 좋겠다고 했어.

(가) 학생 2 학생들이 특별실을 쉽게 빌릴 수 있게 하는 방법이 필요한 것 같아. 다른 반 친구들과 탐구 활동을 할 때 사용할 수 있는 곳을 찾기 위해 여러 선생님께 여쭤 보러 다닌 적이 있는데, 그때 정말 불편했어. 친구들도 사용할 수 있는 곳을 찾기 위해 여러 선생님을 찾아가야 하는 게 불편하다고 했어.

풀이 '학생 2'는 [A]에서 늦게까지 남아서 공부를 하는 친구들의 의견을 근거로 들어 자판기 설치가 필요하다는 주장을 뒷받침하고 있다. 그리고 [B]에서는 특별실을 함께 빌리고자 했던 다른 반 친구들의 의견을 근거로 들어 특별실을 쉽게 빌릴 수 있는 방법이 필요하다는 주장을 뒷받침하고 있다.

1등급 문제

06 작문 계획의 반영 - 적절하지 않은 것 고르기
정답률 60%, 매력적 오답 ① 15% ④ 20%　　　　　　**정답 ⑤**

(가)를 바탕으로 세운 아래의 작문 계획 중 (나)에 반영되지 않은 것은? `3점`

⑤ 셋째 공약을 제시할 때, 대화에서 언급된 친구들의 관심에 관한 설문 결과를 활용해 친구들의 요구가 반영된 공약임을 제시해야겠어.

근거 (가) 학생 2 평소에 친구들 사이에서 제일 많이 나온 이야기는 자판기 설치야.

(가) 학생 1 내가 알기에도 자판기 설치에 관심을 갖는 학생들이 많거든.

(나) ❹문단 우리 지역 학교의 50% 이상은 이미 간식 자판기를 설치하여 운영하고 있습니다.

풀이 (가)의 대화에서 자판기 설치에 대한 친구들의 관심에 대한 내용이 언급된 것은 맞으나, 셋째 공약을 제시할 때 이와 관련된 설문 결과를 활용하고 있지는 않다. (나)에서 활용한 통계는 우리 지역 학교의 자판기 설치 현황이다.

매력적 오답

① 첫째 공약을 제시할 때, 대화에서 논의하지 않았던 기대효과를 제시해야겠어.

근거 (나) ❷문단 한 곳에서 학생회 활동과 학교 생활의 정보를 찾아볼 수 있게 하여 여러분의 시간을 아낄 수 있도록 돕겠습니다.

풀이 온라인 소통망들을 하나로 모으면 시간을 아낄 수 있다는 기대효과는 (가)의 대화에서 논의하지 않았다.

④ 셋째 공약을 제시할 때, 대화에서 제시된 자판기와 관련하여 그 종류를 명확하게 제시해야겠어.

근거 (가) 학생 2 늦게까지 남아서 공부를 하는 친구들은 매점 운영 시간이 아니더라도 언제나 이용할 수 있는 자판기가 있으면 좋겠다고 했어.

(나) ❹문단 셋째, 간식 자판기를 설치하겠습니다.

풀이 (가)의 대화에서는 매점이 문을 닫은 시간에도 이용할 수 있는 자판기 설치에 대해 논의하였다. (나)의 연설문에서는 자판기 중에서도 '간식 자판기'로 그 종류를 명확하게 제시하였다.

---

07 조건에 따른 표현 - 적절한 것 고르기
정답률 85%　　　　　　**정답 ④**

다음 조언에 따라 ⊙에 들어갈 내용을 작성한다고 할 때, 가장 적절한 것은?

> 먼저 제시할 공약의 특징을 활용하여 어떤 특징을 가진 후보인지를 *대구의 형식을 사용하여 유권자에게 깊은 인상을 심어주는 것이 좋을 것 같아. 또 공약을 반드시 지킨다는 내용을 언급한다면 신뢰를 줄 수 있을 거야. *구조가 비슷한 어구를 나열하는 표현 방법

④ 불편을 개선하는 후보, 학교를 바꾸는 후보. 확실히 지킬 수 있는 공약만 말씀드립니다.

근거 (나) ❷문단 필요한 정보를 확인하기 위해 학생회에서 운영 중인 여러 소통망을 찾아보아야 했던 것(불편 사항)을 온라인 학생회로 일원화하겠습니다. (개선 사항)

(나) ❸문단 모둠 및 동아리 활동 장소를 찾기 위해 여러 선생님을 찾아다녀야 했던

것(불편 사항)을 사용 가능한 특별실을 온라인에서 확인하고 사용 신청 및 승인을 받을 수 있게 하겠습니다. (개선 사항)

(나) ❹문단 우리 학교는 현재 매점 운영 시간에만 간식을 구매할 수 있어 늦게까지 공부하는 학생들은 많은 불편을 느낍니다. (불편 사항)

(나) ❹문단 제가 부회장이 되면 간식 자판기를 설치하여 많은 학생들이 느끼는 불편을 해결하도록 하겠습니다. (개선 사항)

풀이 학교 생활에 있어 불편한 사항을 바꿔 주는 후보라는 특징을 '…을/를 ~는 후보'라는 대구의 형식을 사용하여 표현하였다. 또한 공약을 반드시 지킨다는 내용을 언급하고 있다.

[08 ~ 10] 안내문

08 작문 전략 - 적절하지 않은 것 고르기
정답률 85%　　　　　　**정답 ③**

윗글에서 활용한 글쓰기 전략으로 적절하지 않은 것은?

① 행사의 세부 활동을 나열한다.

근거 [학생의 초고] ❸문단 급식 도우미의 날이란 반마다 돌아가면서 줄서기 지도, 배식(단체에서 식사를 나누어 줌), 잔반(먹고 남은 음식) 처리 돕기, 식판 정리하기 등의 활동을 해 보는 날을 말합니다.

→ 적절함!

② 관용 표현으로 행사의 의도를 강조한다.

근거 [학생의 초고] ❸문단 '백 번 듣는 것보다 한 번 보는 것이 더 낫다.'라는 말이 있습니다. 우리 학생들이 급식 도우미 역할을 직접 해 본다면, 급식실 이용 규칙을 지키는 것의 중요성을 깨닫게 되어 여러 가지 문제점이 자연스럽게 개선될 것이라고 생각합니다.

→ 적절함!

✓③ 관찰한 결과를 중요도 순으로 제시한다.

근거 [학생의 초고] ❷문단 학생자치회에서는 학생들이 급식실에서 어떤 규칙을 지키지 않는지 일주일 동안 관찰해 본 결과 크게 네 가지 문제점을 확인할 수 있었습니다.

풀이 일주일 동안 학생들의 모습을 관찰한 결과를 제시하고 있으나, 이를 중요도 순으로 제시하고 있지는 않다.

→ 적절하지 않음!

④ 문제 상황을 인지하게 된 계기를 제시한다.

근거 [학생의 초고] ❶문단 요즘 급식실 이용 규칙을 지키지 않는 학생들이 많아 급식실 이용이 불편하다는 의견들이 학생자치회에 여러 차례 들어왔습니다.

→ 적절함!

⑤ 규칙을 어기는 행동이 문제가 되는 이유를 설명한다.

근거 [학생의 초고] ❷문단 배식이 제때 이뤄지지 않아 배식 시간이 지연되기도(늦추어지기도) 했습니다.

[학생의 초고] ❷문단 잔반을 버리는 시간이 오래 걸려 친구들에게 불편을 주기도 했습니다.

[학생의 초고] ❷문단 어지럽게 쌓인 식판들이 쓰러져 바닥이 엉망이 되기도 했습니다.

→ 적절함!

---

09 자료 활용 방안 - 적절하지 않은 것 고르기
정답률 90%　　　　　　**정답 ⑤**

〈보기〉는 초고를 보완하기 위해 추가로 수집한 자료들이다. 자료의 활용 방안으로 적절하지 않은 것은? `3점`

⑤ ㄴ과 ㄷ을 3문단에 활용하여, 급식 도우미의 날 행사를 처음 도입할 때 도우미 학생이 겪을 어려움과 이를 해결할 수 있는 방안을 추가한다.

풀이 ㄴ은 잔반을 버린 후 식판을 차곡차곡 쌓지 않았을 때 발생하는 문제점에 대해 언급한 인터뷰 자료이고, ㄷ은 '급식 도우미의 날' 행사의 긍정적 효과에 대해 제시한 신문 기사이다. ㄴ과 ㄷ에는 급식 도우미 학생들이 겪을 어려움과 이를 해결할 수 있는 방안에 대한 내용이 언급되어 있지 않으므로, ㄴ과 ㄷ을 3문단에 활용하여, 급식 도우미의 날 행사를 처음 도입할 때 도우미 학생들이 겪을 어려움과 이를 해결할 수 있는 방안을 추가한다는 방안은 적절하지 않다.

10 작문 내용의 점검 및 고쳐쓰기 - 적절한 것 고르기
정답률 90% · 정답 ②

〈보기〉는 선생님의 조언에 따라 [가]를 고쳐 쓴 것이다. 선생님이 했을 조언으로 가장 적절한 것은?

[가] 급식 도우미의 날 행사는 학생자치회에서 의결하여 2학기부터 실시하고자 합니다. 이에 대해 궁금한 점이 있다면 학생자치회로 연락해 주시기 바랍니다. 학생 여러분의 적극적인 관심을 부탁드립니다.

| 보기 |
급식 도우미의 날 행사는 학생자치회에서 의결하여 2학기부터 실시하고자 합니다. 학생자치회에서는 행사를 의결하기 전에 먼저 실시 여부에 대한 찬반과 운영 방식에 대해 학생들의 의견을 수렴하려 합니다. 학생들은 학생자치회 게시판에 있는 건의함을 통해 제시된 양식에 맞게 의견을 제출해 주시면 좋겠습니다. 여러분들의 적극적인 참여를 부탁드립니다.

의견을 수렴할 내용
수렴 방법

② 어떤 일을 의결할 때는 먼저 학생들의 의견을 모아보는 것이 좋아. 그러니 의견을 수렴할 내용과 수렴 방법에 관해 설명하면서 참여를 부탁하는 내용으로 고치면 좋겠구나.

풀이 '급식 도우미의 날 행사 실시 여부에 대한 찬반'과 '운영 방식'으로 의견을 수렴할 내용을 밝혀 주었고, '학생자치회 게시판에 있는 건의함'으로 수렴 방법에 관해 설명하였다. 또한 '적극적인 관심을 부탁드립니다'를 '적극적인 참여를 부탁드립니다'로 수정하여 참여를 부탁하는 내용을 반영하였다.

[11~12] 언어 - 피동 표현

1 [1]문장에서 주어가 자기 힘으로 동작이나 행위를 하는 것을 능동, 주어가 다른 주체에 의해 동작이나 행위를 당하는 것을 피동이라 한다. [2]그리고 능동이 표현된 문장은 능동문, 피동이 표현된 문장은 피동문이라고 한다.

2 [1]피동문을 형성하는 방법에는 여러 가지가 있다. [2]우선 용언 어간에 피동 접미사 '-이-', '-히-', '-리-', '-기-'를 결합하여 새로운 피동사를 파생하는(만드는) 방법이 있다. [3]다음으로 연결 어미를 이용하여 구성된 '-아/어지다', '-게 되다'를 어간에 결합하는 방법이나 일부 명사 뒤에 '-되다'를 붙이는 방법도 있다. [4]이러한 문법 요소를 활용하여 피동의 의미를 나타내는 것을 피동 표현이라고 한다.

3 [1]피동 표현을 사용하여 능동문을 피동문으로 만들면, 일반적으로 능동문의 목적어(서술어 동작의 대상이 되는 문장 성분)는 피동문의 주어(서술어의 주체가 되는 문장 성분)가 되고 능동문의 주어는 피동문의 부사어(서술어를 비롯한 관형어, 다른 부사어, 문장 전체 등을 수식하는 문장 성분)가 된다. [2]그런데 피동문에 대응하는 능동문을 상정하기(가정적으로 생각하여 단정하기) 어려운 경우도 있다. [3]가령 '날씨가 풀렸다.'라는 문장은 피동문의 서술어(풀렸다)가 동작이나 행위가 아니라 자연적인 상태 변화를 나타낸다. [4]따라서 '(누가) 날씨를 풀었다.'처럼 행위의 주체를 설정하기 어렵기 때문에 능동문으로 만들면 어색하게 느껴지는 것이다.

4 [1]피동 표현은 행위의 대상에 초점을 맞추어 표현하기에 행위의 주체가 강조되지 않는다. [2]따라서 행위의 주체를 모르거나 설정하기 어려울 때, 행위의 주체를 의도적으로 숨기고자 할 때, 객관적인 느낌을 주고자 할 때 등에 사용한다. [3]한편, 피동의 문법 요소를 두 번 결합한 이중 피동을 사용하는 경우도 있다. [4]이는 어색한 표현인 경우가 많으므로 주의해야 한다.

11 피동 표현의 이해 - 적절하지 않은 것 고르기
정답률 90% · 정답 ①

윗글을 통해 알 수 있는 내용으로 적절하지 <u>않은</u> 것은?

주체 · 대상이

①피동 표현을 사용하면 행위의 대상보다 행위의 주체가 강조된다.
근거 **4**-1 피동 표현은 행위의 대상에 초점을 맞추어 표현하기에 행위의 주체가 강조되지 않는다.
→ 적절하지 않음!

② 객관적인 느낌을 전달하려는 의도로 피동 표현을 사용할 수 있다.
근거 **4**-2 (피동 표현은) 객관적인 느낌을 주고자 할 때 등에 사용한다.
→ 적절함!

③ 주어가 다른 주체에 의해 어떤 행위를 당하는 것을 피동이라 한다.
근거 **1**-1 문장에서 … 주어가 다른 주체에 의해 동작이나 행위를 당하는 것을 피동이라

한다.
→ 적절함!

④ 행위의 주체를 모르거나 설정하기 어려울 때 피동 표현을 사용할 수 있다.
근거 **4**-2 (피동 표현은) 행위의 주체를 모르거나 설정하기 어려울 때, … 사용한다.
→ 적절함!

⑤ 피동 접미사 이외의 문법 요소를 활용하여 피동의 의미를 나타낼 수 있다.
근거 **2**-1~3 피동문을 형성하는 방법에 … 용언 어간에 피동 접미사 '-이-', '-히-', '-리-', '-기-'를 결합하여 새로운 피동사를 파생하는 방법 … 연결 어미를 이용하여 구성된 '-아/어지다', '-게 되다'를 어간에 결합하는 방법이나 일부 명사 뒤에 '-되다'를 붙이는 방법도 있다.
→ 적절함!

오답률 TOP 4 · 1등급 문제

12 피동 표현 - 적절하지 않은 것 고르기
정답률 50%, 매력적 오답 ② 10% ⑤ 30% · 정답 ④

윗글을 바탕으로 〈보기〉를 탐구한 결과로 적절하지 <u>않은</u> 것은? 3점

| 보기 |
ㄱ. 아버지가 아들을 안았다. → 아들이 아버지에게 안겼다.
ㄴ. 조사 결과 화재의 원인은 누전으로 파악된다.
ㄷ. 더위가 꺾였다. → (누가) 더위를 꺾었다.
ㄹ. 이번 패배는 그의 실책으로 보여진다.

① ㄱ에서는 능동문을 피동문으로 바꿀 때 능동문의 주어가 피동문의 부사어가 되었군.
근거 **3**-1 피동 표현을 사용하여 능동문을 피동문으로 만들면, 일반적으로 능동문의 목적어는 피동문의 주어가 되고 능동문의 주어는 피동문의 부사어가 된다.

풀이
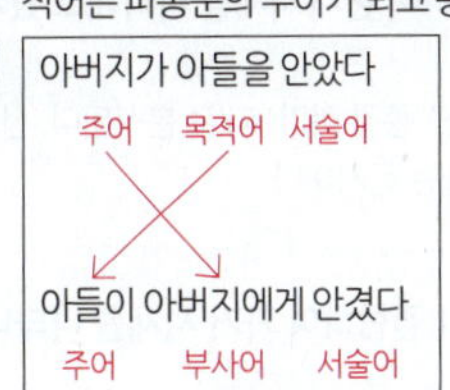

피동 접미사 '-기-'를 사용하여 능동문을 피동문으로 바꿀 때 능동문의 주어인 '아버지가'가 피동문의 부사어인 '아버지에게'로 바뀌었다.
→ 적절함!

② ㄴ에서는 명사 뒤에 '-되다'를 결합하여 피동의 의미를 표현했군.
근거 **2**-3 일부 명사 뒤에 '-되다'를 붙이는 방법도 있다.
풀이 ㄴ은 '파악' 뒤에 '-되다'를 결합하여 피동의 의미를 표현한 문장이다. '파악'은 '어떤 대상의 내용이나 본질을 확실하게 이해하여 앎'을 뜻하는 명사이다.
→ 적절함!

③ ㄷ에서는 서술어가 자연적인 상태의 변화를 나타내어 피동문에 대응하는 능동문을 상정하기 힘들군.
근거 **3**-2~4 피동문에 대응하는 능동문을 상정하기 어려운 경우도 있다. … 피동문의 서술어가 동작이나 행위가 아니라 자연적인 상태 변화를 나타낸다. … 행위의 주체를 설정하기 어렵기 때문에 능동문으로 만들면 어색하게 느껴지는 것이다.
풀이 '더위가 꺾였다'는 동작이나 행위가 아니라 자연적인 상태 변화를 나타내는 서술어 '꺾였다'가 사용되어 행위의 주체를 설정하기 어렵다. 즉 '더위가 꺾였다'는 피동문에 대응하는 능동문을 상정하기 어려운 경우에 해당한다.
→ 적절함!

피동의 문법 요소
④ㄹ에서는 피동 접미사가 두 번 결합한 이중 피동이 쓰였군.
근거 **2**-2~3 용언 어간에 피동 접미사 '-이-', '-히-', '-리-', '-기-'를 결합하여 새로운 피동사를 파생하는 방법이 있다. 다음으로 연결 어미를 이용하여 구성된 '-아/어지다', '-게 되다'를 어간에 결합하는 방법
4-3 피동의 문법 요소를 두 번 결합한 이중 피동
풀이 '이번 패배는 그의 실책으로 보여진다'의 서술어 '보여진다'는 '보- + -이- + -어지- + -ㄴ- + -다'로 분석된다. 피동의 문법 요소를 두 번 결합하였으므로 이중 피동이 쓰인 것은 맞으나, '-이-'와 달리 '-어지-'는 피동 접미사에 해당하지 않는다.
→ 적절하지 않음!

⑤ ㄱ과 ㄷ에서는 모두 피동 접미사로 피동의 의미를 표현했군.
근거 **2**-2 용언 어간에 피동 접미사 '-이-', '-히-', '-리-', '-기-'를 결합하여 새로운 피동사를 파생하는 방법
풀이 '아들이 아버지에게 안겼다'의 서술어 '안겼다'는 '안- + -기- + -었- + -다'로 분석되고, '더위가 꺾였다'의 서술어 '꺾였다'는 '꺾- + -이- + -었- + -다'로 분석된다. ㄱ은 용언

어간에 피동 접미사 '-기-'가, ㄷ은 용언 어간에 피동 접미사 '-이-'가 결합되었으므로 ㄱ과 ㄷ 모두 피동 접미사로 피동의 의미를 표현하였다.

→ 적절함!

13 | 동사와 형용사의 구별 - 적절하지 않은 것 고르기
정답률 80%　　　　　　　　　　　정답 ⑤

〈보기〉를 바탕으로 탐구한 내용으로 적절하지 않은 것은?

| 보 기 |
○ 동사와 형용사의 특징
▶ 동사는 선어말 어미 '-는-/-ㄴ-'의 결합으로, 형용사는 기본형(어간에 어미 '-다'가 결합한 형태)으로 현재 시제를 나타냄.
▶ 관형사형 어미 '-(으)ㄴ'이 결합했을 때, 동사는 과거 시제를 나타내지만, 형용사는 현재 시제를 나타냄.

① '감이 떫다.'에서는 기본형으로 현재 시제를 나타내고 있기 때문에 '떫다'는 형용사이군.
　풀이　서술어 '떫다'는 어간 '떫-'과 어미 '-다'로 분석된다. 기본형으로 현재 시제를 나타내므로 '떫다'는 형용사이다.
　→ 적절함!

② '책을 읽는다.'에서는 선어말 어미 '-는-'이 결합하여 현재 시제를 나타내고 있기 때문에 '읽다'는 동사이군.
　풀이　서술어 '읽는다'는 어간 '읽-', 선어말 어미 '-는-', 종결 어미 '-다'로 분석된다. 선어말 어미 '-는-'을 통해 현재 시제를 나타내므로 '읽다'는 동사이다.
　→ 적절함!

③ '친구와 논다.'에서는 선어말 어미 '-ㄴ-'이 결합하여 현재 시제를 나타내고 있기 때문에 '놀다'는 동사이군.
　풀이　서술어 '논다'는 어간 '놀-', 선어말 어미 '-ㄴ-', 종결 어미 '-다'로 분석된다. 선어말 어미 '-ㄴ-'을 통해 현재 시제를 나타내므로 '놀다'는 동사이다.
　→ 적절함!

④ '집에 간 사람'에서는 관형사형 어미 '-(으)ㄴ'이 결합하여 과거 시제를 나타내고 있기 때문에 '가다'는 동사이군.
　풀이　관형어 '간'은 어간 '가'와 관형사형 어미 '-ㄴ'으로 분석된다. 관형사형 어미 '-ㄴ'이 결합하여 과거 시제를 나타내므로 '가다'는 동사이다.
　→ 적절함!

⑤ '우리가 이긴 시합'에서는 관형사형 어미 '-(으)ㄴ'이 결합하여 ~~현재~~ 과거 시제를 나타내고 있기 때문에 '이기다'는 ~~형용사~~ 동사이군.
　풀이　관형어 '이긴'은 어간 '이기-'와 관형사형 어미 '-ㄴ'으로 분석된다. 관형사형 어미 '-ㄴ'이 결합하여 과거 시제를 나타내므로 '이기다'는 동사이다.
　→ 적절하지 않음!

> **tip** · 동사와 형용사를 구별하는 방법
>
> ① 동사는 주어의 동작이나 작용(과정)을, 형용사는 성질이나 상태를 나타낸다.
> 　(예) 그는 밥을 먹는다. (동작) → 동사
> 　　　꽃이 붉다. (상태) → 형용사
> ② 기본형에 현재 시제 선어말 어미 '-ㄴ-/는-', 관형사형 어미 '-는'과 결합할 수 있으면 동사이고, 결합할 수 없으면 형용사이다.
> 　(예) 밥을 먹는다. (동사)
> 　　　꽃이 붉는다.(×) (형용사)
> 　　　밥을 먹는 나 (동사)
> 　　　붉는 꽃(×) (형용사)
> ③ '의도'를 뜻하는 어미 '-려'나 '목적'을 뜻하는 어미 '-러'와 함께 쓰일 수 있으면 동사, 그렇지 못하면 형용사이다.
> 　(예) 나는 밥을 먹으려 한다. 나는 밥을 먹으러 간다. → (동사)
> 　　　꽃이 붉으려 한다.(×) 꽃이 붉으러 간다.(×) → (형용사)
> ④ 동사는 명령형 어미(-아라/어라), 청유형 어미(-자)와 결합할 수 있는 데 반해 형용사는 결합할 수 없다.
> 　(예) 먹다 : 먹어라, 먹자 → (동사)
> 　　　붉다 : 붉어라(×), 붉자(×) → (형용사)

14 | 비음화와 된소리되기 - 적절한 것 고르기
정답률 70%, 매력적 오답 ② 15%　　　　　　정답 ①

〈보기〉의 학습 활동을 수행한 결과로 적절한 것은?

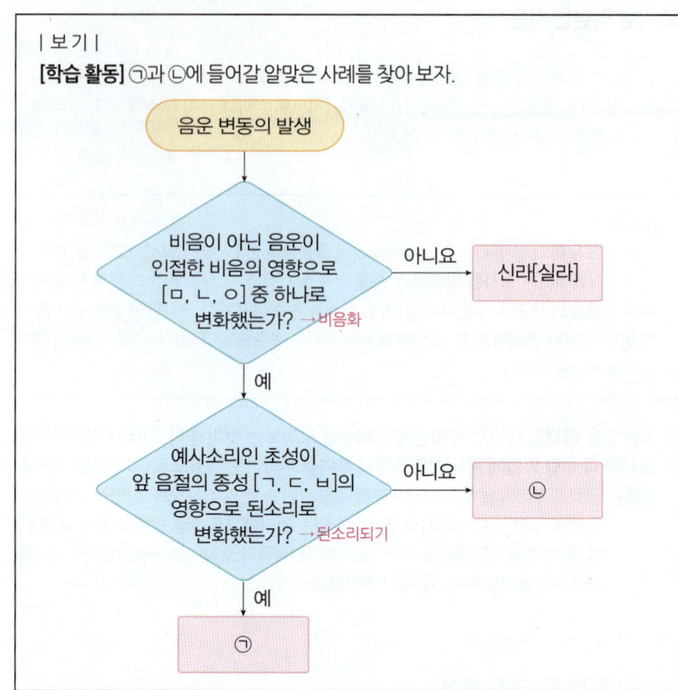

　　　　㉠　　　　　　　　　　　㉡
✔① 옷맵시[온맵씨]　　　　　　　꽃말[꼰말]

풀이	
옷맵시 → [옫맵시] → [온맵시] → [온맵씨] ㅅ→ㄷ 음절의 끝소리 규칙　ㄷ→ㄴ 비음화　ㅅ→ㅆ 된소리되기	꽃말 → [꼳말] → [꼰말] ㅊ→ㄷ 음절의 끝소리 규칙　ㄷ→ㄴ 비음화

'옷맵시'는 비음이 아닌 음운 'ㅅ(ㄷ)'이 인접한 비음 'ㅁ'의 영향으로 [ㄴ]으로 변화하였다. 그리고 예사소리인 초성 'ㅅ'이 앞 음절의 종성 'ㅂ'의 영향으로 된소리로 변화하였다. 따라서 ㉠에 해당한다. 한편 '꽃말'은 비음이 아닌 음운 'ㅊ(ㄷ)'이 인접한 비음 'ㅁ'의 영향으로 [ㄴ]으로 변화하였으므로, ㉡에 해당한다.

→ 적절함!

② 덮개[덥깨]　　　　　　　　　묵념[뭉념]

풀이	
덮개 → [덥개] → [덥깨] ㅍ→ㅂ 음절의 끝소리 규칙　ㄱ→ㄲ 된소리되기	묵념 → [뭉념] ㄱ→ㅇ 비음화

'덮개'는 예사소리인 초성 'ㄱ'이 앞 음절의 종성 'ㅂ'의 영향으로 된소리로 변화하였다. 그러나 비음화가 나타나지 않으므로 ㉠에 해당하지 않는다. 한편 '묵념'은 비음이 아닌 음운 'ㄱ'이 인접한 비음 'ㄴ'의 영향으로 [ㅇ]으로 변화하였으므로, ㉡에 해당한다.

→ 적절하지 않음!

③ 부엌문[부엉문]　　　　　　　앞날[암날]

풀이	
부엌문 → [부억문] → [부엉문] ㅋ→ㄱ 음절의 끝소리 규칙　ㄱ→ㅇ 비음화	앞날 → [압날] → [암날] ㅍ→ㅂ 음절의 끝소리 규칙　ㅂ→ㅁ 비음화

'부엌문'은 비음이 아닌 음운 'ㅋ(ㄱ)'이 인접한 비음 'ㅁ'의 영향으로 [ㅇ]으로 변화하였다. 그리고 '앞날'은 비음이 아닌 음운 'ㅍ(ㅂ)'이 인접한 비음 'ㄴ'의 영향으로 [ㅁ]으로 변화하였다. 따라서 '부엌문'과 '앞날' 모두 ㉡에 해당한다.

→ 적절하지 않음!

④ 광안리[광알리]　　　　　　　권력가[궐력까]

풀이	
광안리 → [광알리] ㄴ→ㄹ 유음화	권력가 → [궐력가] → [궐력까] ㄴ→ㄹ 유음화　ㄱ→ㄲ 된소리되기

'광안리'는 유음이 아닌 음운 'ㄴ'이 인접한 유음 'ㄹ'의 영향으로 [ㄹ]로 변화한 예이다. 그리고 '권력가'는 유음이 아닌 음운 'ㄴ'이 인접한 유음 'ㄹ'의 영향으로 [ㄹ]로 변화하고, 예사소리인 초성 'ㄱ'이 앞 음절의 종성 'ㄱ'의 영향으로 된소리로 변화한 예이다. 따라서 '광안리'와 '권력가'는 ㉠이나 ㉡에 해당하지 않는다.

→ 적절하지 않음!

⑤ 귓속말[귇쏭말]   습득물[습뜽물]

풀이	귓속말 → [귇속말] → [귇송말] → [귇쏭말]	습득물 → [습득물] → [습뜽물]
	ㅅ→ㄷ　　ㄱ→ㅇ　　ㅅ→ㅆ 음절의 끝소리 규칙　비음화　된소리되기	ㄱ→ㅇ　　ㄷ→ㄸ 비음화　된소리되기

'귓속말'은 비음이 아닌 음운 'ㄱ'이 인접한 비음 'ㅁ'의 영향으로 [ㅇ]으로 변화하고 예사소리인 초성 'ㅅ'이 앞 음절의 종성 'ㅅ(ㄷ)'의 영향으로 된소리로 변화하였다. 따라서 ㉠에 해당한다. 한편 '습득물'은 비음이 아닌 음운 'ㄱ'이 인접한 비음 'ㅁ'의 영향으로 [ㅇ]으로 변화하였다. 그리고 예사소리인 초성 'ㄷ'이 앞 음절의 종성 'ㅂ'의 영향으로 된소리로 변화하였다. 따라서 ㉠에 해당한다.

→ 적절하지 않음!

15 담화 표현 - 적절하지 않은 것 고르기　　　　정답 ⑤
정답률 90%

〈보기〉의 ㉠ ~ ㉧에 대한 설명으로 적절하지 않은 것은?

| 보기 |

(두 친구가 이전의 약속을 떠올리며 일정을 잡는 상황)

학생 1 : ㉠우리 저번에 놀자고 했던 거 있잖아. ㉡그거 내일이지?

학생 2 : 벌써 그렇게 됐네. ㉢어디서 보자고 했지?

학생 1 : 학교 앞 정류장에서 보자고 했잖아. ㉣거기 근처 식당에서 밥 먹고, 영화 보고, 문구점 가서 구경하기로 했잖아.

학생 2 : 맞아, 그랬지. 가서 둘러보다가 살 거 있으면 각자 사도 되고…… . 사고 싶은 거 있어?

학생 1 : 아직은 ㉤무엇을 살지 모르겠어. ㉥그때 문구점 가서 봐야 알 것 같아. 아무튼, 그럼 내일 몇 시에 만날까?

학생 2 : 12시 어때? 그러면 딱 점심 먹기 좋을 시간인데.

학생 1 : 좋아. 그럼 ㉧그때 보자. 잘 자.

① ㉠은 화자와 청자를 모두 포함한다.

풀이 ㉠은 놀자고 이야기한 대상을 지칭하는 말로, 화자인 '학생 1'과 청자인 '학생 2'를 모두 포함한다.

→ 적절함!

② ㉡은 이전에 화자와 청자가 한 약속을 가리킨다.

풀이 ㉡은 이전에 이루어진, 놀자는 약속을 가리키는 표현이다.

→ 적절함!

③ ㉣은 ㉢에 대한 답인 학교 앞 정류장을 가리킨다.

풀이 ㉣과 ㉢은 모두 이전의 약속에서 만나기로 한 장소를 지칭하는 말로, '학교 앞 정류장'을 가리킨다.

→ 적절함!

④ ㉤은 아직 정해지지 않은 대상을 가리킨다.

풀이 ㉤은 미래에 문구점에서 살 물건으로, 아직 정해지지 않은 대상을 가리킨다.

→ 적절함!

⑤ ㉥은 약속 시간인 내일 12시를 의미하며, ㉧과 같은 대상을 가리킨다.

풀이 ㉧은 약속 시간인 내일 12시를 의미한다. 그러나 식당에서 밥 먹고 영화를 본 후에 문구점에 가기로 하였으므로, ㉥은 내일 12시보다 늦은 시간을 의미한다. 따라서 ㉥과 ㉧이 같은 대상을 가리킨다는 설명은 적절하지 않다.

→ 적절하지 않음!

[16~20] 예술

(가)

1 흔히 예술이라고 하면 고상한(高尙-, 수준이 높고 훌륭한) 소재(素材, 재료)를 활용하여 아름다움이나 만족감(滿足感, 만족한 느낌)을 주는 특별한 작품이나 행위를 떠올린다. **2** 하지만 현대 예술에서는 고상함을 찾기 힘든 일상적(日常的, 날마다 볼 수 있는)

소재를 활용하기도 하고 추함(醜-, 못생겨서 흉하게 보임)이나 불쾌감(不快感, 못마땅하여 기분이 좋지 않은 느낌)을 전달하기도 한다. **3** 이러한 경향(傾向, 일정한 방향성)에 큰 영향을 준 것이 바로 아방가르드이다. **4** 아방가르드는 주력(主力, 중심이 되는 세력) 부대(部隊, 일정한 규모로 편성된 군대 조직)가 전진할(前進-, 앞으로 나아갈) 수 있도록 새로운 길을 개척하는(開拓-, 열어 나가는) 병사(兵士, 군인)를 일컫는 말에서 유래한(由來-, 생겨난) 예술 용어로, 예술에 대한 기존의 통념(通念, 일반적으로 널리 통하는 개념)에 저항하고(抵抗-, 굽히지 않고) 새로운 예술의 모습을 제시하는 혁신적인(革新的-, 완전히 바꾸어 새롭게 하는) 예술 운동이다.

→ 아방가르드의 정의

2 **1** 아방가르드의 탄생(誕生, 새로 생김)은 '예술이란 무엇인가'라는 물음과 관련이 있다. **2** 근대 이전(중세 시대)까지의 예술은 독립적인 영역으로 인정받지 못했으며 집단의 종교적 목적이나, 왕이나 귀족 개인의 세속적(世俗的, 세상의 일반적인 풍속을 따르는) 목적을 충족시키기(充足-, 충분히 채우기) 위한 종속적인(從屬的-, 딸려 붙어 있는) 수단(手段, 방법, 도구)이었다. **3** 예술이 또한 종교나 궁정(宮廷, 임금이 사는 집)에 소속된(所屬-, 딸린) 일개(一介, 보잘것없는 한 낱) 기술자에 불과하다고 인식되었다. **4** 반면 근대의 예술은 그 자체로 아름다움이나 만족감 등 고유한(固有-, 본래부터 특별히 가지고 있는) 미적(美的, 아름다움에 관한) 체험을 줄 수 있는 독립적인 영역으로 인식되었고, 예술가도 특별한 재능을 바탕으로 작품을 창작하는 주체로 인정받게 되었다. **5** 하지만 권위(權威, 일정 분야에서 사회적인 인정을 받고 영향력을 끼칠 수 있는 능력) 있는 비평가(批評家, 사물의 가치, 우열, 선악 등을 평가하여 논하는 '평론'을 전문으로 하는 사람)들에게 작품의 아름다움을 인정받기 위해, 예술가들은 예술적 전통과 관습(慣習, 어떤 사회에서 오랫동안 지켜 내려와 그 사회의 구성원들이 널리 인정하는 질서나 풍습)이라는 당대(當代, 그 시대)의 미학적(美學的, 자연이나 인생, 예술 등에 담긴 아름다움의 본질과 구조를 연구하는 '미학'을 바탕으로 한) 기준을 철저히 따를 수밖에 없었다. **6** 당대의 미학적 기준은 예술을 고유의 영역으로 독립시켰지만, 오히려 전통과 관습에 종속되게 한 채 새로움을 잃게 만들었다. **7** 아방가르드는 이러한 미학적 기준에 저항하고, 새로운 예술의 기준을 제시하면서 예술의 자율성(自律性, 외부의 제약을 받지 않고 스스로의 원칙에 따라 어떤 일을 하는 성질)을 확립하기(確立-, 굳게 세우기) 위해 탄생하였다.

→ 아방가르드의 등장 배경

3 **1** 아방가르드의 관점(觀點, 바라보는 방향, 생각하는 태도)에서 예술가는 전통이나 관습에 적극적으로 저항하면서 새로운 미래나 방향성을 제시하는 주체라고 볼 수 있다. **2** 새로운 예술의 모습을 제시하기 위해, 아방가르드 예술가들은 추하고 난해한(難解-, 뜻을 이해하기 어려운) 그림을 그리거나 알아들을 수 없는 말로 된 시를 낭송하는(朗誦-, 크게 소리를 내어 읽거나 외는) 등 의도적으로(意圖的-, 무엇을 하려고 꾀하여) 당대의 미학적 기준에 저항하였다. **3** 또한 변기, 자전거 바퀴 등 일상적인 소재들을 창작에 활용하거나, 예술 활동이 특별하고 독창적인(獨創的-, 다른 것을 모방함 없이 새로운 것을 처음으로 만들어 내거나 생각해 내는) 일이라는 통념을 깨기 위해 일상적 활동을 활용하여 예술과 일상의 구분을 무너뜨렸다. **4** 아울러(동시에 함께) 새로운 기술이나 매체(媒體, 사람들의 생각이나 의사를 전달하는 수단)를 적극적으로 예술 활동에 적용하였으며(適用-, 알맞게 이용하거나 맞추어 썼으며), 특별한 재능을 가진 사람만이 예술을 완성한다는 통념에서 벗어나 관객이 작품에 참여하거나 작품을 수정할 수 있게 하여 예술가와 관객의 경계(境界, 구별되는 한계)를 파괴하였다.

〈참고 사진〉

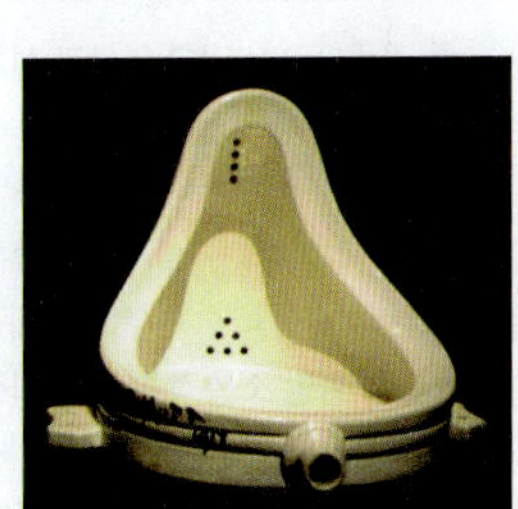

▲ 마르셀 뒤샹(Marcel Duchamp), '샘(Fountain)'(1917), © Association Marcel Duchamp / ADAGP, Paris – SACK, Seoul, 2025

▲ 마르셀 뒤샹(Marcel Duchamp), '자전거 바퀴(Bicycle Wheel)'(1913), © Association Marcel Duchamp / ADAGP, Paris – SACK, Seoul, 2025

❸-3 아방가르드 예술가들은 변기, 자전거 바퀴 등 일상적인 소재들을 창작에 활용하였다.

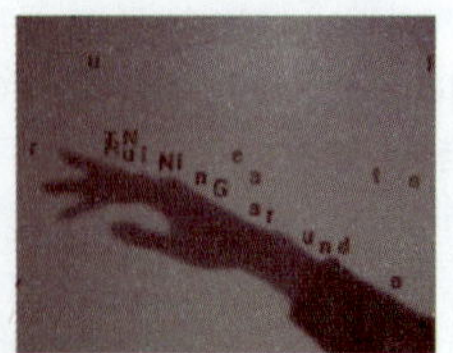

▲ 카밀 우터백과 로미 아키투브(Camille Utterback and Romy Achituv), 글자 비(Text Rain) : 관객의 모습이 화면에 비치고, 그 위로 글자들이 비처럼 떨어진다.

▲ 다니엘 로진(Daniel Rozin), 나무 거울(Wooden Mirror) : 나무 조각들이 회전하여 작품 앞에 선 사람의 모습을 거울처럼 이미지로 만들어 낸다.

❸-4 관객이 작품에 참여하거나 작품을 수정할 수 있게 하여 예술가와 관객의 경계를 파괴하였다.

→ 아방가르드의 특성

4 ¹예술계(藝術界, 예술 작품을 창작하거나 표현하는 일을 하는 사람들의 활동 분야)는 아방가르드가 제시한 예술을 처음에는 거부했지만(拒否−, 받아들이지 않고 물리쳤지만) 이후 새로운 경향으로 인정하였고, 이를 바탕으로 한 수많은 사조(思潮, 한 시대의 일반적인 사상의 흐름)와 작품들이 주류 예술로 편입되었다.(編入−, 끼어 들어가게 되었다.) ²그런데 ㉠ 이러한 변화가 역설적이게도(逆說的−, 모순되게도) 아방가르드의 본질(本質, 처음부터 가지고 있는 그 자체의 성질)을 상실하게(喪失−, 사라지게 하게) 만들어 아방가르드 운동은 쇠퇴하였다.(衰退−, 점점 줄어서 약해져 전보다 못하게 되었다.) ³하지만 새로움과 저항이라는 가치로 예술의 새로운 모습을 제시한다는 아방가르드의 본질은 후대(後代, 뒤에 오는 시대)의 다양한 예술 분야에 큰 영향을 미쳤다.

→ 아방가르드의 쇠퇴와 영향

(나)

1 ¹기술 발달과 아방가르드 예술의 영향으로 등장한 비디오 아트는 비디오 카메라로 촬영한(撮影−, 찍은) 영상을 텔레비전과 같은 대중 매체를 활용해 상영하는(上映−, 영상으로 보여 주는) 방식에 기반한(基盤−, 바탕을 둔) 미술의 한 갈래이다.

→ 비디오 아트의 개념

2 ¹비디오 아트는 미술이 대중문화(大衆文化, 주로 대중 매체를 통해 만들어져, 특정 사회나 계층을 넘어 대중이 공통으로 쉽게 접하고 즐길 수 있는 문화)에 위축되어(萎縮−, 기를 펴지 못하게 되어) 그 역할과 위상(位相, 관계 속에서 가지는 위치, 상태)이 흔들리자 그 대안(對案, 대처할 방안)으로 제시되었다. ²1960년대 미국을 중심으로 한 텔레비전의 보급(普及, 널리 펴서 많은 사람들에게 골고루 미치게 하여 누리게 함)은 대중문화의 확산(擴散, 흩어져 널리 퍼짐)을 가져왔다. ³하지만 텔레비전에서 방영되는(放映−, 방송이 되는) 영상은 국가나 기업에 의해 일방적으로 편성된(編成−, 만들어진) 것이었다. ⁴그 내용은 국가의 이념(理念, 이상적인 것으로 여겨지는 생각이나 견해)이나 상업적(商業的, 상품을 사고파는 행위를 통하여 이익을 얻는) 가치, 흥미 위주로 구성되었으며, 대중들은 이러한 일방적인 메시지를 수동적으로(受動的−, 스스로 생각하지 않고 주어지는 대로) 받아들일 수밖에 없었다. ⁵이러한 상황에서 가정용 비디오 카메라의 보급은 누구나 저렴한(低廉−, 값이 싼) 비용(費用, 돈)으로 손쉽게 영상을 촬영하고 배포하는(配布−, 나누어 주는) 것을 가능하게 했다. ⁶이는 메시지를 일방적으로 수용했던(受容−, 받아들였던) 대중을 메시지를 적극적으로 생산하고(生産−, 만들어 내고) 소통하는(疏通−, 서로 뜻을 통하는) 주체로 변화시켰다. ⁷이런 맥락(脈絡, 서로 이어져 있는 관계나 연관)에서 탄생한 비디오 아트는 텔레비전이라는 새로운 매체와 새로운 표현 방식을 통해 기존 예술에서 흔히 볼 수 없었던 대중문화에 대한 저항, 시공간적 제약(制約, 내용을 제한하는 조건)으로부터의 자유, 창작자와 관람객의 상호 소통을 지향한다.(志向−, 목표로 한다.)

→ 비디오 아트의 등장 배경 및 특성

3 ¹비디오 아트의 유형은 형태(形態, 생김새나 모양)를 기준으로 비디오 영상과 설치 비디오로 나뉜다. ²비디오 영상은 맥락 없는 이미지, 빈 화면 등의 실험적(實驗的, 새로운 방법이나 형식을 시험 삼아 해 보는) 이미지나 비판적(批判的, 옳고 그름을 판단하여 밝히거나 잘못된 점을 지적하는) 내용을 담아 만든 영상 자체를 의미한다. ³설치 비디오는 영상을 텔레비전 등 다양한 사물이나 장치와 결합하여(結合−, 하나가 되게 하여) 제작한 설치물이다. ⁴설치 비디오에는 예술가가 텔레비전의 일방 소통적 특성을 비판하기 위해 기계 장치로 텔레비전의 기능을 자의적으로(恣意的−, 질서를 무시하고 제멋대로) 왜곡하여(歪曲−, 사실과 다르게 해석하여) 변형된(變形−, 달라진) 화면을 보여주는 것이 있다. ⁵또 예술가가 다양한 장비(裝備, 장치와 설비)를 활용하여 작품이 관람객의 행동이나 주위의 환경에 따라 반응하여 변하도록 만든 것도 있다.

→ 형태를 기준으로 나눈 비디오 아트의 두 가지 유형

4 ¹이처럼 비디오 아트는 대중문화에 대한 저항과, 작품이 이미 완결된 것이라는 고정관념(固定觀念, 잘 변하지 않는, 행동을 주로 결정하는 확고한 의식이나 관념)에서 벗어

나 언제든지 우연한(偶然−, 뜻하지 않게 저절로 이루어져 공교로운) 사건의 개입(介入, 직접적 관계가 없는 일에 끼어듦)으로 변화될 수 있다는 것을 보여주었다. ²이는 관람객의 역할을 단순한 감상자에서 예술 작품 완성의 주체로 변화시켰다는 점에서 예술의 새로운 모습을 보여주었다는 의의(意義, 중요성, 가치)가 있다.

→ 비디오 아트의 의의

■ **지문 이해**

(가)
〈아방가르드의 등장과 그 특징〉

❶ 아방가르드의 정의
- 아방가르드 : 예술에 대한 기존의 통념에 저항하고 새로운 예술의 모습을 제시하는 혁신적 예술 운동

❷ 아방가르드의 등장 배경
- 근대 이후 예술은 독립적 영역으로 인식되었고, 예술가 또한 작품 창작의 주체로 인정받게 됨
- 예술가들은 권위 있는 비평가들에게 작품의 아름다움을 인정받기 위해 예술적 전통과 관습을 철저히 따름 : 예술은 전통과 관습에 종속되어 새로움을 잃게 됨
  → 아방가르드는 미학적 기준에 저항하고 새로운 예술의 기준을 제시하며, 예술의 자율성 확립을 위해 탄생함

❸ 아방가르드의 특성
- 예술가는 전통이나 관습에 적극적으로 저항하면서 새로운 미래, 방향성을 제시하는 주체
- 의도적으로 당대의 미학적 기준에 저항함
- 일상적 소재나 일상적 활동을 창작에 활용해 예술과 일상의 구분을 무너뜨림
- 새로운 기술, 매체를 적극적으로 적용함
- 관객이 작품에 참여하거나 작품을 수정할 수 있게 해 예술가와 관객의 경계를 파괴함

❹ 아방가르드의 쇠퇴와 영향
- 예술계가 아방가르드를 새로운 경향으로 인정하게 되면서, 주류 예술로 편입 → 아방가르드의 본질을 상실하여 아방가르드 운동이 쇠퇴함
- 새로움과 저항을 바탕으로 예술의 새로운 모습을 제시하는 아방가르드의 본질은 후대의 다양한 예술 분야에 큰 영향을 미침

(나)
〈비디오 아트의 개념과 유형〉

❶ 비디오 아트의 개념
- 비디오 아트 : 비디오 카메라로 촬영한 영상을 대중 매체를 활용해 상영하는 방식에 기반한 미술 갈래

❷ 비디오 아트의 등장 배경 및 특성
- 비디오 아트의 등장 배경
  - 대중문화에 위축된 미술에 대한 대안으로 제시됨
  - 가정용 비디오 카메라의 보급 → 대중을 메시지를 적극적으로 '생산하고 소통하는 주체'로 변화시킴
- 비디오 아트의 특성 : 새로운 매체(텔레비전), 새로운 표현 방식을 통해 대중문화에 대한 저항, 시공간적 제약으로부터의 자유, 창작자와 관람객의 상호 소통을 지향함

❸ 형태를 기준으로 나눈 비디오 아트의 두 가지 유형
- 비디오 영상 : 맥락 없는 이미지, 빈 화면 등 실험적 이미지나 비판적 내용을 담은 영상 자체
- 설치 비디오 : 영상을 텔레비전 등 다양한 사물이나 장치와 결합해 제작한 설치물
  - 예술가가 기계 장치로 텔레비전의 기능을 자의적으로 왜곡해 변형된 화면을 보여줌 ← 텔레비전의 일방 소통적 특성 비판
  - 예술가가 다양한 장비를 활용해 작품이 관람객의 행동이나 환경에 따라 반응해 변하도록 만듦

❹ 비디오 아트의 의의
- 비디오 아트는 대중문화에 대한 저항, 작품이 언제든 우연한 사건의 개입으로 변화될 수 있다는 것을 보여줌
- 관람객의 역할을 작품 완성의 주체로 변화시켰다는 점에서 예술의 새로운 모습을 보여줌

→ 문제편 **094쪽**

16 글의 서술 방식 파악 - 적절한 것 고르기
정답률 85%   정답 ④

(가), (나)에 대한 설명으로 가장 적절한 것은?

근거 **(가)-❶-4** 아방가르드는 … 예술에 대한 기존의 통념에 저항하고 새로운 예술의 모습을 제시하는 혁신적인 예술 운동이다, **(가)-❷-1** 아방가르드의 탄생은 … , **(가)-❷-7** 아방가르드는 … 탄생하였다, **(나)-❶-1** 기술 발달과 아방가르드 예술의 영향으로 등장한 비디오 아트는 … 미술의 한 갈래이다, **(나)-❷-1** 비디오 아트는 … 그 대안으로 제시되었다.

풀이 (가)의 ❶문단에서는 아방가르드의 개념을 정의하고, ❷문단에서 아방가르드의 등장 배경을 소개하고 있다. (나) 또한 ❶문단에서 비디오 아트의 개념을 정의하고, ❷문단에서 그 등장 배경을 소개하고 있다. 따라서 정답은 ④번이다.

① (가)는 중심 개념을 바라보는 ~~여러 학자들의~~ ~~견해를~~ 제시하고 있다. *見解, 의견, 생각

② (나)는 중심 개념의 의의와 ~~한계를~~ 분석하고 있다. *限界, 실제 작용할 수 있는 범위 **分析-, 복잡한 것을 풀어서 개별적 요소나 성질로 나누고

③ (가)와 ~~(나)는~~ 모두 중심 개념의 변화 과정을 제시하고 있다.

✓ ④ (가)와 (나)는 모두 중심 개념을 *정의하고 그 등장 배경을 밝히고 있다. *定義-, 뜻을 뚜렷하게 밝혀 정하고

　　→ 적절함!

⑤ (가)와 (나)는 모두 중심 개념의 *하위 유형 구분 기준을 **명시하고 관련 ***사례를 제시하고 있다. *下位, 낮은 지위, 등급, 위치 **明示-, 분명하게 드러내 보이고 ***事例, 실제로 일어난 예

17 세부 정보 이해 - 적절하지 않은 것 고르기
정답률 65%, 매력적 오답 ③ 15%   정답 ④

(가)를 이해한 내용으로 적절하지 않은 것은?

① 근대 이전의 예술가는 기술자에 불과하다고 인식되었다.
근거 **(가)-❷-3** (근대 이전까지) 예술가 또한 종교나 궁정에 소속된 일개 기술자에 불과하다고 인식되었다.
→ 적절함!

② 근대에는 예술과 예술가에 대한 인식의 변화가 일어났다.
근거 **(가)-❷-2~4** 근대 이전까지의 예술은 독립적인 영역으로 인정받지 못했으며 집단의 종교적 목적이나, 왕이나 귀족 개인의 세속적 목적을 충족시키기 위한 종속적인 수단이었다. 예술가 또한 종교나 궁정에 소속된 일개 기술자에 불과하다고 인식되었다. 반면 근대의 예술은 그 자체로 아름다움이나 만족감 등 고유한 미적 체험을 줄 수 있는 독립적인 영역으로 인식되었고, 예술가도 특별한 재능을 바탕으로 작품을 창작하는 주체로 인정받게 되었다.
풀이 근대 이전까지 예술은 종교적 목적이나 세속적 목적의 충족을 위한 종속적 수단이었으며, 예술가는 기술자로 인식되었다. 그러나 근대에는 예술이 독립적 영역으로 인식되고, 예술가는 기술자가 아닌 작품 창작의 주체로 인정받게 되었다. 따라서 근대에 예술과 예술가에 대한 인식의 변화가 일어났다는 설명은 적절하다.
→ 적절함!

③ 아방가르드라는 용어는 예술이 아닌 다른 분야에서 유래하였다.
근거 **(가)-❶-4** 아방가르드는 주력 부대가 전진할 수 있도록 새로운 길을 개척하는 병사를 일컫는 말에서 유래한 예술 용어
풀이 아방가르드라는 용어는 군사 용어에서 유래하였다.
→ 적절함!

왕이나 귀족
✓ ④ 근대 이전의 예술은 예술가의 세속적 목적을 충족시키기 위해 이루어졌다.
근거 **(가)-❷-2** 근대 이전까지의 예술은 독립적인 영역으로 인정받지 못했으며 집단의 종교적 목적이나, 왕이나 귀족 개인의 세속적 목적을 충족시키기 위한 종속적인 수단
→ 적절하지 않음!

⑤ 근대의 예술가들이 전통을 따랐던 이유는 작품의 아름다움을 비평가들에게 인정받기 위해서였다.
근거 **(가)-❷-5** 권위 있는 비평가들에게 작품의 아름다움을 인정받기 위해, 예술가들은 예술적 전통과 관습이라는 당대의 미학적 기준을 철저히 따를 수밖에 없었다.
→ 적절함!

18 추론의 적절성 판단 - 적절한 것 고르기
정답률 70%, 매력적 오답 ③ 10%   정답 ①

⊙의 이유를 추론한 것으로 가장 적절한 것은?

⊙ 이러한 변화가 역설적이게도 아방가르드의 본질을 상실하게 만들어

근거 **(가)-❶-4** 아방가르드는 … 예술에 대한 기존의 통념에 저항하고 새로운 예술의 모습을 제시하는 혁신적인 예술 운동, **(가)-❹-1~3** 예술계는 아방가르드가 제시한 예술을 처음에는 거부했지만 이후 새로운 경향으로 인정하였고, 이를 바탕으로 한 수많은 사조와 작품들이 주류 예술로 편입되었다. 그런데 이러한 변화가 역설적이게도 아방가르드의 본질을 상실하게 만들어 아방가르드 운동은 쇠퇴하였다. 하지만 새로움과 저항이라는 가치로 예술의 새로운 모습을 제시한다는 아방가르드의 본질

풀이 윗글에 따르면 아방가르드는 새로운 예술의 모습을 제시하는 혁신적 예술 운동으로 등장하였으나, 주류 예술로 편입되면서 그 본질을 상실하여 쇠퇴하게 되었다. 주류 예술로 편입된 아방가르드는 더 이상 새로움과 저항이라는 가치를 지닌 혁신적인 예술이 아니게 되었기 때문에, 아방가르드의 본질을 상실하게 된 것이다. 따라서 ⊙의 이유로 아방가르드가 주류 예술에 편입되어 더 이상 새로운 예술이 아니게 되었기 때문이라는 추론은 적절하다.

✓ ① 아방가르드가 주류 예술에 편입되어 더 이상 새로운 예술이 아니게 되었기 때문이다.
→ 적절함!

② 아방가르드 운동의 쇠퇴로 인해 이를 뛰어넘는 새로운 예술이 등장하였기 때문이다.
풀이 아방가르드를 뛰어넘는 새로운 예술이 등장했는지는 윗글에서 확인할 수 없으며, 아방가르드 운동의 쇠퇴는 ⊙의 이유가 아닌 ⊙의 결과이다.

③ 아방가르드를 바탕으로 한 작품들이 등장하면서 기존의 주류 예술을 *보완한 사조들을 형성하게 되었기 때문이다. *補完-, 모자라거나 부족한 것을 보충하여 완전하게 한
근거 **(가)-❷-7** 아방가르드는 이러한(예술적 전통과 관습이라는) 미학적 기준에 저항하고, 새로운 예술의 기준을 제시, **(가)-❹-1** 예술계는 아방가르드가 제시한 예술을 처음에는 거부했지만 이후 새로운 경향으로 인정하였고, 이를 바탕으로 한 수많은 사조와 작품들이 주류 예술로 편입되었다.
풀이 아방가르드는 기존의 주류 예술이 제시한 미학적 기준에 저항하는 사조였으므로, 이들 작품의 등장이 기존의 주류 예술을 보완한 사조를 형성하게 되었다고 보기는 어렵다. 아방가르드를 바탕으로 한 작품들이 등장하고 이들이 주류 예술로 편입된 것은 아방가르드가 예술계에서 새로운 경향으로서 인정받았다는 뜻일 뿐, 기존의 주류 예술의 문제점을 보완했다는 의미를 지니지는 않는다.

④ 아방가르드가 추구하는 예술가의 모습이 기존의 주류 예술계에서 인식하는 예술가의 모습과 같지 않기 때문이다.
근거 **(가)-❸-1** 아방가르드의 관점에서 예술가는 전통이나 관습에 적극적으로 저항하면서 새로운 미래나 방향성을 제시하는 주체, **(가)-❹-1** 예술계는 아방가르드가 제시한 예술을 처음에는 거부했지만 이후 새로운 경향으로 인정하였고, 이를 바탕으로 한 수많은 사조와 작품들이 주류 예술로 편입되었다.
풀이 기존의 예술계에서는 전통이나 관습에 저항하고 새로운 예술의 모습을 제시하고자 한 아방가르드를 처음에는 거부하였으나, 이후 새로운 경향으로 인정하였고, 이를 바탕으로 아방가르드는 주류 예술로 편입되었다. 아방가르드가 추구하는 예술가의 모습이 기존의 주류 예술계에서 인식하는 예술가의 모습과 같지 않았던 것은 기존의 예술계가 아방가르드를 인정하고 받아들이기 이전의 상황이므로, 아방가르드가 주류 예술로 편입된 이후 그 본질을 상실하게 된 ⊙의 이유로 적절하지 않다.

⑤ 아방가르드가 제시하고 있는 예술의 방향성이 기존의 주류 예술계가 요구하는 미학적 기준에 *부합하지 않기 때문이다. *符合-, 서로 꼭 들어맞음
근거 **(가)-❸-1~3** 아방가르드의 관점에서 예술가는 전통이나 관습에 적극적으로 저항하면서 새로운 미래나 방향성을 제시하는 주체라고 볼 수 있다. 새로운 예술의 모습을 제시하기 위해, 아방가르드 예술가들은 추하고 난해한 그림을 그리거나 알아들을 수 없는 말로 된 시를 낭송하는 등 의도적으로 당대의 미학적 기준에 저항하였다. … 예술 활동이 특별하고 독창적인 일이라는 통념을 깨기 위해
풀이 아방가르드가 제시하고 있는 예술의 방향성이 기존 주류 예술계가 요구하는 미학적 기준에 부합하지 않았던 것은 맞지만, 이는 기존의 예술계가 아방가르드를 인정하고 받아들이기 이전의 상황이므로, 아방가르드가 주류 예술로 편입된 이후 그 본질을 상실하게 된 ⊙의 이유로 적절하지 않다.

19 핵심 개념 파악 - 적절하지 않은 것 고르기
정답률 70%, 매력적 오답 ③ 10%   정답 ⑤

비디오 아트를 이해한 내용으로 적절하지 않은 것은?

① 대중문화로 인해 미술의 역할과 위상이 흔들리자 그 대안으로 제시된 장르이다.

→ 문제편 094쪽

근거 (나)-❷-1 비디오 아트는 미술이 대중문화에 위축되어 그 역할과 위상이 흔들리자 그 대안으로 제시되었다.

→ 적절함!

② 손쉽게 촬영할 수 있는 기기를 통해 창작자와 관람객의 상호 소통을 지향하는 예술이다.

근거 (나)-❷-5 가정용 비디오 카메라의 보급은 누구나 저렴한 비용으로 손쉽게 영상을 촬영하고 배포하는 것을 가능케 했다, (나)-❷-7 비디오 아트는 텔레비전이라는 새로운 매체와 새로운 표현 방식을 통해 기존 예술에서 흔히 볼 수 없었던 대중문화에 대한 저항, 시공간적 제약으로부터의 자유, 창작자와 관람객의 상호 소통을 지향한다.

→ 적절함!

텔레비전

③ 대중문화의 확산을 일으킨 매체를 활용하여 대중문화에 대한 저항을 표현하는 예술이다.

근거 (나)-❷-2 1960년대 미국을 중심으로 한 텔레비전의 보급은 대중문화의 확산을 가져왔다, (나)-❷-7 비디오 아트는 텔레비전이라는 새로운 매체와 새로운 표현 방식을 통해 기존 예술에서 흔히 볼 수 없었던 대중문화에 대한 저항, 시공간적 제약으로부터의 자유, 창작자와 관람객의 상호 소통을 지향한다.

→ 적절함!

④ 기술의 발달로 인한 변화를 활용하여 시공간적 제약으로부터의 자유를 추구하는 예술이다.

근거 (나)-❶-1 기술 발달과 아방가르드 예술의 영향으로 등장한 비디오 아트, (나)-❷-7 비디오 아트는 텔레비전이라는 새로운 매체와 새로운 표현 방식을 통해 기존 예술에서 흔히 볼 수 없었던 대중문화에 대한 저항, 시공간적 제약으로부터의 자유, 창작자와 관람객의 상호 소통을 지향

→ 적절함!

대중의 역할이 확대된

⑤ 메시지의 생산과 수용 과정에서 이루어졌던 국가와 대중의 기존 역할이 서로 *전환되는 예술이다. *轉換-, 바뀌는

근거 (나)-❷-6 메시지를 일방적으로 수용했던 대중을 메시지를 적극적으로 생산하고 소통하는 주체로 변화시켰다.

풀이 윗글의 (나)에 따르면 비디오 아트의 등장은 '메시지를 일방적으로 수용했던 대중'을 '메시지를 적극적으로 생산하고 소통하는 주체인 대중'으로 변화시켰다. 이는 메시지의 생산과 수용 과정에서 국가와 대중의 기존 역할이 서로 전환된 것이 아니라, 대중의 역할이 확대된 것을 의미한다.

→ 적절하지 않음!

오답률 TOP ② | 1등급 문제

20 구체적인 사례에 적용 - 적절한 것 고르기
정답률 35%, 매력적 오답 ② ③ 20% ④ 10% ⑤ 15%　　정답 ①

윗글을 바탕으로 〈보기〉의 ⓐ, ⓑ를 이해한 내용으로 가장 적절한 것은? 3점

| 보기 |
○ ¹무대 공연을 위해 만들어진 백남준의 ⓐ <TV 첼로>는 1971년에 제작된, 첼로에 텔레비전 세 대를 결합한 형태의 작품이다. ²이 작품에서 출력되는 영상은 첼리스트의 즉흥 연주나 행동에 반응하여 변형된다. ← 설치 비디오
○ ³백남준의 ⓑ <닉슨>은 텔레비전 두 대에 변조(變調, 상태를 바꿈) 장치를 결합한 작품으로, 화면에 계속 등장하는 닉슨 대통령의 얼굴을 여러 형태로 일그러뜨려(한쪽을 매우 비뚤어지게 하거나 우글쭈글하게 하여) 희화화한(戲畫化-, 의도적으로 우스꽝스럽게 묘사한) 이미지를 관객에게 보여준다.

▶ 지문 핵심 개념 정리

비디오 아트의 유형
• 비디오 영상 　– 맥락 없는 이미지, 빈 화면 등 실험적 이미지나 비판적 내용을 담아 만든 영상 자체 ((나)-❸-2) • 설치 비디오 　– 영상을 텔레비전 등의 사물이나 장치와 결합하여 제작한 설치물((나)-❸-3) 　– 기계 장치로 텔레비전의 기능을 자의적으로 왜곡해 변형된 화면을 보여줌((나)-❸-4) 　– 예술가가 다양한 장비를 활용해 작품이 관람객의 행동이나 주위 환경에 따라 반응하여 변하게 만듦((나)-❸-5)

① 설치 비디오 유형에 해당하는 ⓐ는, 새로운 매체를 예술 활동에 적용했다는 점에서 새로운 예술의 모습을 제시하였다고 볼 수 있겠군.

근거 <보기>-1 첼로에 텔레비전 세 대를 결합한 형태의 작품, (가)-❹-3 새로움과 저항이라는 가치로 예술의 새로운 모습을 제시한다는 아방가르드의 본질, (나)-❶-1 기술 발달과 아방가르드 예술의 영향으로 등장한 비디오 아트, (나)-❷-7 비디오 아트는 텔레비전이라는 새로운 매체와 새로운 표현 방식을 통해 기존 예술에서 흔히 볼 수 없었던 … 지향

풀이 ⓐ는 첼로에 텔레비전 세 대를 결합한 형태의 작품으로, 비디오 아트의 유형 중 영상을 텔레비전 등의 장치와 결합하여 제작한 설치물, 즉 설치 비디오 유형에 해당한다. 윗글에 따르면 비디오 아트는 예술의 새로운 모습을 제시한다는 본질을 가진 아방가르드 예술의 영향으로 등장하였으며, 텔레비전이라는 새로운 매체와 새로운 표현 방식을 통해 기존 예술에서 흔히 볼 수 없었던 점들을 보여준다. 따라서 설치 비디오 유형에 해당하는 ⓐ가 새로운 매체를 예술 활동에 적용했다는 점에서 새로운 예술의 모습을 제시하였다고 볼 수 있다는 설명은 적절하다.

→ 적절함!

② 텔레비전 기능의 자의적 *조정을 보여주는 ⓐ는, 기존 예술에서 보였던 예술가와 관객 사이의 경계를 파괴하려 하였다고 볼 수 있겠군. *調整, 어떤 기준이나 실제의 사정에 맞게 정돈함

근거 <보기>-1 무대 공연을 위해 만들어진 백남준의 <TV 첼로>, <보기>-2 이 작품에서 출력되는 영상은 첼리스트의 즉흥 연주나 행동에 반응하여 변형된다.

풀이 ⓐ는 무대 공연을 위해 만들어진 작품으로, 해당 작품에서 출력되는 영상은 예술가인 첼리스트의 연주나 행동에 반응하여 변형되는 것이지, 관객이 작품에 참여하거나 관객과의 상호 소통을 통해 변형되는 것은 아니다. 따라서 ⓐ를 예술가와 관객 사이의 경계를 파괴하려 한 것으로 보기는 어렵다.

→ 적절하지 않음!

설치 비디오

③ 비디오 영상 유형에 해당하는 ⓑ는, 예술에 대한 기존 통념에 저항함으로써 새로운 예술의 모습을 제시하였다고 볼 수 있겠군.

근거 <보기>-3 백남준의 <닉슨>은 텔레비전 두 대에 변조 장치를 결합한 작품

풀이 ⓑ는 텔레비전 두 대에 변조 장치를 결합한 작품이라고 하였으므로, 비디오 영상 유형이 아니라 설치 비디오 유형에 해당한다.

→ 적절하지 않음!

④ 작품에 언제든 우연한 사건이 개입되어 변할 수 있다는 것을 보여주는 ⓑ는, 일상적인 소재를 활용하여 예술의 소재에 대한 기존 관점의 문제점을 드러냈다고 볼 수 있겠군.

근거 <보기>-3 백남준의 <닉슨>은 텔레비전 두 대에 변조 장치를 결합한 작품으로, 화면에 계속 등장하는 닉슨 대통령의 얼굴을 여러 형태로 일그러뜨려 희화화한 이미지를 관객에게 보여준다.

풀이 ⓑ는 '우연한 사건의 개입'이 아니라, 작품에 쓰인 '변조 장치'를 통해 화면의 이미지를 변형하고 있다. 따라서 작품에 언제든 우연한 사건이 개입되어 변할 수 있다는 것을 보여준다는 설명은 ⓑ를 이해한 내용으로 적절하지 않다.

→ 적절하지 않음!

⑤ 실험적 이미지를 활용한 ⓐ와 ⓑ는, 일상적 활동을 예술에 적용하여 기존의 예술적 전통을 발전시킴으로써 새로운 예술의 모습을 제시하였다고 볼 수 있겠군.

근거 (나)-❶-1 기술 발달과 아방가르드 예술의 영향으로 등장한 비디오 아트, (가)-❸-1 아방가르드의 관점에서 예술가는 전통이나 관습에 적극적으로 저항하면서 새로운 미래나 방향성을 제시하는 주체

풀이 윗글에 따르면 비디오 아트는 예술의 새로운 모습을 제시한다는 본질을 가진 아방가르드 예술의 영향으로 등장하였다. 아방가르드는 기존의 전통이나 관습에 적극적으로 저항하면서 새로운 미래나 방향성을 제시한다고 하였으므로, ⓐ와 ⓑ가 기존의 예술적 전통을 발전시킴으로써 새로운 예술의 모습을 제시하였다는 설명은 적절하지 않다.

→ 적절하지 않음!

---

tip • 백남준 관련 EBS 지식채널e 영상

https://www.youtube.com/watch?v=F37IAVr3F6Y&t=82s
→ 유튜브에서 '굿모닝 미스터 백'을 검색!

[21~25] 기술 - 〈해수 담수화 기술 : 다단 증발법과 역삼투법〉

1 ¹최근 인구 증가와 기후변화(氣候變化, 일정 지역에서 오랜 기간에 걸쳐서 진행되는 기상의 변화)로 전 세계적인 물 부족 현상이 발생하고 있다. ²지구상에 존재하는 물의 대부분은 해수(海 바다 해 水 물 수, 바닷물)이며 염분(鹽分, 바닷물 등에 포함된 소금기)이 없는 물인 담수(淡 맑다 담 水 물 수)는 전체의 약 2.5 %이다. ³담수 중에서도 빙하, 지하수 등을 제외하면(除外-, 한데 헤아리지 않으면) 인간이 손쉽게 활용할(活用-, 잘 이용할) 수 있는 것은 물의 총량(總量, 전체의 양) 중 극히 일부에 지나지 않는다. ⁴따라서 해수를 담수로 ⓐ 만드는 여러 가지 기술이 연구되어 왔다.

→ 해수 담수화 기술의 필요성

2 [1]1세대 해수 담수화(淡水化, 바닷물의 소금기를 줄임) 기술로는 다단 증발법 이 있다. [2]이(다단 증발법)는 물의 상변화* 원리를 활용한 것으로, 가열된(加熱-, 열이 가해진) 해수를 수증기(水蒸氣, 기체 상태로 되어 있는 물)로 변화시켜 응축함으로써(凝縮-, 액체로 바꿈으로써) 담수를 얻는 방법이다. [3]일반적으로 다단 증발법을 적용한 해수 담수화 설비(設備, 필요한 것을 갖춘 시설)는 해수 가열기, 진공(眞空, 공기 등의 물질이 존재하지 않는 공간) 유지(維持, 그대로 변함없이 지탱함) 장치, 직렬(直列, 일렬로 연결하는 일)로 연결된 여러 개의 증발기(蒸發器, 증류수를 만드는 장치) 등으로 구성된다. [4]해수는 증발기 내부(內部, 안쪽 부분)의 냉각관(冷却管, 식혀서 차게 하는 장치가 되어 있는 관)을 통과하여 해수 가열기 내부로 이동한다. [5]해수 가열기는 고온(高溫, 높은 온도)의 증기(蒸氣, 기체 상태로 되어 있는 물)로 해수의 온도를 해수의 끓는점인 110℃ 이상까지 높이는 역할을 하며, 가열된 해수는 앞서 통과한 증발기들의 하부(下部, 아래쪽 부분)를 역순(逆順, 거꾸로 된 순서)으로 통과한다. [6]이때 증발기들의 내부는 진공 유지 장치에 의해 대기압(大氣壓, 대기의 압력)보다 훨씬 낮은 압력을 유지하고 있다. [7]해수의 끓는점은 대기압이 낮을수록 낮아지기 때문에 증발기로 진입한(進入-, 향하여 들어간) 해수는 순간적으로 끓어올라 수증기로 바뀌게 된다. [8]생성된 수증기에 포함된 미량(微量, 아주 적은 분량)의 해수는 필터를 통과하며 제거되어(除去-, 없어지게 되어) 순수한(純粹-, 전혀 다른 것의 섞임이 없는) 수증기가 되고 설비 밖으로 빠져나간다. [9]순수한 수증기는 증발기 상부(上部, 위쪽 부분)의 냉각관과 만나서 응축되어 담수가 된다. [10]해수는 증발기들을 거칠수록(지날수록) 염분 농도는 높아지고 온도는 계속 낮아진다. [11]하지만 증발기들의 내부 압력 또한 설비 끝으로 갈수록 더 낮아지기 때문에 마지막 증발기까지 담수가 계속 생성된다. [12]다단 증발법은 해수를 끓여 수증기만 얻는 방식이므로 해수의 수질(水質, 물의 온도, 오염도, 빛깔, 세균의 함유량 등에 따라 결정되는 물의 성질) 조건에 큰 영향을 받지 않으며 담수를 대량(大量, 아주 많은 분량)으로 생산할 수 있다는 장점이 있지만, 에너지 소비량(消費量, 쓰는 분량)이 매우 많다는 단점이 있다.

→ 1세대 해수 담수화 기술 : 다단 증발법의 원리와 장단점

3 [1]2세대 해수 담수화 기술인 역삼투법은 다단 증발법의 대안(代案, 대신하는 방법)으로 제시된 기술로, 반투막(半透膜, 용액이나 기체의 혼합물에 대해 어떤 성분은 통과시키고 다른 성분은 통과시키지 않는 막)을 이용하여 해수에서 담수를 얻는 방법이다. [2]같은 양의 담수와 해수 사이에 물 분자만 통과할 수 있는 반투막을 설치하면 염도(鹽度, 소금기의 정도)가 낮은 담수에서 염도가 높은 해수 방향으로 물 분자가 옮겨 가는 삼투 현상이 일어나며, 이때 담수에 작용하는 힘을 삼투압이라고 한다. [3]위와 같은 조건에서 압력 펌프(壓力pump, 액체, 기체를 빨아올리거나 이동시키기 위하여 압력을 가하는 기계)를 사용하여 삼투압보다 더 큰 압력을 해수에 가하면(加-, 더하면) 오히려 반대로 해수에 있는 물 분자가 반투막을 거쳐 담수 방향으로 이동하며 담수가 생성되는데, 이를 역삼투법이라고 한다. [4]역삼투법은 반투막의 오염 정도가 심해짐에 따라(사용을 반복하여 반투막이 오염될수록) 담수 생성 효율(들인 힘과 노력에 대해 실제로 담수가 생성되는 비율)이 저하되므로(低下-, 떨어져 낮아지므로) 반투막과 맞닿는 해수의 수질 조건이 매우 중요하다. [5]따라서 해수에 섞인 이물질(異物質, 정상적이 아닌 다른 물질)을 제거하는 전처리(前處理, 어떤 처리를 할 때 처리 기능이 충분히 발휘되도록 미리 실행하는 처리) 과정이 필수적이라고 할 수 있다. [6]역삼투법은 다단 증발법에 비해 담수 생성 효율은 높고 에너지 소비량은 적지만, 삼투압보다 높은 압력을 얻기 위해 여전히 에너지를 많이 소비한다는 문제가 있다.

〈참고 그림〉

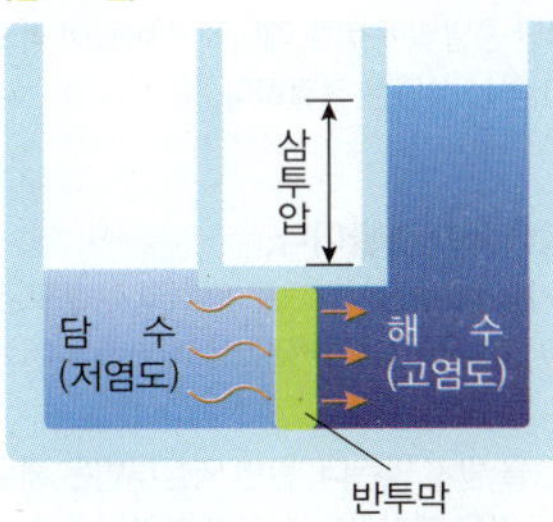
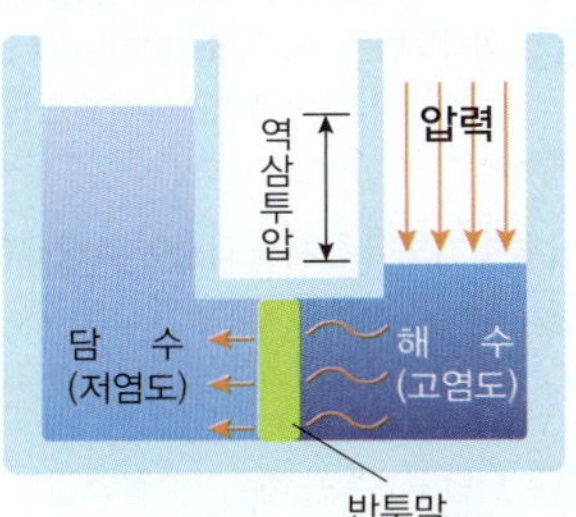

❸-2 같은 양의 담수와 해수 사이에 물 분자만 통과할 수 있는 반투막을 설치하면 염도가 낮은 담수에서 염도가 높은 해수 방향으로 물 분자가 옮겨 가는 삼투 현상이 일어난다.

❸-3 삼투압보다 더 큰 압력을 해수에 가하면 해수에 있는 물 분자가 반투막을 거쳐 담수 방향으로 이동하며 담수가 생성되는데, 이를 역삼투법이라고 한다.

→ 2세대 해수 담수화 기술 : 역삼투법의 원리와 장단점

4 [1]해수 담수화 기술은 에너지 소모량(消耗量, 써서 없애는 양)이 적은 방식으로 발전해 왔으며, 에너지원(源 근원 원) 확보(確保, 확실히 가지고 있음)가 어려운 지역을 위한 해수 담수화 설비에 대한 요구도 점차 커지고 있다. [2]이를 위해 세계 각국(各國, 각 나라)에서도 많은 연구 비용을 투자하여 신재생 에너지(新再生energy, 신에너지와 재생에너지를 합쳐 부르는 말로, 화석 연료를 대체하고 환경 훼손과 오염이 적으면서 지속적인 에너지

공급이 가능한 미래 에너지 자원을 뜻함. 수소 에너지, 석탄 액화·가스화, 태양열 에너지, 태양광 에너지, 풍력 에너지, 지열 에너지, 해양 에너지 등이 있음)를 활용한 차세대(次世代, 지금 세대가 지난 다음 세대) 해수 담수화 기술을 상용화하기(常用化-, 일상적으로 쓰게 하기) 위해 노력하고 있다.

→ 해수 담수화 기술의 발전 동향

* 상변화 : 물질이 온도와 압력에 따라 기체, 액체, 고체로 변하는 현상

■지문 이해

❶ 해수 담수화 기술의 필요성
- 인구 증가와 기후변화로 물 부족 현상이 발생함
- 물의 총량 중 인간이 손쉽게 활용할 수 있는 물의 양은 극히 일부임
- → 지구상에 존재하는 물의 대부분인 해수를 담수로 만드는 기술이 연구되어 옴

❷ 1세대 해수 담수화 기술 : 다단 증발법의 원리와 장단점
- 물의 상변화 원리를 활용, 가열된 해수를 수증기로 변화시켜 응축함으로써 담수를 얻는 방법
- 해수 가열기, 진공 유지 장치, 직렬로 연결된 증발기들로 구성됨
- 다단 증발법의 원리
  ① 해수가 증발기 내부의 냉각관을 통과하여 해수 가열기 내부로 이동
  ② 해수 가열기가 해수를 110℃ 이상까지 높이고, 가열된 해수는 증발기들의 하부를 역순으로 통과 : 증발기 내부는 대기압보다 낮은 압력 유지
  ③ 증발기로 진입한 해수가 낮은 압력에 끓어올라 수증기로 바뀜
  ④ 생성된 수증기에 포함된 해수는 필터를 통과하며 제거됨
  ⑤ 순수한 수증기가 증발기 상부의 냉각관과 만나 응축되어 담수가 됨
  ⑥ 마지막 증발기까지 담수가 계속 생성됨
- 장점 : 해수의 수질 조건에 큰 영향을 받지 않으며 담수를 대량으로 생산 가능
- 단점 : 에너지 소비량이 매우 많음

❸ 2세대 해수 담수화 기술 : 역삼투법의 원리와 장단점
- 반투막을 이용해 해수에서 담수를 얻는 방법
- 역삼투법의 원리
  ① 같은 양의 담수와 해수 사이에 물 분자만 통과할 수 있는 반투막 설치 : 삼투 현상이 일어나 담수의 물 분자가 해수 방향으로 옮겨 감
  ② 압력 펌프를 사용해 삼투압보다 더 큰 압력을 해수에 가함 : 역삼투 현상이 일어나 해수의 물 분자가 반투막을 거쳐 담수 방향으로 이동하며 담수가 생성됨
- 반투막과 맞닿는 해수의 수질 조건이 중요해 해수의 이물질을 제거하는 전처리 과정이 필수적임
- 장점 : 다단 증발법에 비해 담수 생성 효율이 높고 에너지 소비량이 적음
- 단점 : 삼투압보다 높은 압력을 얻기 위해 에너지를 많이 소비함

❹ 해수 담수화 기술의 발전 동향
- 해수 담수화 기술은 에너지 소모량이 적은 방식으로 발전해 옴
- 에너지원 확보가 어려운 지역을 위한 설비에 대한 요구가 커지고 있음
- → 세계 각국이 신재생 에너지를 활용한 차세대 해수 담수화 기술 상용화를 위해 노력하고 있음

tip ・ 다단 증발법 관련 유튜브 동영상

https://youtu.be/k8OXqvH__QQ?si=hJBGTnaiK4abaflz
→ 유튜브에서 '사막의 기적, 해수담수화 플랜트_#002'를 검색! (5분 50초부터 시청)

・ 역삼투법 관련 유튜브 동영상

https://youtu.be/rlD91zz68Pk?si=Fi_lzYyaXMqd0QCR
→ 유튜브에서 '사막의 기적, 해수담수화 플랜트_#005'를 검색!

---

21 세부 정보 이해 - 적절하지 않은 것 고르기
정답률 65%, 매력적 오답 ② ⑤ 15%　　　　정답 ④

윗글을 통해 답을 찾을 수 없는 질문은?

① 다단 증발법의 장점은 무엇인가?

근거 ❷-12 다단 증발법은 해수를 끓여 수증기만 얻는 방식이므로 해수의 수질 조건에 큰 영향을 받지 않으며 담수를 대량으로 생산할 수 있다는 장점

→ 적절함!

② 물 부족 현상의 원인은 무엇인가?

> **근거** **❶-1** 최근 인구 증가와 기후변화로 전 세계적인 물 부족 현상이 발생하고 있다.
>
> → 적절함!

③ 해수 담수화 기술은 어떤 방식으로 발전해 왔는가?

> **근거** **❹-1** 해수 담수화 기술은 에너지 소모량이 적은 방식으로 발전해 왔으며
>
> → 적절함!

✓④ 해수 속 이물질을 제거하는 과정은 어떻게 이루어지는가?

> **근거** **❸-4~5** 역삼투법은 반투막의 오염 정도가 심해짐에 따라 담수 생성 효율이 저하되므로 반투막과 맞닿는 해수의 수질 조건이 매우 중요하다. 따라서 해수에 섞인 이물질을 제거하는 전처리 과정이 필수적이라고 할 수 있다.
>
> **풀이** 윗글에서 역삼투법은 해수의 수질 조건이 매우 중요하므로 해수에 섞인 이물질을 제거하는 전처리 과정이 필수적이라고 언급하였으나, 그 과정에 대해서는 설명하지 않았다.
>
> → 적절하지 않음!

⑤ 인간이 쉽게 활용할 수 없는 물은 어떤 상태로 존재하는가?

> **근거** **❶-2~3** 지구상에 존재하는 물의 대부분은 해수이며 염분이 없는 물인 담수는 전체의 약 2.5 %이다. 담수 중에서도 빙하, 지하수 등을 제외하면 인간이 손쉽게 활용할 수 있는 것은 물의 총량 중 극히 일부에 지나지 않는다.
>
> **풀이** 윗글에서 인간이 손쉽게 활용할 수 있는 물은 지구상에 존재하는 물 중 해수를 제외한 담수, 그중에서도 빙하와 지하수 등을 제외한 물이라고 설명하고 있다.
>
> → 적절함!

오답률 TOP ❶ | **1등급 문제**

22 | 핵심 개념 파악 - 적절하지 않은 것 고르기
정답률 35%, 매력적 오답 ① ② 20% ③ 15% ④ 10% | **정답 ⑤**

〈보기〉는 **다단 증발법** 을 적용한 설비의 구조이다. 윗글을 바탕으로 〈보기〉를 이해한 내용으로 적절하지 않은 것은?

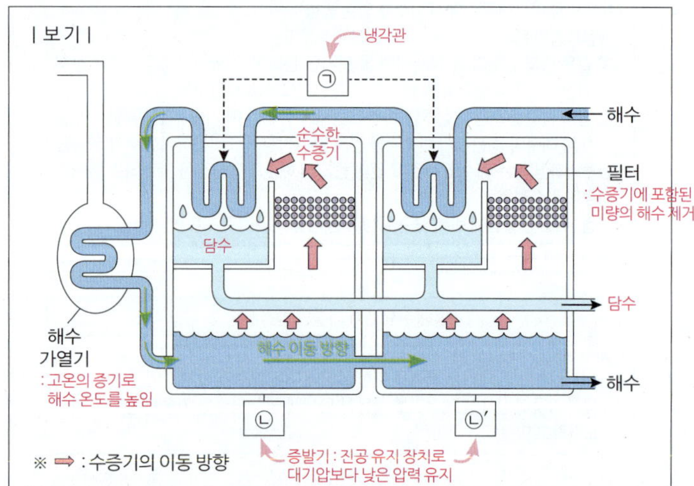

> **근거** **❷-4~5** 해수는 증발기 내부의 냉각관을 통과하여 해수 가열기 내부로 이동한다. 해수 가열기는 고온의 증기로 해수의 온도를 해수의 끓는점인 110 ℃ 이상까지 높이는 역할을 하며, 가열된 해수는 앞서 통과한 증발기들의 하부를 역순으로 통과한다.
>
> **풀이** 윗글에서 해수 담수화 설비에 해수가 들어오면 먼저 냉각관을 통과하여 해수 가열기 내부로 이동한다고 하였으므로 ㉠은 냉각관이다. 그리고 해수 가열기를 통과하면서 가열된 해수는 증발기들의 하부를 역순으로 통과한다고 하였으므로 ㉡과 ㉡′은 증발기에 해당한다.

① 해수의 염분 농도는 ㉡보다 ㉡′에서 더 높다.

> **근거** **❷-10** 해수는 증발기들(㉡과 ㉡′)을 거칠수록 염분 농도는 높아지고 온도는 계속 낮아진다.
>
> **풀이** 윗글에서 해수는 증발기들을 거칠수록 염분 농도가 높아진다고 하였으므로, 증발기 ㉡을 지난 ㉡′의 해수 염분 농도는 증발기 ㉡의 해수 염분 농도보다 더 높다는 설명은 적절하다.
>
> → 적절함!

② ㉡과 ㉡′에서 생성된 담수는 설비 밖으로 빠져나온다.

> **근거** **❷-7~9** 증발기(㉡과 ㉡′)로 진입한 해수는 순간적으로 끓어올라 수증기로 바뀌게 된다. 생성된 수증기에 포함된 미량의 해수는 필터를 통과하며 제거되어 순수한 수증기가 되고 설비 밖으로 빠져나간다. 순수한 수증기는 증발기 상부의 냉각관과 만나서 응축되어 담수가 된다.

> **풀이** 증발기에서 생성된 수증기는 냉각관과 만나서 담수가 된 후 설비 밖으로 빠져나간다
>
> → 적절함!

③ 해수 가열기에서 온도가 끓는점보다 더 높아진 해수는 ㉡으로 이동한다.

> **근거** **❷-5** 해수 가열기는 고온의 증기로 해수의 온도를 해수의 끓는점인 110 ℃ 이상까지 높이는 역할을 하며, 가열된 해수는 앞서 통과한 증발기들(㉡과 ㉡′)의 하부를 역순으로 통과한다.
>
> **풀이** 해수 가열기는 고온의 증기로 해수의 온도를 해수의 끓는점 이상까지 높이는 역할을 하고, 여기에서 가열된 해수는 증발기의 하부를 역순으로 통과한다. 즉 〈보기〉에서 해수 가열기 내부로 이동한 해수는 온도가 끓는점보다 더 높아진 뒤 증발기를 ㉡ → ㉡′의 순서로 통과하게 된다. 따라서 해수 가열기에서 온도가 끓는점보다 더 높아진 해수는 ㉡으로 이동한다는 설명은 적절하다.
>
> → 적절함!

④ ㉡과 ㉡′에서 생성된 수증기는 필터에 의해 해수가 제거된 상태로 ㉠과 만나 응축된다.

> **근거** **❷-7~9** 증발기(㉡과 ㉡′)로 진입한 해수는 순간적으로 끓어올라 수증기로 바뀌게 된다. 생성된 수증기에 포함된 미량의 해수는 필터를 통과하며 제거되어 순수한 수증기가 되고 설비 밖으로 빠져나간다. 순수한 수증기는 증발기 상부의 냉각관(㉠)과 만나서 응축되어 담수가 된다.
>
> **풀이** 증발기로 진입한 해수는 수증기로 바뀌고, 필터를 통과하면서 수증기에 포함된 해수가 제거된 후 순수한 수증기의 상태로 증발기 상부의 냉각관과 만나 응축되어 담수가 된다.
>
> → 적절함!

✓⑤ 내부 압력이 같은 ㉡과 ㉡′은 대기압보다 낮은 내부 압력을 유지하고 있으므로 해수를 순간적으로 끓어오르게 한다.

> **근거** **❷-6~7** 증발기들(㉡과 ㉡′)의 내부는 진공 유지 장치에 의해 대기압보다 훨씬 낮은 압력을 유지하고 있다. 해수의 끓는점은 대기압이 낮을수록 낮아지기 때문에 증발기로 진입한 해수는 순간적으로 끓어올라 수증기로 바뀌게 된다. **❷-11** 증발기들의 내부 압력 또한 설비 끝으로 갈수록 더 낮아지기 때문에
>
> **풀이** 증발기들의 내부 압력이 대기압보다 낮은 것은 맞으나, 증발기들의 내부 압력은 설비 끝으로 갈수록 더 낮아진다고 하였으므로 ㉡과 ㉡′의 내부 압력이 같다는 설명은 적절하지 않다. 또한 ㉡과 ㉡′으로 진입한 해수는 낮은 내부 압력으로 인해 끓는점이 낮아져 순간적으로 끓어오르게 된다.
>
> → 적절하지 않음!

---

23 | 핵심 개념 파악 - 적절하지 않은 것 고르기
정답률 75%, 매력적 오답 ② 15% | **정답 ⑤**

역삼투법 에 대한 설명으로 적절하지 않은 것은?

① 다단 증발법보다 담수 생성 효율이 높은 기술이다.

> **근거** **❸-6** 역삼투법은 다단 증발법에 비해 담수 생성 효율은 높고
>
> → 적절함!

② 에너지 소비 측면에서 다단 증발법보다 더 발전된 기술이다.

> **근거** **❷-12** 다단 증발법은 … 에너지 소비량이 매우 많다는 단점이 있다. **❸-6** 역삼투법은 다단 증발법에 비해 담수 생성 효율은 높고 에너지 소비량은 적지만
>
> **풀이** 역삼투법은 에너지 소비량이 매우 많은 다단 증발법에 비해 에너지 소비량이 적으므로, 에너지 소비 측면에서 더 발전된 기술이라는 설명은 적절하다.
>
> → 적절함!

③ 다단 증발법보다 전처리 과정이 더 중요한 역할을 하는 기술이다.

> **근거** **❷-12** 다단 증발법은 해수를 끓여 수증기만 얻는 방식이므로 해수의 수질 조건에 큰 영향을 받지 않으며, **❸-5** (역삼투법은) 해수에 섞인 이물질을 제거하는 전처리 과정이 필수적
>
> **풀이** 다단 증발법은 해수의 수질 조건에 큰 영향을 받지 않는다. 반면 역삼투법은 해수의 수질 조건이 매우 중요해 해수에 섞인 이물질을 제거하는 전처리 과정이 필수적이다. 따라서 역삼투법이 다단 증발법보다 전처리 과정이 더 중요한 역할을 하는 기술이라는 설명은 적절하다.
>
> → 적절함!

④ 삼투압보다 더 큰 압력을 해수에 가하여 담수를 생성하는 기술이다.

> **근거** **❸-3** 압력 펌프를 사용하여 삼투압보다 더 큰 압력을 해수에 가하면 오히려 반대로 해수에 있는 물 분자가 반투막을 거쳐 담수 방향으로 이동하며 담수가 생성되는데, 이를 역삼투법이라고 한다.
>
> → 적절함!

⑤ 염분만 통과할 수 있는 반투막의 성질을 이용하여 해수에서 담수를 분리하는 기술이다.

> **근거** ③-2 같은 양의 담수와 해수 사이에 물 분자만 통과할 수 있는 반투막을 설치
> **풀이** 역삼투법은 염분이 아니라 물 분자만 통과할 수 있는 반투막의 성질을 이용한다.

→ 적절하지 않음!

1등급 문제

24 구체적인 사례에 적용 - 적절하지 않은 것 고르기
정답률 60%, 매력적 오답 ② 15% **정답 ①**

윗글을 참고하여 〈보기〉의 ㉮를 이해한 내용으로 적절하지 않은 것은? [3점]

| 보기 |

¹㉮'막 증류법'의 대표적인 방식은 고온의 해수와 저온의 담수 사이에 소수성*을 띤 다공성* 막을 설치하여 온도 차이에 의해 해수에서 증발된 수증기만 막을 통과하도록 해 담수를 얻는 것이다. ²이 방식(막 증류법)은 해수의 온도를 50~70 ℃로 높이는 것을 제외하면 압력 등 다른 요소를 변화시키지 않아도 되기에 1, 2세대 해수 담수화 기술(다단 증발법, 역삼투법)에 비해 에너지 소비량이 적어 소규모(小規模, 범위나 크기가 작음)의 신재생 에너지 설비로도 담수를 생산할 수 있다. ³하지만 막이 물과 맞닿기 때문에 막이 오염되지 않도록 관리하는 것이 중요하다.

* 소수성 : 물과 친화력이 적은 성질
* 다공성 : 물질의 내부나 표면에 작은 구멍이 많이 있는 성질

〈참고 그림〉

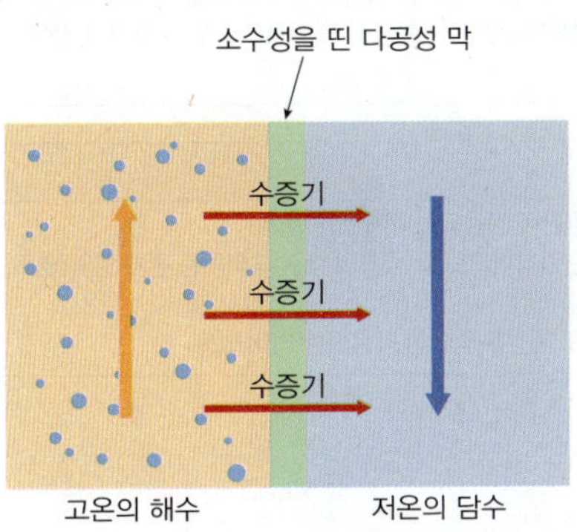

① 압력을 변화시키지 않아도 된다는 점에서 다단 증발법과 유사하군. <s>다르군</s>

> **근거** 〈보기〉-2 이 방식(막 증류법)은 … 압력 등 다른 요소를 변화시키지 않아도 되기에, ❷-6 증발기들의 내부는 진공 유지 장치에 의해 대기압보다 훨씬 낮은 압력을 유지하고 있다, ❷-11 증발기들의 내부 압력 또한 설비 끝으로 갈수록 더 낮아지기 때문에 마지막 증발기까지 담수가 계속 생성된다.
> **풀이** 다단 증발법은 진공 유지 장치로 증발기 내부의 압력을 낮춰 담수를 생성한다. 따라서 막 증류법은 압력을 변화시키지 않아도 된다는 점에서 다단 증발법과 다르다.

→ 적절하지 않음!

② 역삼투법과 달리 물의 상변화를 이용하여 담수를 생성하고 있군.

> **근거** 〈보기〉-1 '막 증류법'의 대표적인 방식은 … 해수에서 증발된 수증기만 막을 통과하도록 해 담수를 얻는 것, ③-1 역삼투법은 … 반투막을 이용하여 해수에서 담수를 얻는 방법, ③-3 물 분자가 반투막을 거쳐 담수 방향으로 이동하며 담수가 생성
> **풀이** 윗글의 설명에 따르면 상변화란 물질이 온도와 압력에 따라 기체, 액체, 고체로 변하는 현상이다. 〈보기〉에서는 해수와 담수의 온도 차이에 의해 해수에서 증발된 수증기(액체 → 기체로의 상변화)가 막을 통과하도록 하여 담수를 얻는 막 증류법의 대표적 방식을 설명하고 있다. 즉 해당 방식은 물의 상변화를 이용하여 담수를 생성하고 있다. 반면 역삼투법은 물 분자가 반투막을 거쳐 이동하면서 담수가 생성되는 방식으로, 액체인 물이 기체나 고체로 변하는 과정이 없다. 따라서 〈보기〉의 막 증류법은 역삼투법과 달리 물의 상변화를 이용하여 담수를 생성한다는 설명은 적절하다.

→ 적절함!

③ 막의 오염을 관리하는 것이 매우 중요하다는 점에서 역삼투법과 유사하군.

> **근거** 〈보기〉-3 막이 물과 맞닿기 때문에 막이 오염되지 않도록 관리하는 것이 중요하다, ③-4-5 역삼투법은 반투막의 오염 정도가 심해짐에 따라 담수 생성 효율이 저하되므로 반투막과 맞닿는 해수의 수질 조건이 매우 중요하다. 따라서 해수에 섞인 이물질을 제거하는 전처리 과정이 필수적
> **풀이**

→ 적절함!

④ 다단 증발법과 달리 해수의 온도를 끓는점 이상까지 높이지 않아도 되겠군.

> **근거** 〈보기〉-2 이 방식(막 증류법)은 해수의 온도를 50~70 ℃로 높이는 것을 제외하면 압력 등 다른 요소를 변화시키지 않아도 되기에, ❷-5 (다단 증발법의 설비 중) 해수 가열기는 고온의 증기로 해수의 온도를 해수의 끓는점인 110 ℃ 이상까지 높이는 역

할을 하며

→ 적절함!

⑤ 다단 증발법과 역삼투법에 비해 에너지원 확보가 어려운 지역에 설치하기 유리하겠군.

> **근거** 〈보기〉-2 이 방식(막 증류법)은 해수의 온도를 50~70 ℃로 높이는 것을 제외하면 압력 등 다른 요소를 변화시키지 않아도 되기에 1, 2세대 해수 담수화 기술(다단 증발법, 역삼투법)에 비해 에너지 소비량이 적어 소규모의 신재생 에너지 설비로도 담수를 생산할 수 있다.
> **풀이** 막 증류법은 다단 증발법과 역삼투법에 비해 에너지 소비량이 적어 소규모의 신재생 에너지 설비로도 담수를 생산할 수 있으므로, 비교적 에너지원 확보가 어려운 지역에 설치하기 유리할 것이다.

→ 적절함!

---

25 문맥적 의미 파악 - 적절한 것 고르기
정답률 90% **정답 ③**

문맥상 의미가 ⓐ와 가장 가까운 것은?

해수를 담수로 ⓐ 만드는 여러 가지 기술이 연구되어 왔다.

> **풀이** ⓐ에서 쓰인 '만들다'는 '무엇이 되게 하다'의 의미이다.

① 새 학년을 맞아 동아리를 만들었다.

> **풀이** '기관이나 단체 따위를 결성하다'의 의미이다.
> **예문** 중세 유럽에서는 동업자끼리 길드라는 조합을 만들어 운영하였다.

→ 적절하지 않음!

② 경기 규칙을 새롭게 만드는 일은 어렵다.

> **풀이** '규칙이나 법, 제도 따위를 정하다'의 의미이다.
> **예문** 국회는 각종 법률을 만드는 일을 한다.

→ 적절하지 않음!

③ 시를 소설로 만드는 과정은 매우 흥미롭다.

> **풀이** '무엇이 되게 하다'의 의미이다.
> **예문** 이웃 나라를 속국으로 만들었다.

→ 적절함!

④ 생일 선물로 친구에게 줄 케이크를 만드는 중이다.

> **풀이** '노력이나 기술 따위를 들여 목적하는 사물을 이루다'의 의미이다.
> **예문** 임진왜란 때에, 이순신이 거북선을 만들었다.

→ 적절하지 않음!

⑤ 송진을 채취하기 위해 소나무에 칼로 흠집을 만들었다.

> **풀이** '허물이나 상처 따위를 생기게 하다'의 의미이다.
> **예문** 동생의 얼굴에 상처를 만들었다.

→ 적절하지 않음!

[26~30] 사회 - 〈법의 효력〉

① ¹법의 효력(效 효과 효 力 힘 력, 법률이나 규칙 등의 작용)이란 사회 규범(社會規範, 법률, 도덕, 관습 등 사회의 질서를 유지하고 사회생활을 바람직하게 이끄는 여러 규범)으로서의 법이 타당성과 실효성을 바탕으로 그 목적과 내용대로 실현되는(實現-, 실제로 이루어지는) 힘을 의미한다. ²이때 타당성이란 법이 구속력(拘束力, 개인이 규율에서 벗어나 자기 마음대로 하는 행동을 제한하는 효력)을 가질 수 있는 정당한(正當-, 올바르고 마땅한) 자격을 말한다. ³국민과 법이 추구하는(追求-, 좇아 구하는) 정의(正義, 진리에 맞는 바른 도리)가 서로 같고, ⓐ 적법한 절차(節次, 일을 하는 데 거쳐야 하는 순서나 방법)에 의해서 법이 제정된(制定-, 만들어져 정해진) 경우에는 타당성이 있다고 할 수 있다. ⁴실효성이란 법이 현실로 지켜져 실현되게 하는 강제력(強制力, 이행할 수 있게 하는 힘)을 의미한다. ⁵실효성이 없는 법은 법을 이행하도록(履行-, 실제로 행하도록) 하는 실제적인(實際的-, 현실에 바탕을 둔) 힘이 없기 때문에 공동체의 법으로서 효력이 없다. ⁶㉠법은 이러한 타당성과 실효성을 모두 갖추어야 효력을 발휘하며(發揮-, 떨쳐 나타내

며), 효력을 갖춘 법이 미치는 범위는 시간, 사람, 장소로 구분할 수 있다.

→ 법의 효력의 개념과 발생 근거

2 ¹법의 시간적 효력은 법의 부칙(附則, 법률이나 명령의 끝에 붙여 경과 규정, 시행 기일, 구법의 폐지, 세칙을 정하는 법 등을 정해 놓은 것)에 별도로(別途-, 덧붙여 추가로) 규정된(規定-, 규칙으로 정해진) 시행일(施行日, 제도나 법령의 효력을 현실적으로 발생시키는 일을 행하는 날)로부터 발생한다. ²만약 시행일을 규정하지 않은 경우에는 법을 공포*한 날로부터 20 일이 ⓑ 경과되면 법의 효력이 자동적으로 발생한다. ³규정된 폐지일(廢止日, 실시해 오던 제도, 법규, 일 등을 그만두거나 없애는 날)이 지나거나, 폐지일 이전(以前, 앞선 때)에 법 자체가 폐지되면 법의 효력은 소멸한다.(消滅-, 사라져 없어진다.) ⁴폐지일이 규정되지 않은 경우에는 구법(舊法, 예전에 제정한 법)의 내용과 상충되는(相衝-, 서로 어긋나게 되는) 신법(新法, 새로 제정한 법)이 시행되었을 때 구법의 효력이 소멸된다. ⁵법의 효력은 시행 후에 발생한 사항(事項, 항목, 내용)에만 적용되며(適用-, 알맞게 이용되거나 맞추어져 쓰이며) ⓒ 시행 이전에 발생한 사항에 대해서는 적용되지 않는다. ⁶왜냐하면 법을 ⓓ 소급해서 적용할 경우 이미 신법 시행 이전에 적법하게 취득한(取得-, 자기 것으로 만들어 가진) 권리를 침해하여(侵害-, 침범하여 해를 끼쳐) 사회적 혼란(混亂, 뒤죽박죽이 되어 어지럽고 질서가 없음)을 일으킬 수 있기 때문이다. ⁷그러나 신법이 시행될 때 이전에 발생한 사건에 대한 구법의 시간적 효력이 남아 있는 경우 예외적(例外的, 일반적 규칙이나 예에서 벗어나는 것)으로 신법을 소급하여 적용할 수 있다.

→ 법의 효력이 미치는 범위 ① : 시간적 효력

3 ¹법의 인적 효력은 한 사람에게 어느 나라의 법을 적용하느냐에 관한 문제로, 속인(屬 따르다 속 人 사람 인)주의와 속지(屬 따르다 속 地 땅 지)주의 중 어떤 원칙을 선택하느냐에 따라 효력이 미치는 범위가 달라진다. ²속인주의란 그 나라의 국적(國籍, 한 나라의 구성원이 되는 자격)을 가진 사람이 어느 장소에 있는지 관계 없이 국적국(國籍國, 국적이 등록되어 있는 나라)의 법을 적용하는 원칙이다. ³예를 들어 우리나라 사람이 외국에서 죄를 지은 경우 속인주의에 따르면 우리나라 법의 적용을 받게 된다. ⁴그런데 외국에 있는 우리나라 사람이 불법적인(不法的-, 법에 어긋나는) 행위를 한 상황에서 속인주의를 적용한다면 다른 나라의 영토 주권(領土主權, 한 나라가 다른 나라의 지배를 받지 않고 자기 나라 영토 내의 모든 사람과 사물을 통치할 수 있는 권리)을 침범하여(侵犯-, 넘어 들어가 해를 끼쳐) 문제가 발생할 수 있다. ⁵이러한 한계는 속지주의로 보완할(補完-, 모자라거나 부족한 것을 보충하여 완전하게 할) 수 있다. ⁶속지주의란 자국(自國, 자기 나라)의 영역(領域, 한 나라의 주권이 미치는 범위) 내(內, 안)에 있는 모든 사람에 대하여 내·외국인(內外國人, 자기 나라 사람과 다른 나라 사람)을 불문하고(不問-, 가리지 않고) 자국법(自國法, 자기 나라의 법)을 적용한다는 원칙이다. ⁷가령(假令, 예를 들어) 외국인이 우리나라에서 범죄를 저질렀을 때, 속지주의에 따르면 우리나라 법의 적용을 받게 된다. ⁸그런데 주한(駐韓, 한국에 파견되어 머물러 있음) 외교 사절(外交使節, 국가 간의 외교 교섭을 위해 다른 나라에 파견되는 국가의 대표자 또는 대표 기관)은 기본적으로 우리나라의 법을 준수해야(遵守-, 그대로 좇아서 지켜야) 하지만, ⓔ 면책 특권(特權, 특별한 권리) 때문에 예외적으로 법의 효력이 발생하지 않는다.

→ 법의 효력이 미치는 범위 ② : 인적 효력

4 ¹법의 장소적 효력은 법이 어떤 공간에 적용되느냐에 관한 문제이다. ²국가의 법은 원칙적으로 그 국가의 주권이 미치는 전체 영역인 영토(領 다스리다 영 土 땅 토, 한 나라의 주권이 미치는 땅의 범위), 영해(領 다스리다 영 海 바다 해, 한 나라의 주권이 미치는 바다), 영공(領 다스리다 영 空 하늘 공, 나라의 주권이 미치는 하늘의 범위로, 영토와 영해의 대기권 이내의 상공에 해당하는 국가 영역)에 걸쳐 적용되는데, 예외적으로 도시계획법 중 일부 조항(條項, 법률이나 규정 등의 낱낱의 조목이나 항목)처럼 특정 지역에만 적용되는 법도 있다.

→ 법의 효력이 미치는 범위 ③ : 장소적 효력

* 공포(公 널리 공 布 드러내다 포) : 이미 확정된(確定-, 확실하게 정해진) 법률(法律, 법 가운데 입법부인 국회에서 만든 것), 조약(條約, 국가 간의 합의에 따라 만들어진 국제 법규), 명령(命令, 행정부에서 법률을 시행하기 위하여 세부적인 내용을 규정한 법 규범) 따위를 일반 국민에게 널리 알리는 일

■지문 이해

❶ 법의 효력의 개념과 발생 근거
• 법의 효력 : 법이 타당성과 실효성을 바탕으로 그 목적과 내용대로 실현되는 힘 - 타당성 : 법이 구속력을 가질 수 있는 정당한 자격 - 실효성 : 법이 현실로 지켜져 실현되게 하는 강제력 → 법은 타당성과 실효성을 모두 갖추어야 효력을 발휘함

법의 효력이 미치는 범위

❷ 시간적 효력	
법의 시간적 효력 발생	법의 시간적 효력 소멸
- 부칙에 별도로 규정된 시행일로부터 발생함 - 시행일을 규정하지 않은 경우 : 법을 공포한 날로부터 20 일 경과 시 발생 - 시행 후에 발생한 사항에만 적용됨 (소급 적용 ×) - 신법이 시행될 때 이전에 발생한 사건에 대한 구법의 시간적 효력이 남아 있는 경우 예외적으로 신법 소급 적용 가능	- 규정된 폐지일이 지나거나 폐지일 이전에 법 자체가 폐지되면 소멸함 - 폐지일이 규정되지 않은 경우 : 구법의 내용과 상충되는 신법이 시행되었을 때 구법의 효력이 소멸됨

❸ 인적 효력

• 한 사람에게 어느 나라의 법을 적용하느냐에 관한 문제
• 속인주의 : 그 나라 국적을 가진 사람은 장소와 무관하게 국적국의 법을 적용하는 원칙
  → 다른 나라의 영토 주권 침범의 문제가 발생할 수 있음
• 속지주의 : 자국 영역 내 모든 사람에 대해 자국법을 적용하는 원칙
  → 외교 사절에 대한 면책 특권 등 예외적으로 법의 효력이 발생하지 않는 경우가 있음

❹ 장소적 효력
• 법이 어떤 공간에 적용되느냐에 관한 문제 • 국가의 법은 원칙적으로 그 국가의 주권이 미치는 전체 영역(영토, 영해, 영공)에 걸쳐 적용됨   - 예외적으로 특정 지역에만 적용되는 법이 있음

26	세부 정보 이해 - 적절한 것 고르기 정답률 65%, 매력적 오답 ④ 10%	정답 ①

윗글의 내용과 일치하는 것은?

① 법의 효력은 국가 영역의 일부에만 적용될 수도 있다.
> **근거** ❹-2 예외적으로 도시계획법 중 일부 조항처럼 특정 지역에만 적용되는 법도 있다.
> → 적절함!

② 법의 폐지일이 경과하지 않으면 법을 폐지할 수 없다. (않아도 / 있다)
> **근거** ❷-3 폐지일 이전에 법 자체가 폐지되면 법의 효력은 소멸한다.
> **풀이** 법의 폐지일이 경과하지 않은 경우라도 폐지일 이전에 법 자체가 폐지되었을 때 해당 법의 효력이 소멸한다고 하였으므로, 법의 폐지일이 경과하지 않아도 법을 폐지할 수 있음을 알 수 있다.
> → 적절하지 않음!

③ 법의 효력은 부칙에 시행일을 반드시 규정해야 발생한다.
> **근거** ❷-1~2 법의 시간적 효력은 법의 부칙에 별도로 규정된 시행일로부터 발생한다. 만약 시행일을 규정하지 않은 경우에는 법을 공포한 날로부터 20 일이 경과되면 법의 효력이 자동적으로 발생한다.
> → 적절하지 않음!

④ 주한 외교 사절은 우리나라의 법을 준수하지 않아도 된다. (준수해야 한다)
> **근거** ❸-8 주한 외교 사절은 기본적으로 우리나라의 법을 준수해야 하지만
> → 적절하지 않음!

⑤ 외국에 있는 우리나라 사람에게 우리나라 법을 적용하더라도 *타국의 영토 주권을 침범하지 않는다. (적용하면 / 침범하여 문제가 발생할 수 있다) *他國, 자기 나라가 아닌 남의 나라
> **근거** ❸-3~4 우리나라 사람이 외국에서 죄를 지은 경우 속인주의에 따르면 우리나라 법의 적용을 받게 된다. 그런데 외국에 있는 우리나라 사람이 불법적인 행위를 한 상황에서 속인주의를 적용한다면 다른 나라의 영토 주권을 침범하여 문제가 발생할 수 있다.
> **풀이** 외국에 있는 우리나라 사람에게 우리나라 법을 적용하게 되면, 다른 나라의 영토 주권을 침범하여 문제가 생길 수 있다.
> → 적절하지 않음!

→ 문제편 098쪽

27 추론의 적절성 판단 - 적절한 것 고르기
정답률 75%, 매력적 오답 ② 15%   **정답 ④**

㉠의 이유로 가장 적절한 것은?

> ㉠ 법은 이러한 타당성과 실효성을 모두 갖추어야 효력을 발휘하며

▶ 지문 핵심 개념 정리

법의 타당성	– 법이 구속력을 가질 수 있는 정당한 자격(❶-2) – 국민과 법이 추구하는 정의가 서로 같고, 적법한 절차에 의해서 법이 제정된 경우에는 타당성이 있다고 할 수 있음(❶-3)
법의 실효성	– 법이 현실로 지켜져 실현되게 하는 강제력(❶-4) – 실효성이 없는 법은 법을 이행하도록 하는 실제적인 힘이 없기 때문에 공동체의 법으로서 효력이 없음(❶-5)

① 법이 타당성만 있고 실효성이 없으면, 법의 제정 과정에서 절차적 정당성을 가질 수 없기 때문에 ← *법의 타당성*

   풀이 법이 타당성이 있으면, 법의 제정 과정에서 절차적 정당성을 가질 수 있다.

   → 적절하지 않음!

② 법이 타당성만 있고 실효성이 없으면, 법 위반 행위를 금지하는 정당한 자격을 갖출 수 없기 때문에 ← *법의 타당성*

   풀이 법이 타당성이 있으면, 법 위반 행위를 금지하는 정당한 자격을 갖출 수 있다.

   → 적절하지 않음!

③ 법이 실효성만 있고 타당성이 없으면, 해당 법의 실현을 위한 강제력을 가질 수 없기 때문에 ← *법의 실효성*

   풀이 법이 실효성이 있으면, 해당 법의 실현을 위한 강제력을 가질 수 있다.

   → 적절하지 않음!

✔④ 법이 실효성만 있고 타당성이 없으면, 법이 추구하는 정의를 국민으로부터 인정받을 수 없기 때문에

   풀이 법이 타당성이 있으면 해당 법은 국민과 추구하는 정의가 서로 같으며, 적법한 절차에 의해 제정되어 정당한 자격을 갖추고 있다고 볼 수 있다. 따라서 법이 실효성만 있고 타당성이 없으면, 법이 추구하는 정의를 국민으로부터 인정받을 수 없기 때문이라는 추론은 ㉠의 이유로 적절하다.

   → 적절함!

⑤ 법이 타당성과 실효성을 모두 갖추더라도, 법을 실제적으로 이행하도록 하는 힘을 국민들에게 인정받지 못하기 때문에

   풀이 법이 타당성이 있으면 정당한 자격을 갖추어 법이 추구하는 정의를 국민으로부터 인정받을 수 있다. 또한 법이 실효성을 갖추었을 경우 법을 이행하도록 하는 실제적인 힘을 가진다. 따라서 법이 타당성과 실효성을 모두 갖추었다면, 그 법은 실제적으로 이행하도록 하는 힘을 국민들에게 인정받을 수 있다.

   → 적절하지 않음!

28 구체적인 사례에 적용 - 적절한 것 고르기
정답률 85%   **정답 ②**

윗글을 참고할 때, 〈보기〉의 ㉠~㉢에 들어갈 수 있는 말을 바르게 짝지은 것은?

> | 보기 |
>
> *B국 영역 내에서의 불법적 행위*   *국적국 : A*
>
> 음주(飮酒, 술을 마심)가 허용된(許容–, 허락되어 너그럽게 받아들여진) 나라인 A국 국민 ○○씨가 음주가 금지된 B국에서 음주를 한 경우, ___㉠___ 에 따르면 ___㉡___ 의 법을 적용해야 하고, 이에 따르면 ○○씨는 ___㉢___ .
>
> ※ 단, ○○씨는 A국에서 B국으로 파견된 외교 사절은 아님
>
> *면책특권으로 인한 예외적 상황 ✕*

   근거 ❸-2 속인주의란 그 나라의 국적을 가진 사람이 어느 장소에 있든지 관계없이 국적국의 법을 적용하는 원칙, ❸-6 속지주의란 자국의 영역 내에 있는 모든 사람에 대하여 내·외국인을 불문하고 자국법을 적용한다는 원칙, ❸-8 주한 외교 사절은 기본적으로 우리나라의 법을 준수해야 하지만, 면책 특권 때문에 예외적으로 법의 효력이 발생하지 않는다.

   풀이 속인주의란 그 나라의 국적을 가진 사람은 어느 장소에 있든지 국적국의 법을 적용하는 원칙이다. 음주가 허용된 A국의 국민인 ○○씨가 음주가 금지된 B국에서 음주를 하여 불법적인 행위를 하였더라도, 속인주의에 따르면 국적국인 A국의 법을 적용해야 하고, 이에 따르면 ○○씨는 처벌받지 않을 것이다. 한편 속지주의는 자국의 영

→ 문제편 098쪽

역 내에 있는 모든 사람에 대해 자국법을 적용한다는 원칙이다. ○○씨가 A국에서 B국으로 파견된 외교 사절은 아니므로 속지주의에 따라 B국의 법을 적용할 수 있다. 따라서 음주가 금지된 B국에서 음주를 한 경우, 속지주의에 따르면 B국의 법을 적용해야 하고, 이에 따르면 ○○씨는 내국인이든 외국인이든 관계없이 처벌을 받을 것이다. 따라서 정답은 ②번이다.

	㉠	㉡	㉢
①	속지주의	~~A국~~	처벌받을 것이다
✔②	속지주의	B국	처벌받을 것이다 → 적절함!
③	속지주의	B국	~~처벌받지 않을 것이다~~
④	속인주의	A국	~~처벌받을 것이다~~
⑤	속인주의	~~B국~~	처벌받지 않을 것이다

[1등급 문제]

29 구체적인 사례에 적용 - 적절하지 않은 것 고르기
정답률 55%, 매력적 오답 ③ 10% ④ 20%   **정답 ⑤**

윗글을 바탕으로 〈보기〉를 이해한 내용으로 적절하지 않은 것은?   [3점]

> | 보기 |
>
> [1]△△기업은 2010년 1월부터 2월까지 가격 담합(談合, 생산품이 비슷한 회사끼리 서로 짜고 생산량과 물건의 가격을 미리 결정해서 소비 시장에서 큰 이익을 챙기는 행위)을 했다는 혐의(嫌疑, 죄를 저질렀을 가능성이 있다고 봄)로 2016년 6월에 조사를 받기 시작했다. [2]1990년 1월에 제정된 관련법은 별도의 폐지 시기를 규정하지 않았는데, 이에 따르면 과징금(課徵金, 서로 지키도록 협의하여 정해 놓은 규칙을 위반하였을 때 그 제재로 거두어들이는 돈)은 '위법(違法, 법률이나 명령 등을 어김) 행위 종료일부터 5 년까지 부과(賦課–, 매겨서 부담하게 할) 할 수 있다. [3]그런데 이 법이 개정되어(改定–, 고쳐져 다시 정해져) 2012년 2월 1일에 공포된 후 2월 10일부터 시행되었다. [4]과징금을 부과할 수 있는 기간은 '위법 행위에 대한 조사 개시일로부터 5 년'으로 변경되었고(變更–, 다르게 바뀌어 새롭게 고쳐졌고), 효력을 현재까지 계속 유지하고 있다.

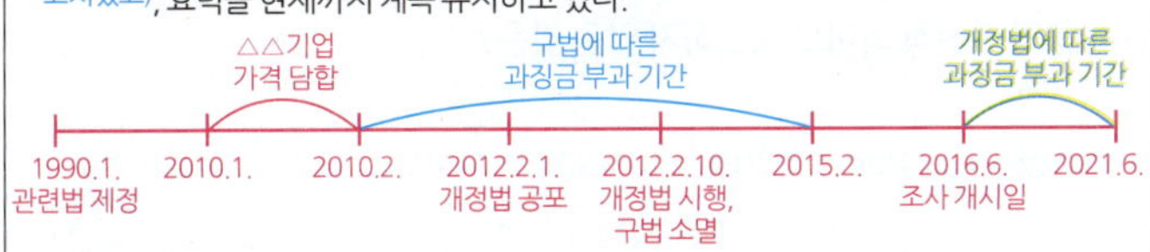

① 구법의 효력은 개정된 법의 시행일로부터 소멸했겠군.

   근거 〈보기〉-2~3 1990년 1월에 제정된 관련법은 별도의 폐지 시기를 규정하지 않았는데, … 그런데 이 법이 개정되어 … 2월 10일부터 시행되었다, ❷-4 폐지일이 규정되지 않은 경우에는 구법의 내용과 상충되는 신법이 시행되었을 때 구법의 효력이 소멸된다.

   풀이 〈보기〉에서 1990년 1월에 제정된 관련법은 별도의 폐지 시기를 규정하지 않았으나, 해당 법이 개정되어 2012년 2월 10일부터 시행되었다. 윗글에서 폐지일이 규정되지 않은 경우 신법이 시행되었을 때 구법의 효력이 소멸된다고 하였으므로, 〈보기〉의 구법의 효력은 개정된 법의 시행일로부터 소멸된다.

   → 적절함!

② 개정된 법에 따르면 △△기업에 대한 과징금은 2021년 7월에는 부과할 수 없겠군.

   근거 〈보기〉-1 △△기업은 2010년 1월부터 2월까지 가격 담합을 했다는 혐의로 2016년 6월에 조사를 받기 시작, 〈보기〉-4 (개정된 법에 따르면) 과징금을 부과할 수 있는 기간은 '위법 행위에 대한 조사 개시일로부터 5 년'으로 변경되었고,

   풀이 개정된 법에 따르면 과징금을 부과할 수 있는 기간은 위법 행위에 대한 조사 개시일로부터 5 년까지이다. 해당 기업에 대한 조사는 2016년 6월에 개시되었으므로, 개정된 법에 따르면 조사 개시로부터 이미 5 년이 지난 이후인 2021년 7월에는 해당 기업에 대한 과징금을 부과할 수 없다.

   → 적절함!

③ △△기업에 과징금이 부과되었다면 개정된 법을 소급하여 적용한 것으로 볼 수 있겠군.

   근거 〈보기〉-1 △△기업은 2010년 1월부터 2월까지 가격 담합을 했다는 혐의, 〈보기〉-2~3 1990년 1월에 제정된 관련법은 … 이에 따르면 과징금은 '위법 행위 종료일부터 5 년까지 부과할 수 있다. 그런데 이 법이 개정되어 2012년 2월 1일에 공포된 후 2월 10일부터 시행, ❷-7 신법이 시행될 때 이전에 발생한 사건에 대한 구법의 시간적 효력이 남아 있는 경우 예외적으로 신법을 소급하여 적용할 수 있다.

   풀이 〈보기〉의 구법에 따르면 △△기업의 위법 행위에 대한 과징금은 위법 행위 종료일로부터 5 년까지, 즉 2015년 2월까지 부과할 수 있다. 개정된 법은 구법의 시간적 효력이 남아 있는 2012년 2월에 시행되었으므로, 해당 사건에 대해 예외적으로 개정된 법을 소급하여 적용할 수 있다.

   → 적절함!

④ 개정된 법이 공포된 시점에는 △△기업의 담합 행위에 대한 구법의 효력이 존재했겠군.
- **근거** **〈보기〉-2~3** 1990년 1월에 제정된 관련법은 별도의 폐지 시기를 규정하지 않았는데, … 이 법이 개정되어 2012년 2월 1일에 공포된 후 2월 10일부터 시행 **❷-1** 법의 시간적 효력은 법의 부칙에 별도로 규정된 시행일로부터 발생 **❷-4** 폐지일이 규정되지 않은 경우에는 구법의 내용과 상충되는 신법이 시행되었을 때 구법의 효력이 소멸
- **풀이** 윗글에 따르면 법의 시간적 효력은 '공포된 시점'이 아니라 '시행일로부터' 발생한다. 또한 구법의 폐지일이 규정되지 않은 경우 신법이 '시행되었을 때' 구법의 효력이 소멸된다. 〈보기〉에서 구법은 별도의 폐지 시기를 규정하지 않았으며, 개정된 법은 2012년 2월 1일에 공포되고 2월 10일부터 시행되었다. 따라서 개정된 법이 '공포된 시점'인 2012년 2월 1일에는 여전히 구법의 효력이 존재하며, 개정된 법이 '시행된 시점'인 2월 10일부터 구법의 효력은 소멸되고 신법의 효력이 발생한다.

→ 적절함!

☑⑤ 법이 개정되지 ~~않았더라도~~ _{않았다면} 2016년 6월에 △△기업에 대해 과징금 처분을 내릴 수 있~~었겠군.~~ _{없었겠군.}
- **근거** **〈보기〉-1** △△기업은 2010년 1월부터 2월까지 가격 담합을 했다는 혐의, **〈보기〉-2** 1990년 1월에 제정된 관련법 … 이에 따르면 과징금은 '위법 행위 종료일부터 5년까지 부과할 수 있다.
- **풀이** 〈보기〉에서 법이 개정되지 않았을 경우 과징금은 위법 행위 종료일로부터 5년까지 부과할 수 있다. 이 법을 적용하였을 때 △△기업의 위법 행위 종료일은 2010년 2월이므로, 2016년 6월에는 해당 기업에 대해 과징금 처분을 내릴 수 없다. 따라서 법이 개정되지 않았다면 2016년 6월에 △△기업에 대해 과징금 처분을 내릴 수 없었을 것이다.

→ 적절하지 않음!

---

30 | 단어의 의미 파악 - 적절하지 않은 것 고르기
정답률 90% | 정답 ③

ⓐ~ⓔ의 사전적 의미로 적절하지 <u>않은</u> 것은?

> ⓐ 적법 ⓑ 경과 ⓒ 시행 ⓓ 소급 ⓔ 면책

① ⓐ : 법규에 맞음.
- **풀이** '적법(適 맞다 적 法 법 법)'은 '법규에 맞음'의 의미이다.
→ 적절함!

② ⓑ : 시간이 지나감.
- **풀이** '경과(經 지나다 경 過 지나다 과)'는 '시간이 지나감'의 의미이다.
→ 적절함!

☑③ ⓒ : 어려운 점을 *무릅쓰고 행함. *참고 견디어
- **풀이** '시행(施 실시하다 시 行 행하다 행)'은 '법령을 공포한 뒤에 그 효력을 실제로 발생시키는 일'의 의미이다. '어려운 점을 무릅쓰고 행함'은 '강행(強 강하다 강 行 행하다 행)'의 사전적 의미이다.

→ 적절하지 않음!

④ ⓓ : 과거에까지 거슬러 올라가서 미치게 함.
- **풀이** '소급(遡 거스르다 소 及 미치다 급)'은 '과거에까지 거슬러 올라가서 미치게 함'의 의미이다.
→ 적절함!

⑤ ⓔ : 책임이나 *책망을 **면함. *責望. 잘못을 꾸짖거나 나무라며 못마땅하게 여김 **免-. 책임이나 의무를 지지 않게 됨
- **풀이** '면책(免 면하다 면 責 꾸짖다 책)'은 '책임이나 책망을 면함'의 의미이다.
→ 적절함!

[31~34] 고전소설 - 작자 미상, 「왕시전」

[앞부분의 줄거리] 왕언의 딸 왕시는 홍관 땅의 김유령을 만나 혼인을 했지만 나라의 늙은 신하에 의해 이별하게 되었다.

①
¹ 김유령이 무릎을 꿇고 대답하였다.
² "제 나이 스무 살 되었을 때 아내(왕시)를 얻었는데, **나라의 노신하**(늙을 老 신하 臣 또 신하 下 : 늙은 신하)가 (아내를) **궁녀**(대궐 宮 여자 女 : 궁궐 안에서 왕과 왕비를 가까이 모시던 여자)로 들이니 늘 서러워하며 지내고 있습니다. ³ 세상일도 잊은 채, 다만 아내의 소식이나 한번 듣고 싶어 그것만을 희망하고 살고 있었습니다. ⁴ 그런데 어느날 꿈에 **선할아버님**(신선. 여기서는 월궁도사)께서 이르시기를, '어찌 화산도사를 찾아가 보지 않는가? ⁵ 도사가 못할 일이 없으니 네가 가보면 소원을 이룰 수 있으리라. ⁶ 갈 때 돈 일만 **관**(돈꿰미 貫 : 엽전을 묶어 세던 단위. 한 관은 엽전 열 냥을 이름)을 가져가라.'라고 하셨습니다. ⁷ 그래서 꿈에서 깨어나자마자 돈을 장만하여 가지고 이렇게 온 것입니다."
⁸ 그러자 도사(화산도사)가 말했다.
⁹ "네 아내(왕시)를 도로(다시) (궁궐) 밖으로 내어다 (함께) 살고자 하느냐? ¹⁰ 네 뜻을 자세히 말해라."
¹¹ 김유령이 말했다.
¹² "도로 내어다 살기야 바랄 수 있겠습니까? ¹³ 그저 나와 하루만이라도 만나보아 서로 말이나 나누었으면 합니다."
¹⁴ 도사가 그 말을 듣고 말했다.
¹⁵ "네 뜻을 바로 말하지 않는구나. ¹⁶ 하루만 보고 헤어지면 더욱 슬플 것이다. ¹⁷ 그러니 어떻게 해 주었으면 좋겠다고 사실대로 다 말해라."
¹⁸ 그러자 김유령이 다시 대답하였다.
¹⁹ "함께 살기야 어찌 바라지 않을까마는 불가능할 일이라 차마 말씀드리지 못할 뿐입니다. ²⁰ 만약 함께 살게만 해 주신다면 제가 **두엄**(풀, 짚 또는 가축의 배설물 따위를 썩힌 거름)을 지고 다니는 사람이 되라 한다 해도 원망하지 않겠습니다."

→ 김유령은 화산도사에게 궁녀가 된 아내와 함께 살고 싶다는 소원을 말한다.

(중략)

②
¹ "접때(지난번에) 이 땅(화산)에 오라고 하시던 사람(여기서는 김유령)인데 다시 왔습니다."
² 그러자 도사가 대답하였다.

[A]
³ "네(김유령)가 인간 세계에 태어나서도 **착실한**(차분하고 성실한) 사람이므로 월궁도사(김유령의 꿈에 나타난 선할아버님)가 너에게 알려 준 것이다. ⁴ 그래서 그대(김유령)의 일이 이루어지도록 정(인정 情 : 따뜻한 마음)으로 가르침으로써 **그대가 선간(仙間)**(신선 仙 사이 間 : 신선이 산다는 곳)에서 저지른 일이 잘못되었다 하고 인간 세상에서 일 년만 좋은 일을 하면 선간에서 전에 지은 죄를 없애주려고 그대의 말을 들으려 했더니, 그대 무엇 때문에 짐승을 살게 하였던 말인가? ⁵ 비록 하늘이 생겨나게 했으나 뱀이란 모질어(매섭고 독해) 죄 없는 사람이며 불쌍한 짐승을 다 잡아먹느니라. ⁶ 또 남의 것을 빼앗고 죄 없는 사람을 죽이는 도적을 어째서 살려 주었느냐? ⁷ 불쌍한 것을 구제하라(구원할 救 도울 濟 : 도와주라) 하였지 그런 것들(뱀과 도적)을 살려내라 하더냐? ⁸ 이 두 가지 일(뱀과 도적을 살려 준 일)을 또 저질렀으니 삼 년간 조심하고 사 년 만에 오너라. ⁹ 그때 보자."
¹⁰ 이러고는 간데없이 사라졌다.

→ 화산도사는 김유령이 뱀과 도적을 살려 준 탓으로 소원을 들어주는 것을 미룬다.

③
¹ 김유령이 애닯고(안타깝고) 민망해(부끄러워) 집에 와서 문을 닫고 들어앉아 조심하여 **그릇된**(옳지 못한) 일을 전혀 하지 않았다. ² 그렇게 행실(행할 行 행적 實 : 행동)을 삼가고(조심하고) 있다가 사 년 만에 화산으로 들어갔다. ³ 그제서야 도사는 김유령이를 보고 이렇게 말했다.

[B]
⁴ "네 뜻이 보통이 아니로다. ⁵ 돌이 굳지만 모래 될 때가 있고 쇠가 굳다 하나 녹을 때가 있으되 너는 돌이나 쇠보다도 더욱 굳은 사람이로다. ⁶ 네게 이루어질 게 있으리라. ⁷ 네 돈(준비한 일만 관)을 내라."
⁸ 김유령이 돈을 내어 바치니 그 도사가 동쪽으로 그중의 일백을 던지니 이윽고(얼마 있다가) 푸른 옷 입은 사람이 오는 것이었다. ⁹ 다시 서쪽으로 일백을 던지자 이윽고 흰 옷 입은 사람이 오고 또 일백을 북쪽으로 던지니 검은 옷 입은 사람이 오고 나머지를 공중에다 던지자 이윽고 **쇠머리**(소의 머리) 쓴 사람과 용의 몸을 지닌 사람과 **귀밑머리**(이마 한가운데를 중심으로 좌우로 갈라 귀 뒤로 넘겨 땋은 머리)가 단정한 사람 등이 오는 것이었다. ¹⁰ 도사가 그중 검은 옷 입은 사람더러 말했다.
¹¹ "유령이를 죽여 **대령하고**(기다릴 待 명령할 令 : 준비하고), 궁궐에 가 왕시도 죽이고 오라."

¹²그러자 그 검은 옷 입은 사람이 즉시 유령이를 죽여 대령하고 왕시도 죽이고 와서는 보고하였다(알릴 報 알릴 告 : 알렸다).

¹³"왕시를 죽이고 왔습니다."

¹⁴그러자 이번에는 푸른 옷 입은 사람더러 말했다.

¹⁵"유령이를 살려 내라."

¹⁶그러자 (푸른 옷 입은 사람이 김유령을) 살려 내는 것이었다. ¹⁷도사가 김유령더러 말했다.

¹⁸"네 집에 가서 들어보아라. ¹⁹왕시가 죽었다며 장례를 치를 것이다. ²⁰담당 관리를 내어(보내) (왕시를) 석 달(세 달) 만에 묻으면 네 소원이 이루어질 것이지만, 석 달 안에 묻지 못하면 네 소원이 이루어지지 못할 것이니라. ²¹그러니 빨리 가라."

²²유령이 청원하였다(청할 請 원할 願 : 부탁하였다).

²³"집이(집까지 가는 데) 두 달 걸리니 어찌하면 좋겠습니까?"

²⁴그러자 그 도사가 사람을 불러 이렇게 일렀다.

²⁵"김유령으로 하여금 그 집에 들어가도록 하여라."

²⁶이윽고 서쪽으로부터 구름이 일고 천둥치며 하늘과 땅이 자욱하게(흐릿하게) 어두워졌다가 밝아지는 것이었다. ²⁷살펴보니 어느 결(사이)에 자기 집에 도착해 있었다. ²⁸들어보니 왕시가 죽었다며 장례 담당 관원(벼슬 官 관원 員 : 관리)을 내어 묻으려고 하였다.

²⁹김유령이 장례 담당 관원에게 소청하여(호소할 訴 청할 請 : 간절히 부탁하여) 스무 날 내에 묻었다. ³⁰김유령이 생각하니, 도사 말이 자신(김유령)의 소원을 이룰 수 있다고 해서 기쁘기는 하나 그(왕시의) 시신을 묻고 보니 슬픈 심사(마음 心 생각 思 : 마음)가 더욱 그지없었다(끝이 없었다). ³¹다시 화산으로 즉시 가서 도사에게 왕시를 묻었다고 아뢰려고(말하려고) 하였다.

→ 화산도사는 도술을 부려 김유령과 왕시를 죽인 후 김유령을 살려 내고, 김유령은 집에 돌아가 왕시를 묻는다.

④ ¹화산에 가니 마침 그 도사가 월궁도사를 만나러 간 지 열흘이 넘도록 오지 않고 있었다. ²매우 민망하여(불쌍히 여길 憫 멍할 惝 : 답답하여) 음식을 먹지 않은 지 이레(일주일)가 되어 기운과 정신이 아주 없었다. ³도를 모시고 다니는 아이더러 그 서러운 사정을 말하니, 그 아이도 (화산도사가) 도무지 어디에 들어가 있는지 몰라 더욱 민망해하고 있었다.

⁴이윽고 천지가 자욱하고 천둥치고 바람불고 비내리고 어두워져 심사가 더욱 아득하여(막막하여) 어쩔 줄을 몰랐다. ⁵그러더니 문득 날도 밝아지고 바람도 그치고 비도 개면서 도사가 내려오는 것이었다.

⁶김유령이 나아가 뵙고, 왕시 묻은 일을 말하였다. ⁷그러자 도사가 조그만 종이에 주사(朱砂)(붉을 朱 단사 砂 : 수은으로 이루어진 황화 광물)를 갈아서 부적을 써서 공중으로 치올리니 이윽고 도끼 가진 것과 괭이(땅을 파거나 흙을 고르는 데 쓰는 농기구) 가진 귀신이 모두 오는 것이었다. ⁸또 동방(동쪽 東 방향 方 : 동쪽)에서 (부적을) 내치니(던지니) 이윽고 푸른 옷 입은 사람이 왔다.

⁹도사가 그 푸른 옷 입은 사람에게 말했다.

¹⁰"저 귀신(도끼와 괭이를 든 귀신)을 데리고 왕시의 무덤을 파내 화산 밑에다가 두고 와라."

¹¹그러자 푸른 옷 입은 놈이 그 귀신을 데리고 갔다. ¹²이윽고 북방(북쪽 北 방향 方 : 북쪽)의 검은 옷 입은 사람더러 말했다.

¹³"옛집에 가서 무빙 등 왕시를 알던 종을 다 잡아다가 유희국(저승)에다 두어라."

¹⁴그러자 (검은 옷 입은 사람이) 하직하고(아래 下 곧을 直 : 작별을 고하고) 가는 것이었다. ¹⁵도사가 김유령더러 말했다.

¹⁶"이제야 그대의 소원이 이루어질 것이다. ¹⁷(화산 밑으로) 내려가라. ¹⁸다만 왕시의 종들을 다 잡아온 것은 행여(혹시) 일이 생기면 네가 잘못될 것이므로 (종들을) 죽여온(죽여 유희국으로 데려간) 것이니 서러워 말라."

→ 화산도사는 왕시의 시신을 화산 밑에 두게 하고 왕시의 종들을 유희국으로 보낸다.

· 중심 내용
김유령은 화산도사에게 궁녀가 된 아내(왕시)와 함께 살게 해 달라는 소원을 말한다. 화산도사는 도술을 부려 김유령과 왕시를 죽인 후 김유령을 다시 살려 낸다. 김유령은 화산도사의 말대로 왕시를 땅에 묻고 화산도사는 왕시의 종들을 유희국으로 보낸다.

· 전체 줄거리 ([ ] : 지문 내용)
부모를 여읜 후 늙은 여종 무빙과 함께 살던 왕시는 19세 때 어질고 글 잘하는 선비인 김유령과 혼인을 한다. 하지만 결혼한 지 한 달 만에, 왕시의 어짊을 안 늙은 신하가 왕시를 궁녀로 들인다. 실의에 빠져 죽으려던 김유령은 무빙의 설득으로 목숨을 부지하지만 왕시를 항상 그리워하며 지낸다. 어느 날 김유령의 꿈에 도사가 나타나 돈 1만 관을 가지고 화산도사를 찾아가라는 말을 전하고, 김유령은 가까스로 화산도사를 찾아간다. [왕시와 함께 살고 싶다는 김유령의 소원을 들은 화산도사]는 1년간 남에게 악행을 저지르지 말

→ 문제편 100쪽

고 짐승이라도 구해 주라는 요구를 한다. [1년 후 김유령이 덩굴에 걸린 뱀과 옥에 갇힌 도둑을 구해 주고 오자, 화산도사는 해악을 끼치는 것들을 살려 주는 실수를 저질렀다며 4년 만에 다시 오라고 한다. 또한 이번 일로 김유령이 선계(신선 세계)에 있을 때 저지른 죄를 용서해 주려고 했다는 말도 한다. 김유령이 3년간 행실을 삼간 후에 화산도사를 찾아가자 화산도사는 그 정성을 갸륵히 여겨, 김유령의 소원을 들어주기로 한다. 화산도사는 김유령이 준 돈을 던져 신이한 존재들을 부른 후, 김유령과 왕시를 죽여서 데려오게 한다. 그 후 화산도사는 김유령을 되살리고, 그에게 집에 돌아가 석 달 안에 왕시의 장사를 치르라고 한다. 김유령은 20일 만에 왕시의 장사를 지낸 후 다시 화산도사를 찾아간다. 화산도사는 귀신과 신이한 존재에게 왕시의 무덤을 파서 시신을 화산 밑에 두고 오라고 명한다. 그리고 무빙을 포함한 왕시의 종들을 유희국으로 보내라고 명한다.] 화산도사와 작별한 김유령은 화산 밑에서 울고 있는 왕시를 만난다. 김유령과 왕시는 이전에 살던 집을 팔고 새로운 곳에서 살아간다. 이후 김유령은 높은 벼슬에 올라 왕시와 함께 부귀영화를 누린다. 왕시는 80살에 먼저 세상을 떠나고, 이어 김유령도 죽었으나 본래 신선이었으므로 세상에 흔적이 남지 않았다.

· 인물 관계도

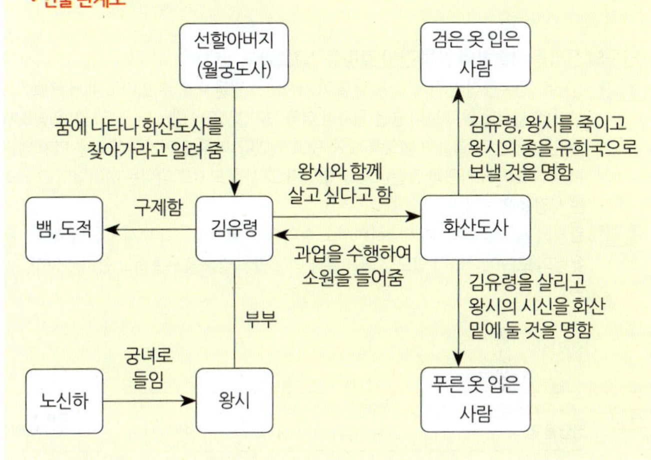

---

31 서술상 특징 - 적절한 것 고르기
정답률 85% | 정답 ①

윗글의 서술상 특징으로 가장 적절한 것은?

✓① 인물 간의 대화를 중심으로 사건을 전개하고 있다.

근거 ❶~④ 김유령이 무릎을 꿇고 대답하였다. "제 나이 스무 살 되었을 때 ~ 그러자 도사가 말했다. "네 아내를 도로 밖으로 내어다 ~ 김유령이 말했다. "도로 내어다 살기야 ~ 도사가 그 말을 듣고 말했다. "네 뜻을 바로 말하지 않는구나. ~ 도사가 김유령더러 말했다. "이제야 그대의 소원이 이루어질 것이다. ~ 서러워 말라."

풀이 윗글은 김유령과 화산도사의 대화를 중심으로 사건이 전개되고 있다.

→ 적절함!

② *현재와 과거의 교차 서술로 주제를 부각하고 있다. *현재와 과거를 번갈아 가며 서술하는 방식

풀이 윗글은 현재의 시점만 나타나 있으므로 현재와 과거를 교차하여 서술하고 있다는 설명은 적절하지 않다.

→ 적절하지 않음!

■ 현재와 과거의 교차 서술로 주제를 부각하는 작품
• 현진건, 「고향」(2014년 고2 3월 학평B)
그러자 그의 신세타령의 실마리는 풀려 나왔다.(현재) 그의 고향은 대구에서 멀지 않은 K군 H란 외딴 동리였다. ~ 남의 밑천을 얻어서 농사를 짓고 보니, 가을이 되어 얻는 것은 빈주먹뿐이었다. ~ 영양 부족한 몸이 심한 노동에 지친 탓으로 그의 어머니 또한 죽고 말았다.(과거) "모친꺼정 돌아갔구마." "돌아가실 때 흰 죽 한 모금 못 자셨구마." 하고 이야기하던 이는 문득 말을 뚝 끊는다. 그의 눈이 번들번들함은 눈물이 쏟아졌음이리라. ~ "그래, 이번 길에 고향 사람은 하나도 못 만났습니까?" "하나 만났구마, 단지 하나."(현재) 그 여자는 자기보다 나이 두 살 위였는데, 한 이웃에 사는 탓으로 같이 놀기도 하고 싸우기도 하며 자라났다. ~ 그런데 그 처녀가 열일곱 살 된 겨울에 별안간 간 곳을 모르게 되었다. 알고 보니, 그 아비 되는 자가 20원을 받고 대구 유곽에 팔아먹은 것이었다.(과거)
→ 현재와 과거의 교차 서술로 일제 강점기 우리 민족의 비참한 삶을 부각하고 있다.

③ 인물의 *외양 묘사로 성격의 변화를 드러내고 있다. *겉모습을 그림을 그리듯이 표현함

> 풀이 윗글은 인물의 외양 묘사도, 인물의 성격 변화도 드러나 있지 않다.

→ 적절하지 않음!

■ 인물의 외양 묘사로 성격의 변화를 드러내는 작품
• 전상국, 「우상의 눈물」
  이제 아이들은 아무도 기표를 무서워하지 않았다. 형이라고 호칭하는 아이도 드물었다. 아무나 곁에 가서 말을 걸 수가 있었고 때로는 어깨도 쳤다. 그것은 기표가 아주 부끄러움을 잘 타는 아이로 변해버렸기 때문이다. 누구를 만나도 수줍어하는 그 아이는 그렇게 당당하던 체구마저도 왜소하게 짜부라진 채 우리가 보통 사진을 찍을 적에 '치이즈' 하고 웃듯 그런 미소를 얼굴에 담고 있었다.
  → 왜소하게 짜부라진 채 수줍게 미소를 짓는 기표의 외양을 묘사하여 기표가 폭력적 존재에서 유순한 존재로 변화한 모습을 드러내고 있다.

④ *서술자가 개입하여 인물의 행동에 대해 평가하고 있다. *이야기를 이끌어 가는 사람이 이야기 속에 끼어들어

> 풀이 윗글은 서술자가 개입하여 인물의 행동에 대해 평가하는 부분이 나타나지 않는다.

→ 적절하지 않음!

⑤ 인물의 심리를 서술하여 인물 간의 갈등을 *표출하고 있다. *드러내고

> 근거 ❸-30 김유령이 생각하니, 도사 말이 자신의 소원을 이룰 수 있다고 해서 기쁘기는 하나 그 시신을 묻고 보니 슬픈 심사가 더욱 그지없었다. / ❹-1~3 도사가 월궁도사를 만나러 간 지 열흘이 넘도록 오지 않고 있었다. 매우 민망하여 음식을 먹지 않은 지 이레가 되어 기운과 정신이 아주 없었다. 도사를 모시고 다니는 아이더러 그 서러운 사정을 말하니,

> 풀이 왕시의 시신을 묻은 후 기뻐하면서도 슬퍼하고, 화산도사의 부재에 답답해하는 김유령의 모습이 나타나 있으나 이를 통해 인물 간의 갈등을 표출하고 있지는 않다.

→ 적절하지 않음!

<table>
<tr><td>**32**</td><td>내용 이해 – 적절하지 않은 것 고르기
정답률 85%</td><td>정답 ①</td></tr>
</table>

윗글에 대한 이해로 적절하지 않은 것은?

① 김유령은 도사에게 처음부터 숨김없이 소원을 말하였다.

> 근거 ❶-9~20 "네 아내를 도로 밖으로 내어다 살고자 하느냐? 네 뜻을 자세히 말하라." 김유령이 말했다 "도로 내어다 살기야 바랄 수 있겠습니까? 그저 나와 하루만이라도 만나보아 서로 말이나 나누었으면 합니다." 도사가 그 말을 듣고 말했다. "네 뜻을 바로 말하지 않는구나. ~ 어떻게 해 주었으면 좋겠다고 사실대로 다 말하라." 그러자 김유령이 다시 대답하였다. "함께 살기야 어찌 바라지 않을까마는 불가능할 일이라 차마 말씀드리지 못할 뿐입니다. 만약 함께 살게만 해 주신다면 제가 두엄을 지고 다니는 사람이 되라 한다 해도 원망하지 않겠습니다."

> 풀이 도사가 김유령에게 아내와 다시 함께 살고 싶냐 묻자 김유령은 하루만이라도 만나기를 원한다고 하였다. 하지만 도사가 김유령의 마음을 알아채고 사실대로 말하라고 하자 김유령은 아내와 함께 살게만 된다면 두엄을 지고 다니는 사람이 된다 해도 원망하지 않겠다고 하였다. 따라서 김유령이 도사에게 처음부터 숨김없이 소원을 말했다고 볼 수는 없다.

→ 적절하지 않음!

② 도사는 김유령에게 소원을 이루기 위한 *과업을 제시하였다. *꼭 하여야 할 일이나 임무

> 근거 ❷-7~8 불쌍한 것을 구제하라 하였지 그런 것들을 살려 내라 하더냐? 이 두 가지 일을 또 저질렀으니 삼 년간 조심하고 사 년 만에 오너라.

> 풀이 도사는 뱀과 도적을 구제한 김유령을 꾸짖으며 삼 년간 조심하고 사 년 만에 오라는 과업을 제시하였다.

→ 적절함!

③ 김유령은 담당 관원에게 소청하여 왕시의 시신을 스무 날 안에 묻었다.

> 근거 ❸-28~29 들어보니 왕시가 죽었다며 장례 담당 관원을 내어 묻으려고 하였다. 김유령이 장례 담당 관원에게 소청하여 스무 날 내에 묻었다.

> 풀이 김유령은 집에 돌아가 왕시의 죽음을 확인한 후 담당 관원에게 소청하여 왕시의 시신을 스무 날 안에 묻었다.

→ 적절함!

④ 김유령은 왕시의 시신을 묻고 난 이후 도사에게 이를 알리기 위해 화산으로 갔다.

> 근거 ❸-31~❹-1 다시 화산으로 즉시 가서 도사에게 왕시를 묻었다고 아뢰려고 하였다. 화산에 가니

> 풀이 김유령은 왕시의 시신을 묻고 나서 화산도사에게 이를 아뢰기 위해 화산으로 갔다.

→ 적절함!

---

⑤ 도사는 검은 옷 입은 사람에게 무빙 등 왕시를 알던 종들을 유희국으로 데려가게 했다.

> 근거 ❹-12~13 북방의 검은 옷 입은 사람더러 말했다. "옛집에 가서 무빙 등 왕시를 알던 종들을 다 잡아다가 유희국에다가 두어라."

> 풀이 화산도사는 검은 옷 입은 사람에게 명하여 무빙 등 왕시를 알던 종들을 잡아다가 유희국으로 데려가게 하였다.

→ 적절함!

<table>
<tr><td>**33**</td><td>말하기 방식 – 적절한 것 고르기
정답률 85%</td><td>정답 ②</td></tr>
</table>

[A]와 [B]에 대한 이해로 가장 적절한 것은?

> [A] ❷-3~9 "네가 인간 세계에 태어나서도 착실한 사람이므로 월궁도사가 너에게 알려 준 것이다. 그래서 그대의 일이 이루어지도록 정으로 가르침으로써 그대가 선간에서 저지른 일이 잘못되었다 하고 인간 세상에서 일 년만 좋은 일을 하면 선간에서 전에 지은 죄를 없애주려고 그대의 말을 들으려 했더니, 그대 무엇 때문에 짐승을 살게 하였단 말인가? 비록 하늘이 생겨나게 했으나 뱀이란 모질어 죄 없는 사람이며 불쌍한 짐승을 다 잡아먹느니라. 또 남의 것을 빼앗고 죄 없는 사람을 죽이는 도적을 어째서 살려 주었느냐? 불쌍한 것을 구제하라 하였지 그런 것들을 살려 내라 하더냐? 이 두 가지 일을 또 저질렀으니 삼 년간 조심하고 사 년 만에 오너라. 그때 보자."
> [B] ❸-4~7 "네 뜻이 보통이 아니로다. 돌이 굳지만 모래 될 때가 있고 쇠가 굳다 하나 녹을 때가 있으되 너는 돌이나 쇠보다도 더욱 굳은 사람이로다. 네게 이루어질 게 있으리라. 네 돈을 내라."

① [A]에는 상대를 *회유하려는 의도가, [B]에는 상대를 **조롱하려는 의도가 드러난다. *잘 달래어 말을 듣게 하려는 **비웃거나 깔보면서 놀리려는

> 풀이 [A]에서 화산도사는 뱀과 도적을 살려 준 김유령을 꾸짖고 있을 뿐, 회유하려는 의도는 드러나지 않는다. [B]에서 화산도사는 김유령의 성품을 진심으로 칭찬하고 있을 뿐, 조롱하려는 의도는 나타나지 않는다.

→ 적절하지 않음!

② [A]에는 상대의 행동을 *질책하는 태도가, [B]에는 상대의 성품을 칭찬하는 태도가 드러난다. *꾸짖어 나무라는

> 풀이 [A]에서 화산도사는 죄 없는 사람과 불쌍한 짐승을 잡아먹는 뱀과 남의 것을 빼앗고 죄 없는 사람을 죽이는 도적을 살려 준 김유령을 질책하고 있다. [B]에서 화산도사는 김유령이 돌이나 쇠보다 더 굳은 사람이라고 하며 김유령의 성품을 칭찬하고 있다.

→ 적절함!

③ [A]에서는 다른 이의 조언을 바탕으로, [B]에서는 자신의 경험을 바탕으로 의사 결정을 하고 있다. [A]에서는 자신의 뜻에 따라 / [B]에서는 인물에 대한 평가를

> 풀이 [A]에서 화산도사는 다른 이의 조언이 아니라 자신의 뜻에 따라 의사 결정을 하고 있다. 또한 [B]에서 화산도사는 자신의 경험이 아니라 김유령에 대한 평가를 바탕으로 소원을 들어주는 일을 결정하고 있다.

→ 적절하지 않음!

④ [A]와 [B]에는 모두 상대의 미래에 대한 불안한 마음이 드러난다.

> 풀이 [A]와 [B]에서 화산도사가 김유령의 미래에 대해 불안해하는 마음을 드러내고 있지는 않다.

→ 적절하지 않음!

⑤ [A]와 [B]에서는 모두 과거의 사건을 근거로 들어 문제 해결을 *유보하고 있다. [A]에서는 / *나중으로 미루어 두고

> 근거 ❸-1~2 김유령이 애닯고 민망해 집에 와서 문을 닫고는 들어앉아 조심하여 그릇된 일을 전혀 하지 않았다. 그렇게 행실을 삼가고 있다가 사 년 만에 화산으로 들어갔다.

> 풀이 [A]에서 화산도사는 김유령이 뱀과 도적을 구제한 사건을 근거로 들어 김유령과 왕시의 재회를 유보하고 있다. 그러나 [B]에서는 김유령이 삼 년간 행실을 조심한 것을 근거로 들어 김유령이 처한 문제를 해결해 주기로 결심하였으므로 적절하지 않은 설명이다.

→ 적절하지 않음!

→ 문제편 **100쪽**

34 감상의 적절성 - 적절하지 않은 것 고르기
정답률 55%, 매력적 오답 ② 10% ③ 30%　　정답 ④

〈보기〉를 바탕으로 윗글을 감상한 내용으로 적절하지 않은 것은?　[3점]

| 보기 |
[1] 「왕시전」은 여인을 향한 남성의 **애틋한**(깊고 절실한) 사랑을 그린 작품이다. [2] 혼인한 남녀 주인공이 외부의 힘에 의해 헤어질 수밖에 없었지만, 이를 극복하고 재회하는 행복한 결말을 맞이한다. [3] 그 과정에서 **초월적 존재**(인간의 한계를 넘어선 신적인 존재)의 힘을 빌려 문제를 해결하거나 남자 주인공이 원래 신선계의 존재였다고 설정하는 등의 **전기적(傳奇的)**(전할 傳 기이할 奇 ~의 的 : 비현실적) 요소가 나타난다.

① '나라의 노신하가 궁녀로 들이니'라고 김유령이 말하는 장면에서, 외부의 힘에 의해 남녀 주인공이 헤어지게 되었음을 알 수 있겠군.

근거 〈보기〉-2 혼인한 남녀 주인공이 외부의 힘에 의해 헤어질 수밖에 없었지만,
❶-2 "제(김유령) 나이 스무 살이 되었을 때 아내(왕시)를 얻었는데, **나라의 노신하가 궁녀로 들이니** 늘 서러워하며 지내고 있습니다.

풀이 김유령이 화산도사에게 '나라의 노신하가' 아내를 '궁녀로 들'였다고 말하는 장면을 통해 외부의 권력자에 의해 김유령과 왕시가 헤어지게 되었음을 알 수 있다.

→ 적절함!

② '그대가 선간에서 저지른 일이 잘못되었다'라고 도사가 말하는 장면에서, 주인공이 전생에 신선계의 인물이었음을 알 수 있겠군.

근거 〈보기〉-3 남자 주인공이 원래 신선계의 존재였다고 설정하는 등의 전기적 요소가 나타난다.
❷-3~4 "네가 인간 세계에 태어나서도 착실한 사람이므로 월궁도사가 너에게 알려 준 것이다. 그래서 그대의 일이 이루어지도록 정으로 가르침으로써 **그대가 선간에서 저지른 일이 잘못되었다** 하고 인간 세상에서 일 년만 좋은 일을 하면 선간에서 전에 지은 죄를 없애주려고 그대의 말을 들으려 했더니, 그대 무엇 때문에 짐승을 살게 하였단 말인가?

풀이 화산도사가 김유령에게 '그대가 선간에서 저지른 일이 잘못되었다'라고 말하는 장면을 통해 주인공이 전생에 신선계에서 잘못을 저질러 인간 세계로 내려온 인물임을 알 수 있다.

→ 적절함!

③ '그릇된 일을 전혀 하지 않았다'라는 장면에서, 왕시에 대한 김유령의 애틋한 사랑을 알 수 있겠군.

근거 〈보기〉-1 「왕시전」은 여인을 향한 남성의 애틋한 사랑을 그린 작품이다.
❷-4 그대의 일(왕시와 함께 살고 싶다는 소망)이 이루어지도록 정으로 가르침으로써/
7~8 불쌍한 것을 구제하라 하였던 **그런 것들**(뱀, 도적)을 살려 내라 하더냐? 이 두 가지 일을 또 저질렀으니 삼 년간 조심하고 사 년 만에 오너라.
❸-1 김유령이 애닯고 민망해 집에 와서 문을 닫고는 들어앉아 조심하여 **그릇된 일을 전혀 하지 않았다.**

풀이 김유령은 뱀과 도적을 구제한 잘못을 저질렀으니 삼 년 조심하고 사 년 만에 오라는 화산도사의 말에 따라 '그릇된 일을 전혀 하지 않는다. 이는 왕시를 만나기 위한 것이므로 왕시에 대한 김유령의 애틋한 사랑을 확인할 수 있다.

→ 적절함!

✔④ '어느 결에 자기 집에 도착해 있었다'라는 장면에서, 김유령이 **부리는 도술이** 초월적 존재의 힘을 빌린 것임을 알 수 있겠군.

근거 〈보기〉-3 초월적 존재의 힘을 빌려 문제를 해결하거나
❸-20~27 석 달 안에 묻지 못하면 네 소원이 이루어지지 못할 것이니라. ~ "집이 두 달 걸리니 어찌하면 좋겠습니까?" 그러자 그 도사가 사람을 불러 이렇게 일렀다. "김유령으로 하여금 그 집에 들어가도록 하여라." 이윽고 서쪽으로부터 구름이 일고 천둥치며 하늘과 땅이 자욱하게 어두워졌다가 밝아지는 것이었다. 살펴보니 **어느 결에 자기 집에 도착해 있었다.**

풀이 김유령은 집으로 가는 데 걸리는 시간 때문에 왕시를 석 달 안에 묻지 못할까 봐 걱정한다. 이에 화산도사는 사람을 불러 김유령을 집으로 보내도록 명하고, 그가 도술을 부려 김유령은 '어느 결에 자기 집에 도착하게 된다. 김유령이 직접 도술을 부린 것은 아니므로 적절하지 않은 설명이다.

→ 적절하지 않음!

⑤ '그대의 소원이 이루어질 것'이라고 도사가 말하는 장면에서, 남녀 주인공이 다시 만나는 행복한 결말을 암시하고 있음을 알 수 있겠군.

근거 〈보기〉-2 혼인한 남녀 주인공이 외부의 힘에 의해 헤어질 수밖에 없었지만, 이를 극복하고 재회하는 행복한 결말을 맞이한다.
❹-16 "이제야 **그대의 소원이 이루어질 것**이다.

풀이 김유령의 소원은 왕시와 만나 함께 살아가는 것이다. 화산도사가 김유령에게 '그대의 소원이 이루어질 것'이라고 말하는 것을 통해 남녀 주인공이 다시 만나는 행복한 결말을 암시하고 있음을 확인할 수 있다.

→ 문제편 100쪽

→ 적절함!

💡 **어떻게 풀까?** 이 문항은 〈보기〉의 설명이 어렵지는 않았다. 다만, 지문의 내용과 〈보기〉를 잘 연결하지 못하고, 선지를 꼼꼼하게 보지 못해 오답률이 높았다.

매력적 오답으로 많이 선택한 선지 ③은 김유령이 '왜 그릇된 일을 전혀 하지 않았는지'를 생각해야 했다. 그릇된 일을 하지 않은 것과 왕시에 대한 김유령의 애틋한 사랑을 바로 연결 짓기는 어렵다. 그릇된 일을 하지 말라는 것은 화산도사가 김유령에게 지시한 것으로, 이 지시를 지켜야만 왕시와 함께 살고 싶다는 김유령의 소원이 이뤄진다. 여기까지 생각을 확장해야 〈보기〉의 내용과 연결할 수 있다. 아무리 〈보기〉가 술술 읽혀도 지문에서 제대로 된 근거를 찾지 못하면 정답을 찾을 수 없다.

[35~39] 갈래 복합

(가) 고전시가 - 맹사성, 「강호사시가(강 江 호수 湖 넉 四 때 時 노래 歌 : 봄·여름·가을·겨울 사계절을 자연에서 노니는 노래)」

작품 이해 단계 [1] 화자 [2] 상황 및 대상 [3] 정서 및 태도 [4] 주제

1
강江 호수湖 : 자연
[1] 강호에 봄이 드니 **미친 흥이 절로** 난다
흥興 : 즐거움
[2] 시냇가에 막걸리에 쏘가리 안주로다
[1] 화자 : 이 몸('나')
깍짓과의 물고기
[3] 이 몸이 한가한 것도 역시 임금의 은혜로다
한가할 閑 틈 暇 : 여유가 있는
[3] 정서 : 재미와 즐거움이 저절로 일어난다.
[2] 상황 : 봄에 시냇가에서 막걸리와 쏘가리를 먹는 상황
[3] 태도 : 한가롭게 지내는 것이 임금의 은혜 덕분이라고 생각한다.

2
[1] ⊙ 강호에 여름이 드니 **초당에 일이 없다**
억새나 짚 따위로 지붕을 인 작은 집. 초가집
[2] 미더운 **강 물결**이 보내는 것은 바람이로다
믿음직스러운
[3] 이 몸이 서늘한 것도 역시 임금의 은혜로다
[2] 상황 : 여름에 초당에서 바람을 쐬는 상황
[3] 태도 : 시원하게 지내는 것이 임금의 은혜 덕분이라고 생각한다.

3
[1] 강호에 가을이 드니 고기마다 살쪄 있다
[2] 조그마한 배에 그물 실어 흐르게 던져두고
[3] 이 몸이 **소일하는** 것도 역시 임금의 은혜로다
없앨 消 날 日 : 심심하지 않게 세월을 보내는
[2] 상황 : 가을에 그물을 던져두고 낚시를 하는 상황
[3] 태도 : 심심하지 않게 지내는 것이 임금의 은혜 덕분이라고 생각한다.

4
길이의 단위. 한 자는 약 30cm
[1] 강호에 겨울이 드니 눈 깊이 자가 넘는다
비나 햇볕을 막기 위해 만든 갓
[2] **삿갓 비껴쓰고 도롱이로 옷을 삼아**
비스듬히 쓰고　짚이나 따로 만든 비옷
[3] 이 몸이 춥지 않은 것도 역시 임금의 은혜로다
[2] 상황 : 겨울에 눈이 내려 삿갓을 쓰고 도롱이를 입은 상황
[3] 태도 : 춥지 않게 지내는 것이 임금의 은혜 덕분이라고 생각한다.

[4] 주제 : 사계절의 자연을 즐기며 임금의 은혜에 감사한다.

• 강호사시가 〔중요 작품〕

2016학년도 수능A, 2017년 4월 학평 기출. 사계절의 변화와 그에 따른 화자의 흥취, 화자의 구체적인 삶의 모습, 임금의 은혜에 감사한 마음이 각 수마다 반복되는 특징이 있는 시조이다.

• 현대어 풀이

1
[1] 자연에 봄이 찾아오니 즐거움이 저절로 일어난다
[2] 시냇가에서 막걸리를 마시며 쏘가리를 안주로 먹는구나
[3] 내가 한가하게 지내는 것도 역시 임금님의 은혜 덕분이다

2
[1] 자연에 여름이 찾아오니 초당에서 할 일이 없다
[2] 믿음직스러운 강의 물결이 보내는 것은 바람이로구나
[3] 내가 시원하게 지내는 것도 역시 임금님의 은혜 덕분이다

3
[1] 자연에 가을이 찾아오니 고기마다 살쪄 있다
[2] 조그마한 배에 그물을 실어 흘러가는 대로 던져두고
[3] 내가 심심하지 않게 세월을 보내는 것도 역시 임금님의 은혜 덕분이다

4
[1] 자연에 겨울이 찾아오니 눈이 매우 깊게 쌓였구나
[2] 삿갓을 비스듬히 쓰고 도롱이를 옷으로 입고
[3] 내가 춥지 않게 지내는 것도 역시 임금님의 은혜 덕분이다

• 지문 이해

봄(①)	여름(②)	가을(③)	겨울(④)
시냇가에서 술을 마시며 노는 한가로움	초당에서 강바람을 맞고 지내는 시원함	강가에서 배를 띄우고 노는 재미	삿갓과 도롱이로 추위를 막는 따뜻함

↓

임금의 은혜에 대한 감사

〈봄(①)〉

〈여름(②)〉

〈가을(③)〉

〈겨울(④)〉

(나) 고전시가 - 정극인, 「상춘곡(완상할 賞 봄 春 가락 曲 : 봄 경치를 감상하며 즐기는 노래)」

작품 이해 단계 ① 화자 ② 상황 및 대상 ③ 정서 및 태도 ④ 주제

→ 산 山 물 水 : 경치
1 이보게 이웃 사람들아 **산수구경 가자꾸나**

② 대상 및 상황 :
'이웃'들에게 산수 구경을 가자고 권유하는 상황

2 산책은 오늘 하고 목욕은 내일하세

3 **아침에 나물캐고 저녁에 낚시하세**

→ 칡 葛 수건 巾 : 칡베로 만든 두건
4 ⓛ 이제 막 익은 술을 갈건으로 걸러놓고

5 꽃나무 가지 꺾어 잔을 세면서 먹으리라

→ 온화할 和 바람 風 : 솔솔 부는 화창한 바람
6 화풍(和風)이 문득 불어 시내를 건너오니

→ 맑을 淸 향기 香 : 맑고 깨끗한 향기
7 청향(淸香)은 잔에 지고 낙홍(落紅)은 옷에 진다

③ 태도 :
자연 속에서 술을 마시며 풍류를 즐긴다.

→ 떨어질 落 붉을 紅 : 떨어지는 꽃잎

8 술독이 비었으면 나에게 아뢰어라
① 화자 : '나'

→ 술 酒 집 家 : 술집
9 아이를 시켜서 주가(酒家)에서 술을 사서

10 어른은 막대 짚고 아이는 술을 메고

→ 작을 微 읊을 吟 느릴 緩 걸음 步 : 나직이 시를 읊조리며 천천히 걸어
11 미음완보(微吟緩步)하여 시냇가에 혼자 앉아

12 모래밭 맑은 물에 잔 씻어 술을 부어

→ 복숭아나무 桃 꽃 花 : 복숭아꽃
13 맑은 물 굽어보니 떠오는 것이 도화(桃花)로다

→ 호반 武 언덕 陵 : 무릉도원. 이상 세계
③ 태도 : 무릉도원이 가까운 곳에 있다고 생각한다.

14 무릉(武陵)이 가깝구나 저 산이 그곳인가
→ 여기서는 '무릉'

15 소나무 사이 좁은 길에 진달래 꽃을 붙들고

16 산봉우리에 급히 올라 구름에 앉아보니

② 상황 :
산봉우리에 올라 마을을 내려다보는 상황

17 수많은 마을이 곳곳에 벌려있네

18 노을빛은 비단을 펼쳐 놓은 듯

③ 태도 :
아름다운 봄 경치에 감탄한다.

19 ⓒ 엊그제 검은 들판에 봄빛이 넘치는구나

→ 공 功 이름 名 : 공을 세워서 자기의 이름을 널리 드러냄
20 공명도 날 꺼리고 **부귀**도 날 꺼리니
피하고, 싫어하고

→ 부유할 富 귀할 貴 : 재산이 많고 지위가 높음

③ 태도 : 공명과 부귀를 멀리하고 자연만을 벗으로 생각한다.

→ 맑을 淸 바람 風 밝을 明 달 月 : 맑은 바람과 밝은 달
21 **청풍명월(淸風明月)** 외에 어떤 벗이 있사올고

---

22 단표누항(簞瓢陋巷)에 허튼 생각 아니하니

→ 밥그릇 簞 바가지 瓢 좁을 陋 거리 巷 : 가난하지만 욕심 없이 깨끗한 생활

→ 여기서는 '공명', '부귀'

③ 태도 : 현재의 소박하고 즐거운 삶에 만족한다.

23 아모타 백년행락(百年行樂)이 ⓐ 이만하면 어떠한가

→ 일백 百 해 年 다닐 行 즐거울 樂 : 한평생 즐겁게 지냄

④ 주제 : 봄의 경치를 즐기면서 욕심 없는 소박한 삶을 추구한다.

• 현대어 풀이

1 이봐 이웃 사람들아, 산수 구경 가자꾸나
2 산책은 오늘 하고 목욕은 내일 하세
3 아침에 나물을 캐고 저녁에 낚시를 하세
4 이제 막 익은 술을 갈건으로 걸러 놓고
5 꽃나무 가지를 꺾어 술잔을 세어 가면서 먹으리라
6 봄바람이 문득 불어 시내를 건너오니
7 맑은 향기는 잔에 스미고 붉은 꽃잎은 옷에 떨어진다
8 술독이 비었거든 나에게 알려라
9 아이를 시켜서 술집에서 술을 사서
10 어른은 막대 짚고 아이는 술독을 메고
11 시를 나직이 읊조리며 천천히 걸어 시냇가에 혼자 앉아
12 모래밭 맑은 물에 잔을 씻어 술을 부어
13 맑은 물을 굽어보니 떠내려오는 것이 복숭아꽃이로구나
14 무릉도원이 가깝구나 저 산이 그곳(무릉도원)인가
15 소나무 사이 좁은 길에 진달래꽃을 붙들고
16 산봉우리에 급히 올라 구름 속에 앉아 보니
17 수많은 마을이 곳곳에 펼쳐져 있네
18 노을빛은 비단을 펼쳐 놓은 듯
19 엊그제까지 검었던 (겨울의) 들판에 (이제는) 봄빛이 넘치는구나
20 공명도 날 꺼리고 부귀도 날 꺼리니(공명과 부귀를 멀리하니)
21 맑은 바람과 밝은 달 외에 어떤 벗이 있겠는가
22 가난하지만 욕심 없는 소박하고 깨끗한 삶에 헛된 생각(부귀, 공명) 아니하니
23 아무튼 한평생 즐겁게 지내는 것이 이만하면 충분하지 않겠는가

• 지문 이해

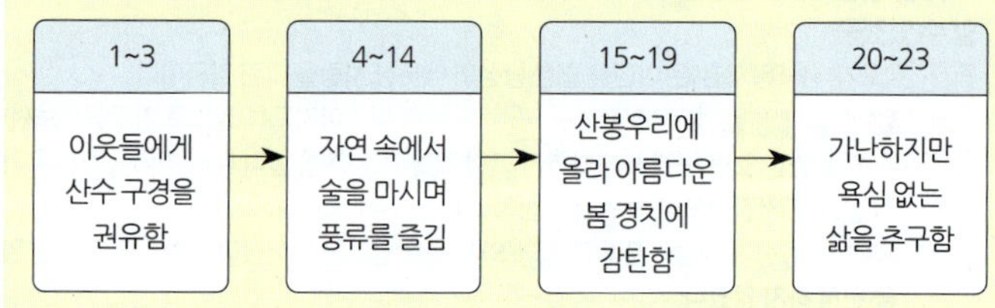

1~3	4~14	15~19	20~23
이웃들에게 산수 구경을 권유함	자연 속에서 술을 마시며 풍류를 즐김	산봉우리에 올라 아름다운 봄 경치에 감탄함	가난하지만 욕심 없는 삶을 추구함

(다) 수필 - 백석, 「입춘」

• 중심 내용

'나'는 타관에서 입춘을 맞이하며 절기의 신묘함을 생각한다.

↓

소년 시절의 '나'는 정답고 즐겁던 겨울이 가는 것을 슬퍼했었다.

↓

'나'는 어른이 되어 어린 시절의 감정을 느끼지 못하는 것이 안타깝다.

• 어휘 풀이

* 소대한 : 겨울 절기에 해당하는 소한과 대한. '소한'은 1월 6일경, '대한'은 1월 20일경으로 가장 추운 때임.
* 공교로이 : 뜻하지 않게.
* 타관 : 고향이 아닌 곳.
* 절기 : 한 해를 스물넷으로 나눈, 계절의 표준이 되는 것.
* 신묘한 : 신기하고 묘한.
* 으등등해서 : 기세등등해서.
* 밈 : 미음. 봄철이나 가을철에 생나무의 껍질과 나무속 사이에 생기는 물기가 많고 진득진득한 물질.
* 매찬데 : 맵고 찬데.

→ 문제편 101쪽

* 보리 연자 : 봄보리를 심을 때 오는 제비.
* 둔덕 : 언덕.
* 머리칼풀 : 가느다란 풀.
* 속움 : 싹.
* 창애 : 덫. 짐승을 꾀어서 잡는 틀.
* 발구 : 마소에 메워 물건을 실어 나르는 큰 썰매.
* 출출이 : 뱁새.
* 흥성흥성해서 : 흥겹고 활기차서.
* 공일무휴 : 공휴일에도 쉬는 날이 없음.
* 패부 : 패배.
* 읍울 : 걱정스러워 마음이 답답함.

◀ 창애

| 35 | 표현상 특징 – 적절한 것 고르기
정답률 70%, 매력적 오답 ⑤ 15% | 정답 ③ |

(가) ~ (다)에 대한 설명으로 가장 적절한 것은?

선지	핵심 체크 내용	(가)	(나)	(다)
①	상승과 하강의 이미지 → 주제 강조	X	-	-
②	청유형 어미 반복	-	O	
	청자가 경계해야 할 삶의 모습 제시		X	
③ ✓	소재의 나열 → 과거에 느꼈던 계절 변화에 대한 인식 제시	-	-	O
④	대상에 감정 이입 → 화자의 심리적 변화를 간접적으로 드러냄	X	X	-
⑤	공간의 대비		X	X
	화자가 지향하는 삶의 태도 부각		O	

① (가)는 *상승과 하강의 이미지를 활용하여 주제를 강조하고 있다. *위로 올라가는 느낌의 이미지와 아래로 내려가는 느낌의 이미지

> **풀이** (가)에는 상승과 하강의 이미지가 나타나지 않는다.
> → 적절하지 않음!

> **■ 상승과 하강의 이미지를 활용하여 주제를 강조하는 작품**
> • 김춘수, 「분수」 (2021년 고1 11월 학평)
> 떨어져서 부서진 무수한 네(분수)가/ 왜 이런 / 선연한(뚜렷한) 무지개로/ 다시 솟아야만 하는가,
> → 분수의 물이 떨어지는 하강 이미지와 무지개가 되어 솟는 상승 이미지를 활용하여 '현실적 한계를 극복하기 위해 끊임없이 도전하는 삶의 태도'라는 주제를 강조하고 있다.

② (나)는 *청유형 어미를 반복하여 청자가 경계해야 할 삶의 모습을 제시하고 있다. *'-자', '-자꾸나', '-세', '-읍시다' 등으로, 화자가 청자에게 같이 행동할 것을 요청하는 뜻을 나타내는 어미

> **근거** (나)-1~3 이보게 이웃 사람들아 산수구경 가자꾸나/ 산책은 오늘하고 목욕은 내일하세/ 아침에 나물캐고 저녁에 낚시하세
> **풀이** (나)는 '-꾸나', '-세' 등의 청유형 어미를 반복하여 청자인 이웃 사람들에게 산수 구경을 권유하고 있을 뿐, 청자가 경계해야 할 삶의 모습을 제시하고 있지 않다.
> → 적절하지 않음!

> **■ 청유형 어미를 통해 청자가 경계해야 할 삶의 모습을 제시하는 작품**
> • 주세붕, 「*오륜가」 (2018학년도 6월 모평) * 유교 사상에 바탕을 둔 인간의 5가지 덕목에 대한 노래
> 종(신하를 의미)과 주인(임금을 의미)과를 뉘라셔(누가) 삼기신고(만들었는가)/ 벌과 개미가 이 뜻(주인을 섬기는 뜻)을 몬져(먼저) 아니/ 한 마암(마음)애 두 뜻 업시 속이지나 마옵사이다
> → 청유의 뜻을 나타내는 '-사이다'를 사용하여 청자인 '신하'에게 반역할 마음을 품고 임금을 속이는 태도를 경계하고 있다.

→ 문제편 102쪽

✔③ (다)는 소재의 나열을 통해 글쓴이가 과거에 느꼈던 계절 변화에 대한 인식을 드러내고 있다.

> **근거** (다) ❸문단 입춘만 들면 한겨울내 친했던 창애와 설매와 발구며 꿩, 노루, 토끼에 멧돼지며 매, 멧새, 출출이 들과 떠나는 것이 섭섭해서 소년의 마음은 흐리었던 것이다.
> **풀이** (다)에서 글쓴이는 소년 시절의 겨울 내내 친했던 '창애', '설매', '발구', '꿩', '노루', '토끼', '멧돼지', '매', '멧새', '출출이' 등을 나열하며 입춘이 되면 이들이 떠나는 것이 섭섭했다고 하였다. 따라서 소재의 나열을 통해 글쓴이가 과거에 느꼈던 계절 변화에 대한 인식을 드러내고 있다고 볼 수 있다.
> → 적절함!

④ (가)와 (나)는 모두 *대상에 감정을 이입하여 화자의 심리적 변화를 간접적으로 드러내고 있다. *자신이 느끼는 감정을 다른 사물도 느끼는 것처럼 표현하여

> **풀이** (가)와 (나) 모두 대상에 감정을 이입하지도, 화자의 심리적 변화를 드러내고 있지도 않다.
> → 적절하지 않음!

> **■ 감정 이입**
> 시에서 말하는 사람의 감정을 다른 사물이 느끼는 것으로 표현하는 문학 기법이다.
> • 윤선도, 「견회요」 (2012학년도 6월 모평)
> 추성(유배지) 진호루 밖에 울어 예는 저 시내야
> (추성의 진호루 밖에서 울면서 흐르는 저 시내야)
> → '임'(임금)을 향한 충성스러운 마음을 '임'이 알아주지 않아 슬퍼하는 화자의 감정을 '시내'에 이입하고 있다.

⑤ (나)와 (다)는 모두 공간의 *대비를 통해 화자가 지향하는 삶의 태도를 부각하고 있다. ┌ (나)만 해당 *차이를 맞대어 비교함

> **근거** (나)-20~23 공명도 날 꺼리고 부귀도 날 꺼리니/ 청풍명월 외에 어떤 벗이 있사올고/ 단표누항에 허튼 생각 아니하니/ 아모타 백년행락이 이만하면 어떠한가
> **풀이** (나)에서 화자는 '공명'과 '부귀'와 같은 세속적 가치를 멀리하고 자연 속에서 살아가는 소박하고 청빈한 삶을 지향하고 있다. 하지만 (나)에 공간의 대비는 나타나 있지 않다. (다)에는 공간의 대비도, 화자가 지향하는 삶의 태도도 드러나 있지 않다.
> → 적절하지 않음!

> **■ 공간의 대비를 통해 화자가 지향하는 삶의 태도를 부각하는 작품**
> • 이현보, 「어부단가」 (2023학년도 9월 학평)
> 이 중에 시름없으니 어부의 생애로다/ 일엽편주(한 척의 조그마한 배)를 만경파(한없이 넓은 바다)에 띄워 두고/ 인세(인간 세상. 속세)를 다 잊었거니 날 가는 줄을 아는가
> → 만경파(자연)와 인세(속세)를 대비하여 자연에 묻혀 살아가는 삶을 지향하는 화자의 태도를 부각하고 있다.

| 36 | 구절의 의미 – 적절하지 않은 것 고르기
정답률 75% | 정답 ② |

㉠ ~ ㉤에 대한 설명으로 적절하지 않은 것은?

① ㉠ : 여름날 한가한 초당의 모습이 드러나 있다.

> **근거** (가) ❷-1 ㉠ 강호에 여름이 드니 초당에 일이 없다
> **풀이** 초당에 일이 없다는 것을 통해 여름날 한가한 초당의 모습을 확인할 수 있다.
> → 적절함!

✔② ㉡ : 자연과 *동화되고 싶은 화자의 바람이 드러나 있다. *하나가 되고

> **근거** (나)-4 ㉡ 이제 막 익은 술을 갈건으로 걸러놓고
> **풀이** ㉡은 술을 마시기 위해 갈건으로 술을 걸러 놓았다는 것으로 자연에서 풍류를 즐기는 화자의 모습을 드러내고 있다. 따라서 ㉡에 자연과 동화되고 싶은 화자의 바람이 드러난다고 보기 어렵다.
> → 적절하지 않음!

③ ㉢ : 변화된 들판을 보며 감탄하는 화자의 모습이 드러나 있다.

> **근거** (나)-19 ㉢ 엊그제 검은 들판에 봄빛이 넘치는구나
> **풀이** ㉢에는 검었던 겨울 들판에 봄빛이 넘치는 것을 보고 감탄하는 화자의 모습이 드러나 있다.
> → 적절함!

④ ㉣ : *타지에서 소대한을 맞이한 글쓴이의 상황이 드러나 있다. *다른 지역

> **근거** (다) ❶문단 ㉣일이 있어 충청도 진천으로 가던 날에 모두 소대한이 들었던 것이다. 나는 공교로이 타관 길에서 이런 이름 있는 날의 추위를 떨어가며 절기라는 것의 신묘한 것을 두고두고 생각하였다.

풀이 ㉣에는 일이 있어 타관인 충청도 진천에서 소대한을 맞이한 글쓴이의 상황이 드러나 있다.

→ 적절함!

⑤ ㉤ : 절기가 신묘하다고 생각하게 된 글쓴이의 경험이 드러나 있다.

근거 (다) ❶문단 제법 봄비가 풋나물 내음새를 피우며 내리고 땅이 눅눅하니 밈이 들고 해서 ㉤ 이제는 분명히 봄인가고 했는데 간밤 또 갑자기 바람결이 차지고 눈발이 날리고 하더니 아침은 또 쫑쫑하니 날새가 매찬데 아니나 다를까 입춘이 온 것이었다. ~ 생각하면 오고가는 절기며 들고 나는 밀물이 우리 생활과 얼마나 신비롭게 얼키었는가.

풀이 ㉤에는 봄비가 내려 봄이 오나 싶었는데 날씨가 갑자기 추워지고 입춘이 오는 것을 보면서 절기가 신묘하다고 생각하게 된 글쓴이의 경험이 드러나 있다.

→ 적절함!

---

37 감상의 적절성 – 적절하지 않은 것 고르기
정답률 85% | 정답 ⑤

〈보기〉를 참고하여 (가), (나)를 감상한 내용으로 적절하지 <u>않은</u> 것은? [3점]

| 보 기 |
[1] 시조나 가사 중에는 자연을 이상적인(다스릴 理 원할 想 ~의 的 : 완전한, 완벽한) 공간으로 표현하는 작품들이 있다. [2] 이런 작품에서 화자는 자연을 즐기며 자연과의 친밀감을 표현한다. [3] 또한 자연 속 소박한(평소 素 소박할 朴 : 꾸밈이나 거짓이 없고 수수한) 삶의 모습을 보여 주는데, 이러한 삶이 임금의 은혜임을 표현하기도 한다.

① (가)에는 가을의 풍요로움 속에서 '소일하는 것'이 임금의 은혜 덕분이라는 생각이 드러나 있군.

근거 〈보기〉-3 이러한 삶이 임금의 은혜임을 표현하기도 한다.
(가)-❸ 강호에 가을이 드니 고기마다 살져 있다/ 조그마한 배에 그물 실어 흐르게 던져두고/ 이 몸이 **소일하는 것**도 역시 임금의 은혜로다

풀이 (가)에는 고기마다 살이 오른 가을의 풍요로움 속에서 느긋하게 고기를 잡으며 '소일하는 것'이 임금의 은혜 덕분이라는 생각이 드러난다.

→ 적절함!

② (나)에는 '청풍명월'을 '벗'이라고 말하는 것에서 자연과의 친밀감이 드러나 있군.

근거 〈보기〉-2 화자는 ~ 자연과의 친밀감을 표현한다.
(나)-21 **청풍명월** 외에 어떤 **벗**이 있사올고

풀이 (나)에는 '청풍명월'만이 자신의 '벗'이라고 표현한 것에서 자연과의 친밀감이 드러나 있다.

→ 적절함!

③ (가)에는 봄에 '미친 흥이 절로' 난다는 것에서, (나)에는 '산수구경 가자'라고 제안하는 것에서 자연을 즐기려는 모습이 드러나 있군.

근거 〈보기〉-2 화자는 자연을 즐기며
(가) ❶-1 강호에 봄이 드니 **미친 흥이 절로** 난다
(나)-1 이보게 이웃 사람들아 **산수구경 가자**꾸나

풀이 (가)에는 강호에 봄이 찾아오니 '미친 흥이 절로' 난다고 한 것에서, (나)에는 이웃들에게 함께 '산수구경 가자'라고 제안하는 것에서 자연을 즐기려는 모습이 드러나 있다.

→ 적절함!

④ (가)에는 추운 겨울에 '도롱이로 옷을 삼아' 입는 모습에서, (나)에는 '아침에 나물 캐고 저녁에 낚시하'는 모습에서 소박한 삶이 드러나 있군.

근거 〈보기〉-3 자연 속 소박한 삶의 모습을 보여 주는데,
(가) ❹-1~2 강호에 겨울이 드니 눈 깊이 자가 넘다/ 삿갓 비껴쓰고 **도롱이로 옷을 삼아**
(나)-3 아침에 나물캐고 저녁에 낚시하세

풀이 (가)에는 겨울을 보내기 위해 농민들이 입던 비옷인 '도롱이로 옷을 삼아' 입는 모습에서, (나)에는 '아침에 나물캐고 저녁에 낚시하'는 모습에서 욕심 없는 소박한 삶의 모습이 드러나 있다.

→ 적절함!

⑤ (가)에는 여름의 '미더운 강 물결'을 바라보는 모습에서, (나)에는 '공명'과 '부귀'도 자신을 꺼린다는 것에서 이상적인 공간으로 가고 싶어 하는 마음이 드러나 있군.

근거 〈보기〉-1 시조나 가사 중에는 자연을 이상적인 공간으로 표현하는 작품들이 있다.
(가) ❷ 강호에 여름이 드니 초당에 일이 없다/ **미더운 강 물결** 보내는 것은 바람이로다/ 이 몸이 서늘한 것도 역시 임금의 은혜로다
(나)-20 **공명**도 날 꺼리고 **부귀**도 날 꺼리니

풀이 (가)에서 화자는 여름에 시원한 바람을 보내는 '미더운 강 물결'을 바라보며 현재의 삶에 만족하고 있으므로 이상적인 공간으로 가고 싶어 하는 마음이 드러나 있다고

보기 어렵다. (나)에서 '공명'과 '부귀'가 자신을 꺼린다는 것은 세속적 가치를 멀리하는 화자의 태도가 드러난 것이지 이상적인 공간으로 가고 싶어 하는 마음이 드러난 것은 아니다.

→ 적절하지 않음!

---

38 감상의 적절성 – 적절하지 않은 것 고르기
정답률 80% | 정답 ③

〈보기〉를 바탕으로 (다)를 이해한 내용으로 적절하지 <u>않은</u> 것은?

| 보 기 |
[1] 「입춘」은 절기의 변화에 따른 다양한 생각들을 형식에 구애받지(잡힐 拘 거리낄 礙 : 얽매이지) 않고 자유롭게 쓴 작품이다. [2] 글쓴이는 감각적 표현을 통해 절기의 모습을 드러내고 있으며, 음성 상징어(소리를 흉내 낸 의성어와 모양을 흉내 낸 의태어)를 활용하여 절기의 변화를 생생하게 나타내고 있다. [3] 또한 자신을 객관화하여(자신을 제3자의 입장에서 보며) 어린 시절에 느꼈던 감정을 표현하기도 하고, 어른이 되어 어린 시절에 느꼈던 감정을 느끼지 못하는 것에 대한 안타까움을 드러내기도 한다.

① '슬슬', '으등등'과 같이 음성 상징어를 활용하여 절기의 변화를 생생하게 표현하고 있다.

근거 〈보기〉-2 음성 상징어를 활용하여 절기의 변화를 생생하게 나타내고 있다.
(다) ❶문단 며칠내 마치 봄날같이 땅이 **슬슬** 녹고 바람이 푹석하니 불다가도 저녁결에나 밤사이 날새가 갑자기 차지는가 하면 으레이 다음날은 대한이 **으등등**해서 왔다.

풀이 (다)는 '모르는 사이에 스르르 녹아 버리는 모양'을 나타내는 의태어 '슬슬'과 '기세가 매우 높고 힘찬 모양'을 나타내는 의태어 '으등등'을 사용하여 겨울에서 봄이 되는 절기의 변화를 생생하게 표현하고 있다.

→ 적절함!

② '봄비가 풋나물 내음새를 피우며'를 통해 봄의 모습을 감각적으로 표현하고 있다.

근거 〈보기〉-2 글쓴이는 감각적 표현을 통해 절기의 모습을 드러내고 있으며,
(다) ❶문단 제법 봄비(시각적 이미지)가 풋나물 내음새를 피우며(후각적 이미지)

풀이 '봄비가 풋나물 내음새를 피우며'를 통해 봄의 모습을 시각적 이미지와 후각적 이미지를 사용하여 감각적으로 표현하고 있다.

→ 적절함!

③ '절기가 뜰 적마다' 고향을 생각하는 모습을 통해 절기의 변화에 따라 고향에 대한 생각이 바뀌는 것을 표현하고 있다.

근거 (다) ❷문단 절기가 뜰 적마다 나는 고향의 하늘과 땅과 사람과 눈과 비와 바람과 꽃들을 생각하는데 자연이 시골이 아름답듯이 세월도 시골이 아름답고 사람의 생활도 절대로 시골이 아름다울 것 같다.

풀이 글쓴이는 '절기가 뜰 적마다' 고향의 모습을 생각한다고 하였다. 절기의 변화에 따라 고향에 대한 글쓴이의 생각이 바뀌고 있지는 않다.

→ 적절하지 않음!

④ '소년은 슬펐던 것이다'와 같이 자신을 객관화하여 어린 시절에 느꼈던 감정을 표현하고 있다.

근거 〈보기〉-3 자신을 객관화하여 어린 시절에 느꼈던 감정을 표현하기도 하고,
(다) ❸문단 높고 무섭고 쓸쓸하고 슬픈 겨울이나 그래도 가깝고 정답고 즐겁고 흥성흥성해서 좋은 겨울이 그만 입춘이 와서 가버리는 것이라고 **소년은 슬펐던 것이다.**

풀이 '소년은 슬펐던 것이다'는 어린 시절의 자신을 '나'가 아닌 '소년'이라고 객관화하여 어린 시절에 느꼈던 감정, 즉 겨울이 가는 슬픔을 표현한 것이다.

→ 적절함!

⑤ '슬퍼하는 슬픔도 가버렸다'를 통해 어린 시절의 감정을 느낄 수 없게 된 안타까움을 표현하고 있다.

근거 〈보기〉-3 어른이 되어 어린 시절에 느꼈던 감정을 느끼지 못하는 것에 대한 안타까움을 드러내기도 한다.
(다) ❹문단 그런 소년도 이제는 어느덧 가고 외투와 장갑과 마스크를 벗기가 가까워서 서글픈 마음이 없듯이 겨울이 가서 **슬퍼하는 슬픔도 가버렸다.**

풀이 어린 시절에는 겨울이 가는 것이 슬펐지만 어른이 되어 '슬퍼하는 슬픔도 가버렸다'라고 표현한 것을 통해 어린 시절의 감정을 느낄 수 없게 된 안타까움을 드러내고 있다.

→ 적절함!

39 구절의 의미 - 적절한 것 고르기
정답률 85%

정답 ④

ⓐ와 ⓑ에 대한 이해로 가장 적절한 것은?

> (나)-23 아모타 백년행락이 ⓐ 이만하면 어떠한가
> (다) ❺문단 입춘이 와서 봄이 오면 나는 어쩐지 까닭 모를 패부의 그 읊음을 느끼어야 할 것을 생각하면 나는 차라리 ⓑ 입춘이 없는 세월 속에 있고 싶다.

① ⓐ에는 과거에 대한 화자의 *동경이, ⓑ에는 미래에 대한 글쓴이의 소망이 드러나 있다.
*간절히 그리워하여 그것만을 생각함

풀이 ⓐ에는 현재 상황에 대해 만족하는 화자의 태도가 드러날 뿐, 과거에 대한 동경이 드러나지는 않는다. ⓑ에는 봄이 오지 않기를 바라는 글쓴이의 심정이 드러날 뿐, 미래에 대한 소망은 드러나지 않는다.

→ 적절하지 않음!

② ⓐ에는 화자 자신의 행위에 대한 아쉬움이, ⓑ에는 대상에 대한 글쓴이의 거부감이 드러나 있다.
만족감

풀이 ⓑ에는 패부의 읊음을 느끼게 하는 입춘에 대한 글쓴이의 거부감이 드러나 있다고 볼 수 있다. 그러나 ⓐ에는 봄을 즐기는 자신의 행위에 대한 만족감이 드러날 뿐, 아쉬움은 드러나지 않는다.

→ 적절하지 않음!

③ ⓐ에는 대상의 *부재로 인한 화자의 외로움이, ⓑ에는 대상을 맞이하는 글쓴이의 즐거움이 드러나 있다.
*곁에 없음

풀이 ⓐ에는 대상의 부재로 인한 화자의 외로움이 나타나지 않으며, ⓑ에서 글쓴이는 입춘이 오지 않기를 바라므로 대상을 맞이하는 즐거움이 드러난다고 보기 어렵다.

→ 적절하지 않음!

④ ⓐ에는 현재 상황에 대한 화자의 만족감이, ⓑ에는 현재 상황에 대한 글쓴이의 답답함이 드러나 있다.

풀이 ⓐ에는 '이만하면 충분하다'라는 의미로 자연 속에서 살아가는 현재 상황에 대한 화자의 만족감이 드러나 있다고 볼 수 있다. ⓑ에는 봄이 와서 까닭 모를 패부의 읊음을 느껴야 하는 현재 상황에 대한 글쓴이의 답답함이 드러나 있다고 볼 수 있다.

→ 적절함!

⑤ ⓐ에는 자신이 결정할 수 없는 것에 대한 화자의 절망이, ⓑ에는 자신이 결정한 것에 대한 글쓴이의 후회가 드러나 있다.

풀이 ⓐ에 자신이 결정할 수 없는 것에 대한 화자의 절망이 드러나지 않으며, ⓑ에 자신이 결정한 것에 대한 글쓴이의 후회가 드러나지 않는다.

→ 적절하지 않음!

[40~42] 현대소설 - 오영수, 「메아리」

• 중심 내용

> 동욱 내외는 지리산 골짜기에 움막을 짓고 밭을 일구며 산다.
>
> ↓
>
> 동욱 내외는 부산, 진주, 산청을 떠돌지만 먹고살 방법이 없어 산골로 들어가 살기로 한다.
>
> ↓
>
> 산골로 들어가다가 오지그릇 조각을 발견한 동욱 내외는 살 만한 장소를 찾아 기뻐한다.
>
> ↓
>
> 산골에서 동욱 내외는 박 노인, 윤 생원과 함께 살게 된다.
>
> ↓
>
> 동욱 내외는 봄에 농사지을 생각에 들뜨고, 윤 생원이 돼지를 사려고 하자 박 노인과 동욱 아내가 돈을 보태겠다고 말한다.
>
> ↓
>
> 동욱과 윤 생원, 박 노인은 함께 일을 하고, 동욱 아내는 명숙이 엄마를 데려와 윤 생원과 맺어 주려 한다.

• 전체 줄거리 ([ ] : 지문 내용)

[전쟁 중 부산에서 피난살이를 하던 양동욱 부부는 진주, 산청을 떠돌지만 생활이 어려워져 산골로 들어가 살기로 한다.] 동욱 부부는 지리산 후미진 골짜기에 움막을 짓고 밭을 일구어 감자 씨를 뿌린다. 또, 봄나물과 더덕 등을 캐어 장에 내다 팔아서 여러 씨앗과 생활용품을 마련한다. 가을이 되자 제법 겨울을 지낼 식량을 준비할 수 있게 되고 닭과 강아지도 기르게 된다. 추운 겨울을 보낼 일을 걱정하던 동욱 부부는 산에서 혼자 살고 있는 목수 박 노인에게 부탁해 집을 짓기로 한다. 박 노인은 경북 청송에서 목수 일을 했는데 이십 년 전 아내가 자신의 조수인 윤방구와 사통한 (부부가 아닌 남녀가 몰래 서로 정을 통한) 사실을 알게 된 후 산속에 들어와 혼자 살게 되었다고 말한다. 집이 완성된 후 동욱 부부가 박 노인에게 같이 지내자고 권하지만 박 노인은 사양한다. 동욱 부부는 겨울을 보내며 아직도 부산 시장 바닥에서 아이를 홀로 키우며 고생하고 있을 명숙이 엄마를 안타까워한다. 어느 날 밤, 박 노인은 윤방구를 데리고 동욱 부부를 찾아온다. 이십 년 전 박 노인이 떠난 뒤 마을에서 쫓겨난 윤방구는 빨치산 (공비. 북한의 게릴라군)이 되었으나 박 노인의 도움으로 간신히 목숨을 부지하게 된다. 동욱 부부는 그를 윤 생원이라고 부르기로 한다. [박 노인, 윤 생원과 함께 살게 된 동욱 부부는 이듬해(바로 다음의 해) 봄이 되자 농사를 짓기 시작하고 윤 생원은 돼지를 기르고 싶어 한다. 동욱 아내는 명숙이 엄마를 데려와 윤 생원과 맺어 주려 하고,] 이를 알게 된 박 노인은 기뻐한다. 며칠 뒤 동욱 아내는 명숙이 엄마를 데리러 부산으로 떠나고, 산청장을 다녀온 박 노인이 돼지를 사오지 않아 실망한 윤 생원에게 박 노인은 동욱 아내가 좋은 소식을 가지고 올 것이라고 말한다.

• 인물 관계도

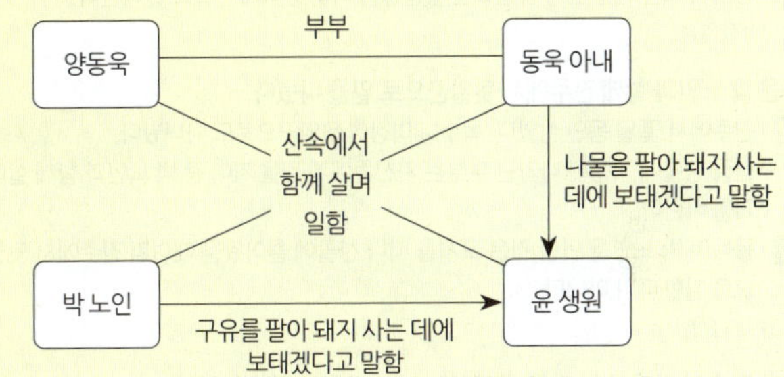

• 어휘 풀이

* 후미진 : 매우 깊은.
* 솔가지 : 꺾어서 말린 소나무의 가지.
* 내외 : 부부.
* 공비 : 북한 공산당의 게릴라군.
* 소탕 : 휩쓸어 죄다 없애 버림.
* 버둥거려봐도 : 애를 써 봐도.
* 미장이 : 벽이나 천장, 바닥에 흙, 시멘트 따위를 바르는 일을 직업으로 하는 사람.
* 뒷일꾼 : 보조하거나 허드렛일을 하는 일꾼.
* 품삯은 고사하고라도 : 일을 한 대가로 받는 돈은커녕.
* 양은 그릇 : 쇠그릇.
* 둔푼 : 아주 적은 돈.
* 연모 : 연장. 도구.
* 사기 호롱 : 석유를 담아 불을 켜는 데에 쓰는 흰 그릇.
* 걸음이 뜬다 : 걸음이 느리다.
* 미덥기도 : 믿음직스럽기도.
* 매한가지 : 결국 서로 같음.
* 희부옇게 : 선명하지 못하고 허옇게.
* 밭은 : 말라붙은.
* 질펀한 : 땅이 넓고 평평하게 펼쳐진.
* 오지그릇 : 진흙으로 빚어 잿물을 입혀 구운 그릇. 검붉은 윤이 나고 단단함.
* 구시 : 구유. 소나 말의 먹이를 담아 주는 그릇.

◀ 오지그릇
도시를 떠나 정착할 곳을 찾아다니던 동욱 내외가 발견한 오지그릇 조각들은 산골이 사람이 살았던 마을이었다는 단서로, 그들에게 설렘을 안겨 준다.

40 내용 이해 - 적절한 것 고르기 정답률 65%, 매력적 오답 ③ 10%	정답 ①

윗글에 대한 설명으로 적절한 것은?

✓① 동욱의 아내는 장사를 나서 봤지만 손해를 보았다.
- 근거 그(동욱)의 아내가 양은그릇을 받아 이고 장사로도 나서봤다. ~ 본전도 더 깎지 않고는 팔리지 않았다.
- 풀이 동욱의 아내는 양은그릇 장사를 나서 봤지만 본전도 찾지 못하고 손해를 본다.
- → 적절함!

② 동욱은 도시에서 느낀 패배감을 아내의 탓으로 돌렸다.
- 근거 누구나 그래도 다 살아가는데 누구나 다 사는 세상에서 나만 살지 못하고 이렇게 무인 산골로 쫓겨가다니—하니 동욱은 어떤 패배감 같은 설움이 치밀어 목이 메인다. 그럴수록 뒤따라오는 그의 아내가 측은하기도 하고 미덥기도 했다.
- 풀이 도시에 정착하지 못하고 산골로 떠나게 된 동욱은 패배감을 느끼며, 자신을 따라오는 아내를 가엾게 여기고 있을 뿐 아내를 탓하고 있지 않다.
- → 적절하지 않음!

필요한 물품을 미리 준비해
③ 동욱 내외는 아무런 준비도 없이 산골 생활을 시작했다.
- 근거 "여보, ~ 우리 그만 깊숙히 산골로 들어가서 밭농사나 짓자요……." 이래서 돈푼 될 것은 모조리 팔았다. 밀가루 두 포대와 감자씨 반 말을 사고 우거지 한 꾸러미를 바꿨다. 괭이, 호미, 톱, 낫 이런 연모와 함께 된장 몇 사발, 소금 두 됫박 그밖에 석유 한 병, 사기 호롱 한 개를 꾸려서 산청을 뒤로하고 산골로 접어들었다.
- 풀이 동욱 내외는 산골 생활에 필요한 물품들을 미리 준비해 산골로 들어간다.
- → 적절하지 않음!

④ 동욱은 박 노인과 함께 진주에서 뒷일꾼으로 일을 다녔다.
- 근거 진주에서 몇 달 동안 살았다. 목수나 미장이 뒷일꾼으로도 다녀봤다. 산골 생활에 적응해 나가던 부부는 자신들에게 집을 지어 준 박 노인과 함께 살아가기를 바란다.
- 풀이 동욱이 박 노인을 만난 것은 도시를 떠나 산골에 들어왔을 때이지 진주에서 뒷일꾼으로 일할 때가 아니다.
- → 적절하지 않음!

확신하지 않았다
⑤ 동욱은 명숙이 엄마가 올 것을 확신하고 미리 방을 마련해 놓았다.
- 근거 그의 아내가 "여보, 아무래도 방을 한 간 더 달아야 해요!" "뭐하게 방은 또……." ~ "명숙이 엄마를 데리고 올까요—." 동욱은 비로소 말뜻을 알아차리고 씨익 웃으면서 "올까?"
- 풀이 동욱 부인은 명숙이 엄마를 산골로 데려오고 싶어 동욱에게 방을 준비하자고 하였다. 이에 동욱은 "올까?"라고 말하고 있으므로 동욱은 명숙이 엄마가 올 것을 확신하고 있지도 않고 미리 방을 마련하지도 않았다.
- → 적절하지 않음!

---

41 인물의 심리 - 적절하지 않은 것 고르기 정답률 65%, 매력적 오답 ⑤ 20%	정답 ②

㉠ ~ ㉤에 대한 이해로 적절하지 않은 것은?

① ㉠ : 절망적인 상황을 벗어나고자 하는 심정이 드러나 있다.
- 근거 "여보, ㉠ 두더지가 땅 밖에 나오면 죽게 마련이라오. 우리 그만 깊숙히 산골로 들어가서 밭농사나 짓자요……."
- 풀이 ㉠에서 동욱 아내가 도시에 정착하지 못해 산골로 떠나자고 말하는 것을 통해 절망적인 상황을 벗어나고자 하는 심정을 확인할 수 있다.
- → 적절함!

미안해하는
✓② ㉡ : 정착할 곳을 찾아가는 상황을 조금 더 견뎌 주기를 바라는 심정이 드러나 있다.
- 근거 그럴수록 뒤따라오는 그의 아내가 측은하기도 하고 미덥기도 했다. ㉡ "어쩔까, 산골은 어디 없이 매 한가지가 아니겠나?"
- 풀이 ㉡은 산골은 다 똑같을 것이니 여기쯤에서 머물자는 의미로, 아내에 대한 미안함과 깊은 산골로 들어가는 수고를 덜어 주려는 동욱의 심정이 드러날 뿐, 정착할 곳을 찾아가는 상황을 아내가 견뎌 주기를 바라는 심정은 드러나지 않는다.
- → 적절하지 않음!

③ ㉢ : 봄철 농사일에 대한 기대감이 드러나 있다.
- 근거 "벌써 진달래가 폈데!" / 동욱이 ㉢ "그럼 감자씨도 널까?"
- 풀이 ㉢에서 동욱이 봄을 맞아 감자를 심으려는 것을 통해 봄철 농사일에 대한 기대감이 드러난다.
- → 적절함!

④ ㉣ : 상대가 말하려 하는 내용에 대한 궁금함이 드러나 있다.
- 근거 그의 아내가 "여보, 아무래도 방을 한 간 더 달아야 해요!" "뭐하게 방은 또……." "윤

126 마더텅 전국연합 학력평가 기출 모의고사 3개년 13회 | 고1 국어 영역 |

생원 말요……." ㉤ 동욱은 그의 아내의 입을 바라본다.
- 풀이 ㉣에서 방을 마련하려는 이유에 대한 아내의 답변을 궁금해하는 동욱의 모습이 드러난다.
- → 적절함!

⑤ ㉤ : 윤 생원의 처지를 걱정하는 모습이 드러나 있다.
- 근거 "윤 생원도 알고 보니 당신보다도 세 살 위인 마흔 둘입디다. ㉤ 마흔 둘이면 한창인데 이 산속에서 어떻게 홀애비로 늙겠소."
- 풀이 ㉤에서 산속에서 홀로 지내는 윤 생원의 처지를 걱정하는 동욱 아내의 모습이 드러난다.
- → 적절함!

1등급 문제

42 감상의 적절성 - 적절하지 않은 것 고르기 정답률 50%, 매력적 오답 ④ 30%	정답 ②

〈보기〉를 바탕으로 윗글을 감상한 내용으로 적절하지 않은 것은? 〔3점〕

> | 보기 |
> [1]「메아리」에서는 삶의 의욕을 잃어가던 인물들이 '산속'에서 서로 협력하는 과정이 나타난다. [2] 이를 통해 작가는 인물들이 공동체를 형성해 나가며 인간다운 삶을 회복하는 모습을 보여 준다. [3] 산속은 정신적 위안(위로할 慰 편안할 安 : 위로하여 마음을 편하게 함)과 안정을 주는 공간으로, 삶의 애환(슬픔 哀 기쁨 歡 : 슬픔과 기쁨)을 지닌 인물들이 과거에 겪은 상처를 딛고 살아가게 해 준다. [4] 아울러 산속은 혼란한(섞일 混 어지러울 亂 : 어지럽고 질서가 없는) 도시와 대비되어(대조할 對 비교할 比 : 대조되어) 인물들에게 물질적 안정을 주고 일상적인 삶을 가능하게 하는 동시에 새로운 구성원을 품을 수 있는 열린 공간으로 제시된다.

① '아무리 버둥거려봐도 살 수가 없었'던 피난살이와 '할 일이 없'어 살 수 없던 도시는 동욱 부부가 삶의 의욕을 잃었던 원인이라고 할 수 있겠군.
- 근거 〈보기〉-1 「메아리」에서는 삶의 의욕을 잃어가던 인물들
  피난살이를 부산에 했다. 아무리 버둥거려봐도 살 수가 없었다. 살아갈 재간이 없었다. / 할 일이 없었다.
- 풀이 '아무리 버둥거려봐도 살 수가 없었'던 피난살이와 '할 일이 없'어 생계를 유지할 수 없었던 도시 생활은 동욱 부부가 삶의 의욕을 잃은 원인으로 볼 수 있다.
- → 적절함!

✓② 동욱 내외가 '오지그릇 조각들'을 보면서 '가슴이 설레고 반가'워하는 장면에서 산속이 정신적 위안과 물질적 안정을 주는 공간임을 알 수 있겠군.
정착이 가능한
- 근거 길 옆에 오지그릇 조각들이 보였다. "동네였나부지?" "그런가 봐요!" 하잘것 없는 이 오지그릇 조각들이 이 날 이 두 내외에게는 먼 조상의 무덤이나 찾은 것처럼 가슴이 설레고 반가웠다.
- 풀이 동욱 내외가 '오지그릇 조각들'을 보고 '가슴이 설레고 반가'워한 것은 산속이 사람이 살았던 곳, 즉 정착이 가능한 공간이라는 것을 확인했기 때문이다. 그러나 이 부분에서 산속이 물질적 안정을 주는 공간임이 드러나지는 않는다.
- → 적절하지 않음!

③ 돼지를 기르고 싶다는 윤 생원의 말에 '구시 두 개 파'겠다거나 '산나물 나면 여 내다 보태겠다고 대답하는 장면에서 서로를 도우며 살아가는 인물들의 모습을 확인할 수 있겠군.
- 근거 〈보기〉-1 인물들이 '산속'에서 서로 협력하는 과정이 나타난다.
  윤 생원이 불쑥 "돼지는 언제 살끼요?" 하자, 박 노인은 ~ 구시 두 개 파면 돼지새끼 한 자우 사질까?" 그러자 윤 생원이 또 "안되면 도끼자루하고 도리깨 살도 다 내지." "나도 산나물 나면 여 내다 보탤래."
- 풀이 돼지를 기르고 싶다는 윤 생원의 말에 박 노인이 '구시 두 개 파'겠다거나 동욱 아내가 '산나물 나면' 돼지를 사는 데 보태겠다고 대답하는 장면에서 서로를 도우면서 살아가는 인물들의 모습을 확인할 수 있다.
- → 적절함!

④ 박 노인이 윤 생원과 함께 '산에서 구유감을 굴려 내'리는 장면에서 과거의 상처를 딛고 살아가는 공동체의 모습을 확인할 수 있겠군.
- 근거 〈보기〉-2~3 인물들이 공동체를 형성해 나가며 인간다운 삶을 회복하는 모습을 보여 준다. 산속은 ~ 인물들이 과거에 겪은 상처를 딛고 살아가게 해 준다.
  박 노인은, 과거에 자신을 배신했지만 가엾은 처지가 된 윤 생원을 거두어 부부를 찾아와 함께 생활해 나간다. / 동욱과 윤 생원은 박 노인을 따라 산에서 구유감을 굴려 내렸다.
- 풀이 박 노인이 과거에 자신을 배신했던 윤 생원과 함께 '산에서 구유감을 굴려 내'리는 장면에서 과거의 상처를 딛고 살아가는 공동체의 모습을 확인할 수 있다.
- → 적절함!

→ 문제편 **104쪽**

⑤ 윤 생원을 생각하며 '명숙이 엄마를 데리고' 오겠다는 아내와 '씨익 웃으'며 기대하는 동욱의 모습에서 산속이 새로운 인물을 품을 수 있는 열린 공간으로 제시되어 있다고 할 수 있겠군.

> **근거** <보기>-4 산속은 ~ 새로운 구성원을 품을 수 있는 열린 공간으로 제시된다.
> "윤 생원 말요……." ~ "**명숙이 엄마를 데리고** 올까고—." 동욱은 비로소 말뜻을 알아차리고 **씨익 웃으**면서 "올까?" ~ "윤 생원도 ~ 마흔 둘이면 한창인데 이 산속에서 어떻게 홀애비로 늙겠오."
>
> **풀이** 동욱 아내가 홀로 사는 윤 생원의 처지를 생각하며 '명숙이 엄마를 데리고' 오겠다는 것과 이에 '씨익 웃으'며 기대하는 동욱의 모습에서 산속이 새로운 인물('명숙이 엄마')을 품을 수 있는 열린 공간으로 제시되고 있음을 확인할 수 있다.

→ 적절함!

[43~45] 현대시

(가) 박목월, 「적막한(고요할 寂 쓸쓸할 寞 : 외롭고 쓸쓸한) 식욕」

• 주제

'모밀묵'은 삶의 쓸쓸함과 애환을 달래 준다.

• 지문 이해

대상('모밀묵')의 속성	
2~5행	그 싱겁고 ~ 대접하는 것 → 소박하고 점잖은 음식
6~9행	그것은 ~ 꿈꾸는 음식 → 허전한 마음을 달래 주는 음식
10~12행	또한 ~ 쓸쓸한 식성 → 인생의 쓸쓸함을 달래 주는 음식
13~19행	아버지와 ~ 먹는 음식 → 세상 얘기를 하며 먹는 음식
20~30행	그리고 ~ 쓸쓸한 식욕 → 저승길에서 이웃 간에 나누어 먹는 음식

→ '모밀묵'의 속성을 병렬적으로 나열하여 시상을 전개함

인생의 허전함과 쓸쓸함을 위로해 주는 음식

• 제목의 의미

화자가 시에서 표현한 '모밀묵'은 허전하고 쓸쓸한 마음과 삶의 애환을 달래 주는 음식이다. 이러한 속성을 지닌 '모밀묵'을 먹고 싶어 하는 화자는 현재 외롭고 쓸쓸한 마음임을 짐작할 수 있으며, 그 마음을 위로받고 싶은 욕구를 시의 제목인 '적막한 식욕'에 함축하고 있다.

• 어휘 풀이

* 팔모상 : 여덟 개의 모가 난 상.
* 새사돈 : 자식과 혼인한 상대의 부모.
* 쓸쓸한 식욕이 꿈꾸는 : 쓸쓸할 때 생각이 나는.
* 갈구하는 : 간절히 바라며 구하는.
* 겸상 : 여러 사람이 함께 음식을 먹음.
* 어수룩한 : 어둑어둑한.
* 걸걸한 : 목을 자극하는 맛이 있는.

(나) 문정희, 「찬밥」

• 주제

찬밥을 먹으며 가족을 위해 희생했던 어머니를 그리워한다.

• 지문 이해

대상('찬밥')의 의미	
가족에겐 따스한 밥 지어 먹이고/ 찬밥을 먹던 사람	어머니의 헌신적 삶을 회상하게 하는 매개체
깊은 밤에도/~ 그 손이 그리워/ 나 오늘 아픈 몸 일으켜 찬밥을 먹는다	어머니에 대한 그리움을 불러일으키는 매개체

• 어휘 풀이

* 서릿발 : 땅속의 물이 얼어 기둥 모양으로 솟아오른 것.
* 찬밥을 먹던 사람 : '어머니'를 가리킴.

---

* 이 빠진 : 그릇의 가장자리가 떨어져 나간.
* 설 : 이야기.

오답률 TOP **3**　1등급 문제

43 | 표현상 공통점 – 적절한 것 고르기
정답률 40%, 매력적 오답 ② 10% ③ 15% ⑤ 30%　　정답 ④

(가)와 (나)의 공통점으로 가장 적절한 것은?

선지	핵심 체크 내용	(가)	(나)
①	수미상관 형태 → 구조적 안정감 부여	X	X
②	청자를 겉으로 드러냄 → 화자의 상황을 구체화	X	X
③	촉각적 심상의 대비 → 화자의 정서 드러냄	X	O
④ ✓	명사로 시행 종결 → 시적 대상의 의미 부각	O	O
⑤	향토적 분위기가 드러나는 표현 → 주제 강조	O	X

① *수미상관의 형태로 구조적 안정감을 부여하고 있다. *시의 처음과 마지막 부분에 같거나 유사한 구절을 배치하는 형태

> **풀이** (가)와 (나)는 모두 수미상관의 형태가 나타나지 않는다.

→ 적절하지 않음!

> **■ 수미상관의 형태**
> 수미상관의 형태를 통해 운율을 형성하고 주제를 강조하며, 구조적 균형감과 안정감을 부여한다.
>
> **■ 수미상관의 형태로 구조적 안정감을 부여하는 작품**
> • 김소월, 「진달래꽃」(2017년 고1 9월 학평)
> 　나 보기가 역겨워/ 가실 때에는/ 말없이 고이 보내 드리우리다 (1연)
> 　나 보기가 역겨워/ 가실 때에는/ 죽어도 아니 눈물 흘리우리다 (4연)
> • 이용악, 「그리움」(2021학년도 수능)
> 　눈이 오는가 북쪽엔/ 함박눈 쏟아져 내리는가 (1연)
> 　눈이 오는가 북쪽엔/ 함박눈 쏟아져 내리는가 (5연)
> 　→ 첫 연과 마지막 연에 동일한 구절을 반복하여 배치하는 수미상관의 형태를 통해 구조적 안정감을 주고 있다.

② 청자를 겉으로 드러내어 화자의 상황을 구체화하고 있다.

> **풀이** (가)와 (나)는 모두 화자의 독백으로 시상이 전개되고 있으므로 청자를 겉으로 드러내어 화자의 상황을 구체화하고 있다고 볼 수 없다.

→ 적절하지 않음!

> **■ 청자를 겉으로 드러내어 화자의 상황을 구체화하고 있는 작품**
> • 박인로, 「누항사」(2013학년도 9월 모평, 2009학년도 6월 모평)
> 어와 긔 뉘신고(이웃 농부) 염치(廉恥) 업산 내옵노라.(화자)/ 초경(初更)(저녁 7시~9시)도 거읜대 긔 엇지 와 겨신고.(이웃 농부)/ 연년(年年)(해마다)에 이러ᄒ기 구차(苟且)흔 줄 알건마는/ 쇼 업순 궁가(窮家)(가난한 집)애 혜염(걱정) 만하 왓삽노라.(화자)
> ("어, 거기 누구신가?" "염치없는 저옵니다." "초경도 거의 지났는데 그 어찌 와 계십니까?" "해마다 이렇게 하기 구차한 줄 알지마는, 소 없는 가난한 집에서 걱정이 많아 왔습니다.")
> 　→ 청자인 이웃 농부를 겉으로 드러내어 농사에 꼭 필요한 소가 없는 가난한 형편 때문에 해마다 이웃에 소를 빌리러 가는 화자의 구차한 상황을 구체화하고 있다.

> 💡 **어떻게 풀까?** (가)에서 '보이소 아는 양반 앙인기요/ 보이소 웃마을 이생원 앙인기요' 구절에서 청자가 겉으로 드러난다고 볼 수도 있다. 하지만 이는 저승 가는 길에 만난 이웃끼리의 대화를 화자가 상상하고 인용한 구절로, (가)의 시적 청자로 보기는 어렵다. 대개 청자가 겉으로 드러난 시에서는 청자에게 화자의 정서나 태도를 전달하는 경우가 많다. 이 관점에서 보면 저승길에 만난 이웃들이 청자가 될 수 있을지 생각해 볼 수 있다.

(나)만 해당

③ *촉각적 심상의 대비를 통해 화자의 정서를 드러내고 있다. *피부로 느끼는 감각적 이미지

> **근거** (나)-7~8행 가족에겐 따스한 밥 지어 먹이고/ 찬밥을 먹던 사람
> **풀이** (나)에서는 '따스한 밥'과 '찬밥'이라는 촉각적 심상의 대비를 통해 가족을 위해 헌신했던 어머니를 떠올리며 그리워하는 화자의 정서를 드러내고 있다. (가)에서는 촉각적 심상의 대비가 나타나지 않는다.

→ 적절하지 않음!

④ ✓ *명사로 시행을 종결하여 시적 대상의 의미를 부각하고 있다. *사람이나 사물의 이름을 나타내는 단어

근거　**(가)-5행** 새사돈을 대접하는 것./ **9행** 쓸쓸한 식욕이 꿈꾸는 음식./ **12행** 눈물이 갈구하는 쓸쓸한 식성./ **19행** 먹는 음식./ **30행** 쓸쓸한 식욕.
(나)-8행 찬밥을 먹던 사람./ **11행** 사랑을 뿜던 그녀.

풀이　(가)는 '것', '음식', '식성', '식욕' 등의 명사로 시행을 종결하여 삶의 허전함과 쓸쓸함을 달래 주는 '모밀묵'의 속성을 부각하고 있다. (나)는 '사람', '그녀'와 같은 명사로 시행을 종결하여 가족을 위한 어머니의 헌신과 사랑을 부각하고 있다.

→ 적절함!

⑤ *향토적 분위기가 드러나는 표현을 활용하여 주제를 강조하고 있다. *고향이나 시골의 정취가 담긴 분위기　　(가)만 해당

근거　**(가)-1행** 모밀묵이 먹고 싶다./ **4행** 촌 잔칫날/ **15행** 산나물을/ **17행** 어수룩한 산기슭의 허술한 물방아처럼/ **25~26행** 보이소 아는 양반 양인기요/ 보이소 옷마을 이생원 양인기요

풀이　(가)는 '모밀묵', '촌 잔칫날', '산나물', '물방아' 등의 향토적 소재와 사투리가 사용된 대화를 사용하여 인생의 쓸쓸함과 삶의 애환을 달래 주는 모밀묵이라는 주제를 강조하고 있다. 한편, (나)는 향토적 분위기가 드러나는 표현을 활용하고 있지 않다.

→ 적절하지 않음!

44　시어의 의미 - 적절한 것 고르기　　　　정답 ④
정답률 80%

㉠, ㉡에 대한 설명으로 가장 적절한 것은?

> **(나)-4행** 일 분만 단추를 눌러도 ㉠따끈한 밥이 되는 세상
> **(나)-7행** 가족에겐 ㉡따스한 밥 지어 먹이고

① ㉠은 어려운 상황 속 화자의 *이상을 실현해 주는 것이다. *생각할 수 있는 범위 안에서 가장 완전하다고 여겨지는 상태

풀이　㉠은 문명의 발달로 쉽고 간편하게 지을 수 있는 밥을 의미하는 것으로, 화자의 이상을 실현해 주는 것과는 무관하다.

→ 적절하지 않음!

희생과 정성이 담긴
② ㉡은 시적 대상의 희생 없이 편리하게 지을 수 있는 것이다.

풀이　㉡은 자신은 찬밥을 먹으면서도 가족에게는 따스한 밥을 지어 먹이는 어머니의 희생과 정성을 의미하는 것이다.

→ 적절하지 않음!

③ ㉠은 ㉡과 달리 화자의 아픈 마음을 치유해 주는 것이다.

풀이　㉠은 쉽고 간단하게 만들 수 있는 밥으로, 화자의 아픈 마음을 치유해 주는 것으로 보기 어렵다.

→ 적절하지 않음!

✓④ ㉡은 ㉠과 달리 시적 대상의 가치 있는 사랑을 느끼게 하는 것이다.

풀이　가족을 위한 어머니의 희생과 사랑, 정성이 담긴 ㉡은 단추 하나로 간단히 지을 수 있는 ㉠과 달리 화자로 하여금 어머니의 가치 있는 사랑을 느끼게 하는 것이다.

→ 적절함!

㉡　　　　　㉠
⑤ ㉠은 과거의 기억 속에, ㉡은 현재의 생활 속에 존재하는 것이다.

풀이　㉠은 화자의 현재의 일상 속에, ㉡은 화자의 과거의 기억 속에 존재하는 것이다.

→ 적절하지 않음!

45　감상의 적절성 - 적절하지 않은 것 고르기　　　　정답 ③
정답률 75%

<보기>를 바탕으로 윗글을 감상한 내용으로 적절하지 <u>않은</u> 것은?　　[3점]

> | 보 기 |
> [1] 문학에서 음식은 일상적 삶의 모습을 보여 주거나 정서를 환기하는 소재로 활용된다. [2] (가)에는 모밀묵을 매개로 형상화된(구체화된) 삶의 모습을 떠올리며 인생의 허전함과 쓸쓸함을 달래고 싶은 화자의 정서가 드러난다. [3] (나)에는 화자가 아플 때 혼자 찬밥을 먹었던 경험에서 어머니의 희생적 삶을 깨닫고 어머니를 그리워하는 정서가 드러난다.

■ 음식이 정서를 환기하는 소재로 활용된 작품
· 백석, 「국수」
아, 이 반가운 것은 무엇인가/ 이 히수무레하고 부드럽고 수수하고 **슴슴한**(음식 맛이 조금 싱거운) 것은 무엇인가// ~ 이 조용한 마을과 이 마을의 으젓한 사람들과 **살틀하**

니(사랑하고 위하는 마음이 자상하고 지극하니) 친한 것은 무엇인가/ 이 그지없이 **고담하고**(글이나 그림 따위의 표현이 꾸밈이 없고 담담하고) 소박한 것은 무엇인가
→ '국수'는 고향 마을에서의 공동체적 삶과 유대감을 환기하는 소재로 활용되었다.

① (가)에서 모밀묵은 '촌 잔칫날' '새사돈'을 대접하는 음식으로 소박한 속성을 지닌 것이지만 귀한 사람에게도 내놓을 수 있는 음식이겠군.

근거　**<보기>-2** (가)에는 모밀묵을 매개로 형상화된 삶의 모습을 떠올리며
(가)-3~5행 못나고도 소박하게 점잖은/ **촌 잔칫날** 팔모상에 올라/ **새사돈**을 대접하는 것.

풀이　(가)에서 모밀묵은 못나고 소박한 음식이지만, '촌 잔칫날'에 '새사돈'에게 대접할 수 있다는 것으로 보아 귀한 사람에게도 내놓을 수 있는 음식임을 알 수 있다.

→ 적절함!

② (가)에서 '슬금슬금 세상 얘기를 하며' 모밀묵을 함께 먹는 모습을 통해 타인과의 관계 속에서 허전함을 달래고 싶은 화자의 정서를 드러낸 것으로 볼 수 있겠군.

근거　**<보기>-2** (가)에는 모밀묵을 매개로 형상화된 삶의 모습을 떠올리며 인생의 허전함과 쓸쓸함을 달래고 싶은 화자의 정서가 드러난다.
(가)-13~14행 아버지와 아들이 겸상을 하고/ 손과 주인이 겸상을 하고/ **18~19행** 슬금슬금 세상 얘기를 하며/ 먹는 음식.

풀이　(가)의 화자는 아버지와 아들, 손과 주인이 각각 겸상을 하고 '슬금슬금 세상 얘기를 하며' 함께 모밀묵을 먹는 모습을 떠올리면서 타인과의 관계 속에서 인생의 허전함과 쓸쓸함을 달래고 싶은 마음을 드러내고 있다.

→ 적절함!

✓③ (가)에서 '이웃끼리' '저승'에 갈 때 '마지막 주막에서' 모밀묵을 먹는 것을 통해 현실에서 느낀 쓸쓸함을 화자가 극복하였음을 보여 주고 있군.
　　인생의 허전함과 쓸쓸함을 달래고 싶은 화자의 정서를

근거　**<보기>-2** (가)에는 모밀묵을 매개로 형상화된 삶의 모습을 떠올리며 인생의 허전함과 쓸쓸함을 달래고 싶은 화자의 정서가 드러난다.
(가)-22~30행 그렇게 **이웃끼리**/ 이 세상을 건느고/ **저승**을 갈 때,/ ~ 서로 불러 길을 가며 쉬며 그 **마지막 주막에서**/ 걸걸한 막걸리 잔을 나눌 때/ 절로 젓가락이 가는/ 쓸쓸한 식욕.

풀이　(가)에서 '이웃끼리' '저승'에 갈 때 '마지막 주막에서' 모밀묵을 함께 나누어 먹는 모습은 인생의 허전함과 쓸쓸함을 달래고 위로를 주고받고자 함이지 현실에서 느낀 쓸쓸함을 화자가 극복하였음을 보여 주는 것은 아니다.

→ 적절하지 않음!

④ (나)에서 '누가 남긴 무 조각에 생선 가시를 핥'는 모습을 회상하며 어머니가 보여 줬던 희생적 삶을 깨닫고 있군.

근거　**<보기>-3** 어머니의 희생적 삶을 깨닫고
(나)-9~10행 이 빠진 그릇에 찬밥 훑어/ **누가 남긴 무 조각에 생선 가시를 핥**고

풀이　(나)에서 화자는 이 빠진 그릇에 찬밥을 훑고 '누가 남긴 무 조각에 생선 가시를 핥'는 어머니의 모습을 회상하며 가족을 위한 어머니의 희생적 삶을 깨닫고 어머니를 그리워한다.

→ 적절함!

⑤ (나)에서 '아픈 몸 일으켜 찬밥을 먹는' 모습을 통해 어머니를 그리워하는 화자의 정서를 드러내고 있군.

근거　**<보기>-3** (나)에는 화자가 아플 때 혼자 찬밥을 먹었던 경험에서 ~ 어머니를 그리워하는 정서가 드러난다.
(나)-14행 나 오늘 **아픈 몸 일으켜 찬밥을 먹는**다/ **17행** 홀로 먹는 찬밥 속에서 그녀를 만난다

풀이　(나)에서 '찬밥'은 어머니에 대한 그리움을 불러일으키는 매개체이다. '아픈 몸 일으켜 찬밥을 먹는' 화자가 홀로 먹는 찬밥 속에서 그녀(어머니)를 만난다는 것을 통해 어머니를 그리워하는 화자의 정서를 확인할 수 있다.

→ 적절함!

6회 · 2025년 6월 학평 정답과 해설

문제편 p.107

✪ 6회 모의고사 특징

✔ 3월 학평에 비해 까다롭게 출제되었음.

✔ 화법과 작문은 대체로 평이한 수준이었음. 기존의 문제 유형을 벗어나지 않아 문제 해결에 큰 어려움은 없었을 것으로 보임. 다만, 6번은 (가)의 내용을 바탕으로 작성된 메모가 (나)에 반영된 양상을 파악하는 문제로, 세부 내용을 꼼꼼히 확인해야 해서 오답률이 높은 편이었음.

✔ 언어는 중간 정도의 난이도로 출제되었음. 여러 음운 변동 현상을 종합적으로 분석해야 하는 14번 문제의 오답률이 높았음. 안은문장에서 문장 성분이 생략된 사례를 찾는 12번 문제 또한 오답률이 높은 편이었음.

✔ 독서는 전반적으로 난도가 높았음. 특히 미성년자의 계약을 다룬 사회 지문이 까다롭게 출제되었는데, <보기>의 구체적 사례에 법 조항을 적용하여 판단해야 하는 24번 문제와 지문의 세부 내용을 정확히 이해해야 풀 수 있는 21번 문제의 변별력이 높았음. 지진파와 내진 설계를 다룬 과학 지문에서도 <보기>의 그림을 보고 지진파의 특징을 이해해야 하는 30번, 지진 피해를 줄일 수 있는 이유를 추론하는 31번 문제의 오답률이 높았음. 자유주의와 공화주의 사상을 비교하는 인문 지문에서는 <보기>의 입장에서 특정 사상가에게 제기할 비판을 추론하는 18번 문제가 변별력 있는 문항으로 출제되었음.

✔ 문학은 독서에 비해 평이했으나 일부 문항의 변별력이 매우 높았음. 고전소설 「홍계월전」을 <보기>와 관련지어 감상하는 28번 문제의 난도가 높았음. 선지의 내용을 지문 내용과 면밀히 대조해야만 함정을 피할 수 있는 문제였음. 고전시가 두 편과 현대 수필이 결합된 갈래 복합 지문의 40번 문제가 까다로웠음. <보기>를 바탕으로 (가)와 (나)에 나타난 화자의 정서와 태도를 정확히 파악하는 능력이 요구되었음. 현대소설 「코끼리」에서는 작품에 사용된 소재의 기능을 파악하는 36번 문제의 오답률이 높은 편이었음. 현대시의 경우 「장미와 가시」라는 낯선 작품이 출제되었으나 문제 자체는 까다롭지 않았음.

오답률 TOP ❺

문항 번호	28	40	24	21	31
분류	문학 고전소설	문학 갈래 복합	독서 사회	독서 사회	독서 과학
난도	최상	상	상	중상	중상

✔ 정답표

01	①	02	④	03	⑤	04	②	05	②
06	④	07	①	08	④	09	⑤	10	②
11	①	12	②	13	①	14	②	15	⑤
16	③	17	④	18	⑤	19	③	20	①
21	③	22	③	23	①	24	⑤	25	①
26	④	27	⑤	28	⑤	29	③	30	②
31	⑤	32	⑤	33	③	34	③	35	③
36	③	37	⑤	38	④	39	③	40	③
41	④	42	⑤	43	②	44	⑤	45	③

[01 ~ 03] 발표

---

01 | 말하기 방식 - 적절한 것 고르기
정답률 85%, 매력적 오답 ⑤ 10% · 정답 ①

위 발표자의 말하기 방식으로 가장 적절한 것은?

① 청중의 이해를 돕기 위해 설명 대상의 장단점을 말하고 있다.

근거 ❹문단 화학적 차단제는 … 투명하게 발리고 물리적 차단제보다 차단력이 좋은 편이지만, (장점) 바르자마자 효과가 나타나지는 않습니다. 또한 변환된 열에너지가 피부로 전달되므로 민감한 피부에는 자극적일 수 있습니다. (단점)

❺문단 (물리적 차단제는) 화학적 차단제보다 피부에 오래 남아 유지력이 좋고, 바르는 즉시 효과가 나타납니다. (장점) 하지만 불투명한 성분이 있어서 많이 바르면 피부가 하얗게 들떠 보이는 단점이 있습니다. (단점)

---

⑤ 청중에게 질문을 던져 발표 내용의 이해 여부를 점검하고 있다.

근거 ❸문단 그런데 여러분, 혹시 자외선 차단제에서 SPF와 PA 표시를 본 적 있나요?

풀이 발표자는 화제를 전환하면서 자외선 차단제의 SPF와 PA 표시에 대해 설명하기 위해 질문하는 방식을 활용하고 있다. 발표 내용에 대한 청중의 이해 여부를 점검하고 있지는 않다.

---

02 | 자료 활용 방식 - 적절하지 않은 것 고르기
정답률 85% · 정답 ④

다음은 발표자가 제시한 자료이다. 발표자의 시각 자료 활용에 대한 설명으로 적절하지 않은 것은?

④ 자외선 차단제를 바르면 민감한 피부에 자극적일 수 있다는 것을 설명하기 위해 [자료 2]를 ©에 제시하였다.

근거 ❹문단 화학적 차단제는 (ⓒ 자료를 가리키며) 피부에 도달하는(다다르는) 자외선을 제품에 포함한 유기(유기 화합물, 탄소 원자를 중심으로 한 화합물을 뜻함) 성분이 흡수하여 열에너지로 변환해 피부를 보호하는 원리인데요, … 변환된 열에너지가 피부로 전달되므로 민감한 피부에는 자극적일 수 있습니다.

❺문단 물리적 차단제는 (ⓒ 자료를 가리키며) 제품에 포함된 무기(무기 화합물, 탄소가 원자 결합의 중심이 아닌 화합물을 뜻함) 성분이 피부 표면에서 자외선을 물리적으로 반사해 피부를 보호하는 원리입니다.

풀이 [자료 2]는 피부에 도달하는 자외선을 열에너지로 변환해 피부를 보호하는 화학적 차단제의 원리를 보여 주는 자료이고, [자료 3]은 자외선이 물리적으로 반사되어 피부가 보호되는 물리적 차단제의 원리를 보여 주는 자료이다. 자외선 차단제를 바르면 민감한 피부에 자극적일 수 있다는 것은 화학적 차단제의 단점이므로, [자료 2]는 ©에 제시하였을 것이다.

---

03 | 듣기 전략 - 적절하지 않은 것 고르기
정답률 90% · 정답 ⑤

발표 내용을 바탕으로 할 때, <보기>에 나타난 학생의 반응에 대한 이해로 적절하지 않은 것은?

① '학생 1'은 발표 내용과 관련하여 추가적인 정보를 탐색하려 하고 있다.

근거 <보기>-학생 1 SPF 수치와 PA 등급에 따라 자외선 차단 효과가 얼마나 차이가 나는지 궁금해. 한번 알아봐야겠어.

→ 적절함!

② '학생 2'는 자신이 알고 싶은 정보가 발표에서 다루어지지 않았음을 아쉬워하고 있다.

근거 <보기>-학생 2 차단제의 유형에 따라 몇 시간 주기로 발라야 하는지도 발표 내용에 포함되었으면 좋을 텐데.

→ 적절함!

③ '학생 3'은 발표에서 알게 된 정보를 통해 이전에 자신이 겪었던 특정 상황의 원인을 추론하고 있다.

근거 <보기>-학생 3 자외선 차단제를 바른 후 얼굴이 하얗게 떠 보였던 적이 있었는데, 물리적 차단제를 사용했었나 봐.

→ 적절함!

④ '학생 1'과 '학생 2'는 모두, 발표와 관련하여 자신이 알고 있던 정보를 떠올리고 있다.

근거 <보기>-학생 1 자외선 차단 제품의 SPF와 PA가 차단 정도를 나타내는 지표(표시)라는 건 알고 있었지만,

<보기>-학생 2 자외선 차단제는 한 번만 발라서는 안 된다는 말을 들은 적이 있어.

→ 적절함!

✔ ⑤ '학생 1'과 '학생 3'은 모두, 발표 내용을 통해 새롭게 알게 된 정보의 신뢰성을 평가하고 있다.

풀이 '학생 1'과 '학생 3' 모두 발표 내용을 통해 새롭게 알게 된 정보의 신뢰성을 평가하고 있지 않다.

→ 적절하지 않음!

[04~07] (가) 대화 (나) 논평

<table>
<tr><td>**04**</td><td>의사소통 방식 - 적절하지 않은 것 고르기
정답률 95%</td><td>정답 ②</td></tr>
</table>

[A], [B]에 대한 설명으로 적절하지 <u>않은</u> 것은?

② [A]의 '학생 2'는 <u>예상 독자의 배경지식</u>을 언급하며 <u>자신</u>의 제안을 뒷받침하고 있다.

근거 [A] (가) **학생 2** 생각해 봤는데, 제로 칼로리 식품에 대해 글을 써 보면 어떨까 해. (글감에 대한 제안) 요즘 유행하는 제로 칼로리 식품은 설탕 대신 인공(사람이 가공한)감미료(단맛을 내는 데 쓰는 재료)를 넣어서 열량을 낮춘 거래. (배경지식 언급)

풀이 [A]의 '학생 2'는 자신이 이미 알고 있던 배경지식을 언급하며 제로 칼로리 식품을 교지 기획 기사의 글감으로 할 것을 제안하고 있다.

<table>
<tr><td>**05**</td><td>작문 전략 - 적절한 것 고르기
정답률 70%, 매력적 오답 ④ 10%</td><td>정답 ②</td></tr>
</table>

(나)에 활용된 글쓰기 방식으로 가장 적절한 것은?

② 설탕과 대조되는 인공감미료의 특성을 예를 들어 서술하였다.

근거 (나) **2문단** 인공감미료 중, 제로 칼로리 음료에 쓰이는 수크랄로스의 단맛 강도는 설탕보다 600배나 높다.

(나) **2문단** 수크랄로스의 경우, 우리 몸이 당(물에 잘 녹으며 단맛이 있는 탄수화물) 분자(화학적 형태와 성질을 잃지 않고 분리될 수 있는 최소의 입자)로 인식하지 못해 85%는 위장관(위와 창자를 함께 포함하고 있는 소화 계통의 한 부분)에 흡수되지 않은 채 배설되고(새어 나가고) 일부 흡수된 양도 소변을 통해 빠르게 배출된다.(내보내진다.)

풀이 (나)에서는 인공감미료 중 제로 칼로리 음료에 쓰이는 수크랄로스를 예로 들어, 설탕보다 단맛의 강도가 600배 높다는 특성과 설탕과 달리 위장관에 흡수되지 않은 채 배설된다는 특성을 서술하였다.

매력적 오답

④ 제로 칼로리 식품 섭취가 인체에 미치는 영향을 *유추의 방식으로 서술하였다.
*어렵고 복잡한 대상이나 개념을 공통적인 성질이나 특징을 가진 보다 친숙한 대상과 비교하여 설명하는 방법

근거 (나) **3문단** 인공감미료의 장점이 인체에 부정적 영향 … 단맛과 열량의 불일치는 신체 대사 활동(영양물질을 분해·합성하여 에너지를 생성하고 필요하지 않은 물질을 몸 밖으로 내보내는 활동)에 혼란을 줄 수 있다. 또, 인공감미료가 첨가된 제로 칼로리 식품의 잦은 섭취는 단맛에 대한 감각을 둔화시켜(느리고 무디어지게 해) 더 강한 단맛을 찾는 단맛 중독 상태를 유발할(일어나게 할) 수 있다.

풀이 제로 칼로리 식품 섭취가 인체에 미치는 부정적 영향을 언급하고 있으나, 그것을 유추의 방식으로 서술하지는 않았다.

<table>
<tr><td>**06**</td><td>작문 계획의 반영 - 적절하지 않은 것 고르기
정답률 65%, 매력적 오답 ③ 25%</td><td>정답 ④</td></tr>
</table>

다음은 (가)의 ㉠ ~ ㉢을 바탕으로 '학생 1'이 작성한 메모이다. 메모의 내용이 (나)에 반영된 양상으로 적절하지 <u>않은</u> 것은? [3점]

인공감미료가 첨가된 제로 칼로리 식품의 잦은 섭취
④ ㉣을 바탕으로 작성된 메모의 '단맛 중독 가능성'은, 단맛과 열량의 불일치가 단맛에 대한 감각을 둔화시키는 원인이라는 내용으로 (나)에 반영되었다.

근거 (가) ㉣ 인공감미료가 첨가된 제로 칼로리 식품을 자주 섭취하다 보면 더 강한 단맛을 찾게 될 수 있다는 얘기도 하면 좋겠어.

(나) **3문단** 또, 인공감미료가 첨가된 제로 칼로리 식품의 잦은 섭취는 단맛에 대한 감각을 둔화시켜 더 강한 단맛을 찾는 단맛 중독 상태를 유발할 수 있다.

풀이 ㉣을 바탕으로 작성된 메모의 '단맛 중독 가능성'은, 인공감미료가 첨가된 제로 칼로리 식품을 자주 섭취하면 단맛에 대한 감각을 둔화시켜 더 강한 단맛을 찾는 단맛 중독 상태를 유발할 수 있다는 내용으로 반영되어 있다. 단맛과 열량의 불일치는 신체 대사 활동에 혼란을 줄 수 있다는 내용으로 나타나 있으며 단맛 중독 가능성과는 관련이 없다.

매력적 오답

③ ㉢을 바탕으로 작성된 메모의 '인식 바로잡기'는, 인공감미료를 마음 놓고 섭취했을 때 인체에 미칠 수 있는 문제점을 설명하는 것으로 (나)에 반영되었다.

근거 (가) ㉢ 그리고 열량 정보 외에 제로 칼로리 식품에 대해 사람들이 잘못 생각하고 있는 다른 내용도 포함하자.

(나) **3문단** 그렇다면 인공감미료로 단맛을 낸 제로 칼로리 식품은 마음 놓고 섭취해도 좋은 것일까? (사람들이 잘못 생각하고 있는 내용) 전문가들은 … 인공감미료의 장점이 인체에 부정적 영향을 미칠 수도 있다고 경고한다. … 단맛과 열량의 불일치는 신체 대사 활동에 혼란을 줄 수 있다. (인체에 미칠 수 있는 문제점 ①) … 더 강한 단맛을 찾는 단맛 중독 상태를 유발할 수 있다. (인체에 미칠 수 있는 문제점 ②)

풀이 ㉢을 바탕으로 작성된 메모의 '인식 바로잡기'는, 인공감미료가 인체에 미칠 수 있는 문제점들을 지적하면서 인공감미료로 단맛을 낸 제로 칼로리 식품을 마음 놓고 섭취해도 괜찮을 것이라는 사람들의 인식을 바로잡는 것으로 반영되었다.

<table>
<tr><td>**07**</td><td>작문 내용의 점검 및 고쳐쓰기 - 적절한 것 고르기
정답률 65%, 매력적 오답 ② 30%</td><td>정답 ①</td></tr>
</table>

[C]가 〈보기〉를 고쳐 쓴 것이라고 할 때, 그 과정에서 반영된 의견으로 가장 적절한 것은?

| 보기 |

최근 인기를 끌고 있는 제로 칼로리 식품은 설탕 대신 인공감미료를 사용해 단맛을 내면서도 열량은 낮춘 제품을 가리킨다. 제로 칼로리라는 명칭(이름) 때문에 실제 열량 또한 '0'이라고 생각할 수 있지만, 우리나라의 식품 열량 표시 기준상 식품 100㎖당 열량이 4㎉ 미만이면 0㎉로 표기할 수 있어 열량을 '0'에 가깝게 낮춘 제품들을 제로 칼로리 식품으로 표시한다.

① 독자가 제로 칼로리 식품의 유행 현상을 이해할 수 있도록 유행의 배경을 추가하면 좋겠어.

근거 (나) **1문단** 열량에 대한 부담 없이 맛있는 음식을 즐기며 건강을 관리하려는 사람들이 늘면서 최근 제로 칼로리 식품이 인기를 끌고 있다.

풀이 제로 칼로리 식품의 개념을 설명하면서 시작하는 〈보기〉와 달리, [C]에서는 첫 문장에 제로 칼로리 식품이 유행하게 된 배경이 추가되어 있다. 이는 독자가 제로 칼로리 식품의 유행 현상을 이해할 수 있도록 유행의 배경을 추가하면 좋겠다는 의견이 반영된 것이다.

매력적 오답

② 독자가 제재에 관심을 가질 수 있도록 제로 칼로리 식품으로 불리는 이유를 제시하면 좋겠어.

풀이 문맥상 칼로리가 0㎉에 가까워 제로 칼로리 식품으로 불리는 이유를 추측할 수 있다. 그러나 제로 칼로리의 열량이 0㎉에 가깝다는 내용은 〈보기〉와 [C]에 모두 나타나므로 〈보기〉를 고쳐 쓸 때 반영된 의견으로 적절하지 않다.

[08~10] 주장하는 글

<table>
<tr><td>**08**</td><td>작문 계획의 반영 - 적절하지 않은 것 고르기
정답률 90%</td><td>정답 ④</td></tr>
</table>

'학생의 초고'에 반영된 글쓰기 계획으로 적절하지 <u>않은</u> 것은?

실행 주체별로 나누어
④ 미디어 리터러시 교육의 성공적인 실행 방안을 기존의 정책과 비교하여 제시해야겠어.

근거 [초고] **4문단** 그렇다면 어떻게 해야 미디어 리터러시(Literacy, 문해력) 교육을 효과적으로 실행할 수 있을까? 우선 정부는 … 학교는 … 그리고 지역 사회는 … .

풀이 초고의 4문단에서 리터러시 교육의 성공적인 실행 방안을 정부 차원, 학교 차원, 지역 사회 차원으로 나누어 제시하고 있다. 기존의 정책과 비교하는 부분은 나타나지 않는다.

09 자료 활용 방안 - 적절하지 않은 것 고르기
정답률 65%, 매력적 오답 ③ 10% ④ 10% **정답 ⑤**

〈보기〉는 초고를 보완하기 위해 추가로 수집한 자료이다. 자료의 활용 방안으로 적절하지 <u>않은</u> 것은? `3점`

⑤ ㄴ과 ㄷ을 활용하여, 외국의 다양한 미디어 리터러시 교육 프로그램을 적용한 우리나라의 미디어 리터러시 교육이 학부모에게 효과적이었다는 내용을 마련하고, 이를 4문단에 추가해 학교 밖 미디어 리터러시 교육의 중요성을 강조한다.

> **풀이** ㄴ은 학교 밖에서도 다양한 미디어 리터러시 교육 활동이 성공적으로 이루어지고 있는 ○○국의 사례를 소개한 전문가 인터뷰이다. 그리고 ㄷ은 청소년 미디어 리터러시 교육의 필요성에 대한 조사 결과 85%의 응답자가 청소년 미디어 리터러시 교육이 필요하다고 응답하였음을 보여 주는 신문 기사이다. ㄴ에 외국의 다양한 미디어 리터러시 교육 프로그램이 언급되는 것은 맞으나 이러한 프로그램을 우리나라에 적용한 것은 아니므로, 외국의 다양한 미디어 리터러시 교육 프로그램을 적용한 우리나라의 미디어 리터러시 교육이 학부모에게 효과적이었다는 내용을 마련한다는 방안은 적절하지 않다.

매력적 오답

③ ㄷ을 활용하여, 학부모 대상 미디어 리터러시 교육 후 청소년에게 필요한 교육 내용에 대한 학부모들의 요구가 구체화되었다는 내용을 마련하고, 이를 3문단에 추가해 청소년 미디어 리터러시 교육에 대한 학부모 인식 *제고의 중요성을 부각한다. *수준이나 정도 따위를 끌어올림

> **근거** [초고] ❸문단 또한 한국언론진흥재단의 조사에 따르면, 청소년 대상 미디어 리터러시 교육에 대해 알고 있다고 응답한 학부모가 10% 미만이었다고 한다. 이는 … 청소년 대상 미디어 리터러시 교육에 대한 학부모의 인식 제고가 시급하다는 것을 보여 준다.

> **풀이** ㄷ은 학부모를 대상으로 미디어 리터러시 교육을 실시한 결과 미디어 과의존·과몰입을 피하고 위험한 콘텐츠 이용을 자제할 수 있는 자율적이고 안전한 미디어 이용 능력을 기르는 교육이 필요하다는 의견이 나왔음을 보여 주는 신문 기사이다. 따라서 ㄷ을 활용하여, 학부모 대상 미디어 리터러시를 교육한 후 청소년에게 필요한 교육 내용에 대한 학부모들의 요구가 구체화되었다는 내용을 3문단에 추가할 수 있다.

④ ㄱ-1과 ㄴ을 활용하여, 정보 *식별 관련 교육을 받은 비율의 정도와 정부의 적극적 지원이 미디어 리터러시 **역량에 긍정적 영향을 미친다는 내용을 마련하고, 이를 4문단에 추가해 미디어 리터러시 교육을 위한 정부의 체계적 정책 수립의 필요성을 뒷받침한다. *분별하여 알아봄 **해낼 수 있는 힘

> **근거** [초고] ❹문단 우선 정부는 체계적인 교육 정책을 마련해야 하며,

> **풀이** ㄱ-1은 정보 식별 관련 교육을 받은 비율과 사실과 의견을 식별하는 능력 지수가 비례 관계임을 보여 주는 통계 자료이고, ㄴ은 정부의 정책 지원 속에서 다양한 미디어 리터러시 교육 활동이 성공적으로 이루어지고 있는 ○○국의 사례를 소개한 전문가 인터뷰이다. 따라서 ㄱ-1과 ㄴ을 활용하여, 정보 식별 관련 교육을 받은 비율의 정도와 정부의 적극적 지원이 미디어 리터러시 역량에 긍정적 영향을 미친다는 내용을 4문단에 추가할 수 있다.

10 조건에 따른 표현 - 적절한 것 고르기
정답률 95% **정답 ②**

〈보기〉를 반영하여 [A]를 작성한다고 할 때, 가장 적절한 것은?

② 청소년들이 디지털 시대의 책임감 있는 시민으로 성장하는 데 미디어 리터러시 교육은 필수적이다. 미디어 리터러시 교육이 성공적으로 이루어지도록 정부, 교육기관, 지역 사회가 힘을 모아야 할 때이다.

> **풀이** 청소년 미디어 리터러시 교육이 필수적이라고 강조하고 있으며, 미디어 리터러시 교육이 성공적으로 이루어지도록 정부, 교육기관, 지역 사회 등 여러 교육 주체들이 함께 힘써야 한다는 내용으로 글을 마무리하고 있다.

→ 문제편 **111쪽**

[11~12] 언어 - 안긴문장과 관계 관형사절

❶ [1]문장은 주어와 서술어 관계가 한 번만 나타나는 홑문장과 주어와 서술어 관계가 두 번 이상 나타나는 겹문장으로 나뉜다. [2]겹문장은 다시 문장의 짜임새에 따라 안은문장과 이어진문장으로 나뉜다. [3]안은문장은 안긴문장을 하나의 문장 성분으로 안고 있는 문장을 말하고, 이어진문장은 둘 이상의 문장이 연결 어미에 의하여 결합된 문장을 말한다.

❷ [1]안은문장에서 안긴문장은 명사절, 부사절, 인용절, 서술절, 관형사절이 있다. [2]명사절은 안긴문장의 서술어 어간에 명사형 어미 '-(으)ㅁ', '-기'가 붙어서 만들어지고, 조사와 결합하여 안은문장에서 주어, 목적어, 부사어 등의 기능을 한다. [3]부사절은 안긴문장의 서술어 어간에 부사형 어미 '-게', '-도록' 등이 붙어서 만들어지고, 안은문장에서 부사어 기능을 한다. [4]인용절은 서술어에 인용의 부사격 조사 '고', '라고'가 붙어서 만들어지고, 말이나 생각을 인용하는 기능을 한다. [5]서술절은 다른 절과 달리 조사나 어미 등 문법적 표지 없이 안은문장에서 서술어 기능을 하는데, 서술절을 안은문장은 '주어 + (주어 + 서술어)'로 구성된다. [6]예를 들어 '토끼는 앞발이 짧다.'에서 '앞발이 짧다.'가 서술절에 해당한다. [7]관형사절은 안긴문장의 서술어 어간에 관형사형 어미 '-(으)ㄴ', '-는', '-(으)ㄹ', '-던'이 붙어서 만들어지고, 안은문장에서 관형어 기능을 한다.

❸ [1]그런데 관형사절을 안은문장에서 관형사절이 절이 아닌 것처럼 보일 때가 있다. [2]예를 들어, '그녀는 빨간 사과를 샀다.'는 '사과가 빨갛다.'라는 문장이 관형사절로 안긴 것으로, ㉮ 관형사절의 주어가 생략된 문장이다. [3]안긴문장에서 '빨간'의 주어가 되는 대상은 '사과'인데 그것이 안은문장에서 꾸밈을 받는 대상인 '사과'와 동일하기 때문에 안긴문장의 주어인 '사과가'가 생략된 것이다. [4]그러다 보니 '빨간'만 남게 되어서 관형사절인 안긴문장이 절이 아닌 것처럼 보이는 것이다.

11 안긴문장 - 적절하지 않은 것 고르기
정답률 70%, 매력적 오답 ② ④ 15% **정답 ①**

윗글을 바탕으로 〈보기〉를 이해한 내용으로 적절하지 <u>않은</u> 것은?

| 보기 |
㉠ 영수는 학교에 빨리 가기를 원하고 있다.
㉡ 우리 집 정원에 드디어 라일락이 피었다.
㉢ 하늘이 눈이 부시게 푸르다.
㉣ 그녀가 좋아하는 식당은 인기가 많다.
㉤ 영희가 바닷가에 놀러 가자고 했다.

✔ ① ㉠에는 조사 '에'와 결합해 부사어 기능을 하는 명사절이 있다. ('를'과 / 목적어)

> **근거** ❷-2 명사절은 안긴문장의 서술어 어간에 명사형 어미 '-(으)ㅁ', '-기'가 붙어서 만들어지고, 조사와 결합하여 안은문장에서 주어, 목적어, 부사어 등의 기능을 한다.

> **풀이**
> | 영수는 | [학교에 빨리 가기]를 원하고 있다 |
> |---|---|
> | 주어 | 목적어[부사어 부사어 서술어] 서술어 |

> ㉠의 안긴문장 '학교에 빨리 가기'는 서술어 어간 '가'에 명사형 어미 '-기'가 붙어서 만들어진 명사절이다. 명사절 '학교에 빨리 가기'는 조사 '를'과 결합하여 안은문장에서 목적어의 기능을 한다. 조사 '에'가 결합한 '학교에'는 안긴문장 안에서 부사어로 쓰이고 있으나 주어와 서술어를 갖춘 절은 아니다.

> → 적절하지 않음!

② ㉡에는 주어와 서술어의 관계가 한 번만 나타나 있다.

> **근거** ❶-1 문장은 주어와 서술어 관계가 한 번만 나타나는 홑문장

> **풀이**
> | 우리 | 집 | 정원에 | 드디어 | 라일락이 | 피었다 |
> |---|---|---|---|---|---|
> | 관형어 | 관형어 | 부사어 | 부사어 | 주어 | 서술어 |

> ㉡은 주어 '라일락이'와 서술어 '피었다'로 주어와 서술어의 관계가 한 번만 나타나는 홑문장이다.

> → 적절함!

③ ㉢에는 어미 '-게'가 붙어서 만들어진 부사절이 있다.

> **근거** ❷-3 부사절은 안긴문장의 서술어 어간에 부사형 어미 '-게', '-도록' 등이 붙어서 만들어지고, 안은문장에서 부사어 기능을 한다.

> **풀이**
> | 하늘이 | [눈이 부시게] 푸르다 |
> |---|---|
> | 주어 | 부사어[주어 서술어] 서술어 |

> ㉢의 안긴문장 '눈이 부시게'는 서술어 어간 '부시-'에 부사형 어미 '-게'가 붙어서 만들어진 부사절이다.

> → 적절함!

④ ㉣에는 관형사절과 서술절이 모두 나타나 있다.

근거 ❷-5 서술절은 다른 절과 달리 조사나 어미 등 문법적 표지 없이 안은문장에서 서술어 기능을 하는데, 서술절을 안은문장은 '주어 + (주어 + 서술어)'로 구성된다.

근거 ❷-7 관형사절은 안긴문장의 서술어 어간에 관형사형 어미 '-(으)ㄴ', '-는', '-(으)ㄹ', '-던'이 붙어서 만들어지고, 안은문장에서 관형어 기능을 한다.

풀이

[그녀가 좋아하는] 식당은		[인기가 많다]	
관형어[주어 서술어]	주어	서술어[주어	서술어]

㉣에는 서술어 어간 '좋아하-'에 관형사형 어미 '-는'이 붙어서 만들어진 관형사절 '그녀가 좋아하는'과 조사나 어미 등 문법적 표지 없이 안은문장에서 서술어 기능을 하는 서술절 '인기가 많다'가 모두 나타난다. '식당은 인기가 많다'가 '주어 + (주어 + 서술어)'로 구성된 점에서도 '인기가 많다'가 서술절임을 알 수 있다.

→ 적절함!

⑤ ㉤에는 조사 '고'를 사용해 다른 사람의 말을 인용하는 인용절이 있다.

근거 ❷-4 인용절은 서술어에 인용의 부사격 조사 '고', '라고'가 붙어서 만들어지고, 말이나 생각을 인용하는 기능을 한다.

풀이

영희가	[바닷가에 놀러 가자고] 했다		
주어	부사어[부사어	서술어]	서술어

㉤의 안긴문장 '바닷가에 놀러 가자고'는 서술어 '놀러 가자'에 인용의 부사격 조사 '고'가 붙어서 만들어진 인용절이다.

→ 적절함!

---

12 | 관계 관형사절 - 적절한 것 고르기
정답률 65%, 매력적 오답 ④ 10% ⑤ 15% | 정답 ②

㉮에 해당하는 예로 적절한 것은?

> ㉮ 관형사절의 주어가 생략된 문장

① 내가 살던 마을에 함박눈이 펑펑 내렸다.

풀이

마을에 함박눈이 펑펑 내렸다	내가 마을에 살았다

→ [내가 살던] 마을에 함박눈이 펑펑 내렸다

'내가 살던 마을에 함박눈이 펑펑 내렸다'는 '내가 마을에 살았다'라는 문장이 관형사절로 안긴 것이다. 안긴문장의 부사어와 안은문장의 부사어가 '마을에'로 동일하기 때문에 안긴문장의 부사어가 생략되었다. 따라서 ㉮의 예에 해당하지 않는다.

→ 적절하지 않음!

② 아버지는 손짓으로 운동하는 딸을 불렀다.

풀이

아버지는 손짓으로 딸을 불렀다	딸이 운동하다

→ 아버지는 손짓으로 [운동하는] 딸을 불렀다

'아버지는 손짓으로 운동하는 딸을 불렀다'는 '딸이 운동하다'라는 문장이 관형사절로 안긴 것이다. 안긴문장에서 '운동하는'의 주어가 되는 대상은 '딸'인데 그것이 안은문장에서 꾸밈을 받는 대상인 '딸'과 동일하기 때문에 안긴문장의 주어인 '딸이'가 생략되었다. 따라서 ㉮의 예에 해당한다.

→ 적절함!

③ 내일 날씨가 화창하면 공원에 산책하러 가자.

근거 ❶-3 이어진문장은 둘 이상의 문장이 연결 어미에 의하여 결합된 문장을 말한다.

풀이

내일 날씨가 화창하다	공원에 산책하러 가자

→ 내일 날씨가 화창하면 공원에 산책하러 가자

'내일 날씨가 화창하면 공원에 산책하러 가자'는 '내일 날씨가 화창하다'라는 문장과 '공원에 산책하러 가자'라는 문장이 연결 어미 '-면'에 의하여 결합된 이어진문장이다. 따라서 ㉮의 예에 해당하지 않는다.

→ 적절하지 않음!

④ 그는 하굣길에 학교 앞 서점에서 새 책을 샀다.

근거 ❶-1 주어와 서술어 관계가 한 번만 나타나는 홑문장

풀이 '그는 하굣길에 학교 앞 서점에서 새 책을 샀다'는 주어 '그는'과 서술어 '샀다'로 주어와 서술어의 관계가 한 번만 나타나는 홑문장이다. 따라서 ㉮의 예에 해당하지 않는다.

→ 적절하지 않음!

⑤ 우리 회사가 새로 개발한 제품이 소비자의 호응을 얻었다.

풀이

제품이 소비자의 호응을 얻었다	우리 회사가 제품을 새로 개발했다

→ [우리 회사가 새로 개발한] 제품이 소비자의 호응을 얻었다

'우리 회사가 새로 개발한 제품이 소비자의 호응을 얻었다'는 '우리 회사가 제품을 새로 개발했다'라는 문장이 관형사절로 안긴 것이다. 안긴문장에서 '개발했다'의 주어가 되는 대상은 '우리 회사'로, 생략되지 않았다. 안긴문장의 목적어가 되는 대상인 '제품'이 안은문장에서 꾸밈을 받는 대상인 '제품'과 동일하기 때문에 안긴문장의 목적어인 '제품을'이 생략되었다. 따라서 ㉮의 예에 해당하지 않는다.

→ 적절하지 않음!

---

13 | 단어의 구조 - 적절한 것 고르기
정답률 80% | 정답 ①

〈보기〉의 ㉠에 해당하는 단어로 적절한 것은?

> | 보기 |
> 복합어 중에는 어근과 접사로 이루어진 파생어에 어근이나 접사가 다시 결합하여 형성된 것이 있다. 예컨대, 복합어 '놀이터'는 어근 '놀-'과 접사 '-이'가 결합한 파생어 '놀이'에 어근 '터'가 다시 결합하여 형성되었다. 따라서 '놀이터'는 ㉠ '(어근 + 접사) + 어근'의 구조로 된 단어이다.

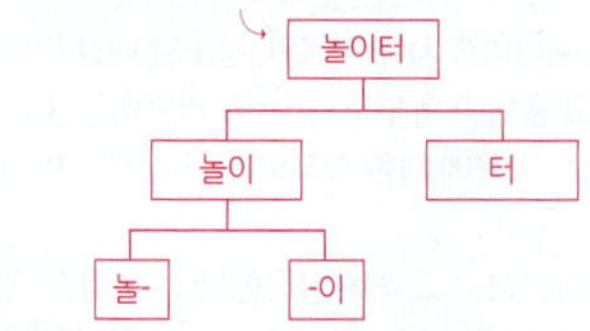

① 맺음말

풀이

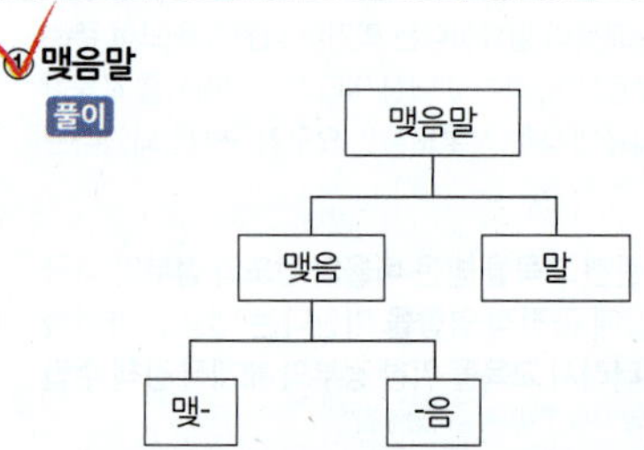

'맺음말'은 의미상 '맺음'과 '말'로 먼저 나뉜다. '맺음'은 다시 '맺-'과 '-음'으로 나뉜다. '(어근 + 접사) + 어근'의 구조이므로 ㉠에 해당하는 단어로 적절하다.

→ 적절함!

② 눈물샘

풀이

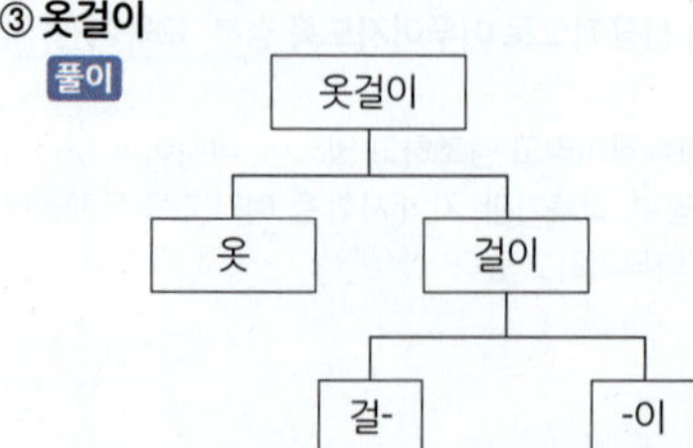

'눈물샘'은 의미상 '눈물'과 '샘'으로 먼저 나뉜다. '눈물'은 다시 '눈'과 '물'로 나뉜다. '(어근 + 어근) + 어근'의 구조이므로 ㉠에 해당하는 단어로 적절하지 않다.

→ 적절하지 않음!

③ 옷걸이

풀이

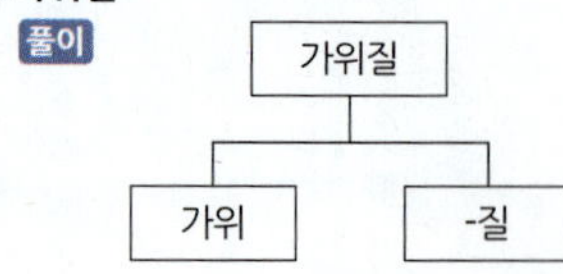

'옷걸이'는 의미상 '옷'과 '걸이'로 먼저 나뉜다. '걸이'는 다시 '걸-'과 '-이'로 나뉜다. '어근 + (어근 + 접사)'의 구조이므로 ㉠에 해당하는 단어로 적절하지 않다.

→ 적절하지 않음!

④ 가위질

풀이

'가위질'은 '가위'와 '-질'로 나뉜다. '어근 + 접사'의 구조이므로 ㉠에 해당하는 단어로 적절하지 않다.

→ 적절하지 않음!

⑤ 헛걸음

풀이

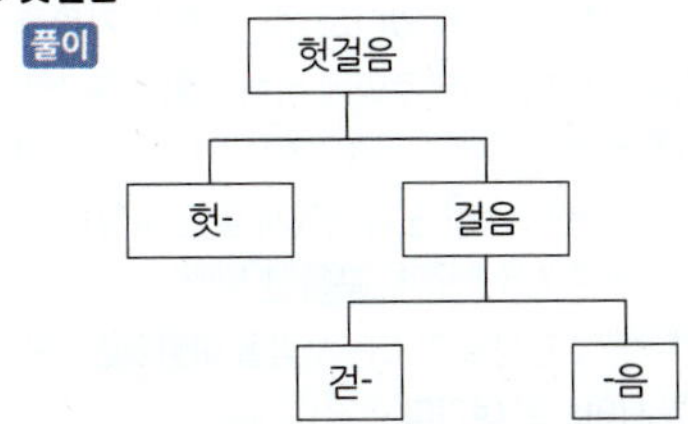

'헛걸음'은 의미상 '헛-'과 '걸음'으로 먼저 나뉜다. '걸음'은 다시 '걷-'과 '-음'으로 나뉜다. '접사 + (어근 + 접사)'의 구조이므로 ㉠에 해당하는 단어로 적절하지 않다.

→ 적절하지 않음!

---

14 음운 변동 - 적절하지 않은 것 고르기
정답률 60%, 매력적 오답 ③ 20% ④ 15%　　1등급 문제　　정답 ②

〈보기〉를 바탕으로 음운 변동 사례에 대해 이해한 내용으로 적절하지 <u>않은</u> 것은?

| 보 기 |
　국어의 음운 변동은 한 음운이 다른 음운으로 바뀌는 교체, 한 음운이 없어지는 탈락, 새로운 음운이 생기는 첨가, 두 음운이 합쳐져 다른 음운으로 바뀌는 축약으로 분류할 수 있다. 그런데 음운 변동은 음운 환경에 따라 두 가지 이상이 함께 나타나기도 한다. '색연필[생년필]'은 첨가와 교체가 일어났고, '넓죽하다[넙쭈카다]'는 탈락, 교체, 축약이 일어났다.

① '밥값[밥깝]'은 교체와 탈락이 일어났군.

풀이

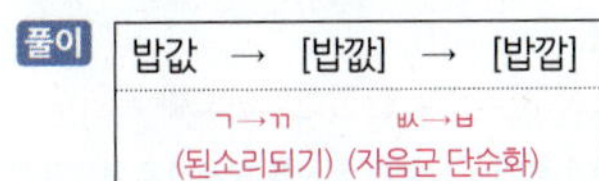

'밥값'은 된소리되기에 의해 'ㄱ'이 'ㄲ'으로 교체되고, 자음군 단순화에 의해 겹받침 'ㅄ'에서 'ㅅ'이 탈락한다. 따라서 교체와 탈락이 일어나는 단어이다.

→ 적절함!

② '닳고[달코]'는 탈락과 축약이 일어났군.

풀이

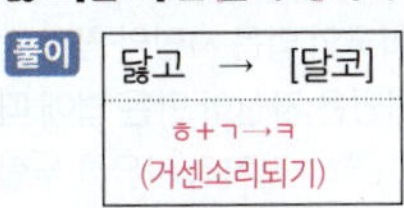

'닳고'는 'ㅎ'과 'ㄱ'이 'ㅋ'으로 줄어드는 거센소리되기(축약)만 일어날 뿐, 탈락은 일어나지 않는다.

→ 적절하지 않음!

③ '물약[물략]'은 첨가와 교체가 일어났군.

풀이

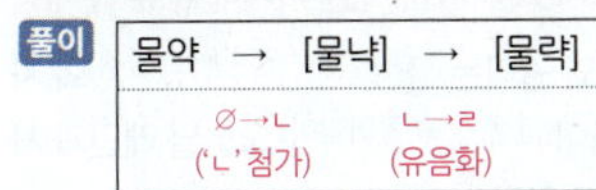

'물약'은 합성어로 앞말의 끝이 자음이고 뒷말이 'ㅑ'로 시작하므로 뒷말의 첫소리에 'ㄴ'이 첨가된다. 그리고 첨가된 'ㄴ'은 'ㄹ'의 영향을 받아 유음 'ㄹ'로 바뀐다. 따라서 첨가와 교체가 일어나는 단어이다.

→ 적절함!

④ '닫힌[다친]'은 축약과 교체가 일어났군.

풀이

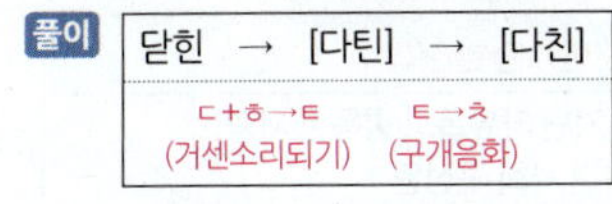

'닫힌'은 'ㄷ'과 'ㅎ'이 'ㅌ'으로 줄어드는 거센소리되기(축약)가 일어난 후 'ㅌ'이 모음 'ㅣ'로 시작하는 형식 형태소와 만나 'ㅊ'으로 바뀌는 구개음화가 일어난다. 따라서 축약과 교체가 일어나는 단어이다.

→ 적절함!

---

⑤ '샀일[상닐]'은 탈락, 첨가, 교체가 일어났군.

풀이

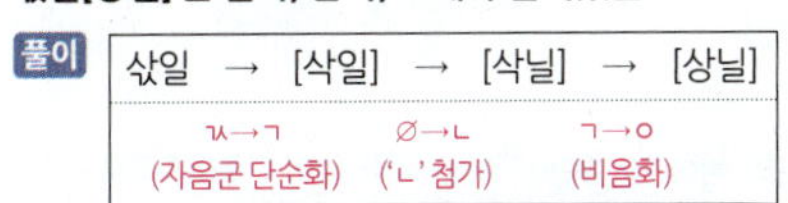

'샀일'은 자음군 단순화에 의해 받침 'ㅄ'에서 'ㅅ'이 탈락한다. 합성어에서 자음 뒤에 모음 'ㅣ'가 이어지므로 'ㄴ'이 첨가된 후 비음화에 의해 'ㄱ'이 'ㅇ'으로 교체된다. 따라서 '샀일'은 탈락, 첨가, 교체가 일어나는 단어이다.

→ 적절함!

---

15 피동문 - 적절하지 않은 것 고르기
정답률 75%, 매력적 오답 ② 10%　　정답 ⑤

〈보기〉를 바탕으로 ㉠ ~ ㉤을 탐구한 내용으로 적절하지 <u>않은</u> 것은?　　3점

| 보 기 |
　문장은 주어가 동작을 제힘으로 하는 능동문과 다른 주체에 의해 동작이 이루어지거나 영향을 받는 피동문으로 나눌 수 있다. 피동문은 피동 접미사 '-이-, -히-, -리-, -기-'가 결합된 피동사를 쓰거나 피동의 뜻을 나타내는 '-아지다/-어지다'를 써서 실현되는데, 이러한 문법 요소가 중복으로 나타난 이중 피동은 바람직한 표현이 아니므로 주의가 필요하다. 한편 능동문이 피동문으로, 피동문이 능동문으로 바뀔 때는 문장 성분이 달라지기도 한다.

㉠ 그는 미술 시간에 그림을 그렸다.
㉡ 온 세상이 눈에 덮였다.
㉢ 음식이 사람들에 의해 버려졌다.
㉣ 토끼가 사냥꾼에게 잡혔다.
㉤ 그날의 교훈이 모두의 가슴에 깊이 새겨졌다.

① ㉠은 주어가 동작을 제힘으로 하는 것을 표현한 문장이다.

풀이　㉠은 주어 '그는'이 동작 '그렸다'를 제힘으로 하는 것을 표현한 능동문이다. '그리- + -었- + -다'에 피동 접미사나 '-아지다/-어지다'가 나타나지 않는 것을 통해서도 능동문임을 알 수 있다.

→ 적절함!

② ㉡은 피동 접미사 '-이-'를 사용하여 주어가 영향을 받는 것을 표현한 피동문이다.

풀이　㉡의 서술어 '덮였다'는 '덮- + -이- + -었- + -다'로, '일정한 범위나 공간을 빈틈없이 휩싸다'의 의미인 동사 어간 '덮-'에 피동 접미사 '-이-'가 결합하여 주어가 영향을 받는 것을 표현한 피동문이다.

→ 적절함!

③ ㉢을 능동문으로 바꾸면 문장의 주어가 목적어로 바뀐다.

풀이

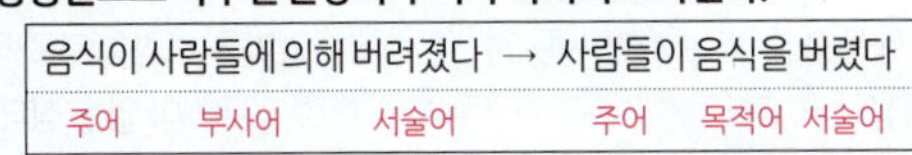

㉢을 주어가 동작을 제힘으로 하는 능동문으로 바꾸면 문장의 주어인 '음식이'가 목적어 '음식을'로 바뀌게 된다.

→ 적절함!

④ ㉣을 능동문으로 바꾸면 문장의 부사어가 주어로 바뀐다.

풀이

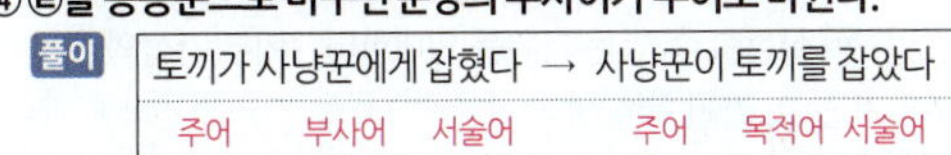

㉣을 주어가 동작을 제힘으로 하는 능동문으로 바꾸면 문장의 부사어인 '사냥꾼에게'가 주어 '사냥꾼이'로 바뀌게 된다.

→ 적절함!

⑤ ㉤은 피동 접미사 '-기-'가 붙은 피동사에 '-어지다'가 결합한 이중 피동 표현이다.

풀이　㉤의 서술어 '새겨졌다'는 '새기- + -어지- + -었- + -다'로 분석된다. 피동의 문법 요소가 '-어지다' 하나만 나타나므로 이중 피동 표현으로 볼 수 없다.

→ 적절하지 않음!

[16~20] 인문

(가)

1 [1]시민(市 시장 시 民 백성 민)이란 법에 보장된(保障-. 어려움 없이 이루어지도록 조건이 마련되어 보증되거나 보호된) 일정한(一定-. 정해져 있는) 권리(權利. 어떤 일을 행하거나 타인에 대해 당연히 요구할 수 있는 힘이나 자격)와 의무(義務. 규범에 의해 부과되는 부담이나 구속)를 지닌 자유롭고 평등한 사람으로서, 정치(政治. 국가의 권력을 획득하고 유지하며 행사하는 활동으로, 국민들이 인간다운 삶을 살게 하고 사회 질서를 바로잡는 일)에 참여할 수 있는 권한(權限. 권리나 권력이 미치는 범위)과 자격(資格. 조건이나 능력)을 가진 사회 구성원(構成員. 이루고 있는 사람)이다. [2]시민에 관한 논의는 고대 그리스에서 시작하여, 로마를 거쳐 근대에 이르기까지 다양한 사상을 바탕으로 이루어져 왔다. [3]그중 자유주의와 공화주의는 시민의 자유와 권리, 의무의 근거를 설명하는 대표적인 사상(思想. 지역, 사회, 정치, 인생 등에 관한 일정한 인식이나 견해)이다.
→ 시민의 정의 및 시민에 관한 논의

2 [1]자유주의는 무엇보다 개인의 자유와 권리를 중시하는(重視-. 매우 크고 중요하게 여기는) 사상으로, 자연권 사상을 바탕으로 발전하였다. [2]자연권이란 인간이 태어나면서부터 가지는 선천적인(先天的-. 태어날 때부터 지니고 있는) 권리로서 천부인권(天 하늘 천 賦 주다 부 人 사람 인 權 권리 권)이라고도 한다. [3]자유주의에서는 이러한 자연권이 시대나 장소에 상관없이 모든 인간에게 보편적으로(普遍的-. 모든 것에 두루 미치거나 통하는 것으로) 내재해(內在-. 안에 들어) 있으며, 개인의 자유와 권리를 보장하는 근거라고 보았다.
→ 자유주의와 자연권의 개념

3 [1]자유주의는 국가보다 개인을 우선한다는(優先-. 앞서 다루거나 특별히 여긴다는) 개인주의를 바탕으로 한다. [2]자유주의자들은 개인들이 모여 국가를 형성한다고(形成-. 이룬다고) 보았기 때문이다. [3]개인을 중시하는 자유주의 관점(觀點. 태도, 입장)은 시민의 의무에 관한 견해(見解. 의견이나 생각)에서도 잘 드러난다. [4]자유주의에서는 개인의 권리와 의무가 충돌할(衝突-. 서로 맞부딪치거나 맞설) 때, 권리를 우선시한다.(優先視-. 가장 기본적이고 우선이 되는 것으로 여긴다.) [5]또 불가피하게(不可避-. 피할 수 없게) 개인의 권리를 제약하거나(制約-. 조건을 붙여 내용을 제한하거나) 개인에게 어떤 의무를 부과하려면(賦課-. 부담하여 맡게 하려면), 반드시 시민들의 자발적(自發的. 남이 시키거나 요청하지 않아도 자기 스스로 나아가 행하는) 동의(同意. 다른 사람의 행위를 마땅하다고 받아들이거나, 옳다고 인정함)를 얻어야 한다고 본다.
→ 개인주의를 바탕으로 한 자유주의

4 [1]자유주의자들은 '소극적 자유'를 중시했는데, 이는 외부(外部. 어떤 조직이나 단체에 속하지 않는 범위)의 부당한(不當-. 이치에 맞지 않는) 압력(壓力. 권력이나 세력에 의해 타인을 자기 의지에 따르게 하는 힘)이나 강제(強制. 권력이나 위력으로 남의 자유의사를 억눌러 원하지 않는 일을 억지로 시킴)에서 벗어난 상태를 의미한다. [2]이러한 소극적 자유는 국가와 타인(他人. 다른 사람)에게 구속당하지(拘束-. 행동이나 의사의 자유를 제한당하거나 속박하지) 않고 행동할 수 있는 사적(私的. 개인에 관계된) 영역을 보장함으로써 실현될 수 있으며, 간섭(干涉. 직접 관계가 없는 남의 일에 부당하게 참견함)이 없는 상태인 방임(放任. 돌보거나 간섭하지 않고 제멋대로 내버려 둠)으로서의 자유를 의미하기도 한다.
→ 자유주의에서 말하는 '소극적 자유'의 의미

5 [1]한편, 일부 자유주의 사상가들은 소극적 자유와 함께 '적극적 자유'를 주장하였다. [2]적극적 자유란 자신의 의지에 따라 스스로가 원하는 삶을 능동적으로(能動的-. 다른 것에 이끌리지 않고 스스로) 실현할 수 있는 자유를 의미한다. [3]외부 간섭의 부재(不在. 있지 않음)에 만족하지 않고, 가치(價値. 대상이 인간과의 관계에 의하여 지니게 되는 중요성) 있는 삶과 자기실현(自己實現. 자아의 본질을 완전히 실현하는 일)을 위한 자율적(自律的. 자기 스스로의 원칙에 따라 어떤 일을 하거나 자기 스스로를 통제하여 절제하는) 삶을 중시하는 것이다. [4]적극적 자유를 지지한(支持-. 옳다고 판단하여 그에 뜻을 같이하고, 이를 위해 힘을 쓴) 사상가들은 대체로 개인의 지적(知的. 지식이나 지성에 관한 것), 신체적, 사회적 능력의 신장(伸張. 늘어남)을 위한 국가의 개입(介入. 자신과 직접적인 관계가 없는 일에 끼어듦)이 정당하다고(正當-. 이치에 맞아 올바르고 마땅하다고) 보았다.
→ 자유주의에서 말하는 '적극적 자유'의 의미

6 [1]자유주의는 현대 사회에서 모든 개인이 자유와 권리를 바탕으로 자신의 삶을 선택하고, 각자의 양심(良心. 사물의 가치를 가려내고, 자기의 행위에 대해 옳고 그름과 선과 악의 판단을 내리는 도덕적 의식)과 이성(理性. 개념적으로 생각하는 능력)에 따라 자유롭게 살아가는 주체적(主體的. 자유롭고 자주적인 성질이 있는) 시민이 되도록 하는 데 기여하였다.(寄與-. 도움이 되도록 하였다.)
→ 자유주의가 현대 사회에서 지니는 의의

(나)

1 [1]공화주의는 자유주의와 달리 시민의 권리는 자연적으로 주어진 것이 아니라 시민들의 능동적이고 자발적인 참여로써 성취해야 하는 정치적 결과물이며, 공동체의 의무와 결합되어(結合-. 서로 관계를 맺어 하나가 되어) 있다고 본다. [2]또한 자유를 중요한 가치로 삼지만, 개인의 우선성을 강조했던 자유주의에 비해 공익(公益. 사회 전체의 이익)을 위해 개인의 자유가 제한될(制限-. 일정한 한도가 정해지거나 그 한도가 넘어가지 못하게 막힐) 수도 있다고 했다. [3]즉, 자신이 속한 공동체에서 맡은 역할을 책임 있게 수행하며(遂行-. 생각하거나 계획한 대로 일을 해내며), 공동선(共同善. 개인을 위한 것이 아닌 국가나 사회, 또는 온 인류를 위한 선)에 관심을 가지는 사람을 이상적인(理想的-. 생각할 수 있는 범위 안에서 가장 완전한) 시민으로 여긴다.
→ 공화주의와 자유주의의 차이점

2 [1]이러한 공화주의는 크게 두 가지 관점으로 분류할 수 있다. [2]아리스토텔레스의 영향을 받은 아테네 전통의 시민적 공화주의와 마키아벨리의 영향을 받은 로마 전통의 신로마 공화주의이다. [3]㉠시민적 공화주의자들은 인간의 타고난 사회성을 강조하면서, 인간이 국가 안에서만 도덕적 존재로 살아갈 수 있다고 보았다. [4]그리고 정치 참여란 시민의 의무이자 자유를 행사하는 것으로서, 그 자체가 목적이라고 주장하였다. [5]정치 참여가 덕성(德性. 어질고 너그러운 성질)을 함양하는(涵養-. 길러 쌓거나 갖추는) 일이자 윤리적 자기실현이라고 보았기 때문이다. [6]따라서 그들(시민적 공화주의자들)은 개인의 권리나 이익보다 시민의 정치적 의무를 더 우선시하였고, 이런 의무는 개인이 선택하거나 거부할(拒否-. 받아들이지 않고 물리칠) 수 없다고 보았다.
→ 공화주의의 두 관점 ① : 시민적 공화주의

3 [1]㉡신로마 공화주의자들 또한 시민적 공화주의자와 마찬가지로 정치 참여와 같은 시민의 의무를 강조하였다. [2]그러나 그들(신로마 공화주의자들)은 정치 참여의 근거를 인간의 자연적 사회성이나 윤리적 자기실현에서 찾지 않았다. [3]그들(신로마 공화주의자들)에 따르면, 정치 참여는 그 자체로 목적이 아니라 외세(外勢. 외국의 세력)와 폭정(暴政. 포악한 정치)으로부터 시민의 자유를 지키기 위한 수단(手段. 방법, 도구)이기 때문이다. [4]그들(신로마 공화주의자들)은 이를 실현하기 위해 비(非. '아님'의 뜻을 더하는 접두사)지배로서의 자유를 제시하였다.
→ 공화주의의 두 관점 ② : 신로마 공화주의

4 [1]비지배 자유의 핵심은 타인의 자의적인(恣意的-. 일정한 질서를 무시하고 제멋대로 하는) 지배에서 벗어나는 것이다. [2]즉 자유주의에서 말하는 간섭의 부재에서 그치는 것이 아니라, 타인에게 사적으로 종속되지(從屬-. 자주성이 없이 주가 되는 것에 딸려 있게 되거나 좌우되는 관계에 있게 되지) 않는 상태를 지향한다.(志向-. 목표로 한다.) [3]그들(신로마 공화주의자들)은 공공(公共. 국가나 사회의 구성원에게 두루 관계되는 것)의 법으로써 이러한 자유가 가능하다고 보았다. [4]이에 따르면, 공화국의 법은 시민의 참여 속에서 공동의 결정으로 만들어진다. [5]그리고 공화국의 시민은 자신이 만든 법에 따라 자신의 의지에 복종함으로써(服從-. 그대로 따라서 좋음으로써) 정치적 자유를 누릴 수 있다. [6]이러한 이유로 그들은 자유의 근거를 자연권에서 찾는 자유주의자들과 달리, 시민들 스스로가 심의하고(審議-. 자세히 조사하여 토의하고) 제정한(制定-. 만들어서 정한) 헌법(憲法. 법 중에서 가장 기본이 되고 중요한 법으로, 국민의 권리와 의무, 국가 기관을 조직하고 운영하는 기본 원칙 등이 담김)에서 찾는다.
→ 신로마 공화주의에서 제시한 '비지배 자유'의 개념

5 [1]한편, 공화주의에서 말하는 시민의 자유와 권리는 자치(自治. 스스로 다스림)와 자율적 시민이라는 민주주의의 이상과 부합하여(符合-. 꼭 들어맞아) 오늘날 개인과 사회, 개인과 국가의 관계 형성에 영향을 끼치고 있다.
→ 공화주의가 현대 사회에서 지니는 의의

■ 지문 이해
(가)
〈자유주의〉

❶ 시민의 정의 및 시민에 관한 논의
- 시민 : 법에 보장된 일정한 권리와 의무를 지닌 자유롭고 평등한 사람
  - 정치에 참여할 수 있는 권한과 자격을 가진 사회 구성원
- 시민의 자유와 권리, 의무의 근거를 설명하는 대표적 사상 : 자유주의, 공화주의

❷ 자유주의와 자연권의 개념

- 자유주의 : 개인의 자유와 권리를 가장 중시하는 사상 ← 자연권(천부인권) 사상을 바탕으로 발전
- 자유주의에서는 자연권이 개인의 자유와 권리를 보장하는 근거라고 봄

❸ 개인주의를 바탕으로 한 자유주의

- 자유주의는 국가보다 개인을 우선하는 개인주의를 바탕으로 함
  - 개인의 권리와 의무가 충돌할 때 권리를 우선시함
  - 개인의 권리를 제약하거나 개인에게 의무를 부과하려면 자발적 동의를 얻어야 함

❹ 자유주의에서 말하는 '소극적 자유'의 의미

- 자유주의자들은 소극적 자유를 중시함
- 소극적 자유 : 외부의 부당한 압력이나 강제에서 벗어난 상태
  - 사적 영역을 보장함으로써 실현될 수 있음
  - 방임(간섭 없는 상태)으로서의 자유를 의미함

❺ 자유주의에서 말하는 '적극적 자유'의 의미

- 적극적 자유 : 자신의 의지에 따라 스스로가 원하는 삶을 능동적으로 실현할 수 있는 자유
  - 외부 간섭 부재에 만족×, 가치 있는 삶과 자기실현을 위한 자율적 삶을 중시함
- 적극적 자유를 주장한 자유주의 사상가들은 개인의 능력 신장을 위한 국가의 개입이 정당하다고 봄

❻ 자유주의가 현대 사회에서 지니는 의의

- 모든 개인이 자유와 권리를 바탕으로 삶을 선택하고, 양심과 이성에 따라 자유롭게 살아가는 주체적 시민이 되도록 하는 데 기여함

(나)
<공화주의>

❶ 공화주의와 자유주의의 차이점

	공화주의	자유주의
시민의 권리	시민들의 참여로 성취해야 하는 정치적 결과물, 공동체의 의무와 결합된 것	자연적으로 주어진 것
자유에 대한 입장	자유를 중요한 가치로 삼음	
	공익을 위해 자유가 제한될 수 있음	개인의 우선성 강조
이상적 시민	공동체에서 맡은 역할을 책임 있게 수행하며 공동선에 관심을 가지는 사람	

❷ 시민적 공화주의

- 인간의 타고난 사회성 강조
- 인간은 국가 안에서만 도덕적 존재로 살아갈 수 있음
- 정치 참여
  - 시민의 의무이자 자유를 행사하는 것, 그 자체가 목적
  - 덕성을 함양하는 일이자 윤리적 자기실현
- 개인의 권리나 이익보다 시민의 정치적 의무를 더 우선시함
  └ 개인이 선택·거부할 수 없음

❸~❹ 신로마 공화주의

- 정치 참여
  - 시민의 의무
  - 그 자체로 목적이 아니라 외세와 폭정으로부터 시민의 자유를 지키기 위한 수단
  → 비지배로서의 자유를 제시
- 비지배 자유
  - 타인의 자의적인 지배에서 벗어나는 것 ← 공공의 법으로써 가능
  - 자유의 근거를 자연권이 아니라 시민 스스로 심의·제정한 헌법에서 찾음

❺ 공화주의가 현대 사회에서 지니는 의의

- 공화주의에서 말하는 시민의 자유와 권리는 자치와 자율적 시민이라는 민주주의의 이상과 부합함 → 오늘날 개인과 사회, 개인과 국가의 관계 형성에 영향을 끼침

→ 문제편 114쪽

---

16 | 글의 서술 방식 파악 – 적절한 것 고르기
정답률 80% | 정답 ③

(가)와 (나)에 대한 설명으로 가장 적절한 것은?

① (가)는 자유주의의, (나)는 공화주의의 시대에 따른 *변천 과정을 설명하고 있다. *變遷, 세월의 흐름에 따라 바뀌고 변함

> 풀이 (가)와 (나) 모두 사상의 시대에 따른 변천 과정을 설명하고 있지 않다.
> → 적절하지 않음!

② (가)는 자유주의가, (나)는 공화주의가 등장하게 된 사회적 배경에 관해 설명하고 있다.

> 풀이 (가)와 (나) 모두 사상이 등장하게 된 사회적 배경에 관해 설명하고 있지 않다.
> → 적절하지 않음!

③ (가)는 자유주의가, (나)는 공화주의가 현대 사회에서 지니는 *의의에 대해 설명하고 있다. *意義, 중요성이나 가치

> 근거 (가)-❻-1 자유주의는 현대 사회에서 … 기여하였다, (나)-❺-1 공화주의에서 말하는 시민의 자유와 권리는 … 오늘날 … 영향을 끼치고 있다.
> 풀이 (가)의 ❻문단과 (나)의 ❺문단에서, 각각의 사상이 현대 사회에서 지니는 의의에 대해 설명하고 있다.
> → 적절함!

④ (가)는 자유주의가, (나)는 공화주의가 지니고 있는 *한계를 구체적 **사례를 통해 설명하고 있다. *限界, 실제 작용할 수 있는 범위 **事例, 어떤 일이 전에 실제로 일어난 예

> 풀이 (가)와 (나)는 시민의 자유와 권리, 의무의 근거에 대한 각 사상의 견해를 밝히는 글로, 사상의 한계를 구체적 사례를 통해 설명하고 있지는 않다.
> → 적절하지 않음!

⑤ (가)는 자유주의의, (나)는 공화주의의 사상적 *토대를 마련한 특정 철학자들에 관해 설명하고 있다. *土臺, 밑바탕

> 근거 (나)-❷-1~2 공화주의는 크게 두 가지 관점으로 분류할 수 있다. 아리스토텔레스의 영향을 받은 아테네 전통의 시민적 공화주의와 마키아벨리의 영향을 받은 로마 전통의 신로마 공화주의이다.
> 풀이 (나)에서 공화주의의 사상적 토대를 마련한 아리스토텔레스와 마키아벨리를 언급하고 있지만, 이들 철학자들에 관한 구체적인 설명은 제시하지 않았다. 또한 (가)에서는 자유주의의 사상적 토대를 마련한 특정 철학자에 대해 언급하지 않았다.
> → 적절하지 않음!

---

17 | 세부 정보 이해 – 적절하지 않은 것 고르기
정답률 85% | 정답 ④

(가)와 (나)를 이해한 내용으로 적절하지 않은 것은?

① 자유주의에서는 개인주의 사상을 토대로 의무보다 권리를 우선시한다.

> 근거 (가)-❸-1 자유주의는 국가보다 개인을 우선한다는 개인주의를 바탕으로 한다, (가)-❸-4 자유주의에서는 개인의 권리와 의무가 충돌할 때, 권리를 우선시한다.
> → 적절함!

② 자유주의에서 시민의 권리인 자유는 외부의 부당한 압력이 *배제되어야 누릴 수 있다. *排除–, 받아들여지지 않고 물리쳐져 제외되어야

> 근거 (가)-❹-1~2 자유주의자들은 '소극적 자유'를 중시했는데, 이는 외부의 부당한 압력이나 강제에서 벗어난 상태를 의미한다. 이러한 소극적 자유는 국가와 타인에게 구속당하지 않고 행동할 수 있는 사적 영역을 보장함으로써 실현될 수 있으며
> → 적절함!

③ 공화주의에서 권리는 시민의 의무를 책임 있게 수행함으로써 얻을 수 있다.

> 근거 (나)-❶-1 공화주의는 자유주의와 달리 시민의 권리는 자연적으로 주어진 것이 아니라 시민들의 능동적이고 자발적인 참여로써 성취해야 하는 정치적 결과물, (나)-❶-3 자신이 속한 공동체에서 맡은 역할을 책임 있게 수행하며, 공동선에 관심을 가지는 사람을 이상적인 시민으로 여긴다.
> → 적절함!

④ 자유주의와 공화주의에서 의무는 모두 개인의 자유 의지에 따라 선택할 수 있다.

> 근거 (가)-❸-5 (자유주의에서는) 개인에게 어떤 의무를 부과하려면, 반드시 시민들의 자발적 동의를 얻어야 한다고 본다, (나)-❷-6 그들(시민적 공화주의자들)은 개인의 권리나 이익보다 시민의 정치적 의무를 더 우선시하였고, 이런 의무는 개인이 선택하거나 거부할 수 없다고 보았다.
> 풀이 (가)에 따르면, 자유주의에서는 개인에게 어떤 의무를 부과하려면 반드시 시민들의 '자발적 동의'를 얻어야 한다고 보았다. 따라서 자유주의에서 의무는 개인의 자유 의지에 따라 선택할 수 있다는 설명은 적절하다. 반면 (나)에 따르면, 시민적 공화주의자들은 개인의 권리나 이익보다 시민의 정치적 의무를 더 우선시하였고, 이러한 의

무를 '개인이 선택하거나 거부할 수 없다'고 보았다. 따라서 공화주의에서 의무를 개인의 자유 의지에 따라 선택할 수 있다고 설명한 것은 (나)에 대한 이해로 적절하지 않다.

→ 적절하지 않음!

⑤ 자유주의와 공화주의에서 시민이 누려야 할 자유의 바탕이 되는 근거는 서로 다르다.
근거 **(가)-❷-3** 자유주의에서는 이러한 자연권이 … 개인의 자유와 권리를 보장하는 근거라고 보았다. **(나)-❹-6** 그들(신로마 공화주의자들)은 자유의 근거를 자연권에서 찾는 자유주의자들과 달리, 시민들 스스로가 심의하고 제정한 헌법에서 찾는다.
→ 적절함!

---

18 추론의 적절성 판단 - 적절한 것 고르기 정답률 70%, 매력적 오답 ② 15%	정답 ⑤

〈보기〉의 입장에서, (가)의 '적극적 자유를 지지한 사상가'에게 제기할 수 있는 비판으로 가장 적절한 것은?

> | 보기 |
> 자유롭다는 것은 자신의 활동에 누구도 간섭하지 않는 상태를 일컫는다. 자유란 그저 한 사람이 타인에게 방해받지 않고 행동할 수 있는 영역을 의미한다.

근거 **(가)-❹-2** 소극적 자유는 국가와 타인에게 구속당하지 않고 행동할 수 있는 사적 영역을 보장함으로써 실현될 수 있으며, 간섭이 없는 상태인 방임으로서의 자유를 의미하기도 한다.
풀이 〈보기〉는 소극적 자유를 중시한 자유주의자들의 견해에 해당한다.

① 자유는 개인이 공동선을 추구함으로써 실현될 수 있다는 것을 모르고 있다.
근거 **(나)-❶-3** (공화주의에서는) 자신이 속한 공동체에서 맡은 역할을 책임 있게 수행하며, 공동선에 관심을 가지는 사람을 이상적인 시민으로 여긴다.
풀이 공동선을 추구하는 개인을 이상적인 시민으로 보고 그러한 시민의 자유에 관해 설명한 것은 공화주의 사상에 해당한다. 〈보기〉는 소극적 자유를 중시한 자유주의자들의 견해에 해당하므로, '자유는 개인이 공동선을 추구함으로써 실현될 수 있다는 것을 모르고 있다'고 비판하는 것은 〈보기〉의 입장에서 (가)의 '적극적 자유를 지지한 사상가'에게 제기할 수 있는 비판으로 적절하지 않다.
→ 적절하지 않음!

② 자유는 공익에 해를 끼치지 않는 한도 내에서만 허용된다는 점을 모르고 있다.
근거 **(나)-❶-2** (공화주의는) 자유를 중요한 가치로 삼지만, 개인의 우선성을 강조했던 자유주의에 비해 공익을 위해 개인의 자유가 제한될 수도 있다고 했다.
풀이 개인의 우선성을 강조하였던 자유주의에 비해, 공화주의는 공익을 위해 개인의 자유가 제한될 수도 있다고 보았다. 〈보기〉는 소극적 자유를 중시한 자유주의자들의 견해에 해당하므로, '자유는 공익에 해를 끼치지 않는 한도 내에서만 허용된다는 점을 모르고 있다'고 비판하는 것은 〈보기〉의 입장에서 (가)의 '적극적 자유를 지지한 사상가'에게 제기할 수 있는 비판으로 적절하지 않다.
→ 적절하지 않음!

③ 자유는 시민이 만들어 가는 것이 아니라 천부의 자연권에서 나오는 것임을 모르고 있다.
근거 **(가)-❷-2~3** 자연권이란 인간이 태어나면서부터 가지는 선천적인 권리로서 천부 인권이라고도 한다. 자유주의에서는 이러한 자연권이 시대나 장소에 상관없이 모든 인간에게 보편적으로 내재해 있으며, 개인의 자유와 권리를 보장하는 근거라고 보았다.
풀이 자유주의에서는 자연권이 개인의 자유와 권리를 보장하는 근거라고 보았다. (가)의 '적극적 자유를 지지한 사상가' 역시 자유주의자로, 자유가 천부의 자연권에서 나온다고 보았을 것이다. 따라서 '자유는 시민이 만들어 가는 것이 아니라 천부의 자연권에서 나오는 것임을 모르고 있다'는 것은 (가)의 '적극적 자유를 지지한 사상가'에게 제기할 수 있는 비판으로 적절하지 않다.
→ 적절하지 않음!

④ 좋은 의도의 합리적인 국가 간섭이 소극적 자유를 실현시킬 수 있다는 것을 모르고 있다.
풀이 자유주의자들이 중시한 소극적 자유는 '간섭이 없는 상태'인 방임으로서의 자유를 의미하며, 이는 국가와 타인에게 구속당하지 않고 행동할 수 있는 사적 영역을 보장함으로써 실현될 수 있다. 즉 어떤 의도이든 국가의 간섭이 자유를 실현시킨다고 보는 것은 소극적 자유를 중시한 자유주의 사상가의 견해라고 볼 수 없다. 따라서 '좋은 의도의 합리적 국가 간섭이 소극적 자유를 실현시킬 수 있다는 것을 모르고 있다'는 것은 〈보기〉의 입장에서 (가)의 '적극적 자유를 지지한 사상가'에게 제기할 수 있는 비판으로 적절하지 않다.
→ 적절하지 않음!

✓ ⑥ 국가의 개입을 *정당화하여 개인의 자유와 권리를 **침해할 ***여지가 있다는 것을 모르고 있다. *正當化−, 정당하지 않거나 정당성에 의문이 있는 것을 무엇으로 둘러대어 정당한 것으로 만들어 **侵害−, 침범하여 해를 끼칠 ***餘地, 어떤 일이 일어날 가능성이나 희망
근거 **(가)-❺-3~4** (적극적 자유란) 외부 간섭의 부재에 만족하지 않고, … 적극적 자유를 지지한 사상가들은 대체로 개인의 지적, 신체적, 사회적 능력의 신장을 위한 국가의 개입이 정당하다고 보았다.
풀이 (가)의 '적극적 자유를 지지한 사상가'들은 외부 간섭의 부재에 만족하지 않고, 개인의 지적, 신체적, 사회적 능력의 신장을 위한 국가의 개입이 정당하다고 보았다. 이러한 견해에 대해 〈보기〉와 같은 입장을 가진 소극적 자유주의자들은 '국가의 개입을 정당화하여 개인의 자유와 권리를 침해할 여지가 있다는 것을 모르고 있다'고 비판을 제기할 수 있을 것이다.
→ 적절함!

---

19 핵심 개념 파악 - 적절한 것 고르기 정답률 80%	정답 ②

㉠, ㉡에 대한 이해로 가장 적절한 것은?

> ㉠ 시민적 공화주의자들 ㉡ 신로마 공화주의자들

① ㉠은 인간이 도덕적 존재로 살아가기 위해서는 공공의 법이 필요하다고 보았다.
근거 **(나)-❹-3** 그들(신로마 공화주의자들)은 공공의 법으로써 이러한 자유가 가능하다고 보았다.
풀이 공공의 법이 필요하다는 것은 시민적 공화주의자들(㉠)이 아니라 신로마 공화주의자들(㉡)의 견해에 해당한다.
→ 적절하지 않음!

✓ ② ㉠은 시민의 정치 참여는 개인의 자유를 제한하는 것이 아니라 자유를 행사하는 것으로 보았다.
근거 **(나)-❷-4** (시민적 공화주의자(㉠)들은) 정치 참여란 시민의 의무이자 자유를 행사하는 것으로서, 그 자체가 목적이라고 주장하였다.
→ 적절함!

③ ㉡은 인간의 본질적 특성인 사회성을 정치 참여의 근거로 보았다.
근거 **(나)-❷-3** 시민적 공화주의자들은 인간의 타고난 사회성을 강조하면서, **(나)-❸-2** 그들(신로마 공화주의자들)은 정치 참여의 근거를 인간의 자연적 사회성이나 윤리적 자기실현에서 찾지 않았다.
풀이 시민적 공화주의자들(㉠)은 인간의 타고난 사회성을 강조하였다. 반면 신로마 공화주의자들(㉡)은 정치 참여의 근거를 인간의 자연적 사회성이나 윤리적 자기실현에서 찾지 않았다. 따라서 ㉡이 인간의 본질적 특성인 사회성을 정치 참여의 근거로 보았다는 설명은 적절하지 않다.
→ 적절하지 않음!

④ ㉡은 자유를 보장하기 위해서는 법으로 인간의 행위를 제한할 필요가 없다고 보았다.
근거 **(나)-❹-5~6** 공화국의 시민은 자신이 만든 법에 따라 자신의 의지에 복종함으로써 정치적 자유를 누릴 수 있다. 이러한 이유로 그들(신로마 공화주의자들)은 자유의 근거를 자연권에서 찾는 자유주의자들과 달리, 시민들 스스로가 심의하고 제정한 헌법에서 찾는다.
풀이 신로마 공화주의자들(㉡)은 시민이 법에 따라 자신의 의지에 복종함으로써 정치적 자유를 누릴 수 있다고 보았고, 자유의 근거를 시민들 스스로가 심의하고 제정한 헌법에서 찾는다고 보았다. 따라서 ㉡이 자유를 보장하기 위해서는 법으로 인간의 행위를 제한할 필요가 없다고 보았다는 설명은 적절하지 않다.
→ 적절하지 않음!

⑤ ㉠과 ㉡은 모두, 윤리와 정치를 구분하지 않고 정치 참여의 목적을 윤리적 덕목을 함양하는 데 있다고 보았다.
근거 **(나)-❷-4~5** (시민적 공화주의자들은) 정치 참여란 시민의 의무이자 자유를 행사하는 것으로서, 그 자체가 목적이라고 주장하였다. 정치 참여가 덕성을 함양하는 일이자 윤리적 자기실현이라고 보았기 때문, **(나)-❸-2~3** 그들(신로마 공화주의자들)은 정치 참여의 근거를 인간의 자연적 사회성이나 윤리적 자기실현에서 찾지 않았다. 그들에 따르면, 정치 참여는 그 자체로 목적이 아니라 외세와 폭정으로부터 시민의 자유를 지키기 위한 수단이기 때문
풀이 시민적 공화주의자들(㉠)은 정치 참여가 덕성을 함양하는 일이자 윤리적 자기실현이라고 보고, 그 자체가 목적이라고 주장하였다. 반면 신로마 공화주의자들(㉡)은 정치 참여의 근거를 인간의 자연적 사회성이나 윤리적 자기실현에서 찾지 않았다.
→ 적절하지 않음!

20 구체적인 상황에 적용 - 적절하지 않은 것 고르기
정답률 85%

정답 ①

윗글을 바탕으로 〈보기〉의 상황에 대해 반응한 것으로 적절하지 <u>않은</u> 것은?

[3점]

| 보기 |
[1]A가 자기 소유(所有, 가지고 있음)의 기존(旣存, 이미 존재함) 건물을 철거하고(撤去-, 무너뜨려 없애고) 그 자리에 새로운 건물을 지으려고 구청에 건축 허가를 신청했다. [2]그런데 건물이 들어설 토지의 일부가 인근(鄰近, 이웃한 가까운 곳) 주민들이 이용하는 중요한 생활도로로 오랫동안 쓰이고 있었다. [3]구청은 도로가 막히면 주민들이 다른 길을 찾기 위해 우회해야(迂廻-, 곧바로 가지 않고 멀리 돌아서 가야) 하며, 이에 따른 사회적 비용이 발생하고 주민들의 생활에 막대한(莫大-, 더할 수 없을 만큼 많거나 큰) 지장(支障, 거치적거리거나 방해가 되는 장애)을 줄 수 있다는 점을 들어 A의 건축 허가 신청을 반려했다(返戾-, 처리하지 않고 되돌려주었다.) [4]이에 A는 자신의 사유지(私有地, 개인이 가진 땅)에 건물을 세울 권리가 있다는 점을 들어 구청의 결정에 불복하여(不服-, 그대로 따르지 않아) 소송(訴訟, 재판에 의해 원고와 피고 사이의 권리나 의무 등의 법률관계를 확정해 줄 것을 법원에 요구함)을 제기했다. [5]법원은 이 도로가 법정(法定, 법률로 규정함) 도로는 아니지만, 주민들의 중요한 생활도로로 이용되어 왔기 때문에 이를 보호하는 것이 공익적 차원에서 매우 중요하다고 보고, 구청의 주장이 옳다고 판단했다.

자유주의자들은
① 공화주의자들은 구청 측의 주장이 개인의 적극적 자유를 침해했다고 판단하겠군.

근거 〈보기〉-3 구청은 도로가 막히면 주민들이 다른 길을 찾기 위해 우회해야 하며, 이에 따른 사회적 비용이 발생하고 주민들의 생활에 막대한 지장을 줄 수 있다는 점을 들어 A의 건축 허가 신청을 반려, (가)-❺-2 적극적 자유란 자신의 의지에 따라 스스로가 원하는 삶을 능동적으로 실현할 수 있는 자유를 의미한다, (나)-❶-2 (공화주의는) 자유를 중요한 가치로 삼지만, 개인의 우선성을 강조했던 자유주의에 비해 공익을 위해 개인의 자유가 제한될 수도 있다고 했다.

풀이 〈보기〉에서 구청은 도로가 막히면 사회적 비용이 발생한다는 점과 주민들의 생활에 지장을 줄 수 있다는 점을 들어 A의 건축 허가 신청을 반려하였다. 이에 대해, 자유주의자들은 구청 측의 주장이 개인의 적극적 자유를 침해했다고 판단하였을 것이다. 그러나 공화주의자들은 자유를 중요한 가치로 삼으면서도, 공익을 위해 개인의 자유가 제한될 수도 있다고 보았으므로, 구청 측의 주장에 동의하였을 것이다.

→ 적절하지 않음!

② 공화주의자들은 구청 측의 주장을 받아들인 법원의 결정을 합리적 판단이라 생각하겠군.

근거 〈보기〉-5 법원은 이 도로가 법정 도로는 아니지만, 주민들의 중요한 생활도로로 이용되어 왔기 때문에 이를 보호하는 것이 공익적 차원에서 매우 중요하다고 보고, 구청의 주장이 옳다고 판단, (나)-❶-2 (공화주의는) 자유를 중요한 가치로 삼지만, 개인의 우선성을 강조했던 자유주의에 비해 공익을 위해 개인의 자유가 제한될 수도 있다고 했다.

풀이 공화주의자들은 자유를 중요한 가치로 삼지만, 공익을 위해 개인의 자유가 제한될 수도 있다고 보았다. 따라서 공화주의자들은 구청 측의 주장을 받아들인 법원의 결정을 합리적 판단이라고 보았을 것이다.

→ 적절함!

③ 공화주의자들은 A를 공동선에 관심을 가지는 이상적 시민상과는 거리가 먼 사람으로 판단하겠군.

근거 〈보기〉-4 A는 자신의 사유지에 건물을 세울 권리가 있다는 점을 들어 구청의 결정에 불복하여 소송을 제기, (나)-❶-2~3 (공화주의는) 공익을 위해 개인의 자유가 제한될 수도 있다고 했다. 즉, 자신이 속한 공동체에서 맡은 역할을 책임 있게 수행하며, 공동선에 관심을 가지는 사람을 이상적인 시민으로 여긴다.

풀이 〈보기〉에서 A는 공익보다 개인의 이익을 우선시하고 있다. 공화주의자들은 공익을 위해 개인의 자유가 제한될 수 있다고 보았으며, 공동선에 관심을 가지는 사람을 이상적인 시민으로 여겼다. 따라서 공화주의자들은 개인의 이익을 우선시하는 A에 대해 공동선에 관심을 가지는 이상적 시민상과는 거리가 먼 사람이라고 판단하였을 것이다.

→ 적절함!

④ 자유주의자들은 A가 사유 재산에 대한 권리를 침해받고 있으므로 A의 소송 제기를 정당한 요구라고 생각하겠군.

근거 (가)-❷-1 자유주의는 무엇보다 개인의 자유와 권리를 중시하는 사상, (가)-❸-4 자유주의에서는 개인의 권리와 의무가 충돌할 때, 권리를 우선시한다, (가)-❹-2 소극적 자유는 국가와 타인에게 구속당하지 않고 행동할 수 있는 사적 영역을 보장함으로써 실현될 수 있으며

풀이 자유주의자들은 개인의 자유와 권리를 무엇보다 중시하며, 개인의 권리와 의무가 충돌할 때 권리를 우선시한다. 또한 자유주의자들은 국가와 타인에게 구속당하지 않고 행동할 수 있는 사적 영역을 보장함으로써 실현되는 소극적 자유를 중시한다. 따라서 자유주의자들은 사유 재산에 대한 권리를 침해받고 있는 A가 소송을 제기하는 것은 정당한 요구라고 보았을 것이다.

→ 적절함!

⑤ 자유주의자들은 A 소유의 토지 일부를 생활도로로 사용하려면 A의 자발적 동의를 반드시 얻어야 한다고 주장하겠군.

근거 (가)-❸-5 (자유주의에서는) 불가피하게 개인의 권리를 제약하거나 개인에게 어떤 의무를 부과하려면, 반드시 시민들의 자발적 동의를 얻어야 한다고 본다.

풀이 자유주의자들은 불가피하게 개인의 권리를 제약하거나 개인에게 어떤 의무를 부과하려면 반드시 시민들의 자발적 동의를 얻어야 한다고 보았다. 따라서 자유주의자들은 A 소유의 토지 일부를 생활도로로 사용하려면, A의 자발적 동의를 반드시 얻어야 한다고 주장하였을 것이다.

→ 적절함!

→ 문제편 115쪽

[21~25] 사회 - 〈미성년자의 계약과 관련된 민법 규정〉

1 [1]17세의 고등학생이 부모의 동의(同意, 다른 사람의 법률 행위에 대해 인정하거나 허가하는 의사표시) 없이 60만 원의 다이어트 식품을 할부(割賦, 돈을 여러 번에 나누어 냄)로 구매하여 절반 정도 복용(服用, 약을 먹음)을 했지만, 효과가 없자 결국 계약(契約, 일정한 법률 효과의 발생을 목적으로 두 사람의 의사를 표시함)을 취소하기로 했다. [2]하지만 판매업자는 미성년자에 의한 계약이라도 사용한 만큼의 대금(代金, 물건의 값으로 치르는 돈)은 지불해야(支拂-, 값을 치러야) 하므로 이미 지급한(支給-, 정해진 몫만큼 내어준) 20만 원에 추가로 10만 원을 더 지불하라고 요구했다. [3]㉠ 만약 계약이 취소되었고 학생이 복용하고 남은 다이어트 식품을 반환했다면(返還-, 되돌려주었다면), 판매업자와 학생의 법적 책임은 어떻게 될까?

→ 미성년자의 계약 취소에 대한 분쟁 사례

2 [1]최근 10대들의 상품 구매력(購買力, 상품이나 서비스를 살 수 있는 능력)이 갈수록 높아지고 있는 현상과 맞물려(서로 밀접한 관련을 맺게 되어) 부모 동의 없이 행한 미성년자의 계약 취소에 대한 분쟁(紛爭, 말썽을 일으켜 시끄럽고 복잡하게 다툼)이 끊이지 않고 있다. [2]민법(民法, 개인의 권리나 사람들 간의 관계를 규율하는 법규와 이것을 규정한 법) 제5조에 의하면 19세 미만의 미성년자는 원칙적으로 부모와 같은 법정 대리인(法定代理人, 본인의 위임을 받지 않고도 법률의 규정에 의해 대리권이 발생하는 대리인)의 동의가 없으면 계약 등의 법률행위를 할 수 없으며, 만약 동의 없이 계약했다면 체결한(締結-, 공식적으로 맺은) 계약은 일단 유효하지만(有效-, 본래의 효과가 있지만), 법적으로 정해진 해약(解約, 계약 당사자 한쪽의 의사표시에 의해 계약에 기초한 법률관계를 지워서 없애는 것) 기간이 지났더라도 법정 대리인은 상품을 계약한 미성년자의 동의 없이 계약을 취소할 수 있다. [3]이는 미성년자가 성인과 달리 사회적인 경험과 지식, 판단 능력 등이 부족하기 때문에 자신의 미성숙한(未成熟-, 아직 성숙하지 못한) 행위로 스스로에게 불리한(不利-, 이롭지 않은) 법률행위를 하는 것을 방지함으로써(防止-, 막음으로써) 미성년자를 보호하기 위한 제도이다.

→ 민법 제5조에 따른 계약취소권

3 [1]문제는 앞서 든 사례와 같이 구매한 물건을 사용하다가 중도(中途, 일이 진행되어 가는 동안)에 취소를 요구하는 경우인데, 이때는 어떻게 되는 것일까? [2]일반적으로 계약을 취소한다는 것은 계약 이전의 상태로 원상회복함(原狀回復-, 원래의 모양이나 상태로 돌아가게 함)을 의미한다. [3]즉, 처음부터 계약을 맺지 않았던 것이 되기 때문에, 판매업자는 이미 받은 대금을 반환하고 상품 구매자는 그 상품을 반환해야 한다. [4]이때 상품을 이미 사용한 경우라면, 구매자는 사용한 만큼의 이익에 상당하는(相當-, 이르는) 금액을 반환하면 된다.

→ 일반적인 계약 취소

4

[A] [1]그런데 민법 제141조는, 미성년자가 법정 대리인의 동의 없이 구매한 상품의 계약을 취소하는 경우 '대금의 반환 의무 범위는 받은 이익이 현존하는(現存-, 현재에 있는) 한도(限度, 제한되어 정해진 정도)에서만 책임이 있는' 것으로 명시하고(明示-, 분명하게 드러내 보이고) 있다. [2]이를 구체적으로 설명하자면, 생활필수품(生活必需品, 일상생활에 반드시 있어야 할 물품)에 해당하는 상품을 구매 계약한 경우에는 실질적으로 미성년자가 그것을 소비함으로써 현존 이익이 발생했으므로 사용한 만큼의 대금을 반환할 의무가 있다. [3]하지만 다이어트 식품과 같이 생활필수품이 아닌 상품을 구매한 경우는 사용한 만큼에 상당하는 대금을 반환할 필요가 없다. [4]오히려 계약 취소에 따라 계약 이전의 상태로 되돌아가므로, 미성년 소비자는 구매한 상품을 반환하고 이미 지급한 대금에 대해서는 반환을 요구할 수 있다.

→ 민법 제141조에 따른, 미성년자 구매 상품의 계약 취소

5 ¹그런데 미성년자라는 이유로 임의로(任意-, 일정한 기준이나 원칙 없이 하고 싶은 대로 하여) 계약을 취소하면 미성년자와 거래한(去來-, 물건 따위를 사고팖) 판매업자가 손해를 입을 수도 있으므로 이(미성년자와 거래한 판매업자)를 보호하기 위한 제도도 마련되어 있다. ²먼저 미성년자가 판매업자를 속여 자신이 미성년자가 아니라고 믿게 했거나, 법정 대리인이 동의한 것처럼 믿게 했을 때는 취소권을 행사할(行使-, 권리의 내용을 실현할) 수 없는 '취소권 행사의 배제(排除, 받아들이지 않고 물리쳐 제외함)'가 있다. ³또한 미성년자와 거래한 판매업자는 1개월 이상의 기간을 정하여 미성년자의 법정 대리인에게 계약을 취소할 것인지에 대한 확답(確答, 확실한 대답)을 촉구할(促求-, 급하게 재촉하여 요구할) 수 있는 '확답을 촉구할 권리'가 있다. ⁴이때 그 기간 내에 미성년자의 법정 대리인이 확답을 발송하지(發送-, 보내지) 아니하면 그 행위를 추인*한(미성년자와의 불완전한 법률행위를 유효하게 만드는 의사를 표시한) 것으로 ⓐ 본다. ⁵다음으로 판매업자는 미성년자의 법정 대리인의 추인이 있기 전까지 먼저 계약 의사(意思, 무엇을 하고자 하는 생각)를 철회할(撤回-, 도로 거두어들이거나 취소할) 수 있는 '철회권'이 있다. ⁶다만, 판매업자가 계약 당시에 상품 구매자의 신분(身分, 개인의 사회적인 위치나 지위, 자격)이 미성년자임을 알았다면 철회권을 행사할 수 없다.

→ 판매업자를 보호하기 위한 법적 제도

6 ¹한편, ⓛ 민법 제5조에서는 미성년자가 법정 대리인의 동의 없이 단독(單獨, 단 한 사람)으로 할 수 있는 계약도 명시하고 있다. ²예를 들어 철도나 버스와 같은 대중교통 이용, 김밥과 과자 같은 간단한 식음료(食飮料, 사람이 먹거나 마실 수 있도록 만든 것)의 구입 등 일상적인(日常的-, 날마다 볼 수 있는) 거래는 법정 대리인의 동의 없이 자유롭게 행할 수 있다.

→ 민법 제5조에 명시된, 미성년자가 단독으로 할 수 있는 계약

* 추인(追 따르다 추 認 허가하다 인) : 민법상 불완전한 법률행위를 사후(事後, 일이 끝난 뒤)에 보충하여 유효하게 만드는 일방적(一方的, 어느 한쪽으로 치우친) 의사표시(意思表示, 일정한 법률 효과를 발생시킬 목적으로 그 의사를 외부에 나타내는 행위)

■ 지문 이해

❶ 미성년자의 계약 취소에 대한 분쟁 사례

❷ 민법 제5조에 따른 계약취소권
- 민법 제5조 : 미성년자는 법정 대리인의 동의 없이 계약 등 법률행위를 할 수 없으며, 만약 동의 없이 계약했다면 체결한 계약은 일단 유효하지만, 법정 대리인이 상품을 계약한 미성년자의 동의 없이 계약을 취소할 수 있음

❸ 일반적인 계약 취소
- 계약을 취소한다는 것은 계약 이전의 상태로 원상회복함을 의미함
  → 판매업자는 이미 받은 대금을 반환, 구매자는 해당 상품을 반환
  → 상품을 이미 사용한 경우, 구매자는 사용한 만큼의 이익에 상당하는 금액 반환

❹ 민법 제141조에 따른, 미성년자 구매 상품의 계약 취소
- 민법 제141조 : 미성년자가 법정 대리인의 동의 없이 구매한 상품의 계약을 취소하는 경우, 대금의 반환 의무 범위는 받은 이익이 현존하는 한도에서만 책임이 있음
  → 생활필수품의 구매 계약 시 : 사용한 만큼의 대금 반환 의무가 있음
  → 생활필수품이 아닌 상품의 구매 계약 시 : 사용한 만큼의 대금 반환 의무 ×, 구매한 상품을 반환하고 이미 지급한 대금에 대해 반환을 요구할 수 있음

❺ 판매업자를 보호하기 위한 법적 제도
- 취소권 행사의 배제 : 미성년자가 판매자를 속여 자신이 미성년자가 아니라고 믿게 했거나, 법정 대리인이 동의한 것처럼 믿게 했을 때 취소권을 행사할 수 없음
- 확답을 촉구할 권리 : 1개월 이상의 기간을 정하여 미성년자의 법정 대리인에게 계약 취소 여부에 대한 확답을 촉구할 수 있음
  - 기간 내 미성년자의 법정 대리인이 확답을 발송하지 않으면 그 행위를 추인한 것으로 봄
- 철회권 : 판매업자가 미성년자의 법정 대리인의 추인이 있기 전까지 먼저 계약 의사를 철회할 수 있음
  - 계약 당시 구매자가 미성년자임을 알았다면 철회권을 행사할 수 없음

❻ 민법 제5조에 명시된, 미성년자가 단독으로 할 수 있는 계약
- 대중교통 이용, 간단한 식음료의 구입 등 일상적인 거래는 미성년자가 법정 대리인의 동의 없이 단독으로 행할 수 있음

---

21 | 세부 정보 이해 - 적절하지 않은 것 고르기
정답률 50%, 매력적 오답 ② 15% ④ 20% | 정답 ③

윗글을 이해한 내용으로 적절하지 않은 것은?

① 계약의 취소는 거래 자체가 *무효화됨을 의미한다. *無效化-, 효과가 없게 됨
- 근거 **❸**-2~3 계약을 취소한다는 것은 계약 이전의 상태로 원상회복함을 의미한다. 즉, 처음부터 계약을 맺지 않았던 것이 되기 때문에
→ 적절함!

② 미성년자와 거래한 판매업자는 일정한 조건이 충족되면 먼저 계약 취소를 요구할 수 있다.
- 근거 **❺**-5~6 판매업자는 미성년자의 법정 대리인의 추인이 있기 전까지 먼저 계약 의사를 철회할 수 있는 '철회권'이 있다. 다만, 판매업자가 계약 당시에 상품 구매자의 신분이 미성년자임을 알았다면 철회권을 행사할 수 없다.
- 풀이 판매업자는 상품 구매자의 신분이 미성년자임을 몰랐다는 조건이 충족되면, 계약 의사를 먼저 철회할 수 있는 '철회권'이 있다.
→ 적절함!

✓③ 미성년자가 맺은 계약을 유지하려는 법정 대리인은 판매업자의 확답 촉구에 대해 응답해야만 한다.
확답을 발송하지 않아도 된다
- 근거 **❺**-3~4 미성년자와 거래한 판매업자는 1개월 이상의 기간을 정하여 미성년자의 법정 대리인에게 계약을 취소할 것인지에 대한 확답을 촉구할 수 있는 '확답을 촉구할 권리'가 있다. 이때 그 기간 내에 미성년자의 법정 대리인이 확답을 발송하지 아니하면 그 행위를 추인한 것으로 본다.
- 풀이 판매업자의 확답 촉구에 대해 미성년자의 법정 대리인이 '확답을 발송하지 않으면' 그 행위를 추인한 것, 즉 불완전한 법률행위를 유효한 것으로 만들려는 의사가 있다고 본다. 따라서 미성년자가 맺은 계약을 유지하려는 법정 대리인은 판매업자의 확답 촉구에 대해 응답해야만 한다는 설명은 적절하지 않다.
→ 적절하지 않음!

④ 미성년자가 부모 동의 없이 거래한 상품 계약의 취소는 법적으로 정해진 해약 기간에 영향을 받지 않는다.
- 근거 **❷**-2 민법 제5조에 의하면 19세 미만의 미성년자는 원칙적으로 부모와 같은 법정 대리인의 동의가 없으면 계약 등의 법률행위를 할 수 없으며, … 법적으로 정해진 해약 기간이 지났더라도 법정 대리인은 상품을 계약한 미성년자의 동의 없이 계약을 취소할 수 있다.
→ 적절함!

⑤ 미성년자가 부모 동의 없이 계약한 상품을 사용 도중 취소하면 상품의 성격에 따라 *대금 반환 의무의 여부가 달라질 수 있다. *대금을 반환할 의무가 있느냐 없느냐
- 근거 **❹**-2~3 생활필수품에 해당하는 상품을 구매 계약한 경우에는 실질적으로 미성년자가 그것을 소비함으로써 현존 이익이 발생했으므로 사용한 만큼의 대금을 반환할 의무가 있다. 하지만 다이어트 식품과 같이 생활필수품이 아닌 상품을 구매한 경우는 사용한 만큼에 상당하는 대금을 반환할 필요가 없다.
→ 적절함!

---

22 | 세부 정보 이해 - 적절한 것 고르기
정답률 75%, 매력적 오답 ② 10% | 정답 ③

[A]를 바탕으로 ⊙에 대한 법적 판단으로 가장 적절한 것은?

⊙ 만약 계약이 취소되었고 학생이 복용하고 남은 다이어트 식품을 반환했다면, 판매업자와 학생의 법적 책임은 어떻게 될까?

- 근거 **❹**-3~4 다이어트 식품과 같이 생활필수품이 아닌 상품을 구매한 경우는 사용한 만큼에 상당하는 대금을 반환할 필요가 없다. 오히려 계약 취소에 따라 계약 이전의 상태로 되돌아가므로, 미성년 소비자는 구매한 상품을 반환하고 이미 지급한 대금에 대해서는 반환을 요구할 수 있다.
- 풀이 민법 제141조에 따르면 미성년자가 부모 등 법정 대리인의 동의 없이 구매한 상품의 계약을 취소하는 경우, 구매한 상품이 다이어트 식품 등 생활필수품이 아닌 때에는 사용한 만큼에 상당하는 대금을 반환할 필요가 없으며, 구매한 상품을 반환하고 이미 지급한 대금에 대해 반환을 요구할 수 있다. ⊙에서 계약이 취소되고 학생이 남은 다이어트 식품을 반환했다면, 학생은 사용한 만큼에 상당하는 대금을 반환할 필요가 없으며, 이미 지급한 대금 20만 원에 대해서도 반환을 요구할 수 있다. 따라서 정답은 ③번이다.

① 학생은 판매업자에게 지불한 20만 원은 돌려받을 수 있지만, 판매업자가 추가로 요구한 10만 원은 지불해야 한다.

② 학생은 판매업자에게 지불한 20만 원은 돌려받을 수 없지만, 판매업자가 추가로 요구한 10만 원은 지불하지 않아도 된다.

③ 학생은 판매업자에게 지불한 20만 원을 돌려받을 수 있고, 판매업자가 추가로 요구한 10만 원은 지불하지 않아도 된다.

→ 적절함!

④ 판매업자는 학생에게 이미 받은 20만 원 외에 추가로 10만 원을 더 받을 수 있다.

⑤ 판매업자는 학생에게 계약 당시 체결한 다이어트 식품 대금 60만 원을 모두 받을 수 있다.

<table>
<tr><td>23</td><td>추론의 적절성 판단 - 적절한 것 고르기
정답률 70%, 매력적 오답 ⑤ 15%</td><td>정답 ①</td></tr>
</table>

㉣의 이유를 추론한 내용으로 가장 적절한 것은?

㉣ 민법 제5조에서는 미성년자가 법정 대리인의 동의 없이 단독으로 할 수 있는 계약도 명시하고 있다.

근거 ❷-2-3 민법 제5조에 의하면 19세 미만의 미성년자는 원칙적으로 부모와 같은 법정 대리인의 동의가 없으면 계약 등의 법률행위를 할 수 없으며, 만약 동의 없이 계약했다면 체결한 계약은 일단 유효하지만, 법적으로 정해진 해약 기간이 지났더라도 법정 대리인은 상품을 계약한 미성년자의 동의 없이 계약을 취소할 수 있다. 이는 미성년자가 성인과 달리 사회적인 경험과 지식, 판단 능력 등이 부족하기 때문에 자신의 미성숙한 행위로 스스로에게 불리한 법률행위를 하는 것을 방지함으로써 미성년자를 보호하기 위한 제도이다.

풀이 민법 제5조에 따르면 미성년자는 법정 대리인의 동의 없이 계약 등 법률행위를 할 수 없으며, 만약 동의 없이 계약하였다면 법정 대리인은 미성년자의 동의 없이 그 계약을 취소할 수 있다. 이는 미성년자가 미성숙한 행위로 스스로에게 불리한 법률행위를 하는 것을 방지함으로써 '미성년자를 보호하기 위한 것'이다. 한편 민법 제5조에서는 대중교통 이용, 간단한 식음료의 구입 등 일상적인 거래에 대해서는 법정 대리인의 동의 없이 미성년자가 단독으로 계약할 수 있다고도 명시하고 있다. 이는 대중교통 이용이나 식음료의 구입 등 일상적인 거래 행위는 미성년자가 특별히 보호받을 필요가 없는 계약이기 때문이다. 따라서 정답은 ①번이다.

① 미성년자가 특별히 보호받을 필요가 없는 계약이기 때문이다.

→ 적절함!

② 미성년자가 경제적 이익을 취할 수 있는 계약이기 때문이다.
풀이 철도나 버스와 같은 대중교통 이용, 김밥과 과자 같은 간단한 식음료의 구입 등 일상적인 거래 행위를 통해 미성년자가 경제적 이익을 취할 수 없다.

③ 미성년자가 상대방과 *암묵적으로 합의한 계약이기 때문이다. *暗默的一, 자기의 의사를 밖으로 나타내지 않고
풀이 윗글에서는 미성년자의 법률행위가 원칙적으로 이루어지지 않다고 언급하였다. 미성년자와 상대방의 암묵적 합의 등에 관련해서는 언급하지 않았다.

④ 미성년자와 거래한 상대방이 경제적 손해를 보지 않는 계약이기 때문이다.
풀이 불리한 법률행위를 방지함으로써 미성년자를 보호한다는 민법 제5조의 목적 및 미성년자가 단독으로 할 수 있는 계약이 명시된 이유와 관련이 없다.

⑤ 미성년자와 거래한 상대방이 법률적 불이익을 당하지 않는 계약이기 때문이다.
풀이 불리한 법률행위를 방지함으로써 미성년자를 보호한다는 민법 제5조의 목적 및 미성년자가 단독으로 할 수 있는 계약이 명시된 이유와 관련이 없다.

오답률 TOP 3 1등급 문제

<table>
<tr><td>24</td><td>구체적인 사례에 적용 - 적절하지 않은 것 고르기
정답률 40%, 매력적 오답 ① 10% ② 20% ③④ 15%</td><td>정답 ⑤</td></tr>
</table>

윗글을 바탕으로 <보기>를 이해한 내용으로 적절하지 않은 것은? [3점]

| 보기 |

¹갑(17세)은 부모의 동의를 얻지 않고, 을(17세)은 부모의 동의서(同意書, 동의를 표시하는 문서나 서류)를 위조하여(僞造一, 속일 목적으로 꾸며 진짜처럼 만들어) 판매자 병으로부터 고가(高價, 비싼 가격)의 노트북을 구매하였다. ²거래 당시 병은 갑과 을이 모두 미성년자임을 알고 있었고, 을의 동의서가 위조된 사실은 알지 못했다. ³며칠 후 갑과 을의 부모는 갑과 을이 자신들의 동의 없이 노트북을 구매한 사실을 알게 되었다.

① 갑의 부모는 갑의 의사와 *무관하게 노트북 구매 계약을 취소할 수 있겠군. *無關一, 관계없이

→ 문제편 117쪽

근거 <보기>-1 갑(17세)은 부모의 동의를 얻지 않고, … 판매자 병으로부터 고가의 노트북을 구매, ❷-2 민법 제5조에 의하면 19세 미만의 미성년자는 원칙적으로 부모와 같은 법정 대리인의 동의가 없으면 계약 등의 법률행위를 할 수 없으며, 만약 동의 없이 계약했다면 … 법정 대리인은 상품을 계약한 미성년자의 동의 없이 계약을 취소할 수 있다.

풀이 민법 제5조에 의하면 미성년자가 부모 등 법정 대리인의 동의 없이 계약하였을 경우, 법정 대리인은 상품을 계약한 미성년자의 동의 없이 계약을 취소할 수 있다. <보기>에서 미성년자인 갑은 부모의 동의를 얻지 않고 노트북을 구매하였으므로, 갑의 부모는 갑의 동의 없이도 노트북 구매 계약을 취소할 수 있다.

→ 적절함!

② 을과 을의 부모는 노트북 구매 계약을 취소할 수 없겠군.
근거 <보기>-1~2 을(17세)은 부모의 동의서를 위조하여 판매자 병으로부터 고가의 노트북을 구매하였다. 거래 당시 병은 … 을의 동의서가 위조된 사실은 알지 못했다, ❺-2 미성년자가 판매업자를 속여 자신이 미성년자가 아니라고 믿게 했거나, 법정 대리인이 동의한 것처럼 믿게 했을 때는 취소권을 행사할 수 없는 '취소권 행사의 배제'가 있다.
풀이 <보기>에서 을은 부모의 동의서를 위조하여 판매자 병으로부터 노트북을 구매하였고, 거래 당시 병은 해당 사실을 알지 못했다. 윗글의 설명에 따르면 미성년자가 판매업자를 속여 법정 대리인이 동의한 것처럼 믿게 했을 때는 취소권을 행사할 수 없다. 따라서 을과 을의 부모는 노트북 구매 계약을 취소할 수 없다.

→ 적절함!

③ 갑과 을이 병과 체결한 노트북 구매 계약은 일단 유효하겠군.
근거 ❷-2 민법 제5조에 의하면 19세 미만의 미성년자는 원칙적으로 부모와 같은 법정 대리인의 동의가 없으면 계약 등의 법률행위를 할 수 없으며, 만약 동의 없이 계약했다면 체결한 계약은 일단 유효
→ 적절함!

④ 병은 갑과 체결한 계약에 대해 철회권을 행사할 수 없겠군.
근거 <보기>-2 거래 당시 병은 갑과 을이 모두 미성년자임을 알고 있었고, ❺-6 판매업자가 계약 당시에 상품 구매자의 신분이 미성년자임을 알았다면 철회권을 행사할 수 없다.
풀이 <보기>에서 판매자 병은 노트북 구매 계약 시 갑과 을이 미성년자임을 알고 있었다. 윗글의 설명에 따르면, 판매업자가 계약 당시에 상품 구매자의 신분이 미성년자임을 알았다면 철회권을 행사할 수 없다. 따라서 병은 갑과 체결한 계약에 대해 철회권을 행사할 수 없다.

→ 적절함!

갑과 을의 법정 대리인에게
⑤ 병은 갑과 을에게 노트북 구매 계약의 취소 여부에 대한 확답을 촉구할 수 있겠군.
근거 ❺-3 미성년자와 거래한 판매업자는 1개월 이상의 기간을 정하여 미성년자의 법정 대리인에게 계약을 취소할 것인지에 대한 확답을 촉구할 수 있는 '확답을 촉구할 권리'가 있다.
풀이 미성년자와 거래한 판매업자는 기간을 정하여 '미성년자의 법정 대리인에게' 계약의 취소 여부에 대한 확답을 촉구할 권리가 있다. <보기>의 사례에서 병은 갑과 을이 아니라, 갑과 을의 법정 대리인인 부모에게 노트북 구매 계약의 취소 여부에 대한 확답을 촉구할 수 있다.

→ 적절하지 않음!

<table>
<tr><td>25</td><td>문맥적 의미 파악 - 적절한 것 고르기
정답률 90%</td><td>정답 ①</td></tr>
</table>

ⓐ와 문맥상 의미가 가장 가까운 것은?

그 기간 내에 미성년자의 법정 대리인이 확답을 발송하지 아니하면 그 행위를 추인한 것으로 ⓐ본다.

풀이 ⓐ는 문맥상 '대상을 어떠하다고 평가하다'의 의미이다.

① 그는 *매사를 부정적으로 보는 경향이 있다. *每事, 하나하나의 모든 일
풀이 '대상을 어떠하다고 평가하다'의 의미이다.
예문 어쩐지 그의 행동을 실수로 볼 수가 없었다.

→ 적절함!

② 그녀는 여전히 부모님의 눈치를 보고 있다.
풀이 '기회, 때, 시기 따위를 살피다'의 의미이다.
예문 기회를 봐서 부모님께 말씀드리는 게 좋겠다.

→ 적절하지 않음!

③ 나는 친구가 추천한 책을 감명 깊게 보았다.
[풀이] '책이나 신문 따위를 읽다'의 의미이다.
[예문] 너는 집에서 무슨 신문을 보니?
→ 적절하지 않음!

④ 선생님은 지금 병원에서 환자를 보고 계십니다.
[풀이] '의사가 환자를 진찰하다'의 의미이다.
[예문] 원장님은 오전에만 환자를 보십니다.
→ 적절하지 않음!

⑤ 노부모는 하루빨리 손자를 보고 싶으신 모양이다.
[풀이] '어떤 관계의 사람을 얻거나 맞다'의 의미이다.
[예문] 아버지께서는 뒤늦게 며느리를 보고 무척 기뻐하셨다.
→ 적절하지 않음!

[26~28] 고전소설 - 작자 미상, 「홍계월전」

1 [앞부분의 줄거리] ¹명나라 시절 홍 시랑(나라의 정책을 결정하는 높은 관직 이름)과 부인 양씨 사이에서 태어난 계월은 남장을 한 채 길러진다. ²이후 장사랑의 난으로 부모와 헤어진 계월은 여공에게 구출된 뒤, 이름을 평국이라 고치고, 여공의 아들 보국과 함께 수학하여(닦을 修 배울 學 : 학문을 닦아) 과거에 장원급제를 한다. ³이후 오랑캐가 침략하자, 평국(계월)은 원수(으뜸 元 장수 帥 : 군사를 통솔하던 으뜸 장수), 보국은 중군장(가운데 中 군대 軍 장수 將 : 원수의 명령을 받아 핵심 부대를 이끄는 장수)이 되어 이를 평정한다(평정할 平 안정시킬 定 : 반란을 잠재운다). ⁴이후 평국이 여자임이 밝혀지지만, 천자는 그녀를 벌하지 않고 보국과의 결혼을 중매한다.

→ 남장을 한 채 평국이라는 이름으로 장원급제를 한 계월은 원수로서 오랑캐의 침략을 평정하고, 천자는 여자임이 밝혀진 계월과 보국을 중매한다.

2 ¹이때 남관장(남관 지역의 우두머리)이 장계(왕명을 받고 지방에 나가 있는 신하가 자신이 관할하는 곳의 중요한 일을 왕에게 보고하는 문서)를 올리거늘, 천자(하늘 天 아들 子 : 황제)가 급히 뜯어 보았다.

²'오왕과 초왕이 반역하여 지금 황성(임금 皇 성 城 : 황제가 있는 나라의 서울)을 침범하려고 합니다. ³오왕은 구덕지로 대원수를 삼고 초왕은 장맹길로 선봉(앞 先 앞장 鋒 : 군대의 맨 앞자리)을 삼아, 장수 천여 명과 군사 십만을 거느리고 쳐들어왔습니다. ⁴호주 북쪽 지방의 십여 성으로부터 항복을 받고, 형주자사 이왕태를 베고, 마구 쳐들어오고 있습니다. ⁵소장(작을 小 장수 將 : '남관장'이 자신을 낮춰 이르는 말)의 힘으로는 방비할(막을 防 준비할 備 : 막을) 길이 없어서 소식을 올립니다. ⁶원컨대 황상은 어진 명장(이름날 名 장수 將 : 이름난 장수)을 보내셔서 적을 막아 주십시오.'

⁷천자가 깜짝 놀라 조정의 모든 신하들과 의논했다. ⁸우승상(황제 아래에서 관리들을 이끄는 높은 관직 이름) 정영태가 말했다.

⁹ⓐ"이 도적(여기서는 오나라와 초나라)은 좌승상(황제 바로 아래의 최고 관직 이름) 평국을 보내 막아야 합니다. ¹⁰급히 평국을 부르십시오."

¹¹천자가 듣고 지긋이 생각하다가 말했다.

¹²ⓑ"평국이 전일(예전)에는 세상에 나왔기에(사회에서 활동을 했으니) 불렀지만, 지금은 규중(규방 閨 가운데 中 : 부녀자가 거처하는 곳)에 머물러 있는 여자인지라 차마 불러낼 수 없도다. ¹³어찌 전쟁터로 보내리오?"

¹⁴신하들이 말했다.

¹⁵"평국이 지금 규중에 있으나, 이름이 조야(朝野)(조정 朝 민간 野 : 조정과 민간)에 있고 또한 작록(爵祿)(작위 爵 녹 祿 : 벼슬과 그에 따라 받는 녹봉)을 거두지 않았으니, 어찌 규중에 있다 하여 거리끼겠습니까?"

¹⁶천자가 마지못해 급히 평국을 불러냈다. ¹⁷이때 평국이 규중에서 홀로 지내면서 날마다 시녀들과 함께 장기와 바둑으로 세월을 보내고 있었다. ¹⁸사관(辭官)(말씀 辭 벼슬아치 官 : 임금의 명령을 전달하는 일을 맡아보던 벼슬아치)이 와서 천자가 부르는 명령을 전하자, 평국이 깜짝 놀라, 급히 여자 옷을 벗고 조복(조정 朝 옷 服 : 관리가 조정에 나아가 예를 차릴 때에 입던 옷)으로 갈아입은 후에 사관을 따라 들어가 천자 앞에 엎드렸다. ¹⁹천자가 매우 기뻐하며 말했다.

²⁰"네(여기서는 평국)가 규중에 머문 후로는 오래 보지 못하여 밤낮으로 보고 싶더니, 이제 경(벼슬 卿 : 임금이 이품 이상의 신하를 가리키던 말. 여기서는 평국)을 보니 매우 기쁘도다. ²¹내가 덕이 없어 지금 오나라와 초나라 양국(두 兩 나라 國 : 두 나라)이 반역하여, 호주 북쪽 지방을 쳐서 항복을 받고 남관을 헤치고 황성을 침범한다고 하니, 경은 나아가 나라와 조정을 편안하게 지키도록 하라."

²²평국이 엎드려 아뢰었다.

²³"신첩(신하 臣 첩 妾 : 여자가 임금을 상대하여 자기를 낮추어 이르던 말)이 외람되게(함부로 猥 넘칠 濫 : 분수에 지나치게) 폐하를 속이고(남장을 한 채 여자라는 사실을 감춘 것을 말함) 높은 공후(公侯)(제후 公 제후 侯 : 귀족 계급인 공작과 후작. 여기서는 높은 벼슬) 작록(작위 爵 녹 祿 : 벼슬과 그에 따라 받는 녹봉)을 영화롭게 지내기가 황공합니다(두려울 惶 두려울 恐 : 분에 넘쳐 두렵습니다). ²⁴신첩의 죄를 용서하시고 이처럼 사랑하시니, ⓒ신첩이 비록 어리석으나 힘을 다해 성은(임금 聖 은혜 恩 : 임금의 큰 은혜)을 만분의 일이나 갚고자 합니다. ²⁵폐하는 근심치 마소서."

→ 오나라와 초나라가 명나라를 침범하자 천자는 규중의 평국을 불러 나라를 지키라 명하고, 평국은 천자를 안심시킨다.

3 ¹천자가 매우 기뻐하며 즉시 천병만마(千兵萬馬)(일천 千 병사 兵 일만 萬 말 馬 : 천 명의 군사와 만 마리의 군마라는 뜻으로, 아주 많은 수의 군사와 군마)를 뽑아 모으도록 했다. ²삼남원에 진을 치고 원수가 친히 붓을 잡아 보국에게 전령하기를(전할 傳 명령할 令 : 명령을 전하여 보내기를), '적병(역적 賊 군사 兵 : 적의 군대)이 (쳐들어와) 급하니 중군(가운데 中 군대 軍 : 원수의 명령을 받아 핵심 부대를 이끄는 장수. 여기서는 '보국')은 급히 대령하여(기다릴 待 명령할 令 : 명령을 기다려) 군령(군대 軍 명령할 令 : 군대에 내리는 명령)을 어기지 말라' 했거늘, 보국이 전령을 보고 분함을 이기지 못하여 부모께 여쭈었다.

³"계월이 또 소자를 중군으로 부리려 하니, 이런 일이 어디 있습니까?"

⁴여공(보국의 아버지. 계월(평국)의 시아버지)이 말했다.

⁵"전일에 너에게 무엇이라 이르더냐? ⁶계월을 괄시하다가(소홀히 할 恝 볼 視 : 업신여겨 하찮게 대하다가) 이런 일을 당하니, 어찌 그르다 하리요? ⁷국사(나라 國 일 事 : 나랏일)가 매우 중하니, 어떻게 해 볼 수가 없다."

⁸여공이 보국에게 바삐 가라고 재촉했다.

⁹보국이 할 수 없어 갑주(갑옷 甲 투구 冑 : 갑옷과 투구)를 갖추고 진중(진 陣 안 中 : 군대의 진영 안)에 나아가 원수 앞에 엎드리니, 홍 원수(평국, 계월)가 분부했다.

¹⁰"만일 명령을 거역하는 자가 있으면, 군법을 시행할 것이다."

¹¹보국이 두려워하며 중군 처소로 돌아와 명령 내리기를 기다렸다.

→ 보국은 계월이 자신을 또 중군으로 부리려 하자 분통을 터뜨리지만 결국 진중에 나아가 계월의 명령을 기다린다.

4 ¹홍 원수가 장수들에게 각각의 임무를 정하고 추구월 갑자일에 행군했다(다닐 行 군대 軍 : 군대가 대열을 지어 먼 거리를 이동했다). ²십일 월 초일 일에 남관에 당도하여 삼일 동안 군사를 머물게 하고, 즉시 떠나 오일에 천촉산을 지나 영경루에 다다랐다. ³적병이 평원 광야에 진을 쳤는데(자리를 점령했는데), 굳세기가 철통같았다.

⁴원수가 적진을 대하여 진을 치고 명령했다.

⁵"장령(장수 將 명령할 令 : 군대를 거느리는 장수의 명령)을 어기는 자가 있으면, 세워 두고 벨 것이다."

⁶호령(명령 號 명령할 令 : 명령)이 서릿발 같았다(매우 엄했다). ⁷모든 장수들과 군졸들이 두려워하며 어찌할 줄을 몰라 했다. ⁸보국 또한 매우 조심했다.

⁹이튿날 원수(계월)가 중군(보국)에게 분부했다.

¹⁰"오늘은 중군이 나가 싸우라."

¹¹중군이 명령에 순종하여 말에 올라 삼 척(길이의 단위. 약 30.3cm) 장검을 들고, 적진을 가리키며 외쳤다.

¹²"나는 명나라 중군대장 보국이다. ¹³대원수(계월)의 명을 받아 너희 머리를 베려 하니, 너희는 바삐 나와 칼을 받으라."

¹⁴적장(역적 賊 장수 將 : 적의 장수) 운평이 이 소리 듣고 대로하여(클 大 성낼 怒 : 크게 화를 내며) 말을 몰고 나와 싸웠다. ¹⁵세 번을 채 겨루지도 못해서 보국의 칼이 빛나더니, 그 순간 운평의 머리가 말 아래로 떨어졌다. ¹⁶적장 운경이 운평의 죽음을 보고, 분을 내며 말을 몰아 달려들었다. ¹⁷보국이 승리의 기세가 등등하여(기운 氣 형세 勢 오를 騰 오를 騰 : 기세가 매우 높고 힘차) 창검을 높이 들고 싸웠다. ¹⁸두어 차례 겨루기도 전에 보국이 칼을 날려 칼을 들고 있는 운경의 팔을 치니, 운경이 미처 손을 놀리지 못하고 칼을 든 채 말 아래로 떨어졌다. ¹⁹보국이 운경의 머리를 베어 들고 본진(근본 本 진 陣 : 지휘를 하는 본부가 있던 군영)으로 돌아오고 있었다. ²⁰그때 적장 구덕지가 크게 노하여 장검을 높이 들고 말을 몰아 고함치며 달려들었고, 또 난데없는 적병들이 사방에서 달려들었다.

²¹보국이 매우 다급하여 피하고자 했으나, 한순간에 적들이 함성을 지르며 보국을 천여 겹 에워쌌다. ²²사세(일 事 기세 勢 : 일이 되어가는 형세)가 위급하매 보국이 하늘을 우러러 탄식했다. ²³이때 원수가 장대(장수 將 대 臺 : 장수가 올라서서 명령·지휘하던 대)에서 북을 치다가 보국의 위급함을 보고, 급히 말을 몰아 장검을 높이 들고 좌충우돌하여(왼쪽 左 찌를 衝 오른쪽 右 부딪칠 突 : 이리저리 마구 찌르고 부딪쳐) 적진을 헤치고 들어가 구덕지의 머리를 베어 들고 보국을 구해 낸 후, 몸을 날려 적진 속을 헤집고 다녔다. ²⁴ⓓ동에 번쩍하더니 어느 새 서쪽에 있는 적장을 베고, 남쪽으로 가는 듯하더니 어느 새 북쪽에 있는 장수를 베고, 좌충우돌하여 적장 오십여 명과 군사 천여 명을 한 칼로 쓸어버리고 본진으로 돌아왔다.

→ 문제편 117쪽

25 보국이 원수 보기를 부끄러워하니, 원수가 보국을 꾸짖으며 조롱했다.

26 ⓔ"저러하고 평일(평소)에 남자라 칭하리오? 27 나를 업신여기더니 이제도 그러할까?"

28 원수가 장대에 앉아 구덕지의 머리를 함(옷이나 물건 따위를 넣을 수 있도록 네모지게 만든 통)에 넣어 황성(황제가 있는 서울)으로 보냈다.

→ 원수의 분부대로 적진에 나아가 싸우던 보국이 위기에 처하자 원수는 영웅적인 활약을 펼치며 보국을 구한다.

· 중심 내용

오나라와 초나라가 반역하여 명나라를 침범하자 천자는 규중의 평국을 불러 나라를 지키라 명하고, 평국은 보국을 진중으로 불러 중군으로 부린다. 원수의 명을 받아 적진에 나아가 싸우던 보국은 위기에 빠지고, 이에 원수는 종횡무진하며 적장과 적병을 한칼에 제압하고 보국을 구출한다.

· 전체 줄거리 ([ ] : 지문 내용)

명나라 시절 홍계월은 홍 시랑과 양 씨 부인 사이에서 무남독녀로 태어난다. 계월이 다섯 살 되던 해에 간신 장사랑이 반란을 일으키자, 어머니는 도적에게 끌려가고 계월은 수적 장맹길에 의해 물에 던져진다. 몸을 던진 계월은 여공에게 구출되고, 여공의 아들 보국과 함께 곽 도사에게서 수학한다. 평국으로 이름을 바꾼 계월은 보국과 함께 과거에 응시하고 계월은 장원, 보국은 부장원으로 급제한다. 이때 서번과 가달국이 침입하자 홍계월은 대원수, 보국은 부원수가 되어 출전한다. 보국이 원수인 계월의 말을 듣지 않고 크게 패하자, 계월은 보국을 크게 꾸짖는다. 마침내 전쟁에서 승리하여 큰 공을 세운 계월은 도적을 잡으러 벽파도에 들어갔다가 헤어졌던 부모와 상봉한다. 천자는 전쟁에서 이긴 공을 인정하여 계월을 좌승상에, 보국을 이부시랑에 각각 봉한다. 이후 계월이 병이 들어 어의가 계월을 진맥하다가 계월이 여자임이 드러나자 계월은 여복으로 갈아입고 천자를 속인 죄를 청한다. 하지만 천자는 계월의 벼슬을 그대로 두고, 계월과 보국의 혼인을 성사시킨다. 계월이 혼례 전 마지막 군례(군대에서 행하는 예식)에서 보국의 태만함을 꾸짖자, 보국은 몹시 억울해한다. 계월은 그런 보국을 비웃으며 자신이 남자로 태어나지 못한 것을 원통해한다. 이후 [오나라와 초나라가 반역하여 명나라를 침범하자 계월은 대원수로, 보국은 중군장으로 출전한다. 전장에서 보국이 죽을 위기에 처하자 계월은 뛰어난 능력으로 적을 제압하여 보국을 구하고,] 위기에 빠진 천자도 구출해 낸다. 이후 보국은 계월의 우월함을 인정하고, 두 사람은 3남 1녀를 두어 자손 대대로 공후 작록(높은 벼슬과 녹봉)을 누린다.

· 인물 관계도

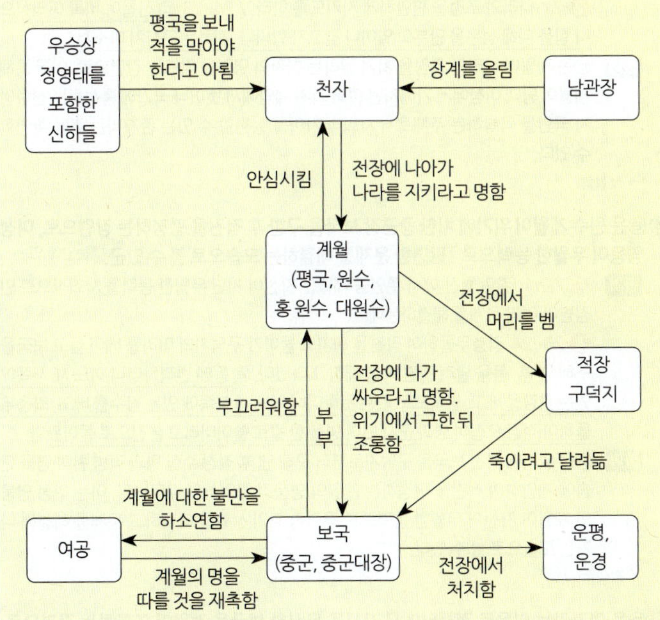

26 서술상 특징 - 적절한 것 고르기 정답률 85%		정답 ④

윗글에 대한 설명으로 가장 적절한 것은?

① *고사를 활용하여 인물 간 갈등 양상을 제시하고 있다. *유래가 있는 옛날의 일

근거 ❸-2~3 보국이 전령을 보고 분함을 이기지 못하여 부모께 여쭈었다. "계월이 또 소

→ 문제편 118쪽

자를 중군으로 부리려 하니, 이런 일이 어디 있습니까?"

❹-26~27 "저러하고 평일에 남자라 칭하리오? 나를 업신여기더니 이제도 그러할까?"

풀이 윗글에는 남녀의 사회적 지위와 능력이 역전된 계월과 보국 사이의 갈등이 나타난다. 그러나 갈등 제시 과정에서 고사를 활용하고 있지는 않다.

→ 적절하지 않음!

순행적 구성
② *시간의 역전적 구성을 통해 사건의 **인과 관계를 드러내고 있다. *사건이 시간 순서대로 나열되지 않고, 현재에서 과거로 거슬러 가는 구성 방식 **원인과 결과

풀이 윗글은 시간의 흐름에 따른 순행적 구성을 통해 사건의 인과 관계(계월에 대한 보국의 불만 → 계월이 보국을 구출함 → 보국의 부끄러움과 계월의 조롱)를 드러내고 있다.

→ 적절하지 않음!

③ 서술자가 직접 개입하여 상황에 대한 독자의 판단을 유도하고 있다.

풀이 서술자가 직접 개입하여 상황이나 인물에 대해 논평하는 것은 고전소설에서 흔히 볼 수 있는 서술상의 특징이다. 하지만 윗글에서는 이러한 서술자의 개입이 나타나지 않는다.

→ 적절하지 않음!

■서술자가 직접 개입하여 상황에 대한 독자의 판단을 유도하고 있는 작품

• 홍석중, 「황진이」

이른 아침이어서 집 안의 바깥채가 떠들썩하겠건만 안채, 행랑채 할 것 없이 모두 호기심에 들떠서 벌써부터 담장 너머 구경꾼들 속에 섞여 버린 모양인지 쥐 죽은 듯 조용했다. 참으로 박정한(인정이 없는) 세상이다. 남의 경사나 기쁜 일을 구경하고 즐긴다면 모르겠지만 남의 고통이나 슬픔을 구경해서 자기의 호기심을 만족시킨다면 그것은 벌써 선한 마음이 아니다. 하기는 오정문 밖 장터에서 죄인의 목을 벤다면 먼 촌에서 도시락까지 싸 들고 구경을 온다니 그 무지몰각한(지각이나 상식이 도무지 없는) 마음의 선악을 구태여 따져서 무엇하랴.

→ 제시된 부분은 황진이를 짝사랑하다가 죽은 총각의 상여가 황진이의 집 앞을 지나간다는 소문을 듣고 사람들이 이를 구경하고자 몰려든 상황이다. 서술자는 이에 직접 개입하여 남의 고통과 슬픔을 구경하면서 자신들의 호기심을 충족시키는 박정한 세태에 대한 부정적 시각을 드러냄으로써 독자의 판단을 유도하고 있다.

• 작자 미상, 「정을선전」(2025학년도 수능)

부인이 눈을 떠 보니 승상이 왔거늘 정신 아득하여 인사를 모르다가(정신을 차리지 못하다가) 겨우 인사를 차려(정신을 차려) 왈(말하기를) "이것이 꿈인가 생시인가 구년지수(아홉 九 해 年 ~의 之 홍수 水 : 오랫동안 계속되는 큰 홍수)의 해 같고 칠년대한(일곱 七 해 年 클 大 가뭄 루 : 오랫동안 계속되는 큰 가뭄)의 빗발같이(오랫동안 애타게 기다리던 일이 이루어짐을 빗댄 말) 바라더니 지금 구덩이에서 만날 줄 알았으리까. 승상은 나의 누명을 씻겨 주소서." 하며 인사를 모르는지라(정신을 잃었다). 그 참혹한(비참할 慘 심할 酷 : 비참하고 끔찍한) 형상(모양 形 모양 象 : 모습)을 어디에 비하리오(비교할 比 : 견주리오).

→ 서술자가 직접 개입하여 부인이 구덩이에 갇힌 참혹한 상황에 대한 안타까움을 드러냄으로써 독자의 판단을 유도하고 있다.

④ 인물의 활약상을 구체적으로 묘사하여 상황의 *긴박함을 고조하고 있다. *매우 다급함

근거 ❹-14~24 적장 운평이 이 소리 듣고 대로하여 말을 몰고 나와 싸웠다. 세 번을 채 겨루지도 못해서 보국의 칼이 빛나더니, ~ 동에 번쩍하더니 어느 새 서쪽에 있는 적장을 베고, 남쪽으로 가는 듯하더니 어느 새 북쪽에 있는 장수를 베고, 좌충우돌하여 적장 오십여 명과 군사 천여 명을 한 칼로 쓸어버리고 본진으로 돌아왔다.

풀이 적장과 차례차례 맞서는 보국의 활약상과 위기에 처한 보국을 구출하기 위해 모든 적을 단칼에 무찌르는 계월의 영웅적인 활약상을 구체적으로 묘사하여 전장 상황의 긴박함을 고조하고 있다.

→ 적절함!

⑤ 현실적 공간과 비현실적 공간의 교차를 통해 환상적 분위기를 조성하고 있다.

풀이 윗글에는 궁궐, 전장과 같은 현실적 공간이 나타날 뿐 비현실적 공간이 나타나지는 않으며, 이를 통해 환상적 분위기를 조성하고 있지도 않다.

→ 적절하지 않음!

■현실적 공간과 비현실적 공간의 교차를 통해 환상적 분위기를 조성하고 있는 작품

• 김시습, 「만복사저포기」(2007년 고2 6월 학평, 2016년 고3 10월 학평)

양생은 그곳(비현실적 공간)에 사흘을 머물렀는데, 즐거움이 평상시와 같았다. ~ "이곳(비현실적 공간)의 사흘은 인간 세상의 삼 년과 같습니다. 낭군은 이제 집으로 돌아가셔서 생업을 돌보십시오." ~ 양생은 여인의 말대로 은그릇 하나를 들고 보련사로 가는 길가(현실적 공간)에서 기다리고 있었는데, 정말 어떤 귀족의 집안에서 딸자식의 대상을 치르려고 수레와 말을 길에 늘어세우고서 보련사로 올라가는 것이었다. ~ 여인은 절 문에 들어서자 먼저 부처에게 예를 드리고 곧 흰 휘장 안(비현실적

공간으로 들어갔다. 그의 친척과 절의 스님들은 모두 그 말을 믿지 못하고, 오직 양생만이 혼자서 보았다.
→ 현실적 공간인 이승(인간 세상)과 비현실적 공간인 저승의 교차를 통해 이승과 저승을 넘나드는 남녀 간의 애틋한 사랑을 형상화함으로써 환상적 분위기를 조성하고 있다.

---

27 인물 이해 - 적절하지 않은 것 고르기
정답률 65%, 매력적 오답 ② 15% ④10%　　정답 ⑤

윗글의 인물에 대한 이해로 적절하지 않은 것은?

① '남관장'은 반란군의 규모와 *위세를 구체적으로 언급하면서 조정에 다급하게 도움을 요청하고 있다. *사납고 세찬 기세

근거　❷-1~6 이때 남관장이 장계를 올리거늘, 천자가 급히 뜯어 보았다. '오왕과 초왕이 반역하여 지금 황성을 침범하려고 합니다. ~ 장수 천여 명과 군사 십만을 거느리고 쳐들어왔습니다. (규모) 호주 북쪽 지방의 십여 성으로부터 항복을 받고, 형주자사 이왕태를 베고, 마구 쳐들어오고 있습니다. (위세) 소장의 힘으로는 방비할 길이 없어서 소식을 올립니다. 원컨대 황상은 어진 명장을 보내셔서 적을 막아 주십시오. (조정에 도움 요청)'

풀이　'남관장'이 천자에게 올린 장계를 보면 장수 천여 명과 군사 십만이라는 반란군의 규모와 호주 북쪽 지방의 십여 성으로부터 항복을 받고, 형주자사 이왕태를 베고, 마구 쳐들어오는 반란군의 엄청난 위세를 구체적으로 언급하고 있다. 그러면서 '어진 명장'을 보내어 적을 막아 달라며 조정에 도움을 요청하고 있다.

→ 적절함!

② '천자'는 반란이 일어난 원인을 자신의 *부덕함으로 돌리면서 평국에게 반란을 진압하도록 명을 내리고 있다. *덕이 없음

근거　❷-19~21 천자가 매우 기뻐하며 말했다. ~ 내가 덕이 없어 지금 오나라와 초나라 양국이 반역하여, ~ 경은 나아가 나라와 조정을 편안하게 지키도록 하라."

풀이　'천자'는 자신이 덕이 없어 오나라와 초나라가 침범하였다고 했으므로 반란의 원인을 자신의 부덕함으로 돌리고 있다고 볼 수 있다. 또한, 평국에게 나라와 조정을 편안하게 지키도록 하라며 반란을 진압하라는 명을 내리고 있다.

→ 적절함!

③ '평국'은 자신의 죄를 용서한 천자에게 감사해하며 은혜를 갚으려 하고 있다.

근거　❷-23~25 "신첩(평국)이 외람되게 폐하를 속이고 높은 공후 작록을 영화롭게 지내기가 황공합니다. 신첩의 죄를 용서하시고 이처럼 사랑하시니, 신첩이 비록 어리석으나 힘을 다해 성은을 만분의 일이나 갚고자 합니다. 폐하는 근심치 마소서."

풀이　'평국'은 여자라는 사실을 숨긴 자신의 죄를 용서한 천자에게 감사해하며 힘을 다해 성은을 갚겠다고 하였다.

→ 적절함!

④ '여공'은 사적인 일보다 공적인 일을 중시하면서 보국이 계월의 명령을 따라야 한다고 판단하고 있다.

근거　❸-4~8 여공이 말했다. "전일에 너에게 무엇이라 이르더냐? 계월을 괄시하다가 이런 일을 당하니, 어찌 그르다 하리요? 국사가 매우 중하니, 어떻게 해 볼 수가 없다." 여공이 보국에게 바삐 가라고 재촉했다.

풀이　계월에 대한 불만을 늘어놓는 보국에게 '여공'은 국사가 매우 중하니, 어떻게 해 볼 수가 없다며 보국에게 계월의 명을 받들어 전장으로 바삐 갈 것을 종용하였다.

→ 적절함!

⑤ '보국'은 계월의 지시를 *두둔하는 여공의 말에 불만을 표출하고 있다. 순응하고 있다 *편들어 감싸는

근거　❸-8~9 여공이 보국에게 바삐 가라고 재촉했다. 보국이 할 수 없어 갑주를 갖추고 진중에 나아가 원수 앞에 엎드리니,

풀이　'보국'은 계월의 명을 따를 것을 재촉하는 여공의 말을 따라 갑주를 갖추고 진중에 나아갔으므로 '보국'이 여공의 말에 불만을 표출했다는 설명은 적절하지 않다.

→ 적절하지 않음!

오답률 TOP① 1등급 문제

28 감상의 적절성 - 적절하지 않은 것 고르기
정답률 35%, 매력적 오답 ① ④ 10% ② 25% ③ 20%　　정답 ⑤

〈보기〉를 바탕으로 ㉠~㉤을 감상한 내용으로 적절하지 않은 것은? [3점]

| 보기 |

[1]「홍계월전」에서 주인공 계월은 자신이 지닌 우월한 능력을 사회적으로 인정받아 여러 문제를 해결하는데, 이는 기존 여성 영웅 소설의 주인공이 남성의 권위에서 벗어나

지 못했던 한계를 탈피한 것이다. [2]특히 계월이 국가에 충성하는 신하이자 국난(나라 國 어려울 難 : 나라의 위기)을 극복하는 영웅으로 그려지는 것은 여성도 삶의 주체로 사회적 자아(사회에 진출해 공적인 역할을 수행하는 자아)를 실현할 수 있는 존재임을 보여 주고 있다. [3]또한 여성의 사회 진출이 제한되었던 당대 남성 중심의 사회적 현실과 제도에 대한 비판도 담고 있다. [4]한편 이 작품에 등장하는 남성들은 조선시대의 통념적인(통할 通 생각 念 ~의 的 : 사회에서 일반적으로 생각하는) 남성상과는 달리 권위적이지 않으며 나약한 모습으로도 그려지고 있다.

① ㉠은 계월이 여성임을 알고 있으면서도 정영태가 장수로서의 그녀의 능력을 인정하는 장면으로, 남성의 권위를 내세우는 조선시대의 통념적인 남성상과는 다른 모습으로 볼 수 있군.

근거　〈보기〉-4 한편 이 작품에 등장하는 남성들은 조선시대의 통념적인 남성상과는 달리 권위적이지 않으며
❷-8~10 우승상 정영태가 말했다. ㉠ "이 도적은 좌승상 평국을 보내 막아야 합니다. 급히 평국을 부르십시오."

풀이　㉠에서 우승상 정영태는 계월이 여성임을 알면서도, 계월을 보내어 적의 침범을 막아야 한다고 주장한다. 이는 장수로서의 그녀의 능력을 인정하는 것으로, 성별보다 능력을 중시한다는 점에서 남성의 권위를 내세우는 조선시대의 통념적인 남성상과는 다른 모습으로 볼 수 있다.

→ 적절함!

② ㉡은 전쟁터에 계월이 출정해야 한다는 제안에 천자가 망설이는 장면으로, 여성의 사회 진출에 대한 당대 사회의 인식이 드러난 것으로 볼 수 있군.

근거　〈보기〉-3 또한 여성의 사회 진출이 제한되었던 당대 남성 중심의 사회적 현실과 제도에 대한 비판도 담고 있다.
❷-12~13 ㉡ "평국이 전일에는 세상에 나왔기에 불렀지만, 지금은 규중에 머물러 있는 여자인지라 차마 불러낼 수 없도다. 어찌 전쟁터로 보내리오?"

풀이　우승상 정영태가 적의 침략을 평정할 인물로 평국을 추천하자 천자는 ㉡에서 평국이 여성이라는 이유로 전쟁터에 출정시키는 것을 망설이는 모습을 보인다. 이를 통해 여성의 사회 진출을 제한했던 당대 남성 중심 사회의 인식을 엿볼 수 있다.

→ 적절함!

③ ㉢은 계월이 나라를 구하기 위해 천자의 명령을 따르는 장면으로, 국가에 충성하는 신하이자 국난을 극복하는 주체로서 사회적 자아를 실현하고자 하는 여성의 모습으로 볼 수 있군.

근거　〈보기〉-2 특히 계월이 국가에 충성하는 신하이자 국난을 극복하는 영웅으로 그려지는 것은 여성도 삶의 주체로 사회적 자아를 실현할 수 있는 존재임을 보여 주고 있다.
❷-21 나라와 조정을 편안하게 지키도록 하라." / 24~25 ㉢ 신첩이 비록 어리석으나 힘을 다해 성은을 만분의 일이나 갚고자 합니다. 폐하는 근심치 마소서."

풀이　㉢은 계월이 나라와 조정을 지켜 달라는 천자의 명령을 따르는 장면으로, 이를 통해 계월이 당대 여성에게 가해지던 여러 가지 제약에서 벗어나 국가에 충성하는 신하이자 국난을 극복하는 주체로서 사회적 자아를 실현할 수 있는 존재라는 점을 확인할 수 있다.

→ 적절함!

④ ㉣은 원수 계월이 위기에 처한 중군장 보국을 구한 후 적진을 평정하는 장면으로, 여성 영웅이 우월한 능력으로 *당면한 문제를 해결하는 모습으로 볼 수 있군. *눈앞에 있는

근거　〈보기〉-1 「홍계월전」에서 주인공 계월은 자신이 지닌 우월한 능력을 사회적으로 인정받아 여러 문제를 해결하는데,
❹-23~24 좌충우돌하여 적진을 헤치고 들어가 구덕지의 머리를 베어 들고 보국을 구해 낸 후, 몸을 날려 적진 속을 헤집고 다녔다. ㉣ 동에 번쩍하더니 어느 새 서쪽에 있는 적장을 베고, 남쪽으로 가는 듯하더니 어느 새 북쪽에 있는 장수를 베고, 좌충우돌하여 적장 오십여 명과 군사 천여 명을 한 칼로 쓸어버리고 본진으로 돌아왔다.

풀이　㉣은 위기에 빠진 보국을 구덕지로부터 구해 낸 후 적장 수십 명과 적병 천여 명을 단숨에 제압하여 적진을 평정하는 계월의 영웅적 활약상이 나타난다. 이는 여성 영웅인 계월이 자신의 우월한 능력으로 당면한 위기 상황을 타개하고 문제를 해결해 나가는 모습으로 볼 수 있다.

→ 적절함!

평상시에

✓⑤ ㉤은 여자라는 이유로 전쟁터에서 자신을 무시한 보국을 계월이 조롱하는 장면으로, 남성 중심의 사회 제도에 대한 비판 의식을 담고 있다고 볼 수 있군.

근거　〈보기〉-3 또한 여성의 사회 진출이 제한되었던 당대 남성 중심의 사회적 현실과 제도에 대한 비판도 담고 있다.
❹-26~27 ㉤ "저러하고 평일에 남자라 칭하리요? 나를 업신여기더니 이제도 그러할까?"

풀이　㉤은 계월이 평상시에 자신을 무시한 보국의 행실을 지적하면서 조롱하는 장면으로, 당대 남성 중심의 사회적 현실과 제도에 대한 비판 의식을 담고 있다고 볼 수 있

→ 문제편 118쪽

다. 참고로 보국은 전장에서 계월을 두려워하며 그녀의 명령에 복종하는 모습을 보이고 있다.

→ 적절하지 않음!

[29~33] 과학 - 〈지진파의 특징과 내진설계의 세 유형〉

1 [1]지진(地 땅 지 震 지진 진)은 지구 내부(內部, 안쪽의 부분)에서 일어나는 지각(地殼, 지구의 바깥쪽을 차지하는 부분) 변동(變動, 바뀌어 달라짐)으로 인해 땅이 ⓐ 흔들리는 현상이다. [2]이때 지각 부분에서 방출된(放出-, 내보내진) 에너지는 파동(波動, 물결의 움직임과 같은 진동이 주위로 퍼져 가는 현상)의 형태로 전달되는데, 이를 지진파라고 한다. [3]대표적인 지진파로는 P파와 S파가 있다.

→ 지진과 지진파의 정의

2 [1]P파는 에너지가 전달되는 파동의 진행 방향과 매질*의 진동 방향과 같은 지진파로, 매질이 압축(壓縮, 압력을 가해 그 부피를 줄임)과 팽창(膨脹, 부풀어서 부피가 커짐)을 반복하면서 전달되며 관측소(觀測所, 기상이나 천문 등 자연 현상을 관찰하여 그 움직임을 측정하고 기록하는 곳)에 가장 먼저 도착한다. [2]P파의 전파 속도는 초속 약 6~8 km이지만, 진폭(振幅, 주기적인 진동이 있을 때 그 중심으로부터 최대로 움직인 거리 혹은 변위)은 작아 지진 피해는 비교적 작은 편이다. [3]반면에 S파는 파동의 진행 방향이 매질의 진동 방향과 수직(垂直, 서로 만나 직각을 이루는 방향)인 지진파로, 전파 속도는 초속 약 3~4 km로 P파보다 느리지만 진폭이 비교적 커서 지진 피해 정도는 훨씬 크게 나타난다. [4]두 지진파가 관측소에 도착하는 시간의 차이를 PS시라고 하는데 진원(震源, 최초로 지진파가 발생한 지역)에서 멀어질수록 PS시는 커진다. [5]㉠PS시를 활용하면 지진 발생 시 다른 지역의 지진 피해를 조금이나마 줄일 수 있다.

[A]

→ P파와 S파의 특징 ①

3 [1]P파와 S파가 통과할 수 있는 매질에는 차이가 있다. [2]P파는 고체, 액체, 기체를 모두 통과하는 반면, S파는 고체만 통과할 수 있다. [3]따라서 액체 상태인 외핵을 통과할 수 없으므로, S파가 도착하지 못하는 S파 암영대(暗影帶, 지진이 일어날 때 지진파가 도달하지 않는 일정한 지역)가 생긴다. [4]P파는 맨틀과 외핵, 외핵과 내핵과 같이 상태가 ⓑ 다르거나 같은 상태라도 밀도가 다른 매질의 경계면을 지날 때 굴절이 일어나는데, 이로 인해 P파 역시 암영대가 생긴다. [5]또 지진파의 전달 속도는 매질의 밀도가 높아지면 빨라지고 밀도가 낮아지면 느려진다.

→ P파와 S파의 특징 ②

4 [1]한편 지진 발생 시 건물 붕괴(崩壞, 무너지고 깨어짐)로 인한 피해를 줄이기 위해 지진에 저항할(抵抗-, 힘에 굽히거나 따르지 않고 버틸) 수 있도록 건물을 설계하는 것을 내진(耐 견디다 내 震 지진 진)설계라고 하는데, 내진구조, 제진(制 억제하다 제 震 지진 진)구조, 면진(免 벗어나다 면 震 지진 진)구조의 세 유형이 있다. [2]내진구조는 강한 지진파에도 건축물이 붕괴되지 않게 철근 콘크리트(鐵筋concrete, 콘크리트에 철근을 넣어 강화한 것) 등을 보강하여(補強-, 보태거나 채워서 처음보다 더 튼튼하게 하여) 기둥과 벽 자체를 튼튼하게 짓는 것이다. [3]내진벽(耐震壁, 지진이 발생했을 때 구조물에 발생되는 힘을 분담하도록 배치된 벽체)과 같은 부자재(副資材, 보조적으로 쓰이는 자재)를 설치하여 강한 흔들림에도 무너지지 않고 버티는 내구성(耐久性, 원래의 상태에서 변질되거나 변형됨 없이 오래 견디는 성질)이 높아지도록 건물을 짓는 것이다. [4]이는 단순히 건물의 내구력(耐久力, 오래 견디는 힘)만을 높인 것이라 지진 발생 시 건물이 무너지지 않더라도 건물 구조에 심각한(深刻-, 매우 깊고 중요한) 손상(損傷, 깨지거나 상함)이 생길 수 있다.

→ 내진설계의 세 유형 ① : 내진구조

5 [1]이에 비해 제진구조는 제진 장치가 땅으로부터 건물에 전달되는 진동을 감지하고(感知-, 느껴 알고), 건물의 흔들림 방향과 반대 방향으로 건물을 지지하여(支持-, 받치거나 버티어) 건물의 붕괴를 ⓒ 막는 구조이다. [2]철제(鐵製, 쇠로 만든) 빔(beam, 수직 구조재인 기둥과 기둥 사이에 연결되어 윗부분의 무게를 지탱해 주는 수평 구조재)과 같은 장치로 건물에 X자 등의 제진 장치를 보강하여 건물 전체를 보호하는 것이다. [3]현재 대부분의 고층(高層, 건물의 층수가 많은 것) 건물은 이러한 방식을 사용하여, 내진구조에 비해 상대적으로 더 안전하다고 볼 수 있다.

→ 내진설계의 세 유형 ② : 제진구조

6 [1]앞선 두 구조가 건물이 지진력을 버티는 데 초점(焦點, 관심과 주의가 집중되는 가장

중요한 점)을 두었다면, 면진구조는 건물에 전달되는 지진력 자체를 줄이는 데 중점을 둔다. [2]파동의 에너지는 주기가 짧을수록 크기 때문에 면진구조는 지진파의 파장(波長, 파동에서, 같은 위상을 가진 서로 이웃한 두 점 사이의 거리)을 길게 바꾸어 충격을 감소시킨다.(減少-, 줄인다.) [3]보통 지면(地面, 땅의 표면) 위에 바로 건물을 세우는 것과 달리 면진구조는 건물과 땅 사이에 고무 스프링과 댐퍼(damper, 충격이나 진동을 약하게 하는 장치), 베어링(bearing, 고정된 부분과 움직이는 부분 사이에서 움직이는 부분을 지지하고 운동 방향을 제어하며 마찰을 줄여주는 장치) 등을 설치해 흔들림이 건물로 전해지는 것을 막는 방식이다. [4]건물 자체와 지면을 떨어뜨리면 진동이 ⓓ 줄어들어 전달되기 때문에 아주 강한 지진이 ⓔ 일어나더라도 건물 내부에 있는 구조물이 쓰러지지 않기 때문에 지진에 대비할(對備-, 앞으로 일어날지도 모르는 일에 대응하기 위해 미리 준비할) 수 있는 효과적인 공법(工法, 공사하는 방법)으로 평가받고 있다.

→ 내진설계의 세 유형 ③ : 면진구조

* 매질 : 어떤 물리적 작용을 한 곳에서 다른 곳으로 전하여 주는 매개물(媒介物, 중간에서 양쪽의 관계를 맺어 주는 물건)로, 고체, 액체, 기체 등이 있음

■ 지문 이해

❶ 지진과 지진파의 정의

- 지진 : 지구 내부의 지각 변동으로 인해 땅이 흔들리는 현상
- 지진파 : 지각 부분에서 방출된 에너지가 파동의 형태로 전달되는 것(P파, S파)

❷~❸ P파와 S파의 특징

	P파	S파
개념	파동의 진행 방향과 매질의 진동 방향이 같은 지진파	파동의 진행 방향과 매질의 진동 방향이 수직인 지진파
전파 속도	빠름	느림
진폭	작음	큼
지진 피해	작음	큼
통과 가능한 매질	고체, 액체, 기체	고체
매질에 따른 특징	상태나 밀도가 다른 매질의 경계면을 지날 때 굴절이 일어남 : P파 암영대	액체 상태인 외핵을 통과할 수 없음 : S파 암영대

- PS시 : 두 지진파가 관측소에 도착하는 시간 차
  - 진원에서 멀어질수록 커짐
- 지진파의 전달 속도 : 매질의 밀도에 비례함

내진설계의 세 유형

❹ 내진구조

- 내진설계 : 지진 발생 시 건물 붕괴로 인한 피해를 줄이기 위해 지진에 저항할 수 있도록 건물을 설계하는 것
- 내진구조 : 건물의 내구력을 높여 강한 지진파에도 붕괴되지 않게 짓는 것
  - 철근 콘크리트, 내진벽
  - 지진 발생 시 건물이 무너지지 않더라도 건물 구조에 심각한 손상이 생길 수 있음
  - → 건물이 지진력을 버티는 데 초점을 둔 방식

❺ 제진구조

- 제진구조 : 제진 장치가 진동을 감지하여 건물의 흔들림 방향과 반대 방향으로 건물을 지지해 붕괴를 막는 구조
  - 철제 빔 등 제진 장치를 보강해 건물 전체를 보호
  - 내진구조에 비해 상대적으로 더 안전함
  - → 건물이 지진력을 버티는 데 초점을 둔 방식

❻ 면진구조

- 면진구조 : 지진파의 파장을 길게 바꾸어 충격을 감소시킴
  - 건물과 땅 사이에 구조물을 설치해 흔들림이 건물로 전해지는 것을 막는 방식
  - 건물에 전달되는 진동이 줄어들어 강한 지진에도 건물 내부의 구조물이 쓰러지지 않음
  - 지진에 대비할 수 있는 효과적 공법으로 평가받음
  - → 건물에 전달되는 지진력 자체를 줄이는 방식

윗글에 대한 이해로 적절하지 <u>않은</u> 것은?

① P파는 진폭이 작아 S파보다 지진 피해가 작은 편이다.
> **근거** ❷-2~3 P파의 … 진폭은 작아 지진 피해는 비교적 작은 편이다. 반면에 S파는 … 전파 속도는 초속 약 3~4 km로 P파보다 느리지만 진폭이 비교적 커서 지진 피해 정도는 훨씬 크게 나타난다.
> → 적절함!

② 지진파는 매질의 밀도에 따라 전달 속도가 달라진다.
> **근거** ❸-5 지진파의 전달 속도는 매질의 밀도가 높아지면 빨라지고 밀도가 낮아지면 느려진다.
> → 적절함!

③ P파 암영대는 지진파가 외핵을 통과하지 못해 생긴다.
> **근거** ❸-2~4 P파는 고체, 액체, 기체를 모두 통과하는 반면, S파는 고체만 통과할 수 있다. 따라서 액체 상태인 외핵을 통과할 수 없으므로, S파가 도착하지 못하는 S파 암영대가 생긴다. P파는 맨틀과 외핵, 외핵과 내핵과 같이 상태가 다르거나 같은 상태라도 밀도가 다른 매질의 경계면을 지날 때 굴절이 일어나는데, 이로 인해 P파 역시 암영대가 생긴다.
> **풀이** P파는 고체, 액체, 기체를 모두 통과할 수 있으므로, 액체 상태인 외핵을 통과할 수 있다. 또한 P파 암영대는 외핵을 통과하지 못해 생기는 것이 아니라, 상태나 밀도가 다른 매질의 경계면을 지날 때 일어나는 굴절로 인해 발생한다. 따라서 P파 암영대는 지진파가 외핵을 통과하지 못해 생긴다는 설명은 적절하지 않다. 외핵을 통과하지 못해 암영대가 생기는 지진파는 P파가 아니라 S파이다.
> → 적절하지 않음!

④ P파는 통과할 수 있지만, S파는 통과할 수 없는 매질이 있다.
> **근거** ❸-2 P파는 고체, 액체, 기체를 모두 통과하는 반면, S파는 고체만 통과할 수 있다.
> → 적절함!

⑤ P파와 달리 S파는 파동의 진행 방향과 매질의 진동 방향이 서로 다르다.
> **근거** ❷-1 P파는 에너지가 전달되는 파동의 진행 방향이 매질의 진동 방향과 같은 지진파, ❷-3 반면에 S파는 파동의 진행 방향이 매질의 진동 방향과 수직인 지진파
> → 적절함!

[A]를 참고하여 〈보기〉를 이해한 것으로 적절하지 <u>않은</u> 것은?　　3점

> | 보기 |
> 　진원에서 발생한 지진이 세 관측소에서 관측되었다. <u>관측소 1에는 P파만 도착하였고, 관측소 2와 관측소 3에는 P파와 S파가 모두 도착하였다.</u> 그런데 관측소 2에는 P파와 S파가 한 번씩 도착한 반면, 관측소 3에는 P파와 S파가 두 번씩 도착하였다. 이 중, C를 지난 P파와 S파가 B만 지난 P파와 S파보다 먼저 도착하였다.
> 　(단, 그림은 가상(假想, 사실이 아니거나 사실 여부가 분명하지 않은 것을 사실이라고 가정하여 생각함)의 땅속을 나타낸 것이다.)

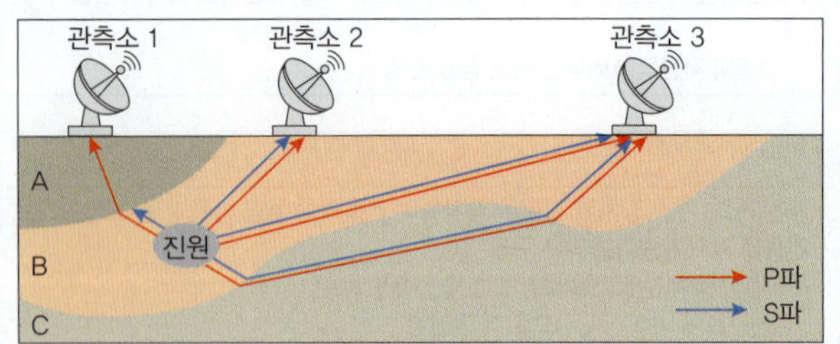

① 관측소 2에는 P파가 S파보다 먼저 도착했겠군.
> **근거** ❷-1 P파는 … 관측소에 가장 먼저 도착한다, ❷-3 (S파의) 전파 속도는 초속 약 3~4 km로 P파보다 느리지만
> **풀이** 윗글의 설명에 따르면 P파는 관측소에 가장 먼저 도착하고, S파는 P파보다 전파 속도가 느리다. 따라서 관측소 2에는 P파가 S파보다 먼저 도착했을 것이라는 설명은 적절하다.
> → 적절함!

② 관측소 1에 도착한 지진파는 관측소 2에 도착한 지진파와 달리 ~~상태는 동일하지만~~ 밀
（상태가 다른）

144 마더텅 전국연합 학력평가 기출 모의고사 3개년 13회 | 고1 국어 영역 |

도가 다른 두 매질을 지나왔겠군.
> **근거** ❸-2~3 P파는 고체, 액체, 기체를 모두 통과하는 반면, S파는 고체만 통과할 수 있다. 따라서 액체 상태인 외핵을 통과할 수 없으므로, S파가 도착하지 못하는 S파 암영대가 생긴다.
> **풀이** 〈보기〉에서 A와 B를 지난 관측소 1에는 P파만 도착하였고, B만 지난 관측소 2에는 P파와 S파가 모두 도착하였으므로, B는 고체 상태이고, A는 고체 상태가 아니다. 관측소 1에 도착한 지진파는 고체 상태 B와 고체 상태가 아닌 A를 지나온 것이므로, 관측소 1에 도착한 지진파가 '상태는 동일하지만 밀도가 다른 두 매질'을 지나왔다는 설명은 적절하지 않다.
> → 적절하지 않음!

③ 관측소 2에 도착한 지진파의 PS시보다 관측소 3에 도착한 지진파 중 B만 지난 지진파의 PS시가 더 크게 나타났겠군.
> **근거** ❷-4 두 지진파가 관측소에 도착하는 시간의 차이를 PS시라고 하는데 진원에서 멀어질수록 PS시는 커진다.
> **풀이** 〈보기〉에서 관측소 3에 도착한 지진파 중 B만 지난 지진파는, 관측소 2에 도착한 지진파와 비교하였을 때 매질의 상태는 동일하고, 진원으로부터의 거리는 더 멀다. PS시는 진원에서 멀어질수록 커진다고 하였으므로, 관측소 2에 도착한 지진파의 PS시보다 관측소 3에 도착한 지진파 중 B만 지난 지진파의 PS시가 더 크게 나타났을 것이라는 설명은 적절하다.
> → 적절함!

④ 관측소 3과 달리 관측소 1에 S파가 도착하지 않은 것은 관측소 1과 관측소 3으로 가는 *경로의 매질의 상태가 다르기 때문이겠군. *經路, 지나는 길
> **근거** ❸-1~3 P파와 S파가 통과할 수 있는 매질에는 차이가 있다. P파는 고체, 액체, 기체를 모두 통과하는 반면, S파는 고체만 통과할 수 있다. 따라서 액체 상태인 외핵을 통과할 수 없으므로, S파가 도착하지 못하는 S파 암영대가 생긴다.
> **풀이** 윗글의 설명에 따르면 S파는 고체 상태인 매질만 통과할 수 있다. 관측소 3에는 P파와 S파가 모두 도착하였으므로, 관측소 3으로 가는 경로는 고체 상태의 매질을 지날 것이다. 이와 달리 관측소 1에는 P파만 도착하였으므로, 관측소 1로 가는 경로는 고체가 아닌 매질을 지날 것이다. 따라서 관측소 3과 달리 관측소 1에 S파가 도착하지 않은 것은 관측소 1과 관측소 3으로 가는 경로의 매질의 상태가 다르기 때문이라는 설명은 적절하다.
> → 적절함!

⑤ 관측소 3에 도착한 지진파 중 C를 지난 지진파가 B만 지난 지진파보다 먼저 도착한 것은 C의 매질 밀도가 B보다 높기 때문이겠군.
> **근거** ❸-5 지진파의 전달 속도는 매질의 밀도가 높아지면 빨라지고 밀도가 낮아지면 느려진다.
> **풀이** 윗글에서 지진파의 전달 속도는 매질의 밀도가 높아지면 빨라진다고 하였으므로, 〈보기〉에서 관측소 3에 도착한 지진파 중 C를 지난 지진파가 B만 지난 지진파보다 먼저 도착한 것은 C의 매질 밀도가 B보다 높기 때문이라는 설명은 적절하다.
> → 적절함!

㉠의 이유를 추론한 내용으로 가장 적절한 것은?

> ㉠ PS시를 활용하면 지진 발생 시 다른 지역의 지진 피해를 조금이나마 줄일 수 있다.

> **근거** ❷-1 P파는 … 관측소에 가장 먼저 도착, ❷-3~4 S파는 … P파보다 느리지만 진폭이 비교적 커서 지진 피해 정도는 훨씬 크게 나타난다. 두 지진파가 관측소에 도착하는 시간의 차이를 PS시라고 하는데 진원에서 멀어질수록 PS시는 커진다.
> **풀이** P파는 전파 속도가 빨라 관측소에 가장 먼저 도착하지만, 진폭이 작아 지진 피해는 비교적 작다. 반면 S파는 전파 속도가 P파보다 느리지만 진폭이 커 지진 피해 정도가 훨씬 크게 나타난다. PS시는 두 지진파가 관측소에 도착하는 시간의 차이를 말하며, 진원에서 멀어질수록 커진다고 하였으므로, 진원으로부터 먼 지역에서는 P파와 S파가 도착하는 시간의 차이가 커질 것이다. P파는 S파보다 전파 속도가 빠르므로, 해당 지역에서는 P파가 탐지된 후, 지진 피해 정도가 P파보다 훨씬 큰 S파가 도착하기 전에 미리 지진에 대비할 수 있다. 따라서 정답은 ⑤번이다.

① P파와 S파의 진폭을 *추정할 수 있어 지진의 강도를 예상할 수 있기 때문에 *推定-, 미루어 생각하여 판정할
> **풀이** PS시는 P파와 S파가 관측소에 도착하는 시간의 차이를 말하는 것으로, PS시를 통해 P파와 S파의 진폭을 추정할 수는 없다.

② 지진파가 통과하는 <u>매질의 밀도를 확인</u>하여 매질의 진동 방향을 예상할 수 있기 때문에

> 풀이　PS시는 P파와 S파가 관측소에 도착하는 시간의 차이를 말하는 것으로, PS시를 통해 매질의 진동 방향을 예상할 수는 없다.

③ 지진파가 도착하지 않는 ~~암영대를 예측하여~~ 피해가 적을 장소를 예측할 수 있기 때문에

> 풀이　PS시는 P파와 S파가 관측소에 도착하는 시간의 차이를 말하는 것으로, PS시를 통해 지진파가 도착하지 않는 암영대를 예측할 수는 없다.

④ P파와 S파가 도착한 시간을 통해 ~~추후 지진 발생 시점~~과 진원의 위치를 예측할 수 있기 때문에

> 풀이　PS시는 P파와 S파가 관측소에 도착하는 시간의 차이를 말하는 것으로, PS시로 추후 지진 발생 시점을 예측할 수 있는 것은 아니다.

✓⑤ PS시를 측정한 지역보다 진원으로부터 먼 지역에서는 P파 탐지 후 S파 도착 전에 지진에 대비할 수 있기 때문에

→ 적절함!

32　자료 해석의 적절성 판단 - 적절한 것 고르기
정답률 65%, 매력적 오답 ②③ 10%　　　　　정답 ⑤

<보기>의 (가)~(다)는 내진설계의 각 구조를 *도식화한 것이다. 윗글을 바탕으로 <보기>를 이해한 내용으로 가장 적절한 것은? *圖式化-. 그림이나 양식으로 만든

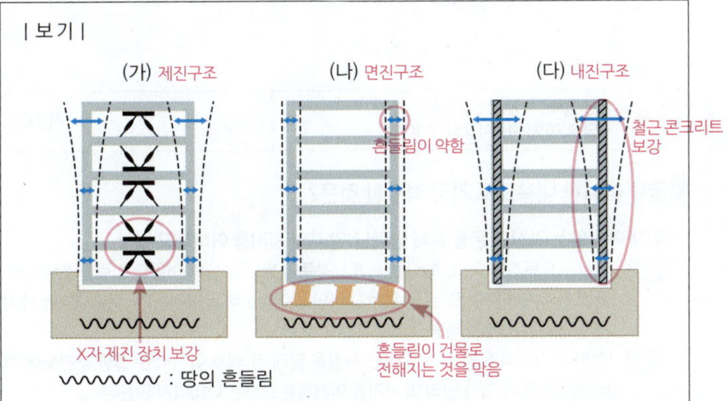

▶ 지문 핵심 개념 정리

내진설계의 세 유형		
내진구조(❹)	제진구조(❺)	면진구조(❻)
– 철근 콘크리트 등을 보강하여 기둥과 벽 자체를 튼튼하게 짓는 것 – 내진벽 등 부자재를 설치하여 내구성이 높아지게 함 – 건물의 내구력만 높인 것 – 지진 발생 시 건물이 무너지지 않더라도 건물 구조에 심각한 손상이 생길 수 있음	– 제진 장치가 진동을 감지해 건물의 흔들림 방향과 반대 방향으로 건물을 지지하여 붕괴를 막는 구조 – 철제 빔 등의 장치로 건물에 X자 등 제진 장치를 보강하여 건물 전체를 보호하는 것 – 내진구조에 비해 상대적으로 더 안전함	– 지진파의 파장을 길게 바꾸어 충격을 감소시킴 – 건물과 땅 사이에 고무 스프링, 댐퍼, 베어링 등을 설치해 흔들림이 건물로 전해지는 것을 막음 – 건물과 지면을 떨어뜨려 진동이 줄어듦 → 강한 지진에도 내부의 구조물이 쓰러지지 않음
건물이 지진력을 버티는 데 초점을 둠		건물에 전달되는 지진력 자체를 줄임

> 풀이　<보기>의 (가)는 제진구조, (나)는 면진구조, (다)는 내진구조에 해당한다.

① (가)는 (나)보다 건물에 전달되는 지진력을 더 줄일 수 있다. ［(나)는 (가)보다］

근거 ❻-1 앞선 두 구조(내진구조, 제진구조)가 건물이 지진력을 버티는 데 초점을 두었다면, 면진구조는 건물에 전달되는 지진력 자체를 줄이는 데 중점을 둔다.

> 풀이　<보기>의 (가)는 제진구조, (나)는 면진구조에 해당한다. 윗글에 따르면 내진구조와 제진구조가 건물이 지진력을 버티는 데 초점을 둔 것과 달리, 면진구조는 건물에 전달되는 지진력 자체를 줄이는 데 중점을 둔다. 따라서 (나)는 (가)보다 건물에 전달되는 지진력을 더 줄일 수 있다.

→ 적절하지 않음!

② (나)는 (다)와 달리 지진파의 파장을 짧게 바꾸어 지진력을 줄인다. ［길게］

> 풀이　<보기>의 (나)는 면진구조, (다)는 내진구조에 해당한다. 내진구조는 건물의 내구력을 높여 강한 지진파에도 건축물이 붕괴되지 않게 하는 것이다. 이와 달리 면진구조는 건물에 전달되는 지진력 자체를 줄이는 데 중점을 둔 내진설계 구조로, 지진파의 파장을 길게 바꾸어 충격을 감소시킨다. 즉 (나)는 (다)와 달리 지진파의 파장을 '짧

게' 바꾸는 것이 아니라, '길게' 바꾸어 지진력을 줄인다.

→ 적절하지 않음!

③ (다)는 (나)보다 지진 발생 시 건물 구조가 받는 손상이 상대적으로 적다. ［(나)는 (다)보다］

> 풀이　<보기>의 (나)는 면진구조, (다)는 내진구조에 해당한다. 내진구조는 건물의 내구력을 높인 것으로, 지진 발생 시 건물이 무너지지 않더라도 건물 구조에 심각한 손상이 생길 수 있다. 이와 달리 면진구조는 건물에 전달되는 지진력 자체를 줄이는 데 중점을 두어, 지진으로 인한 흔들림이 건물로 전해지는 것을 막는 방식이다. 이러한 면진구조는 아주 강한 지진이 일어나더라도 건물 내부에 있는 구조물이 쓰러지지 않아 지진에 대비할 수 있는 효과적인 공법으로 평가받고 있다. 따라서 (나)와 (다) 중 지진 발생 시 건물 구조가 받는 손상이 상대적으로 적은 것은 (다)가 아니라 (나)이다.

→ 적절하지 않음!

④ (가)는 건물의 진동 방향과 같은 방향으로 ［반대］, (나)는 건물의 진동 방향과 반대 방향으로 ［알 수 없음］ 건물을 지지한다.

> 풀이　<보기>의 (가)는 제진구조, (나)는 면진구조에 해당한다. 윗글에서 제진구조는 건물의 흔들림 방향과 반대 방향으로 건물을 지지한다고 하였으므로, (가)가 건물의 진동 방향과 같은 방향으로 건물을 지지한다는 설명은 적절하지 않다. 한편 윗글에서 면진구조는 건물에 전달되는 지진력 자체를 줄이는 데 중점을 두었으며, 건물과 땅 사이에 구조물을 설치하여 흔들림이 건물로 전해지는 것을 막는 방식이라고 설명하고 있을 뿐, 면진구조가 건물의 진동 방향과 같은 방향 혹은 반대 방향으로 건물을 지지하고 있는지에 대해서는 설명하지 않았다. 따라서 (나)가 건물의 진동 방향과 반대 방향으로 건물을 지지한다는 설명은 윗글을 통해 진위 여부를 확인할 수 없다.

→ 적절하지 않음!

✓⑤ (나)는 건물 아래에 설치된 구조물에 의해, (다)는 건물 자체의 내구력에 의해 건물이 보호된다.

> 풀이　<보기>의 (나)는 면진구조, (다)는 내진구조에 해당한다. 내진구조는 내구성이 높은 자재를 사용하여 건물 자체를 튼튼하게 짓는 방식으로, 건물의 내구력을 높여 건물이 지진력을 버티게 하는 것이다. 이와 달리 면진구조는 건물과 땅 사이에 고무 스프링과 댐퍼, 베어링 등 구조물을 설치하여 흔들림이 건물로 전해지는 것을 막아, 건물에 전달되는 지진력 자체를 줄이는 방식이다. 따라서 (나)는 건물 아래에 설치된 구조물에 의해, (다)는 건물 자체의 내구력에 의해 건물이 보호된다는 설명은 적절하다.

→ 적절함!

33　문맥적 의미 파악 - 적절하지 않은 것 고르기
정답률 85%　　　　　정답 ③

문맥상 ⓐ~ⓔ와 바꿔 쓰기에 적절하지 않은 것은?

> ⓐ 흔들리는　　ⓑ 다르거나　　ⓒ 막는　　ⓓ 줄어들어　　ⓔ 일어나더라도

① ⓐ: 진동(震動)하는

> 풀이　'진동(震 흔들리다 진 動 움직이다 동)하다'는 '물체가 몹시 울리어 흔들리다. 또는 물체 따위를 흔들다'의 뜻으로, '흔들리다'와 바꿔 써도 문맥상 의미가 달라지지 않는다. 따라서 ⓐ의 '흔들리는'을 '진동하는'으로 바꿔 쓰는 것은 문맥상 적절하다.

→ 적절함!

② ⓑ: 상이(相異)하거나

> 풀이　'상이(相 서로 상 異 다르다 이)하다'는 '서로 다르다'의 뜻으로, '다르다'와 바꿔 써도 문맥상 의미가 달라지지 않는다. 따라서 ⓑ의 '다르거나'를 '상이하거나'로 바꿔 쓰는 것은 문맥상 적절하다.

→ 적절함!

✓③ ⓒ: 보완(補完)하는

> 풀이　'보완(補 돕다 보 完 완전하다 완)하다'는 '모자라거나 부족한 것을 보충하여 완전하게 하다'의 뜻이다. 한편 ⓒ에서 쓰인 '막다'는 '어떤 현상이 일어나지 못하게 하다'의 의미로, ⓒ의 '막는'을 '보완하는'으로 바꿔 쓸 경우 해당 문장의 의미가 달라진다. 따라서 ⓒ를 '보완하는'으로 바꿔 쓰는 것은 적절하지 않다. ⓒ는 '어떤 일이나 현상이 일어나지 못하게 막다'의 뜻을 지닌 '방지(防 막다 방 止 그치다 지)하다'로 바꿔 쓰는 것이 적절하다.

→ 적절하지 않음!

④ ⓓ: 완화(緩和)되어

> 풀이　'완화(緩 늦추다 완 和 화하다 화)되다'는 '긴장된 상태나 급박한 것이 느슨하게 되다'라는 사전적 의미를 지닌 말로, 문맥에 따라 '하중이 낮아지다', '위험성을 줄이다' 등의 의미로도 쓰인다. 따라서 ⓓ의 '줄어들어'를 '완화되어'로 바꿔 쓰는 것은 문맥상

→ 문제편 120쪽

적절하다.

→ 적절함!

⑤ ⓔ : **발생(發生)하더라도**

> **풀이** '발생(發 일어날 발 生 생기다 생)하다'는 '어떤 일이나 사물이 생겨나다'의 뜻으로, '어떤 일이 생기다'의 뜻을 가진 '일어나다'와 바꿔 써도 문맥상 의미가 달라지지 않는다. 따라서 ⓔ의 '일어나더라도'를 '발생하더라도'로 바꿔 쓰는 것은 문맥상 적절하다.

→ 적절함!

[34~37] 현대소설 - 김재영, 「코끼리」

• 중심 내용

> '나'는 돼지축사를 고쳐 만든 건물의 한 방에서 아버지와 함께 살고 있다.

↓

> '나'는 3호실에 살던 알 리가 아들의 수술비로 모아 둔 비재 아저씨의 돈을 훔쳐 달아난 일을 떠올린다.

↓

> '나'는 구름이었다가 우주를 떠받치는 기둥이 된 코끼리와 높은 히말라야에서 태어났지만 공장지대에서 살아가는 아버지가 비슷하다고 생각한다.

↓

> 토야 엄마의 노랫소리를 듣던 '나'는 집을 나간 엄마를 떠올리며 그리워한다.

↓

> '나'는 달력의 히말라야 사진을 보며 고향을 떠올리고 기뻐하는 아버지의 모습에 공감하지 못한다.

↓

> 호적도 국적도 없는 '나'는 아버지가 고향인 네팔을 그리워하는 것을 부러워한다.

• 인물 관계도

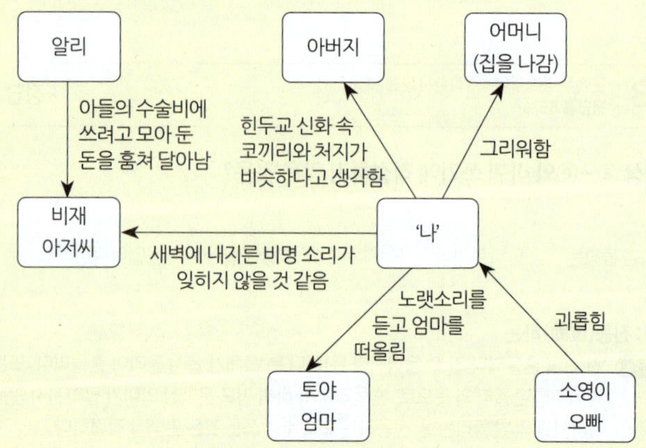

• 전체 줄거리 ([ ] : 지문 내용)

네팔인 아버지와 조선족 어머니 사이에서 태어난 ['나'는 돼지축사를 개조한 건물의 한 방에서 아버지와 함께 살고 있다. '나'는 비어 있는 3호실을 지나다가 그 방에 살던 파키스탄 청년 알리가 아들의 수술에 쓰려고 모아 둔 비재 아저씨의 돈을 훔쳐 달아난 일을 떠올린다.] '나'는 달력의 검은 동그라미를 보고 오늘이 아버지 생일임을 깨닫고, 그 동그라미가 미얀마 말로 '소용돌이'를 뜻하는 '외'처럼 보인다고 생각한다. '나'는 방을 나와 공장이 늘어선 골목을 걷다가 쿤 형과 마주치고 그가 공장에서의 사고로 손가락이 잘렸다는 것을 알게 된다. '나'는 쿤 형의 잘린 손가락을 감나무 밑에 묻으며 아버지와 자신의 손가락을 보살펴 달라고 신에게 기도한다. [방에 들어선 '나'는 힌두교 신화 속 코끼리, 집을 나간 어머니, 매일 밤 고향을 찾는 꿈을 꾸는 아버지에 대한 생각 따위를 하다가] 깜빡 잠이 든다. 잠에서 깬 '나'는 생일을 맞은 아버지를 위해 네팔 음식을 만들어 주려고 슈퍼에 간다. '나'는 거럼머셀라(여러 가지 양념을 말려 가루로 낸 아시아 남부 지역의 향신료) 한 봉지와 음료 한 병을 훔치다가 슈퍼 주인에게 들켜 도망친다. '나'는 해가 질 때까지 골목을 돌아다니다가 비재 아저씨가 인도인인 노랭이 아저씨의 지갑을 뺏는 모습을 목격한다. 그 순간 '나'는 소용돌이 같은 '외'에 빠져나오지 못하는 코끼리의 모습을 환상처럼 본다.

• 어휘 풀이

* 베니어판 : 나무를 얇게 쪼개 붙여 만든 널빤지.

---

* 갱지 : 지면이 좀 거칠고 품질이 낮은 종이.
* 철야근무 : 잠을 자지 않고 밤을 새워 하는 근무.
* 특근 : 정해진 근무 시간 외에 특별히 더 하는 근무.
* 발에 차일 : 여기저기 흔하게 널려 있을.
* 퍼체우라 : 네팔 남자들이 몸에 걸치는 직사각형의 천.
* 인드라 : 인도의 베다 신화에 나오는 비와 천둥의 신. 하늘의 제왕으로 몸은 모두 갈색이고, 팔은 네 개이며, 두 개의 창을 들고 코끼리를 타고 다님.
* 브라마 : 힌두교의 창조신.
* 힌두교 : 인도의 토착 신앙과 브라만교가 융합한 종교. 인도 신화를 바탕으로 하는 종교로, 인도를 비롯한 남아시아에서 널리 믿음.
* 후미진 : 구석지고 으슥한.
* 푼돈 : 얼마 되지 않는 돈.
* 연명하는 : 목숨을 겨우 이어 살아가는.
* 미풍 : 약하게 부는 바람.
* 너울댄다 : 부드럽고 느릿하게 계속 굽이쳐 움직인다.
* 쥐 잡듯 : 꼼짝 못 하게 해 놓고 마구 잡는 모양을 빗댄 말.
* 춤바 : 네팔 전통 의상으로, 두꺼운 겉옷.
* 달 : 콩 수프.
* 바트 : 밥.
* 청강생 : 정규 학생으로 등록되어 있지 않으면서 강의를 듣도록 허락받은 학생.

> **34** | 내용 이해 – 적절한 것 고르기
> 정답률 70%, 매력적 오답 ③ 10%
>
> 정답 ②

윗글을 이해한 내용으로 가장 적절한 것은?

① '비재 아저씨'는 자신의 돈을 훔쳐 달아난 '알리'의 처지를 이해하고 있다. *(행동에 분노하고)*

> **근거** 알리는 도둑질을 하고 마을을 떠났다. 강풍이 불던 날 밤의 어둠과 소란을 틈타 한방을 쓰던 비재 아저씨의 돈을 훔쳐 달아난 것이다. / 비재 아저씨가 그날 새벽에 내지른 절망과 분노에 찬 비명 소리
>
> **풀이** '알리'가 자신의 돈을 훔쳐 달아난 사실을 알게 된 '비재 아저씨'는 절망과 분노에 찬 비명을 지른다. 그가 '알리'의 처지를 이해하는 모습은 나타나지 않는다.

→ 적절하지 않음!

✓② '나'는 마을에 불행이 잦아 사람들이 웬만한 일에는 무신경하다고 여기고 있다.

> **근거** 이 마을에선 불행이 너무나 흔해 발에 차일 지경이다. 그래서 웬만한 일에는 누구도 신경 쓰지 않는다.
>
> **풀이** '나'는 자신이 사는 마을에는 불행한 일이 자주 일어나 사람들이 웬만한 일에는 신경 쓰지 않는다고 생각한다.

→ 적절함!

③ '아버지'는 힌두교 신화에 대한 '나'의 반응을 못마땅해하고 있다. *(살피고)*

> **근거** "어느 날 창조주 브라마가 '세계의 알'을 깨뜨리면서 코끼리의 격이 낮아져 그만 우주를 떠받치는 기둥이 되었단다." 나는 눈을 질끈 감았다. 아버지는 슬쩍 내 안색을 살폈다.
>
> **풀이** '아버지'는 힌두교 신화를 들려주며 '나'의 반응을 살피고 있을 뿐, 못마땅해하고 있지 않다.

→ 적절하지 않음!

④ '토야 엄마'는 스리랑카로 추방된 '남편'을 무책임하다고 생각하고 있다.

> **근거** 지난봄에 단속반을 피해 뒷산으로 도망치다가 발목을 삐어 결국 잡히고 만 토야 아빠는 스리랑카로 추방된 뒤 돌아오지 못하고 있다. 혼자 남은 토야 엄마는 집에서 기계부품에 나사를 꿰어 버는 푼돈으로 연명하는 눈치다.
>
> **풀이** '토야 엄마'는 '남편'이 스리랑카로 추방된 후 홀로 힘들게 생활하고 있지만 '남편'을 원망하는 내용은 나타나지 않는다.

→ 적절하지 않음!

⑤ '아버지'는 고향에 돌아가지 못하고 한국에서 살아야만 하는 현실에 절망하고 있다.

> **근거** 밤마다 아버지는 낡은 춤바를 입고 고향 마을로 찾아가는 꿈을 꾼다. ~ 하지만 다음 날 공항에서 비행기에 오르려고 하면 누군가 아버지 앞을 가로막으며 거칠게 끌어낸다고 했다. "난 한국으로 돌아가야 돼. 거기 내 가족이 있어. 제발, 보내줘. 일자리도, 이웃도, 내 청춘도 거기 두고 왔단 말이야. 제발……!" 잠꼬대 끝에 몸을 벌떡 일으키는 아버지는 ~ 어둠 속에서 긴 안도의 숨을 내쉰다.
>
> **풀이** '아버지'는 밤마다 고향에 갔다가 한국으로 돌아가지 못하게 되자 가족이 있는 한국에 돌아가야 한다고 외치는 꿈을 꾼다. 그리고 땀범벅으로 잠에서 깬 뒤에 안도의 숨을 내쉰다. 이를 통해 '아버지'가 고향을 그리워하고 있다는 것을 확인할 수 있으나, 고향

→ 문제편 121쪽

에 돌아가지 못하고 한국에서 살아야만 하는 현실에 절망하고 있다고 볼 수 없다.

→ 적절하지 않음!

---

35 서술상 특징 – 적절하지 않은 것 고르기
정답률 75%, 매력적 오답 ④ 10% ··· 정답 ③

[A]에 대한 설명으로 적절하지 않은 것은?

> [A] 그 방에 살던 파키스탄 청년 알리는 도둑질을 하고 마을을 떠났다. 강풍이 불던 날 밤의 어둠과 소란을 틈타 한방을 쓰던 비재 아저씨의 돈을 훔쳐 달아난 것이다. 비재 아저씨는 송금비용을 아끼려고 벽에 구멍을 파서 돈을 숨겨놓았다고 한다. 그날 밤 알리가 돈을 꺼낼 때 나던 조심스런 부스럭거림을 아저씨는 왜 듣지 못했을까. 하긴, 이틀 연속 철야근무에 특근까지 했으니 그럴 만도 하다. 게다가 그날따라 2호실 방글라데시 아주머니의 갓난아기는 밤새 잠을 자지 않고 보챘고, 저녁 내내 텔레비전 앞에서 시끄럽게 떠들던 1호실 미얀마 아저씨들은 나중엔 취한 목소리로 노래를 불러대기까지 했다. 밤에 일하는 5호실의 러시아 아가씨 마리나는 아예 집에 들어오지도 않았다. 4호실에서 사는 아버지와 나만이 일찌감치 불을 끄고 어둠 속에 누워 있었다. 하지만 우리들 역시 머릿속으로는 매우 혼란스러운 생각, 집 나간 어머니 생각에 빠져 있어서 누군가 돈을 훔치느라 바스락대는 소리를 들을 수 없었다. 사실 알리는 비재 아저씨 아들의 생명을 훔쳐 도망간 거나 다름없다. 아저씨는 막내아들의 심장수술 비용을 마련하려고 여기 왔으니까. 이 마을에선 불행이 너무나 흔해 발에 차일 지경이다. 그래서 웬만한 일에는 누구도 신경 쓰지 않는다. 하지만 비재 아저씨가 그날 새벽에 내지른 절망과 분노에 찬 비명 소리는 한동안 잊히지 않을 것 같다.

① 특정 사건이 지닌 의미를 서술자가 제시하고 있다.
- 근거 [A] 사실 알리는 비재 아저씨 아들의 생명을 훔쳐 도망간 거나 다름없다. 아저씨는 막내아들의 심장수술 비용을 마련하려고 여기 왔으니까.
- 풀이 [A]에서 서술자인 '나'는 알리가 훔친 비재 아저씨의 돈이 아들의 심장수술 비용이었다는 점을 들어, 이는 비재 아저씨 아들의 생명을 훔쳐 도망간 거나 다름없다며 사건이 지닌 의미를 제시하고 있다.
  → 적절함!

② 특정 사건의 전말을 서술자가 *요약적으로 설명하고 있다. *간단히 줄여서
- 근거 [A] 그 방에 살던 파키스탄 청년 알리는 도둑질을 하고 마을을 떠났다. 강풍이 불던 날 밤의 어둠과 소란을 틈타 한방을 쓰던 비재 아저씨의 돈을 훔쳐 달아난 것이다. 비재 아저씨는 송금비용을 아끼려고 벽에 구멍을 파서 돈을 숨겨놓았다고 한다. 그날 밤 알리가 돈을 꺼낼 때 나던 조심스런 부스럭거림을 아저씨는 왜 듣지 못했을까. 하긴, 이틀 연속 철야근무에 특근까지 했으니 그럴 만도 하다.
- 풀이 [A]에서 서술자인 '나'는 비재 아저씨가 고된 근무에 지쳐 잠든 사이에 알리가 아저씨의 돈을 훔쳐 달아난 사건을 요약하여 설명하고 있다.
  → 적절함!

③ 특정 사건을 일으킨 인물의 *내적 동기를 서술자가 분석하여 제시하고 있다. *정신이나 마음의 작용으로 어떤 일이나 행동을 일으키게 하는 계기
- 풀이 [A]에서 서술자인 '나'는 알리가 비재 아저씨의 돈을 훔쳐 달아난 사건을 설명하고 있지만 사건을 일으킨 알리의 내적 동기를 분석하여 제시하고 있지 않다.
  → 적절하지 않음!

④ 특정 사건이 발생한 시점에 주변에서 벌어진 여러 정황을 *나열하고 있다. *나란히 늘어놓고
- 풀이 [A]에서 서술자인 '나'는 알리가 비재 아저씨의 돈을 훔쳐 달아날 때 이를 눈치채지 못했던 이웃들의 여러 상황을 나열하고 있다.
  → 적절함!

⑤ 특정 사건의 피해자가 보인 행동에 대한 서술자의 심리적 반응을 보여 주고 있다.
- 근거 [A] 비재 아저씨가 그날 새벽에 내지른 절망과 분노에 찬 비명 소리는 한동안 잊히지 않을 것 같다.
- 풀이 [A]에서 서술자인 '나'는 알리가 자신의 돈을 훔쳐 달아났음을 알게 된 비재 아저씨의 절망과 분노에 찬 비명 소리를 잊을 수 없을 것이라고 하였다. 이를 통해 사건의 피해자인 비재 아저씨가 보인 행동에 대한 서술자의 심리적 반응이 나타나고 있음을 알 수 있다.
  → 적절함!

`1등급 문제`

36 소재의 의미 – 적절한 것 고르기
정답률 60%, 매력적 오답 ②④ 15% ··· 정답 ③

㉠ ~ ㉤에 대한 이해로 가장 적절한 것은?

---

① ㉠ : 경제적으로 풍족해지고 싶은 비재 아저씨의 물질적 욕망이 담긴 소재이다. (아들이 건강해지길 바라는)
- 근거 그 방에 살던 파키스탄 청년 알리는 도둑질을 하고 마을을 떠났다. 강풍이 불던 날 밤의 어둠과 소란을 틈타 한방을 쓰던 비재 아저씨의 ㉠돈을 훔쳐 달아난 것이다./ 사실 알리는 비재 아저씨 아들의 생명을 훔쳐 도망간 거나 다름없다. 아저씨는 막내아들의 심장수술 비용을 마련하려고 여기 왔으니까.
- 풀이 ㉠(돈)은 비재 아저씨가 아들의 심장 수술을 위해 모은 것이므로 아들이 건강해지길 바라는 비재 아저씨의 소망이 담긴 것이지 경제적으로 풍족해지고 싶은 욕망이 담긴 것이 아니다.
  → 적절하지 않음!

② ㉡ : 아버지의 현재 삶과 대조되는 것으로 아버지에 대한 '나'의 안타까운 심정을 *대변하는 소재이다. (동일시되는) *어떤 사실이나 의미를 대표적으로 나타내는
- 근거 코끼리는 원래 인도 신들의 왕 인드라를 태우는 구름이었다고 한다. ~ "어느 날 창조주 브라마가 '세계의 알'을 깨뜨리면서 코끼리의 격이 낮아져 그만 우주를 떠받치는 기둥이 되었단다." / 문득 아버지가 ㉡코끼리처럼 여겨졌다. 구름보다 높은 히말라야에서 태어나 이곳, 후미진 공장지대에서 살아가고 있으니……
- 풀이 '나'는 힌두교 신화에서 하늘의 구름이었다가 신의 실수로 우주를 떠받치는 기둥으로 내려오게 된 코끼리가 마치 높은 히말라야에서 태어났지만 구석진 땅으로 내려와 살고 있는 아버지와 비슷하다고 생각한다. 따라서 ㉡(코끼리)은 아버지의 현재 삶과 동일시되는 것이지, 대조되는 것으로 볼 수 없다.
  → 적절하지 않음!

③ ㉢ : *부재하는 가족에 대한 '나'의 그리움의 정서를 **유발하는 소재이다. *곁에 없는 **어떤 것이 다른 일을 일어나게 하는
- 근거 어디선가 ㉢노랫소리가 들려온다. 가늘게 떨리는 그 목소리 주인은 2호실 토야 엄마. ~ 탈 모르넷 아게 슈두 바레크 피레아쇼크, 기도꽃을 꺾어 왜 그냥 버렸을까, 사랑하는 사람이 죽기 전에 다시 돌아오세요…… 갑자기 어머니 생각이 난다.
- 풀이 '나'는 토야 엄마가 부르는 노래를 듣고 집을 나간 어머니를 떠올리며 그리워한다. 따라서 ㉢(노랫소리)은 부재하는 가족, 즉 엄마에 대한 '나'의 그리움의 정서를 유발하는 소재로 볼 수 있다.
  → 적절함!

④ ㉣ : 어머니가 떠난 이후 *방치된 가정의 모습을 **표상하는 것으로 아버지에게 쓸쓸함을 느끼게 하는 소재이다. (기억 속의 어머니를) *내버려 두어진 **구체적으로 드러내는 ('나'에게 어머니에 대한 그리움을)
- 근거 갑자기 어머니 생각이 난다. ㉣신 김치와 미역국 냄새, 연한 레몬로션 냄새, ~ 신비한 살내까지. 지난봄에 어머니가 남기고 간 냄새는 한동안 방 안 어딘가에 남아 미풍이 불 때마다 언뜻언뜻 맡아졌다.
- 풀이 ㉣(신 김치)은 어머니를 생각하면 떠오르는 것으로 이를 통해 어머니에 대한 '나'의 그리움이 드러나는 것이지, ㉣(신 김치)이 어머니가 떠난 이후 방치된 가정의 모습을 나타내는 것도, 아버지에게 쓸쓸함을 느끼게 하는 소재도 아니다.
  → 적절하지 않음!

⑤ ㉤ : 아버지가 고향에 대해 느끼는 감정에 '나'가 공감하게 되는 소재이다. (공감하지 못하는)
- 근거 히말라야 ㉤달력 사진에 내려앉아 너울댄다./ 아버지는 해마다 똑같은 달력을 사 온다. 아버지가 그 사진을 보면서 기쁨을 얻듯이 나도 그렇게 되기를 바라는 걸까? 하지만 내 눈엔 오후 빛을 받은 히말라야가 금으로 씌운 어금니처럼 보일 뿐이다. 햇빛에 녹아내리기 직전의 노란 바닐라 아이스크림이거나.
- 풀이 ㉤(달력 사진)의 히말라야를 보며 아버지는 고향을 떠올리고 기쁨을 얻는다. 그러나 '나'는 그 달력 사진을 보며 히말라야가 '금으로 씌운 어금니'가 '녹아내리기 직전의 노란 바닐라 아이스크림' 같다고 느끼며 아버지의 감정에 공감하지 못하는 모습을 보인다.
  → 적절하지 않음!

---

37 감상의 적절성 – 적절하지 않은 것 고르기
정답률 80% ··· 정답 ③

〈보기〉를 바탕으로 윗글을 감상한 내용으로 적절하지 않은 것은? `3점`

> | 보기 |
> [1]「코끼리」는 더 나은 삶을 꿈꾸며 고향을 떠나 한국으로 온 이주 노동자(취업을 위해 본래 살던 곳을 떠나 다른 지역이나 국가에 정착한 노동자)들이 차별 속에서 힘겹게 살아가는 모습을 이주 노동자 2세인 '나'의 시각을 통해 사실적으로 묘사하고(자세하게 그려내듯이 말로 표현하고) 있는 작품이다. [2]이들은 열악한 주거 환경과 궁핍한 경제적 상황 속에서 사회적, 정서적으로 고립된 삶을 살아간다. [3]특히 네팔인 아버지와 조선족 어머니 사이에서 태어나 편견(공정하지 못하고 한쪽으로 치우친 생각)과 정체성(원래의 참된 모습)의 혼란 속에서 소외감을 느끼는 '나'의 모습은 이주 노동자 2세가 마주하는 현실을 드러내고 있다. [4]또한, 이주 노동자가 겪는 문제가 다음 세대에 이어질 수도 있음을 보여 준다.

→ 문제편 122쪽

① '아버지'와 '나'가 '돼지축사'를 개조한, '낡은 베니어판 문 다섯 개가 나란히 붙어 있는' 건물에서 살고 있'는 것은 이주 노동자들의 열악한 삶을 사실적으로 보여 주는 것이군.

> **근거** 〈보기〉-1~2 「코끼리」는 더 나은 삶을 꿈꾸며 고향을 떠나 한국으로 온 이주 노동자들이 차별 속에서 힘겹게 살아가는 모습을 ~ 사실적으로 묘사하고 있는 작품이다. 이들은 열악한 주거 환경 ~ 속에서 사회적, 정서적으로 고립된 삶을 살아간다. **아버지와 나는 십여 년 전까지 돼지축사로 쓰였다는, 낡은 베니어판 문 다섯 개가 나란히 붙어 있는 건물에서 살고 있다.**

> **풀이** 〈보기〉에서 윗글은 이주 노동자들이 힘겹게 살아가는 모습을 사실적으로 묘사하고 있다고 하였다. 따라서 '아버지'와 '나'가 '돼지축사'를 개조한, '낡은 베니어판 문 다섯 개가 나란히 붙어 있는 건물에서 살고 있'는 것은, 이주 노동자들의 열악한 삶을 사실적으로 보여 주는 것이라 할 수 있다.

→ 적절함!

② '혼자 남은 토야 엄마'가 '집에서 기계부품에 나사를 꿰어 버는 푼돈으로' 생계를 이어 가는 모습은 궁핍한 경제적 상황 속에서 살아가는 이주 노동자의 현실을 보여 주는 것이군.

> **근거** 〈보기〉-1~2 「코끼리」는 더 나은 삶을 꿈꾸며 고향을 떠나 한국으로 온 이주 노동자들이 ~ 궁핍한 경제적 상황 속에서 사회적, 정서적으로 고립된 삶을 살아간다. 지난봄에 단속반을 피해 뒷산으로 도망치다가 발목을 삐어 결국 잡히고 만 토야 아빠는 스리랑카로 추방된 뒤 돌아오지 못하고 있다. **혼자 남은 토야 엄마는 집에서 기계부품에 나사를 꿰어 버는 푼돈으로 연명하는 눈치다.**

> **풀이** 남편이 추방당한 후 '혼자 남은 토야 엄마'가 '집에서 기계부품에 나사를 꿰어 버는 푼돈으로' 겨우 생계를 이어가는 모습을 통해 이주 노동자들이 경제적으로 궁핍한 상황 속에서 살아가는 현실을 엿볼 수 있다.

→ 적절함!

③ 아버지가 '꿈'에서 '가족이 있어' '한국으로 돌아가야' 한다는 것은 이주 노동자들이 받는 차별과 그 아픔이 다음 세대에게 이어진 현실을 보여 주는 것이군.

안정감을 느끼지 못하고 정서적으로 소외된

> **근거** 밤마다 아버지는 낡은 츰바를 입고 고향 마을로 찾아가는 **꿈**을 꾼다. ~ 하지만 다음 날 공항에서 비행기에 오르려고 하면 누군가 아버지 앞을 가로막으며 거칠게 끌어낸다고 했다. "난 **한국으로 돌아가야** 돼. 거기 내 **가족이 있어**. 제발, 보내줘. 일자리도, 이웃도, 내 청춘도 거기 두고 왔단 말이야. 제발……!" 잠꼬대 끝에 몸을 벌떡 일으키는 아버지는 ~ 어둠 속에서 긴 안도의 숨을 내쉰다.

> **풀이** 아버지는 '꿈'에서 고향에 갔다가 한국행 비행기에 오르려는 것을 가로막는 누군가에게 자신은 '가족이 있어' '한국으로 돌아가야' 한다고 애원하다가 잠에서 깬다. 이는 아버지가 고향에서도 한국에서도 안정감을 느끼지 못하고 정서적으로 소외된 현실을 보여 주는 것이지 이주 노동자들이 받는 차별과 그 아픔이 다음 세대에게 이어진 현실을 보여 주는 것은 아니다.

→ 적절하지 않음!

④ '나'가 '태어난 곳은 있지만 고향이 없다'라고 생각하는 것은 이주 노동자 2세가 *이방인으로서 느끼는 정체성의 혼란을 보여 주는 것이군. * 다른 나라에서 온 사람

> **근거** 〈보기〉-3 네팔인 아버지와 조선족 어머니 사이에서 태어나 편견과 정체성의 혼란 속에서 소외감을 느끼는 '나'의 모습은 이주 노동자 2세가 마주하는 현실을 드러내고 있다. 난…… **태어난 곳은 있지만 고향이 없다.** 한국에 네팔 대사관이 없어 아버지는 혼인 신고를 못했다. 그래서 내겐 호적도 없고 국적도 없다.

> **풀이** 네팔인인 아버지가 한국에서 혼인신고를 하지 못해 호적도 국적도 없는 '나'가 자신은 '태어난 곳은 있지만 고향이 없다'라고 생각하는 것을 통해 이주 노동자 2세가 이방인으로서 느끼는 정체성의 혼란을 확인할 수 있다.

→ 적절함!

⑤ '나'가 '학교에서조차' 자신의 존재를 인정받을 수 없는 '청강생일 뿐'이라고 인식하는 것은 이주 노동자 2세가 느끼는 소외감과 정서적 고립을 보여 주는 것이군.

> **근거** 〈보기〉-2~3 이들은 ~ 사회적, 정서적으로 고립된 삶을 살아간다. 특히 네팔인 아버지와 조선족 어머니 사이에서 태어나 편견과 정체성의 혼란 속에서 소외감을 느끼는 '나'의 모습 한국에 네팔 대사관이 없어 아버지는 혼인신고를 못했다. 그래서 내겐 호적도 없고 국적도 없다. **학교에서조차 청강생일 뿐이다.** 살아 있지만 태어난 적이 없다고 되어 있는 아이……

> **풀이** '나'가 신분을 증명할 호적도 국적도 없어 '학교에서조차' 인정받지 못한 '청강생일 뿐'이라고 스스로를 인식하는 것을 통해 이주 노동자 2세가 느끼는 소외감과 정서적 고립을 확인할 수 있다.

→ 적절함!

[38~42] 갈래 복합

(가) 고전시가 - 작자 미상, 「청춘과부가(靑春寡婦歌)」

(젊을 靑 젊은 나이 春 없을 寡 아내 婦 노래 歌 : 젊어서 남편을 잃고 홀로된 아픔을 노래한 규방 가사)

작품 이해 단계 ① 화자 ② 상황 및 대상 ③ 정서 및 태도 ④ 주제

① 화자 : '나'

1 천지인간 만물 중에 무상(無常)할 손 이내 사정
→ 없을 無 범상할 常 : 덧없는. 허무한 것은

2 못 할러라 못 할러라 빈집 살림 못 할러라
→ (천연두를 앓아) 얼굴에 군데군데 푹 패인 자국이 생겼거나

3 얽었으나 검었으나 부부밖에 또 있는가
→ 견우성과 직녀성. 칠월칠석 저녁이면 은하수를 사이에 두고 동서로 서로 마주함

4 견우직녀성도 둘이 서로 마주 섰고
→ 중국 초나라의 보배로운 칼

5 용천검 태아검도 둘이 서로 짝이 되고
→ 옛날 장수들이 쓰던 보배로운 칼

6 날짐승 길버러지 다 각각 짝이 있건만
→ 기어다니는 벌레
→ 날아다니는 짐승 → 다음 此 삶 生 : 지금 살고 있는 세상

7 전생(前生) 차생(此生) 무슨 죄로 우리 둘이 부부되어
→ 먼저 前 삶 生 : 이 세상에 태어나기 이전의 생애

8 검은 머리 백발 되고 희던 몸이 황금 되고
→ 일백 百 해 年 함께 偕 늙을 老 : 부부가 되어 한평생을 사이좋게 지내고 즐겁게 함께 늙음

9 자손이 많고 영화를 누리며 백년해로 살자 했더니
→ 영화 榮 빛날 華 : 몸이 귀하게 되어 이름이 세상에 빛남

10 하느님도 무정하고 가운(家運)이 불행하여
→ 집 家 운수 運 : 집안의 운수
→ 없을 無 인정 情 : 인정이 없고 → 사사로울 私 인정 情 : 사사로운 정

11 조물(造物)이 시기하고 귀신조차 사정(私情) 없다
→ 시기할 猜 미워할 忌 : 샘내어 미워하고
→ 지을 造 만물 物 : 우주의 만물을 만들고 다스리는 신인 조물주

12 말 잘하고 인물 좋고 활 잘 쏘고 키 훨씬 큰

13 다정한 우리 낭군 사랑하던 우리 낭군
→ ② 대상 및 상황 : 사랑하던 '우리 낭군'이 젊은 나이에 죽은 상황

14 무슨 나이 그리 많아 청산의 외로운 혼이 된단 말인가

15 삼생 연분 아니런가 사주팔자 그러한가
→ ③ 태도 : 낭군과의 사별이 운명의 탓이라고 생각한다.
→ 전생(과거세), 현생(현재세), 내생(미래세)의 삼생에 걸쳐 맺어진 부부의 인연

16 이미 부부 되었으면 죽지 말고 살았거나

17 그리 죽자 할 작시면 만나지나 말았거나
→ 마음 心 심정 思 : 마음

18 부질없는 이 내 심사 어느 누가 위로하리
→ 시름 愁 마음 心 : 근심하는 마음

19 심회(心懷)로다 심회로다 바다같이 깊은 수심(愁心)
→ 마음 心 품을 懷 : 마음속에 품고 있는 생각이나 느낌
→ ③ 정서 : 죽은 낭군을 그리워하며 근심한다.

20 태산같이 높은 심회 상사(相思)로다 상사로다
→ 서로 相 생각할 思 : 서로 생각하고 그리워함

21 상사하던 우리 낭군 어이 그리 못 오는가
→ 약할 弱 물 水 : 신선이 살았다는 중국 서쪽의 전설 속의 강. 길이가 삼천 리나 되며 부력이 매우 약하여 기러기의 털도 가라앉는다고 함

22 병들어 누워 인간사 끊어졌으니 못 오는가

23 약수(弱水) ⓐ삼천 리가 둘러져 있어 못 오는가
→ 일만 萬 리 里 길 長 성 城 : 서로 넘나들지 못하게 가로막는 크고 긴 장벽을 비유적으로 이르는 말

24 만리장성이 가려서 못 오는가

(중략)

25 동쪽 창에 돋은 달이 서쪽 창으로 지거든 오시려나

26 병풍에 그린 황계(黃鷄) 새벽 즈음에 날 새라고 꼬꼬 울거든 오시려나
→ 누를 黃 닭 鷄 : 털빛이 누런 닭

27 금강산 상상봉(上上峰)이 평지 되어 물 밀어 배 둥둥 뜨거든 오시려나
→ 위 上 위 上 봉우리 峰 : 가장 높은 봉우리

28 어이 그리 못 오는가 무슨 일로 못 오는가

29 가슴 속에 불이 나서 풀과 나무 다 타 간다

30 눈물이 비가 되어 붙은 불을 끄련마는
→ 아홉 九 굽을 曲 간 肝 창자 腸 : 굽이굽이 서린 창자. 깊은 마음속 또는 시름이 쌓인 마음속을 비유함

31 한숨이 바람 되어 점점 불어

32 구곡간장(九曲肝腸) 썩은 물이 눈으로 솟아날 제
→ 한강 물

33 구년지수(九年之水) 되었구나 한강지수(漢江之水) 되었구나
→ 아홉 九 해 年 ~의 之 물 水 : 오랫동안 계속되는 큰 홍수. 중국 요나라 때 9년 동안이나 계속되었다는 큰 홍수에서 유래한 말
→ ③ 정서 : 눈물로 홍수가 나고 강물을 이룰 정도로 슬픔이 극심하다.

④ 주제 : 남편과 사별한 슬픔과 남편에 대한 그리움

• **현대어 풀이**

1 세상 모든 인간과 만물 중에 허무하고 덧없는 것은 나의 사정

2 못 하겠구나 못 하겠구나 빈집 살림 못 하겠구나

3 얼굴이 얽었거나 검었거나 부부밖에 또 있는가

4 견우성과 직녀성도 둘이 서로 마주 섰고

5 용천검과 태아검도 둘이 서로 짝이 되고

→ 문제편 123쪽

⁶ 날짐승과 기는 벌레(하찮은 미물)도 다 각각 짝이 있건만

⁷ 전생과 이번 생에 무슨 죄로 우리 둘이 부부가 되어

⁸ 검은 머리가 백발이 되고 (젊어서) 희던 몸이 (나이가 들어) 황금(처럼 누렇게) 되고

⁹ 자손이 많고 영화를 누리며 한평생을 사이좋게 지내고 즐겁게 함께 늙자고 했더니

¹⁰ 하느님도 인정이 없고 집안의 운수가 불행하여

¹¹ 조물주가 질투하고 귀신조차 사사로운 정이 없다

¹² 말 잘하고 인물 좋고 활 잘 쏘고 키 훨씬 큰

¹³ 다정한 우리 낭군 사랑하던 우리 낭군

¹⁴ 무슨 나이 그리 많아(그리 많은 나이도 아닌데) (죽어서) 청산의 외로운 혼이 된단 말인가

¹⁵ 삼생의 연분이 아니던가 사주팔자가 그러한가

¹⁶ 이미 부부가 되었으면 죽지 말고 살았거나

¹⁷ 그리 (일찍) 죽을 것이었으면 (나를) 만나지나 말았거나

¹⁸ 부질없는 나의 마음 어느 누가 위로하리

¹⁹ 심회로다 심회로다 바다같이 깊은 근심

²⁰ 태산같이 높은 심회 상사로다 상사로다

²¹ 그리워하던 우리 낭군 어이 그리 못 오는가

²² 병들어 누워 인간사가 끊어졌으니 (우리 낭군이) 못 오는가

²³ 약수가 삼천 리가 둘러 있어 못 오는가

²⁴ 만리장성이 가려서 못 오는가

                 (중략)

²⁵ 동쪽 창에 돋은 달이 서쪽 창으로 지거든 오시려나

²⁶ 병풍에 그린 누런 닭이 새벽 즈음에 날 새라고 꼬꼬 울거든 오시려나

²⁷ 금강산 가장 높은 봉우리가 평지가 되어 물이 밀려 들어와 배가 둥둥 뜨거든 오시려나

²⁸ 어이 그리 못 오는가 무슨 일로 못 오는가

²⁹ 가슴 속에 불이 나서 풀과 나무 다 타 간다

³⁰ 눈물이 비가 되어 붙은 불을 끌 수 있으련만

³¹ 한숨이 바람 되어 점점 불어

³² 마음속에 담긴 깊은 시름이 썩은 물이 (되어) 눈으로 솟아날 때

³³ (눈물이) 큰 홍수가 되었구나 한강 물이 되었구나

• 지문 이해

상황		정서
• 사랑하던 우리 낭군 ~ 청산의 외로운 혼이 된단 말인가	• 병풍에 그린 황계 ~ 오시려나 • 금강산 상상봉이 ~ 오시려나	• 바다같이 깊은 수심 ~ 상사로다 • 구곡간장 ~ 한강지수 되었구나
→ 젊은 시절에 남편을 잃음('청춘과부'가 됨)	→ 사별한 남편과의 재회가 불가능함	→ 깊은 그리움과 슬픔

• 시행의 의미

시행	의미 및 효과
• 견우직녀성도 둘이 서로 마주 섰고 • 용천검 태아검도 서로 짝이 되고 • 날짐승 길버러지 다 각각 짝이 있것만	화자의 처지와 대비되는 대상 → 화자의 외로운 처지를 부각함
• 약수 삼천 리가 둘러져 있어 못 오는가 • 만리장성이 가려서 못 오는가	화자와 대상('우리 낭군') 사이의 장애물 상징 → 단절감을 강조함
• 병풍에 그린 황계 새벽 즈음에 날 새라고 꼬꼬 울거든 • 금강산 상상봉이 평지 되어 물 밀어 배 둥둥 뜨거든	불가능한 상황을 가정 → '우리 낭군'에 대한 그리움을 강조함

(나) 고전시가 - 작자 미상, 「갈까 보다 말까 보다」

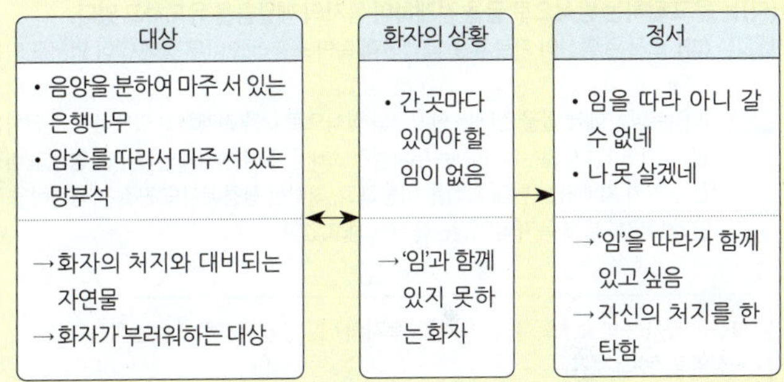

¹ **갈까 보다 말까 보다** 임을 따라 아니 갈 수 없네

² 오늘 가고 내일 가고 모레(내일의 다음 날) 가고 글피(모레의 다음 날) 가고 하루 이틀 사흘(3일) 나흘(4일) 곱잡아(곱절로 셈하여 헤아려) 여드레(8일) ⓑ 팔십 리(거리의 단위. 약 0.4km)를 다 못 갈지라도 임을 따라서 아니 갈 수 없네 천가지 만가지(수많은) **창과 칼, 도끼까지 닥친다 할지라도 임을 따라 아니 갈 수 없네** 나무라도 은행나무 는 음양(음기 陰 양기 陽 : 우주 만물의 서로 반대되는 두 가지 기운으로서 이원적 대립 관계를 나타내는 것)을 분하여(나눌 分 : 나누어) 마주 섰고 돌이라도 망부석(정조를 굳게 지키던 아내가 멀리 떠난 남편을 기다리다 그대로 죽어 화석이 되었다는 전설적인 돌)은 암수를 따라서 마주 섰는데

☐ : 화자의 처지와 대비되는 대상 → 화자의 외로운 처지를 부각함

[1] 화자 : '나'   [3] 태도 : 주책없는 '나'의 팔자를 원망한다.

³ **이 내 팔자는 왜 그리 주책없어**(이랬다저랬다 제멋대로인지) 간 곳마다 있어야 할 임 없어 나 못 살겠네 → [3] 정서 : 부재하는 '임'으로 인해 괴로움을 느낀다.

[4] 주제 : '임'과 함께 있고 싶은 간절한 마음

• 현대어 풀이

¹ 갈까 보다 말까 보다 임을 따라 아니 갈 수가 없네

² 오늘 가고 내일 가고 모레 가고 글피 가고 하루 이틀 사흘 나흘 곱절로 셈하여 헤아려 여덟 날 팔십 리를 다 못 갈지라도 임을 따라서 아니 갈 수가 없네 수많은 창과 칼, 도끼까지 닥친다 할지라도 임을 따라갈 수밖에 없네 나무라도 은행나무는 음과 양의 두 가지 기운을(암나무와 수나무로) 나누어 마주 섰고 돌이라도 망부석은 암과 수를 따라서 마주 섰는데

³ 이 내 팔자는 왜 그리 주책없어 간 곳마다 있어야 할 임이 없어 나는 못 살겠네

• 지문 이해

대상	화자의 상황	정서
• 음양을 분하여 마주 서 있는 은행나무 • 암수를 따라서 마주 서 있는 망부석	• 간 곳마다 있어야 할 임이 없음	• 임을 따라 아니 갈 수 없네 • 나 못 살겠네
→ 화자의 처지와 대비되는 자연물 → 화자가 부러워하는 대상	→ '임'과 함께 있지 못하는 화자	→ '임'을 따라가 함께 있고 싶음 → 자신의 처지를 한탄함

(다) 수필 - 신영복, 「당신이 나무를 더 사랑하는 까닭」

• 중심 내용

'나'는 소광리 솔숲의 소나무를 보며 경이로움을 느끼고, 소나무보다 더 많은 것을 소비하면서도 무엇 하나 제대로 이루어 내지 못하는 스스로를 반성한다. 또한 무한 경쟁의 논리가 만연한 현대 사회의 비정성을 비판하고, 솔방울들의 끈질긴 저력을 예찬한다.

• 어휘 풀이

* 풍상 : 바람과 서리, 온갖 어려움.
* 경이었습니다 : 놀랍고 신기했습니다.
* 신발 한 켤레의 토지 : 좁은 땅.
* 변변히 : 제대로.
* 정궁 : 궁중의 의식을 행하고 왕이 나와서 조회를 하던 궁전.
* 궁제 : 궁궐의 모습.
* 재 : 재목의 부피를 나타내는 단위.
* 기어이 : 반드시.
* 황폐해 : 거칠어지고 메말라.
* 침습 : 갑자기 침범하여 공격함.
* 경쟁수들 : 경쟁 대상이 되는 나무들. 여기서는 아카시아와 활엽수.
* 소생했다는 : 거의 죽어 가다가 다시 살아났다는.

(가) ~ (다)에 대한 설명으로 가장 적절한 것은?

선지	핵심 체크 내용	(가)	(나)	(다)
①	계절 변화	X	-	-
①	과거와 현재의 대비되는 상황	O	-	-
②	점층적 표현	-	O	-
②	대상에 대한 예찬의 태도	-	X	-
③	묻고 답하는 방식	-	-	X
③	독자의 깨달음 유도	-	-	O
④✓	열거의 방식 → 화자의 정서 강조	O	O	-
⑤	시간의 흐름에 따른 공간의 변화 → 역동적 분위기	-	X	X

① (가)는 계절 변화를 통해 과거와 현재의 대비되는 상황을 드러내고 있다.

근거 **(가)-9** 자손이 많고 영화를 누리며 백년해로 살자 했더니/ **13** 다정한 우리 낭군 사랑하던 우리 낭군/ **14** 무슨 나이 그리 많아 청산의 외로운 혼이 된단 말인가

풀이 (가)는 낭군과 백년해로를 약속했던 과거와 낭군이 죽은 뒤 화자만 홀로 남은 현재를 대비하고 있으나, 이를 계절 변화를 통해 드러내고 있지는 않다.

→ 적절하지 않음!

'임'을 따라가겠다는 화자의 의지를

② (나)는 *점층적 표현을 통해 대상에 대한 **예찬의 태도를 드러내고 있다. *표현의 정도를 점점 강하게 하거나, 크게 하거나, 높게 하는 수사법 **훌륭하다고 찬양함

근거 **(나)-2** 오늘 가고 내일 가고 모레 가고 글피 가고 하루 이틀 사흘 나흘 곱잡아 여드레 팔십 리를 다 못 갈지라도 임을 따라서 아니 갈 수 없네

풀이 (나)는 임을 따라가는 시간이 '오늘'에서 '여드레'로 점점 늘어나는 점층적 표현을 활용하여 오랜 시간이 걸리더라도 임을 따라가고자 하는 화자의 의지를 강조하고 있을 뿐, 이를 통해 대상인 임을 예찬하고 있지는 않다.

→ 적절하지 않음!

편지글 형식으로

③ (다)는 묻고 답하는 방식으로 글을 전개하여 독자의 깨달음을 유도하고 있다.

근거 **(다)** 오늘은 당신이 가르쳐 준 태백산맥 속의 소광리 소나무 숲에서 이 엽서를 띄웁니다.

풀이 (다)는 '당신'에게 말을 건네는 편지글의 형식으로 글을 전개하고 있으나 묻고 답하는 방식은 나타나지 않는다. (다)는 무차별적 소비를 일삼는 현대인과 무한 경쟁의 비정한 논리가 지배하는 현대 사회를 비판하고, 척박한 환경에서도 끈질긴 생명력을 지닌 소나무를 통해 독자의 깨달음을 유도하고 있다.

→ 적절하지 않음!

> **■ 묻고 답하는 방식으로 글을 전개하여 독자의 깨달음을 유도하고 있는 작품**
> • 정약용, 「수오재기」
> 내 밭을 지고 달아날 자가 있는가(문). 밭은 지킬 필요가 없다(답). 내 집을 지고 달아날 자가 있는가(문). 집도 지킬 필요가 없다(답). ~ 그러니 천하 만물은 모두 지킬 필요가 없다. ~ 그러니 천하에 나[吾]보다 더 잃어버리기 쉬운 것은 없다. 어찌 실과 끈으로 묶고 빗장과 자물쇠로 잠가서 나를 굳게 지키지 않겠는가.
> → 묻고 답하는 방식을 통해 천하만물은 지켜야 할 필요가 없으나 세속적 이익이나 유혹에 쉽게 흔들리는 '나(본질적 자아)'는 지켜야 한다는 내용을 제시하여 독자의 깨달음을 유도하고 있다.

④✓ (가)와 (나)는 모두, *열거의 방식을 활용하여 화자의 정서를 강조하고 있다. *예나 사실을 낱낱이 늘어놓는 방식

근거 **(가)-12** 말 잘하고 인물 좋고 활 잘 쏘고 키 훨씬 큰
(나)-2 하루 이틀 사흘 나흘 ~ 창과 칼, 도끼까지 닥친다 할지라도 임을 따라 아니 갈 수 없네

풀이 (가)는 낭군의 장점을 열거하여 사별한 낭군에 대한 그리움을 강조하고 있다. (나)는 시간의 경과와 장애물을 열거하여 어떤 상황에서도 임을 따르겠다는 의지와 임에 대한 깊은 사랑을 강조하고 있다.

→ 적절함!

⑤ (나)와 (다)는 모두, 시간의 흐름에 따른 공간의 변화를 통해 *역동적 분위기를 드러내고 있다. *힘차고 활발하게 움직이는

근거 **(나)-2** 오늘 가고 내일 가고 모레 가고 글피 가고 하루 이틀 사흘 나흘 곱잡아 여드레 팔십 리를 다 못 갈지라도 임을 따라서 아니 갈 수 없네
(다) 오늘은 당신이 가르쳐 준 태백산맥 속의 소광리 소나무 숲에서 이 엽서를 띄웁니다./ 언젠가 경복궁 복원 공사 현장에 가 본 적이 있습니다./ 외딴섬에 갇혀 목말라 하는 남산의 소나무들을 생각했습니다./ 나는 마치 꾸중 듣고 집 나오는 아이처럼 산을 나왔습니다.

풀이 (나)는 '오늘 가고 내일 가고'에서 시간의 흐름을 제시하여 임을 따라가는 상황을 가정하고 있으나, 공간의 변화가 나타나지는 않으며 역동적 분위기 또한 나타난다고 보기 어렵다. (다)의 글쓴이는 '소광리 소나무 숲'에서 '경복궁'과 '남산'을 떠올릴 뿐, 시간의 흐름에 따른 공간의 변화는 나타나지 않으며 역동적 분위기도 나타나지 않는다.

→ 적절하지 않음!

> **■ 시간의 흐름에 따른 공간의 변화가 나타나는 작품**
> • 위백규, 「농가(農歌)」(2021년 고1 6월 학평, 2022학년도 수능)
> 땀은 듣는(방울져 떨어지는) 대로 듣고 볕은 쬘 대로 쬔다/ ~ 돌아가자 돌아가자 해 지거든 돌아가자/ 계변(시내 溪 가장자리 邊 : 물이 흐르는 시내의 가)에 손발 씻고 호미 메고 돌아올 제
> → '낮'에서 '저녁'으로의 시간 경과와 함께 농사일을 하던 '들'에서 '계변'을 거쳐 '집'으로 돌아오는 공간의 변화가 나타난다.

ⓐ, ⓑ에 대한 이해로 가장 적절한 것은?

> **(가)-23** 약수 ⓐ삼천 리가 둘러져 있어 못 오는가
> **(나)-2** ⓑ팔십 리를 다 못 갈지라도 임을 따라서 아니 갈 수 없네

① ⓐ는 임의 마음을 확인하고 싶은 화자의 바람을 의미한다.

풀이 ⓐ(삼천 리)는 화자와 임의 단절감을 강조할 뿐, 임의 마음을 확인하고 싶은 화자의 바람을 의미하지는 않는다.

→ 적절하지 않음!

② ⓑ는 임과의 물리적 거리로 인한 화자의 절망감을 의미한다.

풀이 ⓑ(팔십 리)는 아무리 먼 거리라도 임을 따라가겠다는 화자의 의지를 강조하기 위해 설정된 거리이다. 이를 임과의 물리적 거리로 인한 화자의 절망감을 의미한다고 보는 것은 적절하지 않다.

→ 적절하지 않음!

③ ⓐ는 화자가 가야 할 험난한 여정을, ⓑ는 임이 가야 할 시련의 길을 의미한다.

풀이 ⓐ(삼천 리)는 화자와 임 사이의 단절의 정도를 의미할 뿐, 화자가 가야 할 험난한 여정과는 관련이 없다. ⓑ(팔십 리)는 화자가 임에게 가기 위해 감내할 수 있는 시련의 길을 의미할 뿐, 임이 가야 할 시련의 길을 의미하지는 않는다.

→ 적절하지 않음!

④ ⓐ는 임에 대한 화자의 심리적 거리감을, ⓑ는 화자에 대한 임의 심리적 거리감을 강조한다.

풀이 ⓐ(삼천 리)는 화자와 죽은 임 사이에 놓인 약수의 거리로, 극복할 수 없는 단절감을 나타내므로 임에 대한 화자의 심리적 거리감을 강조하는 것으로 볼 수 있다. 한편, ⓑ(팔십 리)는 화자가 임을 따르기 위해 기꺼이 감수하려는 거리를 의미하므로 화자에 대한 임의 심리적 거리감으로 이해하는 것은 적절하지 않다.

→ 적절하지 않음!

⑤✓ ⓐ는 화자와 임 사이의 단절된 정도를, ⓑ는 화자가 감내해야 할 고난의 정도를 강조한다.

풀이 ⓐ(삼천 리)는 화자와 죽은 임 사이에 놓인, 건널 수 없는 장애물(약수)의 거리를 의미한다. 따라서 이는 화자와 임 사이의 단절된 정도를 강조한다고 볼 수 있다. ⓑ(팔십 리)는 화자가 임에게 가기 위해 기꺼이 가고자 하는 거리이므로 화자가 임과 함께하기 위해 감내해야 할 고난의 정도를 강조한다고 할 수 있다.

→ 적절함!

<보기>를 참고하여 (가)와 (나)를 감상한 내용으로 적절하지 않은 것은?

> **| 보기 |**
> [1] 사랑하는 대상과의 이별 상황을 노래하고 있는 시에서, 시적 화자가 이에 대처하는 양상은 다양하게 나타난다. [2] 시적 화자는 이별이라는 현실을 부정하거나, 이를 극복하기 위해 적극적이고 능동적인 태도를 보이기도 한다. [3] 또한 이별의 현실에 체념, 원망, 자책(스스로 自 꾸짖을 責 : 스스로 깊이 뉘우치고 자신을 책망함)과 같이 소극적이고 수동적인 태도를 보이기도 한다. [4] 그리고 이별에 대처하는 이러한 양상은 복합적으로도 나타난다.

→ 문제편 **124쪽**

① (가)의 '조물이 시기하고 귀신조차 사정 없다'에는 임과 사별한 이유를 외부 요인으로 돌리는 화자의 원망이 나타나 있군.
근거 <보기>-3 이별의 현실에 체념, 원망
(가)-11 조물이 시기하고 귀신조차 사정 없다
풀이 (가)의 '조물이 시기하고 귀신조차 사정 없다'에는 낭군과 사별한 이유를 '조물', '귀신'과 같은 외부 요인으로 돌리며 이들을 원망하는 화자의 태도가 드러난다.
→ 적절함!

② (가)의 '어이 그리 못 오는가 무슨 일로 못 오는가'에는 임과 사별했다는 상황을 받아들이기 힘들어하는 화자의 *애절한 정서가 담겨 있군. *견디기 어렵도록 애타는
근거 <보기>-2 시적 화자는 이별이라는 현실을 부정하거나,
(가)-28 어이 그리 못 오는가 무슨 일로 못 오는가
풀이 (가)의 화자가 '어이 그리 못 오는가 무슨 일로 못 오는가'라고 낭군이 돌아오지 않는 이유를 반복하여 묻는 것에서 임과 사별했다는 현실을 받아들이지 못하고 힘들어하는 화자의 애절한 정서를 확인할 수 있다.
→ 적절함!

③ (가)의 '사주팔자 그러한가'와 (나)의 '이 내 팔자는 왜 그리 주책없어'에는 모두, 이별의 원인을 자신에게서 찾는 화자의 자책이 나타나 있군.
운명의 탓으로 돌리는 화자의 체념이
근거 <보기>-3 이별의 현실에 체념, 원망, 자책
(가)-15 삼생 연분 아너런가 사주팔자 그러한가
(나)-3 이 내 팔자는 왜 그리 주책없어 간 곳마다 있어야 할 임 없어 나 못 살겠네
풀이 (가)의 '사주팔자 그러한가'와 (나)의 '이 내 팔자는 왜 그리 주책없어'에는 모두 이별의 원인을 자신의 '팔자'에서 찾는 모습이 담겨 있다. 이는 이별의 원인을 자신이 타고난 '운명'의 탓으로 여기는 것이므로 이별의 원인에 대한 화자의 자책이 나타난다고 볼 수 없다.
→ 적절하지 않음!

④ (나)의 '갈까 보다 말까 보다'에는 이별에 대처하는 화자의 복합적인 태도가 드러나 있군.
근거 <보기>-4 이별에 대처하는 이러한 양상은 복합적으로도 나타난다.
(나)-1 갈까 보다 말까 보다
풀이 (나)의 '갈까 보다 말까 보다'에는 이별 상황을 극복하기 위한 적극적이고 능동적인 태도('갈까 보다')와 이별 상황에 체념하는 소극적이고 수동적인 태도('말까 보다')가 복합적으로 나타난다.
→ 적절함!

⑤ (나)의 '창과 칼, 도끼까지 닥친다 할지라도 임을 따라 아니 갈 수 없네'에는 임과의 이별을 거부하겠다는 화자의 적극적 의지가 드러나 있군.
근거 <보기>-2 시적 화자는 이별이라는 현실을 부정하거나, 이를 극복하기 위해 적극적이고 능동적인 태도를 보이기도 한다.
(나)-2 천가지 만가지 창과 칼, 도끼까지 닥친다 할지라도 임을 따라 아니 갈 수 없네
풀이 (나)의 '창과 칼, 도끼까지 닥친다 할지라도 임을 따라 아니 갈 수 없네'는 어떤 시련('창과 칼, 도끼까지 닥친다 할지라도')이 닥쳐도 임을 따르겠다는 것으로, 임과의 이별을 거부하는 화자의 적극적 의지가 드러나 있다.
→ 적절함!

1등급 문제
41 인물의 태도 – 적절하지 않은 것 고르기
정답률 60%, 매력적 오답 ② 15% ⑤ 10%
정답 ④

(다)의 '나'와 '당신'에 대한 이해로 적절하지 않은 것은?

① '나'는 인간이 이기적인 태도로 자연을 대한다고 여기고 있다.
근거 (다) 경복궁의 복원에 소요되는 나무가 원목으로 200만 재, 11톤 트럭으로 500대라는 엄청난 양이라고 합니다. 소나무가 없어져 가고 있는 지금에 와서도 기어이 소나무로 복원한다는 것이 무리한 고집이라고 생각됩니다. ~ 그것은 이를테면 고난에 찬 몇 백만 년의 세월을 잘라 내는 것이나 마찬가지입니다.
풀이 '나'는 경복궁 복원에 소요되는 나무의 양을 언급하면서 인간의 필요에 따라 수많은 소나무를 베어 내는 것은 무리한 고집이며, 몇 백만 년의 세월을 잘라내는 것이나 다름 없다며 비판하고 있다. 이는 인간이 이기적인 태도로 자연을 대한다고 여기는 '나'의 태도를 보여 주는 것이다.
→ 적절함!

② '나'는 인간 세상만이 아니라 자연에도 무한 경쟁의 논리가 적용되고 있다고 생각하고 있다.
근거 (다) 그러나 그보다 더 무서운 것이 아카시아와 활엽수의 침습이라니 ~ 척박한 땅을 겨우겨우 가꾸어 놓으면 이내 다른 경쟁수들이 쳐들어와 소나무를 몰아내고 만다는 것입니다. 무한 경쟁의 비정한 논리가 뻗어 오지 않는 곳이 없습니다.
풀이 '나'는 아카시아와 활엽수와 같은 경쟁수들이 소나무를 몰아내는 상황을 언급하며 인간 세상뿐만 아니라 자연에도 무한 경쟁의 비정한 논리가 적용된다는 것을 지적하

고 있다.
→ 적절함!

③ '당신'은 '나'가 소광리 소나무 숲에서 바람직한 삶의 태도를 깨닫는 계기를 마련해 주었다.
근거 (다) 오늘은 당신이 가르쳐 준 태백산맥 속의 소광리 소나무 숲에서 이 엽서를 띄웁니다. / 소나무보다 훨씬 더 많은 것을 소비하면서도 무엇 하나 변변히 이루어 내지 못하고 있는 나에게 소광리의 솔숲은 마치 회초리를 들고 기다리는 스승 같았습니다.
풀이 '나'는 당신이 알려 준 소광리 소나무 숲에서, 척박한 환경에서도 저력을 보이는 소나무를 보며 소비 위주의 삶을 성찰하고, 바람직한 삶의 태도를 깨닫게 된다. 따라서 '당신'은 '나'가 바람직한 삶의 태도를 깨닫는 계기를 마련해 주었다고 볼 수 있다.
→ 적절함!

④ '나'와 '당신'은 모두, 살아남기를 포기한 남산의 소나무에 대한 인식의 변화를 드러내고 있다.
근거 (다) 남산의 소나무가 이제는 더 이상 살아남기를 포기하고 자손들이나 기르겠다는 체념으로 무수한 솔방울을 달고 있다는 당신의 이야기는 우리를 슬프게 합니다.
풀이 남산의 소나무가 살아남는 일을 포기했다는 언급은 있으나, 이에 대한 '나'와 '당신'의 인식 변화는 언급되어 있지 않다.
→ 적절하지 않음!

⑤ '나'와 '당신'은 모두, 대가를 치르며 감상하고 싶을 정도로 자연이 지닌 가치가 높다고 평가하고 있다.
근거 (다) 어젯밤 별 한 개 쳐다볼 때마다 100원씩 내라던 당신의 말이 생각납니다. 오늘은 소나무 한 그루 만져볼 때마다 돈을 내야겠지요.
풀이 별 한 개 쳐다볼 때마다 100원씩 내라고 한 '당신'의 말이나 소나무 한 그루 만져볼 때마다 돈을 내야겠다는 '나'의 생각을 통해 돈이라는 대가를 치르며 감상하고 싶을 정도로 자연의 가치를 높이 평가하고 있음을 알 수 있다.
→ 적절함!

1등급 문제
42 감상의 적절성 – 적절하지 않은 것 고르기
정답률 60%, 매력적 오답 ④ ⑤ 15%
정답 ③

<보기>를 참고하여 (가) ~ (다)를 감상한 내용으로 적절하지 않은 것은? 3점

| 보기 |
[1] 문학 작품에서 작가는 정서나 사상을 직접적으로 드러내기보다는 특정 사물이나 상황을 통해 간접적으로 돌려 말하는 경우가 많다. [2] 이때 특정 사물이나 상황은 화자나 글쓴이의 처지와 동일시되거나 대조되어 정서를 심화시키는 대상으로 쓰인다. [3] 또한 화자나 글쓴이가 어떤 감정이나 생각을 떠올리도록 매개하기도(매개 媒 낄 介 : 둘 사이에서 양편의 관계를 맺어 주기도) 한다.

① (가)에서 '병풍에 그린 황계'가 '날 새라고 꼬꼬' 운다는 실현 불가능한 상황을 설정한 것은 임이 다시는 돌아올 수 없다는 화자의 비극적인 인식을 드러내려는 의도로 볼 수 있군.
근거 <보기>-1 문학 작품에서 작가는 ~ 특정 사물이나 상황을 통해 간접적으로 돌려 말하는 경우가 많다.
(가)-26 병풍에 그린 황계 새벽 즈음에 날 새라고 꼬꼬 울거든 오시려나
풀이 (가)에서 '병풍에 그린 황계'가 '날 새라고 꼬꼬' 운다는 것은 현실적으로 실현 불가능한 일이다. 화자가 이와 같은 불가능한 상황을 설정한 것은 사별한 임이 다시 돌아오는 것이 현실적으로 불가능하다는 비극적 인식을 드러낸 것으로 볼 수 있다.
→ 적절함!

② (가)에서 '구곡간장 썩은 물'이 '눈으로 솟아' '구년'이나 흐르고 '한강'이 되었다는 과장된 상황을 설정한 것은 오지 않는 임에 대한 화자의 슬픔을 부각하려는 의도로 볼 수 있군.
근거 <보기>-1 문학 작품에서 작가는 ~ 특정 사물이나 상황을 통해 간접적으로 돌려 말하는 경우가 많다.
(가)-32~33 구곡간장 썩은 물이 눈으로 솟아날 제/ 구년지수 되었구나 한강지수 되었구나
풀이 (가)에서 '구곡간장 썩은 물'이 '눈으로 솟아' '구년'이나 흐르고 '한강'이 되었다는 것은 화자의 마음속 시름이 그만큼 크고 깊음을 과장적으로 표현한 것이다. 이는 돌아올 수 없는 임에 대한 화자의 슬픔과 근심을 강조하기 위한 것으로 볼 수 있다.
→ 적절함!

③ (가)의 '견우직녀성'과
(가)의 '견우직녀성'은 화자의 처지와 동일한, (나)의 '은행나무'는 화자의 처지와 대조되는 대상으로, 임의 부재로 인한 화자의 상실감을 심화하려는 의도로 설정한 사물로 볼 수 있군.

근거 | <보기>-2 이때 특정 사물이나 상황은 화자나 글쓴이의 처지와 동일시되거나 대조되어 정서를 심화시키는 대상으로 쓰인다.
(가)-4 **견우직녀성**도 둘이 서로 마주 섰고
(나)-2 **은행나무**는 음양을 분하여 마주 섰고
풀이 | (가)의 둘이 서로 마주 서 있는 '견우직녀성'은 임과 사별한 화자의 처지와 대조되어 임의 부재로 인한 화자의 상실감을 심화한다고 볼 수 있다. (나)의 음양을 분하여 마주 서 있는 '은행나무'도 임의 부재로 괴로워하는 화자의 처지와 대조됨으로써 임의 부재로 인한 화자의 상실감을 심화한다.

→ 적절하지 않음!

④ (다)의 '신발 한 켤레의 토지'만을 차지한 채 '우람'하게 서 있는 '소나무들'은 필요 이상의 많은 소비를 하며 살아온 글쓴이 자신의 삶을 반성하게 하는 사물로 볼 수 있군.
근거 | <보기>-3 또한 화자나 글쓴이가 어떤 감정이나 생각을 떠올리도록 매개하기도 한다.
(다) 200년, 300년, 더러는 500년의 풍상을 겪은 **소나무들** ~ 바쁘게 뛰어다니는 우리들과는 달리 오직 **'신발 한 켤레의 토지'**에 서서 이처럼 **우람**할 수 있다는 것이 ~ 소나무보다 훨씬 더 많은 것을 소비하면서도 무엇 하나 변변히 이루어 내지 못하고 있는 나에게 소광리의 솔숲은 마치 회초리를 들고 기다리는 엄한 스승 같았습니다.
풀이 | '신발 한 켤레의 토지'에서 '우람'하게 자란 '소나무'는 그보다 훨씬 더 많은 것을 소비하면서도 무엇 하나 이룬 것 없는 글쓴이가 자신의 삶을 반성하도록 매개하는 역할을 한다.

→ 적절함!

⑤ (다)의 '솔방울 한 개'는 글쓴이에게 황폐해지고 척박해진 환경에서도 희망을 품고 살아야 함을 *환기하는 사물로 볼 수 있군. *생각을 불러일으키는
근거 | <보기>-3 화자나 글쓴이가 어떤 감정이나 생각을 떠올리도록 매개하기도 한다.
(다) **솔방울 한 개**를 주워 들고 내려오면서 생각하였습니다. 거인에게 잡아먹힌 소년이 솔방울을 손에 쥐고 있었기 때문에 다시 소생했다는 신화를 생각하였습니다. ~ 무수한 솔방울들의 끈질긴 저력을 신뢰해야 합니다.
풀이 | (다)의 '솔방울 한 개'는 척박한 환경에 굴하지 않는 끈질긴 생명력과 저력을 의미한다. 따라서 글쓴이에게 '솔방울 한 개'는 현대 사회의 황폐함과 척박함 속에서도 희망을 잃지 않고 살아야 한다는 점을 환기하는 대상이라 할 수 있다.

→ 적절함!

[43~45] 현대시

(가) 고정희, 「상한 영혼을 위하여」

• 주제

고통을 회피하지 않고 수용하는 성숙한 삶의 자세

• 지문 이해

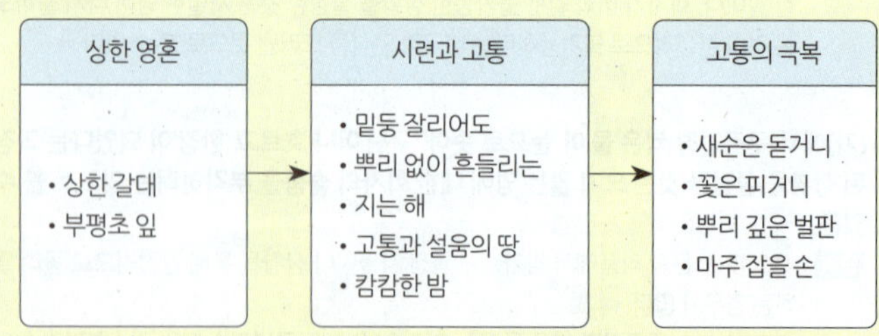

상한 영혼		시련과 고통		고통의 극복
• 상한 갈대 • 부평초 잎	→	• 밑둥 잘리어도 • 뿌리 없이 흔들리는 • 지는 해 • 고통과 설움의 땅 • 캄캄한 밤	→	• 새순은 돋거니 • 꽃은 피거니 • 뿌리 깊은 벌판 • 마주 잡을 손

• 어휘 풀이

* 밑둥 : 밑동. 나무줄기에서 뿌리에 가까운 부분.
* 부평초 잎 : 개구리밥.
* 뿌리 깊은 벌판 : 고통을 극복하고 도달한 성숙의 공간.
* 비탄 : 슬픔과 탄식.
* 마주 잡을 손 : 고통을 함께 이겨 낼 존재.

(나) 김승희, 「장미와 가시」

• 주제

고통과 희망이 공존하는 삶에 대한 내적 갈등과 성찰

• 지문 이해

고통의 발견	삶이 가시(고통)로 가득함을 깨달음
희망의 기대	장미꽃(희망)을 기대하며 미소 지음
고통의 인내	가시(고통)를 견디며 장미꽃(희망)을 기다림
절망적 깨달음	장미꽃을 보지 못함(희망이 실현되지 않음)
근원적 질문	장미와 가시의 관계(삶의 본질)에 대해 성찰함

• 어휘 풀이

* 가시투성이 : '삶의 고통'을 의미.
* 장미꽃 : '희망, 이상'을 의미.
* 가시장미 : 고통을 견디며 기다린 끝에 희망을 맞이함.
* 장미가시 : 희망을 간절히 기다린다 해도 결국 고통뿐임.
* 장미의 가시 : 고통과 희망은 서로 긴밀하게 연결되어 있음. 희망적인 삶에는 고통이 따를 수밖에 없음.
* 장미와 가시 : 삶의 희망과 고통은 각각 독립적인 별개의 요소임.

---

43 표현상 특징 - 적절한 것 고르기
정답률 65%, 매력적 오답 ④ 20% | 정답 ②

(가)와 (나)에 대한 설명으로 가장 적절한 것은?

선지	핵심 체크 내용	(가)	(나)
①	공간의 이동 → 시상을 입체적으로 전개	X	X
②✓	설의적 표현 → 작품의 주제 의식 강조	O	O
③	음성 상징어 → 시적 상황을 생동감 있게 드러냄	O	X
④	(가) 명령형 문장 → 시적 분위기 고조	X	-
	(나) 청유형 문장 → 시적 분위기 고조	-	X
⑤	(가) 시각적 이미지 → 대상의 속성 구체화	O	-
	(나) 후각적 이미지 → 대상의 속성 구체화	-	X

① **(가)와 (나)는 모두, 공간의 이동에 따라 시상을 *입체적으로 전개하고 있다.** *여러 각도에서
근거 | (가) 3연-1~2행 고통과 설움의 땅 훨훨 지나서/ 뿌리 깊은 벌판에 서자
풀이 | (가)는 고통을 직시하고 적극적으로 수용하며, 그 고통을 극복하고자 하는 화자의 고통에 대한 대응 방식에 따라 시상을 점층적으로 전개하고 있다. (나)는 화자의 내면 세계를 중심으로 시상이 전개되고 있다. 따라서 (가)와 (나) 모두 공간의 이동에 따라 시상이 전개되고 있지 않다.
→ 적절하지 않음!

② **(가)와 (나)는 모두, *설의적 표현을 사용하여 작품의 주제 의식을 강조하고 있다.** *쉽게 판단할 수 있는 사실을 의문의 형식으로 표현하여 의미를 강조하는 방법
근거 | (가) 2연-6~7행 외롭기로 작정하면 어딘들 못 가랴/ 가기로 목숨 걸면 지는 해가 문제랴
(나) 3연-2행 어찌 가시의 고통을 잊을 수 있을까/ 5행 어찌 가시의 고통을 버리지 못하리오
풀이 | (가)는 '가랴', '문제랴'와 같은 설의적 표현을 통해 '고통을 회피하지 않고 수용하는 성숙한 삶의 자세'라는 주제 의식을 강조하고 있다. (나)는 '있을까', '못하리오'와 같은 설의적 표현을 통해 '고통과 희망이 공존하는 삶에 대한 내적 갈등과 성찰'이라는 주제 의식을 부각하고 있다.
→ 적절함!
(가)는

③ **(가)와 (나)는 모두, *음성 상징어를 활용하여 시적 상황을 생동감 있게 드러내고 있다.** *소리를 흉내 낸 의성어와 모양을 흉내 낸 의태어
근거 | (가) 3연-1행 고통과 설움의 땅 훨훨 지나서

→ 문제편 125쪽

| 풀이 | (가)는 '길 따위를 시원스럽게 홀가분한 기분으로 떠나는 모양'을 의미하는 의태어 '훨훨'을 활용하여 화자가 고통과 설움을 극복하는 상황을 생동감 있게 드러내고 있다. 그러나 (나)에는 의성어나 의태어가 사용되지 않았다. |

→ 적절하지 않음!

■ 음성 상징어

소리나 모양을 음성으로 나타낸 말을 가리킨다. 의성어(소리를 흉내 낸 말)와 의태어(모양을 흉내 낸 말)를 포괄하는 말이다.

1. '음성 상징어'로 표현된 기출 선지

① 모습이나 소리를 흉내 낸 말을 사용하여 인상 깊게 표현하고 있다.
- 작자 미상, 「흥부전」 (2014년 고1 3월 학평)
  제비 새끼 하나가 공중에서 뚝(의태어) 떨어져, 대발 틈에 발이 빠져 자끈(의성어, 의태어) 부러져

② 음성 상징어를 사용하여 대상을 생생하게 묘사하고 있다.
- 작자 미상, 「수궁가」 (2014년 고1 11월 학평)
  만화방창 화림 중의 펄펄(의태어) 뛰던 발 그려, ~ 들락날락(의태어) 오락가락(의태어) 앙그주춤(엉거주춤)(의태어) 기난 듯이

③ 음성 상징어를 활용하여 행동의 격렬함을 강조한다.
- 박경리, 「토지」 (2020학년도 6월 모평)
  손이 빰 위로 날았다. 앞가슴을 잡고 와락와락(의태어) 흔들어 댄다. ~ 고래고래(의태어) 소리를 지른다.

2. '의태어'로 표현된 기출 선지

① 의성어와 의태어를 구사하여 화자의 상황을 구체화하고 있다.
- 한용운, 「알 수 없어요」 (2013학년도 6월 모평)
  언뜻언뜻 보이는 푸른 하늘/ ~ 작은 시내는 구비구비 누구의 노래입니까

② 의태어를 사용하여 인물의 행동을 생생하게 묘사하고 있다.
- 작자 미상, 「장끼전」 (2013년 고1 9월 학평)
  장끼란 놈 얼룩 공지깃 펼쳐 들고 꾸벅꾸벅 고개짓하며

3. '의성어'로 표현된 기출 선지

① 의성어는 화자에게 원망의 감정을 불러일으키고 있군.
- 박문욱, 「내게는 원수가 없어」 (2014년 고3 7월 학평A)
  적막 중문에 온 님을 물으락 나오락 캉캉 짖어 도로 가게 하니

---

④ **(나)**는 *명령형 문장을, **(가)**는 **청유형 문장을 통해 시적 분위기를 고조시키고 있다.** *'–아라/–어라' 등의 종결 어미를 사용하여 명령이나 요구의 뜻을 나타내는 문장 **'–자' 등의 종결 어미를 사용하여 같이 행동할 것을 요청하는 문장

| 근거 | (가) ❷연-5행 가자 고통이여 살 맞대고 가자 |
| (나) ❻연-1행 그대, 이제 말해주오, |
| 풀이 | (가)는 명령형 문장이 아닌 청유형 문장을, (나)는 청유형 문장이 아닌 명령형 문장을 통해 시적 분위기를 고조시키고 있다. |

→ 적절하지 않음!

⑤ **(가)**는 시각적 이미지를, **(나)**는 **후각적 이미지**를 통해 대상의 속성을 구체화하고 있다.

| 근거 | (가) ❶연-1~2행 상한 갈대라도 / 4행 새순은 돋거니// ❷연-1행 뿌리 없이 흔들리는 부평초 잎/ 2행 꽃은 피거니 |
| 풀이 | (가)는 흔들리는 '상한 갈대'에 '새순'이 돋고, 뿌리 없이 흔들리는 '부평초 잎'에 '꽃'이 피는 시각적 이미지를 통해 고통 속에서도 생명을 이어 가는 속성을 구체화하고 있다. (나)에는 후각적 이미지가 사용되지 않았다. |

→ 적절하지 않음!

<table>
<tr><td>44</td><td>시어의 의미 – 적절한 것 고르기
정답률 80%</td><td>정답 ⑤</td></tr>
</table>

㉠과 ㉡에 대한 이해로 가장 적절한 것은?

(가) ❸연-6~7행 캄캄한 밤이라도 하늘 아래선/ 마주 잡을 ㉠손 하나 오고 있거니
(나) ❶연 눈먼 ㉡손으로/ 나는 삶을 만져 보았네./ 그건 가시투성이였어.

① ㉠과 ㉡은 모두, **화자에게 동정심을 유발하는 대상**이다.

| 풀이 | (가)의 ㉠(손)은 화자와 함께 고통을 극복할 대상이고, (나)의 ㉡(손)은 화자가 삶을 인식하게 하는 감각의 주체이다. ㉠(손)과 ㉡(손) 모두 화자에게 동정심을 유발하는 대상이라고 볼 수 없다. |

→ 적절하지 않음!

---

② ㉠과 ㉡은 모두, **화자가 부정적 현실을 극복하게 한 계기**이다.

| 풀이 | (가)의 ㉠(손)은 미래의 고통을 함께 극복할 존재이지, 화자가 부정적 현실을 극복하게 한 계기로 보기 어렵다. 현실 극복의 계기는 시련 속에서도 '새순'과 '꽃'을 피워 내는 '갈대'와 '부평초'의 생명력이라고 보는 것이 적절하다. 한편 (나)의 화자는 ㉡(손)을 통해 삶이 '가시투성이'임을 깨닫게 되었으므로, 부정적 현실을 극복하게 한 계기라는 설명은 적절하지 않다. |

→ 적절하지 않음!

③ ㉠은 화자를 *발전적으로 변화시키려는 존재이고, ㉡은 화자를 현실에 만족하게 하는 **매개체이다.** *더 좋은 상태로 **둘 사이를 이어 주는 존재

| 풀이 | (가)의 ㉠(손)은 화자가 고통을 극복할 수 있게 돕는다는 점에서 화자를 발전적으로 변화시켜 줄 가능성이 있는 존재이다. 그러나 (나)의 ㉡(손)은 화자가 삶이 '가시투성이'임을 깨닫게 하므로, 현실에 만족하게 하는 매개체로 보기 어렵다. |

→ 적절하지 않음!

④ ㉠은 화자가 친밀감을 느끼는 대상이고, ㉡은 **화자가 *경외감을 느끼는 대상**이다. *공경하면서 두려워하는 감정

| 풀이 | (가)의 ㉠(손)은 화자가 마주 잡는 대상이라는 점에서 친밀감을 느끼는 대상으로 볼 수 있다. 그러나 (나)의 ㉡(손)은 화자 자신의 손으로, 화자가 경외감을 느끼는 대상으로 보기 어렵다. |

→ 적절하지 않음!

⑤ ㉠은 화자에게 도움이 될 *연대의 대상이고, ㉡은 화자가 삶의 본질을 생각하게 하는 매개체이다. *한 덩어리로 서로 연결되어 있음

| 풀이 | (가)의 ㉠(손)은 '캄캄한 밤'이라는 부정적 현실에서 화자가 마주 잡을 대상으로, 고통을 함께 극복할 연대의 대상으로 볼 수 있다. 한편 (나)의 화자는 ㉡(손)으로 삶을 만져 봄으로써, 삶의 고통을 깨닫고 그 본질에 대해 성찰하게 된다. 따라서 ㉡(손)은 화자가 삶의 본질을 생각하게 하는 매개체로 볼 수 있다. |

→ 적절함!

<table>
<tr><td>45</td><td>감상의 적절성 – 적절하지 않은 것 고르기
정답률 75%, 매력적 오답 ⑤ 10%</td><td>정답 ③</td></tr>
</table>

〈보기〉를 바탕으로 (가)와 (나)를 감상한 내용으로 적절하지 않은 것은? [3점]

> **│ 보기 │**
> [1] (가)와 (나)는 모두, 자연물을 통해 삶의 고통과 희망을 형상화하고 있는 작품이다. [2] (가)는 연약하지만 강한 생명력을 지닌 '갈대'와 '부평초'를 통해, 삶의 시련에 굴하지 않고 고통을 직접적으로 대면해(대할 對 앞 面 : 마주해) 극복하고자 하는 굳센 의지와 희망을 노래하고 있다. [3] (나)는 아름답지만 가시가 있는 '장미'를 통해 인고(참을 忍, 괴로울 苦 : 괴로움을 참고 견딤)의 세월을 견디며 기대했던 희망이 실현되지 않을 때의 상실감과, 고통(≒가시)과 희망(≒장미)이 공존하는(함께 共 존재할 存 : 함께 존재하는) 삶을 살아가는 인간의 내면적 갈등을 노래하고 있다.

① (가)의 '밑둥 잘리어도 새순은 돋는' 모습은 연약하지만 강한 생명력을 지닌 존재를 구체적으로 형상화한 것이군.

| 근거 | 〈보기〉-2 (가)는 연약하지만 강한 생명력을 지닌 '갈대'와 '부평초' |
| (가) ❶연-1행 상한 갈대라도/ 4행 밑둥 잘리어도 새순은 돋거니 |
| 풀이 | (가)의 '상한 갈대'는 '밑둥'이 잘린 시련 속에서도 '새순'을 틔워 낸다는 점에서 연약하지만 강인한 생명력을 지닌 존재로 볼 수 있다. |

→ 적절함!

② (가)의 '고통이여 살 맞대고 가자'는 고통을 피하지 않고 직접적으로 대면하여 극복하고자 하는 의지를 드러낸 것이군.

| 근거 | 〈보기〉-2 (가)는 ~ 삶의 시련에 굴하지 않고 고통을 직접적으로 대면해 극복하고자 하는 굳센 의지와 희망을 노래하고 있다. |
| (가) ❷연-5행 가자 고통이여 살 맞대고 가자 |
| 풀이 | (가)의 '고통이여 살 맞대고 가자'는 고통을 회피하지 않고 정면으로 마주하여 이를 극복하고자 하는 의지를 드러낸 것이다. |

→ 적절함!

③ (나)의 '장미꽃이 피기만 한다면 / 어찌 가시의 고통을 버리지 못하리오'는 **기대했던 희망이 실현되지 않을 때의 상실감**을 노래한 것이군. 희망에 대한 소망과 고통에의 극복 의지를

| 근거 | 〈보기〉-3 (나)는 ~ 기대했던 희망이 실현되지 않을 때의 상실감 |
| (나) ❸연-4~5행 장미꽃이 피기만 한다면/ 어찌 가시의 고통을 버리지 못하리오// ❺연-2~3행 그러나,/ 나는 한 송이의 장미꽃도 보지 못하였네. |
| 풀이 | (나)의 '장미꽃이 피기만 한다면 / 어찌 가시의 고통을 버리지 못하리오'는 '장미꽃'이라는 희망이 실현될 수 있다면 '가시의 고통'을 기꺼이 감수할 수 있다는 것으로, 희망 |

에 대한 간절한 소망과 고통에의 극복 의지를 표현한 것이다. 기대했던 희망이 실현
되지 않았을 때의 상실감은 '나는 한 송이의 장미꽃도 보지 못하였네'에 드러난다.

④ (나)의 '삶은 가시장미인가 장미가시인가'는 고통과 희망이 공존하는 삶을 살아가는
  인간의 내면적 갈등을 드러낸 것이군.

  근거 〈보기〉-3 (나)는 ~ 고통과 희망이 공존하는 삶을 살아가는 인간의 내면적 갈등을 노
        래하고 있다.
       (나) ❻연-2행 삶은 가시장미인가 장미가시인가
  풀이 (나)의 '삶은 가시장미인가 장미가시인가'는 고통과 희망의 관계에 대한 화자의 고뇌
       가 담긴 질문으로, 고통과 희망이 공존하는 삶을 살아가는 인간의 내면적 갈등을 드
       러낸 것으로 볼 수 있다.

  → 적절함!

⑤ (가)의 '뿌리 없이 흔들리는'과 (나)의 '가시가 많으니'는 모두, 삶의 고통을 겪고 있는 존
  재의 모습을 상징하는군.

  근거 〈보기〉-1 (가)와 (나)는 모두, 자연물을 통해 삶의 고통과 희망을 형상화하고 있는
        작품이다.
       (가) ❷연-1행 뿌리 없이 흔들리는 부평초 잎이라도
       (나) ❷연-3행 이토록 가시가 많으니
  풀이 (가)의 '뿌리 없이 흔들리는' 부평초 잎은 시련을 겪는 연약한 존재의 모습을, (나)의
       '가시가 많으니'는 고통으로 가득한 화자의 삶을 나타내므로, 삶의 고통을 겪고 있는
       존재의 모습을 상징한다고 볼 수 있다.

  → 적절함!

→ 문제편 126쪽

★ 7회 모의고사 특징

✔ 전반적으로 까다롭게 출제되었음.

✔ 화법과 작문의 경우는 기존의 유형대로 출제되어 어려움이 없었을 것으로 예상됨.

✔ 언어의 경우 시제와 관련된 14번 문제는 해당 문법 지식을 갖추지 않았다면 어려움을 느꼈을 것임. 한글 맞춤법과 관련된 11번 문제는 지문을 잘 읽었으면 해결할 수 있었을 것임. 음운의 변동과 사전 활용 문제는 무난한 편이었음.

✔ 독서는 전반적으로 쉽지 않았음. 철학과 예술을 융합한 인문 복합 지문은 추상적인 내용이라 독해에 어려움을 겪었을 것으로 예상됨. 두 글의 공통점을 묻는 문제인 21번의 오답률이 가장 높았으며 지문 내용과 〈보기〉를 관련짓는 24번 문제 역시 난도가 높았음. 법 지문은 정보량이 많아 어려웠으며, 사례에 적용하는 32번과 추론적 사고를 요구하는 33번의 변별력이 높았음. 기술 지문의 경우 내용 이해를 바탕으로 구체적 사례에 적용하는 36번과 37번 문제의 난도가 높았음.

✔ 문학도 쉽지 않은 편이었음. 갈래 복합의 「십육영」과 「출새곡」은 고전시가인데다 생소한 작품이라 내용 이해에 어려움을 겪은 학생들이 많았을 것으로 예상됨. 〈보기〉를 토대로 감상하는 19번 문제의 오답률이 높았음. 현대시, 현대소설, 고전소설 모두 낯선 작품이었으며 〈보기〉를 읽고 해결하는 3점 문제들의 오답률이 고루 높았음.

오답률 TOP ⑤

문항 번호	21	33	37	36	19
분류	독서 인문	독서 사회	독서 기술	독서 기술	문학 갈래 복합
난도	상	상	상	상	중상

✔ 정답표

01	⑤	02	④	03	⑤	04	②	05	④
06	③	07	①	08	②	09	④	10	④
11	⑤	12	③	13	①	14	②	15	⑤
16	①	17	④	18	②	19	③	20	⑤
21	③	22	④	23	⑤	24	④	25	②
26	④	27	①	28	⑤	29	⑤	30	①
31	⑤	32	②	33	③	34	③	35	①
36	③	37	②	38	①	39	③	40	②
41	⑤	42	①	43	④	44	③	45	②

[01 ~ 03] 발표

01 말하기 방식 - 적절하지 않은 것 고르기
정답률 80%, 매력적 오답 ③ 15% — 정답 ⑤

위 발표자의 말하기 방식으로 적절하지 않은 것은?

① 자신의 경험을 언급하며 화제를 선정한 이유를 밝히고 있다.
> 근거 ❶문단 저는 지난주에 매듭 팔찌를 만들며 우리 전통 매듭이 참 아름답다고 생각하여 전통 매듭에 대해 조사해 보았습니다.
> → 적절함!

② 청중에게 질문을 하여 발표 내용에 대한 관심을 유도하고 있다.
> 근거 ❸문단 그렇다면 우리나라의 전통 매듭에는 어떤 것들이 있을까요?
> ❸문단 옷을 여미는(벌어진 옷깃을 바로 합쳐 단정하게 하는) 부분에 매듭이 보이시나요?
> → 적절함!

③ 참고한 자료의 출처를 밝혀 발표 내용의 신뢰성을 높이고 있다.
> 근거 ❶문단 그래서 오늘은 제가 △△전통문화 연구소 누리집의 자료를 통해 알게 된 내용을 여러분과 나누고 싶어서 발표를 준비했습니다.
> → 적절함!

④ 발표 중간중간에 단어의 뜻을 설명하여 청중의 이해를 돕고 있다.
> 근거 ❸문단 연봉은 연꽃 봉오리라는 뜻으로, 자료의 아래에 있는 그림처럼 매듭의 생김새가 연봉을 닮았다고 해서 붙은 이름이에요.
> ❹문단 선추는 이렇게 부채의 고리나 자루에 매다는 장식품을 이르는 말입니다.
> → 적절함!

⑤ 발표 내용에 대한 청중의 이해도를 점검하며 발표를 마무리하고 있다.
> 근거 ❺문단 여러분도 전통 매듭의 의미를 떠올리며, 우리 주변의 전통 매듭에 관심을 가져 보면 어떨까요?
> 풀이 발표자는 전통 매듭에 대한 관심을 요청하며 발표를 마무리하고 있다. 발표 내용에 대한 청중의 이해도를 점검하는 부분은 나타나지 않는다.
> → 적절하지 않음!

02 자료 활용 방식 - 적절하지 않은 것 고르기
정답률 95% — 정답 ④

다음은 발표자가 제시한 자료이다. 발표자의 자료 활용에 대한 설명으로 적절하지 않은 것은?

④ 가지방석매듭이 ~~실용적인 목적으로 사용되었다~~는 것을 보여 주기 위해 [자료 2]를 활용하였다.
(주머니나 선추를 장식하기 위한)
> 근거 ❹문단 이 매듭은 주머니나 선추를 장식하기 위한 목적으로 많이 사용되었는데요, (자료 2를 제시하며)
> 풀이 발표자는 [자료 2]를 활용하여 가지방석매듭이 주머니나 선추를 장식하기 위한 목적으로 사용되었다는 것을 보여 주고 있다.

03 듣기 전략 - 적절한 것 고르기
정답률 90% — 정답 ⑤

〈보기〉는 위 발표를 들은 학생들의 반응이다. 학생들의 반응을 이해한 내용으로 가장 적절한 것은?

⑤ '학생 2'와 '학생 3'은 모두 발표 내용과 관련 있는 자신의 경험을 떠올리고 있다.
> 근거 〈보기〉 학생 2 나는 그동안 무언가를 묶거나 고정하는 데에만 매듭을 사용했는데,
> 〈보기〉 학생 3 얼마 전 전통 매듭 전시회를 다녀왔어. 그때 본 노리개(여자들이 몸치장으로 한복 저고리의 고름이나 치마허리 따위에 다는 물건)에 둥근 모양의 매듭이 달려 있었는데,
> 풀이 발표를 듣고 '학생 2'는 그동안 매듭을 사용하였던 경험을 떠올리고 있고, '학생 3'은 전통 매듭 전시회에서 둥근 모양의 매듭을 본 경험을 떠올리고 있다.

[04 ~ 07] (가) 대화 (나) 홍보하는 글

04 의사소통 방식 - 적절하지 않은 것 고르기
정답률 90% — 정답 ②

'학생 1'에 대한 설명으로 적절하지 않은 것은?

① 지난 논의에서 결정된 사항을 환기하며 화제를 제시하고 있다.
> 근거 (가) 학생 1 지난번 논의에서 올해도 학교 축제 때 동아리 행사로 우리가 창작한 동화를 각색하여(희곡이나 시나리오로 고쳐 써) 소강당에서 공연하기로 했잖아. 오늘은 우리

동아리 행사에 마을 주민의 참여를 높일 수 있는 방법을 이야기해 보자.

→ 적절함!

✓② 대화의 내용을 정리하며 자신의 이해가 맞는지 질문하고 있다.

근거 **(가) 학생 1** 그러면 이번 우리 동아리 행사에서는 연극 공연과 그림 그리기 체험 활동을 하기로 하고, 장소는 공용 교실로 변경하는 것으로 하자.

풀이 '학생 1'이 앞서 나온 대화의 내용을 정리하는 모습은 보이나, 자신의 이해가 맞는지 질문하는 부분은 나타나지 않는다.

→ 적절하지 않음!

③ 자신이 아는 내용을 바탕으로 대화 참가자의 의견에 동의하고 있다.

근거 **(가) 학생 3** 그래서 이번에는 구청 누리집의 '△△구 알리미'에도 우리 행사를 홍보했으면 좋겠어.

(가) 학생 1 맞아. 요즘에는 마을 주민이 참여하는 학교 행사가 많아서 그런지 구청 누리집에 학교 행사를 많이 홍보하더라고.

→ 적절함!

④ 대화 참가자의 의견을 듣고 그 의견에 덧붙일 내용을 언급하고 있다.

근거 **(가) 학생 3** 그러면 우리 동아리가 했던 활동 중 우리 마을과 관련된 활동을 소개하자.

(가) 학생 1 그래. 그리고 마을과 관련된 활동을 소개하면서 이번 공연 내용도 함께 소개해 줬으면 좋겠어.

→ 적절함!

⑤ 다음 모임에서 논의할 내용을 제시하며 대화를 마무리하고 있다.

근거 **(가) 학생 1** 다음에는 함께 글을 검토하기로 하고, 오늘은 여기까지 하자.

→ 적절함!

---

05 | 의사소통 방식 - 적절하지 않은 것 고르기
정답률 75% | 정답 ④

[A], [B]에 대한 이해로 적절하지 <u>않은</u> 것은? `3점`

학교 누리집과 더불어

④ [B]에서 '학생 3'은 기존 홍보 방식의 문제를 지적하며 ~~학교 누리집 대신~~ '△△구 알리미'를 활용하는 방안을 제시하고 있다.

근거 **[B] (가) 학생 3** 작년에 우리 학교 누리집에만 홍보했더니 우리가 예상했던 것보다 주민들의 참여가 저조했어 (낮았어.) 그래서 이번에는 구청 누리집의 '△△구 알리미'에도 우리 행사를 홍보했으면 좋겠어.

풀이 [B]에서 '학생 3'은 학교 누리집에만 동아리 행사를 홍보하여 지역 주민들의 행사 참여도가 낮았음을 지적하며, 학교 누리집과 '△△구 알리미'를 모두 활용하여 행사를 홍보하자고 제안하고 있다.

---

06 | 작문 계획의 반영 - 적절하지 않은 것 고르기
정답률 65%, 매력적 오답 ① ⑤ 10% | 정답 ③

'학생 2'가 (가)를 바탕으로 (나)를 작성했다고 할 때, (나)에 반영된 내용으로 적절하지 <u>않은</u> 것은?

③ 이번에 추가된 체험 활동에 대해 안내하기로 한 논의 내용을 반영하여 그림 그리기 체험 활동으로 인해 공연 대상이 마을 어린이들로 정해졌다는 점을 알려 준다.

근거 **(가) 학생 3** 그리고 이번에 추가된 체험 활동 (그림 그리기 체험 활동)과 어린이들에게 줄 책 선물에 대한 안내도 부탁해.

(나) ❸문단 공연이 끝난 후에는 어린이들이 그림을 그리면서 자유롭게 상상의 나래 (날개)를 펼칠 수 있도록 '나무'를 소재로 그림을 그리는 시간을 마련했습니다.

(나) ❷문단 저희 동아리는 … 마을 어린이들을 대상으로 매년 공연을 해 왔습니다.

풀이 추가된 체험 활동에 대해 안내하기로 한 논의 내용을 반영하여 (나)에서 그림 그리기 체험 활동에 대한 내용을 언급하고 있다. 그러나 매년 마을 어린이들을 대상으로 공연을 해 왔다는 내용으로 미루어 보아, 그림 그리기 체험 활동으로 인해 공연 대상이 마을 어린이들로 정해졌다는 것은 적절하지 않다.

매력적 오답

① 어린이들에게 줄 선물에 대해 안내하기로 한 논의 내용을 반영하여 우리 동아리에서 발간한 창작 동화 '아기 나무의 꿈'을 선물한다는 점을 알려 준다.

근거 **(가) 학생 3** 어린이들에게 줄 책 선물에 대한 안내도 부탁해.

(나) ❸문단 또한 공연을 관람한 모든 어린이에게 저희 동아리에서 발간한 (만들어 낸) 동화책 '아기 나무의 꿈'을 선물로 드립니다.

⑤ 우리 동아리가 했던 활동 중 마을과 관련된 활동을 알려 주기로 한 논의 내용을 반영하여 그동안 마을을 소재로 동화를 창작하고, 매년 공연을 해 왔다는 점을 소개한다.

근거 **(가) 학생 3** 그러면 우리 동아리가 했던 활동 중 우리 마을과 관련된 활동을 소개하자.

(나) ❷문단 저희 동아리는 마을에 대한 관심을 높이기 위해 우리 마을을 소재로 동화를 창작하고, 마을 어린이들을 대상으로 매년 공연을 해 왔습니다.

---

07 | 작문 내용의 점검 및 고쳐쓰기 - 적절한 것 고르기
정답률 75%, 매력적 오답 ③ 20% | 정답 ①

〈보기〉는 (나)의 마지막 문단의 초고이다. 〈보기〉를 고쳐 쓰기 위해 친구들이 조언한 내용으로 가장 적절한 것은?

(나) ❺문단 저희 동아리에서는 우리 마을에 대한 애정을 듬뿍 담아 이번 행사를 준비했습니다. 이 행사는 어린이들이 자신이 살고 있는 마을에 대한 관심을 가지게 되는 계기가 될 것입니다. 주민 여러분의 많은 참여를 부탁드립니다. 감사합니다. (추가)

| 보 기 |

저희 동아리에서는 우리 마을에 대한 애정을 듬뿍 담아 이번 행사를 준비했습니다. 다른 동아리에서도 마을 주민이 참여할 수 있는 다양한 행사를 준비했다고 합니다. 주민 여러분의 많은 참여를 부탁드립니다. 감사합니다. (삭제)

① 다른 동아리 관련 내용은 삭제하고, 행사의 의의를 추가하는 건 어때?

풀이 친구들의 조언을 반영하여 마을 주민이 참여할 수 있는 다양한 행사를 준비한 다른 동아리에 대한 내용을 삭제하였다. 그리고 행사에 참여하게 되면 자신이 살고 있는 마을에 대한 관심을 가지게 되는 계기가 될 것이라는 행사의 의의를 추가하였다.

매력적 오답

③ 다른 동아리 관련 내용은 삭제하고, 행사 참여에 대한 *당부의 말을 추가하는 건 어때? *말로 단단히 부탁함

풀이 '주민 여러분의 많은 참여를 부탁드립니다'라는 행사 참여에 대한 당부의 말은 〈보기〉와 (나) 모두에 나타나 있으므로, 친구들의 조언을 반영하여 행사 참여에 대한 당부의 말을 추가했다는 내용은 적절하지 않다.

[08 ~ 10] 논평

08 | 작문 계획의 반영 - 적절하지 않은 것 고르기
정답률 85% | 정답 ②

다음은 초고를 작성하기 전에 학생이 떠올린 생각이다. ㉠~㉤ 중, 학생의 초고에 반영되지 <u>않은</u> 것은?

① ㉠ 등급 외 농산물의 *가공 가능 여부에 따른 처리 방식의 차이를 제시해야겠어. *원자재나 반제품을 인공적으로 처리하여 새로운 제품을 만들거나 제품의 질을 높임

근거 **❷문단** 잼, 주스 등으로 가공이 가능한 품목의 경우에는 헐값 (그 물건의 원래 가격보다 훨씬 싼 값)에라도 거래되지만, 가공이 어려운 품목들은 끝내 거래되지 못하고 폐기되고 (못 쓰게 된 것이 버려지고) 만다.

→ 적절함!

✓② ㉡ 등급 외 농산물의 구매 활성화 방안을 실천하는 데 따르는 문제점을 제시해야겠어.

풀이 학생의 초고에는 등급 외 농산물의 구매 활성화 방안을 실천하는 데 따르는 문제점을 제시하겠다는 생각이 반영되어 있지 않다.

→ 적절하지 않음!

③ ㉢ 농산물 등급 규격 항목과 관련지어 등급 외 농산물이 발생하는 이유를 제시해야겠어.

근거 **❶문단** 그런데 등급 규격의 항목이 주로 크기, 모양 등 농산물의 외관 (겉으로 드러난 모양)과 관련되어 있어, 맛이나 영양에는 별다른 문제가 없는 농산물이 등급 외로 분류되는 경우가 생겨난다.

→ 적절함!

④ ㉣ 등급 외 농산물 폐기로 인한 문제를 경제적 손해와 환경 문제의 측면에서 제시해야겠어.

근거 **❸문단** 등급 외 농산물이 판매되지 못할 경우 농산물 생산에 사용된 물, 비료 (경작지에 뿌리는 영양 물질), 노동력 등의 자원은 낭비가 되고, 폐기 과정에서도 비용이 들어 농가에 경제적 손해가 발생한다.

→ 문제편 **129쪽**

❸문단 매립된(땅에 묻힌) 폐기 농산물은 썩는 과정에서 지구 온난화를 일으키는 메탄을 발생시키는데, 소비가 가능한 등급 외 농산물까지 불필요하게 폐기되어 이러한 환경 문제를 더욱 악화시키고 있다.

→ 적절함!

⑤ⓜ 예상 독자의 이해를 도울 수 있도록 등급 외 농산물을 일컫는 다른 명칭을 제시해야겠어.

근거 **❶문단** 이러한 '등급 외 농산물'은 우리에게 '못난이 농산물'이라는 이름으로 잘 알려져 있다.

→ 적절함!

---

09 | 자료 활용 방안 - 적절하지 않은 것 고르기
정답률 80%　　　　　　　　　　　　　　　　정답 ④

〈보기〉는 초고를 보완하기 위해 추가로 수집한 자료이다. 자료 활용 방안으로 적절하지 <u>않은</u> 것은?　　[3점]

④ ㄱ-1과 ㄴ을 활용하여, 등급 외 농산물로 인한 농가의 손해를 줄이기 위한 노력이 등급 외 농산물에 대한 소비자들의 구매 의사로 이어지고 있다는 내용을 4문단에 추가한다.

근거 **❹문단** 등급 외 농산물로 인한 문제를 해결하기 위해서는 등급 외 농산물 구매 활성화 방안을 마련하여 적극적인 소비가 이루어질 수 있도록 해야 한다.

풀이 ㄱ-1은 등급 외 농산물 구매 경험이 있는 사람과 없는 사람 모두 등급 외 농산물에 대한 재구매 의사가 높음을 보여 주는 설문 조사 자료이고, ㄴ은 농산물이 등급 외로 분류되지 않기 위해 하는 행동이 환경 면에서 문제가 되는 경우가 있음을 밝히는 신문 기사이다. 자료를 통해 등급 외 농산물로 인한 농가의 손해를 줄이기 위한 노력이 등급 외 농산물에 대한 소비자들의 구매 의사에 어떤 영향을 미쳤는지 알 수 없으므로 이와 관련된 내용을 추가하는 것은 적절하지 않다. 또한 등급 외 농산물로 인한 문제를 해결하기 위해 등급 외 농산물 구매 활성화 방안을 마련하자는 ❹문단의 내용과도 관련이 없다.

---

10 | 조건에 따른 표현 - 적절한 것 고르기
정답률 90%　　　　　　　　　　　　　　　　정답 ④

다음은 초고를 읽은 교지 편집부 학생의 조언이다. 이를 반영하여 [A]를 작성한다고 할 때, 가장 적절한 것은?

> "등급 외 농산물 소비가 농가와 소비자에게 도움이 되는 이유를 각각의 측면에서 밝히고, 등급 외 농산물 소비를 권유하는 내용으로 마무리하는 것이 좋겠어."

④ 농가는 등급 외 농산물로 인한 경제적 손해를 줄일 수 있고 소비자는 농산물을 저렴하게 구입할 수 있기 때문이다. 이제 농가와 소비자 모두를 위해 등급 외 농산물 소비에 동참해 보자.

풀이 등급 외 농산물 소비가 도움이 되는 이유를 농가와 소비자 측면에서 각각 경제적 손해 감소와 저렴한 농산물 구입이라는 내용으로 밝혔고, 등급 외 농산물 소비에 동참하자고 권유하며 마무리하고 있다.

[11 ~ 12] 언어 - 한글 맞춤법 제1항과 띄어쓰기

❶ ¹말을 글자로 적을 때 사람마다 다르게 적는다면 그 뜻을 제대로 파악하지 못할 수 있다. ²이런 혼란을 피하고 효율적으로 의사소통하기 위해 제정한(만들어서 정한) 것이 '한글 맞춤법'이다. ³한글 맞춤법 총칙(전체를 포괄하는 규칙이나 법칙) 제1항은 '한글 맞춤법은 표준어를 소리대로 적되, 어법에 맞도록 함을 원칙으로 한다.'이다. ⁴소리대로 적는다는 것은 발음 그대로 적는다는 것이다. ⁵그런데 소리대로 적는다는 원칙이 적용되기 어려운 경우가 있어 어법에 맞도록 한다는 또 하나의 원칙이 붙었다. ⁶예를 들어 체언과 조사가 결합한 '잎이', '잎만'을 발음대로 적으면 '이피', '임만'인데, 사람들이 다르게 적힌 형태를 보고 그 의미를 파악하기 위해 '잎'이라는 본래 형태를 떠올려야 하는 어려움이 생긴다. ⁷따라서 형태를 '잎'으로 고정하여 적을 필요가 있는 것이다. ⁸그리고 '먹어', '먹는'처럼 용언의 어간과 어미도 구별하여 적는다. ⁹즉 어법에 맞도록 적는다는 것은 형태소의 본모양을 밝혀 적는 것을 말한다. ¹⁰그런데 어근과 접미사, 용언과 용언이 결합하여 하나의 단어로 쓰일 때는 형태소의 본모양을 밝혀 적기도 하고 소리대로 적기도 한다.

→ 문제편 131쪽

(ㄱ) 그는 웃음을 지으며 마감 시간을 확인했다.
(ㄴ) 방에 들어간 그는 사라진 의자를 발견했다.

❷ ¹(ㄱ)에서 '웃음(웃- + -음)'은 접미사 '-음/-ㅁ'이 비교적(보통 정도보다 꽤) 여러 어근에 결합하고 결합한 후에도 어근의 본래 뜻이 유지되므로 형태소의 본모양을 밝혀 적었다. ²이와 달리 '마감(막- + -암)'은 접미사 '-암'이 일부 어근에만 결합하기 때문에 소리대로 적었다. ³(ㄴ)에서 '들어간'은 앞말인 '들어'에 '들다'의 뜻이 유지되고 있어 형태소의 본모양(들-'과 '가-)을 밝혀 적었지만, '사라진'은 앞말(살-)이 본뜻에서 멀어져 그 의미가 유지되지 않아 소리대로 적었다.

❸ [A] ¹한편, 의미를 정확하게 전달하기 위해서는 띄어쓰기를 바르게 하는 것도 중요하다. ²예를 들어 '지'는 어미 '-(으)ㄴ지, -(으)ㄹ지'의 일부일 때는 띄어 쓰지 않지만, 시간의 경과(시간이 지나감)를 나타낼 때는 앞말과 띄어 쓴다. ³또한 어떤 일을 시험 삼아 시도함을 나타내거나 어떤 행동이나 상태를 강조하는 뜻을 나타낼 때는 '한번'이라고 쓰지만, '번'이 일의 횟수를 나타낼 때는 '한 번', '두 번'처럼 띄어 쓴다.

---

11 | 한글 맞춤법 제1항 - 적절하지 않은 것 고르기
정답률 70%, 매력적 오답 ① 10%　　　　　　정답 ⑤

〈보기〉의 ⓐ ~ ⓔ를 이해한 내용으로 적절하지 <u>않은</u> 것은?

> | 보기 |
> ○ 풀이 ⓐ<u>쓰러진</u> 사이로 ⓑ<u>작은</u> 꽃이 ⓒ<u>마중</u>을 나왔다.
> ○ ⓓ<u>끝이</u> 보이지 않았지만 나는 그 ⓔ<u>믿음</u>을 잃지 않았다.

① ⓐ : 앞말이 '쓸다'라는 본뜻에서 멀어져서 소리대로 적은 것이겠군.

근거 **❷**-3 '사라진'은 앞말이 본뜻에서 멀어져 그 의미가 유지되지 않아 소리대로 적었다.
풀이 '쓰러지다'는 어근 '쓸다'와 어근 '지다'가 결합한 합성어로, '힘이 빠지거나 외부의 힘에 의하여 서 있던 상태에서 바닥에 눕는 상태가 되다'의 의미이다. 앞말 '쓸다'의 본뜻인 '비로 쓰레기 따위를 밀어 내거나 한데 모아서 버리다'의 의미에서 멀어져 그 의미가 유지되지 않으므로 소리대로 적은 것이다.

→ 적절함!

② ⓑ : 용언의 어간 '작-'과 어미 '-은'이 구별되도록 형태소의 본모양을 밝혀 적은 것이겠군.

근거 **❶**-8 '먹어', '먹는'처럼 용언의 어간과 어미도 구별하여 적는다.
풀이 '작은'은 용언의 어간 '작-'과 어미 '-은'이 결합한 것이므로 용언의 어간과 어미를 구별하여 형태소의 본모양을 밝혀 적은 것이다.

→ 적절함!

③ ⓒ : 접미사 '-웅'이 여러 어근에 널리 결합하지 못하고 일부 어근에만 결합해서 소리대로 적은 것이겠군.

근거 **❷**-2 '마감(막- + -암)'은 접미사 '-암'이 일부 어근에만 결합하기 때문에 소리대로 적었다.
풀이 '마중'은 어근 '맞-'에 접미사 '-웅'이 결합한 파생어이다. 이때 접미사 '-웅'이 여러 어근에 널리 결합하지 못하고 일부 어근에만 결합하기 때문에 소리대로 적은 것이다.

→ 적절함!

④ ⓓ : '끝'이라는 체언의 의미가 쉽게 파악되도록 형태소의 본모양을 밝혀 적은 것이겠군.

근거 **❶**-6~7 예를 들어 체언과 조사가 결합한 '잎이', '잎만'을 발음대로 적으면 '이피', '임만'인데, 사람들이 다르게 적힌 형태를 보고 그 의미를 파악하기 위해 '잎'이라는 본래 형태를 떠올려야 하는 어려움이 생긴다. 따라서 형태를 '잎'으로 고정하여 적을 필요가 있는 것이다.
풀이 '끝이'는 체언 '끝'과 조사 '이'가 결합한 것으로, '끝이'를 발음대로 적으면 '끄치'가 되어 '끝'이라는 본래 형태를 떠올리기가 어렵다. 따라서 '끝이'는 체언 '끝'의 의미가 쉽게 파악되도록 형태소의 본모양을 밝혀 적은 것이다.

→ 적절함!

⑤ ⓔ : 어근에 접미사 '-음'이 결합한 후에 어근의 본래 뜻이 ~~유지되지 않아서~~ ^{유지되어서} 형태소의 본모양을 밝혀 적은 것이겠군.

근거 **❷**-1 (ㄱ)에서 '웃음(웃- + -음)'은 접미사 '-음/-ㅁ'이 비교적 여러 어근에 결합하고 결합한 후에도 어근의 본래 뜻이 유지되므로 형태소의 본모양을 밝혀 적었다.
풀이 '믿음'은 어근 '믿-'에 접미사 '-음'이 결합한 파생어이다. 이때 접미사 '-음'이 비교적 여러 어근에 결합하고, 결합한 후에도 '어떤 사실이나 말을 꼭 그렇게 될 것이라고 생각

하거나 그렇다고 여기다'라는 어근 '밑-'의 본래 뜻이 유지되므로 형태소의 본모양을 밝혀 적은 것이다.

→ 적절하지 않음!

12 띄어쓰기 - 적절하지 않은 것 고르기
정답률 80%　　　　　　　　　　　　　　　　　　　　　정답 ③

[A]를 참고할 때, 밑줄 친 부분의 띄어쓰기가 적절하지 <u>않은</u> 것은?

① 동네 인심 <u>한번</u> 고약하구나.
- **근거** ③-3 어떤 행동이나 상태를 강조하는 뜻을 나타낼 때는 '한번'이라고 쓰지만,
- **풀이** '한번'이 동네의 인심이 고약한 상태임을 강조하는 뜻을 나타내므로 '한번'으로 적어야 한다.

→ 적절함!

② 그를 만난 <u>지도</u> 꽤 오래되었다.
- **근거** ③-2 예를 들어 '지'는 … 시간의 경과를 나타낼 때는 앞말과 띄어 쓴다.
- **풀이** 그를 만난 시간이 많이 경과되었다는 의미이므로 '지'를 앞말과 띄어서 '만난 지'로 적어야 한다.

→ 적절!

③ 무엇부터 해야 <u>할지</u>를 모르겠다.　*할지*
- **근거** ③-2 예를 들어 '지'는 어미 '-(으)ㄴ지, -(으)ㄹ지'의 일부일 때는 띄어 쓰지 않지만, 시간의 경과를 나타낼 때는 앞말과 띄어 쓴다.
- **풀이** '할지'는 '하- + -ㄹ지'로 분석된다. '지'가 어미 '-ㄹ지'의 일부이면서 시간의 경과를 나타내지 않으므로 앞말과 띄어 쓰지 않는다.

→ 적절하지 않음!

④ 견우와 직녀는 일 년에 <u>한 번</u> 만난다.
- **근거** ③-3 '번'이 일의 횟수를 나타낼 때는 '한 번', '두 번'처럼 띄어 쓴다.
- **풀이** '번'이 견우와 직녀가 만나는 횟수를 나타내고 있으므로 '한 번'으로 적어야 한다.

→ 적절!

⑤ 얼마나 <u>부지런한지</u> 세 명 몫의 일을 해낸다.
- **근거** ③-2 예를 들어 '지'는 어미 '-(으)ㄴ지, -(으)ㄹ지'의 일부일 때는 띄어 쓰지 않지만, 시간의 경과를 나타낼 때는 앞말과 띄어 쓴다.
- **풀이** '부지런한지'는 '부지런하- + -ㄴ지'로 분석된다. '지'가 어미 '-ㄴ지'의 일부이면서 시간의 경과를 나타내지 않으므로 앞말과 띄어 쓰지 않는다.

→ 적절함!

tip　• 띄어쓰기

구분	용례
조사는 그 앞말에 붙여 쓴다.	학교**에서만이라도**　꽃**에서부터** 언제**까지**
의존 명사는 띄어 쓴다.	아는 **것**이 힘이다.　나도 할 **수** 있다. 먹을 **만큼** 먹어라.　네가 뜻한 **바**를 알겠다.
	* 동일한 형태가 경우에 따라 다르게 쓰이는 예 – 만큼, 대로 (1) 조사로 사용되는 경우(앞말이 체언일 경우) 붙여 쓴다. 　(예) 나도 너**만큼** 먹었어. / 너는 너**대로** 살아라. (2) 의존 명사로 사용되는 경우(앞말이 용언일 경우) 띄어 쓴다. 　(예) 애쓴 **만큼** 성적이 올랐다. / 바른 **대로** 말해라.
단위를 나타내는 명사는 띄어 쓴다.	한 **개**　차 한 **대**　옷 한 **벌**　연필 한 **자루** * 다만, 순서를 나타내는 경우나 숫자와 어울리어 쓰이는 경우에는 붙여 쓸 수 있다. 두**시** 삼십**분** 오**초**　삼**학년** 1446**년** 10**월** 9**일**
수를 적을 때는 만(萬) 단위로 띄어 쓴다.	십이억 삼천사백오십육만 칠천팔백구십팔 12억 3456만 7898
두 말을 이어 주거나 열거할 적에 쓰이는 말들은 띄어 쓴다.	국장 **겸** 과장　열 **내지** 스물　청군 **대** 백군 사과, 배, 귤 **등등**　부산, 광주 **등지**
단음절로 된 단어가 연이어 나타날 적에는 붙여 쓸 수 있다.	좀더 큰것　이말 저말　한잎 두잎

보조 용언은 띄어 씀을 원칙으로 하되, 경우에 따라 붙여 씀도 허용한다.	불이 꺼져 간다. (원칙) / 불이 꺼져간다. (허용) 비가 올 듯하다. (원칙) / 비가 올듯하다. (허용)
성과 이름, 성과 호 등은 붙여 쓰고, 이에 덧붙는 호칭어, 관직명 등은 띄어 쓴다.	이순신 – 이순신 장군 – 충무공 이순신 장군 * 다만, 성과 이름, 성과 호를 분명히 구분할 필요가 있을 경우에는 띄어 쓸 수 있다. (둘 다 허용) 남궁억 / 남궁 억
성명 이외의 고유 명사는 단어별로 띄어 씀을 원칙으로 하되, 단위별로 띄어 쓸 수 있다.	대한 중학교 / 대한중학교 한국 대학교 사범 대학 / 한국대학교 사범대학

13 음운 변동 - 적절한 것 고르기
정답률 65%　　　　　　　　　　　　　　　　　　　　　정답 ①

다음은 수업 장면의 일부이다. ⓐ와 ⓑ에 들어갈 말로 적절한 것은?　[3점]

> 선생님 : 음운의 변동에는 어떤 음운이 다른 음운으로 바뀌는 교체, 두 음운이 합쳐져 하나가 되는 축약, 원래 있던 한 음운이 없어지는 탈락, 없던 음운이 추가되는 첨가의 유형이 있습니다. 이러한 음운의 변동은 한 단어에서 두 가지 이상이 함께 나타나기도 합니다. 또한 음운의 변동 결과가 표기에 반영되기도 하고, 음운의 변동 후에 음운의 개수가 달라지기도 합니다. 그러면 다음 자료에 나타난 음운의 변동을 탐구해 봅시다.
>
> > 국밥[국빱], 굳히다[구치다], 급행열차[그팽녈차]
>
> 위 자료를 '국밥', 그리고 '굳히다, 급행열차'로 나눈다면, 그 기준은 무엇일까요?
> 학　생 : (　　ⓐ　　)를 기준으로 나누었습니다.
> 선생님 : 맞습니다. 그럼, '굳히다'와 '급행열차'에 공통으로 나타나는 음운의 변동은 무엇일까요?
> 학　생 : (　ⓑ　)입니다.
> 선생님 : 네, 맞습니다.

국밥[국빱]
풀이
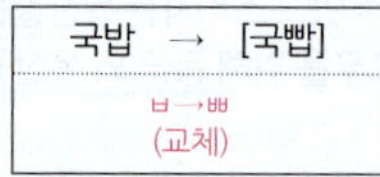

'국밥'은 받침 'ㄱ' 뒤에 이어지는 'ㅂ'이 된소리 'ㅃ'으로 교체되는 된소리되기가 일어난다. 음운 변동의 결과가 표기에 반영되지는 않으며, 음운의 개수는 6개로 달라지지 않는다.

굳히다[구치다]
풀이
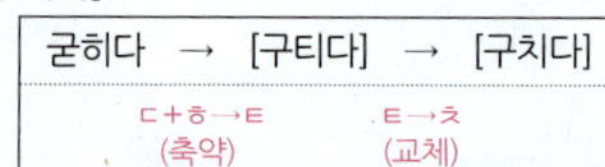

'굳히다'는 먼저 'ㄷ'이 'ㅎ'과 결합하여 'ㅌ'으로 축약된다. 그리고 'ㅌ' 뒤에 'ㅣ' 모음으로 시작하는 형식 형태소가 이어지므로 'ㅌ'이 'ㅊ'으로 교체된다. 음운 변동의 결과가 표기에 반영되지는 않으며, 음운의 개수는 7개에서 6개로 줄어들게 된다.

급행열차[그팽녈차]
풀이

'급행열차'는 'ㅂ'이 'ㅎ'과 결합하여 'ㅍ'으로 축약된다. 그리고 합성어에서 받침 'ㅇ' 뒤에 'ㅕ'가 이어지므로 'ㄴ'이 첨가된다. 음운 변동의 결과가 표기에 반영되지는 않으며, 음운의 개수는 10개로 달라지지 않는다.

	ⓐ	ⓑ
①	음운의 변동이 두 가지 이상 일어났는지	축약

풀이 '국밥, 굳히다, 급행열차'는 음운의 변동이 한 가지만 일어난 '국밥'과 두 가지 이상 일어난 '굳히다, 급행열차'로 나눌 수 있다. 또한 '굳히다'와 '급행열차'에 공통으로 나타

→ 문제편 132쪽

나는 음운의 변동은 '축약'이다.

→ 적절함!

② 음운의 변동이 두 가지 이상 일어났는지　　　　　교체

　풀이　'굳히다'에는 교체 현상이 일어나나 '급행열차'에는 교체 현상이 일어나지 않는다.

→ 적절하지 않음!

③ 음운의 변동 결과 음운의 개수가 줄었는지　　　　탈락

　풀이　'국밥, 굳히다, 급행열차'를 음운의 변동 결과 음운의 개수가 줄었는지를 기준으로 나누면 '굳히다', 그리고 '국밥, 급행열차'로 나뉜다. 또한 '굳히다'와 '급행열차' 모두 탈락 현상은 나타나지 않는다.

→ 적절하지 않음!

④ 음운의 변동 결과 음운의 개수가 줄었는지　　　　교체

　풀이　'국밥, 굳히다, 급행열차'를 음운의 변동 결과 음운의 개수가 줄었는지를 기준으로 나누면 '굳히다', 그리고 '국밥, 급행열차'로 나뉜다. 그리고 '굳히다'에는 교체 현상이 일어나나 '급행열차'에는 교체 현상이 일어나지 않는다.

→ 적절하지 않음!

⑤ 음운의 변동 결과가 표기에 반영되었는지　　　　축약

　풀이　'국밥, 굳히다, 급행열차'는 모두 음운의 변동 결과가 표기에 반영되지 않은 단어들이다. 따라서 이를 기준으로 분류할 수 없다.

→ 적절하지 않음!

---

tip　· **음운 변동**(한 음운이 조건에 따라 다른 음운으로 바뀌는 현상)**의 유형**

구분	개념 정의	변동 유형
교체	어떤 음운이 다른 음운으로 바뀌는 현상	음절의 끝소리 규칙 비음화 유음화 된소리되기 구개음화
탈락	두 음운 중에 어느 하나가 없어지는 현상	자음군 단순화 'ㄹ' 탈락 'ㅎ' 탈락 'ㅡ' 탈락 동음 탈락
축약	두 음운이 하나의 음운으로 줄어드는 현상	거센소리되기
첨가	없던 음운이 새로 생기는 현상	'ㄴ' 첨가

14　시제 - 적절하지 않은 것 고르기　　　　　　　　**정답 ②**
정답률 65%, 매력적 오답 ④ 10% ⑤ 15%

〈학습 활동〉을 수행한 결과로 적절하지 <u>않은</u> 것은?

┃학습 활동┃

　시제는 말하는 때인 발화시를 기준으로 동작이나 상태가 일어난 때인 사건시와의 선후(먼저와 나중) 관계를 따져 과거 시제(사건시가 발화시보다 앞섬), 현재 시제(발화시와 사건시가 일치함), 미래 시제(발화시가 사건시보다 앞섬)로 나누며, 선어말 어미(어말 어미 앞에 붙는 어미. '-는-, -었-, -겠-' 등)나 관형사형 어미(용언을 관형어처럼 기능하게 하는 어미. '-(으)ㄴ, -는, -(을)ㄹ, -던'), 부사어(서술어를 비롯하여 관형어, 다른 부사어, 문장 전체를 수식하는 문장 성분. '어떻게, 어디서, 언제, 누구와' 등에 해당함) 등을 통해 실현된다. 다음 자료를 분석해 보자.

ㄱ. 창밖에는 눈이 내린다.
ㄴ. 곧 강연을 시작하겠습니다.
ㄷ. 이것은 그가 내일 입을 옷이다.
ㄹ. 내가 만든 빵을 형이 맛있게 먹더라.

① ㄱ은 사건시와 발화시가 일치한다.

　풀이　ㄱ은 말하는 때인 발화시와 눈이 내리는 동작이 일어난 때인 사건시가 일치하는 현재 시제가 나타난다.

→ 적절함!

　　　　　　발화시　　사건시
② ㄴ은 사건시가 발화시보다 앞선다.

　풀이　ㄴ은 말하는 때인 발화시가 강연이 시작되는 때인 사건시보다 앞서는 미래 시제가 나타난다.

→ 적절하지 않음!

③ ㄴ과 ㄷ 모두 부사어를 활용한 시간 표현이 나타난다.

　풀이　ㄴ에서는 부사어 '곧'을, ㄷ에서는 부사어 '내일'을 활용하여 미래 시제를 실현하고 있다.

→ 적절함!

④ ㄷ과 ㄹ 모두 관형사형 어미를 활용한 시간 표현이 나타난다.

　풀이　ㄷ에서는 체언 '옷'을 꾸미는 관형어 '입을'에서 관형사형 어미 '-을'을 통해 말하는 때인 발화시가 옷을 입는 동작이 일어난 때인 사건시보다 앞서는 미래 시제가 실현되고 있다. 그리고 ㄹ에서는 체언 '빵'을 꾸미는 관형어 '만든'에서 관형사형 어미 '-ㄴ'을 통해 빵을 만든 동작이 일어난 사건시가 말하는 때인 발화시보다 앞서는 과거 시제가 실현되고 있다.

→ 적절함!

⑤ ㄱ, ㄴ, ㄹ 모두 선어말 어미를 활용한 시간 표현이 나타난다.

　풀이　ㄱ에서는 서술어 '내린다(내리- + -ㄴ- + -다)'에서 선어말 어미 '-ㄴ-'을 통해 말하는 때인 발화시와 눈이 내리는 동작이 일어난 때인 사건시가 일치하는 현재 시제가 실현되고 있다. 그리고 ㄴ에서는 서술어 '시작하겠습니다(시작하- + -겠- + -습니다)'에서 선어말 어미 '-겠-'을 통해 말하는 때인 발화시가 강연이 시작하는 동작이 일어난 때인 사건시보다 앞서는 미래 시제가 실현되고 있다. 마지막으로 ㄹ에서는 서술어 '먹더라(먹- + -더- + -라)'에서 선어말 어미 '-더-'를 통해 형이 빵을 먹는 동작이 일어난 때인 사건시가 말하는 때인 발화시보다 앞서는 과거 시제가 실현되고 있다.

→ 적절함!

---

tip　· **시간 표현**

1. **시제**(말하는 이가 발화시를 기준으로 사건시의 앞뒤를 제한하는 문법 기능)

발화시(화자가 말하는 시점)와 사건시(동작이나 상태가 일어나는 시점)가 어떤 관계에 있느냐에 따라 시제는 과거 시제, 현재 시제, 미래 시제로 나뉜다.

과거	– 사건시가 발화시보다 앞섬. – 선어말 어미 '-았-/-었-', '-더-', 관형사형 어미 '-(으)ㄴ', '-던', 시간 부사어('어제, 옛날' 등)
현재	– 사건시와 발화시가 일치함 – 선어말 어미 '-는-/-ㄴ-', 관형사형 어미 '-는', 형용사나 서술격 조사에서는 관형사형 어미 '-(으)ㄴ', 시간 부사어('지금, 오늘' 등)
미래	– 발화시가 사건시보다 앞섬. – 선어말 어미 '-겠-/-(으)리-', 관형사형 어미 '-(으)ㄹ', 관형사형 어미와 의존 명사의 결합형 '-(으)ㄹ 것', 시간 부사어 ('내일' 등)

2. **동작상**(어떤 동작이 시간적으로 변화하는 양상)

진행상	– 시간의 흐름 속에서 그 동작이 진행되고 있는 것 – 본용언 + 보조 용언 구성 '-고 있다', '-아/어 가다', 연결 어미 '-면서'에 의해 실현 (예) 광수는 지금 학교에 오고 있다. 　　　광수는 웃으면서 대답하였다.
완료상	– 시간의 흐름 속에서 그 동작이 완결된 것 – 본용언 + 보조 용언 구성 '-아/어 있다', '-아/어 버리다', 연결 어미 '-고서'에 의해 실현 (예) 광수는 지금 의자에 앉아 있다. 　　　광수는 밥을 다 먹고서 집을 나섰다.

15　사전 활용 - 적절하지 않은 것 고르기　　　　　　**정답 ⑤**
정답률 80%, 매력적 오답 ③ 10%

다음은 '사전 활용하기' 학습 활동을 위한 자료이다. 이에 대한 이해로 적절하지 <u>않은</u> 것은?

바르다¹　동

【…을 …에】　【…을 …으로】

---

① 풀칠한 종이나 헝겊 따위를 다른 물건의 표면에 고루 붙이다.
¶ 아이들 방을 예쁜 벽지로 발랐다.
② 차지게(끈기가 많게) 이긴(물을 부어 반죽한) 흙 따위를 다른 물체의 표면에 고르게 덧붙이다.
¶ 흙을 벽에 바르다.

바르다² 형
① 겉으로 보기에 비뚤어지거나 굽은 데가 없다.
¶ 길이 바르다.
② 말이나 행동 따위가 사회적인 규범이나 사리(일의 이치)에 어긋나지 아니하고 들어맞다.
¶ 그는 인사성이 바른 사람이다.

① '바르다¹'과 '바르다²'는 사전에 각각 다른 표제어로 등재되는 동음이의어이다.
풀이 '바르다¹'과 '바르다²'는 발음이 '바르다'로 동일하나 그 뜻이 달라 사전에 각각 다른 표제어로 등재되는 동음이의어이다.
→ 적절함!

② '바르다¹'과 '바르다²'는 모두 여러 가지 의미가 있는 다의어이다.
풀이 '바르다¹'과 '바르다²'는 모두 그 뜻이 두 가지씩 제시되고 있으므로 다의어에 해당한다.
→ 적절함!

③ '바르다¹'은 '바르다²'와 달리 주어 이외의 다른 문장 성분을 필요로 한다.
근거 바르다¹ 【…을 …에】【…을 …으로】
풀이 사전에서 【 】는 서술어가 주어를 제외하고 반드시 필요로 하는 문장 성분을 표시한다. '바르다²'는 문형 정보가 나타나 있지 않으므로 주어만을 필요로 하는 단어이다. 이와 달리 '바르다¹'은 【…을 …에】와 【…을 …으로】가 표시되어 있으므로 주어 외에 목적어와 부사어를 필요로 하는 단어이다.
→ 적절함!

④ '바르다¹'은 동작이나 작용을 나타내는 말이고, '바르다²'는 성질이나 상태를 나타내는 말이다.
풀이 '바르다¹'은 표제어 옆에 '통'이라고 표시되어 있으므로 사람이나 사물의 동작이나 작용을 나타내는 말인 동사이고, '바르다²'는 표제어 옆에 '형'이라고 표시되어 있으므로 사물의 성질이나 상태를 나타내는 말인 형용사이다.
→ 적절함!

⑤ '바르다² ①'의 예로 '마음가짐이 바르다.'를 추가할 수 있다.
풀이 '마음가짐이 바르다'는 '마음가짐이 사회적인 규범이나 사리에 어긋나지 아니하고 들어맞다'의 의미이다. 따라서 '바르다² ①'이 아닌 '바르다² ②'의 예에 해당한다. '마음가짐'은 겉으로 드러나는 것이 아니므로 '마음가짐이 바르다'는 '바르다² ①'의 예문으로 적절하지 않다.
→ 적절하지 않음!

[16 ~ 20] 갈래 복합

(가) 고전시가 - 권섭, 「십육영(十六詠)」(열 十 여섯 六 시 詠 : 열여섯 수의 시. 각 수에서 소나무, 국화, 매화, 대나무, 산, 시내, 강, 바다, 신선, 용, 호랑이, 학, 사람, 잉어, 말, 매를 중심 소재로 하고 있다.)

작품 이해 단계 ① 화자 ② 상황 및 대상 ③ 정서 및 태도 ④ 주제

① 화자 : 안 드러남

1
¹ 구렁에 서 있는 나무 우뚝하기도 하구나
 └ 소나무
 └ 구렁이 파인 땅
 → ② 대상 및 상황 : '나무(소나무)'가 풍상을 겪고도 독야청청한 상황
² 풍상(風霜)을 실컷 겪고 독야청청(獨也靑靑)하구나
 └ 바람 風 서리 霜 : 바람과 서리
 └ 홀로 어조사 也 푸를 靑 푸를 靑 : 홀로 푸름. 홀로 절개를 굳세게 지킴
³ 져근덧 베지 말고 두면 동량재(棟梁材) 되겠구나
 └ 잠시
 └ 기둥과 들보로 쓸 만한 재목. 한 집안이나 나라를 떠받치는 중대한 일을 맡을 만한 인재를 말함
 → ③ 태도 : 나무를 베지 않으면 동량재가 될 것이라고 생각한다.
④ 주제 : 인재가 제대로 쓰이지 못하는 현실을 비판한다.
〈제1수(소나무[松 송])〉

2
¹ (호랑이가) 꼬리치고 휘파람 불며 기염(氣焰)도 황홀하구나
 └ 기세 氣 불꽃 焰 : 불꽃처럼 대단한 기세
 └ 황홀할 恍 황홀할 惚 : 눈부시게 찬란하구나
 → ② 대상 및 상황 : '호랑이'의 대단한 기세가 눈부신 상황

---

² 이 뫼에 들어온 지 몇 해나 되었나니
 └ 산
³ 진실로 네 잠깐 떠나면 호리종횡(狐狸縱橫)하겠구나
 └ 호랑이
 └ 여우 狐 살쾡이 狸 세로 縱 가로 橫 : 여우와 살쾡이가 이리저리 날뜀. 여우와 살쾡이는 도량이 좁고 간사한 사람을 비유하는 말이기도 함
 → ③ 태도 : 호랑이가 산을 떠나면 여우와 살쾡이가 날뛸 것이라고 생각한다.
④ 주제 : 소인배들이 힘을 얻게 될 수 있는 현실을 걱정한다.
〈제11수(호랑이[虎 호])〉

3
¹ ㉠ 오리마 적표마들이 관단 노태와 같겠느냐
 └ 오리마와 적표마
 └ 검은 말 · 붉은색과 흰 털을 가진 뛰어난 말
 └ 관단과 노태. 느리고 둔한 말
 → ② 대상 및 상황 : '오리마'와 '적표마'가 슬피 울며 굽을 내두르는 상황
² 바람에 슬피 울며 네 굽을 허위치니
 └ 두껍고 단단한 발톱 · 이리저리 마구 내두르니
³ 아무리 천리지(千里志) 있은들 알 이 없어 서러워라
 └ 일천 千 리 里 뜻 志 : 천리를 달리고자 하는 뜻
 → ③ 정서 및 태도 : 오리마와 적표마의 뜻을 알아줄 사람이 없어 서럽다.
④ 주제 : 인재가 뜻을 펼치지 못하는 현실을 안타까워한다.
〈제15수(말[馬 마])〉

• 현대어 풀이

1
¹ 구렁에 서 있는 나무가 우뚝하기도 하구나
² 바람과 서리를 실컷 겪고도 홀로 푸르구나
³ 잠시 베지 말고 두면 동량재가 되겠구나
〈제1수(소나무[松])〉

2
¹ (호랑이가) 꼬리치고 휘파람 불며 불꽃같은 기세도 황홀하구나
² 이 산에 들어온 지 몇 해나 되었는가
³ 진실로 네(호랑이)가 잠깐 떠나면 여우와 살쾡이가 이리저리 날뛰겠구나
〈제11수(호랑이[虎])〉

3
¹ 오리마와 적표마(뛰어난 말)들이 관단과 노태(느리고 둔한 말)와 같겠느냐
² 바람에 슬피 울며 네(말의) 굽을 마구 내두르니
³ 아무리 천리를 달리려는 뜻이 있어도 알 이가 없어 서러워라
〈제15수(말[馬])〉

• 지문 이해

	〈제1수(소나무)〉	〈제11수(호랑이)〉	〈제15수(말)〉
대상의 속성 (예찬적 태도)	고난 속에서도 절개를 지킴	산을 지키고 질서를 유지함	천리를 달리고자 함
현실 인식 (비판적 태도)	인재가 제대로 쓰이지 않는 현실	소인배들이 힘을 얻어 날뛸 수 있는 현실	인재가 뜻을 펼치지 못하는 현실

(나) 고전시가 - 조우인, 「출새곡(出塞曲)」(떠날 出 변방 塞 악곡 曲 : 변방으로 떠나는 여정을 담은 노래)

작품 이해 단계 ① 화자 ② 상황 및 대상 ③ 정서 및 태도 ④ 주제

¹ 북방 이십여 주에 경성이 문호인데
 └ 함경북도 중앙에 위치한 지역
 └ 문 門 출입구 戶 : 외부와 교류하기 위한 통로
² 군사 백성 다스리기를 나에게 맡기시니
 → ② 상황 : 임금께서 '나'에게 경성을 다스리는 임무를 맡기신 상황
 → ① 화자 : '나'
³ 망극한 임금의 은혜 갚을 길이 어렵구나
 └ 없을 罔 다할 極 : 은혜가 끝이 없는
 → ③ 정서 : 임금의 은혜에 감사한다.
⁴ ㉡ 서생의 일은 글쓰기인가 여겼더니
 └ 글 書 사람 生 : 유학을 공부하는 사람
 → ③ 태도 : 자신이 변방에 부임하게 될 것을 전혀 예상하지 못했다.
⁵ 늙은이의 변방 부임 진실로 뜻밖이로다
 └ 다다를 赴 맡은 일 任 : 임명을 받아 근무할 곳으로 감
 └ 변방 邊 곳 方 : 나라의 경계가 되는 땅
⁶ 임금께 절하고 칼을 짚고 돌아서니
⁷ 만 리 밖 국경에 내 한 몸 다 잊었다
 → ③ 태도 : 내 한 몸 잊고 나라를 위해 일할 것을 다짐한다.
⁸ 흥인문 내달아 녹양평에 말 갈아타고
 └ 경기도 의정부에 있는 지역
 └ 동대문. 조선 시대에 건립한 한양 도성의 동쪽 정문
⁹ 은하수 옛길을 다시 지나간단 말이냐
 └ 은 銀 강 河 물 水 : 강물과 같은 별들의 무리
¹⁰ 회양 옛 사실 소문만 들었더니
 └ 중국 한나라 무제 때 급장유가 회양 태수로 선정을 베풀었던 일
¹¹ 대궐을 홀로 떠나는 적객은 무슨 죄인가
 └ 귀양 갈 謫 사람 客 : 귀양살이를 하는 사람. 여기서는 임금 곁을 떠나 경성 판관으로 부임하는 화자를 말함
[A]
¹² 높고 험한 철령을 험하단 말 전혀 마오
 └ 함경남도와 강원도의 경계에 있는 고개
 → ③ 태도 : 높고 험한 철령보다 세상살이가 더 험하다고 생각한다.
¹³ 세상살이에 비하면 평지인가 여기노라
¹⁴ 눈물을 거두고 두어 걸음 돌아서니

(가) 본문 (주석)

15 서울이 어디요 대궐이 가렸도다
└ 임금이 계신 곳

16 안변 북쪽은 저쯤에 오랑캐 땅인데
└ 강원도에 위치한 지역

17 오랑캐를 정벌하여 천 리 밖 몰아내니
└ 고려 예종 때의 학자로 여진을 정벌함

18 윤관 김종서의 큰 공적 초목이 다 알도다
└ 풀 草 나무 木 : 풀과 나무
└ 공 功 성과 績 : 공로
└ 조선 전기의 충신으로 여진족을 몰아냄

3 태도 : 오랑캐를 정벌한 윤관과 김종서의 공적을 떠올린다.

19 용흥강 건너와 정평부 잠깐 지나
└ 함경남도에 위치한 지역
└ 함경남도에 있는 강 └ 만세교에 있는 누각(문과 벽이 없이 높이 지은 집)

20 만세교 앞에 두고 낙민루에 올라앉아
└ 함경남도 함흥에 있는 다리

21 옥저의 산하 하나하나 돌아보니
└ 산 山 강 河 : 자연
└ 함경도 함흥 일대에 위치했던 고대 국가

22 천년의 풍패에 상서로운 기운 어제인 듯하구나
└ 상서 祥 길조 瑞 : 복되고 길한 일이 일어날 것 같은
└ 천 년 전 한나라를 건국한 유방의 고향. 여기서는 조선을 건국한 이성계의 고향인 함흥을 가리킴

3 정서 : 함흥 일대의 자연을 보며 상서로운 기운을 느낀다.

23 함관령 저문 날에 말은 어찌 병들었는가
└ 함경남도 함주와 홍원 사이에 있는 고개

24 ⓒ 모래바람 자욱한데 갈 길이 멀었구나
└ 잔뜩 끼어 흐릿한데

2 상황 : 말이 병들고 모래바람이 자욱해 여정이 험난한 상황

25 홍원 옛 고을의 천관도를 바라보고
└ 홍원의 동남부에 위치한 섬
└ 함경남도에 위치한 지역

26 대문령 넘어서 청해진에 들어오니
└ 함경남도 청해에 있던 군영
└ 함경남도 나선에 있는 고개

27 함경도의 요해지요 남북의 요충지라
└ 중요할 要 칠 衝 땅 地 : 땅의 형세가 군사적으로 아주 중요한 곳
└ 중요할 要 요새 害 땅 地 : 땅의 형세가 군사적으로 아주 중요한 곳

28 충신과 정예 병사 무기를 늘어놓고
└ 뛰어날 精 빠를 銳 : 날쌔고 용맹스러운 군사
└ 충성 忠 신하 臣 : 충성스러운 신하

29 강한 활과 쇠뇌로 요충지를 지키는 듯
└ 쇠로 된 발사 장치가 달린 활

30 태평세월 백 년 동안 전쟁을 잊으니
└ 클 太 편안할 平 세월 歲 세월 月 : 근심이나 걱정이 없는 시절

31 철통같은 방어를 일러 무엇하리오
└ 준비가 튼튼하고 치밀하여 허점이 없는

3 태도 : 전쟁이 없는 것이 충신과 병사의 방어 덕분이라고 생각한다.

4 주제 :
'나'는 부임지인 경성으로 가는 험난한 여정 속에서 여러 가지를 보고 느낀다.

• 현대어 풀이

1 북방 이십여 주에 경성이 문호인데
2 (임금께서) 군사와 백성을 다스리는 일을 나에게 맡기시니
3 끝이 없는 임금의 은혜를 갚을 길이 어렵구나
4 서생의 일은 글쓰기인가 여겼더니
5 늙은이가 변방에 부임하는 일은 진실로 뜻밖이로다
6 임금께 절하고 칼을 짚고 돌아서니
7 만 리 밖 국경에 내 한 몸을 다 잊었다
8 흥인문 밖을 달려 녹양평에서 말을 갈아타고
9 은하수 옛길을 다시 지나간단 말이냐
10 회양 옛 사실(한나라 급장유의 일)을 소문만 들었더니
11 대궐을 홀로 떠나는 적객은 무슨 죄인가
12 높고 험한 철령이 험하다는 말을 전혀 하지 마오
13 세상살이에 비하면 (철령은) 평지인가 여기노라
14 눈물을 거두고 두어 걸음을 돌아서니
15 서울이 어디요 대궐이 가려서 보이지 않는구나
16 안변의 북쪽은 저쯤에 오랑캐 땅인데
17 오랑캐를 정벌하여 천 리 밖으로 몰아내니
18 윤관과 김종서의 큰 공적은 초목이 다 알도다
19 용흥강을 건너와 정평부를 잠깐 지나
20 만세교를 앞에 두고 낙민루에 올라앉아
21 옥저의 자연을 하나하나 돌아보니
22 천년의 함흥에 길한 기운이 어제인 듯하구나
23 함관령 저문 날에 말은 어찌 병들었는가
24 모래바람이 자욱한데 갈 길이 멀었구나
25 홍원 옛 고을의 천관도를 바라보고
26 대문령을 넘어 청해진에 들어오니
27 (청해진은) 함경도의 요해지요 남북의 요충지라
28 충신과 정예 병사가 무기를 늘어놓고
29 강한 활과 쇠뇌로 요충지를 지키는 듯
30 태평세월 백 년 동안 전쟁을 잊으니
31 철통같은 방어를 말해 무엇 하리오

→ 문제편 135쪽

• 지문 이해

변방의 경치	회포(감상)
• 높고 험한 철령을 ~ 세상살이에 비하면 평지인가 여기노라 → 높고 험한 철령	세상살이의 고단함을 생각함
• 안변 북쪽은 저쯤에 ~ 윤관 김종서의 큰 공적 초목이 다 알도다 → 안변 북쪽	오랑캐를 정벌한 윤관과 김종서의 공적을 떠올림
• 낙민루에 올라앉아 ~ 상서로운 기운 어제인 듯하구나 → 낙민루에서 본 함흥	상서로운 기운을 느낌
• 함관령 저문 날에 ~ 모래바람 자욱한데 갈 길이 멀었구나 → 함관령의 모래바람	여정의 험난함을 느낌
• 청해진에 들어오니 ~ 철통같은 방어를 일러 무엇하리오 → 청해진	충신과 병사들을 자랑스러워함

(다) 수필 - 공선옥, 「태안사 가는 길에서」

• 중심 내용

태안사 가는 길에는 보성강과 숲길이 있다.
↓
'나'는 겨울 숲의 외로움을 좋아한다.
↓
'나'는 태안사의 노인을 보러 태안사에 가곤 한다.
↓
'나'는 그처럼 누군가에게 위로가 되는 존재가 되고 싶어 하며 가난과 외로움에서 벗어난 삶이 있음을 깨닫는다.

• 어휘 풀이

* 태안사 : 전라남도 곡성군 죽곡면 동리산에 있는 절.
* 보성강 : 전라남도 보성군 웅치면에서 시작하여 보성, 곡성을 지나 섬진강에 합류하는 강.
* 윤택함 : 빛깔의 부드러움과 윤기.
* 불목하니 : 절에서 밥을 짓고 물을 긷는 일을 맡아서 하는 사람.
* 처사 : 예전에, 벼슬을 하지 아니하고 시골에 묻혀 살던 선비.

<table>
<tr><td rowspan="2">16</td><td>표현상 특징 – 적절한 것 고르기</td><td rowspan="2">정답 ①</td></tr>
<tr><td>정답률 70%</td></tr>
</table>

(가) ~ (다)에 대한 설명으로 가장 적절한 것은?

선지	핵심 체크 내용	(가)	(나)	(다)
✓①	영탄적 어조 → 화자의 정서 강조	O	O	-
②	시간적 표현	O	-	O
②	대상에 대한 인식 변화 제시	X	-	X
③	계절적 배경 → 분위기 환기	-	X	O
④	불가능한 상황 설정 → 주제 의식 드러냄	X	X	X
⑤	반어적 표현 → 대상이 지닌 의미 부각	X	X	X

✓① (가)와 (나)는 모두 *영탄적 어조를 통해 화자의 정서를 강조하고 있다. *감탄사나 감탄형 어미 등을 이용하여 감정을 강하게 나타내는 말투

근거 (가) ❶-1 나무 우뚝하기도 하구나/ 2 독야청청하구나/ 3 동량재 되겠구나// ❷-1 기염도 황홀하구나// ❸-3 천리지 있은들 알 이 없어 서러워라

(나)-3 망극한 임금의 은혜 갚을 길이 어렵구나/ 5 진실로 뜻밖이로다/ 13 평지인 가 여기노라/ 22 상서로운 기운 어젠인 듯하구나/ 23~24 저문 날에 말은 어찌 병 들었는가/ 모래바람 자욱한데 갈 길이 멀었구나/ 31 철통같은 방어를 일러 무엇하 리오

풀이 (가)는 영탄적 어조를 통해 소나무와 호랑이에 대한 예찬과 천리마에 대한 안타까움 을 강조하고 있다. (나)는 영탄적 어조를 사용하여 임금의 은혜에 대한 감사함과 부 임지로 향하는 길의 고됨, 변방의 경치에서 오는 감회 등을 강조하고 있다.

→ 적절함!

② (가)와 (다)는 모두 시간적 표현을 활용하여 대상에 대한 인식 변화를 제시하고 있다.

근거 (가) ❷-2 몇 해나 되었나니

(다) 올해는 유난히 눈이 안 내리는 겨울입니다.

풀이 (가)의 '몇 해', (다)의 '올해'에서 시간적 표현이 사용되었다고 볼 수 있으나 이를 통해 대상에 대한 인식의 변화를 제시하고 있지는 않다.

→ 적절하지 않음!

> ■ 시간적 표현을 활용하여 대상에 대한 인식의 변화를 제시하는 작품
> • 문정희, 「찔레」
> 그대 사랑하는 동안/ 내겐 우는 날이 많았다.// 아픔이 출렁거려/ 늘 말을 잃어 갔 다.// 오늘은 그 아픔조차/ 예쁘고 뾰족한 가시로/ 꽃 속에 매달고// 슬퍼하지 말고/ 꿈결처럼/ 초록이 흐르는 이 계절에/ 무성한 사랑으로 서 있고 싶다.
> → 사랑의 실패에 괴로워했던 화자는 가시가 있지만 아름다운 찔레꽃을 보고 사랑의 아픔을 찔레꽃처럼 아름답게 승화시키고자 한다. 화자는 이러한 사랑(의 아픔)에 대한 인식의 변화를 '오늘'이라는 시간적 표현을 활용하여 드러내고 있다.

③ (나)와 (다)는 모두 계절적 배경을 제시하여 분위기를 *환기하고 있다. *불러일으키고

근거 (다) 여름 숲도 좋지만 겨울 숲은 또 나름대로 외로워서 좋습니다. ~ 올해는 유난히 눈이 안 내리는 겨울입니다. 높고 푸른 하늘이 외로운 나무 끝에 펼쳐져 있습니다.

풀이 (다)는 여름의 풍성한 분위기와 겨울의 외로운 분위기를 계절적 배경을 제시하여 환 기하고 있으나 (나)에는 계절적 배경을 제시하여 분위기를 환기하는 부분을 찾을 수 없다.

→ 적절하지 않음!

④ (가)~(다)는 모두 불가능한 상황을 설정하여 주제 의식을 드러내고 있다.

풀이 (가), (나), (다)에서 불가능한 상황을 설정하여 주제 의식을 드러내는 부분은 나타나 지 않는다.

→ 적절하지 않음!

> ■ 불가능한 상황을 설정하여 주제 의식을 드러내는 작품
> • 조지훈, 「맹세」 (2024학년도 6월 모평)
> 붉은 마음이 숯이 되는 날까지/ 그 숯이 되살아 다시 재 될 때까지/ 못 잊힐 모습을 어이 하리오/ 거룩한 이름 부르며 나는 울어라.
> → 화자는 '붉은 마음'이 '숯'이 되고 그 '숯'이 '재'가 되는 불가능한 상황을 설정하여 임 에 대한 간절한 그리움과 영원한 사랑을 드러내고 있다.

⑤ (가)~(다)는 모두 *반어적 표현을 사용하여 대상이 지닌 의미를 부각하고 있다. *말하 고자 하는 원래 의미와는 반대되는 표현

풀이 (가), (나), (다)에서 반어적 표현을 사용하여 대상이 지닌 의미를 부각하는 부분은 나 타나지 않는다.

→ 적절하지 않음!

> ■ 반어적 표현을 사용하여 대상이 지닌 의미를 부각하는 작품
> • 김광규, 「묘비명」 (2018학년도 수능)
> 한 줄의 시는커녕/ 단 한 권의 소설도 읽은 바 없이/ 그는 한평생을 행복하게 살며/ 많은 돈을 벌었고/ 높은 자리에 올라/ 이처럼 훌륭한 비석을 남겼다
> → 정신적 가치보다 물질적 가치를 추구하는 '그'가 남긴 비석을 훌륭하다고 반어적으로 표현함으로써 물질적 가치를 중시하는 세태의 부정적 의미를 부각하고 있다.

> ■ 반어적 표현
> 1회(2023년 3월 학평) 24번 문제 ③번 선지 참고→012쪽

---

17 내용 이해 – 적절한 것 고르기
정답률 75%　　　　　　　　　　　　　　정답 ④

[A]와 [B]에 대한 설명으로 가장 적절한 것은?

> [A] (나)-10~13 회양 옛 사실 소문만 들었더니/ 대궐을 홀로 떠나는 적객은 무슨 죄 인가/ 높고 험한 철령을 험하단 말 전혀 마오/ 세상살이에 비하면 평지인가 여기노라
> [B] (다) 여름 숲도 좋지만 겨울 숲은 또 나름대로 외로워서 좋습니다. 높아서 좋습니 다. 야위어서 좋습니다. 여름 숲의 무성함, 풍성함, 윤택함에 한동안 외로움을 잊고 살 았습니다. 외롭지 않을 때는 외롭지 않아서 좋았고 외로울 때는 또 외로워서 좋았습니 다. 올해는 유난히 눈이 안 내리는 겨울입니다. 높고 푸른 하늘이 외로운 나무 끝에 펼 쳐져 있습니다.

① [A]와 [B]에는 모두 자연의 *섭리에 담긴 가치가 나타난다. *자연계를 지배하고 있는 원리 와 법칙 [B]에는

풀이 [B]에서는 잎이 우거져 무성함, 풍성함, 윤택함이 느껴지는 여름 숲의 모습과 잎이 져서 외롭고 야윈 겨울 숲의 모습을 통해 자연의 섭리에 담긴 가치를 드러내고 있다. 반면 [A]에는 자연의 섭리에 담긴 가치가 드러나지 않는다.

→ 적절하지 않음!

② [A]와 [B]에는 모두 변화하는 자연에서 얻는 즐거움이 나타난다. [B]에는

풀이 [B]는 여름에서 겨울로의 변화를 경험하며 각 계절에 만족감을 느끼는 글쓴이의 모 습이 드러난다. 반면 [A]에는 변화하는 자연에서 얻는 즐거움이 나타나지 않는다.

→ 적절하지 않음!

③ [A]에는 *이상적 세계를 동경하는 삶이, [B]에는 자연에 **동화되는 삶이 나타난다. *완전하다고 느끼는 **하나가 되는

풀이 [A]에서 화자는 험한 철령을 지나며 고된 세상살이를 떠올리고 있으므로 이상적 세 계를 동경한다고 볼 수 없다. [B]에서 글쓴이는 여름 숲의 풍성함과 겨울 숲의 외로움 을 모두 좋아하고 있으므로 자연에 동화되었다고 볼 수 있다.

→ 적절하지 않음!

✔ ④ [A]에는 자연을 보며 떠올린 삶의 *고단함이, [B]에는 자연에서 느끼는 만족감이 나타 난다. *힘듦

풀이 [A]에서 화자는 험한 철령을 지나며 고된 세상살이를 떠올리고 있으므로 자연을 보 며 떠올린 삶의 고단함이 나타난다고 볼 수 있다. [B]에서 글쓴이는 무성함, 풍성함, 윤택함이 느껴지는 여름 숲과 외롭고 야윈 겨울 숲이 모두 좋다고 하였으므로 자연 에서 느끼는 만족감이 드러난다고 볼 수 있다.

→ 적절함!

⑤ [A]에는 자연물에서 *연상된 대상에 대한 **경외감이, [B]에는 자연을 거닐며 느끼는 쓸쓸함이 나타난다. *떠올려진 **공경하면서 두려워하는 감정

풀이 [A]에서 화자는 철령을 보며 삶의 고단함을 떠올리고 있을 뿐, 대상에 대한 경외감을 느끼고 있지는 않다. [B]에서 글쓴이는 겨울 숲의 외로움이 좋다고 하였을 뿐, 자연 을 거닐며 쓸쓸함을 느끼고 있지는 않다.

→ 적절하지 않음!

---

18 감상의 적절성 – 적절하지 않은 것 고르기
정답률 75%, 매력적 오답 ④ 10%　　　　　　　정답 ②

〈보기〉를 참고하여 (가)를 감상한 내용으로 적절하지 않은 것은?

> | 보 기 |
> [1] 권섭의 「십육영(十六詠)」은 열여섯 개의 중심 소재를 통해 현실에 대한 인식을 드러 낸 작품이다. [2] (가)의 각 수의 초장과 중장에는 소재로 쓰인 대상의 특성이나 상징적 의 미가 강조되어 있고, 종장에는 부조리한 현실에 대한 부정적인 시각이 표출되어 있다.

① 〈제1수〉에서 '풍상'을 이겨 낸 소나무를 '독야청청'한 모습으로 그리며 소나무의 *지 조 있는 모습을 드러내고 있군. *원칙과 신념을 굽히지 아니하고 끝까지 지켜 나가는 꿋꿋한 의지

근거 〈보기〉-2 중장에는 소재로 쓰인 대상의 특성

(가) ❶-1~2 나무 우뚝하기도 하구나/ 풍상을 실컷 겪고 독야청청하구나

풀이 〈제1수〉에서는 '풍상'을 실컷 겪고도 '독야청청'한 소나무의 모습을 통해 소나무의 지조 있는 모습을 보여 주고 있다.

→ 적절함!

✔ ② 〈제1수〉에서 '베지' 않으면 '동량재'가 될 수 있다고 한 것은 인재가 되기 위해서 시련 을 겪어야만 하는 현실에 대한 한탄을 드러낸 것이군. 전에　　겪고 좌절하는

근거 〈보기〉-3 종장에는 부조리한 현실에 대한 부정적인 시각이 표출되어 있다.

→ 문제편 135쪽

(가) **❶**-3 져근덧 베지 말고 두면 **동량재** 되겠구나

풀이 '동량재'는 나라를 떠받치는 중대한 일을 맡을 만한 인재를 말한다. <제1수>에서 '베지' 않으면 '동량재'가 될 수 있다고 한 것은 인재로 성장하기도 전에 시련을 겪는 현실에 대한 한탄을 드러낸 것이다. 인재가 되기 위해서 시련을 겪어야만 하는 현실을 드러낸 것은 아니다.

→ 적절하지 않음!

③ <제11수>에서 호랑이의 기세를 '황홀'하다고 표현하며 호랑이의 *위엄 있는 모습을 그리고 있군. *존경할 만한 위세가 있어 점잖고 엄숙한 기세

근거 <보기>-2 초장과 중장에는 소재로 쓰인 대상의 특성
(가) **❷**-1 꼬리치고 휘파람 불며 기염도 **황홀**하구나
풀이 <제11수>에서는 꼬리 치고 휘파람 부는 호랑이의 기세에 대해 기염이 '황홀'하다고 표현함으로써 호랑이의 위엄 있는 모습을 그리고 있다.

→ 적절함!

④ <제11수>에서 호랑이가 사라지면 '호리종횡'할 것이라고 한 것은 *소인배들이 힘을 얻게 될 수도 있는 현실에 대한 우려를 표현한 것이군. *마음 씀씀이가 좁고 간사한 사람이나 그 무리

근거 <보기>-3 종장에는 부조리한 현실에 대한 부정적인 시각이 표출되어 있다.
(가) **❷**-3 진실로 네 잠깐 떠나면 **호리종횡**하겠구나
풀이 '호리종횡'은 여우와 살쾡이와 같은 간사한 무리들이 이리저리 날뛰는 것을 의미한다. 따라서 <제11수>에서 호랑이가 사라지면 '호리종횡'할 것이라고 한 것은 힘 있는 호랑이가 사라지면 소인배들이 힘을 얻어 날뛸 수 있는 현실에 대한 우려를 표현한 것이다.

→ 적절함!

⑤ <제15수>에서 '천리지'를 알아주는 이가 없다고 한 것은 인재가 뜻을 펼칠 수 없는 안타까운 현실을 드러낸 것이군.

근거 <보기>-3 종장에는 부조리한 현실에 대한 부정적인 시각이 표출되어 있다.
(가) **❸**-1 오리마 적표마들이 관단 노태와 같겠느냐/ 3 아무리 **천리지** 있은들 알 이 없어 서러워라
풀이 '천리지'는 천리를 달리고자 하는 뜻을 말한다. <제15수>에서 '천리지'를 알아주는 이가 없다고 한 것은 오리마나 적표마 같은 빠른 말이 달리고자 해도 알아주는 사람이 없다는 것으로, 인재가 뜻을 펼칠 수 없는 안타까운 현실을 드러내고 있다.

→ 적절함!

오답률 TOP ❺ | **1등급 문제**

19 내용 이해 - 적절하지 않은 것 고르기
정답률 45%, 매력적 오답 ① 10% ② 35% | **정답 ③**

<보기>를 바탕으로 (나), (다)를 이해한 내용으로 적절하지 **않은** 것은? [3점]

| 보기 |
[1]문학 작품에는 여정 가운데 만나게 되는 상황과 그에 따른 **감회**(느낄 感 생각 懷 : 지난 일을 돌이켜 볼 때 느껴지는 생각), 그 여정이 자신의 삶에 끼친 영향 등이 드러나기도 한다.
[2](나)에는 화자가 부임지인 경성으로 가는 도중에 보게 된 변방의 경치와 **회포**(품을 懷 생각 抱 : 마음속에 품은 생각) 등이 드러나며, (다)에는 글쓴이가 태안사를 다녀온 경험과 이를 통해 얻은 깨달음이 드러난다.

① (나) : 화자는 경성으로 떠나면서 관원의 임무를 맡게 된 것을 임금의 은혜로 여기고 있군.

근거 <보기>-2 (나)에는 화자가 부임지인 경성으로 가는 ~ 회포
(나)-1~3 북방 이십여 주에 경성이 문호인데/ 군사 백성 다스리기를 나에게 맡기시니/ 망극한 임금의 은혜 갚을 길이 어렵구나
풀이 (나)의 화자는 문호인 경성으로 떠나면서 자신에게 군사와 백성을 다스리는 임무를 맡긴 임금의 은혜에 감사하고 있다.

→ 적절함!

② (나) : 화자는 낙민루에 올라 산하를 둘러보며 자연에서 느껴지는 기운에 감탄하고 있군.

근거 <보기>-2 (나)에는 화자가 부임지인 경성으로 가는 도중에 보게 된 변방의 경치
(나)-20~22 낙민루에 올라앉아/ 옥저의 산하 하나하나 돌아보니/ 천년의 풍패에 상서로운 기운 어제인 듯하구나
풀이 (나)의 화자는 낙민루에 올라앉아 함흥 지역의 산하를 둘러보며 천년 전의 상서로운 기운이 어제인 듯하다며 자연에서 느껴지는 복되고 길한 기운에 감탄하고 있다.

→ 적절함!

③ (나) : 화자는 청해진에서 전쟁이 없어 오랑캐를 방어하는 일을 잊고 있는 병사들의 모습을 비판하고 있군.
~~전쟁이 없어~~ 철통같이 / ~~방어하는~~ 방어하고 / 긍정적으로 바라보고

근거 <보기>-2 (나)에는 화자가 부임지인 경성으로 가는 도중에 보게 된 변방의 경치와

회포
(나)-26 청해진에 들어오니/ 28~31 충신과 정예 병사 무기를 늘어놓고/ 강한 활과 쇠뇌로 요충지를 지키는 듯/ 태평세월 백 년 동안 전쟁을 잊으니/ 철통같은 방어를 일러 무엇하리오
풀이 (나)의 화자는 청해진에서 충신과 병사들이 무기를 늘어놓고 철통같은 방어로 요충지를 지킨 덕에 전쟁이 없는 것을 긍정적으로 바라보고 있다. 따라서 전쟁이 없어 오랑캐를 방어하는 일을 잊고 있는 병사들의 모습을 비판하고 있다는 설명은 적절하지 않다.

→ 적절하지 않음!

④ (다) : 글쓴이는 태안사에서 고양이에게 먹이를 주는 노인의 모습을 따뜻한 시선으로 바라보고 있군.

근거 <보기>-2 (다)에는 글쓴이가 태안사를 다녀온 경험
(다) 노인은 절 부엌에서 나오는 음식을 고양이에게 먹이고 있었습니다. 내가 빙긋 웃자 노인의 얼굴이 한순간 붉어졌습니다. 노인은 소년의 얼굴을 가졌더군요. 아닙니다. 아기의 얼굴이었습니다.
풀이 (다)의 글쓴이는 태안사에서 고양이에게 먹이를 주는 노인을 보고 빙긋 웃었으며, 노인의 얼굴을 순수한 아기의 얼굴처럼 느끼고 있으므로 노인의 모습을 따뜻한 시선으로 바라보고 있다고 할 수 있다.

→ 적절함!

⑤ (다) : 글쓴이는 태안사에서 만난 노인처럼 자신도 다른 사람들에게 위로가 되는 존재가 되고 싶어 하고 있군.

근거 <보기>-2 (다)에는 글쓴이가 태안사를 다녀온 경험과 이를 통해 얻은 깨달음이 드러난다.
(다) 그는 아마 그것도 모를 테지요. 자신이 누군가의 마음속에 들어가 커다란 위로가 되고 부처가 되었다는 사실을. 나는 또한 누군가의 가슴속에 들어가 위로가 되고 부처가 될 수는 없을까요.
풀이 (다)의 글쓴이는 태안사에서 만난 노인이 자신에게 위로가 되고 부처가 된 것처럼 자신도 누군가의 마음속에 들어가 위로가 되고 부처가 되고 싶다고 하였다.

→ 적절함!

💡 **어떻게 풀까?** 고전시가와 현대 수필이 함께 출제된 지문에서 현대 수필은 고전시가에 비해 상대적으로 수월하게 보는 경향이 있다. 아무래도 고전시가의 해석에 어려움을 겪고, 감으로 선지를 고르는 경우가 많기 때문이다. 정답인 선지 ③ 다음으로 많은 학생들이 고른 선지 ②는 어휘의 의미를 잘 파악하지 못해서 선택한 결과이다. '상서롭다'를 부정적인 의미로 생각하고 자연에서 느끼는 기운에 감탄했다는 선지를 적절하지 않다고 파악한 것으로 보인다. 모든 고전시가의 어휘를 다 파악할 수는 없으나, 기본적인 필수 어휘들은 공부할 필요가 있다.

---

20 문맥적 의미 - 적절하지 않은 것 고르기
정답률 85% | **정답 ⑤**

㉠ ~ ㉤에 대한 설명으로 적절하지 **않은** 것은?

① ㉠ : 오리마와 적표마가 뛰어난 능력을 지닌 존재라는 화자의 인식을 드러내고 있다.
근거 **(가)** **❸**-1 ㉠ 오리마 적표마들이 관단 노태와 같겠느냐
풀이 ㉠은 빠른 오리마, 적표마를 둔하고 느린 관단, 노태와 비교할 수 없다는 것으로 오리마와 적표마가 뛰어난 능력을 지닌 존재라는 화자의 인식을 드러내고 있다.

→ 적절함!

② ㉡ : 화자가 자신이 변방의 임무를 맡을 것이라고 예상하지 못했음을 드러내고 있다.
근거 **(나)**-4~5 ㉡ 서생의 일은 글쓰기인가 여겼더니/ 늙은이의 변방 부임 진실로 뜻밖이로다
풀이 ㉡에서 화자는 자신의 일이 글쓰는 것이라고만 여겼는데 변방에 부임하게 된 것을 뜻밖의 일로 받아들이고 있다. 따라서 화자가 자신이 변방의 임무를 맡을 것이라고 예상하지 못했음을 알 수 있다.

→ 적절함!

③ ㉢ : 모래바람으로 인해 부임지로 가는 길이 험난할 것이라는 걱정을 드러내고 있다.
근거 **(나)**-24 ㉢ 모래바람 자욱한데 갈 길이 멀었구나
풀이 ㉢은 자욱한 모래바람 속에서 부임지로 가는 길이 멀고 험난할 것이라는 화자의 걱정을 드러내고 있다.

→ 적절함!

④ ㉣ : 물길이 끝나더라도 숲길이 시작된다는 것을 긍정적으로 여기고 있음을 드러내고 있다.
근거 **(다)** ㉣ 물길이 끝났다고 슬퍼할 필요는 없습니다. 곧이어 숲이, 숲길이 시작될 테니까요.

풀이 ㉣에서 글쓴이는 물길이 끝났어도 숲길이 시작될 테니 슬퍼할 필요가 없다고 하였다. 이를 통해 숲길이 시작된다는 것을 긍정적으로 여기고 있음을 드러내고 있다.
→ 적절함!

⑤ ㉤: 가난과 외로움을 느끼며 살아가야 했던 노인의 삶에 대한 *연민을 드러내고 있다.
느끼지 않는 / 삶에서 얻은 깨달음
*불쌍하게 여김

근거 (다) 태안사의 그는 가난과 외로움조차도 스스로 느끼지 않는 그저 '그'일 따름이었습니다. ㉤ 가난과 외로움조차도 때로는 거추장스런 장신구일 수도 있겠습니다.

풀이 ㉤은 글쓴이가 노인의 삶을 통해 얻은 깨달음으로, 가난과 외로움에서 벗어난 삶이 있을 수 있음을 의미한다. 또한 (다)의 글쓴이는 태안사의 노인을 가난과 외로움을 느끼지 않는 '그' 자체로 여기고 있다. 따라서 ㉤이 가난과 외로움을 느끼며 살아가야 했던 노인의 삶에 대한 연민을 드러낸다는 설명은 적절하지 않다.

→ 적절하지 않음!

[21 ~ 26] 인문

(가)

1 ¹'세계'는 그것(세계)을 대면한(對面−, 서로 얼굴을 마주 보고 대한) 각(各, 낱낱의) 인식(認識, 사물을 분별하고 판단하여 앎) 주체들에 의해 다양하게 드러난다. ²가장 일차적이고(一次的−, 근본적이고) 일반적인 세계는 우리가 경험하는 현실 세계이며, 인식 주체들은 각자가 지닌 조건에 따라 현실 세계를 다양하게 인식한다. ³한 예로, 각 인식 주체는 서로 다른 가시(可視, 눈으로 볼 수 있는 것) 및 가청(可聽, 들을 수 있음) 범위를 가지며, 이러한 신체적 지각(知覺, 알아서 깨닫는 능력)의 차이에 따라 그들(각 인식 주체들)이 경험하는 세계에 대한 인식도 각기(各其, 각각 저마다) 달라진다. ⁴또한 인식 주체는 일상 언어(日常言語, 날마다 반복되는 일상생활에서 자연스럽게 쓰는 말)를 바탕으로 현실 세계를 인식한다. ⁵예를 들어 연속된 시간을 시, 분으로 표현하는 것처럼 일상 언어는 연속된 세계를 분절하여(分節−, 마디로 나누어) 인식하게 만든다.
→ 인식 주체와 세계의 인식

2 ¹그런데 신체적 지각이나 일상 언어는 고정적이지 않다. ²운동선수처럼 반복적 수련(修鍊, 힘써 배우고 익힘)을 하거나 안경 등의 도구를 이용하면 인식 주체들이 지닌 조건은 ⓐ 달라질 수 있으며, 새로 도입된 낯선 언어가 시간이 흐르면서 일상 언어로 자리 잡기도 한다.
→ 신체적 지각과 일상 언어의 비고정성

3 ¹인식 주체들에 의해 드러나는 각각의 세계는 세계 전체를 이루는 여러 얼굴이라 할 수 있다. ²인식 주체들의 인식 조건은 다양하므로 각각의 인식틀(일정한 격식이나 형식)에 따라 저마다의 얼굴, 즉 각각의 존재면이 드러나게 된다. ³그런 의미에서 회화(繪 그림 회 畫 그림 화, 여러 가지 선이나 색채로 평면상에 형상을 그려 내는 조형 미술) 예술은 세계의 다양한 존재면을 드러내는 작업이다.
→ 세계의 다양한 존재면을 드러내는 회화 예술

4 ¹의식 수준이 성장함에 따라 인간은 점차 현실 세계의 현상 너머에 있는 형이상학적인(形而上學的−, 사물의 본질, 존재의 근본 원리 등을 탐구하는 학문인 '형이상학'에 바탕을 둔) 것을 갈망하게(渴望−, 간절히 바라게) 되었다. ²이런 경향은 현대회화에도 영향을 ⓑ 끼쳤으며, 회화에서 현실 세계를 다루는 양상(樣相, 모양, 상태)에도 변화가 나타났다. ³현대회화의 존재적 특징은 과학과의 비교를 통해 분명해진다. ⁴과학은 존재면이 비교적 일의적이며(一義的−, 한 종류이며), 한 존재면을 수직으로 파고들어 그 면(수직으로 파고든 한 존재면)을 심층적으로(深層的−, 깊이 있고 철저하게) 드러낸다. ⁵예를 들어 생물학은 종(種, 생물 분류의 기초 단위), 개체(個體, 하나의 독립된 생물체), 기관(器官, 일정한 모양과 생리 기능을 가지고 있는 생물체의 부분), 세포, 유전자 등 무수한(無數−, 헤아릴 수 없는) 면들을 드러내나, 이 면들은 넓게 보면 같은 면의 객관적 심층(深層, 깊은 층)이다.(→ 존재면이 일의적임) ⁶그러나 현대회화는 여러 존재면을 수평적으로 드러낸다. ⁷예를 들어 입체주의나 표현주의 현대회화를 보면, 하나의 그림 위에 일상의 현실 세계와 상상에 의한 가능 세계가 혼재해(混在−, 뒤섞여) 있음을 알 수 있다. ⁸현실 세계의 실재(實在, 실제로 존재함)를 있는 그대로 재현하고자(再現−, 다시 나타내고자) 했던 ㉠ 전통회화와 달리 ㉡ 현대회화는 변형(變形, 모양이나 형태가 달라지게 함)과 과장(誇張, 사실보다 지나치게 불려서 나타냄)을 통해 실재와는 다른 방식으로 세계들을 조합해(組合−, 한 덩어리로 짜) 나간 것이다. ⁹이러한 현대회화의 추상성(抽象性, 실제로나 구체적으로 경험할 수 없는 성질)은 처음에는 혁신적이었으나(革新的−, 묵은 풍속, 관습, 조직, 방법 등을 완전히 바꾸어 새롭게 하는 것이었으나) 점차 보편적인 것이 되었다.
→ 회화에서 현실 세계를 다루는 양상에 나타난 변화

5 ¹추상의 강도(強度, 센 정도)가 더해질수록 현대회화는 실재의 재현에서 더욱 ⓒ 멀어져, 실재가 아닌 화가의 내면(內面, 밖으로 드러나지 않는 사람의 정신적·심리적 측면)을 표현하는 것으로 인식되었다. ²내면은 상상의 영역이기에, 전통회화와 달리 현대회화로는 현실 세계의 존재면을 드러내기 어렵다는 인식도 생겨났다. ³그러나 현대회화의 추상성에 대해 실재는 배제한(排除−, 받아들이지 않고 뺀) 채 내면만 표현한 것이라고 이분법적으로(二分法的−, 둘로 나누어) 이해하는 것은 적절하지 않다. ⁴상상의 대부분은 현실의 경험에서 ⓓ 비롯되며, 내면의 추상적 영역 또한 객관적 실재의 외면(外面, 겉에 있거나 보이는 면)을 이질적으로(異質的−, 성질이 다른 것으로) 변형시켜 존재를 다양하게 드러내는, 세계의 무수한 존재면 중 하나이기 때문이다. ⁵회화를 통해 접하는 다양한 가능 세계와의 만남은 우리를 현실 세계에 더 가까이 다가가게 해 준다.
→ 현대회화의 추상성에 대한 이해

(나)

1 ¹회화는 캔버스(canvas, 유화를 그릴 때 쓰는 천) 위에 물감으로 색과 형태를 드러낸 가시적 존재지만, 회화의 의미가 창작자(創作者, 작품을 만든 사람)의 주관(主觀, 견해나 관점)이나 감상자(鑑賞者, 작품의 아름다움을 이해하여 즐기고 평가하는 사람)의 주관에 따라 다양하게 형성된다는 점에서 비가시적(非可視的, 눈으로 볼 수 없는) 존재이기도 하다. ²이렇듯 회화는 가시적이면서 동시에 비가시적인 독특한 존재 방식을 갖는다.
→ 가시적이면서 동시에 비가시적인 회화

2 ¹전통회화는 회화의 가시적 속성을 통해 객관적 세계의 외면을 사실적으로 재현하는 데 주목했다. ²이에 반해(反−, 반대로) 현대회화는 회화의 가시적 속성을 통해 화가의 비가시적 내면을 드러내는 데 치중한다(置重−, 중점을 둔다). ³현대회화는 화가들이 자신만의 관념적(觀念的, 현실에 의하지 않는 추상적이고 공상적인) 세계를 가시화한 결과물로서, 회화 속에서 객관적 실재는 주관화된다.(主觀化−, 자신의 관점이나 생각과 관련된 입장에서 다루어지게 된다.) ⁴현대회화의 화가들은 현실에서 목격하는(目擊−, 눈으로 직접 보는) 일상의 모습이 비대칭적이고(非對稱的−, 서로 동일한 모습으로 마주보며 짝을 이루고 있지 않고) 혼란스럽더라도 임의로(任意−, 일정한 기준이나 원칙에 따르지 않고 하고 싶은 대로) 대칭(對稱, 서로 동일한 모습으로 마주보며 짝을 이루고 있는 상태)을 만들거나 현실을 조작하는 등의 방법으로 비현실적 허구(虛構, 사실에 없는 일을 사실처럼 꾸며 만듦)를 표현해 내고자 했다. ⁵이렇게 예술을 통해 현실이 추상화되는 과정에서 예술은 객관적 현실로부터 점차 멀어져 가는 경향을 보였다.
→ 전통회화와 현대회화의 대조적 특징

3 ¹이러한 ㉮ 예술과 현실의 분리는 회화뿐 아니라 음악에서도 나타난다. ²음악에 사용되는 음은 현실의 무한한(無限−, 제한이나 한계가 없는) 소리 중 극히 일부이며, 일상에서 들을 수 있는 일반적 소리와 달리 균질적이고(均質的−, 성분이나 특성이 고루 같은 것이고) 세련되며(洗練−, 잘 다듬어져 있으며) 인위적인(人爲的−, 사람의 힘으로 이루어진) 배열(配列, 일정한 차례나 간격에 따라 벌여 놓음)을 ⓔ 따른다. ³이렇게 음악도 일상 현실과 거리를 두며 그(음악의) 정체성(正體性, 본질적으로 가지고 있는 특성)을 확보해 왔다.
→ 음악에서 나타나는 예술과 현실의 분리

4 ¹그런데 이러한(현실과 분리된) 예술의 흐름에 대항하여(對抗−, 맞서) 새로운 시도를 하는 예술가들도 있었다. ²화가이자 음악가였던 루솔로는 일상 현실의 기계 소리를 소음이 아닌 음악적 표현 대상으로 삼아, 소음 기계를 악기로 만들었다. ³작곡가 바레즈는 분절된(分節−, 마디로 나뉜) 몇 개의 음만을 표현할 수 있는 일반적 악기와 달리, 사이렌(siren, 많은 공기구멍이 뚫린 원판을 빠른 속도로 돌려 공기의 진동으로 소리를 내는 장치로, 신호, 경보 등에 씀)이 음과 음 사이의 분절되지 않은 무한한 음을 낼 수 있는 일상적 사물이라는 점에 주목하여 사이렌으로 음악을 표현했다. ⁴또한 작곡가 셰페르는 사람의 소리, 기계 소리, 자연음 등을 '음향(音響, 물체에서 나는 소리와 그 울림) 오브제(objet, 원래의 용도에서 분리되어 예술 작품에 사용된 일상 용품이나 자연물)'로 활용하는 '구체음악을 창시하기도(創始−, 처음으로 시작하기도) 하였다.
→ 새로운 시도를 한 예술가들

5 ¹게르노트 뵈메는 예술의 영역을 일상적 삶으로 확장하려는 이러한 노력을 '확장된 미학(美學, 자연, 인생, 예술 등에 담긴 미의 본질과 구조를 밝히는 학문)'이라 일컬었다.(이름 지어 불렀다.) ²뵈메는 예술의 미적(美的, 아름다움에 관한) 경험이 일상적인 맥락에서 분리되어 예술가라는 특별한 존재에 의해 창조되는 특정한 미적 대상에만 국한된다고(局限−, 범위가 제한된다고) 보는 기존의 미학을 비판하며, 예술이 창작되고 수용되는(受容−, 받아들여지는) 미적 경험이 일상적 현실로까지 확장되어야 한다고 보았다.
→ 기존의 미학을 비판한 뵈메의 견해

■ 지문 이해
(가)
〈세계의 다양한 존재면을 드러내는 회화 예술〉

❶ 인식 주체와 세계의 인식
• 인식 주체들은 각자가 지닌 조건에 따라 현실 세계를 다양하게 인식함
• 인식 주체는 신체의 지각과 일상 언어를 바탕으로 현실 세계를 인식함

❷ 신체적 지각과 일상 언어의 비고정성

❸ 세계의 다양한 존재면을 드러내는 회화 예술
• 인식 주체들의 인식 조건은 다양하므로, 각각의 인식틀에 따라 저마다의 존재면이 드러남
  → 회화 예술은 세계의 다양한 존재면을 드러내는 작업

❹ 회화에서 현실 세계를 다루는 양상에 나타난 변화

과학의 존재적 특징	현대회화의 존재적 특징
- 존재면이 비교적 일의적임 - 한 존재면을 수직으로 파고들어, 그 면을 심층적으로 드러냄	- 여러 존재면을 수평적으로 드러냄 - 하나의 그림 위에 현실 세계와 가능 세계가 혼재함

전통회화	현대회화
- 현실 세계의 실재를 있는 그대로 재현하고자 함	- 변형, 과장을 통해 실재와 다른 방식으로 세계들을 조합함 : 추상성

❺ 현대회화의 추상성에 대한 이해
• 추상성이 강해지면서 현대회화는 실재가 아닌 화가의 내면을 표현하는 것으로 인식됨 → 전통회화와 달리 현대회화로는 현실 세계의 존재면을 드러내기 어렵다는 인식이 생겨남
  ⇒ 현대회화의 추상성을 '실재를 배제한 내면 표현'이라고 보는 이분법적 이해는 적절하지 않음
  - 상상의 대부분은 현실의 경험에서 비롯됨
  - 내면의 추상적 영역도 세계의 무수한 존재면 중 하나임
  - 회화를 통해 다양한 가능 세계와 접함으로써 현실 세계에 더 가까이 다가갈 수 있음

(나)
〈예술과 현실의 관계에 관한 기존의 흐름과 이에 대항한 새로운 시도들〉

❶ 가시적이면서 동시에 비가시적인 회화
• 회화 : 가시적이면서 동시에 비가시적인 독특한 존재 방식을 가짐
  - 가시적 : 캔버스 위에 물감으로 색과 형태를 드러냄
  - 비가시적 : 회화의 의미가 창작자나 감상자의 주관에 따라 다양하게 형성됨

❷ 전통회화와 현대회화의 대조적 특징

전통회화	현대회화
- 회화의 가시적 속성을 통해 객관적 세계의 외면을 사실적으로 재현하는 데 주목함	- 회화의 가시적 속성을 통해 화가의 비가시적 내면을 드러내는 데 치중함

• 현대회화의 특징
  - 화가가 자신만의 관념적 세계를 가시화한 결과물
  - 회화 속 객관적 실재는 주관화됨
  - 현실의 비대칭적이고 혼란스러운 모습을 조작하여 비현실적 허구를 표현함
  - 예술을 통해 현실이 추상화되는 과정에서 예술이 객관적 현실로부터 멀어지는 경향을 보임

❸ 음악에서 나타나는 예술과 현실의 분리
• 음악에 사용되는 음은 균질적이고 세련되며 인위적 배열을 따름
  → 일상 현실과 거리를 두며 정체성을 확보해 옴

❹ 새로운 시도를 한 예술가들
• 루솔로 : 일상의 기계 소리를 음악적 표현 대상으로 삼아 소음 기계를 악기로 만듦
• 바레즈 : 분절되지 않은 무한한 음을 낼 수 있는 일상적 사물인 사이렌으로 음악을 표현함
• 셰페르 : 사람의 소리, 기계 소리, 자연음 등을 음향 오브제로 활용한 '구체음악'을 창시함

→ 문제편 138쪽

---

❺ 기존의 미학을 비판한 뵈메의 견해
• 뵈메 : 예술의 영역을 일상적 삶으로 확장하려는 노력을 '확장된 미학'이라 함
  - 예술이 창작·수용되는 미적 경험이 일상적 현실로 확장되어야 한다고 봄

오답률 TOP❶ | 1등급 문제

21 글의 서술 방식 파악 - 적절한 것 고르기
정답률 35%, 매력적 오답 ④ 25% ⑤ 30%　　　　정답 ③

(가)와 (나)에 대한 설명으로 가장 적절한 것은?

[근거] (가)-❶-2 인식 주체들은 각자가 지닌 조건에 따라 현실 세계를 다양하게 인식, (가)-❸-3 회화 예술은 세계의 다양한 존재면을 드러내는 작업, (가)-❹-6~8 현대회화는 여러 존재면을 수평적으로 드러낸다. … 현대회화는 변형과 과장을 통해 실재와 다른 방식으로 세계들을 조합해 나간 것, (가)-❺-3~5 현대회화의 추상성에 대해 … 이분법적으로 이해하는 것은 적절하지 않다. … 회화를 통해 접하는 다양한 가능 세계와의 만남은 우리를 현실 세계에 더 가까이 다가가게 해 준다, (나)-❶-2 회화는 가시적이면서 동시에 비가시적인 독특한 존재 방식을 갖는다, (나)-❷-2 현대회화는 회화의 가시적 속성을 통해 화가의 비가시적 내면을 드러내는 데 치중, (나)-❷-5 예술을 통해 현실이 추상화되는 과정에서 예술은 객관적 현실로부터 점차 멀어져 가는 경향을 보였다, (나)-❸-1 예술과 현실의 분리는 회화뿐 아니라 음악에서도 나타난다, (나)-❸-3 음악도 일상 현실과 거리를 두며 그 정체성을 확보해 왔다, (나)-❹-1 이러한 예술의 흐름에 대항하여 새로운 시도를 하는 예술가들, (나)-❺-2 기존의 미학을 비판하며, 예술이 창작되고 수용되는 미적 경험이 일상적 현실로까지 확장되어야 한다고 보았다.

[풀이] 윗글의 (가)에서는 각각의 인식 주체들이 세계를 다양하게 인식하며 인식 주체들이 가진 인식틀에 따라 저마다의 존재면이 드러난다고 설명하면서, 회화 예술이 세계의 다양한 존재면을 드러내는 작업이라고 설명하고 있다. 또한 현대회화의 추상성에 대해 이분법적으로 이해하는 것은 적절하지 않다고 이야기하고 있다. 따라서 (가)는 세계에 대한 인식을 바탕으로 회화 예술을 이해하는 관점을 제시하고 있다고 볼 수 있다. 한편 (나)에서는 예술과 현실이 분리되었던 기존의 경향을 설명하고, 이러한 기존의 흐름에 대항하여 예술의 영역을 일상적 현실로 확장하려는 예술가들의 새로운 시도들을 소개하였다. 즉 (나)는 예술과 현실의 관계에 대한 상반된 인식을 제시하고 있다. 따라서 정답은 ③번이다.

① (가)는 인식 주체가 인식의 한계를 극복하는 과정을, (나)는 인식의 한계가 예술 이해에 미친 영향을 설명하고 있다.

② (가)는 현대회화의 추상성을 이분법적으로 이해해야 하는 이유를, (나)는 회화가 비가시적 내면을 드러내는 원리를 분석하고 있다.

③ (가)는 세계에 대한 인식을 바탕으로 회화 예술을 이해하는 관점을, (나)는 예술과 현실의 관계에 대한 상반된 인식을 제시하고 있다.
　→ 적절함!

④ (가)는 인간의 의식 수준의 성장에 따른 현실 세계의 변화 양상을, (나)는 일상으로부터 분리되어 가는 예술의 흐름을 언급하고 있다.

[근거] (가)-❹-1~2 의식 수준이 성장함에 따라 인간은 점차 현실 세계의 현상 너머에 있는 형이상학적인 것을 갈망하게 되었다. 이런 경향은 현대회화에도 영향을 끼쳤으며,

[풀이] 윗글의 (가)에 따르면 의식 수준이 성장함에 따라 인간은 형이상학적을 갈망하게 되는 경향이 나타나게 되었다. 의식 수준의 성장으로 인해 현실 세계가 변화한 것은 아니다.

⑤ (가)는 현대회화가 세계를 추상적으로 드러내는 방식을, (나)는 현실 세계에 의해 회화와 음악이 변화하게 되는 *계기를 밝히고 있다. *契機. 결정적 원인, 기회

[근거] (나)-❷-5 이렇게 예술을 통해 현실이 추상화되는 과정에서 예술은 객관적 현실로부터 점차 멀어져 가는 경향을 보였다.

[풀이] 윗글의 (나)에 따르면 현실 세계에 의해 회화와 음악이 변화하는 것이 아니라 예술, 즉 회화와 음악을 통해 현실이 추상화되는 것이다.

---

22 추론의 적절성 판단 - 적절하지 않은 것 고르기
정답률 75%　　　　정답 ④

(가)를 바탕으로 존재면과 관련하여 추론한 내용으로 적절하지 않은 것은?

① 하나의 회화 작품을 함께 감상하더라도 각 감상자가 지닌 인식틀에 따라 서로 다른 존재면을 인식하게 될 수 있겠구나.

 (가)-①-2 인식 주체들은 각자가 지닌 조건에 따라 현실 세계를 다양하게 인식한다, **(가)-③-2** 인식 주체들의 인식 조건은 다양하므로 각각의 인식틀에 따라 저마다의 얼굴, 즉 각각의 존재면이 드러나게 된다.

→ 적절함!

② 새로 개발된 기술을 *지칭하는 용어가 일상 언어로서의 지위를 갖게 되면 그 언어로 지각되는 존재면도 달라질 수 있겠군. *指稱–. 가리켜 말하는

근거 **(가)-①-4** 인식 주체는 일상 언어를 바탕으로 현실 세계를 인식한다, **(가)-②-1~2** 신체적 지각이나 일상 언어는 고정적이지 않다. … 새로 도입된 낯선 언어가 시간이 흐르면서 일상 언어로 자리 잡기도 한다, **(가)-③-2** 인식 주체들의 인식 조건은 다양하므로 각각의 인식틀에 따라 저마다의 얼굴, 즉 각각의 존재면이 드러나게 된다.

풀이 (가)에 따르면 각 인식 주체는 일상 언어를 바탕으로 현실 세계를 인식한다. 그런데 일상 언어는 고정적이지 않아서, 낯선 언어가 일상 언어로 자리 잡기도 한다. 새로 개발된 기술을 지칭하는 낯선 용어가 일상 언어로서의 지위를 갖게 되면, 해당 언어를 바탕으로 현실 세계를 인식하게 되므로 지각되는 존재면도 달라질 수 있을 것이다.

→ 적절함!

③ 형이상학적인 것에 대한 갈망으로 인해 회화에 나타난 현실 세계의 존재면이 추상적 방향으로 변하는 경향을 띠게 되었겠군.

근거 **(가)-④-1~2** 의식 수준이 성장함에 따라 인간은 점차 현실 세계의 현상 너머에 있는 형이상학적인 것을 갈망하게 되었다. 이런 경향은 현대회화에도 영향을 끼쳤으며, 회화에서 현실 세계를 다루는 양상에도 변화가 나타났다, **(가)-④-8~9** 현실 세계의 실재를 있는 그대로 재현하고자 했던 전통회화와 달리 현대회화는 변형과 과장을 통해 실재와는 다른 방식으로 세계들을 조합해 나간 것이다. 이러한 현대회화의 추상성

→ 적절함!

④ 개개의 과학 학문은 하나의 존재면이 서로 관련이 없는 여러 존재면들로 구성되어 있을 때 그 학문의 심층이 드러나게 되겠군.

근거 **(가)-④-4~5** 과학은 존재면이 비교적 일의적이며, 한 존재면을 수직으로 파고들어 그 면을 심층적으로 드러낸다. 예를 들어 생물학은 종, 개체, 기관, 세포, 유전자 등 무수한 면들을 드러내나, 이 면들은 넓게 보면 같은 면의 객관적 심층이다.

풀이 (가)에서는 과학의 특징을 현대회화의 존재적 특징과 대조적으로 설명하고 있다. 과학은 존재면이 비교적 일의적이며, '한 존재면을 수직으로 파고들어' 그 면을 심층적으로 드러낸다는 것이다. 따라서 개개의 과학 학문은 하나의 존재면이 '서로 관련이 없는 여러 존재면들로 구성'되어 있을 때 그 학문의 심층이 드러나게 될 것이라는 추론은 적절하지 않다.

→ 적절하지 않음!

⑤ 입체주의 화가의 회화에서는 현실 세계의 존재면과 가능 세계의 존재면이 수평적으로 혼재해 있는 모습을 발견할 수 있겠군.

근거 **(가)-④-6~7** 현대회화는 여러 존재면을 수평적으로 드러낸다. 예를 들어 입체주의나 표현주의 현대회화를 보면, 하나의 그림 위에 일상의 현실 세계와 상상에 의한 가능 세계가 혼재해 있음을 알 수 있다.

→ 적절함!

---

23 세부 정보 이해 - 적절한 것 고르기
정답률 55%, 매력적 오답 ③ 10% ④ 25% | 정답 ⑤

(가)와 (나)를 바탕으로 ㉠과 ㉡을 비교하여 이해한 내용으로 가장 적절한 것은?

> ㉠ 전통회화 ㉡ 현대회화

① ㉠과 ㉡은 모두 현실 세계의 존재면을 드러내기 어렵다는 한계를 갖는다.

근거 **(가)-④-8** 현실 세계의 실재를 있는 그대로 재현하고자 했던 전통회화, **(가)-⑤-2~3** 전통회화와 달리 현대회화로는 현실 세계의 존재면을 드러내기 어렵다는 인식도 생겨났다. 그러나 현대회화의 추상성에 대해 실재는 배제한 채 내면만 표현한 것이라고 이분법적으로 이해하는 것은 적절하지 않다.

풀이 (가)에서 현대회화(㉡)는 전통회화(㉠)와 달리 현실 세계의 존재면을 드러내기 어렵다는 인식이 있으나, 이러한 이분법적 인식은 '적절하지 않다'고 설명하고 있다. 따라서 전통회화(㉠)와 현대회화(㉡)는 모두 현실 세계의 존재면을 드러낼 수 있다고 볼 수 있다.

→ 적절하지 않음!

② ㉠과 ㉡은 모두 현실 세계의 사실적 재현을 통해 화가의 내면 세계를 드러내는 데 치중했다.

근거 **(가)-④-8** 현실 세계의 실재를 있는 그대로 재현하고자 했던 전통회화, **(나)-②-1~2** 전통회화는 회화의 가시적 속성을 통해 객관적 세계의 외면을 사실적으로 재현하는 데 주목했다. 이에 반해 현대회화는 회화의 가시적 속성을 통해 화가의 비가시적 내면을 드러내는 데 치중한다.

풀이 윗글에 따르면 전통회화가 현실 세계를 있는 그대로, 즉 사실적으로 재현하고자 한 것은 맞지만, 이를 통해 '화가의 내면 세계'를 드러내고자 했는지는 알 수 없다. 한편 현대회화가 화가의 비가시적 내면을 드러내는 데 치중한 것은 맞지만, 윗글에 따르면 이는 '회화의 가시적 속성을 통해' 이루어진 것이지, '현실 세계의 사실적 재현'을 통한 것이라고 볼 수 없다. 따라서 현실 세계의 사실적 재현을 통해 화가의 내면 세계를 드러내는 데 치중하였다는 것은 전통회화(㉠)와 현대회화(㉡) 모두 해당하지 않는 설명이다.

→ 적절하지 않음!

㉡은 ㉠과 달리

③ ㉠은 ㉡과 달리 다양한 가능 세계와의 만남을 통해 현실 세계에 더 가까이 다가가게 해 준다.

근거 **(가)-⑤-3~5** 현대회화(㉡)의 추상성에 대해 실재는 배제한 채 내면만 표현한 것이라고 이분법적으로 이해하는 것은 적절하지 않다. … 회화를 통해 접하는 다양한 가능 세계와의 만남은 우리를 현실 세계에 더 가까이 다가가게 해 준다.

→ 적절하지 않음!

㉠과 ㉡은 모두

④ ㉡은 ㉠과 달리 가시적 속성과 비가시적 속성을 동시에 가지는 독특한 존재 방식을 취한다.

근거 **(나)-①-1~2** 회화는 캔버스 위에 물감으로 색과 형태를 드러낸 가시적 존재지만, 회화의 의미가 창작자의 주관이나 감상자의 주관에 따라 다양하게 형성된다는 점에서 비가시적 존재이기도 하다. 이렇듯 회화는 가시적이면서 동시에 비가시적인 독특한 존재 방식을 갖는다.

풀이 '회화'에 속하는 전통회화(㉠)와 현대회화(㉡) 모두에 해당하는 설명이다.

→ 적절하지 않음!

⑤ ㉡은 ㉠과 달리 현실 세계의 객관적 외면을 의도적으로 변형시킴으로써 현실 세계의 얼굴을 다양하게 드러낸다.

근거 **(가)-⑤-4** (현대회화에 나타나는) 내면의 추상적 영역 또한 객관적 실재의 외면을 이질적으로 변형시켜 존재를 다양하게 드러내는, 세계의 무수한 존재면 중 하나이기 때문, **(나)-②-1** 전통회화는 회화의 가시적 속성을 통해 객관적 세계의 외면을 사실적으로 재현하는 데 주목

풀이 객관적 세계의 외면을 사실적으로 재현하는 데 주목한 전통회화(㉠)와 달리, 현대회화(㉡)는 현실 세계의 객관적 실재의 외면을 변형시켜 존재를 다양하게 드러낸다고 설명하고 있다. 따라서 현대회화(㉡)는 전통회화(㉠)와 달리 현실 세계의 객관적 외면을 의도적으로 변형시킴으로써 현실 세계의 얼굴을 다양하게 드러낸다는 설명은 적절하다.

→ 적절함!

---

24 구체적인 사례에 적용 - 적절하지 않은 것 고르기
정답률 55%, 매력적 오답 ① ② ③ 15% | 정답 ④

(가), (나)와 관련지어 <보기>에 대해 보인 반응으로 적절하지 않은 것은? [3점]

| 보기 |

[1]최근 한 의과 대학에서 구스타프 클림트의 대표적 표현주의 작품인 『키스』에 대한 연구 결과를 발표했다. [2]연구진은 이 회화 속 남녀의 의상에 한 사람의 생명체가 완성되기까지의 순차적(順次的, 순서를 따라 차례대로) 세포분열(細胞分裂, 한 개의 모세포가 핵분열과 세포질 분열을 거쳐 두 개의 세포로 나누어지는 현상) 과정이 과장된(誇張–, 사실보다 지나치게 불려진) 크기와 다양한 색으로 변형되어 그려져 있음에 주목했다. [3]그리고 이를 통해 클림트가 당시 현미경 기술의 비약적(飛躍的, 수준이 갑자기 빠른 속도로 높아지는) 발전에 따른 생물학적 탐구에 대한 성과를 토대로 삶과 죽음, 생명에 대한 자신의 깊은 관심을 드러냈다고 밝혔다.

〈참고 그림〉
구스타프 클림트(Gustav Klimt), '키스(The Kiss)'
(1907~1908)

① (가) : 생명체가 완성되기까지의 세포분열 과정을 밝혀낸 생물학적 지식이 드러내는 현실 세계는 클림트의 회화에 비해 일의적인 성격을 갖는다고 볼 수 있겠군.

근거 (가)-❹-4 과학은 존재면이 비교적 일의적이며, (가)-❹-6 현대회화는 여러 존재면을 수평적으로 드러낸다.

풀이 (가)에서는 현대회화의 존재적 특징을 과학과 비교하면서, 과학은 존재면이 비교적 일의적이며, 현대회화는 여러 존재면을 수평적으로 드러낸다고 설명하고 있다. 이러한 (가)의 입장에서 생명체가 완성되기까지의 세포분열 과정을 밝혀낸 생물학적 지식이 드러내는 현실 세계는 클림트의 회화에 비해 일의적인 성격을 갖는다고 본 것은 적절하다.

→ 적절함!

② (가) : 현미경 기술의 발전으로 세포분열 과정을 직접 관찰할 수 있게 된 것은 인식 주체가 지닌 조건이 달라져 현실 세계가 새롭게 지각된 사례에 해당한다고 볼 수 있겠군.

근거 (가)-❶-3 각 인식 주체는 서로 다른 가시 및 가청 범위를 가지며, 이러한 신체적 지각의 차이에 따라 그들이 경험하는 세계에 대한 인식도 각기 달라진다. (가)-❷-1~2 그런데 신체적 지각이나 일상 언어는 고정적이지 않다. 운동선수처럼 반복적 수련을 하거나 안경 등의 도구를 이용하면 인식 주체들이 지닌 조건은 달라질 수 있으며

풀이 (가)에서는 각 인식 주체의 신체적 지각 차이에 따라 그들이 경험하는 세계에 대한 인식이 달라진다고 설명하면서, 이때 신체적 지각은 고정적이지 않으며 안경 등의 도구를 이용하면 인식 주체들이 지닌 조건이 달라질 수 있다고 하였다. 이러한 (가)의 입장에서, 현미경 기술의 발전으로 세포분열 과정을 직접 관찰할 수 있게 된 것은 현미경이라는 도구를 이용함으로써 인식 주체가 지닌 조건이 달라져 그에 따라 현실 세계에 대해 새롭게 지각하게 된 사례에 해당한다고 볼 수 있을 것이다.

→ 적절함!

③ (가) : 클림트의 회화에서 세포분열 과정이 현실과 다르게 변형되어 그려진 것에서 실재와는 다른 방식으로 세계를 조합하는 현대회화의 추상성이 드러난다고 볼 수 있겠군.

근거 (가)-❹-8~9 현실 세계의 실재를 있는 그대로 재현하고자 했던 전통회화와 달리 현대회화는 변형과 과장을 통해 실재와는 다른 방식으로 세계들을 조합해 나간 것이다. 이러한 현대회화의 추상성

풀이 (가)에서 현대회화는 변형과 과장을 통해 실재와는 다른 방식으로 세계들을 조합하는 추상성을 가진다고 설명하고 있다. 따라서 (가)의 입장에서는 클림트의 회화에서 세포분열 과정이 현실과 다르게 변형되어 그려진 것에 대해 실재와는 다른 방식으로 세계를 조합하는 현대회화의 추상성이 드러난 것이라고 보았을 것이다.

→ 적절함!

비가시적 속성으로 볼 수 없음

④ (나) : 클림트의 회화는 색과 형태를 가진다는 점에서는 ~~가시적이지만 세포분열 과정이라는 생물학적 탐구를 다루고 있다는 점에서는 비가시적 속성을 가진다고 볼 수 있겠군.~~

근거 (나)-❶-1 회화는 캔버스 위에 물감으로 색과 형태를 드러낸 가시적 존재지만, 회화의 의미가 창작자의 주관이나 감상자의 주관에 따라 다양하게 형성된다는 점에서 비가시적 존재이기도 하다. <보기>-3 클림트가 당시 현미경 기술의 비약적 발전에 따른 생물학적 탐구에 대한 성과를 토대로 삶과 죽음, 생명에 대한 자신의 깊은 관심을 드러냈다고 밝혔다.

풀이 (나)에 따르면 회화는 캔버스 위에 물감으로 색과 형태를 드러냈다는 점에서 가시적 속성을 가지며, 그 의미가 창작자나 감상자의 주관에 따라 다양하게 형성된다는 점에서 비가시적 속성을 가진다. 클림트의 회화가 색과 형태를 가진다는 점에서 가시적이라는 설명은 (나)를 참고했을 때 적절한 반응이지만, '세포분열 과정이라는 생물학적 탐구를 다루고 있다는 점'에서 비가시적 속성을 가진다는 설명은 적절하지 않다. 클림트의 회화는 그 의미가 클림트의 주관(삶과 죽음, 생명에 대한 관심)에 따라 형성되었다는 점에서 비가시적 속성을 지닌다.

→ 적절하지 않음!

⑤ (나) : 클림트의 회화에서 삶과 죽음, 생명에 대한 화가의 관심이 드러난다고 본 연구 결과는 회화가 화가의 관념적 세계를 표현한 결과라는 인식이 반영된 것이라 볼 수 있겠군.

근거 (나)-❷-3 현대회화는 화가들이 자신만의 관념적 세계를 가시화한 결과물로서, 회화 속에서 객관적 실재는 주관화된다.

풀이 (나)에서 현대회화는 화가가 자신만의 관념적 세계를 가시화한 결과물이라고 하였다. 이러한 (나)의 입장에 따르면, 클림트의 회화에서 삶과 죽음, 생명에 대한 화가의 관심이 드러난다고 본 연구 결과는 회화가 화가의 관념적 세계를 표현한 결과라는 인식이 반영된 것이라고 볼 수 있을 것이다.

→ 적절함!

25 세부 정보 이해 - 적절하지 않은 것 고르기
정답률 60%, 매력적 오답 ① 15% ③ ④ 10% | 정답 ②

㉮와 관련하여 (나)에 언급된 인물들에 대해 파악한 내용으로 적절하지 **않은** 것은?

㉮ 예술과 현실의 분리

① 현대회화 화가들은 일상의 비대칭성과 혼란스러움을 조작하여 그린 예술 작품을 통해 현실을 비현실적으로 추상화하고자 했다.

근거 (나)-❷-4~5 현대회화의 화가들은 현실에서 목격하는 일상의 모습이 비대칭적이고 혼란스럽더라도 임의로 대칭을 만들거나 현실을 조작하는 등의 방법으로 비현실적 허구를 표현해 내고자 했다. 이렇게 예술을 통해 현실이 추상화되는 과정

→ 적절함!

을 음악적 표현 대상으로 삼아

② 루솔로는 일상의 기계 소음에서 음악에 사용되는 음의 인위적인 배열을 ~~추구함으로써 예술과 현실의 대립을 극복하고자 했다.~~

근거 (나)-❸-2 음악에 사용되는 음은 … 일상에서 들을 수 있는 일반적 소리와 달리 균질적이고 세련되며 인위적인 배열을 따른다. (나)-❹-2 화가이자 음악가였던 루솔로는 일상 현실의 기계 소리를 소음이 아닌 음악적 표현 대상으로 삼아, 소음 기계를 악기로 만들었다.

풀이 음악에 사용되는 음은 일상에서 들을 수 있는 일반적 소리와 달리 인위적인 배열을 따른다. 이에 대항하여 루솔로는 일상 현실의 기계 소리를 음악적 표현 대상으로 삼아 예술의 영역을 일상적 현실로 확장하려 하였다.

→ 적절하지 않음!

사이렌

③ 바레즈는 일반 악기와 달리 두 음 사이의 무한한 음을 표현할 수 있는 도구를 이용해 일상 현실을 예술로 표현하고자 했다.

근거 (나)-❹-3 작곡가 바레즈는 분절된 몇 개의 음만을 표현할 수 있는 일반적 악기와 달리, 사이렌이 음과 음 사이의 분절되지 않은 무한한 음을 낼 수 있는 일상적 사물이라는 점에 주목하여 사이렌으로 음악을 표현했다.

→ 적절함!

일상에서 들을 수 있는 일반적 소리와 달리 균질적이고 세련되며 인위적인 배열을 따름

④ 셰페르는 기존 음악의 정체성과는 거리가 먼 일상의 소리를 음향 오브제로 활용하는 새로운 예술 장르를 창시하였다.

근거 (나)-❸-2~3 음악에 사용되는 음은 현실의 무한한 소리 중 극히 일부이며, 일상에서 들을 수 있는 일반적 소리와 달리 균질적이고 세련되며 인위적인 배열을 따른다. 이렇게 음악도 일상 현실과 거리를 두며 그 정체성을 확보해 왔다. (나)-❹-4 작곡가 셰페르는 사람의 소리, 기계 소리, 자연음 등을 '음향 오브제'로 활용하는 '구체음악'을 창시하기도 하였다.

→ 적절함!

⑤ 게르노트 뵈메는 미적 대상의 창작과 수용에 따르는 미적 경험이 일상 현실로까지 확장되어야 한다고 여겼다.

근거 (나)-❺-2 뵈메는 예술의 미적 경험이 일상적인 맥락에서 분리되어 예술가라는 특별한 존재에 의해 창조되는 특정한 미적 대상에만 국한된다고 보는 기존의 미학을 비판하며, 예술이 창작되고 수용되는 미적 경험이 일상적 현실로까지 확장되어야 한다고 보았다.

→ 적절함!

26 문맥적 의미 파악 - 적절한 것 고르기
정답률 75%, 매력적 오답 ③ 10% | 정답 ④

문맥상 ⓐ~ⓔ와 바꾸어 쓰기에 가장 적절한 것은?

ⓐ 달라질   ⓑ 끼쳤으며   ⓒ 멀어져   ⓓ 비롯되며   ⓔ 따른다

① ⓐ : 치환(置換)될

풀이 ⓐ에서 쓰인 '달라지다'는 '변하여 전과는 다르게 되다'의 의미이다. 한편 '치환(置 둘 치 換 바꿀 환)되다'는 '바뀌어 놓이다'의 의미로, ⓐ와 바꿔 쓸 경우 해당 문장의 의미가 달라진다. 따라서 ⓐ를 '치환될'로 바꿔 쓰는 것은 적절하지 않다.

→ 적절하지 않음!

② ⓑ : 부과(賦課)했으며

풀이 ⓑ에서 쓰인 '끼치다'는 '영향, 해, 은혜 따위를 당하거나 입게 하다'의 의미이다. 한편 '부과(賦 매기다 부 課 매기다 과)하다'는 '일정한 책임이나 일을 부담하여 맡게 하다'

의 의미로, ⓑ와 바꿔 쓸 경우 해당 문장의 의미가 달라진다. 따라서 ⓑ를 '부과했으며'로 바꿔 쓰는 것은 적절하지 않다.

→ 적절하지 않음!

③ ⓒ : 심화(深化)되어
풀이 '심화(深 깊어지다 심 化 되다 화)되다'는 '정도나 경지가 점점 깊어지다'의 의미로, ⓒ의 '멀어지다'와 바꿔 쓸 경우 해당 문장의 의미가 달라진다. 따라서 ⓒ를 '심화되어'로 바꿔 쓰는 것은 적절하지 않다.

→ 적절하지 않음!

④ ⓓ : 시작(始作)되며
풀이 ⓓ에서 쓰인 '비롯되다'는 '처음으로 시작되다'의 뜻으로, '어떤 일이나 행동이 어떤 사건이나 장소에서 처음으로 발생되다'의 뜻을 가진 '시작(始 처음 시 作 비롯하다 작)되다'와 바꿔 써도 문맥상 의미가 달라지지 않는다. 따라서 ⓓ의 '비롯되며'를 '시작되며'로 바꿔 쓰는 것은 문맥상 적절하다.

→ 적절함!

⑤ ⓔ : 추종(追從)한다
풀이 ⓔ에서 쓰인 '따르다'는 '어떤 경우, 사실, 기준 따위에 의거하다'의 의미이다. 한편 '추종(追 따르다 추 從 좇다 종)하다'는 '남의 뒤를 따라서 좇다'의 의미로, ⓔ와 바꿔 쓸 경우 해당 문장의 의미가 달라진다. 따라서 ⓔ를 '추종한다'로 바꿔 쓰는 것은 적절하지 않다.

→ 적절하지 않음!

[27 ~ 29] 현대시

(가) 박목월, 「천수답(天水畓)(물의 근원이 전혀 없어 빗물에 의해서만 벼를 심어 재배할 수 있는 논. 농사짓기에 열악한 땅)**」**

· 주제

추구하는 삶에 대한 소신을 드러낸다.

· 지문 이해

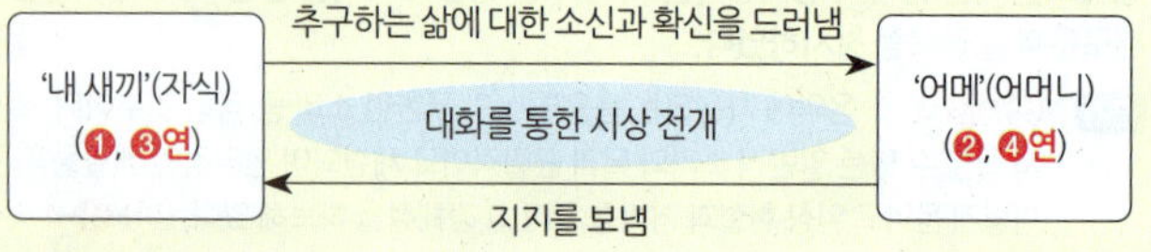

· 어휘 풀이

* 뚝심 : 굳세게 버티거나 감당하여 내는 힘.
* 엄첩구나 : '대견하구나'의 경상도 방언.
* 본심 : 본디부터 변함없이 그대로 가지고 있는 마음 혹은 꾸밈이나 거짓이 없는 참마음.
* 만년 : 오랜 세월.
* 수런거리는 : 한데 모여 수선스럽게 자꾸 지껄이는.
* 별떨기 : 별 무더기.

(나) 이형기, 「민들레꽃」

· 주제

자신의 운명을 받아들이며 아름다운 꽃을 피우는 '민들레'에 대해 예찬한다.

· 지문 이해

'민들레'의 속성	화자의 태도
· 아무 곳도 넘보지 않는다 → 욕심이 없음 · 씨 뿌려진 그 자리가 바로 내 자리 → 현실 상황을 긍정적으로 받아들임 · 그것들이 한데 어울려/ 열심히 열심히 한 댓새 → 꽃을 피우기 위해 최선을 다함 · 한 댓새를 짐짓 영원인 양하고/ ~ 민들레는 피어 있다 → 운명에 좌절하지 않고 영원히 지지 않을 것처럼 아름답게 꽃을 피움	· 쬐그만 것이지만 그 크기는/ 어떤 자로서도 잴 수 없다/ 아 민들레! → '민들레'의 내적 가치에 대한 예찬

· 어휘 풀이

* 전력 : 오로지 한 가지 일에 온 힘을 다함.
* 한치 : 아주 조금의.
* 실뿌리 : 뿌리줄기에서 수염처럼 많이 뻗어 나온 뿌리.

27	표현상 공통점 - 적절한 것 고르기 정답률 60%, 매력적 오답 ② 20% ⑤ 10%	정답 ①

(가)와 (나)의 공통점으로 가장 적절한 것은?

선지	핵심 체크 내용	(가)	(나)
①	동일한 시어 반복 → 시적 의미 강조	O	O
②	공감각적 이미지 → 대상의 속성 나타냄	X	X
③	명령적 어조 → 화자의 정서 부각	X	O
④	음성 상징어 → 대상의 상황 드러냄	X	O
⑤	수미상관의 방식 → 구조적 안정감 부여	X	X

① 동일한 시어를 반복하여 시적 의미를 강조하고 있다.

근거 (가) ❶연-1행 어메야,// ❸연-1행 어메야,
(가) ❷연-3행 내 새끼야,// ❹연-2행 내 새끼야,
(가) ❶연-4행 부지런하면 사는거지,// ❷연-6행 부지런하면 사는거지.
(가) ❷연-1~2행 니 말이 정말이데,/ 엄첩구나// ❹연-3행 니 말이 엄첩구나.
(가) ❸연-5행 제 길로 가면 그만이지.// ❹연-5행 제 길 가면 그만이지.
(나) ❶연-2행 노랗게 노랗게// ❺연-2행 노랗게 노랗게만 피는 꽃
(나) ❶연-3행 전력을 다해 샛노랗게 피어 있다// ❻연-8행 보라 저기 민들레는 피어 있다
(나) ❹연-4행 열심히 열심히 한 댓새

풀이 (가)는 '어메야', '내 새끼야', '부지런하면', '사는거지', '니 말', '엄첩구나', '제 길 가면', '그만이지' 등의 동일한 시어를 반복하여 화자가 추구하는 삶의 모습을 강조하고 있다. (나)는 '노랗게', '피어 있다', '열심히' 등의 동일한 시어를 반복하여 운명에 좌절하지 않고 최선을 다해 아름답게 꽃을 피워 내는 민들레의 모습을 강조하고 있다.

→ 적절함!

② 공감각적 이미지를 통해 대상의 속성을 나타내고 있다. *어떤 대상의 감각을 다른 감각으로 옮겨서 표현한 이미지

풀이 (가), (나) 모두 공감각적 이미지가 나타나는 부분이 없다.

→ 적절하지 않음!

■ 공감각적 이미지를 통해 대상의 속성을 나타내는 작품
● 송수권, 「대숲 바람소리」(2019년 고3 10월 학평)
눈 그쳐 뜨는 새벽별의 푸른 숨소리, 청청한 청청한/ 댓닢파리(대나무 이파리)의 맑은 숨소리.
→ 대나무 숲에서 부는 바람 소리를 통해 우리 민중의 저항 정신을 떠올리고 있는 시이다. 대나무 소리를 '푸른 숨소리', '맑은 숨소리'라는 공감적 이미지(청각의 시각화)로 표현하여 우리 민중의 맑은 정신과 꿋꿋한 삶의 모습을 나타내고 있다.

(나)만 해당
③ 명령형 어조를 활용하여 화자의 정서를 부각하고 있다. *'−아라/−어라' 등의 종결 어미를 사용하여 명령이나 요구의 뜻을 나타내는 말투

근거 (나) ❻연-8행 보라 저기 민들레는 피어 있다
풀이 (나)에는 '보라'에서 명령형 어조를 활용하여 민들레를 예찬하는 화자의 정서를 부각하고 있다. (가)에서는 명령형 어조를 활용하지도, 이를 통해 화자의 정서를 부각하고 있지도 않다.

→ 적절하지 않음!

(나)만 해당
④ 음성 상징어를 활용하여 대상의 상황을 드러내고 있다. *소리를 흉내 낸 의성어와 모양을 흉내 낸 의태어

근거 (나) ❷연-3행 주어진 한계 그 안에서 아슬아슬
풀이 (나)는 '일 따위가 잘 안될까 봐 두려워서 마음이 약간 위태롭거나 조마조마한 모양'을 나타내는 음성 상징어 '아슬아슬'을 활용하여 대상인 민들레가 다른 곳을 넘보지 않고 주어진 한계 안에서 꽃을 피워 내려 애쓰는 상황을 드러내고 있다. (가)는 음성 상징어를 활용하지 않았고, 이를 통해 대상의 상황을 드러내고 있지도 않다.

→ 적절하지 않음!

→ 문제편 139쪽

⑤ *수미상관의 방식을 통해 구조적 안정감을 부여하고 있다. *시의 처음과 끝이 같거나 유사
한 형태로 구성되는 방식

> 풀이 (가), (나)는 모두 수미상관의 방식을 사용하여 구조적 안정감을 부여하고 있지 않다.

→ 적절하지 않음!

---

28 내용 이해 – 적절하지 않은 것 고르기
정답률 85% | 정답 ⑤

[A] ~ [E]에 대한 이해로 적절하지 않은 것은?

① [A]에는 작지만 온 힘을 다해 선명한 빛깔로 피어 있는 민들레의 모습이 나타나 있다.

> 근거 [A] (나)-❶연 쬐그만 것이/ 노랗게 노랗게/ 전력을 다해 샛노랗게 피어 있다

> 풀이 [A]에는 작지만 전력을 다해서 샛노랗게 피어 있는 민들레의 모습이 나타나 있다.

→ 적절함!

② [B]에는 다른 공간은 욕심내지 않고 주어진 한계 안에서 홀로 애쓰는 민들레의 모습이
나타나 있다.

> 근거 [B] (나)-❷연 아무 곳도 넘보지 않는다/ 다만 혼자/ 주어진 한계 그 안에서 아슬아
슬/ 한치의 틈도 없이 끝까지

> 풀이 [B]에는 아무 곳도 넘보지 않고 주어진 한계 안에서 꽃을 피우기 위해 홀로 애쓰는 민
들레의 모습이 나타나 있다.

→ 적절함!

③ [C]에는 씨가 뿌려진 비좁은 곳을 자신의 자리로 받아들이고 터를 잡는 민들레의 모습
이 나타나 있다.

> 근거 [C] (나)-❸연 바위 새를 비집거나 잡초 속이거나/ 씨 뿌려진 그 자리가 바로 내 자
리/ 터를 잡고

> 풀이 [C]에는 비좁은 바위 새이건 잡초 속이건 씨 뿌려진 그 자리를 자신의 자리로 받아들
이고 터를 잡는 민들레의 모습이 나타나 있다.

→ 적절함!

④ [D]에는 강한 의지와 생명력으로 꽃을 피우기 위해 노력하는 민들레의 모습이 나타나
있다.

> 근거 [D] (나)-❹연 물을 길어 올리는 실뿌리/ 어둠을 힘껏 밀어내는 떡잎/ 그리고 그것들
이 한데 어울려/ 열심히 열심히 한 댓새

> 풀이 [D]에는 물을 길어 올리는 실뿌리와 어둠을 힘껏 밀어내는 떡잎이 한데 어울려 꽃을
피우기 위해 열심히 노력하는 민들레의 모습이 나타나 있다.

→ 적절함!

⑤ [E]에는 꽃을 피웠지만 세상에서 자신이 할 일을 찾기 위해 결국 질 수밖에 없는 민들
레의 모습이 나타나 있다.

> 근거 [E] (나)-❺연 세상에 그밖에는 할 일이 없어서/ 아주 노랗게 노랗게만 피는 꽃/ 피
어선 질 수밖에 없는 꽃

> 풀이 [E]에서 민들레는 질 수밖에 없음에도 노랗게 꽃을 피운다고 하였다. 민들레에게 있
어 세상에서 자신이 할 일은 꽃을 피우는 것이므로 세상에서 자신이 할 일을 찾기 위
해 결국 질 수밖에 없는 민들레의 모습이 나타나 있다는 설명은 적절하지 않다.

→ 적절하지 않음!

1등급 문제

29 감상의 적절성 – 적절하지 않은 것 고르기
정답률 55%, 매력적 오답 ① 15% ② 20% | 정답 ⑤

<보기>를 바탕으로 (가), (나)를 감상한 내용으로 적절하지 않은 것은? 3점

| 보기 |

1 시에는 삶을 대하는 가치 있는 태도가 담겨 있다. 2 (가)에는 인간의 유한성(있을 有
한정할 限 성질 性 : 일정하게 정해진 범위나 한계가 있는 성질)에 대한 인식을 바탕으로, 열악
한(못할 劣 나쁠 惡 : 몹시 나쁜) 농토(농사 農 흙 土 : 농사짓는 땅)를 하늘이 내린 축복의 땅이
라 여기며 달관(통달할 達 볼 觀 : 인생의 진리를 꿰뚫어 보아 사소한 일에 집착하지 않고 넓고 멀
리 바라봄 또는 그러한 경지)의 자세로 살아가려는 소신(바 所 믿을 信 : 굳게 믿고 있는 바)과
그에 대한 지지(지탱할 支 지닐 持 : 의견이 좋거나 옳다고 판단하여 뜻을 같이하고 힘을 씀)가 드
러나 있다. 3 (나)에는 민들레를 소멸될 수밖에 없는 운명에 좌절하지 않고 허무(빌 虛 없
을 無 : 허전함과 쓸쓸함)에 맞서는 존재로 바라보는 시선과 민들레의 내적 가치(내부적인,
정신과 관련된 가치)에 대한 긍정적 인식이 드러나 있다.

① (가)에서 '천수답'을 일구는 삶을 '제 길'이라고 여기는 것은 달관의 자세로 살아가려는
소신을 드러낸 것이겠군.

> 근거 <보기>-2 (가)에는 ~ 열악한 농토를 하늘이 내린 축복의 땅이라 여기며 달관의 자세
로 살아가려는 소신

> (가) ❶연-5행 하늘이 물을 대는 천수답// ❸연-5행 제 길로 가면 그만이지.

> 풀이 (가)의 화자가 열악한 농토인 '천수답'을 하늘이 물을 대는 축복의 땅이라 여기며 이
러한 '천수답'을 일구는 삶을 '제 길'로 가는 삶이라고 여기는 것에서 달관의 자세로 살
아가려는 소신이 드러나 있다.

→ 적절함!

② (가)에서 '니 말이 정말이데', '니 말이 엄첩구나'라고 하는 것은 '어메'가 '내 새끼'에게 보
내는 지지를 드러낸 것이겠군.

> 근거 <보기>-2 (가)에는 ~ 달관의 자세로 살아가려는 소신과 그에 대한 지지가 드러나 있
다.

> (가) ❷연-1행 니 말이 정말이데,// ❹연-3행 니 말이 엄첩구나.

> 풀이 (가)에서 달관의 자세로 살아가려는 소신을 밝히는 '내 새끼'에게 '어메'는 '니 말이 정
말이데', '니 말이 엄첩구나'라고 하며 지지를 드러내고 있다.

→ 적절함!

③ (가)에서 '누군 한 평생 / 만년을 사'냐고 말하는 것은 인간이 유한한 존재라는 인식을
드러낸 것이겠군.

> 근거 <보기>-2 (가)에는 인간의 유한성에 대한 인식

> (가) ❸연-2~3행 누군 한 평생 / 만년을 사나.

> 풀이 (가)에서 '누군 한 평생 / 만년을 사'냐는 화자의 말은 그 누구도 한평생 만년을 살 수
는 없다는, 인간의 유한성에 대한 인식을 바탕으로 한 말이다.

→ 적절함!

④ (나)에서 '그 크기는 / 어떤 자로서도 잴 수 없다'고 하는 것은 민들레의 내적 가치에 대
한 긍정적 인식을 드러낸 것이겠군.

> 근거 <보기>-3 (나)에는 ~ 민들레의 내적 가치에 대한 긍정적 인식이 드러나 있다.

> (나) ❻연-1~2행 쬐그만 것이지만 그 크기는/ 어떤 자로서도 잴 수 없다

> 풀이 (나)에서 민들레의 실제 크기는 작지만 내적인 '크기는 / 어떤 자로서도 잴 수 없다'고
하는 것은 민들레의 내적 가치에 대한 긍정적 인식이 드러나 있는 것이다.

→ 적절함!

⑤ (나)에서 '댓새를 짐짓 영원인 양하'는 모습을 '헛된 꿈'이라고 하는 것은 민들레를 소멸
될 수밖에 없는 운명에 맞서는 존재로 바라보는 시선을 드러낸 것이겠군.
좌절하지 않고 허무에 맞서는 존재로

> 근거 <보기>-3 (나)에는 민들레를 소멸될 수밖에 없는 운명에 좌절하지 않고 허무에 맞
서는 존재로 바라보는 시선

> (나) ❻연-5~7행 혼자 가는 자의 헛된 꿈/ 하지만 헛되어도 좋은 꿈 아니냐/ 한 댓새
를 짐짓 영원인 양하고

> 풀이 (나)에서 화자는 '댓새를 짐짓 영원인 양하'는 민들레의 모습을 '헛된 꿈', '헛되어도 좋
은 꿈'이라고 하였다. 이는 민들레에 대해 소멸될 수밖에 없는 운명에 좌절하지 않고
허무에 맞서는 존재로 바라본 것이다. 따라서 민들레를 소멸될 수밖에 없는 운명에
맞서는 존재로 바라보는 시선을 드러낸 것이라는 설명은 적절하지 않다.

→ 적절하지 않음!

→ 문제편 140쪽

[30 ~ 33] 사회 - <무효인 법률행위의 전환과 추인>

1 1매매(賣買, 물건을 팔고 사는 일) 계약(契約, 일정한 법률 효과의 발생을 목적으로 두 사람의
의사를 표시함), 유언(遺言, 자기의 사망으로 인해 효력을 발생시킬 것을 목적으로 한, 한 사람의 의
사 표시) 등과 같은 법률행위(法律行爲, 일정한 법률 효과를 발생하게 하려는 의도를 가지고 하
는 행위)가 법률효과(法律效果, 일정한 법률 요건에 근거를 두고 발생하는 권리와 의무)를 발생
시키려면 성립(成立, 제대로 이루어짐) 요건(要件, 필요한 조건)과 효력(效力, 규칙 등의 작용)
요건을 갖추어야 한다. 2성립요건은 법률행위가 성립되기 위한 요건으로, 성립요
건을 갖추지 못한 경우 법률행위가 불성립했다고(不成立-, 제대로 이루어지지 않았다고)
한다. 3효력요건은 이미 성립한 법률행위가 효력을 발생하는 데 필요한 요건으로,
이(효력요건)를 갖추어 효력을 발생시켰을 때 법률행위가 유효하다고(有效-, 의도한 원
래의 효과가 있다고) 한다.

→ 법률행위의 성립요건과 효력요건의 개념

2 1그런데 법률행위는 성립하였지만, 효력요건이 불충분하여 그 법률행위가 성립
한 당시부터 법률상 당연히 그(법률행위의) 효력이 발생하지 않는 경우 그 법률행위
는 무효(無效, 효과가 없음)가 된다. 2㉠ 법률행위의 무효는 무효 사유(事由, 일의 까닭)가
존재한다면 특정인(特定人, 특별히 지정한 사람)의 무효 주장이 없이도 그 법률행위가
처음부터 효력이 없는 것이 되며, 기간이 경과해도(經過-, 지나가도) 무효라는 사실은
변하지 않는다.

→ 법률행위의 무효

3 1한편 ㉡ 법률행위의 취소는 법률행위로서 일단 효력이 발생하였다가 어떤 사유
가 있어 그 법률행위가 성립한 당시로 소급하여(遡及-, 거슬러 올라가) 효력을 잃게 되

는 경우를 말한다. [2]법률행위의 취소가 **확정되면**(確定-, 확실하게 정해지면) 법률상의 효력이 **무효와 같아지지만**(처음부터 효력이 없는 것이 되지만), 취소 사유가 존재하더라도 **취소권을 가진 특정인이 취소를 주장할 때만 그 법률행위의 효력이 없어질 수 있다**(취소권을 가진 특정인의 취소 주장이 없으면 그 법률행위는 유효하다)는 점에서 무효와 차이가 있다. [3]또한 취소권은 일정한 기간이 경과하면 **소멸되고**(消滅-, 사라져 없어지게 되고), 취소권이 소멸된 법률행위는 결국 유효한 것으로 확정된다.

→ 법률행위의 취소

4 [1]무효인 법률행위에서는 아무런 효력도 생기지 않으며, 법적으로는 아무것도 없는 것이라 보기 때문에 소급하여 유효로 할 수 있는 대상이 없는 상태라 할 수 있다. [2]그래서 무효인 법률행위, 즉 무효행위는 다른 법률행위로 **전환**(轉換, 바꿈)을 하기도 하고, **추인함으로써**(追認-, 일단 행해진 불완전한 법률행위를 뒤에 보충하여 완전하게 하는 일방적 의사 표시인 '추인'을 함으로써) 그때부터 새로운 법률행위가 되게 만들기도 한다. [3]무효는 이미 성립된 법률행위를 **전제**(前提, 바탕)로 하기 때문에 이러한 전환이나 추인이 가능한 것이며, 만약 법률행위가 불성립했다면 전환이나 추인은 할 수 없다. [4]무효행위를 전환한다는 것은 무효인 법률행위가 다른 법률행위로서의 효력요건은 갖추고 있을 때, 그 법률행위로서의 효력을 인정하는 것을 말한다. [5]이때 전환을 위해서는 당사자가 무효임을 알았더라면, 그 법률행위가 아니라 처음부터 다른 법률행위를 했을 것이라고 인정되어야 한다. [6]무효행위의 전환의 예로는, **징계해고**(懲戒解雇, 회사의 규칙이나 질서를 어긴 별로서 고용주가 고용 계약을 해지하여 피고용인을 내보냄)로서 효력요건을 갖추지 못해 무효가 된 법률행위가 **징계휴직**(懲戒休職, 회사의 규칙이나 질서를 어긴 별로서, 그 신분과 자격을 유지하면서 일정 기간 동안 직무를 쉼)으로서의 효력요건은 갖추고 있을 때 징계휴직으로 전환하여 법률행위가 유효가 되는 경우를 들 수 있다.

→ 무효행위의 전환

5 [1]무효행위를 추인한다는 것은 무효가 된 법률행위가 갖추지 못했던 효력요건을 **추후**(追後, 나중)에 보충하여 새로운 법률행위로서의 효력을 인정하는 것을 말한다. [2]㉯무효행위를 추인하면 그 무효행위가 처음 성립한 때로 소급하여 유효한 것이 되는 것이 아니라 추인한 때부터 새로운 법률행위를 한 것으로 본다. [3]**민법**(民法, 개인의 권리와 관련된 법규)은 원칙적으로 무효의 추인을 인정하지 않지만, 무효 원인이 소멸한 상태이고 **당사자**(當事者, 소송의 주체가 되는 사람)가 기존 법률행위가 무효임을 알고 추인한 경우에 한해서는 추인을 인정하고 있다.

→ 무효행위의 추인

6 [1]법률행위가 무효가 되면 그 법률행위에 따른 법률효과도 생기지 않으므로 무효행위를 근거로 하는 **청구권**(請求權, 채권, 손해 배상권 등 특정인에 대해 일정한 행위를 요구할 수 있는 권리)도 부인된다.(否認-, 인정되지 않는다.) [2]따라서 해당 **법률행위**(무효가 된 법률행위)에 따라 **채무**(債務, 특정인이 다른 특정인에게 어떤 행위를 해야 할 의무)가 있는 경우 상대방이 청구권을 **행사할**(行使-, 권리의 내용을 실제로 이룸) 수 없으므로 채무를 **이행할**(履行-, 실제로 행할) 필요가 없다. [3]만약 이미 채무가 이행된 경우라면 **수령자**(受領者, 받는 사람)는 해당 이득을 **반환해야**(返還-, 되돌려주어야) 하는 **부당이득**(不當利得, 법을 어기는, 이치에 맞지 않은 방법으로 남에게 손해를 주면서 얻는 이익) 반환의무를 진다. [4]무효는 시간이 흘러도 그대로 유지되지만, 부당이득의 반환청구권은 **소멸시효**(消滅時效, 권리를 가진 사람이 일정 기간 그 권리를 행사하지 않은 경우, 그 권리의 소멸을 인정하는 제도)가 있으므로 **영구적으로**(永久的-, 오래도록 변함 없이) 주장할 수 있는 것은 아니다.

→ 무효행위를 근거로 하는 청구권의 부인

■ **지문 이해**

❶ 법률행위의 성립요건과 효력요건의 개념
• 법률행위의 법률효과는 성립요건과 효력요건을 갖추어야 발생함 - 성립요건 : 법률행위가 성립되기 위한 요건 - 효력요건 : 이미 성립한 법률행위의 효력 발생에 필요한 요건

❷ 법률행위의 무효	❸ 법률행위의 취소
• 법률행위는 성립하였으나 효력요건이 불충분하여, 성립 당시부터 법률상 당연히 그 효력이 발생하지 않는 경우 →무효 사유 존재 시 특정인의 무효 주장 없이도 처음부터 효력이 없는 것이 됨 →기간이 경과해도 무효임이 변하지 않음	• 법률행위로서 효력이 발생했다가 어떤 사유가 있어 성립 당시로 소급하여 효력을 잃게 되는 경우 →취소 사유가 존재해도 취소권을 가진 특정인이 취소를 주장할 때만 효력이 없어질 수 있음 →취소권은 일정 기간이 경과하면 소멸되며, 취소권이 소멸된 법률행위는 유효한 것으로 확정됨

❹ 무효행위의 전환	❺ 무효행위의 추인
• 무효인 법률행위가 다른 법률행위로서의 효력요건은 갖추고 있을 때, 그 법률행위로서의 효력을 인정하는 것 - 당사자가 무효임을 알았더라면 그 법률행위가 아니라 처음부터 다른 법률행위를 했을 것이라고 인정되어야 함	• 무효가 된 법률행위가 갖추지 못했던 효력요건을 추후에 보충하여 새로운 법률행위로서의 효력을 인정하는 것 - 무효행위가 처음 성립한 때로 소급하여 유효한 것이 되는 것× - 추인한 때부터 새로운 법률행위를 한 것으로 봄 • 무효 원인이 소멸한 상태이고 당사자가 기존 법률행위가 무효임을 알고 추인한 경우에 한해 추인을 인정함

❻ 무효행위를 근거로 하는 청구권의 부인
• 법률행위가 무효일 때 법률행위에 따른 법률효과가 생기지 않으며, 청구권도 부인됨 → 청구권을 행사할 수 없으므로 채무를 이행할 필요가 없음 → 이미 채무가 이행된 경우 수령자는 부당이득 반환의무를 짐 : 부당이득 반환청구권은 소멸시효가 있음

---

30 | 세부 정보 이해 - 적절하지 않은 것 고르기 / 정답률 75%, 매력적 오답 ④ 10% | **정답 ①**

윗글의 내용과 일치하지 않는 것은?

✓① 법률행위가 불성립한 경우에도 법률행위의 전환이나 추인을 할 수 있다. **없다**
　　근거 ❹-3 법률행위가 불성립했다면 전환이나 추인은 할 수 없다.
　　→ 적절하지 않음!

② 성립요건과 효력요건을 모두 갖추어야 법률행위는 법률효과를 발생시킬 수 있다.
　　근거 ❶-1 법률행위가 법률효과를 발생시키려면 성립요건과 효력요건을 갖추어야 한다.
　　→ 적절함!

③ 법률행위가 효력을 발생시켰더라도 어떤 사유가 있어 그 효력을 잃게 되기도 한다.
　　근거 ❸-1 법률행위의 취소는 법률행위로서 일단 효력이 발생하였다가 어떤 사유가 있어 그 법률행위가 성립한 당시로 소급하여 효력을 잃게 되는 경우를 말한다.
　　→ 적절함!

④ 법률행위가 무효가 되면 해당 법률행위에 따른 채무가 발생한 경우라도 그 채무를 이행할 필요가 없다.
　　근거 ❻-1~2 법률행위가 무효가 되면 그 법률행위에 따른 법률효과도 생기지 않으므로 무효행위를 근거로 하는 청구권도 부인된다. 따라서 해당 법률행위에 따라 채무가 있는 경우 상대방이 청구권을 행사할 수 없으므로 채무를 이행할 필요가 없다.
　　→ 적절함!

⑤ 법률행위가 무효라는 사실이 그대로 유지되더라도 부당이득의 반환청구권을 영구적으로 주장할 수 있는 것은 아니다.
　　근거 ❻-4 무효는 시간이 흘러도 그대로 유지되지만, 부당이득의 반환청구권은 소멸시효가 있으므로 영구적으로 주장할 수 있는 것은 아니다.
　　→ 적절함!

---

31 | 핵심 개념 파악 - 적절하지 않은 것 고르기 / 정답률 75% | **정답 ⑤**

㉠, ㉡에 대한 이해로 적절하지 않은 것은?

㉠ 법률행위의 무효　　㉡ 법률행위의 취소

① ㉠은 효력요건이 불충분하여 법률상 당연히 효력이 발생하지 않는 경우이다.
　　근거 ❷-1 법률행위는 성립하였지만, 효력요건이 불충분하여 그 법률행위가 성립한 당시부터 법률상 당연히 그 효력이 발생하지 않는 경우 그 법률행위는 무효가 된다.
　　→ 적절함!

→ 문제편 **141쪽**

② ⓒ은 취소 사유가 존재하더라도 법률행위의 효력이 발생하는 경우가 있다.

근거 ❸-2~3 법률행위의 취소가 확정되면 법률상의 효력이 무효와 같아지지만, 취소 사유가 존재하더라도 취소권을 가진 특정인이 취소를 주장할 때만 그 법률행위의 효력이 없어질 수 있다는 점에서 무효와 차이가 있다. 또한 취소권은 일정한 기간이 경과하면 소멸되고, 취소권이 소멸된 법률행위는 결국 유효한 것으로 확정된다.

풀이 취소 사유가 존재하더라도 취소권을 가진 사람이 취소권 소멸 기간 내에 취소를 주장하지 않거나, 일정한 기간이 지나 취소권이 소멸된 경우에는 해당 법률행위의 효력이 처음 발생했을 때부터 유효하다. 따라서 법률행위의 취소(ⓒ)는 취소 사유가 존재하더라도 법률행위의 효력이 발생하는 경우가 있다는 설명은 적절하다.

→ 적절함!

③ ㉠과 ⓒ은 모두 법률행위가 성립한 것을 전제로 한다.

근거 ❶-3 효력요건은 이미 성립한 법률행위가 효력을 발생하는 데 필요한 요건으로, 이를 갖추어 효력을 발생시켰을 때 법률행위가 유효하다고 한다, ❷-1 법률행위는 성립하였지만, 효력요건이 불충분하여 그 법률행위가 성립한 당시부터 법률상 당연히 그 효력이 발생하지 않는 경우 그 법률행위는 무효가 된다, ❸-1 법률행위의 취소는 법률행위로서 일단 효력이 발생하였다가 어떤 사유가 있어 그 법률행위가 성립한 당시로 소급하여 효력을 잃게 되는 경우를 말한다.

풀이 법률행위의 무효(㉠)는 법률행위는 성립하였지만 효력요건이 불충분하여 그 효력이 발생하지 않는 경우를 말하며, 법률행위의 취소(ⓒ)는 법률행위로서 일단 효력이 발생하였다가 어떤 사유로 인해 그 효력을 잃게 되는 경우를 말한다. 이때 '법률행위로서 효력이 발생하였다'는 것은 '이미 성립한' 법률행위가 효력요건을 갖추어 효력을 발생시켰다는 것을 의미한다. 따라서 법률행위의 무효(㉠)와 법률행위의 취소(ⓒ)는 모두 법률행위가 성립한 것을 전제로 한다는 설명은 적절하다.

→ 적절함!

④ ⓒ은 ㉠과 달리 법률행위의 효력 유무에 변화를 줄 수 있는 기한이 존재한다.

근거 ❷-2 법률행위의 무효는 … 기간이 경과해도 무효라는 사실은 변하지 않는다, ❸-3 취소권은 일정한 기간이 경과하면 소멸되고, 취소권이 소멸된 법률행위는 결국 유효한 것으로 확정된다.

→ 적절함!

㉠은 달리

⑤ ⓒ은 ㉠과 달리 특정인의 주장이 없어도 법률행위의 효력이 없어질 수 있다.

근거 ❷-2 법률행위의 무효는 무효 사유가 존재한다면 특정인의 무효 주장이 없이도 그 법률행위가 처음부터 효력이 없는 것이 되며, ❸-2 취소 사유가 존재하더라도 취소권을 가진 특정인이 취소를 주장할 때만 그 법률행위의 효력이 없어질 수 있다는 점에서 무효와 차이가 있다.

풀이 특정인의 주장이 없이도 법률행위가 처음부터 효력이 없는 것이 된다는 것은 법률행위의 무효(㉠)에 해당하는 설명이다. 법률행위의 취소(ⓒ)는 취소권을 가진 특정인이 취소를 주장할 때만 그 법률행위의 효력이 없어질 수 있다.

→ 적절하지 않음!

	1등급 문제
32 구체적인 사례에 적용 - 적절한 것 고르기 정답률 60%, 매력적 오답 ③④ 15%	정답 ②

윗글을 바탕으로 〈보기〉의 ⓐ와 ⓑ에 대해 이해한 내용으로 가장 적절한 것은? [3점]

> | 보기 |
> 법률행위 ← 법률행위 성립
> ¹갑은 자신의 유언을 법적으로 인정받고자 ⓐ '비밀증서(祕密證書, 유언 증서 작성 방식 중 하나로, 일정한 방식에 따라 작성한 유언서를 밀봉하여 공증인에게 제출하여 확인을 받아 두는 증서)에 의한 유언'의 형태로 유언증서(遺言證書, 법률이 정하고 있는 방식에 따라 유언을 기록한 서류)를 남겼다. ²하지만 갑의 사망 후 이 유언증서는 봉인(封印, 밀봉한 자리에 찍은 도장)상(上, 위쪽)의 확정일자(確定日字, 증서가 작성된 일자에 대하여 완전한 증거력이 있다고 법률에서 인정하는 일자)를 받아야 한다는 조건을 충족하지 않아 무효임이 밝혀졌다. ³이에 대해 법원에서는 해당 유언증서가 다른 형태의 유언증서인 ⓑ '자필(自筆, 자기가 직접 글씨를 씀)서명(署名, 자기의 이름을 써넣음)에 의한 유언'의 조건은 모두 충족하고 있으며 갑이 자신의 유언증서가 무효임을 알았다면 이러한 형태의 유언증서를 남겼을 것이라 보아, '자필서명에 의한 유언'으로서는 유효하다고 판단했다.
> 효력요건 불충분
> 무효행위의 전환

근거 ❷-1 법률행위는 성립하였지만, 효력요건이 불충분하여 그 법률행위가 성립한 당시부터 법률상 당연히 그 효력이 발생하지 않는 경우 그 법률행위는 무효가 된다, ❹-4~5 무효행위를 전환한다는 것은 무효인 법률행위가 다른 법률행위로서의 효력요건은 갖추고 있을 때, 그 법률행위로서의 효력을 인정하는 것을 말한다. 이때 전환을 위해서는 당사자가 무효임을 알았더라면, 그 법률행위가 아니라 처음부터 다른 법률행위를 했을 것이라고 인정되어야 한다.

풀이 〈보기〉의 ⓐ는 법률행위의 무효에 해당한다. 〈보기〉에서 법원은 ⓐ가 ⓑ로서의 효력요건을 갖추고 있으며, 갑이 무효임을 알았더라면 ⓐ가 아니라 처음부터 ⓑ를 남

→ 문제편 **142쪽**

겼을 것이라고 인정하여 ⓐ를 ⓑ로서 유효하다고 판단하였다. 따라서 〈보기〉는 무효가 된 ⓐ를 ⓑ로 전환하여 유효가 된 사례에 해당한다.

① ⓐ가 무효가 되면서 ⓑ의 성립요건도 불충분하게 된 것이군.

근거 ❶-1 매매 계약, 유언 등과 같은 법률행위가 법률효과를 발생시키려면 성립요건과 효력요건을 갖추어야 한다, ❷-1 법률행위는 성립하였지만, 효력요건이 불충분하여 그 법률행위가 성립한 당시부터 법률상 당연히 그 효력이 발생하지 않는 경우 그 법률행위는 무효가 된다, 〈보기〉-3 법원에서는 … '자필서명에 의한 유언'으로서는 유효하다고 판단

풀이 무효는 법률행위는 성립하였지만 효력요건이 불충분하여 법률상 그 효력이 발생하지 않는 경우에 해당한다. 〈보기〉의 ⓐ가 무효라는 것은 갑의 유언 작성을 법률행위의 성립으로 보았음을 전제한다. 한편 〈보기〉에서 법원은 ⓑ의 효력을 인정하고 있으므로, ⓑ는 성립요건과 효력요건을 모두 갖추었다고 볼 수 있다. 따라서 ⓐ가 무효인 것은 맞지만, 이로 인해 ⓑ의 성립요건이 불충분하게 된 것은 아니다.

→ 적절하지 않음!

② ⓐ는 효력요건을 갖추지 못했지만 ⓑ는 효력요건을 갖추고 있군.

근거 ❶-3 효력요건은 이미 성립한 법률행위가 효력을 발생하는 데 필요한 요건으로, 이를 갖추어 효력을 발생시켰을 때 법률행위가 유효하다고 한다, ❷-1 법률행위는 성립하였지만, 효력요건이 불충분하여 그 법률행위가 성립한 당시부터 법률상 당연히 그 효력이 발생하지 않는 경우 그 법률행위는 무효가 된다, 〈보기〉-2 이 유언증서(ⓐ)는 봉인상의 확정일자를 받아야 한다는 조건을 충족하지 않아 무효임이 밝혀졌다, 〈보기〉-3 법원에서는 … '자필서명에 의한 유언'으로서는 유효하다고 판단

풀이 〈보기〉의 ⓐ는 봉인상의 확정일자를 받아야 한다는 조건을 갖추지 못하여 무효임이 밝혀진 법률행위에 해당한다. 윗글에서 무효행위는, 법률행위는 성립하였지만 효력요건이 불충분하여 그 효력이 발생하지 않는 것이라고 하였으므로, 이를 통해 ⓐ는 효력요건을 갖추지 못하였음을 알 수 있다. 한편 〈보기〉의 ⓑ는 무효행위를 전환하여 유효가 된 경우이다. 윗글에 따르면 법률행위가 성립요건과 효력요건을 모두 갖추었을 때 그 법률행위를 유효하다고 하였으므로, ⓑ는 성립요건과 효력요건을 모두 갖추고 있음을 알 수 있다. 따라서 ⓐ는 효력요건을 갖추지 못했지만 ⓑ는 효력요건을 갖추고 있다는 설명은 적절하다.

→ 적절함!

추인

③ ⓐ의 부족한 효력요건이 추후에 보충되어 ⓑ가 유효하게 된 것이군.

근거 〈보기〉-3 법원에서는 해당 유언증서가 다른 형태의 유언증서인 '자필서명에 의한 유언'의 조건은 모두 충족하고 있으며 갑이 자신의 유언증서가 무효임을 알았다면 이러한 형태의 유언증서를 남겼을 것이라 보아, '자필서명에 의한 유언'으로서는 유효하다고 판단, ❹-4 무효행위를 전환한다는 것은 무효인 법률행위가 다른 법률행위로서의 효력요건은 갖추고 있을 때, 그 법률행위로서의 효력을 인정하는 것을 말한다, ❺-1 무효행위를 추인한다는 것은 무효가 된 법률행위가 갖추지 못했던 효력요건을 추후에 보충하여 새로운 법률행위로서의 효력을 인정하는 것을 말한다.

풀이 〈보기〉는 무효인 ⓐ가 ⓑ로서의 효력요건은 갖추고 있어, ⓑ로 전환함으로써 그 효력을 인정한 '무효행위의 전환'에 해당한다. 부족한 효력요건을 추후에 보충하여 새로운 법률행위로서의 효력을 인정하는 것은 '전환'이 아니라 '추인'에 해당하는 설명이며, 〈보기〉에서 ⓐ의 부족한 효력요건이 추후에 보충되지 않았으므로, ⓐ와 ⓑ에 대해 이해한 내용으로 적절하지 않다.

→ 적절하지 않음!

④ ⓐ는 ⓑ로 바뀌면서 무효 원인이 소멸되어 다시 효력을 가지게 되는군.

근거 〈보기〉-3 법원에서는 해당 유언증서가 다른 형태의 유언증서인 '자필서명에 의한 유언'의 조건은 모두 충족하고 있으며 갑이 자신의 유언증서가 무효임을 알았다면 이러한 형태의 유언증서를 남겼을 것이라 보아, '자필서명에 의한 유언'으로서는 유효하다고 판단, ❹-4 무효행위를 전환한다는 것은 무효인 법률행위가 다른 법률행위로서의 효력요건은 갖추고 있을 때, 그 법률행위로서의 효력을 인정하는 것을 말한다.

풀이 〈보기〉는 ⓐ가 ⓑ로 바뀌면서 무효 원인이 소멸되어 다시 효력을 가지게 되는 것이 아니라, 무효인 ⓐ가 ⓑ로서의 효력요건은 갖추고 있어서, ⓑ로서의 효력을 인정하는 '무효행위의 전환'에 해당한다.

→ 적절하지 않음!

ⓑ · ⓐ · 몰랐다는
⑤ ⓐ의 효력이 발생하려면 ⓐ가 무효임을 당사자가 알았다는 조건이 충족되어야 하는군.

근거 ❹-4~5 무효행위를 전환한다는 것은 무효인 법률행위가 다른 법률행위로서의 효력요건은 갖추고 있을 때, 그 법률행위로서의 효력을 인정하는 것을 말한다. 이때 전환을 위해서는 당사자가 무효임을 알았더라면, 그 법률행위가 아니라 처음부터 다른 법률행위를 했을 것이라고 인정되어야 한다, 〈보기〉-3 법원에서는 해당 유언증서가 다른 형태의 유언증서인 '자필서명에 의한 유언'의 조건은 모두 충족하고 있으며 갑이 자신의 유언증서가 무효임을 알았다면 이러한 형태의 유언증서를 남겼을 것이라 보아, '자필서명에 의한 유언'으로서는 유효하다고 판단

풀이 〈보기〉에서 무효인 법률행위는 ⓑ가 아니라 ⓐ이다. 또한 윗글에서 법률행위가 무

효임을 알았더라면, 그 법률행위가 아니라 처음부터 다른 법률행위를 했을 것이라고 인정되는 경우 다른 법률행위로서의 효력을 인정한다고 하였다. 즉 당사자가 ⓐ가 무효임을 알았더라면, ⓐ가 아니라 처음부터 ⓑ를 했을 것이라고 인정되어야 무효행위의 전환이 성립하므로, ⓑ의 효력이 발생하려면 ⓐ가 무효임을 당사자가 알지 못했다는 조건이 충족되어야 한다.

→ 적절하지 않음!

33 추론의 적절성 파악 - 적절한 것 고르기
정답률 40%, 매력적 오답 ① 20% ② 10% ④ ⑤ 15%　　　　정답 ③

㉮의 이유를 추론한 내용으로 가장 적절한 것은?

> ㉮ 무효행위를 추인하면 그 무효행위가 처음 성립한 때로 소급하여 유효한 것이 되는 것이 아니라 추인한 때부터 새로운 법률행위를 한 것으로 본다.

근거 **4**-1 무효인 법률행위에서는 아무런 효력도 생기지 않으며, 법적으로는 아무것도 없는 것이라 보기 때문에 소급하여 유효로 할 수 있는 대상이 없는 상태라 할 수 있다.

풀이 무효행위는 법적으로는 아무것도 없는 것과 같다. 즉 무효행위를 추인하여 그 법률행위가 갖추지 못했던 효력조건을 추후에 보충하더라도, 그 무효행위가 처음 성립한 때로 소급하여 유효한 것이라고 할 수 있는 대상 자체가 없다. 이러한 이유에서, 무효행위를 추인하면 그 무효행위가 처음 성립한 때로 소급하여 유효한 것이 되는 것이 아니라, 추인한 때부터 새로운 법률행위를 한 것으로 본다. 따라서 정답은 ③번이다.

① 법률행위를 추인할 때 추인의 조건을 갖춘 상태라면 이를 소급하여 유효한 것으로 만들 수도 있기 때문이다.

근거 **4**-1 무효인 법률행위에서는 아무런 효력도 생기지 않으며, 법적으로는 아무것도 없는 것이라 보기 때문에 소급하여 유효로 할 수 있는 대상이 없는 상태라 할 수 있다.

풀이 무효인 법률행위는 소급하여 유효로 할 수 있는 대상이 없는 상태이다.

② 추인으로 인해 무효행위의 유효요건이 보충되면서 새로운 법률행위로서 효력을 발생시킬 필요가 없어졌기 때문이다.

근거 **4**-2 무효인 법률행위, 즉 무효행위는 … 추인함으로써 그때부터 새로운 법률행위가 되게 만들기도 한다, **5**-1 무효행위를 추인한다는 것은 무효가 된 법률행위가 갖추지 못했던 효력요건을 추후에 보충하여 새로운 법률행위로서의 효력을 인정하는 것을 말한다.

풀이 무효행위를 추인한다는 것은 무효가 된 법률행위가 갖추지 못했던 효력요건을 추후에 보충하여 '새로운 법률행위로서의 효력을 인정하는 것'을 뜻한다. 즉 무효행위를 추인함으로써 그때부터 새로운 법률행위가 되도록 만드는 것이다. 따라서 추인으로 인해 무효행위의 유효요건이 보충되면서 '새로운 법률행위로서 효력을 발생시킬 필요가 없어졌기 때문'이라는 내용은 ㉮의 이유를 추론한 것으로 적절하지 않다.

③ 무효인 법률행위는 법적으로 아무것도 없는 것이어서 소급해서 추인할 수 있는 대상 자체가 없는 상태이기 때문이다.

→ 적절함!

④ 무효인 법률행위가 성립한 때를 정확하게 증명할 수 없다면 추인을 통해 유효하게 된 시점도 특정할 수 없기 때문이다.

근거 **5**-2 무효행위를 추인하면 그 무효행위가 처음 성립한 때로 소급하여 유효한 것이 되는 것이 아니라 추인한 때부터 새로운 법률행위를 한 것으로 본다.

풀이 무효행위를 추인하면 그 무효행위가 처음 성립한 때로 소급하여 유효한 것이 되는 것이 아니라, '추인한 때부터' 새로운 법률행위를 한 것으로 본다. 즉 추인을 통해 유효하게 된 시점은 무효인 법률행위가 성립한 때와 관계없이 '추인한 때부터'로 특정할 수 있다.

⑤ 무효인 법률행위는 원칙적으로 추인할 수 없도록 법률상으로 정해 놓은 것이어서 추인을 통해 유효한 것이 될 수는 없기 때문이다.

근거 **5**-3 민법은 원칙적으로 무효행위의 추인을 인정하지 않지만, 무효 원인이 소멸한 상태이고 당사자가 기존 법률행위가 무효임을 알고 추인한 경우에 한해서는 추인을 인정하고 있다.

풀이 윗글에서는 민법상 원칙적으로 무효행위의 추인을 인정하지 않지만, 무효 원인이 소멸한 상태이고 당사자가 기존 법률행위가 무효임을 알고 추인한 경우에 한해 추인을 인정한다고 설명하고 있다. 따라서 '추인을 통해 유효한 것이 될 수는 없기 때문이다'라는 내용은 ㉮의 이유를 추론한 내용으로 적절하지 않다.

[34 ~ 38] 기술 - 〈디지털 이미지 워터마킹의 개념과 방법〉

① ¹디지털 이미지 워터마킹은 디지털 이미지에 저작권자(著作權者, 저작권법에 따라 저작권을 인정받아 이를 행사할 수 있는 사람)나 배급자(配給者, 상품 등을 생산자에서 소비자에게 유통하는 일을 하는 사람)의 서명(署名, 자기의 이름을 써넣은 것), 마크(mark, 어떠한 뜻을 나타내기 위해 쓰는 부호나 문자) 등의 특정 정보를 다른 사람들이 인식하지(認識~, 구별하고 판단하여 알지) 못하도록 삽입하는(揷入~, 끼워 넣는) 것을 말한다. ²이때 삽입된 정보를 디지털 워터마크라고 하며, 이것(디지털 워터마크)은 디지털 이미지의 무단(無斷, 사전에 허락이 없음) 배포(配布, 널리 나누어 줌), 무단 복사 등이 발생했을 때 저작권(著作權, 창작물에 대하여 그것을 만든 사람이 가지는 권리)을 주장하거나 원본 이미지의 훼손(毀損, 헐거나 깨뜨려 못 쓰게 만듦) 여부를 검증하기(檢證~, 검사하여 증명하기) 위한 수단으로 활용된다.

→ **디지털 이미지 워터마킹의 개념과 디지털 워터마크의 활용**

② ¹디지털 이미지 워터마킹은 이미지의 공간 영역 활용 방식과 주파수 영역 활용 방식으로 나눌 수 있는데, 공간 영역 활용 방식으로는 LSB(Least Significant Bit) 치환(置換, 바꾸어 놓음) 방법이 있다. ²흑백(黑白, 검은색과 흰색) 원본 이미지에 흑백 워터마크 이미지를 삽입하는 과정을 통해 그(LSB 치환 방법을 통한 디지털 이미지 워터마킹의) 원리를 살펴보자. ³흑백 이미지를 구성하는 한 픽셀*의 색상은 밝기에 따라 0 ~ 255까지의 정숫값(整數~, 자연수의 수치)을 가지는데 0은 검은색, 255는 흰색을 나타낸다. ⁴이(0~255의 정숫값)를 컴퓨터가 처리하는 데이터의 기본 단위인 8 비트*로 나타내면 각각의 픽셀은 검은색인 ⬚0⬚0⬚0⬚0⬚0⬚0⬚0⬚0 부터 흰색인 ⬚1⬚1⬚1⬚1⬚1⬚1⬚1⬚1 까지 총 256 가지의 값 중 하나를 갖게 되며, 그 숫자가 클수록 흰색에 가깝다. ⁵이때 각 픽셀은 8 비트의 데이터 중 왼쪽에 위치하는 상위 비트가 바뀔수록 그에 해당하는 정숫값의 변화가 크기 때문에 색상의 변화를 육안(肉眼, 직접 보는 눈)으로 인식하기 쉽고, 오른쪽 하위 비트가 바뀔수록 색상의 변화를 육안으로 인식하기 어렵다. ⁶LSB는 색상 변화에 가장 영향을 적게 주는 오른쪽 마지막 최하위 비트를 ㉠ 말한다. ⁷LSB 치환 과정에서는 원본 이미지에 시각적인 변화를 주지 않기 위해 워터마크 이미지의 픽셀 데이터를 원본 이미지의 각 픽셀의 LSB에 하나씩 나누어 숨긴다.

[A]

→ **공간 영역 활용 방식의 디지털 이미지 워터마킹 : LSB 치환 방법**

③ ¹이때 원본 이미지 각 픽셀의 8 개의 비트 중 LSB에만 데이터를 삽입하기 때문에 워터마크 이미지의 한 픽셀 데이터를 삽입하기 위해서는 원본 이미지의 픽셀 8 개가 필요하다. ²결국 원본 이미지의 픽셀 수는 최대로 삽입 가능한 비트 수와 같기 때문에 원본 이미지의 픽셀 수가 워터마크 이미지의 전체 비트 수보다 적다면 워터마크 이미지의 데이터 일부는 삽입할 수 없게 된다. ³그리고 원본 이미지의 픽셀 수가 워터마크 이미지의 전체 비트 수보다 많을수록 원본 이미지에 시각적 변화가 적게 나타난다. ⁴이 방법(LSB 치환 방법)은 많은 양의 데이터를 빠르고 간단하게 삽입할 수 있으며, 원본 이미지의 각 픽셀에서 LSB만 변경하기(變更~, 다르게 바꾸어 새롭게 고치기) 때문에 시각적으로 색상이나 감도(感度, 빛에 반응하는 정도)의 변화를 감지하기(感知~, 느껴서 알기) 어렵다. ⁵그러나 워터마크가 삽입된 이미지의 LSB를 인위적으로(人爲的~, 사람의 힘으로) 조작하는(造作~, 꾸며 만드는) 경우 워터마크가 쉽게 제거될 수 있다는 단점이 있다.

→ **LSB 치환 방법의 특징과 장단점**

④ ¹주파수 영역을 활용하는 방식으로는 DCT(Discrete Cosine Transform)를 이용하는 방법이 주로 쓰인다. ²DCT는 이미지 데이터를 공간값에서 주파숫값으로 바꾸는 과정이다. ³이미지에 DCT를 적용하면 주변 픽셀과 색상이나 밝기 차이가 적은 픽셀은 낮은 주파숫값으로, 경계선(境界線, 사물이 어떤 기준에 의해 구별되는 한계인 '경계'가 되는 선) 등 주변 픽셀과 색상이나 밝기 차이가 큰 픽셀은 높은 주파숫값으로 나타난다. ⁴원본 이미지를 일정한 크기의 여러 블록으로 나누고 블록별로 각 픽셀의 색상값을 DCT 수식(數式, 수나 양을 나타내는 숫자나 문자를 계산 기호로 연결한 식)에 따라 변환하면(變換~, 다르게 하여 바꾸면) 주파숫값 분포표를 얻을 수 있다. ⁵주파숫값 분포표에는 좌측 상단으로 갈수록 낮은 주파숫값, 우측 하단으로 갈수록 높은 주파숫값이 분포하게(分布~, 퍼져 있게) 되는데 이미지의 색상이나 밝기에 따라 각 주파숫값이 분포하는 영역의 비율(比率, 일정한 양이나 수에 대한 다른 양이나 수의 비)은 다르게 나타난다. ⁶이때 워터마크 이미지의 픽셀의 색상값을 주파숫값 형태로 삽입한 후 다시 역변환(逆變換, 어떤 변환에 대한 반대 변환) 수식에 따라 변환하면, 어느 주파숫값에 삽입하든 워터마크가 원본 이미지의 전 영역에 걸쳐 고르게 분산된(分散~, 흩어진) 형태로 삽입된다.

→ **주파수 영역 활용 방식의 디지털 이미지 워터마킹 : DCT를 이용하는 방법 ①**

→ 문제편 **142쪽**

5 [1]인간의 시각은 낮은 주파수 성분의 변화에는 민감하나(敏感-, 자극에 빠르게 반응을 보이거나 쉽게 영향을 받는 데가 있으니) 높은 주파수 성분의 변화에는 둔감하기(鈍感-, 감정이나 감각을 느끼고 깨닫는 힘이 부족하고 둔하기) 때문에 높은 주파숫값이 분포하는 영역에 워터마크를 삽입하면 원본 이미지의 시각적인 변화를 최소화할 수 있다. [2]그러나 JPEG와 같은 방식의 압축 이미지 알고리즘(algorism, 문제를 해결하기 위하여 수행하는 해결 과정 혹은 방법)은 높은 주파수 성분의 요소(要素, 구성하는 데 꼭 필요한 성분)를 제거하여 이미지를 압축하기 때문에 높은 주파숫값이 분포하는 영역에 워터마크를 삽입하면 이미지 압축과 같은 과정에서 워터마크가 삭제될 수 있다. [3]그래서 워터마크를 삽입할 때는 낮은 주파숫값이 분포하는 영역과 높은 주파숫값이 분포하는 영역의 경계면에 해당하는 특정 주파숫값 영역을 중심으로 워터마크 정보를 삽입한다.

→ DCT를 이용하는 방법 ②

6 [1]이 방법(DCT를 이용하는 방법)은 이미지의 왜곡(歪曲, 이미지가 변형되어 다르게 되는 현상)이 적어 시각적으로 원본 이미지와의 차이를 식별하기(識別-, 분별하여 알아보기) 어렵다. [2]또한 삽입할 데이터를 이미지 영역에 골고루 분산시키기 때문에 변형의 과정을 거쳐도 LSB 치환 방법에 비해 워터마크가 상대적으로 쉽게 제거되지 않는다. [3]그러나 데이터 삽입이 가능한 주파숫값의 개수가 원본 이미지의 픽셀 수보다는 훨씬 적기 때문에, 삽입할 수 있는 데이터의 양이 LSB 치환 방법보다 상대적으로 적다. [4]그리고 픽셀의 개수가 같은 이미지라 하더라도 이미지의 색상이나 밝기에 따라 각 주파숫값이 분포하는 영역의 비율이 달라지기 때문에 이미지에 따라 삽입할 수 있는 데이터의 양이 달라질 수 있다.

→ DCT를 이용하는 방법의 장단점

* 픽셀 : 작은 점의 행과 열로 이루어져 있는 화면의 작은 점 각각을 이르는 말
* 비트 : 2진 기수법 표기의 기본 단위. 2진 기수법에서는 모든 수를 0과 1로만 표기하는데 이 0 또는 1이 각각 하나의 비트가 된다.

■ 지문 이해

❶ 디지털 이미지 워터마킹의 개념과 디지털 워터마크의 활용

- 디지털 이미지 워터마킹 : 디지털 이미지에 디지털 워터마크를 다른 사람들이 인식하지 못하도록 삽입하는 것
- 디지털 워터마크는 디지털 이미지의 무단 배포, 무단 복사 발생 시 저작권 주장, 원본 훼손 여부 검증 수단으로 활용됨

공간 영역 활용 방식의 디지털 이미지 워터마킹 : LSB 치환 방법

❷ LSB 치환 방법의 원리

- LSB : 이미지의 각 픽셀을 나타낸 8 비트의 데이터 중 색상 변화에 가장 영향을 적게 주는 오른쪽 마지막 최하위 비트
  → LSB 치환 과정에서 원본 이미지에 시각적 변화를 주지 않기 위해 워터마크 이미지의 픽셀 데이터를 원본 이미지의 각 픽셀의 LSB에 하나씩 나누어 숨김

❸ LSB 치환 방법의 특징과 장단점

- 원본 이미지의 각 픽셀의 8 개 비트 중 LSB에만 데이터를 삽입
  - 원본 이미지의 픽셀 수 = 최대 삽입 가능한 비트 수
  - 원본 이미지의 픽셀 수 < 워터마크 이미지의 전체 비트 수 : 워터마크 이미지의 데이터 일부를 삽입할 수 없음
  - 원본 이미지의 픽셀 수 > 워터마크 이미지의 전체 비트 수 : 원본 이미지에 시각적 변화가 적게 나타남
- LSB 치환 방법의 장점
  - 많은 양의 데이터를 빠르고 간단하게 삽입할 수 있음
  - 원본 이미지의 각 픽셀에서 LSB만 변경하므로 시각적 변화를 감지하기 어려움
- LSB 치환 방법의 단점
  - 워터마크가 삽입된 이미지의 LSB를 인위적으로 조작할 경우 워터마크가 쉽게 제거될 수 있음

주파수 영역 활용 방식의 디지털 이미지 워터마킹 : DCT를 이용하는 방법

❹ DCT를 이용하는 방법 ①

- DCT : 이미지 데이터를 공간값에서 주파숫값으로 바꾸는 과정
  - 주변 픽셀과 색상, 밝기 차이가 적은 픽셀은 낮은 주파숫값으로, 차이가 큰 픽셀은 높은 주파숫값으로 나타남

- 주파숫값 분포표
  - 블록별로 각 픽셀의 색상값을 DCT 수식에 따라 변환하면 얻을 수 있음
  - 좌측 상단은 낮은 주파숫값이, 우측 하단은 높은 주파숫값이 분포함
  - 이미지의 색상, 밝기에 따라 각 주파숫값이 분포하는 영역의 비율이 다르게 나타남
- 워터마크 이미지 픽셀의 색상값을 주파숫값 형태로 삽입한 후 역변환 수식에 따라 변환하면 어느 주파숫값에 삽입하든지 워터마크가 원본 이미지의 전 영역에 고르게 분산된 형태로 삽입됨

❺ DCT를 이용하는 방법 ②

- 높은 주파숫값이 분포하는 영역에 워터마크를 삽입하면 원본 이미지의 시각적 변화를 최소화할 수 있음
- JPEG 압축 방식은 높은 주파숫값 분포 영역에 워터마크를 삽입하면 압축 과정에서 워터마크가 삭제될 수 있음 → 경계면에 해당하는 주파숫값 영역을 중심으로 워터마크를 삽입함

❻ DCT를 이용하는 방법의 장단점

- DCT를 이용하는 방법의 장점
  - 이미지 왜곡이 적어 시각적으로 원본 이미지와의 차이 식별이 어려움
  - 삽입할 데이터를 이미지 영역에 고루 분산시키므로 LSB 치환 방법에 비해 워터마크가 쉽게 제거되지 않음
- DCT를 이용하는 방법의 단점
  - 삽입할 수 있는 데이터의 양이 LSB 치환 방법보다 상대적으로 적음
  - 픽셀의 개수가 같더라도 이미지의 색상, 밝기에 따라 삽입할 수 있는 데이터의 양이 달라짐

---

34 | 세부 정보 이해 - 적절하지 않은 것 고르기 | 정답 ③
정답률 85%

윗글을 통해 답을 찾을 수 없는 질문은?

① 디지털 워터마크의 용도는 무엇인가?

> **근거** ❶-2 이것(디지털 워터마크)은 디지털 이미지의 무단 배포, 무단 복사 등이 발생했을 때 저작권을 주장하거나 원본 이미지의 훼손 여부를 검증하기 위한 수단으로 활용된다.
> → 적절함!

② 디지털 이미지 워터마킹의 개념은 무엇인가?

> **근거** ❶-1 디지털 이미지 워터마킹은 디지털 이미지에 저작권자나 배급자의 서명, 마크 등의 특정 정보를 다른 사람들이 인식하지 못하도록 삽입하는 것을 말한다.
> → 적절함!

③ 디지털 이미지 워터마킹 기술의 *전망은 어떠한가? *展望, 내다보이는 앞날의 상황

> **풀이** 윗글에서 디지털 이미지 워터마킹 기술의 전망에 대해서는 이야기하지 않았다.
> → 적절하지 않음!
> = 디지털 이미지 워터마킹

④ 디지털 이미지 워터마크를 삽입하는 원리는 무엇인가?

> **근거** ❷-1~2 디지털 이미지 워터마킹은 이미지의 공간 영역 활용 방식과 주파수 영역 활용 방식으로 나눌 수 있는데, 공간 영역 활용 방식으로는 LSB(Least Significant Bit) 치환 방법이 있다. 흑백 원본 이미지에 흑백 워터마크 이미지를 삽입하는 과정을 통해 그 원리를 살펴보자. ❹-1 주파수 영역을 활용하는 방식으로는 DCT(Discrete Cosine Transform)를 이용하는 방법이 주로 쓰인다. ❹-3~6 이미지에 DCT를 적용하면 … 주파숫값으로 나타난다. … 분산된 형태로 삽입된다.
> **풀이** 윗글에서는 ❷문단에서 디지털 이미지 워터마킹은 공간 영역 활용 방식과 주파수 영역 활용 방식으로 나눌 수 있다고 설명하고, ❷~❸문단에서 공간 영역 활용 방식인 LSB 치환 방법으로 디지털 이미지 워터마크를 삽입하는 원리에 대해 설명하였다. 또 ❹문단에서는 주파수 영역 활용 방식인 DCT를 이용하는 방법으로 디지털 이미지 워터마크를 삽입하는 원리에 대해 설명하고 있다.
> → 적절함!

⑤ 디지털 이미지 워터마킹의 방식에는 어떤 것들이 있는가?

> **근거** ❷-1 디지털 이미지 워터마킹은 이미지의 공간 영역 활용 방식과 주파수 영역 활용 방식으로 나눌 수 있는데
> → 적절함!

35 세부 정보 이해 - 적절하지 않은 것 고르기
정답률 60%, 매력적 오답 ② ③ 10% ④ 15%　　　　　　**정답 ①**

윗글에 대해 이해한 내용으로 적절하지 않은 것은?

DCT를 이용하는 방법은 LSB 치환 방법에 비해
① ~~LSB 치환 방법은 DCT를 이용하는 방법에 비해~~ 상대적으로 쉽게 워터마크가 제거되지 않는다.

근거 ❻-2 (DCT를 이용하는 방법은) LSB 치환 방법에 비해 워터마크가 상대적으로 쉽게 제거되지 않는다.

→ 적절하지 않음!

② LSB 치환 방법은 DCT를 이용하는 방법에 비해 동일한 원본 이미지에 삽입할 수 있는 데이터의 양이 많다.

근거 ❻-3 (DCT를 이용하는 방법은) 삽입할 수 있는 데이터의 양이 LSB 치환 방법보다 상대적으로 적다.

→ 적절함!

③ DCT를 적용하기 위해서는 원본 이미지를 여러 개의 블록으로 분할하고 블록 단위로 변환을 수행해야 한다.

근거 ❹-4 원본 이미지를 일정한 크기의 여러 블록으로 나누고 블록별로 각 픽셀의 색상 값을 DCT 수식에 따라 변환

→ 적절함!

높은 주파수 성분의 요소
④ JPEG 압축 방식은 이미지에서 주변 픽셀과 색상이나 밝기 차이가 큰 픽셀을 제거하는 방식으로 이루어진다.

근거 ❹-3 경계선 등 주변 픽셀과 색상이나 밝기 차이가 큰 픽셀은 높은 주파숫값으로 나타난다, ❺-2 JPEG와 같은 방식의 압축 이미지 알고리즘은 높은 주파수 성분의 요소를 제거하여 이미지를 압축하기 때문에

→ 적절함!

⑤ DCT를 이용하는 방법은 원본 이미지의 색상이나 밝기에 따라 삽입할 수 있는 데이터의 양이 달라질 수 있다.

근거 ❻-4 픽셀의 개수가 같은 이미지라 하더라도 이미지의 색상이나 밝기에 따라 각 주파수값이 분포하는 영역의 비율이 달라지기 때문에 이미지에 따라 삽입할 수 있는 데이터의 양이 달라질 수 있다.

→ 적절함!

오답률 TOP ❹ | 1등급 문제

36 구체적인 사례에 적용 - 적절하지 않은 것 고르기
정답률 40%, 매력적 오답 ② 25% ④ 20% ⑤ 10%　　　　　　**정답 ③**

[A]를 바탕으로 〈보기〉를 이해한 내용으로 적절하지 않은 것은?　　3점

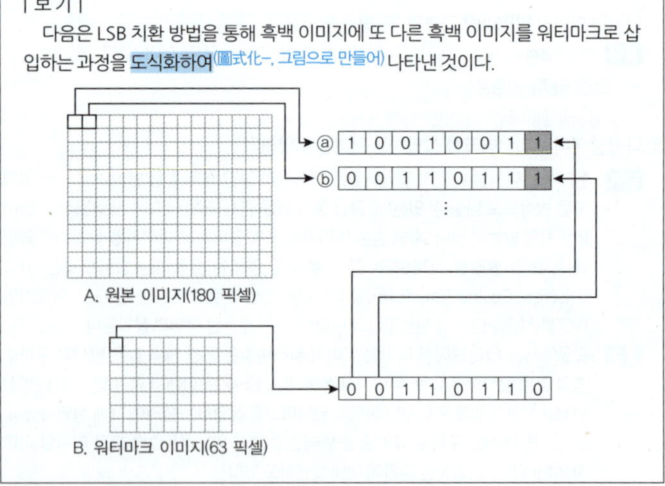

① A에 최대로 삽입 가능한 비트 수는 180이다.

근거 ❸-2 원본 이미지의 픽셀 수는 최대로 삽입 가능한 비트 수와 같기 때문에
풀이 〈보기〉의 A에서 원본 이미지의 픽셀 수는 180이다. 윗글에서 원본 이미지의 픽셀 수는 최대로 삽입 가능한 비트 수와 같다고 하였으므로, A에 최대로 삽입 가능한 비트 수는 180이라는 설명은 적절하다.

→ 적절함!

② B의 전체 데이터 중 일부 비트는 A에 삽입할 수 없다.

근거 ❸-1 원본 이미지 각 픽셀의 8 개의 비트 중 LSB에만 데이터를 삽입하기 때문에 워

터마크 이미지의 한 픽셀 데이터를 삽입하기 위해서는 원본 이미지의 픽셀 8 개가 필요하다.
풀이 윗글에서 워터마크 이미지의 한 픽셀 데이터를 삽입하기 위해서는 원본 이미지의 픽셀 8 개가 필요하다고 하였다. 〈보기〉의 B에서 워터마크 이미지는 63 픽셀이므로 B의 전체 데이터를 삽입하기 위해서는 원본 이미지의 픽셀이 504(63 × 8) 개 필요하다. A에서 원본 이미지의 픽셀 수는 180 개이므로, B의 전체 데이터 중 일부 비트는 A에 삽입할 수 없다는 설명은 적절하다.

→ 적절함!

③ B의 픽셀 수가 더 많아지면 A의 시각적인 변화는 줄어든다.

근거 ❸-3 원본 이미지의 픽셀 수가 워터마크 이미지의 전체 비트 수보다 많을수록 원본 이미지에 시각적 변화가 적게 나타난다.
풀이 윗글에서 원본 이미지의 픽셀 수가 워터마크 이미지의 전체 비트 수보다 많을수록 원본 이미지에 시각적 변화가 적게 나타난다고 하였으므로, 〈보기〉에서 워터마크 이미지인 B의 픽셀 수가 더 많아지면 원본 이미지인 A의 시각적 변화는 커진다고 할 수 있다. 그러나 〈보기〉는 워터마크 이미지의 전체 데이터 중 일부 비트를 원본 이미지에 삽입할 수 없는 상황이므로 워터마크 이미지인 B의 픽셀 수가 더 많아지더라도 원본 이미지인 A는 더 이상의 시각적인 변화가 나타나지 않는다.

→ 적절하지 않음!

④ ⓐ 픽셀의 색상이 ⓑ 픽셀의 색상에 비해 더 흰색에 가깝다.

근거 ❷-4 컴퓨터가 처리하는 데이터의 기본 단위인 8 비트로 나타내면 각각의 픽셀은 검은색인 0 0 0 0 0 0 0 0 부터 흰색인 1 1 1 1 1 1 1 1 까지 총 256가지의 값 중 하나를 갖게 되며, 그 숫자가 클수록 흰색에 가깝다.
풀이 윗글에서 각각의 픽셀을 8 비트로 나타내면 검은색인 00000000부터 흰색인 11111111까지의 값 중 하나를 갖게 되며, 숫자가 클수록 흰색에 가깝다고 하였다. 〈보기〉의 ⓐ는 10010011, ⓑ는 00110111로 ⓐ가 ⓑ보다 숫자가 크다. 따라서 ⓐ 픽셀의 색상이 ⓑ 픽셀의 색상에 비해 더 흰색에 가깝다는 설명은 적절하다.

→ 적절함!

⑤ ⓐ 픽셀과 ⓑ 픽셀에 데이터가 삽입되면 LSB가 모두 1에서 0으로 바뀌게 된다.

근거 ❷-6~7 LSB는 색상 변화에 가장 영향을 적게 주는 오른쪽 마지막 최하위 비트를 말한다. LSB 치환 과정에서는 원본 이미지에 시각적인 변화를 주지 않기 위해 워터마크 이미지의 픽셀 데이터를 원본 이미지의 각 픽셀의 LSB에 하나씩 나누어 숨긴다.
풀이 LSB 치환 방법에서 워터마크 이미지의 픽셀 데이터는 원본 이미지의 각 픽셀의 오른쪽 마지막 최하위 비트, 즉 LSB에 하나씩 삽입된다. 〈보기〉에서는 ⓐ 픽셀의 LSB에 0, ⓑ 픽셀의 LSB에 0이 각각 삽입되므로, ⓐ 픽셀과 ⓑ 픽셀에 데이터가 삽입되면 LSB가 모두 1에서 0으로 바뀌게 된다는 설명은 적절하다.

→ 적절함!

오답률 TOP ❸ | 1등급 문제

37 구체적인 사례에 적용 - 적절한 것 고르기
정답률 40%, 매력적 오답 ① ⑤ 10% ③ ④ 20%　　　　　　**정답 ②**

DCT(Discrete Cosine Transform)를 이용하는 방법에 대한 이해를 바탕으로 〈보기〉의 ㉮~㉰에 대해 보인 반응으로 가장 적절한 것은?

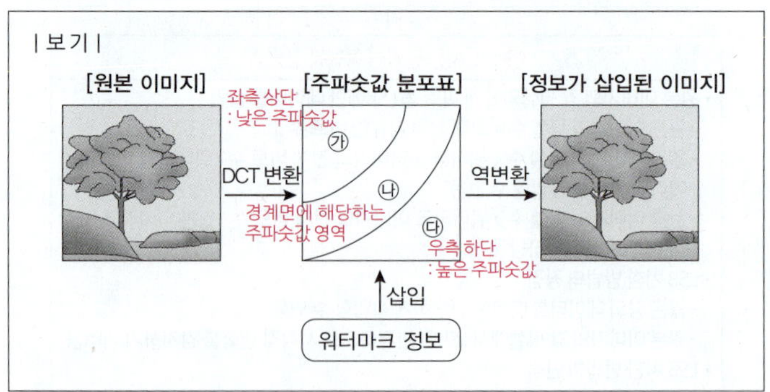

근거 ❹-5 주파숫값 분포표에는 좌측 상단으로 갈수록 낮은 주파숫값, 우측 하단으로 갈수록 높은 주파숫값이 분포하게 되는데
풀이 〈보기〉의 [주파숫값 분포표]에서 좌측 상단의 ㉮는 낮은 주파숫값이 분포하는 영역, ㉯는 낮은 주파숫값이 분포하는 영역과 높은 주파숫값이 분포하는 영역의 경계면에 해당하는 주파숫값 영역, 우측 하단의 ㉰는 높은 주파숫값이 분포하는 영역에 해당한다.

작은
① ㉮는 ㉯보다 원본 이미지에서 주변 픽셀과 색상이나 밝기 차이가 더 ~~큰~~ 부분이겠군.

근거 ❹-3 이미지에 DCT를 적용하면 주변 픽셀과 색상이나 밝기 차이가 적은 픽셀은 낮은 주파숫값으로, 경계선 등 주변 픽셀과 색상이나 밝기 차이가 큰 픽셀은 높은 주파숫값으로 나타난다, ❹-5 주파숫값 분포표에는 좌측 상단으로 갈수록 낮은 주파숫

값, 우측 하단으로 갈수록 높은 주파숫값이 분포하게 되는데

[풀이] 〈보기〉의 주파숫값 분포표에서 ㉮는 좌측 상단에 위치한 낮은 주파숫값으로, 주변 픽셀과 색상이나 밝기 차이가 적은 부분에 해당한다.

→ 적절하지 않음!

② ㉮에 워터마크를 삽입하면 ㉰에 삽입하는 것보다 역변환 후 원본 이미지의 시각적 변화가 더 크겠군.

[근거] ❺-1 인간의 시각은 낮은 주파수 성분의 변화에는 민감하나 높은 주파수 성분의 변화에는 둔감하기 때문에 높은 주파숫값이 분포하는 영역에 워터마크를 삽입하면 원본 이미지의 시각적인 변화를 최소화할 수 있다.

[풀이] 높은 주파숫값이 분포하는 영역에 워터마크를 삽입하면 원본 이미지의 시각적 변화를 최소화할 수 있다. 따라서 낮은 주파숫값이 분포하는 영역인 ㉮에 워터마크를 삽입하면 높은 주파숫값이 분포하는 영역인 ㉰에 삽입하는 것보다 원본 이미지의 시각적 변화가 더 클 것이다.

→ 적절함!

③ ㉰에 삽입된 워터마크가 ㉮에 삽입된 워터마크보다 JPEG와 같은 방식의 압축에 의해 더 쉽게 제거되겠군.

[근거] ❺-2 JPEG와 같은 방식의 압축 이미지 알고리즘은 높은 주파수 성분의 요소를 제거하여 이미지를 압축하기 때문에 높은 주파숫값이 분포하는 영역에 워터마크를 삽입하면 이미지 압축과 같은 과정에서 워터마크가 삭제될 수 있다.

[풀이] ㉮보다 높은 주파숫값이 분포하는 영역에 해당하는 ㉰에 삽입된 워터마크는, JPEG와 같은 방식의 압축 과정에서 더 쉽게 삭제될 수 있다.

→ 적절하지 않음!

④ ㉰에 삽입된 워터마크가 ㉮에 삽입된 워터마크보다 역변환 후 전체 이미지에 더 고르게 분산되겠군.

[근거] ❹-6 워터마크 이미지의 픽셀의 색상값을 주파숫값 형태로 삽입한 후 다시 역변환 수식에 따라 변환하면, 어느 주파숫값에 삽입하든 워터마크가 원본 이미지의 전 영역에 걸쳐 고르게 분산된 형태로 삽입된다.

[풀이] DCT를 이용하는 방법에서 워터마크를 삽입한 후 다시 역변환하면, 어느 주파숫값에 삽입하든 워터마크가 원본 이미지의 전 영역에 고르게 분산된 형태로 삽입된다. 따라서 〈보기〉에서 워터마크는 ㉮, ㉰ 어느 영역에 삽입되든, 역변환 후 원본 이미지의 전 영역에 걸쳐 고르게 분산될 것이다.

→ 적절하지 않음!

<u>의 색상이나 밝기에 따라 그 비율이 다르게</u>

⑤ ㉮, ㉯, ㉰ 영역은 원본 이미지와 ~~상관없이 항상 일정한 비율로 나타나겠군.~~

[근거] ❹-4~5 원본 이미지를 일정한 크기의 여러 블록으로 나누고 블록별로 각 픽셀의 색상값을 DCT 수식에 따라 변환하면 주파숫값 분포표를 얻을 수 있다. 주파숫값 분포표에는 좌측 상단으로 갈수록 낮은 주파숫값, 우측 하단으로 갈수록 높은 주파숫값이 분포하게 되는데 이미지의 색상이나 밝기에 따라 각 주파숫값이 분포하는 영역의 비율은 다르게 나타난다.

[풀이] ㉮, ㉯, ㉰ 영역은 원본 이미지의 색상이나 밝기에 따라 그 비율이 다르게 나타난다.

→ 적절하지 않음!

---

38 문맥적 의미 파악 - 적절한 것 고르기
정답률 90%   정답 ①

문맥상 ㉠과 가장 가까운 의미로 쓰인 것은?

LSB는 색상 변화에 가장 영향을 적게 주는 오른쪽 마지막 최하위 비트를 ㉠<u>말한다</u>.

[풀이] ㉠에서 '말하다'는 '어떤 사정이나 사실, 현상 따위를 나타내 보이다'의 의미로 쓰였다.

① 북극은 지구 자전축의 북쪽 끝을 <u>말한다</u>.

[풀이] '어떤 사정이나 사실, 현상 따위를 나타내 보이다'의 의미로 쓰였다.

[예문] 수채화는 투명한 그림물감을 써서 그린 그림을 <u>말한다</u>.

→ 적절함!

② 선생님은 그 작가에 대해 항상 좋게 <u>말했다</u>.

[풀이] '평하거나 논하다'의 의미로 쓰였다.

[예문] 그는 김 과장을 좋지 않게 <u>말하고</u> 있다.

→ 적절하지 않음!

③ 난 내 생각을 다른 사람에게 솔직하게 <u>말한다</u>.

[풀이] '생각이나 느낌 따위를 말로 나타내다'의 의미로 쓰였다.

[예문] 청중들에게 자신의 느낌을 <u>말하는</u> 일은 매우 어렵다.

→ 적절하지 않음!

④ 친구에게 동생이 오면 문을 열어 달라고 <u>말했다</u>.

[풀이] '무엇을 부탁하다'의 의미로 쓰였다.

[예문] 자네가 김 씨에게 내 아들 일자리를 하나 <u>말해</u> 주게.

→ 적절하지 않음!

⑤ 그녀에게 약속 장소를 <u>말하지</u> 않은 것이 생각난다.

[풀이] '어떠한 사실을 말로 알려 주다'의 의미로 쓰였다.

[예문] 누나가 내일 할머니께서 서울에 올라오신다고 나에게 <u>말해</u> 주었다.

→ 적절하지 않음!

[39 ~ 42] 고전소설 - 작자 미상, 「정각록」

1 ¹선봉장(앞 先 앞장 鋒 장수 將 : 맨 앞에 선 부대를 지휘하는 장수) 원이정이 내달아(뛰어나가) 양주 자사(벼슬 이름) 양운을 맞아 싸우다가 (적에게) 사로잡힌 바 되니, 또 도원수(우두머리 都 으뜸 元 장수 帥 : 전쟁이 났을 때 군사를 통괄하던 임시 무관 벼슬) 양경이 내달아 적을 상대하더니 물러나며 두어 번 싸우는 척하다가 실수하여 (적에게) 사로잡히는 체하고 적진(대적할 敵 진 칠 陣 : 적의 진영)으로 들어갔다. ²황제는 그 연유(이유 緣 까닭 由 : 까닭)를 알지 못하고 경황실색하며(놀랄 驚 두려울 惶 바꿀 失 얼굴빛 色 : 놀라고 두려워 얼굴색을 바꾸며) 이렇게 물었다.

"³하신(下臣)(아래 下 신하 臣 : 신하) 중 누가 대적하리요(마주할 對 겨룰 敵 : 맞서 싸우리오)?"

⁴좌우(왼 左 오른 右 : 주변)의 모두가 일제히 아뢰었다(말하였다).

"⁵이제 형세(형세 形 형세 勢 : 일이 되어 가는 형편)가 곤궁하오니(난처할 困 궁할 窮 : 이러지도 저러지도 못하게 난처하니) 마땅히 항복하기만 같지 못합니다(항복하여야 합니다)."

⁶천자(하늘 天 아들 子 : 황제)가 크게 분하여(분할 憤 : 화가 나) 대답하지 않고 좌우를 돌아보며 말하기를,

"누가 능히 흉적(흉악할 凶 도둑 賊 : 흉악한 도적)을 소멸하고(제거할 掃 없어질 滅 : 없애고) 짐(나 朕 : 임금이 자기를 가리키는 말)의 분을 덜겠는가?"

⁷그러나 하신의 모든 무리가 거의 다 양경의 세력에 들었는지라 누가 대적하겠는가? ⁸급히이 경각(잠깐 頃 시각 刻 : 짧은 시간)에 달리게 되었다.

→ 원이정과 양경은 적에게 사로잡히고, 하신들은 황제에게 항복을 권한다.

2 ¹태자비(클 太 아들 子 태자의 아내 妃 : 황제의 아들의 아내)가 이 시랑(벼슬 이름) 댁에서 조정(조정 朝 조정 庭 : 임금이 나라의 정치를 신하들과 의논하거나 집행하는 곳)에서 (자신을) 모시러 오기를 기다리며 밤낮으로 국가 소식을 탐지하였는데(찾을 探 알 知 : 알아보았는데) 하루는 피난하는(피할 避 난리 難 : 난리를 피해 도망가는) 백성이 길을 막고 울었다. ²태자비가 소애(작을 少 예쁠 艾 : 젊고 예쁜 여자)를 시켜 위로하며 백성에게 물으니 백성이 말하기를,

"양경의 동족(同族)(같을 同 일가 族 : 친족)인 황주, 익주, 서주, 강주, 성주, 형주 도읍이 다 반역하여(배반할 反 배반할 逆 : 황제에게서 나라를 다스리는 권한을 빼앗으려고 해) 조정을 침노하였는데(침노할 侵 빼앗을 擄 : 쳐들어갔는데), 천자께서 몸소(직접 제 몸으로) 공격하시다가 도적에게 패하여 거의 죽게 되셨으니 백성이 당하지 못하여 피난하나이다."

³태자비가 듣고 하늘을 우러러 탄식하며(한탄할 歎 숨 쉴 息 : 한탄하여 한숨을 쉬며) 말하기를,

"전쟁터에는 나라를 일으켜 세울 신하가 없고 양경 같은 소인(소인 小 사람 人 : 마음이 좁고 악한 사람)이 있어 백성을 다 없어지게 하고 임금을 해치니 어찌 통한치(원한 痛 궁할 恨 : 몹시 분하고 한스럽지) 아니하리오. ⁴황상이 이제 (흉적과의 싸움을) 친행(親行)하신다(몸소 親 행할 行 : 직접 행하신다) 하니 그 흉적의 세력을 어찌 당하리오. ⁵내 비록 여자이나 한번 소리쳐 역적(배반할 逆 역적 賊 : 반역자)을 깨뜨리고 백성을 건지며(구하며) 임금을 구원하리라(구원할 救 도울 援 : 구하리라)."

→ 태자비는 양경의 동족인 자사들이 반역했다는 말을 듣고 천자를 구하려 한다.

(중략)

3 ¹태자비가 분기충천하여(분할 憤 기운 氣 찌를 衝 하늘 天 : 분한 마음이 하늘을 찌를 듯 격렬하게 북받쳐 올라) 천조검(검의 이름)을 높이 들고 말하기를,

"너희는 어떤 도적이기에 성질이 억세게(심하게) 고집스럽고 사납기가 그지없어(끝이 없어) 우리 황상(임금 皇 임금 上 : 황제)을 이리도 핍박하는가(핍박할 逼 핍박할 迫 : 괴롭게 하는가)? 나(여기서는 태자비)는 성제(聖帝)(뛰어날 聖 임금 帝 : 어질고 덕이 뛰어난 임금)의 명을 받아 주 씨 강산(주 씨 왕조의 나라)을 구하러 왔으니 나를 대적할 이 있거든 모두 나와 승부를 겨루자."

³하는 소리 진동하니 양주 자사 양운이 소리에 응답하여 크게 소리쳐 말하기를,

[A]

"이제 주 씨의 **부조(父祖)**(아버지 父 할아버지 祖 : 아버지와 할아버지)가 **덕망**(덕 德 명망 望 : 어진 행실로 얻은 명성)을 잃어 천하 백성이 **도탄**(진흙 塗 숯불 炭 : 진구렁에 빠지고 숯불에 탄다는 뜻으로, 생활이 몹시 어려워 고통스러운 지경을 이르는 말)에 들어 눈을 뜨지 못함을 차마 보지 못하여 주 씨를 들어 **내쳐서**(내쫓아서) **만민**(많을 萬 백성 民 : 모든 백성)을 **건지고자**(구하고자) 하나니, 너는 어떠한 사람이기에 시절 돌아감을 알지 못하고 우리로 하여금 **대공**(클 大 공功 : 큰 공적)을 세우지 못하게 하는가?"

[4] 태자비가 대답하여 말하기를,

[B]

"**자고로**(~서부터 自 옛 古 : 예로부터) 신하는 그 **위**(임금)를 **범하지**(침범할 犯 : 건드리지) 못하나니, 너희가 **주 씨**(주 씨 왕조)의 **녹**(녹 祿 : 벼슬아치에게 나누어 주던 금품을 통틀어 이르는 말)을 먹었으나 임금의 은혜를 갚기는커녕 도리어 이리 하느냐. [5]**옥체**(옥 玉 몸 體 : 임금의 몸)를 빌린 임금의 마음은 하해(강 河 바다 海 : 큰 강과 바다)와 같으니 어찌 하늘의 벌이 없겠는가? [6]급히 항복하면 죄를 용서하려니와, 끝내 하늘 뜻에 **순종하지**(좇을 順 따를 從 : 순순히 따르지) 않으면 아득히 살아날 길이 없는 곳으로 나아가게 하리니 급히 결단하라."

[7] 양운이 **노하여**(성낼 怒 : 화를 내어) 달려들거늘, 태자비가 맞아 싸워 두 **합**(싸울 슴 : 칼이나 창으로 싸울 때, 칼이나 창이 서로 마주치는 횟수를 세는 단위)에 태자비의 칼이 번뜩하더니 양주 자사 양운의 머리를 베어 칼끝에 꿰어 들고 재주를 자랑하며 쳐들어갔다. [8]적진에서 양운의 죽음을 보고 또 한 장수가 내닫거늘,

태자비가 바라보니 **신장**(몸 身 길이 長 : 키)이 구 **척**(길이 尺 : 길이의 단위. 한 척은 약 30.3cm)이고 얼굴은 **수묵**(물 水 먹 墨 : 빛이 엷은 먹물)을 갈아 뿌린 듯하고 눈은 커서 세 **치**(길이의 단위. 한 치는 약 3.03cm) **닷**(다섯) **푼**(길이의 단위. 한 푼은 약 0.3cm)이나 되었다. [9]**창검**(창 槍 칼 劍 : 창과 검)이 **엄숙하여**(엄숙할 嚴 엄숙할 肅 : 씩씩하고 위엄이 있어) **청천(靑天)**(푸를 靑 하늘 天 : 푸른 하늘)의 번개 같으니 이는 황주 자사였다.

[10] 태자비가 크게 꾸짖어 말하기를,

"이런 도적이 **시정**(시가 市 마을 井 : 마을)에 있으나 무엇에 쓸 수 있겠는가? [11]너와 더불어 대적함이 **욕되나**(수치스러울 辱 : 부끄럽고 치욕적이나) **위국충신**(지킬 衛 나라 國 충성 忠 신하 臣 : 나라를 지키는 충성스러운 신하)이 있는 고로 마지못해 다투니 급히 결단하라."

[12] 황주 자사가 크게 노하여 달려들어 태자비와 싸우기를 20여 합이나 승부를 가리지 못했다.

→ 태자비는 양운과의 싸움에서 승리한 뒤, 황주 자사와 맞서 싸운다.

[4] [1]이때에 천자가 **대상**(臺上)(대 臺 위 上 : 대(흙이나 돌을 쌓아 올린 높은 곳)의 위)에서 바라보니 **난데없는**(갑자기 나타나 어디서 왔는지 알 수 없는) **장군**(태자비)이 **필마(匹馬)**(마리 匹 말 馬 : 한 필의 말)로 들어와 적장을 모두 죽이는 것이었다. [2]이를 보고 **의아한**(의심할 疑 의심할 訝 : 의심스럽고 이상한) 중에 안심되어 말씀하시기를,

"밝으신 하늘이 주 씨 **강산**(강 江 산 山 : 나라의 영토)을 **보전케**(지킬 保 온전할 全 : 온전하게 유지하게) 하시도다."

[3] 이어 기뻐하며 **일월기(日月旗)**(해 日 달 月 기 旗 : 천자가 행차할 때 천자의 위엄을 보이기 위한 깃발)를 둘러 (장군을) **접응하였다**(대접할 接 응할 應 : 맞이할 예를 차렸다).

→ 천자는 어떤 장군(태자비)이 적장을 죽이는 것을 보고 의아한 중에 안심한다.

[5] [1]태자비가 황주 자사와 싸우기를 30여 합에 결단하지 못하였는데, **문득**(갑자기) 태자비가 입은 **전포(戰袍)**(전쟁 戰 도포 袍 : 장수가 입던 긴 웃옷)의 **용두(龍頭)**(용 龍 머리 頭 : 용의 머리)에서 **청황색**(푸를 靑 누를 黃 용 龍 : 청룡과 황룡. 푸른빛의 용과 누런빛의 용)이 엎드려 있다가 붉은 기운을 **토하니**(내뿜으니), **삼태호충마**(회색빛의 말)가 귀를 세우는 가운데 안개가 자욱하여 **양진**(두 兩 진 陣 : 서로 대적하는 두 편의 진)을 분별하지 못하였다. [2]그런데 문득 태자비의 몸이 공중에 솟구치더니 칼을 들어 황주 자사의 목을 베어 말 아래로 내리치니 누가 감히 당하리오. [3]태자비가 드디어 **모든 역적을 함몰시키고**(함락당할 陷 패망할 沒 : 없애 버리고) 군사는 놓아 보내니, 적진에 잡혀갔던 양경과 원이정의 몸이 살아와서 태자비를 보고 **칭송하며**(칭찬할 稱 기릴 頌 : 칭찬하며) 말하기를,

"우리들은 대국 도원수와 선봉장이나 재주가 없어 적진에 잡혀 죽게 되었더니 장군의 은혜를 입어 **목숨을 보전**하고 흉적을 **격파하였으니**(칠 擊 깨뜨릴 破 : 공격하여 무찔렀으니) 은혜 **난망(難忘)**이로소이다(어려울 難 잊을 忘 : 잊지 못하겠습니다)."

→ 태자비가 황주 자사를 포함한 모든 역적을 함몰하자 적진에서 풀려난 양경과 원이정이 태자비를 칭송한다.

[6] [1]태자비가 한 꾀를 생각하고 이렇게 말하였다.

[2]"정말 몰랐습니다."

[3] 그러고는 양경을 데리고 천자 계신 곳에 가서 **육도**(여섯 六 행정 구역 단위 道 : 여섯 개의 도, 여기서는 황주, 익주, 서주, 강주, 성주, 형주) 자사의 머리를 올리니 천자가 크게 기뻐하시며 자리에서 내려와 태자비의 손을 잡으시고 말씀하시었다.

[4]"장군의 충성은 무엇보다도 크니 **금수강산**(비단 錦 수 繡 강 江 산 山 : 나라 전체)으로도 갚지 못하리라."

[5]태자비가 엎드려 아뢰었다.

[6]"폐하의 **홍복(洪福)**(클 洪 행복 福 : 큰 행복)이라, **신**(신하 臣 : 신하가 임금을 상대하여 자기를 가리키는 말. 여기서는 태자비)이 무슨 공이 있겠습니까?"

[7] 천자가 매우 칭찬하자, 태자비가 다시 여쭈어 아뢰었다.

[8]"이제 육도 자사가 죽고 자리가 비었으니 엎드려 바라옵건대 폐하께서는 여섯 자사를 정하여 각각 모든 병사를 다스리게 하옵소서."

[9]이에 천자가 이를 따랐다.

→ 태자비는 꾀를 내어 양경과 원이정을 데려오고, 천자는 태자비를 칭찬한다.

[7] [1]이어 태자비가 천자를 모시고 **황성**(임금 皇 도읍 城 : 황제가 있는 나라의 서울)에 올라왔는데, 남쪽 성문 위에 천자가 **전좌한**(궁궐 殿 자리 座 : 나랏일을 보러 자리에 앉은) 뒤, 태자비가 황상에게 이렇게 아뢰었다.

[2]"또한 성 안에 육도 자사의 남은 무리가 **무수하오니**(없을 無 헤아릴 數 : 매우 많으니) 다시 성에 들어가 **반적(叛賊)**(배반할 叛 역적 賊 : 역적)을 다 없앤 후 **환궁하겠습니다**(돌아올 還 대궐 宮 : 대궐로 돌아오겠습니다)."

[3] 천자가 크게 놀라 그대로 **윤허하시니**(믿음 允 허락할 許 : 허락하시니), 태자비가 즉시 **차환**(가닥 叉 여자 종 鬟 : 여자 종) 등을 **호령하여**(명령 號 명령할 令 : 명령하여), 양경과 원이정을 잡아들이라는 소리가 천지를 **진동하였다**(흔들릴 震 움직일 動 : 울렸다).

→ 천자를 모시고 황성에 온 태자비는 양경과 원이정을 잡아들이려 한다.

• **중심 내용**

흉적과의 싸움 중에 원이정과 양경이 적에게 사로잡히고, 하신들은 천자에게 항복을 권한다. 태자비는 모든 역적을 무찌른 뒤 천자와 함께 황성에 돌아와 양경과 원이정을 잡아들이려 한다.

• **전체 줄거리** ([ ] : 지문 내용)

중국 명나라 황제의 **후궁**(첩. 정식 아내 외에 데리고 사는 여자)인 양귀비의 오빠 양경은 권력을 마음대로 휘두르는 간신이다. 양경은 정욱의 딸인 정 소저를 자신의 아들과 혼인시키려 하지만 정욱에게 거절당한다. 앙심을 품은 양경은 황제에게 말하여 정욱을 전쟁터에 내보낸다. 강제로 양경의 며느리가 될 위기에 처한 정 소저는 죽은 것으로 위장하여 위기를 모면한다. 한편 정 소저를 마음에 품고 있던 태자는 여자로 변장하여 정 소저에게 접근하고, 둘은 가까운 사이가 된다. 태자는 정 소저에게 자신의 정체를 밝힌 후 정 소저를 설득하여 **태자비**(태자의 아내)로 맞아들인다. 궁중에 들어온 **태자비**(정 소저)는 황제와 **황후**(황제의 아내. 태자의 어머니)를 비롯한 궁중 사람들의 사랑을 받는다. 그러던 중 태자비가 임신을 하게 되고, 이에 위기감을 느낀 양귀비는 황제에게 태자와 태자비가 **역심**(반역할 마음)을 품고 있는 것처럼 모함한다. 또한 양귀비는 자신의 어린 아들이 병으로 죽자 그 죄를 태자비에게 덮어씌운다. 이를 사실이라 믿은 황제는 태자비를 영안궁에 가두어 버린다. 태자비가 아들을 낳자 황제는 **황손**(황제의 손자)만 데려오게 하고 태자비에게 사약을 내린다. 죽을 위기에 처한 태자비는 태자의 도움으로 본궁 후원에 숨어 살게 된다. 태자는 후원에 자주 찾아가 태자비를 몰래 만나고, 이 때문에 태자비가 살아 있다는 소문이 퍼지게 된다. 황후는 태자와 태자비가 화를 당할까 걱정되어 강문창을 시켜 태자비를 이 시랑의 집에 머무르게 한다. 남장을 한 태자비는 이 시랑의 집에서 지내게 되고, 태자비의 용모와 재주를 눈여겨본 이 시랑은 태자비를 자신의 딸 이요영과 혼인시킨다. 요영은 태자비가 자신과 함께 잠을 자지 않는 것을 수상히 여겨 이 시랑에게 이야기하고, 결국 태자비는 이 시랑에게 자신의 정체를 밝힌다. 한편 양경의 동족인 육도 자사가 반란을 일으키자 황제는 원이정과 양경을 전쟁터로 보낸다. [싸움 중에 원이정과 양경은 일부러 적에게 사로잡히고, 신하들은 황제에게 항복을 권한다. 태자비는 양경의 동족인 자사들이 반역했다는 말을 듣고 황제를 구하러 간다. 태자비가 모든 역적을 함몰하자 적진에서 풀려난 양경과 원이정이 태자비를 칭송하고, 태자비는 그들이 역적인 것을 일부러 모른 척한다. 황성에 온 태자비는 원이정과 양경을 잡아들여] 처형한다. 또한 양귀비를 비롯한 양씨 가족들과 양경과 한패인 무리들을 잡아들여 처형한다. 황제는 태자비를 의심했던 자신의 잘못을 뉘우치고, 정욱과 이 시랑, 강문창에게 높은 벼슬을 내린다. 그리고 태자비의 추천으로 요영은 태자의 후궁이 된다. 황제는 자신의 지위를 태자에게 물려주고 태자와 태자비는 행복을 누린다.

• 인물 관계도

---

39 | 서술상 특징 – 적절한 것 고르기
정답률 75%   정답 ③

윗글에 대한 설명으로 가장 적절한 것은?

① 서술자가 직접 개입하여 인물을 *희화화하고 있다. (인물과 사건에 대해 평가하고) *우스꽝스럽게 표현하고

근거   ❶-7 그러나 하신의 모든 무리가 거의 다 양경의 세력에 들었는지라 누가 대적하겠는가?/ ❺-2 그런데 문득 태자비의 몸이 공중에 솟구치더니 칼을 들어 황주 자사의 목을 베어 말 아래로 내리치니 누가 감히 당하리오.

풀이   '그러나 하신의 모든 무리가 ~ 누가 대적하겠는가'와 '그런데 문득 태자비의 ~ 누가 감히 당하리오.'에서 서술자가 개입하여 인물과 사건에 대한 자신의 생각을 드러내고 있다. 서술자가 개입하여 인물을 희화화하고 있지는 않다.

→ 적절하지 않음!

■ 서술자가 직접 개입하여 인물을 희화화하는 작품
• 작자 미상, 「흥부전」 (2015학년도 6월 모평A)
슬근슬근 칠팔 번이나 타다가 놀부 부부 궁금증이 또 나서 톱을 멈추고 양편에 마주 앉아 들여다보니 별안간 박 속에서 모진 바람이 쏘아 나오며 벼락같은 소리가 나더니 똥 줄기가 무자위(물을 높은 곳으로 퍼 올리는 기계) 줄기처럼 내쏘는지라. 놀부 부부가 똥 벼락을 맞고 나동그라지며 똥 줄기가 천군만마(수많은 군사와 말)가 달려 나오는 듯 태산을 밀치고 바다를 메울 듯 삽시간에 놀부 집 안팎채(안팎에 있는 집)에 가득하니 놀부 부부 온몸이 황금 덩이가 되어 달아나 멀찍이서 바라보니 온 집안이 똥에 묻혔는지라. 만일 왕십리 거름 장사가 알게 되면 한밑천 잡게 되었더라.
→ 놀부의 온 집안이 똥에 묻힌 상황에서 '만일 왕십리 거름 장사가 알면 한밑천 잡게 되었더라.'라는 서술자의 개입을 통해 똥 벼락을 맞은 놀부 부부의 상황을 희화화하고 있다.

② *역순행적 구성을 통해 사건의 **인과 관계를 밝히고 있다. (순행적) *현재에서 과거로 거슬러 가는 구성 **원인과 결과

풀이   윗글은 시간의 흐름에 따라 사건을 전개하는 순행적 구성을 통해 흉적이 반역을 일으키게 된 원인과 결과를 밝히고 있다. 따라서 역순행적 구성을 통해 사건의 인과 관계를 밝히고 있다는 설명은 적절하지 않다.

→ 적절하지 않음!

■ 역순행적 구성을 통해 사건의 인과 관계를 밝히는 작품
• 이청준, 「눈길」 (2017년 고1 9월 학평)
아내는 마침내 내가 가장 거북스럽게(불편하게) 시선을 피해오던 곳으로 화제를 끌어들이고 있었다. 바로 그 옷궤(옷장) 이야기였다. (현재) 십칠팔 년 전, 고등학교 1학년 때였다. 술버릇이 점점 사나워져 가던 형이 전답을 팔고 선산을 팔고, 마침내는 그 아버지 때부터 살아온 집이 마지막으로 팔려넘겨졌다는 소식이 들려왔다. K시에서 겨울 방학을 보내고 있던 나는 도대체 일이 어떻게 되어 가는지나 알아보고 싶어 옛 살던 마을엘 찾아가 보았다. ~ 그날 밤 노인('나'의 어머니)은 옛날과 똑같이 저녁을 지어 내왔고, 그날 밤을 거기서 함께 지냈다. ~ 노인은 그렇게 나에게 저녁밥 한 끼를 지어 먹이고 마지막 밤을 지내게 해주고 싶어, 새 주인의 양해를 얻어 그렇게 혼자서 나를 기다리고 있었다 했다. ~ 그날 밤 그 옷궤 한 가지로나마 옛집의 분위기를 되살려 내 괴로운 잠자리를 위로하고 싶었음에 분명한 물건이었다. (과거) ~ 이번에도 물론 마찬가지였다. 노인의 방을 들어선 순간에 벌써 기분을 불편스럽게 해오던 옷궤였다. (현재)
→ 현재, 과거, 현재로 이어지는 역순행적 구성을 통해 '나'가 옷궤를 불편해하는 이유가 어머니의 사랑이 떠오르기 때문임을 밝히고 있다.

---

❸ *전기적 요소를 활용하여 비현실적인 장면을 부각하고 있다. *비현실적

근거   ❺-1~2 문득 태자비가 입은 전포의 용두에서 청황룡이 엎드려 있다가 붉은 기운을 토하니, 삼태호충마가 귀를 세우는 가운데 안개가 자욱하여 양진을 분별하지 못하였다. 그런데 문득 태자비의 몸이 공중에 솟구치더니 칼을 들어 황주 자사의 목을 베어 말 아래로 내리치니 누가 감히 당하리오.

풀이   황주 자사와의 전투에서 태자비가 입은 전포의 청황룡이 붉은 기운을 토하고 안개가 자욱해지는 장면, 태자비의 몸이 공중에 솟구치는 장면에서 전기적 요소를 활용하여 비현실성을 부각하고 있다.

→ 적절함!

④ 공간을 환상적으로 *묘사하여 인물의 **내적 갈등을 보여 주고 있다. (인물의 영웅적 면모를) *표현하여 **내면에서 일어나는 갈등

근거   ❺-1 태자비가 입은 전포의 용두에서 청황룡이 엎드려 있다가 붉은 기운을 토하니, ~ 안개가 자욱하여 양진을 분별하지 못하였다.

풀이   태자비가 입은 전포의 청황룡이 붉은 기운을 토하자 안개가 자욱해지는 전장의 모습에서 공간의 환상적 묘사가 드러난다고 볼 수 있다. 그러나 이는 태자비의 영웅적 면모를 드러낼 뿐, 인물의 내적 갈등을 보여 주고 있지는 않다.

→ 적절하지 않음!

■ 공간을 환상적으로 묘사하여 인물의 내적 갈등을 보여 주는 작품
• 김만중, 「구운몽」 (2007학년도 6월 모평, 2014학년도 6월 모평A)
승상이 말하기를, "사부는 어찌하면 저로 하여금 춘몽(꿈)을 깨게 하실 수 있나이까?" 노승(나이 많은 승려)이 이르기를 "이는 어렵지 않도다." 하고 손에 잡고 있던 지팡이를 들어 돌난간을 두어 번 두드렸다. 갑자기 네 골짜기에서 구름이 일어나 누각 위를 뒤덮어 지척(가까운 곳)을 분변하지(구별하지) 못하였다. 승상이 정신이 아득하여 마치 꿈속에 있는 듯하다 소리를 질러 말하기를, "사부는 어찌하여 정도(正道)(올바른 방법으로)로 소유(승상)를 인도하지 아니하고 환술(幻術)(눈을 속이는 요술)로써 희롱하시나이까(놀리십니까)?"
→ 구름이 누각 위를 뒤덮어 지척을 분변하지 못하는 부분에서 공간을 환상적으로 묘사하여 사부의 도술에 혼란스러워하는 소유의 내적 갈등을 보여 주고 있다.

⑤ 장면에 따라 서술자를 달리하여 사건을 *입체적으로 드러내고 있다. *다양한 측면으로

풀이   윗글은 작품 밖에 있는 전지전능한 서술자가 사건을 전달하는 전지적 작가 시점이 일관되게 나타난다. 따라서 장면에 따라 서술자를 달리하여 사건을 입체적으로 드러내고 있다는 진술은 적절하지 않다.

→ 적절하지 않음!

■ 장면에 따라 서술자를 달리하여 사건을 입체적으로 드러내는 작품
• 성석제, 「투명 인간」 (2022년 고1 9월 학평)
오빠(만수)가 그 여자(진주)를 데리고 와서 주방을 맡기라고 했을 때는 억장이 무너지는 것 같았다(무척 괴로웠다). 튀김, 어묵, 떡볶이 같은 아이들 주전부리(군것질) 음식 파는 가게 크기라는 게 어른 세 사람만 서 있어도 꽉 차는데 어떻게 사람을 들이라는 것인가. (서술자 : 만수의 여동생) ~ 처남(만수)이 착하다는 건 인정한다. 성실하기도 했다. 그런데 방향이 틀렸다. 같이 해야 할 일은 같이 열심히 하겠지만 싸울 일은 싸워서 해결해야 하지 않는가. 또 싸울 때도 상대를 제대로 골라서 싸워야지 제 편, 제 식구에게 피해를 입혀 가며 제 살 깎아 먹기 식으로 하는 건 나부터 용납할 수 없었다. (서술자 : 만수 여동생의 남편)
→ 전반부의 서술자는 만수의 여동생, 후반부의 서술자는 만수 여동생의 남편이다. 장면에 따라 서술자가 달라지면서 만수가 진주로 하여금 여동생의 분식집을 돕도록 한 사건을 입체적으로 드러내고 있다.

[1등급 문제]

40 | 내용 이해 – 적절하지 않은 것 고르기
정답률 55%, 매력적 오답 ③ 10% ④ 25%   정답 ②

윗글에 대한 이해로 적절하지 않은 것은?

① 도원수 양경은 적과 싸우는 척하다 일부러 적진에 잡혀갔다.

근거   ❶-1 도원수 양경이 내달아 적을 상대하더니 물러나며 두어 번 싸우는 척하다가 실수하여 사로잡히는 체하고 적진으로 들어갔다.

풀이   도원수 양경이 적과 두어 번 싸우는 척하다가 사로잡힌 체했다고 한 것을 통해 양경이 일부러 적진에 잡혀간 것을 알 수 있다.

→ 적절함!

② 하신의 무리들은 전장의 형세를 이유로 천자의 항복을 *만류했다. (권했다) *못 하게 말렸다

근거   ❶-2~5 황제(천자)는 그 연유를 알지 못하고 경황실색하며 이렇게 물었다. "하신 중 누가 대적하리요?" 좌우의 모두가 일제히 아뢰었다. "이제 형세가 곤궁하오니 마땅히 항복하기만 같지 못하옵니다."

풀이   천자가 하신들에게 누가 적과 대적할 것인지를 묻자 하신들은 전장의 형세를 이유로

→ 문제편 145쪽

천자에게 항복을 권했다. 천자가 적에게 항복하려고 하지도 않았고, 하신의 무리들이 천자의 항복을 만류하지도 않았다.

→ 적절하지 않음!

③ 태자비는 이 시랑 댁에서 지내며 나라의 상황을 알기 위해 노력하였다.
- **근거** ❷-1 태자비가 이 시랑 댁에서 조정에서 모시러 오기를 기다리며 밤낮으로 국가 소식을 탐지하였는데
- **풀이** 태자비는 이 시랑 댁에서 밤낮으로 국가의 소식을 탐지하였다고 하였으므로 태자비가 나라의 상황을 알기 위해 노력하였다는 것은 적절하다.

→ 적절함!

④ 천자는 전장에 말을 타고 나타난 장군이 태자비임을 알아보지 못했다.
- **근거** ❹-1~2 천자가 대상에서 바라보니 난데없는 장군이 필마로 들어와 적장을 모두 죽이는 것이었다. 이를 보고 의아한 중에 안심되어 말씀하시기를, "밝으신 하늘이 주씨 강산을 보전케 하시도다."
- **풀이** 천자는 전장에 말을 타고 나타나 적장을 모두 죽이는 장군을 보고 의아해하였으므로 장군이 태자비임을 알아보지 못했음을 알 수 있다.

→ 적절함!

⑤ 태자비는 천자에게 반적을 없앤 후 환궁하겠다는 의사를 밝혔다.
- **근거** ❼-1~2 태자비가 황상(천자)에게 이렇게 아뢰었다. "또한 성 안에 육도 자사의 남은 무리가 무수하오니 다시 성에 들어가 반적을 다 없앤 후 환궁하겠습니다."
- **풀이** 태자비는 천자에게 성 안에 육도 자사의 남은 무리가 무수하다며 반적을 다 없앤 후 환궁하겠다고 하였으므로 적절하다.

→ 적절함!

---

41 말하기 방식 – 적절한 것 고르기
정답률 75%　　정답 ⑤

[A]와 [B]에 대한 설명으로 가장 적절한 것은?

> [A] ❸-3 "이제 주 씨의 부조가 덕망을 잃어 천하 백성이 도탄에 들어 눈을 뜨지 못함을 차마 보지 못하여 주 씨를 들어 내쳐서 만민을 건지고자 하나니, 너는 어떠한 사람이기에 시절 돌아감을 알지 못하고 우리로 하여금 대공을 세우지 못하게 하는가?"
> [B] ❸-4~6 "자고로 신하는 그 위를 범하지 못하나니, 너희가 주 씨의 녹을 먹었으나 임금의 은혜를 갚기는커녕 도리어 이리 하느냐. 옥체를 빌린 임금의 마음은 하해와 같으니 어찌 하늘의 벌이 없겠는가? 급히 항복하면 죄를 용서하려니와, 끝내 하늘 뜻에 순종하지 않으면 아득히 살아날 길이 없는 곳으로 나아가게 하리니 급히 결단하라."

① [A]와 [B]는 모두 자신의 처지를 *하소연하며 상대의 **동정심을 불러일으키고 있다.
*말하며 **남의 어려운 처지를 안타깝게 느끼는 마음
- **풀이** [A]와 [B]는 모두 상대의 잘못을 비판하고 있을 뿐, 자신의 처지를 하소연하며 상대의 동정심을 불러일으키고 있지 않다.

→ 적절하지 않음!

② [A]는 [B]와 달리 실행을 위한 *방안을 요구하며 상대의 제안을 **수용하지 않고 있다. *방법 **받아들이지
- **풀이** [A]는 자신을 방해하는 태자비를 질책하고 있을 뿐, 실행을 위한 방안을 요구하며 상대의 제안을 수용하지 않고 있지 않다.

→ 적절하지 않음!

③ [B]는 [A]와 달리 상대의 의도를 *추측하며 자신이 해야 할 일을 계획하고 있다. *미루어 생각하며
- **풀이** [B]는 상대인 양운의 의도를 이미 알고 있으므로 상대의 의도를 추측하고 있다고 볼 수 없다. 또한 상대가 자신의 말을 받아들이지 않으면 살아남지 못할 것이라고 경고하고 있을 뿐, 자신이 해야 할 일을 계획하고 있지 않다.

→ 적절하지 않음!

④ [A]는 *성인의 말을 인용하여, [B]는 역사적 사실에 빗대어 자신이 처한 상황을 드러내고 있다. *지혜와 덕이 매우 뛰어나 길이 우러러 본받을 만한 사람
- **풀이** [A]는 성인의 말을 인용하여 자신이 처한 상황을 드러내고 있지 않다. [B]는 예로부터 신하는 임금을 범하지 못한다는 사실을 들고 있으나, 역사적 사실에 빗대어 자신이 처한 상황을 드러내고 있지는 않다.

→ 적절하지 않음!

✓ ⑤ [A]는 자신의 행동이 *정당함을 말하며, [B]는 상대가 지켜야 할 태도의 **당위성을 내세우며 상대의 행동을 비판하고 있다. *이치에 맞아 올바르고 마땅함 **마땅히 그렇게 하여야 함
- **풀이** [A]는 도탄에 빠진 백성을 구하기 위해 천자를 몰아내려는 자신의 행동이 정당하다고 말하며 자신을 막는 태자비의 행동을 비판하고 있다. [B]는 신하로는 마땅히 임금

을 따라야 한다는 당위성을 내세워 반역을 일으킨 양운의 행동을 비판하고 있다.

→ 적절함!

42 감상의 적절성 – 적절하지 않은 것 고르기　　1등급 문제
정답률 55%, 매력적 오답 ② 15% ③ ④ ⑤ 10%　　정답 ①

〈보기〉를 바탕으로 윗글을 감상한 내용으로 적절하지 않은 것은? [3점]

> | 보 기 |
> [1] 「정각록」은 여성 영웅 소설로, 주인공 정 소저(태자비)는 백성들에게 인정(사람 人 마음 情 : 따뜻한 마음)을 베풀어야 한다는 신념(믿을 信 생각 念 : 굳은 믿음)을 지니고, 유교 이념(이치 理 생각 念 : 사상)을 구현하기(갖출 具 드러낼 現 : 드러내기) 위해 신하로서의 도리(도리 道 도리 理 : 사람이 어떤 입장에서 행해야 할 바른길)를 다하는 인물로 그려진다. [2] 태자비가 된 정 소저는 국가 위기를 초래하는 반역 세력을 숙청함(엄할 肅 분명할 淸 : 처벌함)으로써 현(지금 現 : 현재의) 체제(체제 體 규정 制 : 사회의 상태)를 유지하고 국가 질서를 수호하려고(지킬 守 보호할 護 : 지키고 보호하려고) 한다. [3] 이처럼 이 작품은 여성을 영웅적 인물로 설정하여 국가적 위기를 해결하는 주체적인(주체 主 몸 體 ~의 的 : 자유롭고 자주적인) 인물로 그려 내고 있다.

✓ ① 태자비가 양경과 원이정의 '목숨을 보전'해 주는 것에서, 정 소저는 백성에게 인정을 베풀어야 한다는 신념을 지니고 있는 인물로 볼 수 있겠군.
- **근거** ❷-3 "양경 같은 소인이 있어 백성을 다 없어지게 하고 임금을 해치니 어찌 통한치 아니하리오./ ❺-3~❻-2 적진에 잡혀갔던 양경과 원이정의 몸이 살아와서 태자비를 보고 칭송하며 말하기를, "우리들은 대국 도원수와 선봉장이나 재주가 없어 적진에 잡혀 죽게 되었더니 장군의 은혜를 입어 목숨을 보전하고 흉적을 격파하였으니 은혜 난망이로소이다." 태자비가 한 꾀를 생각하고 이렇게 말하였다. "정말 몰랐습니다."/ ❼-2~3 "또한 성 안에 육도 자사의 남은 무리가 무수하오니 다시 성에 들어가 반적을 다 없앤 후 환궁하겠습니다." ~ 태자비가 즉시 차환 등을 호령하여, 양경과 원이정을 잡아들이라는 소리가 천지를 진동하였다.
- **풀이** 태자비는 '양경'을 백성을 없어지게 하고 임금을 해치는 소인이라고 칭하였으며, 마지막 부분에서 양경과 원이정을 잡아들이라고 호령하고 있다. 이를 통해 태자비가 양경과 원이정을 역적으로 인식하고 있으며, 이들의 '목숨을 보전'해 준 것은 남은 반적의 무리를 모두 잡아들이기 위한 태자비의 계략으로 볼 수 있다.

→ 적절하지 않음!

② 태자비가 '조정을 침노'한 반역 무리를 *응징하려고 하는 것에서, 정 소저는 현 체제를 유지하고 국가 질서를 수호하고자 한다고 볼 수 있겠군. *잘못을 깨우쳐 뉘우치도록 벌을 내리려고
- **근거** 〈보기〉-2 태자비가 된 정 소저는 국가 위기를 초래하는 반역 세력을 숙청함으로써 현 체제를 유지하고 국가 질서를 수호하려고 한다.
  ❷-2~5 "양경의 동족인 황주, 익주, 서주, 강주, 성주, 형주 도읍이 다 반역하여 조정을 침노하였는데, ~ 태자비가 듣고 하늘을 우러러 탄식하며 ~ 내 비록 여자이나 한 번 소리쳐 역적을 깨뜨리고 백성을 건지며 임금을 구원하리라."
- **풀이** 태자비는 반역을 일으켜 '조정을 침노'한 무리를 깨뜨려 백성을 구하고 임금을 구원하려 한다. 이를 통해 정 소저가 천자의 왕권이 지속되는 현 체제를 유지하고 국가 질서를 수호하고자 함을 알 수 있다.

→ 적절함!

③ 태자비가 *전장에 나가 '모든 역적을 함몰시'킨 것에서, 정 소저는 국가적 위기를 해결할 수 있는 영웅적 능력을 지니고 있는 인물로 볼 수 있겠군. *전쟁터
- **근거** 〈보기〉-3 이 작품은 여성을 영웅적 인물로 설정하여 국가적 위기를 해결하는 주체적인 인물로 그려 내고 있다.
  ❸-7 태자비의 칼이 번뜩하더니 양주 자사 양운의 머리를 베어 칼끝에 꿰어 들고 재주를 자랑하며 쳐들어갔다./ ❺-2~3 태자비의 몸이 공중에 솟구치더니 칼을 들어 황주 자사의 목을 베어 말 아래로 내리치니 누가 감히 당하리오. 태자비가 드디어 모든 역적을 함몰시키고
- **풀이** 태자비는 전장에서 영웅적 능력을 발휘하여 양운과 황주 자사를 포함한 '모든 역적을 함몰시'킨다. 이를 통해 정 소저가 국가적 위기를 해결할 수 있는 영웅적 능력을 지니고 있는 인물임을 알 수 있다.

→ 적절함!

④ 태자비가 '내 비록 여자이'지만 적진에 나서 싸우겠다고 말하는 것에서, 정 소저는 주체적으로 판단하고 행동하는 여성으로 볼 수 있겠군.
- **근거** 〈보기〉-3 이 작품은 여성을 ~ 주체적인 인물로 그려 내고 있다.
  ❷-5 내 비록 여자이나 한번 소리쳐 역적을 깨뜨리고 백성을 건지며 임금을 구원하리라."
- **풀이** 태자비가 '내 비록 여자이'지만 역적과 싸워 백성과 임금을 구하겠다고 마음먹은 것에서 정 소저가 주체적으로 판단하고 행동하는 여성임을 알 수 있다.

⑤ 태자비가 '임금을 구원하기' 위해 전장에 직접 나가 싸우는 것에서, 정 소저는 유교 이념을 구현하기 위해 신하로서의 도리를 다하려 한다고 볼 수 있겠군.

근거 <보기>-1 정 소저는 ~ 유교 이념을 구현하기 위해 신하로서의 도리를 다하는 인물로 그려진다.

❷-5~❸-1 내 비록 여자이나 한번 소리쳐 역적을 깨뜨리고 백성을 건지며 **임금을 구원하리라.**" 태자비가 분기충천하여 천조검을 높이 들고 말하기를, "너희는 어떤 도적이기에 성질이 억세게 고집스럽고 사납기가 그지없어 우리 황상을 이리도 핍박하는가? **4** "자고로 신하는 그 위를 범하지 못하나니, 너희가 주 씨의 녹을 먹었으나 임금의 은혜를 갚기는커녕 도리어 이리 하느냐.

풀이 태자비는 임금의 은혜를 갚아야 한다는 유교 이념을 바탕으로 위기에 처한 '임금을 구원하기' 위해 역적들과 싸운다. 이를 통해 정 소저가 유교 이념을 구현하기 위해 신하로서의 도리를 다하려 함을 알 수 있다.

[43 ~ 45] 현대소설 - 이청준, 「귀향 연습」

• 중심 내용

'나'는 훈이에게 들려주기 위해 고향에서 행복했던 기억을 떠올리려 한다.
↓
'나'는 화산 마을의 바다를 보며 동백골의 바다를 생각하지만 고향의 기억을 선명하게 떠올리지 못한다.
↓
방으로 돌아온 '나'는 동백골에서의 행복한 추억을 떠올리게 된다.
↓
어린 시절 '나'는 여름 내내 밭갈이로 바쁜 어머니의 보살핌을 받지 못하고 배고픔에 울다 지쳐 잠이 들곤 했다.
↓
'나'는 왜 고향에 가지 않느냐는 훈이의 질문에 당황하고 기태에게 서울로 돌아가겠다고 말한다.
↓
기태는 '나'의 병을 걱정하며 동백골에서 지내볼 것을 권하지만 '나'는 서울로 돌아가겠다고 말한다.

• 전체 줄거리 ([ ] : 지문 내용)

고향을 떠나 도시 생활을 하면서 여러 병을 앓던 '나'는 건강을 위해 어린 시절 친구인 기태가 사는 화산 마을로 내려간다. 기태의 집 별채(본채와 따로 지은 집)에는 기태의 조카인 11살 훈이와 근처 초등학교에서 근무하는 정은영 선생이 함께 생활하고 있었다. '나'는 낯선 여자와 함께 생활하게 된 것에 어색함을 느끼고 배앓이를 하게 된다. 초등학교 시절 '나'는 학교 잡부금을 내지 못하는 날엔 꾀병으로 배탈이 난 척하고 학교를 쉬곤 했는데, 어느 날부터 밀린 잡부금으로 고민하는 날이면 정말로 배가 아프게 되었고 이후 마음에 내키지 않은 일을 하게 될 때면 항상 배앓이로 애를 먹게 되었다. '나'는 기태로부터 훈이가 어릴 때부터 1년마다 골절 사고가 일어나 입원하곤 했는데 올해는 기태의 추천으로 이곳에 내려와 쉬고 있다는 말을 듣게 된다. 별채로 돌아온 '나'는 훈이의 방을 찾아가고 훈이는 '나'의 고향에 대해 묻는다. 훈이는 정 선생이 고향을 배우면 병을 잊게 되고 저절로 병이 나을 것이라고 알려 줬다고 말하고, ['나'는 훈이에게 가르쳐 줄 고향에 대해 고민하게 된다. '나'는 고향 동백골의 바다를 생각하다가 어린 시절 밭일로 바쁜 어머니 곁에서 배가 고파 울다 지쳐 잠이 들곤 했던 일을 고향에서 행복했던 기억으로 떠올리게 된다.] 다음 날 '나'의 이야기를 들은 훈이는 '나'가 기분 나쁘고 무서운 이야기를 즐겁게 말하는 게 이상하지만 고향 이야기이니까 무서운 생각이 없어졌다고 말한다. 도망치듯 방으로 돌아온 '나'는 고향에 대한 기억을 과장해 말하긴 했지만 훈이의 반응이 나쁘지 않아 계속 고향 이야기를 들려주겠다고 생각한다. 이후 훈이에게 계속 고향 이야기를 들려주던 '나'는 언제부턴가 배앓이가 사라지고 안색이 좋아진 것을 알게 된다. 훈이 또한 방에서 지내던 생활에서 벗어나 마당을 돌아다니기도 하고 뼈가 부러질까 봐 겁을 내지도 않게 된다. 그러던 어느 날 정 선생이 갑자기 사라지는데, '나'는 기태가 정 선생의 순결을 빼앗고 그날 이후 정 선생이 떠난 사실을 알게 된다. 그날 밤 훈이는 '나'에게 고향에 대한 이야기가 사실인지, 그렇다면 왜 고향에 찾아갈 생각을 하지 않는지를 묻지만 '나'는 대답

하지 못하고 밤새 배앓이에 시달린다. [이튿날 아침, '나'는 기태에게 서울로 돌아가겠다고 말하고 기태는 '나'의 병을 걱정하며 동백골에서 지내볼 것을 권하지만, 나는 결심을 굽히지 않는다.] 이후 '나'는 훈이를 부탁한다는 말을 남기고 화산 마을을 떠난다.

• 인물 관계도

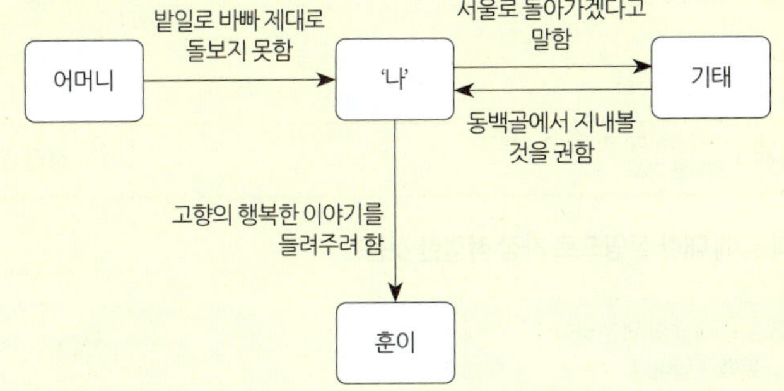

• 어휘 풀이

* 막연하기만 : 뚜렷하지 못하고 어렴풋하기만.
* 실마리 : 일이나 사건을 풀어 나갈 수 있는 첫머리.
* 배앓이 : 배탈.
* 학교 잡부금 : 학교에 잡다하게 내야 하는 돈.
* 꾀배 : 꾀병으로 아픈 척하는 배탈.
* 밭갈이 : 밭을 가는 일.
* 밭가리 : 밭둑. 밭과 밭 사이의 경계를 이루고 있거나 밭가에 둘려 있는 둑.
* 마지기 : 논밭 넓이의 단위. 밭 한 마지기는 약 100평 정도.
* 밭뙈기 : 얼마 안 되는 자그마한 밭.
* 뙤약볕 : 여름에 강하게 내리쬐는 뜨거운 볕.
* 악마구리 속 : 무질서하고 시끄러운 곳. 여기서는 '서울'을 의미함.

---

43 | 내용 이해 – 적절하지 않은 것 고르기 | **정답 ④**
정답률 75%

윗글에 대한 이해로 적절하지 않은 것은?

① '나'는 어머니가 돌아가신 후에는 동백골에 가지 않았다.

근거 어머니가 돌아가신 후로 20년 가까운 세월 동안 한 번도 발걸음을 한 일이 없는 동백골이었다.

풀이 어머니가 돌아가신 뒤로 '나'는 20년 가까운 세월 동안 한 번도 동백골에 간 적이 없다.

② '나'는 훈이에게 행복스러운 고향 이야기를 들려주기 위해 고민했다.

근거 훈이 녀석을 위해서도 좀 더 행복스런 고향을 찾아내야 했다. 나는 ~ 기억을 더듬기 시작했다.
나는 결국 방으로 들어가 ~ 누워서도 다시 생각을 계속했다. ~ 이윽고 한 가지 행복스런 정경이 멀리서부터 천천히 뇌리 속으로 비춰 들어왔다. 그것은 참으로 행복스런 추억이었다.

풀이 '나'는 훈이에게 고향의 이야기를 들려주기 위해 행복스러운 고향의 기억을 떠올리려 노력한다.

③ 어머니는 여름 한철을 대개 산비탈에 있는 밭을 가는 일로 보냈다.

근거 산비탈은 대부분 밭갈이가 되어 있고, ~ 여름 밭가리 가운데는 다섯 마지기 남짓한 우리 집 밭뙈기도 끼여 있었다. 어머니는 여름 한철을 대개 그 다섯 마지기 여름 밭갈이로 보냈다.

풀이 어머니는 여름 한철을 산비탈에서 밭을 가는 일로 바쁘게 보냈다.

✔④ 지지하지 않았다 기태는 서울 살이를 버텨 보겠다는 '나'의 선택을 지지했다.

근거 그래야 또 자네 말대로 그 악마구리 속 같은 서울 살이를 버텨 나가기가 나을 듯싶기도 하고……" ~ 어이없어하는 기태를 향해 담담하게 대답했다. ~ 서울은 실상 그런 내 하나밖에 없는 소중한 삶의 터전인 셈이니까……" "병은 고칠 작정이 아니군."

풀이 '나'가 서울 살이를 버텨 보겠다고 말하자 기태는 어이없어하며 '나'가 병을 고칠 마음이 없다고 생각한다. 이를 통해 기태는 서울 살이를 버텨 보겠다는 '나'의 선택을 지지하지 않는다는 것을 알 수 있다.

⑤ 기태는 '나'의 병을 고치기 위해 서울보다는 동백골에서 지내보는 것을 권했다.

<table><tr><td>근거</td><td>나를 그토록 폐허로 만든 곳이 서울이라면 내 병도 아마 그 서울 쪽으로 뿌리가 있을 테니까. ~ 그 뿌리가 내려진 곳으로 돌아가는 게 정직한 태도 테구." "아서…… ~ 서울 보단 차라리 동백골이나 한번 들어가 지내보는 게 어떨까도 싶고……"</td></tr><tr><td>풀이</td><td>서울로 돌아가려는 '나'에게 기태는 '나'의 병을 고치기 위해 서울보다는 동백골에서 지내볼 것을 권한다.</td></tr></table>

→ 적절함!

---

44 공간의 의미 – 적절한 것 고르기   정답 ③
정답률 75%

㉠과 ㉡에 대한 설명으로 가장 적절한 것은?

> ㉠ 화산 마을 앞 넓은 바다
> ㉡ 동백골 앞바다

① '나'는 ㉠과 ㉡에서의 경험을 *동일시하고 있다.   *똑같은 것으로 보고

<table><tr><td>풀이</td><td>윗글에 '나'가 ㉠과 ㉡에서의 경험을 동일시하고 있는 내용은 나타나지 않는다.</td></tr></table>

→ 적절하지 않음!

② ㉠을 바라보면서 ㉡에서의 '나'의 행동을 후회한다.

<table><tr><td>근거</td><td>동백골에서도 바다는 멀지 않았다. ~ 그러나 나는 아직도 그 바다가 어떤 식으로 내 어린 시절과 상관되고 있었는지, ~ 어떤 기억이 떠오를 듯하다가도 ㉠ 화산 마을 앞 넓은 바다가 눈앞으로 다가오면 그것에 가려 기억 속의 것은 금세 희미하게 멀어져 버리곤 했다.</td></tr><tr><td>풀이</td><td>'나'는 ㉠을 바라보면서 ㉡에서의 기억을 떠올리려 하고 있을 뿐 ㉡에서의 자신의 행동을 후회하는 모습은 나타나지 않는다.</td></tr></table>

→ 적절하지 않음!

③ ㉠에서 벗어난 뒤 ㉡에 관한 '나'의 기억이 선명해진다.

<table><tr><td>근거</td><td>동백골에서도 바다는 멀지 않았다. ~ 어떤 기억이 떠오를 듯하다가도 ㉠ 화산 마을 앞 넓은 바다가 눈앞으로 다가오면 그것에 가려 기억 속의 것은 금세 희미하게 멀어져 버리곤 했다. 그럭저럭하다가 나는 결국 방으로 들어가 ~ 누워서도 다시 생각을 계속했다. ~ ㉡ 동백골 앞바다가 좀 더 선명하게 떠올랐다. ~ 그것은 참으로 행복스런 추억이었다.</td></tr><tr><td>풀이</td><td>'나'는 ㉠에서 벗어나 방으로 돌아온 뒤 ㉡에서 어린 시절의 행복했던 기억을 선명하게 떠올리게 된다.</td></tr></table>

→ 적절함!

④ ㉠을 떠나면서 ㉡에서 '나'가 생각했던 의문이 해소된다.

<table><tr><td>풀이</td><td>윗글에 '나'가 ㉡에서 의문을 가졌던 내용은 나타나지 않는다.</td></tr></table>

→ 적절하지 않음!

⑤ '나'는 ㉠에서의 일을 잊기 위해 ㉡에서의 일을 떠올린다.

<table><tr><td>근거</td><td>동백골에서도 바다는 멀지 않았다. ~ 어떤 기억이 떠오를 듯하다가도 ㉠ 화산 마을 앞 넓은 바다가 눈앞으로 다가오면 그것에 가려 기억 속의 것은 금세 희미하게 멀어져 버리곤 했다.</td></tr><tr><td>풀이</td><td>'나'는 ㉠을 바라보면서 ㉡에서의 일을 떠올리고 있을 뿐, ㉠에서의 일을 잊기 위해 ㉡에서의 일을 떠올리고 있지 않다.</td></tr></table>

→ 적절하지 않음!

---

45 감상의 적절성 – 적절하지 않은 것 고르기   정답 ②
정답률 65%, 매력적 오답 ③ 10% ④ 15%

〈보기〉를 바탕으로 윗글을 감상한 내용으로 적절하지 **않은** 것은?   [3점]

> | 보기 |
> ¹「귀향 연습」에서 '나'는 도시 질서에 적응하지 못한다. ² '나'는 고향을 도시와 대립된 공간으로 인식하고 고향을 행복했던 곳으로 이상화하며(현실을 그대로 보지 않고 가장 완전한 세계로 생각하며) 고향에 관한 기억을 왜곡한다(사실과 다르게 해석한다) ³ 그런데 훈이와의 대화가 계기가 되어 '나'는 고향에 관한 생각이 환상에 불과했음을 인식하고 서울행을 결정하면서 현실에 대한 긍정성을 회복하려는 모습을 보인다.

① 서울에서의 생활을 '악마구리 속'이라고 표현하는 것으로 보아, '나'가 도시 생활에 적응하는 데 어려움을 느꼈을 것이라고 볼 수 있군.

<table><tr><td>근거</td><td>〈보기〉-1 「귀향 연습」에서 '나'는 도시 질서에 적응하지 못한다.
"악마구리 속이라도 할 수 없지. 나를 그토록 폐허로 만든 곳이 서울이라면/ 악마구</td></tr></table>

<hr>

리 속 같은 서울 살이

<table><tr><td>풀이</td><td>〈보기〉를 통해 윗글의 '나'는 도시에 적응하지 못했음을 알 수 있다. 따라서 '나'가 서울에서의 생활을 '악마구리 속'이라고 부정적으로 표현하는 것에서 '나'가 도시 생활에 적응하는 데 어려움을 느꼈을 것이라고 짐작할 수 있다.</td></tr></table>

→ 적절함!

하더라도

② 고향이 '나를 두렵게 하여' '정직하게 맞부딪'칠 용기가 모자란다고 말하는 것으로 보아, '나'는 고향에 대한 환상을 깨려 한다고 볼 수 있군.
   없군

<table><tr><td>근거</td><td>아직도 내게는 용기가 훨씬 모자란 것 같아. 고향이 어떻게 나를 두렵게 하더라도 그 현실을 현실대로 정직하게 맞부딪쳐 들어갈 수 있는 내 용기가 말일세. 당분간은 그 동백골 한 곳이라도 나를 속이게 놔두는 것이 나을 듯싶더구만.</td></tr><tr><td>풀이</td><td>'나'는 고향이 '나를 두렵게 하더라도' '정직하게 맞부딪'칠 용기가 모자란 것 같아 고향이 '나'를 속이게 놔두겠다고 말하고 있으므로 '나'는 고향에 대한 환상을 깨려 한다고 볼 수 없다.</td></tr></table>

→ 적절하지 않음!

③ 동백골에서의 어린 시절 일들이 '터무니없는 요술을 부리려 들더'라고 표현하는 것으로 보아, '나'는 고향의 이미지를 왜곡하고 있었음을 깨달았다고 볼 수 있군.

<table><tr><td>근거</td><td>〈보기〉-2~3 '나'는 고향을 ~ 행복했던 곳으로 이상화하며 고향에 관한 기억을 왜곡한다. 그런데 훈이와의 대화가 계기가 되어 '나'는 고향에 관한 생각이 환상에 불과했음을 인식하고
이윽고 한 가지 행복스런 정경이 멀리서부터 천천히 뇌리 속으로 비춰 들어왔다. 그것은 참으로 행복스런 추억이었다.
아침만 되면 어머니는 김매기를 나가면서 밭머리로 나를 데려다 놓았다. ~ 나는 온몸에 오줌과 똥을 짓이겨 바른 채 배가 고파 울고 있거나, 울음을 울다울다 제풀에 지쳐 더운 되약볕 아래 잠이 들어 있는 것을 볼 때가 많았다고
어릴 적 일들이 터무니없는 요술을 부리려 들더구만. 그럴듯한 요술로 나를 마구 속이려 든단 말일세.</td></tr><tr><td>풀이</td><td>〈보기〉에 따르면 윗글의 '나'는 고향을 행복했던 곳으로 이상화하며 기억을 왜곡하다가 그것이 환상이었음을 인식하게 된다고 하였다. 어린 시절 어머니의 보살핌을 받지 못하고 배고픔에 울다 지쳐 잠들던 일을 행복한 기억으로 떠올렸던 '나'는 어린 시절 일들이 '나'에게 '터무니없는 요술'을 부렸다고 생각하게 된다. 이를 통해 '나'가 고향의 이미지를 왜곡하고 있었음을 깨달았다고 볼 수 있다.</td></tr></table>

→ 적절함!

④ 동백골은 '행복스런 추억'이 있는 공간으로, 서울은 '나를 그토록 폐허로 만든 곳'으로 여겼던 것으로 보아, '나'는 고향을 서울과 대립된 공간으로 인식했다고 볼 수 있군.

<table><tr><td>근거</td><td>〈보기〉-2 '나'는 고향을 도시와 대립된 공간으로 인식하고
동백골 앞바다가 좀 더 선명하게 떠올랐다. ~ 그것은 참으로 행복스런 추억이었다.
나를 그토록 폐허로 만든 곳이 서울이라면</td></tr><tr><td>풀이</td><td>고향인 동백골을 어린 시절의 '행복스런 추억'이 있는 긍정적인 공간으로, 서울을 '나를 그토록 폐허로 만든' 부정적인 곳으로 여겼던 것을 통해 '나'는 고향을 서울과 대립된 공간으로 인식했음을 알 수 있다.</td></tr></table>

→ 적절함!

⑤ 서울을 '소중한 삶의 터전'으로 여기고 마음에 들지 않더라도 '내 진짜 얼굴'을 받아들이겠다고 말하는 것으로 보아, '나'는 현실에 대한 긍정성을 회복하려 한다고 볼 수 있군.

<table><tr><td>근거</td><td>〈보기〉-3 훈이와의 대화가 계기가 되어 '나'는 고향에 관한 생각이 환상에 불과했음을 인식하고 서울행을 결정하면서 현실에 대한 긍정성을 회복하려는 모습을 보인다.
서울은 실상 그런 내 하나밖에 없는 소중한 삶의 터전인 셈이니까……"/ 마음에 들진 않지만 이게 살아 있는 내 진짜 얼굴이거든. 그렇다면 난 다시 서울을 찾아 들어가는 것이 새삼스럽게 두려워질 일도 아니겠고,</td></tr><tr><td>풀이</td><td>〈보기〉에 따르면 '나'는 서울행을 결정하면서 현실에 대한 긍정성을 회복하려는 모습을 보인다고 하였다. 따라서 '나'가 서울을 '소중한 삶의 터전'으로 여기고 마음에 들지 않더라도 서울에서의 '내 진짜 얼굴'을 받아들이겠다고 말하는 것에서 '나'가 현실에 대한 긍정성을 회복하려 한다는 것을 알 수 있다.</td></tr></table>

→ 적절함!

→ 문제편 148쪽

★ 8회 모의고사 특징

✓ 6월과 비슷한 난이도로 출제되었음.

✓ 화법과 작문은 기존의 유형을 벗어나지 않았으나 화법과 작문이 결합된 지문에서 6번의 오답률이 매우 높았는데, (가)와 (나)를 종합한 유형이기에 정답을 찾는 데 시간이 소요되었을 것으로 예상됨.

✓ 언어는 음운의 변동 문제인 13번의 경우, 제시된 단어에서 일어나지 않는 음운 변동을 찾는 새로운 유형이 출제되었음. 14번은 문법 요소에 대한 세부적 지식을 요구하는 문제였음. 지문형 문제인 11번과 12번은 사전의 표제어라는 낯선 제재가 제시되었으나 문제 수준은 평이했음.

✓ 독서는 난도가 다소 높은 편이었음. 형법상 범죄 행위에 관한 사회 지문의 경우 낯선 영역이라 독해가 어려웠을 것으로 보임. 내용 이해 문제, 추론 문제, 사례에 적용하는 문제 모두 오답률이 매우 높았음. 동형암호에 관한 기술 지문은 정보량이 많아 독해에 어려움을 겪었을 것이라 예상됨. 지문의 내용을 실제 연산에 적용한 24번 문제의 난도가 높았음. 하이데거와 사르트르의 철학을 다룬 통합형 지문에서는 두 학자의 견해를 비교하는 20번 문제가 변별력이 있었음.

✓ 문학의 경우 크게 어렵지 않았음. 현대시는 낯선 작품이 출제되었고, <보기>를 바탕으로 작품을 제대로 이해해야 했던 28번 문제의 오답률이 높았음. 갈래 복합은 가사, 시조, 수필이 결합되어 출제되었는데, 표현상 공통점을 묻는 문제인 38번에서 시간이 꽤 소요되었을 것으로 예상됨. 현대소설과 고전소설은 내용과 문제 모두 평이한 수준이었음.

오답률 TOP 5

문항 번호	6	33	34	36	24
분류	화작 작문	독서 사회	독서 사회	독서 사회	독서 기술
난도	최상	상	상	상	중상

✔ 정답표

01	④	02	④	03	⑤	04	②	05	②
06	①	07	③	08	④	09	②	10	⑤
11	④	12	③	13	②	14	④	15	①
16	⑤	17	②	18	②	19	②	20	⑤
21	①	22	⑤	23	②	24	③	25	④
26	①	27	⑤	28	①	29	③	30	④
31	③	32	④	33	③	34	⑤	35	①
36	②	37	①	38	⑤	39	④	40	①
41	④	42	③	43	①	44	④	45	④

[01 ~ 03] 발표

01 말하기 방식 - 적절한 것 고르기
정답률 85% | 정답 ④

위 발표자의 말하기 방식으로 가장 적절한 것은?

④ 전문가의 견해를 제시하여 발표 내용의 신뢰성을 확보하고 있다.

근거 ④문단 얼굴을 연구하는 ○○○ 교수는 장승의 얼굴이 지역에 따라 북방형(북쪽 지방에 기원을 둔 형식) 얼굴과 남방형(남쪽 지방에 기원을 둔 형식) 얼굴로 나뉜다고 해석했는데요, 북쪽 지방에 분포하는 나무 장승에는 자료의 위쪽에서 보시는 것처럼 긴 얼굴과 뾰족한 눈매의 북방형 얼굴의 특징이, 남쪽 지방에 분포하는 돌 장승에는 자료의 아래쪽에서 보시는 것처럼 동글동글한 인상의 남방형 얼굴의 특징이 드러난다는 것입니다.

풀이 장승의 얼굴에 대한 내용을 설명하면서 전문가인 '○○○ 교수'의 견해를 제시하여 발표 내용의 신뢰성을 확보하고 있다.

---

02 자료 활용 방식 - 적절하지 않은 것 고르기
정답률 85% | 정답 ④

다음은 발표자가 제시한 자료이다. 발표자의 자료 활용에 대한 설명으로 적절하지 않은 것은?

④ 장승의 얼굴 유형으로 인해 장승을 만드는 재료가 달라졌음을 보여 주기 위해 [자료 2]를 제시하였다.

근거 ④문단 장승은 나무뿐만 아니라 돌로도 만드는데요, 나무 장승은 북쪽인 경기나 충청 지방에, 돌 장승은 남쪽 지방에 주로 분포합니다. (자료 2를 제시하며) … 북쪽 지방에 분포하는 나무 장승에는 자료의 위쪽에서 보시는 것처럼 긴 얼굴과 뾰족한 눈매의 북방형 얼굴의 특징이, 남쪽 지방에 분포하는 돌 장승에는 자료의 아래쪽에서 보시는 것처럼 동글동글한 인상의 남방형 얼굴의 특징이 드러난다는 것입니다.

풀이 발표자는 [자료 2]를 통해 북쪽인 경기나 충청 지방에 주로 분포하는 나무 장승에는 북방형 얼굴의 특징이, 남쪽 지방에 주로 분포하는 돌 장승에는 남방형 얼굴의 특징이 드러남을 설명하고 있다. 장승의 얼굴 유형으로 인해 장승을 만드는 재료가 달라졌다는 내용은 언급되어 있지 않다.

---

03 듣기 전략 - 적절하지 않은 것 고르기
정답률 90% | 정답 ⑤

발표 내용을 바탕으로 할 때, <보기>에 나타난 학생들의 반응에 대한 이해로 적절하지 않은 것은?

⑤ '학생 1'과 '학생 3'은 모두 배경지식을 바탕으로 발표 내용의 정확성을 점검하고 있다.

근거 학생 1 장승은 사찰(절) 입구에도 세워진 것으로 알고 있는데
학생 3 장승에는 나무 장승만 있는 줄 알았는데

풀이 '학생 1'과 '학생 3' 모두 자신의 배경지식을 떠올리고 있으나, 이를 바탕으로 발표 내용의 정확성을 점검하고 있지는 않다.

[04 ~ 07] (가) 토론 (나) 생각을 표현하는 글

04 토론 내용의 이해 - 적절한 것 고르기
정답률 90% | 정답 ②

(가)의 '찬성 1'의 입론에 대한 설명으로 가장 적절한 것은?

② 통계 자료를 제시하여 제도 개선의 필요성을 드러내고 있다.

근거 (가) 찬성 1 한국소비자보호원에서 드론(레이다 따위의 전자 공학적 장치에 의하여 자동 조종이 되거나 원격 조종이 되는 항공기) 사용 경험이 있는 소비자 463명을 대상으로 조사한 자료에 따르면 사용자의 20.5%가 안전사고(안전 교육의 미비, 또는 부주의 따위로 일어나는 사고)를 일으킨 적이 있다고 합니다.

풀이 (가)의 '찬성 1'은 드론 실명제 적용 대상 드론의 범위를 확대해야 한다는 주장을 펼치기 위해 한국소비자보호원의 통계 자료를 제시하고 있다.

---

05 의사소통 방식 - 적절하지 않은 것 고르기
정답률 80% | 정답 ② | 3점

[A], [B]에 대한 이해로 적절하지 않은 것은?

② [A]의 찬성 1은 상대측이 잘못 이해한 내용을 바로잡으며 상대측의 질문 내용이 논제에서 벗어났음을 지적하고 있다.

근거 (가) 반대 2 최대이륙중량이 250g을 초과하는(넘어가는) 소형 드론까지 드론 실명제(사용자의 실제 이름을 밝히는 제도) 적용 대상을 확대해야 한다고 말씀하셨는데, 이 경우 학교 내에서 사용하는 드론이나 일부 완구(아이들이 가지고 노는 여러 가지 물건)용 드론도 신고 대상에 포함될 수 있을 것입니다. 이 방안이 실현 가능하다고 생각하시나요?
(가) 찬성 1 다른 사람에게 피해를 줄 가능성이 있는 드론을 신고해야 한다는 것이지, 교내에서만 사용하는 드론이나 위험도가 낮은 완구용 드론까지 신고해야 한다는 것은 아닙니다.

풀이 '찬성 1'은 드론 실명제 적용 대상 드론의 범위를 확대하는 것의 실현 가능성에 의문을 제기한 '반대 2'의 발언을 듣고, 드론 실명제 적용 대상 드론의 범위를 한정하고 있다. 상대측의 질문 내용이 논제에서 벗어났음을 지적하고 있지는 않다.

06 작문 계획의 반영 - 적절한 것 고르기
정답률 35%, 매력적 오답 ③ 10% ④ 40% 정답 ①

(가)를 바탕으로 (나)를 쓰기 위한 작문 계획으로 가장 적절한 것은?

① 토론에서 언급된, *기체 신고 기준과 **조종 자격 ***차등화에 대한 내용을 바탕으로 ****현행 드론 실명제 규정을 소개해야겠어. *비행기의 몸체 **기계를 다루어 부림 ***각 등급이 차이가 나게 함 ****현재 행하여지고 있음

근거 (가) 찬성 1 현재 시행 중인 드론 실명제에서는 비사업용(사업적으로 쓰는 것이 아닌) 드론의 경우 최대이륙(비행기 따위가 날기 위하여 땅에서 떠오름)중량(무게) 2kg을 초과하는 드론에 대해서만 기체 신고를 의무화하고(반드시 해야 하는 것으로 정하고) 있습니다. (기체 신고 기준)
(가) 찬성 1 하지만 드론 실명제의 조종 자격 차등화 규정에 따르면 2kg 이하의 드론은 자격을 취득하지(자기 것으로 만들어 가지지) 않아도 조종할 수 있어, (조종 자격 차등화 규정)
(나) ❶문단 현행 드론 실명제에서는 비사업용의 경우 최대이륙중량 2kg이 넘는 드론에 대해서 기체 신고를 의무화하고, 드론 중량에 따라 조종 자격을 차등화하고 있다.

풀이 (나)의 ❶문단에서는 (가)에 '찬성 1'이 언급한 기체 신고 기준과 조종 자격 차등화 규정에 대한 내용을 바탕으로 현행 드론 실명제 규정을 소개하고 있다.

매력적 오답

③ 토론에서 언급된, 드론 실명제 개정 시 얻을 수 있는 긍정적 효과를 제시한 후 제도 개정 시 발생하는 행정적 비용에 대한 내용을 추가해야겠어.
근거 (가) 찬성 1 우리나라도 드론 실명제 적용 대상을 최대이륙중량이 250g을 초과하는 소형 드론까지로 확대한다면 사고 처리나 피해 보상을 비교적 원활히 할 수 있을 것입니다.
(나) ❷문단 하지만 관련 법이 바뀐 지 얼마 되지 않아서 다시 법을 개정한다면 소요되는 행정적 비용도 크고,
풀이 (가)의 '찬성 1'이 드론 실명제 개정 시 얻을 수 있는 긍정적 효과를 언급하고 있으나, 이에 대한 내용이 (나)에 언급되어 있지는 않다.

④ 토론에서 언급되지 않은, 성숙한 드론 문화를 정착시킬 수 있는 방안을 제도의 개정과 개인의 실천 의지로 구분하여 제시해야겠어.
근거 (나) ❸문단 따라서 신고 대상 드론의 범위를 확대하기보다는 정부나 지방 자치 단체에서 성숙한 드론 문화 정착을 위한 계획을 수립하고 캠페인 등 홍보 활동을 시행하여 현재의 제도가 잘 자리 잡을 수 있도록 해야 한다.
풀이 (가)에서 언급되지 않은, 성숙한 드론 문화 정착을 위한 계획 수립의 필요성에 대해 언급하고 있으나, 구체적인 방안을 제도의 개정과 개인의 실천 의지로 구분하여 제시하고 있지는 않다.

---

07 작문 내용의 점검 및 고쳐쓰기 - 적절한 것 고르기
정답률 80% 정답 ③

<보기>는 선생님의 조언을 듣고 (나)의 마지막 문단을 고쳐 쓴 것이다. 선생님이 조언한 내용으로 가장 적절한 것은?

삭제
(나) ❹문단 우리나라에서도 드론 산업의 시장 규모가 점차 확대될 것이다. 그러면 우리는 배달이나 응급 구조 등의 다양한 분야에서 드론을 널리 사용하게 될 것이다. 드론의 일상화로 우리의 삶이 더욱 편리하고 윤택해지기를 기대해 본다.

| 보기 |
추가
적절한 규정과 함께 성숙한 드론 문화가 우리 사회에 안정적으로 자리 잡으면 관련 산업이 더욱 발전할 것이다. 그러면 우리는 배달이나 응급 구조 등의 다양한 분야에서 드론을 널리 사용하게 될 것이다. 드론의 일상화로 우리의 삶이 더욱 편리하고 윤택해지기를 기대해 본다.

③ 드론 산업의 시장 규모에 대한 내용을 삭제하고, 드론 관련 산업이 더욱 발전하기 위한 *전제 조건을 추가하면 어떨까? *먼저 내세우는
풀이 우리나라에서도 드론 산업의 시장 규모가 점차 확대될 것이라는, 드론 산업의 시장 규모에 대한 내용이 삭제되었고, 드론 관련 산업이 더욱 발전하기 위한 전제 조건으로 적절한 규정과 성숙한 드론 문화를 추가하고 있다.

[08 ~ 10] 기고문

08 작문 계획의 반영 - 적절하지 않은 것 고르기
정답률 90% 정답 ④

'작문 상황'을 고려하여 구상한 글쓰기 내용으로, 초고에 반영되지 않은 것은?

① 눈 건강이 중요한 이유
근거 [초고] ❶문단 눈은 일상생활의 많은 활동에 영향을 미치는 주요 감각기관이기 때문에 건강한 눈 상태를 유지하는 것은 매우 중요하다.
→ 적절함!

② 청소년기 시력 *이상 현황의 심각성 *정상적인 상태와 다름
근거 [초고] ❷문단 그런데 성장기에 이미 시력 이상 상태에 놓인 청소년의 비율은 매우 높은 편이다. 실제로 전국의 학생들을 대상으로 이루어지는 학생 건강검사의 2022년 표본(여러 통계 자료를 포함하는 집단 속에서 그 일부를 뽑아내어 조사한 결과로써 본디의 집단의 성질을 추측할 수 있는 통계 자료) 통계에 따르면, 우리나라 전체 고등학교 1학년 학생 중 시력 이상 상태에 해당하는 학생이 약 73%에 달할 만큼 심각한 것으로 나타났다.
→ 적절함!

③ 청소년기 시력 이상의 일반적 특징
근거 [초고] ❸문단 시력 이상 상태인 청소년의 대부분은 일반적으로 굴절 이상(눈의 조절 작용이 잘되지 아니하여 멀리서 오는 평행 광선이 망막 위에 상(像)을 맺지 못하는 증상)으로 인해 먼 곳이 잘 보이지 않는 특징을 지닌다.
→ 적절함!

④ 청소년기 시력 이상의 종류별 발생 원인
풀이 학생의 초고에 청소년기 시력 이상의 종류별 발생 원인에 대한 내용은 나타나지 않는다.
→ 적절하지 않음!

⑤ *고도 근시와 **안질환 발생 확률 간의 관계 *정도가 높은 **눈에 생기는 병
근거 [초고] ❸문단 고도 근시의 경우 원래 동그란 모양인 안구(눈알)의 길이가 앞뒤로 점점 길어지면서 망막(눈알의 가장 안쪽에 있는 맥락막 안에 시각 신경의 세포가 막 모양으로 층을 이룬 부분)과 시신경(망막이 받은 빛의 자극을 뇌로 전달하는 신경)이 약해지고, 이로 인해 다양한 안질환이 발생할 확률이 높아진다.
→ 적절함!

---

09 조건에 따른 표현 - 적절한 것 고르기
정답률 85% 정답 ②

다음은 초고를 읽은 편집부장의 조언이다. 이를 반영하여 [A]를 작성한다고 할 때, 가장 적절한 것은?

② 청소년 시력 이상 *적신호, 일상 속 실천으로 눈 건강을 지키자 *위험한 상태에 있음을 알려 주는 각종 조짐을 비유적으로 이르는 말
풀이 '청소년 시력 이상 적신호'에 요즘 청소년들의 눈 건강 문제가 심각하다는 내용이, '일상 속 실천으로 눈 건강을 지키자'에서 독자에게 당부하는 바가 잘 드러나 있다.

---

10 자료 활용 방안 - 적절하지 않은 것 고르기
정답률 70%, 매력적 오답 ④ 15% 정답 ⑤

<보기>는 학생이 초고를 보완하기 위해 추가로 수집한 자료이다. 자료의 활용 방안으로 적절하지 않은 것은? 3점

⑤ ㄴ과 ㄷ을 활용하여, 안구 성장이 진행되고 있는 청소년의 근시 비율이 급증하고 있다는 내용을, 일찍 시작된 근시일수록 고도 근시에 도달할 가능성이 높다는 내용을 뒷받침하는 근거로 3문단에 제시한다.
근거 [초고] ❸문단 일찍 시작된 근시일수록 고도 근시에 도달할 가능성이 높다.
풀이 ㄴ은 고도 근시로 진행될 경우 안질환 발생 위험도 증가함을 알려 주는 전문가 인터뷰 자료이고, ㄷ은 디지털 기기 사용 증가로 인해 눈 건강이 악화되고 있음을 지적한 신문 기사이다. ❸문단에서 일찍 시작된 근시일수록 고도 근시에 도달할 가능성이 높다는 내용이 언급되어 있으나, ㄴ과 ㄷ 모두 근시 시작 시점에 대한 내용을 다루고 있지 않으므로 ㄴ과 ㄷ을 활용하여 ❸문단의 내용을 뒷받침하는 것은 적절하지 않다.

→ 문제편 151쪽

④ ㄱ-2와 ㄴ을 활용하여, 시력이 더 *저하될 수 있음에도 시력 **교정을 하지 않는 학생들이 30%가 넘는다는 내용을, 정기적인 안과 ***검진을 통한 시력의 점검 및 교정 노력의 필요성을 부각하는 자료로 4문단에 제시한다. *떨어져 낮아질 **틀어지거나 잘못된 것을 바로잡음 ***건강 상태와 질병의 유무를 알아보기 위하여 증상이나 상태를 살피는 일

근거 [초고] ❹문단 정기적인 안과 검진을 통해 시력을 점검하여 적절히 교정하는 등 세심하게 눈 건강을 살피는 노력이 필요하다.

풀이 ㄱ-2는 시력 이상 고1 학생 중 교정을 하고 있지 않은 학생의 비율이 31%로 높은 수준임을 보여 주는 통계 자료이고, ㄴ은 청소년기에 시력 교정이 필요한 이유를 언급한 전문가 인터뷰 자료이다. 따라서 ㄱ-2와 ㄴ을 활용하여, 정기적인 안과 검진을 통한 시력의 점검 및 교정 노력의 필요성을 부각하는 자료로 ❹문단에 제시할 수 있다.

[11 ~ 12] 언어 - 사전의 수록 대상과 제시 방법

1 ¹우리가 활용하는 사전은 수록(모아서 기록함) 대상과 제시 방법을 미리 규정하여 표제어(사전 따위의 표제 항목에 넣어 알기 쉽게 풀이해 놓은 말)를 선정한다.(여럿 가운데서 뽑아 정한다.) ²『표준국어대사전』의 경우 표준어뿐만 아니라 흔히 쓰는 비표준어도 수록 대상으로 하고 있으며 일반어(일반 사람들이 일상생활에 널리 쓰는 말)와 전문어(특정한 전문 분야에서 주로 사용하는 용어), 고유 명사(낱낱의 특정한 사물이나 사람을 다른 것들과 구별하여 부르기 위하여 고유의 기호를 붙인 이름)까지도 수록하고 있다. ³또한 사전에는 단어 이하의 단위만 수록하는 것이 원칙이지만 전문어와 고유 명사의 경우 구(둘 이상의 단어가 모여 절이나 문장의 일부분을 이루는 토막)까지도 수록하고 있다.

2 [A] ¹『표준국어대사전』의 표제어 표기는 한글만 사용하는 것이 원칙이다. ²TV나 '4계절'처럼 일상 속에서 관용적으로(습관적으로) 로마자(영어를 표기하는 데 쓰는 문자)나 숫자로 표기하는 것도 '티브이'나 '사계절'과 같이 한글로 표기하여 자모(자음과 모음) 순서에 따라 제시한다. ³'큰아버지'와 같은 합성어나 '(머리를) 빗기다'와 같은 파생어는 붙임표(—)로 분석하여 '큰—아버지'나 '빗—기다'와 같이 제시한다. ⁴또한 '짓밟히다'처럼 접두사 '짓-'과 피동 접사 '-히-'가 동시에 결합했을 때는 ('짓밟—히다'와 같이) 피동 접사 '-히-' 앞에 붙임표를 한 번만 제시한다. ⁵하지만 '삶'처럼 파생어여도 '살- + -ㅁ'과 같이 분석되어 구성 성분이 음절(발음할 때 한 번에 낼 수 있는 소리의 단위, 즉 하나의 종합된 음의 느낌을 주는 말소리의 단위)로 나누어지지 않을 때는 붙임표를 따로 제시하지 않는다.

3 ¹한글 맞춤법에 띄어 쓰는 것이 원칙이나 붙여 쓰는 것도 허용한 전문어나 고유 명사는 '∧' 기호를 사용하여 표시하고 있다. ²또 접사와 어미처럼 자립적(남에게 예속되거나 의지하지 아니하는 것)으로 쓰이지 않고 반드시 다른 말과 결합해야 하는 표제어는 결합하는 부분에 '-'를 붙여 표시하고 있다. ³비표준어 표제어의 경우 '→' 기호를 활용하여 표준어의 뜻풀이를 참고하도록 안내하고 있다.

4 ¹표제어는 가나다순으로 배열하고(일정한 차례에 따라 벌여 놓고) 있으며, 자모의 순서는 초성의 경우 'ㄱ, ㄲ, ㄴ, ㄷ, ㄸ, ㄹ, ㅁ, ㅂ, ㅃ, ㅅ, ㅆ, ㅇ, ㅈ, ㅉ, ㅊ, ㅋ, ㅌ, ㅍ, ㅎ', 중성의 경우 'ㅏ, ㅐ, ㅑ, ㅒ, ㅓ, ㅔ, ㅕ, ㅖ, ㅗ, ㅘ, ㅙ, ㅚ, ㅛ, ㅜ, ㅝ, ㅞ, ㅟ, ㅠ, ㅡ, ㅢ, ㅣ'의 순서로 배열하고 있고, 종성은 초성의 배열 순서를 따른다. ²동음이의어(소리는 같으나 뜻이 다른 단어)의 경우는 어휘 형태, 문법 형태 순서로 배열한다. ³이때, 어휘 형태는 명사, 대명사, 수사, 동사, 형용사, 관형사, 부사, 감탄사, 어근의 순서로, 문법 형태는 어미, 접사의 순서로 배열한다.

---

11 표제어 표기의 원칙 - 적절하지 않은 것 고르기 | 정답 ④
정답률 75%, 매력적 오답 ③ 15%

[A]를 바탕으로 추론한 내용으로 적절하지 않은 것은?

① '1월'과 '9월'은 사전에 한글로 표기되므로 '1월'보다 '9월'이 먼저 제시된다.

근거 ❷-2 'TV나 '4계절'처럼 일상 속에서 관용적으로 로마자나 숫자로 표기하는 것도 '티브이'나 '사계절'과 같이 한글로 표기하여 자모 순서에 따라 제시한다.
❹-1 표제어는 가나다순으로 배열하고 있으며, 자모의 순서는 초성의 경우 'ㄱ, ㄲ, ㄴ, ㄷ, ㄸ, ㄹ, ㅁ, ㅂ, ㅃ, ㅅ, ㅆ, ㅇ, ㅈ, ㅉ, ㅊ, ㅋ, ㅌ, ㅍ, ㅎ', … 의 순서로 배열

풀이 일상 속에서 관용적으로 숫자로 표기하는 '1월'과 '9월'은 '일월'과 '구월'과 같이 한글로 표기한다. 이때 표제어를 가나다순으로 배열한다고 하였으므로 초성이 'ㄱ'인 '구월'이 초성이 'ㅇ'인 '일월'보다 먼저 제시된다.

→ 적절함!

② '새해'는 '새'와 '해'가 합쳐진 단어이므로 '새—해'로 표기한다.

근거 ❷-3 '큰아버지'와 같은 합성어나 '(머리를) 빗기다'와 같은 파생어는 붙임표(—)로 분석하여 '큰—아버지'나 '빗—기다'와 같이 제시한다.

풀이 '새해'는 관형사 '새'와 명사 '해'가 합쳐진 합성어이므로 붙임표로 분석하여 '새—해'와 같이 표기한다.

→ 적절함!

③ '비웃음'은 '비웃다'에 접사 '-음'이 결합한 단어이므로 '비웃—음'으로 표기한다.

근거 ❷-3 '큰아버지'와 같은 합성어나 '(머리를) 빗기다'와 같은 파생어는 붙임표(—)로 분석하여 '큰—아버지'나 '빗—기다'와 같이 제시한다.

풀이 '비웃음'은 동사 어근 '비웃-'에 접미사 '-음'이 결합한 파생어이므로 붙임표로 분석하여 '비웃—음'과 같이 표기한다. '비웃음'을 '비-'에 '웃음'이 결합한 것이라고 생각할 수 있으나, 접두사 '비-'는 '비공식', '비무장', '비인간적' 등 어근에 '아님'의 뜻을 더하는 것이므로 '비웃음'은 접두사가 결합한 것으로 볼 수 없다.

→ 적절함!

'뒤집—히다'

④ '뒤집히다'는 접두사 '뒤-'와 피동 접사 '-히-'가 동시에 결합하고 있으므로 ~~'뒤—집히다'~~로 표기한다.

근거 ❷-4 '짓밟히다'처럼 접두사 '짓-'과 피동 접사 '-히-'가 동시에 결합했을 때는 피동 접사 '-히-' 앞에 붙임표를 한 번만 제시한다.

풀이 '뒤집히다'는 접두사 '뒤-'와 피동 접사 '-히-'가 동시에 결합한 파생어이므로, 피동 접사 '-히-' 앞에 붙임표를 한 번만 제시한다. 따라서 '뒤집—히다'와 같이 표기한다.

→ 적절하지 않음!

⑤ '기쁨'은 '기쁘- + -ㅁ'과 같이 분석되어 구성 성분이 음절로 나누어지지 않으므로 '기쁨'으로 표기한다.

근거 ❷-5 '삶'처럼 파생어여도 '살- + -ㅁ'과 같이 분석되어 구성 성분이 음절로 나누어지지 않을 때는 붙임표를 따로 제시하지 않는다.

풀이 '기쁨'은 형용사 어근 '기쁘-'에 접미사 '-ㅁ'이 결합한 파생어로, '기쁘- + -ㅁ'과 같이 분석되어 구성 성분이 음절로 나누어지지 않는다. 따라서 붙임표를 따로 제시하지 않고 '기쁨'으로 표기한다.

→ 적절함!

---

12 표제어의 선정·표기·배열 - 적절하지 않은 것 고르기 | 정답 ③
정답률 80%

〈보기〉는 표제어를 순서 없이 나열한 자료이다. 윗글을 참고했을 때, 이에 대한 이해로 적절하지 않은 것은?

| 보기 |

표제어	품사	뜻풀이
윗어른	「명사」	→ 웃어른.
왠지	「부사」	왜 그런지 모르게. 또는 뚜렷한 이유도 없이.
이	「명사」	『언어』 한글 자모 'ㅣ'의 이름.
-이	「어미」	하게할 자리에 쓰여, 상태의 서술이나 느낌을 나타내는 종결 어미.
-이-	「접사」	'사동'의 뜻을 더하는 접미사.
이상∧결정	『화학』	결정면(결정체의 바깥쪽을 이루는 면)이 모두 같은 크기와 모양으로 된 배열을 가진 가상적(사실이라고 가정하여 생각함) 결정(원자, 이온, 분자 따위가 규칙적으로 배열된 물질).

① '윗어른'은 비표준어이지만 사람들이 흔히 쓰고 있어서 표제어로 선정되었겠군.

근거 ❶-2 『표준국어대사전』의 경우 표준어뿐만 아니라 흔히 쓰는 비표준어도 수록 대상으로 하고 있으며
❸-3 비표준어 표제어의 경우 '→' 기호를 활용하여 표준어의 뜻풀이를 참고하도록 안내하고 있다.

풀이 〈보기〉의 뜻풀이에 '→' 기호가 활용된 것으로 보아 '윗어른'은 비표준어이다. 비록 비표준어이지만 사람들이 흔히 쓰고 있어서 표제어로 선정되었음을 알 수 있다.

→ 적절함!

② '왠지', '윗어른', '이상∧결정'의 순서로 사전에 배열되어 있겠군.

근거 ❹-1 표제어는 가나다순으로 배열하고 있으며, … 중성의 경우 'ㅏ, ㅐ, ㅑ, ㅒ, ㅓ, ㅔ, ㅕ, ㅖ, ㅗ, ㅘ, ㅙ, ㅚ, ㅛ, ㅜ, ㅝ, ㅞ, ㅟ, ㅠ, ㅡ, ㅢ, ㅣ'의 순서로 배열하고 있고,

풀이 '왠지', '윗어른', '이상∧결정'은 모두 초성이 'ㅇ'으로 동일하다. 따라서 첫음절의 중성에 따라 사전에 배열되는 순서가 결정된다. '왠지'는 중성이 'ㅙ', '윗어른'은 중성이 'ㅟ', '이상∧결정'은 중성이 'ㅣ'이므로 '왠지', '윗어른', '이상∧결정'의 순서로 사전에 배열되어 있을 것이다.

→ 적절함!

⑤ 접사 '-이'는 명사 '이'와 어미 '-이' 사이에 수록되어 있겠군.

근거 ❹-2~3 동음이의어의 경우는 어휘 형태, 문법 형태 순서로 배열한다. 이때, 어휘 형태는 명사, 대명사, 수사, 동사, 형용사, 관형사, 부사, 감탄사, 어근의 순서로, 문법 형태는 어미, 접사의 순서로 배열한다.

풀이 접사 '-이'와 명사 '이', 어미 '-이'는 소리는 같지만 뜻이 다른 동음이의어이다. 동음이의어가 표제어로 선정될 경우 어휘 형태, 문법 형태의 순으로 배열하는 것이 원칙이다. 따라서 명사 '이'가 가장 먼저 수록되고, 그 다음 어미 '-이'가 수록되며, 마지막으로 접사 '-이'가 수록되어 있을 것임을 추론할 수 있다.

→ 적절하지 않음!

④ 어미 '-이'와 접사 '-이'는 반드시 다른 말과 결합해야만 쓰일 수 있겠군.

근거 ❸-2 접사와 어미처럼 자립적으로 쓰이지 않고 반드시 다른 말과 결합해야 하는 표제어는 결합하는 부분에 '-'를 붙여 표시하고 있다.

풀이 접사와 어미처럼 자립적으로 쓰이지 않고 반드시 다른 말과 결합해야 하는 표제어는 결합하는 부분에 '-'를 붙여 표시한다고 하였으므로, 어미 '-이'와 접사 '-이'는 반드시 다른 말과 결합해야만 쓰일 수 있음을 알 수 있다.

→ 적절함!

⑤ '이상^결정'을 보니 전문어의 경우 둘 이상의 단어가 모인 말도 표제어로 실려 있겠군.

근거 ❶-3 사전에는 단어 이하의 단위만 수록하는 것이 원칙이지만 전문어와 고유 명사의 경우 구까지도 수록하고 있다.

풀이 전문어와 고유 명사의 경우 구까지도 수록한다고 하였으므로, '이상^결정'은 구이지만 전문어이기 때문에 표제어로 실려 있음을 알 수 있다.

→ 적절함!

---

13 | 음운 변동 - 적절한 것 고르기 | 정답 ②
정답률 65%, 매력적 오답 ③ 15% ⑤ 10%

〈보기〉의 활동을 모든 학생이 바르게 수행했을 때, '학생 2'가 쓴 단어로 적절한 것은?

| 보기 |

음운 변동에는 어떤 음운이 다른 음운으로 바뀌는 교체, 있던 음운이 없어지는 탈락, 두 음운이 합쳐져 새로운 하나의 음운으로 줄어드는 축약, 없던 음운이 새로 생기는 첨가가 있다.

[활동]

앞 학생이 제시한 단어에서 일어나지 않는 음운 변동이 일어나는 단어를 쓰시오.

솜이불[솜:니불]

풀이 '솜이불'은 어근 '솜'과 어근 '이불'이 결합한 합성어로, 앞말의 끝이 자음 'ㅁ'이고 뒷말이 'ㅣ'로 시작하여 'ㄴ'이 첨가된 단어이다.

밟히다[발피다]

풀이 '밟히다'는 '밟-'의 겹받침 'ㄼ'의 'ㅂ'과 '-히-'의 'ㅎ'이 결합하여 'ㅍ'으로 줄어드는 축약이 일어난 단어이다.

① 삯일[상닐]

풀이

삯일	→	[삭일]	→	[삭닐]	→	[상닐]
	ㄳ→ㄱ (탈락)		∅→ㄴ (첨가)		ㄱ→ㅇ (교체)	

'삯일'은 자음군 단순화에 의해 겹받침 'ㄳ'에서 'ㅅ'이 탈락한다. 그리고 합성어에서 자음 뒤에 모음 'ㅣ'가 이어지므로 'ㄴ'이 첨가된 후 비음화에 의해 'ㄱ'이 'ㅇ'으로 교체된다. '학생 1'이 제시한 단어에서 'ㄴ' 첨가가 나타나므로 '삯일'은 '학생 2'가 쓴 단어로 적절하지 않다.

→ 적절하지 않음!

② 옷맵시[온맵씨]

풀이

옷맵시	→	[옫맵시]	→	[옫맵씨]	→	[온맵씨]
	ㅅ→ㄷ (교체)		ㅅ→ㅆ (교체)		ㄷ→ㄴ (교체)	

'옷맵시'는 받침 'ㅅ'이 대표음 'ㄷ'으로 교체되는 음절의 끝소리 규칙과 받침 'ㅂ' 뒤에서 'ㅅ'이 된소리 'ㅆ'으로 교체되는 된소리되기가 일어난다. 그 후 받침 'ㄷ'이 비음 'ㅁ'의 영향을 받아 비음 'ㄴ'으로 교체되는 비음화가 일어난다. 교체 현상만 일어날 뿐 'ㄴ' 첨가와 축약은 일어나지 않으므로 '학생 2'가 쓴 단어로 적절하다.

→ 적절함!

③ 겉핥기[거탈끼]

풀이

겉핥기	→	[걷핥기]	→	[걷핥끼]	→	[걷할끼]	→	[거탈끼]
	ㅌ→ㄷ (교체)		ㄱ→ㄲ (교체)		ㄾ→ㄹ (탈락)		ㄷ+ㅎ→ㅌ (축약)	

'겉핥기'는 받침 'ㅌ'이 대표음 'ㄷ'으로 교체되는 음절의 끝소리 규칙과 받침 'ㄾ' 뒤에서 'ㄱ'이 된소리 'ㄲ'으로 교체되는 된소리되기가 일어난다. 그리고 겹받침 'ㄾ'에서 'ㅌ'이 탈락하는 자음군 단순화와 교체된 'ㄷ'이 'ㅎ'과 결합하여 'ㅌ'으로 줄어드는 축약이 일어난다. '학생 3'이 제시한 단어에서 축약이 나타나므로 '겉핥기'는 '학생 2'가 쓴 단어로 적절하지 않다.

→ 적절하지 않음!

④ 색연필[생년필]

풀이

색연필	→	[색년필]	→	[생년필]
	∅→ㄴ (첨가)		ㄱ→ㅇ (교체)	

'색연필'은 합성어에서 앞말의 끝이 자음이고 뒷말이 'ㅕ'로 시작하므로 뒷말의 첫소리에 'ㄴ'이 첨가된다. 그 후 첨가된 'ㄴ'의 영향을 받아 받침 'ㄱ'이 비음 'ㅇ'으로 바뀌는 비음화가 일어난다. '학생 1'이 제시한 단어에서 'ㄴ' 첨가가 나타나므로 '색연필'은 '학생 2'가 쓴 단어로 적절하지 않다.

→ 적절하지 않음!

⑤ 넓죽하다[넙쭈카다]

풀이

넓죽하다	→	[넓쭉하다]	→	[넙쭉하다]	→	[넙쭈카다]
	ㅈ→ㅉ (교체)		ㄼ→ㅂ (탈락)		ㄱ+ㅎ→ㅋ (축약)	

'넓죽하다'는 받침 'ㄼ' 뒤에서 'ㅈ'이 된소리 'ㅉ'으로 교체되는 된소리되기와 겹받침 'ㄼ'에서 'ㄹ'이 탈락하는 자음군 단순화가 일어난다. 그리고 'ㄱ'과 'ㅎ'이 'ㅋ'으로 줄어드는 축약도 일어난다. '학생 3'이 제시한 단어에서 축약이 나타나므로 '넓죽하다'는 '학생 2'가 쓴 단어로 적절하지 않다.

→ 적절하지 않음!

---

14 | 직접 인용과 간접 인용 - 적절하지 않은 것 고르기 | 정답 ④
정답률 65%, 매력적 오답 ③ ⑤ 10%

〈학습 활동〉을 수행한 결과로 적절하지 **않은** 것은? [3점]

| 학습 활동 |

직접 인용을 간접 인용으로 바꿀 때는 인용 조사('라고', '고'), 인용절의 종결 어미(문장의 맨 끝에서 문장을 끝맺는 어미 (예) '-다, -느냐, -자, -구나, -아라/-어라'), 대명사(사람, 사물, 장소의 이름을 대신하여 가리키는 단어), 시간 표현, 높임 표현 등에서 변화가 생길 수 있다. 다음 직접 인용 문장을 간접 인용 문장으로 바꿀 때 어떤 변화가 생길지 분석해 보자.

ㄱ. 그는 나에게 "당신은 제 책을 보셨습니까?"라고 물었다.
ㄴ. 나는 어제 그에게 "그녀는 내일 도착합니다."라고 말했다.

풀이 직접 인용 문장을 간접 인용 문장으로 바꾸면 다음과 같다.

ㄱ. 그는 나에게 "당신은 제 책을 보셨습니까?"라고 물었다.
　　→ 그는 나에게 내가 자기의 책을 보았느냐고 물었다.
ㄴ. 나는 어제 그에게 "그녀는 내일 도착합니다."라고 말했다.
　　→ 나는 어제 그에게 그녀는 오늘 도착한다고 말했다.

① ㄱ은 인용절의 높임 표현이 바뀐다.

풀이 '그'의 말을 원래의 내용과 형식 그대로 옮겨 표현한 직접 인용 문장에서는 '그'와 '나'의 관계에 따라 주체 높임 선어말 어미 '-시-'가 사용되었다. 그러나 간접 인용 문장으로 바뀌면서 '나'의 관점에서 '그'의 말을 인용한 것이 되어 주체인 '나'를 높이는 주체 높임 표현은 사라지게 된다.

→ 적절함!

② ㄴ은 인용절의 시간 표현이 바뀐다.

> **풀이** ㄴ에서는 '나'가 '그'에게 말한 시점에 맞추어 시간 표현 '내일'이 쓰였다. 그러나 직접 인용 문장이 간접 인용 문장으로 바뀌면서 간접 인용 문장을 발화하는 시점에 맞추어 시간 표현이 '오늘'로 바뀌어 나타난다.
>
> → 적절함!

③ ㄱ은 ㄴ과 달리 인용절의 대명사가 바뀐다.

> **풀이** '그'의 말을 원래의 내용과 형식 그대로 옮겨 표현한 직접 인용 문장에서는 '그'를 기준으로 하여 대명사 '당신'과 '저'가 사용되었다. 그러나 간접 인용 문장으로 바뀌면서 '나'를 기준으로 하여 대명사 '나'와 '자기'가 사용되었다. ㄴ에서는 대명사가 바뀌는 부분이 나타나지 않는다.
>
> → 적절함!

④ ~~ㄴ은~~ **ㄱ과 ㄴ 모두** ㄱ과 달리 인용절의 종결 어미가 바뀐다.

> **풀이** '그'의 말을 원래의 내용과 형식 그대로 옮겨 표현한 ㄱ에서는 '그'와 '나'의 관계에 따라 하십시오체 종결 어미 '-습니까'가 사용되었다. 그러나 간접 인용 문장에서는 '나'를 기준으로 하여 해라체 종결 어미 '-느냐'가 사용되었다. ㄴ 또한 직접 인용 문장에서는 '나'와 '그'의 관계에 따라 하십시오체 종결 어미 '-ㅂ니다'가 쓰였지만, 간접 인용 문장에서는 '나'를 기준으로 하여 해라체 종결 어미 '-ㄴ다'로 바뀌어 나타난다.
>
> → 적절하지 않음!

⑤ ㄱ과 ㄴ은 모두 인용절에 연결된 인용 조사가 바뀐다.

> **풀이** ㄱ과 ㄴ 모두 인물의 말을 원래의 내용과 형식 그대로 옮겨 표현한 직접 인용 문장에서는 큰따옴표 뒤에 인용 부사격 조사 '라고'가 쓰였지만, 간접 인용 문장으로 바뀌면서 조사 '고'로 바뀌게 된다.
>
> → 적절함!

---

15 ‘ㅎ’ 종성 체언 - 적절한 것 고르기
정답률 80%
정답 ①

〈보기〉의 ㉠, ㉡에 들어갈 내용으로 적절한 것은?

| 보기 |

선생님 : 중세 국어에서 조사와 결합하면 'ㅎ'이 나타나는 체언이 있는데 이를 'ㅎ' 종성 체언이라고 해요. 'ㅎ' 종성 체언 뒤에 어떤 조사가 결합하는지에 따라 'ㅎ'의 실현 양상이 달라지는데, [자료 1]을 참고하여 [자료 2]의 빈칸을 채워 볼까요?

[자료 1]

결합하는 조사	'ㅎ'의 실현 양상
관형격 조사 'ㅅ'	'ㅎ'은 나타나지 않는다.
모음으로 시작하는 조사	'ㅎ'은 뒤따르는 모음에 이어 적는다.
'ㄱ' 또는 'ㄷ'으로 시작하는 조사	'ㅎ'은 뒤따르는 'ㄱ', 'ㄷ'과 어울려 'ㅋ', 'ㅌ'으로 나타난다.

[자료 2]

예1 [내ㅎ + 이] 이러 → [　　] 이러 (냇물이 이루어져)
예2 부텻 [우ㅎ + 과] → 부텻 [　　] (부처의 위와)

학　생 : [자료 1]을 보면 [자료 2]의 예1 은 (　㉠　)라고 써야 하고, 예2 는 (　㉡　)라고 써야 합니다.

선생님 : 네, 맞아요.

㉠

> **풀이** 'ㅎ' 종성 체언인 '내ㅎ' 뒤에 모음으로 시작하는 조사 '이'가 결합하고 있다. 모음으로 시작하는 조사가 결합하는 경우 'ㅎ'은 뒤따르는 모음에 이어 적는다고 하였으므로, ㉠에는 '내히'라고 쓰는 것이 적절하다.

㉡

> **풀이** 'ㅎ' 종성 체언인 '우ㅎ' 뒤에 'ㄱ'으로 시작하는 조사 '과'가 결합하고 있다. 'ㄱ' 또는 'ㄷ'으로 시작하는 조사가 결합하는 경우 'ㅎ'은 뒤따르는 'ㄱ', 'ㄷ'과 어울려 'ㅋ', 'ㅌ'으로 나타난다고 하였으므로, ㉡에는 '우콰'라고 쓰는 것이 적절하다.

	㉠	㉡	
✓①	내히	우콰	→ 적절함!
②	내히	우과	
③	내이	우콰	
④	내이	우과	
⑤	내히	웋과	

→ 문제편 155쪽

---

② 내히　우과
③ 내이　우콰
④ 내이　우과
⑤ 내히　웋과

[16~20] 인문

(가)

1 [1]하이데거는 인간을 자신의 존재 의미에 대한 물음을 제기할(提起–. 내놓을) 수 있는 '현존재'라고 정의하고 삶의 실존적(實存的. 개인으로서의 인간의 주체적 존재성을 강조하는 '실존주의' 철학을 바탕으로 한) 의미를 탐구했다.(探究–. 깊이 연구했다.) [2]하이데거에 따르면 현존재는 정해진 운명에 따라 살아가는 것이 아니라 살아가는 동안 계속해서 무언가가 될 수 있는 가능성을 바탕으로 자신의 존재 이유를 스스로 만들어 나갈 수 있다.

→ 인간을 '현존재'로 정의한 하이데거

2 [1]그런데 현존재는 자신이 속한 사회가 요구하는 체제(體制. 사회의 조직, 양식, 상태)에 따라 살아가기 때문에, 자기 자신의 고유성(固有性. 본래부터 가지고 있어 특유한 성질이나 속성)을 드러내는 본래적 삶을 살지 않고 세상이 시키는 대로 살게 되곤 한다. [2]하이데거는 이를 현존재가 익명(匿名. 이름을 숨김)의 타인(他人. 다른 사람)들인 ㉠'세인(世人)'(세상 세, 사람 인)으로서 존재하며 비(非. 아니다 비)본래적인 삶을 살아가는 것이라고 보았다. [3]세인은 특정한 누군가가 아닌 익명성을 지닌 모든 타인이기에, 세인의 일원(一員. 한 구성원)이 된 현존재는 자신의 고유성을 잃고 살아가게 되는 것이다.

→ 현존재가 '세인'으로서 존재하는 비본래적 삶

3 [1]그렇다면 비본래적 삶에서 해방되어(解放–. 벗어나) 본래적 삶으로 나아가려면 어떻게 해야 할까? [2]이에 대해 하이데거는 삶이 유한하다는(有限–. 일정한 한도나 한계가 있다는) 인식(認識. 분별하고 판단하여 앎), 즉 죽음에 대한 인식이 필요하다고 강조하였다. [3]하이데거에게 죽음은 현존재가 반드시 맞이하게 된다는 점에서 확실성을 가지며, 삶의 일부분으로서 '아직 오지 않음'의 상태로 존재한다. [4]다시 말해, 죽음은 현존재 외부(外部. 밖)에 있는 사건이 아니라 현존재 자체(自體. 바로 그 본래의 바탕)에 내재해 있는(內在–. 안에 들어 있는) 것이다. [5]또한 죽음은 다른 누군가가 대신해 줄 수 없는, 나 스스로만이 경험할 수 있는 고유한 것이기에 대체(代替. 다른 것으로 대신함)불가능성을 지닌다. [6]따라서 죽음이야말로 다른 사람과 구별되는 나의 가장 고유한 가능성이며, 나의 죽음을 적극적으로 대면(對面–. 마주 보고 대할)할 때 자신의 진정한(眞正–. 참되고 올바른) 개인적 삶을 인식하고 본래적 삶을 살아가는 계기(契機. 결정적 원인. 기회)를 마련할 수 있는 것이다.

→ 죽음에 대한 인식의 필요성

4 [1]하지만 죽음을 적극적으로 대면하지 않고 단순히 내가 죽는다는 사실을 아는 것으로 그칠 때는 본래적 삶을 살아갈 수 없다. [2]자신이 죽는다는 사실을 인식하면 현존재는 불안을 느끼게 되고, 그로부터 벗어나기 위해 스스로를 세인으로 전락시켜(轉落–, 나쁜 상태로 빠지게 하여) 자신의 죽음을 은폐하기(隱蔽–. 덮어 감추거나 가려 숨기기) 때문이다. [3]그리하여 타인의 죽음을 보면서도 자신의 고유한 죽음에 대해서는 잘 실감하지(實感–. 실제로 체험하는 듯한 느낌을 받지) 못하고, 오히려 죽음이 자신과는 무관한(無關–. 관계가 없는) 사건이라고 외면하며(外面–. 인정하지 않고 받아들이지 않으며) 죽음의 확실성을 부정하게(否定–. 인정하지 않게) 된다. [4]하이데거는 죽음에 대한 이러한 회피(回避. 꺼리어 피함)와 무관심이 현존재를 자신의 가장 고유한 가능성으로부터 멀어지게 한다고 보았다.

→ 죽음을 적극적으로 대면하지 않았을 때의 문제점

5 [1]따라서 하이데거는 삶의 변화를 위해, 죽음이 주는 불안으로부터 달아나지 않고 죽음을 대면하여 선취할(先取–. 먼저 가질) 것을 요구하였다. [2]죽음은 아직 오지 않았지만, 죽음이라는 가능성 앞에 미리 자신을 세워봄으로써 과거의 비본래적 삶을 반성해야 한다는 것이다. [3]이러한 하이데거의 관점은 자신의 존재 의미를 스스로 결정하며 살아가겠다는 새로운 결단(決斷. 결정적인 판단을 하거나 단정을 내림)을 통한 실존적 삶을 제시했다는 점에서 의미를 지닌다.

→ 죽음을 대면하는 것의 중요성 및 하이데거 관점이 가진 의미

(나)

1 ¹사르트르는 인생을 하나의 긴 기대(期待, 어떤 일이 원하는 대로 이루어지기를 바라면서 기다림)라고 정의하였다.(定義-, 뜻을 뚜렷하게 밝혀 규정하였다.) ²인간은 존재하는 한 무엇인가를 기대하고, 그런 기대를 넘어 다시 기대를 갖게 되는 실존적 존재 방식을 취한다는(取-, 가진다는) 것이다. ³그리고 인간은 그러한 기대를 실현하기(實現-, 실제로 이루기) 위해 현재의 자신을 부정하고 미래를 향해 새로운 자신을 만들어 나갈 수 있는 자유를 가진 존재라고 보았다.

→ 인생을 '긴 기대'라고 정의한 사르트르

2 ¹하지만 삶을 의미 있게 형성해(形成-, 이루어) 나가는 기대와 자유는 예기치(豫期-, 앞으로 닥쳐올 일에 대해 미리 생각하고 기다리지) 않은 순간에 필연적으로(必然的-, 반드시) 다가오는 죽음과 동시에 중지되므로(中止-, 중간에 그만두게 되므로) 죽음은 나의 존재 방식인 기대를 차단하는(遮斷-, 막거나 끊는) 것이며, 이는 곧 나의 사라짐을 뜻한다. ²이와 관련하여 사르트르는 죽음을 나와 관련 없이, 외부에서 우연히 나에게 찾아오는 하나의 사실일 뿐이라고 보고, 이를 '죽음의 우연성'이라고 하였다. ³이 같은 단순한 사실로서의 죽음은 삶의 일부분으로 존재하는 것이 아니라, 모든 기대와 가능성을 무의미하게 만드는 것이다.

→ 죽음의 의미와 '죽음의 우연성'

3 ¹무언가에 의미를 부여하는(附與-, 붙여 주는) 주체인 '나'가 사라지면 자신의 죽음에 의미를 부여하는 것도 불가능해진다. ²따라서 죽은 나의 삶이나 죽음에 의미를 부여할 수 있는 자는 나 자신이 아니라, 나와 마찬가지로 자유를 가지고 살아가는 또 다른 주체인 ⓒ타자이다. ³가령(假令, 예를 들어) 어떤 청년이 한 권의 책을 쓰고 갑자기 죽었다고 하자. ⁴이때 그(청년)의 죽음이나 그가 남긴 책에 대해서는 철저히(徹底-, 속속들이 꿰뚫어 빈틈이 없이) 타자에 의해서만 그 의미가 부여된다. ⁵이렇듯 사르트르는 자신의 죽음의 의미를 스스로 결정할 수 없다는 점에서 죽음이 나라는 존재에 속한 것이 아니라고 보았다. ⁶그리고 죽음은 그 자체로서는 삶에서 의미를 지닐 수 없기 때문에 삶과 단절된(斷絕-, 끊어진) 상태라고 주장하는 등 죽음은 삶에서 실감될 수 없는 것임을 강조하였다.

→ '타자'의 개념과 역할

4 ¹이러한 사르트르의 견해(見解, 의견, 생각)는 죽음을 지나치게 타자 중심적인 관점에서 바라보았다는 점에서 비판(批判, 잘못된 점을 지적함)을 받기도 하지만 다른 사람의 죽음을 받아들이는 '나'에게는 좋은 위로(慰勞, 따뜻한 말이나 행동으로 괴로움을 덜어 주거나 슬픔을 달래 줌)가 될 수 있다. ²고인(故人, 죽은 사람)의 삶은 타자인 나의 시선에서 재구성되므로, 이를 통해 고인과의 기억을 긍정적으로 승화시켜(昇華-, 더 높은 상태로 발전하게 하여) 상실(喪失, 헤어짐)의 아픔을 극복할 수 있기 때문이다. ³결국 사르트르에게 실존적 삶을 논하는(論-, 의견을 말하는) 데 있어 중요한 것은 죽음에 대한 인식이 아니라 현재의 삶을 주체적으로 살아가는 태도이다. ⁴여기서 주체적 태도란 내게 주어진 자유를 발휘하여(發揮-, 떨쳐 드러내어) 스스로 선택을 내리며 그(스스로 내린 선택)에 대해 후회나 변명 없이 책임을 지는 것을 말한다. ⁵이처럼 사르트르의 관점은 인간이 죽음에 연연하지(戀戀-, 집착하여 미련을 가지지) 않고 자기 자신의 실존적 의미를 스스로 정립해(定立-, 정하여 세워) 나갈 수 있게 하는 것이라고 볼 수 있다.

→ 사르트르의 견해에 대한 비판 및 사르트르의 관점이 가진 의미

■지문 이해

(가)

〈삶의 실존적 의미를 탐구한 하이데거의 관점〉

❶ 인간을 '현존재'로 정의한 하이데거
- 인간은 자신의 존재 의미에 대한 물음을 제기할 수 있는 '현존재'임
- 현존재는 가능성을 바탕으로 자신의 존재 이유를 스스로 만들어 나갈 수 있음

❷ 현존재가 '세인'으로서 존재하는 비본래적 삶
- 현존재가 고유성을 드러내는 본래적 삶을 살지 않고 세상이 시키는 대로 살게 됨
  → 익명성을 지닌 타인인 '세인'으로 존재하며, 고유성을 잃고 비본래적 삶을 살아감

❸ 죽음에 대한 인식의 필요성
- 비본래적 삶에서 해방되어 본래적 삶으로 나아가기 위해 '죽음에 대한 인식'이 필요함
- 죽음 : 확실성을 가지며, 현존재 자체에 내재하는, 대체불가능성을 지닌 것, 다른 사람과 구별되는 가장 고유한 가능성
  → 나의 죽음을 적극적으로 대면할 때 진정한 개인적 삶을 인식하고 본래적 삶을 살아가는 계기를 마련할 수 있음

---

❹ 죽음을 적극적으로 대면하지 않았을 때의 문제점
- 죽음을 단순히 아는 것에서 그칠 때 본래적 삶을 살아갈 수 없음 : 자신의 죽음을 인식할 때 현존재는 불안을 느낌 → 스스로를 세인으로 전락시켜 자신의 죽음을 은폐함 → 죽음을 외면하고, 죽음의 확실성을 부정하게 됨
- 죽음에 대한 회피와 무관심이 현존재를 고유한 가능성에서 멀어지게 함

❺ 죽음을 대면하는 것의 중요성 및 하이데거 관점이 가진 의미
- 죽음의 가능성 앞에 미리 자신을 세워봄으로써 과거의 비본래적 삶을 반성해야 함
- 하이데거의 관점이 가진 의미 : 자신의 존재 의미를 스스로 결정하며 살아가겠다는 결단을 통한 실존적 삶을 제시함

(나)

〈실존적 삶에 대한 사르트르의 관점〉

❶ 인생을 '긴 기대'라고 정의한 사르트르
- 인간은 존재하는 한 무엇인가를 기대하는 실존적 존재 방식을 가지며, 그러한 기대를 실현하기 위해 새로운 자신을 만들어 나갈 수 있는 자유를 가진 존재임

❷ 죽음의 의미와 '죽음의 우연성'
- 죽음 : 나의 존재 방식인 기대를 차단하는 것, 나의 사라짐, 삶의 일부분으로 존재하지 않음
- 죽음의 우연성 : 죽음은 나와 관련 없이 외부에서 우연히 나에게 찾아오는 하나의 사실일 뿐

❸ '타자'의 개념과 역할
- 타자 : 나와 마찬가지로 자유를 가지고 살아가는 또 다른 주체
- 죽은 나의 삶이나 죽음에 의미를 부여할 수 있는 것은 나 자신이 아니라 '타자'임
  → 자신의 죽음의 의미를 스스로 결정할 수 없으므로, 죽음은 '나'라는 존재에 속한 것이 아님

❹ 사르트르의 견해에 대한 비판 및 사르트르의 관점이 가진 의미
- 죽음을 지나치게 타자 중심적인 관점에서 바라보았다는 비판을 받음
- 사르트르의 관점이 가진 의미
  - 죽음에 대한 인식보다 현재의 삶을 주체적으로 살아가는 태도를 중시함
  - 인간이 죽음에 연연하지 않고 자신의 실존적 의미를 스스로 정립해 나갈 수 있게 함

---

16 | 글의 서술 방식 파악 - 적절한 것 고르기 / 정답률 90% | 정답 ⑤

(가), (나)에 대한 설명으로 가장 적절한 것은?

[근거] **(가)-❶**-1 하이데거는 인간을 … '현존재'라고 정의하고 삶의 실존적 의미를 탐구, **(가)-❷**-2~3 현존재가 익명의 타인들인 '세인(世人)'으로서 존재하며 비본래적인 삶을 살아가는 것이라고 보았다. 세인은 … , **(가)-❸**-3~6 하이데거에게 죽음은 … 존재한다. 다시 말해, 죽음은 … 현존재 자체에 내재해 있는 것이다. 또한 죽음은 … 대체불가능성을 지닌다. 따라서 죽음이야말로 … 마련할 수 있는 것, **(가)-❺**-3 하이데거의 관점은 … 의미를 지닌다. **(나)-❷**-2 사르트르는 죽음을 … 이를 '죽음의 우연성'이라고 하였다, **(나)-❸**-2 죽은 나의 삶이나 죽음에 의미를 부여할 수 있는 자는 나 자신이 아니라, 나와 마찬가지로 자유를 가지고 살아가는 또 다른 주체인 타자, **(나)-❹**-5 사르트르의 관점은 인간이 죽음에 연연하지 않고 자기 자신의 실존적 의미를 스스로 정립해 나갈 수 있게 하는 것이라고 볼 수 있다.

[풀이] (가)에서는 '현존재', '세인', '죽음' 등의 개념을 설명하고, 이를 바탕으로 하이데거의 관점에 존재 의미를 스스로 결정하며 살아가겠다는 새로운 결단을 통한 실존적 삶을 제시했다는 점에서 의미를 부여하고 있다. 또한 (나)에서는 '죽음의 우연성', '타자' 등의 개념을 설명하고, 이를 바탕으로 인간을 죽음에 연연하지 않고 자신의 실존적 의미를 스스로 정립할 수 있는 존재로 보았다는 점에서 사르트르의 관점이 지닌 의미를 밝히고 있다. 따라서 정답은 ⑤번이다.

① (가)는 ~~시간의 흐름에 따른 구성~~을 통해 특정 개념의 ~~의미 변화~~를 설명하고 있다.
(가)

② (나)는 ~~질문에 답하는 형식~~으로 특정 개념에 대한 철학자의 견해를 제시하고 있다.
[근거] **(가)-❸**-1~2 그렇다면 비본래적 삶에서 해방되어 본래적 삶으로 나아가려면 어떻게 해야 할까? 이에 대해 하이데거는 … .

→ 문제편 157쪽

③ (가)는 (나)와 달리 특정 철학자의 이론을 언급하며 이론이 지닌 한계를 드러내고 있다.

근거 **(나)-④-1** 이러한 사르트르의 견해는 죽음을 지나치게 타자 중심적인 관점에서 바라보았다는 점에서 비판을 받기도

④ (나)는 (가)와 달리 역사적 인물의 삶을 분석하며 철학자의 주장을 입증하고 있다.

⑤ (가)와 (나)는 모두, 특정 개념에 대한 설명을 바탕으로 철학자의 관점에 대해 의미를 부여하고 있다.

→ 적절함!

---

17 핵심 개념 파악 - 적절하지 않은 것 고르기 | 정답률 75%, 매력적 오답 ① 10% | **정답 ②**

(가)의 현존재 에 대한 이해로 적절하지 않은 것은?

① 현존재는 자신이 죽는다는 사실을 인식하면 불안을 느끼게 된다.

근거 **(가)-④-2** 자신이 죽는다는 사실을 인식하면 현존재는 불안을 느끼게 되고

→ 적절함!

=죽음에 대한 인식

② 현존재는 삶이 유한하다는 것을 인식하기 위해 죽음을 은폐하지 않고 본래적 삶을 살아간다.

근거 **(가)-③-1~2** 비본래적 삶에서 해방되어 본래적 삶으로 나아가려면 어떻게 해야 할까? 이에 대해 하이데거는 삶이 유한하다는 인식, 즉 죽음에 대한 인식이 필요하다고 강조

풀이 하이데거의 견해에 따르면, 현존재는 삶이 유한하다는 것을 인식하기 위해 본래적 삶을 살아간다고 본 것이 아니라, 현존재가 본래적 삶으로 나아가기 위해서는 삶이 유한하다는 인식이 필요하다고 보았다.

→ 적절하지 않음!

세인

③ 현존재는 세상이 원하는 기준에 맞추어 살아갈 때 고유성을 상실하고 비본래적 삶을 살게 된다.

근거 **(가)-②-1~3** 현존재는 자신이 속한 사회가 요구하는 체제에 따라 살아가기 때문에, 자기 자신의 고유성을 드러내는 본래적 삶을 살지 않고 세상이 시키는 대로 살게 되곤 한다. 하이데거는 이를 현존재가 … 비본래적인 삶을 살아가는 것이라고 보았다. … 세인의 일원이 된 현존재는 자신의 고유성을 잃고 살아가게 되는 것

→ 적절함!

④ 현존재는 죽음의 대체불가능성을 적극적으로 대면할 때 자신의 진정한 개인적 삶을 인식할 수 있다.

근거 **(가)-③-5~6** 죽음은 … 대체불가능성을 지닌다. 따라서 죽음이야말로 다른 사람과 구별되는 나의 가장 고유한 가능성이며, 나의 죽음을 적극적으로 대면할 때 자신의 진정한 개인적 삶을 인식하고 본래적 삶을 살아가는 계기를 마련할 수 있는 것

→ 적절함!

⑤ 현존재는 정해진 운명에 따라 살아가는 것이 아니라 자신의 존재 이유를 스스로 만들어 갈 수 있다.

근거 **(가)-①-2** 하이데거에 따르면 현존재는 정해진 운명에 따라 살아가는 것이 아니라 … 자신의 존재 이유를 스스로 만들어 나갈 수 있다.

→ 적절함!

---

18 세부 정보 이해 - 적절한 것 고르기 | 정답률 85% | **정답 ②**

(가)와 (나)를 바탕으로 ㉠과 ㉡을 비교하여 이해한 내용으로 가장 적절한 것은?

| ㉠'세인(世人)' | ㉡타자 |

▶ 지문 핵심 개념 정리

세인(世人)	• 특정한 누군가가 아닌 익명성을 지닌 모든 타인((가)-②-3) • 자신이 죽는다는 사실을 인식한 현존재는 죽음에 대한 불안으로부터 벗어나기 위해 스스로를 세인으로 전락시켜 자신의 죽음을 은폐함((가)-④-2) • 죽음이 자신과는 무관한 사건이라고 외면하며 죽음의 확실성을 부정함((가)-④-3)
타자	• 죽은 나의 삶이나 죽음에 의미를 부여할 수 있는 자((나)-③-2) • 나와 마찬가지로 자유를 가지고 살아가는 또 다른 주체((나)-③-2)

① ㉠은 죽음의 확실성을 부정하는 존재이고, ㉡은 죽음의 우연성을 부정하는 존재이다.

풀이 세인(㉠)이 죽음의 확실성을 부정하는 존재라는 설명은 적절하지만, 타자(㉡)가 죽음

의 우연성을 부정하는 존재인지는 윗글을 통해 알 수 없다.

→ 적절하지 않음!

② ㉠은 자신의 죽음을 외면하는 존재이고, ㉡은 타인의 죽음에 의미를 부여할 수 있는 존재이다.

풀이 하이데거에 따르면 현존재는 죽음에 대한 불안에서 벗어나기 위해 스스로를 세인으로 전락시켜 자신의 죽음을 은폐하려 한다. 그 결과 죽음이 자신과 무관하다고 외면하며, 죽음의 확실성을 부정한다. 따라서 세인(㉠)이 자신의 죽음을 외면하는 존재라는 설명은 적절하다. 한편 사르트르는 타자(㉡)에 대해 죽은 나의 삶이나 죽음에 의미를 부여할 수 있는 존재라고 보았다.

→ 적절함!

③ ㉠은 다른 사람과 구별되어 살아가는 존재이고, ㉡은 다른 사람과 단절되어 살아가는 존재이다.

풀이 세인(㉠)은 다른 사람과 구별되는 특정한 누군가가 아니라, 고유성을 잃고 익명성을 지닌 모든 타인을 뜻한다. 따라서 ㉠이 다른 사람과 구별되어 살아가는 존재라는 설명은 적절하지 않다. 한편 타자(㉡)는 다른 사람과 단절되어 살아가는 존재가 아니라 자유를 가지고 살아가는 주체를 말한다.

→ 적절하지 않음!

④ ㉠은 익명성으로부터 벗어나 살아가는 존재이고, ㉡은 주체성으로부터 벗어나 살아가는 존재이다.

풀이 세인(㉠)은 특정한 누군가가 아닌 익명성을 지닌 모든 타인을 말하므로, ㉠이 익명성으로부터 벗어나 살아가는 존재라는 설명은 적절하지 않다. 또 타자(㉡)는 '나'와 마찬가지로 자유를 가지고 살아가는 또 다른 주체이므로, ㉡이 주체성으로부터 벗어나 살아가는 존재라는 설명 또한 적절하지 않다.

→ 적절하지 않음!

⑤ ㉠은 자신의 삶에서 새로운 결단을 실현하는 존재이고, ㉡은 자신의 삶에서 기대를 실현하는 존재이다.

근거 **(가)-②-2** 현존재가 익명의 타인들인 '세인(世人)'으로서 존재하며 비본래적인 삶을 살아가는 것, **(가)-③-6** 나의 죽음을 적극적으로 대면할 때 자신의 진정한 개인적 삶을 인식하고 본래적 삶을 살아가는 계기를 마련할 수 있는 것, **(가)-⑤-3** 하이데거의 관점은 자신의 존재 의미를 스스로 결정하며 살아가겠다는 새로운 결단을 통한 실존적 삶을 제시, **(나)-①-3** 인간은 그러한 기대를 실현하기 위해 현재의 자신을 부정하고 미래를 향해 새로운 자신을 만들어 나갈 수 있는 자유를 가진 존재, **(나)-③-2** 나와 마찬가지로 자유를 가지고 살아가는 또 다른 주체인 타자

풀이 하이데거의 견해에 따르면 자신의 삶에서 새로운 결단을 실현하는 존재는 '비본래적 삶을 살아가는 세인(㉠)'이 아니라 죽음을 적극적으로 대면하고 진정한 개인적 삶을 인식하여 본래적 삶을 살아가는 실존적 존재를 말한다. 따라서 ㉠은 자신의 삶에서 새로운 결단을 실현하는 존재라고 볼 수 없다. 한편 사르트르는 인간은 무언가를 기대하는 실존적 존재이며, 그러한 기대를 실현하기 위해 나아갈 수 있는 자유를 가진 존재라고 보았다. 또 그는 '타자'를 나와 마찬가지로 그러한 자유를 가지고 살아가는 주체라고 보았다. 따라서 사르트르의 관점에서 타자(㉡)는 자신의 삶에서 기대를 실현하는 존재라고 볼 수 있다.

→ 적절하지 않음!

---

19 구체적인 사례에 적용 - 적절한 것 고르기 | 정답률 75% | **정답 ②**

(나)의 사르트르의 관점에서 〈보기〉의 야스퍼스를 비판한다고 가정했을 때, 그 내용으로 가장 적절한 것은?

| 보 기 |
> 야스퍼스는 '죽음은 나와 함께 변한다.'라고 말하며 죽음에 대한 태도가 고정적이지 않다고 주장했다. 자신의 죽음을 어떻게 받아들이느냐에 따라 죽음은 보편적(普遍的, 모든 것에 두루 미치거나 통하는 것)이고 객관적(客觀的, 주관의 작용과 독립하여 존재한다고 생각되는 것)인 사실일 수도 있고, 주관적(主觀的, 자기의 견해나 관점을 기초로 하는 것)인 의미를 지닌 것일 수도 있다는 것이다. 이때 전자(前者, 죽음을 보편적이고 객관적인 사실로 받아들이는 것)의 경우는 죽음을 모든 것을 무의미하게 만들어 버리는 허망한(虛妄-, 어이없고 허무한) 종말(終末, 맨 끝)로서 인식하는 데 그치지만, 후자(後者, 죽음을 주관적 의미를 지닌 것으로 받아들이는 것)의 경우는 자신의 태도에 따라 죽음의 의미를 판단하며 참다운 자기 자신으로서 실존할 수 있게 된다.

① 죽음은 삶의 일부분이 아니므로 인간은 자신의 죽음을 맞이해야만 실존적 의미를 지닐 수 있다.

근거 **(나)-②-3** 죽음은 삶의 일부분으로 존재하는 것이 아니며, **(나)-④-5** 사르트르의 관점은 인간이 죽음에 연연하지 않고 자기 자신의 실존적 의미를 스스로 정립해 나갈 수 있게 하는 것

 사르트르가 죽음을 삶의 일부분이 아니라고 본 것은 맞지만, 그는 인간이 '죽음에 연연하지 않고' 자기 자신의 실존적 의미를 스스로 정립해 나갈 수 있다고 보았다. 따라서 <보기>에 대해 '인간은 자신의 죽음을 맞이해야만 실존적 의미를 지닐 수 있다고 비판하는 것은 사르트르의 관점으로 적절하지 않다.

→ 적절하지 않음!

② 죽음은 나와 상관없이 찾아오는 우연한 사실이므로 인간은 자신의 죽음의 의미를 판단할 수 없다.

근거 (나)-❷-2 사르트르는 죽음을 나와 관련 없이, 외부에서 우연히 나에게 찾아오는 하나의 사실일 뿐이라고 보고, (나)-❸-1 무언가에 의미를 부여하는 주체인 '나'가 사라지면 자신의 죽음에 의미를 부여하는 것도 불가능해진다.

풀이 인간은 자신의 죽음에 의미를 부여할 수 없다고 본 사르트르와 달리, 야스퍼스는 인간이 자신의 죽음의 의미를 판단하는 과정을 통해 참다운 자기 자신으로서 실존할 수 있다고 주장하였다. 따라서 인간은 자신의 죽음의 의미를 판단할 수 없다는 것은 사르트르의 관점에서 야스퍼스를 비판한 내용으로 적절하다.

→ 적절함!

③ 인간은 자유를 발휘하며 살아갈 수 있으므로 ~~자신의 관점에서 자신의 죽음을 해석하여 실존할 수 있다.~~

근거 (나)-❸-1 무언가에 의미를 부여하는 주체인 '나'가 사라지면 자신의 죽음에 의미를 부여하는 것도 불가능해진다.

풀이 사르트르는 주체인 '나'가 사라지면 자신의 죽음에 의미를 부여하는 것도 불가능해진다고 보았다. 이러한 사르트르의 관점에서 <보기>에 대해 '인간은 자신의 관점에서 자신의 죽음을 해석하여 실존할 수 있다'고 비판하는 것은 적절하지 않다.

→ 적절하지 않음!

④ ~~죽음은 나의 사라짐을 의미하므로 인간은 자신의 죽음의 의미를 찾지 못해 실존적 삶을 살아갈 수 없다.~~

근거 (나)-❹-5 사르트르의 관점은 인간이 죽음에 연연하지 않고 자기 자신의 실존적 의미를 스스로 정립해 나갈 수 있게 하는 것

풀이 사르트르는 인간이 죽음에 연연하지 않고 자신의 실존적 의미를 스스로 정립해 나갈 수 있다고 보았으므로, <보기>에 대해 '인간은 자신의 죽음의 의미를 찾지 못해 실존적 삶을 살아갈 수 없다'고 비판하는 것은 사르트르의 관점으로 적절하지 않다.

→ 적절하지 않음!

⑤ 인간은 각자의 기대에 따라 무언가에 의미를 부여하며 살아가므로 ~~자신의 죽음을 주관적인 의미로만 인식할 수 있다.~~

근거 (나)-❸-1 무언가에 의미를 부여하는 주체인 '나'가 사라지면 자신의 죽음에 의미를 부여하는 것도 불가능해진다. (나)-❸-5~6 이렇듯 사르트르는 자신의 죽음의 의미를 스스로 결정할 수 없다 … 죽음은 그 자체로는 삶에서 의미를 지닐 수 없기 때문

풀이 사르트르는 죽음 자체는 삶에서 의미를 지닐 수 없으며, '나'가 사라지면 자신의 죽음에 의미를 부여하는 것도 불가능해진다고 보았다. 따라서 '자신의 죽음을 주관적인 의미로만 인식할 수 있다'는 비판은 사르트르의 관점으로 적절하지 않다.

→ 적절하지 않음!

---

20 구체적인 사례에 적용 - 적절하지 않은 것 고르기 　　정답 ⑤
정답률 65%, 매력적 오답 ④ 15%

다음은 학생이 작성한 일기이다. (가)의 하이데거와 (나)의 사르트르의 입장에서 이를 분석한 내용으로 적절하지 <u>않은</u> 것은? [3점]

> 2024. 09. ○○. 날씨 맑음 ☀
> 　오늘은 오랜만에 영화를 보고 왔는데, 주인공이 인생의 <u>유한성</u>(有限性, 일정하게 정해진 범위나 한계가 있는 성질)을 깨달은 이후부터 삶에 최선을 다하는 모습이 무척 인상 깊었다. 사실 인생의 유한성에 대해 생각해 본 적이 없었는데, 내 삶에 끝이 있다고 생각하니 별 고민 없이 다른 사람들을 따라 <u>무심코</u>(無心~, 아무런 뜻이나 생각이 없이) 선택했던 일들을 돌아보게 된다. 이제는 내가 진정으로 원하는 내 삶의 모습을 생각해 봐야지. 내가 좋아하면서 가치도 있는 일이 뭐가 있을까……. 그래, 좋은 소설을 쓰면 내가 세상을 떠난 후에도 사람들이 내 삶을 가치 있게 기억해 줄 테니 훌륭한 작가가 되어야겠다! 그리고 이 다짐을 지키기 위해 내 삶의 마지막 순간을 항상 떠올리며 최선을 다해 살아야겠다.

=죽음에 대한 인식
=삶이 유한하다는 인식

① 하이데거는 '인생의 유한성에 대해 생각해 본 적이 없었던' 것을 현존재가 비본래적 삶에서 해방되지 않은 상태라고 보겠군.

근거 (가)-❸-1~2 비본래적 삶에서 해방되어 본래적 삶으로 나아가려면 어떻게 해야 할까? 이에 대해 하이데거는 삶이 유한하다는 인식, 즉 죽음에 대한 인식이 필요하다고 강조

풀이 하이데거는 비본래적 삶에서 해방되어 본래적 삶으로 나아가기 위해서는 삶이 유한

하다는 인식이 필요하다고 보았다. 따라서 하이데거는 <보기>의 학생이 '인생의 유한성에 대해 생각해 본 적이 없었'던 것을 현존재가 비본래적 삶에서 해방되지 않은 상태라고 보았을 것이다.

→ 적절함!

현존재가 세인으로 존재하며 비본래적 삶을 살아가는 것

② 하이데거는 '별 고민 없이 다른 사람들을 따라 무심코 선택했던 일들을 돌아보'는 것을 현존재가 세인으로 존재했던 삶을 반성하는 자세라고 여기겠군.

근거 (가)-❷-1~2 현존재는 자신이 속한 사회가 요구하는 체제에 따라 살아가기 때문에, 자기 자신의 고유성을 드러내는 본래적 삶을 살지 않고 세상이 시키는 대로 살게 되곤 한다. 하이데거는 이를 현존재가 익명의 타인들인 '세인(世人)'으로서 존재하며 비본래적인 삶을 살아가는 것이라고 보았다. (가)-❺-2 죽음은 아직 오지 않았지만, 죽음이라는 가능성 앞에 미리 자신을 세워봄으로써 과거의 비본래적 삶을 반성해야 한다는 것

풀이 하이데거의 관점에 따르면, <보기>에서 '별 고민 없이 다른 사람들을 따라 무심코 선택했던 일들'은 현존재가 세인으로서 존재하며 비본래적인 삶을 살아가는 것에 해당한다. 한편 <보기>의 학생은 삶에 끝이 있다고 생각하니, 즉 '죽음의 가능성'을 생각하니 별 고민 없이 다른 사람들을 따라 무심코 선택했던 일들을 '돌아보게 된다'고 하였는데, 하이데거에 따르면 이는 죽음이라는 가능성 앞에 미리 자신을 세워봄으로써, 즉 죽음을 대면함으로써 비본래적 삶을 반성하는 자세에 해당한다고 볼 수 있다.

→ 적절함!

타자

③ 사르트르는 '내가 세상을 떠난 후에도 사람들이 내 삶을 가치 있게 기억해' 주는 것에 대해 나의 삶이 타자에 의해 재구성되는 것으로 해석하겠군.

근거 (나)-❹-2 고인의 삶은 타자인 나의 시선에서 재구성되므로

풀이 사르트르는 죽은 '나'의 삶은 나 자신이 아니라 타자에 의해 재구성된다고 보았다. 따라서 <보기>의 내용 중 '내가 세상을 떠난 후에도 사람들이 내 삶을 가치 있게 기억해' 주는 것에 대해 사르트르는 나의 삶이 타자에 의해 재구성되는 것으로 해석할 것이다.

→ 적절함!

④ 하이데거와 사르트르는 모두, '내가 진정으로 원하는 내 삶의 모습'에 대해 고민하는 것을 삶의 실존적 의미를 찾아가는 과정으로 판단하겠군.

근거 (가)-❺-3 하이데거의 관점은 자신의 존재 의미를 스스로 결정하며 살아가겠다는 새로운 결단을 통한 실존적 삶을 제시, (나)-❹-3~4 사르트르에게 실존적 삶을 논하는 데 있어 중요한 것은 죽음에 대한 인식이 아니라 현재의 삶을 주체적으로 살아가는 태도이다. 여기서 주체적 태도란 내게 주어진 자유를 발휘하여 스스로 선택을 내리며 그에 대해 후회나 변명 없이 책임을 지는 것

풀이 하이데거는 자신의 존재 의미를 스스로 결정하며 살아가는 것을 실존적 삶이라고 제시하였고, 사르트르는 현재의 삶에 대해 주어진 자유를 발휘하여 스스로 선택을 내리며 책임을 지는 것을 실존적 삶이라고 보았다. 따라서 하이데거와 사르트르는 모두 '내가 진정으로 원하는 내 삶의 모습'에 대해 스스로 고민하는 것을 삶의 실존적 의미를 찾아가는 과정으로 판단하였을 것이다.

→ 적절함!

하이데거는　　　=죽음에 대한 인식
　　　　　　　　=삶이 유한하다는 인식

⑤ 하이데거와 사르트르는 모두, '내 삶의 마지막 순간을 항상 떠올리며 최선을 다하겠다는 태도가 주체적인 삶을 살아가는 데 필요하다는 점에 대해 동의하겠군.

근거 (가)-❸-1~2 비본래적 삶에서 해방되어 본래적 삶으로 나아가려면 어떻게 해야 할까? 이에 대해 하이데거는 삶이 유한하다는 인식, 즉 죽음에 대한 인식이 필요하다고 강조, (가)-❺-1~2 하이데거는 삶의 변화를 위해, 죽음이 주는 불안으로부터 달아나지 않고 죽음을 대면하여 선취할 것을 요구하였다. 죽음은 아직 오지 않았지만, 죽음이라는 가능성 앞에 미리 자신을 세워봄으로써 과거의 비본래적 삶을 반성해야 한다는 것, (나)-❹-3~4 사르트르에게 실존적 삶을 논하는 데 있어 중요한 것은 죽음에 대한 인식이 아니라 현재의 삶을 주체적으로 살아가는 태도이다. 여기서 주체적 태도란 내게 주어진 자유를 발휘하여 스스로 선택을 내리며 그에 대해 후회나 변명 없이 책임을 지는 것

풀이 하이데거는 본래적 삶으로 나아가기 위해서는 죽음에 대한 인식이 필요하다고 보았다. 한편 사르트르는 실존적 삶을 위해 중요한 것은 죽음에 대한 인식이 아니라 주체적인 삶의 태도라고 보았다. 따라서 <보기>에서 '내 삶의 마지막 순간', 즉 죽음을 항상 떠올리며 최선을 다하겠다는 학생의 태도에 대해 하이데거는 동의할 것이나, 사르트르는 동의하지 않을 것이다.

→ 적절하지 않음!

[21~25] 기술 - 〈완전 동형암호의 두 가지 방식〉

1 [1]인터넷의 발달로 데이터 저장 및 분석 과정이 인터넷상에서 ⓐ 이루어지고 있으며 그에 따라 개인정보와 같은 민감한(敏感–, 쉽게 영향을 받는 데가 있는) 데이터는 암호화되어(暗號化–, 일정한 체계에 따라 암호로 바뀌어) 인터넷 서버(server, 인터넷을 통해 클라이언트에게 서비스나 정보를 제공하는 역할을 수행하는 컴퓨터)에 저장된다. [2]그런데 현재 널리 사용되는 공개키 암호화 방식(데이터를 암호화할 때는 공개키를 이용하고, 암호문을 원래 데이터로 복호화할 때는 비밀키를 이용하는 방식)으로 암호화된 데이터는 통계 처리를 위한 연산(演算, 식이 나타낸 규칙에 따라 계산함)을 수행하기(遂行–, 해내기) 위해서 원래 데이터로 복원하는(復元–, 원래대로 회복하는) 복호화 과정을 거친 후 연산을 수행하고 그 결과를 다시 암호화해야 한다. [3]하지만 이 과정에서 비밀키나 민감한 개인정보가 유출되는(流出–, 밖으로 흘러 나가는) 일이 생길 수 있다. [4]그래서 암호화된 데이터를 복호화하지 않고 암호화된 상태로 안전하게 연산을 수행할 수 있는 동형(同 같다 동 形 모양 형)암호가 등장하였다.

→ 동형암호의 등장 배경

2 [1]동형암호는 동형성을 기반(基盤, 기초가 되는 바탕)으로 하는데, 동형성이란 데이터를 암호화한 상태에서 특정 연산을 수행했을 때 나오는 결과가 암호화하지 않은 상태에서 같은 연산을 수행하고 암호화를 한 결과와 같은 것을 ⓑ 말한다. [2]이때 연산의 횟수에 제한(制限, 일정한 한도를 정함) 없이 특정한 한 종류의 연산에만 동형성을 갖는 암호를 부분 동형암호, 연산의 종류와 관계없이 특정 횟수까지만 동형성을 갖는 암호를 제한적 동형암호라고 하며, 횟수에 제한 없이 컴퓨터의 주된 연산인 덧셈, 곱셈에 동형성을 갖는 암호를 완전 동형암호라고 한다.

→ 동형성의 개념과 동형암호의 구분

3 [1]완전 동형암호는 암호화에 사용하는 원리에 따라 격자 기반, CRT(Chinese Remainder Theorem) 기반 등으로 ⓒ 나뉜다. [2]그중 ㉠ 격자 기반 완전 동형암호는 수학계(界, 분야, 영역)에서 답을 찾기 어렵다고 알려진 격자 문제를 응용하여(應用–, 적용하여) 만들어졌다. [3]이 방식은 원문(原文, 원래의 글) 데이터를 비트* 단위로 변환하고(變換–, 다르게 하여 바꾸고) 각각의 비트를 개별적으로(個別的–, 여럿 중 하나씩 따로 나뉘어 있는 것으로) 암호화한다. [4]암호키 p와 임의의(任意–, 일정하게 정하지 않은) 정수를 곱한 수를 원문에 더하면 암호문이 만들어지는데, 이 과정에서 무작위로(無作爲–, 일어날 수 있는 모든 일이 동등한 확률로 발생하도록 하여) 오룻값을 추가하여(追加–, 나중에 더 보태어) 안전성을 높인다. [5]그래서 암호문의 연산을 반복할수록 오룻값이 커지게 되며, 특히 곱셈 연산을 수행할수록 오룻값이 급격하게(急激–, 급하고 격렬하게) 커지기 때문에 일정 횟수 이상 수행하면 원문 복호화가 불가능하다.

→ 격자 기반 완전 동형암호 방식의 과정

4 [1]따라서 연산을 지속적으로(持續的–, 오래 계속) 수행하기 위해서는 오룻값이 한계치(限界値, 발생할 수 있는 최대 범위의 값)에 ⓓ 이른 암호문은 부트스트래핑 과정을 반드시 거쳐야 한다. [2]일정 횟수의 덧셈과 곱셈 연산을 수행하여 암호문에 오룻값이 누적되면(累積–, 여러 번 쌓이면), 다른 암호키로 해당 암호문과 암호키 p를 암호화한다. [3]그리고 복호화 회로를 통해 기존의 암호키 p에 의한 이전 암호문을 복호화하면 그동안의 연산 과정에서 누적된 오룻값이 제거된(除去–, 없어지게 된) 새로운 암호문이 ⓔ 만들어진다. [4]이때 새로운 암호문이 만들어지면서 오룻값이 추가되지만 그 크기가 기존의 누적된 것보다 작아서 적절하게 부트스트래핑 과정을 수행한다면 지속적인 연산이 가능하다.

→ 부트스트래핑의 방법

5 [1]이(격자 기반 완전 동형암호) 방식은 원문을 비트 단위로 변환하여 각 비트별로 암호화하기 때문에 원문에 비해 암호문의 값이 10~100 배가량 커져서 데이터의 저장 공간이 많이 필요하다. [2]그리고 개별 비트 단위로 암호문의 연산과 부트스트래핑 과정을 거쳐야 하기 때문에 연산 속도가 느리다.

→ 격자 기반 완전 동형암호 방식의 단점

6 [1]그래서 최근에는 효율성(效率性, 들인 노력과 얻은 결과의 비율이 높은 특성)을 개선한(改善–, 고쳐 더 좋게 만든) ㉡ CRT 기반 완전 동형암호가 등장하였다. [2]이 방식은 하나의 원문을 특정한 정수(整數, 자연수, 0, 자연수의 음수를 통틀어 이르는 말)인 암호키로 나눈 나머지 값을 암호문으로 이용하고, 이 나머지 값에서 원문을 복호화하는 방법이다. [3]이때 암호키의 개수는 임의로 설정할 수 있으며 각각의 원문마다 암호키의 개수만큼 암호문이 만들어진다. [4]암호키가 두 개일 때 정수로 된 원문 A와 B를 덧셈 연산한 결과가 동형성을 갖는 원리를 간단히 알아보자. [5]우선 서로소*인 임의의 정수 p와 q를 암호키로 정하고 정수로 된 원문 A와 B를 각각의 암호키로 나눈 나머지 값을 구하면 A_p, A_q와 B_p, B_q가 되는데 이 나머지 값이 원문 A와 B의 암호문이 된

[A]

다. [6]그리고 〈그림〉처럼 각 원문을 동일한 암호키로 나눈 나머지 값인 A_p와 B_p, A_q와 B_q끼리 서로 덧셈 연산을 수행한다. [7]만약 연산 수행의 결괏값이 암호키와 같거나 암호키보다 크면 한 번 더 암호키로 나누어 나머지 값을 구한다. [8]그러면 연산 수행의 결괏값인 $A_p + B_p$, $A_q + B_q$가 원문 A와 B를 직접 덧셈 연산한 결괏값을 암호키 p와 q로 나눈 나머지 값인 $(A + B)_p$, $(A + B)_q$와 같다. [9]그리고 원문을 각 암호키로 나누었을 때의 나머지 값과 각 암호키를 알면 원문을 복호화할 수 있다.

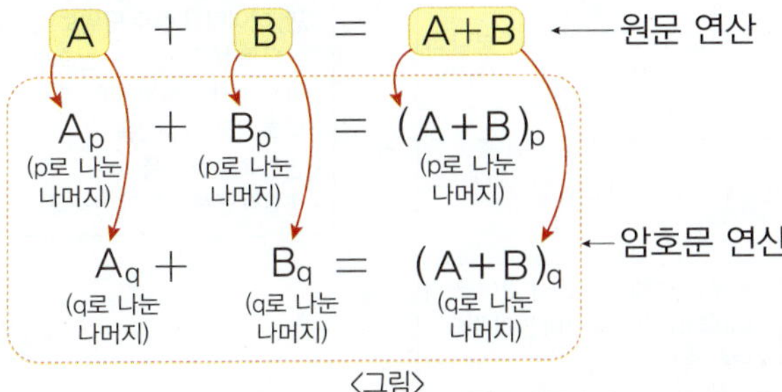

→ CRT 기반 완전 동형암호 방식의 과정

7 [1]이(CRT 기반 완전 동형암호) 방식 또한 안전성을 위해서 암호키의 개수를 늘려 계산이 복잡하고 무작위로 오룻값을 추가하기 때문에 부트스트래핑 과정이 필요하다. [2]하지만 데이터를 정수 단위로 암호화하기 때문에 비트 단위로 암호화하는 격자 기반의 방식보다 더 많은 데이터를 저장할 수 있다. [3]또한 CRT 방식은 원문보다 작은 나머지 값으로 연산을 수행하기 때문에 격자 기반의 방식에 비해 연산 값이 상대적으로 작아 연산 속도가 빠르고, 격자 기반의 방식과 달리 병렬적으로(竝列的–, 한꺼번에 여러) 연산을 수행할 수 있다.

→ CRT 기반 완전 동형암호 방식의 장단점

* 비트 : 정보량의 최소 기본 단위. 1비트는 이진수 체계(0, 1)의 한 자리
* 서로소 : 여러 개의 수 사이에 1 이외의 공약수가 없음을 이르는 말

■ 지문 이해

❶ 동형암호의 등장 배경

- 공개키 암호화 방식으로 암호화된 데이터는 연산 수행을 위해 복호화 과정을 거쳐야 하며, 이 과정에서 비밀키나 개인정보가 유출될 수 있음
  → 암호화된 데이터를 복호화하지 않고 안전하게 연산을 수행할 수 있는 동형암호가 등장함

❷ 동형성의 개념과 동형암호의 구분

- 동형암호는 동형성을 기반으로 함
  - 동형성 : 데이터를 암호화한 상태에서 특정 연산을 수행한 결과 = 암호화하지 않은 상태에서 같은 연산을 수행하고 암호화한 결과
- 동형암호의 구분
  - 부분 동형암호 : 연산의 횟수에 제한 없이 특정한 한 종류의 연산에만 동형성을 갖는 암호
  - 제한적 동형암호 : 연산의 종류와 관계없이 특정 횟수까지만 동형성을 갖는 암호
  - 완전 동형암호 : 횟수에 제한 없이 덧셈, 곱셈에 동형성을 갖는 암호

암호화에 사용하는 원리에 따른 완전 동형암호의 두 가지 방식

격자 기반 완전 동형암호	→ 효율성 개선	CRT 기반 완전 동형암호
❸ 격자 기반 완전 동형암호 방식의 과정		**❻ CRT 기반 완전 동형암호 방식의 과정**
• 원문 데이터를 비트 단위로 변환하고 각 비트를 개별적으로 암호화함 • 암호키와 임의의 정수를 곱한 수를 원문에 더하여 암호문을 만듦, 이 과정에서 무작위로 오룻값을 추가하여 안전성을 높임 • 암호문의 연산을 반복할수록 오룻값이 커지며, 특히 곱셈 연산 수행 시 급격하게 커짐 : 일정 횟수 이상 수행 시 원문 복호화 불가능		• 원문을 정수인 암호키로 나눈 나머지 값을 암호문으로 이용함 • 암호키 개수는 임의로 설정할 수 있음 : 각 원문마다 암호키 개수만큼 암호문이 만들어짐 • 각 원문을 동일한 암호키로 나눈 나머지 값끼리 덧셈 연산을 수행함 • (연산 수행의 결괏값)이 (원문을 직접 덧셈 연산한 결괏값을 암호키로 각각 나눈 나머지 값)과 같음

→ 문제편 158쪽

4 부트스트래핑의 방법

- 연산 수행으로 암호문에 오륫값이 누적되면 다른 암호키로 해당 암호문과 기존 암호키를 암호화함
- 복호화 회로를 통해 기존 암호키에 의한 이전 암호문을 복호화하면 누적된 오륫값이 제거된 새로운 암호문이 만들어짐
- 오륫값이 추가되지만 기존보다 크기가 작아 지속적 연산이 가능함

원문을 각 암호키로 나누었을 때의 나머지 값과 각 암호키를 알면 원문을 복호화할 수 있음

7 CRT 기반 완전 동형암호 방식의 장단점

- 부트스트래핑 과정이 필요하지만, 데이터를 정수 단위로 암호화하므로 비트 단위로 암호화하는 격자 기반 방식보다 더 많은 데이터를 저장할 수 있음
- 연산 속도가 빠름
- 병렬적 연산 수행이 가능함

5 격자 기반 완전 동형암호 방식의 단점

- 원문에 비해 암호문의 값이 커져 데이터의 저장 공간이 많이 필요
- 연산 속도가 느림

---

tip · 완전 동형암호 관련 YTN사이언스 핫클립 영상

https://terms.naver.com/entry.naver?cid=51648&docId=6234011&categoryId=63595
→ 네이버에서 '정보를 해킹해도 해독이 불가능한 체계'를 검색!

---

21 세부 정보 이해 - 적절하지 않은 것 고르기
정답률 75%, 매력적 오답 ③ 10% **정답 ①**

윗글의 내용과 일치하지 <u>않는</u> 것은?

① 제한적 동형암호(부분 동형암호)는 컴퓨터의 특정한 한 종류의 연산에만 동형성을 갖는 암호이다.

근거 **2-2** 연산의 횟수에 제한 없이 특정한 한 종류의 연산에만 동형성을 갖는 암호를 부분 동형암호, 연산의 종류와 관계없이 특정 횟수까지만 동형성을 갖는 암호를 제한적 동형암호라고 하며

→ 적절하지 않음!

② 격자 기반 완전 동형암호는 수학적으로 답을 찾기 어려운 문제를 응용하여 만들어졌다.

근거 **3-2** 격자 기반 완전 동형암호는 수학계에서 답을 찾기 어렵다고 알려진 격자 문제를 응용하여 만들어졌다.

→ 적절함!

③ 공개키 방식으로 암호화된 데이터를 연산하기 위해서는 원래의 데이터로 복호화해야 한다.

근거 **1-2** 공개키 암호화 방식으로 암호화된 데이터는 통계 처리를 위한 연산을 수행하기 위해서 원래 데이터로 복원하는 복호화 과정을 거친 후 연산을 수행하고

→ 적절함!

④ CRT 기반 완전 동형암호는 원문을 특정한 정수로 나눈 나머지 값을 암호문으로 사용한다.

근거 **6-2** 이(CRT 기반 완전 동형암호) 방식은 하나의 원문을 특정한 정수인 암호키로 나눈 나머지 값을 암호문으로 이용하고

→ 적절함!

⑤ 격자 기반 완전 동형암호는 암호키와 임의의 정수를 곱한 수를 원문에 더해서 암호문을 만든다.

근거 **3-4** 암호키 p와 임의의 정수를 곱한 수를 원문에 더하면 암호문이 만들어지는데

→ 적절함!

---

22 세부 정보 이해 - 적절하지 않은 것 고르기
정답률 75% **정답 ⑤**

부트스트래핑에 대해 이해한 내용으로 적절하지 않은 것은?

① 부트스트래핑은 동일한 암호문을 연산할 때 덧셈 연산보다 곱셈 연산을 많이 수행할수록 더 빨리 시작된다.

근거 **3-5** 암호문의 연산을 반복할수록 오륫값이 커지게 되며, 특히 곱셈 연산을 수행할수록 오륫값이 급격하게 커지기 때문에, **4-1** 연산을 지속적으로 수행하기 위해서는 오륫값이 한계치에 이른 암호문은 부트스트래핑 과정을 반드시 거쳐야 한다.

풀이 부트스트래핑은 오륫값이 한계치에 이른 암호문이 거치는 과정이다. 이때 오륫값은 암호문의 연산을 반복할수록 커지며, 특히 곱셈 연산을 수행할수록 오륫값이 급격하게 커진다. 따라서 동일한 암호문을 연산할 때 덧셈 연산보다 곱셈 연산을 많이 수행할수록 오륫값이 한계치에 더 빨리 도달할 것이므로, 부트스트래핑이 더 빨리 시작된다는 설명은 적절하다.

→ 적절함!

② 부트스트래핑은 암호문의 연산 과정에서 오륫값이 한계치에 이르렀을 때 진행된다.

근거 **4-1** 연산을 지속적으로 수행하기 위해서는 오륫값이 한계치에 이른 암호문은 부트스트래핑 과정을 반드시 거쳐야 한다.

→ 적절함!

③ 부트스트래핑에 사용되는 암호키는 이전 암호화에 사용된 암호키와 다르다.

근거 **4-2** 일정 횟수의 덧셈과 곱셈 연산을 수행하여 암호문에 오륫값이 누적되면, 다른 암호키로 해당 암호문과 암호키 p를 암호화한다.

→ 적절함!

④ 부트스트래핑의 과정을 거치면 이전 암호화된 암호문이 복호화된다.

근거 **4-3** 복호화 회로를 통해 기존의 암호키 p에 의한 이전 암호문을 복호화하면

→ 적절함!

⑤ 부트스트래핑의 결과로 생성된 새로운 암호문에는 오륫값이 없다.

근거 **4-4** 새로운 암호문이 만들어지면서 오륫값이 추가되지만 그 크기가 기존의 누적된 것보다 작아서 적절하게 부트스트래핑 과정을 수행한다면 지속적인 연산이 가능하다.

풀이 윗글에 따르면 부트스트래핑의 결과 새로운 암호문이 만들어지면서 오륫값이 추가되지만, 그 크기가 기존의 것보다 작아서 지속적인 연산이 가능하다. 따라서 부트스트래핑의 결과로 생성된 새로운 암호문에 오륫값이 없다는 설명은 적절하지 않다.

→ 적절하지 않음!

---

23 세부 정보 이해 - 적절하지 않은 것 고르기
정답률 65%, 매력적 오답 ⑤ 20% **정답 ③**

㉠과 ㉡을 비교하여 이해한 내용으로 적절하지 않은 것은?

㉠ 격자 기반 완전 동형암호   ㉡ CRT 기반 완전 동형암호

① ㉠은 ㉡과 달리 비트 단위로 암호문 연산을 수행한다.

근거 **3-3** 이(격자 기반 완전 동형암호) 방식은 원문 데이터를 비트 단위로 변환하고 각각의 비트를 개별적으로 암호화한다, **7-2** (CRT 기반 완전 동형암호 방식은) 데이터를 정수 단위로 암호화하기 때문에 비트 단위로 암호화하는 격자 기반의 방식보다 더 많은 데이터를 저장할 수 있다.

풀이 격자 기반 완전 동형암호㉠ 방식은 데이터를 비트 단위로 암호화하고, CRT 기반 완전 동형암호㉡ 방식은 데이터를 정수 단위로 암호화한다.

→ 적절함!

② ㉠은 ㉡과 달리 원문을 암호화했을 때 암호문의 값이 원문보다 커진다.

근거 **5-1** 이(격자 기반 완전 동형암호) 방식은 원문을 비트 단위로 변환하여 각 비트별로 암호화하기 때문에 원문에 비해 암호문의 값이 10~100 배가량 커져, **6-2** 이(CRT 기반 완전 동형암호) 방식은 하나의 원문을 특정한 정수인 암호키로 나눈 나머지 값을 암호문으로 이용

풀이 격자 기반 완전 동형암호㉠ 방식은 원문을 비트 단위로 변환하여 각 비트별로 암호화하므로 암호문의 값이 원문보다 커진다. 반면 CRT 기반 완전 동형암호㉡ 방식은 원문을 특정 정수인 암호키로 나눈 나머지 값을 암호문으로 이용하므로, 암호문의 값이 원문보다 작다.

→ 적절함!

③ ㉡은 ㉠과 달리(㉠과 ㉡은 모두) 암호문에 오륫값을 추가하여 안전성을 높인다.

근거 **3-4** (격자 기반 완전 동형암호 방식은) 암호키 p와 임의의 정수를 곱한 수를 원문에 더하면 암호문이 만들어지는데, 이 과정에서 무작위로 오륫값을 추가하여 안전성을 높인다, **7-1** 이(CRT 기반 완전 동형암호) 방식 또한 안전성을 위해서 … 무작위로 오륫값을 추가하기 때문에

풀이 격자 기반 완전 동형암호㉠ 방식과 CRT 기반 완전 동형암호㉡ 방식은 모두 무작위로 오륫값을 추가하여 안전성을 높인다.

→ 적절하지 않음!

④ ㉡은 ㉠과 달리 데이터를 병렬적으로 연산하는 것이 가능하다.

근거 **7-3** CRT(㉡) 방식은 … 격자 기반(㉠)의 방식과 달리 병렬적으로 연산을 수행할 수 있다.

→ 적절함!

---

⑤ ㉠과 ㉡은 모두 암호문을 연산하는 횟수에 제한이 없다.

근거 **❷-2** 횟수에 제한 없이 컴퓨터의 주된 연산인 덧셈, 곱셈에 동형성을 갖는 암호를 완전 동형암호라고 한다, **❸-1** 완전 동형암호는 암호화에 사용하는 원리에 따라 격자 기반, CRT(Chinese Remainder Theorem) 기반 등으로 나뉜다.

풀이 격자 기반 완전 동형암호(㉠) 방식과 CRT 기반 완전 동형암호(㉡) 방식은 모두 완전 동형암호에 해당하며, 이때 완전 동형암호는 연산 횟수에 제한 없이 덧셈 연산과 곱셈 연산에 동형성을 갖는 암호를 뜻한다. 따라서 ㉠과 ㉡은 모두 암호문을 연산하는 횟수에 제한이 없다는 설명은 적절하다.

→ 적절함!

오답률 TOP ❺ **1등급 문제**

24 구체적인 사례에 적용 - 적절한 것 고르기
정답률 45%, 매력적 오답 ② ④ 20% ⑤ 10%
정답 ③

[A]를 바탕으로 〈보기〉를 이해한 내용으로 가장 적절한 것은? [3점]

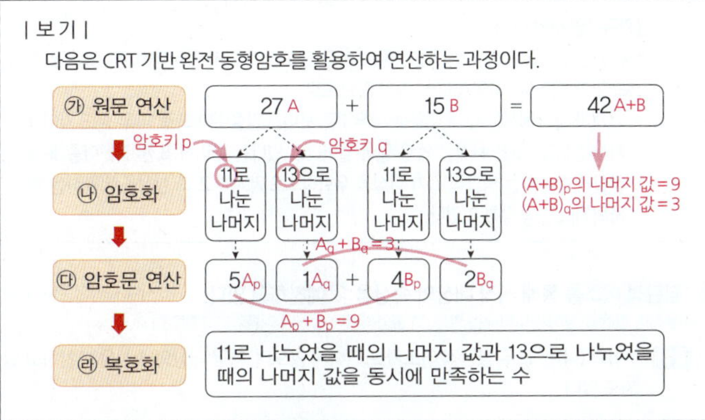

▶ 지문 핵심 개념 정리

CRT 기반 완전 동형암호 방식의 연산 과정	〈보기〉에 적용
① 서로소인 임의의 정수 p와 q를 암호키로 정함(**❻**-5)	− 암호키 : 11, 13(㉯)
② 정수로 된 원문 A와 B를 각각의 암호키로 나눈 나머지 값(A_p, A_q와 B_p, B_q)을 구함 → 나머지 값 = 암호문 (**❻**-5)	− 원문 : 27, 15(㉮) − 암호문 : 5, 1, 4, 2(㉰)
③ 각 원문을 동일한 암호키로 나눈 나머지 값인 A_p와 B_p, A_q와 B_q끼리 서로 덧셈 연산을 수행함 $A_p + B_p$, $A_q + B_q$(**❻**-6, **❻**-8)	− 덧셈 연산 수행(㉰) $A_p + B_p = 9$ $A_q + B_q = 3$
④ 연산 수행의 결괏값이 암호키와 같거나 암호키보다 크면 한 번 더 암호키로 나누어 나머지 값을 구함(**❻**-7)	− 결괏값(9, 3)이 암호키(11, 13)보다 작음
⑤ 연산 수행의 결괏값 $A_p + B_p$, $A_q + B_q$는 원문 A와 B를 직접 덧셈 연산한 결괏값을 암호키 p와 q로 나눈 나머지 값인 $(A + B)_p$, $(A + B)_q$와 같음(**❻**-8)	− 연산 수행 결괏값 $A_p + B_p = 9$, $A_q + B_q = 3$ − 원문을 직접 덧셈 연산한 결괏값을 암호키로 나눈 나머지 값 $(A + B)_p$의 나머지 값 = 9, $(A + B)_q$의 나머지 값 = 3

① ㉮에서 원문 연산의 결괏값을 암호키로 암호화하면 ~~5, 4~~ 9, 3이 된다.

근거 **❻-8** 원문 A와 B를 직접 덧셈 연산한 결괏값을 암호키 p와 q로 나눈 나머지 값인 $(A + B)_p$, $(A + B)_q$

풀이 〈보기〉의 ㉮에서 원문 27과 15를 직접 덧셈 연산한 결괏값인 42를 암호키 11과 13으로 나누면 나머지 값은 9, 3이 된다. 따라서 ㉮에서 원문 연산의 결괏값을 암호키로 암호화하면 5, 4가 된다는 설명은 적절하지 않다.

→ 적절하지 않음!

② ㉯에서 각 원문을 암호화한 암호키의 개수는 총 ~~4~~ 2개이다.

근거 **❻-2~3** 하나의 원문을 특정한 정수인 암호키로 나눈 나머지 값을 암호문으로 이용하고, … 암호키의 개수는 임의로 설정할 수 있으며 각각의 원문마다 암호키의 개수만큼 암호문이 만들어진다.

풀이 〈보기〉의 ㉯에서 원문 27과 15 각각을 나누는 정수, 즉 암호키는 11과 13으로 총 2개이다. 또한 CRT 기반 완전 동형암호 방식에서는 각각의 원문마다 암호키의 개수만큼 암호문이 만들어진다. 〈보기〉의 ㉰를 보면 원문 27과 15에 각각 암호문이 2개씩 만들어졌으므로, 각 원문을 암호화한 암호키의 개수는 총 4개가 아니라 2개임을 다시 확인할 수 있다.

→ 적절하지 않음!

③ ㉰에서 만들어진 암호문을 연산한 결괏값은 암호키로 다시 나눌 필요가 없다.

근거 **❻-6~8** 각 원문을 동일한 암호키로 나눈 나머지 값인 A_p와 B_p, A_q와 B_q끼리 서로 덧셈 연산을 수행한다. 만약 연산 수행의 결괏값이 암호키와 같거나 암호키보다 크

면 한 번 더 암호키로 나누어 나머지 값을 구한다. 그러면 연산 수행의 결괏값인 $A_p + B_p$, $A_q + B_q$

풀이 ㉰는 각 원문을 동일한 암호키로 나눈 나머지 값인 A_p와 B_p, A_q와 B_q끼리 서로 덧셈 연산을 수행하는 과정으로, 이때 연산 수행의 결괏값이 암호키와 같거나 암호키보다 크면 한 번 더 암호키로 나누어 나머지 값을 구하여야 한다. ㉰에서 연산 수행의 결괏값은 각각 9($A_p + B_p$), 3($A_q + B_q$)으로 암호키 11, 13보다 작으므로, 이를 다시 암호키로 나눌 필요가 없다.

→ 적절함!

④ ㉱에서 암호키를 알면 나머지 값을 몰라도 원문 27과 15를 복호화할 수 있다.

근거 **❻-9** 원문을 각 암호키로 나누었을 때의 나머지 값과 각 암호키를 알면 원문을 복호화할 수 있다.

풀이 CRT 기반 완전 동형암호 방식에서는 원문을 각 암호키로 나누었을 때의 나머지 값과 각 암호키를 알아야 원문을 복호화할 수 있다. 따라서 ㉱에서 암호키를 알면 '나머지 값을 몰라도' 원문 27과 15를 복호화할 수 있다는 설명은 적절하지 않다.

→ 적절하지 않음!

⑤ ㉮~㉰의 과정을 통해 만들어진 연산 결괏값은 암호문과 달리 정수이다.

근거 **❻-5** 서로소인 임의의 정수 p와 q를 암호키로 정하고 정수로 된 원문 A와 B를 각각의 암호키로 나눈 나머지 값을 구하면 A_p, A_q와 B_p, B_q가 되는데 이 나머지 값이 원문 A와 B의 암호문이 된다. **❻-8** 연산 수행의 결괏값인 $A_p + B_p$, $A_q + B_q$

풀이 〈보기〉에서 원문(27, 15), 암호키(11, 13), 암호문(5, 1, 4, 2), 연산 결괏값(9, 3)은 모두 정수이다. 따라서 ㉮~㉰의 과정을 통해 만들어진 연산 결괏값이 '암호문과 달리' 정수라고 설명하는 것은 적절하지 않다.

→ 적절하지 않음!

---

25 문맥적 의미 파악 - 적절한 것 고르기
정답률 75%, 매력적 오답 ③ 10%
정답 ④

문맥상 ⓐ~ⓔ와 바꾸어 쓰기에 가장 적절한 것은?

ⓐ 이루어지고	ⓑ 말한다	ⓒ 나뉜다	ⓓ 이른	ⓔ 만들어진다

① ⓐ : 달성(達成)되고

풀이 ⓐ에서 쓰인 '이루어지다'는 문맥상 '어떤 대상에 의하여 일정한 상태나 결과가 생기거나 만들어지다'의 뜻이다. 한편 '달성(達 이르다 달 成 이루다 성)되다'는 '목적한 것이 이루어지다'의 의미로, ⓐ와 바꿔 쓸 경우 해당 문장의 의미가 달라진다. 따라서 ⓐ를 '달성되고'로 바꿔 쓰는 것은 적절하지 않다.

→ 적절하지 않음!

② ⓑ : 제시(提示)한다

풀이 ⓑ에서 쓰인 '말하다'는 문맥상 '어떤 사정이나 사실, 현상 따위를 나타내 보이다'의 뜻이다. 한편 '제시(提 제시하다 제 示 보이다 시)하다'는 '어떠한 의사(意思, 무엇을 하고자 하는 생각)를 말이나 글로 나타내어 보이게 하다'의 의미로, ⓑ와 바꿔 쓸 경우 해당 문장의 의미가 달라진다. 따라서 ⓑ를 '제시한다'로 바꿔 쓰는 것은 적절하지 않다.

→ 적절하지 않음!

③ ⓒ : 분리(分離)된다

풀이 ⓒ에서 쓰인 '나뉘다'는 문맥상 '여러 가지가 섞인 것이 구분되어 분류되다'의 뜻이다. 한편 '분리(分 나누다 분 離 떨어지다 리)되다'는 '서로 나뉘어 떨어지다'의 의미로, ⓒ와 바꿔 쓸 경우 해당 문장의 의미가 달라진다. 따라서 ⓒ를 '분리된다'로 바꿔 쓰는 것은 적절하지 않다. ⓒ는 문맥상 '종류에 따라서 갈라지다'의 의미를 가진 '분류(分 나누다 분 類 무리 류)된다'로 바꿔 쓰는 것이 적절하다.

→ 적절하지 않음!

④ ⓓ : 도달(到達)한

풀이 ⓓ에서 쓰인 '이르다'는 '어떤 정도나 범위에 미치다'의 뜻으로, '목적한 곳이나 수준에 다다르다'의 뜻을 지닌 '도달(到 이르다 도 達 이르다 달)하다'와 바꿔 써도 문맥상 그 의미가 달라지지 않는다. 따라서 ⓓ의 '이른'을 '도달한'으로 바꿔 쓰는 것은 문맥상 적절하다.

→ 적절함!

⑤ ⓔ : 결성(結成)된다

풀이 ⓔ에서 쓰인 '만들어지다'는 문맥상 '되어지거나 변하게 되다'의 뜻이다. 한편 '결성(結 맺다 결 成 이루다 성)되다'는 '조직이나 단체 따위가 짜여 만들어지다'의 의미로, ⓔ와 바꿔 쓸 경우 해당 문장의 의미가 달라진다. 따라서 ⓔ를 '결성된다'로 바꿔 쓰는 것은 적절하지 않다.

→ 적절하지 않음!

→ 문제편 160쪽

(가) 윤동주, 「위로」

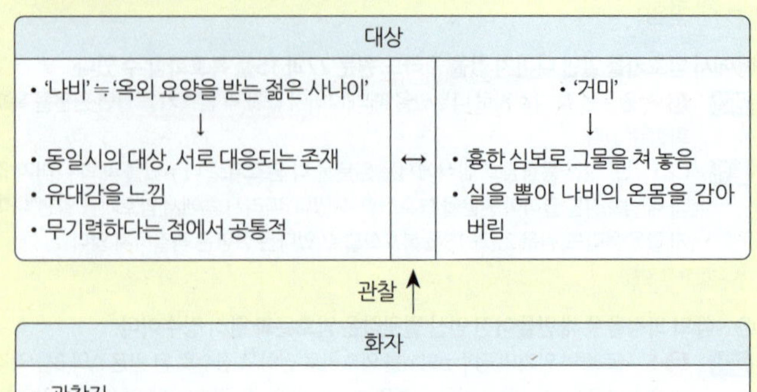

· 주제

암울한 상황에 처한 '젊은 사나이'를 위로하고자 한다.

· 지문 이해

대상		
· '나비' ≒ '옥외 요양을 받는 젊은 사나이' ↓ · 동일시의 대상, 서로 대응되는 존재 · 유대감을 느낌 · 무기력하다는 점에서 공통적	↔	· '거미' ↓ · 흉한 심보로 그물을 쳐 놓음 · 실을 뽑아 나비의 온몸을 감아 버림

관찰 ↑

화자
· 관찰자 · 거미줄을 헝클어 버리는 것으로 '사나이'를 위로하고자 함

· 어휘 풀이

* 심보 : 마음씨.

* 옥외 : 집 밖.

(나) 황동규, 「달밤」

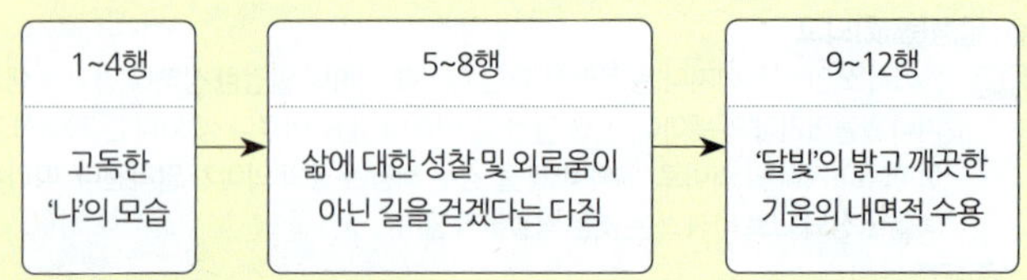

· 주제

(달빛을 내면화함으로써) 맑고 깨끗한 삶과 순수한 영혼을 지향한다.

· 지문 이해

1~4행	5~8행	9~12행
고독한 '나'의 모습	→ 삶에 대한 성찰 및 외로움이 아닌 길을 걷겠다는 다짐	→ '달빛'의 밝고 깨끗한 기운의 내면적 수용

· 어휘 풀이

* 달빛 : '맑고 순수한 영혼'을 의미.

* 얼은 들판을 걸어가는 한 그림자 : 고독한 자아를 의미.

* 여며온 : 바로잡아 단정하게 한.

* 고의춤 : 고의(남자의 여름 홑바지)나 바지의 허리를 접어서 여민 사이.

		1등급 문제
26	표현상 공통점 - 적절한 것 고르기 정답률 55%, 매력적 오답 ⑤ 25%	정답 ①

(가)와 (나)의 공통점으로 가장 적절한 것은?

선지	핵심 체크 내용	(가)	(나)
①	동일한 시어 반복 → 시적 의미 강조	O	O
②	명사로 시상 마무리 → 시적 여운	X	O
③	반어적 표현 활용 → 화자의 태도 부각	X	X
④	영탄적 어조 → 시적 대상의 속성 예찬	X	X
⑤	공감각적 심상	X	X
	애상적 분위기 조성	O	X

① 동일한 시어를 반복하여 시적 의미를 강조하고 있다.

근거 (가)-❷연 노오란 날개를 파득거려도 파득거려도 나비는 자꾸 감기우기만 한다. 거미가 쏜살같이 가더니 끝없는 끝없는 실을 뽑아
(나)-6행 친구 몇몇 친구 몇몇 그들에게는/ 12행 헐벗은 옷 가득히 받는 달빛 달빛.

풀이 (가)는 '파득거려도', '끝없는'이라는 동일한 시어를 반복하여 그물을 벗어나고자 하는 나비의 애처로운 몸짓과 끝없이 실을 뽑아 나비의 온몸을 감아 버리려는 거미의

흉한 심보를 각각 강조하고 있다. (나)는 '친구', '몇몇', '달빛'이라는 동일한 시어를 반복하여 화자의 삶의 태도와 다짐을 강조하고 있다.

→ 적절함!

② *명사로 시상을 마무리하여 **시적 여운을 드러내고 있다. *사람이나 사물의 이름을 나타내는 단어 ** 시가 끝난 후에도 감동이 여전히 남아 있는 느낌

근거 (나)-12행 헐벗은 옷 가득히 받는 달빛 달빛.

풀이 (나)는 '달빛'이라는 명사로 시상을 마무리함으로써 시적 여운을 주고 있다. 반면에 (가)는 명사로 시상을 마무리하고 있지 않다.

→ 적절하지 않음!

③ *반어적 표현을 활용하여 화자의 태도를 부각하고 있다. *말하고자 하는 원래 의미와는 반대되는 표현

풀이 (가), (나) 모두 반어적 표현을 활용하고 있지 않다.

→ 적절하지 않음!

> ■ 반어적 표현을 활용하여 화자의 태도를 부각하는 작품
> · 김광규, 「안개의 나라」
> 언제나 안개가 짙은/ 안개의 나라에는/ 아무 일도 일어나지 않는다/ 어떤 일이 일어나도/ 안개 때문에/ 아무것도 보이지 않으므로
> → 안개의 나라에서는 안개 때문에 아무것도 보이지 않을 뿐이므로 '아무 일도 일어나지 않는다'는 것은 사실은 많은 일이 일어나고 있다는 반어적 표현이다. 이를 통해 진실을 은폐하는 억압적 정치 현실을 우회적으로 제시하고 그 현실을 비판하는 화자의 태도를 부각하고 있다.

④ *영탄적 어조를 통해 시적 대상의 속성을 **예찬하고 있다. *감탄사나 감탄형 어미 등을 이용하여 감정을 강하게 나타내는 말투 ** 훌륭하거나 좋거나 아름답다고 찬양하고

풀이 (가)와 (나)는 모두 영탄적 어조가 드러나지 않으며, 특정 대상의 속성을 예찬하고 있지도 않다.

→ 적절하지 않음!

> ■ 영탄적 어조를 통해 시적 대상의 속성을 예찬하고 있는 작품
> · 안민영, 「매화사」 (2014학년도 9월 모평B)
> 빙자옥질(氷姿玉質)이여 눈 속에 네로구나/ 가만이 향기(香氣) 노아 황혼월(黃昏月)을 기약(期約)하니/ 아마도 아치고절(雅致高節)은 너뿐인가 하노라
> (얼음같이 맑고 깨끗한 모습과 옥처럼 아름다운 성질이여, 눈 속에 피어난 너(매화)로구나/ 가만히 향기를 풍기며 저녁에 뜨는 달을 기다리니/ 아마도 우아하고 높은 절개를 지닌 것은 너뿐인가 하노라)
> → '빙자옥질이여', '네로구나', '너뿐인가 흐 노라'에서 영탄적 어조를 확인할 수 있으며 이를 통해 시적 대상인 '매화'의 아름다운 모습과 높은 절개를 예찬하고 있다.

⑤ *공감각적 심상을 이용하여 **애상적 분위기를 조성하고 있다. *하나의 감각을 다른 감각으로 옮겨 표현한 심상 **슬픈 분위기

근거 (가)-❸연 나이보담 무수한 고생 끝에 때를 잃고 병을 얻은 이 사나이

풀이 (가)는 젊은 나이에 병을 얻은 사나이의 모습에서 애상적 분위기가 드러난다고 볼 수 있으나, 공감각적 심상은 사용되지 않았다. (나)는 공감각적 심상도, 애상적 분위기도 드러나지 않는다.

→ 적절하지 않음!

> ■ 공감각적 심상을 이용하여 애상적 분위기를 조성하고 있는 작품
> · 기형도, 「엄마 걱정」 (2013년 고1 6월 학평)
> 아무리 천천히 숙제를 해도/ 엄마 안 오시네, 배춧잎 같은 발소리 타박타박
> → '배춧잎 같은 발소리'에서 청각을 시각화한 공감각적 심상을 이용하여 삶에 지친 어머니의 고단한 삶을 형상화함으로써 애상적 분위기를 조성하고 있다.

27	시어의 의미 - 적절하지 않은 것 고르기 정답률 80%, 매력적 오답 ⑤ 10%	정답 ④

(가), (나)의 시어에 대한 이해로 적절하지 않은 것은?

① (가)에서 '바르게'를 활용하여 사나이가 누워 있는 곳이 거미가 쳐 놓은 그물을 쳐다보기에 좋은 위치임을 나타내고 있군.

근거 (가)-❶연 거미란 놈이 ~ 그물을 쳐 놓았다. 옥외 요양을 받는 젊은 사나이가 누워서 치어다보기 바르게—

풀이 (가)에서 거미는 '옥외 요양을 받는 젊은 사나이가 누워서 치어다보기 바르게' 그물을 쳐 놓았다. 이는 '사나이'가 누워 있는 위치에서 거미의 그물이 똑바로 잘 보인다는 의미이다.

→ 적절함!

→ 문제편 160쪽

② (가)에서 '자꾸'를 활용하여 거미가 쳐 놓은 그물에 걸려 계속해서 감기기만 하는 나비의 힘든 상황을 그려 내고 있군.

근거 **(가)-❷연** 노오란 날개를 파득거려도 파득거려도 나비는 **자꾸** 감기우기만 한다.

풀이 (가)에서는 반복을 의미하는 단어 '자꾸'를 활용하여 날개를 파득거리며 벗어나려고 애써 보지만 거미가 쳐 놓은 그물에 걸려 계속 감기기만 하는 나비의 힘든 상황을 그려 내고 있다.

→ 적절함!

③ (가)에서 '쏜살같이'를 활용하여 나비를 감기 위해 매우 빠르게 움직이는 거미의 행동을 강조하고 있군.

근거 **(가)-❷연** 거미가 **쏜살같이** 가더니 끝없는 끝없는 실을 뽑아 나비의 온몸을 감아 버린다.

풀이 (가)에서는 '쏜 화살과 같이 매우 빠르게'를 의미하는 '쏜살같이'를 활용하여 그물에 걸린 나비를 감기 위해 재빠르게 움직이는 거미의 민첩한 행동을 강조하고 있다.

→ 적절함!

✔④ (나)에서 '이제'를 활용하여 친구 몇몇과의 만남으로 인해 외로움이 아닌 길이 시작되었음을 드러내고 있군.

근거 **(나)-6~8행** 친구 몇몇 친구 몇몇 그들에게는/ **이제** 내 것 가운데 그중 외로움이 아닌 길을/ 보여 주게 되리.

풀이 (나)의 화자는 달빛이 비추는 들판을 걸으며 이 길이 외로움의 길이 아님을 알게 되었다. 그리고 '이제' 외로움이 아닌 길을 친구 몇몇에게 보여 주겠다고 하였다. 즉, '이제'를 활용하여 외로움이 아닌 길이 시작되었음을 드러낸 것은 맞지만, 친구 몇몇과의 만남을 계기로 외로움이 아닌 길이 시작된 것은 아니다.

→ 적절하지 않음!

⑤ (나)에서 '가득히'를 활용하여 달빛이 화자의 헐벗은 옷을 환히 비추는 상황을 드러내고 있군.

근거 **(나)-12행** 헐벗은 옷 **가득히** 받는 달빛 달빛.

풀이 (나)에서는 '빛 등이 빈 데 없이 널리 퍼져 있는 상태'를 의미하는 '가득히'를 활용하여 화자의 헐벗은 옷을 달빛이 환하고 충만하게 비추고 있는 상황을 드러내고 있다.

→ 적절함!

1등급 문제

28 | 감상의 적절성 – 적절하지 않은 것 고르기 | 정답 ①
정답률 50%, 매력적 오답 ⑤ 25%

〈보기〉를 바탕으로 (가), (나)를 감상한 내용으로 적절하지 않은 것은? [3점]

| 보기 |
[1] (가)와 (나)는 각각 일제 강점기와 1950년대의 부정적 현실을 배경으로 한다. [2] 모두 자연물을 활용하고 있다는 공통점이 있지만, 화자가 현실에 대응하는 태도는 다르다. [3] (가)는 암울한(어두울 暗 막힐 鬱 : 절망적이고 침울한) 현실에서 무기력한(없을 無 기운 氣 힘 力 : 감당할 수 있는 힘과 기운이 없는) 우리 민족의 상황을 표현하며 이를 위로하는 화자의 행동을, (나)는 질문을 통해 자신을 성찰하고 자연물의 속성을 내면화하여(안 內 모습 面 될 化 : 정신적·심리적으로 깊이 마음속에 자리 잡히게 하여) 순수한 삶을 살고자 하는 화자의 자세를 드러내고 있다.

이상을 추구하는 태도를

✔① (가)에서 '나비'가 '꽃밭'으로 '날아'드는 것은 ~~일제 강점기의 암울한 현실에 대응하려는~~ 화자의 의지를 드러낸 것이겠군.

근거 〈보기〉-3 (가)는 암울한 현실에서 무기력한 우리 민족의 상황을 표현하며 이를 위로하는 화자의 행동
(가)-❷연 **나비**가 한 마리 **꽃밭**에 **날아**들다 그물에 걸리었다.

풀이 '나비'의 입장에서 본다면 '꽃밭'은 추구하는 공간 혹은 도달하고자 하는 이상이라고 할 수 있다. 따라서 (가)에서 '나비'가 '꽃밭'으로 '날아'드는 것은 이상을 추구하는 행위라 할 수 있으며, 일제 강점기의 암울한 현실에 대응하려는 화자의 의지와는 무관하다. 참고로, 〈보기〉를 토대로 본다면 꽃밭으로 날아들던 나비가 거미가 쳐 놓은 그물에 걸려들어 파득거리는 것은 일제 강점기의 암울한 상황에서 희망이 꺾인 채 고통받고 있는 우리 민족의 현실을 표현한 것으로 이해할 수 있다.

→ 적절하지 않음!

② (가)에서 '한숨을 쉬'는 '사나이'를 위해 '거미줄을 헝클어 버리는' 것은 무기력한 우리 민족의 상황을 위로하는 화자의 행동을 드러낸 것이겠군.

근거 〈보기〉-3 (가)는 암울한 현실에서 무기력한 우리 민족의 상황을 표현하며 이를 위로하는 화자의 행동
(가)-❷연 **사나이**는 긴 **한숨을 쉬**었다.// **❸연** 이 사나이를 위로할 말이—**거미줄을 헝클어 버리는** 것밖에 위로의 말이 없겠다.

풀이 〈보기〉를 토대로 볼 때, 나비의 온몸을 실로 감아 버리는 거미를 보며 '긴 한숨을 쉬'는 '사나이'를 위해 '거미줄을 헝클어 버리는' 화자의 행위는 일제 강점기를 살아가는

무기력한 우리 민족을 위로하려는 의도로 이해할 수 있다.

→ 적절함!

③ (나)에서 '달빛'을 '받'으며 '구름 개인 들판을 걸어'가는 것은 달의 밝은 이미지를 내면화하여 순수한 삶을 살겠다는 화자의 자세를 드러낸 것이겠군.

근거 〈보기〉-3 (나)는 ~ 자연물의 속성을 내면화하여 순수한 삶을 살고자 하는 화자의 자세를 드러내고 있다.
(나)-11~12행 갑자기 **구름 개인 들판을 걸어**갈 때/ 헐벗은 옷 가득히 **받**는 달빛 달빛.

풀이 〈보기〉를 토대로 볼 때 (나)에서 화자가 '달빛'을 '받'으며 '구름 개인 들판을 걸어'가는 것은 달의 밝고 깨끗한 속성을 내면화하여 맑고 순수한 삶을 살고자 하는 화자의 자세를 드러낸 것으로 이해할 수 있다.

→ 적절함!

④ (나)에서 '내 생각해 온 것'이 '무엇'인지를 물으며 자기 내면을 들여다보는 것은 질문을 통해 자신의 삶을 성찰하는 화자의 모습을 드러낸 것이겠군.

근거 〈보기〉-3 (나)는 질문을 통해 자신을 성찰하고
(나)-5행 지금까지 **내 생각**해 온 것은 모두 **무엇**인가.

풀이 〈보기〉를 바탕으로 볼 때 '지금까지 내 생각해 온 것은 모두 무엇인가'라며 스스로에게 던지는 화자의 질문은 지금까지의 삶을 돌아보며 자신을 성찰하는 화자의 모습을 드러낸 것으로 볼 수 있다.

→ 적절함!

⑤ (가)에서 '거미란 놈'의 '그물'에 걸려 '나비'가 '날개를 파득거'리는 것과 (나)에서 화자가 '얼은 들판을 걸어가'며 '얼음을 밟'는 것은 모두 자연물을 활용하여 부정적 현실을 드러낸 것이겠군.

근거 〈보기〉-1~2 (가)와 (나)는 각각 일제 강점기와 1950년대의 부정적 현실을 배경으로 한다. 모두 자연물을 활용하고 있다는 공통점이 있지만,
(가)-❶연 거미란 놈이 흉한 심보로 병원 뒤뜰 난간과 꽃창 사이 사람 발이 잘 닿지 않는 곳에 그물을 쳐 놓았다.// **❷연** 나비가 한 마리 꽃밭에 날아들다 그물에 걸리었다. 노오란 **날개를 파득거**려도
(나)-4행 **얼은 들판을 걸어가**는 한 그림자/ **10행** 두 팔 들고 **얼음을 밟**으며

풀이 〈보기〉를 바탕으로 볼 때 (가)에서 '거미란 놈'의 '그물'에 걸려 '나비'가 '날개를 파득거'리는 것은 '거미', '나비'와 같은 자연물을 활용하여 일제 강점기의 부정적 현실을 드러낸 것으로 이해할 수 있다. 또한, (나)에서 화자가 '얼은 들판을 걸어가'며 '얼음을 밟'는 것은 '(얼은) 들판', '얼음'과 같은 자연물을 활용하여 1950년대의 부정적 현실을 드러낸 것으로 이해할 수 있다.

→ 적절함!

[29~32] 현대소설 - 공선옥, 「먼 바다」

· 중심 내용

덕님의 자식들은 수몰 보상금을 챙긴 뒤 연락이 없고, 덕님은 수몰 예정지가 된 집을 떠나야 함에 슬퍼한다.

↓

덕님은 촬영을 위해 방송국 사람의 요구대로 설을 준비하는 흉내를 낸다.

↓

수몰 예정지에 사업거리가 있다는 만수의 연락을 받은 대석은 아들 명호를 데리고 만수를 찾아간다.

↓

한밤중에 만수와 대석, 명호는 동네를 돌아다니며 고물을 주워 모은다.

↓

오토바이 사고로 장애인이 된 칠환은 수몰 예정지가 된 고향에 내려오고, 생활이 어려워 돈이 될 만한 짐승을 잡으러 한밤중에 동네를 돌아다닌다.

↓

한밤중에 빈집에서 갑자기 마주친 칠환과 두 사나이(대석과 만수)는 거짓말로 자신의 정체를 속인다.

↓

두 사나이(대석과 만수)는 자신들이 고물 장수임을 밝히고 칠환과 함께 짐승을 잡으러 나선다.

<table>
<tr><td>29</td><td>내용 이해 - 적절하지 않은 것 고르기
정답률 80%</td><td>정답 ③</td></tr>
</table>

윗글에 대한 이해로 적절하지 않은 것은?

① '덕님'은 살던 집을 떠나야 하는 상황을 슬퍼하고 있다.

근거 이제 물이 들어차면 덕님은 ~ 시부모와 영감 산소를 지척에 두고 떠나야 하는 심정은 천 갈래 만 갈래로 찢어지는 것만 같았다.

풀이 '덕님'은 마을이 수몰 예정지가 되어 살던 집을 떠나야 하는 것에 슬퍼하고 있다.

→ 적절함!

② '두 사나이'가 동네에서 뜯은 문짝은 고물상으로 옮겨질 것이다.

근거 그들이 모은 고물들은 내일 새벽 광주의 고물상으로 반출이 될 거였다. 문짝을 떼어 내느라 힘을 쓸 때 처음에는 용기가 나지 않다가 나중에는 우지끈 소리에도 흥이 났다.

풀이 '두 사나이'는 동네를 돌아다니면서 모은 고물들을 내일 새벽 광주의 고물상에 팔려고 한다. 따라서 그들이 동네에서 뜯은 문짝이 고물상에 옮겨질 것이라는 설명은 적절하다.

→ 적절함!

오토바이를 타고 퇴근하던 중

③ '칠환'은 <s>가구 공장에서 작업 중 사고를 당해</s> 장애를 입었다.

근거 술을 먹고 오토바이를 타고 퇴근을 하다 오토바이와 함께 전봇대에 부딪혀 칠환은 장애인이 되고 말았다.

풀이 '칠환'이 장애를 입은 것은 술을 먹고 오토바이를 타고 퇴근하던 중에 사고를 당해서 이지 가구 공장에서 작업을 하다가 일어난 사고 때문이 아니다.

→ 적절하지 않음!

④ '칠환'은 고향 집에 대한 보상금을 자신의 병원비로 모두 사용하였다.

근거 술을 먹고 오토바이를 타고 퇴근을 하다 ~ 칠환은 장애인이 되고 말았다./ 사고를 당하자 고향 집이 수몰 지구가 되었으니 보상금을 타 가라는 연락이 온 것이다. ~ 보상금을 타서 제 병원비로 다 써 버린 칠환은,

풀이 오토바이 사고로 장애인이 된 '칠환'은 고향 집에 대한 수몰 보상금을 자신의 병원비로 모두 사용하였다.

→ 적절함!

⑤ '명호'는 버려진 짐승들을 쫓는 달밤의 사냥에 *같이 참가하였다 동참하였다.

근거 오밤중에 버려진 짐승들에 대한 사냥이 시작되었다. 겨울 달밤에 벌이는 짐승 쫓기는 명호한테도 신나는 놀이가 아닐 수 없었다.

풀이 '명호'는 한밤중에 칠환과 두 사나이(대석과 만수)가 벌이는 짐승 사냥을 신나는 놀이로 여기며 그들을 따라다녔다.

→ 적절함!

<table>
<tr><td>30</td><td>인물의 심리 - 적절하지 않은 것 고르기
정답률 80%</td><td>정답 ④</td></tr>
</table>

㉠ ~ ㉤에 대해 이해한 내용으로 적절하지 않은 것은?

① ㉠ : 예상치 못한 상황에 임기응변으로 대처하고 있다.

근거 이왕이면 염소를 잡으려고 칠환이 막 동네 고샅길을 거슬러 올라가고 있는데 어디선가 우지끈, 하고 집 무너지는 소리가 났다. ~ 벌써부터 철거 공사가 시작되었는가 싶어 가슴이 철렁 내려앉았다. ~ 두 명의 사나이가 담 너머로 고개를 내밀어 사방을 살피고 있는 중이다. ~ "누구시오?" ㉠ "집쥔이오." ~ 왜 제 입에서 집주인이란 말이 나왔는지는 알 수 없었다. 그러나 생각건대 임기응변, 그것은 막다른 길에 접어든 인생에 있어서는 항상 최대의 무기가 아닐 수 없었다.

풀이 밤중에 남몰래 짐승을 잡으러 다니던 칠환은 갑자기 빈집에서 마주친 사람들에게 자신이 집주인이라고 거짓말을 한다. 따라서 ㉠에서 칠환은 예상치 못한 위기 상황에 임기응변으로 대처하고 있음을 알 수 있다.

→ 적절함!

② ㉡ : 상대방이 떳떳한 일을 하는 사람들이 아닐 것이라는 확신이 담겨 있다.

근거 칠환의 대답이 끝나기도 전에 저쪽에서 ~ 대책을 모의해야 할 만한 상황인 것이 저자들이 필시 그리 떳떳한 일을 도모하는 자들은 아닐 거라는 확신이 들면서 칠환의 머릿속에 재미있는 생각 하나가 획 지나갔다. ㉡ "누가 이 야심한 밤에 남의 빈집을 털고 있는 거요?"

풀이 ㉡에서 칠환은 상대방이 숨어서 의논하는 것을 보고 그들이 떳떳한 일을 하는 사람들이 아닐 것이라 확신하고 따져 묻고 있다.

→ 적절함!

③ ㉢ : 위기를 *어떤 일이나 책임을 꾀를 써서 벗어나기 모면하기 위해 자신들의 정체를 속이고 있다.

근거 "누가 이 야심한 밤에 남의 빈집을 털고 있는 거요?" 그때 다시 고개들이 연달아 쑥쑥 나왔다. ~ ㉢ "우리는 수자원공사에서 나온 직원이오." 우리는 고물 장수들이오.

풀이 빈집에 몰래 들어와 고물을 줍던 두 사나이는 갑자기 마주친 칠환에게 자신들이 고물 장수임을 숨기고 수자원공사 직원이라고 거짓말을 한다. 따라서 ㉢에서 두 사나이는 위기를 벗어나기 위해 자신들의 정체를 속이고 있음을 알 수 있다.

→ 적절함!

불리해진 상황에서 불안감을 감추고

④ ㉣ : 자신에게 유리하게 진행되는 상황에 자신감을 얻어 상대방의 행동을 지적하고 있다.

근거 "우리는 수자원공사에서 나온 직원이오." 칠환은 찔끔했다. 그러나 다시 목소리를 가다듬어, ㉣ "아직 집을 완전히 비우지도 않았는데 철거를 하다니요. 그것은 사유재산에 대한 침해가 된다는 것을 아시오, 모르시오." 최대한 머리를 짜내 구사한 말이긴

하지만 여간 떨리는 게 아니다. 그러나 절대로 떨고 있는 표시를 내면 안 된다.

| 풀이 | 집주인이라고 거짓말을 한 칠환은 상대방이 수자원공사 직원이라는 말을 듣고 당황하지만 겉으로는 내색하지 않고 계속 집주인인 척하며 상대방의 행동을 지적한다. 따라서 ⓓ에서 칠환은 자신에게 불리해진 상황에서 불안감을 감추고 있는 것이지 유리한 상황으로 자신감을 얻고 있지 않다.

→ 적절하지 않음!

⑤ ⓔ : 떨고 있는 상대방을 안심시키기 위한 의도가 담겨 있다.

| 근거 | 느닷없이 건장한 두 사나이가 제 앞에 쑥 나타났다. 칠환은 그만 생포된 짐승같이 바들바들 떨며 그 자리에서 꼼짝도 할 수가 없었다. ⓔ "겁내지 마시오. 우리는 고물 장수들이오. 당신은 뭐 하는 사람이오?"

| 풀이 | 건장한 두 사나이가 갑자기 모습을 드러내자 칠환은 놀라서 떨게 되고 두 사나이는 자신들이 고물 장수라는 사실을 밝히며 칠환을 안심시킨다.

→ 적절함!

[A]에 대한 이해로 가장 적절한 것은?

> [A] 생전에 사람 기척도 없던 집에 오늘은 무슨 방송국에서 촬영을 왔었다. 수몰민들이 마지막 설 준비하는 것을 촬영한다고 했다. 사진 박히는 건 질색이지만 그쪽에서 하도 마지막 설 준비하는 기분이 어떠냐고 물어대써서, 그만 울음을 터뜨리고 말았다. 그랬더니 방송국에서 나온 젊은 처자가 하는 말이, 왜 눈물을 흘리지 않고 우시냐고 물었다. "눈물이 보타부러서 그러는개비." "할머니 이제 금방 하신 말씀 한 번만 더 해 보세요." 그래서 또 쑥스럽지만, "눈물이 보타부렀어." 처자가 깔깔대며 웃었다. 설 준비하는 흉내를 내라는데 솥에 넣고 끓일 것이 없어서 물이라도 붓고 불을 땠더니, 불 때는 것이 무슨 구경거리라고 또 사진을 박았다.

① 덕님과 **논쟁하는 방송국 사람의 모습을 통해 **언론의 비인간적인 속성을 부각한다. *자기의 주장을 내세워 다투는　**매체를 통하여 어떤 사실을 밝혀 알리거나 어떤 문제에 대하여 대중의 의견을 형성하는 활동

| 풀이 | [A]에는 덕님과 방송국 사람이 촬영하는 모습만 나타날 뿐 논쟁하는 모습은 나타나지 않는다.

→ 적절하지 않음!

② 덕님의 생활을 관찰하는 방송국 사람의 모습을 통해 수몰민의 *실상을 **폭로하려는 언론의 의도를 드러낸다. *실제 모습　**알려지지 않았거나 감춰져 있던 사실을 드러내려

| 풀이 | 방송국 사람은 자신들의 요구에 따라 설 준비를 흉내 내는 덕님을 촬영하고 있을 뿐 덕님의 생활을 관찰하고 있지도 않고 수몰민의 실상을 폭로하려는 언론의 의도도 나타나지 않는다.

→ 적절하지 않음!

③ 덕님의 상황에 공감하지 못하고 촬영하는 방송국 사람의 모습을 통해 타인의 고통에 무관심한 언론의 면모를 드러낸다.

| 풀이 | 수몰로 인해 살던 집을 떠나게 된 덕님이 울음을 터뜨리지만 방송국 사람들은 덕님을 위로하기는커녕 덕님의 말투를 우스워하고 덕님에게 촬영을 위해 설을 준비하는 흉내를 내어 달라고 요구한다. 이를 통해 방송국 사람이 덕님의 상황에 공감하지 못하고 촬영하는 모습에서 타인의 고통에 무관심한 언론의 면모가 드러난다고 볼 수 있다.

→ 적절함!

④ 방송국 사람을 이용하여 자신의 처지를 알리려는 덕님의 모습을 통해 어려운 상황을 극복하려는 수몰민의 의지를 부각한다.

| 풀이 | 덕님은 방송국 사람의 요구에 따라 행동하고 있을 뿐 방송국 사람을 이용하여 자신의 처지를 알리려 하고 있지 않다.

→ 적절하지 않음!

⑤ 방송국 사람의 요구를 순순히 들어주는 덕님의 모습을 통해 보상금을 받기 위해 애쓰는 수몰민의 *이중적인 태도를 드러낸다. *상황에 따라 동일하지 않은 기준을 가지고 대하는 자세

| 풀이 | [A]에서 덕님은 방송국 사람의 요구를 순순히 들어주고 있을 뿐 보상금을 받기 위해 애쓰는 모습은 나타나지 않는다.

→ 적절하지 않음!

→ 문제편 163쪽

〈보기〉를 바탕으로 윗글을 감상한 내용으로 적절하지 않은 것은?　[3점]

> | 보기 |
> [1]이 작품은 수몰 예정지에 사는 수몰민들의 모습을 통해 개발 난민(어려울 難 사람 民 : 재난을 당하여 곤경에 빠진 사람)이 겪는 현실을 보여 준다. [2]수몰 예정지인 마을에서는 생계 유지 문제로 주민들 사이에 갈등이 일어나기도 하고 보상금으로 인해 가족 공동체의 붕괴(무너질 崩 무너질 壞 : 파괴)가 가속화되기도(더할 加 빠를 速 될 化 : 진행이 빨라지기도) 한다. [3]또한 빈집이 늘어난 마을에 주민들의 눈을 피해 들어온 외지인(바깥 外 땅 地 사람 人 : 그 마을 사람이 아닌 사람)과 아직 떠나지 못한 주민이 문제를 일으키기도 한다. [4]한편 수몰 예정지에서 유랑하는(떠돌 流 유랑할 浪 : 일정하게 머무는 곳 없이 떠돌아다니는) 이들끼리의 연대(이어질 連 띠 帶 : 여럿이 함께 무슨 일을 하거나 함께 책임을 짐)를 통해 어려운 이들이 서로 돕는 따뜻한 모습을 보여 주기도 한다.

① 덕님의 자식들이 '수몰 보상금을 나눠 가진' 후 '제 어미가 어찌 살든 내려와 보지도 않'는 모습을 통해 개발 과정에서 가족 공동체가 붕괴되는 모습을 보여 주고 있군.

| 근거 | 〈보기〉-2 수몰 예정지인 마을에서는 ~ 보상금으로 인해 가족 공동체의 붕괴가 가속되기도 한다.
　　지금 그 자식들은 저희들이 나고 자란, 저희들의 탯자리인 집이 수몰이 되건 말건 관심이 없다. **수몰 보상금을 나눠 가진** 뒤에는 **제 어미가 어찌 살든 내려와 보지도 않는**다./ 설이 가까워 오건만 어느 자식이 내려온다는 기별도 없다. ~ 팔십 노구가 그저 거추장스러울 뿐이다.

| 풀이 | 덕님의 자식들은 고향이 수몰된다는 사실에 관심도 없고 '수몰 보상금을 나눠 가진' 후에는 '제 어미가 어찌 살든 내려와 보지도 않고 명절을 앞두고도 연락이 없다. 이를 통해 수몰 지역의 개발 과정에서 가족 공동체가 붕괴되는 모습을 확인할 수 있다.

→ 적절함!

② 칠환이 '남이 버리고 간 집'에 살면서 '짐승들을 잡아다가 팔아서 돈을 마련'하려는 모습을 통해 삶의 *기반을 잃고 유랑하는 이의 비참한 현실을 보여 주고 있군. *기초가 되는 바탕

| 근거 | 〈보기〉-4 수몰 예정지에서 유랑하는 이들
　　고향 집이 수몰 지구가 되었으니 보상금을 타 가라는 연락이 온 것이다. 집이라고 해봤자 이미 폐가가 된 지 오래인 집으로 내려와 ~ 이제 **남이 버리고 간 집**에 제가 들어가 살고 있다. ~ 칠환네는 기름 살 돈이 없어 고생을 하고 있는 중이었다./ 오늘 칠환은 그 **짐승들을 잡아다가 팔아서 돈을 마련**해 볼 생각인 것이다.

| 풀이 | 칠환이 수몰 예정지가 된 고향으로 내려와 '남이 버리고 간 집'에 살면서 형편이 어려워 '짐승들을 잡아다가 팔아서 돈을 마련'하려는 모습을 통해 삶의 기반을 잃고 유랑하는 이의 비참한 현실이 나타난다.

→ 적절함!

③ 사람들이 '소나 개'를 처분하고 떠나 '고양이나 염소와 닭들의 세상이 되어 있'는 마을의 모습을 통해 주민들이 떠나 빈집이 늘어난 수몰 예정지의 상황을 보여 주고 있군.

| 근거 | 〈보기〉-3 빈집이 늘어난 마을
　　값나가는 **소나 개**는 이미 처분을 하고 떠난 뒤여서 동네는 값 안 나가는 **고양이나 염소와 닭들의 세상이 되어** 있었다.

| 풀이 | 전에 살던 주민들이 값나가는 동물인 '소나 개'만 처분하고 떠나서 '고양이나 염소와 닭들의 세상이 되어 있'는 마을의 모습을 통해 주민들이 떠나 빈집이 늘어난 수몰 예정지의 상황을 확인할 수 있다.

→ 적절함!

④ 칠환이 두 사나이에게 '손댄 물건값'을 치르라고 말하는 모습을 통해 보상금을 노린 외지인과 생계 유지를 위해 자신의 재산을 지키려는 주민 사이의 갈등을 보여 주고 있군.

| 근거 | 대석은 수몰 예정지에 사업거리가 있다는 만수의 말을 듣고 어린 아들 명호를 데리고 만수를 찾아가고 세 사람은 동네를 돌아다닌다.
　　그들이 모은 고물들은 내일 새벽 광주의 고물상으로 반출이 될 거였다.
　　이왕이면 염소를 잡으려고 칠환이 막 동네 고샅길을 거슬러 올라가고 있는데 ~ 두 명의 사나이가 담 너머로 고개를 내밀어 사방을 살피고 있는 중이다. ~ "누구시오?" "집줸이오."/ "누가 이 야심한 밤에 남의 빈집을 털고 있는 거요?" 그때 다시 고개들이 연달아 쑥쑥 나왔다. ~ "우리는 수자원공사에서 나온 직원이오."/ "집주인 허락도 없이 남의 재산에 손을 댔으니 **손댄 물건값**을 나에게 쳐주면 없던 일로 하리라."

| 풀이 | 윗글에서 주민들의 눈을 피해 들어온 외지인인 대석과 만수는 수몰 예정지인 마을을 돌아다니며 고물을 줍고 있을 뿐 수몰 보상금을 노리는 모습은 나타나지 않는다. 한편 주민인 칠환은 남몰래 짐승을 잡으러 다니다가 빈집에서 두 사나이(대석과 만수)와 마주치자 당황하여 집주인인 척하고 그들에게 '손댄 물건값'을 치르라고 말한다. 즉 칠환이 말한 '손댄 물건값'은 실제로는 칠환의 재산이 아니다. 따라서 칠환이 두 사나이에게 '손댄 물건값'을 치르라고 말하는 모습에서 보상금을 노린 외지인과 생계 유지를 위해 자신의 재산을 지키려는 주민 사이의 갈등이 나타난다고 볼 수 없다.

→ 적절하지 않음!

⑤ 두 사나이가 칠환의 이야기를 듣고 나서 *경계를 풀고 그를 도와 '어디 한번 고양이나 잡아' 보자고 제안하는 모습을 통해 유랑하는 이들끼리 연대하는 모습을 보여 주고 있군. *뜻밖의 사고가 생기지 않도록 조심하여 단속함

[근거] 〈보기〉-4 수몰 예정지에서 유랑하는 이들끼리의 연대를 통해 어려운 이들이 서로 돕는 따뜻한 모습을 보여 주기도 한다.
대석은 수몰 예정지에 사업거리가 있다는 만수의 말을 듣고 어린 아들 명호를 데리고 만수를 찾아가고 세 사람은 동네를 돌아다닌다.
그들이 모은 고물들은 내일 새벽 광주의 고물상으로 반출이 될 거였다.
"겁내지 마시오. 우리는 고물 장수들이오. 당신은 뭐 하는 사람이오?" "주민이오. 아내와 아이가 기름이 없어 냉골에서 떨고 있어요. 짐승들을 본 적 있소?"/ "우리도 일은 대충 끝냈으니 **어디 한번 고양이나 잡아** 봅시다."

[풀이] 두 사나이와 칠환은 생계를 위해 각자 고물을 줍거나 짐승을 잡으며 마을을 돌아다니다가 마주치고, 두 사나이가 칠환의 사정을 들은 후 경계를 풀고 '어디 한번 고양이나 잡아' 보자고 제안하며 칠환을 돕는 모습에서 유랑하는 이들끼리 연대하는 모습이 나타난다.

→ 적절함!

[33~37] 사회 - 〈형법상 범죄 행위의 성립 요건과 형법에서 다루는 범죄의 구분〉

1 [1]형법(刑 형벌 형 法 법 법)은 범죄(犯罪, 법규를 어기고 저지른 잘못)와 형벌(刑罰, 범죄에 대하여 국가가 범죄자에게 가하는 제재)을 규정한(規定-, 제한하여 정한) 법률로 어떤 행위가 형법상 범죄 행위로 성립하려면 '구성 요건 해당성', '위법성', '책임'이라는 세 가지 요건(要件, 필요한 조건)을 순차적으로(順次的-, 순서를 따라 차례대로) 모두 충족해야(充足-, 채워야) 한다.

→ 형법의 개념

2 [1]첫 번째 성립 요건인 구성 요건 해당성은 어떤 행위에 대한 구체적인 사실이 형법상 규정된 범죄의 유형에 해당하는 것을 말한다. [2]이때 구성 요건으로 행위와 결과를 요구하는 경우에는 구성 요건상 행위와 결과 간(間, 관계)에 인과관계(因果關係, 원인과 결과의 관계가 있는 일)가 인정되어야(認定-, 확실히 그렇다고 여겨져야) 한다. [3]두 번째 성립 요건인 위법성은 전체 법질서(法秩序, 법에 의해 유지되는 질서)에 위배된다는(違背-, 지켜지지 않고 어겨진다는) 가치 판단(價値判斷, 판단하는 사람의 가치관이 개입되는 판단)으로, 어떤 행위가 구성 요건에 해당하는 행위이면 일반적으로 위법성이 추정된다.(推定-, 미루어져 생각되어 판정된다.) [4]하지만 구성 요건에 해당하는 행위이더라도 예외적으로 위법성을 소멸시키는(消滅-, 사라져 없어지게 하는) 사유(事由, 일의 까닭, 원인)인 위법성 조각 사유(違法性阻却事由, 형식적으로는 범죄 행위나 불법 행위로서의 조건을 갖추고 있어도, 실질적으로는 위법이 아니라고 인정할 만한 특별한 사유. 형법에서는 정당 행위, 정당방위, 긴급 피난 등을 규정하고 있음)에 해당한다면 범죄가 성립하지 않는다. [5]예를 들어 범죄의 구성 요건에 해당하는 타인(他人, 다른 사람)에 대한 폭력이 형법에 규정된 위법성 조각 사유 중 하나인 정당방위(正當防衛, 자기 또는 타인에 대한 급박하고 부당한 침해를 막기 위하여 어쩔 수 없이 취하는 가해 행위)에 해당한다면 위법성이 조각되어(阻却-, 물리쳐 없어지게 되어) 범죄라고 볼 수 없다는 것이다. [6]세 번째 성립 요건인 책임은 행위자(行爲者, 행위를 하는 사람)에 대해 사회적 비난(非難, 남의 잘못이나 결점을 들어 나무라며 나쁘게 말함)이 가능하다는 성질을 의미한다. [7]어떤 행위가 구성 요건에 해당하는 위법한 행위라도 행위자에 대한 사회적 비난이 가능하지 않다면 범죄가 되지 않는다. [8]이때 행위자에 대한 책임을 물을 수 없는 사유인 책임 조각 사유 역시 형법에 규정되어 있는데 그 예로 강요된(强要-, 억지로 또는 강제로 요구된) 행위가 있다.

→ 형법상 범죄 행위 성립의 세 가지 요건 : 구성 요건 해당성, 위법성, 책임

3 [1]형법에서 다루는 범죄는 '고의범'과 '과실범'으로 나눌 수 있다. [2]고의범은 행위자가 죄를 범할(犯-, 저지를) 의사(意思, 하고자 하는 생각)를 가지고 저지르는 범죄로, 범죄 사실의 발생 가능성에 대한 인식(認識, 분별하고 판단하여 앎)이 있음은 물론 나아가 범죄 사실이 발생할 위험을 용인하는(容認, 용납하여 인정하는) 마음속의 의사(위험이 발생할 것을 받아들이고자 하는 생각)를 가지고 행동하는 '미필적 고의'에 의한 범죄 역시 고의범에 포함하고 있다. [3]형법에서 다루는 범죄는 고의범이 대부분이지만, 실수로 타인의 생명과 신체를 침해하는(侵害-, 침범하여 해를 끼치는) 사례가 많아지면서 죄를 범할 의사는 없지만 부주의(不注意, 조심을 하지 않음)로 타인에게 상처를 입히는 등의 과실(過失, 부주의로 인하여 어떤 결과의 발생을 미리 내다보지 못한 일)로 인한 범죄인 과실범에 대해서도 특별한 규정을 두어 처벌하고(處罰-, 형벌에 처하고) 있다.

→ 형법에서 다루는 범죄의 구분 : 고의범과 과실범

4 [1]과실은 결과 발생의 위험성에 대한 인식의 유무(有無, 있음과 없음)와 형법상의 과실범 규정에 따라 그 유형을 나눌 수 있다. [2]먼저 인식의 유무에 따라 과실의 유형을 나누면 '인식 없는 과실'과 '인식 있는 과실'로 나눌 수 있다. [3]자동차 운전을 하면서 통화를 하다가 정지신호를 보지 못하고 통과하던 중 교통사고를 ⓐ 일으킨 경우, 운전 중 통화 행위가 사고를 발생시킬 수 있는 위험한 행동이라고 인식하지 못하였다면 운전자의 행위는 인식 없는 과실에 해당한다. [4]그러나 운전 중 통화 행위가 사고를 발생시킬 수 있는 위험한 행동이라고 인식했지만 주의해서(注意-, 마음에 새겨 두고 조심해서) 운전하면 교통사고는 발생하지 않을 것이라고 생각하면서 계속 통화를 하던 중 교통사고를 일으켰다면 운전자의 행위는 인식 있는 과실에 해당한다고 볼 수 있다. [5]두 과실은 형법상 취급(取扱, 어떤 태도로 대하거나 처리함)에는 차이가 없고 과실범의 성립 여부에 영향을 주지 않는다.(과실범인지 아닌지 판단하는 데 영향을 주지 않는다. 즉 위험성에 대한 인식이 있든 없든 과실범에 해당한다.) [6]하지만 ㉮ 두 과실을 구분함으로써 인식 있는 과실을 미필적 고의와 구별할 수 있다.

→ 인식의 유무에 따른 과실의 유형 : 인식 없는 과실과 인식 있는 과실

5 [1]다음으로 과실은 형법상의 과실범 규정에 따라 ㉠ '통상(通常, 특별하지 않고 보통 있는 일)의 과실', ㉡ '업무상(業務上, 업무와 관련된) 과실', ㉢ '중과실'로 나눌 수 있는데, 이들은 법정형(法定刑, 형법의 조문에 각 범죄별로 그 내용과 범위를 규정하고 있는 형벌)에 차이가 있다. [2]업무상 과실은 업무가 계속적·반복적인 수행을 요건으로 하기 때문에 결과 발생에 대한 예견(豫見, 앞으로 일어날 일을 미리 짐작함)가능성이 높다고 할 수 있으므로 일반인에게 통상적으로 요구되는 주의의무를 위반하는(違反-, 지키지 않고 어기는) 통상의 과실에 비해 상대적으로 무겁게 처벌한다. [3]이 경우 업무는 결과 발생 야기(惹起, 끌어 일으킴) 행위의 내용이어야 하며(업무의 내용으로 인해 과실이라는 결과가 발생되어야 하며) 이(결과 발생 야기 행위의 내용)와 무관한(無關-, 관계가 없는) 업무를 수행하던 중 발생한 결과에 대해서는 업무상 과실을 인정할 수 없다. [4]중과실은 통상의 과실에 비해 주의의무를 현저히(顯著-, 뚜렷이 드러날 정도로) 태만히(怠慢-, 열심히 하려는 마음이 없고 게으르게) 한 경우, 즉 극히(極-, 더할 수 없는 정도로) 근소한(僅少-, 얼마 되지 않을 만큼 아주 적은) 주의만 기울였더라도 결과의 발생을 예견할 수 있었다는 점에서 통상의 과실에 비해 상대적으로 무겁게 처벌한다.

→ 형법상 과실범 규정에 따른 과실의 유형 : 통상의 과실, 업무상 과실, 중과실

■ 지문 이해

❶ 형법의 개념
- 형법 : 범죄와 형벌을 규정한 법률
- 어떤 행위가 형법상 범죄 행위로 성립하려면 구성 요건 해당성, 위법성, 책임 요건을 순차적으로 모두 충족해야 함

❷ 형법상 범죄 행위 성립의 세 가지 요건
- 구성 요건 해당성 : 어떤 행위에 대한 구체적 사실이 형법상 규정된 범죄의 유형에 해당하는 것
- 위법성 : 전체 법질서에 위배된다는 가치 판단
  - 구성 요건에 해당하는 행위는 일반적으로 위법성이 추정됨
  - 위법성 조각 사유에 해당하면 범죄 성립 × (예 : 정당방위)
- 책임 : 행위자에 대해 사회적 비난이 가능하다는 성질
  - 책임 조각 사유에 해당하면 범죄 성립 × (예 : 강요된 행위)

❸ 형법에서 다루는 범죄의 구분
- 고의범 : 행위자가 죄를 범할 의사를 가지고 저지르는 범죄, 형법에서 다루는 범죄의 대부분
  - 범죄 사실의 발생 가능성에 대한 인식을 가지고 범죄 사실이 발생할 위험을 용인하는 마음속의 의사를 가지고 행동하는 미필적 고의에 의한 범죄도 포함됨
- 과실범 : 죄를 범할 의사는 없지만 부주의로 타인에게 상처를 입히는 등의 과실로 인한 범죄

과실의 유형

❹ 인식의 유무에 따른 과실의 유형
- 인식 없는 과실 : 결과 발생의 위험성에 대해 인식하지 못한 과실 행위
- 인식 있는 과실 : 결과 발생의 위험성에 대해 인식하였지만 발생 위험을 용인하는 의사를 가지지 않은 과실 행위

❺ 형법상 과실범 규정에 따른 과실의 유형
- 통상의 과실 : 일반인에게 통상적으로 요구되는 주의의무를 위반한 과실
- 업무상 과실 : 결과 발생에 대한 예견가능성이 높아 통상의 과실에 비해 상대적으로 무겁게 처벌함

→ 문제편 164쪽

→ 형법상 취급에 차이가 없고, 과실 범 성립 여부에 영향을 주지 않음	• 중과실 : 통상의 과실에 비해 주의의 무를 현저히 태만히 한 경우로, 상대 적으로 무겁게 처벌함 → 법정형에 차이가 있음

고의범	• 행위자가 죄를 범할 의사를 가지고 저지르는 범죄(❸-2) • 범죄 사실의 발생 가능성에 대한 인식이 있음은 물론 나아가 범죄 사실이 발생할 위험을 용인하는 마음속의 의사를 가지고 행동하는 '미필적 고의'에 의한 범죄 역시 고의범에 포함됨(❸-2)
과실범	• 죄를 범할 의사는 없지만 부주의로 타인에게 상처를 입히는 등의 과실로 인한 범죄(❸-3) • 인식의 유무에 따라 과실의 유형을 나누면 '인식 없는 과실'과 '인식 있는 과실'로 나눌 수 있음(❹-2) • 인식 있는 과실의 예 : 운전 중 통화 행위가 사고를 발생시킬 수 있는 위험한 행동이라고 인식했지만 주의해서 운전하면 교통사고는 발생하지 않을 것이라고 생각하면서 계속 통화를 하던 중 교통사고를 일으킨 경우(❹-4)

[풀이] '미필적 고의에 의한 범죄'는 범죄 사실의 발생 가능성에 대한 인식이 있음과 더불어 범죄 사실이 발생할 위험을 용인하는 의사를 가지고 행동하는 것을 뜻한다. 한편 윗글에서 제시한 '인식 있는 과실'의 사례는 운전 중 통화 행위가 사고를 유발할 수 있는 위험한 행동이라고 인식했지만 주의해서 운전하면 교통사고는 발생하지 않을 것이라고 생각하면서 계속 통화를 하던 중 교통사고를 일으킨 경우이다. 이때 행위자는 결과 발생의 위험성에 대한 인식은 있으나 위험을 용인하는 마음속의 의사를 가지고 행동했다고는 볼 수 없다. 그러므로 결과 발생의 위험성에 대한 인식의 유무에 따라 과실의 유형을 '인식 없는 과실'과 '인식 있는 과실'로 나누는 것은, 두 과실을 구분함으로써 행위자가 자신의 행위로 인하여 발생할 위험을 용인하는 의사도 가지고 있었는지를 파악할 수 있고, 이를 통해 해당 행위가 '인식 있는 과실'인지 '미필적 고의에 의한 범죄'인지 구별할 수 있기 때문임을 추론할 수 있다. 따라서 정답은 ⑤번이다.

① 고의는 과실보다 부주의로 인해 죄를 범할 가능성이 상대적으로 낮기 때문이다.

[풀이] 고의범은 행위자가 죄를 범할 의사를 가지고 저지르는 범죄로, 미필적 고의에 의한 범죄는 고의범에 포함된다. 한편 과실범은 죄를 범할 의사는 없지만 부주의 등의 과실로 인해 저지르는 범죄를 뜻한다. 따라서 '부주의로 인해 죄를 범할 가능성'은 행위자가 죄를 범할 의사를 가지고 저지르는 범죄인 고의에 적용될 수 없으므로 적절하지 않다.

② 과실은 행위의 위험성에 대한 인식 유무에 따라 서로 다른 유형으로 나뉘기 때문이다.

[풀이] '과실'이 결과 발생의 위험성에 대한 인식의 유무에 따라 '인식 없는 과실'과 '인식 있는 과실'의 두 유형으로 나뉘는 것은 맞으나, 인식 있는 과실과 미필적 고의는 모두 행위의 위험성에 대한 인식이 있는 경우에 해당하므로, ㉮의 이유로 적절하지 않다.

③ 결과 발생의 위험성에 대한 인식 유무가 고의와 과실을 나누는 중요한 기준이기 때문이다.

[풀이] 고의와 과실을 나누는 기준은 행위자의 죄를 범할 의사 유무이다. 결과 발생의 위험성에 대한 인식 유무는 과실 중 인식 없는 과실과 인식 있는 과실을 나누는 기준에 해당하므로, 결과 발생의 위험성에 대한 인식 유무가 고의와 과실을 나누는 중요한 기준이라는 설명은 적절하지 않다.

④ 고의와 과실은 범죄 사실의 발생 가능성에 대한 인식 유무와 그 결과를 용인하는 의사 유무 모두에 차이가 있기 때문이다.

[풀이] 형법에서 다루는 범죄는 행위자가 죄를 범할 의사를 가지고 저지르는 범죄인 '고의범'과 죄를 범할 의사는 없지만 부주의 등의 과실로 인한 범죄인 '과실범'으로 구분된다. 범죄 사실의 발생 가능성에 대한 인식 유무와 그 결과를 용인하는 의사 유무는 미필적 고의에 의한 범죄를 포함한 '고의범'에 관련된 것이지, '과실범'에 관한 규정이 아니므로 적절하지 않다.

⑤ 행위자가 자기 행위로 인하여 발생할 위험을 용인하는 의사의 유무에 따라 그 행위가 고의와 과실로 구별되기 때문이다.

→ 적절함!

---

35 핵심 개념 파악 - 적절하지 않은 것 고르기
정답률 60%, 매력적 오답 ② 15% ③ 10%   **정답 ①**

㉠~㉢에 대한 설명으로 적절하지 않은 것은?

㉠ '통상의 과실'	㉡ '업무상 과실'	㉢ '중과실'

① ㉠과 ㉡은 업무로 인한 결과 발생 가능성을 얼마만큼 예견했는가에 따라 법정형이 달라진다.

[근거] ❺-2~3 업무상 과실(㉡)은 업무가 계속적·반복적인 수행을 요건으로 하기 때문에 결과 발생에 대한 예견가능성이 높다고 할 수 있으므로 일반인에게 통상적으로 요구되는 주의의무를 위반하는 통상의 과실(㉠)에 비해 상대적으로 무겁게 처벌한다. 이 경우 업무는 결과 발생 야기 행위의 내용이어야 하며

[풀이] '통상의 과실'은 일반인에게 통상적으로 요구되는 주의의무를 위반하는 경우에 해당하고, '업무상 과실'은 결과 발생 야기 행위의 내용이 되는 업무를 수행하던 중 발생

---

33 세부 정보 이해 - 적절하지 않은 것 고르기
정답률 40%, 매력적 오답 ② 40% ③ 15%   **정답 ①**

윗글의 내용에 대한 이해로 적절하지 않은 것은?

① *협박에 의해 강요된 행위였다면 위법성이 조각되어 범죄로 볼 수 없다. *脅迫. 상대에게 공포심을 일으키기 위해 생명, 신체, 자유, 명예, 재산 등에 해를 입힐 뜻을 보임

[근거] ❷-7~8 어떤 행위가 구성 요건에 해당하는 위법한 행위라도 행위자에 대한 사회적 비난이 가능하지 않다면 범죄가 되지 않는다. 이때 행위자에 대한 책임을 물을 수 없는 사유인 책임 조각 사유 역시 형법에 규정되어 있는데 그 예로 강요된 행위가 있다.

[풀이] 윗글에 따르면 어떤 행위가 위법한 행위라도, 강요된 행위에 의한 것이라면 책임 조각 사유가 되어 그 행위는 범죄가 되지 않는다. 따라서 협박에 의해 강요된 행위였다면 '위법성'이 조각된 것이 아니라 '책임'이 조각되어 범죄로 볼 수 없다.

→ 적절하지 않음!

② 어떤 행위에 대한 결과가 없더라도 그 행위만으로도 구성 요건에 해당할 수 있다.

[근거] ❷-1~2 첫 번째 성립 요건인 구성 요건 해당성은 어떤 행위에 대한 구체적인 사실이 형법상 규정된 범죄의 유형에 해당하는 것을 말한다. 이때 구성 요건으로 행위와 결과를 요구하는 경우에는 구성 요건상 행위와 결과 간에 인과관계가 인정되어야 한다.

[풀이] 윗글에서 구성 요건 해당성을 설명하면서, 구성 요건으로 '행위와 결과를 요구하는 경우에는' 구성 요건상 행위와 결과 간에 인과관계가 인정되어야 한다고 설명하고 있다. 이를 통해 구성 요건으로 행위와 결과를 요구하는 경우도 있고, 행위와 결과를 모두 요구하지는 않는 경우도 있을 것임을 추론할 수 있다. 따라서 어떤 행위에 대한 결과가 없더라도, 그 행위만으로도 구성 요건에 해당할 수 있다는 설명은 적절하다.

→ 적절함!

③ 어떤 행위가 형법에 규정된 범죄 행위의 유형에 속하지 않는다면 범죄로 볼 수 없다.

[근거] ❶-1 어떤 행위가 형법상 범죄 행위로 성립하려면 '구성 요건 해당성', '위법성', '책임'이라는 세 가지 요건을 순차적으로 모두 충족해야 한다. ❷-1 첫 번째 성립 요건인 구성 요건 해당성은 어떤 행위에 대한 구체적인 사실이 형법상 규정된 범죄의 유형에 해당하는 것을 말한다.

[풀이] 어떤 행위가 형법상 범죄 행위로 성립하려면 구성 요건 해당성, 위법성, 책임 등 세 가지 요건을 순차적으로 모두 충족해야 한다. 이 중 첫 번째 성립 요건인 구성 요건 해당성은 어떤 행위에 대한 구체적인 사실이 형법상 규정된 범죄의 유형에 해당하는 것을 뜻한다. 따라서 어떤 행위가 형법에 규정된 범죄 행위의 유형에 속하지 않는다면, 형법상 범죄 행위 성립의 첫 번째 요건인 구성 요건 해당성을 충족하지 않으므로 해당 행위를 형법상 범죄 행위라고 볼 수 없다.

→ 적절함!

④ 어떤 행위가 형법상 범죄로 성립하기 위해서는 범죄 성립의 세 가지 요건을 순차적으로 모두 충족해야 한다.

[근거] ❶-1 어떤 행위가 형법상 범죄 행위로 성립하려면 '구성 요건 해당성', '위법성', '책임'이라는 세 가지 요건을 순차적으로 모두 충족해야 한다,

→ 적절함!

⑤ 범죄의 구성 요건으로 행위와 결과를 요구하는 경우, 구성 요건상 행위와 결과는 인과 관계가 인정되어야 한다.

[근거] ❷-2 구성 요건으로 행위와 결과를 요구하는 경우에는 구성 요건상 행위와 결과 간에 인과관계가 인정되어야 한다.

→ 적절함!

---

34 추론의 적절성 판단 - 적절한 것 고르기
정답률 40%, 매력적 오답 ② 15% ③ ④ 20%   **정답 ⑤**

㉮의 이유를 추론한 내용으로 가장 적절한 것은?

> ㉮ 두 과실을 구분함으로써 인식 있는 과실을 미필적 고의와 구별할 수 있다.

한 과실에 대한 것이다. 윗글에 따르면 업무상 과실은 결과 발생에 대한 예견가능성이 높다고 볼 수 있으므로, 통상의 과실에 비해 법정형이 높다. 그러나 업무로 인한 결과 발생 가능성을 '얼마만큼 예견했는가'에 따라 ㉠과 ㉡의 법정형이 달라지는 것은 아니다.

→ 적절하지 않음!

② ㉠과 ㉢은 주의의무에 대한 태만의 정도 차이를 기준으로 나뉜다.

근거 **5**-4 중과실(㉢)은 통상의 과실(㉠)에 비해 주의의무를 현저히 태만히 한 경우, 즉 극히 근소한 주의만 기울였더라도 결과의 발생을 예견할 수 있었다는 점에서 통상의 과실에 비해 상대적으로 무겁게 처벌한다.

→ 적절함!

③ ㉡은 계속적이고 반복적인 수행으로 인해 결과 발생에 대한 예견가능성이 ㉠에 비해 상대적으로 높다.

근거 **5**-2 업무상 과실(㉡)은 업무가 계속적·반복적인 수행을 요건으로 하기 때문에 결과 발생에 대한 예견가능성이 높다고 할 수 있으므로 일반인에게 통상적으로 요구되는 주의의무를 위반하는 통상의 과실(㉠)에 비해 상대적으로 무겁게 처벌한다.

→ 적절함!

④ ㉢은 조금만 주의를 기울여도 결과의 발생을 피할 수 있다는 점에서 ㉠에 비해 상대적으로 무겁게 처벌한다.

근거 **5**-4 중과실(㉢)은 … 극히 근소한 주의만 기울였더라도 결과의 발생을 예견할 수 있었다는 점에서 통상의 과실(㉠)에 비해 상대적으로 무겁게 처벌한다.

→ 적절함!

⑤ ㉠~㉢은 형법상 과실 행위를 *세분화한 것으로 법정형에 차이가 있다. *細分化–. 여러 갈래로 자세히 가름

근거 **5**-1 과실은 형법상의 과실범 규정에 따라 '통상의 과실', '업무상 과실', '중과실'로 나눌 수 있는데, 이들은 법정형에 차이가 있다.

→ 적절함!

오답률 TOP 4 **1등급 문제**

36 구체적인 사례에 적용 - 적절하지 않은 것 고르기
정답률 45%, 매력적 오답 ③ 20% ⑤ 15% **정답 ②**

윗글을 참고했을 때, <보기>의 판결문에 대한 반응으로 적절하지 **않은** 것은? [3점]

| 보기 |

[1]A 씨(견주(犬主, 개의 주인))는 자신의 의류 매장에서 반려견을 키우고 있었다. [2]A 씨는 ○월 ○일 11시에 자신의 매장에서 환불을 요구하는 손님과 다툼을 벌였고, 그 과정에서 A 씨의 반려견이 밖으로 나갔다. [3]이때 지나가던 B 씨에게 A 씨의 반려견이 달려들었고, B 씨는 A 씨의 반려견에게 물려 상해(傷害, 남의 몸에 상처를 내어 해를 끼침)를 입게 되었다. [4]A 씨의 과실 여부를 판단하는 재판 과정에서, A 씨는 자신의 반려견이 매장 밖으로 나가 타인에게 해를 끼칠 수도 있겠다고 생각했지만 손님과의 다툼으로 어쩔 수 없었던 상황이었다고 호소했다(呼訴–. 간곡히 알렸다.) [5]이에 대한 판결은 다음과 같다.

[판결문]
[6]피고인(被告人, 형법의 적용을 받는 사건의 소송에서, 검사에 의해 책임을 져야 할 자로 재판이 청구된 사람)(A 씨)은 피고인이 운영하는(運營–, 이끌어 관리하고 경영하는) 의류 매장에서 견주로서 반려견에게 목줄을 채우지 않은 채 풀어놓고 출입문의 잠금 상태를 소홀히(疏忽–, 대수롭지 않게) 한 과실로 피해자(B 씨)에게 상세 불명의(詳細不明–. 어느 한 부위로 분명하게 특정할 수 없는) 신체 부위에 상처를 입게 하였으므로 피고인을 벌금 150만 원에 처한다.(處–. 형벌에 놓이게 한다.)   ← A 씨의 행위가 형법상 범죄 행위로 성립함

                                    ← '책임' 요건 성립
① A 씨가 반려견에 대한 관리를 소홀히 한 사실에 대해 A 씨에 대한 사회적 비난이 가능하다고 판단한 것이겠군.

근거 **1**-1 어떤 행위가 형법상 범죄 행위로 성립하려면 '구성 요건 해당성', '위법성', '책임'이라는 세 가지 요건을 순차적으로 모두 충족해야 한다. **2**-6 책임은 행위자에 대해 사회적 비난이 가능하다는 성질

풀이 어떤 행위가 형법상 범죄 행위로 성립하였다는 것은 구성 요건 해당성, 위법성, 책임의 세 가지 요건을 순차적으로 모두 충족하였음을 뜻하며, 이때 '책임'은 행위자에 대해 사회적 비난이 가능하다는 성질을 의미한다. <보기>의 판결문에 따르면 A 씨는 벌금 150만 원 형에 처해졌다. 이는 법원이 A 씨의 과실 행위가 구성 요건 해당성, 위법성, 책임의 요건을 순차적으로 모두 충족한다고 보고, 이를 형법상 범죄 행위로 판단하였음을 뜻한다. 따라서 <보기>의 판결문은 A 씨가 반려견에 대한 관리를 소홀히 한 사실에 대해 A 씨에 대한 사회적 비난이 가능하다고 판단하였다고 볼 수 있다.

→ 적절함!

        ← 결과 발생의 위험성에 대한 인식이 있음 : 인식 있는 과실
② A 씨가 반려견에 대한 관리를 소홀히 하면 타인에게 해를 끼칠 수 있다고 인식한 점은 과실범의 성립 여부에 영향을 미쳤겠군.

근거 <보기>-4 A 씨는 자신의 반려견이 매장 밖으로 나가 타인에게 해를 끼칠 수도 있겠다고 생각했지만, **4**-2 (결과 발생의 위험성에 대한) 인식의 유무에 따라 과실의 유형을 나누면 '인식 없는 과실'과 '인식 있는 과실'로 나눌 수 있다. **4**-5 두 과실은 형법상 취급에는 차이가 없고 과실범의 성립 여부에 영향을 주지 않는다.

풀이 A 씨가 반려견에 대한 관리를 소홀히 하면 타인에게 해를 끼칠 수 있다고 인식한 점은 결과 발생의 위험성에 대해 인식한 것이므로, 해당 과실을 인식 없는 과실과 인식 있는 과실로 나누는 기준이 될 수 있다. 그러나 인식 없는 과실과 인식 있는 과실을 구분하는 것은 과실범의 성립 여부에 영향을 주지 않으므로, A 씨가 반려견에 대한 관리를 소홀히 하면 타인에게 해를 끼칠 수 있다고 인식한 점은 과실범의 성립 여부에 영향을 미치지 않는다.

→ 적절하지 않음!

③ A씨가 손님과의 다툼으로 반려견에 대한 관리를 소홀히 할 수밖에 없었다고 주장하는 부분에 대해 책임 조각 사유로 인정하지 않았겠군.

근거 **1**-1 어떤 행위가 형법상 범죄 행위로 성립하려면 '구성 요건 해당성', '위법성', '책임'이라는 세 가지 요건을 순차적으로 모두 충족해야 한다. **2**-8 행위자에 대한 책임을 물을 수 없는 사유인 책임 조각 사유

풀이 책임 조각 사유란 행위자에 대한 책임을 물을 수 없는 사유를 말한다. <보기>의 판결문에 따르면 A 씨는 벌금 150만 원 형에 처해졌는데, 이는 A 씨의 과실 행위가 구성 요건 해당성, 위법성, 책임의 요건을 순차적으로 모두 충족하여 형법상 범죄 행위로 성립하였음을 뜻한다. 따라서 <보기>의 판결문은 A씨가 손님과의 다툼으로 반려견에 대한 관리를 소홀히 할 수밖에 없었다고 주장하는 부분에 대해 책임 조각 사유를 인정하지 않았다고 볼 수 있다.

→ 적절함!

④ A 씨가 반려견에 대한 관리를 소홀히 하였고 그로 인해 B 씨가 상해를 입게 된 점을 형법상 규정된 범죄 유형에 해당한다고 판단한 것이겠군.

                    ← '구성 요건 해당성' 요건 성립
근거 <보기>-6 피고인(A 씨)은 … 반려견에게 목줄을 채우지 않은 채 풀어놓고 출입문의 잠금 상태를 소홀히 한 과실로 피해자(B 씨)에게 상세 불명의 신체 부위에 상처를 입게 하였으므로 피고인을 벌금 150만 원에 처한다, **1**-1 어떤 행위가 형법상 범죄 행위로 성립하려면 '구성 요건 해당성', '위법성', '책임'이라는 세 가지 요건을 순차적으로 모두 충족해야 한다, **2**-1 구성 요건 해당성은 어떤 행위에 대한 구체적인 사실이 형법상 규정된 범죄의 유형에 해당하는 것을 말한다.

풀이 <보기>의 판결문에 따르면 A 씨는 벌금 150만 원 형에 처해졌는데, 이는 A 씨의 과실 행위가 구성 요건 해당성, 위법성, 책임의 요건을 순차적으로 모두 충족하여 형법상 범죄 행위로 성립하였음을 뜻한다. 이때 구성 요건 해당성은 어떤 행위에 대한 구체적인 사실이 형법상 규정된 범죄의 유형에 해당하는 것을 말한다. 따라서 <보기>의 판결문은 A 씨가 반려견에 대한 관리를 소홀히 하였고 그로 인해 B 씨가 상해를 입게 된 점에 대해, A 씨의 행위는 형법상 규정된 범죄의 유형에 해당하여 '구성 요건 해당성' 요건을 충족한다고 판단하였음을 알 수 있다.

→ 적절함!

⑤ A 씨가 반려견에 대한 관리 소홀로 타인을 다치게 하여 벌금형을 받은 점은 구성 요건에 해당하는 행위에 위법성이 있다고 판단한 것이겠군.

                    ← '위법성' 요건 성립
근거 **1**-1 어떤 행위가 형법상 범죄 행위로 성립하려면 '구성 요건 해당성', '위법성', '책임'이라는 세 가지 요건을 순차적으로 모두 충족해야 한다, **2**-3 위법성은 전체 법질서에 위배된다는 가치 판단으로, 어떤 행위가 구성 요건에 해당하는 행위이면 일반적으로 위법성이 추정된다.

풀이 <보기>의 판결문에 따르면 A 씨는 벌금 150만 원 형에 처해졌는데, 이는 A 씨의 과실 행위가 구성 요건 해당성, 위법성, 책임의 요건을 순차적으로 모두 충족하여 형법상 범죄 행위로 성립하였음을 뜻한다. 이때 A 씨가 반려견 관리를 소홀히 하여 그로 인해 B 씨가 상해를 입게 된 점에 대해 <보기>의 판결문은 A 씨의 행위가 구성 요건 해당성의 요건을 충족한 것으로 판단하였으며, 구성 요건에 해당하는 행위에 대해서는 일반적으로 위법성을 추정할 수 있으므로 해당 행위가 위법성의 요건 또한 충족하였다고 판단하였음을 알 수 있다.

→ 적절함!

---

37 문맥적 의미 파악 - 적절한 것 고르기
정답률 80%, 매력적 오답 ④ 10% **정답 ①**

ⓐ와 문맥상 의미가 가장 가까운 것은?

교통사고를 ⓐ일으킨 경우

풀이 ⓐ는 문맥상 '어떤 사태나 일을 벌이거나 터뜨리다'의 의미이다.

✔ ① **동생이 학교에서 말썽을 일으켰다.**
- 풀이 ｜ '어떤 사태나 일을 벌이거나 터뜨리다'의 의미이다.
- 예문 ｜ 그의 발언이 보도되어 물의를 <u>일으켰다</u>.

→ 적절함!

② **말이 먼지를 일으키며 달려가고 있다.**
- 풀이 ｜ '물리적이거나 자연적인 현상을 만들어 내다'의 의미이다.
- 예문 ｜ 부싯돌을 부딪쳐 불을 <u>일으켰다</u>.

→ 적절하지 않음!

③ **그는 넘어지자마자 재빨리 몸을 일으켰다.**
- 풀이 ｜ '일어나게 하다'의 의미이다.
- 예문 ｜ 친구가 넘어진 아이를 <u>일으켰다</u>.

→ 적절하지 않음!

④ **선풍기는 전기를 동력으로 삼아 바람을 일으킨다.**
- 풀이 ｜ '물리적이거나 자연적인 현상을 만들어 내다'의 의미이다.
- 예문 ｜ 파도가 암벽에 부딪쳐 물보라를 <u>일으켰다</u>.

→ 적절하지 않음!

⑤ **우리는 무너진 집안을 일으키기 위해 열심히 노력했다.**
- 풀이 ｜ '무엇을 시작하거나 흥성하게(興盛—, 기운차게 일어나거나 대단히 번성하게) 만들다'의 의미이다.
- 예문 ｜ 경영난에 빠진 회사를 전 임직원이 협력하여 다시 <u>일으켰다</u>.

→ 적절하지 않음!

[38~42] 갈래 복합

(가) 고전시가 - 작자 미상, 「합강정가(合江亭歌)(합할 合 강 江 정자 亭 노래 歌 : 합강정에서 부른 노래. 전라북도 순창과 남원 사이에 있는 적성강 부근의 합강정에서 전라 감사 정민시와 여러 관리들이 모여 호화로운 뱃놀이를 하는 광경을 보고 노래한 가사)」**

작품 이해 단계 ① 화자 ② 상황 및 대상 ③ 정서 및 태도 ④ 주제

① 화자 : 안 드러남

② 대상 : 백성 · 조선 시대에 둔, 각 도의 으뜸 벼슬 · 감독하거나 단속하기 위해 돌아다님

1 **장마 가뭄에 피해 입은 백성이 관찰사 가을 순행 기다림은**
- 가을에 익은 곡식을 거두어들임
② 상황 : 흉년에 백성이 관찰사의 도움을 기대했으나 좌절된 상황

2 **가을걷이 부족함을 채워줄까 해서인데 지나는 곳마다**
- 옳지 못하거나 해로운 일

(백성의) 죄를 묻는 폐단 있네
- 물이 괴어 있는 논

3 **무논 재해도 감췄는데 목화밭이야 거론할까** → 언급할까. 말할 것도 없다는 의미
- 홍수, 가뭄 따위에 의해 받게 되는 피해

4 **백 묘(畝)나 되는 벌건 땅에 백지징세 하는구나**
- 논밭 넓이의 단위. 한 묘는 30평으로 약 99.174㎡
- 조선 후기에, 불법으로 세금을 거두어들였던 방법 중 하나. 수확이 없어서 조세를 면제 받아야 할 땅에 억지로 세금을 매기어 받았음
② 상황 : 백성에게 부당하게 세금을 매기는 상황

5 **인자한 우리 임금 곡식 한 묶음도 모래 덮일까 염려하는데**
- 어질고 인정 있는

6 **불쌍한 백성 논밭에다 좁은 길 넓히란다**
- 각각의 읍
②③ 상황 및 태도 : 관리에게 매질을 당하며 땅을 빼앗기는 백성이 불쌍하다.

7 **각읍 관리 독촉하니 채찍 몽둥이 낭자하다**
- 관리
- 큰 집, 부잣집
- 흩어져 어지럽다

8 **허다한 관인들이 대호(大戶) 소호(小戶)에 (음식 마련을) 분담시켜**
- 아주 많은
- 작은 집. 가난한 집

9 **사방(四方) 부근 십 리 안에 닭과 개가 멸종하네**
- 가엾고 불쌍한
② 상황 : 관리들이 백성들에게 음식을 바치게 하여 마을의 닭과 개가 멸종한 상황

10 **부자는 괜찮지만 가련한 이 가난한 자로다**
- 조선 시대에 지방 행정 조직의 최말단인 이(里)의 책임자

11 **해는 기울고 이정은 저녁밥 재촉할 때**
- 여인

12 **텅 빈 부엌에서 우는 아낙 발 구르며 하는 말이**
- 부피의 단위. 한 되는 약 1.8리터

13 **방아품에 얻은 양식 한두 되 있건마는**
- 남의 방아를 찧어 주고 삯을 받는 일

14 **채소도 있건마는 그릇은 누구에게 빌릴꼬**
- 되지도 않을 일을 가지고 애를 쓰는 미련한 짓을 비유적으로 이르는 말

15 **앞뒷집 돌아보니 섣달그믐에 시루 빌리는 격이로다**

16 **한 마을 닭과 개 다 먹어 치우고 집집마다 또 (세금을) 거둔단 말인가**

17 **대호(大戶)에는 한 냥 넘고 소호(小戶)에도 육칠 전이라**

18 **이 놀이 다시 하면 이 백성 못 살겠네**
- 관리들의 뱃놀이
③ 태도 : 백성을 착취하여 놀이를 즐기는 관리들을 비판한다.

19 **낙토(樂土)에서 태어난 사람 태평성대 좋다 하여**
- 늘 즐겁고 행복하게 살 수 있는 좋은 땅

20 **편안히 지내더니 하릴없이 떠도네**
- 여기서는 관찰사
- 어쩔 수 없이 없이

21 **한 사람의 호사(豪奢)가 몇 사람의 난리 되고**
- 화려한 사치
- 여기서는 백성들
② 상황 : 관리들의 수탈로 집과 논밭을 잃고 유랑하게 된 상황

22 **집과 논밭 다 팔고서 어디로 가잔 말인고**

23 **비나이다 비나이다 하느님께 비나이다**

24 **우리 임금님 어진 마음 밝은 촛불 되게 하시어 비추소서 비추소서**
③ 태도 : 임금이 백성의 사정을 알고 선정을 베풀기를 기원한다.

25 **소문에 들리기를 (관찰사가 순행 길에) 아전 향원(鄕員) 벌한다기에**
- 조선 시대에 중앙과 지방의 관아에 속한 관리
- 수령을 속이고 백성을 괴롭히던 마을의 세력가. 겉으로는 선량한 척하면서 환곡이나 공물을 중간에서 가로채는 일을 하였음

26 **간악한 이 벌하는가 여겼더니 음식과 도로(道路) 탓하는구나**
- 간사하고 악독한
- 길

27 **노예 차출 무슨 일인고 순령수의 권세로다**
- 대장을 호위하는 군사

28 **음식은 넘쳐나고 뇌물은 공공연히 오고 가니**
- 사람을 뽑는 일
- 권력과 세력
- 숨김이나 거리낌 없이
② 상황 : 뇌물이 오고 가며 부정이 행해지는 상황

29 **좋을시고 좋을시고 상평통보 좋을시고**
- 조선 시대에 쓰던 엽전의 이름. 인조 11년(1633)부터 조선 후기까지 사용하였음

30 **(뇌물을) 많이 주면 무사하고 적게 주면 트집 잡네**
- 바깥에서 볕 또는 비바람을 피할 수 있도록 둘러치는 막

31 **춘당대(春塘臺)에 치는 장막 오목대(梧木臺)에 무슨 일인고**
- 서울 창경궁 안에 있는 시설. 과거를 실시하던 곳
- 전라북도 전주에 있는 정원

32 **참람(僭濫)한 과거장서 재주 겨루는 유생(儒生)들아**
- 분수에 넘쳐 너무 지나친
- 과거 시험장
- 유학을 공부하는 선비
③ 태도 : 백성을 생각하는 의로운 유생이 없음을 한탄한다.

33 **오십삼 주 시예향(詩禮鄕)에 의로운 선비 하나 없단 말인가**
- 문학과 예술이 발달한 마을. 여기서는 전주
- 전라도. 조선 시대에 전라도가 53주였음

34 **먹을 복 좋은 우리 순상 출세운 좋은 우리 순상**
- 사회적으로 높은 지위에 오를 운수
- 조선 시대에 지방의 군사에 관한 일을 감독하던 벼슬. 각 도의 관찰사가 겸임하였음
③ 태도 : 공명과 부귀를 누리는 순상을 풍자한다.

35 **들어오시면 육조판서 나가시면 팔도 관찰사**
- 공을 세워서 자기의 이름을 널리 드러냄
- 육조(국가의 정치를 나누어 맡아보던 여섯 관청)의 으뜸 벼슬
- 조선 시대에, 전국을 여덟 개로 나눈 행정 구역

36 **공명도 거룩하고 부귀도 그지없다**
- 끝이 없다

37 **망극하도다 나라 은혜여 감격스럽도다 임금님 은혜여**
- 은혜가 끝이 없다

38 **한 토막 절개라도 있다면 온 힘을 다해 은혜에 보답하리라**
- 재앙

39 **배은망덕하게 되면 자손에게 화가 미치리라**
- 남에게 입은 은혜를 저버리고 배신하게
③ 태도 : 배은망덕한 관리들에게 화가 미칠 수 있는 것을 경고한다.

④ 주제 : 백성을 착취하여 유흥을 즐기는 관리들을 비판한다.

• 현대어 풀이

1 장마와 가뭄에 피해 입은 백성이 관찰사 가을 순행을 기다리는 것은

2 (관찰사가) 가을걷이의 부족함을 채워 줄까 기대해서인데 지나는 곳마다 (백성의) 죄를 묻는 폐단이 있네

3 무논이 재해에 묻혔는데 목화밭의 재해를 말하겠는가(목화밭의 피해도 당연하다는 의미)

4 백 묘나 되는 벌건 땅에 부당하게 세금을 거두는구나

5 인자한 우리 임금 곡식 한 묶음도 모래 덮일까 염려하는데

6 불쌍한 백성의 논밭에다 좁은 길을 넓히라고 하는구나

7 각읍 관리가 독촉하니 채찍과 몽둥이가 어지럽다

8 수많은 관인들이 큰 집과 작은 집에 (잔치 음식 마련을) 나누어 맡겨

9 사방 부근 십 리 안에 닭과 개가 멸종하네

10 부자는 괜찮지만 불쌍한 이는 가난한 자로다

11 해는 기울고 이정은 저녁밥을 재촉할 때

12 텅 빈 부엌에서 우는 아낙이 발 구르며 하는 말이

13 방아를 찧어 주고 얻은 양식이 한두 되 있건마는

14 채소도 있건마는 그릇은 누구에게 빌릴꼬

15 앞뒷집 돌아보니 섣달그믐에 시루 빌리는 격이로다(집집마다 관리에게 바칠 음식을 마련하느라 이웃에 도움을 요청할 수도 없다는 의미)

16 한 마을의 닭과 개 다 먹어 치우고 집집마다 또 (세금을) 거둔단 말인가

17 부잣집에는 한 냥 넘고 가난한 집에도 육칠 전이라

18 이 놀이(뱃놀이)를 다시 하면 이 백성 못 살겠네

19 살기 좋은 땅에서 태어난 사람 태평성대 좋다 하여

20 편안히 지내더니 어쩔 수 없이 떠도네

21 한 사람의 호화로운 사치가 몇 사람의 난리 되고

22 집과 논밭 다 팔고서 어디로 가잔 말인가

23 비나이다 비나이다 하느님께 비나이다

24 우리 임금님 어진 마음이 밝은 촛불 되게 하시어 비추소서 비추소서

25 소문에 들리기를 (관찰사가 순행 길에) 아전과 못된 권세가를 벌한다기에

26 간악한 이를 벌하는가 여겼더니 (바치는) 음식과 (좁은) 도로를 탓하는구나

27 노예를 차출하는 것은 무슨 일인가 순령수의 권세로구나

28 음식은 넘쳐나고 뇌물은 공공연히 오고 가니

29 좋을시고 좋을시고 상평통보 좋을시고

30 (뇌물을) 많이 주면 무사하고 적게 주면 트집 잡네

31 (서울) 춘당대에 치는 장막이 (전주) 오목대에 무슨 일인가

32 분수에 넘치는 과거 시험장에서 재주 겨루는 유생들아

33 오십삼 주 시예향(전라도 전주)에 의로운 선비 하나 없단 말인가

34 먹을 복 좋은 우리 순상, 출세 운 좋은 우리 순상

35 들어오시면 육조판서 나가시면 팔도 관찰사

36 공명도 거룩하고 부귀도 끝이 없구나

37 망극하도다 나라의 은혜여, 감격스럽도다 임금님의 은혜여

38 한 토막의 절개라도 있다면 온 힘을 다해 은혜에 보답하리라

39 배은망덕하게 되면 자손에게 화가 미치리라

· 지문 이해

지배층 (관찰사 (순상), 관인, 이정, 순령수)	백 묘나 되는 벌건 땅에 백지징세 하는구나	백성에게 부당하게 세금을 거둠
	백성 논밭에다 좁은 길을 넓히란다/ 각읍 관리 독촉하니 채찍 몽둥이 낭자하다	백성에게 폭력을 가하며 땅을 빼앗음
	이정은 저녁밥을 재촉할 때/ ~ 그릇은 누구에게 빌릴꼬/ ~ 한 마을 닭과 개 다 먹어 치우고	가난한 백성들의 양식과 세간을 착취함
	노예 차출 무슨 일인고 순령수의 권세로다	백성들을 강제로 노역에 동원시킴
	뇌물은 공공연히 오고 가니/ ~ 적게 주면 트집 잡네	뇌물을 주고받는 부정을 저지름

가렴주구 ↕ 원망, 비판

백성	장마 가뭄에 피해 입은 백성이 관찰사 가을 순행 기다림은/ ~ 죄를 묻는 폐단 있네	재해를 당한 백성이 관찰사를 기다렸으나 도리어 화를 입음
	이 놀이 다시 하면 이 백성 못 살겠네	유흥을 위해 백성을 착취하는 관리를 비판함
	집과 논밭 다 팔고서 어디로 가잔 말인고	삶의 터전을 잃고 유랑하게 됨
	우리 임금님 어진 마음 밝은 촛불 되게 하시어 비추소서 비추소서	임금이 백성의 사정을 알고 선정을 베풀기를 기원함
	참람한 과거장서 재주 겨루는 유생아/ 오십삼 주 시예향에 의로운 선비 하나 없단 말인가	과거 시험장의 참람함과 백성을 생각하는 의로운 선비가 없음을 비판함
	배은망덕하게 되면 자손에게 화가 미치리라	배은망덕한 관리들에게 화가 미칠 것을 경고함

◀ 시루((가)-15)
'섣달그믐에 시루 빌리는 격'은 섣달그믐날(음력 12월 31일)에 설날에 먹을 떡을 만들기 위해 어느 집이나 쓰는 시루(떡이나 쌀 따위를 찌는 데 쓰는 둥근 질그릇)를 얻으러 다닌다는 뜻으로, (가)에서는 집집마다 관인을 대접하느라 그릇을 빌리는 일이 불가능함을 의미한다.

(나) 고전시가 - 이현보, 「귀전록(歸田錄)〔돌아갈 歸 밭 田 기록할 錄 : 전원으로 돌아가 쓴 기록〕」

작품 이해 단계　① 화자　② 상황 및 대상　③ 정서 및 태도　④ 주제

① 화자 : 안 드러남

1
1 (전원으로) 돌아가리 돌아가리 말뿐이오 갈 이 없어
└ 논과 밭, 고향
② 상황 : 전원으로 돌아가겠다고 하면서도 가는 이가 없는 상황

2 전원이 거칠어지니 아니 가고 어찌할까 → ③ 태도 : 전원에 돌아가기로 결심한다.

└ 맑은 바람과 밝은 달　└ 나왔다 들어갔다 하며
초당에 청풍명월(淸風明月)이 나명들명 기다리나니
└ 억새나 짚 따위로 지붕을 인 조그마한 집채, 초가집
③ 태도 : 청풍명월이 자신을 기다리고 있다고 생각한다.

본받을 效 찡그릴 嚬 노래 歌 : 도연명의 『귀거래사』를 흉내 내어 부른 노래
〈효빈가〉

2
1 경북 안동 예안의 분강(汾江) 가에 있는 바위 이름
농암에 올라 보니 노안(老眼)이 오히려 밝구나
└ 늙어 시력이 나빠진 눈
② 상황 : 농암에 올라 경치를 바라보는 상황

2 인사(人事) 변한다고 산천이야 변할 것인가
└ 세상일　└ 자연
③ 태도 : 인사와 달리 산천은 변함없다고 생각한다.

3 바위 앞 물과 언덕이 어제 본 듯하구나

〈농암가〉

언덕 壟 바위 巖 노래 歌 : 농암에 올라가 부른 노래

3
공을 세워서 자기의 이름을 널리 드러냄
공명(功名)이 끝이 있을까 수명도 하늘이 정한 것이라 → ③ 태도 : 공명과 수명은 하늘이 정한 것이라고 생각한다.

2 금서 띠에 굽은 허리에 팔십 넘어 만난 ㉠ 봄이 그 몇 해오
└ 높은 벼슬의 관리가 조정에 나아갈 때 입는 옷에 두르던 금이나 쇠붙이로 만든 띠

3 해마다 오늘 같은 날이 역시 임금님 은혜로다
└ 여기서는 화자의 생일
③ 태도 : 해마다 오늘을 맞이하는 것이 임금의 은혜라고 생각한다.

〈생일가〉

④ 주제 :
태어날 生 날 日 노래 歌 : 생일을 맞이하여 부른 노래
전원으로 돌아온 것에 만족하며 임금의 은혜에 감사한다.

· 현대어 풀이

1
1 (전원으로) 돌아가리 돌아가리 말만 할 뿐이오 (전원에) 갈 사람이 없어

2 전원이 거칠어지니 아니 가고 어찌할까

3 초당에 청풍명월이 나왔다 들어갔다 하며 (나를) 기다리나니

〈효빈가〉

2
1 농암에 올라 보니 노안이 오히려 밝구나(눈앞이 잘 보이는구나)

2 세상일이 변한다고 자연이 변하겠는가

3 바위 앞의 물과 언덕이 어제 본 듯하구나

〈농암가〉

3
1 공명이 끝이 있을까 수명도 하늘이 정한 것이라

2 금서 띠에(벼슬을 지내느라) 굽은 허리에 팔십 넘어 만난 봄이 그 몇 해인가

3 해마다 오늘 같은 날을 맞는 것이 역시 임금님 은혜로다

〈생일가〉

· 지문 이해

〈효빈가〉	〈농암가〉	〈생일가〉
청풍명월이 기다리는 전원으로 돌아가기로 결심함	세상사와 달리 자연은 변함이 없음을 인식함	해마다 생일을 맞이할 수 있게 해 주신 임금의 은혜에 감사함

· 도연명의 『귀거래사』〔돌아갈 歸 갈 去 올 來 말씀 辭 : 고향으로 돌아감을 노래함〕
이현보는 중국 송나라 시인 도연명의 대표작인 『귀거래사』의 영향을 받아 〈효빈가〉를 지었다고 한다. 도연명은 41세 때 평택의 현령으로 재직하면서 상급 관리들에게 굽신거려야 하는 현실을 깨닫고, "내 어찌 쌀 다섯 말의 봉급 때문에 그들에게 허리를 굽힐소냐."라고 소리치고는 관직에서 물러나 고향으로 돌아가 버렸다고 한다. 『귀거래사』는 이때 지은 작품으로, 고향으로 돌아오는 심정과 전원 생활의 만족감이 담겨 있다.

(다) 수필 - 남구만, 「조설(釣設)(낚시 釣 말씀 設 : 낚시에 관한 이야기)」

1 [1]나(글쓴이인 남구만)는 긴 ㉡여름 동안 별로 할 일이 없어서 늘 연못가에 나가 고기들이 입을 뻐끔거리며 노는 모양을 구경하곤 했다. [2]그러던 어느 날 이웃에 사는 사람이 나에게 대나무를 베어다가 낚싯대를 만들어 주고 또 바늘을 굽혀 낚시를 실에 달아 주었다. [3]그동안 서울 생활에 바빠 일찍이 낚시 놓는 법도 알지 못했던 나는, 이웃 사람이 나를 위하여 낚싯대를 만들어 준 것만으로도 감사할 뿐이었다. [4]그래서 그 낚싯대를 물에 던져 넣은 뒤에 온종일을 기다려 보았다. [5]그러나 고기가 한 마리도 물리지 않았다.

→ 이웃 사람이 '나'에게 낚시대를 만들어 주었으나 '나'는 고기를 낚지 못했다.

(중략)

2 [1]나는 그 사람이 가르쳐 주는 방법대로 낚싯대를 드리워 한참 만에 서너(3~4) 마리의 고기를 낚아 올릴 수가 있었다. [2]그 사람은 또 말하기를,
"ⓐ 고기 잡는 방법은 그렇게 하면 잘 되었네만 ⓑ 고기 잡는 묘리(묘할 妙 이치 理 : 묘한 이치)는 아직 깨닫지 못하였네."
하였다.
[3]그는 나의 낚싯대를 빼앗아 가지고 물속에 던져 넣었다. [4]그는 내가 낚던 낚싯대와 내가 쓰던 미끼와 내가 앉았던 자리를 그대로 이용하였으나 그가 잡아 올리는 물고기는 마치 기다리기라도 한 듯이 낚싯대를 던져 넣기가 바쁘게 딸려 올라왔다. [5]광주리(대. 싸리, 버들 따위를 재료로 하여 바닥은 둥글고 촘촘하게, 위쪽은 성기게 엮어 만든 그릇)에서 건져 내는 것 같았고, 소반(작을 小 소반 盤 : 작은 밥상)에 올려놓은 것을 세는 것 같았다. [6]나는 감탄하면서 말하였다.
[7]"참으로 솜씨가 좋기도 하네. [8]자네, 그 묘한 솜씨를 좀 가르쳐 주겠나."

→ '나'는 그에게 낚시하는 묘한 솜씨를 가르쳐 달라고 청했다.

3 [1]"잡는 방법(가르침에 의한 것)이야 가르쳐 줄 수 있지만 묘한 솜씨(스스로 터득하는 것)야 가르쳐 줄 수 있겠나(가르쳐 줄 수 없다는 의미). [2]만일 가르쳐 줄 수 있다면 그것은 묘수(묘할 妙 방법 手 : 좋은 방법)라고 할 수 없지. [3]그러나 내가 자네에게 말할 수 있는 것은, 곧 자네가 내가 가르쳐 준 대로 아침이나 저녁이나 이 낚싯대를 물속에 드리워 놓고 정신을 집중하여 열흘(10일)이고 한 달이고 그 방법을 익힌다면 그 묘법(묘할 妙 방법 法 : 절묘한 방법)을 터득할 수 있다는 것일세. [4]그렇게 되면 손은 (낚시를 하기에) 알맞게 움직일 수 있고, 마음은 스스로 묘법을 이해하게 될 것일세. [5]그럼으로써 지금까지 얻을 수 없는 것과, 또 지금까지 깨닫지 못하던 오묘한 이치와, (오묘한 이치 중에) 한 가지는 깨달았지만 그 나머지 두세 가지 깨닫지 못한 것과, 아무것도 모르고(깨닫지 못하고) 오히려 의혹(의심할 疑 의심할 惑 : 의심)만 많아지는 것과, 또 (오묘한 이치를) 환하게 깨달았지만 그 깨달은 까닭은 모르는(어떻게 깨닫게 되었는지 모르는) 것들을 모두 얻을 수 있을 것일세. [6]그러나 이런 것을 다 얻게 되면(스스로 노력하여 터득하게 되면) 내가 어떻게 거기에 간여할(막을 干 참여할 與 : 간섭할) 수 있겠는가(간여하지 않아도 된다는 의미)? [7]내가 자네에게 할 수 있는 말은 오직 이것뿐일세."
[8]나는 낚싯대를 받아 물속에 던져 넣으면서 스스로 한탄하였다(한할 恨 탄식할 歎 : 한숨을 쉬며 탄식하였다).
[9]"참으로 그대의 말이 훌륭하다. [10]이러한 방법을 가지고 미루어(다른 것을 헤아려) 이용한다면 그것이 어찌 낚시 놓는 데만 응용되겠는가(응할 應 쓸 用 : 쓰이겠는가)? [11]옛사람이 말하기를 '작은 것(≒낚시)을 가지고 큰 것(≒삶에 대한 깨달음)을 깨우칠 수 있다'고 하였는데 바로 이(글쓴이의 경험)를 두고 한 말 아닌가?"

→ '나'는 집중하고 노력하면 낚시의 묘법을 터득할 수 있다는 그의 말을 듣고
이를 다른 상황에도 적용할 수 있음을 깨닫는다.

· 중심 내용

'나'는 낚싯대를 만들어 준 이웃에게 낚시하는 묘법을 가르쳐 주기를 청했다. 스스로 노력하면 낚시의 묘법을 터득할 수 있다는 그의 말을 들은 '나'는 이것을 다른 상황에도 적용할 수 있음을 깨닫는다.

1등급 문제

38 표현상 특징 - 적절한 것 고르기
정답률 50%, 매력적 오답 ① 10% ③ 20% ④ 15%　　정답 ⑤

(가) ~ (다)에 대한 설명으로 가장 적절한 것은?

선지	핵심 체크 내용	(가)	(나)	(다)
①	자연물에 인격 부여 → 화자의 정서 강조	X	O	-
②	색채 대비 → 대상의 특징 드러냄	X	-	X
③	대상을 다양한 관점에서 묘사 → 장면 구체화	-	X	X
④	대화의 형식 → 주제 부각	X	X	O
⑤	의문의 방식을 활용 → 상황에 대한 인식 드러냄	O	O	O

(나)는
① **(가)와 (나)는** *자연물에 인격을 부여하여 화자의 정서를 강조하고 있다.* *자연물을 의인화하여

근거 (나) **❶**-3 청풍명월이 나명들명 기다리나니

풀이 (나)의 '청풍명월'이 화자를 기다린다고 한 것에서 자연물에 인격을 부여하여 자연으로 돌아가고 싶어 하는 화자의 정서를 강조하고 있다. 그러나 (가)에는 자연물을 의인화한 부분이 나타나지 않는다.

→ 적절하지 않음!

② **(가)와 (다)는** *색채 대비를 활용하여 대상의 특징을 드러내고 있다.* *둘 이상의 색채 이미지를 뚜렷하게 나타내 시적 의미를 구체적으로 표현하는 방법

풀이 (가)와 (다)에는 모두 색채 대비가 나타나지 않는다.

→ 적절하지 않음!

■ **색채 대비를 활용하여 대상의 특징을 드러내는 작품**
• 김춘수, 「샤갈의 마을에 내리는 눈」(2019학년도 수능)
삼월에 눈이 오면/ 샤갈의 마을(프랑스 화가 샤갈의 그림 속 마을)의 쥐똥만 한 겨울 열매들은/ 다시 올리브빛으로 물이 들고/ 밤에 아낙들은/ 그해의 제일 아름다운 불을/ 아궁이에 지핀다.
→ 눈의 흰색, 열매의 푸른색, 불의 붉은색을 대비하여 봄의 생명력과 아름다움을 드러내고 있다.

③ **(나)와 (다)는 대상을 다양한 관점에서** *묘사하여 장면을 구체화하고 있다.* *그림 그리듯이 구체적으로 표현하여

근거 (다) **❷**-3~5 그는 나의 낚싯대를 빼앗아 가지고 물속에 던져 넣었다. 그는 내가 낚던 낚싯대와 내가 쓰던 미끼와 내가 앉았던 자리를 그대로 이용하였으나 그가 잡아 올리는 물고기는 마치 기다리기라도 한 듯이 낚싯대를 던져 넣기가 바쁘게 딸려 올라왔다. 광주리에서 건져 내는 것 같았고, 소반에 올려놓은 것을 세는 것 같았다.

풀이 (다)에서 '그'가 낚시하는 장면을 묘사한 부분이 있으나 그를 바라보는 '나'의 관점만 제시되어 있다. (나)에는 대상을 다양한 관점에서 묘사한 부분이 나타나지 않는다.

→ 적절하지 않음!

■ **대상을 다양한 관점에서 묘사하여 장면을 구체화하는 작품**
• 박지원, 「일야구도하기(한 一 밤 夜 아홉 九 건널 渡 강 河 기록할 記 : 하룻밤에 강물을 아홉 번 건넌 이야기)」
나는 산중에 살고 있는데, 대문 앞에 큰 계곡이 있다. ~ 나는 예전에 방문을 닫고 누워서 그 소리를 다른 비슷한 소리에 견주어 보며 들은 적이 있었다. ~ 산이 갈라지고 언덕이 무너지는 듯한 소리, 이는 흥분해서 들은 경우다. 개구리 떼가 다투어 우는 듯한 소리, 이는 우쭐해서 들은 경우다. 만 개의 축(대나무로 만든 악기)이 연거푸 울리는 듯한 소리, 이는 분노하면서 들은 경우다.
→ '나'는 흥분했을 때, 우쭐했을 때, 분노했을 때 계곡의 물소리가 각각 다르게 들리는 것을 묘사하여 각각의 장면을 구체화하고 있다.

(다)는
④ **(가)~(다)는 모두 대화의 형식을 사용하여 주제를 부각하고 있다.**

근거 (다) **❷**-7~**❸**-7 "참으로 솜씨가 좋기도 하네. 자네, 그 묘한 솜씨를 좀 가르쳐 주겠나." "잡는 방법이야 가르쳐 줄 수 있지만 묘한 솜씨야 가르쳐 줄 수 있겠나. ~ 내가 자네에게 할 수 있는 말은 오직 이것뿐일세."

풀이 (가)에는 저녁밥을 재촉하는 이정 때문에 발 구르며 우는 아낙의 말이 제시되어 있으나 말을 주고받는 대화의 형식이 드러나지는 않는다. (다)는 '나'와 그의 대화를 통해 스스로 노력하여 터득하는 일의 중요성을 드러내고 있다.

→ 적절하지 않음!

⑤ **(가)~(다)는 모두 의문의 방식을 활용하여 상황에 대한 인식을 드러내고 있다.**

근거 (가)-3 무논 재해도 감췄는데 목화밭이야 거론할까/ 14 채소도 있건마는 그릇은 누구에게 빌릴꼬/ 16 한 마을 닭과 개 다 먹어 치우고 집집마다 또 거둔단 말인가/ 22 집과 논밭 다 팔고서 어디로 가잔 말인고/ 33 오십삼 주 시예향에 의로운 선비 하나 없단 말인가
(나) **❷**-2 인사 변한다고 산천이야 변할 것인가
(다) **❸**-9~11 "참으로 그대의 말이 훌륭하다. 이러한 방법을 가지고 미루어 이용한다면 그것이 어찌 낚시 놓는 데만 응용되겠는가? 옛사람이 말하기를 '작은 것을 가지고 큰 것을 깨우칠 수 있다'고 하였는데 바로 이를 두고 한 말 아닌가?"

풀이 (가)는 의문의 방식을 활용하여 흉년으로 무논에 목화 농사까지 망친 상황에서 관리들의 수탈이 계속되는 현실과 의로운 선비가 없는 상황에 대한 부정적 인식을 드러내고 있다. (나)는 의문의 방식을 활용하여 자연은 변하지 않는다는 인식을 드러내고 있다. (다)는 의문의 방식을 활용하여 그에게 들은 낚시하는 묘리를 다른 상황에도

적용할 수 있다는 인식을 드러내고 있다.

→ 적절함!

---

39 공간의 의미 - 적절하지 않은 것 고르기
정답률 70%, 매력적 오답 ③ 15%

정답 ④

〈보기〉를 바탕으로 (가) ~ (다)를 감상한 내용으로 적절하지 <u>않은</u> 것은?

| 보기 |
[1] 문학 작품에서 공간은 작품 안에 표현된 다양한 경험의 배경이자 상황적·역사적 맥락(맥락 脈 이을 絡 : 관계)으로서의 의미를 지닐 수 있다. [2] 작품 안에서의 공간은 인물들의 말과 행동, 대상의 이미지나 상징 등과의 관련성 속에서 다양한 의미로 실현된다(내용 實 나타날 實 나타날 現 : 나타난다).

① (가)의 논밭은 지배층을 위해 길로 넓혀진다는 점에서 백성들이 빼앗긴 삶의 터전을 의미하는 공간이라고 할 수 있다.

근거 (가)-6 불쌍한 백성 논밭에다 좁은 길 넓히란다

풀이 (가)에서 '논밭'은 백성들이 삶을 영위하기 위해 농사짓는 곳인데, 관찰사의 순행을 위해 길이 되어 넓혀지고 있다. 따라서 '논밭'은 백성들이 지배층에게 빼앗긴 삶의 터전을 의미한다고 볼 수 있다.

→ 적절함!

② (가)의 텅 빈 부엌은 방아품으로 얻은 양식을 담을 그릇조차 없는 곳이라는 점에서 아낙이 자신의 처지에 슬픔을 느끼는 공간이라고 할 수 있다.

근거 (가)-11~14 이정은 저녁밥 재촉할 때/ 텅 빈 부엌에서 우는 아낙 발 구르며 하는 말이/ 방아품에 얻은 양식 한두 되 있건마는/ 채소도 있건마는 그릇은 누구에게 빌릴꼬

풀이 아낙은 이정이 저녁밥을 재촉하는 상황에서 방아품으로 얻은 양식이 있지만 담을 그릇이 없어 '텅 빈 부엌'에서 발을 구르며 울고 있다. 따라서 '텅 빈 부엌'은 아낙이 자신의 처지에 슬픔을 느끼는 공간이라고 할 수 있다.

→ 적절함!

③ (나)의 초당은 화자가 청풍명월과 어울릴 수 있는 곳으로 여긴다는 점에서 화자가 *지향하는 공간이라고 할 수 있다. *바라고 추구하는

근거 (나) ❶-2~3 전원이 거칠어지니 아니 가고 어찌할까/ 초당에 청풍명월이 나명들명 기다리나니

풀이 (나)의 화자는 '초당'에 있는 청풍명월이 자신을 기다린다고 생각하여 전원으로 돌아가고자 한다. 따라서 '초당'은 화자가 청풍명월과 어울릴 수 있는 곳으로 여기는 공간이자 화자가 지향하는 자연을 의미한다고 볼 수 있다.

→ 적절함!

④ (나)의 산천은 인사로 인해 변해 버린다는 점에서 변함없는 자연에 대한 화자의 소망을 *투영한 공간이라고 할 수 있다. *나타낸

근거 (나) ❷-2 인사 변한다고 산천이야 변할 것인가

풀이 (나)의 '산천'은 자연을 의미하는 것으로, 변화가 심한 인간사와 대비되어 불변성을 상징하는 공간으로 제시되어 있다. 따라서 '산천'은 인사로 인해 변해 버리는 공간이 아닌, 전원으로 돌아온 화자에게 변함없는 모습을 보여 주는 공간의 의미이다.

→ 적절하지 않음!

⑤ (다)의 연못가는 '나'가 낚시의 경험을 통해 깨달음을 얻는다는 점에서 글쓴이의 배움이 *확장되는 공간이라고 할 수 있다. *넓어지는

근거 (다) ❶-1 나는 긴 여름 동안 별로 할 일이 없어서 늘 연못가에 나가 고기들이 입을 뻐끔거리며 노는 모양을 구경하곤 했다./ ❸-3 내가 자네에게 말할 수 있는 것은, 곧 자네가 내가 가르쳐 준 대로 그 방법을 익힌다면 그 묘법을 터득할 수 있다는 것일세.

풀이 (다)의 '연못가'는 '나'가 낚시를 하고 '그'에게 낚시의 묘리에 대해 들으면서 노력을 통해 스스로 터득하는 일의 중요성을 깨닫는 장소이다. 따라서 '연못가'는 글쓴이의 배움이 확장되는 공간이라고 볼 수 있다.

→ 적절함!

1등급 문제

40 시어의 의미 - 적절한 것 고르기
정답률 60%, 매력적 오답 ② 15% ③ 10%

정답 ①

㉠과 ㉡에 대한 이해로 가장 적절한 것은?

(나) ❸-2 금서 띠에 굽은 허리에 팔십 넘어 만난 ㉠봄이 그 몇 해오
(다) ❶-1 나는 긴 ㉡여름 동안 별로 할 일이 없어서 늘 연못가에 나가 고기들이 입을 뻐끔거리며 노는 모양을 구경하곤 했다.

✔① ㉠은 화자가 임금님의 은혜에 감사를 느끼는 시간이고, ㉡은 글쓴이가 새로운 것을 시도하는 시간이다.

근거 (나) ❸-3 해마다 오늘 같은 날이 역시 임금님 은혜로다
(다) ❶-2~4 이웃에 사는 사람이 나에게 대나무를 베어다가 낚싯대를 만들어 주고 또 바늘을 굽혀 낚시를 실에 달아 주었다. 그동안 서울 생활에 바빠 일찍이 낚시 놓는 법도 알지 못했던 나는, 이웃 사람이 나를 위하여 낚싯대를 만들어 준 것만으로도 감사할 뿐이었다. 그래서 그 낚싯대를 물에 던져 넣은 뒤에 온종일을 기다려 보았다.

풀이 (나)의 화자는 팔십 세가 넘었음에도 ㉠(봄)을 계속 맞이하고 있음에 만족감을 느끼며 이를 임금의 은혜로 생각하고 있다. 따라서 ㉠(봄)은 화자가 임금님의 은혜에 감사함을 느끼는 시간으로 볼 수 있다. (다)의 글쓴이는 ㉡(여름)에 할 일이 없어 고기들을 구경하다가 이웃 사람의 도움으로 낚시를 시도하게 된다. 따라서 ㉡(여름)은 글쓴이가 새로운 것을 시도하는 시간으로 볼 수 있다.

→ 적절함!

② ㉠은 화자가 인생의 *덧없음을 느끼는 시간이고, ㉡은 글쓴이가 이웃의 친절에 고마움을 느끼는 시간이다. *보람이나 쓸모가 없어 헛되고 허전함 〔만족감〕

근거 (다) ❶-2~4 이웃에 사는 사람이 나에게 대나무를 베어다가 낚싯대를 만들어 주고 또 바늘을 굽혀 낚시를 실에 달아 주었다. ~ 이웃 사람이 나를 위하여 낚싯대를 만들어 준 것만으로도 감사할 뿐이었다.

풀이 (나)의 화자는 팔십 세를 넘겨서도 ㉠(봄)을 여러 번 맞이한 것에 만족스러워하고 있을 뿐, 인생의 덧없음을 느끼고 있지 않다. (다)의 글쓴이는 ㉡(여름)에 자신을 위해 낚싯대를 만들어 준 이웃에게 고마워하고 있으므로 적절한 설명이다.

→ 적절하지 않음!

③ ㉠은 화자가 *내적 갈등을 해결하는 시간이고, ㉡은 글쓴이가 자신의 삶의 가치를 새롭게 인식하게 되는 시간이다. *마음속에서 일어나는 갈등 〔스스로 깨우치는 태도의 중요성을〕

풀이 (나)의 화자는 내적 갈등을 느끼고 있지 않으므로 ㉠(봄)이 화자가 내적 갈등을 해결하는 시간이라는 설명은 적절하지 않다. (다)의 글쓴이는 ㉡(여름)에 이웃 사람에게 낚시의 묘리에 대해 들으면서 스스로의 힘으로 터득하는 일의 중요성을 새롭게 인식하고 있으나 자신의 삶의 가치를 인식하게 된 것은 아니다.

→ 적절하지 않음!

④ ㉠은 화자가 한 해를 또 맞이하는 슬픔을 나타내는 시간이고, ㉡은 글쓴이가 자신의 지나온 삶을 반성하는 시간이다. 〔기쁨〕

풀이 (나)의 화자는 팔십 세를 넘겼으나 ㉠(봄)을 또 맞이한 것을 기뻐하고 있으므로 화자의 슬픔을 나타내는 시간이라는 설명은 적절하지 않다. (다)의 글쓴이는 ㉡(여름)에 이웃 사람의 말을 통해 삶의 깨달음을 얻었으나 자신의 지나온 삶을 반성하고 있지는 않다.

→ 적절하지 않음!

⑤ ㉠은 화자가 공명을 추구하던 시절을 의미하는 시간이고, ㉡은 글쓴이가 대상과의 *교감을 통해 과거의 상황을 추억하는 시간이다. *감정을 나눔

풀이 (나)의 '금서 띠에 굽은 허리'는 화자가 높은 관직에 있었음을 드러낸 것이다. 이처럼 공명을 누리던 중에 고향에 돌아온 화자는 팔십이 넘은 나이에 ㉠(봄)을 다시 맞이한 것을 기뻐하고 있다. 따라서 ㉠(봄)이 화자가 공명을 추구하던 시절이라는 이해는 적절하지 않다. 또한 (다)의 글쓴이는 ㉡(여름)에 낚시를 하고 이웃 사람과 대화하면서 과거의 상황을 추억하고 있지 않다.

→ 적절하지 않음!

---

41 감상의 적절성 - 적절하지 않은 것 고르기
정답률 70%, 매력적 오답 ⑤ 15%

정답 ④

〈보기〉를 참고하여 (가)를 감상한 내용으로 적절하지 <u>않은</u> 것은? [3점]

| 보기 |
[1] 「합강정가」는 순시(돌 巡 볼 視 : 돌아다니며 사정을 보살핌)를 온 관찰사를 위한 뱃놀이(배를 타고 노는 놀이)와 관련한 현실을 비판한 작품이다. [2] 이 작품은 관리들이 백성에게 잔치에 드는 비용을 부담시키는(떠맡을 負 책임질 擔 : 떠맡기는) 일, 뇌물이 오고 가며 부정이 횡행한(제멋대로 할 橫 행할 行 : 마구 행해지는) 일, 백성들이 가렴주구(가혹할 苛 거둘 斂 빼앗을 誅 취할 求 : 세금을 가혹하게 거두어들이고, 무리하게 재물을 빼앗음)로 인해 유랑민(떠돌 流 유랑할 浪 백성 民 : 집이 없이 이리저리 떠돌아다니는 백성)이 되는 일 등 지배 계층의 유흥(놀 遊 흥 興 : 놀이)을 위해 강제로 노역(일할 勞 부릴 役 : 괴롭고 힘든 노동)에 동원되고(사용할 動 인원 員 : 이용되고) 수탈(빼앗을 收 빼앗을 奪 : 강제로 빼앗음)을 당하는 백성들의 현실을 생생하게 그려 내고 있다. [3] 특히 마지막 부분은 의로운 선비에 대한 기대와 관찰사를 향한 경고를 드러내고 있다.

① '이 놀이'를 '다시' 하게 되면 백성들이 '못 살겠다'고 한 것은 지배 계층의 유흥을 위해 수탈을 당하는 백성들의 현실을 드러낸다고 볼 수 있겠군.

근거 〈보기〉-1~2 「합강정가」는 순시를 온 관찰사를 위한 뱃놀이와 관련한 현실을 비판

한 작품이다. 이 작품은 관리들이 백성에게 잔치에 드는 비용을 부담시키는 일, ~ 지
배 계층의 유흥을 위해 ~ 수탈을 당하는 백성들의 현실을 생생하게 그려 내고 있다.
> (가)-16~18 한 마을 닭과 개 다 먹어 치우고 집집마다 또 거둔단 말인가/ 대호에는
한 냥 넘고 소호에도 육칠 전이라/ **이 놀이 다시** 하면 이 백성 **못 살겠**네
> 풀이 (가)에서 백성들은 관찰사를 위한 뱃놀이인 '이 놀이'로 인해 닭과 개를 바치고 세금
을 내는 등 잔치에 드는 음식과 비용을 부담하고 있다. 따라서 '이 놀이'를 '다시' 하게
되면 백성들이 '못 살겠'다고 한 것에서 지배 계층의 유흥을 위해 수탈을 당하는 백성
들의 현실을 확인할 수 있다.

→ 적절함!

② 백성들이 '집과 논밭'을 '다 팔고서' 떠나는 것은 가렴주구로 인해 유랑의 길을 떠나야
하는 백성들의 고통스러운 현실을 드러낸다고 볼 수 있겠군.
> 근거 <보기>-2 백성들이 가렴주구로 인해 유랑민이 되는 일 등 ~ 백성들의 현실을 생생
하게 그려 내고 있다.
> (가)-21~22 한 사람의 호사가 몇 사람의 난리 되고/ **집과 논밭 다 팔고서** 어디로 가
잔 말인고
> 풀이 백성들은 관찰사의 호화로운 뱃놀이로 인해 삶의 터전을 빼앗기고 유랑할 수밖에 없
는 현실을 한탄하고 있다. 따라서 백성들이 '집과 논밭'을 '다 팔고서' 떠나는 것은 지
배 계층의 가렴주구로 인해 유랑의 길을 떠나야 하는 백성들의 고통스러운 현실을
생생하게 드러낸다고 볼 수 있다.

→ 적절함!

③ '뇌물'을 '많이 주면 무사하고 적게 주면 트집'이 잡히는 것은 관리들이 뇌물을 받으며
부정을 저지르는 것에 대한 비판을 드러낸다고 볼 수 있겠군.
> 근거 <보기>-2 뇌물이 오고 가며 부정이 횡행한 일
> (가)-28 **뇌물**은 공공연히 오고 가니/ 30 **많이 주면 무사하고 적게 주면 트집** 잡네
> 풀이 관리들 사이에서 '뇌물'이 공공연히 오가면서 '뇌물'을 '많이 주면 무사하고 적게 주면
트집'이 잡힌다고 한 것에서 관리들이 부정을 저지르는 것에 대한 화자의 비판이 드
러나 있다.

→ 적절함!

④ '유생들이 '과거장'에서 '재주'를 '겨루는' 것은 의로운 선비가 되기 위해 과거에 통과하
기를 바라는 유생들의 기대를 드러낸다고 볼 수 있겠군.
> 근거 <보기>-3 마지막 부분은 의로운 선비에 대한 기대
> (가)-31~33 춘당대에 치는 장막 오목대에 무슨 일인고/ 참람한 **과거장**서 **재주 겨루
는** 유생들아/ 오십삼 주 시예향에 의로운 선비 하나 없단 말인가
> 풀이 화자는 오목대의 '과거장'에 창경궁의 춘당대에서나 볼 수 있는 화려한 장막이 쳐져
있는 모습을 보고 참람하다(분수에 넘쳐 지나치다)고 비판하고 있다. 또한 전주에 백성
을 위하는 의로운 선비가 없음을 한탄하고 있다. 따라서 '유생들이 '과거장'에서 '재
주'를 '겨루는' 모습에서 의로운 선비가 되기 위해 과거에 통과하기를 바라는 유생들
의 기대가 드러난다고 보는 것은 적절하지 않다.

→ 적절하지 않음!

⑤ '배은망덕'하면 '자손에게 화가 미치리라'라는 것은 임금에 대한 은혜를 잊지 말라는,
관찰사를 향한 경고를 드러낸다고 볼 수 있겠군.
> 근거 <보기>-3 관찰사를 향한 경고를 드러내고 있다.
> (가)-37~39 감격스럽도다 임금님 은혜여/ 한 토막 절개라도 있다면 온 힘을 다해
은혜에 보답하리라/ **배은망덕**하게 되면 **자손에게 화가 미치리라**
> 풀이 (가)의 화자는 감격스러운 임금의 은혜에 온 힘을 다해 보답해야 하며 '배은망덕'하면
'자손에게 화가 미'칠 것이라고 경고하고 있다. 이는 임금에 대한 은혜를 잊지 말라
는, 관찰사를 향한 경고라고 볼 수 있다.

→ 적절함!

---

42 | 내용 이해 - 적절하지 않은 것 고르기
정답률 75%, 매력적 오답 ② 10% | 정답 ③

(다)의 ⓐ, ⓑ에 대한 설명으로 적절하지 않은 것은?

> (다) ❷-2 그 사람은 또 말하기를, "ⓐ고기 잡는 방법은 그렇게 하면 잘 되었네만 ⓑ고
기 잡는 묘리는 아직 깨닫지 못하였네."

① ⓐ는 누군가의 가르침을 통해 *습득할 수 있다. *배울
> 근거 (다) ❶-3~5 그동안 서울 생활에 바빠 일찍이 낚시 놓는 법도 알지 못했던 나 ~ 그
래서 그 낚싯대를 물에 던져 넣은 뒤에 온종일을 기다려 보았다. 그러나 고기가 한 마
리도 물리지 않았다./ ❷-1 나는 그 사람이 가르쳐 주는 방법대로 낚싯대를 드리워
한참 만에 서너 마리의 고기를 낚아 올릴 수가 있었다.
> 풀이 '나'는 처음에는 낚시 놓는 법을 몰라 고기를 한 마리도 잡지 못했으나, 그가 가르쳐
준 방법대로 하자 서너 마리의 고기를 잡을 수 있었다. 따라서 누군가의 가르침을 통
해 ⓐ(고기 잡는 방법)를 습득할 수 있다는 것은 적절하다.

② ⓑ를 터득하면 다른 사람이 간여하지 않아도 된다.
> 근거 (다) ❸-3 내가 자네에게 말할 수 있는 것은, 곧 자네가 내가 가르쳐 준 대로 아침이
나 저녁이나 이 낚싯대를 물속에 드리워 놓고 정신을 집중하여 열흘이고 한 달이고
그 방법을 익힌다면 그 묘법을 터득할 수 있다는 것일세./ 6 그러나 이런 것을 다 얻
게 되면 내가 어떻게 거기에 간여할 수 있겠는가?
> 풀이 그는 '나'에게 자신이 가르쳐 준 대로 정신을 집중하여 오랫동안 반복하면 고기 잡는
묘법을 스스로 터득할 수 있다고 하였고, 이를 얻게 되면 다른 사람이 간여하지 않아
도 된다고 하였다. 따라서 ⓑ(고기 잡는 묘리)를 터득하면 다른 사람이 간여하지 않아
도 된다는 것은 적절하다.

→ 적절함!

③ ⓐ에 집중하기 위해서는 ⓑ에 대한 의혹에서 벗어나야 한다.
> 근거 (다) ❸-3 내가 자네에게 말할 수 있는 것은, 곧 자네가 내가 가르쳐 준 대로 아침이
나 저녁이나 이 낚싯대를 물속에 드리워 놓고 정신을 집중하여 열흘이고 한 달이고
그 방법을 익힌다면 그 묘법을 터득할 수 있다는 것일세.
> 풀이 그는 '나'에게 자신에게 배운 고기 잡는 방법대로 정신을 집중하여 꾸준히 반복하면
고기 잡는 묘리를 스스로 터득할 수 있다고 하였다. ⓑ(고기 잡는 묘리)를 얻기 위해 ⓐ
(고기 잡는 방법)에 집중해야 하는 것이지, ⓐ(고기 잡는 방법)에 집중하기 위해 ⓑ(고기 잡
는 묘리)에 대한 의혹에서 벗어나야 하는 것은 아니다.

→ 적절하지 않음!

④ ⓐ를 꾸준히 반복하여 익힌다면 마음은 스스로 ⓑ를 이해하게 된다.
> 근거 (다) ❸-3~4 내가 자네에게 말할 수 있는 것은, 곧 자네가 내가 가르쳐 준 대로 아침
이나 저녁이나 이 낚싯대를 물속에 드리워 놓고 정신을 집중하여 열흘이고 한 달이
고 그 방법을 익힌다면 그 묘법을 터득할 수 있다는 것일세. 그렇게 되면 손은 알맞게
움직일 수 있고, 마음은 스스로 묘법을 이해하게 될 것일세.
> 풀이 그는 자신이 가르쳐 준 고기 잡는 방법을 오랫동안 꾸준히 반복하면 고기 잡는 묘법
을 스스로 터득하여 마음이 스스로 묘법을 이해할 수 있게 된다고 하였다. 따라서 ⓐ
(고기 잡는 방법)를 꾸준히 반복하여 익힌다면 마음은 스스로 ⓑ(고기 잡는 묘리)를 이해
하게 된다는 것은 적절하다.

→ 적절함!

⑤ ⓑ를 알게 된 후에는 ⓐ만 알고 있을 때보다 더 많은 수확을 거둘 수 있다.
> 근거 (다) ❷-1 나는 그 사람이 가르쳐 주는 방법대로 낚싯대를 드리워 한참 만에 서너 마
리의 고기를 낚아 올릴 수가 있었다./ 3~4 그는 나의 낚싯대를 빼앗아 가지고 물속
에 던져 넣었다. 그는 내가 낚던 낚싯대와 내가 쓰던 미끼와 내가 앉았던 자리를 그대
로 이용하였으나 그가 잡아 올리는 물고기는 마치 기다리기라도 한 듯이 낚싯대를
던져 넣기가 바쁘게 딸려 올라왔다./ ❸-1 '잡는 방법이야 가르쳐 줄 수 있지만 묘한
솜씨야 가르쳐 줄 수 있겠나.
> 풀이 '나'는 그에게 고기 잡는 방법을 배운 후 서너 마리의 고기를 낚았으나, 고기 잡는 방
법과 고기 잡는 묘리를 모두 터득한 그는 '나'와 같은 조건에서 더 많은 고기를 잡았
다. 따라서 ⓑ(고기 잡는 묘리)를 알게 된 후에는 ⓐ(고기 잡는 방법)만 알고 있을 때보다
더 많은 수확을 거둘 수 있다는 것은 적절하다.

→ 적절함!

[43 ~ 45] 고전소설 - 작자 미상, 「**세경본풀이**(농사를 관장하는 신인 세경신의 내력을
풀이하는 노래. 제주도의 큰굿에서 연행되는 무가(巫歌)로 세경신에 관한 신화이며, 내용은 주로 자청비
(세경신)와 문 도령의 연애담과 결혼담으로 구성되어 있음)」

❶ 1 "도련님은 어디서 온 누구십니까? 2 지금 어디를 가시는 길인지 물어봐도 될까요?"
3 "네, 저는 **하늘 옥황**(하느님이 있는 하늘. 천상) 문왕성(의 아들) 문 도령입니다. 4 지금 아
랫마을 거무 선생님께 글공부 가는 길이오."
5 자청비가 문 도령을 찬찬히 살펴보는데 인물이 **단정하고**(바를 端 바를 正 : 옷차림이나
몸가짐 따위가 바르고) 눈빛이 깊은 것이 마음에 들었다. 6 게다가 거무 선생께 글공부를 간
다 하니 같이 글공부하러 가고 싶은 생각이 불쑥 솟아났다.
7 "도련님, 우리 집에도 나와 닮은 남동생이 있는데 마침 거무 선생께 글공부하러 가고
싶어 합니다. 8 이름은 **자청 도령**이라 하니 같이 벗하여 가는 것이 어떻겠습니까?"
9 조금이라도 자청비와 더 있고 싶은 문 도령은 **선선히**(시원스럽게) 그러겠다고 대답하
고는 자청비를 따라갔다. 10 자청비는 문 도령을 집 앞 골목에 세워 놓고, 부모님 방으로
달려갔다.

→ 문 도령이 마음에 든 자청비는 함께 글공부하러 가고 싶은 생각에
그와 집으로 향한다.

❷ 1 "아버님, 어머님, 저도 다른 선비들처럼 글공부하러 가고 싶습니다."

²대감(자청비의 아버지)이 펄쩍 뛰었다.
³"계집아이(자청비)가 글을 배워 무엇에 쓴단 말인고?"
⁴어머니도 자청비의 손을 잡으며 달랬다.
⁵"시집갈 나이가 다 되었는데 밖으로 나돌아다니면 안 좋은 소문만 난다. ⁶그러니 그냥 집에서 살림이나 배우는 게 좋을 것 같다."
⁷자청비가 차분하게 부모님을 설득했다.
⁸"아범, 어머님, 늘그막에 딸자식(자청비) 하나 얻었는데 내일이라도 아범 어머님이 세상을 떠나면 기일(기일 忌 날 日 : 해마다 돌아오는 제삿날) 제사 때 축지방(제사 때 읽어 천지의 신령께 고하는 글을 적은 종이 조각)은 누가 쓸 겁니까?"
⁹그 말끝에 부모님이 뭐라 대답을 못 하고 있는데 자청비는 계속해서 말을 이었다.
¹⁰"나에게 오라비가 있습니까? ¹¹형제가 있습니까? ¹²그저 집안에 자식이라곤 나 하나밖에 없는데, 여자라도 배워 놓으면 다 써먹을 데가 있습니다. ¹³저라도 공부를 해서 축지방이나 쓰게 해 주세요."
¹⁴자청비의 말을 들은 대감은 마음이 움직였다.
¹⁵"듣고 보니 그럴듯한 말이구나. ¹⁶늘그막에 귀한 딸자식 하나 얻었더니 부모 기일 제사까지 벌써부터 챙기려고 마음을 쓰니 기특하구나. ¹⁷그렇다면 거무 선생께 가서 글공부하도록 하거라."

③ ¹부모님께 허락을 받은 자청비는 방으로 들어가 입고 있던 옷을 벗어 두고 남자 옷으로 갈아입었다. ²그러고는 책을 한 아름 안고, 붓도 몇 자루 감아쥐고 부모님께 이별 인사를 드리는 둥 마는 둥 하고 밖으로 뛰쳐나갔다.
³골목에 나가 보니 문 도령이 서성이며 기다리고 있었다. ⁴자청비는 시침을 뚝 떼고(자청비가 아닌 체하고) 다가가 인사를 했다.
⁵"처음 뵙겠습니다. ⁶저는 자청 도령인데 누님(자청비)한테 말씀 잘 들었습니다."
⁷"예, 저는 하늘 옥황 문왕성 문 도령이오."
⁸문 도령은 자청 도령을 위아래로 훑어보며 고개를 갸웃했다.
⁹'아무리 남매지간이라고 하여도 이렇게 닮을 수가 있는가? ¹⁰자청 도령도 곱상하니(얼굴이 예쁘장하고 얌전하니) 아가씨라고 해도 믿겠구나.'
¹¹문 도령과 자청 도령은 나란히 아랫마을 거무 선생에게 갔다.

④ **[중략 줄거리]** ¹자청 도령이 자청비임을 알게 된 문 도령은 자청비와 결혼을 한다. ²한편, 이들(자청비와 문 도령)을 시기한(시기할 猜 질투할 忌 : 잘되는 것을 샘하여 미워한) 하늘 무리들이 문 도령을 죽이고, 군졸(군사 軍 군사 卒 : 군사)들을 보내 자청비를 강제로 데려가려고 하자 자청비는 매미, 등에(파리와 비슷한 곤충), 봉황새를 죽은 문 도령이 있는 방에 걸어 둔다.

⑤ ¹"저 위에 보면 **우리 낭군**(문 도령)이 깔고 앉았던 방석이 있습니다. ²그걸 내려서 깔고 앉아 보십시오. ³그것(방석)이 조금 무겁긴 하지만 사나이(여기서는 군졸)라면 그 정도는 거뜬히(가볍게) 들 수 있어야 하지 않겠습니까? ⁴그리하면 제(자청비)가 스스로 가겠습니다."
⁵선반 위에 놓인 무쇠 방석을 가리키며 말하자 군졸들이 달려들어 방석을 내리려 하였다. ⁶그러나 어찌나 무거운지 꼼짝도 하지 않았다.
⁷"문 도령이 이렇게 힘센 장수였구나. ⁸아무래도 소문대로 보통 인물이 아니로군. ⁹잘못하다가는 무슨 변(재앙 變 : 재앙. 사고)이라도 당하는 게 아닌지 모르겠어."
¹⁰군졸들은 겁이 나서 누구도 선뜻 나서려고 하지 않았다. ¹¹그러자 군졸들을 이끌고 온 우두머리가 문 도령이 누워 있는 방을 쳐다보며 한마디 했다.
¹²"이놈들아, 걱정들 하지 마라. ¹³그래봐야(문 도령은) 죽은 목숨 아니냐? ¹⁴죽은 목숨 아무 소용 없다."
¹⁵"맞는 말이로구나. ¹⁶제아무리 잘난 문 도령이라도 이미 죽은 목숨인데 어떻게 할 수 있겠는가."
¹⁷그런데 죽은 줄 알았던 문 도령이 코를 골며 자는 소리가 들렸다. ¹⁸주얼(등에의 제주 방언)재열(매미의 제주 방언) **매미, 등에**가 나는 소리, **봉황새** 꺽꺽 부리 벌리는 소리가 코 고는 소리로 들렸던 것이었다.
¹⁹"어이? ²⁰이거 무슨 소리인가?"
²¹"문 도령이 코 골며 자는 소리 같은데. ²²문 도령은 죽은 것이 아닌가?"
²³그때 방 밖에 서 있던 머슴이 자청비가 시킨 대로 손을 한 번 탁 쳤다. ²⁴그러자 화들짝 놀란 군졸들이 겁을 집어먹고 앞다투어 도망쳐 버렸다. ²⁵위기를 모면한 자청비는 죽은 남편을 살려 내기 위해 서천꽃밭(저승의 동쪽 끝에 위치한 신비의 공간. 삼색물을 경계로 하여 이승과 연결되어 있음)으로 들어가 갖가지 꽃을 얻어 왔다. ²⁶자청비가 가져온 **살살이꽃**(살을 되살리는 꽃), **피살이꽃**(피를 돌게 하는 꽃), **도환생꽃**(죽은 사람을 되살리는 꽃)을 남편의 시체 위에 뿌리자 문 도령이 기지개를 켜며 일어나 앉았다.

²⁷"아, 잘 잤다! ²⁸그런데 무슨 일인가? ²⁹주변이 왜 이처럼 어지럽소?"
³⁰자청비는 그 사이에 있었던 일을 소상히(밝힐 昭 자세할 詳 : 자세히) 일러(말해) 주었다.
³¹"아, 그러니까 부인 덕에 내가 이리 살아났구려."
³²문 도령은 또 한 번 자청비의 기지(기이할 奇 슬기 智 : 특별하고 뛰어난 지혜)에 감탄하며 부인의 손을 꼭 잡았다.

⑥ ¹하늘 옥황 천자국에 큰 사변(일 事 재앙 變 : 사람의 힘으로는 피할 수 없는 큰 사건)이 일어났다. ²검은 무리가 난(난리 亂 : 전쟁)을 일으켜 천자국이 큰 혼란에 빠지게 된 것이다. ³옥황상제 천지왕(하늘을 관장하는 신)은 여기저기 방(고시할 榜 : 어떤 일을 널리 알리기 위하여 사람들이 다니는 길거리나 많이 모이는 곳에 써 붙이는 글)을 붙이도록 했다.
⁴"이 난을 평정하는(편안할 平 평정할 定 : 진정시키는) 자에게 하늘 옥황의 땅 한 조각 물 한 조각을 갈라 주겠노라."
⁵자청비는 문 도령과 함께 서천꽃밭에서 가져온 수레멸망악심꽃을 들고 천국으로 갔다. ⁶수레멸망악심꽃은 뿌리면 뿌리는 대로 많은 사람이 죽는 꽃이었다. ⁷천지왕은 난을 평정하기 위해 왔다는 문 도령과 자청비에게 임무를 맡겼다. ⁸전장(전쟁 戰 장소 場 : 전쟁터)으로 가 보니 삼만 명의 군사들이 칼을 치고 활을 받으며 치열하게 싸우고 있었다. ⁹자청비는 천자국 병사들을 철수시키고는(거둘 撤 거둘 收 : 물러나게 하고는) 수레멸망악심꽃을 동서(동쪽 東 서쪽 西 : 동쪽과 서쪽)로 뿌려댔다. ¹⁰그러자 난을 일으킨 군사들이 건삼밭의 늙은 삼 쓰러지듯(맥없이 쓰러지는 모습을 빗댄 말) 동서로 즐비하게(늘어설 櫛 설 比 : 줄지어 빽빽하게 늘어서) 쓰러지며 숨이 끊어져 버렸다. ¹¹곧 난은 평정되고 천자국이 평온해졌다. ¹²천지왕은 크게 기뻐하며 둘(자청비와 문 도령)의 공을 치하했다(부를 致 하례할 賀 : 고마워하고 칭찬했다).
¹³"내 너희들에게 하늘나라에 있는 기름진 땅을 갈라 주겠으니 잘 맡아 다스리도록 하여라."
¹⁴그러나 자청비는 이(하늘나라의 기름진 땅)를 사양하고 인간 세상에 내려가 살고자 하니 대신 씨앗을 달라고 청을 드렸다.
¹⁵"하늘님(천지왕)아, 하늘나라 기름진(양분이 많은) 땅 대신 **제주 땅에 내려가서 심을 오곡**(다섯 五 곡식 穀 : 쌀, 보리, 콩, 조, 기장의 다섯 가지 중요한 곡식)의 씨앗을 내려 주십시오. ¹⁶제주 백성들 농사짓고 살게 해 주겠습니다."
¹⁷천지왕은 자청비를 기특하게(기특할 奇 뛰어날 特 : 대견하게) 여기고 인간을 널리 이롭게 하라며 **여러 곡식**을 내려 주었다.

· 중심 내용
문 도령이 마음에 든 자청비는 그와 함께 글공부하러 가고 싶은 생각에 부모님을 설득하고, 남장을 한 채 문 도령과 동행한다. 자청비와 문 도령은 결혼을 하고 이들을 시기한 하늘 무리들은 문 도령을 죽인 후 군졸들을 보내 자청비를 강제로 데려가려 하지만 자청비의 기지로 군졸들은 달아나고, 죽은 문 도령은 살아난다. 이후 자청비와 문 도령이 천자국의 난을 평정하자 천지왕은 하늘나라의 기름진 땅을 주고자 하나, 자청비는 천지왕에게 제주 땅에 심을 오곡의 씨앗을 달라고 청한다.

· 인물 관계도

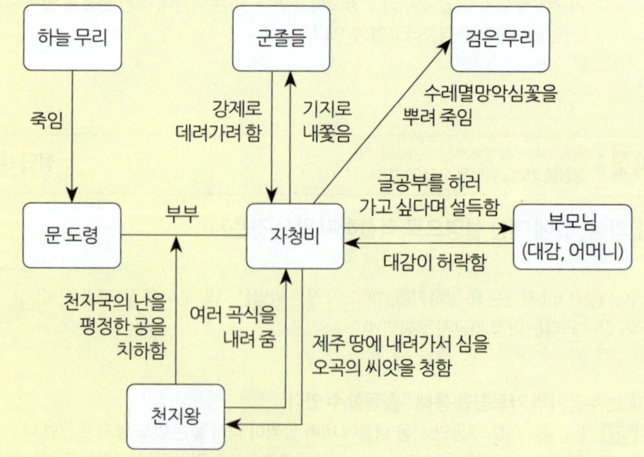

· 전체 줄거리 ([ ] : 지문 내용)
김진국과 조진국 부부는 혼인 후 오래도록 자식이 없자 **불공**(부처 앞에 음식, 꽃 따위를 바침)을 드려 딸을 얻는데, '**자청하여**(스스로 自 청할 請 : 스스로 청하여) 낳은 자식'이라 하여 이름을 '자청비'라 짓는다. 귀하게 자라던 자청비는 15세가 된 어느 날 하녀를 따라 빨래터에

나갔다가 [글공부를 하러 길을 나선 하늘 옥황(하늘나라) 문왕성의 아들인 문 도령을 만나게 되고, 문 도령과 함께 있고 싶은 마음에 부모님을 설득하여 남장을 한 채 그와 동행한다.] 함께 글공부를 한 지 3년이 지나고 문왕성의 명령으로 문 도령이 서수왕의 셋째 딸과 혼인을 하기 위해 하늘로 돌아가게 되자 자청비는 두 사람이 처음 만났던 빨래터에서 자신이 여자라는 사실을 밝힌다. 서로의 사랑을 확인한 후, 문 도령은 돌아오겠다는 약속을 하고 홀로 떠난다. 시간이 흘러도 문 도령은 돌아오지 않고, 문 도령을 기다리던 자청비는 하인 정수남의 꼬임에 빠져 문 도령을 찾아 숲속에 들어갔다가 정수남에게 봉변을 당할 위기에 처한다. 자청비는 기지를 발휘하여 정수남을 죽이고 홀로 집으로 돌아오지만, 그녀의 부모는 하인을 죽였다는 이유로 그녀를 집에서 내쫓는다. 남장을 하고 서천꽃밭에 간 자청비는 서천꽃밭을 어지럽히는 부엉이를 잡아 준 공로로 환생꽃을 얻고 꽃감관의 셋째 딸과 혼인을 약속한다. 자청비는 환생꽃으로 정수남을 살려 데려가지만 그녀의 부모는 사람을 죽였다 살렸다 한다며 자청비를 다시 내쫓는다. 문 도령을 찾아가던 자청비는 청태국 마귀할망을 만나 그의 수양딸이 된다. 마귀할망은 문 도령의 혼사에 쓰일 베를 짜는 일을 하는데, 자청비는 그 베에 수를 놓는 것을 돕는다. 자청비의 수를 알아본 문 도령은 마귀할망의 집을 찾아와 문밖에서 자청비를 부른다. 자청비는 문 도령이 맞는지 확인하기 위해 바늘로 그의 손가락을 찌르고, 이에 화가 난 문 도령은 하늘로 돌아간다. 자청비는 천상에 올라가 문 도령의 어머니가 낸 어려운 시험을 통과한 후 마침내 문 도령과 혼인하게 된다. 자청비는 자신과 부부의 연을 맺은 꽃감관의 딸이 생각나 문 도령을 서천꽃밭으로 보내어 한 달에 15일은 자신과 살고 나머지 15일은 꽃감관의 딸과 살게 한다. 하지만 서천꽃밭으로 간 문 도령이 3년이 지나도록 돌아오지 않자 자청비는 시부모가 죽었다는 거짓 편지를 보내 그를 돌아오게 만든다. 하늘 옥황에 자청비의 미모가 소문이 나면서 [하늘 무리들은 문 도령을 죽이고 자청비를 강제로 데려가려 한다. 자청비는 기지를 발휘하여 상황을 모면하고 서천꽃밭으로 가서 환생꽃을 따다가 문 도령을 살려낸다. 한편, 천자국에 큰 사변이 일어나자 자청비는 서천꽃밭에서 가져온 꽃으로 천자국의 변란을 평정한다. 천지왕은 하늘나라에 있는 기름진 땅을 내리지만 자청비는 이를 사양하고 제주 땅에 심을 오곡 씨를 내려 달라고 청한다.] 이후 인간 세상으로 내려온 자청비는 중세경(농사의 신), 문 도령은 상세경(농사의 신)이 되고, 정수남은 하세경(목축의 신)이 된다.

---

43 | 서술상 특징 - 적절한 것 고르기
정답률 80% | 정답 ①

윗글에 대한 설명으로 가장 적절한 것은?

① 비현실적 요소를 통해 인물의 *비범한 능력을 드러내고 있다. *뛰어난

근거 ❺-25~26 서천꽃밭으로 들어가 갖가지 꽃을 얻어 왔다. 자청비가 가져온 살살이꽃, 피살이꽃, 도환생꽃을 남편의 시체 위에 뿌리자 문 도령이 기지개를 켜며 일어나 앉았다.

❻-9~10 자청비는 천자국 병사들을 철수시키고는 수레멸망악심꽃을 동서로 뿌려 댔다. 그러자 난을 일으킨 군사들이 건삼밭의 늙은 삼 쓰러지듯 동서로 즐비하게 쓰러지며 숨이 끊어져 버렸다.

풀이 자청비가 서천꽃밭에서 가져온 갖가지 꽃을 남편(문 도령)의 시체 위에 뿌리자 죽었던 남편이 다시 살아나는 장면, 자청비가 수레멸망악심꽃을 동서로 뿌려대자 난을 일으킨 군사들의 숨이 끊어져 버리는 장면 등에서 비현실적 요소가 나타나며, 이를 통해 서천꽃밭에서 가져온 꽃을 이용해 사람을 살리고 죽일 수 있는 자청비의 비범한 능력을 드러내고 있다.

→ 적절함!

② 꿈과 현실을 *교차하여 앞으로 일어날 사건을 암시하고 있다. *번갈아 나타내어

풀이 윗글은 자청비를 중심으로 하여 현실에서 벌어진 사건이 서술되어 있을 뿐, 꿈의 내용은 나타나지 않는다.

→ 적절하지 않음!

> ■ 꿈과 현실을 교차하여 앞으로 일어날 사건을 암시하는 작품
> • 작자 미상, 「소학사전」 (2023년 고2 6월 학평)
> 부인이 아들 형제를 생각하고 슬픈 마음을 진정하지 못하여 잠자리에 누웠다가 (현실) 비몽사몽간(아닐 非 꿈 夢 닮을 似 꿈 夢 사이 間 : 완전히 잠이 들지도 잠에서 깨어나지도 않은 어렴풋한 순간)에 승상이 들어와 부인을 대하여 말하기를, "오늘 부인의 손자가 올 것이니 보소서."라고 하므로 놀라 깨어 보니 한바탕 꿈이었다. (꿈) 부인이 더욱 마음이 편안하던 차에 비자(여자 종 婢 사람 子 : 여자 종)가 하는 말을 들으니 어린 듯 취한 듯 반가우면서도 괴이하여 곧 외당에 나가 문틈으로 공자의 상(모양 相 : 생김새)을 보았는데 영락없는 학사였다 (부인의 아들인 소 학사와 많이 닮은 외모였다). (현실)
> → 현실과 꿈이 교차되는 구조를 통해 부인이 손자를 만나게 될 것을 암시하고 있다.

→ 문제편 169쪽

---

③ 비유적 표현을 사용하여 인물의 심리적 갈등을 드러내고 있다.

근거 ❻-10 그러자 난을 일으킨 군사들이 건삼밭의 늙은 삼 쓰러지듯 동서로 즐비하게 쓰러지며 숨이 끊어져 버렸다.

풀이 '건삼밭의 늙은 삼 쓰러지듯'에서 비유적 표현을 사용하고 있지만 이를 통해 힘없이 쓰러지는 군사들의 모습을 드러내고 있을 뿐 인물의 심리적 갈등을 드러내고 있지는 않다.

→ 적절하지 않음!

> ■ 비유적 표현을 사용하여 인물의 심리적 갈등을 드러내는 작품
> • 김주영, 「고기잡이는 갈대를 꺾지 않는다」 (2022년 고2 3월 학평)
> 나는 오랫동안 지독(종이를 삶아 마구 찧어서 만든 항아리)을 물끄러미 바라보며 앉아 있었다. 이 많은 곡식을 다락(주로 부엌과 지붕 사이에 공간을 만들어서 물건을 넣어 두는 곳) 위에다 채워 두고도 우리 세 식구는 속절없이(어찌할 도리 없이) 배를 주려(굶주려) 왔던 것이었다. ~ 나는 사냥꾼에게 불을 맞고 죽을 때를 기다리는 짐승처럼 처절한(슬퍼할 悽 끊어질 絶 : 처참한, 끔찍한) 기분이었다.
> → '나'는 어머니가 많은 곡식을 모았음에도 가족들을 굶주리게 한 것을 알고 '사냥꾼에게 불을 맞고 죽을 때를 기다리는 짐승'에 자신을 비유하여 심리적 갈등을 드러내고 있다.

④ 공간적 배경에 대한 묘사를 통해 *낭만적 분위기를 형성하고 있다. *감미롭고 감상적인

풀이 윗글에서 공간적 배경에 대해 묘사한 부분은 없으며, 낭만적 분위기가 형성된 부분 또한 없다.

→ 적절하지 않음!

> ■ 공간적 배경에 대한 묘사를 통해 낭만적 분위기를 형성하는 작품
> • 조위한, 「최척전」 (2023학년도 수능)
> 일찍이 날씨가 맑은 어느 봄날 밤이었는데, 어둠이 깊어 갈 무렵 미풍(조금 微 바람 風 : 약하게 부는 바람)이 잠간 일며 밝은 달이 환하게 비쳤으며, 바람에 날리던 꽃잎이 옷에 떨어져 그윽한 향기가 코끝에 스며들었다. 이에 최척은 옥영과 술을 따라 마신 후, 침상(잘 寢 평상 牀 : 침대)에 기대 피리를 부니 그 여음(남을 餘 소리 音 : 소리가 그치거나 거의 사라진 뒤에도 아직 남아 있는 음)이 하늘거리며 퍼져 나갔다.
> → 최척과 옥영이 함께 있는 공간적 배경을 구체적으로 묘사하여 낭만적 분위기를 형성하고 있다.

⑤ 서술자가 직접적으로 개입하여 인물을 주관적으로 평가하고 있다.

풀이 윗글에서는 서술자가 인물이나 사건에 직접적으로 개입하여 인물을 주관적으로 평가한 부분이 나타나지 않는다.

→ 적절하지 않음!

> ■ 서술자가 직접적으로 개입하여 인물을 주관적으로 평가하는 작품
> • 허균, 「홍길동전」 (2019학년도 9월 모평, 2014학년도 수능A)
> 길동이 재배(두 再 절 拜 : 두 번 절함) 하직하고(아래 下 곧을 直 : 작별을 고하고) 문을 나서니, 구름 낀 산이 첩첩하여 지향없이 행하니 어찌 가련치 아니하리오.
> → '어찌 가련치 아니하리오'는 서술자가 직접적으로 개입하여 길동의 처지에 대해 주관적으로 평가하는 부분이다.

---

44 | 내용 이해 - 적절하지 않은 것 고르기
정답률 70% | 정답 ⑤

윗글에 대한 이해로 적절하지 않은 것은?

① 자청비는 문 도령에게 자청 도령을 만날 것을 제안했다.

근거 ❶-7~8 "도련님, 우리 집에도 나와 닮은 남동생이 있는데 마침 거무 선생께 글공부하러 가고 싶어 합니다. 이름은 자청 도령이라 하니 같이 벗하여 가는 것이 어떻겠습니까?"

풀이 자청비는 거무 선생께 글공부 가는 문 도령에게 자신의 남동생인 자청 도령을 만나 같이 벗하여 글공부하러 가는 것은 어떻겠냐는 제안을 했다.

→ 적절함!

② 대감은 부모의 제사를 걱정하는 자청비를 기특하게 여겼다.

근거 ❷-14~16 자청비의 말을 들은 대감은 마음이 움직였다. ~ 늘그막에 귀한 딸자식 하나 얻었더니 부모 기일 제사까지 벌써부터 챙기려고 마음을 쓰니 기특하구나.

풀이 대감(자청비의 아버지)은 부모의 기일 제사 때 축지방 쓸 일을 걱정하는 자청비의 말에 부모 기일 제사까지 벌써부터 챙기려고 마음을 쓰니 기특하다고 말했다.

→ 적절함!

③ 군졸들은 문 도령이 살아 있다고 생각해 겁을 먹고 도망쳤다.

근거 ❺-17~24 죽은 줄 알았던 문 도령이 코를 골며 자는 소리가 들렸다. 주얼재열 매

미, 등에가 나는 소리, 봉황새 꺽꺽 부리 벌리는 소리가 코 고는 소리로 들렸던 것이었다. "어이? 이거 무슨 소리인가?" "문 도령이 코 골며 자는 소리 같은데. 문 도령은 죽은 것이 아닌가?" 그때 방 밖에 서 있던 머슴이 자청비가 시킨 대로 손을 한 번 탁 쳤다. 그러자 화들짝 놀란 군졸들이 겁을 집어먹고 앞다투어 도망쳐 버렸다.

풀이 매미, 등에, 봉황새 소리를 들은 군졸들은 문 도령이 코를 고는 것 같다며 문 도령의 죽음에 의혹을 품다가 방 밖의 머슴이 손을 탁 치자 문 도령이 살아 있다고 생각하여 화들짝 놀라 겁을 먹고 앞다투어 도망쳐 버렸다.

→ 적절함!

④ 난을 일으킨 군사들은 자청비가 뿌린 꽃에 의해 숨이 끊어졌다.

근거 ⑥-9~10 자청비는 천자국 병사들을 철수시키고는 수레멸망악심꽃을 동서로 뿌려 댔다. 그러자 난을 일으킨 군사들이 건삼밭의 늙은 삼 쓰러지듯 동서로 즐비하게 쓰러지며 숨이 끊어져 버렸다.

풀이 자청비가 수레멸망악심꽃을 동서로 뿌려대자 난을 일으킨 군사들은 맥없이 쓰러지며 숨이 끊어져 버렸다.

→ 적절함!

✔⑤ 천지왕은 천자국의 난을 평정하기 위해 자청비를 찾아가 도움을 구했다.

왔다는 문 도령과 자청비에게 임무를 맡긴다

근거 ⑥-3~5 옥황상제 천지왕은 여기저기 방을 붙이도록 했다. "이 난을 평정하는 자에게 하늘 옥황의 땅 한 조각 물 한 조각을 갈라 주겠노라." 자청비는 문 도령과 함께 서천꽃밭에서 가져온 수레멸망악심꽃을 들고 천자국으로 갔다. / 7 천지왕은 난을 평정하기 위해 왔다는 문 도령과 자청비에게 임무를 맡겼다.

풀이 천지왕이 천자국의 난을 평정하기 위해 자청비를 찾아가 도움을 구했다는 내용은 나타나지 않는다. 천지왕이 난을 평정할 자를 구하는 방을 붙이도록 하자 자청비가 문 도령과 함께 수레멸망악심꽃을 들고 천자국으로 갔고, 이에 천지왕이 문 도령과 자청비에게 난을 평정하는 임무를 맡긴 것이다.

→ 적절하지 않음!

---

45 감상의 적절성 – 적절하지 않은 것 고르기
정답률 70%   정답 ③

〈보기〉를 참고하여 윗글을 감상한 내용으로 적절하지 <u>않은</u> 것은?   [3점]

> | 보기 |
>
> [1]「세경본풀이」는 자청비가 농사를 관장하는(맡을 管 맡을 掌 : 일을 맡아 주관하는) '세경신'이 되기까지의 과정을 담은 제주도 서사무가(제사를 받는 신의 내력을 읊은 긴 가사의 노래)이다. [2] 이 과정에서 자청비는 여성이라는 이유로 사회적 제약을 받거나, 여러 난관(어려울 難 관문 關 : 어려운 고비)에 봉착한다(만날 逢 붙을 着 : 부닥친다). [3] 그때마다 자청비는 거짓말이나 속임수를 사용하여 상대와 동질성(같을 同 성질 質 성질 性 : 비슷한 성질)을 이뤄 상대방의 수용을 얻기도 하고, 상황을 미리 조작하여 자신의 불리한 상황을 반전시키기도(돌이킬 反 구를 轉 : 뒤바뀌어 변하게 하기도) 한다. [4] 또한, 유인책(필 誘 끌 引 계책 策 : 주위나 흥미를 유발시켜 꾀어낼 계책이나 방책)을 사용해 상대를 함정에 빠뜨려 목적을 달성하기도 한다.

① 자청비가 '자청 도령' 행세를 한 것은 문 도령과의 동질성을 획득하기 위한 속임수로 볼 수 있겠군.

근거 〈보기〉-2~3 이 과정에서 자청비는 여성이라는 이유로 사회적 제약을 받거나, 여러 난관에 봉착한다. 그때마다 자청비는 거짓말이나 속임수를 사용하여 상대와 동질성을 이뤄 상대방의 수용을 얻기도 하고,

❶-7~8 "도련님, 우리 집에도 나와 닮은 남동생이 있는데 마침 거무 선생께 글공부하러 가고 싶어 합니다. 이름은 자청 도령이라 하니 같이 벗하여 가는 것이 어떻겠습니까?"

❸-1 부모님께 허락을 받은 자청비는 방으로 들어가 입고 있던 옷을 벗어 두고 남자 옷으로 갈아입었다. / 4~6 자청비는 시침을 뚝 떼고 다가가 인사를 했다. "처음 뵙겠습니다. 저는 자청 도령인데 누님한테 말씀 잘 들었습니다."

풀이 자청비는 문 도령에게 '자청 도령'이라는 남동생이 있다는 거짓말을 한 뒤 남장을 하고 '자청 도령' 행세를 하는 속임수를 사용함으로써 상대인 문 도령과 같은 남성이라는 동질성을 획득하여 함께 글공부를 하러 갈 수 있었다.

→ 적절함!

② 자청비가 '계집아이가 글을 배워 무엇에 쓰냐'며 부모로부터 글공부를 *제지당하는 것은 자청비가 받는 사회적 제약으로 볼 수 있겠군.   *금지당하는

근거 〈보기〉-2 이 과정에서 자청비는 여성이라는 이유로 사회적 제약을 받거나,

❷-3 "계집아이가 글을 배워 무엇에 쓴단 말인고?" / 5 "시집갈 나이가 다 되었는데 밖으로 나돌아다니면 안 좋은 소문만 난다.

풀이 자청비의 아버지는 '계집아이가 글을 배워 무엇에' 쓰냐며 자청비의 글공부를 제지하고, 자청비의 어머니 또한 시집갈 나이가 다 되었는데 밖으로 나돌아다니면 안 좋은 소문만 난다며 자청비가 글공부하러 가는 것을 반대한다. 이는 자청비가 여성이

라는 이유로 사회적 제약을 받는 모습으로 볼 수 있다.

→ 적절함!

✔③ 자청비가 무쇠 방석을 '우리 낭군이 깔고 앉았던 방석'이라고 말한 것은 상대방을 함정에 빠뜨려 자신의 편으로 만들기 위한 유인책으로 볼 수 있겠군.

근거 ❺-1~6 "저 위에 보면 우리 낭군이 깔고 앉았던 방석이 있습니다. ~ 사나이라면 그 정도는 거뜬히 들 수 있어야 하지 않겠습니까? 그리하면 제가 스스로 가겠습니다." 선반 위에 놓인 무쇠 방석을 가리키며 말하자 ~ 꼼짝도 하지 않았다.

풀이 자청비가 선반 위에 놓인 무쇠 방석을 가리키며 '우리 낭군이 깔고 앉았던 방석'이라고 말한 것은 군졸들로 하여금 문 도령이 보통 인물이 아니라고 생각하게끔 만들어 자신이 목표한 바를 달성하기 위한 함정일 뿐, 군졸들을 자신의 편으로 만들기 위한 유인책과는 거리가 멀다.

→ 적절하지 않음!

④ 자청비가 '매미', '등에', '봉황새', 박수 소리를 이용한 것은 문 도령이 살아 있는 것처럼 상황을 미리 조작하여 자신의 불리한 상황을 반전시키기 위한 것으로 볼 수 있겠군.

근거 〈보기〉-3 상황을 미리 조작하여 자신의 불리한 상황을 반전시키기도 한다.

❹-2 하늘 무리들이 문 도령을 죽이고, 군졸들을 보내 자청비를 강제로 데려가려고 하자 자청비는 매미, 등에, 봉황새를 죽은 문 도령이 있는 방에 걸어 둔다.

❺-18~24 주얼재열 매미, 등에가 나는 소리, 봉황새 꺽꺽 부리 벌리는 소리가 코 고는 소리로 들렸던 것이었다. "어이? 이거 무슨 소리인가?" "문 도령이 코 골며 자는 소리 같은데. 문 도령은 죽은 것이 아닌가?" 그때 방 밖에 서 있던 머슴이 자청비가 시킨 대로 손을 한 번 탁 쳤다. 그러자 화들짝 놀란 군졸들이 겁을 집어먹고 앞다투어 도망쳐 버렸다.

풀이 하늘 무리들이 문 도령을 죽이고, 군졸들을 보내 자청비를 강제로 데려가려고 하자 자청비는 '매미', '등에', '봉황새'를 죽은 문 도령이 있는 방에 걸어 둔다. 자청비를 데려가려고 온 군졸들은 '매미', '등에', '봉황새' 소리에 문 도령이 코를 골며 자는 소리라고 생각하여 겁을 먹고, 때마침 들리는 박수 소리에 화들짝 놀라 앞다투어 도망쳐 버린다. 따라서 자청비가 '매미', '등에', '봉황새', 박수 소리를 이용한 것은 문 도령이 살아 있는 것처럼 상황을 미리 조작하여 자신의 불리한 상황을 반전시키고, 위기를 모면하기 위한 것으로 볼 수 있다.

→ 적절함!

⑤ 자청비가 천지왕에게 '제주 땅에 내려가서 심을 오곡의 씨앗을 내려' 달라고 요청하여 '여러 곡식'을 받는 것은 자청비가 지닌 세경신으로서의 면모로 볼 수 있겠군.

근거 〈보기〉-1 「세경본풀이」는 자청비가 농사를 관장하는 '세경신'이 되기까지의 과정을 담은 제주도 서사무가이다.

❻-15~17 "하늘님아, 하늘나라 기름진 땅 대신 제주 땅에 내려가서 심을 오곡의 씨앗을 내려 주십시오. 제주 백성들 농사짓고 살게 해 주겠습니다." 천지왕은 자청비를 기특하게 여기고 인간을 널리 이롭게 하라며 여러 곡식을 내려 주었다.

풀이 자청비는 난을 평정한 대가로 하늘나라의 기름진 땅을 주겠다는 천지왕에게 하늘나라의 땅 대신 '제주 땅에 내려가서 심을 오곡의 씨앗을 내려' 달라고 청하였고, 이에 천지왕으로부터 '여러 곡식'을 받는다. 이것은 제주 백성이 농사짓고 살게 해 주기 위한 자청비의 요청으로 볼 수 있으며, 이를 통해 자청비가 지닌 세경신으로서의 면모를 엿볼 수 있다.

→ 적절함!

9회

2025년 9월 학평

정답과 해설

문제편 p.171

★ 9회 모의고사 특징

✔ 다소 까다롭게 출제되었음. 특히 독서 영역의 변별력이 높았음.

✔ 화법과 작문은 대체로 평이한 수준으로 출제되었음. 기존의 유형을 벗어나지 않아 문제 해결에 큰 어려움은 없었을 것으로 보임. 다만 자료를 활용하여 초고를 보완하는 9번 문항은 세부 내용을 꼼꼼히 확인해야 해서 다소 어려웠을 것임.

✔ 언어는 변별력 높은 문제들로 구성되어 까다로운 편이었음. 특히 중세 국어의 특징을 탐구하는 15번 문제의 오답률이 높았으며, 음운의 탈락 과정을 분석해야 했던 12번과 주체 높임의 양상을 탐구 과정에 따라 파악해야 했던 14번 문제 또한 오답률이 높은 편이었음.

✔ 독서는 전반적으로 어려운 편이었음. 특히 '눈의 진화 과정'을 다룬 과학 지문은 정보량이 많고 과학적 원리에 대한 깊이 있는 이해를 요구하여 학생들의 체감 난도가 높았을 것임. 이 지문과 관련된 모든 문항의 오답률이 높았는데, 특히 〈보기〉에 제시된 '연립상 겹눈'의 원리를 본문의 내용과 연결해야 했던 30번 문제가 가장 까다로웠음. '건축의 다섯 가지 유형'을 다룬 사회 지문 역시 난도가 높았는데, 25번은 〈보기〉의 구체적인 사례에 지문의 내용을 적용하여 판단해야 하는 문제로 변별력이 높았음. '샤츠베리와 듀이의 미학'을 다룬 인문 지문은 상대적으로 평이한 편이었음.

✔ 문학은 독서에 비해 평이했으나 낯선 작품들이 출제되었고 일부 문항의 변별력이 높았음. 현대시에서는 장만영의 「향수」, 조지훈의 「마음의 태양」이 출제되었는데 시상의 흐름을 제대로 파악해야 했던 33번의 오답률이 높았음. 고전소설 「쌍주기연」은 3월에 출제된 작품이지만, 제시된 장면이 달라 새롭게 느껴졌을 것임. 핵심 소재의 기능을 정확히 파악해야 했던 44번의 난도가 높았음. 현대소설에서는 이동하의 「파편」, 갈래 복합에서는 가사 「채미가」, 고전수필 「기황전설」이 출제되었는데 모두 생소한 작품이라 독해에 어려움을 겪었을 수 있으나, 문제 자체는 비교적 쉽게 해결할 수 있었을 것임.

오답률 TOP ⑤

문항 번호	30	27	25	29	33
분류	독서 과학	독서 과학	독서 사회	독서 과학	문학 현대시
난도	최상	최상	최상	상	상

✅ 정답표

01	①	02	④	03	⑤	04	⑤	05	②
06	③	07	④	08	③	09	①	10	④
11	②	12	①	13	④	14	④	15	③
16	⑤	17	②	18	②	19	②	20	⑤
21	③	22	④	23	③	24	①	25	①
26	①	27	②	28	⑤	29	①	30	②
31	②	32	③	33	④	34	⑤	35	①
36	④	37	⑤	38	③	39	⑤	40	③
41	③	42	⑤	43	②	44	④	45	③

[01~03] 발표

01
말하기 방식 - 적절한 것 고르기
정답률 95%

정답 ①

위 발표자의 말하기 방식으로 가장 적절한 것은?

① 도입부에서 발표 소재를 선정한 계기를 언급하고 있다.

근거 ❶문단 여러분은 얼마 전 체험 학습을 갔던 전통 마을에서 본 담장이 기억나시나요? 저는 그때 보았던 담장의 문양(옷감이나 조각품 따위를 장식하기 위한 여러 가지 모양)이 인상 깊어 담장에 관심이 생겼습니다. 그래서 담장의 종류에 대해 조사해 보았어요.

02
자료 활용 방식 - 적절하지 않은 것 고르기
정답률 95%

정답 ④

다음은 발표자가 제시한 자료이다. 발표자의 자료 활용에 대한 설명으로 적절하지 않은 것은?

④ 담장을 만들 때 *곡선 형태로 이어 나가는 것이 어려운 이유를 설명하기 위해 ⓒ에 [자료 2]를 활용하였다. *모나지 아니하고 부드럽게 굽은 선

근거 ❸문단 (ⓒ 자료 제시) 보시는 것처럼 자연석(인공을 가하지 아니한 천연 그대로의 돌) 담장은 크기가 다른 비정형의(일정한 형태나 형식이 정하여지지 아니한) 돌을 하나씩 쌓아 올리는 방식으로 만들었는데요, 이때 쉽게 무너지는 것을 방지하기 위해 이렇게 직선(꺾이거나 굽은 데가 없는 곧은 선)보다는 곡선으로 이어 나가는 방식을 택했어요.

풀이 발표자는 담장이 쉽게 무너지는 것을 방지하기 위해 곡선으로 이어 나가는 방식을 택했음을 설명하면서, 비정형의 돌을 하나씩 쌓아 올린 자연석 담장의 모습을 자료로 제시하였다. 발표에서 담장을 만들 때 곡선 형태로 이어 나가는 것이 어려운 이유에 대해서는 언급하지 않았다.

03
듣기 전략 - 적절하지 않은 것 고르기
정답률 70%, 매력적 오답 ② 25%

정답 ⑤

발표 내용을 바탕으로 할 때, 〈보기〉에 나타난 학생의 반응에 대한 이해로 적절하지 않은 것은?

⑤ '학생 1'은 발표 내용을 활용하여 '학생 2'의 궁금증을 해소해 주고 있다.

근거 〈보기〉-학생 2 꽃담에 어떻게 문양을 넣었는지 궁금하거든.

풀이 발표를 들은 후 '학생 2'는 꽃담에 어떻게 문양을 넣었는지 궁금해하고 있다. 그러나 '학생 1'이 발표 내용을 활용하여 그에 대한 답을 제시해 주고 있지는 않으므로, '학생 1'이 '학생 2'의 궁금증을 해소해 주고 있다는 내용은 적절하지 않다.

매력적 오답

② '학생 2'는 발표에서 알게 된 내용을 통해 자신의 배경지식을 수정하고 있다.

근거 〈보기〉-학생 2 그런데 나는 기와가 장식용으로만 쓰인다고 알고 있었는데 그렇지 않네. 기와가 담장의 강도(단단하고 센 정도)를 높이는 실용적인 역할도 한다는 점이 흥미로웠어.

풀이 발표를 들은 후 '학생 2'는 장식용으로만 쓰이는 줄 알았던 기와가 담장의 강도를 높이는 실용적인 역할도 한다는 것으로 자신의 배경지식을 수정하고 있다.

[04~07] (가) 대화 (나) 건의문

04
대화 내용의 이해 - 적절한 것 고르기
정답률 85%

정답 ⑤

다음은 학생회 누리집 게시판에 올라온 게시글이다. (가)의 대화에서, 게시글의 내용을 바탕으로 이루어진 논의에 대한 설명으로 가장 적절한 것은?

⑤ 학생들이 건강 관련 프로그램을 직접 체험할 수 있도록 하기 위해 체험 *부스를 운영하는 것에 대하여 논의하였다. *칸막이한 공간이나 좌석

근거 (가) 학생 3 직접 체험할 수 있는 프로그램을 원하는 학생들이 많으니, 자신의 건강 상태를 확인할 수 있는 체험 부스 운영을 제안해 보는 건 어때?

(가) 학생 2 그거 괜찮다. 체험 부스를 운영하면 더 많은 학생이 건강에 관심을 갖게 되는 효과도 있을 것 같아.

풀이 올해는 학생이 직접 체험할 수 있는 프로그램이 있으면 좋겠다는 게시글의 의견을 바탕으로, (가)에서 자신의 건강 상태를 확인할 수 있는 체험 부스 운영을 운영하는 것에 대해 논의하였다.

05
의사소통 방식 - 적절하지 않은 것 고르기
정답률 95%

정답 ②

(가)의 ⊙~⑩에 대한 설명으로 적절하지 않은 것은?

② ⓛ : 상대가 제시한 방안의 실현 가능성에 의문을 제기하고 있다.

근거 (가) 학생 1 그럼 올해에는 행사 기간을 늘려 달라고 학교에 건의를 해 보자.

(가) 학생 2 그런데 기간이 늘어나는 만큼 추가할 프로그램도 함께 제안해야 설득력이 높아지지 않을까?

풀이 '학생 2'는 행사 기간을 늘려 달라고 학교에 건의를 해 보자는 '학생 1'의 의견을 듣고,

설득력을 높이기 위한 방안을 제시하고 있다. 상대가 제시한 방안의 실현 가능성에 의문을 제기하고 있지는 않다.

---

06 작문 계획의 반영 - 적절하지 않은 것 고르기
정답률 75%　　　　　　　　　　　　　　　　　정답 ③

다음은 (가)의 대화 상황에서 '학생 1'이 작성한 메모의 일부이다. ⓐ~ⓔ가 (나)에 반영된 양상을 이해한 것으로 적절하지 <u>않은</u> 것은?　[3점]

③ ⓒ는 건강에 좋은 식재료와 조리법에 대한 학생들의 요구를 고려한 '건강 급식의 날'을 제안하는 것으로 (나)에 반영되었다.

`근거` (가) 학생 3 행사 기간에는 학교 급식에도 변화가 있었으면 좋겠어. 건강에 좋은 식재료와 조리법을 활용한 급식을 제공하는 '건강 급식의 날' 운영을 제안하는 건 어때?
(나) ❸문단 구체적으로는 … 건강에 좋은 식재료와 조리법을 활용한 '건강 급식의 날' 운영 등이 좋겠습니다.

`풀이` (가)의 대화 상황에서 '학생 1'이 메모한 내용 중 ⓒ는 건강에 좋은 식재료와 조리법을 활용한 '건강 급식의 날' 운영으로 반영되어 있다. 그러나 (가)의 대화에서 '학생 3'은 행사 기간에는 학교 급식에도 변화가 있었으면 좋겠다는 이유와 함께 '건강 급식의 날' 운영을 제안할 것을 이야기하였다. 건강에 좋은 식재료와 조리법에 대한 '학생들의 요구'와 관련된 내용은 나타나지 않으므로 적절하지 않다.

---

07 작문 내용의 점검 및 고쳐쓰기 - 적절하지 않은 것 고르기
정답률 65%, 매력적 오답 ① 15%　　　　　　　　정답 ④

〈보기〉는 (나)의 4문단의 초고이다. 4문단에 반영된 수정 사항으로 적절하지 <u>않은</u> 것은?

④ 심리 건강 프로그램의 효과를 보여 주는 근거 자료를 함께 제시한다.

`근거` 〈보기〉-3 심리 건강 프로그램을 통해 심리적 안정과 치유(치료하여 병을 낫게 함)의 효과도 얻을 수 있을 것입니다.
(나) ❹문단 그리고 심리 건강 프로그램을 통해 불안감과 우울감 등으로 힘들어하는 학생들이 심리적 안정과 치유의 효과도 얻을 수 있을 것입니다.

`풀이` 초고와 달리 (나)에는 '불안감과 우울감 등으로 힘들어하는 학생들이'라는 문장을 추가하여 심리 건강 프로그램의 효과를 볼 수 있는 대상을 구체적으로 표현하였다. 해당 내용이 심리 건강 프로그램의 효과를 보여 주는 근거 자료는 아니다.

> **매력적 오답**
> ① 변경되기를 희망하는 행사 기간을 더 구체적으로 드러낸다.
> `근거` 〈보기〉-1 건강 행복 행사의 기간이 늘어나면
> (나) ❹문단 건강 행복 행사가 주간(월요일부터 일요일까지 한 주일 동안)으로 운영되면
> `풀이` 변경되기를 희망하는 행사 기간을 더 구체적으로 드러내기 위해 희망 기간이 '주간'임을 명시하였다.

[08~10] 정보를 전달하는 글

08 작문 전략 - 적절하지 않은 것 고르기
정답률 90%　　　　　　　　　　　　　　　　　정답 ③

'학생의 초고'에 활용된 글쓰기 방식으로 적절하지 <u>않은</u> 것은?

① 푸드테크의 개념을 정의하여 용어의 의미를 밝혔다.
`근거` ❶문단 푸드테크(FoodTech)란 식품과 기술의 합성어로, 식품의 생산, 유통, 소비에 이르는 전 과정에 첨단 기술을 활용하는 것을 의미한다.
→ 적절함!

② 푸드테크가 활용되고 있는 사례를 제시하며 설명하였다.
`근거` ❷문단 콩이나 밀 등을 원료(어떤 물건을 만드는 데 들어가는 재료)로 육류의 맛과 질감(재질(材質)의 차이에서 받는 느낌)을 비슷하게 구현해 낸 '식물성 대체육' 기술
❸문단 '스마트팜'은 농작물에 최적화된(가장 알맞은) 온도, 습도, 토양 등을 자동으로 유지하고 원격(멀리 떨어져 있음)으로 관리할 수 있는 기술
❸문단 식품의 생산부터 유통, 소비의 모든 단계에서 수요(어떤 재화나 용역을 일정한 가격으로 사려고 하는 욕구)와 공급(제공된 상품의 양)을 예측하는 '스마트 푸드체인'

---

❹문단 '서빙(음식점이나 카페 따위에서 음식을 나르며 손님의 시중을 드는 일) 로봇'이나 '조리 로봇' 등 식품 관련 로봇
❹문단 '식이(살아가기 위하여 먹어야 할 거리) 설계(계획을 세움) 알고리즘(어떤 문제의 해결을 위하여, 입력된 자료를 토대로 하여 원하는 출력을 유도하여 내는 규칙의 집합)'은 소비자의 연령, 건강 상태, 음식 선호도(좋아하는 정도) 등을 분석하여 맞춤형 식단 추천이 가능
→ 적절함!

✓③ 푸드테크가 발전해 온 과정을 단계별로 분석하여 서술하였다.
`풀이` 학생의 초고에서 푸드테크가 발전해 온 과정을 단계별로 분석하는 내용은 나타나지 않는다.
→ 적절하지 않음!

④ 푸드테크에 따른 기대 효과를 여러 측면으로 나누어 설명하였다.
`근거` ❷문단 먼저, 환경적 측면에서 푸드테크는 온실가스(지구 대기를 오염시켜 온실 효과를 일으키는 가스) 배출량 감소에 기여할(도움이 되도록 이바지할) 수 있다.
❸문단 다음으로 식량 문제 측면에서 푸드테크는 식량 공급의 안정화(일정한 상태를 유지하도록 만듦)를 통해 식량 부족 문제 해결의 대안이 될 수 있다.
❹문단 마지막으로 삶의 질 측면에서 푸드테크는 첨단 공학 기술을 바탕으로 삶의 편리성을 향상시켜 준다.
→ 적절함!

⑤ 푸드테크가 우리 삶에 끼치는 영향을 묻고 답하는 방식으로 서술하였다.
`근거` ❶문단 푸드테크는 우리의 삶에 어떤 영향을 끼칠까? (물음)
❷문단 온실가스 배출량 감소에 기여할 수 있다. (대답①)
❸문단 식량 부족 문제 해결의 대안이 될 수 있다. (대답②)
❹문단 삶의 편리성을 향상시켜 준다. (대답③)
→ 적절함!

`1등급 문제`

09 자료 활용 방안 - 적절하지 않은 것 고르기
정답률 55%, 매력적 오답 ④ 20%　　　　　　　정답 ①

〈보기〉는 학생이 초고를 보완하기 위해 추가로 수집한 자료이다. 자료 활용 방안으로 적절하지 <u>않은</u> 것은?　[3점]

① ㄱ-1을 활용하여, 전 세계 작물 생산량의 감소 *추이를, 버려지는 식품의 양을 줄이기 위해 스마트 푸드체인 기술을 활용하려면 식량 공급 안정화가 **선행되어야 함을 보여 주는 근거로, 3문단에 제시한다. *일이나 형편이 시간의 경과에 따라 변하여 나가는 경향 **딴 일에 앞서 행하여져야

`근거` [학생의 초고] ❸문단 '스마트 푸드체인'은 생산된 식품이 소비자에게 도달할 때까지 불필요하게 버려지는 식품의 양을 줄임으로써 결과적으로 식량 공급을 안정화하는 효과를 낼 수 있다.

`풀이` ㄱ-1은 전 세계 작물 생산량이 감소하는 추세에 있음을 보여 주는 통계 자료이다. 한편 3문단에 제시된 '스마트 푸드체인'은 불필요하게 버려지는 식품의 양을 줄임으로써 결과적으로 식량 공급을 안정화하는 효과를 내는 기술이다. 즉 버려지는 식품의 양을 줄이기 위해 스마트 푸드체인 기술을 활용하려면 식량 공급 안정화가 선행되어야 한다는 것은 '스마트 푸드체인 기술(원인) → 식량 공급 안정화(결과)'의 인과 관계가 잘못 제시된 설명이므로, ㄱ-1을 해당 내용의 근거로 활용하는 것 또한 적절하지 않다.

> **매력적 오답**
> ④ ㄱ-1과 ㄷ을 활용하여, 인구 증가에 따라 필요한 식량의 양은 증가하고 있지만 작물 생산량은 감소하고 있다는 내용을, 식량 부족 문제 해결의 대안으로서 푸드테크가 주목받는 이유로, 3문단에 제시한다.
> `근거` [학생의 초고] ❸문단 다음으로 식량 문제 측면에서 푸드테크는 식량 공급의 안정화를 통해 식량 부족 문제 해결의 대안이 될 수 있다.
> `풀이` ㄱ-1은 2000년 대비 2050년에 전 세계 작물 생산량이 감소하고 있음을 보여 주는 통계 자료이고, ㄷ은 전 세계 인구 증가가 지속적으로 증가함에 따라 2050년에는 지금보다 두 배 이상의 식량이 필요하다는 점을 지적한 신문 기사 자료이다. 따라서 ㄱ-1과 ㄷ을 활용하여, 푸드테크가 식량 부족 문제 해결의 대안으로 주목받는 이유로, 인구 증가에 따라 필요한 식량의 양은 증가하고 있지만 작물 생산량은 감소하고 있다는 내용을 추가할 수 있다.

10 조건에 따른 표현 - 적절한 것 고르기
정답률 95%　　　　　　　　　　　　　정답 ④

다음은 학생이 초고를 작성하며 떠올린 생각이다. 이를 고려할 때 [A]에 들어갈 내용으로 가장 적절한 것은?

④ 푸드테크는 첨단 기술이 발전함에 따라 더욱 성장할 것으로 보인다. 푸드테크가 우리 삶에 가져올 긍정적 영향에 주목하여 우리도 푸드테크에 더 관심을 가져야 하지 않을까?

풀이 첨단 기술이 발전함에 따라 푸드테크가 더욱 성장할 것이라는 발전 전망을 밝히고 있고, 푸드테크에 더 관심을 가져야 한다는 점을 우회적으로 표현하여 독자들의 관심을 촉구하고 있다.

[11 ~ 12] 언어 - 음운의 탈락과 축약

① ¹음운 변동은 음운 변동의 결과가 표기에 반영되는 경우와 반영되지 않는 경우가 있다. ²음운 변동의 결과가 표기에 반영되는 경우에는 유음(허끝을 잇몸에 가볍게 대었다가 떼거나, 잇몸에 댄 채 공기를 그 양옆으로 흘려 보내면서 내는 소리. 'ㄹ') 탈락이 있다. ³유음 탈락은 특정 음운 환경에서 유음 'ㄹ'이 탈락하는 음운 현상으로, 다른 탈락 현상에 비하여 적용되는 환경이 더 다양하다는 특징을 갖는다.

② ¹먼저, 'ㄹ'로 끝나는 용언의 어간 뒤에 'ㄴ, ㅂ, ㅅ'으로 시작하는 어미가 결합하거나 어미 '-오'가 결합할 때 유음이 규칙적으로 탈락한다. ²예를 들면, '알다'의 어간 '알-'에 'ㄴ, ㅂ, ㅅ'으로 시작하는 어미가 결합할 때 '아는(알-+-는)', '압시다(알-+-ㅂ시다)', '아신다(알-+-시-+-ㄴ-+-다)'와 같이 'ㄹ'이 탈락한 형태로 나타나고 '팔다'의 어간 '팔-'에 어미 '-오'가 결합할 때 '파오(팔-+-오)'와 같이 'ㄹ'이 규칙적으로 탈락하는 현상이 일어난다.

③ ¹단어의 형성 과정에서 어근과 어근이 결합한 합성어나 어근과 접사가 결합한 파생어가 형성될 때 'ㄴ, ㄷ, ㅅ, ㅈ' 앞에서 유음이 탈락하는 예도 있다. ²이 경우, '버드나무(버들+나무)'나 '바느질(바늘+-질)'과 같은 사례에서 확인할 수 있는 것처럼 'ㄹ'이 탈락한다. ³그러나 '발등', '철새'와 같은 단어에서는 'ㄹ'이 탈락하지 않는 것처럼 단어의 형성 과정에서의 유음 탈락은 동일한 음운 환경에 놓여 있다 하더라도 항상 일어나는 것은 아니다.

④ ¹음운 변동의 결과가 표기에 반영되지 않는 경우로는 'ㅎ' 탈락과 거센소리되기 현상을 들 수 있다. ²먼저, 'ㅎ' 탈락은 'ㅎ'으로 끝나는 용언의 어간 뒤에 모음으로 시작하는 형식 형태소(문법적 의미를 표시하는 형태소. 조사, 접사, 어미)가 결합할 때 받침 'ㅎ'이 탈락하는 현상으로, '낳아[나아]', '쌓이다[싸이다]'와 같이 'ㅎ'의 탈락이 일어난다. (음운 변동의 결과 'ㅎ'이 발음되지 않지만 'ㅎ'을 표기함) ³'ㅎ' 탈락은 '많아[마나]'와 같이 'ㅎ'이 겹받침의 일부에 있을 때 뒤 음절과 연음되는(뒤 음절의 초성으로 옮겨 가 발음되는) 환경에서도 일어난다. ⁴또한, 거센소리되기 현상은 'ㅎ'과 예사소리 'ㄱ, ㄷ, ㅂ, ㅈ'이 만나 거센소리인 'ㅋ, ㅌ, ㅍ, ㅊ'으로 축약되는 현상으로, '법학[버팍]', '좋지[조치]'와 같은 예에서 확인할 수 있다.

---

11 유음 탈락, 'ㅎ' 탈락, 거센소리되기 - 적절한 것 고르기
정답률 80%, 매력적 오답 ⑤ 10%　　　　　정답 ②

윗글을 이해한 내용으로 적절한 것은?

① 유음 탈락은 동일한 음운 환경에서 **필수적으로 일어나는 현상**이다.
　근거 ❸-3 단어의 형성 과정에서의 유음 탈락은 동일한 음운 환경에 놓여 있다 하더라도 항상 일어나는 것은 아니다.
　→ 적절하지 않음!

② 유음 탈락은 용언의 활용 과정이나 단어의 형성 과정에서 일어날 수 있다.
　근거 ❷-1 'ㄹ'로 끝나는 용언의 어간 뒤에 'ㄴ, ㅂ, ㅅ'으로 시작하는 어미가 결합하거나 어미 '-오'가 결합할 때 유음이 규칙적으로 탈락한다.
　근거 ❸-1 단어의 형성 과정에서 어근과 어근이 결합한 합성어나 어근과 접사가 결합한 파생어가 형성될 때 'ㄴ, ㄷ, ㅅ, ㅈ' 앞에서 유음이 탈락하는 예도 있다.
　풀이 유음 탈락은 'ㄹ'로 끝나는 용언이 활용하는 과정에서도 일어나고, 'ㄹ'로 끝나는 어근이 합성어나 파생어를 형성하는 과정에서도 일어난다.
　→ 적절함!

③ 'ㄹ'로 끝나는 용언의 어간이 모음으로 시작하는 어미와 결합하는 경우에는 'ㄹ'이 탈락하지 않는다.
　근거 ❷-1 'ㄹ'로 끝나는 용언의 어간 뒤에 … 어미 '-오'가 결합할 때 유음이 규칙적으로 탈

---

④ 'ㅎ'의 탈락은 'ㅎ'으로 끝나는 용언의 어간 뒤에 자음으로 시작하는 어미가 결합하는 경우에 일어난다.
　근거 ❹-2 'ㅎ' 탈락은 'ㅎ'으로 끝나는 용언의 어간 뒤에 모음으로 시작하는 형식 형태소가 결합할 때 받침 'ㅎ'이 탈락하는 현상
　→ 적절하지 않음!

⑤ 'ㅎ'이 탈락하는지, 'ㅎ'과 다른 자음이 만나 축약되는지에 따라 음운 변동 결과의 표기 반영 여부가 달라진다.
　근거 ❹-1 음운 변동의 결과가 표기에 반영되지 않는 경우로는 'ㅎ' 탈락과 거센소리되기 현상을 들 수 있다.
　풀이 'ㅎ'이 탈락하는 경우와 'ㅎ'과 다른 자음이 만나 축약되는 경우 모두 음운 변동의 결과가 표기에 반영되지 않는다.
　→ 적절하지 않음!

1등급문제

12 유음 탈락, 'ㅎ' 탈락, 거센소리되기 - 적절하지 않은 것 고르기
정답률 45%, 매력적 오답 ③ 20% ④ 25%　　　정답 ①

윗글을 바탕으로 〈자료〉를 탐구한 내용으로 적절하지 않은 것은?

| 자료 |

○ 저는 이 집에 ⓐ 삽니다.
○ 나의 모습을 잊지 ⓑ 마오.
○ 과녁에 ⓒ 화살을 쏘았다.
○ ⓓ 좋은[조은] 물건을 고르자.
○ ⓔ 국화[구콰]가 많이 피었다.

① ⓐ는 '살다'의 어간 '살-'에 ㅂ(ㅂ)으로 시작하는 어미가 결합하여 'ㄹ'이 탈락하는 경우에 해당하는군.
　근거 ❷-1~2 'ㄹ'로 끝나는 용언의 어간 뒤에 'ㄴ, ㅂ, ㅅ'으로 시작하는 어미가 결합하거나 … 유음이 규칙적으로 탈락한다. 예를 들면, '알다'의 어간 '알-'에 'ㄴ, ㅂ, ㅅ'으로 시작하는 어미가 결합할 때 '아는', '압시다', '아신다'와 같이 'ㄹ'이 탈락한 형태로 나타나고
　풀이 '삽니다'는 어간 '살-'에 어미 '-ㅂ니다'가 결합한 형태이다. 따라서 '삽니다'는 'ㄹ'로 끝나는 용언의 어간 '살-' 뒤에 'ㅂ'으로 시작하는 어미가 결합하여 유음이 탈락하는 경우에 해당한다. 어미를 '-니다'로 간주할 경우 '삽'의 형태를 설명할 수 없으며, '-니다'라는 어미는 존재하지 않는다.
　→ 적절하지 않음!

② ⓑ는 '말다'의 어간 '말-'에 어미 '-오'가 결합하여 'ㄹ'이 탈락하는 경우에 해당하는군.
　근거 ❷-1~2 'ㄹ'로 끝나는 용언의 어간 뒤에 … 어미 '-오'가 결합할 때 유음이 규칙적으로 탈락한다. 예를 들면, … '팔다'의 어간 '팔-'에 어미 '-오'가 결합할 때 '파오'와 같이 'ㄹ'이 규칙적으로 탈락하는 현상이 일어난다.
　풀이 '마오'는 어간 '말-'에 어미 '-오'가 결합한 형태이다. 따라서 '마오'는 'ㄹ'로 끝나는 용언의 어간 '말-'에 어미 '-오'가 결합할 때 유음이 탈락한 경우에 해당한다.
　→ 적절함!

③ ⓒ는 두 개의 어근인 '활'과 '살'이 결합할 때 'ㅅ' 앞에서 'ㄹ'이 탈락하는 경우에 해당하는군.
　근거 ❸-1 단어의 형성 과정에서 어근과 어근이 결합한 합성어나 어근과 접사가 결합한 파생어가 형성될 때 'ㄴ, ㄷ, ㅅ, ㅈ' 앞에서 유음이 탈락하는 예도 있다.
　풀이 '화살'은 어근 '활'과 어근 '살'이 결합한 합성어이다. 따라서 '화살'은 어근과 어근이 결합하여 합성어가 형성될 때 'ㅅ' 앞에서 유음이 탈락하는 경우에 해당한다.
　→ 적절함!

④ ⓓ가 [조은]으로 발음되는 것은 'ㅎ'으로 끝나는 용언의 어간 뒤에 모음으로 시작하는 어미가 결합했기 때문이겠군.
　근거 ❹-2 'ㅎ' 탈락은 'ㅎ'으로 끝나는 용언의 어간 뒤에 모음으로 시작하는 형식 형태소가 결합할 때 받침 'ㅎ'이 탈락하는 현상으로, '낳아[나아]', '쌓이다[싸이다]'와 같이 'ㅎ'의 탈락이 일어난다.
　풀이 '좋은'은 어간 '좋-'에 어미 '-은'이 결합한 것이다. 따라서 '좋은'이 [조은]으로 발음되는 것은 'ㅎ'으로 끝나는 용언의 어간 뒤에 모음으로 시작하는 어미가 결합하여 받침 'ㅎ'이 탈락했기 때문이다.
　→ 적절함!

---

⑤ ⓔ가 [구콰]로 발음되는 것은 예사소리 'ㄱ'과 'ㅎ'이 만나 축약되었기 때문이겠군.

> **근거** ❹-4 거센소리되기 현상은 'ㅎ'과 예사소리 'ㄱ, ㄷ, ㅂ, ㅈ'이 만나 거센소리인 'ㅋ, ㅌ, ㅍ, ㅊ'으로 축약되는 현상으로, '법학[버팍]', '좋지[조치]'와 같은 예에서 확인할 수 있다.

> **풀이** '국화'가 [구콰]로 발음되는 것은 받침 'ㄱ'과 'ㅎ'이 만나 거센소리인 'ㅋ'으로 축약되었기 때문이다.

→ 적절함!

> **13** 용언의 관형사형의 시제 - 적절하지 않은 것 고르기
> 정답률 85%, 매력적 오답 ① 10%　　　　　　　**정답** ④

〈학습 활동〉을 수행한 결과로 적절하지 <u>않은</u> 것은?

| 학습 활동 |

시제＼품사	동사	형용사
과거	-(으)ㄴ, -던	-던
현재	-는	-(으)ㄴ
미래	-(으)ㄹ	-(으)ㄹ

위 표는 시제별로 다르게 나타나는 동사와 형용사의 관형사형 어미를 보여 준다. 이를 바탕으로 다음 [자료]의 용언을 활용하여 시제에 맞게 문장을 만들어 보자.

[자료]

| 자다, 푸르다, 깨끗하다, 읽다, 떠나다 |

시제　　　　　　문장

① 과거　　　　　　내가 잔 곳은 그 방이 아니다.
> **풀이** '잔'은 동사 어간 '자-'에 어미 '-ㄴ'이 결합한 것이다. 동사 어간에 '-ㄴ'이 결합할 경우 과거 시제를 나타내므로 용언의 관형사형이 과거 시제인 문장으로 적절하다.

→ 적절함!

② 과거　　　　　　푸르던 하늘이 지금은 뿌옇다.
> **풀이** '푸르던'은 형용사 어간 '푸르-'에 어미 '-던'이 결합한 것이다. 형용사 어간에 '-던'이 결합할 경우 과거 시제를 나타내므로 용언의 관형사형이 과거 시제인 문장으로 적절하다.

→ 적절함!

③ 현재　　　　　　우리 교실은 깨끗한 상태이다.
> **풀이** '깨끗한'은 형용사 어간 '깨끗하-'에 어미 '-ㄴ'이 결합한 것이다. 형용사 어간에 '-ㄴ'이 결합할 경우 현재 시제를 나타내므로 용언의 관형사형이 현재 시제인 문장으로 적절하다.

→ 적절함!

④ 현재　　　　　　오늘 읽은 책은 참 흥미롭네.
> **풀이** '읽은'은 동사 어간 '읽-'에 어미 '-은'이 결합한 것이다. 동사 어간에 '-은'이 결합할 경우 과거 시제를 나타내므로 용언의 관형사형이 현재 시제인 문장으로 적절하지 않다. 현재 시제일 경우 어미 '-는'이 결합하여 '읽는'의 형태로 나타났을 것이다.

→ 적절하지 않음!

⑤ 미래　　　　　　아홉 시에 떠날 기차를 타자.
> **풀이** '떠날'은 동사 어간 '떠나-'에 어미 '-ㄹ'이 결합한 것이다. 동사 어간에 '-ㄹ'이 결합할 경우 미래 시제를 나타내므로 용언의 관형사형이 미래 시제인 문장으로 적절하다.

→ 적절함!

> **14** 주체 높임법 - 적절하지 않은 것 고르기　　　　　　`1등급 문제`
> 정답률 55%, 매력적 오답 ① 10% ③ 20%　　　　　**정답** ④

〈보기〉의 '탐구 과정'에 따라 ㉮ ~ ㉰에 들어갈 예로 적절하지 <u>않은</u> 것은? `3점`

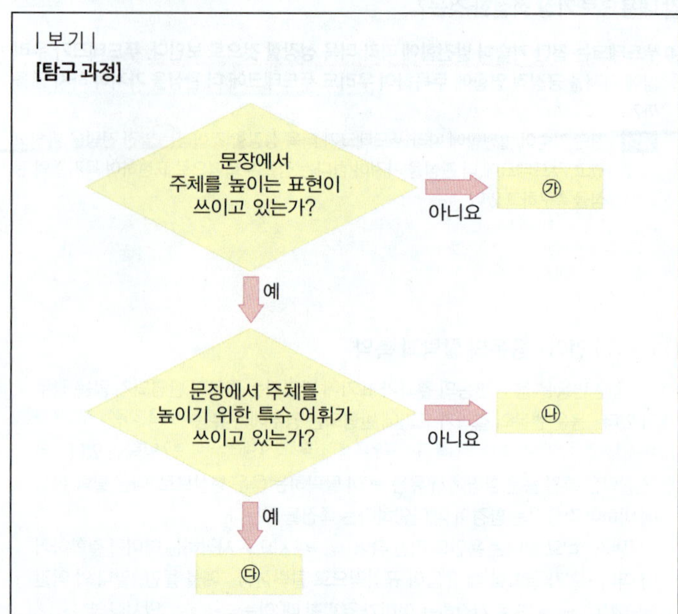

① ㉮ : 형은 고모를 뵙고 많은 이야기를 나누었다.
> **풀이** 문장의 주체는 '형'으로 높임의 대상이 아니다. 따라서 ㉮에 해당한다. 참고로 '뵙다'는 문장의 객체인 '고모'를 높이기 위한 특수 어휘이다.

→ 적절함!

② ㉮ : 그는 산책을 하기 위해서 공원에 갔습니다.
> **풀이** 문장의 주체인 '그'를 높이기 위한 표현이 사용되지 않았으므로 ㉮에 해당한다.

→ 적절함!

③ ㉯ : 아버지, 옷을 따뜻하게 갖춰 입으셔야 해요.
> **풀이** 문장의 주체인 '아버지'를 높이는 표현이 쓰이고 있으나, 특수 어휘가 아닌 주체 높임 선어말 어미 '-시-'를 활용하고 있다. 따라서 ㉯에 해당한다.

→ 적절함!

④ ㉯ : 동생은 그때 선생님께 편지를 쓰고 있었어요.
> **풀이** 문장의 주체는 '동생'으로 높임의 대상이 아니다. 따라서 ㉯가 아닌 ㉮에 해당한다. 참고로 '께'는 문장의 객체인 '선생님'을 높이기 위한 부사격 조사이다.

→ 적절하지 않음!

⑤ ㉰ : 할머니께서는 어느 방에서 주무시니?
> **풀이** 문장의 주체인 '할머니'를 높이기 위해 주격 조사 '께서'와 특수 어휘 '주무시다'를 사용하고 있다. 따라서 ㉰에 해당한다.

→ 적절함!

> **15** 중세 국어의 특징 - 적절하지 않은 것 고르기　　　　　`1등급 문제`
> 정답률 45%, 매력적 오답 ① 10% ② 15% ⑤ 25%　　　**정답** ③

〈보기〉를 통해 중세 국어의 특징을 탐구한 내용으로 적절하지 <u>않은</u> 것은?

| 보기 |

○ **부톄 안ᄌ시니**
　[부처가 앉으시니]

　　　　　　　　　　　　　- 『월인천강지곡』

○ **보미** 왯ᄂᆞᆫ **萬里옛** 나그내ᄂᆞᆫ
　[봄에 와 있는 만 리 밖의 나그네는]

　　　　　　　　　　　　　- 『두시언해』

○ 고기 **뛰노니** 히 **외혜** 비취엿도다
　[물고기 뛰노니 해가 산에 비치어 있도다]

　　　　　　　　　　　　　- 『두시언해』

① '부톄'를 보니 현대 국어와 달리 주격 조사 'ㅣ'가 쓰였음을 알 수 있군.
> **풀이** '부톄'는 '부텨 + ㅣ'로 분석된다. 대응되는 현대어 풀이 '부처가'로 미루어 보아 'ㅣ'는 현대 국어의 주격 조사인 '가'에 해당함을 알 수 있다.

→ 적절함!

■ 중세 국어의 주격 조사

이	자음으로 끝난 체언 뒤	王(왕)이
ㅣ	'ㅣ'나 반모음 'ㅣ' 이외의 모음으로 끝난 체언 뒤	부톄(부텨 + ㅣ)
∅	'ㅣ'나 반모음 'ㅣ'로 끝난 체언 뒤	불휘(불휘 + ∅)

② '안ᄌᆞ시니'를 보니 현대 국어와 달리 *이어 적기를 하였음을 알 수 있군. *소리 나는 대로 앞 음절의 종성을 뒤 음절의 초성으로 옮겨서 쓰는 것
> **풀이** '안ᄌᆞ시니'는 '앉- + -ᄋᆞ시- + -니'로 분석된다. 자음 'ㄵ'으로 끝나는 어간에 모음으로 시작하는 어미가 결합하여 'ㅈ'을 뒤 음절의 초성으로 옮겨 소리 나는 대로 표기하였다. 만약 이어 적기를 하지 않았다면 '앉ᄋᆞ시니'의 형태로 나타났을 것이다.

→ 적절함!

③ '보미'를 보니 현대 국어와 달리 관형격 조사 '이'가 쓰였음을 알 수 있군.
> **풀이** '보미'는 '봄 + 이'로 분석된다. 대응되는 현대어 풀이 '봄에'로 미루어 보아 '이'는 관형격 조사가 아닌 부사격 조사임을 알 수 있다. 만약 '이'가 관형격 조사였다면 '보미'가 뒤에 오는 체언을 수식하는 역할을 하였을 것이다. 그러나 '보미'는 체언이 아닌 용언 '와 있는'을 수식하고 있으므로 이때의 '이'는 부사격 조사이다.

→ 적절하지 않음!

■ 부사격 조사 '이/의'
중세 국어에서 조사 '이/의'는 대체로 관형격 조사로 쓰였으나, 장소나 시간을 나타낼 때는 부사격 조사로 사용되는 경우도 있었다.
(예) 내 지븨 이싫 저긔(내가 집에 있을 적에)
　　ᄒᆞᄅᆞᆺ아ᄎᆞ미 命終ᄒᆞ야(하루아침에 죽어서)

④ '뿌노니'를 보니 현대 국어와 달리 *어두 자음군이 존재하였음을 알 수 있군. *단어의 첫머리에 나타나는 둘 이상의 서로 다른 자음
> **풀이** '뿌'의 초성으로 'ㅄ'가 쓰인 것과 같이 중세 국어에서는 단어의 첫머리에 둘 이상의 서로 다른 자음이 올 수 있었다.

→ 적절함!

⑤ '뫼헤'를 보니 현대 국어와 달리 'ㅎ' 종성 체언이 사용되었음을 알 수 있군.
> **풀이** '뫼헤'는 '뫼ㅎ + 에'로 분석된다. 대응되는 현대어 풀이 '산에'로 미루어 보아 '산'을 의미하는 단어 '뫼ㅎ'와 부사격 조사 '에'가 결합하였음을 알 수 있다. 'ㅎ' 종성 체언이 모음으로 시작하는 조사와 결합하면 끝소리 'ㅎ'이 연음되어 나타난다. '뫼헤'의 '에'는 앞의 체언이 어떤 일이 진행되거나 나타나는 장소임을 나타내는 부사격 조사로, 중세 국어에서는 모음 조화에 따라 '애/에/예'의 형태로 나타난다. 이를 통해 중세 국어에서는 현대 국어와 달리 'ㅎ' 종성 체언이 사용되었음을 알 수 있다.

→ 적절함!

[16~21] 예술

(가)

1 [1]샤프츠베리는 근대(近代, 중세와 현대 사이의 시대) 미학(美學, 자연이나 인생, 예술 등에 담긴 미의 본질과 구조를 연구하는 학문)의 기초를 마련한 인물로 ⓐ 간주된다. [2]그(샤프츠베리)의 미학은 초월적(超越的, 한계나 표준, 이해나 자연 등을 뛰어넘거나 경험과 인식의 범위를 벗어나는) 신의 존재가 모든 것에 우선한다는 형이상학적(形而上學的, 사물의 본질, 존재의 근본 원리를 사유나 직관에 의하여 탐구하는 학문인 '형이상학'에 바탕을 둔) 전제(前提, 먼저 내세우는 것)를 바탕으로 한다. [3]온 우주가 신의 피조물(被造物, 신에 의해 만들어진 모든 것)이라고 보았던 샤프츠베리는 우주의 속성(屬性, 특징이나 성질)인 질서, 균형, 조화(調和, 서로 잘 어울림)를 지닌 대상을 아름답다고 여겼으며 그(샤프츠베리)가 생각하는 미(美, 아름답다 미)는 대상 속에 실재하는(實在-, 실제로 존재하는) 형식적 성질로부터 기인하는(起因-, 원인을 두는) 것이었다.

→ 샤프츠베리의 미학에 담긴 형이상학적 전제 ①

2 [1]샤프츠베리가 가지고 있는 또 다른 형이상학적 전제는 미의 위계성(位階性, 위치나 지위, 계층 등의 등급에 따른 성질)이다. [2]그(샤프츠베리)는 대상이 지닌 형성력(形成力, 어떤 형상을 이룰 수 있는 힘)을 기준으로 미를 3등급으로 나누었다. [3]모든 것을 만들 수 있는 형성력을 지닌 존재인 신을 가장 높은 등급으로 보았고, 신에 의해서 형성되어 예술품과 같은 아름다운 것도 형성할 수 있는 인간을 그다음 등급으로, 예술품과 같이 형성된 결과물에 해당하는 물질적 대상은 가장 낮은 등급으로 보았다. [4]그(샤프츠베리)는 하위(下位, 낮은 지위나 위치) 등급은 언제나 상위(上位, 높은 위치나 지위) 등급으로부터 기인한다고 강조하면서, 물질적 대상보다는 인간이, 인간보다는 신이 더 아름답다고 말했다.

→ 샤프츠베리의 미학에 담긴 형이상학적 전제 ②

3 [1]그렇다면 샤프츠베리는 미적 경험에 있어서 인간이 어떻게 미를 감지한다고(感知-, 느껴서 안다고) 보았을까? [2]샤프츠베리는 이를 설명하기 위해 인간이 신으로부터 받은 자연적 본능(本能, 학습이나 경험, 교육에 의하지 않고 태어날 때부터 이미 갖추고 있는 행동 양식)인 '취미(趣味, 아름다운 대상을 감상하고 이해하는 힘)'를 제시한다. [3]⊙ 취미는 미를 감각하는 하나의 독립적인 내감(內感, 내부 감각)이자 미를 판단하는 능력으로서, 감각 기관(感覺器官, 동물의 몸에서 바깥 세계의 감각을 받아들여 뇌에 전달하는 기관)이 대상의 맛, 색깔 등을 즉각적으로(即刻的-, 당장에 바로) 감지하는 것처럼 취미도 대상을 접하는(接-, 알거나 경험하게 되는) 순간 즉각적으로 미를 판단해 낸다는 것이다. [4]그런데 취미는 자연적 본능임에도 문화권이나 사람에 따라 미적 판단이 달라질 수 있다. [5]샤프츠베리는 그 이유를 본능이 왜곡되기(歪曲-, 사실과 다르게 해석되거나 일의 이치에 맞지 않게 되기) 때문이라고 보았다. [6]취미는 본능이므로 인간의 노력으로 새롭게 얻을 수는 없지만, 사회적 영향에 따라 ⓑ 발현되는 양상(樣相, 모양이나 상태)이 달라질 수 있다는 것이다. [7]따라서 취미가 제대로 발현되기 위해서는 교육이나 계발(啓發, 슬기나 재능, 사상 등을 일러 주거나 가르쳐서 깨닫게 함)이 필요하다고 보았다.

→ 샤프츠베리가 제시한 '취미' 개념

4 [1]한편 취미의 반응이 즉각적이라는 점은 미적 판단이 우리의 이익과 무관한(無關-, 관계가 없는) 것임을 시사하는데(示唆-, 넌지시 드러내는데) 이와 관련하여 샤프츠베리는 무관심성이라는 개념을 제시했다. [2]무관심성이란 대상에 대해 무신경한(無神經-, 관심이나 반응이 없는) 태도를 취하는(取-, 가지는) 것이 아니라 사적(私的, 개인에 관계된) 욕망(欲望, 무엇을 가지거나 누리고자 몹시 욕심을 부리는 마음)으로부터 벗어나는 것을 의미한다. [3]이는 미적 경험의 주체인 인간이 대상의 도구적(道具的, 목적을 이루기 위한 수단이나 방법으로써의) 가치(價値, 쓸모)에 주목하거나(注目-, 관심을 가지고 주의 깊게 살피거나) 대상에 대한 소유욕(所有欲, 자기 것으로 만들어 가지고 싶어 하는 욕망)을 갖는 것에서 벗어나 대상 그 자체가 지닌 미적 성질, 즉 내재적(內在的, 안에 존재하는) 가치에 주목해야 대상의 아름다움을 관조할(觀照-, 관찰하거나 비추어 볼) 수 있다는 점을 강조한 것이다.

→ 샤프츠베리가 제시한 '무관심성' 개념

(나)

1 [1]존 듀이는 인간을 자연의 일부이자 환경과 긴밀하게(緊密-, 매우 가까워 빈틈이 없게) 연결되는 유기체(有機體, 각 부분이 일정한 목적 아래에 하나로 통일되어 이루어져 있어 부분과 전체가 긴밀한 관계를 가지는 조직체)로 보았다. [2]그래서 경험의 주체인 인간은 환경과 같은 경험 대상에 적응할 뿐만 아니라 그 대상을 자신에게 적응시키는 과정을 반복하며 경험을 생성한다고(生成-, 만든다고) 보았다.

→ 존 듀이의 인간관

2 [1]듀이는 어떤 경험의 시작부터 의도된(意圖-, 이루어지도록 꾀하여진) 목적이 ⓒ 달성되는 완결(完結, 완전하게 끝을 맺음)에 이르기까지, 경험을 이루는 행위들이 온전하게(穩全-, 그대로 고스란히) 이어지는 경험을 '하나의 경험'이라고 하였다. [2]듀이는 이렇게 경험을 이루는 각 행위가 서로 긴밀히 연결되어 경험이 완결되면 하나로 통합된 단일체(單一體, 단 하나로 되어 있는 형체)가 된다고 말했다. '하나의 경험'이 단일체가 될 수 있는 것은 ⓓ 질성으로 묶여 있기 때문이다. [3]질성이란 경험 주체가 어떠한 경험 상황에서 직접 포착하는(捕捉-, 알아차리는) 것으로, 경험 상황만이 가진 고유하며(固有-, 본래부터 가지고 있어 특유하며) 독특한(獨特-, 특별하게 다른) 성질을 의미한다. [4]가령(假令, 예를 들어), 가족과 함께 식사를 한 후 자신이 포착한 그 식사의 지배적인(支配的-, 압도적으로 우위를 차지하는) 특징이 풍성함(豊盛-, 넉넉하고 많음)이었다면 풍성함이 그 식사의 질성이 된다. [5]만약 다른 가족 구성원에게는 우아함(優雅-, 고상하고 기품이 있는 아름다움)이 지배적인 특징이었다면 우아함이 그 식사의 질성이 된다. [6]이와 같이 질성은 경험 주체가 경험 대상과 상호 작용한(相互作用-, 서로 영향을 주고받은) 결과로 나타나기에 같은 경험에 대해서도 주체마다 ⓔ 상이하게 나타날 수 있다.

→ 듀이가 제시한 '하나의 경험' 및 '질성'의 개념

3 [1]또한 듀이는 예술도 '하나의 경험'이라는 **차원**(次元, 사물을 바라보거나 생각하는 입장)에서 설명하고자 했다. [2]**그**(듀이)는 **창작**(創作, 예술 작품을 독창적으로 지어냄) 행위가 '하나의 경험'이 되려면 **창작자**(創作者, 새로운 것이나 예술 작품 등을 새롭게 만들어낸 사람)가 작품을 창작하는 과정에서 스스로가 **감상자**(鑑賞者, 예술 작품 등의 아름다움을 이해하여 즐기고 평가하는 사람)로서의 **관점**(觀點, 사물이나 현상을 관찰하고 바라보는 생각, 태도, 방향)을 지녀야 한다고 보았다. [3]이는 자신의 행위가 의도한 목적을 향하여 제대로 **수행되고**(遂行–, 생각한 대로 일이 행해지고) 있는지 감상을 통해 **지속적으로**(持續的–, 오래 계속되게) 판단하며, 끊임없이 행위를 선택하고 결정함으로써 작품을 완성해야 한다는 것을 의미한다. [4]또한 듀이는 창작자가 기술적 **정교함**(精巧–, 정밀하고 교묘함)이 아니라 자신의 작품을 통해 감상자가 어떠한 경험을 갖게 될 것인가에 더 주목해야 한다고 보았다.

→ '하나의 경험' 차원에서 설명한 예술의 창작 행위

4 [1]한편 듀이는 감상자의 미적 경험에서 감상 행위가 '하나의 경험'이 되려면 감상자도 창작자가 작품을 실제로 만드는 행위에 **견줄**(어떤 차이가 있는지 알기 위해 서로 대어 봄) 만한 자기만의 경험을 창조해야 한다고 보았다. [2]창작자가 자신의 의도대로 작품을 완성하기 위해 노력한 것처럼, 감상자도 연습이나 **수련**(修鍊, 닦아서 단련함)을 통해 길러진 자신의 관점과 관심에 따라 작품을 감상해야 한다는 것이다. [3]따라서 듀이의 관점에서 예술 작품의 의미와 가치는 **고정되어**(固定–, 한번 정한 대로 바뀌지 않게) 있지 않고 그것을 ⓔ 대면하는 감상자의 문화적, 시대적 배경 등에 따라 달라질 수 있다.

→ '하나의 경험' 차원에서 설명한 예술의 감상 행위

■ 지문 이해

(가)

〈샤프츠베리의 미학적 관점〉

> **❶ 샤프츠베리의 미학에 담긴 형이상학적 전제 ①**
> - 온 우주는 초월적 존재인 신의 피조물
> - 우주의 속성(질서, 균형, 조화)을 지닌 대상을 아름답다고 여김
> - 미는 대상 속에 실재하는 형식적 성질로부터 기인하는 것

> **❷ 샤프츠베리의 미학에 담긴 형이상학적 전제 ②**
> - 미의 위계성
>   - 가장 높은 등급 : 모든 것을 만들 수 있는 신
>   - 그다음 등급 : 신에 의해 형성되어 아름다운 것을 형성할 수 있는 인간
>   - 가장 낮은 등급 : 예술품 등 형성된 결과물인 물질적 대상

> **❸ 샤프츠베리가 제시한 '취미' 개념**
> - 취미 : 미를 감각하는 독립적 내감이자 미를 판단하는 능력
>   - 대상을 접하는 순간 즉각적으로 미를 판단함
>   - 문화권이나 사람에 따라 미적 판단이 달라질 수 있음
>   - 본능이므로 인간의 노력으로 새롭게 얻을 수 없으나, 발현되는 양상은 달라질 수 있음
>   - 제대로 발현되기 위해 교육, 계발이 필요함

> **❹ 샤프츠베리가 제시한 '무관심성' 개념**
> - 무관심성 : 대상 그 자체가 지닌 미적 성질(= 내재적 가치)에 주목해야 함
>   - 무신경한 태도 ✕, 사적 욕망 ✕, 대상의 도구적 가치 ✕, 소유욕 ✕

(나)

〈존 듀이의 '하나의 경험'〉

> **❶ 존 듀이의 인간관**
> - 경험의 주체인 인간은 경험 대상에 적응할 뿐 아니라 대상을 자신에게 적응시키는 과정을 반복하며 경험을 생성함

> **❷ 듀이가 제시한 '하나의 경험' 및 '질성'의 개념**
> - 하나의 경험 : 경험의 시작부터 의도된 목적이 달성되는 완결에 이르기까지, 경험을 이루는 행위들이 온전하게 이어지는 경험 ← 질성으로 묶여 있어 단일체가 될 수 있음
> - 질성 : 경험 주체가 경험 상황에서 직접 포착하는, 경험 상황만이 가진 고유하며 독특한 성질
>   - 경험 주체가 경험 대상과 상호 작용한 결과로 나타남
>   - 같은 경험에 대해서도 주체마다 다르게 나타날 수 있음

> **❸ '하나의 경험' 차원에서 설명한 예술의 창작 행위**
> - 창작 행위가 '하나의 경험'이 되려면 창작자가 창작 과정에서 스스로 감상자로서의 관점을 지녀야 함
> - 의도한 목적을 향하고 있는지 감상을 통해 지속적으로 판단, 선택, 결정하여 작품을 완성해야 함
> - 기술적 정교함이 아니라, 작품을 통해 감상자가 갖게 될 경험에 더 주목해야 함

> **❹ '하나의 경험' 차원에서 설명한 예술의 감상 행위**
> - 창작자의 창작 행위에 견줄 만한 자기만의 경험을 창조해야 함
> - 연습, 수련을 통해 길러진 자신의 관점과 관심에 따라 작품을 감상해야 함
> - 예술 작품의 의미와 가치는 고정되어 있지 않고, 감상자에 따라 달라질 수 있음

---

16 | 글의 서술 방식 파악 - 적절한 것 고르기   정답률 90%   **정답 ⑤**

(가), (나)에 대한 설명으로 가장 적절한 것은?

근거 (가)-❶-2~3 그(샤프츠베리)의 미학은 … 그가 생각하는 미는 … , (가)-❸-1 그렇다면 샤프츠베리는 미적 경험에 있어서 인간이 어떻게 미를 감지한다고 보았을까?, (나)-❷-1 듀이는 … '하나의 경험'이라고 하였다, (나)-❸-1 듀이는 예술도 '하나의 경험'이라는 차원에서 설명하고자 했다, (나)-❹-1 한편 듀이는 감상자의 미적 경험에서 감상 행위가 '하나의 경험'이 되려면

풀이 (가)에서는 샤프츠베리의 미학과 미에 대한 관점을 소개하고, 그의 견해가 미적 경험 과정에서 어떻게 적용되는지 설명하였다. 또한 (나)에서는 듀이가 제시한 '하나의 경험'의 개념을 설명하고, 창작자의 창작 과정과 감상자의 미적 경험에서 '하나의 경험'이 어떻게 적용되는지 설명하고 있다. 따라서 정답은 ⑤번이다.

① (가)는 미적 경험에 대한 특정 철학자의 견해가 ~~변화해 온 과정을 시간의 흐름에 따라~~ 설명하고 있다.

② (나)는 특정 철학자의 견해가 ~~비판을 받는 이유를 미적 경험에 대한 구체적 사례를 들어~~ 설명하고 있다.

③ (가)는 (나)와 달리, 미적 경험에 대한 특정 철학자의 견해를 ~~긍정적 측면과 부정적 측면으로 구분하여~~ 설명하고 있다.

④ (나)는 (가)와 달리, 특정 철학자가 제시한 미적 경험에 관한 개념이 어떤 ~~역사적 배경을 지니고 있는지~~ 설명하고 있다.

⑤ (가)와 (나)는 모두, 미적 경험의 과정에 특정 철학자의 견해가 어떻게 적용되는지 설명하고 있다.
→ 적절함!

---

17 | 세부 정보 이해 - 적절하지 않은 것 고르기   정답률 70%, 매력적 오답 ④ 20%   **정답 ②**

윗글에 대한 이해로 적절하지 <u>않은</u> 것은?

① (가) : 샤프츠베리는 인간을 신의 피조물이자, 예술품을 만들 수 있는 존재로 본다.

근거 (가)-❷-2 신에 의해서 형성되어 예술품과 같은 아름다운 것도 형성할 수 있는 인간

풀이 샤프츠베리는 온 우주가 신의 피조물이라고 보고, 인간을 신에 의해 형성되어 예술품과 같은 아름다운 것도 형성할 수 있는 존재로 보았다.
→ 적절함!

② (가) : 샤프츠베리는 취미가 지속적인 교육과 계발을 통해 얻을 수 있는 것이라고 본다. 제대로 발현될 수 있는 것

근거 (가)-❸-6~7 취미는 본능이므로 인간의 노력으로 새롭게 얻을 수는 없지만, 사회적 영향에 따라 발현되는 양상이 달라질 수 있다는 것이다. 따라서 취미가 제대로 발현되기 위해서는 교육이나 계발이 필요하다고 보았다.

풀이 샤프츠베리는, 취미는 본능이므로 노력으로 새롭게 얻을 수 없다고 보았다. 다만 사회적 영향에 따라 그 발현 양상이 달라질 수 있으므로, 취미가 제대로 발현되기 위해서는 교육이나 계발이 필요하다고 보았다. 따라서 샤프츠베리는 취미가 지속적인 교육과 계발을 통해 '얻을 수 있는 것'이라고 본다는 설명은 적절하지 않다.
→ 적절하지 않음!

③ (나) : 듀이는 경험의 주체인 인간을 환경과 긴밀하게 연결되는 유기체로 본다.

근거 (나)-❶-1~2 존 듀이는 인간을 자연의 일부이자 환경과 긴밀하게 연결되는 유기체

로 보았다. 그래서 경험의 주체인 인간은

→ 적절함!

④ (나) : 듀이는 의도한 목적이 달성되는 완결에 이르지 못한 경험은 '하나의 경험'이 아니라고 본다.

근거 (나)-**②**-1 듀이는 어떤 경험의 시작부터 의도된 목적이 달성되는 완결에 이르기까지, 경험을 이루는 행위들이 온전하게 이어지는 경험을 '하나의 경험'이라고 하였다.

→ 적절함!

⑤ (나) : 듀이는 기술적 정교함만으로는 '하나의 경험'으로서의 창작 행위가 성립될 수 없다고 본다.

근거 (나)-**③**-2 그(듀이)는 창작 행위가 '하나의 경험'이 되려면 창작자가 작품을 창작하는 과정에서 스스로가 감상자로서의 관점을 지녀야 한다고 보았다, (나)-**③**-4 듀이는 창작자가 기술적 정교함이 아니라 자신의 작품을 통해 감상자가 어떠한 경험을 갖게 될 것인가에 더 주목해야 한다고 보았다.

풀이 듀이는 창작 행위가 '하나의 경험'이 되려면, 창작자가 작품 창작 과정에서 기술적 정교함이 아니라 감상자로서의 관점을 지녀야 한다고 보았다. 따라서 듀이는 기술적 정교함만으로는 '하나의 경험'으로서의 창작 행위가 성립될 수 없다고 본다는 설명은 적절하다.

→ 적절함!

---

18 구체적인 사례에 적용 - 적절한 것 고르기
정답률 80%, 매력적 오답 ⑤ 10%　　　　**정답 ②**

무관심성 을 바탕으로 대상의 가치를 판단한 사례로 가장 적절한 것은?

▶ 지문 핵심 개념 정리

무관심성
• 대상에 대해 무신경한 태도를 취하는 것이 아니라 사적 욕망으로부터 벗어나는 것(가)-**④**-2
• 대상의 도구적 가치에 주목하거나 대상에 대한 소유욕을 갖는 것에서 벗어나야 함(가)-**④**-3
• 미적 경험의 주체인 인간은 대상 그 자체가 지닌 미적 성질, 즉 내재적 가치에 주목해야 대상의 아름다움을 관조할 수 있음(가)-**④**-3

대상의 도구적 가치에 주목함

① 별을 보고, 별의 탄생 원리를 밝혀 학문적 성취를 이루고자 하는 것

풀이 별을 보고 그 별의 탄생 원리를 밝혀 자신의 학문적 성취를 이루고자 하는 것은 대상의 도구적 가치에 주목한 것이므로, 무관심성을 바탕으로 대상의 가치를 판단한 사례로 적절하지 않다.

→ 적절하지 않음!

② 바다를 보고, 물결이 끝없이 이어져 있는 바다의 광활함에 감탄하는 것

풀이 샤프츠베리는 '무관심성' 개념을 제시하면서, 인간이 대상의 도구적 가치에 주목하거나 대상에 대한 소유욕을 갖는 것에서 벗어나 '대상 그 자체가 지닌 미적 성질'에 주목해야 한다고 주장하였다. 바다를 보고, 물결이 끝없이 이어져 있는 바다의 광활함에 감탄하는 것은 바다 그 자체가 지닌 미적 성질에 주목한 것이므로, 샤프츠베리가 제시한 무관심성을 바탕으로 대상의 가치를 판단한 사례로 적절하다.

→ 적절함!

무신경한 태도

③ 은행나무를 보고, 은행잎이 노랗게 물든 것도 모른 채 그 옆을 *무심히 지나가는 것 *無心-, 관심이 전혀 없이

풀이 샤프츠베리가 제시한 '무관심성' 개념은 대상에 대해 무신경한 태도를 취하는 것이 아니다. 은행나무를 보고 은행잎이 노랗게 물든 것도 모른 채 그 옆을 무심히 지나가는 것은 대상에 대해 무신경한 태도를 취하는 것에 해당하므로, 무관심성을 바탕으로 대상의 가치를 판단한 사례로 적절하지 않다.

→ 적절하지 않음!

사적 욕망

④ 조각상을 보고, 좋아하는 작가의 작품이라는 것을 알게 되어 이를 *소장하고자 하는 것 *所藏-, 자기의 것으로 지녀 간직하고자

풀이 조각상을 소장하고자 하는 마음은 대상에 대한 소유욕을 갖는 것이다. 샤프츠베리는 무관심성 개념을 제시하면서, 미적 경험의 주체인 인간이 대상에 대한 소유욕을 갖는 것에서 벗어나 대상 그 자체의 내재적 가치에 주목해야 한다고 주장하였다. 따라서 좋아하는 작가의 조각상을 '소장하고자 하는 것'은 무관심성을 바탕으로 대상의 가치를 판단한 사례로 적절하지 않다.

→ 적절하지 않음!

대상의 도구적 가치에 주목함

⑤ 꽃을 보고, 그 꽃이 연인에게 사랑을 전달하기에 *적합한 아름다움을 가지고 있다고 여기는 것 *適合-, 꼭 알맞은

풀이 꽃을 '연인에게 사랑을 전달하기 위한 수단'으로 여기는 것은, 대상의 도구적 가치에 주목한 것으로, 이는 샤프츠베리가 제시한 무관심성을 바탕으로 대상의 가치를 판

단한 사례로 적절하지 않다.

→ 적절하지 않음!

19 핵심 개념 파악 -적절한 것 고르기
정답률 70%, 매력적 오답 ⑤ 10%　　　　**정답 ②**

⊙과 ⓒ을 이해한 내용으로 가장 적절한 것은?

⊙ 취미　　ⓒ 질성

① ⊙은 미를 객관적으로 감지하는 수단이고, ⓒ은 객관적으로 파악된 미적 대상의 특성이다.

근거 (가)-**③**-3 취미는 미를 감각하는 하나의 독립적인 내감이자 미를 판단하는 능력, (가)-**④**-1 취미의 반응이 즉각적이라는 점은 미적 판단이 우리의 이익과 무관한 것임을 시사, (나)-**②**-3 질성이란 경험 주체가 어떠한 경험 상황에서 직접 포착하는 것으로, 경험 상황만이 가진 고유하며 독특한 성질을 의미, (나)-**②**-6 질성은 경험 주체가 경험 대상과 상호 작용한 결과로 나타나기에 같은 경험에 대해서도 주체마다 상이하게 나타날 수 있다.

풀이 (가)에서 취미(⊙)는 미를 감각하는 독립적인 내감이라고 하였고, 미적 판단이 우리의 이익과 무관하게 이루어진다고 하였다. 따라서 ⊙이 미를 객관적으로 감지하는 수단이라는 이해는 적절하다. 한편 (나)에서 질성(ⓒ)은 경험 주체가 경험 상황에서 직접 포착하는 고유하고 독특한 성질을 말하며, 같은 경험에 대해서도 주체마다 상이하게 나타날 수 있다고 하였다. 따라서 ⓒ이 '객관적으로' 파악된 미적 대상의 특성이라는 설명은 적절하지 않다.

→ 적절하지 않음!

② ⊙은 미를 감지하는 독립적인 능력이고, ⓒ은 경험 대상과의 상호 작용을 통해 나타나는 성질이다.

근거 (가)-**③**-3 취미는 미를 감각하는 하나의 독립적인 내감, (나)-**②**-6 질성은 경험 주체가 경험 대상과 상호 작용한 결과로 나타나기에

→ 적절함!

대상의 미를 감각하여 판단하는 능력　　　경험 주체가 경험 대상과 상호 작용한

③ ⊙은 주체가 대상의 특성을 판단한 결과이고, ⓒ은 경험 대상이 주체의 특성을 만들어 낸 결과이다.

근거 (가)-**③**-3 취미는 미를 감각하는 하나의 독립적인 내감이자 미를 판단하는 능력으로서, … 취미도 대상을 접하는 순간 즉각적으로 미를 판단해 낸다는 것, (나)-**②**-6 질성은 경험 주체가 경험 대상과 상호 작용한 결과로 나타나기에

풀이 취미(⊙)는 경험 주체가 미를 감각하는 내감이자 미를 판단하는 능력이지, '주체가 대상의 특성을 판단한 결과'가 아니다. 또한 질성(ⓒ)은 경험 주체가 경험 대상과 상호 작용한 결과로 나타나는 것이지, '경험 대상이 주체의 특성을 만들어 낸 결과'가 아니다.

→ 적절하지 않음!

경험 주체가 경험 대상과 상호 작용한 결과로 나타나는 것

④ ⊙은 초월적인 존재가 *부여하는 특성이고, ⓒ은 경험 주체의 경험이 의도한 목적에서 벗어나지 않게 해 주는 수단이다. *附與-, 지니도록 해 주는

근거 (가)-**③**-2 인간이 신으로부터 받은 자연적 본능인 '취미', (나)-**②**-6 질성은 경험 주체가 경험 대상과 상호 작용한 결과로 나타나기에

풀이 취미(⊙)는 인간이 초월적 존재인 신으로부터 받은 자연적 본능이라고 하였으므로, ⊙이 초월적인 존재가 부여하는 특성이라는 설명은 적절하다. 한편 질성(ⓒ)은 경험 주체가 경험 대상과 상호 작용한 '결과'로 나타나는 것이라고 하였으므로, ⓒ이 경험 주체의 경험이 의도한 목적에서 벗어나지 않게 해 주는 '수단'이라는 설명은 적절하지 않다.

→ 적절하지 않음!

⑤ ⊙은 미적 대상을 감각할 때 즉각적으로 발현되는 능력이고, ⓒ은 미적 대상을 창작하는 과정에서 습득하게 되는 능력이다.

근거 (가)-**③**-3 취미도 대상을 접하는 순간 즉각적으로 미를 판단해 낸다는 것, (나)-**②**-3 질성이란 경험 주체가 어떠한 경험 상황에서 직접 포착하는 것으로, 경험 상황만이 가진 고유하며 독특한 성질

풀이 취미(⊙)는 대상을 접하는 순간 즉각적으로 미를 판단해 내는 것이라고 하였으므로, ⊙가 미적 대상을 감각할 때 즉각적으로 발현되는 능력이라는 설명은 적절하다. 한편 질성(ⓒ)은, 경험 주체가 어떤 경험 상황에서 그 경험 상황만이 가진 고유하며 독특한 성질을 직접 포착하는 것이라고 하였으므로, 미적 대상을 '창작하는 과정에서 습득하게 되는 능력'이라는 설명은 적절하지 않다.

→ 적절하지 않음!

(가), (나)를 이해한 학생이 <보기>의 ⓐ에 대해 보인 반응으로 적절하지 않은 것은? [3점]

| 보기 |
[1]라파엘로는 **토론**(討論, 어떤 문제에 대해 여러 사람이 각각 의견을 말하며 논의함)을 바탕으로 한 지식 **탐구**(探究, 진리, 학문 등을 파고들어 깊이 연구함)의 중요성을 드러내기 위해 ⓐ'아테네 학당'이라는 그림을 창작하였다. [2]**그**(라파엘로)는 책을 들고 탐구하는 모습, 토론에 **열중하는**(熱中–, 정신을 쏟는) 모습 등 **실존했던**(實存 – 실제로 존재했던) 철학자들을 다양한 모습으로 **묘사하였는데**(描寫–, 그려서 표현하였는데), 한 사람 한 사람을 그릴 때마다 이 묘사가 지식 탐구의 중요성을 드러내기에 적합한지를 고려하면서 창작하였다. [3]또한 건축물과 인물들을 완벽한 **대칭**(對稱, 좌우의 균형, 좌우 대칭, 그리고 부분과 부분, 부분과 전체의 조화가 이루어진 형식)과 **비례**(比例, 표현된 형상의 각 부분 사이, 전체와 부분 사이의 양적 관계)에 따라 균형 있게 구성하였고, 감상자가 공간의 깊이감과 현실감을 느끼도록 **원근법**(遠近法, 실제 눈에 보이는 것과 같이 멀고 가까운 거리감을 느낄 수 있도록 평면 위에 표현하는 방법)을 사용하였다. [4]이 작품을 감상한 사람들은 원근법을 통해 실제 그 공간 속에 있는 듯한 현실감을 느낀다고 평가하였다. [5]한편, 그림 속 일부 인물들은 분명하게 **식별**(識別, 분별하여 알아봄)이 안 되어 인물들의 **정체**(正體, 본디 지니고 있는 참된 형상)에 대해 다양한 **해석**(解釋, 표현된 내용을 이해하고 설명함)과 **논쟁**(論爭, 서로 다른 의견을 가진 사람들이 각각 자기 주장을 말이나 글로 논하여 다툼)이 발생하기도 하였다.

<참고 그림> 아테네 학당

① 샤프츠베리는 대칭과 비례에 따라 건축물과 인물을 균형 있게 배치한 ⓐ의 형식적 구성이 우주의 속성을 드러낸다고 보아 아름답다고 판단하겠군.
- 근거 <보기>-3 건축물과 인물들을 완벽한 대칭과 비례에 따라 균형 있게 구성, (가)-❶-3 온 우주가 신의 피조물이라고 보았던 샤프츠베리는 우주의 속성인 질서, 균형, 조화를 지닌 대상을 아름답다고 여겼으며 그가 생각하는 미는 대상 속에 실재하는 형식적 성질로부터 기인하는 것이었다.
- 풀이 샤프츠베리는 우주의 속성인 질서, 균형, 조화를 지닌 대상을 아름답다고 여겼으며, 미는 대상 속에 실재하는 형식적 성질로부터 나온다고 보았다. 따라서 샤프츠베리는 대칭과 비례에 따라 건축물과 인물을 균형 있게 배치한 ⓐ의 형식적 구성이 우주의 속성을 드러낸다고 보고, 이러한 형식적 성질이 담긴 ⓐ를 아름답다고 여겼을 것이다.
- → 적절함!

② 듀이는 라파엘로가 ⓐ에 원근법을 사용하여 감상자에게 현실감이 느껴지도록 의도했다는 점에서, 창작자가 감상자를 고려한 '하나의 경험'으로서의 창작 행위를 한 것으로 보겠군.
- 근거 <보기>-3 감상자가 공간의 깊이감과 현실감을 느끼도록 원근법을 사용, (나)-❸-2 그는 창작 행위가 '하나의 경험'이 되려면 창작자가 작품을 창작하는 과정에서 스스로가 감상자로서의 관점을 지녀야 한다고 보았다. (나)-❸-4 듀이는 창작자가 기술적 정교함이 아니라 자신의 작품을 통해 감상자가 어떠한 경험을 갖게 될 것인가에 더 주목해야 한다고 보았다.
- 풀이 듀이는 창작 행위가 '하나의 경험'이 되려면, 창작자가 창작 과정에서 '감상자가 어떤 경험을 갖게 될 것인가'에 주목해야 한다고 보았다. 이러한 듀이의 입장에서는 라파엘로가 ⓐ에 원근법을 사용하여 감상자에게 현실감이 느껴지도록 의도한 것은, 창작자가 감상자를 고려한 '하나의 경험'으로서의 창작 행위를 한 것이라고 보았을 것이다.
- → 적절함!

③ 듀이는 라파엘로가 지식 탐구의 중요성을 드러내기에 적합한지 고려하며 ⓐ의 각 인물을 그려 나간 것을, 창작자 스스로가 감상자로서의 관점에서 행위를 선택하고 결정해 나간 과정으로 보겠군.
- 근거 <보기>-2 한 사람 한 사람을 그릴 때마다 이 묘사가 지식 탐구의 중요성을 드러내기에 적합한지를 고려하며 창작, (나)-❸-2~3 그는 창작 행위가 '하나의 경험'이 되려면 창작자가 작품을 창작하는 과정에서 스스로가 감상자로서의 관점을 지녀야 한다고 보았다. 이는 자신의 행위가 의도한 목적을 향하여 제대로 수행되고 있는지 감상을 통해 지속적으로 판단하며, 끊임없이 행위를 선택하고 결정함으로써 작품을 완

성해야 한다는 것을 의미한다.
- 풀이 듀이는 창작 행위가 '하나의 경험'이 되려면, 창작자가 작품을 창작하는 과정에서 감상자로서의 관점을 지녀야 한다고 보았다. 이때 창작자가 감상자로서의 관점을 지녀야 한다는 것은, 자신의 행위가 의도한 목적을 향하여 제대로 수행되고 있는지 감상을 통해 지속적으로 판단하며 끊임없이 선택하고 결정함으로써 작품을 완성해야 한다는 것을 의미한다. 이러한 듀이의 입장에서는, 라파엘로가 '한 사람 한 사람을 그릴 때마다 이 묘사가 지식 탐구의 중요성을 드러내기에 적합한지를 고려하며 창작'한 것에 대해, 창작자 스스로가 감상자로서의 관점에서 행위를 선택하고 결정해 나간 과정이라고 보았을 것이다.
- → 적절함!

④ 샤프츠베리는 ⓐ를 자신이 생각하는 미의 위계 중 가장 낮은 등급에 해당하는 대상으로 보고, 듀이는 ⓐ를 감상자에 의해 그 작품의 의미가 재창조될 수 있는 대상으로 보겠군.
- 근거 (가)-❷-3 (샤프츠베리는) 예술품과 같이 형성된 결과물에 해당하는 물질적 대상은 가장 낮은 등급으로 보았다. (나)-❹-2~3 감상자도 연습이나 수련을 통해 길러진 자신의 관점과 관심에 따라 작품을 감상해야 한다는 것이다. 따라서 듀이의 관점에서 예술 작품의 의미와 가치는 고정되어 있지 않고 그것을 대면하는 감상자의 문화적, 시대적 배경 등에 따라 달라질 수 있다.
- 풀이 샤프츠베리는 예술품과 같은 물질적 대상은 미의 위계 중 가장 낮은 등급으로 보았으므로, ⓐ를 자신이 생각하는 미의 위계 중 가장 낮은 등급에 해당하는 대상으로 보았을 것이라는 설명은 적절하다. 한편 듀이는 감상자의 미적 경험에서 감상 행위가 '하나의 경험'이 되려면 감상자도 자신의 관점과 관심에 따라 작품을 감상해야 하며, 이러한 점에서 예술 작품의 의미와 가치는 고정되어 있지 않고 감상자에 따라 달라질 수 있다고 보았다. 따라서 듀이는 ⓐ를 감상자에 의해 그 작품의 의미가 재창조될 수 있는 대상으로 보았을 것이라는 설명 또한 적절하다.
- → 적절함!

⑤ ⓐ의 인물에 대한 다양한 해석과 논쟁에 대해 샤프츠베리는 취미가 왜곡되어 나타난 결과로 보고, 듀이는 감상자만의 관점에 따라 작품을 감상하는 연습이 부족해서 나타난 결과로 보겠군.
- 근거 <보기>-5 그림 속 일부 인물들은 분명하게 식별이 안 되어 인물들의 정체에 대해 다양한 해석과 논쟁이 발생, (가)-❸-4~5 취미는 자연적 본능임에도 문화권이나 사람에 따라 미적 판단이 달라질 수 있다. 샤프츠베리는 그 이유를 본능이 왜곡되기 때문이라고 보았다, (나)-❹-2~3 감상자도 연습이나 수련을 통해 길러진 자신의 관점과 관심에 따라 작품을 감상해야 한다는 것이다. 따라서 듀이의 관점에서 예술 작품의 의미와 가치는 고정되어 있지 않고 그것을 대면하는 감상자의 문화적, 시대적 배경 등에 따라 달라질 수 있다.
- 풀이 샤프츠베리는 문화권이나 사람에 따라 미적 판단이 달라지는 이유는, 자연적 본능인 취미가 왜곡되기 때문이라고 보았다. 이러한 샤프츠베리의 관점에 따르면, <보기>의 ⓐ에 대한 '미적 판단'이 달라지는 것은 취미가 왜곡되어 나타난 결과라고 볼 수 있을 것이다. 그러나 ⓐ 속의 일부 인물들의 정체에 대한 다양한 해석과 논쟁은 'ⓐ에 대한 미적 판단'과 관계가 없으므로, 샤프츠베리의 관점에서 이를 '취미가 왜곡되어 나타난 결과'라고 보지 않았을 것이다. 한편 듀이는 감상자의 미적 경험에서 감상 행위가 '하나의 경험'이 되려면 감상자도 자신의 관점과 관심에 따라 작품을 감상해야 하며, 이러한 점에서 예술 작품의 의미와 가치는 고정되어 있지 않고 감상자에 따라 달라질 수 있다고 보았다. 따라서 듀이는 ⓐ의 인물에 대한 다양한 해석과 논쟁에 대해 '작품을 감상하는 연습이 부족하여 나타난 결과'라고 보지 않았을 것이다.
- → 적절하지 않음!

문맥상 ⓐ~ⓔ와 바꿔 쓰기에 적절하지 않은 것은?

ⓐ 간주된다   ⓑ 발현되는   ⓒ 달성되는   ⓓ 상이하게   ⓔ 대면하는

① ⓐ : 여겨진다
- 풀이 ⓐ에서 쓰인 '간주(看 보다 간 做 만들다 주)되다'는 '상태, 모양, 성질 따위가 그와 같다고 여겨지다'의 의미로, ⓐ의 '간주된다'를 '여겨진다'로 바꿔 쓰는 것은 문맥상 적절하다.
- → 적절함!

② ⓑ : 나타나는
- 풀이 ⓑ에서 쓰인 '발현(發 나타나다 발 現 나타나다 현)되다'는 '속에 있거나 숨은 것이 밖으로 나타나다'의 의미로, ⓑ의 '발현되는'을 '나타나는'으로 바꿔 쓰는 것은 문맥상 적절하다.
- → 적절함!

→ 문제편 **179쪽**

ⓒ : 세워지는
풀이 ⓒ에서 '달성(達 이루다 달 成 이루다 성)되다'는 '목적한 것이 이루어지다'의 의미로, ⓒ의 '달성되는'을 '세워지는'으로 바꿔 쓰는 것은 문맥상 적절하지 않다.

→ 적절하지 않음!

④ ⓓ : 서로 다르게
풀이 ⓓ에서 쓰인 '상이(相 서로 상 異 다르다 이)하다'는 '서로 다르다'의 의미로, ⓓ의 '상이하게'를 '서로 다르게'로 바꿔 쓰는 것은 문맥상 적절하다.

→ 적절함!

⑤ ⓔ : 마주하는
풀이 ⓔ에서 쓰인 '대면(對 대하다 대 面 얼굴 면)하다'는 '서로 얼굴을 마주 보고 대하다'의 의미이다. '마주하다'는 '마주 대하다'의 뜻으로, '대면하다'와 바꿔 써도 문맥상 의미가 달라지지 않는다. 따라서 ⓔ의 '대면하는'을 '마주하는'으로 바꿔 쓰는 것은 문맥상 적절하다.

→ 적절함!

[22~26] 사회 - 〈건축의 다섯 가지 유형〉

1 [1]건축법(建築法, 건축물의 대지, 구조, 설비 기준 및 용도에 관하여 규정한 법률)에서 건축물(建築物, 땅 위에 지은 구조물 중에서 지붕, 기둥, 벽이 있는 건물을 통틀어 이르는 말)의 건축(建築, 집이나 성, 다리 등의 구조물을 그 목적에 따라 설계하여 흙, 나무, 돌, 벽돌, 쇠 등을 써서 세우거나 쌓아 만드는 일)은 공공복리(公共福利, 사회 구성원 전체에 두루 관계되는 복지)를 저해할(沮害-, 막아서 못 하도록 해칠) 수 있는 위험한 행위로 간주된다.(看做-, 여겨진다.) [2]그래서 허가(許可, 법령에 의해 일반적으로 금지되어 있는 행위를 행정 기관이 특정한 경우에 해제하고 적법하게 이를 행할 수 있게 하는 일) 요건(要件, 필요한 조건)에 맞춘 설계(設計, 건축물 설립이나 토지 공사, 기계의 제작 따위에서 그 목적에 따라 실제적인 계획을 세우고 구체적으로 도면을 그려 명시하는 일)로 최소한의 안전이 보장되었다고(保障-, 마련되었다고) 판단되는 경우에 한해(限-, 제한되어) 건축 금지가 해제되어(解除-, 풀려 자유롭게 되어) 건축이 가능해진다.

→ 건축법에서 건축 허가 요건을 규정하는 까닭

2 [1]건축 행위는 건축물을 건축할 수 있는 땅인 대지(垈 집터 대 地 땅 지) 위에서 이루어진다. [2]원칙적으로 하나의 대지는 하나의 지번(地番, 토지의 일정한 구획을 표시한 번호)을 가지며, 이것이 건축 허가의 단위가 된다. [3]일반적으로 건축은 신축(新 새 신 築 짓다 축), 증축(增 더하다 증 築 짓다 축), 개축(改 고치다 개 築 짓다 축), 재축(再 다시 재 築 짓다 축), 이전(移 옮기다 이 轉 바꾸다 전)의 다섯 가지 유형으로 나뉜다.

→ '대지'의 개념과 건축의 다섯 가지 유형 구분

3 [1]신축이란 건축물이 없는 대지에 새로 건축물을 축조하는(築造-, 쌓아서 만드는) 것을 말한다. [2]신축에서 건축물을 축조하려는 대지는 처음부터 건축물이 존재하지 않는 나대지(裸 벌거벗다 나 垈 집터 대 地 땅 지)일 수도 있고, 기존 건축물이 건축주(建築主, 건축에 관한 공사를 주문한 사람)의 자발적(自發的, 남이 시키거나 요청하지 않고 자기 스스로)의지(意志, 어떠한 일을 이루고자 하는 마음)에 의해 인위적으로(人爲的-, 사람의 힘으로) 부서지는 해체(解 가르다 해 體 몸 체)나 천재지변(天災地變, 지진, 홍수, 태풍 등의 자연 현상으로 인한 재앙)으로 인해 부서지는 멸실(滅 없어지다 멸 失 잃다 실)로 인해 전부 소실된(消失-, 사라져 없어진) 대지일 수도 있다. [3]전부 소실된 경우 새로 축조한 건축물의 규모(規模, 크기나 범위)가 개축이나 재축에 해당하면 신축으로 보지 않는다. [4]한편, 주된(主-, 중심이 되는) 용도(用途, 쓰임새)의 건축물을 이용 및 관리하는 데 필요한 부속(附屬, 주된 것에 딸려서 붙음) 용도의 건축물만 존재하는 대지 내에서 이 부속건축물과는 별도로(別途-, 원래의 것에 덧붙여서 추가로) 주된 건축물을 새로 짓는 경우도 신축에 해당한다.

〈참고 그림〉 신축

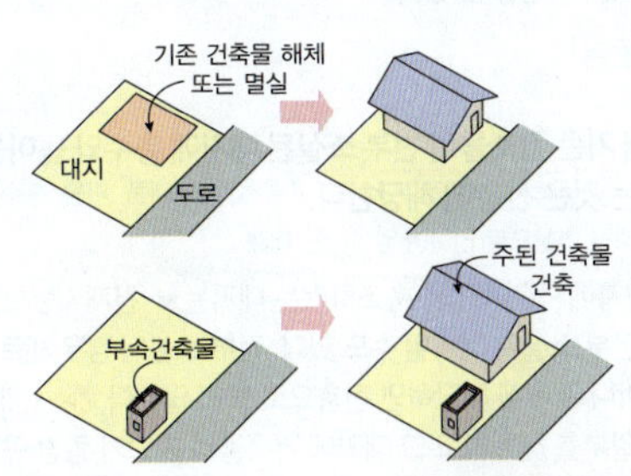

→ 건축의 다섯 가지 유형 ① : 신축

4 [1]증축은 기존 건축물이 있는 대지에서 건축물의 규모를 늘려 짓는 것을 말하며, 건축물의 규모에는 건축면적(面積, 면이 차지하는 넓이의 크기), 연(延 늘어놓다 연)면적, 층

수(層數, 층의 개수), 높이가 포함된다. [2]건축면적은 일반적으로 지상층(地上層, 땅 위로 지은 건물의 층) 중 가장 넓은 층의 면적을, 연면적은 각 층 바닥면적의 총합(總合, 모두를 합함)을 의미한다. [3]증축에는 지하층(地下層, 땅 밑에 지은 아래층)의 바닥면적을 증가시키는(增加-, 더 넓어지게 하는) 경우, 바닥면적의 증감(增減, 많아지거나 적어짐) 없이 높이만 증가시키는 경우, 주된 건축물이 있는 대지에 부속건축물이나 다른 주된 건축물을 축조하는 경우 등이 있다. [4]기존 지하층을 둘러싼 지표면(地表面, 땅의 겉면)을 깎아서 그 층(기존 지하층)이 지상에 노출되게(露出-, 겉으로 드러나게) 하는 것도 건축물의 높이가 증가한 경우이므로 증축에 속한다. [5]또한 한 층의 층고(層高, 건물의 층과 층 사이의 높이)가 상당히 높아 중간층을 만들어 사용하는 경우도 증축에 해당한다. [6]한편 냉난방, 급수(給水, 물을 대어 줌) 등 건축물의 기능을 안정적으로(安定的-, 바뀌어 달라지지 않고 일정한 상태를 유지하도록) 유지하기(維持-, 변함없이 계속 이어 가기) 위해 설치하는 건축물의 설비(設備, 필요한 것을 갖춘 시설)는 건축물로 보지 않으므로 설비 설치는 증축에 해당하지 않는다.

〈참고 그림〉 증축

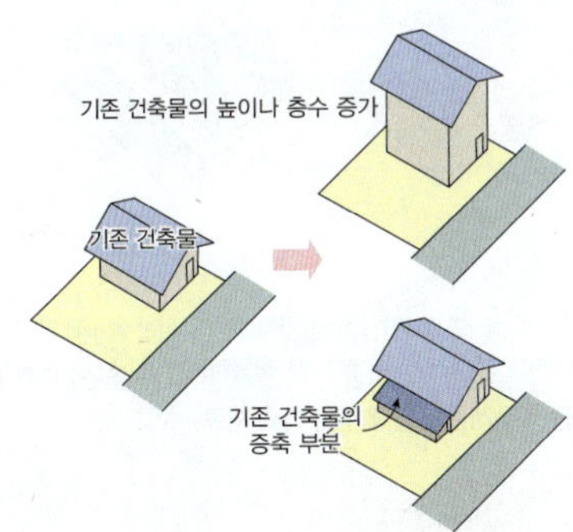

→ 건축의 다섯 가지 유형 ② : 증축

5 [1]ⓐ개축은 기존 건축물의 전부 또는 일부를 해체하고 그 대지에 건축물의 규모가 종전(從前, 지금보다 이전) 규모 범위 이하인 건축물을 다시 축조하는 것이다. [2]이때 일부를 해체한다는 것은 내력벽*, 기둥, 보*, 지붕틀 중 셋 이상을 해체하는 것을 말한다. [3]같은 대지 안에서 건축물의 위치를 이동하거나 구조를 변경하는 것은 개축에 해당하나, 한 대지에 여러 동(棟, 집채의 수를 세거나 차례를 나타내는 단위)이 있는 경우 개별(個別, 하나씩) 건축물 단위로 개축 해당 여부(개축에 해당하는지 해당하지 않는지)를 판단하므로 동수(棟數, 동의 수)를 늘려서 축조하는 경우는 개축에 해당하지 않는다.

〈참고 그림〉 개축

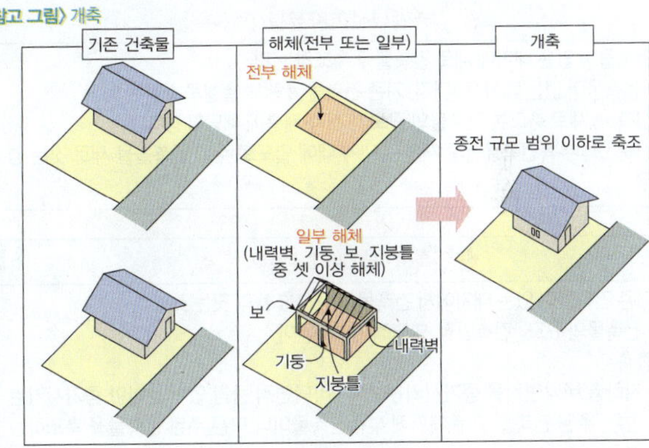

→ 건축의 다섯 가지 유형 ③ : 개축

6 [1]ⓑ재축이란 기존 건축물의 전부 또는 일부가 멸실된 경우 그 대지에 건축물을 다시 축조하는 것이다. [2]이때 연면적의 합계, 즉 그 대지에 존재하는 모든 건축물의 연면적의 합이 종전 규모 이하여야 하며, 동수, 층수, 높이 중 어느 하나는 종전 규모를 초과하는(超過-, 넘는) 것이 가능하다.

〈참고 그림〉 재축

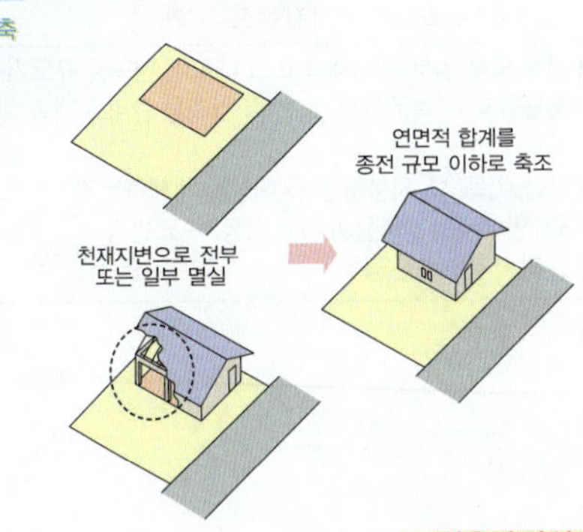

→ 건축의 다섯 가지 유형 ④ : 재축

7 ¹이전이란 도시 개발 계획, 주변 환경의 변화, 안전 문제, 설계와 다른 **배치**(配置, 일정한 자리에 나누어 둠) 등의 **사유**(事由, 일의 까닭)로 건축물의 주요구조부를 해체하지 않고 같은 대지의 다른 위치로 ⓐ 옮기는 것이다. ²주요구조부는 철거 **시**(時, 일이 일어날 때, 경우) 건축물의 안전성에 **결정적**(決定的, 일의 결과를 결정지을 만큼 중요한) **위해**(危害, 위험과 재해)가 되는 구조 부분인 내력벽, 기둥, 보, 바닥, 지붕틀, **주**(主, 주되고 중요한)계단을 말하며, **최하층**(最下層, 맨 아래의 층) 바닥, **옥외**(屋外, 건물의 밖의) 계단 등은 주요구조부에서 제외된다.(除外~, 한데 헤아려지지 않는다.) ³**일체식**(一體式, 거푸집에 콘크리트를 부어 굳힌 뒤 거푸집을 떼어 한 덩어리로 건설하는 방법) 구조인 **철근콘크리트조**(鐵筋concrete造, 주요구조부를 철근콘크리트구조로 한 건축물) 건축물과 달리 **조립식**(組立式, 여러 부품을 하나의 구조물로 맞추어 짜는 방법으로 꾸미는 방식) 구조인 **목조**(木造, 건물의 주요 뼈대를 나무로 짜 맞추는 구조) 건축물은 최하층 바닥 등을 제외한 상층부의 구조체를 들어 올려서 이전할 수 있다.

〈참고 그림〉 이전

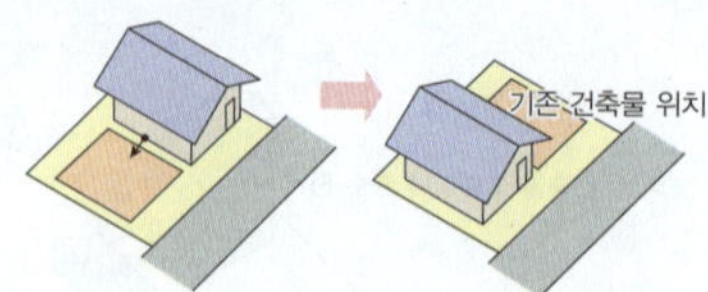

→ 건축의 다섯 가지 유형 ⑤ : 이전

* **내력벽**(耐 견디다 내 力 힘 력 壁 벽 벽) : **구조물**(構造物, 일정한 설계에 따라 여러 가지 재료를 얽어서 만든 건물, 다리, 축대, 터널 등)의 **하중**(荷重, 작용하는 무게)을 견디어 내기 위하여 만든 벽
* 보 : 기둥 위에서 지붕의 무게를 전달해 주는 건축 재료

■지문 이해

❶ 건축법에서 건축 허가 요건을 규정하는 까닭
• 건축법에서는 건축물의 건축을 위험한 행위로 간주함 → 허가 요건에 따라 최소한의 안전이 보장되었다고 판단되는 경우에 한해 건축 금지를 해제

❷ '대지'의 개념과 건축의 다섯 가지 유형 구분
• 대지 : 건축 행위가 이루어지는 땅 - 하나의 대지는 하나의 지번을 가짐 • 건축의 다섯 가지 유형 : 신축, 증축, 개축, 재축, 이전

❸ 건축의 다섯 가지 유형 ① : 신축
• 건축물이 없는 대지에 새로 건축물을 축조하는 것 - 건축물이 없는 대지 : 나대지, 기존 건축물이 해체·멸실로 소실된 대지 • 신축 × : 새로 축조한 건축물의 규모가 개축·재축에 해당할 경우 • 신축 ○ : 부속건축물만 존재하는 대지 내에 별도로 주된 건축물을 새로 짓는 경우

❹ 건축의 다섯 가지 유형 ② : 증축
• 기존 건축물이 있는 대지에서 건축물의 규모를 늘려 짓는 것 - 건축물의 규모 : 건축면적, 연면적, 층수, 높이 • 증축 ○ - 지하층 바닥면적을 증가시키는 경우, 바닥면적 증감 없이 높이만 증가시키는 경우, 주된 건축물 있는 대지에 부속건축물이나 다른 주된 건축물을 축조하는 경우 - 지표면을 깎아 기존 지하층이 지상에 노출되게 하여 건축물의 높이가 증가한 경우 - 한 층 내에 중간층을 만들어 사용하는 경우 • 증축 × : 건축물의 설비 설치

❺ 건축의 다섯 가지 유형 ③ : 개축
• 기존 건축물의 전부 또는 일부를 해체하고 그 대지에 건축물 규모가 종전 규모 범위 이하인 건축물을 다시 축조하는 것. 개별 건축물 단위로 개축 해당 여부를 판단함 - 일부 해체 : 내력벽, 기둥, 보, 지붕틀 중 셋 이상을 해체하는 것 • 개축 ○ : 같은 대지 안에서의 건축물의 위치 이동, 구조 변경 • 개축 × : 동수를 늘려서 축조하는 경우

❻ 건축의 다섯 가지 유형 ④ : 재축
• 기존 건축물의 전부 또는 일부가 멸실된 경우 그 대지에 건축물을 다시 축조하는 것 - 연면적의 합계가 종전 규모 이하여야 함 - 동수, 층수, 높이 중 어느 하나는 종전 규모 초과가 가능함

❼ 건축의 다섯 가지 유형 ⑤ : 이전
• 기존 건축물을 건축물의 주요구조부를 해체하지 않고 같은 대지의 다른 위치로 옮기는 것 - 주요구조부 : 철거 시 건축물 안전성에 결정적 위해가 되는 구조 부분 - 조립식 구조인 목조 건축물은 최하층 바닥 등을 제외한 상층부 구조체를 들어 올려 이전할 수 있음

---

22 세부 정보 이해 - 적절하지 않은 것 고르기 정답률 65%, 매력적 오답 ③ 10% ⑤ 20%	정답 ④

윗글을 통해 알 수 있는 내용으로 적절하지 <u>않은</u> 것은?

① 건축물의 건축은 설계상 최소한의 안전이 보장되도록 허가 요건을 *준수한 경우에 한해 허가된다. *遵守~, 그대로 좇아서 지킨

> **근거** ❶-2 허가 요건에 맞춘 설계로 최소한의 안전이 보장되었다고 판단되는 경우에 한해 건축 금지가 해제되어 건축이 가능해진다.

→ 적절함!

② 나대지에 신축하는 것은 기존에 건축물이 존재하지 않던 대지에 새로운 건축물을 축조하는 행위이다.

> **근거** ❸-1~2 신축이란 건축물이 없는 대지에 새로 건축물을 축조하는 것을 말한다. 신축에서 건축물을 축조하려는 대지는 처음부터 건축물이 존재하지 않는 나대지일 수도 있고
>
> **풀이** '신축'은 건축물이 없는 대지에 새로 건축물을 축조하는 것을 뜻하고, '나대지'는 처음부터 건축물이 존재하지 않는 대지를 뜻한다. 따라서 나대지에 신축하는 것은 기존에 건축물이 존재하지 않던 대지에 새로 건축물을 축조하는 행위라는 설명은 적절하다.

→ 적절함!

③ 건축물의 내력벽을 해체하는 것이 옥외 계단을 해체하는 것보다 건축물의 안전에 더 중대한 영향을 미친다.

> **근거** ❼-2 주요구조부는 철거 시 건축물의 안전성에 결정적 위해가 되는 구조 부분인 내력벽, 기둥, 보, 바닥, 지붕틀, 주계단을 말하며, 최하층 바닥, 옥외 계단 등은 주요구조부에서 제외된다.
>
> **풀이** 내력벽은 철거 시 건축물의 안전성에 결정적 위해가 되는 구조 부분 중 하나로, 주요구조부에 속한다. 이와 달리 옥외 계단은 주요구조부에서 제외된다. 따라서 주요구조부인 내력벽을 해체하는 것이 옥외 계단을 해체하는 것보다 건축물의 안전에 더 중대한 영향을 미친다는 설명은 적절하다.

→ 적절함!

조립식 구조인 목조 건축물

④ 철근콘크리트조 건축물이 설계와 다르게 배치되었을 경우에 상층부의 구조체를 들어 이전하는 것이 가능하다.

> **근거** ❼-1 이전이란 … 설계와 다른 배치 등의 사유로 건축물의 주요구조부를 해체하지 않고 같은 대지의 다른 위치로 옮기는 것, ❼-3 일체식 구조인 철근콘크리트조 건축물과 달리 조립식 구조인 목조 건축물은 최하층 바닥 등을 제외한 상층부의 구조체를 들어 올려서 이전할 수 있다.

→ 적절하지 않음!

멸실

⑤ *자연재해로 인해 기존 건축물이 전부 소실된 대지에 층수와 높이를 증가시킨 새로운 건축물을 축조하는 것은 신축에 해당한다. *自然災害, 태풍, 가뭄, 홍수, 지진, 화산 폭발, 해일 따위의 피할 수 없는 자연 현상으로 인하여 일어나는 재해

> **근거** ❸-2~3 신축에서 건축물을 축조하려는 대지는 … 천재지변으로 인해 부서지는 멸실로 인해 전부 소실된 대지일 수도 있다. 전부 소실된 경우 새로 축조한 건축물의 규모가 개축이나 재축에 해당하면 신축으로 보지 않는다, ❺-1 개축은 기존 건축물의 전부 또는 일부를 해체하고 그 대지에 건축물의 규모가 종전 규모 범위 이하인 건축물을 다시 축조하는 것, ❻-1~2 재축이란 기존 건축물의 전부 또는 일부가 멸실된 경우 그 대지에 건축물을 다시 축조하는 것이다. 이때 … 동수, 층수, 높이 중 어느 하나는 종전 규모를 초과하는 것이 가능
>
> **풀이** 신축에서 건축물을 축조하려는 대지는 나대지이거나 해체·멸실로 기존 건축물이 소실된 대지일 수 있으며, 기존 건축물이 전부 소실된 대지일 경우, 새로 축조한 건축

물의 규모가 개축이나 재축에 해당하면 신축으로 보지 않는다. 이때 개축은 기존 건축물의 전부 또는 일부를 해체하고 그 대지에 '종전 규모 범위 이하의' 건축물을 다시 축조하는 것이므로, 자연재해로 인해 기존 건축물이 전부 소실된 대지에 층수와 높이를 증가시킨 새로운 건축물을 축조하는 것은 개축에 해당하지 않는다.

한편 재축은 기존 건축의 전부 또는 일부가 멸실된 경우 그 대지에 건축물을 다시 축조하는 것인데, 재축의 경우 연면적의 합이 종전 규모 이하여야 하며, 동수, 층수, 높이 중 '어느 하나'가 종전 규모를 초과하는 것이 가능하다. 따라서 자연재해로 인해 기존 건축물이 전부 소실된 대지에 '층수와 높이'를 증가시킨 새로운 건축물을 축조하는 것은 재축에도 해당하지 않는다. 그러므로 자연재해로 인해 기존 건축물이 전부 소실된 대지에 층수와 높이를 증가시킨 새로운 건축물을 축조하는 것은 신축에 해당한다는 설명은 적절하다.

→ 적절함!

---

23 세부 정보 이해 - 적절하지 않은 것 고르기　　　　　정답 ③
정답률 85%, 매력적 오답 ④ 10%

증축에 대해 이해한 내용으로 적절하지 <u>않은</u> 것은?

① 중간층을 만들어 건축물의 연면적을 늘린 것은 증축에 해당하겠군.
　근거 ❹-5 한 층의 층고가 상당히 높아 중간층을 만들어 사용하는 경우도 증축에 해당한다.
　→ 적절함!

　　　　　　　　설비 설치
② 건축물의 옥상에 물 공급을 위한 물탱크를 설치하는 것은 증축에 해당하지 않겠군.
　근거 ❹-6 냉난방, 급수 등 건축물의 기능을 안정적으로 유지하기 위해 설치하는 건축물의 설비는 건축물로 보지 않으므로 설비 설치는 증축에 해당하지 않는다.
　→ 적절함!

　　　　지상층 중 가장 넓은 층의 면적　　　　　　　　　　해당하겠군
③ 건축면적은 그대로 유지하면서 지하층의 바닥면적만 증가시킨 것은 증축에 해당하지 않겠군.
　근거 ❹-3 증축에는 지하층의 바닥면적을 증가시키는 경우, 바닥면적의 증감 없이 높이만 증가시키는 경우, 주된 건축물이 있는 대지에 부속건축물이나 다른 주된 건축물을 축조하는 경우 등이 있다.
　풀이 지하층의 바닥면적만 증가시키는 경우도 증축에 해당한다.
　→ 적절하지 않음!

④ 부속건축물만 있는 대지에 주된 용도의 건축물을 별도로 축조하는 것은 증축에 해당하지 않겠군.
　근거 ❸-4 부속 용도의 건축물만 존재하는 대지 내에서 이 부속건축물과는 별도로 주된 건축물을 새로 짓는 경우도 신축에 해당한다.
　풀이 부속건축물만 있는 대지에 주된 용도의 건축물을 별도로 축조하는 것은 증축이 아니라 신축에 해당한다.
　→ 적절함!

⑤ 지하층이 존재하는 건축물 주변의 지표면을 깎아 지하층을 지상에 드러나게 한 것은 증축에 해당하겠군.
　근거 ❹-4 기존 지하층을 둘러싼 지표면을 깎아서 그 층이 지상에 노출되게 하는 것도 건축물의 높이가 증가한 경우이므로 증축에 속한다.
　→ 적절함!

　　　　　　　　　　　　　　　　　　　　1등급 문제
24 세부 정보 이해 - 적절한 것 고르기　　　　　정답 ①
정답률 50%, 매력적 오답 ② 15% ③ 10% ④ 20%

㉠과 ㉡을 비교하여 이해한 내용으로 가장 적절한 것은?

　㉠ 개축　　㉡ 재축

　　　　　　해체
① ㉠은 ㉡과 달리, 건축주의 자발적 의지로 기존 건축물이 소실된 상황에서 건축물을 다시 축조하는 것이다.
　근거 ❸-2 기존 건축물이 건축주의 자발적 의지에 의해 인위적으로 부서지는 해체나 천재지변으로 인해 부서지는 멸실, ❺-1 개축은 기존 건축물의 전부 또는 일부를 해체하고 그 대지에 건축물의 규모가 종전 규모 범위 이하인 건축물을 다시 축조하는 것, ❻-1 재축이란 기존 건축물의 전부 또는 일부가 멸실된 경우 그 대지에 건축물을 다시 축조하는 것
　풀이 개축(㉠)은 기존 건축물의 전부 또는 일부를 해체하고 그 대지에 새로 건축물을 축조하는 것이고, 재축(㉡)은 기존 건축물의 전부 또는 일부가 멸실된 경우 그 대지에 건축물을 다시 축조하는 것이다. 이때 해체는 기존 건축물이 건축주의 자발적 의지에 의해 인위적으로 부서지는 것을, 멸실은 기존 건축물이 천재지변으로 인해 부서지는 것을 뜻한다. 따라서 ㉠은 ㉡과 달리, 건축주의 자발적 의지로 기존 건축물이 소실된 상황에서 건축물을 다시 축조하는 것이라는 설명은 적절하다.

　→ 적절함!

　　㉠과 ㉡은 모두
② ㉠은 ㉡과 달리, 한 대지에 있는 여러 동의 건축물이 모두 소실되었을 때 일부 동만 다시 축조하는 것이 가능하다.
　근거 ❺-1 개축은 기존 건축물의 전부 또는 일부를 해체하고 그 대지에 건축물의 규모가 종전 규모 범위 이하인 건축물을 다시 축조하는 것, ❺-3 동수를 늘려서 축조하는 경우는 개축에 해당하지 않는다, ❻-2 (재축할 때) 연면적의 합계, 즉 그 대지에 존재하는 모든 건축물의 연면적의 합이 종전 규모 이하여야 하며, 동수, 층수, 높이 중 어느 하나는 종전 규모를 초과하는 것이 가능
　풀이 윗글에서 개축은 기존 건축물의 전부 또는 일부가 해체로 소실되었을 때 그 대지에 건축물의 규모가 종전 규모 범위 이하인 건축물을 다시 축조하는 것이라고 하였고, 이때 한 대지에 여러 동이 있는 경우 동수를 늘려서 축조하는 경우는 개축에 해당하지 않는다고 하였다. 이를 통해, 건축물의 규모가 종전 규모 범위 이하라면, 일부 동만 다시 축조하는 것은 개축에 해당한다는 점을 추론할 수 있다.
　또한 윗글에서 재축은 기존 건축물의 전부 또는 일부가 멸실로 소실되었을 때 그 대지에 건축물을 다시 축조하는 것이라고 하였고, 이때 그 대지에 존재하는 모든 건축물의 연면적의 합이 종전 규모 이하여야 하며, 동수, 층수, 높이 중 어느 하나는 종전 규모를 초과하는 것이 가능하다고 하였다. 이를 통해 모든 건축물의 연면적의 합이 종전 규모 이하이고, 층수나 높이 중 어느 하나만 종전 규모를 초과하거나 층수와 높이 모두 종전 규모를 초과하지 않는다면, 일부 동만 다시 축조하는 것은 재축에 해당한다는 점을 추론할 수 있다. 따라서 ㉠과 ㉡은 모두, 한 대지에 있는 여러 동의 건축물이 모두 소실되었을 때 일부 동만 다시 축조하는 것이 가능하다.
　→ 적절하지 않음!

　　㉠과 ㉡은 모두
③ ㉡은 ㉠과 달리, 기존 건축물이 존재하던 대지와 동일한 대지 내에서 이루어진다.
　근거 ❺-1 개축은 기존 건축물의 전부 또는 일부를 해체하고 그 대지에 건축물의 규모가 종전 규모 범위 이하인 건축물을 다시 축조하는 것, ❻-1 재축이란 기존 건축물의 전부 또는 일부가 멸실된 경우 그 대지에 건축물을 다시 축조하는 것
　풀이 ㉠과 ㉡은 기존 건축물의 전부 또는 일부가 소실되었을 때, 그 대지에 건축물을 다시 축조하는 것이다. 따라서 ㉠과 ㉡은 모두 기존 건축물이 존재하던 대지와 동일한 대지 내에서 이루어진다.
　→ 적절하지 않음!

　　㉠과 ㉡은 모두　　　　　　　　　　　건축물의 규모에 포함됨
④ ㉡은 ㉠과 달리, 한 건축물의 일부만 소실된 경우 건축물의 연면적을 종전과 같게 다시 축조하는 것이 가능하다.
　근거 ❸-2 기존 건축물이 건축주의 자발적 의지에 의해 인위적으로 부서지는 해체나 천재지변으로 인해 부서지는 멸실로 인해 전부 소실된 대지, ❹-1 건축물의 규모에는 건축면적, 연면적, 층수, 높이가 포함된다, ❺-1 개축은 기존 건축물의 전부 또는 일부를 해체하고 그 대지에 건축물의 규모가 종전 규모 범위 이하인 건축물을 다시 축조하는 것, ❻-1~2 재축이란 기존 건축물의 전부 또는 일부가 멸실된 경우 그 대지에 건축물을 다시 축조하는 것이다. 이때 연면적의 합계, 즉 그 대지에 존재하는 모든 건축물의 연면적의 합이 종전 규모 이하여야 하며
　풀이 윗글에 따르면 기존 건축물의 일부를 해체하는 경우인 개축(㉠)과 기존 건축물의 일부가 멸실되는 경우인 재축(㉡) 모두 건축물의 소실에 해당한다. 즉 ㉠과 ㉡은 모두 기존 건축물의 전부 또는 일부가 소실되었을 때, 그 대지에 건축물을 다시 축조하는 것이다. 또한 개축은 건축물의 규모가 종전 규모 범위 이하여야 하고, 재축은 연면적의 합계가 종전 규모 이하여야 한다. 이때 '건축물의 연면적'은 건축물의 규모에 포함되므로, ㉠과 ㉡은 모두 한 건축물의 일부만 소실된 경우 건축물의 연면적을 종전과 같게 다시 축조하는 것이 가능하다.
　→ 적절하지 않음!

　　　　　　　건축물의 규모에 포함됨　　　　　　　　　　　가능
⑤ ㉠과 ㉡은 모두, 건축물의 높이를 기존 건축물보다 낮게 바꾸는 것이 불가능하다.
　근거 ❹-1 건축물의 규모에는 건축면적, 연면적, 층수, 높이가 포함된다, ❺-1 개축은 … 건축물의 규모가 종전 규모 범위 이하인 건축물을 다시 축조하는 것, ❻-2 (재축할 때) 연면적의 합계, 즉 그 대지에 존재하는 모든 건축물의 연면적의 합이 종전 규모 이하여야 하며, 동수, 층수, 높이 중 어느 하나는 종전 규모를 초과하는 것이 가능
　풀이 개축(㉠)은 기존 건축물의 전부 또는 일부를 해체하고 그 대지에 건축물의 규모가 종전 규모 범위 이하인 건물을 다시 축조하는 것이므로, 건축물의 높이를 기존 건축물보다 낮게 바꾸는 것이 가능하다. 또한 재축(㉡)은 기존 건축물의 전부 또는 일부가 멸실된 경우 그 대지에 건축물을 다시 축조하는 것으로, 연면적의 합계가 종전 규모 이하여야 하며, 동수, 층수, 높이 중 어느 하나는 종전 규모를 초과하는 것이 가능하다. 따라서 재축 또한 건축물의 높이를 기존 건축물보다 낮게 바꾸는 것이 가능하다.
　→ 적절하지 않음!

25 구체적인 사례에 적용 - 적절하지 않은 것 고르기
정답률 30%, 매력적 오답 ②④ 20% ③⑤ 15% **정답 ①**

윗글을 바탕으로 <보기>를 이해한 내용으로 적절하지 <u>않은</u> 것은? `3점`

| 보기 |
∘ A는 건축물을 새로 짓기로 결심하고 자신이 오래전부터 소유하던(所有-, 가지고 있던), 각 층의 바닥면적이 500 m²인 3층짜리 건축물을 모두 부수었다. 그리고 기존 건축물이 있던 대지에 건축물의 높이와 층별 바닥면적이 기존과 동일하면서 각 층의 층고만 높인 2 층짜리 건축물을 새로 축조하였다. → 개축
∘ B는 한 대지 내에 연면적이 각 400 m²이면서 형태가 동일한 2 개 동의 상가 건축물을 소유하고 있었다. B는 이를 모두 부수고 그 대지에 새로운 상가 건축물을 짓는 방안을 검토하고 있었으나 지진이 발생해 기존 건축물이 모두 붕괴되었다(崩壞-, 무너지게 되었다.)

(주석: 해체 / 대지에 존재하는 모든 건축물의 연면적의 합 = 800 m² / 멸실)

① A가 층고를 기존 건축물보다 높여 지은 것은 건축물의 규모를 늘려 지은 것이므로 증축에 해당한다.

근거 ④-1 증축은 기존 건축물이 있는 대지에서 건축물의 규모를 늘려 짓는 것을 말하며, 건축물의 규모에는 건축면적, 연면적, 층수, 높이가 포함된다. ⑤-1 개축은 기존 건축물의 전부 또는 일부를 해체하고 그 대지에 건축물의 규모가 종전 규모 범위 이하인 건축물을 다시 축조하는 것

풀이 증축은 기존 건축물이 있는 대지에서 건축물의 규모를 늘려 짓는 것으로, 이때 건축물의 규모에는 건축면적, 연면적, 층수, 높이가 포함된다. '층고'는 건축물의 규모에 포함되지 않으므로, A가 층고를 기존 건축물보다 높여 지은 것은 증축에 해당하지 않는다. 또한 기존 건축물이 없는 상태에서 건물을 새로 축조한 것이므로 기존 건축물이 있는 대지에서 축조가 이루어진다는 조건도 성립하지 않는다. <보기>에서 A의 사례는 기존 건축물이 건축주 A의 자발적 의지에 의해 인위적으로 부서지는 해체로 인해 전부 소실된 대지에, 건축물의 규모에 해당하는 높이와 층별 바닥면적을 기존과 동일하게 축조하였으므로 개축에 해당한다.

→ 적절하지 않음!

② A가 새로 지은 건축물을 관리하기 위해 같은 대지 안에 경비실을 추가로 짓는 것은 증축에 해당한다.

(주석: 부속건축물)

근거 ③-4 주된 용도의 건축물을 이용 및 관리하는 데 필요한 부속 용도의 건축물, ④-3 증축에는 … 주된 건축물이 있는 대지에 부속건축물이나 다른 주된 건축물을 축조하는 경우 등이 있다.

풀이 건축물을 관리하기 위한 경비실은 '부속건축물'이다. 주된 건축물이 있는 대지에 부속건축물을 축조하는 경우는 증축에 해당하므로, A가 새로 지은 건축물을 관리하기 위해 같은 대지 안에 경비실을 추가로 짓는 것은 증축에 해당한다는 설명은 적절하다.

→ 적절함!

③ B가 지진 발생 전에 기존 건축물을 전부 부수고 각 층 바닥 면적의 총합이 900 m²인 1 개 동의 건축물을 축조했다면, 이는 신축에 해당한다.

(주석: 해체 / 연면적)

근거 ③-2~3 기존 건축물이 건축주의 자발적 의지에 의해 인위적으로 부서지는 해체나 … 전부 소실된 경우 새로 축조한 건축물의 규모가 개축이나 재축에 해당하면 신축으로 보지 않는다, ④-2 연면적은 각 층 바닥면적의 총합을 의미한다, ⑤-1 개축은 기존 건축물의 전부 또는 일부를 해체하고 그 대지에 건축물의 규모가 종전 규모 범위 이하인 건축물을 다시 축조하는 것

풀이 B가 지진 발생 전에 기존 건축물을 전부 부수었다면, 이는 '해체'에 해당한다. 이렇게 기존 건축물을 해체하고 새로 건축물을 축조할 경우, 건축물의 규모가 '개축'에 해당하면 신축으로 보지 않는다. 이때 개축은 기존 건축물을 해체하고 그 대지에 건축물의 규모가 '종전 규모 범위 이하'인 건축물을 다시 축조하는 것을 의미한다. B가 지진 발생 전에 기존 건축물을 전부 부수고 각 층 바닥면적의 총합, 즉 연면적이 900 m²인 1 개 동의 건축물을 축조했다면, 건축물의 규모가 종전 규모인 800 m²보다 크므로 해당 건물은 개축이 아닌 신축에 해당한다.

→ 적절함!

④ B가 붕괴된 기존의 건축물을 연면적의 합계가 700 m²인 건축물로 재축한다면, 층수와 높이가 종전 규모 범위 이하인 3 개 동으로 축조할 수 있다.

(주석: 연면적의 합계가 종전 규모 이하)

근거 ⑥-1~2 재축이란 기존 건축물의 전부 또는 일부가 멸실된 경우 그 대지에 건축물을 다시 축조하는 것이다. 이때 연면적의 합계, 즉 그 대지에 존재하는 모든 건축물의 연면적의 합이 종전 규모 이하이어야 하며, 동수, 층수, 높이 중 어느 하나는 종전 규모를 초과하는 것이 가능하다.

풀이 <보기>에서 B의 기존 건축물은 지진으로 모두 붕괴되었다. 이처럼 기존 건축물이 천재지변으로 인해 부서지는 것은 '멸실'에 해당한다. 재축은 기존 건축물이 멸실된 경우 그 대지에 건축물을 다시 축조하는 것으로, 연면적의 합계가 종전 규모 이하이어야

하며, 동수, 층수, 높이 중 어느 하나는 종전 규모를 초과하는 것이 가능하다. B가 멸실된 기존 건축물을 연면적의 합계가 700 m²인 건축물로 재축한다면, 연면적이 종전 규모 범위 이하이고 동수만 종전 규모를 초과하여 3 개 동인 건축물을 축조할 수 있다.

→ 적절함!

⑤ B가 지진 발생 전에 기존 건축물을 모두 해체하고 개축했다면, 같은 대지 내에서 기존 건축물과 다른 위치에 새로운 건축물을 축조하는 것이 가능했을 것이다.

근거 ⑤-1 개축은 기존 건축물의 전부 또는 일부를 해체하고 그 대지에 건축물의 규모가 종전 규모 범위 이하인 건축물을 다시 축조하는 것, ④-1 증축은 기존 건축물이 있는 대지에서 건축물의 규모를 늘려 짓는 것

풀이 B가 지진이 발생하기 전에 기존 건축물의 전부를 해체한 후 해당 대지에 건축물을 다시 축조했다면, 해당 건축물이 있는 대지 내에서 기존 건축물과는 다른 위치에 새로운 건축물을 축조하는 것이 가능하다.

→ 적절함!

---

26 문맥적 의미 파악 - 적절한 것 고르기
정답률 95% **정답 ①**

ⓐ와 문맥상 의미가 가장 가까운 것은?

같은 대지의 다른 위치로 ⓐ 옮기는 것이다.

풀이 ⓐ에서 쓰인 '옮기다'는 '어떤 곳에서 다른 곳으로 자리를 바꾸게 하다'의 의미이다.

① 우리는 행사를 위해 물건을 강당으로 옮겼다.
풀이 '어떤 곳에서 다른 곳으로 자리를 바꾸게 하다'의 의미이다.
예문 의사가 환자를 응급실로 옮겼다.
→ 적절함!

② 나는 남의 말을 다른 이에게 옮기는 것을 경계하였다.
풀이 '불길이나 소문 따위를 한 곳에서 다른 곳으로 번져 가게 하다'의 의미이다.
예문 그녀는 자기가 들은 말을 그대로 남편에게 옮겼다.
→ 적절하지 않음!

③ 그는 역사적 사건을 그림으로 옮겨서 후대에 전하였다.
풀이 '어떠한 사실을 표현법을 바꾸어 나타내다'의 의미이다.
예문 그녀는 자신의 느낌을 글로 옮겼다.
→ 적절하지 않음!

④ 그녀는 준비해 온 계획을 실행에 옮기고자 결심하였다.
풀이 '어떠한 일을 다음 단계로 진행시키다'의 의미이다.
예문 오랜 구상을 행동으로 옮겨야 할 때가 되었다.
→ 적절하지 않음!

⑤ 동생은 방향을 바꾸어 반대편으로 발걸음을 옮겨 갔다.
풀이 '발걸음을 한 걸음 한 걸음 떼어 놓다'의 의미이다,
예문 진석은 퇴근 후 집으로 가다가 식당으로 발걸음을 옮겼다.
→ 적절하지 않음!

[27 ~ 30] 과학 - <리처드 도킨스의 '눈의 진화 과정'>

1 [1]진화론자(進化論者, 생물이 생명의 기원 이후로 변화하거나 발전해 왔다는 다윈의 진화론을 믿고 주장하는 사람)들은 생존(生存, 살아남음)에 유리한(有利-, 이익이 있는) 방향으로 우연히 돌연변이(突然變異, 생물체에서 부모의 계통에 없던 새로운 형질이 나타나 유전하는 현상으로, 유전자나 염색체의 구조에 변화가 생겨 일어남)가 발생한 유전자(遺傳子, 생물체의 개개의 유전 형질을 발현시키는 원인이 되는 요소)가 후대(後代, 뒤에 오는 세대)에 전해지는 자연선택(自然選擇, 자연계에서 그 생활 조건에 적응하는 생물은 생존하고, 그렇지 못한 생물은 저절로 사라지는 일) 과정의 누적(累積, 포개어 여러 번 쌓음)으로, 오늘날 생태계(生態系, 어느 환경 안에서 사는 생물군과 그 생물들을 제어하는 관련된 모든 요인을 포함한 복합 체계)의 생명체들이 현재와 같은 모습을 띠게 되었다고 본다. [2]그런데 우리의 눈과 같이 고차원적인(高次元的-, 수준이 높은) 생체(生體, 생물의 몸) 기관(器官, 일정한 모양과 생리 기능을 가지고 있는 생물체의 부분)도 우연의 산물(産物, 어떤 것에 의해 생겨나는 사물이나 현상)이라고 보기는 어렵다며 의문을 제기하는 이들도 있다. [3]이에 대해 진화생물학자 리처드 도킨스는

→ 문제편 181쪽

생명체의 진화 과정을 '불가능(不可能, 가능하지 않음) 산'에 오르는 것에 비유하면서(比喩-, 빗대어 설명하면서), 불가능 산의 최정점(最頂點, 가장 높은 지점)에 있다고 여겨지는 우리의 눈은 깎아지른(반듯하게 깎아 세운 듯 가파른) 절벽을 단숨에(單-, 쉬지 않고 곧장) 뛰어오르는 우연으로 그곳(불가능 산의 최정점)에 이른 게 아니라, 완만한(緩慢-, 경사가 급하지 않은) 비탈(기울어진 산이나 언덕)을 천천히 오르는 우연의 누적으로 그곳(불가능 산의 최정점)에 이른 것이라 말한다.

→ 자연선택 이론에 대한 의문과 이에 대한 리처드 도킨스의 견해

2 [1]눈의 진화 과정에서 시작 단계에 해당하는 불가능 산의 밑자락(아래로 드리워져 바닥에서 가까운 부분)에는 빛의 존재 여부(存在하는지 존재하지 않는지)만 희미하게 감지하는(感知-, 느껴 아는) 세포를 지닌, 일부 단세포(單細胞, 아메바, 짚신벌레 등 한 개의 세포로 이루어진 생물) 생물의 피부나 거머리(빨판으로 다른 동물에 달라붙어 피를 빨아 먹는 동물)의 피부가 자리한다. [2]그 뒤에 이어지는 오르막에서는 빛의 광자(光子, 빛을 입자로 보았을 때의 이름)를 포획하고(捕獲-, 잡고) 그 충격을 신경 자극으로 변환하는(變換-, 바꾸는) 일을 담당하는(擔當-, 맡아서 하는) 광세포가 점차 늘어나는 경향(傾向, 일정한 방향성)이 나타난다. [3]그러나 광세포 그 자체는 동물에게 빛의 유무(有無, 있음과 없음)만을 알려 주므로 빛의 방향과 주변 대상의 형태까지 감지하려면 한쪽 면에는 암막(暗幕, 빛이 들어오는 것을 막고 어둡게 하기 위해 덮어 가리는 막)이 있는 광세포가 필요하다. [4]광세포가 투명하면 모든 방향에서 빛이 들어와 어느 쪽에서 빛이 오는지 알 수 없기 때문이다. [5]그래서 광세포로 이루어진 평면(平面, 평평한 표면)을 활처럼 구부려서 그 곡면(曲面, 굽어 휘어진 면)의 뒤쪽에는 암막이 있게 만든 오목한(가운데가 동그스름하게 폭 패거나 들어가 있는 상태인) 눈이 등장하게 되는데, 대합(大蛤, 백합과에 속한 조개)이나 갯지렁이 등의 눈이 이 유형에 속한다. [6]그러나 오목한 눈의 망막(網膜, 눈의 가장 안쪽에 위치한 얇고 투명한 막)에도 대상을 분별할(分別-, 구별하여 따로 나눔) 수 있는 하나의 상像(像, 빛의 반사나 굴절로 말미암아 생기는 물체의 형상)이 형성되지는(形成-, 이루어지지는) 못한다.

→ 눈의 진화 과정 ① : 시작 단계와 오목한 눈 유형의 등장

3 [1]오목한 눈에 돌고래의 상이 맺히는 상황을 생각해 보자. [2]셀 수 없이 다양한 방향에서 무수히(無數-, 헤아릴 수 없이) 많은 빛이 동시(同時, 같은 때)에 들어오면 오목한 망막은 <그림 1>과 같이 무수히 많은 돌고래 상으로 뒤덮여 결국 하나의 상을 파악해(把握-, 확실하게 이해하여 알아) 내지 못하게 된다. [3]그래서 <그림 2>와 같이 상하(上下, 위와 아래)가 뒤바뀐 도립상(倒立像, 倒 넘어지다 도 立 서다 립 像 모양 상)이긴 하지만 단 하나의 온전한(穩全-, 본바탕 그대로 고스란한) 돌고래 상만 망막에 맺힐 수 있을 때까지 빛의 유입구(流入口, 흘러 들어오는 입구)를 계속 좁혀 나가며 불가능 산을 오르는 긴 여정(旅程, 여행 과정)이 시작되었다. [4]그 결과 전복이나 고둥(소라와 같이 말려 있는 껍데기를 가진 동물)의 눈처럼 빛의 유입구가 매우 좁아진 눈과 앵무조개(鸚鵡-, 껍데기의 주둥이가 앵무새의 부리와 비슷한 바닷조개)의 눈처럼 완전한 바늘구멍 눈이 나타나게 된다.

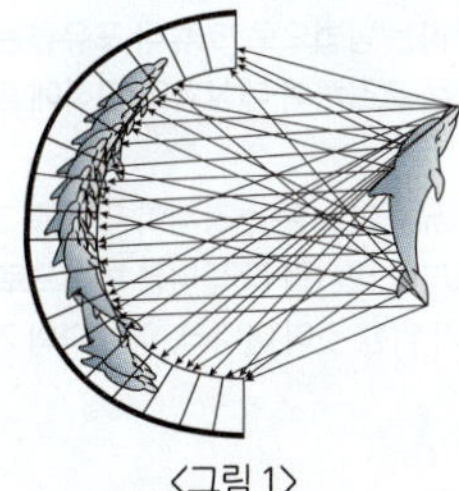 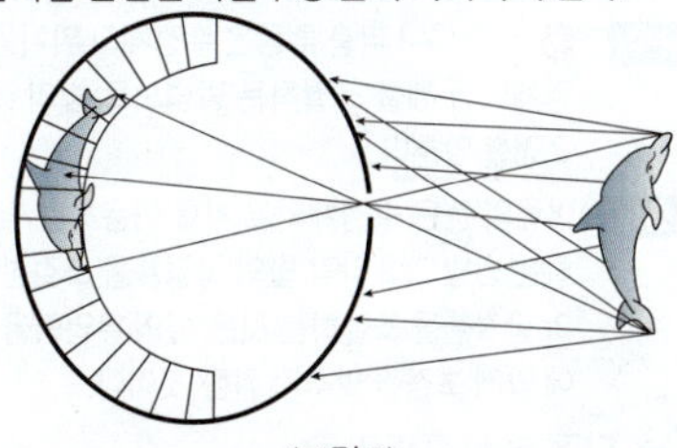
<그림 1>   <그림 2>

→ 눈의 진화 과정 ② : 오목한 눈 유형의 문제점과 바늘구멍 눈 유형의 등장

4 [1]그러나 하나의 상만 맺힐 만큼 빛 유입구가 좁아지면 빛의 유입량(流入量, 흘러들어온 양)이 부족해 아주 밝을 때만 대상을 볼 수 있다. [2]또한 빛은 파동(波動, 물결의 움직임)처럼 움직이며 서로 간섭(干涉, 서로 겹쳐져 파동을 강화하거나 약화하는 현상)을 일으켜 상이 흐릿해지는 회절(回 돌다 회 折 굽다 절) 현상을 보이는데, 빛의 유입구가 좁을수록 그 정도가 심화된다(深化-, 점점 심해진다). [3]그래서 유입구를 더 넓게 하는 것도, 좁게 하는 것도 선택하기 어려운 진퇴양난(進退兩難, 이러지도 저러지도 못하는 어려운 처지)의 상황이 발생한다. [4]바늘구멍 눈의 이러한 상황을, 두 장점을 동시에 취할 수 없는 상황이 흔히 다뤄지는 경제학의 특성을 본떠(本-, 본보기로 하여 그대로 좇아 하여) 광자 경제학이라 일컫는다.

→ 눈의 진화 과정 ③ : 바늘구멍 눈 유형의 문제점과 광자 경제학

5 [1]빛은 하나의 투명 물질에서 다른 투명 물질로 들어갈 때 굴절되는데(屈折-, 휘어져 꺾이는데), 볼록(겉 부분이 조금 도드라지거나 쑥 내밀린 모양) 렌즈 모양의 투명 물질은 빛의 굴절을 통해 물체의 상을 더 선명하게(鮮明-, 뚜렷하고 밝게) 만들어 준다. [2]그래서 광자 경제학의 난제(難題, 해결하기 어려운 문제)를 해결하기 위한 대안(對案, 대처할 방법이나 계획)으로, 빛의 유입구를 더 넓힌 뒤에 투명한 볼록 렌즈인 수정체를 그 뒤에 끼워 넣은 수정체 눈이 나타났다. [3]수정체를 거친 빛도 도립상을 이루는 것은 여전

하지만(如前-, 전과 같지만), 빛의 유입량이 늘어 아주 밝지 않아도 망막에 선명한 상이 맺힐 수 있게 되었다. [4]일반적으로 척추동물(脊椎動物, 등뼈가 있는 동물로 포유류, 파충류, 조류, 어류, 양서류 등이 있음)은 불가능 산의 아주 높은 곳에 자리하고 있는 수정체 눈을 가지는데, 어류나 파충류 등은 수정체의 위치를 이동하는 방법으로, 조류나 포유류는 수정체의 두께를 조절하는 방법으로 빛의 굴절률(屈折率, 휘어서 꺾이는 정도)을 조절하여 대상과의 거리에 맞게 초점(焦點, 대상을 가장 똑똑하게 볼 수 있도록 맞추는 점)을 맞춘다.

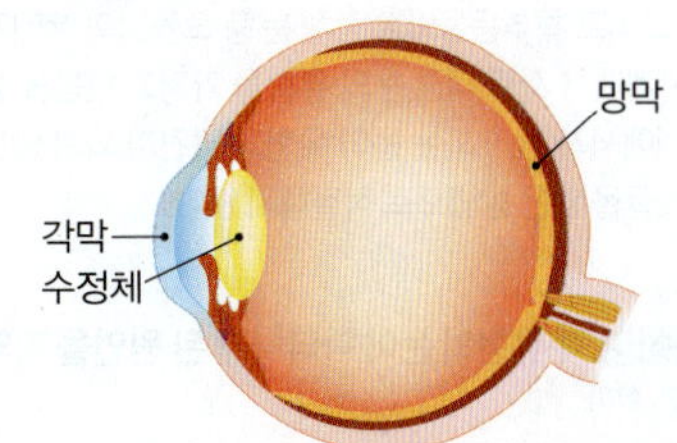

〈참고 그림〉
❺-2 광자 경제학의 난제를 해결하기 위한 대안으로, 빛의 유입구를 더 넓힌 뒤에 투명한 볼록 렌즈인 수정체를 그 뒤에 끼워 넣은 수정체 눈이 나타났다.

→ 눈의 진화 과정 ④ : 광자 경제학의 대안으로 나타난 수정체 눈 유형

■ 지문 이해

❶ 자연선택 이론에 대한 의문과 이에 대한 리처드 도킨스의 견해

• 진화론자 : 오늘날 생태계의 생명체들은 자연선택 과정의 누적으로 현재의 모습을 띠게 됨
  → 고차원적인 생체 기관도 우연의 산물이라 보기는 어렵다며 진화론에 의문을 제기함
  → 리처드 도킨스 : 생명체의 진화 과정은 완만한 비탈을 천천히 오르는 우연의 누적으로 불가능 산의 최정점에 이른 것

리처드 도킨스가 제시한 눈의 진화 과정

❷ 시작 단계와 오목한 눈 유형의 등장

• 시작 단계(불가능 산의 밑자락) : 빛의 존재 여부만 희미하게 감지하는 세포를 지닌 피부(단세포 생물, 거머리)
  - 이어지는 오르막에서 광세포가 점차 늘어남
  - 문제점 : 광세포는 빛의 유무만 알려 주므로, 빛의 방향과 주변 대상의 형태를 감지하려면 한쪽 면에 암막이 있는 광세포가 필요함
  ↓ 진화
• 두 번째 단계 : 광세포로 이루어진 평면을 구부려 곡면의 뒤쪽에 암막이 있게 만든 오목한 눈(대합, 갯지렁이)

❸ 오목한 눈 유형의 문제점과 바늘구멍 눈 유형의 등장

• 오목한 눈 유형의 문제점 : 다양한 방향에서 많은 빛이 동시에 들어오면 하나의 상을 파악하지 못함
  ↓ 진화
• 세 번째 단계 : 단 하나의 온전한 상(도립상)만 망막에 맺힐 때까지 빛의 유입구가 매우 좁아진 눈(전복, 고둥)과 바늘구멍 눈(앵무조개)

❹ 바늘구멍 눈 유형의 문제점과 광자 경제학

• 바늘구멍 눈 유형의 문제점
  - 빛 유입량이 부족해 아주 밝을 때만 대상을 볼 수 있음
  - 빛의 유입구가 좁을수록 회절 현상이 심화되어 상이 흐려짐
  → 유입구를 더 넓히는 것도, 좁히는 것도 선택하기 어려운 '광자 경제학' 상황 발생

❺ 광자 경제학의 대안으로 나타난 수정체 눈 유형

  ↓ 진화
• 불가능 산의 아주 높은 단계 : 수정체 눈(척추동물) 유형의 등장
  - 빛의 유입구를 더 넓힌 그 뒤에, 빛의 굴절을 통해 물체의 상을 더 선명하게 만들어 주는 투명한 볼록 렌즈인 '수정체'를 끼워 넣음
  - 도립상을 이루지만, 빛의 유입량이 늘어 아주 밝지 않아도 망막에 선명한 상이 맺힐 수 있게 됨
  - 어류, 파충류 : 수정체의 위치를 이동하여 초점을 맞춤
  - 조류, 포유류 : 수정체의 두께를 조절하여 초점을 맞춤

→ 문제편 182쪽

27 독서 방법의 적절성 - 적절한 것 고르기
정답률 30%, 매력적 오답 ③ 10% ⑤ 45%　　　정답 ②

윗글을 읽은 방법으로 가장 적절한 것은?

① 오늘날의 생태계에서 발견이 되는 눈의 유형과 발견이 되지 않는 눈의 유형을 비교하며 읽었다.

> **풀이** 윗글에서는 눈의 진화 과정을 단계별로 설명하면서, 거머리의 피부나 대합 등의 오목한 눈, 앵무조개의 바늘구멍 눈, 그리고 척추동물의 수정체 눈 등 오늘날의 생태계에 존재하는 생명체들이 각각의 단계에서 서로 다른 눈의 유형을 가지고 있음을 설명하였다. 따라서 '오늘날의 생태계에서 발견이 되는 눈의 유형과 발견이 되지 않는 눈의 유형을 비교하며 읽는 것은 윗글을 읽은 방법으로 적절하지 않다.

→ 적절하지 않음!

✓② 여러 가지 눈의 유형별 차이점에 *주목하여 각 유형의 눈이 나타나게 된 원인을 파악하며 읽었다. *注目−. 관심을 가지고 주의 깊게 살펴

> **근거** ❷-1~3 눈의 진화 과정에서 시작 단계에 해당하는 … 빛의 존재 여부만 희미하게 감지하는 세포를 지닌, 일부 단세포 생물의 피부나 거머리의 피부가 자리한다. … 그러나 … 빛의 방향과 주변 대상의 형태까지 감지하려면 한쪽 면에는 암막이 있는 광세포가 필요. ❷-5~6 그래서 … 오목한 눈이 등장. ❸-2~4 셀 수 없이 다양한 방향에서 무수히 많은 빛이 동시에 들어오면 오목한 망막은 … 결국 하나의 상을 파악해 내지 못하게 된다. 그래서 … 빛의 유입구를 계속 좁혀 나가며 … 그 결과 전복이나 고둥의 눈처럼 빛의 유입구가 매우 좁아진 눈과 앵무조개의 눈처럼 완전한 바늘구멍 눈이 나타나게 된다. ❹-1 그러나 하나의 상만 맺힐 만큼 빛 유입구가 좁아지면 … , ❹-3 유입구를 더 넓게 하는 것도, 좁게 하는 것도 선택하기 어려운 진퇴양난의 상황이 발생. ❺-2 광자 경제학의 난제를 해결하기 위한 대안으로, 빛의 유입구를 더 넓힌 뒤에 투명한 볼록 렌즈인 수정체를 그 뒤에 끼워 넣은 수정체 눈이 나타났다. ❺-4 척추동물은 … 수정체 눈을 가지는데

> **풀이** 윗글에서는 진화생물학자인 리처드 도킨스가 제시한 눈의 진화 과정을 설명하고 있다. 그는, 고차원적인 생체 기관인 눈의 진화 과정은 거머리의 피부, 대합이나 갯지렁이의 오목한 눈, 앵무조개의 바늘구멍 눈 등의 단계를 거치며 완만한 비탈길을 천천히 올라, 척추동물의 수정체 눈이라는 불가능 산의 최정점에 이르게 되었다고 하였다. 윗글에서는 이처럼 다양한 생물 종이 가진 눈의 유형을 설명하면서, 해당 눈의 유형이 가진 문제점에 대한 대안으로 다음 단계의 눈의 유형이 나타나게 되었음을 밝히고 있다. 따라서 여러 눈의 유형별 차이점에 주목하여, 각 유형의 눈이 나타나게 된 원인을 파악하며 읽는다는 것은 윗글을 읽는 방법으로 적절하다.

→ 적절함!

③ 광세포와 빛의 관계를 중심으로 생명체의 눈이 불가능 산의 최정점에 오를 수 없는 이유를 추측하며 읽었다.

> **근거** ❶-3 불가능 산의 최정점에 있다고 여겨지는 우리의 눈, ❺-4 척추동물은 불가능 산의 아주 높은 곳에 자리하고 있는 수정체 눈을 가지는데

> **풀이** 윗글에서 우리의 눈은 불가능 산의 최정점에 있다고 여겨진다고 설명하고 있으므로, '생명체의 눈이 불가능 산의 최정점에 오를 수 없는 이유'를 추측하며 읽었다는 것은 윗글을 읽은 방법으로 적절하지 않다.

→ 적절하지 않음!

④ 고차원적 생체 기관은 우연의 산물이 아니라고 보는 사람들이 제시한 눈의 진화 과정에서 *논리적 모순을 찾아내며 읽었다. *論理的矛盾, 생각이나 추론이 이치에 어긋나서 서로 맞지 않음

> **근거** ❶-2~3 우리의 눈과 같이 고차원적인 생체 기관도 우연의 산물이라고 보기는 어렵다며 의문을 제기하는 이들도 있다. 이에 대해 진화생물학자 리처드 도킨스는

> **풀이** 윗글에서는 눈과 같이 고차원적인 생체 기관은 우연의 산물이라고 보기는 어렵다며 진화론에 의문을 제기한 사람들에 대해, '진화생물학자인 리처드 도킨스가 제시한 눈의 진화 과정'을 설명하고 있다. 윗글에서 '고차원적 생체 기관은 우연의 산물이 아니라고 보는 사람들이 제시한 눈의 진화 과정'은 설명하지 않았다. 따라서 '고차원적 생체 기관은 우연의 산물이 아니라고 보는 사람들이 제시한 눈의 진화 과정에서 논리적 모순을 찾아내며 읽는' 것은 윗글을 읽은 방법으로 적절하지 않다.

→ 적절하지 않음!

⑤ 다양한 생물 종의 눈이 고차원적 눈의 유형으로 *수렴해 가는 원리를 시간의 흐름에 따라 **순차적으로 이해하며 읽었다. *收斂−, 점점 서로 닮은 형질을 나타내며 진화해 **順次的−, 순서를 따라 차례대로

> **풀이** 윗글에서는 다양한 생물 종의 눈이 진화를 거치면서 불가능 산의 최정점에 이르는 과정을 설명하고 있다. 그러나 다양한 생물 종의 눈은 여전히 각각 종별로 서로 다른 다양한 유형의 눈을 가지고 있으며, '고차원적 눈의 유형으로 수렴해 가고' 있지는 않다. 따라서 '다양한 생물 종의 눈이 고차원적 눈의 유형으로 수렴해 가는 원리를 시간의 흐름에 따라 순차적으로 이해하며 읽는' 것은 윗글을 읽은 방법으로 적절하지 않다.

→ 적절하지 않음!

---

28 세부 정보 이해 - 적절하지 않은 것 고르기
정답률 40%, 매력적 오답 ③ 15% ④ 25%　　　정답 ⑤

윗글에 대한 이해로 적절하지 <u>않은</u> 것은?

① 진화론자들은 생존에 유리한 돌연변이의 발생이 누적되어 생명체가 현재의 모습에 이르게 되었다고 본다.

> **근거** ❶-1 진화론자들은 생존에 유리한 방향으로 우연히 돌연변이가 발생한 유전자가 후대에 전해지는 자연선택 과정의 누적으로, 오늘날 생태계의 생명체들이 현재와 같은 모습을 띠게 되었다고 본다.

→ 적절함!

② 리처드 도킨스는 새로운 유형의 눈이 나타나는 진화의 과정을 완만한 비탈을 천천히 오르는 것에 비유했다.

> **근거** ❶-3 리처드 도킨스는 생명체의 진화 과정을 … 완만한 비탈을 천천히 오르는 우연의 누적으로 그곳에 이른 것이라 말한다.

→ 적절함!

③ 눈의 진화의 시작 단계에 있는 생물은 빛의 존재를 감지할 수 있는 피부를 통해 빛의 유무만 파악할 수 있다.

> **근거** ❷-1 눈의 진화 과정에서 시작 단계에 해당하는 불가능 산의 밑자락에는 빛의 존재 여부만 희미하게 감지하는 세포를 지닌, 일부 단세포 생물의 피부나 거머리의 피부가 자리한다.

→ 적절함!

④ 앵무조개의 눈은 갯지렁이의 눈과 달리 바라보고 있는 대상의 모습이 망막에 하나의 상으로 맺힌다.
　바늘구멍 눈　　오목한 눈

> **근거** ❷-5~6 오목한 눈이 등장하게 되는데, 대합이나 갯지렁이 등의 눈이 이 유형에 속한다. 그러나 오목한 눈의 망막에도 대상을 분별할 수 있는 하나의 상이 형성되지는 못한다, ❸-3~4 단 하나의 온전한 돌고래 상만 망막에 맺힐 수 있을 때까지 빛의 유입구를 계속 좁혀 나가며 불가능 산을 오르는 긴 여정이 시작되었다. 그 결과 … 앵무조개의 눈처럼 완전한 바늘구멍 눈이 나타나게 된다.

> **풀이** 갯지렁이의 눈은 오목한 눈 유형으로, 망막에 하나의 상이 형성되지는 못한다. 그래서 단 하나의 온전한 상만 망막에 맺힐 수 있을 때까지 빛의 유입구를 계속 좁혀 나간 결과의 하나로 앵무조개의 눈처럼 완전한 바늘구멍 눈 유형이 나타나게 되었다. 따라서 앵무조개의 눈은 갯지렁이의 눈과 달리 바라보고 있는 대상의 모습이 망막에 하나의 상으로 맺힌다는 설명은 적절하다.

→ 적절함!

대상과의 거리에 맞게 초점을 맞추기 위해
✓⑤ 포유류의 눈은 어류의 눈과 달리 빛의 유입량을 늘리기 위해 수정체의 두께를 변화시켜 빛의 굴절률을 조절한다.

> **근거** ❺-4 어류나 파충류 등은 수정체의 위치를 이동하는 방법으로, 조류나 포유류는 수정체의 두께를 조절하는 방법으로 빛의 굴절률을 조절하여 대상과의 거리에 맞게 초점을 맞춘다.

> **풀이** 어류의 눈은 수정체의 위치를 이동하는 방법, 포유류의 눈은 수정체의 두께를 조절하는 방법으로 각각 빛의 굴절률을 조절한다. 그러나 이처럼 각각 다른 방법으로 빛의 굴절률을 조절하는 것은 '빛의 유입량을 늘리기 위한' 것이 아니라, '대상과의 거리에 맞게 초점을 맞추기 위한' 것이다.

→ 적절하지 않음!

---

29 핵심 개념 파악 - 적절하지 않은 것 고르기
정답률 35%, 매력적 오답 ②③④ 15% ⑤ 20%　　　정답 ①

광자 경제학을 중심으로 윗글에 대해 이해한 내용으로 적절하지 <u>않은</u> 것은?

회절 현상
✓① 파동처럼 움직이면서 서로 간섭을 일으키는 빛의 속성은 바늘구멍 눈의 빛 유입구를 더 넓히지 못하게 만드는 원인이 된다.
좁히지

> **근거** ❹-2 빛은 파동처럼 움직이며 서로 간섭을 일으켜 상이 흐릿해지는 회절 현상을 보이는데, 빛의 유입구가 좁을수록 그 정도가 심화된다.

> **풀이** 빛이 파동처럼 움직이며 서로 간섭을 일으켜 상이 흐릿해지는 '회절 현상'은 빛의 유입구가 좁을수록 더 심화된다. 따라서 파동처럼 움직이면서 서로 간섭을 일으키는 빛의 속성은 바늘구멍 눈의 빛 유입구를 더 넓히지 못하게 만드는 원인이 아니라, 더 좁히지 못하게 만드는 원인이 된다.

→ 적절하지 않음!

광자 경제학
② 빛이 투명한 물질을 통과할 때 굴절되는 성질은 바늘구멍 눈의 빛 유입구를 더 넓히기도, 좁히기도 곤란한 문제 상황을 해결할 수 있게 한다.

근거 **⑤**-1~2 빛은 하나의 투명 물질에서 다른 투명 물질로 들어갈 때 굴절되는데, 볼록 렌즈 모양의 투명 물질은 빛의 굴절을 통해 물체의 상을 더 선명하게 만들어 준다. 그래서 광자 경제학의 난제를 해결하기 위한 대안으로, 빛의 유입구를 더 넓힌 뒤에 투명한 볼록 렌즈인 수정체를 그 뒤에 끼워 넣은 수정체 눈이 나타났다.

풀이 바늘구멍 눈처럼 하나의 상만 맺힐 만큼 빛 유입구가 좁아지면 빛의 유입량이 부족해 아주 밝을 때만 대상을 볼 수 있으며 빛의 회절 현상도 심화된다. 반대로 빛의 유입구를 넓히면 많은 빛이 동시에 들어와 하나의 상을 파악하지 못한다. 이는 바늘구멍 눈의 빛 유입구를 더 넓히기도 좁히기도 곤란한 문제 상황, 이른바 광자 경제학의 문제 상황으로 볼 수 있다. 이에 대한 대안으로 빛이 하나의 투명 물질에서 다른 투명 물질로 들어갈 때 굴절되는 성질을 이용해, 빛의 유입구를 더 넓힌 뒤 투명한 볼록 렌즈인 수정체를 그 뒤에 끼워 넣어, '빛의 유입량을 늘리면서도 선명한 상이 맺힐 수 있도록' 하는 수정체 눈이 나타났다. 따라서 빛이 투명한 물질을 통과할 때 굴절되는 성질은 바늘구멍 눈의 빛 유입구를 더 넓히기도, 좁히기도 곤란한 문제 상황을 해결할 수 있게 한다는 설명은 적절하다.

→ 적절함!

③ 바늘구멍 눈으로, 아주 밝지 않은 곳에서 대상을 볼 수 있는 것과 대상을 단 하나의 상으로 파악할 수 있는 것을 동시에 *충족시키기는 어렵다. *充足−, 채워 모자람이 없게 하기는

근거 **④**-1 하나의 상만 맺힐 만큼 빛 유입구가 좁아지면 빛의 유입량이 부족해 아주 밝을 때만 대상을 볼 수 있다.

풀이 망막에 하나의 상이 형성되지 못한 오목한 눈에서, 하나의 온전한 상만 망막에 맺힐 수 있을 때까지 빛의 유입구를 계속 좁혀 나간 결과, 바늘구멍 눈이 나타나게 되었다. 그러나 이처럼 빛 유입구가 좁아지면 빛의 유입량이 부족해 아주 밝을 때만 대상을 볼 수 있다. 즉 바늘구멍 눈으로 대상을 단 하나의 상으로 파악할 수 있게 되었지만, 동시에 아주 밝을 때가 아니면 대상을 보기 어렵게 된 것이다. 따라서 바늘구멍 눈으로 아주 밝지 않은 곳에서 대상을 볼 수 있는 것과 대상을 단 하나의 상으로 파악할 수 있는 것을 동시에 충족시키기는 어렵다는 설명은 적절하다.

→ 적절함!

아주 밝지 않은 곳에서도 대상을 볼 수 있음, 회절 현상이 줄어 더 선명한 상을 볼 수 있음

④ 수정체는 바늘구멍 눈의 빛 유입구를 넓혔을 때 얻게 되는 *이점과 바늘구멍 눈의 빛 유입구를 좁혔을 때 얻게 되는 이점을 동시에 취할 수 있게 해 준다. *利點, 이로운 점

하나의 상을 볼 수 있음

근거 **⑤**-1~3 빛은 하나의 투명 물질에서 다른 투명 물질로 들어갈 때 굴절되는데, 볼록 렌즈 모양의 투명 물질은 빛의 굴절을 통해 물체의 상을 더 선명하게 만들어 준다. 그래서 광자 경제학의 난제를 해결하기 위한 대안으로, 빛의 유입구를 더 넓힌 뒤에 투명한 볼록 렌즈인 수정체를 그 뒤에 끼워 넣은 수정체 눈이 나타났다. 수정체를 거친 빛도 도립상을 이루는 것은 여전하지만, 빛의 유입량이 늘어 아주 밝지 않아도 망막에 선명한 상이 맺힐 수 있게 되었다.

풀이 빛 유입구가 좁아지면 빛의 유입량이 부족해 아주 밝을 때만 대상을 볼 수 있고, 회절 현상이 심화되어 상이 흐릿해진다. 그렇다고 유입구를 넓히게 되면 다양한 방향에서 빛이 동시에 들어와 하나의 상을 파악하지 못하게 된다. 이러한 광자 경제학의 난제를 해결하기 위한 대안으로, 빛의 유입구를 더 넓힌 뒤 수정체를 그 뒤에 끼워 넣어, 빛의 유입량이 늘어 아주 밝지 않아도 망막에 선명한 하나의 상이 맺힐 수 있게 된 수정체 눈이 나타났다. 즉 수정체는 바늘구멍 눈의 빛 유입구를 넓혔을 때 얻게 되는, '빛의 유입량이 늘어나 아주 밝지 않아도 대상을 선명하게 볼 수 있는' 이점과, 바늘구멍 눈의 빛 유입구를 좁혔을 때 얻게 되는, '하나의 상만 맺히는' 이점을 동시에 취할 수 있게 해 준다.

→ 적절함!

⑤ 여러 방향에서 동시에 많은 빛이 유입될 때 *일시에 많은 상이 맺히는 현상은 아주 밝지 않아도 대상을 볼 수 있도록 바늘구멍 눈의 빛 유입구를 조절하는 데 **제약이 된다. *一時에, 같은 때 **制約, 조건을 붙여 내용을 제한함

빛의 유입구를 넓히는 것

근거 **③**-2 셀 수 없이 다양한 방향에서 무수히 많은 빛이 동시에 들어오면 오목한 망막은 … 하나의 상을 파악해 내지 못하게 된다. **④**-1 그러나 하나의 상만 맺힐 만큼 빛 유입구가 좁아지면 빛의 유입량이 부족해 아주 밝을 때만 대상을 볼 수 있다.

풀이 하나의 상만 맺힐 만큼 빛의 유입구가 좁아지면 빛의 유입량이 부족해 아주 밝을 때만 대상을 볼 수 있다. 이를 해결하기 위해 눈의 빛 유입구를 넓히면 빛의 유입량이 늘어 아주 밝지 않아도 대상을 볼 수 있게 되겠지만, 그와 동시에 여러 방향에서 많은 빛이 유입되어 일시에 많은 상이 맺히게 되는 문제가 발생하게 된다. 즉 여러 방향에서 동시에 많은 빛이 유입될 때 일시에 많은 상이 맺히는 현상은, 아주 밝지 않아도 대상을 볼 수 있도록 빛의 유입구를 넓히는 데 제약이 된다.

→ 적절함!

---

30 구체적인 사례에 적용 - 적절하지 않은 것 고르기
정답률 20%, 매력적 오답 ① 10% ③ ④ 15% ⑤ 40%　　정답 ②

윗글을 바탕으로 <보기>에 대해 보인 반응으로 적절하지 않은 것은? [3점]

| 보기 |

[1]곤충이나 갑각류(甲殼類, 게, 새우, 가재 등 딱딱한 껍질을 가진 동물들)에게서 흔히 나타나는 연립상(聯立像, 여럿이 나란히 늘어서 있는) 겹눈(여러 개의 낱눈이 모여 형성된 눈)은 오목한 눈의 원리를 변형하여(變更−, 다르게 바꾸어 새롭게 고쳐) 적용하고, 바늘구멍 눈의 원리도 적용하여 상하가 뒤바뀌지 않은 정립상(正 바르다 정 立 서다 립 像 모양 상)을 만든다. [2]이 눈은 <그림>처럼 오목한 그릇 모양의 뒷면, 즉 볼록한 표면에 광세포가 바깥쪽을 향하도록 배치되어 있고, 길쭉한 관(管, 몸 둘레가 둥글고 길며 속이 빈 물건)들이 방사형(放射形, 중앙의 한 점에서 사방으로 거미줄이나 바큇살처럼 뻗어 나간 모양)으로 빽빽하게 모여 있다. [3]각각의 관은 아주 좁은 빛 유입구를 가진 낱눈(겹눈을 이루는 하나하나의 단위가 되는 눈)으로, 일직선상(一直線上, 한 방향으로 쭉 곧은 줄의 형태 위)에 있는 관측 대상의 작은 일부분에 해당하는 빛만 망막에 맺힌다. [4]각 낱눈에는 투명한 볼록 렌즈가 달려 있고 광세포로 이루어진 망막도 있으나 각 망막에 맺힌 상은 무시되고 낱눈을 통해 들어온 빛의 양만 기록된다. [5]이렇게 빛의 분리 공급을 통해 각 낱눈에 들어온 빛이 모두 합쳐지면 최종적으로는 하나의 온전한 전체 상을 인식할 수 있게 된다.

수정체 역할

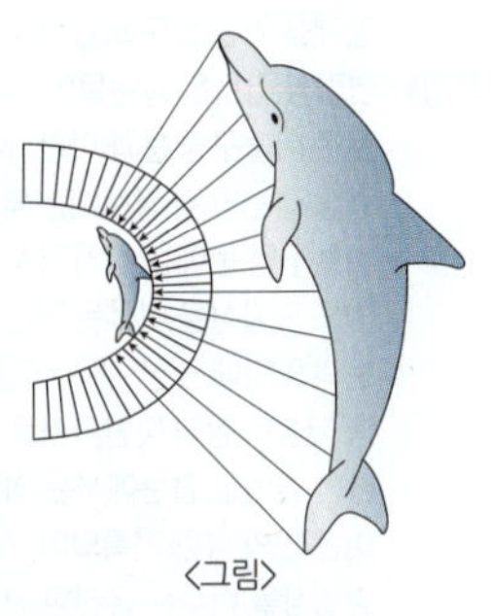

<그림>

① 연립상 겹눈이 빛의 유무를 넘어 관측 대상의 형태까지 파악할 수 있는 것으로 보아 연립상 겹눈의 광세포는 투명하지 않겠군.

근거 <보기>-5 최종적으로는 하나의 온전한 전체 상을 인식, **②**-3 광세포 그 자체는 동물에게 빛의 유무만을 알려 주므로 빛의 방향과 주변 대상의 형태까지 감지하려면 한쪽 면에는 암막이 있는 광세포가 필요하다.

풀이 광세포 그 자체는 동물에게 빛의 유무만을 알려 주므로, 빛의 방향과 주변 대상의 형태까지 감지하려면 한쪽 면에는 암막이 있는 광세포가 필요하다. 연립상 겹눈이 빛의 유무를 넘어 관측 대상의 형태까지 파악할 수 있는 것으로 보아, 연립상 겹눈의 광세포는 투명한 광세포가 아니라 한쪽 면에 암막이 있는 광세포일 것이다.

→ 적절함!

② 연립상 겹눈은 그릇 모양의 볼록한 표면에 광세포가 배치되어 있어서 오목한 눈에 비해 더 많은 양의 빛이 망막에 닿게 되겠군.

근거 <보기>-3~4 각각의 관은 아주 좁은 빛 유입구를 가진 낱눈으로, 일직선상에 있는 관측 대상의 작은 일부분에 해당하는 빛만 망막에 맺힌다. … 낱눈을 통해 들어온 빛의 양만 기록된다. **③**-2 셀 수 없이 다양한 방향에서 무수히 많은 빛이 동시에 들어오면 오목한 망막은, **④**-1 하나의 상만 맺힐 만큼 빛 유입구가 좁아지면 빛의 유입량이 부족해

풀이 윗글에서 오목한 눈은 셀 수 없이 다양한 방향에서 무수히 많은 빛이 동시에 들어온다고 하였다. 이와 달리 <보기>에서 길쭉한 관 모양의 낱눈들이 연립하여 이루어진 연립상 겹눈은, 각각의 낱눈이 가진 '아주 좁은 빛 유입구'를 통해 들어온 빛만 망막에 맺힌다고 하였다. 따라서 '연립상 겹눈은 오목한 눈에 비해 더 많은 양의 빛이 망막에 닿게 된다'는 설명은 적절하지 않다. 한편 빛의 유입량은 빛 유입구의 폭에 따라 결정된다. 광세포는 빛의 유무, 빛의 방향 및 주변 대상의 형태 감지와 관련된 것으로, 광세포가 배치된 방향이 '빛의 유입량의 판단 기준'이 될 수 없다. 따라서 '그릇 모양의 볼록한 표면에 광세포가 배치되어 있다'는 점을 근거로 들어 연립상 겹눈과 오목한 눈의 '망막에 닿는 빛의 양'을 비교하는 것은 적절하지 않다.

→ 적절하지 않음!

③ 연립상 겹눈으로 분리 공급된 빛을 통해 최종적으로 인식되는 관측 대상의 전체 상은 실제 관측 대상의 모습과 상하 방향이 일치하겠군.

근거 <보기>-1 연립상 겹눈은 … 상하가 뒤바뀌지 않은 정립상을 만든다, <보기>-5 빛의 분리 공급을 통해 각 낱눈에 들어온 빛이 모두 합쳐지면 최종적으로는 하나의 온전한 전체 상을 인식

→ 적절함!

④ 연립상 겹눈의 각 낱눈은 관측 대상의 작은 일부분만 감지한다는 점에서 관측 대상의 전체 형상을 감지할 수 있는 바늘구멍 눈과는 차이가 있겠군.

근거 <보기>-3 각각의 관은 아주 좁은 빛 유입구를 가진 낱눈으로, 일직선상에 있는 관측 대상의 작은 일부분에 해당하는 빛만 망막에 맺힌다, **③**-3~4 단 하나의 온전한 돌고래 상만 망막에 맺힐 수 있을 때까지 … 완전한 바늘구멍 눈

풀이 완전한 바늘구멍 눈이 단 하나의 온전한 상만 망막에 맺히는 것과 달리, 연립상 겹눈의 각 낱눈은 일직선상에 있는 관측 대상의 작은 일부분에 해당하는 빛만 망막에 맺힌다.

→ 적절함!

⑤ 연립상 겹눈을 구성하는 각 낱눈의 망막에 맺힌 관측 대상의 각 상은 수정체 눈의 망막에 맺힌 관측 대상의 상과 마찬가지로 모두 상하가 *전복되어 있겠군. 『順序가--, 뒤집혀

근거 〈보기〉-1 연립상 겹눈은 … 바늘구멍 눈의 원리도 적용, ❸-3~4 상하가 뒤바뀐 도립상이긴 하지만 … 빛의 유입구를 계속 좁혀 나가며 … 완전한 바늘구멍 눈이 나타나게 된다, 〈보기〉-4 각 낱눈에는 투명한 볼록 렌즈가 달려 있고, ❺-1 볼록 렌즈 모양의 투명 물질은 빛의 굴절을 통해 물체의 상을 더 선명하게 만들어 준다, ❺-3 수정체를 거친 빛도 도립상을 이루는 것은 여전하지만

풀이 연립상 겹눈은 낱눈들이 길쭉한 관의 형태로 빽빽하게 모여 있는데, 이들 각각의 낱눈은 바늘구멍 눈과 마찬가지로 아주 좁은 빛 유입구를 통해 빛이 들어온다. 또한 연립상 겹눈의 각 낱눈에는 투명한 볼록 렌즈가 달려, 수정체의 역할을 한다. 윗글에서 바늘구멍 눈에는 상하가 뒤바뀐 도립상이 망막에 맺힌다고 하였고, 수정체를 거친 빛도 도립상을 이루는 것은 여전하다고 하였으므로, 연립상 겹눈을 구성하는 '각 낱눈의 망막에 맺힌' 관측 대상의 각 상은 바늘구멍 눈이나 수정체 눈의 망막에 맺힌 관측 대상의 상과 마찬가지로 상하가 전복된 도립상을 이룰 것이다.

한편 연립상 겹눈에서는 이렇게 각각의 낱눈에 맺힌 상은 무시되고 낱눈을 통해 들어온 빛의 양만 기록되며, 각 낱눈에 들어온 빛이 모두 합쳐지면 '최종적으로' 하나의 정립상을 이루는 온전한 전체 상이 인식된다고 하였다. 따라서 연립상 겹눈을 구성하는 각 낱눈의 망막에 맺힌 관측 대상의 각 상은 바늘구멍 눈이나 수정체 눈과 같이 도립상을 이루며, 각 낱눈에 들어온 빛이 모두 합쳐져 최종적으로 인식된 전체 상은 정립상을 이룬다는 점을 추론할 수 있다.

→ 적절함!

[31~33] 현대시

(가) 장만영, 「향수」

(나) 조지훈, 「마음의 태양」

---

31 표현상 공통점 – 적절한 것 고르기 정답률 65%, 매력적 오답 ④ 20% | 정답 ②

(가)와 (나)의 공통점으로 가장 적절한 것은?

선지	핵심 체크 내용	(가)	(나)
①	명령형 어조 → 시적 의미 강조	X	O
✓②	동일한 시구 반복 → 시적 분위기 고조	O	O
③	일부 시행을 명사형으로 종결 → 여운을 남김	X	X
④	색채어의 대비 → 대상을 선명하게 제시함	X	X
⑤	수미상관 기법 → 구조적 안정감 부여	X	O

↳ (나)만 해당

① *명령형 어조를 사용하여 시적 의미를 강조하고 있다. *'–아라/–어라' 등의 종결 어미를 사용하여 명령이나 요구의 뜻을 나타내는 어조

근거 (나) ❶연-4행 그 속에 맑은 넋을 살게 하라.// ❷연-4행 육신의 괴로움도 달게 받으라.

풀이 (나)에서는 '하라', '받으라'와 같은 명령형 어조를 사용하여 고통을 수용하고, 맑게 살아가고자 하는 의지를 강조하고 있다. 하지만 (가)에서는 명령형 어조가 나타나지 않는다.

→ 적절하지 않음!

②동일한 시구를 반복하여 시적 분위기를 *고조하고 있다. *높아지게 하고

근거 (가)-❷연 내가 젖는다./ 내가 젖는다.
(나) ❹연-1행 푸른 하늘로 푸른 하늘로

풀이 (가)는 '내가 젖는다'라는 시구를 반복하여, (나)는 '푸른 하늘로'라는 시구를 반복하여 시적 분위기를 고조하고 있다.

→ 적절함!

③ 일부 시행을 명사형으로 종결하여 *여운을 남기고 있다. *감동이 여전히 남아 있는 느낌

풀이 (가)와 (나) 모두 시행을 명사형으로 종결하여 여운을 남기는 부분이 나타나지 않는다.

→ 적절하지 않음!

■ 일부 시행을 명사형으로 종결하여 여운을 남기는 작품
• 이용악, 「그리움」 (2021학년도 수능)
잉크병 얼어드는 이러한 밤에/ 어쩌자고 잠을 깨어/ 그리운 곳 차마 그리운 곳// 눈이 오는가 북쪽엔/ 함박눈 쏟아져 내리는가

→ 문제편 184쪽

→ 일부 시행을 '그리운 곳'이라는 명사형으로 종결하여 고향에 대한 그리움을 표현하며 시적 여운을 남기고 있다.

④ *색채어의 대비를 통해 대상을 선명하게 제시하고 있다. *색깔을 나타내는 말

근거 (가)-❶연 노오란 호박꽃// ❻연 은색의 향수
(나) ❹연-1행 푸른 하늘로

풀이 (가)의 '노오란', '은색', (나)의 '푸른'에 색채어가 사용되었으나, (가)와 (나) 모두 색채어의 대비가 드러난다고 보기 어렵다.

→ 적절하지 않음!

■ **색채어의 대비를 통해 대상을 선명하게 제시하는 작품**
• **황동규, 「살구꽃과 한때」** (2026학년도 6월 모평)
→ 살구꽃의 분홍색('하늘의 연분홍')과 나무 밑동의 검은색('검은 둥치들')을 대비하여 살구나무의 모습을 선명하게 제시하고 있다.

↳ (나)만 해당

⑤ *수미상관 기법을 활용하여 구조적 안정감을 부여하고 있다. *시의 처음과 끝에 동일하거나 유사한 구절을 반복하여 배치하는 방식

근거 (나) ❶연-3~4행 높고 아름다운 하늘을 받들어/ 그 속에 맑은 넋을 살게 하라.// ❹연-3~4행 맑고 아름다운 하늘을 받들어/ 그 속에 높은 넋을 살게 하라.

풀이 (나)는 첫 연과 끝 연에 유사한 구조를 반복하는 수미상관 기법을 활용하여 구조적 안정감을 부여하고 있다. 그러나 (가)에서는 수미상관 기법이 나타나지 않는다.

→ 적절하지 않음!

---

32 시구의 의미 – 적절하지 않은 것 고르기
정답률 80%, 매력적 오답 ④ 10%　　　**정답 ③**

⊙~⑩에 대한 이해로 적절하지 <u>않은</u> 것은?

① ㉠: 일상의 삶에서 받는 느낌을 *미각적 이미지로 표현하여 화자가 삶에서 느끼는 **고단함을 나타내고 있다. *맛과 같이 혀로 느낄 수 있는 이미지 **괴로움

근거 (가)-❸연 요새는 모든 것이 ㉠ 짙은 커피처럼 너무도 쓰다.

풀이 ㉠은 현재의 일상을 커피의 쓴맛이라는 미각적 이미지로 표현하여 화자가 삶에서 느끼는 고단함을 효과적으로 드러내고 있다.

→ 적절함!

② ㉡: 기억이 걷잡을 수 없이 떠오르는 상황을 *역동적 이미지로 표현하여 고향에 대한 화자의 그리움을 나타내고 있다. *힘차고 활발하게 움직이는 이미지

근거 (가)-❹연 나는 고향에 가고 싶다. ~ 어릴 적 기억이 ㉡ 파도처럼 달려든다.

풀이 ㉡은 걷잡을 수 없이 떠오르는 어릴 적 기억을 '달려든다'라는 역동적 이미지로 표현하여 고향에 대한 그리움을 강조하고 있다.

→ 적절함!

③ ㉢: 물결에서 *연상되는 느낌을 **촉각적 이미지로 표현하여 고향으로 돌아갈 수 있으리라는 화자의 기대를 나타내고 있다. *떠오르는 **감촉이나 온도와 같이 피부로 느낄 수 있는 이미지
〔현실에서의 고통을 위로받고 싶은 마음〕

근거 (가)-❺연 바다의 품에 안기고 싶다. 안기어 ㉢ 날개같이 보드러운 물결을 쓰고 맘 편히 쉬고 싶다.

풀이 ㉢은 물결에서 연상되는 부드러운 느낌을 촉각적 이미지로 표현한 것이다. 하지만 이는 고향으로 돌아갈 수 있으리라는 기대가 아니라 바다의 품에서 현실의 고통을 위로받고 싶은 화자의 소망을 드러낸 것으로 볼 수 있다.

→ 적절하지 않음!

④ ㉣: 햇살을 향하는 대상의 모습을 *시각적 이미지로 표현하여 하늘에 대한 화자의 **동경을 나타내고 있다. *모양이나 색깔과 같이 눈으로 느낄 수 있는 이미지 **어떤 것을 간절히 그리워하여 그것만을 생각함

근거 (나) ❶연-1~2행 햇살을 향하여/ ㉣ 고요히 돌아가는 해바라기처럼

풀이 ㉣은 해바라기가 햇살을 향해 움직이는 모습을 시각적 이미지로 표현한 것이다. 이를 통해 이상 세계인 하늘에 대한 화자의 동경을 나타내고 있다.

→ 적절함!

⑤ ㉤: 하늘로 나아가는 대상의 모습을 *상승적 이미지로 표현하여 화자가 지향하는 가치를 추구해 나가는 마음을 나타내고 있다. *낮은 데서 위로 올라가는 이미지

근거 (나)-❹연 푸른 하늘로/ ㉤ 항시 날아오르는 노고지리같이/ 맑고 아름다운 하늘을 받들어/ 그 속에 높은 넋을 살게 하라.

풀이 ㉤은 푸른 하늘을 향해 날아오르는 노고지리의 모습을 상승적 이미지로 표현한 것이다. 이를 통해 화자가 지향하는 높은 넋, 즉 숭고한 정신을 추구하는 마음을 나타내고 있다.

→ 적절함!

→ 문제편 185쪽

---

33 감상의 적절성 – 적절하지 않은 것 고르기
정답률 35%, 매력적 오답 ① 20% ② ③ ⑤ 15%　　　**정답 ④**

<보기>를 참고하여 (가), (나)를 감상한 내용으로 적절하지 <u>않은</u> 것은? [3점]

| 보기 |
　[1] 시에는 상황에 대한 화자의 인식이 반영되어 있다. [2] 화자가 자신이 처한 상황이 부정적이라고 인식하는 것은 그러한(부정적) 상황을 극복하고 싶은 화자의 의지를 드러내는 방법이 되기도 한다. [3] (가)의 화자는 바닷가에서 과거의 긍정적 기억을 떠올리면서 삶의 상처를 치유하고자 한다. [4] 한편 (나)의 화자는 자연물의 모습을 제시하고, 그들(자연물)처럼 삶의 고통을 받아들이면서 숭고한(높을 崇 뛰어날 高 : 뜻이 높고 훌륭한) 태도로 살겠다고 스스로 다짐하는 모습을 보여 준다.

① (가)에서 '생활'이 '차'다고 느끼는 것과 (나)에서 '괴로움'과 '슬픔'을 언급하는 것은 화자가 자신이 처한 상황이 부정적이라고 인식하고 있음을 나타낸 것이라고 할 수 있겠군.

근거 <보기>-2 화자가 자신이 처한 상황이 부정적이라고 인식하는 것
(가)-❸연 물방울이 생활처럼 차다
(나) ❸연-1~2행 괴로움에 짐짓 웃을 양이면/ 슬픔도 오히려 아름다운 것

풀이 (가)의 화자는 자신의 '생활'이 '차'다고 하였고, (나)의 화자는 '괴로움'과 '슬픔'을 언급하였다. '차다', '괴로움', '슬픔'은 모두 부정적인 정서와 관련된 말로, (가)와 (나)의 화자가 자신이 처한 상황을 부정적으로 인식하고 있음을 나타낸 것으로 볼 수 있다.

→ 적절함!

② (가)에서 바다를 보며 '고향의 모습과 '어머니'의 '품'을 떠올리는 것은 현재 화자가 있는 공간을 통해 과거의 긍정적 기억이 *환기된 것이라고 할 수 있겠군. *떠오른

근거 <보기>-3 (가)의 화자는 바닷가에서 과거의 긍정적 기억을 떠올리면서
(가)-❹연 나는 고향에 가고 싶다. 고향의 숲이, 언덕이, 들이, 시내가 그립다. 어릴 적 기억이 파도처럼 달려든다.// ❺연 바다가 어머니라면 — 하고 나는 생각해 본다. 바다의 품에 안기고 싶다.

풀이 (가)에서 화자는 바다를 바라보며 파도처럼 달려드는 '고향'과, 물결과 같이 부드러운 '어머니'의 '품'을 떠올리고 있다. 이는 현재 화자가 있는 공간인 바다를 통해 과거의 긍정적 기억이 환기된 것으로 볼 수 있다.

→ 적절함!

③ (가)에서 '모래벌'에 앉아서 '찢어진 추억의 천막을 깁'는 것은 화자가 추억을 되새기면서 현재의 상처를 치유하는 과정을 의미하는 것이라고 할 수 있겠군.

근거 <보기>-3 (가)의 화자는 바닷가에서 과거의 긍정적 기억을 떠올리면서 삶의 상처를 치유하고자 한다.
(가)-❻연 나는 찢어진 추억의 천막을 깁는다, 여기 모래벌에 주저앉아 —.

풀이 '찢어진 추억의 천막'은 삶의 상처를, 이를 '깁'는 행위는 상처를 치유하려는 의지를 나타낸 것이다. 따라서 화자가 '모래벌'에 앉아서 '찢어진 추억의 천막을 깁'는 것은 과거의 긍정적인 추억을 되새기면서 상처를 치유하는 과정을 의미하는 것으로 볼 수 있다.

→ 적절함!

④ (나)에서 '웃'으며 '가시밭길을 넘'은 후에야 '눈물의 이슬'을 받을 수 있다고 인식하는 것은 숭고한 태도로 살고자 하는 화자의 의지가 반영된 것이라고 할 수 있겠군.
〔넘어〕 〔받아 꽃이 피어난다고〕

근거 <보기>-4 (나)의 화자는 자연물의 모습을 제시하고, 그들처럼 삶의 고통을 받아들이면서 숭고한 태도로 살겠다고 스스로 다짐하는 모습을 보여 준다.
(나) ❷연-1~2행 가시밭길을 넘어 그윽히 웃는 한 송이 꽃은/ 눈물의 이슬을 받아 핀다 하노니

풀이 (나)에서 꽃은 '가시밭길을 넘'어 '눈물의 이슬'을 받아야 '웃'으며 피어나게 된다. 이는 삶의 고통을 인내하는 과정이 있어야만 시련을 극복하고 결실을 얻을 수 있음을 의미한다. 따라서 '웃'으며 '가시밭길을 넘'은 후에야 '눈물의 이슬'을 받을 수 있다고 파악하는 것은 적절하지 않다.

→ 적절하지 않음!

⑤ (나)에서 '고난'을 '사랑'해야 '원광'이 떠오를 수 있다는 것은 고통을 수용해야 부정적인 상황을 극복할 수 있다는 화자의 인식을 나타낸 것이라고 할 수 있겠군.

근거 <보기>-4 (나)의 화자는 자연물의 모습을 제시하고, 그들처럼 삶의 고통을 받아들이면서 숭고한 태도로 살겠다고 스스로 다짐하는 모습을 보여 준다.
(나) ❸연-3~4행 고난을 사랑하는 이에게만이/ 마음 나라의 원광은 떠오르노라.

풀이 (나)에서 '고난'을 '사랑'하는 이에게만이 '원광'이 떠오른다고 한 것은, 고통을 회피하지 않고 수용해야만 부정적 상황을 극복하고 숭고한 경지에 이를 수 있다는 화자의 인식을 나타낸 것으로 볼 수 있다.

→ 적절함!

[34~37] 현대소설 - 이동하, 「파편(깨뜨릴 破 조각 片 : 깨어지거나 부서진 조각)」

• 중심 내용

'나'는 삼촌의 장례를 치욕스러운 과거와의 결별로 인식하며, 아내의 장례식 동행을 거부한다.

↓

'나'는 사상 문제로 사라진 아버지와 전쟁의 상처로 고통 속에 살았던 삼촌을 회상한다.

↓

7~8년 전, 출감한 삼촌은 '나'와 함께 어머니의 묘소를 찾아가 깊은 슬픔을 드러낸다.

↓

삼촌은 아버지의 죽음을 암시하고, 집으로 모시려는 것을 거절하며 자신의 처지를 비관한다.

↓

'나'는 삼촌이 아버지의 죽음을 목격했음을 짐작하고, 그의 상처와 고통을 이해하게 된다.

• 전체 줄거리 ([ ] : 지문 내용)

어느 날 저녁, '나'는 숙부가 사망했다는 전보를 받는다. [아내는 장례식에 함께 가기 위해 서둘러 가방을 챙기지만, '나'는 치욕스러운 가족사를 아내에게 드러내고 싶지 않아 동행을 거절한다.] '나'는 홀로 밤차에 올라 고향으로 향하는 길에 과거를 회상한다.(현재) '나'의 가문은 광복 이후 몰락했다. 할아버지는 친일 행적 때문에 치욕을 겪었고, 아버지는 좌익(공산주의) 운동에 가담했다가 종적을 감춰 가족에게 불명예와 고통을 안긴다. 그 과정에서 어머니는 마을 사람들에게 끔찍한 모욕을 당했고, 마침 휴가를 나온 국방군 소속의 삼촌이 소총을 휘두르며 어머니를 구한다. 이후 삼촌은 6·25 전쟁에 참전했다가 가슴에 심각한 부상을 입고 돌아온다. 가슴의 파편을 제거하는 수술에 실패한 후, 그는 골방에 드러누운 채 세상을 비관하며 폐쇄적인 삶을 살아간다. 그리고 멧돼지로 오인했다며(잘못 봤다며) 낯선 사람을 총으로 쏘는 등 기이한 범죄를 저지르기 시작했고, 강도 상해 등으로 감옥을 드나들게 된다.(과거) 장례식장에 도착한 '나'는 삼촌의 시신을 검시하는(시신을 조사하는) 과정을 지켜보며, 그의 가슴에 남은 흉측한 수술 자국을 다시 확인한다. 그리고 화장터에서 삼촌의 유골을 수습하는 과정에서, 가슴에 박혔던 '파편 조각'을 발견하게 된다. ['나'는 7~8년 전, 출감한 삼촌의 부탁으로 삼촌과 함께 어머니의 묘소를 찾아갔다가 삼촌이 오열했던 일과 아버지의 제사를 부탁했던 일을 떠올리며, 그가 아버지의 죽음을 목격했음을 짐작한다.] 결국 '나'는 그 작은 쇳조각이 삼촌의 삶 전체를 짓누른 전쟁과 분단의 상처였음을 깨닫고, 그동안 이를 외면해 온 것에 대해 깊은 자괴감(부끄러움)을 느낀다.(현재)

• 인물 관계도

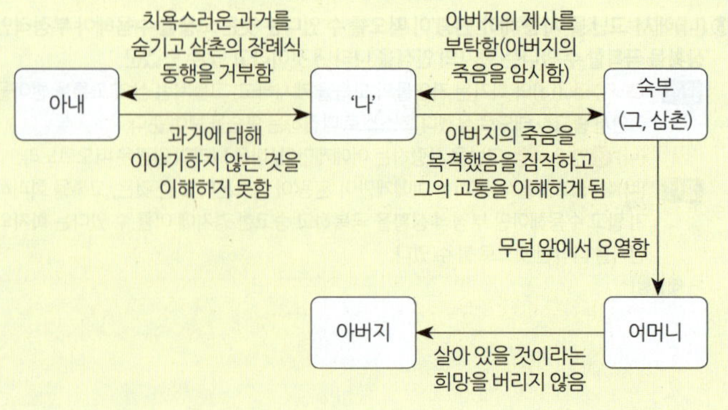

• 어휘 풀이

* 동행할 : 같이 갈.
* 숙부 : 삼촌. 아버지의 남동생.
* 종언 : 끝.
* 장사 : 죽은 사람을 땅에 묻거나 화장하는 일.
* 한사코 : 죽기로 기를 쓰고.
* 월남 : 북에서 삼팔선을 넘어 남으로 내려온.
* 실향민 : 고향을 잃은 사람.
* 가계 : 대대로 이어 내려온 한집안의 계통.
* 상면해 : 서로 만나.
* 사자 : 죽은 사람. 여기서는 '숙부'.
* 사상운동 : 어떤 특정한 사상을 널리 보급하고 실현하기 위하여 벌이는 여러 가지의 활동.
* 출감하는 : 교도소에서 나오는.
* 두말없이 : 불평이나 덧붙이는 말이 없이.
* 설핏한 : 빛이 약할. 저물.
* 봉분 : 무덤.
* 지석 : 죽은 사람의 인적 사항이나 무덤의 소재를 기록해 무덤 앞에 묻는 돌.
* 홉 : 부피의 단위. 약 180ml.
* 줄기찬 : 끈질긴.
* 넝마로 : 낡고 해어져서 입지 못하게 된 천조각처럼.
* 상흔 : 상처를 입은 자리에 남은 흔적.

---

34 | 서술상 특징 - 적절한 것 고르기
정답률 85% 정답 ⑤

[A]와 [B]의 서술상 특징에 대한 설명으로 가장 적절한 것은?

> [A] 아내와 동행할 수는 없다고 나는 생각을 굳혔다. 그녀의 지적처럼 설사 어떤 비난을 당하는 한이 있더라도 말이다. 숙부의 갑작스런 죽음이 무엇을 뜻하는가를 비로소 깨달았던 것이다. 적어도 나에게 있어서 그 죽음은 일찍이 내가 속해 있었던 한 세계의 완전한 종언을 의미하는 것이었다. 이제 내가 장사 치를 것은 한 사내의 시신이 아니라 그것과 연루된 나의 어둡고 치욕스러운 과거였다. 그러므로 지금까지 한사코 담을 쌓고 은폐해 왔던 그 세계를 마지막 순간에 내 아내에게 열어 보일 수는 없다고 나는 생각했다.
>
> [B] 두말없이 나는 앞장섰다. 서둘면 퇴근 시간 전에 돌아올 수 있겠다고 어림했지만 물론 그렇게는 되지 않았다. 근교라고는 해도 우리가 묘소에 닿은 것은 해가 설핏한 때였다. 내 어머니의 봉분에는 잔디가 제법 깊고 넓게 뿌리를 내리고 있었다. 그는 지석 앞에다 2홉들이 소주 한 병과 쥐치포 몇 쪽을 호주머니에서 꺼내 놓았다. 그러고는 허리를 꺾고 무릎을 꿇은 채 오래도록 일어나지 않았다. 혼신의 힘을 다해 오열을 참고 있음이 분명했다. 그러나 끝내는 땅바닥에 얼굴을 박은 채 그는 신음 같은 울음소리를 냈다.

[A], [B] 모두

① **[A]는 이야기를 전달하는 방식으로, [B]는 이야기를 전해 듣는 방식으로 인물이 처한 상황을 나타내고 있다.**

풀이 [A]는 서술자인 '나'가 자신의 상황을 직접 서술하고 있으므로 이야기를 전달하는 방식으로 인물이 처한 상황을 나타내고 있다고 볼 수 있다. 그러나 [B]는 '나'가 숙부의 행동을 묘사하여 그가 처한 상황을 나타내고 있으므로, 다른 이에게 이야기를 전해 듣는 방식이 사용되었다고 볼 수 없다.

→ 적절하지 않음!

> ■ **이야기를 전해 듣는 방식으로 인물이 처한 상황을 나타내는 작품**
> • 임철우, 「눈이 오면」 (2018학년도 9월 모평)
> 여보. 나가시기 전에 어머님 좀 잠시 들여다보세요. 암만 해도……. ~ 며칠 전부터 몸이 편찮으시다고 누워 계시는 줄은 그도 알고 있었다. ~ 그게 아니라, 저어, 암만 해도 어머님이 좀 이상해지신 것 같단 말예요. ~ 아내는 뭔가 숨기고 있는 듯한 어정쩡한 표정으로 그의 눈치를 살피고 있었다. ~ 아무리 봐도 예전 같지가 않으시다구요. 그렇게 정신이 총총하시던 분이 별안간 무슨 말인지도 모를 헛소리를 하시기도 하고……. 어쩌다가는 또 말짱해 보이시는 것 같다가도 막상 물어 보면 전혀 엉뚱한 대답을 하시는 거예요. 처음엔 일부러 그러시는가 했는데, 글쎄 그게 아니에요.
> → 그가 아내에게 이야기를 전해 듣는 방식으로 치매 초기로 예측되는 '어머니'의 상황을 나타내고 있다.

→ 문제편 186쪽

② [A]는 과거를 회상하는 진술을 통해, [B]는 상황을 *가정하는 진술을 통해 사건 해결의 실마리를 제시하고 있다. *분명하지 않은 것을 임시로 인정하는

풀이 [A]에서 '나'는 숙부의 죽음을 계기로 치욕스러운 과거를 떠올리지만, 이는 내적 갈등의 원인과 관련이 있을 뿐 사건 해결의 실마리를 제시하는 것으로 볼 수 없다. [B]의 '서둘면 퇴근 시간 전에 돌아올 수 있겠다고 어림했지만'에서 상황을 가정하는 진술이 나타나기는 하나, 사건 해결의 실마리와는 관련이 없다.

→ 적절하지 않음!

> **■ 과거를 회상하는 진술을 통해 사건 해결의 실마리를 제시하는 작품**
> • 황순원, 「학」
> → 성삼이는 덕재와 대립하는 현재 상황 속에서, 어린 시절 덕재와 함께 학을 놓아 주던 일을 회상한다. 이는 덕재를 풀어 주는 행동으로 이어지며, 우정을 통해 민족적 상처를 치유하게 된다는 점에서 사건 해결의 실마리를 제시한다.

③ [A]는 요약적 서술을 통해, [B]는 *의식의 흐름에 따른 서술을 통해 서술자의 내적 갈등이 해소되는 양상을 보여 주고 있다. *인물의 머릿속에 떠오르는 생각을 여과 없이 그대로 적는 기법

풀이 [A]는 '나'의 내면 심리를 직접적으로 서술하는 부분으로, 요약적 서술로 보기 어렵다. 또한 내적 갈등의 계기가 되는 과거를 떠올리고 있을 뿐 갈등이 해소되는 양상을 보여 주고 있지 않다. [B]는 서술자가 관찰한 숙부의 행동을 묘사한 부분으로, 의식의 흐름 기법이 사용되지도, 서술자의 내적 갈등이 해소되는 양상을 보여 주고 있지도 않다.

→ 적절하지 않음!

> **■ 의식의 흐름에 따른 서술을 통해 서술자의 내적 갈등이 해소되는 양상을 보여 주는 작품**
> • 이상, 「날개」
> 우리 부부는 숙명적으로 발이 맞지 않는 절름발이인 것이다. ~ 이때 뚜— 하고 정오 사이렌이 울었다. 사람들은 모두 네 활개(팔다리)를 펴고 닭처럼 푸드덕거리는 것 같고 온갖 유리와 강철과 대리석과 지폐와 잉크가 부글부글 끓고 수선(소란)을 떨고 하는 것 같은 찰나(순간), 그야말로 현란을 극한(어수선한) 정오다. 나는 불현듯이 겨드랑이가 가렵다. 아하 그것은 내 인공의 날개가 돋았던 자국이다. 오늘은 없는 이 날개, 머릿속에서는 희망과 야심(욕망)의 말소된(지워진) 페이지가 딕셔너리(사전) 넘어가듯 번뜩였다. 나는 걷던 걸음을 멈추고 그리고 어디 한번 이렇게 외쳐 보고 싶었다. 날개(자유롭고 이상적인 삶)야 다시 돋아라. 날자. 날자. 날자. 한번만 더 날자꾸나.
> → 인물의 내면 의식을 있는 그대로 서술하는 의식의 흐름 기법을 통해 아내와의 비정상적인 관계로 방황하던 '나'의 내적 갈등이 해소되는 양상을 보여 주고 있다.

④ [A]는 시간의 흐름에 따라 사건이 변화하는 *추이를, [B]는 공간의 이동에 따라 변화하는 인물 간의 관계를 보여 주고 있다. *과정

근거 그는 어느 날 불쑥, 그것도 내 직장으로 찾아왔던 것이다.

풀이 [A]는 숙부의 죽음에 대한 '나'의 생각과 인식이 서술된 부분으로, 시간의 흐름에 따른 사건의 변화 추이를 보여 주고 있지 않다. [B]는 '나'의 직장에서 어머니의 묘소로의 공간 이동이 드러나지만 이에 따라 '나'와 숙부 간의 관계가 변화하는 양상은 나타나지 않는다.

→ 적절하지 않음!

> **■ 공간의 이동에 따라 변화하는 인물 간의 관계를 보여 주는 작품**
> • 이효석, 「메밀꽃 필 무렵」 (2015년 고1 9월 학평)
> (허 생원은) 충줏집 문을 들어서 술좌석에서 짜장(과연 정말로) 동이를 만났을 때에는 어찌 된 서슬엔지 발끈 화가 나 버렸다. ~ 동이 앞에 막아서면서부터 책망(꾸지람)이었다. ~ (동이의) 따귀를 하나 갈겨 주지 않고는 배길 수 없었다. ~ 고개 너머는 바로 개울이었다. ~ 동이는 물속에서 어른(허 생원)을 해깝게(가볍게) 업을 수 있었다.~ 동이의 탐탁한(만족스러운) 등어리가 뼈에 사무쳐 따뜻하다. 물을 다 건넜을 때에는 도리어 서글픈 생각에 좀 더 업혔으면도 하였다.
> → '술집'에서는 허 생원이 동이를 책망하며 따귀를 때리는 등 갈등 관계에 있었으나, 이후 '개울'에서 허 생원이 동이에게 애정과 따뜻함을 느끼는 변화가 나타나고 있다.

⑤ [A]는 내면의 서술을 통해 서술자가 특정 판단을 내린 이유를, [B]는 행동의 묘사를 통해 관찰 대상의 심리를 드러내고 있다.

풀이 [A]는 숙부의 죽음을 어둡고 치욕스러운 세계의 종언으로 인식하고, 그 세계를 마지막까지 아내에게 숨기고자 하는 '나'의 내면 심리를 드러내고 있다. 이는 숙부의 장례식에 아내와 동행할 수 없다고 판단을 내린 이유에 해당한다. [B]에서는 어머니의 무덤에서 보인 숙부의 행동을 '나'의 시선으로 묘사하여, 숙부의 괴로운 심정을 드러내고 있다.

→ 적절함!

9
회
2025 9월 학력평가

35 내용 이해 - 적절하지 않은 것 고르기
정답률 65%, 매력적 오답 ④ 20% **정답 ①**

㉠~㉤에 대한 이해로 적절하지 않은 것은?

① ㉠: '나'가 처가의 상황을 이해하지 못했던 자신의 행동을 성찰하고 있음을 드러낸다.

근거 처가는 월남 가족이었다. 고향도 친지도 다 버리고 온 실향민이란 의식이 언제나 강한 사람들이었고, 그래서 그런 것에 대한 관심과 집착도 별난 데가 있었다. 하지만 ㉠나는 그렇지 못했다. 고향이나 친지, 심지어는 나의 가계에 이르기까지 거의 한 번도 속을 털어놓고 이야기한 적이 없는 사람이었다.

풀이 ㉠은 고향이나 친지에 대해 관심과 집착을 보이는 처가와 달리, 고향이나 친지와 연을 끊고 살아가는 '나'의 처지를 나타낸다. 이는 처가와 '나'의 입장이 다름을 드러내는 것이지, 처가의 상황을 이해하지 못했던 자신의 행동을 성찰하는 것으로 보기 어렵다.

→ 적절하지 않음!

② ㉡: 아내가 '나'의 행동을 이해하지 못하는 일이 반복되어 왔음을 나타낸다.

근거 "뭘 챙긴다구 그래? 내 양말이나 몇 켤레 내주구려. 돈 좀 하구……."/아무 말 없이 그녀는 한동안 내 얼굴을 똑바로 쳐다보았다. 당신이란 사람은 정말 이해할 수가 없노라는 그런 눈빛이었다./고향이나 친지, 심지어는 나의 가계에 이르기까지 거의 한 번도 속을 털어놓고 이야기한 적이 없는 사람이었다. ~ ㉡그녀는 종종 그런 눈빛으로 나를 바라보곤 했던 것이다.

풀이 '나'가 숙부의 장례식에 아내와 동행하지 않으려 하자, 아내는 그런 '나'를 이해할 수 없다는 눈빛으로 쳐다본다. ㉡은 아내가 종종 그런 눈빛을 보였다는 것에서 아내가 이와 같은 '나'의 행동, 즉 고향이나 친지, 가계에 대해 숨기는 것을 이해하지 못하는 일이 반복되어 왔음을 나타낸다.

→ 적절함!

③ ㉢: '나'의 어머니가 남편이 살아 있다는 희망을 가지고 살아왔음을 알려 준다.

근거 6·25 한 해 전에 영영 행방을 감추어 버린 아버지가 세상 어딘가에 아직도 살아 계시리란 희망을 내 어머니는 마지막 순간까지도 포기하지 않고 있었던 것이다. ㉢해마다 주인 없는 생일상만을 차려 왔던 일

풀이 ㉢의 '주인 없는 생일상'은 돌아오지 않는 아버지를 위해 어머니가 차리던 생일상을 의미한다. 이는 '나'의 어머니가 남편이 세상 어딘가에 살아 있다는 희망을 가지고 살아왔음을 알려 준다.

→ 적절함!

④ ㉣: 삼촌이 '나'에게 아버지의 제사 시기를 알려 줄 수 있었던 이유를 짐작하게 한다.

근거 "자네 아버님 제삿날 5월 중 적당한 날을 택해 모시도록 하소. 가급적이면 중순 이전이 좋겠네." ㉣삼촌은 내 아버지의 죽음을 목격했던 것이다.

풀이 삼촌은 '나'에게 5월 중순 이전에 적당한 날을 택해 아버지의 제사를 모시라고 말한다. 이는 ㉣에 언급되어 있듯이 삼촌이 아버지의 죽음을 직접 목격했다는 것을 짐작하게 한다.

→ 적절함!

⑤ ㉤: '나'가 변해 버린 삼촌의 모습을 통해 종적을 감춘 아버지를 떠올렸음을 보여 준다.

근거 옛날과는 생판 모습이 달라져 버린 그 삼촌에게서 나는 문득문득 어딘가로 종적을 감추어 버린 ㉤내 아버지의 모습을 발견하곤 했던 것이다.

풀이 ㉤에서 '나'는 전쟁 후 모습이 변해 버린 삼촌에게서 종적을 감춘 아버지의 모습을 발견하곤 했다고 말한다. 이는 '나'가 삼촌의 모습을 통해 종적을 감춘 아버지를 떠올렸음을 보여 준다.

→ 적절함!

36 소재의 의미 - 적절하지 않은 것 고르기 **1등급 문제**
정답률 60%, 매력적 오답 ③ 20% **정답 ④**

한 세계에 대해 이해한 내용으로 적절하지 않은 것은?

> 적어도 나에게 있어서 그(숙부의) 죽음은 일찍이 내가 속해 있었던 한 세계의 완전한 종언을 의미하는 것이었다.

① '나'가 삼촌과 함께 속해 있다고 생각하는 세계이다.

근거 숙부는 그 세계에 속해 있는 마지막 사람인 셈이었다.

풀이 '한 세계'는 일찍이 '나'가 속해 있었던 곳이며, 숙부 또한 그 세계에 속한 마지막 인물이라고 하였다. 따라서 '한 세계'는 '나'가 삼촌이 함께 속해 있다고 생각하는 세계로 볼 수 있다.

→ 적절함!

② '나'가 아내에게 털어놓지 못하고 은폐해 왔던 과거이다.

근거 지금까지 한사코 담을 쌓고 은폐해 왔던 그 세계를 마지막 순간에 내 아내에게 열어 보일 수는 없다고 나는 생각했다.

풀이 '한 세계'는 '나'가 담을 쌓고 은폐해 왔던 '나'의 과거이며, '나'는 마지막 순간에도 아내에게 보일 수 없다고 생각한다. 따라서 '한 세계'는 '나'가 아내에게 털어놓지 못하고 은폐해 왔던 과거로 볼 수 있다.

→ 적절함!

③ '나'가 아버지의 *행적으로 인해 겪었던 치욕스러운 시간이다. *한 일

근거 이제 내가 장사 치를 것은 한 사내의 시신이 아니라 그것(한 세계)과 연루된 나의 어둡고 치욕스러운 과거였다.

어린 시절 '나'의 가족은, 사상운동을 하다 전쟁 직전 종적을 감춘 아버지로 인해 마을 사람들로부터 수모를 당한다.

풀이 '나'는 숙부의 죽음, 즉 '한 세계'의 종언을 자신의 어둡고 치욕스러운 과거를 장사 치르는 것으로 여기고 있다. 이때의 치욕스러운 과거는 사상운동을 하다가 종적을 감춘 아버지로 인해 '나'가 겪었던 수모를 의미한다. 따라서 '한 세계'는 '나'가 아버지의 행적으로 인해 겪은 치욕스러운 시간을 의미한다고 볼 수 있다.

→ 적절함!

숙부
④ '나'가 어머니의 죽음을 계기로 벗어나고 싶어 하는 과거이다.

근거 숙부의 갑작스런 죽음이 무엇을 뜻하는가를 비로소 깨달았던 것이다.

풀이 '나'는 숙부의 죽음을 계기로 '한 세계'의 완전한 종언을 깨닫고 있다. '나'가 치욕스러운 과거로부터 벗어나고 싶어 한 것은 맞지만, 그 계기는 어머니의 죽음이 아니라 숙부의 죽음이다.

→ 적절하지 않음!

⑤ '나'가 삼촌의 장례에 아내와 동행하지 않으려는 이유가 되는 시간이다.

근거 아내와 동행할 수는 없다고 나는 생각을 굳혔다. / 지금까지 한사코 담을 쌓고 은폐해 왔던 그 세계를 마지막 순간에 내 아내에게 열어 보일 수는 없다고 나는 생각했다.

풀이 '나'는 지금까지 은폐해 온 '그 세계'를 마지막 순간에 아내에게 보여 줄 수 없다고 생각하고 있다. 따라서 '한 세계'는 '나'가 삼촌의 장례에 아내와 동행하지 않으려는 이유가 되는 시간으로 볼 수 있다.

→ 적절함!

---

37 감상의 적절성 – 적절하지 않은 것 고르기
정답률 75%, 매력적 오답 ④ 10% | 정답 ⑤

<보기>를 참고하여 윗글을 감상한 내용으로 적절하지 않은 것은? 3점

| 보 기 |
[1]「파편」은 전쟁의 상처와 아픔을 다양한 인물을 통해 다각도(많을 多 각도 角 자도 度 : 여러 각도)로 제시하고 있다. [2]작품에는 전쟁의 폭력성으로 인해 신체적, 정신적 상처를 입고 무기력하게 사는 인물(삼촌), 정신적 상처를 입고 자기 안에 갇혀 부정적 기억을 외면하려는 인물('나'), 고향과 가족을 잃고 살아가는 인물(아내)이 등장한다. [3]이를 통해 전쟁은 종전(끝 終 전쟁 戰 : 전쟁이 끝남) 후에도 인물의 삶에 지속적으로 영향을 미치는 비극적인 사건임을 보여 주고 있다.

① 가슴에 파편이 박힌 채 전쟁에서 돌아온 삼촌의 '가슴에 남아 있는 상흔'은 전쟁의 폭력성을 보여 주는 것이겠군.

근거 <보기>-2 전쟁의 폭력성으로 인해 신체적, ~ 상처를 입고

가슴에 부상을 입고 전쟁에서 돌아온 삼촌은 파편 제거 수술에 실패하여 상처를 안은 채 살아간다.

어쩌면 그의 가슴에 남아 있는 상흔과도 관계가 있는 건지 모른다고까지 나는 생각했다.

풀이 삼촌은 전쟁의 폭력성으로 인해 신체적 상처를 입은 인물로 볼 수 있다. 삼촌의 '가슴에 남아 있는 상흔'은 전쟁 중 가슴에 파편이 박히는 부상으로 인해 생긴 것이므로 전쟁의 폭력성을 보여 주는 것으로 이해할 수 있다.

→ 적절함!

② '실향민'인 처가 고향과 친지에 대해 '관심과 집착'이 '별난' 것은 전쟁으로 고향과 가족을 잃은 아픔을 보여 주는 것이겠군.

근거 <보기>-2 고향과 가족을 잃고 살아가는 인물

처가는 월남 가족이었다. 고향도 친지도 다 버리고 온 실향민이란 의식이 언제나 강한 사람들이었고, 그래서 그런 것에 대한 관심과 집착이 별난 데가 있었다.

풀이 아내는 전쟁으로 인해 고향과 가족을 잃고 살아가는 인물로 볼 수 있다. '실향민'인 처가가 고향과 친지에 대해 '별난' 관심과 집착을 보이는 것은, 전쟁으로 인해 소중한 고향과 가족을 상실한 아픔을 보여 주는 것이다.

→ 적절함!

③ '나'가 아내에게 자신의 가계에 대해 '이야기한 적이 없'이 살아온 것은 '나'가 정신적 상처로 인해 자기 안에 갇혀 살아가는 모습을 보여 주는 것이겠군.

근거 <보기>-2 정신적 상처를 입고 자기 안에 갇혀 부정적 기억을 외면하려는 인물, 고향이나 친지, 심지어는 나의 가계에 이르기까지 거의 한 번도 속을 털어놓고 이야기한 적이 없는 사람이었다.

풀이 '나'는 과거에 정신적 상처를 입고 자기 안에 갇혀 부정적 기억을 외면하려는 인물로 볼 수 있다. '나'가 아내에게 치욕스러운 과거와 관련된 자신의 '가계'에 대해 '이야기한 적이 없'이 살아온 것은 과거의 상처로 인해 자신을 드러내지 않고 내면에 갇혀 지내는 모습을 보여 주는 것이다.

→ 적절함!

④ '나'가 삼촌의 장례를 치르는 것을 '마지막'으로 더 이상 고향에 '발길을 들여놓'지 않으려는 것은 전쟁의 상처가 '나'의 삶에 지속적으로 영향을 미치고 있음을 보여 주는 것이겠군.

근거 <보기>-3 전쟁은 종전 후에도 인물의 삶에 지속적으로 영향을 미치는 비극적인 사건임을 보여 주고 있다.

내가 그쪽에 발길을 들여놓는 일도 어차피 이번으로 마지막이 될 테니깐……."

풀이 '나'가 삼촌의 장례를 치르는 것으로 '마지막'으로 더 이상 고향에 '발길을 들여놓'지 않겠다고 하는 이유는 고향과 관련된 과거의 상처, 즉 전쟁으로 인한 가족의 비극에서 벗어나고 싶기 때문이다. 이는 전쟁의 상처가 현재까지도 '나'의 삶에 영향을 미치고 있음을 보여 주는 것이다.

→ 적절함!

⑤ 삼촌이 '진짜 모습은 진작에 끝'났다며 '한 구덩이 묻히지 못한 것만 원통'하다고 말하는 것은 무기력한 삶에서 벗어나기 위해 전쟁의 기억을 외면하는 모습을 보여 주는 것이겠군.
전쟁의 상처로 인해 무기력하게 살아가는

근거 <보기>-2 전쟁의 폭력성으로 인해 ~ 정신적 상처를 입고 무기력하게 사는 인물, 빈 껍데기만 남아서 넝마로 굴러댕긴다 뿐이지, 진짜 모습은 진작에 끝난 거네. 인제 사 생각하마, 기왕 한 구덩이 묻히지 못한 것만 원통할 따름이제……

풀이 삼촌은 전쟁의 폭력성으로 인해 정신적 상처를 입고 무기력하게 사는 인물로 볼 수 있다. 따라서 삼촌이 자신을 '빈 껍데기'라 칭하고 '진짜 모습은 진작에 끝났다며 '한 구덩이 묻히지 못한 것만 원통'하다고 말하는 것은, 전쟁으로 인한 정신적 상처로 무기력하게 살아가는 모습을 보여 주는 것이다. 삼촌이 무기력한 삶에서 벗어나기 위해 전쟁의 기억을 외면하는 모습을 보이고 있지는 않다.

→ 적절하지 않음!

[38~41] 갈래 복합

(가) 고전시가 - 김기홍, 「채미가」

작품 이해 단계 [1] 화자 [2] 상황 및 대상 [3] 정서 및 태도 [4] 주제

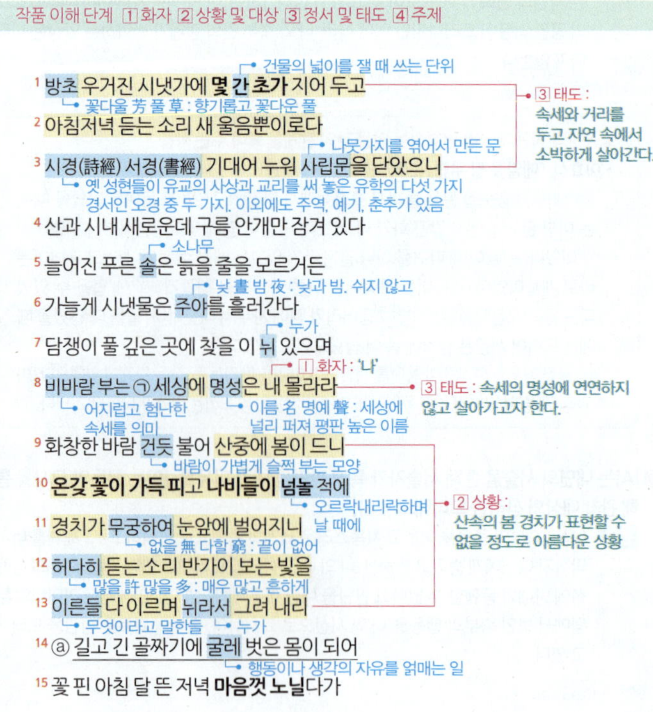

16 붉은 벼랑 구름 속에 이슬 맞고 자란 꽃을
  └ 까닭 없이
17 일없이 노닐면서 아침저녁 사랑하다가
  면할 療 굶주릴 飢 : 배고픔을
  겨우 면할 정도로 조금 먹으니
18 **붉은 채소**를 익게 삶아 아침저녁 요기하니
  └ 관심을 두겠는가
19 노순(鱸蓴) 같은 맛이구나 팔진미를 아랑곳 하겠는가
  └ 물고기 이름 鱸 순채 蓴   └ 여덟 八 진귀할 珍 맛 味 : 중국에서 성대한 음식상에
    : 농어회와 순채나물국   갖춘다고 하는 진귀한 여덟 가지 음식의 아주 좋은 맛
(중략)

┌ 부유할 富 귀할 貴 : 많은 재산과 높은 지위
20 **부귀를 다 잊**으니 평생에 할 일 없어
21 청려장을 손에 들고 돌길에서 서성이니
  └ 푸를 靑 명아주 藜 지팡이 杖 : 명아주의 줄기로 만든 지팡이
22 버들에 바람 불고 솔 잣나무 달 비췰 때
  ┌ 맑을 淡 맑을 淡 : 차분하고 평온하니
23 마음속이 담담하니 해마(害馬)도 간 데 없다
  └ 해로울 害 말 馬 : 마음속의 근심, 걱정
24 연비어약(鳶飛魚躍)을 때때로 살펴보니
  └ 솔개 鳶 날 飛 고기 魚 뛸 躍 : 솔개가 날아가고 물고기가 뛰어놂
25 가을 달 봄바람이 갈수록 흥이로다
  └ 흥겹구나
26 단사표음(簞食瓢飮)을 먹으나 못 먹으나
  └ 대광주리 簞 밥 食 박 瓢 마실 飮 : 대나무로 만든 밥그릇에 담은
    밥과 표주박에 든 물이라는 뜻으로, 청빈하고 소박한 생활을 이름
27 겨울 **갖옷** 여름 **갈옷** 입으나 못 입으나
  └ 거친 베로 지은 옷
  └ 짐승의 털가죽으로 안을 댄 옷
28 ⓑ 빛 없는 청풍명월과 백년해로 하리라
  └ 맑을 淸 바람 風   └ 일백 百 해 年 함께 偕 늙을 老
    밝을 明 달 月 : 맑은   : 평생을 사이좋게 지내고 즐겁게 함께 늙음
    바람과 밝은 달

[2][3] 상황 및 태도 : 아름다운 자연 속에서 소박하게 살아가는 삶에 만족한다.

[2][3] 상황 및 정서 : 부귀를 다 잊고 자연 속에서 마음의 평온을 느낀다.

[3] 태도 : 가난하고 소박한 생활에 연연해 하지 않고 자연과 함께 늙어가고자 한다.

[4] 주제 : 속세를 벗어나 자연 속에서 유유자적하는 소박한 삶에 대한 지향

• **현대어 풀이**

1 향기로운 풀이 우거진 시냇가에 작은 초가를 지어 두고
2 아침저녁 듣는 소리는 새 울음뿐이로다
3 시경과 서경에 기대어 누워 사립문을 닫았으니
4 산과 시내 새로운데 구름과 안개만 잠겨 있다
5 늘어진 푸른 솔은 늙을 줄을 모르거든
6 가늘게 (흐르는) 시냇물은 쉬지 않고 흘러간다
7 담쟁이 풀 깊은 곳에 찾아올 이 누가 있으며
8 비바람 부는 세상에 명성을 떨치는 것을 나는 몰라
9 화창한 바람이 가볍게 불어 산중에 봄이 드니
10 온갖 꽃이 가득 피고 나비들이 오르락내리락하며 날 때에
11 경치가 끝이 없어 눈앞에 펼쳐지니
12 흔하게 듣는 소리 반가이 보는 빛을
13 말한들 다 말하며 누가 그려 내겠는가(말이나 그림으로 표현할 수 없을 정도로 아름답다)
14 길고 긴 골짜기에 자유로운 몸이 되어
15 꽃 핀 아침과 달 뜬 저녁에 마음껏 노닐다가
16 붉은 벼랑 구름 속에 이슬 맞고 자란 꽃을
17 일없이 노닐면서 아침저녁 사랑하다가
18 붉은 채소를 익도록 삶아 아침저녁에 조금씩 먹으니
19 농어회와 순채나물국 같은 맛이구나 팔진미에 관심을 두겠는가
(중략)
20 부귀를 다 잊으니 평생에 할 일 없어
21 지팡이를 손에 들고 돌길에서 서성이니
22 버드나무에 바람 불고 소나무와 잣나무에 달이 비칠 때
23 마음속이 평온하니 근심과 걱정도 간 데 없다
24 솔개가 날아가고 물고기가 뛰어노는 것을 때때로 살펴보니
25 가을 달 봄바람이 갈수록 흥겹구나
26 소박한 음식을 먹으나 못 먹으나
27 겨울에 털옷 여름에 베옷을 입으나 못 입으나
28 빛지지 않고 내 것처럼 누릴 수 있는 아름다운 자연과 함께 즐겁게 늙어가리라

• 「**채미가**(캘 採 고비 薇 노래 歌)」의 의미
(1) '고사리를 캐면서 부르는 노래'라는 뜻
(2) 중국 주나라 초, 주나라의 곡식을 먹지 않겠다며 수양산에 은거하며 고사리만으로 연명했던 백이와 숙제가 죽을 지경에 이르러 불렀다는 노래

• **지문 이해**

```
┌─────────────────────────┐
│          세속적 삶          │
│ • 비바람 부는 세상에 명성은 내 몰라라 │
│ • 굴레 벗은 몸이 되어         │
│ • 부귀를 다 잊으니           │
└─────────────────────────┘
           ↑ 거리두기
         [ 화자 ]
           ↓ 추구
┌──────────────┐  ┌──────────────┐
│   소박한 삶      │  │  자연 속에서의 삶  │
└──────────────┘  └──────────────┘
```

소박한 삶
• 몇 간 초가 지어 두고
• 붉은 채소를 익게 삶아 ~ / ~ 팔진미를 아랑곳 하겠는가
• 단사표음을 먹으나 못 먹으나 / 겨울 갖옷 여름 갈옷 입으나 못 입으나

자연 속에서의 삶
• 꽃 핀 아침 달 뜬 저녁 마음껏 노닐다가 ~ / ~ 아침저녁 사랑하다가
• 가을 달 봄바람이 갈수록 흥이로다
• 빛 없는 청풍명월과 백년해로 하리라

(나) 수필 - 정온, 「기황전설(일으킬 起 거칠 荒 밭 田 말씀 說 : 거친 밭을 일군 것에 대한 견해를 서술한 글)」

① ¹을미년(1595) 봄, 내가 처음으로 농사를 짓기 위해 **두어 이랑**(논이나 밭을 갈아 골을 타서 두두룩하게 흙을 쌓아 만든 곳)**의 밭**을 마련했다. ²밭은 신벌리(경상남도 거창에 위치한 지역)에 있었다. ³이웃의 농부에게 밭이 어떠냐고 물었더니 이렇게 대답했다. ⁴"참 좋은 밭입니다. ⁵어떤 곡식을 심어도 잘 자랄 땅이지요. ⁶습하지도 않고 메마르지도 않아 수해(물 水 해할 害 : 장마나 홍수로 인한 피해)나 가뭄이 들어도 별 영향이 없을걸요. ⁷전에 이곳에 농사를 지은 사람은 수확이 많았지요. ⁸요즘은 농사를 짓지 않는 사람이 많아 버려둔 지 5~6년 됐지만 말입니다." ⁹나는 비옥했지만(기름질 肥 기름질 沃 : 식물이 자라는 데 필요한 양분이 많았지만) 오랫동안 버려졌다는 그 땅이 아까워 개간해(열 開 개간할 墾 : 거친 땅이나 버려 둔 땅을 일구어 논밭이나 쓸모 있는 땅으로 만들어) 보기로 마음을 먹고 아주 단단한 농기구와 노련한(익숙할 老 익숙할 鍊 : 많은 경험으로 익숙하고 솜씨 있는) 농사꾼 몇을 구해 황소 두어 마리를 끌고 밭으로 갔다.

→ '나'는 비옥했지만 오랫동안 버려진 밭을 개간해 보기로 한다.

② ¹3월 17일 무렵이었는데, 밭에는 잡초와 가시덤불이 우거져 한 치의 빈틈도 없었다. ²**뿌리가 서로 뒤엉켜** 아무리 날카로운 농기구라고 해도 쉽게 끊어낼 수 없을 정도였다. ³괜히 힘만 쓰고 밭은 개간하지 못하는 것이 아닌가 하는 후회와 걱정이 슬며시 들었다. ⁴하지만 이미 시작한 일이라 중간에 그만둘 수도 없었다. ⁵쟁기(논밭을 가는 농기구) 하나에, 황소 두 마리를 부려 한 사람은 쟁기질을 하고, 두 사람이 양쪽에서 고삐를 끌면서 밭을 개간하기 시작했다. ⁶처음에는 무딘(날이 날카롭지 못한) 도구로 단단한 돌을 깎는 것처럼 매우 어려웠다. ⁷그러나 시간이 지날수록 밭을 일구면서 조금씩 앞으로 나아갈 수 있었다. ⁸보습(쟁기의 끝에 끼워 땅을 갈아 흙덩이를 일으키는 데에 쓰는 삽 모양의 쇳조각)이 닿는 곳마다, 물살이 거셀 때 물속의 돌이 서로 부대끼며 내는 소리처럼, 우르릉 쾅쾅 하는 소리가 났다. ⁹잡초의 **뿌리를 끊**고 난 뒤 일군 밭을 보니 굳은 흙덩이가 겹겹이 쌓여 있어 마치 전쟁에서 패배한 굳세고 사나운 군사들이 분을 참지 못하고 머리를 풀어 헤친 채 화를 내는 것 같았다. ¹⁰그러나 밭을 점점 더 개간해 가자, **얽혔던 것**이 풀어지고 **단단한 흙**도 부서져 예전의 밭 모양을 갖추게 되었고, 힘도 조금씩 덜 들게 되었다. ¹¹일하던 사람들도 피곤을 덜 느끼고 개간한 밭을 보며 기뻐했다. ¹²이렇게 계속 개간을 하면 수레 가득 조를 수확해 담을 수도 있고, 망태기(새끼나 갈대를 엮어 물건을 나르기에 편하게 만든 기구)에 곡식을 채울 수도 있을 것이라는 생각이 들었다. ¹³그런 생각을 하자 마음이 점점 기쁨으로 차오르기 시작했다.

→ 처음에는 힘들었으나, 포기하지 않고 밭을 일구자 밭이 예전의 모양을 갖추게 되었고, '나'는 수확에 대한 기대를 품는다.

③ ¹이 일(밭을 개간하는 일)을 하다가 문득 깨달은 것이 있다. ²사람의 **마음속**에도 **좋은 밭**이 하나씩 있다. ³그 밭(사람의 마음속에 있는 좋은 밭)이 바로 측은지심(가엾게 여길 惻 걱정할

隱 ~의 之 마음 心 : 불쌍히 여기는 마음으로 인의예지 가운데 인(仁)에서 우러나옴), 수오지심(미워할 羞 악할 惡 ~의 之 마음 心 : 옳지 못함을 부끄러워하고 착하지 못함을 미워하는 마음으로 인의예지 가운데 의(義)에서 우러나옴), 사양지심(말씀 辭 양보할 讓 ~의 之 마음 心 : 겸손히 남에게 사양하는 마음으로 인의예지 가운데 예(禮)에서 우러나옴), 시비지심(옳을 是 그를 非 ~의 之 마음 心 : 옳고 그름을 가릴 줄 아는 마음으로 인의예지 가운데 지(智)에서 우러나옴)이다. [4] 그리고 거기(사람의 마음속에 있는 좋은 밭. 측은지심, 수오지심, 사양지심, 시비지심)에 심는 ⓒ 씨앗이 인(仁), 의(義), 예(禮), 지(智)이다. [5] 그 밭(사람의 마음속에 있는 좋은 밭)은 평평하여 험하지 않고 비옥해서 작물이 잘 자란다. [6] 그래서 처음에는 아무도 그 땅을 버리지 않는다.

[7] 그러나 ⓒ 살면서 사심(사사 私 마음 心 : 개인적 욕심을 채우려는 마음)이 생겨 이랑이 올라오고(본성이 어그러지고), 욕심이 생겨 좋은 곡식(인의예지의 성장)을 해치면, (마음의) 밭이 황폐해지고, (생겨)나고 자라는(본성이 발현되고 성장하는) 자연의 이치도 멈춘다.

→ 사람의 마음속에 있는 좋은 밭도 사심과 욕심으로 인해 황폐해지기도 한다.

4 [1] 하지만 그 본질(근본 本 성질 質 : 본디부터 가지고 있는 성질)은 사라지는 게 아니다. [2] 진실로 밭을 일구려는 사람이 ⓓ 안회의 사물(四勿 : 넷 四 말 勿 : 유교에서 금지하는 네 가지로 예가 아니면 보지 말고, 듣지 말고, 말하지 말고, 움직이지 말라는 안회의 말)을 황소로 삼고, 증자의 삼성(三省 : 셋 三 살필 省 : 남에게 최선을 다했는지, 친구와 신의 있게 지냈는지, 배운 것을 익혔는지의 세 가지 측면에서 매일 스스로 반성한다는 증자의 말)을 쟁기로 삼아 개간하기 어려운 땅을 일구기 시작하여, 한 번 이겨 낸 뒤에는 느긋한 여유가 생긴다. [3] 그 결과 예전과 같은 밭을 일구어 낼 수 있을 것이다. [4] 좋은 곡식이 왜 자라지 않을까 걱정만 하고 있을 필요는 없다. [5] 내 밭이 황폐해져 개간할 수 없다고 생각한다면 이것은 스스로를 포기한 것일 뿐이다. [6] ⓔ 밭을 황폐하게 하는 것도 자신이요, 개간해 내는 것도 자신이다. [7] 나는 여태껏 개간하지 않는다면 몰라도 개간하는 일 자체가 불가능한 경우를 본 적이 없다.

→ '나'는 안회와 증자의 가르침을 따라 노력하면 마음속의 좋은 밭을 다시 일굴 수 있으며, 이는 자신에게 달린 일이라고 생각한다.

• **중심 내용**
'나'는 버려진 밭을 개간한 경험을 바탕으로, 마음속의 밭도 욕심에 의해 황폐해지지 않도록 내면을 꾸준히 가꿔야 한다는 깨달음을 얻는다.

• **지문 이해**

밭		사람의 마음속에 있는 좋은 밭 (측은지심, 수오지심, 사양지심, 시비지심)
씨앗		인, 의, 예, 지
잡초, 가시덤불	유추 →	사심, 욕심
개간하는 일		마음을 수양하고 본성을 회복하려는 노력
황소, 쟁기		안회의 사물, 증자의 삼성(성현의 가르침)
밭이 다시 일구어짐		선한 본성을 회복함
좋은 곡식		인의예지(仁義禮智)의 성장

---

38 표현상 특징 – 적절한 것 고르기
정답률 70%, 매력적 오답 ① 15% | 정답 ③

(가), (나)에 대한 설명으로 가장 적절한 것은?

선지	핵심 체크 내용	(가)	(나)
①	자연물에 감정을 이입 → 대상에 대한 정서 드러냄	X	-
②	불가능한 상황을 가정 → 주제 의식 드러냄	-	X
③	설의적 표현 → 삶에 대한 긍정적 인식 드러냄	O	X
④	영탄적 표현	O	O
	대상에 대한 경외감 드러냄	X	X
⑤	음성 상징어 활용 → 공간에서 느껴지는 현장감 드러냄	X	O

① (가)는 *자연물에 감정을 이입하여 대상에 대한 정서를 드러내고 있다. *감정을 자연물에 불어넣어(화자의 감정 = 자연물의 감정)

근거 (가)-11~13 경치가 무궁하여 눈앞에 벌어지니/ 허다히 듣는 소리 반가이 보는 빛을/ 이른들 다 이르며 뉘라서 그려 내리

풀이 (가)의 화자가 눈앞에 펼쳐진 자연의 아름다운 경치에 감탄하는 모습은 드러나지만, 자연물에 감정을 이입한 부분은 나타나지 않는다.

→ 적절하지 않음!

② (나)는 불가능한 상황을 가정하여 주제 의식을 드러내고 있다.

풀이 (나)의 글쓴이는 밭을 개간한 경험을 바탕으로 얻은 깨달음, 즉 사람의 마음속에 있는 밭 또한 황폐해지지 않도록 스스로의 내면을 가꾸는 노력을 꾸준히 해야 한다는 주제 의식을 드러내고 있을 뿐 불가능한 상황을 가정하고 있지는 않다.

→ 적절하지 않음!

■불가능한 상황을 가정하여 주제 의식을 드러내고 있는 작품
• 작자 미상, 「정석가」 (2015학년도 9월 모평A)
삭삭기 셰몰애 별헤 나는/ 구은 밤 닷 되를 심고이다./ 그 바미 우미 도다 삭나거시아/ 유덕(有德)ᄒ신 님믈 여희ᄋ와지이다./ 옥(玉)으로 련(蓮)ㅅ고즐 사교이다./ 바회 우희 졉듀(接柱)ᄒ요이다./ 그 고지 삼동(三同)이 퓌거시아/ 유덕(有德)ᄒ신 님 여희ᄋ와지이다./ 므쇠로 텰릭을 몰아 나는/ 텰ᄉ(鐵絲)로 주롬 바고이다./ 그 오시 다 헐어시아/ 유덕(有德)ᄒ신 님 여희ᄋ와지이다.
(바삭바삭한 가는 모래 벼랑에/ 구운 밤 닷 되를 심습니다./ 그 밤이 움이 돋아 싹이 나야만/ 유덕하신 임을 이별하고 싶습니다./ 옥으로 연꽃을 새깁니다./ (그 꽃을) 바위 위에 접을 붙입니다./ 그 꽃이 세 묶음이 피어야만/ 유덕하신 임을 이별하고 싶습니다./ 무쇠로 무관의 제복을 재단하여/ 철사로 주름을 박습니다./ 그 옷이 다 헐어야만/ 유덕하신 임을 이별하고 싶습니다.)
→ 불가능한 상황(모래에 심은 구운 밤에 싹이 남, 옥으로 만든 꽃이 바위 위에서 피어 남, 무쇠로 만든 옷이 헒)을 가정하여 임과 이별하고 싶지 않은 마음과 임에 대한 영원한 사랑을 드러내고 있다.

③ (가)는 (나)와 달리, *설의적 표현을 사용하여 삶에 대한 긍정적 인식을 드러내고 있다. *쉽게 판단할 수 있는 사실을 의문의 형식으로 표현하여 의미를 강조하는 방법

근거 (가)-11~13 경치가 무궁하여 눈앞에 벌어지니/ ~ 이른들 다 이르며 뉘라서 그려 내리/ 19 노순 같은 맛이구나 팔진미를 아랑곳 하겠는가

풀이 (가)는 '뉘라서 그려 내리', '아랑곳 하겠는가'에서 설의적 표현을 사용하여 자연 속에서 소박하게 살아가는 삶에 대한 긍정적 인식을 드러내고 있다. (나)에 설의적 표현은 나타나지 않는다.

→ 적절함!

(가)는 (나)와 달리
④ (나)는 (가)와 달리, *영탄적 표현을 사용하여 대상에 대한 **경외감을 드러내고 있다. *감탄사나 감탄형 어미 등을 이용하여 감정을 강하게 나타내는 방법 **공경하면서 두려워하는 감정

근거 (가)-25 가을 달 봄바람이 갈수록 흥이로다

풀이 (나)에는 영탄적 표현이 나타나지 않는다. 한편, (가)에는 '흥이로다'라는 영탄적 표현이 나타나지만 이를 통해 자연에서 비롯되는 화자의 흥취를 드러내고 있을 뿐 대상에 대한 경외감을 드러내고 있지는 않다.

→ 적절하지 않음!

■영탄적 표현을 사용하여 대상에 대한 경외감을 드러내고 있는 작품
• 황동규, 「살구꽃과 한때」 (2026학년도 6월 모평)
→ '아 하늘의 기둥들!'이라는 영탄적 표현을 사용하여 살구꽃을 잔뜩 떠받든 채 묵묵히 서 있는 살구나무 둥치들에 대한 경외감을 드러내고 있다.

(나)는
⑤ (가)와 (나)는 모두, *음성 상징어를 활용하여 공간에서 느껴지는 **현장감을 드러내고 있다. *소리를 흉내 낸 의성어와 모양을 흉내 낸 의태어 **어떤 일이 이루어지고 있는 현장에서 느낄 수 있는 느낌

근거 (나) ❷-8 보습이 닿는 곳마다, 물살이 거셀 때 물속의 돌이 서로 부대끼며 내는 소리처럼, 우르릉 쾅쾅 하는 소리가 났다.

풀이 (나)는 '우르릉 쾅쾅'이라는 음성 상징어를 활용하여 개간 중인 밭에서 느껴지는 현장감을 생생하게 드러내고 있다. (가)에는 음성 상징어가 나타나지 않는다.

→ 적절하지 않음!

---

39 소재의 의미 – 적절한 것 고르기
정답률 75%, 매력적 오답 ③ 10% | 정답 ⑤

㉠과 ㉡에 대한 이해로 가장 적절한 것은?

(가)-8 비바람 부는 ㉠세상에 명성은 내 몰라라
(나) ❸-2~4 사람의 마음속에도 좋은 밭이 하나씩 있다. 그 밭이 바로 측은지심, 수오지심, 사양지심, 시비지심이다. 그리고 거기에 심는 ㉡씨앗이 인, 의, 예, 지이다.

① ㉠은 화자의 기대에 *부합하는 대상이고, ㉡은 글쓴이가 그 속성을 **예찬하는 대상이다. *들어맞는 **높여 칭찬하는

풀이 (가)의 화자는 ㉠(세상)을 '비바람'이 부는 곳으로 표현하였고, 그곳의 '명성'을 외면하고 있으므로 ㉠(세상)은 화자가 멀리하고자 하는 대상일 뿐 화자의 기대에 부합하는

→ 문제편 **189쪽**

대상으로 보기 어렵다. (나)의 글쓴이는 '측은지심, 수오지심, 사양지심, 시비지심'을 '마음속의 좋은 밭'으로, '인(仁), 의(義), 예(禮), 지(智)'를 거기에 심는 ⓛ(씨앗)으로 보았다. 즉, ⓛ(씨앗)은 내면에서 가꿔 나가기를 바라는 대상이므로 글쓴이가 예찬하는 대상으로 볼 수 있다.

→ 적절하지 않음!

② ㉠은 화자의 시련을 부각하는 대상이고, ⓛ은 글쓴이가 소망하는 바가 달라지게 만든 대상이다.

풀이 ㉠(세상)은 (가)의 화자가 멀리하려는 부정적인 대상이지만 화자가 겪은 특정한 시련을 부각하는 대상으로 보기는 어렵다. (나)의 글쓴이는 사람들이 마음속의 좋은 밭에 인, 의, 예, 지라는 ⓛ(씨앗)을 잘 일구어 나가기를 소망하고 있을 뿐 ⓛ(씨앗)으로 인해 글쓴이가 소망하는 바가 달라지고 있지는 않다.

→ 적절하지 않음!

③ ㉠은 화자가 이해하고자 하는 대상이고, ⓛ은 글쓴이가 사람이라면 누구나 갖고 있다고 여기는 대상이다.

풀이 (가)의 화자는 ㉠(세상)을 멀리하고자 할 뿐 이해하려고 하지는 않는다. (나)의 글쓴이는 사람의 마음속에는 좋은 밭이 하나씩 있고 ⓛ(씨앗)은 그 마음속에 심는 것이라고 하였으므로 글쓴이는 ⓛ(씨앗)을 사람이라면 누구나 보편적으로 갖고 있는 대상으로 여기고 있음을 짐작할 수 있다.

→ 적절하지 않음!

④ ㉠은 화자가 마음으로부터 *경계하는 대상이고, ⓛ은 글쓴이가 물질적 여유를 위한 수단으로 삼는 대상이다. *조심하여 단속하는

풀이 (가)의 화자는 ㉠(세상)과 거리를 두고자 하므로 ㉠(세상)은 화자가 마음으로부터 경계하는 대상이라고 볼 수 있다. 그러나 (나)의 ⓛ(씨앗)은 물질적 여유를 위한 수단이 아니라, 글쓴이가 마음의 밭에서 가꾸어야 한다고 생각하는 대상인 '인, 의, 예, 지'를 의미한다.

→ 적절하지 않음!

⑤ ㉠은 화자가 거리를 두려는 대상이고, ⓛ은 글쓴이가 각각의 사람들이 자신의 내면에서 키워 나가기를 바라는 대상이다.

풀이 (가)의 화자는 속세와 거리를 두고 자연 속에서 유유자적하며 소박하게 살아가는 삶을 지향하고 있으므로 ㉠(세상)은 화자가 거리를 두려는 대상으로 볼 수 있다. (나)의 ⓛ(씨앗)은 내면의 밭에서 키워야 할 덕목인 '인, 의, 예, 지'를 의미한다. 글쓴이는 거친 밭을 잘 개간해야 곡식이 자라듯, 사람들 역시 마음의 밭을 가꾸어야 '인, 의, 예, 지'라는 씨앗을 길러 낼 수 있다고 하였다. 따라서 ⓛ(씨앗)은 글쓴이가 각각의 사람들이 자신의 내면에서 키워 나가기를 바라는 대상으로 볼 수 있다.

→ 적절함!

40	문맥적 의미 – 적절하지 않은 것 고르기 정답률 65%, 매력적 오답 ② 10% ④ 15%	정답 ③

ⓐ~ⓔ에 대해 이해한 내용으로 적절하지 않은 것은?

① ⓐ : 자연 속에 지내며 무언가에 얽매이지 않고 자유로운 상황에 놓이게 되었다는 의미가 담겨 있다.

근거 (가)-14 ⓐ 길고 긴 골짜기에 굴레 벗은 몸이 되어

풀이 '길고 긴 골짜기'는 자연을, '굴레'는 행동이나 생각을 얽매는 일을 의미한다. 따라서 ⓐ는 무언가에 얽매이지 않는 자유로운 상황에 놓이게 되었다는 의미로 볼 수 있다.

→ 적절함!

② ⓑ : 돈이 없어도 누릴 수 있는 자연의 아름다움을 평생토록 누리겠다는 의미가 담겨 있다.

근거 (가)-28 ⓑ 빚 없는 청풍명월과 백년해로 하리라

풀이 '빚 없는 청풍명월'은 자연은 값을 치르지 않아도 누구나 누릴 수 있다는 의미이며, '백년해로'는 평생을 즐겁게 함께 누린다는 의미이다. 따라서 ⓑ에는 돈이 없어도 즐길 수 있는 자연의 아름다움을 평생 누리겠다는 의미가 담겨 있다.

→ 적절함!

마음이 황폐해진다는

③ ⓒ : 마음이 황폐해지면 사심과 욕심으로 인해 결국 마음의 밭이 사라지게 된다는 의미가 담겨 있다.

근거 (나) ❸-7 ⓒ 살면서 사심이 생겨 이랑이 올라오고, 욕심이 생겨 좋은 곡식을 해치면, (원인) 밭이 황폐해지고, 나고 자라는 자연의 이치도 멈춘다. (결과)

풀이 ⓒ는 사심과 욕심으로 인해 결국 마음이 황폐해진다는 의미이지 마음의 밭이 사라진다는 의미를 담고 있지는 않다. 또한 ⓒ에 따르면 사심과 욕심은 마음이 황폐해지는 원인일 뿐 마음이 황폐해지면서 사심과 욕심이 생겨난다고 한 것은 아니다.

→ 적절하지 않음!

④ ⓓ : 안회와 증자의 말을 교훈 삼아 마음의 밭을 일굴 때 처음의 어려움을 이겨 내면 할 수 있다는 마음이 생긴다는 의미가 담겨 있다.

근거 (나) ❹-1 ⓓ 안회의 사물을 황소로 삼고, 증자의 삼성을 쟁기로 삼아 개간하기 어려운 땅을 일구기 시작하여, 한 번 이겨 낸 뒤에는 느긋한 여유가 생긴다.

풀이 (나)의 글쓴이는 '안회의 사물'과 '증자의 삼성'을 각각 황소와 쟁기, 즉 밭을 일구기 위한 도구로 삼았다. 이는 안회와 증자의 가르침을 교훈 삼아 마음의 밭을 일군다는 의미로 이해할 수 있다. 또한, '한 번 이겨 낸 뒤에는 느긋한 여유가 생긴다'고 한 것은 마음의 밭을 가꿀 때 처음에 맞닥뜨리는 어려움을 극복하고 나면 이후로는 할 수 있다는 마음의 여유가 생긴다는 뜻으로 이해할 수 있다.

→ 적절함!

⑤ ⓔ : 자신의 내면이 어떻게 가꾸어질지는 스스로의 마음가짐에 달려 있다는 의미가 담겨 있다.

근거 (나) ❹-6 ⓔ 밭을 황폐하게 하는 것도 자신이요, 개간해 내는 것도 자신이다.

풀이 밭을 황폐하게 하거나 개간해 내는 것은 오로지 자신에게 달려 있다고 하였으므로 이는 자신의 내면이 어떻게 가꾸어질지는 스스로의 마음가짐에 따라 정해진다는 의미로 이해할 수 있다.

→ 적절함!

41	감상의 적절성 – 적절하지 않은 것 고르기 정답률 80%	정답 ③

<보기>를 참고하여 (가), (나)를 감상한 내용으로 적절하지 않은 것은? [3점]

| 보기 |
[1] 문학 작품에는 삶에 대한 태도가 담겨 있다. [2] (가)의 화자는 자연의 아름다움을 구체적으로 드러내며 가난함 속에서도 세속적 욕망에 초탈하여(뛰어넘을 超 벗어날 脫 : 벗어나) 유유자적하는(한가할 悠 한가할 悠 스스로 自 즐길 適 : 속세를 떠나 아무 속박 없이 조용하고 편안하게 사는) 삶의 모습을 노래하고 있다. [3] (나)의 글쓴이는 밭을 일구게 된 과정과 힘써 노력한 경험을 제시하며 이를 통해 깨우친 삶의 이치를 전달하고 있다.

① (가)에서는 아침과 저녁으로 '마음껏 노닐'면서 '부귀를 다 잊'었다고 말하는 것을 통해 유유자적하며 세속적 욕망에 초탈한 삶을 살아가는 모습을 나타내고 있군.

근거 <보기>-2 (가)의 화자는 ~ 가난함 속에서도 세속적 욕망에 초탈하여 유유자적하는 삶의 모습을 노래하고 있다.

(가)-15 꽃 핀 아침 달 뜬 저녁 마음껏 노닐다가/ 20 부귀를 다 잊으니 평생에 할 일 없어

풀이 (가)의 화자가 꽃 핀 아침부터 달 뜬 저녁까지 '마음껏 노닐'면서 '부귀를 다 잊'었다고 말하는 것은, 세속적 욕망(부귀)을 초탈하여 자연 속에서 한가롭게 살아가는 모습을 보여 준다고 할 수 있다.

→ 적절함!

> ■ 유유자적하며 세속적 욕망에 초탈한 삶을 살아가는 모습이 나타나는 작품
> • 김광욱, 「율리유곡(栗里遺曲) - 〈제8곡〉(2022학년도 6월 모평)
> 삼공(三公)이 귀하다 한들 이 강산과 바꿀쏘냐/ 조각배에 달을 싣고 낚싯대 흩던질 때/ 이 몸이 이 청흥(淸興) 가지고 만호후인들 부러우랴
> (높은 벼슬이 귀하다고 한들 이 강산과 바꾸겠는가/ 조각배에 달빛을 싣고 낚싯대를 던질 때에/ 이 몸이 이 맑은 흥과 운치를 가지고 있으니 세력이 큰 제후인들 부럽겠는가)
> → '삼공'이나 '만호후'와 같은 높은 사회적 지위보다 자연 속에서의 삶에 가치를 두는 것에서 세속적 욕망에 초탈한 삶의 모습이 드러난다.

② (가)에서는 '온갖 꽃이 가득 피'어 '나비들이 넘놀'고 있는 경치를 바라보며 다 이를 수 없고 누구도 그려 낼 수 없다고 말하는 것을 통해 자연의 아름다움을 표현하고 있군.

근거 <보기>-2 (가)의 화자는 자연의 아름다움을 구체적으로 드러내며

(가)-10 온갖 꽃이 가득 피고 나비들이 넘놀 적에/ 13 이른들 다 이르며 뉘라서 그려 내리

풀이 (가)에서는 '온갖 꽃이 가득 피'어 '나비들이 넘'노는 경치를 바라보며, 그 광경을 말로 다 표현할 수 없고 그려 낼 수도 없다고 말하는 것을 통해 자연의 아름다움을 구체적으로 드러내고 있음을 알 수 있다.

→ 적절함!

지내며

③ (가)에서는 '몇 간 초가'에서 '붉은 채소'를 먹고 지내면서도 겨울의 '갖옷'과 여름의 '갈옷'을 마련하고자 힘쓰는 모습을 통해 가난한 환경을 이겨 내려는 삶의 태도를 드러내고 있군.
에 연연해 하지 않는 가난함 속에서도 세속적 욕망에 초탈한

근거 <보기>-2 (가)의 화자는 ~ 가난함 속에서도 세속적 욕망에 초탈하여 유유자적하는 삶의 모습을 노래하고 있다.

(가)-1 방초 우거진 시냇가에 몇 간 초가 지어 두고/ 18 붉은 채소를 익게 삶아 아침저녁 요기하니/ 27 겨울 갖옷 여름 갈옷 입으나 못 입으나

풀이 (가)의 화자는 '몇 간 초가'에서 '붉은 채소'로 요기하며 팔진미에 관심을 두지 않고, 겨울에 '갖옷'을, 여름에 '갈옷'을 입든 못 입든 개의치 않는다. 이를 통해 (가)의 화자가 가난함 속에서도 세속적 욕망에 초탈한 삶의 태도를 드러내고 있다고 볼 수 있다. 따라서 겨울의 '갖옷'과 여름의 '갈옷'을 마련하고자 힘쓴다거나 가난한 환경을 이겨 내려는 삶의 태도를 보이고 있지는 않다.

→ 적절하지 않음!

④ (나)에서는 '뿌리가 서로 뒤엉켜' 있는 밭을 '뿌리를 끊'은 뒤 '얽혔던 것'을 풀고 '단단한 흙'도 부수어 개간하는 과정을 통해 밭을 일구어나가는 노력을 보여 주고 있군.

근거 〈보기〉-3 (나)의 글쓴이는 밭을 일구게 된 과정과 힘써 노력한 경험을 제시하며

(나) ❷-2 뿌리가 서로 뒤엉켜 아무리 날카로운 농기구라고 해도 쉽게 끊어낼 수 없을 정도였다. / 9~10 잡초의 뿌리를 끊고 난 뒤 ~ 밭을 점점 더 개간해 가자, 얽혔던 것이 풀어지고 단단한 흙도 부서져 예전의 밭 모양을 갖추게 되었고,

풀이 (나)에서는 글쓴이가 밭을 일구게 된 과정과 힘써 노력한 경험을 제시하고 있는데, 이는 '뿌리가 서로 뒤엉켜' 있는 밭에 난 잡초의 '뿌리를 끊'어 '얽혔던 것'을 풀고 '단단한 흙'도 부수며 노력하는 모습으로 구체적으로 형상화되어 있다.

→ 적절함!

⑤ (나)에서는 '두어 이랑의 밭'을 일구며 깨달은 경험을 통해 우리가 각자 갖고 있는 '마음속'의 '좋은 밭' 또한 황폐해지지 않도록 잘 일구어야 한다는 삶의 이치를 전달하고 있군.

근거 〈보기〉-3 (나)의 글쓴이는 밭을 일구게 된 과정과 힘써 노력한 경험을 제시하며 이를 통해 깨우친 삶의 이치를 전달하고 있다.

(나) ❶-1 내가 처음으로 농사를 짓기 위해 두어 이랑의 밭을 마련했다. / ❸-2 사람의 마음속에도 좋은 밭이 하나씩 있다.

풀이 (나)의 글쓴이는 '두어 이랑의 밭'을 일구게 된 과정과 힘써 노력한 경험을 제시하며 이를 통해 깨우친 삶의 이치, 즉 우리가 갖고 있는 내면의 '좋은 밭' 또한 황폐해지지 않도록 잘 가꾸어야 한다는 것을 전달하고 있다.

→ 적절함!

[42~45] 고전소설 - 작자 미상, 「쌍주기연」

1 ¹ 서 공자는 부모 생각이 더욱 간절해졌다. ² 모친(어머니 母 친할 親 : 어머니)의 행적(갈 行 자취 蹟 : 행방)을 찾고 부친(아버지 父 친할 親 : 아버지)의 소식을 남방(남쪽 南 방향 方 : 남쪽)에 가 자세히 듣고자 하여 산을 넘고 물을 건너 길을 가려 하였다. ³ 왕 공자가 (서 공자를) 말리며 말했다.

⁴ "형(나이가 비슷한 사이에서 상대방을 대접하여 부르는 말. 여기서는 서 공자)은 다만 공부에 힘써 과거에 급제하면(급제 及 과거 第 : 합격하면) (부모의 소식을) 자연(저절로 自 그럴 然 : 저절로) 알 것이니, 어찌 작정한(지을 作 정할 定 : 결정한) 방향도 없이 세월을 헛되이 보낼 수 있으리오."

⁵ 왕 공자가 권유하여 떠나지 못하게 하니, 서 공자가 그대로 머물러 있었다.

→ 서 공자가 부모님의 소식을 찾아 떠나려고 하자 왕 공자는 그를 말리며 공부에 전념하라고 말한다.

2 ¹ 이때, 서 공자가 구슬을 넣은 비단 주머니가 해어진(닳아서 떨어진) 것을 보고서 석파에게 그 비단 주머니를 보여 주며 똑같이 하나를 새로 지어 달라고 하니, 석파가 말했다.

² "이것을 지어 무엇 하시려 하느뇨?"

³ 서 공자가 눈물을 흘리며 구슬에 관한 내력(올 來 겪을 歷 : 사연)을 말하니, 석파 또한 왕 소저(여기서는 왕혜란. '소저'는 아가씨를 뜻함)의 구슬에 관한 이야기를 알고 있어서 놀라며 말했다.

⁴ "그 구슬을 조금 구경하사이다."

⁵ 서 공자가 구슬을 내어 보이니, 고운 빛이 눈부시게 밝았고 웅(雄)(수컷 雄 : 수컷) 글자가 뚜렷하였다. ⁶ 인하여(그리하여) 구슬을 가지고 안채(두 채 이상의 집이 있을 때 안에 있는 집)로 들어가 부인 유 씨(왕 공자와 혜란의 어머니)에게 이 곡절(굽을 曲 꺾을 折 : 이런저런 복잡한 사정이나 까닭)을 고하였다(알릴 告 : 말했다).

→ 서 공자의 구슬에 대한 내력을 들은 석파는 부인 유 씨에게 이에 대해 알린다.

3 ¹ 이때 부인 유 씨는 혜란 소저(아가씨)가 점점 나이 들어가며 장성하는데(클 長 완성할 成 : 성장하는데) (웅 글자가 쓰인) 구슬이 있는 곳을 알지 못해 밤낮으로 걱정하였다. ² 그러던 차에 석파의 말을 듣고 몹시 놀라며 기뻐하여 구슬을 받아 보니, 웅 글자도 뚜렷이 있고 혜란 소저의 구슬과도 신통히(귀신 神 통할 通 : 신기할 정도로 묘하게) 같았다. ³ 부인 유 씨가 왕 공자(유 씨의 아들. 혜란의 오빠)를 불러 그 까닭을 이르니, 왕 공자도 구슬을 보고 손뼉을 치며 크게 웃으며 말했다.

⁴ "어찌 이와 같은 신통한 일이 고금에(옛 古 지금 今 : 예전과 지금을 통틀어) 또 있으리까?"

⁵ 부인 유 씨가 마음 가득히 아주 기뻐하며 말했다.

⁶ "이 구슬의 자웅(雌雄)(암컷 雌 수컷 雄 : 남녀가 서로 배필임을 나타내는 구슬 한 쌍)을 가지고 가서 서 공자에게 그 내력을 일러주고 (딸 혜란과) 혼인하기로 정하여 멀지 아니한 가까운 장래에 혼례(혼인할 婚 예도 禮 : 결혼식)를 행하도록 하라."

→ 부인 유 씨는 서 공자의 구슬이 혜란의 구슬과 짝인 것을 알게 되자 둘을 혼인시키려 한다.

4 ¹ 왕 공자가 자웅의 구슬을 가지고 사랑채(손님을 대접하는 집채)에 나아가 서 공자를 향해 말했다.

² "형(여기서는 서 공자)은 만일 자(雌)(암컷 雌 : 암컷) 글자가 쓰인 구슬이 있으면 그곳에 정혼하려(정할 定 혼인할 婚 : 혼인을 정하려) 하느냐?"

³ 서 공자가 어떠한 곡절(여기서는 서 공자와 혜란의 구슬이 한 쌍인 사실)인지도 모르고 웃으며 말했다.

⁴ "형(여기서는 왕 공자)은 지나치게 조롱하지(비웃을 嘲 희롱할 弄 : 놀리지) 말라. ⁵ 소제(小弟)(작을 小 아우 弟 : 나이가 가장 어린 아우. 여기서는 서 공자가 자신을 가리킨 말)도 미덥지(믿음직하지) 아니한 일인 줄 알지만, 부모님께서 주신 물건이니 버리지 못할 것이라서 몸에 지니고 있었도다. ⁶ 마침 구슬을 넣은 비단 주머니가 해졌기 때문에 석파에게 고쳐 달라고 하였더니, 실없는(주책없는) 석파가 널리 퍼뜨려 형에게 조롱을 받음이로다."

⁷ 왕 공자가 구슬 자웅을 내어 놓고 말했다.

⁸ "다름 아니라 나에게 누이동생이 있는데 나이가 열다섯 살이로다. ⁹ 누이동생이 태어날 때 꿈꾼 이야기가 이상하였지만 자(암컷 雌 : 암컷) 글자가 쓰인 구슬을 얻었도다. ¹⁰ 그래서 지금까지 웅(수컷 雄 : 수컷) 글자가 쓰인 구슬을 가지고 있는 이를 찾느라 정혼하지 못하였도다. ¹¹ 그랬는데 누가 형에게 이 구슬이 있을 줄 생각했으랴. ¹² 누이동생은 비록 배운 것이 없으나 사람됨이 영민하고(뛰어날 英 영리할 敏 : 슬기롭고) 지혜로워 군자(군자 君 사람 子 : 어질고 현명한 사람)의 아내는 감당할 것이니, 형은 쾌히(기꺼이) 허락하라."

¹³ 서 공자도 또한 신기하게 여기며 고마워하여 말했다.

[A]
¹⁴ "형(여기서는 왕 공자)의 은혜를 여러 해 입었고 또 아름다운 숙녀(여기서는 혜란)를 용렬하고(어리석을 庸 못할 劣 : 보잘것없고) 어리석은 사람(여기서는 서 공자 자신)의 배우자로 정해 진(秦)나라와 진(晉)나라의 왕실이 혼인을 맺고 지낸 것처럼 아주 가까운 정의(情誼)(진진지의(진나라 秦 진나라 晉 갈 之 옳을 誼) : 혼인을 맺은 두 집 사이의 가까운 정. 중국의 진(秦)나라와 진(晉)나라의 왕실이 혼인을 맺고 지낸 데서 유래함)를 맺고자 하시니 어찌 사양하리오만, 소제(小弟)(여기서는 서 공자 자신)는 이 세상의 죄인이나이다. ¹⁵ 부모의 생사(날 生 죽을 死 : 삶과 죽음)를 모르는데, 다만 혼인하려는 마음을 생각할 수 있으리오(없소). ¹⁶ 구슬은 소제 또한 부모님으로부터 받은 것이라 신기하오나, 부모님의 소식을 듣기 전에는 혼인하려는 마음을 두지 않으리이다. ¹⁷ 형은 다시 말을 하지 마소서."

¹⁸ 왕 공자가 말했다.

¹⁹ "형의 말은 사리(일 事 다스릴 理 : 일의 이치)에 맞지 않도다. ²⁰ 자친(慈親)(사랑 慈 친할 親 : 남에게 자기 어머니를 높여 이르는 말)의 소식을 모르니 실로 사람의 자식으로서 뼈에 사무치게 고통스러운 일이나, 형이 장가를 들지 않으면 조상 대대의 제사는 어찌하려는 것이오. ²¹ 마땅히 서둘러 장가를 든 후라도 부모 소식을 알아봄이 옳은 데다 또 조상에게 죄인되는 것도 면할지니 거듭거듭 생각해 보라."

→ 왕 공자는 서 공자에게 그와 혜란의 구슬이 한 쌍임을 알려 주고 둘의 혼인을 권유한다.

5 [중략 줄거리] ¹ 서 공자와 왕 공자는 과거에 합격하고 천자(하늘 天 아들 子 : 황제)의 허락으로 서 공자와 왕혜란이 혼인한다. ² 이후 서 공자는 남만(중국의 남쪽 오랑캐 지역)으로 출정하는(나갈 出 갈 征 : 전쟁에 나가는) 한편, 제왕(황제 아래의 여러 왕. 여기서는 황제의 숙부)이 왕혜란을 흠모해(공경할 欽 그리워할 慕 : 사모해) 납치하려 한다.

→ 과거 급제한 서 공자는 혜란과 혼인한 후 출정하고, 제왕은 혜란을 납치하려 한다.

6 ¹ 차설(또 且 말할 說 : 이제까지 이야기를 그만두고 다른 이야기로 돌리는 말). ² 제왕은 무뢰배(일정한 소속이나 직업이 없이 불량한 짓을 하며 돌아다니는 무리)를 보내어 왕 씨(여기서는 혜란)를 데려다가 후원(뒤 後 동산 園 : 집 뒤에 있는 정원이나 작은 동산)의 깊은 별당(나눌 別 집 堂 : 본 건물과 떨어져 뒤에 따로 지은 집이나 방)에 들이고서 매우 기뻐하고 즐거워하여 들어가 소저(아가씨. 여기서는 혜란)를 보았다. ³ 지난번 여자의 옷으로 갈아입고 유명 승상(지금의 국무총리 정도 되는 벼슬)의 집에 가서 보았던 왕 소저가 아니니, 크게 놀라 물었다.

⁴ "그대는 누구이뇨?"

⁵ 월향이 도적에게 잡혀서 이곳에 도착해 제왕을 보니 분한 마음이 격렬히 일어나는지라 바로 칼을 들어 두 조각을 내고(죽이고) 싶었으나 억지로 참으면서 큰 소리로 말했다.

→ 문제편 190쪽

[A]

6 "나는 서 원수(서 공자. '원수'는 군대를 이끄는 최고 우두머리)의 부인(여기서는 혜란)의 시비(모실 侍 여자 종 婢 : 여자 종) 월향이오. 7 우리 부인이 비록 여자이시나, 모든 일을 헤아리시는 것이 귀신같다오(추측과 눈치가 매우 정확하다오). 8 환관(임금의 시중을 드는 일을 맡아보던 남자. 내시)이 친히(직접) 와 사내종들에게 술 먹이는 것을 보고 그날 밤에 변고(재앙 變 사건 故 : 갑작스러운 재앙이나 사고)가 있을 줄 짐작하시고, 나를 대신 있게 한 뒤에 부인은 몸을 피하셨나이다. 9 제왕은 당당한 만승천자(萬乘天子)(일만 萬 탈 乘 하늘 天 아들 子 : 황제를 높여 이르는 말)의 금지옥엽(金枝玉葉)(쇠 金 가지 枝 옥 玉 잎 葉 : 금으로 된 가지와 옥으로 된 잎이라는 뜻으로, 임금의 가족을 높여 이르는 말)이요 천승군왕(千乘君王)(일천 千 탈 乘 임금 君 왕 王 : 황제 아래의 여러 왕)이거늘, 어찌 차마 이같이 어질지 못하고 의롭지

[B]

못한 일을 자행하시나이까(제멋대로 恣 행할 行 : 제멋대로 행동하시나이까)? 10 일반 백성의 범상한(보통 凡 항상 常 : 평범한) 여자라도 그렇게 빼앗으려 하지 못하려든, 군부(君父)(임금 君 아버지 父 : 임금)의 명(명령 命 : 명령)을 꾸며 만들고 불측한(아닐 不 깨끗할 測 : 괘씸하고 엉큼한) 마음을 품어서 감히 조정(왕조 朝 조정 庭 : 임금이 나랏일을 신하들과 의논하는 곳)의 경상가(卿相家)(벼슬 卿 정승 相 집 家 : 이품 이상의 벼슬 집안)의 부인(여기서는 혜란)을 밝은 대낮에 도적하고자(훔칠 盜 도둑질할 賊 : 몰래 빼앗고자) 했으니 어찌 처벌이 없으리오. 11 죄는 개인의 사사로운(사적인) 사정으로 봐주는 것이 없나니, 옛날 진(秦)나라 상앙(商鞅)은 태자가 법을 범하자 그 스승까지 형벌하였나니(중국 진나라의 재상인 상앙은 태자가 법을 어기자 태자의 최고 스승의 코를 베고 다른 스승들은 이마에 문신을 새기는 처벌을 내렸나니), 제왕은 어찌 몸을 보전하려 하오."

12 말을 다 마쳤는데, (월향의) 아름다운 목소리가 비분강개하여(슬플 悲 분할 憤 슬플 慷 슬퍼할 慨 : 올바르지 못한 일에 슬프고 분한 마음이 가슴속에 가득 차) 기운이 추상같았다(가을 秋 서리 霜 : 기세, 위엄 등이 매우 대단하거나 날카로웠다). 13 제왕이 한편으로는 왕 소저를 잃은 것을 분하게 여기고 다른 한편으로는 월향의 꾸짖음에 크게 화를 내었다. 14 그래서 궁노(宮奴)(궁전 宮 종 奴 : 왕족의 시중을 드는 사내종)에게 명하여 월향을 잡아매어 죽이고자 하였지만, 월향이 조금도 겁내지 아니하고 말했다.

15 "나는 주인을 위하여 죽으려 하나니 빨리 죽이소서."

→ 혜란 대신 납치된 월향은 제왕을 꾸짖고, 제왕은 화를 내며 월향을 죽이려 한다.

· 중심 내용

서 공자의 구슬과 왕혜란의 구슬이 짝인 것을 알게 된 부인 유 씨와 왕 공자는 서 공자와 왕혜란을 결혼시키려 한다. 왕혜란 대신 제왕에게 납치된 월향은 제왕의 부도덕한 행동을 꾸짖고, 제왕은 월향을 죽이려 한다.

· 전체 줄거리 ([ ] : 지문 내용)

명나라 성화 연간(어느 왕이 왕위에 있는 동안)에 소주 화계촌에 사는 서경은 한홍사라는 절의 화주승에게 시주한(절이나 승려에게 물건을 베풀어 준) 공덕(착한 일을 하여 쌓은 업적과 어진 덕)으로 아들 서천흥(서 공자)을 얻는다. 서경이 벼슬에서 물러나 고향으로 돌아와 한가롭게 지내던 즈음, 남만국이 명나라 변방을 침범하자 황제는 서경을 불러 남만국에 안무사로 파견한다. 서 안무사가 남만으로 들어가니 만왕은 도리어 서경의 항복을 받으려 한다. 이에 서경이 만왕을 크게 꾸짖자 만왕은 서경을 감옥에 가두고 중원을 침공하기 위해 군사를 크게 일으킨다. 만왕의 태자는 서경의 충절(충성스러운 절개)에 감복하여(감탄하여) 만왕이 모르게 서경을 후하게 대접하고, 만왕은 항복하지 않는 서경을 섬으로 유배 보낸다.

한편, 서경의 부인 이 씨는 아들 서천흥을 키우면서 외로이 지내다가 산적에게 납치된다. 그러나 이 씨는 산적으로부터 탈출하여, 꿈속에서 여승이 알려 준 대로 남경에 있는 백화암을 찾아가 그곳에서 숨어 지낸다. 서천흥은 산적들에 의해 길가에 버려졌으나, 왕 어사의 노비였던 장삼에게 발견되어 그의 집에서 길러진다. 한편, 왕 어사의 부인 유 씨는 남편과 사별한 뒤 자식인 왕희령(왕 공자), 왕혜란과 함께 살았는데, 딸 왕혜란은 어머니가 태몽에서 선녀로부터 받은 구슬의 짝을 가진 낭군을 기다리고 있었다. 유 씨는 장삼의 집에서 우연히 만난 서천흥의 재주와 외모가 마음에 들어 그를 자신의 집에서 지내게 한다. [하루는 서천흥이 장삼(석파)에게 구슬 주머니를 지어 달라고 하며 자신의 구슬에 대해 이야기한다. 장삼은 그 구슬을 유 씨에게 보여 주고 유 씨는 서천흥의 구슬이 왕혜란의 구슬과 짝인 것을 확인하고 기뻐하며 왕희령을 시켜 서천흥에게 청혼하게 한다.] 이후 서천흥과 왕혜란은 약혼을 하고, 서천흥이 과거 시험에 합격한 뒤 결혼하기로 약속한다.

이후 서천흥은 문무과에 모두 장원 급제하고, 왕희령은 문과에 급제한다. 이때 황제의 숙부인 제왕이 부인과 사별하고 새로운 혼처(혼인할 자리)를 찾다가, 왕 어사의 딸이 어질고 정숙하며 아름답다는 말을 듣고는 황제를 움직여 왕 어사의 딸과 혼인하고자 한다. 한림편수가 된 왕희령은 황제 앞에 나아가 자신의 동생인 왕혜란이 한림학사 서천흥과 약혼했다고 말하고, 쌍주(雙珠)의 내력을 아뢴다. 황제는 그 인연을 기특히 여겨 서천흥을 불

→ 문제편 191쪽

러 물어보고는 제왕과 왕혜령을 혼인시키려던 뜻을 도로 거두어들이고, 서천흥과 왕혜란이 혼례를 치를 수 있도록 한다. [이때 남만이 중원(중국(명나라) 땅)을 침공하니 서천흥이 자원하여 대원수가 되어 출정한다. 제왕은 왕혜란을 납치하려 하고 왕혜란은 제왕의 계략을 눈치채 달아나고 시비(여자 종) 월향이 대신 남아 납치된다.] 이 사실을 알게 된 황제는 제왕의 지위를 빼앗고, 월향은 풀려난다. 왕혜란은 왕희령이 있는 양주로 가던 중에 백화암에 들렀다가 서천흥의 어머니인 이 씨를 만나게 된다. 한편 서 원수는 전장에서 적국의 장수 길협을 생포하여 서경의 생사를 확인한 뒤 놓아준다. 생환한 길협을 통해 서경과 서 원수가 부자지간임을 알게 된 만왕은 서경을 볼모로 삼아 원수를 귀순하게 하려 한다. 남만 태자는 이 사실을 서경에게 알려 명나라 진영으로 도망가게 하고, 결국 서경은 아들과 상봉하게 된다. 만군을 격파한 서 원수는 만국 태자의 활달한 기상과 부친이 태자로부터 입은 은혜를 생각하여 태자를 새로운 만왕으로 봉하자는 표문을 황제에게 올리고는 서경과 함께 명나라로 돌아온다. 이후 서천흥은 부귀공명을 누리다가 꿈속에서 예전에 선녀로부터 받았던 구슬을 하늘에 바치고는 왕혜령과 함께 한날한시에 죽는다.

· 인물 관계도

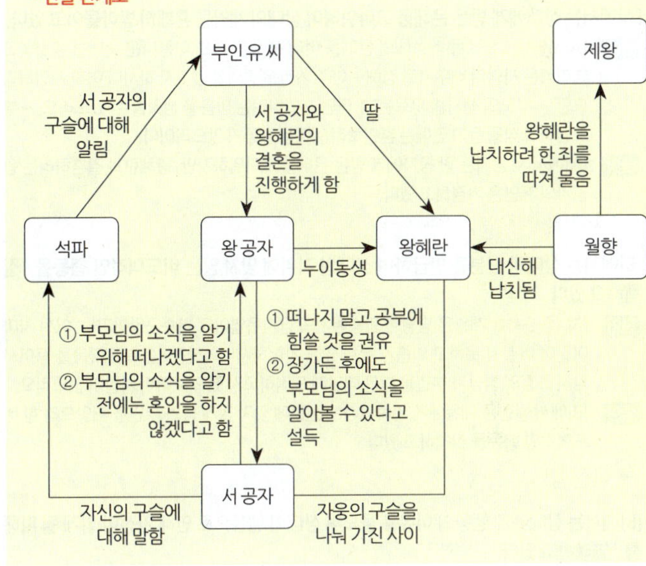

---

42 | 내용 이해 - 적절하지 않은 것 고르기 | 정답 ⑤
정답률 65%, 매력적 오답 ③ ④ 10%

윗글을 이해한 내용으로 적절하지 않은 것은?

① 서 공자는 부친의 소식을 알기 위해 남방으로 가고자 하였다.

근거 ❶-1~2 서 공자는 부모 생각이 더욱 간절해졌다. ~ 부친의 소식을 남방에 가 자세히 듣고자 하여 산을 넘고 물을 건너 길을 가려 하였다.

풀이 서 공자는 헤어진 부친에 대한 소식을 알아보려고 남방으로 가고자 하였다.
→ 적절함!

② 왕 공자는 떠나려는 서 공자를 말리며 공부에 힘쓸 것을 권유했다.

근거 ❶ 서 공자는 ~ 모친의 행적을 찾고 부친의 소식을 남방에 가 자세히 듣고자 ~ 길을 가려 하였다. 왕 공자가 말리며 말했다. "형은 다만 공부에 힘써 과거에 급제하면 자연 알 것이니, ~ 왕 공자가 권유하여 떠나지 못하게 하니,

풀이 서 공자가 부모님의 소식을 알기 위해 떠나려고 하자 왕 공자는 서 공자를 말리며 과거에 급제하면 부모님 소식을 저절로 알게 될 것이라며 공부에 힘쓸 것을 권했다.
→ 적절함!

③ 제왕은 납치해 온 대상이 왕혜란이 아니라는 사실에 분함을 느꼈다.

근거 ❻-2~3 제왕은 무뢰배를 보내어 왕 소저를 데려다가 ~ 들어가 소저를 보았다. ~ 왕 소저가 아니니, 크게 놀라 물었다. / 13 제왕이 한편으로는 왕 소저를 잃은 것을 분하게 여기고

풀이 제왕은 무뢰배를 시켜 납치해 온 여인이 왕혜란이 아닌 것을 알고 분함을 느꼈다.
→ 적절함!

④ 왕혜란은 자신에게 변고가 일어날 것을 짐작하여 미리 몸을 피하였다.

근거 ❻-6~8 "나는 서 원수의 부인의 시비 월향이오. 우리 부인이 ~ 환관이 친히 와 사내종들에게 술 먹이는 것을 보고 그날 밤에 변고가 있을 줄 짐작하시고, 나를 대신 있게 한 뒤에 부인은 몸을 피하셨나이다.

풀이 월향은 제왕에게 왕혜란이 환관의 행동을 이상하게 여기고 변고가 있을 줄 짐작해 몸을 피했다고 말했다. 이를 통해 왕혜란이 자신에게 생길 변고를 짐작하고 미리 피

했음을 알 수 있다.

→ 적절함!

빠른 시일 내에
✓⑥ 부인 유 씨는 서 공자에게 <s>과거에 합격하는 대로</s> 혼인할 것을 제안했다.

근거 ❸-5~6 부인 유 씨가 마음 가득히 아주 기뻐하며 말했다. "이 구슬의 자웅을 가지고 가서 서 공자에게 그 내력을 일러주고 혼인하기로 정하여 멀지 아니한 가까운 장래에 혼례를 행하도록 하라."

풀이 부인 유 씨가 왕혜란과 서 공자의 혼인을 추진하고는 있지만 과거에 합격하는 대로 혼인하라고 제안하고 있지 않다.

→ 적절하지 않음!

---

43 말하기 방식 - 적절한 것 고르기
정답률 70%, 매력적 오답 ③ 10%
정답 ②

[A], [B]에 대한 이해로 가장 적절한 것은?

고마워하지만　　　정중히 거절하고
① [A]에서는 상대에게 받은 은혜를 <s>고마워하며</s> 상대의 제안을 <s>흔쾌히 받아들이고</s> 있다.

근거 [A] ❹-14~16 "형(왕 공자)의 은혜를 여러 해 입었고 또 아름다운 숙녀를 용렬하고 어리석은 사람의 배우자로 정해 ~ 아주 가까운 정의를 맺고자 하시니 어찌 사양하리오만, ~ 부모의 생사를 모르는데, 다만 혼인하려는 마음을 생각할 수 있으리오. ~ 부모님의 소식을 듣기 전에는 혼인하려는 마음을 두지 않으리이다.

풀이 [A]에서 서 공자는 왕 공자에게 받은 은혜를 고마워하지만, 왕혜란과 결혼하라는 왕 공자의 제안은 거절하고 있다.

→ 적절하지 않음!

*꾸짖고
✓② [B]에서는 상대의 신분을 언급하며 상대의 지위에 맞지 않는 비도덕적인 행동을 *질책하고 있다.

근거 [B] ❻-9~10 제왕은 당당한 만승천자의 금지옥엽이요 천승군왕이거늘, 어찌 차마 이같이 어질지 못하고 의롭지 못한 일을 자행하시나이까? ~ 불측한 마음을 품어서 감히 조정의 경상가 부인을 밝은 대낮에 도적하고자 했으니 어찌 처벌이 없으리오.

풀이 [B]에서 월향은 제왕에게 왕족이라는 신분에 맞지 않게 남의 부인을 빼앗으려 한 비도덕적인 행동을 질책하고 있다.

→ 적절함!

상대가 처벌을 받게 될 것을 경고하고
③ [B]에서는 상대에게 행동의 이유를 물으며 상대의 행동으로 인해 <s>자신이 입게 될 피해를</s> *염려하고 있다. *걱정하고

근거 [B] ❻-9~10 제왕은~ 어찌 차마 이같이 어질지 못하고 의롭지 못한 일을 자행하시나이까? ~ 불측한 마음을 품어서 감히 조정의 경상가 부인을 밝은 대낮에 도적하고자 했으니 어찌 처벌이 없으리오.

풀이 [B]에서 월향은 제왕에게 왕혜란을 납치하려고 한 이유를 따지고 잘못에 대해 처벌을 받게 될 것이라고 경고하고 있을 뿐, 제왕의 행동으로 인해 자신이 입게 될 피해를 염려하고 있지는 않다.

→ 적절하지 않음!

[A]에서는
④ [A]와 [B]에서는 모두 자신이 처한 문제 상황을 언급하며 문제 해결을 위해 상대에게 도움을 요청하고 있다.

근거 [A] ❹-15 부모의 생사를 모르는데,

풀이 [A]에서 부모의 소식을 알지 못하는 서 공자의 문제 상황이 언급되고는 있지만 문제 해결을 위해 왕 공자에게 도움을 요청하고 있지는 않다. [B]에서 월향은 자신의 문제 상황을 언급하지도, 문제 해결을 위해 제왕에게 도움을 요청하지도 않는다.

→ 적절하지 않음!

⑤ [A]와 [B] 모두 *고사를 인용하여, [A]에서는 상대를 설득하고 있고, [B]에서는 상대에 대한 두려움을 나타내고 있다. *옛날부터 전해 내려오는 이야기를 가져와서

근거 [A] ❹-14~16 아름다운 숙녀를 용렬하고 어리석은 사람의 배우자로 정해 진(秦)나라와 진(晉)나라의 왕실이 혼인을 맺고 지낸 것처럼 아주 가까운 정의를 맺고자 하시니 어찌 사양하리오만, ~ 부모님의 소식을 듣기 전에는 혼인하려는 마음을 두지 않으리이다.

[B] ❻-10~11 군부의 명을 꾸며 만들고 불측한 마음을 품어서 감히 조정의 경상가 부인을 밝은 대낮에 도적하고자 했으니 어찌 처벌이 없으리오. ~ 옛날 진(秦)나라 상앙은 태자가 법을 범하자 그 스승까지 형벌하였나니, 제왕은 어찌 몸을 보전하려 하오."

풀이 [A]에서 서 공자는 중국의 두 왕실이 혼인을 맺고 지낸 고사를 인용하여 혼인에 대한 긍정적인 태도를 드러내면서도 왕 공자가 제안한 혼인을 거절하고 있으므로 상대를 설득하고 있다고 볼 수 없다. [B]에서 월향은 진나라 상앙의 고사를 인용하여 죄를 지은 제왕에게 마땅히 벌을 받게 될 것이라고 경고하고 있을 뿐 상대에 대한 두려움을 드러내고 있지 않다.

→ 적절하지 않음!

---

44 소재의 기능 - 적절하지 않은 것 고르기　　1등급 문제
정답률 50%, 매력적 오답 ① ③ ⑤ 10% ② 20%
정답 ④

자웅의 구슬 과 관련한 설명으로 적절하지 않은 것은?

① 부인 유 씨가 딸의 혼사를 추진하지 않고 기다려 온 계기가 되는 소재이다.

근거 ❸-1 부인 유 씨는 혜란 소저가 점점 나이 들어가며 장성하는데 구슬이 있는 곳을 알지 못해 밤낮으로 걱정하였다.

❹-7~10 왕 공자가 구슬 자웅을 내어 놓고 말했다. "다름 아니라 나에게 누이동생이 있는데 ~ 태어날 때 꿈꾼 이야기가 이상하였지만 자 글자가 쓰인 구슬을 얻었도다. 그래서 지금까지 웅 글자가 쓰인 구슬을 가지고 있는 이를 찾느라 정혼하지 못하였도다.

풀이 부인 유 씨는 왕혜란의 자 글자가 쓰인 구슬과 짝인 웅 글자가 쓰인 구슬을 가진 사람을 찾지 못해 딸을 결혼시키지 못하고 있다. 따라서 '자웅의 구슬'은 유 씨가 딸의 혼사를 추진하지 않고 기다려 온 계기가 되는 소재로 볼 수 있다.

→ 적절함!

② 왕 공자가 서 공자에게 왕혜란에 대한 과거 내력을 알리는 계기가 되는 소재이다.

근거 ❹-7~10 왕 공자가 구슬 자웅을 내어 놓고 말했다. "다름 아니라 나에게 누이동생이 있는데 ~ 태어날 때 꿈꾼 이야기가 이상하였지만 자 글자가 쓰인 구슬을 얻었도다. 그래서 지금까지 웅 글자가 쓰인 구슬을 가지고 있는 이를 찾느라 정혼하지 못하였도다.

풀이 왕 공자는 왕혜란과 서 공자의 구슬이 '자웅의 구슬'로 한 쌍임을 알게 되자 서 공자에게 왕혜란이 자신의 구슬과 짝인 구슬을 찾느라 지금까지 결혼하지 못한 사실을 말한다. 이를 통해 '자웅의 구슬'은 왕 공자가 서 공자에게 왕혜란의 과거 내력을 알리는 계기가 되는 소재임을 알 수 있다.

→ 적절함!

③ 서 공자와 왕혜란이 태어날 때부터 서로의 *배필로 정해져 있음을 보여 주는 소재이다. *부부로서의 짝

근거 ❹-7~11 왕 공자가 구슬 자웅을 내어 놓고 말했다. "다름 아니라 나에게 누이동생이 있는데 ~ 태어날 때 꿈꾼 이야기가 이상하였지만 자 글자가 쓰인 구슬을 얻었도다. 그래서 지금까지 웅 글자가 쓰인 구슬을 가지고 있는 이를 찾느라 정혼하지 못하였도다. 그랬는데 누가 형에게 이 구슬이 있을 줄 생각했으랴.

풀이 왕 공자는 왕혜란이 태어날 때 자 글자가 쓰인 구슬을 얻었는데 이와 한 쌍인 웅 글자가 쓰인 구슬을 가진 사람과 결혼하기 위해 지금까지 기다렸다고 말한다. 따라서 '자웅의 구슬'은 서 공자와 왕혜란이 태어날 때부터 서로의 배필로 정해져 있음을 보여 주는 소재로 볼 수 있다.

→ 적절함!

✓④ 서 공자가 자신의 정혼 상대로 왕혜란을 만나게 될 것이라고 확신하게 만드는 소재이다.

근거 ❹-1~3 왕 공자가 자웅의 구슬을 가지고 사랑채에 나아가 서 공자를 향해 말했다. "형은 만일 자 글자가 쓰인 구슬이 있으면 그곳에 정혼하려 하느냐?" 서 공자가 어떠한 곡절인지도 모르고

풀이 서 공자는 왕 공자의 말을 듣기 전까지 왕혜란이 자신과 한 쌍인 구슬을 가지고 있다는 것을 알지 못했다. 따라서 서 공자가 자신의 정혼 상대로 왕혜란을 만나게 될 것이라고 확신했다고 볼 수 없다.

→ 적절하지 않음!

⑤ 왕 공자가 자신의 누이와 서 공자가 서로 인연임을 우연히 알아차리도록 만드는 소재이다.

근거 ❷-3~❸-4 서 공자가 ~ 구슬에 관한 내력을 말하니, 석파 또한 왕 소저의 구슬에 관한 이야기를 알고 있어서 ~ 구슬을 가지고 안채로 들어가 부인 유 씨에게 이 곡절을 고하였다. ~ 구슬을 받아 보니, 웅 글자도 뚜렷이 있고 혜란 소저의 구슬과도 신통히 같았다. 부인 유 씨가 왕 공자를 불러 그 까닭을 이르니, 왕 공자도 구슬을 보고 손뼉을 치며 웃으며 말했다. "어찌 이와 같은 신통한 일이 고금에 또 있으리까?"

풀이 왕 공자는 석파가 가져온 서 공자의 구슬이 왕혜란의 구슬과 '자웅의 구슬'로 한 쌍인 것을 보고 자신의 누이인 왕혜란과 서 공자가 서로 인연임을 알게 되었다.

→ 적절함!

〈보기〉를 참고하여 윗글을 감상한 내용으로 적절하지 않은 것은? [3점]

| 보기 |

[1] 「쌍주기연」은 중심인물의 애정 서사(남녀 간의 사랑을 주제로 하는 이야기)를 바탕으로 임금이나 주인에 대한 충성, 부모에 대한 효, 여성의 절개(믿음과 의리를 지키려는 꿋꿋한 태도)라는 당대의 보편적(일반적) 가치를 수호하는(지키고 실천하는) 모습을 담아내고 있다. [2] 이 과정에서 보조 인물이 사건 전개에 능동적으로(적극적으로) 개입하여 중심인물의 애정 서사에 도움을 주거나, 보편적 가치(임금이나 주인에 대한 충성, 부모에 대한 효, 여성의 절개)를 훼손하는 악인형 인물과 대립하여 작품의 주제 의식을 형상화하는(구체적으로 표현하는) 데 기여하는 모습을 보인다.

중심인물	서 공자 : 부모에 대한 효라는 보편적 가치를 수호
보조 인물	석파 : 중심인물의 애정 서사를 도움
	왕 공자 : 보편적 가치를 강조하여 중심인물의 애정 서사에 능동적으로 개입
	월향 : 보편적 가치를 훼손하는 악인과 대립하여 주제 의식 형상화에 기여
악인형 인물	제왕 : 여성의 절개라는 보편적 가치를 훼손하려 함

① 석파가 부인 유 씨에게 '곡절을 고하'여 왕혜란의 혼례를 추진하는 데 영향을 주는 것으로 보아 보조 인물이 중심인물의 애정 서사에 도움을 주고 있음을 알 수 있군.

근거 〈보기〉-2 보조 인물이 사건 전개에 능동적으로 개입하여 중심인물의 애정 서사에 도움을 주거나,

❷-3~❸ 서 공자가 눈물을 흘리며 구슬에 관한 내력을 말하니, 석파 또한 왕 소저의 구슬에 관한 이야기를 알고 있어서 ~ 구슬을 가지고 안채로 들어가 부인 유 씨에게 이 **곡절을 고하**였다. ~ 석파의 말을 듣고 몹시 놀라며 기뻐하여 구슬을 받아 보니, 웅 글자도 뚜렷이 있고 혜란 소저의 구슬과도 신통히 같았다. ~ 부인 유 씨가 마음 가득히 아주 기뻐하며 말했다. "이 구슬의 자웅을 가지고 가서 서 공자에게 ~ 가까운 장래에 혼례를 행하도록 하라."

풀이 석파가 부인 유 씨에게 서 공자의 구슬에 대해 '곡절을 고하'자 유 씨는 서 공자의 구슬이 왕혜란의 구슬과 한 쌍임을 알게 되어 서 공자와 왕혜란의 혼례를 진행시킨다. 따라서 석파는 중심인물인 서 공자와 왕혜란의 애정 서사에 도움을 주는 보조 인물로 볼 수 있다.

→ 적절함!

② 서 공자가 '부모님의 소식을 듣기 전에는 혼인하'지 않으려는 것으로 보아 중심인물이 부모에 대한 효라는 당대의 보편적 가치를 수호하고 있음을 알 수 있군.

근거 〈보기〉-1 「쌍주기연」은 중심인물의 ~ 부모에 대한 효, ~ 라는 당대의 보편적 가치를 수호하는 모습을 담아내고 있다.

❹-16 **부모님의 소식을 듣기** 전에는 **혼인하려는** 마음을 두지 않으리이다.

풀이 서 공자가 왕 공자에게 헤어진 '부모님의 소식을 듣기 전에는 혼인하'지 않겠다고 말하는 것을 통해 중심인물이 부모에 대한 효라는 보편적 가치를 수호하고 있음을 알 수 있다.

→ 적절함!

③ 왕 공자가 '서둘러 장가'를 들어 '조상에게 죄인되는 것'을 면하라고 하는 것으로 보아 보조 인물이 보편적 가치에 얽매이지 않고 사건 전개에 능동적으로 개입하고 있음을 알 수 있군.
초점을 두고

근거 ❹-18~21 왕 공자가 말했다. ~ 형이 장가를 들지 않으면 조상 대대의 제사는 어찌 하려는 것이오. 마땅히 **서둘러 장가**를 든 후라도 부모 소식을 알아봄이 옳은 데다 또 **조상에게 죄인되는 것**도 면할지니 거듭거듭 생각해 보라."

풀이 왕 공자가 서 공자에게 '서둘러 장가'를 들고 조상의 제사를 이어받아 '조상에게 죄인되는 것'을 면하라고 말하는 것은 '효'라는 보편적 가치를 강조하며 둘의 혼인에 능동적으로 개입하는 것으로 볼 수 있다.

→ 적절하지 않음!

④ 제왕이 '무뢰배를 보내어 왕 씨를 데려'가려 하는 것으로 보아 악인형 인물이 여성의 절개라는 당대의 보편적 가치를 훼손하려 하고 있음을 알 수 있군.

근거 〈보기〉 「쌍주기연」은 ~ 여성의 절개라는 당대의 보편적 가치를 ~ 훼손하는 악인형 인물과

❺-2 제왕이 왕혜란을 흠모해 납치하려 한다.

❻-2 제왕은 **무뢰배를 보내어 왕 씨를 데려**다가 후원의 깊은 별당에 들이고서 매우 기뻐하고 즐거워하여

풀이 제왕이 '무뢰배를 보내어' 이미 결혼한 '왕 씨를 데려'가려 하는 것은 악인형 인물이 당대의 보편적 가치인 여성의 절개를 훼손하려는 것으로 볼 수 있다.

→ 적절함!

⑤ 월향이 '조금도 겁내지' 않고 '죽으려 하'는 것으로 보아 보조 인물이 악인형 인물과의 대립 상황에서도 주인에 대한 충성을 다하여 주제 의식을 형상화하는 데 기여하고 있음을 알 수 있군.

근거 〈보기〉 「쌍주기연」은 ~ 주인에 대한 충성, ~ 당대의 보편적 가치를 수호하는 모습을 담아내고 있다. 이 과정에서 보조 인물이 ~ 보편적 가치를 훼손하는 악인형 인물과 대립하여 작품의 주제 의식을 형상화하는 데 기여하는 모습을 보인다.

❻-13~15 제왕이 한편으로는 왕 소저를 잃은 것을 분하게 여기고 ~ 궁노에게 명하여 월향을 잡아매어 죽이고자 하였지만, 월향이 **조금도 겁내지** 아니하고 말했다. "나는 주인을 위하여 **죽으려 하**나니 빨리 죽이소서."

풀이 〈보기〉에 따르면 윗글은 주인에 대한 충성이라는 당대의 보편적 가치를 수호하는 모습을 드러낸다. 따라서 월향이 자신을 죽이려는 제왕을 '조금도 겁내지' 않고 주인을 위해 '죽으려 하'는 모습에서 보조 인물이 악인형 인물과의 대립 상황에서도 주인에 대한 충성을 다하여 주제 의식을 형상화하고 있음을 알 수 있다.

→ 적절함!

고3 고전시가 미리 보기

정철, 「성산별곡」 2024학년도 9월 모평 32~34번	현대어 풀이
1 청강 녹초변에 소 먹이는 아이들이	맑은 강 푸른 풀이 우거진 강변에서 소 먹이는 아이들이
2 석양에 흥이 겨워 피리를 빗기 부니	석양에 흥이 겨워 피리를 비스듬히 부니
3 물 아래 잠긴 용이 잠 깨어 일어날 듯	물 아래 잠긴 용이 잠에서 깨어 일어날 듯
4 내 기운에 나온 학이 제 깃을 던져 두고 반공에 솟아 뜰 듯	안개 기운에 나온 학이 제 보금자리를 버려 두고 공중에 솟아 뜰 듯
5 소선(蘇仙) 적벽은 추칠월이 좋다 하되	소식이 지은 적벽부에서는 음력 칠월이 좋다 하되
6 팔월 십오야를 모두 어찌 칭찬하는가	(다른 사람들은) 팔월 보름밤을 모두 어찌 칭찬하는가
7 구름이 걷히고 물결이 다 잔 적에	구름이 걷히고 물결이 다 잔잔할 적에
8 하늘에 돋은 달이 솔 위에 걸렸거든	하늘에 돋은 달이 소나무 위에 걸렸으니
9 잡다가 빠진 줄이 적선(謫仙)이 헌사할샤	(물에 비친 달을) 잡다가 (물에) 빠진 이태백이 야단스럽구나
10 공산에 쌓인 잎을 삭풍이 거둬 불어	아무도 없는 빈산에 쌓인 낙엽을 겨울바람이 거두어서
11 떼구름 거느리고 눈조차 몰아오니	떼구름을 거느리고 눈조차 몰아오니
12 천공이 호사로워 옥으로 꽃을 지어	조물주가 일을 벌이기 좋아해 옥으로 꽃을 만들어
13 만수천림을 꾸며곰 낼세이고	온갖 나무들을 (눈으로) 꾸미고 꾸며 내었구나.
14 앞 여울 가리 얼어 독목교(獨木橋) 비꼈는데	앞 시냇물이 (눈에) 덮여 얼고 외나무다리 비스듬히 걸렸는데
15 막대 멘 늙은 중이 어느 절로 간단 말고	막대 멘 늙은 중이 어느 절로 간다는 말인가
16 산옹의 이 부귀를 남더러 자랑 마오	산옹의 이 부귀를 남한테 소문내지 마오
17 경요굴(瓊瑤窟) 숨은 세계 찾을 이 있을세라	옥으로 만든 동굴의 숨은 세계(눈 내린 성산)를 찾을 사람이 있을까 두렵구나
18 산중에 벗이 없어 서책을 쌓아 두고	산속에 벗이 없어 서책을 쌓아 두고
19 만고 인물을 거슬러 혜여하니	먼 옛날의 인물들을 거슬러 올라가 생각해 보니
20 성현도 많거니와 호걸도 하도 할샤	성현도 많지만 호걸도 많기도 많구나
21 하늘 삼기실 제 곧 무심할까마는	하늘이 사람을 만드실 적에 그리 무심할까마는(무심할 리 없지만)
22 어찌한 시운(時運)이 흥망이 있었는고	어찌 된 시대의 운수가 흥했다 망했다 하였는가
23 모를 일도 하거니와 애달픔도 그지없다	알 수 없는 일도 많거니와 애달픈 일도 끝이 없다
24 기산의 늙은 고블 귀는 어찌 씻었던고	기산의 늙은 허유가 귀는 어찌 씻었던고
25 박 소리 핑계하고 지조가 가장 높다	박 소리 핑계한 (허유의) 지조가 가장 높다
26 인심이 낯 같아야 볼수록 새롭거늘	인심이 사람의 얼굴 같아서 볼수록 새롭거늘
27 세사는 구름이라 험하기도 험하구나	세상일은 구름처럼 험하기도 험하구나
28 엊그제 빚은 술이 얼마나 익었느냐	엊그제 빚은 술이 얼마나 익었느냐
29 잡거니 밀거니 실컷 기울이니	(술잔을) 잡거니 권하거니 실컷 기울이니
30 마음에 맺힌 시름 조금은 풀리나다	마음에 맺힌 시름이 조금이나마 풀리는구나

10회

2022년 11월 학평

정답과 해설

문제편 p.193

★ 10회 모의고사 특징

- ✓ 적절한 난이도로 출제되었음.
- ✓ 화법과 작문은 기존의 유형을 벗어나지 않았으나 2번의 경우 선지를 꼼꼼히 읽지 않으면 함정에 빠질 수 있었으며, 오답률이 높았음.
- ✓ 언어는 평이한 수준이었음. 중세 국어의 문장 성분과 관련된 문제인 12번 문제가 다소 어렵게 느껴졌을 것임.
- ✓ 독서는 다소 까다롭게 출제되었음. 과학 지문과 경제 지문 모두 〈보기〉 아래 두 문제가 엮여 나온 것이 특징적이었음. 먼저 튜링 기계와 관련된 과학 지문은 독해와 문제 풀이 모두 어려움을 겪었을 것으로 생각됨. 그리고 양면시장의 플랫폼에 관한 경제 지문의 경우 40번과 41번과 관련된 〈보기〉의 길이가 길어 문제 해결에 시간이 꽤 소요되었을 것임. 특히 41번의 난도가 높았음. 인문 복합 지문은 각 사상가들의 견해를 비교하는 20번 문제의 오답률이 높았음.
- ✓ 문학은 전반적으로 낯선 작품들이 출제되었으나 문제는 적절한 난이도로 출제되었음. 갈래 복합의 고전시가와 수필에 한자어가 많아 독해에 시간이 소요되었을 것이며, 표현상 공통점을 묻는 34번의 오답률이 높았음. 고전소설의 경우 서술상의 특징을 묻는 문제인 43번과 내용 이해에 관한 문제인 42번의 오답률이 높았음.

오답률 TOP❺

문항 번호	2	34	26	41	20
분류	화작 화법	문학 갈래 복합	독서 기술	독서 사회	독서 인문
난도	최상	상	중상	중상	중상

✓ 정답표

01	③	02	④	03	③	04	④	05	②
06	⑤	07	③	08	①	09	⑤	10	①
11	①	12	④	13	①	14	③	15	④
16	②	17	③	18	④	19	⑤	20	④
21	③	22	④	23	④	24	③	25	⑤
26	④	27	④	28	④	29	④	30	⑤
31	③	32	②	33	③	34	①	35	②
36	④	37	③	38	②	39	①	40	②
41	⑤	42	⑤	43	⑤	44	④	45	②

[01 ~ 03] 강연

01

말하기 방식 - 적절한 것 고르기
정답률 85%, 매력적 오답 ② 10%

정답 ③

위 강연자의 말하기 방식으로 가장 적절한 것은?

③ 강연 내용과 관련된 질문을 하여 청중의 주의를 환기하고 있다.

> **근거** ❶문단 여러분은 식품을 구매할 때 식품 포장지에서 어떤 정보를 주로 보시나요?
> ❷문단 제품명에 '향' 자가 보이시나요?
> ❸문단 이 화면은 다른 식품의 주(주요하거나 기본이 되는) 표시면인데, 여기에서는 어떤 정보를 알 수 있을까요?
> ❹문단 여기 바탕색과 다르게 표시된 부분이 보이시죠?

② 강연 내용을 요약하여 마무리하며 주제를 강조하고 있다.

> **근거** ❻문단 여러분, 건강하고 안전한 식생활을 위해 식품 포장지의 정보를 꼼꼼히 확인하여 자신에게 적합한 식품을 잘 구매하시기 바랍니다.
> **풀이** 강연자는 식품 구매 시 식품 포장지의 정보를 꼼꼼히 확인할 것을 당부하며 강연을 마무리하고 있다. '식품 표장지의 표시사항에 담긴 다양한 정보'와 관련된 내용을 요약하거나 주제를 강조하고 있지는 않다.

→ 문제편 193쪽

02

자료 활용 방식 - 적절하지 않은 것 고르기
정답률 30%, 매력적 오답 ② 15% ③ ⑤ 25%

정답 ④

다음은 위 강연자가 제시한 자료이다. 강연자의 자료 활용에 대한 설명으로 적절하지 않은 것은?

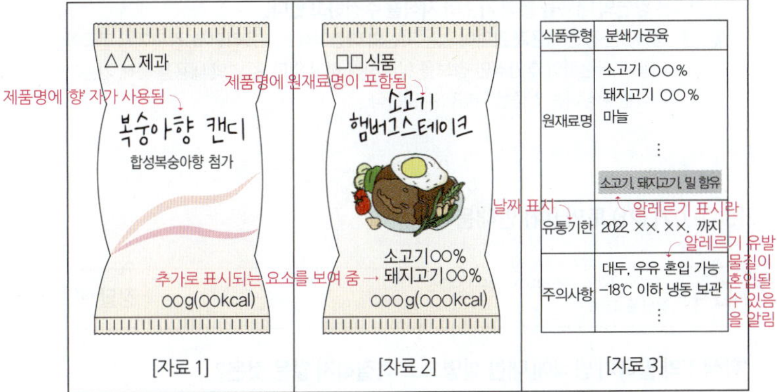

④ 식품 제조 과정에서 *불가피하게 **혼입될 수 있는 알레르기 ***유발물질이 알레르기 표시란을 통해 표시되는 방식을 설명하기 위해 ⓒ에 [자료 3]을 활용하였다.
*피할 수 없이 **한데 섞이어 들어갈 ***일으키는 (주의사항)

> **근거** ❹문단 (ⓒ 자료 제시) … 여기에는 식품유형, 원재료(기본이 되는 재료)명, 유통기한, 주의사항 등 다양한 정보가 있는데요. … 여기 바탕색과 다르게 표시된 부분이 보이시죠? 이곳은 알레르기 표시란인데요. 알레르기 유발물질의 양과 관계없이 원재료로 사용된 모든 알레르기 유발물질이 표시됩니다. 또한 식품에 사용된 원재료가 아니어도 알레르기 유발물질이 식품을 제조하는 과정에서 불가피하게 섞여 들어갈 우려가 있을 수 있습니다. 이 경우에는 화면에서 보시는 것처럼 알레르기 유발물질이 혼입될 수 있다는 의미의 주의사항 문구가 쓰여 있으니 특정 알레르기가 있는 분들은 유의해서 살펴보시기 바랍니다.
> **풀이** 강연자는 원재료로 사용된 모든 알레르기 유발물질이 알레르기 표시란을 통해 표시되는 방식을 설명하기 위해 ⓒ에 [자료 3] 중 '원재료명' 부분을 활용하고 있다. 더불어 식품 제조 과정에서 불가피하게 혼입될 수 있는 알레르기 유발물질이 주의사항란을 통해 표시되는 방식을 설명하기 위해 ⓒ에 [자료 3] 중 '주의사항' 부분을 활용하고 있다. 따라서 강연자가 식품 제조 과정에서 불가피하게 혼입될 수 있는 알레르기 유발물질이 알레르기 표시란을 통해 표시되는 방식을 설명하기 위해 ⓒ에 [자료 3]을 활용하였다는 설명은 적절하지 않다.

② 제품명에 특정 글자가 사용된 이유를 설명하기 위해 ㉠에 [자료 1]을 활용하였다.

> **근거** ❷문단 (㉠ 자료 제시) 지금 보시는 화면은 … 주표시면입니다. 이렇게 주표시면에는 제품명과 내용량 및 열량, 그리고 상표 등이 표시돼 있습니다. … 제품명에 '향' 자가 보이시나요? 제품명에 특정 맛이나 향이 표시되어 있고 그 맛이나 향을 내기 위한 원재료로 합성 향료만을 사용했기 때문에 보시는 것처럼 '복숭아향'이라고 적혀 있습니다.
> **풀이** 강연자는 제품명에 '향' 자가 사용된 이유를 설명하기 위해 ㉠에 제품의 주표시면을 보여 주는 [자료 1]을 활용하고 있다.

③ 식육가공품에서 제품명에 원재료명이 포함된 경우 주표시면에 추가로 표시되는 요소를 보여 주기 위해 ㉡에 [자료 2]를 활용하였다.

> **근거** ❸문단 (㉡ 자료 제시) 이 화면은 다른 식품의 주표시면인데, … 제품명을 보고 소고기만으로 만든 식품이라고 생각하시는 분들이 많을 텐데요. 아래쪽을 보시면, 소고기와 함께 돼지고기도 일부 포함되어 있음을 알 수 있습니다. 이 식품과 같이 식육가공품은 가장 많이 사용한 식육의 종류를 제품명으로 사용할 수 있는데요. 이런 경우에는 식품에 포함된 모든 식육의 종류와 함량이 주표시면에 표시되어 있으니 꼭 확인해 보세요.
> **풀이** 강연자는 '소고기 햄버그스테이크'처럼 식육가공품에서 제품명에 원재료명이 포함된 경우 주표시면에 추가로 표시되는 요소를 보여 주기 위해 ㉡에 소고기와 돼지고기의 함량을 표시한 [자료 2]를 활용하고 있다.

⑤ 식품 포장지에 표기되는 날짜 표시와 관련된 정보를 제공하기 위해 ⓒ에 [자료 3]을 활용하였다.

> **근거** ❺문단 마지막으로 날짜 표시에 대해 알려드리겠습니다. 여기 원재료명 아래 유통기한이 표시되어 있는데요. 관련 법률이 개정되어 앞으로는 식품을 유통할 수 있는 기한인 유통기한 대신 소비기한이 표시됩니다. 소비기한은 식품에 표시된 보관 방법을 준수했을(그대로 좇아서 지켰을) 때 식품을 섭취해도 안전에 이상이 없는 기한을 말합니다.
> **풀이** 강연자는 식품 포장지에 표기되는 날짜 표시와 관련된 정보를 제공하기 위해 ⓒ에 유통기한이 표시된 [자료 3]을 활용하고 있다.

03 듣기 전략 - 적절하지 않은 것 고르기
정답률 90% | 정답 ③

다음은 위 강연을 들은 청중의 반응이다. 강연의 내용을 고려하여 청중의 반응을 이해한 내용으로 적절하지 **않은** 것은?

③ 청자 3은 강연의 내용을 통해 기존의 지식을 수정하고 있다.

> **풀이** 청자 3은 강연 내용과 관련이 있는 자신의 배경지식을 떠올리면서, 강연에서 언급한 내용과 관련하여 추가적인 정보를 탐색하려 하고 있다. 강연의 내용을 통해 기존의 지식을 수정하는 청중은 나타나지 않는다.

[04 ~ 07] (가) 토의 (나) 안내문

04 사회자의 역할 - 적절하지 않은 것 고르기
정답률 95% | 정답 ④

'학생 1'의 말하기 방식에 대한 설명으로 적절하지 **않은** 것은?

① 토의의 배경을 언급하며 토의 주제를 제시하고 있다.

> **근거** **(가) 학생 1** 우리 동아리가 학교 축제 마지막 날 오후에 행사를 진행하게 됐잖아. 그래서 오늘은 그 행사를 어떻게 진행할지 토의하려고 해.
>
> → 적절함!

② 토의 참여자의 반응을 확인하고 논의를 이어가고 있다.

> **근거** **(가) 학생 1** 그럼 다들 플로깅 행사를 진행하는 데 동의하니까 이제 코스에 대해 이야기해 보자.
>
> → 적절함!

③ 토의 참여자의 발언에 동의하며 자신의 의견을 덧붙이고 있다.

> **근거** **(가) 학생 1** 네 말이 맞겠다. 주민들도 불편함을 겪을 거야.
>
> → 적절함!

✔ ④ 토의 흐름에 따라 다음에 발언할 토의 참여자를 지정하고 있다.

> **풀이** (가)의 '학생 1'이 토의 흐름에 따라 다음에 발언할 토의 참여자를 지정하는 모습은 나타나지 않는다.
>
> → 적절하지 않음!

⑤ 토의 참여자의 발언을 재진술하며 상대의 의견을 확인하고 있다.

> **근거** **(가) 학생 1** 네 말은 친구들이 각자 체력에 맞게 코스를 선택할 수 있도록 다양한 코스를 짜면 학생들의 참여도가 더 높아질 거라는 거지?
>
> → 적절함!

05 의사소통 방식 - 적절한 것 고르기
정답률 85%, 매력적 오답 ① 10% | 정답 ②

[A]에 대한 설명으로 가장 적절한 것은?

② '학생 2'는 상대방과 공유하는 경험을 활용하여 자신의 의견을 제시하고 있다.

> **근거** **(가) 학생 2** 지난번에 우리 동아리원끼리 피구 시합했었잖아. (상대방과 공유하는 경험)
> **(가) 학생 2** 그거랑 비슷하게 이번 축제에서는 학급 대항(학급끼리 서로 겨룸) 축구 대회를 열면 학급 단합도 되고 좋지 않을까? (자신의 의견 제시)

> **매력적 오답**
>
> ① '학생 2'는 상대방의 의견을 일부 인정하며 자신의 의견을 수정하고 있다.
>
> **근거** **(가) 학생 2** 나도 많은 학생들이 참여할 수 있는 활동이면 좋겠는데, 마라톤은 체력적으로 너무 부담스러워.
>
> **풀이** 축제 마지막 날 진행하게 될 행사로 '학생 3'과 마찬가지로 많은 학생들이 참여할 수 있는 활동이면 좋겠다는 발언은 상대방의 의견을 일부 인정한 것으로 볼 수 있다. 그러나 '학생 2'가 자신의 의견을 수정하는 부분은 보이지 않는다.

06 작문 계획의 반영 - 적절하지 않은 것 고르기
정답률 90% | 정답 ⑤

'학생 1'이 (가)의 토의 내용을 바탕으로 (나)를 작성할 때, (나)에 반영된 내용으로 적절하지 **않은** 것은? [3점]

⑤ (가)에서 이번 행사가 지역 사회에 도움이 될 수 있다는 의견에 따라 지역 사회 주민과 연계하여 진행됨을 밝혀야겠어.

> **근거** **(가) 학생 2** 플로깅 행사를 통해 마을 쓰레기가 줄어들면 우리 지역 사회에도 도움이 될 거야.
>
> **풀이** (가)에서 이번 행사가 지역 사회에 도움이 될 수 있을 것이라는 의견이 나온 것은 맞으나, (나)에 이번 행사가 지역 사회 주민과 연계하여 진행될 것이라는 내용은 언급되고 있지 않다.

07 조건에 따른 표현 - 적절한 것 고르기
정답률 90% | 정답 ③

<조건>에 따라 (나)의 ⊙에 추가할 내용으로 가장 적절한 것은?

> | 조 건 |
> ○ 건강과 환경 측면에서의 기대 효과를 고려하여 작성할 것.
> ○ 비유적 표현을 활용할 것.

③ 플로깅 행사 참여, 아직도 망설이시나요? 여러분의 건강도 지키고 지역 환경도 살리는 보석 같은 시간을 만들어 보세요.

> **풀이** '건강을 지키고'에서 건강 측면에서의 기대 효과가, '지역 환경도 살리는'에서 환경 측면에서의 기대 효과가 드러나 있다. 또한 '시간'을 '보석'으로 표현한 데서 비유적 표현의 하나인 직유법('~같이, ~처럼, ~듯이' 등을 사용하여 어떤 대상을 다른 대상에 직접 빗대어 표현)을 확인할 수 있다.

[08 ~ 10] 주장하는 글

08 작문 계획의 반영 - 적절하지 않은 것 고르기
정답률 75%, 매력적 오답 ④ 20% | 정답 ①

다음은 초고를 작성하기 전에 학생이 떠올린 생각이다. ⓐ~ⓔ 중 학생의 초고에 반영되지 **않은** 것은?

✔ ① ⓐ 공정한 경쟁 질서에 대한 소비자와 기업의 입장을 대조하여 제시해야겠어.

> **풀이** 초고에 공정한 경쟁 질서에 대한 소비자와 기업의 입장을 대조하여 제시하는 부분은 나타나지 않는다.
>
> → 적절하지 않음!

② ⓑ 문답의 방식을 활용해 그린워싱의 증가 원인을 제시해야겠어.

> **근거** **2문단** 그린워싱이 증가하는 원인은 무엇일까? 우선 기업이 환경 문제에 대한 소비자의 관심을 단순히 마케팅의 수단으로 이용하기 때문이다.
>
> → 적절함!

③ ⓒ 예상 독자의 이해를 돕기 위해 그린워싱의 개념을 제시해야겠어.

> **근거** **1문단** '그린워싱(greenwashing)'이란 기업이 소비자로 하여금 제품이나 제품 생산 과정 등을 친환경적인 것으로 오해하도록 하는 경우를 말한다.
>
> → 적절함!

④ ⓓ 그린워싱이 미치는 부정적인 영향을 소비자와 생산 업체의 측면에서 제시해야겠어.

> **근거** **1문단** 이(그린워싱)는 소비자가 정확한 정보를 제공받을 권리를 침해하고, (소비자 측면) 친환경 제품 생산 업체에 피해를 주어 친환경 제품 시장의 공정한 경쟁 질서를 저해할(막아서 못 하도록 해칠) 수 있다. (생산 업체 측면)
>
> → 적절함!

⑤ ⓔ 그린워싱의 해결 방안을 기업, 정부, 소비자의 측면으로 나누어 체계적으로 제시해야겠어.

> **근거** **3문단** 그린워싱을 해결하기 위해서는 무엇보다 기업은 기업 윤리를 재정립하고(다시 바로 세우고) 소비자가 환경과 관련된 제품 정보를 오해하지 않도록 정보를 투명하게 공개해야 한다. (기업 측면) 정부는 시장 상황을 고려해 친환경과 관련된 법률적 기준을 보완함으로써 소비자들이 그린워싱을 명확히 인식할 수 있도록 지원해야 한다. (정부 측면) 소비자는 그린워싱 여부를 판단할 수 있도록 친환경 제품에 대한 정확한 정보를 찾아보는 태도를 지녀야 한다. (소비자 측면)
>
> → 적절함!

09 자료 활용 방안 - 적절하지 않은 것 고르기
정답률 85% | 정답 ⑤

<보기>는 학생이 초고를 보완하기 위해 추가로 수집한 자료이다. 자료의 활용 방안으로 적절하지 **않은** 것은? [3점]

> **풀이** [자료 2]는 그린워싱과 관련된 실제 사례를 제시한 신문 기사이다. [자료 2]에서 기업이 자체적으로 환경마크를 부착한 행위가 유발한 부정적인 상황을 다루고 있으므로, [자료 2]를 활용하여 기업이 자체적으로 환경마크를 평가할 수 있는 제도를 마련해야 한다는 내용을 제시하는 것은 적절하지 않다. 또한 [자료 3]은 정부 차원의 그린워싱 해결 방안을 제시한 전문가 인터뷰로, 이를 활용하여 기업 윤리를 재정립하기 위한 구체적 방안을 제시하는 것은 적절하지 않다.

---

10 작문 내용의 점검 및 고쳐쓰기 - 적절한 것 고르기
정답률 90% | 정답 ①

〈보기〉는 [A]를 쓴 학생이 친구에게 보낸 이메일이다. ㉠에 들어갈 내용으로 가장 적절한 것은?

삭제

[A] 기업 성장과 발전은 국가 경제를 이끌어 가는 원동력이다. 그린워싱은 소비자를 기만하는 행위이다. 그러므로 사회 구성원 모두가 협력하여 그린워싱을 해결해야 한다.

| 보 기 |
네가 준 의견 중 (㉠)해 보라는 말을 고려해 초고의 마지막 문단을 아래와 같이 수정해 봤어. 확인해 줄래?

그린워싱은 소비자를 기만하는 행위이다. 그러므로 사회 구성원 모두가 협력하여 그린워싱을 해결해야 한다. 그린워싱을 해결하면 사회가 지향하는 친환경적 가치를 실현할 수 있을 것이다.

추가

① 기업 성장과 발전의 의의는 삭제하고, 그린워싱 해결의 의의는 추가

> **풀이** 기업 성장과 발전의 의의는 '그린워싱의 원인과 해결 방안'이라는 글의 주제와 맞지 않아 삭제하였다. 그리고 그린워싱 해결 촉구에 이어서 그린워싱 해결의 의의를 추가하였다.

■ 그린워싱의 판단 기준

구분	내용
숨겨진 상충효과 (Hidden Trade-Offs)	일부 환경문제가 해결된 것처럼 보이지만 또 다른 환경문제가 야기되는 경우 예) 종이 빨대는 플라스틱으로 인한 환경오염 문제를 해결했지만, 플라스틱 빨대는 재활용이 가능한 반면 종이 빨대는 재활용이 불가능함
불충분한 증거 (No Proof)	주장을 뒷받침하는 정보나 제3자의 인증이 없는 경우 예) BPA라는 화학물질에 대한 유해성이 입증되지 않은 채 BPA-free 제품을 이용한 마케팅을 통해 친환경 기업임을 주장
모호함 (Vagueness)	구체적인 설명 없이 친환경과 관련된 용어를 남용하여 소비자의 이해를 저해하는 행위 예) 성분에 관한 상세한 설명 없이 녹색, 지속가능, 에코와 같은 단어를 상품명에 무의미하게 사용
관련성 없음 (Irrelevance)	중요하지 않은 환경적 특징을 광고하는 행위 예) CFC(염화불화탄소)가 30년 이상 금지되어 왔는데 CFC 불포함을 내세워 광고
두 가지 해로운 요소 중 덜한 것 (Lesser of Two Evils)	친환경적인 특징은 있지만 비교 대상보다 덜 해로울 뿐 환경을 해치는 요소가 있음에도 친환경적인 것처럼 광고하는 행위 예) 패스트푸드점이 메탄 소고기 패티 사용으로 메탄가스를 줄이겠다고 캠페인을 벌였으나 그 영향은 미미하고 지구 온난화의 문제가 되는 육류 소비는 그대로인 상황
거짓말 (Fibbing)	친환경적인 요소가 없음에도 친환경 상품인 것처럼 광고를 하는 행위 예) 디젤 자동차가 이산화탄소 배출량을 제로로 만든다고 하는 경우
허위 라벨 (Worshiping False Labels)	어떤 기관에서도 인증되지 않은 라벨을 부착하는 행위 예) USDA Organic, ISO 14001, Green Seal 등

출처 : Terra Choice, 2010, Sins of Greenwashing

---

11 사전 활용 - 적절하지 않은 것 고르기
정답률 85% | 정답 ①

〈보기〉는 '사전 활용하기' 학습 활동을 위한 자료이다. 이에 대해 탐구한 내용으로 적절하지 않은 것은?

| 보 기 |
쓰다³ 〔통〕
① 【…에 …을】어떤 일을 하는 데에 재료나 도구, 수단을 이용하다.
¶수염을 깎는 데 전기면도기를 쓴다.
② 【…에/에게 …을】
「1」다른 사람에게 베풀거나 내다.
¶그는 취직 기념으로 친구들에게 한턱을 썼다.
「2」어떤 일에 마음이나 관심을 기울이다.
¶선생님, 일부러 제게 마음을 쓰지 않으셔도 됩니다.

쓰다⁶ 〔형〕
① 혀로 느끼는 맛이 한약이나 소태, 씀바귀의 맛과 같다.
¶나물이 쓰다.
② 【…이】몸이 좋지 않아서 입맛이 없다.
¶며칠을 앓았더니 입맛이 써서 맛있는 게 없다.

① '쓰다³ ② 「1」'의 용례로 '그는 들려오는 소문에 신경을 썼다.'를 추가할 수 있군.

> **풀이** '그는 들려오는 소문에 신경을 썼다'는 '그는 들려오는 소문에 마음이나 관심을 기울였다'의 의미이다. 따라서 '쓰다³ ② 「1」'이 아닌 '쓰다³ ② 「2」'의 용례로 추가할 수 있다.
>
> → 적절하지 않음!

② '쓰다³ ①'과 '쓰다³ ②'는 모두 문형 정보와 용례로 보아 목적어와 어울려 써야 함을 알 수 있군.

> **근거** 쓰다³ ①【…에 …을】¶수염을 깎는 데 전기면도기를 쓴다.
> 쓰다³ ②【…에/에게 …을】¶그는 취직 기념으로 친구들에게 한턱을 썼다.
> ¶선생님, 일부러 제게 마음을 쓰지 않으셔도 됩니다.
>
> **풀이** 문형 정보에 '…을'이 나타나 있고, 용례에도 목적어가 쓰인 것으로 보아 '쓰다³ ①'과 '쓰다³ ②'는 모두 목적어와 어울려 써야 함을 알 수 있다.
>
> → 적절함!

③ '쓰다³'과 '쓰다⁶'은 별개의 표제어로 기술되어 있으므로 동음이의 관계임을 알 수 있군.

> **풀이** '쓰다³'과 '쓰다⁶'은 사전에 서로 다른 표제어로 등재되어 있으므로 동음이의의 관계에 해당한다.
>
> → 적절함!

④ '쓰다³'과 '쓰다⁶'은 각각 하나의 표제어 아래 여러 뜻을 지니고 있으므로 다의어라고 볼 수 있군.

> **풀이** '쓰다³'은 하나의 표제어 아래 ①, ②「1」, ②「2」의 세 가지 뜻이 제시되어 있고, '쓰다⁶'은 하나의 표제어 아래 ①, ②의 두 가지 뜻이 제시되어 있으므로 '쓰다³'과 '쓰다⁶'은 모두 다의어에 해당한다.
>
> → 적절함!

⑤ '쓰다⁶'은 '쓰다³'과 달리 성질이나 상태를 나타내는 말임을 알 수 있군.

> **풀이** 사람이나 사물의 성질이나 상태를 나타내는 말은 형용사이다. '쓰다⁶'은 표제어 옆에 '형'이라고 표시되어 있으므로 형용사이다. 반면 '쓰다³'은 표제어 옆에 '통'이라고 표시되어 있으므로 사람이나 사물의 동작이나 작용을 나타내는 말인 동사에 해당한다.
>
> → 적절함!

[12 ~ 13] 언어 - 현대 국어와 중세 국어의 관형어와 부사어

① ¹관형어와 부사어는 다른 말을 수식하는 문장 성분이다. ²관형어는 체언을 수식하고 부사어는 주로 용언을 수식한다. ³관형어나 부사어가 실현되는 방법은 주로 다음과 같다.

(가) 저 바다로 어서 떠나자.
(나) 찬 공기가 따뜻하게 변했다.

(다) 민지의 동생이 학교에 갔다.

2 [1](가)의 '저'와 '어서'처럼 관형사(체언을 꾸며 주는 단어)와 부사(용언이나 관형사, 부사, 문장 전체를 꾸며 주는 단어)가 그 자체로 각각 관형어와 부사어로 쓰일 수 있다. [2]또한 (나)의 '찬(차- + -ㄴ)'과 '따뜻하게(따뜻하- + -게)'처럼 용언의 어간(활용할 때 변하지 않는 부분)에 전성 어미(용언 어간에 붙어 용언으로 하여금 다른 품사의 기능을 수행하게 하는 어미. 명사형, 관형사형, 부사형 전성 어미가 있음)가 결합하거나, (다)의 '민지의'와 '학교에'처럼 체언(명사, 대명사, 수사)에 격 조사(앞말과 다른 말의 문법적인 관계를 표시해 주는 조사)가 결합하여 쓰일 수도 있다.

3 [1]관형어와 부사어는 문장에서 필수적인 성분이 아니므로 일반적으로 생략이 가능하다. [2]다만, ㉠의존 명사(반드시 앞에 꾸며 주는 말이 있어야만 쓰일 수 있는 명사)를 수식하는 관형어나 ㉡서술어가 필수적으로 요구하는 부사어는 생략할 수 없다. [3]또한 관형어와 부사어는 각각 여러 개를 겹쳐서 사용할 수 있다.

4 [1]중세 국어의 관형어와 부사어도 현대 국어와 전반적으로 유사한 양상을 보였으나 격 조사가 쓰일 때 차이를 보였다. [2]관형격 조사의 경우, 사람이나 동물과 같은 유정 체언(감정을 나타낼 수 있는, 사람이나 동물을 가리키는 체언) 중 높임의 대상이 아닌 것과 결합할 때는 '이/의'가 쓰였다. [3]그리고 무정 체언(감정을 나타내지 못하는, 식물이나 무생물을 가리키는 명사)이나 높임의 대상이 되는 유정 체언과 결합할 때는 'ㅅ'이 쓰였다. [4]부사격 조사의 경우, 결합하는 체언의 끝음절 모음이 양성 모음(ㆍ, ㅏ, ㅗ)이면 '애', 음성 모음(ㅡ, ㅓ, ㅜ)이면 '에', 'ㅣ'나 반모음 'ㅣ'이면 '예'가 쓰였는데 특정 체언 뒤에서는 '이/의'가 쓰이기도 했다.

12	중세 국어의 관형어와 부사어 - 적절하지 않은 것 고르기 정답률 65%, 매력적 오답 ③ 10%	정답 ④

윗글을 바탕으로 <보기>의 중세 국어 자료를 이해한 내용으로 적절하지 않은 것은? [3점]

보기

○ 불휘 **기픈** 남ㄱ **부르매 아니** 뮐씨
(뿌리가 깊은 나무는 바람에 아니 흔들리므로)
 	
                                              -「용비어천가」-
 	
○ **員(원)의 지븨** 가샤 避仇(피구)홇 소니 마리
(원의 집에 가셔서 피구할 손의 말이)
 	
                                              -「용비어천가」-
 	
○ 뎌 **부텻** 行(행)과 願(원)과 工巧(공교)ᄒ신 方便(방편)은
(저 부처의 행과 원과 공교하신 방편은)
 	
                                              -「석보상절」-

① '기픈'을 보니 현대 국어와 마찬가지로 용언 어간에 전성 어미가 결합한 형태의 관형어가 사용되었음을 알 수 있군.

근거 **2**-2 용언의 어간에 전성 어미가 결합하거나, … (관형어와 부사어로) 쓰일 수도 있다.
4-1 중세 국어의 관형어와 부사어도 현대 국어와 전반적으로 유사한 양상을 보였으나

풀이 현대어 풀이 '깊은'으로 미루어 보아 '기픈'은 용언 어간 '깊-'에 어미 '-은'이 결합한 형태임을 알 수 있다. 이때 '-은'은 관형사형 전성 어미로, 앞에 오는 '깊-'으로 하여금 체언 '남ㄱ(나무)'을 꾸며 주는 관형어의 역할을 하게 한다.

→ 적절함!

② '부르매'를 보니 현대 국어와 달리 끝음절 모음이 양성 모음인 체언과 결합할 때는 부사격 조사 '애'가 사용되었음을 알 수 있군.

근거 **4**-4 부사격 조사의 경우, 결합하는 체언의 끝음절 모음이 양성 모음이면 '애', … 쓰이기도 했다.

풀이 현대어 풀이 '바람에'로 미루어 보아 '부르매'는 '부룸 + 애'로 분석된다. 부사격 조사로 '에'만 사용되는 현대 국어와 달리 '부룸'의 끝음절 모음이 양성 모음인 'ㆍ'이므로 부사격 조사 '애'가 사용되었다.

→ 적절함!

③ '아니'를 보니 현대 국어와 마찬가지로 부사 자체가 부사어로 사용되었음을 알 수 있군.

근거 **2**-1 관형사와 부사가 그 자체로 각각 관형어와 부사어로 쓰일 수 있다.
4-1 중세 국어의 관형어와 부사어도 현대 국어와 전반적으로 유사한 양상을 보였으나

풀이 '아니'는 용언 앞에서 부정이나 반대의 뜻을 나타내는 부사이다. 현대 국어와 중세 국어 모두 부사 '아니'가 그 자체로 용언을 꾸며 주는 부사어로 사용되었다.

→ 적절함!

✔ ④ '員(원)의 지븨'를 보니 현대 국어와 마찬가지로 관형어가 여러 개 겹쳐서 사용되었음을 알 수 있군.

근거 **4**-2 관형격 조사의 경우, 사람이나 동물과 같은 유정 체언 중 높임의 대상이 아닌 것과 결합할 때는 '이/의'가 쓰였다.
4-4 부사격 조사의 경우, … 특정 체언 뒤에서는 '이/의'가 쓰이기도 했다.

풀이 '員(원)의 지븨'는 '員(원) + 의 집 + 의'로 분석된다. 현대어 풀이 '원의 집에'로 미루어 보아 '員(원)의'의 '의'는 관형격 조사이고, '지븨'의 '의'는 부사격 조사임을 알 수 있다. '員(원)의'는 관형어, '지븨'는 부사어이므로 관형어가 여러 개 겹쳐서 사용되었다는 설명은 적절하지 않다.

→ 적절하지 않음!

⑤ '부텻'을 보니 현대 국어와 달리 높임의 대상이 되는 유정 체언과 결합할 때는 관형격 조사 'ㅅ'이 사용되었음을 알 수 있군.

근거 **4**-3 무정 체언이나 높임의 대상이 되는 유정 체언과 결합할 때는 'ㅅ'이 쓰였다.

풀이 현대어 풀이 '부처의'로 미루어 보아 '부텻'은 체언 '부텨'와 관형격 조사 'ㅅ'이 결합한 형태임을 알 수 있다. 현대 국어와 달리 높임의 대상이 되는 유정 체언 '부텨'와 결합하면서 관형격 조사 'ㅅ'이 사용되었다.

→ 적절함!

13	관형어와 부사어 - 적절한 것 고르기 정답률 70%, 매력적 오답 ② 10%	정답 ⑤

밑줄 친 부분이 ㉠, ㉡에 해당하는 예로 적절한 것은?

㉠ 의존 명사를 수식하는 관형어	㉡ 서술어가 필수적으로 요구하는 부사어

근거 **3**-2 의존 명사를 수식하는 관형어나 서술어가 필수적으로 요구하는 부사어는 생략할 수 없다.
풀이 ㉠과 ㉡은 생략할 수 없는 문장 성분이므로 생략했을 때 문장이 성립하는지 여부를 확인하여야 한다.

① ┌ ㉠ : **작은** 것이 아름답다. (○)
　 └ ㉡ : 내가 **회장으로** 그 회의를 주재하였다. (×)
풀이 '것'은 '사물, 일, 현상 따위를 추상적으로 이르는 말'로 의존 명사이다. 따라서 '작은'은 의존 명사를 수식하는 관형어에 해당한다. 한편 ㉡은 '회장으로'를 생략해도 '내가 그 회의를 주재하였다'와 같이 문법적으로 온전한 문장이 성립한다. 따라서 '회장으로'는 서술어가 필수적으로 요구하는 부사어에 해당하지 않는다.

→ 적절하지 않음!

② ┌ ㉠ : 그 집은 주변 풍경과 잘 어울린다. (×)
　 └ ㉡ : 이 그림은 **가짜인데도** 진짜와 똑같다. (○)
풀이 '집'은 '사람이나 동물이 추위, 더위, 비바람 따위를 막고 그 속에 들어 살기 위하여 지은 건물'을 이르는 명사이다. 따라서 '그'는 의존 명사를 수식하는 관형어에 해당하지 않는다. 한편 ㉡은 '진짜와'를 생략하면 '이 그림은 가짜인데도 똑같다'와 같이 문법적으로 온전한 문장을 이루지 못하게 된다. 따라서 '진짜와'는 서술어가 필수적으로 요구하는 부사어에 해당한다.

→ 적절하지 않음!

③ ┌ ㉠ : 친구에게 책을 한 권 선물 받았다. (○)
　 └ ㉡ : 강아지들이 마당에서 뛰논다. (×)
풀이 '권'은 '책을 세는 단위'를 나타내는 말로 의존 명사이다. 따라서 '한'은 의존 명사를 수식하는 관형어에 해당한다. 한편 ㉡은 '마당에서'를 생략해도 '강아지들이 뛰논다'와 같이 문법적으로 온전한 문장이 성립한다. 따라서 '마당에서'는 서술어가 필수적으로 요구하는 부사어에 해당하지 않는다.

→ 적절하지 않음!

④ ┌ ㉠ : 자라나는 어린이들은 나라의 보배이다. (×)
　 └ ㉡ : 이삿짐을 바닥에 가지런히 놓았다. (○)
풀이 '보배'는 '아주 귀하고 소중한 물건'을 이르는 명사이다. 따라서 '나라의'는 의존 명사를 수식하는 관형어에 해당하지 않는다. 한편 ㉡은 '바닥에'를 생략하면 '이삿짐을 가지런히 놓았다'와 같이 문법적으로 온전한 문장을 이루지 못하게 된다. 따라서 '바닥에'는 서술어가 필수적으로 요구하는 부사어에 해당한다.

→ 적절하지 않음!

✔ ⑤ ┌ ㉠ : 그는 **노력한** 만큼 좋은 결과를 얻었다. (○)
　 └ ㉡ : 나는 꽃꽂이를 취미로 삼았다. (○)
풀이 '만큼'은 '앞의 내용에 상당한 수량이나 정도임을 나타내는 말'로 의존 명사이다. 따라서 '노력한'은 의존 명사를 수식하는 관형어에 해당한다. 한편 ㉡은 '취미로'를 생략하

→ 문제편 **199쪽**

면 '나는 꽃꽂이를 삼았다'와 같이 문법적으로 온전한 문장을 이루지 못하게 된다. 따라서 '취미로'는 서술어가 필수적으로 요구하는 부사어에 해당한다.

→ 적절함!

tip ・부사어

1. 부사어의 특성

(1) 서술어뿐만 아니라 관형어, 다른 부사어나 문장 전체를 꾸밈

서술어를 꾸밈	꽃이 참 아름답다.
관형어를 꾸밈	선생님께 매우 큰 가르침을 얻었다.
부사어를 꾸밈	친구는 아주 멋지게 노래를 불렀다.
문장 전체를 꾸밈	모름지기 학생은 열심히 공부해야 한다.

(2) 주성분의 내용을 수식하는 부속 성분으로 생략이 가능함(= 수의적 부사어)

(예) 눈이 많이 내린다. → 눈이 내린다.

(3) 보조사를 취할 수 있음

(예) 동생은 잘도 먹는다.

(4) 위치 이동이 비교적 자유로우나, 부사어가 다른 부사어나 관형어를 꾸밀 때와 부정 부사는 자리 옮김에 제약이 있음

(예) 확실히 국어 성적이 올랐어. → 국어 성적이 확실히 올랐어. (○)

밥을 참 빨리 먹는다. → 밥을 빨리 참 먹는다. (×)

아주 새 차가 지나간다. → 새 아주 차가 지나간다. (×)

넌 밥 안 먹니? → 넌 안 밥 먹니? (×)

(5) 관형어와 달리 단독으로 쓰일 때가 있음

(예) "오늘 얼마나 즐거웠니?" "조금."

2. 부사어의 종류

성분 부사어	특정한 성분을 수식하는 부사어	(예) 내 동생은 아주 열심히 공부한다. → '아주'는 다른 부사어 '열심히'를, '열심히'는 서술어 '공부하다'를 꾸며 줌
문장 부사어	문장 전체를 꾸며 주는 부사어	(예) 틀림없이 그들은 고향으로 돌아올 것이다.
접속 부사어	문장을 이어 주는 기능을 하는 부사어	(예) 그러나 그녀는 그를 떠나고 말았다.

3. 필수적 부사어

서술어에 따라서 부사어를 필수적으로 요구하기도 하는데, 이처럼 문장에서 반드시 필요한 부사어를 '필수적 부사어'라고 한다. 필수적 부사어는 생략하면 문장이 성립하지 않는다.

부사어를 필수적으로 요구하는 서술어	용례
세 자리 서술어 : '주다, 삼다, 넣다, 두다' 등	선생님께서 영민이에게 상을 주셨다. 회장님은 그를 후계자로 삼았다.
두 자리 서술어 : '같다, 비슷하다, 닮다, 다르다, 생기다' 등	슬기는 아버지와 닮았다. 형의 얼굴은 동생과 매우 다르다. 그녀는 정말 예쁘게 생겼다.

・관형어의 종류

① 관형사	(예) 새 옷을 입은 영희는 예쁘다.
② 용언의 어간 + 관형사형 어미	(예) 어제 동생이 먹은 과자야. (과거) 내가 먹는 과자야. (현재) 내일 내가 먹을 과자야. (미래)
③ 체언 + 서술격 조사 '이다' + 관형사형 어미	(예) 군인이던 친구 (과거) 군인인 친구 (현재) 군인일 친구 (미래)
④ 체언 + 관형격 조사 '의'	(예) 넌 학교의 꽃이야.
⑤ 체언	(예) 아름다운 시골 풍경 여기가 우리 학교야. (대체로 관형격 조사 '의'가 생략된 형태를 보임)

→ 문제편 199쪽

다음은 문법 학습지의 일부이다. ⓐ ~ ⓒ에 들어갈 내용으로 적절한 것은?

○ 구개음화 : 받침의 'ㄷ', 'ㅌ'이 'ㅣ'나 반모음 'ㅣ'로 시작하는 형식 형태소와 만나 [ㅈ], [ㅊ]으로 발음되는 현상

1. '끝인사'의 표준 발음이 [끄딘사]인 이유를 알아보자.

'끝인사'에서 '끝'의 받침 'ㅌ' 뒤에 'ㅣ'로 시작하는 (ⓐ)가 오기 때문에 [끄딘사]로 발음된다.

2. '곧이'와 '곧이어'의 표준 발음은 무엇인지 알아보자.

'곧이'의 '-이'는 부사를 만들어 주는 접사이다. 따라서 '곧이'의 표준 발음은 (ⓑ)이다. '곧이어'의 '이어'는 '앞의 말이나 행동 따위에 잇대어'라는 뜻을 지닌 부사이다. 따라서 '곧이어'의 표준 발음은 (ⓒ)이다.

1.

풀이 '끝인사'는 '끝'과 '인사'가 결합한 말로, '끝'의 받침 'ㅌ' 뒤에 'ㅣ'로 시작하는 실질 형태소ⓐ '인사'가 오기 때문에 구개음화가 적용되지 않는다. 따라서 'ㅌ'을 대표음 [ㄷ]으로 교체한 후 연음한 [끄딘사]가 올바른 발음이다. 만약 '인사'가 형식 형태소라서 '끝인사'에 구개음화가 적용되었다면, 'ㅌ'이 [ㅊ]으로 바뀌어 [끄친사]로 발음되었을 것이다.

2.

풀이 '곧이'는 '곧-'과 '-이'가 결합한 말로, '곧-'의 받침 'ㄷ' 뒤에 'ㅣ'로 시작하는 형식 형태소 '-이'가 오기 때문에 구개음화가 적용된다. 따라서 'ㄷ'을 [ㅈ]으로 교체한 [고지]ⓑ가 올바른 발음이다. 반면 '곧이어'는 '곧'과 '이어'가 결합한 말로, '곧'의 받침 'ㄷ' 뒤에 'ㅣ'로 시작하는 실질 형태소 '이어'가 오기 때문에 구개음화가 적용되지 않는다. 따라서 'ㄷ'을 연음한 [고디어]ⓒ가 올바른 발음이다.

	ⓐ	ⓑ	ⓒ
①	실질 형태소	[고지]	[고지어]
②	실질 형태소	[고디]	[고지어]
③	실질 형태소	[고지]	[고디어] → 적절함!
④	형식 형태소	[고디]	[고지어]
⑤	형식 형태소	[고지]	[고디어]

다음은 문법 수업의 내용을 정리한 학생의 노트이다. 이를 바탕으로 <보기>의 ㉠ ~ ㉤을 이해한 내용으로 적절하지 않은 것은?

1. 피동의 개념

주어가 다른 주체에 의해 어떤 동작을 당하거나 영향을 받는 것

2. 피동 표현의 실현

○ '-이-, -히-, -리-, -기-'와 같은 피동 접사에 의해 단형 피동으로 실현되거나 '-아/-어지다' 등에 의해 장형 피동으로 실현됨.

○ 피동 접사와 '-아/-어지다'를 같이 쓰는 이중 피동 표현은 잘못된 표현임.

| 보기 |

○ 그녀의 손등이 고양이에게 ㉠긁혔다.

○ 형이 동생에게 아끼던 인형을 ㉡빼앗겼다.

○ 비가 내려서 운동장에 천막이 ㉢세워졌다.

○ 도화지의 질이 좋아서 그림이 잘 ㉣그려졌다.

○ 커다란 빵이 순식간에 여러 조각으로 ㉤나뉘었다.

① ⑤은 '긁-'에 접사 '-히-'가 결합하여 피동의 의미를 나타내는군.

풀이 '긁혔다'는 '긁- + -히- + -었- + -다'로 분석된다. 어근 '긁-'에 피동 접사 '-히-'가 결합하여 '손톱이나 뾰족한 기구 따위로 바닥이나 거죽이 문질러지다'의 의미를 나타내므로 피동 표현에 해당한다.

→ 적절함!

② ⑥은 주어인 '형'이 '동생'에 의해 행위를 당하는 것을 표현하고 있군.

풀이 '빼앗겼다'는 '빼앗- + -기- + -었- + -다'로 분석된다. 어근 '빼앗-'에 피동 접사 '-기-'를 결합하여 주어인 '형'이 '동생'에 의해 가진 것을 억지로 잃게 되었음을 표현하고 있다.

→ 적절함!

③ ⑥은 '세우-'에 '-어지다'가 결합하여 장형 피동으로 실현되었군.

풀이 '세워졌다'는 '세우- + -어지- + -었- + -다'로 분석된다. 어근 '세우-'에 '-어지다'가 결합하여 '부피를 가진 어떤 물체가 땅 위에 수직의 상태로 있게 되다'의 의미를 나타내는 장형 피동 표현이다.

→ 적절함!

✓ ④ ⑥은 접사 '-리-'와 함께 '-어지다'가 결합한 이중 피동 표현이군.

　　　　'그리-'에　　　　　　　　　　　　　　　　장형

풀이 '그려졌다'는 '그리- + -어지- + -었- + -다'로 분석된다. 어근 '그리-'에 '-어지다'가 결합하여 '연필, 붓 따위로 어떤 사물의 모양이 그와 닮게 선이나 색으로 나타나게 되다'의 의미를 나타내는 장형 피동으로, 이중 피동 표현에 해당하지 않는다.

→ 적절하지 않음!

> ■ 접사 '-리-'와 함께 '-어지다'가 결합한 이중 피동 표현의 예
> 이 문은 열려지지 않는다.
> 지저분한 수건이 새 수건으로 갈려져 있다.
> 요즘에는 물건이 잘 팔려지지 않아서 걱정이다.
> 빨랫줄에 널려진 빨래
> 터널이 뚫려져 고향 가는 길이 편해졌다.

⑤ ⑩은 '나누-'에 접사 '-이-'가 결합하여 줄어든 형태가 나타난 피동 표현이군.

풀이 '나뉘었다'는 '나누- + -이- + -었- + -다'로 분석된다. 어근 '나누-'에 피동 접사 '-이-'가 결합하여 '나뉘-'로 형태가 줄어든 것이며, '하나가 둘 이상으로 갈리다'의 의미를 나타내므로 피동 표현에 해당한다.

→ 적절함!

[16 ~ 21] 인문

(가)

1 [1]관중은 춘추 시대 제(齊)나라의 재상(宰相, 군주를 돕고, 나랏일을 맡아 보는 사람들을 지휘하고 감독하는 일을 하던 벼슬)으로 군주(君主, 왕)인 환공을 도와 약소국(弱小國, 정치·경제·군사적으로 힘이 약한 작은 나라)이던 제나라를 부강한(富強, 재물이 넉넉하고 강한) 국가로 성장시켰다. [2]관중이 생각한 이상적인(理想的, 생각할 수 있는 범위 안에서 가장 완전하다고 여겨지는) 국가의 모습과 국가를 통치하는(統治, 다스리는) 방법은 『관자』를 통해 살펴볼 수 있다. [3]그(관중)는 자신이 살던 현실의 문제에 실리적으로(實利的, 실제로 이익이 되도록) ⓐ 대처하고 정치적인 분열(分裂, 갈라져 나뉨)을 적극적으로 막아 나라의 부강과 백성의 평안(平安, 걱정이나 탈이 없음)을 이루고자 하였다.

→ 이상적인 국가의 모습과 통치 방법을 제시한 관중

2 [1]관중은 백성이 국가 경제의 근본(根本, 본바탕)이라는 경제적 관점(觀點, 생각하는 태도, 방향, 입장)을 바탕으로 법의 필요성을 강조하였다. [2]그(관중)에 따르면, 군주는 법을 만들 수 있는 자격을 천부적으로(天賦的, 태어날 때부터 갖추어) 지닌 사람이다. [3]하지만 군주가 마음대로 법을 만들면 백성의 삶이 ⓑ 피폐해질 수 있으므로 군주는 이익을 추구하는(追求, 좇아 구하는) 백성의 본성(本性, 태어날 때부터 가진 성질)을 고려해 백성의 삶이 윤택해질(潤澤, 넉넉하고 여유로워질) 수 있는 법을 만들어야 한다고 보았다. [4]이때 관중이 강조한 백성의 윤택한 삶은 도덕적 교화(敎化, 가르치고 이끌어 좋은 방향으로 나아가게 함)와 같은 목적을 위한 것이 아닌, 부강한 나라의 실현(實現, 실제로 이룸)을 위한 것이라는 실리적 관점에서 이해할 수 있다.

→ 백성의 윤택한 삶을 위한 법의 필요성을 강조한 관중

3 [1]또한 관중은 군주가 자신에 대해서는 존귀하게(尊貴, 높고 귀하게) 여기지(생각하지) 않는 것을 패(覇, 으뜸 패)라고 ⓒ 규정하였는데, 이(패)를 바탕으로 군주도 법의 적용에서 예외(例外, 벗어나는 일)가 되지 않아야 한다고 주장하였다. [2]그(관중)에 따르면 군주는 '권세(權勢, 권력과 세력)'를 지녀야 국가를 다스릴 수 있는데, 이때 군주가

패를 실천해야 백성이 권세를 인정하게(認定, 확실히 그렇다고 여기게) 된다. [3]⑤ 결국 군주가 법을 존중하는(尊重, 높여 귀중하게 대하는) 것은 백성이 군주를 존중하는 것으로 이어지게 되는 것이다.

→ 군주는 패를 실천해야 권세를 지닐 수 있다고 주장한 관중

4 [1]관중은 권세를 가진 군주는 부강한 나라를 이루는 통치, 즉 '패업(覇業)'을 위한 통치를 펼쳐야 한다고 주장하고, 법을 통한 통치의 중요성을 강조하였다. [2]이때 군주는 능력 있는 신하를 공정하게(公正, 공평하고 올바르게) 등용하되(登用, 뽑아 쓰되) 신하들이 군주의 권세를 넘보거나(욕심내어 마음에 두거나) 법질서를 혼란스럽게(混亂, 질서 없이 뒤섞여 어지러워지게) 하지 못하도록 자신의 권세를 신하에게 위임하지(委任, 책임 지워 맡기지) 말아야 하며 백성의 경제적 안정을 위한 정책들을 시행해야(施行, 현실적으로 행해야) 한다고 보았다. [3]이러한 관중의 사상(思想, 생각)은 백성들의 경제적 안정을 기반(基盤, 밑바탕)으로 부강한 나라를 이루기 위해 법을 통한 통치를 도모한(圖謀, 이루기 위해 대책과 방법을 세운) 것으로 평가할 수 있다.

→ 이상적인 통치 방법에 대한 관중의 견해와 관중의 사상이 지닌 의의

(나)

1 [1]율곡은 유학적 사상을 기반으로, 자신이 생각하는 군주상(像, 모양 상)을 제시하였다. [2]그(율곡)는 『성학집요』에서 개인의 수양(修養, 몸과 마음을 갈고닦아 품성, 지식, 도덕 등을 높은 수준으로 끌어올림)을 통해 앎을 늘리고 인격(人格, 사람의 바탕과 성품)을 완성하는 것을 군주의 자격으로 보았다. [3]율곡은 군주가 인격을 완성하고 아는 것을 실천하면 백성의 선한 본성을 회복하는 도덕적 교화가 가능해진다고 본 것이다. [4]율곡은 자신이 이상적으로 생각하는 왕도정치(王道政治, 인격과 덕을 바탕으로 하는 정치)가 실현되기 위해서는 군주가 신하를 통해 백성을 다스려야 한다고 생각했는데, 만약 군주가 포악한(暴惡, 사납고 악한) 정치를 펼쳐 신하들의 지지(支持, 뜻을 같이하여 도와 힘을 씀)를 얻지 못하거나 민심(民心, 백성의 마음)을 잃으면 교체될(交替, 바뀔) 수 있다고 여겼다.

→ 유학적 사상을 기반으로 군주상을 제시한 율곡

2 [1]율곡은 군주의 통치에 따라 태평한(太平, 나라가 안정되어 아무 걱정 없이 평안한) 시대인 치세(治 다스리다 치 世 시대 세)와 혼란스러운 시대인 난세(亂 어지럽다 난 世 시대 세)가 구분된다고 보고, 이를 중심으로 군주의 유형과 통치 방법을 나누어 설명했다. [2]치세를 만드는 군주는 재능과 지식이 출중해(出衆, 특별히 두드러져) 신하를 능력에 맞게 발탁하여(拔擢, 여럿 중에서 쓸 사람을 뽑아) 일을 분배할(分配, 나눌) 줄 알거나, 재능과 지식은 ⓓ 부족하지만 현명한(賢明, 어질고 슬기로워 이치에 밝은) 신하를 분별하여(分別, 구별하여 갈라) 그에게 나라의 일을 맡길 줄 안다. [3]이들(치세를 만드는 군주)의 통치 방법은 '왕도(王道)'와 '패도(覇道)'로 나뉜다. [4]왕도는 군주의 인격 완성을 통해 백성의 도덕적 교화까지 이루어 내는 것이고, 패도는 군주의 인격이 완성되지 않아 백성의 도덕적 교화까지는 이루어지지 않았지만 백성의 경제적 안정은 이루어 내는 것이다.

→ '치세'를 만드는 군주들의 유형과 통치 방법

[A]

3 [1]난세를 만드는 군주는 자신의 총명(聰明, 영리하고 재주가 있음)만을 믿고 신하를 불신하거나(不信, 믿지 않거나), 간신(奸臣, 간사한 신하)의 말을 믿고 의지하여 눈과 귀가 가려진 군주이다. [2]이들(난세를 만드는 군주)은 백성을 괴롭히고 충언(忠言, 충성하고 바른 말)을 받아들이지 않아 스스로 멸망(滅亡, 망하여 없어짐)에 이르는 폭군(暴 사납다 폭 君 임금 군), 간사한(奸邪, 마음이 바르지 않고 자기의 이익을 위해 나쁜 꾀를 부리는) 자(者, 사람)를 분별하지 못하고 총명함이 없으며 무능력한 혼군(昏 어둡다 혼 君 임금 군), 나약하여(懦弱, 의지가 굳세지 못하여) 자신의 뜻을 세우지 못하고 우유부단한(優柔不斷, 망설이기만 하고 결단성이 없는) 용군(庸 어리석다 용 君 임금 군)으로 분류된다. [3]이들(난세를 만드는 군주 = 폭군, 혼군, 용군)의 통치 방법은 포악한 정치를 의미하는 '무도(無道, 없다 무, 도리 도, 인간으로서 지켜야 할 도리에 어긋나 막됨)'이므로 율곡의 관점에서 무도를 행하는 군주는 교체되어야 할 존재이다.

→ '난세'를 만드는 군주들의 유형과 통치 방법

4 [1]율곡은 백성의 도덕적 교화를 이루는 왕도정치를 위해서는 백성들의 삶이 경제적으로 편안한 것이 전제되어야(前提, 먼저 내세워져야) 한다고 보았다. [2]이는 군주의 존재 근거가 백성이라고 보는 민본관에 의한 것으로, 조세(租稅, 국가나 지방 자치 단체가 필요한 경비 충당을 위해 국민으로부터 강제적으로 거두는 세금) 부담을 줄이는 등 백성의 경제적 기반을 유지할(維持, 변함없이 계속되게 할) 수 있는 정책을 펼쳐야 함을 ⓔ 역설한 것이다. [3]이처럼 율곡의 사상은 왕도정치를 실현하는 과정에서 백성의 현실적 삶에 주목하려는(注目, 관심을 가지고 깊게 살피려는) 시도로 볼 수 있다.

→ 민본관에 근거한 율곡의 군주상이 지닌 의의

→ 문제편 200쪽

(가)

〈이상적인 국가의 모습과 통치 방법에 대한 관중의 사상〉

❶ 이상적인 국가의 모습과 통치 방법을 제시한 관중

❷ 백성의 윤택한 삶을 위한 법의 필요성을 강조한 관중
- 백성을 국가 경제의 근본으로 보는 경제적 관점에서, 법의 필요성을 강조함
- 군주는 법을 만들 수 있는 자격을 지닌 사람으로, 백성의 삶이 윤택해질 수 있는 법을 만들어야 한다고 봄
- 백성의 윤택한 삶은 도덕적 교화를 위한 것이 아니라, 부강한 나라의 실현을 위한 것임

❸ 군주는 패를 실천해야 권세를 지닐 수 있다고 주장한 관중
- 패(覇) : 군주가 자신에 대해서는 존귀하게 여기지 않는 것
  → 군주도 법의 적용에서 예외가 되지 않아야 함
- 군주가 패를 실천 → 백성에게 권세를 인정받음 ┐ 군주가 국가를
  = 군주가 법을 존중 → 백성이 군주를 존중 ┘ 다스릴 수 있음

❹ 이상적인 통치 방법에 대한 관중의 견해와 관중의 사상이 지닌 의의
- 부강한 나라를 이루는 통치 = '패업(覇業)'을 위한 통치 = 법을 통한 통치
  - 능력 있는 신하를 공정하게 등용
  - 군주의 권세를 신하에게 위임 ×
  - 백성의 경제적 안정을 위한 정책 시행
- 백성들의 경제적 안정을 기반으로 부강한 나라를 이루기 위해 법을 통한 통치를 도모한 것으로 평가할 수 있음

(나)

〈율곡의 군주상〉

❶ 유학적 사상을 기반으로 군주상을 제시한 율곡
- 군주의 자격 : 개인 수양을 통해 앎을 늘리고 인격을 완성하는 것
- 군주가 인격을 완성하고 아는 것을 실천하면 백성의 도덕적 교화가 가능해진다고 봄
- 왕도정치의 실현을 위해 군주는 신하를 통해 백성을 다스려야 함 → 군주가 포악한 정치를 펼치면 교체될 수 있다고 여김

군주의 유형과 통치 방법

	❷ 태평한 시대, '치세'	**❸ 혼란스러운 시대, '난세'**
군주의 유형	• 재능, 지식이 출중하여 신하를 능력에 맞게 발탁, 일을 분배할 줄 앎 • 재능, 지식이 부족하지만 현명한 신하를 분별, 일을 맡길 줄 앎	• 폭군 : 백성을 괴롭히고 충언을 받아들이지 않아 멸망에 이름 • 혼군 : 간신 분별 ×, 총명함 ×, 무능력함 • 용군 : 나약함, 뜻을 세우지 못함, 우유부단함
통치 방법	• 왕도(王道) : 군주의 인격 완성 ○ → 백성의 도덕적 교화 ○ • 패도(覇道) : 군주의 인격 완성 × → 백성의 도덕적 교화 × 경제적 안정 ○	• 무도(無道) : 포악한 정치 → 무도를 행하는 군주는 교체되어야 할 존재

❹ 민본관에 근거한 율곡의 군주상이 지닌 의의
- 민본관에 근거한 왕도정치(백성의 도덕적 교화)를 위해서는 백성의 경제적 안정이 전제되어야 한다고 봄
- 왕도정치의 실현 과정에서 백성의 현실적 삶에 주목하려는 시도로 볼 수 있음

---

16 글의 서술 방식 파악 - 적절한 것 고르기
정답률 90%   정답 ②

(가), (나)에 대한 설명으로 가장 적절한 것은?

> 근거 **(가)-❹-3** 이러한 관중의 사상은 백성들의 경제적 안정을 기반으로 부강한 나라를 이루기 위해 법을 통한 통치를 도모한 것으로 평가할 수 있다. **(나)-❹-3** 이처럼 율곡의 사상은 왕도정치를 실현하는 과정에서 백성의 현실적 삶에 주목하려는 시도로 볼 수 있다.
> 풀이 윗글의 (가)와 (나)에서는 ❶~❸문단에서 각각 관중과 율곡이 주장한 군주의 통치

술에 대해 설명하고, ❹문단에서 해당 사상이 지닌 의의를 밝히고 있다. 따라서 정답은 ②번이다.

① (가)와 (나)는 모두 *특정한 사상가가 주장하는 군주의 **통치술의 변화 과정을 소개하고 있다. *特定-, 특별히 가리켜 정한 **統治術, 통치하는 방법

② (가)와 (나)는 모두 특정한 사상가가 주장하는 군주의 통치술에 담긴 내용을 중심으로 그 *의의를 밝히고 있다. *意義, 중요성이나 가치
→ 적절함!

③ (가)와 달리 (나)는 특정한 사상가가 주장하는 군주의 통치술이 갖는 *한계를 드러내고 새로운 통치술을 **제안하고 있다. *限界, 실제 작용할 수 있는 범위 **提案-, 내놓고
(가)와 달리 (나)는

④ (나)와 달리 (가)는 특정한 사상가가 주장하는 군주의 통치술을 군주의 유형에 따라 *범주화하여 제시하고 있다. *範疇化-, 일정한 기준에 따라 하나의 종류나 부류로 묶어

⑤ (나)와 달리 (가)는 특정한 사상가가 주장하는 군주의 통치술에 대한 *상반된 입장을 제시하고 장단점을 비교하고 있다. *相反-, 서로 반대된

---

17 세부 정보 이해 - 적절한 것 고르기
정답률 85%   정답 ④

㉠의 이유로 가장 적절한 것은?

> ㉠ 결국 군주가 법을 존중하는 것은 백성이 군주를 존중하는 것으로 이어지게 되는 것이다.

> 근거 **(가)-❸-1~2** 관중은 군주가 자신에 대해서는 존귀하게 여기지 않는 것을 '패(覇)'라고 규정하였는데, 이를 바탕으로 군주도 법의 적용에서 예외가 되지 않아야 한다고 주장하였다. 그에 따르면 군주는 '권세'를 지녀야 국가를 다스릴 수 있는데, 이때 군주가 패를 실천해야 백성이 권세를 인정하게 된다.

> 풀이 관중은 군주가 '패'를 바탕으로, 군주 자신도 법의 적용에서 예외가 되지 않아야 한다고 주장하면서, 군주가 이러한 '패'를 실천해야 백성이 군주의 권세를 인정한다고 보았다. 이러한 관중의 견해에 따르면 군주가 법을 존중한다는 것은 곧 군주가 패를 실천하는 것이며, 이때 백성은 군주의 권세를 인정하여 존중하게 된다. 즉 군주가 법을 존중하는 것이 백성이 군주를 존중하는 것으로 이어지게 되는 이유는 군주가 자신에게도 법 적용에 예외를 두지 않음으로써 권세를 인정받기 때문이다. 따라서 정답은 ④번이다.

① 군주가 마음대로 법을 만들 수 있는 패를 실천할 수 있기 때문이다.
> 근거 **(가)-❷-3** 군주가 마음대로 법을 만들면 백성의 삶이 피폐해질 수 있으므로 군주는 … 백성의 삶이 윤택해질 수 있는 법을 만들어야 한다고 보았다.
> 풀이 관중은 군주가 마음대로 법을 만들면 백성의 삶이 피폐해질 수 있으므로, 군주는 백성의 삶이 윤택해질 수 있는 법을 만들어야 한다고 보았다. 또한 군주가 법을 만드는 것은 ㉠과 관련이 없다.

② 군주가 법을 존중하면 법을 *제정할 수 있는 기회를 얻을 수 있기 때문이다. *制定-, 만들어 정할
> 근거 **(가)-❷-2** 그(관중)에 따르면, 군주는 법을 만들 수 있는 자격을 천부적으로 지닌 사람
> 풀이 관중은 군주가 법을 존중하였을 때 법 제정의 기회를 얻을 수 있는 것이 아니라, 군주는 태어날 때부터 법 제정의 자격을 지니고 있다고 보았다. 또한 군주가 법을 제정하는 것은 ㉠과 관련이 없다.

③ 군주가 법의 필요성을 *인식해야 백성을 국가의 근본으로 여기게 되기 때문이다. *認識-, 분별하고 판단하여 알아야
> 근거 **(가)-❷-1** 관중은 백성이 국가 경제의 근본이라는 경제적 관점을 바탕으로 법의 필요성을 강조
> 풀이 관중은 백성을 국가의 근본으로 여기는 관점을 바탕으로 법의 필요성을 강조하면서, 군주는 백성의 본성을 고려해 백성의 삶이 윤택해질 수 있는 법을 만들어야 한다고 보았다. 군주가 법의 필요성을 인식해야 백성을 국가의 근본으로 여기게 되는 것이 아니라, 군주가 백성을 국가의 근본으로 여기게 되는 것은 ㉠과 관련이 없다.

= 군주가 '패'를 실천함   = 백성이 군주를 존중함
④ 군주가 자신에게도 법 적용에 예외를 두지 않음으로써 권세를 인정받게 되기 때문이다.
→ 적절함!

⑤ 군주가 백성의 본성을 고려하지 않고 나라의 부강함을 우선시하는 법을 만들어야 하기 때문이다.
> 근거 **(가)-❷-3** 군주는 이익을 추구하는 백성의 본성을 고려해 백성의 삶이 윤택해질 수

있는 법을 만들어야 한다고 보았다.

[풀이] 관중은 군주가 백성의 본성을 고려해 백성의 삶이 윤택해질 수 있는 법을 만들어야 한다고 보았다. 또한 군주가 백성의 본성을 고려하여 법을 만드는 것은 ㉠과 관련이 없다.

---

18 | 세부 정보 이해 - 적절하지 않은 것 고르기
정답률 75%, 매력적 오답 ③ 10% | **정답** ④

(나)에서 알 수 있는 '율곡'의 견해로 적절하지 <u>않은</u> 것은?

① 군주는 앎을 늘리는 것뿐 아니라 앎을 실천하는 것도 중요하다.

[근거] **(나)-❶-2~3** 그는 『성학집요』에서 개인의 수양을 통해 앎을 늘리고 인격을 완성하는 것을 군주의 자격으로 보았다. 율곡은 군주가 인격을 완성하고 아는 것을 실천하면 백성의 선한 본성을 회복하는 도덕적 교화가 가능해진다고 본 것

→ 적절함!

② 군주는 포악한 정치를 펼쳐 신하들에게 지지를 얻지 못하면 교체될 수 있다.

[근거] **(나)-❶-4** 율곡은 … 만약 군주가 포악한 정치를 펼쳐 신하들의 지지를 얻지 못하거나 민심을 잃으면 교체될 수 있다고 여겼다.

→ 적절함!

③ 군주는 왕도정치를 실현하기 위해 자신의 존재 근거를 백성으로 보아야 한다.

[근거] **(나)-❹-1~2** 율곡은 백성의 도덕적 교화를 이루는 왕도정치를 위해서는 백성들의 삶이 경제적으로 편안한 것이 전제되어야 한다고 보았다. 이는 군주의 존재 근거가 백성이라고 보는 민본관에 의한 것

→ 적절함!

이루어지지 않더라도
④ 백성의 도덕적 교화가 이루어져야 백성의 삶이 경제적으로 편안해질 수 있다.

[근거] **(나)-❷-3~4** 이들_(태평한 시대인 치세를 만드는 군주)의 통치 방법은 '왕도(王道)'와 '패도(覇道)'로 나뉜다. … 패도는 군주의 인격이 완성되지 않아 백성의 도덕적 교화까지는 이루어지지 않았지만 백성의 경제적 안정은 이루어 내는 것

[풀이] 율곡이 제시한 '치세를 만드는 군주의 통치 방법' 중 '패도'는 백성의 도덕적 교화까지는 이루어지지 않았지만 백성의 경제적 안정은 이루어 내는 것을 뜻한다. 따라서 율곡의 견해에 따르면 백성의 도덕적 교화가 이루어지지 않더라도 백성의 삶이 경제적으로 안정될 수는 있다.

→ 적절하지 않음!

⑤ 백성의 조세 부담을 줄이는 것은 백성의 경제적 기반을 유지할 수 있는 방법 중 하나이다.

[근거] **(나)-❹-2** 조세 부담을 줄이는 등 백성의 경제적 기반을 유지할 수 있는 정책을 펼쳐야 함을 역설한 것

→ 적절함!

---

19 | 추론의 적절성 판단 - 적절한 것 고르기
정답률 75% | **정답** ⑤

(가)의 관점에서 [A]를 판단한 것으로 가장 적절한 것은?

① [A]에서 눈과 귀가 가려진 군주는, 정치적 분열을 막아 백성을 평안하게 하므로 패업을 이룰 수 있는 존재로 볼 수 있다.

[근거] **(가)-❹-1** 관중은 권세를 가진 군주는 부강한 나라를 이루는 통치, 즉 '패업(覇業)'을 위한 통치를 펼쳐야 한다고 주장, **(가)-❹-3** 이러한 관중의 사상은 백성들의 경제적 안정을 기반으로 부강한 나라를 이루기 위해 법을 통한 통치를 도모한 것, **(나)-❸-1** 난세를 만드는 군주는 … 간신의 말을 믿고 의지하여 눈과 귀가 가려진 군주, **(나)-❸-3** 이들의 통치 방법은 포악한 정치를 의미하는 '무도(無道)'

[풀이] (가)에서 관중은 군주가 '패업'을 위한 통치를 펼쳐야 하며, 백성의 경제적 안정을 위한 정책들을 시행하는 것이 바람직하다고 주장하였다. 한편 율곡의 견해에 따르면 [A]에서 눈과 귀가 가려진 군주는 혼란스러운 시대인 난세를 만드는 군주에 해당하며, 이러한 군주는 포악한 정치를 펼쳐 백성의 삶을 편안하게 하지 못한다. 따라서 [A]에서 눈과 귀가 가려진 군주는 정치적 분열을 막아 백성을 평안하게 하지 못하므로, (가)의 관점에서 패업을 이룰 수 있는 존재로 볼 수 없다.

→ 적절하지 않음!

② [A]에서 군주가 충언을 받아들이지 않는 것은, 법을 만들 수 있는 자격을 천부적으로 지닌 것이므로 패업으로 볼 수 있다.

[근거] **(가)-❷-2~3** 군주는 법을 만들 수 있는 자격을 천부적으로 지닌 사람이다. 하지만 … 군주는 이익을 추구하는 백성의 본성을 고려해 백성의 삶이 윤택해질 수 있는 법을 만들어야 한다고 보았다, **(나)-❸-2~3** 백성을 괴롭히고 충언을 받아들이지 않아 스스로 멸망에 이르는 폭군, … 이들의 통치 방법은 포악한 정치를 의미하는 '무도

(無道)'이므로 율곡의 관점에서 무도를 행하는 군주는 교체되어야 할 존재

[풀이] 율곡의 견해에 따르면 충언을 받아들이지 않는 군주는 난세를 만드는 군주의 유형에 해당하며, 이러한 군주는 포악한 정치를 펼치므로 교체되어야 할 존재이다. (가)의 관점에서 이러한 군주는 패업을 위한 통치를 펼치는 군주라고 볼 수 없으며, 군주가 충언을 받아들이지 않는 것은 (가)에서 군주가 법을 만들 수 있는 자격을 천부적으로 지녔다는 것과는 관련이 없다.

→ 적절하지 않음!

③ [A]에서 군주가 자신의 총명을 믿고 신하를 불신하는 것은, 백성의 삶을 윤택하게 하려는 것이므로 패업으로 볼 수 있다.

[근거] **(나)-❸-1** 난세를 만드는 군주는 자신의 총명만을 믿고 신하를 불신하거나, 간신의 말을 믿고 의지하여 눈과 귀가 가려진 군주

[풀이] 율곡의 견해에 따르면 자신의 총명을 믿고 신하를 불신하는 것은 난세를 만드는 군주에 해당한다. 난세를 만드는 군주는 포악한 정치를 펼치며, 백성의 경제적 안정을 이루어 내지 못한다. 따라서 (가)의 관점에서 이러한 군주는 부강한 나라를 이루는 통치를 펼치는 군주라고 볼 수 없다.

→ 적절하지 않음!

④ [A]에서 군주가 자신의 뜻을 세우지 못하는 것은, 자신을 존귀하게 여기지 않은 것이므로 패업을 위한 통치의 방법으로 볼 수 있다.

[근거] **(가)-❸-1~2** 관중은 군주가 자신에 대해서는 존귀하게 여기지 않는 것을 '패'라고 규정 … 군주가 패를 실천해야 백성이 권세를 인정하게 된다, **(나)-❸-2** 나약하여 자신의 뜻을 세우지 못하고 우유부단한 용군

[풀이] (가)에서 관중은 군주가 자신에 대해 존귀하게 여기지 않는 '패'를 실천해야 권세를 지닐 수 있다고 하였으며, 패업을 위한 통치, 즉 권세를 지닌 군주가 부강한 나라를 이루는 통치 방법을 이상적으로 보았다. 따라서 [A]에서 군주가 자신의 뜻을 세우지 못하는 것은 자신을 존귀하게 여기지 않은 것과 관련이 없으며, 패업을 위한 통치의 방법이라고 볼 수 없다.

→ 적절하지 않음!

⑤ [A]에서 군주가 신하를 능력에 맞게 발탁하여 일을 분배한 것은, 능력에 따라 신하를 공정하게 등용한 것이므로 패업을 위한 통치의 방법으로 볼 수 있다.

[근거] **(가)-❹-2** (패업을 위한 통치를 펼칠 때) 군주는 능력 있는 신하를 공정하게 등용하되, **(나)-❷-1~2** 율곡은 군주의 통치에 따라 태평한 시대인 치세와 혼란스러운 시대인 난세가 구분된다고 보고, … 치세를 만드는 군주는 … 신하를 능력에 맞게 발탁하여 일을 분배할 줄 알거나, … 맡길 줄 안다.

[풀이] 율곡에 따르면 신하를 능력에 맞게 발탁하여 일을 분배한 것은 태평한 시대인 치세를 만드는 군주에 해당하며, 치세에는 백성의 경제적 안정이 이루어진다. 이러한 군주의 모습은 (가)에서 관중이 말한 '패업'을 위한 통치를 펼치면서, 능력 있는 신하를 공정하게 등용하는 군주의 모습과 일맥상통한다고 볼 수 있다.

→ 적절함!

오답률 TOP ⑤ | 1등급 문제
20 | <보기>와 내용 비교 - 적절하지 않은 것 고르기
정답률 50%, 매력적 오답 ② 20% ③ 15% ⑤ 10% | **정답** ④

<보기>는 동서양 사상가들의 견해이다. <보기>와 (가), (나)를 읽은 학생이 보인 반응으로 적절하지 <u>않은</u> 것은? [3점]

> | 보 기 |
> ㉮ [1]군주는 권력을 얻기 전까지는 수단과 방법을 가리지 않는 것이 오히려 백성을 위한 것입니다. [2]하지만 권력을 얻은 후에는 법을 통해 통치함으로써 자신의 권력을 유지할 수 있습니다.
> ㉯ [3]군주에 따라 치세와 난세가 되는 것을 지양하기_(止揚-, 피하기) 위해 법을 제정하고 기준을 세우는 것이 필요합니다. [4]그리고 법을 통해 통치할 수 있는 권한_(權限, 권리나 권력이 미치는 범위)은 군주만이 갖고 있어야 권력을 유지할 수 있습니다.
> ㉰ [5]군주는 타락한_(墮落-, 올바른 길에서 벗어나 잘못된 길로 빠진) 현실에 의해 잃어버린 인간의 선한 본성인 도덕성을 회복시켜야 합니다. [6]이때 군주는 도덕성의 회복을 목적으로 백성의 기본적인 경제적 욕구를 충족시키고 인간다운 교육을 실시해야 합니다.

① 관중과 ㉮는 모두 법을 통한 통치의 중요성을 인식했다고 볼 수 있겠군.

[근거] **(가)-❹-1** 관중은 … 법을 통한 통치의 중요성을 강조, **<보기>-2** 권력을 얻은 후에는 법을 통해 통치함으로써 자신의 권력을 유지할 수 있습니다.

→ 적절함!

② 관중과 ㉯는 모두 국가를 다스릴 수 있는 권한이 오로지 군주에게 있어야 함을 강조했다고 볼 수 있겠군.

[근거] **(가)-❸-2** 그_(관중)에 따르면 군주는 '권세'를 지녀야 국가를 다스릴 수 있는데, **(가)-❹-2** 군주는 … 신하들이 군주의 권세를 넘보거나 법질서를 혼란스럽게 하지 못하

→ 문제편 201쪽

도록 자신의 권세를 신하에게 위임하지 말아야 하며, <보기>-4 법을 통해 통치할 수 있는 권한은 군주만이 갖고 있어야 권력을 유지할 수 있습니다.

풀이 관중은 군주가 권세를 지녀야 국가를 다스릴 수 있으며, 군주는 자신이 가진 권세를 신하에게 위임하지 말아야 한다고 보았다. 이를 통해 관중은 국가를 다스릴 수 있는 권한이 오직 군주에게 있어야 한다고 보았음을 알 수 있다. 또한 <보기>의 ㉯에서는 법을 통해 통치할 수 있는 권한은 군주만이 갖고 있어야 권력을 유지할 수 있다고 하였다. 따라서 관중과 ㉯는 모두 국가를 다스릴 수 있는 권한이 오로지 군주에게 있어야 함을 강조했다고 볼 수 있다.

→ 적절함!

③ **관중은 ㉯와 달리 백성의 경제적 안정의 목적이 도덕성 회복이 아니라고 보았군.**

근거 (가)-❷-4 관중이 강조한 백성의 윤택한 삶은 도덕적 교화와 같은 목적을 위한 것이 아닌, 부강한 나라의 실현을 위한 것이라는 실리적 관점, (가)-❹-3 관중의 사상은 백성들의 경제적 안정을 기반으로 부강한 나라를 이루기 위해 법을 통한 통치를 도모한 것, <보기>-6 군주는 도덕성의 회복을 목적으로 백성의 기본적인 경제적 욕구를 충족시키고

풀이 <보기>의 ㉯에서는 군주가 도덕성의 회복을 목적으로 백성의 경제적 욕구를 충족시켜야 한다고 주장하였다. 이와 달리 관중은 백성들의 경제적 안정은 도덕적 교화를 목적으로 한 것이 아니라, 부강한 나라를 이루기 위한 것이라고 보았다. 따라서 관중은 ㉯와 달리 백성의 경제적 안정의 목적이 도덕성 회복이 아니라고 보았다는 설명은 적절하다.

→ 적절함!

④ **율곡은 ㉯와 달리 군주의 인격 완성 여부에 따라 치세와 난세가 구분된다고 보았군.**   왕도와 패도

근거 (나)-❷-1 율곡은 군주의 통치에 따라 태평한 시대인 치세와 혼란스러운 시대인 난세가 구분된다고 보고, (나)-❷-4 (치세를 만드는 군주들의 통치 방법 중) 왕도는 군주의 인격 완성을 통해 백성의 도덕적 교화까지 이루어 내는 것이고, 패도는 군주의 인격이 완성되지 않아 백성의 도덕적 교화까지는 이루어지지 않았지만 백성의 경제적 안정은 이루어 내는 것

풀이 율곡은 군주의 통치에 따라 치세와 난세가 구분된다고 보고, 치세를 만드는 군주들의 통치 방법을 군주의 인격 완성 여부에 따라 '왕도'와 '패도'로 구분하여 설명하였다. 즉 율곡은 군주의 인격 완성 여부에 따라 치세와 난세가 구분된다고 본 것이 아니라, 왕도와 패도가 구분된다고 보았다. 한편 <보기>의 ㉯에서는 군주에 따라 치세와 난세가 되는 것을 막기 위해 법을 제정하고 기준을 세우는 것이 필요하다고 이야기하고 있을 뿐, 치세와 난세가 구분되는 기준을 어디에 둘 것인지 이야기하고 있지는 않다.

→ 적절하지 않음!

⑤ **율곡과 ㉯는 모두 백성의 본성을 선한 것으로 인식했다고 볼 수 있군.**

근거 (나)-❶-3 율곡은 군주가 인격을 완성하고 아는 것을 실천하면 백성의 선한 본성을 회복하는 도덕적 교화가 가능해진다고 본 것, <보기>-5 군주는 타락한 현실에 의해 잃어버린 인간의 선한 본성인 도덕성을 회복시켜야 합니다.

→ 적절함!

21	단어의 사전적 의미 - 적절하지 않은 것 고르기 정답률 75%, 매력적 오답 ⑤ 20%	정답 ③

ⓐ~ⓔ의 사전적 의미로 적절하지 않은 것은?

ⓐ 대처	ⓑ 피폐	ⓒ 규정	ⓓ 부족	ⓔ 역설

① ⓐ : 어떤 *정세나 사건에 대하여 알맞은 조치를 취함.   *情勢, 일이 되어 가는 형편

풀이 '대처(對 대하다 대 處 처리하다 처)'의 사전적 의미는 '어떤 정세나 사건에 대하여 알맞은 조치를 취함'이다.

예문 사고에 대한 신속한 대처가 필요하다.

→ 적절함!

② ⓑ : 지치고 *쇠약해짐.   *衰弱-, 힘이 줄어 약해짐

풀이 '피폐(疲 지치다 피 弊 해지다 폐)'의 사전적 의미는 '지치고 쇠약해짐'이다.

예문 자연환경의 피폐로 인한 결과는 참담했다.

→ 적절함!

③ ⓒ : 바로잡아 고침.

풀이 '규정(規 법칙 규 定 정하다 정)'의 사전적 의미는 '내용이나 성격, 의미 따위를 밝혀 정함'이다. '바로잡아 고침'의 뜻을 가진 단어는 '규정'이 아니라 '수정(修 고치다 수 正 바르다 정)'이다.

예문 사건에 대하여 명확한 규정을 내려 봅시다.

→ 적절하지 않음!

---

④ ⓓ : **필요한 양이나 기준에 미치지 못해 충분하지 아니함.**

풀이 '부족(不 아니다 부 足 넉넉하다 족)'의 사전적 의미는 '필요한 양이나 기준에 미치지 못해 충분하지 아니함'이다.

예문 지식의 부족을 채우기 위하여 독서량을 늘려야 한다.

→ 적절함!

⑤ ⓔ : **자신의 뜻을 힘주어 말함.**

풀이 '역설(力 힘주다 역 說 말하다 설)'의 사전적 의미는 '자기의 뜻을 힘주어 말함'이다.

예문 선생님은 성실과 절약의 중요성을 역설하였다.

→ 적절함!

[22 ~ 24] 현대시

(가) 김광섭, 「봄」

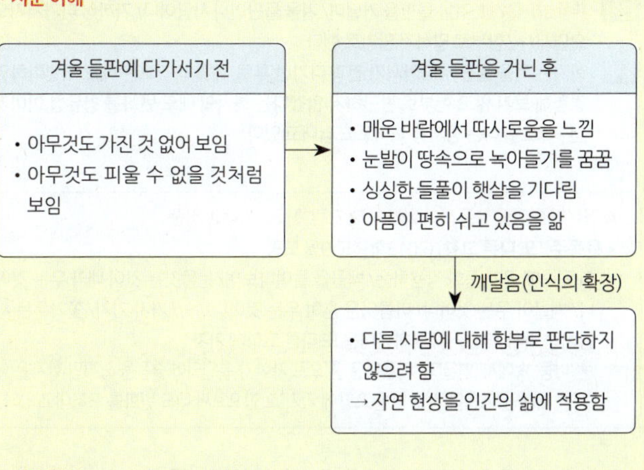

- **주제**
  만물을 소생시키는 봄을 예찬한다.

- **지문 이해**

'봄'의 모습	• 멀리 간 것, 갈라진 것이 다 돌아옴 • 자연물과 사람이 모두 제자리를 찾음 • 죽은 것과 산 것이 서로 마주함 • 꽃이 찬란하게 피어 꽃밭을 이루고 있음 • 겨울 동안 묵은 빨래를 하기 위해 시냇가로 감
'봄'의 의미	• 만물이 소생하는 사랑의 계절 • 자연의 순환적 질서가 드러나는 계절 • 화합과 희망을 느낄 수 있는 계절

- **어휘 풀이**
  * 보실보실 : 드문드문.
  * 부릴 : 풀어 내려놓을.
  * 상견례 : 공식적으로 서로 만나 보는 예.
  * 노루 꼬리만큼 : 조금씩. 노루는 몸에 비해 꼬리가 매우 짧음.
  * 묵은 : 일정한 때를 지나서 오래된 상태가 된.
  * 겨울 산 뼈 : 겨울 동안 사느라 굳어버린 뼈.

(나) 허형만, 「겨울 들판을 거닐며」

- **주제**
  겨울 들판을 거닐며 삶에 대한 깨달음을 얻는다.

- **지문 이해**

겨울 들판에 다가서기 전	겨울 들판을 거닌 후
• 아무것도 가진 것 없어 보임 • 아무것도 피울 수 없을 것처럼 보임	• 매운 바람에서 따사로움을 느낌 • 눈발이 땅속으로 녹아들기를 꿈꿈 • 싱싱한 들풀이 햇살을 기다림 • 아픔이 편히 쉬고 있음을 앎

깨달음(인식의 확장)

• 다른 사람에 대해 함부로 판단하지 않으려 함 → 자연 현상을 인간의 삶에 적용함

- **어휘 풀이**
  * 매운 : 날씨가 매우 추운.
  * 논두렁 밭두렁 : 논과 밭의 가장자리를 흙으로 둘러막아 불룩하게 만든 것.

(가), (나)의 표현상 특징으로 가장 적절한 것은?

선지	핵심 체크 내용	(가)	(나)
①	명사로 시상 마무리 → 시적 여운	X	-
②	수미상관 방식 → 구조적 안정감	X	-
③	청유형 어미	-	X
	화자의 태도 변화	-	O
④	유사한 문장 구조 반복 → 시적 의미 강조	O	O
⑤	청자를 명시적으로 설정 → 화자의 상황 구체화	X	X

① **(가)는 명사로 시상을 마무리하여** *시적 여운을 드러내고 있다. *시가 끝난 후에도 감동이 여전히 남아 있는 느낌

근거 **(가)** ❼연-4행 졸졸 흐르는 시냇가로 간다.

풀이 (가)는 동사 '간다'로 시상을 종결하고 있으므로, 명사로 시상을 마무리하여 시적 여운을 드러내고 있지 않다.

→ 적절하지 않음!

■ 명사로 시상을 마무리하여 시적 여운을 드러내는 작품
- 김소월, 「삭주구성」 (2019년 고1 9월 학평)
  들 끝에 날아가는 나는 구름은/ 밤쯤은 어디 바로 가 있을 텐고/ 삭주구성은 산 너머/ 먼 육천 리
  → '님'이 있는 고향과 화자의 거리감을 나타내는 '육천 리'라는 명사로 시행을 마무리하여 시적 여운을 드러내고 있다.
- 김기택, 「초록이 세상을 덮는다」 (2024년 고1 3월 학평)
  콘크리트 갈라진 틈에서도 솟아나고 있는/ 저 저돌적인 고요/ 단단하고 건조한 것들에게 옮겨 붙고 있는/ 저 촉촉한 불길
  → 도시를 생명력 넘치게 변화시키는 초록의 힘을 나타내는 '촉촉한 불길'이라는 명사로 시행을 마무리하여 시적 여운을 드러내고 있다.

② **(가)는** *수미상관의 방식을 활용하여 구조적 안정감을 얻고 있다. *시의 처음과 끝에 동일하거나 비슷한 구절을 반복하여 배치하는 방식

풀이 (가)는 처음과 끝에 유사한 구절을 반복하는 수미상관의 방식이 사용되어 있지 않다.

→ 적절하지 않음!

■ 수미상관의 방식을 활용하여 구조적 안정감을 얻는 작품
- 허영자, 「씨앗을 받으며」 (2020년 고2 9월 학평)
  1연 : 가을 뜨락(뜰, 마당)에/ 씨앗을 받으려니/ 두 손이 송구하다(두렵고 부끄럽다)
  6연 : 가을 뜨락에/ 젊음이 역사한(힘들여 이룬) 씨앗을 받으려니/ 도무지/ 두 손이 염치없다(부끄러움을 모른다)
  → 첫 연과 마지막 연에 유사한 구절을 반복하는 수미상관의 방식을 통해 구조적 안정감을 얻고 있다.

③ **(나)는** *청유형 어미를 활용하여 화자의 태도 변화를 드러내고 있다. *'~자'와 같이 화자가 청자에게 같이 행동할 것을 요청하는 뜻을 나타내는 어미

근거 **(나)-16~21행** 겨울 들판을 거닐며/ 겨울 들판이나 사람이나/ 가까이 다가서지도 않으면서/ ~/ 함부로 말하지 않기로 했다.

풀이 화자는 겨울 들판에 다가서기 전과 다가선 후로, 삶을 바라보는 태도가 변화하였다. 경험해 보지 않고 함부로 판단하지 않겠다는 화자의 태도 변화를 청유형 어미가 아닌 '-다'로 끝나는 평서형 어미로 드러내고 있다.

→ 적절하지 않음!

■ 청유형 어미를 활용하여 화자의 태도 변화를 드러내는 작품
- 윤동주, 「또 다른 고향」 (2013학년도 9월 모평)
  어둠 속에 곱게 풍화 작용하는/ 백골을 들여다보며/ 눈물짓는 것이 내가 우는 것이냐/ 백골이 우는 것이냐/ 아름다운 혼이 우는 것이냐// 가자 가자/ 쫓기우는 사람처럼 가자./ 백골 몰래/ 아름다운 또 다른 고향에 가자.
  → '어둠' 속에서 '백골'과 '아름다운 혼'으로 자아가 분열되어 슬픔을 느끼던 화자는 이상 세계인 '아름다운 또 다른 고향에 가자'고 함으로써 태도 변화를 드러내고 있다.

④ **(가)와 (나)는 모두 유사한 문장 구조를 반복하여 시적 의미를 강조하고 있다.**

근거 **(가)** ❷연 지붕이 겨울 짐을 부릴 때도 되고/ 집 사이에 쌓은 울타리를 헐 때도 된다./ 사람들이 그 이야기를/ 가장 먼 데서부터 시작할 때도 온다.

(가) ❹연-1~5행 나무는 나무로/ 꽃은 꽃으로/ 버들강아지는 버들가지로/ 사람은 사람에게로/ 산은 산으로

(나)-2~3행 아무것도 가진 것 없어 보이는/ 아무것도 피울 수 없을 것처럼 보이는

(나)-19~20행 아무것도 가진 것 없을 거라고/ 아무것도 키울 수 없을 거라고

풀이 (가)에서는 '~을/를 ~ㄹ 때도 ~'와 '~은/는 ~(으)로'라는 유사한 문장 구조를 반복하여 각각 봄이 오는 상황과 봄이 가져다 준 만물의 변화를 강조하고 있다. (나)에서는 '아무것도 ~ 보이는'과 '아무것도 ~ 없을 거라고'라는 유사한 문장 구조를 반복하여 편견을 가지고 단정 짓는 태도를 경계하고 있다.

→ 적절함!

⑤ **(가)와 (나)는 모두** *청자를 **명시적으로 설정하여 화자의 상황을 구체화하고 있다. *화자의 말을 듣는 대상 **분명하게

풀이 (가)와 (나) 모두 화자의 말을 듣는 대상인 청자가 시 속에 명확하게 드러나 있지 않다.

→ 적절하지 않음!

■ 청자를 명시적으로 설정하여 화자의 상황을 구체화하는 작품
- 신동엽, 「향아」 (2023학년도 6월 모평)
  향아 ~ 들국화처럼 소박한 목숨을 가꾸기 위하여 맨발을 벗고 콩바심하던 차라리 그 미개지에로 가자 ~ 냇물 굽이치는 싱싱한 마음밭으로 돌아가자.
  → '향아'를 청자로 설정하여 물질 문명으로 황폐해진 인간성을 회복하기 위해 순수한 자연으로 돌아가 조화를 이루며 살고 싶은 화자의 상황을 구체화하고 있다.

㉠과 ㉡에 대한 이해로 가장 적절한 것은?

(가) ❶연-3~5행 먼저 든 햇빛에/ ㉠ 개나리 보실보실 피어서/ 처음 노란 빛에 정이 들었다.

(나)-10~11행 초록빛 싱싱한 키 작은 ㉡ 들풀 또한 고만고만 모여 앉아/ 저만치 밀려오는 햇살을 기다리고 있었다

① ㉠은 '햇빛'과, ㉡은 '햇살'과 *대비되어 평화로운 분위기를 **조성한다. *서로 맞대어 비교되어 **만들어 낸다

근거 **(나)-14~15행** 여기(겨울 들판)서만은 우리가 알고 있는/ 아픔이란 아픔은 모두 편히 쉬고 있음도 알았다

풀이 ㉠(개나리)은 '햇빛'을 받아 피어났으므로 ㉠(개나리)과 '햇빛'이 대비된다고 볼 수 없으며, ㉡(들풀)은 '햇살'을 기다리고 있으므로 ㉡(들풀)과 '햇살'도 대비된다고 볼 수 없다. 한편 ㉠(개나리)은 봄의 시작을 알리고, ㉡(들풀)이 존재하는 '겨울 들판'에서는 아픔이 편히 쉬고 있다고 하였으므로 ㉠(개나리)과 ㉡(들풀)은 평화로운 분위기를 조성한다고 볼 수 있다.

→ 적절하지 않음!

② ㉠은 '처음'과, ㉡은 '저만치'와 어울려 *근원적 외로움을 상징한다. *본래부터 가지고 있는

풀이 ㉠(개나리)은 햇빛에 '처음' 노란 빛이 들었고, ㉡(들풀)은 '저만치' 밀려오는 햇살을 기다리고 있다. 그러나 이를 통해 존재가 본래부터 가지고 있는 외로움을 드러내고 있지는 않다.

→ 적절하지 않음!

③ ㉠은 '보실보실'과, ㉡은 '고만고만'과 어울려 *숭고한 희생을 드러낸다. *뜻이 높고 고상한

풀이 ㉠(개나리)은 햇빛에 '보실보실' 피어 있고, ㉡(들풀)은 '고만고만' 모여 앉아 햇살을 기다리고 있다. 이는 각각 ㉠(개나리)과 ㉡(들풀)의 모습을 묘사한 것일 뿐, 숭고한 희생을 드러낸 것은 아니다.

→ 적절하지 않음!

④ ㉠은 '노란 빛'과, ㉡은 '초록빛'과 *조응하여 생명성을 **환기한다. *어울려 **불러일으킨다

풀이 ㉠(개나리)은 먼저 든 햇빛에 '노란 빛'으로 피어 있고, ㉡(들풀)은 싱싱한 '초록빛'으로 앉아서 햇살을 기다리고 있다. 따라서 ㉠(개나리)은 '노란 빛'과, ㉡(들풀)은 '초록빛'과 조응하여 생명성을 환기한다는 설명은 적절하다.

→ 적절함!

⑤ ㉠은 '피어서'와, ㉡은 '모여 앉아'와 조응하여 *상실감을 **부각한다. *무언가를 잃어버린 느낌 **강조한다

풀이 ㉠(개나리)은 햇빛에 '피어서' 노란 빛을 띠고 있고, ㉡(들풀)은 '모여 앉아' 햇살을 기다리고 있다. 이는 생명력 넘치는 자연의 모습을 드러낸 것일 뿐, 상실감과는 관련이 없다.

→ 적절하지 않음!

〈보기〉를 바탕으로 (가)와 (나)를 감상한 내용으로 적절하지 않은 것은? [3점]

| 보기 |
[1] 시에서 계절은 중요한 요소로 작용하는 경우가 많은데, 화자는 계절적 특성에 대한 인식을 바탕으로 다양한 의미를 이끌어 낸다. [2] 화자는 계절의 변화에 내포된(안 內 감쌀 包 : 담겨 있는) 자연의 순환적(돌 循 돌 環 ~의 的 : 주기적으로 되풀이되는) 질서를 인식하고, 소멸했던(사라질 消 없어질 滅 : 사라졌던) 것이 소생하는(깨어날 蘇/甦 살 生 : 다시 살아나는) 모습에서 희망의 이미지를 발견하기도 한다. [3] 또 계절의 변화로 인한 자연현상을 인간의 삶과 관련지어 인식함으로써 화자가 지향하는 가치나 태도를 드러내기도 한다.

① (가)에서는 '멀리 간 것이 다 돌아온다'는 것에서 화자가 봄을 소생의 계절로 인식했음을, (나)에서는 '매운 바람'도 '맞을 만치 맞으면' '오히려 더욱 따사로움을 알게 되었다'는 것에서 화자가 겨울을 소생의 가능성이 *내재된 계절로 인식했음을 엿볼 수 있군.
* 담겨 있는

근거　〈보기〉-2 화자는 계절의 변화에 내포된 자연의 순환적 질서를 인식하고, 소멸했던 것이 소생하는 모습에서 희망의 이미지를 발견하기도 한다.
(가) ❸연-1~3행 그래서 봄은 사랑의 계절/ 모든 거리가 풀리면서/ 멀리 간 것이 다 돌아온다.
(나)-5~6행 매운 바람 끝자락도 맞을 만치 맞으면/ 오히려 더욱 따사로움을 알았다

풀이　(가)의 화자는 봄에 대해 '멀리 간 것이 다 돌아온다'고 하였다. 이는 화자가 봄을 소멸했던 것이 소생하는 계절로 인식했음을 드러낸다. (나)의 화자는 겨울의 '매운 바람'도 '맞을 만치 맞으면' '오히려 따사로움을 알게 된다고 함으로써 겨울을 소생의 가능성이 있는 계절로 인식했음을 드러내고 있다.
→ 적절함!

② (가)에서는 '가을 해에 어디쯤 갔던 꽃이 '봄 해를 따라'와 '꽃밭을 이루'는 것에서, (나)에서는 '덜 녹은 눈발이 봄이 되어 '땅의 품안으로 녹아들기를 꿈'꾼다는 것에서 순환하는 자연의 질서에 대한 화자의 인식을 엿볼 수 있군.

근거　〈보기〉-2 화자는 계절의 변화에 내포된 자연의 순환적 질서를 인식
(가) ❺연~❻연 꽃은 짧은 가을 해에/ 어디쯤 갔다가/ 노루 꼬리만큼/ 길어지는 봄 해를 따라// 몇 천리나 와서/ 오늘의 어느 주변에서/ 찬란한 꽃밭을 이루는가
(나)-7~8행 듬성듬성 아직은 덜 녹은 눈발이/ 땅의 품안으로 녹아들기를 꿈꾸며 뒤척이고

풀이　(가)에서는 '가을'에 어디론가 사라졌던 꽃이 '봄 해를 따라' '꽃밭을 이루'는 것에서 가을에서 봄으로 변화하는 자연의 순환적 질서를 인식하는 화자의 모습이 드러난다. (나)에서는 아직 '덜 녹은 눈발'이 봄이 되어 '땅의 품안으로 녹아들기를 꿈'꾼다는 것에서 겨울에서 봄으로 변화하는 자연의 순환적 질서를 인식하는 화자의 모습이 드러난다.
→ 적절함!

③ (가)에서는 '묵은 빨래뭉치'가 '봄빛을 따라나'온다는 것에서, (나)에서는 '흙의 무게가 '삶의 무게'처럼 느껴진다는 것에서 화자가 계절의 변화에서 발견한 희망의 이미지를 엿볼 수 있군.

근거　〈보기〉-2 화자는 계절의 변화에 내포된 자연의 순환적 질서를 인식하고, 소멸했던 것이 소생하는 모습에서 희망의 이미지를 발견하기도 한다.
(가)-❼연 다락에서 묵은 빨래뭉치도 풀려서/ 봄빛을 따라나와/ 산골짜기에서 겨울산 뼈를 씻으며/ 졸졸 흐르는 시냇가로 간다.
(나)-12~13행 신발 아래 질척거리며 달라붙는 흙의 무게가 삶의 무게만큼 힘겨웠지만

풀이　(가)에서 겨울에 '묵은 빨래뭉치'가 풀려서 '봄빛을 따라나'온다는 것에서 겨울에서 봄으로의 변화에서 발견한 희망의 이미지를 엿볼 수 있다. 그러나 (나)에서 '흙의 무게가 '삶의 무게'만큼 느껴진다는 것은 화자의 힘겨운 삶을 표현한 것이므로 희망의 이미지와는 거리가 멀다.

→ 적절하지 않음!

④ (가)에서는 '버들강아지는 버들가지로'와 '사람은 사람에게로'를 연결한 것에서, (나)에서는 '겨울 들판'과 '사람'을 연결한 것에서 자연현상을 인간의 삶과 관련짓고 있는 화자의 인식을 엿볼 수 있군.

근거　〈보기〉-3 계절의 변화로 인한 자연현상을 인간의 삶과 관련지어 인식함
(가) ❹연-3~4행 버들강아지는 버들가지로/ 사람은 사람에게로
(나)-17~21행 겨울 들판이나 사람이나/ 가까이 다가서지도 않으면서/ 아무것도 가진 것 없을 거라고/ 아무것도 키울 수 없을 거라고/ 함부로 말하지 않기로 했다

풀이　(가)의 화자는 '버들강아지는 버들가지로'와 '사람은 사람에게로'를 연결하여 자연현상을 인간의 삶과 관련짓고 있다. 버들가지와 사람 모두 계절의 변화에 따라 순환한다고 인식한 것이다. 한편 (나)의 화자는 '겨울 들판'을 '사람'과 연결하여 '겨울 들판'이나 '사람'에 대해 경험해 보지도 않고 함부로 말하지 않기로 하였다. 이는 자연현상

에서 얻은 깨달음을 인간의 삶에 적용한 것이다. 따라서 (가)에서는 '버들강아지는 버들가지로'와 '사람은 사람에게로'를 연결한 것에서, (나)에서는 '겨울 들판'과 '사람'을 연결한 것에서 자연현상을 인간의 삶과 관련짓고 있는 화자의 인식을 엿볼 수 있다.
→ 적절함!

⑤ (가)에서는 '죽은 것과 산 것이' '상견례를 이룬다'는 것에서 화자가 지향하는 *화합의 가치를, (나)에서는 '가까이 다가서지도 않으면서' '함부로 말하지 않겠다는 것에서 화자가 지향하는 태도를 엿볼 수 있군. *화목하게 어울림

근거　〈보기〉-3 계절의 변화로 인한 자연현상을 인간의 삶과 관련지어 인식함으로써 화자가 지향하는 가치나 태도를 드러내기도 한다.
(가) ❹연-6~7행 죽은 것과 산 것이 서로 돌아서서/ 그 근원에서 상견례를 이룬다.
(나)-17~21행 겨울 들판이나 사람이나/ 가까이 다가서지도 않으면서/ 아무것도 가진 것 없을 거라고/ 아무것도 키울 수 없을 거라고/ 함부로 말하지 않기로 했다

풀이　(가)에서는 서로 대비되는 '죽은 것과 산 것이' 봄이 되어 서로 마주한다는 것에서 화자가 지향하는 화합의 가치를 엿볼 수 있다. (나)에서는 '가까이 다가서지도 않으면서' '함부로 말하지 않겠다는 것에서 편견을 버리고 열린 마음으로 대상을 바라보려는 화자의 태도를 엿볼 수 있다.

→ 적절함!

[25 ~ 29] 기술 - 〈튜링 기계의 작동규칙과 작동 조건〉

1　[1] 수학자 힐베르트는 어떤 1 차 논리의 논리식이 주어졌을 경우 이 논리식이 타당한지 여부(옳은지 옳지 않은지)를 결정하는 알고리즘(algorism, 문제를 해결하기 위한 절차, 방법, 명령어들의 집합)이 존재하느냐 하는 문제를 제기했다.(提起-, 내어놓았다.) [2] 튜링은 이(힐베르트가 제기한) 문제에 대한 답을 얻는 과정에서 가상(假想, 사실이 아닌 것을 사실인 것처럼 임시로 정하여 생각함)의 기계 장치인 '튜링 기계'를 ⓐ 고안하게 된다.
→ 튜링 기계의 고안 배경

2　[1] 튜링 기계는 사람이 계산할 때 일어나는 사고(思考, 생각하고 궁리함) 과정을 응용한(應用-, 적용하여 이용한) 가상의 기계로 ㉠ 테이프, ㉡ 헤드, ㉢ 상태 기록기 등의 부품(部品, 기계의 어떤 부분에 쓰이는 물품)으로 ⓑ 구성된다. [2] 테이프는 좌우 양방향(兩方向, 양쪽으로 향하는 두 방향)으로 무한히(無限-, 제한이나 한계가 없이) 많은 칸을 갖고 있다고 가정하며(假定-, 임시로 사실인 것처럼 정하며), 각 칸은 비어 있거나 한 개의 기호가 기록되어 있다. [3] 헤드는 테이프에 기록된 기호를 읽거나 기호를 기록하는 장치인데, 테이프 위를 좌우로 한 칸씩 움직일 수 있다. [4] 상태 기록기는 튜링 기계의 상태를 나타낸다.
→ 튜링 기계의 구성과 각 부품의 역할

3　[1] 튜링 기계는 작동규칙이 주어지면 튜링 기계의 상태와 헤드로 판독한(判讀-, 읽은) 기호에 따라 작동되는데, 작동규칙은 예를 들면 (A, 1, P0, R, B)와 같이 표시할 수 있으며 이와 같은 형식을 '5순서열(順序列, 순서대로 배열한 것)'이라고 한다. [2] 5순서열의 첫 번째 자리와 다섯 번째 자리에는 A, B, C 등의 임의의(任意-, 기준이나 원칙을 일정하게 정하지 않은) 기호가 사용되어 튜링 기계의 상태를 나타낸다. [3] (A, 1, P0, R, B)에서 'A'는 튜링 기계의 현재 상태를, 'B'는 튜링 기계의 다음 상태를 나타낸다. [4] 이렇게 현재 상태를 나타내는 기호와 다음 상태를 나타내는 기호가 다르면 기계는 다음 상태로 바뀌고, 이와 달리 두 기호가 같으면 현재 상태가 유지된다.(維持-, 그대로 변함없이 계속된다.) [5] 5순서열의 두 번째 자리와 세 번째 자리에는 0, 1, □ 등의 기호가 사용되는데, □는 빈칸을 의미한다. [6] (A, 1, P0, R, B)에서 '1'은 헤드가 읽는 기호를 나타내며, 'P0'은 기호를 읽은 칸에 0을 기록하라는 것을 나타낸다. [7] 만약 P□가 사용되면 이는 □를 기록하라는 뜻으로 테이프에 기록된 기호가 있을 경우에는 이(테이프에 기록된 기호)를 지우게 된다. [8] 튜링 기계는 헤드가 읽는 기호와 테이프에 기록된 기호가 서로 같으면 주어진 5순서열을 수행하게 되지만(기호를 읽은 칸에 새로운 기호를 기록하게 되지만, 위 예에 따르면 헤드가 읽는 기호와 테이프에 기록된 기호가 '1'로 서로 같으면 'P0'에 따라 기호를 읽은 칸에 '0'을 기록하게 되지만), 다르면(헤드가 읽는 기호와 테이프에 기록된 기호가 서로 같지 않으면) 주어진 5순서열을 수행하지 않게 된다. [9] 5순서열의 네 번째 자리에는 헤드의 위치 변경(變更, 바꾸어 새롭게 고침)을 지시하는(指示-, 시키는) 기호로 L, R, N이 사용되는데, L은 헤드를 왼쪽으로 한 칸, R은 헤드를 오른쪽으로 한 칸 이동하는 것을 나타내며, N은 헤드의 위치를 이동하지 않는 것을 나타낸다.
→ 5순서열의 형식으로 표시한 튜링 기계의 작동규칙

4 [1]튜링 기계를 결정하는 5순서열은 여러 개가 모여 5순서열의 모임을 이룰 수도 있는데 이때는 세미콜론(;)을 사용해 나타낼 수 있다. [2]튜링 기계는 테이프의 시작 모습, 기계의 시작 상태, 그리고 테이프에서 헤드의 시작 위치가 정해지면 주어진 5순서열의 모임 중 수행 가능한 5순서열이 있을 경우, 이에 따라 작동하게 된다. [3]그러나 수행 가능한 5순서열이 없을 경우에는 작동을 멈추게 된다. [4]<그림>은 테이프의 시작 모습이 모두 빈 칸이고, 기계의 시작 상태는 A이며, 헤드의 시작 위치는 화살표의 위치일 때, 5순서열의 모임 (A, □, P0, R, B) ; (B, □, P1, R, A)가 하나의 테이프에서 작동하는 상황을 단계별로 도식화한(圖式化-, 그림으로 나타낸) 것이다. [5]먼저 튜링 기계의 현재 상태가 A이고 테이프가 빈칸이므로, (A, □, P0, R, B)에 따라 그 칸에 0을 기록하고 오른쪽으로 헤드를 한 칸 이동한 후 상태를 B로 변경한다. [6]다음으로 튜링 기계의 현재 상태가 B이고 테이프가 빈칸이므로, (B, □, P1, R, A)에 따라 그 칸에 1을 기록하고 오른쪽으로 헤드를 한 칸 이동한 후 상태를 A로 변경한다. [7]그러면 다시 (A, □, P0, R, B)에 따라 작동하게 되어 결국 튜링 기계는 테이프에 0과 1을 무한히 반복하며 기록하게 된다.

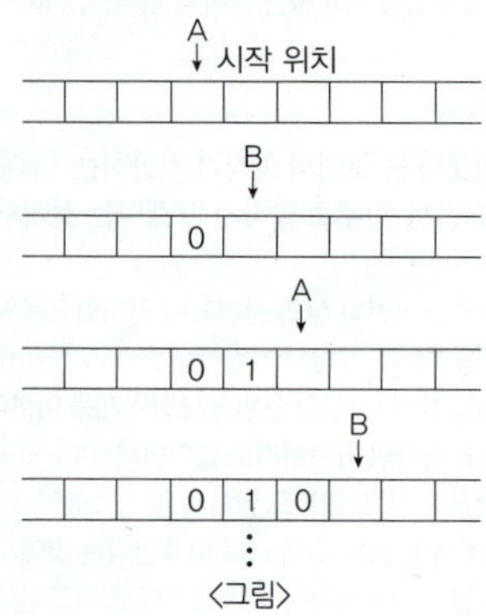

→ 튜링 기계의 작동 조건과 5순서열 모임의 작동 예시

5 [1]튜링은 위와 같이 무한히 반복되는 5순서열의 모임뿐만 아니라 사칙연산(四則演算, 덧셈, 뺄셈, 곱셈, 나눗셈을 이용하여 하는 셈)과 같은 유한한(有限-, 한도, 한계가 있는) 계산을 수행하는 5순서열의 모임을 제시하며 5순서열을 어떻게 ⓒ 조합하느냐에 따라 다양한 튜링 기계의 알고리즘을 만들 수 있다고 말한다. [2]나아가 테이프 한 칸에 튜링 기계의 알고리즘 하나하나가 들어가는 '보편(普遍, 모든 것에 두루 미치거나 통함) 튜링 기계'라는 것을 제시하며, 아무리 복잡한 알고리즘도 간단한 단위로 ⓓ 분해해서 처리할 수 있다고 주장한다. [3]현대의 컴퓨터 역시, 용량이 크고 속도가 빠를 뿐 결국 복잡한 알고리즘을 아주 간단한 단위로 분해해서 수행하는 것이다. [4]이런 면에서 튜링 기계는 현대 컴퓨터 발명의 기본적인 착상(着想, 풀어 나갈 수 있는 첫머리가 되는 생각이나 구상)을 제공하는(提供-, 내놓는) 데 크게 ⓔ 공헌한 것으로 평가받고 있다.

→ 튜링 기계에 대한 평가

■ 지문 이해

❶ 튜링 기계의 고안 배경
- 튜링 : '1차 논리 논리식의 타당성 여부를 결정하는 알고리즘이 존재하느냐' 하는 힐베르트의 문제 제기에 대한 답을 얻는 과정에서 튜링 기계를 고안하게 됨

❷ 튜링 기계의 구성과 각 부품의 역할
- 튜링 기계 : 사람이 계산할 때 일어나는 사고 과정을 응용한 가상의 기계
  - 테이프 : 좌우 양방향으로 무한히 많은 칸을 갖는다고 가정, 각 칸은 비어 있거나 한 개의 기호가 기록되어 있음
  - 헤드 : 테이프에 기록된 기호를 읽거나 기호를 기록함, 좌우로 한 칸씩 움직임
  - 상태 기록기 : 튜링 기계의 상태를 나타냄

❸ 5순서열의 형식으로 표시한 튜링 기계의 작동규칙
- 작동규칙이 주어지면 튜링 기계가 작동되며, 작동규칙은 5순서열의 형식으로 표시할 수 있음
- 5순서열의 형식으로 표시한 튜링 기계의 작동규칙

첫 번째 자리 : 튜링 기계의 현재 상태 다섯 번째 자리 : 튜링 기계의 다음 상태	두 기호가 서로 다르면 기계는 다음 상태로 바뀌고, 같으면 현재 상태가 유지됨
두 번째 자리 : 헤드가 읽는 기호 세 번째 자리 : 기호를 읽은 칸에 기록할 기호	헤드가 읽는 기호와 테이프에 기록된 기호가 서로 같으면 5순서열을 수행하고, 다르면 수행하지 않음
네 번째 자리 : 헤드의 위치 변경 지시	L : 헤드를 왼쪽으로 한 칸 이동 R : 헤드를 오른쪽으로 한 칸 이동 N : 헤드의 위치를 이동하지 않음

❹ 튜링 기계의 작동 조건과 5순서열 모임의 작동 예시
- 5순서열은 모임을 이룰 수 있고, 세미콜론(;)을 사용해 나타낼 수 있음
- 테이프의 시작 모습, 기계의 시작 상태, 헤드의 시작 위치가 정해졌을 때
  - → 주어진 5순서열의 모임 중 수행 가능한 5순서열이 있을 경우 이에 따라 작동
  - → 주어진 5순서열의 모임 중 수행 가능한 5순서열이 없을 경우 작동을 멈춤

❺ 튜링 기계에 대한 평가
- 복잡한 알고리즘을 간단한 단위로 분해해 수행하는 컴퓨터 발명의 기본적 착상을 제공하는 데 공헌한 것으로 평가됨

---

25 세부 정보 이해 - 적절하지 않은 것 고르기   정답률 85%   **정답 ⑤**

윗글에서 답을 찾을 수 있는 질문에 해당하지 않는 것은?

① 튜링 기계가 등장하게 된 배경은 무엇인가?
> **근거** ❶-1~2 수학자 힐베르트는 … 문제를 제기했다. 튜링은 이 문제에 대한 답을 얻는 과정에서 가상의 기계 장치인 '튜링 기계'를 고안하게 된다.
> → 적절함!

② 튜링 기계의 작동규칙을 표시하는 형식은 무엇인가?
> **근거** ❸-1 작동규칙은 예를 들면 (A, 1, P0, R, B)와 같이 표시할 수 있으며 이와 같은 형식을 '5순서열'이라고 한다.
> → 적절함!

③ 보편 튜링 기계와 현대 컴퓨터의 공통점은 무엇인가?
> **근거** ❺-2~3 '보편 튜링 기계'라는 것을 제시하며, 아무리 복잡한 알고리즘도 간단한 단위로 분해해서 처리할 수 있다고 주장한다. 현대의 컴퓨터 역시, 용량이 크고 속도가 빠를 뿐 결국 복잡한 알고리즘을 아주 간단한 단위로 분해해서 수행하는 것이다.
> **풀이** 보편 튜링 기계와 현대 컴퓨터는 복잡한 알고리즘을 간단한 단위로 분해해서 처리한다는 공통점이 있다.
> → 적절함!

④ 튜링 기계가 작동되기 위해 필요한 조건들은 무엇인가?
> **근거** ❸-1 튜링 기계는 작동규칙이 주어지면 튜링 기계의 상태와 헤드로 판독한 기호에 따라 작동되는데, 작동규칙은 예를 들면 (A, 1, P0, R, B)와 같이 표시할 수 있으며 이와 같은 형식을 '5순서열'이라고 한다. ❸-8 튜링 기계는 헤드가 읽는 기호와 테이프에 기록된 기호가 서로 같으면 주어진 5순서열을 수행하게 되지만, 다르면 주어진 5순서열을 수행하지 않게 된다. ❹-2~3 튜링 기계는 … 수행 가능한 5순서열이 있을 경우, 이에 따라 작동하게 된다. 그러나 수행 가능한 5순서열이 없을 경우에는 작동을 멈추게 된다.
> → 적절함!

⑤ 보편 튜링 기계가 처리하지 못하는 알고리즘의 종류는 무엇인가?
> **풀이** 윗글에서 보편 튜링 기계가 처리하지 못하는 알고리즘의 종류가 무엇인지는 설명하지 않았다.
> → 적절하지 않음!

오답률 TOP ❸   1등급 문제

26 추론의 적절성 판단 - 적절한 것 고르기   정답률 45%, 매력적 오답 ②⑤ 10% ③ 15% ④ 20%   **정답 ①**

㉠~㉢을 이해한 내용으로 가장 적절한 것은?

㉠ 테이프   ㉡ 헤드   ㉢ 상태 기록기

① ㉠의 길이를 무한으로 가정한 것은 튜링 기계가 가상의 장치라는 것을 보여 주는 것이겠군.
> **근거** ❷-2 테이프는 좌우 양방향으로 무한히 많은 칸을 갖고 있다고 가정하며
> **풀이** 튜링 기계에서 테이프(㉠)는 좌우 양방향으로 무한히 많은 칸을 갖고 있다고 가정하지만, 현실에서 '길이가 좌우로 무한한' 테이프는 존재하지 않는다. 따라서 테이프(㉠)의 길이를 무한으로 가정한 것은, 튜링 기계가 현실의 장치가 아니라 가상의 장치라는 것을 보여 주는 것이라고 볼 수 있다.
> → 적절함!

→ 문제편 204쪽

② ㉢이 한 번에 판독할 수 있는 기호의 개수는 항상 동일하게 유지되겠군.

근거 ❷-2~4 (테이프의) 각 칸은 비어 있거나 한 개의 기호가 기록되어 있다. 헤드는 테이프에 기록된 기호를 읽거나 기호를 기록하는 장치인데, 테이프 위를 좌우로 한 칸씩 움직일 수 있다. 상태 기록기는 튜링 기계의 상태를 나타낸다.

풀이 튜링 기계에서 기호를 판독하는 부품은 상태 기록기(㉢)가 아니라 헤드(㉡)이다. 헤드는 하나의 5순서열을 수행할 때 테이프 한 칸을 읽고, 테이프 한 칸은 비어 있거나 한 개의 기호가 기록되어 있으므로 한 번에 판독할 수 있는 기호의 개수는 항상 동일하게 유지된다.

→ 적절하지 않음!

③ ㉠의 시작 모습은 ㉡의 위치 변경을 지시하는 기호에 따라 결정되겠군.

근거 ❹-2 튜링 기계는 테이프의 시작 모습, 기계의 시작 상태, 그리고 테이프에서 헤드의 시작 위치가 정해지면 주어진 5순서열의 모임 중 수행 가능한 5순서열이 있을 경우, 이에 따라 작동하게 된다.

풀이 테이프(㉠)의 시작 모습은 튜링 기계의 작동이나 5순서열의 수행 전에 이미 정해진 것으로, 헤드(㉡)의 위치 변경을 지시하는 기호와는 관련이 없다.

→ 적절하지 않음!

④ ㉡의 시작 위치가 정해지는 것은 ㉢이 나타내는 튜링 기계의 상태와 관련이 있겠군.

근거 ❹-2 튜링 기계는 테이프의 시작 모습, 기계의 시작 상태, 그리고 테이프에서 헤드의 시작 위치가 정해지면 주어진 5순서열의 모임 중 수행 가능한 5순서열이 있을 경우, 이에 따라 작동하게 된다.

풀이 헤드(㉡)의 시작 위치는 튜링 기계의 작동이나 5순서열의 수행 전에 이미 정해진 것으로, 상태 기록기(㉢)가 나타내는 튜링 기계의 상태와는 관련이 없다.

→ 적절하지 않음!

⑤ ㉢에 임의의 기호가 사용된다는 것은 ㉠에 기록된 기호의 종류가 항상 달라진다는 것을 의미하는 것이겠군.

근거 ❸-2 5순서열의 첫 번째 자리와 다섯 번째 자리에는 A, B, C 등의 임의의 기호가 사용되어 튜링 기계의 상태를 나타낸다. ❸-4 현재 상태를 나타내는 기호와 다음 상태를 나타내는 기호가 다르면 기계는 다음 상태로 바뀌고, 이와 달리 두 기호가 같으면 현재 상태가 유지된다.

풀이 상태 기록기(㉢)에 임의의 기호가 사용된다는 것은 튜링 기계의 상태를 나타낼 때 반드시 규칙으로 정해져 있는 기호만을 사용해야 한다는 것이 아니라, A, B, C 등의 기호들 중 임의의 기호를 사용하여 나타낼 수 있다는 것을 의미한다. 상태 기록기에 사용되는 임의의 기호들은 기계의 상태 변화 여부에 영향을 주는 것이지, 테이프(㉠)에 기록된 기호의 종류와는 관련이 없다.

→ 적절하지 않음!

※ 윗글과 다음을 참고하여 27번과 28번 두 물음에 답하시오.

> **[1진법의 덧셈을 하는 튜링 기계의 알고리즘]**
> ㉮ (X, 1, P1, R, X) ; ㉯ (X, □, P1, R, Y) ; ㉰ (Y, 1, P1, R, Y) ;
> ㉱ (Y, □, P□, L, Z) ; ㉲ (Z, 1, P□, N, Z)
>
> **[1진법의 덧셈을 하는 튜링 기계의 시작 모습]**
> 아래는 1진법의 덧셈을 하는 튜링 기계의 시작 모습을 도식화한 것이다. 튜링 기계의 시작 상태는 X이며, 헤드의 시작 위치는 화살표의 위치이다. 테이프에는 1진법에서 2를 의미하는 '11'과 3을 의미하는 '111'이 기록되어 있으며, '11'과 '111'을 구분하기 위해 사이에 빈칸이 하나 삽입되어 있다.
>
> 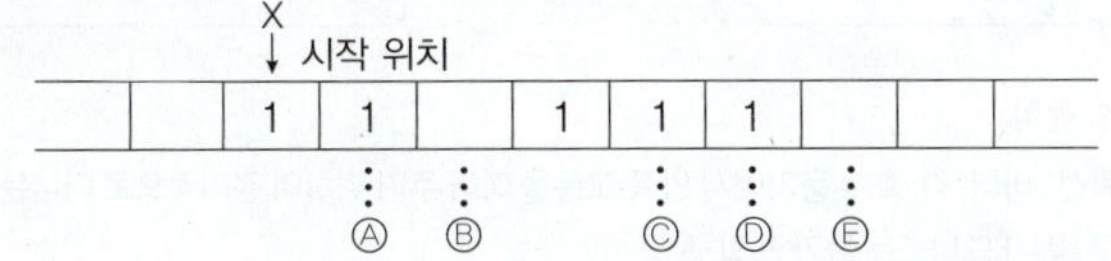
>

▶ **지문 핵심 개념 정리**

5순서열의 형식으로 표시한 튜링 기계의 작동규칙
• 첫 번째 자리는 튜링 기계의 현재 상태를 나타내는 기호, 다섯 번째 자리에는 다음 상태를 나타내는 기호(❸-2~3)
• 현재 상태를 나타내는 기호와 다음 상태를 나타내는 기호가 다르면 기계는 다음 상태로 바뀌고, 같으면 현재 상태가 유지됨(❸-4)
• 두 번째 자리는 헤드가 읽는 기호, 세 번째 자리는 기호를 읽은 칸에 기록할 기호(❸-5~6)
• 헤드가 읽는 기호와 테이프에 기록된 기호가 서로 같으면 주어진 5순서열을 수행하지만, 다르면 수행하지 않음(❸-8)

• 네 번째 자리는 헤드의 위치 변경을 지시하는 기호(❸-9)
  - L : 헤드를 왼쪽으로 한 칸 이동
  - R : 헤드를 오른쪽으로 한 칸 이동
  - N : 헤드의 위치를 이동하지 않음

→ 문제편 205쪽

---

27 자료 해석의 적절성 판단 - 적절한 것 고르기   정답률 55%, 매력적 오답 ② ③ 15%   **정답 ④**

윗글을 바탕으로 ㉮~㉲에 대해 이해한 내용으로 적절한 것은?

① ㉮는 튜링 기계의 현재 상태와 다음 상태가 <s>다르게</s> (동일하게) 지정되어 있다.

풀이 5순서열의 첫 번째 자리의 기호는 튜링 기계의 현재 상태를, 다섯 번째 자리의 기호는 튜링 기계의 다음 상태를 나타낸다. ㉮ (X, 1, P1, R, X)는 현재 상태를 나타내는 첫 번째 자리와 다음 상태를 나타내는 다섯 번째 자리의 기호가 'X'로 서로 같으므로, 튜링 기계의 현재 상태와 다음 상태가 다르게 지정되어 있다는 설명은 적절하지 않다.

→ 적절하지 않음!

② ㉲는 튜링 기계의 헤드가 읽는 기호와 기록할 기호가 <s>동일하게</s> (다르게) 지정되어 있다.

풀이 ㉲ (Z, 1, P□, N, Z)에서 두 번째 자리인 1은 헤드가 읽는 기호를 나타내고, 세 번째 자리인 'P□'는 기호를 읽은 칸에 기록된 기호를 지우고 빈칸으로 만들라는 것을 나타낸다. 따라서 ㉲는 튜링 기계의 헤드가 읽는 기호와 기록할 기호가 동일하게 지정되어 있지 않다.

→ 적절하지 않음!

③ ㉮와 ㉯는 튜링 기계의 헤드가 읽는 기호가 <s>동일하게</s> (다르게) 지정되어 있다.

풀이 5순서열에서 두 번째 자리의 기호는 헤드가 읽는 기호를 나타낸다. ㉮ (X, 1, P1, R, X)에서 헤드가 읽는 기호는 '1', ㉯ (X, □, P1, R, Y)에서 헤드가 읽는 기호는 '□(빈칸)'이다. 따라서 ㉮와 ㉯는 튜링 기계의 헤드가 읽는 기호는 동일하게 지정되어 있지 않다.

→ 적절하지 않음!

✔ ④ ㉯와 ㉱는 튜링 기계의 헤드가 기록할 기호가 다르게 지정되어 있다.

근거 ❸-6~7 (A, 1, P0, R, B)에서 '1'은 헤드가 읽는 기호를 나타내며, 'P0'은 기호를 읽은 칸에 0을 기록하라는 것을 나타낸다. 만약 P□가 사용되면 이는 □를 기록하라는 뜻으로 테이프에 기록된 기호가 있을 경우에는 이를 지우게 된다.

풀이 튜링 기계의 헤드가 기록할 기호는 5순서열의 세 번째 자리의 기호로 나타낸다. ㉯ (X, □, P1, R, Y)에서 세 번째 자리에 사용된 기호 'P1'은 기호를 읽은 칸에 1을 기록하라는 것을 나타낸다. 즉 헤드가 기록할 기호가 1로 지정되어 있다. 이와 달리 ㉱ (Y, □, P□, L, Z)에서 세 번째 자리에 사용된 기호 'P□'는 □를 기록하라는 것을 나타낸다. 즉 헤드가 기록할 기호는 □(빈칸)로 지정되어 있다. 따라서 ㉯와 ㉱는 튜링 기계의 헤드가 기록할 기호가 다르게 지정되어 있다는 설명은 적절하다.

→ 적절함!

⑤ ㉰와 ㉱는 튜링 기계의 헤드가 이동할 방향이 <s>동일하게</s> (다르게) 지정되어 있다.

풀이 5순서열의 네 번째 자리에는 튜링 기계의 헤드가 이동할 방향을 지시하는 기호가 표시된다. ㉰ (Y, 1, P1, R, Y)에서 네 번째 자리의 기호는 'R'로, 튜링 기계의 헤드를 오른쪽으로 한 칸 이동하는 것을 나타낸다. 이와 달리 ㉱ (Y, □, P□, L, Z)에서 네 번째 자리의 기호는 'L'로, 튜링 기계의 헤드를 왼쪽으로 한 칸 이동하는 것을 나타낸다. 따라서 ㉰와 ㉱는 튜링 기계의 헤드가 이동할 방향이 동일하게 지정되어 있지 않다.

→ 적절하지 않음!

---

28 구체적인 사례에 적용 - 적절하지 않은 것 고르기   정답률 50%, 매력적 오답 ② 20% ③ 15%   **정답 ④**

윗글과 [1진법의 덧셈을 하는 튜링 기계의 시작 모습]을 바탕으로 Ⓐ~Ⓔ에 대해 이해한 내용으로 적절하지 않은 것은? [3점]

① Ⓐ에서 튜링 기계의 상태가 X일 때, ㉮에 따라 헤드는 오른쪽으로 한 칸 이동하고 기계는 상태를 유지하게 되겠군.

풀이 Ⓐ에서 튜링 기계의 현재 상태가 X이면 5순서열의 첫 번째 자리의 기호가 X인 ㉮와 ㉯ 중 테이프에 기록된 기호와 헤드가 읽는 기호가 '1'로 같은 ㉮에 따라 튜링 기계가 작동하게 된다. ㉮ (X, 1, P1, R, X)의 네 번째 자리의 기호 'R'은 헤드의 위치를 오른쪽으로 한 칸 이동하라는 것을 나타내며, 다섯 번째 자리의 기호 'X'는 현재 상태를 유지하라는 것을 나타낸다. 따라서 Ⓐ에서 튜링 기계의 상태가 X일 때, ㉮에 따라 헤드는 오른쪽으로 한 칸 이동하고 기계는 상태를 유지하게 된다는 설명은 적절하다.

→ 적절함!

② Ⓑ에서 튜링 기계의 상태가 X일 때, ㉯에 따라 헤드는 빈칸에 1을 기록하고 기계는 상태를 바꾸게 되겠군.

풀이 Ⓑ에서 튜링 기계의 현재 상태가 X이면 5순서열의 첫 번째 자리의 기호가 X인 ㉮와 ㉯ 중 테이프에 기록된 기호와 헤드가 읽는 기호가 '□(빈칸)'로 같은 ㉯에 따라 튜링 기계가 작동하게 된다. ㉯ (X, □, P1, R, Y)의 세 번째 자리의 기호 'P1'은 헤드가 기호를 읽은 칸에 1을 기록하라는 것을 나타내며, 다섯 번째 자리의 기호 'Y'는 튜링 기계의 다음 상태를 Y로 바꾸라는 것을 나타낸다. 따라서 Ⓑ에서 튜링 기계의 상태가 X

일 때, ⓒ에 따라 헤드는 빈칸에 1을 기록하고 기계는 상태를 바꾸게 된다는 설명은
적절하다.

→ 적절함!

③ ⓒ에서 튜링 기계의 상태가 Y일 때, ⓓ에 따라 헤드는 오른쪽으로 한 칸 이동하고 기계
는 상태를 유지하게 되겠군.

풀이 ⓒ에서 튜링 기계의 현재 상태가 Y이면 5순서열의 첫 번째 자리의 기호가 Y인 ⓓ와
ⓔ 중 테이프에 기록된 기호와 헤드가 읽는 기호가 '1'로 같은 ⓓ에 따라 튜링 기계가
작동하게 된다. ⓓ (Y, 1, P1, R, Y)의 네 번째 자리의 기호 'R'은 헤드의 위치를 오른
쪽으로 한 칸 이동하라는 것을 나타내며, 다섯 번째 자리의 기호 'Y'는 현재 상태를 유
지하라는 것을 나타낸다. 따라서 ⓒ에서 튜링 기계의 상태가 Y일 때, ⓓ에 따라 헤드
는 오른쪽으로 한 칸 이동하고 기계는 상태를 유지하게 된다는 설명은 적절하다.

→ 적절함!

④ ⓓ에서 튜링 기계의 상태가 Z일 때, ⓐ에 따라 헤드는 테이프에 기록된 1을 지우고 기
계는 상태를 바꾸게 되겠군.
　　　　　　　　　　　　유지하게

풀이 ⓓ에서 튜링 기계의 현재 상태가 Z이면 5순서열의 첫 번째 자리의 기호가 Z이면서
테이프에 기록된 기호와 헤드가 읽는 기호가 '1'로 같은 ⓐ에 따라 튜링 기계가 작동
하게 된다. ⓐ (Z, 1, P□, N, Z)의 세 번째 자리의 기호 'P□'에서 □는 빈칸을 의미하
며, P□는 테이프에 기록된 기호가 있을 경우 이를 지우고 □(빈칸)를 기록하라는 것
을 나타낸다. 즉 여기에서는 테이프에 기록된 1을 지우게 된다. 다섯 번째 자리의 기
호 'Z'는 현재 상태의 기호와 같으므로, 현재 상태를 유지하라는 것을 나타낸다. 따라
서 ⓓ에서 튜링 기계의 상태가 Z일 때, ⓐ에 따라 헤드는 테이프에 기록된 1을 지우
고 기계는 상태를 유지하게 된다.

→ 적절하지 않음!

⑤ ⓔ에서 튜링 기계의 상태가 Y일 때, ⓐ에 따라 헤드는 왼쪽으로 한 칸 이동하고 기계는
상태를 바꾸게 되겠군.

풀이 ⓔ에서 튜링 기계의 현재 상태가 Y이면 5순서열의 첫 번째 자리의 기호가 Y인 ⓓ와
ⓔ 중 테이프에 기록된 기호와 헤드가 읽는 기호가 '□(빈칸)'로 같은 ⓔ에 따라 튜링
기계가 작동하게 된다. ⓔ (Y, □, P□, L, Z)의 네 번째 자리의 기호 'L'은 헤드의 위치
를 왼쪽으로 한 칸 이동하라는 것을 나타내며, 다섯 번째 자리의 기호 'Z'는 튜링 기계
의 다음 상태를 Z로 바꾸라는 것을 나타낸다. 따라서 ⓔ에서 튜링 기계의 상태가 Y일
때, ⓐ에 따라 헤드는 왼쪽으로 한 칸 이동하고 기계는 상태를 바꾸게 된다는 설명은
적절하다.

→ 적절함!

---

29 문맥적 의미 파악 - 적절하지 않은 것 고르기
정답률 90%
　　　　　　　　　　　　　　　　　　　　　　　정답 ④

문맥상 ⓐ~ⓔ와 바꾸어 쓰기에 적절하지 **않은** 것은?

ⓐ 고안하게　　ⓑ 구성된다　　ⓒ 조합하느냐에　　ⓓ 분해해서　　ⓔ 공헌한

① ⓐ : 생각해 내게

풀이 ⓐ에서 쓰인 '고안(考 생각하다 고 案 안건 안)하다'는 '연구하여 새로운 안을 생각해
내다'의 뜻으로, '생각해 내다'와 바꿔 써도 문맥상 의미가 달라지지 않는다. 따라서
ⓐ의 '고안하게'를 '생각해 내게'로 바꿔 쓰는 것은 문맥상 적절하다.

→ 적절함!

② ⓑ : 이루어진다

풀이 ⓑ에서 쓰인 '구성(構 얽다 구 成 이루다 성)되다'는 '몇 가지 부분이나 요소들이 모여
일정한 전체가 짜여 이루어지다'의 뜻으로, '이루어지다'와 바꿔 써도 문맥상 의미가
달라지지 않는다. 따라서 ⓑ의 '구성된다'를 '이루어진다'로 바꿔 쓰는 것은 문맥상 적
절하다.

→ 적절함!

③ ⓒ : 짜느냐에

풀이 ⓒ에서 쓰인 '조합(組 짜다 조 슴 합하다 합)하다'는 '여럿을 한데 모아 한 덩어리로 짜
다'의 뜻으로, '짜다'와 바꿔 써도 문맥상 의미가 달라지지 않는다. 따라서 ⓒ의 '조합
하느냐에'를 '짜느냐에'로 바꿔 쓰는 것은 문맥상 적절하다.

→ 적절함!

④ ⓓ : 퍼뜨려서

풀이 ⓓ에서 쓰인 '분해(分 나누다 분 解 풀다 해)하다'는 '여러 부분이 결합되어 이루어진
것을 그 낱낱으로 나누다'의 의미이다. 한편 '퍼뜨리다'는 '널리 퍼지게 하다'의 의미
로, ⓓ와 바꿔 쓸 경우 해당 문장의 의미가 달라진다. 따라서 ⓓ를 '퍼뜨려서'로 바꿔
쓰는 것은 적절하지 않다.

→ 적절하지 않음!

---

⑤ ⓔ : 이바지한

풀이 ⓔ에서 쓰인 '공헌(貢 이바지하다 공 獻 드리다 헌)하다'는 '힘을 써 이바지하다(도움이
되게 하다)'의 뜻으로, '이바지하다'와 바꿔 써도 문맥상 의미가 달라지지 않는다. 따라
서 ⓔ의 '공헌한'을 '이바지한'으로 바꿔 쓰는 것은 문맥상 적절하다.

→ 적절함!

[30 ~ 33] 현대소설 - 송기숙, 「몽기미 풍경」

· 중심 내용

어린 시절, 몽기미에 살던 순자와 남분이는 잠시 다녀온 서울의 풍경에 감탄한다.

↓

서울에 올라온 순자는 외롭고 고된 삶에 힘들어하며 몽기미를 그리워한다.

↓

기차에서 만난 남분이에게 몽기미 소식을 들은 순자는 마음 아파한다.

↓

남분이는 순자에게 자신이 서울에서 주전자 운전사로 돈을 버는 것을 자랑스럽게 이
야기한다.

· 전체 줄거리 ([ ] : 지문 내용)

기차를 타고 고향인 몽기미로 향하는 순자는 서울의 장난감 공장에서 일하는 숙련공이
다. 구정이 되었지만 고향에 가도 반겨 줄 사람이 없어 가지 않으려 했던 순자는 텔레비
전에서 귀성객이 몰리는 것을 보고 갑작스럽게 고향에 가기로 결정한다. [기차 안에서 순
자는 서울을 동경했던 어린 시절을 회상하고, 막상 서울에 와서 힘겨운 생활을 하는 자신
을 돼지 새끼 무녀리 같다고 생각한다. 순자는 기차 안에서 우연히 어린 시절에 친했던
남분이를 만나 몽기미의 소식을 듣고, 남분이는 자신이 서울에서 술 주전자 운전으로 돈
을 많이 번다며 자랑스럽게 이야기한다.] 남분이는 자신이 서울에서 일을 하도록 도와준
언니에 대해 이야기하고, 순자는 장난감 공장에 같이 다녔던 혜선이 언니를 떠올린다. 혜
선이는 순자와 친했던 언니로 공장에 노동조합을 결성하려고 회사와 맞서다가 쫓겨나게
되었고, 순자는 혜선이를 배신했다는 죄책감에 시달렸었다. 목포에 내린 순자와 남분이
는 다음 날 아침에 몽기미로 가는 배를 타려 하지만 결항임을 알게 된다. 남분이는 엽서
를 사서 고향에 가지 못한 자신들의 사연을 적어 방송국에 보내고, 두 사람은 같이 바닷
가를 거닌다. 다음 날 남분이는 몽기미로 가고 순자는 혜선이를 만나기 위해 정읍행 기차
를 탄다. 순자는 라디오에서 남분이가 보낸 사연이 방송되는 것을 들으며, 자신이 오랫동
안 잘못 떠돌다가 이제야 제자리를 찾아가는 기분을 느낀다.

· 인물 관계도

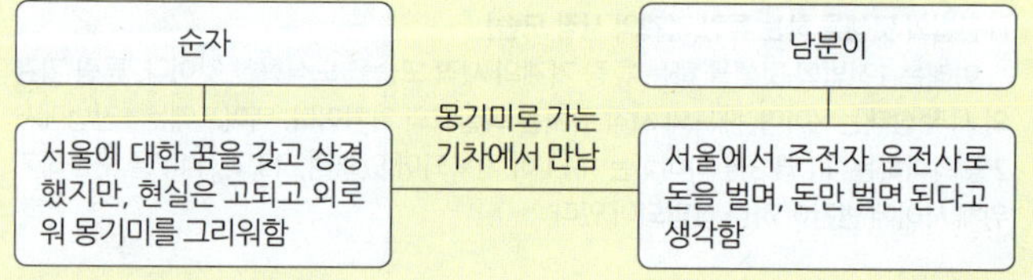

· 어휘 풀이

* 연락선 : 바다, 강, 호수 등지에서 양쪽 교통을 이어 주기 위하여 정기적으로 다니는 배.

* 포구 : 배가 드나드는 물가의 입구.

* 포목전 : 베나 무명 따위의 옷감을 파는 가게.

* 무녀리 : 한 뱃속에서 태어난 새끼 가운데 가장 먼저 나온 새끼.

* 베돌기만 : 가까이 가지 않고 피하여 딴 데로 돌기만.

* 숙련공 : 기술이 능숙한 노동자.

* 갯것 : 바닷물이 드나드는 곳에서 나는 물건.

* 듣보기장사 말라 죽는다 : 노력 없이 행운을 바라고 여기저기 돌아다니면서 기회를 보
던 듣보기장사가 시세가 맞지 않아 이익을 볼 수 없게 되어 매우 애를 태운다는 뜻으로,
행운을 바라다가 몹시 애를 태움을 비유적으로 이르는 말.

* 부등가리 안 옆 조이듯 : 어떤 일을 저질러 놓고 마음이 놓이지 않아 안절부절못함을 비
유적으로 이르는 말.

* 야살스럽게 : 얄밉고 되바라지게.

---

30 | 서술상 특징 - 적절한 것 고르기
정답률 90% | 정답 ⑤

[A]의 서술상 특징으로 가장 적절한 것은?

> [A] 목포에 닿자 아이들은 멍청하게 입만 벌렸다. 크고 작은 배들이 수백 척 부두를 가득 메우고 있었고, 크고 작은 건물들이 빼곡히 차 있었으며, 큰길에는 사람들이 엄청나게 북적거리고 자동차가 빵빵 경적을 울리며 내달았다. 색색으로 예쁘게 꾸며놓은 간판 아래 수많은 상점과, 거기 빼곡히 쌓여 있는 갖가지 상품들이며, 모두가 꿈에도 보지 못했던 광경이었다. 몽기미 아이들은 밤에 꾸는 꿈도 기껏 연락선을 탄다거나 벼랑에서 바다로 곤두박이는 따위였지, 이런 엄청난 세상은 꿈속에도 나타난 적이 없었다.

① **이야기 내부의 서술자가 인물의 *내력을 제시하고 있다.** *지금까지 살아온 과정

풀이 [A]에서는 이야기 외부의 서술자가 도시의 풍경을 묘사하고 그곳에 방문한 몽기미 아이들의 모습과 생각을 전달하고 있다. 서술자가 이야기 내부에 있지 않으며 인물의 내력도 제시되어 있지 않다.

→ 적절하지 않음!

② **인물의 행위를 제시하여 *긴박한 분위기를 조성하고 있다.** *다급하고 절박한

풀이 [A]에 몽기미 아이들이 입을 벌리고 있는 행위가 제시되어 있으나, 이를 통해 긴박한 분위기를 조성하고 있지는 않다.

→ 적절하지 않음!

> ■ **인물의 행위를 제시하여 긴박한 분위기를 조성하는 작품**
> • **박경리, 「시장과 전장」** (2017학년도 수능)
> 　사람들은 갈가마귀떼처럼 몰려들어 가마니를 열었다. 그리고 악을 쓰면서 자루에다 쌀과 수수를 집어넣는다. 쌀과 수수가 강변에 흩어진다. 사람들은 굶주린 이리떼처럼 눈에 핏발이 서서 자루에 곡식을 넣어 짊어지고 일어섰다. 쌀자루를 짊어지고 강변을 따라 급히 도망쳐 가는 사나이들, 쌀자루에 쌀을 옮겨 넣는 아낙들, 필사적이다. 그야말로 전쟁이다.
> 　→ 전쟁 상황에서 쌀과 수수를 급하게 가마니에 옮기고, 짊어지고 도망치는 인물들의 행위를 통해 긴박한 분위기를 조성하고 있다.

③ ***요약적 서술을 통해 갈등이 해소되는 과정을 제시하고 있다.** *사건의 내용을 간략하게 줄여 설명하는 방식

풀이 [A]에는 도시의 풍경이 묘사되어 있으므로 요약적 서술이라고 볼 수 없으며, 도시의 풍경에 놀라워하는 몽기미 아이들의 모습이 제시되어 있을 뿐 갈등이 해소되고 있지는 않다.

→ 적절하지 않음!

④ ***추측하는 표현을 통해 일어날 사건에 대한 예상을 드러내고 있다.** *미루어 짐작하는

풀이 [A]는 서술자가 몽기미 아이들의 모습과 생각, 도시의 풍경에 대해 서술하고 있을 뿐, 추측하는 표현이 나타나 있지 않으며 사건에 대한 예상도 드러나 있지 않다.

→ 적절하지 않음!

✓⑤ ***감각적인 묘사를 사용하여 관찰 대상을 실감 나게 드러내고 있다.** *눈이나 귀 등의 감각 기관을 통해 느껴지듯이 자세히 설명하는 방법

풀이 [A]에서는 도시의 '배들', '건물들', '사람들', '상점과 상품들'의 모습을 구체적으로 묘사하고, '자동차'의 경적 소리를 '빵빵'이라는 의성어로 감각적으로 표현하여 관찰 대상인 도시의 모습을 실감 나게 드러내고 있다.

→ 적절함!

31 | 소재의 의미 - 적절한 것 고르기
정답률 90% | 정답 ⑤

ⓐ와 ⓑ에 대한 이해로 가장 적절한 것은?

> ⓐ 연락선에 올라간 아이들은 모두 이층으로 우르르 올라가 난간을 붙잡고 먼 데 바다를 건너다보고 있었다.
> 돌아오는 ⓑ 기차에서 남분이는 어째서 우리는 이런 세상을 놔두고 그 작은 섬에서 살아야 하는지 내내 그 생각뿐이었다.

① **ⓐ는 인물이 기대했던 바를 실제로 확인하게 하는 소재이고, ⓑ는 인물의 욕망이 *충족되는 공간이다.** *채워지는
드러나는

근거 도시의 모든 것이 꿈만 같았고, 더구나 서울의 며칠 동안은 무슨 동화 속의 세상을 헤매는 것만 같았다.

풀이 몽기미 아이들이 도시에 대해 어떤 기대를 품고 있었는지는 윗글에 나타나지 않으므로 ⓐ가 인물이 기대했던 바를 실제로 확인하게 하는 소재라 볼 수 없다. 또한 남분이는 ⓑ에서 자신이 어째서 도시가 아닌 작은 섬에 살고 있는지 생각했다고 하였으므로 ⓑ는 도시에서 살고 싶다는 인물의 욕망이 드러나는 공간이지, 욕망이 충족되는 공간으로 볼 수 없다.

→ 적절하지 않음!

② **ⓐ는 인물이 사회의 문제를 해결하게 하는 소재이고, ⓑ는 인물이 자신을 타인과 비교하는 공간이다.**

풀이 ⓐ는 인물이 도시를 경험하게 하는 소재일 뿐, ⓐ를 통해 인물이 사회의 문제를 해결하고 있지 않다. 한편 ⓑ는 남분이가 왜 자신들은 도시에 살지 못하는지를 생각하는 공간이므로 도시에 사는 사람들과 자신을 비교하는 공간으로 볼 수 있다.

→ 적절하지 않음!

③ **ⓐ는 인물이 타인과의 *단절을 **유발하는 소재이고, ⓑ는 인물이 타인과 ***소통하는 원인이 되는 공간이다.** *관계를 끊음 **일어나게 하는 ***생각이나 뜻이 통하는

풀이 몽기미 아이들은 함께 ⓐ를 타고 도시에 도착했으므로 ⓐ가 타인과의 단절을 유발하는 소재라는 설명은 적절하지 않다. 또한 ⓑ에서 남분이는 혼자 생각하고 있으므로 ⓑ가 인물이 타인과 소통하는 원인이 되는 공간이라는 것도 적절하지 않다.

→ 적절하지 않음!

④ **ⓐ는 인물이 거부해 오던 운명을 적극적으로 *수용하게 하는 소재이고, ⓑ는 인물이 자신의 운명을 **개척하는 공간이다.** *받아들이게 **열어 나가는

풀이 몽기미 아이들이 운명을 거부해 왔다는 내용은 윗글에 나타나지 않으므로 ⓐ가 인물이 거부해 오던 운명을 적극적으로 수용하게 하는 소재라는 설명은 적절하지 않다. 한편 남분이는 ⓑ에서 도시에 살고 싶다는 욕망을 가지게 되지만, 자신의 운명을 개척하는 모습은 나타나지 않는다.

→ 적절하지 않음!

✓⑤ **ⓐ는 인물이 경험해 보지 못한 세상을 체험하게 하는 소재이고, ⓑ는 인물이 경험을 바탕으로 자신의 현실을 *인식하는 공간이다.** *알게 되는

근거 연락선을 대는 포구에 말로만 듣던 까만 기와집도 있었고, 크고 작은 배들이 스무 남은 척이나 몰려 있었다.

풀이 몽기미에 살던 아이들이 ⓐ를 타고 처음으로 도시에 갈 수 있었다는 점에서 ⓐ는 인물이 경험해 보지 못한 세상을 체험하게 하는 소재이다. 한편 남분이는 도시를 체험한 후 ⓑ를 타고 몽기미로 돌아오면서 자신이 작은 섬에 사는 것에 대해 불만을 가지므로 ⓑ는 인물이 경험을 바탕으로 자신의 현실을 인식하는 공간이다.

→ 적절함!

32 | 인물의 심리 - 적절하지 않은 것 고르기
정답률 85% | 정답 ②

㉠ ~ ㉤에 대한 설명으로 적절하지 않은 것은?

① **㉠ : 고향의 상황과 비교하여 자신의 상황을 자랑하고 싶어 하는 남분이의 심정이 드러나 있다.**

근거 ㉠ 언니, 우리 동네 한 집 일 년 수입이 통틀어 얼만 줄 알아? ~ 일 년 수입이 꼭 십이만 원이야. 내 한 달 벌이도 못 되더라고. 깔깔." 남분이는 은근히 자기 자랑을 하며 큰 소리로 깔깔거렸다.

풀이 ㉠은 고향의 한 집의 일 년 수입이 자신의 한 달 벌이도 못 된다는 것을 드러내어 자신의 상황을 자랑하고 싶어 하는 남분이의 심정이 드러나 있다.

→ 적절함!

✓② **㉡ : 순자의 마음이 상할 것을 걱정하여 조심스러워하는 남분이의 태도가 드러나 있다.**

근거 ⓛ "히히. 언니 실망하지 않을래?" 남분이는 야살스럽게(얄밉게) 히들거렸다(자꾸 웃었다)

풀이 남분이는 야살스럽게 히들거리며 말하고 있으므로 순자의 마음이 상할 것을 걱정하여 조심스러워하는 태도가 드러난다고 보기 어렵다.

→ 적절하지 않음!

③ⓒ : 남분이가 하는 말의 의미를 제대로 이해하지 못해 어리둥절해하는 순자의 모습이 드러나 있다.

근거 "주전자 운전 있잖아?" "주전자 운전이라니?" 순자는 눈을 더 크게 뜨고 도무지 어리둥절하기만 한 표정이었다. ~ ⓒ "아니, 무슨 소리를 하고 있는 거야?"

풀이 ⓒ에서 순자는 주전자 운전을 한다는 남분이의 말을 이해하지 못해 되묻고 있으므로 적절한 설명이다.

→ 적절함!

④ⓔ : 남분이가 하고 있는 일이 무엇인지 어렴풋이 짐작하고 있는 순자의 모습이 드러나 있다.

근거 "손에다 쥐어 모셔야 알겠구먼. 술 주전자 운전이란 말이야. 술 주전자! 깔깔." ⓔ "그러니까……." 순자는 그제야 웃물이 도는 듯(알 것 같다는 듯) 눈을 거슴츠레하게 떴다.

풀이 술 주전자 운전을 한다는 남분이의 말에 순자는 웃물이 도는 듯한 반응을 보였으므로 ⓔ에서 남분이가 하는 일을 어렴풋이 짐작한 순자의 모습이 드러난다.

→ 적절함!

⑤ⓜ : 자신의 직업에 대해 부끄럼 없이 떳떳하게 여기는 남분이의 태도가 드러나 있다.

근거 지금 서울에 주전자 운전사가 몇 만 명인 줄 알아? ⓜ 그것도 당당한 직업이야./ 남분이는 조금도 스스럼이 없었다.

풀이 남분이는 주전자 운전사에 대해 스스럼 없이 당당한 직업이라고 말하고 있으므로 자신의 직업에 대해 부끄럼 없이 떳떳하게 여기는 태도가 드러난다고 볼 수 있다.

→ 적절함!

---

33 | 감상의 적절성 - 적절하지 않은 것 고르기
정답률 80% 정답 ③

〈보기〉를 바탕으로 윗글을 감상한 내용으로 적절하지 <u>않은</u> 것은? 3점

| 보 기 |
1 이 작품은 급속한 산업 발전이 이루어지던 1970년대를 배경으로 하고 있다. 2 어촌 마을에서 도시로 상경한(오를 上 서울 京 : 지방에서 서울로 올라온) 인물들을 중심으로, 물질적 가치를 중시하는 모습과 고된 노동의 현실을 통해 당시의 세태(세상 世 모습 態 : 세상의 형편, 모습)를 사실적으로 드러낸다. 3 이러한 상황 속에서 어촌 마을은 경제적 발전에서 낙후된(떨어질 落 뒤 後 : 뒤떨어진) 공간이자, 도시의 삶에서 소외감(멀어질 疏 타인 外 느낌 感 : 멀어진 듯한 느낌)을 느끼는 이들에게 그리움의 공간으로 나타나 있다.

① '뼈마디가 저미는 고통'을 느끼며 '살벌한 현실'을 살고 있는 순자의 모습에서, 고된 삶을 살고 있는 노동자의 현실을 짐작할 수 있군.

근거 〈보기〉-2 어촌 마을에서 도시로 상경한 인물들을 중심으로, ~ 고된 노동의 현실을 통해 당시의 세태를 사실적으로 드러낸다.
순자는 바로 그 서울에 다시 와서 지금까지 오 년을 살았다. 그 오 년이라는 세월은 그 동화 같던 서울에 대한 소녀의 꿈이 뼈마디가 저미는 고통으로 조각조각 조각이 나는 기간이었고, 그 조각난 꿈을 딛고 살벌한 현실에 뼈마디를 부딪치며 자신을 추슬러온 기간이었다.

풀이 〈보기〉에 따르면 이 작품은 도시로 상경한 인물이 고된 노동을 하는 세태를 반영하고 있다고 하였다. 윗글의 순자는 서울에서 오 년 동안 '뼈마디가 저미는 고통'을 겪으며 '살벌한 현실'을 살고 있다. 따라서 순자의 모습을 통해 고된 삶을 살고 있는 노동자의 현실을 짐작할 수 있다.

→ 적절함!

② 누구 하나 돌봐주는 사람' 없이 생활하는 자신을 '무녀리'와 *동일시하는 순자의 모습에서, 도시 생활에서 느끼는 소외감을 짐작할 수 있군. *똑같다고 보는

근거 〈보기〉-3 도시의 삶에서 소외감을 느끼는 이들
서울에 온 자기(여기서는 순자)는 바로 그 무녀리가 되어 있었고, 그 어미 돼지처럼 누구 하나 돌봐주는 사람이 없었다.

풀이 〈보기〉에 따르면 이 작품에는 도시의 삶에서 소외감을 느끼는 이들이 등장한다고 하였다. 윗글의 순자는 '누구 하나 돌봐주는 사람' 없는 자신을 소외되어 어미의 젖을 빨지 못하는 '무녀리'와 동일시함으로써 도시 생활에서 느끼는 소외감을 드러내고 있다.

→ 적절함!

③ '본전도 못 건지'며 '가슴을 조이는 사람들이 '날이면 날마다 그 섬을 들락거렸다'는 것에서, 도시로 상경한 인물들에게 어촌 마을은 그리움의 공간임을 짐작할 수 있군.

근거 〈보기〉-3 어촌 마을은 ~ 도시의 삶에서 소외감을 느끼는 이들에게 그리움의 공간으로 나타나 있다.
그 해에 갯것이 잘 자라면 상당히 재미를 보는 수도 있지만, 흉작일 때는 본전도 못 건지기 일쑤였다. 듣보기장사 애 말라 죽는다고, 그런 투기를 한 사람들은 이른 봄부터 미역은 포자가 제대로 붙나 톳은 제대로 자라나, 부둥거리 안 옆 조이듯 가슴을 조이며 날이면 날마다 그 섬을 들락거렸다.

풀이 '본전도 못 건지'게 될까 봐 '가슴을 조이'며 '날이면 날마다 그 섬을 들락거리는' 사람들은 도시로 상경한 인물이 아닌, 투기를 한 사람들을 의미하므로 적절하지 않다.

→ 적절하지 않음!

④ '몽기미 집집마다' '달라붙은 그 가난'이 '가슴을 후볐다'는 것에서, 경제적 발전에서 낙후된 어촌 마을의 현실을 짐작할 수 있군.

근거 〈보기〉-3 어촌 마을은 경제적 발전에서 낙후된 공간
순자는 몽기미 집집마다 굴쩍처럼 너덜너덜 달라붙은 그 가난이 새삼스레 가슴을 후볐다.

풀이 〈보기〉에 따르면 어촌 마을은 경제적인 면에서 뒤떨어진 공간이다. 따라서 '몽기미 집집마다' '달라붙은 그 가난'이 순자의 '가슴을 후볐다'는 것에서 경제적 발전에서 낙후된 어촌 마을이 처한 현실을 짐작할 수 있다.

→ 적절함!

⑤ '식순이 공순이'는 '종살이' 취급밖에 받지 못한다며 돈을 쉽게 버는 일을 선택한 남분이의 모습에서, 물질적 가치를 우선시하는 세태를 짐작할 수 있군.

근거 〈보기〉-2 어촌 마을에서 도시로 상경한 인물들을 중심으로, 물질적 가치를 중시하는 모습 ~ 당시의 세태를 사실적으로 드러낸다.
서울서야 돈만 벌면 그만이잖아. 지금 서울에 주전자 운전사가 몇 만 명인 줄 알아? ~ 그사이에 식순이 공순이 다 해봤지만, 그건 남의 종살이밖에 안되더라고. 몸뚱이 도사리고 더런 새끼들한테 구박받으며 붙박여 하루 종일 뼛골 빼봐야 하루 벌이가 그게 얼마야?

풀이 〈보기〉에 따르면 이 작품은 어촌 마을에서 도시로 상경한 인물을 중심으로 물질적 가치를 중시하는 모습을 드러낸다고 하였다. 남분이는 '식순이 공순이'는 남의 '종살이' 취급을 받으며 벌이도 얼마 되지 않는다며 돈을 쉽게 벌 수 있는 주전자 운전사 일을 선택하였다. 이와 같은 남분이의 모습을 통해 물질적 가치를 우선시하는 세태를 짐작할 수 있다.

→ 적절함!

[34 ~ 37] 갈래 복합

(가) 고전시가 - 윤이후, 「일민가(逸民歌)」(숨을 逸 사람 民 노래 歌 : 학식과 덕행이 있으면서도 자연에 묻혀 사는 사람의 노래)

작품 이해 단계 ① 화자 ② 상황 및 대상 ③ 정서 및 태도 ④ 주제

① 화자 : '이몸'
1 이몸이 늦게 나서 세상에 할 일 없어
바람 風 달 月 : 아름다운 자연의 경치를 읊거나 노래함
2 강호의 임자 되야 풍월로 늙어가니
강江 호수 湖 : 자연
3 물외청복(物外淸福)이 없다야 하랴마는
만물 物 바깥 外 맑을 淸 복 福 : 속세 밖(자연)에서 누리는 좋은 복
4 돌이켜 생각하니 애달픈 일 하고 많다

②③ 상황 및 정서 : 자연 속에서 풍월로 늙어가는 중에 자신의 삶을 애달파한다.

5 만물의 귀한 것이 사람이 으뜸인데
귀 耳 눈 目 총명할 聰 밝을 明 : 밝은 눈과 귀를 가지고 총명함
6 그중의 남자 되야 이목총명(耳目聰明) 갖춰 삼겨
태어나
7 평생의 먹은 뜻이 일신부귀 아니러니
한 一 몸 身 부유할 富 귀할 貴 : 자신의 부유하고 귀함
8 세월이 훌쩍 가고 지업(志業)에 때를 놓쳐
뜻 志 일 業 : 학업
9 백수공명(白首功名)을 겨우 굴어 이뤄내니
흰 白 머리 首 공로 功 이름 名 : 늦은 나이에 관직에 오름

② 상황 : 늦은 나이에 관직에 오른 상황

10 종적이 저어하고 세로(世路)도 기구하야
험할 崎 괴로워할 嶇 : 순탄하지 못하고 탈이 많아
세상 世 길 路 : 세상을 살아가는 길
어긋날 齟 어긋날 齬 : 어긋나고
발자취 蹤 발자취 迹 : 하는 일
11 수년(數年) 낮은 벼슬로 남 따라 다니다가
몇 數 해 年 : 여러 해
마디 寸 풀 草 마음 心 : 부모의 은혜에 보답하려는 자식의 마음
12 삼춘휘(三春暉) 쉬이 가니 촌초심이 그지없어
석 三 봄 春 빛 暉 : 석 달의 봄볕
13 동장(銅章)을 빌어 차고 오마(五馬)를 바삐 몰아
다섯 五 말 馬 : 다섯 마리의 말
구리 銅 도장 章 : 수령이 차던 것으로, 정부 기관에서 발행하는 문서 따위에 찍던 구리 도장
14 남주(南州) 백리지(百里地)에 여민휴식(與民休息) 하랴터니
남녘 南 고을 州 일백 百 리 里 땅 地 : 남쪽 지방에 있는 백 리의 땅. 전라남도 함평
베풀 與 백성 民 쉴 休 숨 쉴 息 : 백성과 함께 지내는 마음으로 다스림

→ 문제편 207쪽

15 이마 흰 모진 범이 어디서 나타났는고
  당시 암행어사였던 '이인엽'을 의미함
16 가뜩이나 엷은 환정(宦情) 하루아침에 깨 되거다
  벼슬 宦 뜻 情 : 벼슬을 하고 싶어 하는 마음
17 (속세에) 젊은 옷 벗어놓고 황관(黃冠)으로 갈아 쓰고
  누를 黃 갓 冠 : 풀로 만든 평민의 관
18 채 하나 떨쳐 쥐고 호연히 돌아오니
  말채찍
  클 浩 그러할 然 : 호탕하고 시원스럽게

2 상황 :
벼슬을 하다가
갈등을 겪고
자연으로 돌아온
상황

19 산천이 의구하고 송죽(松竹)이 반기는 듯
  소나무 松 대나무 竹 : 소나무와 대나무
  전과 같을 依 옛 舊 : 옛날 그대로 변함이 없고
20 시비(柴扉)를 찾아들어 삼경(三逕)을 다스리니
  섶 柴 사립문 扉 : 나뭇가지를 엮어서 만든 사립문
  석 三 좁은 길 逕 : 은자(자연에 묻혀 사는 사람)가 사는 곳
21 금서일실(琴書一室)이 이 아니 내 분인가
  거문고 琴 책 書 책 한 一 집 室 : 거문고와 책이 있는 방
  분수 分 : 분수
22 앞내에 고기 낚고 뒷뫼에 약을 캐야
  앞의 냇가 뒷산 약초
23 수업(手業)을 일로 삼아 여년(餘年)을 보내노니
  손 手 일 業 : 손으로 하는 일 남을 餘 해 年 : 남은 인생
24 인생지락(人生至樂)이 이밖에 또 없도다
  자연에서의 삶
  사람 人 살 生 지극할 至 즐거울 樂 : 인생의 지극한 즐거움

3 정서 : 소박한 삶에 만족한다.

3 정서 : 자연 속에서의 삶에 만족한다.

(중략)

25 박잔에 술을 부어 알맞게 먹은 후에
  조롱박으로 만든 술잔
26 수조가(水調歌)를 길이 읊고 혼자 서서 흔들대니
  물 水 고를 調 노래 歌 : 수나라 양제가 지었다고 하는 뱃노래
27 호탕한 미친 흥을 행여 아니 남이 알겠는가
  호걸 浩 호탕할 蕩 : 씩씩하고 활발한
28 하마 저물었느냐 먼 뫼에 달 오른다
  벌써 산
29 그만하야 쉬어보자 바위에 배 매어라
30 패랭이 빗기쓰고 오죽장(烏竹杖) 흩어 짚어
  검을 烏 대나무 竹 지팡이 杖 : 검은 대나무로 만든 지팡이
  가늘게 쪼갠 대나무 조각으로 엮어 만든 갓
31 모래 둑을 돌아들어 석경(石逕)으로 올라가니
  돌 石 좁은 길 逕 : 돌길 경치 景 만물 物 : 경치
32 오류댁(五柳宅) 소쇄한데 경물이 새로와라
  맑고 깊을 瀟 깨끗할 灑 : 기운이 맑고 깨끗한데
  다섯 五 버들 柳 댁 宅 : 진나라 시인 도연명이 벼슬에서 물러나 버드나무 다섯 그루를 심고 살던 집 여기서는 '화자의 집'을 의미함
33 솔 그늘에 홋걸으며 원근을 바라보니
  소나무 산책하며 멀 遠 가까울 近 : 먼 곳과 가까운 곳
34 수월(水月)이 영롱하야 건곤이 제각기인 듯
  하늘 乾 땅 坤 : 하늘과 땅
  고울 玲 환할 瓏 : 빛이 찬란하여
  물 水 달 月 : 물에 비친 달빛
  빛날 熙 빛날 熙 밝을 皞 밝을 皞 : 매우 즐겁고 평화로워
35 희희호호(熙熙皞皞)하야 신세를 다 잊겠구나
  몸 身 인생 世 : 처지
36 이 중에 맺힌 마음 북궐(北闕)에 달렸으니
  북녘 北 대궐 闕 : (임금이 계신) 궁궐
  3 태도 : 자연 속에서도 임금을 생각한다.
37 사안(謝安)의 사죽도사(絲竹陶瀉) 옛일이 오늘일세
  악기 이름 絲 피리 竹 근심할 陶 쏟을 瀉 : 음악으로 시름을 달램
  중국 진나라 사람으로 자연에 묻혀 살다가 마흔이 넘어 비로소 관직에 진출함
38 내 근심 무익(無益)한 줄 모르지 아니하되
  없을 無 유익할 益 : 이롭거나 도움이 될 만한 것이 없는
39 천성(天性)을 못 변하니 진실로 가소롭다
  천성 天 성품 性 : 타고난 성품 가히 可 웃을 笑 : 같잖아서 우스운 데가 있다
40 두어라 강호(江湖)의 일민(逸民)이 되야 축성수(祝聖壽)나 하리라
  강 江 호수 湖 : 자연 숨을 逸 사람 民 : 학식과 덕행이 있으면서도 자연에 묻혀 지내는 사람 빌 祝 임금 聖 장수 壽 : 임금의 장수를 빎
  3 태도 : '일민'이 되어 임금의 장수를 빌고자 한다.

4 주제 :
'나'는 자연에 은거하는 삶에 만족하면서도
속세에 대한 미련을 떨치지 못한다.

• 현대어 풀이

1 이 몸이 늦게 나서 세상에 할 일이 없어
2 자연의 주인이 되어 아름다운 자연의 경치를 노래하며 늙어가니
3 속세 밖(자연)에서 누리는 좋은 복이 없다고야 하겠는가마는
4 돌이켜 생각하니 애달픈 일 많고 많다
5 만물 중에 귀한 것이 사람이 으뜸인데
6 그중에도 남자가 되어 밝은 눈과 귀를 가지고 총명하게 태어나
7 평생에 먹은 뜻이 나 자신의 부귀가 아니더니
8 세월이 훌쩍 가고 학업에 때를 놓쳐
9 늦은 나이에 공명을 겨우 구해 이뤄내니 (관직에 오르니)
10 하는 일이 어긋나고 세상살이도 순탄치 않아
11 여러 해를 낮은 벼슬로 남 따라다니다가
12 따뜻한 봄이 금방 지나가니 부모의 은혜에 보답하려는 마음이 끝이 없어
13 수령이 차던 구리 도장을 빌려 차고 다섯 마리의 말을 바삐 몰아
14 남쪽 지방에 있는 백리의 땅에서 백성과 함께 지내는 마음으로 다스리려고 했더니
15 이마가 흰 모진 범이 어디서 나타났는고

---

16 가뜩이나 적은 벼슬 욕심이 하루아침에 재가 되었다 (쓸데없이 한 노력이 되었다)
17 (속세에) 젊은 옷을 벗어놓고 평민의 관으로 갈아 쓰고
18 말채찍 하나 떨쳐 쥐고 호탕하게 돌아오니
19 자연이 옛날과 다름이 없고 소나무와 대나무가 반기는 듯
20 사립문을 찾아들어 세 오솔길을 다스리니 (은거하니)
21 거문고와 책이 있는 방이 내 분수가 아닌가
22 앞내에서 고기를 낚고 뒷산에서 약초를 캐어
23 손을 써서 일을 하며 남은 인생을 보내노니
24 인생의 지극한 즐거움이 이(자연에서의 삶)밖에 또 없도다

(중략)

25 조롱박잔에 술을 부어 알맞게 먹은 후에
26 수조가를 길게 읊고 혼자 서서 몸을 흔드니
27 호탕한 미친 흥을 행여 남이 알겠는가
28 벌써 날이 저물었는가 먼 산에 달이 오른다
29 그만하고 쉬어 보자 바위에 배 매어라
30 패랭이 비스듬히 쓰고 검은 대나무로 만든 지팡이를 (이리저리) 흩어 짚어
31 모랫둑을 돌아들어 돌길로 올라가니
32 오류댁 같은 집이 맑고 깨끗한데 주변의 경치가 새로워라
33 소나무 그늘에 산책하며 멀고 가까운 경치를 바라보니
34 물에 비친 달빛이 맑고 아름다워 하늘과 땅이 제각각인 듯
35 매우 즐겁고 평화로워 내 처지를 다 잊겠구나
36 이 중에 맺힌 마음이 궁궐에 달렸으니
37 진나라의 사안이 음악으로 시름을 달래며 지냈다는 옛일이 오늘이네
38 (속세에 대한) 내 근심이 무익한 줄 모르지 아니하되
39 타고난 성질을 바꾸지 못하니 정말로 우습다
40 두어라, 일민이 되어 임금님의 장수를 빌어 보리라

• 지문 이해

• 금서일실이 이 아니 내 분인가 • 인생지락이 이밖에 또 없도다 • 호탕한 미친 흥을 행여 아니 남이 알겠는가 • 희희호호하야 신세를 다 잊겠구나	• 이 중에 맺힌 마음 북궐에 달렸으니 • 내 근심 무익한 줄 모르지 아니하되/ 천성을 못 변하니 진실로 가소롭다
→ 자연에서 은거하는 삶에 대한 만족	→ 속세에 대한 미련

(나) 수필 - 이효석, 「화춘의장(花春意匠)」(꽃 花 봄 春 생각할 意 장인 匠 : 꽃이 핀 봄 동산에서 장인을 생각함)

• 중심 내용

'나'는 오십 평의 꽃밭을 성실히 가꾸는 '육십 옹'에게서 노동의 참된 경지를 본다.

↓

'육십 옹'의 노동은 생산과 미를 겸했다.

↓

'나'는 '육십 옹'의 착실하고 한결같은 생활의식에 비겨 '나'의 무기력한 삶에 부끄러움과 답답함을 느낀다.

↓

'나'는 무기력한 삶을 애써 극복해야 한다고 생각한다.

• 어휘 풀이

* 열 : 죽 벌여 늘어선 줄.
* 이랑 : 논이나 밭을 갈아 골을 타서 가운데가 불룩하게 흙을 쌓아 만든 곳.
* 달리아 : 국화과의 여러해살이풀.
* 우방 : 우엉.
* 활엽 : 넓고 큰 잎사귀.

* 보료 : 바닥에 까는 두툼한 요.

* 가구 : 거리의 구역.

* 경물 : 계절에 따라 달라지는 경치.

* 재인 : 재주가 있는 사람.

* 뒷거둠 : 일의 뒤끝을 거두어 처리함.

* 옹 : 남자 노인을 높여 이르는 삼인칭 대명사.

* 살수 : 물을 흩어서 뿌림.

* 중경시비 : 작물이 자라는 도중에 김을 매어 주고 거름을 주는 일.

* 배토 : 농작물의 포기 밑에 흙을 모아 북돋아 주는 일.

* 일과 : 날마다 규칙적으로 하는 일정한 일.

* 맞도록 : 마치도록.

* 장기 : '옹'이 밭을 가꾸는 데에 사용하는 각종 도구.

* 고로 : 괴로움과 수고로움.

* 만신 : 몸 전체.

* 노역 : 몹시 괴롭고 힘들게 일함. 또는 그런 노동.

* 여일한 : 처음부터 끝까지 한결같은.

* 비겨 : 서로 견주어 보아.

* 월등 : 수준이 정도 이상으로 뛰어나게.

* 저하되는 : 정도, 수준, 능률 따위가 떨어져 낮아지는.

* 소침됨 : 기운이나 기세 따위가 사그라지고 축 늘어지게 됨.

* 생활의욕 : 생활 속에서 무엇을 하고자 하는 적극적인 마음.

* 플래토 : 정체기.

* 저미되어 : 기운이 빠져 활동이 둔하고 흐미하게 되어.

* 소위 : 굳게 믿고 지키고 있는 생각.

* 갑을흑백 : 순서와 우열, 옳고 그름.

* 저조 : 활기가 없고 침체함.

* 근인 : 근본이 되는 원인.

---

34 표현상 공통점 - 적절한 것 고르기
정답률 40%, 매력적 오답 ② 15% ④ ⑤ 20% 정답 ①

(가)와 (나)의 공통점으로 가장 적절한 것은?

선지	핵심 체크 내용	(가)	(나)
①	설의적 표현 → 의미를 강조함	O	O
②	구체적 지명 → 현장감을 드러냄	X	X
③	청각적 이미지	O	O
	대상의 특성을 강조함	X	X
④	연쇄의 방식	X	X
	상황의 심각성을 표현함	X	O
⑤	언어유희	X	X
	현실에 대한 태도를 간접적으로 드러냄	O	X

① *설의적 표현을 활용하여 의미를 강조하고 있다. *쉽게 판단할 수 있는 사실을 의문의 형식으로 나타내는 표현 방법

근거 (가)-21 금서일실이 이 아니 내 분인가/ 27 호탕한 미친 흥을 행여 아니 남이 알겠는가
(나) 빈틈없는 이론으로 든든히 무장을 해본다 하더라도 행동이 없는 이상 갑을흑백을 어떻게 가린단 말인가.

풀이 (가)에서는 '금서일실이 ~ 내 분인가'와 '호탕한 ~ 알겠는가'에서 설의적 표현을 활용하여 자연 속에서 은거하는 삶에 대한 화자의 만족감을 강조하고 있다. (나)에서는 '빈틈없는 ~ 가린단 말인가'에서 설의적 표현을 활용하여 무기력한 생활에서 오는 답답함을 강조하고 있다.

→ 적절함!

② 구체적 지명을 활용하여 **현장감을 드러내고 있다. *장소 地 이름 名 : 지역의 이름 **실재 現 장소 場 느낄 感 : 어떤 일이 이루어지고 있는 현장에 있는 듯한 느낌

풀이 (가)와 (나) 모두 구체적 지명을 활용하여 현장감을 드러낸 부분은 나타나지 않는다. 참고로 (가)의 '남주 백리지'는 '남쪽 지방에 있는 백 리의 땅'이라는 의미이므로 구체적 지명으로 보기는 어렵다.

→ 적절하지 않음!

■ **구체적 지명을 활용하여 현장감을 드러내는 작품**
• 차범석, 「불모지」(2018학년도 9월 모평)
경수 : 여보 영감님! 여긴 종로 한복판입니다. 게다가 가게와 살림집이 붙었는데 그래 겨우 이백오십만 환이라구요? 그런 당치도 않은 거짓말은 공동묘지에서나 하시오.

(중략)

최 노인 : 그래 '샤뿔뽀오드(오락의 한 종류)' 말이다! 그건 차리는 데 돈도 안 들고 수입이 괜찮다고 하면서 4가에 적당한 집이 있다기에 그걸 해 볼까 하고 이 집을 보였지.
→ '종로 한복판', '(종로) 4가'와 같은 구체적 지명을 활용하여 현장감을 드러내고 있다.

(가)만 해당   (나)만 해당
③ *청각적 이미지를 통해 대상의 특성을 강조하고 있다. *소리와 같이 귀로 느낄 수 있는 이미지

근거 (가)-26 수조가를 길이 읊고 혼자 서서 흔들대니
(나) 침착하게 움직이는 그의 양 ~ 때때로 얼굴이 마주칠 때의 아이같이 방긋 웃어 보이는 동심의 표정

풀이 (가)의 '수조가를 길이 읊고'에서 청각적 이미지가 나타나지만 이를 통해 자연 속에서 유유자적하는 화자의 흥겨움과 만족감을 강조할 뿐, 대상의 특성을 강조하고 있지는 않다. (나)의 글쓴이는 진정한 노동의 경지에 이른 '육십 옹'의 특성을 강조하고 있으나 이는 청각적 이미지가 아닌 '육십 옹'의 행동이나 표정과 같은 시각적 이미지를 통해 드러난다.

→ 적절하지 않음!

(나)만 해당
④ *연쇄의 방식을 사용하여 상황의 심각성을 표현하고 있다. *앞 구절의 끝말을 다음 구절의 첫말에 이어서 표현하는 방식

근거 (나) 생활의욕이 급거히 저락되고 ~ 감퇴하여 버린다./ 우울을 말할 때가 아닌지는 모르나 때때로 생활의식의 저조에는 너무도 절실함이 있다

풀이 (가)는 연쇄의 방식을 통해 상황의 심각성을 표현한 부분이 나타나지 않는다. (나)의 글쓴이는 자신의 생활의욕의 저하와 침체로 인한 심각성을 표현하고 있으나, 연쇄의 방식을 사용하고 있지는 않다.

→ 적절하지 않음!

■ **연쇄법**
말이 꼬리에 꼬리를 물고 내용을 전개하는 방식이다. 예를 들어, '원숭이 엉덩이는 빨개, 빨가면 사과, ~ 바나나는 길어, 길면 기차'가 연쇄법이 사용된 것이다.

■ **연쇄법이 나타나는 작품**
• 윤동주, 「소년」(2023년 고2 3월 학평, 2023년 고1 6월 학평)
여기저기서 단풍잎 같은 슬픈 가을이 뚝뚝 떨어진다./ 단풍잎 떨어져 나온 자리마다 ~// 나뭇가지 위에 하늘이 펼쳐 있다.// 가만히 하늘을 들여다보려면/ 눈썹에 파란 물감이 든다.// 손바닥에서 파란 물감이 묻어난다.
→ '단풍잎, 떨어진다', '하늘', '파란 물감'이 연쇄적으로 이어지고 있다.
• 이황, 「도산십이곡」(2012학년도 9월 모평, 2015년도 6월 모평B, 2023학년도 수능)
고인(옛 성인)도 날 못 보고 나도 고인 못 뵈/ 고인을 못 봬도 가던 길(행하던 도리) 앞에 있네/ 가던 길 앞에 있거든(있으므로) 아니 가고 어찌할꼬
(옛 성인도 나를 못 보고 나도 옛 성인을 못 보네/ 옛 성인을 못 보아도 그들이 걸어가던 학문의 길이 앞에 있네/ 그들이 가던 길이 앞에 있으니 아니 가고 어찌하겠는가)
→ 1행의 마지막의 '고인 못 봬'는 2행의 앞부분의 '고인을 못 봬도'로 연결되고, 2행의 마지막의 '가던 길 앞에 있네'는 3행의 앞부분인 '가던 길 앞에 있거든'으로 연결된다. 이처럼 앞의 행의 마지막 부분을 그 다음 행의 앞부분으로 연결하여 표현하는 것을 연쇄법이라고 한다.

(가)만 해당
⑤ *언어유희를 통해 현실에 대한 태도를 간접적으로 드러내고 있다. *발음의 유사성이나 동음이의어 등을 활용하여 말을 재미있게 꾸미는 표현 방식

근거 (가)-36 이 중에 맺힌 마음 북궐에 달렸으니/ 38~39 내 근심 무익한 줄 모르지 아니하되/ 천성을 못 변하니 진실로 가소롭다

풀이 (가)는 자연 속에 은거하고 있으면서도 속세에 대한 미련을 버리지 못하는 화자의 모습을 통해 현실에 대한 태도를 간접적으로 드러내고 있다. 그러나 언어유희는 사용되지 않았다. (나)는 언어유희가 사용되지 않았으며, 글쓴이는 '육십 옹'과 자신에 대한 생각을 드러낼 뿐, 현실에 대한 태도를 간접적으로 드러내고 있다고 보기 어렵다.

→ 적절하지 않음!

■ 언어유희를 활용한 작품

① 동음이의어(소리는 같으나 뜻이 다른 단어)를 통한 언어유희가 나타나는 작품
• 작자 미상, 「춘향전」(2018학년도 9월 모평)
상을 발길로 탁 차 던지며 운봉의 갈비를 직신(지그시 힘을 주어 자꾸 누르며), "갈비 한 대 먹고지고."
→ 사람의 신체 일부인 '갈비(뼈)'와 음식의 한 종류인 '갈비'가 발음은 같고 뜻은 다르다는 점을 활용한 언어유희가 나타난다.

② 비슷한 음절(글자)을 활용한 언어유희가 나타나는 작품
• 작자 미상, 「봉산탈춤」(2017년 고2 9월 학평)
"아, 이 양반이 허리 꺾어 절반인지, 개다리소반인지, 꾸레미전에 백반인지"
→ '반'이라는 음절을 반복적으로 활용한 언어유희가 나타난다.

③ 어순 도치(단어의 배치 순서를 바꿈)를 통한 언어유희가 나타나는 작품
• 작자 미상, 「춘향전」(2018학년도 9월 모평)
"어 추워라, 문 들어온다, 바람 닫아라. 물 마른다, 목 들여라."
→ 원래대로라면 "바람 들어온다, 문 닫아라. 목 마른다, 물 들여라"의 순서로 단어를 배치하는 것이 정상적인 어순인데, 이러한 단어의 배치 순서를 바꿈으로써 웃음을 유발하는 언어유희가 나타난다.

---

35 | 글쓴이의 정서 – 적절하지 않은 것 고르기
정답률 75% | 정답 ②

㉠ ~ ㉤에 대한 설명으로 적절하지 않은 것은?

① ㉠ : 풍경의 가치를 인식하며 이를 *수시로 감상할 수 있는 데 따른 글쓴이의 심정이 드러나 있다. *아무 때나

근거 (나) 붉은 튤립의 열 옆으로 나무장미의 만발한 이랑이 늘어서고 달리아가 장성하며 한편에는 우방의 활엽이 온통 빈틈없는 푸른 보료를 편다. ㉠ 가구에서는 좀체 얻어 볼 수 없는 귀한 경물이니 아침저녁으로 손쉽게 그것을 바라볼 수 있는 나는 자신을 행복스럽게 여긴다.

풀이 ㉠에서 글쓴이는 꽃밭에 대해 '가구에서는 좀체 얻어 볼 수 없는 귀한 경물'이라고 하였으므로 풍경의 가치를 인식하고 있다고 할 수 있다. 또한 '아침저녁으로 손쉽게 그것을 바라볼 수 있'어서 '행복'하다고 하였으므로 ㉠에는 풍경을 수시로 감상할 수 있는 데 따른 글쓴이의 심정이 드러나 있다.

→ 적절함!

관찰한 대상에 대한
② ㉡ : 대상에 대한 *의혹이 해소되어 가는 데 대한 글쓴이의 인식이 드러나 있다. *의심할
疑 의심할 의 惑 : 의심

근거 (나) ㉡ 옹은 허리가 휘고 기력이 부실하나 서두르는 법 없이 지치는 법 없이 말하는 법 없이 날이 맞도록 묵묵히 일하며 그의 장기가 미치는 뒷자취는 나날이 면목이 새롭고 아름다워진다.

풀이 ㉡에서 글쓴이는 대상인 '옹'을 관찰하여 그가 '묵묵히 일'하는 성실한 사람이라는 것과 그의 손길이 닿은 곳은 '나날이 면목이 새롭고 아름다워진다'는 것을 이야기함으로써 대상인 '옹'에 대한 글쓴이의 긍정적인 인식을 드러내고 있다. 따라서 대상에 대한 의혹이 해소되어 가는 데 대한 글쓴이의 인식이 드러나 있다는 진술은 적절하지 않다.

→ 적절하지 않음!

③ ㉢ : 주의 깊게 살펴본 대상의 *면모를 주관적으로 해석하는 글쓴이의 인식이 드러나 있다. *모습 面 모양 貌 : 상태나 모습

근거 (나) ㉢ 때때로 얼굴이 마주칠 때의 아이같이 방긋 웃어 보이는 동심의 표정을 읽으면 그는 괴롭게 노동하고 있는 것이 아니라 그 오십 평 속에서 천진하게 장난하고 예술하고 있는 것이라고 번역된다.

풀이 ㉢에서 글쓴이가 '그'의 '아이같이 방긋 웃어 보이는 동심의 표정을 읽'는 것에서 대상을 주의 깊게 살펴보고 있다고 할 수 있으며, '그'의 표정에 대해 '그 오십 평 속에서 천진하게 장난하고 예술하고 있는 것이라고 번역'하였으므로 대상의 면모를 주관적으로 해석하는 글쓴이의 인식이 드러난다고 볼 수 있다.

→ 적절함!

④ ㉣ : 희망의 의미를 *구체화하지 못하는 것에 대한 글쓴이의 심정이 드러나 있다. *갖출
具 몸 體 될 化 : 자세하게 표현하지

근거 (나) ㉣ 솔직하게 말하여 그 대체 희망이라는 것이 어떤 내용 어느 정도 어느 거리의 것인가를 생각할 때 역시 답답해지는 것이 당연하며 뜻 없는 명랑은 도리어 천치의 소위로밖에는 생각되지 않는다.

풀이 ㉣에서 글쓴이는 '대체 희망이라는 것이 어떤 내용 어느 정도 어느 거리의 것인가를 생각할 때 역시 답답해지는 것이 당연하'다고 하였으므로, ㉣에는 희망의 의미를 구체화하지 못하는 것에 대해 답답해하는 글쓴이의 심정이 드러나 있다.

→ 적절함!

→ 문제편 209쪽

---

⑤ ㉤ : 자신이 현재 상태에 이르게 된 근본적 원인에 대한 글쓴이의 판단이 드러나 있다.

근거 (나) ㉤ 할 바를 모르는 것이 아니라 길이 없는 것이다. 여기에 좀체 구하기 어려운 저미의 근인이 있기는 있는 것

풀이 (나)의 글쓴이는 '할 바를 모르는 것이 아니라 길이 없는 것'에 '저미의 근인'이 있다고 하였다. 따라서 ㉤에는 자신이 현재 상태에 이르게 된 것에 대해 '길이 없는 것'을 근본적 원인으로 여기는 글쓴이의 판단이 드러나 있다고 볼 수 있다.

→ 적절함!

---

36 | 소재의 기능 – 적절한 것 고르기
정답률 65%, 매력적 오답 ① ③ 10% | 정답 ④

(가)와 (나)를 비교하여 이해한 내용으로 가장 적절한 것은?

① (가)의 '오마'는 화자를 과거에 *억압하던 대상이고, (나)의 '꽃'은 글쓴이가 관찰한 대상이 자신의 **이상을 펼치도록 돕는 소재이다. *자유로이 행동하지 못하도록 억누르던 **꿈

근거 (가)-13~14 동장을 빌어 차고 오마를 바삐 몰아/ 남주 백리지에 여민휴식 하라터니
(나) 그 한 조각의 밭을 다스려 아름다운 꽃을 보이는 사람은 놀라운 재인도 장정도 아니라 별사람 아닌 한 사람의 육십을 넘은 노인인 것이다.

풀이 (가)의 화자는 백성을 다스리기 위해 남쪽 지방에 있는 백 리의 땅으로 '오마'를 바삐 몰았으므로 '오마'는 화자를 과거에 억압하던 대상으로 볼 수 없다. (나)의 '꽃'은 글쓴이가 관찰한 대상인 '육십을 넘은 노인'이 '한 조각의 밭을 다스려' 아름답게 피워 보이는 것이므로 글쓴이가 관찰한 대상이 자신의 이상을 펼치도록 돕는 소재라고 보기는 어렵다.

→ 적절하지 않음!

② (가)의 '옷'은 화자가 자연 풍경에 대한 감탄을 자아내게 하는 소재이고, (나)의 '손잡이'는 글쓴이가 이를 사용하는 인물의 능력에 대해 감탄을 자아내는 소재이다.

근거 (가)-17 젖은 옷 벗어놓고 황관으로 갈아 쓰고
(나) 그러나 그렇다고 허구한 날 상을 찌푸리고만 지낼 수도 없는 노릇이니 가까운 손잡이를 잡고 억지로라도 플래토를 정복하고 식물 이하의 무기력에서 식물 이상의 행의 생활로 애써 솟아올라야 할 것이다.

풀이 (가)의 화자는 속세에서 벼슬을 하다가 갈등을 겪고는 자연으로 돌아온다. 따라서 화자가 벗어놓은 젖은 '옷'은 화자가 벼슬을 내려놓고 평민의 삶으로 돌아왔음을 드러내기 위한 소재로 보는 것이 적절하다. (나)의 글쓴이는 무기력한 삶에 답답함과 부끄러움을 느껴 '손잡이를 잡고 억지로라도 플래토를 정복하고' 무기력을 극복하고자 한다. 따라서 '손잡이'는 무기력한 삶을 극복하고자 하는 글쓴이의 의지를 드러내기 위한 소재로 보는 것이 적절하다.

→ 적절하지 않음!

원래 있던 곳으로
③ (가)의 '송죽'은 화자가 새로운 공간으로 돌아와서 만난 소재이고, (나)의 '튤립'은 글쓴이가 벗어나고자 하는 공간의 특징을 나타내는 소재이다.
행복을 느끼는

근거 (가)-18~19 호연히 돌아오니/ 산천이 의구하고 송죽이 반기는 듯
(나) 붉은 튤립의 열 옆으로 나무장미의 만발한 이랑이 늘어서고 달리아가 장성하며 한편에는 우방의 활엽이 온통 빈틈없는 푸른 보료를 편다. 가구에서는 좀체 얻어 볼 수 없는 귀한 경물이니 아침저녁으로 손쉽게 그것을 바라볼 수 있는 나는 자신을 행복스럽게 여긴다.

풀이 (가)의 화자는 원래 있던 곳으로 '호연히 돌아'와서 변함없는 '산천'과 '송죽'을 마주한다. 따라서 (가)의 '송죽'은 화자가 새로운 공간으로 돌아와서 만난 소재가 아니라 화자가 원래 있던 곳으로 다시 와서 만난 소재로 이해하는 것이 적절하다. (나)의 글쓴이는 '튤립', '나무장미', '달리아', '우방' 등이 있는 '귀한 경물'을 '아침저녁으로 손쉽게' 볼 수 있는 것을 '행복스럽게 여긴다'고 하였으므로 '튤립'은 글쓴이가 벗어나고자 하는 공간의 특징을 나타내는 소재가 아니라 글쓴이가 행복을 느끼는 공간의 특징을 나타내는 소재로 이해하는 것이 적절하다.

→ 적절하지 않음!

④ (가)의 '달'은 화자의 행동 변화가 일어나는 시간적 배경을 나타내는 소재이고, (나)의 '아침'은 글쓴이가 관찰한 대상의 *일관된 행동이 나타나는 시간적 배경이다. *한결같은

근거 (가)-26 수조가를 길이 읊고 혼자 서서 흔들대니/ 28~29 하마 저물었느냐 먼 뫼에 달 오른다/ 그만하야 쉬어보자 바위에 배 매어라/ 31 모래 둑을 돌아들어 석경으로 올라가니
(나) 씨를 뿌리기 시작한 날부터는 하루도 번기는 날이 없이 아침만 되면 육십 옹은 보에 쟁기를 싸가지고 어디선지 나타난다.

풀이 (가)에서 '수조가를 길이 읊고 혼자 서서 흔들대'던 화자는 '달'이 오르자 '그만하야 쉬어보자 바위에 배 매어라'라고 하고는 '모래 둑을 돌아들어 석경으로 올라'간다. 따라서 '달'은 화자의 행동 변화가 일어나는 시간적 배경을 나타내는 소재라고 볼 수 있다. (나)의 '아침'은 글쓴이가 관찰한 대상인 '육십 옹'이 '하루도 번기는 날이 없이' '보에

쟁기를 싸가지고 어디선지 나타나는' 시간이므로 대상의 일관된 행동이 드러나는 시간적 배경으로 볼 수 있다.

→ 적절함!

⑤ (가)의 '오류댁'은 화자가 *동경하는 행위가 드러나는 공간이고, (나)의 '꽃밭'은 글쓴이가 **경계하는 행위가 드러나는 공간이다. *간절히 그리워하는 **조심하는

근거 (가)-32 오류댁 소쇄한데 경물이 새로워라

(나) 생산만이 아니라 미를 겸했으며 미만이 있는 것이 아니라 생산의 열매가 아울러 온다. 반드시 꽃밭을 가꾸게 됨으로써의 미를 일컬음이 아니라 만족스런 노동의 표정의 미를 말함이다.

풀이 (가)의 '오류댁'은 진나라 시인 도연명이 벼슬에서 물러나 버드나무 다섯 그루를 심고 살던 집으로 화자가 현재 은거하고 있는 집을 비유적으로 표현한 것이다. 따라서 '오류댁'을 화자가 동경하는 행위가 드러나는 공간으로 보기는 어렵다. (나)의 글쓴이는 '꽃밭'을 '생산'과 '미'를 겸한 공간으로 보고 있으므로 (나)의 '꽃밭'이 글쓴이가 경계하는 행위가 드러나는 공간이라는 설명은 적절하지 않다.

→ 적절하지 않음!

1등급 문제

37 감상의 적절성 - 적절하지 않은 것 고르기
정답률 60%, 매력적 오답 ④ ⑤ 15%   정답 ③

〈보기〉를 바탕으로 (가), (나)를 감상한 내용으로 적절하지 <u>않은</u> 것은? [3점]

| 보기 |
[1] (가)와 (나)는 자기 성찰(살필 省 살필 察 : 반성하고 살핌)과 현실에 대한 고민이 드러나 있는 작품이다. [2] (가)의 화자는 속세에서 갈등을 겪고 은거하는(숨을 隱 살 居 : 세상을 피해 숨어 사는) 삶을 살고 있다. [3] 이때 화자는 자연을 통해 위안을 얻기도 하지만 번민(괴로워할 煩 번민할 悶 : 속을 태우고 괴로워함)을 떨치지(버리지) 못하는 자신을 인식하며 자연에서의 삶에서도 세상을 향한 마음을 드러낸다. [4] (나)의 글쓴이는 자신과 대조적인 삶을 살고 있는 대상을 통해 자신의 삶을 돌아보게 된다. [5] 이러한 과정에서 글쓴이는 가치 있는 삶의 모습을 깨닫고 무기력한 삶을 극복하고자 하는 의지를 드러낸다.

① (가)의 '앞내에 고기 낚고 뒷뫼에 약을 캐'며 '인생지락'을 느끼는 것에서 화자가 자연에서의 삶 속에서 위안을 얻고 있음을 알 수 있군.

근거 〈보기〉-3 화자는 자연을 통해 위안을 얻기도 하지만

(가)-22 앞내에 고기 낚고 뒷뫼에 약을 캐야/ 24 인생지락이 이밖에 또 없도다

풀이 (가)의 화자가 '앞내에 고기 낚고 뒷뫼에 약을 캐'며 '인생지락'을 느끼는 모습에서 자연을 통해 위안을 얻고 있음을 알 수 있다.

→ 적절함!

② (나)의 '근로와 예술을 동시에 가진 생활'이 '노동의 참된 경지'라는 것에서 글쓴이가 깨달은 가치 있는 삶의 모습이 드러나고 있음을 알 수 있군.

근거 〈보기〉-5 글쓴이는 가치 있는 삶의 모습을 깨닫고

(나) 근로와 예술을 동시에 가진 생활 — 생활의 미화, 노동의 예술화 — 진부한 어투인지는 모르나 노동의 참된 경지를 그 구체적 실례를 나는 그 육십 옹에게 보는 것이다.

풀이 (나)의 글쓴이는 '육십 옹'을 통해 '근로와 예술을 동시에 가진 생활', 즉 '노동의 참된 경지'를 보았다고 하였으므로, '육십 옹'에 대한 관찰을 통해 글쓴이가 깨달은 가치 있는 삶의 모습이 드러난다고 할 수 있다.

→ 적절함!

자연 속에서의 소박한 삶에 만족하고 있음을
✓③ (가)의 '금서일실'을 '내 분'으로 여긴다는 것에서 화자가 속세로 돌아가고 싶어 하는 고민이 드러나 있음을, (나)의 '소침됨을 깨닫고' '생활의욕이 급거히 저락되'었다는 것에서 글쓴이가 해결하고 싶어 하는 고민이 드러나 있음을 알 수 있군.

근거 〈보기〉-3~4 화자는 자연을 통해 위안을 얻기도 하지만 번민을 떨치지 못하는 자신을 인식하며 자연에서의 삶에서도 세상을 향한 마음을 드러낸다. (나)의 글쓴이는 자신과 대조적인 삶을 살고 있는 대상을 통해 자신의 삶을 돌아보게 된다.

(가)-21 금서일실이 이 아니 내 분인가

(나) 자신의 그것이 때때로 월등 저하되고 소침됨을 깨닫고 부끄러운 생각을 마지못한다. 주기적으로 생활의욕이 급거히 저락되고 ~ 결과는 생활력조차 감퇴하여 버린다.

풀이 (가)의 '금서일실'을 '내 분'으로 여긴다는 것은 화자가 자연 속에서의 소박한 삶에 만족하고 있음을 드러낸 것이다. 따라서 속세로 돌아가고 싶어 하는 화자의 고민이 드러나 있다는 것은 적절하지 않다. 한편 (나)의 '소침됨을 깨닫고' '생활의욕이 급거히 저락되'었다는 것에서 글쓴이가 해결하고 싶어 하는 고민, 즉 자신의 '무기력한 삶'에 대한 고민이 드러나 있음을 알 수 있다.

→ 적절하지 않음!

---

④ (가)의 '내 근심 무익한 줄 모르지' 않지만 '천성을 못 변'해 '가소롭다'는 것에서 화자가 번민을 떨치지 못하는 자신을 성찰하고 있음을, (나)의 '육십 옹'의 '생활의식에 비겨' 보며 '부끄러'워한 것에서 글쓴이가 타인과 대조하며 자신을 성찰하고 있음을 알 수 있군.

근거 〈보기〉-3~4 번민을 떨치지 못하는 자신을 인식하며 자연에서의 삶에서도 세상을 향한 마음을 드러낸다. (나)의 글쓴이는 자신과 대조적인 삶을 살고 있는 대상을 통해 자신의 삶을 돌아보게 된다.

(가)-38~39 내 근심 무익한 줄 모르되 아니하되/ 천성을 못 변하니 진실로 가소롭다

(나) 한편 그의 착실한 자태를 바라볼 때 나는 그 허리 굽은 육십 옹의 여일한 생활의식에 비겨 자신의 그것이 때때로 월등 저하되고 소침됨을 깨닫고 부끄러운 생각을 마지 못한다.

풀이 〈보기〉에 따르면 (가)의 화자는 자연 속에서도 세상을 향한 마음을 드러낸다고 하였다. 따라서 속세에 대한 자신의 '근심'이 '무익한 줄 모르지' 않지만 '천성을 못 변'해 '가소롭다'는 것에서 세상을 향한 번민을 떨치지 못하는 자신을 성찰하는 화자의 모습이 나타난다. 한편 (나)에서 글쓴이가 '육십 옹'의 '생활의식에 비겨' 보며 스스로를 '부끄러'워하는 것에서 자신과 대조적인 삶을 살고 있는 대상을 통해 글쓴이가 자신의 삶을 돌아보고 있음을 알 수 있다.

→ 적절함!

⑤ (가)의 '강호의 일민이 되야 축성수나 하리라'에서 화자가 은거하면서도 세상을 향한 마음을 드러내고 있음을, (나)의 '상을 찌푸리고만 지낼 수' 없다며 '행의 생활'을 다짐하는 것에서 글쓴이가 무기력한 삶을 극복하고자 하는 의지를 드러내고 있음을 알 수 있군.

근거 〈보기〉-3 번민을 떨치지 못하는 자신을 인식하며 자연에서의 삶에서도 세상을 향한 마음을 드러낸다./ 5 글쓴이는 가치 있는 삶의 모습을 깨닫고 무기력한 삶을 극복하고자 하는 의지를 드러낸다.

(가)-40 두어라 강호의 일민이 되야 축성수나 하리라

(나) 그러나 그렇다고 허구한 날 상을 찌푸리고만 지낼 수도 없는 노릇이니 가까운 손잡이를 잡고 억지로라도 플래토를 정복하고 식물 이하의 무기력에서 식물 이상의 행의 생활로 애써 솟아올라야 할 것이다.

풀이 (가)의 '강호의 일민이 되야 축성수나 하리라'에서 화자가 자연 속에서 은거하면서도 세상을 향한 마음을 드러내고 있음을 알 수 있다. (나)의 '상을 찌푸리고만 지낼 수' 없다며 억지로라도 플래토를 정복하고 '행의 생활'을 다짐하는 것에서 글쓴이가 무기력한 삶을 극복하고자 하는 의지를 드러내고 있음을 알 수 있다.

→ 적절함!

[38 ~ 41] 사회 - 〈플랫폼 사업자의 가격구조 결정과 수익 창출 전략〉

1 [1] 양면시장은 플랫폼 사업자(事業者, 사업을 경영하는 사람)가 서로 구분되는 두 개의 이용자 집단에 플랫폼을 제공하고(提供-, 내주고) 이용자들은 플랫폼을 통해 상대 집단과 거래하면서(去來-, 주고받거나 사고팔면서) 경제적 가치나 편익(便益, 편리하고 유익함)을 창출하는(創出-, 만들어 내는) 시장을 의미한다. [2] 이때 플랫폼이란 양쪽(兩-, 서로 구분되는 두 개의) 이용자 집단의 연결 고리 역할을 하는 물리적(物理的, 구체적인 형태를 가지고 존재하는 대상과 관련된), 가상적(假想的, 실제로 존재하는 것이 아닌 가정으로 생각하는), 제도적(制度的, 사회생활에 필요한 일정한 방식이나 기준 등을 법률이나 제도로 규정하는) 환경을 일컫는다. [3] 이용자 집단은 플랫폼을 통해 거래가 이루어지기까지의 시간이나 노력 등과 같은 거래비용(去來費用, 거래과정에서 드는 돈)을 절감하여(節減-, 아껴 줄여서) 상대 집단과 거래하게 된다. [4] 대표적인 플랫폼으로 신용 카드 회사가 제공하는 카드 결제 시스템을 들 수 있다. [5] 플랫폼의 한쪽에는 카드로 결제하는 회원들이 있고, 플랫폼의 반대쪽에는 그것을 지불(支拂, 값을 치름) 수단(手段, 방법, 도구)으로 받는 가맹점(加盟店, 가입되어 있는 가게)들이 있다. [6] 플랫폼 사업자인 신용 카드 회사 입장에서는 양쪽 이용자 집단인 카드 회원들과 가맹점들 모두가 고객(顧客, 물건을 사거나 서비스를 받는 사람)이 된다.

→ 양면시장과 플랫폼의 개념

2 [1] 플랫폼을 통해 연결되는 양쪽 이용자 집단의 관계는 '네트워크 외부성'을 통해 설명할 수 있다. [2] 네트워크 외부성은 어떤 제품이나 서비스를 사용하는 이용자의 규모(規模, 크기, 범위)가 이용자의 효용(效用, 재화의 효능)에 영향을 미치는 것으로 직접 네트워크 외부성과 간접 네트워크 외부성으로 구분된다. [3] 직접 네트워크 외부성이란 동일(同一, 같은) 집단 내에서 발생하는 것으로, 동일 집단에 속한 이용자의 규모가 커지면 집단 내(內, 안) 개별(個別, 각각 하나씩 따로 나뉜) 이용자의 효용이 증가하는(增加-, 늘어나는) 특성이다. [4] 이와 달리 간접 네트워크 외부성이란 서로

다른 집단 간에 발생하는 것으로, 한쪽 이용자 집단의 규모가 커지면 반대쪽 이용자 집단의 효용이 증가하고, 한쪽 이용자 집단의 규모가 작아지면 반대쪽 이용자 집단의 효용이 감소하게(減少-, 줄어들게) 된다. [5]양면시장에서는 간접 네트워크 외부성이 필수적으로 작용하므로 양쪽 이용자 집단이 서로 긴밀하게(緊密-, 관계가 매우 가깝게) 영향을 주고받는다.

→ **네트워크 외부성과 양쪽 이용자 집단의 관계**

3 [1]이를 바탕으로 플랫폼 사업자는 플랫폼 이용료를 통해 수익을 창출하기 때문에 양쪽 이용자 집단 모두를 플랫폼에 참여하도록 유도할(誘導-, 이끌) 수 있는 가격구조를 결정하게 된다. [2]이때 가격구조란 플랫폼 이용료를 각각의 이용자 집단에 어떻게 부과하느냐(賦課-, 값을 정하여 이를 부담하게 하느냐)를 의미한다. [3]플랫폼 사업자는 수익을 극대화할(極大化-, 아주 크게 할) 수 있는 전략(戰略, 방법)으로 양쪽 이용자 집단에 차별적인(差別的-, 차이를 두어 구별함이 있는) 가격을 부과하는 것이 일반적인데, 한쪽 이용자 집단의 플랫폼 이용료를 아주 낮게 책정하거나(策定-, 결정하거나) 한쪽 이용자 집단에 보조금(補助金, 일정한 목적을 달성하기 위해 내어 주는 돈)을 지급하는(支給-, 내주는) 경우도 있다.

→ **가격구조의 개념과 플랫폼 사업자의 가격구조 결정**

4 [1]위에서 언급된(言及-, 이야기된) 카드 결제 시스템을 바탕으로 간접 네트워크 외부성이 가격구조에 미치는 영향을 살펴보면 다음과 같다. [2]카드 회원들이 가맹점에 미치는 간접 네트워크 외부성(카드 회원의 수가 늘어나면 가맹점들의 효용이 증가함)이 클수록, 카드 회사는 카드 회원 수를 늘리기 위해 낮은 연회비를 부과할 수 있다. [3]이에 따라 카드 회원 수가 늘어나면 가맹점들의 효용이 증가하기 때문에 가맹점은 높은 결제 건당(件當, 낱낱의 일마다. 여기에서는 결제할 때마다를 뜻함) 수수료를 지불하더라도 카드 결제 시스템을 이용하게 된다. [4]이는 가맹점이 카드 회원들에게 미치는 간접 네트워크 외부성이 큰 경우에도 마찬가지로 적용된다.

→ **간접 네트워크 외부성이 가격구조에 미치는 영향**

5 [1]한편 가격구조는 수요의 가격탄력성에도 영향을 받는다. [2]수요의 가격탄력성이란 가격이 오르거나 내릴 때 수요량이 얼마나 변동하느냐(變動-, 달라지느냐)를 의미하는 것으로, 양면시장에서 양쪽 이용자 집단 각각은 플랫폼 이용료의 변동에 따라 이용자 수나 서비스 이용량과 같은 수요량에 영향을 받게 된다. [3]카드 회원의 수요의 가격탄력성이 높은 경우에는 연회비(年會費, 회원으로 가입한 곳에 회원의 자격을 유지하는 대가로 일 년에 한 번씩 내는 일정한 금액의 돈)가 오를 때 카드 회원 수가 크게 감소하고, 수요의 가격탄력성이 낮은 경우에는 변동이 크지 않다. [4]따라서 플랫폼 사업자는 자신의 수익을 극대화하기 위해 양쪽 이용자 집단의 특성을 파악하여 각 집단에 최적(最適, 가장 알맞음)의 이용료를 부과하게 된다. [5]일반적으로 플랫폼 사업자는 수요의 가격탄력성이 높은 집단에 낮은 이용료를 부과하여 해당 집단의 이용자 수를 늘리려고 한다.(수요의 가격탄력성이 높은 집단은 이용료가 오를 때 이용자 수가 크게 감소하기 때문)

→ **수요의 가격탄력성이 가격구조에 미치는 영향**

6 [1]플랫폼 사업자가 수익을 창출하기 위해 사용하는 대표적인 전략으로 공짜 미끼와 프리미엄(free-mium) 등이 있다. [2]공짜 미끼 전략은 무료 서비스를 통해 한쪽 집단의 이용자 수를 늘리면서 반대쪽 집단 이용자의 플랫폼 참여를 유인하는(誘引-, 이끄는) 것이다. [3]프리미엄 전략은 기본적 기능은 무료로 제공하지만 추가적인 기능은 유료로 제공하는 것으로, 무료에서 유료로 전환한(轉換-, 바꾼) 이용자의 긍정적 경험이 무료 이용자에게 전파되어(傳播-, 전하여 널리 퍼뜨려져) 그(무료 이용자)중 일부가 유료 이용자로 전환되도록 하는 것이다.

→ **플랫폼 사업자의 수익 창출 전략 : 공짜 미끼와 프리미엄**

■지문 이해

❶ 양면시장과 플랫폼의 개념

- 양면시장 : 플랫폼 사업자가 두 개의 이용자 집단에 플랫폼을 제공하고 이용자들은 플랫폼을 통해 상대 집단과 거래하면서 경제적 가치나 편익을 창출하는 시장

이용자 집단1	—	플랫폼	—	이용자 집단2

- 플랫폼 : 양쪽 이용자 집단을 연결하는 물리적, 가상적, 제도적 환경
  - 플랫폼을 통해 거래비용 절감이 가능
  - (예) 신용 카드 회사가 제공하는 카드 결제 시스템

카드 회원 (고객)	—	카드 결제 시스템	—	가맹점 (고객)

---

❷ 네트워크 외부성과 양쪽 이용자 집단의 관계

- 직접 네트워크 외부성 : 동일 집단 내에서 발생, 동일 집단에 속한 이용자의 규모가 커지면 집단 내 개별 이용자의 효용이 증가함
- 간접 네트워크 외부성 : 서로 다른 집단 간에 발생, 한쪽 이용자 집단의 규모가 커지면 반대쪽 이용자 집단의 효용이 증가함
  - → 양면시장에서는 간접 네트워크 외부성이 필수적으로 작용함 : 양쪽 이용자 집단이 서로 긴밀하게 영향을 주고받음

❸ 가격구조의 개념과 플랫폼 사업자의 가격구조 결정

- 가격구조 : 플랫폼 이용료를 각각의 이용자 집단에 어떻게 부과하느냐를 뜻함
- 플랫폼 사업자는 플랫폼 이용료를 통한 수익을 극대화할 수 있는 전략으로 양쪽 이용자 집단에 차별적 가격을 부과하는 것이 일반적임

❹ 간접 네트워크 외부성이 가격구조에 미치는 영향

- 카드 결제 시스템의 예시
  - 카드 회원들이 가맹점에 미치는 간접 네트워크 외부성이 클수록 카드 회사는 회원 수를 늘리기 위해 낮은 연회비를 부과할 수 있고, 이에 따라 회원 수가 증가하면 가맹점의 효용이 증가함 → 가맹점은 높은 수수료를 지불하더라도 카드 결제 시스템을 이용하게 됨

❺ 수요의 가격탄력성이 가격구조에 미치는 영향

- 양면시장에서 양쪽 이용자 집단 각각은 플랫폼 이용료의 변동에 따라 수요량에 영향을 받음
  - 카드 회원의 수요의 가격탄력성이 높은 경우 연회비가 오를 때 카드 회원 수가 크게 감소함
- 플랫폼 사업자는 수익 극대화를 위해 각 집단에 최적의 이용료를 부과함
  - 수요의 가격탄력성이 높은 집단에 낮은 이용료를 부과해 해당 집단의 이용자 수를 늘리려 함

❻ 플랫폼 사업자의 수익 창출 전략 : 공짜 미끼와 프리미엄

- 공짜 미끼 전략 : 무료 서비스를 통해 한쪽 집단의 이용자 수를 늘리면서 반대쪽 집단 이용자의 플랫폼 참여를 유인함
- 프리미엄 전략 : 기본적 기능은 무료로 제공하고, 추가적 기능은 유료로 제공함
  - → 유료 전환 이용자의 긍정적 경험이 무료 이용자에게 전파됨 → 무료 이용자 중 일부가 유료 이용자로 전환됨

1등급 문제

38 | 세부 정보 이해 - 적절하지 않은 것 고르기
정답률 55%, 매력적 오답 ④ 25% | **정답 ②**

윗글을 이해한 내용으로 적절하지 <u>않은</u> 것은?

① 카드 결제 시스템은 카드 회원들과 카드 가맹점을 연결하는 플랫폼이다.

근거 ❶-2 플랫폼이란 양쪽 이용자 집단의 연결 고리 역할을 하는 물리적, 가상적, 제도적 환경을 일컫는다. ❶-4~5 대표적인 플랫폼으로 신용 카드 회사가 제공하는 카드 결제 시스템을 들 수 있다. 플랫폼의 한쪽에는 카드로 결제하는 회원들이 있고, 플랫폼의 반대쪽에는 그것을 지불 수단으로 받는 가맹점들이 있다.

→ 적절함!

② 양면시장에서는 신용 카드 회사와 카드 회원 모두가 가맹점의 고객이 된다.
(신용 카드 회사 → 가맹점과 / 가맹점 → 신용 카드 회사)

근거 ❶-6 플랫폼 사업자인 신용 카드 회사 입장에서는 양쪽 이용자 집단인 카드 회원들과 가맹점들 모두가 고객이 된다.

풀이 신용 카드 회사는 플랫폼 사업자로, 카드 회원과 가맹점이 신용 카드 회사의 고객이 된다.

→ 적절하지 않음!

③ 플랫폼 사업자는 이용자 집단이 플랫폼에 참여하도록 보조금을 지급할 수 있다.

근거 ❸-1 플랫폼 사업자는 … 양쪽 이용자 집단 모두를 플랫폼에 참여하도록 유도할 수 있는 가격구조를 결정하게 된다. ❸-3 플랫폼 사업자는 … 한쪽 이용자 집단에 보조금을 지급하는 경우도 있다.

→ 적절함!

④ 플랫폼 사업자는 플랫폼 이용자들에게 경제적 가치를 창출하는 환경을 제공한다.

근거 ❶-1~2 양면시장은 플랫폼 사업자가 서로 구분되는 두 개의 이용자 집단에 플랫폼을 제공하고 이용자들은 플랫폼을 통해 상대 집단과 거래하면서 경제적 가치나 편

익을 창출하는 시장을 의미한다. 이때 플랫폼이란 양쪽 이용자 집단의 연결 고리 역할을 하는 물리적, 가상적, 제도적 환경을 일컫는다.

→ 적절함!

⑤ 프리미엄 전략은 유료로 전환한 이용자들이 무료 이용자들의 유료화에 영향을 미치는 것이다.

근거 ❻-3 프리미엄 전략은 … 유료로 전환한 이용자의 긍정적 경험이 무료 이용자에게 전파되어 그중 일부가 유료 이용자로 전환되도록 하는 것

→ 적절함!

---

39 핵심 개념 파악 - 적절한 것 고르기 정답률 75%, 매력적 오답 ② 10%	정답 ①

가격구조에 대한 설명으로 가장 적절한 것은?

① 플랫폼 사업자가 수익을 극대화하기 위해 고려하는 것이다.

근거 ❸-1~3 플랫폼 사업자는 플랫폼 이용료를 통해 수익을 창출 … 가격구조란 플랫폼 이용료를 각각의 이용자 집단에 어떻게 부과하느냐를 의미한다. 플랫폼 사업자는 수익을 극대화할 수 있는 전략으로 양쪽 이용자 집단에 차별적인 가격을 부과하는 것이 일반적인데

→ 적절함!

② 양쪽 이용자 집단의 이용료 지불 수단을 결정하는 방법이다.

근거 ❸-2 가격구조란 플랫폼 이용료를 각각의 이용자 집단에 어떻게 부과하느냐를 의미

풀이 가격구조는 플랫폼 이용료를 한쪽 이용자 집단에만 아주 낮게 책정하거나 보조금을 지급하는 등, 양쪽 이용자 집단에 '어떻게 부과'할 것인지를 의미하는 것이지, 이용료의 '지불 수단'을 결정하는 방법을 의미하지 않는다.

→ 적절하지 않음!

③ 양쪽 이용자 집단에 동일한 이용료를 부과하기 위한 원칙이다.

근거 ❸-2~3 가격구조란 플랫폼 이용료를 각각의 이용자 집단에 어떻게 부과하느냐를 의미한다. 플랫폼 사업자는 수익을 극대화할 수 있는 전략으로 양쪽 이용자 집단에 차별적인 가격을 부과하는 것이 일반적인데

→ 적절하지 않음!

④ 양쪽 이용자 집단의 규모가 항상 고정되어 있음을 *전제로 하는 것이다. *前提: 먼저 내세우는 조건

근거 ❹-2~3 카드 회원들이 가맹점에 미치는 간접 네트워크 외부성이 클수록, 카드 회사는 카드 회원 수를 늘리기 위해 낮은 연회비를 부과할 수 있다. 이에 따라 카드 회원 수가 늘어나면 가맹점들의 효용이 증가하기 때문에 가맹점은 높은 결제 건당 수수료를 지불하더라도 카드 결제 시스템을 이용하게 된다.

풀이 윗글에서는 플랫폼 사업자인 신용 카드 회사가 가격구조를 결정할 때 간접 네트워크 외부성이 영향을 미치게 된다는 설명의 예로, '카드 회원 수가 늘어남에 따른' 가맹점 효용 증가와 이에 따른 양쪽 집단 간 차별적 이용료 부과를 들고 있다. 이러한 내용을 통해 가격구조의 결정은 양쪽 이용자 집단의 규모가 '항상 고정되어 있음'을 전제로 하지 않음을 확인할 수 있다.

→ 적절하지 않음!

⑤ 플랫폼 사업자가 규모가 큰 이용자 집단에는 이용료를 부과하지 못한다.

근거 ❺-4~5 플랫폼 사업자는 자신의 수익을 극대화하기 위해 양쪽 이용자 집단의 특성을 파악하여 각 집단에 최적의 이용료를 부과하게 된다. 일반적으로 플랫폼 사업자는 수요의 가격탄력성이 높은 집단에 낮은 이용료를 부과

풀이 윗글에 따르면 플랫폼 사업자는 수요의 가격탄력성이 높은 이용자 집단에 낮은 이용료를 부과하는 경향이 있다. 그러나 이용자 집단의 규모를 기준으로 하였을 때 이용료를 어떻게 부과하는지에 대해서는 설명하지 않는다. 또한 플랫폼 사업자가 이용료를 부과하지 못하는 경우에 대해서도 언급되지 않았다.

→ 적절하지 않음!

※ 윗글과 〈보기〉를 바탕으로 40번과 41번 두 물음에 답하시오.

| 보기 |

[1]P사가 개발한 메신저 프로그램은 이용자끼리 무료로 메시지를 주고받을 수 있어서 ㉠메신저 이용자들이 빠르게 증가했고, 메신저 이용자들끼리 서로 편하게 연락을 주고받을 수 있게 되었다. [2]그러자 광고 효과를 기대하고 P사와 계약한 ㉡광고주들이 크게 늘어났고, P사는 모든 광고주들에게 원래보다 높은 광고 비용을 부과했다. [3]이후 P사는 더 많은 메신저 이용자들을 확보하기 위해 메신저에서 사용할 수 있는 무료 이모

티콘을 배포하였고, 이를 통해 ㉢이모티콘 사용에 익숙해진 이용자를 많이 확보할 수 있었다. [4]이모티콘을 사용하는 이용자들이 점점 많아지자 P사는 메신저를 통해 ㉣이모티콘 공급 업체들이 유료 이모티콘을 판매할 수 있도록 하였다. [5]P사가 높은 판매 수수료를 부과했음에도 불구하고 이용자들에게 이모티콘을 판매하고자 하는 업체들이 모여들게 되었다.

---

40 구체적인 사례에 적용 - 적절하지 않은 것 고르기 _{1등급 문제} 정답률 60%, 매력적 오답 ③ ④ 10% ⑤ 15%	정답 ②

윗글을 바탕으로 〈보기〉를 이해한 내용으로 적절하지 **않은** 것은? [3점]

① P사가 메신저 이용자들에게 무료 이모티콘을 배포한 것은 무료 서비스를 통해 더 많은 메신저 이용자들을 플랫폼으로 유도하기 위한 공짜 미끼 전략이겠군.

근거 ❻-2 공짜 미끼 전략은 무료 서비스를 통해 한쪽 집단의 이용자 수를 늘리면서, 〈보기〉-3 P사는 더 많은 메신저 이용자들을 확보하기 위해 메신저에서 사용할 수 있는 무료 이모티콘을 배포하였고,

→ 적절함!

② P사가 이모티콘 사용에 익숙해진 메신저 이용자들을 확보한 것은 메신저를 통해 적은 거래비용으로 이용자에게 이모티콘을 직접 판매하고자 하는 목적이겠군.

근거 ❶-1~2 양면시장은 플랫폼 사업자가 서로 구분되는 두 개의 이용자 집단에 플랫폼을 제공하고 이용자들은 플랫폼을 통해 상대 집단과 거래하면서 경제적 가치나 편익을 창출하는 시장을 의미한다. 이때 플랫폼이란 양쪽 이용자 집단의 연결 고리 역할을 하는 물리적, 가상적, 제도적 환경을 일컫는다. 〈보기〉-4 P사는 메신저를 통해 이모티콘 공급 업체들이 유료 이모티콘을 판매할 수 있도록 하였다.

풀이 양면시장에서 플랫폼 사업자는 서로 구분되는 양쪽의 이용자 집단에 플랫폼을 제공하고, 이용자들은 플랫폼을 통해 상대 집단과 거래하며 경제적 가치나 편익을 창출한다. 〈보기〉의 P사는 메신저 프로그램이라는 플랫폼을 제공하는 플랫폼 사업자에 해당하며, 메신저 이용자와 광고주, 메신저 이용자와 이모티콘 공급 업체는 각각 양쪽의 이용자 집단에 해당한다. P사의 메신저 프로그램은 양쪽 이용자 집단을 연결하는 역할을 하는 것이지, P사가 메신저를 통해 이용자에게 이모티콘을 '직접 판매'하는 것은 아니다.

→ 적절하지 않음!

③ P사가 광고주들에게 부과한 광고 비용과 이모티콘 공급 업체에게 부과한 판매 수수료는 P사의 수익 창출을 위한 플랫폼 이용료에 해당하겠군.
← 플랫폼 사업자   ← 플랫폼 이용료

근거 ❸-1 플랫폼 사업자는 플랫폼 이용료를 통해 수익을 창출, 〈보기〉-2 P사는 모든 광고주들에게 원래보다 높은 광고 비용을 부과, 〈보기〉-5 (이모티콘 공급 업체들에게) P사가 높은 판매 수수료를 부과

→ 적절함!

④ P사가 모든 광고주들에게 원래보다 높은 광고 비용을 부과한 것은 메신저 이용자들의 수가 늘어남에 따라 광고주들이 얻는 편익이 증가했다고 판단했기 때문이겠군.

근거 ❷-4~5 간접 네트워크 외부성이란 서로 다른 집단 간에 발생하는 것으로, 한쪽 이용자 집단의 규모가 커지면 반대쪽 이용자 집단의 효용이 증가하고, … 양면시장에서는 간접 네트워크 외부성이 필수적으로 작용

풀이 〈보기〉와 같은 양면시장에서는 간접 네트워크 외부성이 필수적으로 작용하므로, 메신저 이용자 집단의 규모가 커짐에 따라 반대쪽 이용자 집단인 광고주들이 얻는 효용이 증가했을 것이다. 따라서 P사가 이를 근거로 원래보다 높은 광고 비용을 부과한 것이라는 추론은 적절하다.

→ 적절함!
= 동일 집단에 속한 이용자의 규모가 커져

⑤ P사가 개발한 메신저의 이용자 수가 많아져 이용자들끼리 더 편하게 연락을 주고받을 수 있게 된 것은 메신저 이용자들 사이에 직접 네트워크 외부성이 존재하는 것이겠군.
= 집단 내 개별 이용자의 효용이 증가

근거 ❷-3 직접 네트워크 외부성이란 동일 집단 내에서 발생하는 것으로, 동일 집단에 속한 이용자의 규모가 커지면 집단 내 개별 이용자의 효용이 증가하는 특성, 〈보기〉-1 P사가 개발한 메신저 프로그램은 이용자끼리 무료로 메시지를 주고받을 수 있어서 메신저 이용자들이 빠르게 증가했고, 메신저 이용자들끼리 서로 편하게 연락을 주고받을 수 있게 되었다.

→ 적절함!

---

41 반응의 적절성 판단 - 적절한 것 고르기 _{오답률 TOP 4 · 1등급 문제} 정답률 45%, 매력적 오답 ① 15% ③ 30%	정답 ⑤

다음은 윗글과 〈보기〉를 읽은 학생이 보인 반응이다. A~C에 들어갈 내용으로 적절한 것은?

→ 문제편 211쪽

㉠ 메신저 이용자들   ㉡ 광고주들   ㉢ 이모티콘 사용에 익숙해진 이용자
㉣ 이모티콘 공급 업체들

㉠의 수요의 가격탄력성이 높고, ㉠이 ㉡에 미치는 간접 네트워크 외부성이 클 때, P사가 무료이던 메신저 이용료를 유료로 전환한다고 가정하면, ㉠의 수는 (　A　)하고 ㉡의 효용은 크게 (　B　)할 것이다. 한편 ㉣이 ㉢에 미치는 간접 네트워크 외부성이 크다고 가정하면, P사가 ㉣에 부과하는 판매 수수료는 (　C　)할 것이다.

A

[근거] ❺-3 카드 회원의 수요의 가격탄력성이 높은 경우에는 연회비가 오를 때 카드 회원 수가 크게 감소하고, 수요의 가격탄력성이 낮은 경우에는 변동이 크지 않다.

[풀이] ㉠(메신저 이용자들)의 수요의 가격탄력성이 높다면, P사가 무료이던 메신저 이용료를 유료로 전환하였을 때 ㉠(메신저 이용자들)의 수는 감소할 것이다.

B

[근거] ❷-4 간접 네트워크 외부성이란 서로 다른 집단 간에 발생하는 것으로, 한쪽 이용자 집단의 규모가 커지면 반대쪽 이용자 집단의 효용이 증가하고, 한쪽 이용자 집단의 규모가 작아지면 반대쪽 이용자 집단의 효용이 감소하게 된다.

[풀이] ㉠(메신저 이용자들)이 ㉡(광고주들)에 미치는 간접 네트워크 외부성이 클 때, ㉠(메신저 이용자들)의 수가 감소하면 반대쪽 이용자 집단인 ㉡(광고주들)의 효용이 감소하게 된다.

C

[근거] ❹-2 카드 회원들이 가맹점에 미치는 간접 네트워크 외부성이 클수록, 카드 회사는 카드 회원 수를 늘리기 위해 낮은 연회비를 부과할 수 있다.

[풀이] ㉣(이모티콘 공급 업체들)이 ㉢(이모티콘 사용에 익숙해진 이용자)에 미치는 간접 네트워크 외부성이 크다고 가정하면, P사는 ㉣(이모티콘 공급 업체들)의 수를 늘리기 위해 ㉣(이모티콘 공급 업체들)에 부과하는 판매 수수료를 낮출 것이다.

	A	B	C
①	감소	증가	하락
②	증가	증가	하락
③	감소	증가	상승
④	증가	감소	상승
⑤	감소	감소	하락

⑤ → 적절함!

[42 ~ 45] 고전소설 - 작자 미상, 「화산기봉(華山奇逢)」

① 1(이성의) 계모(이을 繼 어머니 母 : 아버지가 재혼함으로써 생긴 어머니) 장씨는 이성이 왕실(임금 王 일가 室 : 임금의 집안)의 한 사람이 되어 그(이성의) 권세(권력 權 기세 勢 : 권력과 세력)가 가볍지 않음을 알고 늘상 혜랑(장씨의 유모)과 신광 법사(불교의 진리 法 스승 師 : 승려)에게 의논하였다. 2그러던 차(기회)에 이성과 화양 공주가 화목하지(화할 和 친할 睦 : 사이가 좋지) 않음을 알아챈 혜랑이 말하였다.

3"이러한 기회는 두 번 다시 오지 않습니다. 4부인(여기서는 장씨)께서 뜻(이성을 해치고 자신의 아들인 이무가 대를 잇는 것 〈전체 줄거리 참고〉)을 이루실 때입니다."

5"무슨 말이냐?"

6혜랑이 헤헤헤 웃으며 말하였다.

7"이렇게 저렇게 하면 묘하지(뛰어난 방법이지) 않겠습니까?"

8장씨가 잠시 동안 생각하더니 말하였다.

9"이는 정말 중요한 일이니 다른 꾀를 생각해 보아라."

10혜랑이 신광 법사를 돌아보며 말하였다.

11"부인(여기서는 장씨)께서 이처럼 (마음이) 약하시니 어떻게 소원을 이루겠습니까?"

12신광 법사가 말하였다.

13"이때가 정말 좋으니 부인은 의심하거나 걱정하지 마십시오."

14그러고는 비밀스럽게 계교(꾀 計 공교할 巧 : 요리조리 헤아려 보고 생각해 낸 꾀)를 행하였다.

→ 장씨는 권세가 높아진 이성을 해치기 위해 혜랑, 신광 법사와 계교를 꾸민다.

② 1한편 (화양 공주의) 보모(지킬 保 유모 姆 : 왕의 자식을 기르던 여자) 정 상궁(조선 시대에, 궁중에서 벼슬을 받은 여성)은 이성이 화양 공주를 박대하자(야박할 薄 대우할 待 : 인정 없이 모질게 대하자) 통한히(아플 痛 한할 恨 : 몹시 한스럽게) 여기고 말하였다.

2"공주께서는 임금님의 아주 귀한 딸입니다. 3더욱이 임금님께서 특별히 부탁하신 혼인인데 부마(임금의 사위. 여기서는 이성)께서 이렇게 매몰차시니(쌀쌀맞으시니) 어찌 분하지(분할 憤 : 억울하고 화나지) 않겠습니까?"

4화양이 그 말을 듣고는 볼을 붉히며 말하였다.

5"이 무슨 말인가? 6서방님(여기서는 이성)이 드러나게 나를 박대함이 없고 도리어 나의 불초함(아닐 不 닮을 肖 : 못나고 어리석음)을 예로(예절 禮 : 예의를 갖추어) 대한다. 7이로 인해 내가 항시(항상 恒 때 時 : 늘) 조심하고 있거늘 네(여기서는 정 상궁)가 주인(여기서는 이성)을 원망하며 권세를 운운하니(이를 云 이를 云 : 이러쿵저러쿵 말하니) 어찌 한심하지 않겠는가?"

→ 정 상궁이 이성이 화양을 박대함을 통한하자 화양은 정 상궁을 꾸짖는다.

③ 1(화양의) 말의 기운이 엄숙하니(엄할 嚴 엄숙할 肅 : 위엄이 있으니) 정 상궁이 두려워하며 물러났다. 2그때 갑자기 신발 소리가 나며 이성이 ㉠방으로 들어왔다. 3화양이 물러 내려서려며 이성을 맞은 후 자리를 잡고 앉았다. 4이성이 화양의 기색(기운 氣 얼굴빛 色 : 얼굴빛)을 살펴보니 조금도 방자함(멋대로 할 放 방자할 恣 : 어려워하거나 조심스러워하는 태도가 없이 무례하고 건방짐)이 보이지 않았고, 잘난 척하는 마음이 조금도 얼굴에 드러나지 않았다. 5이에 화양을 지극히 후대하며(후할 厚 대접할 待 : 아주 잘 대하며) 정이 점점 솟아났다. 6(이성은) 한밤중 동안 그곳(화양의 방)에 있다가 부모가 있는 곳으로 가 문안(물을 問 편안 安 : 안부) 인사를 정성껏 올렸다.

→ 이성은 방자함이 없는 화양의 기색을 보고는 화양을 지극히 후대한다.

④ 1혜랑은 장씨와 매일 화양을 해칠 계교를 짜는 한편, 신광 법사에게는 이렇게 저렇게 하되 비밀이 탄로나지 않게 하라고 당부하고 보냈다. 2혜랑의 가르침(화양을 해칠 계교가 탄로 나지 않게 하라는 당부)을 들은 신광 법사는 개용단(마음 먹은 대로 모습을 바꿔 주는 신통한 효험을 지닌 약)으로 이성의 모습을 한 채 ㉡명월루에 숨었다. 3밤이 깊어 인적(사람 人 발자취 跡 : 사람의 발소리)이 고요해지자, 바로 ㉢화양 공주의 방으로 뛰어 들어가 칼을 빼어 즉시 화양을 찌르려고 하였다. 4때마침 방 밖에 시비(모실 侍 여자 종 婢 : 곁에서 시중을 드는 여자 종)들의 소리가 시끄럽게 들리자 마음이 급해진 신광 법사는 엉겁결에(뜻하지 않게) (화양을) 비껴(비스듬히) 찌르고 도망갔다. 5(화양의) 비명소리를 들은 시비들이 놀라 들어와 시신(시체 屍 몸 身 : 시체)이 침상(잘 寢 평상 牀 : 침대) 위에 놓여 있는 것을 보고, 목놓아 울며 말하였다.

6"이 무슨 일이란 말인가?"

→ 혜랑과 장씨의 계교대로 신광 법사는 이성의 모습을 한 채 화양을 찌른다.

⑤ 1(시비들은) 발을 구르고 ㉣외당(밖 外 집 堂 : 집의 안채와 떨어져 있는, 바깥주인이 거처하며 손님을 접대하는 곳)에 사실을 알리며 우왕좌왕하였다(오른 右 갈 往 왼 左 갈 往 : 이리저리 왔다 갔다 하였다). 2이성이 미처 나오지 못한 사이에 이영준(이성의 아버지)이 이성을 급히 불렀다. 3이성이 나와 보니 명월루에 울음소리가 진동하였다. 4시비들은 급히 뜻하지 않은 재앙이 화양의 몸에 미쳤다고 전하였다. 5이성은 크게 놀라면서도 얼굴빛을 태연히(편안할 泰 그럴 然 : 아무렇지 않은 듯이) 하였다. 6이성이 화양을 찔렀다는 소식을 들은 이영준은 (이성을) 보자마자 어디에 있었는지 물었다. 7이성이 정당(본 正 집 堂 : 여러 채로 된 집에서 가장 주된 집채)에 있었다고 답하자, 이영준은 장씨를 의심하면서도 여러 시녀들이 이성이 (화양을) 찔렀다고 하는 말을 듣고는 정신없이 이성과 함께 명월루로 갔다. 8시비들이 울부짖으며 어찌할 바를 모르다가 이영준과 이성을 보고 놀랐다. 9이영준이 휘장(휘두를 揮 장막 帳 : 장막) 밖에 서서는 이성에게 들어가 보라고 하였다. 10화양은 침상 아래 거꾸러진(거꾸로 엎어진) 채로 유혈(흐를 流 피 血 : 흘러나오는 피)이 낭자하니(어지러울 狼 어지러울 藉 : 여기저기 흩어져 어지러우니) 그 모습이 매우 잔혹하였다(잔인할 殘 심할 酷 : 잔인하고 끔찍했다). 11왕실의 금지옥엽(금 金 가지 枝 구슬 玉 후손 葉 : 귀한 자손. 여기서는 화양)으로 이런 일을 당하였고, 그(화양을 죽인) 누명(더러울 陋 이름 名 : 사실이 아닌 일로 이름을 더럽히는 억울한 평판)이 이성에게 미칠 수 있으니 어찌 멸문지화(멸망할 滅 집안 門 ~의 之 재앙 禍 : 한집안이 다 죽임을 당하는 끔찍한 재앙)를 면할(면할 免 : 피할) 수 있겠는가? 12(이성은) 그럼에도 얼굴빛이 전혀 흔들리지 않고 천천히 나아가 공주를 살폈다. 13두 눈이 감긴 채 두 뺨에는 혈기(피 血 기운 氣 : 생명을 유지하는 피와 기운)가 없고 손과 발은 얼음처럼 차가웠다. 14살 방도(방법 方 방법 道 : 방법)가 전혀 없어 보였으나 비단 저고리를 걷고 자세히 보니 눈같이 흰 피부에 붉은 피가 가득하되 약간의 생기(살 生 기운 氣 : 생생한 기운)가 있었다. 15주머니에서 침(침 鍼 : 사람의 몸에 있는 혈을 찔러서 병을 다스리는 데에 쓰는 의료 기구)을 내어 기를 통하게 할 곳을 짚어 찔렀다. 16이성의 침법(침 鍼 방법 法 : 침을 놓는 방법)이 원래 신이하였기(신기할 神 기이할 異 : 신기하고 이상하였기)에 얼마 지나지 않아 얼굴에 붉은 빛이 통하고 생기가 돌았다. 17약을 주자 잠시 후 화양이 숨을 쉬더니 소스라치게 놀라며 깨어났다.

→ 이영준과 함께 명월루로 간 이성은 신이한 침법으로 화양을 깨어나게 한다.

→ 문제편 212쪽

6 [중략 줄거리] (화양을 죽이려 했다는) 누명을 쓰고 유배되었던(귀양 보낼 流 귀양 보낼 配 : 먼 시골이나 섬으로 보내어 일정한 기간 동안 제한된 곳에서만 사는 형벌을 받았던) 이성은 외적이 쳐들어오자 풀려나 전장(싸울 戰 장소 場 : 전쟁터)에서 활약하고, 반역(배반할 反 거스를 逆 : 통치자에게서 나라를 다스리는 권한을 빼앗으려고 함)의 무리를 제압하는 과정에서 누명을 벗는다.

→ 유배되었던 이성은 외적을 물리치는 과정에서 누명을 벗는다.

7 [1] 그때 사신(부릴 使 신하 臣 : 임금의 명령을 받은 신하)이 이르렀다는 전갈(전할 傳 외칠 喝 : 사람을 시켜 전하는 말)이 오자 이영준이 이상하게 여겨 즉시 당(대청 堂 : 한옥에서, 몸채의 방과 방 사이에 있는 큰 마루)에서 내려가 임금의 교지(교령 敎 조서 旨 : 왕의 명령을 담은 문서)를 받았다. [2] (교지를) 보니 장씨의 허물(죄)이 적지 않게 들어 있었다. [3] 궁궐에서 자기 집의 허물이 드러나 모든 관리에게 파다하게(뿌릴 播 많을 多 : 소문이 널리 퍼져) 알려진 사실이 부끄러운 한편 장씨의 심술에 통분하였다(아플 痛 성낼 忿 : 원통하고 분했다). [4] 이에 노비를 호령하여 장씨를 모시던 시녀와 유모(젖 乳 어머니 母 : 남의 아이에게 그 어머니 대신 젖을 먹여 주는 여자) 혜랑을 잡아들이게 한 후 실상(본질 實 상황 狀 : 실제의 사정)을 파헤쳤다. [5] 혜랑이 비록 크게 간악하지만(간사할 奸 악할 惡 : 간사하고 악독하지만) 일이 이 지경에 이르렀으니 어찌 속일 수 있겠는가? [6] 처음에 자객(찌를 刺 사람 客 : 사람을 몰래 죽이는 일을 하는 사람)을 보내어 이성을 해하려고 한 일부터 화양을 해쳐 그 죄를 이성에게 뒤집어씌운 일까지 바로 자백하였다(스스로 自 아뢸 白 : 죄를 스스로 고백했다).

[7] '장씨가 마음이 좁은 여자여서 이미 짐작은 하고 있었지만 간교함(간사할 奸 약삭빠를 巧 : 간사하고 교활함)이 이 정도일 줄은 생각도 하지 못하였다.' [8] 생각이 이에 미치자 소리를 높여 꾸짖었다. [9] "너(여기서는 혜랑)의 간악한 꾀로 명공(이름 名 제후 公 : 유명한 재상 혹은 훌륭한 재상)의 집안(여기서는 이영준 자신의 집안)에 화란(재앙 禍 난리 亂 : 재앙과 난리)을 짓고, 요악한(요사할 妖 악할 惡 : 요사하고 악독한) 도사(여기서는 신광 법사)와 결탁하여(맺을 結 의지할 託 : 한통속이 되어) 그 화(재앙 禍 : 재앙)가 국가에까지 미쳤다. [10] 또한 너의 주인(여기서는 장씨)을 아주 못된 아녀자(여자)로 만들었으니 어찌 죽음을 면하겠느냐?" [11] 말을 마치고는 노비를 명하여 지져(불에 달군 물건을 대어) 죽이는 형벌을 더해 죽였다. [12] 장씨는 아들(여기서는 이무)의 얼굴을 보아 ⓓ 후원(뒤 後 동산 園 : 집 뒤에 있는 정원이나 작은 동산) 냉옥(찰 冷 옥 獄 : 감옥)에 가두었다가 개과천선하기(고칠 改 허물 過 달라질 遷 착할 善 : 지나간 허물을 고치고 착하게 되기)를 기다린 후 다시 처치하고자 하였다. [13] 이때 장씨는 자기 허물이 온 나라에 시끄럽게 드러나자 크게 부끄러워하며 사람을 멀리하였다.

→ 장씨의 허물을 모두 알게 된 이영준은 혜랑은 잡아들여 죽이고 장씨는 후원 냉옥에 가둔다.

8 [1] 한편 열한 살인 이무(장씨의 아들)는 모든 일에 어른처럼 노련하였다(익숙할 老 익숙할 鍊 : 많은 경험으로 익숙하고 솜씨가 있었다). [2] 이 일을 당하니 마치 벼락에 온몸이 부서지는 듯하였다. [3] 어머니 장씨의 허물이 이처럼 심한 것에 새롭게 놀라며 부끄러워 죽고 싶은 마음이 들었다. [4] 그러나 죄를 받은 어머니를 보살필 사람이 없음을 알고 목숨을 유지하다가 아버지 이영준의 분노가 조금 가라앉자 이성과 함께 나아가 울며 말하였다. [5] "소자들(작을 小 아들 子 : 아들이 부모를 상대하여 자기를 낮추어 이르는 말. 여기서는 이무와 이성)은 천륜(하늘 天 인륜 倫 : 부모와 자식 간에 하늘의 인연으로 정하여져 있는 관계)의 죄인입니다. [6] 엎드려 바라오니 아버님께서는 어머니의 망극한(근심할 罔 지극할 極 : 지극히 슬픈) 죄를 더하지 마시어 불초한(아닐 不 닮을 肖 : 못나고 어리석은) 저희들로 하여금 만고의(일 만 萬 옛 古 : 세상에 비할 데 없는) 죄인이 되지 않게 해 주십시오." [7] 말을 하며 눈물을 비처럼 흘리니 그 효성스러운 거동(행위 擧 움직일 動 : 태도)이 사람의 분한 마음을 봄눈 녹듯이 사라지게 할 정도였다.

→ 이무는 이성과 함께 아버지 이영준에게 나아가 장씨의 죄를 용서해 달라고 말한다.

• 중심 내용

혜랑과 장씨의 계교대로 신광 법사는 이성의 모습을 한 채 화양을 찌르고, 이성은 신이한 침법으로 화양을 구한다. 유배된 이성은 여러 활약 끝에 누명을 벗게 되고, 장씨의 모든 허물을 알게 된 이영준은 혜랑을 죽이고 장씨를 가두지만, 이성과 이무는 이영준에게 장씨의 죄를 용서해 달라고 한다.

• 전체 줄거리 ([ ] : 지문 내용)

중국 당나라 때 이영준은 뒤늦게 아들 이성을 얻었는데, 이성이 9세 되던 해에 아내가 병으로 죽으니 장씨를 후처(두 번째 아내)로 맞아들인다. 장씨는 성질이 고약하나 이성이 효성을 다하니, 이성을 자기가 낳은 아들처럼 사랑한다. 그러나 장씨는 아들 이무를 낳은 뒤부터 이무가 집안의 대를 잇기 위해 유모 혜랑과 작당하여 이성을 없앨 음모를 꾸민다. 장씨는 이성을 산속에 있는 절에 수학하러(닦을 修 학문 學 : 학문을 닦으러) 가게 해놓고는 자객을 보내 죽이려 하지만, 자객은 이성의 기세에 눌려 감동하고는 그간의 일을 모두 자백한다. 이성은 자하도인을 만나 무예와 병서(병사 兵 글 書 : 군사를 지휘하여 전쟁하는

방법에 대해 쓴 책)를 익힌 후 집으로 돌아온다. 이성은 과거에 장원 급제하여 문현각 태학사가 되고, 평장사 강진모의 딸 강 소저와 혼인하여 화목하게 지낸다. 한편, 황제의 총애를 받는 설귀비는 이성을 자신의 딸 화양 공주와 혼인시키려다 거절당하자, 강진모를 모함하여 귀양 보낸다. 그리고 이성에게 강 부인을 내보내게 하고, 황제에게는 이성을 부마(임금의 사위)로 간택하라고(가릴 揀 가릴 擇 : 선택하라고) 한다. 이성은 마지못해 화양 공주와 혼인하게 된다. [장씨는 혜랑과 계교를 꾸며 신광 법사로 하여금 이성의 모습을 한 채 화양을 죽이게 한다. 급히 달려온 이성은 화양을 신이한 침술로 살려내지만, 이 일을 알게 된 황제가 이성을 유배 보낸다.] 한편, 화양은 강에 투신하려던 강 부인을 구해 주고는 태청관에서 함께 지내고, 설귀비는 황후(황제의 아내)와 태자(황제의 아들)를 모함하여 몰아내려고 한다. [이때 서번왕이 나라를 침입하자 황제는 유배된 이성을 출전하게(날 出 싸움 戰 : 싸우러 나가게) 한다. 이성이 외적을 격파하고 돌아오자] 황제는 이성에게 병부상서의 벼슬을 내린다. 외적의 침공으로 황후와 태자를 내치는 데 실패한 설귀비는 지방 절도사들로 하여금 반란을 일으키게 한다. [또한 설귀비의 조카인 간신 어침은 황성을 포위하고 반역을 꾀하는데, 이성이 어침을 사로잡고 황제를 구출한다.] 황제는 간악한 무리들을 처단하고 설귀비에게 사약을 내리나, 태자의 간청으로 본가로 돌려보낸다. [교지를 받고서 장씨의 모든 허물을 알게 된 이영준은 장씨를 후원 냉옥에 가두었으나, 이성과 이무의 지극한 효성으로] 장씨는 풀려난다. 이성은 강 부인, 화양과 함께 화목하게 살아간다.

• 인물 관계도

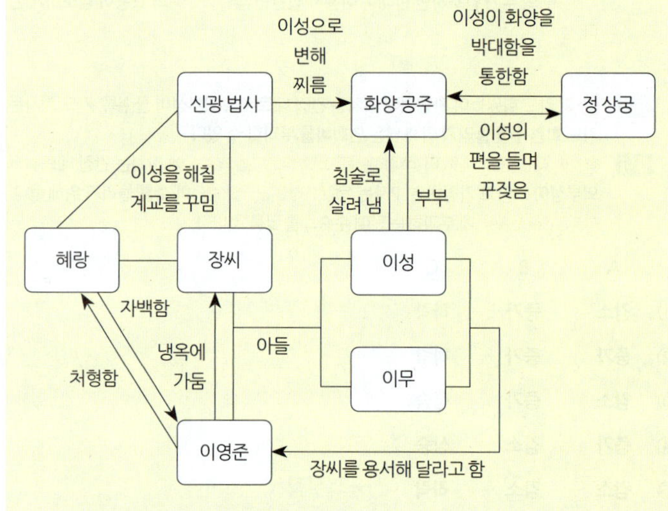

1등급 문제

42 | 내용 이해 – 적절한 것 고르기
정답률 55%, 매력적 오답 ③ 20% | 정답 ⑤

윗글에 대한 이해로 가장 적절한 것은?

이성의 말을 듣고 장씨를
① 이영준은 ~~직접 화양의 상태를 확인하고 이성을~~ 의심했다.

근거 ❺-6~7 이성이 화양을 찔렀다는 소식을 들은 이영준은 보자마자 어디에 있었는지 물었다. 이성이 정당에 있었다고 답하자, 이영준은 장씨를 의심하면서도 여러 시녀들이 이성이 찔렀다고 하는 말을 듣고는 정신없이 이성과 함께 명월루로 갔다. / 9 이영준이 휘장 밖에 서서는 이성에게 들어가 보라고 하였다.

풀이 이영준은 휘장 밖에서 이성에게 화양이 있는 방 안으로 들어가 보라고 하였으므로 이영준이 직접 화양의 상태를 확인하지는 않았다. 또한, 정당에 있었다는 이성의 말에 이영준은 장씨를 의심하였다고 했으므로 이영준이 이성을 의심했다고 보기도 어렵다.

→ 적절하지 않음!

드러나자 부끄러워하며 사람을 멀리했다
② 장씨는 자신의 잘못이 ~~드러났음에도 끝까지~~ *결백을 주장했다. *아무 죄가 없음

근거 ❼-13 이때 장씨는 자기 허물이 온 나라에 시끄럽게 드러나자 크게 부끄러워하며 사람을 멀리하였다.

풀이 장씨는 자기 허물이 온 나라에 시끄럽게 드러나자 크게 부끄러워하며 사람을 멀리하였다고 하였다. 따라서 장씨가 자신의 잘못이 드러났음에도 끝까지 결백을 주장했다는 설명은 적절하지 않다.

→ 적절하지 않음!

장씨를 부추겨 집안과 국가에 화를 불러온
③ 이영준은 혜랑이 ~~자백하는 척하며 장씨를 모함한 것을~~ 꾸짖었다.

근거 ❼-5~6 혜랑이 비록 크게 간악하지만 일이 이 지경에 이르렀으니 어찌 속일 수 있겠는가? 처음에 자객을 보내어 이성을 해하려고 한 일부터 화양을 해쳐 그 죄를 이성에게 뒤집어씌운 일까지 바로 자백하였다. / 8~10 소리를 높여 꾸짖었다. "너(혜랑)

→ 문제편 213쪽

의 간악한 꾀로 명공의 집안에 화란을 짓고, 요악한 도사와 결탁하여 그 화가 국가에까지 미쳤다. 또한 너의 주인을 아주 못된 아녀자로 만들었으니 어찌 죽음을 면하겠느냐?"

풀이 혜랑은 처음에 자객을 보내어 이성을 해하려고 한 일부터 화양을 해쳐 그 죄를 이성에게 뒤집어씌운 일까지 바로 자백하였다. 혜랑은 자백하는 척하며 장씨를 모함하지는 않았으므로 이에 대해 이영준이 혜랑을 꾸짖었다는 것 또한 적절하지 않다. 이영준은 혜랑이 간악한 꾀로 장씨를 부추겨 집안과 국가에 화를 미친 것을 꾸짖고 있다.

→ 적절하지 않음!

④ 이성은 화양이 습격을 당할 것을 예상하고 미리 그녀에게 주의를 주었다.

근거 ❺-4~5 시비들은 급히 뜻하지 않은 재앙이 화양의 몸에 미쳤다고 전하였다. 이성은 크게 놀라면서도 얼굴빛을 태연히 하였다.

풀이 시비들에게서 화양이 뜻하지 않은 재앙을 겪었다는 소식을 들은 이성이 크게 놀랐다는 점에서 이성이 화양이 습격을 당할 것을 예상했다고 볼 수 없으며, 이성이 미리 화양에게 이러한 점에 대해 주의를 주었다는 사실 역시 윗글에서 확인할 수 없다.

→ 적절하지 않음!

✓⑤ 혜랑은 이성과 화양의 *불화가 자신의 계획에 유리하게 작용한다고 판단했다. *아닐 不 화목할 和 : 서로 사이좋게 지내지 못함

근거 ❶-2~4 그러던 차에 이성과 화양 공주가 화목하지 않음을 알아챈 혜랑이 말하였다. "이러한 기회는 두 번 다시 오지 않습니다. 부인께서 뜻을 이루실 때입니다."

풀이 이성과 화양 공주가 화목하지 않음을 알아챈 혜랑은 장씨에게 이러한 기회는 두 번 다시 오지 않으니 지금이 장씨가 뜻을 이룰 때라고 말하였다. 이를 통해 혜랑은 이성과 화양의 불화가 자신의 계획에 유리하게 작용한다고 판단했음을 알 수 있다.

→ 적절함!

`1등급 문제`

43 서술상 특징 - 적절한 것 고르기
정답률 55%, 매력적 오답 ① 10% ④ 20% **정답 ⑤**

윗글의 서술상 특징으로 가장 적절한 것은?

① 외양을 세밀하게 묘사하여 인물을 *희화화하고 있다. *희롱할 戲 그릴 畫 될 化 : 우스꽝스럽게 표현하고

풀이 윗글에서는 인물의 외양을 세밀하게 묘사하여 인물을 희화화하고 있는 부분이 나타나지 않는다.

→ 적절하지 않음!

> ■ 외양을 세밀하게 묘사하여 인물을 희화화하는 작품
> • 김유정, 「안해(아내)」
> 이마가 훌떡 까지고 양미간(눈썹 사이)이 벌면(넓으면) 소견(생각)이 탁 티었다지 않냐. 그럼 좋기는 하다마는 아기자기한(오밀조밀 어울려 예쁜) 맛이 없고 이조로 둥글넓적이 나려온 하관(턱)에 멋없이 쑥 내민 것이 입이다. 두툼은 하나 건순입술(위로 들린 입술), 말 좀 하려면 그리 정하지(고르지) 못한 운이(윗니)가 부질없이 뻔질 드러난다. 설혹 그렇다 치고 한복판에 달린 코나 좀 똑똑히 생겼다면 얼마큼 낫겠냐. 첫째 눈에 띄는 것이 그 코인데 ~ 먼산 바라보는 도야지(돼지)의 코가 자꾸만 생각이 난다.
> → 서술자가 아내의 이마, 하관, 입술, 코 등을 세밀하게 묘사하여 못생긴 외모의 아내를 희화화하고 있다.
> • 작자 미상, 「흥보가」
> 흥보 치레 볼작시면, 편자(망건을 졸라매는 띠) 떨어진 헌 망건(머리에 두르는 그물처럼 생긴 물건) 밥풀 관자(망건에 다는 작은 고리) 노당줄(망건에 달아 상투에 동여매는 줄)을 뒤로 잔뜩 졸라매고, 철대(갓 테두리에 둘러댄 테) 부러진 헌 파립(부서진 갓) 벌이줄(물건이 버틸 수 있도록 얽어매는 줄) 총총 매어 조사갓끈(낚싯줄로 만든 갓끈)을 달아 쓰고, 떨어진 헌 도포 열두 도막 이은 실띠(실 허리띠) 고픈 배 눌러 띠고, 한 손에다가 떨어진 부채 들고, 또 한 손에다 곱돌조대(담뱃대)를 들고, 그래도 양반이라고 여덟팔자걸음으로 비스듬하게 들어간다.
> → 서술자가 흥보의 남루한 차림을 세밀하게 묘사하여 가난한 형편임에도 양반으로서 체면을 차리는 모습을 희화화하고 있다.

이영준이 혜랑에게 자백하게 함으로써
② 꿈과 현실의 교차를 통해 사건의 *진상을 밝히고 있다. *참 眞 형상 相 : 거짓 없는 모습이나 내용

근거 ❼-4~6 장씨를 모시던 시녀와 유모 혜랑을 잡아들이게 한 후 실상을 파헤쳤다. 혜랑이 비록 크게 간악하지만 일이 이 지경에 이르렀으니 어찌 속일 수 있겠는가? 처음에 자객을 보내어 이성을 해하려고 한 일부터 화양을 해쳐 그 죄를 이성에게 뒤집어씌운 일까지 바로 자백하였다.

풀이 윗글은 현실의 사건이 전개될 뿐, 꿈속의 내용은 나타나지 않는다. 윗글에 나타난 사건의 진상은 이영준이 장씨를 모시던 시녀와 혜랑을 잡아들여 추궁하는 과정에서 혜랑이 모든 죄를 자백함으로써 밝혀지게 된다.

→ 적절하지 않음!

행동을
③ 대화와 삽입된 노래를 통해 인물들의 *심회를 드러내고 있다. *마음 心 품을 懷 : 마음속에 품고 있는 생각이나 느낌

근거 ❶-3~13 "이러한 기회는 두 번 다시 오지 않습니다. 부인(장씨)께서 뜻을 이루실 때입니다." ~ 신광 법사가 말하였다. "이때가 정말 좋으니 부인은 의심하거나 걱정하지 마십시오."

풀이 윗글은 장씨, 혜랑, 신광 법사의 대화와 행동을 통해 이성을 해치고 싶은 그들의 생각을 드러내고 있다. 윗글에 노래가 삽입된 부분은 나타나지 않는다.

→ 적절하지 않음!

> ■ 대화와 삽입된 노래를 통해 인물의 심회를 드러내는 작품
> • 김시습, 「이생규장전」 (2017학년도 9월 모평, 2023년 고2 3월 학평)
> 도적떼 밀려와서 처참한 싸움터에/ 몰죽음 당하니 원앙(이생과 최 여인을 비유)도 짝 잃었네/ 여기저기 흩어진 해골(죽은 최 여인을 의미) 그 누가 묻어 주리/ 피투성이 그 유혼(영혼. 최 여인)은 하소연도 할 곳 없네// 슬프다 이내 몸은 무산 선녀(중국의 회왕과 만남을 가졌던 선녀) 될 수 없고/ 깨진 거울 갈라지니 마음만 쓰라리네/ 이로부터 작별하면 둘이 모두 아득하네 / 저승과 이승 사이 소식조차 막히리라.
>
> (최 여인은) 시 한 구절씩 부를 때마다 눈물에 목이 막혀 거의 곡조를 이루지 못했다. 이생도 또한 슬픔을 걷잡지 못했다. "나도 차라리 부인과 함께 황천으로 갔으면 하오. ~ 부인은 이승에서 함께 오래 살다가 백년 후에 같이 세상을 떠나는 것이 어떻겠소"
> → 삽입된 노래를 통해 이생과 헤어져야 하는 최 여인의 슬픔과 한이, 대화를 통해 최 여인과 이별하고 싶지 않은 이생의 심회가 드러난다.

④ 비현실적인 소재를 활용하여 낭만적 분위기를 형성하고 있다.

근거 ❹-2 혜랑의 가르침을 들은 신광 법사는 개용단으로 이성의 모습을 한 채 명월루에 숨었다.

풀이 신광 법사가 개용단을 먹고 이성의 모습으로 변한 것에서 비현실적인 소재가 사용되었음을 알 수 있다. 그러나 이성의 모습을 한 신광 법사가 화양을 칼로 찌르는 사건이 벌어지므로 낭만적인 분위기가 형성된다고 볼 수 없다.

→ 적절하지 않음!

✓⑤ *서술자가 개입하여 사건에 대한 주관적 판단을 드러내고 있다. *서술자가 이야기 중간에 끼어들어 인물이나 사건을 직접 평가하여

근거 ❺-11 왕실의 금지옥엽으로 이런 일을 당하였고, 그 누명이 이성에게 미칠 수 있으니 어찌 멸문지화를 면할 수 있겠는가?
❼-5 혜랑이 비록 크게 간악하지만 일이 이 지경에 이르렀으니 어찌 속일 수 있겠는가?
❽-7 그 효성스러운 거동이 사람의 분한 마음을 봄눈 녹듯이 사라지게 할 정도였다.

풀이 '왕실의 금지옥엽으로 이런 일을 ~ 멸문지화를 면할 수 있겠는가?'에서는 이성이 화양의 죽음으로 큰 화를 입게 될 것이라는 서술자의 판단이 드러난다. '혜랑이 비록 크게 간악하지만 ~ 어찌 속일 수 있겠는가?'에서는 혜랑의 인물됨과 혜랑이 죄를 고백할 수밖에 없을 것이라는 서술자의 판단이 드러난다. '그 효성스러운 거동이 ~ 정도였다.'에서는 이성과 이무의 효성스러움에 대한 서술자의 판단이 드러난다.

→ 적절함!

---

44 공간의 기능 - 적절하지 않은 것 고르기
정답률 65%, 매력적 오답 ③ 10% **정답 ④**

㉠ ~ ㉢에 대한 설명으로 적절하지 않은 것은?

① ㉠은 이성이 화양의 태도를 확인하고 화양에게 긍정적 감정을 느끼는 곳이다.

근거 ❸-2 그때 갑자기 신발 소리가 나며 이성이 ㉠ 방으로 들어왔다. / 4~5 이성이 화양의 기색을 살펴보니 조금도 방자함이 보이지 않았고, 잘난 척하는 마음이 조금도 얼굴에 드러나지 않았다. 이에 화양을 지극히 후대하며 정이 점점 솟아났다.

풀이 방(㉠)으로 들어온 이성은 화양의 기색에서 방자함이나 잘난 척하는 마음이 드러나지 않자 화양에 대한 정이 점점 솟아나게 된다. 따라서 ㉠(방)은 이성이 화양의 태도를 확인하고 화양에게 긍정적 감정을 느끼는 곳으로 볼 수 있다.

→ 적절함!

② ㉡은 신광 법사가 혜랑의 지시를 *이행하기 위해 이동한 곳이다. *실제로 행하기

근거 ❹-1~2 혜랑은 ~ 신광 법사에게는 이렇게 저렇게 하되 비밀이 탄로나지 않게 하라고 당부하고 보냈다. 혜랑의 가르침을 들은 신광 법사는 개용단으로 이성의 모습을 한 채 ㉡ 명월루에 숨었다.

풀이 혜랑은 신광 법사에게 이렇게 저렇게 하라고 지시를 하였고, 혜랑의 가르침을 들은 신광 법사는 개용단으로 이성의 모습을 한 채 명월루(㉡)에 숨는다. 따라서 ㉡(명월루)은 신광 법사가 혜랑의 지시를 이행하기 위해 이동한 곳으로 볼 수 있다.

→ 적절함!

③ ⓒ은 신광 법사가 외부적인 요인으로 인해 *조급히 행동하는 곳이다. *매우 급하게

근거 ❹-3~4 밤이 깊어 인적이 고요해지자, 바로 ⓒ 화양 공주의 방으로 뛰어 들어가 칼을 빼어 즉시 화양을 찌르려고 하였다. 때마침 방 밖에서 시비들의 소리가 시끄럽게 들리자 마음이 급해진 신광 법사는 엉겁결에 비껴 찌르고 도망갔다.

풀이 신광 법사는 화양 공주의 방(ⓒ)으로 뛰어 들어가 칼을 빼어 화양을 찌르려고 하던 차에 방 밖에서 시비들의 소리가 시끄럽게 들리자 마음이 급해져 엉겁결에 화양을 비껴 찌르고 도망간다. 따라서 ⓒ(화양 공주의 방)은 신광 법사가 방 밖에서 들리는 시비들의 소리라는 외부적인 요인으로 인해 조급히 행동하는 곳으로 볼 수 있다.

→ 적절함!

④ ⓔ은 이영준과 이성이 문제 해결에 대한 의견 차이를 드러내는 곳이다.

근거 ❺-1~2 발을 구르고 ⓔ 외당에 사실을 알리며 우왕좌왕하였다. 이성이 미처 나오지 못한 사이에 이영준이 이성을 급히 불렀다./ 6~7 이성이 화양을 찔렀다는 소식을 들은 이영준은 보자마자 어디에 있었는지 물었다. 이성이 정당에 있었다고 답하자, 이영준은 장씨를 의심하면서도 여러 시녀들이 이성이 찔렀다고 하는 말을 듣고는 정신없이 이성과 함께 명월루로 갔다.

풀이 시비들이 화양이 칼에 찔렸다는 사실을 외당(ⓔ)에 알리자 이영준은 이성을 불러 어디에 있었는지 묻고, 이에 이성은 정당에 있었다고 답한다. 이후 이영준과 이성은 함께 명월루로 이동한다. 따라서 ⓔ(외당)은 이영준과 이성이 문제 해결에 대한 의견 차이를 드러내는 곳으로 볼 수 없다.

→ 적절하지 않음!

⑤ ⓜ은 장씨가 자신의 행위를 반성하도록 이영준에 의해 보내진 곳이다.

근거 ❼-12 장씨는 아들의 얼굴을 보아 ⓜ 후원 냉옥에 가두었다가 개과천선하기를 기다린 후 다시 처치하고자 하였다.

풀이 이영준은 죄를 저지른 장씨를 후원 냉옥(ⓜ)에 가두었다가 개과천선하기를 기다린 후 다시 처치하고자 하였다. 따라서 ⓜ(후원 냉옥)은 장씨가 자신의 행위를 반성하도록 이영준에 의해 보내진 곳으로 볼 수 있다.

→ 적절함!

1등급 문제

45 감상의 적절성 – 적절하지 않은 것 고르기
정답률 55%, 매력적 오답 ③ ⑤ 15%　　　정답 ②

〈보기〉를 참고하여 윗글을 감상한 내용으로 적절하지 <u>않은</u> 것은? 〔3점〕

| 보기 |

[1]「화산기봉」에서 주인공(이성)의 혼인은 계모와의 갈등이 심화되는 계기가 된다. [2] 이로 인해 가문 전체에 위협이 되는 사건이 초래되지만(부를 招 올 來 : 생겨나게 되지만), 주인공은 비범한(아닐 非 보통 凡 : 보통 수준보다 훨씬 뛰어난) 능력을 발휘하여 위기에 대응한다. [3] 한편 이러한 갈등의 해결 과정에서 가족 외 인물은 갈등 유발의 책임이 전가되어(구를 轉 떠넘길 嫁 : 넘겨씌워져) 처벌되는 반면, 가족 내 인물은 유교적 윤리를 바탕으로 포용(감쌀 包 용납할 容 : 너그럽게 감싸거나 받아들임)의 대상이 된다. [4] 이를 통해 가문의 안정을 지향하는 사대부(학식은 있으나 벼슬을 하지 않았던 선비(士)와 벼슬길에 나아갔던 대부(代父))의 면모(모습 面 모양 貌 : 모습)를 보여 주고 있다.

① 장씨가 왕실의 사람이 된 이성을 경계하여 계교를 꾸미는 것을 보니, 주인공의 혼인으로 인해 계모와 주인공 사이의 갈등이 심화되고 있음을 엿볼 수 있군.

근거 〈보기〉-1 「화산기봉」에서 주인공의 혼인은 계모와의 갈등이 심화되는 계기가 된다.

❶-1 장씨는 이성이 왕실의 한 사람이 되어 그 권세가 가볍지 않음을 알고 늘상 혜랑과 신광 법사에게 의논하였다./ 14 그러고는 비밀스럽게 계교를 행하였다.

풀이 장씨는 이성이 공주와의 혼인으로 왕실에 속한 사람이 되어 그 권세가 가볍지 않음을 경계하여 혜랑, 신광 법사와 함께 비밀스럽게 계교를 꾸미므로, 주인공의 혼인이 계모와의 갈등이 심화되는 계기가 되었음을 알 수 있다.

→ 적절함!

② 화양이 이성을 원망하는 정 상궁을 *질책하는 것을 보니, 가족 내 갈등이 유발된 책임을 가족 외 인물에게 돌리고 있는 상황을 확인할 수 있군. *꾸짖을 叱 꾸짖을 責 : 꾸짖는

근거 〈보기〉-3 갈등의 해결 과정에서 가족 외 인물은 갈등 유발의 책임이 전가되어 처벌되는 반면,

❷ 한편 보모 정 상궁은 이성이 화양 공주를 박대하자 통한히 여기고 말하였다. ~ "이 무슨 말인가? ~ 네가 주인을 원망하며 권세를 운운하니 어찌 한심하지 않겠는가?"

풀이 화양을 박대하는 것을 통한히 여겨 이성을 원망하는 정 상궁을 화양이 질책하는 것은 맞으나, 이를 통해 가족 내 갈등이 유발된 책임을 가족 외 인물에게 돌리고 있는 상황을 확인할 수 있다고 볼 수는 없다.

→ 적절하지 않음!

③ 장씨와 혜랑에 의해 이성이 누명을 쓰는 일이 멸문지화로 이어질 수 있다는 것을 보니, 계모가 일으킨 사건이 가문의 *존속을 위협할 수 있음을 짐작할 수 있군. *있을 存 이을 續 : 그대로 있거나 계속됨

근거 〈보기〉-2 가문 전체에 위협이 되는 사건이 초래되지만,

❺-11 그 누명이 이성에게 미칠 수 있으니 어찌 멸문지화를 면할 수 있겠는가?

풀이 장씨와 혜랑이 화양을 해칠 계교를 짜고 이를 이성이 저지른 것으로 누명을 씌우는 것이 한집안의 끔찍한 재앙인 멸문지화를 면할 수 없다고 한 것으로 보아, 장씨가 일으킨 사건은 가문 전체에 위협이 되는, 즉 가문의 존속을 위협할 수 있는 사건임을 짐작할 수 있다.

→ 적절함!

④ 이성이 신이한 침술로 목숨이 위태로운 화양을 *소생시키는 것을 보니, 주인공이 비범한 능력을 통해 급박한 상황에 대응하고 있음을 확인할 수 있군. *되살아날 蘇 살 生 : 다시 살아나게 하는

근거 〈보기〉-2 주인공은 비범한 능력을 발휘하여 위기에 대응한다.

❺-15~16 주머니에서 침을 내어 기를 통하게 할 곳을 짚어 찔렀다. 이성의 침법이 원래 신이하였기에 얼마 지나지 않아 얼굴에 붉은빛이 통하고 생기가 돌았다.

풀이 이성이 신이한 침법으로 목숨이 위태로운 화양을 소생시키는 것으로 보아, 주인공이 비범한 능력을 발휘하여 위기에 대응하고 있음을 확인할 수 있다.

→ 적절함!

⑤ 이무와 이성이 장씨를 용서해 달라고 *간청하는 것을 보니, 효라는 유교적 윤리를 바탕으로 **악행을 저지른 가족 내 인물을 포용하려는 모습을 엿볼 수 있군. *간절할 懇 청할 請 : 간절히 청하는 **악할 惡 행위 行 : 악독한 행위

근거 〈보기〉-3 가족 내 인물은 유교적 윤리를 바탕으로 포용의 대상이 된다.

❽-5~6 "소자들은 천륜의 죄인입니다. 엎드려 바라오니 아버님께서는 어머니의 망극한 죄를 더하지 마시어 불초한 저희들로 하여금 만고의 죄인이 되지 않게 해 주십시오."

풀이 이무와 이성은 이영준에게 장씨를 용서해 달라고 간청한다. 이를 통해 악행을 저지른 가족 내 인물인 장씨는 효라는 유교적 윤리를 바탕으로 포용의 대상이 됨을 확인할 수 있다.

→ 적절함!

→ 문제편 214쪽

11회 정답과 해설

2023년 11월 학평

문제편 p.215

★ 11회 모의고사 특징

- ✔ 보통의 난이도로 출제되었음.
- ✔ 화법과 작문은 전형적인 유형의 문항으로 구성되었으나 다소 변별력이 있었음. 선지를 꼼꼼히 읽지 않으면 함정에 빠질 수 있는 2번, 6번, 9번 문제의 오답률이 높았음.
- ✔ 언어의 경우 적절한 난이도로 출제되었음. 출제 빈도가 높은 음운의 변동, 높임 표현의 오답률이 높았음.
- ✔ 독서는 무난한 편이었음. 원가회계와 관련된 경제 지문이 어려운 편이었음. 특히 지문의 내용을 구체적인 상황에 적용하는 28번 문제의 변별력이 가장 높았음. 해양에너지와 관련된 기술 지문과 모더니즘과 포스트 모더니즘을 다룬 인문 지문은 평이한 난이도로 출제되었음.
- ✔ 문학 영역의 오답률이 높은 편이었음. 고전소설은 독해에 시간이 소요되었을 것 같고 특히 43번 문제는 정확한 독해를 요구하여 오답률이 높았음. 현대소설은 지문 자체는 어렵지 않았으나 인물에 대해 묻는 문제인 32번, 34번이 변별력이 있었음. 갈래 복합의 경우 제한된 시간 내에 가사의 내용을 파악하는 데 어려움을 느꼈을 것이라 예상됨. 현대시는 평이하게 출제되었음.

오답률 TOP 5

문항 번호	9	28	43	2	32
분류	화작 작문	독서 사회	문학 고전소설	화작 화법	문학 현대소설
난도	상	상	중상	중상	중상

✅ 정답표

01	②	02	③	03	④	04	④	05	②
06	④	07	⑤	08	③	09	⑤	10	④
11	①	12	②	13	④	14	②	15	①
16	④	17	③	18	①	19	⑤	20	③
21	②	22	②	23	②	24	③	25	①
26	③	27	②	28	③	29	③	30	①
31	①	32	④	33	⑤	34	④	35	⑤
36	⑤	37	④	38	④	39	③	40	④
41	④	42	⑤	43	③	44	⑤	45	④

[01 ~ 03] 발표

01 말하기 방식 – 적절한 것 고르기
정답률 70%, 매력적 오답 ④ 10% ⑤ 15%

정답 ②

위 발표자의 말하기 방식에 대한 설명으로 가장 적절한 것은?

② 청중에게 바라는 바를 언급하며 발표를 마무리하고 있다.

근거 **⑤문단** 경사제(비스듬히 기울어진 상태로 만들어진) 방파제(파도를 막기 위하여 항만에 쌓은 둑)에 쌓인 테트라포드 사이의 틈새는 꽤 크고 깊어 매우 위험합니다. 그래서 테트라포드 위에 올라가는 것은 금지되어 있으니 이 점에 유의하시기 바랍니다.

풀이 발표자는 청중에게 테트라포드 위에 올라가지 말 것을 당부하며 발표를 마무리하고 있다.

④ 발표 중간에 청중의 질문을 받으며 청중과 상호 작용하고 있다.

풀이 발표자가 발표 중간에 청중의 질문을 받는 모습은 나타나지 않는다.

⑤ 청중의 이해 정도를 확인한 후 이어질 발표 순서를 안내하고 있다.

풀이 발표자가 청중이 발표 내용을 이해했는지 확인하는 부분과 이어질 발표 순서를 안내하는 부분은 나타나지 않는다.

---

02 자료 활용 계획 – 적절하지 않은 것 고르기
정답률 45%, 매력적 오답 ① ② 20%

정답 ③

다음은 발표자가 발표를 준비하며 참고한 '그림' 자료이다. 발표자의 자료 활용에 대한 계획 중 발표에 반영된 것으로 적절하지 않은 것은?

③ 경사제 방파제의 설치 *용이성을 설명하기 위해 경사제 방파제의 **단면을 ***도식화한 그림의 특정 부분을 가리키며 제시해야겠어. *어렵지 아니하고 매우 쉬운 성질 **잘라낸 면 ***그림으로 만든

근거 **⑤문단** 경사제 방파제는 약한 지반(땅의 표면)에도 설치가 용이하다는 장점이 있어 가장 흔히 사용되고 있습니다.

풀이 발표를 마무리하면서 경사제 방파제의 설치 용이성을 언급하고 있으나, 이를 경사제 방파제의 단면을 도식화한 그림의 특정 부분을 가리키며 제시하고 있지는 않다.

① 경사제 방파제에 대한 관심을 유발하기 위해 청중이 경사제 방파제의 실제 모습을 *환기할 수 있는 사진을 추가로 제시해야겠어. *불러일으킬

근거 **❶문단** (사진 제시) 이 사진 기억나시나요? 지난 체험 학습 단체 사진인데요, 혹시 뒤에 보이는 곳이 경사제 방파제라는 것을 알고 계셨나요?

풀이 발표자는 경사제 방파제의 실제 모습을 환기할 수 있는 지난 체험 학습 단체 사진을 제시하여 발표 화제인 경사제 방파제에 대한 청중의 관심을 유발하고 있다.

② 경사제 방파제의 필요성을 강조하기 위해 *해안으로 가까워질수록 높아지는 파도의 움직임이 담긴 영상을 추가로 제시해야겠어. *바다와 육지가 맞닿은 부분

근거 **❷문단** (영상 제시) 보시는 것처럼 바람이 많이 불어 바닷물에 계속 에너지가 전달되어 만들어진 큰 파도는 수심(물의 깊이)이 얕은 해안에 가까워질수록 더 높아집니다. 그래서 방파제를 설치하여 파도로부터 내항(항만의 안쪽 깊숙이 있는 항구)을 보호합니다.

풀이 발표자는 수심이 얕은 해안으로 가까워질수록 높아지는 파도의 움직임이 담긴 영상을 제시하여 경사제 방파제 설치의 필요성을 강조하고 있다.

---

03 듣기 전략 – 적절한 것 고르기
정답률 95%

정답 ④

<보기>는 위 발표를 들은 학생들의 반응이다. 학생의 반응을 이해한 내용으로 가장 적절한 것은?

④ 학생 1과 학생 3은 모두, 발표 내용과 관련하여 추가적인 정보를 탐색하려 하고 있다.

근거 **학생 1** 지난 주말에 가족들과 간 바닷가에서 봤던 테트라포드는 조금 다른 모습이었는데, 테트라포드에도 여러 종류가 있는지 궁금해졌어. 더 조사해 봐야겠어.

학생 3 테트라포드 이름의 의미를 알려 줘서 좋았는데, 다리 사이의 각도가 약 109.5도인 이유에 대해서는 알려 주지 않아 아쉬웠어. 숨겨진 과학적 원리가 있는지 알아봐야겠어.

풀이 발표 내용과 관련하여 학생 1은 테트라포드의 종류를, 학생 3은 테트라포드에 숨겨진 과학적 원리에 대해 탐색하려 하고 있다.

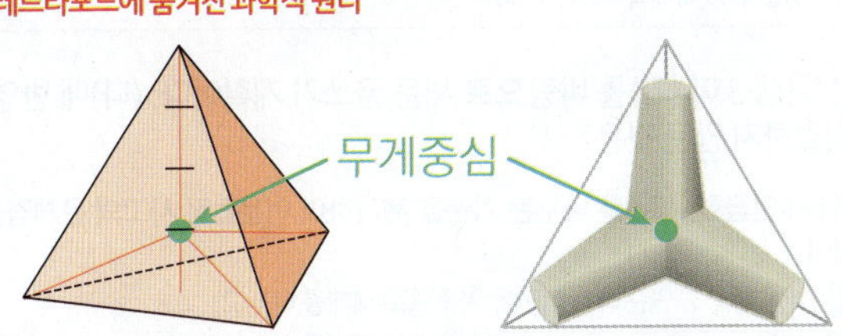

1. 정사면체의 무게중심은 바닥에서 뿔까지 4등분 했을 때 4분의 1이 되는 자리에 위치한다. 테트라포드는 그 무게중심에서 각 뿔로 그은 선상에 다리를 만든 구조물이므로, 파도에 의해 움직이더라도 흔들리지 않는 모습을 유지할 수 있다.
2. 약 109.5도의 각을 이룬 다리 사이사이에 다른 테트라포드의 다리가 빽빽하게 맞물리면, 공간을 채움과 동시에 여러 작은 틈새가 만들어진다. 파도가 칠 때, 쌓아올려진 테트라포드들로 이루어진 굴곡이 파도를 부술 뿐만 아니라 맞물린 틈 사이로 바닷물을 흐르게 해 파도의 힘이 분산되도록 한다.

[04 ~ 07] (가) 대화 (나) 논평

<table>
<tr><td>**04**</td><td>사회자의 역할 - 적절하지 않은 것 고르기
정답률 90%</td><td>정답 ④</td></tr>
</table>

대화의 흐름을 고려할 때, ㉠~㉢에 대한 이해로 적절하지 않은 것은?

④ ㉢ : 대화 참여자에게 자신이 제안한 내용에 대한 *동의 여부를 **재차 확인하고 있다. *생각을 같이하는지 하지 않는지 **거듭하여 다시

> **풀이** ㉢은 대화 내용을 바탕으로 교지에 실을 글을 써 볼 것을 제안하는 발화이다. ㉢에서 대화 참여자에게 자신이 제안한 내용에 대한 동의 여부를 재차 확인하는 모습은 보이지 않는다.

<table>
<tr><td>**05**</td><td>의사소통 방식 - 적절한 것 고르기
정답률 80%, 매력적 오답 ③ 15%</td><td>정답 ②</td></tr>
</table>

[A], [B]에 대한 설명으로 가장 적절한 것은?

② [A]의 학생 3은 대화 상대가 발언한 내용과 관련하여 자신의 경험을 제시하고 있다.

> **근거** (가) 학생 2 우리 학교 학생들이 관심을 가질 만한 사회 문제를 다루기로 했지?
> (가) 학생 3 이분법적 사고에 대해 다루어 보는 건 어때? 얼마 전에 이분법적 사고가 사회 갈등을 부추긴다는(더 심해지도록 영향을 미친다는) 기사를 읽었는데 인상적이었어.
>
> **풀이** 교지에 실을 글에 우리 학교 학생들이 관심을 가질 만한 사회 문제를 다루자는 학생 2의 발언을 듣고, 학생 3은 얼마 전에 기사를 읽은 경험을 바탕으로 이분법적 사고에 대해 다루어 볼 것을 제안하고 있다.

매력적 오답

③ [B]의 학생 3은 대화 상대에게 사회적 *통념을 제시하며 공감을 유도하고 있다.
*일반적으로 널리 통하는 생각

> **근거** (가) 학생 2 이분법적 사고가 차별을 만드는 구체적인 상황을 이야기해 주면 좋겠어.
> (가) 학생 3 요즘 성격 유형 검사가 유행이잖아. 특정 성격 유형에 대한 편견(공정하지 못하고 한쪽으로 치우친 생각) 때문에 차별받는다고 느끼는 사람들이 많아졌다.
>
> **풀이** 이분법적 사고가 차별을 만드는 구체적인 상황을 이야기해 달라는 학생 2의 요청을 듣고, [B]의 학생 3은 성격 유형 검사라는 상황을 언급하고 있다. 대화 상대에게 사회적 통념을 제시하거나 공감을 유도하는 모습은 보이지 않는다.

> **■ 사회적 통념을 제시하며 공감을 유도하는 경우**
> A : 요즘 아침마다 일어나기가 너무 힘들어.
> B : 사람들이 저녁 10시 이전에는 잠들어야 좋다고 하잖아. 너도 일찍 자면 일어난 후 몸이 가벼운 걸 느끼지?

<table>
<tr><td>**06**</td><td>작문 계획의 반영 - 적절하지 않은 것 고르기
정답률 60%, 매력적 오답 ⑤ 30%</td><td>정답 ④</td></tr>
</table>

다음은 '학생 3'이 (가)를 바탕으로 세운 글쓰기 계획이다. (나)에 반영된 내용으로 적절하지 않은 것은? [3점]

④ (가)에서 언급한, 세대를 나누는 기준을 제시하여 이분법적 사고의 문제점을 부각해야겠어.

> **근거** (가) 학생 2 단순히 나이만을 기준으로 세대를 나누고,
> **풀이** (가)에서 세대를 나누는 기준으로 '나이'를 제시한 것은 맞으나, (나)의 ❸문단에서 이분법적 사고의 문제점을 언급하면서 세대를 나누는 기준으로 '나이'를 제시하지는 않았다.

매력적 오답

⑤ (가)에서 언급하지 않은, 이분법적 사고에 대한 새로운 예를 제시한 후 우리의 입장을 한 번 더 강조하여 마무리해야겠어.

> **근거** (나) ❹문단 선이 아니면 악, 아름다움이 아니면 추함 등 두 가지 극단적인 방향으로만 세상을 판단하는 것은 다양성을 추구하는 사회가 지향할(뜻이 쏠리어 향할) 방식으로 바람직하지 않다.
> **풀이** (나)의 ❹문단에서는 (가)에서 언급하지 않은, '선이 아니면 악, 아름다움이 아니면 추함'이라는 이분법적 사고에 대한 새로운 예를 제시하면서, 이분법적 사고는 다양성을 추구하는 사회가 지향할 방식으로 바람직하지 않다는 입장을 한 번 더 강조하고 있다.

<table>
<tr><td>**07**</td><td>조건에 따른 표현 - 적절한 것 고르기
정답률 90%</td><td>정답 ⑤</td></tr>
</table>

<보기>에 제시된 학생들의 조언에 따라 (나)의 제목을 작성한 것으로 가장 적절한 것은?

⑤ 편견과 차별을 만드는 이분법적 사고(표제)
- 흑 아니면 백으로만 칠해지는 세상(부제)

> **근거** (나) ❸문단 (이분법적 사고에 매몰되면) 판단하는 편협한 생각이 그 집단에 대한 차별과 혐오로 이어질 수 있다
> (나) ❶문단 이분법적 사고란, 어떤 대상이나 현상을 둘로만 나누어 한정하여 사고하는 것
> **풀이** 제재인 '이분법적 사고'의 특성을 바탕으로 표제와 부제를 붙여 보았으며, '이분법적 사고'를 '흑 아니면 백으로만 칠해지는 세상'으로 비유하여 표현하였다.

[08 ~ 10] 주장하는 글

<table>
<tr><td>**08**</td><td>작문 전략 - 적절하지 않은 것 고르기
정답률 95%</td><td>정답 ③</td></tr>
</table>

학생의 초고에 활용된 글쓰기 전략으로 적절하지 않은 것은?

① 주요 개념에 대한 정의를 제시한다.

> **근거** [학생의 초고] ❶문단 생활체육이란 개인이 자발적으로(남이 시키지 않아도 자기 스스로) 여가(일이 없어 남는 시간)를 이용해 건강 증진(점점 더 늘어 가고 나아감) 등의 목적으로 참여하는 체육 활동을 말한다.
> → 적절함!

② 문제의 원인을 다양한 측면에서 제시한다.

> **근거** [학생의 초고] ❷문단 주민들 대다수가 쉽게 이용할 수 있는 공공 체육 시설이 부족 (주민 측면)
> [학생의 초고] ❷문단 주민들의 참여를 유도할 수 있는 프로그램 수가 부족 (프로그램 측면)
> [학생의 초고] ❷문단 생활체육을 활성화하기 위한 실질적인 홍보가 이루어지지 못하고 있다는 것 (홍보 측면)
> → 적절함!

③ 예상되는 독자의 반론에 대한 답변을 미리 제시한다.

> **풀이** 학생의 초고에 예상되는 독자의 반론에 대한 답변을 미리 제시하는 부분은 나타나지 않는다.
> → 적절하지 않음!

④ *자문자답의 방식을 통해 문제의 해결 방안을 제시한다. *스스로 묻고 스스로 대답함

> **근거** [학생의 초고] ❸문단 그렇다면 우리 지역 주민들의 생활체육 참여를 활성화하기 위해서는 어떻게 해야 할까? … 체육 시설을 확충해야 한다. … 다양한 프로그램을 개설 … 효과적인 홍보 활동을 실시해야 한다.
> → 적절함!

⑤ 순서를 나타내는 표지를 사용하여 문제의 해결 방안을 제시한다.

> **근거** [학생의 초고] ❸문단 첫째, … 체육 시설을 확충해야 한다.
> [학생의 초고] ❸문단 둘째, … 다양한 프로그램을 개설하여 주민들에게 생활체육 참여 기회를 제공해야 한다.
> [학생의 초고] ❸문단 마지막으로, … 효과적인 홍보 활동을 실시해야 한다.
> → 적절함!

<table>
<tr><td colspan="2">오답률 TOP❶ 1등급 문제</td></tr>
<tr><td>**09**</td><td>자료 활용 방안 - 적절하지 않은 것 고르기
정답률 40%, 매력적 오답 ④ 45%</td><td>정답 ⑤</td></tr>
</table>

<보기>는 초고를 보완하기 위해 추가로 수집한 자료이다. 자료의 활용 방안으로 적절하지 않은 것은? [3점]

⑤ [자료 2-㉰]와 [자료 3]을 활용하여 누리 소통망을 활용한 경기장 이용 인증 이벤트를 주민 수요에 맞는 다양한 프로그램을 개설한 사례로 제시한다.

> **근거** [학생의 초고] ❷문단 우리 지역 공공 체육 시설에서 운영하는 프로그램은 탁구와 축구 강좌 외에는 없으며, 운영 시간도 낮 시간대에 한정되어 있다.
> **풀이** [자료 2-㉰]는 10~20대가 정보를 얻는 경로 중 누리 소통망의 비중이 가장 크다는 것을 보여 주는 설문 조사 자료이고, [자료 3]은 누리 소통망을 통해 청소년층의 생활체육 참여율을 높인 ○○시의 사례를 제시한 신문 기사이다. [학생의 초고] ❷문단에서 우리 지역 공공 체육 시설에서 운영하는 프로그램의 종류와 시간이 제한적이라

는 내용은 확인할 수 있으나, 누리 소통망을 활용한 경기장 이용 인증 이벤트는 다양한 프로그램 개설과 관련이 없으므로 이를 주민 수요에 맞는 다양한 프로그램을 개설한 사례로 제시하는 것은 적절하지 않다.

④ [자료 1]과 [자료 3]을 활용하여 주민들의 생활체육 참여의율 증가 *추세를 유지하기 위해서는 다양한 프로그램을 개설하는 것뿐만 아니라 프로그램 운영 시간대도 확대해야 한다는 내용을 추가로 제시한다. *어떤 현상이 일정한 방향으로 나아가는 경향

- **근거** [학생의 초고] ❸문단 다양한 프로그램을 개설하여 주민들에게 생활체육 참여 기회를 제공해야 한다.
- **풀이** [자료 1]은 우리 지역의 생활체육 참여율이 증가 추세에 있음을 보여 주는 통계 자료이고, [자료 3]은 시민들의 생활체육 참여율이 증가하는 추세를 유지하기 위해서는 다양한 종목을 개설하는 동시에 프로그램의 운영 시간대도 확대해야 한다는 내용의 신문 기사이다. 따라서 [자료 1]과 [자료 3]을 활용하여, 주민들의 생활체육 참여율의 증가 추세를 유지하기 위해서는 다양한 프로그램을 개설뿐 아니라 프로그램 운영 시간대 확대도 필요함을 추가로 제시할 수 있다.

---

10 조건에 따른 표현 - 적절한 것 고르기
정답률 95%
정답 ④

<보기>는 선생님의 조언에 따라 [A]를 작성한 것이다. [A]를 작성할 때 반영한 선생님의 조언으로 가장 적절한 것은?

④ 생활체육의 참여를 통해 얻을 수 있는 기대 효과를 개인과 사회 차원으로 나눠 제시하며 글을 마무리하자. ← 개인 차원의 기대 효과

- **근거** <보기> 지역 주민 개개인은 삶의 질을 높일 수 있고, 지역 사회는 스포츠 산업의 발달로 지역 경제 활성화가 가능하다는 점에서 가치가 있다. ← 사회 차원의 기대 효과

[11 ~ 12] 언어 - 한글 맞춤법 제1항과 준말의 표기

1 [1]한글 맞춤법 총칙 제1항은 '한글 맞춤법은 표준어를 소리대로 적되, 어법에 맞도록 함을 원칙으로 한다.'이다. [2]이는 한글 맞춤법의 대원칙(근본이 되는 가장 중요하고 기본적인 법칙)을 밝히는 조항으로, 한글 맞춤법은 이 조항에 따라 표준어를 표음 문자(말소리를 그대로 기호로 나타낸 문자)인 한글로 올바르게 적는 방법이다.

2 [1]먼저 '표준어를 소리대로 적는다'는 원칙은 한글 맞춤법이 표준어를 대상으로 한다는 뜻이 담겨 있다. [2]그리고 '소리대로' 적는다는 것은 표준어를 적을 때 발음에 따라 적는다는 뜻이다. [3]이는 자음이나 모음과 같은 음소를 조합하여 다양한 말소리를 그대로 기호로 나타낼 수 있는 표음 문자인 한글의 기본 기능에 충실한 원칙이다. [4]이를테면 [나무]라고 소리 나는 표준어는 'ㄴ'과 'ㅏ'로 조합된 한 음절과 'ㅁ'과 'ㅜ'로 조합된 한 음절을 그대로 '나무'로 적는 것이다.

3 [1]그런데 '표준어를 소리대로 적는다'는 원칙만으로도 충분하지 않은 경우가 있다. [2]그래서 '어법에 맞도록 한다'는 원칙을 제시한다. [3]예를 들어 체언 '빛'에 다양한 조사가 결합한 형태를 소리 나는 대로 적으면, '비치', '빋또', '빈만' 등이 된다. [4]하지만 이렇게 적으면 '빛'이라는 하나의 말이 여러 가지로 표기되어 실질 형태소의 본 모양과 형식 형태소의 본 모양이 무엇인지, 둘의 경계가 어디인지를 알아보기가 어렵다. [5]이와 달리 실질 형태소와 형식 형태소를 구분해서 어법에 맞도록 '빛이', '빛도', '빛만' 등으로 적으면 의미와 기능을 나타내는 각각의 형태소의 모양이 일관되게 고정되어서 뜻을 파악하기가 쉽고 독서의 능률도 향상된다. [6]이렇게 체언과 조사를 구분해서 표준어를 표기하는 원칙은 한글 맞춤법 제14항에서 자세히 밝히고 있는데, 이는 용언의 어간 뒤에 어미가 결합할 때도 동일하게 적용되는 경우가 있다. [7]한글 맞춤법 제15항에 따르면, '먹어서'는 [머거서]로 발음되지만 실질 형태소인 어간 '먹-'과 형식 형태소인 어미 '-어서'를 구별하여 적는다.

4 [1]한편 한글 맞춤법에서는 단어의 일부분이 줄어든 준말의 표기 방법을 따로 규정하고 있다. [2]한글 맞춤법 제32항에서는 어근이나 어간에서 끝음절의 모음이 줄어들고 자음만 남는 경우 자음을 앞 음절의 받침으로 적는다는 것을 다루고 있다. [3]그 예로 '어제저녁'이 줄어들어 '엊저녁'(어근 '어제'의 끝음절 모음 'ㅔ'가 줄어들고 자음 'ㅈ'만 남아서 자음을 앞 음절 '어'의 받침으로 적음)으로도 적는 경우를 들 수 있다. [4]'어제저녁'의 준말의 발음인 [얻쩌녁]을 소리 나는 대로 적으면 그 원래 뜻을 파악하기 어렵다. [5]그래서 '어제저녁'과의 형태적 연관성이 드러나도록 '엊저녁'으로 표기하는 것이다. [6]이는 표준어를 소리대로 적는다는 원칙만으로 충분하지 않은 경우, 어법에 맞도록 표기한 것이라 할 수 있다.

→ 문제편 219쪽

---

11 한글 맞춤법 제1항 - 적절하지 않은 것 고르기
정답률 90%
정답 ①

윗글을 이해한 내용으로 적절하지 <u>않은</u> 것은?

① '부엌'은 각 음절을 소리 나는 대로 표기한 경우이다.
- **근거** ❷-2 '소리대로' 적는다는 것은 표준어를 적을 때 발음에 따라 적는다는 뜻
- **풀이** '부엌'의 발음은 [부억]이 아니라 [부억]이다. 따라서 '부엌'은 각 음절을 소리 나는 대로 표기한 경우에 해당하지 않는다.

→ 적절하지 않음!

② 한글은 음소를 조합하여 다양한 말소리를 기호로 나타낼 수 있다.
- **근거** ❷-3 자음이나 모음과 같은 음소를 조합하여 다양한 말소리를 그대로 기호로 나타낼 수 있는 표음 문자인 한글

→ 적절함!

③ '모이'는 'ㅁ'과 'ㅗ'로 조합된 한 음절과 'ㅣ'로 된 한 음절을 소리 나는 대로 적은 것이다.
- **근거** ❷-4 이를테면 [나무]라고 소리 나는 표준어는 'ㄴ'과 'ㅏ'로 조합된 한 음절과 'ㅁ'과 'ㅜ'로 조합된 한 음절을 그대로 '나무'로 적는 것이다.
- **풀이** '모이'는 'ㅁ'과 'ㅗ'로 조합된 한 음절 '모'와 'ㅣ'로 된 한 음절 '이'를 소리 나는 대로 적은 것이다. 초성의 'ㅇ'은 음가가 없으므로 음절 구성에서 고려하지 않는다.

→ 적절함!

④ '웃으면'은 실질 형태소와 형식 형태소의 경계가 드러나도록 어법에 맞게 표기한 경우이다.
- **근거** ❸-6~7 체언과 조사를 구분해서 표준어를 표기하는 원칙은 … 용언의 어간 뒤에 어미가 결합할 때도 동일하게 적용 … '먹어서'는 [머거서]로 발음되지만 실질 형태소인 어간 '먹-'과 형식 형태소인 어미 '-어서'를 구별하여 적는다.
- **풀이** '웃으면'은 [우스면]으로 발음되지만 실질 형태소인 어간 '웃-'과 형식 형태소인 어미 '-으면'의 경계가 드러나도록 어법에 맞게 표기한 경우에 해당한다.

→ 적절함!

⑤ '갈비탕을 시켜 먹었다'와 '갈비탕을 식혀 먹었다'를 소리 나는 대로 적으면 의미의 구별이 어려운 경우가 생길 수 있다.
- **근거** ❷-2 '소리대로' 적는다는 것은 표준어를 적을 때 발음에 따라 적는다는 뜻
- **풀이** '갈비탕을 시켜 먹었다'의 '시켜'와 '갈비탕을 식혀 먹었다'의 '식혀'는 모두 [시켜]로 발음된다. 따라서 두 문장을 소리 나는 대로 적으면 둘 다 [갈비탕을 시켜 머걷따]가 되어 의미의 구별이 어려워진다.

→ 적절함!

---

12 한글 맞춤법 제32항 - 적절한 것 고르기
정답률 70%, 매력적 오답 ⑤ 15%
정답 ②

윗글을 바탕으로 <보기>의 ㉠ ~ ㉤을 '탐구 과정'에 따라 분류할 때, [A]에 들어갈 예만을 고른 것은? [3점]

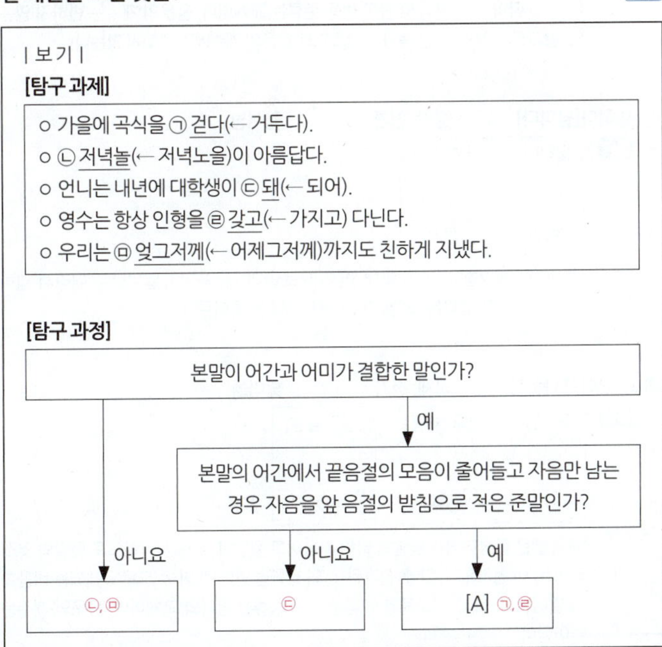

| 보기 |

[탐구 과제]

o 가을에 곡식을 ㉠걷다(← 거두다).
o ㉡저녁놀(← 저녁노을)이 아름답다.
o 언니는 내년에 대학생이 ㉢돼(← 되어).
o 영수는 항상 인형을 ㉣갖고(← 가지고) 다닌다.
o 우리는 ㉤엊그저께(← 어제그저께)까지도 친하게 지냈다.

[탐구 과정]

본말이 어간과 어미가 결합한 말인가?
- 예 → 본말의 어간에서 끝음절의 모음이 줄어들고 자음만 남는 경우 자음을 앞 음절의 받침으로 적은 준말인가?
  - 아니요 → ㉢
  - 예 → [A] ㉠, ㉣
- 아니요 → ㉡, ㉤

㉠ 걷다
- **풀이** '걷다'의 본말 '거두다'는 어간 '거두-'와 어미 '-다'가 결합한 말이다. 또한 '걷다'는 본말

'거두다'의 어간 '거두-'에서 끝음절 모음 'ㅜ'가 줄어들고 자음 'ㄷ'만 남아서, 자음 'ㄷ'을 앞 음절 '거'의 받침으로 적은 준말이다. 따라서 [A]에 들어갈 예로 적절하다.

Ⓛ 저녁놀
풀이 '저녁놀'의 본말 '저녁노을'은 어근 '저녁'과 어근 '노을'이 결합한 말이므로, '저녁놀'은 [A]에 들어갈 예로 적절하지 않다.

Ⓒ 돼
풀이 '돼'의 본말 '되어'는 어간 '되-'와 어미 '-어'가 결합한 말이다. 그러나 '되어'는 본말 '되어'의 어간 '되-'에서 끝음절 모음이 줄어들고 자음만 남는 경우에 해당하지 않으므로 [A]에 들어갈 예로 적절하지 않다.

Ⓔ 갖고
풀이 '갖고'의 본말 '가지고'는 어간 '가지-'와 어미 '-고'가 결합한 말이다. 또한 '갖고'는 본말 '가지고'의 어간 '가지-'에서 끝음절 모음 'ㅣ'가 줄어들고 자음 'ㅈ'만 남아서, 자음 'ㅈ'을 앞 음절 '가'의 받침으로 적은 준말이다. 따라서 [A]에 들어갈 예로 적절하다.

Ⓜ 엊그저께
풀이 '엊그저께'의 본말 '어제그저께'는 어근 '어제'와 어근 '그저께'가 결합한 말이므로, '엊그저께'는 [A]에 들어갈 예로 적절하지 않다.

① ㉠, ㉡　　　② ㉠, ㉢ → 적절함!

③ ㉡, ㉢　　　④ ㉢, ㉣　　　⑤ ㉣, ㉤

---

13 음운 변동 - 적절한 것 고르기
정답률 65%, 매력적 오답 ③ 10% ⑤ 15%　　　**정답 ④**

<보기>를 바탕으로 음운 변동을 바르게 분석한 것은?

> | 보기 |
> 　음운의 변동은 어떤 음운이 다른 음운으로 바뀌는 교체, 어떤 음운이 없어지는 탈락, 새로운 음운이 생기는 첨가, 두 음운이 하나의 음운으로 합쳐지는 축약이 있다. 또한 음운 변동에 따라 음운의 개수가 변하기도 한다.

단어	음운 변동 종류	음운 개수 변화
① 샅샅이[삳싸치]	교체, 탈락	**변하지 않음** 늘어남

풀이

샅샅이	→ [삳사티]	→ [삳싸티]	→ [삳싸티]	→ [삳싸치]
(연음)	ㅌ→ㄷ (교체)	ㅅ→ㅆ (교체)		ㅌ→ㅊ (교체)
(7개)	(7개)	(7개)	(7개)	(7개)

'샅샅이'는 음절의 끝소리 규칙에 의해 첫음절의 받침 'ㅌ'이 'ㄷ'으로 교체되고 된소리되기에 의해 'ㅅ'이 'ㅆ'으로 교체된다. 그리고 'ㅌ'이 'ㅊ'으로 교체되는 구개음화가 일어난다. 따라서 '샅샅이'의 음운 변동 종류는 교체이며, 음운의 개수는 변하지 않는다. 참고로 초성의 'ㅇ'은 음가가 없으므로 음운의 개수에 포함되지 않는다.

→ 적절하지 않음!

단어	음운 변동 종류	음운 개수 변화
② 넓히다[널피다]	**축약** 탈락, 첨가	**줄어듦** 늘어남

풀이

넓히다	→ [널피다]
	ㅂ+ㅎ→ㅍ (축약)
(8개)	(7개)

'넓히다'는 겹받침 'ㄼ'의 'ㅂ'과 'ㅎ'이 'ㅍ'으로 줄어드는 축약이 일어난다. 따라서 '넓히다'의 음운 변동 종류는 축약이며, 음운의 개수는 줄어든다.

→ 적절하지 않음!

단어	음운 변동 종류	음운 개수 변화
③ 교육열[교ː융녈]	교체, 첨가	**늘어남** 줄어듦

풀이

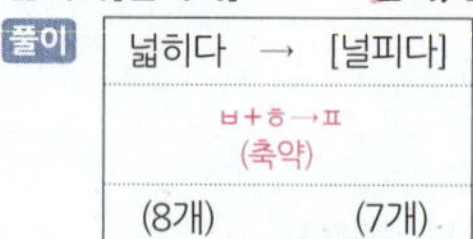

교육열	→ [교ː육녈]	→ [교ː융녈]
	∅→ㄴ (첨가)	ㄱ→ㅇ (교체)
(6개)	(7개)	(7개)

'교육열'은 합성어에서 앞말의 끝이 자음이고 뒷말이 'ㅕ'로 시작하므로 뒷말의 첫소리에 'ㄴ'이 첨가된다. 그 후 첨가된 'ㄴ'의 영향을 받아 'ㄱ'이 'ㅇ'으로 교체되는 비음화가 일어난다. 따라서 '교육열'의 음운 변동 종류는 첨가와 교체이며, 음운의 개수는 늘어난다.

→ 적절하지 않음!

단어	음운 변동 종류	음운 개수 변화
④ 해맑다[해막따]	교체, 탈락	줄어듦

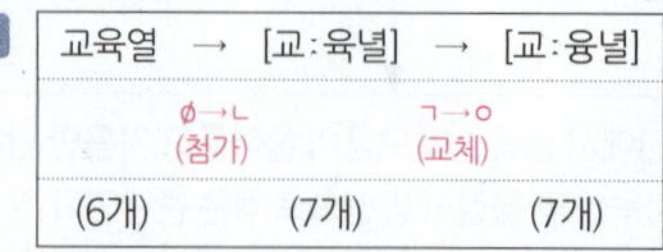

풀이

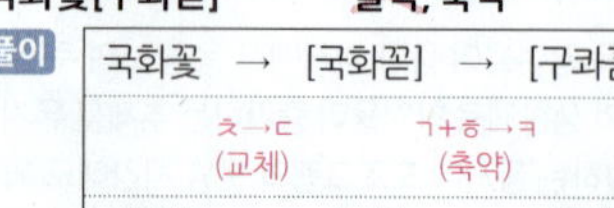

해맑다	→ [해막따]	→ [해막따]
	ㄷ→ㄸ (교체)	ㄺ→ㄱ (탈락)
(8개)	(8개)	(7개)

'해맑다'는 'ㄷ'이 'ㄸ'으로 교체되는 된소리되기와 겹받침 'ㄺ'에서 'ㄹ'이 탈락하는 자음군 단순화가 일어난다. 따라서 '해맑다'의 음운 변동 종류는 교체와 탈락이며, 음운의 개수는 줄어든다.

→ 적절함!

단어	음운 변동 종류	음운 개수 변화
⑤ 국화꽃[구콰꼳]	**교체** 탈락, 축약	줄어듦

풀이

국화꽃	→ [국콰꼳]	→ [구콰꼳]
	ㅊ→ㄷ (교체)	ㄱ+ㅎ→ㅋ (축약)
(8개)	(8개)	(7개)

'국화꽃'은 음절의 끝소리 규칙에 의해 받침 'ㅊ'이 'ㄷ'으로 교체되고, 'ㄱ'과 'ㅎ'이 'ㅋ'으로 줄어든다. 따라서 '국화꽃'의 음운 변동 종류는 교체와 축약이며, 음운의 개수는 줄어든다.

→ 적절하지 않음!

---

14 높임 표현 - 적절하지 않은 것 고르기
정답률 65%, 매력적 오답 ⑤ 15%　　　**정답 ②**

<보기>의 ㄱ ~ ㄷ에 대한 설명으로 옳지 <u>않은</u> 것은?

> | 보기 |
> [1]주체 높임은 문장의 주체를 높이는 것으로, 선어말 어미나 조사, 특수 어휘 등을 통해 실현된다. [2]또한 주체의 신체 부분, 소유물, 생각 등을 높여 주체를 간접적으로 높이기도 한다. [3]그리고 객체 높임은 목적어나 부사어가 지시하는 대상, 즉 문장의 객체를 높이는 것으로, 조사나 특수 어휘를 통해 실현된다. [4]또한 상대 높임은 청자를 높이거나 낮추는 것으로, 주로 종결 어미를 통해 실현된다.
>
> ㄱ. (어머니가 아들에게) 범서야, 할아버지께 과일 좀 갖다 드려라.
> 　　주체 : 아들　상대 : 아들　객체 : 할아버지
> ㄴ. (아들이 아버지에게) 아버지, 할머니는 제가 모시러 가겠습니다.
> 　　주체 : 아들　상대 : 아버지　객체 : 할머니
> ㄷ. (동생이 언니에게) 언니, 어머니가 우리에 대한 걱정이 많으셔.
> 　　주체 : 어머니, 걱정　상대 : 언니　객체 : ×

① ㄱ은 종결 어미 '-어라'를 사용하여 청자인 '범서'를 낮추고 있다.
근거 <보기>-4 상대 높임은 청자를 높이거나 낮추는 것으로, 주로 종결 어미를 통해 실현된다.
풀이 ㄱ에서 말을 듣는 상대는 '아들(범서)'이다. '아들(범서)'은 높임의 대상이 아니므로 '아들(범서)'을 낮추기 위해 아주낮춤의 종결 어미 '-어라'를 사용하였다.

→ 적절함!

② ㄱ은 격 조사 '께'를 사용하여 문장의 주체인 '할아버지'를 높이고 있다. (주체 → 객체)
근거 <보기>-3 객체 높임은 목적어나 부사어가 지시하는 대상, 즉 문장의 객체를 높이는 것으로, 조사나 특수 어휘를 통해 실현된다.
풀이 ㄱ에서 '할아버지'는 문장의 부사어가 지시하는 대상이다. ㄱ에서는 '할아버지'를 높이기 위해 객체 높임의 조사 '께'와 특수 어휘 '드리다'를 사용하였다. 문장의 주체는 '나(아들)'이므로 주체 높임의 대상이 아니다.

→ 적절하지 않음!

③ ㄴ은 종결 어미 '습니다'를 사용하여 청자인 '아버지'를 높이고 있다.
근거 <보기>-4 상대 높임은 청자를 높이거나 낮추는 것으로, 주로 종결 어미를 통해 실현된다.
풀이 ㄴ에서 말을 듣는 상대는 '아버지'이다. ㄴ에서는 청자인 '아버지'를 높이기 위해 아주 높임의 종결 어미 '습니다'를 사용하였다.

→ 적절함!

④ ㄴ은 특수 어휘 '모시다'를 사용하여 문장의 객체인 '할머니'를 높이고 있다.
근거 <보기>-3 객체 높임은 목적어나 부사어가 지시하는 대상, 즉 문장의 객체를 높이는 것으로, 조사나 특수 어휘를 통해 실현된다.
풀이 ㄴ에서 '할머니'는 문장의 목적어가 지시하는 대상이다. ㄴ에서는 '할머니'를 높이기 위해 특수 어휘 '모시다'를 사용하였다.

→ 적절함!

→ 문제편 221쪽

⑤ ㄷ은 선어말 어미 '-으시-'를 사용하여 '어머니'의 생각인 '걱정'을 높여 주체를 간접적으로 높이고 있다.

근거 〈보기〉-1~2 주체 높임은 문장의 주체를 높이는 것으로, 선어말 어미나 조사, 특수 어휘 등을 통해 실현된다. 또한 주체의 신체 부분, 소유물, 생각 등을 높여 주체를 간접적으로 높이기도 한다.

풀이 ㄷ에서 문장의 주체는 '어머니'와 '걱정'이다. ㄷ에서는 '걱정'을 높여 '어머니'를 간접적으로 높이기 위해 선어말 어미 '-으시-'를 사용하였다.

→ 적절함!

---

15 중세 국어의 특징 - 적절하지 않은 것 고르기   정답 ①
정답률 75%, 매력적 오답 ⑤ 15%

〈보기〉를 바탕으로 중세 국어의 특징을 탐구한 내용으로 적절하지 않은 것은?

| 보 기 |

녜 小學(소학)애 사름을 ㄱㄹ쵸디 믈 쓰리고 쓸며 應(응)ㅎ며 對(디)ㅎ며【應(웅)은 블러든 딕답홈이오 對(디)는 무러든 딕답홈이라】나ㅇ며 므르는 절ㅊ와 **어버이를 스랑ㅎ며** 얼운을 공경ㅎ며 스승을 존디ㅎ며 벋을 親(친)히 홀 道(도)로써 ㅎ니 다 뻐 몸을 닷ㄱ며 집을 ㄱ즈기 ㅎ며 **나라홀** 다ㅅ리며 天下(텬하)를 平(평)히 홀 근본을 ㅎ는 배니

[현대어 풀이]
옛날 소학에 사람을 가르치되, 물을 뿌리고 쓸며, 응하며 대하며【응은 부르거든 대답하는 것이요, 대는 묻거든 대답하는 것이다.】나아가며 물러나는 절차와, 어버이를 사랑하며 어른을 공경하며 스승을 존대하며 벗을 친히 할 도로써 하니, 다 그로써 몸을 닦으며 집을 가지런히 하며 나라를 다스리며 천하를 평히 할 근본을 하는 바이니

✔① '녜'를 보니 현대 국어와 달리 두음 법칙이 적용되었음을 알 수 있군.   적용되지 않았음

풀이 '녜'를 통해 중세 국어에서는 단어의 첫소리(두음)에 'ㄴ'이 쓰였음을, 현대어 풀이 '옛날'을 통해 현대 국어에서는 단어의 첫소리(두음)에 'ㄴ'이 쓰이지 않았음을 확인할 수 있다. 현대 국어에서는 단어의 첫소리에 'ㄴ'이 올 때 제약을 받는 두음 법칙이 적용되지만, 중세 국어에서는 두음 법칙이 적용되지 않았다.

→ 적절하지 않음!

■ 두음 법칙
단어의 첫소리(두음)에 'ㄴ' 또는 'ㄹ'이 올 때 제약을 받는 현상

'ㄴ' 두음 법칙	모음이 'ㅣ, ㅑ, ㅕ, ㅛ, ㅠ'일 때 'ㄴ'이 단어의 첫소리로 오지 못한다. (예) 녀자(女子) → 여자, 년세(年歲) → 연세
'ㄹ' 두음 법칙	우리말에서 첫소리에 나오는 'ㄹ'은 탈락되거나 'ㄴ'으로 바뀐다. (예) 량심(良心) → 양심, 력사(歷史) → 역사, 래일(來日) → 내일, 로인(老人) → 노인

② '쓰리고'와 '쓸며'를 보니 현대 국어와 달리 초성에 서로 다른 두 개의 자음이 함께 쓰였음을 알 수 있군.

풀이 '쓰리고'의 초성 'ㅄ'과 '쓸며'의 초성 'ㅄ'을 통해 중세 국어에서는 현대 국어와 달리 초성에 서로 다른 두 개의 자음이 함께 쓰였음을 확인할 수 있다.

→ 적절함!

③ '어버이를'을 보니 현대 국어와 달리 목적격 조사 '를'이 쓰였음을 알 수 있군.

풀이 '어버이를'은 서술어 '스랑ㅎ며'의 대상을 나타내는 목적어이다. 현대 국어에서는 '어버이' 뒤에 목적격 조사 '를'이 쓰인 것과 달리 중세 국어에서는 '를'이 쓰였음을 확인할 수 있다.

→ 적절함!

④ '스랑ㅎ며'를 보니 현대 국어와 달리 'ㆍ'가 표기에 사용되었음을 알 수 있군.

풀이 중세 국어의 '스랑ㅎ며'와 현대어 풀이 '사랑하며'를 비교해 보았을 때, 중세 국어에서는 현대 국어와 달리 'ㆍ(아래아)'가 표기에 사용되었음을 확인할 수 있다.

→ 적절함!

⑤ '나라홀'을 보니 현대 국어와 달리 'ㅎ'을 끝소리로 가진 체언이 있었음을 알 수 있군.

풀이 현대어 풀이 '나라를'로 미루어 보아 '나라홀'은 체언 '나랑'과 목적격 조사 '을'로 분석된다. 따라서 중세 국어에서는 현대 국어와 달리 'ㅎ'을 끝소리로 가진 체언이 있었음을 확인할 수 있다.

→ 적절함!

→ 문제편 **221쪽**

(가)

1 [1]18 세기 말 산업 혁명 이후 과학과 기술의 진보(進步, 정도나 수준이 나아지거나 높아짐)로 똑같은 물건을 대량(大量, 아주 많은 분량이나 수량)으로 생산하는 것이 가능해졌다. [2]이(똑같은 물건의 대량 생산이 가능해짐)에 따라 건축에서도 철근과 콘크리트를 활용하여 기둥과 벽을 최소화하면서(最少化-, 가장 적게 하면서) 건축물을 대량 생산할 수 있다는 인식(認識, 분별하고 판단하여 앎)이 생기게 되었다. [3]이(18 세기 말 산업 혁명 이후) 시기의 건축가들은 이전(산업 혁명 이전) 시대와 달리 장식적인(裝飾的-, 겉모양을 아름답게 꾸미는) 요소가 제거된(除去-, 없어지게 된) 합리적이고(合理的-, 이론, 이치에 합당하고) 기능적인(機能的-, 어떤 일을 해내는 작용이나 능력에 관한) 건축물에 가치를 부여하게(附與-, 붙여 주게) 되었다. [4]이러한 변화는 건축의 활동 영역을 도시 계획 디자인, 산업 디자인 등으로 확대시키며(擴大-, 더 크게 하며), 모더니즘 건축의 형성(形成, 이룸)에 영향을 미쳤다.

모더니즘 건축에 대한 관점 ①
→ 18 세기 말 산업 혁명 이후 건축의 변화 양상과 모더니즘 건축의 형성

2 [1]모더니즘 건축가 미스 반데어로에는 건축이 본연(本然, 처음부터 가지고 있는 그대로)의 모습을 잃고 현(現, 지금의) 시대에 어울리지 않는 형태를 ⓐ 답습하는 것에 대해 비판하며 ㉠ "간결한(簡潔-, 간단하고 깔끔한) 것이 풍부하다.(豐富-, 넉넉하고 많다.)"라고 주장했다. [2]그(미스 반데어로에)는 기능적으로 필요한 공간 이외에는 불필요하다고 생각했기 때문에 장식과 기능을 철저하게(徹底-, 빈틈이나 부족함이 없게) 분리하고(分離-, 서로 나누어 떨어지게 하고) 장식을 공간 구성에서 원칙적으로 배제해야(排除-, 받아들이지 않고 물리쳐 제외해야) 한다고 말한다. [3]또한 그(미스 반데어로에)는 폐쇄적인(閉鎖的-, 외부와 통하거나 교류하지 않는) 구조를 지양하고(止揚-, 하지 않고) 공간을 기능적으로 활용할 수 있도록 칸막이를 자유롭게 이동할 수 있게 하여 유연성(柔軟性, 형편과 상황에 따라 융통성 있게 대응하는 성질) 있는 공간을 구축하였다.(構築-, 만들었다.)

모더니즘 건축에 대한 관점 ②
→ 미스 반데어로에의 견해

3 [1]또 다른 건축가 르코르뷔지에는 기능적인 것은 그 자체로 미적인(美的-, 아름다움과 관련된) 것이라고 주장하며, 주택을 거주(居住, 일정한 곳에 머물러 삶)를 위한 기계라고 정의하였다.(定義-, 뜻을 명백히 밝혀 정하였다.) [2]그(르코르뷔지에)는 항공 기능의 최적화(最適化, 주어진 상황에서 가장 알맞은 결과를 얻을 수 있도록 처리하여 효율성을 추구하는 것)를 실현한(實現-, 실제로 이룬) 비행기 디자인처럼 건축물도 그 목적에 ⓑ 부합하도록 기능적으로 최적화되어야 하며 현란한(絢爛-, 눈이 부시도록 매우 화려하고 아름다운) 장식이나 예술적 감상을 위한 건축물을 지양해야 한다고 말한다. [3]또한 도시를 계획하는 일에도 관심이 많았던 그(르코르뷔지에)는 사람보다는 자동차를 중심으로 도시 공간을 구획해야(區劃-, 경계를 지어 갈라야) 한다고 주장했다. [4]이는 격자(格子, 바둑판처럼 가로세로를 일정한 간격으로 직각이 되게 짠 형식) 구조의 도로망(道路網, 그물처럼 이리저리 얽힌 도로의 체계)으로 도시 공간을 구획하면 치안(治安, 국가 사회의 안녕과 질서를 유지하고 보전함)과 위생(衛生, 건강에 유익하도록 대책을 세움)이라는 도시의 기능을 이상적으로(理想的-, 생각할 수 있는 범위 안에서 가장 완전하다고 여겨지는 것으로) ⓒ 구현하면서 동시에 미적으로 이상적인 도시가 된다고 생각했기 때문이다. [5]그(르코르뷔지에)에게 있어 근대화(近代化, 근대적인 상태가 됨)란 효율적인(效率的-, 들인 노력에 비해 얻는 결과가 큰) 교통 체계를 위해 도시를 인위적으로(人爲的-, 자연의 힘이 아닌 사람의 힘으로) 정돈하는(整頓-, 규모 있게 고쳐 놓거나 가지런히 바로잡아 정리하는) 것을 의미한다.

→ 르코르뷔지에의 견해

〈참고 사진〉 모더니즘 건축물

▲ 미스 반데어로에, 베를린 신국립미술관, 1968

▲ 르코르뷔지에, 빌라 사보아, 1931

(나)

1 [1]20 세기 초에는 이성적 존재인 인간이 모든 문제를 합리적으로 해결할 수 있다는 모더니즘이 지배적이었다.(支配的-, 세력이 매우 강한 것이었다.) [2]그러나 합리성에는 한계(限界, 다다를 수 있는 범위)가 있음이 곧 밝혀졌고, 이(합리성)로부터 벗어나야 한다는 생각이 포스트모더니즘으로 발전하게 되었다. [3]이(포스트모더니즘)에 영향을 받은 푸코, 벤투리, 추미 등은 합리성과 효율성을 우선시하는(優先視-, 다른 것보다 중요하게 여기는) 기존의 시스템을 비판하고, 기계적이고(機械的-, 정확하고 규칙적인 점이 기계와 비슷하고) 무미건조한(無味乾燥-, 재미나 멋이 없이 메마른) 양식 대신에 개별성(個別性, 각

각 따로 지니고 있는 특성)과 자율성(自律性, 스스로의 원칙에 따라 어떤 일을 하거나 스스로 통제할 수 있는 성질)을 중시하는(重視–, 매우 크고 중요하게 여기는) 모습을 보였다.

→ 모더니즘의 한계를 비판하며 등장한 포스트모더니즘

포스트모더니즘 건축에 대한 관점 ①

2 [1]철학자 푸코는 근대화로 인한 도시의 구획을 권력(權力, 남을 복종시키거나 지배할 수 있도록 인정된 권리와 힘)과 관련지어 비판했다. [2]그(푸코)는 18세기부터 형성되기 시작한 격자 구조의 도시 공간은 위생학적 측면(側面, 부분)에서 전염병에 대처하기(對處–, 알맞은 조치를 취하기) 위한 기능을 하기도 하지만 권력이 작동하는 그물망으로도 ⓓ작용한다고 주장했다. [3]전염병 환자에 대한 감시(監視, 단속하기 위해 주의 깊게 살핌)는 결국 발병(發病, 병이 남) 요소를 근원적으로(根源的–, 근본이나 원인이 되는 것에 대해) 통제해야(統制–, 제한을 가해야) 한다는 의식으로 이어져, 발병 가능성이 있는 모든 존재에 대한 감시로 확대된다는 것이다.

→ 푸코의 견해

포스트모더니즘 건축에 대한 관점 ②

3 [1]포스트모더니즘 건축가 벤투리는 ⓛ "간결한 것은 지루하다."라며 모더니즘 건축의 흐름에 저항했다.(抵抗–, 굽히거나 따르지 않았다.) [2]모더니즘 건축이 명료성(明瞭性, 뚜렷하고 분명한 성질)을 내세웠다면 그(벤투리)는 모호성(模糊性, 의미의 한계가 분명하지 않아서 정확하게 무엇을 나타내는지 알기 어려운 성질)을 새로운 기준으로 제시하며 형태를 기능에 가두는(형태보다 기능을 중요시하는) 것을 거부했다.(拒否–, 받아들이지 않고 물리쳤다.) [3]그(벤투리)는 건축물의 모든 부분이 단일한(單一–, 단 하나의) 기능으로 명료하게 설명될 수 없으며, 오히려 다양한 측면에서 설명될 수도 있어 그 기능이 매우 모호할 수 있다고 주장했다. [4]벤투리에게 모더니즘 건축은 미적인 것을 기능적인 것에 제약하는(미적인 것이 기능적인 것을 뛰어넘지 못하도록 막는) 것에 불과했다.(不過–, 지나지 않았다.) [5]그래서 그(벤투리)는 모더니즘의 공간에서는 공간의 미적 차원이 소멸되어(消滅–, 사라져 없어지게 되어) 획일적인(劃一的–, 모두가 한결같아서 다름이 없는) 공간만이 남게 된다고 주장했다.

→ 벤투리의 견해

포스트모더니즘 건축에 대한 관점 ③

4 [1]건축가 추미는 기존의 모더니즘 건축이 지나치게 금욕적이라고(禁慾的–, 욕구나 욕망을 억누르거나 참는 것이라고) 비판했다. [2]모더니즘 건축에서 장식적인 요소는 낭비로 취급받으며 무의미한 부분으로 간주된다.(看做–, 여겨진다.) [3]하지만 추미는 이렇게 무의미하다고 생각되는 낭비야말로 모더니즘 건축의 획일화로부터 ⓔ해방될 수 있는 탈출구라고 주장했다. [4]추미는 모더니즘 건축의 금욕주의에서 벗어나는 방법을, 시각적 화려함을 추구하는 낭비의 부활에서 찾았다. [5]그(추미)에게 있어 포스트모더니즘의 건축은 낭비의 미덕(美德, 아름답고 올바른 일)을 실현하는 유희(遊戱, 즐겁게 놀며 장난함)의 건축이다.

→ 추미의 견해

〈참고 사진〉 포스트모더니즘 건축물

▲ 로버트 벤투리, 바나 벤투리 하우스, 1964

▲ 베르나르 추미, 라빌레트 공원, 1982

■ 지문 이해

(가)
〈모더니즘 시기의 건축〉

❶ 18세기 말 산업 혁명 이후 건축의 변화 양상과 모더니즘 건축의 형성
- 철근, 콘크리트를 활용해 기둥과 벽을 최소화하면서 건축물을 대량 생산할 수 있다는 인식이 생겨남 → 장식적 요소가 제거된 합리적이고 기능적인 건축물에 가치를 부여함
- 건축의 활동 영역을 확대시키며 모더니즘 건축의 형성에 영향을 미침

모더니즘 시기의 건축에 대한 관점

❷ 미스 반데어로에의 견해
- 건축이 본연의 모습을 잃고 현 시대에 어울리지 않는 형태를 답습하는 것을 비판
- "간결한 것이 풍부하다."
  - 기능적으로 필요한 공간 이외에는 불필요 : 장식과 기능을 철저히 분리하고 장식 배제
  - 폐쇄적 구조 지양, 자유로운 칸막이 이동을 통한 유연성 있는 공간 구축

❸ 르코르뷔지에의 견해
- 기능적인 것은 그 자체로 미적인 것
- 주택은 거주를 위한 기계
- 건축물은 목적에 부합하도록 기능적으로 최적화되어야 함
- 자동차 중심의 도시 공간 구획 : 격자 구조의 도로망

(나)
〈포스트모더니즘 시기의 건축〉

❶ 모더니즘의 한계를 비판하며 등장한 포스트모더니즘
- 20세기 초 지배적이었던 모더니즘의 한계 → 포스트모더니즘이 발전
- 합리성, 효율성을 우선시하는 기존 시스템을 비판하고 기계적이고 무미건조한 양식 대신 개별성과 자율성을 중시함

포스트모더니즘 시기의 건축에 대한 관점

❷ 푸코의 견해
- 근대화로 인한 도시의 구획을 권력과 관련지어 비판함
  - 격자 구조의 도시 공간은 전염병 대처 기능을 하기도 하지만 권력 작동의 그물망으로도 작용
  - 전염병 환자에 대한 감시는 발병 가능성이 있는 모든 존재에 대한 감시로 확대됨

❸ 벤투리의 견해
- "간결한 것은 지루하다."라며 모더니즘 건축 흐름에 저항함
- 모호성을 새로운 기준으로 제시하며 형태를 기능에 가두는 것을 거부함
- 모더니즘 건축은 미적인 것을 기능적인 것에 제약하는 것 : 공간의 미적 차원이 소멸되어 획일적 공간만 남게 됨

❹ 추미의 견해
- 모더니즘 건축이 지나치게 금욕적이라고 비판함
- 시각적 화려함을 추구하는 낭비(장식적 요소)의 부활을 통해 모더니즘 건축의 금욕주의에서 벗어날 수 있다고 봄
- 포스트모더니즘 건축은 낭비의 미덕을 실현하는 유희의 건축

---

16 글의 서술 방식 파악 - 적절한 것 고르기
정답률 85%　　　　　　　　　　　　　　정답 ④

(가)와 (나)에 대한 설명으로 가장 적절한 것은?

근거 (가)-❶-1 18세기 말 산업 혁명 이후, (가)-❶-3~4 이 시기의 건축가들은 … 이러한 변화는 … 모더니즘 건축의 형성에 영향을 미쳤다. (가)-❷-1 모더니즘 건축가 미스 반데어로에는 … , (가)-❸-1 또 다른 건축가 르코르뷔지에는 … , (나)-❶-2~3 포스트모더니즘으로 발전하게 되었다. 이에 영향을 받은 푸코, 벤투리, 추미 등은 … , (나)-❷-1 철학자 푸코는 … , (나)-❸-1 포스트모더니즘 건축가 벤투리는 … , (나)-❹-1 건축가 추미는 … .

풀이 윗글의 (가)에서는 모더니즘 시기의 건축에 대한 미스 반데어로에와 르코르뷔지에의 관점을, (나)에서는 포스트모더니즘 시기의 건축에 대한 푸코, 벤투리, 추미의 관점을 소개하고, 각 관점의 특성을 설명하고 있다. 따라서 정답은 ④번이다.

① (가)와 달리 (나)는 *특정 시기의 건축에 대한 **상반된 ***관점을 제시하여 ****절충 방안을 *****모색하고 있다. *特定, 특별히 가리켜 정한 **相反–, 서로 반대되는 ***觀點, 사물이나 현상을 관찰할 때, 그 사람이 보고 생각하는 태도나 방향, 처지 ****折衷, 서로 다른 사물이나 의견, 관점 등을 알맞게 조절하여 서로 잘 어울리게 함 *****摸索–, 더듬어 찾고

　　　　　　　　　과학과 기술의 발전이 건축에 대한 관점에

② (나)와 달리 (가)는 특정 시기의 건축에 대한 관점이 기술의 발전에 미친 영향을 *인과적으로 밝히고 있다. *因果的–, 원인과 결과 관계를 파악하여

풀이 (가)는 특정 시기의 건축에 대한 관점이 기술의 발전에 미친 영향이 아니라, 특정 시기(18세기 말 산업 혁명 이후) 과학과 기술의 발전이 건축에 대한 인식에 미친 영향을 설명하고 있다.

③ (가)와 (나)는 모두, 특정 시기의 건축에 대한 관점을 시대순으로 *나열하여 한계를 **도출하고 있다. *羅列–, 죽 벌여 놓아 **導出–, 이끌어 내고

④ (가)와 (나)는 모두, 특정 시기의 건축에 대한 관점을 소개하며 각 관점이 지닌 특성을 설명하고 있다.

→ 적절함!

→ 문제편 **222**쪽

⑤ (가)와 (나)는 모두, 특정 시기의 건축에 대한 관점을 *유형별로 나누면서 그 분류 기준
의 문제점을 설명하고 있다. *類型별, 유형에 따라 구별하여 나눈 갈래

윗글에 대한 이해로 가장 적절한 것은?

① 포스트모더니즘 건축과 달리 모더니즘 건축은 개별성을 중시한다.   ← 포스트모더니즘 건축 특성

> **근거** (나)-❶-3 이(포스트모더니즘)에 영향을 받은 푸코, 벤투리, 추미 등은 합리성과 효율
> 성을 우선시하는 기존의 시스템을 비판하고, 기계적이고 무미건조한 양식 대신에
> 개별성과 자율성을 중시하는 모습을 보였다.
>
> → 적절하지 않음!

② 포스트모더니즘 건축은 효율성의 중시를 통해 합리성의 문제를 해결하려 한다.   ← 모더니즘 건축 특성

> **근거** (나)-❶-3 이(포스트모더니즘)에 영향을 받은 푸코, 벤투리, 추미 등은 합리성과 효율
> 성을 우선시하는 기존의 시스템을 비판하고, 기계적이고 무미건조한 양식 대신에
> 개별성과 자율성을 중시하는 모습을 보였다.
>
> → 적절하지 않음!

③ 모더니즘 건축은 명료성을 추구하는 반면 포스트모더니즘 건축은 모호성을 추구한
다.

> **근거** (나)-❸-1~2 포스트모더니즘 건축가 벤투리는 … 모더니즘 건축의 흐름에 저항했
> 다. 모더니즘 건축이 명료성을 내세웠다면 그는 모호성을 새로운 기준으로 제시하
> 며 형태를 기능에 가두는 것을 거부
>
> → 적절함!

④ 모더니즘 건축은 건축의 영역에서 도시 계획 디자인과 산업 디자인의 영역을 제외한
다.

> **근거** (가)-❶-4 이러한 변화는 건축의 활동 영역을 도시 계획 디자인, 산업 디자인 등으
> 로 확대시키며, 모더니즘 건축의 형성에 영향을 미쳤다.
>
> → 적절하지 않음!

⑤ 모더니즘 건축과 달리 포스트모더니즘 건축은 철근과 콘크리트 등의 재료를 주로 사
용한다.

> **근거** (가)-❶-2 건축에서도 철근과 콘크리트를 활용하여 기둥과 벽을 최소화하면서 건
> 축물을 대량 생산할 수 있다는 인식이 생기게 되었다. (가)-❶-4 이러한 변화는 …
> 모더니즘 건축의 형성에 영향을 미쳤다.
>
> **풀이** (가)에서 철근과 콘크리트를 활용해 건축물을 대량 생산할 수 있다는 인식이 모더니
> 즘 건축의 형성에 영향을 미쳤다고 하였으므로, 모더니즘 건축은 철근과 콘크리트
> 등의 재료를 주로 사용했을 것이라 추론할 수 있다. 그러나 (나)에서 포스트모더니
> 즘 건축이 어떤 재료를 주로 사용했는지는 언급되지 않았다.
>
> → 적절하지 않음!

※ 윗글과 〈보기〉를 바탕으로 18번과 19번의 물음에 답하시오.

| 보 기 |

[자료 1]
  [1]○○시는 인구 밀도(人口密度, 단위 면적당 살고 있는 사람의 수를 뜻하며 보통 1 km² 안의
사람 수로 나타냄)가 높아 거리가 혼잡하고(混雜−, 여럿이 한데 뒤섞여 어수선하고) 비위생적
이었다(非衛生的−, 위생에 좋지 않거나 알맞지 않았다.) [2]건축가 A는 ○○시의 위생 환경을
개선하기(改善−, 고쳐 더 좋게 만들기) 위하여 교통 체계 중심의 ㉮ 격자 구조의 도로망을
연결하고 주거 지역과 업무 지역을 멀리 떨어뜨려 구분하는 도시 설계안(設計案, 설계를
궁리하여 내놓은 생각이나 계획)을 구안했다.(具案−, 작성하였다.)

[자료 2]
  [3]건축가 B는 기능과 상관없는 구조물이나 장식적인 것들을 배제하고 실내에는 이동
가능한 칸막이가 설치된 주택을 설계했다. [4]하지만 건축가 C는 이러한(건축가 B가 설계
한 것과 같은) 주택을 주거 기능과 경제적 효율성만 추구한 ㉯ 단순한 형태의 건물이라고
비판했다. [5]이에(건축가 C)는 벽 장식이나 화려한 마감재(−材, 건물의 겉면을 마감하는 데
쓰는 재료로 외부의 영향으로부터 건물을 보호하고 건물의 겉모양을 아름답게 하는 역할을 함)와
같이 건축가의 미적 가치가 반영된(反映−, 영향을 받아 나타난) 주택을 설계했다.

**다음은 윗글을 읽은 학생이 〈보기〉를 이해한 내용을 정리한 것이다. 적절하지
않은 것은?**

[자료 1]	푸코는 격자 구조의 도시 공간에는 위생학적 기능이 없다고 생각하므로, 건축가 A의 도시 설계안을 부정적으로 바라보겠군. ……………… ✓
	르코르뷔지에는 사람보다는 차를 중심으로 도시를 공간화해야 한다고 생각하므로, 건축가 A의 도시 설계안을 긍정적으로 바라보겠군. ………… ②
	벤투리는 모더니즘 건축의 흐름에 저항하므로, 건축가 B가 설계한 주택을 부정적으로 바라보겠군. ……………………………………………… ③
[자료 2]	미스 반데어로에는 폐쇄적인 구조를 지양하고 공간을 기능적으로 활용해야 한다고 생각하므로, 건축가 B가 설계한 주택을 긍정적으로 바라보겠군. …………………………………………………………………… ④
	추미는 시각적 화려함을 추구하는 낭비의 미덕을 중시하므로, 건축가 C가 설계한 주택을 긍정적으로 바라보겠군. ………………………… ⑤

① 푸코는 격자 구조의 도시 공간에는 위생학적 기능이 없다고 생각하므로, 건축가 A의
도시 설계안을 부정적으로 바라보겠군.

> **근거** 〈보기〉-2 건축가 A는 ○○시의 위생 환경을 개선하기 위하여 교통 체계 중심의 격
> 자 구조의 도로망을 연결, (나)-❷-2 그(푸코)는 18세기부터 형성되기 시작한 격자
> 구조의 도시 공간은 위생학적 측면에서 전염병에 대처하기 위한 기능을 하기도 하
> 지만 권력이 작동하는 그물망으로도 작용한다고 주장
>
> **풀이** 푸코는 격자 구조의 도시 공간이 위생학적 기능을 하는 동시에 권력이 작동하는 그
> 물망으로도 작용한다고 주장하였다. 따라서 푸코가 '격자 구조의 도시 공간에는 위
> 생학적 기능이 없다고 생각하므로' 건축가 A의 도시 설계안을 부정적으로 바라볼 것
> 이라는 학생의 이해는 적절하지 않다.
>
> → 적절하지 않음!

② 르코르뷔지에는 사람보다는 차를 중심으로 도시를 공간화해야 한다고 생각하므로,
건축가 A의 도시 설계안을 긍정적으로 바라보겠군.

> **근거** 〈보기〉-2 건축가 A는 ○○시의 위생 환경을 개선하기 위하여 교통 체계 중심의 격
> 자 구조의 도로망을 연결, (가)-❸-3~4 그(르코르뷔지에)는 사람보다는 자동차를 중
> 심으로 도시 공간을 구획해야 한다고 주장했다. 이는 격자 구조의 도로망으로 도시
> 공간을 구획하면 치안과 위생이라는 도시의 기능을 이상적으로 구현하면서 동시에
> 미적으로 이상적인 도시가 된다고 생각했기 때문
>
> → 적절함!

③ 벤투리는 모더니즘 건축의 흐름에 저항하므로, 건축가 B가 설계한 주택을 부정적으로
바라보겠군.   ← 모더니즘 건축물

> **근거** 〈보기〉-3 건축가 B는 기능과 상관없는 구조물이나 장식적인 것들을 배제하고 실내
> 에는 이동 가능한 칸막이가 설치된 주택을 설계, (가)-❶-3~4 이 시기의 건축가들은
> 이전 시대와 달리 장식적인 요소가 제거된 합리적이고 기능적인 건축물에 가치를
> 부여하게 되었다. 이러한 변화는 … 모더니즘 건축의 형성에 영향을 미쳤다, (나)-❸
> -1 포스트모더니즘 건축가 벤투리는 "간결한 것은 지루하다."라며 모더니즘 건축의
> 흐름에 저항
>
> **풀이** 〈보기〉에서 건축가 B는 기능과 상관없는 구조물이나 장식적인 것들을 배제하고, 실
> 내에는 이동 가능한 칸막이를 설치하여 기능적 활용도를 높인 주택을 설계하였다.
> 이는 장식적 요소가 제거된 합리적이고 기능적인 건축물에 가치를 부여하는 모더니
> 즘 건축에 해당한다. 윗글의 (나)에서 포스트모더니즘 건축가 벤투리는 모더니즘 건
> 축의 흐름에 저항했다고 하였으므로, 건축가 B가 설계한 주택을 부정적으로 바라보
> 았을 것이다.
>
> → 적절함!

④ 미스 반데어로에는 폐쇄적인 구조를 지양하고 공간을 기능적으로 활용해야 한다고
생각하므로, 건축가 B가 설계한 주택을 긍정적으로 바라보겠군.

> **근거** 〈보기〉-3 건축가 B는 기능과 상관없는 구조물이나 장식적인 것들을 배제하고 실내
> 에는 이동 가능한 칸막이가 설치된 주택을 설계, (가)-❷-3 그(미스 반데어로에)는 폐
> 쇄적인 구조를 지양하고 공간을 기능적으로 활용할 수 있도록 칸막이를 자유롭게
> 이동할 수 있게 하여 유연성 있는 공간을 구축
>
> → 적절함!

⑤ 추미는 시각적 화려함을 추구하는 낭비의 미덕을 중시하므로, 건축가 C가 설계한 주
택을 긍정적으로 바라보겠군.

> **근거** 〈보기〉-5 그(건축가 C)는 벽 장식이나 화려한 마감재와 같이 건축가의 미적 가치가
> 반영된 주택을 설계, (나)-❹-4~5 추미는 모더니즘 건축의 금욕주의에서 벗어나는
> 방법을, 시각적 화려함을 추구하는 낭비의 부활에서 찾았다. 그에게 있어 포스트모

---

19 반응의 적절성 판단 - 적절하지 않은 것 고르기
정답률 80%　　　　　　　　　　　　　　　　정답 ⑤

윗글을 바탕으로 〈보기〉에 대해 보인 반응으로 적절하지 <u>않은</u> 것은?

　㉮ 격자 구조의 도로망　　　㉯ 단순한 형태의 건물

① 미스 반데어로에는 [자료 2]의 ㉯가 장식과 기능을 분리하여 불필요한 부분을 배제한 건물이라고 생각하겠군.

근거　〈보기〉-3 건축가 B는 기능과 상관없는 구조물이나 장식적인 것들을 배제하고 실내에는 이동 가능한 칸막이가 설치된 주택을 설계, (가)-❷-2 ㄱ(미스 반데어로에)는 기능적으로 필요한 공간 이외에는 불필요하다고 생각했기 때문에 장식과 기능을 철저하게 분리하고 장식을 공간 구성에서 원칙적으로 배제해야 한다고 말한다.
→ 적절함!

② 르코르뷔지에는 [자료 1]의 ㉮가 도시의 기능적 측면과 미적인 측면을 모두 이상적으로 구현할 수 있다고 판단하겠군.

근거　〈보기〉-2 건축가 A는 ○○시의 위생 환경을 개선하기 위하여 교통 체계 중심의 격자 구조의 도로망을 연결, (가)-❸-3~4 ㄱ(르코르뷔지에)는 사람보다는 자동차를 중심으로 도시 공간을 구획해야 한다고 주장했다. 이는 격자 구조의 도로망으로 도시 공간을 구획하면 치안과 위생이라는 도시의 기능을 이상적으로 구현하면서 동시에 미적으로 이상적인 도시가 된다고 생각했기 때문
→ 적절함!

③ 푸코는 [자료 1]의 ㉮가 권력이 작동하는 그물망으로 작용할 수 있다고 주장하겠군.

근거　〈보기〉-2 건축가 A는 ○○시의 위생 환경을 개선하기 위하여 교통 체계 중심의 격자 구조의 도로망을 연결, (나)-❷-2 ㄱ(푸코)는 18세기부터 형성되기 시작한 격자 구조의 도시 공간은 위생학적 측면에서 전염병에 대처하기 위한 기능을 하기도 하지만 권력이 작동하는 그물망으로도 작용한다고 주장
→ 적절함!

④ 벤투리는 [자료 2]의 ㉯가 미적 차원이 소멸되어 획일적인 공간만 남았다고 판단하겠군.

근거　〈보기〉-3 건축가 B는 기능과 상관없는 구조물이나 장식적인 것들을 배제하고 실내에는 이동 가능한 칸막이가 설치된 주택을 설계, (나)-❸-5 ㄱ(벤투리)는 모더니즘의 공간에서는 공간의 미적 차원이 소멸되어 획일적인 공간만이 남게 된다고 주장
→ 적절함!

✓　모더니즘 건축물

⑤ 추미는 [자료 2]의 ㉯가 금욕주의에서 벗어나 유희의 건축이 실현되었다고 판단하겠군.

근거　〈보기〉-3 건축가 B는 기능과 상관없는 구조물이나 장식적인 것들을 배제하고 실내에는 이동 가능한 칸막이가 설치된 주택을 설계, (나)-❹-2 모더니즘 건축에서 장식적인 요소는 낭비로 취급받으며 무의미한 부분으로 간주된다. (나)-❹-4~5 추미는 모더니즘 건축의 금욕주의에서 벗어나는 방법을, 시각적 화려함을 추구하는 낭비의 부활에서 찾았다. 그에게 있어 포스트모더니즘의 건축은 낭비의 미덕을 실현하는 유희의 건축

풀이　[자료 2]의 ㉯, 즉 기능과 상관없는 구조물이나 장식적인 것들을 배제하고 실내에는 이동 가능한 칸막이가 설치된 건물은 모더니즘 건축에 해당한다고 볼 수 있다. 한편 추미는 포스트모더니즘 건축가로, 시각적 화려함을 추구하는 낭비의 부활을 통해 모더니즘 건축의 금욕주의에서 벗어날 수 있다고 보았다. 즉 추미의 관점에서 '금욕주의에서 벗어나 유희의 건축이 실현된 것'은 포스트모더니즘 건축에 해당하는 설명이다. 따라서 추미는 모더니즘 건축물에 해당하는 [자료 2]의 ㉯에 대해 금욕주의에서 벗어나 유희의 건축이 실현된 것이라고 판단하지 않을 것이다.

→ 적절하지 않음!

---

20 추론의 적절성 판단 - 적절한 것 고르기
정답률 85%　　　　　　　　　　　　　　　　정답 ③

㉠과 ㉡에 담긴 의미를 추론한 내용으로 가장 적절한 것은?

　㉠ "간결한 것이 풍부하다."　　　㉡ "간결한 것은 지루하다."

① ㉠에는 본연의 모습에서 벗어난 공간에 대한 긍정이, ㉡에는 공간의 본질이 변화하는 것에 대한 부정이 담겨 있다.

근거　(가)-❷-1 모더니즘 건축가 미스 반데어로에는 건축이 본연의 모습을 잃고 현 시대에 어울리지 않는 형태를 답습하는 것에 대해 비판

풀이　미스 반데어로에는 건축이 본연의 모습을 잃고 현 시대에 어울리지 않는 형태를 답습하는 것에 대해 비판하였으므로, ㉠에 본연의 모습에서 벗어난 공간에 대한 긍정이 담겨 있다는 설명은 적절하지 않다.
→ 적절하지 않음!

② ㉠에는 공간의 독립성을 강조하고자 하는 건축가의 판단이, ㉡에는 공간의 보편성을 강조하고자 하는 건축가의 판단이 담겨 있다.

근거　(가)-❷-3 ㄱ(미스 반데어로에)는 폐쇄적인 구조를 지양하고 공간을 기능적으로 활용할 수 있도록 칸막이를 자유롭게 이동할 수 있게 하여 유연성 있는 공간을 구축

풀이　미스 반데어로에는 '폐쇄적인 구조를 지양하고 공간을 기능적으로 활용할 수 있도록 칸막이를 자유롭게 이동할 수 있는 '유연성 있는 공간'을 구축하고자 하였다. 따라서 ㉠에 공간의 '독립성'을 강조하고자 하는 건축가의 판단이 담겨 있다고 보기는 어렵다.
→ 적절하지 않음!

✓　모더니즘 건축가 미스 반데어로에의 관점　　　포스트모더니즘 건축가 벤투리의 관점

③ ㉠에는 합리적이고 기능적인 건축물에 가치를 부여하는 태도가, ㉡에는 기계적이고 무미건조한 건축물을 거부하는 태도가 담겨 있다.

근거　(가)-❶-3~4 건축가들은 이전 시대와 달리 장식적인 요소가 제거된 합리적이고 기능적인 건축물에 가치를 부여하게 되었다. 이러한 변화는 건축의 활동 영역을 도시 계획 디자인, 산업 디자인 등으로 확대시키며, 모더니즘 건축의 형성에 영향을 미쳤다. (가)-❷-1 모더니즘 건축가 미스 반데어로에, (나)-❶-3 이(포스트모더니즘)에 영향을 받은 푸코, 벤투리, 추미 등은 합리성과 효율성을 우선시하는 기존의 시스템을 비판하고, 기계적이고 무미건조한 양식 대신에 개별성과 자율성을 중시하는 모습을 보였다.

→ 적절함!

④ ㉠에는 시대와 상관없는 절대적 공간을 추구해야 한다는 의미가, ㉡에는 시대의 요구를 충족하는 공간을 추구해야 한다는 의미가 담겨 있다.

근거　(가)-❷-1 모더니즘 건축가 미스 반데어로에는 건축이 본연의 모습을 잃고 현 시대에 어울리지 않는 형태를 답습하는 것에 대해 비판

풀이　미스 반데어로에는 건축이 현 시대에 어울리지 않는 형태를 답습하는 것에 대해 비판하였으므로, ㉠에 '시대와 상관없는' 절대적 공간을 추구해야 한다는 의미가 담겨 있다는 설명은 적절하지 않다.
→ 적절하지 않음!

⑤ ㉠에는 공간이 공간 그 자체로서 심미적 가치를 보존할 수 있다는 인식이, ㉡에는 공간이 그 자체로서 효율적 가치를 보존할 수 있다는 인식이 담겨 있다.

근거　(가)-❷-2 ㄱ(미스 반데어로에)는 기능적으로 필요한 공간 이외에는 불필요하다고 생각했기 때문에 장식과 기능을 철저하게 분리하고 장식을 공간 구성에서 원칙적으로 배제해야 한다고 말한다. (나)-❶-3 이(포스트모더니즘)에 영향을 받은 푸코, 벤투리, 추미 등은 합리성과 효율성을 우선시하는 기존의 시스템을 비판

풀이　미스 반데어로에는 기능적으로 필요한 공간 이외에는 불필요하며 장식과 기능을 철저히 분리하고 장식을 공간 구성에서 배제해야 한다고 주장하였으므로, ㉠에 공간이 공간 그 자체로서 '심미적 가치'를 보존할 수 있다는 인식이 담겨 있다는 설명은 적절하지 않다. 또한 벤투리는 합리성과 효율성을 우선시하는 기존의 시스템을 비판한 포스트모더니즘 건축가이므로, ㉡에 공간이 그 자체로서 '효율적 가치'를 보존할 수 있다는 인식이 담겨 있다는 설명도 적절하지 않다.
→ 적절하지 않음!

---

21 단어의 사전적 의미 - 적절하지 않은 것 고르기
정답률 90%　　　　　　　　　　　　　　　　정답 ②

ⓐ~ⓔ의 사전적 의미로 적절하지 <u>않은</u> 것은?

　ⓐ 답습　ⓑ 부합　ⓒ 구현　ⓓ 작용　ⓔ 해방

① ⓐ : 예로부터 해 오던 방식이나 수법을 좇아 그대로 행함.

풀이　'답습(踏 밟다 답 襲 그대로 따르다 습)'의 사전적 의미는 '예로부터 해 오던 방식이나 수법을 좇아 그대로 행함'이다.

예문　전통의 계승과 답습을 혼동해서는 안 된다.
→ 적절함!

✓　ⓑ : 둘 이상의 조직이나 기구 따위를 하나로 합침.

풀이　'부합(符 증거 부 合 합하다 합)'의 사전적 의미는 '부신(符信, 나뭇조각이나 두꺼운 종이에 글자를 기록하고 증명하기 위한 도장을 찍은 뒤에, 두 조각으로 쪼개어 한 조각은 상대자에게 주고 다른 한 조각은 자기가 가지고 있다가 나중에 서로 맞추어서 증거로 삼던 물건)이 꼭

들어맞듯 사물이나 현상이 서로 꼭 들어맞음'이다. '둘 이상의 조직이나 기구 따위를 하나로 합침'의 뜻을 가진 단어는 '부합'이 아니라 '통합(統 합치다 통 合 합하다 합)'이다.

[예문] 후보의 공약과 실제 사업의 부합 여부가 궁금하다.

→ 적절하지 않음!

③ ⓒ : **어떤 내용을 구체적인 사실로 나타나게 함.**
[풀이] '구현(具 갖추다 구 現 나타나다 현)'의 사전적 의미는 '어떤 내용을 구체적인 사실로 나타나게 함'이다.
[예문] 세계 사회 정의의 날은 정의로운 사회 구현을 위해 국제 연합(UN)이 매년 2월 20일로 지정한 기념일이다.
→ 적절함!

④ ⓓ : **어떠한 현상을 일으키거나 영향을 미침.**
[풀이] '작용(作 미치다 작 用 쓰다 용)'의 사전적 의미는 '어떠한 현상을 일으키거나 영향을 미침'이다.
[예문] 물은 우리 몸속에서 다양한 작용을 한다.
→ 적절함!

⑤ ⓔ : **구속이나 억압, 부담 따위에서 벗어나게 함.**
[풀이] '해방(解 풀다 해 放 놓다 방)'의 사전적 의미는 '구속이나 억압, 부담 따위에서 벗어나게 함'이다.
[예문] 링컨은 노예 해방을 선언하였다.
→ 적절함!

[22~25] 기술 - ⟨해양 온도차 발전의 과정과 의의⟩

1 [1]최근 해양(海洋, 넓고 큰 바다)에서 얻을 수 있는 재생 에너지(再生energy, 태양열, 수력, 풍력, 조력, 지열 등 계속 써도 무한에 가깝도록 다시 공급되는 에너지)원(源, 근원)에 대한 관심이 커지면서 해양 온도차(溫度差, 최고 온도와 최저 온도의 차이) 발전(發電, 전기를 일으킴)이 주목받고(注目–, 관심을 받고) 있다. [2]해양에서는 태양열을 흡수한 정도에 따라, 수심(水深, 물의 깊이)이 얕은 표층수(表層水, 바닷물의 표면 가까이에 있는 바닷물)와 수심이 깊은 심층수(深層水, 온도가 낮고 밀도가 높은, 표층수가 밑으로 가라앉아 생긴 바닷물) 사이에 온도 차이가 발생한다. [3]일반적으로 해양 온도차 발전은 약 20 ℃를 유지하는(維持–, 변함없이 계속하여 이어 가는) 표층수로 냉매(冷媒, 암모니아, 이산화 황, 프레온 등 저온의 물체에서 열을 빼앗아 고온의 물체에 운반해 주는 물체)를 가열하고, 약 4 ℃를 유지하는 심층수로 냉매를 냉각하는(冷却–, 식혀서 차게 하는) 과정을 반복하여 전력을 생산한다. [4]이(표층수와 심층수의 온도 차를 이용해 냉매를 가열하고 냉각하는) 과정에서 냉매는 발전 설비(設備, 필요한 것을 갖춘 시설)를 순환하면서(循環–, 주기적으로 되풀이하여 돌면서) 열전달을 통해 기화(氣化, 액체가 기체로 변하는 현상)와 액화(液化, 기체가 냉각 압축되어 액체로 변하는 현상)를 반복한다. [5]이때 열전달이란 고온부(高溫部, 온도가 높은 부분)의 열에너지가 저온부(低溫部, 온도가 낮은 부분)로 전달되는 현상으로, 열전달량은 열을 전달하는 면적과 온도 차이에 비례한다.

→ **해양 온도차 발전 방법과 열전달의 개념**

2 [1]발전 설비는 냉매 펌프(pump, 압력을 통하여 액체, 기체를 빨아올리거나 이동시키는 기계), 기화기, 터빈, 응축기(凝縮器, 수증기를 식혀서 물이 되게 하는 증기 기관의 장치) 등의 기기(機器, 기구, 기계 등을 통틀어 이르는 말)로 구성된다. [2]이 기기들은 냉매가 이동할 수 있는 배관(配管, 기체나 액체 등을 다른 곳으로 보내기 위하여 이어 배치한 관)으로 연결되어 있고, 냉매는 이 배관을 따라 기기들을 순차적으로(順次的–, 순서를 따라 차례대로) 지나며 순환한다. [3]냉매 펌프는 배관에 일정한 압력을 가하여 액체 상태의 냉매를 기화기 입구 쪽으로 이동시킨다. [4]기화기의 내부(內部, 안쪽 부분)에는 냉매가 이동하는 다수(多數, 수효가 많음)의 배관이 있으며, 기화기 양옆에는 표층수가 이동하는 취수관(取水管, 물을 끌어오는 관)과 배수관(排水管, 물을 빼내는 관)이 있다. [5]기화기 입구로 들어온 냉매가 다수의 배관을 따라 기화기 내부를 이동할 때, 취수관을 통해 기화기 내부로 유입된(流入–, 흘러들게 된) 고온의 표층수와 열전달이 일어난다. [6]이때 열전달을 마친 표층수는 배수관을 통해 바깥으로 배출되며(排出–, 내보내지며), 냉매는 가열되어 액체와 기체가 혼합된(混合–, 섞인) 상태로 기화기 출구 쪽에 설치된 노즐(nozzle, 액체나 기체를 내뿜는 대롱형의 작은 구멍)로 이동한다. [7]노즐은 좁은 구멍을 통해, 기화기 출구에서 터빈으로 이어진 배관으로 냉매를 내뿜는 역할을 한다. [8]냉매는 노즐을 통과할 때 속도가 증가하여(增加–, 빨라져) 냉매의 내부 압력은 감소한다(減少–, 줄어든다). [9]내부 압력이 감소한 냉매는 끓는점이 낮아져 모두 기체 상태가 되어 배관을 따라 터빈으로 이동한다.

→ **해양 온도차 발전 설비의 구성과 발전 과정 ①**

3 [1]터빈은 회전식(回轉式, 이리저리 돌 수 있는 방식) 기계 장치로, 회전하는 날개가 회전축에 부착되어(附着–, 붙어) 있다. [2]배관을 이동한 냉매가 터빈의 내부 공간으로 유입될 때 냉매는 열에너지가 운동 에너지로 전환되면서 부피가 급격히(急激–, 급하고 격렬하게) 팽창하며(膨脹–, 부풀어 커지며) 회전 날개를 움직인다. [3]이때 냉매가 회전 날개를 움직이며 발생한 회전 날개의 운동 에너지는 회전축과 연결된 발전기를 구동시키면서(驅動–, 동력을 주어 움직이게 하면서) 전기 에너지를 생산한다. [4]이 과정에서 회전 날개를 움직이며 기체 상태를 유지할 에너지를 상실한(喪失–, 잃은) 냉매는 온도가 떨어져 액체와 기체가 혼합된 상태가 되어 배관을 통해 응축기로 이동한다.

→ **발전 과정 ②**

4 [1]응축기의 내부에는 기화기와 마찬가지로 냉매가 이동하는 다수의 배관이 있으며, 응축기 양옆에는 심층수가 이동하는 취수관과 배수관이 있다. [2]응축기 입구로 들어온 냉매가 다수의 배관을 따라 응축기 내부를 이동할 때, 취수관을 통해 응축기 내부로 유입된 저온의 심층수와 열전달이 일어난다. [3]이때 열전달을 마친 심층수는 배수관을 통해 바깥으로 배출되며, 냉매는 냉각되어 액체 상태로 노즐이 없는 응축기 출구를 지나, 냉매 펌프를 거쳐 다시 기화기로 이동한다.

→ **발전 과정 ③**

5 [1]해양 온도차 발전은 바닷물의 온도 차이를 이용하므로 환경 오염을 일으키지 않으며, 재생 에너지원 중 경제적 가치가 높은 것으로 평가받고 있다. [2]특히, 우리나라 동해는 수심이 깊고 난류(暖流, 따뜻한 바닷물의 흐름)가 흘러들어서 해양 온도차 발전에 유리하다고(有利–, 이익이 있다고) 평가받기 때문에 앞으로 우리나라 전력 수급(需給, 수요와 공급)의 한 축(軸, 중심)을 담당할 수 있을 것으로 기대된다.

→ **해양 온도차 발전의 의의**

⟨참고 그림⟩ 해양 온도차 발전

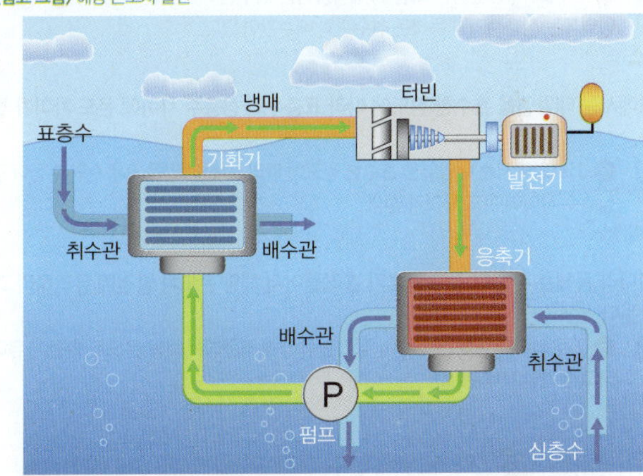

■ **지문 이해**

❶ 해양 온도차 발전 방법과 열전달의 개념
• 해양 온도차 발전 : 해양에서 표층수와 심층수 사이의 온도차를 이용해 냉매를 가열·냉각하는 과정을 반복하여 전력을 생산함 　- 냉매 : 발전 설비를 순환하며 열전달을 통해 기화·액화를 반복함 　- 열전달 : 고온부의 열에너지가 저온부로 전달되는 현상 　- 열전달량 : 열을 전달하는 면적과 온도 차이에 비례함

❷~❹ 해양 온도차 발전 설비의 구성과 발전 과정
• 냉매 펌프, 기화기, 터빈, 응축기 등으로 구성됨 • 발전 과정 ① 냉매 펌프가 배관에 압력을 가해 액체 상태의 냉매를 기화기 입구 쪽으로 이동시킴 ② 기화기 입구로 들어온 냉매가 배관을 따라 기화기 내부를 이동할 때 취수관을 통해 유입된 고온의 표층수와 열전달이 일어남 ③ 표층수는 배수관을 통해 배출되고 냉매는 가열되어 액체 + 기체 혼합 상태로 기화기 출구의 노즐로 이동함 ④ 노즐을 통과하면서 냉매의 속도는 증가, 내부 압력은 감소함 ⑤ 끓는점이 낮아진 냉매가 기체 상태로 터빈으로 이동함 ⑥ 냉매가 터빈 내부로 유입될 때 열에너지가 운동 에너지로 전환되고 터빈 내부의 회전 날개를 움직임 → 회전 날개의 운동 에너지가 회전축과 연결된 발전기를 구동하여 전기 에너지를 생산함 ⑦ 냉매의 온도가 떨어져 액체 + 기체 혼합 상태가 되어 응축기로 이동함 ⑧ 응축기 입구로 들어온 냉매가 배관을 따라 응축기 내부를 이동할 때 취수관을 통해 유입된 저온의 심층수와 열전달이 일어남

⑨ 심층수는 배수관을 통해 배출되고 냉매는 냉각되어 액체 상태로 노즐 없는 응
축기 출구를 지남
⑩ 응축기 출구를 지난 냉매가 냉매 펌프를 거쳐 다시 기화기로 이동함

⑤ 해양 온도차 발전의 의의
- 환경 오염을 일으키지 않으며 재생 에너지원 중 경제적 가치가 높다고 평가됨
- 수심이 깊고 난류가 흘러드는 동해는 해양 온도차 발전에 유리함 → 전력 수급에
  기대

---

22 세부 정보 이해 - 적절하지 않은 것 고르기
정답률 95% **정답 ②**

윗글의 내용과 일치하지 **않는** 것은?

① 해양 온도차 발전은 재생 에너지원의 하나로 최근 주목받고 있다.
  근거 ❶-1 최근 해양에서 얻을 수 있는 재생 에너지원에 대한 관심이 커지면서 해양 온도
  차 발전이 주목받고 있다.
  → 적절함!

증가시키는
② 노즐은 냉매가 좁은 공간으로 지나가게 하여 속도를 감소시키는 역할을 한다.
  근거 ❷-7~8 노즐은 좁은 구멍을 통해, 기화기 출구에서 터빈으로 이어진 배관으로 냉
  매를 내뿜는 역할을 한다. 냉매는 노즐을 통과할 때 속도가 증가하여
  → 적절하지 않음!

③ 기화기와 응축기 양옆에는 바닷물이 드나드는 취수관과 배수관이 연결되어 있다.
  근거 ❷-4 기화기 양옆에는 표층수가 이동하는 취수관과 배수관이 있다, ❹-1 응축기
  양옆에는 심층수가 이동하는 취수관과 배수관이 있다.
  → 적절함!

④ 해양에서는 태양열을 흡수한 정도에 따라 표층수와 심층수 사이에 온도 차이가 발생
한다.
  근거 ❶-2 해양에서는 태양열을 흡수한 정도에 따라, 수심이 얕은 표층수와 수심이 깊은
  심층수 사이에 온도 차이가 발생
  → 적절함!

⑤ 우리나라 동해는 수심이 깊고 난류가 흘러들어서 해양 온도차 발전에 유리하다고 평
가받는다.
  근거 ❺-2 우리나라 동해는 수심이 깊고 난류가 흘러들어서 해양 온도차 발전에 유리하
  다고 평가받기 때문에
  → 적절함!

※ 〈보기〉는 윗글의 내용을 냉매의 이동을 중심으로 도식화한 것이다. 윗글을
참고하여 23번과 24번의 물음에 답하시오.

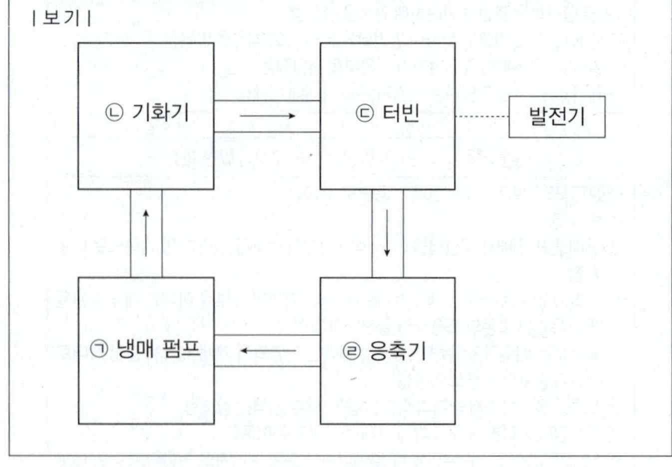

---

23 구체적인 사례에 적용 - 적절하지 않은 것 고르기
정답률 85% **정답 ②**

윗글을 참고하여 〈보기〉의 ㉠~㉣에 대해 이해한 내용으로 적절하지 **않은** 것
은? [3점]

① ㉠은 배관에 일정한 압력을 가하여 냉매를 ⓛ으로 이동시킨다.
  근거 ❷-3 냉매 펌프(㉠)는 배관에 일정한 압력을 가하여 액체 상태의 냉매를 기화기(ⓛ)
  입구 쪽으로 이동시킨다.
  → 적절함!

높다
② ⓛ의 취수관을 통해 들어오는 해수의 온도는 ㉣의 취수관을 통해 들어오는 해수의 온
도보다 낮다.
  근거 ❶-3 일반적으로 해양 온도차 발전은 약 20 ℃를 유지하는 표층수 … 약 4 ℃를 유지
  하는 심층수, ❷-5 취수관을 통해 기화기 내부로 유입된 고온의 표층수, ❹-2 취수
  관을 통해 응축기 내부로 유입된 저온의 심층수
  풀이 윗글에 따르면 기화기(ⓛ)의 취수관을 통해 유입되는 해수는 약 20 ℃를 유지하는 고
  온의 표층수이고, 응축기(㉣)의 취수관을 통해 유입되는 해수는 약 4 ℃를 유지하는
  저온의 심층수이다. 따라서 기화기(ⓛ)의 취수관을 통해 들어오는 해수의 온도는 응
  축기(㉣)의 취수관을 통해 들어오는 해수의 온도보다 높다.
  → 적절하지 않음!

③ ⓒ의 내부 공간으로 유입될 때 냉매는 부피가 급격히 팽창한다.
  근거 ❸-2 냉매가 터빈(ⓒ)의 내부 공간으로 유입될 때 냉매는 열에너지가 운동 에너지로
  전환되면서 부피가 급격히 팽창하며
  → 적절함!

④ ⓒ의 회전 날개에서 발생한 운동 에너지는 발전기를 구동시켜 전기 에너지를 생산한
다.
  근거 ❸-1 터빈(ⓒ)은 회전식 기계 장치로, 회전하는 날개가 회전축에 부착되어 있다, ❸
  -3 냉매가 회전 날개를 움직이며 발생한 회전 날개의 운동 에너지는 회전축과 연결
  된 발전기를 구동시키면서 전기 에너지를 생산한다.
  → 적절함!

⑤ ㉣과 달리 ⓛ은 냉매가 이동하는 출구 쪽에 노즐이 설치되어 있다.
  근거 ❷-6 기화기(ⓛ) 출구 쪽에 설치된 노즐, ❹-3 노즐이 없는 응축기(㉣) 출구
  → 적절함!

---

24 반응의 적절성 판단 - 적절하지 않은 것 고르기
정답률 70%, 매력적 오답 ⑤ 10% **정답 ③**

윗글을 바탕으로 〈보기〉에 대해 보인 반응으로 적절하지 **않은** 것은?

① ㉠을 지나는 냉매는 액체 상태이겠군.
  근거 ❷-3 냉매 펌프(㉠)는 배관에 일정한 압력을 가하여 액체 상태의 냉매를 기화기 입
  구 쪽으로 이동시킨다.
  → 적절함!

② ⓛ을 나와 ⓒ으로 이동하는 냉매는 기체 상태이겠군.
  근거 ❷-6 열전달을 마친 표층수는 배수관을 통해 바깥으로 배출되며, 냉매는 가열되어
  액체와 기체가 혼합된 상태로 기화기(ⓛ) 출구 쪽에 설치된 노즐로 이동한다, ❷-9
  (노즐을 통과하면서) 내부 압력이 감소한 냉매는 끓는점이 낮아져 모두 기체 상태가
  되어 배관을 따라 터빈(ⓒ)으로 이동한다.
  → 적절함!

낮겠군
③ ⓛ으로 유입되는 냉매의 온도는 ⓒ으로 유입되는 냉매의 온도보다 더 높겠군.
  근거 ❷-5~7 기화기(ⓛ) 입구로 들어온 냉매가 다수의 배관을 따라 기화기 내부를 이동
  할 때, 취수관을 통해 기화기 내부로 유입된 고온의 표층수와 열전달이 일어난다. …
  냉매는 가열되어 액체와 기체가 혼합된 상태로 기화기 출구 쪽에 설치된 노즐로 이
  동한다. 노즐은 좁은 구멍을 통해, 기화기 출구에서 터빈(ⓒ)으로 이어진 배관으로
  냉매를 내뿜는 역할을 한다.
  풀이 기화기로 들어온 냉매는 배관을 따라 기화기 내부를 이동하면서, 기화기 내부로 유
  입된 고온의 표층수와 열전달이 일어나 가열된다. 이렇게 가열된 냉매는 기화기 출
  구 쪽에 설치된 노즐로 이동하여 배관을 따라 터빈으로 이동한다. 즉 기화기로 유입
  되는 냉매의 온도는 터빈으로 유입되는 냉매의 온도보다 낮다.
  → 적절하지 않음!

④ ⓒ에서 나갈 때 냉매는 액체와 기체가 혼합된 상태이겠군.
  근거 ❸-4 (터빈(ⓒ)의 내부에서) 회전 날개를 움직이며 기체 상태를 유지할 에너지를 상
  실한 냉매는 온도가 떨어져 액체와 기체가 혼합된 상태가 되어 배관을 통해 응축기

로 이동한다.
→ 적절함!

⑤ ⓔ로 들어올 때보다 나갈 때의 냉매의 온도가 더 낮겠군.

근거 ❹-2~3 응축기(ⓔ) 입구로 들어온 냉매가 다수의 배관을 따라 응축기 내부를 이동할 때, 취수관을 통해 응축기 내부로 유입된 저온의 심층수와 열전달이 일어난다. 이때 열전달을 마친 심층수는 배수관을 통해 바깥으로 배출되며, 냉매는 냉각되어 액체 상태로 노즐이 없는 응축기 출구를 지나, 냉매 펌프를 거쳐 다시 기화기로 이동한다.

풀이 응축기로 이동한 냉매는 응축기 내부로 유입된 저온의 심층수와 열전달이 일어나 냉각된 상태로 응축기 출구를 지난다. 따라서 응축기로 들어올 때보다 나갈 때의 냉매의 온도가 더 낮다는 설명은 적절하다.

→ 적절함!

25	추론의 적절성 판단 - 적절한 것 고르기	**정답 ①**
	정답률 90%	

윗글을 읽은 학생이 〈보기〉와 같이 메모했을 때, ㉮~㉰에 들어갈 말로 적절한 것은?

| 보기 |

　해양 온도차 발전 설비에서는 해수와 냉매 사이의 온도 차이가 (㉮) 해수와 냉매 사이의 열을 전달하는 면적이 (㉯) 열전달량이 (㉰), 발전 효율은 높아진다.

근거 ❶-3~5 일반적으로 해양 온도차 발전은 약 20 ℃를 유지하는 표층수로 냉매를 가열하고, 약 4 ℃를 유지하는 심층수로 냉매를 냉각하는 과정을 반복하여 전력을 생산한다. 이 과정에서 냉매는 발전 설비를 순환하면서 열전달을 통해 기화와 액화를 반복한다. 이때 열전달이란 고온부의 열에너지가 저온부로 전달되는 현상으로, 열전달량은 열을 전달하는 면적과 온도 차이에 비례한다.

풀이 해양 온도차 발전은 냉매를 통한 열전달을 이용하므로, 열전달량이 많을수록 발전 효율이 높아질 것이다. 해수와 냉매 사이의 온도 차이가 클수록(㉮), 해수와 냉매 사이의 열을 전달하는 면적이 넓을수록(㉯) 열전달량이 많아진다(㉰). 따라서 정답은 ①번이다.

	㉮	㉯	㉰	
✓①	클수록	넓을수록	많아지고	→ 적절함!
②	클수록	넓을수록	적어지고	
③	클수록	좁을수록	적어지고	
④	작을수록	좁을수록	적어지고	
⑤	작을수록	넓을수록	많아지고	

[26~30] 사회 - 〈원가회계의 개념과 기업의 원가회계 활용〉

❶ [1]원가회계란 정확한 원가(原 원래 원 價 값 가)나 수익(收益, 거두어들인 이익)을 측정하고(測定-, 크기를 재고) 분석하는(分析-, 개별적 요소나 성질로 나누는) 경영(經營, 관리하고 운영함) 관리 활동 중 하나이다. [2]여기서 원가란 기업이 제품을 만들기 위해 재료를 구입하거나 서비스를 얻기 위해 소비된(消費-, 쓰여 없어진) 경제적 가치를 화폐액(貨幣額, 돈으로 환산한 금액)으로 측정한 것으로, 기업의 입장에서는 원가가 항목별로 얼마나 소비되었는지를 알아야 기업을 경영하는 데 필요한 의사 결정을 할 수 있다. [3]그래서 기업은 원가를 항목별로 분류하여(分類-, 종류에 따라 갈라) 집계하고(集計-, 한데 모아 계산하고) 분석하기 위해 원가회계를 활용한다.

→ 원가회계와 원가의 개념

❷ [1]먼저 원가회계에서는 원가를 크게 제조(製造, 원료를 가공하여 제품을 만듦)원가와 비제조원가로 나눈다. [2]제조원가는 재료비, 인건비(人件費, 사람을 시켜 일을 하게 하는 데에 드는 비용), 기계 설비(設備, 갖추어 놓은 시설) 대여비(貸與費, 빌려쓰는 대가로 내는 비용), 공장 임차료(賃借料, 빌려 쓰는 대가로 내는 돈) 등과 같이, 기업이 재료를 구입하고 제품

을 만드는 활동에서 소요된(所要-, 쓰인) 모든 비용이다. [3]비제조원가는 광고비(廣告費, 상품이나 서비스에 대한 정보를 널리 알리는 데 지출되는 비용)나 운반비(運搬費, 옮겨 나르는 데 드는 비용) 등과 같이, 생산된 제품을 판매하고 관리하는 활동에서 소요된 모든 비용으로, 제조원가를 제외한(除外-, 뺀) 모든 원가이다. [4]일반적으로 제조원가와 비제조원가의 합에 예상(豫想, 미리 생각해 둠) 수익을 더한 것이 판매가격이 된다. [5]원가회계에서는 제조원가를 계산할 때 단위당 제조원가를 기준으로 한다. [6]여기서 단위당 제조원가는 특정 기간에 생산된 제품 한 개의 제조원가를 의미하는 것으로, 발생한 제조원가의 총액(總額, 전체의 액수)을 총생산량으로 ⓐ 나누어 구한다.

→ 원가회계에서 원가의 분류 : 제조원가와 비제조원가

❸ [1]한편 원가회계에서는 원가행태(行態, 행동하는 모양, 상태)에 따라 원가를 분류하기도 한다. [2]원가행태란 조업도(操 부리다 조 業 일 업 度 횟수 도)의 변화에 따라, 발생한 원가의 총액이 일정한 방식으로 변화하는 움직임을 의미한다. [3]이때 조업도란 기업이 자원을 최대한 투입하여(投入-, 필요한 곳에 넣어) 생산할 수 있는 규모(規模, 범위, 한도)에서, 현재 어느 정도를 생산하고 있는가를 의미하는 것이다. [4]조업도는 주로 생산량으로 나타낼 수 있는데, 예를 들어 조업도가 80 %라면, 기업이 최대로 생산할 수 있는 총생산량의 80 %를 생산하고 있다는 뜻이다. [5]일반적으로 조업도와 기업의 수익은 비례할(比例-, 한쪽의 양이나 수가 증가하는 만큼 그와 관련 있는 다른 쪽의 양이나 수도 증가할) 것이라 예측하기(豫測-, 미리 헤아려 짐작하기) 쉽지만, 경우에 따라서는 비용이 추가로 지출될(支出-, 지급될) 수 있어 오히려 단위당 제조원가의 변화를 예측하기 어려울 수 있다. [6]그래서 원가회계에서는 조업도의 변화에 따른 원가의 움직임을 유효하게(有效-, 효과가 있게) 적용할 수 있는 조업도의 범위를 임의로(任意-, 일정한 기준이나 원칙 없이 마음대로) 정하고, 그 범위 안의 원가행태를 분석한다.

→ 원가행태와 조업도의 개념

❹ [1]이러한 원가행태에 따라 원가를 분류하면 고정원가, 변동원가, 혼합원가로 나눌 수 있다. [2]먼저 고정(固定, 한번 정한 대로 변경하지 않음)원가는 조업도의 변화와 상관없이 원가의 총액이 일정하게 발생하는 것으로, 기계 설비 대여비, 공장 임차료 등을 들 수 있다. [3]예를 들어 제과점이 빵을 만들기 위해 일정 금액을 지불하고(支拂-, 내고) 공장을 1 년간 빌렸다면, 임차료로 발생한 원가의 총액은 빵을 생산하지 않아도 일정하다. [4]또한 빵 생산량이 늘거나 줄어도 임차료로 발생한 원가의 총액은 항상 일정하다. [5]따라서 빵 하나를 생산하는 데 필요한 단위당 임차료는 조업도가 증가할수록 오히려 감소한다.(예를 들어 1 년간 공장 임차료가 100만 원일 때 1 년간 빵을 100 개 만들었을 경우, 빵 하나를 생산하는 데 필요한 단위당 임차료는 10,000 원, 빵을 1000 개 만들었을 경우 단위당 임차료는 1,000 원이다. 즉 빵 생산량이 늘수록(= 조업도가 증가할수록) 고정원가의 단위당 임차료는 감소한다.)

→ 원가행태에 따른 원가의 분류 ① : 고정원가

❺ [1]다음으로 변동(變動, 바뀌어 달라짐)원가는 조업도의 변화에 따라 원가의 총액이 비례적으로 증가하거나 감소하는 것으로, 대표적인 예로 제품의 재료비를 들 수 있다. [2]가령(假令, 예를 들어) 제과점에서 빵 생산량을 늘리면 그만큼 밀가루 구입비도 늘어나므로, 밀가루 구입비로 발생한 원가의 총액은 조업도의 증가에 따라 비례하여 증가한다.(예를 들어 빵 100 개 만들 때 밀가루 5 봉지가 필요하다면, 빵 1000 개 만들 때는 밀가루 50 봉지가 필요하므로, 밀가루 구입비로 발생한 원가의 총액은 조업도 증가에 따라 비례하여 증가한다.) [3]따라서 빵 하나를 생산하는 데 필요한 단위당 밀가루 구입비는 조업도의 증감(增減, 많아지거나 적어짐, 또는 늘리거나 줄임)과 상관없이 동일하다.(빵을 하나 만드는 데 필요한 밀가루의 양은 빵을 100 개 만들 때나 1000 개 만들 때나 상관없이 동일하므로, 빵 하나의 생산에 필요한 밀가루 구입비는 조업도의 증감과 상관없이 동일하다.)

→ 원가행태에 따른 원가의 분류 ② : 변동원가

❻ [1]마지막으로 혼합(混合, 뒤섞어서 한데 합함)원가는 고정원가와 변동원가의 합으로, 전기 요금이 대표적인 예이다. [2]전기 요금은 사용량과 관계없이 발생하는 기본요금과 사용량에 따라 발생하는 추가 요금으로 이루어져 있어 고정원가와 변동원가의 특성을 모두 가진다. [3]그래서 전기 요금으로 발생한 원가의 총액은 조업도의 증가에 따라 비례하여 증가(변동원가의 특성)하고, 단위당 전기 요금은 조업도가 증가할수록 감소(고정원가의 특성)한다.

→ 원가행태에 따른 원가의 분류 ③ : 혼합원가

❼ [1]이러한 고정원가, 변동원가, 혼합원가를 활용하여 기업은 효율적으로(效率的-, 들인 노력에 비해 얻는 결과가 큰) 경영 관리 활동을 할 수 있다. [2]가령 ㉠ 기계 설비 대여비에 투자한 비용이 커서 고정원가 비중(比重, 다른 것과 비교할 때 차지하는 중요도)이 변동원가보다 높은 기업은 조업도를 높이는 데 집중하면 기업의 수익을 높이는 데 효과적이다.

→ 고정원가, 변동원가, 혼합원가를 활용한 기업의 효율적 경영 관리

■ 지문 이해

❶ 원가회계와 원가의 개념

- 원가회계 : 정확한 원가나 수익을 측정·분석하는 경영 관리 활동 중 하나
- 원가 : 기업이 제품 생산을 위해 소비된 경제적 가치를 화폐액으로 측정한 것
→ 기업은 경영에 필요한 의사 결정을 위해 원가회계를 활용함

❷ 원가회계에서 원가의 분류 : 제조원가와 비제조원가

제조원가	재료비, 인건비, 기계 설비 대여비, 공장 임차료 등 재료 구입과 제품 생산에 소요된 모든 비용
비제조원가	광고비, 운반비 등 제품 판매 관리에 소요된 비용 제조원가를 제외한 모든 원가

- 판매가격 = 제조원가 + 비제조원가 + 예상 수익
- 단위당 제조원가 : 특정 기간에 생산된 제품 한 개의 제조원가(제조원가 총액 ÷ 총생산량)

❸ 원가행태와 조업도의 개념

- 원가행태 : 조업도의 변화에 따라, 발생한 원가의 총액이 일정한 방식으로 변화하는 움직임
- 조업도 : 기업이 자원을 최대한 투입해 생산할 수 있는 규모 중 현재 생산하고 있는 정도, 주로 생산량으로 나타냄
→ 원가회계에서는 조업도의 범위를 임의로 정하고 그 범위 안의 원가행태를 분석함

❹~❻ 원가행태에 따른 원가의 분류 : 고정원가, 변동원가, 혼합원가

고정원가	- 예) 기계 설비 대여비, 공장 임차료 등 - 원가의 총액 : 조업도 변화(생산량 증감)와 상관없이 발생함 - 단위당 비용 : 조업도가 증가할수록 감소함
변동원가	- 예) 제품의 재료비 - 원가의 총액 : 조업도 변화에 따라 비례적으로 증가하거나 감소함 - 단위당 비용 : 조업도의 증감과 상관없이 동일함
혼합원가	- 고정원가와 변동원가의 합, 고정원가의 특성과 변동원가의 특성을 모두 가짐 - 예) 전기 요금 = 기본요금 + 사용량에 따른 추가 요금 - 원가의 총액 : 조업도의 증가에 따라 비례하여 증가함 - 단위당 전기 요금 : 조업도가 증가할수록 감소함

❼ 고정원가, 변동원가, 혼합원가를 활용한 기업의 효율적 경영 관리

---

26 세부 정보 이해 – 적절하지 않은 것 고르기
정답률 90%
정답 ③

윗글을 읽고, 답을 찾을 수 없는 질문은?

① 원가의 개념은 무엇인가?
근거 ❶-2 원가란 기업이 제품을 만들기 위해 재료를 구입하거나 서비스를 얻기 위해 소비된 경제적 가치를 화폐액으로 측정한 것
→ 적절함!

② 변동원가의 예로 들 수 있는 것은 무엇인가?
근거 ❺-1 변동원가는 조업도의 변화에 따라 원가의 총액이 비례적으로 증가하거나 감소하는 것으로, 대표적인 예로 제품의 재료비를 들 수 있다.
→ 적절함!

✓③ 비제조원가를 줄일 수 있는 구체적인 방법은 무엇인가?
풀이 윗글에서 비제조원가의 개념을 설명하고 있지만, 줄일 수 있는 구체적인 방법에 대해서는 이야기하지 않았다.
→ 적절하지 않음!

④ 기업이 원가 정보를 파악하여 얻을 수 있는 효과는 무엇인가?
근거 ❶-2 기업의 입장에서는 원가가 항목별로 얼마나 소비되었는지를 알아야 기업을 경영하는 데 필요한 의사 결정을 할 수 있다, ❼-1~2 고정원가, 변동원가, 혼합원가를 활용하여 기업은 효율적으로 경영 관리 활동을 할 수 있다. 가령 기계 설비 대여비에 투자한 비용이 커서 고정원가 비중이 변동원가보다 높은 기업은 조업도를 높이는 데 집중하면 기업의 수익을 높이는 데 효과적이다.
→ 적절함!

---

⑤ 기업이 판매가격을 책정하는 데 *고려할 수 있는 요소는 무엇인가? *考慮-, 생각해 볼
근거 ❷-4 일반적으로 제조원가와 비제조원가의 합에 예상 수익을 더한 것이 판매가격이 된다.
→ 적절함!

---

27 핵심 개념 파악 – 적절하지 않은 것 고르기
정답률 70%
정답 ②

원가회계에 대한 설명으로 적절하지 않은 것은?

① 원가회계에서는 단위당 제조원가를 기준으로 제조원가를 계산한다.
근거 ❷-5 원가회계에서는 제조원가를 계산할 때 단위당 제조원가를 기준으로 한다.
→ 적절함!

고정원가, 변동원가, 혼합원가

✓② 원가회계에서는 원가를 원가행태에 따라 제조원가와 비제조원가로 나눈다.
근거 ❹-1 원가행태에 따라 원가를 분류하면 고정원가, 변동원가, 혼합원가로 나눌 수 있다.
→ 적절하지 않음!

③ 기업은 원가를 항목별로 분류하여 집계하고 분석하기 위해 원가회계를 활용한다.
근거 ❶-3 기업은 원가를 항목별로 분류하여 집계하고 분석하기 위해 원가회계를 활용한다.
→ 적절함!

④ 원가회계는 정확한 원가나 수익을 측정하고 분석하는 경영 관리 활동 중 하나이다.
근거 ❶-1 원가회계란 정확한 원가나 수익을 측정하고 분석하는 경영 관리 활동 중 하나이다.
→ 적절함!

⑤ 원가회계는 조업도의 변화에 따른 원가의 움직임을 유효하게 적용할 수 있는 조업도의 범위를 임의로 정한다.
근거 ❸-6 원가회계에서는 조업도의 변화에 따른 원가의 움직임을 유효하게 적용할 수 있는 조업도의 범위를 임의로 정하고
→ 적절함!

---

28 구체적인 사례에 적용 – 적절하지 않은 것 고르기
정답률 45%, 매력적 오답 ② 15%, ④ 30%
오답률 TOP ❷ | 1등급 문제
정답 ③

〈보기〉는 윗글을 이해하기 위한 학습지의 일부이다. 윗글을 바탕으로 〈보기〉에 대해 보인 반응으로 적절하지 않은 것은? [3점]

| 보기 |

　A 회사는 나무 의자 제조를 위해 무인(無人, 사람이 없음) 자동화 기계 설비를 대여하고 2023년 1월부터 1년간 공장을 임차하여 근로자 없이 공장을 가동하였다. 이 회사는 2023년 1월부터 3월까지 의자를 1200개 생산하였고, 지역 신문에 광고를 실어 매달 생산한 의자를 모두 해당 월에 판매하였다. 다음은 이 회사의 2023년 1월부터 3월까지의 원가 분석 자료이다.

항목 \ 월	1월	2월	3월
의자 생산량 : 조업도	200개	400개	600개
목재 구입비(개당) → 재료비 · 단위당 제조원가 / 변동원가	5만 원	5만 원	5만 원
공장 임차료 : 제조원가 / 고정원가	100만 원	100만 원	100만 원
기계 설비 대여비 : 제조원가 / 고정원가	10만 원	10만 원	10만 원
공장 전기 요금 : 제조원가 / 혼합원가	15만 원	25만 원	35만 원
광고비 : 비제조원가	1만 원	1만 원	1만 원

(단, 제시된 항목 외에 다른 비용은 발생하지 않았고, 조업도는 생산량으로 나타냄.)

① 1월부터 3월까지 비제조원가는 매달 동일하군.
근거 ❷-3 비제조원가는 광고비나 운반비 등과 같이, 생산된 제품을 판매하고 관리하는 활동에서 소요된 모든 비용으로, 제조원가를 제외한 모든 원가이다.
풀이 〈보기〉의 표에서 1월부터 3월까지 비제조원가인 광고비는 1만 원으로 매달 동일하다.
→ 적절함!

→ 문제편 226쪽

② 목재 구입비로 발생한 원가의 총액은 3월이 가장 높군.

근거 **5**-1~2 변동원가는 조업도의 변화에 따라 원가의 총액이 비례적으로 증가하거나 감소하는 것으로, 대표적인 예로 제품의 재료비를 들 수 있다. 가령 제과점에서 빵 생산량을 늘리면 그만큼 밀가루 구입비도 늘어나므로, 밀가루 구입비로 발생한 원가의 총액은 조업도의 증가에 따라 비례하여 증가한다.

풀이 윗글에서 변동원가인 제품의 재료비로 발생한 원가의 총액은 조업도의 증가에 따라 비례하여 증가한다고 하였으므로, 의자 생산량이 가장 많은 3월의 원가의 총액이 가장 높다는 설명은 적절하다.

→ 적절함!

③ 단위당 공장 전기 요금은 2월에 비하여 3월에 **증가**하는군. `감소`

근거 **6**-3 단위당 전기 요금은 조업도가 증가할수록 감소한다.

풀이 윗글에서 단위당 전기 요금은 조업도가 증가할수록 감소한다고 하였다. 〈보기〉의 예에서 조업도는 생산량으로 나타낸다고 하였으므로, 2월보다 조업도가 증가한 3월의 단위당 공장 전기 요금이 2월의 단위당 공장 전기 요금에 비해 감소하였을 것이다.

→ 적절하지 않음!

④ 1월부터 3월까지 발생한 변동원가의 비중은 고정원가의 비중보다 높군.

근거 **4**-2 고정원가는 조업도의 변화와 상관없이 원가의 총액이 일정하게 발생하는 것으로, 기계 설비 대여비, 공장 임차료 등을 들 수 있다. **5**-1 변동원가는 조업도의 변화에 따라 원가의 총액이 비례적으로 증가하거나 감소하는 것으로, 대표적인 예로 제품의 재료비를 들 수 있다.

풀이 〈보기〉의 표에서 고정원가에 해당하는 항목은 공장 임차료, 기계 설비 대여비이며 변동원가에 해당하는 항목은 목재 구입비이다. A 회사는 생산한 의자를 모두 해당 월에 판매하였다고 하였으므로,

	고정원가	변동원가
1월	110만 원(100만 원 + 10만 원)	1,000만 원(개당 5만 원×200 개)
2월	110만 원(100만 원 + 10만 원)	2,000만 원(개당 5만 원×400 개)
3월	110만 원(100만 원 + 10만 원)	3,000만 원(개당 5만 원×600 개)

따라서 1월부터 3월까지 발생한 변동원가의 비중은 고정원가의 비중보다 높다는 설명은 적절하다.

→ 적절함!

⑤ 4월에 생산량이 없더라도 공장 임차료로 발생한 원가의 총액은 변하지 않겠군.

근거 **4**-2~3 고정원가는 조업도의 변화와 상관없이 원가의 총액이 일정하게 발생하는 것으로, 기계 설비 대여비, 공장 임차료 등을 들 수 있다. 예를 들어 제과점이 빵을 만들기 위해 일정 금액을 지불하고 공장을 1 년간 빌렸다면, 임차료로 발생한 원가의 총액은 빵을 생산하지 않아도 일정하다.

풀이 공장 임차료는 조업도의 변화와 상관없이 원가의 총액이 일정하게 발생하는 고정원가에 해당한다. 따라서 4월에 생산량이 없더라도 공장 임차료로 발생한 원가의 총액은 변하지 않는다.

→ 적절함!

---

29 추론의 적절성 파악 - 적절한 것 고르기
정답률 70% | 정답 ③

㉠의 이유를 추론한 내용으로 가장 적절한 것은?

> ㉠ 기계 설비 대여비에 투자한 비용이 커서 고정원가 비중이 변동원가보다 높은 기업은 조업도를 높이는 데 집중하면 기업의 수익을 높이는 데 효과적이다.

▶ 지문 핵심 개념 정리

고정원가
• 조업도의 변화와 상관없이 원가의 총액이 일정하게 발생하는 것(**4**—2)
• 기계 설비 대여비, 공장 임차료 등(**4**—2)
• 빵 하나를 생산하는 데 필요한 단위당 임차료는 조업도가 증가할수록 오히려 감소(**4**—5)

`조업도 변화와 상관없이 일정함`

① 기계 설비 대여비 원가의 총액이 제품의 생산량이 늘어날수록 줄어들기 때문이겠군.

근거 **3**-4 조업도는 주로 생산량으로 나타낼 수 있는데,

풀이 윗글에서 조업도는 주로 생산량으로 나타낼 수 있다고 하였으므로, ㉠의 경우 기계 설비 대여비 원가의 총액은 제품의 생산량의 증감(=조업도의 변화)과 상관없이 일정하게 발생한다. 따라서 기계 설비 대여비 원가의 총액이 제품의 생산량이 늘어날수록 줄어든다는 설명은 적절하지 않으며, ㉠의 이유와도 관련이 없다.

→ 적절하지 않음!

`조업도 변화와 상관없이 일정함`

② 기계 설비 대여비 원가의 총액이 단계별로 증가해야 기업의 수익을 높일 수 있기 때문이겠군.

풀이 기계 설비 대여비와 같은 고정원가는 조업도의 변화와 상관없이 원가의 총액이 일정하게 발생한다. 따라서 ㉠에서 기업이 조업도를 높인다고 해서 기계 설비 대여비 원가의 총액이 단계별로 증가하지 않으며, ㉠의 이유와도 관련이 없다.

→ 적절하지 않음!

③ 조업도를 높이면 단위당 기계 설비 대여비가 감소하여 기업의 수익을 높이는 데 효과적이기 때문이겠군.

풀이 윗글에서 기계 설비 대여비와 같은 고정원가는 조업도가 증가할수록 단위당 비용이 감소한다고 하였으므로, 조업도를 높이면 단위당 기계 설비 대여비가 감소할 것이다. 이로 인해 단위당 제조원가가 절감되므로 기업의 수익을 높이는 데 효과적이다.

→ 적절함!

`조업도가 증가하면 감소`

④ 단위당 기계 설비 대여비가 증가함에 따라 조업도가 증가하여 판매가격을 올리는 데 효과적이기 때문이겠군.

풀이 기계 설비 대여비와 같은 고정원가는 조업도가 증가할수록 단위당 비용이 감소한다. 이에 따르면, ㉠의 경우 단위당 기계 설비 대여비가 증가함에 따라 조업도가 증가하는 것이 아니라, 조업도가 증가할수록 단위당 기계 설비 대여비가 감소한다. 따라서 ㉠의 이유를 추론한 내용으로 적절하지 않다.

→ 적절하지 않음!

`조업도 변화와 상관없이 일정함`

⑤ 조업도를 높이면 기계 설비 대여비 원가의 총액이 비례적으로 증가해서 제품의 판매가격이 오르기 때문이겠군.

풀이 기계 설비 대여비와 같은 고정원가는 조업도의 변화와 상관없이 원가의 총액이 일정하게 발생한다. 따라서 조업도를 높이면 기계 설비 대여비 원가의 총액이 비례적으로 증가한다는 설명은 적절하지 않다. 조업도의 변화에 따라 원가의 총액이 비례적으로 변화하는 것은 고정원가가 아니라 변동원가의 특성에 해당하며, ㉠의 이유와도 관련이 없다.

→ 적절하지 않음!

---

30 문맥적 의미 파악 - 적절한 것 고르기
정답률 90% | 정답 ①

밑줄 친 부분의 문맥적 의미가 ⓐ와 가장 유사한 것은?

> 발생한 제조원가의 총액을 총생산량으로 ⓐ 나누어 구한다.

풀이 ⓐ에서 '나누다'는 '나눗셈을 하다'의 의미로 쓰였다.

① 20을 5로 나누면 4가 된다.

풀이 '나눗셈을 하다'의 의미이다.

예문 총 주행 거리에 소모된 연료량을 나누면 차량의 연비를 산출해 낼 수 있다.

→ 적절함!

② 나와 내 동생은 피를 나눈 형제이다.

풀이 '같은 핏줄을 타고나다'의 의미이다.

예문 형제란 한 부모의 피를 나눈 사람들이다.

→ 적절하지 않음!

③ 나는 고향 친구와 이야기를 나누었다.

풀이 '말이나 이야기, 인사 따위를 주고받다'의 의미이다.

예문 우리는 그 문제에 대해서 의견을 나누었으나 결론을 내지는 못했다.

→ 적절하지 않음!

④ 나는 아내와 모든 즐거움을 나누며 살았다.

풀이 '즐거움이나 고통, 고생 따위를 함께하다'의 의미이다.

예문 그들은 슬픔과 기쁨을 함께 나누며 산다.

→ 적절하지 않음!

⑤ 그들은 물건을 불량품과 정품으로 나누는 작업을 한다.

풀이 '여러 가지가 섞인 것을 구분하여 분류하다'의 의미이다.

예문 토론을 하다 보면 자기편과 상대편을 나눌 수 있다.

→ 적절하지 않음!

→ 문제편 227쪽

• 중심 내용

북술이는 용바우를 만나 용왕제에 대한 이야기를 듣는다.

↓

용바우는 박영감과 함께 십 년 동안 고기잡이를 해 왔다.

↓

용바우와 북술이는 어느덧 서로에게 호감을 느끼게 되었다.

↓

출어 나간 용바우가 돌아오지 않고 해산하던 인실이 어머니가 죽자 북술이는 곱슬머리를 따라 육지로 가고자 한다.

↓

까막바위에서 갈등하던 북술이는 내일 용바우가 돌아올 것 같다는 생각에 마을로 달아난다.

• 전체 줄거리 ([ ]: 지문 내용)

[섬마을인 까막개에 사는 북술이는 친구들과 강강술래를 하다가 집으로 돌아온다. 북술이는 집 근처에서 자신을 기다리고 있던 용바우에게 내일이 용왕제라는 이야기를 듣는다. 바다와 싸우면서도 바다를 의지하고 살아가는 까막개 사람들은 매년 용왕제를 정성껏 지낸다. 용바우는 북술이 할아버지인 박영감과 함께 십 년 배를 탄 어부이다. 어릴 때부터 친했던 용바우와 북술이는 점점 서로에 대한 호감을 키워 가고, 박영감도 용바우를 북술이와 혼인시키려는 속셈을 갖고 있다.] 용왕제가 끝난 후 용바우는 박영감과 북술이의 만류에도 불구하고 식량이 바닥났다며 출어를 나가려 한다. 결국 몸이 좋지 않은 박영감을 제외한 용바우, 털보 영감, 두칠이가 바다로 나간다. 두 달이 지나도록 배는 돌아오지 않고, 그럼에도 북술이는 용바우를 계속 기다린다. 한편 때때로 육지에서 건착선을 타고 오는 곱슬머리 청년은 북술이에게 육지에서 함께 살자고 구애한다. 어느 날 북술이와도 친하던 [인실이 어머니가 아이를 낳다가 죽자 북술이는 곱슬머리를 따라 육지로 가고자 한다. 북술이는 곱슬머리와 만나기로 한 까막바위에서 갈등하다가 내일 용바우가 돌아올 것 같다는 생각에 마을로 달아난다.] 자리를 털고 일어난 박영감은 배를 수리해 고기를 잡으러 떠나고 북술이는 나루터에 서서 아득한 육지를 바라본다.

• 인물 관계도

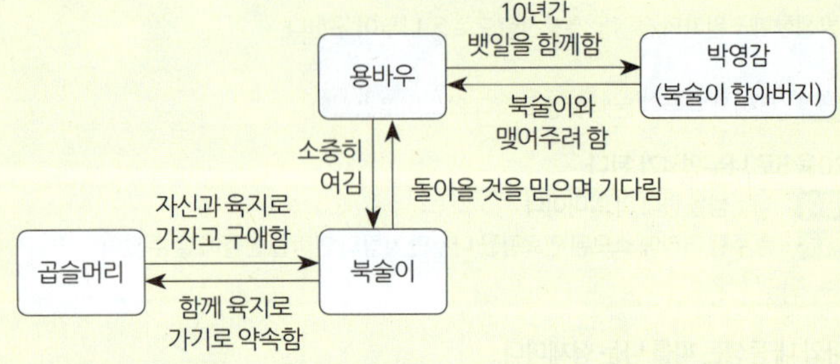

• 어휘 풀이

* 까막개 : 흑산도의 옛 이름.
* 갯가 : 바닷물이 드나드는 곳의 물가.
* 뒷주봉 : 뒷산의 가장 높은 봉우리.
* 당산 : 토지나 마을의 수호신이 있다고 하여 신성시하는 마을 근처의 산.
* 갯집 : 바다 근처의 집.
* 정지 : 부엌.
* 행길 : 사람이 다니는 길.
* 정히 : 맑고 깨끗하게.
* 자반 : 생선으로 만든 반찬.
* 집사 : 일을 맡아 봉사하는 사람.
* 간물 : 소금기가 섞인 물.
* 화경 : 햇빛을 비추면 불을 일으키는 거울이라는 뜻으로, 돋보기의 '볼록 렌즈'를 이르는 말.
* 앞섶 : 옷의 앞자락에 있는 긴 헝겊.
* 노상 : 늘.
* 출어 : 물고기를 잡으러 배를 타고 나감.
* 구애 : 사랑을 구함. 여기서는 청혼.
* 운명한 : 사망한.

---

* 등골이 오싹했다 : 등골에 소름이 끼칠 정도로 매우 놀라거나 두려웠다.
* 줄달음쳤다 : 빠르게 향했다.
* 건착선 : 주머니 모양의 그물망으로 고기를 잡는 배.
* 용왕당 : 용왕에게 제사를 지내는 곳.
* 연락선 : 물가에서 양쪽 교통을 이어 주기 위하여 정기적으로 다니는 배.

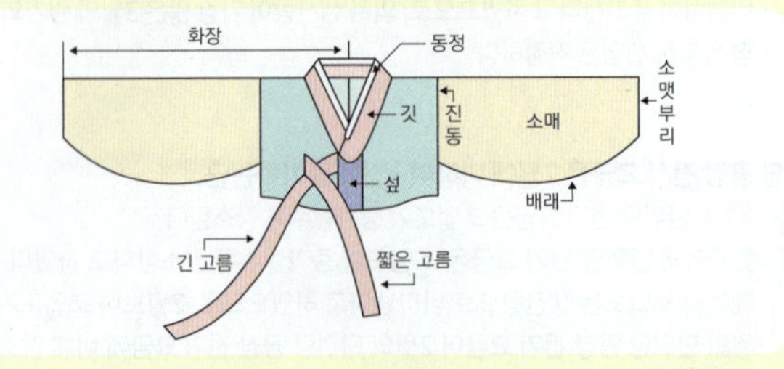

▲ 저고리

북술이가 어느덧 용바우 앞에서 옷고름을 물지 않으면 앞섶을 만지작거리는 버릇이 생겼다.

---

31 서술상 특징 - 적절한 것 고르기
정답률 75%, 매력적 오답 ② 15% | 정답 ①

윗글의 서술상 특징으로 가장 적절한 것은?

① 서술자가 인물의 내면을 드러내어 독자의 이해를 돕고 있다.

근거 북술이는 동무들과 맞잡고 둥당의 노래를 부를 때는 아무 시름도 없이 즐겁기만 했다. ~ 용바우의 믿음직한 목소리가 귓전을 어루만져 슬픔을 가라앉히곤 했다. / 용바우에게 북술이는 거리낌도 수줍음도 없었다. / 박영감은 박영감대로 용바우에 대한 속셈을 했고 용바우는 어느새 북술이가 제 물건처럼 소중해졌다. 북술이도 노상 용바우가 싫지는 않았다. / 북술이의 마음은 한곬으로 정해졌다.~ 곱게 생겼다는 어머니의 얼굴도 그려 보았다. / 용바우가 내일 틀림없이 연락선으로 돌아올 것만 같았다.

풀이 작품 밖의 전지적 서술자가 북술이, 박영감, 용바우의 내면을 드러내어 독자의 이해를 돕고 있음을 확인할 수 있다.

→ 적절함!

② 서술자가 관찰자의 입장에서 사건을 전달함으로써 객관성을 높이고 있다.

풀이 윗글의 서술자는 인물의 말과 행동뿐 아니라 내면 심리까지 전달하고 있다. 따라서 관찰자의 입장에서 사건을 전달함으로써 객관성을 높이고 있다고 볼 수 없다.

→ 적절하지 않음!

③ 서술자가 사건을 이야기 속에서 전달하다가 이야기 밖에서 전달하고 있다.

풀이 윗글의 서술자는 이야기 밖에서만 사건을 전달하고 있으므로 적절하지 않다.

→ 적절하지 않음!

④ 시간의 흐름에 따라 서술자를 달리하여 사건에 대한 다양한 관점을 제시하고 있다.

풀이 윗글의 서술자는 작품 밖의 전지적 서술자로 고정되어 있다. 따라서 시간의 흐름에 따라 서술자를 달리하여 사건에 대한 다양한 관점을 제시하고 있다고 볼 수 없다.

→ 적절하지 않음!

⑤ 등장인물로 설정된 서술자가 자신의 관점에서 다른 인물들에 대한 견해를 제시하고 있다.

풀이 윗글의 서술자는 등장인물 중의 한 사람이 아니라 작품 밖에 있으므로 적절하지 않은 설명이다.

→ 적절하지 않음!

> ■ 소설의 시점
> 1회(2023년 3월 학평) 34번 문제 ⑤번 선지 참고 → 019쪽

오답률 TOP ⑤ | 1등급 문제

32 내용 이해 - 적절하지 않은 것 고르기
정답률 50%, 매력적 오답 ② 20% ⑤ 25% | 정답 ④

윗글에 대한 이해로 적절하지 않은 것은?

① 용바우는 열다섯 살에 첫 배를 탔다.

근거 용바우는 열다섯에 첫 배를 탔다.

풀이 용바우는 열다섯 살에 첫 배를 탔다고 제시되어 있다.

→ 적절함!

② 북술이는 인실이 어머니와 송기를 벗기러 갔었다.

근거 북술이는 송기 벗기러 갔을 때의 손가락 자리가 종시 솟아나지 않던 인실이 어머니

→ 문제편 228쪽

의 다리가 자꾸만 눈앞에 어른거렸다.

풀이 북술이는 인실이 어머니와 송기를 벗기러 갔을 때 그녀의 불편한 다리를 보았다고 하였다.

→ 적절함!

③ 박영감은 용바우와 함께 바다로 나가 조기잡이를 했다.

근거 용바우는 열다섯에 첫 배를 탔다. ~ 북술이 할아버지 박영감과 함께 칠산 바다에서 연평 앞개까지 올리훑는 조기잡이로 시작된 뱃길이 어느새 십 년이 흘렀다.

풀이 용바우는 박영감과 함께 칠산 바다에서 연평 앞개까지 올리훑는 조기잡이로 뱃일을 시작했다.

→ 적절함!

④ 용바우는 북술이를 보기 위해 고사도 가지 않고 그녀를 기다렸다.

근거 "인자사 와……." 굴뚝 뒤로 우거진 동백나무 그림자에서 불쑥 튀어나오는 소리였다. "아이고 놀랐재라우, 누고……." "나야, 나." 용바우의 크고 벌어진 어깨가 북술이 앞으로 다가왔다. "난 또 누구라고, 갯가에서 벌써 왔는지라우." "안 갔재라, 내일이 유왕님 고사 모시는 날이랑이께."

풀이 용바우가 북술이를 보기 위해 그녀를 기다린 것은 맞으나 '내일이 유왕님 고사 모시는 날'이라고 하였으므로 고사를 가지 않고 북술이를 기다렸다는 것은 적절하지 않다.

→ 적절하지 않음!

⑤ 북술이는 할아버지가 자신을 기다릴 것이라는 생각에 아쉬움을 뒤로하고 집으로 향했다.

근거 북술이는 동무들과 맞잡고 둥당의 노래를 부를 때는 아무 시름도 없이 즐겁기만 했다./ '한아부지가 기다릴라.' 아쉬운 생각도 없지 않았지만 노래 중간에서 빠져나와 나온 북술이의 걸음은 집에 가까울수록 무거워졌다.

풀이 동무들과 즐겁게 둥당의 노래를 부르던 북술이는 할아버지가 기다릴 것이라는 생각에 아쉬움을 뒤로하고 집으로 향했다.

→ 적절함!

> **어떻게 풀까?** 세부 내용을 파악하는 문항으로 오답률이 높다. 선지와 지문 내용의 일치 여부를 파악하며 문제를 풀어야 한다. 이때, 지문의 구어체로 표현된 것들이 선지에는 문어체로 요약되어, 선지의 표현과 지문의 표현이 다르다. 선지 ⑤를 틀린 선택지라 생각한 학생들은 문장에 제시된 인물의 속마음, 인물의 감정이 어디서 비롯되었는지를 파악하지 못했던 것이다. 다시 지문을 살펴보며 어떤 문장을 내가 잘못 해석했는지 되짚어 보자.

---

33 공간의 기능 – 적절한 것 고르기
정답률 75%, 매력적 오답 ③ 15% **정답 ⑤**

㉠과 ㉡에 대한 이해로 가장 적절한 것은?

> 둘레를 돌면서도 북술이의 눈은 이따금 ㉠ 갯가로 옮겨졌고, 그럴 때마다 용바우의 믿음직한 목소리가 귓전을 어루만져 슬픔을 가라앉히곤 했다.
> ㉡ 까막바위에 선 북술이의 눈앞에는 고래등 같은 용바우가 가로막고 섰다.

① ㉠은 인물이 기억을 잃는, ㉡은 인물이 기억을 되찾는 공간이다.

풀이 북술이는 ㉠(갯가)을 바라보며 용바우를 떠올리고 있으므로 기억을 잃는 공간이라 할 수 없고, ㉡(까막바위)은 북술이가 서서 용바우를 떠올리는 공간이므로 기억을 되찾는 공간으로 볼 수 없다.

→ 적절하지 않음!

② ㉠은 ㉡과 달리, 인물이 대상의 *부재 이유를 깨닫는 공간이다. *존재하지 않음

풀이 ㉠(갯가)은 북술이가 용바우가 있을 것이라고 생각하는 장소일 뿐, 용바우가 부재한 이유를 깨닫는 공간으로는 볼 수 없다.

→ 적절하지 않음!

③ ㉡은 ㉠과 달리, 인물이 예상치 못한 타인과 마주치는 공간이다.

근거 뗏마의 물 가르는 소리가 점점 까막바위로 가까워 왔다. 북술이는 갑자기 마을 쪽으로 쏜살같이 달아났다. 용바우가 내일 틀림없이 연락선으로 돌아올 것만 같았다.

풀이 북술이는 곱슬머리를 만나기 위해 ㉡(까막바위)으로 나왔다가 용바우가 내일이라도 돌아올 것만 같아 마을 쪽으로 달아난다. ㉡(까막바위)에서 인물이 예상치 못한 타인과 마주치고 있지는 않다.

→ 적절하지 않음!

④ ㉠과 ㉡은 모두, 인물이 타인을 관찰하기 위해 몸을 숨긴 공간이다.

풀이 ㉠(갯가)과 ㉡(까막바위) 모두 북술이가 타인을 관찰하기 위해 몸을 숨긴 공간으로 볼

수 없다.

→ 적절하지 않음!

⑤ ㉠과 ㉡은 모두, 인물이 자신을 소중하게 생각하는 대상을 떠올리는 공간이다.

근거 용바우는 어느새 북술이가 제 물건처럼 소중해졌다.

풀이 북술이는 ㉠(갯가)을 바라보면서 용바우의 믿음직한 목소리를 떠올리며 자신의 슬픔을 가라앉히고 있고, ㉡(까막바위)에서는 고래등 같은 용바우를 떠올리고 있다. 용바우는 북술이를 소중하게 여기고 있으므로, ㉠(갯가)과 ㉡(까막바위)은 모두 북술이가 자신을 소중하게 생각하는 대상인 용바우를 떠올리는 공간이라고 할 수 있다.

→ 적절함!

1등급 문제

34 감상의 적절성 – 적절하지 않은 것 고르기
정답률 55%, 매력적 오답 ⑤ 25% **정답 ④**

〈보기〉를 참고하여 윗글을 감상한 내용으로 적절하지 않은 것은? [3점]

> | 보 기 |
> [1] 이 작품에서 바다와 섬은 섬사람들의 삶에 절대적(뛰어날 絶 대할 對 ~의 的 : 비교하거나 상대될 만한 것이 없는) 영향을 미친다. [2] 섬사람들은 바다와 섬에 대해 양면적인(두 兩 쪽 面 ~의 的 : 서로 다른 두 가지의) 태도를 보이는데, 그들은 삶의 터전이자 시련을 주는 바다와 대립하면서도 바다를 숭배한다(높일 崇 굽힐 拜 : 우러러 받들어 모신다). [3] 또한 열악한(못할 劣 나쁠 惡 : 매우 나쁜) 환경인 섬에서 벗어나고 싶어 하면서도, 그 안에서 서로를 의지하며 섬사람의 운명에 순응하는(따를 順 응할 應 : 따르는) 삶을 이어 가고자 한다.

① 까막개 사람들이 바다에서 나는 것들로 목숨을 이어 가면서도 바다로 인하여 목숨을 잃게 되는 것에서, 삶의 터전이자 시련의 공간인 바다의 모습을 확인할 수 있군.

근거 〈보기〉-2 삶의 터전이자 시련을 주는 바다
이 섬에서는 일 년의 넉 달은 농사가 살려 주고 나머지 여덟 달은 바다가 키워 주어 미역과 자반과 생선으로 목숨을 이었다. 그들은 바다에서 나서 바다에서 죽었다. 용바우 아버지도 그랬고, 북술이 아버지도 그랬다.

풀이 까막개 사람들이 바다에서 나는 미역과 자반과 생선으로 목숨을 이어 가면서도 용바우 아버지와 북술이 아버지가 바다에서 목숨을 잃은 것에서, 삶의 터전이자 시련의 공간인 바다의 모습을 확인할 수 있다.

→ 적절함!

② 까막개 사람들이 바다를 저주하면서도 허물없고 깨끗한 젊은이들을 뽑아 용왕제를 준비하는 것에서, 바다와 대립하면서도 바다를 숭배하는 섬사람들의 모습을 확인할 수 있군.

근거 〈보기〉-2 섬사람들은 바다와 섬에 대해 양면적인 태도를 보이는데, 그들은 삶의 터전이자 시련을 주는 바다와 대립하면서도 바다를 숭배한다.
원수인 바다에 끝없는 저주를 보내면서 바다에 대한 지성은 그들의 신앙이었다. 그러기에 가장 허물없고 깨끗한 젊은이들이 해마다 정초에는 용왕제 집사로 뽑혔다.

풀이 까막개 사람들은 시련을 주는 바다를 저주하면서도 용왕제를 준비할 때 허물없고 깨끗한 젊은이들을 뽑아 바다에 대한 지성을 보이고 있다. 이를 통해 바다와 대립하면서도 바다를 숭배하는 섬사람들의 모습을 확인할 수 있다.

→ 적절함!

③ 북술이가 인실이 어머니의 죽음에 대한 소문을 듣고 의사가 있는 육지에서 살고 싶어 하는 것에서, 열악한 환경인 섬에서 벗어나고 싶어 하는 섬사람의 모습을 확인할 수 있군.

근거 〈보기〉-3 열악한 환경인 섬에서 벗어나고 싶어 하면서도,
새벽에 진통이 시작하였다는 인실이 어머니가 해 질 무렵에 어린애가 걸린 대로 죽었다는 소문이 온 마을에 퍼졌다. 다물도에 배를 가지고 갔던 인실이 아버지가 의사를 모시고 돌아온 것은 이미 운명한 뒤였다./ '의사가 있는 육지에 가 살아야지.' 북술이의 마음은 자꾸만 육지로 줄달음쳤다.

풀이 북술이는 의사가 제때 오지 않아 아이를 낳다 죽은 인실이 어머니에 대한 소문을 듣고 의사가 있는 육지에서 살고 싶어 하는 모습을 보인다. 이를 통해 열악한 환경인 섬에서 벗어나 육지로 가고 싶어 하는 섬사람의 모습을 확인할 수 있다.

→ 적절함!

④ 북술이가 곱슬머리가 할아버지를 모시자고 한 제안에 진정성을 느끼는 것에서, 섬 안에서 서로 의지하며 살아가는 섬사람들의 모습을 확인할 수 있군.

근거 육지에 가서 자리만 잡으면 할아버지도 모시자는 곱슬머리의 눈동자에는 진정이 고였다고 생각되었다.

풀이 북술이는 육지에 가서 자리를 잡으면 할아버지를 모시자고 한 곱슬머리의 제안에 진정성을 느끼고 고마워하고 있다. 그러나 곱슬머리는 북술이에게 섬이 아닌 육지에서 살자고 하였으므로 이를 통해 섬 안에서 서로 의지하며 살아가는 섬사람들의 모습을 확인할 수는 없다.

→ 적절하지 않음!

→ 문제편 **229쪽**

⑤ 북술이가 용바우가 돌아올 것만 같다고 느끼며 마을로 향하는 것에서, 섬사람의 운명
에 순응하는 삶을 선택한 섬사람의 모습을 확인할 수 있군.

근거 <보기>-3 그 안에서 서로를 의지하며 섬사람의 운명에 순응하는 삶을 이어 가고자
한다.
북술이는 갑자기 마을 쪽으로 쏜살같이 달아났다. 용바우가 내일 틀림없이 연락선
으로 돌아올 것만 같았다.

풀이 곱슬머리와 함께 육지로 떠날 결심을 했던 북술이는 내일이라도 용바우가 돌아올 것
만 같아 마을로 달아난다. 이를 통해 섬사람끼리 의지하며 살아가는 운명에 순응하
기로 한 모습을 확인할 수 있다.

→ 적절함!

[35~38] 갈래 복합

(가) 고전시가 - 순천 김 씨, 「노부탄(老婦歎)(늙을 老 아내 婦 탄식할 歎 : 늙은 아내의 탄식)」

작품 이해 단계 ① 화자 ② 상황 및 대상 ③ 정서 및 태도 ④ 주제

1 산 너머 저 부자님 곡식 두고 자랑마오

2 입고 벗고 먹고 굶기 그 무엇이 관계(關係)한가

3 부세(浮世)에 좋은 영광 과거(科擧)밖에 또 있는가 → ③ 태도 : 과거에 합격하는
뜰 浮 세상 世 : 덧없는 세상   것만이 영광스러운 일이라고
생각한다.

4 하물며 모인 사람 한결같이 하는 말이

▶ 5행 : '모인 사람'의 말
먹을 喫 입을 着 : 먹을 것과 입을 것
5 일 년에 대소과(大小科)는 평생 끽착(喫着) 못 다 하리
클 大 작을 小 과거 科 : 대과(문관을 뽑는 문과와 무관을
뽑는 무과)와 소과(생원과 진사를 뽑는 과거)

6 규중(閨中)에 어리석은 부녀(婦女) 그 말을 믿었더니
규방 閨 가운데 中 :   여자 婦 여자 女 : 부녀자.
부녀자가 거처하는 곳   여기서는 화자 자신

7 벼슬길에 못 올라서 귀향은 무슨 일인가

8 지은 죄 없건마는 노하시니 천은(天恩)일세 → ② 상황 :
하늘 天 은혜 恩 : 하늘 또는 임금의 은혜   남편의 출세가 좌절된 상황

9 머나먼 변방 길에 가네 오네 빚이로다
변방 邊 장소 方 : 나라의 경계가 되는 변두리의 땅

10 팔고 남은 적은 밭을 또 한 자리 판단 말인가
힘 力 농사 農 : 힘써 농사를 지음

11 이제는 남은 전지(田地) 역농(力農)이나 하자 하니 → ③ 태도 :
밭 田 땅 地 : 논밭   남은 논밭에 농사를 짓고자
하나 '임'을 설득하기가 어렵다.

12 어릴 때 엇나간 임을 내 어이 길들이리
① 화자 : '나'
② 대상 : '임(남편)'

(중략)

13 아무 마을 아무 댁은 자기 가장(家長) 자랑 말이
부인   집家 어른 長 : 남편

▶ 14~19행 : '아무 마을 아무 댁'의 자기 가장 자랑 말

14 아기 때 스승 따라 천자문과 유합(類合)을 배우더니
조선 성종 때에, 서거정이 지은 한문 학습서
일천 千 글자 字 문서 文 : 한문 학습 입문서

15 가난에 놀랐는지 책을 묶어 시렁에 얹고
물건을 얹어 놓기 위하여 방이나 마루 벽에 두 개의
긴 나무를 가로질러 선반처럼 만든 것

16 괭이 메고 호미 쥐어 논 매고 밭을 가꿔
땅을 파거나 흙을 고르는 데 쓰는 농기구

17 여름에 수고하여 가을에 타작하니
칠 打 농사 作 : 곡식의 이삭을 떨어서 낟알을 거두니

18 집안 식구 배 불리고 환곡 세금 걱정없네
조선 시대에, 곡식을 백성들에게 꾸어 주고 이자를 붙여
거두던 일 또는 그 곡식

19 이 아니 신선인가 과거(科擧)하여 무엇하리

20 나도 ㉠그 말 들어 갑자기 깨달으니
아무 마을 아무 댁의 자기 가장 자랑 말

21 글공부 하던 허비(虛費) 과거 보던 이 비용을
헛될 虛 쓸 費 : 헛되이 쓴 비용

22 다 두어 전지(田地)사고 부경부엽(夫耕婦饁)하였다면
지아비 夫 밭갈 耕 아내 婦 들밥 饁 :
남편은 밭을 갈고, 아내는 점심을 내감

23 저 부인 저 남편을 설마한들 못 미치겠는가

24 부질없는 이 말씀을 (남편에게) 시원히 하자한들

25 있느니 없는 말씀 들으시기 싫으신지

26 마루 위 문 안으로 (나를) 들이시지 않으시니

27 초당의 손님 가고 고요히 계실 때에
풀 草 집 堂 : 작은 초가집

28 손자딸 옆에 끼고 부엌 웃문(門)을 여니
손녀딸   친구

29 천황씨(天皇氏) 벗님 가장(家長) 찬 장판 위에 앉아
하늘 天 임금 皇 성 氏 : 중국 고대 전설상의 제왕

---

30 무슨 사업(事業) 또 하시려 책장을 펴 씨름 하네
일事 업業 : 일   힘을 쏟네

31 문 밖에 권농차사(勸農差使) (남편이) 문관이라 두려웠는지
문과 출신의 벼슬아치
권할 勸 농사 農 부릴 差 부릴 使 : 조선 시대에 농사를 장려하던 직책

▶ 32행 : '권농차사'의 말

32 차지(次知)는 두고 가오 내일 부디 바치소서
매길 次 나타낼 知 : 세금 통지서

33 그는 좋게 마감하나 저 아이 소리 듣소
권농차사   손자딸   불평하는 소리

34 어제 아침 먹은 후에 다시 입을 못 데우니
아무것도 먹지 못하니

35 분별없는 제 마음에 (먹을 것을) 두고 아니 주는 듯이
철없는   손자딸의

36 저런 일 생각하니 그 누구 탓이 된다 하리 → ③ 정서 : 줄곧 굶고 있는 '손자딸'의
소리를 들으며 남편을 원망한다.

37 (임이) 책 덮고 돌아앉아 나에게 하는 말씀

▶ 38~46행 : '임(남편)'의 말

38 인황씨(人皇氏) 몇 대 손자 수인씨(燧人氏) 되었던지
사람 人 임금 皇 성 氏 :   부싯돌 燧 사람 人 성 氏 : 중국 전설상의 황제로 불을
중국 고대 전설에 나오는   쓰는 법과 음식물을 조리하는 법을 전하였다고 함
세 명의 임금 중 하나

39 절로 맺은 나무 열매 먹고 좋게 살던 것을
저절로
가르칠 敎 사람 人 불 火 음식 食 :
불로 음식을 조리하는 방법을 가르침

40 수인씨(燧人氏) 다사(多事)하여 교인화식(敎人火食)하였구나
많을 多 일 事 : 쓸데없는 일에 간섭을 잘하여

41 우리 부부 굶는 일은 그 탓이 수인씨(燧人氏)요

42 구만리 높은 위에 옥황상제 앉아 계셔 → ③ 태도 : 부귀 빈천은 옥황상제가
정한 운명이라고 생각한다.

43 천하 사람 부귀 빈천 마련하여 주었으니
부유할 富 귀할 貴 가난할 貧 천할 賤 :
재산이 많고 지위가 높은 것과 가난하고 천한 것

44 굶는 탓 물으련들 어이하여 올라가리

45 탓 물어 무엇하리 하늘만 기다리오
없을 無 녹봉 祿 사람 人 : 녹봉이 없던 벼슬아치.
여기서는 먹고살 능력이 전혀 없는 사람

46 구태여 저 상제님이 무록인(無祿人)을 내었을까
옥황상제   없을 無 이익 祿 : 쓸데없다

47 나도 ㉡이 말 듣고 말하여 무익하오 → ③ 태도 :
임(남편)의 말   남편에 대한 설득을 단념하고
현실을 수용한다.

48 문 닫고 돌이켜 생각하니 오냐 어이하리

49 세상에 굶고 벗고 글 하다가

50 과거(科擧)도 못 한 사람 많으니라

④ 주제 :
'나'는 가난을 벗어나고자 하나 무능한 남편을 설득하지 못하고 체념한다.

• 현대어 풀이

1 산 너머에 사는 저 부자님, 곡식을 두고 자랑하지 마시오

2 (옷을) 입고 벗고 (음식을) 먹고 굶고 그 무엇에 관계하겠는가

3 덧없는 인생에 좋은 영광은 과거 시험밖에 또 있는가

4 하물며 모인 사람들이 한결같이 하는 말이

5 "일 년 동안 대과와 소과에 합격하면 평생 먹고 입는 것을 다 못하겠는가."

6 규방에 있는 어리석은 부녀자(화자 자신)가 그 말(사람들의 말)을 믿었더니

7 벼슬길에 못 오르고 고향에 돌아오는 것(혹은 귀양살이하는 것)은 무슨 일인가

8 지은 죄가 없지마는 노하시니 하늘(임금)의 은혜일세

9 머나먼 변방 길에 가느라 오느라 빚이로다

10 팔고 남은 적은 밭을 또 한 자리 팔아야 한다는 말인가

11 이제는 남은 논밭에 힘써 농사나 짓자 하니

12 어릴 때 엇나간 임(남편)을 내가 어찌 길들이리

(중략)

13 아무 마을 아무 댁은 자기 남편을 자랑하여 하는 말이

14 "아기 때 스승을 따라 천자문과 유합을 배우더니

15 가난에 놀랐는지 책을 묶어 시렁에 얹고

16 괭이 메고 호미 쥐어 논을 매고 밭을 가꿔

17 여름에 수고하여 가을에 타작하니

18 집안 식구 배부르게 하고 환곡 세금 걱정 없네

19 이것이 신선이 아닌가 과거 급제해서 무엇 하겠는가."

20 나도 그 말 들어 갑자기 깨달으니

21 글공부를 하며 헛되이 쓴 비용 과거 보던 이 비용을

22 다 두어 논밭을 사고 남편은 밭을 갈고 아내('나')는 점심을 내갔다면

23 저 부인과 저 남편('아무 마을 아무 댁'과 그녀의 남편)을 설마한들 못 미치겠는가

24 부질없는 이 말씀을 (남편에게) 시원히 하자 한들

→ 문제편 230쪽

²⁵ 있으나 마나 한 말씀 들으시기 싫으신지
²⁶ 마루 위 문 안으로 (나를) 들이시지 않으시니
²⁷ 초당의 손님 가고 고요히 계실 때에
²⁸ 손녀딸을 옆에 끼고 부엌 윗문을 여니
²⁹ 천황씨의 벗님 같은 남편이 차가운 장판 위에 앉아
³⁰ 무슨 일을 또 하시려고 책장을 펴 씨름을 하네
³¹ 문밖에 권농차사는 (남편이) 문관이라 두려웠는지
³² "세금 통지서는 두고 가오 내일 부디 바치소서."
³³ 그(권농차사)는 좋게 마감하나 저 아이(손자딸) 소리 듣소
³⁴ 어제 아침 먹은 후에 다시 입을 못 데우니(아무것도 먹질 못하고 있으니)
³⁵ 철없는 아이의 마음에 (먹을 것) 두고도 아니 주는 듯이
³⁶ 저런 일을 생각하니 그 누구 탓이 된다 하겠는가
³⁷ 책 덮고 돌아앉아 (남편이) 나에게 하는 말씀
³⁸ "인황씨의 몇 대 손자가 수인씨가 되었던지
³⁹ 저절로 맺은 나무 열매 먹고 좋게 살던 것을
⁴⁰ 수인씨가 쓸데없이 간섭을 잘하여 불로 음식을 조리하는 방법을 가르쳤구나
⁴¹ 우리 부부 굶는 일은 그 탓이 수인씨요
⁴² 구만리 높은 위에 옥황상제가 앉아 계셔
⁴³ 온 세상 사람에게 부귀와 빈천을 마련하여 주었으니
⁴⁴ 굶는 탓을 (옥황상제에게) 물으련들 어이하여 (구만리 높은 위까지) 올라가리
⁴⁵ (굶는) 탓을 물어 무엇하리 하늘만 기다리오
⁴⁶ 구태여 저 옥황상제님이 녹봉이 없던 벼슬아치(먹고살 능력이 없는 사람)를 내었을까."
⁴⁷ 나도 (남편이) 이 말을 듣고는 말해도 소용없구나
⁴⁸ 문 닫고 돌이켜 생각하니 오냐 어찌하리
⁴⁹ 세상에 굶고 벗고 글공부 하다가
⁵⁰ 과거 급제도 못한 사람이 많으니라

• 지문 이해

기대	좌절	깨달음과 생각의 전환
• 부세에 좋은 영광 과 거밖에 또 있는가 • 대소과는 평생 끽착 못 다 하리 / 규중에 어리석은 부녀 그 말을 믿었더니	• 벼슬길에 못 올라서 귀향은 무슨 일인가 • 가네 오네 빚이로다 • 적은 밭을 또한 자리 판단 말인가	• 이제는 남은 전지 역 농이나 하자 하니 • 글공부 하던 허비 과 거 보던 이 비용을 / 다 두어 전지사고 부 경부엽하였다면 / 저 부인 저 남편을 설마 한들 못 미치겠는가
→ 남편이 과거 급제를 하여 부귀영화를 누릴 것을 기대함	→ 남편이 벼슬길에 못 오르고 귀향한 것에 기 대가 좌절됨	→ 과거 급제가 최고라 는 생각에서 농사에 힘 쓰며 사는 것이 낫다는 것으로 생각을 전환함

설득 시도와 실패	현실 수용과 체념
• 어릴 때 엇나간 임을 내 어이 길들이리 • 부질없는 이 말씀을 시원히 하자한들 / 있느니 없는 말씀 들으시기 싫으신지 • 우리 부부 굶는 일은 그 탓이 수인씨요 • 옥황상제 앉아 계셔 / 천하 사람 부귀 빈천 마련하여 주었으니	• 문 닫고 돌이켜 생각 하니 오냐 어이하리 / 세상에 굶고 벗고 글 하다가 / 과거도 못한 사람 많으니라
→ 농사에 힘쓰며 살자 고 남편을 설득하려고 하나 실패함	→ 자신이 처한 현실을 수용하고 체념함

• 귀향? 귀양? ((가)-7)

7행의 '귀향(고향으로 돌아감)'은 다음과 같은 근거로 '귀양(유배)'으로 볼 수도 있다.
근거 ① 이어지는 구절의 내용 고려 ('지은 죄 없건마는 노하시니 천은일세', '머나먼 변방 길에')
근거 ② '귀양'으로 기록되어 있는 이본의 존재

근거 ③ 작자인 순천 김 씨의 남편 김약련이 실제로는 대과와 소과에 합격해 짧은 벼슬살 이를 하던 중 귀양을 갔다가 낙향했다는 (고향으로 거처를 옮겼다는) 점

• 내방 가사(규방 가사)

조선 후기 부녀자에 의해 지어져 전해진 가사의 총칭으로, 영·정조 이후부터 민간에도 널 리 유행하게 되어 일반 평민이나 부녀자들 사이에도 창작이 활발했다. 당시 부녀자층은 한문을 배울 기회가 거의 없었으며, 학자와 문인들로부터 소외당한 훈민정음을 배워 여 성의 섬세한 감성과 풍부한 예술성을 살린 시가를 창작했다. 봉건 사회 규중 여성의 슬픔 과 원한, 남녀 간의 애정, 고된 시집살이의 고통 등을 일상어를 사용하여 과감하고 솔직 하게 표현한 것이 특징이다. 특히 선조 때 허난설헌이 지었다는 「규원가」는 내방 가사 중 뛰어난 작품으로 평가되고 있다.

• 부부 가사

순천 김 씨가 회갑을 맞이하여 부부의 삶을 돌아보며 「노부탄」을 지어 남편 김약련에게 건넸고, 이에 김약련은 아내에게 화답하는 글인 「답부사」를 지었다. 「답부사」에서 김약련 은 자신의 가치관을 표현하면서도 아내의 생각에 동의하며, 서로 다름을 인정하고 조율 하려는 태도가 드러난다. 부부가 서로 주고받은 이 작품은 김약련이 남긴 「두암제영」에 수록되어 있다.

(나) 수필 - 이인로, 「청학동기(青鶴洞記)(푸를 青 학 鶴 고을 洞 기록할 記 : 청학동에 관한 기록 혹은 청학동을 찾아다닌 경험에 대한 기록)」

❶ ¹ 지리산(경상남도, 전라남도, 전라북도에 걸쳐 있는 산)은 혹 두류산(꼭대기 頭 흐를 流 산 山) 이라고도 부른다. ² 지리산의 발단(일어날 發 처음 端 : 시작)이 북쪽의 백두산에서부터 시작 되는데 꽃봉오리 같은 산봉우리와 꽃받침같이 아름다운 계곡이 끊이지 않고 이어져 내 려와 대방군(전라북도 남원)에까지 이르게 된다. ³ ⓐ 그 산이 수천 리에 이었고 십여 고을 에 걸쳐 있으므로 한 달 정도를 돌아다녀야 그 끝간 데(끝)를 알 수 있다. ⁴ 옛 노인들 사이 에 서로 전해오는 얘기에 "지리산 안에 청학동이 있는데 그곳으로 가는 길이 매우 좁아서 겨우 한 사람이 다닐 만하다. ⁵ 머리를 숙이고 엎드려서 몇 리쯤 가다 보면 이내 확 트인 넓 은 땅을 만나게 되는데 사방의 땅이 모두 기름져서 곡식을 뿌리고 심어서 기르기에 알맞 다. ⁶ 그러나 ⓑ 그곳(청학동)에는 오직 청학(青鶴)(푸를 青 학 鶴 : 푸른 학)만이 살고 있기 때 문에 청학동이라 부르게 된 것이다. ⁷ 그곳은 옛날에 속세를 등진 사람이 살았던 곳이라서 아직도 가시덤불로 덮인 빈터에 허물어진 담장과 구덩이가 남아 있다."라는 말이 있다.

→ 세속과 동떨어진 '지리산 청학동'과 관련해 전해오는 얘기가 있다.

❷ ¹ 옛날에 내(글쓴이인 이인로)가 당형(堂兄)(집 堂 형 兄 : 사촌 형)인 최 상국(相國)(고려 시 대 문신인 최탐. '상국'은 영의정, 좌의정, 우의정을 통틀어 이르는 말)과 함께 옷을 걷어 부치고 속 세를 떠나 평생 은둔하려는(숨을 隱 숨을 遁 : 세상일을 피하여 숨으려는) 데 뜻을 두고 있었다. ² 그래서 둘이서 이 골짜기(지리산 청학동)를 찾아가기로 약속하고는 대통발(대나무 조각을 엮어서 통같이 만든 고기잡이 기구)에 송아지 두세 마리를 싣고 청학동으로 들어가 살며 속 세와 절연하고자(끊을 絶 인연 緣 : 인연을 끊고자) 했다. ³ 드디어 화엄사(전라남도 구례에 있는 절)에서 출발하여 화개현(경상남도 하동에 위치한 곳)에 이르러 신흥사(경상남도 하동에 있었 던 절)에서 묵었는데, 지나는 곳마다 선경(신선 仙 장소 境 : 경치가 신비스럽고 그윽한 곳)이 아 닌 곳이 없었다. ⁴ 바위들이 아름다움을 자랑하고 골짜기마다 물이 다투어 흐르며 대나무 울타리와 띠(풀)로 이은 집들이 복숭아꽃과 살구꽃 사이로 어른거리니 ⓒ 마치 인간 세상 이 아닌 듯했다. ⁵ 그러나 사람들이 말하는 청학동은 끝내 찾을 수가 없어서 다음과 같은 시를 바위에 남겨두었다.

→ '나'는 청학동으로 들어가 은둔하고자 했으나 끝내 청학동을 찾지 못했다.

(중략)

❸ ¹ 어제 서재에서 우연히 오류선생(五柳先生)(다섯 五 버들 柳 먼저 先 날 生 : 중국 진나라 의 시인 도연명이 그의 집에 버드나무 다섯 그루를 심어 놓고 스스로를 이르던 호)의 문집(글 文 모 을 集 : 시나 문장을 모아 엮은 책)을 보게 되었는데 그 안에 「도원기(桃源記)(복숭아 桃 근원 源 기록할 記 : 도연명이 지은 산문 「도화원기(桃花源記)」를 말하는 것으로, 이상향 혹은 별천지를 뜻 하는 '무릉도원'은 「도화원기」에서 나온 말임)가 있기에 그것을 반복해서 읽었다. ² 그 글의 내 용은 대략 이러했다. ³ ⓓ 진(秦)나라 사람들이 전란(싸울 戰 어지러울 亂 : 전쟁으로 인한 난 리)을 싫어해서 처자식을 이끌고 지세(땅 地 형세 勢 : 땅의 생긴 모양이나 형세)가 깊고 험준 한 곳을 찾아들었다가 산이 겹겹이 쌓여 있고, 시내가 어지럽게 흘러내려 나무꾼들조차 도 찾을 수 없는 산골을 발견하여 거기에서 살았다. ⁴ 진(晉)나라 태원 연간(시대 年 동안 間 : 왕위에 있을 때)에 한 어부가 요행히(뜻밖으로 운수가 좋게) 그곳에 찾아들었다가 갑자기 돌 아가는 길을 잊어버리고 다시는 되돌아가지 못하였다.

4 ¹훗날에 그곳의 경치를 채색으로(채색 彩 빛깔 色 : 색을 칠해서) 그리고 노래를 지어 그곳의 아름다움을 전하여 도원을 신선 세계라 여기게 되었다. ²그러므로 그곳은 신선의 마차를 타고 다니며 장수하는(길 長 수명 壽 : 오래 사는) 사람들이 영원히 살아갈 만한 곳이었다. ³아마도 내가 도원기를 미숙하게(아닐 未 깊이 熟 : 허술하게) 읽었기 때문일 것이니 ⓔ실제로는 청학동과 다름이 없는 곳이리라.

→ 「도원기」를 읽은 '나'는 신선 세계인 도원이 청학동과 다름없는 곳이리라 생각한다.

5 어떻게 하면 유자기(劉子驥)(중국 진나라 남양의 선비로 도원을 찾으려 했지만 결국 찾지 못했다고 함)와 같은 고상한(높을 高 높을 尙 : 품위나 몸가짐의 수준이 높고 훌륭한) 선비를 만나 나도 한번 그곳(이상 세계. 청학동)을 찾을 수 있을까?

→ '나'는 여전히 이상적 공간을 찾기를 희망한다.

• 중심 내용
'나'는 청학동을 찾아 은거하고 싶었으나 끝내 찾지 못한다. '나'는 도원과 같은 이상적 공간인 청학동을 여전히 지향하고 동경한다.

대통발((나) ❷-2) ▶

---

35 표현상 공통점 – 적절한 것 고르기
정답률 65%, 매력적 오답 ③ 15%
정답 ⑤

(가)와 (나)의 공통점으로 가장 적절한 것은?

선지	핵심 체크 내용	(가)	(나)
①	명암의 대비 → 대상에 대한 인식을 드러냄	X	X
②	반어적 표현 → 대상에 대한 감정을 드러냄	X	X
③	연쇄의 방식 → 공간의 변화 과정을 드러냄	X	X
④	명령형 어미	O	X
	상황에 대한 정서를 드러냄	X	X
⑤	물음의 방식 → 대상에 대한 태도를 드러냄	O	O

① *명암의 대비를 통해 대상에 대한 인식을 드러내고 있다. *밝음과 어두움
풀이 (가)와 (나) 모두 명암의 대비는 드러나지 않는다.
→ 적절하지 않음!

■ 명암의 대비가 나타나는 작품
• 신석정, 「꽃덤불」 (2016학년도 9월 모평AB)
다시 우러러보는 이 하늘에/ 겨울밤 달이 아직도 차거니/ 오는 봄엔 분수처럼 쏟아지는 태양을 안고/ 그 어느 언덕 꽃덤불에 아늑히 안겨 보리라.
→ 화자가 처해 있는 암담하고 혼란스러운 현실을 드러내는 '겨울밤(어둠)'과 화자가 소망하는 밝은 미래를 의미하는 '태양(밝음)'을 대비하고 있다. 이를 통해 광복이 되었지만 이념 갈등으로 혼란스러운 현실을 극복하고 진정한 평화 국가를 건설하고자 하는 화자의 소망을 드러내고 있다.

② *반어적 표현을 통해 대상에 대한 감정을 드러내고 있다. *말하고자 하는 원래 의미와는 반대되는 표현
풀이 (가)와 (나) 모두 반어적 표현은 나타나지 않는다.
→ 적절하지 않음!

③ *연쇄의 방식을 통해 공간의 변화 과정을 드러내고 있다. *앞 구절의 끝 어구를 다음 구절 앞 구절에 이어받아 표현하는 방식
풀이 (가)와 (나) 모두 연쇄의 방식은 나타나지 않는다.
→ 적절하지 않음!

■ 연쇄의 방식을 활용한 작품
• 신석정, 「산은 알고 있다」
그칠 줄 모르고 흘러가는 시냇물과 시냇물이 모여서 부르는 노랫소리와 철쭉꽃 나리꽃과 나리꽃에 내려앉은 나비의 날개에 사운대는(흔들리는) 바람과 바람결에 묻혀 가는 꿈과 생시를 산은 잘 알고 있다.

→ 연쇄법을 사용하여 '시냇물'이 노래하고 '바람'이 부는 자연의 모습을 묘사하고 있다.

(가)만 해당
④ *명령형 어미를 통해 상황에 대한 정서를 드러내고 있다. *명령이나 요구의 뜻을 나타내기 위해 사용하는 '–아라/–어라' 등의 종결 어미
근거 (가)-1 산 너머 저 부자님 곡식 두고 자랑마오 (쌓아 둔 곡식보다는 과거 급제가 더 영광스러운 일이라는 화자의 인식 표출)/ 32~33 차지는 두고 가오 내일 부디 바치소서 (내일은 세금을 바치라는 권농차사의 권유)/ 그는 좋게 마감하나 저 아이 소리 듣소 (계속 굶고 있는 손자딸의 불평에 귀를 기울여 보라는 요구)
풀이 (가)는 '-오', '-소서', '-소' 등의 명령형 어미를 통해 상황에 대한 화자의 인식이나 상대에 대한 요구의 의미를 드러내고 있다. 그러나 이를 통해 상황에 대한 정서를 드러내고 있지는 않다. (나)에는 명령형 어미가 사용되지 않았다.
→ 적절하지 않음!

⑤ 물음의 방식을 통해 대상에 대한 태도를 드러내고 있다.
근거 (가)-12 어릴 때 엇나간 임을 내 어이 길들이리
(나)-❺ 어떻게 하면 유자기와 같은 고상한 선비를 만나 나도 한번 그곳을 찾을 수 있을까?
풀이 (가)에서는 '어릴 때 엇나간 임을 내 어이 길들이리'에서 물음의 방식을 통해 대상인 '임'에 대한 원망과 한탄의 태도를 드러내고 있다. (나)에서는 '어떻게 하면 ~ 나도 한번 그곳을 찾을 수 있을까?'에서 물음의 방식을 통해 대상인 '그곳(이상적 공간)'에 대한 지향의 태도를 드러내고 있다.
→ 적절함!

1등급 문제
36 시구의 의미 – 적절한 것 고르기
정답률 60%, 매력적 오답 ④ 20%
정답 ⑤

㉠과 ㉡에 대한 이해로 가장 적절한 것은?

(가)-13~23 아무 마을 아무 댁은 자기 가장 자랑 말이/ 아기 때 스승 따라 천자문과 유합을 배우더니/ 가난에 놀랐는지 책을 묶어 시렁에 얹고/ 괭이 메고 호미 쥐어 논 매고 밭을 가꿔/ 여름에 수고하여 가을에 타작하니/ 집안 식구 배 불리고 환곡 세금 걱정 없네/ 이 아니 신선인가 과거하여 무엇하리/ 나도 ㉠ 그 말 들어 갑자기 깨달으니/ 글공부 하던 허비 과거 보던 이 비용을/ 다 두어 전지사고 부경부업하였다면/ 저 부인 저 남편을 설마한들 못 미치겠는가
→ ㉠ 그 말('아무 마을 아무 댁의 말) : 일찍이 가장이 과거를 포기하고 농사를 지었더니 잘살게 되었다는 자랑

(가)-37~50 책 덮고 돌아앉아 나에게 하는 말씀/ 인황씨 몇 대 손자 수인씨 되었던지/ 절로 맺은 나무 열매 먹고 좋게 살던 것을/ 수인씨 다사하여 교인화식하였구나/ 우리 부부 굶는 일은 그 탓이 수인씨요/ 구만리 높은 위에 옥황상제 앉아 계셔/ 천하 사람 부귀 빈천 마련하여 주었으니/ 굶는 탓 물려든들 어이하여 올라가리/ 탓 물어 무엇하리 하늘만 기다리오/ 구태여 저 상제님이 무록인을 내었을까/ 나도 ㉡ 이 말 듣고 말하여 무익하오/ 문 닫고 돌이켜 생각하니 오냐 어이하리/ 세상에 굶고 벗고 글 하다가/ 과거도 못한 사람 많으니라
→ ㉡ 이 말('나의 남편'의 말) : 가난이 수인씨의 탓이고 부귀 빈천은 옥황상제가 정해 주었으므로 어찌할 수 없다는 운명론적인 세계관

① ㉠과 ㉡은 모두, 지적 화자가 자신감을 얻는 계기로 작용하고 있다.
풀이 (가)의 화자는 아무 마을 아무 댁의 자기 가장을 자랑하는 ㉠을 듣고는 글공부와 과거 시험에 든 비용으로 논밭을 사서 농사를 지었다면 자신들도 잘살 수 있었으리라는 깨달음을 얻고 있을 뿐 자신감을 얻고 있지는 않다. 또한, 화자는 가난이 수인씨의 탓이고 부귀 빈천은 옥황상제가 마련해 준 것이라는 남편의 ㉡을 듣고 더 이상 대화를 할 필요가 없다고 생각하게 되므로 ㉡은 화자가 자신감을 얻는 계기와 무관하다.
→ 적절하지 않음!

② ㉠과 ㉡은 모두, 지적 화자가 상대의 행동을 오해하는 계기로 작용하고 있다.
풀이 (가)의 화자는 ㉠을 듣고 자기 가장을 자랑하는 아무 마을 아무 댁의 행동을 오해하지 않았으며, 오히려 삶의 방향에 관한 깨달음을 얻었다. ㉡은 화자로 하여금 남편과의 대화가 무익하다는 생각을 하게 하는 계기가 되었지만 ㉡으로 인해 화자가 남편의 행동을 오해하게 되지는 않았다.
→ 적절하지 않음!

③ ㉠과 ㉡은 모두, 지적 화자가 상대에 대한 신뢰를 회복하는 계기로 작용하고 있다.
풀이 (가)의 화자는 애초에 아무 마을 아무 댁에 대한 신뢰가 손상된 적이 없으므로 ㉠이 신뢰 회복의 계기로 작용하고 있다는 설명은 적절하지 않다. 남편에게 원망의 감정을 지니고 있던 화자는 ㉡을 들은 후 남편과의 무익한 대화를 단념해 버리므로 ㉡이 남편에 대한 신뢰 회복의 계기로 작용했다고 볼 수 없다.
→ 적절하지 않음!

→ 문제편 231쪽

④ ㉠은 시적 화자가 상대를 부러워하는 계기로, ㉡은 **시적 화자가 상대를 위로하는 계기**로 작용하고 있다.

> **풀이** ㉠을 들은 (가)의 화자는 자신들도 아무 마을 아무 댁 부부처럼 농사에 힘쓰며 살았다면 '저 부인 저 남편'처럼 살 수 있었을 것이라고 생각했으므로 ㉠이 시적 화자가 상대를 부러워하는 계기로 작용했다고 볼 수 있다. 한편, 화자는 부귀 빈천은 운명에 달린 것이라는 ㉡을 듣고 남편과의 대화를 단념하고 있을 뿐, 남편을 위로하고 있지 않다.

→ 적절하지 않음!

✓ ⑤ ㉠은 시적 화자가 자신의 지난날을 되돌아보는 계기로, ㉡은 시적 화자가 상대와의 대화를 단념하는 계기로 작용하고 있다.

> **풀이** ㉠을 들은 (가)의 화자는 과거를 회상하며 글공부와 과거에 들인 돈으로 차라리 논밭을 사서 농사에 힘썼더라면 더 잘살 수 있었을 것이라고 후회하고 깨달음을 얻는다. 따라서 ㉠은 시적 화자가 자신의 지난날을 되돌아보는 계기로 작용하고 있다고 볼 수 있다. 한편, ㉡을 통해 가난한 운명으로 인식하는 남편의 생각을 알게 된 화자는 남편과의 대화가 무익함을 깨닫고는 대화를 단념해 버린다. 따라서 ㉡이 시적 화자가 상대와의 대화를 단념하는 계기로 작용하고 있다는 설명은 적절하다.

→ 적절함!

---

37 내용 이해 – 적절하지 않은 것 고르기
정답률 65%, 매력적 오답 ⑤ 15%　　　　정답 ④

ⓐ ~ ⓔ에 대한 설명으로 적절하지 않은 것은?

① ⓐ : 북쪽 백두산에서부터 시작되어 이어진 지리산의 *광대한 범위를 확인할 수 있다.
*크고 넓은

> **근거** (나) ❶-2~3 지리산의 발단이 북쪽의 백두산에서부터 시작되는데 ~ ⓐ 그 산이 수천 리에 이었고 십여 고을에 걸쳐 있으므로 한 달 정도를 돌아다녀야 그 끝간 데를 알 수 있다.
> **풀이** 지리산이 북쪽의 백두산에서 시작된다고 하였고, ⓐ에서 그 산이 수천 리에 이어져 있다는 것에서 지리산의 광대한 범위를 확인할 수 있다.

→ 적절함!

② ⓑ : 청학동이라는 이름으로 불리게 된 *유래를 알 수 있다. *까닭

> **근거** (나) ❶-6 ⓑ 그곳에는 오직 청학만이 살고 있기 때문에 청학동이라 부르게 된 것이다.
> **풀이** ⓑ를 통해 청학만이 살고 있기 때문에 푸른 학이 사는 동네라는 의미의 청학동이라는 명칭이 붙여졌음을 확인할 수 있다.

→ 적절함!

③ ⓒ : 청학동을 찾아가는 중에 마주한 자연 풍경에 대한 감상을 확인할 수 있다.

> **근거** (나) ❷-2~4 청학동으로 들어가 살며 속세와 절연하고자 했다. 드디어 화엄사에서 출발하여 화개현에 이르러 신흥사에서 묵었는데, 지나는 곳마다 선경이 아닌 곳이 없었다. ~ ⓒ 마치 인간 세상이 아닌 듯했다.
> **풀이** 청학동으로 들어가 속세와 절연하고자 했던 '나'는 청학동을 찾아가는 중에 마주한 아름다운 자연 풍경에 대해 ⓒ에서 마치 인간 세상이 아닌 듯했다는 감상을 표현하였다.

→ 적절함!

　　　　　　　　도원
✓ ④ ⓓ : 진나라 사람들이 청학동에 살게 된 이유를 확인할 수 있다.

> **근거** (나) ❸-1~3 어제 서재에서 우연히 오류선생의 문집을 보게 되었는데 그 안에 「도원기」가 있기에 그것을 반복해서 읽었다. 그 글의 내용은 대략 이러했다. ⓓ 진나라 사람들이 전란을 싫어해서 처자식을 이끌고 지세가 깊고 험준한 곳을 찾아들었다가 ~ 산골을 발견하여 거기에서 살았다./ ❹-1 훗날에 그곳의 경치를 채색으로 그리고 노래를 지어 그곳의 아름다움을 전하여 도원을 신선 세계라 여기게 되었다.
> **풀이** ⓓ는 '나'가 대략 서술한 「도원기」의 내용으로, 진나라 사람들이 전란을 피해 은둔한 곳이 도원이었음이 드러나 있다.

→ 적절하지 않음!

⑤ ⓔ : 도원과 청학동을 동일한 성격의 공간으로 인식하고 있음을 알 수 있다.

> **근거** (나) ❹-1 훗날에 그곳의 경치를 채색으로 그리고 노래를 지어 그곳의 아름다움을 전하여 도원을 신선 세계라 여기게 되었다./ 3 ⓔ 실제로는 청학동과 다름이 없는 곳이리라.
> **풀이** ⓔ에는 훗날 신선 세계라 여기게 된 도원이 실제로는 청학동과 다름없을 것이라는 '나'의 생각이 담긴 것으로, 도원과 청학동을 이상적 공간이라는 동일한 성격의 공간으로 여기고 있는 '나'의 인식을 확인할 수 있다.

→ 적절함!

---

38 감상의 적절성 – 적절하지 않은 것 고르기
정답률 60%, 매력적 오답 ② 25%　　　　정답 ④

〈보기〉를 바탕으로 (가)와 (나)를 감상한 내용으로 적절하지 않은 것은? [3점]

> | 보기 |
> [1] (가)와 (나)는 부정적 상황에 대응하는 과정에서 기대가 좌절되었던 작가의 경험이 서로 다른 모습으로 형상화되고 있다. [2] (가)에는 남편의 출세로 영화(榮華 빛날 華 : 몸이 귀하게 되어 이름이 세상에 빛남)를 얻으려던 기대가 좌절되자 무능한 남편을 설득하다 실패한 작가가 현실을 수용했던 경험이, (나)에는 속세와 단절된 이상적 공간을 찾는 데 실패한 작가가 좌절된 기대를 포기하지 않았던 경험이 나타난다.

① (가)의 '벼슬길에 못 올라서 귀향은 무슨 일인가'에서 남편의 출세로 영화를 얻으려던 기대가 좌절된 작가의 경험을 엿볼 수 있군.

> **근거** 〈보기〉-2 (가)에는 남편의 출세로 영화를 얻으려던 기대가 좌절되자
> (가)-3~7 부세에 좋은 영광 과거밖에 또 있는가/ 하물며 모인 사람 한결같이 하는 말이/ 일 년에 대소과는 평생 끽착 못 다 하리/ 규중에 어리석은 부녀 그 말을 믿었더니 (기대)/ 벼슬길에 못 올라서 귀향은 무슨 일인가 (좌절)
> **풀이** 〈보기〉를 바탕으로 할 때 '벼슬길에 못 올라서 귀향은 무슨 일인가'는 남편이 과거에 급제하여 출세하면 영화를 얻을 수 있을 것이라 기대했으나 남편의 귀향으로 인해 그 기대가 좌절되었던 작가의 경험이 형상화되어 있다.

→ 적절함!

② (가)의 '머나먼 변방 길에 가네 오네 빚'이라며 '남은 전지 역농이나 하자 하'는 것에서 부정적 상황에 대응하는 작가의 경험을 엿볼 수 있군.

> **근거** 〈보기〉-1 (가)와 (나)는 부정적 상황에 대응하는 과정 ~ 작가의 경험이 ~ 형상화되고 있다.
> (가)-9 머나먼 변방 길에 가네 오네 빚이로다/ 11 이제는 남은 전지 역농이나 하자 하니
> **풀이** (가)에서 남편이 '머나먼 변방 길'을 오가느라 '빚'을 진 것은 부정적 상황으로 볼 수 있다. 이러한 상황에서 '남은 전지'에 '역농이나 하자'고 하는 것에서 경제적 궁핍이라는 부정적 상황에 '역농'으로 대응하는 작가의 경험이 드러나 있다고 볼 수 있다.

→ 적절함!

③ (나)의 '청학동으로 들어가 살'고자 '화엄사에서 출발'한 것에서 속세와 단절된 이상적 공간을 찾으려 했던 작가의 경험을 엿볼 수 있군.

> **근거** 〈보기〉-2 (나)에는 속세와 단절된 이상적 공간을 찾는 데 실패한 작가가 좌절된 기대를 포기하지 않았던 경험이 나타난다.
> (나) ❷-2~3 그래서 둘이서 이 골짜기를 찾아가기로 약속하고는 ~ 청학동으로 들어가 살며 속세와 절연하고자 했다. 드디어 화엄사에서 출발하여
> **풀이** 속세를 떠나 평생 은둔하려던 '나'는 '청학동으로 들어가 살'고자 '화엄사에서 출발'하여 청학동을 찾아 나선다. '나'의 이러한 행동은 속세와 단절된 이상적 공간을 찾으려던 작가의 경험이 나타난 것으로 이해할 수 있다.

→ 적절함!

> ■ **속세와 단절된 이상적 공간이 나타나는 작품**
> • 김관식, 「거산호1」
> 　산에 가 살래./ 팥밭을 일궈 곡식도 심구고 ~ 물고기 몇 놈 데리고 오고/ 작록(爵祿 벼슬 爵 녹봉 祿 : 관직과 녹봉)도 싫으니 산에 가 살래.
> 　→ 화자는 부귀영화와 같은 세속적 가치('작록')도 거부하고 '산'에 가서 살고 싶어 하므로 '산'은 속세와 단절된 이상적 공간으로 볼 수 있다.

　　　　　　　　　　　　　　　남편의 출세로 영화를 얻고자 기대하던
✓ ④ (가)의 '규중에 어리석은 부녀 그 말을 믿었더니'에서 남편을 설득하는 데 실패한 작가의 모습을, (나)의 '시를 바위에 남기는 모습에서 이상적 공간을 찾는 데 실패한 작가의 모습을 엿볼 수 있군.

> **근거** 〈보기〉-2 (가)에는 남편의 출세로 영화를 얻으려던 기대 ~ (나)에는 속세와 단절된 이상적 공간을 찾는 데 실패한 작가
> (가)-4~6 하물며 모인 사람 한결같이 하는 말이/ 일 년에 대소과는 평생 끽착 못 다 하리/ 규중에 어리석은 부녀(작가) 그 말을 믿었더니
> (나) ❷-5 그러나 사람들이 말하는 청학동은 끝내 찾을 수가 없어서 다음과 같은 시를 바위에 남겨두었다.
> **풀이** (나)에서 '나'는 청학동을 끝내 찾을 수 없어서 '시를 바위에 남'긴다. 이를 통해 속세와 단절된 이상적 공간을 찾는 데 실패한 작가의 모습을 확인할 수 있다. 그러나 (가)의 '규중에 어리석은 부녀 그 말(과거에 합격하면 평생 먹고사는 일이 다 해결된다는 사람들의 말)을 믿었더니'에서는 남편을 설득하는 데 실패한 모습이 드러나 있지 않다. 이 부분에서는 남편의 출세로 영화를 얻고자 기대하던 작가의 모습을 확인할 수 있다.

→ 적절하지 않음!

⑤ (가)의 '문 닫고 돌이켜 생각하니 오냐 아이하리'에서 기대가 좌절된 현실을 수용하는
작가의 모습을, (나)의 '어떻게 하면' 그곳을 찾을 수 있을지 생각하는 것에서 기대를
포기하지 않는 작가의 모습을 엿볼 수 있군.

근거 <보기>-2 (가)에는 남편의 출세로 영화를 얻으려던 기대가 좌절되자 ~ 작가가 현실
을 수용했던 경험이, (나)에는 속세와 단절된 이상적 공간을 찾는 데 실패한 작가가
좌절된 기대를 포기하지 않았던 경험이 나타난다.
(가)-47~50 나도 이 말 듣고 말하여 무익하오/ 문 닫고 돌이켜 생각하니 오냐 아이
하리/ 세상에 굶고 벗고 글 하다가/ 과거도 못한 사람이 많으니라
(나)-⑤ 어떻게 하면 유자기와 같은 고상한 선비를 만나 나도 한번 그곳을 찾을 수
있을까?

풀이 (가)의 작가는 남편의 말을 듣고 대화를 단념한 후, 세상에 가난하게 글공부하다가
과거에 합격하지도 못한 사람이 많다며 남편의 출세가 좌절된 현실을 수용하는 모습
을 보여 주고 있다. (나)에서 청학동을 찾는 데 실패한 '나'는 포기하지 않고 '어떻게
하면' 그곳을 찾을 수 있을지를 고민한다. 이를 통해 좌절된 기대를 포기하지 않는
작가의 모습을 확인할 수 있다.

→ 적절함!

[39~41] 현대시

(가) 신석정, 「청산백운도(푸를 靑 산 山 흴 白 구름 雲 그림 圖 : 푸른 산과 흰 구름을 그린 그
림)」

· 주제
숭고하고 너그러운 푸른 산과 더불어 살기를 소망한다.

· 지문 이해

대상 : '푸른 산'	
• 머리는 항상 하늘을 향하고 사는 산 • 언제나 숭고할 수 있는 푸른 산	변함없이 하늘을 지향하는 숭고함(불변성)
• 흰 구름 이는 머리 • 저 산맥 위로는 푸른 별이 넘나들었고 • 흰 구름이/ ~ 늙은 산 수려한 이마를 쓰다듬거니 • 청초한 꽃그늘에 자고 또 이는 구름	다른 자연물과 더불어 살아감
• 고산식물들을 품에 안고 길러낸다는 너그러운 산	다른 생명을 너그럽게 감싸는 포용력

화자	
• 숭고할 수 있는 푸른 산이/ ~ 부러워	푸른 산을 동경함
• 내 몸이 가벼이 흰 구름이 되는 날은/ ~ 푸른 산 이마를 어루만지리	푸른 산과 어우러져 살고 싶음

· 어휘 풀이
* 투박한 : 볼품없이 둔하고 튼튼하기만 한.
* 하늘 : 여기서는 '이상'을 의미.
* 숭고할 : 뜻이 높고 훌륭할.
* 비롯하던 : 생기던.
* 수려한 : 빼어나게 아름다운.
* 고산식물 : 높은 산에서 저절로 나는 식물.
* 청초한 : 깨끗하고 아름다운.

(나) 문정희, 「새 옷 입는 법」

· 주제
자연으로부터 배운 삶의 방식을 실현하기를 소망한다.

· 어휘 풀이
* 사운사운 : '살랑살랑'의 방언. 조용히 가만가만 행동하는 모양.
* 악어들의 이빨 : '험난한 현실'을 의미.
* 사랑 : '자연에 대한 사랑'을 의미.

· 지문 이해

화자	
• 나에게는 어린아이가 많다네	순수한 어린아이 같은 존재
• 이 도시가 악어들의 이빨로 가득해도 • 고향을 버리고 온 새 • 고통과 쓸쓸함이 따라다니지만	고향을 떠나 도시에 살면서 고통과 쓸쓸함을 느낌
• 나는 사랑을 앓고 있는 것 같네 • 왜 자꾸 새 옷을 차려입고 싶은지/ 왜 자꾸 사운사운 시를 짓고 싶은지	자연에서 배운 삶의 방식을 실현하고 싶음

자연	
• 새로 핀 꽃에서 어머니를 만나네	화자가 모성을 느끼는 존재
• 부드러운 비가 어깨를 감싸 주는 날 • 꽃은 피어/ 눈부시게 옷 입는 법을 가르쳐 주고/ 새들은 풀잎 같은 혀로 시 짓는 법을 들려주네/ 나무들은 몸으로 춤을 보여 주네	화자를 위로해 주고 삶의 방식을 가르쳐 주는 존재

39 표현상 특징 - 적절한 것 고르기 정답률 75%	정답 ③

(가)와 (나)에 대한 설명으로 가장 적절한 것은?

선지	핵심 체크 내용	(가)	(나)
①	음성 상징어 → 시적 의미 강조	X	O
②	역설적 표현 → 주제 의식 부각	X	X
✓③	유사한 문장 구조 반복 → 시상 마무리	X	O
④	청각적 심상 → 대상의 특성 드러냄	X	O
⑤	말을 건네는 방식 → 청자에 대한 친근감 표현	X	X

① **(가)는** (나)는 달리, *음성 상징어를 통해 시적 의미를 강조하고 있다. *소리를 흉내 낸 말
인 의성어와 모양을 흉내 낸 말인 의태어

근거 (나) ❶연-5행 새 옷 입고 사운사운 시를 쓰겠네// ❸연-4행 왜 자꾸 사운사운 시를
짓고 싶은지

풀이 (나)는 '조용히 가만가만 행동하는 모양'을 의미하는 '사운사운'이라는 의태어를 사용
하여 시를 쓰는 화자의 모습을 강조하고 있다. 반면에 (가)에는 음성 상징어가 사용
되지 않았다.

→ 적절하지 않음!

■음성 상징어
소리나 모양을 음성으로 나타낸 말을 가리킨다. 의성어(소리를 흉내 낸 말)와 의태어
(모양을 흉내 낸 말)를 포괄하는 말이다.

1. '음성 상징어'로 표현된 기출 선지
　① 모습이나 소리를 흉내 낸 말을 사용하여 인상 깊게 표현하고 있다.
　　• 작자 미상, 「흥부전」 (2014년 고1 3월 학평)
　　　제비 새끼 하나가 공중에서 뚝(의태어) 떨어져, 대발 틈에 발이 빠져 자끈(의성
　　　어, 의태어) 부러져
　② 음성 상징어를 사용하여 대상을 생생하게 묘사하고 있다.
　　• 작자 미상, 「수궁가」 (2014년 고1 11월 학평)
　　　만화방창 화림 중의 펄펄(의태어) 뛰던 발 그려, ~ 들락날락(의태어) 오락가락(의
　　　태어) 앙그주춤(엉거주춤)(의태어) 기난 듯이
　③ 음성 상징어를 활용하여 행동의 격렬함을 강조한다.
　　• 박경리, 「토지」 (2020학년도 6월 모평)
　　　손이 뺨 위로 날았다. 앞가슴을 잡고 와락와락(의태어) 흔들어 댄다. ~ 고래고
　　　래(의태어) 소리를 지른다.

2. '의태어'로 표현된 기출 선지
　① 의성어와 의태어를 구사하여 화자의 상황을 구체화하고 있다.
　　• 한용운, 「알 수 없어요」 (2013학년도 6월 모평)
　　　언뜻언뜻 보이는 푸른 하늘/ ~ 작은 시내는 구비구비 누구의 노래입니까

② 의태어를 사용하여 인물의 행동을 생생하게 묘사하고 있다.
• 작자 미상, 「장끼전」 (2013년 고1 9월 학평)
  장끼란 놈 얼룩 꽁지깃 펼쳐 들고 꾸벅꾸벅 고개짓하며

3. '의성어'로 표현된 기출 선지
① 의성어는 화자에게 원망의 감정을 불러일으키고 있군.
• 박문욱, 「내게는 원수가 없어」 (2014년 고3 7월 학평A)
  적막 중문에 온 님을 물으락 나오락 캉캉 짖어 도로 가게 하니

② (나)는 (가)와 달리, *역설적인 표현을 통해 주제 의식을 부각하고 있다. *겉으로 보기에는 말이 되지 않는 모순된 표현이지만 그 속에 중요한 진리를 담고 있는 표현
풀이 (가)와 (나) 모두 역설적인 표현은 나타나지 않는다.
→ 적절하지 않음!

■ 반어적 표현
속마음과 반대로 말하는 것을 말한다. 예를 들어, 할머니가 자신의 손녀에게 "참 밉게도 생겼다."라고 말한다든지, 접시를 깬 아이에게 "잘~한다."라고 말하는 것 등은 속마음과 반대로 표현한 반어적 표현이다. 반어적 표현이 사용되면 시적 화자가 말할 법한 내용과 반대되기 때문에 독자의 주목이나 호기심을 끌게 된다.

■ 반어적 표현이 드러난 작품
• 김소월, 「진달래꽃」 (2017년 고1 9월 학평)
  죽어도 아니 눈물 흘리오리다
  → 임이 나를 떠나게 된다면 몹시 슬프겠지만, 속마음과는 반대로 '죽어도 눈물을 흘리지 않겠다'라고 말하고 있다.
• 김소월, 「먼 후일」 (2012년 고1 9월 학평)
  먼 후일 당신이 찾으시면/ 그 때에 내 말이 '잊었노라'// 당신이 속으로 나무라면/ '무척 그리다가 잊었노라'// 그래도 당신이 나무라면/ '믿기지 않아서 잊었노라'// 오늘도 어제도 아니 잊고/ 먼 후일 그 때에 '잊었노라'
  → '당신'을 잊지 못하는 '내' 마음을 '잊었노라'라고 반대로 표현하고 있다. '잊었노라'라는 반어적 표현에 약간의 변화를 주어 매 연마다 반복적으로 제시함으로써 '당신'을 잊지 못하는 화자의 애절한 마음을 효과적으로 표현하고 있다.

■ 역설적 표현
어떤 말이 겉으로 볼 때는 논리적으로 맞지 않지만 그 속에 더욱 깊은 뜻이 담겨 있는 표현 방식이다.

■ 역설적 표현이 드러난 작품
• 이형기, 「낙화」 (2014학년도 수능A)
  결별이 이룩하는 축복에 싸여
  → '결별'은 일반적으로 슬프고 부정적인 상황이기에 '축복'할 일이 아니다. 그러나 화자를 '성숙'하게 만드는 계기가 되는 것이므로 이 시에서는 '결별'을 '축복'이라 표현하고 있다.
• 한용운, 「님의 침묵」 (2009학년도 수능)
  아아 님은 갔지마는 나는 님을 보내지 아니하였습니다.
  → '님이 갔다'와 '님을 보내지 않았다'는 서로 모순되는 표현이다. 그러나 이를 통해 '님'이 곁에 없지만, 나는 여전히 '님'을 생각하고 있음을 나타낸다.
• 조지훈, 「*승무」 (2010학년도 수능) *장삼과 고깔을 걸치고 북채를 쥐고 추는 민속춤. 끝내 수행을 이루지 못한 고뇌를 법고(절에서 의식을 거행할 때에 치는 큰북)를 두드려서 잊으려는 파계승의 심정을 나타냄
  정작으로 고와서 서러워라.
  → '고운 것'은 일반적으로 '서러움'의 정서를 일으키지 않는다. 그런데 이 작품에서 시적 화자가 서러움을 느끼는 것은 '정작으로 고운' 젊은 여인의 승무를 보니 그 여인에게서 어떤 사연으로 인한 한(恨)이 느껴졌기 때문이다.

■ 반어와 역설의 구별
반어와 역설은 둘 다 그 이면에 다른 의미가 담겨 있다는 공통점이 있다. 반어인지 역설인지 헷갈릴 때에는 그 이면의 의미는 생각하지 말고 그 문장 자체에 모순(앞뒤가 서로 맞지 않음)이 있는지 없는지 살펴보고, 모순이 있으면 역설이라고 생각하면 된다.

③ (나)는 (가)와 달리, 유사한 문장 구조의 반복을 통해 *시상을 마무리하고 있다. *시에 나타난 사상이나 감정
근거 (가) ❻연 내 몸이 가벼이 흰 구름이 되는 날은/ 강 너머 저 푸른 산 이마를 어루만지리……
　　(나) ❸연-3~4행 왜 자꾸 새 옷을 차려입고 싶은지/ 왜 자꾸 사운사운 시를 짓고 싶은지
풀이 (나)는 '왜 자꾸 ~을/를 ~고 싶은지'라는 유사한 문장 구조를 반복하여 시상을 마무리하고 있다. (가)의 마지막 연에는 유사한 문장 구조가 반복되고 있지 않다.
→ 적절함!

---

④ (가)와 (나)는 모두, 청각적 심상을 통해 대상의 특성을 드러내고 있다. (나)는
근거 (나) ❷연-11행 새들은 풀잎 같은 혀로 시 짓는 법을 들려주네
풀이 (나)는 '시 짓는 법을 들려주네'에서 청각적 심상을 통해 화자에게 삶의 방식을 가르쳐 주는 자연의 모습을 드러내고 있다. 반면에 (가)에는 청각적 심상이 나타나지 않는다.
→ 적절하지 않음!

⑤ (가)와 (나)는 모두, 말을 건네는 방식을 통해 청자에 대한 친근감을 표현하고 있다.
풀이 (가)와 (나) 모두 말을 건네는 방식이 아닌, 화자의 독백 형식으로 시상이 전개되고 있다.
→ 적절하지 않음!

■ 말을 건네는 방식을 통해 청자에 대한 친근감을 표현하는 작품
• 이상화, 「빼앗긴 들에도 봄은 오는가」
  고맙게 잘 자란 보리밭아,/ 간밤 자정이 넘어 내리던 고운 비로/ 너는 삼단(줄기가 긴 식물인 삼을 묶은 단) 같은 머리를 감았구나. 내 머리조차 가뿐하다.
  → 청자인 '보리밭'에게 말을 건네는 방식을 통해 친근감을 표현하고 있다.

40 시구의 의미 – 적절하지 않은 것 고르기 / 정답률 75% | **정답 ④**

㉠ ~ ㉤의 의미로 적절하지 않은 것은?

① ㉠: '머리'와 '발'의 *대비를 통해 '산'이 **지향하는 공간을 보여 준다. *차이를 밝히기 위해 맞대어 비교함 ** 바라고 추구하는
근거 (가) ❶연 ㉠ 이 투박한 대지에 발은 붙였어도/ 흰 구름 이는 머리는 항상 하늘을 향하고 사는 산
풀이 투박한 대지에 붙인 '발'과 하늘을 향하고 사는 '머리'를 대비하여, 즉 높이의 대비를 통해 '산'이 하늘을 지향하고 있음을 보여 주고 있다.
→ 적절함!

② ㉡: '아득한'을 통해 '푸른 별'이 넘나드는 움직임이 오래전부터 지속되었음을 보여 준다.
근거 (가) ❸연 ㉡ 하늘과 땅이 비롯하던 날 그 아득한 날 밤부터/ 저 산맥 위로는 푸른 별이 넘나들었고
풀이 산맥 위로 '푸른 별'이 넘나들었던 것이 하늘과 땅이 생기던 '아득한' 날 밤부터라고 함으로써 '푸른 별'이 넘나드는 움직임이 오래전부터 지속되었음을 보여 주고 있다.
→ 적절함!

③ ㉢: '모두'를 통해 '우리'의 상황이 동일함을 드러낸다.
근거 (나) ❷연-1~3행 이 도시가 악어들의 이빨로 가득해도/ 이만하면 살 만하다네/ ㉢ 우리는 모두 고향을 버리고 온 새
풀이 도시에 사는 '우리'를 '모두' 고향을 버리고 온 새라고 표현함으로써 고향을 떠나온 '우리'의 상황이 동일함을 드러내고 있다.
→ 적절함!

④ ㉣: '또'를 통해 '아침'이 와도 변하지 않는 일상의 한계를 보여 준다. ('아침'에 새로운 하루를 시작하는 화자의 태도를)
근거 (나) ❷연-5~6행 ㉣ 아침이 또 찾아왔잖아/ 새 길이 내 앞에 누워 있잖아
풀이 '아침'이 '또' 찾아온 것과 뒤에 이어지는 새 길이 앞에 누워 있는 것은 유사한 의미로 이해할 수 있다. 이는 다시 찾아온 '아침'에 새로운 하루를 시작하는 화자의 태도가 드러난 것이지, 변하지 않는 일상의 한계를 보여 준다고 이해하기는 어렵다.
→ 적절하지 않음!

⑤ ㉤: '검은'을 통해 '도시'에 대한 부정적 인식을 드러낸다.
근거 (나) ❸연-2행 ㉤ 악어들이 검은 입을 벌린 이 도시
풀이 화자는 자신이 살아가는 '도시'를 악어들이 '검은' 입을 벌린 곳이라고 표현하고 있다. 이는 검은색의 색채 이미지를 통해 '도시'에 대한 부정적인 인식을 드러낸 것이다.
→ 적절함!

41 감상의 적절성 – 적절하지 않은 것 고르기 / 정답률 80% | **정답 ④**

<보기>를 바탕으로 (가)와 (나)를 감상한 내용으로 적절하지 않은 것은? [3점]

| 보기 |
¹시에서는 화자가 자연을 긍정적으로 인식하고 지향하는 모습이 다양하게 형상화된다(모양 形 모양 象 될 化 : 표현된다). ²(가)에서 화자는 자연을 불변성(아닐 不 변할 變 성질 性 : 변하지 않는 성질)과 포용력(감쌀 包 받아들일 容 힘 力 : 남을 너그럽게 감싸 주거나 받아들이는 힘)을 지닌 존재로 인식하며, 동경하는(그리워할 憧 동경할 憬 : 간절히 그리워하여 그것만

을 생각하는) 자연과 어우러지는 날을 희망한다. [3] (나)에서 화자는 자연을 모성(어머니 母 성질 性 : 여성이 어머니로서 가지는 정신적·육체적 성질. 또는 그런 본능)을 지닌 존재로 인식하며, 이러한 자연으로부터 배운 삶의 방식을 험난한 현실에서 실현하기를(진실로 實 나타날 現 : 실제로 이루기를) 희망한다.

① (가)에서는 '언제나 숭고할 수 있는 푸른 산'이 '고산식물들을 품에 안고 길러낸다'는 것에서 자연을 불변성과 포용력을 지닌 존재로 여기는 화자의 인식을 확인할 수 있군.

근거 <보기>-2 (가)에서 화자는 자연을 불변성과 포용력을 지닌 존재로 인식
(가) ❷연-1행 언제나 숭고할 수 있는 푸른 산// ❺연-1행 고산식물들을 품에 안고 길러낸다는 너그러운 산

풀이 (가)에서는 '푸른 산'이 '언제나 숭고할 수 있다'는 점에서 자연을 불변성을 지닌 존재로, '고산식물들을 품에 안고 길러낸다'는 점에서 자연을 포용력을 지닌 존재로 여기는 화자의 인식이 드러난다.

→ 적절함!

② (가)에서는 '푸른 산'을 '부러워'하는 '내'가 '흰 구름이 되는 날'에 '푸른 산'의 '이마를 어루만지'겠다는 것에서 동경하는 자연과 어우러지고 싶은 화자의 희망을 확인할 수 있군.

근거 <보기>-2 (가)에서 화자는 ~ 동경하는 자연과 어우러지는 날을 희망한다.
(가) ❷연-2행 그 푸른 산이 오늘은 무척 부러워// ❻연 내 몸이 가벼이 흰 구름이 되는 날은/강 너머 저 푸른 산 이마를 어루만지리……

풀이 (가)의 화자가 '푸른 산'을 '부러워'하는 모습에서 '산'에 대한 동경이 드러난다. 이러한 화자가 '흰 구름이 되는 날'에 '푸른 산'의 '이마를 어루만지'고자 하는 것에서 동경하는 자연(푸른 산)과 어우러지고 싶어 하는 소망을 확인할 수 있다.

→ 적절함!

③ (나)에서는 '새로 핀 꽃에서 어머니를 만난다는 것에서 자연을 모성을 지닌 존재로 여기는 화자의 인식을 확인할 수 있군.

근거 <보기>-3 (나)에서 화자는 자연을 모성을 지닌 존재로 인식
(나) ❶연-1행 새로 핀 꽃에서 어머니를 만나네

풀이 (나)에서 '새로 핀 꽃'을 보며 '어머니'의 모습을 느끼는 것에서 자연을 모성을 지닌 존재로 여기는 화자의 인식을 확인할 수 있다.

→ 적절함!

④ (나)에서는 '새들'이 '시 짓는 법을 들려주'는 것과 '나무들'이 '몸으로 춤을 보여 주'는 것에서 자연으로부터 배운 삶의 방식을 험난한 현실에서 실현하고 있는 화자의 모습을 확인할 수 있군.
자연이 화자에게 가르쳐 준 삶의 방식을

근거 <보기>-3 (나)에서 화자는 ~ 자연으로부터 배운 삶의 방식을 험난한 현실에서 실현하기를 희망한다.
(나) ❷연-11~12행 새들은 풀잎 같은 혀로 시 짓는 법을 들려주네/ 나무들은 몸으로 춤을 보여 주네

풀이 <보기>에 따르면 (나)의 화자는 자연으로부터 삶의 방식을 배웠다고 하였다. 따라서 (나)에서 '새들'이 풀잎 같은 혀로 '시 짓는 법을 들려주'고 '나무들'이 '몸으로 춤을 보여 주'는 것은 자연이 화자에게 가르쳐 준 삶의 방식을 의미한다. 그러나 자연으로부터 배운 삶의 방식을 험난한 현실에서 실현하고 있는 화자의 모습은 드러나지 않는다.

→ 적절하지 않음!

⑤ (가)에서는 '흰 구름'이 '쓰다듬'는 '늙은 산'의 '이마'를 '수려'하다고 한 것에서, (나)에서는 '어깨를 감싸 주는' '비'를 '부드'럽다고 한 것에서 자연을 긍정적으로 인식하는 화자의 모습을 확인할 수 있군.

근거 <보기>-1 시에서는 화자가 자연을 긍정적으로 인식하고 지향하는 모습이 다양하게 형상화된다.
(가) ❹연 흰 구름이 몰려오고 가고/ 때로는 늙은 산 수려한 이마를 쓰다듬거니
(나) ❷연-8행 부드러운 비가 어깨를 감싸 주는 날도 있지

풀이 (가)에서 '흰 구름'이 '쓰다듬'는 '늙은 산'을 '수려'한 이마를 지닌 존재로, (나)에서 화자의 '어깨를 감싸 주는' '비'를 '부드'러운 존재로 여긴 것에서 자연을 긍정적으로 인식하는 화자의 모습을 확인할 수 있다.

→ 적절함!

[42 ~ 45] 고전소설 - 작자 미상, 「임호은전」

❶ 이날 부마(임금의 사위. 여기서는 임호은)가 장신부적(사고를 막아 주고 몸을 지켜 주는 부적)을 써서 부모(여기서는 임준일과 그 부인)와 승상(지금의 국무총리 정도 되는 벼슬. 여기서는 임호은의 장인. 전체 줄거리 참고) 부부와 육개(여섯 명의) 처첩(아내 妻 첩 妾 : 아내와 첩)과 비복(여자 종 婢 사내종 僕 : 남녀 하인) 등을 각각 한 장씩(장신부적을) 맡게 옷깃 속에 감추어 어려운 일을 면하게(피하게) 하고 외당(바깥 外 집 堂 : 집의 안채와 떨어져 있는, 손님을 대접하는 곳)에 거하여(살 居 : 머물러) 천명(하늘 天 목숨 命 : 하늘의 뜻)을 기다리더라.

→ 임호은은 가족들에게 부적을 지니게 하여 위험을 막는다.

❷ [1] 이튿날 양처상과 사일보 등이 위조 서간(거짓 僞 지을 造 편지 書 편지 柬 : 거짓으로 꾸며 적은 편지)을 만들어 천자(하늘 天 아들 子 : 황제)께 드려 왈(말할 曰 : 말하기를),

"신(신하 臣 : 신하가 임금을 대하며 자기를 가리키는 말. 여기서는 양처상과 사일보) 등이 임호은의 간정(간사할 奸 뜻 情 : 간사한 마음)을 잡았사오니 폐하는 바삐 호은의 부자(아버지 父 아들 子 : 아버지와 아들. 여기서는 임준일과 임호은)를 잡게 하소서."

[2] 상(천자)이 그 서간을 보시니, 임호은의 글씨와 박지근(양처상이 임호은을 모함하자 임호은의 편에서 양처상을 간신이라 비판한 인물)의 필적(글씨 筆 자취 跡 : 글씨)이라. [3] 글의 사연이 나라를 비방하여(헐뜯을 誹 헐뜯을 謗 : 헐뜯고 비난하여) 찬역코자(빼앗을 篡 배반할 逆 : 임금의 자리를 빼앗고자) 하는 글이어늘, 상이 남필(볼 覽 마칠 畢 : 끝까지 읽음)에 익노하사(더할 益 성낼 怒 : 더욱 화를 내어) 왈,

"바삐 준일 부자를 잡아들여라."

[4] 하시니, 양처상 등이 수명하고(받을 受 명령 命 : 명령을 받고) 우림장군(羽林將軍)(황제를 호위하고 시중을 드는 장군) 호연수(胡連洙)를 불러 왈,

"그대는 우림군 삼백을 거느려 임호은의 집을 둘러싸고 호은의 머리를 베어 오라."

→ 양처상과 사일보 등의 모함으로 천자는 임준일과 임호은을 붙잡아 올 것을 명령한다.

❸ [1] 호연수가 청령하고(들을 聽 명령 令 : 명령을 듣고) 갑옷을 갖추고 군사를 거느려 임부(임호은의 집)를 둘러싸고 연수가 큰 칼을 들고 바로 각로(재상. 지금의 장관 정도 되는 벼슬. 여기서는 임호은) 부자에게 달려들어 베고자 하였더니, 홀연(갑자기 忽 그러할 然 : 갑자기) 공중에서 철갑(쇠 鐵 갑옷 甲 : 쇠로 만든 갑옷) 입은 신장(귀신 神 장수 將 : 귀신 가운데 무력을 맡은 장수신)이 내려와 방천극(본뜰 方 하늘 天 창 戟 : 창 옆에 날카로운 달 모양의 칼날이 있는 무기)을 들어(호연수의) 칼을 막으며 꾸짖어 왈,

"군명(임금 君 명령 命 : 임금의 명령)이 아무리 엄혹한들(엄할 嚴 독할 酷 : 엄하다 해도) 네(여기서는 호연수) 어찌 이렇듯 방자하리오(방자할 放 방자할 恣 : 무례하리오). [2] 각로 부자(여기서는 임준일과 임호은)는 송국(중국 송나라) 출신이어늘 네 감히 충신(충성 忠 신하 臣 : 임금과 나라에 충성을 다하는 신하)을 해치려 하는다(하느냐)."

[3] (신장이) 언파(말 言 마칠 罷 : 말을 끝냄)에 연수를 잡아 문밖에 내치고 문득 간 데 없는지라(사라졌다). [4] 연수가 황급하여 칼을 던지고 땅에 엎드려 애걸(슬플 哀 빌 乞 : 빌며) 왈,

"황명(임금 皇 명령 命 : 황제의 명령)이 급하오니 바라건대 각로 부자는 어명(거느릴 御 명령 命 : 임금의 명령)을 순종하소서(따를 順 따를 從 : 따르십시오)."

[5] 각로 부자가 왈,

[A]
"신자(신하 臣 사람 子 : 신하)가 되어 어찌 군명을 거역하리오. [6] 그대(여기서는 호연수)는 우리 부자의 몸을 결박하라(묶을 結 묶을 縛 : 묶어라)."

→ 신장은 임호은 부자를 호연수에게서 보호하고, 임호은 부자는 황제의 명을 따르겠다고 한다.

❹ [1] 연수가 바야흐로(한창) 각로 부자(임준일과 임호은)를 결박하여 돌아와 황상(황제)께 임준일 잡아 온 사연을 주달하온데(아뢸 奏 전할 達 : 말씀드리는데), 천자(황제)가 승정전(承政殿)(임금과 신하가 조회하는 곳)에 어좌하시고(거느릴 御 앉을 座 : 앉으시고) 형구(형벌 刑 연장 具 : 형벌에 쓰는 도구)를 갖춘 각로 부자를 잡아들여 계하(층계 階 아래 下 : 계단 아래)에 꿇리고 수죄(헤아릴 數 죄 罪 : 죄를 열거함) 왈,

"짐(임금이 자기를 가리키는 말)이 너의 부자를 박대함(야박할 薄 대할 待 : 모질게 대함)이 없거늘 무엇이 부족하여 찬역(임금의 자리를 빼앗으려 함)을 도모하느뇨(꾀할 圖 꾀할 謀 : 꾀했느냐). [2] 이실직고(以實直告)하라(써 以 열매 實 곧을 直 말할 告 : 있는 그대로 말하라)."

[3] 임 부마(임호은)가 고두(조아릴 叩 머리 頭 : 머리를 조아리며) 주 왈(아뢸 奏 말할 曰 : 말씀드리기를),

"신(여기서는 임호은)의 부자가 다만 군상(임금 君 임금 上 : 임금)만 아옵고(알고) 충성을 다하여 성은(임금 聖 은혜 恩 : 임금의 은혜)을 만분지일(일 만 萬 나눌 分 ~의 之 한 一 : 만으로 나눈 것의 하나라는 뜻으로, 아주 적은 경우)이나 갚고자 하였더니, 이렇듯 (거짓으로 꾸며진) 죄상(죄 罪 형상 狀 : 죄를 지은 사실)이 나타났사오니 무슨 말씀을 주달하오리까(드리겠습니까)."

[4] 상(임금)이 크게 꾸짖어 가라사대,

"가난한 도적(여기서는 임호은)이 무엇을 발명코자(밝힐 發 결백할 明 : 변명하고자) 하느뇨."

[5] 하시고, 좌우(왼 左 오른 右 : 주위 사람들)를 호령(명령 號 명령 令 : 명령)하여 각로 부자를 올려 매고 치라 하신데, 집장무사(執杖武士)(집을 執 몽둥이 杖 굳셀 武 관리 士 : 곤장으로 볼기를 치는 관리. 집장)가 힘을 다하여 칠새, 삼백여 장(번)을 치되 각로 부자는 조금도 상하는 곳이 없고 형장(형벌 刑 몽둥이 杖 : 죄인을 조사하여 사실을 캐물을 때 쓰던 몽둥이) 소리만 산천이 뒤덮는 듯하니(온 세상이 울릴 만큼 매우 크니), 상이 더욱 대로하사(클 大 성낼 怒 : 크게 화가 나) 집장을 갈아(바꾸어) 엄히 칠새, 팔백여 장에 이르도록 집장 소리만 날 뿐이요, 각로 부자는 조금도 상하는 데 없는지라.

→ 문제편 234쪽

→ 임호은과 임준일은 집장무사의 거센 곤장을 맞고도 조금도 다치지 않는다.

5 [중략 줄거리] 절도(끊어질 絶 섬 島 : 외딴섬)에 유배된(죄인이 되어 먼 곳에 가서 제약을 받으며 살게 된) 임호은은 천기(하늘 天 기운 氣 : 하늘에 나타난 조짐)를 살펴 천자(황제)에게 향하던 중 금화산 유수 선생에게 갑옷과 보검(보배 寶 칼 劍 : 보배로운 칼) 등을 얻는다.

→ 유배된 임호은은 천기를 읽고 위험에 빠진 천자를 구하러 간다.

6 ¹임 부마(임호은)가 정신을 차려 동정(움직일 動 고요할 靜 : 일이 벌어지고 있는 낌새)을 살펴보니, 호진 장졸(오랑캐 胡 진 陣 장수 將 군사 卒 : 오랑캐 장수와 병사)이 모두 연석(잔치 宴 자리 席 : 잔치를 베푸는 자리)에 향하였으니, 부마가 들어오는 줄 알지 못하고 풍류소리(음악 소리)와 살벌지성(殺伐之聲 : 죽일 殺 칠 伐 ~의 之 소리 聲 : 음악의 곡조가 거칠고 급하여 무시무시한 느낌을 주는 소리)이 낭자하더라(어지러울 狼 어지러울 藉 : 떠들썩했다)

²부마가 몸을 솟아 연석에 들어가니, 천자가 호왕(오랑캐 胡 왕 王 : 오랑캐 왕)과 빈주(손님 賓 주인 主 : 손님과 주인) 분좌하시고(나눌 分 앉을 座 : 자리를 나누어 앉으시고) 호왕의 등 뒤에 여덟 장수가 창검(창 槍 검 劍 : 창과 검)을 들고 섰으니, 살기가 등등하고(무시무시한 기운이 가득하고) 천자를 모신 세 장수는 (겁에 질려) 얼굴이 백지장 같아(핏기가 없이 창백해) 병기(무기 兵 도구 器 : 무기)를 잡지 못하였으며, 황상의 용안(임금 龍 얼굴 顔 : 얼굴)이 사상(죽을 死 형상 狀 : 거의 다 죽게 된 모습)이 되어 일신(한 一 몸 身 : 자기 한 몸)을 안정치 못하시거늘, 부마가 바로 짓치고자(함부로 마구 치고자) 하다가 적의 동정(낌새)을 보려 하고 몸을 날려 천자 뒤에 은신하고(숨을 隱 몸 身 : 몸을 숨기고) 살피니, 이윽고 달세통, 장운간(호왕의 신하)이 여복(여자 女 옷 服 : 여자의 옷)을 장속하고(꾸밀 裝 맬 束 : 입고) 각각 비수(비수 匕 칼자루 首 : 날이 예리하고 짧은 칼)를 들고 들어와 호왕께 검무(칼 劍 춤 舞 : 칼춤)를 청하거늘, 호왕이 쾌히(기꺼이) 허하니(허락할 許 : 허락하니) 양장(두 兩 장수 將 : 두 명의 장수. 여기서는 달세통과 장운간)이 연석에서 검무하는지라.

³임 부마가 벽력도를 들고 급히 내달아 달세통, 장운간을 각각 발길로 차서 던지니, 양인(두 兩 사람 人 : 두 사람. 달세통과 장운간)이 비수(날이 예리하고 짧은 칼)를 던지고 거꾸러져 피를 토하거늘, 부마가 전포(싸움 戰 도포 袍 : 장수가 입는 긴 겉옷)로 천자를 가리우며 봉안(봉황 鳳 눈깔 眼 : 봉황의 눈같이 가늘고 긴 눈)을 높이 떠 호왕을 보며 꾸짖어 왈,
"무도한(없을 無 도리 道 : 인간의 도리에 어긋난) 오랑캐 감히 만승천자(일 만 萬 수레 乘 하늘 天 아들 子 : 황제를 높여 이르는 말)를 해코자(해치고자) 하니 어찌 살려 하느뇨."

⁴하고, 벽력도를 한번 들어 치니, 한줄 화광(불 火 빛 光 : 불빛)이 일어나며 호왕의 시위(侍衛 : 모실 侍 지킬 衛 : 임금을 호위함) 팔장(八將 : 여덟 八 장수 將 : 여덟 장수)의 머리 일시에(동시에) 내려지는지라(떨어지는지라).

⁵호왕이 천자를 해하려(해치려) 하더니 불의에(뜻밖에) 신장(귀신 가운데 무력을 맡은 장수신. 여기서는 임호은을 빗댄 말)이 내려와 양장을 차서 거꾸러뜨리고, 팔장(여덟 장수)의 머리 베임을 보고 혼비백산(魂飛魄散)하여(넋 魂 날 飛 넋 魄 흩을 散 : 몹시 놀라 어쩔 줄을 몰라 하여) 면색(面色)(낯 面 빛 色 : 얼굴색)이 여토(如土)하여(같을 如 흙 土 : 흙과 같아) 동인 듯이(묶인 듯이. 꼼짝없이) 앉았거늘, 부마가 호왕을 베고자 하나 행여(혹시) 천자의 옥체(옥 玉 몸 體 : 몸) 상할까 하여 천자를 옆에 끼고 몸을 날려 나올새, 벽력도를 들고 좌우충돌하니(왼 左 오른 右 찌를 衝 부딪칠 突 : 이리저리 마구 찌르고 부딪치니) 칼이 이는 곳에 호진 장졸(오랑캐 장수와 병사)의 머리 추풍낙엽(가을 秋 바람 風 떨어질 落 잎 葉 : 가을바람에 떨어지는 나뭇잎) 같으니, 감히 막을 자가 없는지라.

→ 임호은은 오랑캐 장수들을 무찌르고 붙잡혀 있던 천자를 구한다.

7 ¹부마가 천자를 옆에 끼고 성을 넘어와 마상(말 馬 윗 上 : 말의 등 위)에 뫼시고 복지(엎드릴 伏 땅 地 : 엎드려) 통곡 왈,
"폐하는 용체(천자 龍 몸 體 : 몸)를 진중하소서(소중할 珍 귀중할 重 : 소중히 하십시오). ²소신(작을 小 신하 臣 : 신하가 자신을 낮춰 부르는 말) 임호은이 이에 왔나이다."

³천자가 호왕의 간계(간사할 奸 꾀할 計 : 간사한 꾀)에 빠져 사지(죽을 死 곳 地 : 죽을 상황이 닥칠 만큼 매우 위험한 곳)에 들었으매 죽기만 바라시더니, 뜻밖에 신장(귀신 가운데 무력을 맡은 장수신. 여기서는 임호은을 빗댄 말)이 내려와 호장(오랑캐 胡 장수 將 : 오랑캐 장수) 벰을 보시매 아무런(어찌된 일인) 줄 모르시더니, 임호은 삼자(석 三 글자 字 : 이름 세 글자)를 들으시고 경희하여(경사 慶 기쁠 喜 : 기뻐하여) 반향이나 어린 듯하시다가(얼떨떨하시다가) 정신을 진정하사 왈,
"짐(임금이 자신을 가리키는 말)이 지금 호진(오랑캐 胡 진 陣 : 오랑캐 군대가 있는 곳)에 있느냐. ⁴아까 짐을 옆에 끼고 나온 장수 진실로 경(임금이 신하를 가리키는 말. 여기서는 임호은)이련다."

⁵언흘(말 斗 마칠 訖 : 말을 끝냄)에 통곡하시거늘, 부마가 돈수(조아릴 頓 머리 首 : 머리가 땅에 닿도록 절하고) 통곡 왈,
"소신 임호은이 불충하와(아닐 不 충성 忠 : 충성스럽지 못해) 폐하 이렇듯 욕을 당하심이로소이다."

⁶천자가 부마의 손을 잡으시고 낙루(떨어질 落 눈물 淚 : 눈물을 흘림) 왈,
"짐이 불명하여(아닐 不 밝을 明 : 사리에 어두워. 어리석어) 경의 충성을 알지 못하고 간신

(간사할 奸 신하 臣 : 간사한 신하. 여기서는 양처상과 사일보)의 꾀에 빠져 경으로 하여금 해외에 고초하게(괴로울 苦 괴로울 楚 : 고난을 겪게) 하니, 이제 백번(여러 번) 뉘우치나 미치지 못하는지라. ⁷어찌 용히(재주가 뛰어나게) 짐의 위태함을 알아 이렇듯 짐의 목숨을 구하뇨."

⁸부마가 천자를 위로 왈,
"폐하는 옥체를 진중하옵소서. ⁹신이 적소(귀양 갈 謫 곳 所 : 유배지)에서 천기(하늘 天 기운 氣 : 하늘에 나타난 조짐)를 보온즉 폐하의 주성(황제를 상징하는 별)이 운무(구름 雲 안개 霧 : 구름과 안개)에 싸였기로 주야(낮 晝 밤 夜 : 쉬지 않고) 배도하여(갑절 倍 길 道 : 이틀에 갈 길을 하루에 걸어) 이르렀삽더니, 폐하의 이렇듯 하심은(위험에 빠지심은) 신의 불충이로소이다. ¹⁰그러나 신이 (유배된) 죄인으로 폐하의 부르시는 명(명령 命 : 명령)이 없사오니, 신의 죄(여기서는 천자의 명령 없이 유배지에서 벗어난 죄)가 더욱 중하여이다(무거울 重 : 무겁습니다)."

¹¹상(황제)이 위유하사(위로할 慰 타이를 諭 : 위로하고 타일러) 왈,
"짐이 불명하여 간신의 참언(헐뜯을 讒 말 言 : 거짓으로 꾸며 남을 헐뜯는 말)을 살피지 못하니, 어찌 하늘이 벌하지 아니시리오. ¹²용담호구(매우 위태로운 처지)에 들었거늘 경의 충성으로 독행만리(獨行萬里)하여(홀로 獨 다닐 行 일 만 萬 마을 里 : 홀로 먼 길을 걸어) 사지(죽을 死 곳 地 : 죽을 상황이 닥칠 만큼 매우 위험한 곳)에 있던 임금을 구하니, 경의 충성은 고금에(옛 古 지금 今 : 예전과 지금을 통틀어) 쌍이(비교할 만한 일이) 없으리로다."

[B]

¹³하시며 추회(追悔)하시거늘(거슬러 올라갈 追 뉘우칠 悔 : 지나간 일을 후회하시거늘), 부마가 다시 주왈,
"이는 간신의 무리 폐하의 성총(임금 聖 총명할 聰 : 임금의 총명)을 가리움이요, 또한 신의 운명이오니 어찌 폐하의 과실(잘못 過 허물 失 : 잘못)이리까. ¹⁴신하가 되어 군부(임금 君 아버지 父 : 임금)의 위급함을 구함은 상사(평범할 常 일 事 : 보통 있는 일)이옵거늘, 어찌 과도히 응대하시나이까(응할 應 대접할 待 : 대접하십니까)."

→ 천자는 간신들의 말을 믿고 임호은을 유배 보냈던 일을 뉘우친다.

8 ¹인하여(뒤이어) 황상을 모셔 대진(마주할 對 진 陣 : 적과 마주하여 군대를 배치한 곳)으로 돌아올새, 일진(한 一 무리 陣 : 군사 무리) 장졸(장수 將 군사 卒 : 장수와 병사)이 부마의 용맹함(용감할 勇 사나울 猛 : 용감하고 사나움)을 보고 희열(기쁠 喜 기쁠 悅 : 기뻐하고 즐거워함) 왈,
"임 부마가 와 계시니, 아 등(我 等 : 우리)의 성명(생명 性 목숨 命 : 목숨)은 보전하리라."

²하고 만세를 부르니, 그 소리 원근(멀 遠 가까울 近 : 멀고 가까운 곳)에 진동하더라.

→ 임호은이 황제를 구해 돌아오자 장수와 병사들은 임호은을 칭찬하고 기뻐한다.

• 중심 내용

양처상과 사일보 등의 모함으로 유배되었던 임호은은 호국의 침입으로 위험에 빠진 황제를 구해 돌아온다.

• 인물 관계도

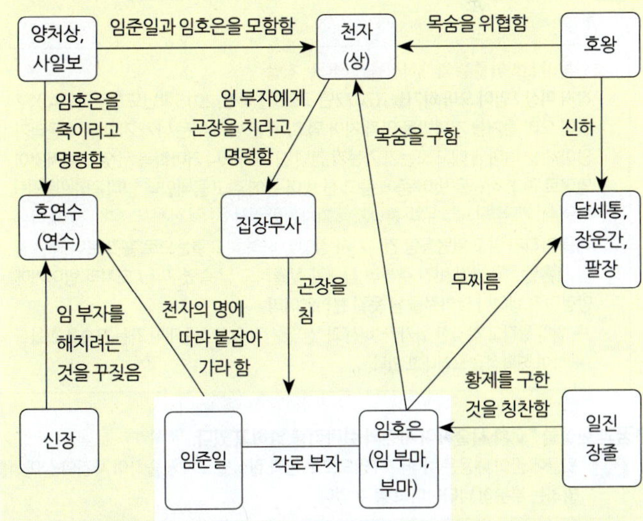

• 전체 줄거리 ([ ] : 지문 내용)

중국 송나라 때 임준일은 지장암의 스님에게 시주하고(절이나 승려에게 곡식이나 물건을 바치고) 소원을 빌어 아들 임호은을 낳는다. 임호은은 8세 때 전쟁으로 부모와 이별하고 떠돌아다니다가 금화산 유수 선생의 제자가 되어 무예를 익힌다. 몇 년 뒤 산을 내려온 임호은은 악귀(나쁜 귀신)에게 시달리는 장선옥을 구해 결혼을 약속하고, 황룡사에서 만난 기녀(잔치에서 흥을 돋우는 여자) 미애와도 인연을 맺는다. 이후 과거에 장원(1등)으로 급제

한 임호은은 정정 공주와 혼인하여 천자의 부마(황제의 사위)가 되고, 이 승상(지금의 국무총리 정도 되는 벼슬)의 딸 이정옥과도 결혼한다. 한편, 임준일 부부는 협서에서 우연히 만난 장선옥에게 아들 임호은과 인연을 맺은 사실을 듣게 되고 장선옥은 임준일 부부를 지극히 모신다. 임호은은 점괘를 쳐 부모님을 찾아가던 중에 만난 조윤옥과 인연을 맺고, 협서에 이르러 부모님과 장선옥을 다시 만난다. 이후 임호은은 계모의 학대를 견디지 못해 자살하려는 계모를 구해 인연을 맺고, 이제까지 인연을 맺은 여섯 여인들(장선옥, 정정 공주, 이정옥, 조윤옥(4명의 처), 미애, 계화(2명의 첩))과 혼례를 치른다. [한편 천자가 임호은을 아끼는 것을 시기한 양처상 등 간신들은 박지근과 임호은 부자(임준일과 임호은)가 반역(임금의 자리를 빼앗으려 함)을 꾀했다고 모함하고 임호은은 절도(외딴섬)로 유배된다. 이후 호국이 송나라를 침략하고 천자는 호왕에게 잡혀간다. 유배지에 있던 임호은은 천기를 읽고 천자가 위험에 처한 사실을 알게 된다. 임호은은 유수 선생에게 갑주(갑옷과 투구)와 보검(보배로운 칼), 용마(훌륭한 말)를 얻어 호군을 무찌르고 천자를 구한다.] 천자는 임호은에게 좌승상(지금의 국무총리 정도 되는 벼슬) 겸 연왕(지금의 북경 지역을 다스리는 관리) 벼슬을 내리고, 임호은은 여섯 부인과 함께 부귀를 누리다가 하늘로 올라간다.

1등급 문제

42 서술상 특징 – 적절한 것 고르기
정답률 60%, 매력적 오답 ② 15% ④ 10%   **정답 ⑤**

윗글에 대한 설명으로 가장 적절한 것은?

① **언어유희를 통해 인물의 성격을 비판하고 있다.** *소리는 같지만 뜻이 다른 단어나 비슷한 말을 반복하는 것 등을 이용하여 재미있게 꾸미는 말의 표현

풀이 윗글에 언어유희를 통해 인물의 성격을 비판하는 내용은 나타나지 않는다.
→ 적절하지 않음!

■ **언어유희를 통해 인물을 비판하는 작품**
• 작자 미상, 「열녀춘향수절가」 (2013학년도 9월 모평)
"그저 왔다." 갑갑하여 나 죽겠소! 일러주오. 꿈 가운데 임을 만나 만단정회하였더니(온갖 마음과 생각을 털어놓았더니), 혹시 서방님께서 기별(소식) 왔소? 언제 오신단 소식 왔소? 벼슬 띠고(하고) 내려온단 노문(조선 시대에, 지방에 가는 벼슬아치의 도착 예정일을 미리 그곳 관청에 알리던 공문) 왔소? 애고, 답답하여라!" "너의 서방인지 남방인지, 걸인 하나 내려왔다!"
→ 춘향 모친은 '서방인지 남방인지'에서 동음이의어를 활용한 언어유희를 통해 거지 꼴이 되어 돌아온 어사또를 못마땅하게 여기는 마음을 드러내고 있다.

② 인물의 *희화화를 통해 **해학성을 드러내고 있다. *우스꽝스럽게 표현함 **우습고 익살스러운 성질

풀이 윗글은 인물을 희화화하고 있지 않고, 해학성도 나타나지 않는다.
→ 적절하지 않음!

■ **인물의 희화화를 통해 해학성을 드러내는 작품**
• 작자 미상, 「임이 오마 하거늘」 (2022년 고2 3월 학평, 2015학년도 9월 모평A))
임이 오마 하거늘 저녁밥을 일찍 지어 먹고/ 중문 나서 대문 나가 지방 위에 올라가 앉아 손을 이마에 대고 오는가 가는가 건넌 산 바라보니 거머희뜩 서 있거늘 저것이 임이로구나. 버선을 벗어 품에 품고 신 벗어 손에 쥐고 곰비임비 임비곰비(이리저리 계속해서 왔다갔다 하는 모양) 천방지방 지방천방(몹시 급하게 허둥대는 모양) 진 데 마른 데를 가리지 말고 워렁퉁탕 건너가서 정엣말 하려 하고 곁눈으로 흘깃 보니 작년 칠월 사흗날(3일) 껍질 벗긴 주추리 삼대가 살뜰히도 날 속였구나./ 모쳐라 밤이기에 망정이지 행여나 낮이런들 남 웃길 뻔하였어라.
→ 임이 왔다고 착각한 화자가 '버선'과 '신'을 신지 않고 허둥대며 가는 모습을 희화화하여 해학성을 드러내고 있다.

③ 꿈과 현실을 *교차 서술하여 사건의 실마리를 밝히고 있다. *뒤섞어

풀이 윗글에 꿈의 내용은 나타나지 않으므로 꿈과 현실을 교차 서술하여 사건의 실마리를 밝히는 부분이 나타난다고 볼 수 없다.
→ 적절하지 않음!

■ **꿈과 현실을 교차 서술하여 사건의 실마리를 밝히는 작품**
• 작자 미상, 「임장군전」 (2019학년도 수능)
이날 밤 한 꿈을 얻으시니, 경업이 나아와 주왈(말씀드리기를), "흉적(나쁜 도적) 자점이 소신(여기서는 임경업)을 죽이고 반심(임금을 배신할 마음)을 품어 거의 일이 되었사오니 바삐(서둘러) 국문하옵소서(죄인에게 사실을 물어 사건을 조사하옵소서)." 하고 울며 가거늘, 상(임금)이 놀라 깨달으시니 경업이 앞에 있는 듯한지라. 상이 슬픔을 이기

지 못하시고 날이 밝으매 자점을 올려 국문하시니(죄인에게 사실을 물어 사건을 조사하시니), 자점이 자복하여(죄를 자백하고 복종하여) 역심(임금을 배신할 마음)을 품은 일과 경업을 모해한(나쁜 꾀를 써서 해친) 일을 승복하거늘(죄를 스스로 고백하거늘),
→ 임금은 임경업이 김자점에게 죽임을 당했다고 말하는 꿈을 꾼 후 김자점을 불러 자백을 받고 임경업의 억울함을 풀어 준다.

④ *시간의 역전을 통해 사건을 새로운 **국면으로 ***전환하고 있다. *과거와 현재가 뒤바뀜 **상황 ***바꾸고

풀이 윗글의 사건은 시간 순서대로 진행되고 있을 뿐 시간의 역전은 나타나지 않는다.
→ 적절하지 않음!

✓ ⑤ *비유적 표현을 사용하여 인물이 처한 상황을 드러내고 있다. *표현하려는 대상을 비슷한 다른 대상에 빗댐

근거 ④-5 집장무사가 힘을 다하여 칠새, ~ 형장 소리만 산천이 뒤덮는 듯하니,
⑥-2 호왕의 등 뒤에 여덟 장수가 창검을 들고 섰으니, 살기가 등등하고 천자를 모신 세 장수는 얼굴이 백지장 같아/ 5 부마가 ~ 벽력도를 들고 좌우충돌하니 칼이 이르는 곳에 호진 장졸의 머리 추풍낙엽 같으니,

풀이 '형장 소리만 산천을 뒤덮는 듯하니'에서 임준일과 임호은이 매를 맞는 상황을, '세 장수는 얼굴이 백지장 같아'에서 천자의 장수들이 적들의 기세에 눌려 두려워하는 상황을, '호진 장졸의 머리 추풍낙엽 같으니'에서 임호은이 적들을 무찌르는 상황을 비유적 표현을 사용하여 드러내고 있다.

→ 적절함!

오답률 TOP 3   **1등급 문제**

43 내용 이해 – 적절하지 않은 것 고르기
정답률 45%, 매력적 오답 ① ② 10% ④ 20% ⑤ 15%   **정답 ③**

윗글에 대한 이해로 적절하지 않은 것은?

① 임호은은 천기를 읽어 천자의 위험을 예측했다.
근거 5 절도에 유배된 임호은은 천기를 살펴 천자에게 향하던 중
⑦-8-9 부마(임호은)가 천자를 위로 왈, ~ 신이 적소에서 천기를 보온즉 폐하의 주성이 운무에 싸였기로 주야 배도하여 이르렀삽더니,
풀이 임호은은 천기를 읽어 천자가 위험에 빠졌음을 알아차리고 천자를 구하러 간다.
→ 적절함!

② 양처상은 호연수에게 임호은을 죽이라고 명령했다.
근거 ②-4 양처상 등이 ~ 호연수를 불러 왈, "그대는 우림군 삼백을 거느려 임호은의 집을 둘러싸고 호은의 머리를 베어 오라."
풀이 양처상은 호연수를 불러 임호은을 죽일 것을 명령한다.
→ 적절함!

✓ ③ 임호은은 천자의 몸이 상할까 걱정하며 호왕을 베었다. 베지 못했다
근거 ⑥-5 호왕이 천자를 해하려 하더니 ~ 부마(임호은)가 호왕을 베고자 하나 행여 천자의 옥체 상할까 하여 천자를 옆에 끼고 몸을 날려 나올새,
풀이 임호은은 호왕을 공격하다가 가까이에 있던 천자의 몸이 상할까 걱정되어 호왕을 베지 못하고 천자를 구해 나오기만 한다.

→ 적절하지 않음!

④ 호연수는 공중에서 내려온 신장에 의해 문밖으로 내쳐졌다.
근거 ③-1~3 호연수가 ~ 큰 칼을 들고 바로 각로 부자(임준일과 임호은)에게 달려들어 베고자 하였더니, 홀연 공중에서 철갑 입은 신장이 내려와 방천극을 들어 칼을 막으며 ~ 연수를 잡아 문밖에 내치고 문득 간 데 없는지라.
풀이 호연수가 임준일과 임호은을 공격하자 갑자기 공중에서 내려온 신장이 호연수를 잡아 문밖으로 내친다.
→ 적절함!

⑤ 호진의 장졸들은 임호은이 성에 침입한 것을 눈치채지 못했다.
근거 ⑥-1 임 부마(임호은)가 ~ 살펴보니, 호진 장졸이 모두 연석에 향하였으니, 부마가 들어오는 줄 알지 못하고
풀이 호진의 장졸들은 잔치를 벌이느라 임호은이 성에 침입한 것을 알아차리지 못한다.
→ 적절함!

> 💡 **어떻게 풀까?** 이 문제는 등장인물의 관계를 정리하는 것이 중요하다. 생소한 작품은 <보기>를 통해 줄거리 및 주제, 인물 관계 등을 짐작해 볼 수 있다. 문제 45번의 <보기>를 보면 이 작품은 영웅 소설이며, 충신인 주인공과 타락한 신하들 간의 갈등 구조가 나타남을 알 수 있다. 이를 참고하여 지문을 읽고 인물 관계를 정리하면 자연스럽게 세부 내용을 파악할 수 있다.

[A]와 [B]에 대한 설명으로 가장 적절한 것은?

> [A] ❸-5~6 "신자가 되어 어찌 군명을 거역하리오. 그대는 우리 부자의 몸을 결박하라."
> [B] ❼-11~12 "짐이 불명하여 간신의 참언을 살피지 못하니, 어찌 하늘이 벌하지 아니시리오. 용담호구에 들었거늘 경의 충성으로 독행만리하여 사지에 있던 임금을 구하니, 경의 충성은 고금에 쌍이 없으리로다."

① [A]는 자신의 *신념을 밝히며 상대에게 **조언하고 있고, [B]는 자신의 잘못을 변명하며 상대를 탓하고 있다.　*믿음　**충고하고

명령하고

인정하며 스스로를

> 풀이　[A]에서 각로 부자(임준일과 임호은)는 신하는 임금의 뜻을 거역하지 않는다고 말하며 호연수에게 자신을 붙잡아 갈 것을 명령하고 있을 뿐 조언하고 있지 않다. [B]에서 천자는 자신의 잘못을 인정하며 스스로를 탓하고 있을 뿐 자신의 잘못을 변명하지도 임호은을 탓하고 있지도 않다.
>
> → 적절하지 않음!

② [A]는 미래를 예측하여 상대의 배려를 기대하고 있고, [B]는 과거를 *회상하며 상대의 용서를 바라고 있다.　*되이켜 떠올리며

> 풀이　[A]에서 각로 부자(임준일과 임호은)는 미래를 예측하지도 호연수의 배려를 기대하지도 않는다. [B]에서 황제는 과거를 회상하며 자신의 잘못을 후회하고 있을 뿐 임호은의 용서를 바라는 내용은 나타나지 않는다.
>
> → 적절하지 않음!

③ [A]는 상대의 능력을 무시하며 상대를 비난하고 있고, [B]는 자신의 능력을 *과시하며 상대의 문제를 해결하고 있다.　*자랑해 보이며

> 풀이　[A]에서 각로 부자(임준일과 임호은)는 호연수의 능력을 무시하며 상대를 비난하고 있지 않고, [B]에서 황제는 자신의 능력을 과시하며 임호은의 문제를 해결하고 있지 않다.
>
> → 적절하지 않음!

④ [A]는 자신이 입을 피해를 언급하며 상대를 설득하고 있고, [B]는 자신이 얻을 이익을 설명하며 상대의 이해를 구하고 있다.

> 풀이　[A]에서 각로 부자(임준일과 임호은)는 자신이 입을 피해를 언급하며 호연수를 설득하고 있지 않고, [B]에서 황제는 자신이 얻을 이익을 설명하며 임호은의 이해를 구하고 있지 않다.
>
> → 적절하지 않음!

✔ ⑤ [A]는 복종의 *당위성을 인정하며 상대의 요구를 수용하고 있고, [B]는 자신의 행동을 후회하며 상대의 능력을 인정하고 있다.　*마땅히 그렇게 하거나 되어야 할 성질

> 풀이　[A]에서 각로 부자(임준일과 임호은)는 신하는 임금에 복종해야 한다는 당위성을 인정하며 황제의 명령에 따라 자신을 붙잡아 가려는 호연수의 요구를 수용하고 있다. [B]에서 황제는 간신의 말을 듣고 임호은을 의심한 것을 후회하고 자신을 위험에서 구한 임호은의 능력을 인정하고 있다.
>
> → 적절함!

---

45 감상의 적절성 – 적절하지 않은 것 고르기
정답률 65%, 매력적 오답 ③ 10%　　　　　　정답 ④

<보기>를 바탕으로 윗글을 감상한 내용으로 적절하지 <u>않은</u> 것은?　[3점]

> | 보기 |
> [1] 이 작품은 천상계(하늘 위의 세계)에서 하강한(인간 세상에 내려온) 주인공이 고난과 행운을 반복적으로 경험하며 유교적 가치(유학에서 강조하는 가치. 부모께 효도, 임금께 충성, 형제간 우애, 친구 사이의 믿음 등을 말함)를 실현하는 영웅 소설이다. [2] 주인공은 윤리적으로 타락한 신하들의 모함으로 겪는 고난을 비범한(특별히 뛰어난) 능력으로 견디며 충신(충성스러운 신하)의 소임(책임)을 다한다. [3] 이후 주인공은 국가적 위기 상황을 절대적인 힘을 사용하여 해결하며, 천자(황제)로부터 신하로서의 명예를 회복하고 사람들에게 영웅으로 인정받는다.

① 양처상과 사일보가 천자께 드리는 서간을 위조한 점에서, 윤리적으로 타락한 인물의 모습을 확인할 수 있겠군.

> 근거　<보기>-2 주인공은 윤리적으로 타락한 신하들의 모함으로 겪는 고난
>
> ❷-1 이튿날 양처상과 사일보 등이 위조 서간을 만들어 천자께 드려 왈, "신 등이 임호은의 간정을 잡았사오니 폐하는 바삐 호은의 부자를 잡게 하소서."

> 풀이　양처상과 사일보가 서간을 위조해 천자께 드리고 임호은을 모함하는 것을 통해 윤리적으로 타락한 인물의 모습을 확인할 수 있다.
>
> → 적절함!

② 임 부마가 집장무사가 힘을 다해 치는 장을 맞고도 조금도 상하는 곳이 없다는 점에서, 비범한 능력으로 고난을 견디는 인물의 모습을 확인할 수 있겠군.

> 근거　<보기>-2 주인공은 윤리적으로 타락한 신하들의 모함으로 겪는 고난을 비범한 능력으로 견디며
>
> ❹-5 집장무사가 힘을 다하여 칠새, 삼백여 장을 치되 각로 부자는 조금도 상하는 곳이 없고 ~ 집장을 갈아 엄히 칠새, 팔백여 장에 이르도록 집장 소리만 날 뿐이요, 각로 부자는 조금도 상하는 데 없는지라.
>
> 풀이　집장무사가 있는 힘을 다해 장을 치지만 임 부마는 조금도 다치지 않는 것에서 비범한 능력으로 고난을 견디는 인물의 모습을 확인할 수 있다.
>
> → 적절함!

③ 임 부마가 한 번 들어 치면 화광이 일어나는 벽력도로 적들을 물리치고 천자를 구하는 것에서, 국가적 위기 상황에서 절대적인 힘을 발휘하는 인물의 모습을 확인할 수 있겠군.

> 근거　<보기>-3 주인공은 국가적 위기 상황을 절대적인 힘을 사용하여 해결하며, 천자로부터 신하로서의 명예를 회복하고
>
> ❻-4~5 벽력도를 한 번 들어 치니, 한 줄 화광이 일어나며 호왕의 시위 팔장의 머리 일시에 내려지는지라. ~ 부마가 ~ 천자를 옆에 끼고 몸을 날려 나올새, 벽력도를 들고 좌우충돌하니 칼이 이는 곳에 호진 장졸의 머리 추풍낙엽 같으니, 감히 막을 자가 없는지라.
>
> 풀이　임 부마가 벽력도로 화광을 일으켜 적들을 물리치고 천자를 구하는 것에서 천자가 오랑캐에게 붙잡힌 국가적 위기 상황에서 절대적인 힘을 발휘하는 인물의 모습을 확인할 수 있다.
>
> → 적절함!

천자가 임호은의 이름을 듣고 자신을 구한 사람이 임 부마임을 알게 되는 것에서

✔ ④ 임 부마가 달세통과 장운간을 물리치고 전포로 천자를 가리며 호왕을 꾸짖는 것에서, 천자로부터 신하로서의 명예를 회복한 인물의 모습을 확인할 수 있겠군.

> 근거　❻-3 임 부마가 벽력도를 들고 급히 내달아 달세통, 장운간을 각각 발길로 차서 던지니, 양인이 비수를 던지고 거꾸러져 피를 토하거늘, 부마가 전포로 천자를 가리우며 봉안을 높이 떠 호왕을 보며 꾸짖어 왈, "무도한 오랑캐 감히 만승천자를 해코자 하니 어찌 살려 하느뇨."
>
> ❼-1~4 부마가 천자를 옆에 끼고 성을 넘어와 마상에 뫼시고 복지 통곡 왈, "폐하는 용체를 진중하소서. 소신 임호은이 이에 왔나이다." 천자가 ~ 호은은 삼자를 들으시고 ~ 정신을 진정하사 왈, "짐이 지금 호진에 있느냐. 아까 짐을 옆에 끼고 나온 장수 진실로 경이럇다."/12 경의 충성으로 독행만리하여 사지에 있던 임금을 구하니, 경의 충성은 고금에 쌍이 없으리로다."
>
> 풀이　임 부마가 달세통과 장운간을 물리치고 호왕을 꾸짖을 때, 천자는 전포에 가려져 있어 자신을 구하러 온 사람이 임 부마인 줄 모르고 있었다. 따라서 이때 임 부마가 천자로부터 신하로서의 명예를 회복했다고 볼 수는 없다. 이후 성 안을 빠져 나온 천자가 임호은의 이름을 듣고 자신을 구한 사람이 임 부마였음을 알고 칭찬하는 것에서 천자로부터 신하로서의 명예를 회복한 임 부마의 모습을 확인할 수 있다.
>
> → 적절하지 않음!

⑤ 일진 장졸이 부마의 용맹함을 보고 희열하며 만세를 부르는 것에서, 사람들에게 영웅으로 인정받는 인물의 모습을 확인할 수 있겠군.

> 근거　<보기>-3 이후 주인공은 국가적 위기 상황을 절대적인 힘을 사용하여 해결하며, 천자로부터 신하로서의 명예를 회복하고 사람들에게 영웅으로 인정받는다.
>
> ❽ 황상을 모셔 대진으로 돌아올새, 일진 장졸이 부마의 용맹함을 보고 희열 왈, "임 부마가 와 계시니, 아 등의 성명은 보전하리라." 하고 만세를 부르니, 그 소리 원근에 진동하더라.
>
> 풀이　임 부마가 천자를 구해 돌아오자 일진 장졸이 희열하며 만세를 부르는 것에서 사람들에게 영웅으로 인정받는 임 부마의 모습을 확인할 수 있다.
>
> → 적절함!

정철,「사미인곡」 2021학년도 수능 38~42번	현대어 풀이
1 이 몸 삼기실 제 님을 조차 삼기시니	이 몸이 태어날 때 임을 따라 태어나니
2 호싱 연분(緣分)이며 하늘 모롤 일이런가	(임과 내가) 한평생 함께할 인연인 것을 하늘이 모를 일이겠는가
3 나 호나 졈어 잇고 님 호나 날 괴시니	나는 오직 젊어 있고 임은 오직 날 사랑하시니
4 이 모음 이 소랑 견졸 딕 노여 업다	이 마음과 이 사랑을 비교할 데가 전혀 없다
5 평싱(平生)애 원(願)호요딕 호딕 녜쟈 호얏더니	평생에 원하기를 (임과) 함께 살아가고자 하였더니
6 늙거야 므스 일로 외오 두고 그리눈고	늙어서 무슨 일로 외따로 두고 그리워하는가
7 엇그제 님을 뫼셔 광한뎐(廣寒殿)의 올낫더니	엊그제까지만 해도 임을 모시고 광한전에 올라 있었는데
8 그 더딕 엇디호야 하계(下界)예 ᄂ려오니	그 사이에 어찌하여 인간 세상에 내려오니
9 올 저긔 비슨 머리 헛틀언 디 삼 년일쇠	내려올 때 빗은 머리 헝클어진 지 삼 년일세
10 연지분(臙脂粉) 잇닉마는 눌 위호야 고이 홀고	연지와 분이 있지만 누구를 위하여 곱게 단장할까
11 모음의 미친 실음 텹텹(疊疊)이 빠혀 이셔	마음에 맺힌 시름이 첩첩이 쌓여 있어
12 짓ᄂ니 한숨이오 디ᄂ니 눈믈이라	짓는 것이 한숨이요, 떨어지는 것이 눈물이라
13 인싱(人生)은 유훈(有限)호딕 시룸도 그지업다	인생은 끝이 있는데 시름은 끝이 없다
14 무심(無心)훈 세월(歲月)은 믈 흐르듯 흐ᄂ고야	무심한 세월은 물 흐르듯 흘러가는구나
15 염냥(炎凉)이 쌔롤 아라 가는 듯 고텨 오니	더위와 추위가 때를 알아 가는 듯 다시 돌아오니
16 듯거니 보거니 늣길 일도 하도 할샤	듣거니 보거니 (하는 중에) 느낄 일이 많기도 많구나
17 동풍이 건듯 부러 적설(積雪)을 헤텨 내니	봄바람이 문득 불어와 쌓인 눈을 헤쳐 내니
18 창(窓) 밧긔 심근 미화(梅花) 두세 가지 픠여셰라	창밖에 심은 매화가 두세 가지 피었구나
19 ᄀ득 닝담(冷淡)호딕 암향(暗香)은 므스 일고	가뜩이나 날이 쌀쌀한데 매화의 그윽한 향기는 무슨 일인가
20 황혼의 돌이 조차 벼마틱 빗최니	황혼에 달이 따라와 베갯머리에 비치니
21 늣기는 듯 반기는 듯 님이신가 아니신가	흐느끼는 듯 반기는 듯 (달이) 임이신가 아니신가
22 뎌 미화 것거 내여 님 겨신 딕 보내오져	저 매화를 꺾어 내어 임 계신 곳에 보내고 싶구나
23 님이 너롤 보고 엇더타 너기실고	임이 너를 보고 어떻게 여기실까

★ 12회 모의고사 특징

✓ 적절한 난이도로 출제되었음.

✓ 화법과 작문은 전반적으로 평이한 수준으로 출제되었음. 기존 학력평가에서 선보였던 익숙한 유형이 출제되어 학생들이 어렵지 않게 해결했을 것으로 보임.

✓ 언어는 변별력이 높은 문제들로 구성되었음. 특히 주체 높임과 객체 높임에 대한 종합적인 이해를 요구한 13번의 오답률이 가장 높았음. 음운 변동과 표준 발음법을 연계한 12번 문제 또한 오답률이 높은 편이었음.

✓ 독서는 지문 독해와 문제 풀이 모두 까다로운 편이었음. 구조물의 하중과 관련된 기술 지문은 생소한 용어가 많고 과정에 대한 이해가 필요해 독해가 어려웠을 것으로 보임. 특히 구체적인 상황에 지문의 내용을 적용하여 계산해야 했던 30번 문제의 변별력이 높았음. 블라지의 '도덕적 자아 모델'을 다룬 인문 지문에서는 도덕적 자아 모델의 핵심 요소를 구체적인 사례에 적용하는 25번 문제가 까다로운 편이었음. 민법상 불법행위를 다룬 사회 지문은 다른 지문에 비해 평이한 수준이었음.

✓ 문학은 일부 지문과 문항이 변별력 있게 출제되었음. 고전소설은 마지막 지문이어서 내용을 정확히 파악하는 데 시간이 부족했을 것으로 예상됨. 고전시가와 고전수필이 결합된 갈래 복합 지문은 낯선 작품인데다 내용도 쉽지 않은 편이라 독해에 어려움을 겪었을 것으로 예상됨. 〈보기〉를 바탕으로 작품을 감상하는 37번 문제의 오답률이 높았음. 현대시와 현대소설도 낯선 작품이 출제되었으나 문제가 비교적 평이하게 출제되었음. 현대시의 〈보기〉 문제인 33번은 오답률이 높은 편이었음.

오답률 TOP **5**

문항 번호	13	30	43	37	42
분류	언어 문장	독서 기술	문학 고전소설	문학 갈래 복합	문학 고전소설
난도	최상	상	중상	중상	중상

✓ 정답표

01	②	02	⑤	03	⑤	04	①	05	①
06	②	07	④	08	④	09	⑤	10	③
11	④	12	③	13	⑤	14	⑤	15	①
16	⑤	17	②	18	⑤	19	④	20	③
21	⑤	22	②	23	②	24	⑤	25	④
26	④	27	⑤	28	②	29	③	30	④
31	④	32	④	33	③	34	④	35	④
36	⑤	37	③	38	④	39	②	40	④
41	⑤	42	②	43	④	44	⑤	45	⑤

[01~03] 강연

---

01 말하기 방식 - 적절한 것 고르기 · 정답률 95% · **정답 ②**

위 강연자의 말하기 방식으로 가장 적절한 것은?

② 도입부에서 질문을 하여 청중의 관심을 유발하고 있다.

근거 **❶문단** 조선 시대의 궁궐에서 간판의 역할을 하던 것은 무엇일까요?

---

02 자료 활용 방식 - 적절하지 않은 것 고르기 · 정답률 90% · **정답 ⑤**

다음은 강연자가 보여 준 자료이다. 강연자의 자료 활용에 대한 설명으로 적절하지 않은 것은?

⑤ 임금의 *임명을 받은 신하가 쓴 현판을 보여 주기 위해 ⓓ에 [자료 3]을 활용하였다.
임금이 직접 쓴
일정한 지위나 임무를 남에게 맡김

→ **문제편 237쪽**

근거 **❸문단** 현판의 글씨는 서사관(각 관아에서 베끼어 쓰는 일을 맡아 하는 잡직의 구실아치. 잡직은 의학·역학·음양학·율학·산학 따위를 맡아보던 벼슬을. 구실아치는 각 관아의 벼슬아치 밑에서 일을 보던 사람을 이름)에 임명된 신하나 당대(그 시대)의 명필가(글씨 잘 쓰기로 이름난 사람) 등이 주로 썼으나, 임금이나 세자(임금의 자리를 이을 임금의 아들)가 직접 쓴 경우도 있었습니다. (ⓓ 자료 제시) … 이것은 창덕궁 양화당의 현판입니다. 『창덕궁 영건도감의궤』에 따르면 이 현판의 글씨는 조선의 제23대 왕 순조가 쓴 것입니다.

풀이 강연자는 ⓓ에 [자료 3]을 활용하여 조선의 제23대 왕 순조가 쓴 현판을 보여 주고 있다.

---

03 듣기 전략 - 적절하지 않은 것 고르기 · 정답률 95% · **정답 ⑤**

강연 내용을 참고할 때, 〈보기〉에 제시된 학생의 반응을 이해한 내용으로 적절하지 않은 것은?

⑤ 학생 1과 학생 3은 강연을 통해 자신의 배경지식을 수정하고 있다.

근거 〈보기〉-학생 3 건물의 이름만 현판으로 새긴다고 알고 있었는데 시문(시가와 산문)과 왕의 명령도 현판에 적었다는 걸 알게 되었어.

풀이 강연을 통해 자신의 배경지식을 수정하는 반응은 '학생 3'에게 나타난다. '학생 1'은 강연을 통해 자신의 배경지식을 수정하고 있지 않다.

[04~07] (가) 대화 (나) 소개하는 글

---

04 사회자의 역할 - 적절한 것 고르기 · 정답률 75%, 매력적 오답 ③ 15% · **정답 ①**

(가)의 '학생 1'에 대한 설명으로 가장 적절한 것은?

① 대화 참여자에게 다음 시간의 활동을 예고하고 있다.

근거 (가) 학생 1 다음 시간에는 초고를 함께 검토해 보자.

> **매력적 오답**
>
> ③ 대화 참여자의 발언에 대한 자세한 설명을 요청하고 있다.
>
> 근거 (가) 학생 3 그리고 내가 읽은 책에서는, 또래(나이나 수준이 서로 비슷한 무리) 압력(권력이나 세력에 의하여 타인을 자기 의지에 따르게 하는 힘)이 학교 안은 물론 학교 밖에서의 청소년 문화에도 바람직한 영향을 줄 수 있다고 설명하고 있었어.
> (가) 학생 1 또래 압력이 청소년의 문화에 영향을 준다는 것이지?
>
> 풀이 '학생 1'은 '학생 3'의 발언을 듣고 자신이 이해한 바가 맞는지 확인하고 있다. '학생 1'이 대화 참여자의 발언에 대한 자세한 설명을 요청하는 부분은 나타나지 않는다.

---

05 의사소통 방식 - 적절한 것 고르기 · 정답률 95% · **정답 ①**

[A], [B]에 대한 설명으로 가장 적절한 것은?

① [A]에서 '학생 2'는 '학생 3'이 발언한 내용에 추가적인 내용을 덧붙이고 있다.

근거 [A] (가) 학생 3 내가 조사해 보니, 또래 압력이 긍정적인 생각과 행동을 하게 하는 방향으로 형성되면 청소년의 문제 행동을 개선할 수 있다.

근거 [A] (가) 학생 2 맞아. 나도 봤는데, 긍정적인 또래 압력이 효과적으로 작용할 경우 문제 행동을 개선할 뿐만 아니라, ('학생 3'이 발언한 내용) 바람직한 행동을 하게 할 수도 있다고 해. (추가적인 내용)

---

06 작문 계획의 반영 - 적절하지 않은 것 고르기 · 정답률 70%, 매력적 오답 ④ 15% · **정답 ②**

다음은 '학생 1'이 (가)의 대화 내용과 자신이 글을 쓰기 위해 떠올린 생각을 작성한 메모이다. ⓐ~ⓔ가 (나)에 반영된 양상으로 적절하지 않은 것은? 3점

② '학생 3'의 발화를 토대로 작성된 ⓑ는, 청소년기의 특성을 연령별로 유형화하는 내용으로 (나)에 반영되었다.

근거 (가) 학생 3 또래 압력이 청소년기에 두드러지게 나타난다는 특징을 언급하면 좋을 것 같아.

(나) **❶문단** 청소년기는 어른이 아닌 또래 친구들에게서 생각과 행동의 기준을 찾으려는 경향이 강하므로 다른 연령에 비해 또래 압력이 두드러지게 나타난다.

| 풀이 | 메모에서 ⓑ는 또래 압력이 청소년기에 두드러지게 나타난다는 특징을 언급하면 좋을 것 같다는 '학생 3'의 발화를 토대로 작성되었다. ⓑ를 반영하기 위해, (나)의 1문단에서는 청소년기의 특성을 바탕으로 또래 압력의 특징을 설명하였다. 그러나 (나)에 청소년기의 특성을 연령별로 유형화하는 내용은 나타나지 않는다.

매력적 오답

④ '학생 2', '학생 3'의 발화를 토대로 작성된 ⓓ는, 해외에서의 건강 *캠페인에 대한 내용을 제외하는 방식으로 (나)에 반영되었다. *사회·정치적 목적 따위를 위하여 조직적이고도 지속적으로 행하는 운동

| 근거 | (가) 학생 2 해외에서 청소년들이 주도한 건강 캠페인이, 같은 청소년들 사이에서 큰 반응을 얻었던 사례가 있어.

(가) 학생 3 누리 소통망에서 진행되는 다회용(여러 번 쓸 수 있는) 포장 용기 사용 캠페인에 청소년들이 많이 참여하잖아. 그걸 보고 청소년들 사이에서 다회용 포장 용기를 사용하는 분위기가 확산되고(널리 퍼지고) 있다는 기사를 봤어.

(나) ❷문단 예를 들어, 최근 누리 소통망에서 다회용 포장 용기 사용 캠페인에 참여하는 또래들의 모습에 영향을 받아, 음식을 포장해 갈 때 다회용 용기를 사용하는 모습을 자신의 누리 소통망에 게시물로 올리는 청소년들이 늘어났다.

| 풀이 | 메모에서 ⓓ는 '학생 2'가 언급한 '해외에서 청소년들이 주도한 건강 캠페인'과 '학생 3'이 언급한 '누리 소통망에서 진행되는 다회용 포장 용기 사용 캠페인'이라는, 또래 압력이 학교 밖에서의 청소년 문화에 영향을 준 사례를 토대로 작성되었다. ⓓ를 반영하기 위해, (나)의 2문단에서는 '학생 2'가 말한 사례는 제외하고 '학생 3'이 말한 '다회용 포장 용기 사용 캠페인'의 사례만을 다루었다.

---

07 작문 내용의 점검 및 고쳐쓰기 - 적절한 것 고르기
정답률 95%   정답 ④

〈보기〉는 (나)의 ㉠을 고쳐 쓴 것이다. 〈보기〉에 반영된 수정 계획으로 가장 적절한 것은?

> ㉠ 또래 압력은 건강한 청소년 문화를 만들어 가는 데 중요한 역할을 할 수 있다는 점에서 의의가 있다.

| 보기 |
> 또래 압력은 청소년들이 주체가 되어 서로 긍정적 영향을 주고받으면서 만들어 가는 것으로, 건강한 청소년 문화의 꽃을 피우게 한다는 점에서 의의가 있다.
> — 추가
> — 비유적 표현

④ 또래 압력이 청소년들이 *주체적으로 형성하는 것이라는 내용을 추가하고, 비유적 표현을 활용하여 또래 압력의 의의를 부각해야겠군. *어떤 일을 실천하는 데 자유롭고 자주적인 성질이 있는 것

| 풀이 | 또래 압력은 청소년들이 주체적으로 만들어 가는 것이라는 내용이 추가되었고, '건강한 청소년 문화의 꽃을 피우게 한다'라는 비유적 표현을 활용하여 또래 압력이 '건강한 청소년 문화'를 만드는 데 중요한 역할을 할 수 있다는 의의를 부각하고 있다.

[08~10] 기고문

08 작문 전략 - 적절한 것 고르기
정답률 85%   정답 ④

학생의 초고에 활용된 글쓰기 전략으로 가장 적절한 것은?

④ 묻고 답하는 방식을 통해 문제의 해결 방안을 제시하고 있다.

| 근거 | [초고] ❸문단 그렇다면 제설제(쌓인 눈을 치우는 약품) 사용을 줄이기 위한 방법에는 무엇이 있을까? (질문) 우선, 골목길이나 건물 앞처럼 빗자루나 삽으로 눈을 치울 수 있는 곳은 조금 번거롭더라도 지역 주민들이 직접 눈을 치우려고 노력할 필요가 있다. (답 - 해결 방안①) 또한 지자체에서는 적설량(땅 위에 쌓여 있는 눈의 양)이나 기온 등의 상황을 고려한 제설제의 적정(알맞고 바른) 사용량을 적극적으로 안내함으로써 지역 주민들의 인식을 개선해야 한다. (답 - 해결 방안②) 마지막으로, 정부에서는 제설제를 사용하지 않는 방식의 제설 작업이 가능하도록 장기적인 대책을 세워 도로를 만들어야 한다. (답 - 해결 방안③)

---

09 조건에 따른 표현 - 적절한 것 고르기
정답률 95%   정답 ⑤

〈보기〉는 선생님의 조언에 따라 [A]를 작성한 것이다. 선생님의 조언으로 가장 적절한 것은?

⑤ 제설제 사용을 피할 수 없는 현실을 언급한 뒤, 제설제의 적절한 사용을 위한 노력이 필요함을 제시하며 글을 마무리하자. — 제설제 사용을 피할 수 없는 현실

| 근거 | 〈보기〉 폭설이 내리면 제설 효과가 좋은 제설제 사용이 필요한 것도 사실이다. 그러나 제설제는 부작용이 있으므로 제설제를 꼭 필요한 경우에 적정한 양만큼 사용하도록 모두가 노력해야 한다. — 제설제의 적절한 사용을 위한 노력이 필요함

---

10 자료 활용 방안 - 적절하지 않은 것 고르기
정답률 70%, 매력적 오답 ② 10% ⑤ 15%   정답 ③

〈보기〉는 초고를 보완하기 위해 추가로 수집한 자료이다. 자료의 활용 방안으로 적절하지 않은 것은? [3점]

③ [자료 3]을 활용하여, 제설제 사용 이후 *대처에 대한 전문가 의견을, 제설제의 적정한 사용량에 대한 시민들의 인식 부족 문제를 보여 주는 자료로 제시해야겠어. *어떤 정세나 사건에 대하여 알맞은 조치를 취함

| 풀이 | [자료 3]은 제설제가 뿌려진 후에는 도로와 차량 하부 등을 살수 장비로 세척해야 한다는 전문가의 인터뷰 자료이다. 따라서 [자료 3]을 통해 제설제의 적정한 사용량에 대한 시민들의 인식이 부족하다는 문제를 보여 주는 것은 어렵다.

매력적 오답

② [자료 2]를 활용하여, 지역 자율 *방재단의 제설 활동을, 지역 주민들이 빗자루나 삽을 활용해 눈을 치우는 노력의 구체적 사례로 제시해야겠어. *폭풍, 홍수, 지진, 화재 따위의 재해를 막는 일을 하는 단체

| 근거 | [초고] ❸문단 우선, 골목길이나 건물 앞처럼 빗자루나 삽으로 눈을 치울 수 있는 곳은 조금 번거롭더라도 지역 주민들이 직접 눈을 치우려고 노력할 필요가 있다.

| 풀이 | [자료 2]는 지역 주민들로 자율 방재단을 구성해 골목길 눈 쓸기 활동을 실시한 □□시의 사례를 소개한 신문 기사이다. 따라서 [자료 2]를 활용하여, 지역 주민들이 빗자루나 삽을 활용해 눈을 치우는 노력의 구체적 사례로 제시할 수 있다.

⑤ [자료 2]와 [자료 3]을 활용하여, *도로 열선 설치와 도로 여유 폭 확보에 대한 내용을, 제설제 사용이 아닌 다른 방식의 제설이 가능하도록 도로를 만드는 방안을 구체화하는 자료로 제시해야겠어. *도로 아래 설치된, 눈이 쌓이거나 얼음이 형성되는 것을 막는 장치

| 근거 | [초고] ❸문단 마지막으로, 정부에서는 제설제를 사용하지 않는 방식의 제설 작업이 가능하도록 장기적인 대책을 세워 도로를 만들어야 한다.

| 풀이 | [자료 2]는 최근 제설 취약 구간에 센서로 작동하는 도로 열선을 설치한 □□시의 사례를 소개한 신문 기사이고, [자료 3]은 제설 기계 장비 사용이 가능하도록 도로의 여유 폭을 확보하는 설계를 하는 것이 중요하다는 전문가의 인터뷰 자료이다. 따라서 [자료 2]와 [자료 3]을 활용하여, 도로 열선 설치나 제설 기계 장비 사용 등 제설제 사용이 아닌 다른 방식의 제설이 가능하도록 도로를 만드는 방안을 구체화하는 자료로 제시할 수 있다.

[11~12] 언어 - 표준 발음법

❶ ¹표준 발음법(어떤 언어에 대한 발음상의 규칙과 규범)은 한글의 표기와 발음이 일치하지 않는 경우에 올바른 발음을 알려 주는 역할을 한다. ²한글은 말소리를 기호로 나타낸 표음 문자이므로 '마음', '하늘'처럼 소리대로 적는 것이 원칙이지만 어법에 맞도록 한다는 원칙도 더하여 두고 있기 때문에 표기와 발음이 일치하지 않는 경우가 생긴다. ³이때 표준 발음법이 표기와 발음의 간극(두 가지 현상 사이의 틈)을 좁혀 줄 수 있다.

❷ ¹표준 발음법은 표준어의 실제 발음을 따르되, 국어의 전통성과 합리성에 따라 정함을 원칙으로 한다고 규정되어 있다. ²표준 발음법 해설에 따르면 이때 실제 발음이란 표준어의 현실 발음인데, 실제 발음을 모두 표준 발음으로는 인정하지 않으므로 전통성과 합리성이라는 기준이 제시된 것이다. ³먼저 전통성을 고려한다는

→ 문제편 240쪽

것은 발음상의 관습(어떤 사회에서 오랫동안 지켜 내려와 그 사회 성원들이 널리 인정하는 질서나 풍습)을 감안한다(참고하여 생각한다)는 의미이다. ⁴예컨대 '눈[雪](대기 중의 수증기가 찬 기운을 만나 얼어서 땅 위로 떨어지는 얼음의 결정체)'과 '눈[眼](빛의 자극을 받아 물체를 볼 수 있는 감각 기관)' 같은 모음의 장단(길고 짧음)의 경우, 과거의 언중(같은 언어를 사용하면서 공동생활을 하는 언어 사회 안의 대중)은 ('눈[雪]'은 장음, '눈[眼]'은 단음이므로) 모음의 장단을 통해 두 단어의 의미를 변별할(가려서 앎) 수 있었으나 오늘날의 언중은 모음의 장단으로 의미를 구분하지 못하는 경우가 많다. ⁵그럼에도 불구하고 모음의 장단이 이전부터 오랜 기간 구별되어 왔으며 단어의 의미 변별에도 중요한 역할을 해 왔다는 관습을 고려하여 표준 발음법에 모음의 장단에 대해 세부적으로 규정을 해 두었다. ⁶또한 오늘날에는 실제 발음에서 'ㅔ'와 'ㅐ'를 명확하게 구별하지 못하는 경우가 대부분이지만, 두 모음이 오랜 기간 별개의(관련성이 없이 서로 다른) 단모음(소리를 내는 도중에 입술 모양이나 혀의 위치가 달라지지 않는 모음)으로서 그 지위(차지하는 자리나 위치)가 확고했고 여전히 구별하는 사람들이 남아 있기 때문에 이러한 전통을 감안하여 두 모음을 다르게 발음하도록 규정하고 있다.

3 ¹다음으로 합리성을 고려한다는 것은 국어의 발음 규칙과 관련된다. ²가령 '닭이'의 경우 겹받침(서로 다른 두 개의 자음으로 이루어진 받침)을 가진 체언(명사, 대명사, 수사)은 뒤에 모음으로 시작하는 조사가 결합할 때 겹받침 중 하나를 연음해야(뒤 음절의 초성으로 옮겨 소리를 내야) 하므로 [달기]로 발음하는 것이 합리적이다. ³그런데 실제 발음에서는 [다기]로 발음하는 경우가 많다. ⁴그러나 [다기]로 발음하는 것은 합리성이 떨어지기(국어의 발음 규칙으로 설명이 어렵기) 때문에 표준 발음으로 인정하지 않는 것이다.

4 ¹표준 발음법에서는 자음과 모음, 음의 길이, 발음 원칙 등을 다루고 있지만 모든 표준 발음에 대해 다루지는 않는다. ²소리대로 적는 단어들은 발음과 표기가 일치하므로 그 발음을 다루지 않아도 되기 때문이다. ³음운 변동의 경우도, 발음이 표기에 반영되지 않는 음운 변동에 대해서만 표준 발음법에서 다루고 있다. ⁴예를 들어 '서라(서- + -어라)[서라]'와 '국물[궁물]'의 경우 모두 음운 변동이 일어났지만, '서라[서라]'와 같이 두 모음이 이어질 때 하나의 모음이 탈락하는 '모음 탈락'에 대해서는 표준 발음법에서 다루지 않는 반면에 '국물[궁물]'과 같이 파열음(폐에서 나오는 공기를 일단 막았다가 그 막은 자리를 터뜨리면서 내는 소리. 'ㅂ, ㅃ, ㅍ, ㄷ, ㄸ, ㅌ, ㄱ, ㄲ, ㅋ')이 비음(입안의 통로를 막고 코로 공기를 내보내면서 내는 소리. 'ㄴ, ㅁ, ㅇ')의 영향을 받아 비음으로 교체되는 '비음화'에 대해서는 표준 발음법에서 다루고 있다. ⁵'모음 탈락'의 결과는 표기에 반영되는(발음과 표기가 일치하는) 반면, '비음화'의 결과는 표기에 반영되지 않기(발음과 표기가 일치하지 않기) 때문이다.

---

11 표준 발음법의 이해 - 적절하지 않은 것 고르기
정답률 80%   정답 ④

윗글의 내용에 대한 이해로 적절하지 <u>않은</u> 것은?

① 표준 발음법은 한글의 표기와 발음이 일치하지 않는 경우 올바른 발음을 알려 준다.
근거 ❶-1 표준 발음법은 한글의 표기와 발음이 일치하지 않는 경우에 올바른 발음을 알려 주는 역할을 한다.
→ 적절함!

② 표준 발음법에서 표준어의 실제 발음 중 일부는 표준 발음으로 인정하지 않는다.
근거 ❷-2 실제 발음을 모두 표준 발음으로는 인정하지 않으므로
→ 적절함!

③ 표준 발음법에서는 국어의 전통성을 고려하여 모음의 장단에 대해 세부적으로 규정하고 있다.
근거 ❷-3 전통성을 고려한다는 것은 발음상의 관습을 감안한다는 의미이다.
❷-5 모음의 장단이 이전부터 오랜 기간 구별되어 왔으며 단어의 의미 변별에도 중요한 역할을 해 왔다는 관습을 고려하여 표준 발음법에 모음의 장단에 대해 세부적으로 규정을 해 두었다.
→ 적절함!

④ 표준 발음법에서는 오늘날 실제 발음에서 'ㅔ'와 'ㅐ'가 명확히 구별됨을 고려하여 두 모음을 다르게 발음하도록 규정하고 있다.
근거 ❷-6 오늘날에는 실제 발음에서 'ㅔ'와 'ㅐ'를 명확하게 구별하지 못하는 경우가 대부분이지만, 두 모음이 오랜 기간 별개의 단모음으로서 그 지위가 확고했고 여전히 구별하는 사람들이 남아 있기 때문에 이러한 전통을 감안하여 두 모음을 다르게 발음하도록 규정하고 있다.
풀이 윗글에 따르면 오늘날 실제 발음에서 'ㅔ'와 'ㅐ'는 명확히 구별되지 않는다.
→ 적절하지 않음!

⑤ 표준 발음법에서는 국어의 합리성을 고려할 때 '닭이'를 [다기]로 발음하는 것이 합리

→ 문제편 242쪽

성이 떨어지므로 표준 발음으로 인정하지 않는다.
근거 ❸-4 '닭이'를 [다기]로 발음하는 것은 합리성이 떨어지기 때문에 표준 발음으로 인정하지 않는 것이다.
→ 적절함!

1등급 문제
12 음운 변동과 표준 발음법 - 적절한 것 고르기
정답률 60%, 매력적 오답 ⑤ 15%   정답 ③

윗글을 읽고 〈보기〉의 탐구 활동을 수행한 결과로 적절한 것은? [3점]

| 보기 |

[탐구 과제]

다음을 참고하여 [탐구 자료]의 밑줄 친 단어를 분류할 때, Ⓐ와 Ⓑ에 해당하는 단어를 찾아보자.

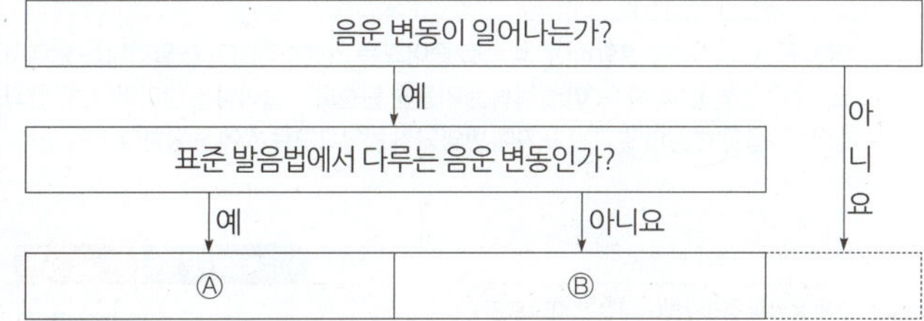

[탐구 자료]

㉠ 일찍 나가서 가족과 같이 높푸른 하늘을 보았다.
㉡ 그가 답한 것이 원래 우리의 의도에 맞는지 책을 펴서 확인하기 바빠 잠을 못 잤다.
㉢ 자신의 행복한 삶, 가족 모두의 건강은 우리의 일상에서 힘을 얻기 위해 반드시 필요하다.

근거 ❹-1~5 표준 발음법에서는 … 모든 표준 발음에 대해 다루지는 않는다. 소리대로 적는 단어들은 발음과 표기가 일치하므로 그 발음을 다루지 않아도 되기 때문이다. 음운 변동의 경우도, 발음이 표기에 반영되지 않는 음운 변동에 대해서만 표준 발음법에서 다루고 있다. … '모음 탈락'에 대해서는 표준 발음법에서 다루지 않는 반면에 … '비음화'에 대해서는 표준 발음법에서 다루고 있다. '모음 탈락'의 결과는 표기에 반영되는 반면, '비음화'의 결과는 표기에 반영되지 않기 때문이다.

① ㉠의 '나가서'와 ㉡의 '펴서'에 나타난 음운 변동의 결과는 표기에 반영되었으니 Ⓐ에 해당하겠군.
풀이 '나가서'는 '나가- + -아서'로 분석되고 '펴서'는 '펴- + -어서'로 분석된다. 각각 모음 'ㅏ'와 'ㅓ'가 탈락하는 모음 탈락이 일어나는 단어로, 음운 변동의 결과가 표기에 반영되었으므로 Ⓑ에 해당한다.
→ 적절하지 않음!

② ㉠의 '높푸른'과 ㉡의 '바빠'에 나타난 음운 변동의 결과는 표기에 반영되었으니 Ⓑ에 해당하겠군.
풀이

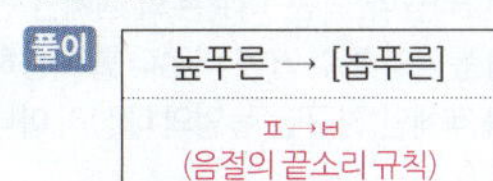

'높푸른'은 받침 'ㅍ'이 'ㅂ'으로 바뀌는 음절의 끝소리 규칙이 일어나는 단어로, 음운 변동의 결과가 표기에 반영되지 않았으므로 Ⓐ에 해당한다. '바쁘- + -아'로 분석되는 '바빠'는 어간의 끝소리 'ㅡ'가 모음으로 시작하는 어미 앞에서 탈락하는 모음 탈락이 일어나는 단어로, 음운 변동의 결과가 표기에 반영되었으므로 Ⓑ에 해당한다.
→ 적절하지 않음!

③ ㉠의 '같이'와 ㉢의 '얻기'에 나타난 음운 변동의 결과는 표기에 반영되지 않으니 Ⓐ에 해당하겠군.
풀이

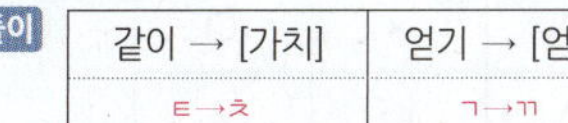

'같이'는 음절 끝 'ㅌ'이 모음 'ㅣ'로 시작되는 형식 형태소와 만나 'ㅊ'으로 바뀌는 구개음화가 일어나고, '얻기'는 파열음 예사소리 'ㄷ' 뒤에서 'ㄱ'이 된소리 'ㄲ'으로 바뀌는 된소리되기가 일어난다. '같이'와 '얻기' 모두 음운 변동의 결과가 표기에 반영되지 않았으므로 Ⓐ에 해당한다.
→ 적절함!

④ ㉡의 '원래'와 ㉢의 '반드시'에 나타난 음운 변동의 결과는 표기에 반영되지 않으니 Ⓐ에 해당하겠군.

 풀이

원래 → [월래]
ㄴ → ㄹ (유음화)

'원래'는 'ㄴ'이 뒤에 있는 유음 'ㄹ'의 영향을 받아 'ㄹ'로 바뀌는 유음화가 일어나는 단어로, 음운 변동의 결과가 표기에 반영되지 않았으므로 Ⓐ에 해당한다. 그러나 '반드시'는 음운 변동이 일어나지 않으므로 Ⓐ와 Ⓑ 모두 해당하지 않는다.

→ 적절하지 않음!

⑤ ㉡의 '답한'과 ㉢의 '삶'에 나타난 음운 변동의 결과는 표기에 반영되지 않으니 Ⓑ(→Ⓐ)에 해당하겠군.

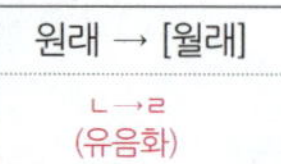 풀이

답한 → [다판]	삶 → [삼:]
ㅂ+ㅎ→ㅍ (거센소리되기)	ㄹㅁ→ㅁ (자음군 단순화)

'답한'은 'ㅂ'과 'ㅎ'이 결합하여 'ㅍ'으로 줄어드는 거센소리되기가 일어나는 단어이고, '삶'은 겹받침 'ㄹㅁ' 중 'ㄹ'이 탈락하는 자음군 단순화가 일어나는 단어이다. '답한'과 '삶' 모두 음운 변동의 결과가 표기에 반영되지 않았으므로 Ⓐ에 해당한다.

→ 적절하지 않음!

오답률 TOP 1 1등급 문제

13 주체 높임과 객체 높임 - 적절한 것 고르기
정답률 30%, 매력적 오답 ① 25% ② 10% ③ 20% ④ 15% 정답 ⑤

<보기>의 ㉠ ~ ㉤에 사용된 문법 요소를 분석한 내용으로 적절한 것은?

| 보기 |
㉠ 삼촌께서 내가 드린 신문을 읽고 계시다.
㉡ 어머니께서 동생에게 멋진 생일 선물을 사 주셨다.
㉢ 언니가 할머니를 모시러 가던 길에 나와 마주쳤다.
㉣ 나는 친구에게 선생님께 여쭤본 내용을 공유하였다.
㉤ 동생이 할아버지께서 편히 주무시도록 이부자리를 살폈다.

 풀이 문장에서 주체 높임이나 객체 높임이 사용되었는지 확인하기 위해서는 먼저 문장의 서술어를 찾아야 한다. 그리고 그 서술어가 지시하는 주어와 목적어, 부사어 등을 파악해야 한다.

㉠ : 문장의 서술어로 '드린'과 '계시다'가 나타난다. 한편 ㉠에서 생략된 부분을 복원해 보면 '삼촌께서 내가 (삼촌께) 드린 신문을 읽고 계시다'이다. ㉠은 서술어 '계시다'의 주체인 '삼촌'을 높이기 위해 주격 조사 '께서'와 주체 높임의 특수 어휘 '계시다'를, 서술 '드린'의 객체인 '삼촌'을 높이기 위해 객체 높임의 특수 어휘 '드리다'를 사용하고 있다.

㉡ : 문장의 서술어로 '사 주셨다'가 나타난다. ㉡은 '사 주셨다'의 주체인 '어머니'를 높이기 위해 주격 조사 '께서'와 주체 높임 선어말 어미 '-시-'를 사용하고 있다.

㉢ : 문장의 서술어로 '모시러 가던'과 '마주쳤다'가 나타난다. ㉢은 '모시러 가던'의 객체인 '할머니'를 높이기 위해 객체 높임의 특수 어휘 '모시다'를 사용하고 있다. 서술 '마주쳤다'의 주체인 '언니'와 객체인 '나'는 높임의 대상이 아니다.

㉣ : 문장의 서술어로 '여쭤본'과 '공유하였다'가 나타난다. ㉣은 '여쭤본'의 객체인 '선생님'을 높이기 위해 부사격 조사 '께'와 객체 높임의 특수 어휘 '여쭈다'를 사용하고 있다. 서술 '공유하였다'의 주체인 '나'와 객체인 '친구'는 높임의 대상이 아니다.

㉤ : 문장의 서술어로 '주무시도록'과 '살폈다'가 나타난다. ㉤은 '주무시도록'의 주체인 '할아버지'를 높이기 위해 주격 조사 '께서'와 주체 높임의 특수 어휘 '주무시다'를 사용하고 있다. 서술 '살폈다'의 주체인 '동생'은 높임의 대상이 아니다.

문장	주체 높임			객체 높임	
	격 조사	특수 어휘	선어말 어미	격 조사	특수 어휘
① ㉠	○	✕(○표시)	○(○표시)	✕	✕
② ㉡	✕(○표시)	✕	○	○(○표시)	✕
③ ㉢	✕	✕	✕	○(○표시)	○
④ ㉣	✕	✕	✕	✕(○표시)	○
⑤ ㉤	○	○	✕	✕	✕

⑤ → 적절함!

---

14 시간 표현 - 적절하지 않은 것 고르기
정답률 80%, 매력적 오답 ④ 10% 정답 ⑤

<보기>의 선생님의 설명을 바탕으로 ㉠ ~ ㉤에 대해 학생이 발표한 내용으로 적절하지 않은 것은?

| 보기 |
선생님 : 시제란 문장이 나타내는 사건의 시간적 위치를 나타내는 문법 요소로, 발화시(화자가 말하는 시점)와 사건시(동작이나 상태가 일어나는 시점)의 선후(먼저와 나중) 관계에 따라 과거 시제(사건시가 발화시보다 앞섬), 현재 시제(사건시와 발화시가 일치함), 미래 시제(발화시가 사건시보다 앞섬)로 나뉩니다. 시간 표현은 선어말 어미, 관형사형 어미, 시간 부사어 등으로 실현되는데 문장에 따라 여러 요소를 동시에 쓰기도 합니다.

ㅇ 이곳이 우리가 함께 ㉠살 집이다.
ㅇ 교정이 ㉡곧 코스모스로 가득 차겠다.
ㅇ 아이들이 모여서 모래 장난을 ㉢한다.
ㅇ 나를 본 친구의 입가에 미소가 ㉣번졌다.
ㅇ 우리가 함께 ㉤간 바다는 노을이 무척 아름다웠다.

① ㉠은 관형사형 어미 '-ㄹ'을 통해 발화시를 기준으로 사건시가 나중인 시제를 나타냅니다.

풀이 ㉠은 어간 '살-'에 어미 '-ㄹ'이 결합한 것이다. 이때 '-ㄹ'은 미래 시제를 나타내는 관형사형 어미로, 말하는 시점보다 우리가 함께 집에서 사는 사건이 일어나는 시점이 나중임을 나타낸다. 참고로 어간 '살-'에 어미 '-ㄹ'이 결합하는 과정에서 어간의 'ㄹ'은 탈락한다.

→ 적절함!

② ㉡은 시간 부사어로, 발화시를 기준으로 사건시가 나중인 시제를 나타냅니다.

풀이 ㉡은 '시간적으로 머지 않아'의 의미를 지닌, 미래 시제를 나타내는 시간 부사어로 말하는 시점보다 교정이 코스모스로 가득 차는 사건이 일어나는 시점이 나중임을 나타낸다.

→ 적절함!

③ ㉢은 선어말 어미 '-ㄴ-'을 통해 발화시와 사건시가 일치하는 시제를 나타냅니다.

풀이 ㉢은 어간 '하-'에 어미 '-ㄴ-'과 '-다'가 결합한 것이다. 이때 '-ㄴ-'은 현재 시제를 나타내는 선어말 어미로, 말하는 시점과 아이들이 모여서 모래 장난을 하는 사건이 일어나는 시점이 일치함을 나타낸다.

→ 적절함!

④ ㉣은 선어말 어미 '-었-'을 통해 발화시를 기준으로 사건시가 앞선 시제를 나타냅니다.

풀이 ㉣은 어간 '번지-'에 어미 '-었-'과 '-다'가 결합한 것이다. 이때 '-었-'은 과거 시제를 나타내는 선어말 어미로, 말하는 시점보다 친구의 입가에 미소가 번지는 사건이 일어나는 시점이 앞서 있음을 나타낸다.

→ 적절함!

발화시를 기준으로 사건시가 앞선

⑤ ㉤은 관형사형 어미 '-ㄴ'을 통해 ~~발화시와 사건시가 일치하는~~ 시제를 나타냅니다.

풀이 ㉤은 어간 '가-'에 어미 '-ㄴ'이 결합한 것이다. 이때 '-ㄴ'은 과거 시제를 나타내는 관형사형 어미로, 말하는 시점보다 우리가 함께 바다에 간 사건이 일어나는 시점이 앞서 있음을 나타낸다.

→ 적절하지 않음!

〈보기〉를 바탕으로 중세 국어의 특징을 탐구한 내용으로 적절하지 <u>않은</u> 것은?

| 보기 |

解叔謙(해숙겸)의 어미 病(병)ᄒ얫거늘 **바미** 뜰 가온ᄃᆡ 머리 **조ᅀᅡ** 비더니 虛空(허공)애셔 닐오ᄃᆡ 丁公藤(정공등)ᄋᆞ로 수을 **비저** 머그면 됴ᄒ리라 ᄒ야ᄂᆞᆯ 醫員(의원)ᄃ려 무르니 다 모ᄅᆞ거늘 두루 가 얻더니 ᄒᆞᆫ 한아비 나모 버히거늘 므스게 **ᄡᅳ다** 무른대 對答(대답)호ᄃᆡ 丁公藤(정공등)이라 ᄒ야ᄂᆞᆯ 절ᄒ고 울며 얻니논 **ᄠᅳ들** 니ᄅᆞᆫ대

[현대어 풀이]

해 숙겸의 어미 병들었기에 밤에 뜰 가운데 머리 조아려 빌더니, 허공에서 이르되, "정공등으로 술 빚어 먹으면 나으리라." 하기에, 의사한테 물으니 다 모르므로 두루 가서 얻으러 다니는데, 한 할아비가 나무 베기에 "무엇에 쓸 것인가?" 물으니, 대답하되, "정공등이다." 하기에 절하고 울며 얻으러 다니는 뜻을 말하니까

① '바미'를 보니 현대 국어와 달리 체언과 조사가 결합할 때 모음 조화를 따르지 따랐음을 않았음을 알 수 있군.

> **풀이** '밤에'에서 보이듯 현대 국어에서는 앞에 결합한 체언의 끝모음 형태와 관계없이 앞말이 시간의 부사어임을 나타내는 격 조사로 '에'만 쓰인다. 그러나 '밤 + 이'로 분석되는 '바미'는 앞에 결합한 체언의 끝모음이 양성 모음 'ㅏ'이므로 양성 모음으로 시작하는 부사격 조사 '이'가 사용되었다. 만약 중세 국어에서 모음 조화가 지켜지지 않았다면 '바믜'의 형태로 나타났을 것이다.

→ 적절하지 않음!

② '조ᅀᅡ'를 보니 현대 국어와 달리 'ㅿ'이 표기에 사용되었음을 알 수 있군.

> **풀이** '조ᅀᅡ'가 현대 국어 '조아려'에 대응하는 것으로 보아 '조ᅀᅡ'에서는 현대 국어에서 사용되지 않는 'ㅿ'이 표기에 사용되었음을 알 수 있다.

→ 적절함!

③ '비저'를 보니 현대 국어와 달리 이어 적기를 하였음을 알 수 있군.

> **풀이** 현대 국어 '빚어'로 미루어 보아 '비저'는 '빚- + -어'로 분석된다. 현대 국어와 달리 소리 나는 대로 받침 'ㅈ'을 '-어'의 초성으로 옮겨 적었으므로 이어 적기가 사용되었음을 확인할 수 있다. 만약 이어 적기를 하지 않았다면 현대 국어처럼 '빚어'의 형태로 나타났을 것이다.

→ 적절함!

④ '醫員(의원)ᄃ려'를 보니 현대 국어와 다른 형태의 부사격 조사가 쓰였음을 알 수 있군.

> **풀이** 현대 국어 '의사한테'는 체언 '의사'와 어떤 행동이 미치는 대상임을 나타내는 부사격 조사 '한테'가 결합한 것이다. '醫員(의원)ᄃ려'에서는 같은 의미로 부사격 조사 'ᄃ려'가 사용되었다. 이를 통해 중세 국어에서는 현대 국어와는 다른 형태의 부사격 조사가 쓰였음을 알 수 있다.

→ 적절함!

⑤ 'ᄠᅳ들'을 보니 현대 국어와 달리 *어두 자음군이 쓰였음을 알 수 있군. *단어의 첫머리에 나타나는 둘 이상의 서로 다른 자음

> **풀이** 'ᄠᅳ들'은 'ᄠᅳᆮ + 을'로 분석된다. 이때 'ᄠᅳᆮ'의 초성 'ㅳ'은 자음 'ㅂ'과 'ㄷ'이 함께 쓰인 것으로, 이를 통해 중세 국어에서는 현대 국어와 달리 어두 자음군이 쓰였음을 확인할 수 있다.

→ 적절함!

[16~21] 사회

(가)

1 ¹민법(民法, 개인의 권리나 사람들 간의 관계를 다스리는 법규와 이것을 규정한 법)에서 불법행위(不法行爲, 고의나 과실에 의하여 타인의 권리를 침해하여 손해를 발생시키는 행위)는 가해자(加害者, 다른 사람의 생명이나 신체, 재산, 명예 등에 해를 끼친 사람)의 고의 또는 과실로 인한(因−, 말미암은) 위법행위(違法行爲, 법률 질서에 위배되는 것으로 평가되는 행위)로 피해자(被害者, 자신의 생명이나 신체, 재산, 명예 등에 침해 또는 위협을 받은 사람)에게 손해(損害, 해를 입음)를 가하는(加−, 어떤 행위를 하거나 영향을 끼치는) 행위로 규정된다. (規定−, 내용, 성격, 의미가 밝혀져 정해진다.) ²이때 고의는 자신의 행위가 타인(他人, 다른 사람)에게 손해를 가할 것임을 알고도 의도적으로(意圖的−, 하려고 꾀하여) 실행한(實行−, 실제로 행한) 것

을, 과실은 자신의 행위가 타인에게 손해를 가할 것이라고 예상하지 못한 상태에서 실행한 것을 말한다. ³여기서 과실은 정상적으로 요구되는 의무인 주의 의무(注意義務, 어떤 행위를 함에 있어서 일정한 주의를 하여야 할 법률상의 의무)를 다하지 못한 것을 의미하며, 정상적으로 요구된다는 것은 사회적인 통념상(通念上, 일반적으로 널리 통하는 개념에 따라) 보편적인(普遍的−, 모든 것에 두루 미치거나 통하는) 사람인 '사회 평균인'을 기준으로 한다는 것을 뜻한다. ⁴즉, 일반적인 개인의 능력이나 사정 등은 고려하지(考慮−, 생각하고 헤아려 보지) 않는다는 것이다. ⁵그리고 손해는 불법행위 전후(前後, 앞과 뒤)에 따른 피해자의 이익(利益, 물질적으로나 정신적으로 보탬이 되는 것) 상태의 차이를 의미한다.

→ 민법에서 규정하는 '불법행위'의 개념

2 ¹우리나라는 민법에서 피해자가 입은 손해는 가해자가 배상하도록(賠償−, 그 손해를 물어주도록) 규정하고 있다. ²이는 그 손해가 가해자의 불법행위에 의한 것이므로 원래 상태에 가장 가까운 상태로 회복시켜야(回復−, 원래의 상태로 돌이켜야) 한다고 본 것이다. ³이러한 점에서 일반적으로 법적 정의(法的正義, 법을 통해 정의를 실현하는 것)가 구현된(具現−, 구체적인 사실로 나타난) 것으로 받아들여진다. ⁴피해자가 손해를 배상받으려면 가해자의 고의나 과실은 피해자가 입증해야(立證−, 증거 등을 내세워 증명해야) 하고, 이를 법원에서 인정했을 때 가해자는 피해자가 입은 손해에 대해 금전적(金錢的, 경제적 이익과 관련되는 것)으로 배상해야 한다.

→ 민법의 손해배상 규정

3 ¹그런데 피해자의 손해에 피해자의 과실이 관련된 것으로 인정된 경우도 있다. ²이때 고의에 의한 불법행위라면 손해배상에서 피해자의 과실은 고려하지 않는다. ³하지만 가해자의 과실에 의한 불법행위라면, 가해자는 피해자에게 손해를 가할 의도가 없었고, 피해자 본인의 과실도 일정 부분 있으므로 피해자의 과실을 고려하지 않는 것은 부당하다고(不當−, 이치에 맞지 않다고) 할 수 있다. ⁴가해자가 자신의 과실이 아닌 부분에 대한 책임을 지게 되기 때문이다. ⁵이러한 시각(視角, 기본적인 자세)에서는 피해자의 손해를 원래 상태에 가장 가까운 상태로 회복하는 것만이 아니라 가해자와 피해자 각각의 과실에 따른 책임을 고려해 손해에 대한 부담(負擔, 의무나 책임을 짐)을 배분하는(配分−, 나누는) 것까지를 법적 정의를 구현한 것으로 본다. ⁶이를 법적 정의의 관점에서는 배분적 정의라고 일컫는다. (가리켜 말한다.)

→ 가해자의 고의나 과실에 의한 불법행위에서 피해자의 과실 고려 여부

4 ¹우리나라는 피해자가 입은 손해에 피해자의 과실도 관련된 것으로 인정된 경우에는 '과실상계(過 과실 과 失 잘못 실 相 서로 상 計 셈하다 계)'를 적용한다. ²과실상계는 가해자가 지급해야(支給−, 줘야) 할 손해배상액(損害賠償額, 남에게 입힌 손해를 물어 주기 위한 금액) 중에서 피해자의 과실에 해당하는 만큼을 감액하는(減額−, 액수를 줄이는) 것을 의미한다. ³이때 피해자의 과실에 대해 판단할 때도 '사회 평균인'을 기준으로 한다. ⁴⊙이는 과실상계를 공정하게(公正−, 공평하고 올바르게) 적용하기 위한 것으로 볼 수 있다.

→ '과실상계'의 개념과 적용

(나)

1 ¹불법행위가 여러 명의 가해자에 의해 발생한 경우는 공동불법행위라고 규정한다. ²공동불법행위가 가해자들의 고의 없이 과실만에 의해 발생했고 그 손해에 피해자의 과실도 있다고 인정될 때는, 가해자들이 부담해야 할 손해배상액에서 피해자의 과실에 해당하는 만큼을 감액할 수 있다. ³그런데 공동불법행위는 가해자 각각의 과실이 피해자가 입은 손해에 미친 영향이 서로 다를 수 있다. ⁴이때 피해자의 손해를 가해자가 부담하는 방식이 다양하게 적용될 수 있다. 과실상계

→ 공동불법행위의 규정

2 ¹우리나라는 원칙적으로 공동불법행위로 인해 피해자가 입은 손해는 가해자들이 연대하여(連帶−, 여럿이 함께 책임을 저) 배상해야 한다는 민법 규정을 적용한다. ²여기서 연대하여 배상한다는 것은, 손해배상액 전체를 가해자들이 함께 책임지는 방식을 의미한다. ³이는 과실이 경미한(輕微−, 가볍고 아주 적어서 대수롭지 않은) 가해자라도 본인 외의 다른 가해자에게 경제적 능력이 전혀 없다면 단독(單獨, 단 한 사람)으로 손해배상액 전체를 책임져야 할 수 있다는 의미이다. ⁴대신 피해자의 입장에서는 자신이 입은 손해를 원래의 상태에 가장 가까운 상태로 회복할 가능성이 크다는 장점이 있다. ⁵Ⓐ이 방식에 따르면, 손해배상액은 가해자 각각이 피해자가 입은 손해에 영향을 미친 정도에 관계없이 가해자들이 공동으로 책임진다. ⁶예를 들어, 피해자 갑이 가해자 을과 병의 공동불법행위로 100만 원의 손해를 입었을 때 갑, 을, 병의 과실이 각각 10 %, 30 %, 60 % 인정되면, 을과 병은 갑의 전체 손해액 중에서 10 %만큼 감액된 금액을 공동으로 배상해야 한다. ⁷이때 법원에서는 과실의 비율만 판단하고 각자가 실제 배상할 금액을 지정해(指定−, 가리켜 확실히 정해) 주지는 않

기 때문에, 을과 병은 법원이 판단한 과실의 비율을 기준으로 ⓐ 삼아 각자가 배상할 금액을 합의하여(合議-. 토의하여 의견을 종합하여) 정하게 된다. [8]만약 병이 파산(破産. 재산을 모두 잃고 망함) 등의 이유로 경제적 능력이 전혀 없다면, 을이 연대책임자라는 이유로 90만 원을 모두 배상하게 될 수 있다.

→ 피해자의 손해를 가해자가 부담하는 방식 ① : 연대 배상 방식

3 [1]하지만 손해배상액에 대한 책임을 연대하는 방식을 적용하는 것이 적절하지 않은 경우도 있을 수 있다. [2]독립적으로 일어난 여러 불법행위가 우연한 이유로 하나의 손해를 일으켜 공동불법행위가 되는 때도 있는데, 과실이 가장 적은 사람인데도 손해배상액 전액(全額. 액수의 전부)을 배상하게 된다면 특히 부당하다고 여겨질 수 있기 때문이다. [3]우리나라는 자신이 부담해야 할 손해배상액보다 더 많은 금액을 실제로 배상한 경우, 초과(超過. 일정 수나 한도, 기준을 넘음) 부담한 만큼의 금액을 다른 가해자들에게 청구할(請求-. 달라고 요구할) 수 있는 권리를 인정하고 있다. [4]하지만 청구를 받은 가해자가 경제적 능력이 전혀 없으면 청구한 금액을 돌려받기 어려울 수 있다.

→ 연대 배상 방식의 적용이 적절하지 않은 경우

4 [1]이를 고려해 판례(判例. 법원이 같거나 비슷한 소송 사건에 대하여 행한 재판의 선례)에서는 예외적으로 연대 배상 방식이 아닌, 가해자가 자신의 과실만큼만 개별적으로(個別的-. 하나씩 따로따로) 배상하게 하는 방식을 취하기도(取-. 골라 가지기도) 한다. [2]ⓑ 이 방식은 가해자들 사이에 공모(共謀. 두 사람 이상이 불법적 행위를 하기로 합의하는 일을 뜻하는 '공동 모의'를 줄여서 이르는 말) 행위가 없다는 것을 전제(前提. 먼저 내세우는 조건)로, 손해배상액이 거액(巨額. 아주 많은 액수의 돈)이고, 가해자 각각의 과실이 손해에 끼친 영향의 차이를 비교적 명확하게 비교할 수 있는 경우에 법원의 판단으로 적용될 수 있다. [3]이 방식에 따르면, 법원이 피해자의 과실과 가해자 각자의 과실을 개별적으로 비교해 가해자가 실제 배상할 금액을 지정한다. [4]예를 들어 법원이 피해자와 가해자 1의 과실 비율을 1 : 1, 피해자와 가해자 2의 과실 비율을 1 : 3이라고 판단해 가해자 1, 2 각각의 실제 배상 금액을 지정할 수 있는 것이다. [5]이 방식에 따를 경우 피해자 입장에서는 가해자 각각에게 손해배상을 청구해야 한다는 어려움이 존재한다. [6]하지만 자신의 과실에 대한 책임만 부담하면 된다는 점에서 이것이 가해자에게는 정당한(正當-. 이치에 맞아 올바르고 마땅한) 방식이라고 여겨질 수 있다.

→ 피해자의 손해를 가해자가 부담하는 방식 ② : 개별 배상 방식

■ 지문 이해

(가)

〈민법상 불법행위의 규정과 과실상계의 개념〉

> **❶ 민법에서 규정하는 '불법행위'의 개념**
>
> • 불법행위 : 가해자의 고의 또는 과실로 인한 위법행위로 피해자에게 손해를 가하는 행위
> - 고의 : 타인에게 손해를 가할 것임을 알고도 의도적으로 실행한 것
> - 과실 : 타인에게 손해를 가할 것을 예상하지 못한 상태에서 실행한 것
> - 손해 : 불법행위 전후에 따른 피해자의 이익 상태의 차이

> **❷ 민법의 손해배상 규정**
>
> • 민법에서 피해자가 입은 손해는 가해자가 배상하도록 규정 → 법적 정의 구현
> - 가해자의 고의나 과실은 피해자가 입증해야 함
> - 가해자는 피해자가 입은 손해를 금전적으로 배상해야 함

> **❸ 가해자의 고의나 과실에 의한 불법행위에서 피해자의 과실 고려 여부**
>
> • 고의에 의한 불법행위일 때 : 손해배상에서 피해자의 과실을 고려하지 않음
> • 과실에 의한 불법행위일 때 : 손해배상에서 가해자와 피해자 각각의 과실에 따른 책임을 고려해 손해에 대한 부담을 배분 → 배분적 정의

> **❹ '과실상계'의 개념과 적용**
>
> • 과실상계 : 가해자가 지급해야 할 손해배상액 중 피해자의 과실에 해당하는 만큼을 감액하는 것

(나)

〈민법상 공동불법행위의 규정과 손해배상 방식〉

> **❶ 공동불법행위의 규정**
>
> • 공동불법행위 : 불법행위가 여러 명의 가해자에 의해 발생한 경우
> • 공동불법행위가 가해자들의 과실만에 의해 발생했고, 그 손해에 피해자의 과실도 있다고 인정될 때 손해배상액에서 피해자의 과실에 해당하는 만큼 감액할 수 있음

> **❷ 피해자의 손해를 가해자가 부담하는 방식 ① : 연대 배상 방식(원칙)**
>
> • 연대 배상 방식 : 손해배상액 전체를 가해자들이 함께 책임지는 것
> - 피해자가 입은 손해를 원래의 상태에 가장 가까운 상태로 회복할 가능성이 큼
> - 가해자 각각이 피해자의 손해에 영향을 미친 정도와 관계없이, 손해배상액을 공동으로 책임짐
> - 법원에서는 과실의 비율만 판단하고 배상할 금액을 지정해 주지 않음 → 각자의 배상 금액을 합의하여 정함

> **❸ 연대 배상 방식의 적용이 적절하지 않은 경우**
>
> • 독립적으로 일어난 여러 불법행위가 우연히 하나의 손해를 일으켜 공동불법행위가 되는 때 → 과실이 가장 적은 사람이 손해배상액 전액을 배상하게 될 경우 부당하게 여겨질 수 있음
> - 가해자가 초과 부담한 금액을 다른 가해자들에게 청구할 수 있는 권리를 인정함

> **❹ 피해자의 손해를 가해자가 부담하는 방식 ② : 개별 배상 방식(예외)**
>
> • 적용 조건
> - 가해자들 사이에 공모 행위가 없음
> - 손해배상액이 거액
> - 가해자 각각의 과실이 손해에 끼친 영향의 차이를 비교적 명확히 비교 가능
> • 법원이 피해자의 과실과 가해자 각자의 과실을 개별적으로 비교해 가해자가 실제 배상할 금액을 지정함
> - 피해자는 가해자 각각에게 손해배상을 청구해야 함
> - 가해자는 자신의 과실에 대한 책임만 부담하면 됨

---

tip • 공동불법행위 관련 판례

[사례 1] 연대 배상 방식

회사의 부회장인 B 씨는 부정한 방법으로 회사를 운영하는 과정에서 주어진 임무를 저버리고 회사에 재산상 손해를 입히는 배임 행위를 함. 회사의 회장인 피고 A 씨는 이 사실을 어렴풋이 알고 있었음에도 묵인한 채 회사의 운영을 B 씨에게 계속 맡김.
☞ 법원은 피고 A 씨의 행위가 B 씨의 배임 행위를 방조한 것에 해당한다고 보아 B 씨가 일으킨 손해액의 일부를 B 씨도 배상하라고 판결함.

[사례 2] 개별 배상 방식

신고를 받고 수사에 들어간 경찰 4명이 피해자들의 진술만 듣고 C 씨를 긴급체포함. C 씨는 자신의 결백을 주장하였으나 피해자들의 진술이 일치한다는 점을 들어 C 씨에 대한 구속영장을 신청하여 구속함. 이후 C 씨가 조사를 받는 과정에서 우연히 진범을 알아내게 됨.
☞ 피해자들에게 범인을 식별하게 하는 데 있어 절차를 제대로 지키지 못한 점, C 씨가 범행 당시의 알리바이를 구체적으로 진술한 점, 증거 조사를 미흡하게 한 점 등을 이유로 하여 C 씨가 입은 손해의 20%에 해당하는 금액을 경찰 4명이 각각 배상하도록 판결함.

〈출처 : 대법원〉

---

16 | 글의 서술 방식 파악 - 적절한 것 고르기
정답률 85% | **정답 ⑤**

(가), (나)에 대한 설명으로 가장 적절한 것은?

근거 (가)-❶-1 민법에서 불법행위는 … 규정된다, (가)-❷-1 우리나라는 민법에서 피해자가 입은 손해는 가해자가 배상하도록 규정, (가)-❹-1 우리나라는 피해자가 입은 손해에 피해자의 과실도 관련된 것으로 인정된 경우에는 '과실상계'를 적용, (나)-❶-1 불법행위가 여러 명의 가해자에 의해 발생한 경우는 공동불법행위라고 규정한다, (나)-❶-4 이때 피해자의 손해를 가해자가 부담하는 방식이 다양하게 적용될 수 있다.

풀이 윗글의 (가)에서는 먼저 불법행위 및 피해자가 입은 손해의 배상에 대한 민법상 규정을 밝히고, 가해자의 과실에 의한 불법행위의 손해배상에서 피해자의 과실을 판단할 때 과실상계를 적용한다는 점을 설명하고 있다. 한편 (나)에서는 공동불법행위에 대한 민법 규정을 밝히고, 해당 규정에 따른 가해자의 손해배상 방식의 적용 양상을 제시하였다. 따라서 정답은 ⑤번이다.

① (가)는 우리나라의 불법행위와 관련된 법률 규정이 ~~등장하게 된 배경을 밝히고 발전해 온 과정을 소개하고 있다.~~

→ 문제편 245쪽

② (가)는 우리나라의 불법행위와 관련된 법률 규정이 적용되는 사례를 *열거하고 각각에 적용된 구체적인 **조항을 제시하고 있다. *列擧-, 여러 가지 예나 사실을 낱낱이 죽 늘어놓고 **條項, 법률이나 규정 따위의 낱낱의 조나 항

③ (나)는 불법행위에 영향을 끼치는 원인을 *분류하고 각 원인에 대한 해결 방안을 **모색하고 있다. *分類-, 종류에 따라서 가르고 **摸索-, 해결할 수 있는 방법이나 실마리를 더듬어 찾고

④ (나)는 불법행위의 개념과 법률의 이론적 배경을 제시하고 이에 대한 다양한 학자들의 법률적 이론을 *분석하고 있다. *分析-, 얽혀 있거나 복잡한 것을 풀어서 개별적 요소나 성질로 나누고

✓ (가)와 (나)는 모두 불법행위와 관련된 법률 규정을 밝히고 그 규정이 적용되는 *양상을 다루고 있다. *樣相, 모양이나 상태

→ 적절함!

17	세부 정보 이해 - 적절하지 않은 것 고르기	정답 ②
	정답률 75%, 매력적 오답 ④ 10%	

윗글의 내용과 일치하지 <u>않는</u> 것은?

① 민법에서는 불법행위 전후에 따른 피해자의 이익 상태의 차이를 손해라고 한다.
근거 (가)-❶-5 손해는 불법행위 전후에 따른 피해자의 이익 상태의 차이를 의미한다.
→ 적절함!

✓② 민법에서는 피해자가 손해를 배상받으려면 가해자의 고의나 과실은 법원이 입증하도록 규정하고 있다.
근거 (가)-❷-4 피해자가 손해를 배상받으려면 가해자의 고의나 과실은 피해자가 입증해야 하고
→ 적절하지 않음!

③ 민법에 따르면 가해자는 피해자가 입은 손해를 금전적으로 배상해야 한다.
근거 (가)-❷-4 가해자는 피해자가 입은 손해에 대해 금전적으로 배상해야 한다.
→ 적절함!

④ 공동불법행위 중에는 독립적으로 일어난 여러 불법행위가 우연한 이유로 하나의 손해를 일으켜 발생하는 경우가 있다.
근거 (나)-❸-2 독립적으로 일어난 여러 불법행위가 우연한 이유로 하나의 손해를 일으켜 공동불법행위가 되는 때도 있는데
→ 적절함!

⑤ 공동불법행위에서 가해자가 부담해야 할 금액을 초과해 배상했을 때 초과한 금액을 다른 가해자에게 청구할 수 있는 경우가 있다.
근거 (나)-❸-3 우리나라는 자신이 부담해야 할 손해배상액보다 더 많은 금액을 실제로 배상한 경우, 초과 부담한 만큼의 금액을 다른 가해자들에게 청구할 수 있는 권리를 인정하고 있다.
→ 적절함!

18	핵심 개념 파악 - 적절한 것 고르기	정답 ③
	정답률 75%	

배분적 정의 의 관점에서, Ⓐ와 Ⓑ를 평가한 내용으로 가장 적절한 것은?

> Ⓐ 이 방식(손해배상액 전체를 가해자들이 함께 책임지는 방식)
> Ⓑ 이 방식(가해자가 자신의 과실만큼만 개별적으로 배상하게 하는 방식)

▶ 지문 핵심 개념 정리

배분적 정의의 관점
• 가해자가 자신의 과실이 아닌 부분(피해자의 과실)에 대한 책임을 지는 것은 부당하다고 볼 수 있음(가)-❸-3~4)   • 피해자의 손해 회복만이 아니라 가해자와 피해자 각각의 과실에 따른 책임을 고려해 손해에 대한 부담을 배분하는 것까지를 법적 정의 구현으로 봄(가)-❸-5)

① 과실 여부를 판단할 때 사회 평균인을 기준으로 한다는 점에서, Ⓐ를 Ⓑ보다 정당한 것으로 평가하겠군.
근거 (가)-❹-1~3 우리나라는 피해자가 입은 손해에 피해자의 과실도 관련된 것으로 인정된 경우에는 '과실상계'를 적용한다. … 이때 피해자의 과실에 대해 판단할 때도 '사회 평균인'을 기준으로 한다.
풀이 우리나라는 피해자가 입은 손해에 피해자의 과실도 관련된 것으로 인정된 경우 과실

상계를 적용하여 가해자가 지급할 손해배상액 중 피해자의 과실에 해당하는 만큼을 감액하고, 이때 피해자의 과실에 대해 '사회 평균인을 기준으로' 판단한다. 즉 Ⓐ와 Ⓑ는 모두 과실 여부를 판단할 때 사회 평균인을 기준으로 하므로, 과실 여부를 판단할 때 사회 평균인을 기준으로 한다는 점에서 Ⓐ를 Ⓑ보다 정당한 것으로 평가하는 것은 적절하지 않다.
→ 적절하지 않음!

② 피해자의 과실이 있는 경우 가해자가 피해자의 손해를 예상했다면 피해자와 책임을 나눈다는 점에서, Ⓐ를 Ⓑ보다 정당한 것으로 평가하겠군.
근거 (가)-❶-2 고의는 자신의 행위가 타인에게 손해를 가할 것임을 알고도 의도적으로 실행한 것, (가)-❸-2 고의에 의한 불법행위라면 손해배상에서 피해자의 과실은 고려하지 않는다, (나)-❶-2 공동불법행위가 가해자들의 고의 없이 과실만에 의해 발생했고 그 손해에 피해자의 과실도 있다고 인정될 때는, 가해자들이 부담해야 할 손해배상액에서 피해자의 과실에 해당하는 만큼을 감액할 수 있다.
풀이 가해자가 피해자의 손해를 예상했다는 것은 가해자의 행위가 고의에 의한 불법행위임을 의미한다. 윗글의 (가)에서 고의에 의한 불법행위의 경우 손해배상에서 피해자의 과실은 고려하지 않는다고 하였고, (나)에서 공동불법행위가 가해자들의 고의 없이 과실만에 의해 발생했고 그 손해에 피해자의 과실도 있다고 인정될 때 손해배상액에서 피해자의 과실에 해당하는 만큼을 감액할 수 있다고 하였다. 만약 가해자가 피해자의 손해를 예상했다면, Ⓐ와 Ⓑ 모두 피해자의 과실은 고려하지 않으므로 피해자의 과실에 해당하는 만큼을 감액할 수 없다. 따라서 가해자가 피해자의 손해를 예상했다면 피해자와 책임을 나눈다는 점에서 Ⓐ를 Ⓑ보다 정당한 것으로 평가하는 것은 적절하지 않다.
→ 적절하지 않음!

✓③ 가해자의 입장에서는 자신의 과실에 대한 책임만 부담하면 된다는 점에서, Ⓑ를 Ⓐ보다 정당한 것으로 평가하겠군.
근거 (나)-❷-3 (Ⓐ에 따를 경우) 과실이 경미한 가해자라도 본인 외의 다른 가해자에게 경제적 능력이 전혀 없다면 단독으로 손해배상액 전체를 책임져야 할 수 있다는 의미, (나)-❸-2 과실이 가장 적은 사람인데도 손해배상액 전액을 배상하게 된다면 특히 부당하다고 여겨질 수 있기 때문, (나)-❹-6 (Ⓑ에 따를 경우) 자신의 과실에 대한 책임만 부담하면 된다는 점에서 이것이 가해자에게는 정당한 방식이라고 여겨질 수 있다.
풀이 Ⓐ 방식에 따르면 과실이 가장 적은 가해자라도 본인 외의 다른 가해자에게 경제적 능력이 없다면 단독으로 손해배상액 전액을 배상하게 될 수도 있으므로, 가해자의 입장에서는 부당하다고 여길 수 있다. 반면 Ⓑ 방식에 따르면 가해자는 자신의 과실에 대한 책임만 부담하면 된다는 점에서 가해자의 입장에서는 정당한 방식이라고 여길 수 있다. 따라서 가해자의 입장에서는 자신의 과실에 대한 책임만 부담하면 된다는 점에서, Ⓑ를 Ⓐ보다 정당한 것으로 평가할 것이라는 설명은 적절하다.
→ 적절함!

④ 피해자가 여럿이고 가해자가 단독일 경우 가해자가 손해배상액을 각각의 피해자에게 배분한다는 점에서, Ⓑ를 Ⓐ보다 정당한 것으로 평가하겠군.
근거 (나)-❶-1 불법행위가 여러 명의 가해자에 의해 발생한 경우는 공동불법행위라고 규정한다.
풀이 Ⓐ와 Ⓑ는 여러 명의 가해자에 의해 '공동불법행위'가 발생했을 경우, 가해자가 피해자의 손해를 부담하는 방식이다. 즉 Ⓐ와 Ⓑ는 모두 피해자가 여럿이고 가해자가 단독일 경우에 해당하지 않으므로, 가해자가 손해배상액을 각각의 피해자에게 배분한다는 점에서 Ⓑ를 Ⓐ보다 정당한 것으로 평가하는 것은 적절하지 않다.
→ 적절하지 않음!

⑤ 피해자의 입장에서는 가해자가 적을수록 자신이 받을 손해배상액이 늘어난다는 점에서, Ⓐ와 Ⓑ를 모두 정당한 것으로 평가하겠군.
근거 (나)-❷-2~3 연대하여 배상한다는 것은, 손해배상액 전체를 가해자들이 함께 책임지는 방식을 의미한다. 이는 과실이 경미한 가해자라도 본인 외의 다른 가해자에게 경제적 능력이 전혀 없다면 단독으로 손해배상액 전체를 책임져야 할 수 있다는 의미, (나)-❹-1 연대 배상 방식이 아닌, 가해자가 자신의 과실만큼만 개별적으로 배상하게 하는 방식
풀이 공동불법행위에 따른 피해자의 손해에 대해 Ⓐ는 손해배상액 전체를 가해자들이 함께 책임지는 방식이고, Ⓑ는 가해자 각각이 자신의 과실만큼만 개별적으로 배상하는 방식이다. Ⓐ와 Ⓑ 두 방식 모두 피해자의 입장에서 가해자가 적을수록 받을 수 있는 손해배상액이 늘어나는 것은 아니므로, 가해자가 적을수록 자신이 받을 손해배상액이 늘어난다는 점에서 Ⓐ와 Ⓑ를 모두 정당한 것으로 평가하는 것은 적절하지 않다.
→ 적절하지 않음!

㉠의 이유로 가장 적절한 것은?

> ㉠ 이는 과실상계를 공정하게 적용하기 위한 것으로 볼 수 있다.

▶ 지문 핵심 개념 정리

과실상계
• 과실상계는 가해자가 지급해야 할 손해배상액 중에서 피해자의 과실에 해당하는 만큼을 감액하는 것을 의미((가)-**4**-2)   • 피해자의 과실에 대해 판단할 때도 '사회 평균인'을 기준으로 함((가)-**4**-3)

① 가해자와 피해자가 서로에게 동일한 금액을 배상하는 것이 공정하기 때문이다.

> **풀이** 윗글에 따르면 과실상계는 가해자가 지급해야 할 손해배상액 중에서 '피해자의 과실에 해당하는 만큼'을 감액하는 것을 의미한다. 따라서 가해자와 피해자가 서로에게 '동일한 금액'을 배상하는 것이 공정하기 때문이라는 것은 ㉠의 이유로 적절하지 않다.

→ 적절하지 않음!

② 과실상계 여부를 판단할 때 가해자와 피해자의 과실 비율이 동일해야 하기 때문이다.

> **풀이** 과실상계는 가해자가 지급해야 할 손해배상액 중 '피해자의 과실에 해당하는 만큼'을 감액하는 것이므로, 과실상계 여부를 판단할 때 '가해자와 피해자의 과실 비율이 동일해야 하기 때문이라는 것은 ㉠의 이유로 적절하지 않다.

→ 적절하지 않음!

③ 과실상계는 피해자가 이미 지급 받은 손해배상액의 액수를 고려하여 적용되기 때문이다.

> **풀이** 과실상계는 가해자가 '지급해야 할' 손해배상액 중에서 피해자의 과실을 고려하는 것이다. 따라서 피해자가 '이미 지급 받은' 손해배상액의 액수를 고려하여 적용되기 때문이라는 것은 ㉠의 이유로 적절하지 않다.

→ 적절하지 않음!

④ 과실상계를 적용할 때 동일한 기준으로 가해자와 피해자의 과실에 대해 판단하기 때문이다.

> **근거** (가)-**1**-3~4 여기서 과실은 정상적으로 요구되는 의무인 주의 의무를 다하지 못한 것을 의미하며, 정상적으로 요구된다는 것은 사회적인 통념상 보편적인 사람인 '사회 평균인'을 기준으로 한다는 것을 뜻한다. 즉, 일반적인 개인의 능력이나 사정 등은 고려하지 않는다는 것

> **풀이** 윗글의 설명에 따르면 과실상계를 적용할 때 피해자의 과실에 대해서도 '사회 평균인'을 기준으로 판단한다. 이때 사회 평균인을 기준으로 한다는 것은 개인의 능력이나 사정 등을 고려하지 않고 동일한 기준으로 공정하게 판단한다는 것을 의미한다. 따라서 과실상계를 적용할 때 동일한 기준으로 가해자와 피해자의 과실에 대해 판단하기 때문이라는 것은 ㉠의 이유로 적절하다.

→ 적절함!

⑤ 피해자의 과실에 적용된 과실상계가 피해자가 받을 전체 손해배상액을 *증액시키기 때문이다. *增額ㅡ. 액수를 늘리기

> **풀이** 과실상계는 가해자가 지급해야 할 손해배상액 중 피해자의 과실에 해당하는 만큼을 '감액하는' 것을 의미하므로, 과실상계가 피해자가 받을 전체 손해배상액을 증액시키기 때문이라는 것은 ㉠의 이유로 적절하지 않다.

→ 적절하지 않음!

<보기>는 (가), (나)의 내용을 학습하기 위한 자료의 일부이다. (가), (나)를 읽은 학생의 <보기>에 대한 반응으로 적절하지 않은 것은? [3점]

보기
[가상의 상황]   ○ 사건 당사자(當事者. 직접 관계가 있거나 관계한 사람) : A 법인(法人. 법에 의해 권리 능력이 주어지는 '사단'과 '재단'), B 사, C 씨   ○ 사건 내용   A 법인은 부주의(不注意, 조심을 하지 않음)로 인해 오류(誤謬. 잘못되어 이치에 맞지 않는 일)가 있는 경제 보고서를 작성했다. B 사는 이 보고서를 근거로 한 투자(投資. 이익을 얻을 목적으로 돈을 대거나, 시간이나 정성을 쏟는 것) 상품을 C 씨에게 판매했는데, 이 과정에

서 B 사는 투자 유의(留意. 마음에 새겨 두어 조심하며 관심을 가짐) 사항을 제대로 설명하지 않았다. 그리고 C 씨는 잘못된 판단으로 성급하게(性急ㅡ. 성질이 급하게) 투자를 결정하여 10만 원의 손해를 입었다. C 씨는 자신의 손해가 A 법인과 B 사 때문임을 주장했다.

[판결 결과]
법원은 이 사건이 A 법인과 B 사의 과실만에 의해 발생한 공동불법행위라고 판단하며 C 씨의 과실도 인정함. 법원은 A 법인, B 사, C 씨의 과실 비율만 각각 30 %, 60 %, 10 %로 판단하고 A 법인, B 사 각자가 실제 배상할 금액은 지정해 주지 않음.
(단, 다른 상황은 고려하지 않음.) ← 공동불법행위로 인해 피해자가 입은 손해를 가해자들이 연대하여 배상하는 방식

▶ 지문 핵심 개념 정리

공동불법행위로 인한 손해를 가해자들이 연대하여 배상하는 방식
• 손해배상액 전체를 가해자들이 함께 책임지는 방식((나)-**2**-2)   • 과실이 경미한 가해자라도 단독으로 손해배상액 전체를 책임져야 할 수 있음((나)-**2**-3)   • 가해자 각각이 피해자가 입은 손해에 영향을 미친 정도에 관계없이 공동으로 책임짐((나)-**2**-5)   • 법원은 과실의 비율만 판단하고, 배상할 금액을 지정하지 않음 : 가해자들이 배상할 금액을 합의하여 정함((나)-**2**-7)

① A 법인에 고의가 없다고 판결한 것은, A 법인의 부주의는 C 씨에게 손해를 가할 것임을 의도한 것은 아니라고 본 것이겠군.

> **근거** (가)-**1**-2 고의는 자신의 행위가 타인에게 손해를 가할 것임을 알고도 의도적으로 실행한 것을, 과실은 자신의 행위가 타인에게 손해를 가할 것이라고 예상하지 못한 상태에서 실행한 것을 말한다.

> **풀이** <보기>에서 A 법인은 부주의로 인해 오류가 있는 경제 보고서를 작성하였고, 법원은 이 사건을 A 법인과 B 사의 과실만에 의해 발생한 공동불법행위라고 판단하였다. 윗글의 (가)에서 '고의'는 자신의 행위가 타인에게 손해를 가할 것임을 알고도 의도적으로 실행한 것을, '과실'은 자신의 행위가 타인에게 손해를 가할 것이라고 예상하지 못한 상태에서 실행한 것을 말한다고 설명하고 있다. 따라서 <보기>의 판결에서 법원은 A 법인의 부주의가 C 씨에게 손해를 가할 것임을 의도한 것은 아니라고 본 것이라는 점을 알 수 있다.

→ 적절함!

② A 법인과 B 사의 과실에 대해 법원이 지정한 비율은, A 법인과 B 사 각자가 배상할 금액을 합의하여 정하는 기준이 될 수 있겠군.

> **풀이** <보기>에서 법원은 이 사건에 대해 A 법인, B 사, C 씨의 과실 비율만 판단하고, 각자가 실제 배상할 금액을 지정해 주지 않았다. 윗글의 (나)를 통해 이와 같은 경우 가해자들은 법원이 판단한 과실의 비율을 기준으로 각자가 배상할 금액을 합의하여 정하게 됨을 알 수 있다. 따라서 <보기>의 A 법인과 B 사의 과실에 대해 법원이 지정한 비율은, A 법인과 B 사 각자가 배상할 금액을 합의하여 정하는 기준이 될 수 있다는 설명은 적절하다.

→ 적절함!

③ A 법인의 과실이 B 사보다 작다고 판결한 것은, B 사가 파산하여 경제적 능력이 없더라도 A 법인이 단독으로 책임질 필요가 없다고 본 것이겠군.

> **풀이** <보기>에서 법원은 이 사건을 공동불법행위로 보고, A 법인과 B 사의 과실 비율을 판단하였으나 각자가 실제 배상할 금액은 지정해 주지 않았다. 이는 법원이 이 사건에 연대하여 배상하는 방식을 적용하였음을 의미한다. 연대하여 배상하는 방식에 따르면 가해자들은 손해배상액 전체를 함께 책임져야 하며, 과실이 경미한 가해자라 하더라도 다른 가해자가 파산 등의 이유로 경제적 능력이 전혀 없다면 과실이 경미한 가해자 본인이 연대책임자로서 단독으로 손해배상액 전체를 책임져야 할 수 있다. 즉 <보기>의 사건의 경우 A 법인의 과실이 B 사보다 작다고 하더라도, B 사가 파산하여 경제적 능력이 없다면 A 법인이 단독으로 손해배상액 전체를 책임져야 한다. 따라서 'A 법인이 단독으로 책임질 필요가 없다고 본 것'이라는 설명은 적절하지 않다.

→ 적절하지 않음!

④ A 법인과 B 사가 실제 배상할 금액을 법원이 지정해 주지 않은 것은, C 씨가 입은 손해를 A 법인과 B 사가 연대하여 배상해야 한다고 본 것이겠군.

> **풀이** <보기>에서 법원은 이 사건에서 A 법인과 B 사의 과실 비율을 판단하였으나, 각자가 실제 배상할 금액은 지정해 주지 않았다. 이러한 점과 윗글의 (나)를 통해, <보기>의 법원은 이 사건에 '연대하여 배상하는 방식'을 적용하였음을 알 수 있다. 따라서 A 법인과 B 사가 실제 배상할 금액을 법원이 지정해 주지 않은 것은, C 씨가 입은 손해를 A 법인과 B 사가 연대하여 배상해야 한다고 본 것이라는 설명은 적절하다.

→ 적절함!

⑤ C 씨의 과실을 인정한다고 판결한 것은, C 씨가 투자를 할 때 투자자에게 정상적으로 요구되는 의무를 제대로 지키지 않은 것이라고 본 것이겠군.

> **근거** (가)-**1**-3 과실은 정상적으로 요구되는 의무인 주의 의무를 다하지 못한 것을 의미하며

→ 문제편 246쪽

풀이 <보기>에서 피해자 C 씨는 잘못된 판단으로 성급하게 투자를 결정한 점이 있고, 법원은 C 씨에 대해 그 과실을 인정하였다. 윗글의 (가)에서 '과실'은 정상적으로 요구되는 의무인 주의 의무를 다하지 못한 것을 의미한다고 하였다. 따라서 <보기>에서 법원이 이 사건 피해자인 C 씨의 과실을 인정한다고 판결한 것은, C 씨가 투자를 할 때 투자자에게 정상적으로 요구되는 의무인 주의 의무를 다하지 못한 것이라고 본 것이라는 설명은 적절하다.

→ 적절함!

---

21 문맥적 의미 파악 - 적절한 것 고르기
정답률 90%
정답 ⑤

밑줄 친 부분의 문맥적 의미가 @와 가장 유사한 것은?

> 을과 병은 법원이 판단한 과실의 비율을 기준으로 @ 삼아 각자가 배상할 금액을 합의하여 정하게 된다.

풀이 @에서 '삼다'는 문맥상 '무엇을 무엇이 되게 하거나 여기다'의 의미이다.

① 나는 그를 제자로 삼을 것이다.
풀이 '어떤 대상과 인연을 맺어 자기와 관계있는 사람으로 만들다'의 의미이다.
예문 그는 친구의 딸을 며느리로 삼았다.
→ 적절하지 않음!

② 비단은 명주실을 삼아서 만든다.
풀이 '삼이나 모시 따위의 섬유를 가늘게 찢어서 그 끝을 맞대고 비벼 꼬아 잇다'의 의미이다.
예문 삼을 삼다 말고 쉬는 때면 무를 깎아 먹었다.
→ 적절하지 않음!

③ 나는 요즘 취미 삼아 그림을 배우고 있다.
풀이 '무엇을 무엇으로 가정하다'의 의미이다.
예문 할아버지는 아이들에게 자신의 경험을 이야깃거리 삼아 들려주셨다.
→ 적절하지 않음!

④ 그는 시골에서 자연을 벗 삼아 살고 있다.
풀이 '무엇을 무엇으로 가정하다'의 의미이다.
예문 그녀는 고양이를 친구 삼아 여행을 떠났다.
→ 적절하지 않음!

⑤ 그는 근면을 신조로 삼아 최선을 다해 살았다.
풀이 '무엇을 무엇이 되게 하거나 여기다'의 의미이다.
예문 이제 와서 그것을 굳이 문제 삼을 것까지는 없다.
→ 적절함!

[22~26] 인문 - <블라지의 '도덕적 자아 모델'>

1 [1]도덕 심리학의 중심축(中心軸, 매우 중요하고 기본이 되는 것)을 형성해(形成−, 이루어) 온 콜버그의 인지 발달 이론에서는 도덕적 이해를 지식 구조, 즉 인지(認知, 어떤 사실을 인정하여 앎)의 발달에 의한 것으로 보고, 도덕적 이해가 자동적으로 도덕적 행동을 이끌 것이라고 생각했다. [2]그런데 과연 도덕적 이해가 도덕적 행동을 보장할(保障−, 어려움 없이 이루어지도록 할) 수 있을까? [3]그렇지 않다고 생각할 수 있다. [4]도덕적으로 옳은 행동인 줄 알면서도(도덕적 이해가 있으면서도) 행하지(도덕적 행동을 하지) 않는 경우가 많기 때문이다. [5]블라지는 콜버그의 이론에 의문을 제기하며, 왜 어떤 사람은 도덕적 이해가 행동으로 나타나고 어떤 사람은 그렇지 않은지에 관심을 기울였다. [6]블라지는 콜버그와 마찬가지로 도덕적 이해가 중요하다고 보았지만, 콜버그와 달리 도덕적 이해가 자아(自我, 자기 자신에 대한 의식이나 관념)와 통합되는(統合−, 하나로 합쳐지는) 과정을 거쳐야 도덕적 행동으로 이어진다고 보았다. [7]그(블라지)는 이 (도덕적 이해가 자아와 통합되는) 과정에서 나타나는 자아의 능동적(能動的, 다른 것에 이끌리지 않고 스스로 일으키거나 움직이는) 역할을 강조하며, 도덕적 행동을 이끌기 위한 '도덕적 자아 모델'을 제시하였다.

→ 블라지가 제시한 '도덕적 자아 모델'의 등장 배경

2 [1]도덕적 자아 모델은 ㉠ 도덕적 이해로부터 ㉡ 도덕적 행동으로 이어지는 과정에 초점(焦點, 관심이나 주의가 집중되는 중심 부분)을 맞춘 모델이다. [2]이 모델(도덕적 자아 모델)에서는 도덕적 행동을 이끄는 데 있어 자아가 핵심적 역할을 한다고 보았다. [3]기

존의 학자들이 자아가 무엇인지에 대한 개념적(槪念的, 어떤 사물이나 현상에 대한 일반적 지식의) 정의(定義, 뜻을 뚜렷하게 밝혀 정함)에 관심을 두었다면, 블라지는 전체로서의 자아를 능동적으로 구성하는 방식으로 자아를 설명하는 것이 보다 적절하다고 보았다. [4]자아는 고정불변(固定不變, 고정되어 변함이 없음)의 상태가 아니라 구성 방식에 따라 달리 나타날 수 있는데, 개인마다 다른 자아 구성의 방식에 따라 자아의 여러 특징들은 중심적인 것, 주변적인 것 등으로 위계(位階, 지위나 계층 등의 등급)가 정해진다. [5]예를 들어 어떤 사람은 자아를 구성하는 데 '친절'이나 '우정'을 '경쟁'보다 중심적 위치에, 어떤 사람은 주변적 위치에 놓을 수 있다. [6]블라지는 자아에 대한 이러한 견해(見解, 의견이나 생각)를 통해, 인간은 선천적인(先天的−, 태어날 때부터 지니고 있는) 기질(氣質, 개인의 성격적 소질)에 따라 살아가는 수동적인(受動的−, 다른 것의 작용을 받아 움직이는) 존재가 아니라는 점을 강조한다.

→ 도덕적 자아 모델의 특징

3 [1]도덕적 자아 모델에서는, 도덕적 이해가 도덕적 행동으로 나타날 수 있게 하는 심리적 요소(要素, 성립에 꼭 필요한 성분 또는 근본 조건)로 '도덕적 정체성(正體性, 변하지 않는 존재의 본질을 깨닫는 성질)', '도덕적 책임감', '자아 일관성(一貫性, 방법이나 태도 등이 한결같은 성질)'을 강조하고 있는데, 이들은 자아 모델의 세 가지 핵심 구성 요소라고 할 수 있다. [2]도덕적 정체성은 도덕적 이해에 바탕을 두고 있어, 해야 할 행동의 방향을 일러(알려) 준다. [3]도덕적 책임감과 자아 일관성은 그 방향으로 나아갈 수 있는 추동력(推動力, 앞으로 나아가게 하는 힘)을 제공하여 도덕적 행동을 이끈다.

→ 도덕적 자아 모델의 세 가지 핵심 구성 요소

4 [1]도덕적 자아 모델의 첫 번째 구성 요소인 도덕적 정체성은 도덕성을 자아의 중심에 두는 것, 즉 도덕성과 자아를 통합하는 것을 통해 정체성이 형성된 것이다. [2]'도덕성'은 선악(善惡, 착한 것과 악한 것)에 대한 보편적인(普遍的−, 모든 것에 두루 미치거나 통하는) 인식(認識, 사물을 분별하고 판단하여 앎)을, '정체성'은 본질적인(本質的−, 처음부터 가지고 있는 그 자체의 성질이나 모습인) 자아를 의미한다. [3]이때 도덕성이 자아의 중심이 되는 정도, 즉 도덕적 통합의 정도는 사람마다 다를 수 있다. [4]도덕적 통합은 '끊임없이 주의(注意, 마음에 새겨 두고 조심함)를 요하는(要−, 필요로 하는), 부서지기 쉬운 것'이기에 본능적인(本能的−, 선천적으로 가지고 있는, 억누를 수 없는 감정이나 충동에 따라 움직이려고 하는) 충동(衝動, 순간적으로 어떤 행동을 하고 싶은 욕구를 느끼게 하는 마음속의 자극)을 @ 억제하려는, 의도적이고(意圖的−, 힘을 들이고) 지속적인(持續的−, 오래 계속되게 하는) 노력이 필요하다. [5]블라지는 도덕성을 자아의 중심에 두는 사람일수록, 자신의 도덕적 이상(理想, 생각할 수 있는 범위 안에서 가장 완전하다고 여겨지는 상태)에 부합하는(符合−, 꼭 들어맞는) 삶을 ⓑ 추구하며 도덕적 이해를 행동으로 옮길 가능성이 높다고 보았다. [6]이러한 주장은 도덕적 이해가 도덕적 행동으로 나타나기 위해서는 도덕성을 자아의 중심에 둘 수 있도록 해야 한다는 것인데, 이때 도덕성을 자아의 중심에 두려면 도덕적 이해뿐만 아니라 도덕적인 사람이 되는 것에 대한 관심도 필요하다.

→ 도덕적 자아 모델의 구성 요소 ① : 도덕적 정체성

5 [1]두 번째 구성 요소인 도덕적 책임감은, 어떤 행동이 도덕적으로 옳은지에 대한 판단과 더불어 그런 행동을 할 도덕적 의무(義務, 사람으로서 마땅히 하여야 할 일)가 있다는 것을 깨닫는 것이다. [2]도덕적 책임감은 도덕성이 자아와 통합된 결과로 나타나는데, 도덕적 책임감은 반드시 도덕적 행동으로 나타나야 하는 스스로에 대한 욕구이며, 외부(外部, 바깥)의 기대(期待, 원하는 대로 이루어지기를 바라면서 기다림)나 요구(要求, 달라고 청함)에 의해 ⓒ 부여되는 것이 아니라 자아가 스스로에게 요구하는 엄중한(嚴重−, 보통 일처럼 아무렇지도 않게 여길 수 없을 정도로 중대한) 의무에 의해 생기게 되는 것이다.

→ 도덕적 자아 모델의 구성 요소 ② : 도덕적 책임감

6 [1]세 번째 구성 요소인 자아 일관성은, 자신의 자아의식(自我意識, 자신의 내면적 세계에 대한 인식)과 일치해서 살아가고자 하는 인간의 경향성(傾向性, 일정한 방향으로 기울어지는 성향)을 의미한다. [2]블라지에 의하면, 자아 일관성은 단지 본능적인 경향성이나 자기 충족(充足, 채워 모자람이 없게 함) 욕구에 @ 의한 것이 아니다. [3]자신의 도덕적 이상과 일치된 행동을 하려는 자아 일관성은 도덕적 정체성에서 나오며, 도덕적 책임감으로부터 도덕적 행동으로의 전환(轉換, 다른 방향이나 상태로 바꿈)은 자아 일관성에 의해 뒷받침된다. [4]자신의 판단에 따라 행동하지 않는 것이 자아의 균열(龜裂, 거북의 등에 있는 무늬처럼 갈라져 터짐)을 ⓔ 의미하기 때문이다. [5]자아의 여러 특징들 중 선(善)(착한 것), 정의(正義, 참된 이치에 맞는 올바른 도리), 공평(公平, 어느 쪽으로도 치우치지 않고 차이가 없이 한결같음) 등과 같은 도덕적 범주(範疇, 같은 성질을 가진 범위)를 자아의 중심에 둘 때, 자신의 도덕적 정체성과 일치된 행동을 하고자 하는 자아 일관성은 도덕적 행동을 이끄는 추동력이 된다.

→ 도덕적 자아 모델의 구성 요소 ③ : 자아 일관성

① 블라지가 제시한 '도덕적 자아 모델'의 등장 배경
• 콜버그의 인지 발달 이론 : 도덕적 이해가 자동적으로 도덕적 행동을 이끌 것으로 봄
• 블라지 : 도덕적 이해가 자아와 통합되는 과정을 거쳐야 도덕적 행동으로 이어진다고 봄 → '도덕적 자아 모델' 제시

② 도덕적 자아 모델의 특징
• 도덕적 이해로부터 도덕적 행동으로 이어지는 과정에 초점을 맞춤

• 자아
  - 도덕적 행동을 이끄는 핵심적 역할을 함
  - 개인의 구성 방식에 따라 달리 나타나며, 그에 따라 여러 특징들의 위계가 정해짐

③ 도덕적 자아 모델의 세 가지 핵심 구성 요소

• 도덕적 이해가 도덕적 행동으로 나타날 수 있게 하는 심리적 요소로 도덕적 정체성, 도덕적 책임감, 자아 일관성을 강조함
  - 도덕적 정체성 : 도덕적 이해에 바탕을 두고, 해야 할 행동의 방향을 일러 줌
  - 도덕적 책임감, 자아 일관성 : 추동력을 제공해 도덕적 행동을 이끎

④ 도덕적 정체성

• 도덕적 정체성 : 도덕성을 자아의 중심에 두는 것(= 도덕성과 자아를 통합하는 것 = 도덕적 통합)을 통해 정체성이 형성된 것
  - 도덕성이 자아의 중심이 되는 정도(= 도덕적 통합의 정도)는 사람마다 다름
  - 도덕적 통합을 위해서는 본능적 충동을 억제하려는 노력이 필요함
 • 도덕성을 자아의 중심에 두는 사람일수록 자신의 도덕적 이상에 부합하는 삶을 추구하며 도덕적 이해를 행동으로 옮길 가능성이 높다고 봄
 • 도덕성을 자아의 중심에 두려면 도덕적 이해와 도덕적인 사람이 되는 것에 대한 관심이 필요함

⑤ 도덕적 책임감

• 도덕적 책임감 : 어떤 행동이 도덕적으로 옳은지에 대한 판단과 더불어 그런 행동을 할 도덕적 의무가 있다는 것을 깨닫는 것
  - 도덕성이 자아와 통합된(= 도덕적 정체성을 형성한) 결과로 나타남
  - 반드시 도덕적 행동으로 나타내야 하는 스스로에 대한 욕구
  - 자아가 스스로에게 요구하는 엄중한 의무에 의해 생김

⑥ 자아 일관성

• 자아 일관성 : 자신의 자아의식과 일치해 살아가고자 하는 인간의 경향성
  - 자신의 도덕적 이상과 일치된 행동을 하려는 것
  - 도덕적 정체성에서 나옴
  - 도덕적 책임감으로부터 도덕적 행동으로의 전환을 뒷받침함
  - 도덕적 범주를 자아의 중심에 둘 때 도덕적 행동을 이끄는 추동력이 됨

---

22 세부 정보 이해 - 적절하지 않은 것 고르기   정답률 75%   정답 ②

윗글의 내용과 일치하지 <u>않는</u> 것은?

           = 인지
① 콜버그는, 도덕적 행동을 이끌어 내는 데 <u>지식 구조의 발달</u>이 필요하다고 보았다.

> **근거** ❶-1 콜버그의 인지 발달 이론에서는 도덕적 이해를 지식 구조, 즉 인지의 발달에 의한 것으로 보고, 도덕적 이해가 자동적으로 도덕적 행동을 이끌 것이라고 생각했다.
> → 적절함!

② 콜버그는, 도덕적으로 옳은 줄 알면서도 행동하지 않는 이유를 인지 발달 이론을 통해 설명하였다.

> **근거** ❶-1~4 콜버그의 인지 발달 이론에서는 도덕적 이해를 지식 구조, 즉 인지의 발달에 의한 것으로 보고, 도덕적 이해가 자동적으로 도덕적 행동을 이끌 것이라고 생각했다. 그런데 과연 도덕적 이해가 도덕적 행동을 보장할 수 있을까? 그렇지 않다고 생각할 수 있다. 도덕적으로 옳은 행동인 줄 알면서도 행하지 않는 경우가 많기 때문이다.
> **풀이** 콜버그는 도덕적 이해가 도덕적 행동을 자동적으로 이끌 것이라고 보았다. 한편 블라지는 이러한 콜버그의 견해에 대해 도덕적으로 옳은 행동인 줄 알면서도 행하지 않는 경우가 많다는 점을 들어 콜버그의 이론에 의문을 제기하였다. 따라서 콜버그

가 인지 발달 이론을 통해 '도덕적으로 옳은 줄 알면서도 행동하지 않는 이유'를 설명하였다고 볼 수 없다.
> → 적절하지 않음!

           도덕적 정체성
③ 블라지는, <u>도덕성과 자아의 통합으로 형성된 정체성은 도덕적 이해에 바탕을 두고 있다</u>고 보았다.

> **근거** ❸-2 도덕적 정체성은 도덕적 이해에 바탕을 두고 있어, ❹-1 도덕적 정체성은 … 도덕성과 자아를 통합하는 것을 통해 정체성이 형성된 것
> → 적절함!

④ 블라지는, 자아는 고정된 것이 아니며 자아의 특징들은 서로 다른 위계를 가질 수 있다고 간주하였다.

> **근거** ❷-4 (블라지의 도덕적 자아 모델에 따르면) 자아는 고정불변의 상태가 아니라 구성 방식에 따라 달리 나타날 수 있는데, 개인마다 다른 자아 구성의 방식에 따라 자아의 여러 특징들은 중심적인 것, 주변적인 것 등으로 위계가 정해진다.
> → 적절함!

           도덕적 이해
⑤ 콜버그와 블라지는 모두, <u>도덕적으로 옳은 행동이 무엇인지를 아는 것이 도덕적 행동을 이끌어 내는 데 중요하다</u>고 보았다.

> **근거** ❶-1 콜버그의 인지 발달 이론에서는 … 도덕적 이해가 자동적으로 도덕적 행동을 이끌 것이라고 생각했다, ❶-6 블라지는 콜버그와 마찬가지로 도덕적 이해가 중요하다고 보았지만, 콜버그와 달리 도덕적 이해가 자아와 통합되는 과정을 거쳐야 도덕적 행동으로 이어진다고 보았다.
> **풀이** 콜버그는 도덕적 이해가 자동적으로 도덕적 행동을 이끌 것이라고 생각하였다. 또 블라지는 도덕적 이해가 중요하다고 보고, 도덕적 이해가 자아와 통합되는 과정을 거쳐야 도덕적 행동으로 이어진다고 보았다. 따라서 콜버그와 블라지는 모두 도덕적으로 옳은 행동이 무엇인지를 아는 것, 즉 도덕적 이해가 도덕적 행동을 이끌어 내는 데 중요하다고 보았을 것이다.
> → 적절함!

---

23 세부 정보 이해 - 적절한 것 고르기   정답률 85%   정답 ③

〈보기〉는 학자들이 나눈 가상 대화의 일부이다. [A]에 들어갈 내용으로 가장 적절한 것은?

보기
갑 : '인지 부조화(不調和, 서로 잘 어울리지 않음) 이론'에 따르면, 개인의 사고(思考, 생각)와 행동 간(間, 사이)의 불일치(不一致, 서로 어긋나서 꼭 맞지 않음)는 심리적으로 불쾌감(不快感, 못마땅하여 기분이 좋지 않은 느낌)을 주기 때문에 사람들은 불일치를 해소하려고(解消 -, 해결하여 없애버리려고) 합니다. 건강에 나쁜 줄 알면서도 습관적으로 야식을 먹는 사람은, 야식을 참는 것이 스트레스를 유발해(誘發 -, 일어나게 하여) 정신 건강에 오히려 안 좋을 수 있다고 자신을 합리화함으로써(合理化 -, 자책감이나 죄책감에서 벗어나기 위하여 정당성이 없는 것을 정당한 것으로 만듦으로써) 사고와 행동 간의 불일치를 해소하려고 하죠. 이런 사례도 '자아 일관성'으로 볼 수 있을까요?
을 : 블라지가 말하는 '자아 일관성'은 자기 합리화를 통한 불일치의 해소와는 달라요. 자아 일관성은   [A]

▶ 지문 핵심 개념 정리

자아 일관성
• 자신의 자아의식과 일치해 살아가고자 하는 인간의 경향성(❻-1) • 본능적인 경향성이나 자기 충족 욕구에 의한 것이 아님(❻-2) • 자신의 도덕적 이상과 일치된 행동을 하려는 것(❻-3) • 도덕적 정체성에서 나옴(❻-3) • 도덕적 책임감으로부터 도덕적 행동으로의 전환을 뒷받침함(❻-3) • 도덕적 범주를 자아의 중심에 둘 때 도덕적 행동을 이끄는 추동력이 됨(❻-5)

           도덕적 정체성
① 도덕적 책임감에서 *비롯된 것으로, 자신의 행동이 도덕적으로 옳은지 판단하려는 욕구입니다. *처음으로 시작된

> **근거** ❺-1 도덕적 책임감은, 어떤 행동이 도덕적으로 옳은지에 대한 판단과 더불어 그런 행동을 할 도덕적 의무가 있다는 것을 깨닫는 것이다.
> **풀이** 블라지의 견해에 따르면 자아 일관성은 도덕적 책임감이 아니라 도덕적 정체성에서 나오는 것이다. 또한 자아 일관성에 의해 도덕적 책임감으로부터 도덕적 행동으로의 전환이 뒷받침되므로, 자아 일관성이 도덕적 책임감에서 비롯된 것이라는 설명은 적절하지 않다. 한편 자신의 행동이 도덕적으로 옳은지 판단하는 것은 자아 일관성이 아니라 도덕적 책임감과 관련하여 언급되는 내용이다.
> → 적절하지 않음!

→ 문제편 247쪽

② 도덕적 정체성에서 비롯된 것으로, 자신의 선천적 기질에 따라 살아가려는 욕구입니다.

근거 ❷-6 블라지는 자아에 대한 이러한 견해를 통해, 인간은 선천적인 기질에 따라 살아가는 수동적인 존재가 아니라는 점을 강조

풀이 블라지의 견해에 따르면 자아 일관성이 도덕적 정체성에서 비롯된 것이라는 설명은 적절하다. 그러나 블라지는 도덕적 자아 모델을 제시하면서 인간은 선천적 기질에 따라 살아가는 존재가 아니라는 점을 강조하였다. 따라서 '선천적 기질에 따라 살아가려는 욕구'라는 설명은 블라지가 말하는 자아 일관성에 대한 것으로 적절하지 않다.

→ 적절하지 않음!

③ 도덕적 정체성에서 비롯된 것으로, 자신의 도덕적 이상과 자신의 행위를 일치시키려는 욕구입니다.

풀이 블라지의 견해에 따르면 도덕적 자아 모델의 세 번째 구성 요소인 자아 일관성은 자신의 도덕적 이상과 일치된 행동을 하려는 것으로, 도덕적 정체성에서 나온다.

→ 적절함!

④ 본능적인 경향성에서 비롯된 것으로, 자신의 사고와 일치된 행동으로 자아의 균열을 막으려는 욕구입니다.

근거 ❻-4 자신의 판단에 따라 행동하지 않는 것이 자아의 균열을 의미

풀이 블라지의 견해에 따르면 자아 일관성은 본능적인 경향성에서 비롯된 것이 아니라 자신의 자아의식과 일치해 살아가고자 하는 경향성을 의미한다. 한편 윗글에서 자신의 판단에 따라 행동하지 않는 것이 자아의 균열을 의미한다고 하였으므로, 자신의 도덕적 이상과 일치된 행동을 하려는 자아 일관성은 자신의 사고와 일치된 행동으로 자아의 균열을 막으려는 욕구라고 볼 수 있다.

→ 적절하지 않음!

⑤ 본능적인 경향성에서 비롯된 것으로, 자신의 판단에 따른 행동으로 심리적 불쾌감을 줄이려는 욕구입니다.

풀이 블라지의 견해에 따르면 자아 일관성은 본능적인 경향성에서 비롯된 것이 아니다. 또한 심리적 불쾌감을 줄이려는 욕구는 '인지 부조화 이론'과 연관이 있으며, 이때 개인은 자신의 판단에 따른 행동이 아니라 자신을 합리화함으로써 사고와 행동 간의 불일치를 해소하여 심리적 불쾌감을 줄이고자 한다.

→ 적절하지 않음!

---

24 | 핵심 개념 파악 - 적절한 것 고르기
정답률 70%, 매력적 오답 ④ 10% | 정답 ⑤

'블라지'의 견해를 바탕으로 ㉠과 ㉡에 대해 보인 반응으로 가장 적절한 것은?

㉠ 도덕적 이해   ㉡ 도덕적 행동

① ㉠에 *기반을 두지 않아도 ㉡이라고 평가할 만한 행위가 있겠군. *基盤: 기초가 되는 바탕

근거 ❶-6 블라지는 콜버그와 마찬가지로 도덕적 이해가 중요하다고 보았지만, 콜버그와 달리 도덕적 이해가 자아와 통합되는 과정을 거쳐야 도덕적 행동으로 이어진다고 보았다. ❷-1 도덕적 자아 모델은 도덕적 이해로부터 도덕적 행동으로 이어지는 과정에 초점을 맞춘 모델이다.

풀이 블라지는 콜버그와 달리 도덕적 이해가 '자동적으로' 도덕적 행동을 이끈다고 보지 않았다. 그러나 블라지가 도덕적 이해를 중요하지 않다고 생각한 것은 아니다. 그가 제시한 도덕적 자아 모델은 '도덕적 이해로부터 도덕적 행동으로 이어지는 과정'에 초점을 맞추고 있다. 따라서 도덕적 이해(㉠)를 바탕으로 두지 않은 도덕적 행동(㉡)이 있다고 보는 것은 블라지의 견해로 적절하지 않다.

→ 적절하지 않음!

② ㉠이 ㉡으로 이어지기 위해서는 자아에서 선악에 대한 보편적 인식을 *분리시켜야 하겠군. *分離: 서로 나누어 떨어지게 해야   [도덕성]

근거 ❹-2 '도덕성'은 선악에 대한 보편적인 인식을, ❹-5 블라지는 도덕성을 자아의 중심에 두는 사람일수록, … 도덕적 이해를 행동으로 옮길 가능성이 높다고 보았다.

풀이 블라지는 선악에 대한 보편적인 인식을 뜻하는 '도덕성'을 자아의 중심에 두는 사람일수록 도덕적 이해를 행동으로 옮길 가능성이 높다고 보았다. 따라서 도덕적 이해(㉠)가 도덕적 행동(㉡)으로 이어지기 위해서는 자아에서 선악에 대한 보편적 인식을 분리시켜야 한다고 보는 것은 블라지의 견해로 적절하지 않다.

→ 적절하지 않음!

③ ㉡이 ㉠으로 돌아가기 위해서는 자신의 자아의식에 따라 판단하려는 노력이 필요하겠군.

근거 ❷-1 도덕적 자아 모델은 도덕적 이해로부터 도덕적 행동으로 이어지는 과정에 초점을 맞춘 모델

풀이 블라지가 제시한 도덕적 자아 모델은 도덕적 이해(㉠)로부터 도덕적 행동(㉡)으로 이

→ 문제편 **248쪽**

어지는 과정에 초점을 맞춘 것으로, 도덕적 행동을 이끄는 데 있어 자아가 핵심적 역할을 한다고 본다. 따라서 '도덕적 행동이 도덕적 이해로 돌아가기 위한 것'은 블라지의 견해를 바탕으로 한 논의와 관련이 없다.

→ 적절하지 않음!

④ 다른 사람과의 경쟁이 중요한 것임을 아는 ㉠만 있으면, 경쟁에서 이기겠다는 ㉡으로 나아갈 추동력이 생기겠군.

근거 ❶-1 콜버그의 인지 발달 이론에서는 … 도덕적 이해가 자동적으로 도덕적 행동을 이끌 것이라고 생각했다. ❶-6 블라지는 콜버그와 마찬가지로 도덕적 이해가 중요하다고 보았지만, 콜버그와 달리 도덕적 이해가 자아와 통합되는 과정을 거쳐야 도덕적 행동으로 이어진다고 보았다. ❻-5 선, 정의, 공평 등과 같은 도덕적 범주를 자아의 중심에 둘 때, … 자아 일관성은 도덕적 행동을 이끄는 추동력이 된다.

풀이 '경쟁'은 블라지가 말한 선, 정의, 공평과 같은 도덕적 범주에 해당하지 않는다. 또한 블라지는 콜버그와 달리, 도덕적 이해가 자동적으로 도덕적 행동을 이끄는 것이 아니라, 도덕적 이해가 '자아와 통합되는 과정'을 거쳐야 도덕적 행동으로 이어진다고 보았다. 따라서 '다른 사람과의 경쟁이 중요한 것임을 아는 도덕적 이해(㉠)만 있으면 경쟁에서 이기겠다는 도덕적 행동(㉡)으로 나아갈 추동력이 생긴다'는 것은 블라지의 견해를 바탕으로 한 논의로 적절하지 않다.

→ 적절하지 않음!

⑤ 불우 이웃을 돕는 것이 옳은 행동임을 아는 ㉠이, 불우 이웃을 돕는 ㉡으로 이어지려면 자아의 능동성이 중요하겠군.

근거 ❶-6~7 블라지는 … 도덕적 이해가 자아와 통합되는 과정을 거쳐야 도덕적 행동으로 이어진다고 보았다. 그는 이 과정에서 나타나는 자아의 능동적 역할을 강조하며

풀이 블라지는 도덕적 이해가 자아와 통합되는 과정을 거쳐야 도덕적 행동으로 이어진다고 보고, 이 과정에서 나타나는 자아의 능동적 역할을 강조하였다. 따라서 불우 이웃을 돕는 것이 옳은 행동임을 아는 도덕적 이해(㉠)가, 불우 이웃을 돕는 도덕적 행동(㉡)으로 이어지는 과정에서 나타나는 자아의 능동성을 중요하게 여겼을 것이다.

→ 적절함!

---

25 | 구체적인 사례에 적용 - 적절하지 않은 것 고르기
정답률 60%, 매력적 오답 ③ 20%   [1등급 문제] | 정답 ④

〈보기〉는 윗글의 이해를 위한 학습지의 일부이다. 활동 과제를 수행한 내용으로 적절하지 않은 것은? [3점]

| 보기 |
[활동 과제]
다음 사례를 바탕으로 도덕적 자아 모델을 탐구해 보자.

○ A : 성실성(誠實性, 정성스럽고 진실한 품성)은 없지만 평소 주변 사람들의 어려움을 살피고 배려함.
○ B : 정직하게 살겠다는 자신과의 약속을 반드시 지켜야 할 의무로 생각하고 실천함.
○ C : 정직하게 살겠다는 다짐을 지키려는 노력을 지속하지 못하고 본능적으로 거짓말을 반복함.
○ D : 교사가 제시한 실천 과제에 따라 도덕적으로 바람직한 행동을 일상(日常, 날마다 반복되는 생활)에서 생활화함.(生活化~, 생활 습관이 되게 하거나 실생활에 옮겨지게 함.)

① A는, 자아를 구성하는 데 있어 '배려'를 '성실'보다 더 중심적 위치에 놓았겠군.

근거 ❷-4~5 개인마다 다른 자아 구성의 방식에 따라 자아의 여러 특징들은 중심적인 것, 주변적인 것 등으로 위계가 정해진다. 예를 들어 어떤 사람은 자아를 구성하는 데 '친절'이나 '우정'을 '경쟁'보다 중심적 위치에, 어떤 사람은 주변적 위치에 놓을 수 있다.

풀이 도덕적 자아 모델에서는, 자아는 고정된 것이 아니라 구성 방식에 따라 달리 나타날 수 있으며, 이때 자아의 구성 방식은 개인마다 다르다고 보았다. 〈보기〉의 A는 성실성은 없지만 주변 사람들의 어려움을 살피고 배려하는 모습을 보인다. 도덕적 자아 모델에 따르면 이러한 A는 자아를 구성하는 데 있어 자아의 여러 특징 중 '성실'보다 '배려'를 더 중심적 위치에 놓은 것으로 볼 수 있다.

→ 적절함!

② B는, 자아가 스스로에게 요구하는 엄중한 의무에 의해 자신과의 약속을 반드시 지킬 의무가 있다고 생각했겠군.   [도덕적 책임감]

근거 ❺-1~2 도덕적 책임감은, 어떤 행동이 도덕적으로 옳은지에 대한 판단과 더불어 그런 행동을 할 도덕적 의무가 있다는 것을 깨닫는 것이다. … 도덕적 책임감은 반드시 도덕적 행동으로 나타내야 하는 스스로에 대한 욕구이며, … 자아가 스스로에게 요구하는 엄중한 의무에 의해 생기게 되는 것이다.

풀이 도덕적 자아 모델에 따르면 도덕적 책임감은 반드시 도덕적 행동으로 나타내야 하는 스스로에 대한 욕구이며, 자아가 스스로에게 요구하는 엄중한 의무에 의해 생기는

것이다. 따라서 〈보기〉에서 B가 정직하게 살겠다는 '자신과의 약속'을 '반드시 지켜야 할 의무로 생각하고 실천'하는 것은, 도덕적 자아 모델에서 말하는 도덕적 책임감으로 설명할 수 있다.

→ 적절함!

③ C는, 도덕적 통합을 위해 필요한, 본능적인 충동을 억제하려는 지속적인 노력을 하지 않아 거짓말을 반복한 것이겠군.

근거 **4**-4 도덕적 통합은 '끊임없이 주의를 요하는, 부서지기 쉬운 것'이기에 본능적인 충동을 억제하려는, 의도적이고 지속적인 노력이 필요하다.

풀이 도덕적 자아 모델에 따르면 도덕성이 자아의 중심이 되는 '도덕적 통합'은 끊임없이 주의를 요하는 것이기에, 본능적인 충동을 억제하려는 의도적이고 지속적인 노력이 필요하다. 따라서 〈보기〉에서 C가 '정직하게 살겠다는 다짐'을 지키려는 노력을 지속하지 못하고 본능적으로 거짓말을 반복하는 것은, 도덕적 통합을 위해 필요한 본능적 충동을 억제하려는 의도적이고 지속적인 노력을 하지 않았기 때문이라고 볼 수 있다.

→ 적절함!

④ D는, 외부의 요구에 의해 도덕적 책임감이 부여되어 바람직한 행동을 생활화했겠군.

근거 **5**-2 도덕적 책임감은 도덕성이 자아와 통합된 결과로 나타나는데, 도덕적 책임감은 반드시 도덕적 행동으로 나타내야 하는 스스로에 대한 욕구이며, 외부의 기대나 요구에 의해 부여되는 것이 아니라 자아가 스스로에게 요구하는 엄중한 의무에 의해 생기게 되는 것이다.

풀이 도덕적 자아 모델에 따르면 도덕적 책임감은 자아가 스스로에게 요구하는 엄중한 의무에 의해 생기게 되는 것이지, 외부의 기대나 요구에 의해 부여되는 것이 아니다. 〈보기〉에서 D는 '교사가 제시한 실천 과제에 따라' 도덕적으로 바람직한 행동을 일상에서 생활화하고 있다. 이는 외부의 기대나 요구에 의해 부여된 것이지, 자아가 스스로에게 요구하는 엄중한 의무에 의해 생긴 것으로 볼 수 없다. 따라서 D의 행동에 대해 '도덕적 책임감이 부여되어' 바람직한 행동을 생활화한 것으로 설명하는 것은 도덕적 자아 모델에 따른 것으로 적절하지 않다.

→ 적절하지 않음!

⑤ B는 C보다, '정직'이라는 도덕적 범주를 자아와 통합한 정도가 더 높을 수 있겠군.

근거 **4**-3·5 도덕성이 자아의 중심이 되는 정도, 즉 도덕적 통합의 정도는 사람마다 다를 수 있다. 도덕적 통합은 … 본능적인 충동을 억제하려는, 의도적이고 지속적인 노력이 필요하다. 달라지는 도덕성을 자아의 중심에 두는 사람일수록, 자신의 도덕적 이상에 부합하는 삶을 추구하며 도덕적 이해를 행동으로 옮길 가능성이 높다고 보았다. **6**-5 자아의 여러 특징들 중 선(善), 정의, 공평 등과 같은 도덕적 범주를 자아의 중심에 둘 때, 자신의 도덕적 정체성과 일치된 행동을 하고자 하는 자아 일관성은 도덕적 행동을 이끄는 추동력이 된다.

풀이 도덕적 자아 모델에서는 '도덕적 통합'의 정도는 사람마다 다르며, 도덕성을 자아의 중심에 두는 사람일수록 자신의 도덕적 이상에 부합하는 삶을 추구하며 도덕적 이해를 행동으로 옮길 가능성이 높다고 보았다. 또 자아의 여러 특징 중 선, 정의, 공평 등을 '도덕적 범주'라고 하면서, 이들 도덕적 범주를 자아의 중심에 둘 때 자신의 도덕적 정체성과 일치된 행동을 하고자 하는 자아 일관성이 도덕적 행동을 이끄는 추동력이 된다고 하였다. 〈보기〉에서 B는 정직하게 살겠다는 자신과의 약속을 반드시 지켜야 할 의무로 생각하고 실천하였다. 이와 달리 C는 정직하게 살겠다는 다짐을 지키려는 노력을 지속하지 못하고 본능적으로 거짓말을 반복하였다. 따라서 도덕적 자아 모델에 따르면 B가 C보다 '정직'이라는 도덕적 범주를 자아의 중심에 둔 정도, 즉 도덕적 통합의 정도가 더 높다고 볼 수 있을 것이다.

→ 적절함!

---

26 문맥적 의미 파악 - 적절하지 않은 것 고르기		정답 ②
정답률 85%		

문맥상 ⓐ~ⓔ와 바꾸어 쓰기에 적절하지 않은 것은?

| ⓐ 억제하려는 | ⓑ 추구하며 | ⓒ 부여되는 | ⓓ 의한 | ⓔ 의미하기 |

① ⓐ : 억누르려는

풀이 ⓐ에서 쓰인 '억제(抑 누르다 억 制 절제하다 제)하다'는 '감정이나 욕망, 충동적 행동 따위를 내리눌러서 그치게 하다'의 뜻으로, '어떤 감정이나 심리 현상 따위가 일어나거나 나타나지 아니하도록 스스로 참다'의 뜻을 지닌 '억누르다'와 바꿔 써도 문맥상 의미가 달라지지 않는다. 따라서 ⓐ의 '억제하려는'을 '억누르려는'으로 바꿔 쓰는 것은 문맥상 적절하다.

→ 적절함!

② ⓑ : 넘보며

풀이 ⓑ에서 쓰인 '추구(追 따르다 추 求 구하다 구)하다'는 '목적을 이룰 때까지 좇아 구하

다'의 의미이다. 한편 '넘보다'는 '남의 능력 따위를 업신여겨 얕보다' 또는 '어떤 것을 욕심내어 마음에 두다'의 의미로, ⓑ와 바꿔 쓸 경우 해당 문장의 의미가 달라진다. 따라서 ⓑ의 '추구하며'를 '넘보며'로 바꿔 쓰는 것은 적절하지 않다.

→ 적절하지 않음!

③ ⓒ : 주어지는

풀이 ⓒ에서 쓰인 '부여(附 붙다 부 與 주다 여)되다'는 '사람에게 권리·명예·임무 따위가 주어지거나, 사물이나 일에 가치·의의 따위가 붙여지다'의 뜻으로, '주어지다'와 바꿔 써도 문맥상 의미가 달라지지 않는다. 따라서 ⓒ의 '부여되는'을 '주어지는'으로 바꿔 쓰는 것은 문맥상 적절하다.

→ 적절함!

④ ⓓ : 말미암은

풀이 ⓓ에서 쓰인 '의(依 의지하다 의)하다'는 '무엇에 의거하거나(依據−, 근거하거나) 기초하다. 또는 무엇으로 말미암다'의 뜻으로, '말미암다'와 바꿔 써도 문맥상 의미가 달라지지 않는다. 따라서 ⓓ의 '의한'을 '말미암은'으로 바꿔 쓰는 것은 문맥상 적절하다.

→ 적절함!

⑤ ⓔ : 뜻하기

풀이 ⓔ에서 쓰인 '의미(意 뜻 의 味 뜻 미)하다'는 '행위나 현상이 무엇을 뜻하다'의 뜻으로, '뜻하다'와 바꿔 써도 문맥상 의미가 달라지지 않는다. 따라서 ⓔ의 '의미하기'를 '뜻하기'로 바꿔 쓰는 것은 문맥상 적절하다.

→ 적절함!

[27~30] 기술 - 〈구조물 설계에서 부재의 허용하중 산출〉

1 ¹구조물(構造物, 건물, 다리, 터널 등 일정한 설계에 따라 여러 가지 재료를 얽어서 만든 물건)은 부재(部材, 구조물의 뼈대를 이루는 데 중요한 요소가 되는 여러 가지 재료)를 바탕으로 구성되는데(構成−, 짜여 이루어지는데), 외부(外部, 바깥 부분)에서 작용하는 힘인 하중(荷 짊어지다 하 重 무겁다 중)을 받는다. ²구조물은 하중에 의해 파손되어(破損−, 깨어져 못 쓰게 되어) 영구적으로(永久的−, 오랫동안 계속되어) 변형될(變形−, 모양이나 형태가 달라질) 수 있으므로, 구조물을 설계할(設計−, 목적에 따라 실제적인 계획을 세워 도면 등으로 분명하게 드러내 보일) 때는 부재에 가해질(加−, 더해질) 하중과 부재의 허용하중을 계산해야 한다. ³허용하중은 구조물의 안전을 위해 부재에 허용되는(許容−, 너그럽게 받아들여지는) 하중의 최댓값인데, 구조물의 안전을 위해서는 부재에 가해질 하중보다 부재의 허용하중을 더 크게 설계해야 한다.

→ 구조물의 안전을 위해 설계 시 유의할 점

2 ¹하중에는 부재의 단면(斷面, 잘라 낸 면)에 수직 방향으로 작용하는 수직하중이 있다. ²수직하중은 부재를 수축시키는(收縮−, 오그라들거나 줄어들게 하는) 방향으로 작용하는 힘과 부재를 늘리는 방향으로 작용하는 힘을 말하며, 이를 각각 압축(壓縮, 압력을 가해 그 부피를 줄임)하중과 인장(引張, 어떤 힘이 물체의 중심축에 평행하게 바깥 방향으로 작용할 때 물체가 늘어나는 현상)하중이라고 한다. ³일반적으로 부재는 압축 하중보다 인장하중에 더 취약한(脆弱−, 무르고 약한) 경우가 많다. ⁴따라서 구조물을 설계할 때 인장하중에 대한 허용하중은 중요한 요소(要素, 근본 조건)로 다뤄진다. ⁵인장하중에 대한 허용하중을 계산하기 위해서는 부재의 단면에 작용하는 허용응력을 먼저 계산해야 한다. ⁶응력(應力, 물체가 외부 힘의 작용에 저항하여 원형을 지키려는 힘)은 하중에 의해 부재의 단면에 나타나는 힘으로, 하중을 단면의 면적으로 나누어 구한다. ⁷허용응력은 부재의 안전을 위해 부재에 허용되는 응력의 최댓값(부재에 외부의 힘에 의해 중량이 가해질 때, 그 중량 때문에 부재가 파괴되지 않고 안전하게 사용될 수 있도록 허용되는 변형력의 최댓값)으로, 인장하중에 대한 허용응력을 구할 때는 부재를 구성하는 재료의 다양한 물리적 성질을 파악해야 한다. ⁸이를 위해 인장 시험을 시행한다.(施行−, 실제로 행한다.) ⁹인장 시험은 시편*에 가하는 인장하중을 일정 크기만큼 점진적으로(漸進的−, 조금씩 앞으로 나아가도록) 늘리는 방식으로 진행하는데, 인장하중의 변화에 따라 시편의 늘어난 길이를 측정한다.

→ 인장하중에 대한 허용하중이 중요한 이유와 허용응력의 개념

3 ¹구조물에 널리 사용되는 금속인 연강(軟 연하다 연 鋼 강철 강, 탄소 함유량이 비교적 적은 강철)을 대상으로 인장 시험을 한다고 해 보자. ²시편에 인장하중이 점진적으로 가해지면 시편의 단면에는 인장하중에 의한 응력이 나타나고, 시편의 최초 길이에 대해 늘어난 길이의 비율인 변형률을 구할 수 있다. ³연강의 응력과 변형률의 관계에서는 크게 탄성(彈性, 물체에 외부에서 힘을 가하면 부피와 모양이 바뀌었다가, 그 힘을 제거하면 원래의 모양으로 되돌아가려고 하는 성질) 구간(區間, 어떤 지점과 다른 지점과의 사이), 소성

→ 문제편 248쪽

변형(塑性變形, 외부의 힘이 작용하여 변형된 물체가 그 힘을 없애도 원래 상태로 되돌아가지 않는 변형) 구간, 변형경화(變形硬化, 변형이 커질수록 금속의 변형 저항이 높아지는 일) 구간, 네킹(necking, 부재에 하중을 가했을 때 단면이 수축하여, 잘록하게 가늘어지는 현상) 구간이 나타나는 것이 일반적이다. [4]먼저 탄성 구간에서는 인장하중을 점진적으로 증가시킬 때 응력이 증가함에 따라 시편의 변형률이 증가하며, 응력과 시편의 변형률은 비례 관계이다. [5]이 구간(탄성 구간)은 재료의 탄성이 작용하는 구간이므로, 만약 이 구간에서 시편에 가해진 인장하중을 제거한다고(除去-, 없애 버린다고) 가정하면(假定-, 임시로 사실인 것처럼 인정하면), 시편은 탄성에 의해 원래의 길이로 되돌아가게 된다. [6]탄성의 정도는 탄성계수(彈性係數, 탄성체가 탄성 한계 내에서 가지는 응력과 변형의 비)로 나타낸다. [7]탄성계수는 재료마다 다른 고유한(固有-, 처음부터 특별히 가지고 있는) 값으로 탄성계수가 작은 재료일수록 탄성이 크다. [8]이후 탄성 구간을 넘어서는 인장하중이 가해지면 소성변형 구간이 시작된다. [9]소성변형 구간이 시작되는 지점에서 시편은 탄성을 잃는다. [10]이는 소성변형 구간에서 시편의 결정 구조(結晶構造, 결정을 이루는 원자, 이온 및 분자의 배열 상태) 및 원자의 결합 상태에 변형이 일어나, 시편에 영구적인 변형이 생겼음을 의미한다. [11]소성변형 구간이 시작되는 지점의 응력을 항복(降伏, 물체가 외부에서 가하여지는 힘에 저항하여 그 원형을 지키려는 힘을 잃고 변형이 생기려는 상태) 응력이라고 하며, 소성변형 구간에서는 시편의 변형률이 급격하게(急激-, 급하고 격렬하게) 증가한다. [12]소성변형 구간이 끝나면 변형경화 구간이 나타난다. [13]이 구간(변형경화 구간)에서는 응력이 증가함에 따라 시편의 변형률이 증가하고, 응력이 계속 증가하여 극한응력(極限應力, 재료가 견딜 수 있는 최대의 응력)을 넘으면 네킹 구간에 진입한다.(進入-, 향하여 들어간다.) [14]네킹 구간에서는 시편의 변형률이 계속 증가하다가 시편이 완전히 끊어지는 파단(破 깨뜨리다 파 斷 끊다 단) 현상이 발생한다.

→ 인장 시험의 예 : 연강 인장 시험의 네 구간과 구간별 특징

4 [1]이처럼 연강의 인장 시험에서는 네 개의 구간과 항복응력 및 극한응력이 뚜렷하게 나타난다. [2]이는 인장하중이 가해졌을 때, 연강이 가늘고 길게 늘어나는 성질을 가진 재료인 연성(延 늘이다 연 性 성질 성) 재료이기 때문이다. [3]반면에, 취성(脆 연하다 취 性 성질 성) 재료는 가늘고 길게 늘어나는 성질이 거의 없어, 탄성 구간을 넘어서는 인장하중이 가해졌을 때 거의 늘어나지 않고 끊어지는 재료이다. [4]취성 재료는 항복응력과 소성변형 구간이 뚜렷하지 않고 대체로 극한응력이 뚜렷하다. [5]유리는 대표적인 취성 재료로, 연성이 거의 없어서 탄성 구간을 넘어서는 인장하중이 가해졌을 때 거의 늘어나지 않고 파단되어 영구적 변형이 일어난다.

→ 연성 재료와 취성 재료의 특성

5 [1]부재가 하중에 의해 파손되어 영구적으로 변형되는 것을 예방하기 위해, 재료의 특성에 따라 먼저 허용응력을 산출해야(算出-, 계산해 내야) 한다. [2]일반적으로 연성 재료는 항복응력을, 취성 재료는 극한응력을 각각 안전계수(安全係數, 재료, 장치 따위를 파괴하는 극한의 세기와 안전 허용 응력과의 비율)로 나누어 허용응력을 구한다. [3]이때 안전계수는 부재가 하중에 의해 파손되어 영구적으로 변형되지 않도록 하는 역할을 한다. [4]안전계수는 허용응력을 항복응력이나 극한응력보다 낮추기 위해 1을 초과하는(超過-, 넘는) 값으로 결정되며 ⊙ 안전계수가 클수록 허용응력은 낮아진다. [5]허용응력을 구한 후에는 허용응력에 부재의 단면의 면적을 곱하여 허용하중을 산출할 수 있다. [6]이는 부재의 단면의 면적에 따라 허용하중이 달라질 수 있음을 의미한다.

→ 허용응력과 허용하중의 산출 방법

＊시편(試 시험하다 시 片 조각 편) : 역학적 시험을 하기 위하여 만든 일정한 형상과 치수의 재료

■지문 이해

❶ 구조물의 안전을 위해 설계 시 유의할 점
• 구조물은 하중에 의해 파손·변형될 수 있으므로, 설계 시 부재에 가해질 하중과 부재의 허용하중을 계산해야 함 • 부재에 가해질 하중보다 부재의 허용하중을 더 크게 설계해야 함

❷ 인장하중에 대한 허용하중이 중요한 이유와 허용응력의 개념
┌ 압축하중 : 부재를 수축시키는 방향으로 작용하는 힘 └ 인장하중 : 부재를 늘리는 방향으로 작용하는 힘 ← 일반적으로 더 취약함 • 인장하중에 대한 허용하중을 계산하기 위해, 부재 단면에 작용하는 허용응력을 먼저 계산해야 함 • 허용응력 : 부재의 안전을 위해 부재에 허용되는 응력의 최댓값 - 부재 구성 재료의 다양한 물리적 성질을 파악하기 위해 인장 시험을 시행함

---

❸ 인장 시험의 예 : 연강 인장 시험의 네 구간과 구간별 특징
• 인장 시험 : 시편에 인장하중을 점진적으로 가함 → 시편의 단면에 인장하중에 의한 응력이 나타남 → 시편의 변형률을 구함 • 연강의 응력과 변형률의 관계를 나타내는 네 구간 - 탄성 구간 : 응력과 시편의 변형률이 비례 관계임, 인장하중을 제거하면 시편은 원래의 길이로 되돌아가게 됨 - 소성변형 구간 : 항복응력 지점에서 시작됨, 시편의 변형률이 급격하게 증가함, 시편이 탄성을 잃음 - 변형경화 구간 : 응력이 증가함에 따라 시편의 변형률이 증가함 - 네킹 구간 : 응력이 계속 증가해 극한응력을 넘으면 진입, 시편의 파단 현상이 발생함

❹ 연성 재료와 취성 재료의 특성
• 연성 재료 : 인장하중이 가해졌을 때 가늘고 길게 늘어나는 성질을 가진 재료(예 : 연강) • 취성 재료 : 탄성 구간을 넘어서는 인장하중이 가해졌을 때 거의 늘어나지 않고 끊어지는 재료, 항복응력과 소성변형 구간이 뚜렷하지 않고 극한응력이 뚜렷함(예 : 유리)

❺ 허용응력과 허용하중의 산출 방법
• 연성 재료의 허용응력 = 항복응력 ÷ 안전계수 • 취성 재료의 허용응력 = 극한응력 ÷ 안전계수 • 허용하중 = 허용응력 × 부재 단면의 면적

---

27 | 세부 정보 이해 - 적절하지 않은 것 고르기
정답률 70%, 매력적 오답 ③ 10% | 정답 ⑤

윗글을 이해한 내용으로 적절하지 <u>않은</u> 것은?

① 유리는 탄성 구간을 넘어서는 인장하중이 가해졌을 때 거의 늘어나지 않는다.
> 근거 ❹-3 취성 재료는 … 탄성 구간을 넘어서는 인장하중이 가해졌을 때 거의 늘어나지 않고 끊어지는 재료, ❹-5 유리는 대표적인 취성 재료
> → 적절함!

② 구조물을 설계할 때는 부재에 가해질 하중과 허용하중을 계산할 필요가 있다.
> 근거 ❶-2 구조물을 설계할 때는 부재에 가해질 하중과 부재의 허용하중을 계산해야 한다.
> → 적절함!

③ 탄성계수는 재료마다 다른 고유한 값이며, 탄성계수가 작은 재료일수록 탄성이 크다.
> 근거 ❸-7 탄성계수는 재료마다 다른 고유한 값으로 탄성계수가 작은 재료일수록 탄성이 크다.
> → 적절함!

④ 수직하중은 부재의 단면에 수직 방향으로 작용하는 힘으로, 압축하중과 인장하중으로 구분된다.
> 근거 ❷-1~2 하중에는 부재의 단면에 수직 방향으로 작용하는 수직하중이 있다. 수직하중은 부재를 수축시키는 방향으로 작용하는 힘과 부재를 늘리는 방향으로 작용하는 힘을 말하며, 이를 각각 압축하중과 인장하중이라고 한다.
> → 적절함!

압축하중보다 인장하중에
⑤ 부재는 인장하중보다 압축하중에 취약한 경우가 많으므로 인장하중은 구조물 설계 시 중요하게 고려되는 요소이다.
> 근거 ❷-3~4 일반적으로 부재는 압축하중보다 인장하중에 더 취약한 경우가 많다. 따라서 구조물을 설계할 때 인장하중에 대한 허용하중은 중요한 요소로 다뤄진다.
> → 적절하지 않음!

〈보기〉는 인장 시험 에 대해 학생이 정리한 내용이다. ⓐ~ⓔ에 들어갈 내용
으로 적절하지 않은 것은?

| 보 기 |
ㅇ 시험 대상 : 구조물에 널리 사용되는 금속인 연강
ㅇ 시험 목적 : ⓐ
ㅇ 시험 내용 정리 : 인장하중의 변화에 따른 연강의 응력과 변형률의 관계를 바탕으로
네 개의 구간을 나눌 수 있으며, 구간별 특징을 정리하면 다음과 같다.

| 탄성 구간 | → | 소성변형 구간 | → | 변형경화 구간 | → | 네킹 구간 |
| ⓑ | | ⓒ | | ⓓ | | ⓔ |

① ⓐ : 연강의 다양한 물리적 성질을 파악한다.
　근거 ❷-7~8 허용응력은 부재의 안전을 위해 부재에 허용되는 응력의 최댓값으로, 인장
　　　하중에 대한 허용응력을 구할 때는 부재를 구성하는 재료의 다양한 물리적 성질을
　　　파악해야 한다. 이를 위해 인장 시험을 시행한다.
　　→ 적절함!

② ⓑ : 연강 시편에 가해진 인장하중을 제거한다면 시편의 길이가 원래의 길이로 되돌아
가게 된다.
　근거 ❸-5 이 구간(탄성 구간)에서 시편에 가해진 인장하중을 제거한다고 가정하면, 시편
　　　은 탄성에 의해 원래의 길이로 되돌아가게 된다.
　　→ 적절함!

③ ⓒ : 연강 시편이 탄성을 잃으며 시편의 변형률은 급격하게 증가한다.
　근거 ❸-9 소성변형 구간이 시작되는 지점에서 시편은 탄성을 잃는다, ❸-11 소성변형
　　　구간에서는 시편의 변형률이 급격하게 증가한다.
　　→ 적절함!

④ ⓓ : 응력이 증가하여 연강 시편에 파단 현상이 발생한다.　　← 네킹 구간
　근거 ❸-13~14 이 구간(변형경화 구간)에서는 응력이 증가함에 따라 시편의 변형률이 증
　　　가하고, 응력이 계속 증가하여 극한응력을 넘으면 네킹 구간에 진입한다. 네킹 구간
　　　에서는 시편의 변형률이 계속 증가하다가 시편이 완전히 끊어지는 파단 현상이 발
　　　생
　풀이 응력이 증가한다는 것은 변형경화 구간에 대한 설명이 맞지만, 시편에 파단 현상이
　　　발생한다는 것은 변형경화 구간이 아니라 네킹 구간에 대한 설명이다.
　　→ 적절하지 않음!

⑤ ⓔ : 연강 시편의 변형률이 계속 증가하다가 시편이 완전히 끊어진다.
　근거 ❸-14 네킹 구간에서는 시편의 변형률이 계속 증가하다가 시편이 완전히 끊어지는
　　　파단 현상이 발생
　　→ 적절함!

㉠의 이유로 가장 적절한 것은?

㉠ 안전계수가 클수록 허용응력은 낮아진다.

　근거 ❺-2 일반적으로 연성 재료는 항복응력을, 취성 재료는 극한응력을 각각 안전계수
　　　로 나누어 허용응력을 구한다.
　풀이 허용응력은 항복응력이나 극한응력을 안전계수로 나누어 구하므로, 안전계수가 클
　　　수록 허용응력은 낮아진다. 따라서 허용응력은 항복응력이나 극한응력을 안전계수
　　　로 나눈 값이기 때문이라는 것은 ㉠의 이유로 적절하다.

① 안전계수가 항복응력이나 극한응력보다 커야 하기 때문이다.
　근거 ❺-4 안전계수는 허용응력을 항복응력이나 극한응력보다 낮추기 위해 1을 초과하
　　　는 값으로 결정
　풀이 허용응력을 구하는 방법은 연성 재료의 경우에는 항복응력을 안전계수로 나누고,
　　　취성 재료의 경우에는 극한응력을 안전계수로 나누는 것이다. 이때 안전계수는 '허
　　　용응력을 항복응력이나 극한응력보다 낮추기 위해' 1을 초과하는 값으로 결정되고,
　　　안전계수가 클수록 허용응력은 낮아진다. 안전계수가 항복응력이나 극한응력보다
　　　커야 한다는 것은 윗글의 내용에서 근거를 찾을 수 없다.

② 항복응력이나 극한응력이 커질수록 안전계수는 작아지기 때문이다.
　풀이 허용응력을 구할 때 일반적으로 연성 재료는 항복응력을, 취성 재료는 극한응력을
　　　각각 안전계수로 나눈다고 하였다. 항복응력이나 극한응력이 커진다면 이들을 안전
　　　계수로 나눈 허용응력의 값이 커질 것이다. 그러나 항복응력이나 극한응력이 커진
　　　다고 해서 안전계수가 작아지지는 않는다.

③ 허용응력은 항복응력이나 극한응력을 안전계수로 나눈 값이기 때문이다.
　　→ 적절함!

④ 항복응력이나 극한응력에 따라 안전계수를 다르게 계산할 수 있기 때문이다.
　근거 ❺-4 안전계수는 허용응력을 항복응력이나 극한응력보다 낮추기 위해 1을 초과하
　　　는 값으로 결정
　풀이 안전계수는 허용응력을 항복응력이나 극한응력보다 낮추기 위해 1을 초과하는 값
　　　으로 결정된다. 허용응력을 산출할 때에는 재료의 특성에 따라, 연성 재료는 항복응
　　　력을 안전계수로, 취성 재료는 극한응력을 안전계수로 나누어 각각의 허용응력을
　　　구하는 것이지, '항복응력이나 극한응력에 따라 안전계수를 다르게 계산할 수 있는
　　　것은 아니다.

⑤ 허용응력과 항복응력을 안전계수로 나눈 값이 극한응력과 비례하기 때문이다.
　근거 ❷-7 허용응력은 부재의 안전을 위해 부재에 허용되는 응력의 최댓값
　풀이 허용응력은 부재에 허용되는 응력의 최댓값으로, 연성 재료의 허용응력은 항복응력
　　　을 안전계수로 나누어서 구하고, 취성 재료의 허용응력은 극한응력을 안전계수로
　　　나누어 구한다. 허용응력과 항복응력을 안전계수로 나눈 값이 극한응력과 비례한다
　　　는 것은 윗글의 내용과 부합하지 않는다.

〈보기〉는 윗글의 내용을 이해하기 위한 학습 자료의 일부이다. 학생의 반응으
로 적절하지 않은 것은?　　　　　　[3점]

| 보 기 |
[1]항복응력이 140 MPa*, 극한응력이 150 MPa인 연성 재료 A와 항복응력이 뚜렷
하지 않고 극한응력이 100 MPa인 취성 재료 B가 있다. [2]갑은 부재 ㄱ의 제작에 재료 A
를, 부재 ㄴ의 제작에 재료 B를 사용하는 설계 시안(試案, 시험으로 또는 임시로 만든 계획이
나 의견)을 다음과 같이 구성하였다. [3]이때 현재 시점에서 ㄱ, ㄴ에 가해질 것으로 예상
되는 인장하중은 300 N이며, ㄱ, ㄴ의 허용응력 계산에는 안전계수 2를 사용한다.
([4]단, A, B는 ㄱ, ㄴ의 제작에 모두 사용 가능하며, ㄱ, ㄴ은 각각 단일(單一, 다른 것이 섞여
있지 않은) 재료로 제작한다. [5]다른 상황은 고려하지 않는다.)

부재	허용응력(MPa)	단면의 면적(mm^2)	허용하중(N)
ㄱ	70	10	700
ㄴ	50	5	250

* MPa : 응력의 단위

① ㄱ은 ㄴ보다 부재에 허용되는 하중의 최댓값이 크게 설계되어 있군.　　← 허용하중
　근거 ❶-3 허용하중은 구조물의 안전을 위해 부재에 허용되는 하중의 최댓값
　풀이 '허용하중'은 부재에 허용되는 하중의 최댓값을 말한다. 〈보기〉의 표를 살펴보면
　　　ㄱ의 허용하중은 700 N, ㄴ의 허용하중은 250 N이다. 따라서 ㄱ은 ㄴ보다 부재에
　　　허용되는 하중의 최댓값이 크게 설계되어 있다는 설명은 적절하다.
　　→ 적절함!

② ㄱ과 ㄴ의 허용응력을 구하기 위해 A는 항복응력을, B는 극한응력을 안전계수로 나누
었군.　　← 연성 재료　　← 취성 재료
　근거 〈보기〉-1 연성 재료 A와 … 취성 재료 B, 〈보기〉-2 부재 ㄱ의 제작에 재료 A를, 부재
　　　ㄴ의 제작에 재료 B를 사용하는 설계 시안, ❺-2 일반적으로 연성 재료는 항복응력
　　　을, 취성 재료는 극한응력을 각각 안전계수로 나누어 허용응력을 구한다.
　풀이 윗글의 설명에 따르면 연성 재료는 항복응력을, 취성 재료는 극한응력을 각각 안전
　　　계수로 나누어 허용응력을 구한다. 〈보기〉의 자료는 부재 ㄱ의 제작에 연성 재료인
　　　A를, 부재 ㄴ의 제작에 취성 재료인 B를 사용하는 설계 시안이라고 하였고, ㄱ의 허
　　　용응력은 항복응력 140 MPa을 안전계수 2로 나눈 70 MPa, ㄴ의 허용응력은 극한
　　　응력 100 MPa을 안전계수 2로 나눈 50 MPa과 각각 그 값이 일치한다. 따라서 ㄱ과
　　　ㄴ의 허용응력을 구하기 위해 A는 항복응력을, B는 극한응력을 안전계수로 나누어
　　　산출하였다는 설명은 적절하다.
　　→ 적절함!

③ ㄱ은 예상되는 인장하중에 의한 응력이 A의 항복응력보다 작으므로, ㄱ의 결정 구조 및 원자의 결합 상태에 변형이 생기지 않겠군.

  근거   ❷-6 응력은 … 하중을 단면의 면적으로 나누어 구한다, ❸-2 시편에 인장하중이 점진적으로 가해지면 시편의 단면에는 인장하중에 의한 응력이 나타나고, ❸-10~11 소성변형 구간에서 시편의 결정 구조 및 원자의 결합 상태에 변형이 일어나, 시편에 영구적인 변형이 생겼음을 의미한다. 소성변형 구간이 시작되는 지점의 응력을 항복응력이라고 하며

  풀이   윗글에서 응력은 하중을 단면의 면적으로 나누어 구한다고 하였고, 인장 시험에서 시편에 인장하중이 가해지면 시편의 단면에 '인장하중에 의한 응력'이 나타난다고 하였다. 〈보기〉의 ㄱ의 경우, 현재 시점에서 가해질 것으로 예상되는 인장하중은 300 N, 단면의 면적은 10 mm²이므로, 이때 ㄱ의 응력은 30 MPa이다. 〈보기〉의 표에서 A의 항복응력은 140 MPa이라고 하였으므로, ㄱ은 예상되는 인장하중에 의한 응력이 A의 항복응력보다 작다는 설명은 적절하다.

한편 윗글의 설명에 따르면 소성변형 구간에서는 시편의 결정 구조 및 원자의 결합 상태에 변형이 일어나며, 소성변형 구간이 시작되는 지점의 응력을 항복응력이라고 한다. 〈보기〉의 ㄱ은 예상되는 인장하중에 의한 응력이 A의 항복응력보다 작으므로, 소성변형 구간이 시작되지 않았다. 따라서 ㄱ의 결정 구조 및 원자의 결합 상태에 변형이 생기지 않을 것이라는 설명 또한 적절하다.

→ 적절함!

④ ㄴ은 단면의 면적을 변경하지 않고 재료를 A로 교체하면, 허용하중이 인장하중보다 작아지므로 안전을 *담보할 수 없겠군. *擔保–, 말아서 보증할
  커지므로 교체하기 전보다 안전하겠군

  근거   ❶-3 구조물의 안전을 위해서는 부재에 가해질 하중보다 부재의 허용하중을 더 크게 설계해야 한다, ❺-5 허용응력에 부재의 단면의 면적을 곱하여 허용하중을 산출할 수 있다.

  풀이   윗글에서 구조물의 안전을 위해 부재에 가해질 하중보다 부재의 허용하중을 더 크게 설계해야 한다고 하였고, 허용응력에 부재의 단면의 면적을 곱하면 허용하중을 산출할 수 있다고 하였다. 〈보기〉에서 ㄴ의 단면의 면적을 변경하지 않고 재료를 A로 교체하면 허용하중은 허용응력 70 MPa에 단면의 면적 5 mm²를 곱한 값인 350 N이 되고, 이는 인장하중인 300 N보다 크다. 따라서 ㄴ의 단면의 면적을 변경하지 않고 재료를 A로 교체하면, 허용하중이 인장하중보다 작아진다는 설명은 적절하지 않다.

→ 적절하지 않음!

⑤ ㄱ과 ㄴ에 가해질 인장하중이 예상보다 2 배로 커질 경우, ㄱ은 ㄴ과 달리 단면의 면적을 늘리지 않더라도 영구적 변형이 일어나지 않겠군.

  근거   ❶-2~3 구조물은 하중에 의해 파손되어 영구적으로 변형될 수 있으므로, … 구조물의 안전을 위해서는 부재에 가해질 하중보다 부재의 허용하중을 더 크게 설계해야 한다, ❺-5~6 허용응력에 부재의 단면의 면적을 곱하여 허용하중을 산출할 수 있다. 이는 부재의 단면의 면적에 따라 허용하중이 달라질 수 있음을 의미

  풀이   윗글의 설명에 따르면 구조물은 하중에 의해 파손되어 영구적으로 변형될 수 있으므로, 구조물의 안전을 위해 부재에 가해질 하중보다 부재의 허용하중을 더 크게 설계해야 한다. 또한 윗글에서는 허용하중은 허용응력에 부재의 단면의 면적을 곱하여 산출한다고 설명하였다. 〈보기〉에서 ㄱ의 허용하중은 700 N, ㄴ의 허용하중은 250 N이다. ㄱ과 ㄴ에 가해질 인장하중이 예상되는 인장하중인 300 N보다 2 배로 커질 경우, 즉 인장하중이 600 N일 경우, ㄱ은 인장하중보다 허용하중이 더 크므로 단면의 면적을 늘리지 않더라도 하중에 의한 파손으로 영구적 변형이 일어나지 않을 것이다. 반면 ㄴ은 인장하중이 600 N일 경우 허용하중이 인장하중보다 더 작으므로, 단면의 면적을 늘림으로써 허용하중을 키워 하중에 의한 파손 및 영구적 변형이 일어나지 않도록 할 수 있다. 따라서 ㄱ과 ㄴ에 가해질 인장하중이 예상보다 2배로 커질 경우, ㄱ은 ㄴ과 달리 단면의 면적을 늘리지 않더라도 영구적 변형이 일어나지 않을 것이라는 설명은 적절하다.

→ 적절함!

[31 ~ 33] 현대시

(가) 박두진, 「낙엽송(落葉松)」(떨어질 落 잎 葉 소나무 松 : 소나뭇과에 속한 낙엽 교목, 낙엽이 지는 소나무)

  • 주제
  자연의 생명력에 대한 예찬과 애정

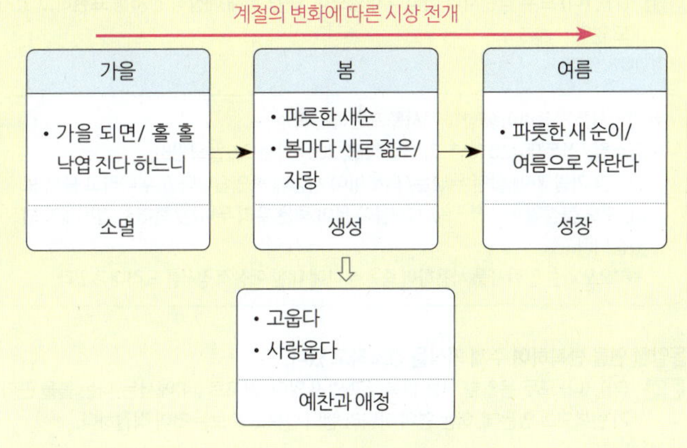

• 어휘 풀이

* 바뜰었다 : 받들었다.

* 청송 : 푸른 소나무.

* 홀 홀 : 가볍게 날리는 모양.

* 사랑웁다 : 사랑스럽다.

* 소올솔 : 솔솔. 잇따라 가볍게 내리는 모양.

(나) 박남수, 「소등(消燈)」(사라질 消 등 燈 : 등불을 끔. 생명력 회복에 대한 지향을 상징)

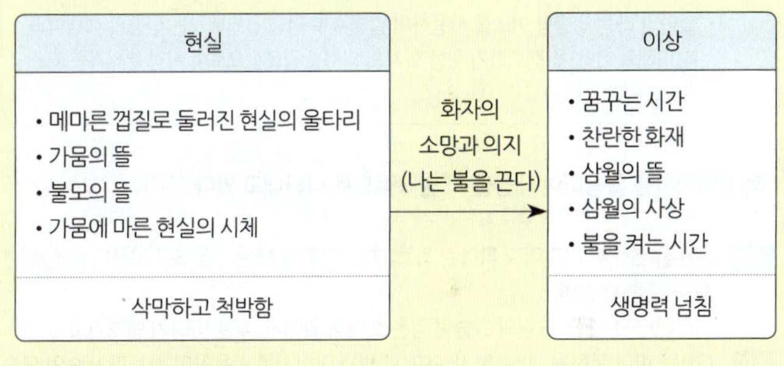

• 어휘 풀이

* 불모 : 땅이 거칠고 메말라 식물이 나거나 자라지 아니함.

* 보스라지고 : 깨어져 조금 잘게 조각이 나고. 바스라지고.

* 화재 : 여기서는 '소멸되어 가던 생명의 부활'을 의미.

* 요원의 : 아득히 먼.

* 뿌리를 박고 : 자리를 잡고.

* 질적질적 : 질척질척. 물기가 매우 많아 몹시 차지고 진 느낌.

<table>
<tr><td colspan="4">31 표현상 공통점 – 적절한 것 고르기
정답률 90%</td><td>정답 ④</td></tr>
</table>

(가)와 (나)의 공통점으로 가장 적절한 것은?

선지	핵심 체크 내용	(가)	(나)
①	감탄사 → 애상적 정서 표현	X	X
②	동일한 연 반복 → 주제 의식 강조	X	X
③	명령형 어조 → 시적 분위기 고조시킴	X	X
④	색채 이미지 활용 → 대상을 감각적으로 나타냄	O	O
⑤	경어체 사용	X	X
	대상에 대한 예찬적 태도	O	O

① *감탄사를 사용하여 **애상적 정서를 표현하고 있다. *놀람이나 느낌, 부름, 응답 따위를 나타내는 말 **슬퍼하거나 가슴 아파하는

풀이 (가), (나) 모두 감탄사가 나타나지 않으며, 이를 통해 애상적 정서를 표현하고 있지도 않다.

→ 적절하지 않음!

■ 감탄사를 사용하여 애상적 정서를 표현하는 작품
• 김소월, 「접동새」 (2016년 고2 3월 학평, 2014학년도 6월 모평B)
진두강 가람 가에 살던 누나는/ 의붓어미 시샘에 죽었습니다.// 누나라고 불러 보랴/ 오오 불설워(몹시 서러워)/ 시새움에 몸이 죽은 우리 누나는/ 죽어서 접동새가 되었습니다.
→ '오오'라는 감탄사를 사용하여 죽은 누나에 대한 애상적 정서를 드러내고 있다.

② 동일한 연을 반복하여 주제 의식을 강조하고 있다.

풀이 (가), (나) 모두 동일한 연을 반복하고 있지 않다. 참고로 (나)에서는 '나는 불을 끈다'가 반복되고 있는데, 이는 연이 아니라 행의 반복으로 보는 것이 적절하다.

→ 적절하지 않음!

■ 동일한 연을 반복하여 주제 의식을 강조하고 있는 작품
• 박목월, 「나그네」
구름에 달 가듯이/ 가는 나그네(2연)// ~ 구름에 달 가듯이/ 가는 나그네(5연)
→ 동일한 연을 반복하여 달관의 경지에 이른 나그네의 모습을 강조하고 있다.

③ *명령형 어조를 사용하여 시적 분위기를 고조시키고 있다. *'–아라/–어라' 등의 종결 어미를 사용하여 명령이나 요구의 뜻을 나타내는 어조

풀이 (가), (나) 모두 명령형 어조를 사용하고 있지 않다.

→ 적절하지 않음!

■ 명령형 어조를 사용하여 시적 분위기를 고조시키고 있는 작품
• 정희성, 「답청」(밟을 踏 푸를 靑 : 봄에 파랗게 난 풀을 밟으며 산책함)
풀을 밟아라./ 들녘에 매 맞은 풀/ 맞을수록 시퍼런/ 봄이 온다./ ~ 풀을 밟아라./ 밟으면 밟을수록 푸르른/ 풀을 밟아라.
→ '밟아라'라는 명령형 어조를 사용하여 밟힐수록 더욱 강인해지는 민중의 생명력과 봄(미래의 희망)을 쟁취하기 위한 화자의 의지를 강조함으로써 시적 분위기를 고조시키고 있다.

④ *색채 이미지를 활용하여 대상을 **감각적으로 나타내고 있다. *색으로부터 받은 느낌 **시각, 청각, 후각, 촉각, 미각과 같은 감각이 느껴지는 이미지로

근거 (가) ❶연-1행 가지마다 파아란 하늘/ 3행 파룻한 새순이 꽃보다 고웁다.// ❺연-1행 파룻한 새 순이
(나) ❹연-1~2행 요원의 그슬린 검은 잿더미 위에서/ 푸른 바다가 번져가고

풀이 (가)는 '파아란 하늘', '파룻한 새 순'에 색채 이미지를 활용하여 하늘과 새순의 모습을 감각적으로 나타내고 있다. (나)는 '검은 잿더미', '푸른 바다'에 색채 이미지를 활용하여 잿더미와 바다의 모습을 감각적으로 나타내고 있다.

→ 적절함!

⑤ *경어체를 사용하여 대상에 대한 **예찬적 태도를 드러내고 있다. * 높임말 ** 훌륭하거나 좋거나 아름답다고 찬양하는

근거 (가) ❶연-3행 파룻한 새순이 꽃보다 고웁다.// ❸연 봄마다 새로 젊은/ 자랑이 사랑웁다.
(나) ❸연-3~4행 찬란한 화재를 위해 지피는 불길은/ 거인처럼 치솟아 꿈 속에 밝힌다.// ❹연-2~3행 푸른 바다가 번져가고/ 싱그러운 냄새가 뿜어 삼월의 뜰을 만드는

풀이 (가)는 봄의 새순과 같은 자연의 생명력에 대해 '고웁다', '사랑웁다' 등으로 표현하며 예찬하는 태도를 보인다. 한편 (나)는 암울한 현실과 대비되는 꿈속 세계의 생명력 넘치는 모습을 예찬하고 있다. 그러나 (가)와 (나) 모두 낮춤의 종결 어미 '-다'가 나타나므로 공경의 뜻을 나타내는 경어체가 사용되었다고 볼 수 없다.

→ 적절하지 않음!

■ 경어체를 사용하여 대상에 대한 예찬적 태도를 드러내는 작품
• 한용운, 「달을 보며」(2020년 고2 3월 학평)
달은 차차차 당신의 얼굴이 되더니 넓은 이마 둥근 코 아름다운 수염이 역력히 보입니다/ 간 해에는 당신의 얼굴이 달로 보이더니 오늘 밤에는 달이 당신의 얼굴이 됩니다
→ '보입니다', '됩니다'와 같은 경어체를 사용하여 당신의 아름다움에 대한 예찬적 태도를 드러내고 있다.

---

32 시상 전개 과정 – 적절하지 않은 것 고르기
정답률 75%   정답 ④

[A] ~ [F]에 대한 이해로 적절하지 않은 것은?

① [A]에서 '울타리 안의 상황'은, [B]에서 '나뭇잎들이 보스라지'는 모습으로 구체화된다.
근거 [A] (나) ❶연-3~4행 메마른 껍질로 둘러진 현실의 울타리 안에는/ 한 포기 풀도 자라지 못하는 가뭄의 뜰이 있고,
[B] (나) ❷연-1~2행 불모의 뜰에서는 뿌리도 타는 목마름과/ 비틀어진 가지에 마른 나뭇잎들이 보스라지고 있다.
풀이 [A]에서 한 포기 풀도 자라지 못하는 가뭄의 뜰이 있는 '울타리 안의 상황'은, [B]에서 목마름에 타는 뿌리의 모습과 비틀어진 가지에 마른 '나뭇잎들이 보스라지'고 있는 모습으로 보다 구체화되어 제시되고 있다.

→ 적절함!

② [B]에서 '불을 끈다'는 화자의 행위에는, [C]에서 '불을 끈 시간의 끝'에서의 상황을 마주하려는 의도가 담겨 있다.
근거 [B] (나) ❷연-4행 꿈꾸는 시간을 위하여 나는 불을 끈다.
[C] (나)-❸연 불을 끈 시간의 끝에서/ ~ / 거인처럼 치솟아 꿈 속에 밝힌다.
풀이 [B]에서 꿈꾸는 시간을 위해 불을 끈 화자는, [C]에서 거인처럼 치솟은 불길이 가뭄에 마른 현실을 찬란하게 밝히는 장면을 마주한다. 따라서 [B]에서 '불을 끈다'는 화자의 행위에는, [C]에서 '불을 끈 시간의 끝'에서의 상황, 즉 소멸되어 가던 생명이 부활하는 꿈속의 상황을 마주하려는 의도가 담겨 있다고 볼 수 있다.

→ 적절함!

③ [D]에서 '그슬린' 대상은, [C]의 불을 '지피는' 행위와 관련된다.
근거 [D] (나) ❹연-1행 요원의 그슬린 검은 잿더미 위에서
[C] (나) ❸연-3행 찬란한 화재를 위해 지피는 불길
풀이 [C]에서 화자는 찬란한 화재, 즉 생명의 부활을 위해 불을 지핀다고 하였으므로 이어지는 [D]에서 '그슬린' 검은 잿더미는 [C]에서의 불을 '지피는' 행위에 따른 결과라고 할 수 있다.

→ 적절함!

✓ ④ [E]에서 다른 대상과 *상생하는 '물줄기'는, [F]에서 다른 대상에게 의지하는 '물줄기'로 **전환된다. *둘 이상이 서로 북돋우며 다 같이 잘 살아가는 **바뀐다 ['어느 샘'에 기반을 둔 / 다른 대상('마른 뿌리')에게 의지가 되어 주는 존재로 형상화된다]
근거 [E] (나) ❺연-3~4행 가는 물줄기는 어느 샘에 뿌리를 박고 질적질적 땅을 적시고 있다.
[F] (나) ❻연-1~2행 마른 뿌리는 가는 물줄기에 주둥이를 박고/ 지금 목을 축이고 있다.
풀이 [E]에서 '물줄기'는 땅을 적시고 있을 뿐, 다른 대상과 상생하고 있지는 않다. 한편, [F]에서 마른 뿌리는 가는 '물줄기'를 통해 목마름을 해소하고 있으므로 다른 대상에게 의지하는 것은 '물줄기'가 아니라 마른 뿌리로 보는 것이 적절하다.

→ 적절하지 않음!

⑤ [F]에 나타난 '뿌리'의 모습은, [B]에서 '뿌리'가 처한 상황과 대비된다.
근거 [F] (나) ❻연-1~2행 마른 뿌리는 가는 물줄기에 주둥이를 박고/ 지금 목을 축이고 있다.
[B] (나) ❷연-1행 불모의 뜰에서는 뿌리도 타는 목마름과
풀이 [F]에서 가는 물줄기를 통해 목을 축이며 목마름을 해소하고 있는 '뿌리'의 모습은, [B]에서 타는 목마름을 겪고 있는 '뿌리'의 상황과는 상반된다.

→ 적절함!

1등급 문제
33 감상의 적절성 – 적절하지 않은 것 고르기
정답률 60%, 매력적 오답 ④ 10% ⑤ 20%   정답 ②

<보기>를 바탕으로 (가), (나)를 감상한 내용으로 적절하지 않은 것은? 3점

| 보기 |
1 (가)와 (나)에는 모두 소멸이 생성으로 이어진다는 인식이 드러난다. 2 (가)의 화자는 계절의 변화라는 자연의 질서에 따라 죽음, 탄생, 성장을 반복하는 생명의 모습을 드러낸다. 3 (나)의 화자는 척박한(메마를 瘠 척박할 薄 : 상황이 나쁘고 열악한) 현실이 생명력 있는 세계로 전환되기를 소망하며, 생명력 회복에 대한 지향(뜻 志 향할 向 : 바람, 추구)을 드러낸다.

① (가)의 '파룻한 새 순'이 '여름으로 자란다'는 것에 계절의 변화에 따라 달라지는 생명의 모습이 드러나 있군.
근거 <보기>-2 (가)의 화자는 계절의 변화라는 자연의 질서에 따라 죽음, 탄생, 성장을 반복하는 생명의 모습을 드러낸다.

→ 문제편 251쪽

(가)-❺연 파릇한 새 순이/ 여름으로 자란다.

풀이 (가)에서 봄의 '파릇한 새 순'이 '여름으로 자란다'는 것은 계절의 흐름에 따라 탄생에서 성장으로 이어지는 생명의 모습을 드러낸 것이다.

→ 적절함!

② **(나)의 '가뭄에 마른 현실'에 '불길'이 '거인처럼 치솟'는다는 것에 화자가 현실의 척박함을 인식하게 된 계기가 나타나 있군.**

    척박한 현실이 생명력 있는 세계로 전환되기를 바라는 화자의 소망과 지향이 드러나 있군

근거 〈보기〉-3 (나)의 화자는 척박한 현실이 생명력 있는 세계로 전환되기를 소망하며, 생명력 회복에 대한 지향을 드러낸다.

(나) ❸연-2~4행 가뭄에 마른 현실의 시체에 꽃이 달리는/ 찬란한 화재를 위해 지피는 **불길**은/ **거인처럼 치솟**아 꿈 속을 밝힌다.

풀이 (나)에서 화자는 '가뭄에 마른 현실'에 '꽃이 달리는 찬란한 화재'를 소망하고 있으며, 이를 위해 '거인처럼 치솟'는 '불길'을 지핀다. 이는 〈보기〉를 토대로 볼 때 척박한 현실이 생명력 있는 세계로 전환되기를 바라는 화자의 소망과 지향을 드러낸 것으로 이해하는 것이 적절하다. 따라서 '거인처럼 치솟'는 '불길'이 현실의 척박함을 처음으로 인식하게 된 계기라는 감상은 적절하지 않다.

→ 적절하지 않음!

③ **(나)의 '싱그러운 냄새가 뿜어' 만드는 '삼월의 뜰'에 화자가 지향하는 생명력 있는 세계가 *형상화되어 있군.** **구체적으로 표현되어*

근거 〈보기〉-3 (나)의 화자는 척박한 현실이 생명력 있는 세계로 전환되기를 소망하며, 생명력 회복에 대한 지향을 드러낸다.

(나) ❹연-3~4행 싱그러운 냄새가 뿜어 삼월의 뜰을 만드는/ 삼월의 사상을 위하여.

풀이 (나)의 화자는 '싱그러운 냄새가 뿜어' '삼월의 뜰'을 만드는 삼월의 사상을 지향하고 있는데, 〈보기〉를 참조할 때 이는 곧 생명력 회복에 대한 지향으로 이해할 수 있다. 따라서 '싱그러운 냄새가 뿜어' 만드는 '삼월의 뜰'은 화자가 지향하는 생명력 있는 세계, 생명력을 회복한 세계가 형상화된 것이라 할 수 있다.

→ 적절함!

④ **(가)의 '홀 홀 낙엽'지는 청송이 '봄마다 새로 젊'다는 것에, (나)의 '검은 잿더미 위'에 '푸른 바다가 번져'간다는 것에 모두 소멸 이후 생성이 이어진다는 인식이 드러나 있군.**

근거 〈보기〉-1 (가)와 (나)에는 모두 소멸이 생성으로 이어진다는 인식이 드러난다.

(가)-❷~❸연 청송이래도 가을 되면/ 홀 홀 낙엽 진다 하느니,// 봄마다 새로 젊은/ 자랑이 사랑옵다.

(나) ❹연-1~2행 요원의 그슬린 **검은 잿더미 위**에서/ **푸른 바다가 번져**가고

풀이 (가)에서 가을이 되어 '홀 홀 낙엽'지며 소멸했던 청송이 '봄마다 새로 젊'은 자랑으로 소생하는 모습에서 소멸이 생성으로 이어진다는 인식이 드러난다. (나)의 '검은 잿더미'는 생명력의 소멸을, '푸른 바다'는 생명력 넘치는 세계를 의미한다. 따라서 '검은 잿더미 위'에 '푸른 바다가 번져'간다는 것은 소멸 이후에 생성이 이어진다는 인식이 드러난 것으로 볼 수 있다.

→ 적절함!

⑤ **(가)의 '햇볕'을 입고 '이슬'을 마시는 것에 생명의 성장을 위한 과정이, (나)의 '지하층계'를 내려가 '어느 샘'을 인식하는 것에 화자의 의식에 내재된 생명력 회복에 대한 바람이 드러나 있군.**

근거 〈보기〉-2~3 (가)의 화자는 계절의 변화라는 자연의 질서에 따라 죽음, 탄생, 성장을 반복하는 생명의 모습을 드러낸다. (나)의 화자는 척박한 현실이 생명력 있는 세계로 전환되기를 소망하며, 생명력 회복에 대한 지향을 드러낸다.

(가)-❹~❺연 낮에 **햇볕** 입고/ 밤에 별이 소올솔 내리는/ **이슬** 마시고,// 파릇한 새 순이/ 여름으로 자란다.

(나) ❺연-2행~❻연-2행 꿈꾸는 시간을 위해 나는 **지하층계**를 딛고 내려간다./ 가는 물줄기는 **어느 샘**에 뿌리를 박고 질질적 땅을 적시고 있다.// 마른 뿌리는 가는 물줄기에 주둥이를 박고/ 지금 목을 축이고 있다.

풀이 (가)에서 새순은 낮에 '햇볕'을 입고 밤에 '이슬'을 마시며 자라므로, '햇볕'을 입고 '이슬'을 마시는 것에 생명의 성장을 위한 과정이 드러나 있다고 볼 수 있다. (나)의 '어느 샘'은 땅을 적시고, 마른 뿌리의 목을 축여 주는 물줄기의 기반이 된다는 점에서 생명력의 회복을 돕는 존재라 할 수 있다. 따라서 화자가 '지하층계'를 내려가 '어느 샘'을 인식하는 것은, 자신의 의식에 내재된 생명력 회복에 대한 바람과 지향이 표출된 것으로 이해할 수 있다.

→ 적절함!

→ 문제편 252쪽

[34~37] 갈래 복합

(가) 고전 시가 - 정해정, 「민농가(불쌍히 여길 憫 농부 農 노래 家 : 농부를 불쌍히 여기는 노래)」

1 ㉠ 저기 가는 저 노농(老農)아 이내 농가(農歌) 살펴 듣소
- 늙을 老 농부 農 : 늙은 농부
- ① 화자 : '나'
- 농부 農 노래 歌 : 농부들이 부르는 노동요
- ② 대상 및 상황 : '노농'에게 자신의 노래를 들어 보라고 하는 상황

2 나라의 믿는 근본 우리 백성 그 아니며

3 우리 백성 믿는 근본 이내 **농사** 아니겠나
- ③ 태도 : 농사와 백성을 나라의 근본으로 여긴다.

4 크고도 저 큰 사업 **천하 대본** 이뿐이라'
- 여기서는 '농업'
- 하늘 天 아래 下 클 大 근본 本 : 온 세상의 큰 근본이라는 뜻

5 밭이랑에 좋은 씨앗 일궈 묵힐 자리 살펴
- 늦을 暮 봄 春 : 늦은 봄. 음력 3월

6 농사 준비 이 모춘(暮春)에 때 지키기 급선무라
- ③ 태도 : 농사는 알맞은 때를 지키는 것이 중요하다고 생각한다.
- 급할 急 먼저 先 힘쓸 務 : 무엇보다도 먼저 서둘러 해야 할 일

(중략)

7 묻노라 나라 조세 하은주(夏殷周)와 어떠하고
- 조세 租 세금 稅 : 세금
- 고대 중국의 세 국가인 하, 은, 주를 일컫는 말

8 공법(貢法) 조법(助法) 조세제는 하은(夏殷) 때에 끼친 법이라
- 중국 하나라 때의 논밭에 대한 세법
- 중국 주나라 때의 논밭에 대한 세법
- 남김

9 주 나라 철법(徹法)은 십일지세(什一之稅) 그 아닌가
- 수확의 10분의 1을 거두어들이는 세법

10 이렇듯 끼친 제도 역대 성조 본을 받아
- 뛰어날 聖 왕조 朝 : 어진 임금이 다스리는 나라. 여기서는 '하은주'
- ③ 태도 : 역대 성조를 본받아 세금을 가볍게 부과하는 것이 좋다고 생각한다.

11 가볍게 부과함은 이웃까지 좋으시고

12 어찌하여 권세부려 세금 고하 못 정하니
- 권세 權 권세 勢 : 권력과 세력
- 많고 적음
- ③ 태도 : 가혹한 세금을 부과하는 지배층을 비판한다.

13 더할 세금 무슨 일인고 가렴(苛斂)은 어이 할꼬
- 실을 싣고 옷감을 짜는 일
- 가혹할 苛 거둘 斂 : 세금을 가혹하게 거두어들임

14 여러 나라 어디인고 길쌈 허탕 오늘이라
- 과거에 백성을 위해 세금을 헛수고
- 가볍게 부과하던 나라들

15 봄엔 새 실 먼저 팔고 여름 곡식 다시 내니
- 무거울 重 엄할 嚴 : 무겁고 엄하다

16 중임하다 저 조세를 어찌 아니 두려울까
- ③ 정서 : 가혹한 세금에 시달리는 백성을 안타깝게 여긴다.

17 아아 농부들아 농사 때를 놓치게 되면
- 무거울 重 세금 稅 : 무거운 세금

18 이내 중세(重稅) 어이 할꼬 번거롭다 사양 마오
- 나쁠 惡 풀 草 : 해로운 풀. '탐관오리'를 비유

19 이 사이 저 사이에 섞어 핀 저 악초(惡草)를

20 어찌하여 용서할까 모든 뿌리 제거하세

21 제거 못 하면 어이 하리 송인 알묘(宋人揠苗) 이 때문이라
- 어떤 송나라 사람이 곡식이 빨리 자라지 않는 것이 답답해서 싹을 뽑아 올렸다가 말라 죽게 했다는 고사. 여기서는 '탐관오리가 눈앞의 이익을 탐해 성급하게 권력을 휘두르는 것'을 비유
- ③ 태도 : 새싹과 씨(백성)를 자라지 못하게 하는 악초(탐관오리)를 뽑아 버려야 한다고 생각한다.

22 상한 새싹 물론이요 뿌린 씨와 자라는 씨에 가정(苛政)이라
- '백성'을 비유
- 가혹할 苛 정사 政 : 가혹한 정치

23 금년에 못 다 하면 명년 제초 누가 할꼬
- 지금 今 해 年 : 올해
- 밝을 明 해 年 : 내년
- 지울 除 풀 草 : 잡초를 뽑아 없앰

24 새싹 나와도 안 여무니 악초의 탓 그 아닌가
- 모를 심은 논 : 논밭에서 벼 사이에 자라는 잡초

25 묘(苗) 논에 있는 가라지 간신과 (비교해) 어떠하며
- 조를 심은 밭
- 껍질만 있고 속에 알맹이가 들지 아니한 곡식

26 조 밭에 있는 쭉정이 오랑캐와 (비교해) 어떠한고
- 바람 風 비 雨 : 비바람
- ③ 태도 : 백성의 삶을 힘들게 하는 간신, 오랑캐, 도적을 비판한다.

27 ㉡ 풍우 뒤에 저 황충(蝗虫) 도적떼처럼 생기는구나
- 메뚜기 蝗 벌레 虫 : 메뚜기

28 빼어난 저 큰 벼는 군자처럼 곤고(困苦)하다
- 괴로울 困 괴로울 苦 : 형편이나 처지 따위가 딱하고 어렵다
- 군자 君 사람 子 : 행실이 점잖고 어질며 덕과 학식이 높은 사람

29 이내 농부 아니라면 우리 군자 기를손가

30 하자꾸나 이내 농사 더욱 바삐 하자꾸나
- 도울 輔 도울 弼 : 일을 도움

31 세금도 내려니와 현인 보필 않을 손가
- 어질 賢 사람 人 : 어질고 총명하여 성인에 다음가는 사람

32 소인 쫓고 군자 등용 왕실의 큰 정치라
- 등용할 登 쓸 用 : 인재를 뽑아서 씀
- 소인 小 사람 人 : 도량이 좁고 간사한 사람
- 급할 急 힘쓸 務 : 빨리 처리하여야 할 일
- ③ 태도 : 조정에서 소인을 쫓고 군자를 등용해야 한다고 생각한다.

33 악초 제거 좋은 벼 재배 전가(田家)의 급무로다
- 밭 田 집 家 : 농사하는 집

34 아아 저 농부야 다시 힘써 하자꾸나
- ③ 태도 : 농사에 더욱 힘쓸 것을 독려한다.

④ 주제 : 농사의 중요성을 강조하고 가혹한 조세 제도를 비판한다.

• 현대어 풀이

1 저기 가는 저 늙은 농부여, 나의 농사 노래를 살펴 듣소

2 나라가 믿는 근본이 우리 백성이 아니고 무엇이겠는가

 우리 백성이 믿는 근본은 이 농사일이 아니겠는가
4 크고도 저 큰 사업(농업), 세상의 근본이 바로 이것뿐이다
5 밭이랑에 좋은 씨앗을 (골라 땅을) 일구고 뿌릴 자리를 살펴
6 농사 준비는 늦은 봄에 때를 지키는 것이 급선무다
　　　　　　　　　　(중략)
7 묻노라 나라의 조세 제도는 하·은·주와 비교해서 어떠한가
8 공법과 조법 같은 세금 제도는 옛날 하·은 때부터 내려온 법이다
9 주나라 때 철법은 수확의 10분의 1만 거두는 세법이 아닌가
10 이처럼 내려온 제도는 역대 어진 왕들의 본을 받아
11 세금을 가볍게 부과하면 이웃까지 좋겠구나
12 어찌하여 권세를 부려 세금의 많고 적음을 제대로 정하지 못하는가
13 더 거두는 세금이 무슨 일인가 가혹한 세금은 어찌 할 것인가
14 (옛날 좋았던) 여러 나라들은 어디 있는가 길쌈해도 허탕인 오늘이다
15 봄에는 새로 짠 실을 먼저 내고, 여름에는 곡식을 다시 내니
16 무겁고 엄한 저 조세를 어찌 아니 두려워하겠는가
17 아아, 농부들아! 농사 시기를 놓치게 되면
18 이 무거운 세금을 어찌 감당할 수 있겠는가 번거롭다고 피하지 마라
19 이 사이 저 사이에 섞여 핀 저 해로운 풀(탐관오리)을
20 어찌 용서하겠는가 모든 뿌리를 제거하세
21 제거하지 못하면 어찌 하겠는가 송인 알묘(송나라 사람의 싹 뽑기 고사)가 이 때문이다
22 상한 새싹은 물론이고, 뿌린 씨와 자라나는 싹(백성)에 가혹한 정치를 가하는구나
23 올해 뽑지 못하면, 내년에 이 잡초를 누가 뽑을 것인가
24 새싹이 나더라도 제대로 자라지 못하는 건 악초의 탓이 아니겠는가
25 모를 심는 논에 있는 가라지는 간신과 비교해서 어떠하며
26 조밭에 있는 쭉정이는 오랑캐와 비교해서 어떠하겠는가
27 비바람 뒤의 저 메뚜기는 도적 떼처럼 생기는구나
28 빼어난 저 큰 벼는 군자처럼 어려운 상황이구나
29 우리 농부가 아니라면, 우리 군자를 누가 기르겠는가
30 하자꾸나 우리 농사를 더욱 바삐 하자꾸나
31 세금도 줄여주려면, 어진 사람이 임금을 잘 보좌해야 하지 않겠는가
32 소인은 몰아내고 군자를 등용하는 것이 왕실의 큰 정치다
33 악초를 제거하고 좋은 벼를 기르는 건 농가의 시급한 일이다
34 아아, 저 농부여 다시 힘내서 농사를 하자꾸나

• 지문 이해

농사의 가치와 근면한 실천 촉구	가혹한 조세 비판	탐관오리·간신 비판
• 우리 백성 믿는 근본 이내 농사 아니겠나/ ~ 천하 대본 이뿐이라 • 하자꾸나 이내 농사 더욱 바삐 하자꾸나 • 아아 저 농부여 다시 힘써 하자꾸나	• 권세부려 세금 고하 못 정하니/ 더할 세금 무슨 일인고 가렴은 어이 할꼬 • 중엄하다 저 조세를 어찌 아니 두려울까	• 섞어 핀 저 악초(탐관오리)를 / 어찌하여 용서할까 모든 뿌리 제거하세 • 상한 새싹 물론이요 뿌린 씨와 자라는 씨에 가정이라 • 새싹 나와도 안 여무니 악초의 탓 그 아닌가 • 묘 논에 있는 가라지 간신과 어떠하며

(나) 수필 - 유희, 「박장대(剝匠對)(벗길 剝 장인 匠 대답할 對 : 무두장이(박장)와의 대화)」

① 1 비옹(丕翁)이 정원을 거닐고 있는데, 패랭이(대나무의 조각을 엮어 만든 갓)를 쓰고 동달이(저고리 위에 덧입는 윗옷)를 입은 어떤 사람(여기서는 거복)이 지나가고 있었다. 2 걸음을 멈추고 그(어떤 사람, 거복)와 이야기를 나누었는데, 갑자기 어떤 ⓐ객이 이르러 깜짝 놀라 말했다.
3 "이 사람은 광주(廣州)(경기도에 있는 지역)의 무두장이(짐승의 날가죽에서 털과 기름을 뽑아 가죽을 부드럽게 만드는 일을 직업으로 하는 사람) 거복(巨福)입니다. 4 그대(여기서는 비옹)는 어찌하여 이 사람과 마주 앉아 있습니까?"
5 그러자 거복이 발끈 노하여(화를 내며) 말했다.
6 "무두장이도 사람일 뿐입니다. 7 ⓒ어찌하여 마주 앉지 못한단 말입니까?"
8 비옹이 말했다.
9 "무두장이는 살생(죽일 殺 살 生 : 생명을 죽임)을 업(일 業 : 직업)으로 삼으니, 군자가 무두장이를 어질게(덕이 높게) 여기지 않는다."

10 거복이 말했다.
11 "(사대부가) 사냥하여 사슴 잡는 것을 호방하게(호걸 豪 놓을 放 : 대담하고 씩씩하게) 여기는 것, 낚시질하여 물고기 잡는 것을 고아(高雅)하게(높을 高 우아할 雅 : 뜻이나 품격이 높고 우아하게) 여기는 것, 벼슬하여 사람을 죽여 영예로워지는(빛 榮 명예 譽 : 영광스러워지는) 것(사대부의 살생), 도축하여(죽일 屠 짐승 畜 : 가축을 잡아) 소를 죽여 배불리 먹는 것(무두장이의 살생), 이 모두 살생한다는 점은 똑같습니다."
12 비옹이 또한 발끈 노하여 말했다.
13 "네가 감히 벼슬아치가 되고자 하느냐? 14 사냥하고 낚시하고 벼슬하면서 죽이는 것은 모두 자기 자기의 뜻으로 살생하는 것이다. 15 너는 남의 지시를 받아 도축하여 가축을 괴롭혀서 돈을 구하면서도 오히려 비루하지(더러울 鄙 천할 陋 : 천하고 더럽지) 않다고 여기느냐?"

→ 무두장이 거복이 사냥, 낚시, 벼슬, 도축이 살생한다는 점에서 똑같다고 말하자 비옹은 거복의 일이 천하다고 반박한다.

② 1 거복이 피식 웃으며 말했다.
2 "소인(소인 小 사람 人 : 자신을 낮추어 이르는 말. 여기서는 거복)은 어리석고 우둔하니(어리석을 愚 둔할 鈍 : 미련하고 둔하니), 벼슬하는 일을 어디에서 들었겠습니까? 3 소인이 일찍이 재상(재상 宰 정승 相 : 임금을 돕고 모든 관원을 지휘하고 감독하는 일을 맡아보던 이품 이상의 벼슬)과 이웃이 되어 재상을 뵈었습니다. 4 어떤 ⓑ객이 왔는데, 재상의 키가 작은데도 그 객은 키가 크다고 말했으며, 재상의 허리가 굽었는데도 그 객은 곧다고 말했습니다. 5 이 객이 가고 나서 얼마 지나지 않아 다시 왔는데, 객의 이름이 이미 황지(黃紙)(누를 黃 종이 紙 : 과거 급제자의 성명을 기록하는 데 사용된 누런색 종이)에 적혀 있었습니다.
6 한편, 재상의 키가 작은데 다른 ⓒ객은 키가 작다고 말했고, 재상의 허리가 굽었는데 그 객은 굽었다고 말했습니다. 7 그 객이 가고 난 뒤, 재상은 이전에 왔던 객(재상에게 아첨하여 이름이 황지에 적힌 객)을 급히 불러와 귀에 대고 속삭였습니다. 8 얼마 지나지 않아 '키가 작다', '허리가 굽었다'라고 말했던 객은 이미 형벌을 받아 죽었다는 말이 들렸고, 귓속말을 들었던 객이 다시 왔는데 이미 관복(벼슬 官 옷 服 : 벼슬아치의 옷)을 입고 있었습니다. 9 그러니 (벼슬아치가) 다른 이의 지시를 받는 것도 (무두장이와) 똑같고, 다른 이를 죽여서 무언가(권력, 관직, 재물 등)를 구하는 것도 (무두장이와) 똑같습니다.
10 다만 작은 것을 작다 하고 굽은 것을 굽었다고 말한 사람을 (형벌로 죽이는 일을) 가축을 괴롭히는 것에 비견할(견줄 比 어깨 肩 : 비교할) 수는 없으나, (정직한 이를 죽인 대가로 얻은) 높은 벼슬과 많은 재물이 (무두장이가 도축하여 번 돈과) 서로 얼마만큼 거리가 있는지는 잘 모르겠습니다."

→ 거복은 벼슬아치도 남의 지시에 따라 사람을 해하고 대가를 얻는다는 점에서 자신과 다르지 않다고 주장한다.

③ 1 비옹이 멍해져 억지로 응답했다.
2 "네가 비교한 것에는 여전히 차이점이 있다. 3 ⓔ너는 손으로 흉기를 잡아 똥이 신발을 더럽히고 피가 옷소매를 적신다. 4 벼슬하는 자의 경우엔 이런 것이 있느냐?"
5 거복이 또 피식 웃으며 말했다.
6 "옹께서 분간하시는(나눌 分 가릴 揀 : 사물의 옳고 그름이나 이치를 가리는) 것이 과연 이처럼 보잘것없군요. 7 남의 작은 키를 크다고 하고 남의 굽은 허리를 곧다고 하여 이름이 적힌 종이를 누렇게 물들이는 것(황지에 이름을 올리는 것)(부정하게 관직을 얻는 것)이 똥에 더럽혀진 신발(도축하는 사람의 모습)에 가깝지 않습니까. 8 또 작은 키를 작다 하고 굽은 허리를 굽었다고 한 사람을 죽여, 입은 옷을 붉게 물들이는 것(권력자의 부정적인 모습)이 어찌 피에 젖은 옷소매(도축하는 사람의 모습)와 다르겠습니까. 9 법을 교묘히(공교할 巧 묘할 妙 : 약삭빠르게) 얽고 형벌을 멋대로 사용하는 것은 또 어떻습니까. 10 저는 저의 도끼를 휘두르는 자이니, 소인의 어리석음과 우둔함은 단지 고향 이웃들에게만 알려질 뿐입니다. 11 옹께서는 선비이신데, 사실의 정밀함(정할 精 자세할 密 : 자세함)을 궁구하지(연구할 窮 연구할 究 : 깊게 탐구하지) 않은 채 단지 대략적인(대강 大 간략할 略 : 겉으로 드러난) 것만 논하고, 마음보(내면)의 세밀함(자세할 細 자세할 密 : 섬세함)은 살피지 않은 채 단지 드러난 현상만 갖고 말씀하시어, ⓕ낡은 풍속에 부화뇌동해서(맞출 附 응할 和 우레 雷 같을 同 : 줏대 없이 남의 의견에 따라 움직여서) 세상 사람이 두려워하는 자를 두려워하고 세상 사람이 업신여기는(하찮게 여기는) 자를 업신여기시는군요. 12 아, 개탄스럽지(슬퍼할 慨 탄식할 歎 : 분하고 안타깝지) 않겠습니까."
13 비옹이 이에 말문이 막혀 조용히 인사하고, 읍하고(인사하고. 두 손을 맞잡아 얼굴 앞으로 들어 올리고 허리를 앞으로 공손히 구부렸다가 몸을 펴면서 손을 내리는 인사) 문에서 전송해 주었다(보낼 餞 보낼 送 : 예를 갖추어 떠나보냈다).

→ 거복은 겉모습과 낡은 풍속에 따라 판단하는 비옹을 비판하고, 비옹은 이에 반박하지 못한 채 태도를 바꾼다.

---

34 표현상 특징 – 적절한 것 고르기
정답률 65%, 매력적 오답 ③ 20% | 정답 ④

(가)와 (나)에 대한 설명으로 가장 적절한 것은?

선지	핵심 체크 내용	(가)	(나)
①	사물에 인격 부여 → 대상을 생동감 있게 표현함	-	X
②	음성 상징어 활용 → 대상의 속성을 드러냄	X	-
③	열거와 연쇄의 방식 → 주장을 뒷받침함	△	-
④	물음의 형식 → 상황에 대한 판단	O	O
⑤	원경에서 근경으로 시선 이동	X	X
	심리 변화	X	O

① (가)와 달리 (나)는 *사물에 인격을 부여하여 대상을 **생동감 있게 표현하고 있다.
*사물을 의인화하여 **생기 있게 살아 움직이는 듯한 느낌

> **풀이** (나)에는 사물을 의인화하여 대상을 생동감 있게 표현하는 부분이 나타나지 않는다.
> → 적절하지 않음!

② (나)와 달리 (가)는 *음성 상징어를 활용하여 대상의 속성을 드러내고 있다. *소리를 흉
내 낸 의성어와 모양을 흉내 낸 의태어

> **풀이** (가)에는 의성어나 의태어와 같은 음성 상징어를 활용하여 대상의 속성을 드러내는
> 부분이 나타나지 않는다.
> → 적절하지 않음!

③ (나)와 달리 (가)는 *열거와 **연쇄의 방식을 통해 자신의 주장을 뒷받침하고 있다.
*여러 가지 예나 사실을 낱낱이 죽 늘어놓음 **앞 구절의 끝 어구를 다음 구절의 첫 어구에 이어받아 표
현하는 방식

> **근거** (가)-2~3 나라의 믿는 근본 우리 백성 그 아니며/ 우리 백성 믿는 근본 이내 농사 아
> 니겠나/ 20~21 어찌하여 용서할까 모든 뿌리 제거하세/ 제거 못 하면 어이 하리 송
> 인 알묘 이 때문이라
> **풀이** (가)는 '우리 백성', '제거'라는 말을 다음 구절에 이어서 전개하는 연쇄의 방식을 활용
> 하여 백성과 농사가 나라의 근본이라는 것과 악초를 제거해야 한다는 주장을 뒷받침
> 하고 있다. 그러나 (가)에 열거를 사용한 부분은 나타나지 않는다.
> → 적절하지 않음!

> ■ 열거와 연쇄의 방식을 통해 자신의 주장을 뒷받침하는 작품
> • 유한준, 「잊음을 논함」 (2024학년도 수능)
> 내적인 것을 잊기 때문에 외적인 것을 잊을 수 없게 되고, 외적인 것을 잊을 수 없기
> 때문에 내적인 것을 더욱 잊는다. 그렇기 때문에 하늘이 잊지 못해 벌을 내리기
> 도 하고, 남들이 잊지 못해 질시의 눈길을 보내며, 귀신이 잊지 못해 재앙을 내린
> 다.
> → '외적인 것을 잊을 수 없게 되고'를 다음 구절에 이어서 전개하는 연쇄의 방식과 내
> 적인 것을 잊었을 때의 결과('벌을 내리기도 하고', '질시의 눈길을 보내며', '재앙을
> 내린다')를 늘어놓는 열거의 방식을 활용하고 있다. 이를 통해 내적인 것을 잊어서
> 는 안 된다는 주장을 뒷받침하고 있다.

④ (가)와 (나)는 모두 물음의 형식을 통해 상황에 대한 판단을 드러내고 있다.

> **근거** (가)-3 우리 백성 믿는 근본 이내 농사 아니겠나/ 7 묻노라 나라 조세 하은주와 어떠
> 한고/ 9 주 나라 철법은 십일지세 그 아닌가/ 13 더할 세금 무슨 일인고 가렴은 어이
> 할고/ 23~24 금년에 못 다 하면 명년 제초 누가 할꼬/ 새싹 나와도 안 여무니 악초의
> 탓 그 아닌가/ 26 조 밭에 있는 쭉정이 오랑캐와 어떠한고/ 29 이내 농부 아니라면
> 우리 군자 기를손가/ 31 세금도 내려니와 현인 보필 않을 손가
> (나) ①-4 그대는 어찌하여 이 사람과 마주 앉아 있습니까?"/ 7 어찌하여 마주 앉지
> 못한단 말입니까?/ 13 "네가 감히 벼슬아치가 되고자 하느냐?/ 15 오히려 비루하
> 지 않다고 여기느냐?"/ ②-2 "소인은 어리석고 우둔하니, 벼슬하는 일을 어디에서
> 들었겠습니까?/ ③-4 벼슬하는 자의 경우엔 이런 것이 있느냐?"/ 12 개탄스럽지
> 않겠습니까."
> **풀이** (가)는 물음의 형식을 통해 농업의 중요성, 가혹한 조세 제도, 악초(탐관오리) 제거의
> 필요성, 농사를 통한 군자 보필 등에 대한 화자의 판단을 드러내고 있다. (나)는 물음

의 형식을 활용하여 무두장이의 삶을 업신여기는 객과 비옹, 그리고 이에 대한 거복
의 비판적 시각을 드러내고 있다.
> → 적절함!

⑤ (가)와 (나)는 모두 *원경에서 **근경으로 시선을 옮기며 심리 변화를 드러내고 있다. 〈나〉는
*먼 곳 **가까운 곳

> **근거** (나) ①-15 너는 남의 지시를 받아 도축하여 가축을 괴롭혀서 돈을 구하면서도 오
> 히려 비루하지 않다고 여기느냐?"/ ③-3 너는 손으로 흉기를 잡아 똥이 신발을 더럽
> 히고 피가 옷소매를 적신다./ 13 비옹이 이에 말문이 막혀 조용히 인사하고, 읍하고
> 문에서 전송해주었다.
> **풀이** (가)는 원경에서 근경으로 시선을 옮기며 심리 변화를 드러내는 부분이 나타나지 않
> 는다. (나)에서 비옹은 무두장이인 거복을 업신여기다가 거복의 논리적인 반박에 의
> 해 그를 인정하는 심리 변화를 드러내고 있다. 그러나 이러한 변화가 원경에서 근경
> 으로 시선을 옮기는 중에 드러나지는 않는다.
> → 적절하지 않음!

> ■ 원경에서 근경으로 시선을 옮기며 심리 변화를 드러내는 작품
> • 신경림, 「장자를 빌려 - 원통에서」 (2018년 고1 9월 학평)
> → 화자인 '나'는 설악산 대청봉에서 보이는 세상(원경)을 단순하다고 생각했지만, 속
> 초와 원통(근경)에서 평범한 사람들의 삶을 보며 고단하고 복잡하다는 것을 느낀
> 다.

---

35 구절의 의미 – 적절하지 않은 것 고르기
정답률 80% | 정답 ④

㉠~㉤에 대한 이해로 적절하지 않은 것은?

① ㉠ : 청자를 부르며 말을 건네는 모습이 드러난다.
> **근거** (가)-1 ㉠ 저기 가는 저 노옹아 이내 농가 살펴 듣소
> **풀이** ㉠에서 화자는 청자인 '노옹'을 부르며 말을 건네고 있다.
> → 적절함!

② ㉡ : 부정적 상황을 유발하는 자연물이 드러난다.
> **근거** (가)-27 ㉡ 풍우 뒤에 저 황충 도적떼처럼 생기는구나
> **풀이** ㉡에는 농사에 해를 끼치는 자연물인 '황충'을 도적떼로 비유하여 제시하고 있다.
> → 적절함!

③ ㉢ : 자신을 무시하는 상대의 발언에 대한 분한 감정이 드러난다.
> **근거** (나) ①-3~7 "이 사람은 광주의 무두장이 거복입니다. 그대는 어찌하여 이 사람과
> 마주 앉아 있습니까?" 그러자 거복이 발끈 노하며 말했다. "무두장이도 사람일 뿐입
> 니다. ㉢ 어찌하여 마주 앉지 못한단 말입니까?"
> **풀이** ㉢은 거복의 말로, 자신을 무시하는 객의 발언에 대한 분한 감정을 드러내고 있다.
> → 적절함!

④ ㉣ : 상대의 처지가 자신처럼 *열악하다는 인식이 드러난다. *매우 좋지 않다는
> **근거** (나) ③-2~4 "네가 비교한 것에는 여전히 차이점이 있다. ㉣ 너는 손으로 흉기를 잡
> 아 똥이 신발을 더럽히고 피가 옷소매를 적신다. 벼슬하는 자의 경우엔 이런 것이 있
> 느냐?"
> **풀이** ㉣은 비옹이 거복과 벼슬하는 자의 차이점을 부각하기 위해 상대의 처지를 드러낸
> 말이다. 비옹은 자신의 처지를 열악하다고 인식하지 않으므로 적절하지 않은 설명
> 이다.
> → 적절하지 않음!

⑤ ㉤ : 남에게 *동조하는 상대의 태도를 지적하는 모습이 드러난다. *남의 주장에 자기의 의
견을 일치시키는

> **근거** (나) ③-5 거복이 또 피식 웃으며 말했다./ 11 ㉤ 낡은 풍속에 부화뇌동해서 세상
> 사람이 두려워하는 자를 두려워하고 세상 사람이 업신여기는 자를 업신여기시는군
> 요.
> **풀이** ㉤은 주관 없이 세상 사람들의 생각에 동조하는 비옹의 태도를 지적하는 거복의 모
> 습이 드러난다.
> → 적절함!

---

36 인물의 태도 – 적절한 것 고르기
정답률 75% | 정답 ⑤

ⓐ~ⓒ에 대한 이해로 가장 적절한 것은?

> (나) ①-2 걸음을 멈추고 그와 이야기를 나누었는데, 갑자기 어떤 ⓐ 객이 이르러 깜
> 짝 놀라 말했다.

① ⓐ는 ⓒ로 인하여 예상하지 못한 상황에 처하게 된다.
> 근거 (나) ❶-3~4 "이 사람은 광주의 무두장이 거복입니다. 그대는 어찌하여 이 사람과 마주 앉아 있습니까?"
> 풀이 ⓐ는 비옹과 거복의 만남 장면에 등장한 인물이고, ⓒ는 거복이 비옹에게 들려주는 일화 속에 등장하는 인물이다. ⓐ가 ⓒ로 인하여 예상하지 못한 상황에 처하게 되는 것은 아니다.
> → 적절하지 않음!

② ⓑ는 ⓒ의 기대에 *부합하는 행동을 하려고 노력한다. *일치하는
> 풀이 윗글에 ⓒ가 ⓑ에게 품은 기대가 드러나 있지 않다. 또한 ⓑ가 ⓒ에게 어떠한 행동을 취하고 있지도 않으므로 적절하지 않은 진술이다.
> → 적절하지 않음!

③ ⓒ는 ⓑ를 이용하여 자신의 목적을 달성하려고 한다.
> 풀이 윗글에 ⓒ의 목적이 드러나 있지 않다. 따라서 ⓒ가 ⓑ를 이용하여 자신의 목적을 달성하려고 한다는 진술은 적절하지 않다.
> → 적절하지 않음!

④ ⓐ와 ⓑ는 자신이 처한 상황을 *모면하기 위해 다른 인물의 행동을 지지한다. *벗어나기
> 풀이 ⓐ는 비옹이 무두장이인 거복과 함께 있는 것을 보고 무두장이를 무시하는 발언을 할 뿐, 자신이 처한 상황을 모면하기 위해 다른 인물의 행동을 지지하고 있지는 않다. ⓑ는 관직을 얻기 위해 재상에게 아첨하고 있을 뿐, 자신이 처한 상황을 모면하기 위해 다른 인물의 행동을 지지하고 있지 않다.
> → 적절하지 않음!

✓⑤ ⓑ와 ⓒ는 동일한 대상에 대한 *상반된 평가를 함으로써 서로 다른 상황에 처한다. *서로 다른
> 풀이 ⓑ는 키가 작고 허리가 굽은 재상에게 키가 크고 허리가 곧다고 아첨하여 황지에 이름이 적히고(관직에 오르고), ⓒ는 재상의 키가 작고 허리가 굽었다고 사실대로 말하여 형벌을 받아 죽게 되었다. 따라서 ⓑ와 ⓒ가 동일한 대상인 재상에 대한 상반된 평가를 함으로써 서로 다른 상황에 처했다고 이해하는 것은 적절하다.
> → 적절함!

오답률 TOP ④ | 1등급 문제

37 감상의 적절성 - 적절하지 않은 것 고르기
정답률 45%, 매력적 오답 ② 10% ③ 15% ④ 25% 정답 ⑤

〈보기〉를 바탕으로 (가), (나)를 감상한 내용으로 적절하지 **않은** 것은? [3점]

| 보기 |
1 (가)와 (나)는 비판의 주체 또는 대상으로 등장하는 사대부(선비 士 큰 大 사내 夫 : 양반)를 통해, 조선 후기 사회의 문제 상황을 바라보는 사대부 작가의 의식 세계를 형상화하고 있다. 2 (가)의 화자인 사대부는 농부의 삶을 가치 있게 바라보며 농부가 해야 할 일을 강조함과 동시에 정치 현실을 농사의 상황에 빗대어 비판하는 주체로 나타난다. 3 (나)의 등장인물인 사대부는 무두장이의 삶을 낮추어 보는 위선적(거짓 僞 어질 善 ~의 的 : 겉으로만 도덕적인 체하는) 태도를 보여 주는 인물로 그려져 비판의 대상이 된다.

① (가)의 '밭이랑에 좋은 씨앗 일궈 묵힐 자리 살피고 '모춘'에 '때'를 '지키'라는 것에서 시기에 맞게 농부가 해야 할 일을 강조하는 화자인 사대부의 모습을 확인할 수 있군.
> 근거 〈보기〉-2 (가)의 화자인 사대부는 ~ 농부가 해야 할 일을 강조함
> (가)-5~6 밭이랑에 좋은 씨앗 일궈 묵힐 자리 살펴/ 농사 준비 이 모춘에 때 지키기 급선무라
> 풀이 '모춘'에 '때'를 지켜 '밭이랑에 좋은 씨앗 일궈 묵힐 자리 살피는 것은 때에 맞춰 농사를 준비하는 것으로, 시기에 맞게 농부가 해야 할 일을 강조하는 화자인 사대부의 모습이 드러난다.
> → 적절함!

② (가)의 농부에게 '약초'를 '제거'하는 것과 '소인'을 '쫓'는 '정치'의 필요성을 함께 말하는 것에서 농사의 상황에 빗대어 정치 현실을 비판하는 화자인 사대부의 태도를 확인할 수 있군.
> 근거 〈보기〉-2 (가)의 화자인 사대부는 ~ 정치 현실을 농사의 상황에 빗대어 비판하는 주체로 나타난다.
> (가)-32~33 소인 쫓고 군자 등용 왕실의 큰 정치라/ 약초 제거 좋은 벼 배양 전가의 급무로다
> 풀이 (가)의 화자가 농부에게 '약초'를 '제거'하는 것이 전가의 급무이며 '소인'을 '쫓'는 것이 왕실의 '정치'라며 그 필요성을 함께 말하는 것에서 농사의 상황에 빗대어 정치 현실을 비판하고 있음을 확인할 수 있다.
> → 적절함!

③ (나)의 '무두장이는 살생을 업으로 삼'는다는 비옹의 말에 대해 '모두 살생한다는 점'에서 '똑같'다고 거복이 반론하는 것에서 등장인물인 사대부의 위선적 태도를 비판하는 사대부 작가의 의식을 확인할 수 있군.
> 근거 〈보기〉-3 (나)의 등장인물인 사대부는 무두장이의 삶을 낮추어 보는 위선적 태도를 보여 주는 인물로 그려져 비판의 대상이 된다.
> (나) ❶-9 "무두장이는 살생을 업으로 삼으니, 군자가 무두장이를 어질게 여기지 않는다."/ 11 "사냥하여 사슴 잡는 것을 호방하게 여기는 것, 낚시질하여 물고기 잡는 것을 고아하게 여기는 것, 벼슬하여 사람을 죽여 영예로워지는 것, 도축하여 소를 죽여 배불리 먹는 것, 이 모두 살생한다는 점은 똑같습니다."
> 풀이 사대부인 비옹이 '살생을 업으로 삼'는 무두장이를 천하게 여기자 무두장이인 거복은 사대부의 사냥, 낚시, 벼슬과 무두장이의 도축이 '모두 살생한다는 점'에서 '똑같'다고 반론하고 있다. 이를 통해 등장인물인 사대부의 위선적 태도를 비판하는 사대부 작가의 의식을 확인할 수 있다.
> → 적절함!

④ (가)의 화자인 사대부가 '더할 세금 무슨 일'이냐고 하는 것과, (나)에서 거복이 '법을 교묘히 엮고 형벌을 멋대로 사용하는 것'에 대해 등장인물인 사대부에게 말하는 것에서 당대 백성들의 어려움에 대한 사대부 작가의 인식을 확인할 수 있군.
> 근거 〈보기〉-1 조선 후기 사회의 문제 상황을 바라보는 사대부 작가의 의식 세계를 형상화하고 있다.
> (가)-13 더할 세금 무슨 일인고 가렴은 어이 할꼬
> (나) ❸-9 법을 교묘히 엮고 형벌을 멋대로 사용하는 것은 또 어떻습니까.
> 풀이 (가)의 화자인 사대부는 '더할 세금 무슨 일'이냐는 것을 통해 과중한 세금이 백성들의 삶을 어렵게 한다는 인식을 드러내고 있다. (나)에서 거복이 '법을 교묘히 엮고 형벌을 멋대로 사용하는 것'을 사대부인 비옹에게 말하는 것을 통해 벼슬아치들의 가혹한 정치가 백성의 삶을 어렵게 한다는 인식을 드러내고 있다.
> → 적절함!

✓⑤ (가)의 화자인 사대부가 '농사'를 '천하 대본'이라고 하는 것에서 농부의 삶을 가치 있게 보는 모습을, (나)의 등장인물인 사대부가 '네가 감히 벼슬아치가 되고자 하느냐고 하는 것에서 신분 상승을 꾀하는 무두장이의 삶을 낮추어 보는 모습을 확인할 수 있군.
> 근거 〈보기〉-2~3 (가)의 화자인 사대부는 농부의 삶을 가치 있게 바라보며 ~ (나)의 등장인물인 사대부는 무두장이의 삶을 낮추어 보는 위선적 태도를 보여 주는 인물
> (가)-3~4 우리 백성 믿는 근본 이내 농사 아니겠나/ 크고도 저 큰 사업 천하 대본 이뿐이라
> (나) ❶-9 "무두장이는 살생을 업으로 삼으니, 군자가 무두장이를 어질게 여기지 않는다."/ 11 벼슬하여 사람을 죽여 영예로워지는 것, 도축하여 소를 죽여 배불리 먹는 것, 이 모두 살생한다는 점은 똑같습니다."/ 13 "네가 감히 벼슬아치가 되고자 하느냐?
> 풀이 (가)의 화자인 사대부가 '농사'를 '천하 대본', 즉 세상의 큰 근본으로 여기는 것에서 농부의 삶을 가치 있게 보는 모습을 확인할 수 있다. (나)에서 무두장이 거복은 자신을 업신여기는 비옹에게, 벼슬과 도축이 모두 살생한다는 점에서 같다고 말한다. 이에 비옹은 '네가 감히 벼슬아치가 되려 하느냐'고 발끈하는데, 이는 천한 무두장이가 자신의 신분을 높은 벼슬아치와 대등하게 여기는 것 같아 분노한 것이다. 하지만 거복은 단지 비옹이 자신을 얕잡아 보는 태도를 지적한 것이며, 신분 상승을 꾀한 것은 아니므로 적절하지 않은 진술이다.
> → 적절하지 않음!

[38~41] 현대소설 - 박완서, 「서글픈 순방(巡房)(돌 巡 방 房 : 방을 찾아 여러 곳을 돌아다님)」

> '나'는 '구십만원'으로 독채 전셋집을 얻으려다가 부동산 노인에게 무시를 당한다.
> ↓
> '나'는 '구십만원'으로는 독채 전셋집을 얻을 수 없다는 사실을 깨닫고, 남편과 상의해 도심 가까운 곳에 전세방을 구하기로 한다.

→ 문제편 254쪽

• 전체 줄거리 ([ ] : 지문 내용)

'나'는 지난 3년간 아껴 모은 적금 50만 원과 전셋돈 40만 원을 합쳐 90만 원으로 독채 전셋집을 구하러 다닌다. 영동지구(현재의 서울 강남)에 있는 부동산을 찾아간 ['나'가 90만 원짜리 독채 전세를 구한다고 하자 노인은 '나'를 무시해 버리고 다른 손님들을 설득하기 바쁘다. 이후 '나'는 서울 여러 곳을 다니지만 90만 원으로는 독채 전세를 구할 수 없다는 사실을 깨닫고 남편과 의논해 도심 가까운 곳에 전세방을 구하기로 한다. 그러나 집주인들은 아이가 있다는 이유로 방을 내어주지 않고] '나'는 집으로 돌아와 남편에게 울면서 하소연한다. 다음 날 '나'는 남편과 함께 딸 영아를 친정에 맡기고 전세방을 보러 다닌다. [남편은 전세방이 마음에 들어 주인여자에게 아이가 없다고 거짓말을 하고, '나'는 딸이 있는 데다가 임신까지 한 상태라 걱정스럽지만 결국 남편의 고집대로 그 방을 계약한다. 당당하게 딸을 데리고 들어가겠던 남편은 막상 이삿날이 되자 주말까지 딸을 친정에 맡겨 두자고 말한다. 일요일에 '나'는 남편과 함께 딸을 데리러 나서는데 남편이 주인여자에게 아직 아이가 없을 때 부부끼리 외출한다고 둘러대는 말을 듣고 절망감을 느낀다.] '나'는 한 주 동안 여윈 딸의 모습에 가슴 아파하지만 남편은 '나'의 임신을 핑계로 장모님께 딸을 조금 더 맡기겠다고 부탁한다. 집으로 돌아온 '나'는 주인집의 음식 냄새에 구역질을 하고, 남편은 주인 식구에게 낮에 먹은 불고기 때문이라고 말하며 허둥댄다. '나'는 남편의 모습을 더럽다고 생각하고 서럽게 운다.

• 인물 관계도

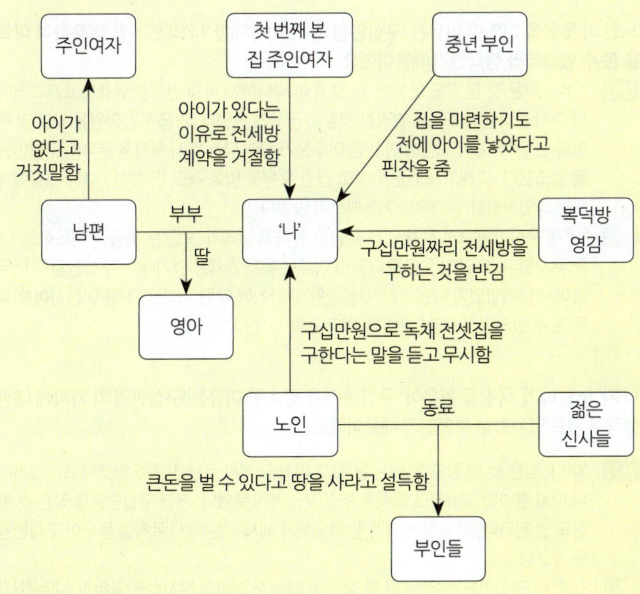

• 어휘 풀이

* 독채 : 다른 가족과 함께 쓰지 않고 한 가족이 전체를 사용하는 집.
* 해소 : 기침.
* 거금 : 많은 돈.
* 파리 날리는 : 영업이나 사업 따위가 잘 안되는.

→ 문제편 255쪽

---

* 중도금 : 계약금을 치르고 나서 마지막 잔금을 치르기 전에 지불하는 돈.
* 누워서 떡 먹기 : '매우 쉬운 일'이라는 것을 빗댄 말.
* 꾀고 : 부추기고.
* 숱합니다 : 많습니다.
* 신흥 : 새로 생긴.
* 앙심 : 원한.
* 안집 : 주인집.
* 오붓한 : 편안하고 조용한.
* 사뭇 : 매우.
* 거드름 : 거만스러운 태도.
* 외눈 하나 까딱 안 하고 : 태도나 기색이 아무렇지도 않은 듯이.
* 냉랭하게 : 쌀쌀맞게.
* 주술 : 주문.
* 대역죄 : 국가와 사회를 어지럽히는 큰 죄.
* 단종수술 : 임신을 불가능하게 하는 수술.
* 뒤란 : 뒷마당.
* 정결하고 : 매우 깨끗하고.
* 내외 : 부부.
* 못을 박았다 : 꼭 집어 분명하게 했다.
* 두방망이질하는 : 매우 크게 뛰는.
* 야박한 : 인정이 없는.
* 공일 : 공휴일.
* 모체 : 어머니의 몸.
* 백해무익 : 해롭기만 하고 하나도 좋을 것이 없음.
* 고대하던 : 몹시 기다리던.
* 샐쭉하며 : 약간 못마땅해하며.
* 동부인해서 : 아내와 함께 동행해서.
* 올케 : 오빠의 아내.

<table>
<tr><td>38</td><td>서술상 특징 – 적절한 것 고르기
정답률 80%</td><td>정답 ④</td></tr>
</table>

윗글에 대한 설명으로 가장 적절한 것은?

① 여러 인물의 *내적 독백을 **나열하여 주제를 드러내고 있다. *등장인물의 마음속 생각을 혼잣말로 드러내는 표현 방법 ** 나란히 늘어놓아

근거 세상에, 겨우 생후 일 년밖에 안 된 천사 같은 것을 그런 독사 같은 눈으로 노려보다니, ~ 애는 무조건 싫다니, 그럼 셋방살이 신세가 무슨 대역죄라고 단종수술이라도 하란 말인가.

풀이 윗글은 아이가 있는 가족에게는 셋방을 놓지 않겠다는 집주인에 대한 불만을 '나'의 내적 독백으로 나열하여 집을 구하는 과정의 어려움이라는 주제를 드러내고 있다. 여러 인물의 내적 독백을 나열하는 부분은 나타나지 않으며, 오직 '나'의 관점에서만 서술되고 있다.

→ 적절하지 않음!

② 과거와 현재를 반복적으로 *교차하여 갈등 해소의 실마리를 제시하고 있다. *뒤섞어 제시하여

근거 "아니, 작은 것 한 장도 못 되는 돈 갖고 이 바닥에서 독채 전세를 얻겠다고?" ~ 거금 구십만원을 작은 것 한 장도 안 된다니, 이 노인이 귀가 좀 어두운가 해서 나는 다시 목청을 돋우어 구십만원을 강조했다. ~ 그런데 재수 나쁘게도 첫번째 본 집에서 ~ 갓난애가 딸린 집은 싫다는 거였다. 주인여자는 외눈 하나 까딱 안 하고 그런 소리를 하며 우리 영아를 냉랭하게 쏘아보았다. ~ 오늘은 꼭 영아를 데려오고야 말겠다던 남편의 수작이 이랬다. 나는 가슴이 막히는 듯한 절망감을 느꼈다.

풀이 윗글은 '나'가 집을 구하면서 겪은 갈등을 시간 순서대로 제시하고 있을 뿐, 과거와 현재를 반복적으로 교차하여 갈등 해소의 실마리를 제시하고 있지 않다.

→ 적절하지 않음!

> ■ 과거와 현재를 반복적으로 교차하여 갈등 해소의 실마리를 제시하는 작품
> • 송기원, 「다시 월문리에서」 (2017년 고2 3월 학평)
> → 과거와 현재를 반복적으로 교차하여 어머니의 죽음을 받아들이지 못하던 '나'가 어머니에 대한 과거의 기억(극심한 보릿고개에 웅덩이의 물풀로 죽을 쑤어 먹고, 풀독이 올라 죽어 가는 '나'를 무릎 위에 눕혀 울고 있던 젊은 어머니에 대한 기억)을 떠올리며 내적 갈등을 해소하고 있다.

③ 외부 이야기 속에 내부 이야기를 *삽입하여 이야기의 신뢰도를 높이고 있다. *끼워 넣어

풀이　윗글에 외부 이야기 속에 내부 이야기를 삽입한 부분은 나타나지 않는다.

→ 적절하지 않음!

④ *작품 내부의 서술자가 자신이 겪은 사건을 진술하며 주관적 판단을 드러내고 있다. *작품 안에서 이야기를 이끌어 가는 사람

근거　한바탕 해소라도 발작한 것같이 급하게 웃었다. 거금 구십만원을 작은 것 한 장도 안 된다니, 이 노인이 귀가 좀 어두운가 해서 나는 다시 목청을 돋우어 구십만원을 강조했다.
나는 그 여자의 시선에 못된 주술이라도 걸려 있어 우리 영아가 곧 어떻게 되는 것 같아 허둥지둥 그 집을 뛰쳐나왔다. 세상에, 겨우 생후 일 년밖에 안 된 천사 같은 것을 그런 독사 같은 눈으로 노려보다니,
일 주일 동안에 영아는 많이 여위었다. 목이 상큼하고 눈은 더 크고 슬퍼 보였다. 어머니도 많이 수척해지신 것 같았다. 올케의 기색도 안 좋았다.

풀이　윗글은 1인칭 주인공 시점(이야기 내부의 서술자인 '나'가 자신의 경험과 속마음을 말하는 시점)으로 작품 내부의 서술자인 '나'가 집을 구하면서 겪은 사건을 진술하며 자신의 주관적 판단을 드러내고 있다.

→ 적절함!

⑤ 인물의 표정 변화와 내면 변화를 반대로 서술하여 그 인물의 특성을 *부각하고 있다. *뚜렷하게 드러내고

풀이　윗글에 인물의 표정 변화와 내면 변화를 반대로 서술하여 인물의 특성을 부각하는 부분은 나타나지 않는다. 윗글에서 인물의 특성은 인물의 말과 행동, 내면 심리를 통해 드러난다.

→ 적절하지 않음!

39　내용 이해 - 적절하지 않은 것 고르기
정답률 85%　　　　　　　　　　　　　정답 ②

㉠~㉤에 대한 이해로 적절하지 <u>않은</u> 것은?

① ㉠은 '나'의 태도가 과거와 달라졌음을 보여 준다.

근거　그 바람에 나도 좀 배짱을 부렸다. 방이 깨끗하고 널찍해야 된다느니, 부엌에 상하수도 시설이 갖춰져야 한다느니, 그리고 남편이 하던 소리도 했다. 정원이 있는 양옥집이어야 하고 주인집에 전화가 있어야 한다고 말이다. 나는 남편이 나한테 그런 소리를 했을 때 그 철딱서니 없음이 딱하고 한심해 대꾸도 안 했었는데 거드름을 부리고 싶은 나머지 ㉠그 소리까지 했다.

풀이　'나'는 이전에는 남편이 전세방 상태를 따지는 것을 한심하다고 생각했는데 직접 전세방을 구하러 다니게 되면서 자신도 남편처럼 전세방의 조건을 내걸며 거드름을 부린다. 이를 통해 ㉠에서 '나'의 태도가 과거와 달라졌음을 알 수 있다.

→ 적절함!

공감하지 못한다는
② ㉡은 '나'의 상황에 '주인여자'가 ~~공감한다는~~ 내용을 담고 있다.

근거　첫째 번 본 집에서 등에 업은 영아를 트집잡았다. 아무리 뚝 떨어진 방이지만 갓난애가 딸린 집은 싫다는 거였다. 주인여자는 외눈 하나 까딱 안 하고 ㉡그런 소리를 하며 우리 영아를 냉랭하게 쏘아보았다.

풀이　어린 딸을 데리고 전세방을 구하러 온 '나'에게 '주인여자'는 아이가 있다는 이유로 방을 내어 줄 수 없다고 거절한다. 따라서 ㉡은 '나'의 상황에 '주인여자'가 공감하지 못하는 내용이 담겨 있음을 알 수 있다.

→ 적절하지 않음!

③ ㉢은 '나'가 자신의 상황을 돌아보며 *수치심을 느끼게 한다. *부끄러움

근거　어떤 점잖은 중년 부인은 "쯧쯧, 미련도 하지. 아이는 집 장만부터 하고 낳아야지 어쩌자고 아이부터 낳았수?" ㉢그 여자 말을 들으니 집 장만하기 전에 아기를 낳는다는 일이 사생아를 낳는 일보다 훨씬 더 부끄러운 일로 여겨졌다. 나는 수치심으로 온몸이 불화로처럼 달아올랐다.

풀이　㉢에서 중년 부인이 '나'에게 집을 마련한 뒤에 아이를 낳았어야 한다고 핀잔을 주자 '나'는 집도 없는 처지에 아이부터 낳은 자신의 상황을 돌아보며 수치심을 느끼고 있다.

→ 적절함!

④ ㉣은 '나'의 걱정과 관련해 '남편'이 앞으로 무엇을 하겠다는 것인지를 언급한다.

근거　여자가 다시 식구를 물었다. 남편이 냉큼 두 내외뿐이라고 하자 여자는, ~ 어린애가 생기면 방은 당장 옮기실 각오를 하셔야 돼요." 하고 못을 박았다. 나는 가슴이 마구 두방망이질하는 걸 느꼈다.
"영아는 이사 가는 날 내가 당당히 안고 들어갈 테니 당신은 조금도 걱정 말라구. 제년이 어쩔 거야, 내 새끼 내가 끼고 들어 가는데." 이렇게 ㉣큰소리를 탕탕 치고는

풀이　'나'가 주인여자에게 아이가 있다는 사실을 숨긴 것을 걱정하자 '남편'은 자신이 딸을 당당하게 데리고 갈 테니 걱정하지 말라고 말한다. 따라서 ㉣은 '나'의 걱정과 관련해

'남편'이 앞으로 무엇을 하겠다는 것인지를 언급하고 있다.

→ 적절함!

⑤ ㉤은 '나'의 바람과 '남편'의 생각이 다름을 보여 준다.

근거　이삿짐을 대충 정리하고 밤에 영아를 데리러 나서려는데 남편은 또 ㉤딴소리를 했다. "여보, 이 다음 공일까지만 영아를 외할머니한테 두어둡시다. 이 기회에 아주 젖을 떼게. ~ 임신 초기에 젖을 그대로 빨린다는 건 애에게도 해롭고 모체에게도 해롭고 태아에게도 해롭고 그야말로 백해무익이라는 거야."

풀이　'나'가 친정에 맡겨 둔 딸을 데려오려고 하자 '남편'은 핑계를 대며 딸을 조금 더 친정에 두고 말한다. 따라서 ㉤은 '나'의 바람과 '남편'의 생각이 다름을 보여 준다.

→ 적절함!

40　인물의 태도 - 적절한 것 고르기
정답률 70%, 매력적 오답 ⑤ 10%　　　　　　정답 ②

〈보기〉에 따라 윗글을 이해한 내용으로 가장 적절한 것은?

| 보기 |
선생님 : 이 작품에는 '구십만원'을 둘러싼 인물들의 다양한 행동이 드러나 있습니다. 행동의 이유에 주목하여 작품을 읽어 봅시다.

① '복덕방 영감'이 '나'에게 굽실거리는 이유는 '복덕방 영감'이 '구십만원'의 가치에 대해 ~~오해를 하고~~ 있었기 때문이에요.
평가했기

근거　구십만원짜리 전세방을 구한단 소리에 복덕방 영감의 반응은 괜찮았다. 사뭇 굽실대기까지 했다.

풀이　'복덕방 영감'은 전세방으로 '구십만원'의 가치가 높다고 판단했기 때문에 '구십만원'짜리 전세방을 구하려는 '나'에게 굽실대는 모습을 보인다. 따라서 '복덕방 영감'이 '나'에게 굽실거리는 이유가 '구십만원'의 가치에 대해 오해했기 때문이라고 볼 수 없다.

→ 적절하지 않음!

② '나'가 '남편'과 의논하여 구하는 집의 조건을 변경한 이유는 '구십만원'의 가치에 대한 인식이 바뀌었기 때문이에요.

근거　그 다음날은 수유리 쪽으로, 그 다음날은 망우리 쪽으로, 그 다음날은 갈현동 쪽으로 다녀봤지만 어디서고 구십만원짜리 독채 전세는 구경도 못 하고 다만 구십만원의 가치를 좀더 분명히 알아온 데 불과했다. 결국 우린 의논을 다시 해서 독채는 아니더라도 ~ 전세방을 구하기로 합의했다.

풀이　'나'는 '구십만원'으로 독채 전세를 구할 수 없음을 깨닫고 '남편'과 의논하여 독채가 아닌 전세방을 구하기로 한다. 이를 통해 '나'가 집의 조건을 변경한 이유가 '구십만원'의 가치에 대한 인식이 바뀌었기 때문임을 확인할 수 있다.

→ 적절함!

터무니없다고
③ '노인'이 웃음을 터뜨린 이유는 '구십만원'의 가치에 대한 '나'의 인식을 ~~이용하여 이득을 볼 수 있으리라~~ 생각했기 때문이에요.

근거　"아니, 작은 것 한 장도 못 되는 돈 갖고 이 바닥에서 독채 전세를 얻겠다고?" 그러더니 다시 한바탕 해소라도 발작한 것같이 급하게 웃었다. 거금 구십만원을 작은 것 한 장도 안 된다니, 이 노인이 귀가 좀 어두운가 해서 나는 다시 목청을 돋우어 구십만원을 강조했다. 그래도 노인은 탁하고 급한 웃음을 멎을 척도 안 했다. / 나는 그들에게 완전히 잊혀졌다. ~ 아무도 거들떠보지 않았다.

풀이　'나'가 '구십만원'으로 독채 전세를 얻고 싶다고 말하자 '노인'은 웃음을 터뜨리고 '나'를 무시한다. '노인'이 웃음을 터뜨린 이유는 독채 전세를 얻기에는 '구십만원'이 너무 적어서 어이없었기 때문이지 '구십만원'의 가치에 대한 '나'의 인식을 이용하여 이득을 볼 수 있으리라 생각했기 때문이라고 볼 수 없다.

→ 적절하지 않음!

④ '나'가 '노인'에게 '목청을 돋우어' '구십만원'을 강조한 이유는 '구십만원'의 가치에 대한 생각이 ~~서로 일치함을~~ 확인했기 때문이에요.
다름을 알지 못했기

근거　"아니, 작은 것 한 장도 못 되는 돈 갖고 이 바닥에서 독채 전세를 얻겠다고?" 그러더니 다시 한바탕 해소라도 발작한 것같이 급하게 웃었다. 거금 구십만원을 작은 것 한 장도 안 된다니, 이 노인이 귀가 좀 어두운가 해서 나는 다시 목청을 돋우어 구십만원을 강조했다.

풀이　'노인'이 '구십만원'을 '작은 것 한 장도 못 되는 돈'이라고 무시하듯 말하자 '나'는 '거금 구십만원'을 '노인'이 잘못 들었다고 생각하고 '목청을 돋우어' '구십만원'을 강조한다. 이를 통해 '나'와 '노인'이 '구십만원'의 가치에 대한 생각이 서로 다른 것을 알 수 있다.

→ 적절하지 않음!

⑤ '나'가 '신흥 주택가'를 떠나 사흘 동안 세 지역을 다닌 이유는 '복덕방 영감'으로부터 '구십만원'의 가치라면 전세방을 구할 수 있다는 말을 들었기 때문이에요.
독채 전세를 찾기 위해서예요

근거: 나는 다시 버스를 타고 이 아름다운 신흥 주택가에 앙심을 품고 떠났다. 그 다음날은 수유리 쪽으로, 그 다음날은 망우리 쪽으로, 그 다음날은 갈현동 쪽으로 다녀봤지만 어디서고 구십만원짜리 독채 전세는 구경도 못 하고 다만 구십만원의 가치를 좀더 분명히 알아온 데 불과했다. 결국 우린 의논을 다시 해서 독채는 아니더라도 ~ 전세방을 구하기로 합의했다./ 구십만원짜리 전세방을 구한단 소리에 복덕방 영감의 반응은 괜찮았다.

풀이: '나'가 '신흥 주택가'를 떠나 사흘 동안 세 지역을 다닌 이유는 독채 전세를 구하기 위해서이다. 이후 '나'는 '구십만원'으로는 독채 전세를 구할 수 없음을 알게 되고 '복덕방 영감'에게 '구십만원'짜리 전세방을 요구했을 뿐 '나'가 '복덕방 영감'으로부터 '구십만원'의 가치라면 전세방을 구할 수 있다는 말을 들은 내용은 나타나지 않는다.

→ 적절하지 않음!

---

41 감상의 적절성 – 적절하지 않은 것 고르기
정답률 65%, 매력적 오답 ③ 10% ④ 15%　　　정답 ⑤

<보기>를 참고하여 윗글을 감상한 내용으로 적절하지 않은 것은? [3점]

| 보기 |
[1] 이 작품에서는 주거(살 住 살 居 : 일정한 곳에 머물러 삶) 공간이 정착의 수단이자 물질주의적(돈이나 물건 등의 이익을 추구하는) 욕망의 대상으로 그려지고 있다. [2] 부동산(아닐 不 움직일 動 재산 産 : 땅이나 건물 등 움직여 옮길 수 없는 재산)으로 부(富)(부유할 富 : 재산)를 축적하던 1970년대의 세태(세상 世 모습 態 : 세상의 모습) 속에서 가족의 터전을 찾는 인물들은 경제적 여유를 지닌 이들에 의해 삶의 방식을 간섭받는다. [3] 이 과정에서 경제적 격차(거리 隔 다를 差 : 차이)를 실감하며 현실의 부당함을 인식하게 되는 인물들은 부에 가치를 두는 정도에 따라 각기 다른 현실 대응 방식을 보여 준다.

① '승용차가 나란히 두 대가 멎'은 후 거기서 내린 '젊은 신사들'이 '그 땅'에 대해 말하는 부분에서, 부동산을 *부의 축적 수단으로 인식하던 세태를 짐작할 수 있군. *재산을 쌓는
근거: <보기>-2 부동산으로 부를 축적하던 1970년대의 세태
사무실 앞에 승용차가 나란히 두 대가 멎더니 부인들과 신사들이 섞인 한 떼가 안으로 들이닥쳤다./ "사모님, 지금 보신 그 땅 눈 꽉 감고 잡아놓으십시오. 글쎄 문제없다니까요. 중도금 치르기 전에 평당 오천원 띠기는 누워서 떡 먹기라니까요." 젊은 신사들이 부인들을 꾀고
풀이: '승용차가 나란히 두 대가 멎'은 후 거기서 내린 '젊은 신사들'이 부인들에게 '그 땅'을 사면 크게 이익을 얻을 수 있다고 설득하는 부분에서, 부동산을 부의 축적 수단으로 인식하던 세태를 짐작할 수 있다.
→ 적절함!

② '나'가 '첫번째 본 집'을 나와서 '셋방살이 신세가 무슨 대역죄'냐고 생각하는 부분에서, 주거 공간을 얻는 과정에서 마주한 현실이 부당하다고 느끼는 것을 짐작할 수 있군.
근거: <보기>-2~3 부동산으로 부를 축적하던 1970년대의 세태 속에서 가족의 터전을 찾는 인물들은 경제적 여유를 지닌 이들에 의해 삶의 방식을 간섭받는다. 이 과정에서 경제적 격차를 실감하며 현실의 부당함을 인식하게 되는 인물들
그런데 재수 나쁘게도 첫번째 본 집에서 등에 업힌 영아를 트집잡았다. 아무리 뚝 떨어진 방이지만 갓난애가 딸린 집은 싫다는 거였다./ 애는 무조건 싫다니, 그럼 셋방살이 신세가 무슨 대역죄라고 단종수술이라도 하란 말인가.
풀이: '첫번째 본 집'의 주인이 아이가 있다는 이유로 전세를 내주지 않자 '나'가 '셋방살이 신세가 무슨 대역죄'냐고 억울해하는 것을 통해 주거 공간을 얻는 과정에서 마주한 현실이 부당하다고 느끼는 것을 알 수 있다.
→ 적절함!

③ 주인여자가 '배까지 흘끔흘끔' 보면서 하는 말을 '나'가 '야박한 소리'라고 생각하는 부분에서, 경제적 여유를 지닌 이들에 의해 삶의 방식을 간섭받는 모습을 확인할 수 있군.
근거: <보기>-2 부동산으로 부를 축적하던 1970년대의 세태 속에서 가족의 터전을 찾는 인물들은 경제적 여유를 지닌 이들에 의해 삶의 방식을 간섭받는다.
여자는, "젊은 두 내외 믿을 수 있나요. 언제 애가 생길지. 그렇지만 어린애가 생기면 방은 당장 옮기실 각오하셔야 돼요."/ 이 여자는 남의 배까지 흘끔흘끔 보며 이런 야박한 소리를 거침없이 하는 것이었다.
풀이: '나'는 '나'의 '배까지 흘끔흘끔' 보면서 아이가 생기면 전세방을 빼야 한다는 주인여자의 말을 '야박한 소리'라고 생각하고 기분 나빠 한다. 이를 통해 가족의 터전을 찾는 인물들이 경제적 여유를 지닌 이들에 의해 삶의 방식을 간섭받는 모습을 확인할 수 있다.
→ 적절함!

④ 남편이 '셋방'의 상태와 시설을 보고 주인여자의 말에 '냉큼 두 내외뿐'이라고 하는 부분에서, 대상의 물질적 조건을 고려하여 살 곳을 선택하는 현실 대응 방식을 확인할 수 있군.
근거: <보기>-1 이 작품에서는 주거 공간이 ~ 물질주의적 욕망의 대상으로 그려지고 있다./

---

[3] 인물들은 부에 가치를 두는 정도에 따라 각기 다른 현실 대응 방식을 보여 준다.
복덕방 영감은 애를 데리고 다니면 집을 얻기 힘들 것이라고 하고, 남편은 친정에 영아를 맡기고 둘이서 집을 알아보자고 한다.
주인여자가 ~ 셋방의 부엌문을 안에서 열어주었다. 부엌도 방도 넓고 정결하고 밝았다. 방의 벽지도 고급이었고 부엌의 상하수도 시설도 갖추어져 있었다. (대상의 물질적 조건) 여자가 다시 식구를 물었다. 남편이 냉큼 두 내외뿐이라고 하자
풀이: 아이가 있으면 전세방을 구하기 힘들다는 사실을 알게 된 남편은 '셋방'의 상태와 시설이 만족스러워 주인여자에게 식구가 '냉큼 두 내외뿐'이라고 거짓말한다. 이를 통해 대상의 물질적 조건을 고려하여 살 곳을 선택하는 남편의 현실 대응 방식을 확인할 수 있다.
→ 적절함!

⑤ '나'가 '친정 나들이'를 갈 때 주인여자에게 남편이 하는 말을 듣고 '절망감을 느'끼는 부분에서, 경제적 격차를 인지하지 못하고 가족의 정착만을 중시했던 태도를 후회하는 것을 확인할 수 있군.
　　남편의 속셈을 눈치채고 충격을 받은 것을
근거: 고대하던 다음 일요일, 나는 일찍부터 친정 나들이를 서둘렀다. 남편도 순순히 따라나섰다. ~ 주인여자가 괜히 샐쭉하며 동부인해서 정답게 어디를 가느냐고 했다. ~ "그럼요, 아이 없을 때 실컷 재미 봐야지 언제 봅니까." 오늘은 꼭 영아를 데려오고야 말겠다던 남편의 수작이 이랬다. 나는 가슴이 막히는 듯한 절망감을 느꼈다.
풀이: '나'는 딸을 데려오려고 '친정 나들이'를 나서는 중에 남편이 주인여자에게 딸을 데리러 간다고 솔직하게 말하지 않고 부부끼리 외출한다고 둘러대는 것을 듣고 '절망감을 느'낀다. 이는 남편이 딸을 데려올 생각이 없음을 눈치채고 충격을 받은 것이지 경제적 격차를 인지하지 못하고 가족의 정착만을 중시했던 태도를 후회하는 것으로 볼 수 없다.

→ 적절하지 않음!

[42~45] 고전소설 - 작자 미상, 「현몽쌍룡기」

1 [앞부분의 줄거리] [1] 정 소저는 계모 박 씨의 모함을 의심 없이 받아들인 아버지 정공 때문에 위기에 처하고, 집에서 나와 숨어 다니던 중 도적을 만나 강물에 몸을 던진다. [2] 이때, 정혼자(정할 定 혼인할 婚 사람 者 : 약혼자) 조무(용홍)와 동생 조성이 정 소저를 우연히 발견하여 구출한다.

2 [1] 소저가 매우 놀라며 말하였다.
[2] "내가 외가로 가지 않고 구차하게(구차할 苟 구차할 且 : 떳떳하지 못하게) 길가에서 분주하게(달릴 犇 달릴 走 : 몹시 바쁘게) 다닌 것은 조숙모(아버지 동생의 아내)에게 부끄럽고, 아버지의 허물(잘못)을 드러내고 싶지 않아서였다. [3] 뜻밖에 저 공자들(여기서는 조무와 조성)을 만나니 내가 차마 사실(계모의 모함으로 집을 나온 일)을 말하여 부끄러움을 더하겠는가? [4] 은인(은혜 恩 사람 人 : 은혜를 베푼 사람)의 덕이 산과 바다 같으나 차마 근본을 아뢰게 되어 저 집(조무의 집)에서 우리 집의 허물을 알게 되면 매우 부끄럽게 될 것이다. [5] 모름지기(반드시) 너(여기서는 정 소저의 여종인 벽난과 춘앵)는 다만 대답하기를 내가 타향(다를 他 고향 鄕 : 고향이 아닌 곳)에서 떠돌아다니다가 서울의 친척을 찾으러 왔다가 도적을 만나 물에 빠져 죽을 뻔했다고 말하여라. [6] 조 공자(귀인 公 아들 子 : 지체가 높은 집의 아들)가 이미 우리가 여자인 줄을 알았으니 남녀는 구별이 있는 것이다. [7] 생명을 구해준 은혜에 몸소(직접) 사례하지(사례할 射 예절 禮 : 고마운 뜻을 나타내지) 못함을 아뢰어라."
[8] 벽난과 춘앵이 굳이 근본(뿌리 根 근본 本 : 정체)을 이르지 말라는 소저의 말을 듣고 나와서 상의하여 말하였다.
[9] "이제 하늘이 도와주셔서 조 공자를 만났으나 어찌 차마 좋은 기회를 놓치게 되면 우리 주인(여기서는 정 소저)과 노비(여기서는 벽난과 춘앵)는 어디에 의지하며 소저의 백년가약(일백 百 해 年 아름다울 佳 약속 約 : 젊은 남녀가 부부가 되어 평생을 같이 지낼 것을 굳게 다짐하는 아름다운 언약)을 어느 날 이루겠는가? [10] 우리들이 가만히 사실을 아뢰어 조 공자가 일을 처리하는 것을 보아야겠구나."

→ 정 소저는 조 공자에게 자신의 정체를 숨기려 했으나 벽난과 춘앵은 소저를 위해 사실을 알리고자 한다.

3 [1] 이에 (벽난과 춘앵이) 조 공자의 안전(눈 眼 앞 前 : 앞)에 나가 말하였다.
[A]
[2] "우리 소저께서는 타향에서 떠돌아다니시다 친척을 찾으러 왔다가 도적을 만나 물에 빠져 죽게 되었습니다. [3] 은인께서 생명을 구해준 은혜를 입어 남은 목숨을 회생하게(돌아올 回 살 生 : 다시 살아나게) 되었습니다. [4] 우리 소저께서 은혜는 태산 같사오나 몸소 사례치 못함을 아뢰라 하셨습니다."
[5] 조 공자들이 크게 아쉬워하고 섭섭해하며 어떻게 일을 처리할까를 마음속 깊이 생각하고 주저하고(머뭇거릴 躊 머뭇거릴 躇 : 망설이고) 있었다. [6] 두 명의 시비(모실 侍 여자 종 婢 : 여자 종)가 다시 머리를 조아리며 말하였다.

7 "소저께서 차마 상공(정승 相 귀인 公 : 젊은 선비를 높여 부르는 말. 여기서는 조 공자)께 근본을 바로 고하지 못하여 이리 하였습니다만, 저희들이야 상공을 만나 사실대로 고하지 아니하겠습니까? 8 더욱 대공자(여기서는 조 공자. 조무)는 저희들의 주군(主君)(주인 主 임금 君 : 주인)이시고 은인이시니 어찌 숨기는 죄를 더하며 주인의 평생을 매몰되게(문을 埋 가라앉을 沒 : 사라지게) 하겠습니까? 9 저희의 주인은 정참정(여기서는 정공)의 딸로 외가에서 조 공자와 정혼하였습니다. 10 그러나 소저가 본댁(본가 本 집 宅 : 친정)으로 돌아오신 후에 가내(집家 안 內 : 집안)에 어질지 못한 사람(여기서는 계모 박 씨)이 있어서 수많은 방법으로 정참정을 보채고 소저를 재해(재앙 災 해할 害 : 재앙)에 빠지게 하였습니다. 11 마침내는 소저를 정참정 부인의 사촌인 박수관의 후실(뒤 後 아내 室 : 첩)로 위협하고 명령하여 시집보내려 하였습니다. 12 그래서 소저가 외가로 가시고자 하나 석공 어르신(정 소저의 외할아버지)께서 성품이 엄숙하셔서(엄할 嚴 엄숙할 肅 : 엄격하셔서) 반드시 정공과 더불어 큰 사단(소동)을 일으키실 것이라 생각하였습니다. 13 일의 형세(형상 形 기세 勢 : 상황)가 매우 난처하여 남장으로 바꿔 입고 강가의 이평장 부인은 소저의 고모이신데, 그 분을 찾아가 의지하고자 하셨습니다. 14 그러나 이평장 부인이 이사를 가신 지 수일(몇 數 날 日 : 며칠)이 지났고 가신 곳을 모르기 때문에 강변에서 방황하시다가 따르는 도적을 만나서 소저께서 억울하고 원통하게도 강물에 몸을 던졌습니다. 15 상공께서 저희의 목숨을 살려주신 은혜를 만나 주인과 노비 세 사람이 살아나니 이 은덕은 분골쇄신하더라도(부서질 粉 뼈 骨 부서질 碎 몸 身 : 몸과 뼈가 부서져도) 다 갚지 못할 것입니다."

16 두 공자가 이 말을 들으니 참혹함(슬플 慘 심할 酷 : 처참하고 슬픔)은 말할 것도 없고 정 소저의 굳은 절개와 아름다운 행동은 깊이 사람을 감동시킬 만하였다. 17 또한 그 계모 박 씨가 자애롭지(사랑 慈 넉넉할 愛 : 사랑이 깊지) 못해 이 변을 일으킴을 짐작하고 사람의 마음이 자연스럽게 측은하였다(슬퍼할 惻 불쌍히 여길 隱 : 가엾게 여겼다). 18 정 소저의 절행(절개 節 행할 行 : 절개)이 빼어나 자기를 위하여 온갖 고생이 이 지경에 미쳤음에 감복하고(느낄 感 복종할 服 : 감동하고) 하물며 평생의 아름다운 배필(아내 配 짝 匹 : 배우자)과 하늘이 정한 연분이 심상치 않다는 것을 알았다. 19 용흥(조무) 공자의 두 눈에는 가을 물처럼 고운 광채(빛날 光 빛날 彩 : 아름다운 빛)가 어리었다. 용흥이 말하였다.

20 "소저의 수많은 고초(쓸 苦 처음 初 : 많은 고생과 괴로움)와 슬픈 한이 이 조생(조무)을 위함이니 어찌 감사하지 않겠는가? 21 너희들(여기서는 벽난과 춘앵)은 우리가 집에 들어가 일을 처리할 사이에 소저를 보호하라."

(중략)

4

1 석공(정 소저의 외할아버지)이 소저의 얼굴을 쓰다듬으며 길게 탄식하며 말하였다.

[B]
2 "일이 이미 여기에 이르렀으니 설마 어찌하겠느냐? 3 손녀가 어린 나이에 효성과 절개와 지혜가 모두 갖추어졌으니 완고한(완고할 頑 고루할 固 : 고집 센) 아비와 어리석은 어미의 흉계(흉할 凶 꾀할 計 : 사악한 꾀)에서 벗어나 목숨을 보전하여 명철보신(明哲保身)한(밝을 明 밝을 哲 지킬 保 몸 身 : 지혜롭게 몸을 보존한) 것이다. 4 부모가 낳아준 몸을 보전하고 죽은 어미의 남긴 가르침을 이으니 네 아비가 흙과 나무 같은 마음(무디고 무뚝뚝한 마음)을 지니고 있다고 하더라도 성혼한(이룰 成 혼인 婚 : 혼인을 이룬) 후에 서로 만나서 부녀가 상봉하는(서로 相 만날 逢 : 만나는) 즐거움을 얻는다면 어찌 너를 책망하며(꾸짖을 責 책망할 望 : 꾸짖으며) 혼인을 한 것을 그르다고(잘못했다고) 하겠느냐? 5 모든 일에는 원래의 계획을 변경할 때와 임기응변(임할 臨 바꿀 機 응할 應 변할 變 : 상황에 따라 대처함)의 방법이 있다. 6 이제 조 상국(조무의 아버지)이 밖에 와서는 너와의 혼인을 완전하게 정하고 너의 뜻을 알려고 하니 어찌 고상하지 못한(높을 高 숭상할 尙 : 점잖지 못한) 모습으로 (혼인을) 사양하느냐? 7 내가 네 부모를 대신하여 혼인을 관장할(관리할 管 주관할 理 : 맡아서 주관할) 것이다. 8 너에게 혼인을 묻는 말이 아니니 너는 다시 이상한 말을 내지 마라."

9 소저가 조 상국이 왔다는 말을 듣고 더욱 불안하고 놀라며 부끄러워 옥 같은 얼굴이 발그스레해졌다. 10 눈썹을 나직하게 낮추고 또 아뢰었다.

11 "소녀의 도리로 차마 아버지를 속이고 혼인을 못 하겠습니다. 12 조 상국은 당세(當世)(마땅할 當 세상 世 : 지금 이 시대)의 군자이십니다. 13 원컨대 조부(할아버지 祖 어른 父 : 할아버지. 여기서는 석공)께서는 손녀의 보잘 것 없는 마음을 살피시어 뜻을 이루게 해 주십시오."

14 그런 후에 조모와 삼촌의 안부와 동생의 무사함을 묻고는 슬프고 참혹하여 눈물을 흘릴 뿐이었다. 15 석공이 밖으로 나와 조공(여기서는 조 상국)을 보고 손녀와 묻고 대답한 말을 일일이 전하고는 탄식하며(한탄할 歎 숨 쉴 息 : 한숨을 쉬며) 말하였다.

16 "손녀의 마음이 금석(金石)같아서(굳고 변치 않아서) 저의 용렬하고(어리석을 庸 못할 劣 : 부족하고) 어리석음은 말로 알아듣도록 타이를 방법이 없으니 어찌하겠습니까?"

17 조공이 무릎을 치며 몹시 탄복하고(칭찬할 嘆 복종할 服 : 감탄하고 감동하여) 칭찬하며 말하였다.

18 "정 소저의 일과 행동은 여자 중에 군자입니다. 19 이것은 다 현형(賢兄)(어질 賢 벗 兄 : 친구의 높임말. 여기서는 석공)의 높은 교훈에 힘입은 것입니다. 20 제가 이와 같은 며느리를 얻으니 어찌 아버지의 어질지 못함을 한탄하겠습니까? 21 이것은 신부와 의논할 말이 아니니 현형이 혼인을 관장하십시오."

22 석공이 이 말을 옳게 여겨 다시 소저에게 묻지 않고 혼례를 준비하였다. 23 석 학사 부인이 나오고 석공 부인이 정 공자(정 소저의 남동생)와 함께 나와 소저를 보았는데 서로 붙들고 매우 오열함(흐느껴 울 嗚 목멜 咽 : 목메어 욺)을 이기지 못하였다. 24 소저는 그리워하던 아우를 만나니 반갑고 기쁜 뜻이 서로 뒤섞여 일어났다.

• 중심 내용

계모의 모함으로 집을 나온 후 위기에 처한 정 소저는 정혼자 조 공자에게 구출되고, 자신의 의지와 상관없이 시비들의 도움과 석공, 조 상국의 결정으로 결국 혼례를 진행하게 된다.

• 전체 줄거리 ([ ] : 지문 내용)

송나라 진종황제 시절, 영승상 평남후 조숙의 부인 위씨는 황룡 태몽을 꾸고 지혜와 능력을 갖춘 쌍둥이 아들 조무와 조성을 낳는다. 형 조무는 기상이 호탕하고 동생 조성은 군자의 품성을 지니고 성장한다. 조무는 금가락지를 정표로 지닌 정참정의 딸 정채임(정소저)과 정혼한다. 정채임은 일찍 어머니를 여의고 어리석은 아버지와 간악한 계모 박 씨 밑에서 힘들게 자란다. [고생 끝에 집을 나온 정채임은 도적을 만나 강물에 몸을 던졌다가 조무 형제에게 구조된다. 정채임은 자신의 의지와 상관없이 시비들의 도움과 석공, 조 상국의 결정으로 조무와 혼례를 치른다.] 한편 조성은 옥가락지를 정표로 지닌 양태사의 딸 양옥설(양소저)과 혼인한다. 이후 조무와 조성은 나란히 과거에 장원 급제하여 조무는 한림학사, 조성은 금문직사에 오른다. 이후 황제는 조무를 박귀비(후궁)의 딸인 금선공주와 혼인시켜 부마(황제의 사위)로 삼는다. 어머니(박귀비)를 닮아 간악한(간사하고 악한) 금선공주는 현숙한(어질고 정숙한) 정부인(정채임)을 시기하여 모해한다(꾀를 써서 해친다). 박귀비의 동생인 박수관은 양부인(양옥설)의 미모를 탐내고 양부인의 오빠 양세는 재산을 독차지하려 박수관과 결탁한다. 박수관과 양세는 조성과 양부인 사이를 이간질하고, 조성은 결국 양부인을 친정으로 내쫓는다. 한편 계모 박 씨는 조카 박수관에게 정부인을 주려 하고, 정부인은 친정에서 광인 행세를 하며 위기를 모면한다. 계속되는 모함과 위기에 정부인은 외조부의 집으로 피신하고, 양부인은 죽은 것으로 위장하고 윤시랑의 집으로 피신하여 윤소저와 의자매를 맺는다. 조성은 광동자사로 부임하고 조무는 정토대원수가 되어 전쟁에 출정한다. 이때 박수관이 조성이 황제를 시해하려(죽이려) 했다며 역모의 누명을 씌우자, 양부인은 황제에게 피로 쓴 상소문을 올려 조성의 무죄를 증명한다. 황제는 조성의 결백을 인정하고 양부인을 다시 첫 부인으로 복위시킨다. 조성은 양부인과 감격적으로 재회하고, 양부인의 청과 황제의 명으로 윤소저와도 혼인한다. 이후 양세는 시비 계월을 양부인의 모습으로 변신시켜 조성을 유혹하려다 발각되어 흉계가 만천하에 드러난다. 이에 격분한 아버지 양공이 양세를 벌하려 하자, 양세는 아버지를 구타하고 달아나 초왕에게 의탁한다. 양세가 초왕과 함께 반란을 일으키자 조성이 이들을 격파하고 양세와 박수관 일당을 처형한다. 박귀비의 죄상도 드러나 처형되고 금선공주는 유배된다. 조무는 거란과 운남의 반란을 평정하는 공을 세워 진국공, 후에 평진왕에 봉해진다. 조성 또한 동진과 서초의 변란을 평정하고 선정을 베풀어 초국공에 봉해진다. 시간이 흘러 새 황제가 즉위하면서 금선공주가 사면되어(죄를 용서받아) 돌아오고, 개과천선하여(지난날의 잘못이나 허물을 고쳐 올바르고 착하게 되어) 조씨 가문의 평화에 기여하게 된다.

• 인물 관계도

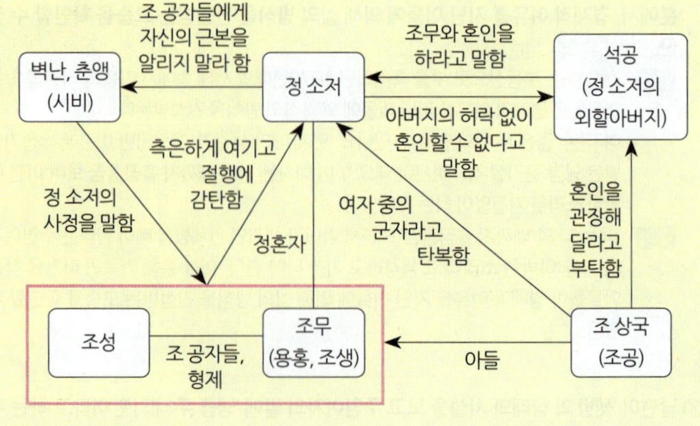

42 서술상 특징 – 적절한 것 고르기
정답률 55%, 매력적 오답 ① ③ 15% ⑤ 10%   정답 ②

윗글에 대한 설명으로 가장 적절한 것은?

① 과장된 상황을 설정하여 *해학성을 유발하고 있다. *익살스럽고 우스꽝스러운 성질

풀이 윗글에서 과장된 상황을 설정하여 해학성을 유발한 부분은 찾아볼 수 없다.

→ 적절하지 않음!

> **■ 과장된 상황을 설정하여 해학성을 유발하는 작품**
> • 채만식, 「미스터 방」 (2023학년도 6월 모평)
> 미스터 방이 그 걸쭉한 양칫물을 노대(발코니) 아래로 아낌없이 좍 뱉는 바로 그 순간이었다. 그 순간이 공교롭게도(우연하게도), 마침 그를 찾아온 S 소위가 현관으로 일단 들어서려다 말고(미스터 방이 노대로 나오는 기척이 들렸기 때문에) 뒤로 서너 걸음 도로 물러나, "헬로." 부르면서 웃는 얼굴을 쳐드는 순간과 그만 일치가 되었다. "에구머니!" 놀라 질겁을 하였으나 이미 뱉어진 양칫물은 귀퀴한 냄새와 더불어 백절 폭포(여러 번 꺾어 쏟아져 내리는 폭포)로 내리쏟아져 웃으면서 쳐드는 S 소위의 얼굴 정통에 가 좌르르.
> → S 소위의 웃는 얼굴에 미스터 방이 내뱉은 양칫물이 '백절 폭포'처럼 내리쏟아지는 과장된 상황을 통해 해학성을 유발하고 있다.

②비유법을 사용하여 인물의 *외양을 표현하고 있다. *겉모습

근거 **❸**-19 용흥 공자의 두 눈에는 가을 물처럼 고운 광채가 어리었다.
❹-9 소저가 조 상국이 왔다는 말을 듣고 더욱 불안하고 놀라며 부끄러워 옥 같은 얼굴이 발그스레해졌다.

풀이 '가을 물처럼', '옥 같은'과 같은 비유적 표현을 활용하여 각각 용흥 공자와 정 소저의 외양을 표현하고 있다.

→ 적절함!

③ 배경 묘사를 통해 인물의 성격 변화를 암시하고 있다.

풀이 윗글에는 배경 묘사가 드러나 있지 않으며, 성격 변화 또한 암시되어 있지 않다.

→ 적절하지 않음!

④ 꿈과 현실을 교차하여 사건을 *입체적으로 구성하고 있다. *여러 각도에서 종합적으로

풀이 윗글에는 현실에서 벌어지는 사건만 제시되어 있을 뿐, 꿈 장면은 나타나지 않는다.

→ 적절하지 않음!

⑤ *전기적 요소를 활용하여 비현실적인 장면을 부각하고 있다. *비현실적

풀이 윗글에는 비현실적 요소나 장면이 나타나지 않는다.

→ 적절하지 않음!

> **■ 전기적 요소를 활용하여 비현실적인 장면을 부각하는 작품**
> • 작자 미상, 「김원전」 (2016년 고2 11월 학평, 2024학년도 수능)
> 아귀가 크게 웃고 말하길, "아까는 내 숨을 들이쉬니 모기 같은 것(여기서는 사람)도 삼켰으니 지금은 숨을 내쉴 것이니 네 눈을 부릅뜨고 자세히 보라." 하고 입을 벌려 숨을 내뿜으니 황상(황제)과 만조백관(여러 신하)이 오 리(약 2km, '리'는 거리의 단위)나 밀려갔다.
> → 요괴인 아귀가 숨을 들이쉬어 사람을 잡아먹고 숨을 내쉬어 사람을 밀어내는 전기적 요소를 활용하여 비현실적인 장면을 부각하고 있다.

오답률 TOP **3** **1등급 문제**

43 내용 이해 – 적절하지 않은 것 고르기
정답률 45%, 매력적 오답 ④ 15% ⑤ 20%   정답 ②

윗글의 내용에 대한 이해로 적절하지 않은 것은?

① 벽난과 춘앵은 정 소저가 조 공자와 *정혼한 인물임을 밝혔다. *혼인을 약속한

근거 **❸**-9 저희의 주인은 정참정의 딸(정 소저)로 외가에서 조 공자와 정혼하였습니다.

풀이 벽난과 춘앵은 자신의 주인인 정 소저가 외가에서 조 공자와 정혼하였음을 밝히고 있다.

→ 적절함!

곳을 몰라 부인과 만나지 못했다
②정 소저는 이평장 부인이 이사해 살고 있는 곳으로 찾아갔다.

근거 **❸**-13~14 일의 형세가 매우 난처하여 남장으로 바꿔 입고 강가의 이평장 부인은 소저의 고모이신데, 그 분을 찾아가 의지하고자 하셨습니다. 그러나 이평장 부인이 이사를 가신 지 수일이 지났고 가신 곳을 모르기 때문에 강변에서 방황하시다가

풀이 벽난과 춘앵은 정 소저가 이평장 부인을 찾아가 의지하고자 하였으나 부인은 이사 간 지 수일이 지났고 가신 곳을 몰라 방황했다고 하였다. 따라서 정 소저가 이평장 부인이 이사해 살고 있는 곳으로 찾아갔다는 설명은 적절하지 않다.

→ 적절하지 않음!

→ 문제편 **257**쪽

③ 조 공자는 정 소저를 보호할 것을 명령했다.

근거 **❸**-20~21 "소저의 수많은 고초와 슬픈 한이 이 조생을 위함이니 어찌 감사하지 않겠는가? 너희들은 우리가 집에 들어가 일을 처리할 사이에 소저를 보호하라."

풀이 조 공자는 벽난과 춘앵에게 자신들이 집에 들어가 일을 처리할 사이에 정 소저를 보호할 것을 명령했다.

→ 적절함!

④ 석공은 조 상국이 정 소저의 뜻을 알려고 한다고 말했다.

근거 **❹**-1 석공이 소저의 얼굴을 쓰다듬으며 길게 탄식하여 말하였다./ 6 이제 조 상국이 밖에 와서는 너와의 혼인을 완전하게 정하고 너의 뜻을 알려고 하니 어찌 고상하지 못한 모습으로 사양하느냐?

풀이 석공은 정 소저에게, 혼인에 대한 정 소저의 뜻을 알기 위해 조 상국이 찾아왔다고 말하였다.

→ 적절함!

⑤ 석공 부인이 정 공자와 함께 나와 정 소저를 보았다.

근거 **❹**-23 석공 부인이 정 공자와 함께 나와 소저를 보았는데 서로 붙들고 매우 오열함을 이기지 못하였다.

풀이 석공 부인이 정 공자와 함께 나와 정 소저를 붙들고 매우 오열했다고 하였으므로 적절하다.

→ 적절함!

1등급 문제

44 말하기 방식 – 적절한 것 고르기
정답률 55%, 매력적 오답 ③ 10% ④ 20%   정답 ⑤

[A]와 [B]에 대한 이해로 가장 적절한 것은?

> **[A]** **❸**-2~4 "우리 소저께서는 타향에서 떠돌아다니시다 친척을 찾으러 왔다가 도적을 만나 물에 빠져 죽게 되었습니다. 은인께서 생명을 구해준 은혜를 입어 남은 목숨을 회생하게 되었습니다. 우리 소저께서 은혜는 태산 같사오나 몸소 사례치 못함을 아뢰라 하셨습니다."
>
> **[B]** **❹**-2~8 "일이 이미 여기에 이르렀으니 설마 어찌하겠느냐? 손녀가 어린 나이에 효성과 절개와 지혜가 모두 갖추어졌으니 완고한 아비와 어리석은 어미의 흉계에서 벗어나 목숨을 보전하여 명철보신한 것이다. 부모가 낳아준 몸을 보전하고 죽은 어미의 남긴 가르침을 이으니 네 아비가 흙과 나무 같은 마음을 지니고 있다고 하더라도 성혼한 후에 서로 만나서 부녀가 상봉하는 즐거움을 얻는다면 어찌 너를 책망하며 혼인을 한 것을 그르다고 하겠느냐? 모든 일에는 원래의 계획을 변경할 때와 임기응변의 방법이 있다. 이제 조 상국이 밖에 와서는 너와의 혼인을 완전하게 정하고 너의 뜻을 알려고 하니 어찌 고상하지 못한 모습으로 사양하느냐? 내가 네 부모를 대신하여 혼인을 관장할 것이다. 너에게 혼인을 묻는 말이 아니니 너는 다시 이상한 말을 내지 마라."

[B]는
① [A]는 [B]와 달리 상대의 행동에 변화를 *촉구하고 있다. *재촉하여 요구하고

근거 **[B]** **❹**-4 부모가 낳아준 몸을 보전하고 죽은 어미의 남긴 가르침을 이으니 네 아비가 흙과 나무 같은 마음을 지니고 있다고 하더라고 성혼한 후에 서로 만나서 부녀가 상봉하는 즐거움을 얻는다면 어찌 너를 책망하며 혼인을 한 것을 그르다고 하겠느냐?

풀이 [A]에서 벽난과 춘앵이 조 공자의 행동에 변화를 촉구하고 있지는 않다. 오히려 [B]에서 석공이 혼인을 거절하려는 소저의 행동에 변화를 촉구하고 있다고 볼 수 있다.

→ 적절하지 않음!

[A]는
② [B]는 [A]와 달리 상대에게 다른 인물의 말을 전하고 있다.

풀이 [A]에서 벽난과 춘앵은 조 공자에게 '은혜는 태산 같사오나 몸소 사례치 못'한다는 정 소저의 말을 전하고 있다. [B]에서는 석공이 소저에게 다른 인물의 말을 전하는 부분이 나타나지 않는다.

→ 적절하지 않음!

③ [A]와 [B]는 모두 상대의 의도에 *의문을 제기하고 있다. *의심하여 따지고 있다

풀이 [A]에서 벽난과 춘앵은 조 공자의 의도에 의문을 제기하고 있지 않다. [B]에서 석공은 '설마 어찌하겠느냐', '그르다고 하겠느냐?', '어찌 고상하지 못한 모습으로 사양하느냐?'라는 질문의 형식을 활용하였으나 이는 소저를 설득하는 것일 뿐, 그녀의 생각에 의문을 제기한 것으로 볼 수 없다.

→ 적절하지 않음!

[B]는
④ [A]와 [B]는 모두 상대가 처한 어려움에 대해 공감하고 있다.

근거 **[B]** **❹**-3 손녀가 어린 나이에 효성과 절개와 지혜가 모두 갖추어졌으니 완고한 아비와 어리석은 어미의 흉계에서 벗어나 목숨을 보전하여 명철보신한 것이다.

풀이 [B]에서 석공은 소저가 완고한 아비와 어리석은 어미의 흉계로 인해 겪는 어려움에 대해 공감하고 있다. 그러나 [A]에서 벽난과 춘앵은 조 공자가 처한 어려움에 공감하

고 있지 않다.
→ 적절하지 않음!

✓⑤ [A]와 [B]는 모두 과거에 일어난 일을 상대에게 언급하고 있다.
풀이 [A]에서 벽난과 춘앵은 소저가 타향에서 떠돌다가 친척을 찾으러 왔다가 도적을 만나 물에 빠진 과거의 일을 조 공자에게 언급하고 있다. [B]에서 석공은 소저가 완고한 아비와 어리석은 어미의 흉계에서 벗어나 목숨을 보전한 과거의 일을 소저에게 언급하고 있다.

→ 적절함!

1등급 문제

45 감상의 적절성 – 적절하지 않은 것 고르기
정답률 60%, 매력적 오답 ① 15% ② ③ 10%　　　정답 ⑤

〈보기〉를 참고하여 윗글을 감상한 내용으로 적절하지 <u>않은</u> 것은?　[3점]

> | 보 기 |
> [1]「현몽쌍룡기」는 <u>가부장적 사회</u>(집안의 남자 어른이 가장 큰 권력을 가지는 사회)를 살아가는 여성의 삶을 담고 있다. [2] 이 작품 속 여성 인물은 친정 식구들로 인해 혼사가 <u>지연되는</u>(더딜 遲 늘일 延 : 늦추어지는) 등의 고난을 겪음에도 당대 여성에게 요구되던 <u>덕목</u>(덕 德 조목 目 : 추구하고 실현해야 할 가치)을 지킬 뿐 아니라 자식으로서의 도리를 지키고, 친정 가문의 <u>일원</u>(하나 一 인원 員 : 한 구성원)으로서의 소속감을 유지하기 위해 애쓴다. [3] 이러한 점에서 이 작품은 당시 여성 독자층의 큰 공감을 얻을 수 있었다는 의의를 지닌다.

① 정 소저가 친정 가문의 허물을 조 공자가 알게 되면 부끄러울 것이라고 생각하는 것에서 친정 가문의 일원으로서 소속감을 지니고 있음을 알 수 있군.
근거 〈보기〉-2 친정 가문의 일원으로서의 소속감을 유지하기 위해 애쓴다.
❶-1 정 소저는 계모 박 씨의 모함을 의심 없이 받아들인 아버지 정공 때문에 위기에 처하고, 집에서 나와 숨어 다니던 중
❷-4 은인의 덕이 산과 바다 같으나 차마 근본을 아뢰게 되어 저 집에서 우리 집의 허물을 알게 되면 매우 부끄럽게 될 것이다.
풀이 정 소저는 친정 가문의 허물, 즉 계모의 모함과 이를 받아들인 아버지로 인해 자신이 집을 나온 것을 조 공자가 알게 되면 부끄러울 것이라고 생각하고 있다. 이는 정 소저가 친정 가문의 일원으로서 소속감을 지니고 있음을 드러낸 것이다.
→ 적절함!

② 가내의 어질지 못한 인물로 인해 정 소저가 죽을 위기를 겪었다는 것에서 고난이 친정 식구로부터 비롯되었음을 알 수 있군.
근거 〈보기〉-2 이 작품 속 여성 인물은 친정 식구들로 인해 혼사가 지연되는 등의 고난을 겪음
❶-1 정 소저는 계모 박 씨의 모함을 의심 없이 받아들인 아버지 정공 때문에 위기에 처하고, 집에서 나와 숨어 다니던 중 도적을 만나 강물에 몸을 던진다.
❸-10 소저가 본댁으로 돌아오신 후에 가내에 어질지 못한 사람이 있어서 수많은 방법으로 정참정을 보채고 소저를 재해에 빠지게 하였습니다.
풀이 정 소저는 가내의 어질지 못한 인물, 즉 계모 박 씨로 인해 집을 나왔다가 도적을 만나 물에 빠져 죽을 뻔한다. 따라서 정 소저의 고난이 친정 식구로부터 비롯되었다는 감상은 적절하다.
→ 적절함!

③ 두 공자가 정 소저의 사연을 듣고 굳은 절개에 감동받았다는 것에서 정 소저가 당대에 요구되던 여성의 덕목을 갖춘 인물임을 알 수 있군.
근거 〈보기〉-2 이 작품 속 여성 인물은 ~ 당대 여성에게 요구되던 덕목을 지킬 뿐 아니라
❸-18 정 소저의 절행이 빼어나 자기를 위하여 온갖 고생이 이 지경에 미쳤음에 감복하고 하물며 평생의 아름다운 배필과 하늘이 정한 연분이 심상치 않다는 것을 알았다.
풀이 두 공자는 정 소저가 자기를 위해 고생한 사연을 듣고 그 빼어난 절행에 감복하였다. 따라서 정 소저가 당대에 요구되던 여성의 덕목을 갖춘 인물임을 알 수 있다는 감상은 적절하다.
→ 적절함!

④ 정 소저가 아버지를 속인 채로는 혼인하지 못하겠다는 것에서 자식으로서의 도리를 따르고자 함을 알 수 있군.
근거 〈보기〉-2 이 작품 속 여성 인물은 ~ 자식으로서의 도리를 지키고,
❹-11 "소녀의 도리로 차마 아버지를 속이고 혼인을 못 하겠습니다.
풀이 정 소저는 예정대로 조 공자와 혼인을 치르라는 석공의 말에 아버지를 속인 채로는 혼인하지 못하겠다고 말한다. 이를 통해 정 소저가 자식으로서의 도리를 따르고자 함을 알 수 있다.
→ 적절함!

✓⑤ 조공이 정 소저를 군자라고 칭하며 혼인을 진행하려는 것에서 정 소저가 가부장적 사회에서도 혼사를 주관할 수 있는 권리를 인정받았음을 알 수 있군.
근거 〈보기〉-1 「현몽쌍룡기」는 가부장적 사회를 살아가는 여성의 삶을 담고 있다.
❹-18~21 "정 소저의 일과 행동은 여자 중에 군자입니다. 이것은 다 현형의 높은 교훈에 힘입은 것입니다. 제가 이와 같은 며느리를 얻으니 어찌 아버지의 어질지 못함을 한탄하겠습니까? 이것은 신부와 의논할 말이 아니니 현형이 혼인을 관장하십시오."
풀이 조공은 정 소저를 군자라고 칭찬하며 석공에게 혼인을 관장할 것을 부탁하고 있다. 정 소저가 가부장적 사회에서 혼사를 주관할 수 있는 권리를 인정받은 것은 아니다.

→ 적절하지 않음!

→ 문제편 258쪽

13회 정답과 해설

문제편 p.259

✅ 정답표

01	①	02	③	03	①	04	③	05	④
06	⑤	07	③	08	①	09	④	10	④
11	⑤	12	②	13	③	14	⑤	15	②
16	③	17	①	18	②	19	③	20	①
21	⑤	22	②	23	①	24	③	25	②
26	②	27	⑤	28	⑤	29	④	30	①
31	①	32	⑤	33	⑤	34	④	35	②
36	③	37	④	38	②	39	④	40	④
41	①	42	④	43	②	44	④	45	④

[01 ~ 03] 화법 - 발표

01 | 말하기 방식 - 적절한 것 고르기 | 정답 ①

위 발표자의 말하기 방식으로 가장 적절한 것은?

① 대비되는 화법을 *실연하여 청중의 관심을 유도하고 있다. *실제로 하여 보여

근거 ❷문단 (목소리를 가다듬고) 어휘는 베리 시그니피컨트합니다. (반응을 살피며) 조금 의아해하시네요. 그럼 이렇게 말씀드려 볼게요. (느린 속도로) 어휘는 매우 중요합니다. 어떤 표현이 더 잘 이해되세요?

풀이 발표자는 영어 발화와 한국어 발화를 실연하여 표현의 적절성에 대한 청중의 관심을 유도하고 있다.

→ 적절함!

② 비언어적 표현을 사용하여 발표의 절차를 안내하고 있다.

근거 ❷문단 어떤 표현이 더 잘 이해되세요? (고개를 끄덕이며) 네, 다들 후자(두 가지 사물을 들어서 말할 때, 뒤에 든 사물. 여기서는 '어휘는 매우 중요합니다')라고 하시네요.

풀이 발표자는 고개를 끄덕이는 비언어적 표현을 사용하여 청중의 대답에 긍정의 의미를 보내고 있을 뿐, 발표의 절차를 안내하고 있지는 않는다.

→ 적절하지 않음!

③ 정보의 출처를 언급하여 청중의 궁금증을 해소하고 있다.

풀이 발표자가 정보의 출처를 언급하는 부분이나 이에 대해 청중이 궁금증을 드러내는 부분은 나타나지 않는다.

→ 적절하지 않음!

④ 같은 내용을 거듭 질문하여 청중의 답변을 끌어내고 있다.

근거 ❶문단 지난 시간에 언어의 공공성(한 개인이나 단체가 아닌 일반 사회 구성원 전체에 두루 관련되는 성질)에 대해 배운 것 기억하시나요?

❷문단 어떤 표현이 더 잘 이해되세요?

풀이 발표자는 질문을 통해 청중의 경험을 환기하거나 청중과 상호작용하고 있다. 같은 내용을 거듭 질문하고 있지는 않다.

→ 적절하지 않음!

⑤ 구체적인 통계를 제시하여 발표의 필요성을 부각하고 있다.

풀이 발표자가 구체적인 통계를 제시하여 발표의 필요성을 부각하는 부분은 나타나지 않는다.

→ 적절하지 않음!

02 | 작문 계획의 반영 - 적절하지 않은 것 고르기 | 정답 ③

다음은 위 발표를 하기 위해 학생이 세운 계획이다. 발표에 반영되지 않은 것은?

[도입]

○ 지난 시간에 배운 내용을 *환기하고, 발표의 화제가 '표현의 적절성'임을 소개해야겠어. ·············· ①

*불러일으키고

근거 ❶문단 지난 시간에 언어의 공공성에 대해 배운 것 기억하시나요? 발표나 토론 같은 공식적인 담화에 참여하거나 매체를 통해 불특정(특별히 정하지 아니한) 다수와 소통하는 상황에서는 언어의 공공성에 유의해야 한다는 것을 배웠습니다. (지난 시간에 배운 내용 환기)

❶문단 저는 이러한 표현의 적절성에 대해 조사한 내용을 발표하겠습니다. (발표 화제 소개)

→ 적절함!

[전개]

○ '표현의 적절성'을 두 가지 차원으로 나누어 예를 중심으로 설명해야겠어. ····· ②

근거 ❷문단 지금부터 어휘와 문장 차원으로 나누어 설명하겠습니다.

❷문단 어휘는 베리 시그니피컨트(very significant)합니다.

❷문단 제가 이 자리에서 '뻥치다' 같은 비속어(격이 낮고 속된 말)나 '레알' 같은 유행어(비교적 짧은 시기에 걸쳐 여러 사람의 입에 오르내리는 단어나 구절)를 사용하는 것도 적절하지 않을 것입니다.

❸문단 저는 토론 수업에서 '안전이 편의(형편이나 조건 따위가 편하고 좋음)보다 중요할 것 같아 보입니다.'라고 말했다가, 입장이 명확하지 않고 자신감이 없어 보여 설득력이 떨어진다는 동료 평가를 받은 적이 있습니다.

풀이 발표자는 '표현의 적절성'을 어휘와 문장 차원으로 나눈 후 외국어를 불필요하게 사용한 예, 비속어 혹은 유행어를 사용한 예, 토론 수업에서 적절하지 않은 문장을 사용한 예를 중심으로 설명하고 있다.

→ 적절함!

○ '표현의 적절성'의 개념이 변하는 양상을 그와 관련된 예를 들어 분석해야겠어. ·············· ③

근거 ❶문단 상황에 적절한 어휘나 문장 표현 등을 사용하는 것은 언어의 공공성을 갖추는 데 도움을 주는데요, 이는 화자가 의미를 제대로 전달하고 청자가 화자를 믿을 만한 사람으로 인식하는 데 영향을 주기 때문입니다.

풀이 발표자는 발표 화제를 소개하기에 앞서, 적절한 표현을 사용하는 것의 효과 등을 언급하였다. '표현의 적절성'의 개념이 변하는 양상이나 그와 관련된 예에 대한 내용은 나타나지 않는다.

→ 적절하지 않음!

○ 실제 경험을 예로 들며 '표현의 적절성'이 발표를 듣는 학생들과 관련이 있음을 제시해야겠어. ·············· ④

근거 ❸문단 저는 토론 수업에서 '안전이 편의보다 중요할 것 같아 보입니다.'라고 말했다가, 입장이 명확하지 않고 자신감이 없어 보여 설득력이 떨어진다는 동료 평가를 받은 적이 있습니다. (실제 경험)

❸문단 여러분도 일상에서 다수와 소통하는 담화에 참여하고 있으니, 상황에 적절한 문장을 사용할 필요가 있습니다. ('표현의 적절성'이 발표를 듣는 학생들과 관련이 있음을 제시)

→ 적절함!

[정리]

○ 발표의 내용을 요약하고, 발표를 듣는 학생들에게 '표현의 적절성'과 관련하여 바라는 바를 언급해야겠어. ·············· ⑤

근거 ❹문단 상황에 적절한 표현은 의미를 명확하게 전달하고, 화자에 대한 신뢰도를 높인다는 점에서 중요합니다. (발표 내용 요약) 발표를 들은 여러분이 표현의 적절성에 관심을 갖고 원활하게 소통하는 화자가 되기를 바랍니다. (발표를 듣는 학생들에게 바라는 바 언급)

→ 적절함!

〈보기〉는 위 발표 후 이어진 수업 내용의 일부이다. ㉠과 관련해 [A]에 들어갈 학생의 말로 적절하지 않은 것은?

㉠ 말하는 내용에 대한 확신의 정도를 드러내는 표현

| 보기 |
선생님 : 발표 잘 들었어요. 발표 내용 중, 말하는 내용에 대한 확신의 정도를 드러내는 표현에 대해 궁금해할 것 같네요. 확신의 정도를 드러내기 위해 동사(사람이나 사물의 동작이나 작용을 나타내는 단어), 부사(주로 용언이나 문장 전체를 꾸며 주는 단어), 의존 명사(반드시 앞에 꾸며 주는 말이 있어야만 쓰일 수 있는 명사), 보조 용언(본용언 뒤에 붙어서 의미를 더해 주는 용언), 인용절(자신 혹은 타인의 말이나 생각을 인용한 것을 표현한 절) 등을 사용할 수 있는데, 상황에 따라 어휘나 문법 요소를 적절하게 선택할 수 있습니다. 화면은 '안전이 편의보다 중요하다'라는 내용에, 앞서 언급된 표현을 더해 확신의 정도에 변화를 준 문장들입니다. 확신의 정도와 관련된 표현을 찾아 설명해 볼까요?

　　ⓐ 저에게는 안전이 편의보다 중요한 듯 이해되고 있습니다.
　　ⓑ 저는 안전이 편의보다 중요하다고 믿게 됐습니다.
　　ⓒ 저는 대체로 안전이 편의보다 중요하다고 봅니다.
　　ⓓ 분명히 안전이 편의보다 중요한 법입니다.

학　생 : ＿＿＿＿＿＿＿＿＿[A]＿＿＿＿＿＿＿＿＿

ⓐ와 ⓑ 모두
① ⓐ는 ⓑ와 달리 보조 용언을 써서 확신의 정도를 드러냈어요.
　풀이　ⓐ는 보조 용언 '있습니다'를 사용하여 '앞말이 뜻하는 행동이 계속 진행되고 있거나 그 행동의 결과가 지속됨'을 나타내었다. 한편 ⓑ는 보조 용언 '됐습니다'를 사용하여 '어떤 행동이나 상태가 이루어짐'을 나타내었다. 즉 ⓐ와 ⓑ 모두 보조 용언을 써서 확신의 정도를 드러내고 있다.

　→ 적절하지 않음!

② ⓐ는 ⓒ와 달리 피동 접사가 있는 동사를 써서 확신의 정도를 드러냈어요.
　풀이　ⓐ는 동사 '이해되고'를, ⓒ는 동사 '봅니다'를 통해 확신의 정도를 드러내고 있다. 이때 ⓒ와 달리 ⓐ는 확신의 정도를 드러내기 위해 피동 접사 '-되-'를 활용한 동사를 사용하였다.

　→ 적절함!

③ ⓐ와 ⓓ는 모두 의존 명사를 썼는데, 의존 명사가 나타내는 확신의 정도는 ⓓ가 더 높아요.
　풀이　ⓐ는 의존 명사 '듯'을, ⓓ는 의존 명사 '법'을 통해 확신의 정도를 드러내고 있다. '듯'은 '유사하거나 같은 정도의 뜻을 나타내는 말'이고 '법'은 '앞말의 동작이나 상태가 당연함을 나타내는 말'이므로, 의존 명사가 나타내는 확신의 정도는 ⓓ가 더 높다.

　→ 적절함!

④ ⓑ와 ⓒ는 인용절을 썼다는 점은 같지만, 인용절 바로 뒤의 동사가 나타내는 확신의 정도는 ⓑ가 더 높아요.
　풀이　ⓑ와 ⓒ는 모두 인용절 '안전이 편의보다 중요하다고'가 쓰였다는 점은 같다. 한편 ⓑ와 ⓒ는 인용절 바로 뒤의 동사를 통해 확신의 정도를 나타내는데, 인용절 바로 뒤의 동사 '믿다'와 '봅니다' 중 '대상을 어떠하다고 평가하다'의 의미를 지닌 '봅니다'보다 '어떤 사실이나 말을 꼭 그렇게 될 것이라고 생각하거나 그렇다고 여기다'를 의미하는 '믿다'가 확신의 정도가 더 높다.

　→ 적절함!

⑤ ⓒ와 ⓓ는 모두 부사를 썼는데, 부사가 나타내는 확신의 정도는 ⓓ가 더 높아요.
　풀이　ⓒ는 부사 '대체로'를, ⓓ는 부사 '분명히'를 통해 확신의 정도를 드러내고 있다. '대체로'는 '일반적으로'의 의미를 지니고 '분명히'는 '어떤 사실이 틀림이 없이 확실하게'의 의미를 지니므로, 부사가 나타내는 확신의 정도는 ⓓ가 더 높다.

　→ 적절함!

[04~06] 화법 - 토의

위 토의에 나타난 '사회자'의 역할로 적절하지 않은 것은?

① 토의의 배경과 주제를 제시하며 토의를 시작한다.
　근거　사회자 아시다시피, 지난달 후문 계단에서 학생들이 미끄러지거나 넘어지는 사고가 4건이 일어나 이 문제를 해결하기 위해 학교에서 대책 회의를 연다고 합니다. (토의의 배경)
　　사회자 오늘은 지난번에 예고한 것처럼 '후문 계단에서 발생하는 안전사고를 줄이기 위한 방법은 무엇인가?'라는 주제로 토의하겠습니다. (토의의 주제)
　→ 적절함!

② 토의자들의 발언 내용을 정리하며 토의를 이어 간다.
　근거　사회자 네, 지금까지 계단 재시공, 미끄럼 방지 패드 부착, 난간 보수 이렇게 세 가지 의견이 제시되었습니다. (발언 내용 정리) 이어서 각자 준비한 의견을 계속 말씀해 주시겠습니까? (토의를 이어 감)
　→ 적절함!

③ 토의자들의 발언 순서를 조정하여 발언 기회를 분배한다.
　풀이　위 토의에서 사회자가 토의자들의 발언 순서를 조정하거나 토의자들에게 발언 기회를 분배하는 모습은 보이지 않는다.

　→ 적절하지 않음!

④ 토의 결과를 활용할 계획을 밝히고 토의 참여를 *독려한다. *감독하며 격려한다
　근거　사회자 우리 학생회에서도 해결책을 마련하여 학교에 건의하려고 합니다. (토의 결과 활용 계획)
　　사회자 적극적으로 의견을 말씀해 주십시오. (토의 참여 독려)
　→ 적절함!

⑤ 토의자에게 질문하여 발언에 사용된 용어의 개념을 확인한다.
　근거　사회자 단너비가 무엇인가요?
　→ 적절함!

[A]를 이해한 내용으로 적절하지 않은 것은?

① '학생 1'은 대안을 제시할 때 조사 내용을 근거로 삼아 자신의 의견을 *피력하고 있다.
*털어놓고 말하고
　근거　[A] 학생 1 학생들에게 조사해 보니, 학생들 역시 단너비가 좁은 계단의 구조를 사고의 원인으로 꼽았습니다. (조사한 내용) 따라서 경사가 완만하고 (급하지 않고) 단너비가 넓게 계단을 다시 만들 것을 제안합니다. ('학생 1'의 대안)
　→ 적절함!

② '학생 2'는 '학생 1'이 제시한 대안이 지닌 현실적 어려움을 지적하고 있다.
　근거　[A] 학생 1 경사가 완만하고 단너비가 넓게 계단을 다시 만들 것을 제안합니다. ('학생 1'의 대안)
　　[A] 학생 2 계단을 다시 만드는 것이 본질적인 해결책이지만, 가능할지 의문입니다. … 공간이 없습니다. … 시간이 오래 걸리고, … 후문으로 등하교하는 학생들이 불편해질 것입니다. (현실적 어려움 지적)
　→ 적절함!

③ '학생 3'은 토의 준비 과정에서 알게 된 정보를 바탕으로 '학생 2'의 대안을 *보강하고 있다. *보태거나 채워서 본디보다 더 튼튼하게 하고
　근거　[A] 학생 2 저는 지금 있는 계단에 미끄럼 방지 패드를 부착할 것을 제안합니다. ('학생 2'의 대안)
　　[A] 학생 3 토의를 준비하며 자료를 찾던 중, 눈에 잘 띄는 색깔의 미끄럼 방지 패드가 있다는 것을 알았습니다. (토의 준비 과정에서 알게 된 정보) 이런 미끄럼 방지 패드를 활용한다면 계단 끝이 식별되지 (분별이 되어 알아보아지지) 않아 넘어지는 문제도 함께 해결할 수 있을 것입니다. ('학생 2'의 대안을 보강)
　→ 적절함!

낮다는 점을 지적하며
④ '학생 4'는 '학생 1'이 제시한 대안의 실행 가능성이 높다는 점에 공감하며 자신의 대안을 제시하고 있다.
　근거　[A] 학생 4 저는 아까 나왔던, 계단을 다시 만들자는 말씀의 취지 (일의 근본이 되는 목적이나 중요한 뜻)에 동의합니다. (대안의 취지에 동의) 다만 공간상 문제로 계단 재시공 (한 번 시공한 것을 고쳐서 다시 시공함)이 어려우니, (현실적 어려움 지적) 현재의 난간 (층계,

을 보수하는(낡거나 부서진 것을 손보아 고치는) 것은 어떨까요? (대안 제시)

풀이 '학생 4'는 '학생 1'이 제시한 대안의 취지에 동의하나 공간상 문제로 인해 대안의 실행 가능성이 낮다는 점을 지적하며 자신의 대안을 제시하고 있다.

→ 적절하지 않음!

⑤ '학생 1'은 '학생 4'가 제시한 대안에 대해 *효율성의 측면에서 긍정적으로 평가하고 있다. *들인 노력과 얻은 결과의 비율이 높은 특성

근거 [A] 학생 4 현재의 난간을 보수하는 것은 어떨까요? ('학생 4'의 대안)
근거 [A] 학생 1 좋은 의견이네요. 노력과 비용이 적게 들면서도 문제를 개선할 수 있는 방법이네요. (효율성 측면에서 긍정적으로 평가)

→ 적절함!

---

06 말하기 내용 추론 - 적절한 것 고르기	정답 ⑤

〈보기〉는 '학생 3'이 토의를 준비하며 수집한 자료이다. 자료를 모두 활용하여 [가]에 제시할 의견으로 가장 적절한 것은? [3점]

| 보기 |

[자료 1] 후문 계단 안전사고 실태 파악을 위해 정리한 표

일몰 이후

사고 발생 일시			해당 일 일출	해당 일 일몰
연번	날짜	시간		
1	12.03	20:40	07:30	17:19
2	12.11	21:10	07:38	17:18
3	12.23	18:30	07:47	17:14
4	12.27	07:25	07:44	17:21

겨울철 일출 이전

[자료 2] 인터넷에서 '조명'을 검색하여 정리한 메모

- 가로등 : 통행 및 보행 안전을 위해 길가를 따라 설치.
- 센서등 : 움직임을 감지하여(느끼어 알아) 자동으로 켜짐. 상시(특별한 일이 없는 보통 때) 조명이 필요 없는 곳에 설치.
- 잔디등 : 상가 거리, 광장 주변 녹지(풀이나 나무를 일부러 심은 곳)에 설치. 야간 보행 안전 및 미관(아름답고 훌륭한 풍경)을 위해 설치.

[자료 3] 조명과 관련된 정보를 검색하다가 읽게 된 신문 기사

○○시에 따르면, 지난해에 빛 공해(산업이나 교통의 발달에 따라 사람이나 생물이 입게 되는 여러 가지 피해) 관련 민원이 모두 227건 접수됐다. 특히 A 아파트에 대한 민원이 지속적으로 제기되고 있다. 인근 주민 B 씨는 "A 아파트의 외부 조명으로 인해 저녁부터 새벽까지 내내 집 안이 환해서 너무 힘듭니다."라며 "A 아파트가 준공되고(공사가 다 마쳐지고) 나서 지금까지 조명이 꺼진 적이 단 한 번도 없습니다."라고 말했다.

---

① 후문 주택가 주민들이 빛 공해 문제를 겪지 않도록 학교 주변에 설치된 가로등의 *조도를 낮추어 주는 것이 좋겠습니다. *단위 면적이 단위 시간에 받는 빛의 양

풀이 토의에서 제시된 문제 상황은 후문으로 등하교 시 안전사고가 발생하는 것이지, 후문 주택가 주민들의 빛 공해 문제가 아니다. 따라서 학교 주변에 설치된 가로등의 조도를 낮추는 것은 적절한 해결 방안으로 볼 수 없다.

→ 적절하지 않음!

② 후문 계단이 낡아서 주변이 *낙후된 느낌이니 잔디등을 설치하여 미관을 개선하면 후문으로 등하교하는 학생이 늘어날 것입니다. *뒤떨어진

풀이 후문으로 등하교 시 안전사고가 발생하는 것이 문제 상황이므로, 미관을 개선하여 후문으로 등하교하는 학생을 늘리는 것은 적절한 해결 방안으로 볼 수 없다.

→ 적절하지 않음!

③ 등교 시간에 안전사고가 주로 발생하므로 센서등을 설치하면 안전사고를 줄이면서 이른 아침에 인근 주민에게 피해도 주지 않을 것입니다.

풀이 안전사고는 등교 시간이 아닐 때 주로 발생하였으므로 [자료 1]을 활용한 의견으로 보기는 어렵다.

→ 적절하지 않음!

④ 후문 계단에 가로등을 설치하고 일몰부터 일출까지 켜 두면 학생들도 안전하게 등하교할 수 있고 인근 주민들의 안전에도 도움이 될 것입니다.

풀이 가로등을 일몰부터 일출까지 켜 둘 경우 후문 주택가 주민들이 빛 공해를 겪을 수 있

→ 문제편 261쪽

으므로 [자료 3]을 활용한 의견으로 보기는 어렵다.

→ 적절하지 않음!

✓⑤ 겨울철 어두울 때 후문 계단에서 안전사고가 발생하니 조명을 설치하되 후문 주택가 주민들의 빛 공해 문제를 고려해 센서등을 설치하면 좋겠습니다.

풀이 [자료 1]에 겨울철 어두울 때 후문 계단에서 안전사고가 발생한다는 사실이 정리되어 있다. 또한 [자료 2]를 통해 사람이 움직일 때만 자동으로 켜지는 조명이 있음을 알 수 있으며, [자료 3]을 통해 후문 주택가 주민들이 빛 공해 문제를 겪을 가능성이 있음을 예측할 수 있다. 따라서 '학생 3'은 자료를 모두 활용하여 [가]에서 '겨울철 어두울 때 후문 계단에서 안전사고가 발생하니 조명을 설치하되 후문 주택가 주민들의 빛 공해 문제를 고려해 센서등을 설치하면 좋겠다'고 건의하였을 것이다.

→ 적절함!

---

07 단어의 의미 관계 - 적절한 것 고르기	정답 ③

〈보기〉를 바탕으로 〈자료〉를 이해한 내용으로 적절한 것은? [3점]

| 보기 |

두 단어가 보이는 의미 관계에는 ⊙ 유의 관계(예 : 샛별 - 금성), ⓒ 반의 관계(예 : 앞 - 뒤), ⓒ 상하 관계(예 : 학교 - 중학교)가 있다. 한편, '과일 - 채소'처럼 ② 유의 관계, 반의 관계, 상하 관계 중 어떤 관계도 맺지 않는 단어 쌍도 있다.

일반적으로는 반의 관계를 맺지 않는 단어 쌍이 담화 맥락에서는 마치 반의 관계처럼 대립하는 경우도 있다. 예컨대, '문 - 벽'은 어떤 의미 관계에도 해당하지 않는 단어 쌍이지만 "스마트폰, 누군가에게는 소통의 문이지만 누군가에게는 소통의 벽입니다."와 같은 담화 맥락에서는 반의 관계처럼 대립하고 있다. 또한 일반적으로는 반의 관계를 맺는 단어 쌍들이, 담화 맥락에서 함께 쓰일 때 그 대립이 사라지는 경우도 있다. 예컨대, '소년 - 소녀'는 일반적으로는 반의 관계를 맺는 단어 쌍이지만, "우리 모두는 소년, 소녀이던 시절이 있었다."와 같은 담화 맥락에서는 '나이 어린 사람'이라는 의미를 나타낼 뿐 대립하지 않는다.

| 자료 |

(하교 후 함께 밥을 먹기로 한 친구 사이의 대화)

승균 : 오늘 엄마 생신이어서 **엄마**가 좋아하시는 **반찬** 위주로 아침밥을 차려 드렸어.

현서 : **어머니**께서 좋아하셨겠네. 근데, 우리 이제 **밥** 먹을까?

승균 : 나는 저녁은 **고기** 먹고 싶어. 엄마가 채소 좋아하셔서 **풀**만 먹었거든. **아침**, **저녁**을 두 끼나 풀만 먹고 싶진 않아.

현서 : 알겠어. 그럼, 저기 앞에 있는 치킨 가게 어때? 오래 서 있어서 무릎이 아프니까 우리 가까운 데로 가자.

승균 : 넌 **무릎**이 아프니? 난 **발**이 아픈데.

현서 : 그래, 그러니까 빨리 밥 먹으러 가자.

---

① '엄마 - 어머니'는 ⊙에 해당하고, 담화 맥락에서 같은 인물을 지시함으로써 대립이 사라진 경우로 볼 수 있다.

풀이 '엄마'는 격식을 갖추지 않아도 되는 상황에서 '어머니'를 이르는 말이다. 따라서 '엄마'와 '어머니'는 유의 관계에 있는 단어가 아니라 동의어에 해당한다. 또한 〈보기〉에서는 '일반적으로 반의 관계를 맺는 단어 쌍'이 대립이 사라지는 경우를 소개하고 있다. '엄마'와 '어머니'는 일반적으로 반의 관계를 맺는 단어 쌍에 해당하지 않으므로 대립이 사라진 경우로 본다는 설명은 적절하지 않다.

→ 적절하지 않음!

② '반찬 - 밥'은 ⓒ에 해당하고, 담화 맥락에서 두 단어가 모두 '*주식'이라는 의미로 쓰여 **부식'과 '주식'의 대립이 사라진 경우로 볼 수 있다. *밥이나 빵과 같이 끼니에 주로 먹는 음식 **주식에 곁들여 먹는 음식. 밥에 딸린 반찬 따위를 이름

풀이 문맥상 '밥에 곁들여 먹는 음식을 통틀어 이르는 말'인 '반찬'과 '끼니로 먹는 음식'인 '밥'은 그 의미가 대립되지 않으므로 반의 관계에 놓인 단어 쌍이라고 볼 수 없다. '반찬'과 '밥'은 유의 관계, 반의 관계, 상하 관계 중 어떤 관계도 맺지 않는 단어 쌍에 해당한다. 일반적으로 반의 관계를 맺는 단어 쌍에 해당하지 않으므로 대립이 사라진 경우로도 볼 수 없다.

→ 적절하지 않음!

✓③ '고기 - 풀'은 ②에 해당하고, 담화 맥락에서 '육류로 만든 음식'과 '육류 없이 채소로 만든 음식'의 의미로 쓰여 마치 반의 관계처럼 대립하는 경우로 볼 수 있다.

풀이 '식용하는 온갖 동물의 살'인 '고기'와 '초본 식물을 통틀어 이르는 말'인 '풀'은 일반적으로 반의 관계를 맺지 않는 단어 쌍이다. 그러나 위 담화 맥락에서는 '육류로 만든

음식'과 '육류 없이 채소로 만든 음식'의 의미로 쓰여 마치 반의 관계처럼 대립하는 경우에 해당한다.

→ 적절함!

④ '아침 - 저녁'은 ㉡에 해당하고, 담화 맥락에서 '시간'의 의미로 쓰여 '식사'의 의미가 사라짐으로써 마치 반의 관계처럼 대립하는 경우로 볼 수 있다.

풀이 문맥상 '아침'은 '날이 새면서 오전 반나절쯤까지의 동안에 끼니로 먹는 음식'을 의미하고 '저녁'은 '해가 질 무렵부터 밤이 되기까지의 사이에 끼니로 먹는 음식'을 의미한다. 담화 맥락에서 '시간'의 의미 없이 '식사'의 의미로 쓰였으며, 그 의미가 대립되지 않으므로 반의 관계에 놓인 단어 쌍이라고 볼 수 없다. '아침'과 '저녁'은 유의 관계, 반의 관계, 상하 관계 중 어떤 관계도 맺지 않는 단어 쌍에 해당한다.

→ 적절하지 않음!

⑤ '무릎 - 발'은 ㉢에 해당하고, 담화 맥락에서 '종아리'를 기준으로 '위'와 '아래'의 의미로 쓰여 마치 반의 관계처럼 대립하는 경우로 볼 수 있다.

풀이 문맥상 '무릎'은 '넙다리와 정강이의 사이에 앞쪽으로 둥글게 튀어나온 부분'의 의미이고, '발'은 '사람이나 동물의 다리 맨 끝부분'의 의미이다. 담화 맥락상 '종아리'를 기준으로 '위'와 '아래'의 의미로 쓰이지 않았으므로 상하 관계나 반의 관계를 이루는 단어 쌍에 해당하지 않는다.

→ 적절하지 않음!

08 중세 국어의 문장 성분 - 적절한 것 고르기 　　　정답 ①

⟨보기⟩의 ㉠ ~ ㉢에 대한 이해로 적절한 것은?

| 보기 |

　현대 국어와 마찬가지로, 중세 국어에서도 체언이나 체언 구실을 하는 구(두 개 이상의 어절이 모여 문장에서 체언의 역할을 하는 것)에 조사가 붙은 문장 성분과, 체언이나 체언 구실을 하는 구에 조사가 붙지 않은 문장 성분이 모두 있었고, 서술어에 따라 부사어를 필수 성분으로 요구하는 경우도 있었다.

㉠ 우리ᄂᆞᆫ(우리 + ᄂᆞᆫ) 다 부텻(부텨 + ㅅ) 아ᄃᆞᆯ ᄀᆞᆮ호니
　　[우리는 다 부처의 아들과 같으니]
㉡ 그딋(그듸 + ㅅ) 아바니미(아바님 + 이) 잇ᄂᆞ닛가
　　[당신의 아버님이 있습니까?]
㉢ 나랏(나라 + ㅅ) 말ᄊᆞ미(말ᄊᆞᆷ + 이) 中國에(中國 + 에) 달아
　　[나라의 말이 중국(中國)과 달라]

풀이

㉠	우리ᄂᆞᆫ 　다 　부텻 　아ᄃᆞᆯ 　ᄀᆞᆮ호니
	주어 　부사어 　관형어 　부사어 　서술어
㉡	그딋 　아바니미 　잇ᄂᆞ닛가
	관형어 　주어 　　서술어
㉢	나랏 　말ᄊᆞ미 　中國에 　달아
	관형어 　주어 　부사어 　서술어

✓① ㉠의 '부텻 아ᄃᆞᆯ'은 서술어가 요구하는 필수 성분이군.

풀이 문장에서 '부텻'과 '아ᄃᆞᆯ'이 모여 체언의 역할을 하고 있으므로 ㉠의 '부텻 아ᄃᆞᆯ'은 체언 구실을 하는 구에 해당한다. 현대어 풀이 '부처의 아들과'로 미루어 보아 체언 구실을 하는 구 '부텻 아ᄃᆞᆯ'에 부사격 조사 '과'가 생략된 것이므로 '부텻 아ᄃᆞᆯ'의 문장 성분은 부사어이다. 한편 'ᄀᆞᆮ다(같다)'는 '…이/가 …와/과 같다'의 구조로 쓰여 문장에서 주어와 부사어를 필수적으로 요구한다. '부텻 아ᄃᆞᆯ'을 생략하면 '우리ᄂᆞᆫ 다 ᄀᆞᆮ호니(우리는 다 같으니)'로 문장이 성립하지 않으므로 '부텻 아ᄃᆞᆯ'은 서술어가 요구하는 필수 성분에 해당한다.

→ 적절함!

② ㉡의 '그딋 아바니미'는 체언 구실을 하는 구에 조사가 붙은 것으로, 서술어가 요구하는 필수 성분이 아니군.

풀이 문장에서 '그딋'과 '아바님'이 모여 체언의 역할을 하고 있으므로 ㉡의 '그딋 아바님'은 체언 구실을 하는 구에 해당한다. 체언 구실을 하는 구 '그딋 아바님'에 주격 조사 '이'가 붙었으므로 '그딋 아바니미'의 문장 성분은 주어이다. 주어는 서술어가 요구하는 필수 성분에 해당하므로 '그딋 아바니미'가 서술어가 요구하는 필수 성분이 아니라는 설명은 적절하지 않다.

→ 적절하지 않음!

③ ㉢의 '中國에'는 서술어가 요구하는 필수 성분이 아니군.

풀이 현대어 풀이 '중국(中國)과'로 미루어 보아 '中國에'의 문장 성분은 부사어이다. 한편 '…이/가 …와/과 다르다'의 구조로 쓰이는 '다르다'는 문장에서 주어와 부사어를 필수적으로 요구한다. '中國에'를 생략하면 '나랏 말ᄊᆞ미 달아(나라의 말이 달라)'로 문장이 성립하지 않으므로 '中國에'는 서술어가 요구하는 필수 성분에 해당한다.

→ 적절하지 않음!

④ ㉠의 '우리ᄂᆞᆫ'과 ㉡의 '그딋'은 체언에 조사가 붙은 것으로, 문장 성분이 서로 같군.　다르군

풀이 체언 '우리'에 보조사 'ᄂᆞᆫ'이 붙은 ㉠의 '우리ᄂᆞᆫ'은 문장에서 주어의 역할을 하고 있다. 그러나 ㉡의 '그딋'은 체언 '그듸'에 관형격 조사 'ㅅ'이 붙어 문장에서 관형어의 역할을 하고 있다.

→ 적절하지 않음!

⑤ ㉠의 '부텻'과 ㉢의 '나랏'은 체언에 조사가 붙은 것으로, 문장 성분이 서로 다르군.　같군

풀이 ㉠의 '부텻'은 체언 '부텨'에 관형격 조사 'ㅅ'이 붙어 문장에서 관형어의 역할을 하고 있고, ㉢의 '나랏' 역시 체언 '나라'에 관형격 조사 'ㅅ'이 붙어 문장에서 관형어의 역할을 하고 있다.

→ 적절하지 않음!

09 직접 구성 성분 - 적절한 것 고르기 　　　정답 ④

⟨보기⟩의 ㉠에 들어갈 말로 적절한 것은?

| 보기 |

　새말을 만들 때는 어근, 접사, 어미 등을 사용하는데, 이들은 다양한 방식으로 결합된다. 가령 '에어컨의 차가운 바람이 사람에게 바로 오는 것을 막는 도구'를 가리키기 위한 새말로 '추운바람막개'를 만들었고, 이 새말의 직접 구성 성분이 '추운바람'과 '막개'로 분석된다고 하자. 이때 '추운바람'과 '막개'는 각각 어미 '-ㄴ'과 접사 '-개'를 포함하고 있다. 이를 고려하면 아래의 [　㉠　]는 점이 '추운바람막개'와 같다.

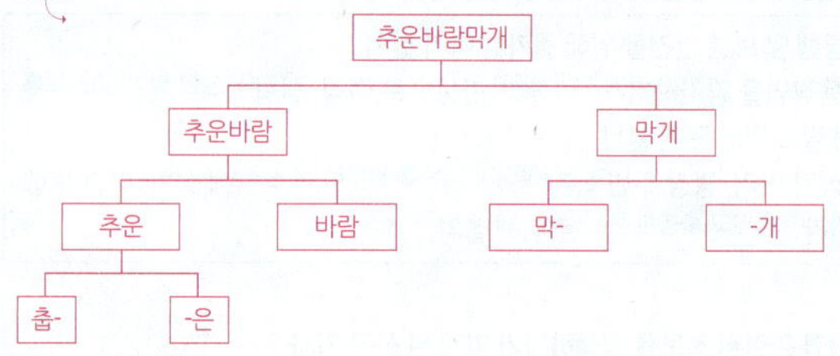

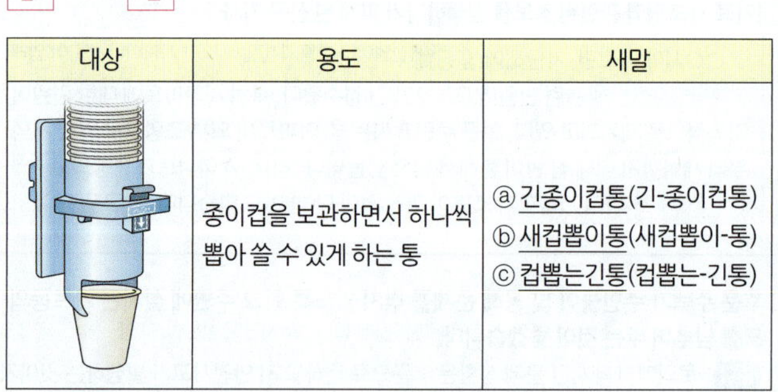

대상	용도	새말
	종이컵을 보관하면서 하나씩 뽑아 쓸 수 있게 하는 통	ⓐ 긴종이컵통(긴-종이컵통) ⓑ 새컵뽑이통(새컵뽑이-통) ⓒ 컵뽑는긴통(컵뽑는-긴통)

(ⓐ~ⓒ 옆의 괄호 안의 붙임표(-)는 직접 구성 성분의 경계임)

ⓐ 긴종이컵통

풀이

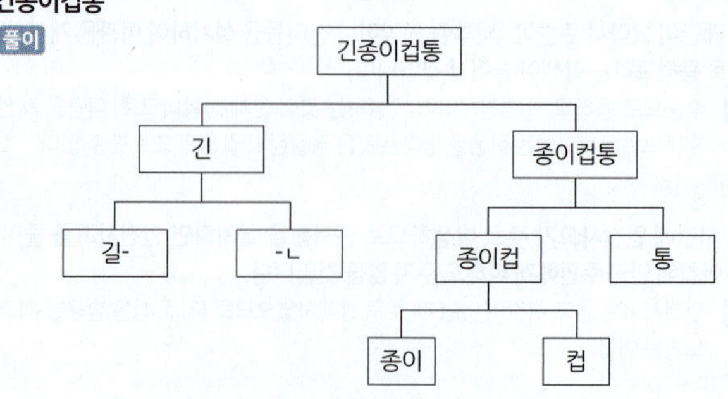

→ 문제편 262쪽

ⓑ 새컵뽑이통

[풀이]

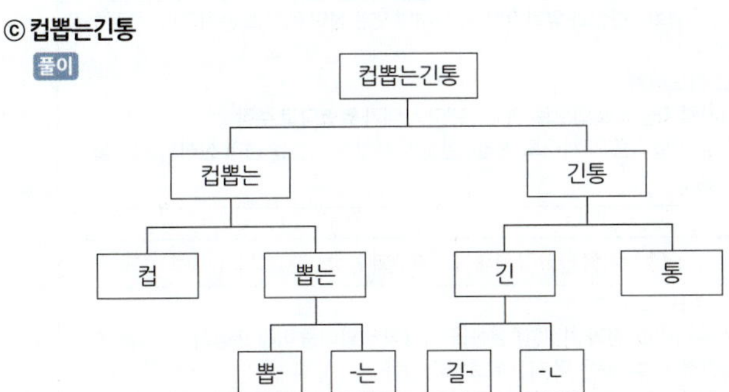

ⓒ 컵뽑는긴통

[풀이]

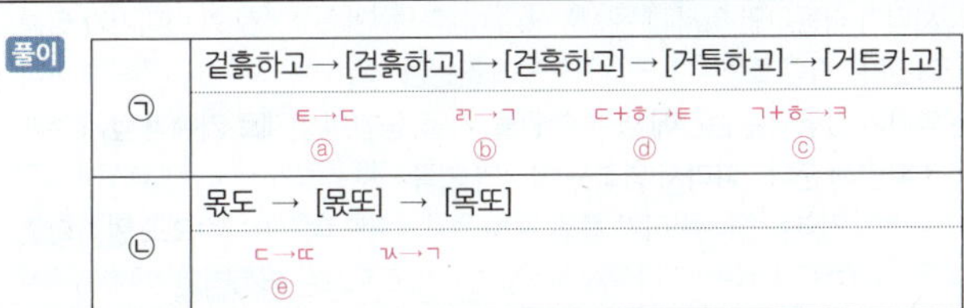

① ⓐ는 접사를 사용하여 만들었다

[풀이] '추운바람막개'에는 접사 '-개'를 사용하여 만들었지만, ⓐ에는 접사가 포함되어 있지 않다.

→ 적절하지 않음!

② ⓑ는 더 이상 분석되지 않는 직접 구성 성분이 있다

[풀이] ⓑ의 직접 구성 성분 중 '통'은 더 이상 분석되지 않는 직접 구성 성분이다. 그러나 '추운바람막개'의 직접 구성 성분 '추운바람'과 '막개'는 모두 더 이상 분석되지 않는 직접 구성 성분에 해당하지 않는다.

→ 적절하지 않음!

③ ⓒ는 직접 구성 성분이 모두 어미를 포함한다

[풀이] ⓒ의 직접 구성 성분 중 '컵뽑는'은 어미 '-는'을, '긴통'은 어미 '-ㄴ'을 포함한다. 그러나 '추운바람막개'의 직접 구성 성분 중 '추운바람'은 어미 '-ㄴ'을 포함하나 '막개'는 어미를 포함하지 않는다.

→ 적절하지 않음!

④ ⓐ와 ⓑ는 모두, 어미를 포함하지 않는 직접 구성 성분이 있다

[풀이] ⓐ의 직접 구성 성분 중 '종이컵통'과 ⓑ의 직접 구성 성분인 '새컵뽑이'와 '통'은 모두 어미를 포함하지 않는다. '추운바람막개'의 직접 구성 성분 중 '막개' 역시 어미를 포함하지 않는다는 점에서 ⓐ, ⓑ와 동일하다.

→ 적절함!

⑤ ⓑ와 ⓒ는 모두, 접사를 사용하여 만들었다

[풀이] '추운바람막개'는 접사 '-개'를, ⓑ는 접사 '-이'를 사용하여 만들어졌으나 ⓒ에는 접사가 나타나지 않는다.

→ 적절하지 않음!

---

10 표준 발음법과 음운 변동 - 적절하지 않은 것 고르기 　　　정답 ④

〈학습 활동〉을 수행한 결과로 적절하지 **않은** 것은?

| 학습 활동 |

표준 발음법에는 교체, 탈락, 축약 등과 같은 음운 변동과 관련된 현상이 포함되어 있다. 예컨대 제9항, 제23항에서는 교체가, 제11항에서는 탈락이, 제12항에서는 축약이 일어나는 환경과 변동 결과를 확인할 수 있다. [자료]의 ㉠, ㉡에 나타난 음운 변동의 유형을 [표준 발음법]에서 확인해 보자.

[자료]

내일부터 이곳의 ㉠겉흙하고[거트카고] 모래층을 파낼 거야. 그 일에는 네가 해야 할 ㉡몫도[목또] 있어.

[표준 발음법]

○ **제9항** 받침 'ㄲ, ㅋ', 'ㅅ, ㅆ, ㅈ, ㅊ, ㅌ', 'ㅍ'은 어말 또는 자음 앞에서 각각 대표음 [ㄱ, ㄷ, ㅂ]으로 발음한다. ······························ ⓐ

○ **제11항** 겹받침 'ㄹㄱ, ㄹㅁ, ㄹㅍ'은 어말 또는 자음 앞에서 각각 [ㄱ, ㅁ, ㅂ]으로 발음한다. ···················· ⓑ

○ **제12항** 받침 'ㅎ'의 발음은 다음과 같다.

1. 'ㅎ(ㄶ, ㅀ)' 뒤에 'ㄱ, ㄷ, ㅈ'이 결합되는 경우에는, 뒤 음절 첫소리와 합쳐서 [ㅋ, ㅌ, ㅊ]으로 발음한다.

[붙임 1] 받침 'ㄱ(ㄺ), ㄷ, ㅂ(ㄼ), ㅈ(ㄵ)'이 뒤 음절 첫소리 'ㅎ'과 결합되는 경우에도, 역시 두 음을 합쳐서 [ㅋ, ㅌ, ㅍ, ㅊ]으로 발음한다. ···················· ⓒ

[붙임 2] 규정에 따라 'ㄷ'으로 발음되는 'ㅅ, ㅈ, ㅊ, ㅌ'의 경우에도 **이에 준한다.**(뒤 음절 첫소리 'ㅎ'과 결합되면 두 음을 합쳐서 [ㅌ]으로 발음한다.) ···················· ⓓ

○ **제23항** 받침 'ㄱ(ㄲ, ㅋ, ㄳ, ㄺ), ㄷ(ㅅ, ㅆ, ㅈ, ㅊ, ㅌ), ㅂ(ㅍ, ㄼ, ㄿ, ㅄ)' 뒤에 연결되는 'ㄱ, ㄷ, ㅂ, ㅅ, ㅈ'은 된소리로 발음한다. ···················· ⓔ

[풀이]

㉠	겉흙하고 → [걷흙하고] → [걷흑하고] → [거특하고] → [거트카고] 　ㅌ→ㄷ ⓐ　　ㄹㄱ→ㄱ ⓑ　　ㄷ+ㅎ→ㅌ ⓓ　　ㄱ+ㅎ→ㅋ ⓒ
㉡	몫도 → [몫또] → [목또] 　ㄷ→ㄸ ⓔ　　ㄳ→ㄱ

① ㉠에는 ⓐ에서 확인되는 환경에서의 교체가 일어났군.

[근거] ⓐ 받침 'ㄲ, ㅋ', 'ㅅ, ㅆ, ㅈ, ㅊ, ㅌ', 'ㅍ'은 어말 또는 자음 앞에서 각각 대표음 [ㄱ, ㄷ, ㅂ]으로 발음한다.

[풀이] ⓐ에 따라 ㉠의 받침 'ㅌ'은 자음 'ㅎ' 앞에서 대표음 'ㄷ'으로 발음된다.

→ 적절함!

② ㉠에는 ⓒ에서 확인되는 환경에서의 축약이 일어났군.

[근거] ⓒ 받침 'ㄱ(ㄺ), ㄷ, ㅂ(ㄼ), ㅈ(ㄵ)'이 뒤 음절 첫소리 'ㅎ'과 결합되는 경우에도, 역시 두 음을 합쳐서 [ㅋ, ㅌ, ㅍ, ㅊ]으로 발음한다.

[풀이] ⓒ에 따라 ㉠의 받침 'ㄱ'은 뒤 음절 첫소리 'ㅎ'과 결합하여 'ㅋ'으로 발음된다.

→ 적절함!

③ ㉠에는 ⓓ에서 확인되는 환경에서의 축약이 일어났군.

[근거] ⓓ 규정에 따라 'ㄷ'으로 발음되는 'ㅅ, ㅈ, ㅊ, ㅌ'의 경우에도 이에 준한다.

[풀이] ⓓ에 따라 'ㄷ'으로 발음되는 ㉠의 받침 'ㅌ' 역시 뒤 음절 첫소리 'ㅎ'과 결합하여 'ㅌ'으로 발음된다.

→ 적절함!

④ ㉡에는 ⓑ에서 확인되는 환경에서의 탈락이 일어났군.

[근거] ⓑ 겹받침 'ㄹㄱ, ㄹㅁ, ㄹㅍ'은 어말 또는 자음 앞에서 각각 [ㄱ, ㅁ, ㅂ]으로 발음한다.

[풀이] ㉡의 겹받침 'ㄳ'은 자음 앞에서 [ㄱ]으로 발음된다. ⓑ에는 겹받침 'ㄳ'과 관련된 규정이 나타나 있지 않으므로 ㉡에 ⓑ에서 확인되는 환경에서의 탈락이 일어났다는 설명은 적절하지 않다.

→ 적절하지 않음!

■ 표준 발음법 제10항
겹받침 'ㄳ, ㄵ, ㄼ, ㄽ, ㄾ, ㅄ'은 어말 또는 자음 앞에서 각각 [ㄱ, ㄴ, ㄹ, ㅂ]으로 발음한다.
(예) 넋[넉], 앉다[안따], 여덟[여덜], 외곬[외골], 핥다[할따], 값[갑]

⑤ ㉡에는 ⓔ에서 확인되는 환경에서의 교체가 일어났군.

[근거] ⓔ 받침 'ㄱ(ㄲ, ㅋ, ㄳ, ㄺ), ㄷ(ㅅ, ㅆ, ㅈ, ㅊ, ㅌ), ㅂ(ㅍ, ㄼ, ㄿ, ㅄ)' 뒤에 연결되는 'ㄱ, ㄷ, ㅂ, ㅅ, ㅈ'은 된소리로 발음한다.

[풀이] ⓔ에 따라 ㉡의 받침 'ㄳ' 뒤에 연결되는 'ㄷ'은 된소리 'ㄸ'으로 발음된다.

→ 적절함!

[11 ~ 13] 독서(인문) - 〈디지털 영상 기술의 보편화에 따른 영화의 리얼리즘적 속성 변화〉

1 [1]21 세기 들어 보편화된(普遍化-, 널리 일반인에게 퍼진) 디지털(digital, 정보를 숫자로 변환하여 데이터를 한 자리씩 끊어서 다루는 방식) 영상 기술은 영화 미학(美學, 아름다움의 본질과 가치, 법칙성 등을 탐구하는 학문), 영화 창작(創作, 독창적으로 지어낸 예술 작품) 방식, 관객(觀客, 공연이나 전시, 영화 등을 보거나 듣는 사람)의 영화 체험(體驗, 자기 몸으로 직접 겪음) 등 영화 전반(全般, 그것에 관계되는 전체)에 걸쳐 큰 변화를 초래했다(招來-, 생겨나게 했다.) [2]특히 컴퓨터를 이용해 이미지를 가공하는(加工-, 만들어 내는) '디지털 후반(後半, 전체를 반씩 둘로 나눈 것의 뒤쪽 반)작업'이 통상적(通常的, 특별하지 않고 흔히 있을 만한) 제작 과정으로 자리 잡으면서 영화는 현실을 사실적으로 재현하는(再現-, 다시 나타내는) 리얼리즘적(realism的, 현실을 있는 그대로 객관적으로 묘사하고 재현하려는 창작 태도와 관계된) 매체(媒體, 어떤 작용을 다른 쪽으로 전달하는 물체나 수단)라는 오랜 믿음이 흔들리기 시작했다.

→ 영화 전반에 큰 변화를 초래한 디지털 영상 기술의 보편화

2 [1]영화는 처음 발명되었을 때부터 놀라운 현실 재현 능력으로 주목받았다. [2]카메라의 셔터가 작동하면 피사체(被寫體, 사진을 찍는 대상이 되는 물체)의 이미지가 필름에 새겨진다. [3]필름 표면(表面, 가장 바깥쪽)에 각인된(刻印-, 새겨 넣듯 깊이 기억된) 이미지는 영화가 촬영되는 순간에 영화 속 인물, 사물, 공간이 실제로 카메라 앞에 존재했음을 확인해 준다. [4]따라서 영화는 하나의 기록(記錄, 시간이 지나 뒤에 올 날에 남길 목적으로 어떤 사실을 적은 글)이자 증언(證言, 어떤 사실을 증명하는 말)으로 인식되었다.(認識-, 분간되고 판단되어 이해되었다.) [5]⊙지가 베르토프는 역동적인(力動的-, 힘차고 활발하게 움직이는) 현실 세계를 회화나 사진보다 더 사실적으로 재현하는 영화의 리얼리즘적 역량(力量, 해낼 수 있는 힘)을 '영화 - 눈'이라고 명명했다.(命名-, 이름을 지어 붙였다.) [6]그(지가 베르토프)는 '영화 - 눈'이 인간의 지각(知覺, 사물의 이치나 도리를 분별하는 능력)을 확장하여(擴張-, 늘려서 넓혀) 현실에 대한 정확하고 총체적인(總體的-, 있는 것들을 모두 하나로 합치거나 묶은) 인식을 제공한다고 생각했다.

→ 필름 영화의 시대 : '사진적 리얼리즘'

3 [1]필름 영화와 달리 디지털 영화에서는 현실과 영화 이미지 사이의 연관성(聯關性, 일정한 관계를 맺는 특성이나 성질)이 매우 느슨하거나, 아예 존재하지 않는다. [2]디지털 영화에서 이미지는 0과 1의 이산적인(離散的-, 불연속적인) 전자 정보로 저장되며, 이 정보들은 디지털 후반작업 과정에서 변형되기(變形-, 달라지기) 때문이다. [3]더 나아가 여러 개의 이미지를 합성하거나(合成-, 합쳐서 하나를 이루거나), 카메라를 사용하지 않고 컴퓨터 그래픽만으로 가상(假想, 사실이 아닌 것을 사실인 것처럼 가정하여 생각함)의 인물과 공간을 만들어 내는 것도 가능해졌다. [4]⊙ 레프 마노비치는 디지털 기술의 도입(導入, 끌어 들임)으로 인해 '영화 - 눈'의 시대가 지나가고 '영화 - 붓'의 시대가 열렸다고 주장한다. [5]그(레프 마노비치)는 현실의 사실적 재현을 넘어 상상의 세계를 그려 내는, 이른바 '합성 리얼리즘'의 시대로 진입하면서(進入-, 향하여 들어가면서), 영화는 사진보다 회화나 애니메이션에 더 가까워졌다고 말한다.

→ 디지털 영화의 시대 : '합성 리얼리즘'

4 [1]그런데 변형되고 가공된 디지털 이미지가 오히려 영화의 사실적인 느낌을 강화하는(強化-, 더 높이는) 역설적인(逆說的-, 겉보기에 모순되는 것 같으나 그 속에 진실을 담고 있는) 현상이 발생하기도 한다. [2]ⓒ 스티븐 프린스는 컴퓨터 그래픽으로 가공된 이미지를 관객이 사실적이라고 인식하는 '트루 라이즈', 즉 '진짜 거짓말 현상을 '지각적 리얼리즘'이라고 정의한다.(定義-, 뜻을 분명히 밝혀 규정하다.) [3]그(스티븐 프린스)는 영화가 보여 주는 대상이 현실에 존재한다는 믿음에 기반한(基盤-, 바탕을 둔) '사진적 리얼리즘'은 더 이상 유효하지(有效-, 효과가 있지) 않으며, 컴퓨터 그래픽을 통해 인위적으로(人爲的-, 사람의 힘으로 이루어지는) 변형된 이미지에서 더 강한 사실감을 느끼는 관객의 심리에 대해 주목해야 한다고 주장한다. [4]디지털 영화에서 관객이 보는 것은 0과 1로 이루어진 정보가 아니라, 지각 가능한 형태로 전환되어(轉換-, 바뀌어) 스크린에 투사된(透寫-, 비친) 이미지이다. [5]따라서 필름 영화의 이미지와는 다른 관점(觀點, 바라보는 방향이나 생각하는 태도, 입장)에서 디지털 이미지의 실재성(實在性, 현실적 사물로 존재하는 성질) 문제를 고찰할(考察-, 깊이 생각하고 연구할) 필요가 있다.

→ 디지털 영화의 시대에서 관객의 인식 : '지각적 리얼리즘'

■ 지문 이해

❶ 영화 전반에 큰 변화를 초래한 디지털 영상 기술의 보편화
- 디지털 후반작업 : 영화가 현실을 사실적으로 재현하는 리얼리즘적 매체라는 인식이 흔들림

---

❷ 필름 영화의 시대 : '사진적 리얼리즘'
- 필름 영화 : 놀라운 현실 재현 능력으로 주목받음, 영화는 하나의 기록이자 증언으로 인식
- 지가 베르토프
  - 역동적 현실 세계를 사실적으로 재현하는 영화의 리얼리즘적 역량을 '영화 - 눈'이라고 명명함
  - '영화 - 눈' : 인간의 지각을 확장해 현실에 대한 정확하고 총체적인 인식을 제공한다고 봄

❸ 디지털 영화의 시대 : '합성 리얼리즘'
- 디지털 영화 : 현실과 영화 이미지 사이의 연관성이 매우 느슨하거나, 존재하지 않음
- 레프 마노비치
  - 디지털 기술의 도입으로 '영화 - 붓'의 시대가 열렸다고 주장
  - '합성 리얼리즘'의 시대로 진입 : 현실의 사실적 재현을 넘어 상상의 세계를 그려 냄

❹ 디지털 영화의 시대에서 관객의 인식 : '지각적 리얼리즘'
- 스티븐 프린스
  - '트루 라이즈(진짜 거짓말)' 현상을 '지각적 리얼리즘'이라고 정의
  - 사진적 리얼리즘은 더 이상 유효하지 않음
  - 컴퓨터 그래픽을 통해 변형된 이미지에서 더 강한 사실감을 느끼는 관객의 심리에 주목해야 한다고 주장

---

11 | 세부 정보 이해 - 적절하지 않은 것 고르기 | 정답 ⑤

윗글을 읽고 이해한 내용으로 적절하지 않은 것은?

① 필름 영화와 디지털 영화는 이미지의 실재성 측면에서 차이가 있다.
- **근거** ❷-3 필름 표면에 각인된 이미지는 영화가 촬영되는 순간에 영화 속 인물, 사물, 공간이 실제로 카메라 앞에 존재했음을 확인해 준다. ❸-1 필름 영화와 달리 디지털 영화에서는 현실과 영화 이미지 사이의 연관성이 매우 느슨하거나, 아예 존재하지 않는다. ❹-5 필름 영화의 이미지와는 다른 관점에서 디지털 이미지의 실재성 문제를 고찰할 필요가 있다.
- **풀이** 필름 영화의 이미지는 영화가 촬영되는 순간에 영화 속 인물, 사물, 공간이 실제로 카메라 앞에 존재했음을 확인해 준다. 이와 달리 디지털 영화에서는 현실과 영화 이미지 사이의 연관성이 매우 느슨하거나, 아예 존재하지 않는다. 윗글에서는 이러한 점에서, 필름 영화의 이미지와는 다른 관점에서 디지털 이미지의 실재성 문제를 고찰할 필요가 있다고 하였다. 따라서 필름 영화와 디지털 영화는 이미지의 실재성 측면에서 차이가 있다는 설명은 적절하다.

→ 적절함!

② 디지털 영화는 영화의 리얼리즘적 속성에 대한 인식의 전환을 초래했다.
- **근거** ❶-1~2 디지털 영상 기술은 영화 미학, 영화 창작 방식, 관객의 영화 체험 등 영화 전반에 걸쳐 큰 변화를 초래했다. 특히 컴퓨터를 이용해 이미지를 가공하는 '디지털 후반작업'이 통상적 제작 과정으로 자리 잡으면서 영화는 현실을 사실적으로 재현하는 리얼리즘적 매체라는 오랜 믿음이 흔들리기 시작했다. ❸-5 현실의 사실적 재현을 넘어 상상의 세계를 그려 내는, 이른바 '합성 리얼리즘'의 시대로 진입하면서
- **풀이** 윗글에 따르면 디지털 영상 기술의 도입으로 '영화는 현실을 사실적으로 재현하는 리얼리즘적 매체'라는 인식에 변화가 생겼으며, '합성 리얼리즘'의 시대로 진입하게 되었다.

→ 적절함!

③ '트루 라이즈'는 인위적으로 가공된 디지털 이미지에서 관객이 사실적인 느낌을 받는 현상을 말한다.
- **근거** ❹-2~3 스티븐 프린스는 컴퓨터 그래픽으로 가공된 이미지를 관객이 사실적이라고 인식하는 '트루 라이즈', 즉 '진짜 거짓말' 현상을 '지각적 리얼리즘'이라고 정의한다. … 컴퓨터 그래픽을 통해 인위적으로 변형된 이미지에서 더 강한 사실감을 느끼는 관객의 심리에 대해 주목해야 한다고 주장

→ 적절함!

필름 영화 시대의 영화에 대한 인식

④ 영화가 기록이자 증언이라는 주장은 영화의 이미지와 현실 사이에 실제적인 연관성이 존재한다는 의미이다.
- **근거** ❷-3~4 필름 표면에 각인된 이미지는 영화가 촬영되는 순간에 영화 속 인물, 사물, 공간이 실제로 카메라 앞에 존재했음을 확인해 준다. 따라서 영화는 하나의 기록이

→ 문제편 264쪽

자 증언으로 인식되었다. ❸-1 필름 영화와 달리 디지털 영화에서는 현실과 영화 이미지 사이의 연관성이 매우 느슨하거나, 아예 존재하지 않는다.

풀이 필름 표면에 각인된 이미지는 영화가 촬영되는 순간 영화 속 인물, 사건, 공간이 실제로 카메라 앞에 존재했음을 확인해 준다. 이러한 점에서 필름 영화는 하나의 기록이자 증언으로 인식되었다. 한편 '필름 영화와 달리' 디지털 영화에서는 현실과 영화 이미지 사이의 연관성이 매우 느슨하거나, 아예 존재하지 않는다는 설명을 통해, 필름 영화에서는 현실과 영화 이미지 사이에 실제적 연관성이 존재한다는 점을 추론할 수 있다. 따라서 영화가 기록이자 증언이라는 주장은 영화의 이미지와 현실 사이에 실제적인 연관성이 존재한다는 의미라는 설명은 적절하다.

→ 적절함!

지각 가능한 형태로 전환되어 스크린에 투사된다

⑥ 디지털 영화에서 이미지는 0과 1의 정보로 투사되며 관객은 이 정보를 인지 가능한 형태로 전환하여 받아들인다.

근거 ❹-4 디지털 영화에서 관객이 보는 것은 0과 1로 이루어진 정보가 아니라, 지각 가능한 형태로 전환되어 스크린에 투사된 이미지

풀이 디지털 영화에서 이미지는 0과 1의 정보로 투사되고 관객이 이 정보를 인지 가능한 형태로 전환하여 받아들이는 것이 아니라, 관객은 이미 지각 가능한 형태로 전환되어 스크린에 투사된 이미지를 보게 된다.

→ 적절하지 않음!

---

12 | 세부 정보 이해 - 적절한 것 고르기 | 정답 ②

㉠~㉢의 관점에 대해 파악한 내용으로 가장 적절한 것은?

| ㉠ 지가 베르토프 | ㉡ 레프 마노비치 | ㉢ 스티븐 프린스 |

▶ 지문 핵심 개념 정리

지가 베르토프	- 역동적인 현실 세계를 회화나 사진보다 더 사실적으로 재현하는 영화의 리얼리즘적 역량을 '영화 – 눈'이라고 명명(❷-5) - '영화 – 눈'은 인간의 지각을 확장하여 현실에 대한 정확하고 총체적인 인식을 제공(❷-6)
레프 마노비치	- 디지털 기술의 도입으로 인해 '영화 – 눈'의 시대가 지나가고 '영화 – 붓'의 시대가 열림(❸-4) - '합성 리얼리즘'의 시대로 진입하면서 영화는 사진보다 회화나 애니메이션에 더 가까워짐(❸-5)
스티븐 프린스	- 컴퓨터 그래픽으로 가공된 이미지를 관객이 사실적이라고 인식하는 '트루 라이즈', 즉 '진짜 거짓말' 현상을 '지각적 리얼리즘'이라고 정의(❹-2) - '사진적 리얼리즘'은 더 이상 유효하지 않음(❹-3) - 컴퓨터 그래픽을 통해 인위적으로 변형된 이미지에서 더 강한 사실감을 느끼는 관객의 심리에 대해 주목해야 함(❹-3)

① ㉠은 회화에 대한 영화의 *우위를, ㉡은 영화에 대한 회화의 우위를 주장하고 있군.
*優位, 보다 나은 위치나 수준

풀이 지가 베르토프(㉠)는 영화가 회화나 사진보다 역동적 현실 세계를 더 사실적으로 재현한다고 보았으므로, ㉠이 회화에 대한 영화의 우위를 주장하였다는 설명은 적절하다고 볼 수 있다. 한편 레프 마노비치(㉡)는 영화가 사진보다 회화나 애니메이션에 더 가까워졌다고 언급하였을 뿐, 영화에 대한 회화의 우위를 주장하지는 않았다.

→ 적절하지 않음!

② ㉠은 영화의 현실 재현 능력을, ㉢은 영화를 보는 관객의 인식을 중요하게 생각하겠군.

근거 ❷-5 지가 베르토프(㉠)는 역동적인 현실 세계를 회화나 사진보다 더 사실적으로 재현하는 영화의 리얼리즘적 역량을 '영화 – 눈'이라고 명명, ❹-3 ㄷ (스티븐 프린스)(㉢)는 … 컴퓨터 그래픽을 통해 인위적으로 변형된 이미지에서 더 강한 사실감을 느끼는 관객의 심리에 대해 주목해야 한다고 주장

→ 적절함!

③ ㉡은 카메라가 대상을 *포착하는 역량을, ㉢은 영화 이미지가 가상의 세계를 구현하는 역량을 중요하게 생각하겠군. *捕捉-, 놓치지 않고 꼭 붙잡는

근거 ❸-3 (디지털 영화에서는) 여러 개의 이미지를 합성하거나, 카메라를 사용하지 않고 컴퓨터 그래픽만으로 가상의 인물과 공간을 만들어 내는 것도 가능해졌다.

풀이 카메라가 대상을 포착하는 역량을 중요하게 생각한 것은 레프 마노비치(㉡)가 아니라, 영화의 리얼리즘적 역량을 '영화 – 눈'이라고 명명한 지가 베르토프(㉠)이다. 또한 영화 이미지가 가상의 세계를 구현하는 역량을 중요하게 생각한 것은 스티븐 프린스(㉢)가 아니라 레프 마노비치(㉡)이다.

→ 적절하지 않음!

㉡은

④ ㉠과 ㉢은 모두 영화에서 '지각적 리얼리즘'을 중요하게 생각하겠군.

→ 문제편 264쪽

풀이 '지각적 리얼리즘'을 중요시한 것은 스티븐 프린스(㉢)이다. 지가 베르토프(㉠)는 지각적 리얼리즘이 아니라 '사진적 리얼리즘'을 중요시하였다.

→ 적절하지 않음!

유효하지 않다고

⑤ ㉡과 ㉢은 모두 ㉠의 리얼리즘 개념이 디지털 영화의 시대에도 여전히 유효하다고 생각하겠군.

풀이 지가 베르토프(㉠)는 현실 세계를 사실적으로 재현하는 '사진적 리얼리즘'을 중요하게 생각하였다. 한편 레프 마노비치(㉡)는 현실 세계를 사실적으로 재현하는 '영화 – 눈'의 시대가 지나가고 '영화 – 붓'의 시대가 열렸다고 주장하였고, 스티븐 프린스(㉢)는 '사진적 리얼리즘'이 더 이상 유효하지 않다고 보았다. 즉 ㉡과 ㉢은 모두 ㉠의 리얼리즘 개념이 디지털 영화의 시대에 유효하다고 보지 않았다.

→ 적절하지 않음!

---

13 | 구체적인 사례에 적용 - 적절하지 않은 것 고르기 | 정답 ③

다음은 영화감독 A의 인터뷰이다. 윗글과 인터뷰를 바탕으로 ㉮, ㉯에 대한 비평문을 작성한다고 할 때, 떠올린 내용으로 적절하지 <u>않은</u> 것은? [3점]

2020○년 ○월 ○○일 　　　　　　□□일보

기자 : [1]감독님께서는 ㉮ 이전 영화들에서 필름 작업만을 고집하다가(固執-, 자기의 의견을 바꾸거나 고치지 않고 굳게 버티다가) ㉯ 이번 작품에는 디지털 기술도 사용하셨는데, 특별한 의도(意圖, 하고자 하는 생각이나 계획)가 있나요?

A : [2]제가 디지털 영화에 대해 부정적으로 생각했던 것은 사실입니다. [3]컴퓨터 그래픽으로 가상 세계를 표현한 영화가 유행하고 있지만, 시각적 쾌감(快感, 상쾌하고 즐거운 느낌)을 제공하는 데 그치고 있다고 생각해요. [4]저는 제 영화가 언제나 현실과 밀접한(密接-, 아주 가깝게 맞닿아 있는) 관계를 맺고 있기를 원했고, 삶의 다양한 양상(樣相, 모양, 상태)들이 제 영화에 드러나기를 원했습니다. [5]지금도 같은 생각이에요. [6]그렇지만 이번에는 역사적 사건의 현실성을 높이는 목적으로만 컴퓨터 그래픽을 최소한도(最小限度, 더 이상 줄이기 어려운 가장 작은 한도)로 사용해 보았습니다. [7]다행히 많은 관객이 실제 현장에 있는 듯한 느낌을 받았다고 해서 기뻤습니다.

'영화 – 눈'

'지각적 리얼리즘'

① A가 필름 작업을 고집했던 것을 통해 ㉮에 대한 *비평에서 A가 영화에서 현실의 역동적 양상을 포착하려고 노력했다는 것을 이야기할 수 있겠군. *批評, 대상의 옳고 그름, 아름다움과 추함, 선과 악 등을 분석하여 가치를 논함

근거 [1] 이전 영화들에서 필름 작업만을 고집, ❷-2~5 카메라의 셔터가 작동하면 피사체의 이미지가 필름에 새겨진다. 필름 표면에 각인된 이미지는 영화가 촬영되는 순간에 영화 속 인물, 사물, 공간이 실제로 카메라 앞에 존재했음을 확인해 준다. 따라서 영화는 하나의 기록이자 증언으로 인식되었다. 지가 베르토프는 역동적인 현실 세계를 회화나 사진보다 더 사실적으로 재현하는 영화의 리얼리즘적 역량을 '영화 - 눈'이라고 명명

풀이 카메라를 통해 필름에 피사체의 이미지를 새기는 필름 영화는 역동적인 현실 세계를 사실적으로 재현한다. 따라서 <보기>에서 A가 필름 작업을 고집했던 것을 통해, ㉮에 대한 비평에서 A가 영화에서 현실의 역동적 양상을 포착하려고 노력했다는 것을 이야기하는 것은 적절하다.

→ 적절함!

② A가 삶의 다양한 양상들이 자신의 영화에 드러나기를 원했다는 것을 통해 ㉮에 대한 비평에서 A가 현실의 총체적 인식을 중요하게 생각하고 있다는 것을 이야기할 수 있겠군.

근거 [4] 저는 … 삶의 다양한 양상들이 제 영화에 드러나기를 원했습니다, ❷-6 그(지가 베르토프)는 '영화-눈'이 인간의 지각을 확장하여 현실에 대한 정확하고 총체적인 인식을 제공한다고 생각했다.

→ 적절함!

③ A가 자신의 영화가 현실과 밀접한 관련을 맺고 있기를 바란다는 것을 통해 ㉯에 대한 비평에서 A가 '영화 - 붓'과 '합성 리얼리즘'을 중시한다는 점을 이야기할 수 있겠군.
'영화 - 눈'과 '사진적 리얼리즘'을

근거 [4] 저는 제 영화가 언제나 현실과 밀접한 관계를 맺고 있기를 원했고, ❷-5~6 지가 베르토프는 역동적인 현실 세계를 회화나 사진보다 더 사실적으로 재현하는 영화의 리얼리즘적 역량을 '영화 - 눈'이라고 명명했다. 그는 '영화-눈'이 인간의 지각을 확장하여 현실에 대한 정확하고 총체적인 인식을 제공한다고 생각, ❸-4~5 레프 마노비치는 디지털 기술의 도입으로 인해 '영화 - 눈'의 시대가 지나가고 '영화 - 붓'의 시대가 열렸다고 주장한다. 그는 현실의 사실적 재현을 넘어 상상의 세계를 그려 내는, 이른바 '합성 리얼리즘'의 시대로 진입하면서, 영화는 사진보다 회화나 애니메이션에 더 가까워졌다고 말한다.

풀이 인터뷰 중 A가 자신의 영화가 현실과 밀접한 관련을 맺고 있기를 바란다는 내용은,

A가 '영화 - 붓'과 '합성 리얼리즘'이 아니라 '영화 - 눈'과 '사진적 리얼리즘'을 중시한 다는 것을 알 수 있는 부분이다.
→ 적절하지 않음!

④ A가 컴퓨터 그래픽을 사용하면서도 최소화하려는 것을 통해 ⓐ에 대한 비평에서 A가 '영화 - 눈'의 가치를 여전히 중요하게 생각하고 있다는 것을 이야기할 수 있겠군.

근거 4~6 제 영화가 언제나 현실과 밀접한 관계를 맺고 있기를 원했고, 삶의 다양한 양상 들이 제 영화에 드러나기를 원했습니다. 지금도 같은 생각이에요. 그렇지만 이번에 는 역사적 사건의 현실성을 높이는 목적으로만 컴퓨터 그래픽을 최소한도로 사용, ❷-5 지가 베르토프는 역동적인 현실 세계를 회화나 사진보다 더 사실적으로 재현 하는 영화의 리얼리즘적 역량을 '영화 - 눈'이라고 명명

풀이 A는 자신의 영화가 언제나 현실과 밀접한 관련을 맺고 있기를 원했고, 삶의 다양한 양상들이 자신의 영화에 드러나기를 원했다. 그러한 A가 이번 영화에서 컴퓨터 그래 픽을 최소한도로 사용한 것을 통해, ⓐ에 대한 비평에서 A가 '영화 - 눈'의 가치를 여 전히 중요하게 생각하고 있다는 것을 이야기할 수 있을 것이다.
→ 적절함!

⑤ A가 컴퓨터 그래픽에 대한 관객들의 반응을 긍정적으로 평가하는 것을 통해 ⓐ에 대 한 비평에서 A가 '지각적 리얼리즘'을 의도하고 *연출했다는 것을 이야기할 수 있겠 군. *演出-, 연극, 영화 각본이나 시나리오를 바탕으로 연기, 장치, 의상, 조명 등의 요소를 종합하 여 일관성 있게 만들어 내었다는

근거 6~7 이번에는 역사적 사건의 현실성을 높이는 목적으로만 컴퓨터 그래픽을 최소한 도로 사용해 보았습니다. 다행히 많은 관객이 실제 현장에 있는 듯한 느낌을 받았다 고 해서 기뻤습니다. ❹-2-3 스티븐 프린스는 컴퓨터 그래픽으로 가공된 이미지를 관객이 사실적이라고 인식하는 '트루 라이즈', 즉 '진짜 거짓말' 현상을 '지각적 리얼리 즘'이라고 정의한다. … 컴퓨터 그래픽을 통해 인위적으로 변형된 이미지에서 더 강 한 사실감을 느끼는 관객의 심리에 대해 주목해야 한다고 주장

풀이 <보기>의 인터뷰에서 A는 이번 영화에서 역사적 사건의 현실성을 높이는 목적으로 만 컴퓨터 그래픽을 사용하였고, 많은 관객이 실제 현장에 있는 듯한 느낌을 받았다 고 해서 기뻤다고 하였다. 이를 통해 ⓐ에 대한 비평에서 A는, 컴퓨터 그래픽으로 가 공된 이미지를 관객이 사실적이라고 인식하는 '지각적 리얼리즘'을 의도하고 연출했 다는 점을 이야기할 수 있을 것이다.
→ 적절함!

[14 ~ 17] 독서(기술) - <접근제어의 개념과 접근제어의 유형>

1 ¹정보 시스템(情報system, 정보의 수집, 처리, 저장, 검색, 제시 등을 신속히 하여 확정한 데 이터 처리 시스템에 포함하는 조작과 절차)에 대한 '접근'이란 시스템 자원(system資源, 컴 퓨터에서 활용되는 프로그램, 데이터, 하드웨어 장치, 기억 영역 등 시스템이 제어하는 자원)을 사용하기 위해 시스템과 상호 작용하는 작업을 의미한다. ²이때 정보의 객체(客體, 의사나 행위가 미치는 대상)'는 접근의 대상이 되는 시스템 또는 시스템 자원을, 정보의 '주체(主體, 작용이나 행동의 주가 되는 것)'는 접근을 통해 특정 목적을 달성하고자(達成 -, 이루고자) 하는 사람 또는 프로그램 등을 의미한다. ³'접근제어'는 적절한 권한(權 限, 권리나 권력이 미치는 범위)을 가진 정보 주체만이 정보 객체에 접근할 수 있도록 통 제하는(統制-, 제한하거나 제약하는) 기술이다.
→ '접근제어' 기술의 의미

2 ¹접근제어에서는 보안(保安, 안전을 유지함)등급(等級, 높고 낮음을 여러 층으로 구분한 단계)에 따라 접근 권한이 관리되는데, 이때 '보안등급'은 정보 주체와 객체에 부여 된(附與-, 주어진) 중요도(重要度, 중요한 정도) 또는 신뢰도(信賴度, 믿을 수 있는 정도)를 나타낸다. ²인터넷 카페에서 등급에 따라 읽기 또는 쓰기 권한을 주는 것은 이러한 예에 해당한다. ³접근제어에서 관리하는 권한(접근 권한)은 접근제어행렬, 접근제어 목록 등으로 표현될 수 있다. ⁴'접근제어행렬'은 정보 주체를 행(行, 수나 기호, 식 등을 직사각형 모양으로 배열한 행렬에서 가로 방향의 줄)으로, 정보 객체를 열(列, 행렬에서 세로 방향의 줄)로 구성한 테이블(table, 하나 이상의 구성 요소들에 의해 관련지어진 각 항목이나 자료 배열)로서, 객체에 대한 주체의 접근 권한은 해당 주체의 행과 해당 객체의 열이 만나는 셀(cell, 기억 장치로서의 기능을 갖는 위치를 나타내는 단위)에 기록된다. ⁵접근제 어목록은 특정 객체에 대한 접근 권한을 갖는 주체가 나열된(羅列-, 죽 벌여 놓아진) 목록이다.
→ 접근제어의 역할

3 ¹접근제어에는 임의적(任意的, 일정하게 정하지 않은) 접근제어, 강제적(强制的, 권력 이나 힘으로 원하지 않는 일을 억지로 시키는) 접근제어 등이 있다. ²㉠'임의적 접근제어' 에서는 정보 객체의 소유자(所有者, 가지고 있는 사람)가 해당 객체에 대한 보안등급을 부여한다. ³또한 객체에 대한 주체의 접근 권한 역시 해당 정보 객체의 소유자가 결 정한다. ⁴따라서 임의적 접근제어에서 접근 권한을 표현할 때는 접근제어목록이

주로 사용된다. ⁵임의적 접근제어는 구현(具現, 나타나게 함)이 쉽고 권한 관리가 유 연한(柔軟-, 부드럽고 연한) 방식이지만, 정보 객체의 소유자가 접근 권한을 임의로 변경할 수 있어서 접근 권한의 일률적(一律的, 한결같은) 통제가 어렵다는 문제가 있 다. ⁶㉡'강제적 접근제어'에서는 보안등급 부여와 접근 권한의 관리가 중앙화된(中 央化-, 중앙으로 집중된) 방식으로 수행된다.(遂行-, 일이 행해진다.) ⁷따라서 접근 권한 을 일률적으로 통제할 수 있다는 장점이 있다. ⁸강제적 접근제어에는 벨라파둘라 모델과 비바 모델 등이 있는데, ㉯벨라파둘라 모델은 기밀(機密, 외부에 드러내서는 안 될 중요한 비밀) 정보의 유출(流出, 밖으로 흘러 나감) 방지(防止, 일어나지 못하게 막음)에 적합하고(適合-, 꼭 알맞고), 비바 모델은 정보의 신뢰도 유지(維持, 변함없이 계속 이어 감)에 적합하다.
→ 접근제어의 유형 : 임의적 접근제어와 강제적 접근제어

4 ¹정보 객체가 문서이고 정보 주체가 객체에 대한 읽기와 쓰기 권한을 갖는다고 가정했을(假定-, 임시로 사실인 것처럼 정했을) 때, 벨라파둘라 모델에서 정보 주체는 자신보다 높은 등급의 문서를 읽는 것이 금지되지만, 등급이 같거나 낮은 문서에 대해서는 읽는 것이 가능하다. ²또한 정보 주체는 자신보다 낮은 등급의 문서에 쓰 는 것은 금지되지만, 등급이 같거나 높은 문서에 쓰는 것은 허용된다.(許容-, 허락되 어 너그럽게 받아들여진다.) ³비바 모델에서 정보 주체는 자신보다 높은 등급의 문서에 대해서는 쓰기 권한이 없지만, 등급이 같거나 낮은 문서에 대해서는 쓰기가 가능하 다. ⁴또한 정보 주체는 자신보다 낮은 등급의 문서에 대해서는 읽기 권한이 없지만, 등급이 같거나 높은 문서를 읽는 것이 허용된다. ⁵정보 주체는 자신보다 낮은 등급 의 문서에 포함된 신뢰도가 낮은 정보를 참조함으로써(參照-, 참고로 비교하고 대조하 여 봄으로써) 자신이 보유한(保有-, 가지고 있는) 정보의 신뢰도를 떨어뜨릴 수 있는데, 비바 모델에서는 이를 방지할(防止-, 막을) 수 있다.
→ 벨라파둘라 모델과 비바 모델의 특징

■ 지문 이해

❶ '접근제어' 기술의 의미
- 접근제어 : 적절한 권한을 가진 정보 주체만 정보 객체에 접근할 수 있도록 통제 하는 기술
  - 접근 : 시스템 자원을 사용하기 위해 시스템과 상호 작용하는 작업
  - 정보 객체 : 접근 대상이 되는 시스템, 시스템 자원
  - 정보 주체 : 접근을 통해 특정 목적을 달성하고자 하는 사람, 프로그램

❷ 접근제어의 역할
- 접근제어 : 보안등급에 따라 접근 권한이 관리됨
  └ 접근제어행렬, 접근제어목록 등으로 표현됨
  - 접근제어행렬 : 객체에 대한 주체의 접근 권한을 행렬로 기록
  - 접근제어목록 : 특정 객체에 대한 접근 권한을 갖는 주체가 나열된 목록

❸ 접근제어의 유형 : 임의적 접근제어와 강제적 접근제어

임의적 접근제어	강제적 접근제어
- 정보 객체의 소유자가 해당 객체에 대한 보안등급 부여, 객체에 대한 주체의 접근 권한 결정 - 주로 접근제어목록을 사용해 접근 권한을 표현함 - 구현이 쉽고 권한 관리가 유연함 - 정보 객체의 소유자가 접근 권한을 임의로 변경할 수 있어 접근 권한의 일률적 통제가 어려움	- 중앙화된 방식으로 보안등급 부여, 접근 권한 관리 - 접근 권한을 일률적으로 통제할 수 있다는 장점 - 벨라파둘라 모델 : 기밀 정보 유출 방지에 적합함 - 비바 모델 : 정보의 신뢰도 유지에 적합함

❹ 벨라파둘라 모델과 비바 모델의 특징
- 정보 주체의 접근 권한

	벨라파둘라 모델		비바 모델	
	읽기 권한	쓰기 권한	읽기 권한	쓰기 권한
등급이 높은 문서	×	○	○	×
등급이 같은 문서	○	○	○	○
등급이 낮은 문서	○	×	×	○

- 비바 모델에서는 정보 주체가 자신보다 낮은 등급의 문서에 포함된 신뢰도 낮은 정보를 참조함으로써 자신이 보유한 정보의 신뢰도를 떨어뜨리는 것을 방지할 수 있음

윗글의 내용과 일치하지 <u>않는</u> 것은?

① 접근제어행렬은 접근 권한을 나타내는 테이블이다.

　근거 ❷-4 '접근제어행렬'은 정보 주체를 행으로, 정보 객체를 열로 구성한 테이블로서, 객체에 대한 주체의 접근 권한은 해당 주체의 행과 해당 객체의 열이 만나는 셀에 기록된다.

　풀이 접근제어행렬은 정보 주체를 행으로, 정보 객체를 열로 구성하여, 객체에 대한 주체의 접근 권한을 기록하는 테이블이다.

　→ 적절함!

② 임의적 접근제어의 접근 권한 표현에는 접근제어목록이 주로 사용된다.

　근거 ❸-4 임의적 접근제어에서 접근 권한을 표현할 때는 접근제어목록이 주로 사용된다.

　→ 적절함!

③ 접근은 시스템과의 상호 작용을 통해 시스템 자원을 사용하는 것을 목적으로 한다.

　근거 ❶-1 정보 시스템에 대한 '접근'이란 시스템 자원을 사용하기 위해 시스템과 상호 작용하는 작업을 의미

　→ 적절함!

④ 접근제어에서는 정보 주체와 정보 객체에 부여된 중요도나 신뢰도에 따라 접근 권한이 관리된다.

　근거 ❷-1 접근제어에서는 보안등급에 따라 접근 권한이 관리되는데, 이때 '보안등급'은 정보 주체와 객체에 부여된 중요도 또는 신뢰도를 나타낸다.

　→ 적절함!

⑤ 접근제어목록은 <u>특정 정보 주체가 접근할 수 있는 정보 객체를 목록화하여 관리하기</u> 위해 사용된다.

　근거 ❷-5 '접근제어목록'은 특정 객체에 대한 접근 권한을 갖는 주체가 나열된 목록이다.

　풀이 접근제어목록은 특정 정보 주체가 접근할 수 있는 정보 객체를 목록화한 것이 아니라, '특정 객체에 대한 접근 권한을 갖는 주체'가 나열된 목록이다. 따라서 접근제어목록이 '정보 객체'를 목록화하여 관리하기 위해 사용된다는 설명은 적절하지 않다.

　→ 적절하지 않음!

㉠과 ㉡에 대한 이해로 적절하지 <u>않은</u> 것은?

> ㉠ '임의적 접근제어'　　㉡ '강제적 접근제어'

① ㉠과 달리 ㉡은 중앙화된 방식으로 접근 권한을 통제하기 때문에 일률적인 권한 관리가 가능하다는 특징이 있다.

　근거 ❸-5~7 임의적 접근제어(㉠)는 … 접근 권한의 일률적 통제가 어렵다는 문제가 있다. '강제적 접근제어(㉡)'에서는 보안등급 부여와 접근 권한의 관리가 중앙화된 방식으로 수행된다. 따라서 접근 권한을 일률적으로 통제할 수 있다는 장점이 있다.

　→ 적절함!

② ㉠과 달리 ㉡은 <u>정보 객체의 소유자 외의 정보 주체가 해당 객체를 변경하는 것을 방지하기 위해 사용되는 방식</u>이다.

　근거 ❸-5 ('임의적 접근제어'에서는) 정보 객체의 소유자가 접근 권한을 임의로 변경할 수 있어서, ❸-8 강제적 접근제어에는 벨라파둘라 모델과 비바 모델 등이 있는데, ❹-2~3 (벨라파둘라 모델에서) 정보 주체는 … 등급이 같거나 높은 문서에 쓰는 것은 허용된다. 비바 모델에서 정보 주체는 … 등급이 같거나 낮은 문서에 대해서는 쓰기가 가능하다.

　풀이 임의적 접근제어(㉠)에서는 정보 객체의 소유자가 접근 권한을 임의로 변경할 수 있다고 하였으므로, 정보 객체의 소유자가 접근 권한을 어떻게 부여하는지에 따라 정보 객체의 소유자 외의 정보 주체가 해당 객체를 변경할 수 있는지의 여부가 정해진다. 한편 강제적 접근제어(㉡)에는 벨라파둘라 모델과 비바 모델 등이 있는데, 이들 모델에서는 정보 주체의 등급에 따라 문서에 쓰기, 즉 정보 객체 변경이 허용된다고 하였다. 따라서 ㉡이 정보 객체의 소유자 외의 정보 주체가 해당 객체를 변경하는 것을 방지하기 위해 사용되는 방식이라는 설명은 적절하지 않다.

　→ 적절하지 않음!

③ ㉡과 달리 ㉠은 정보 객체의 소유자가 접근 권한을 관리하기 때문에 권한 관리가 유연한 방식이다.

　근거 ❸-3 ('임의적 접근제어'에서는) 객체에 대한 주체의 접근 권한 역시 해당 정보 객체의 소유자가 결정, ❸-5 임의적 접근제어는 구현이 쉽고 권한 관리가 유연한 방식, ❸-6~7 '강제적 접근제어'에서는 보안등급 부여와 접근 권한의 관리가 중앙화된 방식으로 수행된다. 따라서 접근 권한을 일률적으로 통제할 수 있다는 장점이 있다.

　풀이 보안등급 부여와 접근 권한 관리가 중앙화된 방식으로 수행되어 접근 권한의 일률적 통제가 가능한 강제적 접근제어(㉡)와 달리, 임의적 접근제어(㉠)는 정보 객체의 소유자가 주체의 접근 권한을 결정하므로, 권한 관리가 유연한 방식이다.

　→ 적절함!

④ ㉠과 ㉡은 모두 권한을 부여하고 관리하기 위해 사용된다.

　근거 ❷-1 접근제어에서는 보안등급에 따라 접근 권한이 관리되는데, ❸-2~3 '임의적 접근제어'에서는 정보 객체의 소유자가 해당 객체에 대한 보안등급을 부여한다. 또한 객체에 대한 주체의 접근 권한 역시 해당 정보 객체의 소유자가 결정, ❸-6 '강제적 접근제어'에서는 보안등급 부여와 접근 권한의 관리가 중앙화된 방식으로 수행된다.

　→ 적절함!

⑤ ㉠과 ㉡은 모두 접근제어행렬을 이용한 접근 권한 표현이 가능한 방식이다.

　근거 ❷-4 '접근제어행렬'은 정보 주체를 행으로, 정보 객체를 열로 구성한 테이블로서, 객체에 대한 주체의 접근 권한은 해당 주체의 행과 해당 객체의 열이 만나는 셀에 기록된다.

　풀이 임의적 접근제어(㉠)와 강제적 접근제어(㉡)는 모두 정보 객체에 대한 주체의 접근 권한의 관리와 관련되므로, ㉠과 ㉡은 모두 접근제어행렬을 이용한 접근 권한 표현이 가능한 방식이라는 설명은 적절하다.

　→ 적절함!

㉮의 이유로 가장 적절한 것은?

> ㉮ 벨라파둘라 모델은 기밀 정보의 유출 방지에 적합

▶ **지문 핵심 개념 정리**

벨라파둘라 모델 접근제어
- 정보 주체는 자신보다 높은 등급의 문서를 읽는 것이 금지되지만, 등급이 같거나 낮은 문서에 대해서는 읽는 것이 가능함(❹-1)
- 정보 주체는 자신보다 낮은 등급의 문서에 쓰는 것은 금지되지만, 등급이 같거나 높은 문서에 쓰는 것은 허용됨(❹-2)

① 정보 객체의 정보가, 같은 등급의 정보 주체로 전달되지 않기 때문이다.

　풀이 벨라파둘라 모델에서, 정보 객체가 문서이고 정보 주체가 객체에 대한 읽기와 쓰기 권한을 갖는다고 하였을 때, 정보 주체는 같은 등급의 문서에 대해 읽거나 쓰는 것이 가능하다. 즉 정보 객체의 정보가 같은 등급의 정보 주체로 전달되는 것이 가능하다. 따라서 정보 객체의 정보가 같은 등급의 정보 주체로 전달되지 않기 때문이라는 것은 ㉮의 이유로 적절하지 않다.

　→ 적절하지 않음!

② 정보 주체와 정보 객체의 보안등급이 중앙화된 방식으로 관리되기 때문이다.

　근거 ❸-6 '강제적 접근제어'에서는 보안등급 부여와 접근 권한의 관리가 중앙화된 방식으로 수행된다, ❸-8 강제적 접근제어에는 벨라파둘라 모델과 비바 모델 등이 있는데

　풀이 벨라파둘라 모델과 비바 모델은 모두 강제적 접근제어에 해당한다. 윗글에서 벨라파둘라 모델은 기밀 정보의 유출 방지에 적합하고, 비바 모델은 정보의 신뢰도 유지에 적합하다고 하였는데, 그 이유를 찾기 위해서는 이 두 모델의 차이점을 살펴보아야 한다. '정보 주체와 정보 객체의 보안등급이 중앙화된 방식으로 관리'된다는 것은 벨라파둘라 모델뿐만 아니라 비바 모델에도 해당하는 설명이므로, 이것을 '벨라파둘라 모델이 기밀 정보의 유출 방지에 적합한 이유로 볼 수 없다.

　→ 적절하지 않음!

③ 정보 주체가 자신보다 낮은 등급의 정보 객체에 쓰는 것이 금지되기 때문이다.

　풀이 벨라파둘라 모델에서는 정보 주체가 자신보다 높은 등급의 문서를 읽는 것이 금지되고, 자신보다 낮은 등급의 문서에 쓰는 것이 금지된다. 즉 벨라파둘라 모델이 기밀 정보의 유출 방지에 적합한 이유는 정보 주체가 자신보다 높은 등급의 정보 객체에 접근할 수 없고, 정보 주체가 자신이 보유한 정보를 자신보다 낮은 등급의 정보 객체에 쓰는 것 또한 허용되지 않기 때문이다.

　→ 적절함!

④ 정보 주체가 자신보다 높은 등급의 정보 객체에 쓰는 것이 가능하기 때문이다.

　풀이 벨라파둘라 모델에서 정보 주체가 자신보다 높은 등급의 정보 객체에 쓰는 것이 가

능한 것은 맞지만, 이것이 벨라파둘라 모델이 기밀 정보의 유출 방지에 적합한 이유라고 볼 수는 없다.

→ 적절하지 않음!

⑤ 정보 주체와 정보 객체를 중요도에 따라 분류하고 이를 테이블을 이용해서 관리하기 때문이다.

근거 ❷-1 접근제어에서는 보안등급에 따라 접근 권한이 관리되는데, 이때 '보안등급'은 정보 주체와 객체에 부여된 중요도 또는 신뢰도를 나타낸다. ❷-4 '접근제어행렬'은 정보 주체를 행으로, 정보 객체를 열로 구성한 테이블

풀이 정보 주체와 정보 객체를 중요도에 따라 분류하는 것은 접근제어에서 '보안등급'과 관련된 것이고, 정보 주체와 정보 객체를 테이블을 이용해 관리하는 것은 접근제어에서 관리하는 권한이 '접근제어행렬'로 표현된 것을 말한다. '보안등급'이나 '접근제어행렬'은 접근제어 전체에 해당하는 내용이므로, ㉮의 이유로 적절하지 않다.

→ 적절하지 않음!

---

17 구체적인 사례에 적용 - 적절하지 않은 것 고르기 · 정답 ②

윗글을 바탕으로 〈보기〉를 이해한 내용으로 적절하지 않은 것은? 3점

| 보기 |

다음은 비바 모델 접근제어를 사용하는 ○○ 회사의 접근제어행렬이다. 이 회사에는 갑, 을, 병이라는 정보 주체와 A, B, C라는 정보 객체가 있다. 이 회사는 모든 정보 주체 및 객체를 1등급, 2등급, 3등급의 보안등급으로 분류하고 있다. 테이블에서 r은 읽기 권한을, w는 쓰기 권한을 의미한다.

주체＼객체	A	B	C
갑	[ ]	rw	r
을	rw	w	r
병	w	w	rw

▶ 지문 핵심 개념 정리

비바 모델 접근제어
– 정보 주체는 자신보다 높은 등급의 문서에 대해서는 쓰기 권한이 없지만, 등급이 같거나 낮은 문서에 대해서는 쓰기가 가능함(❹-3) – 정보 주체는 자신보다 낮은 등급의 문서에 대해서는 읽기 권한이 없지만, 등급이 같거나 높은 문서를 읽는 것이 허용됨(❹-4)

① 모든 주체가 B에 대한 쓰기 권한을, C에 대한 읽기 권한을 가지고 있음을 고려할 때, 갑은 A에 대한 읽기 권한을 가지고 있겠군.

풀이 비바 모델에서 정보 주체는 자신보다 높은 등급의 문서에 대해서는 쓰기 권한이 없지만, 등급이 같거나 낮은 문서에 대해서는 쓰기가 가능하다. 〈보기〉에서 모든 주체가 B에 대한 쓰기 권한을 가지고 있다고 하였으므로, B의 보안등급은 3등급으로 분류됨을 알 수 있다. 만약 B의 보안등급이 2등급 이상이라면 3등급으로 분류된 정보 주체는 B에 대한 쓰기 권한을 가질 수 없기 때문이다. 한편 비바 모델에서 정보 주체는 자신보다 낮은 등급의 문서에 대해서는 읽기 권한이 없지만, 등급이 같거나 높은 문서를 읽는 것은 허용된다. 〈보기〉에서 모든 주체가 C에 대한 읽기 권한을 가지고 있다고 하였으므로, C의 보안등급은 1등급이라는 것을 알 수 있다. 만약 C의 보안등급이 2등급이라면 1등급으로 분류된 정보 주체는 C에 대한 읽기 권한을 가질 수 없고, C의 보안등급이 3등급이라면 모든 주체가 B에 대한 쓰기 권한을 가질 수 없기 때문이다. 또한 〈보기〉의 회사는 모든 정보 주체 및 객체를 1등급, 2등급, 3등급의 보안등급으로 분류하고 있다고 하였으므로, 앞에서 정리한 내용을 통해 A의 보안등급은 2등급이라는 것을 알 수 있다. 〈보기〉의 갑은 B에 대해 읽기와 쓰기 권한을 모두 가지고 있으므로, 갑의 보안등급은 B와 같은 3등급이다. 따라서 3등급인 갑은 2등급인 A에 대해 읽기 권한을 가진다.

→ 적절함!

✓② 을은 병에 비해 읽기 권한이 많다는 점을 고려할 때, 보안등급은 을이 병보다 높겠군. *낮겠군

풀이 비바 모델에서 정보 주체는 자신보다 낮은 등급의 문서에 대해서는 읽기 권한이 없지만, 등급이 같거나 높은 문서를 읽는 것은 허용된다. 즉 비바 모델에서는 정보 주체의 보안등급이 높을수록 읽기 권한이 적다. 〈보기〉에서 을은 병에 비해 읽기 권한이 많으므로, 을의 보안등급은 병의 보안등급보다 낮을 것이다.

→ 적절하지 않음!

③ 을은 A에 대한 읽기 권한과 쓰기 권한을 모두 가지고 있음을 고려할 때, 을과 A의 보안등급은 같겠군.

풀이 비바 모델에서 정보 주체는 자신보다 높은 등급의 문서에 대해서는 쓰기 권한이 없지만, 등급이 같거나 낮은 문서에 대해서는 쓰기가 가능하다. 또한 정보 주체는 자신

보다 낮은 등급의 문서에 대해서는 읽기 권한이 없지만, 등급이 같거나 높은 문서를 읽는 것이 허용된다. 〈보기〉에서 을은 A에 대한 읽기 권한과 쓰기 권한을 모두 가지고 있으므로, 을과 A의 보안등급은 같을 것이다.

→ 적절함!

④ 을은 C에 대한 읽기 권한이 있으므로 C보다 보안등급이 낮은 을에게 C의 중요 정보가 유출될 수 있겠군.

풀이 비바 모델에서 정보 주체는 자신보다 낮은 등급의 문서에 대해서는 읽기 권한이 없지만, 등급이 같거나 높은 문서를 읽는 것이 허용된다. 〈보기〉에서 을은 C에 대한 읽기 권한이 있으므로, 을은 C와 보안등급이 같거나 그보다 낮음을 알 수 있다. 따라서 C보다 보안등급이 낮은 을에게 C의 중요 정보가 유출될 수 있다는 설명은 적절하다.

→ 적절함!

⑤ 병이 A와 B에 대한 읽기 권한이 없는 것은 병이 보유한 정보의 신뢰도 *하락을 막기 위한 것이겠군. *下落, 떨어짐

근거 ❹-5 정보 주체는 자신보다 낮은 등급의 문서에 포함된 신뢰도가 낮은 정보를 참조함으로써 자신이 보유한 정보의 신뢰도를 떨어뜨릴 수 있는데, 비바 모델에서는 이를 방지할 수 있다.

풀이 정보 주체는 자신보다 낮은 등급의 문서에 포함된 낮은 정보를 참조함으로써 자신이 보유한 정보의 신뢰도를 떨어뜨릴 수 있는데, 비바 모델에서는 정보 주체가 자신보다 낮은 등급의 문서에 대해 읽기 권한이 없어 이를 방지할 수 있다. 따라서 〈보기〉에서 병이 A와 B에 대한 읽기 권한이 없는 것은 병이 보유한 정보의 신뢰도 하락을 막기 위한 것이라는 설명은 적절하다.

→ 적절함!

[18 ~ 23] 독서(사회)

(가)

1 [1]표현의 자유는 개인의 **인격**(人格, 사람으로서의 품격) **발현**(發現, 속에 있는 것이 밖으로 나타남)과 민주주의의 **유지**(維持, 변함없이 계속하여 이어 감) 발전을 위해 **필수적이다.**(必須的-, 꼭 있어야 한다.) [2]표현의 자유가 **보장되지**(保障-, 어려움 없이 이루어지도록 보호되지) 않으면 다양한 **사상**(思想, 어떠한 사물에 대하여 가지고 있는 구체적인 사고나 생각)과 의견이 **공론**(公論, 여럿이 의논함)의 **장**(場, 행하여지는 곳)에 **진입하지**(進入-, 향하여 들어가지) 못한다. [3]표현의 자유가 보장되기 위해서는 ㉠'**사전**(事前, 일이 일어나기 전)**억제**(抑制, 억눌러 그치게 함)의 금지원칙'과 '**과잉**(過剩, 예정하거나 필요한 수량보다 많아 남음)금지원칙'의 적용이 필요하다. [4]사전억제의 금지원칙은 표현하려는 내용을 사전에 **심사하여**(審査-, 자세하게 조사하여 등급이나 당락 등을 결정하여) 억제해서는 안 된다는 것이다. [5]과잉금지원칙이란, **기본권**(基本權, 자유권, 참정권, 사회권 등 인간이 태어날 때부터 가지고 있는 기본적인 권리)을 **제한하는**(制限-, 일정한 한도를 정하거나 그 한도를 넘지 못하게 막는) 법률은 '목적의 **정당성**(正當性, 일의 이치에 맞아 옳고 정의로운 성질)', '**수단**(手段, 어떤 목적을 이루기 위한 방법, 도구)의 적절성', '**침해**(侵害, 침범하여 해를 끼침)의 최소성' 그리고 '**법익**(法益, 어떤 법의 규정이 보호하려고 하는 이익)의 균형성'을 모두 충족해야 한다는 것이다. [6]이들 원칙은 표현의 자유의 본질을 침해하는 것을 막는 데 **기여한다.**(寄與-, 도움이 되게 한다.)

→ 표현의 자유가 보장되기 위해 필요한 두 가지 원칙

2 [1]이러한 원칙을 반영하여 표현의 자유를 제한하는 방식, 범위, 대상에 의미 있는 변화가 있었다. [2]우선 표현을 **규제하는**(規制-, 규칙이나 규정에 의해 일정한 한도를 정하거나 정한 한도를 넘지 못하게 막는) 방식이 변했다. [3]**헌법재판소**(憲法裁判所, 입법부에 의해 만들어진 법률이나 국가 기관의 작용이 헌법에 위배되거나 국민의 기본권을 침해하였는지 여부를 심판하는 '헌법 재판'을 담당하는 독립된 국가 기관으로서, 헌법 보장 기관인 동시에 기본권 보장 기관)는 방송 광고 등 **상업적**(商業的, 상품을 사고파는 행위를 통해 이익을 얻는) 표현물과 일반 영상물에 대한 사전심의(審議, 심사하고 토의함)제도가 행정 기관이 주체가 되어 **운영된다**(運營-, 관리되고 쓰인다)는 점에서, 우리 헌법이 금지하는 **검열**(檢閱, 언론, 출판, 보도, 연극 등의 내용을 사전에 심사하여 그 발표를 통제하는 일)에 해당한다고 결정했다. [4]이들 영역의 심의는 **법적인**(法的-, 법에 따른) **사후**(事後, 일이 끝난 뒤)심의나 **자율적인**(自律的-, 자기 스스로의 원칙에 따라 하는) 사전심의로 **대체되었다.**(代替-, 바뀌었다.)

→ '방식'의 변화 : 규제 방식의 변화

3 [1]또한 **익명**(匿名, 이름을 숨김) 표현의 범위가 확대되었다. [2]인터넷 게시판에 글을 쓰려는 사람들이 사전에 요구 받았던 본인확인제를 헌법재판소는 **위헌**(違憲, 법률, 명령, 규칙, 처분 등이 헌법에 위반됨)으로 결정했다. [3]헌법재판소는 인터넷에서 **건전한**

→ 문제편 266쪽

(健全－, 한쪽으로 치우치지 않고 정상적이며 위태롭지 않은) 정보의 유통(流通, 막힘 없이 흘러 통함)을 추구하려는 이 제도가 가진 목적의 정당성을 인정하였다. [4]또 본인 확인이 목적 달성에 기여한다는 점에서 수단의 적절성도 인정하였다. [5]그러나 본인확인제는 익명 표현의 장점까지 포괄적으로(包括的－, 모두 끌어넣어) 제한하므로 침해의 최소성은 인정하지 않았다. [6]또한 표현의 자유를 제한하여 얻는 이익에 비해 달성되는(達成－, 이루어지는) 공익(公益, 사회 전체의 이익)이 크지 않다는 점에서 법익의 균형성도 인정하지 않았다.

→ '범위'의 변화 : 익명 표현 범위의 확대

4 [1]또 일부 대상에 대한 명예훼손(名譽毁損, 공공연하게 다른 사람의 사회적 평가를 떨어뜨리는 사실 또는 허위 사실을 지적하는 일) 책임이 완화되었다.(緩和－, 부드러워지거나 약해졌다.) [2]2002년 대법원은 '공적(公的, 국가나 사회에 관계되는) 인물·공적 사안(事案, 법률, 규정 등에서 문제가 되는 일이나 안)의 법리(法理, 법률의 원리와 논리)'를 도입했다. [3]공적 인물이나 공적 사안에 대한 언론(言論, 매체를 통하여 어떤 사실을 밝혀 알리거나 어떤 문제에 대하여 여론을 형성하는 활동) 보도(報道, 매체를 통해 일반 사람들에게 새로운 소식을 알림)와 사적 인물이나 사적 사안에 대한 언론 보도의 명예훼손 책임을 달리(서로 같지 않게) 취급해야(取扱－, 다루어야) 한다는 것이다. [4]후자(사적 인물이나 사적 사안에 대한 언론 보도)의 경우 인격권의 보호가 우선할 수 있으나, 전자(공적 인물이나 공적 사안에 대한 언론 보도)의 경우 언론 보도의 법적 책임이 완화되어야 한다는 이 법리는 법원의 명예훼손 재판 기준으로 유지되고 있다. [5]법원은 공직자(公職者, 공무원, 국회 의원 따위의 공직에 종사하는 사람)나 정치인 등의 도덕성이나 업무 처리에 대한 비판적 보도로 인해 생길 수 있는 언론의 법적 책임을 완화하고 있다. [6]공론의 장에 나선 공적 인물의 명예나 초상권(肖像權, 자기의 초상이 자기 의사를 거스르고 촬영되거나 공표되지 않을 권리) 등의 인격권은 표현의 자유를 위해 한발 물러서야 한다는 것이다.

→ '대상'의 변화 : 명예훼손 책임의 완화

(나)

1 [1]디지털 공간에서는 개인의 인격권을 침해하는 정보가 쉽게 확산된다.(擴散－, 흩어져 널리 퍼진다.) [2]자신의 인격권을 침해하는 정보가 인터넷에서 공유되고(共有－, 다른 사람에게 퍼지고), 그 내용이 언론을 통해 공론화되고(公論化－, 여럿이 의논하는 대상이 되고) 있는 상황을 가정해 보자. [3]어떻게 대응할(對應－, 일이나 사태에 맞추어 태도나 행동을 취할) 수 있을까?

→ 개인의 인격권을 침해하는 정보가 쉽게 확산되는 디지털 공간

2 [1]개인의 사생활을 침해하거나 명예를 훼손하는 정보는 법적 절차를 통해 삭제가 가능하다. [2]일반 이용자가 작성한 게시물이나 댓글의 경우, '정보통신망법'에 의거(依據, 근거하여) 정보통신서비스 제공자에게 피해 사실을 ⓐ 소명하고, 삭제를 요청할 수 있다. [3]삭제 요청을 받은 서비스 제공자는 해당 게시물을 ⓑ 지체 없이 삭제해야 한다. [4]만약 언론의 보도 기사에 의해 인격권이 침해되고 있다면, 법원 혹은 언론중재위원회(言論仲裁委員會, 언론 등의 보도 또는 매개로 인해 피해를 입은 자들의 반론 보도, 정정 보도, 추후 보도 및 손해 배상 청구에 관한 사건을 접수하여 조정·중재하고, 언론 보도 등으로 인한 침해 사항을 심의하기 위해 설치한 기구)를 통한 기사삭제청구권의 행사(行使, 권리의 내용을 실현함)를 고려해 볼 수 있다. [5]기사삭제청구권은 법률에 규정은 없지만, 법원은 그 기사가 허위(虛僞, 진실이 아닌 것을 진실인 것처럼 꾸민 것)이며 중대하고 ⓒ 현저한 침해가 계속되는 경우 기사 삭제의 청구를 판례(判例, 법원에서 동일하거나 비슷한 소송 사건에 대해 행한 재판의 선례)를 통해 인정하고 있다. [6]이때 기사의 허위성은 피해자가 입증해야(立證－, 근거나 증거를 들어 증명해야) 한다.

→ 개인의 인격권을 침해하는 정보에 대응하는 방법 ① : 삭제 요청

3 [1]언론의 보도 기사에 대해서는 언론사(言論社, 신문사나 방송국 등 언론을 담당하는 회사), 언론중재위원회 또는 법원에 정정(訂正, 잘못을 고쳐서 바로잡음)보도나 반론(反論, 남의 의견에 대해 반대하거나 되받아 논의함)보도, 추후(追後, 일이 지나간 얼마 뒤)보도를 청구할 수도 있다. [2]'언론중재법'은 언론 보도가 진실하지 않을 때 진실에 부합하게(符合－, 꼭 들어맞게) 고쳐 달라고 요구할 수 있는 정정보도청구권, 언론 보도의 진실 여부(진실한지 진실하지 않은지)와 관계없이 그에 대립되는 반박적(反駁的, 반대하여 말하는 성격을 띠는) 주장을 보도해 달라고 요구하는 반론보도청구권을 규정하고 있다. [3]또 범죄 혐의(嫌疑, 범죄를 저질렀을 가능성)가 있다거나 형사상의(刑事上－, 형법의 적용을 받는 사건과 관계된) 조치(措置, 벌어지는 사태에 필요한 대책)를 받았다고 언론이 보도했으나 무죄확정판결 또는 혐의없음으로 사건이 종결되었을 때 이를 보도해 달라고 요구할 수 있는 추후보도청구권을 규정하고 있다.

→ 개인의 인격권을 침해하는 정보에 대응하는 방법 ② : 정정·반론·추후보도의 청구

4 [1]자신에 대한 허위 정보가 시사(時事, 그 당시에 일어난 여러 가지 사회적 사건) 보도 프로그램을 통해 방송될 예정이라면, 법원에 방영(放映, 텔레비전으로 방송을 하는 일)금

지가처분(假處分, 법원의 재판으로 어떤 행위를 임시로 요구하는 것)을 신청해 그 내용이 방송되지 않도록 할 수도 있다. [2]방송될 내용이 진실이 아니고 피해자에게 회복하기 어려운 중대하고 현저한(顯著－, 뚜렷이 드러나는) 손해를 입힐 수 있는 경우 법원의 판단하에 방영금지가처분 신청이 ⓓ 인용될 수 있다. [3]ⓛ 방영금지가처분제도가 위헌이라는 주장이 있지만 헌법재판소는 방영금지가처분이 과잉금지원칙에 위배되지(違背－, 어겨지지) 않는다고 판단했다. [4]또한 검열에 해당한다는 점도 ⓔ 부인했다.

→ 개인의 인격권을 침해하는 정보에 대응하는 방법 ③ : 방영금지가처분의 신청

■지문 이해

(가)

〈표현의 자유를 제한하는 방식, 범위, 대상의 변화〉

❶ 표현의 자유가 보장되기 위해 필요한 두 가지 원칙

- 표현의 자유가 필요한 이유 : 개인의 인격 발현과 민주주의의 유지 발전을 위해
- 표현의 자유 보장을 위해 적용해야 할 원칙
  - 사전억제의 금지원칙 : 표현하려는 내용을 사전에 심사하여 억제해서는 안 됨
  - 과잉금지원칙 : 기본권을 제한하는 법률은 목적의 정당성, 수단의 적절성, 침해의 최소성, 법익의 균형성을 모두 충족해야 함

표현의 자유가 확장된 양상

❷ '방식'의 변화 : 규제 방식의 변화

- 헌법재판소는 상업적 표현물과 일반 영상물에 대한 사전심의제도가 우리 헌법이 금지하는 검열에 해당한다고 결정함 → 법적인 사후심의나 자율적인 사전심의로 대체됨

❸ '범위'의 변화 : 익명 표현 범위의 확대

- 헌법재판소는 인터넷 게시판 사용을 위해 사전에 요구 받았던 본인확인제를 위헌으로 결정함
  - 목적의 정당성, 수단의 적절성 : 인정
  - 침해의 최소성, 법익의 균형성 : 인정 ×

❹ '대상'의 변화 : 명예훼손 책임의 완화

- 대법원은 '공적 인물·공적 사안의 법리'를 도입함
  - 공적 인물이나 공적 사안에 대한 언론 보도의 법적 책임을 완화함
  - 공적 인물의 명예나 초상권 등 인격권은 표현의 자유를 위해 한발 물러서야 한다고 봄

(나)

〈개인의 인격권 침해에 대응하는 방법〉

❶ 개인의 인격권을 침해하는 정보가 쉽게 확산되는 디지털 공간

개인의 인격권을 침해하는 정보에 대응하는 방법

❷ 삭제 요청

- 일반 이용자가 작성한 게시물이나 댓글에 의한 인격권 침해
  - 정보통신망법에 의거 정보통신서비스 제공자에게 피해 사실 소명, 삭제 요청
  - 삭제 요청을 받은 서비스 제공자는 해당 게시물을 지체 없이 삭제해야 함
- 언론 보도 기사에 의한 인격권 침해
  - 법원이나 언론중재위원회를 통한 기사삭제청구권 행사
  - 기사의 허위성은 피해자가 입증해야 함

❸ 정정·반론·추후보도의 청구

- 정정보도청구권 : 언론 보도가 진실하지 않을 때, 고쳐 달라고 요구할 수 있는 권리
- 반론보도청구권 : 언론 보도의 진실 여부와 관계없이, 반박적 주장을 보도해 달라고 요구할 수 있는 권리
- 추후보도청구권 : 범죄 혐의가 있다거나 형사상 조치를 받았다고 언론이 보도했으나 무죄확정판결 또는 혐의없음으로 사건이 종결되었을 때 이를 보도해 달라고 요구할 수 있는 권리

❹ 방영금지가처분의 신청

- 자신에 대한 허위 정보가 시사 보도 프로그램에 방송될 예정일 경우
  - 법원에 방영금지가처분 신청

---

18 글의 서술 방식 파악 - 적절한 것 고르기 　　　정답 ②

(가), (나)에 대한 설명으로 가장 적절한 것은?

근거 **(가)-❷-1~2** 표현의 자유를 제한하는 방식, 범위, 대상에 의미 있는 변화가 있었다. 우선 표현을 규제하는 방식이 변했다, **(가)-❸-1** 또한 익명 표현의 범위가 확대되었다, **(가)-❹-1** 또 일부 대상에 대한 명예훼손 책임이 완화되었다, **(나)-❶-2~3** 자신의 인격권을 침해하는 정보가 … 공론화되고 있는 상황을 가정해 보자. 어떻게 대응할 수 있을까?, **(나)-❷-1** 개인의 사생활을 침해하거나 명예를 훼손하는 정보는 법적 절차를 통해 삭제가 가능, **(나)-❸-1** 언론의 보도 기사에 대해서는 … 정정보도나 반론보도, 추후보도를 청구할 수도 있다, **(나)-❹-1** 법원에 방영금지가처분을 신청해 그 내용이 방송되지 않도록 할 수도 있다.

풀이 (가)에서는 표현의 자유가 필요한 이유와 표현의 자유가 보장되기 위해 필요한 원칙을 밝히고, 표현의 자유가 확장된 양상을 설명하였다. (나)에서는 개인의 인격권이 침해되었을 경우 대응할 수 있는 방법을 설명하고 있다. 따라서 정답은 ②번이다.

① (가)는 표현의 자유를 보호하는 절차를, (나)는 인격권의 필요성을 설명하고 있다.

✔② (가)는 표현의 자유가 확장된 *양상을, (나)는 인격권 침해에 대한 **구제 방법을 소개하고 있다. *樣相, 모습, 모양 **救濟, 재해를 겪거나 어려운 처지에 있는 사람을 도와줌
　　→ 적절함!

③ (가)는 표현의 자유가 강조된 배경을, (나)는 인격권의 정의에 대한 다양한 시각을 제시하고 있다.

④ (가)는 표현의 자유에 관한 *상반되는 의견을, (나)는 인격권에 관한 **절충적인 의견을 제시하고 있다. *相反-, 서로 반대되는 **折衷-, 서로 다른 견해나 관점을 어느 편에 치우침 없이 조절하여 알맞게 한

⑤ (가)와 (나)는 모두 표현의 자유와 관련하여 대립되는 학자들의 이론을 비교하여 설명하고 있다.

---

19 세부 정보 이해 - 적절한 것 고르기기 　　　정답 ③

(가)에 대한 이해로 가장 적절한 것은?

① 상업적 광고에 대한 심의는 사후에만 허용된다.
근거 **(가)-❷-4** 이들 영역(방송 광고 등 상업적 표현물과 일반 영상물)의 심의는 법적인 사후심의나 자율적인 사전심의로 대체되었다.
풀이 상업적 광고에 대해서는 법적인 사후심의나 자율적인 사전심의가 가능하다.
　　→ 적절하지 않음!

② 표현의 자유를 보장하는 이유는 개인의 명예 보호와 민주주의 발전을 위해서이다.
근거 **(가)-❶-1** 표현의 자유는 개인의 인격 발현과 민주주의의 유지 발전을 위해 필수적이다.
풀이 윗글에서는 표현의 자유가 개인의 인격 발현과 민주주의의 유지 발전을 위해 필수적이라고 설명하였다. 한편 윗글의 ❹문단에서는 표현의 자유 보장을 위해 일부 대상에 대한 명예훼손 책임이 완화되었음을 설명하면서, '공적 인물의 명예나 초상권 등의 인격권은 표현의 자유를 위해 한발 물러서야 한다'고 본 법원의 법리 도입 취지를 설명하고 있다. 이러한 윗글의 설명을 바탕으로 할 때, 표현의 자유를 보장하는 이유가 '개인의 명예 보호'를 위한 것이라고 보기 어렵다.
　　→ 적절하지 않음!

✔③ 공적 인물에 대한 인격권과 표현의 자유가 대립할 때는 표현의 자유를 *우위에 둔다. *優位, 남보다 유리한 위치나 입장
근거 **(가)-❹-6** 공적 인물의 명예나 초상권 등의 인격권은 표현의 자유를 위해 한발 물러

서야 한다는 것
　→ 적절함!

　　　　　　　　　　　　　　　언론 보도의 법적 책임 완화를
④ 공적 사안에 대한 언론의 무분별한 보도를 방지하기 위해 '공적 인물·공적 사안의 법리'가 채택되었다.
근거 **(가)-❹-2** 2002년 대법원은 '공적 인물·공적 사안의 법리'를 도입, **(가)-❹-4** 전자의 경우 언론 보도의 법적 책임이 완화되어야 한다는 이 법리
풀이 '공적 인물·공적 사안의 법리'는 공적 인물이나 공적 사안에 대한 언론 보도의 법적 책임을 완화하기 위한 것이지, 공적 사안에 대한 언론의 무분별한 보도를 방지하기 위한 것이 아니다.
　→ 적절하지 않음!

⑤ 영상물에 대한 심의가 검열이라고 판단된 것은 심의 시기와 관련 없이 행정 기관이 주체가 되어 진행되었기 때문이다.
근거 **(가)-❷-3~4** 헌법재판소는 방송 광고 등 상업적 표현물과 일반 영상물에 대한 사전심의제도가 행정 기관이 주체가 되어 운영된다는 점에서, 우리 헌법이 금지하는 검열에 해당한다고 결정했다. 이들 영역의 심의는 법적인 사후심의나 자율적인 사전심의로 대체되었다.
풀이 헌법재판소는 '행정 기관이 주체가 되어 운영된다는 점에서' 영상물에 대한 사전심의제도가 검열에 해당한다고 결정하였다. 따라서 영상물에 대한 심의가 검열이라고 판단된 것은 행정 기관이 주체가 되어 진행되었기 때문이라는 설명은 적절하다. 한편 이들 영역의 심의가 '법적인 사후심의'나 '자율적인 사전심의'로 대체되었다고 하였으므로, 헌법재판소는 심의 시기가 '사전'이 아니라 '사후'라면 검열에 해당한다고 보지 않았음을 알 수 있다. 따라서 이러한 결정이 '심의 시기와 관련 없이' 이루어진 것이라고 볼 수는 없다.
　→ 적절하지 않음!

---

20 세부 정보 이해 - 적절하지 않은 것 고르기 　　　정답 ①

다음은 학생이 작성한 학습 활동지이다. (나)를 바탕으로 할 때, 적절하지 않은 것은?

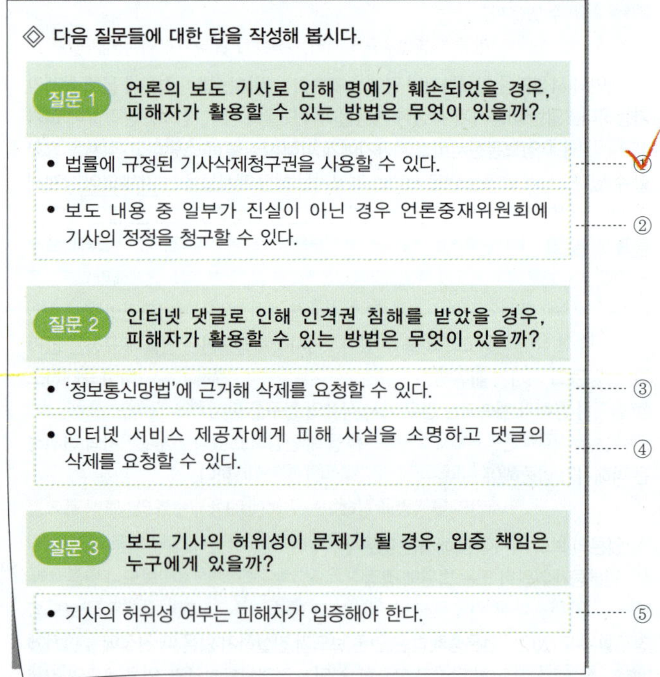

✔① 법률에 규정된 기사삭제청구권을 사용할 수 있다.
근거 **(나)-❷-5** 기사삭제청구권은 법률에 규정은 없지만
풀이 언론의 보도 기사에 의해 인격권이 침해되고 있다면 기사삭제청구권을 행사할 수 있는 것은 맞지만, 기사삭제청구권이 법률에 규정된 것은 아니다.
　→ 적절하지 않음!

② 보도 내용 중 일부가 진실이 아닌 경우 언론중재위원회에 기사의 정정을 청구할 수 있다.
근거 **(나)-❸-1~2** 언론의 보도 기사에 대해서는 언론사, 언론중재위원회 또는 법원에 정정보도나 반론보도, 추후보도를 청구할 수도 있다. … 언론 보도가 진실하지 않을

때 진실에 부합하게 고쳐 달라고 요구할 수 있는 정정보도청구권

풀이 언론의 보도 기사에 대해 보도 내용이 진실하지 않을 때 언론사, 언론중재위원회 또는 법원에 기사의 정정을 청구할 수 있다.

→ 적절함!

③ '정보통신망법'에 근거해 삭제를 요청할 수 있다.

근거 (나)-❷-2 일반 이용자가 작성한 게시물이나 댓글의 경우, '정보통신망법'에 의거 정보통신서비스 제공자에게 피해 사실을 소명하고, 삭제를 요청할 수 있다.

→ 적절함!

④ 인터넷 서비스 제공자에게 피해 사실을 소명하고 댓글의 삭제를 요청할 수 있다.

근거 (나)-❷-2 일반 이용자가 작성한 게시물이나 댓글의 경우, '정보통신망법'에 의거 정보통신서비스 제공자에게 피해 사실을 소명하고, 삭제를 요청할 수 있다.

→ 적절함!

⑤ 기사의 허위성 여부는 피해자가 입증해야 한다.

근거 (나)-❷-6 기사의 허위성은 피해자가 입증해야 한다.

→ 적절함!

---

21 | 추론의 적절성 판단 - 적절하지 않은 것 고르기 | 정답 ⑤

㉠을 바탕으로 ㉡을 비판한 내용으로 적절하지 <u>않은</u> 것은?

㉠ '사전억제의 금지원칙'과 '과잉금지원칙'의 적용이 필요하다.
㉡ 방영금지가처분제도가 위헌이라는 주장

① 행정 기관이 주체가 되어 심사하는 것이 아니므로 '사전억제의 금지원칙'에 위반되지 않는다.

근거 (가)-❶-4 사전억제의 금지원칙은 표현하려는 내용을 사전에 심사하여 억제해서는 안 된다는 것, (가)-❷-3 헌법재판소는 방송 광고 등 상업적 표현물과 일반 영상물에 대한 사전심의제도가 행정 기관이 주체가 되어 운영된다는 점에서, 우리 헌법이 금지하는 검열에 해당한다고 결정, (나)-❹-3~4 (헌법재판소는 방영금지가처분이) 검열에 해당한다는 점도 부인

풀이 헌법재판소는 상업적 표현물과 일반 영상물에 대한 사전심의제도가, 행정 기관이 주체가 되어 운영된다는 점에서 검열에 해당한다고 결정하였다. 이와 같은 관점에서 방영금지가처분제도는 행정 기관이 주체가 되어 운영되는 것이 아니라, 법원의 판단으로 인용과 기각이 결정되므로, '사전억제의 금지원칙'에 위반되지 않는다고 주장할 수 있다. 따라서 방영금지가처분제도가 위헌이라는 주장에 대해, 사전억제의 금지원칙에 위반되지 않는다는 점을 들어 비판할 수 있을 것이다.

→ 적절함!

② 방송으로 인해 훼손된 인격은 다시 회복되기 어려우므로 이를 예방한다는 '목적의 정당성'이 인정된다.

근거 (가)-❶-5 과잉금지원칙이란, 기본권을 제한하는 법률은 '목적의 정당성', '수단의 적절성', '침해의 최소성' 그리고 '법익의 균형성'을 모두 충족해야 한다는 것

풀이 방송으로 인해 훼손된 인격은 다시 회복되기 어려우므로 이를 예방한다는 '목적의 정당성'이 인정된다는 점을 들어 ㉡을 비판하는 것은, 과잉금지원칙을 충족한다는 점을 근거로 방영금지가처분제도가 위헌이 아니라고 주장하는 것이다. 따라서 ㉠을 바탕으로 ㉡을 비판한 내용으로 적절하다.

→ 적절함!

③ 인격권을 *손상할 것이 **명백한 방송이라면, 이를 사전에 금지하는 것이 ***불가피하므로 '수단의 적절성'이 인정된다.
*損傷-, 상하게 할 **明白-, 의심할 바 없이 아주 뚜렷한 ***不可避-, 피할 수 없으므로

근거 (가)-❶-5 과잉금지원칙이란, 기본권을 제한하는 법률은 '목적의 정당성', '수단의 적절성', '침해의 최소성' 그리고 '법익의 균형성'을 모두 충족해야 한다는 것

풀이 인격권 침해 방지라는 목적을 달성하기 위한 방법으로 방영금지가처분제도가 효과적이고 적절한 수단이 된다는 점을 인정하는 것은, 과잉금지원칙 중 '수단의 적절성'을 충족한다는 점을 근거로 방영금지가처분제도가 위헌이 아니라고 주장하는 것이다. 따라서 ㉠을 바탕으로 ㉡을 비판한 내용으로 적절하다.

→ 적절함!

④ 현저하게 피해가 예상되는 경우에만 제한적으로 허용한다는 점에서 '침해의 최소성'이 인정된다.

근거 (가)-❶-5 과잉금지원칙이란, 기본권을 제한하는 법률은 '목적의 정당성', '수단의 적절성', '침해의 최소성' 그리고 '법익의 균형성'을 모두 충족해야 한다는 것

풀이 방영금지가처분을 현저하게 피해가 예상되는 경우에만 제한적으로 허용하여 기본권의 제한을 최소화한다는 점을 인정하는 것은, 과잉금지원칙 중 '침해의 최소성'을 충족한다는 것을 근거로 방영금지가처분제도가 위헌이 아니라고 주장하는 것이다.

→ 문제편 **268쪽**

따라서 ㉠을 바탕으로 ㉡을 비판한 내용으로 적절하다.

→ 적절함!

✓⑤ 허위 사실의 방송을 금지함으로써 얻는 이익보다, 표현의 자유를 제한함으로써 발생하는 불이익이 크다는 면에서 '~~법익의 균형성~~'을 충족한다.

근거 (가)-❶-5 과잉금지원칙이란, 기본권을 제한하는 법률은 '목적의 정당성', '수단의 적절성', '침해의 최소성' 그리고 '법익의 균형성'을 모두 충족해야 한다는 것, (나)-❹-3 방영금지가처분제도가 위헌이라는 주장이 있지만 헌법재판소는 방영금지가처분이 과잉금지원칙에 위배되지 않는다고 판단

풀이 허위 사실의 방송을 금지함으로써 얻는 이익보다 표현의 자유를 제한함으로써 발생하는 불이익이 크다면, 이는 법익의 균형성을 충족하지 못한 것이다. 따라서 이것을 '법익의 균형성을 충족한다'고 설명한 것은 적절하지 않다. 또한 방영금지가처분제도가 법익의 균형성을 충족하지 못한다고 보는 입장에서는 방영금지가처분이 과잉금지원칙에 위배된다고 판단하여, 방영금지가처분제도가 위헌이라고 주장할 것이다. 이는 ㉡을 비판하는 내용이 아니라, 오히려 ㉡에 동의하는 내용에 가깝다.

→ 적절하지 않음!

---

22 | 문맥적 의미 파악 - 적절하지 않은 것 고르기 | 정답 ②

ⓐ~ⓔ의 문맥상 의미를 파악한 것으로 적절하지 않은 것은?

ⓐ 소명하고,   ⓑ 지체 없이   ⓒ 현저한   ⓓ 인용될   ⓔ 부인했다

① ⓐ : 근거를 갖추어 피해 사실을 '밝혀 설명하고'라는 의미이다.

풀이 '소명(疏 소통하다 소 明 밝히다 명)하다'는 '까닭이나 이유를 밝혀 설명하다'의 의미이다.

예문 의혹에 대해 소명할 기회를 주었다.

→ 적절함!

✓② ⓑ : 게시물을 충분히 검토하여 '착오가 없이'라는 의미이다.

풀이 '지체(遲 늦다 지 滯 막히다 체)'는 '때를 늦추거나 질질 끎'의 의미로, '지체 없이'는 문맥상 '착오가 없이'의 뜻이 아니라, 때를 늦추거나 질질 끄는 것이 없이'의 뜻이다.

예문 매우 급하니 지체 없이 이곳을 어서 떠나라.

→ 적절하지 않음!

③ ⓒ : 피해 사실이 '분명하게 드러나 있는'이라는 의미이다.

풀이 '현저(顯 드러나다 현 著 분명하다 저)하다'는 '뚜렷이 드러나 있다'의 의미이다.

예문 사람마다 그 사건에 대한 의견의 차이가 현저하다.

→ 적절함!

④ ⓓ : 신청이 '인정되고 받아들여질'이라는 의미이다.

풀이 '인용(認 알다 인 容 받아들이다 용)되다'는 '인정되어 받아들여지다'의 의미이다.

예문 법원에서 구속취소 청구가 인용되었다.

→ 적절함!

⑤ ⓔ : 검열이라는 주장을 '받아들이지 않았다'라는 의미이다.

풀이 '부인(否 아니다 부 認 인정하다 인)하다'는 '어떤 내용이나 사실을 옳거나 그러하다고 인정하지 아니하다'의 의미이다.

예문 그는 신문에 보도된 내용을 강력하게 부인했다.

→ 적절함!

---

23 | 구체적인 사례에 적용 - 적절하지 않은 것 고르기 | 정답 ①

(가)와 (나)를 참고하여 <보기>를 이해한 내용으로 적절하지 않은 것은? [3점]

| 보기 |
[1]갑 신문사는 공적 인물인 A가 불법(不法, 법에 어긋남) 거래(去來, 주고받음, 또는 사고 팖)로 부당한(不當-, 이치에 맞지 않은) 이익을 얻은 의혹(疑惑, 의심하여 수상히 여김)이 있다는 기사를 내보냈다. [2]일반인 B는 포털(portal, 수많은 인터넷 사이트들을 특정한 분류에 따라 정리해 놓고, 주소를 링크시켜서 사용자들이 원하는 곳을 쉽게 찾아갈 수 있도록 만든 사이트) 게시판에, 보도된 의혹 외에 A가 추가로 부당 이익을 얻은 적이 있다는 글을 익명으로 올렸다. [3]사건이 커지자 '을' 방송사는 A의 부당 이익 수취(受取, 받아서 가짐)에 대한 의혹을 다룬 시사 보도 프로그램을 1주일 후 방영하겠다고 방송에서 예고했다. [4]A는 방영금지가처분을 신청했다.

① A에 대한 의혹이 진실이라면, A는 '갑' 신문사의 기사를 반박하는 내용을 보도해 달라고 청구할 수 없겠군.

청구할 수 있다

- **근거** (나)-❸-2 언론 보도의 진실 여부와 관계없이 그에 대립되는 반박적 주장을 보도해 달라고 요구하는 반론보도청구권
- **풀이** 언론중재법의 규정에 따르면 언론 보도의 진실 여부와 관계없이, 그에 대립되는 반박적 주장을 보도해 달라고 요구할 수 있다. 따라서 A에 대한 의혹이 진실이든 아니든 상관없이, A는 '갑' 신문사의 기사를 반박하는 내용을 보도해 달라고 청구할 수 있다.

→ 적절하지 않음!

② A의 혐의가 무죄로 종결되고 A의 청구가 있다면, 법원은 '을' 방송사에 해당 사실을 보도하라고 판결하겠군.

- **근거** (나)-❸-3 범죄 혐의가 있다거나 형사상의 조치를 받았다고 언론이 보도했으나 무죄확정판결 또는 혐의없음으로 사건이 종결되었을 때 이를 보도해 달라고 요구할 수 있는 추후보도청구권을 규정
- **풀이** A의 혐의가 무죄로 종결되었을 경우, 언론중재법에서 규정한 바에 따라 A는 법원에 '을' 방송사를 상대로 추후보도를 청구할 수 있다. 이때 법원은 규정에 따라 '을' 방송사에 해당 사실을 보도하라고 판결할 것이다.

→ 적절함!

③ B가 게시한 A에 대한 의혹이 진실이 아니며 A의 삭제 요청이 있었다면, 포털의 서비스 제공자는 게시물을 삭제해야겠군.

- **근거** <보기>-2 일반인 B는 포털 게시판에, … A가 추가로 부당 이익을 얻은 적이 있다는 글을 익명으로 올렸다, (가)-❷-2~3 일반 이용자가 작성한 게시물이나 댓글의 경우, '정보통신망법'에 의거 정보통신서비스 제공자에게 피해 사실을 소명하고, 삭제를 요청할 수 있다. 삭제 요청을 받은 서비스 제공자는 해당 게시물을 지체 없이 삭제해야 한다.
- **풀이** 피해자는 일반 이용자가 작성한 게시글이나 댓글에 대해, '정보통신망법'에 의거하여 정보통신서비스 제공자에게 자신의 피해 사실을 소명하고 삭제를 요청할 수 있다. 또한 삭제 요청을 받은 서비스 제공자는 해당 게시물을 지체 없이 삭제해야 한다. 따라서 <보기>에서 일반인 B가 게시한 A에 대한 의혹이 진실이 아니며, A의 삭제 요청이 있었다면, 포털의 서비스 제공자는 해당 게시물을 지체 없이 삭제해야 한다.

→ 적절함!

④ A가 명예훼손 책임을 '갑' 신문사에게 묻는다면, 법원은 A가 사적 인물이 아니라는 점을 고려하여 언론의 책임을 완화하겠군.

- **근거** <보기>-1 '갑' 신문사는 공적 인물인 A가 불법 거래로 부당한 이익을 얻은 의혹이 있다는 기사를 내보냈다, (가)-❹-1 일부 대상에 대한 명예훼손 책임이 완화되었다, (가)-❹-5 법원은 공직자나 정치인 등의 도덕성이나 업무 처리에 대한 비판적 보도로 인해 생길 수 있는 언론의 법적 책임을 완화하고 있다.

→ 적절함!

⑤ 법원이 방영금지가처분 신청을 *기각했다면, '을' 방송사가 방송하려는 내용이 진실이거나 A의 인격권을 중대하고 현저하게 침해하지 않는다고 판단했겠군. *棄却−, 법원이 소송을 심리한 결과, 이유가 없거나 적법하지 않다고 판단하여 도로 물리쳤다면

- **근거** (나)-❹-1~2 자신에 대한 허위 정보가 시사 보도 프로그램을 통해 방송될 예정이라면, 법원에 방영금지가처분을 신청해 그 내용이 방송되지 않도록 할 수도 있다. 방송될 내용이 진실이 아니고 피해자에게 회복하기 어려운 중대하고 현저한 손해를 입힐 수 있는 경우 법원의 판단하에 방영금지가처분 신청이 인용될 수 있다.
- **풀이** 윗글의 설명에 따르면 법원은 시사 보도 프로그램에서 방송될 내용이 진실이 아니고 피해자에게 회복하기 어려운 중대하고 현저한 손해를 입힐 수 있다고 판단하였을 때, 방영금지가처분을 인용하여 해당 내용이 방송되지 않도록 할 수 있다. 따라서 법원이 방영금지가처분 신청을 기각하였다면, 이때 법원은 '을' 방송사가 방송하려는 내용이 진실이거나, A에게 회복하기 어려운 중대하고 현저한 손해를 입히지 않는다고 판단하였을 것이다.

→ 적절함!

[24 ~ 27] 독서와 작문

(가)

❶ [1]주어진 자원(資源, 인간 생활 및 경제 생산에 이용되는 원료로서의 광물, 산림, 수산물 등 물적 자료 및 노동력, 기술 등을 통틀어 이르는 말)이 한정적인(限定的−, 수량이나 범위 등이 제한된) 상황에서는 합리적(合理的, 이론이나 이치에 합당한) 선택이 중요하다. [2]합리적 선택을 위해서는 선택으로 얻게 되는 만족(滿足, 마음에 흡족함)과 기회비용을 함께 판단해야 한다. [3]기회비용은 어떤 선택을 함으로써 포기하는 것의 가치(價値, 지니고 있는 쓸모)가 무엇인지를 따지는 개념이다. [4]기회비용은 대안을 선택함으로써 실제

지출하는 비용(費用, 드는 돈)과 다른 대안을 선택했다면 얻을 수 있었던 가치를 함께 고려하여 구한다.

→ 기회비용의 개념

선택한 대안   다른 대안   대안을 선택함으로써 실제 지출하는 비용

❷ [1]일요일에 도서관에서 책을 읽으려고 했는데, 친구가 공연 관람(觀覽, 구경함)을 가자고 한다. [2]만약 공연 관람을 선택한다면 공연 관람료(觀覽料, 구경하기 위해 내는 요금)가 실제 지출하는 비용이고, 도서관에서 책을 읽는다면 얻을 수 있는 만족이 공연 관람으로 포기한 것의 가치에 해당한다. [3]기회비용을 구할 때, 공연 관람료처럼 대안을 선택함으로써 실제 지출하는 비용을 고려하지 못하는 경우가 종종 있다. [4]하지만 그 비용은 다른 곳에 사용했다면 얻을 수 있는 만족을 포기한 것이기 때문에 기회비용에 포함되어야 한다.

다른 대안을 선택했다면 얻을 수 있었던 가치

→ 기회비용 산출의 예

❸ [1]합리적 선택을 할 때 고려할 필요가 없는 비용도 있다. [2]바로 매몰(埋沒, 보이지 않게 파묻히거나 파묻음) 비용이다. [3]매몰 비용이란 이미 투입되어(投入−, 필요한 곳에 넣어져) 다시 회수할(回收−, 도로 거두어들일) 수 없는 비용으로, 의사(意思, 무엇을 하고자 하는 생각) 결정 시 고려해서는 안 된다. [4]가령(假令, 예를 들어) 공연이 시시하여 관람을 계속할지 말지를 선택하는 경우 관람료가 아까워 계속 관람하는 것은 비합리적(非合理的, 정당한 이치나 도리에 맞지 않는) 선택이다. [5]그러므로 되돌릴 수 없는 매몰 비용이 아니라 앞으로의 선택이 가져올 기회비용을 산출하는(算出−, 계산해 내는) 것이 합리적 선택을 위한 효과적인 전략(戰略, 꾀와 방법)이다.

→ 매몰 비용의 개념

(나)

❶ [1]정책(政策, 정부나 공공 기관에서 공익을 실현할 목적으로 수행하는 활동 방침이나 계획) 영역에서는 정보가 충분한 경우 대안이 가져올 결과를 서로 비교 가능하다고 본다. [2]그런데 가치가 충돌하는(衝突−, 서로 맞서는) 공공사업(公共事業, 국가 또는 지방자치단체가 쾌적하고 살기 좋은 지역을 만들기 위해 여러 가지 시설을 만들고 유지하는 일)의 경우 가치의 우선순위(優先順位, 어떤 것을 먼저 차지하거나 사용할 수 있는 차례, 위치)를 정하기 어려운 상황에서 의사 결정이 이루어지는 때가 많다. [3]이러한 현실 정책 상황으로 인해 딜레마에서의 의사 결정이 주목받고 있다. [4]이때 딜레마란 '두 개의 배타적(排他的, 동시에 선택할 수 없는) 대안이 존재하고, 두 대안이 가져올 결과가 상충적이며(相衝的−, 맞지 않고 서로 어긋나며), 각 대안을 지지하는(支持−, 옳거나 좋다고 판단하여 그에 뜻을 같이하며 이를 위해 힘을 쓰는) 행위자들이 서로 대립하고(對立−, 서로 맞서거나 반대되는 상태에 서고) 있지만, 주어진 시간 내에 결정을 내려야 하는 문제 상황'으로 정의할(定義−, 뜻을 명백히 밝혀 규정할) 수 있다.

→ 정책 결정 과정에서 발생하는 딜레마 상황과 딜레마의 정의

❷ [1]한편, 딜레마와 유사해(類似−, 서로 비슷해) 보이지만 딜레마와는 구별되는(區別−, 차이가 나는) 상황이 있다. [2]정보의 불확실성으로 인해 결정이 곤란한(困難−, 어려운) 상황이나 정책의 모호성(模糊性, 정확하게 무엇을 나타내는지 알기 어려운 성질)으로 인해 결정이 곤란한 상황 등이다. [3]불확실성은 정보를 추가적으로 탐색하여(探索−, 살피어 찾아) 해소할(解消−, 해결하여 없애 버릴) 수 있고 모호성은 정책의 의미를 보다 분명하게 제시하여 해소할 수 있기 때문에 이러한 상황들은 딜레마로 보기 어렵다.

→ 딜레마와 구별되는 상황

❸ [1]딜레마에서의 의사 결정에 관한 논의의 함의(含意, 말이나 글 속에 들어 있는 뜻)는 대안을 평가할 정보를 충분히 갖고 있다고 할지라도 대안을 비교하기가 어렵다는 것이다. [2]딜레마에서의 의사 결정에는 가치가 개입되고 그 가치들이 서로 충돌하는 상황에서 의사 결정이 이루어질 수밖에 없다.

→ 딜레마에서의 의사 결정의 어려움

(다)

❶ [1]우리 지역의 ○○ 부지(敷地, 건물을 세우거나 도로를 만들기 위해 마련한 땅)에 하수(下水, 빗물이나 집, 공장, 병원 등에서 쓰고 버리는 더러운 물) 처리 시설 유치(誘致, 이끌어 들임) 여부를 연말까지 결정해야 하는 상황에서 사람들의 찬반(贊反, 찬성과 반대) 논쟁(論爭, 서로 다른 의견을 가진 사람들이 각각 자기의 주장을 말이나 글로 논하여 다툼)이 첨예하게(尖銳−, 날카롭고 격하게) 벌어지고 있다. [2]나는 하수 처리 시설을 유치해야 한다고 생각한다. [3]우리에게 주어진 자원이 한정적인 상황에서 하수 처리 시설을 유치하는 것이 합리적 선택이기 때문이다.

→ 주장과 이유

❷ [1]그 근거로 우선 지역 주민 소득 증가 효과를 들 수 있다. [2]시설을 유치할 경우 시설 구축(構築, 시설물을 쌓아 올려 만듦) 비용뿐만 아니라 보조금(補助金, 국가 또는 지방자치단체가 행정상의 목적을 달성하기 위하여 공공 단체, 경제 단체 또는 개인에 대하여 내어 주는

→ 문제편 269쪽

돈)이 정부에서 **지급될**(支給-, 정해진 몫만큼 내어질) 예정이다. [3]이를 활용하여 지역 경제 **활성화**(活性化, 활발하게 함) 프로그램을 **시행할**(施行-, 실제 행할) 수 있다. [4]△△ 기관 연구 보고서에 따르면 지방 자치 단체의 경제 활성화 프로그램이 지역 주민의 소득 증가에 **유의미한**(有意味-, 의미가 있는) 영향을 미치는 것으로 조사되었다.

→ 근거 ①

3 [1]또한, 지역민의 **정서적**(情緖的, 사람의 마음에 일어나는 여러 가지 감정과 관련된) 만족도를 높일 수 있다. [2]지하에 구축될 하수 처리 시설의 **지상**(地上, 땅 위)에는 공원이 들어설 예정이다. [3]도시 계획 전문가 이□□에 따르면 **여가**(餘暇, 일이 없어 남는 시간)와 휴식 공간이 있는 곳에 **거주하는**(居住-, 머물러 사는) 지역민은 그렇지 않은 지역민보다 정서적 만족도가 1.5 배가량 높다고 한다.

→ 근거 ②

4 [A] 물론, 이에 대해 해당 부지의 환경적 가치가 중요하다며 하수 처리 시설 유치를 반대할 수도 있다. [2]하지만 현재 산출한 기회비용은 해당 부지의 환경적 가치는 물론, 부지의 다른 가치도 모두 포함한 것이다.

→ 예상되는 반론에 대한 반박

5 [1]그러므로 현재 우리에게 주어진 조건 속에서는 하수 처리 시설을 유치하는 것이 가장 합리적 선택이다.

→ 결론

■지문 이해

(가)

⟨합리적 선택을 위한 기회비용 산출⟩

❶ 기회비용의 개념
• 합리적 선택을 위해서는 선택으로 얻을 수 있는 만족과 기회비용을 함께 판단해야 함 • 기회비용 : 어떤 선택을 함으로써 포기하는 것의 가치를 따지는 것 • 기회비용의 산출 : 대안을 선택함으로써 실제 지출하는 비용과 다른 대안을 선택했다면 얻을 수 있었던 가치를 함께 고려함

❷ 기회비용 산출의 예
• 기회비용 산출 시 대안을 선택함으로써 실제 지출하는 비용이 기회비용에 포함되는 이유 : 다른 곳에 사용했다면 얻을 수 있는 만족을 포기한 것이기 때문

❸ 매몰 비용의 개념
• 매몰 비용 : 이미 투입되어 다시 회수할 수 없는 비용, 의사 결정 시 고려 × • 되돌릴 수 없는 매몰 비용이 아니라, 앞으로의 선택이 가져올 기회비용을 산출하는 것이 합리적 선택을 위해 효과적임

(나)

⟨정책 결정 과정에서 발생하는, 딜레마에서의 의사 결정의 어려움⟩

❶ 정책 결정 과정에서 발생하는 딜레마 상황과 딜레마의 정의
• 가치의 우선순위를 정하기 어려운 상황에서 의사 결정이 이루어질 때 : 딜레마에서의 의사 결정 • 딜레마 : 두 개의 배타적 대안이 가져올 결과가 상충적이고, 각 대안을 지지하는 행위자들이 서로 대립하고 있지만, 주어진 시간 내에 결정을 내려야 하는 문제 상황

❷ 딜레마와 구별되는 상황
• 정보의 불확실성으로 인해 결정이 곤란한 상황 → 정보의 추가적 탐색으로 해소 가능 • 정책의 모호성으로 인해 결정이 곤란한 상황 → 정책의 의미를 분명하게 제시하여 해소 가능

❸ 딜레마에서의 의사 결정의 어려움
• 대안을 평가할 정보를 충분히 갖고 있더라도 대안을 비교하기가 어려움 • 딜레마에서의 의사 결정에는 가치가 개입됨 → 그 가치들이 서로 충돌하는 상황에서 의사 결정이 이루어짐

→ 문제편 **269**쪽

---

24 | 세부 정보 이해 - 적절하지 않은 것 고르기 | 정답 ⑤

다음은 학생이 글을 읽는 과정에서 작성한 질문이다. (가), (나)에서 답을 확인할 수 없는 것은?

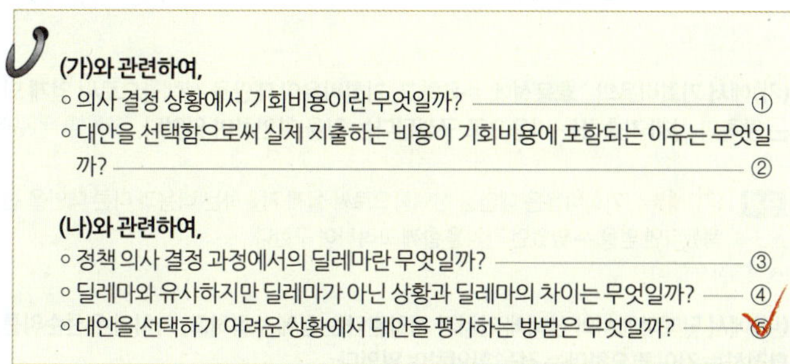

① 의사 결정 상황에서 기회비용이란 무엇일까?

근거 (가)-❶-3 기회비용은 어떤 선택을 함으로써 포기하는 것의 가치가 무엇인지를 따지는 개념

→ 적절함!

② 대안을 선택함으로써 실제 지출하는 비용이 기회비용에 포함되는 이유는 무엇일까?

근거 (가)-❷-4 그 비용은 다른 곳에 사용했다면 얻을 수 있는 만족을 포기한 것이기 때문에 기회비용에 포함되어야 한다.

→ 적절함!

③ 정책 의사 결정 과정에서의 딜레마란 무엇일까?

근거 (나)-❶-4 딜레마란 '두 개의 배타적 대안이 존재하고, 두 대안이 가져올 결과가 상충적이며, 각 대안을 지지하는 행위자들이 서로 대립하고 있지만, 주어진 시간 내에 결정을 내려야 하는 문제 상황'으로 정의할 수 있다.

→ 적절함!

④ 딜레마와 유사하지만 딜레마가 아닌 상황과 딜레마의 차이는 무엇일까?

근거 (나)-❷-1~3 딜레마와 유사해 보이지만 딜레마와는 구별되는 상황이 있다. … 불확실성은 정보를 추가적으로 탐색하여 해소할 수 있고 모호성은 정책의 의미를 보다 분명하게 제시하여 해소할 수 있기 때문에 이러한 상황들은 딜레마로 보기 어렵다.

→ 적절함!

✔ ⑤ 대안을 선택하기 어려운 상황에서 대안을 평가하는 방법은 무엇일까?

근거 (나)-❸-1~2 딜레마에서의 의사 결정에 관한 논의의 함의는 대안을 평가할 정보를 충분히 갖고 있다고 할지라도 대안을 비교하기가 어렵다는 것이다. 딜레마에서의 의사 결정에는 가치가 개입되고 그 가치들이 서로 충돌하는 상황에서 의사 결정이 이루어질 수밖에 없다.

풀이 (나) 글에서 딜레마에서의 의사 결정은 대안을 평가할 정보를 충분히 갖고 있다고 하더라도 대안을 비교하기가 어렵다는 설명을 하고 있지만, '대안을 평가하는 방법'을 제시하지는 않았다.

→ 적절하지 않음!

---

25 | 세부 정보 이해 - 적절한 것 고르기 | 정답 ②

(다)를 작성하기 위해 (가), (나)를 읽은 방법으로 가장 적절한 것은?

① (가)에서 매몰 비용의 개념에 주목하고, 의사 결정 시 ~~매몰 비용 산출이 *선행되어야 한다는~~ 것을 확인하며 읽었다. *先行-, 앞서서 행해져야

(= 매몰 비용을 고려해서는 안 된다는)

근거 (가)-❸-3 매몰 비용이란 이미 투입되어 다시 회수할 수 없는 비용으로, 의사 결정 시 고려해서는 안 된다.

풀이 (가)에서 매몰 비용이란 이미 투입되어 다시 회수할 수 없는 비용으로, 의사 결정 시 고려해서는 안 된다고 설명하고 있다. 따라서 매몰 비용의 개념에 주목하며 읽었다는 것은 (가)를 읽은 방법으로 적절하지만, 의사 결정 시 매몰 비용 산출이 선행되어야 한다는 것을 확인하며 읽었다는 것은 (가)를 읽은 방법으로 적절하지 않다.

→ 적절하지 않음!

✔ ② (가)에서 기회비용의 중요성에 주목하고, 선택하지 않은 대안의 가치도 고려해야 합리적 선택이 가능하다는 것을 확인하며 읽었다.

(= 다른 대안을 선택했다면 얻을 수 있었던 가치)

근거 (가)-❶-2 합리적 선택을 위해서는 선택으로 얻게 되는 만족과 기회비용을 함께 판단해야 한다, (가)-❶-4 기회비용은 대안을 선택함으로써 실제 지출하는 비용과 다른 대안을 선택했다면 얻을 수 있었던 가치를 함께 고려하여 구한다.

풀이 (가)에서는 합리적 선택을 위해 선택으로 얻게 되는 만족과 기회비용을 함께 판단해야 한다고 설명하고, 이때 기회비용은 대안을 선택함으로써 실제 지출하는 비용과 다른 대안을 선택했다면 얻을 수 있었던 가치, 즉 선택하지 않은 대안의 가치를 함께 고려하여 구한다고 하였다. 따라서 기회비용의 중요성에 주목하고, 선택하지 않은 대안의 가치도 고려해야 합리적 선택이 가능하다는 것을 확인하며 읽은 것은 (가)를 읽은 방법으로 적절하다.

→ 적절함!

③ (가)에서 기회비용의 *효용성에 주목하고, 기회비용이 대안을 선택함으로써 얻게 되는 만족과 실제 지출하는 비용으로 구성된다는 것을 확인하며 읽었다. *效用性, 쓸모나 보람이 있는 성질　　과 다른 대안을 선택했다면 얻을 수 있었던 가치로

근거 (가)-❶-4 기회비용은 대안을 선택함으로써 실제 지출하는 비용과 다른 대안을 선택했다면 얻을 수 있었던 가치를 함께 고려하여 구한다.

→ 적절하지 않음!

④ (나)에서 딜레마에서의 선택에 가치가 개입된다는 점에 주목하고, 가치의 우선순위를 확정하는 것이 필요하다는 점을 확인하며 읽었다.

근거 (나)-❶-2~3 가치가 충돌하는 공공사업의 경우 가치의 우선순위를 정하기 어려운 상황에서 의사 결정이 이루어지는 때가 많다. 이러한 현실 정책 상황으로 인해 딜레마에서의 의사 결정이 주목받고 있다. (나)-❸-2 딜레마에서의 의사 결정에는 가치가 개입되고 그 가치들이 서로 충돌하는 상황에서 의사 결정이 이루어질 수밖에 없다.

풀이 (나)에 따르면 딜레마에서의 의사 결정에는 가치가 개입되고, 그 가치들이 서로 충돌하는 상황에서 의사 결정이 이루어진다고 하였으므로, 딜레마에서의 선택에 가치가 개입된다는 점에 주목하였다는 것은 (나)를 읽은 방법으로 적절하다. 한편 가치가 충돌하는 공공사업의 경우 '가치의 우선순위를 정하기 어려운 상황에서 의사 결정이 이루어지는 때가 많은데', 이러한 상황에서 딜레마에서의 의사 결정이 주목받고 있다고 하였으므로, 가치의 우선순위를 확정하는 것이 필요하다는 점을 확인하며 읽었다는 것은 (나)를 읽은 방법으로 적절하지 않다.

→ 적절하지 않음!

⑤ (나)에서 딜레마에서의 선택에 정보가 영향을 미친다는 점에 주목하고, 정보가 충분할수록 의사 결정이 *수월할 수 있다는 점을 확인하며 읽었다. *까다롭거나 힘들지 않아 하기가 쉬울

근거 (나)-❸-1 딜레마에서의 의사 결정에 관한 논의의 함의는 대안을 평가할 정보를 충분히 갖고 있다고 할지라도 대안을 비교하기가 어렵다는 것

풀이 (나)에서 딜레마에서의 의사 결정은 대안을 평가할 정보가 충분하다고 하더라도 대안을 비교하기가 어렵다고 하였다. 따라서 정보가 충분할수록 의사 결정이 수월할 수 있다는 점을 확인하며 읽었다는 것은 (나)를 읽은 방법으로 적절하지 않다.

→ 적절하지 않음!

---

26 작문 계획의 반영 - 적절하지 않은 것 고르기　　정답 ②

〈보기〉를 참고할 때, (다)를 작성하기 위해 세운 글쓰기 계획으로 적절하지 <u>않</u>은 것은?

| 보 기 |
　논증은 자신의 주장이 옳음을 입증하는(立證-, 근거나 증거를 내세워 증명하는) 과정이다. 논증 요소는 주장과 왜 그러한 주장을 하는지에 관한 주관적(主觀的, 자기의 견해나 관점을 기초로 하는) 생각인 이유, 주장이나 이유를 뒷받침하는 객관적 자료인 근거, 예상되는(豫想-, 미리 생각되는) 반론(反論, 남의 의견에 대하여 반대하거나 되받아 논의함)과 이에 대한 반박(反駁, 반대하여 말함) 등이 있다.

① 하수 처리 시설 유치 쟁점에서 찬성 입장을 주장으로 제시한다.
근거 (다)-❶-2 나는 하수 처리 시설을 유치해야 한다고 생각한다.
→ 적절함!

✓② 자원이 한정적인 상황에서 발생한 논쟁이 첨예하여 갈등 해결이 시급하다는 내용을 이유로 제시한다.
근거 (다)-❶-2~3 나는 하수 처리 시설을 유치해야 한다고 생각한다. 우리에게 주어진 자원이 한정적인 상황에서 하수 처리 시설을 유치하는 것이 합리적 선택이기 때문이다.
풀이 (다)에서 학생은 하수 처리 시설 유치 여부를 두고 벌어진 찬반 논쟁에 대해 유치 찬성 입장을 주장으로 제시하면서, '주어진 자원이 한정적인 상황에서 하수 처리 시설을 유치하는 것이 합리적 선택이기 때문'이라는 주관적 이유를 제시하였다. 또한 지역 주민 소득 증가 효과가 있다는 점과 지역민의 정서적 만족도가 향상된다는 점을

근거로 들어 자신의 주장을 뒷받침하였다. 그러나 학생이 (다) 글에서 '갈등 해결이 시급하다'는 내용을 이유로 제시하지는 않았다.

→ 적절하지 않음!

③ 지역 경제 활성화 프로그램 시행으로 주민 소득이 증가한다는 연구 보고서 내용을 근거로 제시한다.
근거 (다)-❷-3~4 지역 경제 활성화 프로그램을 시행할 수 있다. △△ 기관 연구 보고서에 따르면 지방 자치 단체의 경제 활성화 프로그램이 지역 주민의 소득 증가에 유의미한 영향을 미치는 것으로 조사되었다.
→ 적절함!

④ 해당 부지의 환경적 가치가 중요하다는 내용을 예상 반론으로 제시한다.
근거 (다)-❹-1 이에 대해 해당 부지의 환경적 가치가 중요하다며 하수 처리 시설 유치를 반대할 수도 있다.
→ 적절함!

⑤ 고려할 수 있는 해당 부지의 모든 가치를 기회비용에 포함하였다는 내용을 반박으로 제시한다.
근거 (다)-❹-2 하지만 현재 산출한 기회비용은 해당 부지의 환경적 가치는 물론, 부지의 다른 가치도 모두 포함한 것이다.
→ 적절함!

---

27 자료 활용 방안 - 적절한 것 고르기　　정답 ⑤

〈보기〉는 (다)를 작성한 후 추가로 수집한 자료이다. 〈보기〉를 (가), (나)와 연결 지어 (다)의 [A]를 구체화하는 방안으로 가장 적절한 것은? 3점

[A] 물론, 이에 대해 해당 부지의 환경적 가치가 중요하다며 하수 처리 시설 유치를 반대할 수도 있다. 하지만 현재 산출한 기회비용은 해당 부지의 환경적 가치는 물론, 부지의 다른 가치도 모두 포함한 것이다.

| 보 기 |
　　　　　　　　　　　　　　　　딜레마에서의 의사 결정
　합리적 선택을 할 때, 정보나 지식이 충분더라도 대안을 비교하기 어려운 경우가 있다. 이런 상황에 대한 적극적인 대응으로 절차적 합리성이 제안될 수 있다. 이는 내용적으로 어느 것이 더 합리적인지 판단하기 어려울 때, 일정한 형식적(形式的, 외부에 보이는) 절차를 거쳐서 나온 결과는 내용적으로도 합리적인 것으로 간주할(看做-, 그렇다고 여길) 수 있다는 의미이다.
　　　　　　　　　　　　　　　　　　　　　　　- ◇◇ 학회 논문 자료 -

① 〈보기〉를 (가)와 연결 지어, 대안의 가치를 비교하여 합리적 선택이 가능함을 제시하고 절차적 합리성을 확보하면 대안의 대립이 해소될 수 있다는 내용으로 예상 반론을 구체화해야겠어.
풀이 〈보기〉에서는 정보나 지식이 충분더라도 '대안을 비교하기 어려운' 상황에서 절차적 합리성을 고려하여 합리적 선택을 이끌어 낼 수 있다고 하였다. '대안의 가치를 비교하여 합리적 선택이 가능함을 제시'한다는 것은 〈보기〉의 내용과 부합하지 않으므로, 〈보기〉를 (가)와 연결 지은 내용으로 적절하지 않다.
→ 적절하지 않음!

② 〈보기〉를 (가)와 연결 지어, 정보가 충분하면 대안의 가치를 정확히 측정할 수 있음을 제시하고 형식적 절차를 위해 추가 정보가 필요하다는 내용으로 반박을 구체화해야겠어.
풀이 〈보기〉에서는 '정보나 지식이 충분하더라도' 대안을 비교하기 어려운 상황에서 절차적 합리성을 고려하여 합리적 선택을 이끌어 낼 수 있다고 하였다. '정보가 충분하면' 대안의 가치를 정확히 측정할 수 있음을 제시한다는 것은 〈보기〉에서 제시한 문제 상황에 부합하지 않으므로, 〈보기〉를 (가)와 연결 지은 내용으로 적절하지 않다.
→ 적절하지 않음!

③ 〈보기〉를 (나)와 연결 지어, 배타적 대안이 상충된 결과를 초래할 수 있음을 제시하고 형식적 절차를 거치더라도 기회비용 산출이 어렵다는 내용으로 예상 반론을 구체화해야겠어.
근거 (나)-❶-4 딜레마란 '두 개의 배타적 대안이 존재하고, 두 대안이 가져올 결과가 상충적이며, 각 대안을 지지하는 행위자들이 서로 대립하고 있지만, 주어진 시간 내에 결정을 내려야 하는 문제 상황'으로 정의
풀이 (나)에서 제시한 딜레마의 정의를 살펴보았을 때, 〈보기〉를 (나)와 연결지어 배타적 대안이 상충된 결과를 초래할 수 있음을 제시'하는 것은 적절하다. 그러나 〈보기〉에

→ 문제편 270쪽

서 '일정한 형식적 절차를 거쳐 나온 결과는 내용적으로도 합리적인 것으로 간주할 수 있다'고 하였으므로, '형식적 절차를 거치더라도 기회비용 산출이 어렵다'는 내용으로 예상 반론을 구체화하는 것은 〈보기〉에서 제시한 내용과 부합하지 않는다. 따라서 〈보기〉를 (나)와 연결 지은 내용으로 적절하지 않다.

→ 적절하지 않음!

④ 〈보기〉를 (나)와 연결 지어, 딜레마에서 가치를 정확히 산출하는 것이 필수적임을 제시하고 형식적 절차에 따라 만족의 크기를 비교해야 한다는 내용으로 예상 반론을 구체화해야겠어.

근거 (나)-❸-1 딜레마에서의 의사 결정에 관한 논의의 함의는 대안을 평가할 정보를 충분히 갖고 있다고 할지라도 대안을 비교하기가 어렵다는 것

풀이 (나)에서, 딜레마에서의 의사 결정은 대안을 평가할 정보를 충분히 갖고 있다고 할지라도 대안을 비교하기 어렵다고 하였다. 또한 〈보기〉에서는 정보나 지식이 충분하더라도 대안을 비교하기 어려운 경우 절차적 합리성을 고려하여 합리적 선택을 이끌어 낼 수 있다고 하였다. '딜레마에서 가치를 정확히 산출하는 것이 필수적'임을 제시한다는 것은 〈보기〉와 (나)의 내용에 부합하지 않으므로, 〈보기〉를 (나)와 연결 지은 내용으로 적절하지 않다.

→ 적절하지 않음!

⑤ 〈보기〉를 (나)와 연결 지어, 가치 충돌 상황에서 의사 결정이 요구됨을 제시하고 현재 산출한 기회비용이 절차적 합리성을 확보하고 있다는 내용으로 반박을 구체화해야겠어.

근거 (나)-❸-1~2 딜레마에서의 의사 결정에 관한 논의의 함의는 대안을 평가할 정보를 충분히 갖고 있다고 할지라도 대안을 비교하기가 어렵다는 것이다. 딜레마에서의 의사 결정에는 가치가 개입되고 그 가치들이 서로 충돌하는 상황에서 의사 결정이 이루어질 수밖에 없다.

풀이 (나)에서 딜레마 상황에서는 정보를 충분히 갖고 있다고 할지라도 대안을 비교하기 어려우며, 딜레마에서의 의사 결정에는 가치들이 서로 충돌하는 상황에서 의사 결정이 이루어진다고 하였다. 또한 〈보기〉에서는 정보나 지식이 충분하더라도 대안을 비교하기 어려운 경우, 절차적 합리성을 고려하여 합리적 선택을 이끌어 낼 수 있다고 하였다. 따라서 〈보기〉를 (나)와 연결지어, 가치 충돌 상황에서 의사 결정이 요구되는 상황, 즉 딜레마에서의 의사 결정 상황이 발생함을 제시하고, 절차적 합리성을 통해 합리적 판단을 할 수 있다는 점을 제시할 수 있다. 한편 (다)의 [A]에서 학생은 하수 처리 시설 유치를 반대하는 예상 반론을 제시하고, 현재 산출한 기회비용이 해당 부지의 환경적 가치와 부지의 다른 가치를 모두 포함한 것이라고 반박하고 있다. 이에 대해 〈보기〉와 (나)를 연결 지어, 현재 산출한 기회비용이 절차적 합리성을 확보하고 있다는 내용으로 자신의 반박을 구체화할 수 있을 것이다.

→ 적절함!

[28~30] 작문 - 소감문

| **28** 작문 계획의 반영 - 적절하지 않은 것 고르기 | 정답 ⑤ |

다음은 체험 일지 의 일부이다. ㉠~㉤이 '초고'에 반영되었다고 할 때, 이에 대한 설명으로 적절하지 않은 것은?

① ㉠을 반영하여, 소리 요법 체험에 참여하게 된 계기를 제시하였다.

근거 [초고] ❶문단 바쁜 일상에 몸도 마음도 지쳐 쉬고 싶다는 생각을 하던 중, 소리 요법 체험 프로그램이 방학에 열린다는 것을 알게 되었다. 소리 요법이 마음에 휴식을 준다는 학교 게시판의 소개 내용에 이끌려 프로그램에 참여하였다.

→ 적절함!

② ㉡을 반영하여, 소리 요법에 대한 설명을 정리하고 그에 대한 자신의 생각을 덧붙였다.

근거 [초고] ❷문단 소리 요법은 특정 주파수 대역(작용하고 있는 주파수의 최솟값에서 최댓값까지의 구역)의 소리 혹은 일정한 주파수들로 구성된 소리를 이용해 정신적 안정, 집중력 향상을 돕는다고 한다. (소리 요법에 대한 설명) 소리만으로 그러한 효과를 얻을 수 있다는 사실이 퍽 흥미로웠다. (소리 요법에 대한 자신의 생각)

→ 적절함!

③ ㉢을 반영하여, 소리 그릇의 울림이 몸에 전해졌을 때의 느낌을 구체화하였다.

근거 [초고] ❸문단 소리 그릇을 몸 위에 올려 보았다. 소리 그릇의 울림이 온몸으로 전해져 몸과 마음이 천천히 이완되었다(원래의 상태로 풀어지게 되었다.) 몸과 마음을 부드럽게 안아 주는 것 같은 편안한 느낌이 참 좋았다.

→ 적절함!

④ ㉣을 반영하여, 백색 소음이라는 용어에 대해 조사한 정보를 추가하였다.

근거 [초고] ❹문단 여러 색의 빛이 합쳐져 투명한 빛, 백색광(태양 빛처럼 각 파장의 빛이 적당한 비율로 합쳐진 빛)이 되듯 여러 주파수 범위의 소리가 합쳐져 귀에 거슬리지 않고 자연스럽게 들리는 소리이기 때문에 백색 소음이라고 한다.

→ 적절함!

⑤ ㉤을 반영하여, 백색 소음과 집중력 간의 *상관관계를 확인하여 언급하였다. *두 가지 가운데 한쪽이 변화하면 다른 한쪽도 따라서 변화하는 관계

근거 [초고] ❹문단 백색 소음 요법을 체험하기 위해 공기 청정기를 켜 놓고 독서를 했는데 집중이 더 잘되는 느낌이었다. 이런 이유에 대해 과학적 원리를 찾아보고 싶다는 생각이 들었다.

풀이 학생의 초고에는 백색 소음이 집중력을 높여 주는 과학적 원리를 찾아보고 싶다는 생각이 들었다는 내용만 언급되어 있을 뿐, 백색 소음과 집중력 간의 상관관계를 확인하여 언급한 부분은 나타나지 않는다.

→ 적절하지 않음!

| **29** 작문 전략 - 적절한 것 고르기 | 정답 ④ |

'초고'의 글쓰기 방식으로 가장 적절한 것은?

① 2문단에서는 소리 요법 체험의 *유의점을 **인과 관계에 따라 서술하였다. *마음에 새겨 두어 조심하며 관심을 가져야할 부분 **원인과 결과의 관계

근거 [초고] ❷문단 소리 요법은 특정 주파수 대역의 소리 혹은 일정한 주파수들로 구성된 소리를 이용해 정신적 안정, 집중력 향상을 돕는다고 한다.

풀이 초고의 2문단에서는 소리 요법이 정신적 안정과 집중력 향상을 돕는 원리를 서술하였다. 소리 요법 체험을 할 때 유의할 점을 인과 관계에 따라 서술하지는 않았다.

→ 적절하지 않음!

② 3문단에서는 소리를 내는 방법을 중심으로 소리 그릇 요법의 *유래를 서술하였다. *사물이나 일이 생겨난 바

근거 [초고] ❸문단 소리 그릇 요법 체험은 나무 막대를 사용하여 금속 재질의 소리 그릇을 두드리거나 문질러서 낸 소리를 듣는 것으로 진행되었다.

풀이 초고의 3문단에 소리를 내는 방법이 언급되어 있으나 소리 그릇 요법의 유래를 서술하지는 않았다.

→ 적절하지 않음!

③ 3문단에서는 다양한 종류의 소리 요법을 일정한 기준에 따라 분류하여 서술하였다.

근거 [초고] ❸문단 다양한 종류의 소리 요법을 체험할 수 있었는데,

풀이 소리 요법의 종류가 다양하다는 점을 언급하고 있으나 다양한 종류의 소리 요법을 일정한 기준에 따라 분류하여 서술하지는 않았다.

→ 적절하지 않음!

④ 4문단에서는 다른 요법과 *견주어 백색 소음 요법의 장점을 서술하였다. *어떠한 차이가 있는지 알기 위하여 서로 대어 보아

근거 [초고] ❹문단 백색 소음 요법은 주변에서 쉽게 접할 수 있는 소리를 활용하고, 소리 그릇 요법과는 달리 별도의 도구를 준비하지 않아도 된다는 점도 매력적이었다.

풀이 소리 요법과의 비교를 통해 백색 소음 요법의 장점을 서술하였다.

→ 적절함!

⑤ 4문단에서는 백색 소음 요법의 체험 과정을 시간의 순서에 따라 서술하였다.

근거 [초고] ❹문단 백색 소음 요법을 체험하기 위해 공기 청정기를 켜 놓고 독서를 했는데 집중이 더 잘되는 느낌이었다.

풀이 초고의 4문단에서는 백색 소음 요법을 체험한 내용이 기록되어 있다. 그러나 그 과정을 시간의 순서에 따라 서술하지는 않았다.

→ 적절하지 않음!

| **30** 작문 내용의 점검 및 고쳐쓰기 - 적절한 것 고르기 | 정답 ① |

다음은 '초고'를 쓴 학생이 교지 편집부장과 사회 관계망 서비스에서 나눈 대화이다. ⓐ, ⓑ에 들어갈 내용으로 가장 적절한 것은?

[초고] ❺문단 일상에서 소리는 늘 우리와 함께하는데, 지나친 소음은 하는 일에 대한 집중력을 떨어트리고 사람을 지치게 만든다. 소리 요법 체험 프로그램은 다음 방학에도 학교에서 운영된다고 하니, 친구들에게 추천하고 싶다.

→ 문제편 271쪽

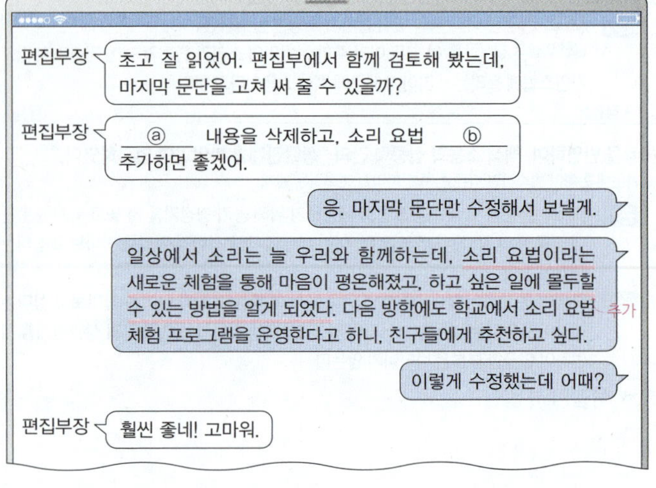

	ⓐ	ⓑ
①	글의 흐름에서 벗어난	체험의 효과를

풀이 초고에는 소리 요법 체험과는 관계가 없는, 지나친 소음의 부작용에 대해 언급되어 있으나, 수정한 문단에서는 글의 흐름에서 벗어난 이 내용을 삭제하였다. 또한 소리 요법 체험을 통해 마음이 평온해졌고, 하고 싶은 일에 몰두할 수 있는 방법을 알게 되었다는 체험의 효과가 추가되어 있다.

[31 ~ 33] 문학(고전소설) - 남영로, 「옥루몽(옥 玉 다락 樓 꿈 夢 : 옥으로 장식한 화려한 누각에서 꾼 꿈)」

1 ¹홍 낭자가 양창곡의 뜻을 (알아)보고자 하여 **선비로 남장해** 묻길,
²"나는 저 사람의 마음을 아나 저 사람은 내 마음을 모른다면, 이 또한 '지기(알 知 자기 己 : 자기의 속마음을 참되게 알아주는 친구)라 할 수 있으리오?"
³양 공자(여기서는 양창곡. '공자'는 지체가 높은 집안의 아들)가 웃으며,
⁴"백아가 거문고를 연주하여야 종자기가 있거늘(백아절현(伯牙絶絃). 중국 춘추 시대에 백아(伯牙)는 거문고를 매우 잘 탔고 그의 벗 종자기(鍾子期)는 그 거문고 소리를 잘 들었는데, 종자기가 죽어 그 거문고 소리를 들을 사람이 없게 되자 백아가 절망하여 거문고 줄을 끊어 버리고 다시는 거문고를 타지 않았다고 하는 고사를 인용함), 사람이 지조(뜻 志 절개 操 : 원칙과 신념을 굽히지 아니하고 끝까지 지켜 나가는 꿋꿋한 의지)를 닦아 마음속에 간직했다가 (지조를) 밖으로 드러내면, **구름이 용을 따르고 바람이 호랑이를 따르듯**(비슷한 기운을 가진 것이 서로 끌리듯), **같은 소리로 서로 응하며 같은 기운으로 서로 구하리니**, (진정한 지기를) 어찌 모를 리가 있으리오?"
⁵선비(여기서는 남장한 홍 낭자)가 말하길,
⁶"세간(세상 世 사이 間 : 세상)에 신의(믿을 信 의리 義 : 믿음과 의리) 없은 지 오래되어 곤궁한(가난할 困 가난할 窮 : 가난하여 살림이 구차한) 처지였을 때 사귄 정을 부귀한(부유할 富 귀할 貴 : 재산이 많고 지위가 높아진) 후 잊는 자들이 흔히 있더이다. ⁷부귀와 궁달(가난할 窮 구비할 達 : 빈궁(가난하고 궁색함)과 영달(지위가 높고 귀함))에 있어서 **처음과 끝이 한결같은 자**를 볼 수 있으리오?"
⁸양 공자가 웃으며,
⁹"옛말에 이르되 '가난하고 천할 때의 친구는 잊어서는 안 되고, 지게미(술을 거르고 남은 찌꺼기)와 쌀겨(쌀을 찧을 때 나오는 가장 고운 껍질)를 먹으며 고생한 아내(조강지처(糟糠之妻))는 집에서 내보내서는 안 된다.' 하니, 부귀와 궁달에 따라 친소(친할 親 소원할 疏 : 친함과 친하지 않음)를 달리하면 이는 경박한(가벼울 輕 엷을 薄 : 언행이 신중하지 못하고 가벼운) 일이라. ¹⁰어찌 이 때문에 세상을 의심하리오?"
¹¹선비가 웃으며,
¹²"형(여기서는 양창곡)은 충직한(충성 忠 바를 直 : 충성스럽고 정직한) 사람이로다. ¹³저는 본디 지조가 없는 사람이라. ¹⁴신하가 임금을 섬기고 선비가 친구를 사귐에, 그 명망(평판 名 명예 望 : 명성과 인망)을 닦고 예절을 지켜 도리에 부합해(붙을 符 맞을 合 : 들어맞게) 사귐을 하는 사람도 있으며, 그(자신의) 재주를 드러내면서 형편에 따른 방도(방법 方 도리 道 : 방법과 도리)로써(인격 수양 대신에 자신의 재주와 형편에 맞춰) 사귐을 하는 사람도 있소. ¹⁵형은 어떻게 생각하시오?"

¹⁶양 공자가 답하길,
¹⁷"사람의 **나아가고 물러남**(몸가짐이나 행동)을 어찌 가벼이 논하리오? ¹⁸성인(성인 聖 사람 人 : 지혜와 덕이 매우 뛰어나 길이 우러러 본받을 만한 사람)에게도 **공명정대한**(공평할 公 밝을 明 바를 正 클 大 : 하는 일이나 태도가 사사로움이나 그릇됨이 없이 아주 정당하고 떳떳한) 원칙과 형편에 따른 방도가 있나니, 군신(임금 君 신하 臣 : 임금과 신하)과 붕우(벗 朋 벗 友 : 친구) 사이에 마음 한구석을 비춰 볼 따름이라. ¹⁹나 역시 과거에 응시하려는 선비로, 덕을 닦아 이름을 드날리지 못하고 문장 찌꺼기(보잘것없는 글재주)로 망령되이(망령될 妄 정신 靈 : 분수에 넘치고 어리석게) **임금의 은혜**를 얻고자 하니, 이 어찌 규중(안방 閨 속 中 : 부녀자가 거처하는 곳) 처녀가 얼굴을 가리고 스스로 짝을 구함과 다르리오(자신의 행동이 규중 처녀가 스스로 짝을 찾는 부끄러운 행동과 다름없다는 의미)? ²⁰이로써 보건대(이렇게 본다면) 나아가고 물러남이 **정대하고**(바를 正 클 大 : 올바르고) 깨끗하여 옛사람에게 부끄럽지 않은 자가 몇이나 있는고?"
²¹선비가 미소하고 몸을 일으키며,
²²"밤이 깊었고 여행 중에 잠을 못 자는 것이 몸을 보살피는 도리가 아니니, 무궁무진한(없을 無 다할 窮 없을 無 다할 盡 : 끝이 없는) 정담(인정 情 이야기 談 : 정다운 이야기)은 내일을 기약할지라(기약할 期 약속할 約 : 약속할지라)."
²³양 공자가 차마 떠나지 못하게 하더라.

→ 홍 낭자가 양창곡의 인품과 생각을 알아보고자 남장을 하고 지기와 신의, 교우에 대해 묻는다.

2 [중략 줄거리] 홍 낭자는 양창곡과 이별한 후 오랑캐 장수가 되었다가, 명나라 원수(으뜸 元 장수 帥 : 군대를 통솔하던 으뜸 장수)가 된 양창곡과 다시 만나 그의 군영(군대 軍 경영할 營 : 군대가 주둔하는 곳)에서 사마(맡을 司 벼슬 이름 馬 : 군사에 관한 일을 맡아보던 벼슬)라는 직책을 받고 축융 왕의 항복을 받아 낸다.

3 ¹일지련이 부친 축융 왕을 모시고 막사(장막 幕 집 舍 : 군인들이 얼마 동안 머물 수 있도록 만든 건물)로 돌아가 가만히 생각하길,
²'내(여기서는 일지련)가 아무리 사람 보는 안목(눈 眼 눈 目 : 사람이나 사물을 분별하는 능력)이 없다 해도 홍 장군(홍 낭자)은 분명 남자가 아닐지라. ³만약 여자라면 누구를 위해 만 리 밖에서 종군했으리오(좇을 從 군대 軍 : 군대를 따라 전쟁터로 나갔으리오)? ⁴양 원수(양창곡)의 용모(얼굴 容 모양 貌 : 외모)와 풍채(모습 風 풍채 采 : 겉모습)를 보건대 비범한(아닐 非 보통 凡 : 매우 뛰어난) 장수요, 또 홍 장군의 기색(기운 氣 빛 色 : 표정)과 언사(말씀 言 말씀 辭 : 말)를 살피건대 (홍 장군이 양 원수를 대할 때) 자못(매우) 조심해 무례한 뜻을 드러내지 않으나 은근한 정을 띤 듯하니, 이 어찌 지기를 따르려고 남자로 변복해(변할 變 옷 服 : 옷을 바꾸어 입고) 종군한 것이 아니리오?'
⁵또 의심하길,
⁶'여자의 질투는 세상 부녀자의 일반적인 정이라. ⁷남자가 아니라면 홍 장군은 **어째서 이처럼** 나를 사랑하는고(양 원수 곁에 있는 자신을 경계하거나 질투하지 않는 것이 이상하다는 의미)?'

→ 일지련은 홍 장군이 여자이며 양 원수를 따르기 위해 남장을 하고 종군했을 것이라 짐작하면서도, 자신을 아끼는 태도에 혼란스러워한다.

4 ¹(일지련은 홍 장군이 자신을 아끼는 이유를)끝내 깨닫지 못하고, 총명하고 지혜로운 마음에 조급한 심정을 참지 못해 홍 사마(홍 장군)의 본색(본디 本 빛 色 : 정체)을 알고자 조용히 그의 막사로 가거늘, 마침 홍 사마가 고요히 홀로 앉아 있더라. ²일지련이 앞으로 나아가 아뢰길,
³"제가 장군께서 살려 주신 은덕(은혜 恩 덕 德 : 은혜로운 덕)을 입어 휘하(기 麾 아래 下 : 장군이나 지휘관의 바로 아래)에서 모시며 정성을 다하고자 하였으나, 다시 생각건대 제 처지가 남자와 다르고 군중(군대 軍 가운데 中 : 군대 안)에 여자가 있는 것은 예로부터 꺼리는 바라, 저의 부친(여기서는 축융 왕)이 이미 군중에 계시니 저는 마땅히 본국(근본 本 나라 國 : 고국. 여기서는 축융)으로 돌아가 행동이 어그러짐(어긋남)을 면할까 하나이다."
⁴홍 사마가 웃으며,
[A] ⁵"낭자(여기서는 일지련)의 말이 지나치도다. ⁶옛날 목란(중국의 서사시 〈목란사〉에 나오는 주인공. 여자의 몸으로 아버지를 대신하여 남장을 하고 싸움터에 나가서, 공을 세우고 고향으로 돌아왔다고 함)은 그의 아버지를 대신해 만 리 밖에서 종군했으나 일찍이 그녀를 비판하는 사람이 없었거늘, 낭자만 어찌 이에 구애되리오(잡힐 拘 거리낄 礙 : 얽매이리오)?"
⁷일지련이 눈길을 흘려 홍 사마를 보고 웃으며,
⁸"제가 오랑캐 땅에서 자라 예법을 배우지 못했으나, 남자와 여자가 같은 자리에 앉으면 안 된다는 것은 성인의 밝은 가르침이라, 만약 군중에 처한즉 어찌 남자와 어깨를

→ 문제편 272쪽

나란히 하고 자리를 함께하지 않을 수 있으리이까(군중에서는 남자와 자리를 함께할 수밖에 없다는 의미)? 9그러므로 목란이 충효(충성 忠 효도 孝 : 충성과 효도)는 극진하나(다할 極 다할 盡 : 정성을 다했으나) 규방(안방 閨 방 房 : 부녀자가 거처하는 방)의 아녀자가 지켜야 하는 단정한(바를 端 바를 正 : 얌전하고 바른) 행실은 부족했던 것으로 생각하나이다."
10홍 사마가 이 말을 듣고 눈을 들어 일지련을 보며 양 볼에 홍조(붉을 紅 조수 潮 : 부끄러워 붉어짐) 만발하여(찰 滿 필 發 : 가득하여) 오랫동안 말이 없더니 (일지련이) 자신의 본색을 알고자 함인 줄 짐작하고 자기 행장(다닐 行 꾸밀 裝 : 길을 떠날 때 사용하는 물건)을 수습하여(거둘 收 주울 拾 : 정돈하여) 길게 탄식해(탄식할 歎 숨 쉴 息 : 한숨을 쉬며),

[B] 11"세상에 한결같이 단정해 규방 예절을 어기지 않은 여자가 몇이나 되리오? 12혹은 환난(근심 患 재앙 難 : 근심과 재난)을 당해 어쩔 수 없이 어기는 자도 있고, 혹은 지기를 좇아 예절을 돌아보지 못하는 자도 있으니, 어찌 한 가지로 논할 수 있으리오?"

13일지련이 사례하고(사례할 謝 예도 禮 : 감사해 하고) 돌아와 마음속으로 웃으며,
14'나의 안목이 과연 틀리지 않았도다. 15홍 사마가 어떠한 여자로서 종군한 것인지 모르나, 그의 말과 **의로운 기상**(기운 氣 모양 像 : 사람이 타고난 기개나 마음씨)을 보건대 분명히 내 평생을 저버리지(등지거나 배반하지) 않으리라. 16내가 맹세코 번화한(번성할 繁 빛날 華 : 번성하고 화려한) 명나라를 구경하리라(홍 사마를 따라 명나라로 가겠다는 의미),' 하더라.

→ 홍 사마를 떠본 일지련은 그가 여자임을 확신하고, 홍 사마의로운 기상에 감복해 평생을 함께하기로 결심한다.

· 중심 내용

홍 낭자는 남장을 한 채 양창곡의 인품을 확인한다. 이후 홍 낭자는 전장에서 양창곡을 만나 사마의 직책을 맡는다. 홍 사마의 본색을 알고자 그녀를 떠본 일지련은 홍 사마의 의로운 기상을 보고 평생을 함께하고자 한다.

· 전체 줄거리 ([ ] : 지문 내용)

천상계의 선관(仙官)(벼슬살이를 하는 신선) 문창성이 인간계를 그리워하자, 신불(신령과 부처)은 문창성을 그와 인연이 있는 다섯 선녀와 함께 인간 세상으로 내려보낸다. 문창성은 양창곡으로, 홍란성은 기생 강남홍(홍랑)으로, 제천선녀는 기생 벽성선으로, 제방옥녀는 윤 소저로, 천요성은 황 소저(= 황 부인)로, 도화성은 공주 일지련으로 태어난다. 명나라의 처사(벼슬을 하지 않고 자연에 묻혀 살던 선비) 양현의 아들로 태어난 양창곡은 과거를 보러 가던 중에 기생 강남홍을 만난다. [강남홍(= 홍 낭자)은 남장을 한 채 양창곡의 인품과 지조를 시험해 본 뒤] 그와 깊은 인연을 맺고, 그의 배필로 사대부 집안의 여인인 윤 소저를 추천한다. 이후 강남홍은 자신을 탐하는 소주자사 황공을 피해 강물에 몸을 던지지만, 윤 소저의 도움으로 목숨을 구한다. 배를 타고 표류하던 강남홍은 탈탈국에서 한 도사를 만나 무예와 도술을 익힌다. 한편 장원 급제한 양창곡은, 여러 권세가의 청혼을 거절하고 강남홍의 뜻에 따라 윤 소저와 혼인한다. 이에 앙심을 품은 황 각로와 노 상서의 모함으로 양창곡은 강주로 유배를 간다. 양창곡은 유배지에서 음률에 뛰어난 기생 벽성선을 만나 인연을 맺는다. 유배에서 풀려난 양창곡은 천자의 명으로 결국 황 각로의 딸(황 부인)과도 혼인하게 된다. 이후 남쪽 오랑캐가 반란을 일으키자 양창곡은 대원수가 되어 출정한다. 양창곡은 적장이 된 강남홍(= 홍 장군, 홍 사마)과 극적으로 재회하여 함께 전장을 누비고, 제갈량 정령의 도움을 받아 연전연승한다(싸울 때마다 계속 승리한다). 그러던 중, 축융국의 왕이 싸움을 걸어오자 양창곡은 축융국의 군대를 크게 물리친다. 이에 축융국의 공주 일지련이 직접 출전하는데, 오히려 양창곡의 모습에 반하게 된다. 결국 일지련은 아버지(축융 왕)를 설득하여 명나라에 항복하게 만든다. 이후 [일지련은 강남홍이 남장한 여자임을 간파하고, 대화를 통해 그녀의 의로운 인품에 반해 평생을 따르기로 결심한다.] 한편 양창곡의 집안에서는 황 부인이 벽성선을 시기하여 모함하는 사건이 벌어진다. 전쟁에서 승리하고 돌아온 양창곡은 연왕(燕王)에 봉해진다. 이때 간신 노균이 요사스러운 도사를 이용해 황제를 속이고 국정을 어지럽힌다. 이들의 모함으로 양창곡은 다시 유배를 가게 되고, 황제는 신선술에 빠져 나라를 돌보지 않는다. 그러던 중 우연히 황제 앞에 서게 된 벽성선이 자신의 정체를 숨긴 채 연주로 간언하여(옳지 못하거나 잘못된 일을 고치도록 말하여) 황제의 잘못을 깨우친다. 한편 황 부인은 모든 죄상이 밝혀져 벌을 받고 집에서 쫓겨난다. 잘못을 뉘우친 황 부인이 병으로 죽을 위기에 처하자, 강남홍과 벽성선이 그녀를 구해 줌으로써 화해에 이른다. 양창곡은 윤 부인과 황 부인을 정실로, 강남홍·벽성선·일지련을 첩으로 맞이하여 화목한 가정을 이룬다. 양창곡의 자식들도 나라에 공을 세우며 가문의 영광을 잇는다. 양창곡과 부인들은 꿈을 통해 자신들이 천상계의 존재였음을 깨닫고, 천수(타고난 수명)를 다한 후에 하늘로 돌아간다.

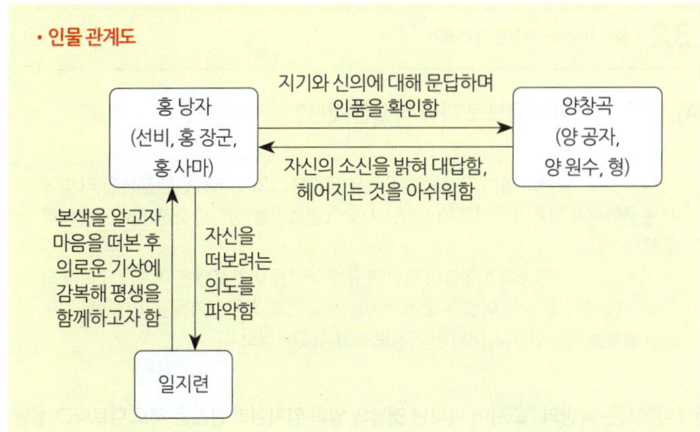

31 | 내용 이해 - 적절한 것 고르기   정답 ③

윗글의 내용에 대한 이해로 가장 적절한 것은?

① 홍 낭자는 양 공자가 자신의 속마음을 알아주지 않는 점에 서운함을 느꼈다.

근거 ❶-1~2 홍 낭자가 양창곡의 뜻을 보고자 하여 선비로 남장해 묻길, "나는 저 사람의 마음을 아나 저 사람은 내 마음을 모른다면, 이 또한 '지기'라 할 수 있으리오?"/ 11~12 선비(홍 낭자)가 웃으며, "형(양 공자)은 충직한 사람이로다./ 21~22 선비가 미소하고 ~ 무궁무진한 정담은 내일을 기약할지라."

풀이 홍 낭자는 양 공자에게 미소를 보이고 그를 충직한 사람이라고 하는 등 호의적인 태도를 보이고, 대화를 마친 후에는 내일을 기약하고 있다. 홍 낭자가 양 공자가 자신의 속마음을 알아주지 않아 서운함을 느끼는 내용은 확인할 수 없다. '나는 저 사람의 마음을 아나 저 사람은 내 마음을 모른다면'은 홍 낭자가 양 공자의 생각을 알아보기 위해 상황을 가정한 것으로 볼 수 있다.

→ 적절하지 않음!

② 양 공자는 선비와의 이별을 아쉬워하며 선비로부터 다시 만날 약속을 받아 냈다.

근거 ❶-21~23 선비가 ~ "밤이 깊었고 여행 중에 잠을 못 자는 것이 몸을 보살피는 도리가 아니니, 무궁무진한 정담은 내일을 기약할지라." 양 공자가 차마 떠나지 못해 하더라.

풀이 선비가 밤이 깊었으니 정담은 내일을 기약하자고 제안하자 양 공자는 선비와의 이별을 아쉬워하며 차마 떠나지 못하는 모습을 보인다. 하지만 양 공자가 주도적으로 선비에게 다시 만날 약속을 받아 내는 내용은 확인할 수 없다.

→ 적절하지 않음!

✓③ 일지련은 홍 장군이 양 원수를 대하는 태도를 보고 두 사람의 관계에 대한 호기심을 가졌다.

근거 ❸-4 홍 장군의 기색과 언사를 살피건대 자못 조심해 무례한 뜻을 드러내지 않으나 은근한 정을 띤 듯하니, 이 어찌 지기를 따르려고 남자로 변복해 종군한 것이 아니리오?'

풀이 일지련은 홍 장군이 양 원수에게 은근한 정을 보이는 태도를 근거로, 그가 양 원수를 따르기 위해 남자로 변복해 종군한 것으로 짐작한다. 이는 일지련이 홍 장군과 양 원수의 관계에 대한 호기심이 생겼음을 보여 준다.

→ 적절함!

④ 일지련은 양 원수의 비범함을 눈치채고 그의 휘하에 장수로 들어가고자 하였다.

근거 ❸-4 양 원수의 용모와 풍채를 보건대 비범한 장수요./ ❹-3 제가 장군(홍 사마)께서 살려 주신 은덕을 입어 휘하에서 모시며 정성을 다하고자 하였으나,

풀이 일지련은 양 원수가 '비범한 장수'라고 생각했지만, 그의 휘하로 들어가고자 했다는 내용은 나타나지 않는다. 참고로 일지련은 홍 사마가 자신을 살려 준 은덕에 보답하기 위해 홍 사마를 휘하에서 모시고 있다.

→ 적절하지 않음!

일지련이 자신의 본색을 알고자 함을 짐작하고

⑤ 홍 사마는 일지련의 말을 듣고 조급한 *성정을 꾸짖기 위해 오랫동안 침묵하였다. *타고난 본성

근거 ❹-10 홍 사마가 이 말을 듣고 눈을 들어 일지련을 보며 양 볼에 홍조 만발하여 오랫동안 말이 없더니 자신의 본색을 알고자 함인 줄 짐작하고

풀이 홍 사마가 침묵한 이유는 일지련이 자신의 본색을 알고자 함을 짐작했기 때문이지, 일지련의 조급한 성정을 꾸짖기 위함이 아니다.

→ 적절하지 않음!

[A], [B]를 이해한 내용으로 가장 적절한 것은?

> [A] ④-5~6 "낭자의 말이 지나치도다. 옛날 목란은 그의 아버지를 대신해 만 리 밖에서 종군했으나 일찍이 그녀를 비판하는 사람이 없었거늘, 낭자만 어찌 이에 구애되리오?"
>
> [B] ④-11~12 "세상에 한결같이 단정해 규방 예절을 어기지 않은 여자가 몇이나 되리오? 혹은 환난을 당해 어쩔 수 없이 어기는 자도 있고, 혹은 지기를 좇아 예절을 돌아보지 못하는 자도 있으니, 어찌 한 가지로 논할 수 있으리오?"

① [A]에서는 목란의 *고사에 나타난 옛날의 일과 일지련의 상황은 서로 <u>다르다고</u> 설명하고 있다.   비슷하다고 / *유래가 있는 옛날의 일

근거 ④-3 제 처지가 남자와 다르고 군중에 여자가 있는 것은 예로부터 꺼리는 바라, 저의 부친이 이미 군중에 계시니 저는 마땅히 본국으로 돌아가 행동이 어그러짐을 면할까 하나이다."

풀이 홍 사마는 [A]에서 여자인 목란이 아버지를 대신해 종군한 일을 언급하여, 일지련 또한 군중에 머무는 것이 문제 되지 않는다고 말하고 있다. 이는 목란의 고사에 나타난 옛날의 일과 일지련의 상황이 유사함을 언급한 것이지, 서로 다르다고 설명하는 것이 아니다.

→ 적절하지 않음!

② [B]에서는 사례를 들어 여인이 <u>군중에 머무를 때 발생할 수 있는 문제를</u> 일지련에게 알려 주고 있다.   규방 예절을 지키지 못할 수 있음을

근거 ④-8~9 남자와 여자가 같은 자리에 앉으면 안 된다는 것은 성인의 밝은 가르침이라, 만약 군중에 처한즉 어찌 남자와 어깨를 나란히 하고 자리를 함께하지 않을 수 있으리이까? 그러므로 목란이 ~ 규방의 아녀자가 지켜야 하는 단정한 행실은 부족했던 것으로 생각하나이다."

풀이 홍 사마는 [B]에서 환난을 당해 어쩔 수 없이 규방 예절을 어기는 경우, 지기를 좇아 예절을 돌아보지 못하는 경우를 사례로 들고 있다. 이는 상황에 따라 규방 예절을 지키지 못할 수 있음을 말하고 있는 것일 뿐, 일지련에게 여인이 군중에 머무를 때 발생할 수 있는 문제를 알려 주고 있지는 않다.

→ 적절하지 않음!

③ [A]에서는 군중에 머무는 것은 잘못된 행동이라는 일지련의 걱정을 위로하고, [B]에서는 <u>군중에 머무를 수 있는 현실적인 방안을 제시하고</u> 있다.   말을 반박하고

근거 ④-3 제 처지가 남자와 다르고 군중에 여자가 있는 것은 예로부터 꺼리는 바라, 저의 부친이 이미 군중에 계시니 저는 마땅히 본국으로 돌아가 행동이 어그러짐을 면할까 하나이다."

풀이 홍 사마는 [A]에서 목란의 사례를 들어 여성이 종군하는 것이 잘못된 행동이 아님을 언급하고 있을 뿐, 군중에 머무는 것이 잘못된 행동이라는 일지련의 걱정을 위로하고 있다고 볼 수 없다. 또한 [B]에서 홍 사마는 규방 예절을 지키기 쉽지 않음을 말하고 있을 뿐, 군중에 머무를 수 있는 현실적인 방안을 제시하고 있지 않다.

→ 적절하지 않음!

④ [A]에서는 본국으로 돌아가려는 일지련의 계획을 <u>실현 불가능성을 이유로 들어 *만류하고,</u> [B]에서는 <u>그 계획을 시기의 문제를 이유로 들어 만류하고</u> 있다.   *못 하게 말리고

근거 ④-3 제 처지가 남자와 다르고 군중에 여자가 있는 것은 예로부터 꺼리는 바라, 저의 부친이 이미 군중에 계시니 저는 마땅히 본국으로 돌아가 행동이 어그러짐을 면할까 하나이다."

풀이 홍 사마는 [A]에서 일지련이 여성의 신분에 지나치게 구애받고 있음을 언급할 뿐, 본국으로 돌아가려는 일지련의 계획을 실현 불가능성을 이유로 만류하고 있지 않다. [B]에서 홍 사마는 여러 사정으로 규방 예절을 지키지 못하는 경우가 있음을 언급할 뿐, 일지련의 계획을 시기를 이유로 만류하고 있지 않다.

→ 적절하지 않음!

⑤ [A]에서는 여인이 지켜야 할 행동에 대한 일지련의 의견이 과도하다고 평하고, [B]에서는 *당위적 윤리 규범을 내세우는 일지련의 생각을 바꾸도록 설득하고 있다.   *반드시 따라야 하는 도덕 규칙

근거 ④-3 제 처지가 남자와 다르고 군중에 여자가 있는 것은 예로부터 꺼리는 바라, 저의 부친이 이미 군중에 계시니 저는 마땅히 본국으로 돌아가 행동이 어그러짐을 면할까 하나이다." / 8~9 남자와 여자가 같은 자리에 앉으면 안 된다는 것은 성인의 밝은 가르침이라, 만약 군중에 처한즉 어찌 남자와 어깨를 나란히 하고 자리를 함께하지 않을 수 있으리이까? 그러므로 목란이 ~ 규방의 아녀자가 지켜야 하는 단정한 행실은 부족했던 것으로 생각하나이다."

풀이 일지련은 홍 사마에게 여자의 신분으로 군중에 머무는 것이 잘못된 일이므로 본국으로 돌아가 행동을 바로잡겠다고 하였다. 이에 홍 사마는 [A]에서 아버지 대신 종군한

목란을 언급하며 여인이 지켜야 할 행동에 대한 일지련의 의견이 지나치다고 평가하고 있다. 또한 일지련이 규방의 아녀자가 지켜야 하는 행실에 대해 언급하자 홍 사마는 [B]에서 여러 사정으로 규방 예절을 지키지 못하는 경우도 있을 수 있기에 한 가지로 논할 수 없다고 말하고 있다. 이는 당위적 논리 규범을 내세우는 일지련의 생각을 바꾸도록 설득하는 것으로 볼 수 있다.

→ 적절함!

<보기>를 참고하여 윗글을 감상한 내용으로 적절하지 <u>않은</u> 것은?   3점

> | 보기 |
>
> [1]「옥루몽」에서는 다양한 지기 관계 형성을 중심으로 서사(늘어놓을 敍 일 事 : 사건)가 진행된다. [2]지기란 서로 마음을 알아주고 뜻을 함께하는 사람으로, 인물들은 이상적인 인물과의 지기 관계를 추구한다. [3]인물들은 자신의 의도를 우회적으로(멀 迂 돌 廻 ~의 的 : 간접적으로 돌려) 드러내면서, 상대의 의중(생각 意 속 中 : 마음속)을 탐색하는 대화를 통해 성별과 신분, 처지에서 비롯된 사회적 제약을 뛰어넘는 관계를 모색한다(찾을 摸 찾을 索 : 일이나 사건 따위를 해결할 수 있는 방법을 찾는다). [4]이러한 지기 관계의 양상을 통해 유교적 질서를 존중하면서도 개인적 욕망을 인정하는 작가의 인식을 엿볼 수 있다.

① 홍 낭자가 '선비로 남장해' 양 공자의 뜻을 확인하는 데서, 지기 관계 형성에서 성별이 사회적 제약이 될 수 있음을 알 수 있군.

근거 <보기>-3 상대의 의중을 탐색하는 대화를 통해 성별과 신분, 처지에서 비롯된 사회적 제약을 뛰어넘는 관계를 모색한다.

①-1 홍 낭자가 양창곡의 뜻을 보고자 하여 선비로 남장해 묻길,

풀이 홍 낭자는 양 공자의 의중을 탐색하기 위해 '선비로 남장해' 그와 대화를 나눈다. 이는 지기 관계 형성에 있어서 성별이 사회적 제약이 될 수 있음을 보여 주는 것이다.

→ 적절함!

② 양 공자가 지기는 '같은 소리로 서로 응하며 같은 기운으로 서로 구하리'라고 하는 데서, 지기 관계는 일방적인 것이 아니라 *쌍방적인 것이라고 여김을 알 수 있군.   *양쪽 모두에게 관련되는

근거 <보기>-2 지기란 서로 마음을 알아주고 뜻을 함께하는 사람

①-2~4 "나는 저 사람의 마음을 아나 저 사람은 내 마음을 모른다면, 이 또한 '지기'라 할 수 있으리오?" 양 공자가 웃으며, "백아가 거문고를 연주하여야 종자기가 있거늘, 사람이 지조를 닦아 마음속에 간직했다가 밖으로 드러내면, 구름이 용을 따르고 바람이 호랑이를 따르듯, 같은 소리로 서로 응하며 같은 기운으로 서로 구하리니, 어찌 모를 리가 있으리오?"

풀이 홍 낭자가 지기에 대해 묻자 양 공자는 지기란 백아와 종자기, 구름과 용, 바람과 호랑이처럼, '같은 소리로 서로 응하며 같은 기운으로 서로 구하'는 것이라고 답한다. 이를 통해 양 공자가 지기 관계에 대해 일방적인 것이 아니라 서로 마음을 알아주고 뜻을 함께하는 쌍방적인 것으로 여김을 알 수 있다.

→ 적절함!

③ 일지련이 홍 사마가 '어째서 이처럼' 자신을 아끼는지 알고자 하면서도 예법에 대해 문답하는 데서, 지기 관계 형성을 위한 탐색 과정에서 인물이 의도를 우회적으로 드러냄을 알 수 있군.

근거 <보기>-3 인물들은 자신의 의도를 우회적으로 드러내면서, 상대의 의중을 탐색하는 대화를 통해 성별과 신분, 처지에서 비롯된 사회적 제약을 뛰어넘는 관계를 모색한다.

③-7 남자가 아니라면 홍 장군은 어째서 이처럼 나를 사랑하는고?'

④-3 제 처지가 남자와 다르고 군중에 여자가 있는 것은 예로부터 꺼리는 바라,/ 8 남자와 여자가 같은 자리에 앉으면 안 된다는 것은 성인의 밝은 가르침이라,

풀이 일지련은 홍 사마가 자신을 아끼는 이유를 알고자 하면서도 이를 직접적으로 묻지 않고, 부녀의 예법에 대한 문답을 통해 그녀가 스스로 정체를 드러내도록 유도하고 있다. 이를 통해 지기 형성을 위한 탐색 과정에서 인물이 자신의 의도를 우회적으로 드러내고 있음을 확인할 수 있다.

→ 적절함!

④ 홍 낭자가 양 공자에게 '처음과 끝이 한결같은' 자에 대해 묻는 것과 일지련이 홍 사마의 '의로운 기상'을 믿는 데서, 인물들이 지기 관계에서 상대방의 도덕성을 중시함을 알 수 있군.

근거 <보기>-4 지기 관계의 양상을 통해 유교적 질서를 존중

①-7 부귀와 궁달에 있어서 처음과 끝이 한결같은 자를 볼 수 있으리오?"

④-15 홍 사마가 어떠한 여자로서 종군한 것인지 모르나, 그의 말과 의로운 기상을 보건대 분명히 내 평생을 저버리지 않으리라.

풀이 홍 낭자가 양 공자에게 '처음과 끝이 한결같은' 신의 있는 자에 대해 묻고, 일지련이

홍 사마의 '의로운 기상'을 신뢰하여 평생을 따를 생각을 하는 것에서 인물들이 모두 지기 관계에서 유교적 덕목인 상대방의 도덕성을 중요하게 여기고 있음이 드러난다.

→ 적절함!

✓⑤ 양 공자가 덕이 모자란데도 '임금의 은혜'를 얻겠다는 것과 일지련이 '명나라' 구경을 결심하는 데서, 지기 관계에서 유교적 질서와 개인적 욕망의 추구가 동시에 인정됨을 알 수 있군.

개인적 욕망의 추구가 나타남을

근거 〈보기〉-4 지기 관계의 양상을 통해 유교적 질서를 존중하면서도 개인적 욕망을 인정하는 작가의 인식을 엿볼 수 있다.

❶-19 나(양 공자) 역시 과거에 응시하려는 선비로, 덕을 닦아 이름을 드날리지 못하고 문장 찌꺼기로 망령되이 **임금의 은혜**를 얻고자 하니, 이 어찌 규중 처녀가 얼굴을 가리고 스스로 짝을 구함과 다르리오?

❹-16 내(일지련)가 맹세코 번화한 **명나라**를 구경하리라.'

풀이 양 공자는 자신이 덕이 모자람에도 보잘것없는 글재주로 '임금의 은혜'를 얻으려는 것을 규중 처녀가 스스로 짝을 구하는 것과 다름없는 부끄러운 일로 여기고 있다. 이는 유교적 질서를 존중하는 태도가 아니라 개인적 욕망 추구에 대한 자기반성적 인식에 가깝다. 또한 일지련이 홍 사마의 나라인 '명나라' 구경을 결심한 것은 홍 사마와 평생의 지기가 되고 싶다는 개인적 욕망의 표현이다. 따라서 양 공자가 '임금의 은혜'를 얻으려 하는 것과 일지련이 '명나라' 구경을 결심한 것은 모두 개인적 욕망의 추구와 관련이 있다고 볼 수 있다.

→ 적절하지 않음!

[34 ~ 38] 문학(갈래 복합)

(가) 고전시가 - 이운영, 「착정가鑿井歌(팔 鑿 우물 井 노래 歌 : 우물을 파는 노래)」

작품 이해 단계 : ① 화자 ② 상황 및 대상 ③ 정서 및 태도 ④ 주제

풍속 俗 손님 客 : 속세의 사람
① 화자 : '나'(머리 있는 용, 백룡)
1 그대는 속객(俗客)이라 내 이름 어이 알까
└ 여기서는 '우물을 판 여인'

2 오늘날 내 이름을 그대에게 이르려니
└ 우두머리
② 상황 : 자신의 정체가 '용'임을 밝히는 상황
3 비늘 가진 동물 중에 머리 있는 용이로세
└ 거룩할 聖 현명할 賢 : 지혜와 덕이 뛰어난 성인과 현인
4 조선이 천명을 받아 성현이 나셨도다
└ 하늘 天 명령 命 : 하늘의 명령
③ 태도 : 조선 건국의 정당성을 밝히고, 번성한 한양의 모습을 예찬한다.
5 삼한을 어루만져 한양에 도읍하니
└ 셋 三 나라 韓 : 한반도 전체
└ 도읍 都 도읍 邑 : 나라의 수도를 정하니
6 인물이 번성하고 인가(人家)가 가득하다
└ 사람 人 집 家 : 사람이 사는 집
└ 번성할 蕃 성할 盛 : 성하게 일어나고
7 아, 옥황상제 건천문을 여시고
└ 하늘 乾 하늘 天 문 門 : 하늘의 문
8 중국 땅을 바라보고 하토를 굽어보시어
└ 멀 遐 땅 土 : 서울에서 멀리 떨어진 지방. 여기서는 중국에서 멀리 떨어진 땅인 조선
9 한 폭 조서(詔書)를 ⊙수국(水國)에 전하시되
└ 물 水 나라 國 : 물의 나라
└ 조서 詔 글 書 : 임금의 명령을 적은 문서
② 상황 : 옥황상제가 용들에게 조선의 백성을 이롭게 하라는 명을 내린 상황

[A]
10 동문 밖 십 리 땅은 청룡이 네가 지키고
└ 푸를 靑 용 龍 : 푸른빛의 용
11 남문 밖 십 리 땅은 적룡이 네가 지키고
└ 붉을 赤 용 龍 : 붉은빛의 용
12 서문 밖 십 리 땅은 백룡이 네가 지키고
└ 흴 白 용 龍 : 흰빛의 용
13 북문 밖 십 리 땅은 흑룡이 네가 지키고
└ 검을 黑 용 龍 : 검은빛의 용
14 왕성 안 십 리 땅은 황룡이 네가 지키어
└ 누를 黃 용 龍 : 누런빛의 용
└ 왕 王 성 城 : 임금이 사는 성. 여기서는 한양 도성
15 우물의 물을 뿜어 백성을 이롭게 하라
└ 책임질 主 맡을 管 : 책임지고 관리하여

16 우리는 백룡이라 서쪽을 주관하여
└ 여기서는 서문 밖
② 상황 : 화자(백룡)가 서문 밖의 초리우물을 다스리는 상황
17 반송방 노첨정계 ⓒ팔각정 내린 맥에
└ 한양 서문(서대문) 밖에 있던 지명
└ 혈맥 脈 : 풍수지리에서, 산맥이나 지세의 정기가 흐르는 줄기
└ 여덟 八 모 角 정자 亭 : 지붕을 여덟모가 지도록 지은 정자
18 자리를 점지하여 삼백 년 걸쳐 있어
└ 미리 정하여
19 (내가) 꼬리를 한 번 치면 감천이 솟아나니
└ 달 甘 샘 泉 : 물맛이 좋은 샘
20 이러하여 세상 사람 이르기를 ⓒ초리우물
└ 서문 밖 미근동에 있었던 우물. '초리'는 '꼬리'의 옛말
21 그러나 **수근(水根)은 유한하고 먹을 이도 많구나**
└ 물 水 근본 根 : 물이 나오는 곳
└ 있을 有 한정할 限 : 한정이 있고
② 상황 : 물의 근원은 한정되어 있는데 물을 필요로 하는 사람이 많은 상황

[B]
22 아침이야 저녁이야 새벽이야 밤중이야
└ 재상 宰 정승 相 : 임금을 돕고 관리를 지휘하고 감독하는 일을 맡아보던 관리
23 재상의 집 선비의 집 무반의 집 한량의 집
└ 한가할 閑 양민 良 : 놀고먹던 말단 양반 계층
└ 무인 武 차례 班 : 군사 일을 맡아보던 관리
24 국숫집 팥죽집 떡집이며 엿집이라
25 통이로세 물동이로세 장군이야 항아리야
└ 액체를 담아서 옮길 때에 쓰는 그릇
26 긷거니 푸거니 이 우물에 모여드니
└ 줄을 길게 달아 우물물을 긷는 데 쓰는 기구
27 두레박도 빠지고 쪽박도 깨지고
└ 작은 바가지
② 상황 : 물을 길으려는 사람들이 몰려들어 싸움이 벌어지는 상황
28 아이구야 사람 죽네 싸움으로 시끌하고
29 워그적워그적 휩쓸려 붐비는 게 더욱 심해
└ 여럿이 너른 곳에서 계속 시끄럽게 들끓는 소리나 모양

[C]
30 쌀을 씻고 팥을 간들 물 없이 밥이 되며
31 미역과 찐 다시마는 바리바리 쌓여 있고
└ 짐 따위를 잔뜩 꾸려 놓은 모양
③ 태도 : 물이 없으면 음식을 만들 수 없다고 생각한다.
32 채소와 대하 꾸러미 아무리 쌓였던들
└ 보리새웃과의 하나
33 이 물이 없게 되면 국이 어이 되겠는가

34 서문 밖 천만 집에 ⓔ물싸움 심하더니
└ 수많은
└ 빼어날 豪 뛰어날 傑 : 지혜와 용기가 뛰어나고 기개와 풍모가 있는 사람
35 그대는 슬기로워 여인 중에 호걸이라
② ③ 대상 및 태도 : 물싸움 중에 스스로 문제를 해결하는 '그대'의 슬기로움을 예찬한다.
36 가만히 생각하니 새 물 어이 못 파리오

[D]
37 오른손에 자를 들고 뒤뜰로 들어가서
└ 땅 地 계통 脈 : 풍수지리에서, 땅속의 정기가 순환한다는 줄
38 지맥을 헤아리고 사방을 둘러보아
② 상황 : '그대'가 지맥을 헤아려 여종에게 우물을 파라고 명하는 상황
39 여종에게 분부하되 이곳을 깊이 파라

[E]
40 정성이 극진하니 내 마음 감동하여
③ 정서 : '그대'의 극진한 정성에 감동한다.
41 넓은 바다에 쌓인 물을 머금어 뿜어내니
└ 북쪽 北 창문 窓 : 북쪽 창문
② 상황 : '나'의 신이한 힘으로 '그대'가 판 우물에서 감로수가 솟아나는 상황
42 그대네 북창 아래 ⓜ감로수가 절로 난다
└ 달 甘 이슬 露 물 水 : 맛이 좋은 물

④ 주제 : 초리우물의 유래와 물 부족으로 인한 갈등 및 이를 해결한 여인의 주체적 행동

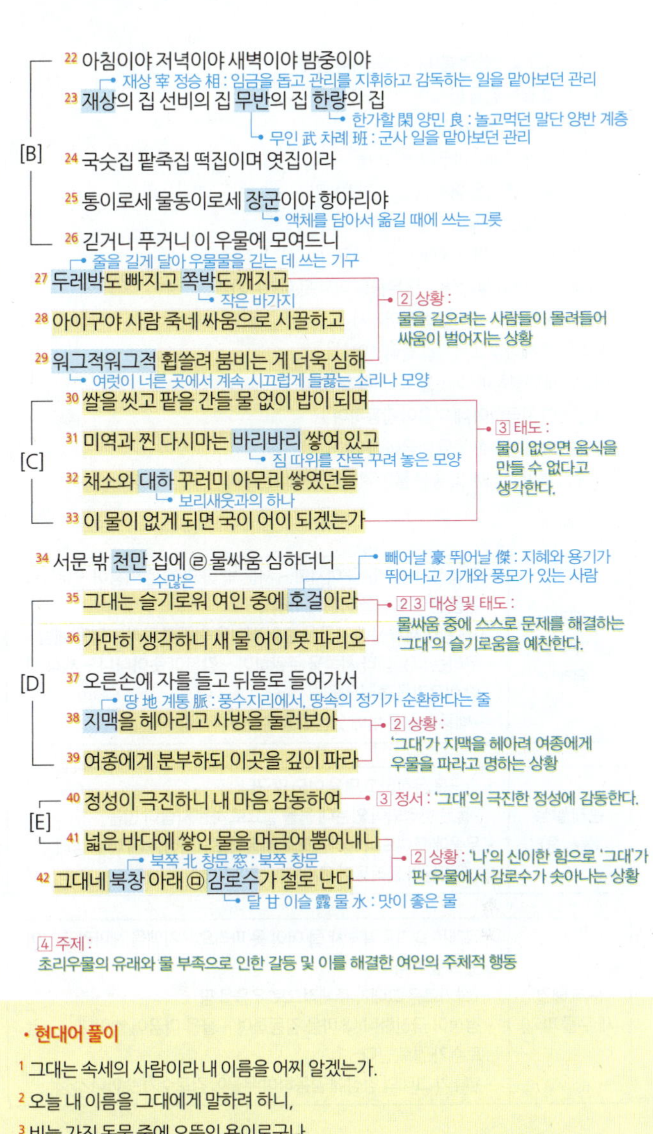

오방색(가)-10~14
오방색은 오행사상에서 유래되었으며 방(方)은 각각의 빛들이 방위를 뜻한 데서 붙었다. 오방색은 의상, 건축, 풍습 등에 쓰이며 문화적인 상징성을 지닌다.

• 현대어 풀이

1 그대는 속세의 사람이라 내 이름을 어찌 알겠는가.
2 오늘 내 이름을 그대에게 말하려 하니,
3 비늘 가진 동물 중에 으뜸인 용이로구나.
4 조선이 하늘의 명을 받아 성현이 태어나셨도다.
5 삼한을 어루만져 한양에 도읍을 정하니
6 인물이 번성하고 집들이 가득하다.
7 아, 옥황상제께서 하늘의 문을 여시고
8 중국 땅을 바라보시고 (멀리 떨어진) 조선을 굽어보시어
9 한 폭의 조서를 수국에 전하시되,
10 동문 밖 십 리 땅은 청룡, 네가 지키고
11 남문 밖 십 리 땅은 적룡, 네가 지키고
12 서문 밖 십 리 땅은 백룡, 네가 지키고
13 북문 밖 십 리 땅은 흑룡, 네가 지키고
14 도성 안 십 리 땅은 황룡, 네가 지키어
15 우물의 물을 뿜어내어 백성을 이롭게 하라
16 우리는 백룡이라 서쪽을 주관하여
17 반송방 노첨정계의 팔각정에서 뻗어 내린 산줄기에
18 자리를 정하여 삼백 년 동안 걸쳐 있어
19 꼬리를 한 번 치면 샘에서 단물이 솟아나니
20 이 때문에 세상 사람들이 이르기를 초리우물이라 부른다
21 그러나 물의 근원은 한정되어 있고 먹을 이는 많구나
22 아침이나 저녁이나 새벽이나 밤중이나
23 재상의 집, 선비의 집, 무관의 집, 한량의 집
24 국숫집, 팥죽집, 떡집, 엿집까지
25 통이며 물동이며 장군이며 항아리며
26 물을 긷고 푸느라 이 우물에 모여드니
27 두레박도 빠지고 쪽박도 깨지는구나
28 "아이구야, 사람 죽네!" 싸움으로 시끄럽고

29 워그적워그적 휩쓸려 붐비는 것이 더욱 심해

30 쌀을 씻고 팥을 간들 물 없이 밥이 되며

31 미역과 찐 다시마는 바리바리 쌓여 있고

32 채소와 대하 꾸러미 아무리 쌓였던들

33 이 물이 없으면 국을 어찌 끓일 수 있겠는가

34 서문 밖 수많은 집에 물싸움이 심하더니

35 그대는 슬기로워 여인 중에 호걸이로구나

36 (그대가) 가만히 생각하니 '새 우물을 어찌 못 파겠는가?'

37 오른손에 자를 들고 뒤뜰로 들어가서

38 땅의 맥을 헤아리고 사방을 둘러보아

39 여종에게 명령하여 "이곳을 깊이 파라." 하니

40 그 정성이 지극하여 내 마음이 감동하여

41 넓은 바다에 가득한 물을 머금어 뿜어내니

42 그대 집 북창 아래에 맛 좋은 물이 저절로 솟아나는구나

• 지문 이해

배경 (초리우물의 유래)	• 옥황상제 건천문을 여시고 ~ 서문 밖 십 리 땅은 백룡이 ~ 우물의 물을 뿜어 백성을 이롭게 하라 → 옥황상제가 용에게 물을 뿜어 백성을 이롭게 하라는 명을 내림 • 우리는 백룡이라 서쪽을 주관하여 ~ 감천이 솟아나니 ~ 세상 사람 이르기를 초리우물 → 백룡이 서문 밖에 있는 초리우물을 다스림
문제 발생 (물싸움)	• 수근은 유한하고 먹을 이도 많구나 → 물은 한정되어 있는데 물을 필요로 하는 사람이 많음 • 우물에 모여드니 ~ 싸움으로 시끌하고 ~ 붐비는 게 너무 심해 → 사람들이 몰려들어 물싸움이 벌어짐
문제 해결 (새 우물 파기)	• 그대는 슬기로워 ~ 새 물 어이 못 파리오 ~ 지맥을 헤아리고 ~ 이곳을 깊이 파라 → 슬기로운 그대가 주체적으로 우물을 팜 • 정성이 극진하니 내 마음 감동하여 ~ 물을 머금어 뿜어내니 ~ 감로수가 절로 난다 → '나'가 그대의 정성에 감동하여 우물에 감로수가 솟아나게 함

(나) 수필 - 박장원, 「치정설(다스릴 治 우물 井 말씀 說 : 우물을 쳐낸 이야기)」

1 [1]'풍속(풍속 風 풍속 俗 : 옛날부터 전해 오는 생활 전반에 걸친 습관) 중에 청명일(맑을 淸 밝을 明 날 日 : 일 년 중 날이 가장 맑다는 때. 24절기의 하나로 4월 5일경에 우물을 쳐낸다[俗以淸明日淘井(속이청명일도정)]'라는 글 (소동파의 문집 '동파지림(東坡志林)'에 실린 글)이 있어, 운서(韻書)(운 韻 책 書 : 한자의 운을 분류하여 일정한 순서로 배열한 서적)에서 '도(淘)(씻을 淘)' 자의 의미를 찾아봤지만 없었다. [2]'씻어서 깨끗이 한다'라는 뜻인 듯했지만, 사실 정확하지는 않았다. [3]그래서 의문이 남았지만 그냥 내버려두었다.

→ '나'는 청명일에 우물을 쳐낸다는 내용의 글에서 글자 '도(淘)'의 의미에 대해 의문을 품은 적이 있다.

2 [1]바닷가(여기서는 글쓴이가 유배된 곳인 경상북도 '흥해'. 지금의 포항)에 와서 거처(살 居 곳 處 : 사는 곳)를 세 번 옮겼다. … (중략) … [2]그곳 땅이 본래 낮아 습한데 내가 거처한 마지막 집은 더욱 심했다. [3]다른 집보다 좋은 점은 우물이 있는 것이었다. [4]우물은 울안(울타리를 둘러친 안) 동남쪽에 있었는데, 지세(땅 地 형세 勢 : 땅의 생긴 모양이나 형세)가 낮은 중에도 낮았다. [5]우물 곁 연못에 부들(부들과의 여러해살이풀)과 피(볏과의 한해살이풀)가 자랐고, 그 옆 마구간에서 소와 말을 길렀다. [6]실로 모두가 꺼리는 것(낮은 지세와 비위생적인 주변 환경)이 모여 있었다. [7]집을 옮기자마자 종들에게 그릇을 도르래(바퀴에 홈을 파고 줄을 걸어서 돌려 물건을 움직이는 장치)에 묶어 물을 긷게 하여 우물을 쳐냈다(퍼냈다). [8]마침 겨울이라 힘을 적게 쓰고도 효과는 컸다. [9]봄이 지나고 또 우물을 쳐냈는데, 그릇이 우물 안 물에 닿으니 그 깊이가 거의 두 길(사람의 키 정도 되는 길이)이었다. [10]그러나 깨끗이 쳐내도 물은 맑아지지 않고 쳐내기 전과 같았다. [11]이것(우물을 쳐내도 물이 맑아지지 않는 것)이 어찌 물의 성질 때문이랴? [12]물의 맑고 탁함과 많고 적음은 땅의 높낮이와 춥고 더움에 관계가 있을 뿐이다. [13]그래도 소동파(중국 북송 때의 시인)가 새집을 지으며 사십 척(길이의 단위. 약 30.3cm)이나 파고서야 물을 얻은 일보다는 나았다.

→ '나'는 거처를 옮기자마자 집의 더러운 우물을 여러 번 쳐냈으나 물이 맑아지지 않았다.

---

3 [1]**사람**에게도 어찌 **본성**이 없겠는가? [2]기질(기운 氣 바탕 質 : 타고난 성질)에 얽매이고 욕망에 빠질 뿐이니, 또한 이 우물이 낮은 곳에 있는 것과 같다. [3]맑고 쾌활한 본성은 비록 하늘로부터 받은 것이나, 맑게 다스리는 노력 또한 현명한 스승과 어진 벗이 이끌어 주고 도와주는 것에 달려 있지 않겠는가? [4]성현(거룩할 聖 현명할 賢 : 지혜와 덕이 뛰어난 성인과 현인)이 이르지 않았는가? [5]"생각하는 것은 슬기로운 것이고, 슬기로운 이가 성인이 된다."라고 했듯이 생각하기를 우물 쳐내듯 하면, 처음에는 흐린 물이 있겠지만 **오래도록 끌어 올리면** 차츰 맑은 물이 나오는 법이다. [6]사람의 생각도 처음에는 혼탁하지만(섞일 混 흐릴 濁 : 깨끗하지 못하고 흐리지만) (생각을) 오래 할수록 명쾌해진다(밝을 明 시원할 快 : 명백하고 시원해진다). [7]이 우물도 비록 처음에는 흐린 물이 나오더라도 오래도록 쳐내면 맑은 물이 어찌 나오지 않겠는가? [8]또한 이는 사람이 학문을 하는 것과 같으니, 생각하고 생각하면 귀신이라도 통하게 해 주는 것이다.

[9]내가 오늘 우물 쳐낸 일을 보고, 생각을 지극히 해서 **성인이 되는 노력**을 깨달았다. [10]이에 노비에게 물이 맑아지기를 기다려 마시게 하고, 항상 노력하고 경계하는 뜻을 마음에 새겨 응당(응할 應 마땅할 當 : 마땅히) 청명일을 기다려 다시 우물을 쳐내고자 한다.

→ '나'는 우물을 계속 쳐내면 맑은 물이 나오듯이 끊임없이 노력하면 성인의 경지에 이를 수 있다는 것을 깨닫는다.

• 중심 내용

'나'는 집의 우물을 쳐낸 경험을 통해, 꾸준히 학문에 힘쓰고 수양하면 본성을 회복하여 성인의 경지에 이를 수 있다는 깨달음을 얻는다.

• 지문 이해

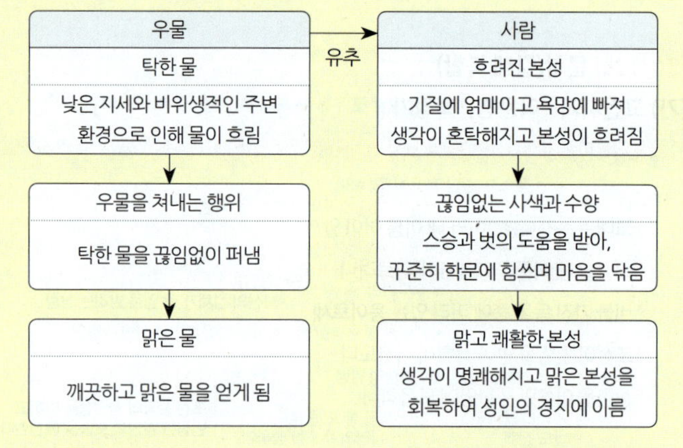

34 표현상 공통점 - 적절한 것 고르기　정답 ④

(가)와 (나)의 공통점으로 가장 적절한 것은?

선지	핵심 체크 내용	(가)	(나)
①	음성 상징어 → 어수선한 분위기 표출	O	X
②	구체적 수치	O	O
②	대상의 정도 차이 제시	X	X
③	대구 표현	O	O
③	긴장감이 강해지는 양상 형상화	O	X
④	의문형 어미 → 전달하고자 하는 의미가 당연한 것임을 강조	O	O
⑤	계절적 배경이 드러나는 표현 → 대상의 변화에 대한 기대감	X	O

→ (가)만 해당

① *음성 상징어를 활용하여 어수선한 분위기를 표출하고 있다. *소리를 흉내 낸 의성어와 모양을 흉내 낸 의태어

근거 (가)-28~29 아이구야 사람 죽네 싸움으로 시끌하고/ 워그적워그적 휩쓸려 붐비는 게 더욱 심해

풀이 (가)의 '워그적워그적'은 '여럿이 너른 곳에서 계속 시끄럽고 수선스럽게 들끓는 소리. 또는 그 모양'을 의미하는 음성 상징어로, 물을 얻으려는 사람들이 시끄럽게 싸우는 어수선한 분위기를 나타내고 있다. 그러나 (나)에는 음성 상징어가 나타나지 않는다.

→ 적절하지 않음!

② 구체적 수치를 활용하여 대상의 정도 차이를 제시하고 있다.

근거 (가)-10~14 동문 밖 십 리 땅은 청룡이 네가 지키고/ ~ /왕성 안 십 리 땅은 황룡이 네가 지키어

→ 문제편 275쪽

(나) ❷-1 거처를 세 번 옮겼다. / 9 그 깊이가 거의 두 길이었다.

풀이 (가)의 '십 리'는 대상이 맡은 영역의 범위를 나타내는 수치이지, 정도의 차이를 제시하는 것은 아니다. (나)의 '세 번'은 거처를 옮긴 횟수를, '두 길'은 우물의 깊이를 드러내는 말이지, 대상의 정도의 차이를 제시하는 것으로 보기 어렵다.

→ 적절하지 않음!

③ (가), (나) 해당 / (가)만 해당
대구 표현을 활용하여 긴장감이 강해지는 양상을 형상화하고 있다. *같거나 비슷한 어구를 나란히 늘어놓는 표현 **표현하고

근거 (가)-22~27 아침이야 저녁이야 새벽이야 밤중이야/ 재상의 집 선비의 집 무반의 집 한량의 집/ 국숫집 팥죽집 떡집이며 엿집이라/ 통이로세 물동이로세 장군이야 항아리야/ 긷거니 푸거니 ~/ 두레박도 빠지고 쪽박도 깨지고
(나) ❷-12 물의 맑고 탁함과 많고 적음은

풀이 (가)는 유사한 시구를 반복하는 대구 표현을 활용하여 물을 긷기 위해 사람들이 몰려드는 상황을 제시하고, 물싸움으로 인해 긴장감이 고조되는 양상을 형상화하고 있다. (나)의 '맑고 탁함'과 '많고 적음'에 대구 표현이 활용되었다고 볼 여지가 있으나 물의 속성을 언급한 것일 뿐 긴장감 고조와는 관련이 없다.

→ 적절하지 않음!

④ *의문의 뜻을 나타내는 활용 어미. '-느냐', '-ㄴ가' 등
의문형 어미를 활용하여 전달하고자 하는 의미가 당연한 것임을 강조하고 있다.

근거 (가)-33 이 물이 없게 되면 국이 어이 되겠는가/ 36 새 물 어이 못 파리오
(나) ❷-11~12 이것이 어찌 물의 성질 때문이랴? 물의 맑고 탁함과 많고 적음은 땅의 높낮이와 춥고 더움에 관계가 있을 뿐이다./ ❸-1 사람에게도 어찌 본성이 없겠는가?/ 3~4 맑고 쾌활한 본성은 비록 하늘로부터 받은 것이나, 맑게 다스리는 노력 또한 현명한 스승과 어진 벗이 이끌어 주고 도와주는 것에 달려 있지 않겠는가? 성현이 이르지 않았는가?/ 7 오래도록 쳐내면 맑은 물이 어찌 나오지 않겠는가?

풀이 (가)와 (나)는 의문형 어미를 활용하여 전달하고자 하는 의미가 당연한 것임을 강조하는 설의적 표현이 사용되었다. (가)는 물이 없으면 국을 끓일 수 없고, 마음만 먹으면 새 우물을 팔 수 있다는 사실을 의문형 어미를 활용하여 강조하고 있다. (나)는 물이 주변 환경의 영향을 받는다는 것과 우물을 계속 쳐내면 맑은 물이 나오듯 꾸준히 노력하면 사람의 본성도 맑아질 수 있다는 사실을 의문형 어미를 활용하여 강조하고 있다.

→ 적절함!

⑤ (나)만 해당
계절적 배경이 드러나는 표현을 활용하여 대상의 변화에 대한 기대감을 나타내고 있다.

근거 (나) ❸-7~10 이 우물도 비록 처음에는 흐린 물이 나오더라도 오래도록 쳐내면 맑은 물이 어찌 나오지 않겠는가? 또한 이는 사람이 학문을 하는 것과 같으니, 생각하고 생각하면 귀신이라도 통하게 해 주는 것이다. 내가 오늘 우물 쳐낸 일을 보고, 생각을 지극히 해서 성인이 되는 노력을 깨달았다. 이에 노비에게 물이 맑아지기를 기다려 마시게 하고, 항상 노력하고 경계하는 뜻을 마음에 새겨 응당 청명일을 기다려 다시 우물을 쳐내고자 한다.

풀이 (나)는 '청명일'이라는 계절적 배경을 통해, 흐린 우물물이 맑아지기를 기대하며 다시 우물을 쳐내려는 의지를 드러낸다. 이는 자신의 본성 또한 노력을 통해 맑아질 수 있다는 기대감으로 확장되고 있다. 그러나 (가)에는 계절적 배경도, 대상의 변화에 대한 기대감도 드러나지 않는다.

→ 적절하지 않음!

---

35 내용 이해 – 적절하지 않은 것 고르기 | **정답 ②**

[A]~[E]에 대한 이해로 적절하지 않은 것은?

① [A] : 옥황상제의 조서라는 형식을 빌려 우물에도 백성에 대한 하늘의 뜻이 담겨 있음을 암시하고 있다.

근거 (가)-7 아, 옥황상제 건천문을 여시고/ 9 한 폭 조서를 수국에 전하시되
[A] (가)-10~15 동문 밖 십 리 땅은 청룡이 네가 지키고/ 남문 밖 십 리 땅은 적룡이 네가 지키고/ 서문 밖 십 리 땅은 백룡이 네가 지키고/ 북문 밖 십 리 땅은 흑룡이 네가 지키고/ 왕성 안 십 리 땅은 황룡이 네가 지키어/ 우물의 물을 뿜어 백성을 이롭게 하라

풀이 [A]는 옥황상제가 다섯 용에게 각자의 구역을 지키며 우물물로 백성을 이롭게 하라고 명하는 조서의 내용이다. 이는 옥황상제의 조서라는 형식을 빌려 우물에도 백성을 이롭게 하려는 하늘의 뜻이 담겨 있음을 암시하는 것으로 볼 수 있다.

→ 적절함!

② 혼잡한 상황을 제시
[B] : 우물을 사용하려는 사람들의 모습을 *열거하여 우물을 **독점하려는 욕망을 비판하고 있다. *죽 늘어놓아 **혼자서 모두 차지하려는

근거 [B] (가)-22~26 아침이야 저녁이야 새벽이야 밤중이야/ 재상의 집 선비의 집 무반의 집 한량의 집/ 국숫집 팥죽집 떡집이며 엿집이라/ 통이로세 물동이로세 장군이야

파리오 / 오른손에 자를 들고 뒤뜰로 들어가서 / 지맥을 헤아리고 사방을 둘러보아 /
여종에게 분부하되 이곳을 깊이 파라

풀이 '초리우물'(ⓒ)의 자리를 점지한 것은 화자인 백룡이고, '감로수'(ⓔ)가 솟아난 새 우물
의 자리는 여인이 직접 찾아낸 것이다. 따라서 '초리우물'(ⓒ)과 '감로수'(ⓔ)의 자리를
찾는 데에 마을 사람들의 역할이 중요했다는 설명은 적절하지 않다.

→ 적절하지 않음!

⑤ ⓔ로 인한 불편을 해소하기 위해 외부의 도움을 받은 결과물인 ⓗ을 ~~부정적으로~~ 긍정적으로 바라
보고 있다.

풀이 '감로수'(ⓗ)는 '물싸움'(ⓕ)으로 인한 불편을 해소하기 위해 그대(여인)가 지맥을 찾고
여종으로 하여금 우물을 파라고 명한 자리에서 나온 물을 칭한 것으로, 그대의 이러
한 정성에 감동한 화자인 백룡이 뿜어낸 결과물이다. 따라서 백룡의 도움을 외부의
도움으로 본다면 '감로수'(ⓗ)는 외부의 도움으로 받은 결과물이며, 백룡은 이를 '감로
수(맛이 썩 좋은 물)'라 칭하며 긍정적으로 바라보고 있다.

→ 적절하지 않음!

---

37 인물의 태도 - 적절하지 않은 것 고르기 | 정답 ④

다음은 학생이 (나)를 읽고 작성한 감상문의 일부이다. ⓐ~ⓔ 중 적절하지 <u>않</u>은 것은?

> 오늘은 수업 시간에 「치정설」을 읽었는데, 시간의 흐름에 따라 '의문, 경험, 사유(생각 思 생각할 惟 : 생각),
> 의지'가 이어지는 구조로 되어 있음을 알 수 있었다. 글쓴이는 과거에
> ⓐ 한자 '도(淘)'의 의미에 대한 의문을 가졌다. 시간이 지나고 글쓴이는 표층적(겉 表 층 層 ~의 적 : 겉으로 드러난, 표면적)
> 의미의 '도(淘)'를 경험하게 되는데, 그것은 ⓑ 맑은 물을
> 얻기 위해 우물을 쳐낸 일이었다. 그리고 이런 노력에도 불구하고 우물물이 깨끗해지
> 지 않았던 경험을 한 글쓴이는 ⓒ 인간의 심성(마음 心 성품 性 : 타고난 마음씨)을 맑게 다
> 스리기 위해 필요한 노력이 '도(淘)'의 또 다른 의미(내면적 의미)라고 사유한다. 우물을
> 쳐내는 일처럼 ⓓ 주변 사람의 영향에서 벗어나서 혼자 끊임없이 생각해야 슬기로워질
> 수 있음을 깨달은 것이다. 이렇게 우물물과 인간이 다르지 않다는 인식을 통해 '도(淘)'
> 의 또 다른 의미를 도출(이끌 導 날 出 : 이끌어 냄)한 글쓴이는 ⓔ 앞으로 '도(淘)'를 실천하
> 겠다는 의지를 드러냈다.

· 도(淘)의 이중적 의미

표층적 의미의 '도(淘)'	맑은 물을 얻기 위해 우물을 쳐낸 일
'도(淘)'의 또 다른 의미 (내면적 의미의 '도(淘)')	인간의 심성을 맑게 다스리기 위해 끊임없는 사색과 노력을 통해 생각을 명쾌하게 하고 마음을 수양하는 과정

① ⓐ : 한자 '도(淘)'의 의미에 대한 의문을 가졌다.

근거 (나)❶ 운서에서 '도(淘)' 자의 의미를 찾아봤지만 없었다. '씻어서 깨끗이 한다'라는
뜻인 듯했지만, 사실 정확하지는 않았다. 그래서 의문이 남았지만 그냥 내버려두었
다.

풀이 (나)의 글쓴이는 '도(淘)' 자의 의미를 운서에서 찾아보았으나 정확하지 않아 의문이
남았다고 하였으므로 적절하다.

→ 적절함!

② ⓑ : 맑은 물을 얻기 위해 우물을 쳐낸 일이었다.

근거 (나)❷-7~9 집을 옮기자마자 종들에게 그릇을 도르래에 묶어 물을 긷게 하여 우물
을 쳐냈다. 마침 겨울이라 힘을 적게 쓰고도 효과는 컸다. 봄이 지나고 또 우물을 쳐
냈는데,

풀이 (나)의 글쓴이는 새로 옮긴 집의 우물물이 탁하자, 종들을 시켜 우물을 쳐냈고, 봄이
지나고 또 우물을 쳐냈다. 이는 맑은 물을 얻기 위한 것이므로 적절하다.

→ 적절함!

③ ⓒ : 인간의 심성을 맑게 다스리기 위해 필요한 노력이 '도(淘)'의 또 다른 의미라고 사
유한다.

근거 (나)❸-5~8 생각하기를 우물 쳐내듯 하면, 처음에는 흐린 물이 있겠지만 오래도록
끌어 올리면 차츰 맑은 물이 나오는 법이다. 사람의 생각도 처음에는 혼탁하지만 오
래 할수록 명쾌해진다. 이 우물도 비록 처음에는 흐린 물이 나오더라도 오래도록 쳐
내면 맑은 물이 어찌 나오지 않겠는가? 또한 이는 사람이 학문을 하는 것과 같으니,
생각하고 생각하면 귀신이라도 통하게 해 주는 것이다.

풀이 (나)의 글쓴이는 탁한 우물도 계속 쳐내면 맑은 물이 나오듯, 사람의 혼탁한 생각도
오래도록 이어 나가면 명쾌해질 수 있다고 말한다. 따라서 글쓴이가 인간의 심성을
맑게 다스리는 노력이 '도(淘)'의 또 다른 의미(내면적 의미)라고 사유했다는 감상은 적
절하다.

→ 적절함!

도움을 받아 노력하면

❹ⓓ : 주변 사람의 영향에서 벗어나서 혼자 끊임없이 생각해야 슬기로워질 수 있음

근거 (나)❸-3 맑고 쾌활한 본성은 비록 하늘로부터 받은 것이나, 맑게 다스리는 노력 또
한 현명한 스승과 어진 벗이 이끌어 주고 도와주는 것에 달려 있지 않겠는가?

풀이 (나)의 글쓴이는 하늘로부터 받은 본성을 맑고 쾌활하게 다스리는 노력이 현명한 스
승과 어진 벗이 이끌어 주고 도와주는 것에 달려 있다고 하였다. 이는 본보기가 될 만
한 사람의 영향을 강조한 것이므로, 글쓴이가 주변 사람의 영향에서 벗어나 혼자 끊
임없이 생각해야 슬기로워질 수 있음을 깨달았다고 보기 어렵다.

→ 적절하지 않음!

⑤ ⓔ : 앞으로 '도(淘)'를 실천하겠다는 의지를 드러냈다.

근거 (나)❸-10 항상 노력하고 경계하는 뜻을 마음에 새겨 응당 청명일을 기다려 다시
우물을 쳐내고자 한다.

풀이 (나)의 글쓴이는 항상 노력하고 경계하는 뜻을 마음에 새기고, 청명일을 기다려 다시
우물을 쳐내고자 한다고 하였다. 이는 우물을 치는 행위(표층적 의미의 '도(淘)')뿐만
아니라 사색과 수양의 노력(내면적 의미의 '도(淘)') 역시 실천하겠다는 의지를 드러
낸 것이므로 적절하다.

→ 적절함!

---

38 감상의 적절성 - 적절하지 않은 것 고르기 | 정답 ②

<보기>를 참고하여 (가), (나)를 감상한 내용으로 적절하지 <u>않</u>은 것은? [3점]

> | 보기 |
>
> [1] (가)와 (나)는 모두 조선 후기 사대부가 겪은 결핍(없을 缺 모자랄 乏 : 있어야 할 것이 없
> 거나 모자람)의 상황에 대한 관찰을 바탕으로 창작한 작품이다. [2] 작품에서 재구성된(다시
> 再 얽을 構 이룰 成 : 다시 새롭게 짜여진) 일상은 대상을 재현하고 작가의 의식을 투영한다
> (던질 投 그림자 影 : 반영하여 나타낸다). [3] (가)는 공동체에 대한 작가의 관심을 바탕으로, 초
> 현실적(넘을 超 나타날 現 내용 實 ~의 的 : 현실을 벗어난) 존재를 화자로 설정하여 일상을
> 묘사함으로써 대상에 대한 작가의 참신한 발상을 보여 준다. [4] (나)는 개인의 수양(닦을
> 修 기를 養 : 몸과 마음을 갈고닦아 품성, 지식, 도덕 따위를 기름)에 대한 작가의 관심을 바탕으
> 로, 유배 생활의 경험을 통해 사고를 확장함으로써 인간의 본성에 대한 작가의 성찰적
> 태도를 보여 준다.

① (가)에서 '그대'에게 '내 이름'을 '용이로세'라고 하면서 말을 이어 가는 설정에서 초현실
적 존재의 입장으로 일상의 문제에 접근하려는 작가의 참신한 발상을 엿볼 수 있군.

근거 <보기>-3 (가)는 ~ 초현실적 존재를 화자로 설정하여 일상을 묘사함으로써 대상에
대한 작가의 참신한 발상을 보여 준다.
(가)-1~3 그대는 속객이라 내 이름 어이 알까 / 오늘날 내 이름을 그대에게 이르려
니 / 비늘 가진 동물 중에 머리 있는 용이로세

풀이 (가)의 화자가 청자인 '그대'에게 자신을 '용'이라 밝히며 말을 이어 가는 설정은 초
현실적 존재의 입장으로 우물과 관련된 일상의 문제에 접근하려는 작가의 참신한 발
상을 드러낸 것으로 볼 수 있다.

→ 적절함!

❷ (나)에서 우물에 '실로 모두가 꺼리는 것이 모여 있다'고 주목한 데서 공간적 여건으로
인해 개인의 수양이 가로막힐 수 있음을 드러내려는 작가의 의도를 알 수 있군.

우물의 수질이 나빠질 것을 염려하는

근거 (나)❷-4~6 우물은 울안 동남쪽에 있었는데, 지세가 낮은 중에도 낮았다. 우물 곁
연못에 부들과 피가 자랐고, 그 옆 마구간에서 소와 말을 길렀다. **실로 모두가 꺼리는
것이 모여 있었다.**

풀이 (나)에서 우물에 '실로 모두가 꺼리는 것이 모여 있다'고 한 것은, 낮은 지세와 비위생
적인 환경이라는 공간적 여건으로 인해 우물의 수질이 나빠질 것을 염려하는 태도를
드러낸 것이다. 따라서 공간적 여건으로 인해 개인의 수양이 가로막힐 수 있음을 드
러내려는 의도가 담겨 있다고 볼 수 없다.

→ 적절하지 않음!

③ (나)에서 우물을 깨끗이 쳐내면서 '오래도록 끌어 올리는' 행위를 '성인이 되는 노력'에
빗댄 데서 작가가 유배 중의 경험을 통해 사고를 확장하고 있음을 알 수 있군.

근거 <보기>-4 (나)는 ~ 유배 생활의 경험을 통해 사고를 확장함으로써 인간의 본성에 대
한 작가의 성찰적 태도를 보여 준다.
(나)❷-10 깨끗이 쳐내도 물은 맑아지지 않고 쳐내기 전과 같았다. / ❸-5 생각하
기를 우물 쳐내듯 하면, 처음에는 흐린 물이 있겠지만 **오래도록 끌어 올리면** 차츰 맑
은 물이 나오는 법이다. / 9 내가 오늘 우물 쳐낸 일을 보고, 생각을 지극히 해서 **성인
이 되는 노력**을 깨달았다.

풀이 (나)의 글쓴이는 우물을 깨끗이 쳐내고 '오래도록 끌어 올리는' 구체적인 경험을 '성
인이 되는 노력'에 빗대어, 인간의 본성을 성찰하고 심성을 수양하는 이치를 깨닫는
다. 이는 유배 생활의 경험을 바탕으로 사고를 확장해 나가는 과정으로 볼 수 있다.

→ 문제편 276쪽

→ 적절함!

④ (가)에서 '수근은 유한하고 먹을 이도 많다'는 것과 (나)에서 우물이 '쳐내기 전과 같았
다'는 것에서 작가가 관찰을 통해 확인한 결핍의 양상을 알 수 있군.
- 근거 <보기>-1 (가)와 (나)는 모두 조선 후기 사대부가 겪은 결핍의 상황에 대한 관찰을
  바탕으로 창작한 작품이다.
  (가)-21 그러나 **수근은 유한하고 먹을 이도 많**구나
  (나)❷-10 그러나 깨끗이 쳐내도 물은 맑아지지 않고 **쳐내기 전과 같았다.**
- 풀이 (가)의 '수근은 유한하고 먹을 이도 많다'는 것은 작가가 사람들이 초리우물에 몰려드
  는 상황을 관찰함으로써 물의 양적인 결핍을 인식했음을 보여 준다. 한편 (나)의 우
  물이 '쳐내기 전과 같았다'는 것은 글쓴이가 우물을 쳐낸 뒤에도 물이 맑아지지 않는
  상황을 관찰함으로써 물의 질적인 결핍을 확인했음을 보여 준다.

→ 적절함!

⑤ (가)에서 '인물이 번성하고 인가가 가득하다'라고 한 데서 공동체의 *번영에 대한, (나)에
서 '물의 성질'과 '사람'의 '본성'을 연결한 데서 개인의 성찰에 대한 작가의 관심을 엿
볼 수 있군. *번성하고 영화롭게 됨
- 근거 <보기>-3~4 (가)는 공동체에 대한 작가의 관심 ~ (나)는 개인의 수양에 대한 작가의
  관심
  (가)-6 **인물이 번성하고 인가가 가득하다**
  (나)❷-11 이것이 어찌 **물의 성질** 때문이랴?/ ❸-1 **사람**에게도 어찌 **본성**이 없겠
  는가?/ 7~8 이 우물도 비록 처음에는 흐린 물이 나오더라도 오래도록 쳐내면 맑은
  물이 어찌 나오지 않겠는가? 또한 이는 사람이 학문을 하는 것과 같으니,
- 풀이 (가)의 '인물이 번성하고 인가가 가득하다'는 한양의 번성한 모습을 나타낸 것으로,
  공동체의 번영에 대한 작가의 관심을 보여 준다. 한편 (나)에서 '물의 성질'과 '사람의
  본성'을 연결한 것은 맑은 본성을 회복하여 성인의 경지에 이르려는 노력과 관련된
  것으로, 개인의 수양에 대한 작가의 관심을 보여 준다.

→ 적절함!

[39 ~ 42] 문학(현대소설) - 김원일, 「도요새에 관한 명상」

• 중심 내용

비료 공장의 노무과장과 장정들이 병국이 쓴 진정서 때문에 '나'의 집으로 찾아온다.

↓

병국이 쓴 진정서에는 성창비료가 고의로 유해 가스를 배출한 내용이 담겨 있었다.

↓

노무과장은 경제 성장을 내세워 환경 오염을 정당화하고 장정들은 병국에게 분노한
다.

↓

'나'는 군부대에 잡힌 병국을 빼내기 위해 윤 소령에게 선처를 구하고, 윤 소령은 안보
의 중요성을 강조하며 병국의 무모함을 비판한다.

↓

'나'는 초췌한 모습으로 풀려난 병국을 꾸짖고, 병국은 새들이 집단으로 죽은 원인을
밝히려 했다고 말한다.

• 전체 줄거리 ([ ] : 지문 내용)

[1부 - 병식의 시점 : '나' = 병식]
재수생인 '나'(병식)는 명문대생이었으나 학생 운동으로 퇴학당한 형 병국과 무능력한 실
향민 아버지를 한심하게 여긴다. '나'는 현실에 대한 불만을 유흥으로 해소하며, 친구와
함께 동진강의 도요새를 밀렵해 박제상에게 팔아 용돈을 마련하는 등 타락한 삶을 살아
간다.
[2부 - 병국의 시점 : '나' = 병국]
시국(현재 당면한 국내 및 국제 정세) 사건에 연루되어 제적당한 후 고향에 내려온 '나'(병국)
는 깊은 무력감에 빠져 지낸다. 그러다 동진강의 철새들이 사라지는 원인이 심각한 환경
오염 때문이라는 사실을 알게 된다. '나'는 이를 파헤치는 것을 새로운 소명(일이나 임무를
하도록 부르는 명령)으로 삼고 동진강 주변을 조사하기 시작한다.
[3부 - 아버지의 시점 : '나' = 아버지]
6·25 전쟁 당시 월남한 '나'(아버지)는 동진강을 자유롭게 날아다니는 도요새를 보며 북에
두고 온 가족에 대한 그리움을 달랜다. 대조적인 성격의 아내와 갈등을 겪으며 외로운 나

날을 보내던 '나'는, 신문 광고를 보고 옛 약혼녀를 찾기 위해 편지를 띄웠다가 간첩 사건
에 휘말려 조사를 받은 후 특별한 혐의 없이 풀려난다. ['나'는 아들 병국이 환경 문제를 파
헤치다 '성창비료'라는 회사에 진정서를 냈다는 이유로, 집에 찾아온 회사 관계자들에게
협박을 당하는 곤욕을 치른다. 설상가상으로, 병국이 새들의 죽음을 조사하다가 군사 통
제 구역에 들어갔다는 이유로 군부대에 붙잡혀 가자, '나'는 병국을 빼내기 위해 윤 소령
에게 선처를 구한다. 초췌한 모습으로 돌아온 병국을 꾸짖자, 그는 새들의 죽음을 밝히기
위한 일이었다고 설명한다.]
[4부 - 전지적 작가 시점]
병국은 철새의 죽음이 병식과 관련이 있음을 알게 되고, 병국과 병식은 이 문제를 두고
크게 다툰다. 집을 나온 병국은 술집에 들렀다가, 우연히 아버지가 친구와 통일의 염원을
이야기하며 슬퍼하는 모습을 엿듣게 된다. 그는 자신의 환경 운동이 아버지의 상실감과
아픔 앞에서는 아무런 도움이 되지 못한다는 무력감을 느끼고 발길을 돌린다. 버스를 타
고 웅포리에 다다른 병국은 자유롭게 비상하는 도요새의 환상을 보며, 자신의 힘으로 동
진강을 예전의 모습으로 만들겠다고 결심한다.

• 인물 관계도

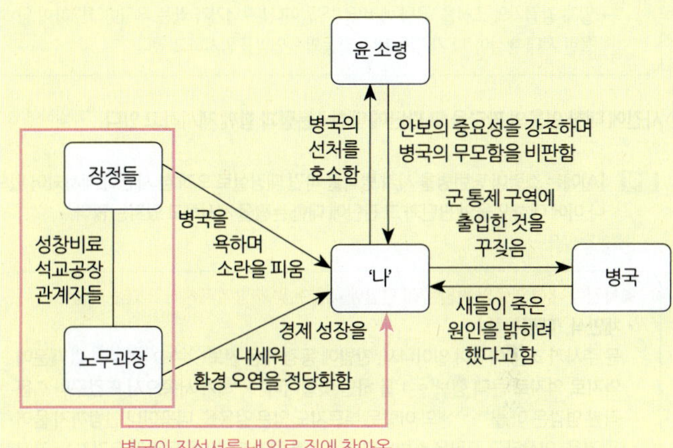

• 어휘 풀이

* 공단 : 공업 단지.
* 노무과장 : 회사에서 직원의 채용, 해고, 임금 등 노동 관련 업무를 담당하는 부서의 책
  임자.
* 장정 : 나이가 젊고 기운이 좋은 남자.
* 작자 : 다른 사람을 낮잡아 이르는 말.
* 상판 : 얼굴을 속되게 이르는 말.
* 마빡 새파란 : 나이가 어린.
* 자제분 : 남을 높여 그의 아들을 이르는 말.
* 행선지 : 간 곳.
* 관계 요로 : 영향력이 있는 관련 부서나 담당 기관.
* 진정서 : 실정이나 사정을 진술하여 적은 글. 주로 문제 해결을 위하여 관공서나 공공
  기관 등에 진정서를 냄.
* 전무함 : 전혀 없음.
* 야음 : 밤의 어둠.
* 별첨 : 서류 따위를 따로 덧붙임.
* 서식하는 : 일정한 곳에 자리를 잡고 사는.
* 국민 소득 : 보통 1년 동안 한 나라의 국민이 생산 활동의 결과로 얻은 최종 생산물의 총
  액.
* 식견 : 사물을 분별할 줄 아는 능력.
* 설령 : 비록. 아무리.
* 무장 공비 : 전투에 필요한 장비를 갖춘 공산당의 유격대.
* 유수 : 손꼽을 만큼 두드러지거나 훌륭함.
* 쑥대머리 : 머리털이 마구 흐트러져 어지럽게 된 머리.
* 통금 시간 : 일반인이 거리를 지나다니거나 집 밖으로 활동하는 것을 금지하던 시간.
  1945년에 시작되어 1982년에 폐지됨.

[A]의 서술상 특징으로 가장 적절한 것은?

> [A] 차를 마시고 나자 소령은 당번병에게, 김병국 군을 데려오라고 말했다. 한참 뒤, 아들이 중위와 함께 파견 대장실로 왔다. 쑥대머리에 땟국 앉은 꾀죄죄한 아들놈 몰골이 중병 든 환자 꼴이었다. 점퍼와 검정 바지도 뻘투성이여서 하수도 공사라도 하다 나온 듯했다. 꺼진 눈자위에 번들거리는 눈만이 살아, 나를 보았다.

① 공간적 배경을 비유적으로 표현하여 갈등의 원인을 암시하고 있다.

근거/풀이 [A]에는 공간적 배경인 '파견 대장실'을 다른 대상에 빗대어 갈등의 원인을 암시하고 있지 않다.

→ 적절하지 않음!

■ 공간적 배경을 비유적으로 표현하여 갈등의 원인을 암시하고 있는 작품
• 염상섭, 「만세전」(2006학년도 9월 모평, 2014학년도 6월 모평B)
→ 일제 강점기의 조선을 '무덤'에 비유('무덤이다! 구더기가 끓는 무덤이다!')하여 암울한 시대 현실이 '나'가 겪는 내적 갈등의 원인임을 암시하고 있다.

② 사건에 대한 인물의 판단을 그 판단에 대한 *논평과 함께 제시하고 있다. *개입하여 평가함

풀이 [A]에는 소령이 당번병을 시켜 병국을 파견 대장실로 오게 한 사건이 제시되어 있으나 이에 대한 인물의 판단과 그 판단에 대한 논평을 제시하고 있지는 않다.

→ 적절하지 않음!

■ 사건에 대한 인물의 판단을 그 판단에 대한 논평과 함께 제시하고 있는 작품
• 채만식, 「태평천하」
윤 주사가 조금 아까야 일어나서, 간밤에 동경서 온 전보(전신을 이용한 통신) 때문에 억지로 억지로 큰댁 행보(걸음)를 하던 것입니다. ~ "해가 서쪽으서 뜨겄구나?" 윤 직원 영감은 아들(윤 주사)의 이렇듯 부르지도 않은 걸음을, 더욱이나 안방까지 들어온 것을, 이상타고 꼬집은 소립니다. "…… 멋 허러 오냐? 돈 달라러 오지?" "동경서 전보가 왔는데요……." 지체(지위)를 바꾸어 윤 주사를 점잖고 너그러운 아버지로, 윤 직원 영감을 속 사납고 경망스런(가볍고 조심성 없는) 어린 아들로 둘러놓았으면(바꾸어 놓았으면) 꼬옥 맞겠습니다.
→ 윤 직원 영감은 아들의 방문 목적이 돈 때문이라고 판단하며 못마땅해하고 있다. 이에 대해 서술자는 그를 '속 사납고 경망스런 어린 아들'에 빗대어 풍자적으로 논평하고 있다.

③ 인물의 *외양을 **묘사하여 그 인물의 심리를 간접적으로 제시하고 있다. *겉모습 **구체적으로 제시하여

풀이 [A]는 꾀죄죄한 모습의 병국을 묘사하여 그가 겪었을 고초와 극심한 피로감을 짐작할 수 있게 한다. 그럼에도 번들거리는 눈이 살아 있는 모습은 병국의 꺾이지 않는 의지와 정신력을 간접적으로 보여 주는 것으로 이해할 수 있다.

→ 적절함!

④ *시간 표지를 통해 시간의 순서를 뒤바꾸며 인물의 사연을 전하고 있다. *시간을 나타내는 말

풀이 [A]에 '한참 뒤'라는 시간 표지가 나타나 있으나, 시간의 흐름에 따라 사건이 진행될 뿐 시간의 순서를 뒤바꾸어 인물의 사연을 전하고 있지는 않다.

→ 적절하지 않음!

■ 시간 표지를 통해 시간의 순서를 뒤바꾸며 인물의 사연을 전하고 있는 작품
• 김유정, 「만무방」(2007학년도 수능)
응오의 아내가 지금 기지사경(거의 죽을 지경)이매 (타작할) 틈은 없었다 하더라도 돈이 놀아서 약을 못 쓰는 이 판이니 진시(진작) 벼라도 털어야(타작해야) 할 것이다. 그러면 왜 안 털었던가. 그것은 작년 응오와 같이 지주 문전(집 앞마당)에서 타작을 하던 친구라면 묻지는 않으리라. 한 해 동안 애를 졸이며 홑자식(하나뿐인 자식) 모양으로 알뜰히 가꾸던 그 벼를 거둬들임은 기쁨에 틀림없었다. 꼭두새벽부터 엣, 엣, 하며 괴로움을 모른다. 그러나 캄캄하도록 털고 나서 지주에게 도지(남의 논밭을 빌려서 부치는 대가로 해마다 내는 벼)를 제하고, 장리쌀(50%의 이자율로 빌려 주는 쌀)을 제하고, 색초(잡초를 제거하는 데 들어가는 비용)를 제하고(빼고) 보니 남은 것은 등줄기를 흐르는 식은땀이 있을 따름. 그것은 슬프다 하기보다 끝없이 부끄러웠다.
→ 현재 응오가 벼를 타작하지 않는 것에 의문을 제기하고, '작년'이라는 시간 표지를 통해 열심히 농사지은 것을 모두 수탈당했던 그의 과거 사연을 제시하고 있다.

⑤ 여러 인물의 시선에 의존하며 사건에 대한 *상반된 입장을 드러내고 있다. *서로 반대되는

풀이 [A]는 서술자인 '나'의 시선만 드러나 있을 뿐, 여러 인물의 시선에 의존하여 사건에 대한 상반된 입장을 드러내고 있지 않다.

→ 적절하지 않음!

㉠~㉤에 대한 이해로 적절하지 않은 것은?

① ㉠은 ㉡의 말투에서 나타나는 증상이 더 심해지게 한 말이다.

근거 ㉠ "김병국이란 작가가 누구요? 어떤 위인인가 상판 좀 봅시다." 힘꼴깨나 써 보이는 한 장정이 기세등등하게 말했다.
㉡ "내 아들놈인데 다, 당신네는 누, 누구요?" 기세에 눌려 내 목소리가 더 더듬거렸다.

풀이 ㉠에서 장정이 '나'에게 한 위협적인 말은, ㉡에서 말을 더듬는 '나'의 증상을 더 심해지게 만들었으므로 적절하다.

→ 적절함!

② ㉢은 ㉡에 담긴 정보를 추측의 단서로 활용하면서도 '나'의 질문은 무시하는 말이다.

근거 ㉡ "내 아들놈인데 다, 당신네는 누, 누구요?"
㉢ "그렇담 마빡 새파란 놈이겠군. 그 새끼 좀 봅시다!"

풀이 장정은 ㉡에서 '나'가 병국을 '내 아들놈'이라 밝힌 것을 단서로 ㉢에서 그가 젊을 것이라고 추측하고 있다. 동시에 '나'가 ㉡에서 상대의 정체에 대해 물은 질문은 ㉢에서 무시하고 있으므로 적절하다.

→ 적절함!

③ ㉣은 ㉢으로 인해 고조되는 상황의 긴장감을 일시적으로 *완화하는 계기가 되는 말이다. *누그러뜨리는

근거 ㉢ "그렇담 마빡 새파란 놈이겠군. 그 새끼 좀 봅시다!" 다른 장정이 옥박질렀다.
㉣ "소란 피워 죄송합니다만, 병국이란 자제분을 만날 수 없겠습니까?" 마흔쯤 된 노무과장이란 자가 내게 정중하게 말했다.

풀이 ㉢에서 장정들이 비속어를 사용하며 '나'를 위협함으로써 고조된 긴장감은, ㉣에서 노무과장이 정중한 태도로 '나'에게 사과하면서 일시적으로 완화되고 있다.

→ 적절함!

④ ㉣은 ㉤에서 드러나는 인물의 *행적에 대해 존중의 태도를 드러내는 말이다. *한 일

근거 ㉣ "소란 피워 죄송합니다만, 병국이란 자제분을 만날 수 없겠습니까?" 마흔쯤 된 노무과장이란 자가 내게 정중하게 말했다.
㉤ "선생 자제분이 우리 회사를 상대로 관계 요로에 진정설 냈습니다. 여기 시 보건과에서 접수한 진정서 사본을 보십시오."
뒷조사해 보니 자제분은 이 방면에 상습범이더군요.

풀이 노무과장은 자신의 회사를 상대로 시 보건과에 진정서를 낸 병국을 '상습범'이라 칭하면서 그의 행적을 문제 삼고 있다. 따라서 ㉣에서 노무과장이 병국을 '자제분'이라 지칭한 것은 형식적인 표현일 뿐, 병국의 행적에 대해 존중의 태도를 드러낸 것으로 볼 수 없다.

→ 적절하지 않음!

⑤ ㉤은 ㉠에서 드러나는 분위기의 이유를 짐작할 수 있는 말이다.

근거 ㉠ "김병국이란 작가가 누구요? 어떤 위인인가 상판 좀 봅시다." 힘꼴깨나 써 보이는 한 장정이 기세등등하게 말했다.
㉤ "선생 자제분이 우리 회사를 상대로 관계 요로에 진정설 냈습니다. 여기 시 보건과에서 접수한 진정서 사본을 보십시오."

풀이 ㉤에서 노무과장은 병국이 회사에 불리한 진정서를 제출한 사실을 밝히고 있다. 이는 ㉠에서 회사 관계자들이 험악한 분위기를 조성하며 '나'의 집을 찾아온 이유를 짐작하게 하므로 적절한 설명이다.

→ 적절함!

'한 장정'이 ⓐ를 인용하여 전하려는 의도로 가장 적절한 것은?

① 작은 목표에 집착하다가 큰 손해를 끼치는 어리석음을 탓하고자 한다.

근거 "국민 소득 1천 달러 달성에, 오늘날 조국 근대화가 무엇으로 이루어졌는지 선생도 잘 알지요?" ~ "사람이 아닌, 한갓 새와 물고기가 죽었다구 진정을 내? ⓐ 빈대 잡겠다고 초가삼간 태우겠다는 미친놈 짓거리를 이번에는 아예 뿌릴 뽑아야 해!" 한 장정이 주먹을 내두르며 소리쳤다.

 ⓐ는 손해를 크게 볼 것은 생각하지 않고 당장의 마땅치 아니한 것을 없애려고 그저 덤비기만 하는 경우를 비유적으로 이르는 말이다. '한 장정'의 관점에서 '빈대'는 사소한 문제인 '환경 오염'을, '초가삼간'은 '조국 근대화'나 '경제 성장'과 같은 더 큰 가치를 의미한다. 즉, '한 장정'은 ⓐ를 인용하여 병국이 진정서를 낸 것이 '환경 오염'이라는 작은 문제를 해결하기 위해 경제 성장과 조국의 근대화에 큰 손해를 끼치는 어리석은 행동임을 탓하고 있는 것이다.

→ 적절함!

② **의로운 목표를 정당하지 못한 방법으로 이루려는 **위선을 탓하고자 한다.** *정의로운. 올바른 **겉으로만 착한 체하는 일

풀이 '한 장정'은 동진강 주변의 환경을 보호하려는 병국의 목표를 사소하게 여기고 있을 뿐, 의롭다고 생각하고 있지 않다.

→ 적절하지 않음!

③ **목표는 설정하지 않으면서 섣부르게 행동만 앞서는 무모함을 탓하고자 한다.**

풀이 병국은 동진강 주변의 새와 물고기를 보호하려는 분명한 목표를 가지고 있으므로 목표 없이 행동부터 앞선다는 설명은 적절하지 않다.

→ 적절하지 않음!

④ **목표는 *거창하면서도 성취할 방법은 잘 알지 못하는 **미숙함을 탓하고자 한다.** *대단하면서도 **익숙하지 못하여 서투름

풀이 병국은 동진강 주변의 환경 보호라는 목표를 이루기 위해 성창비료 석교공장을 상대로 시에 진정서를 제출했다. 따라서 '한 장정'이 목표를 성취할 방법을 잘 알지 못하는 병국의 미숙함을 탓하려 했다고 볼 수 없다.

→ 적절하지 않음!

⑤ ***당면한 목표를 달성하는 데 있어 꼭 해야 할 일을 미루는 **나태함을 탓하고자 한다.** *눈앞에 있는 **게으름

풀이 병국은 환경 보호라는 목표를 달성하기 위해 즉각적으로 행동을 취했으므로 당면한 목표를 달성하는 데 있어 꼭 해야 할 일을 미루는 나태함을 보였다고 할 수 없다.

→ 적절하지 않음!

---

42 | 감상의 적절성 - 적절하지 않은 것 고르기 | 정답 ④

다음은 윗글을 읽고 진행한 교과 융합 수업의 〈학습 활동〉이다. 〈학습 활동〉의 결과로 적절하지 않은 것은? [3점]

> 〈학습 활동〉
>
> 다음은 '인간과 자연의 관계'에 관한 글이다. 이를 바탕으로 작품에서 확인할 수 있는 작가의 인식을 정리해 보자.
>
> [1] 사회 생태주의는 환경 오염에 대한 생태주의(生物 생 모양 態 주견 主 의미 義 : 생물이 살아가는 모양이나 상태를 보존하는 일을 중요하게 여기는 사상이나 태도)의 인식을 사회적 차원으로 확장한다. [2] 생태주의는 자연의 가치를 인정하고 공존(함께 共 있을 存 : 함께 살아감)을 모색하는(찾을 摸 찾을 索 : 방법을 찾는) 등 인간과 자연의 관계를 재정립하는(다시 再 바를 正 설 立 : 다시 바로 세우는) 데 초점이 있다. [3] 사회 생태주의는 환경 오염이 자연의 훼손이면서 사회적 문제라는 점에서, 이러한 재정립이 사회적 담론(단체 社 모일 會 ~의 的 이야기할 談 논할 論 : 특정 주제에 대한 사회적인 논의)에 대한 비판에 기반해야(기초 基 바탕 盤 : 바탕을 두어야) 한다고 본다. [4] 한 사회의 지배 담론은 특정 가치나 필요에 따라 자연의 훼손을 당연시하고 이(자연의 훼손)를 해결하기 위한 노력을 무가치한 것으로 왜곡할(기울 歪 굽을 曲 : 사실과 다르게 만들) 수 있기 때문이다. [5] 사회 생태주의는 근대화, 경제 개발, 권위주의(권세 權 권위 威 주견 主 의미 義 : 권위를 내세우거나 권위에 순종하는 태도), 안보 위기 등 생태주의와 충돌할 수 있는 우리 사회의 지배 담론에 주목하면서 이에 대한 비판과 대응을 촉구한다(재촉할 促 구할 求 : 요구한다).

① **공장의 오염 물질이 '새와 물고기'뿐 아니라 어민의 삶도 위태롭게 한다는 설정에서, 환경 오염을 자연에 대한 훼손으로 보는 관점을 넘어 사회적 문제로 확장하는 인식을 확인할 수 있다.**

근거 〈학습 활동〉-3 사회 생태주의는 환경 오염이 자연의 훼손이면서 사회적 문제라는 점

당 공장은 야음을 틈타 암모니아 가스를 다량으로 배출해, 가스가 폐수천(석교천)을 따라 안개처럼 덮쳐 동진강 하류로 확산된 바 있다. 이로 인해 새벽 4시 10분 동진강 하류에서 오징어잡이 나가던 어민 18명이 심한 두통과 구토증으로 실신한 사건이 있었다.

풍천화학도 야음에 카드뮴과 수은 등 중금속 물질을 배출시켜 동진강 하류 삼각주 지대에 서식하는 각종 새 3백여 마리와 물고기가 떼죽음을 당했다나요. / "사람이 아닌, 한갓 새와 물고기가 죽었다구 진정을 내?

→ 문제편 278쪽

풀이 병국이 시에 제출한 진정서에는 공장이 고의로 배출한 유해 물질로 인해 '새와 물고기'가 떼죽음을 당하고, 어민들이 심한 두통과 구토증으로 실신한 사건이 담겨 있다. 이를 통해 환경 오염을 자연에 대한 훼손으로 보는 관점을 넘어 사회적 문제로 확장하는 작가의 인식을 확인할 수 있다.

→ 적절함!

② **공장 관계자가 병국을 '상습범'으로 *폄훼하며 '국민 소득 1천 달러 달성'을 언급하는 설정에서, 환경 오염의 해결 노력이 경제 개발 담론에 의해 왜곡될 수 있다는 인식을 확인할 수 있다.** *깎아내리며

근거 〈학습 활동〉-4 한 사회의 지배 담론은 특정 가치나 필요에 따라 자연의 훼손을 당연시하고 이를 해결하기 위한 노력을 무가치한 것으로 왜곡할 수 있기 때문이다.

뒷조사해 보니 자제분은 이 방면에 상습범이더군요. / 그는 이어, "국민 소득 1천 달러 달성에, 오늘날 조국 근대화가 무엇으로 이루어졌는지는 선생도 잘 알지요?"

풀이 공장 관계자인 노무과장은 병국을 '상습범'이라고 폄훼하며 환경 오염을 해결하려는 그의 노력을 개인의 문제 행동으로 여기고 있다. 또한 '국민 소득 1천 달러 달성'이라는 경제 개발 담론을 내세워, 환경 보호가 경제 성장에 방해가 되는 것처럼 상황을 왜곡하고 있다. 이를 통해 환경 오염의 해결 노력이 경제 개발 담론에 의해 왜곡될 수 있다는 작가의 인식을 확인할 수 있다.

→ 적절함!

③ **공장 관계자가 환경 오염의 피해를 무시하며 '조국 근대화'를 강조하는 설정에서, 환경 오염의 해결을 위해 우리 사회의 지배 담론에 비판적으로 접근해야 한다는 인식을 확인할 수 있다.**

근거 〈학습 활동〉-5 사회 생태주의는 근대화, 경제 개발, 권위주의, 안보 위기 등 생태주의와 충돌할 수 있는 우리 사회의 지배 담론에 주목하면서 이에 대한 비판과 대응을 촉구한다.

그는 이어, "국민 소득 1천 달러 달성에, 오늘날 조국 근대화가 무엇으로 이루어졌는지는 선생도 잘 알지요?"

풀이 공장 관계자인 노무과장은 '조국 근대화'라는 우리 사회의 지배 담론을 내세워 환경 오염의 피해를 무시하는 부정적인 모습을 보이고 있다. 이를 통해 환경 오염의 해결을 위해 우리 사회의 지배 담론에 비판적으로 접근해야 한다는 작가의 인식을 확인할 수 있다.

→ 적절함!

④ **병국이 '공해 문제'를 연구하지 못하도록 '아비 된 제가 단단히 주의를 주겠'다고 '나'가 말하는 설정에서, 권위주의 담론이 자연의 훼손을 당연시한다는 인식을 확인할 수 있다.**

근거 〈학습 활동〉-4 한 사회의 지배 담론은 특정 가치나 필요에 따라 자연의 훼손을 당연시하고 이를 해결하기 위한 노력을 무가치한 것으로 왜곡할 수 있기 때문이다.

"요즘 제 딴에는 조류와 공해 문제를 여, 연구한답시고…… 모르긴 하지만 그 일 때문에 시, 심려를 끼치지 않았나……" "자제분은 군 통제 구역 출입이 어떤 처벌을 받는지 알 만한 식견이 있음에도 무모한 행동을 했어요. / 내보내 주시면 아비 된 제가 단단히 주의를 주겠습니다."

풀이 '나'가 윤 소령에게 '아비 된 제가 단단히 주의를 주겠'다고 한 것은, 병국이 '공해 문제'를 연구하지 못하게 하겠다는 것이 아니라 군 통제 구역에 출입하지 않도록 주의를 주겠다는 것이다. 또한 '나'는 군부대에 붙잡힌 아들의 선처를 요구하고 있을 뿐, 권위주의 담론에 동조하여 자연 훼손을 당연하게 여기는 태도를 보이고 있는 것도 아니다.

→ 적절하지 않음!

⑤ **새 떼를 조사하다 통제 구역을 넘은 병국을 두고 윤 소령이 '안보의 확립'을 강조하는 설정에서, 환경 오염의 해결 노력이 안보 위기 담론과 부딪칠 수 있다는 인식을 확인할 수 있다.**

근거 〈학습 활동〉-5 사회 생태주의는 근대화, 경제 개발, 권위주의, 안보 위기 등 생태주의와 충돌할 수 있는 우리 사회의 지배 담론에 주목하면서 이에 대한 비판과 대응을 촉구한다.

국민 복지의 향상과 제반 산업의 발전도 안보의 확립 위에서만 가능합니다."

풀이 윤 소령은 새 떼를 조사하다 군 통제 구역을 넘은 병국을 두고 '안보의 확립'을 최우선 가치로 내세우고 있다. 따라서 안보를 이유로 병국의 환경 문제에 대한 노력을 무모한 행동으로 여기는 윤 소령의 모습을 통해, 생태주의적 가치가 안보 담론과 충돌할 수 있다는 인식을 확인할 수 있다.

→ 적절함!

[43 ~ 45] 문학(현대시)

(가)

¹ 시에서 시간과 공간은 화자의 경험이나 기억이 감각적 이미지를 통해 형상화되는(모양 形 표현할 象 될 化 : 구체적으로 나타나는) 배경으로 기능한다. ² 이때 시간과 공간은 화자의 과거 경험과 현재 상황을 잇는 회상 형식이나, 상징적 공간과 화자가 처한 현실의 동일시 등을 통해 현재 시점으로 표현되기도 한다. ³ 화자의 경험이나 기억은 실제로 존재하는 것이든 내면에서 떠올린 것이든, ㉠ 시간과 공간의 감각적 이미지화(시간과 공간을 감각적인 인상으로 마음에 떠오르도록 만듦)를 통해 화자가 직면한(당할 直 만날 面 : 직접 마주한) 현실로 받아들여져 독자의 공감을 유도하는 시적 장치로 구조화된다.

· 중심 내용

시에서 시간과 공간은 감각적 이미지로 형상화되어 화자의 현실을 드러내고 독자의 공감을 유도하는 장치로 기능한다.

(나) 김기림, 「길」

· 주제

길 위에 어린 시절 추억을 회상하며 떠나보낸 이들을 그리워한다.

· 지문 이해

길	· 어머니의 죽음, 첫사랑과의 이별을 경험한 공간 · 화자에게 슬픔과 상실의 기억을 환기하는 공간 · 과거(소년 시절)에서 현재(지금도)로 이어지며 상실감과 그리움이 지속되는 공간 → 화자의 정서가 드러나고, 삶의 흐름을 상징하는 공간

· 어휘 풀이

* 상여 : 사람의 시체를 실어서 묘지까지 나르는 도구.
* 조약돌 : 작고 동글동글한 돌로, 소중하지만 쉽게 놓칠 수 있는 존재를 의미.
* 호겨 : 홀려. 마음을 빼앗겨.
* 함북 : 함뿍. 빛에 푹 젖은 모양을 나타내는 말.
* 모래둔 : 모래 언덕.
* 항용 : 늘.
* 늙은 버드나무 밑 : 과거를 회상하는 공간.

(다) 천양희, 「한계」

· 주제

존재의 한계 상황에서 절망감을 느낀다.

· 지문 이해

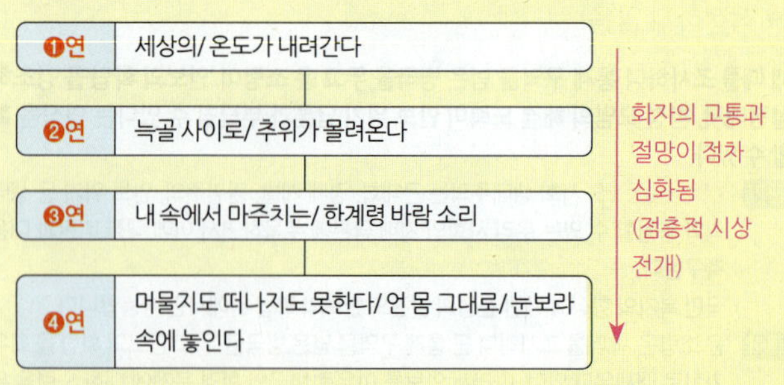

· 어휘 풀이

* 간간이 : 가끔씩.
* 늑골 : 갈비뼈.
* 언 몸 : 한계(限界)에 부딪친 모습.

· 제목 '한계'의 의미

동음이의어인 '한계(단어 ① 찰 寒 시내 溪 : 차가운 계곡, 단어 ② 끝 限 한계 界 : 극한 상황에 다다름)'를 활용하여, 화자의 고통스러운 내면을 구체적 공간인 한계령에 빗댐
→ 중의적 표현

---

43 표현상 특징 – 적절한 것 고르기 | 정답 ②

㉠을 중심으로 (나), (다)를 이해한 내용으로 가장 적절한 것은?

(가)-3 ㉠ 시간과 공간의 감각적 이미지화를 통해 화자가 직면한 현실로 받아들여져 독자의 공감을 유도하는 시적 장치로 구조화된다.

선지	핵심 체크 내용	(나)	(다)
①	색채 이미지	O	-
	자연물에 대한 화자의 심리적 거리감을 표현함	X	
✓②	공감각적 이미지 → 자연물이 형성하는 시적 분위기로 화자의 내면을 드러냄	O	-
③	하강 이미지	-	O
	주변 상황의 변화를 아쉬워하는 화자의 마음을 드러냄		X
④	청각적 이미지	-	O
	동적 대상을 정적 대상으로 수용하려는 화자의 인식을 드러냄		X
⑤	밝음과 어둠의 대비	O	X
	화자가 지향하는 세계 제시	X	

① (나)는 색채 이미지를 활용하여 자연물에 대한 화자의 심리적 거리감을 표현하고 있다. *'그 길'의 모습과 화자의 상황 및 정서를*

근거 (나)-❶연 은빛 바다// ❸연 푸른 하늘빛에 ~ 자줏빛으로 젖어서// ❹연 누런 모래둔

풀이 (나)는 '은빛', '푸른', '자줏빛', '누런'과 같은 색채 이미지를 활용하여 화자가 어린 시절에 본 '그 길'의 풍경과 화자의 쓸쓸한 처지, 그리움의 정서를 드러내고 있다. 자연물에 대한 화자의 심리적 거리감을 표현하고 있지는 않다.

→ 적절하지 않음!

✓② (나)는 *공감각적 이미지를 활용하여 자연물이 형성하는 시적 분위기로 화자의 내면을 드러내고 있다. *하나의 감각을 다른 영역의 감각으로 전이하여 표현하는 것*

근거 (나)-❸연 노을에 함북 자줏빛으로(시각) 젖어서(촉각) 돌아오곤 했다.

풀이 (나)의 '노을에 함북 자줏빛으로 젖어서'는 해 질 녘의 풍경(시각적 이미지)을 흠뻑 젖은 느낌(촉각적 이미지)으로 전이시킨 공감각적 이미지이다. 이를 통해 부재하는 대상인 어머니와 첫사랑에 대한 상실감과 그리움을 형상화하고 있다.

→ 적절함!

③ (다)는 *하강의 이미지를 통해 주변 상황의 변화를 아쉬워하는 화자의 마음을 드러내고 있다. *위에서 아래로 내려가는 이미지* *화자의 고통과 절망이 심화되는 과정을*

근거 (다) ❶연-3~4행 세상의/ 온도가 내려간다// ❹연-4~5행 언 몸 그대로/ 눈보라 속에 놓인다.

풀이 (다)에서 온도의 하강은 결국 화자가 언 몸 그대로 눈보라 속에 놓이는 상황으로 이어진다. 이는 주변 상황의 변화, 즉 온도가 내려가는 상황에 대한 아쉬움을 드러낸 것이 아니라 한계 상황 속에서 화자의 고통과 절망이 심화되는 과정을 나타낸 것으로 볼 수 있다.

→ 적절하지 않음!

■ **하강의 이미지를 통해 주변 상황의 변화를 아쉬워하는 화자의 마음을 드러내는 작품**
· 김영랑, 「모란이 피기까지는」 (2015학년도 9월 모평B, 2022년 고1 6월 학평)
모란이 뚝뚝 떨어져 버린 날/ 나는 비로소 봄을 여읜 설움에 잠길 테요/ 오월 어느 날 그 하루 무덥던 날/ 떨어져 누운 꽃잎마저 시들어 버리고는/ 천지에 모란은 자취도 없어지고/ 뻗쳐오르던 내 보람 서운케 무너졌느니
→ 화자는 모란이 떨어지는 하강의 이미지를 통해 봄이 지나간 계절의 변화를 인식하고, 이에 따른 상실감과 아쉬움을 드러내고 있다.

심리적 고통을 동적 대상으로

④ (다)는 청각적 이미지를 활용하여 동적 대상을 정적 대상으로 수용하려는 화자의 인식을 드러내고 있다.

근거 (다) ❸연-3~4행 내 속에서 마주치는/ 한계령 바람 소리

풀이 (다)에 '한계령 바람 소리'라는 청각적 이미지가 활용되었으나, 이는 화자가 겪는 괴로움을 '바람'이라는 동적 대상으로 나타낸 것이지 동적 대상을 정적 대상으로 수용하려는 인식을 드러낸 것으로 볼 수 없다.

→ 적절하지 않음!

(나)는

⑤ (나)와 (다)는 모두 밝음과 어둠의 이미지를 대비하여 화자가 지향하는 세계를 제시하고 있다.

근거 (나)-❶연 은빛 바다// ❹연 어두운 내 마음

→ 문제편 279쪽

풀이 (나)는 '은빛 바다'와 '어두운 내 마음'에서 밝음과 어둠의 대비가 나타난다고 볼 수 있
으나, 이를 통해 화자가 지향하는 이상 세계를 제시하고 있지는 않다. '은빛 바다'는
'그 길'의 아름다운 모습을, '어두운 내 마음'은 화자의 공허한 내면을 드러낸 것으로
볼 수 있다. (다)에는 밝음과 어둠의 대비가 나타나지 않는다.
→ 적절하지 않음!

> ■ 밝음과 어둠의 이미지를 대비하여 화자가 지향하는 세계를 제시하는 작품
> • 박두진, 「해」(2012년 고2 11월 학평B)
> 해야 솟아라. 해야 솟아라, 말갛게 씻은 얼굴 고운 해야 솟아라. 산 넘어 산 넘어서
> 어둠을 살라 먹고, 산 넘어서 밤새도록 어둠을 살라 먹고, 이글이글 앳된 얼굴 고운
> 해야 솟아라.
> → 밝음(해)과 어둠의 이미지를 대비하여 화자가 지향하는 평화로운 세계를 제시하고
> 있다.

---

44 시구의 의미 - 적절한 것 고르기 | 정답 ④

ⓐ, ⓑ에 대한 이해로 가장 적절한 것은?

> (나)-❹연 ⓐ 그런 날은 항용 감기를 만나서 돌아와 앓았다.
> (다)-❷연 ⓑ 간간이/ 늑골 사이로/ 추위가 몰려온다

① ⓐ는 화자가 내면의 괴로움에 맞서려 하는 태도를 드러낸다.
  근거 (나)-❹연 어두운 내 마음이 남아서 몸서리쳤다.
  풀이 ⓐ에서 화자가 감기를 앓는 것은 상실감과 고통으로 인해 무기력해진 상태를 의미한
  다. 이는 내면의 괴로움에 적극적으로 맞서려는 태도와는 거리가 멀다.
  → 적절하지 않음!

② ⓑ는 화자가 자신이 느낀 고통을 회피하려는 것을 드러낸다.
  풀이 ⓑ는 화자가 내면의 고통을 '추위'라는 신체적 감각으로 느끼고 있음을 나타낸 것이
  다. 내면의 고통을 회피하려는 모습은 드러나지 않는다.
  → 적절하지 않음!

③ ⓐ와 ⓑ는 화자에게 고통을 더할 새로운 갈등 상황이 발생했음을 드러낸다.
  풀이 ⓐ와 ⓑ는 모두 심리적 고통을 겪는 화자의 모습을 나타낼 뿐, 새로운 갈등이 발생했
  음을 암시하고 있지는 않다.
  → 적절하지 않음!

✔④ ⓐ와 ⓑ는 화자가 심리적 고통을 신체적 반응과 연결하여 인지하고 있음을 드러낸다.
  근거 (나)-❹연 어두운 내 마음이 남아서 몸서리쳤다.
  (다)-❸연-3~4행 내 속에서 마주치는/ 한계령 바람 소리
  풀이 (나)의 화자는 어머니와 첫사랑의 상실에서 비롯된 어두운 마음으로 인해 감기에 걸
  려 앓았다고 하였다. 따라서 ⓐ는 화자가 심리적 고통을 신체적 반응과 연결하여 인
  지하고 있음을 드러낸 것이다. (다)의 화자는 늑골 사이로 몰려오는 추위를 느끼고
  있다. 따라서 ⓑ는 화자가 내면의 고통을 추위라는 몸의 감각과 연결하여 인지하고
  있음을 드러낸 것이다
  → 적절함!

⑤ ⓐ는 화자의 아픔이 반복적으로 찾아오는 것임을, ⓑ는 화자의 아픔이 끊임이 없이 이
어지는 것임을 드러낸다.
  풀이 ⓐ의 '항용'은 '흔히 늘'이라는 뜻으로, 화자의 아픔이 반복적으로 찾아온다는 것을 나
  타낸다. 그러나 ⓑ의 '간간이'는 '시간적인 사이를 두고서 가끔씩'을 의미하므로, 화자
  의 아픔이 끊임없이 이어지는 것이 아니라 가끔씩 찾아온다는 것을 나타내고 있다.
  → 적절하지 않음!

---

45 감상의 적절성 - 적절하지 않은 것 고르기 | 정답 ④

(가)를 참고하여 (나), (다)를 감상한 내용으로 적절하지 <u>않은</u> 것은? [3점]

① (나)는 '어머니의 상여'에 대한 경험을 '늙은 버드나무 밑'에서 떠올리는 것으로 표현하
여, 회상 형식을 통해 화자의 현재 상황과 이어지는 과거의 상실감을 그려내는군.
  근거 (가)-2 시간과 공간은 화자의 과거 경험과 현재 상황을 잇는 회상 형식
  (나)-❶연 나의 소년 시절은 은빛 바다가 엿보이는 그 긴 언덕길을 어머니의 상여와
  함께 꼬부라져 돌아갔다.// ❺연 할아버지도 언제 난지를 모른다는 동구 밖 그 늙은
  버드나무 밑에서 나는 지금도 돌아오지 않는 어머니, ~ 돌아올 것만 같애 멍하니 기
  다려 본다.

풀이 (나)의 화자는 '늙은 버드나무 밑'이라는 현재의 공간에서 과거 '어머니의 상여'에 대
한 경험을 떠올리며 그리워하고 있다. 이는 회상의 형식을 통해 과거의 상실감이 현
재까지 이어지고 있음을 드러낸 것으로 볼 수 있다.
→ 적절함!

② (나)는 '조약돌처럼' 잃어버린 대상을 '동구 밖'에서 여전히 '기다려 본다'라고 하는 것을
통해, 과거에 함께했던 대상에 대한 그리움을 현재 시점으로 표현하는군.
  근거 (가)-2 화자가 처한 현실의 동일시 등을 통해 현재 시점으로 표현
  (나)-❷연 내 첫사랑도 그 길 위에서 조약돌처럼 집었다가 조약돌처럼 잃어버렸
  다.// ❺연 동구 밖 그 늙은 버드나무 밑에서 나는 지금도 ~ 돌아오지 않는 계집애,
  ~ 돌아올 것만 같애 멍하니 기다려 본다.
  풀이 (나)의 화자는 과거에 '조약돌처럼' 잃어버린 첫사랑을 '동구 밖'에서 지금도 '기다려
  본다'라고 하였다. 이는 과거에 함께했던 대상, 즉 첫사랑에 대한 그리움이 현재에도
  지속되고 있음을 나타낸 것이다.
  → 적절함!

③ (다)는 '머물지도 떠나지도 못'하는 상황을 '눈보라 속에 놓인' 모습으로 표현하여, 현재
화자가 처한 한계 상황을 형상화하는군.
  근거 (가)-1 시간과 공간은 화자의 경험이나 기억이 감각적 이미지를 통해 형상화
  (다) ❹연-3~5행 머물지도 떠나지도 못한다/ 언 몸 그대로/ 눈보라 속에 놓인다.
  풀이 (다)는 '머물지도 떠나지도 못'하는 상황을 언 몸 그대로 '눈보라 속에 놓인' 모습으로
  표현하고 있다. 이는 화자가 처한 한계 상황을 형상화한 것이라고 볼 수 있다.
  → 적절함!

✔④ (나)는 '까마귀'와 '두루미가 떠난' '강가'에서 계절이 바뀜을 통해, (다)는 '세상'에서 '바
람 소리'와 마주침을 통해 상징적 공간이 현재 화자가 처한 현실과 동일시됨을 보여 주
는군.
  근거 (가)-2 시간과 공간은 ~ 상징적 공간과 화자가 처한 현실의 동일시 등을 통해 ~ 표현
  되기도 한다.
  (나)-❹연 그 강가에는 봄이, 여름이, 가을이, 겨울이 나의 나이와 함께 여러 번 댕겨
  갔다./ 까마귀도 날아가고 두루미도 떠나간 다음에는 누런 모래둔과 그리고 어두운
  내 마음이 남아서 몸서리쳤다.
  (다) ❶연-3~4행 세상의/ 온도가 내려간다// ❸연-3~4행 내 속에서 마주치는/ 한
  계령 바람 소리
  풀이 (다)의 화자가 내면에서 '바람 소리'를 마주하는 것은 극한 상황을 상징하는 한계령과
  화자의 절망적인 현실이 동일시됨을 보여 준다고 할 수 있다. 하지만 (나)는 '까마귀'
  와 '두루미'가 떠난 '강가'에서 계절이 바뀌는 것은 화자가 상실로 인해 괴로워했던 시
  간이 오래되었음을 나타낸 것이다. 따라서 '강가'는 상징적 공간이 상실의 대상을
  그리워하는 화자의 현재 상황과 동일시된다는 설명은 적절하지 않다.

→ 적절하지 않음!

⑤ (나)는 떠나간 대상을 기다리는 상황이 '지금도' 계속됨을 통해, (다)는 '한밤중' 깨어 있
는 상황이 '내 속'에서 떠올린 '한계령'으로 연결됨을 통해 화자가 직면한 현재를 보여 주
는군.
  근거 (가)-3 화자의 경험이나 기억은 ~ 화자가 직면한 현실로 받아들여져
  (나)-❺연 나는 지금도 돌아오지 않는 어머니, 돌아오지 않는 계집애, 돌아오지 않
  는 이야기가 돌아올 것만 같애 멍하니 기다려 본다.
  (다) ❶연-1~2행 한밤중에 혼자/ 깨어 있으면// ❷연-2~3행 늑골 사이로/ 추위가
  몰려온다// ❸연-3~4행 내 속에서 마주치는/ 한계령 바람 소리
  풀이 (나)는 '지금도'라는 시어를 통해 과거의 그리움이 현재까지 이어짐을 보여 주고 있
  다. 한편 (다)는 '한밤중'에 깨어 추위를 느끼는 상황이 '내 속'에서 떠올린 '한계령'과
  연결됨으로써 화자가 처한 극한의 현실을 드러내고 있다.
  → 적절함!

→ 문제편 279쪽

미리 준비하는 2028학년도 대학수학능력시험 국어 영역 예시문항 분석

1. 출제 경향 

- 2028학년도 대학수학능력시험 국어 영역 예시문항은 2022 개정 교육과정에 기초하여 화법과 언어, 독서와 작문, 문학에서 출제되었으며, 교육과정의 성취기준 및 교과서에 제시된 주요 개념을 반영하였다.

- 기존 기출 문제의 출제 방식에서 크게 벗어나지 않아, 수능 개편으로 인한 혼란은 크지 않을 것으로 예상한다.

- 출제 체제와 유형을 보여 주기 위한 예시문항의 특성상, 과도한 추론을 요구하는 문항이나 고도의 배경지식을 요구하는 독서 지문, 난해한 문학 작품을 배제하였으며, 2025학년도 수능과 비교해서 다소 쉬운 수준이었다.

  난이도에 큰 의미를 부여하기보다는 앞으로의 수능 대비를 위한 자료로 활용하는 것을 권한다.

2. 문항 수 및 배점, 시험시간

	현재 수능	2028학년도 수능
영역	[공통] 독서 17문항, 문학 17문항 [선택] 화법과 작문, 언어와 매체 각 11문항	화법과 언어 10문항 독서와 작문 20문항 문학 15문항
문항 수	45문항	
시험시간	80분	변동 없음
전체 배점	100점 만점	
문항당 배점	2, 3점	

3. 영역별 출제 내용

화법 영역	- 화법 1세트 `3문항` - 화법과 언어 통합 세트 `2문항`

	- 현행 수능과 마찬가지로 학생들이 일상에서 접하는 내용을 다루고 있음
	- 6번 문제의 경우 간단한 시각 자료를 제시하던 기존 유형과 달리
	  자료의 해석과 이용 문제를 다루고 있어, 유형의 다양화를 보여 주고 있음
	- 화법과 언어 통합 세트는 문법적 내용에 한정되지 않고 다양한 화법 제재를 활용하면서
	  문법적 요소의 효과를 묻는 방식으로 확장하여 화법과 언어의 통합 취지를 구현하고 있음

언어 영역	- 언어 단독 `4문항` - 화법과 언어 통합 세트 `1문항`
	- 기존 지문형 문항이 제외되면서 지문을 읽고 풀어야 하는 부담이 줄었으나, <보기>의 분량이 많은 탐구형 문항들이 단독으로 출제되면서 난이도면에서는 큰 차이가 없음 - 여러 개념을 복합적으로 활용하는 문제들로 변별력을 확보했음
독서 영역	- 인문·예술, 사회·문화, 과학·기술 `13문항` - 독서와 작문 통합 세트 `2문항`
	- 독서 이론 지문이 사라지고 독서와 작문 통합 세트가 출제된 점이 기존과 다른 점임 - 독서와 작문 통합 세트는 교육과정을 반영하기 위해 고정적으로 출제될 것으로 보임 - 주제 통합 지문이 다양한 지문 구성으로 출제될 것으로 보임
작문 영역	- 작문 1세트 `3문항` - 독서와 작문 통합 세트 `2문항`
	- 작문 단독 세트는 현행 수능과 마찬가지로 학생들이 일상에서 접하는 내용을 다루고 있음 - 독서와 작문 통합 세트의 경우 지문의 난이도에 따라 변별력 있는 문항이 출제될 수 있을 것임
문학 영역	- 현대시, 현대소설, 고전시가, 고전소설, 극·수필 `15문항`
	- 기존 기출 문제의 출제 방식을 유지함 - 현대시는 문학 이론과 두 작품으로 구성된 지문이 출제되었는데, 이는 2022학년도 예시문항 이후 출제되었던 형태로 낯설지 않음 - 갈래 복합 지문은 앞으로도 다양한 조합으로 출제될 것을 보임

2026 CALENDAR

세상에서 가장 소중한 당신을 응원합니다!

1월

일	월	화	수	목	금	토
				1 (새해)	2	3
4	5	6	7	8	9	10
11	12	13	14	15	16	17
18	19	20	21	22	23	24
25	26	27	28	29	30	31

2월

일	월	화	수	목	금	토
1	2	3	4	5	6	7
8	9	10	11	12	13	14
15	16	17 (설날)	18	19	20	21
22	23	24	25	26	27	28

3월 — 고1·2 전국연합 학력평가

일	월	화	수	목	금	토
1 (삼일절)	2 (대체 휴일)	3	4	5	6	7
8	9	10	11	12	13	14
15	16	17	18	19	20	21
22	23	24	25	26	27	28
29	30	31				

4월

일	월	화	수	목	금	토
			1	2	3	4
5	6	7	8	9	10	11
12	13	14	15	16	17	18
19	20	21	22	23	24	25
26	27	28	29	30		

5월

일	월	화	수	목	금	토
					1	2
3	4	5 (어린이날)	6	7	8	9
10	11	12	13	14	15	16
17	18	19	20	21	22	23
24 (부처님 오신날)	25 (대체 휴일)	26	27	28	29	30
31						

6월 — 고1·2 전국연합 학력평가

일	월	화	수	목	금	토
	1	2	3 (지방선거)	4	5	6 (현충일)
7	8	9	10	11	12	13
14	15	16	17	18	19	20
21	22	23	24	25	26	27
28	29	30				

7월

일	월	화	수	목	금	토
			1	2	3	4
5	6	7	8	9	10	11
12	13	14	15	16	17	18
19	20	21	22	23	24	25
26	27	28	29	30	31	

8월

일	월	화	수	목	금	토
						1
2	3	4	5	6	7	8
9	10	11	12	13	14	15 (광복절)
16	17 (대체 휴일)	18	19	20	21	22
23	24	25	26	27	28	29
30	31					

9월 — 고1·2 전국연합 학력평가

일	월	화	수	목	금	토
		1	2	3	4	5
6	7	8	9	10	11	12
13	14	15	16	17	18	19
20	21	22	23	24	25 (추석)	26
27	28	29	30			

10월 — 고1·2 전국연합 학력평가

일	월	화	수	목	금	토
				1	2	3 (개천절)
4	5 (대체 휴일)	6	7	8	9 (한글날)	10
11	12	13	14	15	16	17
18	19	20	21	22	23	24
25	26	27	28	29	30	31

11월

일	월	화	수	목	금	토
1	2	3	4	5	6	7
8	9	10	11	12	13	14
15	16	17	18	19 (2027학년도 수능일)	20	21
22	23	24	25	26	27	28
29	30					

12월

일	월	화	수	목	금	토
		1	2	3	4	5
6	7	8	9	10	11	12
13	14	15	16	17	18	19
20	21	22	23	24	25 (성탄절)	26
27	28	29	30	31		

마더텅 연습용 답안지
① 교시 **국어 영역**

※ 답안지 작성(표기)은 <u>반드시 검은색 컴퓨터용 사인펜만을 사용</u>하고, 연필 또는 샤프 등의 필기구를 절대 사용하지 마십시오.

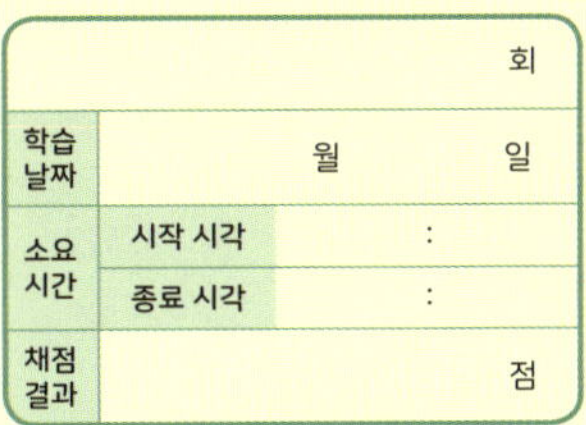

학습 날짜	월	일	회
소요 시간	시작 시각	:	
	종료 시각	:	
채점 결과			점

문번	답 란
1	① ② ③ ④ ⑤
2	① ② ③ ④ ⑤
3	① ② ③ ④ ⑤
4	① ② ③ ④ ⑤
5	① ② ③ ④ ⑤
6	① ② ③ ④ ⑤
7	① ② ③ ④ ⑤
8	① ② ③ ④ ⑤
9	① ② ③ ④ ⑤
10	① ② ③ ④ ⑤

문번	답 란
11	① ② ③ ④ ⑤
12	① ② ③ ④ ⑤
13	① ② ③ ④ ⑤
14	① ② ③ ④ ⑤
15	① ② ③ ④ ⑤
16	① ② ③ ④ ⑤
17	① ② ③ ④ ⑤
18	① ② ③ ④ ⑤
19	① ② ③ ④ ⑤
20	① ② ③ ④ ⑤
21	① ② ③ ④ ⑤
22	① ② ③ ④ ⑤
23	① ② ③ ④ ⑤
24	① ② ③ ④ ⑤
25	① ② ③ ④ ⑤

문번	답 란
26	① ② ③ ④ ⑤
27	① ② ③ ④ ⑤
28	① ② ③ ④ ⑤
29	① ② ③ ④ ⑤
30	① ② ③ ④ ⑤
31	① ② ③ ④ ⑤
32	① ② ③ ④ ⑤
33	① ② ③ ④ ⑤
34	① ② ③ ④ ⑤
35	① ② ③ ④ ⑤
36	① ② ③ ④ ⑤
37	① ② ③ ④ ⑤
38	① ② ③ ④ ⑤
39	① ② ③ ④ ⑤
40	① ② ③ ④ ⑤

문번	답 란
41	① ② ③ ④ ⑤
42	① ② ③ ④ ⑤
43	① ② ③ ④ ⑤
44	① ② ③ ④ ⑤
45	① ② ③ ④ ⑤

OMR 카드가 추가로 필요한 수험생분들은 마더텅 홈페이지에서 OMR 카드의 PDF 파일을 내려받을 수 있습니다.

이용방법 1
① 주소창에 www.toptutor.co.kr 입력 또는 포털에서 마더텅 검색
② 학습자료실 → 교재관련자료
→ 고등 빨간책 과목 교재 선택
→ OMR 카드 내려받기

이용방법 2
QR 코드 스캔
→ OMR 카드 내려받기

OMR 카드 QR

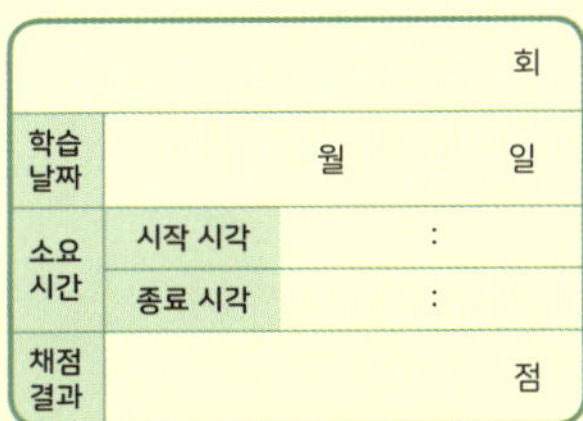

마더텅 연습용 답안지
① 교시 **국어 영역**

※ 답안지 작성(표기)은 <u>반드시 검은색 컴퓨터용 사인펜만을 사용</u>하고, 연필 또는 샤프 등의 필기구를 절대 사용하지 마십시오.

학습 날짜	월	일	회
소요 시간	시작 시각	:	
	종료 시각	:	
채점 결과			점

문번	답 란
1	① ② ③ ④ ⑤
2	① ② ③ ④ ⑤
3	① ② ③ ④ ⑤
4	① ② ③ ④ ⑤
5	① ② ③ ④ ⑤
6	① ② ③ ④ ⑤
7	① ② ③ ④ ⑤
8	① ② ③ ④ ⑤
9	① ② ③ ④ ⑤
10	① ② ③ ④ ⑤

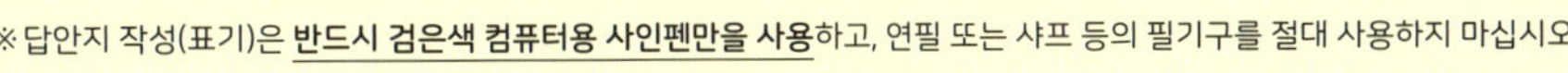
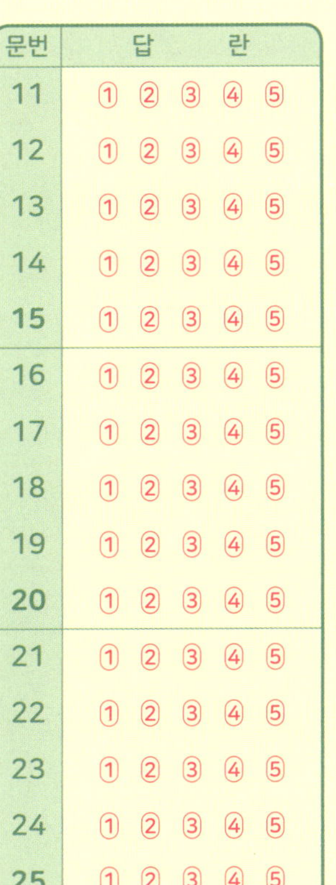

문번	답 란
11	① ② ③ ④ ⑤
12	① ② ③ ④ ⑤
13	① ② ③ ④ ⑤
14	① ② ③ ④ ⑤
15	① ② ③ ④ ⑤
16	① ② ③ ④ ⑤
17	① ② ③ ④ ⑤
18	① ② ③ ④ ⑤
19	① ② ③ ④ ⑤
20	① ② ③ ④ ⑤
21	① ② ③ ④ ⑤
22	① ② ③ ④ ⑤
23	① ② ③ ④ ⑤
24	① ② ③ ④ ⑤
25	① ② ③ ④ ⑤

문번	답 란
26	① ② ③ ④ ⑤
27	① ② ③ ④ ⑤
28	① ② ③ ④ ⑤
29	① ② ③ ④ ⑤
30	① ② ③ ④ ⑤
31	① ② ③ ④ ⑤
32	① ② ③ ④ ⑤
33	① ② ③ ④ ⑤
34	① ② ③ ④ ⑤
35	① ② ③ ④ ⑤
36	① ② ③ ④ ⑤
37	① ② ③ ④ ⑤
38	① ② ③ ④ ⑤
39	① ② ③ ④ ⑤
40	① ② ③ ④ ⑤

문번	답 란
41	① ② ③ ④ ⑤
42	① ② ③ ④ ⑤
43	① ② ③ ④ ⑤
44	① ② ③ ④ ⑤
45	① ② ③ ④ ⑤

OMR 카드가 추가로 필요한 수험생분들은 마더텅 홈페이지에서 OMR 카드의 PDF 파일을 내려받을 수 있습니다.

이용방법 1
① 주소창에 www.toptutor.co.kr 입력 또는 포털에서 마더텅 검색
② 학습자료실 → 교재관련자료
→ 고등 빨간책 과목 교재 선택
→ OMR 카드 내려받기

이용방법 2
QR 코드 스캔
→ OMR 카드 내려받기

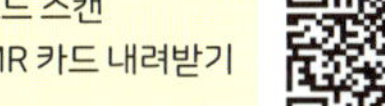
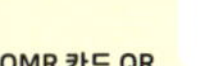

OMR 카드 QR

마더텅 연습용 답안지
① 교시 **국어 영역**

※ 답안지 작성(표기)은 반드시 **검은색 컴퓨터용 사인펜만을 사용**하고, 연필 또는 샤프 등의 필기구를 절대 사용하지 마십시오.

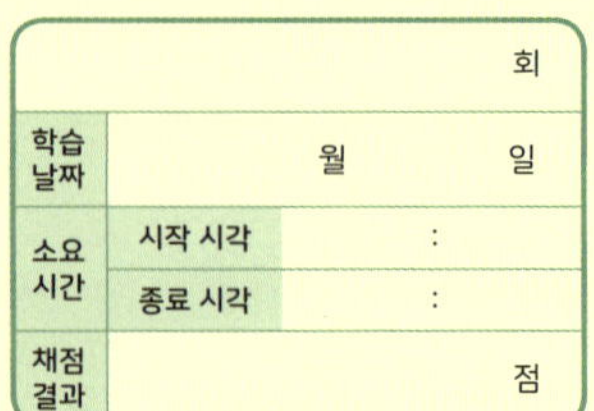

문번	답 란				
1	①	②	③	④	⑤
2	①	②	③	④	⑤
3	①	②	③	④	⑤
4	①	②	③	④	⑤
5	①	②	③	④	⑤
6	①	②	③	④	⑤
7	①	②	③	④	⑤
8	①	②	③	④	⑤
9	①	②	③	④	⑤
10	①	②	③	④	⑤

문번	답 란				
11	①	②	③	④	⑤
12	①	②	③	④	⑤
13	①	②	③	④	⑤
14	①	②	③	④	⑤
15	①	②	③	④	⑤
16	①	②	③	④	⑤
17	①	②	③	④	⑤
18	①	②	③	④	⑤
19	①	②	③	④	⑤
20	①	②	③	④	⑤
21	①	②	③	④	⑤
22	①	②	③	④	⑤
23	①	②	③	④	⑤
24	①	②	③	④	⑤
25	①	②	③	④	⑤

문번	답 란				
26	①	②	③	④	⑤
27	①	②	③	④	⑤
28	①	②	③	④	⑤
29	①	②	③	④	⑤
30	①	②	③	④	⑤
31	①	②	③	④	⑤
32	①	②	③	④	⑤
33	①	②	③	④	⑤
34	①	②	③	④	⑤
35	①	②	③	④	⑤
36	①	②	③	④	⑤
37	①	②	③	④	⑤
38	①	②	③	④	⑤
39	①	②	③	④	⑤
40	①	②	③	④	⑤

문번	답 란				
41	①	②	③	④	⑤
42	①	②	③	④	⑤
43	①	②	③	④	⑤
44	①	②	③	④	⑤
45	①	②	③	④	⑤

OMR 카드가 추가로 필요한 수험생분들은 마더텅 홈페이지에서 OMR 카드의 PDF 파일을 내려받을 수 있습니다.

이용방법 1
① 주소창에 www.toptutor.co.kr 입력
  또는 포털에서 [마더텅] 검색
② 학습자료실 → 교재관련자료
  → [고등][빨간책][과목][교재] 선택
  → OMR 카드 내려받기

이용방법 2
QR 코드 스캔
→ OMR 카드 내려받기

OMR 카드 QR

마더텅 연습용 답안지
① 교시 **국어 영역**

※ 답안지 작성(표기)은 반드시 **검은색 컴퓨터용 사인펜만을 사용**하고, 연필 또는 샤프 등의 필기구를 절대 사용하지 마십시오.

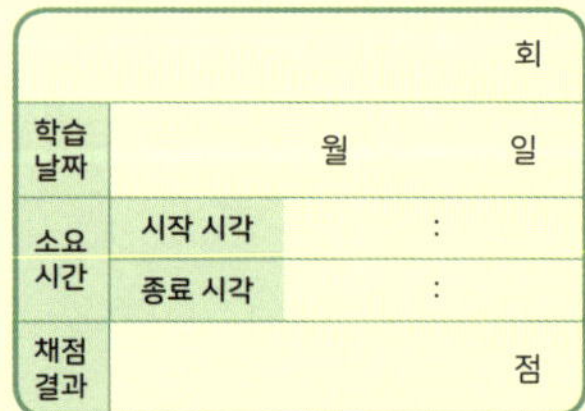

회
학습 날짜   월   일
소요 시간   시작 시각 :   종료 시각 :
채점 결과   점

문번	답 란				
1	①	②	③	④	⑤
2	①	②	③	④	⑤
3	①	②	③	④	⑤
4	①	②	③	④	⑤
5	①	②	③	④	⑤
6	①	②	③	④	⑤
7	①	②	③	④	⑤
8	①	②	③	④	⑤
9	①	②	③	④	⑤
10	①	②	③	④	⑤

문번	답 란				
11	①	②	③	④	⑤
12	①	②	③	④	⑤
13	①	②	③	④	⑤
14	①	②	③	④	⑤
15	①	②	③	④	⑤
16	①	②	③	④	⑤
17	①	②	③	④	⑤
18	①	②	③	④	⑤
19	①	②	③	④	⑤
20	①	②	③	④	⑤
21	①	②	③	④	⑤
22	①	②	③	④	⑤
23	①	②	③	④	⑤
24	①	②	③	④	⑤
25	①	②	③	④	⑤

문번	답 란				
26	①	②	③	④	⑤
27	①	②	③	④	⑤
28	①	②	③	④	⑤
29	①	②	③	④	⑤
30	①	②	③	④	⑤
31	①	②	③	④	⑤
32	①	②	③	④	⑤
33	①	②	③	④	⑤
34	①	②	③	④	⑤
35	①	②	③	④	⑤
36	①	②	③	④	⑤
37	①	②	③	④	⑤
38	①	②	③	④	⑤
39	①	②	③	④	⑤
40	①	②	③	④	⑤

문번	답 란				
41	①	②	③	④	⑤
42	①	②	③	④	⑤
43	①	②	③	④	⑤
44	①	②	③	④	⑤
45	①	②	③	④	⑤

OMR 카드가 추가로 필요한 수험생분들은 마더텅 홈페이지에서 OMR 카드의 PDF 파일을 내려받을 수 있습니다.

이용방법 1
① 주소창에 www.toptutor.co.kr 입력
  또는 포털에서 [마더텅] 검색
② 학습자료실 → 교재관련자료
  → [고등][빨간책][과목][교재] 선택
  → OMR 카드 내려받기

이용방법 2
QR 코드 스캔
→ OMR 카드 내려받기

OMR 카드 QR

마더텅 연습용 답안지
① 교시 국어 영역

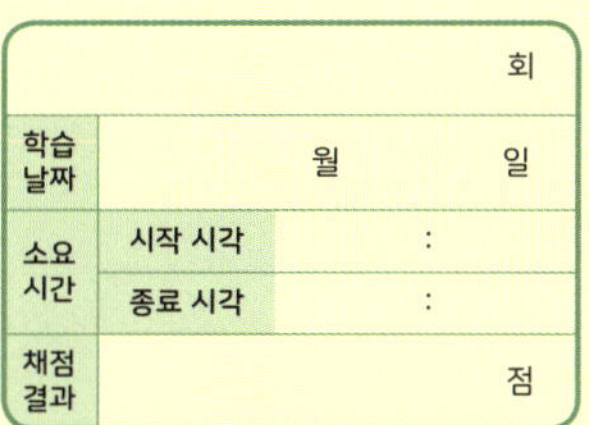

※ 답안지 작성(표기)은 **반드시 검은색 컴퓨터용 사인펜만을 사용**하고, 연필 또는 샤프 등의 필기구를 절대 사용하지 마십시오.

		회
학습 날짜	월	일
소요 시간	시작 시각	:
	종료 시각	:
채점 결과		점

문번	답 란
1	① ② ③ ④ ⑤
2	① ② ③ ④ ⑤
3	① ② ③ ④ ⑤
4	① ② ③ ④ ⑤
5	① ② ③ ④ ⑤
6	① ② ③ ④ ⑤
7	① ② ③ ④ ⑤
8	① ② ③ ④ ⑤
9	① ② ③ ④ ⑤
10	① ② ③ ④ ⑤

문번	답 란
11	① ② ③ ④ ⑤
12	① ② ③ ④ ⑤
13	① ② ③ ④ ⑤
14	① ② ③ ④ ⑤
15	① ② ③ ④ ⑤
16	① ② ③ ④ ⑤
17	① ② ③ ④ ⑤
18	① ② ③ ④ ⑤
19	① ② ③ ④ ⑤
20	① ② ③ ④ ⑤
21	① ② ③ ④ ⑤
22	① ② ③ ④ ⑤
23	① ② ③ ④ ⑤
24	① ② ③ ④ ⑤
25	① ② ③ ④ ⑤

문번	답 란
26	① ② ③ ④ ⑤
27	① ② ③ ④ ⑤
28	① ② ③ ④ ⑤
29	① ② ③ ④ ⑤
30	① ② ③ ④ ⑤
31	① ② ③ ④ ⑤
32	① ② ③ ④ ⑤
33	① ② ③ ④ ⑤
34	① ② ③ ④ ⑤
35	① ② ③ ④ ⑤
36	① ② ③ ④ ⑤
37	① ② ③ ④ ⑤
38	① ② ③ ④ ⑤
39	① ② ③ ④ ⑤
40	① ② ③ ④ ⑤

문번	답 란
41	① ② ③ ④ ⑤
42	① ② ③ ④ ⑤
43	① ② ③ ④ ⑤
44	① ② ③ ④ ⑤
45	① ② ③ ④ ⑤

OMR 카드 QR

마더텅 연습용 답안지
① 교시 국어 영역

※ 답안지 작성(표기)은 **반드시 검은색 컴퓨터용 사인펜만을 사용**하고, 연필 또는 샤프 등의 필기구를 절대 사용하지 마십시오.

		회
학습 날짜	월	일
소요 시간	시작 시각	:
	종료 시각	:
채점 결과		점

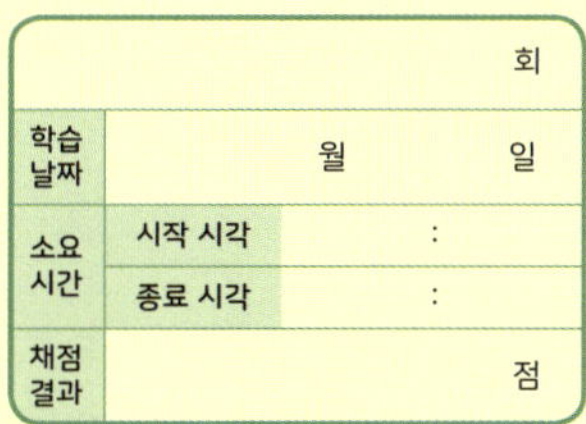

문번	답 란
1	① ② ③ ④ ⑤
2	① ② ③ ④ ⑤
3	① ② ③ ④ ⑤
4	① ② ③ ④ ⑤
5	① ② ③ ④ ⑤
6	① ② ③ ④ ⑤
7	① ② ③ ④ ⑤
8	① ② ③ ④ ⑤
9	① ② ③ ④ ⑤
10	① ② ③ ④ ⑤

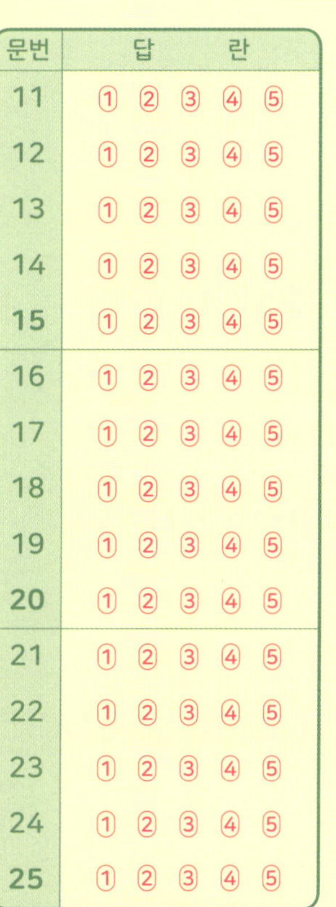

문번	답 란
11	① ② ③ ④ ⑤
12	① ② ③ ④ ⑤
13	① ② ③ ④ ⑤
14	① ② ③ ④ ⑤
15	① ② ③ ④ ⑤
16	① ② ③ ④ ⑤
17	① ② ③ ④ ⑤
18	① ② ③ ④ ⑤
19	① ② ③ ④ ⑤
20	① ② ③ ④ ⑤
21	① ② ③ ④ ⑤
22	① ② ③ ④ ⑤
23	① ② ③ ④ ⑤
24	① ② ③ ④ ⑤
25	① ② ③ ④ ⑤

문번	답 란
26	① ② ③ ④ ⑤
27	① ② ③ ④ ⑤
28	① ② ③ ④ ⑤
29	① ② ③ ④ ⑤
30	① ② ③ ④ ⑤
31	① ② ③ ④ ⑤
32	① ② ③ ④ ⑤
33	① ② ③ ④ ⑤
34	① ② ③ ④ ⑤
35	① ② ③ ④ ⑤
36	① ② ③ ④ ⑤
37	① ② ③ ④ ⑤
38	① ② ③ ④ ⑤
39	① ② ③ ④ ⑤
40	① ② ③ ④ ⑤

문번	답 란
41	① ② ③ ④ ⑤
42	① ② ③ ④ ⑤
43	① ② ③ ④ ⑤
44	① ② ③ ④ ⑤
45	① ② ③ ④ ⑤

OMR 카드가 추가로 필요한 수험생분들은 마더텅 홈페이지에서 OMR 카드의 PDF 파일을 내려받을 수 있습니다.

이용방법 1
① 주소창에 www.toptutor.co.kr 입력
   또는 포털에서 마더텅 검색
② 학습자료실 → 교재관련자료
   → 고등 빨간책 과목 교재 선택
   → OMR 카드 내려받기

이용방법 2
QR 코드 스캔
→ OMR 카드 내려받기

OMR 카드 QR

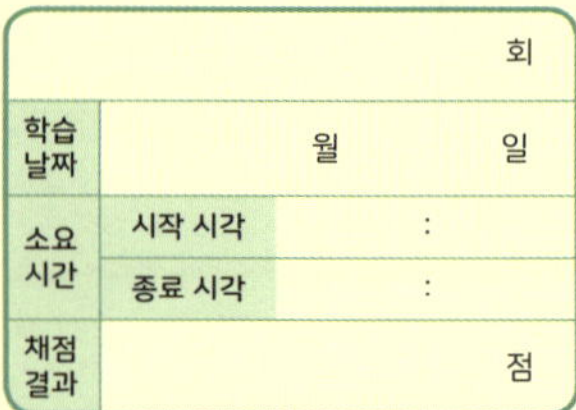

마더텅 연습용 답안지
① 교시 **국어 영역**

MOTHERTONGUE
마더텅출판사
since1999.4.1.

※ 답안지 작성(표기)은 **반드시 검은색 컴퓨터용 사인펜만을 사용**하고, 연필 또는 샤프 등의 필기구를 절대 사용하지 마십시오.

	회
학습 날짜	월 일
소요 시간	시작 시각 :
	종료 시각 :
채점 결과	점

문번	답 란
1	① ② ③ ④ ⑤
2	① ② ③ ④ ⑤
3	① ② ③ ④ ⑤
4	① ② ③ ④ ⑤
5	① ② ③ ④ ⑤
6	① ② ③ ④ ⑤
7	① ② ③ ④ ⑤
8	① ② ③ ④ ⑤
9	① ② ③ ④ ⑤
10	① ② ③ ④ ⑤

문번	답 란
11	① ② ③ ④ ⑤
12	① ② ③ ④ ⑤
13	① ② ③ ④ ⑤
14	① ② ③ ④ ⑤
15	① ② ③ ④ ⑤
16	① ② ③ ④ ⑤
17	① ② ③ ④ ⑤
18	① ② ③ ④ ⑤
19	① ② ③ ④ ⑤
20	① ② ③ ④ ⑤
21	① ② ③ ④ ⑤
22	① ② ③ ④ ⑤
23	① ② ③ ④ ⑤
24	① ② ③ ④ ⑤
25	① ② ③ ④ ⑤

문번	답 란
26	① ② ③ ④ ⑤
27	① ② ③ ④ ⑤
28	① ② ③ ④ ⑤
29	① ② ③ ④ ⑤
30	① ② ③ ④ ⑤
31	① ② ③ ④ ⑤
32	① ② ③ ④ ⑤
33	① ② ③ ④ ⑤
34	① ② ③ ④ ⑤
35	① ② ③ ④ ⑤
36	① ② ③ ④ ⑤
37	① ② ③ ④ ⑤
38	① ② ③ ④ ⑤
39	① ② ③ ④ ⑤
40	① ② ③ ④ ⑤

문번	답 란
41	① ② ③ ④ ⑤
42	① ② ③ ④ ⑤
43	① ② ③ ④ ⑤
44	① ② ③ ④ ⑤
45	① ② ③ ④ ⑤

OMR 카드가 추가로 필요한 수험생분들은 마더텅 홈페이지에서 OMR 카드의 PDF 파일을 내려받을 수 있습니다.

이용방법 1
① 주소창에 www.toptutor.co.kr 입력
　또는 포털에서 [마더텅] 검색
② 학습자료실 → 교재관련자료
　→ [고등] [빨간책] [과목] [교재] 선택
　→ OMR 카드 내려받기

이용방법 2
QR 코드 스캔
→ OMR 카드 내려받기

OMR 카드 QR

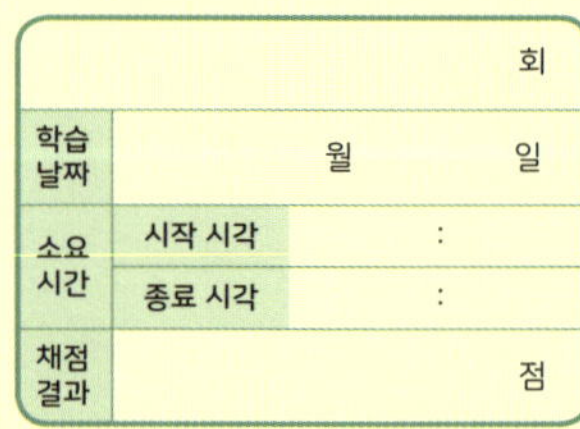

마더텅 연습용 답안지
① 교시 **국어 영역**

MOTHERTONGUE
마더텅출판사
since1999.4.1.

※ 답안지 작성(표기)은 **반드시 검은색 컴퓨터용 사인펜만을 사용**하고, 연필 또는 샤프 등의 필기구를 절대 사용하지 마십시오.

	회
학습 날짜	월 일
소요 시간	시작 시각 :
	종료 시각 :
채점 결과	점

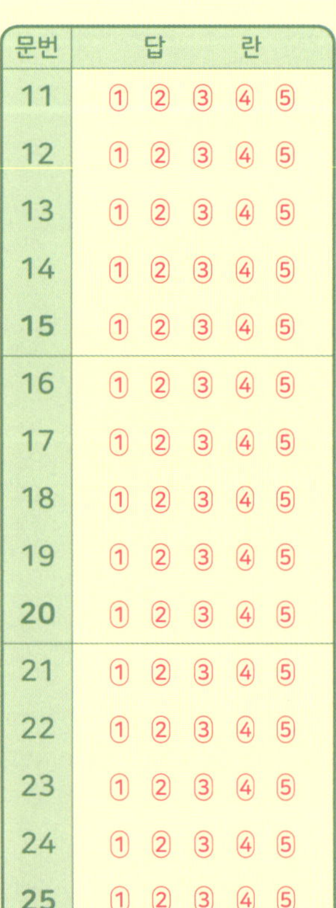

문번	답 란
1	① ② ③ ④ ⑤
2	① ② ③ ④ ⑤
3	① ② ③ ④ ⑤
4	① ② ③ ④ ⑤
5	① ② ③ ④ ⑤
6	① ② ③ ④ ⑤
7	① ② ③ ④ ⑤
8	① ② ③ ④ ⑤
9	① ② ③ ④ ⑤
10	① ② ③ ④ ⑤

문번	답 란
11	① ② ③ ④ ⑤
12	① ② ③ ④ ⑤
13	① ② ③ ④ ⑤
14	① ② ③ ④ ⑤
15	① ② ③ ④ ⑤
16	① ② ③ ④ ⑤
17	① ② ③ ④ ⑤
18	① ② ③ ④ ⑤
19	① ② ③ ④ ⑤
20	① ② ③ ④ ⑤
21	① ② ③ ④ ⑤
22	① ② ③ ④ ⑤
23	① ② ③ ④ ⑤
24	① ② ③ ④ ⑤
25	① ② ③ ④ ⑤

문번	답 란
26	① ② ③ ④ ⑤
27	① ② ③ ④ ⑤
28	① ② ③ ④ ⑤
29	① ② ③ ④ ⑤
30	① ② ③ ④ ⑤
31	① ② ③ ④ ⑤
32	① ② ③ ④ ⑤
33	① ② ③ ④ ⑤
34	① ② ③ ④ ⑤
35	① ② ③ ④ ⑤
36	① ② ③ ④ ⑤
37	① ② ③ ④ ⑤
38	① ② ③ ④ ⑤
39	① ② ③ ④ ⑤
40	① ② ③ ④ ⑤

문번	답 란
41	① ② ③ ④ ⑤
42	① ② ③ ④ ⑤
43	① ② ③ ④ ⑤
44	① ② ③ ④ ⑤
45	① ② ③ ④ ⑤

OMR 카드가 추가로 필요한 수험생분들은 마더텅 홈페이지에서 OMR 카드의 PDF 파일을 내려받을 수 있습니다.

이용방법 1
① 주소창에 www.toptutor.co.kr 입력
　또는 포털에서 [마더텅] 검색
② 학습자료실 → 교재관련자료
　→ [고등] [빨간책] [과목] [교재] 선택
　→ OMR 카드 내려받기

이용방법 2
QR 코드 스캔
→ OMR 카드 내려받기

OMR 카드 QR

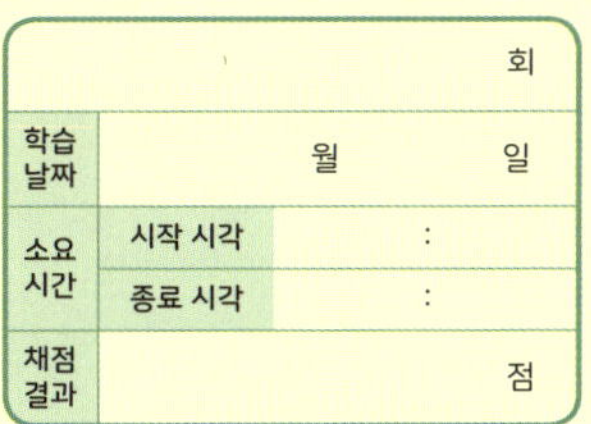

※ 답안지 작성(표기)은 반드시 검은색 컴퓨터용 사인펜만을 사용하고, 연필 또는 샤프 등의 필기구를 절대 사용하지 마십시오.

학습 날짜	월	일	회
소요 시간	시작 시각	:	
	종료 시각	:	
채점 결과			점

문번	답란
1	① ② ③ ④ ⑤
2	① ② ③ ④ ⑤
3	① ② ③ ④ ⑤
4	① ② ③ ④ ⑤
5	① ② ③ ④ ⑤
6	① ② ③ ④ ⑤
7	① ② ③ ④ ⑤
8	① ② ③ ④ ⑤
9	① ② ③ ④ ⑤
10	① ② ③ ④ ⑤

문번	답란
11	① ② ③ ④ ⑤
12	① ② ③ ④ ⑤
13	① ② ③ ④ ⑤
14	① ② ③ ④ ⑤
15	① ② ③ ④ ⑤
16	① ② ③ ④ ⑤
17	① ② ③ ④ ⑤
18	① ② ③ ④ ⑤
19	① ② ③ ④ ⑤
20	① ② ③ ④ ⑤
21	① ② ③ ④ ⑤
22	① ② ③ ④ ⑤
23	① ② ③ ④ ⑤
24	① ② ③ ④ ⑤
25	① ② ③ ④ ⑤

문번	답란
26	① ② ③ ④ ⑤
27	① ② ③ ④ ⑤
28	① ② ③ ④ ⑤
29	① ② ③ ④ ⑤
30	① ② ③ ④ ⑤
31	① ② ③ ④ ⑤
32	① ② ③ ④ ⑤
33	① ② ③ ④ ⑤
34	① ② ③ ④ ⑤
35	① ② ③ ④ ⑤
36	① ② ③ ④ ⑤
37	① ② ③ ④ ⑤
38	① ② ③ ④ ⑤
39	① ② ③ ④ ⑤
40	① ② ③ ④ ⑤

문번	답란
41	① ② ③ ④ ⑤
42	① ② ③ ④ ⑤
43	① ② ③ ④ ⑤
44	① ② ③ ④ ⑤
45	① ② ③ ④ ⑤

OMR 카드가 추가로 필요한 수험생분들은 마더텅 홈페이지에서 OMR 카드의 PDF 파일을 내려받을 수 있습니다.

이용방법 1
① 주소창에 www.toptutor.co.kr 입력
　또는 포털에서 마더텅 검색
② 학습자료실 → 교재관련자료
　→ 고등 빨간책 과목 교재 선택
　→ OMR 카드 내려받기

이용방법 2
QR 코드 스캔
→ OMR 카드 내려받기

OMR 카드 QR

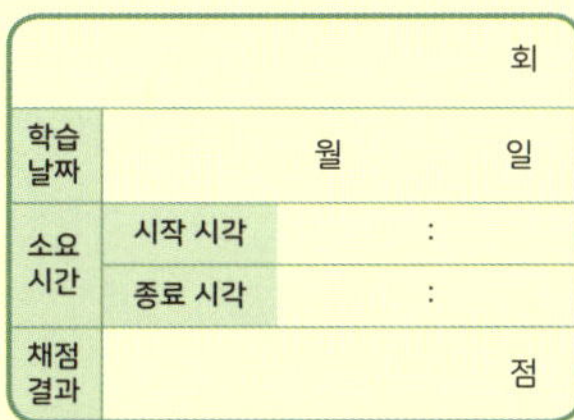

MOTHERTONGUE
마더텅출판사
since1999 A.1

※ 답안지 작성(표기)은 반드시 검은색 컴퓨터용 사인펜만을 사용하고, 연필 또는 샤프 등의 필기구를 절대 사용하지 마십시오.

학습 날짜	월	일	회
소요 시간	시작 시각	:	
	종료 시각	:	
채점 결과			점

문번	답란
1	① ② ③ ④ ⑤
2	① ② ③ ④ ⑤
3	① ② ③ ④ ⑤
4	① ② ③ ④ ⑤
5	① ② ③ ④ ⑤
6	① ② ③ ④ ⑤
7	① ② ③ ④ ⑤
8	① ② ③ ④ ⑤
9	① ② ③ ④ ⑤
10	① ② ③ ④ ⑤

문번	답란
11	① ② ③ ④ ⑤
12	① ② ③ ④ ⑤
13	① ② ③ ④ ⑤
14	① ② ③ ④ ⑤
15	① ② ③ ④ ⑤
16	① ② ③ ④ ⑤
17	① ② ③ ④ ⑤
18	① ② ③ ④ ⑤
19	① ② ③ ④ ⑤
20	① ② ③ ④ ⑤
21	① ② ③ ④ ⑤
22	① ② ③ ④ ⑤
23	① ② ③ ④ ⑤
24	① ② ③ ④ ⑤
25	① ② ③ ④ ⑤

문번	답란
26	① ② ③ ④ ⑤
27	① ② ③ ④ ⑤
28	① ② ③ ④ ⑤
29	① ② ③ ④ ⑤
30	① ② ③ ④ ⑤
31	① ② ③ ④ ⑤
32	① ② ③ ④ ⑤
33	① ② ③ ④ ⑤
34	① ② ③ ④ ⑤
35	① ② ③ ④ ⑤
36	① ② ③ ④ ⑤
37	① ② ③ ④ ⑤
38	① ② ③ ④ ⑤
39	① ② ③ ④ ⑤
40	① ② ③ ④ ⑤

문번	답란
41	① ② ③ ④ ⑤
42	① ② ③ ④ ⑤
43	① ② ③ ④ ⑤
44	① ② ③ ④ ⑤
45	① ② ③ ④ ⑤

OMR 카드가 추가로 필요한 수험생분들은 마더텅 홈페이지에서 OMR 카드의 PDF 파일을 내려받을 수 있습니다.

이용방법 1
① 주소창에 www.toptutor.co.kr 입력
　또는 포털에서 마더텅 검색
② 학습자료실 → 교재관련자료
　→ 고등 빨간책 과목 교재 선택
　→ OMR 카드 내려받기

이용방법 2
QR 코드 스캔
→ OMR 카드 내려받기

OMR 카드 QR

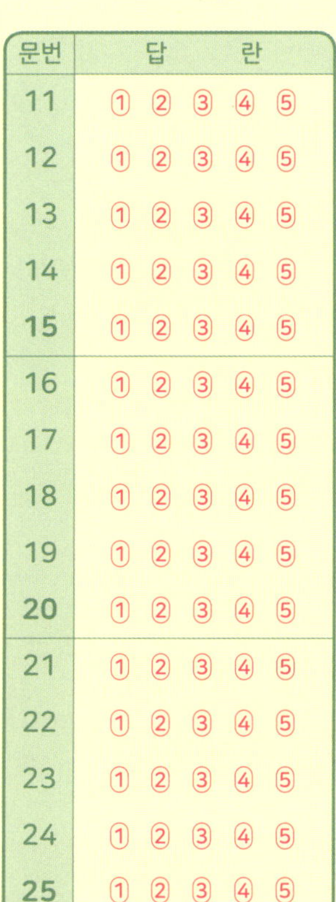

마더텅 연습용 답안지
① 교시 **국어 영역**

※ 답안지 작성(표기)은 <u>반드시 **검은색 컴퓨터용 사인펜만을 사용**</u>하고, 연필 또는 샤프 등의 필기구를 절대 사용하지 마십시오.

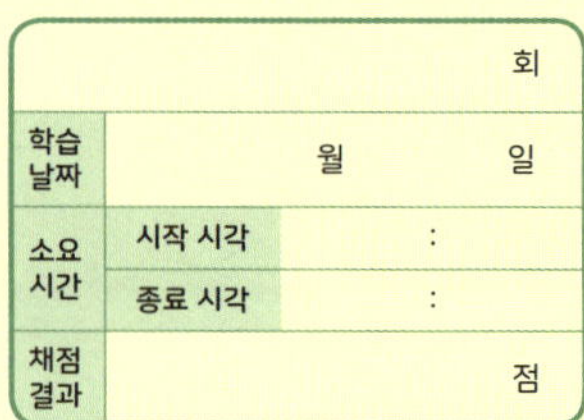

		회
학습 날짜	월	일
소요 시간	시작 시각	:
	종료 시각	:
채점 결과		점

문번	답 란
1	① ② ③ ④ ⑤
2	① ② ③ ④ ⑤
3	① ② ③ ④ ⑤
4	① ② ③ ④ ⑤
5	① ② ③ ④ ⑤
6	① ② ③ ④ ⑤
7	① ② ③ ④ ⑤
8	① ② ③ ④ ⑤
9	① ② ③ ④ ⑤
10	① ② ③ ④ ⑤

문번	답 란
11	① ② ③ ④ ⑤
12	① ② ③ ④ ⑤
13	① ② ③ ④ ⑤
14	① ② ③ ④ ⑤
15	① ② ③ ④ ⑤
16	① ② ③ ④ ⑤
17	① ② ③ ④ ⑤
18	① ② ③ ④ ⑤
19	① ② ③ ④ ⑤
20	① ② ③ ④ ⑤
21	① ② ③ ④ ⑤
22	① ② ③ ④ ⑤
23	① ② ③ ④ ⑤
24	① ② ③ ④ ⑤
25	① ② ③ ④ ⑤

문번	답 란
26	① ② ③ ④ ⑤
27	① ② ③ ④ ⑤
28	① ② ③ ④ ⑤
29	① ② ③ ④ ⑤
30	① ② ③ ④ ⑤
31	① ② ③ ④ ⑤
32	① ② ③ ④ ⑤
33	① ② ③ ④ ⑤
34	① ② ③ ④ ⑤
35	① ② ③ ④ ⑤
36	① ② ③ ④ ⑤
37	① ② ③ ④ ⑤
38	① ② ③ ④ ⑤
39	① ② ③ ④ ⑤
40	① ② ③ ④ ⑤

문번	답 란
41	① ② ③ ④ ⑤
42	① ② ③ ④ ⑤
43	① ② ③ ④ ⑤
44	① ② ③ ④ ⑤
45	① ② ③ ④ ⑤

OMR 카드가 추가로 필요한 수험생분들은 마더텅 홈페이지에서 OMR 카드의 PDF 파일을 내려받을 수 있습니다.

이용방법 1
① 주소창에 www.toptutor.co.kr 입력 또는 포털에서 [마더텅] 검색
② 학습자료실 → 교재관련자료 → [고등] [빨간책] [과목] [교재] 선택 → OMR 카드 내려받기

이용방법 2
QR 코드 스캔 → OMR 카드 내려받기

OMR 카드 QR

마더텅 연습용 답안지
① 교시 **국어 영역**

※ 답안지 작성(표기)은 <u>반드시 **검은색 컴퓨터용 사인펜만을 사용**</u>하고, 연필 또는 샤프 등의 필기구를 절대 사용하지 마십시오.

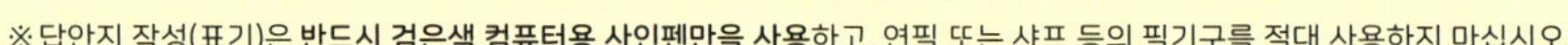

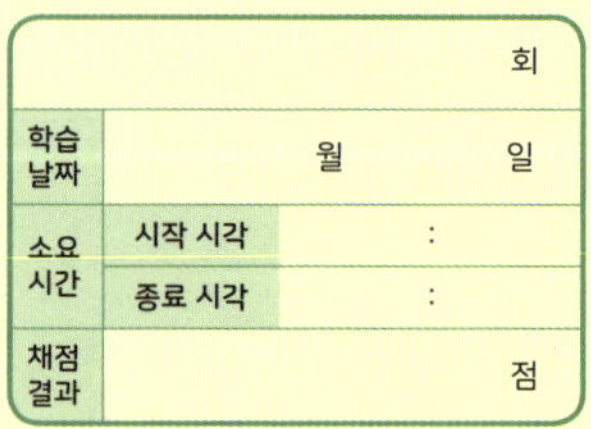

		회
학습 날짜	월	일
소요 시간	시작 시각	:
	종료 시각	:
채점 결과		점

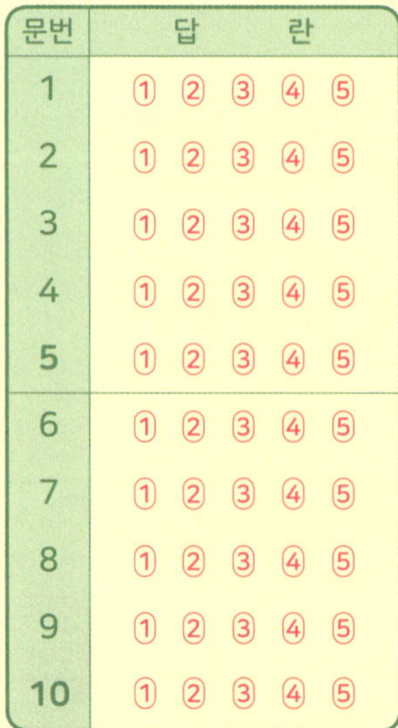

문번	답 란
1	① ② ③ ④ ⑤
2	① ② ③ ④ ⑤
3	① ② ③ ④ ⑤
4	① ② ③ ④ ⑤
5	① ② ③ ④ ⑤
6	① ② ③ ④ ⑤
7	① ② ③ ④ ⑤
8	① ② ③ ④ ⑤
9	① ② ③ ④ ⑤
10	① ② ③ ④ ⑤

문번	답 란
11	① ② ③ ④ ⑤
12	① ② ③ ④ ⑤
13	① ② ③ ④ ⑤
14	① ② ③ ④ ⑤
15	① ② ③ ④ ⑤
16	① ② ③ ④ ⑤
17	① ② ③ ④ ⑤
18	① ② ③ ④ ⑤
19	① ② ③ ④ ⑤
20	① ② ③ ④ ⑤
21	① ② ③ ④ ⑤
22	① ② ③ ④ ⑤
23	① ② ③ ④ ⑤
24	① ② ③ ④ ⑤
25	① ② ③ ④ ⑤

문번	답 란
26	① ② ③ ④ ⑤
27	① ② ③ ④ ⑤
28	① ② ③ ④ ⑤
29	① ② ③ ④ ⑤
30	① ② ③ ④ ⑤
31	① ② ③ ④ ⑤
32	① ② ③ ④ ⑤
33	① ② ③ ④ ⑤
34	① ② ③ ④ ⑤
35	① ② ③ ④ ⑤
36	① ② ③ ④ ⑤
37	① ② ③ ④ ⑤
38	① ② ③ ④ ⑤
39	① ② ③ ④ ⑤
40	① ② ③ ④ ⑤

문번	답 란
41	① ② ③ ④ ⑤
42	① ② ③ ④ ⑤
43	① ② ③ ④ ⑤
44	① ② ③ ④ ⑤
45	① ② ③ ④ ⑤

OMR 카드가 추가로 필요한 수험생분들은 마더텅 홈페이지에서 OMR 카드의 PDF 파일을 내려받을 수 있습니다.

이용방법 1
① 주소창에 www.toptutor.co.kr 입력 또는 포털에서 [마더텅] 검색
② 학습자료실 → 교재관련자료 → [고등] [빨간책] [과목] [교재] 선택 → OMR 카드 내려받기

이용방법 2
QR 코드 스캔 → OMR 카드 내려받기

OMR 카드 QR

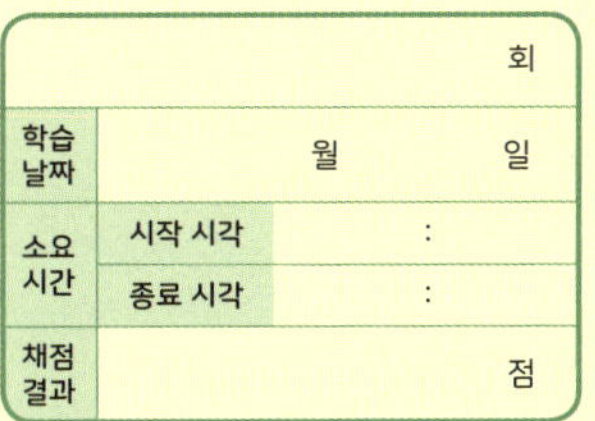

마더텅 연습용 답안지
① 교시 국어 영역

MOTHERTONGUE
마더텅출판사
since 1999.4.1.

※ 답안지 작성(표기)은 <u>반드시 검은색 컴퓨터용 사인펜만을 사용</u>하고, 연필 또는 샤프 등의 필기구를 절대 사용하지 마십시오.

		회
학습 날짜		월 일
소요 시간	시작 시각	:
	종료 시각	:
채점 결과		점

문번	답 란
1	① ② ③ ④ ⑤
2	① ② ③ ④ ⑤
3	① ② ③ ④ ⑤
4	① ② ③ ④ ⑤
5	① ② ③ ④ ⑤
6	① ② ③ ④ ⑤
7	① ② ③ ④ ⑤
8	① ② ③ ④ ⑤
9	① ② ③ ④ ⑤
10	① ② ③ ④ ⑤

문번	답 란
11	① ② ③ ④ ⑤
12	① ② ③ ④ ⑤
13	① ② ③ ④ ⑤
14	① ② ③ ④ ⑤
15	① ② ③ ④ ⑤
16	① ② ③ ④ ⑤
17	① ② ③ ④ ⑤
18	① ② ③ ④ ⑤
19	① ② ③ ④ ⑤
20	① ② ③ ④ ⑤
21	① ② ③ ④ ⑤
22	① ② ③ ④ ⑤
23	① ② ③ ④ ⑤
24	① ② ③ ④ ⑤
25	① ② ③ ④ ⑤

문번	답 란
26	① ② ③ ④ ⑤
27	① ② ③ ④ ⑤
28	① ② ③ ④ ⑤
29	① ② ③ ④ ⑤
30	① ② ③ ④ ⑤
31	① ② ③ ④ ⑤
32	① ② ③ ④ ⑤
33	① ② ③ ④ ⑤
34	① ② ③ ④ ⑤
35	① ② ③ ④ ⑤
36	① ② ③ ④ ⑤
37	① ② ③ ④ ⑤
38	① ② ③ ④ ⑤
39	① ② ③ ④ ⑤
40	① ② ③ ④ ⑤

문번	답 란
41	① ② ③ ④ ⑤
42	① ② ③ ④ ⑤
43	① ② ③ ④ ⑤
44	① ② ③ ④ ⑤
45	① ② ③ ④ ⑤

OMR 카드가 추가로 필요한 수험생분들은 마더텅 홈페이지에서 OMR 카드의 PDF 파일을 내려받을 수 있습니다.

이용방법 1
① 주소창에 www.toptutor.co.kr 입력
　또는 포털에서 [마더텅] 검색
② 학습자료실 → 교재관련자료
　→ [고등] [빨간책] [과목] [교재] 선택
　→ OMR 카드 내려받기

이용방법 2
QR 코드 스캔
→ OMR 카드 내려받기

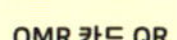

OMR 카드 QR

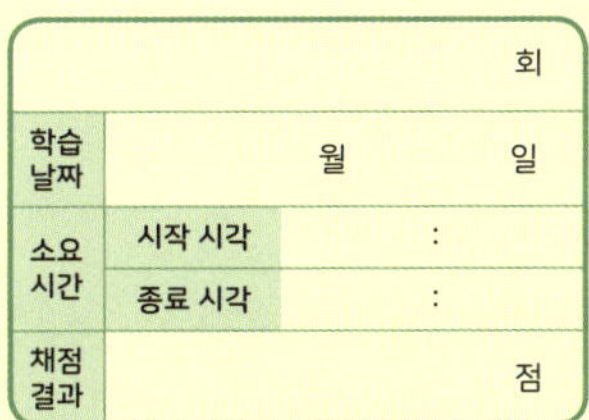

마더텅 연습용 답안지
① 교시 국어 영역

MOTHERTONGUE
마더텅출판사
since 1999.4.1.

※ 답안지 작성(표기)은 <u>반드시 검은색 컴퓨터용 사인펜만을 사용</u>하고, 연필 또는 샤프 등의 필기구를 절대 사용하지 마십시오.

		회
학습 날짜		월 일
소요 시간	시작 시각	:
	종료 시각	:
채점 결과		점

문번	답 란
1	① ② ③ ④ ⑤
2	① ② ③ ④ ⑤
3	① ② ③ ④ ⑤
4	① ② ③ ④ ⑤
5	① ② ③ ④ ⑤
6	① ② ③ ④ ⑤
7	① ② ③ ④ ⑤
8	① ② ③ ④ ⑤
9	① ② ③ ④ ⑤
10	① ② ③ ④ ⑤

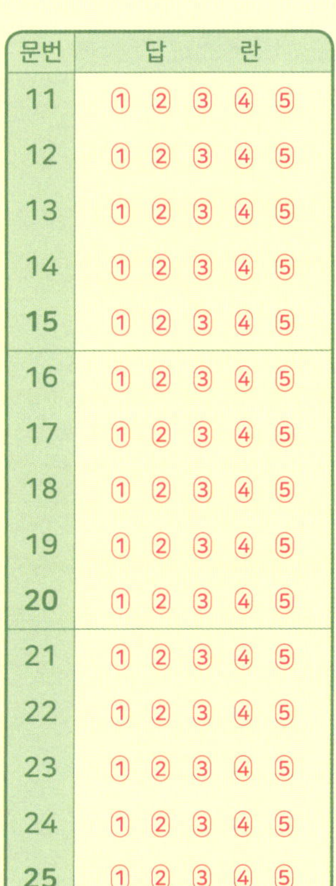

문번	답 란
11	① ② ③ ④ ⑤
12	① ② ③ ④ ⑤
13	① ② ③ ④ ⑤
14	① ② ③ ④ ⑤
15	① ② ③ ④ ⑤
16	① ② ③ ④ ⑤
17	① ② ③ ④ ⑤
18	① ② ③ ④ ⑤
19	① ② ③ ④ ⑤
20	① ② ③ ④ ⑤
21	① ② ③ ④ ⑤
22	① ② ③ ④ ⑤
23	① ② ③ ④ ⑤
24	① ② ③ ④ ⑤
25	① ② ③ ④ ⑤

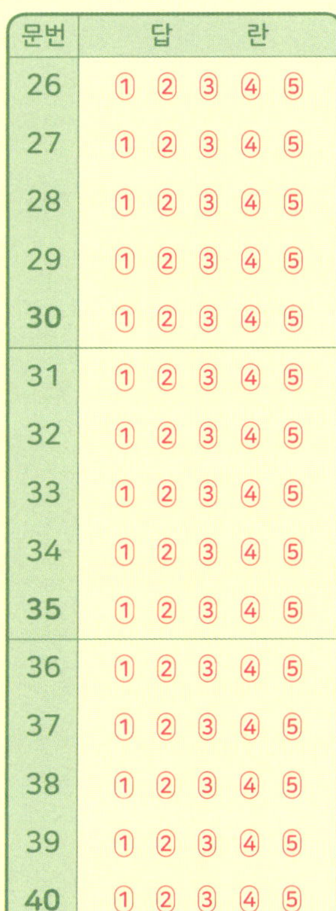

문번	답 란
26	① ② ③ ④ ⑤
27	① ② ③ ④ ⑤
28	① ② ③ ④ ⑤
29	① ② ③ ④ ⑤
30	① ② ③ ④ ⑤
31	① ② ③ ④ ⑤
32	① ② ③ ④ ⑤
33	① ② ③ ④ ⑤
34	① ② ③ ④ ⑤
35	① ② ③ ④ ⑤
36	① ② ③ ④ ⑤
37	① ② ③ ④ ⑤
38	① ② ③ ④ ⑤
39	① ② ③ ④ ⑤
40	① ② ③ ④ ⑤

문번	답 란
41	① ② ③ ④ ⑤
42	① ② ③ ④ ⑤
43	① ② ③ ④ ⑤
44	① ② ③ ④ ⑤
45	① ② ③ ④ ⑤

OMR 카드가 추가로 필요한 수험생분들은 마더텅 홈페이지에서 OMR 카드의 PDF 파일을 내려받을 수 있습니다.

이용방법 1
① 주소창에 www.toptutor.co.kr 입력
　또는 포털에서 [마더텅] 검색
② 학습자료실 → 교재관련자료
　→ [고등] [빨간책] [과목] [교재] 선택
　→ OMR 카드 내려받기

이용방법 2
QR 코드 스캔
→ OMR 카드 내려받기

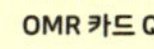

OMR 카드 QR

마더텅 연습용 답안지
① 교시 **국어 영역**

MOTHERTONGUE
마더텅출판사 since 1999. 4. 1.

※ 답안지 작성(표기)은 <u>반드시 검은색 컴퓨터용 사인펜만을 사용</u>하고, 연필 또는 샤프 등의 필기구를 절대 사용하지 마십시오.

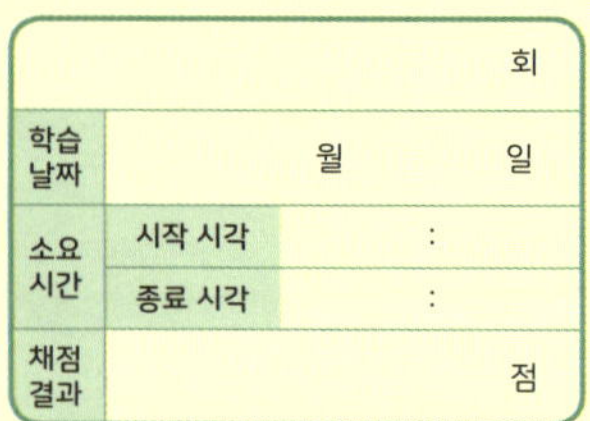

		회
학습 날짜	월	일
소요 시간	시작 시각	:
	종료 시각	:
채점 결과		점

문번	답 란
1	① ② ③ ④ ⑤
2	① ② ③ ④ ⑤
3	① ② ③ ④ ⑤
4	① ② ③ ④ ⑤
5	① ② ③ ④ ⑤
6	① ② ③ ④ ⑤
7	① ② ③ ④ ⑤
8	① ② ③ ④ ⑤
9	① ② ③ ④ ⑤
10	① ② ③ ④ ⑤

문번	답 란
11	① ② ③ ④ ⑤
12	① ② ③ ④ ⑤
13	① ② ③ ④ ⑤
14	① ② ③ ④ ⑤
15	① ② ③ ④ ⑤
16	① ② ③ ④ ⑤
17	① ② ③ ④ ⑤
18	① ② ③ ④ ⑤
19	① ② ③ ④ ⑤
20	① ② ③ ④ ⑤
21	① ② ③ ④ ⑤
22	① ② ③ ④ ⑤
23	① ② ③ ④ ⑤
24	① ② ③ ④ ⑤
25	① ② ③ ④ ⑤

문번	답 란
26	① ② ③ ④ ⑤
27	① ② ③ ④ ⑤
28	① ② ③ ④ ⑤
29	① ② ③ ④ ⑤
30	① ② ③ ④ ⑤
31	① ② ③ ④ ⑤
32	① ② ③ ④ ⑤
33	① ② ③ ④ ⑤
34	① ② ③ ④ ⑤
35	① ② ③ ④ ⑤
36	① ② ③ ④ ⑤
37	① ② ③ ④ ⑤
38	① ② ③ ④ ⑤
39	① ② ③ ④ ⑤
40	① ② ③ ④ ⑤

문번	답 란
41	① ② ③ ④ ⑤
42	① ② ③ ④ ⑤
43	① ② ③ ④ ⑤
44	① ② ③ ④ ⑤
45	① ② ③ ④ ⑤

OMR 카드가 추가로 필요한 수험생분들은
마더텅 홈페이지에서 OMR 카드의
PDF 파일을 내려받을 수 있습니다.

이용방법 1
① 주소창에 www.toptutor.co.kr 입력
　또는 포털에서 마더텅 검색
② 학습자료실 → 교재관련자료
　→ 고등 빨간책 과목 교재 선택
　→ OMR 카드 내려받기

이용방법 2
QR 코드 스캔
→ OMR 카드 내려받기

OMR 카드 QR

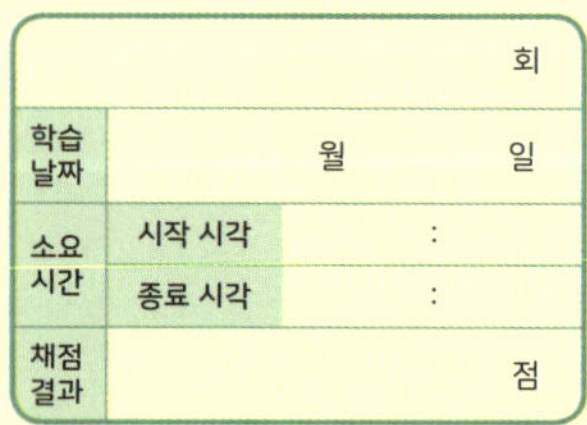

마더텅 연습용 답안지
① 교시 **국어 영역**

MOTHERTONGUE
마더텅출판사 since 1999. 4. 1.

※ 답안지 작성(표기)은 <u>반드시 검은색 컴퓨터용 사인펜만을 사용</u>하고, 연필 또는 샤프 등의 필기구를 절대 사용하지 마십시오.

		회
학습 날짜	월	일
소요 시간	시작 시각	:
	종료 시각	:
채점 결과		점

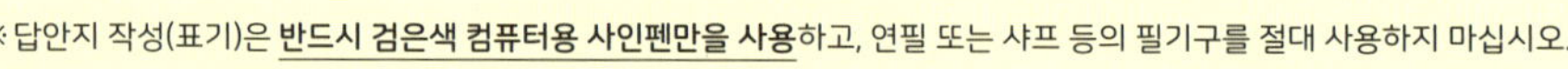

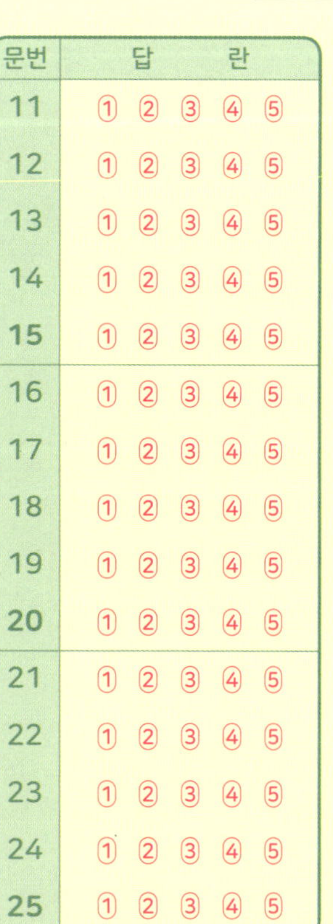

문번	답 란
1	① ② ③ ④ ⑤
2	① ② ③ ④ ⑤
3	① ② ③ ④ ⑤
4	① ② ③ ④ ⑤
5	① ② ③ ④ ⑤
6	① ② ③ ④ ⑤
7	① ② ③ ④ ⑤
8	① ② ③ ④ ⑤
9	① ② ③ ④ ⑤
10	① ② ③ ④ ⑤

문번	답 란
11	① ② ③ ④ ⑤
12	① ② ③ ④ ⑤
13	① ② ③ ④ ⑤
14	① ② ③ ④ ⑤
15	① ② ③ ④ ⑤
16	① ② ③ ④ ⑤
17	① ② ③ ④ ⑤
18	① ② ③ ④ ⑤
19	① ② ③ ④ ⑤
20	① ② ③ ④ ⑤
21	① ② ③ ④ ⑤
22	① ② ③ ④ ⑤
23	① ② ③ ④ ⑤
24	① ② ③ ④ ⑤
25	① ② ③ ④ ⑤

문번	답 란
26	① ② ③ ④ ⑤
27	① ② ③ ④ ⑤
28	① ② ③ ④ ⑤
29	① ② ③ ④ ⑤
30	① ② ③ ④ ⑤
31	① ② ③ ④ ⑤
32	① ② ③ ④ ⑤
33	① ② ③ ④ ⑤
34	① ② ③ ④ ⑤
35	① ② ③ ④ ⑤
36	① ② ③ ④ ⑤
37	① ② ③ ④ ⑤
38	① ② ③ ④ ⑤
39	① ② ③ ④ ⑤
40	① ② ③ ④ ⑤

문번	답 란
41	① ② ③ ④ ⑤
42	① ② ③ ④ ⑤
43	① ② ③ ④ ⑤
44	① ② ③ ④ ⑤
45	① ② ③ ④ ⑤

OMR 카드가 추가로 필요한 수험생분들은
마더텅 홈페이지에서 OMR 카드의
PDF 파일을 내려받을 수 있습니다.

이용방법 1
① 주소창에 www.toptutor.co.kr 입력
　또는 포털에서 마더텅 검색
② 학습자료실 → 교재관련자료
　→ 고등 빨간책 과목 교재 선택
　→ OMR 카드 내려받기

이용방법 2
QR 코드 스캔
→ OMR 카드 내려받기

OMR 카드 QR

대학수학능력시험 OMR 카드 작성 연습도 실전처럼!

실제 수능 시험에서 수험생님들께 가장 중요한 것은 시험 시간 관리입니다.
수능 시험은 제한된 시간 내 OMR 카드 작성까지 마쳐야 하기 때문에
OMR 카드 작성 연습이 반드시 필요합니다.
이에 따라 <2026 마더텅 전국연합 학력평가 기출 모의고사>는
수험생님들을 위해 실전 연습용 OMR 카드를 제공합니다.
마더텅에서 준비한 OMR 카드 작성 연습을 통해 수능에서 좋은 결과 있기를 바랍니다.

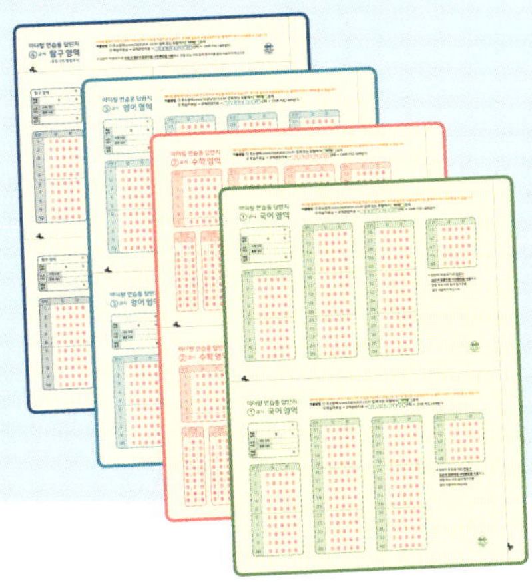

대학수학능력시험 답안 작성 시 유의 사항 및 작성 요령

유의 사항

1. 답안지는 시험감독관이 지급하는 **검은색 컴퓨터용 사인펜만**을 사용하여 작성.
   ※이미지 스캐너를 이용하여 채점하므로, 컴퓨터용 사인펜 이외 연필, 샤프 등을 사용하거나,
   　특히, 펜의 종류와 상관없이 예비마킹을 할 경우에는 중복 답안 등으로 채점되어 불이익을 받을 수 있음.

2. 답안지는 컴퓨터로 처리되므로 구기거나 이물질로 더럽혀서는 안 됨. 또한, 다른 어떠한 형태의 표시도 하여서는 안 됨.

3. 한번 표기한 답을 수정하고자 하는 경우에는 흰색 수정테이프만을 사용하여 완전히 지워야 함.
   (수정액 또는 수정스티커 사용 금지)
   - 수정테이프는 수험생이 수정 요구 시 시험감독관이 제공함.
   - 수정테이프가 떨어지는 등 불완전한 수정 처리로 인해 발생하는 모든 책임은 수험생에게 있으니 주의 바람.
   - 수험생이 희망할 경우 답안지 교체를 할 수 있음.
   - 시험실에서 제공하는 것 외의 수정테이프, 컴퓨터용 사인펜을 사용하는 경우 채점 등의 과정에서 불이익을 받을 수 있음.

4. 한 문항에 답을 2개 이상 표기한 경우(수학 영역의 단답형 제외)와 불완전한 표기를 하여 오류로 판독된 경우,
   해당 문항을 "0점" 처리함.

5. 기타 답안 작성 및 표기의 잘못으로 인하여 일어나는 모든 불이익은 수험생 본인이 감수하여야 함.

작성 요령

1. 답안 표기 예시

바르게 표기한 것	잘못 표기한 것				
○○○○●	2곳에 표기한 것	칼로 긁은 것, 불완전한 수정처리	지운 흔적이 있는 것, 불완전한 수정처리	주위만 표시한 것	가운데만 표시한 것

2. 2교시 수학 영역의 단답형 답안 표기는 십진법에 의하되, 반드시 자리에 맞추어 표기.

3. 2교시 수학 영역의 단답형 답안 표기 시 정답이 한 자릿수인 경우, 십의 자리에 '0'을 표기한 것도 인정함.
   (예 : 정답이 8인 경우 08이나 8로 표기한 것 모두 인정함.)

2026 마더텅 전국연합 학력평가 기출 모의고사 시리즈

최신 전국연합 학력평가 기출 모의고사 수록, 전 문항 자세한 첨삭 해설 제공

- 철저하게 개정 교육과정에 맞는 기출문제로만 구성
- 자가 진단을 위한 회차별 등급컷 제공 / 문항별 정답률 표기
- 각 회차별 전국연합 학력평가 특징 및 문항 분석 제공
- 시험장 상황을 체험할 수 있는 시험 안내 방송 MP3 제공
- 실전 연습용 OMR 카드 무료 제공

구입 후 겉표지를 뜯어내고 사용하세요.
문제편과 해설편이 분리되는 것은
파본이 아니니 안심하세요.

마더텅 기출문제집 실사용 수험생님들의 고득점 공부 방법

더 자세한 학습 수기

2024 마더텅 제8기 성적 우수 대상
전과목 1등급 채○채 님
서울대학교 경제학부

사용 교재 까만책 수학Ⅱ, 미적분, 경제, 사회·문화
빨간책 경제, 사회·문화 노란책 영어 영역 파란책 영어 영역

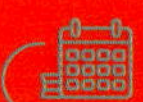
매일 계획표 작성하기

공부를 시작하면서부터 10월 초까지 매일 계획표를 작성했습니다. 고3 시기에는 해야 할 일이 주어진 시간보다 많았기 때문에, 계획표에는 하고 싶은 공부와 해야 할 공부를 마쳐야 하는 순서대로 정리하고 최대한 지키려고 노력했습니다. 계획표에 적은 일과를 모두 완벽하게 마친 날은 손에 꼽을 정도였지만, 저는 이를 자연스러운 일이라 생각했습니다. 계획표를 작성하는 것 자체가 무엇을 어떻게 공부할지 미리 고민하고 정리하는 과정이므로, 계획을 완벽히 지키는 것보다는 구체적인 계획을 충분히 세우는 것이 더 중요하다고 생각했습니다.

습관과 루틴 만들기

저는 공부에 있어서 습관과 루틴을 만드는 것이 매우 중요하다고 생각했습니다. 고3 시기에는 매일 오전 7시 이전에 학교에 도착하여 다른 사람보다 조금이라도 더 일찍 하루를 시작했습니다. 또한 수능 100일 전부터는 하루도 빠짐없이 국어, 수학, 영어, 탐구 과목 순서대로 모의고사를 풀며 실전 감각을 익혔습니다.

충분히 휴식하기

수험 생활에 있어 무엇보다 중요하게 생각했던 점은 공부와 휴식 간의 균형이었습니다. 저는 수능 한 달 전까지도 학교 점심시간만큼은 친구들과 대화를 나누며 휴식을 취했습니다. 공부를 무작정 오래 하기보다는 적절히 휴식을 취하며 꾸준하게 집중력을 유지하는 것이 더욱 중요하다고 생각했기 때문입니다. 공부와 휴식 사이에서 자신만의 균형을 찾고, 긍정적이고 안정적인 마음가짐을 유지하는 것이 바로 제가 생각하는 최고의 공부 비결입니다.

2024 마더텅 제8기 성적 우수 대상
전과목 1등급 김○연 님
가톨릭대학교 의예과

사용 교재 까만책 국어 독서, 국어 문학, 화학Ⅰ, 생명과학Ⅱ

다시 수능 공부를 시작하면서 가장 먼저 고3 시절의 공부 과정을 되돌아보았습니다. 그 결과 국어(특히 문학)와 수학에서 개념 학습이 부족했고, 제한된 시험 시간에 충분히 대비하지 못했다는 점을 깨달았습니다.

이를 보완하기 위해 6월 모의고사 전까지는 개념과 기출문제 학습에 중점을 두었습니다. 국어는 기출문제를 다시 풀면서 선지의 구성 방식을 꼼꼼히 분석했습니다. 특히 문학의 경우, 감으로만 알고 있던 개념어의 정확한 정의를 예시와 함께 기출문제집 여백에 직접 기록하며 익혔습니다. 또한 국어 문법은 기초부터 다시 학습한 뒤 별도의 노트에 깔끔하게 정리했습니다. 수학은 개념서와 인터넷 강의를 통해 기본 개념을 철저히 익히고, 이를 문제 풀이에 적극적으로 적용하는 연습을 반복했습니다. 탐구 과목은 개념을 정리한 전용 노트를 만들어 꾸준히 암기하고, 기출문제를 통해 학습한 개념이 실제 시험에서 어떻게 출제되는지를 파악했습니다.

6월 모의고사 이후에는 문제 풀이 중심의 공부를 진행했습니다. 수학은 기출문제를 다시 풀면서 자주 출제되는 유형을 숙지했고, 오답 노트를 만들어 틀리거나 풀지 못했던 문제를 체계적으로 정리했습니다. 탐구 과목은 시간 관리에 중점을 두고, 기출문제를 유형별로 반복적으로 풀며 실전 감각을 익혔습니다.

올해 수능에서 좋은 결과를 거둘 수 있었던 저만의 비결은 규칙적인 생활과 충분한 휴식이었다고 생각합니다. 저는 1월 초부터 수능 직전까지 매일 아침 7시에 집을 나서서 밤 10시까지 공부하는 생활을 꾸준히 유지했습니다. 대신 하루 공부를 마치고 집에 돌아온 순간부터는 공부에 대한 생각을 완전히 내려놓고, 충분히 휴식을 취했습니다. 덕분에 지치지 않고 수능 직전까지 처음과 같은 집중력을 유지할 수 있었습니다.

2024 마더텅 제8기 성적 우수 금상
전과목 1등급 윤○정 님
서울대학교 정치외교학부

사용 교재 까만책 수학Ⅱ, 확률과 통계, 생활과 윤리, 경제, 사회·문화 파란책 영어 영역

저는 수능에서 전과목 1등급을 받았을 뿐만 아니라, 내신에서도 3년간 전과목 1.00등급을 유지했습니다. 특별한 사교육 없이 매일 학교에서 야간자율학습을 하며 얻어 낸 결과입니다. 이러한 성과를 거둔 비결은 체계성과 꾸준함에 있었습니다.

사회탐구는 개념의 비중이 크므로 방학을 활용해 미리 개념을 다지는 것이 중요합니다. 수능 선택과목은 예비 고3 겨울방학에, 2학년 내신 과목은 예비 고2 겨울방학에 개념 강의와 수능특강으로 학습했습니다. 학기 중에는 내신 대비를 위해 시중 문제집과 마더텅 수능기출문제집을 병행했습니다. 특히 기출문제는 학교 선생님들이 문제를 출제할 때 많이 참고하기 때문에 마더텅에 수록된 모든 문제를 빠짐없이 풀고, 모르는 문제가 없도록 철저히 학습했습니다.

수학은 방학 때마다 최우선 과목으로 두고 많은 시간을 투자했습니다. 3학년 내신 및 수능 과목인 확률과 통계는 2학년 여름방학 때부터 개념 강의와 유형 문제집으로 공부를 시작했습니다. 이후 겨울방학에는 실전 개념 강의, 마더텅 수능기출문제집, 내신 심화 문제집을 병행했습니다. 특히 기출문제는 개념 적용 훈련과 오답 분석에 제일 효과적이어서 마더텅 수능 기출문제집을 활용한 학습에 가장 많은 시간을 투자했습니다.

수능이 임박했을 때는 빈틈을 채우고 실전 감각을 높이기 위해 두 가지 방법을 활용했습니다. 첫 번째는 데일리 오답 노트입니다. 그날 발생한 오답과 개념을 혼동한 이유를 간단히 코넬 노트 방식으로 정리해 두면 빠르고 정확한 복습이 가능했습니다. 두 번째는 실전 모의고사 응시입니다. 수능 2~3주 전부터 실전 모의고사 계획표를 작성하여 풀었습니다. 이때 아날로그 시계를 실제 수능 시간표대로 맞추어 모의고사를 풀었고, 쉬는 시간까지도 실제 시험처럼 시뮬레이션했습니다. 전과목 모의고사 응시 후에는 데일리 오답 노트에 총평을 작성하며 시험 운용 방식을 점검했습니다.

데일리 오답 노트
실전 모의고사 응시

2024 마더텅 제8기 성적 우수 금상
전과목 1등급 오○하 님
가톨릭대학교 의예과

사용 교재 까만책 국어 독서, 국어 문학, 국어 언어와 매체, 수학Ⅰ, 수학Ⅱ, 확률과 통계, 미적분, 영어 독해, 한국사, 물리학Ⅰ, 화학Ⅰ, 지구과학Ⅰ, 물리학Ⅱ, 화학Ⅱ

제 수험 생활은 거의 모든 과목을 마더텅과 함께 공부했다고 해도 과언이 아닐 정도로 마더텅 교재를 적극적으로 활용했습니다. 마더텅 수능기출문제집 덕분에 수능까지 감각을 잘 유지하며 전과목 1등급이라는 좋은 성적을 얻을 수 있었습니다.

수능을 준비하는 모든 수험생분들께 수험 생활의 마음가짐에 대해 이야기하고 싶습니다. 공부를 하다 보면 수많은 공부법을 접하게 되고, 그 과정에서 자신의 선택이 맞는지 의심이 들 때가 있을 것입니다. 하지만 자신의 길은 결국 스스로 정하는 것이라는 점을 꼭 기억했으면 합니다. 저 역시 주변으로부터 기출문제보다 사설문제를 푸는 것이 더 중요하다는 말을 많이 들었지만, 끝까지 기출을 정리하는 것이 저에게 가장 효과적인 방법이라고 확신했기에 저만의 공부법을 유지했습니다. 그 결과 수능에서도 좋은 성적을 거둘 수 있었습니다.